張楊全集 壹

蒙古游牧記

張正明 安介生 主編

山西出版傳媒集團
三晉出版社

國家古籍整理出版專項經費資助項目

一代學者的養成與規模（代前言）

——寫於《張穆全集》出版之際[1]

安介生

《張穆全集》是迄今爲止編校者所收集到的清代著名學者張穆在歷史地理及學術史方面著作的彙總與集成，其中包括《蒙古游牧記》《魏延昌地形志》《月齋文集》《月齋詩集》《顧亭林先生年譜》《閻潛丘先生年譜》等多部著述。這些著述雖然大多已經以單行本的形式整理出版，但是，由於散落各處，不便查閲，故而編校者認爲有必要進行集中整理出版，這不僅有利於張穆學術成就的整理與研究，更便於讀者的系統學習及使用。

著名學者張穆是清代學術界的杰出代表，其著作及其成就不僅是清代學術界的重大成就，也爲中國古代學術發展做出了卓越貢獻，在中國學術史上占有十分重要的位置。自清代中葉以來，很多研究者對於張穆的學術成就與貢獻都給予了高度的評價，其中，《蒙古游牧記》《魏延昌地形志》等堪稱清代歷史地理與邊疆史地研究的巔峰之作，爲其後諸多史地研究者及文獻典籍的編撰者提供了啓示與參考。編校者認爲：張穆的著述固然是中國傳統學術寶庫中的珍貴財富，但他更

① 《張穆全集》由著名學者張正明先生與筆者共同主編，全書共分四册，第一册《蒙古游牧記》，第二册《〈魏延昌地形志〉存稿輯校》，第三册《月齋文集》《月齋詩集》，第四册《顧亭林先生年譜》《閻潛丘先生年譜》附《先伯石州公年譜》，由李嘎、羅凱、胡哲等參加編校。《張穆全集》整理工作得到國家古籍整理出版專項經費資助。

重要的貢獻在於，他不僅天資聰穎，領悟能力强，而且勤於學習，善於學習，很好地研究與汲取了中國古代學術史，特别是乾嘉以來清代學者們實事求是、事必有徵的研究理念與學術方法，又甘於協助他人及與團隊合作，且能獨立思考，勇於創新，敢於突破固有藩籬，將前人科學的理念與方法積極運用於自己的治學活動之中，開闢了新的研究領域，這也是他取得卓越成就的根本所在。因此，編校《張穆全集》，可以總結其歷史地理方面的學術成就，會讓我們更好地梳理與研究其學術發展歷程，學習與領悟其學術理念與方法的來源、形成與特徵，從而爲研究中國現代學術的發展提供一些珍貴的啓示與指引。

一

張穆，字誦風，又字石州（或署爲石舟、碩洲），譜名瀛暹，字蓬仙，又别署季泄、季翹、惺吾、月齋等，清代山西平定州（治今山西省平定縣）人。張穆故居在今山西省陽泉市城區義井鎮大陽泉村，爲市級文保單位。根據《先伯石州公年譜》的記載，張家本來是一個普通的官宦家庭，兼有耕讀傳統。其祖上自明代以來開始出任地方官吏，然不甚顯耀。但是，至其祖父張佩芳與其父張敦頤時，家族地位與風尚有了很大的改觀。

張穆著有《先大父泗州府君事輯》一文，即其祖父張佩芳生平事迹之概要[1]。張佩芳，字蓀圃，號卜山。初名洳芳，字公路，生於雍正十年（1732）。其時，張家已遷居平定州之大陽泉村。張佩芳幼時即有"神童"之名，年十五時進入省城太原的晉陽書院讀書，以成績優異深得其師器重。乾隆丙子（二十一年，1756）中舉人，次年（二十二年，丁丑）中進士。張佩芳先後出任徽州府歙縣知縣、鳳陽府壽州知州、泗州直

① 《月齋文集》卷八。筆者按：注釋出自《張穆全集》所收各種著述，不再標定版本與頁碼，下同。

隸州知州，以及江南鄉試同考官、朝議大夫等職。所至之處，他興學重教，惠政良多，政績優秀，廣受稱道。程翼垣在《步矩德政頌序》一文中高度評價張佩芳的作爲與影響，如其突出之政績得到稱頌者有八項："其一新學宫，其二建書院，其三立社倉，其四修邑志，其五懲奸慝，其六禁淫祀，其七折疑獄，其八恤窮民。"①其名字後被載入《平定州志》之"儒林""宦績"二門與《山西通志·鄉賢録》②。可見，此時的張佩芳已不僅僅是一位普通的鄉賢或名宦，而是在平定州以及山西歷史上富有影響的人物。其墓誌又稱："樂鄉居，不殖生業，惟蓄書數萬卷。尤喜讀史，以爲可以鏡得失，觀成敗。嘗語其子曰：'汝輩能讀書，吾雖貧，樂已。'臨殁，猶諄諄勖以勤學。"③可以想見其對於張氏家風塑造所做出的努力，勤學也成爲日後張氏子孫崇尚的家風。

張佩芳喜於治學，讀書精深有得，故而在爲官從政之餘，頗有著述之志。平生著述數量豐富，巍巍然堪成一代大學者。其著作有《希音堂集》六卷、《翰苑集注》二十四卷、《歙縣志》二十卷、《黄縣志》二卷、《平定州志》十卷、《平定州志考誤》一卷、《公餘雜録》三十卷、《義倉考》一卷、《春秋世系》等④。張佩芳卒於清乾隆五十八年(1793)，就其所處時代而言，張佩芳也可以説是乾嘉時代學者中之佼佼者。

祖父張佩芳對於張穆的影響不僅在於其好學家風的養成，還在於學術理念與治學方法的影響。如《翰苑集》是唐代名臣陸贄(宣公)的文集，而《翰苑集注》二十四卷是張佩芳最重要的著述之一，凝聚了他畢生的心血。張穆曾經指出，就在乾隆二十五年(1760)歸里之後，張佩芳即全面開始了《翰苑集注》的研究及注釋工作：

> 府君既成進士，歸里，即謀爲《陸宣公翰苑集注》，至是，讀書

① 《月齋文集》卷八《先大父泗州府君事輯》"乾隆三十二年"下。

② 參見《先伯石州公年譜》(簡稱《石州年譜》)"嘉慶十年"下。

③ 《月齋文集》卷八《先大父泗州府君事輯》"乾隆五十八年"下引。

④ 參見《石州年譜》"嘉慶十年"下。

(平定州城西南)冠山[1],遂依文排纂,付諸從學者寫之。今艸稿之藏於家者,尚十數巨册,丹黄塗乙,爛然可觀。[2]

其後又歷經八年,《翰苑集注》於乾隆三十三年(1768)刊刻完成。張佩芳在《自序》中高度評價陸贄的功業以及《翰苑集》的價值,同時也道出了自己的治學理念與方法。他寫道:

……(陸贄)及既爲相,乃益殫所學,區大計,决大疑,以體國之忠爲不刊之論,洞察時變,折衷古今。雖當時不能盡用,迨其後皆可見諸施行而有裨於治道,視夫以空文自見者不侔矣。佩自授書,即嗜公集,十餘年來不自分其不類,爰據新、舊《唐書》《通典》《通鑑》,考其世,詳其時事,其故事、古語間引他書,第釋事而不加義,放李善注《文選》例也。自漢唐諸儒專門箸述沿至於今,詩賦詞章之學、陰陽占候之書皆有注釋,稱詳博矣,然其可傳於後而足與古人發明者葢鮮,然則余之爲,是其不能無費辭也歟,而又何敢自信哉?[3]

張佩芳之所以崇敬陸贄,欽佩《翰苑集》的巨大價值,正在於其"有裨於治道",而不是泛泛空論,這一點也反映出張佩芳處世爲政與研究學術的出發點與落脚點。在著作方法上,《翰苑集注》則是仿效唐代學者李善注釋南朝蕭統所輯《文選》的做法,詳考其事,且"釋事而不加義",即翔實考證歷史事件的來龍去脉,而少加自己的評論與意見。重考證而輕發揮,重實事而輕議論。張氏對自己著作的期許很高,希望不要淪爲平庸之作,而能與古人比肩。

同時代的不少學者對於《翰苑集注》的成就給予了很高的評價。如鄭虎文在序文中稱:"歙侯張君蓀圃所注宣公《翰苑集》,徵引繁博,

① 在今陽泉市平定縣城關鎮内,現有冠山森林公園。

② 《月齋文集》卷八《先大父泗州府君事輯》"乾隆二十五年"下。

③ 《月齋文集》卷八《先大父泗州府君事輯》"乾隆三十三年"下引。

考核精密,於唐事尤詳焉。”劉大櫆也在序文中稱:“平定張君蓀圃,其生平讀書窮極幽遠,於古之碩德、名賢、嘉言、美行,無不跂而望之,以爲不可及,而所心儀不置則尤在唐之陸相一人。讀君之注,恍然如置身有唐之世,親見陸公而與之上下其議論。”[①]張穆自幼耳濡目染,對於《翰苑集注》的成書過程有着更深切的感受與認識:“府君注《翰苑》成,扺歙任,復引其邑之學人汪君肇龍、程君瑶田、汪君梧鳳、方君榘参訂之,乃登剞劂。”[②]可見,《翰苑集注》並非張佩芳個人閉門造車之作,不僅有其學生、親眷之協助,也加入了其他一些學者的辛勞。當時張佩芳所赴任之歙縣(治今安徽省黄山市歙縣)隸屬徽州府,不僅爲“徽商”聚集之地,而且在清代學術史上,“皖派”赫赫有名,徽州府在清代也是著名學者雲集之地[③]。汪肇龍、程瑶田等都是當時享譽全國的著名學者[④],他們都爲《翰苑集注》的研究工作出過力,更可見張佩芳在當時學術界的影響力。

中國傳統學術界以注釋爲著述之風尚,興盛於南北朝時代,直至隋唐時期,成爲備受推崇的一種著書路徑。其集大成之作就有酈道元《水經注》、裴松之《三國志注》、劉孝標《世説新語注》以及李善《文選注》等。這種著述風尚以崇古爲號召,以古代經典爲宗,對於古代經典中費解之處詳加注釋,引徵繁富,特見功力,又因所引著述後世往往散

---

① 《月齋文集》卷八《先大父泗州府君事輯》“乾隆三十三年”下引。

② 《月齋文集》卷八《先大父泗州府君事輯》“乾隆三十三年”下。

③ 張立文主編,陳其泰、李廷勇著:《中國學術通史》(清代卷)之《引言》,人民出版社 2004 年版,第 4 頁。

④ 汪肇龍,字松麓,歙縣人,爲著名學者江永之弟子,曾著有《石鼓文考》,爲著名的古文字學家與篆刻家。程瑶田,字易田,號讓堂,也爲安徽歙縣人,他與著名學者戴震共同師事江永,後成“一代通儒”,著述宏富,成爲徽派代表性的學者之一。

佚,故極具史料價值[1]。據《石州年譜》記載,張穆對於祖父這部著作進行了較深入的研究。如《翰苑集注》原稿藏於張宅,張穆自幼即可日夜觀摩,領悟其祖治學之道。如道光四年(1824),張穆年僅二十歲,"是年,點定《翰苑集注》,並修改凡例數條(原注:書存平潭李氏)。"[2]足見張穆對祖父著作用心研究,並對其中不妥之處提出了修訂意見。又如他在《先大父泗州府君事輯》一文後講到:

謹案:府君有〈箸〉{著}述垂世,有實政被民。出處本末見於朋友贈言及家藏文稿者,謹排比其略如右,以備國史采擇。若無舊文可録,概從闕如,葢不敢以子孫私言闌入一字也。

道光二十六年六月朔日,孫穆編并識。[3]

根據《石州年譜》記載,從道光四年"點定《翰苑集注》",至道光二十六年(1846)編次泗州公《事輯》(即《先大父泗州府君事輯》),再到道光二十七年(1847)"刻泗州公《希音堂集》六卷工竣",張穆對於祖父著述的整理與研究,可謂終其一生。張穆之處世風骨與爲學風範,與其祖父頗多相似之處,可以説,其學術能力與趣味的培育,就根植於祖父著述的長期浸潤與系統的整理研究之中。清代學者何秋濤在《張穆墓誌》中特别强調:"初,泗州(即張佩芳)以文學、循吏名天下,先生繩祖業,尤留心經世務,然澹於進取。"[4]"繩祖業",即指明張穆一生,有心繼承祖父張佩芳的事業與功德,以著述爲重,且崇尚經世致用。這種至友的"蓋棺之論"足以説明張穆的處世與治學風範的楷模之一就是其祖父張佩芳。

---

① 根據現代學者陳垣先生的研究,這種著述風尚應導源於南北朝時期西域佛經翻譯注釋工作。參見《雲岡石窟寺之譯經與劉孝標》,《陳垣史學論著選》,上海人民出版社1981年版,第264頁。

② 《石州年譜》"道光四年"下。

③ 《月齋文集》卷八。

④ 《石州年譜》"道光二十九年"下。

張穆著有《例授奉政大夫翰林院編修記名御史顯考曉洪府君暨顯妣王宜人李宜人行述》,對其父母的生平事迹進行了回溯[①]。張穆之父張敦頤,初名敦來,字復之,號曉洪,乾隆三十七年(1772)生於合肥縣官署,爲張佩芳之季子。張敦頤自幼聰慧,記憶力超群,年十四時,默誦《十三經》内容,竟"矢口〈孰〉{熟}誦如流水",大爲塾師所贊賞。張敦頤在科舉應試之途上頗爲順暢,而家學傳統在他身上也有所發揚。"自大父之以終養歸也,府君復受學於大父者八年。"[②]只是張敦頤從小體質不佳,過於勤奮讀書,竟導致他很早便積勞成疾。大病痊癒後,張敦頤奉母命進入京師(今北京市),有幸跟從程蘭翹、曹顧崖等人繼續學習。

二先生皆大父(即張佩芳)江南(即任歙縣知縣時)所得士,而府君之從顧崖先生游者爲最久。嗣顧崖先生督學山左,約府君同行閲卷,所刻試牘率府君筆也。府君數載游學,每臘必歸省,春出冬返,歲以爲常。[③]

可見,張佩芳在世(特别爲歙縣知縣)之時,很多學者得到過他的提携與幫助,張敦頤也由此得到恩惠,得到許多師友的幫助。如程昌期,初名昌明,字蘭翹,歙縣人,嘉慶甲戌(十九年,1814)進士,官至學士。當初,張佩芳出任歙縣知縣時,對於程昌期頗有知遇、養護之恩[④]。程家對其感恩至深,之後,程昌期之子程恩澤在北京同樣對張穆呵護

① 參見《月齋文集》卷五。

② 《月齋文集》卷五《例授奉政大夫翰林院編修記名御史顯考曉洪府君暨顯妣王宜人李宜人行述》。

③ 《月齋文集》卷五《例授奉政大夫翰林院編修記名御史顯考曉洪府君暨顯妣王宜人李宜人行述》。又見《月齋文集》附録《誥授奉政大夫翰林院編修記名御史張君配王宜人李宜人合葬碑銘》。

④ 參見《程蘭翹學士〈安玩堂藏稿〉後跋》下注文,又見《石州年譜》"道光十六年"下。

有加,二人情誼深厚。張穆曾經編輯、校訂《安玩堂藏稿》[1]。曹城,字仲宣,號顧崖(固厓),也是歙縣人。乾隆辛卯(三十六年,1771)進士,曾任翰林院庶吉士、編修、山東學政、内閣學士及禮、兵兩部左、右侍郎等職[2]。

年輕時的張敦頤游學在外,視野更爲開闊,也得到更多進學的機會。嘉慶二年(1797),張敦頤得到山西學政莫晋賞識,同樣進入太原晋陽書院讀書。學政莫晋(寶齋)對他十分贊賞,備加稱道:"三晉多才,對此皆當頫(同'俯')首。"[3]其後,還將自己的表妹許配給張敦頤爲繼室。嘉慶六年(1801),張敦頤中舉人。莫晋將其帶入京師,在其府上繼續學習。數年學習之後,張敦頤學識精進,才華横溢,深得京都學者們的賞識,由此聲譽日隆。嘉慶十一年(1806),張敦頤應太平縣(治今山西省襄汾縣西南)知縣顧玉書之聘,主講太平書院,獎掖後進,嘉惠士林,鄉民稱道不已。嘉慶十六年(1811),張敦頤中進士,入選庶吉士,進入了其人生最爲顯赫的階段。嘉慶十九年(1814),張敦頤授翰林院編修,並擔任武英殿纂修《治河方略》館總纂。嘉慶二十四年(1819),張敦頤受命擔任福建鄉試正考官,結果,行經杭州時染疾,不久即卒於浙江建德縣,享年僅四十七歲。

張佩芳、張敦頤父子兩代皆中進士,張佩芳出宰歙縣,官至四品,在當時學術界很有聲望,而張敦頤雖未得長壽,但做到"翰林院庶吉士""翰林院編修"之類天下文人(或學術圈)視爲最榮耀的官職,這種"父子共榮同耀"的情况即使在中國科舉史上也是不多見的,而在科舉並不發達的山西更是相當罕見。這確實是張氏家族值得夸耀的殊榮。而這種家庭環境對於張穆的成長、學問特徵及性格形成的影響也是極

① 《石州年譜》"道光十六年"下。

② (光緒)《重修安徽通志》卷一八七引《歙縣志》,清光緒四年刻本。

③ 《月齋文集》卷八《誥授奉政大夫翰林院編修記名御史張君配王宜人李宜人合葬碑銘》。

大的。首先，祖父張佩芳已經以“名宦”馳名天下，而父親張敦頤又得到翰林院編修及主考官之類的高位，由純粹以讀書或學術成就而達到的尊崇的政治地位，在傳統時代是無比光榮的。這種幸運與機會是極爲難得的，得到社會各階層極大的尊重，也是普通讀書人最爲向往的。這種崇高的社會地位，自然有利於張家影響的擴大以及其後裔得到學術界師友的援助。張穆後來的諸多師友，也都是其祖、父的故交或親眷及其後裔，即爲明證。其次，祖父張佩芳作爲一代著述等身的著名學人，可謂乾嘉學派的代表性學者之一，而其喜於提拔後進，在當時已極有聲望。其爲人與著述不僅是張穆畢生研究的對象，更是其平生學習與效法的典範，其學術理念與治學方法對於張穆的影響更是最爲直接的。同時，張佩芳遺澤深遠，其交游與賞識的朋友及學生，很多又是當時造詣高深、富有影響的學者，張穆在日後的學習及研究活動中，又與這些學者交游，向他們請教，自然獲益匪淺。

二

張穆生於清嘉慶十年（1805），年幼接受啓蒙教育時並非特別聰穎。張穆所作《祭叔正三兄文》一文中曾回憶自己年少時學習書法不如其兄，受到其父教訓的往事。[①] 十歲（嘉慶十九年，1814）時，由於父親張敦頤中進士，並授職編修，張穆也隨其父在京師（即今北京市）生活。筆者以爲：長期在京師的生活對於張穆的個人成長與學術發展極爲關鍵，即如何秋濤所言“旅食京華二十餘載”[②]，也就是説，張穆平生幾乎有一半以上的時間都在京師（北京）居留，因此可以説，從進入京師生活與學習開始，張穆就不再是僻居山西平定一隅的鄉間讀書人，而開始成爲一位直接進入京師乃至全國學術界，具有全國性影響乃至

① 參見《石州年譜》“嘉慶十五年”下。

② 《月齋文集》之何秋濤《序》。

世界性視野的學者。

張穆之父張敦頤不幸早逝，其繼母李宜人在張穆成長過程中起了重要作用。李氏爲清代浙江山陰（治今浙江省紹興市）人，爲著名學者莫晋（寶齋）的表妹。在張敦頤死後，她携帶年幼的張穆等又進入京師生活與學習，而莫晋（寶齋）又是一位影響張穆教育及學術發展的重要人物。莫晋，字錫三，別號寶齋，生於乾隆二十六年（1761），卒於道光六年（1826），享年六十六歲。莫晋於乾隆五十九年（1794）考中舉人，乾隆六十年（1795）高中進士，始授翰林院編修等職。與張穆的祖輩、父輩生平軌迹相仿，莫晋同樣是一位通過科舉考試而取得重要職位的讀書人，只是與皇權核心更爲接近，政治地位更崇高、更穩固。莫晋先後擔任過國史館纂修、山西學政、侍講學士、侍讀學士、太常寺卿、江蘇學政、通政使等重要職務。莫晋本人特別受到嘉慶皇帝的賞識與重用。"公被仁宗（即嘉慶）眷篤，由翰林不十年擢至三品，三典鄉闈，兩任學政。"[①]莫晋也曾應浙江巡撫阮元之聘，擔任蕺山書院（在今浙江省紹興市）講席。可見，莫晋不僅政治地位崇高，而且學殖深厚。張穆在生活與學業上受其影響很大，對其極爲欽佩。

據《石州年譜》，道光二十四年（1844），張穆著成《故内閣學士前倉場侍郎會稽莫公事略》，實爲莫晋生平小傳。其中，張穆詳述莫晋對於張家的幫助、扶持以及對於張穆的影響，感恩戴德之心溢於言表：

> ……（莫晋）兩任學政，指舌俱瘁，奇文欣賞，老猶在口。山西所拔貢生，尤極一時之選，碩學、名臣多出其中。先君子（即張穆之父張敦頤）受公知最深，壬戌（1802）會試即館公家。比入翰林，遭先妣喪，公起，復入都，遂爲主婚，以李太夫人之姪歸先君子。未幾，先君子見背，公迎先繼妣（即張穆繼母李宜人）於家，（張）穆因得受教於公，所以誨諭獎進之者有逾子姓。顧惟頑鈍，辜公

① 《扂齋文集》卷七《故内閣學士前倉場侍郎會稽莫公事略》。

厚望，追念舊恩，痛其有極！[1]

除對張穆一家的私恩外，莫晋的學術造詣與爲學理念對於張穆也有重要影響，張穆所言"受教"於莫晋，並非虚言。據《曉沜公行述》記載：嘉慶二十五年(1820)春，"寶齋先生復以書來招，時楊氏妹年已及笄，吾母遂并挈入都"[2]。而《補菴公(即張穆長兄張晋暹)行述》又稱：張敦頤去世後，李宜人亦自京師携瀛暹(即張穆)歸視葬事。"葬既畢，復同奉板輿入都，依莫寶齋表舅於潞河督署。維時舅方以性命之恉提呼後進，而吾師吴樸菴先生實館其家"[3]。根據蔡侗等人的注釋，吴樸菴，名實，字樸菴，爲浙江蕭山(治今浙江省杭州市蕭山區)人，時駐莫晋府上爲塾師，張穆從其學習。莫晋與吴實交情甚篤，而在思想觀念上並非完全契合，但能彼此尊重，和而不同：

公以積學能文章聞天下，四十後乃專意理學，不復措意文詞，晚益深造自得。與先師蕭山吴樸庵先生交修邃密。先師篤慕蕺山，而公則一以姚江爲宗，即龍溪亦不厚非也。[4]

蕺山，即明朝大學者劉宗周，紹興山陰(治今浙江省紹興市)人，是浙東蕺山學派的創始人。姚江，即指姚江學派(又稱陽明學派)，爲明代大思想家王守仁(陽明先生)所開創，以倡導"陽明心學"而馳名天下。龍溪先生是指明朝學者王畿，也是山陰人，爲王守仁的學生。莫晋雖崇尚理學，但是，十分重視學者史與學術史的研究。他曾經刊刻明末大思想家黄宗羲的《明儒學案》，對於明代學術發展路徑十分熟悉，且見解精到：

《學案》一書，言行並載，支派各分，擇精語詳，鉤元(玄)提

---

① 《月齋文集》卷七《故内閣學士前倉場侍郎會稽莫公事略》。

② 《月齋文集》卷五《例授奉政大夫翰林院編修記名御史顯考曉沜府君暨顯妣王宜人李宜人行述》。

③ 《石州年譜》"嘉慶二十五年"下。

④ 《月齋文集》卷七《故内閣學士前倉場侍郎會稽莫公事略》。

要，一代學術源流瞭如指掌。要其微意，實以大宗屬姚江，而以崇仁爲啟明，蕺山爲後勁。凡宗姚江與闢姚江者，是非互見，得失兩存，所以闡良知之祕而防其流獘，用意至深遠也。竊謂學貴真修實悟，不外虚、實兩機。病實者救之以虚，病虚者救之以實。古人因病立方，原無成局，通其變使人不倦，故教法日新，理雖一而言不得不殊，入手雖殊而要歸未嘗不一。讀是書者，誠能不泥其迹，務求自得之。①

當時莫晋作爲貼近皇帝的高官，地位尊崇且學識通達，讓年幼的張穆仰慕不已，加上長期在莫府生活與學習，張穆受莫晋影響極大。祁寯藻在《〈月齋文集〉序》中就提到："石州少孤，依母黨莫寶齋先生居，即喜觀儒先學案諸書，言之甚悉。"張穆不僅是停留在口頭上的喜愛，而是對於明代思想家們的著述下過些苦功的。據其侄張繼文回憶："繼少時，從友人處獲睹先伯（即張穆）節録《姚江王陽明集》《吕語集粹》《蕺山劉子語録》《祝淵王毓蓍傳》《漳浦黄道周傳》，即庚辰、辛巳手鈔本也。"②庚辰、辛巳分别是嘉慶二十五年（1820）與道光元年（1821）。當時張穆只有十六七歲。張穆本人後來也曾作詩回憶在莫府學習的情形，感念莫晋對他早年成長的幫助與鼓勵：

總艸出見客，談論儼成人。詞館舊名輩，賞我氣不馴。
會稽舅氏行，宏識鏡人倫。講德抉根奥，聽倦客欠伸。
幼眇欣有會，請辨恒齗齗。賞我具夙慧，汝器天廟珍……③

顯然，進入莫府的學習及與前輩學者的交流，實際上開啓了張穆平生學術訓練之門。一則是因爲學術史的瞭解與研究，是從事學術研究的第一步，如果對於學術史脈絡不熟悉，或不瞭解前輩學者的學術成就，那麽開展學術研究就無處着手，無從談起。有明一代是中國學

① 《月齋文集》卷七《故内閣學士前倉場侍郎會稽莫公事略》。
② 《石州年譜》"道光元年"下。
③ 《月齋詩集》卷三《述懷感舊六十韵，爲老友安丘王冊（貫）山先生壽》。

術思想史發展劇變的時代,特别是明末清初的一些著名思想家與學者影響巨大,那麽,到了清代前期與中期,便面臨着一個如何繼承與發展的問題。莫晋本人崇尚陽明理學,張穆並没有走上研究理學之路。然而,莫晋所崇尚的一些理念是十分高明的,應該對於年幼的張穆很有啓發意義。如云"學貴真修實悟,不外虚、實兩機"。顯然,張穆没有選擇"虚談",即哲學及思想史之途;而選擇了"實修",即乾嘉以來歷史考據學之路。又如"不泥其迹,務求自得之",這又可與"實悟"相對應,實證之學又須領悟其真義,獨立思考,務求得到真知灼見。二則因爲張穆在學術研究方面特殊的穎悟與勤於思考、善於思辨的特色此時已相當突出,並得到前輩的高度贊賞與肯定。這無疑對於張穆在學術研究方面形成明斷與自信的態度是極有益處的。應該説,這種肯定與鼓勵對於其樹立以學術研究爲終生事業的决心起了很大的促進作用。

當然,我們也要看到,因爲莫晋其時政治地位崇高,來往的至友親朋的夸贊難免有恭維附和之嫌,當時張穆的年齡不足弱冠,剛剛接觸社會,而身居高位的莫晋即贈以"汝器天廟珍"的高度贊許,雖出於真心嘉賞,但是,這對於張穆的性格形成與日後成長未必是一件好事。傳統社會崇尚温良謙儉讓的處世態度,學術界同樣如此,謙遜寬容之品格會被高度贊許,而明辨是非與獨立自信、敢於批評的精神在學術研究中雖是必須的、可貴的,或者説是有利於學術進步的,但是,在交游生活中往往會被理解爲"倨傲不恭"、目空一切或不近人情。這樣的處世性格在崇尚人際關繫的傳統社會裏常會招來意想不到的灾禍與坎坷。

道光三年(1823),張穆因繼母病逝,丁憂回鄉,後來,其兄張晋暹又弃世,迭遭家族變故,張穆因此留居山西生活、學習長達九年時間,故而有"九載困鄉井,凶喪丁一身"的感慨。他曾回憶道:"穆自癸未(道光三年)夏侍母西歸,奉諱家居,庚寅(道光十年,1830)仲兄歿。

壬辰(道光十二年,1832)正月始復入都。”[1]筆者以爲:這段留居山西的時間,不僅是張氏家族陡然陷於不幸以及困頓的階段,同時也是張穆在學術道路上的苦悶、徬徨以及重新選擇的時期。

在家族及個人生活方面,張家也由顯赫的官宦之家淪入中落狀態,以至於家計艱難。雖然也有悲喜交錯,但是總體而言,悲哀大於快樂,張穆内心不免苦悶與挣扎。張穆曾回憶:“瀛暹家世寒素,鮮封殖,洎疊遭大變,產益落,而食指之繁則視昔有加。”[2]這一切變故讓張穆領會到人生的艱難以及他所負的責任。而在中國傳統社會,讀書人進取的最主要手段,還是通過科舉考試而進入仕途,對於張穆而言,這也是躲不開的歷史命運。在祖父與父親相繼過世的不利情況下,張氏兄弟經過苦讀,首先在“科試”中取得成功,從而爲家族復興燃起了希冀。後來,張穆又憑藉優貢生的途徑得以重返京師學習,並得到“待銓知縣”的資格。

但是,張穆在這九年中内心同樣充滿了複雜的矛盾鬥争。在那個時代,似乎没有純粹學者成長與存在的空間。張穆在學術方面的早熟、才華以及前輩學者的大力鼓勵,讓他對於學術研究始終無法舍弃。再加上祖、父輩的影響,他對於科舉應試類的文章並不喜歡,又無法完全無視。他在詩中曾經感慨:“囊穎時一露,激歎不逡巡。斯時意氣濶,章句未肯循。高心躡姬姒,世儒陋轅申。”[3]因此,張穆即使在“困居鄉井”的九年中,也没有放弃對於學術研究事業的追求。如道光四年(1824),年僅二十歲的張穆即“點定《翰苑集注》,並修改凡例數條(原注:書存平潭李氏)”[4]。對於前人文獻的整理研究,要求具有深厚的學術積累與廣闊的學術視野,以及敏鋭的學術洞察與評價能力,能

① 《月齋詩集》卷三《述懷感舊六十韵,爲老友安丘王卌(貫)山先生壽》。

② 《月齋文集》卷五《先兄補庵府君行述》。

③ 《月齋詩集》卷三《述懷感舊六十韵,爲老友安丘王卌(貫)山先生壽》。

④ 《石州年譜》“道光四年”下。

够對於前人著述的優缺點提出自己的看法及糾正意見。事實證明,張穆在這方面的訓練與才能是特别值得稱道的。他早前在莫晋府中對於明代學術史的學習與研究,再加上回到山西對於自己祖父張佩芳著述的研究,讓他在學術史的視野與眼光方面遠遠超過了同時代的學者,也由此獲得了極高的贊譽。正所謂"能者多勞",張穆對於諸多學者的著述進行了整理、研究與總結,成爲其學術生涯相當重要的一部分。從小的方面來講,張穆篤誠於友情,高風亮節,"甘爲人作嫁";從大的方面來講,他對於清代學術史的貢獻是不可磨滅的。

大學者的成功,當然離不開特殊的機緣。就在張穆自感"困居鄉井"的日子裏,他却遇上了一個他的終生知己與恩人——祁寯藻。祁寯藻,字叔穎,一字淳甫,山西平定州壽陽縣(治今縣)人,是清代著名大臣與學者祁韵士之子。祁家與張氏不僅是同縣老鄉,與張氏家族又有聯姻之誼。祁寯藻生於乾隆五十八年(1793),比張穆年長十餘歲。祁寯藻作爲名臣之後,在科舉入仕方面還是相當順利的,嘉慶十九年(甲戌,1814)進士,曾任庶吉士,官至體仁閣大學士,成爲清代中葉德高望重的一代名臣。祁寯藻在學術上也是很有成就的,著有《䜌䜌亭詩集》《馬首農言》《勤學齋筆記》等[1]。《䜌䜌亭集》中有多首與張穆唱和的詩文,顯示兩人之間的深厚情誼。如《次韵答張石州(原注:穆,初名瀛暹)見贈》一詩云:

> 不作凌雲賦,偏聞下里歌。故交真落落,高論尚峨峨。
>
> 老覺鄉心重,詩憐壯歲多。莫辭今夕醉,離索尚云何?[2]

又如《題張石州〈小栖雲亭圖〉》有云:

> ……嗟余與君共州里,游宦歸心都未免。
>
> 䜌䜌亭接綿蔓水,結伴登臨尚堪勉。

---

① 《石州年譜》"道光十一年"下。

② 《䜌䜌亭集》卷二十,清咸豐刻本。

胡爲栖栖感羈旅，白首〈箸〉{著}書不遑宴。

君看妙畫徑飛去，造物相憐意殊善……①

祁、張二人交情極深，祁寯藻本人政治地位很高，但是，虚心向學，愛惜才華，對於張穆的賞識、提携與幫助是多方面的，在張穆過世後，他甚至主動出資雕版刊行《月齋文集》，而他在學術事業上對張穆的指引與幫助，更是在很大程度上決定了張穆學術發展的方向。

三

道光十一年(1831)，二十七歲的張穆"以優行貢成均"，有機會重返京師，並進入當時最高學府——國子監深造。在重返京師後數年時光中，張穆雖然並没有在科舉入仕之路上取得長足的進步，然而，這幾年却是他步履堅實的學術事業的"上升期"。自此，張穆真正進入學術研究領域，成果顯著，其學術地位與影響也得到了公認。京師是當時舉足輕重的文化中心與學術研究中心，擁有豐富的歷史及學術研究資料。大批學養深厚的學者聚集在當時的京師學術圈，共同切磋學問。在學術研究上鋒芒初露的張穆在此真是"如魚得水"，其才華與學術旨趣得到了不少師友的贊賞與鼓勵，而这些師友同時成爲其學術發展的引路人與重要伙伴，張穆在學術事業上取得了非凡的進步，參與完成了多項重要的學術工作。

何秋濤曾在《張穆墓誌》中專門提到張穆在京師時有學術交游的師友們："惟阮文達公(元)、莫寶齋(晋)侍郎、程春海(恩澤)侍郎、祁淳甫(寯藻)協揆與爲師友。嘗與俞君正燮、魏君源、趙君振祚論諸史，陳御史師、許君瀚、王君筠講六書，羅君士琳、鄭君復光、徐君有壬明九數，徐君松、沈君垚考西北邊塞地理，諸君皆專門業，咸推服焉。"②當

① 《䅟䖐亭集》卷二十九，清咸豐刻本。

② 《石州年譜》"道光二十九年"下。

然，這一總結未必全面，然於此可見，張穆學問廣博，涉獵廣泛，在許多專門之學（如歷史學、古文字學、音韵學、數學、西北邊疆史地等）上均有研究，精深有得，其見識水平得到了學者們的公認。也正如祁寯藻在《〈月齋文集〉序》中稱："其學不專主一家，而皆能得其精詣，涉歷世故，益講求經世之學，於兵制、農政、水利、海運、錢法尤所究心。"中國傳統時代並無培養學術研究人才的專門機構，諸多學術人才的培育與成長，在於求師、訪友、自律與自修、交游的過程，而這一過程就是學習與研究的過程。筆者以爲，當時對於張穆學術發展有着重要影響的師友主要有：

苗夔。苗夔，字仙麓（或稱先路、先麓），清代肅寧（治今河北肅寧縣）人。苗夔當初同樣取得優貢生資格，與張穆同時進入京師國子監學習，因學術研究的趣味相投而關繫親密，過從頻繁。他在《〈使黔草〉苗先路叙》中稱："余辛卯（即道光十一年，1831）舉優貢，壬辰（1832）應朝考至都，同年咸集，獨與何子貞（紹基）、張石州（穆）以説經、講小學最相得。"[①]在這裏，我們看到，張穆等人雖然以科舉的名義進入京師學習，然而，他們的興趣却在講經（即古代經學），講小學（即古文字學、音韵學研究）。苗夔日後成爲一代古文字學家，曾著有《説文聲韵表》《説文聲讀考》《集韵經存韵補正》等書，《清史稿》有傳。因爲是優貢同年的關繫，再加上學術興趣與個人友誼，苗夔與張穆、何紹基又被時人稱爲"古學三先生"。曾國藩曾在《苗先麓墓誌銘》中稱："子貞（何紹基）嘗命工圖己及石舟及君三人貌，蓑笠而處田間，蓋三人者皆同年優貢，又皆有逸士之風，謂宜與負耒者伍也。"[②]張穆曾有《苗先路同年〈寒鐙訂韵圖〉》一詩稱：

不是孥經熟，誰知正始音？四聲排沈約，十部法亭林。

① 《石州年譜》"道光十二年"下。

② 《石州年譜》"道光二十八年"下。

俗説迷通轉，精思縱繹尋。沮倉如可作，應鑒夜鐙心。[1]

張穆又有《苗先路同年〈寒鐙訂韵圖〉，即送游沸南》一詩，高度贊賞苗夔在音韵學上的重要成就：

河間古君子，葩經少研尋。獨於六義内，得其不傳音。

清廟有大瑟，空山餘斷琴。一彈復再鼓，泠泠韶護心。

絶學溯原始，才老（吴棫）初鉤沈。又越六百載，魁儒出亭林（顧炎武）……[2]

應該説，傳統經學、古文字學或音韵訓詁學都是進入中國古典及古代文史研究的基礎，通過這樣的鑽研與交流，張穆在經學及古文字學、音韵學上打下了深厚的基礎，學術造詣也大有長進。關於中國學術的發展，張穆在《重刻吴才老〈韵補〉緣起》中特別强調音韵學的重要作用："才老（即吴棫），孟子所謂'豪傑之士'也。北宋以來，學者溺於憑虚弔詭之風，實學不講久矣。才老獨能不囿習俗，奮然訂古音，疑僞書，爲後學闢榛莽，啓〈涂〉{塗}先驅。蓋自才老後，綿綿延延又五六百年，至我聖清而後，亭林、潛丘相繼挺起，盡才老未盡之業，《詩》《書》古經昭然若日月復明也。"[3]才老（或稱材老），即宋代學者吴棫，所撰《韵補》五卷，被選入清代《四庫全書》，爲傳統音韵學的早期重要著作之一，吴棫本人更爲清代考據學派的重要引導者。評論者稱："棫書雖牴牾百端，而後來言古音者皆從此而推闡加密，故闕其謬而仍存之，以不没篳路繿縷之功焉。"[4]關於吴棫對於清代學術發展的貢獻，還可以體現在《古文尚書》的考辨之上，如最早對《古文尚文》提出質疑的學者正是吴棫。清初著名學者閻若璩曾指出："《（尚）書》古文出魏晉間，距東晉建武元年，凡五十三四年，始上獻於朝，立學官。建武元

---

① 《月齋詩集》卷二。

② 《月齋詩集》卷四。

③ 《月齋文集》卷三。

④ 《韵補》提要，《景印文淵閣四庫全書》。

年下到宋南渡初，八百一十一年，有吴棫字才老者出，始以此書爲疑，真可謂天啟其衷矣！"[1]可以説，苗夔、張穆等人對於吴棫的推重，不僅限於其對於古音韵學貢獻的認可，也是對於其敢於質疑前賢的學術理念與治學路徑的崇尚。

許瀚。許瀚，字印林，清代日照（治今山東日照市）人。許瀚是學養深厚的收藏家、古文字學家、音韵學家、校勘學家，曾被人譽爲"北方學者第一"，是在近代北方區域文化發展史上有着重要影響的人物。[2]許瀚是與張穆在古文字學及訓詁學上志同道合的摯友，曾校刊《説文義證》等書，其在古文字學與訓詁學上的造詣深爲張穆所敬重，張穆曾與許瀚共同校訂整理俞正燮《癸巳類稿》十五卷[3]。張穆在《日照許肅齋先生（即許瀚之父）壽序》一文中稱："印林幼承庭誥，復以專精許、鄭，受知於高郵王文簡（引之）、道州何文安（凌漢）及蕭山協揆（朱筠）師。是三公者，今代之在位通人也。文安諸公子皆喜與印林游，而長君子貞（即何紹基）與相契尤深。"[4]王引之是清代著名古文字學及經學大師，著有《經義述聞》《經傳釋詞》等書。許瀚爲王引之的入室弟子，很受器重。許瀚又受到道州何凌漢（字文安，何紹基之父）、學士朱筠等人高度贊賞，同時與何紹基等人過往甚密。許瀚在書信中曾强調"兩君（即何紹基與張穆）皆瀚平生至交"[5]，足見他們的學術興趣、造詣與人生品格是相類似的。張穆在詩文中多次提到許瀚，反映出兩位之間深厚的友情，如"許君起日照，家法汶長遵。視我十年長，蛩巨兩

① 《尚書古文疏證》卷八，《景印文淵閣四庫全書》。

② 參見范曉娟：《許瀚學術研究》，揚州大學 2010 年碩士論文；田琦：《許瀚交游考述》，西北師範大學 2013 年碩士論文；孟娜：《許瀚的訓詁貢獻研究》，曲阜師範大學 2014 年碩士論文等。

③ 《石州年譜》"道光十三年"下。

④ 《扂齋文集》卷二。

⑤ 《扂齋文集》卷二《日照許肅齋先生壽序》。

相因"①,又如"京國十年游不歸,繁霜上髮風生衣"②。

王筠。王筠,字貫山,號箓友,清代山東安丘(治今山東安丘市)人,道光元年(1821)舉人,也是一代古文字學大家,著述十分豐富。"博極群書,邃於經學,尤精《説文(解字)》,積數十年之力,爲《説文釋例》二十卷、《説文句讀》三十卷、《説文繫傳校録》《説文韵譜校》《説文屬》《説文廣訓》。又著《四書説略》《禹貢正字》《禮記讀》《禮記一得録》《儀禮讀》《儀禮鄭注句讀刊誤》《史記校》《鄂宰四稿》《徐溝筆記》《箓友肊説》《箓友雜著》《文字蒙求》《正字略》《蛾術編》等書。"③其中,王筠的《説文釋例》與嚴可均的《説文校議》、段玉裁的《説文解字注》、桂馥的《説文解字義證》等書,被譽爲"説文學"之四大名著④。

王筠雖比張穆年長二十歲,却喜與張穆交往,成爲忘年交。據張穆回憶:"安丘時示過,間隔無兼旬。自言賦性狷,未能涇渭泯。老年結新懽,相杖如戈殣。"⑤王筠爲當時説文學大家,張穆對其文字學造詣也十分敬佩,時時請益、討論。張穆後曾爲王筠新著《説文解字句讀》寫序,可證張穆在古文字上的造詣已非初學者可比,而堪與當時一流學者比肩。張穆在《〈説文解字句讀〉序》中對王筠的學術成就給予了高度評價:

……安丘王貫山先生初治《説文》,段書(即段玉裁《説文解字注》)尚未行,融會貫通,既精既熟。乃得段書,而持擇其然否以語人,多駭不信。而先生之學則因以益密,精神所獨到往往軼出許君之前。本古籀以訂小篆,據遺經以破新説,瓜分豆剖,衢交徑錯,於諸言《説文》者得失,如監市履豨而況其肥瘠也。生平精詣

① 《月齋詩集》卷三《述懷感舊六十韵,爲老友安丘王毌(貫)山先生壽》。
② 《月齋詩集》卷一《己亥冬十二月送許印林歸日照》。
③ (咸豐)《青州府志》卷五十,清咸豐九年刻本。
④ 參見《説文解字句讀》之《出版説明》,中華書局1988年版。
⑤ 《月齋詩集》卷三《述懷感舊六十韵,爲老友安丘王毌(貫)山先生壽》。

所萃在《説文釋例》一書，標舉郵畷、扶翼表襮之功，視段、桂（馥，有《説文解字義證》）爲偉。穆每用夸於人曰："貫山之於《説文》，如亭林之於音韻，後有作者補苴焉、匡救焉可矣，必無更能過之者也。"①

其實，《説文解字句讀》撰寫的起因，也與張穆的建議相關。張穆在與王筠討論時提出："古人〈箸〉{著}書，將使不知者知之；則今人注書，亦將使不讀者讀之。桂書邇頗有大力者謀爲刊行，工既匄矣，以有所撓而罷。段書多逞臆武斷，不便初學。曷更釐爲善本，以詒世之治許學者乎？"該書初成之後，王筠即請張穆作序，因爲"以《句讀》之作發端於穆，屬即條列緣起，弁之書首。"②在這篇長《序》中，張穆仔細闡明了該書的重要意義與發明，充分顯示了其在文字學方面的造詣與認識水平。

何紹基。何紹基，字子貞，晚年自號"蝯叟"，清代湖南道州（治今湖南道縣）人，後流寓蘇州。道光乙未（十五年，1835）舉人，第二年丙申（十六年，1836）進士，曾任翰林院庶吉士、編修、四川學政等職，後曾主講於山東濼源、長沙城南等地書院，是清代中葉著名的政治家、學者、書法家。"紹基幼慧能文，於諸經、《説文》、考訂之學，耆之最深，旁及金石、圖畫、篆刻、律算，博綜覃思，識解超邁。"③他"學問淹博，著作甚富，而尤以書法名於世焉。"④著有《東洲草堂文鈔》《東洲草堂詩文集》等。⑤ 何紹基也是張穆畢生至交，曾有詩懷念張穆云：

借書一日幾回來，農父東西共好懷。

---

① 《月齋文集》卷三《〈説文解字句讀〉序》。

② 《月齋文集》卷三《〈説文解字句讀〉序》。

③ （同治）《蘇州府志》卷一一二，清光緒九年刊本。

④ （光緒）《道州志》卷九，清光緒三年刊本。

⑤ 《清史稿》卷五六三《何紹基傳》，民國十七年清史館本，第5225頁。

尚友顧、閻如奉手，縱橫萬里小月齋（張穆書齋名）[1]。

何紹基與苗先麓（或寫仙露）、張穆被時人並稱爲"古學三先生"。何紹基在《郇谷論心圖記》一文中記述三人的交誼："余與河間苗仙露、平定張石舟皆以道光辛卯充優貢生，明年壬辰，十八行省與斯選者，以朝考咸集京師，同歲生一聚各散去，惟此三人者志相合，學相砥，閑冷野逸，性相似也。"[2]何紹基曾刻印詩文集——《使黔草》，張穆在《序》中高度評價何紹基的書法及詩文成就："古人之文、之詩、之書，所以能造極詣微隨其才大小卓然自成一家者，無它，各本學問、識力所到而正出之、奇出之、迂迴出之，務肖其性情，無所謂法而法自立，無所謂格而格自高。……今天下何太史書布滿屋壁，無人不矜賞鄭重之。至其構一文，根節磊落，製一詩，真氣坌涌，世或不知，而穆獨傾倒無已者。誰無性情？獨讀子貞之文、詩，如見子貞之性情。"[3]

何紹基與張穆爲學風格、學術興趣與經世態度特別契合，不尚虛言，兩人於道光二十三年（1843）聯手修繕顧亭林祠。這次修繕活動堪稱當時學林的一大盛事，又堪稱是一次學術理念的宣言。至此，顧炎武崇高的學術地位與理念得到重新認識，成爲一代學者們頂禮膜拜的精神"偶像"與效法楷模。張穆曾經撰寫《亭林先生祠落成公祭文》一文，高度評價顧亭林的學術成就及其對於後世學林的影響[4]。苗先露也曾回憶道：

歲癸卯（即1843），子貞集同人匄資，剏建亭林顧先生祠於城西慈仁寺西隅隙地。歲春秋及先生生日，皆舉祀事，余與石舟（州）、子貞每舉咸在。余之學私淑亭林，子貞、石州則皆讀亭林

① 《懷都中友人》之一，《東洲草堂詩鈔》卷十三，清同治六年長沙無園刻本。

② 《東洲草堂文鈔》卷四，清光緒八年刻本，第33頁。

③ 《月齋文集》卷三《〈使黔艸〉序》。

④ 參見《月齋文集》卷六。

之書而仰止行止者也。[1]

何紹基有《别顧先生祠》一詩紀念這次活動,其詩談到:"……功名與文章,因時見陶諫。惟兹下學事,萬古有繼禪。儒林道學分,宋史妄矜衒。六藝天道樞,傳例重班掾。先生冠儒林,狂瀾植匡堰。君親鑒吾身,學行須貫穿。願從實踐入,敢恃虚談便……"[2]應該説,詩文完全表明了何紹基等人的建祠宗旨,他們將顧炎武樹立成爲學術界的"精神領袖",强調學習其經世致用的研究態度。

俞正燮。俞正燮,字理初,爲清代徽州府黟縣(治今縣)人,同樣是一位在清代學術史上十分重要的著名學者[3]。鑒於其在學術史上的影響,也有研究者稱之爲"理初學派"的開創者[4]。俞理初生於乾隆四十年(1775),比張穆年長三十歲,但與張穆相識後,却對其人品與才華非常賞識,後請張穆整理其文集《癸巳存稿》。俞正燮同樣在科舉考試中遭受挫折,一生坎坷,然而學識高深,深爲學者們所盛贊,因此,他對張穆的贊賞與鼓勵對於張穆的成長是十分重要的。張穆對於俞理初的賞識與鼓勵同樣是深懷感激的。他在回憶詩中寫道:"俞君黟大儒,精博蘭陵荀。客邸一解后,過從輒頻頻。"[5]張穆又在《〈癸巳存稿〉序》中講到他們之間交往的機緣:"先是,壬辰(道光十二年,1832)冬,理初館新城陳碩士侍郎所,爲校顧氏《方輿紀要》。穆一再過之,頗多請益。理初賞之曰:'慧不難,慧而能虚,虚而能入爲難。'因與訂交。然理初年長於穆者倍,穆禮事之,尊爲先

---

① 《石州年譜》"道光二十三年"下引苗先露《〈使黔草〉序》。

② 《東洲草堂詩鈔》卷九,清同治六年長沙無園刻本。

③ 參見余敏輝:《俞正燮生平學行述評》,《黄山學院學報》2009年第6期;賈艷艷:《俞正燮學術研究》,華中師範大學2011年碩士論文;鐘金才:《俞正燮考據學研究》,蘇州大學2012年碩士論文等。

④ 舒習龍:《理初學派的歷史地理研究——以俞正燮、程恩澤爲例》,《淮南文理學院學報(社會科學版)》2008年第4期。

⑤ 《月齋詩集》卷三《述懷感舊六十韵,爲老友安丘王冊(貫)山先生壽》。

生，不敢與齒也。”[1]可見，張穆與俞正燮相識，起因於《讀史方輿紀要》。明末清初學者顧祖禹所著《讀史方輿紀要》是歷史地理方面的重要研究著作。我們知道，張穆最終是以地理學家及歷史地理名家而名垂學術史的[2]，對於《讀史方輿紀要》等名著的學習與研究，無疑是張穆進入地理學及歷史地理學研究領域關鍵性的“臺階”，對於其學術造詣的進步有着很重要的意義。張穆曾有詩《通州道中喜逢俞理初孝廉》云：

> 老作諸侯客，箸書難療貧。感君垂素髮，令我倦黄塵。
> 身世扁舟隘，江皋夜雨新。喜逢兼惜别，蛟鱷尚横津。[3]

可以肯定，編輯、整理《癸巳存稿》對於張穆學術發展而言又是一次極好的學習與磨礪機會。俞正燮的學術理念、治學風範與爲人風格對張穆影響至深。張穆對於俞正燮的治學作風做過這樣的描述：

> 理初足迹半天下，得書即讀，讀即有所疏記，每一事爲一題，巨册數十鱗比行篋中，積歲月，證據周徧，斷以己意，一文遂立。讀其書者，如入五都之市，百貨俱陳，無不滿之量也。[4]

俞正燮視野開闊，十分重視地理研究，故而《癸巳類稿》《癸巳存稿》中涉及域外、邊疆與地理的篇章相當多。例如《癸巳類稿》《癸巳存稿》中有關於俄國早期歷史問題的篇章，如《俄羅斯事輯》《俄羅斯長編稿跋》等，張穆後又作《俄羅斯事補輯》，正是爲了補充俞正燮著述之缺略及遺漏的内容。因此，没有俞正燮著述的啓發，也不會有張穆的繼作。他對此做了明確説明：“黟俞君正燮箸《俄羅斯事輯》，

---

① 《月齋文集》卷三。

② 參見王守春：《張穆》，譚其驤主編《中國歷代地理學家評傳》(3)，山東教育出版社1993年版，第156—172頁。

③ 《月齋詩集》卷二。

④ 《月齋文集》卷三《〈癸巳存稿〉序》。

顛末僂詳,瀛暹讀而嘉之。既得文清公松筠《綏服紀略圖詩》,注載西北兩邊情形頗悉,其述俄羅斯事,有足補俞君之闕者,因條列而文,綴之〈箸〉{著}於篇。蓋文清駐劄庫倫,經紀通市事閱八年,聞見既真,紀録自備矣。題曰"補輯",凡俞君所已詳者,不復徵也。"[1]又如《癸巳類稿》《癸巳存稿》中又有《駐紮大臣原始》《阿拉善》《蒙古》等多篇關於邊疆史地方面的研究文章,據研究者稱,"爲後來魏源撰《聖武記》、張穆撰《蒙古游牧記》、何秋濤撰《朔方備乘》提供了素材與借鑒"[2]。

程恩澤。程恩澤,字雲芬,號春海,也爲歙縣(治今縣)人。早年師從著名學者淩廷堪,嘉慶十六年(辛未,1811)進士,曾任貴州學政、侍讀學士、内閣學士、工部及户部侍郎等官職。與普通讀書人不同,程恩澤不僅位居高位,深得皇帝器重,而且學識卓越,著有《國策地名考》《程侍郎遺集》等著作,在清代學術史上地位與影響備受學者稱道,成爲一時與阮元齊名的學界領袖人物[3]。

程恩澤也是一個特别賞識張穆的高官,年輕的張穆對其賞識十分感激。程家與張家的友情始於張佩芳官任歙縣知縣之時。張穆曾整理《程侍郎遺集》,他在《序》中深情回憶兩家的交情:"先大父(即張佩芳)宰歙,偏交其邑之名儒,而春海程公之考蘭翹學士(程昌期)以僮子從。公後肄業斗山亭,特爲大父賞拔。"[4]可見,張佩芳對程昌期(蘭翹)有知遇、賞拔之恩,而程恩澤本人又與張穆之父張敦頤爲同年進士,兩家交誼非同一般。張穆特别提到程恩澤對他的照顧:"穆於癸巳(道光十三年,1833)之春初侍公直園,情好之洽久愈摯,

① 《肙齋文集》卷二《俄羅斯事補輯》。

② 舒習龍:《理初學派的歷史地理研究——以俞正燮、程恩澤爲例》,第75頁。

③ 參見舒習龍:《程恩澤的交誼與〈國策地名考〉的撰著》,《青島大學師範學院學報》2009年第2期,第91—95頁。

④ 《肙齋文集》卷三《〈程侍郎遺集初編〉序》。

不三五日必召過飲,投巾振袂,談議交錯,寒士之被禮者殆無與比。"①

應該説,程恩澤的認可與鼓勵對於張穆影響是極大的。祁寯藻在《〈月齋文集〉序》中指出:"及長,程春海司農許其得漢學淵源。既而司農見其所爲文,驚曰:'東京崔(寔)、蔡(邕)之匹也!'"即謂張穆的文章水平已經達到古代大文學家的水平。憑藉程恩澤當時的地位與影響,這種評價順理成章地成爲當時學界的公論。同時,程恩澤對於張穆的學術研究方向也是肯定與支持的,即"得漢學淵源"。所謂"漢學"與"宋學"相對。清代著名學者江藩曾在《國朝漢學師承記》一書中總結其特點:"事必有徵,義必有本,臆説武斷,概不取焉。"②梁啓超也曾説過:

其治學根本方法,在"實事求是""無征不信";其研究領域,以經學爲中心,而衍及小學、音韻、史學、天算、水地、典章制度、金石、校勘、輯逸,等等;而引證取材,多極於兩漢,故亦有"漢學"之目。③

這一總結雖然是針對乾嘉時期學術全盛時代的總結,但是也基本涵括了張穆早期的學術研究領域與治學特徵。張穆平生所敬重的前輩及同時代學者治學均有這些特點,如黄宗羲、顧炎武、顧祖禹、閻若璩等人。在程恩澤去世後,張穆與許瀚、何紹基等人擔起了編定《程侍郎遺集》的任務,他在該書《序》中高度評價程恩澤的學識與成就:

公負奇氣,博觀强誦,於經訓史筴、天象地輿、金石書畫、壬遁太乙、脈經格學,莫不窮極要眇,究析發皇之,而精神所到,冠

① 《石州年譜》"道光十三年"下引。

② 〔清〕江藩:《國朝漢學師承記》卷一,中華書局 1983 年版,第 5 頁。

③ 梁啓超:《清代學術概論》,中華書局 2020 年版,第 20 頁。

絶一時。卓然可傳於後者,則其有韵詩文也。①

而程恩澤"尤喜爲地理之學",在歷史地理學方面造詣最深,其最重要的成就是《國策地名考》一書,在學界廣受贊譽②。《國策地名考》一書初成於道光十二年(1832),爲程恩澤與狄子奇二人合作之成果。程恩澤在《序》中稱:"一日,談及地理之學,我朝稱最,然皆詳於春秋、《史》《漢》,而不及戰國。惟陽湖張君琦《國策釋地》差爲可據,而語尚簡質,未見賅備。"程恩澤對於該書的成書過程進行了詳細説明:

> 余乃集其大成,以次排纂。先原文,次正史,次雜録,次本朝諸名家所著。參伍考訂,爲之折衷,而以現在府廳州縣實之。又參考各家圖説,繪爲十二圖,使戰國形勢,如聚米畫沙,瞭然尺幅,凡十閱月而書成。③

程恩澤所著《國策地名考》以體例的嚴謹、完密與考證精詳,爲研究者所稱道。④ 如該書《凡例》稱:"是書於各國地名,皆先列都城,次及山川、關隘,次及大都,次及小邑,次及宫觀、臺榭。以地之方位爲叙,不以文之章句爲次。"又云:"是書於標題下,先列原文,次列原註,次加案語,次詳衆説,次列今名。皆以我朝現定府廳州縣爲斷,務取覈實,不尚假借。"⑤筆者以爲:張穆雖未直接參與該書的撰寫,但是,程恩澤與張穆交誼深厚,過從極密,這本書反映出來的治學精神、體例與方法,或可稱"著書之道",對張穆的學術影響是不可忽視的。類似的著作體例在日後張穆的著作中也有不少體現。

---

① 《月齋文集》卷三《〈程侍郎遺集初編〉序》。

② 〔清〕阮元:《〈國策地名考〉叙》,《國策地名考》卷首,清道光二十年刻本。

③ 〔清〕程思澤:《〈國策地名考〉叙》《國策地名考》卷首,清道光二十年刻本。

④ 參見舒習龍:《程恩澤的交誼與〈國策地名考〉的撰著》,《青島大學師範學院學報》2009年第2期。

⑤ 《國策地名考》卷首《凡例》,清道光二十年刻本。

沈垚。沈垚,字敦三,號子敦(惇),清代浙江湖州府烏程縣(治今湖州市)人。生於嘉慶三年(1798),道光十四年(1834)優貢生,卒於道光二十年(1840),享年僅四十三歲。沈垚作爲一代很有成就的歷史地理學家,却一生貧寒,科舉失意,仕途無望,相當不幸。其與張穆生活境遇頗多類似之處。可以説,道光時期的朝野習尚對於普通學者而言,並不友善,俞正燮、沈垚等人的境遇就相當坎坷。後來,沈曾植曾經對此發表議論:

道光之季,文場戾契,頗有幽歧。其還往常集於津要之途,巧宦專之。而公卿大夫方直者,舉子謹厚、步趨守繩墨者,士以學問自負者,恒聞風而逆加擯棄。其名士而擅議論者,尤干時忌,張石洲(即張穆)、張亨甫之流,困躓當時,士林所共記也。[①]

相同的境遇與相近的學術追求,使沈垚與張穆一見如故,交誼深厚,十分投緣。沈垚曾在與友人的書信中稱:"垚于知名之士不敢妄與投契,而必求有真性情者乃與訂交。數年來僅得平定張石舟一人,以此故耳。"[②]沈垚年壽不永,而張穆毅然承擔起沈垚《落颿樓文稿》的整理與編訂工作。而沈垚在學術上是地理學及歷史地理學名家,這對於張穆有着極深的影響。張穆曾在《〈落颿樓文稿〉序》中回憶兩人交往的情形:"穆與子惇交,以談藝深相契也……子惇以道光十五年入京師,館徐星伯先生家,先生數爲言其地學之精。越一年,乃相遇於道州何子貞同年所,即承以《〈長春西游記〉金山以東釋》見示,并讀其《落颿樓文稿》,此所刻前二卷是也,由是往來遂密。又越四年,而子惇遘瘵疾,卒於會邸……至始終經紀其喪,則星伯先生一人而已。"[③]沈垚曾是著名學者徐松府上的塾師,極受徐松的器重。沈垚地理學造詣也爲當時不少學者所嘆服。如程恩澤稱贊道:"地

① 沈曾植:《〈落颿樓文集〉序》,《吴興叢書》,民國嘉業堂校刊本。

② 〔清〕沈垚:《與王篋軒書》,《落颿樓文稿》,《石州年譜》"道光十六年"下。

③ 《月齋文集》卷三。

學如此，遐荒萬里，猶目驗矣！我輩㣲材，未足語於是也。”張穆對於當時他們的交游生活及沈垚的學術旨趣有過細緻的描述：

> 子惇留京師，爲桐城姚伯卬總憲校《國史地理志》，寓内城，間旬出相訪，則星伯先生爲䍧羊炊餅，召余共食，劇談西北邊外地〈里〉{理}以爲笑樂。余嘗戲謂："子惇生魚米之鄉，而慕彝者麥；南人足不越關塞，而好指畫絶域山川；篤精漢學，而喜説宋遼金元史事，可謂三反。"子惇聞而軒渠，以爲無以易也。[①]

後來，張穆爲靈石楊氏裒刻《楊氏叢書》，於是將《落颿樓文稿》編入其中。[②] 沈垚作爲一位卓有建樹的歷史地理學家，編集《落颿樓文稿》對於張穆學術發展與導向有着至關重要的影響。我們可以看到《落颿樓文稿》中有大量歷史地理的研究内容。如該書卷一爲《六鎮釋》《新疆私議（附〈葱嶺南北河考〉）》，卷三爲《漳北滱南諸水考》，卷四有《泥水考》，卷六爲《〈西游記〉金山以東釋》，卷十二爲《〈後漢書注〉地名録》《〈水經注〉地名釋》《〈元史・地理志〉釋》《西北地名雜考》。卷十四至二十四是《地道記》，實爲其所撰的清代各省地理志。其中，《〈西游記〉金山以東釋》受到學術界的高度贊譽，成爲研究邊疆史地的重要參考書。[③]

校刊的過程，也是學習、思考與探討的過程。筆者以爲張穆對於北魏歷史地理及《水經注》的研究就受到了沈垚的直接指引。如張穆十分看重沈垚對他最後的囑托："庚子（道光二十年，1840）十月，忽手録所譔《漳南滱北諸水考》見貽，其意惓惓然，若有所諄屬者。未及一月，而子惇病且死矣。"[④]如沈垚的著述中有一篇《〈水經注〉

---

① 《㐆齋文集》卷三《〈落颿樓文稿〉序》。

② 《㐆齋文集》卷三《〈落颿樓文稿〉序》。

③ 參見馬正林：《沈垚》，譚其驤主編《中國歷代地理學家評傳》（3），第173—188頁。

④ 《㐆齋文集》卷三《〈落颿楼文稿〉序》。

地名釋》,後來張穆也撰寫了《水經注表》[①]。沈垚曾寫有一篇《〈魏書·地形志〉注》,注者曰:"子惇爲徐星伯先生松撰,書未成,遺稿未見。"[②]正因爲此稿未成,徐松又將相關問題邀請張穆予以解决,這也就是張穆研究《魏書·地形志》的直接緣由。

徐松。徐松,字星伯,清代順天府大興(治今北京市)人,生於乾隆四十六年(1781),嘉慶十三年(1808)進士,後官任翰林院編修、文穎館總纂、湖南學政等職。徐松在清代學術史上地位非凡,幾乎與阮元、程恩澤相埒,堪稱一個時代的學術領袖人物。徐松平生著述甚多,如《登科記考》《唐兩京城坊考》等,是後乾嘉時代的重要代表性學者之一,尤以在歷史地理學上的深厚造詣,爲學界所尊崇。嘉慶十七年(1812),徐松遭人彈劾,被遣戍伊犁。官場之不幸却給了徐松實地考察新疆山川的機緣,這對於一個地理學家而言,是極爲重要的。"先生於南北兩路壯游迨遍,每所之適,携開方小册,置指南針,記其山川曲折,下馬録之。至郵舍而進僕夫、驛卒、臺弁、通事,一一與之講求。"[③]而更爲巧合的是,嘉慶十八年(1813),松筠出任伊犁將軍,特請徐松協助繼續編寫新疆地方志。經過多年的努力,至道光元年(1821),該書被賜名《新疆識略》[④]。這也是新疆歷史上最早最全面的方志典籍。其後,徐松從新疆回京後,成爲京師學術界的領袖級人物,"無形中徐氏成一中心,成一泰斗"[⑤]。徐松與張穆交情甚好,過往頻繁,對於張穆的學術發展與導向幫助極大,可

---

① 《石州年譜》"道光二十一年"下。

② 〔清〕汪剛木編校:《沈子敦著述總録》,《落颿樓文集》卷首,《吴興叢書》,民國嘉業堂校刊本。

③ 〔清〕龍萬育:《龍序》,《西域水道記》(外二種),中華書局2005年版,第9頁。

④ 参見朱玉麒:《前言》,《西域水道記》(外二種),第1—17頁。

⑤ 趙儷生:《徐松》,譚其驤主編《中國歷代地理學家評傳》(3),第121頁。

以説也是張穆地理學研究的引路人,歷史地理學家沈垚曾經就是徐松府内延請的塾師或幕賓,張穆在文章中屢屢提及徐松,尊稱其爲“星伯先生”。

徐松在邊疆史地研究方面最著名的成果就是《大興徐氏三種》,即《西域水道記》《漢書西域傳補注》與《新疆賦》[①]。徐松也由此成爲與祁韵士並稱的清代西北邊疆史地研究的開創者與踐行者。其中,《西域水道記》成爲新疆歷史地理研究的巨著。該書成書於道光三年(1823),資料翔實,體例嚴謹。關於其成書情况,研究者稱:徐松對於新疆地理的研究“積之既久,繪爲全圖。乃遍稽舊史,《方略》及案牘之關地理者,筆之爲記。記主於簡,所以擬《水經》也。又自爲釋,以比(酈)道元之注。即用酈氏注經之例。記則曰導、曰過、曰合、曰從、曰注;釋於經水曰出、曰逕、曰會、曰自、曰入,於枝水曰發、曰經、曰匯。又以圖籍所紀,異文踳駮,使夫攬者嘆其混淆,一以《欽定西域同文志》寫之,而釋其可知者,斯誠有條不紊矣。每卷之後,各附以圖”[②]。徐松沿續了《水經注》嚴謹的體例,却能用於不同的區域,並附加嶄新的、豐富的内容,因此,這部巨著不啻爲一種偉大的創造。現代研究者又稱:“這部書是精心仿照酈道元《水經注》的寫法寫出來的。總綱是按水系,再將山脈、城堡、戰争痕迹、民族語言及風俗,甚至山水景物,統統綜合地寫了進去。”在關注歷史變遷的同時,“也顯露出這一廣袤的游牧地逐漸被開發的過程”[③]。徐松在歷史地理學上的造詣與著作水平是極其高超的,而他本人又極其謙遜嚴謹,成稿之後,不斷修改[④]。可以説,在這樣的嚴師益友、宏大巨

① 參見朱玉麒:《前言》,《西域水道記》(外二種),第1—17頁。

② 〔清〕龍萬育:《龍序》,《西域水道記》(外二種),第9頁。

③ 趙儷生:《徐松》,譚其驤主編《中國歷代地理學家評傳》(3),第124—126頁。

④ 朱玉麒:《前言》,《西域水道記》(外二種),第12頁。

著的影響下，張穆受到的感動、震撼與啓發是可想而知的。

在長期的學習、鑽研以及師友間的切磋、砥礪中，張穆逐漸形成了自己的學術特色。筆者以爲，正是在程恩澤、沈垚、徐松等人的引導下，張穆全面開始了地理學以及歷史地理學的探索與研究工作。張穆的學術造詣與成就是多方面的，然而，其在邊疆史地方面的才能與貢獻則是最爲突出的。其弟子吴履敬指出：張穆"尤長於輿地、小學，異域山川，瞭若指掌。諸經説同異，有問難者，應答如流。文字之交徧海内，詩酒之會冠京師"[①]。但是，提到張穆在歷史地理及邊疆史地方面的學習、研究與建樹，則必須要提到祁韵士與祁寯藻父子。

祁韵士，字鶴皋，清代山西平定州壽陽縣（治今縣）人，爲祁寯藻之父。乾隆戊戌（四十三年，1778）進士，曾任翰林編修等職。祁韵士是公認的清代中葉以來邊疆史地研究熱潮的開創者，平生著述豐富，如《蒙古回部王公表傳》《皇朝藩部要略》《西陲總統事略》《西域釋地》《西域要略》《萬里行程記》等[②]。如果説，張穆一生在邊疆史地上的學術成就，是"站在巨人的肩膀上"的緣故，那麽這位"巨人"應該就是祁韵士。張穆對於祁韵士著述的學習、研究與整理，不僅對於其學術造詣、學術理念及取向都有着莫大的影響，而且張穆日後的重要學術著述，如《蒙古游牧記》等，也直接來自於祁氏著作的啓迪。

張穆對於祁韵士事業的繼承，首先體現在西域（新疆）歷史地理研究文獻的審訂、整理之上。如道光十六年（1836），年僅三十二歲的張穆即接受祁寯藻的委托，審定、校訂祁韵士所著《西域釋地》與《西陲要略》兩書[③]。而這兩部著作的整理工作，却是張穆接觸與研

① 《㐆齋文集》之吴履敬《序》。

② 參見〔清〕祁韵士著，劉長海整理：《祁韵士集》，三晋出版社 2014 年版。

③ 《石州年譜》"道光十六年"下。

究邊疆史地的開始，也是重要的啓蒙，其體例與内容應該對於張穆有很大的觸動與啓發。

《西域釋地》與《西域要略》可以説是典型意義上的地理類或方志類著作。可以説，這是祁韵士對於西域地理情况的研究成果。祁韵士被謫新疆，更早於徐松，自然是人生道路上的一大不幸，然而與徐松一樣，這又讓他有機會開展新疆的歷史地理情况的考察與研究。乾隆時期實現了中國歷史疆域的空前統一，疆域的廣袤却也會顯露出學術研究之不足。宋元明清以來，内地各省份地方志著述得到很大發展，水平也有極大的提升，其數量之龐大可以用“汗牛充棟”來形容。相比之後，邊疆地區的地理志著述却是相當貧乏，這也正是清中葉以來邊疆史地研究興起的契機，對此，祁韵士有着明確的認識：“考歷代史所稱，中國號令班於西域者，莫如漢唐，都護、校尉兼置，都督、節度遞設，紀載綦詳矣。……孰若我國家建不拔之基，規模宏遠若此，允宜垂諸方册，昭示來兹者矣。”[1]與純粹的歷史學家不同，祁韵士對於地理著述有着自己獨特的見解與取向：“夫記載地理之書，體裁近史，貴乎簡要。倘不足以信今以證古，是無益之書，可以不作。”《西陲釋地》與《西陲要略》之所以擁有極高的價值，這與當時祁韵士特殊的身份地位及經歷是分不開的：

> 余既得親履其地，多所周歷，得自目睹，而昔年備員史職，又嘗伏讀御製文集、詩集，及平定準噶爾回部方略二書，故於新疆舊事，知之最詳，頗堪自信。適松湘浦（筠）先生駐節邊庭，以伊江爲總統南北兩路之地，親事丹鉛，創爲事略十二卷，已又奉有續輯《同文志》之命，將彙送各城故實事蹟，余獲總司校核，參證見聞，益覺信而有據，爰就要者考而録之，備存其略，凡四卷。[2]

① 《西域釋地》，《祁韵士集》，第 47 頁。

② 《〈西陲要略〉自序》，《祁韵士集》，第 63 頁。

可以説，祁韵士對於新疆的關注由來已久，對於乾隆皇帝及諸官員所作新疆史志非常熟悉，正好應松筠之邀請，協助撰寫新疆地方志，《西陲總統事略》應該是新疆地方志的嶄新嘗試。後來，祁韵士又負責彙編《同文志》，接觸到大量地方官員上報的第一手資料。這些可以説都是《西陲要略》與《西域釋地》等著作的質量保證。這種實事求是的介紹文字，讓我們不僅看到了一位真正歷史地理學家的坦蕩胸懷與執着精神，也看到了一位學者從事學術研究時的切入路徑與詳細步驟，十分難能可貴，令人印象深刻。張穆學識廣博，見解獨到，故被祁寯藻選中，復核祁韵士重要的地理學著作，而這種復核工作也將張穆全面引入了地理學以及邊疆史地的研究之中。

四

道光十九年(1839)，年届三十五歲的張穆遭遇了其人生中的一場最重大挫折，因在科舉考試中被斥違規而被永久剥奪了考取功名的資格。這場災難對於張穆人生的打擊無疑是巨大的，或者説是災難性的，成爲其個人痛苦不堪的記憶。但是，對於張穆的學術事業而言，這似乎並不完全是件壞事。何秋濤曾指出：張穆“以負氣忤貴人，罷去不顧，閉户人海中幾十載。左右圖書，日以討論爲事，蓋其志專欲以學術名後世也。”[①]其弟子吴履敬也指出：張穆並没有被挫折所擊垮，而是越挫越勇。“……而師之學與識，乃因以益進。既已息意仕宦，閉户讀書，百家之學無不洞其原委。”[②]可以説，此後的張穆絶意於仕宦之途，以純粹的學者自任，以追求“學術名後世”爲自己的最終目標，更加全身心地投入學術事業之中。在經歷多年積澱之後，厚積而發，張穆由此走上了其學術事業的“巔峰期”與“高産

① 《石州年譜》“道光二十九年”下。

② 《月齋文集》之吴履敬《序》。

期”,完成了一部又一部的重要著作,從而奠定了其在清代乃至中國學術史上的地位與影響。尤其是在歷史地理學領域,張穆更達到了前人未至的巔峰。如兩年之後,即道光二十一年(1841),張穆就完成了數部重要的學術著作,如《魏延昌地形志》《水經注表》以及輯録《元秘史譯文》《元經世大典·西北地圖》等。

張穆撰寫《魏延昌地形志》,起於其對於《水經注》與《魏書》諸書的研讀,同時也得自俞正燮、徐松等人的點撥。“穆初讀《水經注》,即謀博徵典籍,撰爲義疏。”然而,《義疏》之作,並非易事。俞正燮提醒張穆:“是當先治《地形志》。”然而,“取而讀之,苦其蕪亂”。魏收所作《魏書·地形志》素以取材雜亂、遺漏甚多、内容難懂著稱,因此,歷代學者均視其研究爲畏途。徐松即提出《魏書·地形志》分卷理據的問題,張穆感到無言以對。而經過苦思,張穆恍然大悟:“此非北魏之志也。”以往學者研究北魏疆域,均根據《魏書·地形志》,而遇到牴牾差異之處,都以爲是史料或後人的問題,這實在是極大的誤解![1] 至此,可以説,張穆發現了古人未曾提到的《魏書·地形志》的關鍵問題,即這部《地形志》很難説是北魏王朝的地理志。“且(魏)收雖云‘據永熙(即北魏王朝的最後一個年號,公元532至534年)綰籍’,而分、並、建、革,一以天平、元象、興和、武定爲限,則收是《志》,純乎東魏之志而已,純乎籍東魏以表高氏受命之符而已。”[2]其實,該《志》最明顯的謬誤,莫過於司州之定。《魏書·地形志》在開篇即明言:“今録武定之世以爲《志》焉。”武定年號在公元543至550年,而早在公元531年(即北魏普泰元年),東、西魏已實際分裂。因此,魏收將鄴城(河北臨漳縣西南鄴鎮)之地定爲司州,

① 參見〔清〕張穆著,安介生輯校:《〈魏延昌地形志〉自序》《〈魏延昌地形志〉存稿輯校》。

② 〔清〕張穆著,安介生輯校:《〈魏延昌地形志〉自序》,《〈魏延昌地形志〉存稿輯校》。

下注云:“魏武帝國於此,太祖天興四年(401)置相州。天平元年(534)遷都改。”[1]衆所周知,北魏的國都先是平城(今山西大同市),後遷至洛陽(今河南洛陽市),在東、西魏分裂之前,再没有遷都。而孝静帝元善見之遷都鄴城,完全是高歡等人脅迫的結果。而魏收定鄴城之地爲司州,以武定之時爲地理志之斷限,雖然也有以前資料散佚的客觀困難,但似乎更多地是爲了阿諛高氏皇族。這可謂“千古未發之覆”,至此被張穆一舉揭穿。

當然,揭示《魏書·地形志》的根本謬誤,只能説是天才頭腦的一時“靈光閃現”,是對於善於思考的聰明學者的褒奬或回饋,而《魏延昌地形志》的撰寫却是高屋建瓴、功夫深厚且費盡心力之杰作。在揭示《魏書·地形志》的根本謬誤之後,張穆没有自得而罷手,而是積極地提出重大修改舉措,即以北魏延昌年間爲時間斷限,重新撰定一部北魏地理志。而在事隔千百年之後,重新撰寫北魏地理志,重新梳理北魏時代政區及地理類文獻資料,這需要多麽大的勇氣與毅力,多麽深邃的智慧啊!關於《魏延昌地形志》的價值認同,又不得不提及當時學界的一位領袖級人物——大學者阮元。

阮元,字伯元,號芸臺、雷塘庵主、揅經老人、怡性老人等,清代揚州府儀徵縣(治今江蘇儀徵市)人。乾隆五十一年(1786)進士,歷任兵部、禮部等諸部侍郎,後又曾出任山東學政、浙江巡撫、體仁閣大學士等。一生歷仕高位,榮耀至極,且學問高深,著述宏富,蔚爲一代學界泰斗,門客衆多,被稱爲“漢軍殿軍”[2]。張穆對於阮元的人品及學識極其仰慕,道光二十三年(1843),張穆至揚州後,專程拜謁

---

① 《魏書》卷一〇六上《地形志上》,中華書局1997年校勘合訂本,第2455—2456頁。

② 參見尚小明著:《學人游幕與清代學術》第二章第二節之“阮元幕府”,東方出版社2018年版,第218—230頁。

阮元。阮元贈送張穆聯語稱:“講學是非求實事,讀書愚知在虚心。”[①]寓意深刻,耐人尋味。既表達了阮元對於張穆學風的認可,也飽含其對於後輩學者的期望。當時,張穆完成《魏延昌地形志》初稿後,即請阮元爲《序》,他在《復謝阮芸臺相國書》中深切表達了對於阮元的敬仰之情:

穆夙攬鴻文,心儀古學,積思願見者垂二十年。雖久承獎借,曲荷招徠,終以潢潦細流難語河海之大,望門却步,誠自量也……[②]

阮元見到張穆之著作後,嘆爲“天下奇作”[③],稱其“精博之至……乃博采旁稽,重事厘訂,凡古書及金石遺文有涉及魏事者,必詳采之……洵〈屬〉{爲}實事求是之書。”[④]又云“二百年無此作也”[⑤]。以阮元當時的地位,其評價的影響力自然是十分巨大的。這也印證了何秋濤在《張穆墓誌》所提到的時人評價:“識者謂先生之學蓋全氏謝山(祖望)、錢氏辛楣(大昕)之儔,非它家所可擬云。”即張穆之學術成就,完全可與大學者全祖望、錢大昕等人相提並論,是大師級的水準。應該説,對於張穆的學術貢獻而言,這樣高度的評價並非虚言,而是實至名歸,十分公允。

今天我們講到張穆的學術成就,當然要特別感謝另外一位前輩大學者,這就是何秋濤。何秋濤,字巨源,號願船,福建光澤縣(治今縣)人。生於道光四年(1824),道光癸卯(二十三年,1843)舉於鄉,次年(1844)成進士,曾官任吏部主事,卒於同治元年(1862),享年僅三十八歲。何秋濤自幼聰穎,年長後却不喜媚俗之學,“後益肆志於

① 《石州年譜》“道光二十三年”下引。

② 《㬅齋文集》卷三《復謝阮芸臺相國書》。

③ 《㬅齋文集》之祁寯藻《序》。

④ 〔清〕阮元:《〈魏延昌地形志〉序》,《〈魏延昌地形志〉存稿輯校》。

⑤ 《山西通志·文學録》,《石州年譜》後引。

漢學,與當時名士何紹基、張穆等討論,講貫於經史,百家訓詁,考證鉤析,不遺餘力。”[1]與張穆輩學者相比,雖然出生之年較晚,又英年早逝,但是,何秋濤在邊疆史地方面的成就却相當突出,備受推重,他最著名的成就就是撰成《朔方備乘》(原名《北徼彙編》)一書,同樣成爲邊疆史地研究的一代名著[2]。

張穆與何秋濤兩人學術理念與興趣極爲相近,非常投緣,因此,很快成爲學術上的合作伙伴。何秋濤曾深情回憶道:“顧自念以年家子謁先生,一見如故,辱與同居,游知最深。”[3]張穆在校對《元朝秘史譯文》、吴棫《韵補》等書稿時,就邀請何秋濤一齊參與校核工作。張穆也非常欣賞他的才華,何秋濤完成《〈王會〉篇箋釋》一書後,張穆欣然作《序》,高度稱贊何秋濤著作之精湛,同時也表達了自己對於地理學著作的認知:“(何)願船比部精心掔覈,博稽詳校,成《箋釋》一書。觀者咸服其賅博精深,擬諸裴氏之注《三國》、酈氏之注《水經》。”[4]張穆去世後,《魏延昌地形志》初稿散亂,並未全部完稿,何秋濤慨然擔負起整理遺稿的重任。“先生既歿,秋濤偕何編修次其稿,曰《㐆齋文集》《靖陽亭劄記》各若干卷,《延昌地形志》《蒙古游牧記》雜塗乙,未脱藁,秋濤將爲理而成之。其已行世者,惟顧亭林、閻潛邱兩《年譜》云。”[5]可惜,在何秋濤死後,《魏延昌地形志》仍未逃脱厄運,幸虧有《總目》與《分目》的留存,我們得以管窺這部巨著的輪廓[6]。

---

① (光緒)《重纂邵武府志》卷二一,清光緒二十六年刊本。

② 參見陳得芝:《何秋濤》,《中國歷代地理學家評傳》(3),第141—155頁。

③ 《石州年譜》“道光二十九年”下。

④ 《㐆齋文集》卷三《〈《王會》篇箋釋〉序》,同見《石州年譜》“道光二十八年”下引。

⑤ 《石州年谱》“道光二十九年”下。

⑥ 參見筆者:《輯校説明——兼論張穆〈魏延昌地形志〉存稿的學術價值》,《〈魏延昌地形志〉存稿輯校》,齊魯書社2011年版,第1—14頁。

作爲一位重要學者，張穆所關注的不僅僅是個人的著述事業，他更關心學術事業的發展，而一個時代學術事業的發展，在很大程度上取決於學者們的群體取向與興趣。那麼，在傳統時代，如何促進中國學術健康發展，而避免走向彎路乃至邪途呢？"以復古爲解放"或"以復古爲創新"，就是一條可行的綫路，或者可説是"不二法門"，即向方向正確的、成功的前輩學者學習，重新發現其寶貴的經驗與教訓，虛心學習，繼承其學術精旨，再加入自己創新的内容，擴充之，光大之，這也是清代學術史的寶貴經驗[①]。在清代學術史的研究整理中，張穆又發揮了獨特的作用，其所著《顧亭林先生年譜》《閻潛丘先生年譜》不僅是對於顧炎武、閻若璩這兩位偉大學者的崇高禮讚，將其樹立爲"精神領袖"，更是對於其科學研究方法論的高度認可，同時也表明張穆等學者對他們學風與治學路徑繼承與宣揚的決心。他對於顧炎武的學術態度極爲推崇："謹案本朝學業之盛，亭林先生實牖啟之，而洞古今，明治要，學識該貫，卒亦無能及先生之大者。"[②]道光二十三年（1843），張穆與何紹基等人在京師創建顧炎武祠堂，他在《亭林先生祠落成公祭文》中特別提到，期盼"儒林精神不朽"[③]。張穆又在《〈潛邱年譜〉題詞》中指出：

> 癸卯（即1843）夏，穆改訂《亭林年譜》既卒業，念國朝儒學，亭林之大、潛邱之精，皆無倫比，而潛邱尤北方學者之大師。因取杭大宗、錢曉徵（大昕）所爲《傳》及《劄記》《疏證》諸書，排次歲月，爲《潛邱年譜》。將以詒吾鄉後進，興起其嚮學之心。[④]

經張穆倡導，"亭林之大，潛邱之精"，自此成爲清代學術史上難以更易的評價之語。而張穆撰寫顧炎武與閻若璩年譜的目的，更是

① 《清代學術概論》，第22頁。

② 《月齋文集》卷三《〈亭林年譜〉題詞》。

③ 《月齋文集》卷六。

④ 《月齋文集》卷三。

爲了興起後代學人的向學之心。其諄諄之意,的確令人無比感動。何紹基也曾高度評價張穆所撰年譜的學術價值及其嚴謹的著述態度。"張石州據車秋舲、徐星翁(松)所撰《亭林年譜》,合爲定本,增益〈辦〉{辨}正甚博且精,攜稿至山東、江南,蒐得遺事、詩文頗多"[①]。

道光二十六年(1846),張穆撰成《蒙古游牧記》一書。這部巨著同樣可以看作是張穆對祁韵士研究事業的繼承與發揚。《欽定外藩蒙古回部王公表傳》是祁韵士主持編纂的最重要的邊疆史地著作之一,編入《四庫全書》,被學者們視爲"19世紀西北邊疆史地學研究的奠基之作"[②]。根據《鶴皋年譜》記載,祁韵士在通過傳統科舉考試之後,又加入了滿文(文獻中稱"清文"或"清書")的學習。如乾隆四十三年(1778),祁韵士考取進士之後,"引見改翰林院庶吉士,尋派習清書。(教習師分别有德保、阿桂、錢載、富炎泰等人)……是科狀元戴蓮士先生衢亨亦習清書,約余同學"[③]。乾隆四十七年(1782),祁韵士充任國史館纂修官,正是因爲"諳習清文",奉令接纂此書。"余既任事,通核立傳體例,計内札薩克凡四十九旗,外札薩克若喀爾喀土謝圖汗、車臣汗……多至二百餘旗,以至西藏及回部,均應立總傳、分傳。"因所需録入的内容極多,而徵引文獻繁多而龐雜,編纂工作極爲艱苦。經過八年的努力,該書終於取得成功。雖然這是一項集體性的大工程,參與者多達二百餘人,但是主要負責者是祁韵士、郭可之二人。

……於是各按部落條分縷析,人立一傳,必以見諸實録紅本者爲準。又以西北一帶山川疆域,必先明其地界方向,恭閲《皇輿全圖》,譯出山水地名,以爲提綱。其王公等源流支派,則核

① 《别顧先生祠》注文,《東洲草堂詩鈔》卷九,清同治六年長沙無園刻本。

② 黄興濤《序》,《祁韵士集》卷前。

③ 《鶴皋年譜》,《祁韵士集》,第590頁。

以理藩院所存世譜訂正舛訛。[1]

乾隆皇帝對於這項工作相當重視,因爲清朝的統一,爲該書的完成奠定了現實的基礎。"我國家開基定鼎,統壹寰區,蒙古四十九旗及外扎薩克喀爾喀諸部,咸備藩衛,世篤忠貞。中外一家,逺邁前古。"[2]其政治意義是無與倫比的。

現收録於《四庫全書》的《欽定外藩蒙古回部王公表傳》共計一百二十卷,就其總體例而言,分爲《表》與《傳》兩大類,"將各蒙古扎薩克事蹟、譜系詳悉採訂,以一部落爲一《表》《傳》,其有事實顯著之王公等即於部落《表》《傳》後,每人立一《專傳》,則凡建功之端委,傳派之親疎,皆可按籍而稽。"[3]列傳與總傳内容互相印證,表格内容扼要地提供部落歷史關鍵數據及部族王公世襲情況。如卷一《科爾沁部》下記載:"天命九年來歸,旗六、爵十七。"如卷二《喀喇沁部》下載:"天聰三年來歸,旗二、爵六。"表格内容共計十六卷。立傳内容則有《總傳》與《列傳》(或稱《專傳》《分傳》)之别。《總傳》爲各部歷史地理狀況的簡單介紹,《列傳》則是重要王公的傳記。而《總傳》部分却包含了極其重要的地理信息。如在《科爾沁部總傳》下稱:"科爾沁部,在喜峯口外,至京師千二百八十里。東西距八百七十里,南北距二千有百里。東界扎賚特,西界扎嚕特,南界盛京邊墻,北界索倫。元太祖起和林,削平西北諸國,建王駙馬等世守之,爲今内外扎薩克蒙古所自出。"這裏僅提到該部的方位及疆域四至,内容簡略。

《欽定外藩蒙古回部王公表傳》終究是一項集體性的工程,不能算是個人著述,學者個人的意見與見解也很難體現在該書文字之

① 《鶴臯年譜》,《祁韵士集》,第 591 頁。

② 《欽定外藩蒙古回部王公表傳》之《卷首》,《景印文淵閣四庫全書》。

③ 《欽定外藩蒙古回部王公表傳》之《卷首》,《景印文淵閣四庫全書》。

中。作爲個人辛勤勞動的成果,祁韵士本人的工作成果有不少遺稿保留,研究者對此很有興趣。爲了讓其心血不致付之東流,其子祁寯藻專門邀請不少學者(其中包括張穆)協助整理,最後又成《皇朝藩部要略》與《皇朝藩部世系表》兩書[1]。祁韵士卒於嘉慶二十年(1815),當時張穆年僅十歲,未能直接向祁韵士學習邊疆史地方面的研究成果,而其子祁寯藻最終將整理祁韵士遺著的重任交給了張穆,張穆擔任了《皇朝藩部要略》與《皇朝藩部世系表》兩書的最後復校工作。而據祁寯藻所記,張穆最重要的著作——《蒙古游牧記》的撰作意願,正是在整理祁韵士的遺稿時產生的。祁寯藻指出:

……又越七年,平定張石州復爲校補譌脱,乃墨諸版。石州又以先大夫之葋爲各傳也,先辨其地界方向,譯出山水地名,以爲提綱,而是編疆域未具,讀者眩之,爰以《會典》《一統志》爲本,旁采各書,别纂爲《蒙古游牧記》若干卷,它日卒業,將附梓以行。[2]

可以説,没有整理《皇朝藩部要略》諸書的前期工作,也就不會有《蒙古游牧記》。張穆正是發現了以前著述的不足,才萌生《蒙古游牧記》的想法。張穆也希望《蒙古游牧記》與祁韵士著作相伴刊行。"昔吾鄉祁鶴皋先生著有《藩部要略》一書,穆曾豫讎校之役。其書詳於事實而略於方域,兹編或可相輔而行。"[3]當然,《蒙古游牧記》的撰寫有着更爲深刻的歷史背景與更爲巨大的學術意義,張穆對此有着明確的説明:

我皇清受天眷命,統一天下,薄海内外,悉主悉臣,治道之隆,登三咸五。而北戴斗極,西届日所入,廓疆畛三萬餘里,靡不

① 參見吕文利著:《歷史書寫與藩部政治——〈皇朝藩部要略〉研究》,黑龍江教育出版社2009年版。

② 《皇朝藩部要略》卷後語,《祁韵士集》,第335頁。

③ 《扂齋文集》卷三《〈蒙古游牧記〉自序》。

服屬奔走。禮樂、朝會、賦役、法制、條教、號令，比於内地。盛矣哉！古未嘗有也。然内地各行省府廳州縣皆有志乘，所以辨方紀事，考古鏡今……獨内、外蒙古，隸版圖且二百餘載，而未有專書。《欽定一統志》《會典》雖亦兼及藩部，而卷帙重大，流傳匪易。學古之士尚多懵其方隅，疲於考索，此穆《蒙古游牧記》所爲作也。①

中國很早就有撰修地方志的傳統，自宋元明清以來，内地地方志事業得到更大的發展，著述數量繁盛。而在清代王朝疆域大一統的背景之下，邊疆地區地方志或地理志闕漏的情況就顯得格外突出了。其中，地處中國北方農牧分界綫以北的蒙古地區地方志的修撰最爲闕乏，也最爲困難，學術界更是翹首以待。而撰修處於游牧狀態的蒙古地區的地方志，不啻是一種前無古人的創造。内地地方志的撰修，大多依於郡縣系統，早有成規。而對於長城以北的游牧地區，又將如何處理？其方志撰寫體例如何確立？這些問題更是其解決困難的關鍵。而《蒙古游牧記》完善的撰修體例，正是該書最大的成功，也是其最大價值所在。可以説，在此體例的創設中，張穆顯出了非凡的創造性：

今之所述，因其部落而分紀之。首叙封爵、功勳，尊寵命也；繼陳山川、城堡，志形勝也；終言會盟、貢道，貴朝宗也。詳於四至八到以及前代建置，所以綴古通今，稽史籍，明邊防，成一家之言也。②

爲保證《蒙古游牧記》一書的質量，張穆可謂竭盡全力，嘔心瀝血，而其運用各種科學的研究方法，也值得後輩學人認真領悟與學習。“致力十年，稿艸屢易。凡國家豐功偉烈見於《方略》諸書者，罔

① 《㐆齋文集》卷三《〈蒙古游牧記〉自序》。

② 《㐆齋文集》卷三《〈蒙古游牧記〉自序》。

不敬録而闡揚之。其近年興建,則又詢諸典屬,訪諸樞垣,以蕲精詳而備討論。"[①]可見張穆之作,不僅引述清代早期歷史研究與紀録極其深入,極其翔實,而且爲核實嘉慶、道光年間的邊疆記述,遍訪當事官員,以避免傳聞之訛脱。著述態度之嚴謹與求實,令人驚嘆。如果輕易苛責前輩學者"嗜古成癖"或"一味考古",或者以爲重視實地調查訪談,重視當事人的口述歷史,只是現代學者才懂的玩藝兒,就顯得荒唐可笑了。

《蒙古游牧記》最終的成功,還仰賴何秋濤的無私襄助。刊行後的《蒙古游牧記》總共有十六卷,張繼文曾加案語稱:"《游牧記》刻於咸豐九年(1859),前十二卷先伯(即張穆)撰,後四卷何秋濤補輯。"[②]可以説,《蒙古游牧記》一書爲張穆與何秋濤兩人合作之結晶。吴履敬曾回憶張穆遺稿經歷的神奇遭遇,並説道:"《游牧記》末四卷尚未排比,《地形志》'夏州'以後未得艸稿,皆賴願船先生編校綴輯,約略完善,與詩文集可相繼付梓。師之精心卓詣未墜於地,後學之士得有所尋繹沾丐焉。"[③]《蒙古游牧記》刊行兩年之後,何秋濤即不幸謝世。古人之高誼與心血,共同樹立了不朽之豐碑,爲後人留下了寶貴的文化財富,書寫出一段中國學術史上的精彩華章。

結　語

清代乾隆、嘉慶以來,中國學術發展事實上迎來了一個"新學"興起,或"新舊交替"的歷史轉折時期。在以傳統古文字學、音韵學、歷史學、校勘學爲代表的所謂"乾嘉學術"繼續興盛的同時,又有一

① 《月齋文集》卷三《〈蒙古游牧記〉自序》。

② 《石州年譜》"道光二十六年"下引。

③ 《月齋文集》之吴履敬《序》。

些新式學科的興起，如西方算學、天文學等[①]。其中，西北邊疆史地研究的興起被現代研究者稱爲“第一次邊疆研究高潮”[②]。在當時邊疆史地研究的熱潮中，以祁韵士、徐松、沈垚、張穆、何秋濤等學者構成的學者群體起到了核心的、不可或缺的重要作用[③]。

乾嘉以來學者群體的出現，早就引起了研究者的注意。而在當時學者群體的組建中，阮元、程恩澤兩位學者堪稱學者之翹楚、學界之領袖。何紹基曾回憶當時學術界盛况：“京師，才士之藪，魁儒碩生，究樸學能文章者輻凑鱗比，日至有聞。至於網羅六藝，貫弗百家，又巍然有聲名、位業，使天下士歸之，如星戴斗，如水赴壑，在於今日，惟儀徵（阮元）及司農（程恩澤）兩公而已。”而在阮元、程恩澤兩位大學者的周圍就聚集着一群志同道合的學者：

> 然（何紹）基久處京師，所及交若劉丈申甫（逢禄）、潘丈少白（諮）、陳秋舫（沆）、龔璱人（自珍）、魏默深（源）、陳碩甫（奂）、江鐵君（沅）、徐廉峰（寶善）、管異之（同）、陳東之（潮）、徐君青（有壬）、鄭芷香（不詳其名）、俞理初（正燮）、汪孟慈（喜孫）、陳頌南（慶鏞）、張彦遠（不詳其名），許印林（瀚）、沈子敦（垚）、黄蓉石（玉階）、張石州（穆）諸君，大抵皆兩公所識習而矜賞者也，（何紹）基自爲弟子員，出司農（程恩澤）之門……[④]

其中，以阮元本人長壽，從乾隆直到道光，盛名滿天下，大力扶持學界後起之秀，邊疆史地之學至道光年間成爲顯學，而他們同時大

① 參見陳其泰、李廷勇著：《中國學術通史》（清代卷）第十二章《晚清新學的興起與傳統學術的新發展》，人民出版社 2004 年，第 493—495 頁。

② 馬大正著：《當代中國邊疆研究》（1949—2014），中國社會科學出版社 2016 年版，第 53 頁。

③ 參見郭麗萍著：《絶域與絶學——清代中葉西北史地學研究》，生活·讀書·新知三聯書店 2007 年版。

④ 《東洲草堂文鈔》卷四《龍泉寺檢書圖記》，清光緒八年刻本，第 31 頁。注釋爲筆者所加。

多喜治“小學”（即古文字學、音韵學）。“清儒以小學爲治經之塗徑，嗜之甚篤，附庸遂蔚爲大國”[①]。曾國藩曾指出：“道光之末，京師講小學者，卿貳則祁公（寯藻）及元和吴公鐘駿，庶僚則道州何紹基子貞、平定張穆石舟、晉江陳慶鏞頌南、武陵胡焯光伯、光澤何秋濤願船。”[②]近代大學者梁啓超在《中國近三百年學術史》中指出：“蓋道光中葉以後，地理學之趨向一變，其重心蓋由古而趨今，由内而趨外。以邊徼或域外地理學名家者，壽陽祁鶴皋（韵士）、大興徐星伯（松）、平定張石洲（穆）、邵陽魏默深（源）、光澤何願船（秋濤）爲最著。而仁和龔定庵（自珍）、黟縣俞理初（正燮）、烏程沈子敦（垚）、固始蔚（蔣）子瀟（湘南）等，其疏附先後者也。此數君者，時代略銜接，相爲師友，而流風所被，繼聲頗多。兹學遂成道光間顯學。”[③]又稱：“自乾隆後，邊徼多事。嘉（慶）、道（光）間漸留意西北邊新疆、青海、西藏諸地理，而徐松、張穆、何秋濤最名家。松有《西域水道記》《漢書西域傳補注》《新疆識略》，穆有《蒙古游牧記》，秋濤有《朔方備乘》，漸引起研究元史的興味，至晚清尤盛。”[④]在這裏，梁啓超着重講到了這群學者不僅時代相近，且相互爲師友，相互影響，進而共同造就了一代學術風尚。

筆者以爲，當時的學者群體確實有不少自身的特點，值得後來學者思考與借鑒。

首先，邊疆史地研究者官方與半官方的色彩還是非常濃厚的，效力於王朝政治發展的宗旨也十分明確。無論什麽朝代，邊疆事務與邊疆問題都是經國之大政，非尋常學術研究問題可比，其研究内容或涉及“機密”，或涉及王朝處理邊疆的重大决策，也非普通學者能

① 梁啓超：《清代學術概論》，中華書局 2020 年版，第 89 頁。

② 《苗先麓墓誌銘》，《石州年譜》“道光二十八年”下引。

③ 梁啓超：《中國近三百年學術史》，商務印書館 2011 年版，第 380 頁。

④ 梁啓超：《清代學術概論》，第 96 頁。

力所能及。當時學術領袖或宗師如阮元、程恩澤、祁韵士、徐松等人本身就是朝廷高官,有條件接觸到或得到第一手邊疆情況的資料。最典型的就是祁韵士、徐松二人。他們雖然被謫斥邊疆,却有緣在地方最高首長的支持下創始編輯新疆地方志書,並藉助在同文館等處做事的便利,能够得到各地上交的第一手資料。俞正燮、沈垚、張穆等學者雖未做官,但是,通過自己努力及與官員的交游,彌補了這方面的缺陷。徐松負責編撰的《新疆識略》、何秋濤的《朔方備乘》更是直接得到皇帝的賜名,得到了官方的許可,與傳統官方政書無異。因此可以説,邊疆研究熱潮的形成與學者的崛起,不僅具有王朝疆域變遷的時代大背景,也有客觀的人爲便利條件,真實而全面地反映了時代的需要。一方面,許多邊疆史地的著作其實是在藏於大内的"王朝機密"的官方文件與學術界及普通讀者之間搭起了"橋梁",對於當時知識界瞭解邊疆與認識邊疆起到了很大的作用。另一方面,這些著述後來又因撰寫質量高超,而爲官方所接受,成爲後來官方政書撰寫的主要參考書。如張穆《蒙古游牧記》的内容與後來《清史稿·地理志》的許多相關官方著述有諸多吻合或類似之處。

其次,這群學者在學術理念與主張、治學方法與著述路徑,以至於在研究内容方面高度相關或相近。相互襄助,取長補短。近代學者梁啓超曾指出:"在乾嘉學派爲中堅之清代學者,一反明代空疏之習,專從書本上鑽研考索,想達到他們所謂'實事求是'的目的。"[①]羅振玉在《清朝學術源流概略》中也簡略地概括了清代學者的研究方法,主要有六條:一、徵經;二、釋詞;三、釋例;四、審音;五、類考;六、捃佚。[②] 這些方法原本集中在古文字學、音韵學以及經學之上,後來推廣至其他學術領域。筆者以爲:在研究具體内容上,清代學者圍

① 《清代學術概論》,第216頁。

② 羅振玉:《清朝學術源流概略》,商務印書館2018年版,第66—69頁。

繞《説文解字》與《水經注》兩本書的研究,實際上在清代學術活動中扮演着極其重要的作用,占據着十分顯赫的地位。本來,文字學與音韵學是研修古代典籍的基礎,而清代"小學"研究達到極盛,號稱"諸學之冠"①,而當時的文字學與音韵學又主要是圍繞許慎《説文解字》一書開展的。自段玉裁之後,"自是,《説文》學風生水起,占了清學界最主要的位置"②。張穆、苗夔、何紹基等人都是從《説文解字》的研究入手開始古代文史研究的,且都有深厚的造詣,均有相關學術著作,王筠更是一代《説文》學大家,因此,這群學者也會被人稱爲"漢學家"或"小學"學者。

而對於地理學或邊疆史地的研究者而言,對於《水經注》一書的研究則更有突出的意義。現代研究者指出:《水經注》研究至於清代達到了高峰③。《水經注》内容宏富,一方面其中包括南北朝歷史地理研究的珍貴資料,另一方面,《水經注》又是一代地理學經典,研習《水經注》的過程,也是學者系統地學習與研究全國範圍内歷史地理演變狀況的過程。徐松的《西域水道記》不愧是借鑒《水經注》著述範式的偉大作品,而張穆也深受前輩學者的啓發,在《水經注》研究上痛下苦功,我們可以看到,《魏延昌地形志》與《蒙古游牧記》的撰寫,都離不了《水經注》一書的指引。

其三,這群學者不僅能够在生前相互幫助,相互請益,相互借鑒、相互鼓勵,共同探討,且往往在友人去世後,千方百計,不辭辛勞,整理編輯其遺著,高風亮節,足堪典範,對於中國傳統學術延續與發展做出了卓越貢獻。同時,這群學者也能坦誠布公,相互批評與指摘彼此不足,這對於當時學術質量的提高以及嚴謹學風的塑造,都是相當重要的。在當時學風塑造中,張穆又起到了獨特的作用。在張

① 《清代學術概論》,第 258 頁。

② 《清代學術概論》,第 252 頁。

③ 陳橋驛:《酈道元》,譚其驤主編《中國歷代地理學家評傳》(1),第 230 頁。

穆去世後，祁寯藻對於其論學風格記憶猶新，印象深刻：

> 顧石州不自撓屈，有以所著書或詩、古文辭進者，無問其人位望，有不可於意，即指疵纇，口齦齦辨，折角陷堅，不遺餘力，以是慕名而來者或稍稍引去。然其於學深博無涯岸，遇奇士，雖素出己下，輒折節推之。①

張穆與陳頌南本爲同道好友，交誼深厚，持續一生，而張穆對於陳頌南的批評意見却在當時學術圈廣爲流傳，如張穆《與陳頌南（先生）書》相繼被選入《續古文辭類纂》《清經世文續編》等書，成爲學界傳頌之名篇。陳慶鏞，字乾翔，號頌南，福建晋江（治今福建晋江市）人，道光壬辰（十二年，1832）進士，官至御史，以正直敢諫馳名天下。同時，他也是一位學識豐富的學者，著有《籀經堂文集》《三家詩考》《説文釋》《古籀考》等，也是何秋濤的老師，與張穆私交甚篤。張穆對陳頌南的爲人十分佩服。他説道："先生以直諫聞天下，天下仰望風采，以一瞻顏色爲幸。"然而，各人性格不同，陳頌南身居高位，交游應酬，不免耗費時間過多，作爲至友，張穆爲其惋惜："竊見先生年來日以招呼名士爲事，苟有聞於世，必宛轉引爲同類，從無閉户自精、讀書味道之時。穆蒙不棄，不四五日輒示過，乃不聞以新知相貺，所談者皆泛泛不關痛蛘之言，何以自了？深爲先生懼之。"②從這些言詞我們可以看到，張穆治學要求很高，自律很嚴，對於交游對象的選擇十分嚴格。而要求一位在職官員在恪盡公職之餘，静心從事學術研究，未免有些苛責了。不過，張穆却堅持認爲，讀書研究，即使對於當世爲官從政，也是必不可少的，同樣是有很大益處的，此誠爲千古名訓！該書信中所論及讀書及研究之方法，更具參考價值：

① 《月齋文集》之祁寯藻《序》。

② 《月齋文集》卷三《與陳頌南先生書》。

……古今必無儌倖之名臣、循吏也。願稍斂儌逐之迹，發架上書，擇其切於實用者一二端，窮原竟委，單心研貫，一事畢更治一事。然後於朋友中明白事理如印林（許瀚）、伯厚（趙振祚）比者，相與討論之。如此，則取友自然不濫。它日出而宰世，亦不至貿貿而行，令人有言行不相顧之疑也。①

應該説，自太史公司馬遷開始宣稱其著述的理想："究天人之際，通古今之變，成一家之言。"②影響至爲深遠，這一理想成爲日後中國古代讀書人的向往與至高追求。張穆也不例外，他用勤勉而無悔的一生完成了卓越的著述事業，稱得上是太史公的傳人，爲中國學術事業的建設做出了不可磨滅的貢獻。名山事業，彪炳史册！張穆曾經指出：

昔太史公纂述，藏之名山，極鄭重也。而所望於後世者，惟好學深思、心知其意之人。蓋天下文人多，學人少，不得學人，則著述之事幾乎息矣。③

儘管張穆學術聲名極盛，然而在其死後，他的著作散落，雖然一些重要著作被單獨整理後出版，如《蒙古游牧記》《顧亭林先生年譜》等，但是，總體而言，學術界一直缺乏對於張穆學術成果進行較爲系統的整理與全面的研究。這對於繼承古代學術遺産，總結張穆學術研究成就是極爲不利的。編輯《張穆全集》，全面總結與宣傳張穆的學術成就與貢獻，是對這位偉大學者最好的紀念，也是筆者多年的夢想。在多年從事張穆研究的過程中，筆者又感到全面總結張穆的學術貢獻是何其之難！除他本人的獨立完成的著述之外，張穆爲其他學者所做的學術方面的工作又是何其之多！

首先，張穆學識淵博，其學術成就體現在多個領域，著述等身，一

① 《月齋文集》卷三《與陳頌南先生書》。

② 《漢書》卷六二《司馬遷傳》。

③ 《月齋文集》卷三《校正〈元聖武親征録〉序》。

時被推爲學林"祭酒"①。如祁寯藻所言:"道光間有以文學名都下者,曰平定張石州先生。"②《郎潛紀聞》又稱:"石州淵博,無涯涘,世以東京崔(寔)、蔡(邕)目之!"③關於張穆一生的學術路徑,何秋濤指出:"幼好學,慕古作者。長誦六藝百家之言,固而存之。膠鏬擘堅,無蔽於前,乃沈思溯經詁,貫史筴,覈天算,圖地志,鉤伏剟舛,敂古鑄今。以爲學無時代,惟其是爾,故犖習皆樸學,非世所好也。"④可見,張穆不僅有自己堅定的學術路徑,同樣有明確的學術理念與主張。"學無時代,惟其是爾。"這句格言尤其顯示出張穆極其可貴的科學求是精神,貫穿其一生的學術歷程。同時,何秋濤也曾較爲全面地總結當時學術界對於張穆的評論,他指出:

> 曩者,旌德吕文節公推先生爲直諒多聞之友,且爲余言:"石州犖經似賈長頭(東漢學者賈逵),考史似劉子元(唐代學者劉知幾),譚地理似酈善長(北魏學者酈道元)、王伯厚(宋代學者王應麟),論治體似陸敬輿(唐代名臣陸贄)、白居易,行誼卓絶、文詞瑰偉則似蕭穎士(唐朝名士)、徐仲車(宋朝名士)。"此非阿其所好,蓋天下之公言也。⑤

可以説,張穆不僅是卓有成就的歷史地理學者,也是聲名顯赫的文學家與書法家,更在古文字學、音韵學、文物鑒定及校勘學等方面造詣精深,深孚衆望,因此,其一生的研究成果與成就是多方面的,是相當豐富的⑥。其中,書法作品據説留存不少,而這部分作品的蒐集,就是我們編校者無能爲力的部分了。

---

① 《山西通志·文學録》,《石州年譜》後附。

② 《月齋文集》之祁寯藻《序》。

③ 《郎潛紀聞二筆》卷十三,清光緒刻本。

④ 《石州年譜》"道光二十九年"下。

⑤ 《月齋文集》之何秋濤《序》。

⑥ 張繼文曾在《石州年譜》後較全面地蒐集張穆著述、可參看。

其次,最值得高度贊賞的還有張穆識見高遠,心胸豁達,珍惜他人的學術成果,篤誠於友情,爲師友們編集成果及遺作不遺餘力,費盡苦心。正如何秋濤曾稱贊的那樣:"且先生一介寒士,而以流通古籍揚扢前賢自任,其於師友著述、表章尤不遺餘力。若俞氏理初、沈氏子敦,皆同志之友,先生嘗鈔其所著《癸巳存稿》《落颿樓{文}稿》,藏篋中,及其人殂謝後,悉爲謀諸有力者校栞傳世。又程春海侍郎爲生平知己,莫寶齋司農爲婚姻尊行,二公勝流顯宦,賓客盈門,而身没以後,詩文、奏議零落殆盡。先生百計搜羅,付之剞劂,其篤於風義如此。"①因此,研究張穆的學術發展過程與學術成就,不能忽視這些著作。如以張穆主持刊行的《連筠簃叢書》爲例,其内容丰富,質量精審,可謂浸透了張穆的心血。《連筠簃叢書》又稱爲《楊氏叢書》,實爲楊氏兄弟出資刊印。根據《清續文獻通考》的記載,《連筠簃叢書》共有十二種、一百十一卷,楊尚文編。楊尚文,字墨林,山西靈石縣人,與何紹基、張穆等人交情很好。何紹基曾回憶他們之間的交往:"墨林虚懷敬友,既遍交一時賢儁,因命(其弟)子言師事余及頌南、石舟……家計中落,墨林好事,益不衰,刻《連筠簃叢書》十餘種,皆發明經史,裨益實用之書,張石舟實爲經理。"②《連筠簃叢書》包括:

《韵補》五卷,〔宋〕吴棫著,附《韵補正》,〔清〕顧炎武著。

《元朝秘書》十五卷,〔元〕無名氏著。

《唐兩京城坊考》五卷,〔清〕徐松著。

《長春真人西游記》二卷,〔元〕李志常著。

《漢石例》六卷,〔清〕劉寶楠著。

《勾股截積算術》二卷,〔清〕羅士琳著。

① 《月齋文集》之何秋濤《序》。

② 《東洲草堂文鈔》卷十七《靈石楊君兄弟墓誌銘》,清光緒八年刻本。

《橢圓術》一卷,〔清〕項名達著。

《鏡鏡詅癡》五卷,〔清〕鄭復光著。

《癸巳存稿》十五卷,〔清〕俞正燮著。

《群書治要》五十卷,〔唐〕魏徵編。

《湖北金石詩》一卷,〔清〕嚴觀著。

《落颿樓文稿》四卷,〔清〕沈堯著。①

因此,即將面世的《張穆全集》遠遠無法囊括張穆學術成就之"全",只是僅就編校者目前的能力與專業視野而言。編校者以爲,張穆在歷史地理與學術史方面的成就影響巨大,因此,《張穆全集》最重要的關注就在於其邊疆史地、歷史地理與學術史方面的著作。

綜觀張穆的一生,一方面,我們可以説張穆是相當不幸的。他在崇尚科舉入仕的時代,飽讀詩書,才華卓越,却没有在仕途上取得發達顯赫的地位,最終坎坷一生,貧病交加,英年早逝。在近代化大學及專門學術研究機構出現之前,張穆純粹的學者之路是異常艱辛的,種種艱難,難以名狀。而在另一方面,張穆又是非常幸運的。他生於科舉取士的時代,却没有被俗氛所左右,成爲那個時代學術思想上的"囚徒"。他遇到了一個難得的機遇,一個中國傳統學術急需拓展的特殊時代,而他在這方面又具備特殊的才能與趣味。他遇到了諸多學術上的師長與至友,得到了他們可貴的指引與幫助,相互砥礪,其個人由此也得到了著書立説的寶貴機緣。當然,明辨是非的勇氣與堅忍不拔的毅力,又是張穆最後取得巨大成就的關鍵所在。

今天我們總結與整理前人的學術成就與文化遺産的主要任務,不是爲了致敬"灰燼",料理古董,炫耀財富,而是要傳遞智慧與思想

① 《清續文獻通考》卷二七二《經籍考十六》,民國景十通本。

的“火種”[①]。中國擁有悠久而優秀的學術研究傳統,無數古代學者創造並繼承了許多優秀的學術理念、學術體例、學術方法與路徑,創作出極其豐富燦爛的學術文化典籍,成爲祖國文化寶藏中的一部分,也是我們後代學人需要繼承的寶貴財富。其中,經世致用的入世態度、實事求是的科學精神,“事必有據”的考據方法、擯弃“耳食”、空言的務實作風等,都是值得十分珍視的優秀的學術研究理念與方法論,更是中國傳統文明與智慧的核心部分之一。學古而不泥古,明辨是非以求真知灼見,拒絶虚妄吊詭,拒絶武斷臆説。張穆用其一生的努力,用其卓越的學術成就給予我們以最深切的昭示與啓迪,我們編纂《張穆全集》正是想表達這一點。

2021 年初春於上海寓舍

① 奥地利作曲家馬勒之言:“繼承傳統意味着傳遞火種,而不是膜拜灰燼。”筆者最早從著名建築學家、東南大學特聘教授夏鑄九先生發言中聞聽此言,深有同感。

蒙古游牧記

〔清〕張　穆　撰
張正明　胡　哲　點校

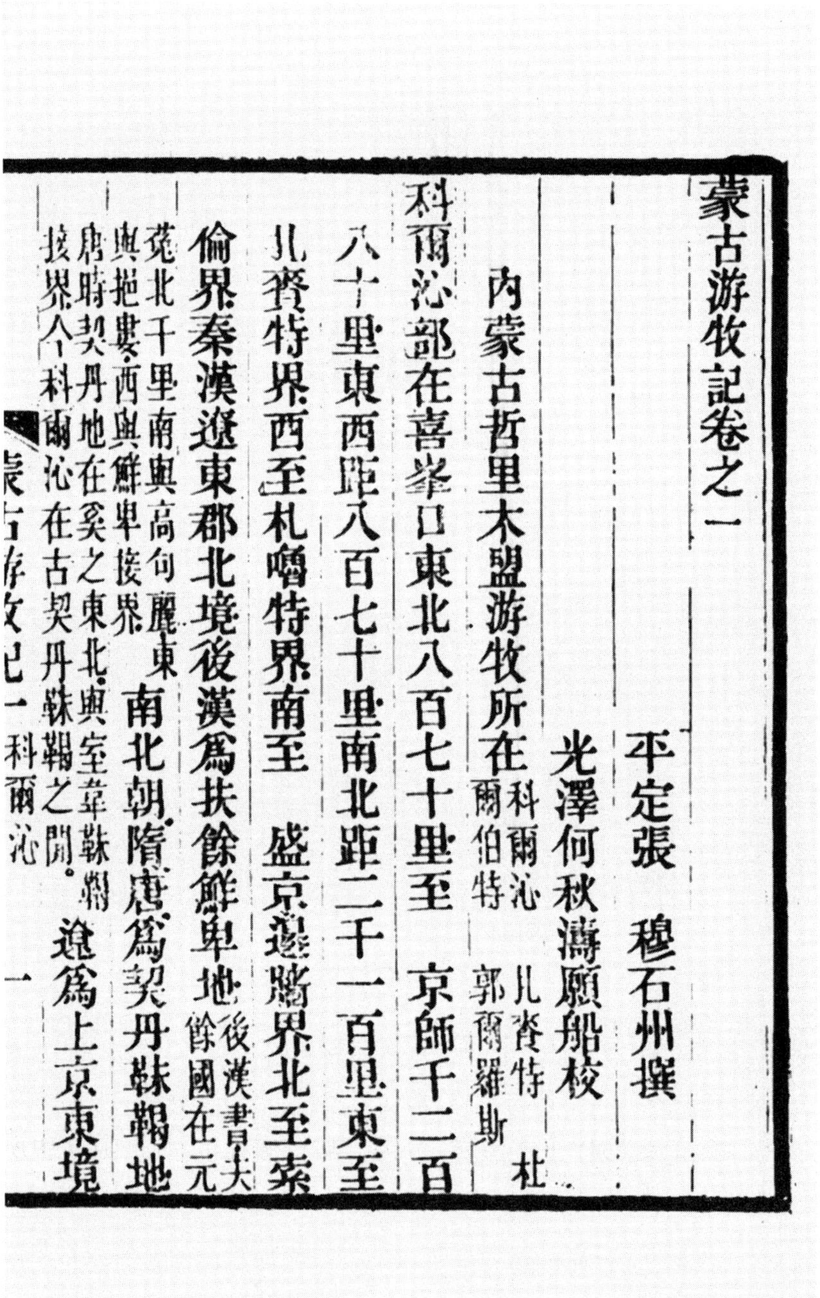
蒙古游牧記卷之一

平定張　穆石州撰

光澤何秋濤願船校

內蒙古哲里木盟游牧所在科爾沁扎賚特杜爾伯特郭爾羅斯

科爾沁部在喜峯口東北八百七十里至京師千二百八十里東西距八百七十里南北距二千一百里東至扎賚特界西至札嚕特界南至盛京邊牆界北至索倫界秦漢遼東郡北境後漢爲扶餘鮮卑地後漢書夫餘國在元菟北千里南與高句麗東與挹婁西與鮮卑接界南北朝隋唐爲契丹靺鞨地唐時契丹地在奚之東北與室韋靺鞨接界今科爾沁在古契丹靺鞨之間遼爲上京東境

蒙古游牧記一　科爾沁　一

清同治六年(1867)刊本《蒙古游牧記》書影

點校説明

本次點校以日本早稻田大學圖書館館藏的清同治六年刊行本《蒙古游牧記》(以下簡稱“同治本”)爲底本,同時參校藏於日本京都大學人文研究所的手抄謄清稿本(以下簡稱“謄清本”)。

關於點校所用參考的書目,通常選擇點校本。鑒於現今許多古籍有多個點校版本,本次點校選擇較爲完善的版本進行核校(如“二十四史”等古籍優先選用中華書局點校本)。對於未點校的古籍,本次點校選用質量較好的影印本進行核校。

本次點校採用横排繁體的編排形式,以新式標點符號進行全面標點。點校本全部襲用繁體字。由於張穆擅長書法,又有崇古之好,故“同治本”中古體字、異體字頻出,本次點校爲保存原書風貌,盡量保留古體字、異體字。但爲便於讀者閱讀,將一些生僻古體字、異體字對應的常用字於校記中列出。

原文内容分“正文”與“正文注釋”兩部分,本點校本用不同字號、字體將“正文”與“正文注釋”分開。點校過程中,對於原文中所徵引的書目,盡量尋求質量較高的版本進行核校,不同之處于校記中列出。點校過程中,對於錯訛脱漏内容,用符號將其標出,並出校記,但不從字面上直接修改。具體修改凡例如下:

本次點校本以底本爲準，但對於底本刊刻中出現的明顯錯訛内容用尖括號〈 〉括出，並於其後用大括號｛ ｝補出更正内容。

對於底本中脱漏内容，用大括號｛ ｝補出。

對於底本中關於地名、人名、引文與徵引文獻不同表述的内容，特别是因譯音導致的不同書寫的少數民族地名、人名，以及底本中省略的書名、人名等，於其後用小括號（ ）列出。

對於底本中注文之下的注釋，用空心方括號〖 〗括出。

對於底本中自十三卷起的何秋濤補輯内容，用實心方括號【 】括出。

目　録

蒙古游牧記序

海内博學異才之士,嘗不乏矣。然其著述卓然不朽者,厥有二端:陳古義之書,則貴乎實事求是;論今事之書,則貴乎經世致用。二者不可得兼。而張子石州《蒙古游牧記》獨能兼之。始余校刊先大夫《藩部要略》,延石州覆加校覈,石州因言:"自來郡國之志與編年紀事之體相爲表裏。昔司馬子長作《紀》《傳》,而班孟堅剏修《地理志》,補龍門之闕而相得益彰。今《要略》,編年書也,穆請爲地志,以錯綜而發明之。"余亟慫恿俾就其事,殺青未竟,而石州疾卒。以其稿屬何願船比部整理,願船爲補其未備。又十年,始克成編。余詳爲披覽,究其終始,見其結構則詳而有體也,徵引則贍而不穢也,考訂則精而不浮、確而有據也。擬諸古人地志,當與酈亭之箋《水經》,贊皇之志郡縣,並駕齊驅。樂史、祝穆以下無論已。雖然石州之成此編,豈第矜博奥、蒐隱僻,成輿地一家言哉?蓋嘗論之,蒙古輿地與中國邊塞相接,其部族强弱關繫中國盛衰,非若海外荒遠之區,可以存而不論也。塞外漠南、北之地,唐以前不入版圖,史弗能紀。至遼、金、元,皆嘗郡縣其地,乃三史《地(理)志》虚存其名,而山川、形勢、都會、阨塞,闕焉無考。是則欲知古事,不外斯編矣。如科爾沁、土默特之拱衛邊門,翁牛特、烏珠穆沁之密邇禁地,四子部落環繞雲中,鄂爾多斯奄有河套。至於喀爾喀、杜爾伯特、土爾扈特諸部,或跨大漠、杭海諸山,或據金山南北,或外接俄羅斯、哈薩克諸國,所居者皆天下精兵處,與我西北科布多、塔爾巴哈台諸鎮重兵相爲首尾,是皆講經制者所當盡心也。承學之士得此書而研究之,其於中樞典屬之政務,思過半矣。然則是書之成,讀史者得實事求是之資,臨政者收經世致用之益,豈非不朽之盛業哉!因醵金付梓而序其綱要,以諗觀者。

咸豐九年夏四月,壽陽祁寯藻

蒙古游牧記卷之一

平定張　穆石州撰
光澤何秋濤願船校

内蒙古哲里木盟游牧所在科爾沁　扎(札)賚特　杜爾伯特　郭爾羅斯

[科爾沁部]在喜峯口東北八百七十里,至京師千二百八十里。東西距八百七十里,南北距二千一百里。東至扎(札)賚特界,西至札嚕特界,南至盛京邊牆界,北至索倫界。秦、漢遼東郡北境。後漢爲扶餘、鮮卑地。《後漢書》:夫餘國,在元(玄)菟北千里[一],南與高句麗,東與挹婁,西與鮮卑接界。

南北朝、隋、唐爲契丹、靺鞨地。唐時,契丹地在奚之東北,與室韋、靺鞨接界。今科爾沁,在古契丹、靺鞨之間。遼爲上京東境及東京北境。金分屬上京、北京及咸平路。元爲開元路北境。開元路,治黄龍府。詳見郭爾羅斯東南柳條邊。

明初,置福餘外衛,以元後兀(乌)良(梁)哈(海)爲都指揮[二],掌衛事。其地西自廣寧白雲山、黄泥窪起,踰鐵嶺,至開原。洪武二十一年置衛,以故元東寧王海撒男荅奚爲指揮同知,歲再貢馬。永樂元年,以安(按)出(春)及土不申爲都指揮[三],掌衛事。案:兀良哈,即烏梁罕,亦作烏浪漢。洪熙間,蒙古臣阿魯台爲瓦(斡)剌(拉)所破。瓦剌,即衛拉。或以烏喇特爲瓦剌之訛者,非也。阿魯台,乃人名,非部名,或以厄魯特爲阿魯台之轉者,亦非也。其酋奎蒙克塔斯哈喇,姓博爾濟吉特。《蒙古源流提要》曰:皇上幾餘覽古,以元代奇渥温得姓所自,必史臣傳譌[四]。詢之定邊左副將軍喀爾喀親王成衮札布,因以此書進御,考證本末。始知奇渥温爲却(确)特之誤[五]。蒙古博明《西齋偶得》云:《元史》稱帝姓奇渥温,《秘史》載孛敦察爾,自爲孛爾只止歹氏。此亦如中國姓氏之别。蓋各蒙古之类凡十數,皆出自奇渥温姓,帝自爲孛爾只止歹氏,以别之。孛爾只止歹,其先世之名也。蒙古不諱名,其來久矣。今蒙古元裔皆博〖孛〗爾濟〖只〗吉〖止〗特〖歹〗氏〔六〕,而姓確特。確,北音作平聲,即奇渥,亦平聲,二字合。温,其餘音。當日譯言之訛耳! 穆案:孛敦察爾,《秘史》作孛端察兒。孛爾只止歹,《秘史》作孛兒只斤。《西齋》語有誤。錢大昕《元史考異》:太祖姓奇渥温氏。按《元秘史》作孛兒只吉歹氏。明楊子器《宫詞》注亦云:世祖姓孛兒只斤,只斤即只吉歹,譯音有輕重爾。今譯爲博爾濟吉特。穆案:《考異》所據《秘史》本,即余刻入楊氏《連筠簃叢書》之本,而引用亦誤,何也? 龔之鑰《後出塞録》:科爾沁、喀喇沁兩蒙古,皆以王爲姓,其先乃山東膠州人,至今尚通往來,譜系亦略可考。穆案:此無徵之言,不足據也。**元太祖弟哈布圖哈薩爾十四世孫也。**哈薩爾,《元史・太祖紀》作哈撒兒,《表》作搠只哈兒。《食貨志》作搠只哈撒兒。《札八兒火者傳》作哈札兒。今譯改作哈札爾,又作楚齊格爾。《元秘史》作阿兒孩合撒兒,又作拙赤合撒兒,亦單稱曰合撒兒。《蒙古源流》作特穆津哈薩爾。案:《蒙古源流》:滿都古勒汗卒,其小福晉滿都海徹辰,科爾沁之烏訥博羅特王欲娶之,滿都海徹辰欲待汗之姪巴圖蒙克長而嫁之,以問桑該烏爾魯克之妻札哈阿海。札哈阿海云:適哈薩爾之子,則離却屬衆,敗福晉名。若守汗之子,則據有國衆,可以表揚福晉名譽云云。然則科爾沁之爲哈薩爾裔,確有徵也。**走避嫩江,**嫩江,一作妹江,又名諾(納)尼江〔七〕,古名難水,亦曰那河。明人謂之腦温江,又曰忽剌温江。方式濟《龍沙紀略》:蒙古謂腦温爲碧,諾尼意同,今呼嫩江。《明一統志》云:源出西北邊外,不可考。蓋江之在明爲甌脱。{而}《{明一}統志》{載之者}第指其與松阿里合流處〔八〕,故不知其源。今按江源出宜呼爾山。山在黑龍江之南,興安嶺下。江流自北而南,經查克達奇山之東,額勒克爾山之西,循墨爾根城北門,復稍轉西下,抵卜魁城西門。凡一千四百餘里,與松阿里江合。**依兀良哈。因同族有阿嚕科爾沁,故號嫩科爾沁以自别。**天命九年,奥巴表稱嫩江水濱科爾沁台吉等。楊賓《柳邊紀略》:科爾沁,一作好兒趁,與察哈爾虎墩兔同祖,住牧東北邊外,去建州最近。高宗純皇帝《入科爾沁境》詩曰:塞牧雖稱遠,姻盟向最親。嗣徽彤管著,緜澤礪山申。設候嚴喧沓,清塵奉狩巡。敬誠堪愛處,未忍視如賓。穆案:科爾沁諸部,以《明史》考之,蓋阿魯台之裔。史稱:本雅失里爲瓦剌所襲,與阿魯台徙居臚朐河。及聞成祖自將五十萬衆出塞,本雅失里懼,欲與阿魯台俱西。阿魯台不從,君臣始各爲部。本雅失里西奔,阿魯台東奔。其後,當仁宗登極之初,阿魯台數敗於瓦剌,部曲離散,乃率其屬東走兀良哈,駐牧遼塞。正與科爾沁爲衛拉所破,走避嫩江,情事時代相符。又案:據《蒙古源流》,蒙古自順帝出奔,七傳至永樂十三年乙未,德勒伯克汗殁,曠十餘年無君。洎宣德元年,科爾沁烏濟錦諸延之子阿岱台吉乃占據蒙古餘衆,即汗位。先是,洪熙元年則有哈爾古楚克之遺腹子阿寨及其母鴻拜濟,及阿薩特之子阿嚕克台往依之。阿嚕克台,本名烏格德勒庫,以巴圖拉丞相命之負匡拾糞,取負匡之義,命曰阿魯克台。阿岱汗既得此三人,即汗位,遂加兵濟勒滿汗，征四衛拉特，俘額色庫汗之子巴克穆，所謂脱歡太師者也。其情事與《明史》及《科爾沁總傳》正相反，記載荒忽，亦未敢質爲誰是。要是，洪熙、宣德間，科爾沁有與衛拉搆兵事，則諸書所記隱隱相符也。所部六旗，分左、右翼。

【校記】

〔一〕元，本作"玄"，避清諱改。

〔二〕兀良哈，景印文淵閣四庫全書本《（乾隆）大清一統志》（以下簡称《（乾隆）大清一統志》）作"烏梁海"。後同。

〔三〕安出、土不申、瓦剌，《（乾隆）大清一統志》作"按春""圖卜新""斡拉"。并注：按春，舊作"安出"。圖卜新，舊作"土不申"。斡拉，舊作"瓦剌"。今俱改正。下"瓦剌"同。

〔四〕必史臣傳譌，景印文淵閣四庫全書本《蒙古源流》作"必史乘傳譌"。

〔五〕却特，後文又作"確特"。

〔六〕"同治本"于"博濟吉特"四字下分别注"孛只止歹"四小字。爲译文之異。

〔七〕諾尼，景印文淵閣四庫全書本《盛京通志》作"納尼"。

〔八〕"叢書集成本"《龍沙紀略》作"而《明一統志》載之者第指其與松阿里合流處"，據補。

[右翼中旗]本靺鞨地。遼爲黄龍府北境。金屬上京路。元廢。札薩克和碩土謝圖親王游牧。土謝圖，今譯改圖什業圖。奎蒙克塔斯哈喇曾孫翁果岱，翁果岱子奥巴，世爲察哈爾諾顔。天命十一年，以奥巴先諸蒙古來降，妻以莊親王舒爾哈齊女孫，授和碩額駙，封土謝圖汗。子巴達禮，崇德元年，叙功封札薩克和碩土謝圖親王，去汗號，詔世襲罔替。巴達禮長子巴雅斯呼朗，順治二年，尚固倫崇康公主。掌右翼五旗事。佐領二十二。額存穀萬二千四百八石四斗。順治七年，定外藩蒙古每十五丁，給地廣一里，縱二十里。

牧地：當哈古勒河、阿嚕（禄）坤（崑）都倫河合流之北岸〔一〕。阿嚕（禄）坤（崑）都倫河出札嚕特旗西山，東流。哈古勒河出其西北山，二水合，東南流來會，經游牧而東，豬於沙。《一統志》：合河，蒙古名和爾，出札嚕（魯）特左翼之北〔二〕，東流，入境，經左翼西北三百三十里，又東，經右翼西一里，又東，經右翼前旗、後旗地，入因沁察漢池。阿嚕

(禄)坤(崑)都倫河,在左翼西北三百里,自札嚕(魯)特左翼流入境,經葛剌圖温都爾山,東流,會額伯爾坤(崑)都倫河〔三〕,入右翼界,西北經奎屯山,東南流,會於合河。穆案:合河,即哈古勒河,東豬於沙,即豬於因沁察(插)罕(漢)池〔四〕,今没其名矣。東至那哈太山,一作納哈台坡,八十里,接右翼前旗界。旗東六十五里,有烏蘭峯。南至察罕莽哈,二百里,接左翼中旗界。旗南八十里,有土母達察(插)漢陀羅海坡、布哈坡,百二十里,有漢惠圖坡。西至塔勒布拉克,七十里,接左翼中旗界。旗西三十里,有鮮卑山,土人名蒙格。北至巴音和碩,一作巴煙和邵。二百五十里,接烏珠穆沁左翼界。旗北二百里,有温山,蒙古名哈禄納。二百五十里,有胡凱山,蒙古名伊克呼巴海。旗北百七十里,有阿爾達爾河,源出温山,經榆木山,東南流,入右翼前旗界,會貴勒爾河,入洮兒河。二百三十里,有榆河,蒙古名海拉蘇台。源出興安山,經火山,東南流,會貴勒爾河。二百六十里,有鶴午(五)河〔五〕,源出伊克呼巴海山,經磨爾托山,東南流,入左翼前旗界〔六〕,會榆河。東南至巴朗濟(奇)喇坡〔七〕,二百二十里,接右翼前旗界。旗東南百六十里,有阿達金察(插)罕(漢)陀羅海坡。二百五十里,有烏拉(喇)達罕坡(崗)〔八〕。旗東南四十里,有鹽池,蒙古名博羅呼吉(几)爾〔九〕。六十里,有德爾赫楞貴池。西南至格倫哈古沁城。二百十里,接左翼中旗界。旗西南八十里,有烏爾圖岡。二百里,有巴雅鼐察(插)罕(漢)岡。二百十里,有孤峯,蒙古名郭圖和碩(朔)〔一〇〕。東北至木勒推山,一作磨爾托山。二百六十里,接右翼前旗界。旗東北八十里,有大牢古山,蒙古名布古特(折)〔一一〕。百四十里,有榆木山,蒙古名海喇蘇台。百七十里,有綽爾海山。西北至博羅霍吉爾山。三百里,接左翼中旗界。旗西北五十里,有達喜圖察(插)罕(漢)陀羅海坡。九十里,有羖攊山,蒙古名伊(衣)克依瑪圖〔一二〕。百四十里,有寒山,蒙古名奎(魁)屯〔一三〕。

札薩克駐巴音和碩(朔)之南,曰塔克禪。在喜峯口東北千二百里。

【校記】

〔一〕阿嚕坤都倫河,《(乾隆)大清一統志》作"阿禄崑都倫河",後同。

〔二〕出札嚕特左翼之北,《(乾隆)大清一統志》作"自出札魯特左翼之北"。

〔三〕額伯爾坤都倫河,《(乾隆)大清一統志》作"額伯爾崑都倫河"。

〔四〕因沁察罕池,《(乾隆)大清一統志》作"因沁插漢池"。《(乾隆)大清一統志》地名中出現"察罕"者,多作"插漢",故後續地名中,無特殊者,不單獨出校,只在文中用"( )"標出。

〔五〕鶴午河,《(乾隆)大清一統志》作"鶴五河"。

〔六〕入左翼前旗界,中華書局點校本《清史稿》作"入右翼前旗"。

〔七〕巴朗濟喇坡,《(乾隆)大清一統志》作"巴朗奇喇坡"。
〔八〕烏拉達罕坡,《(乾隆)大清一統志》作"烏喇達罕崗"。
〔九〕博羅呼吉爾,《(乾隆)大清一統志》作"博羅呼几爾"。
〔一〇〕郭圖和碩,《(乾隆)大清一統志》作"郭圖和朔"。後同。
〔一一〕布古特,《(乾隆)大清一統志》作"布古折"。
〔一二〕伊克依瑪圖,《(乾隆)大清一統志》作"衣克依瑪圖"。後同。
〔一三〕奎屯,《(乾隆)大清一統志》作"魁屯"。後同。

[左翼中旗]本契丹地。遼置信州彰聖軍,領武昌、武定二縣,二縣俱在今奉天府鐵嶺縣東北。屬東京。金省武定入武昌,以州屬上京。元廢。信州故城,在旗東南三百八十里。《全遼志》:〈目〉{自}開原東北至信州三百十里〔一〕。今有城周一里,門八,土人猶呼爲信州城。《一統志》:按《遼史·地〈里〉{理}志》,信州自是古越喜地,在今開原縣南,《全遼志》云開原東北,非是。札薩克和碩達爾漢親王游牧。奥巴叔父莽古斯(思)以女歸太宗文皇帝〔二〕,是爲孝端文皇后。追封莽古斯和碩福親王,妻封福妃。孝端文皇后崩,莽古斯子宰桑,宰桑之長子烏克善請以女弟爲繼室,是爲孝莊文皇后。追封宰桑和碩忠親王,妻封賢妃;烏克善封卓哩克圖親王。烏〈拉〉{克}善之仲弟察罕子綽爾濟〔三〕,復以女歸世祖章皇帝,是爲孝惠章皇后。順治十八年,封綽爾濟多羅貝勒。館臣謹案:科爾沁以列朝外戚荷國恩獨厚,列内札薩克二十四部首。有大征伐,必以兵從,如親征噶爾丹,及剿策妄阿喇布坦、羅卜藏丹津、噶爾丹策凌、達瓦齊諸役,札薩克等效力戎行,莫不懋著勤勞。土謝圖親王、達爾漢親王、卓哩克圖親王、札薩克圖郡王等四爵,俸幣視他部獨增,非惟禮崇姻戚,抑以其功冠焉。魏源曰:科爾沁從龍佐命,世爲栜附,與國休戚,故世祖當草剏初〔四〕,沖齡踐阼,中外帖然,繄蒙古外戚扈戴之力。《會典·理藩院》:王會清吏司制外藩之禄,有俸銀,有俸幣,其等{各有}七〔五〕。惟科爾沁親王三、郡王一,各視其等而優焉。注:外藩親王俸銀二千兩、俸緞二十五匹;郡王俸銀一千二百兩、俸緞十五匹。科爾沁三親王各俸銀二千五百兩、俸緞四十匹;郡王俸銀一千五百兩、俸緞二十匹。又,外藩之供給,各辨以僕、馬之等,而區其廩餼、芻秣。惟科爾沁親王三、貝勒一,各視其等而優焉。注:親王護衛官二十三人、隨侍七人、從役十人,廩給每日銀六兩三錢五分、米三斗三升、坐馬十五匹、從馬四十匹、艸料每日銀三兩七錢四釐一絲三忽。貝勒護衛官十一人、隨侍九人、從役十人,廩給每日銀三兩四錢,米二斗二升、坐馬八匹、從馬三十匹、艸料每日銀二兩五錢五分九釐一毫八絲六忽。科爾沁三親王,廩給每日銀七兩三錢五分、米三斗三升。

多羅貝勒一人,廩給每日銀六兩三錢、米二斗二升、從馬皆四十五匹。三親王坐馬、從馬、艸料每日銀四兩四分八毫二絲,貝勒每日銀三兩五錢六分九釐三毫九絲一忽。又凡外藩之至者,有錫賚,歸則給以資。惟科爾沁親王三、貝勒一,往來皆給焉。注:年班來京,王以下例賞衣帽、撒袋、腰刀、鞍轡、緞匹、茶布等物,皆計直折銀。親王給銀四百三十兩,科爾沁三親王加給銀七十二兩。郡王給銀三百十七兩,科爾沁一郡王加給銀七十三兩。年班,王以下禮畢回游牧,各給以路費。親王給銀十二兩八錢;隨從四十人,按程限每日給銀三錢、米三斗三升;貝勒給銀五兩,隨從三十人,每日給銀一錢八分、米二斗二升。科爾沁三親王、一貝勒來京,給銀十八兩五錢,回日給銀二十五兩五錢九分。隨從各視親王貝勒例,來回皆按程限給銀、米。烏克善季弟滿珠習禮尚郡主,授和碩額駙。天聰二年,征察哈爾,以功賜號達爾漢巴圖魯。崇德元年,封札薩克多羅巴圖魯郡王。順治九年,叙討謄機思功,晉達爾漢號。各部蒙古有功加達爾漢號者,增加俸銀二十兩、俸緞四匹。達爾漢者,有勤勞之謂也。十六年,晉和碩達爾漢巴圖魯親王。康熙四年,子和塔嗣,去巴圖魯號,世襲罔替。道光元年,滿珠習禮之八世孫布彦温都爾瑚,因事革去札薩克,以烏克善之八世孫噶勒桑楝羅布襲補,今降襲固山貝子。佐領四十六。額存穀萬八千四百六十五石。道光二十年,《理藩院則例》載:旗下公主子孫台吉、姻親台吉,共二千人,定爲二十班,每班一百人,一年一班,輪流來京。案:旗下公主子孫和塔長子班第,尚固倫端敏公主。班第長子羅卜藏衮布,尚和碩公主。羅卜藏衮布第三子色布騰巴爾珠爾,尚固倫和敬公主。又烏克善第三子畢勒塔噶爾,尚固倫雍穆公主。滿珠習禮從子奇塔特,尚固倫端靖公主。聖祖仁皇帝《賜班第祭文》曰:卹贈之典,義重親賢;享祀之文,恩崇勳舊。任隆屏翰,生前已荷寵光;禮具牲牢,身後宜加哀誄。爾科爾沁和碩達爾漢親王額駙班第,世膺王爵,榮儷天家,行已樸誠,不愆軌度,居心忠順,克殫勤勞,實宣力以有年,表諸藩而奉職方。將錫以蕃祉,長享遐齡,詎意嬰此沈痾,遽歸冥漠,良深憫悼!用考彝章,特遣專官,往頒諭祭。嗚呼!恩深卹賚,情無間於初終;光賁絲綸,禮不殊於存没。靈其來格,尚克歆承。又《賜固倫雍穆長公主壙志》曰:固倫雍穆長公主,太宗文皇帝之女,世祖章皇帝之姊,朕之姑也。生於天聰三年正月初八日午時,薨於康熙十七年閏三月十八日未時。春秋五十,卜以某年某月某日窆於某山。嗚呼!朕纘鴻緒,念係皇祖之女,皇考同氣之親,方期駢集繁祉,永享大年,何意遽爾薨逝,朕懷傷悼,曷其有極!爲卜兆域,併設垣宇。窀穸之文,式從古制;祭享之儀,悉循典章。勒之貞珉,用誌生薨之年月,惟靈其永享於是焉。高宗純皇帝《御賜色布騰〈班〉{巴爾}珠爾》詩曰:世篤姻盟擬晉秦,宫中教養喜成人。詩書大義能明要,嬀汭叢祥遂降嬪。此日真堪呼半子,當年欲笑擬(議)和親。同來侍宴承懽處,爲憶前弦轉鼻辛。第二句注:色布騰〈班〉{巴}爾珠爾九歲時,即令隨諸皇子讀書。末句注:固倫和敬公主乃孝賢皇后所生,故云。《御賜碑文》曰:朕惟旌門展力,必資參闖之才;册府銘庸,尤重折衝之略。溯承恩於魯館,久著勤勞,傷盡瘁於鑾陬。宜優寵卹,名垂勒鼎,禮具鐫珉。爾科爾沁和碩毅親王固倫額駙色布騰巴爾珠爾,秉性篤誠,程材勤練。榮分襛李,重帝室之舊姻;慶衍封茅,備天家之高爵。擢從藩服,侍在禁廷。維教養之能承,遂勳名之克奮。往以蕩平準部,使之襄贊戎行。霧帳連山,方裹創而接戰;星弧震野,値乘勝以窮追。汝則勇以濟忠,少能制衆,效宣威於月窟,助運策於珠鈐。是用嘉乃膚功,被之懋賞,贊西陲之底績,爰偕諸將以圖形。逢朔塞之歸誠,俾率遠人而入覲,倚畀是切,敭歷方深。逮偶蹈夫愆尤,暫鐫顯秩;實隱施夫鼓勵,更策成勞。邇當蜀徼之行師,命赴軍營而佐畫。蠶叢罙入,屢摧雪外之碉;鼠穴窮搜,直擣雲中之隘。正捷音之疊奏,乃夙疾之俄殷。於是復厥崇封,昭茲渥眷,特遣尚醫而往診,並令嗣子以偕行。竟告奄徂,彌深軫悼。錫精鏐於内府,典備飾終;迎遺櫬於郊坰,儀崇遣奠。既因時以將祀,仍表行以易名,言象生平,謚之曰:毅。於戲!埽欃槍之兵氣,方看銅柱先標;問杕杜之歸期,應悵鐵衣遽逝。輝增紫閣,褒鄂之遺像猶存;凱伫紅旗,方召之殊勳不泯。豐碑屹樹,隧道丕光。庶克永終,式昭來許。又《賜色布騰巴爾珠爾祭文》曰:分虎符而贊畫,夙資歷試之才;圖麟閣以褒忠,更憶折衝之略。躬既徵夫盡瘁,典奚靳於酬庸,宜沛絲綸,用蠲圭瓚。爾科爾沁和碩親王固倫額駙色布騰巴爾珠爾,世延勳戚,資秉篤誠,當貳室之迎祥,早干城之表望,誼均齒胄。先承教養之恩,勤著趨朝,勿懈靖共之義。會邊陲之奮武,辭禁闥以遄征,願效前驅,屢覘偉伐。惟札哈沁之竣事,勝兵將分道以合圍;乃庫隴癸之移屯,窮寇復負隅而據險。師行五夜,乘曉霧之漫山;勇倡百夫,任飛鉛之貫脇,有進無退。嘉哉!忠悃不渝,以少勝多,赫矣!軍威彌振。爰懋策勳之賞,俾邀繢像之榮,因兇豎之稽誅,式詰戎而致討,麾勁旅而廛清絶徼。頻聞奪隘攻碉,鼓先聲而雷動,遐荒立見犂庭埽穴。方謂壯猶克贊膚公奏旦夕之間,何期宿疾重罹疢疾入膏肓之際。錫藩封而澤渥,敕醫使以星馳,尚冀就痊,遽傷長逝。於戲!廿年勞績,蠶叢留未竟之心;萬里歸魂,馬革遂平生之志。聽鼓鼙而增感,功名尚震氐羌;勒鐘鼎以非慚,毛髮空存褒鄂。昭茲肸蠁,慰爾英靈。脩撰黄軒之詞也。又《賜和敬固倫公主初次祭文》曰:恩隆天性,緬椒庭巽筴之占;誼篤懿親,軫梓舍慈暉之感。摧瓊枝而歎逝,乘繐帳以含凄。爰賁誄詞,載頒奠醊。爾和敬固倫公主,柔嘉維則,淑慎其儀。髫歲承歡,已無違於姆教;笄齡毓德,洵克協乎《風詩》。相攸眷篤於舊藩,于歸慶偕乎嘉耦。悵宣勞於甥館,結褵虛偕老之期;冀垂蔭夫媚枝,衍緒懋承家之慶。釐降欲周四紀,告寧每念其芳徽;恩勤已越六旬,示疾彌憐其弱質。方謂含飴以永算,何圖遘疾而告終。感桐葉之早凋,猶當六月;傷蕙畦之遽謝,未待九秋。薤唱遥傳,隔瑤軿於駐蹕;蘭肴空設,飭琱俎於初筵。既遣胄以抒哀,仍循儀而備典。於戲!紀型煒管,庶堪延譽於肅雍;溯愛彤闈,長此茹酸於婉淑。靈其祇格,歆此苾芬。《大祭文》曰:宫庭鞠養,降嬪同在室之情;禮典哀榮,感逝抱經年之戚。絜俎用陳於再薦,誄言攸備於重申。爾和敬固倫公主,瑤瓞承輝,璿源毓質。巽宫長女,先設帨以愛鍾;天室懿親,早結褵而慶叶。惟額駙銘勳麟閣,傷盡瘁於遐陬。爾公主斂彩蔘 驪,式垂型於中壼,策遺孤以樹立。冀其踵武之賢,茁累葉以繁昌;遂厥含飴之樂,伫長膺乎茀禄。何遽遘夫沈痾。溯下嫁於冊載而遥，空歎儀型久著；勞顧復於六旬以外，難期齒算加增。厄此閏年，悵遺音於珩珮；悲哉秋氣，先零葉於瓊枝。達郵報於山莊，奄忽丹輪之杳；展哀儀於胄季，淒清晝翣之陳。候越浹辰，愴縈加奠。於戲！告寧無日，益深過隙之悲；備飾有文，實切臨筵之悼。惟靈不昧，庶克歆承。**掌左翼五旗事。**

牧地：乾隆四十九年，理藩院奏准，所有達爾漢親王地方游牧商民，住阯近開原縣，即交開原縣管理。**當吉林赫爾蘇邊門外昌圖廳界，跨東、西二遼河。**遼河在游牧東南四百五十里。自永吉州西北流入境，經額爾金山，西北流，入左翼後旗界，又西南流，會潢河入邊。西遼河即潢河也，在游牧西南六十里。自札嚕特左翼流入境，經噶爾岡，東南流，會遼河〔六〕。《水〈逆〉｛道｝提綱》〔七〕：大遼河即潢河，古稱饒樂水、濫真水、託（托）紇臣水〔八〕、吐護真水，皆即此河。今蒙古稱曰西（錫）喇木（穆）倫（棱）〔九〕，猶漢言黄河也。源出克什克騰部界内山左麓〔一〇〕，至阿嚕科爾沁之南二百里，合白狼河，勢益大，又東北，至札嚕特南界、柰曼北界，始折而東南流，分爲二派，數十里復合。又東南，經喀爾喀二旗北，又東，經科爾沁左翼境，又東南，有赫爾蘇河，自東北來會，又東南流，入盛京開原縣西境之柳邊。赫爾蘇河源出永吉州西南柳邊内，二源，西北流而合，俗曰母當阿赫爾蘇河，亦曰遼河，西北流。有枯魯河自南來，東北流，注之。又北經赫爾蘇驛東，又北，百餘里有雅哈河，亦兩源，合而西北流，百里來會。又西北流，出赫爾蘇之柳邊，即科爾沁境，經額爾金山入左翼後旗界，轉西南流，三百里，將至柳邊，西會潢河。穆案：齊氏以古託紇臣水、吐護真水並爲潢河之别名。誤。辨見喀喇沁右翼牧地老河下。**東至鄂拉達干，**百三十里，接郭爾羅斯界。**南至小陀果勒濟山，**二百里，接左翼後旗界。**西至唐海，**五十里，接柰曼旗界。旗西五十里，有阿坦岡。**北至博羅霍吉爾山，**三百里，接烏珠穆沁左翼界。旗北百三十｛五｝里，有五峯山〔一一〕，蒙古名塔（他）本（奔）陀羅海〔一二〕。二百五十里，有曼（饅）頭山〔一三〕，蒙古名索諾圖。二百八十里，有葛勒爾温都爾山。三百五十里，有大房山，蒙古名伊克查克朵爾。旗北百六十里，有東天河，蒙古名準騰格里，源出吉爾巴爾山，東南流，會吉（几）伯圖泉，入佟噶喇克察（插）罕（漢）池。二百十里，有額伯爾坤（崑）都倫河，自札嚕特左翼流入境，經索諾圖山，東流，會阿嚕（禄）坤（崑）都倫河。入右翼，西北經奎（魁）屯山〔一四〕，東南流，入於哈古勒河。**東南至吉林邊牆，**五百五十里。旗東南四百七十里，有阿拉馬圖城，周六里三百步有奇，門四。《一統志》按：此城近開原邊外，疑即舊韓州城也。穆案：《舊盛京通志》：韓州本藁離國，舊治柳河縣。高麗置鄚頡府，領鄚、頡二州。渤海因之。遼太宗置三河、榆河二州。聖宗併二州，置韓州東平軍，領柳河一縣。金因之，領臨津、柳河二縣。元廢。明於此置站，在開原縣城之西北。又案：《金史》遼以河爲名，有〈杞〉｛枸｝河〔一五〕、柳河。今考其河，即縣界之内遼河、外遼河也。遼河至此分爲二，故有枸河、柳河之稱。南流，近承德界，合爲一。今無枸、柳河名，惟稱巨流河。旗東流百三十里，有牛頭山，蒙古名伊克圖虎爾吉。百五十里，有巴漢圖虎爾吉山。三百里,有白鹿山。三百五十里,有大射山,蒙古名伊克哈爾巴爾。三百六十里,有巴漢哈爾巴爾山。二百五十里,有烏拉達罕岡。四百七十里,有噶木呼爾岡。旗東南四百七十里,有卓索河,源出邊内,流入境,西北流,入左翼後旗,會尹吉哈台河,入邊河。**西南至烏達圖**,三百里,接左翼前旗界。旗西南五里,有吉里岡。**東北至漲古太池**,三百里,接左翼界。旗東北百七十里,有黑山,蒙古名阿巴哈喇[一六]。百八十里,有大石山,蒙古名葛倫齊老。百八十五里,有太保山,蒙古名圖斯哈爾圖。三百里,有羖羊山,蒙古名五户(虎)爾吉(儿)台[一七]。旗東北百二十里,有他拉泉。百八十里,有佟噶喇克察(插)罕(漢)池。**西北至差都勒山**。舊作巴漢查克朵爾山,華言小房山也,四百里,接烏珠穆沁左翼界。旗西北百七十五里,有巴彦(煙)朔龍山[一八]。二百里,有水精山,蒙古名吉爾巴爾。二百三十里,有蛇山,蒙古名漠惠朔龍。旗西北百八十里,有中天河,蒙古名都母達圖騰格(葛)里[一九]。源出吉爾巴爾山,南流。四十餘里,有阿嚕坤都倫河,詳見牧地下。百七十里,有吉(儿)伯圖泉,源出巴彦(煙)朔龍山,東流,會東天河,入佟噶喇克察(插)罕(漢)池。

札薩克駐西遼河之北伊克唐噶里克坡。在喜峯口東北千六十五里。《朔漠方略》:康熙二十九年,蘇爾達奏言:"臣於六月三十日至科爾沁,見達爾漢親王班第,距其舊居六日程,駐圖思噶爾圖山。"

【校記】

〔一〕引文此句誤寫"自"爲"目",據《全遼志》改。

〔二〕莽古斯,《(乾隆)大清一統志》作"莽古思"。

〔三〕"同治本"此句誤寫"乌拉善"爲"乌克善",據"謄清本"改。

〔四〕刱,同"創"。

〔五〕引文此句脱"各有"二字,據《(嘉慶)大清會典》補。

〔六〕此段"遼河"注解,語出《(乾隆)大清一統志》。

〔七〕"同治本"誤寫"道"字爲"逆"字,據"謄清本"改。

〔八〕託紇臣水,景印文淵閣四庫全書本《水道提纲》(以下簡稱"四庫本"《水道提纲》)作"托紇臣水"。

〔九〕西喇木倫,"四庫本"《水道提纲》作"锡喇穆棱"。後同。

〔一〇〕引文此句有節略,"四庫本"《水道提綱》原文爲"源古北口外出克什克騰部界内山左麓"。

〔一一〕旗北百三十里有五峯山,《(乾隆)大清一統志》作"一百三十五里",疑引文"十"字下脱一"五"字,據補。

〔一二〕塔本陀羅海,《(乾隆)大清一統志》作"他奔陀羅海"。後同。

〔一三〕曼頭山，《(乾隆)大清一統志》作"饅頭山"。

〔一四〕東南流，入於哈古勒河，《(乾隆)大清一統志》作"東南流，會合河"。

〔一五〕引文誤寫"栒"爲"杞"，據中華書局點校本《金史》、"百衲本"《金史》改。

〔一六〕阿巴喀喇，《(乾隆)大清一統志》作"阿巴哈喀喇"。

〔一七〕五户爾吉台，《(乾隆)大清一統志》作"五虎爾儿台"。

〔一八〕巴彦朔龍山，《(乾隆)大清一統志》作"巴煙朔龍山"。後同。

〔一九〕都母達圖騰格里，《(乾隆)大清一統志》作"都母達圖騰葛里"。

[右翼前旗]本靺鞨地。金置肇州，隸會寧府，海陵改屬濟州，承安三年，升爲鎮。元爲遼王乃(納)顔分地〔一〕。肇州故城，在白都訥城南，舊名出(珠)河(赫)店〔二〕。宋政和四年，女直取寧江州，遼人使其將蕭嗣先等，發兵屯出(珠)河(赫)店，金太祖禦之。至混同江，遼兵方壞凌道，太祖擊走之，遂率衆進登岸，大破遼兵於此。天會八年，以太祖肇基王迹於此，建爲州，統始興縣。承安三年，升爲節鎮軍，名武興。元廢。明初，有站。《一統志》：按元時亦有肇州。《元志》附於廣寧府路下。注云：按《哈喇八(巴)都(圖)魯傳》，至元十三年，太祖謂哈喇八都魯曰：乃(諾)顔故地曰阿八(巴)喇忽者，産魚，吾今立城，而以兀速憨、哈納思、乞里吉思三部人居之，名其城曰肇州，汝往爲宣慰使。既至，安市里，安民居，得魚九尾，皆千斤，來獻。又《成宗紀》：元貞元年，立肇州屯田萬户府，以遼陽行省左丞阿散領其事。而《大{清}一統志》與《經世大典》皆不載此州〔三〕，不知其所屬、所領之詳。今以廣寧爲乃顔分地，故附注於廣寧之下。元之肇州，明初已不知所在。今考《博都歡傳》，太祖分封東諸侯，以二十爲率，乃顔得其九五，則其地甚大，不但廣寧而已。又《玉(伊)昔(實)帖(特)木(穆)兒(爾)傳》云：乃顔之遺〈孼〉{孽}哈丹禿魯(托)干(壘)復叛，玉昔帖木兒過黑龍江，擣其巢穴。可知黑龍江左右，亦乃顔故地。疑元之肇州即仍金舊，且近混同、黑龍二江，故産大魚耳。今白都納城東南，阿爾楚哈河西岸，古城周二十里，内子城周四里，南距吉林烏喇城三百四十里，東去故會寧城六百里，與《金史》道里相合，疑即肇州遺阯也。札薩克多羅札薩克圖郡王游牧。奥巴弟布達齊，天命十一年，隨兄來朝，賜號札薩克圖杜棱。崇德元年，封札薩克多羅札薩克圖郡王，世襲罔替。佐領十六，額存穀三千八百四石五斗。

牧地，當索岳爾濟山之南。山延袤數百里，其西麓臨大漠，東北與齊齊哈爾城相近。注互見車臣汗部左翼前旗下。《朔漠方略》：康熙三十四年，黑龍江將軍薩卜素奏言：臣遵諭徧歷陰山前後，惟索岳爾濟山高大，頗得形勢。擬派官兵自盛京、烏喇、墨爾根三處掘井以待。嗣後若索岳爾濟山之東北，枯倫貝爾等處有警，臣即先進兵，烏喇、盛京兵繼之。若索岳爾濟山之西，烏爾惠等處有警，則盛京兵先進，烏喇及臣等兵繼之，總期會於索岳爾濟山以進。上從之。尋遣兵部員外郎常岱、理藩院員外郎特古忒、鐵圖往同丈量。鐵圖自盛京丈至索岳爾濟山，共計一千四百五里，置急程二十五站，緩程三十九站。常岱自墨爾根丈至索岳爾濟山，共計一千七百七十七里，置急程二十站，緩程三十一站。特古忒自吉林烏喇丈至索岳爾濟山，共計一千六百五十里，置急程二十九站，緩程四十八站。**陀喇河、歸喇里河於是合流，〈住〉｛注｝嫩江**〔四〕。陀喇，舊作陀羅，亦曰洮兒河。《遼史》：上京有他（達）魯河〔五〕。《金史》：長春縣有撻魯古河。聖宗四年，改撻魯河爲長春河，皆即此陀喇河也。源出西｛北｝興安山〔六〕，東麓即索岳爾濟山矣。有數源：一曰奴查圖河，東南流百餘里。稍南曰郭忒河，東流，又折東南數十里。又南曰木什夏河，兩源合，東南流數十里，折向東北百里，與前兩河會，東流，查木哈圖河自北來會。又東南流，數十里，厄模克什忒河自厄白勒哈巴拉嶺南合二水來會，白格（各）圖（兔）河自西南亦來會〔七〕。以上皆源也。又東南，苦（哭）乞太河自北來會〔八〕，又東南。特門河，土名落（駱）陀（駝）河〔九〕，自西南來會，又東。多灰羅台（太）河〔一〇〕，自北來會，又東。索灰圖（兔）河自北來〔一一〕，吉（即）拉呼台（太）河自西南來會〔一二〕，又東南，始號陀（拖）喇（羅）河〔一三〕。又東南，數十里，有敖龍撒里河，自北合三水來會。又東折，東南流數十里，有得白忒河，西自茶蒲乞拉庫哈達之北、畢朗烏山之南，東北流來會。又東南，曲折行山間三百里，出山就沙地。｛有｝歸喇（勒）里河〔一四〕，自西北合諸水，東流來會。歸喇里河，亦作貴（桂）勒爾河〔一五〕。上源曰烏蘭古衣河，其源有二：一出索岳爾濟山之東南百里，東麓兩源東北流而合，曰烏蘭灰河；一出其東烏喀那山之北麓，二澗西流而合，曰烏喀那河。北流稍東數十里，扣肯河自西來會。又東北分爲二渠：曰烏蘭古衣河，東北流百里，復合。有榆河，蒙古名海拉蘇台，自西北山東南流，經呼思太山西麓，又會西北來之諾門太河，而南來會，又東北，經魁勒庫山之北，茶蒲乞拉庫哈達之南，曲折三百里，與陀喇河會。陀喇河既會歸喇里河，東南流數十里，分爲二派：一南流，一東南流。十餘里，又分一支，先合南派，又東南流。二百里，至喀沙圖站之東南，復合而東流百餘里，又折東北，經右翼後旗南界。又東，至札賚特旗南，滙爲納喇（蘭）薩（撒）喇（蘭）池〔一六〕，華言日月池也。東流，入嫩江。**東至岳索圖濟喇**，六十五里，接右翼後旗界。**南至達什伊哈克**，百八十里，接郭爾羅斯後旗界。旗南七十里，有察（插）罕（漢）碧老岱坡。百八十里，有卓索圖坡。**西至那哈太山**，五十五里，接右翼中旗界。**北至索岳爾濟山**，二百里，接烏珠穆沁左翼界。旗北六十里有神山，二百里有火山，蒙古名葛爾齊老。旗北二百里，有落（駱）佗（駝）河，源出葛爾齊（濟）老（龍）山〔一七〕，東流，入洮兒河。有佗新河，源出卓索台山，東流，入札賚特旗界。**東南至伊柯哈克温都爾**，百十里，接右翼後旗界。旗東南五十里，有西伯城，周八里餘，門四。案：西伯今作錫伯。楊賓《柳邊紀略》：席百，一作西北，又作席北，在船廠邊外西南五百餘里。土著自言與滿洲同祖，而屬役〈與〉｛於｝蒙古之科爾沁〔一八〕，凡自船廠往墨爾（兒）根〔一九〕、愛渾、黑龍江者由此。按:天聰八年十一月,霸奇蘭等征黑龍江,命由科爾沁國舅吴克善所屬之席北、綽爾門地方往過[二〇],則爲東北衝途也久矣。特以地屬外藩,公行劫奪而莫能禁,行旅每視爲畏途耳。**西南至巴朗濟喇,**二百里,接右翼中旗界。旗西南四十里,有塔本陀羅海坡、綽兑坡。**東北至慶哈山,**二百里,接黑龍江界。旗東北二百里,又有落(駱)佗(駝)山。**西北至木勒推山**。二百三十里,接右翼中旗界。旗西北八十里,有喀喇阿吉(儿)爾罕(漢)山[二一]。百八十里,有魁勒庫山。

札薩克駐錫(席)喇布爾哈蘇[二二]。在喜峯口東北千三百五十里。《會典》作:駐翁衮山。

【校記】

〔一〕該段語出《(乾隆)大清一統志》。乃顔,《(乾隆)大清一統志》作"納顔"。并注:"納顔,舊作'乃顔',哈喇八都魯,舊作'哈喇巴圖魯'。阿八喇忽,舊作'阿巴喇忽'。玉昔帖木兒,舊作'伊實特穆爾'。哈丹托壘,舊作'哈丹禿魯干'。今并改。"

〔二〕出河店,《(乾隆)大清一統志》作"珠赫店"。後同。

〔三〕"同治本""謄清本""大"字下脱一"清"字。

〔四〕"同治本"誤寫"注"字爲"住"字,據"謄清本"改。

〔五〕他魯河,中華書局點校本《遼史·游幸表》又作"達魯河"。

〔六〕引文脱一"北"字,據《(乾隆)大清一統志》《欽定盛京通志》補。

〔七〕白格圖河,"四庫本"《水道提綱》作"白各兔河"。

〔八〕苦乞太河,"四庫本"《水道提綱》作"哭乞太河"。

〔九〕落陀河,"四庫本"《水道提綱》作"駱駝河"。後同。

〔一〇〕多灰羅台河,"四庫本"《水道提綱》作"多灰羅太河"。

〔一一〕索灰圖河,"四庫本"《水道提綱》作"索灰兔河"。

〔一二〕吉拉呼台河,"四庫本"《水道提綱》作"即拉呼河"。

〔一三〕始號陀喇河,"四庫本"《水道提綱》作"始號拖羅河"。

〔一四〕"同治本""謄清本"之"地"字下脱一"有"字,據"四庫本"《水道提綱》補;歸喇里河,"四庫本"《水道提綱》作"歸勒里河"。

〔一五〕貴勒爾河,"四庫本"《欽定盛京通志》作"桂勒爾河"。

〔一六〕納喇薩喇池,"四庫本"《欽定滿洲源流考》作"納蘭薩蘭池";"四庫本"《水道提綱》作"納蘭撒蘭池"。

〔一七〕源出葛爾齊老山,《(乾隆)大清一統志》作"源出葛爾濟龍山"。

〔一八〕"同治本""謄清本"誤寫"於"爲"與",據"續修四庫全書本"《柳邊紀略》改。

〔一九〕墨爾根,"續修四庫全書本"《柳邊紀略》作"墨兒根"。

〔二〇〕綽爾門地方往過,"續修四庫全書本"《柳邊紀略》作"綽爾門地方往經過"。

〔二一〕喀喇阿吉爾罕山,《(乾隆)大清一統志》作"喀喇阿几爾漢山"。

〔二二〕錫喇布爾哈蘇,《(乾隆)大清一統志》作"席喇布爾哈蘇"。

[左翼前旗]本契丹地。遼置長春州。金降爲縣,隸泰州。元廢。札薩克多羅冰圖今作斌圖。郡王游牧。滿珠習禮從祖洪果爾,崇德元年,叙征明功,封札薩克多羅冰圖郡王,世襲罔替。佐領三。額存穀二千三百二石六斗。

牧地:乾隆四十九年,理藩院奏准:所有冰圖郡王地方游牧商民住阯,近鐵嶺縣,即送鐵嶺縣管理。當法庫邊門外,養息牧牧場之東。養息牧,舊作陽什穆〔一〕,又作楊檉木,在錦州府廣寧縣北二百十里,牧場設杜爾筆山下。太祖征明,大軍必由都爾弼入邊,即是地也。天聰元年,受敖漢、柰曼兩部降人於此。《國史·伊爾德傳》:崇德二年,隨貝勒阿巴泰往筑都爾弼城,率護軍四百人,防護築城工役。葢我朝未入關之前,以此爲全遼筦鑰矣。城在牧廠東南五里,周一里百七十步有奇,高三丈,東、西門各一。高宗《養息牧閲馬》詩云:坰場亘瀋野,芻牧接遼〈濱〉{瀆}〔二〕。東至霍雅斯,七十里,接左翼後旗界。南至柳條邊,八十里。高宗《柳條邊》詩:西接長城東屬海,柳條結邊畫内外。又《進英莪門》詩注:康熙年間,始建柳條邊。西自山海關,東屬海。又一自鐵嶺而分,東北繞吉林,過虞村而止,是爲外障。其内則圍場地。又注:柳條邊葢依興安嶺而建,山分陰、陽。故地之寒暄,判然不同。即長城亦然。楊賓《柳邊紀略》:自古邊塞種榆,故曰榆塞。今遼東皆插柳爲邊,高者三四尺,低者一二尺。若中土之竹籬,而掘壕於其外,人呼爲柳條邊,又曰條子邊。吴〈根〉{振}臣《寧古塔紀略》:柳條邊,垂楊數百里,係前朝所種,以隔中外。西至伊拉木[圖]〔三〕,三十里,接得格篤蘇魯克界。北至阿木塔克,四十里,接左翼中旗界。東南至塔(他)本(奔)陀羅海,百二十里,接邊牆界。旗東南八十五里,有龍門山,蒙古名阿會圖。九十五里,有布惇(敦)山〔四〕。百二十里有寬山,蒙古名巴虎。旗東南十里,有巴漢岳里泊。西南至柳條邊,三十五里,接養息牧牧廠界。東北至伊克烏爾圖,六十里,接左翼後旗界。西北至霍卓蘭排。三十里,接柰曼界。

札薩克駐伊克岳里泊。在喜峯口東北八百七十里。《會典》作：駐鄂勒濟布里特。

［左翼後旗］本契丹地。遼置鳳州。金廢。札薩克多羅郡王游牧。洪果爾從子棟果爾、父明安（幹）〔五〕，嘗與葉赫諸部來侵，太祖親禦之札喀路。明安（幹）馬蹶，裸而遁，追奔至哈達部柴河寨南，俘獲甚衆，因遣使乞好。天命二年，來朝，謁上於富爾簡岡，獻駝十、馬、牛各百，未幾卒。崇德元年，封棟果爾鎮國公。八年，亦卒。順治五年，追叙棟果爾前後從征功，封多貝勒，子彰吉倫襲。七年，以明安（幹）功，晉郡王爵，領札薩克，世襲罔替。佐領三。額存穀萬八千三百七十二石七斗。

牧地：嘉慶十七年，定科爾沁左翼後旗昌圖額爾克地方，西自遼河起，東至蘇巴爾漢河止，百二十里；北自太平山起，南至柳條邊止，五十二里。西至柳條邊十六里，東至柳條邊二十里。准其招民開墾，每年徵收租息，賞給該郡王一半。餘照郭爾羅斯種地之例，合計該旗台吉、官員、兵丁户口數目，均勻賞給。又東至吉林邊栅，西至遼河，百餘里；南至威遠堡邊壕，北至白塔水河，二三十里、四五十里不等。設理事通判一員，辦理農民一切事件。又道光十二年，清查科爾沁郡王旗開種庫都力荒地，東至碩勒合碩，西至姑柰經勒克，南至昌圖，北至庫都勒甸子。原招民千七百餘户，准其一體種地、輸租，各立封堆；就附近山岡隨時加高培厚，種成樹木，以爲表識。界内蒙古村屯五十七處，各按户口多寡酌留地界，或二三里，或六七里，作爲蒙古牧放、種植之所。又旗界沙拉木楞、沙拉巴魁地方之河，設渡船五隻，官爲修理。當法庫邊門外。《國史·蒙阿圖傳》：天聰六年，大兵征察哈爾，遣蒙阿圖還瀋陽，移餉駐遼河，加意防護，撤回阿巴泰等防禦兵守城及督催喀喇沁人於法庫山耕種者。東、西二遼河，於是合流。東至碩勒和碩，舊作什倫和碩。百三十里，接左翼中旗界。旗東二十里，有花當岡。八十里，有的（得）石山〔六〕。百三十里，有奚王嶺，土人呼蒙古兒（爾）陀（拖）羅海〔七〕。《金史》：都統杲與宗翰約於奚王會議。即此。旗東三十里，有札拉圖池。南至柳條邊，百里。西至伊柯鄂爾多，七十里，接左翼前旗界。北至格爾莽噶，舊作噶爾岡。五十里，接左翼中旗界。東南至柳條邊，百八十里，接吉林界。旗東南九十里，有巴顏（煙）岱岡〔八〕。旗東南百五十里，有羊城濼，蒙古名尹几哈台〔九〕。源出邊内，流入境，北流，會卓索河。《金史》：宗翰將會都統杲於奚王嶺，完顏希尹遂與宗翰至奚王嶺，期會於羊城濼。又宗翰至奚王嶺，與都統杲會，杲軍出青嶺，宗翰出瓢嶺，期於羊城濼。即此。西南至札噶排，百三十里，接左翼前旗界。旗西南百里，有鷹納岱岡。百二十里，有巴漢巴虎山。東北至貢霍多拉。百二十里，接右翼中旗界。旗東北百二十里，又有得石陀羅{海}山〔一〇〕。西北至伊柯温都爾。九十里，接左翼前旗界。

札薩克駐雙和爾山。《會典》作濟爾哈朗圖，在喜峯口東北千四百里。

［右翼後旗］本靺鞨地。遼置衍州安廣軍，領宜豐一縣。宜豐故城，在今遼陽州西南百里。金，州廢。元爲乃(納)顔分地。札薩克鎮國公游牧。奥巴從弟喇(拉)嘛(馬)什希〔一一〕，父圖(土)美(梅)〔一二〕，天命十一年，隨奥巴來朝，賜號岱達爾漢。天聰六年，卒。崇德元年，封喇(拉)嘛(馬)什希札薩克鎮國公，世襲罔替。佐領十六。額存穀十四石三斗。

牧地：跨陀喇河。東至查巴爾太山，九十里，接札賚特界。南至拜格台陀博，百三十里，接郭爾羅斯後旗界。西至博達爾罕山，三十里，接右翼前旗界。旗西三十里，又有哈禄爾坡。北至慶哈山，二百四十里，接索倫界。旗北二百二十里，有朱爾噶岱山。二百四十里，有卓索台山。東南至排鄂博噶，百六十里，接郭爾羅斯前旗界。旗東南百五十里，有摻(叟)黑台坡〔一三〕。西南至鄂落遜温都爾，百四十里，接右翼前旗及郭爾羅斯前旗界。旗西南百四十里，有蕭滿烏里堵坡。東北至愛起禄山，三百里，接札賚特界。旗東北百十里，有達喜圖坡。百五十里，有錫伯圖山。二百十里，有納濟(儿)山〔一四〕。西北至特墨根山。二百九十里，接右翼前旗界。

札薩克駐額木圖坡。舊作恩馬圖，在喜峯口東北千四百五十里。

右翼附札賚特部一旗、杜爾伯特部一旗，左翼附郭爾羅斯部二旗，統盟於哲里木。盟地在右翼中旗境内。乾隆二十七年，理藩院議准：哲里木、昭烏達、卓索圖三盟所屬游牧，尚有可耕之地，是以康熙年間議令三盟長各札薩克等，每旗各設一倉。每年秋收後，各佐領下壯丁，每丁輸糧一斗贮倉，以爲歉歲振饑之用。其收放實數，應令每年秋收後，造具印册報院。又例載：科爾沁王公新開荒場地，就近在梨樹城子地方，添設照磨官一員彈壓。

貢道由山海關。科爾沁所部十旗歲貢：康熙十三年，題准共進十二九。計羊百有八隻、乳酒百有八瓶。餘部進九九。乾隆元年，覆准各札薩克每年十二月，進羊一隻、乳酒一瓶，著爲例。

【校記】

〔一〕《蒙古王公功績表傳》作:陽什穆。

〔二〕景印文淵閣四庫全書本《御製詩集·初集》卷十八"濱"作"瀆"。

〔三〕圖,"同治本"不清,據"謄清本"補。

〔四〕布惇山,《(乾隆)大清一統志》作"布敦山"。

〔五〕明安,《(乾隆)大清一統志》作"明斡"。後同。

〔六〕的石山,《(乾隆)大清一統志》作"得石山"。後同。

〔七〕蒙古兒陀羅海,《(乾隆)大清一統志》作"蒙古爾拖羅海"。後同。

〔八〕巴顔岱岡,《(乾隆)大清一統志》作"巴煙岱岡"。

〔九〕尹几哈台,《(乾隆)大清一統志》、中華書局點校本《清史稿·地理志》均作"尹兀哈台",疑誤寫"兀"字爲"几"字。

〔一〇〕得石陀羅山,《(乾隆)大清一統志》《清史稿·地理志》均作"得石陀羅海山"。疑原文脱一"海"字,據補。

〔一一〕喇嘛什希,《(乾隆)大清一統志》作"拉馬什希"。後同。

〔一二〕圖美,《(乾隆)大清一統志》作"土梅"。

〔一三〕拶黑台坡,《(乾隆)大清一統志》作"叟黑台坡"。

〔一四〕納濟山,《(乾隆)大清一統志》作"納几山"。

[札賚(賴)特部〔一〕]在喜峯口東北千六百里。至京師二千十里。東西距六十里,南北距四百里。東至杜爾伯特界,西及南至郭爾羅斯界,北至索倫界。方式濟《龍沙紀略》:卜魁城西,渡諾尼江,蒙古札賴(拉)特地〔二〕。《輿表》云:札賴(拉)特(台),東至杜爾伯特界三十五里,西至郭爾羅斯鎮國公界二十五里,南至郭爾羅斯輔國公界一百五十里,北至色衣鏗山,無交界。余按:西至,當是科爾沁鎮國公界,《表》似誤。本契丹地。遼長春州,金泰州北境。元爲遼王分地。明入科爾沁。哈布圖哈薩爾十五傳至博地達喇,有子九,其季曰阿敏,與兄齊齊克納穆賽等鄰牧,號所部曰札賚特。

[一旗]札薩克多羅貝勒游牧。天命九年,阿敏子蒙衮,隨科爾沁台吉奥巴來降,賜號達爾漢和碩齊。天聰八年,卒。順治五年,追叙從征功,封固山貝子,子色稜襲領札薩克。雍正十年,色稜曾孫特古斯,以擊賊額爾德尼昭功,晉多羅貝勒,世襲罔替。佐領十六。額存穀萬

七百八十六石五斗。

牧地：在齊齊哈爾城西南。龔之鑰《後出塞録》：齊齊哈爾城即卜魁城，黑龍江將軍駐節之所。自此渡妹江而北，四百五十餘里，曰莫爾根城。又三百三十餘里，曰艾虎城，俱有副都統鎮守。兩城皆在黑龍江邊，江之北即鄂羅斯國矣。又曰：妹江源出莫爾根山中，其流不遠。黑龍江源出鄂羅斯國，其來甚遠。二水俱通松花江，達船廠。康熙二十餘年，征鄂羅斯國，尚未通卜魁等處。是以由船廠大治戰艦，沿三江順流而北。及奏凱後，將軍阿某者，忽見江岸有紅牛，形色殊異，令兵士逐之，隨牛所向，始知有陸路可通，遂具疏入告。乃建艾虎、莫爾根、卜魁三城，各置兵戍守。嗣後流人日至，商賈雲集，竟爲内地。其街市喧闐，放悲北省中〈上〉{土}州縣[三]。惟寒冷異常，霣霜早，是以艱於南畝耳。又曰：卜魁、莫爾根城，蕃漢雜居，而蕃種非一，曰巴爾虎，曰索倫，曰打狐狸〖今曰打牲乌拉〗，曰洗白〖今作锡伯〗。亦俱隨旗入任，其聰慧者，能通語言、文字，與漢人無異也。方式濟《龍沙紀略》：枯（庫）輪（倫）海以南[四]，喀爾喀河以西，巴爾虎地。本喀爾喀之一部也，其戍此者闌入俄羅斯境，大軍征俄羅斯，來歸，遂編入旗。英和《卜魁城賦》注：城池未定以前，皆係打牲人居住，俄羅斯時或越境搶劫。康熙二十二年，調派寧古塔副都統薩布素，領寧古塔、吉林官兵，由水陸並進，駐防黑龍江額素里地方。二十三年，以薩布素爲黑龍江將軍，侍郎温布岱、給事中雅奇納授副都統，修築城池，統帥官兵，留駐防禦。至二十八年，平定雅克薩城，始與俄羅斯分界。二十五年，於墨爾根地方築城。二十九年，移將軍駐劄。三十年，於嫩江東卜魁村地方築城，即伯克依莊，鄰近齊齊哈爾村，又以爲名。以總管瑪布岱授副都統銜，暫守此城。打牲之索倫、達呼爾，皆屬將軍統轄。三十七年，移墨爾根副都統駐齊齊哈爾城。三十八年，復移將軍駐劄。又注：正南五百餘里，至松花江，與吉林交界。正北二千六百餘里，至興安嶺，與俄羅斯交界。正西四百餘里，與喀爾喀車臣汗交界。正東二千三百餘里，至畢瞻河，與吉林交界。東北八百餘里，爲黑龍江。東南八百餘里，爲呼蘭河。西北七百餘里，爲呼倫布雨爾。北去百六十里，爲布特哈。又《賦》曰：其城則松木夾栅，牆壁是託。千三十步，爰諏爰度。蕩蕩平平，四門峭卓。周以土柢，斯成外郭。袤延十里，重門五拓。自注：木城周廣千三十步，牆高一丈八尺，外夾以木，内實以土。土城門有五，東、南、北各一，西二。**東至嫩江**，三十五里，接黑龍江界。嫩江，自黑龍江境流入境，又南，入郭爾羅斯前旗界。英和《卜魁城賦》注：札賚特、杜爾伯特，皆在嫩江西岸，郭爾羅斯，在嫩江南岸，附近卜魁，聲氣相通。**南至鍾奇**，百五十里，接郭爾羅斯前旗界。旗南百里，有日月池，蒙古名納喇（藍）薩（撒）喇（藍）[五]，東南流，入嫩江。**西至烏蘭陀博**，二十五里，接科爾沁右翼後旗界。**北至鄂魯起達巴噶（哈）山**[六]，二百五十里，接索倫界。旗北百二十里[七]，有朵雲山。二百五十里，有塞愬山。旗北八十里，有綽爾河，源出西北興安嶺，東南流五百餘里。至旗西三里，分爲數歧，又東南折，會嫩江。**東南至嫩江**，百里，接郭爾羅斯前旗界。**西南至排鄂博噶**，百六十里，接郭爾羅斯前旗及科爾沁左翼後旗界。旗西南三十五里，有阿揚噶爾坡。旗西南百里，有洮兒河，自科爾沁右翼後旗流入境，東南流，匯爲日月池，入嫩江。東北至塔爾霸勒吉山，二百七十里，接黑龍江界。旗東北百七十里，有阿禄岳堪山。二百里，有阿敏山，蓋以所部之祖氏其山矣。西北至愛起禄山。二百七十里，接科爾沁右翼後旗界。旗西北九十里，有綽爾城，周七里餘，門四，建置無考。旗西北百六十里，有落（駱）佗（駝）山，蒙古名特門。百七十里，有赤房山，蒙古名烏蘭格爾。百九十里有雕（鵰）窠山〔八〕，蒙古名岳樂。二百七十里，有額貴山。旗西北二百里，有佗新河，自科爾沁右翼後旗流入境，經額貴山，東南流，會綽爾河，入嫩江。

札薩克駐圖卜紳察汗坡。舊作土百新插漢。屬科爾沁右翼。

隸哲里木盟。

貢道由山海關。

[杜爾伯特部]在喜峯口東北千六百四十里。至京師二千五十里。東西距百七十里，南北距二百四十里。東至黑龍江界，西至札賚特界，南至郭爾羅斯界，北至索倫界。方式濟《龍沙紀略》：卜魁城之南，諾尼江以東，通鏗（恩）河以西〔九〕，蒙古杜爾（圖）伯特地〔一〇〕。《輿表》云：東至黑龍江將軍界一百四十里，西至札賚（拉）特（台）界三十里，南至郭爾羅斯鎮國公界一百四十里，北至索倫界一百里。本契丹地。遼長春州。金泰州北境。元爲遼王分地。明入科爾沁。哈布圖哈薩爾十六傳至愛納噶，號所部曰杜爾伯特。

【校記】

〔一〕札賚特，《（乾隆）大清一統志》作"札賴特"。并注："札賚特，舊作'扎賴特'，今改。"後同。

〔二〕札賴特，"叢書集成本"《龍沙紀略》作"札拉特"。

〔三〕放悲，同"仿佛"。

〔四〕枯輪海，"叢書集成本"《龍沙紀略》作"庫倫海"。

〔五〕納喇薩喇，《（乾隆）大清一統志》作"納藍撒藍"。

〔六〕鄂魯起達巴噶山，中華書局點校本《清史稿》作"鄂魯起達巴哈山"。

〔七〕旗北百二十里，《（乾隆）大清一統志》作"在旗北一百三十里"。

〔八〕雕窠山，《（乾隆）大清一統志》作"鵰窠山"。

〔九〕通鏗河，"叢書集成本"《龍沙紀略》作"通恩河"。

〔一〇〕蒙古杜爾伯特地，"叢書集成本"《龍沙紀略》作"爲蒙古杜爾圖特地"。

[一旗]札薩克固山貝子游牧。愛納噶子阿都齊，號達爾漢諾顔，天命九年，偕科爾沁台吉奥巴來降。天聰三年，從征明。師還，卒。子色稜，崇德元年，封輔國公。八年，以其屬隨征黑龍江諸部鄉導功，賜號達爾漢。順治五年，追叙阿都齊來歸功，晉封札薩克固山貝子，世襲罔替。佐領二十五。額存穀萬三千九十五石四斗。

牧地：當嫩江東岸，嫩江，在旗西三十里，自黑龍江境内南流入境，西與札賚特分界，又南，入郭爾羅斯後旗界。齊齊哈爾城東南，呼蘭城西。長白西清《黑龍江外紀》：呼蘭，以河得名，又號霍倫，在齊齊哈爾東南八百四十里，毗連吉林。萬山雄峻，間亦産蔘。初撥齊齊哈爾、墨爾根、黑龍江兵踐更巡徼，既以宵小盜采，禁或未嚴，始專置官軍駐守，與諸城有犄角勢。其土沃，屢豐，諸城不及。又曰：齊齊哈爾東南至呼蘭，東北至黑龍江，按程計站皆八百餘里。此外，别有捷徑，約近大半。然通呼蘭者，行旅不絶；通黑龍江者，終歲無一人。緣呼蘭道中，蒙古家可以備宿，黑龍江則深山密箐，寂無人蹤也。[一]《高宗實録》：乾隆十年五月，户部議覆御史台柱《條奏黑龍江事宜》：一{稱}該御史請將呼蘭官莊糧石[二]，歲撥一萬石，運至黑龍江存貯。查呼蘭地土肥沃，水路與齊齊哈爾、黑龍江、墨爾根三城相近。前任將軍那蘇圖等奏設官莊，存貯糧石，原備濟三城之不足。請嗣後何城備貯缺少，即以呼蘭備存糧，撥本屬兵備船，運送備貯。六月，大學士等議覆巡察黑龍江户部郎中福明安條奏：黑龍江等處兵丁，生齒日繁。呼蘭有地可耕，請照雍正十三年將奉天開户旗人，移屯呼蘭設立官莊之例，令往耕種。查乾隆六年，酌派在京旗人移屯奉天等處一案，經大學士查郎阿查勘，除寧古塔所屬拉林、阿勒楚喀等處可種地畝外，黑龍江所屬齊齊哈爾之東南六百餘里呼蘭地方，有地徑五百餘里，列爲上等。呼蘭之東佛忒喜蘇蘇地方，有地徑二百餘里，列爲次等云云。又福明安奏稱：呼蘭千里膏腴，可以大興屯田。請以奉天開檔之人，每年酌立屯莊十餘座，將見積貯充盈，不但接濟黑龍江等三城，遠而奉天，近而寧古塔俱可接濟。即將來京城八旗生齒日繁，拉林移駐充滿之日，並可照例移駐。應如所奏行[三]。東至哈他伯齊坡，《會典》作哈達布起。百四十里，接黑龍江界。旗東百四十里，有富谷，蒙古名巴雅鼐旗。東十里，有烏葉爾河，源出黑龍江境内，西南流入境，經黨納坡，又南，入郭爾羅斯後旗界。南至阿蘇台札噶，百六十里，接郭爾羅斯界。西至嫩江，三十里。北至布台格爾池、烏柯爾鄂克達，百里，接索倫界。旗北百里，又有疊翠巖，蒙古名磨朶圖。東南至霍塔圖哈克，百六十里，接黑龍江界。旗東南七十里，有訥赫爾池。西南至柯勒吉勒格，百四十里，接札賚特界。旗西南百四十里，有和吉(儿)蒙克坡。東北至阿瑪勒起綽普多爾互塔，百六十里，接黑龍江界。旗東北百四十里，有阿拉克阿吉(儿)爾漢坡。百六十里，有黨納坡。西北至嫩江。百十里,接札賚特界。旗西北百十里,有噶克達坡。

札薩克駐多克多爾坡。《會典》作圖布森錫呼圖。外藩蒙古稱杜爾伯特者二,同名異族。一係綽爾羅斯,爲額魯特台吉孛罕裔,駐烏蘭古木,稱外札薩克;一係博爾濟吉特,即此喜峯口外之内札薩克也,屬科爾沁右翼。

隸哲里木盟。

貢道由山海關。

[郭爾羅斯部]在喜峯口東北千四百八十{七}里〔四〕。至京師千八百九十七里。東西距四百五十里,南北距六百〈六〉{五}十里〔五〕。東至永吉州界,南至盛京邊牆,西及北皆至科爾沁界。方式濟《龍沙紀略》:"杜爾(圖)伯特以南,松阿里江北岸,蒙古郭爾(古)羅(嚕)斯(蘇)地〔六〕。按《輿表》:郭爾(古)羅(嚕)斯(蘇),東至杜爾(圖)伯特界八十里,西至本部輔國公界一百四十里,南至烏喇將軍界一百四十里,北至杜爾(圖)伯特界一百二十里。蓋杜爾(圖)伯特地象曲尺,與郭爾羅斯錯,故東、北皆〈倚〉{河}也〔七〕。"本契丹地。遼置泰州昌德軍,屬上京。金大定間廢。承安二年,移州於長春縣,以故地爲金安縣,隸之。元爲遼王分地。明入科爾沁。元太祖遣弟哈布圖哈薩爾征郭爾羅斯部,禽其酋納琳於克哩業庫卜克爾。案:征郭爾羅斯事,見《蒙古源流》卷三云:歲次壬戌〖宋寧宗嘉泰二年〗,金章宗泰和二年,太祖年四十一歲,用兵於郭爾羅斯。郭爾羅斯之納琳汗,率二十萬郭爾羅斯前來迎戰於克哩葉庫卜克爾地方。彼時有哈薩爾諸延、鴻吉喇特之斡齊爾徹辰、囊古特之圖克德庫、和濟歡巴雅固特之烏里阿克塔等四人進戰,生禽納琳汗,遂據郭爾羅斯之衆。哈布圖哈薩爾十六傳至烏巴什,遂以爲所部號二旗。

【校記】

〔一〕黑龍江則深山密箐,寂無人蹤也,"叢書集成本"《黑龍江外紀》原作"黑龍江則山密藪寂,無人蹤也"。

〔二〕引文脱一"稱"字,據中華書局本《清實録》補。

〔三〕此段引文有節略。

〔四〕在喜峯口東北千四百八十里,《(乾隆)大清一統志》作"在喜峯口東北千四百八十七里"。

〔五〕南北距六百六十里,《(乾隆)大清一統志》作"南北距六百五十里"。

〔六〕郭爾羅斯,"叢書集成本"《龍沙紀略》作"咕嚕嘛"。

〔七〕"同治本""謄清本"誤寫"河"爲"倚",據"叢書集成本"《龍沙紀略》改。

[前旗]札薩克鎮國公游牧。烏巴什子莽果,莽果子布木巴,天命九年,偕科爾沁台吉奧巴來降。順治五年,叙前後從征功,封札薩克鎮國公,世襲罔替。佐領二十三。額存穀萬八千一百八十八石九斗。

牧地:嘉慶九年,布木巴八世孫固嚕札布呈請蒙古地土與站丁地土畫定界阯。諭曰:乾隆年間,蒙古台吉呈請分理疆界,以站丁與蒙古毗連,雜處已久,種地牧馬,未便分界,令其和好安居。今中外一體,並無異視。設因彼處臺站距固嚕札布游牧較近,即行分界,其古北口、熱河等處,均係蒙、民雜處,亦可分定界阯乎?著逐出乾清門,革去副盟長,以昭炯戒。當嫩江與松花江相合之西岸,松花江,即混同江,在游牧東百七十里,土人呼吉林江。自永吉州西北出邊,流入境,東北{流}〔一〕,會嫩江。又東,折入後旗地。又東北,會黑龍江,東入海。嫩江在游牧東北二百七十里,自札賚特界流入境,南流,會吉林江。在吉林伊通邊門外,高宗純皇帝《入伊通(屯)邊門》詩:部落行將徧,吉林望不遥。迎人山色近,礙路漲痕消。村墅經楓葉,邊牆進柳條。初來原故土,所遇匪新招。瞻就心何切,勤勞意豈驕。省方逢大吉,賓穡報豐饒。又《碧柳圖》詩《序》曰:碧柳圖,山名,蒙古語謂"礪石"爲"碧柳",在克爾素邊門外。癸亥東巡過此,曾有作。今歲至吉林,應進伊通邊門,取徑少北而東,故遥見之。長春廳之西。嘉慶五年,奏准郭爾羅斯長春堡地方民人開墾地畝。設立理事通判一員、巡檢一員,辦理刑錢事務。其收取租息,令蒙古自行收取,無庸官爲經理。惟除現在熟地二十六萬五千六百四十八畝外,不准多墾一畝,現在居民二千三百三十户外,不准增居一户。十七年,又定郭爾羅斯開墾地畝,流民增至七千餘口之多,除現在者准其居住外,責成各邊門守卡官兵嚴行查禁。《理藩院則例》載:長春堡已墾地畝,東自穆什河起,西至巴彦濟魯克山根止,廣二百三十里。南自吉林伊通邊門起,北至季家窩鋪止,縱百八十里。擬定界限,起立封堆。東至烏拉河,百七十里,接白都訥界。龔之鑰《後出塞録》:白都訥有三江口,即松花、妹江、黑龍三水總匯處,渡江而北,皆蒙古部落,每至一站,始有華人,皆站内供役者。其先大率滇人,三逆平後,遷徙至此。旗東八十里,有喀喇托賴圖岡。南至柳條邊,二百八十里,接吉林界。旗南二百二十里,有一秃河,源出永吉州境内,北流出邊,經龍安城,又東北流,會伊爾門(們)河〔二〕,入吉林江。西至博果圖,一作巴煙布他岡。六十里,接科爾沁左翼界。北至拜格台和碩,百二十里,接科爾沁右翼後旗界。旗北百二十里,又有塔(他)本(奔)

陀羅海坡。**東南至柳條邊**,三百里,接吉林界。旗東南二百里,有龍安城。《明(一)統志》:龍安一(伊)秃(屯)河[三],在三萬衛西北,金山外。元將納哈(克)出(楚)分兵爲三營[四]:一曰榆井深處,一曰養鵞莊,一曰龍安一(伊)秃(屯)河。及大將軍馮勝征納哈出,兵駐金山,遣副將於此,受其降。《全遼志》:龍安城,在一秃河西,金山東。《册説》:城周七里,門四,阯尚存。旁有塔,亦名農安。天命九年,布木巴率屬來歸,會察哈爾林丹汗掠科爾沁,上遣貝勒阿巴泰率師由郭爾羅斯境往援。至龍安塔,林丹汗倉皇夜遁,不敢復犯科爾沁及郭爾羅斯諸部,即此處也。《一統志》:按《金史・地理志》:天眷三年,改遼黄龍府爲濟州。大定{二十}九年[五],更爲隆州。貞祐初,升爲隆安府。以地考之,此龍安城,即隆安之訛,乃遼黄龍府舊阯。今永吉州西北,皆古黄龍府之地。特其城隔在邊外,後人{不知}[六],遂茫無所據耳[七]。穆案:《一統志》於奉天府下,又以黄龍府爲在開原縣境,其説與此兩岐,今以地望診之,非是,故不取。《盛京通志》引《聖祖仁皇帝御製文集》:今烏喇山巘間,古木灌莽,潢潦徧野,即古黄龍府之地也。楊賓《柳邊紀略》:黄龍府,《盛京志》〈在〉{作}開原縣[八]。按:《金史・地理志》:天眷三年,改黄龍府爲濟州。而《婁室墓碑》載:室葬於濟州之東南奥吉里。今其墓在船廠西二百里之薄屯山,則當日黄龍府治應在今石頭河、雙陽河之間。又《松漠紀聞》:黄龍府南百餘里,曰賓州,州近混同江。其説亦合。若開原則去混同江六百餘里,金太祖安能一渡江即據有之邪?穆案:宋許亢宗於宣和六年充賀金主登極使,著《行程録》[九],記自雄州至上京會寧府,道里曲折,至爲詳悉。黄龍府,亢宗實親歷其地,則故阯所在,必當以亢宗之言爲斷矣。案《録》云:自瀋州七十里至興州,五十里至銀州,又四十里至咸州,自咸州四十里至肅州,又五十里至同州,自同州三十里至信州,自信州九十里至蒲里孛堇寨,自蒲里四十里至黄龍府。自此東行,計凡四百一十里。瀋州爲今承德縣地。興州,舊説爲今廣寧縣地。案:廣寧遠在承德西南,亢宗前兩程已過魚梁務,何事復折而西乎?興州當在今承德、鐵嶺之間,而銀州則鐵嶺縣治也。咸州在今鐵嶺縣東。同州,舊説以爲即漢襄平縣地,在今遼陽州北。今案:由咸州四十里至肅州,肅州在今鐵嶺縣東北。肅州至同州五十里,同州至信州三十里,信州故城在今開原縣境,然則同州故城,在今鐵嶺、開原南北之交。其里到皆可覆核也。自信州百三十里而至黄龍府。《録》云:自此東行。明前此皆東北行也。以《輿圖》診之,黄龍府故阯,當在柳條邊外,昌圖廳西北,赫爾蘇河之北岸。聖祖云:烏喇山巘間,即古黄龍府地。蓋自此東越長春,渡伊通,即入吉林境也。三百里有遼泰州故城。《遼史・地理志》:上京道,泰州,〈昌德〉{德昌}軍[一〇],{節度}。本契丹二十部族牧放之地。因黑鼠族累犯通化州,民不能禦,遂移東南六〈十〉{百}里[一一],{來}建城居之[一二],統樂昌(康)[一三]、興國二縣。《金史・地理志》:北京路泰州,正隆間,置〈昌德〉{德昌}軍,隸上京,大定二十五年罷之。承安〈二〉{三}年[一四],復置於長春縣,以舊泰州爲金安縣,隸焉。北至邊四百里,南至懿州八百里,東至肇州三百五十里。領長春一縣,其金安縣尋廢。《一統志》:按遼時泰州相近有長春縣[一五]。《地理志》云:長春縣,有韶陽軍,本鴨子河春獵之地[一六]。興宗重熙八年置,統長春一縣。蓋長春州近混同江,泰州在長春之西。金置泰州於長春，而廢舊泰州爲金安縣，即今嫩江之南境也。旗東南百七十里，有衣馬圖峯。旗東南百二十里，有烏緑斯呼泉，東流，入恩得(特)葛特池〔一七〕，池在泉南十里。旗東南二百二十里，有伊爾門(們)河，源出永吉州境内，北流出邊，受南來之烏蘇圖(土)烏海河〔一八〕，會一禿河，入吉林江。二百五{十}里，有烏蘇圖烏海河〔一九〕，源出邊内，流入境，東北流，會伊爾門(們)河。西南至巴彦濟魯克山，《一統志》作巴顔朱爾克，華言牛心山也。二百里，接科爾沁左翼界。旗西南二百三十里，有敖城，周七里有奇，門六，建置無考。東北至嫩江，二百七十里，接科爾沁右翼界。旗東北二百五十里，有他虎城，周八里有奇，門四，建置無考。旗東北百八十里，有巴吉岱坡。旗東北七十里，有鹽濼，蒙古名達布蘇台。二百六十里，有白水濼，蒙古名察(插)罕(漢)。西北至庫勒恩博噶。百四十里，接科爾沁右翼前旗界。旗西北五十里，有魚兒濼，蒙古名札哈蘇台。烏程沈垚子敦《〈西游記〉金山以東釋》釋魚兒濼，元與遼名同地異。略曰：長春於二月十五日過蓋里泊，三月朔出沙陀，至魚兒濼，凡半月。《太祖紀》：九年夏六月，避暑魚兒濼。蓋本帝之離宫也。按：元之魚兒濼(泊)〔二〇〕，與遼魚兒〈濼〉{泊}，名同地異。元魚兒濼，直昌、撫等州沙漠之北。遼魚兒濼，則與長春縣混同江相近。《遼{史}聖宗紀》：太平二年春二月辛丑朔，駐蹕魚兒濼。三月甲辰，如長春縣〔二一〕。四年春正月，如鴨子河。二月己未，獵撻魯河。詔改鴨子河曰混同江，撻魯河曰長春河。五年春正月乙酉，如混同江。二月，如魚兒濼。三月，如長春河。撻魯改曰長春，必在長春州側近。《{遼史}地理志》：長春州……本鴨子河春獵之地。《{遼史}營衛志》：鴨子河濼，東西二十里，南北三十里，在長春縣東北三十五里。則長春縣逼近混同江。興宗、道宗諸《紀》，屢言如魚兒濼，而史文皆與如混同江、長春州等，比月相連，則《遼史》之魚兒濼，西去直昌、撫等州之魚兒濼甚遠。蓋元之魚兒濼在遼上京臨潢府西北沙漠外，而遼之魚兒濼則去長春州頗近。《道宗紀》：大安四年，{春}正月庚戌，如混同江。二月己丑，如魚兒濼。己亥，如春州。己丑至己亥十日，若爲上京西北沙磧外之魚兒濼，則東至混同江{畔}之長春州〔二二〕，非十日所能到。遼之游幸，亦不應倏東倏西如此矣〔二三〕。

札薩克駐固(古)爾班(板)察(插)汗(漢)。

[後旗]札薩克輔國公游牧。一等台吉畢里(哩)衮鄂齊爾從祖固穆〔二四〕，天聰七年，來朝。崇德元年，叙征明功，封札薩克輔國公，世襲罔替。孫莽塞，康熙二十六年，以不緝賊罪，削札薩克。詔畢里衮鄂齊爾代領之，遂爲例。乾隆四十九年，理藩院議奏：阿喇布坦所襲札薩克，自同部輔國公固穆始，固穆孫莽塞獲罪。阿喇布坦祖畢里衮鄂齊爾，以台吉領札薩克，子若孫襲之，固穆嗣祇襲公爵，不獲預札薩克選，久必致忘源流。嗣札薩克缺出，應統令入覲，候旨簡

襲。詔如議。至乾隆六十年，固穆七世孫恭格喇布坦始復領札薩克。佐領三十四。額存穀九千一百五十七石。

牧地：當混同江北岸、嫩江東岸。東至阿勒克巴魯，八十里，接黑龍江界。旗東八十里，又有常峽坡。南至嫩江，百四十里，接伯都訥、阿爾楚喀界。旗南三十里，有西訥河，由旗西之烏葉爾河分流，南入嫩江。西至嫩江，百四十里，接札賚特界。旗西十五里，有烏葉爾江，自杜爾伯特流入境，西南入嫩江。北至烏魯勒圖，百二十里，接杜爾伯特界。旗北百二十里，有邵爾和爾坡。旗北百里，有吴牙（雅）爾拉漢池〔二五〕。東南至嫩江，百七十里，接阿爾楚喀界。旗東南百五十里，有阿禄布克色坡。百七十里，有阿拉克碧老坡。西南至嫩江。百五十里，接前旗界。旗西南百五十里，有昂噶海城，周三里餘，門四，建置無考。東北至慶黑雅博拉克河，八十里，接杜爾伯特及黑龍江界。旗東北八十里，有布拉克台坡。案：布拉克即博拉克，坡因河納稱也。西北至嫩江。百二十里，接札賚特界。旗西北百里，有拜喇拉齊坡。旗西北十五里，有牛川，蒙古名烏庫爾，即嫩江之支流，東南會烏葉爾河。

札薩克駐榛子嶺。蒙古名嘉朱温都爾，在喜峯口東北千五百七十里。屬科爾沁左翼，雍正元年，上諭：郭爾羅斯乏食，伯都訥食糧頗多，即將此米散振。但並無産業，何以爲生？科爾沁一旗與他蒙古不同，世爲國戚，恪恭巽順，歷今百有餘年。今聞伊屬下人乏食，朕心軫惻，著齎帑銀三萬兩往振。再將郭爾羅斯旗下實在窮苦，並無生餼之人，按户口給與乳牛、羊隻。

隸哲里木盟。

貢道由山海關。

蒙古游牧記卷之一　　　　受業青陽吴履敬覆校

【校記】

〔一〕此段語出《（乾隆）大清一統志》，引文脱一“流”字，據《大清一統志》補。

〔二〕伊爾門河，《（乾隆）大清一統志》作“伊爾們河”。後同。

〔三〕龍安一禿河，景印文淵閣四庫全書本《明一統志》（以下簡稱“四庫本”《明一統志》）作“龍安伊屯河”。後同。

〔四〕納哈出，《（乾隆）大清一統志》作“納克楚”。并注：“納克楚，舊作‘納哈出’，今改正。”

〔五〕此處《(乾隆)大清一統志》脱"二十"二字,張穆襲之,據《四部叢刊》"百衲本"《金史·地理志》、中華書局點校本《金史·地理志》補。

〔六〕該句"人"字下脱"不知"二字,據《(乾隆)大清一統志》補。

〔七〕茫,同"茫"。

〔八〕黄龍府,《盛京志》在開原縣,"續修四庫全書本"《柳條邊記》作"黄龍府,《盛京志》作開原縣"。

〔九〕《行程録》,即《宣和乙巳奉使金國行程録》。

〔一〇〕昌德軍,百衲本、中華書局點校本《遼史·地理志》均作"德昌軍",據改。

〔一一〕"十"爲"百"之誤,據改。

〔一二〕建城居之,中華書局點校本《遼史》作"來建城居之"。

〔一三〕樂昌,中華書局點校本《遼史》作"樂康"。

〔一四〕該處《(乾隆)大清一統志》誤寫"三"爲"二",張穆襲之,據百衲本、中華書局點校本《金史·地理志》改。

〔一五〕遼時泰州相近有長春縣,"四庫本"《(乾隆)大清一統志》作"遼置長春州,金降爲縣"。

〔一六〕長春縣,有邵陽軍,《(乾隆)大清一統志》《金史·地理志》作"長春縣,遼長春州韶陽軍"。"本鴨子河春獵之地",出自《遼史·地理志》。

〔一七〕恩得葛特池,《(乾隆)大清一統志》作"恩特葛特池"。

〔一八〕烏蘇圖烏海河,《(乾隆)大清一統志》作"烏蘇土烏海河"。後同。

〔一九〕"同治本""謄清本"均於"五"字下脱一"十"字,據《(乾隆)大清一統志》補。

〔二〇〕魚兒濼,《清代詩文集彙編》影印嘉業堂刊本《落颿樓文集·〈西游記〉金山以東釋》(以下簡稱"清詩文彙編本"《〈西游記〉金山以東釋》),作"魚兒泊"。後同。

〔二一〕如長春縣,"清詩文彙編本"《〈西游記〉金山以東釋》作"如長春州"。

〔二二〕正月庚戌,"清詩文彙編本"《〈西游記〉金山以東釋》作"春正月庚戌"。

〔二三〕"同治本""謄清本"均於"江"字下闕一"畔"字,據"清詩文彙編本"《〈西游記〉金山以東釋》補。

〔二四〕畢里衮鄂齊爾,《(乾隆)大清一統志》作"畢哩衮鄂齊爾"。

〔二五〕吴牙爾拉漢池,《(乾隆)大清一統志》作"吴雅爾拉漢池"。

蒙古游牧記卷之二

平定張　穆石州撰
光澤何秋濤願船校

内蒙古卓索圖盟游牧所在喀喇沁　土默特

［喀喇沁部］在喜峯口東北三百五十里。至京師七百六十里。東西距五百里，南北距四百五十里。東至土默特及敖漢界，西至察哈爾正藍旗牧場南界，南至盛京邊牆界，北至翁牛特界。春秋山戎地，秦、漢遼西郡境。後漢爲鮮卑地。《後漢書·鮮卑傳》：以季春月大會於饒樂水上。又檀石槐乃立庭於彈汗山歠仇水｛上｝〔一〕，山去高柳北三百餘里。《承德府志》：案饒樂水，即今英金河，正當今赤峯縣北境。《通考》於"檀石槐庭"注：馬邑郡界，是檀石槐建庭之處，在今朔平、大同二府北境外，而東至英金河，左、右皆鮮卑疆域所及。知今承德府屬之北境，皆鮮卑境也。晉爲慕容氏地。慕容廆元康四年，移居棘城。子皝，咸康七年，遷都龍城。元魏時，有庫莫奚居此。隋但曰奚。《北史·奚傳》：庫莫奚，其先東部宇文之別種也。初，爲慕容皝所破，竄匿松漠之間〔二〕。齊受魏禪，歲時來朝。其後種類漸多，分爲五部，有阿〈魏〉｛會｝氏，遂盛。《熱河志》：案庫莫奚初竄匿松漠，當在今承德府屬北境之外。逮魏太和四年之後，始與安、營二州民雜居，漸徙而南，散處今灤平縣、豐寧縣、平泉州境。唐太宗初，奚内附，置饒樂都督府，隸營州。後分爲東、西奚，尋併於契丹。《五代史·四夷附録》：奚，當唐末〔三〕，居陰涼川，在營府之西，幽州之西南，皆數百里。後徙居琵琶川，在幽州東北數百里。契丹阿保機强盛，室韋、奚、霫皆服屬之。奚人常爲契丹守界上，而苦其苛虐。奚王去諸怨叛，以別部西徙嬀州〔四〕，自別爲西奚。而東奚在琵琶川者，亦爲契丹所并，不復能自見。《熱河〈忘〉｛志｝》〔五〕：案《五代史》所云，奚在營府之西，指營州都督府。

至稱奚在幽州西南者,蓋指唐時僑置諸奚州而言,如鮮州、崇州治潞縣,歸義州治良鄉縣之屬。然考唐時僑置之州,但以降人散處内地,聊立州名以統之,其實奚之疆域,自在幽州東北也。奚既分兩部之後,惟東部在今承德府屬境之内。據《遼史·太祖紀》:五年,親征西部奚,所向輒下,遂分兵討東部奚,亦平之。於是盡有奚、霫之地。東際海,南際白檀。承德府全境是時盡入於契丹。考阿保機之五年,當後梁之乾化元年,距唐亡四年。遼統和二十五年,以故奚王牙帳置中京大定府。領大定、長安、富庶、勸農、文定、升平、歸化、神水、金源九縣。《新唐書·地理志》:長城口北八十里,有吐護真河,奚王牙帳也。自盧龍北至奚王牙帳六百里。《熱河志》:奚王牙帳,在平泉州東北。今之土河,即《新唐書·奚傳》所謂吐護真水,在喀喇沁右翼旗之南。今之英金河,即饒樂水,在喀喇沁右翼之北。奚王牙帳正居其間,《遼史·地理志》:五帳院近故奚王牙帳地。城之,號曰中京,知大定府〔六〕。即故奚王牙帳也〔七〕。王沂公《行程録》:中京大定府城垣庳小,方圓纔四里許,門但重屋,無築閣之制。南門曰朱夏門,内夾道步廊,多坊門。又有市樓四,曰天方、大衢、通闤、望闕。次至大同館。其北門曰陽德,閶闔城内西南隅,岡上有寺,城南有園圃宴射之所。自過古北口,即蕃境。居人艸庵板屋,亦務耕種,但無桑柘,所種皆從隴上,蓋虞吹沙所壅。山中辰松鬱然,深谷中多燒炭爲業,時見畜牧牛、馬、橐駝,尤多青羊、黄豕,亦有挈車帳,逐水艸射獵,食止糜粥沙糒。金貞元元年,更爲北京,置留守司。領大定、長興、富庶、松山、神山、惠和、金源、和衆、武平、静封、三韓十一縣,廣寧、興中、臨潢三府,利、義、錦、瑞、懿、覇、建、全、慶、興、泰十一州。元爲大寧路,隸遼陽行省。初爲北京路總管府。至元七年,改爲大寧路。二十二年,改爲武平路,後復爲大寧,領大定、龍山、富庶、和衆、金源、惠和、武平七縣,義、興、中瑞、高、錦、利、惠、川、建九州,其興州松山縣屬上都路。案:大寧故城,在右翼南百里,喜峯口東北四百八十里,老河北。城周二十里,南北四門,東西二門,蒙古名察罕蘇巴爾罕城。城中街道、倉庫、樓闕依稀可辨。城内有浮圖二,一在城東南隅,十三級;一在舊倉旁。城外西南隅,有浮圖一。高宗純皇帝有《大寧城覽古》詩、《題大寧塔》詩。明洪武中,置大寧都指揮使司。領大寧中、左、右及會川、木榆、新城、營州等二十餘衛。封皇子權爲寧王,以鎮之。二十一年,改爲北平行都指揮使司。距北平布政司八百里。永樂初,改封寧王於南昌,徙大寧都司於保定,以大寧地賜三衛酋長,朵顔最强。朵顔,近譯改作諾音。初,洪武二十二年,置朵顔、泰寧、福餘三外衛於大寧北兀良哈之地,以降人阿札失理等爲指揮官。自全寧歷喜峯近宣化,曰朵顔衛。永樂時,割大寧地三衛,以脱兒火察爲都督僉事、哈兒兀歹爲都督揮同知,掌朵顔衛事。朵顔地險而强,時陰附韃靼爲邊患。《方輿紀要》:三衛諸帥,萬曆後分部散居,莫能自振,乃折而東合,實爲殘薊之本焉。《熱河志》:案今承德府本境,灤平縣、豐寧縣、平泉州、建昌縣爲朵(諾)顔(音)衛地〔八〕,朝陽縣爲泰寧衛地。又案:三衛分界,惟朶顔、泰寧二衛屬今承德府全境地。王世貞《三衛志》以爲分界定於太祖二十二年,鄭曉《吾學編》以爲定於永樂元年,《明史·諸顔傳》從世貞説。然當太祖二十二年,正分置大寧諸衛之時,朶顔三衛安得雜出其地?即以爲定於永樂元年者,亦未有的據。考《明實録》,永樂元年十一月,命新昌伯唐雲領軍,自小興州、大興州東接牛嶺、會州、塔山、龍山諸處屯種。北勿出會州,西勿過千户寨。又永樂十九年十一月,命邊將置邏騎營於古北口北神樹之地。是其時開平以東,興州以北二三百里猶爲内地。三衛之界,安得西近宣府?宣德三年,邊將奏兀(烏)良(梁)哈(海)入大寧[九],經會州將及寬河。景泰元年,三衛乞居大寧廢城,不許,令近邊二百里外住牧。曰入,曰乞,是其時故大寧城猶爲邊外隙地,三衛之界安得南抵喜峯?今以諸書參考之,據《吾學編》《方輿紀要》載,洪武二十二年,分兀良哈爲三衛於潢河之北,曰福餘,曰朶顔,曰泰寧,是三衛之始,其地皆在潢河北也。終洪武之世,未嘗内徙。洪武時,大寧衛北,尚有全寧衛。自全寧衛北,始爲朶顔三衛。其時邊外諸衛,總隸北平行都司、大寧特行都司所治之地耳。永樂元年三月,始割大寧衛地,以畀三衛,大約即其近三衛之地,割以與之。其故城尚未割,特徙衛之後,棄爲空城。故景泰時,三衛乞此城而未許也。至大寧城南,更非其地,其建庭處,仍在潢水北。《英宗實録》稱:正統九年,討三衛,經大、小興州,過神樹,破之於全寧及虎頭山。可證也。景泰後,令去塞外二百里居住,始更徙而南。考故大寧城距邊四百五十里,新城距邊三百九十里。其時已令近邊二百里,猶不能居大寧廢城,是邊外甌脱地尚遠。自明中葉以後,形勢日蹙,邊牆以外,視如敵國,大寧諸衛始盡爲三衛所有。《吾學編》載:嘉靖十一年,巡撫王大用欲通朶顔,與厚賂,城其霧靈山,不果。霧靈山在馬蘭關外,遵化州界上,是其城南抵長城矣。《明史》據世貞之説,以後來之疆域爲最初之版圖,未爲核實,故詳辨之[一〇]。初,元臣有札爾楚泰者,生子濟拉瑪,姓烏梁罕氏。《西齋偶得》:喀喇沁爲烏浪漢濟爾默氏,蓋即明初所謂兀良哈者。《蒙古源流》:鄂爾多斯者,乃爲汗守禦八百室之人。烏梁罕者,乃爲汗守金穀倉庫之人。均屬大有福者。佐太祖定天下有功,七傳至和通,有衆六千户,游牧額沁河,號所部曰喀喇沁。《蒙古源流》:達延汗次子巴爾斯博羅特,生子七,第四子巴雅斯哈勒,庚午年生,占據永謝布之七鄂拓克喀喇沁而居。《理藩院則例》:康熙五十四年,覆准喀喇沁、楊樹溝、雅圖溝、大波羅樹等處産鉛,察明地方,准令開礦。屬内地者,准民人開采;屬蒙古者,准蒙古開采。所定課,每年納鉛交錢局。雍正元年,禁止。高宗純皇帝《經喀爾沁部落》詩:列帳沿岡道左迎,羊羣馬騎各將誠。親藩衆建堪同例,外域羈縻豈近情。漫擬星辰環北極,也知稼穡望西成。百年化育皆先德,繼緒心殷惕捧盈。三旗。

【校記】

〔一〕"同治本""謄清本"此句引文均脱寫一"上"字,據中華書局點校本《後漢書・鮮卑傳》補。

〔二〕竄匿松漠之間，中華書局點校本《北史・奚傳》作"遺落者竄匿松漠之間"。引文多有節略。

〔三〕當唐末，中華書局點校本《五代史》作"當唐之末"。

〔四〕該段引文有節略。

〔五〕"同治本"誤寫"志"爲"忘"，據"謄清本"改。

〔六〕知大定府，《遼史・地理志》作"府曰大定"。

〔七〕該段引文有節略。

〔八〕朵顔，景印文淵閣四庫全書本《欽定熱河志》（以下簡稱"四庫本"《欽定熱河志》）作"諾音"。

〔九〕兀良哈，"四庫本"《欽定熱河志》作"烏梁海"，并注："烏梁海，舊作'兀良哈'，今改正。"

〔一〇〕故詳辨之，"四庫本"《欽定熱河志》作"因詳辯之如此"。

［右翼旗］札薩克多羅杜棱今作都楞。郡王游牧。濟拉瑪十四世孫蘇布地，世爲所部塔布囊。天聰初，以察哈爾林丹汗虐用其衆，偕同族色棱等來降，《表》奏：察哈爾汗不道，喀喇沁被虐，因偕土默特、鄂爾多斯、阿巴噶、喀爾喀諸部兵，赴土默特之趙城，擊察哈爾兵四萬，還。值赴明請賞兵三千，復殪之，察哈爾根本動摇，機可乘。皇帝倘興師進剿，喀喇沁當先諸部至。諭遣使面議。七月，遣喇嘛偕五百三十人來朝。命貝勒阿濟格、碩託迎宴，刑白馬烏牛誓。九月，上親征察哈爾，蘇布地等迎會於綽洛郭勒。三年六月，率圖嚕巴圖爾孫色棱等來歸，詔還舊牧。尋卒。上追念蘇布地與科爾沁土謝圖汗奥巴，並奬爲最優之才。九年，詔編所部佐領，以蘇布地子固嚕思齊布掌右翼，授札薩克。崇德元年，封固山貝子，賜多羅杜棱號。順治七年，晉貝勒，子圖巴、色稜、班達爾沙、札什相繼襲。康熙七年，追叙蘇布地功，晉班達爾沙郡王爵，世襲罔替。佐領四十四，額存穀四萬四千八百二十一石四斗。《理藩院則例》載：喀喇沁王旗下公主子孫塔布囊向無班次，每年一人來京。案：札什次子噶勒藏，康熙三十一年，尚和碩端静公主。公主塋園在旗界坤都倫溝門子東北二十五里，塋上恭鐫《聖祖御賜碑》。有慶都寺，康熙壬辰年敕建。

牧地：案：牧地屬今承德府平泉州東北境。在〈園〉{圍}場東〔一〕，跨老哈河。《隋書・契丹傳》：當遼西正北二百里，依託紇臣水而居。《（新）唐書・地理志》：長城口北八百里，有土護真河，奚王牙帳也。《遼{史}地理志》：中京大定府，有土河。《金{史}地理志》：大定府，大定縣有土河。長興縣、三韓縣有塗河。《元一統志》：塗河，源出惠州西北，經縣界八十里，東北流，入大寧縣南境，至大寧縣東北境二百二十里，入高州境，又東北流，至行營艸地。《契丹國志》：契丹有水，曰北也里没里，復名陶猥思没里，源出中京西馬盂山，東北流，華言所謂土河也。《方輿紀要》：土河，自馬盂山發源，逕大寧衛南，又東北流，至朶顔衛之木葉山合於潢水者是也。初纂《承德府志》：老河在平泉州西北境，源出州屬喀喇沁右翼南百九十里之永安山，會諸小水，東北流。自大寧故城之西南，逕大寧故城之東北，又北流，入赤峯縣境，逕建昌縣西北境，會英金河，又東北流。入朝陽縣北境，共行五百餘里，與潢河會，下流爲遼河，亦名土河，又作塗河。即古託紇臣水，亦名土護真水，蒙古名老哈穆楞。《熱河志》：案《隋書》稱契丹依託紇臣水，《唐書》又稱：奚依吐護真水者，葢土河，流經五百餘里，發源今平泉州境，流入今建昌、朝陽縣北境。當初發源地爲奚王牙帳所在，及東北流至潢河南，則屬契丹之地，正當隋遼西郡正北也。又舊以託紇臣水、土護真二水並爲今潢河之别名〔二〕。考《隋書》稱託紇臣水在遼西正北二百里，《（新）唐書》稱潢水在營州北四百里，則託紇臣水尚在潢河之南，相距二百里，不得强合爲一。又謂土河之名始於遼時，疑即今之白狼水，亦非。考《隋書・契丹傳》有託紇臣水，而《地理志》又有白狼水，《（新）唐書・地理志》有吐護真河，《奚傳》有吐（土）護真水，而又有白狼河，兩名分見〔三〕，必非一水〔四〕。至《方輿紀要》稱：土河亦名温榆河。考《遼史・地理志》稱：奚部建牙，當饒樂河之南，温榆河之北。下文又稱：聖宗過土河之濱〔五〕，因議建都。是土河、温榆河並非一河，更不待辨而明矣。宋蘇頌《過土河》詩：長叫山旁一水源，北流迢遞勢傾奔。秋來注雨瀰郊野，冬後層冰度輜轅。白艸悠悠千嶂路，青煙裊裊數家邨。終朝跋涉無休歇，遥指郵亭日已昏。自注：中京北一山最高，土人謂之長叫山。此河過山之東，才可漸車，又北流百餘里，則奔注瀰漫。至冬，冰厚數尺，可過車馬，而水底細流涓涓不絶。注互見中旗牧地下。《元一統志》：大寧路，塗河，千秋橋。又龍王廟，在大定府南關外塗河之濱，乙酉歲建，遇旱禱雨，輒應。**東至鄂博噶圖**，二百里，接敖漢界。旗東爲故金源縣地。案《方輿紀要》：金源縣在大寧衛東。《一統志》謂喀喇沁右翼界。《九邊圖》謂縣在大青山西。據《元一統志》：金源縣東到興中州一百里，到大寧路二百里。元興中州，即遼興中府，大寧路治，即遼大定府。知遼縣在大定府之東，興中府之西，爲今平泉州，屬喀喇沁右翼旗最東境。《元一統志》：玉清觀，在金源縣西北隅。旗東二十里，有和爾圖坤都倫喀喇山。七十里，有萬歲山，蒙古名烏爾圖納蘇圖波羅。《九邊圖》：萬歲山，在山海關東北大梁河北。東南有同昌故縣及宜民興城等縣，並在大梁河北。八十里，有秋鷹山，蒙古名額卜特。九十五里，有伊瑪岱山。百五里，有錫納喀喇山。百二十里，有超圖喀喇山，有七金山，蒙古名和爾博勒津。《遼史・地理志》：聖宗過七金山土河之濱，南望雲氣，有郛郭樓闕之狀，因議建都。《元一統志》：七金山，在大寧縣北十五里，東西長十里，南北廣五里。山有七峯，因名。遼時嘗建三學寺於其中。《方輿紀要》：七金山，在大寧衛東南，中多長松，一望鬱然，北人皆畜牧於此〔六〕，衛境之大山也。《承德府志》：案遼、金大定府，即今平泉州境之大寧故城，元大寧縣，即遼、金大定府屬之大定縣，今和爾博勒濟山，漢名與古相同，在老河東岸距大寧故城不遠，知爲古七金山矣。《明一統志》稱:烏梁海,有七金山。應亦指此。又案:《遼史》載:道宗清寧十年九月,幸七金山三學寺。《元一統志》:三學寺,在大寧縣北十五里七金山上,遼咸雍元年建,有碑,後罹兵火,碑字剥落難辨。金趙秉文《七金山寺》詩:刳簷篆額蠹蝸涎,象教塵埃閲百年。殿棟猶題遼日月,圖經不載禹山川。荒碑盤屈蜿蜒古,壞壁参差罔象拳。想見當年崇奉日,無邊花雨散諸天。知寺在金時已毁,三學寺後改名圓明。《湛然居士集》:三學寺改名圓明,仍請予爲功德主,因作疏曰:粤三學之巨刹,冠四海之名藍。今改僧而舍尼,遂從禪而革律。邀印公爲粥飯頭,請湛然爲功德主。《一統志》:古圓明寺,在喀喇沁左翼西七十里,碑刻元時建,基存寺毁。元張翥《蜕庵集·游城南三學寺》詩:城南多佛刹,結構自遼金。旁舍遺民在,殘碑好事尋。雨苔塵壁暗,風葉石幢深。一飯蒲團了,蕭蕭鐘磬音。百五十里,有妬山,蒙古名哈特哈山。《九邊圖》:妬山,在冷口北九十五里,山頂不生艸木,故名。百八十里,有大紅螺山,蒙古名巴顔烏蘭山。《九邊圖》:大紅螺山北有椴木沖毛安鋪。《明史·朶顔傳》:正德十年,朶顔都督花當遣其子把兒孫以千騎毁鮎魚關入,大掠馬蘭谷〔七〕。復以五百騎入板場谷,千騎入神山嶺,又千餘騎入水開洞。事聞,命副總兵桂勇禦之。花當旋退去,屯駐紅羅山。疑即此大紅螺山也。旗東四十里,有碧圖克圖嶺。旗東百五十里,有落馬河,蒙古名伯爾克。源出大斧山,北流,至敖漢西南,入老河。《金史》:大定府,松山、三韓二縣有落馬河。即此。有烏巴河,源出妬山,西北流,與西爾虎林河會,又西北,入老河。南至霍落蘇泰,接中旗界。旗南百里,有故大寧城,注見前。百五十里,有舊青城。明初,元將納哈出據金山。洪武二十年,金宋國公馮勝等,率師出松亭關,築大寧、寬河、會州、富峪四城,留兵居守。所築之大寧城即此,曰新城者,以别於遼、金、元故城也。置新城衛,周十里,東西三里有奇,門五,蒙古名喀喇城,土人稱爲黑城,又曰青城,乃新城之訛也。二百七十里,有舊會州城,周三里餘,四門,蒙古名察罕城,本元惠州城,後訛爲"會"。《薊門考》:青城至會州二日程,離大喜峯口一百餘里〔八〕。又云:大寧{城稍偏向}西南至青城七十里,青州西南至會州一百{二十}里,會州西南至喜峯口二百{二十}里〔九〕。《元一統志》:興聖寺,在大定府東南隅致用坊,金明昌六年建。玉清觀,在致用坊,遼統和二年建。頭陀禪院,即永安禪院,在大定府致用坊,萬頭陀所建,翰林院學士李磐撰碑。圓宗寺,在大定府東北隅豐實坊,遼統和二年建。〈盛〉{感}聖寺〔一〇〕,在豐實坊,有佛舍利塔,遼統和四年建。咸聖寺,在豐實坊,有磚塔,金皇統二年建。崇寶寺,在豐實坊,金皇統二年建。太子寺,在豐實坊,金貞元二年建。楞嚴寺,在豐實坊,金大定二年建。大覺禪寺,在豐實坊,金大定二年建,翰林院學士鄭子丹撰碑。護國寺,在豐實坊,金泰和元年建。華陽宫,在豐實坊,遼統和二年建。報聖寺,在大定府西南隅貨遷坊,遼統和八年建。三皇廟,在貨遷坊。淨安寺,在大定府西南隅利通坊,金皇統八年建。五岳觀,在利通坊。傳教寺,在大定府西北隅勸善坊,金皇統七年建。崔府君廟、東岳廟、城隍廟、白鶴宫,並在大定府世恩坊。白蓮寺,在大定府南關,金明昌六年建。三靈侯廟,在南關,乙酉歲建。鎮國寺,在大定府西關,有鐵塔,遼統和三年建。義勇武安王廟,在西關,壬子歲建。翠微寺、罔極寺在大寧縣西。靈感寺,在大寧縣西二里。三學寺,在大寧縣北十五里。詳見前注。昊天寺,在大寧縣西一百里。香臺山,遼乾統七年建,金太和六年杜元撰碑。《熱河志》:故大寧城南十家兒邨,有古靜安寺,遼咸雍間蘭陵郡蕭夫人建,寺趾尚存。有資聖院,金《劉子初靈峯院〈大〉{千}佛洞碑》稱[一一]:靈峯院遭兵火後,於皇統辛酉歲,請中京資聖院僧遵説嗣興之。遼中京大定府,至金爲北京,皇統時尚未改,故碑文仍稱中京也,院當與大寧故城相近。有會禪寺,金趙秉文《重九登會禪寺冷翠軒》詩云:明朝卻望登眺處,城中惟見白雲峯。知當在大寧故城外[一二],今遺趾皆無考。《承德府志》案:靜安寺在大寧縣故城南里許,{有古寺}基趾[一三],周圍數十里[一四],碑字尚完好[一五],額書"大遼義州大横帳蘭陵郡夫人蕭氏《創建靜安寺碑銘》"。宋蘇頌《游中京鎮國寺》詩:塔廟奚山麓,乘軺偶共登。青松如拱揖,棟宇欲騫騰。夷禮多依佛,居人亦貴僧。縱觀無限意,紀述恨無能。趙秉文《題靈感寺》詩:塗河岸北白蓮東,法鼓驚飛石碣鴻。塔上風煙高鳥路,山頭雲氣化人宫。松林礙日蜂房冷,石砌頹沙蟻穴空。欲盡休公揮麈樂,鬢絲羞對落花風。旗南九十五里,有雞冠山,蒙古名哈特呼朗圖。《九邊圖》:山石如雞冠,故名。山麓有靈隆寺舊址。百二十里,有和爾和克阿圭山,上有三洞,〈二〉{三}洞皆僧居[一六],依洞架楹,構精舍於其側,户牖旁通,隨山向背。其東則和爾和克河出焉,西則賽音河發源其麓;百三十里,有欣斯虎峯山,百三十五里,有蟠羊山,蒙古名伊瑪圖哈達。百四十里,有呼查察罕陀羅海山,百四十餘里,有察爾吉山,百五十里,有神山,蒙古名拜察山。《遼史·地理志》:中京,澤州有神山。《元一統志》:神山,在惠州西南十三里,東西長十里,南北廣八里,中有古廟。《承德府志》:案元惠州,即遼澤州,在今平泉州南境,與此方位相合,當即古神山也。百七十里,有富山,蒙古名巴顔山。百八十五里,有拉克圖爾山,百九十里,有永安山,漢名馬盂山,地産鉛沙,老河發源於此,蘇子容所謂長叫山也,又名唱叫山。《契丹國志》:東過小河,唱叫山道北奚王避暑莊,有亭臺。案:小河亦土河之訛。《元一統志》:馬盂山,在大寧縣西六十里,中有一峯,形類馬盂,故云。《方輿紀要》:馬盂山,在大寧縣北,山東西千里,南北五百里,北接故臨潢境。高、松等州,皆在其南,土河之源出焉。《熱河志》:案宋王曾《行程録》稱,富谷館東望馬雲山,山多禽獸、林木,國主多於此打圍。"馬盂"與"馬雲",乃音之轉,實一山也。歐陽修詩"馬盂山西有落霞",應即指此。百九十里,有方山,蒙古名特卜什山。二百里,有昌吉爾岱山,二百十里,有都呼喀喇山,二百三十里,有拉克拉哈爾山。旗南百三十里,有克依斯庫哈達。百七十里,有烏呼曼嶺。二百里,有額林畢老圖嶺。二百二十里,有雅嶺,蒙古名克勒達巴罕。二百里,有雅圖谷。二百四十里,有台吉哈巴齊爾谷。旗南百四十里,有呼(虎)查河[一七],源出呼查察罕陀羅海山,東南流,會司札爾台河,入老河。百十里,有和爾和克河,東南流,經和爾和克阿圭山,入老河。百里,有布爾罕阿喇善河,漢名上神水河,以左翼亦有神水河,故稱此爲上神水,東流三十里,入老河。九十里,有巴爾漢河,東南流,會神水河,入老河。有納林坤都倫河,東北流,會數小水,繞舊大寧城之北,入老河。八十里,有松吉納河,東流,會納林坤都倫河,入老河。四十里,有巴蘇台河,東流,會納林坤都倫河,入老河。四十五里,有哈奇爾河,北流，會錫伯河。百六十里，有席爾哈河，南流，會樺子河，又南，會察罕和屯河。百九十里，有樺子河，東南流，經都和喀喇山，會察罕和屯河。二百里，有青龍河，蒙古名固沁河。源出昌吉爾岱山，南流，至列山梁之南，入左翼西境，又過建昌縣南，至桃林口，入邊，下流入灤河。二百十里，有察罕和屯河，東南流，又折西南百餘里，入灤河。旗南七十里，有烘郭爾泉。百里，有巴爾罕温界，南流，會上神水河。二百里，有温冷特泉。二百三十里，有拉克拉哈爾泉，源出拉克拉哈爾山，東南流，會豹河。**西至察罕鄂博**，百里，接正藍旗王屯界。旗西八十里，有萬松山，蒙古名納喇蘇台。《遼史·地理志》：中京，大定府，有松山。《元一統志》：松山，在富庶縣西五十里，南北長二十里，東西廣五里，地多松，因名。《承德府志》：案納喇蘇台山，與《遼史》《元志》所載方位相合，至遼上京臨潢府有松山，又松山州亦以松山得名，皆非中京道所統地，應在今赤峯縣境内，與此别。八十餘里，有庫都爾圖山，亦名陷山。九十里，有庫力葉圖察罕陀羅海山、羅睺山，蒙古名拉呼拉哈爾。百里，有敖保爾威遜圖山。百餘里，有默沁察罕陀羅海山，形勢高大，北接圍場諸山，南與黙沁達巴罕山脈連亘，故亦稱爲默沁察罕陀羅海山。其東則錫伯河出焉，其北則圍場内之木壘喀喇沁河出焉，其西則固都爾呼河發源於此，即熱河之西源。百十里，有阿嚕威遜圖山、烏巴勒威遜圖山。旗西七十里，有蒙克嶺，蒙克泉出焉。八十里，有湯泉嶺。百里，有克爾嶺，嶺北泉一，嶺南泉一。百五里，有默沁嶺，茅溝河發源於其西，爲熱河之中源。旗西百里，有獐河，蒙古名錫爾哈，東北流入翁牛特界。八十里，有細獐河，蒙古名納林錫爾哈，源出湯泉嶺，北流，會獐河。百三十里，有木壘喀喇沁河，西北流，會布屯河，又西，合宜遜河，南入灤河。百里，有艾里河，源出拉克拉哈爾山，北流，會屯布河。百十五里，有默沁河，源出默沁嶺之玳瑁溝，西南流，會熱河。百十五里，有二默沁泉，一出默沁河東，西流，會默沁河；一出默沁河西，東南流，亦會默沁河，下流爲茅溝河。**北至霍爾哈嶺**，四十里，接翁牛特界。旗北爲遼恩州懷德軍地。《熱河志》：案《武經總要》：恩州本烏桓舊地，南至中京六十里，西至馬盂山六十里，西北至曼（漫）頭山三十里，北至宜坤州五十里，西｛南｝至高州百二十里〔一八〕。案：遼恩州，至金即廢。《方輿紀要》恩州城在大寧衛西南，與《武經總要》南至中京之文不合。考《金史·太祖紀》：天輔六年，克高、恩、回紇三城，進取中京。是恩州與高州相近，亦當在中京之北，爲今｛平泉州｝喀喇沁右翼旗北境。《元一統志》謂：金天眷六年〔一九〕，廢恩州爲恩化鎮，入大定縣，其故城爲傳舍。蓋恩州本與大定縣接壤，故金時以州省入耳。至《武經總要》謂恩州北至宜坤州，考恩州至中京僅六十里，南近中京，且高州尚跨中京之北，是恩州之地未必能直接上京道境。云北至宜坤者，誤。旗北三十里，有烏赫克圖山。四十里，有鄂瑞台呼喇圖山。七十里，有綽和羅摩（漠）林達巴罕（嶺）〔二〇〕。旗北三十里，有努黑圖泉。**東南至博勒多克山梁**，百八十里，接中旗界。旗東南爲遼富庶縣地。《熱河志》：案《清類·天文分野書》：遼以其地沃壤置富庶縣，人多力田，比屋豐富，故以爲名。《方輿紀要》：富庶縣在大寧衛東。《元一統志》：富庶縣東北至金源。元之富庶兼有文定、升平、歸化地，知遼縣當在大定府之東北，金源縣之西，爲今喀喇沁右翼東〈南〉{北}境〔二一〕。地名公營子，有廢城阯，周五里，《元一統志》：華嚴寺，在富庶縣。旗東南九十五里，有兔兒山，蒙古名滔賚圖。百五里，有喀喇和碩山，亦名大斧山。《九邊圖》：大斧山，在山海關東北，潢河之南。有柞山，蒙古名巴圖察罕。百五十里，有大青山，蒙古名巴顔喀喇。《九邊圖》：大青山，在山海關東北，萬松山西，寬邦山北，西有金源故縣，北有老河。《熱河志》：案《元一統志》謂金源縣東至興中州界青山嶺二十里，興中州西至金源縣青山嶺八十里，青山嶺又稱青巒嶺。考元《元統三年興中州青巒嶺平治道塗碑》有"鄰封金源"之語，知青巒嶺乃金源與興中州東西交界處。葢今建昌縣青巒嶺以西，即平泉州東界，爲金源縣地，正當中京之東。《武經總要》謂中京東至營州界青山嶺百七十里，與此相合。《九邊圖》謂金源在大青山西者，亦即指青巒嶺也。百二十里，有蒐克哈達山。百二十五里，有摩勒津陀羅海山。百四十里，有庫克碩卜和爾山。百五十里，有托雷山。百八十里，有錫默特山。百九十里，有達爾罕陀羅海山。二百里，有察罕齊巴噶山。二百三十里，有圖爾罕陀羅海山。旗東南十五里有和爾圖河，東南流會納林坤都倫河，入老河。百里，有烏魯斯台河，西北流，入老河。百五里，有伯爾克河，源出大斧山，北流，入敖漢西南境，入老河。百八十里，有土河，蒙古名圖爾根。源出錫(西)默特山〔二二〕，東南流，入土默特右翼界。又東南，入大凌河。以其北別有土河，或稱此爲南土河，《熱河志》即古榆河也。《金史·地理志》：利州，龍山縣，有榆河。《元一統志》：榆林河，源出和衆縣西三十五里司家店，東南流百餘里，入利州境，經州東三里霍司空莊，入凌河。《承德府志》：案元《李察玉京觀碑》稱：跋利州之西憑榆河之渡者，長壽山也。利州故城及長壽山，並在今建昌縣治東北七十里，此河正流徑山下，知即榆河也。元和衆縣，屬今建昌境，榆林河亦即指此。百七十里，有鄂倫布拉泉，北流，會烏爾雅蘇台河，入老河。百八十里，有博爾多克泉，源出博爾多克山，東南流，會圖爾根河。**西南至氣努瓦河**，接熱河界。旗西南百三十里，有白石山，蒙古名察罕齊老圖。二百里，有温特根喀喇山。旗西南百二十里，有賽因河，即熱河東源，源出和爾和克山西之三道溝，西南流，入承德府境，會固都爾呼河。有綽諾河，西流，會賽因河，入熱河。百九十里，有陶金圖河，西南流，會烏喇林河，南入灤河。二百里，有烏喇林河，西流，會陶金圖河。**東北至察罕河**，接翁牛特界。旗東北七十里，有察卜齊爾山，亦名埽林山，東南麓有古塔一。九十里，有額克波羅山。百里，有阿里衮察克察罕陀羅海山，有野狐嶺，蒙古名烏納格圖和碩。百二十里，有廟兒嶺，廣八里，高一里，其北有岡，徑里許，土赤如赭，童無屮木。土人言，時有煙氣岔涌，彌漫山谷。**西北至果勒圖河**。接翁牛特界。旗西北九十里，有錫寶敖爾山。三十里，有白鹿山，蒙古名布祜圖。七十里，有哲爾得罕林嶺。旗西北百五十里，有克爾河，源出拉克拉哈爾山，東北流，會獐河。九十里，有烏爾雅蘇台泉，源出錫寶敖爾山，西北流，會克爾河。

札薩克駐錫伯河莊。《一統志》作西伯河北，《會典》作錫伯河西。案：錫伯，即西白,《水道提綱》:西白河,案:一名西白葛河,源出旗西默(卯)沁(金)察罕陀羅海山。[二三]註見前。旗〈境〉{境}又有三道營廢城,城基周約十里,東、西有門。

【校記】

〔一〕"同治本"誤寫"圍"爲"園",據"謄清本"改。

〔二〕舊以託紇臣水,"四庫本"《欽定熱河志》作"《一統志原本》以託紇臣水"。

〔三〕兩名分見,"四庫本"《欽定熱河志》作"兩河分見"。

〔四〕該句下引文有節略。

〔五〕聖宗過土河之濱,中華書局點校本《遼史·地理志》作"聖宗嘗過七金山土河之濱"。

〔六〕北人皆畜牧於此,"續修四庫全書本"《讀史方輿紀要》作"土人皆畜牧於此"。

〔七〕入大掠馬蘭谷,中華書局點校本《明史·朵顔傳》作"入馬蘭谷大掠"。

〔八〕離大喜峯口一百餘里,"《皇明法世録》本"《薊門考》作"離大喜峯口一日餘路"。

〔九〕該段引文,"《皇明法世録》本"《薊門考》作"大寧城稍偏向西南至青城七十里,青州城稍偏西南至會州一百二十里,會州西南至喜峯口二百二十里"。疑"同治本""謄清本"均於"百"字下脱寫"二十"。

〔一〇〕"同治本""謄清本"均誤寫"感"字爲"盛"字,據"四庫本"《欽定熱河志》改。

〔一一〕"同治本""謄清本"均誤寫"千"字爲"大"字,據"四庫本"《欽定熱河志》改。

〔一二〕"四庫本"《欽定熱河志》作"知此寺當在大寧故城外"。

〔一三〕"同治本""謄清本"均闕"有古寺"三字,據成文出版社影印光緒十三年延杰重訂本《承德府志》(以下簡稱光緒《承德府志》)補。

〔一四〕周圍數十里,光緒《承德府志》作"周圍數十畝"。

〔一五〕碑字尚完好,光緒《承德府志》作"碑尚存"。

〔一六〕"同治本""謄清本"均誤寫"三"字爲"二"字,據上下文義改。

〔一七〕呼查河,中華書局點校本《清史稿》作"虎查河"。

〔一八〕"同治本""謄清本"均於"西"字下脱一"南"字,據"四庫本"《欽定熱河志》補。

〔一九〕金天眷六年,"四庫本"《欽定熱河志》作"金天眷二年"。

〔二〇〕綽和羅摩林達巴罕,中華書局點校本《清史稿》作"綽和羅漢林嶺"。

〔二一〕南,"四庫本"《欽定熱河志》作"北",據改。

〔二二〕錫默特山，中華書局點校本《清史稿》作“西默特山”。

〔二三〕默沁察罕陀羅海山，“四庫本”《水道提綱》作“卯金察罕陀羅海山”。

［中旗］札薩克輔國公晉貝勒銜游牧。固（古）嚕（魯）思奇（起）布從孫格埒勒〔一〕，初名默納克，後賜今名。曾祖萬丹偉徵，天聰三年，偕兄蘇布地來朝。崇德元年，叙功，授一等塔布囊。順治十三年，卒。康熙四十四年，以族屬蕃衍，積至三十八佐領，百五十丁編一佐領。詔增一旗。授格埒勒札薩克，世襲罔替。五十八年，卒。無嗣，以弟們都之子喀寧阿襲。喀寧阿子齊齊克，乾隆十九年，晉公品級。齊齊克子瑪哈巴拉，五十三年，扈駕木蘭行圍，修治橋路奮勉，封輔國公。理藩院議：瑪哈巴拉所襲札薩克，應令世襲罔替。至公品級係恩封，例弗予襲，俟出缺時請旨。詔可。道光元年，加貝子銜。十一年，晉貝勒銜。佐領一，額存穀四萬九千六百五十七石三斗。

牧地當老哈河源。米萬春《薊門考》：大寧城北有老花母林，番云大河也。自青山西北流來，繞過大寧城南，往東北，與哈喇母林合，共入遼東三岔河。案：老花即老哈，母林即木倫，哈喇母林即錫喇木倫。《水道提綱》：白狼河，亦曰土河，蒙古稱老哈河，即老河也。源出喀喇沁右翼南之明鞍（安）山〔二〕，源曰察罕河，西南流，折而西北，經巴圖察罕和碩之東北。有二水自西南來會，始折而東北流，有和爾和克河自西來會，又北，經舊青城東，又北，有巴爾哈河自西來會。又東北百餘里，經舊大寧城南，又東折而東北，有烏（五）巴河〔三〕，自東來會。又東北百餘里，都倫河自西南來會。又東北百餘里至敖漢部西界，有喀爾吉（几）河自東南來會〔四〕。又北，有英金河，西自翁牛特界東南流，合温泉、五（烏）谷（古）帶（岱）河〔五〕、坤兑河、烏喇（拉）代（岱）河〔六〕、克勒河、錫爾哈河、西（錫）白（伯）河及北來卓孫河諸水〔七〕，東流，注之，老河水势始盛。案：老河非白狼河，注互見右翼旗牧地下。東至博勒多克山，接右翼界。南至拉克篤爾山，百八十五里，接左翼界。西至霍爾果克，接右翼界。北至岳羅梁，接右翼界。東北至博爾噶蘇台，接左翼界。西南至期札泰河，接熱河界。東北至查甘起拉古台，接右翼界。西北至哈期爾梁。接右翼界。

札薩克駐珠布格朗圖巴彦喀喇山。《總傳》：駐左右翼界内。《熱河志》：案遼澤州治神山縣，縣以山名。《遼志》謂山在縣西南。考神山在今平泉州治｛北｝〔八〕，當時縣治又在神山東北，近倚州治。是遼澤縣城，當在今平泉州治北喀喇沁札薩克公旗界。自是以南至邊城外，皆爲神山縣地。其州屬西南境，所居頗遠。《金史・太祖紀》：既取中京，遂下澤州，旋降北安州。是中京之南即澤州,澤州之西即北安州。今平泉州屬南境,及承德府東南境,皆澤州地也。宋王曾《上契丹事》:〈目〉{自}鹿兒峡館〔九〕,過蝦蟆嶺,九十里至鐵漿館。自鐵漿館過石子嶺,自此漸出山。七十里至富谷館。自富谷館八十里至通天館。二十里至中京〔一〇〕。《熱河志》:案鐵漿館,在平泉州境内。富谷館,在平泉州東北境内。《元一統志》載:大寧路古蹟曰富谷,有站。宋范鎮《行富谷道中》詩云:路回山陡轉,沙漫水平流。蘇頌《富谷館書事》詩有云:沙底暗冰頻踠馬,嶺頭危徑罕逢人。自注:道路冰凍,多在沙底,彼人謂之暗冰,行馬艱險百狀。曾肇亦有"富峪山頭一驛歸"之句,今無考。穆案:富谷即富峪,明初於此置衛。《明史·地理志》:富峪衛,本富峪守禦千户所,洪武二十二年二月置。案:富峪衛在新城衛西南,爲喀喇沁札薩克公南境地。門四,城周九百丈。旗境又有巴顔托哈廢城,基高數尺,周二里,東、西有門。

【校記】

〔一〕固嚕思奇布,中華書局點校本《清史稿》作"古魯思起布"。

〔二〕明鞍山,"四庫本"《水道提綱》作"明安山"。

〔三〕烏巴河,"四庫本"《水道提綱》作"五巴河"。

〔四〕喀爾吉河,"四庫本"《水道提綱》作"喀爾几河"。

〔五〕五谷帶河,"四庫本"《水道提綱》作"烏古岱河"。

〔六〕烏喇代河,"四庫本"《水道提綱》作"烏拉岱河"。

〔七〕西白河,"四庫本"《水道提綱》作"錫伯河"。

〔八〕"同治本""謄清本"均於"治"字下闕一"北"字,據"四庫本"《欽定熱河志》補。

〔九〕"同治本"誤寫"自"字爲"目"字,據"謄清本"改。

〔一〇〕此段引文有節略。

[左翼旗]札薩克固山貝子游牧。《理藩院則例》載:恭遇皇上由熱河前詣盛京,道經喀喇沁貝子旗,進膳一次。蘇布地從叔父色稜,初爲所部塔布囊。天聰九年,詔編佐領,以色稜掌左翼,授札薩克。順治五年,叙功,封鎮國公,世襲罔替。孫善巴喇什,康熙五十五年,晉固山貝子。六世孫丹巴多爾濟,嘉慶八年,以禽獲逆犯陳德功,恩賞多羅貝勒。是年六月,以丹巴多爾濟祖母和碩賢良格格守節,壽八十歲,御書匾額賜之,并賚如意及幣。佐領四十。額存穀二萬二千二百二十九石六斗。

牧地:在今承德府建昌縣南境。當傲木倫河源。大凌河,在左翼北五里,蒙古名傲木倫，有三源，皆出建昌縣地。一出縣東南之土心塔，北流，逕威遜圖山，東北流，逕錫喇哈達圖山，又北，至三台小營。一出縣西南之水泉子，東流，至建昌縣南。一出縣北之三官營，東南流，至建昌縣南；二源合而東流，至三台小營，三源始會。又東北，折入土默特右翼界，又東南，入邊，爲大凌河，即古白狼水也。《水道提綱》：大凌河，出山，東北流，有生（昇）機河自西南來會[一]。又東北，經土默特右翼界，受西北來之水。又東北，經木頭城北。又東北，有小河二，自北自西來合，東注之。又東北，至古興中城南，西有一水，自西自北，合而東，經城南而東來注。又數十里，折而東南流，入柳邊。東南經義州城西，又東南百里，經十二站城，右屯衛城西，又東南，入海。《熱河志》：案《水經注》：白狼水，出白狼縣東南廣城縣，北流，西北屈，逕廣成縣故城南，俗謂之廣都城。又西北，石城川水注之。又東北，自魯水注之。又東北，逕龍山西，又北，逕黄龍城東。《元一統志》：凌水源出龍山縣南六十里師婆塞，至縣東南十五里，入利州界。一云：源出龍山縣南八十里紫草務，東北流，一百里入利州界，又經富庶縣東南三十里[二]。案：白狼水爲塞外大川，老河既不得爲白狼水，求其方位，適相當者惟有大凌河。以《水經注》及各史證之，白狼水發源古白狼縣東南，而流經古龍城東境。《漢書・地理志》白狼縣下但注有白龍山[三]，而不言白狼水。《水經注》始以白狼縣爲白狼水所經。又稱白鹿山即白狼山也。白狼山在今喀喇沁左翼東境，大凌河正流逕其西。又《水經注》"白狼水北逕黄龍城東，魏營州刺史治"，"《魏土地記》：黄龍城西南有白狼河，東北流，附城東下"是也。《魏書・地形志》亦謂龍城縣有狼水，黄龍城故地，即今朝陽縣治，大凌河正東北流，逕其城東。又考《舊唐書・奚傳》，南距白狼河。《新唐書・奚傳》亦曰南白狼河。而《地理志》謂：檀州燕樂縣長城口北八百里，有吐護真河，奚王牙帳也。老河爲其阜帳之地，而白狼河乃其南境，與唐交界之處，則白狼河之在老河南可知。今老河以南之水，其發源最遠，而又東北者，舍大凌河[四]，别無它水，故決爲古白狼水也。夫隋唐以前諸史，有白狼河，而不及大凌河；遼金以後諸史，有大凌河，而不及白狼河，蓋名雖變而實即一水矣。**東至烏蘭哈達圖和碩**，百里，接土默特右翼界。旗東十二里，有鄂倫和固諾克山。三十里，有白鹿山，蒙古名布祜圖，古白狼山也。《三國志・魏武紀》：北征烏桓，引軍出盧龍塞……東指柳城。未至二百里……登白狼山。《魏書・地形志》：營州建德郡石城縣，有白鹿山祠。《元一統志》：白狼山，在建州南二十五里。《熱河志》：案古柳城與龍城相近，龍城故地，爲今朝陽縣之三座塔[五]。北魏石城縣，在今建昌縣南。今建昌縣南境，本元建州地也。四十里，有柏樹山，蒙古名邁拉蘇台喀喇。寧遠州西南六州河，發源於此，蒙古所謂蒐濟河也。旗東三十里，有塔本泉，源出塔本嶺，東南流，會蒐濟河。**南至寧遠邊牆**，旗南五里，有錫喇哈達圖山。四十五里，有翁噶里勒圖山。七十里，有托和多喀喇山，有瑞雲山，蒙古名呼魯伯楚特。山有五洞，第一洞廣二丈五尺，高一丈五尺，中有佛像，石罅玲瓏，五色互映，彫繢之功所不及。旁行一竇，竇底石若純漆，自壁以上白如堊，秉燭視之，具種種艸木、禽獸形。第二洞廣五尺，高三尺，中隱四竇，其二爲墜石所塞，不得入。其二皆深丈許，石作黄金色，亦具人物形。第三洞無它異。第四、第五洞皆廣七尺，高五尺，上下相通，狀如重屋。洞南坡下，有泉水極清冽，東流，會蒐濟河。泉南二里，又有一洞，内生石筍，如人背立形，變態種種，悉出天工。山有雲谿觀舊阯，存元至正七年張道中撰《瑞州海濱鄉周家莊雲谿觀碑》。《元一統志》：雲巖洞，在瑞州西一百三十里周家莊。謂此。《承德府志》：案《雲谿觀碑》稱瑞州北二十里許有山，曰瑞雲山，洞曰天一大洞，今土人但稱爲雲山洞。《元一統志》作雲巖洞，在瑞州西，蓋此地在元時爲瑞州西北境也。九十里，有鎚子山。九十餘里，有寛山，蒙古名布勒圖喀喇。百里，有五鳳山，蒙古名塔（他）本陀羅海〔六〕。百餘里，有青山嶺。旗南三十里，有摩該圖河，源出摩該圖嶺，東南流，經紗冒山，會蒐濟河。七十里，有呼魯伯楚特河，源出呼魯伯楚特山，東南流，入蒐濟河。八十里，有額里葉（類）河〔七〕，源出額里葉嶺，南流，至寛邦門之西，入寧遠州境，名黑水河。又南，入蒐濟河。百十里，有寛河，蒙古名布勒圖，源出布勒圖喀喇山，東流，會額里葉河。《熱河志》：案《一統志原本》謂：明宣德三年，大破三衛之兵於寛河。即此。今考明《宣宗實録》，宣德三年九月，喜峯口守將馳奏兀（烏）朗（梁）哈（海）侵邊〔八〕，已入大寧，經會州，將及寛河。宣宗決策親征，乙卯出喜峯口，昧爽至寛河，則喜峯抵寛河甚近。若今會灤河之豹河，亦名寛河，明初嘗置寛河守禦所者，别在平泉州境，與此寛河方位不同，舊志蓋以同名而誤也。百十五里，有四道溝河，源出四道溝，東流，入蒐濟河。**西至烏里蘇太梁**，九十里，接中旗界。旗西五里，有托（佗、陀）蘇圖喀喇山〔九〕。三十里，有胡圖克圖喀喇山。四十里，有窟窿山，蒙古名僧機圖，古月華山也。有元僧無際撰碑，額曰"大寧路惠州東錦川鄉月華山林泉禪寺刱建地産四至碑"，字尚完好，碑稱：僧祥盤刱立林泉寺。正殿三楹，壁繢毘盧聖像，右觀音寶宫，左威光堂。歲至乙巳，百廢具舉。則寺落成於元成宗大德九年也。《元一統志》：月華寺，在惠州東一百九十里，即指此。雍正十一年，即碑側舊阯重建，此山有石竇，東西相通，故俗呼窟窿山廟。案：碑文有云中有巖竇，號曰空峒。空峒，即窟窿也，其稱名亦古矣。五十里，有占塔噶爾山。百四十里，有陶金圖喀喇山，有察罕額里葉山。旗西八十五里，有和爾圖達巴罕，亦名長嶺，又名順山。百四十里，有額林畢老圖達巴罕，又有固沁喀卜齊爾谷。旗西十里，有和爾圖河，源出托（佗、陀）蘇圖喀喇山，東流，入大凌河，《承德府志》案：此與平泉州境之和爾圖河别。四十里，有僧機圖河，源出僧機圖山，東流，逕平房兒，入大凌河。**北至唐奇鼐陀羅海**，接中旗界。旗北百里，有故利州城。《熱河志》案：《方輿紀要》：利州城在大寧衛東南，地名琵琶川，唐末，契丹遷奚人於此。《一統志原本》謂在喀喇沁左翼東北二十五里，近寧遠州邊外。城西有三塔，土人亦名固（古）爾班蘇巴爾罕城〔一〇〕。據《元一統志》，利州，南至龍山縣，北至富庶縣，西至和衆縣，知當在大寧府東南境。又考元至元二十四年《利州長壽山玉京觀地産碑》，爲白霫李察撰文，白霫張洪禮書丹。其文云：跋利州之西，憑榆河之渡，仡然魁秀者〔一一〕，長壽山也。長壽山在今建昌縣南境，則利州故城當在今建昌縣南境縣治東北七十里，土人稱爲大城子，亦名小三座塔，正當中京之東南，在喀喇沁左翼北百里，所稱左翼東北二十五里者，誤也。城東有金承安五年《利州精嚴寺圓蓋和尚塔銘》，北京路轉運度支判官趙秉文撰。圓蓋，利州阜俗人，從北京微公付法。大定六年，開堂於精嚴寺，繼主松林、靈感，時人稱爲薔堂頭。銘曰：松漠之北，利州之東，無縫塔樣，八面玲瓏。又有"融安和尚塔"，在利州故城東天成觀之旁，塔上有"融安和尚靈塔"六字，年月無考。《元一統志》：會經樓，在利州市心。金章宗泰和年建。滿井，在利州城南十三里鳳翼莊，其水清冷，冬温夏涼，晝夜外涌。至中夏正午，澄澈見底，雖毫髪之微，歷歷可數。居民引以灌溉，用之釀酒，其味尤佳。祥靈寺、護國西齊王廟，在利州西關。棲真觀，在利州東孫家莊。洪廣寺，在利州東九十里。昌國寺，在利州東一百六十里。龍山廟，在利州南二里。雲峯寺，在利州東南一百二十里金山之嶺，中有瀑布。慶雲寺，在利州北九十里。石將軍廟，在利州西南二十里，祈禱多應。昭惠顯靈真君廟，在利州西北二里。旗北二十里，有騶山，蒙古名達罕碩隆。二十七里，有車輪山，蒙古名波羅特爾格。四十里，有弩山，一名弓梢山。七十五里，有棗山，蒙古名齊巴噶圖。九十里，有哈達圖陀羅海山。百里，有烏蘭哈達圖山，亦名錫喇呼峯。有温泉北山，蒙古名哈勒渾穆克阿瑪爾吉。旗北百里，有烏哈爾温泉。**東南至白喜隨門**，即白石觜邊門。旗東南五里，有香罏山，蒙古名阿布察。五十六里，有噶海圖波羅山。七十里，有紗冒山，山頂一峯，形如岸幘，故名。八十六里，有伯爾克喀喇山。旗東南三十里，有塔本泉嶺。百里，有青石嶺，南接寧遠州明水塘門界。旗東南七十里，有蒐濟河，源出柏樹山之毛頭泊，南流，逕都魯喀喇山，至高臺堡門東十里，入錦州府寧遠州境六州河。《元一統志》：六州河，在利州東南八十里。《承德府志》：案元利州，在今建昌縣東境，縣之最東南爲元瑞州地。又相傳名六股河，蓋以摩該圖河、呼魯伯楚特河、額里葉河、布勒圖河、四道溝河五水及蒐濟之經流爲六也。**西南至什巴貢額古爾梁**，接熱河界。旗西南四十里，有樺山，蒙古名威遜(蘇)圖〔一二〕，大凌河流經其麓。百里，有栗山，蒙古名呼什合圖。旗西南百里，有柞子嶺。百十里，有貴石嶺。旗西南八里大凌河旁，有故龍山城，俗呼喀喇城，廢阯周三里餘。其北即大城子，爲故利州城，西北即小城子，爲和衆縣地，西南即永平府邊牆之冷口。《元一統志》：淨修寺、聖峯寺、崇教院、隆祥觀，並在龍山縣東南隅。極樂寺，在龍山縣西南十三里，遼時建，内有劉鑾塑像。龍泉寺，在龍山縣南一百三十里富山。熊山寺，在龍山縣南六十里熊山。石柱山寺，在龍山縣南八十里石柱山中，遼僧白羊大師建寺於此。**東北至薩喇勒圖梁**，接土默特右翼界。旗東北二十五里，有故城，周三里餘，久圮，城西有三塔，土人亦名固爾班蘇爾巴罕，舊説以爲元利州城也，注見前。又有土城，周四里有奇，土人稱爲小城子，故和衆城也。城西里許有浮圖一，《元一統志》：重陽觀、大清觀，並在和衆縣，秦王魚石在和衆縣北三里七寶山中，其石皆有魚形。《熱河志》：案《志》載瑞州産秦王鱠，以唐太宗征遼駐此得名，魚石之名疑即因此。今朝陽縣産魚兒石，建昌縣亦産魚兒石。穆案：朝陽之西，建昌之東，爲土默特右翼、喀喇沁左翼二旗地。《塔子溝紀略》：塔子溝西北二十五里有村，名西北地，四面皆山，�北五里山之麓，掘地尺餘，可得魚兒石，其色或青或黄。聖祖《幾暇格物編》曰：喀喇沁北方，有青白色石，開發一片，輒有魚形，如塗雌黄，或三或四，鱗鬐首尾，形體俱備，各長數寸，與今所謂馬口魚者無異，揚腮振鬣，猶作鼓浪游泳狀。朕命工�

磨，以裝研匣，配以松花江石，誠几案間一雅玩也。高宗御製《魚石屏歌序》曰：今過土默特部落，路南有所謂撒哈河灘者，土人種田掘地，得石，剖之有魚形，復剖之則復見，大寸許，小數分許，銜尾比目，若泳游然，製以爲屏，不異王振鵬《魚藻圖》也。然則列朝所見，其地皆不甚相遠，奎章有爽，榮賁沙蟲矣。**西北至布爾噶蘇台**。接中旗界。旗西北三十里，有察喇齊山，又名蒙庫壘山。六十里，有鴻吉爾岱山，亦名哈伯他海山，又名伊曼碩隆山。七十里，有大赤山，蒙古名巴顔烏蘭，亦名布呼察山。八十里，有大白山，蒙古名巴顔察罕，亦名納里特山。百四十里，有庫克山。旗西北六十里，有賽因台河，源出鴻吉爾岱山，東流，入大凌河。八十里，有石塔河，蒙古名蘇巴爾噶，東南流，經五官營，入大凌河。九十里，有神水河，蒙古名阿蘭善，俗名熱水湯，東南流，逕濟爾噶朗營，入大凌河。百里，有泥濼，亦名涼水泉，蒙古名什巴爾台河，西流，會青龍河。《元一統志》：興教寺、浴室寺、重陽觀、大清觀，並在和衆縣。《承德府志》：案元和衆縣爲建昌縣西北之小城子，凡和衆縣諸寺，當在喀喇沁左翼西北境。

札薩克駐巴顔珠爾克。《一統志》：牛心山，左翼貝勒所駐。《會典》作：居巴顔察罕山。《塔子溝紀略》：巴顔朱爾克山，在塔子溝東南一百一十里，漢名影壁山，在喀喇沁貝子府前。

所部三旗與土默特二旗統盟於卓索圖。盟地在土默特右翼境内。崇德元年冬，太宗將征朝鮮，集外藩諸蒙古兵會盛京，詔科爾沁部由卓索口入，即此。

貢道由喜峯口。

【校記】

〔一〕該句“四庫本”《水道提綱》作“大凌河，源出柳邊外喀喇沁左翼北五里威蘇圖山，俗曰：傲穆倫，東北流，有昇機河自西南來會”。

〔二〕又經富庶縣東南三十里，“四庫本”《欽定熱河志》作“又北經富庶縣東南三十里”。

〔三〕白狼縣下但注有白龍山，“四庫本”《欽定熱河志》作“白狼縣下但注有白狼山”。

〔四〕舍大凌河，“四庫本”《欽定熱河志》作“合大凌河”。

〔五〕爲今朝陽縣之三座塔，“四庫本”《欽定熱河志》作“爲今朝陽縣治三座塔”。

〔六〕塔本陀羅海，中華書局點校本《清史稿》作“他本陀羅海圖山”。

〔七〕額里葉河，中華書局點校本《清史稿》作“額類河”。

〔八〕兀良哈，“四庫本”《欽定熱河志》作“烏梁海”，并注：“舊作‘兀良哈’，今改正。”

〔九〕托蘇圖喀喇山，中華書局點校本《清史稿》作“佗蘇圖喀喇山”，後又作“陀蘇圖喀喇山”。下同。

〔一〇〕固爾班蘇巴爾罕城，“四庫本”《欽定熱河志》作“古爾班蘇巴爾罕城”。

〔一一〕“爲白霫李察撰文，白霫張洪禮書丹。其文云：跋利州之西，憑榆河之渡，仡然魁秀者”引自《欽定熱河志》“藝文門”。此段中餘下引文引自《欽定熱河志》“建置門”。

〔一二〕威遜圖，中華書局點校本《清史稿》作“威蘇圖”。

［土默特部］在喜峯口東北五百九十里。至京師千里。東西距四百六十里，南北距三百十里，東至養息牧牧場界，西至喀喇沁右翼界，南至盛京邊牆界，北至喀爾喀左翼及敖漢界。古孤竹國。漢置柳城縣，屬遼西郡。晉咸康中，慕容皝建都於此，改爲龍城縣。皝以柳城之北，龍山之西爲福地，乃營制宫廟，改柳城爲龍城，都焉。永和六年，慕容儁請遷於薊。八年，建留臺於龍都，即龍城也。隆安初，慕容寶復都於此。義熙五年，馮跋自立爲天王，仍都龍城。慕容熙墓在故龍城西。《十六國春秋・後燕録》：慕容熙營苻后墓，錮三泉，周輪數里，内則圖畫尚書之像，號曰徽平陵。及將葬，熙爲馮跋等所殺，高雲僭立，與苻后共葬於徽平陵。《元一統志》：徽平陵，在興中州西三十里，慕容熙與苻后葬處，即八角墓。元魏爲營州治，《地形志》：永安末，陷於羣賊，天平初收復。領昌黎等郡。後屬於高齊。齊亡，其疏屬高保寧據此。隋復置柳城縣，唐爲營州都督府治，《舊唐書・地理志》：營州，柳城縣，室韋、靺鞨諸部並在東北。遠者六千里，近者二千里。西北與奚接界，北與契丹接界。《寰宇記》：營州，南至大海三百四十里，北至秦長城二百七十里，至契丹界〈湟〉｛濕｝水四百里，西南至平州七百里。後入於奚。遼太祖平奚，置興中府。太祖平奚，置霸州彰武軍。重熙十年，置興中府興中縣，隸中京道。金因之。案：遼、金興中府，爲今承德府朝陽縣治，故城在土默特右翼西百里錦州府西北邊外，大凌河之北，城周七里有奇，遼、金所建三塔猶存，土人稱爲三座塔，蒙古名固爾班蘇爾巴罕城。乾隆十六年，於其地設巡檢司，爲塔子溝廳東境。三十九年，析置三座塔廳。四十三年，改設縣治。元降爲州，屬大寧路。明初置三衛，自錦、義歷廣寧，至遼河，曰泰寧衛。永樂初，以忽剌胡班爲都指揮僉事，掌泰寧衛事。三年，阿散掌衛事，終明之世，叛服不常。後其地爲蒙古所據，號所部曰土默特。高宗純皇帝《土默特》詩：部名雖異族類同，犬牙相入分提封，執役鞠䠠皆虔恭〔一〕，百年休息𢡟皇風，致兹豈易凜余衷。案：所部山中産檞欏樹最多，葉大如掌，秋深霜沃，其葉丹黄，與楓林相映，或以爲即槲也。初，山東種地人攜種出口試養，以作繭，厚重宜寒，名檞欏繭，其後人爭效之，建昌人尤工，今世所行建昌繭是也。豐年絲賤，匹銀二兩四五錢，可

製服二；歉歲絲貴，匹銀二兩七八錢，東民嘗欲專其利，蒙古與訟，官定收繭之時，以所息十分之一給山主爲租税。二旗分左、右翼，異姓同牧。

［左翼旗］札薩克多羅達爾漢貝勒游牧。《理藩院則例》載：恭遇皇上由熱河前詣盛京，道經土默特札薩克達爾漢貝勒旗，進膳一次。元臣濟拉瑪十三世孫善巴，與喀喇沁爲近族，祖莽古岱，始由喀喇沁徙居土默特。天聰三年，善巴率屬來歸。九年，詔編所部佐領，授札薩克，掌左翼事。崇德元年，封達爾漢鎮國公。子卓哩克圖，康熙元年，追叙善巴功，晉多羅貝勒，世襲罔替。佐領八十。額存穀六萬三千九百十二石三斗。

牧地：在今承德府朝陽縣東北。當錫呼圖庫倫喇嘛游牧之南，養息牧牧場之西。東至岳洋河，接牧場界。岳洋河亦作鷂鷹河，在牧場西北九十里，自旗東北流入邊，會蘇巴爾哈河。旗東二十五里，有臥牛石泉，蒙古名烏克爾齊老，西南流，會蘇爾哲河。六十里，有百湖，蒙古名兆布拉克。南至什巴古圖山，三十里，接柳條邊。旗南十里，有達離山，蒙古名庫特古爾多和碩。西至巴噶塔布桑，八十里，接右翼界。旗西十三里，有密達木山。七十里，有青金山，蒙古名波羅孟固。旗西二十里，有湯圖河，東南流，入邊。八十里，有石塔河，蒙古名蘇巴爾噶圖，自右翼東南流入境，又南流，入邊。案：此與喀喇沁左翼境之蘇巴爾噶圖河別。北至當道斯河，百里，接喀爾喀左翼界。旗北五里，有陶金圖山。三十五里，有伊克翁山，山麓有古塔一。四十里，有巴噶翁山。四十餘里，有台吉圖山，山西有古塔一。七十里，有阿哈里陀羅海山。七十五里，有馬孟山，蒙古名哈卜塔海。旗北八里，有布爾罕達巴罕，亦名盤道嶺。旗北三十里，有大堤河，蒙古名蘇爾哲，東南流，入廣寧縣東北境。七十里，有阿哈里河，源出阿哈里陀羅海山，東流，會烏訥蘇台河。八十里，有烏訥蘇台河，東北流，會庫崑河。百里，有庫崑河，源出喀爾喀左翼流入境，又東流，入養息牧河。旗北百里，有烏哈爾温泉。東南至烏達遜舉勒，《一統志》作：東南至額倫布坦插漢台。九十里，接柳條邊。旗東南三十里，有野狐山，蒙古名烏納格圖。六十里，有石塔山，蒙古名蘇巴爾格圖，山〈塔〉{上}有石塔一，山半有石洞，與右翼境之蘇巴爾格圖山別。七十里，有七金山、七金泉，蒙古名和爾博勒津。八十里，有烏拉布爾圖山。西南至伊克翁格勒古山，百十里，接右翼界。旗西南三十里，有羖羊山，蒙古名伊瑪圖。又旗西北八十里，亦有伊瑪圖山。百十里，有固爾班温都爾山。東北至什巴爾泰口，《一統志》作：東北至黑頂山。八十里，接盛京界。旗東北八十里，有岳洋河，蒙古名額里葉，源出哈喇陀羅海山，東南流，入邊，與喀喇沁左翼境之額里葉河別。西北至哈喇噶圖。《一統志》作：西北至阿里馬圖山。九十里，接喀爾喀左翼界。又名哈喇陀羅海山，華名黑頂山，岳洋河發源於此。旗西北四十里，有青蛇山，蒙古名摩該波羅。五十里，有黑山，蒙古名超圖喀喇。六十里，有彌勒山，蒙古名邁達里。旗西北六十里，有伊瑪圖河，源出邁達里山，南流，至清河邊門之東，入義州境，名細河。又東南流，會清河，入大凌河。四十八里，有馬鞍河，蒙古名錫喇塔拉，源出摩該波羅山，西南流，會伊瑪圖河。

札薩克駐哈特哈山。舊作海陀哈山，亦名旱龍潭山。《會典》作：居烏蘭陀羅海山。在喜峯口東北八百二十里，大堤河發源於此。

［右翼旗］札薩克郡王品級固山貝子游牧。元太祖十九世孫鄂木布楚琥爾，與歸化城土默特爲近族，鄂木布楚琥爾曾祖阿爾坦，號格根汗，明嘉靖間據豐州灘，築城架屋以居，謂之拜甡，即《明史》訛爲板升者也。後通好於明，受順義王印，因名所居城曰歸化。有子九，長僧格，號杜棱汗。鄂木布楚琥爾，僧格孫也。案：阿爾坦汗即《明史》所謂俺荅，爲阿爾坦三字之合音也。據《蒙古源流》：阿勒坦汗，爲達延汗第三子巴爾斯博羅特之子，達延汗既稱汗於八白室前，遂以巴爾斯博羅特爲管領右翼三萬人之濟農，俺荅之受款也。《蒙古源流》謂：庚午年，阿拉坦汗取四衞拉特城，移兵擾明邊，明人懼，遣使給與孫王之號，並給金印講和。案：庚午爲明隆慶四年，《明史》稱：是年俺荅西掠土番。即此取四衞拉特城事。孫王，即順義王，蓋綜後事總説之。俺荅長子，《明史》謂之黄台吉，襲封，復改名乞慶哈，僧格、慶哈亦譯音之轉也。父噶爾圖，以避察哈爾侵，由歸化城移居土默特。《蒙古〈名〉｛源｝流〔二〕》：達延汗次子巴爾斯博羅特，生子七人，次阿爾坦，丁卯年生，占據十二土默特而居。次拉布克台吉，己卯年生，占據土默特之烏古新而居。林丹汗恃其强，侵不已，鄂木布楚琥爾憤甚，因約喀喇沁蘇布地等，共擊敗之於趙城，恐不敵，天聰二年，偕蘇布地上書乞援，尋來朝。九年，編所部佐領，授札薩克，掌右翼事。初，所部設札薩克三：曰善巴，曰賡格爾，曰鄂木布楚琥爾。賡格爾與善巴同族，崇德元年，以罪削札薩克，善巴領其衆，自是所部分左右翼。崇德四年，卒。子固穆，順治五年，封鎮國公。康熙二年，晉固山貝子，世襲罔替。固穆五世孫第七次襲。瑪呢巴達喇，道光七年，賞郡王品級。佐領九十七。額存穀七萬四千五百十六石六斗。

牧地：在今朝陽縣西南。在九關臺、新臺邊門外，跨鄂木倫河。鄂木倫河，在游牧西二百里，自喀喇沁左翼流入境，東流，經古興中城南，折東南流，入邊，爲大凌河。《水經注》：白狼水又東北，逕龍山西，又北，逕黄龍城東。又東北，濫真水出西北塞外，東南歷重山，入白狼水。今大凌河由建昌縣東北流入縣境，六十里至旗境之木頭城子，又百三十里，逕朝陽縣南，稍折而東南流。又百八十里，至九關臺門，出朝陽縣境，入錦州府義州界。《遼

(史)地理志》曰：建州在靈河之南。凌河，即靈河之異文，《開國方略·聯句》詩註：天聰五年九月，太宗親破明兵於大凌河。時有黑雲起，風從西來，敵乘風縱火，將逼我軍，天忽雨反風，焚敵兵，遂大捷。十月，大凌河城降，在此邊門内也。**東至訥呼遜山**，九十里，接左翼界。旗東十三里，有密達木山。四十里，有五鳳山，蒙古名塔木陀羅海。三十里，有蓮花山。七十里，有柏山，亦名烽臺山。山有十六峯，盤鬱四十餘里，山頂有遼安德州城廢基，斷井頹垣，猶可辨識。山半有遼靈巖寺舊阯。《元一統志》：興中州南三十里綿亘柏山。《熱河志》：案《靈巖寺碑》有"里人施烽臺山，四面隙地"之語，知遼時本名烽臺山。三座塔城内有元《安思道大通法寺上下院地産碑》稱〔三〕：北至柏山。是柏山之名至元始著也。八十里，有麝香山，蒙古名翁額勒庫。《遼史·地理志》：興中府，有麝香崖，天授皇帝刻石在焉。今不存。旗東三十五里，有石雞河，蒙古名格爾庫爾台。源出五鳳山，西北流，會什巴爾台河。八十里，有翁額勒庫河，源出翁額爾庫山，東南流，至清河邊門之西，入義州境，名北清河，又東南流，入大凌河。**南至魏平山**，六十里，接柳條邊。旗南七十里，有遼安德故城。案今朝陽縣東南柏山上，有廢城阯，城外古井旁，有遼乾統八年《安德州靈巖寺碑》，爲朝請大夫守殿中少監知安德州軍州事耶律劭撰，知即安德故城。故《遼史·地理志》：安德縣，析霸城東南户置。霸城即興中府，爲今朝陽縣治。此城正居其東南，與《遼史》合。旗南五里，有臺圖山。三十里，有平山，一名神應山，蒙古名蘇巴爾噶圖。三十餘里，有努禄拉呼山，亦名駐龍峪。《遼史》：興中府有駐龍峪。即此。六十里，有哈札噶爾山。七十里，有阿爾札噶爾山。旗南三十里，有衮齊老河，源出石塔山，東南流，入義州境，爲柳河川河。又東流，入大凌河。五十里，有水獺河，蒙古名哈柳圖，源出蘇巴爾噶岡，南流，逕托羅克台山，入小凌河。有女兒河，蒙古名鄂欽，東流，至新臺門北六十里入錦縣境，東南流，入小凌河。**西至鄂朋圖山**，二百里，接喀喇沁右翼界。旗西有建州故城，漢乾祐初，故晉李太后請於契丹主耶律兀欲，願依漢人城砦之側，給田以耕桑自贍。許之。乃自黄龍府遷於建州南四十里，給地五十頃，令從者耕以自給。《遼志》：州在靈河南，屢遭水患，契丹主隆緒又遷於河北，即唐之故崇州城治焉。《元一統志》：李太后墓，在建州熨斗山之北。《熱河志》：案建州故城，在朝陽縣西，遼太祖置建州，治永霸縣。州初在凌河之南，聖宗遷於河北。金因之。元以永霸縣省入。明初廢。《元一統志》謂：建州東至興中府〔四〕，西南至利州，西至富庶縣，北至金源縣。今土默特右翼旗西百七十里，地名黄河灘，有廢城趾。東西二百七十丈，南北三百六十丈，周十里有奇，四門，蒙古名喀喇城。城西北有浮圖十七級，周十二丈，其旁又有小浮圖七級，周四丈。其東距縣治，爲興中州地，其西南達大城子，爲利州地，當爲故建州城。《元一統志》：興隆寺，在建州西南隅。紫微宫，在建州東北隅。又有荆岸，在建州東。《元一統志》：以建州東有荆水，昔人決岸溉田，故名。《承德府志》：案《五代史》稱自遼陽行十數日，過義州、霸州至建州。《北番地理志》稱：建州東北至霸州九十里，南至渝州五十里，西南至小凌河十里。又《胡嶠陷北記》稱：建州之南爲義州，建州之北則土河，土河之北則契丹中京大定府也。路振《金人疆域圖》稱建州南至燕京千二百四十五里，皆與今黄河灘之廢城〈跐〉{址}方位相合。旗西六十里,有釜山,蒙古名喀喇脱歡。山有《重修金山神廟碑》,知舊又有金山,"金""釜"互異,字之訛耳。九十里,有青山,蒙古名波羅和碩。百里,有卓沁喀喇山,亦名鳳皇山,山頂有洞,西北有古塔一。百二十里,有棗山,蒙古名齊巴噶爾喀喇,與喀喇沁右翼之棗山别。百五十里,有妒山,蒙古名察卜齊克散噶察。百六十里,有哈卜塔海華山。百八十里,有石塔峯山,蒙古名蘇巴爾噶圖和碩,上有三塔。二百里,有天保山,蒙古名騰格里蒙克。二百餘里,有哈達圖喀喇和碩。旗西百里,有博爾奇烏蘭峯,上有石洞。旗西百六十里,有察罕河,源出哈卜塔海華山,東南流,入大凌河。旗西六十里,有釜泉,又名黑錫泉,源出釜山,東南流,會固都河,入大凌河。旗西朝陽縣南有銕舍利塔。遼時建靈感寺,重熙中,鑄銕塔以藏佛舍利,後以定光佛舍利、釋迦佛舍利一千三百餘粒,改藏塔下塔宫。今塔已無存,土人嘗於其處掘土丈餘,見地宫一所,高八尺,廣六尺五寸,八面相等,周遭嵌碑,中有一碑,字大二寸餘,云:惟大契丹國興中府重熙十五年丙戌歲十一月丁丑朔十六日壬辰起手鑄,次年四月乙巳朔八日壬子午時葬釋迦佛舍利,記末載辦塔主僧,則覺華島海雲寺業律沙門志全也。又有二片,爲天慶二年講經律論師慧林所撰《釋迦、定光二佛的身舍利塔記》。又有石觀音像,在朝陽縣南境之天慶寺,像高七尺,圍五尺二寸,遼沙門智公所造。《首唱貽字韵詩》二章,自兵部尚書門下侍郎平章事鄭若愚以下,和者二十四人,勒石寺中。今尚存,詩不甚工,書頗古勁。又有卧佛寺石佛,在朝陽縣南昂吉山中,高八尺,圍四尺,不詳何年所造,蒙古於其地建寺,寺中有"遼應厤七年十月石幢記"。又有千佛洞石佛,在朝陽縣南八十里,山腰有洞,穿洞口而入。有三路,其一東出,中有大小石佛數十尊,莊嚴法身,具諸殊相。洞前有碑石,裂爲三段,鐫《大悲心陀羅尼呪》,遼聖宗統和二十三年立。有報恩寺,在天慶寺東北大塔下,康熙五十一年重建。有華雲寺,在天慶寺東北,雍正十年建,有塔。**北至什喇陀羅海**,百二十里,接柰曼界。旗北六十里,有七寶山,蒙古名多倫和爾和。百里,有輝果爾山。百餘里,有喀爾克沁山,亦名錦屏山。百十里,有狼山,蒙古名綽諾圖山。有古塔,半圮。山麓有金三學寺舊阯,大定五年重修。有《興中府尹改建三學寺碑》,里人韓長嗣撰文并書,將仕郎興中府都孔目官白霤王祁篆額,後刻都維那銀青榮禄大夫興中尹上柱國廣陵郡開國公食邑二千户實封二百户高思廉、妻廣陵郡夫人高氏、二夫人高氏、長男雲堂、次男三學奴。遼金舊制:以經、律、論爲三學,擇僧行清高者爲綱首,舉郡内經、律、論學優者爲三法師,凡取經律論師,差官考試,於各宗出題答義,中選者取三人,命爲三宗法師,葢最重之。三學之名,取諸此。韓長嗣《碑》中稱遼建三學寺於府西。兵興以來,殿堂廊廡俱無,寺廢久矣。大尹出游狼山,其上有院曰祥巒,廢爲荆榛,基趾頗有制度,乃改修爲三學寺。是遼於興中府西建三學寺,金始改建於狼山也。《元一統志》:興中府,狼山上有三學寺。即此。與七金山之三學寺别也。穆案:蜀王建賢妃徐氏、淑妃徐氏,皆有《三學山夜看聖鐙》詩,則三學之義,唐以來傳之矣。旗北十五里,有柞河,蒙古名巴圖察罕,源出巴顔華山,東南流,會圖爾根河。三十五里,有爛泥塘河,蒙古名什巴爾台,源出七寶山,東流,會圖爾根河。百里,有卓索河,漢名紅土河,源出輝果爾山，東南流，會圖爾根河。**東南至鄂木倫河**，八十里。《一統志》作喀爾七靈圖山。旗東南二十里，有鳳皇山，羣峯連亘，周九十餘里，山椒一塔聳峙，諸峯抱之，如翠鳳昂首張翼形，故名。山亦有朝陽洞，洞有臥石佛像。又塔旁一里有小洞，亦有佛像，以銅爲之。其北麓去朝陽洞二十里，山勢伏而復起，土人别名曰麒麟山，其實一山也。山半西向有三洞，夜半嘗聞木魚聲，因名聞仙洞，即古龍山也。山半有天仙廟，康熙中建。《十六國春秋・前燕録》：慕容皝以柳城之北，龍山之西，福地也，使築龍城。《水經注》：白狼水東北流，過龍山西，又北流，過黄龍城東。《元一統志》：和龍山，在興中州東，南北長六十里，東西廣三十里。一峯特聳，號曰天柱孤峯，遼天授皇帝常獵和龍山，建華嚴寺。元《安思道大通法寺地産碑》亦載和龍山華嚴寺之名。《熱河志》：案龍山之西，《水經注》及《遼史》所引，或作龍山之南。考龍山故城，爲今三座塔，若以龍城在山之西，則龍山當在三座塔城東境；若龍城在山之南，則龍山又當在三座塔城北境。今考《水經注》載白狼水，先東北流逕龍山之西，然後北流逕黄龍城東，則龍山當在龍城之東境迆南，可知也。又考柏山廢城，有遼耶律劭《靈巖寺碑》[五]，稱北連龍岫，前俯郡城。則龍山又當在柏山之北也。今鳳皇山在三座塔城東，白狼水正流經其西，與《水經注》相合。又在柏山之北五十里，與遼碑相合。《元一統志》亦謂和龍山在興中州東。是龍山之在三座塔東，信而有徵矣。《元一統志》又稱：和龍山，南北六十里，東西三十里，遼天授皇帝嘗獵其間，獲一香麝，因名其〈厓〉{崖}曰麝香〈厓〉{崖}，峪曰駐龍峪，泉曰神射泉。所稱天柱孤峯，乃元興中八景之一。至於麝香〈厓〉{崖}、駐龍峪、神射泉並見《遼史》興中州下。麝香〈厓〉{崖}今在土默特右翼東，駐龍峪在右翼南，而《元一統志》皆繫之龍山者，蓋此山形勢廣遠，凡附近之峯，皆其支脈耳。在元時猶稱龍山，其改稱鳳皇山者，當始於近代。[六]**西南至烏蘭哈達圖和碩**，二百七十里，接喀喇沁左翼界。旗西百二十里，有故漢兒城。石晉李太后自馳至霸州見永康王，求於漢兒城側賜地種牧以爲生。明年，徙帝、太后於建州，節度使趙延暉避正寢以館之。即此城也。《熱河志》：案建州有二城。一在〈清〉{凌}河之南[七]，一在凌河之北。世宗之時，州尚在，河南也。今土默特右翼西南一百二十里，地名五十家子，有廢城趾。周二里許，四門，久圮，城中有浮圖一。在大凌河之南，當即遼初之建州城，所謂漢兒城是也。旗西南百二十里，有托魯克台山。百五十里，有道場山，蒙古名庫里葉圖。山半有二洞，内有石佛像，與敖漢之庫里葉圖山别。二百餘里，有卓昌吉爾山，斜亙三十餘里，山形中斷。山南有穆壘河，流貫其中，夾山麓有泉注之。下流爲小凌河，有威遜圖喀喇山。二百二十里，有明安喀喇山，山色深黝，千峯競秀，故名。頂有石洞，洞旁三泉交流，爲小凌河之源。二百五十里，有牛心山，蒙古名巴顔濟魯克，與喀喇沁左翼之巴顔濟魯克山别。二百八十里，有鄂博圖察罕和碩山，有盤嶺。旗西南二百二十里，有明安河，即小凌河，源出明安喀喇山，有三泉，滙爲一河。初名穆壘河，東北流，爲明安河。逕右翼南境，至松嶺子門西五里，入錦縣境，爲錦水，即古參柳河也。《漢書・地理志》：遼西郡，柳城，參柳水北入海。錢坫疑爲即今出松嶺山之凉水河，非也。《遼史・地理志》：興中府，有小靈河。《元一統志》：小凌河，在興中州南一百五十里，源出玉泉井，溢而成川，流入錦州界。《熱河志》：案漢柳城縣在今寧遠州及錦縣之西境，所謂北入海者，蓋自縣北而南流入海，與今小凌河方位正合。遼之興中府、元之興中州即今朝陽縣地。**東北至巴圖察罕台**，百二十里，接左翼界。旗東北百五里，有遼白川州故城。《武經總要》：白川州，東至黔州七十里，西至中京四百三十里，東南至宜州百里，西南至霸州七十里。《熱河志》：案《方輿紀要》：川州有東、西二城。東川州，遼所置，西南至義州衛一百五十里；西川州，金所置，南至義州衛九十里。蓋遼與金各自有川州。《武經總要》：川州西南至霸州〖即興中城〗七十里。此遼之川州也。《元一統志》：川州，南至興中州八十里。此金之川州也。《一統志原本》：川州城，〖此即指遼之川州〗在土默特右翼東北一百五里，蒙古名卓索喀喇。今朝陽縣治東北六十七里，地名四角坂，有廢城，中有遼開泰二年石幢，爲白川州官吏所建。知即遼川州故城也。今土默特右翼旗東北，接土默特左翼旗境，皆川州也。旗屬之黑城子北八里東嶽廟，有元至正五年《川州重修東嶽廟碑記》，前儒學正徐潛撰，醫學正張質書丹。有遼宜州故城，案：遼宜州即金、元義州，本在今錦州府北界。據《武經總要》：宜州，西至霸州二百里，北至川州。《元一統志》：義州，西至興中州界蛤蜊山九十里，到興中州一百八十里，西北到川州一百八十里。故知兼得朝陽縣境，今朝陽縣治東北一百九十里，有台頭溝山，山下爲廳峪道院故阯，有金皇統八年《宜州廳峪道院復建藏經千人邑碑》，東海徐卓撰文。考《金史・地理志》：義州，遼宜州，天德〈二〉{三}年更名〔八〕。此碑在天德之前，故仍稱宜州也。據知土默特右翼東北，接土默特左翼南境，爲宜州西境矣。碑文稱：廳峪者，耶律賽因温家之墓所，建以藏經。皇統六年，火災，忠顯校尉顔壽與郡人馬祐等重建。院基周一里許，今惟石佛數尊尚存，半已殘損。有通吴軍壘。《永平府志》載：遼中京宜州，有江南水軍，號通吴軍壘。知當在旗境。修《永平志》者未審宜州所在而誤入也，今無考。旗東北六十里，有烏蘭山。九十里，有馬鞍山，蒙古名錫喇得卜色克。九十餘里，有鄂斯和爾巴山。百二十里，有波羅輝波羅温都爾山。百三十里，有楊山，蒙古名烏里雅蘇台。旗東北八十里，有烏里雅蘇台河，西南流，會圖爾根河。**西北至呼什哈圖哈喇山**。百八十里，接敖漢界。旗西北七十里，有瑪尼圖山，亦名鐵旛桿山。七十五里，有香高山，蒙古名温都爾華。百二十里。有布魯爾喀喇山。百八十里，有栗山，即呼什哈圖哈喇山也。上有四塔，與喀喇沁左翼之栗山別，有青鸞嶺，嶺北有古塔一，嶺上巨石縱横，向稱險峻，蒙古謂之黄金大垻。《塔子溝紀略》：嶺東爲土默特貝子旗所轄，嶺西爲敖漢王子地方。山頂有元元統三年《宣授興中州達魯花赤公平治道塗碑》，一名青山嶺。《武經總要》：大定府東至營州界青山嶺一百七十里。亦作青巒嶺。《元一統志》：青巒嶺，在興中州西八十里，有金巖寺。旗西北百九十里，有柳河，亦名黑城子河，蒙古名布爾噶蘇台。源出威遜圖喀喇山，東南流，經喀喇城，入大凌河。旗西北二十五里，有冷泉，蒙古名奎騰，南流，會朝陽縣之涼水河。涼水河自朝陽縣西北小八溝，平地出泉，約二里許，東南流，豬爲河。行四十里許，又伏流二十五里，仍出而東流十五里，入大凌河。

札薩克駐巴顔和碩。亦名大華山。在喜峯口東北五百九十里。《會典》作黑城子。巴圖察罕河發源於此。又右翼東四十里，及左翼北十五里，各有巴顔華山。《遼史·地理志》：興中府，有大華山。《元一統志》：華山，在利州東一百六十里，形勢孤聳，宛若華嶽，故名。《承德府志》案：利州屬今建昌縣東境。建昌東至朝陽縣治一百三十里，山在州東百六十里，則已入今朝陽界矣。故知謂此巴顔華山也。

［左翼］附喀爾喀多羅貝勒游牧。巴勒布冰圖，元太祖裔。初爲喀爾喀台吉，隸西路札薩克圖汗部。康熙元年，汗旺舒克爲其族羅卜藏台吉額琳沁所戕，部衆潰，巴勒布冰圖自杭愛山率屬來歸。詔附土默特左翼札薩克達爾漢貝勒卓哩克圖牧。四年，封多羅貝勒。佐領二。

牧地，在錫哷圖庫倫喇嘛游牧之西。東至霍濟勒河，接庫倫界。南至庫崑河，接左翼界。西至布圖昆地，接喀爾喀右翼界。北至愛篤罕山，接喀爾喀左翼界。東南至烏蘇圖昆地。接庫倫界。西南至查哈爾額布得爾格愛，接喀爾喀左翼界。東北至阿克達沁河，接庫倫界。西北至奇喇固圖濠。接喀爾喀左翼界。

統隸卓索圖盟。《理藩院則例》載：卓索圖盟内土默特台吉蘇克都爾之妻所進人口，凡遇比丁之年，一體比丁，另册送院。

貢道由喜峯口。附記歸化城土默特。阿爾坦汗四傳至博碩克圖汗。博碩克圖汗卒，林丹汗襲，有其衆。天聰六年，大軍征察哈爾，林丹汗西奔唐古特。博碩克圖子俄木布及其部頭目古禄格、杭高、託博克等集衆降。俄木布尋以罪廢。崇德元年，編所屬爲二旗，不設札薩克，以古禄格爲左翼都統，杭高爲右翼都統，託博克後代杭高子巴桑掌右翼，而博碩克圖汗裔分隸左、右翼，稱台吉，統歸綏遠城將軍轄。散處於歸化城、和林格爾、託克托城、清水河、薩拉齊五廳之間，北倚大青山，與喀爾喀右翼茂明安旗接界，西與烏喇特旗接界。乾隆二十一年，左翼台吉喇嘛札布，因協禽青滚咱卜功，詔封輔國公，授札薩克，增設一旗，隸烏蘭察布盟。二十五年，以罪削札薩克，飭仍回旗効力。所部，順治二年，題准四季貢馬百六十三匹，每年貢石青二千斤。乾隆三十四年，停馬貢。四十年，停石青貢。

蒙古游牧記卷之二　　　　受業青陽吴式訓覆校

【校記】

〔一〕 腮，同“𨂝”。

〔二〕“同治本”誤寫“源”字爲“名”字,據“謄清本”改。

〔三〕安思道大通法寺上下院地産碑,“四庫本”《欽定熱河志》作“安思道通法寺上下院地産碑”。

〔四〕興中府,“四庫本”《欽定熱河志》作“興中州”。

〔五〕有遼耶律劭《靈巖寺碑》,“四庫本”《欽定熱河志》作“有遼乾統八年耶律劭《靈巖寺碑》”。

〔六〕該段引文有節略。

〔七〕清河,“四庫本”《欽定熱河志》作“凌河”。

〔八〕天德二年,中華書局點校本《金史》作“天德三年”,疑“同治本”“謄清本”均誤寫“三”字爲“二”字,據中華書局點校本《金史》改。

蒙古游牧記卷之三

平定張　穆{石州}撰〔一〕
光澤何秋濤{願船}校

内蒙古昭烏達盟游牧所在敖漢　柰曼　巴林　札嚕特　阿嚕科爾沁　翁牛特　克什克騰　喀爾喀左翼

[敖漢部]在喜峯口東北六百里。至京師千一十里。東西距百六十里,南北距二百八十里。東至柰曼界,西至喀喇沁界,南至土默特界,北至翁牛特界。古鮮卑地。隋爲契丹地。《隋書·契丹傳》:契丹,當後魏時,部落萬餘口内附,止於白貔河。〔二〕〖即白狼河〗其後爲突厥所逼,又以萬家寄於高麗。開皇四年,率諸莫賀弗來謁。五年,悉其衆款塞,高祖納之,聽居其故地。開皇末,其别部四千餘家背突厥來降。部落漸衆,遂徙逐水艸,當遼西正北二百里,依託紇臣水而居。東西亘五百里,南北三百里,分爲十部。《熱河志》案:契丹部落最大。當北魏時,分爲悉萬丹等八部,居潢水之南,在今建昌朝陽縣北境外。太和時内附,居白狼河者,乃其别部。而其餘全部固尚居故地也。逮開皇之末,來降之人既衆,遂依託紇臣水而居。今土河,即古託紇臣水,自喀喇沁東北流,經建昌縣、朝陽縣所屬之北境。敖漢、柰曼二旗北境,適當隋遼西郡〖即北魏營〗州之正北,是今赤峯縣及建昌縣、朝陽縣北境,正當日契丹所徙居之地矣。隋時,託紇臣水之旁爲新降之契丹所居,潢水之旁則契丹舊部所居也。唐屬營州都督府,後入奚。遼、金爲興中府北境。元爲遼王分地。案:敖漢、柰曼、巴林、翁牛特蓋兼得魯王分地。詳見巴林部下。明初入於蒙古,元太祖十五世孫達延車臣汗,長子圖魯博羅特。子二,次納密克,生貝瑪土謝圖。子二,長岱青杜稜,號所

部曰敖漢。今又作鄂罕。高宗純皇帝《入敖漢境》詩：據嶺分畺{疆}異，清塵灑道同。後先咸奉職，誠敬自由衷。漸見牛羊牧，仍欣禾黍豐。時巡慎侯度，繼序念戎功。又有《敖漢台吉彭蘇克拉錫能詩書，以賜之絶句》：出守黄沙塞，入趨白玉墀。幾曾金翕叔，入侍解吟詩。

［一旗］札薩克多羅郡王游牧。岱青杜棱長子卓諾木杜棱、次塞臣卓哩克圖，初皆服屬於察哈爾。天聰元年，以避林丹汗虐，率屬來歸，且獻明誘降書。詔卓諾木杜棱居開原，塞臣卓哩克圖還舊牧，賜號都喇爾巴圖魯。後卓諾木杜棱以私獵哈達葉赫山罪，奪開原地。順治五年，叙征明功，追封多羅郡王，世襲罔替。三年，塞臣卓哩克圖，從征明永平，師還，卒。子班第尚固倫公主，授固倫額駙。崇德元年，編所部佐領，封札薩克多羅郡王，世襲罔替。佐領五十五。額存穀二萬一千三百四十四石二斗。道光二十二年，《理藩院則例》載：敖漢王旗下公主子孫台吉，共六百十餘人，定爲十班，每班六十人，一年一班，輪流來京。

牧地：天聰八年，定牧地疆界：敖漢與正黄旗蒙古以札噶蘇台囊家台爲界。《理藩院則例》載：老河對岸順坡斯板、囊金喀喇二處，已開熟地三十七頃二十七畝五分，均令撩荒，作爲敖漢郡王牧場。又載：敖漢郡王旗，東自巴啟爾果勒以西庫蘇爾哈達起；西自伯爾克熟地以東庫倫布哈春之東薩察華山頂止；南自紹海卓博哩察罕蘇巴爾漢熟地界起；北至哈達圖多倫巴爾黨之北松吉納圖山、騰吉里格山頂止。熟地千七百八十頃十四畝，起立鄂博，准其招民開墾耕種。每年塔子溝司員查核報院。案：敖漢牧地，在今承德府朝陽縣之北、建昌縣之東北。跨老哈河。老哈河在旗北七十里。自喀喇沁右翼流入境，東北流經噶察喀喇山，又東流，入翁牛特界。《熱河志》：庫爾奇勒哈達，在敖漢東北七十五里，老河之中，大河夾流，此山亭然孤峙。又有玉瀑在敖漢北境，南距赤峯縣治五百五十里，即老河之下流，石壁高聳，懸爲飛瀑，土人名曰響水。乾隆八年，鑾輿經此，賜名"玉瀑"。有詩紀之曰：我聞奥區天所秘，疑信向半今信然。浩浩萬里沙漠塞，乃有瀑布崇岡懸。車塵方苦紛埸壒，豁開壺裏别有天。侵尋峯岫羅嘉樹，漸潤澗谷無埃煙。是時仲秋曝晶日，忽聞雷聲殷前川。坐令林巒失輕籟，朗吟清眺萬慮蠲。大者明珠小者璣，如傾栲栳投深淵。虎狼駭走不敢飲，下疑千載蒼龍眠。巨石横斷無土壤，粤生美箭奇而堅。山葉紅緑如錯繡，無名野卉相新鮮。鸛鵠徘徊不忍去，鼪鼯時向虬枝穿。禹穿龍門未至此，胡乃三級限鱅鰱。吁嘻泉石誠觀止，賞詠自我羌誰先。匡廬香鑪無足喻，山靈占此永不遷。設置飛觴搦管地，混沌竅鑿應難全。"鰱韵"下注云：蒙古相傳：瀑水已下，鱗類甚夥，而已上絶無，亦甚奇云。《御製二集》又有《寄題敖漢瀑布水》詩曰：我愛敖漢瀑布水，今來路隔三百里。題詩睫眼十一年，飛注東流殊未已。注：乾隆八年東巡，塗經其下，題長句，大書磨厓{崖}。今年取道迆東，相距三百餘里，故賦此寄題。其後，以紀歲月，又有《敖漢捕魚詩》。**東至哈喇鄂羅愛**，六十里，接柰曼界。旗東十五里，有哈達圖陀羅海山，與喀喇沁左翼之哈達圖陀羅海山别。六十里，有沙爾呼達蘇爾海額勒蘇圖岡。**南至哈禄噶嶺**，二百里，接土默特右翼界。旗南三十里，有天山。五十里，又有天山，蒙古名騰格里。四十五里，有洪果爾鄂博山。五十里，有鄂博圖山。六十里，有盤道山，蒙古名鄂爾吉勒喀喇。百十里，有小羳羊山，蒙古名巴噶（漢）伊（衣）瑪（馬）圖〔三〕。百二十里，有大羳羊山，蒙古名伊克伊瑪圖。百三十里，有庫克徹勒山。二百里，有齊老圖嶺。旗南百三十里，有都（杜）木（母）達納林泉（河）〔四〕，源出天山，東北流入齊（七）老圖（臺）池〔五〕。百二十里，有伊（衣）瑪（馬）圖泉，下流，入沙池。旗南有牛膝河屯，波羅台根河出焉，東南流，入土默特右翼境，逕波羅台溝，共行八十餘里，入大凌河。有宏慈寺，康熙四十六年，敖漢郡王札木蘇建，寺額，聖祖所賜也。南距朝陽縣四百二十里。**西至阿里木圖嶺**，百里，接喀喇沁右翼界。旗西有遼惠州故城。《方輿紀要》：惠和故城，在大寧衛東北百里。遼置惠州於此，亦曰惠和軍，領惠和縣。金廢州，以縣屬大定府〔六〕。元因之。明｛初｝廢〔七〕。《遼志》云：惠州，唐歸義州地也，阿保機俘漢民於菟麛山下，築城居之，謂之惠州。《熱河志》：惠和城，在建昌縣北境。《元一統志》謂：惠和縣西南至大寧路，北至高州，東南至金源，東至武平縣。今縣北三百四十里敖漢旗西境，地名博羅科，有廢城，城基周四里，城北山上有浮圖，高五丈。其西南接平泉州，屬喀喇沁右翼旗界，爲大寧路地。其西北接平泉州，屬翁牛特旗界，爲高州地。當爲惠和故城。宋彭汝礪《鄱陽集・惠州》詩：城壘四五尺，閭閻千百家。朝塵疑作雨，暮雪欲飛花。舊寺僧何在，空堂鬼自邪。三更愁不寐，相笑是皇華。蘇轍《欒城集・惠州》詩：孤城千室閉重闉，蒼莽平川絶四鄰。漢使塵來空極目，沙場雪重欲無春。羞歸應有李都尉，念舊可憐徐舍人。會逐單于渭橋下，歡聲齊拜屬車塵。自注：傳聞南朝叛者多在其間。《元一統志》：東林寺，在惠州東南隅。開祐寺、興福寺，在惠州西南隅。大清觀，在惠州西北隅。神山廟，在惠州西南十五里。黄崖寺，在惠州南一百里。古城寺，在惠州東南百八十里。龍門寺，在惠州東南百七十里。十方講院，在惠和縣東北隅。遼隆壽二年，造觀音閣，在惠和縣市心。崇德寺，在惠和縣。旗西七十里，有僧（森）機（几）陀（拖）羅海山〔八〕，山有石洞。有昂噶勒津山。九十里，有畢樓台山。九十餘里，有庫特爾山、紫楊山，蒙古名庫楞布哈。九十五里，有哈卜塔海山，與土默特左翼之哈卜塔海山别。百里，有巴顔達賴山。百餘里，有阿噶爾圖山。百五里，有濟嚕克山。百十里，有棗山，蒙古名齊巴噶。百餘里，有七嶺，蒙古名多倫達巴罕。旗西五十里，有輝圖札哈納里特泉。**北至岳羅嶺**，八十里，接翁牛特左翼界。旗北四十五里，有鄂達木波羅（博）山〔九〕，亦名寬山。六十里，有噶察喀喇山。七十餘里，有碩隆陀羅海山。八十里，有札固圖察罕陀羅海山。旗北三十五里，有阿爾齊蘭得勒蘇岡。七十里，有畢齊克圖烏蘭哈達。**東南至古爾巴勒什那噶阿達爾**，百二十里，至土默特右翼界。旗東南五十里，有巴爾斯陀羅海山。七十里，有察罕齊老圖山。七十餘里，有納卜塔遜山。九十五里，有白鹿山，蒙古名布祜圖,與喀喇沁左翼境之布祜圖山别。《承德府志》:案山當古龍城之北境。《十六國春秋·後燕録》:慕容熙北登白鹿山。《北燕録》:太平初,丁零氏楊道獵於白鹿山,爲契丹所獲,或即指此。百里,有哈喇納山。百十里,有富泉山,蒙古名巴顔布拉克。旗南二十五里,有齊老圖池,下流,入沙地。五十里,有烏里達札哈納倫泉。西南至霍普塔圖哈喇,二百里,接喀喇沁右翼界。旗西南九十五里有威(韋)布爾罕(漢)山〔一〇〕,百二十里,有哈畢爾噶山。百三十里,有道場山,蒙古名庫里葉圖。百三十餘里,有烏蘭布庫克山。百五十里,有庫爾奇勒山。旗西南百五十五里,有庫爾奇勘泉。二百里,有尼楚琿泉。東北至得起圖,九十里,接翁牛特右翼界。旗東北五十里,有達爾達額勒蘇岡。七十里,有梨谷,蒙古名阿里瑪圖。旗東北九十里,有横黑水泉,蒙古名坤(崑)都倫喀喇烏蘇(素)〔一一〕,南流入老河。西北至紅廟。百五十里,接翁牛特右翼界。旗西北六十里,有巴雅海山。

札薩克駐固爾班圖勒噶山。漢名鼎足山。《會典》作温克圖什勒格。

所部與柰曼、翁牛特、巴林、札嚕特、喀爾喀左翼、阿嚕科爾沁、克什克騰諸部,統盟於昭烏達。盟地在翁牛特左翼境内。案:木蘭圍場在卓索圖盟之西、昭烏達盟之南。每歲秋獮,聖駕駐蹕避暑山莊,兩盟各旗就近率其屬下官兵執役。凡用喀喇沁、翁牛特佈圍兵一千人,巴林、克什克騰佈圍兵一百人,敖漢佈圍兵五十人,又喀喇沁進哨槍手六人、隨從槍手十人、打鹿槍手四十人、哈瑪爾三十人,巴林槍手二十六人,喀喇沁、土默特、翁牛特杭愛車二百兩。又二部盟長例進公宴、家宴數次,高宗純皇帝始命合爲一次。宴日,設蒙古包六、白駝十八、鞍馬十八、騸馬一百六十二、牛十八、羊一百六十二、席二十七、酒八十一瓶、什榜九十人、布庫二十人、騎生駒二十人、跑馬二百五十、生駒無定數。由理藩院先期具奏,得旨,咨行該盟長敬謹預備,在月牙城進宴。又恭遇巡幸盛京、吉林,蹕路經臨蒙古部落,卓索圖、昭烏達兩盟合并進家宴一次。哲里木一盟之公主、格格、王公、額駙等合并進家宴一次。

貢道由喜峯口。

【校記】

〔一〕以后各章或不標明"石州""顧船"。

〔二〕該句下引文有節略。

〔三〕巴噶伊馬圖,中華書局點校本《清史稿》作"巴漢衣馬圖"。下同。

〔四〕都木達納林泉,中華書局點校本《清史稿》作"杜母達納林河"。

〔五〕齊老圖池,中華書局點校本《清史稿》作"七老臺池"。

〔六〕以縣屬大定府,中華書局點校本《讀史方輿紀要》作"縣屬大定府"。

〔七〕"同治本""謄清本"均於"明"字下闕一"初"字,據中華書局點校本《讀史方輿紀要》補。

〔八〕僧機陀羅海山，中華書局點校本《清史稿》作“森几拖羅海山”。

〔九〕鄂達木波羅山，中華書局點校本《清史稿》作“鄂達博羅”。

〔一〇〕威布爾罕山，中華書局點校本《清史稿》作“韋布爾漢山”。

〔一一〕坤都倫喀喇烏蘇，中華書局點校本《清史稿》作“崑都倫喀喇烏素泉”。

［柰曼部］在喜峯口東北七百里。至京師千一百十里。東西距九十五里，南北距二百二十里。東至喀爾喀左翼界，西至敖漢界，南至土默特界，北至翁牛特界。古鮮卑地。隋爲契丹地。唐屬營州都督府，後入奚。遼、金爲興中府北境。明入於蒙古。元太祖嘗偕其弟哈布圖哈薩爾，平柰曼部。柰曼，《元史》作乃蠻，事詳《太祖本紀》及《元秘史》。太祖十六世孫圖魯博羅特，三傳至額森偉徵諾顔，即以爲所部號。案：以柰曼爲所部號，其事與郭爾羅斯同，即古人長狄僑如待事而名其子之義。太祖之生也，神元皇帝因征塔塔兒部，虜其將鐵木真厄格，故名太祖曰鐵木真，尤元事之切證。魏氏源乃以漠南、漠北遠不相及爲疑，非也。

［一旗］札薩克多羅達爾漢郡王游牧。圖魯博羅特子衮楚克《一統志》作衮出斯巴圖魯。號巴圖魯台吉，服屬於察哈爾。以林丹汗不道，天聰元年，偕從子鄂齊爾等來歸，且獻明誘降書。詔還舊牧，賜號和碩齊。二年，以從征察哈爾，俘斬多，賜號達爾漢。崇德元年，叙前後功，封札薩克多羅郡王，世襲罔替。衮楚克第三子札木三，順治十七年襲爵。康熙十四年，察哈爾布爾尼叛，札木三應之，徙察罕郭勒，與賊壘爲聲援，且遣黨扇諸札薩克，及大軍陣斬布爾尼，察哈爾平，札木三窮蹙乞罪。特旨貸死，仍留妻子及牲畜，飭自給。原爵以衮楚克孫鄂齊爾襲。鄂齊爾者，和碩額駙巴達禮之長子也。札木三誘之叛，不從，攜孥及九佐領兵，避徙喀喇沁牧。聖祖嘉其忠貞，故有是命。今柰曼札薩克王，皆鄂爾齊裔也。初，柰曼與敖漢逢國家典禮及征伐事，先後偕來，位秩如一。因札木三懷貳，遂不齒於敖漢，迨鄂齊爾重膺錫封，奉職惟謹，而荷恩亦如故焉。王、大臣初議子孫襲爵五次。乾隆四十九年，以係衮楚克國初來歸封授之爵，加恩仍令世襲罔替。道光二十七年，皇上以第四女壽安固倫公主指配柰曼王阿宛都窪第札布之子德木楚克札布，授固倫額駙，鄂齊爾之第六世孫也。佐領五十。額存穀萬八千三百七十石一斗。

牧地：天聰八年，定牧地疆界。柰曼與兩紅旗蒙古，以巴克阿爾和碩、巴噶什嚕蘇特爲界。案：柰曼牧地在今承德府朝陽縣之東北境。當潢河、老哈河合流之南岸。潢河自敖漢境合老哈河，東北流，入境，又東南流，入喀爾喀左翼界。東至奎蘇塔拉，四十里，接科爾沁左翼前旗界。旗東五十里，有查木哈克泉。南至大渡口鄂博，百二十里，接土默特右翼界。《元一統志》：福嚴寺、仁王閣俱在武平縣市心。寶貞觀，在武平縣東南。《承德府志》按：元武平縣，爲今三座塔東（西）北境[一]。當在柰曼境内。旗南五十五里，有塔本陀羅海山，與土默特右翼及喀喇沁左翼之塔本陀羅海山俱别。百二十里，有瑪尼喀喇山。旗南五十五里，有圖爾根河，亦名土河，以其南建昌縣亦有土河，或稱此爲北土河。源出塔本陀羅海山，南流，入土默特右翼北境，逕綽諾圖山，又南，入大凌河。西至哈拉鄂羅愛，五十五里，接敖漢界。旗西五十五里，有呼爾呼（原博）塔蘇爾海岡[二]。北至巴延郭特什喇木蘭渡口，百里，接翁牛特右翼及阿嚕科爾沁界。旗北百里，有哈納察罕圖。東南至察罕河。百二百里，接喀爾喀左翼界。旗東南五十里，有固爾班喇呼山。八十里，有大黑山，蒙古名巴延（顔）喀喇[三]。百四十里，有博羅輝博羅温都爾山，與土默特右翼之波羅輝波羅温都爾山别。旗東南百里，有烏蘭哈達，與土默特右翼之烏蘭哈達别。旗東南六十里，有察罕泉。西南至郭勒圖河，百二十里，接敖漢界。旗西南八十里，有鹿兒山，蒙古名布祜圖，與敖漢境及喀喇沁左翼之布祜圖山别。旗西六十里，有固爾班和爾圖泉，三泉歕涌，合而東南流，會圖爾根河。東北至什喇木蘭之努克圖鄂羅木，百里，接科爾沁左翼界。旗東北八十五里，有哈納岡。西北至坤都倫喀喇烏蘇泉。百二十里，接敖漢界。

札薩克駐彰武臺。《會典》作庫賴。

隸昭烏達盟。案：敖漢、柰曼、巴林一帶，瀕河沃衍。《遼史·地理志》曰"上京，地沃宜耕種，水草便畜牧"是也。康熙三十七年冬，遣官往教之耕。諭曰：朕巡所經，見敖漢及柰曼諸部，田土甚嘉，百穀可種。如種穀多獲，則興安嶺左右無地可耕之人，就近貿糴，不須入邊市米矣。其向因種穀之地不可牧馬，未曾墾耕者，今酌留艸木之處爲牧地，自兩不相妨。且敖漢、柰曼蒙古，以捕魚爲業者衆，教之以引水灌田，彼亦易從。凡有利益於蒙古者，與王、台吉相商而行。

貢道由喜峯口。

［巴林部］在古北口東北七百八十里。至京師九百六十里。東西距二百五十一里，南北距二百三十三里。東至阿嚕科爾沁界，西至克什克騰界，南至翁牛特界，北至烏珠穆沁界。遼上京臨潢府地。《遼史·地理志》：上京臨潢府，本漢遼東郡西安平之地。太祖取天梯、蒙國、别魯三山之勢於葦甸，射金齪箭以識之，謂之龍眉宫。神册〈二〉{三}年，城之[四]，名曰皇都。天顯十三年，更

名上京，府曰臨潢。涞流河自西北南流，繞京三面，東入於曲江，其北東流，爲按出河。《契丹國志·（薛映記）富鄭公行録》：自中京正北八十里至臨都館，又四十里至官窯館，又七十里至松山館，又七十里至崇信館，又九十里至廣寧館，又五十里至姚家（寨）館〔五〕，又五十里至咸寧館，又三十里度潢水石橋，旁有饒州，蓋唐朝嘗於契丹置饒樂州也〖州當作府〗。今渤海人居之，又五十里至保和館，度黑河，七十里至宣化館，又五十里至長泰館。西二十里，有佛寺民社，云即祖州，亦有祖山，山中有阿保機（遼太祖）廟〔六〕。又四十里至上京臨潢府，自過崇信館，即契丹舊境，蓋其南皆奚地也。又西門〔七〕，門曰金德，内有臨潢館，子城東門曰順陽，入門北行，至景福門，又至承天門，内有昭德、宣政二殿，皆東向，其氈廬亦皆東向。臨潢西北二百餘里，號涼淀，在漫頭山南，避暑之處多豐艸，掘丈餘即堅冰云。《熱河志》：案潢水石橋在今巴林旗界内，距翁牛特北境不遠，今尚存。《承德府志》：土人呼爲巴林橋，在赤峯縣北，潢江兩岸。《一統志》：案《遼史》臨潢府，其側臨潢河，又曰臨潢縣。天贊初，南攻燕薊，以俘人户散居潢水之北，縣臨潢水，故以名也。似臨潢必在西喇木倫之濱。而又言：涞流河，自西北南流，繞京三面，東入於曲江，其北東流，爲按出河。則臨潢又去西喇木倫遠矣。《金史》：臨潢府臨潢縣，倚有金粟河。未知金時金粟河即涞流河否，但證以薛映所記道里：自中京北至上京，凡三百七十里，〖案：實四百七十里，《遼史》引之，失載臨都館至松山館里數。《一統志》未檢本書，故云爾，然又止三百六十里也。〗而度潢水，又二百三十里而至臨潢中間，所謂渡黑水河，即今喀喇木倫，經巴林之南者也。今巴林東北一百四十里，當烏爾圖綽農河會和戈圖綽農河之處，有波羅城趾，周二十里，内有三塔，久毁，疑即古之臨潢。但《史》云涞流河繞京三面。又疑古城當在和戈圖綽農之東岸，巴林與阿嚕科爾沁接界處耳。《方輿紀要》：臨潢城東南，有金新羅寨。正隆六年，契丹西北路將撒八反，爲其下所殺，推移剌窩斡爲主，擁衆東適，至臨潢府東南新羅寨，攻臨潢，圍其城。即此。又撒里乃地，在臨潢西北。臨潢有二十四堡，其十九堡俱在撒里乃之西，蓋戍守要地也。金大定後，併屬北京路。得大寧府之三韓，金州之安豐，臨潢府之臨潢諸縣地。元屬全寧路，爲魯王分地。《元史·地理志》：全寧路領縣一，全寧。《熱河志》：案《志》於全寧路下，未詳建置沿革。今考全寧路，爲魯王分地。今赤峯縣北烏丹城中，有元“魯國大長公主碑”。是元時全寧縣，當在今赤峯縣北所轄巴林二旗境内也。《元史·特薛禪傳》載：特薛（色）禪（辰）子曰按陳〔八〕、曰火忽。按陳初封河西王，後追封濟寧王。按陳孫曰帖〈本〉｛木｝兒〔九〕、曰蠻子台，俱封濟寧王。帖木兒子琱（多）阿不（巴）剌（勒）〔一〇〕尚大長公主，加封魯王。《傳》云：太祖諭火忽曰，哈老（拉）温（衮）迆東〔一一〕，塗河、潢河之間，火兒赤納慶州之地，與亦（伊）乞（奇）列（喇）斯爲鄰〔一二〕，汝則居之。又諭按陳之子唆（蘇）嚕（魯）火（克）都（圖）曰〔一三〕：以汝父子能輸忠於國，可（哈）木（馬）兒（爾）温都兒（爾）迆東〔一四〕，絡馬河至於赤山，塗河迆南與國民爲鄰，汝則居之。考慶州故城，本在赤峯縣北境，巴林旗之西北。其所謂塗河、潢河之間，即今赤峯縣屬翁牛特左翼旗及建昌縣北境，敖漢旗、朝陽縣西北境，柰曼旗之北境也。其所謂絡馬河〖《金志》：松山縣、三韓縣皆有落馬河〗至於赤山,塗河以南與國民〖國民指北京路所屬〗爲鄰,即今赤峯縣屬翁牛特右翼旗之南境也。知今赤峯縣北境及建昌、朝陽二縣西北境,在元時兼有魯王分地。《傳》又云:元貞元年,濟寧王蠻(曼)子(濟)台(岱)尚囊加(加)真(特)公主〔一五〕,請於帝,以應昌路東七百里駐冬之地刱建城邑。大德元年,名其地爲全寧路。是全寧路,本在魯王分地之中,其故城當在今赤峯縣北巴林旗界。今〈丹〉{巴}林左、右二旗〔一六〕,應屬元、金寧路地。明初,爲全寧衛地,《明史·地理志》:全寧衛有潢河,有黑龍江。案:所云黑龍江,當即巴林旗境之黑河。後屬兀良哈北境。元太祖十六世孫阿爾楚博羅特,生和爾朔齊哈薩爾,子二,次蘇巴海,稱達爾漢諾顔,號所部曰巴林。《元史》:伯顔,蒙古八鄰部人。今譯改作巴林,非此巴林也。康熙五十一年,理藩院議准:巴林、翁牛特、克什克騰交界地方樹木,行文三旗,各令公同驗看,分爲三分,明定界限,繕造印簿送院,越界砍伐者治罪。二旗。

【校記】

〔一〕元武平縣,爲今三座塔東(西)北境,光緒《承德府志》作"元武平縣,爲今三座塔西北境"。

〔二〕呼爾呼塔蘇爾海岡,中華書局點校本《清史稿》作"呼原博塔蘇爾海岡"。

〔三〕巴延喀喇,中華書局點校本《清史稿》作"巴顔喀喇"。

〔四〕"同治本"誤寫"三"字爲"二"字,據"謄清本"、中華書局點校本《遼史·地理志》改。

〔五〕姚家寨館,景印文淵閣四庫全書本《契丹國志》(以下簡稱"四庫本"《契丹國志》)作"姚家館"。

〔六〕阿保機廟,"四庫本"《契丹國志》作"遼太祖廟"。

〔七〕又西門,"四庫本"《契丹國志》作"入西門"。

〔八〕特薛禪,"四庫本"《欽定熱河志》作"特色辰",并注:"'特色辰',舊作'特薛禪',今改正。"

〔九〕"同治本"誤寫"木"字爲"本"字,據"謄清本"改。

〔一〇〕瑪阿不剌,"四庫本"《欽定熱河志》作"多阿巴勒",并注:"'多阿巴勒',舊作'瑪阿不剌',今改正。"

〔一一〕哈老温,"四庫本"《欽定熱河志》作"哈拉衮",并注:"'哈拉衮',舊作'哈老温',今改正。"

〔一二〕亦乞列斯,"四庫本"《欽定熱河志》作"伊奇喇斯",并注:"'伊奇喇斯',舊作'亦乞列斯',今改正。"

〔一三〕唆嚕火都,"四庫本"《欽定熱河志》作"蘇魯克圖",并注:"'蘇魯克圖'，舊作'唆嚕火都'，今改正。"

〔一四〕可木兒温都兒，"四庫本"《欽定熱河志》作"哈馬爾温都爾"，并注："'哈馬爾温都爾'，舊作'可木兒温都兒'，今改正。"

〔一五〕鑾子台，"四庫本"《欽定熱河志》作"曼濟岱"，并注："'曼濟岱'，舊作'鑾子台'，今改正。"囊加真，"四庫本"《欽定熱河志》作"囊嘉特"，并注："'囊嘉特'，舊作'囊加真'，今改正。"

〔一六〕"同治本"誤寫"巴"字爲"丹"字，據"謄清本"改。

[右翼旗]札薩克親王品級多羅郡王。[左翼旗]札薩克固山貝子同游牧。初，皆服屬於喀爾喀。天聰二年，察哈爾林丹汗掠其部，諸台吉皆奔依科爾沁。蘇巴海孫色特爾率子色(塞)布騰〔一〕、兄子滿珠(朱)習禮等〔二〕，自科爾沁來歸，屢從大軍征明。順治五年，編所部佐領，叙前後功，封色布騰札薩克輔國公，掌右翼，滿珠習禮札薩克固山貝子，掌左翼。尋色布騰尚固倫淑慧公主，晉多羅郡王，固倫淑慧公主，聖祖仁皇帝長姑也。康熙十二年，上召諭侍衛武格曰：太皇太后甚念淑慧公主，可將朕所乘轎、馳驛往迎。先是，太皇太后聖體違和，比公主至，喜甚，進膳如常。三十九年，公主薨，諭曰：公主係朕姑，太皇太后在時，特蒙眷愛，曾以託朕，朕亦面允公主，待姑年邁迎至京師，凡一切應用之物，朕皆承理，以終天年。及病篤，見朕親臨視疾，含笑而逝。公主生逢泰運，居蒙古五十餘年，躬享高年，子孫繁盛，諸福備矣。朕悼歎之懷，因少解焉。韓菼《有懷堂・制艸淑慧長公主祭文》：朕惟詩美王姬，禮隆内女，由來下降，誼切同源。而令德考終，加恩無替，粤稽往牒，覯此爲難。惟我公主出自我皇祖，金枝毓秀，玉質含章，向日慈闈，尤深憐愛。一切護視，以屬朕躬。朕祗承訓言，弗敢失墜。更締婚媾，以垂永好。嘗語姑勿憂在外服，終當迎養，以樂暮年。畢姑一生，皆朕之事。日月逾邁，出降五十餘載，禮儀不愆，用享多福，子孫昌衍，朕甚嘉之。自昨秋行邊相見，顧瞻顔色，稍異平時，知惟攝衛之失宜，恐爲風霜所患苦，亟勸來歸，勉進醫藥。朕嘗臨視至於再三，而疾竟弗瘳，以及永訣，乃曾無戚容，歡然順去。於戲！陵雲一笑，知無身後之餘憂；撫棺長辭，不負生前之夙諾。辦喪皆出於内府，推恩不忘於後人。祀事肅將，凡筵展告，明靈不昧，來格來歆。案：公〈子〉{主}生子三〔三〕：鄂齊爾、格呼爾圖、納木札。文云：更締婚媾，以垂永好者。康熙三十四年，以鄂齊爾次子烏爾衮尚固倫榮慧公主也。又一道：維公主誕膺淑質，託體天家，仰承我聖祖母之劬勞，益夙嫺於内則，出降藩服，歷有歲年。壼儀聿修，纖毫無間，齒德俱茂，迥異諸姑。朕敬禮有加，祇承先志，知向者恩勤之志，預有先覺之明，今兹送終，一無所苦。朕深驚異，用慰永傷。於戲！生兼五福，去無一塵，達者所難，在我閨閤。足流輝於彤管，以紀盛於内宗。行殯有時，加兹諭祭，星沈舊

邸，還依往日宫中。雲去流沙，長斷來時山色。薄陳祖奠，用展哀衷。又一道：維公主屬在懿親爲朕姑，釐降藩服爲王母。女宗無忝，内則悉嫺，多福罄宜，怡然怛化，頃者兩頒諭祭，達以誄章。叙慈闈憐愛之深情，暨朕躬祗承之至意。榮哀之禮，事事有加。踐夙昔之盟言，諒明靈之默鑒。兹者輴車將發，藩國是歸。緬容衛之徂征，經山川之綿邈；凡昨歲迎來之路，即千秋長去之塗。瞻望彌勤，愴懷曷極！特遣皇子往護喪行，助引紼之勞，視窀穸之事。一切庀具，如朕親臨。俟宅兆之孔安，〈度〉{庶}歿寧之無憾〔四〕。嗚呼！自初薨以及將窆，情莫罄於哀誠。從舊邸以返新阡，禮必期於敬謹。昭朕始終之異數，增姑魂魄之餘歡。申薦几筵，尚其歆格。均世襲罔替。乾隆十九年，色布騰曾孫璘沁，賜親王品級。右翼佐領二十六，額存穀萬三百八十五石八斗。左翼佐領十六，額存穀二千八百十五石七斗。道光二十二年，《理藩院則例》載：巴林王旗下公主子孫台吉，共一百七十餘人，定於六班，每班二十九人，一年一班，輪流來京。案：巴林額駙，自色布騰璘沁外，璘沁長子，乾隆初，尚和碩和婉公主。

牧地：天聰八年，定諸藩牧地。巴林部與鑲黄旗蒙古，以扈拉瑚、琥呼布里都、克里葉哈達、瑚濟爾阿達克爲界。當潢河北岸。東至鄂拜山，百六十里，接阿嚕科爾沁界。旗東七十里，有石雞山，蒙古名伊韜圖。九十里，有太保山，蒙古名滿札爾。《遼史·地理志》：慶州有太保山。九十五里，有阿珀濟哈峯。南至巴爾達木哈喇山，六十里，接翁牛特左翼界。旗南三十里，有勃突山，蒙古名巴爾當。《遼史·地理志》：遼國五代祖勃突，貌異常，有武略，力敵百人，衆推爲王。生於勃突山，因以名；没，葬山下。在慶州二百里。《一統志》：案《史》闕其方位，似當云"在慶州東南二百里"也。西至碧柳圖山，九十一里，接克什克騰界。北至哈達圖吉魯克，百七十里，接烏珠穆沁界。旗北五十里，有方山，蒙古名阿珀達賚圖。七十里，有清金山。百二十里，有葱山，蒙古名松吉納。百五十里，有黑山，蒙古名喀喇台。旗北有遼廢祖州。《遼史·地理志》：祖州，天成軍，節度。本遼右八部世没里地。太祖秋獵多於此，始置西樓。後因建城，號祖州。以高、曾祖考所生之地，故名。城高二丈〔四〕，幅員九里。有祖山，山有太祖廟，御靴尚存。太祖陵鑿山爲殿，曰明殿，門曰黑龍。東偏有聖蹤殿，立碑述太祖游獵之事。殿東有樓，立碑以紀太祖創業之功，在州西五里。《一統志》：案自明以來，皆於廣寧中安堡望祭。或因指爲遼陵所在，非也。《方輿紀要》：真珠砦，在祖州東。《胡嶠陷蕃記》：自契丹東去四十里，至真珠砦。東南至瑪達虎沙地，百六十五里，接阿嚕科爾沁界。旗東南五十里，有特墨車户山。百五十里，有伊克哈爾占山。百六十里，有蛇山，蒙古名漠惠圖。百六十里，有扈拉琥山。西南至邁拉索圖哈達圖哈起克，八十一里，接克什克騰界。東北至巴顔烏蘭嶺，即《遼志》慶州之赤山。二百五里，接烏珠穆沁界。旗東北八十五里，有僧機圖山。百二十里，有慶雲山，蒙古名吉爾巴。案：此與遼聖宗所葬之慶雲山别。百五十里，有錫伯圖山。旗東北九十里，有布雅爾河，源出僧機圖山，東南流，會烏爾圖綽農河。百九十里，有烏爾圖綽農河，源出巴顔烏蘭峯，東南流，會布雅肅河。又東流，入阿嚕科爾沁界，注於達布蘇圖池。西北至阿嚕亥喇漢山。百四十二里，接克什克騰界。旗西北百三十里，有遼慶州故城。《遼史·地理志》：慶州，〈元〉{玄}寧軍[五]，本太〈和〉{保}山黑河之地[六]，巖谷險峻。穆宗建城，號黑河州，每歲來幸。後以地苦寒，統和八年，州廢。聖宗秋畋，愛其奇秀，建號慶州。有黑山、赤山、太保山、老翁嶺、饅頭山、興國湖、轄失濼、黑河。統元德、孝安、富義三縣。《金史·地理志》：慶州，境内有遼祖州、懷州，城中有遼行宫，北至界二十里，南至盧川二百二十，西至桓州九百，東至臨潢一百六十。縣一，朔平。《一統志》按：此城在喀喇木倫河旁，蒙古名察罕，城周五里餘。喀喇木倫，即黑河，黑山在其東北三十里許。又遼聖宗陵，《遼史·地理志》：慶州慶雲山，本黑嶺也。聖宗駐蹕，愛羨曰：吾萬歲後，當葬此。興宗遵遺命，建永慶陵。在州西二十里[七]。旗西北七十里，有伊瑪圖峯。百五十里，有浩珀都山。

右翼札薩克駐托盉山，在旗北六里。左翼札薩克駐阿察圖陀羅海。《會典》作：二札薩克同居濟爾哈朗圖河之北。

隸昭烏達盟。

貢道由獨石口。

【校記】

〔一〕色布騰，中華書局點校本《清史稿》作"塞布騰"。

〔二〕滿珠習禮，中華書局點校本《清史稿》作"滿朱習禮"。

〔三〕"同治本"誤寫"主"字爲"子"字，據"謄清本"改。

〔四〕此句下引文有節略。

〔五〕元，本作"玄"，避清太祖玄燁，作"元寧軍"。

〔六〕"同治本""謄清本"誤寫"保"字爲"和"字，據中華書局點校本《遼史·地理志》改。

〔七〕在州西二十里，中華書局點校本《遼史·地理志》作"在州西二百里"。

［札嚕（魯）特部[一]］在喜峯口東北千一百里。至京師千五百一十里。東西距百二十五里，南北距四百六十里。東至科爾沁界，西至阿嚕科爾沁界，南至喀爾喀左翼界，北至烏珠穆沁界。《一統志》：左翼：東至科爾沁界三十里，西至右翼界二十五里，南至科爾沁界一百三十里，北至烏珠穆沁界三百三十里，東南至潢河一百三十里，西南至車爾百湖一百十里，東北至巴噶查克朵爾山三百四十里，西北至布拉克圖和碩山三百四十里。東自脱脱山與左翼分界，西至阿嚕科爾沁界七

十里，南至喀爾喀左翼界二百二十五里，北至烏珠穆沁左翼界二百三十五里，西南至拜圖岡二百二十里，西北至馬盂山二百四十里。漢遼東郡北境。唐屬營州都督府，後入奚。遼爲上京道地。金屬北京路。元屬上都路。明入於蒙古。元太祖十七世孫和爾朔齊哈薩爾，子二，長烏巴什，自稱偉徵諾顔，號所部曰札嚕特。二旗。

［左翼旗］札薩克多羅貝勒、［右翼旗］札薩克多羅達爾漢貝勒同游牧。烏巴什子二：長巴顔達爾伊勒登、次都喇勒諾顔。巴顔達爾伊勒登子忠圖，孫内齊，相繼稱汗。都喇勒諾顔子色本，初皆服屬於喀爾喀，後爲林丹汗所掠，往依科爾沁。天聰二年，内齊、色本先後率屬來歸。初，内齊汗於太祖高皇帝甲寅年〖明萬曆四十二年〗，以其妹妻我貝勒莽古爾泰。貝勒忠嫩，以其女妻我貝勒代善。額爾濟格，以其女妻我台吉德類格，結爲姻好。天命四年，色本叛盟，引兵助明攻我，我軍陳禽之。明年，釋令歸國。十一年，復命貝勒代善等，聲罪致討，盡俘其人民、牲畜而還。案：忠嫩者，巴顔達爾伊勒登之第三子。額爾濟格者，忠嫩之從弟也。《國史・達音布傳》：先是，蒙古札嚕特貝勒昂安執我使臣送葉赫爲所害，又數遣兵要結我使奪牲畜。天命八年，太祖命貝勒阿巴泰等，統兵三千往征之，時達音布任前鋒統領，率精鋭五十人，乘夜渡遼河，疾趨先至厄爾格勒，知爲昂安所屬地，遂馳百餘里。與參領雅希禪、侍衞博爾音合兵進攻，擣其巢。昂安以二十餘人挽牛車，載妻子遁，達音布與雅希禪等，引三十餘騎疾馳躡，昂安及之，騎士皆環列，昂安直趨達音布，達音布迎擊，昂安敗走，達音布彎弓注矢將射之，昂安從者猝以小槍迎刺達音布，中口墮馬，創甚而殁。雅希禪等縱騎擊之，斬昂安，盡殲其衆。案：昂安爲巴顔達爾伊勒登第五子。順治五年，編所部佐領，追封内齊多羅貝勒，色本多羅達爾漢貝勒，以内齊子尚嘉布掌左翼，色本子桑噶爾掌右翼，各授札薩克貝勒，世襲罔替。左翼佐領十六，額存穀萬一百五十三石。右翼佐領十六，額存穀九千三百三十五石六斗。

牧地：天聰八年，定諸藩牧地。札嚕特與正藍旗以諸綽噶爾多布圖、烏魯木爲界。當哈古勒河、阿嚕（魯）坤（崑）都倫河之源〔二〕。合河，又名沙河，蒙古名哈古勒河，源出左翼北二百七十里，東流，入科爾沁界。阿嚕坤都倫河，源出左翼北二百七十里，東流，入科爾沁界。《水道提綱》：合河即藁兒河，亦曰沙河，土名和爾河。有兩源，北源曰拜兒河，出札嚕特左翼之北二百九十里大山，東流。有查喀朱魯母河，北自烏喀那山東南來會〔三〕，又東南，流入科爾沁界。而南源自西來會。南源又有二，曰阿嚕坤都倫河，出模蘇説倫哈達之北，合二澗北流，折而東南流，入界，經勒圖温都山，東流，而别源曰額伯爾坤都倫河來會。額伯爾坤都倫河，出札嚕特北二百里之愁思嶺，東流，入科爾沁界，經索諾山，東流，會阿嚕坤都倫河。又東南，經奎(魁)屯山之北[四]，又東南，曲曲三百里，經波羅額爾吉驛北，又東稍北，豬爲鄂模。**達布蘇圖河於是流入於沙**。綽諾河，出阿嚕科爾沁西山，曲折南流，折而東，爲達布蘇圖河。又東，入游牧境，豬於沙。《水道提綱》：大布蘇圖有兩源：北源曰郭和蘇台河，即韭河也。自阿嚕科爾沁西北拉馬伊馬哈拉嶺東南流，與北流之哈爾喜河會，又合數小水，東南流三百里許，而南源來會。南源曰狼河，土名烏爾圖綽農，源出巴林部之巴顏五藍峯，東南流，合布雅乃河及枯圖爾河，又東流，入阿嚕科爾沁界，經刻勒峯，與北源會，豬爲大布蘇圖。**東至伊克索納爾山**，三十里，接科爾沁左翼界。旗東三十里，有達琥林錫拉和碩岡。**南至齊爾伯古莽噶**，接柰曼界。右翼南十八里，有嵬石山，蒙古名札拉克山。六十里，有米喇山。左翼南百三十里，有烏蘭布爾噶蘇台岡。右翼南五十里，有黑水濼，蒙古名喀喇烏蘇，東南流，會天河。百七十里，有大魚濼，蒙古名伊克札哈蘇台。其北十里，又有巴漢札哈蘇台池。**西至伊克托灰山**，漢名大釜山，七十里，接阿嚕科爾沁界。《遼史》：上京有大釜山。右翼西三十五里，有古爾班刻勒峯。七十里，有小白雲山，蒙古名巴哈察罕陀羅海。左翼西二十五里，有獨石岡、阿巴達爾台岡。**北至庫里葉圖池**，二百三十五里，接烏珠穆沁左翼界。左翼北百二十里，有野雔山[五]，蒙古名巴顏喀喇山。《遼史》：上京有野雔山。百八十里，有霞列山，蒙古名吉爾巴爾。《遼史》：上京有列山。三百三十里，有巴噶查克朶爾山。右翼北百里，有寬山，蒙古名敖塔。百二十里，有花山，有僧機圖山，亦名努黑圖山。山北有一洞，通明。百四十里，有蛇山，蒙古名漠灰碩隆。百九十里，有小青羊山，蒙古名巴哈(漢)特黑[六]。二百里，有吉蘭陀羅海山。三百三十五里，有水泉山，蒙古名布拉克圖和碩。左翼北百四十里，有温都爾峯。二百十里，有愁思嶺，蒙古名呼瑪克。右翼北百五十里，有大赤峯，蒙古名伊克烏蘭。其南二十五里，有烏蘭峯。百八十里，有蝦蟆峯。左翼北四十里，有棟果爾額勒蘇岡。八十里，有鑿山，蒙古名阿爾坦噶達蘇。《遼史》：上京有鑿山。左翼北百九十里，有額伯(百)爾(里)坤(崑)都倫(崙)河[七]，源出愁思嶺，東流，入科爾沁界。百八十里，有天河，蒙古名都木達都騰格里河，源出吉爾巴爾山，南流五十餘里，會陰涼河。二百九十里，有沙河，蒙古名和爾，東流，入科爾沁界。右翼北百五十里，有阿里雅河，源出大赤峯，西流，經花山，入阿嚕科爾沁界。左翼北九十里，有釋迦牟尼廟，康熙十二年建。**東南至潢河**，百三十里，接科爾沁左翼界。左翼東南六十里，有平地松林，蒙古名阿它尼喀喇莫多，密林叢翳二十餘里。百三十里，有杏堝，蒙古名貴勒蘇台。**西南至博爾古特鄂羅海**，接阿嚕科爾沁界。左翼西南四十里，有噶海岡。百十里，有車爾百湖岡。**東北至察克達山**，三百四十里，接科爾沁左翼界。左翼東北九十里，有屈劣山，蒙古名布屯(敦)華(花)陀(拖)羅海[八]。《遼史》：上京有屈列山。**西北至察罕嶽**。接烏珠穆沁左翼界。右翼西北十里，有色爾本(奔)山[九]。四十五里，有吉嚕克山。五十里，有崇吉岱山。七十里，有岳重圖山。百九十里，有青羊山，蒙古名伊克特黑山。二百二十里，有馬盂山，蒙古名阿爾坦額默爾。《遼史》：上京，臨潢府有馬盂山。左翼西北百六十里,有陰涼河,蒙古名奎屯。源出賀爾戈圖烏(五)蘭(藍)山〔一〇〕,東南流,入天河。右翼西北五十里,有巴倫騰格里河。百九十里,有它(他)魯河〔一一〕,源出大青羊山,南流,會阿里雅河。

左翼札薩克駐齊齊靈花陀羅海山北。在喜峯口東北千一百里。《會典》作:居奇勒巴爾哈爾罕山之南。右翼札薩克駐圖爾山南。在喜峯口東北千二百里。《一統志》作兔爾山。《遼史》:上京有兔兒山。《會典》作:居布顏河之東。

隸昭烏達盟。

貢道由喜峯口。

【校記】

〔一〕札嚕特部,中華書局點校本《清史稿》作"扎魯特"。

〔二〕阿嚕坤都倫河,中華書局點校本《清史稿》作"阿魯崑都倫河"。

〔三〕北自烏喀那山東南來會,"四庫本"《水道提綱》作"北自烏喀那山東南流來會"。

〔四〕奎屯山,"四庫本"《水道提綱》作"魁屯山"。

〔五〕雔,同"鵲"。

〔六〕巴哈特黑,中華書局點校本《清史稿》作"巴漢特黑"。

〔七〕額伯爾坤都倫河,中華書局點校本《清史稿》作"額百里崑都崙河"。

〔八〕布屯華陀羅海,中華書局點校本《清史稿》作"布敦花拖羅海"。

〔九〕色爾本山,中華書局點校本《清史稿》作"色爾奔山"。

〔一〇〕賀爾戈圖烏蘭山,中華書局點校本《清史稿》作"賀爾戈圖五藍山"。

〔一一〕它魯河,中華書局點校本《清史稿》作"他魯河"。

[阿嚕科爾沁部]在古北口東北千一百里。至京師千三百四十里。東西距百三十里,南北距四百二十里。東至札嚕特界,西至巴林界,南至喀爾喀左翼界,北至烏珠穆沁界。遼臨潢府地。金大定府北境。元爲遼王分地。明初於潢水北兀良哈地置衛,後入於蒙古。元太祖弟哈布圖哈薩爾,十三傳至圖美尼雅哈齊。長子奎蒙克塔斯哈喇,游牧嫩江,號嫩科爾沁。次子巴衮諾顏,游牧呼倫貝爾。注詳車臣汗部中右旗下。巴衮諾顏長子昆都倫岱青,號所部曰阿嚕科爾沁。《平定準噶爾方略·前編》:康熙五十六年〈五〉{七}月〔一〕,諭曰:蒙古等感戴本朝(國)

之恩[二]，忘身以奉事者甚衆。當索約爾濟河地方，與噶爾丹交戰時，阿嚕科爾沁之棟牛台吉，自戰場出謂衆曰：我等受皇恩甚深，若稍退縮，有何面目以見聖顔乎？率伊屬兵三百名復進，皆歿此内，祁里德族中數人亦戰歿，朕甚閔之。

[一旗]札薩克多羅貝勒游牧。昆都倫岱青子達賚(賴)[三]，嗣爲部長。初，服屬於察哈爾，避林丹汗虐，天聰四年，暨子穆彰率屬來歸。所部初設二旗，達賚、穆彰各領一。崇德元年，以達賚衰年嗜酒，令穆彰專理旗務。崇德七年，穆彰尚郡主，授和碩額駙。順治元年，叙前後從征功，封穆彰札薩克固山貝子。四年，卒。五年，追封多羅貝勒，世襲罔替。穆彰子珠勒札幹，尚郡主，授和碩額駙。順治八年，晉多羅郡王。長子色稜，亦尚郡主，授和碩額駙，襲郡王爵。第三子楚依，降襲貝勒。康熙二十九年，隨大軍偵擊噶爾丹，至索約爾濟河，深入搏戰，中創陷賊，不屈，歸，晉多羅郡王。子穆寧，仍襲多羅貝勒。佐領五十。額存穀萬七千五百四十二石一斗。

牧地：天聰八年，定諸藩牧地。阿嚕科爾沁與兩白旗蒙古以塔拉布拉克遜鄂爲界。哈奇爾河、傲木倫河於是合流，爲達布蘇圖河。哈奇爾河，出所部西北山，東南流。傲木倫河，出其西北山，二水合，東南流，又東南。綽諸河出所部西山，折而東來會，爲達布蘇圖河，又東，至札嚕特境，豬於沙。《一統志》：哈喜爾河，在旗北二百里。源出薩碧爾漢山，南流，經庫格圖山，折而東流，入札嚕特界。烏爾圖綽農河，在旗西南百三十里，自巴林流入境，經刻勒峯，東南流，會哈喜爾河。又西北九十里，有和戈圖綽農河，源出錫喇温都爾山，南流，會烏爾圖綽農河，入哈喜爾河。東至巴彦塔拉，三十里，接札嚕特界。旗東三十里，有伊克托(陀)灰(惠)山[四]。南至什喇木蘭，二百里，接翁牛特左翼及柰曼界。旗南四十里，有庫格圖山。五十里，有連山，蒙古名賀爾博陀羅海。百二十里，有阿爾達額勒蘇岡。西至蘇布山，漢名珍珠山。百里，接巴林右翼界。旗西五十里，有刻呼納山。百二十里，有樂游山，蒙古名得納格爾。北至烏蘭嶺，二百六十里，接烏珠穆沁右翼界。康熙三十四年，車臣部罕篤叛，車布登阿南達不從逆，攜屬由琿圖塔什海往阿嚕科爾沁界内烏蘭庫博爾游牧，即此嶺也。旗北十五里，有都蘭山。七十里，有小黑山，蒙古名巴哈喀喇。百里，有博會山。二百里，有薩碧爾漢山。二百三十里，有蘇克素爾山。旗北百八十里，有柳泉，蒙古名布爾哈蘇台，源出紗冒山，西北流，入烏珠穆沙界，入殷札哈河。二百里，有蘇吉泉，亦源出紗冒山，東南流，會韭河，入哈奇爾河。東南至塔畢蘇墨，二百二十里，接札嚕特界。旗東南四十五里，有峩博羅山。二百二十里，有拜圖岡。西南至達木琥噶察岡，二百里，接巴林右翼界。旗西南九十里，有棗山，蒙古名齊巴哈圖。百里，有巴哈(漢)阿珀(拍)札哈山[五]、伊克阿珀札哈山。百二十里，有阿特和碩山。百三十里，有刻勒峯。百四十里，有白雲山，蒙古名察罕陀羅海。百七十里,有達木琥岡。東北至庫里葉諾爾,二百六十里,接札嚕特界。旗東北三十里,有巴顔喀喇山。七十里,有烏孫噶察山、色爾騰哈達。九十里,有狼山,蒙古名綽農圖喀喇。百八十里,有紗冒山,蒙古名拉邁瑪拉哈。有羊山,蒙古名特格烏蘭。二百三十里,有獺山,蒙古名獺爾巴哈圖。二百六十五里,有馬盂山,蒙古名阿爾坦額墨爾。旗東北八十里,有阿里雅河,自札嚕特右翼流入境,西南流,會哈奇爾河。西北至巴音和碩。二百七十里,接巴林右翼及烏珠穆沁右翼界。旗西北四十里,有涿邪山,蒙古名庫珀喀喇。九十里,有黄山,蒙古名錫喇温都爾。有布爾格蘇台山。百四十里,有烏遼山,即烏丸山。百五十里,有白石山,蒙古名察罕齊老圖。百六十里,有邁爾圖山。二百三十里,有庫爾默特山。二百四十里,有巴彦葛禄山。二百七十里,有殷札哈烏蘭峯。旗西北百五十里,有枯爾圖河,源出白石山,西流,入巴林界,會烏爾圖綽農河。二百三十里,有殷(伊)札哈(漢)河〔六〕,源出庫爾默特山,東北流,入烏珠穆沁界,會烏爾琥河。又有邁爾圖泉,源出邁爾圖山,西南流,入巴林界,會烏爾圖綽農河。

札薩克駐琿圖爾山東托果木台。

隸昭烏達盟。

貢道由喜峯口。

所部與四子部落、烏喇特、茂明安、翁牛特、阿巴噶、阿巴哈納爾及喀爾喀内、外札薩克,統號阿嚕蒙古。蒙古謂"山陰"曰阿嚕,蓋是數部先皆駐牧杭愛山之北也。

［翁牛特部］在古北口東北五百二十里。至京師七百二十里。東西距三百里,南北距百六十里。東至阿嚕科爾沁界,西至承德府熱河禁地界,南至喀喇沁及敖漢界,北至巴林及克什克騰界。唐饒樂都督府地。注詳右翼西北英金河下。遼置饒州匡義軍節度,屬上京道。統長樂、臨河、安民三縣。金爲北京路地。元爲魯王分地。《熱河志》:烏丹城,在赤峯縣境,城基高五尺,周六里。所存東、西二門,亦當爲遼、金州縣遺趾。城中有廢塔,又有斷碑一,字已殘闕,惟"魯國大長公主"字可辨。城南七里,地名烏蘭坂,有魯國公主媵臣準台墓。蓋此地在元時爲魯藩分地也。明初,以兀良哈部長置衛,爲外藩。後入於蒙古,元太祖同母第三弟諾楚因,稱烏真諾顔。案:諾楚因,《元秘史》作帖木格。《元史·表》作鐵木哥烏真,《太祖紀》作斡赤斤,《太宗紀》作斡陳,又作斡真。《劉國傑傳》作斡臣,《耶律留哥傳》作按陳,元明善淇《陽忠武王碑》作斡赤。太祖時,封左手大王,

所謂諾顔也。今譯改作鄂齊錦,又作旺沁,又作特穆爾鄂綽克。其裔蒙克察罕諾顔,有子二:長巴顔岱洪果爾諾顔,號所部曰翁牛特;次巴泰車臣諾顔,別號喀喇齊哩克部,皆稱阿嚕蒙古。後喀喇齊哩克部,亦併入於翁牛特,不復冠阿嚕舊稱。高宗純皇帝《經翁牛特部落詩》:分界司林囿,行圍便一過。同民誠有媿,爲穽底教訛。部落輸誠久,屏藩效力多。相於禁翦伐,更且謹誰何。除道心猶悚,近光肩欲摩。善爲安畜牧,永久沐恩波。首句注:木蘭據各部落之中,凡近游牧之地,各出人巡察入圍場伐木及盜獸者。適以行圍欲至興安大嶺,乃翁牛特所司之地云。第四句注:塞外之地,豈可計里?然行圍習武,適同靈囿上林而已。獨是伐山、盜獸有禁,然亦未如殺人之罪耳。二旗。

[左翼旗]札薩克多羅杜棱郡王游牧。巴顔岱洪果爾諾顔再傳至圖蘭,號杜棱汗。長子遜杜棱,初爲阿嚕部濟農,服屬於察哈爾。《一統志》云:服屬於阿嚕科爾沁。誤。以避林丹汗虐,天聰六年,率屬來歸。崇德元年,編所部佐領,封札薩克多羅杜棱郡王,掌左翼,世襲罔替。佐領二十。額存穀萬三百八十五石八斗。

牧地:天聰八年,定諸藩牧地。翁牛特部與巴林以扈拉瑚、琥呼布里都爲界。介潢河、老哈河之間。潢河在游牧北四十里,自克什克騰流入境,詳見旗北錫喇河下。老哈河在游牧東南百里,自敖漢流入境,東北會潢河。《一統志》:木葉山,在潢河與土河合處。《遼史·地理志》:永州,太祖於此置南樓,東潢河,南土河,二水合流,故號永州,謂之冬捺鉢。有木葉山,上建契丹始祖廟,奇首可汗出南廟,可敦在北廟。每行軍及春秋時祭,必用白馬青牛,示不忘本。案:老河,即古土河。合潢河處,在今喀爾喀左翼西北百三十里,與翁牛特左翼接界,木葉山,當在其旁。東至什喇木蘭,百五十里,接阿嚕科爾沁界。旗東三十里,有小華山,蒙古名巴噶(哈)哈勒(爾)占山[七]。南至塔那圖,五十里,接敖漢界。旗南二十里,有大松山,蒙古名伊克納喇蘇台。《富弼行程録》:自中京正北一百九十里,至松山館。又劉敞有《寄歐陽修宿松山寺》詩。《〈熟〉{熱}河志》[八]:富弼、歐陽修之使遼,皆由中京而北至上京。中京,今平泉州東北之大寧故城。〈土〉{上}京[九],今赤峯縣北境巴林旗界。是松山當在中京之北,此伊克納喇蘇台山,方位近之。若喀喇沁右翼西境亦有松山,其地在中京之西,非至上京之路也。金趙秉文《松山道中》詩:松漠三百里,飄然一日中。山長雲不斷,地迥雪無窮。遠嶺貪殘照,深林貯晚風。煙郛一回首,獨鶴下晴空。五十里,有札(兆)固(呼)圖察(插)罕(漢)陀(拖)羅海山[一〇]。西至洪果爾鄂博,百三十里,接克什克騰界。旗西三十里,有勃突山,蒙古名布屯(敦)[一一]。四十里,有吐頽山,蒙古名巴爾哈岱。百三十里,有山丹山，蒙古名薩喇納台喀喇。旗西五里，有布魯都池。**北至錫喇河**，即潢河也。四十里，接巴林界。潢河，亦名湟水，蒙古名錫喇木倫。自克什克騰界發源，東流至巴林界，又東，入翁牛特左翼北境，又東南，逕喀爾喀左翼界，與老河會，爲大遼水之西一源。下流至開原邊外，會東來之赫爾蘇河，入邊，爲遼河。《（新）唐書・地理志》：營州北四百里至潢水。《契丹傳》：中部酋比能爲幽州刺史王雄所殺，衆遂微，逃潢水之南，黄龍之北。《遼史・地理志》：饒州有潢河。曾公亮《武經總要》：中京，北距潢水。惠州，北至潢水石橋，興中府，至潢水四百里。《富弼行程録》：自中京北四百八十里，渡潢水石橋。《方輿紀要》：潢河，源出平地松林，經臨潢府南廢永州東木葉山，合土河者是也。《熱河志》案：《舊唐書・契丹傳》及《安禄山傳》於潢水皆作"黄"，《新唐書》始作"潢"字，遼、金《史》因之，《一統志原本》謂别於西黄河，故曰"潢"。遼上京臨潢府以此得名。證以《武經總要》《富弼行程録》《方輿紀要》諸書，均相符合。又《一統志原本》：潢河又名濫真水。今考《水經注》，濫真水出西北塞〔一二〕，歷重山，東南入白狼水。在白狼水流經龍城之後，今老河既不得爲白狼水，則以合老河之潢水爲濫真水，亦别無據。又謂：古名饒樂水，别名託紇臣水，亦曰吐護真河。考饒樂水，即今英金河，託紇臣水、吐護真河，即今老河，皆與潢河無涉。至《方輿紀要》於饒樂水下注曰：其下流東北入於潢河。是明知饒樂水之非即潢河矣。下文復注云：亦謂之黄河，亦曰北黄河，夷名喀喇母林，或謂之烏龍江。以此諸水皆爲饒樂之别名，則舛誤殊甚。蓋"黄河"即"潢河"。《（新）唐書》原兩字通用，至今稱潢河爲錫喇木倫，蒙古謂"黄"爲"錫喇"，是仍以"潢河"爲"黄河"也。至於北黄河，則因《舊唐書》吐護真河北即黄河，倒作即北黄河之誤。若喀喇木倫别爲一水，在今潢河之北巴林界，東南流，入潢河。蒙古謂"黑"爲"喀喇"，《遼史・地理志》：上京臨潢府，有潢河，復有黑河。周廣順中，《胡嶠陷北記》謂：渡湟水，又明日，渡黑水。宋薛映《記》及《富弼行程録》並謂渡潢水石橋五十里至保和館，渡黑水河。沈括《筆談》謂黑山在大漠之北。有黑水，出其下者是也。亦謂之烏龍江，明人又曰黑龍江口。以今形勢論之，老河發源在今喀喇沁右翼及札薩克旗之南，迆而東北，正環繞遼、金大定府境，即古託紇臣水、吐護真河及遼、金之土河也。其北則爲英金河，在今翁牛特境，自西而東流，正當遼、金大定府北境，即古饒樂水也。又北則爲潢河，在今翁牛特北境，自西而東流，逕諸蒙古地，當遼上京臨潢府境及金北京路之北境，即古黄水，一名湟水也。又北則爲黑河，在今巴林界，即所謂烏龍江也。諸水下流，雖俱會爲一河，而其上源相距並數十百里，各有經流，不容相紊，以其處於徼外。諸書互相牽引，易於混淆，故詳辨之。旗北有唐松漠府故壘，廢饒州城。《北蕃地理志》：自潢水石橋，至高州百五十里，西北至饒州六十里，乃唐松漠府故壘。《承德府志》：考今翁牛特北境潢河之北，當爲遼饒州地。《遼志》載：唐貞觀中，置松漠府於此。阿保機完葺故壘，建饒州匡義軍於此。《熱河志》：饒州，治長樂縣，而别領臨河、安民二縣，其方位、道里無可考。旗北三十里，有古爾班圖勒噶山，有哈達圖山。**東南至老河、錫喇河**，八十里，接柰曼界。旗東南十八里，有阿爾齊圖察罕岡。旗南百二十里，有摩該泉，東流，入老河。**西南至巴顔陀羅海**，百三十里，接右翼界。旗西南八十里，有阿多固沁山、鄂爾綽克山。百里，有蟠羊山，蒙古名伊瑪圖。旗西南八十里，有七金泊，蒙古名和爾博勒津。**東北至什喇木蘭**，四十五里，接巴林界。旗東北四十里，有兔麛山，蒙古名布靜依克。案：《遼史·地理志》：中京惠州，太祖俘漢民數百户（於）兔麛山下[一三]，創城居之。遼惠州在中京之東北，高州之東，爲今赤峯縣東北境，兔麛山殆即此也。**西北至特格嶺**。百五十里，接克什克騰界。旗西北七十里，有古爾班（板）圖（土）勒（爾）噶（哈）山[一四]。百三十里，有翁格綽爾山。百四十里，有神山，蒙古名翁衮。百五十里，有蒐濟山，有柳山，蒙古名布爾噶蘇台。旗西北四十里，有布林池，東流，入潢河。

札薩克駐札喇峯西綽克温都爾。在古北口東北六百八十里。遜杜棱四世孫蒼津，初名班第。康熙四十一年，上幸塞外，駐蹕努瑚岱昂阿，蒼津率諸台吉來朝。其所居舊名瞥谷，諭改稱巴顔鄂爾齋圖。四十五年，尚和碩温恪公主。是年，駕幸巴顔鄂爾齋圖，錫賚有差。

【校記】

〔一〕康熙五十六年五月，《清代方略全書》影印清朱絲欄鈔本《平定準噶爾方略》（以下簡稱"方略全書本"《平定準噶爾方略》）作"康熙五十六年七月"。

〔二〕本朝，"方略全書本"《平定準噶爾方略》作"本國"。

〔三〕達賚，中華書局點校本《清史稿》作"達賴"。

〔四〕伊克托灰山，中華書局點校本《清史稿》作"伊克陀惠山"。

〔五〕巴哈阿珀札哈山，中華書局點校本《清史稿》作"把漢阿拍札哈山"。

〔六〕殷札哈河，中華書局點校本《清史稿》作"伊札漢河"。

〔七〕巴噶哈勒占山，中華書局點校本《清史稿》作"巴哈哈爾占"。

〔八〕"同治本"，誤寫"熱"字爲"熟"字，據"謄清本"改。

〔九〕"同治本"，誤寫"上"字爲"土"字，據"謄清本"改。

〔一〇〕札固圖察罕陀羅海山，中華書局點校本《清史稿》作"兆呼圖插漢拖羅海山"。

〔一一〕布屯，中華書局點校本《清史稿》作"布敦"。

〔一二〕灤真水出西北塞，"四庫本"《欽定熱河志》作"灤真水出西北塞外"。

〔一三〕中華書局點校本《遼史·地理志》無"於"字。

〔一四〕古爾班圖勒噶山，中華書局點校本《清史稿》作"古爾板土爾哈山"。

［右翼旗］札薩克多羅達爾漢岱青貝勒游牧。遜杜棱叔父楝岱青，崇德元年，編所部佐領，授札薩克，掌右翼，賜多羅多爾漢岱青

號，世襲罔替。次子素塞，順治十一年封固山貝子。十八年，追叙棟岱青功，晉多羅貝勒。佐領三十八。額〈布〉{存}穀萬九千七百十九石六斗[一]。

牧地：在熱河圍場東北，老哈河南岸。東至博爾和，百二十里，接敖漢界。旗東十五里，有烏蘭布通山，南距多倫諾爾二百里。康熙二十九年六月，噶爾丹内犯，破卡倫，東趨越烏蘭布通而南，距京師七百里。七月，撫遠大將軍裕親王福全師出古北口，追及之。八月初一日，賊騎十萬陳山下，依林阻水，縛駝足臥地，背加箱垛，蒙以溼氈，環列如栅，號曰駝城。士卒於栅隙注矢發銃，兼施鉤矛，以撓我師。我領侍衛内大臣佟國綱，帥左翼兵循河而進，猝爲賊銃所中，殁於陳。國綱，孝康章皇后之兄也。國綱弟國維，分帥左翼兵由山腰捲入蹙之，陳斷爲二，大兵乘之。噶爾丹大敗，跪頂威靈佛，稽首，誓不復内犯。是此山矣。《國史・格斯泰傳》：大兵征噶爾丹，格斯泰隨征。師至烏蘭布通，噶爾丹於隔岸樹林中驅臥駝爲營，伏兵其後，格斯泰直入賊營，左右衝擊，賊莫敢當。出而復入者再，諸將士由山腰繞賊後擊之，潰遁。格斯泰乘勝窮追，爲河岸淖泥所阻，賊衆掩至，格斯泰力戰殁於陳。初，大兵出征時，上賜護軍參領等人一馬，前鋒參領未豫，格斯泰請之。命自往上駟院選擇，馬有白鼻者，格斯泰願得之。或言此馬固雄駿，然白鼻自古所忌，恐不宜用，格斯泰曰：效命疆埸，吾夙願也。何忌焉？遂乘馬行。至是，裕親王奏言：與賊戰時，親見一將乘白鼻馬，三入敵陳，衆皆識爲格斯泰也。旗東三十里，又有烏蘭峯，蒙古謂山“峯”曰“哈達”。乾隆十三年，理藩院議准：札薩克蒙古與同知、通判等地方，彼此袒護所屬之人，辦理公事，不無掣肘。應於翁牛特王旗下烏蘭哈達地方，遣司官一人駐劄，令其將喀喇沁翁牛特二王、喀喇沁札薩克一旗及翁牛特貝子、巴林、阿嚕科爾沁等處，凡有蒙古内地民人交涉事件，一併管理。四十里，有夏屋山，蒙古名伊(衣)克布祜(庫)圖爾[二]。五十里，有巴哈布祜圖爾山。七十里，有白鹿山，蒙古名布祜圖。九十里，有大華山，蒙古名布當華。九十里，有嵬名山，蒙古名札喇。百二十里，有屋狐山，蒙古名烏納格圖。南至吐靈格爾嶺，八十里，接喀喇沁右翼界。旗南爲遼松山州地。《遼史・地理志》：松江〖當作松山〗州勝安軍，領松江〖當作松山〗縣。地邊松漠，商賈會衝，開泰二年置。《熱河志》案：松山州，松山縣之里至，《武經總要》未詳。《方輿紀要》：松州城，在大寧衛西北。松山州，金降爲縣，改隸高州，必與高州相接。《元一統志》：松州東至高州，西至興州。元松州即遼松山州。知爲今翁牛特右翼境，正當中京之西北。《元一統志》又謂：松州東南二十里，有遮蓋山。考遮蓋山，在今翁牛特右翼旗南三十里，松山州當在其北。旗南二十里，有古爾班(板)陀(拖)羅海山。三十餘里，有遮蓋山，亦曰阿圭山，蒙古名阿惠喀喇。入山十餘里，有千佛洞，洞口徑丈有八尺，高丈有二尺，土人稱爲大碾子洞。中有石佛像一，旁列阿難、迦葉二像。循洞入，少折而西，路漸窄，高廣不盈丈，又折而東，亦如之。洞内石壁兩厓俱鑿成佛像。洞外有金皇統三年劉子初撰《遮蓋山靈峯院千佛洞碑》，蓋石洞爲遼天台法師所開，洞中千佛則金皇統中僧遵説嗣成之也。《元一統志》：遮蓋山，在松州東南二十里，有古寺、石洞、石佛。《熱河志》:遮蓋山,在今翁牛特南境,小烏珠穆沁廢城南二十里。《千佛洞碑銘》云:縣之東南,有山孤嵐,名曰遮蓋,雲影毿毿。金有松山縣,無松山州,所稱縣之東南殆即指松山縣也。《元一統志》:福田寺,在松州南關,有古佛大像。廣濟寺,在松州南關外,有塔二座。望京山寺,在松州東八十里,望京山有古石佛像。香臺山寺,在松州南八十里,香臺山有石井。〈石〉{五}峯山寺[三],在松州西南九十里,五峯山有古寺。旗南八十里,有畢齊克圖嶺。旗南四十五里,有哈爾吉河。八十里,有錫伯河。源出喀喇沁右翼西之察罕陀羅海山東,東流,逕右翼南,又東北,入旗境,會錫爾哈河,入英金河。**西至鄂拉泰阿瑪**,百二十里,接圍場界。旗西四十里,有大黑山,蒙古名巴顔喀喇。《熱河志》:大黑山,在承德府治北百八十餘里,當張三營西北。高二十餘丈,周百餘里。複嶂縣厓,煙嵐蒸鬱,遥望黝然。伊遜河自北來,流經其足。《承德府志》:按此即古陰山分支也。陰山自河套西北蜿蜒東走,經承德府全境之北,其正幹爲興安嶺。是山在承德府北境,形勢雄峻,附屬興安,自是而北直接圍場内諸山。蓋陰山遠脈經行旁絡之處,凡附屬迆北諸山原於此。七十里,有圖古爾喀喇山。八十里,有奴克爾山。百里,有博都(多)克圖山[四]。百五里,有柞山,蒙古名鄂爾哲,有烏魯蘇圖山。百十里,有真庫納山,有舍爾圖山,有温都爾華山,有巴爾圖山。百十五里,有慶雲山,蒙古名墨爾根。百二十里,有得博僧山,有杈枒山,蒙古名畢頭舍爾。旗西七十五里,有雕窠嶺,蒙古名岳洛圖。百十里,有烏拉岱谷。百五十里,有哈瑪爾峯。旗西百十五里,有巴倫撒拉河。源出噶爾齊老東北,東南流,經巴爾圖山,折東北,會烏拉岱河。八十里,有車爾伯呼河。源出努克都呼爾山,東南流,會獐河。旗西八十里,有白鹿泉,蒙古名布祜圖。源出努克都呼爾山,南流,入烏拉岱河。九十五里,有博都克圖泉。百里,有百月泉,蒙古名準薩喇。源出温都爾華山,南流,會烏拉岱河。**北至温達爾華**,八十里,接克什克騰界。旗北三十里,有塔本呼圖克山。五十里,有烏得呼華山。六十里,有馬鞍山,蒙古名錫(西)喇得博僧[五]。八十里,有海他罕(漢)山[六]。旗北八十里,有拜拉河,源出海他罕山,南流,會英金河。有落馬河,蒙古名白爾格。源出海他罕山之西北,東南流,經布爾克爾圖山,入老河。《金史・地理志》:三韓縣、松山縣有落馬河。《元一統志》:落馬河,在松州北八十里,發源州界鑼鍋嶺,下流入高州境,一百里入塗河。**東南至烏蘭索墨**,九十里,接敖漢界。旗東南四十里,有華(花)和博圖山[七]。八十里,有阿里(爾)衮(渾)察(査)克察(插)罕(漢)陀羅海山[八]。百里,有棗山,蒙古名齊巴噶(哈)[九]。**西南至賀爾蘇圖嶺**,六十里,接喀喇沁右翼界。旗西南四十五里,有馬囊噶山,山東麓有一塔。百十里,有巴倫桑噶蘇台山。百二十里,有大黑山,有額類蘇圖山,有松山,蒙古名納喇蘇台。旗西南百里,有錫喇諾海烏蘭峯。百十里,有梟嶺,蒙古名烏里。百二十里,有拜布哈嶺。旗西南有獐河,自喀喇沁流入境,東北流,經巴顔喀喇山,東北會英金河,又東,經烏蘭峯,北入老河。百五十里,有布屯河,西流,會宜遜河,南入灤河。百二十里,有高涼河,蒙古名拜布哈。源出拜布哈嶺,東南流,會布屯河,入宜遜河。有噶海圖泉,源出大黑山，東北流，會烏拉岱河。**東北至卓索河源**，六十里，接左翼界。卓索河源出旗北海他罕山，東流，會獐河，入老河。旗東北二十里，有方山，蒙古名都爾伯勒津。三十里，有羱羊山，蒙古名伊瑪圖。四十里，有小黑山，蒙古名巴哈喀喇。四十五里，有恩德山，蒙古名拜斯哈勒。五十里，有布爾克爾圖山。六十里，有繫輪山，蒙古名特克爾忒。六十五里，有鄂爾綽克山。旗東北五里，有阿魯布拉克泉。**西北至札薩哈喇古勒**。百四十里，接克什克騰界。旗西北百里，有巴延（顔）布爾噶蘇台山[一〇]。百五里，有鄂爾查爾巴爾圖。百四十里，有黄山，蒙古名洪果爾峩博，又名泥楚渾都爾碧爾山。百六十里，有圖莫克山。旗西百二十里，有楊木嶺，蒙古名烏里雅蘇台。有塞爾和朔嶺。百五十里，有蝦蟆嶺。旗西北百二十里，有烏拉岱河。源出楊木嶺，會諸小水，東流，出烏拉岱栅，折東北流，會錫爾哈河。百五十里，有英金河，亦曰潁河。源出圍場内都呼岱山，會諸小水，東南流，出英格栅，亦名英格河。逕都呼岱山，入翁牛特境，東南流百四十里，會錫爾哈河。又東流八十里，逕察罕陀羅海之東，入建昌縣，與老河會。東流，會潢河，即古饒樂水也。《後漢書·鮮卑傳》：季春月，大會於饒樂水上。《魏書·〈大〉{太}祖紀》：北征庫莫奚，渡弱洛水，班賞將士。《十六國春秋·後燕録》：慕容寶襲庫莫奚，己未北行，甲申渡澆洛水[一一]。距龍城一日程。《通典》：庫莫奚，理饒樂水北。饒樂水，一名如洛環水。《遼史·地理志》：中京，在饒樂河水之南，又高州，有樂河。《熱河志》：案饒樂水，各書稱名雖殊，實一水也。《一統志原本》以饒樂水爲今潢河之别名。考《漢書注》，但稱饒樂水在營州北，而不詳其里至。然隋、唐諸史皆以潢水爲契丹所居，而饒樂水别爲奚地。《魏書·太祖紀》《十六國春秋》言因襲庫莫奚而渡此水，《通典》亦謂奚理饒樂水北。則饒樂水之爲奚所居，無可疑矣。《（新）唐書·奚契丹傳》：凡契丹酋長内附者，皆封松漠府都督，以平地松林在其國也；奚酋長内附者，皆封饒樂府都督，以饒樂水在其國也[一二]。且《舊唐書》於《契丹傳》曰：居黄水之南，黄水，即潢水。於《奚傳》曰：自營州西北饒樂水。以至其國，兩名分見，知其必非一水。而大寧以北之水源遠流長，無如英金河者，故知爲古饒樂水。大寧爲遼中京，云在水之南，則水在中京北境可知。《遼史》又云：高州有樂河。高州南至中京一百四十里，正當中京之北，與今英金河之在平泉州北，方位亦合。百六十里，有努古台河，源出圖莫克山，東流，會英金河。百五十里，有珠爾河，東南流，會努古台河、英金河。最西北有奇布楚河，源出圍場北界海喇堪達巴罕之東。初名奇布楚色欽，東南流，沿圍場之東北界，至奇布楚溝栅，入英金河。又錫（西）爾哈河[一四]，源出圍場内，會諸小水，北流，出納林錫爾哈栅，入喀喇沁右翼境。東北流，逕翁牛特右翼境，又東北，入英金河。旗西北百十里，有温泉，北流，入英金河。

札薩克駐哈齊特呼朗。《會典》作居庫里雅圖。《一統志》作英席爾哈七特呼郎，在古北口東北五百二十里。

隸昭烏達盟。

貢道由喜峯口。

【校記】

〔一〕"同治本"誤寫"存"字爲"布"字,據文意改。

〔二〕伊克布祜圖爾,中華書局點校本《清史稿》作"依克布庫圖爾"。

〔三〕"同治本"誤寫"五"字爲"石"字,據"謄清本"改。

〔四〕博都克圖山,中華書局點校本《清史稿》作"博多克圖山"。

〔五〕錫喇得博山,中華書局點校本《清史稿》作"西拉得伯僧"。

〔六〕海他罕山,中華書局點校本《清史稿》作"海他漢山"。

〔七〕華和博圖山,中華書局點校本《清史稿》作"花和博圖山"。

〔八〕阿里衮察克察罕陀羅海山,中華書局點校本《清史稿》作"阿爾渾查克插漢陀羅海山"。

〔九〕齊巴噶,《清史稿》作"齊巴哈"。

〔一〇〕巴延布爾噶蘇台山,中華書局點校本《清史稿》作"巴顔布爾噶蘇台山"。

〔一一〕"同治本"誤寫"太"字爲"大"字,據"謄清本"改。

〔一二〕甲申渡澆洛水,"四庫本"《十六國春秋》作:"庚申渡澆洛水"。

〔一三〕該句非引文,爲石州先生總結之語。

〔一四〕錫爾哈河,中華書局點校本《清史稿》作"西爾哈河"。

[克什克騰部]在古北口東北五百七十里。至京師八百十里。東西距三百三十四里,南北距三百五十七里。東至翁牛特及巴林界,西至浩齊特及察哈爾正藍旗牧廠界,南至翁牛特界,北至烏珠穆沁界。遼上京道地。遼上京有平地松林,太宗嘗幸此,觀潢源。金屬北京路。元屬上都路及應昌路地。應昌故城,在旗西北捕魚兒海旁。《元史·薛特(特薛)禪傳[一]》:至元七年,斡羅陳請於朝曰:本藩所受農土,在上京東北三百里荅兒海子,實本藩駐夏之地,可建城以居。帝從之。遂名其城爲應昌府。二十三(二)年[二],改爲應昌路。至正二十七年,順帝北奔,駐應昌府。永樂《北征記》:二十二年六月丙申,次清平鎮,即元之應昌府。明入於蒙古。元太祖十六世孫鄂齊博羅特,再傳至沙喇勒達,稱墨爾根諾顔。《元史·忙哥撒兒傳》:祖捌阿,精騎射,太祖愛之,號爲默爾傑,華言善射之尤者也。今譯改爲默爾根。號所部曰克什克騰。舊作克西克騰,又作克忒克剌。《口北

三廳志》：木石峽，在多倫諾爾東北，克什（西）克騰境内〔三〕，皆産木之山。克什（忒）克騰（剌）〔四〕，華言半箇也。山甚陡峻，遠望如坡，故名。傍多榆、檜、松、柳及佳山水。案：即古之平地松林矣。

［一旗］札薩克一等台吉游牧。墨爾根諾顔子達爾瑪有子三。長索諾木，《一統志》作蘇墨爾戴青。初，服屬於察哈爾。天聰八年，林丹汗走死，率屬來歸。順治九年，編所部佐領，授札薩克一等台吉，世襲罔替。佐領十。額存穀千三十六石七斗。

牧地：在圍場北，當潢河之源。潢河，在旗西百有五里，大遼水之西一源也，蒙古名西喇木倫，又作什拉磨楞，源出百爾赫賀爾洪。遼太宗幸平地松林，觀潢源，即此。東北流，會諸水，經旗北，又東流，入巴林界。康熙二十九年，我兵既大敗額魯特衆於烏蘭布通，噶爾丹迫於追襲，遂由此載木横渡大磧山，遁走剛阿腦兒，所過皆燒荒，以絶追騎。剛阿腦兒者，即與達爾諾爾相連之剛噶諾爾也。東至畢勒固圖和碩，百六十三里，接巴林及翁牛特界。旗東四十五里，有蜘蛛山，蒙古名阿爾札。五十里，有三金山。八十一里，有高淀山，蒙古名音納哈喀喇。八十五里，有拜察默爾哲峯。南至布圖坤，三十七里，接翁牛特右翼界。旗南三十九里，有巴爾嶺。四十里，有高柳谷，蒙古名伊克布爾哈蘇台。西至克勒特格伊場，百七十一里，接察哈爾正藍旗界。康熙三十四年九月，諭大學士伊桑阿等：著於四十九旗蒙古，每佐領挑選三、四名，人給馬三匹、甲冑、弓矢全副，月人給銀一兩；喀爾喀兵亦三千名，遣我内地章京操練，聯屯於察哈爾正藍旗界上，以至哈爾哈河。噶爾丹倘有舉動，該王、貝勒、貝子、公、台吉等即率此軍而行。旗西四十里，有烏蘇（素）圖杜爾賓山〔五〕。九十里，有大黑山，蒙古名巴顔喀喇。旗西四十里，有薩里克河，源出烏蘇圖杜爾賓山，東北流，入潢河。六十里，有伊里庫窩圖河，源出烏蘇圖杜爾賓山，東北流，入潢河。百六十里，有柳林淀，蒙古名木錫夏。源出興安嶺，東南流，會哈爾達蘇台河。百五十里，有蒿賚庫勒泊、克爾特黑庫勒泊。三十里，有烏蘇圖庫勒泊。北至烏蘇池，三百二十三里，接浩齊特界。旗北百三十里，有黄山，蒙古名巴顔洪果（戈）爾〔六〕。二百五里，有布倫山。二百四十里，有雙山，蒙古名屯圖爾。二百七十三里，有木葉山，蒙古名濟（几）吉（几）恩都爾〔七〕。旗北百十里，有墨爾哲峯。二百里，有色爾蚌峯。旗北五十里，有白河，蒙古名阿魯察罕。源出岳碧爾山，西流，會塔里齊河。二百六十里，有土河，蒙古名西巴爾台。源出木葉山，東流，會木錫夏河、黑河、哈爾達蘇台河，東南入潢河。百六十里，有木錫夏河，源出興安山，東南流，會哈爾達蘇台河。百九十里，有哈爾達蘇台河，源出温泉，東流，入巴林界，會黑河。三百二十里，有馬淀，蒙古名阿克塔烏爾格呼。百八十里，有噶爾達哈爾渾泊。百九十里，有温泉。東南至陀墨達昆兑河，五十一里，接翁牛特左翼界。旗東南二十五里，有寧楚渾杜爾賓山。五十一里，有伯里克哈馬爾峯。旗東南二十里,有韋里河,源出興安山,東北流,會高涼河。四十一里,有春得布河,源出寧楚渾杜爾賓山,東流,入翁牛特界,入老河。西南至卓克都爾河,四十里,接察哈爾正藍旗界。旗西南三十一里,有恩都爾華(花)山〔八〕。四十三里,有漠海恩都爾山。八十二里,有烏蘭布通峯。旗西南十五里,有巴哈布爾哈蘇台谷。旗西南五十里,有高涼河,蒙古名拜察。源出拜察泊,東北流,入潢河。又有四道河,《口北三廳志》:四道河,在多倫諾爾東北九十餘里,察哈爾正藍旗與克什克騰交界之境,中產細鱗魚,極肥美。旗西南三十四里,有達爾漢漠多林,初名道圖喀喇漠多,聖祖賜今名。東北至洋圖喀喇和碩,百五十四里,接巴林及烏珠穆沁右翼界。旗東北六十里,有岳碧恩都爾山。百四十五里,有馬尾山,蒙古名蒐(叟)濟(几)〔九〕。旗東北四十里,有寨當拉虎峯。百里,有烏蘭峯。旗東北六十里,有釜河,蒙古名托灰。源出岳碧爾山,北流,入黑河。百五十里,有哈爾漢河,源出漠海恩都爾山,西流,至烏蘭布通峯,又東,入潢河。五十里,有額伯里察罕河,源出寨當拉庫峯,東南流,會拜察河。三百十里,有阿爾達圖河,源出興安山,西北流,入烏珠穆沁界,北流,會呼魯谷爾河〔一〇〕。西北至蘇巴爾噶潤霍果里。二百十里,接阿巴噶右翼界。旗西北六十里,有巴哈(漢)伊(衣)薩(色)里山〔一一〕。百里,有伊克伊薩里山。百十五里,有博羅阿吉爾汗山。百七十五里,有博爾多克山。二百十里,有牛心山,蒙古名巴顏朱爾克。旗西北三十五里,有碧齊克圖峯。旗西北六十五里,有依爾都黑河,源出烏蘇(素)圖杜爾賓山,西流,入薩里克河。五十里,有塔里齊河,源出烏蘇圖杜爾賓山,東流,入潢河。百三十五里,有格類河,源出興安山,東南流,入潢河。百五十里,有碧落河,源出興安山,東南流,會格類河,入潢河。百九十里,有野豬河,蒙古名樹爾哈。源出永安岡,東北流,入捕魚兒海。二百二十里,有公姑爾河,源出巴顏朱爾克山,西南流,入捕魚兒海。二百四十里,有錫林河,源出俄倫泊,西流,入阿巴噶左翼界。二百八十三里,有吉林河,源出撒爾巴山,東北流,入浩齊特界。旗西北百六十二里,有岡噶泊。百六十八里,有達漢泊。百七十里,有捕魚兒海,蒙古名達爾。公姑、野豬等四河流入其中,周數十里。《元史·薛特(特薛)禪傳》:上都東北三百里,有荅兒海子,即此也。

札薩克駐吉拉巴斯峯。《會典》作空格爾河。

隸昭烏達盟。

貢道由獨石口。所部札薩克每年八月進活羊二十隻,十二月進湯羊二十隻。

[喀爾喀左翼部]在喜峯口東北八百四十里。東西距百二十五里,南北距二百三十里。東至科爾沁界,西至柰曼界,南至土默特界,北至札嚕特及翁牛特界。古鮮卑地。唐屬營州都督府,後入奚。遼爲上京道南境。金屬北京路。明爲喀爾喀所據。元太祖十六世

孫格哷森札札賚爾琿台吉，居杭愛山，始號喀爾喀。有子七，部族蕃衍，分東、西、中三路。其長子阿什海達爾漢諾顔，生子二：長巴延達喇，爲西路札薩克圖汗祖；次圖們達喇岱青。子碩壘烏巴什琿台吉。生子三，皆爲喀爾喀西路台吉。康熙三年，碩壘烏巴什琿台吉第三子衮布伊勒登，因其汗爲同族台吉所戕，部衆潰，越瀚海來歸。先是，土謝圖汗部台吉本塔爾内附，駐牧張家口外。至是，詔衮布伊勒登牧喜峯口外，所居地分東、西，故本塔爾稱喀爾喀右翼，衮布伊勒登稱喀爾喀左翼。自國初以來，喀爾喀相繼歸誠，名凡三：曰舊喀爾喀，内面最早。後編入八旗，附牧察哈爾界；曰内喀爾喀，即此隸内札薩克之左右翼，二部及附牧土默特一旗；曰外喀爾喀，即今隸外札薩克之土謝圖汗、車臣汗、札薩克圖汗、賽音諾顔四部也。又有附牧青海之喀爾喀一旗，與青海額魯特同盟。

［一旗］札薩克多羅貝勒游牧。康熙三年，授衮（古）（木）布伊勒（爾）〔一二〕登爵，世襲罔替，佐領一。

牧地：當養息牧河源。養息牧河，在旗東南，蒙古名虎吉爾。源出旗南三十里東北流，經喀海陀羅海山，又東南，會庫崑河，經養息牧牧場之東，流入彰武臺邊門。西至廣寧縣地，又東南流，入遼河。東至霍吉爾河，七十五里，接希勒革圖營界。旗東六十里，有喀海陀羅海山。七十里，有虎蘇博羅温都爾岡。南至當道斯河，百里，接土默特左翼界。旗南四十里，有達緑陀羅海山，有巴哈哈伯他海山。五十里，有伊克哈伯他海山。百里，有梨谷山，蒙古名阿里馬圖喀喇。旗南六十里，有庫崑河，源出五會山，東流，入土默特界。又東流，入養息牧河。三十里，有達緑泉。西至博羅霍吉爾池，五十里，接柰曼界。北至潢河，百三十里，接札嚕特界。潢河自翁牛特界東流入境，又東流，入科爾沁界。東南至黑水濼，蒙古名喀喇烏蘇。百四十里，接土默特左翼界。旗東南七十五里，有他木虎岡。百里，有土嚕齊和爾和哈達圖山。西南至巴爾呼之博羅温都爾山，《一統志》作青山。百三十里，接土默特右翼及柰曼界。旗西南六十里，有五會（灰）山〔一三〕，蒙古名烏尼蘇台。七十五里，有巴顔喀喇山。旗西南四十里，有白水濼，蒙古名察罕烏蘇。東北至訥勒圖，百四十里，接柰曼界。旗東北百里，有烏默黑察罕岡。西北至歌格爾墨林。百三十里，接柰曼界。旗西北百三十里，老哈河自柰曼流入境，東北流，會潢河。旗西北爲遼永州地。《一統志》：案遼時永州，當在老河會潢河處。《遼史・地理志》：永州，永昌軍，太祖於此置南樓。乾亨三年，置州於皇子韓八墓側。東潢河，南土河，二水合流，故號永州。今老河，即古土河，永州疑置於此。

札薩克駐察罕和碩圖。

隸昭烏達盟。《理藩院則例》載:每三年查閲各盟防秋兵丁一次。哲哩木、卓索圖、昭烏達爲一班,派大臣一員、司員一員,乘驛前往,會同該盟長,至各札薩克處,案旗查閲。

貢道由喜峯口。

蒙古游牧記卷之三　　　　道州何慶涵覆校

【校記】

〔一〕《薛特禪傳》,中華書局點校本《元史》作"《特薛禪傳》"。

〔二〕二十三年,中華書局點校本《元史》作"二十二年",疑"同治本""謄清本"誤寫"二"字爲"三"字。

〔三〕克什克騰,成文出版社影印乾隆十三年刊本《口北三廳志》(以下簡稱乾隆《口北三廳志》)作"克西克騰"。

〔四〕克什克騰,乾隆《口北三廳志》又作"克忒克剌"。

〔五〕烏蘇圖杜爾賓山,中華書局點校本《清史稿》作"烏素圖杜爾賓山"。下同。

〔六〕巴顔洪果爾,中華書局點校本《清史稿》作"巴顔洪戈爾"。

〔七〕濟吉恩都爾,中華書局點校本《清史稿》作"几几恩都爾"。

〔八〕恩都爾華山,中華書局點校本《清史稿》作"恩都爾花山"。

〔九〕蒐濟,中華書局點校本《清史稿》作"叟几"。

〔一〇〕呼魯谷爾河,《清史稿》作"葫蘆谷爾河"。

〔一一〕巴哈伊薩里山,中華書局點校本《清史稿》作"巴漢衣色里山"。

〔一二〕衮布伊勒登,中華書局點校本《清史稿》作"古木布伊爾登"。

〔一三〕五會山,中華書局點校本《清史稿》作"五灰山"。

蒙古游牧記卷之四

平定張　穆撰

光澤何秋濤校

内蒙古錫林郭勒盟游牧所在烏珠穆沁

浩齊特　蘇尼特　阿巴噶　阿巴哈納爾

［烏珠穆沁部］在古北口東北九百二十三里。至京師千一百六十三里。東西距三百六十里,南北距四百二十五里。東至索倫界,西至浩齊特界,南至巴林界,北至瀚海。遼上京道北境。金屬北京路。元屬上都路。明入於蒙古。元太祖十六世孫圖魯博羅特,由杭愛山徙牧瀚海南,子博第阿喇克繼之。其第三子翁衮都喇爾,號所部曰烏珠穆沁。舊作烏珠穆秦。康熙二十六年七月,命内大臣津進等,往卡倫偵探噶爾丹情形。津進等奏:臣等於十八日至烏珠穆秦中察汗鄂波之綽諾果兒河,相視形勝之地,率二旗兵爲兩營。二十九年七月,駕出邊牆,亦駐營部境。烏蘭布通捷書至,遂自此回鑾矣。二旗。

［右翼旗］札薩克和碩車臣親王游牧。翁衮都喇爾少子多爾濟,號車臣濟農。初,服屬察哈爾,林丹汗不道,偕兄子色(塞)稜(楞)〔一〕,徙牧瀚海北,依喀爾喀。天聰九年,大軍收察哈爾,偕車臣汗、浩齊特、蘇尼特諸部通貢。崇德二年,率屬由喀魯倫來歸。六年,封札薩克和碩親王,留車臣號。世襲罔替。佐領二十一。

牧地:有音札哈河,流入於沙。音札哈河,源出阿嚕科爾沁西北二百三十里之庫爾默特山，東北流入境，經左翼東南百五十里，西北流，入於沙。《水道提綱》：按《圖》，有因即漢河，出沙地，西北流二百餘里，涸。當即音札哈河。康熙二十九年七月，裕親王等奏言：臣等偵得噶爾丹，於十一日在音札哈河上流，十二日至和爾洪河，距我軍所駐濟爾河有二日程。十三日，沿河而下幾百里，往岳洛巖，視其所向，將往達爾腦兒之地。有胡盧古爾河，豬於阿達克諾爾。胡盧古爾河，又名禿河。有二源：一出布祜圖山西麓，曰古爾圖河。其一南出克什克騰部東北哈爾哈那太山北麓，曰阿爾達圖河，俱西北流而合。又西北二百里，經游牧北流，豬爲阿達克池。康熙二十九年七月丙申，命内大臣阿密達等，候大軍於克勒。阿密達等奏言：阿爾尼吉爾他布與翁牛特杜棱王、巴林阿拉卜灘俱率兵駐葫蘆谷爾河、噶爾丹離舊戰地五日程，至厄勒冷矣。東至達賴蘇圖諾爾烏蘭哈達，百五十里，接左翼界。旗東三十五里，有瑞鹿山，蒙古名布祜（虎）圖[二]。南至博果圖哈喇山，二十里，接巴林界。旗南二十里，有布里都泊。西至額爾起納克登，二百十里，接浩齊特左翼旗界。旗西五里，有大黄鷹山，蒙古名伊克錫喇石竇台。十八里，有小黄鷹山，蒙古名巴哈錫喇石竇台。六十里，有喀喇圖山。旗西百九十里，有鄂倫錫布爾泊。北至庫爾楚克額勒蘇，百九十里，接車臣汗部中右旗界。旗北八十六里，有博羅爾濟圖泊。百五十二里，有錫喇布里都泊。百九十里，有得勒蘇圖泊。東南至根吉根陀羅海，四十二里，接阿嚕科爾沁界。旗東南百十五里，有和（賀）爾洪河[三]，源出噶木爾站，西流，入鄂爾琥水。百六十里，有庫爾圖泊。西南至洋圖哈喇和碩，四十五里，接巴林及克什克騰界。旗西南三十五里，有固爾班泊，産鹽。東北至温都陀羅海，百五十里，接左翼界。旗東北百里，有賽音恩都爾山。百五十里，有布哈碧老山。旗東北五十里，有固爾班泉。西北至括布奇畢期克。二百九十里，接浩齊特左翼界。旗西北百八十里，有雙山，蒙古名賀岳爾鄂（俄）特（得）[四]。百九十里，有烏里雅台山。二百里，有方山，蒙古名和爾和。旗西北百里，有錫喇布里都泊。百七十里，有噶老圖泊。

札薩克駐巴克蘇爾哈台山。《會典》作巴顔鄂博圖，在古北口東北九百二十三里。

［左翼旗］札薩克多羅額爾德尼貝勒游牧。多爾濟從子色稜，父綽克圖，號巴圖爾諾顔，翁衮都喇爾之長子也。色稜，號額爾德尼台吉。崇德二年，來歸。順治三年，封札薩克多羅貝勒，留額爾德尼號，世襲罔替。佐領九。

牧地：當索岳爾濟山之西。有鄂爾虎河繞其游牧，滙於和里圖諾爾。《水道提綱》：蘆河，土名烏爾虎河。源出索岳爾濟山，南流，隨山麓曲曲而西南三百里許，經烏珠穆秦左翼東六十里，折而西流，北合色野爾濟河，南合音札哈河、賀爾洪河，入右翼界，至克勒河朔之地，涸。按《圖》有賀魯渾河，在音札哈河西七十里，亦出沙地。西北流，經三漢温(媪)都爾(兒)山〈北〉{東}麓[五]，又北三百餘里，涸。當即賀爾洪河，與烏爾虎河不相通，豈《一統志》據發水時流盛或合併乎？烏爾虎，《圖》作吴兒灰。穆案：《方略》，康熙二十六年，喀爾喀洪俄爾岱青台吉奏言：聞噶爾丹來掠達賴台吉，我等震驚，挈裝而行，進吴兒會河，度噶爾丹已至枯倫貝爾地方。二十九年六月，土謝圖親王沙津奏：遇烏珠穆秦人名墨爾根者言，十四日，厄魯特自烏爾會河東北兩路而來[六]，我台吉巴郎沖諾和等各率所屬百許人甲而迎之。又烏珠穆秦額爾德尼貝勒博木布奏言：厄魯特至烏爾會河東烏闌之地。又阿爾尼聞噶爾丹駐兵索約爾濟河，連夜往襲[七]，至則噶爾丹已從濟達齊牢之東，向烏爾會河去。徐行，溯水上流游牧。又罕篤叛，阿南達屬被掠，遣兵由烏勒輝河迎郎中阿必達，同追緝之。三十四年，侍讀學士伊道踬探厄魯特聲[八]，自喀魯倫回至烏珠穆秦。其地名吴爾揮，譯音無定字。吴兒灰、吴兒會、烏勒輝、吴爾揮，一也。據《圖》，吴兒灰乃今之和里河，西南入鄂爾虎河。魏源曰：烏爾會河，疑即烏爾匝河，在克魯倫河之北，下流入鄂羅斯境。殊爲舛誤。鄂爾虎兩源：西源曰不丹不拉河，東源曰色也兒即河。色也兒即，乃齊侍郎所云色野爾濟，實即索岳爾濟河也。然則不丹不拉，即音札哈河矣。兩河既會，今《圖》統名曰鄂爾虎也。賀爾渾，即和爾洪。噶爾丹於二十九年七月，沿此河而下也。東至霍尼雅爾哈賴圖，六十一里，接索倫界。旗東百五十里，有哈爾站烏(五)蘭(藍)峰[九]。南至庫冽圖，六十三里，接札嚕特界。西至達賴蘇圖，一百十五里，接右翼界。北至額里引什里，百五十二里，接車臣汗部左翼前旗界。康熙二十年，以所部收鄰喀爾喀，互竊駝馬。王、大臣等議：邊汛形勝處，各屯兵百許，按旗設哨。旗北九十四里，有色爾蚌峯。旗北七十里，有錫喇賀賴河，流四十餘里，涸。東南至博羅霍吉爾，百五十里，接巴林界。西南至烏蘭哈達，七十三里，接右翼界。東北至蘇魯博羅勒台，七十里，接車臣汗左翼前旗界。旗東北七十里，有色野爾濟河，源出噶老圖泊，西南流，入鄂爾虎河。西北至温都陀羅海。百六十三里，接右翼界。

札薩克駐鄂爾虎河之側奎蘇陀羅海。在古北口東北千一百六十里。

所部與浩齊特、蘇尼特、阿巴噶、阿巴哈納爾諸部，統盟於錫林郭勒。盟地在阿巴噶左翼、阿巴哈納爾左翼兩旗界内。

貢道由獨石口。所部親王每年八月進活羊三十六隻，十月進活羊十六隻、羊片十四片，十二月進湯羊五十五隻。乾隆五十四年奏定：内札薩克各鎮台吉等，每年進貢湯羊、乳油、熏豬等物。湯羊於烏珠穆沁旗分，每十人内收二隻，其餘旗分，每十人内收一隻，共收湯羊五百隻，奶油五十肚、熏豬二十口。

［浩齊特部］在獨石口東北六百八十五里。至京師千一百八十五里。《浩齊特總傳》作千八百一十五里，誤。東西距百七十里，南北距三百七十五里。東至烏珠穆沁界，西至阿巴噶界，南至克什克騰界，北至烏珠穆沁界。遼上京道西境。金屬北京路。元屬上都路。明入於蒙古。元太祖十六世孫圖嚕博羅特，再傳至庫登汗，號所部曰浩齊特。舊作蒿齊忒。二旗。

［右翼旗］札薩克多羅郡王游牧。庫登汗長孫奇塔特札幹杜棱土謝圖，早卒。子二：長噶爾瑪色旺，其母圖奎，以避察哈爾，率二子依喀爾喀車臣汗碩壘，遂爲所屬。順治八年，噶爾瑪色旺率弟班第墨爾根楚琥爾及其屬千三百餘人，棄喀爾喀來歸。十年，封札薩克多羅郡王，掌右翼，世襲罔替。佐領五。

牧地：當錫林河下游，北豬爲達母鄂謨。錫林河，源出克什克騰部之俄倫泊，西北流三百餘里，至是流入於沙。詳見阿巴噶左翼牧地下。齊侍郎云：池不甚大。案：所部及阿巴噶、阿巴哈納爾，雖地濱沙磧，水草尚饒，泉、泊、鄂模之箸於圖册者，不下數十名。故康熙三十五年，有《獎賚鑿井弁兵之詔》。五十四年，所部歉收，又遣官往教之漁云。東至布爾勒吉山，三十五里，接左翼界。旗東二十里，有白濼，蒙古名柴達木。南至札哈蘇台池，百六十四里，接克什克騰界。《一統志》：大魚濼在右翼東南一百五十三里，蒙古名札哈蘇台。即此。旗南十五里，有伊爾伯都山。六十一里，有布當圖山。旗南百六十四里，有松子泉，蒙古名和爾多。西至布爾色克陀羅海，四十里，接阿巴噶、阿巴哈納爾兩左翼界。北至哈魯勒陀羅海，二百十一里，接車臣汗右翼後旗界。旗北百六十里，有蘇門峯。百七十里，有胡吕山，蒙古名阿喇（拉）忒〔一〇〕。二百十一里，有犢山，蒙古名賀岳爾屯圖虎爾。東南至瑪齋泉烏蘭哈達，百四十二里，接左翼界。旗東南六十五里，有固（古）爾班（板）和（賀）老圖山〔一一〕。百十三里，有固（古）爾班（板）鄂（俄）特（得）山〔一二〕。百四十里，有老虎山，蒙古名巴爾圖。西南至墨壘哈達圖，六十五里，接阿巴噶及阿巴哈納爾界。東北至達勒布勒克，六十五里，接左翼及車臣汗部右翼後旗界。旗東北三十五里，有綽克恩都爾山。西北至烏齊克圖陀羅海。九十二里，接阿巴噶及阿巴哈納爾兩左翼界。旗西北三十一里，有阿珀（拍）達賴（蘭）圖山〔一三〕。百三十里，有烏蘭峯。旗西北百二十里，有察得爾泉。百七十里，有坤（崑）都倫（崙）泉〔一四〕。

札薩克駐烏默黑塞里。在獨石口東北六百八十五里。康熙二十六年七月，命内大臣津進等往卡倫地方，偵噶爾丹情形。津進等奏：臣等於初八日自京起程，十三日到蒿齊忒旗下吴納黑地方。即此。《會典》作：駐巴顔恩克鄂勒虎陀落。

【校記】

〔一〕色稜，中華書局點校本《清史稿》作"塞楞"。

〔二〕布祜圖，中華書局點校本《清史稿》作"布虎圖"。

〔三〕和爾洪河，中華書局點校本《清史稿》作"賀爾洪河"。

〔四〕賀岳爾鄂特，中華書局點校本《清史稿》作"賀岳爾俄得"。

〔五〕三漢温都爾山，"四庫本"《水道提綱》作"三漢媪都兒山"；北麓，"四庫本"《水道提綱》作"東麓"。

〔六〕該句下引文有節略。

〔七〕連夜往襲，"方略本"《親征平定朔漠方略》作"連夜往襲之"。

〔八〕蹍，同"踩"。

〔九〕哈爾站烏蘭峰，中華書局點校本《清史稿》作"哈爾站五藍峰"。

〔一〇〕阿喇忒，中華書局點校本《清史稿》作"阿拉忒"。

〔一一〕固爾班和老圖山，中華書局點校本《清史稿》作"古爾板賀老圖山"。

〔一二〕固爾班鄂特山，中華書局點校本《清史稿》作"古爾板俄得山"。

〔一三〕阿珀達賴圖山，中華書局點校本《清史稿》作"阿拍達蘭圖山"。

〔一四〕坤都倫泉，中華書局點校本《清史稿》作"崑都崙泉"。

［左翼旗］札薩克多羅額爾德尼郡王游牧。庫登汗次孫奇塔特昆杜棱額爾德尼車臣楚琥爾，子博羅特，號額爾德尼諾木齊。初，以避察哈爾，依車臣汗碩壘。崇德二年，自喀爾喀來歸。順治三年，封札薩克多羅貝勒，留額爾德尼號。七年，晉郡王，世襲罔替。佐領五。

牧地：濱大、小吉里河。大吉里河，源出阿巴哈納爾左翼，東北流。小吉里河，出旗界，西流，合西北流，經右翼界，豬於沙。案：吉里河，一作吉林河，又作雞林河。《水道提綱》：雞林河，源出克什克騰部之撒爾巴山，曰查克馬爾河，北流，會南來之碧里克圖河，東北流，入浩（蒿）齊特界〔一〕。又北，會東來二小水，經薩爾巴爾山西麓，又北百餘里而東南出喀喇蘇伯嶺之小雞林河，西北流來會，又西北二百里而涸。東至額爾起納克登，十五里，接烏珠穆沁右翼界。南至小吉里河源，百二十里，接克什克騰界。北至奇塔特哈覃陀羅海，百九十里，接車臣汗部右翼後旗界。旗北五十里，有蔥山，蒙古名松吉納。百二十里，有杜蘭喀喇山。旗北九十里，有沖和（戈）爾泊〔二〕，産鹽。齊侍郎云：在達母鄂模東沙地中，池頗大。東南至哈喇圖山，九十里，接烏珠穆沁右翼及克什克騰界。旗東南二十里，有薩爾巴爾山。旗東南三十里，有天鵞濼，蒙古名渾圖。五十里，有舒圖泊。西南至瑪齊布勒克烏蘭哈達，八十里，接克什克騰及右翼界。東北至阿古斯奇陀羅海，六十里，接車臣汗部右翼後旗界。西北至達賴布拉克烏蘭陀羅海。二百里，接車臣汗部右翼後旗界。旗西北四十里，有野狐山，蒙古名納格忒。百二十里，有獨石山。百九十里，有孟納爾山。旗西北百六十五里，有庫魯爾圖泉，有哈達圖泉。百六十五里，有和（賀）老圖泉〔三〕。二百八里，有布哈泉。

札薩克駐特古力克呼圖克湖欽。在獨石口東北六百九十里。《會典》作：駐吉里河東岸，曰噶亥。

隸錫林郭勒盟。

貢道由獨石口。

［蘇尼特部］在張家口北五百五十里。至京師九百六十里。東西距四百有六里，南北距五百八十里。東至阿巴噶界，西至四子部落界，南至察哈爾正藍旗牧廠界，北至瀚海。漢上谷及代郡北境。後漢烏桓、鮮卑居之。晉爲拓跋氏地。隋及唐初爲突厥所據。遼置撫州。金因之，屬西京路。元爲興和路地。明入於蒙古。元太祖十六世孫圖嚕博羅特，再傳至庫克齊圖墨爾根台吉，號所部曰蘇尼特。齊侍郎曰：内地自松花、諾尼以西，外藩地自克嚕倫以西，地多沙土，即少經流，然猶山川相間也。若科爾沁之右翼前後及左翼共四旗、札嚕特二旗、烏珠穆秦二旗、阿禄科爾沁一旗，〈南〉｛尚｝有山嶺盤紆〔四〕，與巴林相接，以諸水皆南會潢水，故部鮮通川。至浩齊特二旗、阿巴噶二旗、阿巴哈納爾二旗，則已居磧首，羣山皆空，瀰漫無際。至蘇尼特二旗，竟在大漠中矣。雍正九年，上都達布遜諾爾馬羣總管五十四奏請遷移駝馬牧廠，以蘇尼特之南諾渾魯努、西南之布倫呼查、西邊之薩木布拉克、西北之塞爾、北邊之桑圖、東邊之郭爾拜爾爲界，地方寬敞，便於牧放。倘蒙古等游牧之地窄狹，令其往外開展。上嚴斥，不准行。乾隆五十六年，普福奏：蘇尼特連年被旱，自蒙恩振濟以來，並獲雨澤，牲畜肥腯。即野外楚拉敔勒，亦滋生甚多，頗滋口食。謹案：高宗純皇帝御製詩注：楚拉敔勒，即沙蓬米，生蒙古沙地，荒年采以充食。《一統志》：蘇尼特西北楊林戍，爲度漠處，自興和而北，經小伯顔山、荅魯城，至龍沙甸，即阿蘭腦兒，

又經清水源鳴穀鎮、歸化甸至楊林戍。又北爲禽狐山、香泉戍、哈喇莽來、歸遠塞，皆磧口之要路。永樂中，北征所經也。二旗。

［右翼旗］札薩克多羅杜棱郡王游牧。庫克齊圖長子布延暉台吉，子綽爾袞，居蘇尼特西路，服屬於察哈爾。以林丹汗不道，徙牧瀚海，北依喀爾喀。崇德三年，綽爾袞子素塞率屬來歸。七年，授札薩克多羅郡王，掌右翼，世襲罔替。佐領十三。

牧地：《金史》：昌州，有日月山，大定二年，更名抹白山，國言曰捏（涅）里塞山〔五〕。《元史・憲宗紀》：四年，祭天於日月山。《口北三廳志》：按山當在今蘇尼特郡王境内。東至額爾蘇霍吉爾，百三十里，接左翼界。南至烏科爾齊老，百二十里，接察哈爾鑲黄旗界。旗南五十里，有布爾色克山。八十里，有福山，蒙古名克什克。有察罕波托科山。九十里，有和爾和山。旗南六十里，有泥濼，蒙古名西巴爾台。《金史》：撫州，豐利縣有泥濼。《長春真人西游記》：北過撫州。十五日，東北過蓋里泊，盡邱垤鹹鹵地，始見人烟二十餘家。南有鹽池，迆邐東北去，自此無河，鑿沙井以汲。南北數千里，亦無大山。馬行五日，出明昌界。沈君子惇釋曰：張德輝《紀行》：北過撫州，惟荒城在焉。北入昌州，居民僅百家，有廳舍〔六〕，乃國王所建也。亦有倉廩，隸州之鹽司。州之東有鹽池，周廣可百里，土人謂之“狗泊”，以其形似也。按《紀行》於撫州下言北入昌州，而不言過蓋里泊〔七〕。《記》言過蓋里泊，而不言過昌州。就《記》言考之，蓋里泊在撫州東北。《金志》：蓋里泊屬撫州豐利縣，縣以泥濼置，則蓋里泊當在泥濼側近。《方輿紀要》云：金昌州，在興和西北。又云：威寧廢縣北有昌州城。按：威寧金亦屬撫州，故城在察哈爾正黄旗西南八十餘里，地在撫州之西。昌州在威寧之北，則在撫州西北，而蓋里泊在撫州東北。然則張參議出撫州西北行，故經昌州而不經蓋里泊；真人出撫州東北行，故經蓋里泊而不經昌州，而度漠則皆至魚兒濼也〔八〕。蘇尼特右翼有占木土鹽泊，在東南七十里，西喇布禄泊在西三十五里，不知孰爲蓋里泊矣。若昌州之狗泊，則竟不知所在也。西至特莫格圖，百十六里，接四子部落界。旗西百十六里，有德林山。旗西三十五里，有錫喇布禄泊。九十里，有長水。詳見左翼牧地下。北至吉魯格，百八十里，接土謝圖汗部左翼中旗界。東南至杭吹泉，百三十里，接察哈爾正白旗界。旗東南五十里，有雙金山，蒙古名和爾波金。百里，有諾渾山。旗東南七十里，有占木土鹽泊。西南至托克托瓦陀羅海，百五十里，接四子部落界。旗西南五十里，有牛心山，蒙古名烏克爾朱爾克。有俄爾綽克山。東北至烏蘭哈達，百八十里，接左翼界。旗東北七十里，有巴倫（輪）明安陀（拖）羅海山〔九〕。八十里，有準明安陀羅海山。百四十里，有哈爾巴和山。百五十里，有嵬明山，蒙古名札喇。西北至額爾柯圖。百七十里，接土謝圖汗部左翼中旗界。

札薩克駐薩敏錫勒山。在張家口北五百五十里。《會典》作阿勒塔圖。

[左翼旗]札薩克多羅郡王游牧。布延暉台吉少子布爾海楚琥爾。子塔巴爾達爾漢和碩齊,居蘇尼特東路。初,服屬於察哈爾,後亦北徙依車臣汗。崇德四年。塔巴海子騰機思,《一統志》作騰夷思。號墨爾根台吉,率屬自喀爾喀來歸。五年,尚郡主,授和碩額駙。六年,封札薩克多羅郡王,留墨爾根號,世襲罔替。順治三年,以叛削。定鼎後,騰機思因與攝政主不協,車臣汗碩壘誘以附己。順治三年,騰機思遂挾公主北走,我師追之,敗土謝圖汗、車臣汗兩部兵五萬於諤特克山,迎公主還,騰機思走色楞格河。初,喀爾喀欲害公主,騰機思哭曰:太宗皇帝仁育萬國,柰何背恩害公主耶?喀爾喀乃止。五年,悔罪乞降,比至,死。詔宥前罪,以其弟騰機特《一統志》作騰夷泰。襲,除墨爾根號。其爵自騰機特後,仍騰機思子孫承襲。佐領二十。

牧地:有固爾班烏斯克河。案《圖》,旗界有兔園水,蒙古名努克黑忒,有長水,蒙古名烏爾圖,固爾班烏斯克則其總名也。《水道提綱》:呼爾泊,在左翼東南六十五里,土名庫爾察罕鄂模,在沙漠中,横長數十里。其源有二:自東南來曰努克黑忒河,從正藍旗察哈爾北流入境,經右翼南八十里克什克山之北,入泊;自南來曰烏爾圖河,源出和爾和山,北流,合三水來注之。案:烏爾圖,即固爾班之訛,蒙古謂"三數"曰"固爾班",此河總合三水,因納斯稱矣。齊侍郎又曰:此湖之南爲大磧,北爲大漠,西北爲杜蘭喀喇山,爲察罕七老碑,又西北爲翁文卓托魯可山,又西北爲才里剛阿山,皆自古絶漠所必經之道,雖水泉亦難得矣。東至庫庫勒山,六十里,接阿巴噶右翼界。南至察罕池,百三十里,接察哈爾鑲白旗界。旗南四十里,有滚泊。余寀《塞程别紀》:由噶爾圖(兔)又四十八里至滚諾爾[一〇]。"滚"猶言深,諾爾大不過數畝,奇在深,凡物墮其中,不覺有少影響。過者雖甚渴,不敢於此飲馬。更奇者,有物夜呼震地。筆帖式某爲余言之。南百三十里,有固爾班貴魯蘇圖坡。西至色柯爾山,百里,接右翼界。旗西三十五里,有固(古)爾班(板)馬潭泊[一一]。百里,有貴魯蘇台岡。北至阿爾噶里山,百七十里,接土謝圖汗部左翼中旗界。旗北三十里,有博錐陀羅海山。百里,有祥古山,蒙古名拜音陀(拖)羅海[一二]。百四十里,有福山,蒙古名拜里。有和錫摩克山。旗北七十里,有固爾班噶順坡。百七十里,有華鄂博圖坡。旗北八十里,有珠爾噶圖泉。東南至恩柯爾圖什喇札拉噶圖,百三十里,接阿巴噶右翼界。旗東南百里,有羖攊山,蒙古名巴延(顔)特克[一三]。旗東南八十里,有登坡。百十里,有努倫坡。旗東南九十里,有兔園水,蒙古名努克黑忒。自察哈爾正藍旗流入境,經福山,北流,入呼爾泊。旗東南六十五里,有呼爾泊。**西南至杭吹泉**,百二十里,接察哈爾正白旗界。旗西南九十里,有阿嚕特克山,有葦淀,蒙古名呼魯蘇台。有黑山濼,蒙古名喀喇烏蘇。**東北至哈喇得勒**,百六十里,接達爾岡愛馬場界。案:此馬場在瀚海北,因諾爾得名也。康熙三十六年,諭車棱札布曰:達里岡愛爲我軍牧馬地,可攜爾屬衆赴彼安居,即爲督理牧務。雍正九年,大軍剿噶爾丹策凌,詔所部選兵駐防於此。馬場外又設羊羣牧場,置年無考。每年定例:内廷用羊三千五百隻,悉數給焉。設總司牧寬蘭達一員、委署寬蘭達一員、什羣長十一員、領催二十二名、牧丁二百二十名。旗東北四十里,有寒山,蒙古名奎騰。七十里,有姑渾陀羅海山。**西北至烏蘭哈達**。百七十里,接右翼界。旗西北九十里,有札喇齊老峯。百七十里,有喀爾他和碩(邵)山〔一四〕。旗西北七十里,有色爾伊克坡。

札薩克駐和林圖察伯台岡。在張家口北五百七十里。《會典》作:駐察漢諾爾巴彦諾爾。案:和林圖,亦作鄂林圖。康熙二十九年,噶爾丹與土謝圖汗察琿多爾濟尋仇,自克魯倫河還掠土拉河。土謝圖汗悉衆由尼列圖至鄂羅會諾爾,鏖戰三日,衆潰,遂踰瀚海,籲請内附。聖祖仁皇帝命入居蘇尼特界内鄂林圖。是此地也。又察琿多爾濟之弟西第什里,賜牧阿嚕額埒蘇台,從弟巴朗岱青諾顔洪果爾,賜牧烏納齊,皆所在部境内。

隸錫林郭勒盟。

貢道由張家口。

【校記】

〔一〕浩齊特,"四庫本"《水道提綱》作"蒿齊特"。

〔二〕沖和爾泊,中華書局點校本《清史稿》作"沖戈爾泊"。

〔三〕和老圖泉,中華書局點校本《清史稿》作"賀老圖泉"。

〔四〕"同治本""謄清本",誤寫"尚"字爲"南"字,據"四庫本"《水道提綱》改。

〔五〕捏里塞山,中華書局點校本《清史稿》作"涅里塞山"。

〔六〕有廳舍,"清詩文彙編本"《〈西游記〉金山以東釋》作"中有廳舍"。

〔七〕該句下引文有節略。

〔八〕該句下引文有節略。

〔九〕巴倫明安陀羅海山,中華書局點校本《清史稿》作"巴輪明安拖羅海山"。

〔一〇〕噶爾圖,"昭代叢書"所收《塞程别紀》(以下簡稱"昭代本"《塞程别紀》)作"噶爾兔"。後同。

〔一一〕固爾班馬潭泊,中華書局點校本《清史稿》作"古爾板馬潭泊"。

〔一二〕拜音陀羅海,中華書局點校本《清史稿》作"拜音拖羅海"。

〔一三〕巴延特克，中華書局點校本《清史稿》作“巴顏特克”。

〔一四〕喀爾他和碩山，中華書局點校本《清史稿》作“喀爾他和卲山”。

［阿巴噶部］在張家口東北五百九十里。至京師千里。東西距二百里，南北距三百十里。東至阿巴哈納爾界，西至蘇尼特界，南至察哈爾正藍旗牧廠界，北至瀚海。晉爲拓跋氏地。隋及唐初爲突厥所據。遼爲上京道西境。金屬北京路。元屬上京路。明入於蒙古。元太祖弟布格博勒格圖，布格傅勒格圖，《元秘史》作別勒古台，《元史・太祖紀》及《本傳》作別里古台，又作孛羅古䚟〔一〕。《太宗紀》作孛魯古帶，《憲宗紀》作別里古帶，《地理志》作孛魯古歹，今譯改作伯勒格台。《太宗紀》《地理志》又譯改作布爾古特，蓋不知其即一人也。太祖異母季弟，以勇力佐太祖取天下。《本傳》云：嘗立爲國相，又長札魯火赤，別授之印〔二〕。賜以蒙古百姓三千户。又以斡難、怯魯連之地建營以居。十七傳至巴雅思瑚布爾古特，長子塔爾尼庫同，號所部曰阿巴噶。舊作阿霸垓。二旗。

［左翼旗］札薩克多羅卓里克圖郡王游牧。塔爾尼庫同曾孫多爾濟，號額齊格諾顏。初，服屬察哈爾，避林丹汗虐，徙牧瀚海北克魯倫河界，依喀爾喀。崇德四年，率屬來歸。六年，授札薩克卓里克圖郡王，世襲罔替。佐領十一。

牧地：環錫林河。源出克什克騰部海爾七克山之俄倫泊，西流百里，折而西北，徑阿爾察圖站之東。又西北，折而北流二百數十里，爲達母鄂模。其河在阿巴噶駐處之西、阿巴哈納爾駐處之東。東至巴爾啟台之哈喇鄂博噶圖，三十七里，接浩齊特右翼界。南至烏蘇圖土魯格池，百五十里，接克什克騰界。旗南八十五里，有哈斯胡雅斯坡。西至什爾登山，八十九里，接阿巴哈納爾界。北至哈布塔噶陀羅海，三十二里，接達里岡愛馬埸界。東南至哈達圖柯勒莫圖，百五十里，接浩齊特右翼界。旗東南二十里，有哈爾塔爾山。六十五里，有馬鞍山，蒙古名喀喇得伯僧。七十七里，又有馬鞍山，蒙古名錫喇得伯僧。八十五里，有卲隆（龍）山〔三〕。百四十里，有永安山，蒙古名脱克脱爾。旗東南百三十五里，有鶴壘斗勒泊。西南至索克蘇台，百六十六里，接克什克騰界。旗西南二十五里，有武歷山，蒙古名哲爾吉倫。八十里，有察里爾圖山。旗西南五十里，有錫（西）喇布里都泊〔四〕。東北至濟爾哈朗圖，五十五里，接浩齊特右翼界。西北至阿古拉布爾圖。百三十里，接達里岡愛馬埸界。

札薩克駐巴顏額倫。在獨石口東北五百五十里。《會典》作:駐錫林河西,曰塔布桑山。又案:兩翼駐地,據《皇輿表》及《一統志》載之,《總傳》互異[五]。

[右翼旗]札薩克多羅郡王游牧。多爾濟額齊格諾顏從孫都思噶爾,祖額爾德尼圖們,號札薩克圖諾顏,塔爾尼庫同之長孫也。父布達什哩,號車臣札薩克圖。都思噶爾初號巴圖爾濟農,亦避察哈爾北徙。順治八年,來歸,封札薩克多羅郡王。世襲罔替。佐領十一。

牧地:有庫爾察罕諾爾,固爾班烏斯克河豬焉。庫爾察罕諾爾,即呼爾泊,在右翼西南三十里。東至哈畢喇噶泉,三十里,接阿巴哈納爾右翼界。旗東三十五里,有朱爾克額勒蘇圖泉。南至伊柯什噶,百三十里,接察哈爾正藍旗界。旗南七十里,有朱爾哈爾陀羅海山。旗南三十里,有察罕泊,土名白海子,亦曰長水海子,四望白沙,故納察罕之稱。康熙三十五年,西路大軍告捷,上諭于成龍:供應兩路大兵餘賸之米[六],察罕腦爾地方,前歲曾耕田,築室,贮糧,有此現成房屋,可派隨行人員運往存贮。倘房舍不敷,就近擇地收贮,勿使雨水霑濡,即交附近札薩克小心看守。元察罕腦兒,在今上都牧場西南,與此別。百二十里,有噶爾圖泊。余寀《塞程別紀》:由哈什馬哥四十里至噶爾圖(兔)。西至庫庫勒山,五十五里,接蘇尼特左翼界。旗西四十里,有門綽克岡、奔巴圖博羅恩都爾岡。北至華陀博,百八十里,接達里岡愛馬場界。旗北八十里,有阿珀(拍)濟哈山[七]。百里,有嵬伯山,蒙古名札喇陀羅海。百二十里,有巴哈噶札爾山。百二十五里,有霸特山,蒙古名克色克陀羅海。百五十里,有羖羊山。旗北二十里,有金河泊,蒙古名錫喇烏蘇。三十里,有赤泉。東南至畢奇克圖博羅温達爾,百二十五里,接阿巴哈納爾右翼界。旗東南六十里,有色吉庫山。旗東南四十里,有郭和蘇台河,自阿巴哈納爾流入境,經色吉(几)庫山[八],西流,入白海子。百五十里,有奎騰河,自卓索圖站流入界。旗東南百十里,有渾圖泊。西南至額魯遜恩柯爾圖池,百二十里,接察哈爾正藍旗界。旗西南百二十里,有鴛鴦濼,蒙古名昂吉爾圖。余寀《塞程別紀》:由枯嵛諾爾二十里至三岔口,本名西喇諾爾,其水甚清。路分古北、獨石、張家口,故曰三岔。又二十五里至六臺,本名和爾博諾爾海,〈用〉{周}二十餘里[九],色如米汁。是役也,糧道由古北,大兵出獨石。五十里外嵛設官,置遞曰臺。臺相去五、六、七、八十里不等,就水草之便也。先是,總憲于公駐此督運,後遂進次十八臺,其地自此以北,皆積沙如山。大兵糧車出没其間,動輒入沙尺許。公留官命治道,凡積沙最厚所在,伐細柳,顛倒束而鋪之,遂便馳輓。至鑾輿凱旋之日,加之以新柳,仍覆以沙。柳枝葉略露兩端,斬斬然,蔥鬱平軟,如漏地緑紗裀。各運文武官,留屯餘糧者多於三岔,編柳爲門户[一〇],比鄰夾道,儼然成市。又三十里至昂吉爾兔,四周積沙如山者,千堆萬壘,此獨寬曠,饒水草。鑾輿往返,皆駐蹕於此。其東南十餘里外諾爾,周五、六十里,多魚鳥,水味鹹,産鹽如陝中花馬池,能自長落,似乎有潮信者〔一一〕。穆案:枯嵛諾爾,即多倫諾爾。和爾博諾爾,《康熙圖》作活爾波鄂模。昂吉爾兔,《康熙圖》有昂衣爾兔鄂模,即其地,所謂鴛鴦濼者是也。地當西一度,北極出地四十三度處。東南十餘里外,所見諾爾,則元之察汗腦兒矣。東北至温都爾瑪尼圖,百七十里,接阿巴哈納爾右翼界。旗東北四十里,有蟠羊山,蒙古名喀喇特克。七十里,有哈碧爾漢泉。西北至哈喇得勒。百五十里,接蘇尼特右翼界。旗西北九十里,有瑪(馬)尼圖陀(拖)羅海山〔一二〕、察(插)罕(漢)齊(七)老圖山〔一三〕。

札薩克駐科布爾泉。在張家口東北五百九十里。《會典》作:駐孟古勒陀羅海。

隸錫林郭勒盟。

貢道:左翼由獨石口,右翼由張家口。

【校記】

〔一〕 斛,同"歹"。

〔二〕 該句下引文有節略。

〔三〕 邵隆山,中華書局點校本《清史稿》作"邵龍山"。

〔四〕 錫喇布里都泊,中華書局點校本《清史稿》作"西喇布里都泊"。

〔五〕《總傳》是指《蒙古回部王公表傳·阿巴噶部總傳》。

〔六〕 賸,同"剩"。

〔七〕 阿珀濟哈山,中華書局點校本《清史稿》作"阿拍濟哈山"。

〔八〕 色吉庫山,中華書局點校本《清史稿》作"色几庫山"。

〔九〕"同治本"誤寫"周"字爲"用"字,據"謄清本""昭代本"《塞程别紀》改。

〔一〇〕 編柳爲門户,"昭代本"《塞程别紀》作"皆編柳爲門户"。

〔一一〕 該段引文有多處節略。

〔一二〕 瑪尼圖陀羅海山,中華書局點校本《清史稿》作"馬尼圖拖羅海山"。

〔一三〕 察罕齊老圖山,中華書局點校本《清史稿》作"插漢七老圖山"。

[阿巴哈納爾部]在張家口東北六百四十里。至京師千五十里。東西距百八十里,南北距四百三十六里。東至浩齊特界,西至阿巴噶界,南至察哈爾正藍旗界,北至瀚海。漢上谷郡北境。晉爲拓跋

氏地。隋及唐初爲突厥所據。遼爲上京道西境。金爲北京路西北境。元屬上都路。明入於蒙古。元太祖弟布格博勒格圖,十七傳至巴雅思瑚布爾古特。次子諾密特默克圖,號所部曰阿巴哈納爾。舊作阿霸哈納爾,今作阿巴哈那爾。二旗。

[右翼旗]札薩克多羅貝勒游牧。諾爾特默克圖曾孫色(塞)棱(冷)墨爾根[一],初,依喀爾喀,駐牧克魯倫河界。康熙初,慕化,越瀚海,南牧綽諾陀羅海,近内汛,遣之,弗去。五年,遂攜衆千三百餘至阿巴噶右翼牧地,乞歸誠。詔允。六年,封札薩克多羅貝勒,世襲罔替。佐領七。

牧地:康熙六年,詔以阿巴噶牧地賜之。遣官視浩齊特、蘇尼特界外水草豐美地,指給阿巴噶移牧。有達里岡愛諾爾。案:達里諾爾,即達爾泊,蒙古名捕魚兒海子,元之荅兒海子也。岡愛,亦作岡噶、岡垓,與達爾諾爾相聯。太宗崇德二年二月,聞札薩克圖汗謀掠我歸化城,親征過興安嶺,駐營達勒諾爾,已復行獵達勒諾爾西。即此。康熙二十九年六月,遣敖漢、柰曼諸部兵,備達爾腦兒。七月,裕親王等奏言:噶爾丹十二日至和爾洪河,十三日沿河而下幾百里往岳洛巖,視其所向,將往達爾腦兒之地,距岳洛巖約六日程。亦謂此矣。多倫諾爾同知清查册曰:多倫諾爾正北三百五十餘里,有池二處、河三道。其最大者名達爾諾爾,周廣二百餘里,中有島嶼,爲水禽聚集之所。東南四十里,曰岡噶諾爾,廣四五十里,中有細流,與達爾諾爾相通。西北爲嵩賴河,東北爲公古爾河,西南爲舒爾噶河,四處之水分流入達爾諾爾,産魚最盛,諾爾之利。蓋克什克騰、阿巴噶、阿巴哈納爾三部蒙古共享之。所産滑子魚,每三、四月間自達里諾爾溯流而進,填塞河渠,殆無空隙,人、馬皆不能渡。内地及喀喇沁、翁牛特等處種地民人覬其利,往往偷捕池魚,於所部哈雅諾爾地方,造房過冬。雍正、乾隆間,屢次禁示,民貪其利,弗從也。乾隆六年,直隸總督孫嘉淦奏請聽民網取;諸札薩克以爲言。旋禁止之。嗣經方觀承奏定:凡出口民人,有攜帶魚網者,即行攔阻;進口之人,有載運滑子魚者,無論民人、蒙古,一體查拏治罪。并於可通魚池之蘇家店子、森吉圖溝口,撥兵輪守。移咨理藩院行文各札薩克:嚴禁屬下拉魚進口。飭克什克騰札薩克在於必里漢溝口實力巡防,勿令透漏。東至希爾當山,三十里,接左翼界。旗東八里,有特爾墨山。三十里,有錫喇峯。南至博羅温都爾岡,百七十里,接察哈爾正藍旗界。旗南四十五里,有哈爾海圖泉。五十里,有息雞淀,蒙古名哈雅諾爾。内地偷捕池魚者,率聚於此。宋皇祐二年〖遼重熙十九年〗三月,以翰林學士趙槩爲遼國信使,遼主駐息雞淀,嘗因會獵,令槩賦《信誓如山河》詩,詩成,侑以玉盃,即是處也。又《胡嶠陷北記》曰:塞外有息雞艸,尤美而本大,馬食不過十本而飽。淀或因艸得名歟?《酉陽雜俎》:席萁,一名塞蘆,生胡地。古詩有“千里席萁艸”之句。王建詠“席萁簾”句云:單于不向南牧馬,席萁徧滿天山下。然則息雞,又席萁之訛轉也。七十里,有郭和蘇台河,土名韭河。自察哈爾正藍旗界流入境,經博羅温都爾岡,西北流,入阿巴噶界。經索濟庫山,西流,入白海子。康熙三十五年,上親征噶爾丹,牧馬郭和蘇台,詔所部偕阿巴噶、浩齊特、蘇尼特諸部長董牧務,凱還,并蒙優賚。余宷《塞程別紀》:由滚諾爾又四十五里,至果豁蘇台,即十臺,師旋以後,露貯餘米於此。并五臺所貯,約共萬餘石,裝以布袋,覆以油單〔二〕,貫繩束版壓之,儼如峯起〔三〕。其地勢則漸平坦,由沙磧而入瀚海矣。又四十五里,至胡魯蘇台。案:果豁,即郭和,譯字之變也。**西至哈喇堂**,三十里,接阿巴噶右翼界。**北至華陀羅海**,百四十里,接達里岡愛馬場界。案:此馬場因諾爾得名,詳見蘇尼特左翼東北下。旗北二十里,有僧機圖山。二十五里,有横山,蒙古名布色。五十里,有瓜山。八十里,有綠狐山,蒙古名烏納格。百里,有哈納峯。旗北六里,有葛都爾庫泉。七十里,有和吉(几)葛爾泉〔四〕。八十里,有和爾和泉。百二十里,有他奇喇泉。**東南至那魯蘇台**,百七十里,接左翼界。旗東南三十五里,有大熊山,蒙古名巴賴都爾。五十里,有黄山,蒙古名色爾騰洪果爾山。七十里,有察罕阿魯克山。百十里,有喀喇阿魯克山。旗東南九十里,有奎騰河,土名陰涼河。源出卓索圖站西北,自阿巴噶界流入境,經察罕阿魯克山,西流,會郭和蘇台河,入息雞淀。《五代史》:奚當唐末,居陰涼川。即此。旗東南八十里,有赤泉,有葦淀,蒙古名呼魯蘇台布禄都。余宷《記(紀)》:由果豁蘇台四十五里至胡魯蘇台。謂此也。**西南至博羅温都爾**,百五十里,接阿巴噶右翼界。旗西南百四十里,有褒勒泊。**東北至華陀羅海**,百三十里,接達里岡愛馬場界。旗東北八十里,有狀山,蒙古名席勒。百三十里,有俄奇特庫爾格特山。**西北至温都爾瑪尼圖**。百二十里,接阿巴噶右翼界。旗西北五十里,有雙山,蒙古名和岳爾察罕陀羅海。八十里,有方山,蒙古名和(賀)爾和(賀)〔五〕。百二十里,有蛇山,蒙古名漠灰圖。旗西北二十里,有鯀(衮)布禄都泊〔六〕。

札薩克駐昌圖山。漢名永安山,在張家口東北六百四十里。《會典》作孟克烏達山。

[左翼旗]札薩克固山貝子與阿巴噶左翼旗同游牧。《一統志》作:阿巴哈納爾左翼,東至浩齊特界三十一里,西至右翼界八十九里,南至阿巴噶界三十二里,北至浩齊特界二百八十六里,東南至浩齊特界五十里,西南至右翼界一百三十六里,東北至浩齊特界五十五里,西北至右翼界一百五十二里。**色棱墨爾根弟棟伊思喇布,康熙四年,擕衆二千餘來歸,授札薩克固山貝子,世襲罔替**。佐領九。**駐烏勒**

(爾)扈(呼)陀(拖)羅海〔七〕。在獨石口東北五百八十二里。《會典》作阿爾噶靈圖山。旗南二十三里,有巴爾達木山。西二百十里,有色爾騰洪果(戈)爾山〔八〕。西北三十五里,有布爾漢山。六十五里,有觸寶山。百十六里,有塔兒布喀台坡。百二十里,有覆舟山,蒙古名呼里翁和(戈)沖(春)〔九〕。二百里有青羊山,有達蘭圖里泉。北七十里,有黑錫(勒)泊〔一〇〕。

隸錫林郭勒盟。

貢道:右翼由張家口,左翼由獨石口。

蒙古游牧記卷之四　　　　壽陽祁世長覆校

【校記】

〔一〕色棱墨爾根,中華書局點校本《清史稿》作"塞冷墨爾根"。

〔二〕以布袋,覆以油單,"昭代本"《塞程別紀》作"裝之以布袋,覆之以油單"。

〔三〕該句下引文有節略。

〔四〕和吉葛爾泉,中華書局點校本《清史稿》作"和几葛爾泉"。

〔五〕和爾和,中華書局點校本《清史稿》作"賀爾賀山"。

〔六〕鯀布禄都泊,中華書局點校本《清史稿》作"袞布禄都泊"。

〔七〕烏勒扈陀羅海,中華書局點校本《清史稿》作"烏爾呼拖羅海山"。

〔八〕色爾騰洪果爾山,中華書局點校本《清史稿》作"色爾騰洪戈爾山"。

〔九〕呼里翁和沖,中華書局點校本《清史稿》作"呼里翁戈春"。

〔一〇〕黑錫泊,中華書局點校本《清史稿》作"黑勒泊"。

蒙古游牧記卷之五

平定張　穆撰
光澤何秋濤校

内蒙古烏蘭察布盟游牧所在四子部落　茂明安　烏喇特　喀爾喀右翼

［四子部落］在張家口西北五百五十里。至京師九百六十里。東西距二百三十五里，南北距二百四十里。東至蘇尼特界，西至歸化城土默特界，南至察哈爾鑲紅旗牧廠界，北至蘇尼特界。漢雁門郡及定襄郡北境。晉爲拓跋氏地。唐爲振武軍地。遼爲豐州地，屬西京道。金屬西京路。元屬大同路。明入於蒙古。元太祖弟哈布圖哈薩爾十五世孫諾延泰與兄昆都倫岱青同游牧呼倫貝爾。昆都倫岱青，阿嚕科爾沁部祖也。有子四：長僧格，號墨爾根和碩齊。次索諾木，號達爾漢台吉。次鄂木佈（布）〔一〕，號布庫台吉。次伊爾札布，號墨爾根台吉。四子分牧而處，後遂爲所部稱。《一統志》：後分與諸子，號曰對因駒子。

［一旗］札薩克多羅達爾漢卓里克圖郡王游牧。天聰間，四子相繼朝貢，從征有功。崇德元年，授鄂木佈札薩克，賜號達爾漢卓里克圖，俾統所部。順治六年，封多羅郡王，世襲罔替。佐領二十。

牧地：天聰八年，定諸藩牧地。四子部落與鑲紅旗蒙古以杜穆達都騰格里克、沃都爾台爲界。《理藩院則例》載：奏定四子部落與土默特兩旗界阯。自托速圖山起向南，至東巴彦封堆，設封堆一。自巴彦封堆向西南，至土默特所屬之烏蘭察布六札薩克會盟處，又至烏蘭察布泉源，各設封堆。其泉源封堆迤東爲四子部王旗界，迤西爲土默特旗界。又大青山後毗連蒙古游牧，定於四子部落郡王邊界添設卡倫四處，達爾漢貝勒邊界添設卡倫二處，茂明安札薩克邊界添設卡倫一處，烏喇特公邊界添設卡倫三處。有錫喇察漢諾爾，錫喇木倫河豬焉。所部當陰山之北，臨沙漠，有水自北麓流出，當旗西北五十里，曰錫喇木倫河，漢言黄水河也。源出得兒嶺之南，翁衮鄂博岡之西南谷中，東北流百里許，出山折而正北，凡三百餘里而豬爲錫喇察漢諾爾。齊侍郎曰：此水南經河灘，阻隔重山，當河套折而南流之正北也。張文端《漠北日記》[二]：二十一日，出歸化城，行九里，入祁連山。十五里，踰峻嶺，方言都倫大壩。五里，下坡，石溝崎嶇，溪壑幽深。六十里，駐昆都勒必納，峽行棄駝自此始。二十三日，折而東向，踰平嶺，四十里，有水草之地，喇麻穹廬而居，飾新涼棚其前。又二十里，駐席喃莫洛，有清河一道，足人馬汲飲，兩山亦堪芻牧。《北征録》云：蒙古地勢，遠望（見）似高阜[三]，至即又平矣。此景今來塞外，乃（則）親見之[四]。二十五日，向北行，平地三十里，駐烏蘇禿，有河水繞流，艸色青葱。二十六日，行五里，有廢城基趾，可七里許，平原回合，氣勢攸聚，昔人城此，亦知地利者也。自此山澗有水之地，蒙古零星而處。二十里，次察汗卓魯，有泉源可汲，惜艸少耳。二十七日，踰平阜，七十九里，次西臘木倫[五]，沿塗蒙古居者絡繹。未至營三十里，有黑泥河一道，艸亦稍有。此處河水稍清，而艸則不及云云。案：席喃莫洛、西臘木倫，皆即錫喇木倫之譯變。文端葢自源泝委而行，所踰峻嶺、平嶺皆指翁衮山嶺，所見蒙古，即四子部落種人也[六]。《方略》：雍正九年九月，上諭：歸化城北翁衮地方，係八旗察哈爾西界，四子部落、茂明安、烏喇特東界，於適中形勝之處調度二面，亦屬容易。著行文大將軍馬爾賽，令伊帶領漢軍兵四千，會同喀喇沁兵一千，往翁衮地方環山有樹木、水艸處駐劄。東至什吉岡圖山，百三十里，接蘇尼特右翼界。旗東六十里，有博濟蘇克山。南至伊柯塞爾拜山，百四十里，接察哈爾鑲紅旗界。旗南八十里，有新婦山，蒙古名白爾白肯（狼）[七]。百十里，有鄂爾多斯山[八]。百三十里，有喀喇和碩山。旗南百四十里，有噶爾哈圖泉。西至巴顏鄂博，土名富峪。百五里，接歸化城土默特界。旗西四十里，有希巴爾台泉。七十里，有雅遜哈拍齊爾泉。北至沙巴克圖，百里，接土謝圖汗部左翼中旗界。東北至額爾柯圖鄂博，百六十里，接土謝圖汗部左翼中旗界。旗東北二十五里，有陽山，蒙古名杜（北）蘭[九]，即齊侍郎所謂杜蘭喀喇矣。百三十里，有鵲山，蒙古名沙齊哈圖。百六十里，有察罕濟里敏坡。《漠北日記》：二十八日，行平道四十三里，次哈納烏蘇河。水盡牛溲，臭不堪飲，童阜沙磧，止產得勒蘇枯莖，間雜嫩艸，牧馬、駝以此，深慮不足。二十九日，行平沙中，一望無際，寸艸不生，馬前惟見沙〈推〉{堆}纍纍[一〇]，古人所謂大漠北也。出此三十里，忽有青艸百畝，肥脆茂盛，停驂牧馬，殆有神助。過此復平沙六十里，駐阿爾七金（他）（納）地面[一一]。乾澗有蘆葦，勉强牧馬。下溼處掘地三寸餘，得水[一二]，有土氣。三十日，出軍門，滿地矮樹紛披，狀如小柏，生采爲薪，即能然。踰平岡六十里，亭午渴甚[一三]，無水可求。下岡，二十一里，駐喀倫。平阜夾岸，怪石槎枒，地勢低凹，掘三尺餘，水鹹，煑羊烹茶變黑色[一四]，令人腹疼。地枯無艸無薪，軍中拾馬矢供爨。西北至查爾山，百二十里，接土謝圖汗部左翼中旗界。旗西北五十里，有羖羊山，蒙古名阿爾哈林圖。有獨牛山，蒙古名烏克爾圖魯（禄）[一五]。百二十里，有拜圖華坡。旗西北有廢淨州城。《金史·地理志》：淨州，刺史。大定〈六〉{十八}年以天山縣升[一六]，爲豐州支郡，刺史兼榷譏察。北至界八十里。縣一。天山，舊爲榷場，大定十八年置，爲倚郭。《元史·地理志》：淨州路，領天山一縣。《一統志》案：故淨州，在昌州之西，豐州之北，其地當在旗西北，與喀爾喀接界處。東南至托克托瓦陀羅海，百八十里，接察哈爾正黄旗界。旗東南七十里，有邵隆峯。百五十里，有察罕峯，有烏蘭峯，有陰山，蒙古名色爾貝。《漠北日記》：七月十七日，入噶禄，次塔布泰哈不七兒，計程四十四里[一七]。二十三日，行二十里，次阿達金呼都克。二十四日，行淺沙四十里，次張郭圖呼都克。二十五日，行三十五里[一八]，度平嶺，至達布蘇台，有水艸，供一旗之需。二十六日，酉刻，載水以行。薄暮，揀有艸處駐軍，計程十四里。二十七日，四十里[一九]，次擢羅，有水、艸足用。二十八日，行三十里，次荒沙，有艸無水。二十九日，行四十六里，次何托，有水乏艸。三十日，踰平嶺，四十里至薩瑪布納。阜下有泉，掘坎盛水足飲。溝有葦子艸。八月初一日，行四十三里，次布而思納。艸少，有井二所，不足汲飲。初二日，行四十七里，駐噶埶。舊井四所，水鹹，汲飲立涸[二〇]。初三日，踰平嶺（山）六十六里[二一]，駐至喜。環壘皆山，茂艸盈野，遠望青翠豁目。自噶禄至此，爲色紐地。色紐爵王，爲本朝屬國四十八旗之一。其地沙磧漸少，産朱瑪納哈，似黄鼠，而身短足矮，可食。初四日，行三十里，入山溝，又三十里，次毛布納，爲察汗爾地。案：文端歸程蓋仍由四子部落境，但出由歸化城，驛路在旗西；歸入張家口，驛路在旗東耳。色紐，四十八旗中更無此名，其時四子部落王爲達木巴琫素，疑色紐即巴琫素傳鈔之訛。西南至察罕和碩。二百里，接察哈爾鑲藍旗界。旗西南百里，有阿爾察圖蘇門峯。百二十里，有阿嚕（禄）蘇門峯[二二]。百四十里，有納札海山。二百里，有密柳坡，蒙古名博多克布爾哈蘇。旗西南百里，有德本得泉，有青城泉，蒙古名博羅琥濟爾。

札薩克駐烏蘭額爾濟坡。《會典》作鄂勒哲滿達賴。

所部與茂明安、烏喇特、喀爾喀右翼諸部，統盟於烏蘭察布。盟地在所部境内。《一統志》有五藍叉拍山，在歸化城南百二十里，即此烏蘭察布也。

貢道由張家口。

【校記】

〔一〕鄂木佈，中華書局點校本《清史稿》作“鄂木布”。

〔二〕《漠北日記》，又作《奉使倭羅斯日記》《奉使俄羅斯行程録》。

〔三〕遠望似高阜,《中國邊疆文庫·初編》整理《奉使倭羅斯日記》(以下簡稱“邊疆文庫本”《奉使倭羅斯日記》)作“遠望見似高阜”。

〔四〕乃親見之,“邊疆文庫本”《奉使倭羅斯日記》作“則親見之矣”。

〔五〕次西臘木倫,“邊疆文庫本”《奉使倭羅斯日記》作“次門西臘木倫”。

〔六〕該段引文多有節略。

〔七〕白爾白肯,中華書局點校本《清史稿》作“白爾白狼山”。

〔八〕鄂爾多斯山,“四庫本”《(乾隆)大清一統志》、中華書局點校本《清史稿》皆作“爾多斯山”。

〔九〕杜蘭,中華書局點校本《清史稿》作“北蘭”。

〔一〇〕“同治本”誤寫“堆”字爲“推”字,據“謄清本”改。

〔一一〕阿爾七金,“邊疆文庫本”《奉使俄羅斯行程録》作“阿爾七金他納”。

〔一二〕溼,同“濕”。

〔一三〕該句引文有節略。

〔一四〕煑,同“煮”。

〔一五〕烏克爾圖魯,中華書局點校本《清史稿》作“烏克爾圖禄”。

〔一六〕大定六年,中華書局點校本《金史·地理志》作“大定十八年”,疑《一統志》誤,張穆《蒙古游牧記》襲之。據中華書局點校本《金史》、文意改。

〔一七〕計程四十四里,“邊疆文庫本”《奉使俄羅斯行程録》作“計程四十四里許”。

〔一八〕行三十五里,“邊疆文庫本”《奉使俄羅斯行程録》作“早行三十五里”。

〔一九〕四十里,“邊疆文庫本”《奉使俄羅斯行程録》作“早發四十里”。

〔二〇〕汲飲立涸,“邊疆文庫本”《奉使俄羅斯行程録》作“軍士汲飲立涸”。

〔二一〕平嶺,“邊疆文庫本”《奉使俄羅斯行程録》作“平山”。

〔二二〕阿嚕蘇門峯,中華書局點校本《清史稿》作“阿禄蘇門峯”。

[茂明安部]在張家口西北八百里。至京師千二百四十里。東西距百里,南北距百九十里。東至喀爾喀右翼界,西至烏喇特界,南至歸化城土默特界,北至瀚海。漢五原郡地。後魏懷朔鎮地。唐振武軍地。遼東勝州地,屬西京道。金因之。元屬大同路。明初,設衛戍守,後入於蒙古。元太祖弟哈布圖哈薩爾十四世孫,錫喇奇塔特,號土謝圖汗,有子三,游牧呼倫貝爾。其長多爾濟,號布顔圖汗,子車根嗣,號所部曰茂明安。舊作毛明安。

［一旗］札薩克一等台吉游牧。天聰七年，車根率其族，攜户千餘來歸。子僧格，康熙三年，授札薩克一等台吉，世襲罔替。佐領四。

牧地：《理藩院則例》載：奏定茂明安與土默特兩旗界阯。自白衡果爾山所設封堆起，迆東，至大、小兩毫賚，設封堆二，轉東北至哈達圖河之南北二山山頂設封堆二；迆北至烏蘭和碩設封堆一，又北至克抽鄂博所設封堆。定爲茂明安、達爾漢貝勒、土默特三旗交界。自克抽封堆西北之副都統衙門徵租官房西所設封堆二起，迆西爲茂明安旗界；迆東爲土默特旗界。又達爾漢貝勒與土默特兩旗界阯：自克抽封堆起至向東北之山頂設封堆一。迆東於哈拉圖温都爾、茂蓋圖庫謝齊洛薩查鄂博、磨楝鄂博、哈達瑪勒河源、奔磴圖哈拉鄂博、霍拉保山、托速圖山，各設封堆。以托速圖山定爲達爾漢貝勒、土默特、四子部落王三旗交界：山迆北，爲達爾漢貝勒旗界；山迆南，爲土默特旗界。又達爾漢貝勒、土默特兩旗以哈達瑪勒河源爲正中交界。又土默特、茂明安兩旗搭界之德勒格爾共對賽爾呼土克等處耕種居民，分清地界。界東租交土默特，界西租交茂明安。案：達爾漢貝勒者，僧格叔父固穆巴圖魯子孫所襲爵也。當愛布（畢）哈河源〔一〕。愛布哈河，源出旗西北刻勒峯，東流，經旗東北之固（古）爾班（板）喀喇山〔二〕，入喀爾喀右翼界。《水道提綱》：愛必合河，於河套爲東北角，陰山之北。源出沙土中，西南流百數十里，有塔尼渾河自東南來會。經察罕和邵西麓，亦洛圖山東麓，又西南折而南流，至察罕七老圖，岐爲二小池而涸。《會典圖説》：愛布哈河，出茂明安旗，東北流，南納塔爾渾河，又東北，經喀爾喀右翼旗，豬爲阿勒坦托輝泊。東至黄烏爾，四十里，接烏喇特界。旗東四十里，有伊克哈達圖泊。南至固爾班哈喇陀羅海，八十里，接歸化城土默特界。旗南八十里，有墨突鄂博岡。旗南十五里，有拜星圖泉，源出哈拉海圖山，西南流，會坤都倫河。六十里，有坤（崑）都倫河〔三〕，源出和岳爾白爾克山，西流，經官山，入烏喇特旗界。西至哈喇達噶，六十里，接烏喇特界。旗西六十里，有羖羊山。北至伊克爾德阿濟爾噶，百十里，接瀚海界。旗北五十里，有方山，蒙古名和爾和。東南至魏邁烏蘭和碩，七十里，接歸化城土默特界。旗東南五里，有和岳爾伯爾（白）克山〔四〕。四十里，有察（插）罕（漢）鄂（峨）博山〔五〕。七十里，有喀喇陀羅海山。西南至吉蘭陀羅海，八十五里，接烏喇特界。旗西南十五里，有哈拉海圖山。四十里，有褪諾克山。七十里，有官山。《明一統志》：在大同府城北五百餘里，山上有九十九泉，流爲黑河。東北至蘇朗，百二十里，接瀚海界。旗東北五里，有固（古）爾班（板）喀喇山。百二十里，有郭岳會（惠）察（插）罕（漢）齊（七）老山〔六〕。旗東北四十里，有布嚕（禄）爾托海河〔七〕，源出伊克哈達圖山，北流，會愛布哈河。西北至土勒札圖鄂博。百四十里，接瀚海界。旗西北百四十里，有齊齊哈爾察（插）罕（漢）齊老山〔八〕。旗西北七十里，有刻勒峯。四十里，有浩齊鄂博岡。旗西北百三十里，有呼呼泊。

札薩克駐徹特塞里。《一統志》作：駐車突泉。《會典》作：駐巴顔察罕鄂博。

隸烏蘭察布盟。

貢道由張家口。

【校記】

〔一〕愛布哈河，中華書局點校本《清史稿》作"愛畢哈河"。

〔二〕固爾班喀喇山，中華書局點校本《清史稿》作"古爾板喀喇山"。下同。

〔三〕坤都倫河，中華書局點校本《清史稿》作"崑都倫河"。

〔四〕和岳爾伯爾克山，中華書局點校本《清史稿》作"和岳爾白克山"。

〔五〕察罕鄂博山，中華書局點校本《清史稿》作"插漢俄博山"。

〔六〕郭岳會察罕齊老山，中華書局點校本《清史稿》作"郭岳會插漢七老山"。

〔七〕布嚕爾托海河，中華書局點校本《清史稿》作"布禄爾托海河"。

〔八〕齊齊哈爾察罕齊老山，中華書局點校本《清史稿》作"齊齊哈爾插漢齊老山"。

［烏喇特部］在歸化城西三百六十里。至京師千五百二十里。東西距二百十五里，南北距三百里。東至茂明安及歸化城土默特界，西及南皆至鄂爾多斯界，北至喀爾喀右翼界。秦九原郡地。漢更名五原，漢末郡廢。後魏置懷朔鎮。唐中、西受降城地。遼置雲内州，屬西京道。金因之。元屬大同路。明爲蒙古所據。元太祖弟哈布圖哈薩爾十五世孫布爾海，游牧呼倫貝爾，號所部曰烏喇特。舊作吴喇忒。三旗。

［中旗］札薩克鎮國公今襲輔國公、［前旗］札薩克鎮國公、［後旗］札薩克輔國公後襲鎮國公同游牧。布爾海後分所部爲三。長子賴噶，孫鄂木布。幼子巴爾賽、孫圖巴、曾孫色棱，領其衆。天聰七年，率屬來歸。順治五年，叙從征功，以圖巴掌中旗，封鎮國公；鄂木布子謂班，掌前旗，封鎮國公；色棱子巴克巴海，掌後旗，封輔國公。各授札薩克，世襲罔替。中旗佐領十六，前旗佐領十二，後旗佐領六。

牧地：當河套北岸，黄河在旗南五十里，其南岸即鄂爾多斯界，自鄂爾多斯西北境流入，東流，經旗南。又東流，折而南，又東南流，入歸化城土默特界。《水經注》：河水東逕高闕南，自臨河縣東逕陽山南，又東，逕馬陰山西。又東流，逕朔方故城東北。自朔方東轉，逕渠搜縣故城北。又東，逕西安陽縣故城南。又東，逕成宜縣故城南。又東，逕宜梁縣故城南。又東，過臨沃縣南。又東，枝津出焉。又東流，石門水南注之。又東，逕稒陽縣故城南。又東，逕塞泉城南而東注。又東，逕雲中楨陵縣〈東〉{南}[一]。《榆林志》：黄河自寧夏横城堡西，折而北，逕三受降城南，至廢東勝州，折而南。噶札爾山之南。《一統志》：陰山，蒙古名噶札爾，在旗西北二百四十里。《史記·秦始皇本紀》：三十三年，自榆林並河以東，屬之陰山，以爲三十四縣。注{《集解》}：徐廣曰，在五原北。《漢書·匈奴傳》：侯應曰：北邊塞外有陰山，東西千餘里，艸木茂盛，多禽獸，本冒頓單于依阻其中，治作弓矢，來去爲寇，是其苑囿也。至孝武[二]，出師征伐，斥奪此地，攘之於幕北，建塞徼，起亭隧，築外城，設屯戍以守之。匈奴來寇，少所隱蔽，從塞以南，徑深山谷，往來差難。邊長老言：匈奴失陰山之後，過之未嘗不哭也。《後漢{書}·郡國志》：五原郡西、安陽北有陰山。《水經·河水注》：又南，經馬陰山[三]。〈注〉《漢書·音義》曰：陽山在河北，陰山在河南，謂是山也，而實不在河南。《舊唐書·地理志》：安北府，北至陰山七十里。《九邊考》：陰山在中受降城東北，自陰山而北，皆大磧。按自烏喇特之西北，迤邐而東，以至歸化城東北，雖土名不一，實皆古陰山也。東至黄烏爾，九十里，接茂明安界。旗東三十五里，有居延山，蒙古名昆都倫。四十里，有狼山，蒙古名綽農陀羅海。九十里，有牛頭朝那山，蒙〈名〉{古}名吉蘭陀羅海。有老虎山，蒙古名巴爾圖。《九邊考》：自老虎山而西，爲長流水、蒲艸泉等險。魏太武皇始元年春，大蒐於定襄之虎山。疑即此也。百十里，有宿嵬山，蒙古名札拉。《一統志》：按《遼史·西夏傳》：冠後垂紅纓，自號嵬名，以嵬爲纓，蓋本諸此。旗東三十里，有甜水井，蒙古名賽因。四十里，有昆都倫河，源出烏孫吐嚕之地，西南流，入黄河。南至黄河，五十里，接鄂爾多斯界。西至拜塞墨突，百二十里，接鄂爾多斯界。旗西黄河北岸，有唐張仁愿所築中受降城。《舊唐書·張仁愿傳》：河北岸有拂雲堆祠，突厥每入寇[四]，必先詣祠，祭酎求福，因牧馬料兵而後渡河。仁愿築三受降城，以拂雲堆爲中城。《元和志》：中受降城東至東受降城三百里，西北至天德軍二百里，南至麟州四百里，北至磧口三百里。《新唐書·地理志》：中受降城有拂雲堆祠。接靈州境，有關，元和九年置。《一統志》：按旗西北一百九十里有地，蒙古名烏朱爾插漢，或疑此爲拂雲堆也。李益《拂雲堆》詩曰：漢將新從虜地來，旌旗半上拂雲堆。單于每向沙場獵，南望陰山哭始回。有唐安北都護府，本燕然都護府。龍朔三年，爲瀚海都督府。總章二年，更名。開元二年，治中受降城。十年，徙置豐、勝二州之境。十二年，徙治天德軍。《一統志》：按《通典》：安北都護府東至榆林二百五十里，西至九原三百五十里，南至朔方八百里，北至回紇界七百里，東南至新秦四百里。《舊唐書·（地理）志》：安北大都護府，北至陰山七十里，至回紇（界）七百里。舊領陰山一縣，去京師二千七百里，在黄河北。蓋唐時都護府遷徙不常，《通典》《元和志》《唐書》詳略不同。大約易名者六，而天德軍爲最著，遷治者十，而在大同川爲最久，且阸要也〔六〕。旗西有木納山。西四十五里，有哈珀察齊泉。九十五里，有烏蘭泉。百十五里，有杜窩勒泊。**北至伊克爾德阿濟爾噶，**二百五十里，接喀爾喀右翼界。旗北有古九原城。《史記·趙世家》：武靈王攘地，西至雲中、九原。《秦始皇本紀》：三十五年，除道，道九原，抵雲陽，塹山堙谷，直通之。《漢書·武帝紀》：元朔二年，置五原郡。《地理志》：五原郡，治九原縣。《後漢書·光武帝紀》：建武二十年，省五原郡，徙其吏人置河東。二十六年，南單于遣子入侍〔七〕。於是雲中、五原、朔方、北地、定襄、雁門、上郡、代郡八郡民歸於本土。《魏志》：建安二十年，省五原郡。《水經注》：河水東逕河陰縣故城北，又東，逕九原縣故城南，秦始皇置九原郡，治此。漢武帝更名五原也。其城南面長河，北背連山。《通典》：勝州榆林縣西有漢五原城。《元和志》：敬本故城，在中受降城北四十里。鄭虔《軍録》曰：時人以張仁愿河外築三城，自古未有。今敬本城周一萬八百七十二步，濠塹深峻，亦古之堅守。賈耽《古今述》曰：以地理求之，前代九原郡城也。《一統志》：按九原故城，在漢朔方之東北，雲中之西，今套北黄河東流之處也。唐勝州在套内東北，九原直其西北。《通典》以爲在西，疑脱北字。其北即陰山，又北爲光禄塞，西即北假，秦、漢時號爲絶塞。〈隨〉{隋}〔八〕、唐豐州雖亦名九原，五原乃漢朔方郡地也。《括地志》謂：勝州，連谷縣，本秦九原郡。《明(一)統志》謂：在陝西神木縣。皆誤。有五原城，在故九原城西。漢置縣，屬五原郡，後漢末省。《水經注》：九原縣西北接對一城，蓋五原縣之故城也。有臨沃故城，在故九原城東，漢置，縣屬五原郡。後漢末省。《水經》：河水東過臨沃縣南。《注》：石門水自石門障東南流，逕臨沃城東是也。有宜梁故城，在九原城西，漢置，屬五原郡。後漢末省。《水經注》：河水東逕宜梁縣故城南。闞駰曰：五原西南六{十}里〔九〕，今世謂之石崖城。有成宜故城，在九原城西。《漢書·地理志》：五原郡，成宜，中部都尉治原亭，西部都尉治田辟。有鹽官。《後漢書·南匈奴傳》：建武二十六年，遣中郎將段郴、副校尉王都使南單于，其庭去五原西部塞八十里〔一〇〕。《水經注》：河水自西安陽東，逕田辟城南，又東，逕成宜縣故城南。又東，逕原亭故城是也。有西安陽故城，在九原城西，陰山南。漢置，屬五原郡。後漢末省。《水經注》：河水逕朔方縣東北，屈南，過五原西安陽縣南。有河目故城，在九原城西，漢置，屬五原郡。後漢末省。《水經注》：河水自陽山南，南屈，過河目縣左。《括地志》：漢五原郡河目縣，在北假中。《一統志》：按河目故城，當在陽山南，高闕東，南、北河之間。又如五原所屬曼柏縣，亦在黄河北岸。惟河陰一縣，在河南耳。有稒陽故城，在九原城東北。《史記·魏世家》：惠王十九年，築長城，塞固陽。《正義》：按魏築長城自鄭濱洛，北達銀州，至勝州固陽縣爲塞也。《漢書·地理志》：五原郡，東部都尉治稒陽。又稒陽縣，北出石門障，得光禄城。又西北，得支就城。又西北，得頭曼城。又西北，得虖河城。又西北，得宿虜城〔一一〕。《後漢書·和帝紀》：永元元年，度遼將軍鄧鴻出稒陽塞，與匈奴戰於稽落山，大破之。《魏書·太祖紀》：登國六年，衛辰遣子直力鞮出稒陽塞，侵及黑城。帝襲五原，屠之。收其積穀，還紐垤川。於稒陽塞北樹碑紀功。《水經》：河水東逕稒陽縣故城南，又東，逕塞泉城南而東注。《一統志》：按稒陽，在五原郡東北，近雲中郡。有漢受降城，在九原北塞外。《漢書·武帝紀》：太初元年，遣因杅將軍公孫敖，築塞外受降城。又《匈奴傳》：呼韓邪單于自請願留居光禄塞下，有急，保漢受降城。《一統志》：按後魏太平真君九年，北討，至受降城，積糧城内，留守而還。蓋即漢城也。有古長城，《史記·秦始皇本紀》：三十三年，西北斥逐匈奴。自榆中並河以東，屬之陰山，以爲三十四縣，城河上爲塞。《遼史·地理志》：天德軍，有秦長城。此也。有光禄塞，在古稒陽縣北。《漢書·地理志》：稒陽，北出石門障，得光禄城。《匈奴傳》：太初三年，光禄勳徐自爲出五原塞數百里，遠者千里，築城障列亭至盧朐。甘露三年，呼韓邪單于朝漢，自請願留居光禄塞下。《注》：師古曰：徐自爲所築者也。《水經注》：石門水出石門山，西北趨光禄城。有高闕塞，在陰山西。《史記·匈奴傳》：趙武靈王自代並陰山，至高闕爲塞。〈注〉{《集解》}：徐廣曰，在朔方。《正義》曰：《地理志》云：朔方臨戎縣北有連山，險於長城，其山中斷，兩峯俱峻，土俗名爲高闕也。又《秦始皇本紀》：三十三年，使蒙恬渡河取高闕、〈陶〉{陽}山〔一二〕、北假。《漢書·武帝紀》：元朔二年，遣將軍衛青出雲中，西至高闕。《注》：師古曰，高闕，山名，一曰塞名也，在朔方之北。《水經》：河水屈而東流，爲北河。東過高闕南。《注》：陰山下有長城，長城之際，連山刺天。其山中斷，望若闕焉，故有高闕之名也。自闕出荒中，闕口有城，跨山經屬〔一三〕，謂之高闕戍。上古及今〔一四〕，常置重捍，以防塞道。《通典》：高闕，在陰山之西。《榆林舊志》：高闕北去大磧，凡三百里。旗北四十里，有河套山。九十里，有雪山，蒙古名察蘇台。百三十里，有伊克鄂博山。百八十里，有帷山，蒙古名額古特。二百里，有麥垛山，産精鐵，利五兵。旗北八十里，有舍特河，源出敖西喜山，西流，經大青山，入黄河。九十里，有蘇爾哲河，源出雪山，西流，會舍特河。百里，有烏爾圖河，源出雪山，西南流，入黄河。百二十里，有伊克鄂博河，源出伊克鄂博山，西流，會齊齊爾哈納河。百五十里，有齊齊爾哈納河，自茂明安界流入境，西南經白石山，會黑河。百七十里，有帷山河，蒙古名額古特。源出帷山，西南流，會黑河。百八十里，有席勒河，源出席勒山，西南流，會哈柳圖河。百八十五里，有阿爾柴河，源出阿爾柴山，西南流，會席勒河。有東哈柳圖河，源出麥垛山，西南流，經連山東。又西南，經東德爾山西、德爾山南、拜星圖北，爲席汗河。又西南，入黄河。二百里，有黑河，蒙古名喀喇木倫。自茂明安部流入境，西南流，入黄河。舊説謂赫連勃勃營都城於黑水之南，即此黑河，非也。**東南至黄河**，百二十里，接鄂爾多斯界。旗東南六十里，有漢惠圖坡。百二十里，有五達河，源出布當圖山，西南流，入黄河。**西南至黄河**，百里，接阿拉善及鄂爾多斯界。旗西南五十里，有章武台泊。**東北至蘇朗**，百四十五里，接喀爾喀左翼界。旗東北有後魏懷朔鎮城,太武破蠕蠕,列置降人於漠南。東至濡源,西暨五原陰山,竟三千里。分爲六鎮:曰懷朔、武川、撫冥、懷荒、柔〈元〉{玄}〔一五〕,禦夷,惟懷朔最西。孝昌中,改置朔州,後廢。《魏書·高祖紀》:太和十八年八月癸丑,幸懷朔鎮。己未,幸武川鎮。辛酉,幸撫冥鎮。〈壬〉{甲}子〔一六〕,幸柔元鎮。胡三省《通鑑注》:此六鎮自西徂東之次第也。《地形志》:朔州,本漢五原郡,延和二年置鎮,後改懷朔。孝昌中,改爲州,後陷。《水經注》:光禄城東北即懷朔鎮城也。《元和志》:光禄城東北有古懷朔城,在今中受降城界。旗東北五十里,有敖西喜山。百五十里,有察罕齊老圖山。西北至塔起勒克圖鄂博。二百八十里,接喀爾喀右翼界。旗西北爲古北假地。《史記》:秦使蒙恬將十萬衆北擊胡,渡河取高闕,據陽山、北假中。〈注〉{《集解》}:北假,北方田官,主以田假與貧人,故云北假。《水經注》:北假,地名。自高闕以東,夾山帶河,陽山以西,皆北假也。有唐西受降城在黄河北岸。《新唐書·地理志》:豐州有西受降城。開元十年,總管張説於城東别置新城。北三百里,有鸊鵜泉。唐景龍二年,張仁愿築。《元和志》:西受降城,在豐州西北八十里,蓋漢朔方郡,臨河縣故理處。開元初,爲河水所壞。至開元十年,總管張説於故城東别置新城,其後,城西南隅又爲河水所壞。正東微南至天德軍一百八十里,東南渡河至豐州八十里,西南至定遠城七百里,北至磧口三百里。先是,朔方軍北與突厥以河爲界。河北岸有拂雲堆祠,突厥將入寇,必詣祠祭酎,因牧馬料兵,而後渡河。張仁愿爲總管時,突厥默啜盡衆西擊突騎施波葛,仁愿請乘虚奪取漠南之地,於河北築三受降城,首尾相應,以絶其南寇之路。中宗從之,六旬而三城俱就,以拂雲祠爲中城,與東、西兩城相去各四百餘里。北拓地三百餘里,於牛頭朝那山之北,置烽堠一千八百所。自是突厥不得度山放牧,朔方無復寇掠。《唐文粹》載有吕温《三受降城碑銘》、李華《三城韓公廟碑序》。又李益《鹽州過胡兒飲馬泉》詩首二句云:緑楊著水艸如煙,舊是胡兒飲馬泉。自注:鸊鵜泉,在豐州城北,胡人飲馬於此。《度破訥沙》詩曰:破訥沙頭雁正飛,鸊鵜川上戰初歸。平明日出東南地,滿磧寒光生鐵衣。《暖川》詩曰:胡風凍合鸊鵜泉,牧馬千羣逐暖川。塞外征行無盡日,年年移帳雪中天。有天德軍城,在中受降城西北二百里,唐天寶中置。《元和志》:天德軍,舊理在西受降城,權置軍馬於永清栅〖"清"疑"濟"諱〗。元和九年,詔移理舊城,本安北都護。貞觀二十一年,於今西受降城東北四十里置燕然都護,以瀚海等六都督、皋蘭等七州並隸焉。龍朔二年,移於磧北回鶻本部,仍改名瀚海都護。總章二年,又改名安北都護,尋移於甘州東北一千一十八里。隋故大同鎮,垂拱元年,置同城鎮,其都護權移理删丹縣西南九十九里安西城。景龍二年,又移理西受降城。開元十年,又移理中受降城。天寶八年,張齊邱又於可惇城置横塞軍。於大同川西築城,名曰天安軍,移理焉。乾元後,改爲天德軍,緣居人較少,西南移三里,權居永清栅,其理所又移在西受降城。自後頻爲河水所侵,至元和八年,黄河泛溢,城南面毁壞轉多。李吉甫請脩天德舊城〔一七〕,以安軍鎮。詔從之。於是復移天德軍理所於舊城焉。西南渡河至豐州二百里,西北至横塞軍城二百里,西至西受降城一百八十里,西南至新宥州一百里，東南至中受降城二百里。《遼史·地理志》：西京道，天德軍，本中受降城。唐乾元中改置天德軍，移永濟柵，今治是也。太祖平黨項，遂破天德，盡掠其民以東。後置招討司，以國族爲天德軍節度使。有黄河、黑山峪、廬城、威塞軍、秦長城、唐長城；又有牟那山、鉗耳嘴城在其北。有故大同城，在天德軍城西南三里，隋時所築。《隋書·長孫晟傳》：開皇十九年，染干因晟奏：雍閭作具，欲攻大同城。詔發六總管分道出塞討之。《唐書·地理志》：天德軍，乾元後徙屯永濟柵，故大同城也。有故雲内州城，《遼史·地理志》：西京道，雲内州，開遠軍，本中受降城地。遼初，置代北雲朔招討司，改雲内州，清寧初升。有威塞軍、古可惇城、大同州、天安軍、永濟柵、安樂戍、拂雲堆。領柔服、寧人二縣。《舊志》：金雲内州，領柔服一縣。大定後，省寧人縣入之，增領雲川縣。元初省柔服、雲川二縣，仍爲雲内州，屬大同路。明初廢。宣德初置，設官兵戍守。正統中，遷代州、應渾等處。有蘇武廟，在故雲内州北。旗西北七十里，有大青山，蒙古名漠喀喇。百里，有赤城山，蒙古名烏蘭拜星。百二十里，有東德爾山。百三十里，有西德爾山。百六十里，有鄂博圖喀喇山。百七十里，有莫垺鄂博圖喀喇山。百八十里，有牀山，蒙古名席勒。百九十里，有阿爾柴山，有連山，蒙古名和岳爾喀喇鄂博。有馬神山，蒙古名翁衮。二百四十里，有巴爾喀山，山高大，東西百餘里。二百八十里，有碧柳圖山。旗西北百里，有魚海，蒙古名札哈蘇台，亦名魚兒海，又謂之魚海子，唐岑參詩"洗兵魚海雲迎陣"是也。二百里，有柳河，蒙古名布爾哈圖。源出陽山東平地，西南流，會敖泉，入黄河。有哈柳圖河，源出席勒山北平地，南流，會席勒河。經馬神山，又西南折，入黄河。旗西北四十里，有台泉。五十五里，有察罕泉。六十五里，有克布爾泉。九十里，有烏蘭拜星泉。九十五里，有布琳泉。百五十里，有冷泉，蒙古名奎騰。二百里，有深井，蒙古名敖泉。百八十里，有托博克蘇海泊。

三札薩克同駐哈達瑪爾。《一統志》：銕柱谷，蒙古名哈達瑪爾谷，南有鐵柱泉。

隸烏蘭察布盟。

貢道由殺虎口。所部三旗歲貢，如鄂爾多斯。

【校記】

〔一〕"同治本""謄清本"均誤寫"南"字爲"東"字，據《水經注校證》改。

〔二〕至孝武，中華書局點校本《漢書》作"至孝武世"。

〔三〕又南經馬陰山，《水經注校證》作"又南經馬陰山西"。

〔四〕突厥每入寇，中華書局點校本《舊唐書·張仁愿傳》作"突厥將入寇"。

〔五〕該句下引文有節略。

〔六〕陒，同"扼"。

〔七〕該句下引文有節略。

〔八〕"同治本"誤寫"隋"字爲"隨",據"謄清本"改。

〔九〕《水經注校證》作"五原西南六十里"。疑《大清一統志》脱一"十"字,張穆《蒙古游牧記》襲之。據補。

〔一〇〕其庭,中華書局本《後漢書·南匈奴傳》作"立其庭"。

〔一一〕又西北,得宿虜城,衍一"北"字。

〔一二〕"同治本""謄清本"均誤寫"陽"字爲"陶"字,據中華書局點校本《史記》改。

〔一三〕跨山經屬,《水經注校證》、"四庫本"《(乾隆)大清一統志》均作"跨山結局"。

〔一四〕上古及今,《水經注校證》作"自古及今"。

〔一五〕柔元,本作"柔玄",因避諱清聖祖玄燁,改"玄"爲"元"。

〔一六〕"同治本""謄清本"均誤寫"甲"字爲"壬"字,據中華書局點校本《魏書》改。

〔一七〕李吉甫請脩天德舊城,中華書局點校本《元和郡縣圖志》作"李吉甫請脩復天德舊城"。

[喀爾喀右翼部]在張家口西北七百十里。至京師千一百三十里。東西距百二十里,南北距百三十里。東至四子部落界,西至茂明安界,南至歸化城土默特界,北至瀚海。漢定襄、雲中二郡北境。唐振武軍地。遼爲豐州地,屬西京道。金因之。元屬大同路。明入於蒙古。元太祖第十六世孫格埒森札札賚爾琿台吉,第三子諾諾和偉徵諾顔,有子二:長阿巴泰號鄂齊賴賽因汗,爲中路土謝圖汗祖;次阿布琥,號墨爾根諾顔,子喇瑚里,號達賴諾顔,有子五,長本塔爾,《一統志》作本達爾伊。世爲喀爾喀中路台吉。順治十年,本塔爾以與土謝圖汗隙,率其弟巴什希、札木素額璘及從弟衮布,攜户千餘來歸。本塔爾弟四人,其仲色爾濟獨留喀爾喀,至其孫禮塔爾,始來歸。見土謝圖汗部。賜牧塔爾渾河,是爲喀爾喀右翼。

[一旗]。札薩克多羅達爾漢貝勒游牧。初,本塔爾來歸,封札薩克和碩達爾漢親王,世襲罔替。本塔爾卒,子訥内襲。訥内卒,子

詹達固密降襲多羅貝勒。《一統志》:"固"訛"因"。又云:康熙九年,降封多羅達爾漢郡王。亦誤。佐領四。

牧地:有愛布哈河、塔爾渾河,合流,豬爲阿勒坦托輝諾爾。愛布哈河,舊作愛畢哈,在旗西北六十里,自茂明安界流入境,經旗北三十里白雲山及旗東北七十里察罕鄂博之間,東流,出卡倫邊。塔爾渾河,舊作他魯渾,源出旗西南三十里之辱孤山東北平地,北流,會愛布哈河。又東北出邊,豬爲阿勒坦托輝泊。東至額古爾圖華,六十五里,接四子部落界。旗東六十五里,有拜音陀羅海山。南至哈達滿勒河源,七十里,接歸化城土默特界。西至烏蘭户特圖克,五十五里,接茂明安界。旗西三十里,有噶順泊。五十五里,有西巴爾圖鄂(峨)博岡[一]。北至岳索山,六十里,接土謝圖汗部左翼中旗界。旗北三十里,有白雲山,蒙古名察(插)罕(漢)和碩[二]。五十里,有雅布哈鄂博岡。六十里,有喀喇鄂博岡。東南至陀索圖鄂博,九十里,接四子部落界。旗東南五十里,有西神山,蒙古名巴林翁衮。有烏蘭鄂(峨)博岡(山)[三]。九十里,有翁衮(公)鄂(峨)博岡[四]。旗西二十里,有鹽池,蒙古名達布遜泊。西南至魏邁烏蘭和碩,百里,接茂明安界。旗西南三十里,有屋孤山,蒙古名巴爾加。五十里,有哈達圖山。百里,有巚嶺,蒙古名毛德爾。東北至察爾山,七十里,接土謝圖汗左翼中旗界。旗東北四十五里,有摩禮圖鄂(峨)博岡[五]。西北至塔起爾克圖鄂博。六十里,接烏喇特界。旗西北十里,有車爾泉。四十五里,有布禄魯泉。

札薩克駐塔爾渾河。《會典》作:駐巴彦鄂博河。

隸烏蘭察布盟。

貢道由張家口。

蒙古游牧記卷之五　　　　邵武楊樞孫覆校

【校記】

〔一〕西巴爾圖鄂博岡,中華書局點校本《清史稿》作"西巴爾圖峨博岡"。

〔二〕察罕和碩,中華書局點校本《清史稿》作"插漢和邵"。

〔三〕烏蘭鄂博岡,中華書局點校本《清史稿》作"烏蘭峨博山"。

〔四〕翁衮鄂博岡,中華書局點校本《清史稿》作"翁公峨博岡"。

〔五〕摩禮圖鄂博岡,中華書局點校本《清史稿》作"摩禮圖峨博岡"。

蒙古游牧記卷之六

平定張　穆撰
光澤何秋濤校

内蒙古伊克昭盟游牧所在鄂爾多斯

［鄂爾多斯部］在歸化城西二百八十五里，河套内。至京師千一百里。東、西、北三面距黄河。黄河自寧夏府寶豐縣界北流出邊，經右翼中旗，東納伯穆泊，西納騰格里泊，分數道折，東流，經右翼後旗界復合。又東南，納布爾哈蘇台河、喀喇河、西都爾呼河，又經左翼後旗。北納博托河、蘇爾哲河，南納哈拉奔那河，折東南流。其東岸爲圖爾根河口、烏蘭木倫河口，接歸化城界，又經左翼前旗，入邊，爲榆林府界。《通典》：河水自靈武郡西南便北流，凡千餘里過九原郡，乃東流，自靈武以北漢人謂之西河，自九原以東，謂之北河。《元和志》：勝州，榆林縣，榆林關，在縣東三十里。東北臨河。又河濱縣，黄河在縣東一十五步。濶一里，不通舟楫〔一〕。《榆林志》：黄河在榆林衛北千里，自寧夏横城堡西折而北，逕三受降城南，至廢東勝州西，折而南，入府谷縣皇甫川東九里，其中謂之河套，周回數千里。《一統志》：鄂爾多斯，三面皆距黄河，自山西偏頭關至陝西寧夏衛，延長二千里有奇。東至歸化城土默特界，世系，詳卷二土默特部後。歸化城在殺虎口北二百里，蒙古名庫庫河屯。周圍二里，高三丈，南、北門各一，外郭東、西、南三面三門。明俺荅歸順，改賜今名。太宗崇德三年三月，追喀爾喀札薩克圖汗至此，諭古禄格及右翼都統杭高曰：爾等所守，城小壕狹，勢難禦敵，宜於城外建築城垣，以資捍禦。垣如城然，高一丈五尺，濶稱之，俾可屯兵其上。垣四面置四門，門置甕城，四隅各置望樓。垣外環以深壕，工竣之日，内城、外垣嚴加防守，敵自不敢窺伺，爾等其善爲之。於是命王、貝勒以下，梅勒章京以上，各出銀赴歸化城貿易。康熙

三十五年，聖祖仁皇帝親征噶爾丹，自白塔駐蹕於此，受厄魯特俘，犒西路凱旋之師焉。城西南三十四里爲渾津村，村南十里外，有渾津巴爾哈孫舊城基阯。城北有黑河，向西流。城西南百四十里，舊有托托城，在黄河東岸，即河灘河朔也。今設托克托理事同知廳。綏遠城在歸化城東北五里，周回二千丈，高二丈四尺，門四。乾隆四年建，移右衞建威將軍駐其内。有碑記云：城在歸化城之東北五里許，大青之山擁其後，伊克土爾根、巴哈土爾根之水抱其前，喀爾沁之水帶其左，紅山口之水會其右。地勢寛平，山林拱向，實當翁公嶺喀爾沁口軍營之衝。西至喀爾喀界，南至陜西長城界，西南至甘肅長城界，北至烏喇特界。本秦新秦中地。《史記·始皇本紀》：三十二年，使將軍蒙恬將兵三十萬人，略取河南地。《漢書·食貨志》：徙貧民充朔方以南新秦中。漢初爲匈奴所有。武帝元朔二年，置朔方郡，《漢書·武帝紀》：元朔二年，遣將軍衞青、李息收河南地，置朔方、五原郡。屬并州。朔方郡，領縣十：三封、朔方、脩都、臨河、呼遒、窳渾、渠搜、沃壄、廣牧、臨戎。後漢末，廢。晉永嘉後，歷爲前、後趙，前、後秦地。義熙中，赫連勃勃據此。都黑水南，號統萬城。詳見穆所撰《延昌地形志·夏州下》。宋李燾《長編》：太宗時，以夏州深在沙漠，本奸雄竊據之地。欲墮其城，遷民於銀、綏間。問宰相吕蒙正，對曰：自赫連築城以來，頗與關右爲患，若遂廢毁，萬世之利也。李繼隆聞朝議欲墮夏州，遣其弟苑洛使繼和與監軍秦翰等入奏，以爲朔方古鎮，賊所窺覦之地，存之，可依以破賊。并請於銀、夏兩州南界山中，增置堡戍以遏其衝，且爲内屬番部之蔽而斷賊糧運。不報。淳化五年，詔墮夏州故城。《一統志》：夏州故城，在懷遠縣西，本漢奢延縣地。道光二十五年，榆林府知府徐松檄懷遠縣知縣何丙勳確查夏統萬城故阯。丙勳於是攜南鍼、紙、筆，隨步定向，從縣城外之圁水西渡出邊牆。又西渡磨姑河，又西渡黑水河，又西渡無定河。地勢邐而高，曼陀二里許，至舊相傳之白土城，細加相度，在懷遠城正西九十七里。黑水河在無定河東距縣城五十里，與所謂城在黑水之南者不合。惟去白土城北五十里，有淖泥河，東入無定河之下流。疑淖泥河爲古黑水。其地有土城，周圍三重，俱用土築。渡無定河西行二里許，進頭道城。又西半里許，進二道城。又西數十武，進三道城。頭二道城内，但餘瓦礫。三道城内：南面西隅鐘樓，東隅鼓樓。鼓樓僅存基阯，堅築白土墩，高五、六丈，無級可乘。鐘樓尚堪登眺，高約十餘丈，白土築成，雞籠頂式。大厦一間，半已圮，其半懸鐘屋頂，形迹宛然。周圍飛欄八層，插椽孔穴，歷歷可數。尚有三、四孔，餘松椽半橛。問椽之長出者，悉爲韃韃猱升，拔而薪之矣。南面列土墩七，堅硬如石，似係臺樓之基。北頭有白土坡，似係宫殿之基。北城東、西兩角，亦有土墩，當即俗所謂轉角樓者。内城東西不及一里，南北約一里有餘。土人云：每朔望昧爽時，空中輒現城闕之形。城南無定河自西南來，斜絡城南，轉抱東城而東北流。丙勳徧訊土人，僉稱此城之外，懷遠草地，别無故城基阯。查縣西八十里，無定河之北，黑水之南，亦并無堪建都會地勢。疑此即所謂故統萬城也。後魏爲統萬鎮地，後爲夏州北境。隋於其地東置勝州，其地在套内東北，瀕黄河屈南流處，與遼、金東勝州相近，但隔河耳。唐勝州在豐州東。西置豐州。大業初，改勝州爲榆林郡，豐州爲五原郡，後廢。唐貞觀中，復置勝、豐二州。天寶元年，改勝州爲榆林郡，豐州爲九原郡。乾元元年，俱復故名。其南境又有宥州，俱屬關内道。唐末，拓跋思恭鎮此。思恭以討黄巢有功，賜姓李，有銀、夏、綏、宥、靜五州之地，見《宋史·西夏傳》。五代至宋、金，皆爲西夏所有。元滅夏，立西夏、中興等路，後廢。其地東屬東勝、雲内二州及延安、寧夏等路。明初，城東勝等州，並立屯戍，耕牧其内。《明史·韃靼傳》：河套，自寧夏至偏頭關，延袤二千里，饒水草，外爲東勝衛。東勝而外，土平衍，敵來，一騎不能隱，明初守之。天順間，蒙古酋長阿羅出與毛里孩始入河套。乩加斯蘭復糾合滿都護倚爲巢穴。宏（弘）治間，火篩復入其中。《延綏志》：明初，王保保據河套，洪武中，追逐之，築東勝等城並立屯戍。天順六年，毛里孩、阿羅出、孛羅忽三部始入河套。成化四年，阿羅出爲其黨乩加斯蘭所殺，併其衆，而結元裔滿都魯居河套。九年，總督王越率兵擊敗之，乃渡河北去。宏（弘）治八年，北部復入河套。未幾。火篩據之。總制楊一清上言：河套當復。會劉瑾用事，尋得罪去。其後遂屢入寇。嘉靖中，無歲不擾。總督曾銑請復河套。嚴嵩譖殺銑，自後無敢議者。案：阿羅出諸部，以《蒙古源流》考之，所謂毛里孩者，翁里郭特之摩里海王也。蒙古摩倫汗初育於其家，及汗嗣位，乃復弑之，事在景泰、天順間。所謂乩加斯蘭者，永謝布之伊巴里台吉也。滿都護者，鄂爾多斯之滿都賚阿都勒呼也。初，達延汗議以次子烏嚕斯博羅特爲右翼三萬人濟農，伊巴里及滿都賚諸人惎之，遂治兵相攻，其情事尚約略可尋，獨所謂火篩者，不可考耳。元太祖十六世孫巴爾蘇博羅特，達延汗之第三子也，始命爲管領右翼三萬人濟農。《蒙古源流》：達延汗因伊巴里滿都賚無故加害烏嚕斯博囉特，遂令阿巴噶、科爾沁等帶領左翼三萬人前往征之〔二〕。鄂爾多斯之兵大半死焉。右翼内或有投降者，其餘被達延汗驅至青海，將三萬人盡行收服，於河津柴木達之上，將鄂爾多斯之滿都賚阿固勒呼殺死。永謝布之伊巴哩太師，隻身走入白帽之哈密城，被其人所殺。達延汗遂收服右翼，平定六萬兵民大衆，於君汗之八白室前稱汗號。令巴爾斯博囉特爲管領右翼三萬人濟農，併授賽音阿拉克。案：此事在正德七年壬申，此後鄂爾多斯遂永爲達延汗子孫所據，不應更有擊破火篩之事，疑明人記述有舛。長子衮弼哩克圖墨爾根，《明史》謂之吉囊，嗣爲濟農，案：吉囊，即濟農譯音之變。博明《西齋偶得》曰：吉囊者，濟農也，譯爲郡王，居河套者，爲鄂爾多斯是也。惟明人不知其爲號，而以爲名。至衮弼哩克圖卒，子諾延達喇嗣爲濟農，明人疑父子不應同名，則曰吉囊子吉能。更不究其名義，爲可笑耳。號車臣可汗。嘉靖中，擊破火篩，居之，是爲鄂爾多斯。有子九，分牧而處。案：《蒙古源流》：達延汗初命次子巴爾斯博羅特統率右翼三萬人。長子衮必里克墨爾根濟農，丙寅年生〖正德元年〗，占據鄂爾多斯，萬人而居。生子九：長諾顔達喇濟農，壬午年生，占據四營。次拜桑固爾，癸未年生，占據右翼扣克特錫包沁、烏喇特、圖伯特。次衞達爾瑪，癸未年生，占據右翼達喇特杭錦、墨爾格特巴罕。次諾木塔爾尼，甲申年生，占據右翼巴蘇特、衞新。次布揚古賚，丙戌年生，占據右翼伯特金、哈里郭沁。次班札喇，戊子年生，占據左翼浩齊特克哩野斯。次巴特瑪纖巴斡，庚寅年生，占據左翼察哈特、明阿特、科爾沁之二十四處。次阿穆爾達喇，辛卯年生，占據右翼四鄂托克衞、郭爾沁。次鄂克拉罕，癸巳年生，占據右翼三鄂托克阿瑪該而居。服屬於察哈爾。今鄂爾多斯七札薩克皆其裔。康熙三十五年，聖祖仁皇帝親征噶爾丹，至所部界。札薩克等率屬渡河，朝御營，獻馬。上手書諭皇太子曰：朕至鄂爾多斯地方，見其人皆有禮兒，不失舊時蒙古規模。各旗俱和睦如一體，無盜賊，駝、馬、牛、羊不必防守，生計周全，牲畜蕃盛，較它蒙古殷富。圍獵嫻熟，雉兔復多。所獻馬皆極馴，取馬不用套竿，隨手執之。水土、食物皆甚宜。

［正中近東爲左翼中旗］本隋唐勝州地。札薩克多羅郡王游牧。衮弼哩克圖墨爾根曾孫博碩克圖，明人謂之卜失兔。萬曆三十五年，總督徐三畏言：河套之部與河東之部不同，東部事統於一，約誓定，歷三十年不變。套部分四十二枝，各相雄長，卜失兔徒建空名於上。林丹汗惡之，奪濟農號。天聰九年，察哈爾滅，子額璘（林）臣來歸〔三〕，賜復濟農號。順治六年，來朝，封多羅郡王，世襲罔替。佐領十七。

牧地：有納瑪帶泊。喀錫拉克河出旗界，東北流，豬焉。東至衮額爾吉廟，六十五里，接左翼前旗界。旗東二十五里，有紫河，蒙古名烏（五）蘭（藍）木倫〔四〕。源出臺石坡西平地，西南流，入邊城。五十八里，有喀（哈）楚爾河〔五〕，源出喀楚爾坡西平地，西南流，會紫河。入神木縣，爲屈野河。六十二里，有鯀（衮）額爾吉河〔六〕，源出鯀（衮）額爾吉坡南平地，西南流，會喀楚爾河。南至神木營，二百里，接邊城界。《理藩院則例》載：湖灘和碩至中衞沿邊鄂爾多斯六旗，設辦理蒙古、民人事務官一員，駐札神木。《朔漠方略》：自神木由口外往榆林之路，五十里至俄爾几和泉爲一宿，六十里至商所爾河爲一宿，六十里至伊克博東泉爲一宿，八十里至楚兒哈齊井爲一宿。又七十餘里至榆林，俱沙路，自邊關外至寧夏之正路，無人知之。但由神木過貝勒汪舒克所居阿都海之地，接擺站大道有一路，若從此往，則自神木五十里至俄爾几和泉爲一宿，四十里至塔拉泉爲一宿，七十里至摩都圖湖爲一宿，八十里至俄欽湖爲一宿，七十里至俄都海爲一宿，七十里至大路察漢札達海五十家驛爲一宿，七十里至貝勒宋喇卜所居西拉布里都爲一宿，六十里至博羅札喇克井爲一宿，六十里至賽默井爲一宿，六十里至沙克舒爾井爲一宿，六十里至拜都井爲一宿，五十里至祁它特泉爲一宿，四十里至横城口爲一宿。又三十餘里至寧夏城，自神木邊至察罕札達海五十家驛，路中水草柴薪無誤，行道沙多。自察罕札達海至横城口，路平水略少。旗南有古白土故城，漢置，屬上郡，後漢因之，晉省。《水經注》：圁水出白土縣圁谷，東逕其縣南。《括地志》：白土故城，在鹽池東北三百九十里。《一統志》：案其地近今神木縣北。西至察漢額爾吉，五十里，接右翼前旗界。北至喀賴泉，百二十里，接右翼後旗界。東南至賀岳爾門綽克，百八十里，接邊城界。旗東南有美稷故城，漢置，屬西河郡，後漢因之，晉省。《水經注》"湳水出西河郡美稷縣"是也。西南至額勒蘇特烏蘭陀羅海，六十里，接邊城界。旗西南三百五十里，有清湖，亦名青山湖，近榆林寧塞堡北，蒙古名佟哈拉克諾爾，清水河注其内。又有彬艸湖，在寧塞堡西北，莜麥湖在塼井堡邊外。又明沙湖，在鹽場堡北邊外，赤木屯之西。東北至噶該陀羅海，九十里，接左翼後旗界。西北至喀喇札喇。九十里，接右翼後旗界。

札薩克駐鄂錫喜峯。《一統志》：平地中突起一峯。

［正西近南爲右翼中旗］本漢朔方郡南境。隋、唐置豐州，元和中，移置宥州於此。札薩克多羅貝勒游牧。額璘（林）臣族子善丹，崇德六年，來朝。順治七年，封札薩克多羅貝勒，世襲罔替。子索諾木、孫松喇布，俱以經理驛站功，晉封多羅郡王，後仍襲貝勒。佐領八十四。

牧地：當騰格里泊。案：即古屠申澤也。《漢書・地理志》：朔方郡，窳渾，屠申澤在東。《水經注》：河水又北，逕臨戎縣故城西。元朔五年，立舊朔方郡治。又北，有枝渠東出，謂之銅口，東逕沃野縣故城南。又北，屈而爲南河出焉。又北，池西溢於窳渾縣故城東。元朔二年，開朔方郡郡治，其水積而爲屠申澤。澤東西一百二十里，闞駰謂之｛窳｝渾澤[七]，屈從縣北流，又屈而東流爲北河。東逕高闕南，又東逕臨河縣故城北，至河目縣西，南屈逕河目縣，〈左〉｛在｝北假中[八]。又南，合南河。《一統志》：案黄河北流經古朔方城之西，行五百餘里，一支分爲二岐，東注。《水經》所謂南河也，其北河流至套外之阿爾布坦山南，池西，溢爲大泊，土名騰格里腦兒。自此屈而東流，過古高闕，南行二百里許，稍東南，又折而西南，與南河合。《水經》所謂"北河南屈逕河目縣左，又南合南河"是也。《水道提綱》：黄河北經阿布山、塞爾吒喀喇山西麓，至白塔之東，東北稍曲折北流，岐爲二派。一東北流，經後旗西北境；一北流，注騰格里鄂模，即古窳渾之屠申澤也。池東西甚長，其西北有水，名哈爾哈納河，南流，入焉。池自西南迆而東北，周百餘里。又從池東北出，會北來之阿爾坦河。又東北，爲庫庫鄂模，始折而東北流。東至察罕札達海泊，七十里，接右翼後旗界。南至賀通圖山，俗名回回墓。三百七十里，接右翼前旗界。旗南三百六十里，有蘇海阿魯（禄）山[九]。康熙二十二年，松喇布以牧地狹請移蘇海阿嚕，遣侍郎阿喇尼勘，奏：距定邊興武營邊，或五六十里，或百里，非邊内可耕地，應允其移牧。旗南二百九十里，有銀盤水，蒙古名西黑爾。三百九十里，有清水河，蒙古名佟哈拉克。源出邊内，北流，入佟哈拉克池。百十里，有特墨圖池。**西至察罕托輝**，二百五十里，接賽因諾顔左翼右旗界。康熙三十一年，松喇布奏：察漢托輝外地多獸，乞免獵禁，并請由黄河造船渡。允之。五十二年，詔定其部牧界。先是，郡王松喇布請暫牧察罕托輝，尚書穆和倫等往勘，議於柳塹、剛柳塹、房塹、西塹、四臺外暫令駐牧。至是，寧夏總兵范時捷奏：察罕托輝係版圖内地，蒙古游牧與居民樵採混，不便。請令仍以黄河爲界。乾隆四十九年，陝甘總督福康安奏稱：鄂爾多斯黄河，改向西流，原在河西民人反在河東。該處蒙古貪利，濫以現行黄河爲界，謂民人占據伊等游牧地方。呈控。派侍郎賽音博爾濟圖前往履勘，仍照從前所定黄河舊流之地爲界，釘樁立碑，辦理完結。《方略》：雍正四年二月，議開察罕托輝河渠，公舅舅隆科多等奏言：臣等到寧夏、阿拉善山前相視，自察罕托輝至石觜子一百里，其野廣平，土脈肥潤，籽種易生。其地性較暖，可引水。如西河、六羊河並古渠大溝、黑龍口、倒流河、新河、黄泥河、董家河，悉前人引水，分水改道，以年久多淤塞，然形跡尚存。今若更修建渠壩及放水閘，其兩岸可以墾田萬頃。又據甘肅巡撫石文焯等奏言：寧夏東北五十里曰察罕托輝，其地南北延袤百餘里，東西廣四、五十里或二、三十里。東界黄河，西界西河地平衍，可開墾。自鄂爾多斯遷後十餘年，民間有私墾者，若令開渠通水，築堤建閘，以時啟閉，用資灌溉，則曠土可盡爲沃壤。今相度地勢，自雙廟埠至六羊河，可百餘里。請倣漢唐諸渠法[一〇]，開渠一道，建正閘一，攔水閘、稍閘各一，連水洴一，又六羊河口近黄河處，亦建正閘、攔水閘、稍閘各一，以資蓄泄。又自上泗埠至六羊河岸，東距黄河五里許，築堤一道，約長百里，可以永禦黄水，墾田六十餘萬畝。議政王大臣等議覆曰：察罕托輝，至漢及唐爲靈州地，當時廣置屯田。元至正間，置屯田萬户所。明時，套夷渡河而西，侵據内地，葫蘆河之東，居民不得耕種，實始棄之。我朝德化廣被，諸番臣服，鄂爾多斯移歸套内，以河爲界，察罕托輝地久隸版圖。案：《寧夏衛志》：漢、唐二渠之支流，有百家、良由、滿達拉等渠，舊在察罕托輝左右。若倣其遺跡，開渠建閘，甚善。但隆科多、石文焯所言：建閘築堤處情狀各異，臣等不能懸定。方今總督岳鍾琪，赴布隆吉爾，相視地勢，請以奏摺、《地圖》，令大理寺通智齎往，同岳鍾琪至察罕托輝等處，照圖驗實具奏。從之。臣等謹案：世宗憲皇帝特命大臣齎地圖到阿拉善山前，相度泉流，求復故道，爰發帑金於河西牧場之地，經理舠濬，開惠農及昌潤二渠，溉田數十萬頃，遂爲萬世永賴。旗西百三十里，有色爾騰山。旗西五十里，有巴哈托蘇圖河，源出巴歡泉，西北流，會伊克托蘇圖河，入黄河。二百二十里，有博木池，大、小折蘇圖河合注入之，又西，入黄河。**北至馬陰山**，百十里，接右翼後旗界山北平地，西喇木倫河出，北流，入鄂爾吉虎諸爾。**東南至庫克陀羅海**，百里，接右翼前旗界。**西南至横城堡**，三百三十里，接邊城界。案:横城堡,在寧夏東北,西當長城斷處,其東南即清水營及興武營花馬池邊内地。康熙三十六年。松喇布奏:向市横城,距牧遠,乞近市定邊花馬池平羅城,又邊内民有願出邊赴車林塔拉蘇海阿嚕諸地耕者,乞勿禁。從之。《朔漠方略》:自安邊由口外至横城之路,自蘇海阿嚕八十里至巴顔和碩,有井二口。七十里至班土庫木,有井二口、一小水泊,水鹹。七十里至伊克什克爾湖,水鹹,有井三口。七十里至庫克釵岔,有井二口。六十里至哈畢圖、興武營,有井四口。七十里至科爾格大湖,六十里至横城,共四百八十里。此路水少,而艸亦惡。又安邊八十里外定邊相近有一泉。自定邊至花馬池六十里邊外有一泉。自花馬池至清水營一百七十里外有一大湖。除此三處之水外,其餘當宿之地無水,邊外不可行。旗西南三百三十里,有庫葛爾黑河,源出庫葛爾黑泉,南流入邊,又西折,出邊,入黄河。《明{一}統志》:黑水河,在寧夏衛城東,番名喀喇禿速,西流,注黄河。**東北至鄂蘭拜**,百二十里,接右翼後旗界。旗東北四十二里,有達蘭土魯池。**西北至阿爾布坦山**。舊名省嵬山。二百二十里,接賽音諾顔部界。《寰宇通志》:山踰黄河,因省嵬城而名。黄河東有省嵬口,爲防禦要地,其下有城,西夏所築也。穆案:鄂爾多斯,盟名伊克昭,蒙古謂"大"曰"伊克","廟"曰"昭",夫此大廟之名,曷起乎?《理藩院則例》載:伊克昭境内有青吉斯汗園寢。鄂爾多斯七旗,向設有看守園寢、承辦祭祀之達爾哈特五百户,每年共出銀五百兩,以供祭祀、修理之用,於該盟内奏派賢能札薩克一員,專司經理。然則伊克昭之名爲因青吉斯汗園寢得名矣,而園寢所在無的處。史稱:元世諸帝,自太祖以下,皆葬起輦谷。起輦谷何在,於各家撰述亦無徵也。案:《蒙古源流》卷四載:青吉斯汗於歲次丁亥七月十二日殁於圖爾默格依城,於是以輦奉柩至所卜久安之地。因不能請出金身,遂造長陵,共仰庇護。於彼處立白屋八間,在阿勒坦(臺)山陰〔一〕、哈岱山陽之大謂特克地方,建立陵寢,號爲索多博克達大明青吉斯汗。自後,元裔之襲汗號者率即位於八白室前。卷六載:達延汗降旨云:鄂爾多斯者〔二〕,乃爲汗守禦八白室之人,屬大有福者。阿勒坦山,即此右翼中旗西北之阿爾布坦山。《康熙圖》載:阿爾坦山,在河套外騰格里泊西北五十里許,與喀爾喀接界,是善巴再從弟丹津額爾德尼之祖畢瑪哩吉哩諦牧地也。《方略》:康熙十九年,噶爾丹屬私掠内札薩克烏喇特部界。畢瑪哩吉哩諦以所居哈魯特山距烏喇特六日程,慮還掠,詔設汛防禦。《一統志》稱丹津額爾德尼駐牧地北至阿爾泰山陰,然則哈岱山即畢瑪哩吉哩諦所居之哈魯特山矣。又土默特德貝子,號知蒙古掌故,徐君松述其語云:元太祖葬地在榆林邊外極西北,地名察罕額爾格。察罕,白也。額爾格,帳房也。貝子此語與八白室義合,然則額爾格即謂特克譯字之變,大謂特克地方即史所稱起輦谷,其地在今賽因諾顔左翼右旗,與鄂爾多斯右翼中旗兩界之交,無疑也。又案:葉子奇《艸木子》:元諸帝陵皆在起輦谷,其國制不起墳壠,葬畢,以萬騎蹂之使平,殺駱駝子於上,以千騎守之。來歲春艸既生,則移帳散去,彌望平衍,人莫知也。欲祭時,則以所殺駱駝之母爲導,視其躑躅悲鳴之處,則知葬所矣。故易世之久,子孫亦不能識也。而世遂訛以元陵爲在歸化城西北祁連山中。張文端《漠北日記》云:出歸化城,行九里,入祁連山。此山亦名祁連,非甘、伊以西之祁連也[一三]。遠望石峯疊翠，入其中則平阜蜿蜒。相傳元世帝、后俱潛厝此山，而不立陵墓云云。徐蘭《謁元世祖陵》詩注：陵無封樹，獵者或踐其地，輒有風雷之異。詩云：聞昔朱明修祀典，曾命禮臣巡禹甸。伏羲下逮宋理宗，三十六陵皆祭徧。祁連因未入提封，欲齎香帛無由從。埽階席屋順天府，春秋遥望青芙蓉。芙蓉青青亂雲宿，中有三間老瓦屋。征人遥望緑琉璃，知是元家起輦谷。沿誤與文端同。至龔之鑰《後出塞録》稱起輦谷在房山縣，又因順天府望祭之説而誤，所謂"岐中之岐"也。惟我朝既於伊克昭盟特設有祭祀、修理之札薩克，而《禮部則例》載：祭歷代帝〈玉〉{王}各於其陵[一四]，元太祖、世祖則遥祭於順天府清河北。仍沿明制，殊爲岐互。此又祀典之必當刊正者。旗西北百十里，有黄艸山，蒙古名庫勒爾齊。百二十里，有哈伯察齊山、鄂蘭喀喇陀羅海山。百二十五里，有邵隆山。二百四十里，有色爾蚌喀喇山。旗西北百里，有伊克托蘇圖河，源出布海札喇克之地，西流，會黄河。

札薩克駐錫喇布里多諾爾。直寧夏東北三百五十餘里，鄂蘭河東流，滔賴河北流，合而豬焉。

【校記】

〔一〕不通舟楫，中華書局點校本《元和郡縣圖志》作"不通舟船"。

〔二〕該句下引文有節略。

〔三〕額璘臣，中華書局點校本《清史稿》作"額林臣"。下同。

〔四〕烏蘭木倫，中華書局點校本《清史稿》作"五藍木倫"。

〔五〕喀楚爾河，中華書局點校本《清史稿》作"哈楚爾河"。

〔六〕鯀額爾吉河，中華書局點校本《清史稿》作"衮額爾吉河"。下"鯀額爾吉坡"同。

〔七〕"同治本""謄清本"均脱一"窳"字，據《水經注校證》補。

〔八〕"同治本"誤寫"在"字爲"左"字，據《水經注校證》改。

〔九〕蘇海阿魯山，中華書局點校本《清史稿》作"蘇海阿禄山"。

〔一〇〕倣，同"仿"。

〔一一〕阿勒坦山，"四庫本"《蒙古源流》作"阿勒臺山"。

〔一二〕該句下引文有節略。

〔一三〕該句下引文有節略。

〔一四〕"同治本"誤寫"王"爲"玉"，據文意改。

[東南爲左翼前旗]本古榆林塞。《史記·趙世家》：武靈王二十年，西略(胡)地，至榆中。林胡王獻馬歸。正義曰：勝州北河北岸也。《漢書·韓安國傳》：王恢曰：蒙恬爲秦侵胡，辟數千里，以河爲竟，累石爲城，樹榆爲塞。又《衛青傳》：青度西河以至高闕，遂

西定河南地。按榆谿舊塞，絶梓嶺，梁北河。師古曰：上郡之北，有諸次山，諸次水出焉，東經榆林塞爲榆谿。言軍尋此塞而行也。《水經注》：諸次水東逕榆谿塞，世又謂之榆林山，即《漢書》所謂榆谿舊塞者也。自谿西去，悉榆林之藪矣。緣歷沙陵，屆（届）龜兹縣西去，故謂廣長榆也。王恢云：樹榆爲塞。謂此也。《通典》：榆林塞，在勝州榆林郡南界。《元和志》：榆林縣地，北近榆林，即漢之榆谿塞。《九邊圖説》：秦榆谿舊塞，西屬朔方，東爲河西，南有上郡，而黄河三面環之。漢歷隋、唐，皆爲邊鎮。宋没於西夏，後爲章孔興所據。明初定陝西，設綏德衛於發兵屯，迨榆林。西略豐州，築城東勝，以統領套内。自正統末，盡爲吉囊父子所據，都督王楨遮築榆林城於上郡，僅足蔽延安、綏德而已。隋置榆林郡。唐屬勝州，置河濱縣。《元和志》：河濱縣，本漢沙南縣地，後魏及周，爲銀城縣地。隋爲榆林縣地。貞觀三年，於此置河濱縣。東臨河岸，因以爲名。改雲州爲威州。八年，廢威州，以縣屬勝州。河濱關在縣東北，貞觀七年置。《寰宇記》：縣在騰州南一百九十里。五代時與州俱廢。《一統志》按：此在黄河西岸，爲唐時勝州之河濱。若遼置東勝州，亦領榆林、河濱二縣，其地在黄河東岸，非隋、唐舊地也。宋爲西夏所據。明初，榆林左衛地。札薩克固山貝子游牧。額璘臣從子色稜，順治六年，封札薩克固山貝子，世襲罔替。康熙十五年，卒。十六年，追叙復神木城功，子衮布喇什晉多羅貝勒。衮布喇什卒，子根都什轄布仍襲貝子。佐領四十二。

牧地：東至湖灘河朔，百四十五里，接歸化城土默特界。案：古君子津當在此間。《水經注》：河水於楨陵、桐過二縣間，濟有君子之名。《魏書》：昭成帝建國二十五年，南巡，至君子津。世祖始光四年，詔執金吾桓貸造橋於君子津。《元和志》：勝州，河濱縣，黄河在縣東一十五步。渡處名君子津。《朔漠方略》：康熙三十五年十一月，諭皇太子曰：二十七日，駐蹕麗蘇邨。二十八日，駐湖灘河朔，漢人稱此爲脱脱城。此即黄河之岸，波流甚緩，非南方黄河之比，較天津入海狭河尤狭。二十九日，朕詣河幹，將河測量。其濶五十三丈，仰射而過五十餘步。於是登舟，逆流舉棹，以試水勢，船猶可行。自歸化城至黄河岸一百七十里。又自湖灘河朔起至寧夏止，安十三塘。布顔努坐烏蘭巴爾哈孫〔一〕，金鉉坐呼蘇臺，馬之德坐哈什拉克，劉世隆坐額冷烏黑禮，陸芝秀坐白塔，巴圖坐察罕齊老圖，陳世安坐鄂爾濟圖蘇麥，覺羅明玉坐達布素諾爾，宜思孝坐托索圖果兒，蘇達坐穆色，吴興祚坐尚索爾，祖興邦坐拜圖，劉思炎坐祁它特布拉克。自祁它特布拉克至横城驛三十里，安塘畢。高士奇《扈從集·六師冰渡黄河》詩注：湖灘河朔，在歸化城西北三百里，即黄河上源河西北二千餘里，即河套，今爲鄂爾多斯地。十月二十八日，至河岸，河流甚駛，色不甚黄，次早即流凌難渡。十一月初五日，上源冰合，人、馬在水上行。岸南一土城，大十餘里，名曰脱脱城，相傳爲脱脱所築。城内荒蕪，今惟築倉廒貯糧，即向年所運者。旗東五里，有克丑河。源出噶克釵冒頓東平地，東南流，會芹河。二十五里，有芹河，蒙古名伊克錫喇爾吉台。源出都爾伯忒拜坡東平地，南流，入邊城，爲府谷縣界之清水川。五十五里，有小芹河，蒙古名巴哈錫喇爾吉台。源出得勒蘇台坡南平地，西南流，會芹河。七十里，有塔爾奇爾河，源出噶克釵（插）墨（冒）頓[二]，東流，入黄河。八十里，有布林河，源出察木哈克泉，東南流，入黄河。又旗東七十里，大昆兑河入黄河處爲娘娘灘，蒙古名伊克昆兑。八十五里，小昆兑河入黄河處爲太子灘，蒙古名巴哈坤兑。南至清水營，百十里，接邊城界。南三十里，有西河，源出科爾口，東流，會芹河。四十里，有葦爾圖河，源出古爾板多博坡南平地，南入邊城。西至鯀額爾吉廟，百里，接左翼中旗界。旗西三十四里，有布喀河，源出博羅巴爾哈孫東平地，西南流，會紫河。六十里，有陀索圖河，源出得勒蘇台坡西平地，南流，會布哈河。八十里，有蘇桂河，源出翁衮坡南平地，南流，會布哈河。北至賀陀羅海，百里，接左翼後旗界。旗北四十里，有巴哈（漢）得石峯[三]。東南至喀喇和碩，八十五里，接邊城界。旗東南六十里，有夾山，蒙古名和岳爾喀喇陀羅海。遼天祚失國，東遁，入夾山，疑即此也。旗東南八十里，有小昆兑河，東南流，入黄河。八十五里，有哈岱河，源出賀岳爾博金坡南平地，東南流，入黄河。西南至額勒默圖，百里，接邊城界。旗西南百四十里，有博羅哈爾吉圖河，源出平地，南流，入邊城。《一統志》：按此河及獐河即府谷縣界之九股水也。東北至黄河，百三十里，接歸化城土默特界。旗東北百三十里，有東四海泉。西北至可退坡。八十里，接左翼後旗界。旗西北六十里，有得石峯。

札薩克駐札拉谷。

［東北爲左翼後旗］本漢沙南縣地。屬雲中郡，故城在今府谷縣東北。隋、唐勝州，榆林郡治。《隋書·地理志》：榆林郡，開皇二十年置。勝州，大業初置郡。《元和志》：勝州，戰國時爲晉、趙地。始皇時，爲雲中郡。漢末，匈奴侵邊，其地遂空。晉末屬赫連氏。後魏迄周，往往置鎮，不立郡縣。隋開皇三年，於此置榆林關，七年，又置榆林縣，屬雲州。二十年，割雲州之榆林、富昌、金河三縣，置勝州。大業五年，以勝州爲榆林郡。十五年，郡人郭子和以城入突厥。武德四年，子和歸國，其地又陷梁師都。貞觀二年，平師都。三年，仍隋舊理置勝州，以決勝爲名。西南至麟州四百里，至夏州九百里，南至銀州七百里，北至豐州七百里。又榆林縣郭下：本漢沙南縣地，北近榆林，即漢之榆溪塞，因名，屬雲州。（开皇）二十年，改屬勝州。榆林關，在縣東三十里，開皇三年置。《寰宇記》：勝州，西北至河十里，正東至河四十里。《陝西通志》：勝州城在榆林衛東北四百五十里。《一統志》：按：隋、唐勝州在套内東北，瀕黄河屈南流處，與遼、金東勝州相近，但隔河耳。又按：唐勝州在豐州東，不在南。《元和志》於豐州下既云"東至勝州五百三十里"，此又云"北至豐州七百里"。疑誤。札薩克固山貝子游牧。額璘臣從弟沙克札，崇德六年，來朝。順治七年，

封札薩克固山貝子,世襲罔替。佐領四十。

牧地:東至黄河冒帶津,百五十里,接歸化城土默特界。旗東十二里,有坎台河,源出布木巴泉,東北流,入黄河。五十里,有喀錫拉克河,源出色泊呼勒泉,東北流,入柰馬代泊。百十里,有漁河,蒙古名折葛蘇台。源出托諾克陀羅海山,東北流,入捕魚池。百四十里,有蒲河,蒙古名呼魯蘇台。源出察罕陀羅海岡,東北流,入蒲池。旗東四十三里,有柰馬代泊。百十里,有捕魚池,蒙古名折葛蘇台,漁河注入其中,百三十里有蒲池,蒙古名呼魯蘇台,蒲河注入其中。百四十里,有黑水池,蒙古名喀喇烏蘇。南至賀陀羅海,百(元空——原注)十里,接左翼前旗界[四]。旗南四十里,有伊克翁衮岡、巴哈翁衮岡。西至察罕額爾吉,百三十五里,接左翼中旗界。旗西二十五里,有錫都喇扈河,源出旲烈泉,東北流,入黄河。五十里,有喀賴河,源出朱爾罕(漢)呼(虎)圖(都)克[五],北流,入黄河。百十里,有柳河,蒙古名布爾哈蘇台。源出察(插)罕(漢)陀(托)羅海岡[六],北流,入黄河。百二十里,有兔毛河,蒙古名滔(陶)賚(賴)昆(崑)兑[七]。源出敖柴達木,西北流,入黄河。二百四十里,有小黑河,東流,入黄河。北至黑水泊,二十里,接烏喇特界。東南至阿魯得勒蘇,百九十里,接左翼前旗界。旗東南百四十五里,有退諾克陀(拖)羅海山[八],其西曰拜圖陀(托)羅海[九]。百三十里,有察漢陀羅海岡。西南至哈錫拉克陀羅海,百四十里,接左翼中旗界。東北至台碩額勒蘇,八十五里,接歸化城土默特界。西北至綽和爾末里圖。三百七十里,接烏喇特界。旗西北二百五十里,有黑河,蒙古名伊克土爾根。源出呼(虎)呼(虎)冒頓之地[一〇],東流,至烏拉遜鄉,入黄河。三百十里,有烏爾巴齊河,源出平地,東流,入黄河。三百七十里,有車倫木根河,源出撒爾奇喇之地,東流,入黄河。又旗西二百四十里,巴哈土爾根河入黄河處,土名遮遮渡。

札薩克駐巴爾哈遜湖。

【校記】

〔一〕布顔努坐烏蘭巴爾哈孫,"方略本"《親征平定朔漠方略》作"布顔努坐於烏蘭巴爾哈孫"。

〔二〕噶克釵墨頓,中華書局點校本《清史稿》作"噶克釵冒頓"。

〔三〕巴哈得石峯,中華書局點校本《清史稿》作"巴漢得石峯"。

〔四〕竌,疑爲"元空"。

〔五〕朱爾罕呼圖克,中華書局點校本《清史稿》作"朱爾漢虎都克"。

〔六〕察罕陀羅海岡,中華書局點校本《清史稿》作"插漢托羅海岡"。

〔七〕滔賚昆兑,中華書局點校本《清史稿》作"陶賴崑兑"。

〔八〕退諾克陀羅海山，中華書局點校本《清史稿》作"退諾克拖羅海山"。

〔九〕拜圖陀羅海，中華書局點校本《清史稿》作"拜圖托羅海"。

〔一〇〕呼呼冒頓之地，中華書局點校本《清史稿》作"虎虎冒頓之地"。

［西南爲右翼前旗］隋、唐夏、勝二州地，札薩克固山貝子游牧。額璘臣從子額琳沁，順治六年，封札薩克固山貝子，世襲罔替。佐領四十二。

牧地：東至察罕額爾吉，五十里，接左翼中旗界。旗界五十里，有大鹽濼，蒙古名特黑圖察罕池。南至榆林衛，二百三十里，接邊城界。《朔漠方略》：自榆林往寧夏正道，八十里至馬齊圖孔達海爲一站，有小泊一方。八十里至海流圖爲一站，有大河水。六十里至拖河圖爲一站，有小泊一方，井一口。六十里至納林河爲一站，有小河水。八十里至古壘一站，有井一口。八十里至阿兒灘噶達素一站，有井一口。九十里至烏喇素一站，有井一口。七十里至察漢陀羅海一站，有井一口。五十里至哈沙圖一站，有井一口。八十里至横城口一站，此路分爲九宿。第十站至横城，共七百三十餘里，水甚少，路亦大沙。又有沿邊外至安邊一路，自榆林七十里至他喇泉一站，有泉水。八十里至海流圖河一站，有大河水。八十里至什喇泉一站，有泉水。七十里至札哈泉一站，有泉水。五十里至哈達俄羅木一站，有河水。六十里至蘇海阿魯一站，有河水。六十里至安邊爲一站，此路自榆林起七宿到安邊，共四百七十餘里。路雖小有沙，而水、艸足用。旗南二百二十里，有恩多爾拜山。旗南九十里，有席伯爾河。源出莽（蟒）格（喀）圖呼（虎）爾呼（虎）之地〔一〕，南流，會錫克丑河。入邊城，爲榆林之榆溪西河上源。百七十里，有阿爾塞河，源出恩多爾拜山南平地，西南流，會席伯爾河。旗南三十五里，有長鹽池，蒙古名達布蘇圖。西至摩多圖察罕泊，百三十里，接右翼中旗界。旗西三十五里，有越没濼，蒙古名鄂爾吉凮。東南至察罕鄂博，二百里，接邊城界。旗東南百四十里，有總柴山，蒙古名摩多圖。西南至介喀圖瑚拉琥，三百里，接邊城界。旗西南有故奢延城，漢置，屬上郡。後漢因之。晉省。《水經注》：奢延水，出奢延縣西南赤沙阜。東北流，逕其縣故城南是也。有廢宥州城，宥州有新、舊二州，俱唐置。《元和志》：廢宥州，在鹽州東北三百里，夏州西北三百里，開元十六年置，寶應以後廢。新宥州，在夏州西北三百二十里，廢宥州東北三百里。東南取夏州路至上都一千三百里，東至麟州六百里，西南至靈州六百五十里，北至天德軍六百里，東北至中受降城五百六十里，南至鹽州六百里。初，調露元年，於靈州南界置魯、麗、含、塞、依、契等六州，以處突厥降户，時人謂之六胡州。長安四年，併爲匡、長二州。神龍三年，復置蘭池都督府，在鹽州白池縣北八十里，仍分六州各爲一縣以隸之。開元十一年，康大（待）賓叛亂〔二〕。克定後，遷其人於河南、江、淮諸州。二十六年，還其餘黨，遂於此置宥州，以寬宥爲名也。後爲寧朔郡，領縣三：懷德、延恩、歸仁。天寶中，宥州寄理經略軍，寶應以後，因循遂廢，由是昆夷屢來寇擾，黨項(靡依)〔三〕。元和八年冬，回鶻南過磧，取西城柳谷路討吐蕃。西城防禦使周懷義表至，朝廷大恐，以爲回鶻聲言討吐蕃，意是爲寇。惟中書侍郎、平章事李吉甫以爲回鶻入寇，且當斷絶和事，不應便來犯邊。今之多士，居平則横生異議，深沮邊計。及聞邊警，又承虚聲以洶朝廷，冀因幾危摇動時事。但當設備，不足爲慮。因請自夏州至天德軍，復置廢館一十一所，以通急驛。又請夏州騎士五百人，營於經略故城，應援驛使，兼護黨項部落。上悉從之。又上言曰：國家舊置六胡州在靈州界内，開元中，廢六州，置宥州，以領諸降户。天寶末，宥州寄理於經略軍，蓋以爲居中可以總統蕃部，北接天德，南據夏州。今經略軍遠礙靈武，通路乖越，又不置軍鎮，非舊制也。請置宥州，理經略軍。至九年五月，詔復於經略軍城置宥州，仍爲上州，於州郭下置延恩縣爲上縣。改隸夏綏銀觀察使，取鄜城神策行營兵馬使鄭杲下兵士并家九千人，以實經略軍。又置州之日，版築之下，掘得釜二百五十四口，悉堪烹飪。識者以爲暗合前賢之規模，亦足以彰元化之所感也。其釜并散給諸營，以資軍用。又頃年每有回鶻消息，常須經太原取驛路至闕下，及奏報至〔四〕，已失事宜。今自新宥州北至天德，置新館十一所，從天德取夏州乘傳奏事，四日餘便至京師。《舊唐書・地理志》：宥州，天寶元年，爲寧朔軍〔五〕。至德二年，改爲懷德軍都督府〔六〕。乾元元年，復爲宥州。元和十五年，移治長澤縣，爲吐蕃所破。長慶四年，夏州節度使李祐復置。旗西南三百十里，有巴音山。三百九十里，有錦屏山，蒙古名巖靈。旗西南百八十里，有哈柳圖河，源出瑚拉琥之地，東南流，合細河、金河二水，入榆林邊。至波羅營，會西來之額圖渾河，爲無定河。《一統志》：按此即榆河、無定河之别源，古黑水也，亦名吃那河。元朱思本《河源記》：吃那河，源自古宥州，東南流，過綏德州，凡七百里，與黄河合。二百十里，有細河，蒙古名納林河。源出槖里泉，南流，會哈柳圖河。二百九十里，有金河，蒙古名錫(西)喇烏蘇(素)〔七〕，源出磨瑚(虎)拉(喇)琥(虎)之地〔八〕，南流，會哈柳圖河。三百六十里，有石窯川河，蒙古名額圖渾，古奢延水也，源出賀佟圖山山北平地，東南流，合數小水，入懷遠縣邊，爲恍忽都河。又折東北，至波羅營，會哈柳圖河，爲無定河。旗西南三百里，有紅鹽池，蒙古名烏楞諾爾。《明史・韃靼傳》：滿魯都入河套，稱可汗，乩加思蘭爲太師。成化九年，滿魯都等與孛羅忽并寇韋州。王越偵知敵盡行，其老弱巢紅鹽池，率輕騎晝夜急馳至，大擊破之。復邀擊於韋州。滿魯都等敗歸，則孳畜、廬帳已蕩盡，妻孥喪亡，乃相顧悲哭去。自是，不復居河套，邊患少弭〔九〕。東北至哈達圖泊，三十里，接左翼後旗界。西北至察罕札達海。華名苦水池。六十五里，接右翼中旗界。

札薩克駐巴哈諾爾。直榆林府北二百三十里。

【校記】

〔一〕莽格圖呼爾呼，中華書局點校本《清史稿》作“蟒喀圖虎爾虎”。

〔二〕康大賓,中華書局點校本《元和郡縣圖志》作"康待賓"。

〔三〕由是昆夷屢來寇擾,黨項,中華書局點校本《元和郡縣圖志》作"由是昆夷屢來寇擾,黨項靡依"。

〔四〕及奏報至,中華書局點校本《元和郡縣圖志》作"及奏報到"。

〔五〕爲寧朔軍,中華書局點校本《舊唐書·地理志》作"改爲寧朔郡"。

〔六〕改爲懷德軍都督府,中華書局點校本《舊唐書·地理志》作"改爲懷德郡都督府"。

〔七〕錫喇烏蘇,中華書局點校本《清史稿》作"西喇烏素"。

〔八〕磨瑚拉琥,中華書局點校本《清史稿》作"磨虎喇虎"。

〔九〕該段引文有多處節略。

[西北爲右翼後旗]漢朔方郡地。《史記·匈奴傳》:秦始皇使蒙恬將十萬衆北擊胡,悉收河南地。因河爲塞,築四十四縣臨河〔一〕。十餘年,諸侯叛秦,匈奴復稍渡河南,與中國界於故塞。後冒頓南并樓煩、白羊河南王。悉復入秦使蒙恬所奪匈奴地〔二〕,與漢關故河南塞,至朝那、膚施。《漢書·衛青傳》:元朔元年,青爲車騎將軍。明年,出雲中以西,至高闕,走白羊、樓煩王。遂以河南地爲朔方郡〔三〕。使蘇建築朔方城〔四〕。《後漢書·順帝紀》:永和五年,徙朔方居五原。《魏志》:建安二十年,省朔方郡。《水經注》:河水東北逕三封縣故城東,漢武帝元狩三年置。《十三州志》曰:在臨戎縣西一百四十里。又北逕臨戎縣故城西,元朔五年立,舊朔方郡治。又北,有枝渠東出,謂之銅口,東逕沃野故城南,元狩三年立。又北屈而爲南河出焉。河水又北迆西,溢於窳渾縣故城東,元朔二年,開朔方郡治〔五〕。又有西部都尉治。有道自縣西北出雞鹿塞,其水積而爲屠申澤。河水又屈而東流,爲北河,東逕高塞南。又東,逕臨河縣故城北。又南,合南河。又南,逕馬陰山西。又東南,逕朔方縣故城東北。《詩》所謂城彼朔方也。漢元朔二年,大將軍衛青取河南地爲朔方郡,使校尉蘇建築朔方城,即此城也。《元和志》:夏州,朔方縣,本漢舊縣,今縣理北什賁故城。是也。漢末荒廢,後魏更置巖緑縣,隋因之。貞觀二年,改爲朔方縣〔六〕。自漢至今,常爲關中根本。什賁之號,蓋蕃語也。穆案:據《酈注》前一説,漢朔方郡當治臨戎縣,縣屬《班志》第十;據後一説,郡當治朔方縣,縣屬《班志》第二。《元和志》蓋用第二説,故云:即縣北什賁故城。然漢朔方縣在旗界黄河東岸,臨戎縣在朔方縣西黄河向北流之東岸。地界毘連,不甚相遠,酈、李之説本無不合。惟《元和志》於豐州下,忽又謂朔方郡治三封,既自相矛盾,而地志家多因之。則緣三封爲《班志》第一縣,誤以《郡國志》例爲《班志》例耳。《潛丘劄記》獨明其不然,可謂精確矣。然如窳渾爲初開朔方時郡治,後徙郡治臨戎,而窳渾專爲西部都尉治,核以紀年,顯然明白。《潛》乃不仍臨戎,《酈註》而引窳渾,亦稍誤也。又案:臨河在朔方城西北,渠搜在朔方城東,廣牧在朔方城西,臨戎在朔方城西,河向北流之東岸。《一統志》:按三封故城,在套外黄河西岸〔七〕。沃壄故城,在套

外，河水北流一曲之西。窳渾故城，則在今阿爾坦山之南，騰格里湖之側。朔方一郡，惟此三縣在套外耳。**隋、唐爲豐州，九原郡治。**《隋書·地理志》：五原郡，開皇五年置。豐州，仁壽元年置，總管府，大業元年府廢，治九原縣。《元和志》：豐州，秦上郡之北境，秦末没胡。漢置朔方郡，靈帝末，羌、胡擾亂，城邑皆空。永嘉後，匈奴衛辰父子新居其地。後魏又爲夏州北境。周武帝於今永豐縣置永豐鎮。隋開皇三年，於鎮置豐州，後廢。貞觀四年，突厥降附，又權於此置豐州都督府，不領縣，惟領蕃户，以史大柰爲都督。十一年，大柰死，復廢府，以地屬靈州。二十二年，又分置豐州。天寶元年，改爲九原郡，乾元元年，復爲豐州。東至勝州五百三十里，西南至靈州九百里，東南至夏州七百五十里，西北至河西城八十里。又九原縣本漢之廣牧舊地，永徽四年，重置縣〔八〕，其城，周、隋間俗謂之甘艸城。《唐書·唐休璟傳》：永淳中，突厥圍豐州。朝廷議棄豐，保靈、夏。休璟上疏曰：豐州控河遏寇，號爲襟帶，自秦、漢以來，常郡縣之。土田良美，宜耕牧。隋季喪亂，不能堅守，乃遷就靈、慶，戎羯得以乘利而交侵，始以靈、夏爲邊。唐初，募人實之，西北一隅得以完固。今而廢之，則河防地復爲賊有，而靈、夏亦不足自安，非國家利也。高宗從之。城北有鸊鵜泉。李益詩：緑楊著水草如煙，舊是胡兒飲馬泉。自注：鸊鵜泉在豐州城北，胡人飲馬於此。《一統志》：按豐州至宋慶曆中，陷於西夏。嘉祐七年，復以府州。羅泊川置豐州，地在今河套東南府谷縣之北，非此隋、唐所置豐州也。**札薩克固山貝子游牧。額璘臣從子小札木素。**所部有大札木素，故語小以别之。**順治六年，大札木素叛，小札木素不附逆。詔封札薩克鎮國公，世襲罔替。孫都稜，康熙三十七年，敘從征噶爾丹督護糧運功，晉固山貝子。**都稜孫齊旺班珠爾，乾隆十九年，議剿達瓦齊，獻駝、馬、牛、羊贍軍，晉多羅貝勒，賞三眼孔雀翎。卒，子喇什達爾濟仍降襲貝子。佐領三十六。

牧地：東至兔毛河，四十里，接左翼後旗界。旗東十二里，有巴哈朱爾格泉。七十里，有苦水池，蒙古名察罕札達海。**南至喀喇札喇克，**百四十里，接左翼中旗界。旗南百二十里，有滔賚河。百五里，有錫賚泉。**西至噶札爾山，**百四十里，接右翼中旗界。旗西百四十里，有馬陰山，蒙古名阿克塔和（賀）碩（郡）〔九〕。旗西百三十里，有赤沙河，源出赤沙泉，東北流，入鍋底池。百二十里，有兔河。旗西六十里，有固爾班稻圖池，共有三池，故名。九十里，有鍋底池，周圍二十餘里，産鹽。兔河、赤沙河二水注入其中，即漢朔方縣鹽澤，唐名胡洛鹽池者也，今土人名喀喇莽柰腦兒。《漢（書）地理志》：朔方郡，朔方，金連鹽澤、青鹽澤皆在南。《水經注》：《魏土地記》曰：朔方縣有大鹽池，其鹽大而青白色〔一〇〕，名曰青鹽，又名戎鹽，入藥分，漢置典｛鹽｝官。鹽池去平城宫千二百里，在新秦之中。《（新）唐書·食貨志》：安北都護府有胡洛池，歲得鹽萬四千斛，以給振武、天德。《元和志》：胡洛鹽池，在長澤縣北五百里，周回三十里，亦謂之獨洛池，聲相近也。《一統志》：按漢時朔方鹽池有二，至後魏時止言一池，即唐之胡洛鹽池，今喀喇莽柰大鹽池也。金連鹽澤，今不可考。《水道提綱》：套中産鹽池，以喀喇莽尼爲大，即古金連鹽澤及青鹽澤，唐時名胡洛鹽池者。百五十里，有紅水池。北至塞特勒赫墨突，二十里，接烏喇特界。東南至巴彦泉，百五十里，接左翼後旗界。旗東南九十里，有烏(吴)列(烈)鄂博陀(拖)羅海岡〔一〕。西南至達爾巴哈岡，百五十里，接右翼中旗界。旗西南百四十里，有黄水河，蒙古名錫喇木倫。源出馬陰山北平地，東北流，入固爾班河。東北至拜塞墨突，四十里，接烏喇特界。西北至哈洛爾博羅。百八十里，接烏喇特界。

札薩克駐鄂爾吉虎諾爾。直榆林府正北少西四百餘里。

[依右翼前旗爲右翼前末旗]札薩克一等台吉游牧。《會典》作閒散輔國公，誤。額璘臣從曾孫定咱喇什，曾祖烏巴什，號都噶爾岱青。順治六年，以不從大札木素叛，授二等台吉。康熙十四年，從大軍剿平花馬池，定邊城諸賊，晉一等台吉。尋卒，子索諾木多爾濟、孫桑忠多爾濟皆襲三等台吉。定咱喇什，即桑忠多爾濟長子，雍正九年，叙屢次從軍斬馘功，晉一等台吉。乾隆元年，議族屬繁，增旗一，授札薩克。四十九年，詔世襲罔替。佐領十三。

所部七旗同牧。自爲一盟，曰伊克昭。

貢道由殺虎口。所部歲貢，康熙十三年題准，共進九九。計羊八十一隻、乳酒八十一瓶。乾隆元年裁。

與哲里木、卓索圖、昭烏達、錫林郭勒、烏蘭察布五盟，同列内札薩克。内蒙古驛凡五道。喜峯口一道，除喜峯口、寬城内地所設二站外，設蒙古站十六：曰和齊台品郭勒，曰喀斯瑚，曰託和圖，曰伯爾克，曰黄華圖，曰錫喇諾爾，曰庫呼車，曰三音哈格，曰錫喇郭勒，曰奎素布托，曰博羅阿布齊，曰諾木齊，曰哈沙圖，曰哈拉塔克洛素特，曰珠特，曰哈達罕。以達於喀喇沁、土默特、喀爾喀左翼、敖漢、柰曼、札魯特、科爾沁、郭爾羅斯、札賚特、杜爾伯特諸部。古北口一道，除古北口至坡賴村，内地所設五站外，設蒙古站十：曰默爾溝，曰錫爾哈，曰阿木溝，曰卓索，曰徹圖巴，曰賴三呼都克，曰錫喇木倫，曰噶察克，曰海拉察克，曰阿魯噶穆爾。以達於翁牛特、札魯特、巴林、阿魯科爾沁、烏珠穆沁諸部。獨石口一道，除獨石口内地所設一站外，設蒙古站。其第一站奎屯布拉克在察哈爾境内，入蒙古境者五站：曰額楞，曰額墨根，曰卓索圖，曰錫林郭勒，曰瑚魯圖，以達於克什克騰、阿巴噶、阿巴哈納爾、浩齊特諸部。張家口一道，除張家口内地所設一站外，設蒙古站，是爲阿爾泰軍臺。其第一站察漢陀羅海，以及第九站沁岱皆在察哈爾境内，至第十九站奇拉伊木呼爾以下，已接喀爾喀境内。在内蒙古境者九站:曰烏蘭哈達,曰奔巴圖,曰錫喇哈達,曰布魯圖,曰烏蘭呼都克,曰察漢呼都克,曰錫喇木倫,曰鄂蘭呼都克,曰吉斯洪果爾,以達於四子部落、蘇尼特、喀爾喀右翼、茂明安諸部。殺虎口一道,除殺虎口内地所設一站外,設蒙古站十一,北路四站:曰八十家站,曰二十家站,曰薩拉齊,曰歸化城,皆在土墨特境,其烏喇特三旗即由歸化城達之。西路七站:曰杜爾格,曰東素海,曰吉格素特,曰巴彦布拉克,曰阿魯烏爾圖,曰巴爾素海,曰察漢陀羅海,以達於鄂爾多斯部。康熙三十一年,理藩院議准:各蒙古地方安設驛站,每驛相去百里,除土默特、柰曼、喀爾喀左翼、科爾沁,由山海關邊外行走,郭爾羅斯、杜爾伯特,在黑龍江大路,不另置驛。自喜峯口至札賚特爲一路,計程千六百餘里,現有管、城二驛,應設十四驛。自古北口至烏珠穆沁爲一路,計程九百餘里,有鞍子村、江鄉、十八里臺諸驛,應設六驛。自獨石口至浩齊特爲一路,計程六百餘里,應設六驛。自張家口至四子部落爲一路,計程五百餘里,應設五驛。自殺虎口至烏喇特爲一路,計程九百餘里,現有二驛,應設七驛。自歸化城至鄂爾多斯八百餘里,應設八驛,仍爲殺虎口一路。各驛站,均於水泉形勝處安設。

蒙古游牧記卷之六　　　　受業歙縣徐景軾覆校

【校記】

〔一〕該句下引文有節略。

〔二〕悉復入秦使蒙恬所奪匈奴地,中華書局點校本《史記》作"悉復收秦使蒙恬所奪匈奴地"。

〔三〕遂以河南地爲朔方郡,中華書局點校本《後漢書·衛青傳》作"遂取河南地爲朔方郡"。

〔四〕中華書局點校本《後漢書·衛青傳》作"使建築朔方城"。并注:"師古曰:'蘇建築之也'。"

〔五〕開朔方郡治,《水經注校證》作"開朔方郡縣"。

〔六〕該句下引文有節略。

〔七〕在套外黄河西岸,"四庫本"乾隆《大清一統志》作"當在套外黄河西岸"。

〔八〕重置縣,中華書局點校本《元和郡縣圖志》作"重置"。

〔九〕阿克塔和碩,中華書局點校本《清史稿》作"阿克塔賀邵"。

〔一〇〕其鹽大而青白色,《水經注校證》作"其鹽大而青白"。

〔一一〕烏列鄂博陀羅海岡,中華書局點校本《清史稿》作"吴烈鄂博拖羅海岡"。

蒙古游牧記卷之七

平定張　穆撰
光澤何秋濤校

外蒙古喀爾喀四部總叙

［喀爾喀四部］八十六旗。東至黑龍江呼倫貝爾城界,南至瀚海,西至阿爾台山又作阿爾泰,今作阿勒坦。與新疆伊犁東路界,北至俄羅斯界。東西延袤五千里,南北三千里。古北狄地。唐虞則山戎。夏則獯鬻。周則玁狁據之。玁,亦作獫。案:古止作嚴允,《虢季子伯盤》可證。俞君正燮曰:玁狁,古無此字。《説文》:《詩》用毛氏,亦無之。今《毛詩》玁狁,不知何時寫本。《漢書·匈奴傳》作獫允。《韋元成傳》則有"狁"字。案:獫允,漢時北狄,在周,則西戎也。《詩·采薇》玁允,《序》以爲文王時。《漢(書)·匈奴傳》以爲懿王時,殆《魯詩》《師説》皆雍州事。《序》言西有昆夷之患,北有獫允之難者,以出車言,往城于方,城彼朔方。又言:薄伐西戎。故分言之,實則皆西戎,特獫允在昆夷北耳。秦、漢曰匈奴。杜佑曰:《山海經》已有匈奴,《周書》又曰:正北匈奴以橐駝(、白玉)爲獻。當時猶微也。漢初,冒頓并有漠南,衛青、霍去病連攘卻之,乃復北徙。後漢仍爲北匈奴地。後魏曰蠕蠕。本名柔然,魏太武改名。其境西則焉耆之地,東則朝鮮之地,北則渡沙漠,窮瀚海,南則臨大磧。其主社崘始號可汗,猶言皇帝。蠕蠕滅,而突厥興,盡有西北之域。其境東至遼海以西,西至西海萬餘里,南至沙漠,北至北海五六千里。唐初,李靖擊滅突厥。回紇及薛延陀並稱强,李勣滅薛延陀,回紇遂并有其地。貞觀四年,回紇來朝,以其地爲瀚海、燕然、金微、幽陵、龜林、盧山六都督府,又置皋蘭、高闕、雞田、榆溪、雞

鹿、蹛林、寘顔等七州，以部長爲都督，刺史、長史、司馬，皆隸燕然都護府。其後，并有九姓諸部，盡得匈奴故地，回紇益强，此爲回紇地。又東爲室韋地。五代至宋，回紇始衰，與室韋、嫗厥律諸部散居其地，羈屬於遼。金大安初，蒙古始盛。案：舊説契丹建國，號曰遼，譯言鑌鐵。葢即《爾雅》：白金，美者謂之鐐〈之鐐〉。故女真抗遼，則名其國曰金。達達抗金，則名其國曰蒙古。蒙古，銀也。博明《西齋偶得》曰：遼爲契丹，金爲女直。契丹本音乃契塔特，女直係由女真，女真由朱里真迭改，其本音乃朱里扯特。見《元秘史》蒙古文。今蒙古人猶以是呼之。又曰：蒙古呼漢人爲契塔特，葢蒙古初爲忙古部，越在大漠北。至後五代時，始通中夏，惟時燕雲十六州皆屬契丹，故以遼國名稱之。較其世次，尚在朱里真未以金號其國之前。蒙古太宗七年，建都和林。沈君垚曰：《元(史)地理志》，太祖十五年，建都和林。按十五年，太祖在西域。春三月，帝克蒲華城，夏五月，克尋思干城，駐蹕也石的石河。秋，克斡脱羅兒城。駕未中回，安得有建都城之事？又十五年，歲次，庚辰，正長春真人由燕京往德興之歲。《西游記》云：師聞行宫漸西，春秋已高，欲待駕回朝謁。則自前年征西域後，駕實未中回也。且太祖所居之見於《本紀》者：六年春，帝居怯緑連河。十一年春，居廬朐河行宫。十九年，由西域班師。二十年春正月，還行宫。{二十二}秋七月，崩於薩里川哈老圖(徒)之行宫。《本紀》不見有和林之名，安得謂和林爲太祖所建？太宗元年秋八月，諸王百官大會於怯緑連河曲雕阿蘭之地，以太祖遺詔即皇帝位於庫鐵烏阿剌里。亦不言和林。二年春，帝與拖雷獵於斡兒寒河。夏，避暑於塔密爾河。則始在和林左右，斡爾寒，即斡爾汗也。嗣是六年春，會諸王，燕(宴)射於斡爾寒河，而七年春，遂城和林，作萬安宫。和林建都，實始太宗，非由太祖矣。耶律鑄《雙溪醉隱集・取和林》詩注：和林城，苾伽可汗之故地也。歲乙未，聖朝太宗皇帝城此，起萬安宫。城西北七十里，有苾伽可汗宫城遺址。城東北七十里，有唐明皇開元壬申御製御書《闕特勤碑》。按《唐史・突厥傳》：闕特勤，骨吐禄可汗之子，苾伽可汗之弟也。名闕，可汗之子弟謂之"特勤"。開元十九年，闕特勤卒，詔金吾將軍張去逸、都官郎中吕向齎璽書使北弔祭，並爲立碑。上自爲文，别立祠廟，刻石爲像，其像迄今存焉。其碑額及碑文，特勤，皆是殷勤之勤字。唐新、舊《史{書}》凡書特勤，皆作銜勒之勒字，誤也。諸突厥部之遺俗，猶呼其可汗之子弟爲特勤、特謹字也，則與碑文符矣。碑云：特勤，苾伽可汗之令弟也。可汗，猶朕之子也。唐新、舊《史{書}》並作毗伽可汗。勤、苾二字，當以碑文爲正。又《涿邪山》詩注：南鄰處月之郊，和林城唐碑文也。未曉處月之言，有問及余者，因爲之説云：處月之言，磧鹵地也。《史記》：漢復使因杅將軍公孫敖出西河，與强弩都尉路博德會涿涂山。注音邪。《前漢書》：因杅將軍出西河，與强弩都尉會涿邪山。《後漢書・祭肜傳》：出高闕塞九百餘里，得小山，妄言以爲涿邪山。《竇憲傳》：鄧鴻與後諸軍會涿邪山，皋林温禺犢王于涿邪山間，漢兵來，悉度漠去。班固《燕然山銘》：經磧鹵，絶大漠，踰涿邪。涿邪山者，其山在涿邪中也。涿邪後聲轉爲朱邪，又聲轉爲處月。按《唐史》：沙陀，處月種也。《莊宗紀》：其先本號朱邪，後自號沙陀，而以朱邪爲姓者。是也。《南部新書》：北人三十輩於大山中，見一小兒，遂收而遞養之。長求姓，衆云人共育得大，遂以諸邪爲姓。朱邪者，訛也。此説可笑，朱邪即涿邪也。諸邪二字，俱是華言，遐荒殊俗，隔絶中華，焉知華言，以爲族望。處月部居金婆山之陽、蒲類海之東，皆沙漠磧鹵地也。《西漢書》注：薛瓚曰：沙土曰“膜”。其説得之。即今華夏猶呼沙漠爲沙陀。突厥諸部遺俗，至今亦呼其磧鹵爲朱邪，又聲轉爲處月，今又語訛，聲轉而爲川闕，皆從覼譯及所書之人鄉音輕重緩急而致然爾。外國語元無本字，取其聲音之近似，不可取其訓故。訓者，釋所言之理。音者，通其指義所記之語。既無本字，豈有所言之理，所通指義者哉？初，立元昌路，後改轉運和林使司。前後五朝都焉。世祖遷都大興，於和林置都元帥府。大德十一年，立和林等處行中書省，統和林總管府。皇慶元年，改嶺北等處行中書省，改和林路爲和寧路。明初，順帝太子阿裕錫哩達賴汗《明史》作愛猷識理達臘。依王保保於此。初，王保保在和林。明太祖屢招之，不報。洪武五年，命徐達、李文忠、馮勝三路討之。勝軍至亦集乃路，元岐王朶兒只班遁去。文忠進兵臚朐河，兼程急趨，敗元將蠻子哈剌章於土剌河，追至阿魯渾河，元兵益衆，文忠力戰，窮追至稱海，元衆敗去。明年，達、文忠復遣將追敗之荅剌海口。明年，王保保死，順帝孫脱古思帖木兒駐捕魚兒海，爲藍玉所敗。遁至土剌河，爲其臣也速迭兒所弑。其族兀納失里大王收散亾[一]，居和林之西哈梅里，復爲明都督劉真等所破。自脱古思死後，七傳至本雅失里，淇國公邱福征之，五將軍俱没。文帝親征，至斡難河，擊破之。本雅失里以七騎絶河遁去，遂爲瓦剌瑪哈木所弑。時阿魯台强盛，與瓦剌相攻，元裔益微。有脱脱不花者，爲瓦剌脱歡所立，居漠北。脱歡子也先疑其與中國通，攻殺之。也先自稱可汗，尋亦爲其下所殺。諸部共立脱歡不花之子，號小王子。案：《蒙古源流》：特古斯特穆爾汗〖即脱古思帖木兒〗，洪武二十一年，卒。子恩克卓哩克圖汗嗣，洪武二十五年，卒。弟額勒伯克尼古埒蘇克齊汗嗣。建文元年，爲衛拉特烏格齊哈什哈所弑，子琨特穆爾汗嗣。建文四年，卒，弟諤勒哲依特穆汗嗣。永樂八年，卒，子德勒伯克汗嗣。永樂十三年，卒，烏格齊之子額色庫篡立。洪熙元年，額色庫死。宣德元年，科爾沁阿岱台吉占據蒙古餘衆，嗣爲汗。正統三年，爲脱歡太師所弑。脱歡旋亦死。脱歡子額森篡立，即所謂也先也。其時，嗣蒙古汗統者，爲特古思特穆爾第三子哈爾古楚克都古楞特穆爾鴻台吉之孫，阿寨台吉之子，號岱總汗，即此所謂小王子也。明人傳聞疑有誤。岱總汗，景泰三年爲郭爾羅斯徹卜登所弑，子蒙古勒克哷青吉斯汗嗣，明人謂之馬古可兒吉思，旋爲多倫土默特之多郭朗台吉所害。岱總汗初娶徹卜登女，生子摩倫汗嗣，明人謂之孛來，旋又爲摩里海王所弑。岱總汗弟滿都古勒汗，天順七年嗣。成化三年，卒，統緒又絶。阿寨次子阿噶巴爾濟，生哈爾固楚克，額森壻也。哈爾固楚克生巴延蒙克，明人謂之麻兒可兒。巴延蒙克生巴圖蒙克，成化六年，年七歲，嗣號達延汗，明人譯爲大元大可汗。大元，即達延之訛也。察哈爾世系作踆圖拖克代音汗，此《明史》正、嘉以後所稱小王子也。後其裔達延車臣汗，太祖十五世孫也。子圖魯博囉特、巴爾蘇博羅特、阿爾楚博羅特、鄂齊爾博羅特等，由瀚海南徙近邊，爲内札薩克敖漢、柰曼、巴林、札魯特、克什克騰、烏珠穆沁、浩齊特、蘇尼特、鄂爾多斯九旗祖。案：《明史·韃靼傳》：嘉靖時，小王子最富强，控弦十餘萬，多畜貨貝，稍厭兵，乃徙幕東方，謂之土蠻，所分諸部落在西北邊者甚衆。而曰吉囊、曰俺荅者，於王子爲從父行，據河套，雄黠喜兵，爲諸部長。今以《蒙古源流》及《蒙古王公總傳》覈之，所謂土蠻者，圖們之訛也。又王子曾孫達賚遜始駐牧宣塞外，後復徙帳於遼，此徙幕東方之始。子圖們，嗣號札薩克圖汗，即明人所謂土蠻。故《李成梁傳》云：插汗部長，土蠻也。其所分諸部落，即敖漢、柰曼等九部。明人不得其部落名，而統以土蠻概之，遂牽混不明矣。又此時所謂小王子，達延車臣汗也。吉囊、俺荅，皆達延汗之孫，巴爾斯博羅特之子也。達延汗最老壽，在位七十四年。年八十，乃卒，時嘉靖二十二年也。長子圖魯博羅特先卒，孫博廸阿拉克汗嗣。嘉靖二十六年，博廸汗卒，子達賚遜庫登汗嗣。明人所謂打來孫也。此云於小王子爲從父行，當指打來孫言，渾舉後事説之耳。圖們札薩克圖汗，萬曆二十年，卒。子布延徹辰汗嗣，萬曆三十一年，卒。子莽和克早亡，孫陵丹巴圖爾庫圖克圖汗嗣，明人所謂虎墩兔也。天聰八年甲戌，兵敗走，死。獨其季格埒森札札賚爾琿台吉留故土，號所部曰喀爾喀，析衆萬餘爲七旗，授子七人領之，分左、右翼。有三汗：曰土謝圖汗，舊作圖舍圖，今作圖什業圖。曰車臣汗，車臣，即徹辰，亦作赤城。曰札薩克圖汗。崇德三年，三汗並遣使來朝，定歲貢。三汗各貢白馬八、白駝一，謂之九白之貢，歲以爲常。順治十二年，三汗及賽音諾顔部長丹津喇嘛，各遣子弟來朝。冬，復遣使乞盟，賜盟宗人府。設八札薩克。《朔漠方略》：土謝圖汗、車臣汗、丹津喇嘛、墨爾根諾顔、畢希勒爾圖汗、羅卜藏諾顔、車臣濟農、昆都倫陀音爲八札薩克。仍分左、右翼。其國西接額魯特，每與搆兵。及康熙二十七年，噶爾丹興兵攻破之，七旗舉族款塞内附。文清公松筠《綏服紀略圖》詩注：康熙二十七年，喀爾喀衆議，就近投入俄羅斯[二]，因請決於哲布尊丹巴呼圖克圖。呼圖克圖曰：俄羅斯素不奉佛，俗尚不同我輩，異言異服，殊非久安之計。莫若全部内徙，投誠大皇帝，可邀萬年之福。衆欣然羅拜，議遂決。余在庫倫時，有頭等台吉格齊多爾濟者，乃額駙惇多布多爾濟之孫，年近八十，廣記故實，此事乃其所述云。《平定準噶爾方略》：雍正元年正月丙申，上親弔哲布尊丹巴胡土克圖，遣使，護其喪歸國。先是，理藩院奏曰：哲布尊丹巴胡土克圖，黄教中第一流人也，數世行善，垂九十年。當噶爾丹叛時，率七族喀爾喀等來歸，最有功。其家世喀爾喀汗之子，土謝圖汗之弟，遭逢聖朝，疊膺殊遇。前年，聖祖仁皇帝面諭之曰：歲癸卯，朕年七十，爾年九十，是年爾必來，無食言。胡土克圖承旨還。今遵諭來京，謁見梓宫，志願已遂，泊然示寂。請如達賴喇嘛、班禪額爾德尼例，賜以名號印册。既而上且臨弔，喀爾喀土謝圖汗等請勿往。諭曰:胡土克圖極蒙皇考軫念,禮遇加隆。皇考升遐,係甲午日。今胡土克圖圓寂,亦係甲午日,佛果聖因,證明不昧。胡土克圖非尋常僧人比,朕親往懸帕供茶,以盡朕心,將此旨傳與喀爾喀汗額駙及胡土克圖屬人等知之。至是,理藩院以龕座還國,請派大臣護行,上特命敦郡王允䄉世子弘晟齎賜印册奠儀,散秩大臣尚崇禩等護龕座行。三十年四月,聖祖仁皇帝親巡邊外,受其朝,大會於多倫諾爾。《朔漠方略》:理藩院議:應於上都河、額爾屯河兩間七溪之地會閱。《口北三廳志》:七星潭,一名多倫泊,土人呼爲多倫諾爾。多倫,華言"七"。諾爾,華言"河泊"也。其水清洌,中産魚、蛤之類,在上都牧廠東北。衆蒙古請於此建寺。賜名"彙宗",令各部落居一僧住持。《一統志》:上都牧廠,在獨石口東北一百四十五里博羅城。編審旗分,安輯其衆於喀倫邊内,惟留汗號。其諾顔、濟農等授王、貝勒、貝子、公、台吉有差,令與内札薩克同列。諭曰:爾等以兄弟之親,自相侵奪,啟釁召侮,致全部潰散。其時若令四十九旗札薩克將爾人衆收取,爾部早已散亡。朕好生之心,出於天性,不忍視爾滅亡,置附界内,給與贍養。自古以來,未有如朕拯救愛養如此者也。用是親臨教誨,普加賞賚,會同之時,見爾等傾心感戴,特沛恩施,俾與四十九旗同列,以示一體撫育,罔分中外。爾等其知朕意。《會典》:康熙三十年,聖祖仁皇帝以喀爾喀新附數十萬衆,必訓以法度,俾知禮儀,特命行會閱禮於上都多倫諾爾之地。前期,命理藩院調集新附之喀爾喀兩翼部落,并傳知科爾沁等四十九旗之王、台吉,皆豫屯於會閱之地百里以外。聖駕發京師,上三旗官兵隨行,由張家口出,下五旗官兵,由獨石口出。軍臨多倫諾爾,布營設哨,三旗護軍爲一營,居中屯劄。八旗前鋒二營,五旗護軍十營,火器四營,共十六營,環御營屯劄。八旗前鋒爲四汛,八旗護軍爲二十四汛,各設廬帳,繞營而屯。傳諭蒙古喀爾喀等,前屯於百里外者,移附御營五十里屯劄,不得入哨内。議定喀爾喀賞格九等,坐次七行。進見燕會禮儀,悉照四十九旗例。届期,設帳殿於網城南門前。中設御榻,旁設武備院行帳幕次各二,前張黄幕,設反坫,列尊罍,設騎駕鹵薄於帳殿前。聖駕出入作樂,設燕筵於各班次,衆畢集。聖祖出御營,乘馬,臨帳殿,升座。理藩院大臣、鴻臚寺官員引導,喀爾喀汗濟農、諾顔、台吉等排班奏樂。鳴贊官傳贊,行三跪九叩,禮畢,樂止。理藩院大臣官員引内外王、貝勒、貝子、公、台吉等列於左,喀爾喀汗等列於右,各於本位一叩坐,進御筵,奏樂,進茶。衆喀爾喀皆叩首。進茶畢,乃進酒。進酒大臣出班跪,衆皆跪,奏樂,各於其位行一叩禮,進酒畢,坐。執事者酌金巵立,賜進酒大臣,大臣跪受,一叩,飲畢,復一叩興,入班坐,乃進燕。次第演舞奏樂,衆技畢陳。有旨召喀爾喀汗、濟農、諾顔、大台吉等近御榻前,親賜以酒,其餘台吉等令侍衛於坐處,各賜酒,畢,徹筵。王、台吉及衆喀爾喀行一跪三叩禮謝恩,仍按翼序立。禮部大臣奏禮成,駕還行宫。次日,八旗滿洲及漢軍火器營、緑旗營官兵,排列火礮,聖祖躬擐甲胄。大閲畢,宣訓諭敕書於衆喀爾喀。先是,土謝圖汗以舊怨殺札薩克圖汗沙喇及其台吉德克德赫,從此起釁搆兵,馴至失其游牧。聖祖洞鑒兩翼喀爾喀交惡之原委，情事之曲直，先傳諭哲布尊丹巴呼圖克圖及土謝圖汗等，令其具疏請罪。於是集衆會盟，特頒恩旨，免土謝圖汗之罪。繼札薩克圖汗之後，使兩翼喀爾喀相好如初，去其濟農、諾顔名號，汗王以下，依次授以封爵，其台吉亦分四等，視四十九旗。又按品級，從優恩賚冠服、銀幣等物。其四十九旗，亦按品級賜冠服、銀幣有差。頒賞訖，均於網城南門前，聽鳴贊官傳贊謝恩，行三跪九叩禮。會閲禮成，回鑾。三十五年，聖祖再駕親征，至克魯倫河。噶爾丹駭遁。西路大兵復邀擊之，盡殲其衆。明年，噶爾丹竄死，朔漠平。喀爾喀諸部復還舊牧。編三部爲五十五旗。《理藩院則例》：圖什業圖汗、車臣汗二部落四十三旗台吉内，由青吉斯汗子孫衍派者爲族中台吉。由青吉斯汗之弟布戈柏勒格特依等之子孫衍派者，爲所屬台吉。缺出，除族中台吉照例辦理外，其所屬台吉，如經該札薩克查明譜系相聯，俟年至十八歲後，遇比丁之年，報院，一體題請授職，該旗作爲另檔。雍正三年，以固倫額駙策凌擊準噶爾功，詔率近族十九札薩克，别爲一部，以其祖圖蒙肯賽音諾顔號冠之。積前凡四部七十四旗。《平定準噶爾方略》：雍正三年，喀爾喀副將軍多羅郡王和碩額駙策凌等奏言：喀爾喀三部兵，舊分隸八旗，今蒙恩許隸上三旗，乞下工部，令製鑲黄旗纛六十桿、腰旗六百桿，給丹津多爾濟軍。正黄旗纛四十二桿、腰旗四百桿，給策凌軍。正白旗纛三十桿、腰旗三百桿給博貝軍。乾隆中，增至八十三旗，附輝特一旗、額魯特二旗，統稱外札薩克。龔之鑰《後出塞録》：喀爾喀諸部落甚衆，統以三汗，曰赤城汗，曰札薩兔汗，曰兔舍汗。其威儀服制凛然，中土五、六品之員，皆與抗禮。或有罪愆，僅需小校一人，齎詔而往，斥革縶縛，歸於司寇，不敢少忤。近日，以超勇親王策凌有平虜功，於三汗之外，分列一國，共爲四大部落。高其倬《喀爾喀部書所見》詩曰：額手温綸正拜嘉，款賓解煮尚方茶。海西盡奉諸侯職，漠北兼無可汗牙。艸瘠艸肥占歲事，雁回雁去記年華。牛羊繒絮相酬酢，中外於今正一家。

外蒙古喀爾喀汗阿林盟游牧所在土謝圖汗部

［喀爾喀後路土謝圖汗部］康熙三十一年，改喀爾喀左、右翼爲三路，土謝圖汗稱北路，繼又稱中路，此雍正三年所定也。直大同邊外漠北。至京師二千八百餘里。東界肯特山，接車臣汗部。南界瀚海，西界翁金河，接賽音諾顔部。北界楚庫河，接俄羅斯界。東南踰瀚海，接蘇尼特右翼、四子部落、喀爾喀右翼諸部。西北接烏里雅蘇台所屬唐努烏梁海。所部

初編佐領，積三十七旗。以分設賽音諾顔部，析二十一旗，隸之。并附牧之額魯特二旗數之。後增四旗，凡二十旗。斡齊賚巴圖土謝圖汗游牧。初，喀爾喀無汗號。案：漠北蒙古，惟順帝至陵丹一枝，世稱汗。格埒森札爲達延汗季子，始號所部爲喀爾喀，故無汗號。然蒙古本有小汗號，如阿勒坦汗是也。《蒙古源流》載其事云：達賚遜庫登汗於八白室前稱汗號，與右翼三萬人相會而旋，阿拉克第二子阿勒坦來迎，向汗求賜號，云：今統治已平，原有護衛汗治索多汗小汗之號，祈將此號賜我，我情願護衛大統。汗然之，遂與以索多汗之號。格埒森札第三子諾諾和掌左翼，號偉徵諾顔。子五。長阿巴岱，赴唐古特謁達賴喇嘛，迎經典歸，爲衆所服，始稱汗，號斡齊賚巴圖。按：巴圖舊作賽音，今從《理藩院則例》改。《朔漠方略》：康熙二十六年，土謝圖汗奏請敕印表曰：國中向無佛教，自我曾祖往謁達賴喇嘛，得蒙優禮，加以瓦察喇賽音汗之號。於是我地佛法，炳如日星。案：瓦察喇賽音，即斡齊爾賽因。博明《西齋偶得》曰：瓦剌，即今之厄魯特，其始祖爲託歡太師，而未詳其意。按《朔漠方略》，博碩圖汗之稱號則首冠以瓦赤剌，喀爾喀汗其初亦有此三字。今達賴喇嘛封號亦有之，蓋唐古特文之美稱也。子額列克嗣，號墨爾根汗。額列克子三，長衮布，始號土謝圖汗，與其族車臣汗碩壘、札薩克圖汗素巴第同時，稱三汗。康熙二十七年，衮布子察琿多爾濟與噶爾丹戰敗，率屬來歸。命入居蘇尼特界内鄂琳圖。三十年，詔仍留土謝圖汗號。三十六年，還舊牧。三十八年，卒。《御賜祭文》曰：朕君臨萬邦，罔有内外遠邇，視若一家。嘗拯其危而救其菑，俾長守藩維，不失舊物，生存顯號，殁錫寵章。爾越在外服，通貢有年。噶爾丹不道，日尋干戈。乃去國來歸，傾心内附。朕不忍爾部衆之阽於死亡，優加撫納，處之水艸之地，贍以食廩牛羊，降結婚姻，示垂永好。爾歷年朝請，恭謹有加。狡寇既平，謂爾得保有富貴逸樂，以圖長久，溘焉徂逝，深用憫傷，嗚呼！矢悃方殷，忽促桑榆之景；飾終無替，永增泉壤之光。牲醴往頒，靈其歆格。孫惇多布多爾濟襲。乾隆四十六年，詔世襲罔替。佐領一。乾隆四十六年，詔喀爾喀世爵，視内札薩克四十九旗例。理藩院遵旨議，首以土謝圖汗請。諭曰：土謝圖汗始祖察琿多爾濟來歸時，仍留汗號，嗣是子孫承襲，將及百年，著加恩世襲罔替。

牧地：在杭愛山東，山在西十四度，北極出地四十六度，鄂爾昆河源之北，直陝西、寧夏北二千里許，翁金河西北五百餘里。其山最爲高大，山脈自西北阿爾泰山來，東趨踰鄂爾坤、土喇諸水爲大興安、肯特諸山。又自山西庫庫嶺北折，環繞色楞格河上流諸水發源之處，抵俄羅斯界千餘里，鄂爾坤、塔米爾諸河皆發源於此。杭愛，譯言橐駝也，山形似之。《一統志》：按當即古之燕然。方觀承《松漠艸》詩注：頏靄爲喀爾喀境内名山，松多泉美，其最高峯曰鄂託渾騰格里，譯言少天也。山陽温泉數處，泉有魚産。黄石如琥珀，蒙古名胡巴，製爲器物，瑩透可愛。頏靄綿延千里,或斷或續,蒙古人以其所産木、石辨之。或連數山,或相間數百里,皆確知某山爲正脈也。又曰:頏靄、阿爾泰山陰盛産松、榆,山陽濯濯無寸木。又曰:畢赤克圖,有字之謂也。山在頏靄之南,石壁如削,鐫《度人經》,用古梵書,填以黄金。傍有"畢赤圖壖"四楷字,遒整徑尺,蓋元時遺蹟也。沈君垚曰:《水道提綱》據《康熙輿圖》,以色楞格河北源所出之山爲杭愛山頂,以塔米爾河南源鄂爾坤河北源所出之山爲杭愛山尾。而齊老圖諸水所出之山,皆爲杭愛頂南行支阜。近《圖》移杭愛山於鄂勒坤河之東,土謝圖汗旗之西,則在故和林之東,與舊《圖》異。細繹《元史》:杭愛,當即杭海音之轉,《元史》惟《太祖紀》作沆海山,《土土哈傳》作杭海嶺,餘皆作杭海。今且以"武宗撫軍北邊事"考之。《武宗紀》:大德四年八月,與海都戰於闊别列之地,敗之。十二月,軍至按台山。五年,海都入犯,與戰於迭怯里古,又大戰於合剌合塔。據姚燧撰《乞台普濟先德碑》,言寇出金山南闊别列,知闊别列在金山之南。據《康里脱脱傳》:大德五年,叛王海都犯邊,脱脱從武宗討之。師次杭海,進擊海都,大破其衆。知武宗於大德五年破海都於杭海。又據《乞台普濟碑》:大德五年八月,寇大至,乞台普濟教吾軍表紅衣於甲以自别,俾鬨不迷〔三〕。自是寇望紅衣軍則退,不戰。《碑》又云:大德五年,寇舉國至,又戰於哈剌台。乞台普濟子也兒吉尼以數十騎出入其陳數四,所當披靡,莫之與敵。寇大駭,郤,皇上乘之,遂大潰,斬馘不可級計。哈剌台,即合剌合塔。曰大至,曰舉國至,皆舉衆深入之,謂深入而敗,無一語及和林,則戰地實在和林之西。又據《牀兀兒傳》:大德五年,海都兵越金山而南,牀兀兒急引兵敗之。知海都兵又擾金山之南。又據《乞台傳》:乞台子哈贊赤大德五年從戰杭海,從武宗親征哈剌阿荅,復從創兀兒征不别八憐。八憐之地,據《牀兀兒傳》,在金山之南。哈剌阿荅,即合剌合塔,創兀兒,即牀兀兒。據是《傳》次第,知海都兵犯杭海,戰敗而西走合剌合塔,又戰敗而西踰金山,至不别八憐也。然則杭海在合剌合塔之東,和林之西矣。又案:武宗駐冬之按台山,當即乃蠻之按台。太祖之征乃蠻也,乃蠻部長太陽罕至自案台,營於沆海山。帝與大戰,擒殺太陽罕〔四〕。帝即位,復征乃蠻,時卜魯欲罕獵于兀魯塔山,擒之以歸。太陽罕子屈出律,奔也兒的石河上。兀魯塔,《牀兀兒傳》作兀兒禿,今曰阿爾泰,皆音之轉,即金山也。卜魯欲罕獵於兀魯塔山,則金山實乃蠻部落所。案台必在金山側近,而也兒的石河又在金山西矣〖穆案:也兒的石河,即新疆北界之額爾齊斯河,徐丈星伯云〗。太陽罕自案台至沆海山,實自西而東。武宗於四年八月戰於金山之南,十二月軍至案台山,則已踰金山而東〔五〕。想五年必由案臺東歸,故海都大舉入犯,而遂戰杭海也。今齊老圖、塔米爾、鄂勒昆諸源之山,由北而南,環繞和林之西,實和林西面門户,爲海都東寇必争之地。海都大德五年之寇,和林尚未被兵,則謂此諸山爲杭海,實於形勢相合。杭愛即杭海音之轉。《水道提綱》之言,實是不誤。若移於鄂勒昆河之東,則海都兵未至和林,不應寇從西來,而康里脱脱、哈贊赤諸人反東出。若海都兵已越和林而東,則和林要地,不應諸傳概未之見,而牀兀兒轉在金山之南,準之情、事、義,證顯然矣。穆案:《元秘史》載太祖征乃蠻事曰,鼠兒年四月,成吉思祭了旗纛,去征乃蠻,逆著客魯漣河行了。頭哨至撒阿里克額兒地面,遇著乃蠻在康合兒合山頭哨望的。太祖多設疑兵，令人各燒火五處。哨望的果自山頭看見去，對塔陽説："達達軍馬已塞滿了撒阿里客額兒地面了。"塔陽正在康孩地面的合池兒水邊，遂順塔米兒河，渡斡兒豁水，至納忽山前〔六〕，緣山立住〔七〕。案：《本紀》稱太陽罕自按台營於沆海，沆海即《秘史》所云康孩，合池兒水即今塔米爾河東北所滙之台魯勒倭黑池。塔陽初營康孩地面，爲其子古出魯克所激，遂順塔米爾河東來。足證杭愛山實在塔米爾之西，子惇之言是也。塔陽渡斡爾豁河，至納忽山崖東邊，葢已踰今圖之杭愛至錫兒克衮諸山之側，而斡兒豁水即鄂爾坤河，乃蠻哨望達達軍來之康合兒合山，疑即今《圖》所謂杭愛也。太祖逆客魯漣河西來，至撒阿里克額兒地面，殆已踰土拉、喀魯哈二河而陳乎。**喀里雅爾山南**，山在西十度，北極出地四十九度處。**額爾德尼招東北**。廟在西十三度，北極出地四十六度，西爾哈阿濟爾罕山之西麓。蒙古謂佛寺曰招。葢大喇嘛寺之在鄂爾坤河側者。康熙二十六年，哲布尊丹巴胡圖克圖告急表曰：聞丹津温卜、丹濟拉、杜噶爾、阿喇布坦等率兵來取額爾德尼招之地，其地距我所駐衹二日程是也。哲布尊丹巴者，本土謝圖汗察琿多爾濟之弟西第什里也。初，駐牧於此，雍正間乃移駐恰克圖，而以其胡畢勒罕世掌漠北黄教云。雍正十年，額駙策凌赴本博圖山，準噶爾賊小策凌惇多卜潛師寇杭愛山，掠哲布尊丹巴牧。值其徙帳多倫諾爾，空無所得，乃襲策凌牧於塔米爾河，盡據有其子女、玉帛，置酒高會。策凌中塗聞報，斷髪及所乘馬尾，誓必滅賊。反旆急馳，繞間道出山背，黎明自天而下，壓擊之，轉戰二日，大敗之於額爾德尼招。《札薩克一等台吉朋素克喇布坦傳》：大策凌惇多卜掠喀爾喀牧，至額爾德尼招。朋素克喇布坦方督所部廟工，聞之，亟引兵會大軍往勦，俘斬甚衆。方觀承《松漠艸・從軍雜紀》詩注曰：厄爾得尼招，在喀爾喀王策令部内。厄爾得尼，寳也。招乃招提省文，地産金銀，故稱寳寺。寺前有元至正年梵書碑文，猶可辨。雍正壬子六月，準噶爾寇邊至吉爾馬泰，距厄爾得尼招已近。虜據南山，我兵列長陣與山對，分兵繞至虜後，礟發半山，虜陣大亂。山盡處即鄂爾昆河，時方屯種，堰水益深，多墜河死。索倫精兵萬箭齊發，殺人數千，餘皆夜遁。**跨鄂爾坤、喀魯哈二河**。鄂爾坤，亦作鄂勒昆，自附牧賽音諾顔部之額魯特旗界。東北經章鄂山東麓，又經西爾哈阿濟爾罕山西麓，又東北出。出流百七十里，折而西北流二百餘里，有濟爾瑪台河自南來會。方觀承《從軍雜紀》詩注：緑旗兵屯種於吉爾馬泰，傍近鄂爾昆河。元太祖曾墾種於此。田鼠曰吉爾馬，有曰泰。《月令》：田鼠化爲駕，鶉之屬也。又西北五十里，有鄂歸池水，自東南來會。又西北，塔米爾河自西南合數水，東北流來會。又西北，折東流，有衣蘭喀勒奇拉河，自西來，注之。又東北，循庫庫齊老圖山西麓百里，經西里布里都地之蘇都池東，折而東北，循西北麓。有濟蘭崇古魯克河自西北賽堪山東南來，注之。又東，經納鄰庫勒墨地南，又東北至山麓。有額魯墨河，北自額魯墨得衣山池水，南流，來注之。又東，經都蘭哈喇地，出山，有哈爾渾木克河自東南來會。又東流，稍北曲曲四百里。有哈噶思賽因杜魯河，西北自布昆沙勒山東南流，合一水來會。又東，土喇河自南合喀魯哈河北流來會。圖麗（理）琛《異域録》：鄂爾渾河，環流哲布尊丹巴胡圖克圖所居之布隆汗山及土謝圖汗游牧地方，向西北流，入色楞格河是也。康熙五十四年，廷議屯田鄂爾坤、圖拉，裕軍食。詔土謝圖汗勘履所部可耕地。奏言附近鄂爾坤、圖拉之蘇呼圖喀剌烏蘇、明愛察罕格爾、庫爾奇呼、札布堪河、察罕廋爾布拉罕口、烏蘭固木及額爾德尼招十餘處，俱可耕。命公傅爾丹選善耕人往屯種。雍正二年四月，振武將軍穆克登奏：鄂爾坤一帶尚有昔人耕種處及故渠灌田蹤跡，圖拉等處現有大麥、小麥，非不可墾之地。但霜降早晚不一，樹穀宜否不齊，請於屯長中擇十餘人於明年三月遣往耕，俟秋收後具奏。五年十月，軍營効力行走原任大同總兵官馬覿伯奏言：鄂爾坤、圖拉爲極邊，初墾地近産瑞麥，一莖十五穗，上瑞殊祥，希代罕覯。報聞。六年十二月，振武將軍宗室巴賽疏報：鄂爾昆、濟爾瑪台、圖拉等處屯田，收穫青稞、麥糜，凡二千八百四十石有奇。七年十二月，振武將軍順承郡王錫保奏：鄂爾昆、濟爾瑪台、圖拉三處屯田，收穫大麥、小麥、糜子，共七千五百五十石有奇。八年十一月，順承郡王奏報：鄂爾昆、圖拉、濟爾瑪台等處屯田，收穫大麥、小麥、糜子，凡六千六百五十石有奇。九年，奏鄂爾昆等處屯田，收穫麥、糜一萬六百三十石有奇。此兩朝屯田收穫之大略也。雍正十三年，定邊大將軍平郡王福彭奏：臣等於六月二十二日率官兵自烏里雅蘇台啟行，七月十二日至鄂爾昆。謹擇二十日於鄂爾坤河額爾德尼招迆北，興工建城。共撥滿洲、蒙古、緑旗兵五千七百六十八名，城周一千八十丈，基厚一丈三尺。上廣一丈，高一丈四尺，築土九尺，垛高三尺，寬四尺，垛間相去各二尺五寸。四面共開三門，建樓三，其西南無樓處葢屋三間，角樓四。三面設甕城，城外四面濬壕，城中亦如之，引鄂爾昆河水以爲池。南門之内，兩旁設銀庫、米倉，收貯軍器等房及兵丁鋪房，共二百五十八間。北門之内，向南十二丈，設土臺一，高一丈六尺，寬十丈，長五丈。乾隆元年正月，總管五十四等奏言：自張家口至鄂爾昆，大站二十九，腰站十六。每大站留四十户，披甲者二十名，設章京、驍騎校、領催各一員。每腰站留二十户，披甲者十名，設驍騎校、領催各一員，仍以糸領四員分管。此又鄂爾昆建城設站之大略也。喀魯哈河源出翁金河北，土剌、鄂爾坤二河間平地，西北流百里許，轉東北流三百餘里，入土剌河。鄂爾坤既會土剌河，又東北，經吉拉哈吉圖布拉克地南。有西拉索博太河，北自布龍山南支阜，合三水，南流來注之。又東北，經喀里雅拉山西南麓，中有大洲。又北流，有伊奔河，自西北布龍山東南阜，合三水，東南流來注。又東北循山，有哈拉河，自東南合數水，北流來會。又東北，有衣魯河，自東南合三水來注之。又正北流，至布龍山東北支阜，而色楞格河自西來會。明洪武三年，李文忠敗蠻子哈剌章於土剌河，追及阿魯渾河，即鄂爾坤河也。**東至薩拉噶山梁**，接中左旗及中右旗界。**南至察罕烏蘇**，接軍臺及後旗界。**西至博羅哈布齊勒河**，接賽音諾顏部特魯特旗界。**北至得爾素圖多奎**。接左翼前旗界。**東北至察罕齊老圖**，接左翼前鋒旗界。《長春西游記》：又四程，西北渡河乃平野。其旁山川皆秀麗，水艸且豐美。東、西有故城，基址若新，街衢巷陌可辨，制作類中州。歲月無碑刻可考，或云契丹所建。既而地中得古瓦，上有契丹字，葢遼亡〈土〉{士}馬不降者西行所建城邑也[八]。沈君垚釋曰：按：張參議《紀行》：過河而西，行一驛，有契丹所築故城。城方三里，背山面水，自是水北流矣。又經一驛，過大澤泊。泊之正西有小故城，亦契丹所築也。按過兔兒河而西，又行一驛，然後至契丹故城，則城當在喀魯哈河之西、土謝圖汗本旗之東北〔九〕。所渡河當是鄂爾昆河。云山川秀麗，故城地中得古瓦，有契丹字。則已在和林側近而不言和林者，是時實未建都，故無和林之目也。又曰：契丹故城，疑是遼鎮州諸城。按《遼史·蕭撻凛傳》：撻凛以阻卜諸部叛服不常，上表乞建三城，以絶邊患。從之。《聖宗紀》：統和十二年秋八月，詔皇太妃領西北路烏古等部兵及永興宫分軍，撫定西邊，以蕭撻凛督其軍事。二十二年，以可惇城爲鎮州，軍曰建安。開泰二年春正月，達旦國兵圍鎮州，州軍堅守。三月，耶律化哥以西北路略平，留兵戍鎮州，赴行在。《地理志》：鎮州，本古可惇城，東南至上京三千餘里，皇太妃奏置，統防、維二州。又河董城，本回鶻可惇城，語訛爲河董城，東南至上京一千七百里。静邊城，東南至上京一千五百里。皮被河城，地控北邊，南至上京一千五百里。皮被河出回紇北，經羽厥入臚朐河，沿河董城北，東流，合沱漉河。按《地理志》叙鎮州以下諸城，自西而東。鎮州東南至上京三千餘里，以道里校之，實與《記》所指西故城相合。《蕭撻凛傳》不言三城之名，可惇當即其一，後改爲鎮州耳〔一〇〕。契丹西故城，其即鎮州所在乎？《耶律撻不也傳》：鎮州西南有沙磧，或其地尚在《記》所指西故城之西，疑未能定矣。《天祚紀》：大石不自安，遂殺蕭乙薛、坡里括，自立爲王，率鐵騎二百宵遁。北行三日，過黑水，見白達達詳穩牀古兒，牀古兒獻馬四百，駝二十。西至可惇城。是大石西行駐軍於可惇城。故《紀》以契丹城爲遼亡士馬不降者西行所建城邑矣。亦可證是城之當即鎮州也。《記》言東、西有故城，東故城，即《紀行》過河而西行一驛之契丹故城；西故城，即《紀行》腦兒正西之小故城。葢東、西之言，所兼頗廣。山川秀麗之云，實兼指今鄂爾坤河東、西兩岸矣。西北至翁奎諾爾鄂博，接賽音諾顔部額魯特前旗界。東南至錫勒衮烏蘭陀羅海，接左翼左末旗及軍臺界。西南至諾昆陀羅海。接右翼右旗界。有西庫倫在界内，又汗旗所屬，有古羅格沁打牲人居喀倫附近。

【校記】

〔一〕亾，同"亡"。

〔二〕該句下引文有節略。

〔三〕閧，同"哄"。

〔四〕掄，同"擒"。

〔五〕則已踰金山而東，"清詩文彙編本"《〈西游記〉金山以東釋地》作"則即踰金山而東"。

〔六〕至納忽山前，《四部叢刊》本《元朝秘史》作"至納忽山崖前"。

〔七〕該段引文有多處節略。

〔八〕"同治本"誤寫"士"字爲"土"字，據《長春真人西游記校注》及"謄清本”改。

〔九〕該句下引文有節略。

〔一〇〕該句下引文有節略。

[右翼左旗]札薩克和碩親王游牧。察琿多爾濟從子車木楚克納木札勒,康熙三十年授札薩克一等台吉。三十五年,晉輔國公。雍正元年,叙捡額魯特逃賊功,封多羅貝勒。烏梁海人羅卜藏錫喇布,初隸額魯特和託輝特,貝勒博貝捡降之,置阿汗林。後徙置察哈爾,授佐領,至是,攜衆逃,爲所捡。九年,以力疾戰殁。大軍剿準噶爾,車木楚克納木札勒奉檄赴科布多軍中,道病足,恐失期,以兵授子成衮札布,自引餘騎扶病歸。值額魯特種人奇爾吉斯叛,梗道,力疾擊之,中銃,陳殁。乾隆三年,追封郡王。二十一年,孫齊巴克雅喇木丕勒,復以功晉和碩親王。二十年,大軍定伊犂,齊巴克雅喇木丕勒由烏蘭呼濟爾運軍糧,諜阿睦爾撒納叛,賊黨克什木等擾伊犂。馳援班第,力戰,被執不屈。二十一年,克什木等就捡,齊巴克雅喇木丕勒自伊犂還。四十六年,詔世襲罔替。佐領七有半。

牧地:跨色楞格河、色楞格河,自賽音諾顔部東北流入界。有厄赫河自西北大山東南流,合翁佳河諸水來會,水勢始盛。稍東,有市呼圖河自南合三水來注之。又東北,受北來一水。又東北,有一河自西南沙昆沙拉之北,東北流,合東南一水,北來注之。又東,受西南一小水,又東,徑布龍山北麓。山脈西南自巴顔濟魯克山、賽堪山綿亘而東北,爲厄魯墨得衣(依)山〔一〕。又東,爲西拉克山,爲布昆沙拉山。又東北,爲此山蜿蜒至兩河合處,爲色楞格、鄂爾坤界。色楞格河自山北麓,又東北數百里,而鄂爾坤河自南合土喇諸河之水,東北流來會,水勢愈盛。土喇河,於是合於鄂爾坤河。土喇河東南來,至中左旗西,左翼左後旗東南。而喀魯哈河自西南來會,又東北,折而正北流三百里,而鄂爾坤河自西來會。當西十一度,北極出地四十九度處。東至布爾噶勒台河,接右翼右末次旗界。南至達什爾嶺北温都爾鄂博,接左翼左後旗界。西至茂蓋河山梁,接賽音諾顔部中末旗界。北至罕台山,接邊喀界。東北至綽勒呼爾察罕庫圖勒,接右翼右末次旗界。西北至達爾沁圖哈爾噶那山梁,接邊喀界。東南至庫克車格勒沙博羅圖,接右翼右末次旗及右翼左末旗界。西南至烏噶爾札。接賽音諾顔部中末旗界。

[中右旗]札薩克多羅郡王游牧。察琿多爾濟弟西第什哩,初號巴圖爾台吉。康熙二十五年,赴庫倫伯勒齊爾盟,土謝圖、札薩克圖二汗交

惡。聖祖遣尚書阿喇尼齎敕與達賴喇嘛使噶爾旦西勒圖，赴庫倫和解之，設盟於伯勒齊爾。授札薩克。二十七年，來歸，命游牧蘇尼特界内阿魯額埒蘇台。三十年，封多羅貝勒，仍兼札薩克。四十五年，卒，次子丹津多爾濟襲。雍正元年，晉郡王。諭曰：自西、北兩路出師以來，貝勒丹津多爾濟歟歷戎行，奮勉效力，聖祖仁皇帝深愛其材，著加恩晉封多羅郡王，以示獎勵。十一年，以罪降郡王。初，額駙策凌遇賊克爾森齊老，丹津多爾濟奉檄往援，行未十里，駐兵不前，及額爾德尼昭之役，賊由杭愛山陰敗遁，丹津多爾濟不追，遷延杭愛山陽，已復冒功妄奏，以大敗賊告，賜智勇號及黄帶，又特封長子貝子多爾濟色布騰爲世子。至是，追論順承郡王防禦不力罪，事連丹津多爾濟，並行撤黜。乾隆元年，復封親王。三年，卒。孫桑齋多爾濟丹津多爾濟長子多爾濟色布騰尚和碩和惠公主，先卒。乾隆三年，上念桑齋多爾濟幼孤，詔隨和惠公主來京，教養内廷，嗣尚郡主，授多羅額駙。和碩和惠公主册文曰：鸞書光賁，彰淑範以揚徽。象服寵膺，篤懿親而衍慶。聿稽茂典，用涣恩綸。咨爾和惠公主，乃和碩怡親王之女也，銀潢毓秀，玉葉分輝，因其聰慧，特垂撫育。佩宫幃之箴訓，度協柔嘉。習圖史之規型，性成婉順，宜登顯秩，以表令儀。是用封爾爲和惠和碩公主，錫之金册，譽傳雍肅，荷車服之殊榮，德懋敬勤，修藩垣之内職，受兹錫命，永迓鴻釐，欽哉。又《御賜壙志》：公主生於康熙五十三年十月初十日寅時，薨於雍正九年十月初三日戌時，年十八。襲郡王。二十年，晉親王。正月，桑齋多爾濟隨定北將軍班第進剿達瓦齊。七月，達瓦齊就擒。桑齋多爾濟攜索倫札哈沁兵千還，塗聞阿睦爾撒納叛，親王額林沁多爾濟與同隊不能制，馳赴額爾齊斯，追收阿逆定邊左副將軍印，擒賊黨阿喀察定進等，檄沿塗汛兵護軍需，并防新降額魯特衆，得旨褒嘉，加恩晉襲其祖親王原爵。三十年，以私與俄羅斯互市，削爵，尋復封郡王。桑齊多爾濟妻吴氏，生子雲丹多爾濟。嘉慶中，封吴氏多羅福晉。册文曰：録勲舊於藩封，克昌厥後。美柔嘉於壼範，無忝所生。崇褒子逾格之榮，錫類重推恩之典。咨爾喀爾喀郡王雲丹多爾濟之母吴氏，醇和秉性，淑慎持躬，勷内治於王闈，闓外紀宣勞之久。昭慈輝於子舍，邊陲勗供職之勤，既順正之克嫻，宜寵渥之曲逮。是用封爾爲多羅福晉，錫之册命，於戲！肅雍表德，體允重於屏翰，温惠揚休，誥用光夫綸綍，衹承殊旨，益著徽音。編修蔣祥墀詞也。四十六年，詔世襲罔替。佐領三。

牧地：當土喇河曲處。土喇河循都蘭喀拉折而西北流，曲曲四百餘里，有喀魯哈河自西南來會也。《長春西游記》：西南驛路又行十日，夏至量日影三尺六七寸，漸見大山峭拔。從此以西，漸有山阜，人煙頗衆，亦皆以黑車、白帳爲家。其俗牧且獵，衣以韋毳，食以肉酪。男子結髮垂兩耳。婦人冠以樺皮，高二尺許，往往以皂褐籠之，富者以紅綃，其末如鵞鴨，名曰故故〔二〕。俗無文籍，或約之以言，或刻木爲契，有上古之遺風焉。陽湖董君祐誠釋曰：古人揆日，皆以八尺表。是地夏至日影三尺六七寸，日晷約高六十六度，北極出地約四十六七度。蓋當土拉河之南、喀魯哈河之東，近今喀爾喀、土謝圖汗中右旗地。沈君垚曰：大山峭拔者，即土喇河南岸、喀魯哈河東岸之山也。東至拜圖，接中右末旗界。南至巴彦哈拉，接軍臺及左翼右末旗界。西至烏蘇圖，接土謝圖汗旗及左翼左中末旗界。北至哈拉尼惇，接右翼左後旗界。東北至達什隆山，接右翼左後旗及中右末旗界。西北至沁陀羅海，接中左旗及左翼前旗界。東南至布藴奎，接中右末旗及軍臺界。西南至珠爾奇台。接左翼左中末旗及軍臺界。

[左翼中旗]札薩克多羅郡王游牧。諾諾和次子阿布和、孫昂噶海、曾孫索諾木，世駐牧庫庫博羅圖，號墨爾根諾顔，掌喀爾喀左翼。一旗。爲八札薩克之一。康熙二十七年，索諾木子固魯什喜率族屬來歸，賜牧四子部落界外洪果爾。二十八年，由諾顔授爲濟農，居三汗之次。三十年，封多羅郡王，仍兼札薩克。乾隆四十六年，詔世襲罔替。佐領十四。

牧地：當阿爾泰軍臺所經。《漠北日記》：六月初一日，入喀爾喀界，石阜怪狀，如齒牙劍戟。地盡沙石相雜，艸木不生。行五十里，次哈呢哈達，山童艸枯，牧馬無處。掘地數尺不得水，復求之山阿，得泉眼，人、馬汲飲，立涸。初二日，平阜起伏，始見草色青青。行九十里，次克勒孫。掘地二尺餘，得甜水，僅足人、馬汲飲。是日，路有流沙二十餘里，陷沙一處，馬誤行其中，陷不得出。喀爾喀人身長者多衣布袍，領袖鑲皮，腰間細摺。初四日，行七十里，次科尼赤。掘地，不得水，祇喀爾喀人自飲泉眼二處。軍士得潤渴腸。初五日，行阿爾哈爾蘇巴。掘地，得水，有土氣，牧馬亦無草。初六日，行五十五里，次噶爾拜果必〚案：果必即戈壁〛，遂爾回〈卜〉{不}納[三]。有小河一道，紫泥臭濁，獨茂艸盈尺，馬爭食之。初七日，行七十一里，次屋蘭忒門。東邊山阜下有舊井，水可就飲，其處掘水，亦足飲馬，獨枯地無草耳，此上數日，俱有小木如松，而葉圓長，可采爲薪。是日，有軟沙五十里。初八日，行三十里，入山溝，有溪水、嫩草。復行七里，駐克勒阿祭拉漢。初九日，行百里。次查哈馬克圖，掘地無水，寸草不生。初十日，還軍克勒阿祭拉漢。十一日、十二日，仍駐軍喀爾喀，潰卒布滿山谷，行五晝夜不絶。道旁見台吉三人，其形較衆少潔，衣緞服，皆戴銀麟牌，佩劍飾珠寶，頗精工，一耳貫大金圈，寶石銜其口，云是喇嘛保命者方有此。是日，鵬翮牧人李之旺於石峯頭得古錢，篆文曰：五行大布云云。案：文端行程，蓋由今土謝圖汗部左翼中旗界北行五百五十餘里而返，殆已入車臣汗部境，達喀魯倫河之南岸矣。故初九日酉刻，行文附近車臣台吉，詢喀爾喀情形，並阿尚書音信，而初十日酉刻遂得車臣台吉回報也。《日記》又曰：十三日，復北行五十里，次臊達舊營。掘地得水，黄濁而味甘，足人、馬飲。十四日，行七十里，次克布禄，亦無艸，掘地，得水，黑不可飲。岡上得舊井五，水濁而腥。十五日，行五十八里，次古爾半圖〖案：古爾半即古爾班，譯言"三"也〗。路無水無艸，得舊井三處，尚不足軍士汲飲。十六日，行二十里，次烏奴蘇台。濁泉微細，掘坎得水，如礬色而味鹹，亦無艸。十七日，行三十三里，石山磊落，參差連壤，奇峯聳拔，競勢爭高。振衣登顛，遥望白雲孤飛，徘徊久之。復策馬行三十里，次拏拉克帶叟即必拉，抵中國之八十里。駐軍十日。二十八日，復還駐烏奴蘇台，自此皆向東南行云云。案：文端初出喀倫，北行五十餘里，還軍克勒阿祭拉漢，已復北行百二十里，次克布禄，已踰前次所駐之查哈馬克圖二十里。克布禄，疑即喀魯倫之譯變，未渡河而北，故不言河也。復行百三十餘里，而見石山聳拔，蓋又越東庫倫而西。石山、殆巴彦集魯克、阿布達蘭台諸山矣。自此復北行百一十里，遂還軍而南。綜其行程，蓋東未踰喀魯倫，西未抵土喇，故時時以乏水艸爲言。《日記》又曰：二十九日，行七十八里，駐克布禄（抵中國之百里）〔四〕。七月初一日，駐衣勒呼，即臊達舊營也。初二日，過克勒阿祭拉漢，至哈喇布喇駐軍，即山溝口也。乾澗傍掘三尺，得水，頗甘。初三日，次屋蘭忒門。登山眺望，山多粗石積紊，間有美石，如瑪瑙、水晶，其光瑩然。初四日，至噶爾拜果必〖拜果二字，舊本兩次皆誤倒〗。遂爾回不納。初八日，行二十里，揀有艸處駐軍。掘地丈五尺，不得水，初九日，次阿爾喀爾蘇巴。前所掘井，半已坍塌，距此八里，青蒿中見白色頹然者，艸已枯矣。初十日，駐蔥嶺，以徧嶺皆蔥，故名。非焞煌（敦煌）西之蔥嶺也。計程三十四里。乾澗側有二舊井，從旁掘地七、八尺得水，甘洌，可煮茗，字之曰'塞外第一泉'。十二日，次科尼赤。十三日，揀雨集水處駐節。十四日，次克勒孫。十五日，行軟沙七十里，見有舊井二所，因駐節。水鹹，炊飯變黄色。十六日。過哈喇哈達。五里入山溝，夾澗而營，澗側有古井四所，淡而不濁，掘其傍，亦得水。兩山石壘亂疊〔五〕，多産金雀木，皮色如金，可飾弓箭器具，葉如天冬，有芒，正夏開黄花，塞外嘉〈值〉｛植｝也〔六〕。折不孫丹巴喇麻由禿喇必納�此。十七日，入噶禄。案：噶禄即喀倫。《日記》又作喀龍，今作卡倫。折不孫丹巴喇麻，即哲布尊丹巴胡圖克圖。禿喇必納，即土喇河。據此，亦足證文端未抵土喇而返矣。

東至固爾班哲格爾得，接達里岡愛牧馬場界。**南至巴彦布拉克**，接四子部落旗界。圖麗琛《異域録》：出張家口，於六月初〈二〉｛三｝日越興安嶺〔七〕，至正黄旗察哈爾穆虎哈地方〔八〕。自此處，將内地所乘驛馬并護送緑旗兵丁俱發回。又行十餘日，至喀爾喀阿拉布坦王所屬巴顔布拉克地方，喀爾喀官兵豫備駝、馬，并供給羊隻迎接。此處係興安之上，有一帶石山，産金桃皮樹。又行二日，至西拉布里度地方，有十餘里沙岡。十七日，至瀚海適中朱爾輝地方，此處産各色小石，有查克樹叢生。有流泉二三處，聚成小澤，水清而甘，有水禽翔集其中，覩此｛忘其｝爲瀚海也〔九〕。案：阿拉布坦王者，固魯什喜之長子，多爾濟阿拉布坦也，於康熙四十四年襲爵，圖麗琛以五十一年經其游牧也。**西至西尼察罕鄂博**，接左翼後旗界。**北至巴噶哈台**，接左翼後旗及左翼中左旗界。**東北至札爾噶山**，接車臣汗部右翼中旗界。**西北至哈坦烏蘇**，接左翼後旗及左翼中左旗界。**東南至額固得**，接蘇尼特左旗界。西南至和博塔勒。接烏喇特後旗界。

【校記】

〔一〕厄魯墨得衣山,中華書局點校本《清史稿》作"厄魯墨得依山"。

〔二〕該句下引文有節略。

〔三〕"同治本""謄清本"均誤寫"不"字爲"卜"字,據下文改。

〔四〕抵中國之百里,《清代蒙古游記選輯三十四種》整理《奉使倭羅斯日記》作"抵中國路程之百里"。

〔五〕疊,底本作"曡","曡"同"疊"。

〔六〕"同治本"誤寫"植"字爲"值"字,據"謄清本"改。

〔七〕"同治本""謄清本"均誤寫"三"字爲"二"字,據"叢書集成本"《異域録》改。

〔八〕至正黄旗察哈爾穆虎哈地方,"叢書集成本"《異域録》作"至正黄旗察哈爾穆虎地方"。

〔九〕"同治本""謄清本""此"字後均脱"忘其"二字,據"叢書集成本"《異域録》補。

[中旗]札薩克固山貝子游牧。察琿多爾濟長子噶勒丹多爾濟,康熙二十五年,隨父赴庫倫伯勒齊爾盟,授札薩克。二十七年,來歸。三十年,封多羅郡王。子惇多布多爾濟,尚和碩恪靖公主。册文曰:典崇釐降,帝女戒以。欽哉!詩美肅雍,王姬詠其襛矣。既嫺内治,宜被殊榮。咨爾和碩公主,乃朕之女,敬慎居心,柔嘉維則。母儀克奉,教夙稟於在宫;婦德無違,譽尤彰於築館。出銀潢之貴派,作配高閎;備玉牒之懿親,共襄宗國。鳳占允協,象服攸宜。是用封爾爲恪靖公主,錫之金册。謙以持盈,益篤興門之祐;貴而能儉,永垂宜室之聲。勿替令儀,尚綏厚禄。欽哉!三十九年,晉和碩親王。察琿多爾濟卒,詔襲土謝圖汗。四十一年,以溺職降襲郡王原爵。四十六年,上由喀喇河屯巡視蒙古諸部,駐蹕德爾濟庫木都和洛,惇多布多爾濟偕公主來迎,駕幸其第。雍正元年,復封親王。是年,晉封和碩恪靖公主爲固倫公主。册文曰:鸞書申錫,恩必厚於本支;象服增崇,誼每殷於同氣。載稽令典,用賁殊榮。咨爾恪靖公主乃聖祖仁皇帝第六女也,毓秀紫微,分輝銀漢。承深宫之至訓,無怠遵循;緬女史之芳規,宜懷黽勉。朕纘承大寳,仰體鴻慈,聿宏錫類之仁,特沛絲綸之命。是用封爾爲恪靖固倫公主,錫之金册。謙以持盈,彌勵敬恭之節;貴而能儉,尚昭柔順之風。克樹令儀,永膺多福。欽哉!撿討陸奎勳詞也。次子額璘沁多爾濟襲。乾隆

二十年,以罪誅削爵。達瓦齊就俘時,阿睦爾撒納叛迹已著,班第遣額璘沁多爾濟監護阿逆入覲。行至烏隆古,阿逆以定邊左副將軍印授額璘沁多爾濟,詭稱歸牧治裝,遂由額爾齊斯遁。詔賜額璘沁多爾濟自盡。二十二年,恩復世爵,改爲札薩克固山貝子,以惇多布多爾濟長子根札布多爾濟襲。四十六年,詔世襲罔替。佐領四。

牧地:在肯特山西南。齊氏召南曰:肯特山高大,爲漠北羣山東至大海之祖。山之西阜,曰即龍嶺,又西,曰特勒爾濟嶺。凡諸嶺以南,水皆流入克魯倫河;以北,水皆流入敖嫩河。敖嫩河,源在克魯倫河源西北三百餘里,實小肯特山,土人呼爲阿(哈)即格肯山,山南爲喀爾喀地,山北爲俄羅斯邊界。嶺之北麓水,即楚庫河源,北流,入色楞格河者。嶺之南幹山西南麓水,即土拉河源,西南流,折而西北會鄂爾坤河,入色楞河者。此嶺爲漠北一大分水嶺也。自小〈特肯〉{肯特}山東北行,爲大興安山,包絡黑龍江諸水之北而東入海。一支折而南分爲二幹:一東南,爲大肯特山起頂,又東南爲必爾喀嶺諸山,爲北黑龍、南喀魯倫諸水之界,綿亘千餘里,至會合處;一西南爲圖拉源山,又南爲噶拉泰嶺,折而西南爲興安嶺,爲東克魯倫、西土拉諸水,又西南而西北,至土拉會鄂爾坤河處。自此而西北,羣山皆以阿爾泰山爲祖。若論漠北大分水之處,一東至東海,一北至北海,則莫高於肯特山矣。《一統志》:肯特山,在敖嫩河源之南,即克魯倫河發源處。小肯特山在西北,與特勒爾濟嶺相近,〈士〉{土}拉河發源於此[一]。《理藩院則例》:喀爾喀肯特依罕山,每年春、秋二季,由太常寺頒發香帛致祭。汗山峙其境,當土喇河源。汗山,亦曰憨山,在興安嶺北,土喇河南岸,《元秘史》謂之不兒罕山。太祖微時爲三種蔑兒乞人所困,全家避難此山。蔑兒乞人繞山三徧,搜之不獲。既脱難,椎匈告天曰:我得性命,被不兒罕山遮救了,這山久後時常祭祀,我的子子孫孫也一般祭祀。向日,將繫腰挂在項上,帽子挂在手上,跪了九跪,將馬奶子灑奠了。謂是山也。龔之鑰《後出塞録》:天山,在圖拉河之西,約出長城三千里。山不甚高,藩(蕃)名汗河嶺。有明太宗勒石在焉。圖拉,即土喇,發源敖嫩河源之西南數十里許。特勒爾濟嶺之西,曰土喇色欽,色欽蒙古語"河源"也。徐文靖《志寧堂稿》詩注:土喇河,在凌霄山南,巴顔烏喇西南,凌霄殆即汗山譯義之變,然云河在山南,則傎也。沈君垚曰:張參議《紀行》:自黑山之陽,西南行九驛,復抵一河,深廣加翕陸連三之一。魚之大若水之(元空)[二],捕法亦如之。其水始西流,深急不可涉,北語云渾獨剌,漢言兔兒也。按渾獨剌,今曰土剌河。《太祖紀》:帝於〈士〉{土}兀剌河上,尊汪罕爲父。《洪茶邱傳》:從丞相伯顔北征,至脱喇河。《土土哈傳》:至元十四年,追脱脱木至禿兀剌河,三宿而後反。土兀剌、脱剌、禿兀剌,皆即渾獨剌譯音之轉[三]。土喇河東,喀魯倫河西,有東庫倫,其地曰昭莫多,譯言有林木也。葢即《元秘史》所云土兀剌河邊黑林子,爲客列亦惕種姓王罕所卓帳矣。康熙三十五年五月,聖祖親征噶爾丹,西路大軍擊敗賊衆於此。《朔漠方略》:議政大臣等奏:噶爾丹目下窮困已極,應令主事諾爾布等從御駕前行之路西蒿齊特邊哨叙達木哈喇俄博，由伊克札喇之西抄過伊札爾額爾奇納克，踰阿爾噶蘇台嶺，到特勒爾濟口，整飭軍士，以備剿滅。《國史・富善傳》：康熙三十五年四月，駕駐西巴爾台，離噶爾丹所居之克魯倫河計程五日，議者謂宜俟西路兵會剿。富善奏言：西路兵至尚遲時日，恐賊聞風逃竄，即以中路兵剿賊，未爲不足。宜乘其不備，速遣精兵擊之，奏入，稱旨。會噶爾丹知上親征，盡棄其廬帳、器械潰竄。上密諭費揚古等絶其歸路，先整兵特勒爾濟口以待，陣擊三千餘級，噶爾丹僅以身免。案：先是，聖駕至拖凌，遣使噶爾丹，明告以六師親涖，并以所獲之額魯特俄齊爾偕往。噶爾丹初不信，謂中華皇帝不在京城享安樂，陟此窮荒何爲乎？及俄齊爾爲述黄幄、幔城等物，乃大驚，潛上孟納爾山。望見我軍士馬精强，不復敢戰，遂乘夜西遁。至特勒爾濟山口，我西路前鋒佯北以致之，賊乘勝轉鬥而前，遂大敗其衆於昭莫多。殷化行《北征紀略》曰：五月初四日，雨雪，暮抵土拉河，御營所期與大將軍會兵地也〔四〕。十三日戊辰，曉發。食時，已哨得賊，滿、漢兵皆嚴陣以待。久之，賊不至。大將軍遂令整陣前行，可二十里過淖，至昭磨多。其北大山千仞，矗立如屏，不見所盡處。大山之下，平川廣數里，林木森立，有河流其間，曲折環繞。其南出，差多於北，漸坦而下。有小山，似馬鞍横焉，戰地也。小山右連南山，可二十仞，自西折三崖如階，乃至顛。其東復一崖，乃坦下，其左、右崖如削。山根水繞之〔五〕，即土拉河也。前鋒遇賊於特勒爾濟口，佯北。余兵因隔小山，未知賊所在。會副都統阿公領前鋒兵横過而南，問之，揚鞭指曰：此山過即賊也。登視之，遇孫將軍方至，余言宜急據此山。大將軍曰：君即移兵上守之。余馳回，揮兵上山，方至嶺，而賊亦登山半矣。見我師先據山顛，遂止東崖下，以崖爲蔽，舉銃上擊。時大將軍以余言麾全軍上山布陣，令河西緑營兵居中，而京師、右衛、西安滿洲兵分左、右兩翼。及戰，又令余領寧夏兵千三百居左，唐總兵領涼、肅兵千人居右，皆據山爲陣〔六〕。大同兵之後至者，皆在山下，沿河繞西向北，以防林中伏賊。蒙古兵又分張列滿兵之左、右。會賊爭小山，沖中堅，故河西兵迎其鋒。時日將中，賊氛甚熾，遂令士卒皆下馬，以一卒併牽五馬，餘兵皆出步戰。發子母礮疊擊之〔七〕，而噶爾丹及其妻阿努娘子等，亦皆冒礮矢，舍騎而鬥，鋒甚鋭，不可敗。擊傷相當。余急使告大將軍曰：河邊兵宜令其依柳林左出，衝其脇。又望賊陣後人馬甚盛，而不前助戰，必其駝畜、婦女也，宜遣軍繞南，右出以劫之。大將軍皆從之。余望見兩軍將薄賊，麾兵大呼而進，上下夾擊，聲震天地，賊遂披靡。其墜崖下者，河溝皆滿，棄如蓬麻。戴星月追三十餘里，回視追兵，僅三數百人耳。大將軍傳令收軍。乃整旅回營，已凌晨矣。翁方綱《題宋大業北圖》詩曰：色波呼嶺繞長河，克勒倫到昭木多。自注：閣學《北征日記》：西路破賊於昭木多，其地距克勒倫河四百里。魏源《聖武記》：昭莫多之役，費揚古遵上所授方略，各兵皆下馬步戰，約聞角聲始上馬〔八〕。每進，輒以拒馬木列前自固。日暮，費揚古鳴角，沿河伏騎，一横衝入陣，一襲其後輜重，賊始敗潰，並殪其哈（可）屯（敦）阿奴〔九〕。案：《朔漠方略》：西師既大敗噶爾丹，捷奏未至間，侍讀學士喇錫以降人丹巴哈什哈等來，上親問之。丹巴哈什哈奏：十三日於特勒爾濟地方，突遇西路大兵。見西路兵先據高阜，已得地利，我厄魯特就一小坡徒步拒敵。與殷化行所云“爭據罕山"之言合。丹巴哈什哈又言:大兵發鎗礮甚整,且暇不知在前者爲何物。擁木而進,又以圓且紅之物蔽身直前,既到十步内,矢下如雨。與魏源所云"矢銃迭發,籐牌繼之,每進輒以拒馬木列前自固"者合。魏源又辯曰:趙氏謂拒馬木擁於後,示必死。按:拒馬木皆列於前,所以制敵騎之衝突,即衛青武剛車自環之意。準夷强敵,非此不能遏之,所謂先爲不可勝以待敵之可勝也。兵入敵境,不患不致死,無擁於後之理。其辯甚精。惟云:阿奴哈屯頎皙敢戰,披銅甲、佩弓矢,騎異獸,似駝非駝,精鋭悉隸麾下。既屬影附戲劇,又代老胡杜撰歌詞,以壯聽聞,尤覺不經可笑耳。聖祖御筆勒銘莫多曰:天心洪佑,翦逆摧凶。困獸西竄,膏我軍鋒。一鼓而殲,漠庭遂空。磨崖刻石,丕振武功。圖麗琛《異域録》:七月初三日,自鄂什欣布里地方,下興安嶺北界,至汗山東邊枯爾布里度地方,其東南二十里許,即剿滅逆賊噶爾丹之召磨多地方。在大路旁,俱平坂小山,谷中樹木叢生,有小溪沿山麓川谷紆回而流。初五日,至〈士〉{土}拉河岸,因連朝陰雨,河水泛漲,既無舟楫,艱於北渡〔一〇〕。駐三日〔一一〕,於駐宿無事之暇,往釣河濱,獲樺魚、魯魚十數尾,皆二尺許,烹以飼衆〔一二〕,極其肥美。又遣噶札爾圖往汗山,銃斃大鹿一,併分食之〔一三〕。旅飯龍荒,割鮮餉啗,信異聞矣。土喇河,自源西南流六十里,與北源之出嶺北小肯特山南〈餘〉百餘里曰喀拉圖魯河會。西南流九十里,有哈溪河自西北合東來喀拉鄂模水、西北來空烏魯河,東南流來會。又南五十里,有噶爾泰河自東南大山西流來會。又西南,經啟拉薩山西麓。又西南,有阿拉克他河自北來,注之。又西南,有特勒爾濟河自西北大山合東占河二水,東南流,又合東北奎羅河來,注之。《朔漠方略》:噶爾丹既敗,朋素克格隆初以諭降噶爾丹被留,至是,還至特勒爾濟。諜厄魯特數百人竄伏河畔,煙起犬吠,盡俘之還。又喇錫奏報噶爾丹情形曰:臣等在特勒爾濟河上下,汗山四圍,山谷林莽之中,〈據〉{搜}厄魯特所委棄之人〔一四〕。七月二十一日至土拉,駐札烏列台河上。臣等前所遣正藍旗佐領恩格森等歸言:我等於十六日到色(塞)楞(稜)格河之古爾班古庫兒對岸〔一五〕。沿河上下〔一六〕,躧覓新舊蹤跡〔一七〕,噶爾丹未嘗往俄爾洪土拉總路去。盜溯特勒爾濟而上,至札克埻地方後渡土拉河,向西南去矣。西北大山,即肯特山之西南大幹也。又南,經興安嶺西支阜,曲折西流,經厄圖克山南麓,其南岸即昭莫多地,在興安嶺西百里河岸平處。其西曰巴顔朱拉克山也,折西北曲曲流,又折而西,經汗山東北麓。有坤河自南來,入土喇河。又西,有烏里雅思台河自北大山來,注之。又西,有色勒弼河,自北來注之,即色勒弼嶺東北麓水也。又西,入中右末旗境。又案:汗山,乾隆中初登秩祀,祝曰:雄臨四部,翰藩連嶺北之遥;秀拔千尋,襟帶重漠南之鎮。顯祐既彰夫有赫,明禋宜秩於無文。惟神位鞏坤維,德符艮止。控金微而列障,内屏興安;盤翠巄以千霄,近縈圖喇。昔聖祖鑾輿三駕,銘崖欽謨烈之垂;迨朕躬幬覆一家,披奏識懷柔之應。惟七十四旗之疆埒,耕牧胥恬;總五千餘里之提封,和甘式協。克效靈於丕冒,爰肇錫以維馨。典備庋懸,仲月永垂諸命祀;忱通肸蠁,初筵特遣夫司存。神其益懋聰明,彌昭順祐。和林舊壤,助余福善之施;瀚海全疆,慰彼抒誠之請。尚其鑒格,勿替歆承。修撰黄軒筆也。《春秋祝文》曰:惟神德秉安惇,功參平在。據昭莫多之右壤,勒銘而朔漠勳垂;對色勒弼之崇巖，作鎮而北庭睨錫。五千里廣輪袤亘，襟帶資雄；七四旗牧養殷蕃，懷柔顯應。朕福敷有極，禮秩無文。駿奔嘉衆部之誠，燾載等一家之庇。升馨舉典，溥惠澤以彌周；錫卣馳忱，永報祈於勿替。兹以〖春秋〗仲，特展明禋，神其鑒焉。編修平恕筆也。汗山之北，是爲庫倫。龔之鑰《後出塞録》：自黑龍江西行三千五百餘里，至圖拉必喇，已在歸化城之正北，再逾一嶺，往北數十里，即苦另山。山甚峻，上有番僧奉大佛寺及諸商賈，俱集於此，皆與鄂羅斯國貿易者。下苦另山，即鄂羅斯國，望之皆坦塗，且有池塘溪菴，大小舟航，絡繹其間。芳艸長堤，桃柳掩映，宛然中華風致，非復黄沙白艸之地也。案：苦另，即庫倫也。《會典》：俄羅斯互市設庫倫辦事大臣二人，一由在京滿洲蒙古大臣内簡放，一由喀爾喀札薩克内特派。所屬庫倫理藩院司官一人、筆帖式二人、恰克圖理藩院司官一人，轄卡倫會哨之各札薩克，以理邊務。凡行文俄羅斯薩那特衙門，皆用庫倫辦事大臣印文。其東黑龍江境内，由黑龍江將軍呼倫貝爾副都統經理。其西至近吉里克以西，由定邊左副將軍科布多条贊大臣經理，皆與庫倫辦事大臣會同酌辦。康熙二十八年，議准俄羅斯邊境，以流入黑龍江之綽羅那阿倫穆河相近格爾必齊河爲界，自大興安嶺以至於海山之陽爲内地，山之陰爲俄羅斯地。雍正五年，議准俄羅斯人所居近山河者，以山河爲界。無山河之空地，設立鄂博爲界。自東邊之額爾古納河岸至哈魯哈當蘇、阿魯奇都勒、齊克泰、奇蘭等處，以相對之楚庫河爲界，自此以西沿布爾古特山以博木沙畢鼐嶺爲界。各定立界石。《親王策凌傳》：雍正五年，偕内大臣四格等赴楚庫河，與俄羅斯使薩瓦立石定界。徐氏松曰：楚庫者，即庫倫所屬之恰克圖也。徐繼畬《瀛寰志略》：峩羅斯國西伯利部，亞細亞之北境也。地分八部。我（義）爾（古）德斯科在疴慕斯科之東〔一八〕，地極廣大，出銀、鉛鑛，兼産皮貨。南境抵外興安嶺，與喀爾喀蒙古土謝圖汗、車臣汗兩部接壤。南界有甲他城，即内地所稱恰克圖。中國與峩人互市於此，庫倫辦事大臣司其事。彼以皮來，我以茶往。亞古德斯科，在莪爾古德之東，南境抵外興安嶺與黑龍江接壤。康熙年間，議定疆界，立爲界碑〔一九〕。其地寒甚，冰雪之消融者，每歲止三四月。人户稀少，射獵之外，無生計。峩人取其所得之皮以當賦税。高宗純皇帝御製《慶寧寺碑記》：惟天眷佑我清，丕冒萬國。日月所照，雨露所濡，罔不服從。當太祖、太宗時，西方達賴喇嘛、班禪額爾德尼景慕聖德，率先輸忱。世祖章皇帝定鼎燕京，達賴喇嘛萬里入覲，貢獻勿絶。逮聖祖仁皇帝親統六師，平定朔漠，則有澤卜尊丹巴胡土克圖率七旗喀爾喀之衆，朝行在所，特封爲大喇嘛，俾掌黄教。康熙六十一年冬，來朝。明年，示寂於京師，皇考世宗憲皇帝遣使護歸其國，恩禮有加。雍正五年，命大臣齎帑金十萬兩，即故所居庫倫地，刱構大刹。延及徒衆，講經行法，如達賴喇嘛、班禪額爾濟尼在西域時故事。乾隆元年，工竣，欽定寺名曰慶寧，御題"福祐恒沙"以賜。復允董役諸臣請，伐石刻詞，俾紀其事。朕惟天生蒸民，若有恒性，性無弗善。不以形體而睽，不以疆域而隔，因其同善之情而利導之。此帝王之教所以立也。黄教行於西北，諸藩無貴賤，無不奔走信嚮。要其爲説，主於戒惡從善。今使蒙古之衆，誦習其文，皈依佛諦，其興起於善也必易，人人樂趣於善。將見邊方赤子，同植善緣，疆域乂安，中外禔福，蒙被慶澤，永永無斁。我祖宗綏懷藩服，錫福寰區，萬國咸寧，民生康阜。主斯寺者，惟有勸導羣生，擴乃善性，一心嚮化，安享我國家太平之福，庶無負皇考嘉惠諸藩之德意也夫！編修萬承蒼所撰進也。穆舊讀文清公松筠《綏服紀略圖》詩注：著《俄羅斯事補輯》，略曰：其與中國通市之所，曰恰克圖，距俄斯國都莫斯克瓦西北數千里，爲喀爾喀四部適中之區。迆東二十八卡倫，土謝圖、車臣兩部設；迆西十九卡倫，札薩克圖、賽音諾顔部設。商民於此建立木城，俄羅斯亦於對面建設市圈。萬貨雲屯，居然一都會也。欽差大臣駐劄庫倫以控制之。庫倫，蒙古語"城圈"也，地有哲布尊丹巴胡圖克圖所駐之喇嘛木柵，如城，故名。距恰克圖八百里有奇。庫倫南十餘里，有山曰汗阿林，綿亘高聳，艸樹如畫。恰克圖迆東車臣汗部屬十四卡倫，沙甸平坦。迆西多山，林木蓊鬱。往來以色楞河爲津要，連岡而東。迆南至衮圖達霸罕，其間俠溝叢樹，陀隘天成，足資控禦也。世宗憲皇帝登極，因俄羅斯毘連喀爾喀，應與定界，以杜爭端，而於在邊貿易者約束亦便。雍正五年，欽派大臣察畢那、特古忒、圖麗琛三人前往勘定，設卡倫五十九所。極東十二卡倫，就近屬黑龍江將軍統轄，輪派索倫兵戍守。迆西四十七卡倫，以喀爾喀四部屬下蒙古，按其游牧遠近，每卡設章京一員，率兵攜眷戍守。俄羅斯於對面一體安設。兩界適中隙地，蒙古語曰薩布。薩布處所，皆立鄂博。間遇叢林，鄂博難立，即削大樹栞識〔二〇〕。時庫倫尚未派駐防大臣，凡此卡倫，總令喀爾喀王丹津多爾濟統轄。先是，民夷交市無定所，畺界既正，相度得恰克圖地設立市集，派理藩院司員，三年一换，駐劄總理，此開關通市之始也。丹津多爾濟卒，其孫宰桑多爾濟嗣先職，整頓卡倫，益完善。繼以夷務繁，乾隆二十七年，欽差大臣同宰桑多爾濟協辦，此庫倫駐劄之始矣。**東至烘郭爾陀羅海**，接車臣汗部右翼中前旗界。**南至巴彦哈達**，接車臣汗部右翼中旗界，**西至多木達烏爾察克**，接軍臺及中右末旗界。**北至達喇爾札河源山梁**，接右翼右末旗及右翼左末旗界。**東北至哈台**，接車臣汗部中右後旗界。**西北至哈麻爾嶺**，接中右末旗及右翼右末旗界。**東南至布庫都爾哈喇烏蘇**，接車臣汗部右翼中右旗界，**西南至達什隆山**。接左翼右〈未〉{末}旗界。

【校記】

〔一〕"同治本"誤寫"士"字爲"土"字，據"謄清本"、《(乾隆)大清一統志》改。

〔二〕"同治本"前爲"元空"兩字。

〔三〕土兀剌、脱剌、秃兀剌，皆即渾獨剌譯音之轉，"清詩文彙編本"《〈西游記〉金山以東釋》作"土兀剌、脱剌秃、兀剌，皆即渾獨剌之轉譯"。該段引文有多處節略。

〔四〕御營所期與大將軍會兵地也，《清代蒙古游記選輯三十四種》輯録整理"昭代叢書本"《西征紀略》(《北征紀略》又名《西征紀略》，以下簡稱清蒙古游記選輯本《西征紀略》)作"皇上所期與大將軍會兵地也"。

〔五〕山根水繞之，清蒙古游記選輯本《西征紀略》作“山根河繞之”。

〔六〕皆據山爲陣，清蒙古游記選輯本《西征紀略》作“皆登山顛以陣”。

〔七〕礮，同“炮”。

〔八〕該句下引文有節略。

〔九〕哈屯阿奴，近代中國史料叢刊影印《聖武記》作“可敦阿奴”，并注：“《唐書》回紇君曰可汗，妃曰可敦，或曰哈屯者，音轉也。”

〔一〇〕艱於北渡，“四庫本”《異域録》作“艱於涉渡”。

〔一一〕駐三日，“四庫本”《異域録》作“駐宿三日”。

〔一二〕烹以飼衆，“四庫本”《異域録》作“命烹以飼衆”。

〔一三〕銃斃大鹿一，併分食之，“四庫本”《異域録》作“銃斃大鹿一雙，分食之。”

〔一四〕“同治本”“謄清本”誤寫“搜”字爲“據”字，據“方略本”《親征平定朔漠方略》改。

〔一五〕色楞格河，“方略本”《親征平定朔漠方略》作“塞稜格河”。

〔一六〕沿河上下，“方略本”《親征平定朔漠方略》作“沿河岸上下”。

〔一七〕覔，同“覓”。

〔一八〕莪爾德斯科，“福建撫署刻本”《瀛寰志略》（以下簡稱“撫署本”《瀛寰志略》）作“義爾古德斯科”。

〔一九〕立爲界碑，“撫署本”《瀛寰志略》作“立有界碑”。

〔二〇〕栞，同“刊”。

［左翼後旗］札薩克鎮國公游牧。察琿多爾濟族子禮塔爾，曾祖喇瑚里。子五，長本塔爾，順治十年，率族面内，駐牧張家口外，是爲喀爾喀右翼部。本塔爾弟色爾濟，留居杭愛，號達賴岱青。子敖巴，號額爾克阿海，即禮塔爾父也。初，隸賽音諾顔善巴旗，康熙二十七年，來歸，以喀爾喀右翼親王諾内於已（己）爲從父兄弟，附牧部内。二十八年，授札薩克。二十九年，選兵赴土喇，縱屬刼驛騎，上宥不治。三十一年，大封喀爾喀，敖巴以罪不封。三十二年卒。禮塔爾入覲謝罪，授札薩克一等台吉。孫達什丕勒，乾隆十九年，以護視杜爾伯特游牧功，封輔國公。二十一年，晉固山貝子，復以捐駝、馬助軍，賜貝勒品級，尋晉郡王品級，卒。子德沁喇木丕勒，降襲貝勒。四十六年，詔世襲罔替。五十七年，降鎮國公。佐領四。

牧地：當阿爾泰軍臺所經，翁金河至是豬於胡爾哈鄂倫諾爾。諾爾直漠南河套，可八百里許，舊作呼拉喀五郎鄂模，周二十餘里。諾爾東北五十里，有哈喇哈達山。又東北，有徹徹山。又東北，有上凱山，皆沙海中孤嶼也。翁金水源西十三度三分，極四十六度九分。諾爾西九度四分，極四十五度二分。自西北而東南，行大漠中，近千里也。齊氏召南曰：自杭亦哈馬勒山而北，水皆北流，至俄羅斯國，入北海，此山之南，則翁金河最著也。東至温都爾西里，接軍臺及左翼右末旗界。南至巴彥哈喇，接烏喇特中旗界。西至尼楚渾布拉克，接賽音諾顔部中前旗界。北至額爾德尼陀羅海，接右翼右旗及軍臺界。東北至察漢烏蘇，接土謝圖汗旗及左翼右末旗界。西北至博爾濟吉特，接右翼左末旗及賽音諾顔部中前旗界。東南至西尼察漢鄂博，接左翼中旗界。西南至珠奇斯庫札。接烏喇特中旗界。

［中右末旗］札薩克輔國公游牧。西第什哩長子辰丕勒多爾濟。康熙四十五年，弟丹津多爾濟襲父爵，辰丕勒多爾濟協理旗務。五十八年，隨哲布尊丹巴胡圖克圖入覲，請編所屬，別爲一旗，授札薩克一等台吉。子三都布多爾濟，乾隆二十四年，以戎績卓著，封輔國公。乾隆十九年，三都布多爾濟隨叅贊大臣努三等赴阿勒和碩，偵烏梁海宰桑赤倫遁吹河。由喀喇莽柰直抵所居，降其屬四百四十五户，解送特斯鄂其琿安置之。二十年，督辦軍需，駐烏里雅蘇台。聞阿逆叛，馳赴札布堪，捡其孥及其黨班珠爾札木禪等。時固爾班和卓等賊衆千餘户潛通烏梁海，誘同逃。大軍猝與遇，三都布多爾濟督兵追斬，盡誅之。青衮咱卜就捡，其子齊蘇隆多爾濟等竄哲布尊丹巴胡土克圖所，三都布多爾濟縛送京師。二十三年，定邊右副將軍親王車布登札布進兵哈薩克，奏請三都布多爾濟隨征，至和落霍斯，偵賊據高岡，夾擊之。賊棄岡遁，追剿至昭達里克，賊衆盡降。四十六年，詔世襲罔替。佐領一。

牧地：跨土喇河。土喇河自中旗汗山北麓，會色勒弼河。又西，至色勒弼嶺南麓，曲曲西南二百數十里，至杜蘭喀喇山之北，山南即大漠。西十度極四十七度五分。南徑寧夏九度，徑套北陰山六度。河隨山折而西北流，入中右旗境。南岸即杜蘭支阜綿亘，北岸即色勒弼嶺支阜，又北行，爲査木勒山。東至烏克庫木爾，接中旗及軍臺界。南至布蘊奎，接軍臺及左翼右末旗界。西至拜圖，接中右旗界。北至車根察罕諾爾，接右翼左後旗界。東北至阿爾噶棱，接右翼右末旗及軍臺界。西北至達什隆山，接右翼左後旗及中右旗界。東南至多木達烏爾察克，接軍臺及中旗界。西南至塔本陀羅海。接中右旗界。《輔國公巴木丕勒多爾濟傳》：雍正八年，由額爾德尼昭運屯田穀實於塔本陀羅海。

[左翼左中末旗]札薩克輔國公游牧。察琿多爾濟第四子車凌巴勒,初授一等台吉。康熙五十年,駕幸避署山莊,來朝。上追念其父來歸之誠,封札薩克輔國公。析其從子札薩克台吉班珠爾多爾濟五佐領隸之。乾隆四十六年,詔世襲罔替。佐領一。

牧地:當喀魯哈河源。喀魯哈河流出平地,在翁金河之北二百里,鄂爾坤河北折之東四百里,西十二度,極四十六度七分。有二泉,西北流而合。又西北百餘里,有一水西南自科洛爾昆山東北流百里來會。山在額爾德尼昭之東南九十里。又北流,經昆庫勒山,西折,東北經科克内山西。又北流,折而東北,曲曲數百里,與土喇河會。水口東,即查木勒山西麓也。此水源流長七百餘里。東至哈勒占,接中右旗界。南至哈坦烏蘇,接土謝圖汗旗界。西至達幹得額沁烏蘇,接土謝圖汗旗界。北至布爾噶蘇台鄂博爾商達,接土謝圖汗旗界。東北至烏蘇圖,接土謝圖汗旗及中右旗界。西北至薩爾丹,接土謝圖汗旗界。東南至珠爾奇台,接軍臺及左翼右末旗界。西南至達爾瑪。接土謝圖汗旗界。

[右翼右旗]札薩克輔國公游牧。察琿多爾濟第三子班第達額爾德尼納木札勒來歸,授札薩克,尋卒。子班珠爾多爾濟,康熙三十年,授一等台吉,襲其父所遺札薩克。子琳丕勒多爾濟,乾隆二十年,以功封輔國公。伊犂初平,隨同部郡王額璘沁多爾濟由尼衮楚軍營護送阿睦爾撒納入覲。行抵烏隆古,阿逆詭稱歸牧治裝,額璘沁多爾濟遣琳丕勒多爾濟送之,從二十餘騎。至察罕郭勒,阿逆麾兵返攻,琳丕勒多爾濟被圍,拔矢環射,奮勇奪路歸。遇其後隊,邀擊之,獲阿逆所用旗纛、甲胄。詔奬其勇,晉今爵。四十六年,詔世襲罔替。佐領一。

牧地:東至錫伯格圖,接土謝圖汗旗界。南至諾昆陀羅海,接軍臺及左翼後旗界。西至烏遜珠爾東山,接賽音諾顔部中前旗界。北至齊克達噶圖嶺,接土謝圖汗旗界。東北至莫霍爾布拉克,接土謝圖汗旗界。西北至圖隆奎山陽,接土謝圖汗旗界。東南至鄂伯爾珠爾奇台,接土謝圖汗旗界。西南至額爾德尼陀羅海。接賽音諾顔部中前旗界。

［左翼前旗］札薩克輔國公游牧。察琿多爾濟從弟巴朗。父喇布塔爾，號達爾漢諾顔，早通朝貢。順治初，以不附逆，蒙奬賚。蘇尼特騰機思叛逃喀爾喀，土謝圖汗衮布、車臣汗碩壘皆遣兵迎，獨喇布塔爾與從弟額爾克岱青持不可，且遣送前使至。諭曰：爾等自通好以來，忱悃甚摯，今復不肯舉兵助逆，忠順如此，朕豈有不報之理邪？嗣是朝貢不絶，錫賚便蕃。康熙二十七年，巴朗攜屬來歸，賜牧蘇尼特界内烏訥齊。三十年，授札薩克一等台吉。子旺布，乾隆三年，叙前後防剿準噶爾功，晉輔國公。四十六年，詔世襲罔替。佐領三。

牧地：跨喀魯哈河。東至布爾胡庫克阿薩克圖，接右翼左後旗界。南至得爾素圖多奎，接土謝圖汗旗界。西至額爾得尼陀羅海，接賽音諾顔部額魯特前旗界。北至巴顔額爾克圖，接右翼左旗界。東北至達什察勒，接右翼左旗及右翼左後旗界。西北至烏噶勒札山，接賽音諾顔部額魯特前旗界。東南至沁陀羅海，接中左旗及中右旗界。西南至翁奎諾爾鄂博。接土謝圖汗旗界。

［右翼右末旗］札薩克輔國公游牧。貝子錫布推哈坦巴圖魯長子巴海，康熙四十五年，弟車布登襲父爵，巴海協理旗務。雍正九年，以功封札薩克一等台吉。十年，晉輔國公。大軍剿噶爾丹策凌，偵賊酋大策凌惇多卜擁兵據蘇克阿勒達呼。超勇親王列陣鄂登楚勒，謀誘擊之。巴海以兵六百，夜入賊營，捡三人還。賊將貢楚克札布、喀喇巴圖魯率三千騎來追，伏發敗之。嗣復擊小策凌惇多卜於額爾德尼昭，斬馘甚衆。乾隆四十六年，詔世襲罔替。佐領一。

牧地：當哈拉河源。哈拉河，源出土喇河北與汗山相對之色勒弼嶺。《異域録》：土拉河北岸，有色爾畢爾谷口三處〔一〕。谷内之艸暢茂，野卉爛漫，鋪地如畫，鮮耀奪目。山之陰皆叢林，有杉、松、楊、樺樹，極其森茂是也。水出嶺北麓，曰揆河，二澗合而北，有那林河自西南來會。又北，有布勒哈太二河自西來會。又北，有阿達海河自東南、松納拉河自東來會。又北，有通勒河。東北至阿即肯特山之西麓，合三源，西南流來會，流百五十餘里。又北折西北流百餘里，有一河自東北合數水來會。又西，經陀羅什山北，哈達圖爾山南，有博羅河自南來會。又西北，有查克都勒河自西南來會。又西北，折正北流百餘里，經都拉遜那拉酥查克丹地之東，大松林也。又北，經喀里雅喇山東麓，又北，入鄂爾坤河。源委六百餘里。《一統志》：哈拉河大於土拉，小於色楞格，與色楞格並環繞諸山中。水清流急，兩岸榆、柳蘡薁，叢生其間，夏多蚊虻，中有魚。其入色楞格河處，北與俄羅斯接壤，南則土謝圖汗游牧之處也。東至恰克圖山梁，接右翼左末旗界。南至烏里雅呼嶺，接中旗及軍臺界。西至阿爾噶稜，接右翼左後旗及中右末旗界。北至諾木圖布拉克山梁，接右翼左末旗界。東北至曼達勒鄂博爾，接右翼左末旗界。西北至索寧杭愛，接右翼左後旗界。東南至達喇勒濟山梁，接中旗界。西南至哈瑪爾嶺。接中旗及中右〈未〉{末}旗界。

[中左旗]札薩克公品級一等台吉游牧。親王丹津多爾濟第三子三達克多爾濟，初授一等台吉。乾隆三年，兄子桑齊多爾濟襲爵，幼，以三達克多爾濟代理旗務，賜公品級。十八年，封輔國公。二十年，晉貝子品級。二十三年，桑齊多爾濟請析所屬隸三達克多爾濟，別爲一旗，詔授札薩克。四十六年，理藩院議，缺出請旨。五十三年，孫薩蘭多爾濟，降襲公品級一等台吉。佐領一。

牧地：東至察奇爾哈喇，接中右旗界。南至善達勒，接中右旗界。西至阿爾噶稜，接土謝圖汗旗界。北至阿魯哈朗，接右翼前旗界。東北至沁陀羅海，接中右旗及右翼左後旗界。西北至察罕齊老圖，接土謝圖汗旗界。東南至茂碧柳圖，接中右旗界。西南至薩勒噶山梁。接土謝圖汗旗及中右旗界。

[左翼右末旗]札薩克一等台吉游牧。郡王固魯什喜從子開木楚克，康熙二十七年，率屬來歸。以與固嚕什喜不睦，三十六年，命編所屬別爲一旗，授札薩克一等台吉。乾隆四十六年，詔世襲罔替。佐領五。

牧地：當阿爾泰軍臺之東。達庫倫之驛，於是分道。東至伊克噶雜爾阿齊圖烏拉罕，接車臣汗部右翼中旗界。南至什硼陀羅海，接左翼末旗界。西至布拉幹搜吉，接左翼後旗界。北至布蘊奎，接中右旗及中右末旗界。東北至桑錦達賚，接中旗及車臣汗部右翼中旗界。西北至哈坦烏蘇，接左翼左中末旗界。西南至庫圖勒多倫。接軍臺及左翼末旗界。

[左翼末旗]札薩克一等台吉游牧。固嚕什喜從弟車稜，號墨爾根岱青，康熙二十七年，來歸。三十年，授札薩克一等台吉。乾隆四

十六年，詔世襲罔替。佐領一。

牧地：當阿爾泰軍臺之東。東至卓克烏蘇，接左翼中旗界。南至哈沙圖，接左翼中旗界。西至珠格布里，接軍臺及左翼中左旗界。北至什硼陀羅海，接左翼右末旗界。東北至巴噶哈台，接左翼中旗界。西北至庫圖勒多倫，接軍臺及左翼右末旗界。東南至察罕哈達，接左翼中旗界。西南至哈札布齊。接軍臺及左翼中左旗界。

[左翼中左旗]札薩克一等台吉游牧。固嚕什喜從子遜篤布，初授協理台吉，隸從子郡王敏珠爾多爾濟旗。雍正十年，以功授札薩克一等台吉。超勇親王敗準噶爾於額爾德尼昭，賊沿鄂爾坤上流竄推河，遜篤布以兵千掩擊，偵走西爾哈昭，隨糸贊大臣馬蘭泰馳逐，斬獲無算。乾隆二十一年，賜公品級。青袞咱卜造僞符撤汛兵，遜篤布與車臣汗部札薩克台吉成衮札布察其詐，督兵嚴守各汛，誓死拒，事聞，有詔褒嘉。二十二年，因私赴烏梁海購馬，削公品級，子三篤克多爾濟襲。四十六年，詔世襲罔替。佐領一。

牧地：當阿爾泰軍臺之西。東至札拉噶圖，接軍臺及左翼末旗界。南至察布齊爾，接左翼中旗界。西至烏拉罕濟奇烏蘇，接左翼後旗界。北至達奇勒噶圖温都爾，接左翼後旗界。東北至札克烏蘇，接軍臺及左翼末旗界。西北至那林布拉克，接左翼後旗界。東南至哈札布齊，接軍臺及左翼中旗界。西南至哈坦烏蘇。接左翼後旗及左翼中旗界。

[中次旗]札薩克一等台吉游牧。固魯什喜次子成衮札布，初授協理台吉，隸兄郡王多爾濟阿拉布坦旗。康熙五十八年，其母請析多爾濟阿喇布坦人户，别爲一旗。令成衮札布轄之，授札薩克一等台吉。乾隆四十六年，詔世襲罔替。佐領一。

牧地：當左翼中旗之東，圈出一小游牧。東至西雅博克，南至烏蘭商達，西至額爾沁烏蘇，北至庫克尼屯，東北至額固得，西北至哈喇鄂得，西南至哈勒占鄂博，皆接左翼中旗界。東南至格札格噶順。接蘇尼特右旗界。

[右翼右末次旗]札薩克一等台吉游牧。貝子錫布推哈坦巴圖魯弟青多爾濟,康熙三十年,來歸。三十五年,從征噶爾丹有功,授札薩克一等台吉。析錫布推哈坦巴圖魯屬,別爲一旗,令轄之。乾隆四十六年,詔世襲罔替。佐領一有半。

牧地:跨鄂爾坤河、色楞格河。西十度,北極出地五十度强。東至薩爾金河,接中左翼末旗界。南至賽爾額沁,接右翼左末旗界。西至塔里雅那台河,接右翼左旗界,北至札勒圖爾河。接邊喀界。東北至桑喀勒圖河,接中左翼末旗及邊喀界。西北至罕台阿嚕布拉克,接邊喀及右翼左旗界。東南至札克圖勒河,接右翼左末旗及軍臺界。西南至庫克車格勒。接右翼左旗界。

[右翼左後旗]札薩克一等台吉游牧。郡王車木楚克納木札勒弟朋素克喇布坦,初授協理台吉。雍正八年,上以其材超衆,且諳蒙古務,命析車木楚克納木札勒二佐領,令轄之,別爲一旗。授札薩克一等台吉。乾隆四十六年。詔世襲罔替。佐領一。

牧地:土喇河、喀魯哈河於是合流。西十度,極出地四十八度五分强。東至薩喇博羅圖,接右翼左末旗界。南至達什隆山,接中右旗及中右末旗界。西至珠格楞嶺,接左翼前旗界。北至那林茂海温都爾,接右翼左旗界。東北至達罕得勒圖嚕勒錦,接右翼左旗界。西北至烏拉罕什巴爾額沁温都爾,接右翼左旗界。東南至阿爾噶棱,接右翼右末旗及中右末旗界。西南至滿達勒。接左翼前旗界。

[中左翼末旗]札薩克一等台吉游牧。貝子錫布推哈坦巴圖魯從子車稜札布,康熙二十七年,避噶爾丹掠,率所屬徙牧俄羅斯境。三十二年,集屬六百來歸。聞錫布推哈坦巴圖魯駐牧巴顔烏蘭,乞往附,允之。三十三年,上念其父達什爲喀爾喀舊札薩克,授車稜札布一等台吉,仍兼札薩克。三十四年,移牧俄儂界。乾隆四十六年,詔世襲罔替。佐領四。

牧地:當鄂爾坤河、色楞河合流處。《異域録》:又行十日,至喀爾喀之北界,車凌札布部長之邊界博拉地方。兩傍皆山。鄂爾坤河自東南向西流，入色楞格河。色楞格河來自西南，環繞山北向東北流，過俄羅斯之楚庫柏興，又向北流，入柏梅兒湖。**東至烏雅勒噶河**，接邊喀界。**南至邦吉山梁**，接右翼左末旗界。**西至薩爾金河**，接右翼右末次旗界。**北至察罕烏蘇河**，接邊喀界。**東北至博拉河**。接恰克圖軍臺及邊喀界。自庫倫有驛，經右翼右末旗、右翼左末旗，至是達於恰克圖，爲通俄羅斯互市之道。《異域録》：博拉地方皆艸埻，甚泥濘，潦水成澤。其東南林木森密，望之鬱然，多蚊虻，賴嚮導指引而行。又行一日，至兩國接壤之蘇布克圖地方，兩傍皆山林。谷中有溪河，北山之上有泉，其水甘而涼。谷内之艸暢茂，蚊虻甚多，揮之不暇。又越二宿，於二十三日至楚庫柏興相近色楞格河之南岸駐札。又曰：楚庫柏興，係俄羅斯國界，相隔我國喀爾喀部長台吉車稜札布之邊界博拉地方二百餘里。其間皆山，不甚大，沿塗皆林藪，惟有杉、松、樺樹而已。色楞格河寬四五十丈不等，水清溜急，自西南向東北而流。楚庫河水自東南流至柏興之南十里外，歸入色楞格河，沿岸皆叢柳、櫻、榆。案：《魏書・序紀》：宣皇帝推寅南遷大澤，方千餘里，厥土昏冥沮洳。謀更南徙，未行而崩。獻皇帝鄰，時有神人言於國曰：此土荒遐，未足以建都邑，宜復徙居。帝時年衰老，乃以位授子。聖武皇帝詰汾。獻帝命南移，山谷高深，九難八阻，於是欲止。有神獸，其形似馬，其聲類牛，先行導引，歷年乃出。始居匈奴之故地云云。案：以圖麗琛所記證之，匈奴故地，今喀爾喀四部地也。喀爾喀接壤俄羅斯國，俄羅斯自元以來漸著載籍，又經四五百年之開鑿，至康熙末年，尚稱沮洳泥濘，山高林密，賴嚮導指引而行。則元魏以前之茫昧榛柸可知，自非有神人異獸，何由轉徙而南乎？然則元魏之先，乃俄羅斯産，所謂山谷高深，九難八阻，必由俄羅斯出自喀爾喀之道，殆即今楚庫喀倫以北，圖麗琛諸人所徑行矣。《序紀》遠溯黄帝，適形其誕，若此南遷之績，則其祖宗以來，相傳國史不同，架空誣揑矣。《紀》《傳》之言，有歷數千百載而始契證確鑿者，謂非讀書考古之奇快乎？又案：《世祖紀》真君四年三月壬戌，烏洛侯國遣使朝貢。《四夷傳》：勿吉在高句麗北，失韋在勿吉北千里，地豆于在失韋西千餘里，烏洛侯在地豆于之北，去代都四千五百餘里。西北二十日行，有于巳尼大水，所謂北海也。世祖真君四年，來朝，稱其國西北有國家先帝舊墟，石室南北九十步，東西四十步，高七十步[二]，室有神靈，民多祈請。世祖遣中書侍郎李敞告祭焉，刊祝文于室之壁而還。《靈徵志》：魏先之居幽都也，鑿石爲祖宗之廟，於烏洛侯國西北，自後南遷，其地隔遠。真君中，烏洛侯國遣使朝獻，云石廟如故，民常祈請，有神驗焉。其歲，遣中書侍郎李敞詣石室告祭天地，以皇祖先妣配。敞等既祭，斬樺木立之，以置牲體而還。後所立樺木，生長成林，其民益神奉之。石室南距代京可四千餘里云云。案：以里到、方位考之，烏洛侯爲今俄羅斯地，無可疑者。然則元魏之爲俄羅斯産，本書自有明文，尤可據者。《靈徵志》言：斬樺木以置牲體，後所立樺木生長成林。而《異域録》所紀俄羅斯物産，亦惟松、樺爲多。艾儒略《職方外紀》：漠北有烏洛侯。《皇朝通考・四裔考》因之。且言"侯"乃"俟"之形訛，"斯"則"俟"之聲轉。直以烏洛侯爲俄羅斯，非鑿空也。俞君理初但檢《魏書・本紀》而不覈《傳》《志》，因疑俄羅斯時尚未起，"侯"

必非“侯”訛。《舊唐書》《唐會要》烏羅渾國並云：葢後魏烏洛侯，今亦謂之烏羅護。是“侯”“護”“渾”同一對音字，不應就中國字形嬗改爲“侯”，復轉其音爲“侯”，以就西夷向壁之論。竊謂“侯”字即非“侯”訛，其地北去代都四千五百餘里，亦必爲俄羅斯地無疑。況如漢之屯氏，至隋而“屯”訛爲“毛”，因於其地立毛州。安知此“渾”“護”之音不因“侯”字既訛“侯”而移謬若此乎？《寰宇記》云：烏羅渾國，亦謂之烏護，乃言訛也。總緣譯無定字，展轉梏誤，考者但以里到、山川覈之，證其沿革可矣。俞君之言，非通議也。

［右翼左末旗］札薩克一等台吉游牧。察琿多爾濟從弟錫布推哈坦巴圖魯，斡齊爾賽因汗阿巴岱之曾孫也。祖錫布固泰，號鄂爾齊圖琿台吉。父睦車，號烏巴什琿台吉。錫布推哈坦巴圖魯，初與弟青多爾濟等駐牧巴顔烏蘭。康熙二十七年，避噶爾丹掠，走避喀魯倫河。三十年，來歸，封札薩克輔國公，仍歸巴顔烏蘭游牧，尋徙土喇河。三十四年，走陰山北，冬徙色楞格河。三十八年，叙追捡巴爾呼逃衆功，晉固山貝子。次子車布登，初降襲鎮國公。雍正元年，晉多羅貝勒。居察哈爾之額魯特降人羅卜藏錫拉布等叛逃，車布登追緝之，射斃其衆阿玉什額博墨等，叙功晉爵貝勒。乾隆二十一年，以附青衮咱卜罪，削爵，宥死。子齊旺多爾濟降襲輔國公。孫齊素嚨多爾濟，復降襲一等台吉，仍兼札薩克。四十六年，詔世襲罔替。佐領一。

牧地：有温泉、《水道提綱》：鄂爾坤河又東，經都蘭哈喇地，北出山，即庫庫齊老圖山之麓。此山自南而北，折而東，長二百數十里，當鄂爾坤河南岸。其東有温泉。哈拉河、見前。伊遜河。《異域録》：土拉河北岸諸山，有色爾畢谷口三處，及松吉納山嶺三處，其間自各山發源，流入土喇、鄂爾坤、色楞格河之小河，則有博羅、哈拉、席喇、伊魯爾、伊邦等河，其水清而溜急，兩岸皆叢柳，産樺魯鯉、鯽、鱓、鮰等魚。案：伊遜河，即《異域録》之伊魯爾河，又作衣魯河。《水道提綱》：鄂爾坤河既與哈拉河會。又東北，有衣（依）魯（嚕）河〔三〕，自東南合三水來注之。又正北流，至布龍（隆）山東北支阜〔四〕，而色楞格河自西來會。案：自東南所合之三水，又即《異域録》所稱伊邦等河也。東至拜察哈達，接車臣汗部中右後旗界。南至阿勒坦鄂羅格依，接中旗界。西至薩喇博羅圖，接右翼左後旗界。北至邦吉山梁，接中左翼末旗及軍臺界。東北至敏吉河，接邊喀界。西北至札克都勒河，接右翼右末次旗界。東南至哈台山，接中旗界。西南至諾木圖布拉克。接右翼右末旗界。

統盟於汗阿林。即汗山也。蒙古謂"山"曰"阿林"。《理藩院則例》:圖什業圖汗等十七旗兵丁,於烏克推濟爾哈朗圖地方查驗。又在圖什業圖汗部落内伊琫地方種地民人,領有嘉慶八年執照者,准其在彼居住、種地。應用長工人數,遵照内地稽查保甲之例,設立門牌,詳注姓名、籍貫,令該札薩克按月稽查。

蒙古游牧記卷之七　　　　受業青陽吴式訓覆校

【校記】

〔一〕該句下引文有節略。

〔二〕石室南北九十步,東西四十步,高七十步,中華書局點校本《魏書·四夷傳》作"石室南北九十步,東西四十尺,高七十尺"。

〔三〕衣魯河,"四庫本"《水道提綱》作"依嚕河"。

〔四〕布龍山,"四庫本"《水道提綱》作"布隆山"。

蒙古游牧記卷之八

平定張　穆撰
光澤何秋濤校

外蒙古喀爾喀齊齊爾里克盟游牧所在喀爾喀賽音諾顔部

［喀爾喀中路賽音諾顔部］至京師三千餘里。東界博羅布爾哈蘇多歡，接土謝圖汗部。南界齊齊爾里克，踰瀚海，接烏喇特、阿拉善、額濟納諸部。西界庫勒薩雅孛郭圖額金嶺。北界齊老圖河，皆接札薩克圖汗部。東北至唐努烏梁海。所部十九旗，後增三旗，附額魯特二旗，凡二十四旗。

［賽音諾顔旗］札薩克和碩親王游牧。初，喀爾喀有所謂紅教者，與黄教爭。偉徵諾顔諾諾和第四子圖蒙肯尊黄教，爲之護持，唐古特達賴喇嘛賢之，授賽音諾顔號。賽音，唐古特語“好”也。諾顔，蒙古語“官長”也。賽音，亦作賽因、三音。諾顔，亦作諾延、諾彦。令所部奉之視三汗。圖蒙肯次子丹津喇嘛復受諾們罕號於達賴喇嘛。順治十二年，遣子弟來朝，詔丹津喇嘛領左翼札薩克之一，歲貢九白，如三汗例。十八年，賜遵文順義號，鑄印給之。康熙三年，復賜丹津喇嘛孫善巴信順額爾克岱青號。二十七年，善巴率族屬來歸，附牧烏喇特界外和勒博津。三十年，編所屬佐領，隸土謝圖汗部。善巴封札薩克多羅郡王。

三十五年，晉和碩親王。先是，喀爾喀分設中路時，但以賽音諾顏名其部，以示别於三汗，未議襲號。乾隆三十一年，親王成衮札布奏：所部來歸初，善巴爲同族長，又世掌丹津喇嘛所遺印，請視三汗例，以善巴會孫諾爾布札布襲賽音諾顏號。詔允其請。俾與土謝圖汗、車臣汗、札薩克圖汗，均世襲罔替。佐領四有半。

牧地：《一統志》：和碩親王善巴駐牧地方：東至伊克敖來，西至它（他）哈綽河〔一〕，南至克爾齊圖，北至夯安穆落。當鄂爾坤河源。鄂爾坤河，出旗境二水合，東流。北合一水，經右翼中右旗、右翼左末旗、中前旗、額魯特旗，折北流，入土謝圖汗部界。《水道提綱》：鄂爾坤河，亦曰鄂勒昆河，舊名阿魯渾河。源有二：一出杭愛山尾南麓，東南流，曰姑落河，曲曲二百里，而南源自西來會。南源出鄂爾吉圖都蘭喀喇山，亦作威者伊圖都蘭喀喇，即大黑山也，在杭愛之南八十餘里。又有二源：一自北麓東南流，曰阿木勒稽烏林塔河。西十四度六分，極四十六度八分。一自東麓東流百里而合，又東百餘里，與姑洛河會，始曰鄂爾坤河。東至額魯克台，接右翼中左旗界。南至薩音掇吉〔二〕，接左翼右翼界。西至塔楚河，接額爾德尼班第達呼圖克圖界。河出旗東北境，數水合西南流，豬爲錫拉布里都諾爾。《水道提綱》：塔楚河，源出都蘭喀喇山東南大幹南麓，二水南流而合，東南流百餘里，會東北來三水。折而西南，曲曲流三百餘里，豬爲鄂模。周三十里，池南踰漠二十里至大山，三十里至塔奇驛，西南至山，即阿勒察圖山也。北至鄂爾坤河，接右翼中右旗界。東北至鄂博爾呼濟爾圖，接右翼中左旗界。西北至庫爾布拉克灰圖山梁，接中右翼末旗界。東南至薩音圖固里克，接軍臺及左翼右旗界。西南至鄂羅素圖。接軍臺及左翼右旗界。

［中左末旗］札薩克和碩親王游牧。善巴再從弟策凌，祖丹津，號班珠爾。圖蒙肯第八子也，生子納木札勒，號約蘇圖偉徵阿海。子二：長即策凌，次恭格喇布坦。案：恭格喇布坦，亦尚郡主，授和碩額駙。雍正元年，封多羅貝勒，遣赴軍營隨兄効力，未至，卒於塗。子佛保降襲固山貝子。康熙三十一年，丹津妻格禁勒哈屯攜二孫自塔米爾來歸，詔授策凌三等輕車都尉，賜居京師，教養内廷，編所屬佐領，附察哈爾鑲黄旗駐牧。四十五年，尚和碩純慤公主，授和碩額駙。《御賜公主壙志》：和碩純慤公主，朕之女也。生於康熙二十四年二月十六日午時，薨於康熙四十九年三月二十四日丑時。年二十有

六，卜以某年某月某日窆於某山。嗚呼！惟爾柔嘉秉質，和順居衷。自幼嚴訓是遵，允嫺内則。于歸令儀益茂，式著賢聲。敬以持身，聿成勤儉之德；慈能逮下，克推仁孝之思。方冀永年，忽傷奄逝。特撫遺孤於京邸，眷念彌深，兼命卜葬於近郊。恩施弗替，彝章載考。窀穸有文，勒諸貞珉，用志生薨之年月，惟靈其永妥於是焉。雍正九年，追贈固倫長公主。尋賜貝子品級，攜屬歸塔米爾。六十年，授札薩克。雍正元年，以從征奮勉，封多羅郡王，軍用正黄旗纛。魏源《聖武記》：策凌連年從軍，習漠北山川險易。憤喀爾喀爲準夷陵籍，鋭自磨厲，練猛士千，隸帳下爲親兵。又以準夷恃馳突，而喀爾喀無紀律節制，每游獵及止營，皆以陣法部勒萬衆，森嚴如對壘，由是賽音諾顔一軍雄漠北。九年，晉和碩親王，授喀爾喀大札薩克。十年，以破賊額爾德尼昭功，賜號超勇。六月，準噶爾小策凌惇多卜糾衆三萬，由奇蘭至額爾德尼必拉色欽，策凌偕將軍塔爾岱禦之於本博圖山。未至，賊潛襲策凌帳於塔米爾，掠其子女、牲畜。策凌返旆馳救，并急報順承郡王，請師夾攻，而自率蒙古兵二萬，夜半繞間道出山背。遲明，自山頂大呼壓下，賊倉皇奔潰，追擊於克爾森齊老。賊大敗，而西路援師不至，轉戰十餘次。八月，賊遂趨額爾德尼昭，據杭愛山麓，逼鄂爾坤河而陣。策凌麾衆乘暮薄險蹴之，斬馘萬餘，獲畜、械無算。以無兵夾攻，小策凌惇多卜自推河竄而西。捷聞，諭曰：額駙親王策凌爲國輸誠，忠勇超絶，其特賜黄帶以旌異之。此次軍功，非尋常勞績可比，隨征官兵，著從優議叙。其隨策凌在克爾森齊老擊賊者，並加倍議叙。案：趙翼《武功紀盛》書此事，語多疏舛。魏源《征額魯特記》知辨其"檄馬爾賽，自歸化城邀擊"之誤，而乃影撰綽克渾鄉導事，尤爲無根失實。兹故參會《方略》及《超勇親王傳》，覈實書之。晉授固倫額駙。案：阿克敦《德蔭堂集》：準噶爾稱額駙策凌曰撒辰王。撒辰，亦作徹辰，即車臣，蒙古語"聰明"也。《方略》作車臣汗。乾隆十五年，薨。詔配享太廟，崇祀賢良祠，御賜《八賢良祠祭文》曰：名標竹帛，書崇元祀之文；績著邊陲，禮紀大丞之典。執干戈以衛社稷，夙寄股肱；有几筵而薦馨香，式彰忠藎。爾定邊左副將軍固倫額駙和碩超勇襄親王策凌，稟性樸誠，賦質沈毅。貴爲懿戚，兩朝之寵遇彌隆；勇冠諸藩，一代之鴻猷克壯。圖丹青於麟閣，倚重長城；靖烽燧於龍庭，威行絶塞。英姿颯爽，授旌鉞以猶新；大樹蕭森，歎弓刀之倏謝。爰奉褒崇之禮，時邀配食之榮，異數頻加，用示酬庸於勳舊。明禋與享，更隆秩祀於崇祠。勳勞垂百世之型，俎豆賁千秋之色。於戲！緬屏翰之遺模，精誠如揭；承春秋之絜祀，盛烈丕昭。靈爽有知，尚其歆格。定謚曰襄。御製長律悼之曰：丁年尚主令名聞，絶塞宣猷建偉勳。不必讀書知大義，每於臨陣冠三軍。老成凋謝余憂爾，要寄疇咨子克云。重惜賢藩教侑廟，報功兼以勸忠勤。第六句注：命世子成袞札布嗣爲札薩長、盟長，將來亦克勝定邊左副將軍之任云。御製《往清河賜奠》詩曰：靈輿肅肅駐河濱，歸殯佳城别塞雲。即此始終懷大義，果然卓犖軼前聞。中年自是傷哀樂，此日何堪哭戚勳。見説漠陲將發引，猶教血淚灑三軍。第三句注：額駙在日曾奏聞皇考，願於身歿後仍歸京師，合葬大長公主園寢。今其子奏請，朕既允奏，并命一切喪儀皆如宗室親王之例，官爲經理云。《御賜碑文》曰：朕惟國家賜䘏之恩，典彌隆於勲戚；朝亡酬庸之制，禮尤備於哀榮。其有秉圭組以列屏藩，執干戈而固圉圉。存效馳驅之力，歿邀俎豆之馨。則核行以易名，期信今而傳後，凡以宣揚國憲，獎勵臣勞也。惟定邊左副將軍固倫額附和碩超勇襄親王策凌，賦才勇毅，秉性忠勤。裔本名藩，貴爲懿戚。荷兩朝之寵遇，建一代之壯猶，矢精白於寸心。誠傾葵藿，揚威武於絶塞，淨埽欃槍。逮事朕躬，益虔侯度，譽標宿將。師中紀律之嚴，望重長城閫外，金湯之衞，方深倚畀。忽痛淪徂，嗟過隙之莫留，撫凌煙而永歎。贈金以葬，俾栖神於貴主之園；命祀有加，獲侑食於廟廷之廡。異數獨踰於五等，崇祠用享於千秋。鐫彝鼎以銘功，載懷往績；咨秩宗而考行，表示來兹。賜謚曰襄，聿彰乃烈。於戲！駿業長垂於邊徼，松楸縣日月之光。鴻名勿替於初終，琬玉焕幽潛之采。垂諸奕世，不亦休歟！編修湯大紳詞也。子成衮札布襲札薩克和碩親王。成衮札布世子拉旺多爾濟，尚固倫和静公主。成婚賜宴，御製長律賜之：藩屏世澤效匡襄，重見秦臺引鳳皇。畏侮和親鄙婁敬，費奢暱愛笑同昌。結縭戒勿恃尊貴，就邸勉教孝舅嫜。嘉宴聊因循典則，無須蘭省賦催妝。四十六年，詔世襲罔替。佐領四。

牧地：當塔米爾、哈綏、齊老圖三河源。塔米爾，亦曰他米勒，又作塔密爾。有南、北兩源：南源出杭愛山北麓，在鄂爾坤源之西者，曰阿索郭特河。西北流百里許，又在其西五十里者，兩澗北流而合。又在其西南九十里者，三澗合而東北流，有西北來二水皆會。又東北，始曰塔米爾河，又北而會阿索郭特河，皆杭愛以北水也。又東北，會東南來一水，其東即蘇巴勒干山。又北，經特里布拉克地，東受西北來一小水。又東北，受西北來之朝木多河。又東北，經布拉干地，南受西北來一小水，稍東，有齊齊爾里克河自南來會。又東北，受西北一小水。又東北，折而北流，有一河合四水自西來，注之。又東北，與北源會。北源出枯庫嶺東麓，在杭愛山西北三百里，有二澗東北流而合。又北，會東南來一水。又東北而三澗自西北合而東流，稍北來會。又東北，會西北來一水。又東，會南來一水。又東北，會西北一水，始曰塔米爾河。北岸連山，即哈瑞河諸源也。又東流，受北一水，又東有一河，西南自哈龍恩格勒山東北流，合二水來會。又東，豬爲台魯勒倭黑池，廣數十里，中有一山。又東流，有察罕烏倫河自西北來會，其南岸即布拉干北山也。又東北百數十里，而南源自西南來會，又東曲曲百里折而東北百里，會鄂爾坤河。此水兩源，俱五百餘里始合，又二百里，入鄂爾坤。自杭愛山以北、枯庫嶺以東，諸泉皆會焉。北藩穹廬氈帳，逐山艸徙牧。初，策凌來歸，聖祖賜第京師。及雍正十年，世宗憫其游牧被掠，詔城塔米爾河陽，建瓦屋居之，如京師賜第。乾隆六年，復因策凌年老，論移軍營於此。恩沐三朝，寵冠四部。二百年來藩王，無此榮賚矣。哈（喀）綏河[三]，亦曰哈瑞河，出杭愛西南幹山，在齊老圖源之南，隔山三百餘里。塔米爾河源，隔山百餘里。西十六度三分，極四十七度七分。東北流百里，合西南一水，又東，會西一水，又東，會南一水。折而北，會西一水。又東北，有一水自西北大幹山東流，合北來伊遜都蘭喀喇地山南二水而南流來會。又東北百數十里，有一河合二水，自南來會，始曰哈綏河。又東北曲曲三百里，有朱薩蘭河自西合二，水東流來會，又東北，循呼普蘇古兒山之南。又東，有瑚伊努河，舊作呼納衣河，自西南來會。又東北百餘里，入色楞格河。此河源流長九百里。齊老圖河，源出杭愛西界山下之額爾哲伊圖察罕泊，泊周六十里，在鄂勒白稽山之南幹百餘里大山下，西北徑隔山之桑錦達賚泊百餘里。西十六度八分，極四十八度七分。河自泊東北流出，經烏爾圖烏雅山南麓，稍東，會西北來一水。又東百餘里，有二水自西南合而來會，始曰齊老圖河。《長春西游記》：六月十三日，至長松嶺後宿，松栝森森〔四〕，干雲蔽日，多生山陰澗道間〔五〕。十四日，過山，渡淺河。天極寒。十七日，宿嶺西。河水有澌，冷如嚴冬〔六〕。師易其名曰"大寒嶺"。山路盤曲，西北且百餘里。既而復西北，始見平地。有石河，長五十餘里，岸深十餘丈，其水清冷可愛，聲如鳴玉。峭壁之間有大蔥，高三四尺。澗上有松，皆十餘丈。西山連延，上有喬松鬱然。山行五、六日，峯回路轉，林巒秀茂。下有溪水注焉。平地皆松樺雜木，若有人煙狀。尋登高嶺，勢若長虹，壁立千仞。俯視海子，淵深恐人。程春廬氏曰：所謂長松嶺，盛夏有冰雪，踰嶺百餘里，有石河長五十里者，即今鄂爾坤河東流將會喀拉河處，河經山峽，故曰石河。雍正中，西北拒準噶爾，其時黑龍江至鄂爾坤軍營者，過汗山即西北渡土拉河，西北行，踰喀里呀拉山，乃濟鄂爾坤河。以長春行程推之，當亦經此。長松嶺，或即喀里呀拉山，已在北極出地四十九度處，是以寒甚歟。然則先自西南灤驛路四程西北渡河者，土拉河也。過山渡淺河者，博羅河也。其曰西山連延者，乃鄂爾坤河以西之山，長春於此渡河，可見山行五六日，峯回路轉，嶺勢若長虹，壁立千仞，俯視海子，淵深恐人，則已在厄墨勒河之側矣。沈君子惇曰：據真人所行多山路，又有海子淵深之語，疑在今賽(三)音諾顏中左旗之南〔七〕、中左末旗之西北，齊老圖河側近，以其所渡之水東北流也。若踰山而西，水皆西南流矣。穆案：子惇所考是也。蒙古語謂"石"曰"齊老"，謂"有"曰"圖"。長春所經石河，即今齊老圖河，無疑也。**東至庫鼐鄂博爾布拉克**，接札牙班第達呼圖克圖界。**南至素温都爾**，接額爾德尼班第達呼圖克圖界。**西至灰圖塔米爾額沁**，接清素珠克圖諾們罕界。《方略》：乾隆二十年九月，上諭喀爾喀喇嘛諾顏綽爾濟，在阿睦爾撒納游牧誦經。聞阿睦爾撒納之喇嘛楚魯木班珠爾以理阻止阿逆部衆，不使逃竄。諾顏綽爾濟即給予楚魯木班珠爾衣服，以示獎勵，并令其安撫衆人，深知大義。著加恩賞給清蘇朱克圖諾們汗之號，鑄給印信。**北至伊克沙巴爾山梁**，接中左旗界。**東北至綽隴山梁**，接札牙班第達呼圖克圖界。**西北至鞥克嶺**，接中左旗界。**東南至桑金陀羅海**，接額爾德尼班第達呼圖克圖界。乾隆六年，命叅贊大臣副都統慶泰閲所部防秋兵於桑錦陀羅海。以右翼右後旗車木楚克札布、中後旗達木布多爾濟，軍容嚴整，並獎賚之。即是地也。**西南至庫克嶺**。接右翼右後旗界。

［右翼右後旗］札薩克多羅郡王游牧。圖蒙肯長子卓特巴號車臣諾顔，有子三。第三子索諾木和碩齊，子二：長烏巴達，次托多額爾德尼。康熙二十七年，來歸，附牧烏喇特界。三十年，授托多額爾德尼札薩克鎮國公。先是，噶爾丹自杭愛山越圖拉，轉掠克魯倫，所部多潰走，托多額爾德尼獨拒戰，殺傷略相當，賊衆稍衰。有兩人共一騎，及削木以爲杖者。二十九年三月，偵噶爾丹居巴顔烏蘭，偕同族素泰伊勒登以兵三千，隨侍郎温達赴圖拉，遏噶爾丹歸路。三十一年，卒。詔烏巴達襲。初，托多額爾德尼無子，以從兄子策旺諾爾布爲嗣，授侍衛，擢内大臣上駟院卿。康熙五十一年，烏巴達子巴穆卒，命仍以策旺諾爾布襲。雍正二年，因進藏功，晉封固山貝子。子車木楚克札布，乾隆十九年，賜貝勒品級。二十一年，青衮咱卜叛，車木楚克札布督兵接續驛站，軍書乃達，封多羅貝勒。尋復以招降烏梁海，善於撫納，晉多羅郡王。四十六年，詔世襲罔替。佐領二。

牧地：《一統志》：固山貝子托和厄爾得尼駐牧地：東至和牧爾圖，西至翁金河，南至阿爾古哈納，北至吉哈馬爾。當拜塔里克河源。拜塔里克，舊作貝德勒克，亦作拜達里克，源出枯庫嶺南麓，其北麓隔山即塔米爾河源也。三水南流，合而西南百餘里，有查克河自北山合五水南流三百餘里來會，經庫倫伯勒齊爾之地。初，土謝圖汗察琿多爾濟與札薩克圖汗成衮交惡，康熙二十五年，詔理藩院尚書阿喇尼齎敕與達賴喇嘛使人噶爾旦勒西圖赴喀爾喀，諭二汗和，爲盟於庫倫伯勒齊爾。察琿多爾濟不至，使弟哲布尊丹巴呼圖克圖往受盟。又康熙三十五年九月，阿拉布坦下降人奏：噶爾丹率其黨羽踰杭愛山，由庫冷白兒齊爾趨塔米爾色欽，向正西而去。皆是地也。又南二百里，有察罕帖睦爾河，東北自索阿都依嶺合二水，西南流二百數十里來會。又南，出兩山間，西南流平地中百數十里，有西彌河自南合東南一水，北流來會。又西南百餘里，豬爲察罕泊。源流八百餘里。雍正九年八月，超勇親王策凌既敗小策凌惇多卜於額爾德尼昭，賊奔圍遁推河，棄其輜重、牲畜塞滿山谷，以阻我師。策凌急檄馬爾賽於拜達里克河邀賊歸路。時拜達里克城中屯兵萬三千，副將軍達爾濟整隊待發，馬爾賽不許，副都統傅鼐至跪求出兵，亦不許。軍士登城，望見賊騎由城下過，如亂鴉投林，紛雜無行列，一邀擊可盡俘也。翼日，將士不稟命，自出追之，小策零惇多卜已從前隊過，僅截其零騎，擊斬千計。事聞，詔斬馬爾賽及附和阻撓之都統李杕以徇。馬爾賽者，文襄公圖海之子也。準噶爾勢由是遂衰，不復敢擾邊。十一月，命副都統銜馬哈達、原任巡撫圖理琛，往札克拜達里克處修築城垣。十年，順承郡王錫保奏報鄂爾昆札克拜達里克等處屯田，收穫大小麥、糜子九千四百石有奇。東至韓克嶺，接清素珠克圖諾們罕界。南至扣波爾，接右翼中末旗界。北至札克額沁山梁，接中左旗界。東北、西北同。東南至察罕諾爾，接右翼中末旗界。西南至哈查布齊額沁。接左翼左旗界。

[中右旗]札薩克多羅郡王游牧。超勇襄親王策凌次子車布登札布初授一等台吉。雍正十年，以擊賊額爾德尼昭被創，封輔國公。乾隆十七年，兄成衮札布請析所屬，令車布登札布自爲一旗。詔允，授札薩克。十九年，叙剿撫烏梁海功，賜貝子品級。二十年，從班第平伊犂，封多羅貝勒。二十一年，晉郡王。阿睦爾撒納謀逆，同事者多不之察，獨車布登札布發其奸。師旋，命招降烏梁海部衆，即令轄之，有固爾班和卓者，奇爾吉斯宰桑也。攜千餘户潛赴烏梁海，謀遁附阿逆，車布登札布麾兵擊捡之。因進兵哈薩克界，由伊什勒諾爾剿賊至汗札爾會，斬獲無算。上嘉其功，因有是命。二十三年，復以擊賊和落霍斯身先士卒，所向無前，賚金黄帶，以其父超勇號賜之。二十五年，圖形紫光閣。御製《贊》曰：拍馬彎弓，無敵所向。不曾讀書，如古名將。和落霍斯，少勝衆彼。超勇親王，額駙之子。三十九年，年七十，賜無量壽佛及珊瑚朝珠、四團龍服。四十四年，授議政大臣，上追念其和落霍斯功，命繢圖，賜之。四十六年，詔世襲罔替。佐領一。

牧地：當推河源。推河，亦曰穨河，舊作拖衣河，源出杭愛山尾南麓，西南流。會南來小水，二折南流，會東來小水一。又西南，有烏可克河，西北自烏可克嶺合三水，東南流來會。嶺在杭愛山西南百餘里，索阿都衣嶺之東南二百里，嶺南水入推河，嶺北水爲塔米爾河南源。推河又南，有雅馬圖河自東北合三水，西流來會，即鄂爾吉圖都蘭喀喇山西水也。又南，有庫塞楞圖河自西來會。稍南，有一水自東合二澗來會。又南，經兩山間，有額勒屯圖河自東合三水來會，皆都蘭喀喇山西南麓水也。又南出山，曲曲流平地中百八十里，經博濟和碩驛東。又南折西南流百餘里，西豬爲鄂洛克泊，形東西長四十里。西十五度五分，極四十五度六分。源流五百餘里。此水東三百里，爲塔楚河。康熙三十五年二月，上親征噶爾丹，詔費揚古領西路師自歸化城西北至推河，抵阿爾泰之地。遠近隨地名，置三十餘驛：曰昆都倫、曰克楚、曰愛畢哈、曰齊吉爾罕、曰特睦爾、曰布爾哈蘇台、曰烏浪額魯吉、曰固爾班哈沙圖察罕、曰蝦蟆爾、曰烏尼圖、曰波羅蘇海、曰察罕額爾吉、曰馬尼圖、曰鄂什喜、曰家哈、曰巴爾哈遜、曰搜吉、曰察布雀爾、曰格得爾固、曰郭多理、曰奔巴圖、曰額爾伊圖、曰奎騰、曰巴札爾、曰泥楚滚、曰庫爾奇勒、曰圖格里克達察、曰哈喇尼屯、曰烏納格烏蘇、曰昏鄂、曰空兀勒、曰塔奇、曰西拉布里都、曰阿爾博爾濟、曰博濟和碩。至推河計二千餘里。雍正九年十一月，命副衾領桑吉拉等往推河地方，修築城垣。龔之鑰《後出塞録》：推河昔爲元氏苑囿，其地甚煖，土性宜於耕種。今建城設戍，且以刺配之徒入伍開墾，每歲收穫頗豐。方觀承《松漠草》詩注：推河種瓜蔬，六月中旬,王瓜長半尺,軍中矜爲奇味。又曰:過推河以北,冬月人多喘急,蓋天高風勁,氣不能敵耳。高其倬《推河曉發》詩曰:水邊細路千回曲,雨外晴山一崦明。沙艸枯來新露白,米囊空後舊裝輕。窮荒行色,曲意形容,可謂高致獨標,興象無囿矣。東至推河,接額爾德尼班第達呼圖克圖界。東南同。西至哈喇尼屯呼都克,接右翼中末旗界。北至庫勒賽牙,接中左末旗界。東北至薩拉噶額沁,接額爾德尼班第達呼圖克圖界。西北至庫克嶺,接中左末旗界。西南至莫勒楚克。接右翼中末旗界。

[中前旗]札薩克多羅貝勒游牧。圖蒙肯弟巴賚之曾孫素泰伊勒登,初隸土謝圖汗部,駐牧翁金布爾哈台。康熙二十七年,來歸,附牧四子部落界外察罕博托輝。三十年,授札薩克鎮國公。孫阿努哩,雍正九年,晉固山貝子。準噶爾賊由阿濟入掠,驛斷。阿努哩自牧所聞之,以兵迎達軍書,且給驛糧。詔嘉之,有是命。阿努哩之孫羅卜藏車璘,乾隆二十年,大軍剿達瓦齊,督理烏蘭烏蘇及烏魯木齊驛務。會阿逆叛劫驛,羅卜藏車璘拒,戰死,褒晉貝勒。四十六年,詔世襲罔替。佐領一。

牧地:《一統志》:固山貝子阿努禮駐牧地:東至呼爾屯噶爾哈親,西至郭察烏蘇圖,南至哈套多博,北至達爾馬察克。跨濟爾瑪台河、鄂爾昆河、翁金河。濟爾瑪台河,見右翼中右旗下。鄂爾坤河自與姑洛河會,東南流兩山間百里,折而東北,入額魯特旗境。北岸山即杭愛東南支阜,南岸即西自都蘭哈喇綿亘而東之杭亦哈馬勒山,隔山而南,即翁金河也。東至鄂爾昆河,接土謝圖汗部右翼右旗界。南至布爾察克,接軍臺及土謝圖汗部左翼後旗界。東南同。西至烏拉罕諾爾,接右翼左末旗界。北至濟爾瑪台,接額魯特旗界。東北至巴延温都爾,接額魯特旗界。西北至奎屯嶺,接右翼中右旗界。西南至哲楞諾爾。接土謝圖汗左翼後旗界。

[中左旗]札薩克多羅貝勒游牧。圖蒙肯第十三子衮布,號昆都倫博碩克圖。康熙元年,右翼札薩克圖汗旺舒克爲羅卜藏台吉額琳沁所戕,衮布率左翼兵擊走額琳沁,土謝圖汗察琿多爾濟嘉其勇,授此號也。二十五年,赴庫倫伯勒齊爾盟,授札薩克。二十七年,集衆來歸。二十九年,尚書阿喇尼統大軍禦噶爾丹,諜衮布居額爾古納河,謀内徙,遣郎中馬迪往迎,渡克魯倫河而南。時噶爾丹居阿爾坦額默爾,在克魯倫河北,由烏爾順、喀爾喀二河來追,衮布敗走,阿喇尼援之,噶爾丹遁,衮布移牧

内汛。三十年，封多羅郡王。子額琳沁，降襲貝勒。康熙四十九年，諭曰：貝勒額琳沁於喀爾喀部爲尊行，人甚老成。昭莫多之捷，從征亦甚奮勉。伊父本係郡王，著加恩晉襲原爵，出缺時，仍襲貝勒。乾隆四十六年，詔世襲罔替。佐領三。

牧地：《一統志》：多羅貝勒額林陳駐牧地：東至布爾庫西喇石堡台，西至懋士里野禿山，南至喀喇忒納河，北至鄂爾坤河。有特爾克河、伊第爾河合於齊老圖河，爲色楞格河。伊第爾，舊作厄得勒，亦作依得爾。色楞格河南源有四，稍北者曰厄得勒河，源出喀爾喀西界鄂勒伯稽山，共合七水。行四百餘里，而齊老圖河合諸源水自西南來會。又東北，受南來一水，疑即特爾克河也。又東北，循山麓流百餘里而烏里雅台河自西南來會，又東北三十里而阿濟勒克河自南來會，始曰色楞格河。東至齊老圖河，接中後末旗界。南至依克沙巴爾，接中左末旗界。西至特克什布音圖，接右末旗界。北至察罕索郭圖，接右翼後旗界。東北至伊第爾河，接右翼末旗界。西北至色楞格河，接札薩克圖汗部中右翼末旗界。東南至依克沙巴爾札滚山梁，接中左末旗界。西南至達爾奇山梁。接中後旗界。

［中末旗］札薩克鎮國公游牧。善巴從子阿哩雅，曾祖錫納喇克沙特爲圖蒙肯第十子，號琿台吉，領所部札薩克。長子齊巴克塔爾，號車臣諸顔，以附噶爾丹爲和託輝特貝勒根惇所執。子布尼，早�〔八〕，遺子一，即阿哩雅。康熙三十一年，來歸，授一等台吉兼札薩克。初，阿哩雅幼，叔祖薩木濟特虐之。有阿爾薩蘭衛宰桑者，齊巴克塔爾舊屬也，翼阿哩雅，與薩木濟特異居。三十一年，攜衆來歸。時薩木濟特已嗣札薩克，阿哩雅屬不願隷之，故别所屬，自爲一旗，并命阿爾薩蘭衛宰桑協理旗務。子格木丕勒，以擊準噶爾功，雍正十年，封輔國公。九年，隨大軍擊賊於蘇克阿勒達呼。十年，隨超勇親王擊賊克爾森齊老，力戰被刱，歸察罕搜爾營，瘵稍愈，仍請擊賊。順承郡王壯其勇，授兵三千，由喀喇阿濟爾罕追餘賊，越阿爾吉至畢濟嶺，斬獲甚衆。乾隆二年，晉鎮國公。四十六年，詔世襲罔替。佐領一。

牧地：初，錫納喇克沙特居克魯倫。康熙三十二年，阿里雅移牧鄂爾坤及土喇界。雍正三年，格木丕勒偕札薩克圖汗部公品級敏珠爾，告所屬牧産損，生計艱，請展游牧至諸克圖。超勇親王代奏。上因與準噶爾議界未定，弗允。《一統志》：鎮國公格木聘爾駐牧地：東至綽爾（兒）古爾〔九〕，西至他喇布喇克，南至哈哈薩泉，北至色楞格河。哈綏河至是合於色楞格河。東至庫圖勒布拉克，接土謝圖汗部右翼左旗界。南至㑩棱圖勒布爾〔一〇〕，接左翼中旗界。西至庫布色固勒，接右翼後旗界，西南同。北至巴勒齊爾山，接札薩克圖汗部中左翼末旗界。〈西〉{東}北至海蘭台〔一一〕，接邊喀界，西北至巴噶鄂多斯，接札薩克圖汗部中左翼末旗界。東南至哈喇托噶。接土謝圖汗部右翼左旗界。

【校記】

〔一〕它哈綽河，《（乾隆）大清一統志》作"他哈綽河"。
〔二〕挍，同"搜"。
〔三〕哈綏河，中華書局點校本《清史稿》作"喀綏河"。
〔四〕栝，同"栝"。
〔五〕該句下引文有節略。
〔六〕該句下引文有節略。
〔七〕塞音諾顔，中華書局點校本《清史稿》作"三音諾顔"。
〔八〕夗，同"死"。
〔九〕綽爾古爾，《（乾隆）大清一統志》作"綽兒古爾"。
〔一〇〕㑩，本字爲"那"。
〔一一〕"同治本"誤寫"東"字爲"西"字，據上下文義改。

［右翼中左旗］札薩克輔國公游牧。善巴次子車棱達什，康熙四十六年，析其兄親王達什惇多布屬，別爲一旗，令轄之。授札薩克一等台吉。尋以協濟軍需功，晉輔國公。乾隆四十六年，詔世襲罔替。佐領四。

牧地：《一統志》：輔國公徹凌達什駐牧地：東至翁金河，西至博羅圖，南至博柰特布錫，北至巴顔几禄克。當翁金河源。翁金，亦作翁吉，又作甕金，兩源出鄂爾吉圖都藍喀喇山東行大幹山中。其西隔山，即塔楚河源也。其北隔山，即鄂爾坤河，東南流出平地合焉。又東南，會西南來一水。又東，會北來一水。又東南百餘里，經杭亦哈馬勒山前，去山八九十里許，山即都藍喀喇之東大幹山也，受北來小水一。又東南，有一水北自杭亦哈馬勒山之南麓東南流來會。又東南，曲曲流八百餘里，於大漠豬爲呼拉喀烏浪諾爾，周二十餘里。康熙三十五年，聖祖親征噶爾丹，詔西路大軍由甕金進，而上出北路，度磧，抵喀魯倫河，駐蹕拖陵山。賊不得越喀魯倫而南，則折而北竄，故費揚古之師獨與賊遇也。國子監祭酒孫岳頒《奏請勒石太學疏》曰：遏寇西奔，天戈東指，諸軍會合，環而擊之。背水阻山，捦斬殆盡，搗其巢穴，沙磧一空，可謂鋪揚偉烈，善頌不諛矣。《方略》：雍正九年十一月，命原任將軍來文等，往翁吉地方修築城垣。十年二月，原任巡撫布蘭泰奏稱：翁金地方並無樹木，土少沙多，不能修城。東至察罕庫圖勒，接右翼左末旗界。南至阿哈爾山，接軍臺及土謝圖汗部左翼後旗界。西至額魯克台，接賽音諾顏旗界。北至鄂波爾呼吉爾圖，接賽音諾顏旗界。東北至垓察罕莫多，接中前旗界。西北至鄂布圖河，接賽音諾顏旗界。東南至布爾吉格特，接軍臺及土謝圖汗部左翼後旗界。西南至特布什。接左翼右旗界。

［右翼末旗］札薩克輔國公游牧。鎮國公托多額爾德尼從子圖巴。父本塔爾，號岱青楚琥爾諾顏，駐牧庫倫伯勒濟爾。詳前拜塔里克河源下。康熙二十七年，來歸，附牧四子部落界外察罕博托輝。三十年，本塔爾卒，授圖巴札薩克一等台吉。孫齊旺，雍正十年，以擊賊額爾德尼昭功，封輔國公。準噶爾賊掠克爾森齊老，喀爾喀衆札薩克懼不敵，或棄軍歸牧。獨齊旺隨超勇親王督兵至額爾德尼昭，據險奮擊之，斬獲甚衆。乾隆四十六年，詔世襲罔替。佐領二。

牧地：墨特河至是合於拜塔里克河。案以《圖》校之，墨特河，疑即《水道提綱》之察罕帖睦爾河也。詳見右翼右後旗拜塔里克河源下。東至莫霍爾特里，接右翼中末旗界。南至綳察罕諾爾，接軍臺及瀚海界。諾爾廣二十餘里，其北三十里，有濟爾哈朗圖池，廣十里許。又東北百數十里，有伊洛河，北自山麓克庫池南流二百里，經哈拉圖科山西麓，又南數十里，涸。哈拉圖科山南百五十里，有鄂洛克池，山東百里即推河也。西至喀喇沙爾，接清素珠克圖諾們罕界。北至札木圖嶺，接中左末旗界。西北同。東北至庫圖庫爾嶺，接中右旗界。東南至綳察罕諾爾，接軍臺及右翼中末旗界。西南至綳察漢諾爾。接右翼右後旗界。

［右翼前旗］札薩克輔國公游牧。圖蒙肯第五子濟雅克，號偉徵諾顏。子阿玉(裕)什(錫)〔一〕，康熙二十七年，來歸。三十年，授札薩克一等台吉。三十五年，以遣屬鄉導大軍功，封輔國公。乾隆四十六年，詔世襲罔替。佐領一。

牧地：《一統志》：輔國公阿玉駐牧地：東至土拉（喇）河[二]，西至布爾庫西喇石保台，南至土拉河，北至鄂爾坤河。胡努伊河至是合於哈綏河。胡努伊，舊作呼納衣，又作庫諾衣。源自西南山中，東北四百里，經賽坎山北麓，又東北百餘里，入哈綏河。賽坎山甚高大，即巴顔濟魯克山之北行正幹，又折而東北，爲厄勒黑圖諸山者。東至薩哈勒圖，接額魯特前旗界。南至親格勒圖，接左翼左〈未〉{末}旗界。西至達郎圖陀羅海，接札牙班第達呼圖克圖界。北至卓賚布拉克，接左翼中旗界。東北至沙爾噶諾爾，〈拉〉{接}左翼中旗界[三]，西北至額勒素圖，接右翼後旗界。東南至庫克和碩，接額魯特前旗界。西南至庫諾依鄂博爾。接札牙班第達呼圖克圖界。

[中後旗]札薩克輔國公游牧。鎮國公巴穆長子諾爾布札布。康熙五十一年，授札薩克一等台吉。乾隆元年，叙擊準噶爾功，晉輔國公。四十六年，詔世襲罔替。佐領一。

牧地：《一統志》：輔國公那爾布札卜駐牧地：東至伯爾克阿禄庫布爾，西至上誥（諾）沙拉博羅岱[四]，南至西喇烏倫河，北至鄂倫哈爾哈土星（里）野圖[五]。有布爾噶蘇台河，合於札布噶河。布爾噶蘇台河，出旗北馬喇噶山。山脈自阿爾泰頂南行，分一幹東行，爲烏蘇郭瑪山。又東，連峯相接，東南數百里爲伯勒奇那克科克伊山。又東三百里，爲昂奇山。又東北行百餘里，爲馬喇噶山，此水源即馬喇噶山東北將折東南之南麓也。出山南流，會東來二水、西北來一水。又南，有烏海河，西北自昂奇山，兩源合，東南流來會，又南流百數十里，與西喇河會。二源既合，西南流，經巴彦山北麓，曰札布噶河。東至哈喇烏蘇，接左翼左旗界，南至布音圖河，接那魯班禪呼圖克圖及軍臺界。西至膏林塔拉，接那魯班禪呼圖克圖界。《長春西游記》：七月九日，同宣使西南行五六日。屢見山上有雪。又三二日，歷一{山}[六]，高峯如削，松杉鬱茂而有海子，南出大峽，則一水西流，雜木叢映於水之陽。韭茂如芳艸，夾道連數十里。沈君子惇釋曰：案高峰大峽，雖不可悉知，而覈其程途，一水西流，疑即今之烏里雅蘇台河，蓋在今三音諾顔中後旗西矣。北至布音圖河源，接中左旗界。東北至奔巴圖，接中左旗界。西北至巴彦布拉克。接烏里雅蘇台軍營城，定邊左副將軍治，總統喀爾喀四部兵馬，兼理札薩克圖汗、賽音諾顔兩部事務。有參贊大臣二員，一用四部藩爵，一由京員簡放，協理其事。四部藩爵内，各有特授副將軍一員，每年四季，輪流同札薩克台吉前赴軍營城駐班，聽候將軍調遣。自中前旗迆邐而西北，歷右翼左末旗、右翼中左旗、賽音諾顔旗，額爾德尼呼圖克圖游牧。中右旗、右翼中末旗、右翼末旗，青素珠克圖諾們罕游牧。右翼右後旗、右翼左旗、中後旗，皆阿爾泰軍臺所經也。雍正十一年四月，靖邊大將軍順承親王錫保等奏言：察罕廋爾，當阿爾台諸路要道〔七〕，建城駐兵歷有年，所以柴艸不足，移駐阿勒達爾托羅海。其後柴艸亦不足用，去年又移軍至烏里雅蘇台。此外尚有額得爾、齊得爾、特爾啟、塔米爾等處，地亦寬闊，並在杭愛山陽，與内地近。至特斯等處，僻在迆北，若賊人由南路來犯，邀截堵禦，呼應不靈，並不便駐劄。大軍今已於烏里雅蘇台山頭右建礮臺，其左近並令滿洲、蒙古兵駐劄。且特斯台西里各有駐兵萬人，賊人不敢逼近，應請即於烏里雅蘇台内植木，中實以土，建築城垣，城中設置倉庫。明歲青艸發生時，調集官駝以察罕廋爾所貯錢糧、米石、軍裝、火藥等物，陸續運送。報可。乾隆二十九年四月，定邊左副將軍成衮札布奏：烏里雅蘇台舊城圮，應增修。十一月復奏：烏里雅蘇台土浮，難興版築。舊城在齊格爾蘇臺、烏里雅蘇臺二河間，應照舊造木城，增高丈六尺，厚一丈，周圍共五百丈，内外排木柵，中實土。東、西、南各置門，北迎河，掘溝引水環之，即以溝土築城。龔之鑰《後出塞録》：自烏里雅素臺一千五百餘里，至圖庫里克軍行所駐，四面崇岡疊嶂，實爲賊夷出没之地，自此可由間道，直達查克拜達，是以防守甚嚴。過此又二百餘里，地名科卜多。東南至額埒素台，接左翼左旗界。西南至德勒格爾布隆。接那魯班禪呼圖克圖界。

［左翼左旗］札薩克輔國公游牧。善巴從子旺舒克，父德克德赫，號墨爾根阿海，以隨札薩克圖汗沙喇迎噶爾丹，爲土謝圖汗察琿多爾濟所殺。札薩克圖汗成衮以額琳沁之亂，屬衆潰，多往依土謝圖汗察琿多爾濟，成衮屢索不獲，與搆釁。成衮卒，噶爾丹謀掠喀爾喀，誘成衮子沙喇攻察琿多爾濟。沙喇因會噶爾丹於固爾班赫格爾，德克德赫等從往，察琿多爾濟惡之，追殺沙喇及德克德赫。乾隆三十一年，旺舒克來歸，授札薩克輔國公。四十六年，詔世襲罔替。佐領二。

牧地：《一統志》：旺叔（舒）克駐牧地：東至土喇河，西至伊木諾木古爾，南至奇喇蘇台博羅克親，北至伯爾克博羅圖喀喇忒納河。當札布噶河源。札布噶，舊作查巴哈，又作札布堪、札卜罕、札布韓。源有二，最東者曰西喇河，出庫倫伯勒齊爾西北大山。凡四水，南流并爲二支，又西南百餘里，合焉。又西南，受北來一水，又南，受東來之西喇河，又西，受北來一水。又西南二百里，而布爾噶蘇台河自北來會，即西源也。出北馬喇噶山南麓，南流，會東來二水、西北來一水。又南，有烏海河，西北自昂奇山兩源，合東南流來會。又南流百數十里，與西喇河會。二源既合，經巴顔山北麓，曰札布噶河。又南，入札薩克圖汗旗南界。康熙三十四年六月，喀爾喀貝勒根惇岱青偵得噶爾丹行裝已至札布堪河，即是水矣。方觀承《松漠艸》詩補注：喀爾喀兵之戍札布韓河者，資河魚爲糧，多病閉。札布韓，譯曰流沙。東至烘烏，接右翼右後旗界。南至莫霍爾噶順，接軍臺及右翼右後旗界。西至膏林塔拉，接中後旗界。北至哈喇烏蘇，接中左旗界。東北至哈查布齊額沁，接右翼右後旗界。

西北至賽爾依爾，接中後旗界。東南至奎屯陀羅海，接右翼右後旗及軍臺界。西南至烏斯奇。接那魯班禪呼圖克圖及軍臺界。

［左翼中旗］札薩克公品級一等台吉游牧。親王德沁札布次子齊旺多爾濟，初授一等台吉。乾隆十九年，請從征達瓦齊，賜公品級。二十二年，晉貝子品級。二十四年，德沁札布奏本旗丁户滋衆，請增編佐領，授齊旺多爾濟轄，别爲一旗。詔從其請，授札薩克。三十八年，以罪革爵。先是，齊旺多爾濟陵其兄親王諾爾布札布，爲定邊左副將軍車布登札布所斥，憾之。因訐其牟利，命大臣往勘，罷車布登札布左副將軍職，繼鞫齊旺多爾濟陵兄事，堅不服。詔削爵，交理藩院嚴加鈐束，勿令歸牧滋事。仍恩授其子三都布多爾濟札薩克一等台吉。降襲公品級，缺出請旨。佐領一。

牧地：跨哈綏河。東至濟爾哈朗圖，接土謝圖汗部右翼左旗界。南至霍里木圖，接右翼前旗界。西至珠賚布拉克，接右翼後旗界。北至巴勒奇爾，接中末旗界。東北至色楞格河，接中末旗界。西北至桑圖，接右翼後旗界。東南至西埒木台，接右翼前旗界。西南至珠賚布拉克源。接右翼前旗界。

［左翼右旗］札薩克一等台吉游牧。善巴再從弟丹津額爾德尼，祖畢瑪里吉哩諦，圖蒙肯第九子也，號巴圖爾額爾德尼諾顔。父弼齊噶岱，號額爾克岱青，世爲所部札薩克。康熙二十七年，丹津額爾德尼隨善巴來歸。三十年，授札薩克一等台吉。乾隆四十六年，詔世襲罔替。佐領三。

牧地：康熙十九年，噶爾丹屬額爾德尼和碩齊私掠内札薩克烏喇特部界。畢瑪里吉哩諦以所居哈魯特山，距烏喇特六日程，慮還掠，偵額爾德尼和碩齊竄處額濟納河，以聞。詔設汛防禦。二十七年，詔丹津額爾德尼仍駐牧哈魯特山。三十年，以額魯特和囉理居阿拉善，與已牧地毗連，多被竊，訴於朝。遣官詰責和囉理且令徙牧界内，和囉理懼遁。詔即收其人畜，畀丹津額爾德尼[八]。《一統志》：一等台吉丹津額（厄）爾德尼駐牧地[九]：東至上海山，西至古爾板賽堪〖西十一度，北極出地四十四度。〗，南至噶爾昭綽且牙，北至阿爾泰山陰。東至諾木幹，接土謝圖汗部左翼後旗界。南至霍爾朔特，接烏喇特前旗界。西至依薩賚，接額爾德尼班第達呼圖克圖界。北至額勒素台，接賽音諾顔旗界。東北至特布什，接土謝圖汗部左翼後旗界。西北至額勒素台依爾，接額爾德尼班第達呼圖克圖界。東南至札克查奇，接土謝圖汗部左翼後旗界。西南至達噶查。接瀚海。

［左翼左末旗］札薩克一等台吉游牧。圖蒙肯曾孫納木札勒，祖察斯喜布，號昆都棱，圖蒙肯第七子也。父圖巴，察斯喜布第三子也。納木札勒，康熙三十五年以隨西路大軍擊賊功，納木札勒隨西路大軍至額布爾谷阿達克，遇賊衆，奮擊之。大將軍費揚古表其功。封札薩克一等台吉。乾隆四十六年，詔世襲罔替。佐領一。

牧地：《一統志》：一等台吉諸（那）木札（扎）爾駐牧地〔一〇〕：東至達漢得爾烏蘇圖山陰，西至鄂爾木庫岱，南至桑稽爾達賴，北至磨木（禾）爾土魯庫〔一一〕。跨塔米爾河、胡努伊河。東至噶齊固，接阿魯特前旗界。南至哈喇諾爾，接札牙班第達呼圖克圖界。西至哈什隆，接札牙班第達呼圖克圖界。北至伊克沙巴爾台，接右翼前旗界。東北至伊瑪爾台，接右翼前旗界。東南至巴噶諾爾，接額魯特前旗界。西南至胡努伊河。接札牙班第達呼圖克圖界。

【校記】

〔一〕阿玉什，《（乾隆）大清一統志》作“阿裕錫”。

〔二〕土拉河，《（乾隆）大清一統志》作“土喇河”。

〔三〕“同治本”誤寫“接”字爲“拉”字，據《（乾隆）大清一統志》及上下文意改。

〔四〕上諾沙拉博羅岱，《（乾隆）大清一統志》作“上諾沙拉博羅岱”。

〔五〕鄂倫哈爾哈土星野圖，《（乾隆）大清一統志》作“鄂倫哈爾哈土里野圖”，疑“同治本”誤寫“里”字爲“星”字。

〔六〕“同治本”於“一”字下脱一“山”字，據《長春真人西游記注釋》補。

〔七〕廋，同“搜”。

〔八〕畀，同“界”。

〔九〕丹津額爾德尼，《（乾隆）大清一統志》作“丹津厄爾德尼”。

〔一〇〕諸木札爾，《（乾隆）大清一統志》作“那木扎爾”。

〔一一〕磨木爾土魯庫，《（乾隆）大清一統志》作“磨禾爾土魯庫”。

［右翼中末旗］札薩克一等台吉游牧。善巴從弟多爾濟，祖丹津

喇嘛。父瑪哈達瓦多爾濟，號偉徵阿海，以噶爾丹掠所部，避走青海。朔漠平，喇嘛商南多爾濟奏請徙歸喀爾喀。許之。授閒散台吉，附善巴旗。康熙五十一年，編所屬丁户，自爲一旗，授札薩克一等台吉。乾隆四十六年，詔世襲罔替。佐領一。

牧地：《一統志》：一等台吉多爾濟駐牧地：東至和洛爾衮賽音沙達，西至鄂爾齊圖土古魯克，南至插漢庫騰〈持〉｛特｝璞忒格里〔一〕，北至鄂爾齊圖河。拜塔里克河之東支，至是，豬於察罕諾爾。其西支在青素珠克圖諾們罕游牧，諾爾當西十度，北極出地四十五度七分。庫倫伯勒齊爾地南界，形如瓜，周百里，東西長。諾爾東十餘里，有呼里圖克白爾池，廣十餘里。又東十餘里，爲西彌河源。又東，爲一小河，又東百里，爲綳察罕諾爾。東至莫霍爾特里，接中右旗界。南至察罕諾爾，接軍臺及瀚海界。西至哈喇陀羅海，接右翼末旗界。北至察罕諾爾齊特呼拉，接右翼末旗界。東北至庫克，接中右旗界。西北至莫霍爾特里山梁，接右翼末旗界。東南至薩音呼圖克，接瀚海界。西南至綳察罕諾爾。接右翼右後旗及札薩克圖汗部左翼後旗界。

［右翼左末旗］札薩克一等台吉游牧。善巴從弟素達尼，祖丹津喇嘛，父羅卜藏，號額爾德尼伊拉古克三陀音，舊爲所部札薩克。素達尼舊隸善巴旗，任協理台吉。康熙三十六年，隨西路大軍擊賊汗阿林。善巴疏請編所屬别爲一旗，令轄之，授札薩克一等台吉。乾隆四十六年，詔世襲罔替。佐領一。

牧地：《一統志》：一等台吉蘇達尼駐牧地：東至奎蘇博羅拖古里克，西至厄楚衮山陰，南至戴吉里鄂博〔二〕，北至西哈璞察哈。跨翁金河。東至圖魯根山，接中前旗界。南至博爾查克，接土謝圖汗部左翼後旗界。西至伊克布拉克，接右翼中左旗界。北至烏拉克圖，接右翼中左旗界。東北至沙喇塔拉，接中前旗界。西北至察罕庫圖勒，接右翼中左旗界。東南至哲埒固勒，接中前旗界。西南至薩布固勒。接右翼中左旗界。

［右末旗］札薩克一等台吉游牧。郡王衮布曾孫額墨根。祖都噶爾札布，號岱青阿海。父喇布坦，號永圖台吉。額墨根初授協理

台吉，隸貝勒吹札木三旗。衮布孫。乾隆三年，授一等台吉。二年，以定準噶爾牧界，往諭噶爾丹策凌。十一月，使還，隨超勇親王入覲。三年三月，復齎敕往。十二月，還界定。四年，以奉使勞，授札薩克。四十六年，詔世襲罔替。佐領一。

牧地：當伊第爾河源。伊第爾河出鄂勒白稽山，即杭愛山頂之西南大幹也。隔山西即桑錦達賚泊，西十六度九分，北極出地四十九度。兩水自山麓東流而合，又東，會西南來一水。又東，會西北來一水。又東，會南一水，又東稍北，會北來一水及西南來二水之合而東北者。又東北，一水自西北來注之，共合七水，又東名伊第爾河。又東北，會齊老圖河，以入於色楞格河。東至呼雅克圖，接中左旗界。南至雪山，接中後旗界。西至烏遜珠爾，接札薩克圖汗部中右翼末次旗界。北至桑圖陀羅海，接札薩克圖汗部中右翼末次旗界。東北至哲滚諾爾，接中左旗界。西北至索郭圖嶺，接札薩克圖汗部中右翼末次旗界。東南至察罕賽爾，接中左旗界。西南至呼濟爾。接烏里雅蘇臺軍營城界。

［右翼中右旗］札薩克一等台吉游牧。善巴再從弟沙魯伊勒都齊。祖桑噶爾札，號伊勒登和碩齊，圖蒙肯第十一子也。生都噶爾，隸善巴旗。子即沙魯伊勒都齊。康熙三十五年，以隨西路大軍剿賊功，授札薩克一等台吉。乾隆四十六年，詔世襲罔替。佐領無。

牧地：《一統志》：一等台吉沙禄伊爾都齊駐牧地：東至上海山陰，西至鄂納圖，南至和几爾突，北至和屯多。當濟爾瑪台河源。濟爾馬台，舊作朱勒馬台。《水道提綱》：朱爾馬台河，源出額黑銕木兒山南麓，東南流。繞布庫銕木兒山足三面，東北流曲曲二百餘里，豬爲池，曰察罕鄂模，廣數十里。又東北流百里，有布勒哈爾台河，南自達爾湖喀喇巴冷孫地之池水，東北流來會。又東北，入鄂爾坤河。康熙三十四年六月，費揚古遣土默特參領塞冷特爾至塔米爾等處哨探，歸告曰：職等行三十一日，至塔米爾以南四十里所有濟拉馬台山之南，遇厄魯特二十許人云云。然則河又因山以納稱也。元和林城，在鄂模西南。《長春西游記》：二十八日，泊窩里朵之東。宣使往奏稟皇后，奉旨請師渡河。其水東北流，瀰漫没軸，絶流以濟。入營，駐車南岸，車帳千百。中伏，帳房無蠅。窩里朵，漢語"行宫"也。其車輿、亭帳，望之儼然，古之大單于未有若此之盛也。桐鄉程春廬氏曰：於時皇后窩里朵，當在和林，必先審和林所在，然後可以稽程之所經。歐陽圭齋《高昌偰氏家傳》：和林有三水焉：一並城南山東北流，曰斡耳汗；一經城西北流，曰和林河；一發西北東流，曰偰輦傑河。元人指述和林，未有如圭齋之明晳者。斡耳汗，今鄂爾坤河也。忽爾班達彌爾，今塔米爾河也。偰輦傑，今色楞格河也。然則和林在色楞格河以南，明矣。其經和林城西而北流者，正今之哈瑞河也，當爲元時和林河。哈綏河入色楞格河，其合流處當在和林北三十里，非三水俱合流也。若鄂爾坤合於色楞格，葢在和林東北千餘里矣。《記》云：泊窩里朵之東。宣使往奏稟皇后，奉旨請師渡河。其水東北流，瀰漫没軸，絶流以濟。此水乃今呼納伊河及哈綏河支流也。沈君垚釋曰：按：張參議《紀行》曰：由故城西北行三驛，過畢爾紇都，乃工匠積養之地。又經一驛，過大澤泊，周廣約六七十里，水極澂徹，北語謂"吾悮竭腦兒"。自泊之南而西，分道入和林城，相去約百餘里。按：《水道提綱》朱爾馬台河云云，布勒哈爾台與畢兒紇都音相近。察罕池東北流百里，與布勒哈爾台河會，與《紀行》"過畢兒紇都，又經一驛，過大澤泊"之言合。又自布勒哈爾台河東至喀魯哈河，里數與《紀行》行三驛之言亦合。然則吾悮竭腦兒，即今察罕池。池西南百餘里，實元和林城所在矣。《太宗紀》：九年春，獵於揭揭察哈之澤。夏四月，築埽鄰城，作迦堅茶寒殿。《地理志》：迦堅茶寒殿，在和林北七十餘里。錢大昕謂迦堅茶寒即揭揭察哈，譯音有輕重爾。揭揭察哈，《憲宗紀》又作怯蹇叉罕。然則殿以澤得名，殿在和林城北七十餘里，澤亦當相近。察罕池之即揭揭察哈澤，無可疑矣。《紀行》曰：泊之正西，有小故城，亦契丹所築也。由城四望，地甚平曠，可百里。外皆有山，山之陰多松林，瀕水則青楊、叢柳而已，中即和林川也。歐陽元《高昌偰氏家傳》曰[三]云云。按：忽爾班達彌爾即今塔米爾河。《水道提綱》：塔米爾河，南、北二源會合之後，又東北二百里，入鄂爾（勒）坤（昆）[四]。計自和林城東北百餘里至察罕池，又東北百里至布勒哈爾台，又東至至鄂爾（勒）坤（勒），實二百數十里。而鄂爾坤河自東南趨西北，塔米爾河南源自西南趨東北，以道里覈之，南源實在故和林城，西則即和林川矣。北源乃塔米爾河耳。斡爾汗即鄂勒昆也。或者南、北二源，俱爲塔米爾河，則入察罕池之朱爾馬台河，當是古之和林川。三水會合之地，計去和林城約有三百里。而《偰氏家傳》云"三十里"，傳寫誤耳。以《水道提綱》所載考之，張與歐陽之言，一一宛合。然則和林城在今賽（三）音諾顔右翼中右旗之東北，額魯特旗之西北也。《一統志》：和寧路，其地在杭愛山東，鄂爾坤塔米爾河之間。斯言得之。元遺山《劉氏先塋神道碑》：城和林，起萬安之閣。耶律鑄《雙溪醉隱集·凱樂歌詞》"取和林"注：和林城，苾伽可汗之故地也。歲乙未，聖朝太宗皇帝城此，起萬安宫城，西北七十里，有苾伽可汗宫城遺阯〖詳見卷七總叙注〗。《侍宴萬安閣》詩注：和林城萬安宫，閣名也。太宗嘗號萬安宫爲蓮宫。《騎吹曲·白霞》詩注：白霞在和林西。《金蓮花甸》詩注：和林西百餘里，有金蓮花甸，金河界其中。東滙爲龍渦，陰岸（崖）千尺，松石騫疊[五]，俯擁龍渦，環繞平野，是僕平時往來漁獵、游息之地也。《紅吡撥》詩注：余避暑所，川野無非金蓮，金蓮川由此得名。《龍和宫賦》注：金蓮川即山北避暑宫，瓊蟲即山南避暑宫。《後騎吹曲·處月》詩：陳兵闊里黄蘆淀，轉戰斜車白艸堝。飛騎星馳穿處月，追亡逐北人沙陀。注：我軍敗敵（右部）于處月。闊里，嶺名，臨處月。黄蘆淀、斜車，山名，在闊里南。大漠又去斜車西南數百里。《大獵》詩注：禁地圍場，自和林南越沙地，皆浚以塹，上羅以繩，名曰札什實，古之虎落也。比歲大獵，特詔先殄除虎狼。《後凱歌·嵔嵛》詩注：嵔嵛，地名，在和林之南。《伯哩行》詩注：伯哩，山名也。遜多伯哩者，即此。遜多，亦是山名，皆在和林西南，嵔嵛又在其南，丁丑冬弄邊者軍敗之地也。《寬甸有感》詩《序》:和林城有遼碑,號和林北河外一舍地爲寬甸,廣輪可數十百里,列聖春夏游幸所也。《達蘭河》詩注:河名也,在和林北百餘里。《戊申己酉北中大風》詩:富〈貢〉{貴}城西畔,珍珠河北邊。注:和林東北有斜連(錫蘭)河,河(側)有古城,唐賈耽《地志》所謂仙娥河、富貴城者是也。仙娥河今聲轉爲錫蘭河,烏孫所治。赤山城西北三十里,有珍珠河。《下龍庭》詩注:東漢書《燕然銘》:凌高闕,下雞鹿,經磧鹵,絶大漠,踰涿邪,跨安侯,乘燕然,至龍庭。以前、後諸《傳》事蹟考之,又以出塞三千餘里校之,龍庭,和林西北地也。又《述實録》詩注:諸軍(將)緣蜀道,搏熊豹,捷狨猱,輸之和林。《送寧朔》詩注:漢武名烏孫馬爲西極馬,時弄兵者由烏孫故地而東,款和林北境。又《和林春日書事》詩:凍徹池塘百艸茅〔六〕,斷鴻低雪怨凝笳。晴窗一曲春風詠,開徧滿山桃杏花〔七〕。《長春芍藥》詩注:和林芍藥,夏至前後始盛。又有《三月和林道中未見艸萌》詩、《和林西園月臺懷人》詩、《和林春舍叙西園前宴招一二友生重飲》詩,其餘語涉和林者,尚〈如〉{若}干篇。許有壬《至正集敕賜興元閣碑》:太祖聖武皇帝之十五年,歲在庚辰,定都和林。太宗皇帝始建宫闕梵宇,基而未屋。憲宗繼述,歲丙辰,作大浮屠,覆以傑閣。閣五級,高三百尺,其下四面爲屋,各七間,環列諸佛,具如經旨。至正壬午,皇上敕怯怜府同知今武備卿普達失理,暨嶺北行中書省右丞今宣政院使月魯帖木兒,專督重修。周塔塗金,晃朗奪目。閣中邊頂,踵若墄平,髹堊靡不堅麗,賜名曰興元之閣。東至奎屯嶺,接中前旗界。南至呼濟爾圖,接賽音諾顔旗界。西至察罕蘇木,接中右翼末旗界。北至齊齊爾里克河,接札牙班第達呼圖克圖界。東北至奎屯嶺,接札牙班第達呼圖克圖界。西北至哈爾哈齊老圖,接札牙班第達呼圖克圖界。東南至鄂爾坤河,接賽音諾顔旗界。西南至鄂爾坤河山梁。接賽音諾顔旗界。

[右翼後旗]札薩克一等台吉游牧。札薩克台吉阿哩雅,叔祖薩木濟特。父錫納喇克薩特,號琿台吉,世爲所部札薩克。薩木濟特嗣,號昆都綸墨爾根岱青。康熙三十一年,來歸,授一等台吉,仍兼札薩克。乾隆四十六年,詔世襲罔替。佐領一。

牧地:《一統志》:一等台吉薩木濟特駐牧地:東至青達哈岱,西至阿楚特博羅圖,南至達罕得爾,北至札喇誥。當哈綏河北岸,色楞格河南岸。東至庫布色固勒,接左翼中旗界。南至額勒素圖,接札牙班第達呼圖克圖界。西至畢勒齊爾,接中後末旗界。北至色楞格河,接札薩克圖汗部中左翼右旗界。東北至特莫爾圖,接中末旗界。西北至察罕索霍圖,接中左旗界。東南至珠賚布拉克源,接右翼前旗界。西南至諾勒瑪圖。接中後末旗界。

[中後末旗]札薩克一等台吉游牧。善巴再從弟濟納彌達。祖扣肯,號巴札爾,圖蒙肯第十二子也。父車登,號綽克圖。濟納彌達舊隸善巴旗。康熙四十八年,授札薩克一等台吉,别爲一旗。乾隆四十六年,詔世襲罔替。佐領一。

牧地:《一統志》:一等台吉積納彌達駐牧地:東至薩奇爾,西至哈爾占白他克山陰,南至鄂爾坤(渾)河[八],北至布爾漢山陽。跨齊老圖河。東至布林灰圖山梁,接右翼後旗界。南至達噶山梁,接中左末旗界。西至海蘭,接中左旗界。北至達噶阿達克,接中左旗及右翼後旗界。東北至阿濟爾噶,接右翼後旗界。西北至諾羅莫圖灰圖山梁,接中左旗界。東南至珠素朗哈察布齊,接札牙班第達呼圖克圖界。西南至齊老圖河。接中左旗界。沈君垚曰:張參議《紀行》:和林川人多事耕稼,悉引水灌之,間亦有蔬圃。時孟秋下旬,糜麥皆槁。問之田者,云:已三霜矣。由川之西北行一驛,過馬頭山。居者云:上有大馬首,故名之。自馬頭山之陰,轉而復西南行,過忽蘭赤斤,乃奉部曲民匠種蓺之所,有水曰塌米河,注之。東北又經一驛,過石堠,石堠在驛道旁,高五尺許,下〈開〉{周}四十餘步[九],正方而隅,巍然特立於平地。形甚峕峻,遥望之若大堠然,由是名焉。自堠之西南行三驛,過一河,曰唐古,以其源出於西夏故也[一〇]。按自和林川西北行五驛,而抵唐古河,則地當在今賽音諾顔中後末旗之西南,近哈綏河發源處。唐古疑即哈綏河,此水尚去西夏甚遠,而以爲源自西夏,傳聞之訛耳。

[中右翼末旗]札薩克一等台吉游牧。善巴再從弟伊達木,與中左翼左末旗同祖。父札木延,號琿台吉,舊爲所部札薩克,察斯喜布之長子也。伊達木,號墨爾根台吉。康熙二十七年,來歸,隸善巴旗。三十五年,以剿賊昭莫多功,授札薩克一等台吉,别爲一旗。乾隆四十六年,詔世襲罔替。佐領無。

牧地:《一統志》:一等台吉伊達木駐牧地:東至布楞岱,西至哈璞察朗郭,南至格爾得格,北至和屯多。當塔米爾河南岸。東至哈喇齊老圖,接右翼中右旗界。南至鄂爾坤河,接賽音諾顔旗界。西至滿達勒,接札牙班第達呼圖克圖界。北至桑錦陀羅海,接札牙班第達呼圖克圖界。東北至烏爾圖特莫爾河,接札牙班第達呼圖克圖界。西北至哈喇齊老圖,接札牙班第達呼圖克圖界。東南至鄂爾坤河,接賽音諾顔旗界。西南至鄂爾坤河源。接賽音諾顔旗界。

[附額魯特部二旗][額魯特旗]札薩克固山貝子游牧。準噶爾祖額斯墨特達漢諾顔九世孫丹濟拉。父温春台吉,噶爾丹弟也,與兄同游牧阿爾泰,早卒。丹濟拉依噶爾丹,特見信用,聖祖仁皇帝婁遣使招之,康熙三十六年,噶爾丹死,乃降,授内大臣。丹濟拉之降也,哈密達爾漢伯克額貝都拉遣子郭帕伯克護至内汛。時上幸塞外,遣官往迎,駐蹕阿汗特穆爾嶺,丹濟拉至,召入行幄,屏左右垂詢,移時始出。詔以丹濟拉爲内大臣,子多爾濟色布騰爲一等侍衛。丹濟拉出,語人曰:我乃叛逆罪人,窮始來歸,皇上略不致疑,屏侍臣,召入見,且授顯爵,至仁至勇如此,令我誠心感戴,永不敢異志矣。三十七年,詔隸察哈爾正黄旗,編佐領,以其子多爾濟色布騰領之。四十四年,封丹濟拉札薩克輔國公。四十五年,諭赴牧推河,偵防準噶爾賊。自是不復隸察哈爾旗。雍正元年,晉封多爾濟色布騰固山貝子。以駐防杭愛,招降準噶爾屬貢楚克藏布等内附功。八年,晉多羅貝勒。九年,請内徙歸化城,詔游牧錫喇木倫。子三都布,降襲固山貝子,復自錫喇木倫徙牧喀爾喀河。三都布子貢楚克邦,復徙推河。乾隆二十六年,始定牧賽音諾顔之烏蘭烏蘇。四十六年,詔世襲罔替。佐領一。

牧地:跨濟爾瑪台河、鄂爾坤河。鄂爾坤河,自中前旗境折而東北二百餘里,經西爾哈阿濟爾罕山西麓之額爾德尼昭。語見前土謝圖汗旗下。河經其西及章鄂山之東麓。山亦高大,即杭愛之東支阜也。齊召南疑此即唐時回鶻牙帳西之烏德鞬山,而所謂嗢昆水,即今之鄂爾坤河矣。又東北,出山流百七十里,折而西北流二百里,而濟爾瑪台河自西南來會也。東至奎索,接土謝圖汗旗界。南至噶爾噶圖,接中前旗界。西至察汗山,接中前旗界。北至鄂爾坤河,接額魯特前旗界。東北至翁奎諾爾,接額魯特前旗界。西北至巴彦温都爾,接札牙班第達呼圖克圖界。東南至博勒克山,接軍臺及土謝圖汗部左翼後旗界。西南至鄂爾坤河。接中前旗界。

[額魯特前旗]札薩克固山貝子游牧。準噶爾祖額斯墨特達爾漢諾顔十世孫阿喇布坦。曾祖墨爾根岱青,爲噶爾丹父巴圖爾琿台

吉之弟。祖丹津，號噶爾瑪岱青和碩齊，父都噶爾阿喇布坦其第五子也。阿喇布坦以所部台吉多同名，故從其祖父稱别之曰丹津阿勒布坦，又曰都噶爾阿喇布坦。初，與噶爾丹聚牧阿爾泰之科布多，噶爾丹深倚任之。尋與之異，康熙四十一年，來歸，封多羅郡王。阿勒布坦挈屬内面，策妄阿喇布坦遣大策凌惇多卜、羅卜藏琳沁等以兵追之，阿喇布坦宰桑洪科爾額爾奇木、子車克擊斬羅卜藏琳沁及兵四百餘人。會我使往迎，大策凌惇多卜遁。阿喇布坦率户七百餘屯茂密察罕搜爾，遣洪科爾額爾奇木馳奏。賜諭用冠服，未幾入覲。召見保和殿，諭曰：額魯特歸降我朝，未有率人如爾之衆者。朕所用避風石素珠，最利風疾，今以賜爾，詔封郡王，賜貂裘、鞍馬、銀幣，其從者諾顔格隆藏布洪、科爾額爾奇木，皆賜達爾漢號。諭游牧推河。阿喇布坦將行，奏：皇上天高地厚之恩，臣此生不能報，但期世世子孫捐軀效力而已。至臣屬衆志尚未定，俟數年後，再給以官職，編設旗隊。允之。四十二年，授札薩克。子車稜旺布、色布騰旺布相繼襲。色布騰旺布，雍正元年，封多羅貝勒。四年，授札薩克。六年，兄車稜旺布卒，復襲札薩克多羅郡王。以貝勒爵乏嗣，詔并兩札薩克爲一，授額魯特盟長。雍正九年，色布騰旺布以族屬有被準噶爾誘叛者，請徙牧喀爾喀河附近地。允之。有烏梁海者，錯處唐努山及克木克木齊克，近阿爾泰汛。世宗以舊爲喀爾喀及準噶爾屬，詔車稜旺布及喀爾喀貝勒博貝分轄之，征其賦，每丁納貂五。尋以烏梁海乏生計，議減二，别給牧畜代之。乾隆十三年，嗣子朋素克降襲固山貝子。復自喀爾喀河徙牧推河。二十六年，始定牧賽音諾顔之烏蘭烏蘇。四十六年，詔世襲罔替。佐領一。

牧地：當塔米爾河北岸。東至鄂羅固坦，接土謝圖汗旗界。南至噶爾噶圖，接額魯特旗界。西至噶吉圖，接左翼左末旗界。北至庫克和碩，接右翼前旗界。東北至哈喇齊老圖，接土謝圖汗部右翼左旗界。西北至濟爾瑪台，接右翼前旗界。東南至温奎諾爾，接土謝圖汗旗界。西南至濟爾瑪台河。接札牙班第達呼圖克圖界。

統盟於齊齊爾里克。《理藩院則例》：三音諾顔部落之十九旗兵丁，於塔密爾地方查驗。道光二十二年《新修一統志》：賽音諾顔部所屬烏梁海十三佐〈碩〉{領}〔一二〕，俱南依鄂爾噶汗山西，與科布多所屬阿勒坦淖爾、烏梁海二旗接，北與俄羅斯爲界。

蒙古游牧記卷之八　　　　靈石楊普覆校

【校記】

〔一〕“同治本”誤寫“特”字爲“持”字，據《（乾隆）大清一統志》改。

〔二〕戴吉里鄂博,《(乾隆)大清一統志》作"吉里鄂博"。

〔三〕歐陽元,本作"歐陽玄",因避諱清聖祖玄燁名,改"玄"爲"元"。

〔四〕鄂爾(勒)坤(昆),"四庫本"《水道提綱》作"鄂爾勒昆"。下同。

〔五〕疊,底本作"曡","曡"同"疊"。

〔六〕涷徹池塘百艸茅,景印文淵閣四庫全書本《雙溪醉隱集·和林春日書事詩》作"涷徹池塘百艸芽"。

〔七〕開徧滿山桃杏花,景印文淵閣四庫全書本《雙溪醉隱集·和林春日書事詩》作"開徹滿山桃杏花"。

〔八〕鄂爾坤河,《(乾隆)大清一統志》作"鄂爾渾河"。

〔九〕"同治本"誤寫"周"字爲"開"字,據"清詩文彙編本"《〈西游記〉金山以東釋地》改。

〔一一〕該句下引文有節略。

〔一二〕"同治本"誤寫"領"字爲"碩"字,據《故宫珍本叢刊》本《理藩院則例》及上下文意改。

蒙古游牧记卷之九

平定張　穆撰
光澤何秋濤校

外蒙古喀爾喀喀魯倫巴爾和屯盟游牧所在車臣汗部

［喀爾喀東路車臣汗部］直古北口邊外漠北，至京師三千五百里，東界額爾德尼陀羅海，龔之鑰《後出塞録》：額爾登陀羅海，約計在張家口外西北三十餘里。一山獨聳，亦不甚高，然四面望之，俱無向背。而東、西諸山，環繞甚遠，下臨科魯倫大河，亦頗有巍巍獨尊之勢。昔元太祖於此起兵，故今稱爲寶地之首也。旁有地穴，深不可測。昔人有以二十里長繩係重鐵探之，終不得其底。穴口旋風日夜不息，或不及防。竟有被旋入穴者。案：額爾登陀羅海，即額爾德尼陀羅海也。接黑龍江呼倫貝爾城。南界塔爾滚柴達木，案：塔爾滚，亦作他爾渾。龔之鑰《後出塞録》：他爾渾之西十餘里，道傍有石人，甚巨，肖介胄之形，傍有二碑，字皆漫滅，不能究其何朝之物也。踰瀚海，接浩齊特、阿巴噶、阿巴哈納爾諸部。《一統志》：明永樂八年，成祖北征，由萬全、興和至臚朐河，其度漠之地曰歸化甸、楊林戍、禽狐山、香泉戍、廣武鎮、高平陸、懷遠塞、捷勝岡、清泠泊、雙秀峯、威鹵鎮、紫霞峯、元雲谷、古梵場、長清塞、順安鎮，至臚朐河。本朝康熙三十五年二月丙辰，駕親征噶爾丹。三月丁卯，出獨石口。時噶爾丹在噶魯倫河，聖祖聞之，兼程而進。四月戊戌，出喀倫邊，次蘇德圖。己亥，次呼魯蘇台插漢腦兒。辛丑，次喀喇芒鼐哈必爾漢。癸卯，次席喇布里圖。丙午，次西巴爾台。壬子，次察漢布喇克。五月丙辰，次拕陵布喇克。庚申，次阿惇齊陸阿魯布喇克。辛酉，次枯庫車爾。壬戌，次西巴爾台。癸亥，抵克魯倫河。此瀚海東北征時御路也。《朔漠方略》：諭皇太子曰：朕所經過之處，非大瀚海也。西之瀚海，較此更闊，然亦非平衍之地。山阜聯綿，沙石間雜。自出喀倫，未見寸土。其沙亦堅硬，履之

不陷，營中軍士鑿井甚易，一人可鑿二三十處。因水泊中取水嫌遠，或於近帳房處鑿之。可掘之地，亦易認識。有謂之善達者，地窪而闊，未二尺即及泉。有謂之布里度者，乃叢艸積潦，水雖有而佳者少。有謂之窴布爾者，水流地中，以手探之，泉即隨出，故野騾以蹄抉之而飲。風土景況，一無所取。地盡碎石，下馬偶竚立，可射之處亦少。艸則叢生而土高，所以縶絆馬匹。又各種野鼠所穿之穴，較興安一帶鼢鼠之穴更深，殊覺可厭。艸名頗多，有郁爾呼艸，牛、羊、駝、馬，食之最宜，以此稱佳。又有蘇離艸，生最高，内地、蒙古皆不能識。《後出塞録》：瀚海，在歸化城西北。地無水泉，或七八百里，或五六百里，行人必兼程而過。閒值些小泉水，方得稍息。誠行軍之畏途也。海内產石殊佳，五色俱備，玲瓏明透，不異琥珀。每晨旭初升，遥望大地如鋪錦罽，亦異觀也。方觀承《松漠艸・從軍雜紀》詩注：瀚海中木之似艸者四種：一類鍼松，莖粗於指，屈曲糾盤，折之如朽索，縷縷零落。一結實纇蒿，紫緑色，凌冬不變，味鹹，名布都魯哈那，駝食之，如馬得豆。一細蕊如蓼，色紅味苦，稍柔脆，馬餓亦食之，輒病瀉利，其性寒也。一叢枝如菊，末細，莖無葉，相去粟許，膚輒周斷，如刀截者。然根與布魯都哈那皆腐黑，如出燼餘，撥之即折。四木高不踰二尺，根荄糾結，沙石坌積，叢叢纍纍，望之無際。又注：流沙中生木，名查克。大者合抱，高丈餘，杈牙突坳無葉，如常枯者然，外白中黄，若去皮之桑。小者細枝蓬蓬，如檉柳，質堅重而脆[一]，斧斤不易入，而折蹴之無難，折處呈纖孔，削之則否，蓋沙氣勁忍而質虛陷，故所殖如此。行人資爲炊薪，粥作硫氣。土人燒灰療胃病，復利女産。又注：燒查克木成灰，擲之鏗然有聲，得火即然，高焰終夕，埋深灰中，閱日不耗。又注：四十臺畢爾格圖道傍，白石枚列，圓下鋭上，不相箸附，凹處門形，儼若氈廬。又注：得理蘇艸〖疑即蘇離艸〗，潔白光韌，京師用以織涼冠，一冠直數金。過瀚海至那林，一路産此。枯勁徧野，馬不食之。西界察罕齊老圖，《一統志》：插漢七老，在張家口北八百餘里，近喀倫邊外[二]，其地有山，東西長二百里許。康熙三十五年四月戊戌，駕出喀倫邊，駐此。御筆勒銘曰：惟天所覆，皆吾赤子。綏靖邊陲，殄滅蛇豕。山澤效靈，艸蕃泉旨。羽衞斯經，貞石用紀。案：自拖諾山以下，由東迄西，約五千里，皆在瀚海北有水艸之處，哈爾哈諸部，並游牧其間。其在瀚海中者，惟插漢七老稍大，餘皆平地沙岡，非游牧之地。北界温都爾罕，接俄羅斯邊喀，東南接烏珠穆沁部，西與西南皆接土謝圖汗部。所部初編佐領，置十一旗，後增十二旗，凡二十三旗。

［格根車臣汗旗］格埒森札札賚爾琿台吉第五子阿敏都喇勒，有子謨囉貝瑪，駐牧喀魯倫河。生子碩壘，始號車臣汗，又號瑪哈薩嘛諦。初，喀爾哈服屬於察哈爾。天聰九年，碩壘偕烏珠穆沁、蘇尼特諸部長上書通好，貢駝馬，嗣是貢獻不絶。崇德二年，獻所産白獺喜獸。三年，獻馬及甲胄、貂皮、雕翎、俄羅斯鳥鎗、回部弓箙、鞍轡、阿爾瑪斯斧、白鼠裘、唐古特元狐裘，詔歲貢九白，它物毋入獻。順治十二年，碩壘子巴布嗣爲汗。命領左翼札薩

克之一。康熙二十二年，巴布子諾爾布嗣。二十七年，噶爾丹掠喀爾喀，至喀魯倫河。時諾爾布及長子伊勒登阿喇布坦相繼卒，孫烏默客幼，台吉納木札勒等攜之來歸，凡從衆十餘萬户。詔烏默客襲汗號，統所部衆。自是始稱車臣汗部。三十六年，還舊牧。雍正六年，賜烏默客孫車布登班珠爾印，文曰：格根車臣汗。乾隆四十六年，詔世襲罔替。佐領二。

牧地：初，伊勒登阿喇布坦嗣，稱汗，駐牧喀魯倫河北巴顔烏蘭。康熙二十七年，烏默客來歸，詔附牧烏珠穆沁界外阿爾圖。三十二年，乞由阿爾圖徙牧伯依爾。案：伯依爾，又作波衣爾，即喀爾喀河所豬之貝爾諾爾也。康熙三十五年正月，鄉導朱爾渣哈等至厄折忒圖哈卜七爾地方，見有人、馬行蹤，沿喀魯倫河上流而去。侍讀學士伊道奏言：厄折忒圖哈卜七爾地方，距車臣汗等目下所居波衣爾之地止二日程。厄魯特既逼近來前，凡我喀倫，不可不嚴加防備。是年，伊勒登阿喇布坦扈駕旋，賜牧喀魯倫河北温都爾多博，其地居巴顔烏蘭東。跨喀魯倫河。喀魯倫河，自右翼中前旗境拖諾山南麓，稍折東北流數十里。又東北，經克勒和碩山北麓，又東北百數十里，入左翼右旗境。聖祖御製《親征朔漠紀略》：五月初九日，行十七里，駐蹕克魯倫河之曲。諭議政諸臣曰：若噶爾丹欲相距交戰，不應棄河與我。今觀其沿河上流，倉皇而去，其爲潰遁無疑。初十日，行五十五里，於克魯倫河之札各寨相對處駐蹕。克魯倫以上，自正月無雨，旱甚，儼然隆冬，地無一莖青艸。此數日天氣陰雲，下營甫畢而雨，艸遂怒生。十一日，行六十五里，駐蹕克魯倫之克勒和碩。案：此克魯倫河曲，乃河將東北折，歐德哈爾哈之西南岸，非拖陵河曲也。札各寨，舊圖作查克齋，曰塔爾河自西北來，於此東南入喀魯倫河。《朔漠方略》：上手書諭皇太子曰：我師抵克魯倫河，河之兩岸皆山。山大概多險峻而少平坦，河亦甚小，較之南苑中河差大耳。甲子，上距克魯倫布隆駐蹕十八里地方。詔曰：克魯倫之克勒和碩地方，去此地一百三十里。朕作二日程前行到彼，所留兵丁，著作四日程前行到彼。東至烏蘭温都爾山，接右翼左旗界。南至阿爾圖山，接中末右旗界。西至塔奇勒噶圖山，接左翼中前旗界。北至哈喇莽鼐山，接右翼前旗界。康熙三十五年八月戊申，理藩院員外多爾濟奏報《噶爾丹情形》曰：臣至札薩克台吉車陵札卜所居喀倫之外喀喇莽柰地方，因侍讀學士喇錫，量帶兵丁，往滚噶勞臺、阿爾哈蘇臺河。俟伊蘭他米爾偵探一到，即歸，是以不往前行。東北至色勒格圖山，接中後旗界。西北至滔圖布拉克，接右翼中左旗及右翼前旗界。東南至鄂爾楚克山，接右翼左旗及左翼右旗界。西南至庫特肯額里雅山。接中末旗界。

［左翼中旗］札薩克和碩親王游牧。烏默客叔父納木札勒，初號額爾德尼台吉。康熙二十七年，倡議偕烏默客來歸。噶爾丹既敗土謝圖汗察琿多爾濟兵，由土喇踰喀魯倫，謀掠巴顔烏蘭。所部聞之懼，欲逃。納木札勒倡議内附，衆始定，因白烏默客毋（母），率衆來歸。授濟農，兼領烏默客衆。二十八年，授札薩克。三十年，封多羅郡王。孫巴雅爾什第，乾隆二十年，以擒賊功，晉封和碩親王。阿睦爾撒納叛，包沁總管阿克珠勒、副總管台拉克和濟木呼哩等應之，由索勒畢烏拉克沁踰阿爾台，掠首汛侍衛齊徹布、台吉達瑪琳等牧産。烏里雅蘇台大臣阿蘭泰檄會勦，巴雅爾什第偕達爾濟雅，馳赴布拉罕路，斬台拉克和濟木呼哩，擒阿克珠勒，以所獲還齊徹布等。阿蘭泰上其功，有是命。四十六年，詔世襲罔替。佐領二。

牧地：康熙二十七年，賜牧烏珠穆沁界外布哈和碩，距烏默客居一日程。《一統志》：多羅郡王納木占（札勒）〔三〕，駐金車根布拉克，東至百里路克，西至阿薩克圖，南至郡（都）木大都圖倫〔四〕，北至毛海哈達太哈拉哈諾臺。在科勒蘇河之東，跨喀魯倫河。科勒蘇河，出西南大山，兩源，東北合二水，流四百餘里，而北入敖嫩河。喀魯倫河，自車臣汗旗境東北流，入旗南界。有固爾班博爾龍山，三峯並峙，在南岸沙中四十里許。三百里至庫魯諾爾南，入中左旗境。敖嫩河又東北百餘里，會西來一河，又北折，東流，折而東北二百里。有巴爾濟河，合四水，自西大山，東北流五百餘里來會。又東北折，正北流百餘里，有阿巴楚河合三水自西來會。又北稍東百數十里，有塔爾巴哈河合五水自西來會。又東北三百餘里，有圖魯台河、他拉巴爾濟河、特楞河、俄克芍河、俄倫河先後自西大山來會。又東北百數十里，有博落霍吉河，自南合五水，北流五百里來會。又東北百數十里，有圖里格河，自南合二水，北流來會。又東北，有温多河，自南合五水，北流四百里。又有昂伊得河，自西北大山東北流，合六水，折而東南流來並會，其口如十字，自此以下，入黑龍江。東至卜固尼和碩山，接中左旗界。南至多木達都圖倫，接中左旗及中末右旗界。西至特克瑪爾圖山，接左翼右旗界，北至伊克噶札爾，接邊喀界。東北至伊克噶札爾冬圖庫勒，接邊喀界。西北至圖木斯泰山，接中末次旗及左翼右旗界。東南至沙喇哈達，接中左旗界。西南至札們商達。接左翼右旗界。

［中右旗］札薩克多羅郡王游牧。烏默客叔父朋素克，初號伊勒登台吉。康熙二十七年，來歸，授濟農。二十八年，授札薩克。三十年，封固山貝子。三十五年，以從征噶爾丹功，晉多羅郡王，仍留伊勒登濟農號。乾隆四十六年，詔世襲罔替。佐領四。

牧地：朋素克來歸，駐牧烏珠穆沁界外布哈和賴。（康熙）三十年，徙牧呼濟爾圖布嚨。三十四年，噶爾丹掠巴顏烏蘭，朋素克仍徙牧布哈和賴。三十五年，賜牧烏蘭布拉克。《一統志》：多羅郡王盆蘇克，駐郭特爾阿魯沙巴爾。東至清海，西至插漢敖拉，南至呼魯斯台，北至布爾（魯）〔五〕。喀爾喀河於是豬於貝爾諾爾。貝爾諾爾，舊作布伊爾湖，《康熙圖》作布育里鄂模，元之捕魚兒海子也。《朔漠方略》：康熙二十九年六月，噶爾丹踰枯倫、波衣爾深入。尚書厄爾尼奏：聞厄魯特兵駐札克魯倫之阿爾灘額墨爾地方，臣於初五日，向波衣爾進發，至博洛達卜素地方，恐厄魯特兵前進，先往據波衣爾，遇一喀爾喀，自厄魯特所逃來。訊之，曰：厄魯特兵初六日已渡烏爾順河。烏爾順河距喀爾喀河甚近，喀爾喀河距喀倫僅一日程。臣軍若仍駐波衣爾地，慮反出其後，以此竟赴波衣爾之南他奔他什海以禦之。"波衣"乃"貝"字切音，即此貝爾諾爾矣。喀爾喀河，在齊齊哈爾城西八百里。源出摩克托里山，西北流五百餘里，會數水，入於貝爾諾爾。又自貝爾諾爾之北流出，曰鄂爾順河，北流，入呼倫諾爾。舊作枯倫湖，古之俱倫泊也，元人謂之闊連海子。《水道提綱》：喀爾喀河，折西南，滙爲巨澤，曰布伊爾湖，形如瓜瓠。自東北至西南，徑百四五十里，東西徑七十里，亦俱倫泊之亞也。《元秘史》：捕魚兒海子、闊連海子兩箇海子中間的河，名兀兒失温。又云：合勒合河流入捕魚兒海子處，有帖爾格等翁吉剌。然則合勒合河，即今之喀爾喀河。兀兒失温，即今之鄂爾順河，舊名烏里順河者矣。《明史·韃靼傳》：藍玉率大軍由大寧至慶州，聞脱古思帖木兒在捕魚兒海，從間道馳進，至百眼井哨，不見敵，乃穴地而爨。一夜馳至捕魚兒海，去敵營八十里，直前薄之，大破其軍。是此地也。闊連海子，《明史》作闊灤，是阿魯台棄輜重、馬畜，北竄之處矣。東至錫林呼都克，接呼倫貝爾界。南至什布都爾諾爾，接左翼前旗界。西至沙喇特格克，接左翼後末旗界。北至布隆達爾素，接呼倫貝爾界。東北至沙喇勒濟河，接呼倫貝爾界。西北至洪固爾默里，接左翼後末旗界。西南至固爾班布魯勒濟，接烏珠穆沁右翼旗界。東南至克里葉和碩。接左翼前旗界。

［右翼中旗］札薩克多羅貝勒游牧。烏默客三從叔父車布登，一作札布登。祖巴特瑪達什，號達賚琿台吉，碩壘汗第八子也。父丹巴，有子二，長即車布登，初號額爾克台吉，康熙二十七年，來歸。二十八年，授札薩克。三十年，封多羅貝勒。子旺札勒，雍正元年，以追捡額魯特逃賊晉郡王。八年，因遲誤軍駝，削爵。九年，復授貝勒。乾隆四十六年，詔世襲罔替。佐領八。先是，車布登屬車棱楚琥爾、偉沁布爾齊、噶爾瑪固英、杜喇爾塔布囊等懼噶爾丹掠，往依俄羅斯。康熙三十年，攜户千餘來歸，命仍轄之。三十三年，旺札勒襲爵時所屬巴爾呼人，散居興安嶺後霍勒烏勒輝，糾衆肆劫。旺札爾幼，母

博第蘇克遣台吉往緝之,不克,具以聞,命黑龍江將軍就近招撫之。巴爾呼凡數種,有稱齊巴齊魯特者,其塔布囊等避噶爾丹,攜六百户奔附札薩克阿雅哩所,而留五百户於呼倫貝爾之烏棱地,無所依。諭旺札勒白其母,收之還。

牧地:車布登世駐牧克魯倫河之南烏純地。康熙三十年,來歸,以烏純距邊近,遣歸牧。《一統志》:多羅貝勒車布登駐克魯倫,東至俄爾根雅爾哈達,西至巴齊克土哈喇克圖,南至呼呼得勒蘇,北至桑薩爾雅爾哈。東至鄂羅格依,接右翼中右旗界。南至烏蘭陀羅海,接土謝圖部左翼中旗界。西至伊克噶札爾阿齊圖山,接土謝圖汗部左翼右末旗界。北至巴顔哈喇,接土謝圖汗部中旗界。東北至布固得爾哈喇烏蘇,接右翼中前旗及土謝圖汗部中旗界。西北至桑錦達賚,接土謝圖汗部左翼右末旗界。東南至察罕庫圖勒,接中末旗及土謝圖汗部左翼中旗界。西南至烏蘭庫伯爾烏蘇。接土謝圖汗部左翼中旗界。

[中末旗]札薩克固山貝子游牧。烏默客族祖達哩,父嘛察哩,號伊勒登土謝圖,碩壘汗長子也。達哩襲伊勒登號。康熙二十七年,來歸,授濟農。三十年,授札薩克固山貝子。尋以老病乞休,子阿海成伯勒襲。三十五年,上親征,遣屬爲大軍嚮導,愷旋,隨父彩服謁道左,慰勞之,并授瑪哈杜喇爾達爾漢號。乾隆四十六年,詔世襲罔替。佐領三。

牧地:達哩世駐牧克魯倫河之南博羅布達。《一統志》:固山貝子達禮駐插漢布拉克,東至博羅邊界,西至蘇門哈達,南至插漢烏素墨爾根台,北至他喇布拉克。龔之鑰《後出塞録》:科魯倫河源,不知所出,至達賴貝子境内始見。沿河駐營月餘,計程一千二百餘里。至格木爾地方,折而往北,是河更深廣,可以行舟。又曰:達賴貝子所屬境内,有城名巴喇河屯,譯言虎城也。城内廢寺甚大,後殿有二塔,一七層,一五層。二塔壁間所繢諸佛像俱在。其七層者,内有石臺,上供木匣,長三尺許,貯畫一軸,上繢三世佛及文殊、普賢并四大天王像。殿側有碑記,字多剥落。間有一、二字可識,仿佛遼時之物。案:達賴,即達哩也。東至察克布拉克,接中末右旗界。南至温都爾哈喇陀羅海,接土謝圖汗部左翼中旗界。西至訥固爾格圖烏蘇,接右翼中右旗界。北至庫特肯額里雅山,接車臣汗旗及右翼中前旗界。東北至伊克阿爾圖山,接中末右旗及車臣汗旗界。西北至額爾克納克山,接右翼中右旗界。東南至鄂斯奇山,接中末右旗及土謝圖汗部左翼中旗界。西南至察罕庫圖勒。接右翼中旗及土謝圖汗部左翼中旗界。

［中左旗］札薩克固山貝子游牧。碩壘汗第十子布達札布，號額爾德尼台吉。康熙二十七年，來歸。二十八年，授濟農及札薩克。三十年，封固山貝子。五十年，來朝，晉多羅貝勒。諭曰：貝子布達札布，於車臣汗部爲尊行，年老履艱，猶抒誠入覲，朕甚念之。著加恩晉封多羅貝勒，以昭優眷。子雲惇琳沁，降襲輔國公。曾孫達爾濟雅，乾隆二十年以擊賊功，晉封固山貝子。大軍剿達瓦齊，軍還，阿逆扇包沁總管阿克珠勒等，由索勒畢烏拉克沁擾軍汛。達爾濟雅等引兵馳擊，俘獻阿克珠勒。乾隆四十六年，詔世襲罔替。佐領二有半。

牧地：布達札布初隨母察罕達喇哈屯駐牧喀魯倫河之布色謂埒客，面内後，命附牧烏珠穆沁界外烏得翁果額埒蘇。後還舊牧。《一統志》：輔國公布達札卜駐車格爾查碧達克欽，東至伊拉蓋圖達爾瑪，西至呼圖兒，南至哲衮都倫順科爾，北至昂奇爾圖。東至和爾蓋山，接左翼後旗界。《長春西游記》：三月朔，出沙陀，至魚兒濼，始有人煙，多以耕、釣爲業〔六〕。三月五日，起之東北。四旁遠有人煙，皆黑車白帳，隨水艸放牧。盡原隰之地，無復寸木，四遠惟黄雲、白艸。行不改途，又二十餘日，方見一沙河，西北流，入陸局河。水濡馬腹，傍見叢柳〔七〕。渡河，北行三日，入小沙陀。四月朔，至斡辰大王帳下，冰始泮，艸微萌矣。十七日，大王以牛馬百數、車十乘送行。馬首西北，二十二日，抵陸局河，積水成海，周數百里。風浪漂出大魚，蒙古人各得數尾。並河南岸西行，時有野韭得食。沈君垚釋曰：張參議《紀行》：自魚兒泊之西北行四驛，有長城頽阯，望之綿延不盡，亦前朝所築外保也。自外保行十五驛，抵一河，深廣約什虖沱之三。北語云翕陸連，漢言驢駒河也，夾岸多叢柳。案：《紀行》：自魚兒泊至驢駒河行十九驛；而《記》言三月五日自魚兒濼起之東北，行二十餘日方見一沙河西北流入陸局河者，蓋驢駒河，出西南趨東北。張參議自魚兒泊西北行，故十九驛而至；真人以赴斡辰大王之請，自魚兒濼東北行，故二十餘日方見八驢駒河之沙河也。北人讀"陸局"，音如"驢駒"，故《記》謂之陸局河矣。《元史》謂之怯緑憐河也。元太祖諸弟，皆封在東方。斡辰大王，《宗室表》作斡赤斤國王。據此，知斡赤斤營帳在驢朐河南。《記》言水濡馬腹者，謂沙河也。渡河北行，渡沙河也。今《輿圖》及《水道提綱》驢朐河之北有沙水南注，而南則無有，蓋塞外小水隱見不常，故不能合矣。《記》言四月朔至斡辰大王帳下，十七日大王送行，馬首西北，二十二日抵陸局河，積水成海，周數百里。計自斡辰大王帳下至驢朐河行五六日，則斡辰之帳似在喀爾喀東部車臣汗左翼後旗北境，中左旗之東境。積水成海，周數百里，似即《水道提綱》之杜勒鄂模矣。南至揆吉烏蘇，接左翼後旗界。西至沙喇哈達，接左翼中旗界。北至伯爾克山，接邊喀界。東北至囊吉陀羅海，接左翼左旗及邊喀界。西北至伊克噶札爾，接左翼中旗及邊喀界。東南至伊克察布，接左翼後旗界。西南至多木達都圖倫。接中末右旗及左翼右旗界。

[中後旗]札薩克輔國公游牧。碩壘汗第七子車布登，《一統志》作車布德音。初號車臣濟農，康熙二十七年，來歸。二十八年，授札薩克。三十年，封固山貝子。四十年，孫車棱布木降襲鎮國公。五十五年，曾孫格埒克巴木丕勒，降襲輔國公。乾隆二十年，以督解駝馬遲誤罪削。二十一年，復爵。阿睦爾撒納叛，賊黨克什木等擾伊犁，格埒克巴木丕勒奮擊被創，爲所留[八]。明年，自伊犁還，命復爵。二十五年，晉鎮國公，子衮布札布，仍降襲輔國公。四十六年，詔世襲罔替。佐領一有半。

牧地：初，車布登游牧喀魯倫河北之巴留台。三十年，移牧喀爾喀河。三十四年，子阿勒達爾率屬徙牧烏蘭庫博爾。《一統志》：輔國公格勒克巴木皮（丕）爾駐〈蒨〉{舊}蘇津賽堪[九]。東至烏爾札和蘇（楚）台[一〇]，西至布爾圖，北至相嫩郭忒爾。跨敖嫩河。敖嫩河，自大肯特山北麓會北來一水，又東百餘里，有一河，西北自大山合二水，東南流來會。稍東南，有敗查魯河，西南自大特肯（肯特）山折向東南之支阜，東北流來會，折東北流，又折而東。百里，有巴拉喀河合二水，自西南畢爾喀嶺東北流來會。又東南流數十里，有呼瑪拉堪河自南大山合兩源北流來會。又東北流百里，有一河合兩源西北自大興安山東南流來會。此大興安山，土人曰阿母巴興安，甚高大，自此綿亘而東，直抵黑龍江入海處。山之南爲喀爾喀界，山之北爲俄羅斯界。又南北二百數十里，有科勒蘇河，自南來會。東至沙巴爾台，接左翼中旗界。南至色勒格圖山，接車臣汗旗界。西至海留輪克爾，接中右後旗界。北至達喇特河，接邊喀界。東北至莽阿泰河，接邊喀界。西北至察罕鄂博爾，接中右後旗界。東南至額肯布爾圖，接中末右旗界。西南至諾歡居魯呼。接右翼中左旗及中右後旗界。

[左翼前旗]札薩克鎮國公游牧。烏默客族叔父車布登。祖本巴，號巴圖爾達爾漢琿台吉，碩壘汗第四子也。有子三：長噶爾瑪，次洪俄爾岱青，次額爾克阿海。噶爾瑪子二：長即車布登，次罕篤。初，洪俄爾岱青嗣父爲琿台吉，康熙二十七年，遣使乞内附。噶爾丹誘執洪俄爾岱青屬達賴宰桑，授之檄，令還誘其王。洪俄爾岱青弗從，遣使乞内附，會上幸塞外，

駐蹕紅川。洪俄爾岱青率衆來歸，召見行幄。諭曰：朕所遣兵平定羅刹時，爾母達賴達喇納豫備糗糧、牛羊，資送大軍，今爾又率屬歸誠，朕甚嘉之，特賜爾御用朝珠，以示優奬。二十八年，授札薩克，尋爲噶爾丹所掠，不獲歸，罕篤代領其衆。三十年，上追念洪俄爾岱青内附誠，封罕篤鎮國公，兼襲所遺札薩克。三十四年，以額爾克阿海子錫喇布訟其誘奪屬産，又會噶爾丹掠巴顔烏蘭，諭徙牧喀内。懼，叛遁俄羅斯，邀車布登與俱，車布登弗從，追敗其衆於呼拉濟。詔即以罕篤鎮國公授之，仍兼札薩克。罕篤邀車布登同叛，車布登不肯，泣告曰：我等毫無勞績，主上念我先世職貢有年，恩授爵秩。今反謀他遁，負聖主恩，辱先人業，將安之？罕篤弗聽。車布登遣子圖巴馳告納木札勒，而自與貝子朋素克率兵追之，大敗之於呼拉濟，復遣人往招，以雪阻，弗及。時郎中阿必達偕納木爾札納檄諸札薩克兵，由噶勒伯哩會緝，諜罕篤由博爾濟遁俄儂河，乃還。未幾，俄羅斯捡獻罕篤，伏誅。乾隆四十六年，詔世襲罔替。佐領一有半。

牧地：初，洪俄爾岱青駐牧克魯倫河之南木壘和碩、瑪塔特諸界。康熙二十七年，命附牧札賚特界外琿圖塔什海。二十九年，詔罕篤攜衆入科爾沁界，附親王沙津游牧。罕篤縱屬肆劫，復命遣之出界。三十年，移牧喀爾喀河。罕篤叛，車布登攜屬由喀爾喀河烏蘭庫博爾，附同族貝子阿南達游牧。《一統志》：鎮國公車卜登駐哈爾堪。東至蘇玉海，西至呼呼伊錫格，南至諾和厄勒蘇，北至阿魯烏爾圖津伯爾車爾。當索岳爾濟山北，注見内蒙古科爾沁右翼前旗下。康熙四十年，上幸塞外，駐蹕喀喇烏蘇，烏默客來朝，扈駕幸索約勒濟山進宴，是此山也。高宗純皇帝御製《登興安大嶺歌》曰：杭愛、阿爾台舒右臂，索岳爾濟憑左肩。又曰：皇祖昔年曾一至，即今聖蹟蒼巖間。經兩朝潤色，荒徼之山，遂與岱、華爭耀矣。濱喀爾喀河。喀爾喀河有數源，最東者出阿魯他拉奇嶺之西麓，有池，廣數十里。西南流出百餘里，而南源合三水，西北流來會。又西南流百餘里，有一河自北合三源西南流來會。又西，分爲二支，一南流，有阿母巴哈爾渾河合三水，自南來會。又西流，與北一支復合，又西流，有伊蘭塞罕河頗大，源自北大山，西南流二百餘里來會。又有一河自西北合三源，亦南注之。又西南，受南來之哈爾渾河。又西，有噶爾查布魯克圖河自東南合噶爾圖思台及噶爾巴哈尼二河北流來會。又西有和爾和河自南來會，折西北流，經喀勒河朔之北，其北岸有小山。又西北百餘里，受東北來之呼魯思太河，又西北二百里，折而西流百里許，曰喀爾喀河。折西南流數十里，分支渠，西南匯爲貝爾諾爾。東至鄂莫克依布拉克，接呼倫貝爾界。南至索岳爾濟，接烏珠穆沁左翼旗界。西至額里彦山梁，接烏珠穆沁左翼旗右翼旗界。北至車徹布爾圖，接中右旗界。東北至克里葉和碩，接呼倫貝爾界。西北至沙布圖爾諾爾，接中左旗界。東南至固爾班哈達，接呼倫貝爾界。西南至莫克爾塔拉。接烏珠穆沁左翼旗界。

［右翼中右旗］札薩克輔國公游牧。貝勒車布登從弟《表》作從子。車棱旺布，祖巴特瑪達什，父齊旺。車棱旺布初授協理台吉，隸右翼中旗。康熙五十年，叙追緝巴爾呼逃人功，授一等台吉。五十一年，授札薩克。雍正元年，剿額魯特逃賊，盡捦其衆。二年，封輔國公。乾隆四十六年，詔世襲罔替。佐領一有半。

牧地：《一統志》：輔國公策凌旺布駐達爾漢徹根。東至訥卜忒思忒，西至鄂魯格，南至諾拉厄尼倫格爾，北至拖諾。東至依札噶爾山，接右翼中前旗及右末旗界。南至巴噶額里彦山，接右翼中旗及右翼中前旗界。西至鄂羅克依山，接右翼中旗界。北至拖諾，接右翼中前旗界。東北至烏蘭華，接右翼中前旗界。西北至依爾蓋山，接右翼中旗界。東南至尼固爾素圖烏蘇，接中末旗界。西南至庫克齊圖庫博爾。接右翼中旗界。

［左翼後旗］札薩克一等台吉游牧。烏默客族祖車棱達什。父綽斯喜布，爲碩壘汗第六子。初，所部台吉之得貢九白者，皆授札薩克，車棱達什其一也，號額爾得尼琿台吉。康熙二十七年，率屬來歸。三十年，授一等台吉，仍兼札薩克。三十五年，叙功封輔國公。上親征噶爾丹，車棱達什赴庫爾葉圖什巴爾台，設汛防守。師旋，督解軍需，未踰期。復獻駝馬，助弁兵。曾孫成衮，乾隆二十一年，以駐防烏里雅蘇台私歸游牧，削爵，子德木楚克降襲一等台吉。四十六年，詔世襲罔替。佐領二有半。有巴特瑪達什者，車棱達什戚族也。二十七年，率千餘户偕至，尋卒。子朋素克，授一等台吉，命車棱達什並轄之。又三十六年，屬台吉阿密拉等，以窶困乞隸内地。詔改隸察哈爾旗。

牧地：《一統志》：輔國公車齡達錫駐察漢布爾噶蘇台。東至西喇布爾圖，西至博羅邊界，南至翁衮綽多拉克，北至喀喇碧魯。東至鄂爾布勒山，接左翼後末旗界。南至滚尼温都爾，接達里岡愛牧場界。西至布哈山梁，接達里岡愛牧場界。北至烏蘭温都山，接中前旗界。東北至奇喇諾爾，接左翼後末旗及中前旗界。西北至庫克鄂博，接中左旗及左翼左旗界。東南至托里布拉克，接右翼後旗及右翼後末旗界。西南至布勒格圖山。接達里岡愛牧場界。

［左翼後末旗］札薩克公品級一等台吉游牧。輔國公車棱達什，弟多爾濟達什，初授二等台吉，食札薩克俸。康熙五十年，授札薩克一等台吉。乾隆二十一年，子成衮札布，以嚴守汛地功，獎賜公品級。和托輝特逆賊青衮咱卜叛，造僞符，徹汛兵。成衮札卜與土謝圖汗部札薩克台吉遜篤布察其詐，督兵嚴守各汛，誓死拒。獎明大義，有此賜。四十六年，詔世襲罔替。佐領一有半。

牧地：《一統志》：一等台吉成衮札布駐烏爾圖。東至厄禮音拉克洪和爾默里，西至哈麻爾博羅達卜蘇西喇博爾圖，南至夯愛和西渾鄂爾根厄格，北至呼呼得爾蘇特（忒）息〔一一〕。東至沙喇德柯克，接中右旗界。南至額里彥和碩，接中前旗界。西至鄂爾布勒山，接左翼後旗界。北至哈喇鄂博克圖，接中前旗界。東北至朔爾伯克，接中前旗及呼倫貝爾界。西北至奇拉諾爾，接中前旗及左翼後旗界。東南至拉克諾爾，接烏珠穆沁右翼旗界。西南至托里布拉克。接右翼後旗界。

【校記】

〔一〕脃，同"脆"。

〔二〕該句下引文有節略。

〔三〕納木占，《（乾隆）大清一統志》作"納木札勒"。

〔四〕都木大都圖倫，《（乾隆）大清一統志》作"都木大都圖倫"。

〔五〕布爾，《（乾隆）大清一統志》作"布魯"。

〔六〕多以耕釣爲業，《長春真人西游記校注》作"聚落多以耕釣爲業"。

〔七〕傍見叢柳，《長春真人西游記校注》作"傍多叢柳"。

〔八〕畱，同"留"。

〔九〕格勒克巴木皮爾，《（乾隆）大清一統志》作"格勒克巴木丕爾"。"同治本"誤寫"舊"字爲"蒨"字，據《（乾隆）大清一統志》改。

〔一〇〕烏爾札和蘇台，《（乾隆）大清一統志》作"烏爾札和楚台"。

〔一一〕呼呼得爾蘇特息，《（乾隆）大清一統志》作"呼呼得爾蘇忒息"。

[右翼後旗]札薩克一等台吉游牧。輔國公車棱達什從子固魯札布。父丹津,綽斯喜布之長子也。固魯札布初號額爾德尼台吉。康熙二十七年,隨母達吉納哈屯來歸。三十年,授札薩克一等台吉。乾隆四十六年,詔世襲罔替。佐領三。

牧地:固嚕札布,初,駐牧喀魯倫河之南鄂羅賴,(康熙)二十七年來歸。命附牧烏珠穆沁界外哈爾吉勒岱喀喇瀚海,其偕至台吉沙克都爾等,置阿巴噶界由巴顔鄂嚨地。三十五年,移牧巴顔濟魯克。《一統志》:一等台吉古魯札卜(旺扎爾扎卜)駐克里野(舒)哈魯蘇台[一]。東至哈爾達爾拉克,西至敖博倫插漢哈達,南至克卜特錫,北至喀喇戈(郭)畢[二]。東至哈勒塔爾和碩,接烏珠穆沁右翼旗界。南至克布特什,接烏珠穆沁右翼旗及浩齊特左翼旗界。西至阿克索那山,接阿巴噶左翼旗及阿巴哈納爾右翼旗界。東北至額里彦和碩,接左翼後末旗界。西北至滚尼温都爾,接達里岡愛牧場及左翼後旗界。東南至烏尼格特山,接烏珠穆沁右翼旗界。西南至達賴布拉克。接浩齊特右翼旗界。

[中末右旗]札薩克一等台吉游牧。貝子達哩孫旺札勒札布,初授二等台吉,隸中末旗。雍正十三年,獻駝、馬助軍,授一等台吉。乾隆十四年,復以捐造軍器,協濟口糧,授札薩克。四十六年,詔世襲罔替。佐領一。

牧地:東至特克什烏蘇,接中左旗界。南至多木達哲爾克特山,接達里岡愛牧場界。西至鄂爾和山,接中末旗界。北至庫登圖山,接車臣汗旗界。東北至托克台山,接車臣汗旗界。西北至阿爾圖山,接車臣汗旗及中末旗界。東南至布哈山梁,接左翼後旗及達里岡愛牧場界。西南至烏斯奇山。接土謝圖汗部左翼中旗界。

[右翼中左旗]札薩克一等台吉游牧。烏默客族叔父吹音珠爾,祖察布哩,號額爾德尼台吉,隸中末旗。康熙五十二年,請編屬丁五百,自爲一旗,授札薩克一等台吉。乾隆四十六年,詔世襲罔替。佐領一。

牧地:《一統志》:一等台吉揣音拉爾(吹音朱爾)駐騰格(噶)里克[三]。東至五藍和朔，西至森古（克）爾[四]，南至達卜庫爾禮哲，北至古爾板拜他拉克。東至喀喇諾爾，接右翼前旗界。南至布隆和特，接右翼中前旗界。西至察罕特莫滾山梁，接右翼中前旗界。北至僧庫爾河，接中右後旗界，注見右翼中前旗界。東北至察罕諾爾，接右翼前旗界。西北至布彦布拉克，接中右後旗界。東南、西南皆至庫里彦山。接右翼中前旗界。

[右翼前旗]札薩克一等台吉游牧。烏默客族叔父色棱達什。祖拉布哩，號額爾克台吉，碩壘汗第三子也。父諾捫宰桑暉台吉，襲額爾克號。色棱達什於康熙二十七年來歸。三十年，授札薩克一等台吉。乾隆四十六年，詔世襲罔替。佐領一有半。

牧地：《一統志》：一等台吉色棱達什駐喀喇莽柰，東至西喇哈達克林布爾圖，西至諾穆罕布爾圖，南至諾顔喀喇，北至朱爾泰古爾班沙巴爾。東至薩喇克河，接車臣汗旗界。南至喀喇莽鼐，接車臣汗旗界。西至喀喇諾爾，接右翼中右旗界。北至招莫多，接中後旗界。東北至札滾洪格勒濟，接中後旗界。西北至色布素勒山，接中後旗界。東南至畢里克圖，接車臣汗旗界。西南至韜圖布拉克。接車臣汗旗界。

[右翼左旗]札薩克一等台吉游牧。烏默客叔父根惇，康熙四十年來朝，上念其爲舊車臣汗諾爾布之子，授札薩克一等台吉。乾隆四十六年，詔世襲罔替。佐領半。

牧地：《一統志》：一等台吉根惇駐額爾得墨（木）[五]。東至特木（米）蘇忒[六]，西至厄爾得尼陀羅海，南至哈哈喇漢，北至巴土（木）胡圖克[七]。東至鄂博克圖山，接左翼右旗界。南至巴彦温都爾，接左翼右旗翼。西至庫圖勒烏蘇，接車臣汗旗界。北至得勒山，接中後旗及中末次旗界。東北至布爾噶素圖，接中末次旗及左翼右旗界。西北至濟爾噶朗圖布拉克，接車臣汗旗界。東南至伊克哈噶爾噶，接左翼右旗界。西南至鄂爾楚克山。接車臣汗旗及左翼右旗界。

[中末次旗]札薩克一等台吉游牧。烏默客從叔父韜賚。父穆

彰，號墨木根楚琥爾，舊車臣汗諾爾布伯兄也。康熙三十年，授韜賚閒散台吉，隸車臣汗旗。三十四年，請編屬丁六百，自爲一旗。授札薩克一等台吉。乾隆四十六年，詔世襲罔替。佐領一有半。

牧地：《一統志》：一等台吉陶賴駐白爾格庫爾濟圖。東至哈達台，西至巴圖，南至插漢鄂博哈，北至庫爾濟圖津厄親布爾圖。東至哈爾噶朗圖山，接左翼中旗界。南至圖木斯圖山，接左翼中旗界。西至布爾噶素圖，接右翼左旗及左翼右旗界。北至噶勒齊老，接中後旗界。東北至博羅陀羅海，接左翼中旗及左翼右旗界。西北至得勒山，接中後旗界。東南至塔喇那圖胡都克，接左翼中旗界。西南至瑪勒胡爾。接左翼右旗界。

［左翼右旗］札薩克一等台吉游牧。烏默客叔父垂札木素，康熙四十年來歸，上念其爲舊車臣汗諾爾布之子，授札薩克一等台吉。乾隆四十六年，詔世襲罔替。佐領一。

牧地：《一統志》：一等台吉揣（吹）札木蘇駐哲格爾得[八]。東至插漢峩博哈，西至特木蘇忒，南至巴爾合特都倫，北至庫爾濟圖。跨喀魯倫河。喀魯倫河，自喀勒和朔北麓，又東北百數十里，有塔爾河，舊名他拉即兒即河。西北自畢爾喀嶺西南麓，合二源，東南流沙土中四百餘里，隱見不常，來注之。又東北數十里，經厄窩得哈爾哈小山西北麓，即北岸厄莫勒山之西南麓也。折東流數十里，至東南麓兩岸沙漠，又東北，入左翼中旗境。聖祖仁皇帝御製《親征朔漠紀略》：康熙三十五年四月，選擇喀爾喀納木札爾郡王之長史庫即根、理藩院撥什庫納爾布等七人，諭以爾等潛往克魯倫河之歐德哈爾哈地方，潛蹤渡河，伏於北岸，溯流盡力前往偵探。曾聞噶爾丹順河而行，今或恐已過我兵駐劄之處。伊等回稱：遵旨至歐德哈爾哈，踹看蹤跡，知賊未過此處。我等渡河溯流而上，行五十餘里，至塔爾吉而即地方，見一人，我等將欲捦拏復旨，遂窮追之。適遇厄魯特伏賊三十餘人，欲圖我等，飛騎奔來。正當不能走脱之時，忽風霾大作，從後將我等環蔽，彼此不能相見，因順風而出。及視所在，已至古爾班圖爾漢口。厄魯特在塔爾吉而即地方是實。案：塔爾吉而即地方，蓋在塔爾河東岸，舊名他拉即兒即河，地以水納稱也。歐德哈爾哈，即《康熙圖》之厄窩德哈爾哈小山，在喀魯倫河東北折之南岸。踰河而北，即厄莫勒山之西南麓。其陰有小水，曰克勒布里杜也。厄窩得哈兒哈之西南，有小山，曰厄爾得尼拖羅海。東南曰煙突山，又作顏土山。山之北，有顏土庫列圖社里小水。又南，曰枯庫車兒鄂模。又南，曰察汗布拉克。厄勒得尼之西南曰他本托羅海。又南，曰阿思哈圖山。又東南，曰阿惇齊陸阿魯布拉克。阿思哈圖之北，曰古土爾布拉克。聖祖自拖諾回鑾,駐蹕於此也。《朔漠紀略》:中路大兵,以五月初五日前進。行五十里,駐阿惇齊陸之地。初六日,行六十九里,至庫車爾地方。朕領親近侍衛行,遇西哨科爾沁之巴克席呼爾貝勒、喀爾喀車木楚克納木札爾公、阿玉璽公,諭之曰:賊哨駐於古爾班圖爾漢地方,此當前所見者,名阿思哈圖山。爾等哨瞭,必占此山。明日,賊必自此山之東來窺大營,前鋒追逐,爾等可横截捡之。明日辰時,果報有厄魯特七人在山東竊窺。科爾沁貝勒等迎逐之,午間,至顔土庫列圖地方。原有水窪,皆已枯竭。侍衛吴什奏稱:馳過一山坡,即得一泉。往下流六、七里,約足供大兵人馬一夕之用。是日,賊之哨兵與我之哨兵相對而駐。因駐劄稍遲,朕及諸臣侍衛軍士皆未支帷幄帳房,身擐甲胄直至天曉。是日行七十六里,因近庫烈圖山,其地名庫烈圖西巴爾台布喇克。初八日,天明,朕登高阜,用遠鏡眺望,俯見河流,未有人迹。東則有厄爾德尼拖羅海山,西則有從巴爾台哈直下臨河之山麓。於是傳集科爾沁、土謝圖親王沙津等,諭之曰:賊必據河死戰,爾等率所屬蒙古兵二千人,將西邊從巴爾台哈直下山麓高處據之,作大兵全向此往之勢,誘之使來。賊若知我由此進兵而設備,則奪河先據之。又命親近侍衛於厄爾德尼拖羅海一帶偵探,見一人從克魯倫疾馳而來,乃理藩院撥什庫訥爾布,奏云:臣等於今早到克魯倫河,遇厄魯特七人,見我等,即往上流遁去。朕急至克魯倫河閲視,已無賊蹤跡。因欲息,謂左右曰:噶爾丹習於戰鬬[九],西攻回子[一〇],取千餘城,收四部落之厄魯特,盡殺其兄弟,破七旗之喀爾喀,所向無敵。乃不據克魯倫河而戰,則其庸劣懦怯,顯然可見。今我軍欲戰不得矣,惟以窮追爲至要耳。因待後隊兵,於河取魚暫坐。是日行四十八里,駐蹕克魯倫河之布隆地方。念深入賊巢,不知四面賊從何而來。分布哨兵,南則於巴爾台哈一帶安設,北則向塔爾吉而即僧枯爾口安設,東則於厄爾德尼拖羅海及河之下流安設,西則於河之上流安設。薄暮,頭隊前鋒捡來厄魯特一人。問之,彼云:皇上所遣使到時,我噶爾丹不信聖駕親臨。云中華皇帝不在中國安居逸樂,乃能飛越過此無水瀚海乎。及詳詢放回厄魯特四人,所見黄幄布城、網城,始信爲實。今日伊親登北孟納爾山,瞭望大兵,見軍行隊伍規模,云此兵甚嚴整,不似烏蘭布通時。遂傳示其衆,令棄帳房、器械,連夜逃遁矣。東至特格里木圖山,接左翼中旗界。南至圖倫烏蘭齊老,接中末右旗界。西至哈噶勒噶山,接右翼左旗界。北至瑪勒胡爾山,接中末後旗界。東北至圖木斯圖山,接左翼中旗界。西北至諾爾哈察勒,接右翼左旗界。東南至札們商達,接左翼中旗界。西南至托克特依山。接中末右旗界。

[中右後旗]札薩克一等台吉游牧。烏默客從叔父羅卜藏,父布達,號岱青琿台吉,舊汗諾爾布仲兄也。康熙三十年,授羅卜藏閒散台吉,隸中右旗。三十六年,叙擊叛賊罕篤功,授札薩克一等台吉。

乾隆四十六年，詔世襲罔替。佐領半。

牧地：在肯特山東，當喀魯倫、敖嫩二河源。喀魯倫河，即臚朐河。《北史》之怯緑憐河也。源出肯特山東南百餘里支峯西南麓。兩源西流而合，又西數十里，有一河，東北亦自肯特山南麓西南流而會。又西南流，經肯特山頂之南，受北來之衣魯河。又西南，受西北自即龍嶺來之即龍河。又西南，至布塞山之東南麓，有撒内河，東自畢爾喀嶺之西麓西流，合東南一水來會。又東南，有一河，北自忒勒兒吉嶺東南流來會。又西南，有白勒肯河西北自上喇色欽之東麓東南流來會。又西南，至噶拉太嶺之東，循兩山間，折而東南流，經巴顔烏蘭山西麓，入右翼中前旗境。又東，經車臣汗旗、左翼右旗、左翼中旗、中左旗、左翼左旗、中左前旗、中前旗境，凡二千數百里，東北入枯倫湖。康熙三十五年，聖祖北征，告祭喀魯倫河神，文曰：朕統御寰宇，懷柔百神，遐邇内外，罔有殊視。凡乘輿巡歷之地，必虔告所過名山大川，所以昭秩祀也。碩因厄魯特噶爾丹，悖德逆天，俶擾邊境。朕躬統大軍，遠出聲討，以期殄寇安民。兹已行次喀魯倫河，惟神夙以巨漫〔一〕，名於絶塞，溯長源之濬發，引千里以潔流。朕帥師涖止，覩臨嘉歎。用是備陳牲帛，遣官申祭。神其丕彰靈應，默贊軍威，迅蕩滌夫穢氛，永澂清乎朔漠。異日垂諸史册，蔚有休光，惟神鑒焉。傲嫩河乃黑龍江上源，亦名俄儂河，元之斡難河也。自肯特山西之忒勒爾吉嶺西北小肯特山東麓，東流數十里，折東南流。又數十里東北來一水，又東南，經忒勒爾吉嶺北麓，有一水自嶺之西北東流來會，亦敖嫩一源也。又東數十里，經即龍山北麓，有一河自北大山，合二水南流來會。又東數十里，經大肯特山北麓，有一河自北合二水來會。又東，入中後旗境。東至得勒格爾罕山，接中後旗界。南至巴顔烏蘭山，接右翼中左旗及右翼中前旗界。注見後。西至塔尼特河，接土謝圖汗部中旗界。北至上肯圖爾河，接土謝圖汗部右翼左末旗界。東北至塔喇塔河，接邊喀界。西北至罕台山，接土謝圖汗部中旗界。東南至庫克齊老圖，接右翼中左旗界。西南至車車克圖諾果。接土謝圖汗部中旗界。

［左翼左旗］札薩克一等台吉游牧。烏默客叔父額爾德尼，康熙三十五年，從大軍征噶爾丹，叙功授一等台吉。四十年，來朝，上念其爲舊汗諾爾布之子，授札薩克。乾隆四十六年，詔世襲罔替。佐領一有半。

牧地：《一統志》：一等台吉厄爾得尼駐呼魯蘇台。東至喀喇和朔，西至莽柰，南至朱爾庫珠郭，北至那蘇台。跨喀魯倫河。喀魯倫河，自庫魯鄂模南稍東，經西拉得克西博格山之陰，又東百里，中有沙洲，曰朮爾呼朮。東北流百餘里，入旗境必拉城南。漠北僅有此城，隔河而南，有乾諸可客蒲山，綿亘而東北者百里許，即塔本陀羅海也。又東，經杜勒鄂模南，入中左前旗境。東至喀喇陀羅海，接中左前旗界。南至巴彦罕山，接中左旗界。西至鄂喇霍圖山，接中左旗界。北至温都爾鞥克，接邊喀界。東北至華陀羅海，接中左前旗界。西北至囊吉陀羅海，接中左旗及邊喀界。東南至華和碩，接中前旗及左翼後旗界。西南至西鄂博克圖。接中左旗界。

［中左前旗］札薩克一等台吉游牧。貝子阿南達長子貢楚克。康熙三十六年，弟丹津襲父爵，授貢楚克一等台吉，兼札薩克。乾隆四十六年，詔世襲罔替。佐領一。

牧地：《一統志》：一等台吉衮楚納達駐巴顔西喇布爾圖。東至巴拉思和灘，西至珠爾庫珠郭，南至他奔陀羅海，北至達巴庫爾喀喇和朔。跨喀魯倫河。喀魯倫河，自杜勒鄂模南入旗境，又東，河心有沙洲，南岸爲塔本陀羅海之北麓，折東南流，又東，入中前旗境。東至華陀羅海，接中前旗界。南至多倫呼都克，接中前旗界。北至濟伯爾圖和碩，接邊喀界。東北至華陀羅海，接中前旗及邊喀界。西北至華陀羅海，接左翼左旗及邊喀界。東南至塔雅温都爾，接中前旗界。西南至華和碩。接左翼左旗及左翼後旗界。

［中前旗］札薩克一等台吉游牧。碩壘汗第十一子阿南達，號達賚台吉。康熙二十七年，率屬來歸。二十八年，授濟農及札薩克。三十年，封固山貝子。三十五年，卒。妻蘇嘛達喇請以第三子丹津襲爵。其札薩克，以長子一等台吉貢楚克襲。四十四年，丹津卒。蘇嘛達喇請以第四子齊巴勒阿喇布坦襲。詔降襲鎮國公，尋兼札薩克。四十五年，卒，以丹津子延楚布多爾濟襲。雍正二年，侍蘇嘛達喇來朝，仍封固山貝子。康熙五十一年，上由塞外行圍，延楚克多爾濟隨其祖母蘇嘛達喇迎覲，賜蘇嘛達喇墨爾根哈屯號。及是，蘇嘛達喇復攜延楚布多爾濟來朝。諭曰：延楚布多爾濟，協助軍需，夙蒙聖祖仁皇帝嘉獎。朕猶憶當年隨圍烏喇爾罕時，伊祖母手炊一飯以進，食之甚甘。此雖小節，亦可想見其竭力抒誠矣。著加恩，晉封爲札薩克固山貝子。乾隆二十二年，子旺沁札布襲。尋以罪削札薩克，降授閒散輔國公。封其弟貢素嚨札布一等台吉，兼札薩克。四十六年，詔世襲罔替。佐領

五。乾隆二十一年，所屬齊木齊格特人肆劫。延楚布多爾濟不能戢，乞避居阿巴噶部界。詔喀喇沁貝子瑚圖靈阿會郡王德木楚克等嚴緝。復諭曰：齊木齊格特人所居，與呼倫貝爾甚近。原係延楚布多爾濟屬，因伊不能約束，妄生事端。若不盡行翦除，地方何由寧謐？著傳諭德木楚克等，查出爲首倡亂之人，即正典刑。餘亦無庸交該札薩克管轄，即賞給喀爾喀曾經效力之人爲奴，以示懲儆。

牧地：初，阿南達駐牧喀魯倫河北索尼河。康熙二十八年，詔以所攜屬户，分牧錫喇什賓台及烏珠穆沁界内之都什多羅特，浩齊特界内之固都哩呼，而令阿南達留牧阿魯科爾沁界内之呼魯蘇台，往來防護。三十四年，同部鎮國公罕篤叛，阿南達屬綽内色棱、呼森岱、鄂齊爾等數十户被掠。因遣兵百餘，由烏勒輝河迎郎中阿必達軍同追緝，遇綽内色棱子額騰格等攜衆歸，由琿圖塔什海至阿魯科爾沁界内烏蘭庫博爾游牧。《一統志》：固山貝子阿納達駐巴顔猛克圖恊克爾倫郭忒爾。東至墨爾根哈麻爾，西至松多爾圖，南至庫里哲呼呼得勒蘇。跨喀魯倫河。喀魯倫河，自塔本陀羅海北麓，折東南流，又東二百里，經南岸小山北麓，折東北百數十里，至南岸大山東北麓，折東南流百數十里。其東岸山曰固爾班包霍特，折東北流百數十里，折向正北數十里，又東北流，中有沙洲，其東南岸外，則杜勒鄂模也。又東北曲曲三百里，注阿勒坦厄莫爾山之東北，豬爲枯倫湖。自源東北流至此，凡二千數百里，在黑龍江齊齊哈爾城西千三百餘里也。湖自西南而東北，長徑二百餘里，東西闊百餘里，周可五六百里。注互見貝爾諾爾下。枯倫，今作呼倫，即古之具倫泊也。東至札爾噶山，接呼倫貝爾界。南至喀喇鄂博，接左翼後末旗界。西至塔雅温都爾，接中左前旗界。北至鄂克托木山，接邊喀界。東北至庫克諾爾，接呼倫貝爾及邊喀界。西北至華陀羅海，接中左前旗及邊喀界。東南至阿勒素圖温都爾，接呼倫貝爾界。西南至華和碩。接左翼後旗及左翼左旗界。

［右翼中前旗］札薩克一等台吉游牧。貝子阿勒達爾，中後旗車布登之子。孫車棱多岳特，初授二等台吉。乾隆十九年，駐防烏里雅蘇台，獻馬五百，晉一等台吉。二十年，大軍剿達瓦齊，復獻馬六百、牛百、羊千。封輔國公兼札薩克。卒，子車登札布降襲一等台吉。四十六年，詔世襲罔替。佐領一。

牧地：當喀魯倫河曲處。喀魯倫河，自噶拉太嶺之東，西南二百餘里，至兩山間，循山麓折而東南流，經巴顔烏蘭山西麓，至南岸山盡處，共二百數十里。稍折東流，有僧庫爾河，亦作孫克勒河，即《元秘史》所謂桑古兒河也。自北合三源，南流沙中，隱見不常，來注之。喀魯倫河又東南百數十里，自沙地經拖諾山南麓，入車臣汗旗境。康熙三十五年五月十二日丁卯，聖祖駐蹕拖諾山海綏爾哈圖地方，距拖陵約三百里。御筆勒銘曰：瀚海蕩蕩，臚朐泱泱。親御六師，我武維揚。震雷霆威，譬日月光。翦厥兇醜，安定遐荒。喀魯倫河經御碑前，山在河北。河自會僧庫爾河東南流，前臨沙漠，北岸無山者百餘里，惟此大山，西南與大漠中之拖拉哈山，遥遥相望。《元秘史》：初，帖木真九歲時，與德薛禪的女兒孛兒帖兀真相離了來。此時與弟别勒古台順著客魯連河尋去，到扯克徹兒、赤忽爾忽山兩間，尋著德薛禪家。德薛禪見了帖木真，好生歡喜，將孛兒帖女兒與帖木真做了妻。德薛禪與他妻搠壇同送帖木真夫妻回去了。到客魯連河兀剌黑掇勒的邊隅，德薛禪回家去了。搠壇直送女兒到帖木真家裏。案：喀魯倫河發源自北而南而東，太祖順河而行，則亦自北而南而東尋到扯克徹兒、赤忽兒忽山兩間，當即拖諾、拖拉哈兩山間，爲今喀勒和朔側近地方也。德薛禪送到客魯連河兀剌黑掇勒的邊隅，則在拖陵山西南岸地界，喀魯倫河曲處矣。太祖從此，遂自桑古兒河起了，到客魯連河源頭，不兒吉名字的地岸根前，做下營盤住了。則在肯特山陽，車臣汗部中前旗游牧境，西瀕土拉，北倚斡難，所謂三河源者是也。斯爲蒙古發祥之權輿矣。《朔漠方略》：康熙三十四年八月，費揚古奏：所差探聽噶爾丹聲息人還言：我等於二十一日至喀魯倫河源巴顔烏蘭處視之，地方皆已蹂躪。隨行前進至拖諾，立山岡遠望，有厄魯特大衆蔽地而來，並無旗幟。我等匿身山坳，見頭隊輜重於薄暮時抵拖諾河屯劄。首尾絡繹不絶，跨河而駐者，殆三十里。黎明，又驅牲畜度拖諾嶺，其尾隊至日昃方渡畢，皆沿土喇河順流西去。徐文靖《志寧堂詩》注：拖林山有中、東、西三山。拖諾山在肯特山之東，克魯倫河之西。**東至庫里葉山**，接右翼中左旗界。**南至庫得根額里雅**，接中末旗界。**西至色爾克山梁**，接右翼中右旗界。**北至巴顔烏蘭山**，接中右後旗界。喀魯倫河，至噶拉太嶺之南兩山間，岸東山即畢爾喀嶺之西南幹山。又南百餘里，起頂爲巴顔烏蘭山，勢甚高大。其岸西山，西自興安嶺來過平地，東爲呼商阿山，北有呼查不拉河，南有噶老台及衮模二池水。又東過平地，有此山，綿亘而東南二百里許。康熙二十九年，侍郎温達奏：噶爾丹令柰沖鄂木布卜行師，不吉，因居巴顔烏蘭誦經三日，沿喀魯倫河下流而去。三十四年，厄魯特降人阿木呼郎等奏言：噶爾丹向踞和卜多地方，於本年二月間，挈家游牧，直至八月内，至喀魯倫河源處屯聚。隨授阿喇卜灘台吉、丹濟喇丹津俄木布等兵三千，渡克魯倫河，掠喀爾喀納木札爾陀音及巴爾虎等。沿克魯倫上流而返，噶爾丹順流來迎，會於巴顔烏蘭。遂合家環居其地，作度冬計。於枯庫得勒蘇一路、俄儂巴爾濟一路、克魯倫下流一路，每路遣三十人，安置汛哨。費揚古奏：巴顔烏蘭距歸化城約二千里，皆是地也。陳奕禧詩曰：科爾輪河漫自東，王庭氣暖艸蒙茸。巴顔烏蘭中間地，水北山南好度冬。自注：噶爾丹侵喀爾喀，奪其巴顔烏喇舊巢。其地南有科爾輪河，北有山環繞。背寒向陽，氣暖，有水艸，可駐牧。巴顔烏喇，即巴顔烏蘭。科爾輪，又喀魯倫之譯變矣。《元史・太宗紀》：元年己丑，秋八月己未，諸王百官大會於怯緑連河曲〖逗〗雕阿蘭之地，以太祖遺詔，即皇帝位於庫鐵烏阿剌里。《聖武親征録》：己丑八月二十四日，諸王、駙馬、百官大會怯緑連河曲〖逗〗雕阿闌,共册太宗皇帝登極。《秘史》:成吉思汗既崩,鼠兒年〖案《元本紀》《親征録》皆云己丑年太宗即位。而《秘史》云鼠兒年,蓋以拖雷監國之歲,併入太宗。故下文有同在内拖雷等之曲筆也〗,右手大王察阿歹巴禿、左手大王斡赤斤,同在内拖雷等諸王、駙馬,并萬户、千户等,於客魯連河闊迭兀阿喇勒地行〖又《秘史》末行署曰:鼠兒年七月,於客魯連河闊迭額阿喇勒地面處下時,寫畢了〗大聚會,著依成吉思遺命,立斡歌歹做皇帝。案:三書所紀太宗即位之地,皆在今喀魯倫河濱。《親征録》言雕阿闌,而不言庫鐵烏喇阿里。《秘史》言闊迭兀阿喇勒,而不言雕阿闌。反復尋繹,蓋阿闌、阿喇同聲。庫鐵烏阿剌里,即闊迭兀阿喇勒。而《秘史》所言闊迭兀阿喇勒,即《親征録》所言雕阿闌,聲有舒促,文有繁約,實一地也。宋濂併兩書爲一,故分百官大會爲一地,太宗即位爲一地。閻潛丘譏《僞古文》武成分牧野、商郊爲二,與此正相類也。又案:今官行譯改《元史》,誤以曲字屬下讀,故改曲雕阿闌曰齊達勒敖拉。今案:《親征録》之怯緑連河,即《秘史》之客魯連河,而《秘史》"闊迭兀"三字,必非《親征録》之"曲雕"二字,其應以"怯緑連河曲"斷句甚明。然則怯緑連河曲,即此克魯倫河曲處雕阿闌,殆即巴顔烏蘭也歟。**東北至特莫克烏珠固爾**,接右翼中左旗界。**西北至喀喇烏蘇**,接右翼中旗及土謝圖汗部中旗界。**東南至布隆胡都克**,接車臣汗旗界。**西南至博羅烏訥格特**。接中末旗界。《長春西游記》:五月朔亭午,日有食之。既衆星乃見,須臾復明。時在陸局河南岸。其地朝涼而暮熱,艸多黄花。水流東北,兩岸多高柳,蒙古人取之,以造廬帳。行十有六日,河勢繞西北山去,不得窮其源,西南接驛路。沈君子惇釋曰:《記》言河勢繞西北山去,不得窮其源,蓋在今車臣汗本旗西南、右翼中前旗之南、右翼中右旗之北也。臚朐河,至右翼中前旗之西南,折而東南流。《水道提綱》所謂克魯倫河自源西南流四百數十里,折而東南流者也。亦《史》所謂怯緑憐河曲矣。《紀行》曰:臚朐河水東注,甚湍猛。居人云:中有魚,長可三、四尺,春夏及秋捕之,皆不能行,至冬可鑿冰而捕也。瀕河之民,雜以蕃、種〔一二〕。稍有屋宇,皆以土冒之。亦頗有種蓺,麻、麥而已。河之北有大山,曰窟速吾,漢言黑山也。自一舍外望之,黯然若有茂林者,迫而視之,皆蒼石也,蓋常有陰靄之氣覆其上焉。按:黑山在臚朐河北,當河曲之中,亦斡辰大王分地。《撒吉思傳》:初爲太祖弟斡真必闍赤領王傅。斡真薨,{長}子只不干早世〔一三〕,適孫塔察兒幼,庶兄脱迭狂恣,欲廢適自立。撒吉思與火魯和孫馳白皇后,乃授塔察兒以皇太弟寶,襲爵爲王。撒吉思以功與火魯和孫分治:黑山以南,撒吉思理之;其北,火魯和孫理之。斡真,即斡辰,火魯和孫分理黑山以北,則斡辰之地跨臚朐河南、北,西至河曲矣。{按}驛路本由魚兒濼西北行〔一四〕,徑抵臚朐河曲,當黑山之陽,參議所行是也。真人以赴斡辰之請,改向東北行,則非驛路,由王帳下西至臚朐河曲,方與魚兒濼驛路合。故《記》言西南接魚兒濼驛路也。自河曲以西,與參議行程合矣。

統盟於喀魯倫巴爾和屯。龔之鑰《後出塞録》:喀爾素之北,有大城,郛郭宛然。詢之土人,名克勒木河屯。其地産灰鼠。《理藩院則例》:車臣汗二十二旗兵丁,於克魯倫德勒格爾努吉地方查驗。後路左翼中札薩克多羅郡王等六旗兵丁,於依克噶札爾固爾班察罕布拉克地方查驗。

蒙古游牧記卷之九　　　　靈石楊昉覆校

【校記】

〔一〕一等台吉古魯札卜駐克里野哈魯蘇台,《(乾隆)大清一統志》作"一等台吉旺扎爾扎卜駐克里舒哈魯蘇台"。

〔二〕北至喀喇戈畢,《(乾隆)大清一統志》作"北至喀喇郭畢"。

〔三〕一等台吉揣音拉爾駐騰格里克,《(乾隆)大清一統志》作"一等台吉吹音朱爾駐騰(噶)里克"。

〔四〕森古爾,《(乾隆)大清一統志》作"森克爾"。

〔五〕額爾得墨,《(乾隆)大清一統志》作"額爾得木"。

〔六〕特木蘇忒,《(乾隆)大清一統志》作"特米蘇忒"。

〔七〕巴土胡圖克,《(乾隆)大清一統志》作"巴木胡圖克"。

〔八〕揣札木蘇,《(乾隆)大清一統志》作"吹札木蘇"。

〔九〕鬭,同"斗"。

〔一〇〕囘,同"回"。

〔一一〕浸,同"浸"。

〔一二〕雜以蕃、種,"清詩文彙編本"《〈西游記〉金山以東釋》作"襍以蕃、漢"。

〔一三〕子只不干早世,《西游記》作"長子只不干早世"。

〔一四〕"同治本"闕一"按"字,據"清詩文彙編本"《〈西游記〉金山以東釋》補。

蒙古游牧記卷之十

平定張　穆撰
光澤何秋濤校

外蒙古喀爾喀札克必拉色欽畢都哩雅諾爾盟游牧所在札薩克圖汗部

[喀爾喀西路札薩克圖汗部]直寧夏邊外漠北,至京師四千餘里。東界翁錦錫爾哈勒珠特,接賽音諾顏部。西界喀喇烏蘇額埒克諾爾,接科布多界。南界阿爾察喀喇托輝,踰瀚海,授額濟納旗及鎮西府。北界特斯河,接唐努烏梁海。所部初編佐領,分十旗,後增八旗。所部中左翼左旗、中左翼末旗、中右翼末次旗、右翼右末旗。所屬有大和托輝特、小和托輝特、哈柳沁、托斯、奢集努特、明阿特,凡六鄂托克人。後明阿特撤出,爲科布多屬。其五鄂托克之人,仍分隸四旗。附輝特部一旗。凡十九旗。

[額爾德尼弼什呼勒圖札薩克圖汗旗兼管右翼左旗]札薩克多羅郡王游牧。初,格哷森札札賚爾琿台吉以七子分掌喀爾喀左、右翼,左翼徙牧土拉河界,右翼仍留居杭愛山。長子阿什海達爾漢琿台吉,子二。長巴延達喇,子賚瑚爾,爲右翼長,所部尊之曰汗。卒,子素巴第始號札薩克圖汗。卒,子諾爾木嗣,稱弼什呼勒圖汗。卒,子旺舒克襲。同部羅卜藏台吉額林沁,以私憾殺之。康熙九年,命旺舒克弟成衮襲汗號,輯其衆。二十三年,成衮卒,子沙喇,噶爾丹

誘會於固爾班赫格爾，復爲土謝圖汗察琿多爾濟所殺。二十七年，噶爾丹掠杭愛，所部大潰。沙喇弟策旺札布，偕同族色棱阿海等，相繼來歸。三十年，特封策旺札布和碩親王，代領部衆，始稱札薩克圖汗部。四十年，命仍襲汗號。雍正四年，以從征退縮削爵。詔郡王額爾德尼朋素克喇布坦子格埒克延丕勒朋素克喇布坦，格埒森札之六世孫也。父薩瑪第，號額爾德尼濟農。襲汗號，兼郡王爵，領右翼左旗札薩克事。乾隆四十六年，詔世襲罔替。佐領三。

牧地：康熙二十七年，命駐牧歸化城北。三十六年，歸牧杭愛山陽。雍正十年，格埒克延丕勒遵旨議防游牧，奏：洪郭爾鄂隆可駐兵千；東南百餘里外圖伯策克，可駐二千；西什巴爾台河，至濟爾噶朗圖，可駐三千。十三年，奏：臣游牧舊在察罕搜爾附近崆格地，以準噶爾掠，内移。現居鄂爾坤迤西哈魯納，不利畜牧，請外徙推河、伊克鄂拉、甕金等處。不惟生計可復，且距軍營近，效力便。詔超勇親王策凌等議，尋議所請地爲賽音諾顔部親王德沁札布、札薩克台吉阿保吹木丕勒牧，錯處不便，應令所屬以納壘察罕和賴西伊克鄂拉等處爲界。就推河、鄂羅克諾爾、和爾博爾津、阿爾察哈喇托輝、東伊克鄂拉山陰、搜濟迤西游牧。從之。乾隆元年，議備邊，請選内地兵萬駐鄂爾坤，三千駐烏里雅蘇台，伺賊蹤，決進止。選西三部兵萬，車臣汗部兵五千，以三千分駐偉衮特里默及台錫里，餘萬二千，令副將軍、札薩克等訓練，備調。至札布堪、台錫里、崆格、特斯四地，請仍設内汛，令蒙古游牧，無踰察罕和羅、畢留台、齊老圖、色楞額。上以言多可採，示廷臣。二年，定邊大將軍平郡王福彭奏：喀爾喀四部防秋兵，皆駐鄂爾坤、札薩克圖汗部，駐牧札克拜塔里克西南，距鄂爾坤尤邇。請即令在彼駐防，徵調無難即至。詔如所請。五年，諭曰：前以軍務方興，恐爾部游牧被賊侵擾，悉令内徙。今噶爾丹策凌謹遵朕旨，奏稱不敢越阿爾台游牧。朕亦降旨令爾部游牧，毋踰札布堪、齊克慎、哈薩克圖、庫克嶺等處。爾等當徧諭所屬，永遠遵行。五月，定所部游牧，自鄂爾海取中。南以博羅椿濟塔爾喇布、喀岱罕納爾、黨納爾台、圖穆爾哈巴、沙喇布魯都、奇齊格納、阿魯通津、鄂倫諾爾、達蘭圖魯。北以額德爾、齊德爾、伯勒齊爾、準舒瑪勒台、桑錦達賚、哈喇塔爾、阿勒坦噶達蘇爲界。

有博格爾諾爾。舊《圖》作白格爾察罕鄂模，在庫克西勒克山之南，都忒嶺之東。《平定朔漠述略》：有台吉阿玉奇及額爾克巴圖，皆承檄與策妄阿拉布坦會於阿爾台，約共捦噶爾丹自效。噶爾丹聞之，遂向白格爾西去。《方略》：雍正九年十月，馬爾賽奏言，賊人越那木山嶺，至白格爾察罕鄂爾格。十年二月，大學士等遵旨議：伯格爾在察罕廋爾西南，札克拜達里克正西，賊若由阿爾台、阿爾穆克圖、布拉罕、巴爾楚克、阿濟必濟等處走額濟内，道必出此，實爲賊人出没要路。請於此駐兵萬人，可以阻截北路軍營西南一帶賊人。且其地去察罕廋爾、札克拜達里克僅三四百里，應援亦便。又屬古爾班賽堪總口，應請令建勳將軍達爾濟以原撥往古爾班賽堪兵五千人，移駐伯格爾。皆謂此也。東至哈喇陀羅海，接輝特旗界。南至巴善，接賽音諾顔部左翼右旗界。西至杭噶圖，接右翼前旗界。北至烏哈爾和碩，接中右翼末旗界。東北至克勒特肯察布，接輝特旗界。西北至布爾罕保台，接右翼前旗界。東南至札布噶河，接那魯班禪呼圖克圖界。札布噶河，自賽音諾顔部左翼左旗界西南流，經巴顔山北麓尼魯班禪喇嘛游牧，折西流百餘里，而席喇烏蘇河南自阿爾洪山水所滙之大泊來會。又西北流三百里，而烏里雅蘇台河東來，入之。《德蔭堂集·再使準噶爾奏》曰：今喀爾喀雖在查布堪一帶游牧，而家喀倫，在哈薩克圖等處。汝等今言額克阿拉爾，不謂額克阿拉爾之水，即流入查布堪，其間甚近。《松漠艸》詩注：札布韓漢譯曰"流沙"，喀爾喀戍札布韓之兵，資河魚爲糧。〔一〕又曰：札布韓河西北喀拉湖，産白蓮，莖朵亭亭，無異中土。惟瓣厚無香，葉岐似芡，根似藕而無節竅，當别是一種。西南至達奇勒圖。接右翼右旗界。

［中左翼左旗］札薩克郡王品級多羅貝勒游牧。格埒克延丕勒族祖根惇，祖碩壘烏巴什，父杭圖岱，世爲琿台吉，居和託輝特。根惇嗣，號額爾克岱青。康熙二十五年，尚書阿喇尼，承制授根惇札薩克，領和託輝特衆。杭圖岱兄俄木布額爾德尼，有子額琳沁，以和託輝特兵戕其汗旺舒克，奔額魯特。葢和託輝特爲喀爾喀極邊。西近額魯特，北近俄羅斯，俗喜鬥。烏梁海復錯處其間。捕貂射獵，依木而居。納賦和託輝特，有事則藉之爲兵。故和託輝特雖隸札薩克圖汗，實自爲一部。及是阿喇尼奉命赴庫倫白勒齊爾，涖喀爾喀盟。以和託輝特自額琳沁西奔，久無主。故承制授根惇札薩克，使領其衆也。三十五年，來歸，封多羅貝勒，仍兼札薩克。噶爾丹侵所部，根惇徙屬避色楞格河。自引兵擊走噶爾丹將濟喇克偉徵哈什哈等，所部齊巴克塔爾等，附噶爾丹逸走，根惇追執之，收其户畜，乘勝由杭愛山趨阿爾台，斬噶爾丹將察罕台吉烏爾衮而還。三十二年，遣使獻捷。先是，上以衆喀爾喀内附，獨根惇與其族錫布推哈坦巴圖魯爲噶爾丹所阻，不得歸。遣使閒道往，諭之内徙。三十三年四月，錫布推哈坦巴圖魯既内徙，根惇仍弗至。復遣使赴土拉約錫布推哈坦巴圖魯，往召之。九月，根惇至，封是爵也。子松津僧格，降襲札薩克輔國公。卒，無子。根惇嗣子博貝，降襲札薩克一等台吉。四十四年，仍襲輔國公。五十九年，以功封多羅貝勒。是年，博貝隨征西將軍祁里德，由鏗格爾河擊準噶爾宰桑色布騰，降其屬二千餘，并捡烏梁海逃衆四百。故有是封，兼籍準噶爾降衆，賜之。子班第、孫青衮咱卜，相繼襲。乾隆二十一年，青衮咱卜以叛誅。命博貝次子札薩克

輔國公額琳沁之子旺布多爾濟襲。二十二年,以功賜郡王品級。是年六月,旺布多爾濟隨大軍由巴里坤捦準噶爾叛賊呢瑪於阿爾察圖山。諭獎其功。四十六年,詔貝勒爵,世襲罔替。郡王品級,出缺時請旨。佐領二。

牧地:康熙二十七年,根惇自和託輝特徙牧色楞格河,已,復南徙杭愛。三十四年,噶爾丹掠巴顔烏蘭。根惇復被阻,居色楞格河。尋移牧齊斯希布。三十五年六月,大將軍費揚古遣人由齊斯希特克木齊克往迎之。九月,根惇至自博羅罕。雍正四年,博貝偕超勇親王策凌赴阿爾台勘界。初,厄魯特與喀爾喀未搆兵時,錯處科布多、烏蘭固木。噶爾丹既滅,喀爾喀西境直抵阿爾台,故自唐努山陰之克木克木齊克至博木等處,皆博貝及來歸之厄魯特貝子策凌旺布所屬烏梁海,游牧其地。至是,策妄阿喇布坦奏:克木克木齊克舊隸準噶爾,乞還。上弗許。慮伺間掠烏梁海,詔博貝率所部兵千,隨前鋒統領定壽駐唐努山陽特斯地,防護之。九年,超勇親王既敗準噶爾於蘇克阿勒達呼,馳疏告捷,不列班第名。上恐駐牧被擾,詔順承親王錫保傳諭班第東徙。錫保奏遵旨遣詢班第。知前因準噶爾入掠,由原駐桑錦達賚東遷額格地。偵賊敗遁,由額格至色楞格河,同札薩克根惇等駐牧。南北兩岸,嶺峻林密,兼河流深闊,據要害,可禦敵。報聞。《一統志》:多羅貝勒根惇額爾克戴青駐杭愛山陰。東至喀喇呼吉爾,西至伊克土兒伯爾,南至阿楚特伯爾齊,北至色楞格河喀喇託護。在桑錦達賚泊之北,舊《圖》作桑稽晉大來鄂模。《水道提綱》:自阿爾泰頂東北大幹,徑千一百餘里。其南爲特斯河源,其北爲客木河諸水源。又東百里,爲唐努山,甚高大。又東北四百里,分一幹北行,甚遠。其東一幹,百里爲杭愛山頂。自杭愛分枝。一南行而西南曲折五百餘里,爲鄂勒白稽山,綿亘而南不斷。其西有巨澤,曰桑稽晉大來鄂模,渟而不流,南北徑百餘里,東西徑七八十里,周三百餘里。在喀爾喀西界外,唐努山之東南百七十里,鄂勒白稽山之南八十里也。當特斯河源。特斯河源,出阿爾泰東北大幹之唐努山西南麓。西南流山中三百餘里,受南來水二,北來水二。又西南,入烏梁海境,曲曲七百里,西豬爲烏布薩泊。泊在阿爾泰頂之東南麓六十里。東至庫蘭阿濟爾噶山,接烏梁海游牧界。南至桑錦達賚,接右翼右末旗界。西至達罕德勒,接中右翼末次旗界。北至伯爾克山,接軍臺及邊喀界。東北至巴彦集魯克山,接烏梁海游牧界。西北至翁洪,接左翼左旗界。東南至德勒格爾木倫,接烏梁海游牧界。西南至伊克特里。接中左翼右旗界。

[左翼中旗]札薩克鎮國公游牧。貝勒卓特巴次子喇布坦。初授閒散台吉,隸左翼右旗。雍正五年,隨超勇親王策凌與俄羅斯定界。策凌薦其才,請別爲札薩克,授一等台吉。乾隆二十一年,以不

附青衮咱卜，賜公品級。子朗衮札布，初爲協理台吉，因從征達瓦齊及哈薩克，晉一等台吉。二十三年，隨靖逆將軍雅爾哈善，剿庫車逆回，封輔國公。復從定邊將軍兆惠擊賊呼爾璊，晉鎮國公。四十六年，詔世襲罔替。佐領一。

［右翼後旗］札薩克一等台吉，與左翼中旗同游牧。卓特巴從子額爾德尼衮布。父諾木齊，號阿海台吉。康熙元年，札薩克圖汗旺舒克爲羅卜藏台吉額琳沁所戕，額爾德尼衮布弟阿海岱青會土謝圖汗部兵，擊走額琳沁。九年，遣使貢駝馬，請以旺舒克弟嗣，稱汗。詔嘉之，授札薩克，代額琳沁貢九白。十七年，阿海岱青卒，子朋素克嗣，賜遵義台吉號及印。三十年，朋素克卒。額爾德尼衮布迎覲多倫諾爾，授札薩克一等台吉。四十六年，詔世襲罔替。佐領一。

牧地：額爾德尼衮布，康熙三十六年，賜牧札布堪河。喇布坦，雍正六年，賜牧奇吉爾蘇台界。乾隆二十八年，朗衮札布以展汛界，偕烏梁海内大臣察達克，由巴顔珠爾克至烏拉克沁伯勒齊爾及烏魯木齊路，定十五汛，俱相隔百里爲率。《一統志》：一等台吉額爾德尼衮布駐杭愛山陽。東至都錫，西至那林哈拉，南至奎蘇，北至尼魯。一等台吉拉布坦駐杭愛山陽。東至烏爾圖，西至濟爾哈朗圖，南至推河喀喇呼濟爾，北至尼魯。東至札布噶河，接左翼左旗及烏里雅蘇台軍營城界。南至庫勒根，接右翼左旗界。西至巴噶圖爾根，接輝特旗界。北至席喇烏蘇，接左翼左旗界。高其倬《席喇烏蘇》詩曰：地勢仍從北，河流不向東。未霜先見雪，每雨即兼風。星野常占外，寒暄片刻中。更誰陳五利，早擬靖西戎。東北至庫圖勒商達，接左翼左旗界。西北至塔拉圖魯庫，接左翼右旗界。東南至布魯哈雅，接那魯班禪呼圖克圖界。西南至沙喇布拉克。接右翼左旗界。

［左翼右旗］札薩克鎮國公游牧。格埒克延丕勒族祖卓特巴，父烏巴岱，爲賚瑚爾汗次子，號達爾瑪什哩琿台吉。子二，長即卓特巴，襲父號。康熙二十九年，來歸，授札薩克。三十年，以掠遵義台吉牧産，奪職。九月，服罪來朝，封多羅貝勒，仍授札薩克。孫諾爾布班第。雍正十二年，又以縱屬奪軍糧，降鎮國公。乾隆四十六年，

詔世襲罔替。佐領一。

牧地:康熙二十九年,卓特巴賜居歸化城。同族台吉喇布坦、納木札勒、鄂齊爾、冰圖岱青等,相繼降。命轄之。三十五年,諾爾部班第,賜牧塔爾鄂克哩葉庫布軲爾。《一統志》:鎮國公卓特霸駐杭愛山陽。東至西喇布魯圖,西至布木察漢腦兒,南至推河,北至尼魯。在都爾根諾爾之南。此諾爾,舊《圖》無,今《圖》在科布多城西伊克阿拉克泊之西南二百里。北與喀喇諾爾相聯,形如胡盧,亦札布噶河之支流所滙也。東至沙爾丹,接左翼左旗及軍臺界。南至得爾畢烏蘭賽爾,接左中旗及右翼後旗界。西至庫克賽爾,接中右翼末旗及中右翼左旗界。北至察漢賽爾,接軍臺及札哈沁游牧界。東北至喀喇諾爾,接軍臺及杜爾伯特游牧界。西北至齊拉噶,接札哈沁游牧界。東南至奎素,接左翼中旗及右翼後旗界。西南至烏蘭賽爾。接中右翼末旗界。

[左翼前旗]札薩克輔國公游牧。郡王朋素克喇布坦從叔父衮占。祖賽音巴特瑪,號哈坦巴圖爾。子車凌衮布,嗣父號。有子二,長即衮占,號額爾德尼哈坦巴圖爾。康熙二十七年,來歸。二十八年,授札薩克。三十年,授一等台吉。五十年,來朝,封輔國公。衮占來朝,請駐邊巡哨。諭曰:爾自來歸以來,奮勉效力,屢著勤勞行走,甚屬敬慎。今業已年高,於爾部中爲尊行,肫誠盡力,至老不衰。朕甚念之,著加恩封爲輔國公,以示優眷。乾隆四十六年,詔世襲罔替。佐領二。

[左翼後末旗]札薩克一等台吉,與左翼前旗同游牧。衮占子二。長伊達木札布,次敏珠爾,襲父爵。伊達木札布,初授協理台吉。雍正四年,以功授札薩克一等台吉。康熙五十六年,隨同部輔國公博貝,由布魯勒路捡厄魯特宰桑羅卜藏錫喇布。五十九年,捡宰桑貝坤,皆有功。雍正三年,烏梁海人和羅爾邁叛逃,伊達木木札布復馳會博貝,捡斬之。及是,博貝上其功。有是命。乾隆四十六年,詔世襲罔替。佐領一。

牧地:衮占世居額爾濟根地。康熙二十七年,命游牧茂明安界外蘇默爾格爾。三十五年,賜牧杭愛山陰之額德爾齊老圖。五十四年,散秩大臣祁里德赴推河,防禦準噶爾。上念敏珠爾居邊遠,勢稍弱。詔給軍符,令有警輒馳報。仍下廷臣議駐防策。尋議令祁里德會喀爾喀衆札薩克於敏珠爾所居額德爾齊老圖附近,額克阿喇勒、科布多、烏蘭固木,各擇適中、有水艸可耕者，移兵屯駐，以壯聲援，兼護敏珠爾游牧。雍正九年，命内徙。乾隆二年，以屬台吉牧産損耗，請毋越綽克圖，視可漁獵地，暫外徙。上以準噶爾議界未定，弗許。《一統志》：輔國公衮占駐杭愛山陰。東至烏哈爾札和羅，西至哈爾奇拉，南至鄂爾坤河，北至清吉爾忒。一等台吉伊達木札卜駐杭愛山陰。東至濟蘭崇古魯克，西至清格爾忒，南至鄂爾坤河，北至毛海鄂倫土魯。在奇勒稽思諾爾之東。一作柯爾奇思諾爾，在阿爾泰頂東南三百里，去兩旗札薩克駐處，將八百里。東南札布噶河、空歸河，西南伊克阿拉克，池水所滙也，周百數十里。今圖此泊之西南，又有相聯一泊，曰愛拉克諾爾。南百五六十里，與喀拉諾爾相直。東至託果諾爾，接軍臺界。南至達蘭圖魯庫，接左翼左旗界。西至桃賚圖，接左翼左旗界。北至奇勒稽思諾爾，接杜爾伯特游牧界。東北至罕庫奎山梁，接烏梁海游牧界。西北至愛拉克諾爾，接杜爾伯特游牧界。東南至達罕得勒，接左翼左旗界。西南至哈什滚。接左翼左旗界。

［右翼右末旗］札薩克輔國公游牧。貝勒博貝弟沙克札，初陷準噶爾，後乘間歸，授二等台吉。雍正二年，以功授札薩克一等台吉。康熙五十四年，隨博貝招降烏梁海人和羅爾邁。五十六年，隨剿厄魯特宰桑羅卜藏錫喇布，皆有功。乾隆四十六年，詔世襲罔替。佐領二。

牧地：《一統志》：輔國公沙克札駐杭愛山陰。東至納林士爾伯爾，西至喀喇郭洛渾河泉，南至七齊爾圖，北至阿禪布拉克。當德勒格爾河西岸，桑錦達賚之東。德勒格爾河，蓋即舊《圖》之哈喇台爾河也。《水道提綱》：色楞格河源有六。最北者，名哈喇台爾河，出杭愛山頂西南麓，三水東南流，二水東北流而合。經山麓南，又合西南二水，并東北流，稍東，而杭愛南澗自西北來會。又東，受西北來一水，即杭愛東澗也，折東南流，有二水，自西南合而來會。又東南，始名哈喇台爾河。曲曲而東百數十里，受西北來水一，折而南，受西來水一。又東南數十里，經額爾齊特山東。又東南數十里，有一河自西來會，即次｛北｝一源之布克綏(誰、瑞)河也[二]。布克綏(誰、瑞)河自山中合五水，東流，共三百餘里，會哈喇台爾河。今圖：德勒格爾河源於唐努山南、錫巴里喀倫北，東北流百二十里，當阿哈里喀倫之北，有一小水西北來，入之。折東南流，經察罕布隆喀倫之南二百里。而伊克和羅河自西北山兩源並導，東流七十餘里，有一小水西南來，入之。又東南流三十里，與德勒格爾河會。又東南流五十餘里，而托爾和里克河北自博爾圖斯喀倫，兩源並導，百里而合，又南百八十里，而德勒格爾河自西來會。又南流五十里，而布克綏河自西北來會。又南流二十里而入齊老圖河。東至德勒格爾木倫，接中左翼末旗界。南至察漢布爾噶素，接中左翼右旗界。西至哈喇布爾噶素，接中左翼右旗界。北至庫克察布，接中左翼左旗界。東北至庫克庫圖勒，接中左翼左旗界。西北至依克特里，接中左翼左旗界。東南至吉勒齊克，接中左翼末旗界。西南至特里。接中左翼右旗界。

[中左翼右旗]札薩克輔國公游牧。貝勒博貝從孫齊巴克札布，祖羅卜藏達什，博貝弟也。父烏巴錫，生子一，即齊巴克札布。初授二等台吉。乾隆二十一年，以捕擊烏梁海逃衆，陣歿，追封輔國公。輝特逆賊普爾普德濟特等，由固都爾格叛逃。齊巴克札布追捡之。復隨条贊大臣納穆札爾捕烏梁海逃衆。至阿哩固特，賊逸，尾擊之，陣歿。封今爵。賜帑治喪，視一品大臣例，諭祭葬，祀昭忠祠。並授其子巴圖濟爾噶勒札薩克。四十六年，詔世襲罔替。佐領一。

牧地：在桑錦達賚之南。東至哈喇布爾噶素，接右翼右末旗界。南至察漢布爾噶素，接賽音諾顔部右翼後旗界。西至琴得根，接賽音諾顔部中左旗界。北及西北皆至依克特里，接右翼右末旗界。東北至固爾班陀羅海，接右翼右末旗界。東南至巴彦集魯克，接賽音諾顔部右翼後旗界。西南至色楞格河。接賽音諾顔部中左旗界。

[右翼右旗]札薩克輔國公游牧。格埒克延丕勒從叔父包貝。《本傳》作博貝。《一統志》作博木，從《會典》改。祖策哩斯奇布賽因阿海，爲車臣濟農峪奎次子。生巴喇斯騰額哩陀音，號察罕巴爾，包貝父也。康熙二十七年，率屬來歸。先是，包貝奉表貢至，奏喀爾喀習尚偷墮，必敗亡，彼時臣必來歸。至是，上憶前奏，嘉其先見，賜賚甚厚。二十八年，授札薩克。三十年，封固山貝子。長子烏巴什、次子旺舒克相繼降襲鎮國公。旺舒克子拉旺多爾濟，復降襲輔國公。乾隆四十六年，詔世襲罔替。佐領一。包貝弟班第號阿海岱青，爲額魯特羅卜藏額琳沁罕篤所掠，奔青海。有達賴巴圖爾者，青海和碩特族也。遣歸喀爾喀，留其孥百餘，育之。班第面内後，具疏自陳。上因喇嘛商南多爾濟奉使青海，命攜歸，使完聚。

牧地：包貝世駐牧唐努翁努山界。康熙二十七年，命游牧烏喇特界内庫呼謨多。《一統志》：固山貝子博木駐杭愛山陽。東至達喇土壘，西至他齊格爾，南至勒克，北至插漢郭忒爾。東至烏蘭布拉克，接右翼左旗界。南至鄂羅克依，接賽音諾顏部右翼右後旗界。西至庫邪圖，接左翼後旗界。北至特勒圖，接右翼前旗界。東北至旭陶圖，接右翼左旗界。西北至哈什滚，接右翼前旗界。東南至阿蔓奇里圖，接右翼左旗界。西南至錫伯圖。接右翼後旗界。

［左翼後旗］札薩克輔國公游牧。郡王朋素克喇布坦從弟索諾木伊斯札布。祖策璘楚琥爾，爲車臣濟農崆奎長子。父多爾濟，世襲車臣濟農號。康熙二十七年，索諾木伊斯札布率屬來歸。三十年，詔除濟農舊號，授札薩克一等台吉。喀爾喀舊俗：汗最貴，濟農次之，諾顏又次之。多爾濟以與札薩克圖汗成衮隙，失濟農號。代之者爲額爾德尼濟農薩瑪第，即朋素克喇布坦父也。三十年，索諾木伊斯札布迎覲多倫諾爾，與朋素克喇布坦爭濟農號，故詔除之。三十六年，以防禦功，封輔國公。乾隆四十六年，詔世襲罔替。佐領一。

牧地：康熙二十七年，索諾木伊斯札布由和託輝特來歸，命居歸化城。三十六年，賜牧伊克敖拉里克察罕郭勒。《一統志》：索諾木伊斯札卜駐杭愛山陽。東至插漢伊七吉忒，西至察璞七爾，南至插漢郭忒，北至布蘭太伊克鄂拉。東至鄂羅克依，接賽音諾顏部右翼右後旗界。南至諾果斡庫克博爾，接賽音諾顏部右翼中末旗及瀚海界。西至鄂博爾固恩，接瀚海界。北至烏蘭諾爾，接右翼右旗界。東北至素門哈達，接賽音諾顏部右翼右後旗界。西北至克克哩，接右翼前旗及瀚海界。東南至巴顏察漢，接賽音諾顏部右翼右後旗界。西南至薩音胡都克。接瀚海界。

［中右翼末旗］札薩克輔國公游牧。格埒克延丕勒族叔父通謨克。高祖青達瑪尼默濟克，號車臣諾顏。曾祖唐古特墨爾根岱青。祖本塔爾岱青巴圖爾，有子二，長墨德卓哩克圖，即通謨克父也。噶爾丹掠所部，墨德卓哩克圖族潰，奔青海。康熙四十三年，乞還牧喀爾喀。詔許之，授一等台吉。五十三年，通謨克嗣，兼授札薩克。雍正二年，以功封輔國公。策妄阿喇布坦游牧博羅塔拉，以額琳哈畢爾噶爲要隘。通謨克居邊久，悉賊勢虚實。聖祖知其能，詔隨大軍赴巴里坤援剿。雍正二年，青海逆賊羅卜藏丹津叛。通謨克隨副將軍阿喇納，駐布隆吉爾。偵賊黨阿喇布坦蘇巴泰等據哈喇諾爾路肆掠，偕總兵孫繼宗往捕，至推默爾，賊敗遁。復偕副都統阿玉什，追縛其黨丹津以獻。詔嘉之，有

是命。乾隆四十六年，詔世襲罔替。佐領一。

牧地：墨德卓哩克圖自青海歸，賜牧阿爾台額爾齊斯烏隴貴界。通謨克嗣職，以所居近烏梁海，命轄之。雍正八年，靖邊大將軍傅爾丹以通謨克游牧逼阿濟畢濟喀倫，慮爲準噶爾所侵，奏遣前鋒統領定壽等，由庫卜克爾屯兵伊克斯諾爾。通謨克偕郡王格埒克延丕勒，督兵千，駐塔爾弼阿魯諾，互爲聲援。九年，賊酋大策凌惇多卜等偵我師還駐科布多，由阿濟掠通謨克游牧。十年，詔移其衆於阿拉善。《一統志》：輔國公通謨克駐杭愛山陽。東至叟濟，西至巴爾巴哈圖，南至薩穆忒哈，北至濟蘭崇台魯克〔三〕。濟爾哈河至是豬於察罕諾爾。所部察罕諾爾有二。一在左翼右旗之西，其南爲齊齊克泊，接科布多界。一即此濟爾哈河所豬也。聖祖仁皇帝諭曰：察罕諾爾地方，形勢藏蓄，水艸寬美，謂此諾爾矣。諾爾東北又有小泊六，圖兩兩相比，作貫珠形。但水流不相通注耳。其地有山曰察罕廋爾，當用兵準夷時，於此築城，即所謂察罕廋爾城也。《方略》：康熙五十八年正月，振武將軍傅爾丹等言：鄂勒錐圖郭勒居喀爾喀游牧地方之中，土田肥沃，四時寒暑與内地同，宜築城駐兵。尋喀爾喀王等議言：科布多地隔大河，水漲時輒沮行。且材木難致，修築不便。近科卜多地曰茂密察罕廋爾，水艸佳美，木亦易購。且其地去鄂勒錐圖郭勒十里，與喀爾喀接壤。應於其地更築一城屯兵。八月，傅爾丹等疏言：茂密察罕廋爾及鄂勒錐圖郭勒二地，各築一城。每城置屋二千間。自鄂勒錐圖郭勒至茂密察罕廋爾，宜設十一站。又《方略》：雍正九年八月，靖邊大將軍傅爾丹奏言：科卜多城距察罕廋爾城一千四百餘里，難於察應。大學士等議：察罕廋爾地近喀爾喀游牧，如大兵會集駐劄，不惟軍威强盛，防護亦有裨益，應撤回科布多兵，駐劄察罕廋爾。十一月，傅爾丹奏言：臣以十月十三日，自科卜多城起身，就近由布魯爾烏哈勒札，沿途食雪。十七日，至綽諾海喇琥，緩行至奎通烏蘭。於本月初六日，已至察罕廋爾。京師滿洲兵，臣自行統率，在察罕廋爾之東巴顔布拉克過冬。歸化城土默特之兵，令於王桑里達居住濟斯隆布附近駐劄。黑龍江兵，令在大營之北札哈蘇台呼濟爾圖駐劄。十年九月，上諭：察罕廋爾城甚小，止可屯積米石。是以順承親王又修木城。朕意欲照札克拜達里克城，開展闊大，著明歲動支錢糧修築。方觀承《松漠艸》詩注：察罕搜爾，栅木爲城，駐大軍，近移烏里雅蘇台，遂屯糧於此。又曰：張家口外九十里，山名察罕拖羅該，爲白首。六千里至軍營糧城，山名察罕搜爾，爲白尾。中間如住魯科山爲心，鄂姑思奇山爲肺，額思格爾爲肝，阿魯山爲脊。亦如句曲地肺，大伾地喉，岐山地乳之類。葢諸蕃地境起止聯如一身，而行地莫如馬，故以爲喻也。東至噶爾噶圖，接左翼右旗界。南至鼐圖爾，接右翼左旗界。西至畢濟，接札哈沁游牧界。《方略》：雍正十年，大學士伯督巡陝甘，經略軍務。鄂爾泰奏言：賊於八月初五日，在北路額爾得尼招爲我兵所破，自鄂爾昆河源向推河遁。按：逆賊敗走，必經畢濟一帶，中間有衮塔瑪哈戈壁，乃畢濟要隘，去巴里坤不過三百餘里。北至札木圖，接中右翼左旗界。東北至烏遜珠爾，接左翼右旗界。西北至固勒特，接札哈沁游牧界。東南至察罕諾爾，接輝特旗界。西南至哈爾布呼。接右翼前旗界。

［右翼後末旗］札薩克一等台吉游牧。郡王朋素克喇布坦從弟哈瑪爾岱青。祖固魯諾木齊，爲車臣濟農崆奎第三子。父博托果，號額爾克諾顔。哈瑪爾岱青，初授二等台吉。康熙三十六年，朔漠平，叙功，授札薩克一等台吉。大軍剿噶爾丹，哈瑪爾岱青隨前鋒侍衛阿南達，至汗阿林，擊固英必齊葉齊等賊百餘，盡降之。偵噶爾丹遁，率屬五十，赴昆都倫額濟内河，分路追緝。尋引兵五百，防噶斯口。乾隆四十六年，詔世襲罔替。佐領一。哈瑪爾岱青子鄂木布濟，雍正十年，隨格埒克延丕勒追擊準噶爾有功。會同部札薩克喇布坦，坐烏遜珠勒退縮罪削職，詔撤其屬十五户，命轄之。

牧地：康熙五十六年，大軍由布拉罕布魯勒分路進剿準噶爾，鄂木布濟奉檄赴哈達青吉勒護軍牧。偵特楞古特降衆叛，率兵二百，立木栅於阿爾台，防賊逸。五十七年，率兵千餘，駐呼勒瑪諾爾。五十八年，移駐布拉罕蘇伯，尋由阿濟，督解巴里坤軍需。五十九年，率兵二百，至察罕呼濟爾偵賊蹤。由伊彌勒河、沙喇呼魯蘇捡厄魯特逃衆，還駐布拉罕蘇伯。六十年春，駐拜達哩克。冬駐塔爾弼。雍正二年，移駐蘇伯和寧烏蘇，尋以輔國公通謨克游牧被掠，請移居阿拉善附近之綽確地，許之。十年，移牧奇齊格訥洪果爾阿齊喇克。《一統志》：一等台吉噶（哈）馬爾駐杭愛山陽〔四〕。東至伊爾哈圖，西至喀套，南至庫格布爾，北至呼爾哈爾濟。東至阿拉克諾爾，接中右翼末旗界。南至札斯台，接右翼前旗界。西至哈喇得勒，接瀚海界。北至胡濟爾圖，接札哈沁游牧界。東北至烏爾圖，接札哈沁游牧界。西北至托壘，接瀚海界。東南至開齊，接中右翼末旗界。西南至貢昌哈屯。接瀚海界。

［中右翼左旗］札薩克一等台吉游牧。輔國公通謨克從子普爾普車稜，祖巴克蘇木。當噶爾丹掠所部時，避居特穆爾圖諾爾，鄰伊犂。徐氏松《西域水道記》：特穆爾圖諾爾，亦曰圖斯庫爾河，東西長四百餘里，南北廣處百二十餘里，狹處八十餘里，當巴勒喀什淖爾正南千五百餘里。沿岸之沙可煎鐵，故有特穆爾之目。唐人謂之碎葉水，《（新）唐書・突厥傳》云：突騎施烏質勒，嘗屯聚碎葉西北界，後漸攻陷碎葉，徙其牙帳居之〔五〕。後突騎施别種車鼻施啜蘇禄子吐火仙居碎葉城。安西都護葢嘉運率石王、史王共擊吐火仙，破之。碎葉城葢居伊麗水之上游，故以是爲〈大〉｛犬｝牙矣〔六〕。《地理志》云：渡伊麗河至碎葉界，又西行千里，至碎葉城。又云：碎葉城北有碎葉水，是知城在淖爾

南岸也。地當蔥嶺北道衝。自北路邊境赴回疆者,必取徑於斯。辨機《西域記》云:自凌山行四百餘里,至大清池。周千餘里,東西長,南北狹,四面負山。衆流交湊,色帶青黑,味兼鹹苦,洪濤浩汗,驚波汩濦,龍魚雜處,靈怪間起。所以往來行旅,禱以祈福。水族雖多,莫敢漁網。原注:或名熱海,又謂鹹海,是清池、熱海皆斯水舊名,其産魚似鯉,今西域競網取之。子孫遂爲準噶爾部人。乾隆二十年,大軍剿達瓦齊。普爾普車稜攜族來歸,授札薩克一等台吉。以通謨克子旺沁札布爲其近族,命往同居。二十四年,卒,無子。其母車稜請以旺沁札布第三子沙克都爾札布爲普爾普車稜嗣,詔允。四十六年,詔世襲罔替。佐領一。普爾普車稜來歸,詔編所屬百餘丁爲一佐領,轄之。

(牧地)東至噶濟格,接左翼右旗界。南至札木圖,接中右翼末旗界。西至巴爾魯克,接札哈沁游牧界。北至哈勒占和碩,接札哈沁游牧界。東北至塔他庫,接左翼右旗及札哈沁游牧界,西北至阿拉克布拉克。接札哈沁游牧界,東南至烏蘭賽爾,接左翼右旗及中右翼末旗界。西南至固勒特。接札哈沁游牧界。

[右翼前旗]札薩克一等台吉游牧。格埒克延丕勒從祖烏爾占,父察罕斯奇布,號車臣諾顔,爲車臣濟農崆奎第五子。烏爾占嗣父號,康熙二十七年,率屬來歸。二十八年,授札薩克。三十年,授一等台吉。乾隆四十六年,詔世襲罔替。佐領一有半。

牧地:烏爾占世駐牧固爾班賽堪。康熙二十七年,命游牧茂明安界外蘇默圖格爾。朔漠平,賜牧阿爾察圖和岳爾敖拉、雅蘇圖鄂和多爾納默格爾諸界。《一統志》:車臣烏(馬)爾{占}駐杭愛山陽〔七〕。東至他賁陀羅海,西至鄂青庫屯,南至喇土魯,北至插漢和洛。東至薩喇塔拉,接右翼左旗界。南至鄂羅克依,接左翼後旗界。西至札爾滿,接瀚海界。北至保喇,接右翼後末旗界。東北至鉤巴里雅齊,接中右翼末旗界。西北至札奎,接瀚海界。東南至烏蘭札噶拉噶,接右翼右旗界。西南至庫克布拉克。接左翼後旗界。

[左翼左旗]札薩克一等台吉游牧。格埒克延丕勒族弟諾爾布。五世祖鍾圖岱,號巴圖爾,有子丹巴,號昆都倫陀音,爲喀爾喀八札薩克之一。子七,長色稜阿海,嗣札薩克。生子二,長喇嘛札布,次

肅哩。子納木札勒多爾濟,即諾爾布父也。康熙二十七年,色稜河海率諸弟來歸。三十年,封札薩克多羅郡王。卒,喇嘛札布降襲多羅貝勒。卒,子策登札布襲。乾隆二十一年,以附青衮咱卜叛,誅。定邊左副將軍成衮札布奏以諾爾布領其衆。青衮咱卜叛,策登札布棄汛歸。由布延圖布拉克徙牧布克,迎附青衮咱卜。時諾爾布爲二等台吉,諫沮之,弗聽。諾爾布率所屬台吉,馳赴烏里雅蘇台軍營,訴世受國恩,誓不從賊。因率屬由博羅哈卜齊爾赴察罕拖輝游牧,且請以所攜駝馬,助呼濟爾圖、阿穆托克察諸汛兵。詔允,授札薩克一等台吉。四十六年,詔世襲罔替。佐領一。

牧地:色稜阿海世居薩爾塔郭勒。《一統志》:多羅貝勒喇嘛札布駐杭愛山陰。東至哈爾占拜他克,西至伊克庫魯墨圖,南至鄂爾坤河,北至呼蘇台哈爾他爾伊錫克。《長春西游記》:又五、六日,踰嶺而南,至蒙古營,宿拂廬。旦行,迆邐南山,望之有雪。人告曰[八],此雪山北是田鎮海八剌喝孫也。八剌喝孫,漢語爲"城"[九]。七月二十六日,阿不罕山北鎮海來謁。沈君子惇釋曰:案真人於七月九日由窩果朵起行,二十六日至阿不罕山北,凡行十八日,計其地,當在今札薩克圖汗左翼左旗界,直科布多之東。在奇勒稽思諾爾、愛拉克諾爾之南,跨空歸河。空歸河,又名空陰河,舊《圖》作空格衣(依)河[一〇]。出昻奇山南麓,合三水,西南流三百餘里,而入札布噶河。方觀承《松漠艸》詩注:康熙辛丑六月,信勇公傅爾丹於空陰河北得龍角,長六寸許,短杈,近根堅綠如玉,奏獻之。其地名盧杇素泰。"龍"曰"盧","骨"曰"杇素",葢向多龍蜕也。"空陰"譯曰"淵",蒙古字爲"空各衣"。各衣,本一字,讀爲"空陰"。東至伯爾柯,接軍臺界。南至雅喇,接軍臺界。西至布圖,接左翼中旗及右翼後旗界。北至哈喇陀羅海,接杜爾伯特游牧界。東北至錫伯克圖,接左翼前旗及左翼後末旗界。西北至塔他庫特里,接杜爾伯特游牧界。東南至毛圖里野圖,接中右翼末旗及軍臺界。西南至胡圖克烏蘭。接烏里雅蘇台軍營城界。

[中右翼末次旗]貝勒博貝從子納瑪琳藏布,祖羅卜藏台吉額琳沁,以戕札薩克圖汗旺舒克,奔額魯特。嗣與噶爾丹隙,避居西藏,依達賴喇嘛。康熙三十一年,由西寧入覲。上以其舊爲札薩克,封輔國公。三十五年,隨剿噶爾丹,卒於軍。長子鄂爾齊圖哈坦巴圖爾以疾癈停襲。四十八年,授納瑪琳藏布札薩克一等台吉。諭曰:和託輝特貝勒博貝與厄魯特接壤,防守不可不嚴。念伊力孤,必得族中兄弟同居,方克有濟。納瑪

琳藏布，本和託輝特人，著授札薩克一等台吉，與博貝同居。乾隆四十六年，詔世襲罔替。佐領一。

牧地：康熙三十一年，詔額琳沁駐牧歸化城。四十八年，納瑪琳藏布賜牧塔斯郭勒、克木克木齊克地。雍正十年，又命額琳沁次子拉哩，移牧拜幹偉歡、塔勒滿訥穆爾格、庫都爾格烏克爾等處。《一統志》：一等台吉那馬林藏布駐杭愛山陰。東至庫騰嘎魯台，西至賽堪，南至綽納(諾)圖[一]，北至呼拉母圖。有特們諾爾、委衮諾爾。兩諾爾，水皆發源烏里雅蘇台軍營城北大山，東北流百數十里，豬爲兩大泊。委衮在北，特們在南，中隔一嶺，南北相望，形擬蝌蚪也。東至博郭温都爾，接中左翼左旗界。南至多木達薩木噶勒台，接賽音諾顔部右末旗界。西至拜察克什山梁，接賽音諾顔部右末旗界。北至愛拉克諾爾，接左翼左旗及軍臺界。東北至毛圖里野圖，接左翼左旗界。西北至鄂博爾烏拉克沁，接烏里雅蘇台軍營及軍臺界。東南至布木額，接中左翼左旗界。西南至博素噶。接賽音諾顔部右末旗界。

[中左翼末旗]札薩克一等台吉游牧。貝勒博貝從子達什朋素克，父圖巴，初以避噶爾丹亂奔青海，後來歸。隨博貝由布嚕勒進剿準噶爾有功，授一等台吉，旋封輔國公。克爾森齊老之役，以援剿不力，私歸游牧罪削爵，留軍效力。未幾，復授一等台吉。卒，子一，即達什朋素克也。雍正十二年，超勇親王策凌薦其才，授二等台吉。乾隆二十年，偵青衮咱卜叛，馳報烏里雅蘇台，令爲備。二十二年，以功授一等台吉。尋析青衮咱卜屬，命轄之，授札薩克。四十六年，詔世襲罔替。佐領一。

牧地：當德勒格爾河東岸。東至巴彦吉魯克，接烏梁海游牧界。南至巴噶鄂都斯，接賽音諾顔部中末旗界。西至德勒格爾河，接右翼右末旗界。北至鄂木圖，接邊喀界。東北至札遜，接邊喀界。西北至索約噶陀羅海，接邊喀界。東南至那木齊台，接烏梁海游牧界。西南至博羅布爾噶素。接賽音諾顔部左翼後旗界。

[附輝特旗]札薩克一等台吉游牧。額魯特部輝特族人噶爾丹達爾札，姓伊克明安。父羅卜藏，初爲準噶爾台吉，以噶爾丹虐所

部，棄之，從和碩特台吉噶爾亶多爾濟來歸。尋噶爾亶多爾濟叛逃，羅卜藏不從。叙功，封輔國公，詔以長子巴濟襲爵，授札薩克，領部衆。巴濟有弟四人，皆隸之。噶爾丹達爾札最幼。巴濟弟曰札木畢，曰阿海，曰達什達爾札，曰噶爾丹達爾札。札木畢赴烏魯木齊擊準噶爾賊，還，遇伏於畢留圖，戰死。詔由三等台吉追封輔國公。無嗣，以達什達爾札襲。阿海偕喀爾喀公通謨克剿羅卜藏丹津，獲逆黨丹津以獻。詔由三等台吉晋一等台吉。雍正九年，巴濟攜噶爾丹達爾札叛附準噶爾。乾隆二十年，大軍定伊犂，巴濟前死，噶爾丹達爾札率族迎降。詔授一等台吉。三十年，卒，子拉克沁噶喇襲，授札薩克，給印。四十六年，詔世襲罔替。初，巴濟戚屬有濟克濟札布者，游牧青海。以羅卜藏丹津亂，挈衆就巴濟，牲畜多道斃。詔所司議恤。編佐領，附巴濟牧。乾隆二十年，達什達爾札等降，諭所屬户口甚多，著於台吉内。令大者准攜三十户，次二十户，次十户，餘俟事竣，酌量安置。三十年，詔給佐領一。

牧地：初，羅卜藏來歸，詔附阿拉善額魯特牧。繼乃徙居喀爾喀，與札薩克圖汗部輔國公通謨克等鄰牧。巴濟叛，其族屬未附逆者，偕通謨克等徙訥穆勒圖、喀喇博羅等處。靖邊大將軍傅爾丹以所部徙牧告。諭總督查郎阿察置之。雍正十年，甘肅巡撫許容疏言：鎮夷口内紅布潮地，巴濟屬列幕居，稱避準噶爾，將内徙。督臣查郎阿以巴濟屬佐領翁鄂柴等，徙綽確哈魯鼐，給糧、茶，將偕喀爾喀公通謨克等徙牧阿拉善後。臣思寧夏地平衍，僅隔一阿拉善，别無險要，鎮番孤懸塞外，恐額魯特偪處，人心難測。請飭令未奉旨内徙者，毋縱入汛。會小策凌惇多卜，以兵三萬至阿爾台。巴濟及達什達爾札、朋素克岱青、茂海車稜等從，且稱喀爾喀兵弱，將導準噶爾越察罕搜爾，掠諸札薩克牧。超勇親王策凌大敗賊衆於克爾森齊老及額爾德尼昭，巴濟遁歸，偕茂海車稜等，各以其族游牧特穆爾圖諸爾，爲準噶爾屬。乾隆二十年，噶爾丹達爾札降，遣歸喀爾喀牧。二十二年，詔給穀種。復以牧地寒，早霜，遺之牟麥。當濟爾哈河東岸。濟爾哈河，自旗南界合三源，東北流，至札薩克圖汗部中右翼末旗界，而豬爲察罕諾爾。東至胡濟爾圖，接左翼中旗及右翼後旗界。南至烏里達沙爾，接左翼中旗及右翼後旗界。西至克勒特肯察布，接右翼左旗界。北至察罕諾爾，接中右翼末旗界。東北至烏斯奇，接左翼中旗及右翼後旗界。西北至噶圖勒噶，接中右翼末旗界。東南至圖爾根，接左翼中旗及右翼後旗界。西南至多木達賽爾。接左翼中旗及右翼後旗界。

統盟於札克畢賴色欽畢都爾諾爾。今作札克河源畢都哩雅諾爾。《理藩院則例》：札薩克圖汗部落之霍托輝特等六旗兵丁，於哈綏地方查驗。札薩克圖汗等九旗兵丁，於尼類等處地方查驗。道光二十二年《新修一統志》：札薩克圖汗部所屬烏梁海五佐領，一在庫蘇古爾泊北。一在德勒格爾河西岸，南與札薩克圖汗部中左翼左旗接。一北臨貝克穆河，西與南俱臨華克穆河。一在謨什克河西。一當札庫爾河源。

蒙古游牧記卷之十　　　　受業青陽吴式訓覆校

【校記】

〔一〕該句下引文有節略。

〔二〕即次一源之布克綏河也，"四庫本"《水道提綱》作"即次北一源之布克誰河也"；布克綏河，《（乾隆）大清一統志》作"布克瑞河"。

〔三〕北至濟蘭崇台魯克，《（乾隆）大清一統志》作"北至濟蘭崇台"。

〔四〕噶馬爾，《（乾隆）大清一統志》作"哈馬爾"。

〔五〕該句下引文有節略。

〔六〕"同治本"誤寫"犬"字爲"大"字，據中華書局點校本《唐書·突厥傳》改。

〔七〕"同治本"於"爾"字下脱一"占"字，《（乾隆）大清一統志》作"車臣馬爾占駐杭愛山陽"。

〔八〕人告曰，《長春真人西游記校注》作"郵人告曰"。

〔九〕該句下引文有節略。

〔一〇〕空格衣河，中華書局點校本《清史稿》作"空格依河"。

〔一一〕綽納圖，《（乾隆）大清一統志》作"綽諾圖"。

蒙古游牧记卷之十一

平定張　穆撰
光澤何秋濤校

額魯特蒙古總叙

額魯特，舊分四部：曰和碩特，今作霍碩特。姓博爾濟吉特。曰準噶爾。曰杜爾伯特，亦作都爾伯特。皆姓綽羅斯。曰土爾扈特，姓不箸，部自爲長，號四衛拉特，統稱額魯特。額魯，作厄。《新疆識略》：厄魯特之先，故有四衛拉特，華言四大部也。部各有汗。即《明史》所謂瓦剌者也。《額魯特總傳》謂：額魯特，即明之阿魯台，誤，辯見内蒙古科爾沁部。博明《西齋偶得》曰：瓦剌，即今之厄魯特，其始祖爲托歡太師，而未詳其意。按《朔漠方略》，博碩圖之稱號，則首貫以瓦赤剌，喀爾喀汗其初亦有此三字。今達賴喇嘛封號亦有之。蓋唐古特之美稱也。明人不察，遂以此稱之，一成而不改耳。龔之鑰《後出塞録》：元初，作都於圖拉河等處，設四牧廠。東西幾及萬里。其最西者，即今厄魯特地。厄魯特，本元人牧奴，其初甚賤。迨元室浸微，厄魯特漸强盛，遂叛其主。方觀承《松漠艸・從軍雜紀》詩注：準噶爾，本蒙古厄魯特人。元置駝、馬、牛、羊四部，分駐西北邊，準，其牧馬部也。今外藩四十九家，多元後裔。準噶爾語言、字畫，皆同蒙古，而諱言爲蒙古人，以此。有輝特者，姓伊克明安，最微。初隸杜爾伯特。後土爾扈特徙俄羅斯境，輝特遂爲四衛拉特之一云。魏源《聖武記》：初，四衛拉特之分部也，綽羅斯治伊犂，和碩特治烏魯木齊，杜爾伯特治額爾齊斯，土爾扈特治雅爾。土爾扈特北去，輝特治之。和碩特自固實汗東徙青海後，其烏魯木齊舊地遂爲準噶爾諸台吉公牧之所。謹案：乾隆中，三車凌及訥默庫、阿睦爾撒納之來歸也，上以衛拉特諸台吉後先歸附數十萬衆，錯處内牧，非得地衆建之不可。詔俟準噶爾定後，復設四衛拉特，不惟無殄其族類之心,抑并無利其土地之意。逮阿逆搆釁,霍孽負隅,舍稜遠颺,青衮撤臺,遂不得不改弦更張,祓新耳目。今據考之,和碩特、準噶爾、杜爾伯特、土爾扈特,此明以來之舊四衛拉特也。和碩特、準噶爾、杜爾伯特、輝特,此新疆未闢以前之四衛拉特也。杜爾伯特、和碩特、輝特、綽羅斯,此高宗所欲建之四衛拉特也。嗣天山底定,渥巴錫復還,藩封衆建,游牧星羅。數其名則有六:厄魯特也,和碩特也,輝特也,綽羅斯也,杜爾伯特也,土爾扈特也。覈其實不過三:和碩特也,杜爾伯特也,土爾扈特也。要其種則自明及今止一,曰額魯特蒙古而已。

阿拉善額魯特蒙古游牧所在

[阿拉善額魯特部]在河套以西,亦曰西套額魯特。袤延七百餘里,至京師五千里。漢北地郡西境及武威、張掖二郡北境地。晉爲前涼張軌、後涼吕光、北涼沮渠蒙遜地。唐屬河西節度使,廣德初,陷於西番。宋景德中,陷於西夏。元屬甘肅行中書省。明末爲額魯特蒙古所據。

[一旗]《一統志》:三旗:一爲巴圖爾額爾克,一爲阿拉卜灘,一爲丹濟蘭。案:阿拉卜灘、丹濟蘭,後徙賽音諾顔部之烏蘭烏蘇。札薩克和碩親王游牧。元太祖弟哈布圖哈薩爾十九世孫拜巴噶斯,青海顧實汗之兄也。初,無子,育顧實汗之子巴延阿布該阿玉什爲已(己)子。後自生子二:長鄂齊爾圖,號車臣汗;次阿巴賴,游牧河西套。巴延阿布該阿玉什,號達賴烏巴什。有子十六,居西套者十二。曰和羅理,曰墨爾根,曰博爾克,曰都喇勒,曰哈什哈,曰陀音,曰土謝圖羅卜藏,曰博第,曰多爾濟札布,曰諸爾布札木素,曰愛博果特,曰鄂木布。其長曰和羅理,號巴圖爾額爾克濟農。康熙十六年,噶爾丹以兵襲西套,戕鄂齊爾圖,破其部。噶爾丹妻阿努,鄂齊爾圖之女孫也。鄂齊爾圖之妻曰多爾濟喇布坦,與喀爾喀墨爾根汗額列克妻,姊妹也。其弟爲土爾扈特汗阿玉奇,時游牧俄羅斯之額濟勒河。額列克孫察琿多爾濟,號土謝圖汗。偵噶爾丹侵西套,以兵援之,不及。多爾濟喇布坦奔土爾扈特。和羅理逃竄近邊。二十五年,上書,求給牧地。詔於寧夏、甘州邊外畫界給之,諸昆弟子姓隸焉。三十六年,和羅理以所部數叛,請視四十九旗例,編佐領,授札薩克,封多羅貝勒。雍正二年,和羅理子額駙阿寶,以功晉多羅郡王。阿寶以康熙三十四年尚郡

主，授和碩額駙，賜第京師，御前行走。四十八年，襲父爵，歸游牧。五十四年，準噶爾掠哈密，詔以阿寶爲右衛將軍費揚古參贊，率所部兵赴推河。會準噶爾敗於哈密，遁走。詔仍以參贊往會西安將軍席柱等，駐巴里坤，襲擊準噶爾於伊勒布爾和碩、阿克塔斯、烏魯木齊諸地，皆克捷。五十七年，自巴里坤赴青海，參贊平逆將軍延信軍，敗準噶爾賊於卜克河、齊諾郭勒、綽瑪喇等處，護達賴喇嘛入藏，統兵駐藏地。雍正元年，議徹駐藏軍。會青海羅卜藏丹津叛，詔聽撫遠大將軍年羹堯檄調。年羹堯忌其功，復以大將軍尊蔑視之，奏阿寶多疾，兵不堪用，應遣歸游牧。未幾，阿寶來朝，上閔其勞，慰諭之。晉封郡王，賜銀萬兩。次子羅卜藏多爾濟襲。乾隆十五年，尚郡主，授多羅額駙。三十年，以功晉和碩親王。羅卜藏多爾濟初襲札薩克多羅貝勒。乾隆二十二年，駐軍巴里坤。偵阿逆由博羅塔拉走阿卜克特，偕副都統愛隆阿等分道馳擊，抵塔爾巴噶台，諜輝特賊巴雅爾，伏嶺險，捕之。賊遁，尾六日，次愛唐蘇。哈薩克兵二百餘遮道，羅卜藏多爾濟等僅數騎，鏖擊之，哈薩克懼，乞降。巴雅爾尋就擒。詔晉封多羅郡王，授參贊大臣。二十三年，從定邊右副將軍車布登札布，勦叛賊哈薩克錫喇及布庫察罕等，抵落霍斯，賊據岡拒，驟擊之。獲布庫察罕兄阿都齊。進兵哈魯勒托羅海，偵布庫察罕由庫克烏蘇走哈薩克，將往索。定邊將軍兆惠檄以兵屯阿勒坦額默勒，勦喀喇沁宰桑恩克圖等於庫隴癸嶺。恩克圖就擒。哈薩克尋以布庫察漢獻。賞三眼孔雀翎。二十四年，回疆底定。詔犒所部兵與飲。至宴，圖形紫光閣。御製《贊》曰：渭陽所出，札薩穎材。命帥本部，宣力龍堆。及愛隆阿，單騎見虜。降哈薩克，厥功甚鉅。三十年，晉和碩親王，賞元狐、裘及黃轡。四十七年，詔世襲罔替。佐領八。

牧地：當賀蘭山西、龍頭山北。初，鄂齊爾圖之孫羅卜藏衮布阿喇布坦，避噶爾丹，走唐古特。以達賴喇嘛言，表請賜居龍頭山，轄西套遺衆。命兵部督捕理事官拉都琥往勘。奏言：龍頭山，蒙古謂之阿拉克鄂拉，乃甘州城北東大山脈，綿延邊境。山口即邊關，建夏口城，距湓川堡五里，山盡爲寧遠堡，距龍頭山里許，有昌寧湖界之。内地兵、民耕牧久，不宜令新附蒙古居。上可其奏。羅卜藏衮布阿喇布坦尋徙牧布隆吉爾。二十四年，和羅理請賜敕印鈐部衆。廷議以游牧未定，不允。上遣官，諭令度可居地，歸併安置。和羅理奏：皇上令臣等聚處，乃殊恩。達賴喇嘛亦謂羅卜藏衮布阿喇布坦居布隆吉爾，地隘艸惡，不若與臣同處。臣等欲環居阿拉克山陰，遏寇盜，靖邊疆。令部衆從此地而北，當喀爾喀台吉畢瑪里吉哩諦牧地，由噶爾拜瀚海、額濟納河、姑喇柰河、雅布賴山、巴顔努魯、喀爾占、布爾特、洪果爾、鄂隆以内，東倚喀爾喀丹津喇嘛牧，西極高河居之。上於是遣拉都琥，偕達賴喇嘛使者約和羅理至東大山北，語之曰：爾所請噶爾拜瀚海，聽爾游牧外，自寧夏所屬玉泉營山背後，至賀蘭山陰一帶布爾哈蘇台口；又自寧夏所屬綏波嶺塞口北、努渾努魯山後，甘州所屬鎮番塞口；北沿陶蘭泰、薩蘭、椿濟、雷津、西理等地，西南至額濟納河，俱以距邊六十里爲界。畫地識之，議乃定。雍正二年，大軍定青海。王、大臣等議，阿拉善爲寧夏邊外要地。青海顧實汗諸子裔，舊皆游牧山後，今或徙山前。請敕阿拉善札薩克郡王阿寶飭青海衆歸牧山後。允之。阿寶奏乞青海曠地，鈐束諸部。詔以青海貝子丹忠所遺博羅充克克牧地給之。并諭撫遠大將軍年羹堯，遣員齎餉助徙。博羅充克克者，《漢書·地〈里〉{理}志〔一〕》所稱潢水也。七年，阿寶以博羅充克克牧地隘，擅請徙烏蘭穆倫及額濟内河界。議罪削爵，尋命復之。仍歸阿拉善牧，不復居青海。《癸巳存稿》引理藩院文云：阿拉善王駐牧之處，在賀蘭山之西，由赤木口出口至其牧處六十里。地名定遠城。雍正間，遷阿拉善王於博羅充可克，時曾於其處設定遠營，置守備一員。後阿拉善王復還舊游牧，即以定遠城賜之。《元和郡縣志》：賀蘭山，在靈州保静縣西九十三里〖《志》又云：在夏州寧朔縣東北三十里〗。山有樹林。青白如駮馬，北人呼駮馬爲"賀蘭"。其山與河東望雲山形勢相接，邐迆向北，經靈武縣，又西北，經保静縣西，又北，經懷遠縣西，又北，經定遠城西，又東北，抵河。其抵河之處，亦名乞伏山，在黄河西，從首至尾，有像月形，南北約長五百餘里，真邊城之鉅防。山之東，河之西，有平田數千頃，可引水灌溉，如盡收地利，足以贍給軍儲也。《一統志》：巴圖爾額爾克一旗，駐牧博羅沖其克之地。賀蘭山在旗東，與寧夏邊接界。土人名阿拉善山。龍首山在旗西南，與甘州府山丹縣接界，蒙古名阿喇克鄂拉。綿亘廣遠，東大山之脈絡也。距甘州城三十里，山丹城三里。山盡處爲寧遠堡，山南爲内地。蒙古俱於山北游牧。又龍首山在山丹縣西北二十五里邊外。明萬曆中，夷人青把都自昌寧湖移住於此，巡撫田樂擊走之。一名龍頭山，俗呼爲甘峻山。山腰有三洞，各深五尺。山陰有泉，旱可禱雨。《皇朝輿地考》：賀蘭山厄魯特部，駐賀蘭山之博羅沖科克。《征榷考》：雍正三年，裁博羅沖科克地方鹽務官，怡親王允祥等議覆，原任大將軍年羹堯奏稱：臣在西寧時，因邊外博羅充科克舊有鹽池，青海蒙古人等運來邊内貿易，西寧軍民賴食此鹽。臣奏設副將一員、兵一千六百名，駐防彼處。將西寧通判移駐管理在案。現今郡王額駙阿寶，移在博羅沖科克地方駐劄，無庸復駐官兵。其管理鹽務通判，亦應裁之。應如所請，從之。俞君正燮曰：博羅沖科克，在大通河南。其河源出察罕鄂伯圖，下流爲西寧之北川河，與賀蘭山渺不相涉。阿拉善地，按地圖，在寧夏長城外，賀蘭山之西，亦不剌山之東，吉蘭泰鹽池之南。或以其嘗遷博羅沖科克，不詳命名之義及博羅沖科克所在，乃云賀蘭山厄魯特，居賀蘭山之博羅沖科克，非矣。穆案：察罕鄂伯圖，乃喀喇河所出，非湟河也。俞君此語本《會典》，稍誤。**東至寧夏府邊外界**，案《圖》，賀蘭山之東山口，自北而南曰寧靖口、鎮北口、韭菜口、大塔峽口、小塔峽口、小水口、大水口、鹿攀口、汝箕口、小賀蘭口、大賀蘭口、大韭菜口、小韭菜口、鎮北口、大水吉口、小水吉口、小滚鐘口、大滚鐘口、獨樹口。又南接邊城，曰青羊溝口、乾溝口、平羌口、紅山峽道口、柳泉口、磨石口、北岔口、永安口、雙山南口、靈武高口、大盧溝口、大沙溝口、井溝口、北城兒口、木頭井口、水井兒口、鎮賊口、崇慶口、小關兒口，又南則石空寺堡及勝金關也。西山口自北而南曰歸德口、紅兒口、大風口、小水高口、大西番口、小西番口、逃軍口、白塔口、偷牛口、新開口、宿嵬口、白寺口、黄峽口。又南山勢邐迆而西，其南曰山觜口、金塔口、杏樹口、赤木口。東接邊城曰大佛寺口、三岔溝口。其西曰靖湖�口、燕子窩口、鎮口、墩口、馬槽湖口、鎮夷口、崇慶口、鎮北口、寧安口、向陽墩口、殺虎墩口。《理藩院則例》:阿拉善額魯特親王旗與鄂爾多斯杭錦貝子旗,東西以黄河爲界,河東爲杭錦貝子旗地,河西爲額魯特親王旗地。南北以則布蓋地方爲界,則布蓋以北,屬杭錦貝子管;則布蓋以南,屬阿拉善親王管。其所管則布蓋以南界内定遠營地方,有久經奏准開墾成熟地一千一百九十頃零六十七畝,由該旗自向民人收租。其續因原開地,内有水沖沙壓出城地二百餘頃,請於四至餘地,照原開頃數,换出地畝,悉令撩荒,設立堆記封禁。雖有涸復,不准再行私開。每年由駐劄寧夏司員巡查一次。南至涼州、甘州二府邊外界,旗南有武威故城,直鎮番縣北。漢置縣,屬武威郡。晉省。《水經注》:武威縣,在姑臧城北三百里,馬城河逕其城東。漢太初四年,匈奴昆邪王殺休屠王,以其衆降,置武威郡。即此。《一統志》按:漢武威郡治姑臧,即今涼州府治武威縣也。漢武威縣屬武威郡,以《水經注》證之,故城當在今三岔河流出鎮番邊外之西。《寰宇記》:武威故城,在番和縣西北三百里。誤也。有揟次故城,直古浪縣北。漢置縣,屬武威郡,後漢因之。魏黄初中,涼州刺史張既討盧水胡,揚聲軍從鸇陰,乃潛由且次出武威,且次即揟次也。《地形志》訛爲揖次。屬昌松郡,後周廢縣,入昌松。《一統志》按:《水經注》:松陝水北至揟次入海。今此水北流至古浪縣邊城外又百餘里,始豬爲大澤,故城當在其傍。《通志》謂在古浪縣,非也。有白亭軍城,直鎮番縣東北。《舊唐書》:大足元年,郭元振爲涼州都督,舊州界南北不過四百里。元振始於南境硤口,置和戎城。北界磧中,置白亭軍,拓州境一千五百里。《元和志》:白亭軍,在姑臧縣北三百里馬城河東岸。[二]天寶十年,哥舒翰置軍,因白亭海爲名。《行都司志》:有古城,在鎮番衛北一百里。相近有連城,又有三角城,在衛北一百十里,與上二城鼎足相峙。旗南有寧羅山,在長艸湖南。有來伏山,與鎮番縣接界。有亦不剌山,直鎮番縣北二百八十里。有脱歡山,直永昌縣北四百里。旗南有松陝水,自古浪縣北流,經縣東。又東北,至土門堡流出邊。又東北,至旗界豬爲澤。《漢志》:蒼松縣,南山,松陝水所出。北至揟次入海。《一統志》按:陝音峽,松陝水即今古浪河。邊外積水處總曰"海"。有谷水,即三岔河,自涼州府城東,東北流,經鎮番縣東三十里。又東北出邊,土人呼爲郭河。至旗界,入白亭海子。《漢志》:姑臧縣,南山,谷水所出,北至武威入海,行七百九十里。《地形志》:武威郡襄城縣有武始澤。《水經注》:馬城河,又東北,逕武威縣故城東。届此,水流兩分:一水北入休屠澤。一水又東流一百五十里,入豬野。有水磨川,一名雲川,自永昌縣西東北流,經新城堡北水磨堡西。又東,逕永昌城北。又東北,逕寧遠堡西,北流出邊,經旗界,豬爲大澤,蒙古名沙喇鄂模。有休屠澤,即古豬野。[三]《漢志》:武威縣,休屠澤,在東北,古文以爲豬野澤。《水經注》:武威北有休屠澤,俗謂之西海。其東有豬野澤,俗謂之東海。通謂之都野。《括地志》:豬野澤,在姑臧縣東北一百八十里。《元和志》:姑臧縣,有白亭軍,因白亭海爲名。《寰宇記》:姑臧縣,白亭海,水色潔白,因以爲名。又東,有達狄回海。《行都司志》:白亭海,一名小闊端海子,五澗谷水,流入此海。舊《志》白亭海,即豬野澤。《一統志》按:三岔河自鎮番東北流,出邊,又三百餘里,豬爲大澤,方廣數十里,俗名魚海子,蒙古名哈喇鄂模,即古休屠澤。但

《水經注》謂其東别有豬野澤，與《漢志》異。而《括地志》謂豬野澤在姑臧城東北一百八十里，似指今古浪縣東松陜水出邊所豬之澤爲豬野也。有沙喇鄂模，在休屠澤西二百餘里。水磨川自寧遠堡北出邊，注入其中，方廣三四十里。有昌寧湖，直永昌縣東北一百二十里，寧遠堡北四十里，東至鎮番縣界一百五十里。多水艸、楊木。明季，青把都游牧於此。有長艸湖，在寧羅山北。有伯(擺)顔(言)湖〔四〕，直平番縣東北邊外。有雙泉，直永昌縣西北二百里，亦名雙井。有馬跑泉，直永昌縣北三百十里。有高泉、平泉、赤諾泉，有三井，直鎮番縣西北三百四十里。〔五〕有亂井兒，有青鹽池、鴛鴦白鹽池、小白鹽池，皆在鎮番縣西北二百二十里邊外。明初，曾設鹺司，後因商賈不行，{故}廢〔六〕。有紅鹽池，在山丹城北三百里。池産紅鹽，其根可作器。明洪武中，指揮莊德采貢歲辦。後以地屬境外，罷之。**西至古爾鼐，接額濟納土爾扈特界，北踰戈壁，接札薩克圖汗部界。**定遠城北有鹽池，所謂吉蘭泰池也。《會典·户部奏准鹽法事例》：乾隆五十六年，奏准阿拉山地方，每年准造鹽船五百雙，每船鹽四十石，石七百斤，共計二萬八千斤。運至山西例食口鹽地方販賣，石收銀四錢，共收銀八千兩。嘉慶五年，甘肅按察使姜開陽采蘭州府知府龔景瀚議，請改收税銀。疏曰：中衛邊外，有大、小鹽池，今爲阿拉善王所轄。其鹽潔白堅好，内地之民，皆喜食之，私販者絡繹不絶。大約甘肅全省，食花馬小池鹽者僅十分之三；食各縣私池鹽者，十分之一；食阿拉善鹽者，十分之六；陜西一省，亦居其三。聞阿拉善王但於兩池置官收税，不論蒙古、漢人，聽其轉運，隱符唐劉晏之法，故於民甚便，私販日多。駱駝、牛、騾十百成羣，持梃格鬥，吏役不敢訶止，官引壅滯，職此故也。今擬令沿邊各州縣於各隘口鹽所從入之處，設局收税，亦計所馱多少，爲税之輕重。一歲之入，必十倍於額課。彼所收者池税，而我所收者過税，既無礙於阿拉善王，又易私販爲官販，兩便之道也。其延、榆、大同，向食河套私鹽者，亦於隘口收税，則私鹽皆成官鹽，而鬥爭兩息矣。十一年，阿拉善王因回民私販吉鹽罹法，懼而獻其池，歸官辦。以磴口舊置住房，作爲運判衙署，每歲恩賞阿拉善王銀八千兩。鹽池屬寧夏道專管。章程屢改，官民、商夷交困。十七年，命侍郎文孚、阮元往議之。議仍歸商辦，酌定口岸，示以限制，於河口之南三百餘里皇甫川地方爲界。將磴口大使改爲皇甫川大使，專司稽察。所有吉鹽，水販只准至皇甫川而止。其自磴口商運鹽船，仍照舊至河口起卸存倉。部議准行。後復以鹽池賞還阿拉善王，而引岸則仍以至皇甫以爲限云。阮太傅《客難》載《揅經室集》中，略曰：藩民不可使之太富，亦不可使之太貧。太貧則不安，太富亦不安，今半絶之，所以權衡使適中也。且皇甫川一大使耳，能全絶私船乎？皇甫川距河東引地六百里，一、二年後，河東私鹽必侵而北，皇甫川私鹽必侵而南，兩侵則兩爲平準焉。民食裕而市價賤矣。譬如南、北二家之田，中隔閒地六畝，歲既久，南者必稼而北，北者必稼而南。兩私則不爭，爭則官治之，並閒田失之矣。通政司副使王慶雲《石渠餘紀·紀河東鹽法篇(下)》略曰：吉蘭泰鹽池者，在寧夏邊外，賀蘭山之西，沿邊蒙古鄂爾多斯、蘇尼特諸部皆産鹽。吉池最遠，味甘而産多。舊行山西口外五廳，并大同、朔平兩府，兼濟太原四十四州縣土鹽之不足。邊民販運，由殺虎口、河堡營、黄甫川輸税而入。

先是,乾隆四十五年,恐侵潞綱,禁之。四十七年,上念河東鹽敝,命議運吉鹽至臨縣,潞商領買行銷。巡撫農起會羅卜藏多爾濟於托克托城傳諭商人。衆言:前此兼買口鹽,以道遠費鉅奏停。今潞鹽收存八千餘萬,無須接濟。農起以聞,乃請開禁,聽邊民輸税販鬻。五十一年,西巡五臺,旺沁班巴爾請改吉鹽由水運。巡撫伊桑阿奏言:前撫臣農起禁吉鹽用大船、木筏運至臨縣,四出私售。蓋太原等處原非全賴吉鹽。若聽外藩連船而來,不特語言不通,且自托克托水程千里至臨縣磧口鎮,下接平陽之吉州鄉寧,與秦、豫皆一水可通,恐侵河東引地。惟陸販無多,藩民生計不足。臨縣至河東引地,尚有二、三百里,應聽運至磧口貯岸,零星售販,不得載至下游。部議允之。蓋潞課未歸地丁以前〖五十六年,潞課歸地丁〗,吉鹽已行於晉北,固難定其不浸淫逾越也。逮潞商盡撤,聽民自銷,而口鹽水運地界,益無譏察。由是越境行銷,而池鹽轉不能暢行於晉省。遂致私越楚、豫,淮引歷年爲滯。嘉慶八年,兩淮鹽政佶山奏:運豫、潞鹽,定額給票,并停吉鹽水運。尋旺沁班巴爾身故,内地嚴緝私販,禁邊民出口,吉鹽中廢。十一年,陝甘督撫以移咨阿拉善,續派吉鹽池商入告。時侍郎英和、内閣學士初彭齡鞫獄西寧,諭與沿塗各督撫會議奏聞。於是山西巡撫同興疏請復商。英和等疏言:阿拉善請以鹽池歸公,傚[七]照河東一體招商。至吉鹽向由船運至山西省北。所有山西兼食吉鹽之處,查照實銷定引。又改陝西神木等八州縣食吉鹽。吉蘭泰爲撈鹽之地,磴口爲發運之所,河口鎮爲入晉停泊要區,各設大使一。其陝西對岸有鄂爾多斯鹽,侵越磧口龍王辿以下。即非吉鹽引地,均設官稽查。事下,大學士、九卿議,從之。自吉鹽議歸潞商,又議出口撈鹽之坐商、寧夏造船之木商,委曲繁重,商情疑畏。且逆計河東有商,則各護引地,吉鹽無利可圖。是年十月,山西布政使金應琦奏:河東舊商五十八家,已招四十家,再容招足配掣,其磴口運至托克托之鹽,已别委新商試辦。旨詰以潞鹽、口鹽分爲兩事,與原議不符,且何必拘定五十八家之數。令撫臣再議。越月,巡撫成齡竟以招足五十八家入告。又言:晉商不諳口外情形,且已一家承辦數處,不能兼顧。就地勢而論,吉池在黄河上游,比隣寧夏;解池在黄河下游,地接豫、秦,相去三千餘里,歷來不能越險行銷。原無須潞商兼辦。況河東鹽行三省,引課較多,獲利亦厚。吉引雖七十二處,每處三萬石,年銷二千一百萬斤,計八萬七千餘引〖每引二百四十斤〗,徵課六萬餘兩,引課有限,獲利無多,潞商亦無需兼辦。事下户部議行。蓋應琦深慮墮課,急在招商,以爲百足不僵之計。故不得不曲爲之説,所言吉鹽不能越銷,潞商獲利亦厚,然邪否邪?然吉鹽實則無利。十五年,河東增價五釐,潞商僅足自給,而吉商頻年虧課誤運,招充乏人,改爲官運,引復不行。十七年,命侍郎文孚、阮元往議之。奏言:官運不難,難於官銷。苟不能銷,愈運愈滯。若因滯銷兼顧課額,勢不得不派之州縣,認引督銷。州縣非虧那倉庫,即擾累閭閻。是能銷之弊,更甚於不銷,斷難無弊。適河東道茅豫奏禁水運吉鹽,併下該侍郎等議。於是議吉引終不可行於内地。先後與巡撫衡齡奏請吉池敕還阿拉善王,停其歲賞〖每年恩賞銀八千兩,池屬寧夏道專管,至是罷〗。歸藩户撈曬,禁用運船。陸販者,照各蒙古例,每百二十斤輸税四分五釐。入口裁新設各官。初,議猶以吉引之地歸潞商,行鹽輸課。既終恐道遠誤運，乃於潞引六十餘萬道之外，包吉鹽八萬七千餘引。視潞引不足之處，隨時指配，各爲活引。於潞課五十餘萬之外，包納吉課六萬三千餘兩。凡内地悉遵舊制，無所更改。蓋潞商撤而吉鹽始利，水運通則潞鹽必病，二者無俱利之勢也。

自爲一部，不設盟。

蒙古游牧記卷之十一　　　　武進楊傳第覆校

【校記】

〔一〕誤寫"理"字爲"里"。

〔二〕該句下引文有節略。

〔三〕該句下引文有節略。

〔四〕伯顏湖，《（乾隆）大清一統志》作"擺言湖"。

〔五〕該句下引文有節略。

〔六〕"同治本""廢"字前闕一"故"字，據《（乾隆）大清一統志》補。

〔七〕懇，同"懇"。

蒙古游牧記卷之十二

平定張　穆撰
光澤何秋濤校

青海額魯特蒙古游牧所在

［青海和碩特部］今作霍碩特。在西寧邊外。至京師五千七十里。東及北界甘肅，西界西藏，南界四川。袤延二千餘里。本《禹貢》西戎地。《禹貢》：織皮：昆侖、析支、渠搜，西戎即叙。鄭康成曰：衣皮之民，居此昆侖、析支、渠搜三山之野者，皆西戎也。昆侖謂別有昆侖之山，非河所出者也。馬融曰：昆侖在臨羌西，析支在河關西。王氏後案曰：《傳》《記》言昆侖凡四處，一爲河源，釋氏《西域記》謂之阿耨達山，《禹本紀》所云昆侖者是也。一在海外西海之南，流沙之濱，與條支、大秦相近，《禹本紀》云"去嵩高五萬里"者是也。一在酒泉，《漢志》：金城臨羌縣西有弱水、昆侖山祠。崔鴻《十六國春秋》：張駿時，酒泉太守馬岌上言：酒泉南山，即昆侖之體。周穆王見西王母，樂而忘歸。謂此山也。一在吐蕃，劉元鼎謂之悶摩黎山，東距長安五千里，其非《禹貢》之昆侖明甚。鄭意蓋以臨羌之昆侖爲西戎所居，與馬合。《逸周書・王會解》：正西有昆侖等九國。孔鼂注云：九者，西戎之別名是也。鄭以析支、渠搜皆山名。馬云析支在河關西者。《水經注》云：自析支以西，濱於河首，羌居其右。河水東流，屈而東北，逕於析支之地，是爲河曲矣。《後漢（書）・西羌傳》云：西羌之本，出自三苗。其國近南岳。及舜流四凶，徙之三危，河關之西南羌地是也。濱於賜支，至乎河首。綿地千里，皆羌地。賜支者，《禹貢》所謂析支者也。南接蜀、漢徼外蠻夷，西北接鄯善、車師[一]。北音讀"析"如"賜"，故一作賜支。其地後爲党項所居。《通典》云：党項羌在古析支之地，漢西羌之別種，北連吐谷渾是也。漢河關縣，在今西寧府西寧縣西南，塞外地也。渠搜，亦西戎。《周書・王會》云：渠搜以鼩犬。孔鼂注"渠搜，西戎之別名也"

是也。夏、殷、周，皆屬西羌。《詩·商頌》：自彼氐羌，莫敢不來享，莫敢不來王。《書·牧誓》：有羌髳。《後漢書》：羌無弋爰劍者，秦厲公時，入三河間。諸羌推以爲豪，至曾孫忍，忍子研，至豪健，故羌中號其後爲研種。漢爲張掖、武威、金城、隴西四郡之西塞外，及蜀郡之北徼外。屬先零、燒當等諸羌地。《後漢書·西羌傳》：武帝時，先零與封養牢姐種結盟，與匈奴通。漢遣將軍李息、郎中令徐自爲將兵擊平之[二]。始置護羌校尉。羌乃去湟中，依西海、鹽池左右。宣帝時，先零種豪度湟水，與諸羌寇金城。遣趙充國破平之，至研十三世孫燒當立。元帝時，彡姐等七種羌寇隴西，遣馮奉世擊降之[三]。從爰劍種五世至研，研最豪健，自後以研爲種號。至燒當，復豪健，其子孫更以燒當爲種號。[四]王莽時，始置西海郡。《漢書·王莽傳》：莽遣中郎將平憲等持金幣誘塞外，羌豪良願等獻鮮水海、允谷鹽池。莽受所獻地，爲西海郡。《後漢書·西羌傳》：莽西海郡五縣。歷後漢、魏、晉，皆諸羌所居。《後漢書·西羌傳》：自爰劍後，子孫支分，凡百五十種，其九種在賜支河首以西，及在蜀、漢徼北。其五十二種衰少，不能自立。其八十九種，惟鍾最强盛[五]。發羌、唐旄等絶遠，未嘗往來。氂牛、白馬羌在蜀、漢，其種别名號，皆不可紀知也。東晉以後，又爲吐谷渾所據。《晉書·西戎傳》：吐谷渾，慕容廆之庶長兄也，父涉歸分部落一千七百家以隸之。涉歸卒，廆嗣。二部馬鬥。吐谷渾乃度隴而西，其後子孫據有西零以西甘、松之界，極乎白蘭數千里。以吐谷渾爲民。《周書·異域傳》：自吐谷渾至伏連籌十四世，伏連子夸吕，始自號爲可汗。治伏俟城在青海西十五里。東西三千里，南北千餘里。隋大業五年，平土谷渾，置西海、河源等郡，隋〈未〉{末}[六]，吐谷渾復據其地。《隋書·煬帝紀》：大業五年，置西海、河源、鄯善、且末等四郡。又《吐谷渾傳》：煬帝令觀王雄、宇文述擊伏允，大破其衆。其故地皆空，自西平至臨羌城以西，且末以東，祁連以南，雪山以北，東西四千里，南北二千里，皆爲隋有，置郡、縣、鎮、戍。大業末，伏允復其故地。唐初，擊破之。《(新)唐書·吐谷渾傳》：伏允相天柱王用事，拘天子行人。貞觀九年，詔李靖爲西海道行軍大總管，侯君集、李道宗、李道彦、李大亮、高甑生並爲總管，擊〈土〉{吐}谷渾。分二軍，靖與大亮、薛萬均以一軍趣北，出其右[七]；君集、道宗以一軍趣南，出其左。靖破天柱王部落於赤海。伏允走圖倫磧，萬均又追破之。君集、道宗行空荒之地二千里，盛夏降霜，乏水艸，士糜冰，馬秣雪。閱月，次星宿川，達柏海上，望積石山，觀覽河源。馳破虜車重。兩軍會於大非〈山〉{川}、破邏真谷[八]。伏允子順斬天柱王，奉國降。伏允懼，遁磧中，自盡。詔封順西平郡王，號趉胡吕烏足甘(甘豆)可汗[九]。龍朔三年，吐蕃滅吐谷渾，盡有其地。《(新)唐書·吐谷渾傳》：吐谷渾，居甘松山之陽，洮水之西，南抵白蘭，地數千里。自晉永嘉時有國，至龍朔三年吐蕃取其地，凡三百五十年，及此封嗣絶矣。宋亦爲吐蕃地。

元爲貴德州及吐蕃朵甘思等處，屬吐蕃等處宣慰司。明爲西番地。《一統志》：明洪武十六年，青海酋長史剌巴等七人來歸，賜文綺寶鈔。青海，又曰西海，水艸豐美，番人環居之。專務畜牧，日益繁滋，素號樂土。正德四年，始爲蒙古部酋所據，名爲海寇。《一統志》：蒙古亦不剌（額伯爾）及阿爾秃斯獲罪〔一〇〕，其主擁衆西奔，瞰知青海饒富，襲破之，大肆焚掠，番人多遠徙，其留者反爲所役屬。自是甘肅、西寧始有海寇之患。正德九年，總制彭澤擣其巢，寇遁走烏思藏。及大軍還，亦不剌仍返海上，惟阿爾秃斯遁去。嘉靖八年，洮、岷諸番數犯邊。九年，總制王瓊且撫且剿。洮、岷獲寧，而西寧仍苦寇患，惟卜（布）兒（爾）孩（罕）一枝斂衆自保〔一一〕。後北部俺（諳）荅（達）又羨青海富饒〔一二〕，攜子賓圖（兔）〔一三〕、丙兔等數萬衆，襲據其地。卜（布）兒（爾）孩（罕）竄走。已而俺（諳）荅（達）引去，留丙〈免〉｛兔｝據青海〔一四〕。隆慶中，俺荅受封順義王，西寧亦安。自丙〈免〉｛兔｝據青海後，俺（諳）荅（達）從孫切盡台吉火落赤及兄子永邵卜，同居青海。萬曆中，又時時寇邊爲患，勢亦駸衰。

國初，顧實汗自西北侵有其地。顧實汗者，元太祖弟哈布圖哈薩爾七傳至阿克薩噶勒泰，子二，長阿魯克特穆爾，今内札薩克科爾沁、札賚特、杜爾伯特、郭爾羅斯、阿魯科爾沁、四子部落、茂明安、烏喇特八部，其裔也。次烏魯克特穆爾，九傳至博貝密爾咱，稱衞拉特汗。子哈尼諾顔洪果爾繼之，有子六。圖魯拜琥，其第四子也，號顧實汗。既據有青海，青海在西寧邊外四五百餘里，古名西海，曰鮮水海，亦曰仙海。古音讀“西”如“鮮”、如“仙”，故先零亦謂之西零也。《漢書·地理志》：金城郡，臨羌，西北至塞外，有仙海、鹽池。《趙充國傳》：酒泉太守辛武賢奏言：可分兵出張掖、酒泉合擊罕、开在鮮水上者。又上以書敕讓充國曰：鮮水北去酒泉八百里。又充國上屯田奏曰：治隍陿以西道橋七十餘所，令可至鮮水。又《王莽傳》：中郎將平憲等奏言：羌豪良願等願爲内臣，獻鮮水海、允谷鹽池，平地、美艸，皆予漢民。北魏始名曰青海，亦謂之卑禾羌海。《水經注》：湟水東逕西海、鹽池北。又東南，逕龍夷城。又東，逕卑禾羌海北，有鹽池。闞駰曰：臨羌縣西有鮮禾羌海，世謂之青海，東去西平二百五十里是也。海周回七百五十餘里，中有二山：一曰魁孫陀羅海，峯巒純白，上有小廟，廟内番僧於冰合時出取一年之糧，入居焉。一曰察罕哈達，近西岸，其峯卑小，多土少石。二山東西對峙，水色青緑，中流高起，冬、夏不枯不溢。《魏書·吐谷渾傳》：青海周圍千餘里，海内有小山。《舊唐書·吐谷渾傳》：青海周回八百餘里。《明（一）統志》：青海方數百里。有魚無鱗，皆負黑點，西游茭〖三字疑〗七十二道水，滙爲西海。冬、夏不溢不乾。自日月山望之，如黑雲冄冄而來〔一五〕。以今證古，載記略同也。惟海中古出名馬，今則未聞。《魏書·吐谷渾傳》：海内小山，每冬冰合〈處〉｛後｝〔一六〕，以良牝馬置此山。至來春收之，馬皆有孕，所生得駒，號爲龍種，必多駿異。吐谷渾嘗得波斯草馬，放入海，因生驄駒，能日行千里，世傳青海驄者是也。《隋書・煬帝紀》:大業五年,置馬牧於青海渚中,以求龍種,無效,而止。然則天馬來西,信屬太乙奇況矣。青海番名庫庫諾爾,舊圖作呼呼腦兒。《元史・憲宗紀》:四年甲寅,會諸王於顆顆腦兒之西,乃祭天於日月山。顆顆,今亦譯改爲庫庫,蓋已確知其爲青海矣。而并改金山以北之稱海爲青海,斯大謬耳。本朝雍正二年,大軍征賊黨阿喇布坦、温布等,追至諾爾北岸伊克哈爾吉河。時人、馬渴甚,求水不得,忽有泉從營前涌出成溪,士、馬就飲,得不困。衆歡呼奮勇,遂獲賊首。督臣以青海效靈奏聞。詔封青海之神,立碑致祭。文曰:惟神位協坎維,德符兑澤。鯨波萬頃,縈回環昧谷之鄉;鯷浪千重,衍溢被流沙之域。屬幅員之綿亘,徧蓺桑麻;泝潮汐之往來,周兹墳壤。曩以天戈奮武,川后效靈,涌泉驚疏勒之奇,飲馬届元冥之候,爰從顯號,式揃豐碑。朕眷乃神功,昭兹美報。涌濡布潤,禱祈既洽於輿情;芬苾薦誠,望秩宜歸於祀典。祇申秋享,特詔祠官。於戲!配殷禮於瀆宗,具著隆文之備;助資生於邊徼,永徵靈貺之長。恪奉明禋,尚其來格。檢討李學錦詞也。《理藩院則例》:青海年例祭海,該處王、公等例應齊集陪祀,無故不到者,由該大臣叅奏,罰札薩克俸三年。其故城有西海郡城二,一爲王莽置,在青海東。《漢書・王莽傳》:元始五年,羌豪良願獻鮮水海、允谷鹽池,爲西海郡。《後漢書・西羌傳》:王莽諷諸羌,使共獻西海之地。初,開以爲郡,築五縣,邊海亭、燧相望。及莽敗,衆羌遂還據西海。永元時,西海及大小榆谷左、右無復羌寇。隃麋相曹鳳上言:宜及此時,建復西海郡。於是,拜鳳爲金城西部都尉,將徙士屯龍耆。永初中,諸羌叛,乃罷。《魏志・郭淮傳》:正始九年,涼州名胡治無戴圍武威,淮進軍趨西海,與戰於龍夷之北,破走之。《水經注》:河水又東,自河曲逕西海郡南。又湟水東南流,逕龍夷城,故西零之地也。《十三州志》曰:城在臨羌新縣西三百一十里,王莽納西零之獻,以爲西海郡,治北城。一爲隋置,在青海西十五里,即吐谷渾之伏俟城。《魏書》:吐谷渾自正光後,關徼不通,伏連籌子夸吕始自號爲可汗,居伏俟城,在青海西十五里,雖有城郭而不居,恒處穹廬。《隋書・地理志》:大業五年,平吐谷渾,置鄯善郡,并置且末、西海、河源,總四郡。西海郡置在古伏俟城,即吐谷渾國都,統宣德、威定二縣。《(新)唐書・吐谷渾傳》:隋煬帝破其衆,置郡縣鎮戍。隋亂,因得復故地。《李靖傳》:軍次伏俟城,吐谷渾退保大非川是也。有河源故郡,在青海南,本吐谷渾赤水城,隋大業五年置,唐初廢。《隋書・宇文述傳》:述以兵屯西平臨羌城,吐谷渾西遁。追至曼頭城,攻拔之。至赤水城,復拔之。《地理志》:河源郡置在古赤水城。有曼頭城。統〈達〉{遠}化、赤水二縣。其山有十三山:曰阿木尼塞爾秦山,在青海東南;曰阿木尼末倫山,在青海東;曰阿木尼那凌通布山,在青海西南,其峯尖直,故名;曰阿木尼巴延尊崔山;曰阿木尼洞舒山;曰阿木尼天沁察罕山,其峯甚峻,無雪而白,故名;曰阿木尼兀善通布山,皆在青海西北;曰阿木尼厄枯山,在青海西北二百餘里,其山甚大;曰阿木尼巴爾布安山,在青海西,其峯高險色黑,故名;曰阿木尼岡噶爾山,在青海東北,近甘、涼二州之邊,又名龍壽山;曰阿木尼巴延哈拉山,在涼州邊外,又名大荒山;曰阿木尼扣肯古爾板山,在黄河東岸哈爾吉山東。山有二峯獨高,積雪不消,其一爲阿木尼麻禪母孫山,即大雪山也。番語稱"祖"爲"阿木尼"。西海十三山，番俗皆分祭之，而以大雪山爲最，四時禱祀焉。又有察罕陀羅海烏爾圖山，在青海西南烏爾圖。凡環繞青海之濱者，亦有十三山，土人皆名烏爾圖，謂之十三角云。又有漢陀羅海山，在青海南二百餘里曠野中。有索克圖山，在青海西，其西南五十里，又有一索克圖山，地多瘴氣，兼生毒艸。有烏克陀羅山，高峯壁立，在青海西南。有固爾班伊瑪圖山，在黄河西岸。青海西南三百餘里，三山相接，皆名伊瑪圖，繞濁羅池。西有蘇羅巴顔喀喇山，在伊瑪圖山東北，有石崖，色黑，多冷瘴，故名。其岡嶺有巴爾陀羅海岡，在青海南百里，黄河北岸。有巴漢哈圖嶺，近青海南岸。有伊克哈圖嶺，在巴哈哈圖嶺東。有察察嶺，在巴哈哈圖嶺西南。有納布楚爾嶺，在察察嶺東。有蘇羅嶺，在青海南少西二百餘里，即蘇羅巴顔喀喇山之東支。有登諾爾台嶺，在黄河西岸蘇羅嶺東。有忒們(伯)呼圖嶺〔一七〕，在拖孫池東南，東北去蘇羅嶺百餘里。有海努克嶺，在青海東南。有布呼圖嶺，在青海東北。有烏蘇圖捘吉嶺，在青海西百餘里。有殷得爾碧柳圖嶺，在青海西南相近。又有好來嶺。有烏蘭布拉克嶺，在青海西南二百餘里。其水有和爾河，在青海東南，源出納拉薩拉嶺，西北流一百餘里，入青海。有哈爾濟河，在青海北少東，源出青海北岸哈爾濟山，東南流八十餘里，入青海。有伊克烏蘭和碩河，在青海北，源出巴顔山，南流八十餘里，入青海。其西七十餘里，有巴哈烏蘭和碩河，南流六十餘里，入青海。有布喀河，詳北右末旗下。其池有巴顔池，在青海東南，周四十餘里。有多羅池，在青海西南三百五十餘里，周一百五十餘里。分部衆爲左、右二翼，子十人領之。

左境：東自西寧邊外棟科爾廟，舊《圖》作冬科拉廟，又作董郭爾廟。在喇沙爾閘門外，博羅沖克克必拉北界。西至嘉峪關邊外洮賚河界八百餘里。洮賚，亦作滔來、陶賴、討來。在肅州南，下流合張掖河，即古呼蠶水也。《漢書·地理志》：福禄縣，呼蠶水出南羌中，東北至會水，入羌谷。《寰宇記》：呼蠶水，一名潛水，俗謂之福禄河，西南自吐谷渾界流入。《肅州志》：討來河水，與城東水磨渠同派，至威虜城，又名廣福渠。又東至岔口，與鎮夷黑河合流，一名天倉河，在衛東北三百里。《一統志》：按《輿圖》，今討來河發源州西南五百餘里番界中。有三派，最西曰討來河，其西又有哈土巴爾呼河，北流百餘里，與討來河合。又東北百餘里，南有巴哈額濟内二河，分流二百里許，合流，又北數十里，與討來河會爲一。又東北流二百餘里，入邊，繞州南至州東北，合西來之水。又東北出邊，過金塔寺，稍折而北，又轉東，與張掖河合。又北五百餘里，入居延海。那彦成《平番奏議》：肅州鎮討賴川馬廠。輿圖説討賴川馬廠距肅州城四百餘里，在南山之中。其川東西長二百餘里，南北寬五六十里不等。中爲討賴河，兩岸皆艸地，營孳九廠，分布其間。此廠至彼廠，相距三、四、五、六十里不等。迆南界牌外名素勒，地甚遼闊，係青海蒙古遠出游牧之地。東去巴思洞，即通甘州野馬川。西接關外之青頭山。從廠北來，道路崎嶇，兼有瘴氣，人馬難行。三百里外，出山抵金佛寺，始平夷坦途也。又《查辦漢奸摺》奏稱：此輩奸民多在甘州之邊境野馬川一帶，該處毘連甘、涼、肅三府州。南與西寧之大通接壤，環山面河，東西長徑四五千里，向係甘州、肅州兩營馬廠。地方遼濶，其中之野牛溝、八寶山等處，産有金砂，雖經查禁，而利之所在，奸民潛行偷挖，聚散無常，竟成盜藪。南自西寧邊外博羅充克克北岸，博羅充克克河，源流詳後南左翼末旗游牧下。北至涼州邊外西喇塔拉界四百餘里。東南自西寧邊外拉喇山，《一統志》：納拉薩拉嶺，在西寧邊外八十七里，其西有齊布奏爾嶺，相近又有哈拉嶺。按：拉喇山即哈拉嶺也。西北至甘州邊外額濟納河四百餘里。額濟納，舊《圖》作厄几餒，在阿拉善王旗西界。《平番奏議》：永安營所屬之察漢俄博地方，在甘州扁都口外，西接野馬川、野牛溝，東連二道溝、羊胸子，爲漢奸往來必由之路。迆南伊斯們沁之外，即係蒙古牧界。東北自永昌邊外，西南至嘉峪關邊外布隆吉爾河岸二千餘里。布隆吉爾河，在今安西州北，即南籍端水也。《漢書・地理志》：冥安縣南籍端水，出南羌中，西北入其澤。《元和志》：晉昌縣，冥水，自吐谷渾界流入大澤。東西二百六十里，南北六十里，豐水艸，宜畜牧。《一統志》：按《輿圖》及《新志》，今有蘇賴河，亦名布隆吉河，發源靖逆衛南山，曰昌馬河，北流轉而西，經柳溝衛北，會十道溝水，爲蘇賴河。又西，經安西衛北三里，又西，經沙州衛西北，黨河自南來注之。又西流三百里許，豬爲合拉池。其流長七百餘里。池方數十里，即古南籍端水也。今三衛屯田，俱藉此水灌溉。《方略》：康熙五十四年四月，理藩院議：青海左翼與哈密相近。右境：東自棟科爾廟，西至噶斯池界二千五百餘里。噶斯池，在黄河上流鄂靈海東北、固爾班蒙滚陀海山東南六十餘里。有三池：一名鄂博圖噶斯池，周二十五里；一名多木達噶斯池，周十五里；一名察罕噶斯池，周十餘里。俱在黄河鄂博池之東，番名固爾班噶斯池。《方略》：康熙五十三年，鑾儀使董大成疏言：臣至噶斯口巡視，絶無來往人迹。噶斯地勢，三面雪山，中有一綫，水艸並蘆葦。其大路在卜特爾，西南走藏；東南走青海西寧大通河，半月即到永固城；西北走柴達木、吐魯番等處，乃策妄阿喇布坦出入咽喉要路。是以臣於九月十一日移駐得卜特爾。五十四年，大成又奏言：臣於六月二十二日，從肅州出嘉峪關，自關至噶斯口三千餘里，行至常馬爾河，山水暴發，馬匹多傷。今於八月十二日，抵噶斯口。奉旨：自邊上至噶斯口一千七百里，曾經河南達奏過，何以稱有三千餘里？噶斯口路徑甚窄，策妄阿喇布坦斷不由彼行走。今正寒冷之時，著董大成將噶斯口迆内，放火燒荒，領兵回肅州。五十五年七月，阿齊圖疏言：自噶斯口過達卜遜戈壁，有地名噶順，可進塞爾騰地方，此處當設兵。南自松潘邊外漳臘嶺，嶺在生番弓槓地界，有漳臘河出其陽，西南流，入松潘廳界，南合大江。廳北四十里，有漳臘營，設游擊駐防。明嘉靖二十年，於此築城堡，置官軍。雍正七年，重脩。《方略》：康熙五十七年正月，四川松潘鎮總兵官路振揚疏言：松潘所屬黄勝關無斥堠，向於漳臘營設一游擊，統兵六百四十駐劄。營轄雜番，迆南爲雜谷安撫土司。部種繁多，俗號勇悍。其南境直抵打箭罏，與天全招討司明正土司接壤。李殿圖《番行雜詠》詩：羊嶺鶩溪古戰場，黄頭九百赭碉房。正嘉剿撫均無策，漳臘何曾是大荒？自注：前明洪武十二年，丁玉併潘於松，置松州衛。諸司入貢，累朝叛服無常。其甚者，宣德年間，千户錢宏調發征交阯，激變番人。正德年間，松潘熟番八大禳等作亂。嘉靖年間，土宣撫使薛兆乾與副使李蕃相仇訐,糾衆脅僉事王華,不從,屠其家。惟宏(弘)治七年,巡撫張瓚破白羊嶺、鵞溪等三十一寨,招商巴等二十六族,皆納款。十四年,攻青水、黄頭諸寨,赭其碉房九百,差强人意。萬歷(曆)年間,雪山、國師、喇嘛等四十八寨寇漳臘。史稱漳臘以北皆爲大荒,則當時剿撫可知。自我朝龍安置守,漳臘置鎮,松潘置丞,番人寧謐,與齊民無異矣。北至博羅充克克河南岸千五百餘里。東南自洮州邊外達爾濟嶺,達爾濟嶺,即《一統志》之托禮嶺也。在洮州衛邊外洮河發源處,即西傾山之脊,嶺最高大,其上平坦,艸木茂盛。西北至嘉峪關邊外塞爾騰、西爾噶拉金界二千餘里。塞爾騰海,在舊沙州衛西南三百餘里,水出雪山之陰,西北流,豬爲澤,爲青海要道。西爾噶拉金河,即黨河,在沙州衛西,古氐置水也。《漢書·地理志》:龍勒縣,有氐置水,出南羌中,東北入澤,溉民田。《一統志》:按《輿圖》,今有黨河,亦名西勒哈金河,發源衛東南山中,北流二百餘里,折西流百餘里,會南來一水。又折北流,繞沙州舊城之東、新城之西,流百餘里,入蘇賴河,溉田甚廣,當即古氐置水。東北自西寧邊外克騰庫特爾,西南至穆魯烏蘇河千五百餘里。穆魯烏蘇,舊圖作呼呼烏蘇,又作胡胡烏蘇,在黄河西大雪山北。源出索諾木達什嶺,北流四十餘里,折東北一百餘里,又合南來之密喇河、北來之薩爾哈卜齊海、阿爾昂諸水,東流三十餘里,入黄河。崇德二年,遣使通貢。七年,復偕達賴喇嘛奉表貢。順治三年,賜甲冑弓矢,俾轄諸額魯特。十年,封遵文行義敏慧顧實汗,賜金冊印。康熙三十七年,顧實汗第十子達什巴圖爾來朝,詔封和碩親王。時顧實汗諸子皆前死。諸台吉授貝勒、貝子、公等爵有差。雍正元年,達什巴圖爾子羅卜藏丹津叛,大軍討之。越歲而定。康熙五十七年,羅卜藏丹津從大軍送第六世達賴喇嘛入藏,歸,覬爲唐古特長,陰約策妄阿喇布坦援己,復約青海台吉等盟察罕托羅海。令如所部故號,而自號達賴琿台吉以統之。世宗憲皇帝以和碩特自相殘,不忍遽加兵。時兵部侍郎常壽駐西寧,理青海務。命傳諭羅卜藏丹津罷兵,不從則懲之。羅卜藏丹津詭言親王察罕丹津、郡王額爾德尼額爾克托克托鼐,謀據唐古特,諸台吉不服,將率兵與決勝負。蓋以二王首不附己,欲誣以罪,因脅諸台吉奉〈已〉{己}如鄂齊爾汗駐唐古特以遥制青海也。上察其詐,決計討之。命川陝總督年羹堯爲撫遠大將軍,統兵進剿。羅卜藏丹津竄準噶爾,逆黨悉檻送京師。及乾隆二十年,大軍剿達瓦齊,抵伊犂,羅卜藏丹津就擒。高宗純皇帝告祭太廟社稷,行獻俘禮,御午門樓受之。以世宗憲皇帝有宥罪之旨,詔免死。子巴朗察罕額布根,均授藍翎侍衛,餘戚屬處伊犂者,免内徙。詔定游牧地界。《方略》:康熙五十八年五月,差往西吉木等三處定設疆界。理藩院員外郎巴福壽疏言:臣傳集厄魯特貝子阿喇卜坦,並其所屬台吉阿爾薩郎,及貝勒額爾德尼額爾克等,會同西吉木等三處官,示以設立疆界情狀。據云青海人等荷恩甚厚,何惜隙地?地可耕者,聽兵民悉耕之。但留我等游牧處所足矣。臣案：西吉木等三處，故爲西喇郭勒蒙古部人游牧所在。兵民先已耕種，其隙地令蒙古人等游牧如故。達里圖地有車臣貝勒屬人，與兵民依水道相雜耕種，以西吉木水源並淖泥艸墩地，不可耕，蒙古人等游牧其間。循水而下，則兵民與貝勒額爾德尼額爾克及貝子阿喇卜坦等屬人，悉在兩岸交錯種地。臣即會同所司，並台吉宰桑等，令於交錯耕種處立界，不得逾越。《平番奏議》：查自雍正年間，平定青海，插旗定地，以黄河爲界。河北二十五旗蒙古，河南有五旗蒙古。其餘均屬番族。而河北土地肥饒，河南則水艸不能皆好。自來番族，皆謂偏坦蒙古，盡與善地，常有垂涎河北之心。當其始，分族而居，每族不過百餘户或數十户。地廣人稀，游牧尚可相容。迨後丁口日繁，互有强弱。搶劫蒙古，乃其世仇。覬覦河北，亦其素志。而今之蒙古，衰弱已極，不但不能自强，且均逃散乞食，窮苦實在可閔云云。按：後《奏議》又謂河南四旗較河北稍爲富强，然則貧弱者止土爾扈特西旗一族邪？三年一貢，分三班。九年而周。置互市於西寧西川口外之納喇薩喇地。蒙古謂"日"曰"納喇"，"月"曰"薩喇"，即《一統志》所謂日月山也，在西寧四川口外西南八十七里。《方略》：雍正二年四月，奮威將軍岳鍾琪奏言：大將軍年羹堯前奏稱每年青海與内地定於二、八月貿易，以那喇薩喇爲交易所。經議政大臣議，改令四季交易甚便。按：親王察罕丹津、公拉察卜等諸台吉，並居黄河之東，迫近河州，去松潘不遠，向在河州、松潘二處貿易。今若定於那喇薩喇，恐黄河東西兩翼蒙古所居，有無不足供給。不如仍於河州、松潘貿易爲便。河州定於土門關附近雙城堡，松潘定於黄勝關之西河口。二地並有城堡、房屋，地形寬濶，水艸豐好，可爲永遠互市之所。又郡王額爾德尼額爾克托克托鼐、郡王塞爾騰札爾等諸台吉部落在黄河西，近西寧，請移其貿易地於西寧口外丹噶爾寺。至蒙古貿易，悉資牲畜，請於每年六月以後，聽其隨時貿易，則蒙古商販並獲准行。又乾隆九年七月，甘肅巡撫黄廷桂奏言：西寧口外日月山西南，地名沙剌庫圖爾，距丹噶爾六十餘里，乃番族出没經由之處。其地孤懸口外，氣候甚寒，不能耕穫。《平番奏議》：嗣後無論何州縣羊客，與河北蒙古買羊易貨，止准於西寧縣屬日月山卡以内東科雨寺丹噶爾及大通縣屬之烏什溝察罕俄博等處，互相交易。如内蒙古例編置佐領，以札薩克領之。凡青海和碩特二十一旗。

［西前旗］札薩克親王品級多羅郡王游牧。顧實汗第六子多爾濟之次子策旺喇布坦，號達賴岱青，嗣父爲和碩特八台吉之一。康熙三十六年，來朝。四十二年，封多羅郡王。四十四年，子額爾克巴爾珠爾襲。四十五年，爲諸昆弟所迫，自戕死。子朋素克旺札勒，降襲多羅貝勒。雍正三年，授札薩克。四年，來朝，仍封郡王。乾隆四十七年，詔世襲罔替。佐領八。五十六年，朋素克旺札勒孫索諾木多爾濟，以功賜親王品級。因官兵征廓爾喀，豫備駝、馬，巡查驛站功。

牧地：按舊《圖》，此爲公惇多布達喜牧地。在布喀河南岸。布喀河詳後北右末旗下。東至烏圖起爾沙陀羅海，接北末旗界。南至西拉庫圖爾果庫圖爾，接玉樹番界。《平番奏議》：青海大臣所管玉樹番子，自雍正十一年安插後，除覺巴拉、喇布二族，承當遞送公文、濟渡等差，不納貢賦外，其餘三十九族，計八千三百六十九户，每年每百户納馬一匹，折銀八兩。西至察罕烏蘇呼魯恭納，接班禪額爾德尼商上堪布駐牧界。北至布喀河濱納令希楞。接甘州府邊外界。

［前頭旗］札薩克多羅郡王游牧。顧實汗第五子伊勒都齊。有子二，長罕都再傳，嗣絶。次博碩克圖，濟農之第三子曰察罕丹津，號岱青和碩齊。康熙四十年，來朝，封多羅貝勒。五十六年，晉封郡王。五十九年，從大軍送達賴喇嘛入藏。雍正元年，叙功，封和碩親王。三年，授札薩克。十三年，卒，子惇多布旺札勒先卒，嗣絶。詔以察罕丹津從子拉察布之子旺舒克嗣，子旺丹多爾齊帕拉木繼襲爵，嗣復絶。詔以旺舒克從子納罕多爾濟降襲多羅郡王，承察罕丹津祀。乾隆四十七年，詔世襲罔替。佐領十一。初，察罕丹津之弟根特爾娶噶爾丹之女布木爲妻，詔屢索之，察罕丹津嗣立，籲請免解。上鑒其誠，諭令完聚。根特爾卒，子丹衷嗣，初授輔國公，以大軍自青海討準噶爾，遣所部助獻糧餼，復以兵從至藏，論功，晉封固山貝子。卒，無子。詔追封郡王，遺奏獻部衆及牧地，上不忍納。諭曰：丹衷實心效力，身故嗣絶。朕富有天下，四海爲家，豈有利其所屬之理。著四川總督岳鍾琪遣員會同札薩克等，察明户口數目，歸察罕丹津轄，務使各得其所。

牧地：初，察罕丹津及羅卜藏丹津領青海右翼。察罕丹津牧河東，近松潘。羅卜藏丹津牧河西，近布隆吉爾。以河爲界。《方略》：察罕丹津所居，去松藩止四、五日程。《平番奏議》：蒙古札薩克郡王達什仲鼐等四旗，均在河南，較河北各旗稍爲富强，而在河南日與番子尋讎。臣等籌商，莫若將該四旗移之河北空地助勒葢一帶，與各蒙古脣齒相依。既可免野番滋擾，又可作内地屏藩。奉旨：是先示番賊以弱，不可輕議更張。事遂寢。案：達什仲鼐者，納罕多爾濟之子，四旗者，和碩特前頭旗及南左翼中旗、南右翼中旗、土爾扈特南前旗也。南當黄河之曲，有小哈柳圖河入於黄河。黄河重源，再顯於巴顔喀喇山之東麓，二泉流數里，合而東南流，曰阿爾坦河。阿爾坦，蒙古言“金”也，水色微黄似之。東北流三百餘里，至鄂屯搭拉，爲古星宿海，《元史》所謂火惇腦兒也，直西寧邊外西南千一百餘里。星宿海於羣山環繞，中有地平曠，可三百里，泉千百泓，隨地涌出，大小錯列，望若列星。阿爾坦河自西南來，皆滙入焉。東北流百餘里，又東南，注札凌海。海周三百餘里，東西長，南北狹，河亘其中而流。番語謂"白"爲"札"，"長"爲"凌"，以其水色白也。而錢氏坫遂從而爲之詞曰：所謂河出昆侖虚，色白也。不思阿爾坦已言水色似金，何緣行至此，復納色白之稱？蓋昧其初源，而以重源所發之巴顏喀喇爲昆侖，因致斯誤矣。海水自白，河水自黄，不相涉也。又東南，注鄂凌海，海在札凌東五十餘里，周亦三百餘里，形如匏瓜，西南廣，東北狹。番語謂"青"爲"鄂"，言水色青也，即《元史》所謂滙二巨澤，名阿剌腦兒者也。使札凌爲河色白，然則鄂凌又爲河色青乎，足證札凌、鄂凌皆因海内稱矣。由海東北流出，折東南，南抵巴顏渾嶺下，復正南流百五十里，水色始變緑而黄。又東南流，曲曲七百餘里，繞大雪山南，古積石山也，番名阿木尼麻禪母遜阿林。阿木尼，謂"祖"，麻禪，謂"險惡"，母遜，謂"冰"，猶言大冰山也。山自巴顏喀喇東來，當黄河北岸，綿亘三百餘里，上有九峯，甚高，冬夏積雪。在西寧邊外西南五百三十餘里，《元史》謂之亦耳麻不莫剌。黄河依山南麓東流，折而東北，有三坤都倫河前後自東南來注之。三坤都倫者，一曰德特坤都倫，出賴楚山，西北流三百餘里入黄河，即《元史》納鄰哈喇河，自白狗嶺北流者；一曰都爾達都坤都倫，出納克多木精山，西北流，屈曲三百數十里入黄河，當河流自南轉東北處，即《元史》乞里馬出河自威、茂州西北，岷山之北北流者；一曰多拉坤都倫，源出岡□山〔一八〕，西北流六百數十里入黄河，正當大河於烏蘭莽鼐山麓折而西北流之處，即《元史》鵬桚河自鵬桚山西北流七百里，過札塞塔失地與河合者。黄河既納出（北）此三水，勢益盛，至烏蘭莽鼐山下，始折而西北流二百里，小哈柳圖河自東北來，入之。小哈柳圖源出東北魯察布拉山，二源，西南流百里合，又八十里，西入河，當游牧西、土爾扈特南、前旗東。舊《圖》謂之巴哈哈圖，又曰巴罕哈留圖，皆此河也。東至拉布楞希拉得布沙，接南右翼中旗界。南至和托果爾希里克，接土爾扈特南前旗界。西至巴爾鄂博巴彦烏拉，接南左翼中旗界。北至額爾德尼布烏魯勒卜達巴。接貴德廳界。

[前左翼頭旗]札薩克多羅郡王游牧。顧實汗第三子達蘭泰之子衮布，一作固木布。號阿齊巴圖爾。康熙四十三年，以先諸台吉内附，封多羅貝勒。四十四年，卒，子額爾德尼額爾克托克托鼐襲。《一統志》：作厄爾德尼俄爾克他克他耐。五十五年，詔分領青海左翼。雍正元年，叙進藏功，晉封郡王。三年，授札薩克。乾隆四十七年，詔世襲罔替。佐領九。

牧地：案舊《圖》，此爲公嘎爾丹達什牧地，貝勒額爾德尼額爾克托克托鼐牧地在烏蘭木倫河北，額集納河南。初，衮布游牧嘉峪關外，鄰哈密，準噶爾及諸回使往來必經之。順治十三年，葉爾羌回長遣使入貢，抵肅州。衮布以葉爾羌嘗奪其屬，將襲之。甘肅巡撫周文煜徙貢使至甘州。衮布挈千餘騎分道入，聞官軍嚴備，遁歸，卒，不敢爲邊患。及羅卜藏丹津叛，以額爾德尼額爾克托克托鼐不附己，掠其游牧，額爾德尼額爾克托克托鼐拒之。不敵，所部多卻走。因攜妻閒道至甘州，乞援。子阿喇布濟、索諾木達什等，集衆鏖戰七日，賊始退。率屬衆來歸，貝子延信置之蘇油口内。亂定，乃歸游牧。在大通河南岸。大通河，源出青海西北阿木尼尼庫山南諸爾，東南流，曰烏蘭木倫河。東百五十里，有哈爾渾河自北來注之。又東北，曲曲流，南受一水，又東北，有滿楚喀河自西北來會。東經甘州邊外番大山，東南流八百里，北受小水六，南受小水五。至西大通堡南，又東南，會湟水，又東南入黄河，即古浩亹水也。河北爲西右翼前旗游牧地。案：前左翼頭旗及西右翼前旗，皆駐牧在青海北瓊科地方。《平番奏議》：青海迤北瓊科地方，甚爲寬廣，足敷各旗駐牧。注互見綽羅斯部南右翼頭旗下。東至阿木達賴台，接西右翼前旗界。南至固爾班塔拉之北沙拉圖，接北右翼旗及東上旗界。西至齊擦擦呢布楚勒，接甘州府邊外界。北至巴彦布拉克。接涼州府邊外界。

［西後旗］札薩克多羅貝勒游牧。郡王策旺喇布坦從子達顔祖多爾濟，父薩楚墨爾根台吉，相繼爲青海右翼長。康熙三十年，達顔嗣。五十五年，以議遷達賴喇嘛瑚畢勒罕事定，詔分領青海右翼。是年十二月，來朝，封多羅貝勒。有番族，曰瞻對，在雅籠江西境。其祖爲瑪什喇札木禪。明成化中，入貢，給之印。再傳至多爾濟布木，子二，長革松撇，次按撇，不相能。革松撇子琳沁布及孫策冷旺布屯牧瞻對。按撇攜子策冷札布，徙奔霍爾，附青海，説多爾濟以兵侵瞻對，掠番屬二千餘户。策冷旺布女弟之夫曰喇瑪布，屯牧喇衮。與定謀内附，納其土及民數。瞻對屬番三千户，喇衮屬番千户，且獻明所給印。會策旺喇布坦遣宰桑取霍爾賦，使以私至打箭鑪，詭稱多爾濟及子薩楚墨爾根、孫達顔相繼徵瞻對賦，瞻對久爲青海屬，請勿納。我守汛臣遺書詰之，策旺喇布坦稱宰桑辭誣，且謝罪。詔授側冷旺布及喇瑪布官，爲内屬，即隸泰寧協阜和營之瞻對、喇衮二安撫司也。策旺喇布坦卒，其妻額琳沁旺布謀奪霍爾諸地。達顔以策旺喇布坦恤育恩，弗與校。側冷札布忌策冷旺布内附，攘附牧地。遣官往勘，知霍爾爲達顔屬。飭額琳沁旺布給之，復諭達顔遣使霍爾，察歸所攘瞻對地，以宰桑等監之。達顔奉命惟謹。五十七年，卒。子旺舒克喇布坦嗣，六十一年，卒，無嗣，達顔妻玉木楚木察罕達喇請以達顔弟噶勒丹岱青諾爾布之子達什車凌嗣。詔降襲固山貝子。噶勒丹岱青諾爾布初爲閒散台吉，雍正二年，羅卜藏丹津脅之叛，不從，迎降大軍。復以兵擊賊黨叙功，封固山貝子，世襲罔替。青海世爵，自此始。噶爾丹岱青諾爾布尋卒，其妻請以達

什車凌兼襲之。詔從優加恩，併兩貝子爵爲貝勒，仍世襲罔替。三年，授札薩克。佐領九。

牧地：康熙五十四年，準噶爾侵哈密，敗遁。議撤噶斯駐防兵，以達顏屬台吉等，游牧柴達木通噶斯之察罕齊老圖，遣侍衛等駐其地。五十五年，詔選所部兵屯噶斯。跨柴集河，其水北注鹽池。池在青海西南，周百餘里。産青鹽，蒙古名達布遜淖爾。其水自錫喇庫特爾山之莫和爾河與布拉克地察罕烏蘇河西來，滙爲此池。又自池東南流出，經百餘里，會西來之巴爾虎河。又七十餘里，柴集河自東南來入之，名曰鹽河。復東南流六十餘里，淪於功額池。凡青海蒙古，與西寧一郡軍民並各種蕃、回食鹽，皆取給于此。案《十三排圖》，此爲台吉額爾德尼巴圖爾牧地。貝勒達顏牧地在天氾察罕哈達之西，博爾淖爾之北。又功額淖爾與克爾特黑淖爾、殷德爾圖淖爾，三池相峙，如鼎足然，但不相通注爾。功額周五十餘里，其北有細納池，周四十餘里，西南有奇爾多克池，周二十餘里。地皆沙鹵，鹽池之水淪入於内。《理藩院則例》：青海迆西、迆北，爲産魚鹽之地。准窮苦蒙古挖鹽捉魚，請領各該旗王公、札薩克、台吉照、票，運往丹噶爾、西寧大通一帶售賣，易换布匹、口糧等物。東至錫喇鹽海子、察罕托羅海，接南左翼次旗及達賴喇嘛商上堪布駐牧界。南至合約爾巴爾古，接土爾扈特中旗界。西至布隆吉爾河源，接南左翼後旗界。北至果庫圖爾希拉庫圖爾。接喀爾喀南右翼旗界。

[北右翼旗]札薩克固山貝子游牧。顧實汗第七子瑚魯木什，順治六年，助大軍討河西逆回，復招降西寧城，賜巴圖爾額爾德尼岱青號。有子四。長根札，再傳絶，次哈坦巴圖爾。次達爾巴，次秉圖。康熙四十四年，哈坦巴圖爾卒，遺疏爲子達什惇多布求恤，詔封輔國公，尋卒，無子。五十七年，準噶爾襲藏，命青海諸台吉往援。時達爾巴之孫車凌惇多布孤幼，母楚克賚納木札勒以所屬唐古特兵萬從軍。大軍入藏，傾獻糧餼。雍正元年，議功，特賜車凌惇多布貝勒爵。尋附羅卜藏丹津叛。大軍至，迎降。詔置伊克烏蘭和碩，給茶、麥養之，事定，降固山貝子。三年，卒，無嗣，以其從祖秉巴之次子丹巴襲，授札薩克。乾隆四十七年，詔世襲罔替。佐領六。

牧地：案舊《圖》，此爲台吉色布騰、台吉策凌惇多布牧地。策凌惇多布，即車凌惇多布也。在青海北岸。有伊克烏蘭和碩、巴哈烏蘭和碩二河，在游牧西。西北自庫德里山南流百餘里,入庫庫諾爾。《青海圖》:海北至瓊科,約二百餘里。東至沙拉哈吉爾,接東上旗界。南至庫庫諾爾齊津,接綽羅期南右翼頭旗界。西至吹吉烏立圖阿拉爾。接綽羅斯北中旗界。北至烏蘭和碩。接前左翼頭旗界。

[北左翼旗]札薩克貝勒品級固山貝子游牧。顧實汗第八子桑噶爾札,生子塔薩博羅特,號和碩特。子二:長惇多布達什,次索諾木達什。康熙四十四年,惇多布達什封輔國公。初,青海台吉内附,惇多布達什及索諾木達什幼,且避痘,未入覲。至是,親王達什巴圖爾奏諸昆弟子姓,惟瑚嚕木什及桑噶爾札裔,未賜爵,因有是命。雍正元年,叙入藏功,晉鎮國公。未幾,卒。羅卜藏丹津叛,以索諾木達什鄰牧,誘捦之。尋脱歸,詔封固山貝子,給上等産業。青海定,〈遣〉{遣}歸牧[一九]。三年,授札薩克。次子噶勒丹旺札勒,第三子莽鼐相繼襲。莽鼐卒,子羅卜藏色布騰襲。乾隆三十一年,以不嚴防汛罪,郭羅克番掠所部牧畜,逸走。削札薩克,改授閒散貝子。以其弟巴濟勒特,代掌札薩克,降授一等台吉。四十七年,詔世襲罔替。四十九年,子拉札布襲。五十六年,卒,詔仍以羅卜藏色布騰襲。復因大兵征廓爾喀巡綽臺站功,賞給貝勒品級。佐領三。

牧地:案《十三排圖》:牧地在布隆吉爾河南,爲貝勒達顔之阿爾巴圖駐牧處。地盡沙磧,烏蘭烏蘇河出東南沙磧中,西北行五百餘里,入達布遜淖爾。東至哈喇諾爾,接北右末旗界。南至科爾魯克,接西右翼中旗界。西至窩果圖爾,接嘉峪關界。北至伊克柴達木。接肅州邊外界。

[南左翼後旗]札薩克輔國公游牧。顧實汗長子達延鄂爾齊汗之次子多爾濟。子垂庫爾,生子五,長噶爾丹達什。康熙三十六年,從達什巴圖爾内附。五十年,封輔國公。雍正元年,叙入藏功,晉鎮國公。《一統志》作護國公。青海有護國公爵一,即此也。三年,授札薩克。子丹津納木札勒、索納木巴勒濟相繼襲,卒,皆無嗣。乾隆十三年,詔以索諾木衮布鄂齊爾汗第三子。次子之子索諾木多爾濟襲,降授輔國公,承

噶爾丹達什祀。四十七年，詔世襲罔替。佐領一。

牧地：案舊《圖》：噶爾丹達什牧地，在大通河南岸，青海正北，此爲俄羅得泥巴丹圖勒牧地。《平蕃奏議》：葉什羣族番子，各騎馬持械，至胡丹度地方，搶得錫第公旗下牛、馬、羊及錫第公帳房内氈幃等物。案：錫第爲索諾木多爾濟之弟，《表》作喇特納錫第。東至吉噶素台鄂蘭布拉克，接喀爾喀南右翼旗界。南至和洛海，接土爾扈特南中旗界。西至布都克圖烏蘭和碩，接北末旗界。北至青海。

［北前旗］札薩克輔國公游牧。鄂齊爾汗季子墨爾根諾顔。子二，長車凌。康熙五十年，封輔國公。雍正三年，授札薩克。乾隆四十七年，詔世襲罔替。佐領二。

牧地：在青海西岸。案《圖》，牧地當布喀河南岸，東流入青海處。又《康熙圖》，此爲貝勒噴蘇克、王札兒忒黑巴及公達什公多普駐牧處。（案）《十三排圖》，此爲貝勒彭蘇克旺札爾駐牧處。《平番奏議》：乙旦木等各騎馬持械，行至塔爾葢地方，見格勒克拉布濟公旗下蒙古昂肖年達克等十五户在彼牧放。案：格勒克拉布濟，車凌之曾孫也。東至科依特陀羅海，接南左翼後旗及綽羅斯北中旗界。南至柴吉希巴立台，接南左翼後旗界。西至車吉，接北末旗界。北至哈達圖。接甘州府邊外界。

［南右翼後旗］札薩克輔國公游牧。鄂齊爾汗第五子索諾木達什，康熙五十年，封輔國公。五十一年，卒，次子諾爾布朋素克襲。雍正元年，叙進藏功，增俸。三年，授札薩克。四年，卒，嗣子達什巴勒珠爾襲。七年，卒，無嗣。詔以其從祖索諾木衮布之子車凌襲，承索諾木達什祀。乾隆四十七年，詔世襲罔替。佐領四。

牧地：在青海東岸。案《圖》，牧地在謨爾穆山西北，巴哈淖爾之東。坤都倫河，自察罕鄂博圖山，兩源不十里而合，南入西寧河。有世宗憲皇帝聖製碑，在旗界。東至賀爾，接西寧府邊外界。南至哈沙圖，接南右翼末旗界。西至哈拉素布魯漢，接東上旗界。北至庫庫諾爾。接前左翼頭旗及西右翼前旗界。

［西右翼中旗］公中札薩克一等台吉游牧，顧實汗伯兄哈納克土

謝圖。孫圖瑚爾綽克圖,哈納克土謝圖,祖博貝密爾咱,始稱衛拉特汗。越四傳,至圖瑚爾綽克圖,皆世爲長嗣。生子四,次達木巴達爾濟,次僧格。僧格之子車凌納木札勒,康熙三十六年,從達什巴圖爾内附。雍正元年,羅卜藏丹津脅之叛,不從。游牧被掠,集昆弟子姓來歸。自編屬丁爲佐領。青海定,〈遺〉{遣}歸牧。三年,設公中札薩克。猶滿洲、蒙古八旗之公中佐領也。凡三十三台吉,以車凌納木札勒領之,授一等台吉。十年,卒,無嗣,詔以達木巴達爾濟之子巴勒襲。乾隆四十七年,詔世以公中議襲。佐領一。

牧地:跨柴達木河。案《圖》,牧地在柴達木河南。舒哈河自游牧西無名海子流出,西北入於沙。柴達木河出河源北托遜淖爾,西流,至西拉珠爾格塔拉,阿拉克淖爾水東來,入之。合而西北流,格德爾古河、烏蘭烏蘇河、布隆吉爾河俱自其東注之,又西,入於沙。《青海圖》:都藍寺至色爾開莊,約六十餘里。色爾開至南柴達木,約四百餘里。南柴達木蒙古駐牧至玉樹,約八百餘里。托素諾爾至南柴達木,約三百餘里。北柴達木駐牧蒙古,無所至里數。《方略》:雍正七年十一月,議政大臣議覆噶斯駐兵事宜:噶斯地窄,可駐兵百人,餘並駐柴達木。柴達木之西,爲得卜特爾,駐兵六百。又西爲察罕烏蘇,駐兵四百。兩地水艸,足資游牧。所在聲援,更聯屬矣。九年七月,上諭:柴達木之北,伊遜察罕齊老圖地方,乃直達安西沙州之路,爲巴里坤軍營之後户,最爲緊要。此處或駐兵一千名或八百名,建築小城一座,以爲捍禦。再設喀倫,以瞭望賊蹤。東至諾木罕河,接西右翼後旗界。南至諾木罕木魯,接玉樹番界,巴顔喀喇山在旗南。西至滔賚,接嘉峪關界。北至希勒沿。接北左翼旗界。

[西右翼前旗]札薩克一等台吉游牧。貝勒納木札勒之弟納木札勒南左翼末旗。阿喇布坦,雍正元年,羅卜藏丹津脅之叛,不從。三年,授札薩克一等台吉。乾隆四十七年,詔世襲罔替。佐領二。

牧地:在大通河北岸。其南岸爲前左翼頭旗牧地。東至察罕阿爾吉永安,接西寧府大通縣界。南至約呼賚口,接南翼末旗界。西至柴達木察罕巴彦托羅海,接前左翼頭旗界。北至希立永安。接涼州府邊外界。

[南右翼中旗]札薩克一等台吉游牧。博碩克圖濟農長子岱青

巴圖爾。有子三,長阿喇布坦札木素。康熙五十九年,封輔國公。雍正三年,授札薩克。乾隆五年,卒,無嗣。詔以其弟惇多布鄂木布之子達什納木札勒襲。卒,嗣子禮塔爾襲。時達什納木札勒有子隆貢,幼,禮塔爾母匿不告。四十年,郭羅克番掠青海牧,禮塔爾爲所戕。駐劄西寧大臣以隆貢狀聞,詔降襲札薩克一等台吉。四十七年,詔世襲罔替。佐領五。

牧地:案舊《圖》,台吉拉布坦札木蘇牧地在魯察布拉山之東,當枯枯烏蘇河源,其北爲阿齊諸門罕牧地。當魯察布拉山之西。魯察布拉,舊作羅插普喇,又作魯又蒲拉,即《禹貢》之西傾山也。一名西彊山,亦名强臺山,在洮州廳西南三百三十餘里。《史記·夏本紀》:道九山。《索隱》:九山古分三條。馬融以西傾爲中條,鄭康成分四列,汧爲陰列,西傾次陰列。《漢書·地理志》:隴西郡臨洮,《禹貢》西傾山在縣西。《北史·吐谷渾傳》:阿豺升西彊山,觀洮江源。《水經注》:《沙州》記曰:洮水與墊江水,俱出强臺山,山南即墊江源,山東即洮水源。强臺,西傾之異名也。《括地志》:西傾山,今强臺山,在洮州臨潭縣西南三百六十六里。《元和志》:强臺山,在臨潭縣西南三百里。《一統志》:西傾山,番名羅插普喇山,近黄河,自東折而西北之東岸,綿亘千餘里。凡黄河以南諸山,無大於此者,洮河發源於此。舊《洮州衛志》:西傾山,延袤千里,外跨諸羌。東至庫克烏松,接循化廳界。《平番奏議》:循化番族,舊止生、熟二種。熟番十八族,生番五十二族,大半皆有糧地。又與四川之松潘相近,購辦川茶,自行運買,生業較爲充裕。惟該處有拉布浪、宗卡、隆務三大寺,招住喇嘛不下二、三萬人,未免易藏奸宄。道光二十六年六月,陝甘總督布彦泰、陝西巡撫林則徐奏《剿洗黑錯寺喇嘛及濟惡各番情形》:竊照循化廳卡外之黑錯寺地方,番族衆多,素稱獷悍。其在寺内爲僧者,亦係該處番子。平時則率衆行劫,犯案則匿犯抗官。其頭目所管職事,有香佐、捏勒、巴吉哇等名色,皆係該寺喇嘛輪换充當。遇有動衆之事,一切號令,悉由寺内傳出,各莊番族無不聽從。該寺坐落西北山谷之間,路迴徑窄。我兵欲攻,先須清理番莊。臣達洪阿當將周圍路徑探確,於閏五月十一日寅刻,帶兵進剿。經過番莊,隨燒隨進,内有索莽古鹿一處,伏賊甚多。經官兵用大礮轟洗,迨行近該寺山口,有馬隊紛出迎敵。當分兵爲兩翼,一由迆南山嶺進發,一由迆北山嶺夾擊。臣達洪阿由中路山溝抄入。將該寺放火燒燬,光燄徹宵。次日,查點所燒番莊共三十餘處。寺内本有僧院四百餘所,俱成灰燼。洮州、河州附近民人來觀者,同聲稱快。《理藩院則例》:一奎屯、希哩鄂倫布曲瑪爾屯、次卡倫三處爲循化、貴德門户。三卡中間又有小隘口十餘處,皆路通番子地方。特派頭目三名分駐,各舉可靠番子,分管小隘口。常川駐守,統歸總頭目鈐轄。一循化、貴德兩營,每年霜降以前,循化參將、貴德游擊,豫先定期會同兩廳,各帶兵一百名,穿越番地,至清水河交界會閲一次。一河州關外,循化、貴德閶門以外，該地方官酌定日期，每月准民人貿易二次。喇嘛寺院，均不准開設棚廠，店口嚴禁匪人出入。南至齊克特尼諾爾，接土爾扈特南前旗界。《十三排圖》作濟克西伊淖爾。在哈沙圖淖爾之西，都拉坤都河之北。西至僧格圖木齊，接南左翼中旗界。北至庫克烏松西山。接貴德廳界。《平番奏議》：貴德所屬有生、熟、野番三種。熟番五十四族，向來種地納糧，均能謀食。生番十九族，居貴德東南，畜牧爲生，距河稍遠。惟野番八族，户口强盛，内有汪什代克一族，近已全數移居河北。其餘七族，現在插帳河濱，遠難控制。

[南左翼中旗]札薩克一等台吉游牧。博碩克圖濟農次子墨爾根諾顔，子拉察布，生子三：長察罕喇布坦，次旺舒克喇布坦，次旺舒克。旺舒克别襲察罕丹津所遺札薩克親王爵，事見前。康熙五十年，封拉察布輔國公。五十五年，晉固山貝子。雍正元年，叙入藏功，晉多羅貝勒。未幾，附羅卜藏丹津叛。大兵至，懼討，奔巴爾喀木。子察罕喇布坦等迎降，招拉察布至，詔降爲鎮國公。三年，宥罪，授札薩克。徐星伯太守藏有内府《十三排圖》，穆手摹之，而不能定爲何時所繢。今案《康熙圖》，黄河北岸，跆(恰)克圖河南，爲貝色拉叉普駐牧處，即貝子拉察布也。《十三排圖》同，而貝色拉叉普作貝勒拉察布。據《傳》，拉察布於雍正元年，封貝勒。旋叛，削爵。然則《十三排圖》乃雍正初年所繢，舊稱爲《乾隆圖》者，非也。九年，土爾扈特族諾爾布叛，拉察布復附之。察布喇布坦諫，不從，攜之由索羅木河遁。副都統達鼐率兵追之，察罕喇布坦降，拉察布亦悔罪。歸青海牧。諭交察罕丹津嚴行管轄，授察罕喇布坦札薩克一等台吉。乾隆二年，卒，子多爾濟色布騰襲。四年，卒，無嗣，詔以旺舒克喇布坦襲。三十三年，卒，子納罕多爾濟襲。三十六年，詔襲其從兄旺丹多爾濟帕拉木所遺札薩克，授多羅郡王爵。前頭旗。弟羅卜藏丹旌襲所遺札薩克一等台吉。四十七年，詔世襲罔替。佐領四。

牧地：西濱黄河，有恰克圖河東南來，流入之。恰克圖河，在洮州廳西六百餘里，黄河東岸，源出伊克圖爾根山，東北流，折而北，會巴哈圖爾根山之水。折而西北流百餘里，有伊西克山之水，自東北來會，又西北，入黄河。又有碩爾渾河，舊《圖》作碩爾郭爾，在恰克圖河之北，源出古爾班圖爾哈山，會三小水，西北流，入黄河。案：碩爾渾河，今《圖》：南會恰克圖河，以入於黄河。東至巴哈圖爾根，接前頭旗界。南至阿爾坦果爾，接阿里克番界。西至伊克圖爾根，接阿里克番界。北至巴哈圖爾根。接察罕諾們罕游牧界。

[北左末旗]札薩克一等台吉游牧。札薩克郡王額爾克巴勒珠爾，西前旗。次子伊什多爾札布。雍正元年，羅卜藏丹津脅之叛，不從。三年，授札薩克一等台吉。乾隆四十七年，詔世襲罔替。佐領四。

牧地：案《十三排圖》，此爲貝勒達顔牧地。東至柴吉齊沁，接北前旗界。南至鹽海，接玉樹番界。西至哈唐和碩，接西前旗界。北至和特克。接甘州府邊外界。

[北右末旗]札薩克一等台吉游牧。墨爾根台吉第六子額璘沁達什。初，封固山貝子，晉多羅貝勒。以附羅卜藏丹津叛，削爵。有子三。雍正三年，授次子達瑪璘色布騰札薩克一等台吉。乾隆十四年，卒，無嗣，弟博貝襲。二十五年，卒，無嗣，詔以額璘沁達什長子巴特瑪色布騰之子旺札勒襲。四十七年，詔世襲罔替。佐領二。

牧地：在布喀河源，沙爾諾爾之西。布喀河，在青海西源出青海西北三百餘里阿木尼厄枯山南，名喀喇錫納河，南流一百餘里，與英額池水會，池周一百五十餘里〖《水道提綱》作二百數十里〗。其水東南流一百餘里，會於喀喇錫納河，復東南流六十餘里，至天沁察罕峯北，與沙爾諾爾水會，即舊《圖》所稱善池也。諾爾周六十餘里，其水東流，至天沁察罕峯前，亦入喀喇錫納河。又東流七十餘里，受北來之羅子河、西爾哈河。又東五十餘里，受北來之濟拉瑪爾台河，乃名布喀河。又東流七十餘里，注青海。其河受六大水，岸闊流深，夏月人不可渡。青海左、右諸水，無大於此者。《一統志》：按《(新)唐書・吐蕃傳》：開元十四年，吐蕃大將悉納(諾)邏攻甘州，會大雪，乃踰積石塞，趨西道以歸，隴右節度使王君㚟豫遣諜出塞，燒野艸皆盡，悉諾邏頓大非川，無所牧馬。君㚟率秦川都督張景順窮躡，出青海西，方冰合，師乘而度。於時〈鹵〉{虜}已〈喻〉{踰}大非川，留輜重疲弱。君㚟縱兵俘以旋。據此，則大非川濱青海西，即今布喀河也。唐時爲入蕃西道。胡三省《通鑑注》云：在鄯州西三百餘里。道里太近。又引《十道圖》：在青海南。疑非是。東至色爾柯克達巴，接甘州府邊外界。南至察罕陀羅海，接西左翼後旗界。西至薩爾魯克，接北左翼旗界。北至庫爾魯克。接肅州邊外界。

[東上旗]札薩克一等台吉游牧。顧實汗第四子巴延阿布該阿玉什,有子十六,分牧青海及西套。札布,其季也,留處青海。留處青海者四,曰札布,曰阿南達,曰伊特格勒,曰巴特巴。康熙三十六年,從達什巴圖爾内附。雍正三年,授札薩克一等台吉,轄其族。乾隆四十七年,詔世襲罔替。佐領一。

牧地:在青海東北岸。東至阿拉賴達巴木魯,接南右翼後旗界。南至柴吉,接綽羅斯右翼頭旗界。西至青海,北至烏爾肯希巴立台。接前左翼頭旗界。

[南左翼次旗]札薩克一等台吉游牧。郡王額爾德尼額爾克托克托鼐,子四。長阿喇布濟。雍正三年,授協理台吉。九年,以功晉一等台吉。未幾,令額爾德尼額爾克托克托鼐於諸子中選擇可襲王爵者,封其第三子索諾木丹津爲長子,阿喇布濟晉輔國公。尋卒,次子索諾木達什嗣協理台吉。阿喇布濟子多爾濟,襲輔國公。乾隆十一年,額爾德尼額爾克托克托鼐請以所屬十佐領,給索諾木丹津十之六,給第四子車凌多爾濟十之四。以索諾木達什隸索諾木丹津,以多爾濟隸車凌多爾濟,别設一札薩克,允之,授多爾濟札薩克一等台吉。四十七年,詔世襲罔替。與前左翼頭旗共佐領九。

牧地:案《康熙圖》,此爲親王魯普藏丹巾衣忒黑巴牧地,即羅卜藏丹津也。有鹽池。案:此鹽池即柴集河水所注之池。注見西後旗下。東至沙拉圖,接達賴喇嘛商上堪布駐牧界。南至海達克,接土爾扈特南中旗界。西至努克孫山鄂昔齊,接西後旗界。北至烏蘭墨爾河。接綽羅斯南右翼頭旗界。

[南左翼末旗]札薩克一等台吉游牧。顧實汗次子鄂木布,號車臣岱青。順治六年,助大軍討河西逆回。復招降西寧城,賜土謝圖巴圖爾岱青號。卒,長子墨爾根台吉嗣。詔去巴圖爾號,襲土謝圖岱青號。卒,子納木札勒襲,自號額爾德尼。康熙三十六年,入覲,封多羅貝勒,仍襲土謝圖岱青號。卒,子羅卜藏察罕襲。雍正元年,

附羅卜藏丹津叛，旋悔罪降。詔置西寧口外，給茶、麥養之。事定，議罪削爵。三年，命仍領游牧衆，授札薩克一等台吉。六年，來朝，封輔國公。乾隆七年，卒，子多爾濟色布騰降襲一等台吉。四十七年，詔世襲罔替。佐領二。

牧地：按《康熙圖》，自博洛沖克克河源北岸，東至西寧邊外冬科爾廟，爲公諾拉布噴楚克、公叉林、貝勒色普吞朴爾忒黑巴、台基蘇爾札忒黑巴牧地。《十三排圖》：羅卜藏察罕牧地，在扁都口外，大通河北岸。又西爲貝勒巴爾朱爾拉布坦牧地。《方略》：康熙十三年，秦蜀道梗，鄂木布以所部兵屯大艸灘外。其地饒水艸，因來徙牧，爲守汛者所禦。復乞屯牧黄艸灘，亦不允。嗣納木札勒亦屢以爲言。諭曰：雖四十九旗蒙古，未有令游牧内地者，所請仍不允。

當博羅充克克河源。博羅充克克，舊作波洛沖科克，又或無"沖"字，即古湟水，一名洛都水者也。在西寧府西北邊外，當青海之東，源出噶爾藏嶺。元人所謂祁連山，《明志》之熱水山也。有三泉，一曰伊克烏拉古兒台，一名土爾根烏拉古爾台，一名察哈烏拉古爾台，南流二十餘里，滙爲一水，名博羅充克克河。其東有布虎圖嶺二泉，亦南流三十餘里合，曰昆都倫河，東南流三十餘里，與巴哈圖河合，流六十餘里，入博羅充克克河。又東南流七十餘里，至棟科爾廟南，有土爾根察罕河，自西南五十餘里來會，水勢始盛。轉東流四十餘里，入西寧邊鎮海營，是爲西寧河，即湟水也。又東流三百餘里，南至莊浪衛降唐堡，入大通河。《漢書・地理志》：金城郡臨羌，西北至塞外，有西王母石室、僊海、鹽池，北則湟水所出，東至允吾入河。《水經注》[一〇]：湟水出塞外，東逕西王母石室、石釜、西海、鹽池北。又東南流，逕龍夷城，故西零之地也。又東南，逕卑禾羌海北，有鹽池，世謂之青海。東流，逕湟中城北，故小月氏之地也。又東，右控四水，導源四溪，東北流，注於湟。又東，逕赤城北，而東入，逕戎峽口，右合羌水。又東，逕臨羌縣故城北。又東，盧溪水注之。又東，逕臨羌新縣故城南。又東，右合溜溪、伏溜、石杜、蠡四川，左會臨羌溪水。又東，龍駒川水注之。又東，長寧川水注之。又東，牛心川水注之。又逕西平城北，又東，逕土樓南，右則五泉注之。又東，右合蔥谷水，又東，逕東亭北，東出漆峽。東流，右則漆谷常溪注之，〈右〉{左}則甘夷川水入焉。又東，安夷川水注之。又東，逕安夷縣故城。又東，左合宜春水。又東，勒且溪水注之。又東，左〈則〉{合}承流谷水南入，右會達扶東西二溪水，東流，期頓、雞谷二水北流，注之。又東，吐那、孤長門兩川南流入之。又東，逕樂都城南，東流，〈又〉{右}合來谷、乞斤二水，左會陽非、流溪、細谷三水。東逕破羌縣故城南，六谷水自南、破羌川自北，左右翼注之。又東，逕小晉興城北。又東，與閤門河合，即浩亹河也。又東，逕允吾縣北，爲鄭伯津，與澗水合。又東，逕允街縣故城南。又東，逕枝陽縣，逆水注之。《後漢書注》：湟水，一名洛都水，西自吐谷渾界入，在今湟水縣。《元和志》：湟水，一名湟河，亦謂之洛都水，出青海東北亂山中，東南流，至蘭州西南，入黄河。《(新)唐書・吐蕃傳》：湟水至濛谷，抵龍泉，與黄河合。《元史・河源附録》：朱思本曰：湟水源自祁連山下，正東流一千餘里，注浩亹河，與黄河合。《一統志》：案《明統志》有西寧河，在西寧衛城北，源出熱水山，北流五百里，經伯顔川。又合那海川，流五百里入黄河，即湟水也。《册》説：西川河源出西塞外海夷部落，東流，由石峽入境，至衛西北，受北川河，又東，合南川河，而經城北，名西寧河。又至衛東北，受沙塘川水，又東南，經碾伯堡，名湟河。又東南，接莊浪所界，合西大通河。又東，合莊浪河，又東南，至蘭州西南，入黄河。穆案：北川河，番名阿爾坦河，源出西寧邊外，北五十餘里至爾坦山，南流一百五十餘里，會二小水，入北川河。又南流五十餘里，入西寧北川邊内。又東南流八十餘里，至西寧城南，入湟河。南川河，番名西喇苦特河，源出西寧邊外西南五十餘里西喇苦特山，東北流四十餘里，入西寧南川邊内，爲南川河，又六十餘里，至西寧城西北，入湟河。又喀喇河，在西寧邊外西北湟河之東，源出察罕鄂波圖嶺，合二小水，東南流八十餘里，入西寧邊内，又流五十餘里，入湟河。東至囊吉立圖巴爾布哈，接西寧府丹噶爾界。南至圖禄根河，接輝特南旗界。西至恰克圖北山木魯，接東上旗界。北至恰克圖河。接西右翼前旗界。

［南右翼末旗］札薩克一等台吉游牧。羅卜藏達爾札，號車臣岱青。父卓哩克圖岱青，顧實汗次子鄂木布之次子也。康熙三十六年，和碩特諸台吉入覲，羅卜藏達爾札幼，不獲至，母阿勒達爾以聞，詔封輔國公。五十年，來朝，晉固山貝子，尋授盟長。六十一年，卒，子濟克濟札布降襲輔國公。雍正元年，羅卜藏丹津脅之叛。二年降，議罪削爵。三年，詔仍領游牧衆，授札薩克一等台吉。乾隆四十七年，詔世襲罔替。佐領一。

牧地：案《康熙圖》，此爲俄魯多尼台基阿布基牧地。《十三排圖》作厄爾德尼台吉阿布集。其羅卜藏達爾札牧地，在大通河南岸，沙札克圖阿林之陰。在黄河北岸，有錫尼諾爾。案：諾爾在旗東界，其南岸與烏蘭河北入黄河之處相直。黄河自此北折，東逕貴德廳，北入西寧府界也。東至烏蘭布拉克，接輝特南旗界。烏蘭布拉克河，源在青海東南百里，有泉百餘泓，遠望亦如星宿海，會爲一河。東南流三十餘里，有二小水，自北合而來會。又東南七十里，入黄河。案《十三排圖》，烏蘭布拉河入黄河之處曰礶羊硤，其南岸爲貴德廳治所屬四十八户番子地。南至黄河舒爾古勒渡口，接察罕諾們罕喇嘛游牧界。西至希拉珠爾格西山木魯，接達賴喇嘛商上堪布駐牧界。北至巴顔布拉克。接南右翼後旗界。

[西右翼後旗]札薩克一等台吉游牧。瑚魯木什第四子秉圖,生子二。長色布騰博碩克圖,次丹巴,襲車凌惇多布札薩克貝子爵。初爲閒散台吉。雍正元年,羅卜藏丹津脅之叛,不從。三年,授札薩克一等台吉。乾隆四十七年,詔世襲罔替。佐領一。

牧地:跨柴達木河。東至希昔,接西左翼後旗界。南至諾們罕木魯,接玉樹番界。西至烏拉斯台,接西右翼中旗界。北至柴達木。接北左翼旗及北右末旗界。

[西左翼後旗]札薩克一等台吉游牧。顧實汗弟色稜哈坦巴圖爾。有子十一。其第七子曰茂濟喇克,再傳至哈爾噶斯。雍正元年,羅卜藏丹津脅之叛,不從。三年,授札薩克一等台吉。乾隆四十七年,詔世襲罔替。佐領一。

牧地:跨柴達木河。案:和碩特之游牧青海者,自顧實汗裔十九札薩克外,别設札薩克二:一爲顧實汗兄哈納克土謝圖,以車凌納木札勒領之;一爲顧實汗弟色稜哈坦巴圖爾裔,以哈爾噶斯領之。《平番奏議》:河北蒙古台吉恩開巴雅爾駐牧柴達木額色爾津地方,去西寧一千六百餘里。案:恩開巴雅爾,《表》作恩克巴雅爾,哈爾噶斯之曾孫也。東至巴彦陀羅海,接班禪額爾德尼商上堪布駐牧界。南至桑陀羅海,接玉樹番界。西至烏爾圖,接西右翼後旗界。北至瑪尼圖沙納圖。接北右末旗界。

右二十一旗,舊圖:黄河南岸有公策旺多爾濟一旗,無考。與綽羅斯二旗、輝特一旗、土爾扈特四旗、喀爾喀一旗,凡二十九旗,及察罕諾們罕爲一盟,不設盟長。以西寧辦事大臣涖之。

[青海綽羅斯部]故準噶爾族也。乾隆十九年,準噶爾平,其族遂微,存者不復著舊號。附牧賽音諾顔部者,曰額魯特二旗,與賽音諾顔部同盟。附牧青海者,曰綽羅斯二旗。

[南右翼頭旗]札薩克多羅貝勒游牧。準噶爾族舊游牧阿爾台。噶爾丹之父巴圖爾琿台吉死,子僧格,嗣爲準噶爾長。其異母兄車

臣、卓特巴巴圖爾以爭屬產,與僧格隙,劫殺之。噶爾丹爲僧格同母弟,歸自唐古特,執車臣殺之,卓特巴巴圖爾奔青海。康熙三十六年,噶爾丹平,遣使招撫青海。時卓特巴巴圖爾卒,子色布騰札勒幼,不獲從和碩特諸台吉至。四十二年,來朝,封多羅貝勒。雍正元年,羅卜藏丹津脅之叛,不從。陰遣使告,復以開諭逆黨悔罪内附功,晉封多羅郡王。亂定,王、大臣議勿令隸和碩特族。允之。三年,授札薩克。子車凌喇布坦、孫索諾木多爾濟相繼襲。乾隆二十三年,索諾木多爾濟卒,無嗣,詔以色布騰札勒次子車凌圖勒木之子色布騰多爾濟襲。三十年,卒,無嗣,以其從祖車木伯勒襲,車木伯勒之祖達哩,爲巴圖爾琿台吉季子,從兄卓特巴巴圖爾徙牧青海。子丹巴,有子二:長丹津,早卒。次即車木伯勒。降授多羅貝勒。四十七年,詔世襲罔替。佐領四。

牧地:當青海東南岸。牧地在諤爾木山之陽,曰察罕陀羅海。其南有巴顏淖爾,東北有蒙古圖布拉克,會東來二水。又東北,有烏蘭布拉克,二水合流而西,會南來之巴顏淖爾水,而爲和爾必拉,北入於青海。《平番奏議》:伏查察漢托洛亥之西爲大山,逾山而西,爲助勒蓋、貢額爾蓋等處,原係六旗蒙古札薩克、貝勒特里巴勒珠爾等牧界。密邇番地,僅隔一河。沿河北岸,有七百餘里之遥,均成曠土。雖大山以東,駐有官兵,而相距二三百里,野番偷渡,無由知之。案:特里巴勒珠爾,車木伯勒之孫也。又奏請於哈勒庫圖爾西南七十餘里察漢托洛亥地方,添設營堡,酌安將弁二十四員、兵一千名於阿什罕水地方。該處爲哈拉庫圖爾與察漢托洛亥適中之地,聲勢可以聯絡。至察漢托洛亥之西北,有瓊科灘,方圓二千餘里,青海各旗蒙古全往駐牧,儘有餘地。前有察漢托洛亥防兵,西北又有察漢俄博之兵,西有大山阻截,東即丹噶爾營汛。野番若至瓊科,必由察漢托洛亥經過。若舍此不由,即須繞越大山,出青海西南,回旋不下數千里。遠涉行劫,勢所不能也。案:察漢托洛亥,即察罕陀羅海。東至博爾巴齊他爾察罕鄂博哈拉烏素,接西寧府邊外界。南至固爾班他拉貢諾爾,接和碩特南左翼次旗界。西至窩爾登諾爾伊克察罕哈達,接喀爾喀南右翼旗界。北至青海。

[北中旗]札薩克固山貝子游牧。卓哩克圖和碩齊亦巴圖爾琿台吉子,避噶爾丹亂,徙牧青海,依和碩特族。有子四,其季曰納木奇札木禪。子阿喇布坦,準噶爾族與和碩特世婚。察罕丹津弟根特爾,既以噶爾丹女爲妻,阿喇布坦爲噶爾丹從子,察罕丹津復以女妻之。噶爾丹亂既平,準噶爾族不附逆者,

詔仍游牧青海，聽和碩特族與姻好如故。康熙五十五年，來朝，授公品級一等台吉，賜札薩克職。時游牧青海之和碩特、土爾扈特、輝特、喀爾喀諸台吉，皆未編設旗隊，獨以阿喇布坦領其族，給銀幣，如公例也。雍正三年，晉輔國公。乾隆四年，卒，子納木札勒車凌襲。十五年，自青海赴唐古特，次喀喇烏蘇，聞珠爾默特納木札勒叛，馳至布達拉城，護視達賴喇嘛。亂定，晉封固山貝子。四十七年，詔世襲罔替。佐領二有半。

牧地：案《康熙圖》，此爲台基吹拉克諾母齊駐牧處。《十三排圖》作吹拉克齊穆。在青海西北岸。案《圖》，有西爾哈河，西北出槐滿阿林，東南流。又有羅色河，西北出庫得里阿林，西南流，與西爾哈河合，南入布喀河。又西北，有濟爾瑪爾台河，屈曲數十里，南入布喀河，其南岸即和碩特北前旗也。東至濟爾瑪爾台，接和碩特北右翼旗界。南至布喀沿，接和碩特北前旗界。西至西爾哈落薩，接和碩特北右末旗界。北至濟爾瑪爾台。接甘州府邊外界。

［青海土爾扈特部］姓不著，始祖翁罕，六傳至瑪哈齊蒙克。生子二，長貝果鄂爾勒克。子四，其第三子保蘭阿噶勒琥。第四子莽海，始游牧青海，與和碩特族錯居。順治八年，莽海次子博第蘇克始通貢，自稱青海土爾扈特台吉。初，其族隸和碩特。雍正元年，羅卜藏丹津叛，有諾顏格隆者附之，已而乞降，從岳鍾琪剿賊。事定，以習沙門法，宥從逆罪。王、大臣議別設旗，分佐領，令勿隸和碩特族，允之。三年，設札薩克四。

［南中旗］札薩克一等台吉游牧。保蘭阿噶勒琥子車臣諾顏，生拉瑪達什，號圖爾根台吉。子索諾木喇布坦多爾濟。雍正三年，授札薩克一等台吉。七年，卒，無子，嗣絶。以博第蘇克曾孫棟襲。四十七年，詔世襲罔替。佐領四。

牧地：按《圖》，牧地當登努爾特達巴罕之陽。舊《圖》作登諾爾退。東岸當恰克圖河入黄河處。東至果庫圖爾，接和碩特南左翼次旗界。南至果庫圖爾山木庫爾，接西旗界。西至庫克烏松，接南後旗界。北至衮阿爾台。接喀爾喀南右翼旗界。

[西旗]札薩克一等台吉游牧。莽海曾孫色棱吉斯札布第三子鄂爾齊，長、次裔不著。有子四：長諾爾布，次色特爾布木，次衮木札布，次拉蘇嚨札布。雍正元年，羅卜藏丹津叛，諾爾布附之。尋悔罪，來歸。詔宥之。三年，授札薩克一等台吉。九年，復叛。色特爾布木不從，且以兵剿逆黨。諾爾布以防準噶爾，設汛騰格里，乘間叛。盜掠汛馬，奔徙衮阿爾台庫克烏蘇。時和碩特族拉察布附諾爾布叛，色特爾布不從，且以兵剿拉察布於索羅木河。獎賜銀幣，襲諾爾布所遺爵。乾隆二十一年，卒，子烏爾占襲。烏爾占卒，無嗣，命以衮布札布之子伊達木襲。四十七年，詔世襲罔替。佐領四。

牧地：案《圖》，牧地曰阿屯齊老圖，有泊曰阿勒淖爾。東至衮阿爾台，接察罕諾們罕游牧界。南至黄河，接阿里克番界。《理藩院則例》：循化、貴德等處野番内，惟阿里克一族，係屬奏明搬至河北，歸入蒙古佐領下當差，其餘均在黄河以南駐牧。西至哈爾古爾希立，接阿里克番界。北至庫克烏蘇唐素楞。接南後旗界。

[南前旗]札薩克一等台吉游牧。貝果阿爾勒克弟翁貴，生額濟内，有子四。長及三裔不著。其次曰特穆納，始游牧青海。子三，阿勒達爾最少。子二：長察罕喇布坦，次達爾札。雍正元年，羅卜藏丹津叛，察罕喇布坦偕和碩特親王察罕丹津來歸，授札薩克一等台吉。九年，從諾爾布叛。達爾札留牧，察罕喇布坦尋被捡。詔免死，圈禁西寧，以達爾札襲所遺爵。乾隆十九年，卒，子色布騰多爾濟襲。卒，無嗣，仍以察罕喇布坦之子衮楚克襲。四十七年，詔世襲罔替。佐領一。

牧地：有大哈柳圖河，入於黄河。案《圖》，牧地在大哈柳圖河之南，小哈柳圖河之北。小哈柳圖河，詳和碩特前頭旗下。大哈柳圖河，蒙古曰伊克哈柳圖，在洮州廳西六百餘里，黄河北岸。源出納莫哈山烏蘭俄爾吉嶺、當布庫吉爾地，三源，東流百餘里，折而西南合流。又西北流二百餘里，入黄河。東至古魯半博爾齊沙拉圖，接和碩特南右翼中旗界。南至黄河，接阿里克番界。西至宗科爾，接和碩特南左翼中旗界。北至恰克圖。接和碩特前頭旗界。

[南後旗]札薩克一等台吉游牧。特穆納次子阿玉什,有子曰拜博,號額爾克濟農。子丹忠,號額爾德尼濟農。雍正元年,羅卜藏丹津脅之叛,不從。三年,授札薩克一等台吉。乾隆十年,卒,子納木錫哩策旺襲。十四年,卒,無嗣,阿玉什裔自此絶。以族弟都勒瑪札布襲。都勒瑪札布高祖庫德特,額濟内之季子也。四十七年,詔世襲罔替。佐領三。

牧地:案《圖》,牧地當碩羅巴顔哈拉山之陽,曰鄂博圖。有薩爾哈布齊海河,舊《圖》作西拉哈普大海,自西來,屈曲而南。有哈爾渾舍里小河,舊《圖》以此爲阿爾坦河,自北來會,合而南入黄河。舊《圖》又有呼呼烏蘇河,在阿爾坦河之西北。源蘇羅達巴罕,而南入黄河。今《圖》則以和碩特南左翼次旗南之河爲呼呼烏蘇,乃舊《圖》之衮厄爾奇河、魁騰西里克布拉克河、伊瑪圖河、布喀希哈爾喀河四水,合而東南流,至托里布拉克,入黄之水也。又案:呼呼烏蘇,疑即庫克烏松之譯變。東至莫古立源,接南中旗界。南至衮阿爾台,接西旗界。西至庫克烏松木魯,接班禪額爾德尼商上堪布駐牧界。北至登納吉爾尼。接和碩特南左翼後旗界。

[青海輝特部]一旗。姓伊克明安。有卓哩克圖和碩齊者,生子第巴,號青諾顔。始游牧青海,附和碩特族。《方略》:康熙五十四年五月,宣諭策妄阿喇布坦曰:其在我處之輝特,朕亦令回原處完聚,於阿拉克山居住。雍正二年,王、大臣議青海之輝特,請别設旗,分佐領,勿隸和碩特族。允之。

[南旗]札薩克貝子品級輔國公游牧。第巴子五,其第四子曰貢格。雍正元年,羅卜藏丹津脅之叛,不從。率昆弟子姓降大軍,助剿逆黨。三年,授札薩克一等台吉。九年,以捦獲土爾扈特叛人諾爾布功,諾爾布叛,貢格馳兵往擊。自喀喇郭勒追至蒙固爾陀羅海,獲之,檻送大軍。晉封輔國公。乾隆四十七年,詔世襲罔替。五十六年,貢格曾孫達瑪璘,復因大兵征廓爾喀,巡綽臺站勞,賞貝子品級。佐領一。其族有濟克濟札布者,與附牧喀爾喀之輝特輔國公噶勒丹達爾札同祖,以羅卜藏丹津擾其牧,徙屬就之,餘仍留處青海。

牧地:當巴彦諾爾之南。諾爾在青海東南,周四十餘里。案《圖》,諾爾水西北流出,屈曲三數十里,入和爾必拉。東至巴顔諾爾東山木魯,接西寧府界。南至窩蘭布拉克僧里鄂博哈立噶圖，接和碩特南右翼末旗界。西至博爾楚爾哈立噶圖河，接和碩特南右翼末旗界。北至納蘭薩蘭。接和碩特南左翼末旗界。

［青海喀爾喀部］一旗。格埒森札札賚爾琿台吉季子鄂特歡諾顔，有子二。長唐古特墨爾根岱青，三傳至通謨克，授札薩克輔國公，隸札薩克圖汗部。次多爾濟阿喇布坦伊勒登，徙牧青海。子訥克額爾德尼阿海，生達什惇多布，不復歸喀爾喀部，隸和碩特族。雍正元年，羅卜藏丹津脅青海、喀爾喀諸台吉附〈已〉｛己｝，訥克額爾德尼阿海從子根惇，迎大軍降。王、大臣議青海之喀爾喀，請別設旗，分佐領，勿隸和碩特族。允之。

［南右旗］公中札薩克一等台吉游牧。雍正三年，授根惇今職。未幾，以耆酒〔二一〕，且與本部諸台吉隙，不任札薩克職，罷之。命往就通謨克牧。先是，噶爾丹侵喀爾喀，根惇從多爾濟阿勒布坦伊勒登攜孥奔青海。唐古特墨爾根岱青及子本塔爾岱青巴圖爾，前卒。孫墨德卓哩克圖亦以避難從至。噶爾丹滅，乞還喀爾喀。因賜牧阿爾台額爾齊斯烏隴貴界，餘仍留處青海。墨德卓哩克圖卒，子通謨克嗣。乾隆三年，上以喀爾喀族聚青海，不忍令析處，授達什惇多布公中札薩克一等台吉。四十七年，詔仍世以公中議襲。佐領一。

牧地：在青海南岸。案《圖》，牧地當青海正南。東有和爾河，西有札哈蘇太河，中有無名河六，俱北流，入青海。其山自東而西有阿木尼塞爾沁阿林、伊克哈圖達巴罕、巴哈哈圖達巴罕、巴哈察罕哈達、伊克察罕哈達諸山。東至察罕哈達，接綽羅斯南右翼頭旗界。南至南山木魯，接綽羅斯南右翼頭旗界。西至鄂蘭布拉克，接和碩特南左翼後旗界。北至青海。

蒙古游牧記卷之十二　　　　武進趙振𥙿覆校

【校記】

〔一〕西北接鄯善、車師，中華書局點校本《後漢書·西羌傳》作"西北接鄯善、車師諸國"。

〔二〕郎中令徐自爲將兵擊平之，中華書局點校本《後漢書·西羌傳》作"郎中令徐自爲將兵十萬人擊平之”。

〔三〕遣馮奉世擊降之,中華書局點校本《後漢書·西羌傳》作“遣右將軍馮奉世擊降之”。

〔四〕該段引文有多處節略。

〔五〕惟鍾最强盛,中華書局點校本《後漢書·西羌傳》作“惟鍾最强”。

〔六〕“同治本”誤寫“末”字爲“未”字,據文意改。

〔七〕趣,同“趣”。

〔八〕“同治本”誤寫“川”字爲“山”字,據中華書局點校本《新唐書·吐谷渾傳》改。

〔九〕趉胡吕烏足甘可汗,中華書局點校本《新唐書·吐谷渾傳》作“趉胡吕烏足甘豆可汗”。該段引文有多處節略。

〔一〇〕亦不剌,《(乾隆)大清一統志》作“額伯爾”。

〔一一〕卜兒孩,《(乾隆)大清一統志》作“布爾罕”。

〔一二〕俺荅,《(乾隆)大清一統志》作“諳達”。

〔一三〕賓圖,《(乾隆)大清一統志》作“賓兔”。

〔一四〕“同治本”誤寫“兔”字爲“免”字,據《(乾隆)大清一統志》、上下文意改。下同。

〔一五〕冄,同“冉”。

〔一六〕“同治本”誤寫“後”字爲“處”字,據《魏書·吐谷渾傳》改。

〔一七〕忒們呼圖嶺,中華書局點校本《清史稿》作“忒伯呼圖嶺”。

〔一八〕此處爲“元空”。

〔一九〕“同治本”誤寫“遣”字爲“遺”字。遺歸牧,“中國西北文獻叢書”據光緒十年浙江書局校刊本影印《皇朝藩部要略》作“遣歸牧”。據改。下同。

〔二〇〕《水經注》引文多有節略。

〔二一〕耆,古同“嗜”。

蒙古游牧記卷之十三

平定張　穆初稿
光澤何秋濤補輯

額魯特蒙古烏蘭固木杜爾伯特部賽音濟雅哈圖盟游牧所在

【原】[杜爾伯特部]【補注】一作都爾伯特。至京師六千餘里。元臣孛罕裔,【補注】一作孛汗。姓綽羅斯,六傳至額森,【原注】阿克敦《德蔭堂集·準噶爾歌》詩注:額參太師者,噶爾丹策凌之先祖。明正統之蒙塵,乃額参收蒙古以後事。今蒙古紀載甚詳。《明史》曰也先,葢漢譯番言"額參"之誤也。穆案:額參,後又改額森。龔之鑰《前出塞録》云:《明史》所記"也先"二字誤,本作"額孫",華言宰相也。生子二。長博羅納哈勒,爲杜爾伯特部祖。次額斯墨特達爾漢諾顔,準噶爾部祖也。【原注】《朔漠方略》:雍正七年正月,上諭:準噶爾一部落,原係元之臣僕,其始祖曰額森,額森之子托琿,漸至大員。因擾亂元之宗室,離間蒙古,恐獲重罪,遂背負元朝之恩,逃匿於西北邊遠之處。元末,又扇誘匪類,結成黨與,遂自稱準噶爾。穆謹案:此與乾隆間《欽定蒙古王公表傳》及龔之鑰、方觀承諸人所紀不同,葢其時準夷未平,傳聞異詞不能盡合也。杜爾伯特,舊爲四額魯特之一,輝特隸之。和碩特部、土爾扈特部,或牧青海,或徙俄羅斯,惟杜爾伯特與準噶爾聚牧阿爾台,無析處者。【原注】阿爾台,亦作阿爾泰,今作阿勒坦。蒙古謂"金"曰"阿勒坦",即古金山也,在科布多城西。《北史·突厥傳》:魏太武時,阿史那居金山之陽,爲蠕蠕鍛工[一]。金山形似兜鍪,〈借〉{俗}號兜鍪{爲}突厥[二]。《(新)唐書·突厥傳》:頡利敗。車鼻率所部竄金山之北,三垂斗絶,一面可通車騎[三],距長安萬里[四]。《元秘史》:太祖征乃蠻,拏住塔陽,其子古出魯克脱身走出。見軍追及,就依塔米兒河。箚營不定,又走了,襲至阿勒台山前,勢愈窮促,遂將他百姓盡收捕了。何秋濤案:阿勒台即此阿爾台也。《長春西游記》:七月九日,同宣使西南行五、六日,屢見山上有雪。又三、二日,歷一高峯,如削[五],松杉鬱茂,而有海子。南出大峽,則一水西流,雜木叢映,於水之陽。韭茂如芳艸,夾道連數十里。北有故城,曰曷利肖,西南過沙埸二十里許,水艸絶少,始見回紇決渠灌麥。又五、六日,踰嶺而南,至蒙古營,宿佛廬,旦行,迤邐南山,望之有雪。人告曰:此雪山北是田鎮海八剌喝孫也。八剌喝孫,漢語爲"城",中有倉廩,故又呼曰倉頭。七月二十五日,有漢民工匠絡繹來迎,沙漠中多不以耕耘爲務,喜見此間秋稼已成。翼日,阿不罕山北鎮海來謁曰:前有大山高峻,廣澤沮陷,非車行地。宜減車從,輕騎以進。用其言,以二車、驛騎二十餘,傍大山西行。李家奴,鎮海從者也,因曰:前此,山下精截我腦後髮。鎮海亦云:乃滿國王亦曾在此爲山精所惑,食以佳饌。西南約行三日,復東南,過大山,經大峽,中秋日,抵金山東北,少駐,復南行。其山高大,深谷長坂,車不可行。三太子出軍,始闢其路,乃命百騎挽繩懸轅以上,縛輪以下。約行四程,連度五嶺。南出山前,臨止河泊。從官連幕爲營,因水艸便,以待鋪牛、驛騎。有詩云金山南面大河流云云。桐鄉程同文釋曰:阿不罕山,在金山東北,今阿集爾罕山也。《鎮海傳》:太祖命屯田於阿魯歡,立鎮海城。阿魯歡者,亦即阿集爾罕山也。長春由此西行,傍大山者,即傍阿爾泰山之東大幹,今烏蘭古木中。過青吉斯海子之北,乃向西南行,當取道於今科布多。再西南,乃科布多河、額爾齊斯河發源處,爲阿爾泰最高之脊。所謂東南過大山,經大峽,抵金山者,當謂此。又行四程,連度五嶺,南出山,臨大河。以地約之,大河應爲烏隴古河。劉郁《西使記》:所謂龍骨河,與别失八里南北相直近五百里者也。烏程沈垚釋曰:案《鎮海傳》:屯田於阿魯歡,立鎮海城,戍守之。夫曰立鎮海城,是城名鎮海也,城爲鎮海所立,遂以鎮海名城。《劉容傳》:至元七年,世祖駐蹕鎮海。《小雲石脱忽憐傳》:以鷹房萬户從裕宗北征,至鎮海。是又以城名地矣。鎮海,又轉曰稱海。《裕宗傳》:至元七年秋,受詔巡撫稱海。《王恂傳》:從裕宗撫軍稱海,即《小雲石脱忽憐傳》之鎮海也。《囊加歹傳》:武宗在潛邸,囊加歹嘗從北征,與海都戰於帖堅古。明日又戰,海都圍之山上,囊加歹力戰,決圍而出,與大軍會。武宗還師,囊加歹殿,海都遮道,不得過,囊加歹選勇敢千人直前衝之。海都披靡,國兵乃由旭歌爾温、稱海與晉王軍會。《牀兀兒傳》:海都兵越金山而南,止於鐵(帖)堅古山[六]。是帖堅古在金山之南,由金山還師而東,道必經鎮海城,是稱海即鎮海矣。稱海爲西北要地,據《地理志》及《武宗紀》,中統初,置宣慰司都元帥府於和林,後分都元帥府於金山之南。至元二十六年,諸王叛兵侵軼和林,宣慰司怯伯乘隙叛去。二十七年,立和林等處都元帥府。大德十一年,和林改置行中書省,移都元帥府於稱海,兼置稱海等處宣慰司。稱海誠控禦叛王要地矣。哈剌哈孫之行省和林也,置傳車,相去各三百里,凡十傳,轉米數萬石,以饟饑民,不足則益牛羊。又度地置内倉,積粟以待來者。浚古渠,溉田數千頃,治稱海屯田,教部落雜耕其間,歲得米二十餘萬,北邊大治。《地理志》:元貞元年,於六衛漢軍内,撥一千人赴稱海屯田。北方立站帖里干、木憐、納憐等一百一十九處。《成宗紀》:元貞二年二月,給稱海屯田軍農具。大德元年三月,給稱海匠户賜農具、鈔。案:稱海地鄰接海都,海都犯邊,屯田暫罷。海都既平,屯田旋復故。《成宗紀》:大德四年,罷稱海屯田,改置於呵札之地。而六年九月,又遣阿牙赤撒罕會計稱海屯田歲入之數也。《仁宗紀》:至大四年六月,命和林行省右丞孛里馬速忽經理稱海屯田。延祐元年三月,敕儲稱海五條河屯田,以備賑濟。六年十一月,敕晋王部貧民二千居稱海屯田。《英宗紀》:延祐七年五月,復置稱海五條河屯田。案:七年復置,則七年之前必嘗罷之矣。是時明宗以不得爲皇儲,憤發兵反,兵敗,走金山西北。諸王察阿台等率衆附之。屯田之罷,其以是歟?後明宗不復入寇,故屯田亦旋復也。[七]【補注】按今刋本,或改稱海爲青海。詳程氏、沈氏之説,知漠北之稱海與河西之青海,方域迴殊,所宜詳辯也。【原注】《一統志》:阿爾泰山在特思河西北,綿亘二千餘里,高入霄漢。盛夏積雪不消,爲西北諸山之祖。其頂在烏普薩池西北,支峯蔓壑,分爲四枝。正北一枝,隨厄爾齊斯河以北至鄂羅斯國。其東北繞特思河之北千里,東爲湯努山一枝。又東北,接杭愛山之陰,北至色楞格河。其南百餘里向東一枝,爲烏蘭郭馬山,繞奇勒稽思泊之北。又東南,爲白勒奇那克科克衣山。又東,爲昻奇山,空格衣河出其南麓,烏海河出其東北麓。又北,爲馬喇噶山,布勒噶蘇台河出其東麓。又東北爲大山,喀喇河諸水出其南麓。又東北,接杭愛山之陽包哈瑞河、他米勒河諸水。其南一枝,蜿蜒不斷。納憐河、呼勒泰河、哈流圖河、納思克河、布勒濟河、哈巴河、奇蘭河、喀喇額勒齊思河,俱出其西麓。哈勒奇薩河、阿普都河,出其東麓。山勢旋折而東,布顔圖河出其北麓,布拉青吉兒河、札克台河出其南麓。又東,爲阿爾泰山之尾,又東南,爲台西爾山。又東南復分二山,如黑雲二道,界瀚海中。其東爲庫克西勒克山。又東北,接巴顔山,其南枝爲都忒嶺布帶山,圖古里克河出其西麓。又東南,爲布勒堪山、空鄂洛阿濟爾罕山,層峯不斷千餘里,横截沙漠,爲阿爾班阿岳爾達察嶺。又東南,爲古爾板賽漢山,其南爲諾默渾山,其東南爲五百根山,至空可喀喇龍山而止。自空鄂洛阿濟爾罕山南向,爲奇齊格納山、拜轟鄂爾山、查喇圖山,至伊塔特圖山而止。其南八十里,天山自西方來,亦蜿蜒而東南,横亘沙漠中千餘里。又東,爲活兒活圖山,至色公哈兒占山而止。色公哈兒占山北去空可喀喇龍山二百餘里,南踰瀚海至套北陰山五百里。《松漠艸》詩注:阿爾泰之東有三十三庫伯,其中峯特出者曰汗庫伯,猶言祖脈也。下臨希爾吉思湖,流泉飛瀑,頗著靈秀。《藩部要略》:雍正十三年,噶爾丹策凌表稱,阿爾台舊係厄魯特牧,杭愛舊係喀爾喀牧,請由哲爾格西喇呼魯蘇至巴里坤,畫界分守。諭曰:夫阿爾台之屬厄魯特,乃噶爾丹從前之事,爾準噶爾並未越此游牧。爾父在時,曾請將阿爾台山梁外哈道里、哈達青吉勒、布勒青吉勒三處,不必置爲閒處。朕未允行。今特欲安逸衆生,將此三處屬爾,祗自克木齊克汗騰格里上阿爾台山梁,由索勒畢嶺下哈布塔克拜達克之中,過烏蘭烏蘇羅卜諾爾,直抵噶斯口爲界。并自呼遜托輝至喀喇巴爾楚克悉作閒地。爾其遵諭行。乾隆三年,噶爾丹策凌復表請循布延圖河,南以博爾濟昂吉勒圖、烏克克嶺、噶克察等處,北以遜多爾、庫奎多爾、多輝庫奎至哈爾奇喇博木喀喇、巴爾楚克等處爲界，厄魯特邊人仍在阿爾台山後游牧。詔弗允。四年十月，請如原議，地界始定。穆案：《德蔭堂集》阿克敦兩使準噶爾與噶爾丹策凌議定界事，雖反復多端，其所慮者，不過恐兩間空置之呼遜托輝等處，喀爾喀來此游牧，歸化城人至此市易，中國亦漸次於科布多增建城垣，侵其游牧耳。故最後高宗純皇帝亦許其每年略地時，用二三十人至科卜（布）多巡視，以釋其疑。而和議乃定。呼遜托輝，《集》作呼孫托回，地瀕科布多河。【補注】《皇輿西域圖志》：阿勒坦鄂拉爲古金山，在庫爾圖達巴西北三百里，哈柳圖郭勒發源西南麓。其地東境，峰巒層沓，亘數百里，爲北路名山之冠。東爲舊藩喀爾喀蒙古諸部，西爲準噶爾部。乾隆二十年，大兵討準噶爾，道出阿勒坦鄂拉，遣官祭告文曰：朕恭承鴻業，撫馭寰區，康乂柔懷，中外一視。準噶爾部落，向遠王化，篡弑相仍，因而内亂。達瓦齊又復殘虐其屬，分崩離析，人不聊生。雖在殊荒，均之赤子。朕何忍不爲拯救，坐視阽危。爰整王師，分道並進，今北路大兵，道出神境。惟神起榦西北，綿亘東南，實塞外之名區，作内藩之屏障。尚其默相，翼我明威。期迅奏乎膚功，永敉寧夫遠服。虔申昭告，用布馨香，惟神鑒焉。噶爾丹之亂，其兄子策妄阿喇布坦棄之，徙博羅塔拉。【原注】《方略》：康熙五十四年六月，祁里德等奏言，據喀爾喀汗、王、台吉等言，我兵從此進剿策妄阿喇布坦有兩路：一由布拉罕順額米爾河，尋伊犁河，過阿勒坦厄默勒嶺；一由博克達、額林哈畢爾噶進闥厄奇嶺。此兩路俱至額米爾河，於博羅塔拉地方會合。《土爾扈特總傳》：噶爾丹以鄂齊爾圖孫女阿努爲妻，既而惡鄂齊爾圖，襲殺之。阿努有女弟曰阿海，噶爾丹兄子策妄阿勒布坦將以爲妻，噶爾丹奪取之。策妄阿勒布坦怨，徙博羅塔拉，乞婚阿玉奇。阿玉奇以女妻之。阿克敦再使準噶爾，奏噶爾丹策凌言：我原在阿爾泰山陰游牧，後因動兵，移於額里齊斯西里博羅他拉。又因窄狹，直至哈薩克、布魯特交界游牧。《新疆識略》：賽里木淖爾，在惠遠城東北二百餘里，塔勒奇嶺之北，周三百餘里。四周皆大山，其北山後有地，名波羅塔拉，水草豐茂，土地平曠，舊爲準噶爾游牧，今爲察哈爾游牧。塔勒奇山，在惠遠城北九十里。乾隆二十年，北路大軍由波羅塔拉越此山之嶺進剿。嶺險峻如關，谷中林木茂密，俗呼爲"果子溝"。嶺下出泉，滙爲大河，徑流谷中。《西域水道記》：博羅塔拉河，自達爾達木圖小喀倫以西、鄂克拓賽里喀倫以東，長二百餘里。夾河蔥翠，短艸長林，襟帶沃衍，牛羊散布。《通謨克傳》云：康熙五十六年，大軍進剿準噶爾，時策妄阿喇布坦游牧博羅塔拉，以額林哈畢爾噶爲要隘。是策妄建庭於此也。迨阿逆之叛，亦居其地。《方略》云：乾隆二十年十二月，巴里坤辦事大臣和起奏阿睦爾撒納同台吉額林沁舍楞在博羅塔拉道都托羅海地方居住是也。二十二年，阿逆自哈薩克潛歸伊犂，又會諸賊坐牀於此，欲自爲汗。兼綜諸書，足知形勢。杜爾伯特諸台吉從之，分牧額爾齊斯河。【原注】龔之鑰《後出塞録》：科卜（布）多新建土城爲大兵總駐之地，又過此一千餘里，地名鄂爾齊斯，深入賊巢，自科卜多至此，多行山澗中，僅容一人一騎，往往行數日始能出澗。《松漠艸》詩注：阿爾泰西面之水，皆入額爾齊思河，西流空窩圖湖，又萬餘里，歸西海。鄂爾思，寬闊也；額爾齊思，狹也。狹束如江，爲西北第一巨流。【補注】秋濤按：是水歸北海，非西海也，恪敏斯語偶誤。【原注】《西域釋地》：齋桑諾爾，在塔爾巴哈台綏靖城東北五百餘里，爲額爾齊斯河所滙。額爾齊斯河在城東北六百餘里，爲科布多界。此水發源東南山中，瀠洄環繞，滙入齋桑諾爾。又西北溢出，流入俄羅斯境。《新疆識略》：額爾齊斯河出阿爾台山，爲華額爾齊斯，西北流，會喀喇額爾齊斯河。又西北，會蘇布圖河。又西北，會庫魯圖河。又西北，會罕達海圖河。又西北，會奇蘭河。又西北，會博爾齊河。又西北，會阿勒哈布河。又西北，會哈布河。又西，會諾恰庫河，又西，會塔爾巴哈台河，經瑪呢圖噶圖勒干喀倫北，又西，豬爲齋桑淖爾。淖爾又西，受布崑河水，南受果爾莫孫河水，東南受俄楝果勒水，東北受哈流圖水。淖爾復出水，西北流，科爾沁河入之。又東北，那林河入之。又北，莫依林河入之。又西北，布克圖爾瑪河入之。又西北，入俄羅斯國界。其下游歸於北海。【補注】褚廷璋《西域詩・額爾齊斯》：西州直北勢憑陵，瀚海迢遥過白登。鈴澤風高奔怒馬，金山雪暗下饑鷹。曾傳舊壤開都伯，僅見降王保策凌。四部蟲沙成底事，好將忠謹化驍騰。注云：今"烘郭圖淖爾"，譯言"鈴澤"。"都爾伯特"，急讀則成"都伯"。乾隆十八年冬，因畏準噶爾偪〔八〕，率族內附。【原注】準噶爾台吉，舊有策凌惇多卜二，大策凌惇多卜善謀，小策凌惇多卜以勇聞。策旺阿拉布坦及子噶爾丹策凌，倚任之。大策凌惇多卜孫達瓦齊，襲殺噶爾丹策凌之子而自立。小策凌惇多卜孫納默庫濟爾噶爾與搆兵，各令杜爾伯特族助。杜爾伯特台吉車凌等欲拒之，不敵。欲事之，莫知所從。集族謀曰：依準噶爾，非計也。不如依天朝，爲永聚計。於是棄額爾齊斯牧，由準噶爾東烏蘭嶺烏英齊而行，越旬有九日，至博東齊。遣使馳赴巴顏珠爾克，以降故告。定邊左副將軍親王成衮札布以聞，上遣侍郎玉保，齎賞物往迎。詔視推河、札克拜達里克、庫爾奇勒可耕地置之。穀種取諸歸化城，復賜牛羊贍之，定牧札克拜達里克。穆案：杜爾伯特部俗兼耕、牧，視喀爾喀專逐水艸游牧者異。故乾隆二十年，大兵征達瓦齊，豫遣緑旗及喀爾喀兵屯田額爾齊斯，以所部識水泉道，且善耕。詔簡宰桑以工巧卒百，導赴額爾齊斯，將俟大功成，即以畀杜爾伯特部，永爲世業。【補】旋依内蒙古例，編置佐領，以札薩克領之。【補注】秋濤按：杜爾伯特台吉惟三車稜最先來歸，而剛多爾濟、羅卜藏等繼之。三車稜者，曰車稜，曰車稜烏巴什，皆鄂木布岱青和碩齊裔；曰車稜蒙克，爲達賴泰什弟，保伊勒登裔。十九年正月，三車稜使至，詔與朝正衆藩臣宴。四月，諭曰：内札薩克及喀爾喀咸設正、副盟長，董理牧務。今新降台吉車稜等，攜至户口，悉編旗，分佐領，其設正、副盟長如例。賜賽因濟雅哈圖名。五月，駕幸熱河，三車稜率諸台吉入覲，賜宴萬樹園，觀火戲。諭曰：杜爾伯特台吉車稜等，皆準噶爾渠酋，向慕仁化，率萬餘衆，傾心來歸。宜敷渥澤，錫予封爵，以示懷柔至意。其各鈐所屬，令安分謀業，勿負朕恩。時所部設札薩克十有三，自三車稜外，曰色布騰，曰蒙克特穆爾，曰根敦，曰班珠爾，曰剛，曰巴圖蒙克，曰瑪什克圖，曰達什敦多克，曰恭錫喇，曰巴爾。封親王、郡王、貝勒、貝子、公、一等台吉有差。考是年所封杜爾伯特諸旗，惟蒙克特穆爾旋即叛去，捕獲伏誅。餘皆忠順，世襲封爵。其他别以功受封者，曰額布根，曰剛多爾濟，曰羅卜藏，事蹟備詳於各旗下。【原】所部左翼十一旗，右翼三旗，附輝特二旗，凡十有六旗。【補注】秋濤按：今《會典圖》及《説》皆作左翼三旗、右翼十一旗，與現行《理藩院則例》"左""右"二字互易，必有一誤。左翼十一旗，曰札薩克特固斯庫魯克達賴汗旗，博羅納哈勒九世孫車稜【補注】即後稱汗車稜者也，一作車楞。初爲準噶爾屬。乾隆十八年，以達瓦齊不足事，率部衆來歸，從者三千百七十餘户，口以萬計。詔封札薩克和碩親王。二十年，授參贊大臣，從西路軍征達瓦齊。伊犁定，賜食親王雙俸，增護衛員倍之。尋率新降台吉入覲，封杜爾伯特汗，賜特固斯庫魯克達賴號。【補注】《皇輿西域圖志》云：晉封特古斯古魯克汗。授左翼盟長。【補注】：是年，訥默庫叛竄，烏里雅蘇台辦事大臣阿蘭泰，偕車稜等以兵捡之，及其孥。械至，論如律，籍其屬分給車稜、車稜烏巴什。二十一年七月，車稜等徙牧額爾齊斯。從衆乘徙牧，有劫驛騎者。參贊大臣舒赫德巡軍汛，至努克木倫，聞之，往詰。車稜察劫者以獻，請論罪。諭嘉其恭順，賜佩飾奬之。既而汗哈屯烏梁海叛，詔車稜率兵從剿。二十二年，車稜請徙烏蘭固木。諭曰："車稜等自歸誠以來，感激朕恩，約束屬衆，甚爲静謐。邇因叛賊紛起，亟請内徙游牧。其歸附之心益堅，可允所請。並給穀種，令爲謀生資。貝勒巴圖博羅特、輔國公舍稜不從車稜等徙牧，叛應阿睦爾撒納。副都統瑚爾起以兵捡諸輝巴朗山，妻孥悉論誅。噶勒雜特宰桑哈薩克錫喇，附阿逆叛，大軍將由西路進剿。詔副都統唐喀禄宣諭車凌曰：哈薩克錫喇等，或勢窮力蹙，逃赴哈薩克境。爾等其簡兵防守游牧，並堵禦通哈薩克隘口，遇賊竄即捡獻。此特爲保護所部游牧計，非令其出兵協剿也。會哈薩克錫喇遣人來誘叛，車凌械赴科布多軍，而自攜其衆徙牧和通呼爾哈諾爾。旋定牧於烏蘭固木。二十三年，卒。【補】上以車凌識時慕義，率屬歸誠，始終効力，鈐牧静謐，軫悼賜賻祭。【原】子索羅木袞布襲。【補】授盟長，詔勤習牧務。【補注】六月，索羅木袞布以疾故，請往禮哲布尊丹巴呼圖克圖，詔聽之。九月，諭曰：盟長分理全部，所係甚要。聞索羅木袞布襲封後，時有疾，今已授巴桑爲副盟長。巴桑亦係少年，恐不更事。親王車凌烏巴什、貝子瑪什巴圖等誼關同族，自應視如一體，務宜悉心協助，加意辦理，不可稍存彼我之見。二十五年，詔定杜爾伯特管旗章京策塔爾罪，遣戍福建、廣東。先是，索羅木袞布少而懦，其哈屯布尼達喇，喀爾喀女也，鈐所部衆嚴，策塔爾忌之，計蠖歸喀爾喀。副管旗章京巴顔克什克，訴之成袞札布所，遣員往訊，僉直哈屯，成袞札布將重議策塔爾，嫌庇族女，疏請罷策塔爾職，别以和通代之，偕巴顔克什克助汗哈屯理牧務。諭曰：爲人臣僕而威脅其汗，且謀逐哈屯，不法已極，宜重罪之。或以新附，尚未悉禮法，姑從寬免。然亦不可仍留舊地，致起衅端。其詳勘欺主滋事，不受哈屯約，因計陷之者，解送京師。成衮札布遵旨，察獲策塔爾黨十四人，械至，詔於福建、廣東安置，牧産給索羅木衮布，勿歸公。既而布尼達喇請以巴顔克什克代管旗章京職，諭曰：策塔爾以巴顔克什克控訴，因而獲罪。若令代之，則無知者妄生希倖，反以互訐爲能。且管旗章京既有和通理之，巴顔克什克令其協助足矣。三十四年，卒，子瑪克蘇爾札布襲。四十七年，詔世襲罔替。【原注】佐領十。

【原】［中旗］札薩克多羅郡王游牧。汗車凌從叔父車凌蒙克。【補注】一作策凌孟克。乾隆十八年，偕車凌、車凌烏巴什來歸，所部號之爲三車凌。車凌蒙克行既尊，且兼領巴約特務，以故從車凌蒙克至者，凡七百餘户。戚屬僅百有十四，餘皆巴約特屬隸之者。詔封札薩克多羅貝勒。二十年，授參贊大臣，從西路軍進征。伊犁定，晉爵多羅郡王。【補】督所部兵駐防伊犁。【補注】以定西將軍班第奏也。先是，車凌蒙克入覲，將以子巴朗及巴雅勒當行。巴朗詭稱疾，不之從。巴雅勒當復固辭，弗許，攜就道。巴朗挾屬衆二百餘遁，族台吉蒙克特穆爾從之。詔將軍策楞等緝巴朗及蒙克特穆爾務，獲其從逃衆，悉宥。巴朗偕蒙克特穆爾由北路間道行，徑烏克嶺、哈布塔克拜達克、奇蘭阿拉克台、布哈和洛諸境，聞追軍至輒逸，遂竄匿準噶爾境。其從逃之沙拜塔爾、納瑪琳等，後先脱歸。詔宥罪，給車凌蒙克轄之。及伊犁平，獲巴朗等，諭車凌蒙克曰：爾父子前來歸誠，冀受朕恩。甫入覲，爾子巴朗乘間遁，不獨負朕恩，且悖汝志。情罪甚重，國法難貸。念爾誠心感戴，効力從軍。爾孫巴布勒，或爲巴朗所逼，或與巴朗同謀，皆可置之不問，以加恩爾故特宥之，俟至烏里雅蘇台，仍遣赴爾游牧，爾其知之。巴朗及蒙克特穆爾尋械至，上告祭太廟社稷，御午門樓，行受俘禮，誅之。【原】二十二年，卒，次子巴雅勒當襲。【補】二十三年，卒，無子，以弟博斯和勒襲。四十六年，卒，子納旺索諾木襲。四十七年，詔世襲罔替。【原注】佐領一。

【原】［中左旗］札薩克多羅貝勒游牧。汗車稜族弟【原注】《傳》作族祖，誤。色布騰，乾隆十八年，來歸，封多羅貝勒，授札薩克。【補注】初，車凌烏巴什所屬巴啟齊倫等叛逸喀爾喀。詔諸札薩克弋獲治罪，時色布騰從三車凌來，善約衆。三車凌以告我視牧大臣。詔色布騰參贊軍務，選所部兵二百，偕内大臣薩拉爾，議招烏梁海及札哈沁。復以所部患痘，諭色布騰馳赴張家口外，命大學士傅恒迎勞之。詔封貝勒，歸牧，協理所部盟長務。二十年，授參贊大臣，從西路軍進征。阿逆叛，詔赴烏里雅蘇台，偕駐防大臣籌辦軍務。仍授叅贊大臣，加郡王品級。【補注】先是,色布騰自請率兵剿阿逆,上以甫從軍還,不欲數勞之,慰諭歸牧。未幾,以色布騰與阿逆夙怨,且悉額魯特情,詔赴烏里雅蘇台籌軍務,以所部兵從,悉給俸餉、口糧。色布騰聞命,即馳就道。諭曰:色布騰自歸誠以來,奮勉効力,征準噶爾,頗著勤勞。且聞朕旨,即以兵馳赴烏里雅蘇台軍。急公任事,誠可嘉予,著賞郡王品級。若能更立殊勳,朕當加以重賞。今由西路進兵,搶額魯特叛賊,北路尚無所事。惟新收汗哈屯烏梁海及續降輝特衆,應加防範。著色布騰留心體察。既抵軍營,妻孥悉令隨往。所有陳奏軍務,著列名於喀爾喀親王成衮札布、桑齋多爾濟之次,都統雅爾哈善之前。尋以疾道卒,賜賻祭,子巴桑襲。二十三年,授副盟長。【補】二十六年,從剿瑪哈沁宰桑色布騰,【補注】色布騰故,準噶爾宰桑叛去,流爲瑪哈沁。巴桑從喀爾喀郡王車木楚克札布等剿之。偵走俄羅斯,以兵屯鏗格爾圖喇,遣使索。俄羅斯搶色布騰及逆黨百餘以獻。賜幣。二十七年,詔杜爾伯特左、右翼各設副將軍一。左翼用正白旗纛,以敕印軍符給之,授巴桑爲左翼副將軍。四十七年,詔世襲罔替。【原注】佐領一。

【原】[中前旗]札薩克輔國公游牧。汗車凌族弟剛。乾隆十八年,來歸,授今爵。【補】三十三年,卒,子札納巴克襲。四十七年,詔世襲罔替。【原注】佐領一。

【原】[中後旗]札薩克輔國公游牧。汗車凌從叔父巴圖蒙克,【原注】一作巴圖孟克。乾隆十八年,來歸,授今爵。【補】二十三年,奉檄圍明噶特于烏蘭固木河,詔量加賞賚。【補注】烏梁海種人明噶特,舊爲額魯特屬。大軍定伊犂,乞降。詔置之黑龍江之呼倫貝爾。既而由納林喀喇泥叛遁。定邊左副將軍成衮札布檄巴圖蒙克追之。遇諸烏蘭固木河,環以兵,不即降,中夜圍稍懈,賊乘間逸。成衮札布劾之。上以杜爾伯特部新附,且聞檄即以兵往,詔免飭責,仍量加賞賚。三十九年,卒,次子烏呼斯襲。四十七年,詔世襲罔替。【原注】佐領一。

【原】[中上旗]札薩克固山貝子游牧。汗車稜族弟瑪什巴圖。乾隆十八年,來歸,封札薩克輔國公。二十年,從征達瓦齊。【補】追至格登山庫魯克嶺。【補注】時達瓦齊由格登山竄踰庫魯克嶺,諸軍分道躡,皆以馬疲返。惟瑪什巴圖偕車凌烏巴什,率輕騎八百尾之。《西域釋地》:格登山在伊犂將軍所駐惠遠城西南百里。乾隆二十年,達瓦齊結營此山,兵近萬人,面淖背巖以自固。巴圖魯侍衛阿玉錫等三人，率二十二卒策馬仰攻，破其營，降六千五百騎，達瓦齊遁。又頁古魯克山，在烏什城北，山自西而東，綿亘無極。北有巴克塔山口，通布魯特游牧。又其北庫車山口、雅滿素山口，皆通布魯特。達瓦齊由格登山竄踰庫魯克嶺，烏什伯克霍集斯紿捦以獻。庫魯克，疑即頁古魯克之訛。乾隆二十五年，遣官告祭格登山，祭文曰：詰戎龕暴，蕲遐邇之綏安；蕩穴焚巢，荷神人之協應。乃者，準噶爾以諸蕃瓦解，款塞請兵。達瓦齊當累世貫盈，負嵎假息。方王師壓境，窮鱗尚戀泥蟠；而裨將選鋒，鎩羽難延株守。廿五騎自天而下，不藉梯衝；六千人無地可容，悉縻纓組。溯國威之遠暢，瞻神貺之丕昭。緬爾時呵護斯存，曾著翻營勝蹟；迨今日庋懸用薦[九]，還依表碣雄風。秩我明禋，惟神歆格。又《欽頒歲春秋祭祝文》曰：惟神位正金方，勢崇西極，鎮準噶爾之全部。夙著靈奇，導罔底斯之羣峰，丕宣氣化，職方未載。乃應運而服懷柔，王會新圖，早報功而行刋旅，祲寵在望，報饗宜虔。朕爰定遐荒，削平大漠，負陰抱陽之類，莫不尊親；出雲降雨之司，咸同覆載。惟格登山之雄峙，環伊犂河以高騫。地險爰標，神功攸懋。當奪壘捦生之日，助王旅以宣威；值磨崖紀績之辰，翼天庥而效順。作屏遠服，載揚赫濯聲靈；考制名山，用展庋懸典物。令先期而諏吉，俾時享以薦馨。康我邊陲，永秩春秋之祀；表兹絶域，式垂山海之經。雉譯咸通，鴻圖舉固，聿將芬苾，庶克歆承。褚廷璋《西域詩·吹》：梯空勁旅倚孱顔，逕出盤雕落雁間。波浪遠翻圖庫水，風雲高護格登山。千屯此日開榆塞，十箭當年阻玉關。碎葉長川流不極，猶懸邊月照潺湲。自注：巴圖魯阿玉璽，以二十五人敗六千餘衆於格登山，在吹東境。圖斯庫爾河，即唐時碎葉川，又名細葉川，亦名素葉水，今伊犂河西之水，此爲最大。周廣六百餘里，自圖斯庫爾北岸，傍吹河西北行五百餘里，總名爲吹，今屯種之所。唐沙鉢羅咥利失可汗分十部，部授一箭，曰十箭。程知節討之不克，蘇定方督軍進討，敗之。分西突厥地，置崑陵都護府，居碎葉川西。濛池都護府，居碎葉川東。以彌射爲興昔亡可汗，押咄陸部落。以步真爲繼往絶可汗，押五弩什畢部落。自此，吐蕃强盛矣。【原】叙功，晉封固山貝子。【補】二十九年，卒，子布延濟爾噶勒襲。四十四年，卒，子和託羅襲。四十六年，卒，子鄂勒哲布圖庫襲。四十七年，詔世襲罔替。【原注】佐領一

【原】[中下旗]札薩克一等台吉游牧。汗車凌族叔父達什惇多克，乾隆十八年，來歸，授今爵。【補】二十三年，卒，子寶貝襲。四十七年，詔世襲罔替。【原注】佐領一。達什惇多克内附，其從子卓倫齊賓塔克圖及其屬垂羅克等游牧額琳哈畢爾噶及伊犂河濱，不獲從。乾隆二十年，大軍臨境，後先乞降，詔給達什惇多克。

【原】[中前左旗]札薩克一等台吉游牧。汗車凌族子額布根，乾隆十八年，額布根及兄蒙克特穆爾、弟齊巴克等，從三車凌來歸，詔封蒙克特穆爾札薩克固山貝子。尋附車淩蒙克子巴朗叛遁。額布根慚奮，請從大軍進征，且捦叛黨自贖。諭獎其知大義，授今爵。【補】二十二年，卒，【原】無嗣，弟齊巴克襲。【補】四十七年，詔世襲罔替。【原注】佐領一。

【原】[中前右旗]札薩克固山貝子游牧。汗車淩族子班朱爾，乾隆十八年，來歸，授今爵。尋卒，從弟奇塔襲。【補】四十四年，卒，子羅卜藏薩布坦襲。四十七年，詔世襲罔替。【原注】佐領一。

【原】[中後左旗]札薩克一等台吉游牧。汗車稜族弟恭錫喇，乾隆十八年，來歸，授今爵。【補】二十一年，卒，子車登襲。四十五年，卒，子諤勒哲鄂羅什瑚襲。四十六年，卒，弟烏巴什襲。四十七年，詔世襲罔替。【原注】佐領一

【原】[中後右旗]札薩克一等台吉游牧。汗車淩族子巴爾，乾隆十八年，來歸，授今爵。【補】三十三年，卒，子布達什哩襲。四十七年，詔世襲罔替。【原注】無佐領。先是，巴爾戚屬哈薩克巴蘇太、巴朗尼瑪等游牧額琳哈畢爾噶，不獲從巴爾内附。乾隆二十年，大軍臨境，迎降，凡五十六户，詔給巴爾。

【原】[附輝特一旗曰下前旗]札薩克一等台吉游牧。輝特始祖札巴甘墨爾根，有子烏達納諾顔。十傳至鄂羅哩克和碩齊，子三：長達什。次濟木巴。次鄂木布達什，子色布騰，色布騰子班珠爾。班珠爾子二：長達瑪璘，次曼濟。初，輝特爲杜爾伯特屬，游牧塔爾巴哈台，【補注】見北路舊土爾扈特部。世爲婚姻。達瑪璘，杜爾伯特長車淩女夫也。準噶爾亂，達瑪璘攜孥遠徙，族屬奔赴額琳哈畢爾噶。【原注】額琳哈畢爾噶山，在伊犂城東北四百餘里。乾隆二十二年，再定伊犂，將軍兆惠等由此進兵。

【補注】詔遣官祭告山神，祭文曰：朕寅紹丕基，輯寧函夏。荷百靈之效順，美報必伸；當萬里之奏功，明禋咸秩。惟神遐荒迴峙，靈應夙昭。高埒天山，遠通月𩩲。屬當逆賊阿睦爾撒納，負恩狡叛，竄跡僑棲，收拾殘黎，誘招諸部，復鴟張而起事，旋蠶食以逞謀。游牧至斯，披猖寖甚，鄰近皆潛爲烏合。逆酋漸欲肆螳當，已而王旅驟加，賊軍輒駭。四山艸木，盡助聲威；諸嶺風雲，俱增叱咤。奔鹿遂不遑擇蔭，窮魚乃自絶游魂，雖追躡逋逃，又閱時而竣事，而摧拉枯朽，實從此以振威。信乎！奉天討以出師，明神咸祐。兹者蕆武功而底績，秩祀宜申。用昭右序之文，遣祠官而致享。永作西陲之鎮，鞏邊圉以敉寧。二十五年，從辦事大臣阿桂奏，列於祀典，春秋致祭。二十七年，《欽頒歲祭祝文》曰：惟神保障遐方，奠基西土，層巒内拱，在漠南綏靖之前，協氣遥迎，當閫外奮揚之日，逐飛廉於塞外，八公之艸木皆兵。示象鼎於寰中，九牧之神姦悉化。輯寧有地，報享宜頒。朕底定荒陬，又安絶域，懷柔所及，龍堆盡列於版圖。撫馭攸加，月窟咸通於聲教。牧酋潰竄，頭屢觸於不周。勝旅先登，尸遂陳夫貳負。凡膚功之迅奏，實靈效之克彰。用奉明禋，永垂嘉典。峙金方而作鎮，著神功於華嶽以西；表翠嶂以爲屏，秩祀典於流沙之外。尚期出雲降雨，遠敷惠澤於邊疆；惟兹酌醴牽牲，敬念普存於民力。神其來格，鑒此苾芬。【原注】《西域水道記》注：準語“額琳”謂“間色”，“哈畢爾噶”謂“旁肋”，在博克達山西八百里，哈屯博克達山西一百里。博克達山尊如人首，額琳哈畢爾噶如旁肋，居元首左右。天山最高峯爲博克達，則左右山皆可謂之額琳哈畢爾噶。今據告祭所在，定爲哈屯博克達西百里之山。以故三車凌内附，達瑪璘不獲從。至乾隆二十年，車凌以所部從征達瓦齊，次額琳哈畢爾噶，達瑪璘屬户四十餘，乞降。伊犂定，賜杜爾伯特諸台吉游牧地。達瑪璘聞之，間道至烏里雅蘇台，攜户六十餘，請内徙，隸車凌牧。詔授札薩克一等台吉，從衆編佐領，如杜爾伯特例。四十一年，達瑪璘卒。無嗣，以弟曼濟子布爾布達爾濟襲。【補】四十七年，詔世襲罔替。【原注】佐領一。

【原】［右翼三旗曰前旗］札薩克和碩親王游牧。汗車凌從子車凌烏巴什，【原注】一作策楞伍巴什。乾隆十八年，從車凌來歸。從者千二百餘户，詔封札薩克多羅郡王。二十年，授參贊大臣，從西路軍進征。【原注】並賞三眼孔雀翎，諭常服之。伊犂定，晉封和碩親王，授右翼盟長。【補注】二十二年，車凌請徙牧烏蘭固木，詔車凌烏巴什或從往，或游牧科布多，惟其便。時副都統唐喀禄往諭諸部，道遇車凌烏巴什，徙就車凌。唐喀禄語曰：額魯特哈薩克錫喇，叛擾額爾齊斯，我將赴西路軍協剿。車凌烏巴什遣護衛巴顔及卒三十從之，且稱額爾齊斯及烏隆古地，值盛夏多蚊蛇，道不可行。額琳哈畢爾噶、哈布塔克拜達克皆以察罕郭勒爲要汛，請往禦賊於其地。唐喀禄悉疏以聞，上嘉其誠順且明大義，並賜幣及佩飾。二十四年十月，以回部平，諭車凌烏巴什等知之。十二月，哈薩克襲烏梁海，杜爾伯特以兵三百餘擊走，得旨獎賚。二十五年七月，或告車凌烏巴什將叛，欲陰陷之，成衮札布以聞，上鑒其誣，詔勿問。尋入覲，扈蹕行圍，奏所部蒙恩安置，牧産漸饒，嗣請自備駝、馬。上嘉其誠悃，不忍驟勞之，詔仍官給駝、馬。準部相撲之戲，必袒裼從事，雖蹶不釋，控首屈肩，至地乃爲勝。是年秋，車凌烏巴什隨木蘭行圍，俾準人爲此戲，上嘉其壯，賜之羊臛，則拱掬呿呑，歡喜無量。據云準噶爾自喇嘛達爾札搆釁後，日就凋敝，不得如此飽啖者，十年於兹矣。【補】二十七年，詔杜爾伯特左、右翼，各設副將軍一。右翼用正黄旗纛，給敕印軍符。授車凌烏巴什右翼副將軍，命御前行走，賜岱青卓哩克圖號。二十八年，以兵緝烏梁海叛賊庫克辛，誅之。【補注】庫克辛走俄羅斯道，掠哈薩克馬，車凌烏巴什率兵緝之。偵匿和羅圖郭爾，馳往擊，賊潰竄，尾至林際獲之。斬庫克辛及從黨五十八人，俘其孥及户七十餘歸。詔賜幣。【補注】有台吉巴朗者，其甥也。幼被哈薩克掠，至是，脱歸伊犂，請隸車凌烏巴什，詔給之。《西域圖志》：乾隆乙酉年，於熱河避暑山莊之東北岡，如固爾札規制，建安遠廟。凡達什達瓦部衆之隸居熱河及都爾伯特親王策凌烏巴什等，以朝賀至其地者，咸資瞻禮。御製《安遠廟瞻禮書事》詩《序》備記其事云。四十一年，入覲京師。【原注】車凌烏巴什先因避痘，歸誠二十餘載，不敢至内地。至是，已出痘，入覲京師，賜宴紫光閣，命進酒御前。上元夕，詔觀燈火。御製《詩》紀之，有"額魯近多出痘者也，教元夕賞皇州"之句。四十七年，詔世襲罔替。【補注】諭曰：車凌烏巴什，初封郡王，繼而平定伊犂，晉封札薩克和碩親王。自歸誠以來，鈐束所屬，恪慎供職。且在御前行走有年，著加恩，令札薩克和碩親王爵，世襲罔替。五十五年，【原】卒，無嗣，以從姪孫固魯札布襲。【原注】佐領十一。先是，喇嘛達爾札篡襲準噶爾台吉，達瓦齊約達什及車稜烏巴什，挈衆内附，達什等將從之。已而懼，以其謀告喇嘛達爾札，擊達瓦齊，掠其衆之半。達什，車凌烏巴什兄也。達什子訥默庫，從車稜烏巴什内附，封和碩親王。乾隆二十一年，以附其姊夫阿睦爾撒納叛，誅。詔籍其屬，分給之。

【原】［前右旗］札薩克多羅貝勒游牧。汗車凌從子剛多爾濟，乾隆十九年，自準噶爾挈户千餘來歸，詔封今爵。【補】二十年，授副盟長。【補注】大兵之自伊犂旋也，杜爾伯特設正、副盟長各三。徙車凌至者，分左、右翼：曰車凌，曰車凌烏巴什，爲盟長；曰色布騰，曰車凌蒙克，副之。從訥默庫至者，别自爲部，以訥默庫爲盟長，剛多爾濟副之。二十一年，訥默庫叛。諭曰：剛多爾濟自授副盟長以來,鈐束部衆,尚爲安謐。著即授爲盟長。三十二年,【原】卒,無嗣,以弟貝子額爾德尼子達瓦丕勒襲。【補】四十七年,詔世襲罔替。【原注】佐領二。剛多爾濟兄布圖克森、羅壘雲端,皆封貝子。乾隆二十二年,相繼卒,皆無嗣,詔以其屬給剛多爾濟及額爾德尼轄之。【補注】秋濤按:羅壘雲端,一作洛壘雲端。

【原】[中右旗]札薩克固山貝子游牧。汗車凌族弟根惇,【補注】一作根敦。乾隆十八年,來歸,詔封札薩克固山貝子。二十一年,卒,子扣肯襲。三十三年,扣肯卒,無嗣,詔以根惇之弟雙和爾降襲鎮國公。【補】四十五年,卒,子諤勒哲鄂羅什瑚襲。四十七年,詔世襲罔替。【原注】佐領二。

【原】[附輝特一旗曰下後旗]札薩克一等台吉游牧。達瑪璘從叔父羅卜藏。乾隆二十年,大軍定伊犂,羅卜藏率屬内附。詔授今爵,隸杜爾伯特游牧。【補】二十一年,卒,子衮布襲。四十七年,詔世襲罔替。【原注】佐領一。【原】凡十六札薩克,同游牧科布多金山之東烏蘭固木地。【原注】初,三車凌率屬來歸,賜牧札克拜達里克,將軍策楞請徙之歸化城大青山東,上慮滋新降疑懼,不許。已而車凌族台吉訥默庫等,輝特台吉阿睦爾撒納、和碩特台吉班珠爾等,相率内附。詔賜牧塔楚河,鄰三車凌牧。二十年十二月,車凌等以乏牧産,請徙額克阿喇勒。諭曰:前議平定伊犂後,遣歸額爾齊斯舊牧。若額克阿喇勒距額爾齊斯較札克拜達里克路更邇,且附内汛外,調所部兵亦易。俟擒獲阿逆,後仍當遣歸舊牧。訥默庫之從征達瓦齊也,請徙牧拜達里克北,札布堪河源博羅喀卜齊爾,至鄂爾海喀喇烏蘇界。允之。諭:努力成功,勿念游牧衆。至是,以車凌等將徙牧,詔往會。而訥默庫附阿逆叛竄,駐防烏里雅蘇台大臣械其孥至,論如律。詔不附逆諸札薩克,各安游牧,鈐束部衆,勿疑懼。二十一年七月,三車凌等徙牧額爾齊斯,烏梁海就撫,以烏蘭固木地與之。二十二年,諸額魯特叛擾邊,車凌等請徙往烏蘭固木。上遣使勘定地界。車凌等復請以烏蘭固木爲耕屯地,而游牧於科布多額克阿喇勒。詔可。尋以錯牧不便,定烏蘭固木爲杜爾伯特游牧,别以科布多爲烏梁海游牧。二十四年,烏梁海察達克以科布多産貂不給捕,請徙就阿爾台陽額爾齊斯。車凌烏巴什等奏:察達克所請地,係烏梁海舊牧,距臣等牧遠。且烏蘭固木地沃衍,臣等游牧久,請勿徙,以額爾齊斯地給烏梁海。詔如所請。游牧乃定。【補注】《藩部要略》:康熙二十九年,罕都阿喇布坦與噶爾丹聚牧阿爾台之科布多,仍各領部衆。【原注】《朔漠方略》康熙三十二年,厄魯特降人鄂欣等奏言:噶爾丹在和卜多之源,其地名索和克薩里。【補注】秋濤按:和卜多,即科布多,亦作科卜多。其水源名索果克河，蓋即索和克薩里也。地在金山之旁，是時尚爲噶爾丹所據。嗣大兵剿平噶爾丹，而科布多遂爲西北屯守重鎮。烏蘭古木地接科布多，設障開屯，亦爲要汛。【原注】《方略》：康熙五十四年七月，費揚古奏以屯田事詢喀爾喀土謝圖汗等。據稱蘇勒圖喀喇烏蘇、拜達里克河、明愛察罕格爾庫爾奇勒、札卜罕河、察罕廋爾、布拉罕口、烏蘭古木等處，俱可耕種。後都統穆賽等疏言：烏蘭古木在新設汛界之外，地並山坡、山溝，不便耕種。其科卜多、布延圖郭勒等處，耕種收穫甚多，應預備籽粒、田器，給與公傅爾丹，率土默特人一千及出兵歸化城之土默特兵一千，令往耕種。五十五年二月，諭議政大臣等：巴里坤、科卜多、烏蘭古木等處種地之事，甚屬緊要。若種地得收，則諸事俱易。尋議現今公傅爾丹等，率土默特人一千往烏蘭古木等處耕種，所需牛種、田器，應令都統穆賽等支帑購買，發往軍前贖罪人等，有願耕種者，許其耕種。俟收成後，以米數奏聞議叙。五十七年閏八月，議政大臣等議：應令將軍傅爾丹等於科卜多、烏蘭古木所在築城墾田，建置房舍，設立驛站。六十年十一月，征西將軍祁里德疏言：今春三月，遣官兵在烏蘭古木特里河邊耕種。每麥種一斗，收麥二石有餘。地暖土肥，請於來年多墾之，可望大收。所收糧自特里運至烏巴薩池。更以過渡小船，由特里河至營，省費而於餉有益。六十一年七月，祁里德疏言：前移都統圖喇等，令速諭總理屯種事蘇永祖赴烏蘭古木等處，平治田畝，開濬溝渠，乘時播種。復派前鋒統領卜柱及札薩克台吉根惇等，統兵一千，前赴烏蘭古木，度形勢，立營伍，以資防守。隨據蘇永祖呈報，烏蘭古木地土肥饒，水泉雖少，儘可引溉。乘農事畢，引水入地，來春凍開，及時播種，可增闢田畝。十月，奉旨，據祁里德疏言，在科卜多、烏蘭古木等處，開墾耕種。因土沃水裕，今年所得麥子，一倍收有六倍。請明年添種千石。及詢問齎呈麥麨之阿禮等，據云，科卜多、烏蘭古木地方廣闊，開墾之處頗多。原係厄魯特等耕種好地，今應將歉收之茂密察罕廋爾等處耕種人力，移至科卜多、烏蘭古木耕種，可以多收。雍正二年十月，振武將軍傅爾丹疏報：烏蘭古木處屯田，穫麥四千一百七十石有奇。《德蔭堂集》：阿克敦再使準噶爾奏，噶爾丹策凌言：大皇帝聖旨必欲定界，今厄魯特不得逾阿爾泰山梁。自哈拉巴爾圖克，至薩克賴、烏蘭古木、額克阿拉爾南、巴爾魯克、烏薩克嶺，一直爲界。我厄魯特沿山陽游牧，喀爾喀照舊在查布堪游牧。【補注】歷考諸書，足知烏蘭古木之關係邊防，不亞於科布多矣。【原】東至薩拉陀羅海、納林蘇穆河，【原注】接唐努烏梁海旗界。案納林蘇穆河，發源特斯河南沙地，西南流六十餘里，與古薩爾泊水會，西北入烏布薩泊。《會典圖説》：烏布薩泊，在杜爾伯特左翼旗北，西與北接唐努烏梁海界。喀喇奇拉河、古薩爾泊水，俱出杜爾伯特左翼旗，北流。薩克里哈拉河，亦出杜爾伯特左翼旗，東流，俱豬於烏布薩泊。按：入烏布薩泊之水，除納林蘇穆河及《圖説》所舉外，東有特斯河、和賴河，東北有特里河，北有伊爾河、博爾河、札爾河、齊塔齊河，西北有哈拉莽鼐山水。道光二十二年進呈《新修一統志》：唐努烏梁海部五旗，定邊左副將軍轄烏梁海二十五佐領：二在德勒格爾河東岸，東與土謝圖汗部右翼右〈未〉{末}[一〇]次旗接，南與賽因諸顔部中末旗接。二在庫蘇古爾泊東北，四當貝克穆河折西流處。三當謨和爾阿拉河源。四當噶哈爾河源。俱北與俄羅斯爲界。十在西北，跨阿勒坦河、阿穆哈河，亦與俄羅斯爲界。札薩克圖汗部所屬烏梁海五佐領：一在庫蘇古爾泊北。一在德勒格爾河西岸，南與札薩克圖汗部中左翼左旗接。一北臨貝克穆河，西與南俱臨華克穆河。一在謨什克河西。一當札庫爾河源。賽音諾顔部所屬烏梁海十三佐領，俱南依鄂爾鄂汗山，西與科布多所屬阿勒坦淖爾、烏梁海二旗接，北與俄羅斯爲界。哲布尊丹巴呼圖克圖門徒所屬烏梁海三佐領，在陶托泊北，西臨華克穆河，北與俄羅斯爲界。**南至哈喇諾爾齊爾噶圖山，**【原注】接科布多牧場及明阿特旗界。《會典圖説》：札布噶河，自札薩克圖汗部西北流，東納空歸河。又西北，會奇勒稽思泊、愛拉克泊水，西流，南合都爾根泊、喀喇泊水，經明阿特旗，滙於阿拉克泊。明阿特出於烏梁海，後爲札薩克圖汗部中左翼左旗之屬。乾隆三十年撤出，設一旗，屬科布多參贊大臣，游牧在科布多城西。《新修一統志》：明阿特部一旗，東界由塔拉布拉克起，至齊爾噶圖山科布多河止，與杜爾伯特連界。南界由齊爾噶圖山起，沿科布多河北岸，至遜都里山止，與喀爾喀屯田兵厄魯特連界。西界由遜都里山起，至茂垓止，與杜爾伯特連界。北界由茂垓起，至察罕布爾噶蘇、烏蘭布拉克、塔拉布拉克止，與杜爾伯特連界。**西至索果克河，**【原注】接阿爾台烏梁海界。《會典圖説》：科布多河，出阿爾泰烏梁海旗，爲索果克河，東流。南合瑚爾噶泊、輝漢泊、和通泊水，東北流。西合噶斯河，折而東南流，經輝特下前旗、杜爾伯特右翼旗。南合塔爾巴泊、托爾博泊水。北合烏里雅蘇圖河、根德克圖泊、戴舒爾泊水，遂名科布多河，東南流，經科布多城西。布彦圖河，出阿爾泰烏梁海旗，經額魯特旗，西北流，來會。又東，流入阿勒克泊。《松漠艸》詩注：北渡科布多河，至薩克里山麓，有石人具蒙古冠服，相傳爲元太祖像，以示遠國之顧瞻仰者。又曰：科布多河在烏里雅蘇台西北千里，濱河爲城，大兵駐此。科布多，箭橐也。阿爾泰山東面之水，皆入此河。與札布韓河合，由愛拉克湖，伏流入於烏卜藏湖。"愛拉克"譯曰"酸乳"，"烏卜藏"譯曰"寶藏"。橐河西岸山，名"推忒呼"，爲窒礙之義，語本梵經。穆案：據此，則愛拉克湖爲今伊克阿喇克泊。烏卜藏湖，當即烏布薩泊也。又《松漠艸》詩注：距科布多二日程，有湖名窩克阿拉里，譯曰"慈母湖"。相傳康熙年間，大軍征策妄阿拉卜坦，敗遁此湖。居之經年，所部食魚爲活，因比之爲慈母。慈母湖之南，有山如椅，曰墨爾根西克，譯曰賢𩿨。三面臨湖，中多茂艸，野贏（騾）踞爲窟，較家畜稍大，惟土黄一色，出飲湖水，常百十爲羣。有豢其駒者，終不受鞍勒，乘之，不能成步。穆案：窩克阿拉里，疑即今圖之伊克阿喇克泊，惟策妄無敗遁居此之事，恐係噶爾丹之誤。又《松漠艸》詩注：鳥鼠同穴，科布多河以東，徧地有之。方午，鼠蹲穴口，鳥立鼠背，蒙古人謂雀爲鼠之甥。鼠名"鄂克託柰"，譯曰野鼠，色黄。雀名"達蘭克勒"，譯曰長脛雀。《新修一統志》：阿勒拉烏梁海部七旗，東界由都嚕淖爾起，至哈叨烏里雅蘇台止，與厄魯特連界。再由哈叨烏里雅蘇台起，至西伯爾沙札該山烏圖淖爾之南山止，與喀爾喀屯田兵連界。東南界由惠圖僧庫爾起，至都木達僧庫爾、浩賴僧庫爾之北山，哈弼察克止，與札哈沁連界。再由哈弼察克起，至綽和爾淖爾、那郭斡淖爾之中山、清依勒河、那彦鄂博、昌罕阿瑞、烏蘭波木止，與土爾扈特和碩特連界。南界由烏蘭波木烏隴古河起，至巴噶淖爾止，與塔爾巴哈台所屬土爾扈特連界。西南界由巴噶淖爾起，至噶勒札爾巴什淖爾北岸納林哈喇山止，與塔爾巴哈台所屬土爾扈特連界。再由納林哈喇山起，至碑爾素克託羅垓止，與塔爾巴哈台連界。西界由碑爾素克託羅垓起，至巴爾哈斯淖爾止，與喀倫連界，北界由巴爾哈斯淖爾起，至哈賓里達巴止，與喀倫連界。東北界由哈賓里達巴起，至哲斯達巴、蒙古勒雅素，沿索果克河、科布多河西岸、習集克圖河止，與杜爾伯特連界。又有阿勒坦淖爾、烏梁海部二旗，在索果克喀倫外。東界由哈勒巴哈雅山起，至布古素山博羅布爾噶蘇河止。南界由博羅布爾噶蘇起，至託申圖山、習伯圖山、達爾欽圖河止。西界由達爾欽圖河起，至阿爾占山、巴勒塔爾罕山、呼巴圖嚕山止，北界由呼巴圖嚕山起，至阿勒坦淖爾、伯勒山、楚勒坤淖爾、哈勒巴哈雅山止。北至阿斯哈圖河。【原注】接烏里雅蘇台界。《會典圖説》：阿爾泰泊，在阿爾泰諾爾烏梁海旗東北。綽爾齊河、沙克爾河、巴什庫斯河、阿斯哈圖河，俱出阿爾泰諾爾烏梁海旗，合北流，豬焉。東納格吉河，西納巴哈齊里河、伊克齊里河、郭爾達爾河，北流爲阿爾泰泊，又西北，入唐努烏梁海界。《新修一統志》：杜爾伯特部十四旗，東界由特斯河南岸起，至薩拉陀羅海、納林蘇穆河、察罕努嚕山，與唐努烏梁海連界。東南界由杭吉勒察克起，至哈布齊克布拉克山、拜甡圖之南山止，與哈爾哈連界。再由拜甡圖之南山起，至奇勒稽思淖爾、愛拉克淖爾之南岸、札布噶河北岸、塔塔呼特喀里止，與喀爾喀連界。南界由塔塔呼特喀里起，至哈喇淖爾綽、諾哈崍呼額可阿喇勒淖爾北岸、齊爾噶圖山止，與科布多官廠連界。西南界由齊爾噶圖山起，至塔拉布拉克、烏蘭布拉克、察罕布爾噶蘇、茂垓、科布多河東岸止，與明阿特連界。西界由科布多河東岸起，沿河至索果克河東岸止，與阿勒坦烏梁海連界。西北界由索果克河起，至蒙古勒雅素哲斯達巴、噶嚕圖維和爾淖爾喀倫止，與阿勒坦烏梁海連界。北界由哈克淖爾、喀倫起，至哈叨烏里雅蘇台喀倫止，與喀倫連界。再由哈叨烏里雅蘇台喀倫起，至阿期哈圖河固爾班喀倫、昭莫多止，與喀倫連界，再由昭莫多起，至罕達該圖、齊齊爾噶納鄂爾濟呼、布拉克阿拉克鄂博喀倫止，俱與喀倫連界。

左、右翼分二盟，統賜名賽音濟雅哈圖。【原注】杜爾伯特族有伯什阿噶什者，伊斯札布之曾孫也。聚牧伊犂河西沙拉伯勒境，鄰哈薩克牧，達瓦齊虐之。大軍西征，率養子博東齊、族台吉烏巴什等，獻籍三千餘户降。詔封伯什阿噶什札薩克和碩親王，烏巴什札薩克固山貝子，暫置從衆額爾齊斯。賜諭曰：爾衆甫至，不必簡兵往從大軍，亦無須徙内地，即游牧額爾齊斯。爾族台吉車凌等將歸舊牧，爾等聚族而處，實爲允協，不必遠離故土，徒勞往返也。命甫下，伯什阿噶什等擕衆抵哈達青吉勒。詔暫留，俟來歲歸額爾齊斯牧。二十一年九月，伯什阿噶什來朝，詔編旗分佐領，如三車凌例，别爲一盟。伯什阿噶什尋卒，命以兄子丹巴都噶爾爲札薩克固山貝子，弟達瓦濟特爲札薩克公，轄伯什阿噶什衆，聽歸車凌牧。未幾，族台吉布圖庫等，挈屬至，稱與車凌等析處久，請異牧。諭曰：博東齊等雖與杜爾伯特同族，若往歸之，反仰賴車凌等養贍。著遣往烏里雅蘇台，交車布登札布，酌徙呼倫貝爾、通肯呼裕爾等處。後博東齊及布圖庫等，咸置呼倫貝爾。【補注】秋濤按：博東齊等編入駐防，轄於呼倫貝爾都統，歸黑龍江將軍節制，未設札薩克，故附見於此，不別著專條也。

【補注】秋濤按：空窩圖湖，即宰桑泊也，亦曰齋桑諾爾，亦謂之鴻和爾淖爾，〖此段添入第六葉公牧額爾濟斯注中，恪敏斯語偶誤下。〗

【補注】秋濤按，額爾齊斯河，源委甚遠，至杜爾伯特耕牧處，則在宰桑淖爾北岸。《西域水道記》云：額爾齊斯河，又西北，瀦爲宰桑淖爾。淖爾圓橢形，周四百餘里。俄儂河、果莫孫河，注其東南。納林河、哈流圖河，注其東北。阿布達爾摩多河，注其西，復從淖爾西北溢爲額爾齊斯河。濱河沃衍，利耕牧，杜爾伯特及烏梁海人皆曾牧於斯。《杜爾伯特部總傳》云：車凌及車凌蒙克，遣宰桑以善耕卒百，赴額爾齊斯督屯田。二十年四月，成衮扎（札）布屯田兵，由額爾齊斯移駐伊蘇圖堅格。七月，班師，屯田兵撤還，即此地也。〖此條第六葉公牧額爾濟斯注中，下游歸於北海下。〗

蒙古游牧記卷之十三　　　　甘泉李汝鈞覆校

【校記】

〔一〕銕，同“鐵”。

〔二〕“同治本”誤寫“俗”字爲“借”字，由於“鍪”字下闕一“爲”字，據中華書局點校本《北史・突厥傳》改、補。

〔三〕一面可通車騎，中華書局點校本《唐書・突厥傳》作“惟一面可通車騎”。

〔四〕《新唐書》諸書引文多有節略。

〔五〕該句《長春真人西游記校注》作“歷一山，如削”。

〔六〕鐵堅古山，“清詩文彙編本”《〈西游記〉金山以東釋》作“帖堅古山”。

〔七〕該段引文有多處節略。

〔八〕偪，同“逼”。

〔九〕庋，同“庋”。

〔一〇〕“同治本”誤寫“末”字爲“未”，據文意改。

蒙古游牧记卷之十四

平定張　穆初稿
光澤何秋濤補辑

額魯特蒙古新舊土爾扈特部總叙標題，秋濤依例補。

【原】［土爾扈特部］始祖元臣翁罕，姓不著。七傳至貝果鄂爾勒克，子四。長珠勒札幹鄂爾勒克，生子一，曰和鄂爾勒克。【補】居於雅爾之額什爾努拉地。【補注】《西域水道記》：雅爾地在楚呼楚山西二百里，土爾扈特部舊居其額什爾努拉地。明崇禎時，土爾扈特和鄂拉勒克汗與綽羅斯交惡，越哈薩克，投俄羅斯。《西域圖志》：雅爾舊爲準噶爾伊克明阿游牧之所。車凌班珠爾之昂吉，北極高四十七度五分，西三十四度四十分。秋濤按：土爾扈特部徙後，伊克明阿部始游牧於雅爾。《圖志》云：乾隆二十八年，於雅爾建肇豐城，門四：東翔和，南乘離，西布説，北暨朔。《水道記》則云：三十年，始建此城。未詳孰是。其地夏生白蠅，遺蛆人目。冬則大雪，不堪其寒。三十一年，移城於楚呼楚，即今塔爾巴哈台城也。雅爾城故址，今尚存焉。【原】初，衛拉特諸酋以伊犂爲會宗地，各統所部，不相屬。準噶爾部酋巴圖爾琿台吉者，【原注】噶爾丹父也。游牧阿爾台，恃其强，侮諸衛拉特。和鄂爾勒克惡之，挈族走俄羅斯，屯牧額濟勒河。【原注】所居地曰瑪努托海，倚騰吉思巨澤，北界俄羅斯，南界哈薩，東界哈喇哈爾榜，西界圖里雅斯科。《異域録》：土爾扈特國王阿玉奇汗游牧地方，在俄羅斯國界薩拉托付之東南，俱曠野，西、北兩面，有佛爾格即額濟勒河環流，東南有宰河環流，南有騰吉思湖。額濟勒河、宰河俱向南流，歸入騰吉思湖。沿額濟勒河，俱林木，有柞、楊、樺、叢柳。自薩拉托付以至阿玉奇汗所居瑪努托海地方，其間有三道塔爾魯河、三道胡班河及塔爾渾，並吴魯蘇屯之小河，俱向西流，歸入額濟勒河，其河澤内産黄蓮、白蓮、蘆葦蒲。其額濟勒河之西岸，自薩拉托付以至騰吉思湖，又有俄羅斯國屬之西拉喀穆什，城名擦里岑，城名噶喇斯諾雅爾，城名阿斯達爾漢，諸城柏興自城池柏興以至瑪努托海地方西南一帶，皆興安山嶺。過此，向西行百餘里，俱係圖里雅斯科國王空科爾汗所屬和邦，即莽武特人居住。詢問阿玉奇汗游牧地方大小，據言東西可行三十日，南北可行二十日。《一統志》：騰吉思湖，東西廣，南北狹，周圍可七八百里，直波羅塔拉沙磧西北。其南尚有空吉思、特吉思諸水，西北流，注於其内。按《十三排圖》，阿玉奇作阿裕錫，所居處在北極出地四十九度，西五十三度强。徐松龕中丞繼畬《瀛寰志略》曰：峩羅斯國阿斯達拉干部，一作迓大罕，爲五藩部之都會。窩瓦河從西北來，由此入裏海，兩岸草場豐美，牧畜蕃庶，即土爾扈特寄居游牧之地。《西域聞見録》謂：烏巴錫因河冰未合，率河南户口内附，而遺其河北。今考窩瓦河自西北而東南，烏巴錫之東徙，葢攜其河東户口，而遺其西也。其地通衢四達，西域游牧各部互市者，絡驛於途，故富饒爲五部之最。【補注】秋濤按：騰吉思湖，亦名裏海，泰西人稱爲喀爾士畢安，一曰加斯比約，一曰加士比淹，又曰北高海，大地中央巨浸也。詳見秋濤所著《朔方備乘》中。俄羅斯嘗與雪西洋及西費雅斯科戰，土爾扈特以兵助之。厥後稍就弱，俄羅斯因稱爲己屬。土爾扈特習蒙古俗，務畜牧，逐水艸徙，與俄羅斯城郭處異，衣冠用繒罽，復與諸衛拉特絶異。順治十二三四年，和鄂爾勒克子書庫爾岱青、【補注】遣使錫喇鄂木布。伊勒登諾顔、【補注】遣使錫喇尼和碩齊。羅卜藏諾顔，【補注】羅卜藏諾顔及子多爾濟，遣使沙克錫布達、特爾漢、烏巴什阿巴賴等。相繼遣使奉表貢。書庫爾岱青子朋蘇克，朋蘇克子阿玉奇，世爲土爾扈特長，至阿玉奇，始自稱汗。【補注】《藩部要略》：先是，書庫爾岱青以巴圖爾琿台吉女爲子朋楚克婦，生阿玉奇，育巴圖爾琿台吉所。和鄂爾勒克徙牧，不復攜。後書庫爾岱青赴唐古特還，假道準噶爾，索阿玉奇以歸。書庫爾岱青卒，朋楚克嗣。朋楚克卒，阿玉奇嗣，始自稱汗。康熙中，表貢不絶。【補注】秋濤按：土爾扈特長和鄂爾勒克及準噶爾長巴圖爾琿台吉，先通婚媾，嗣以交惡之故，土爾扈特部遠徙額濟勒河之境。然其戚黨之誼，仍未遽絶，是以策妄阿喇布坦乞婚於阿玉奇，阿玉奇仍以女妻之。阿玉奇之子散札布台吉，攜衆萬五千從往。迨阿玉奇聞噶爾丹敗走，遣宰桑以所部兵千，防諸阿爾台之土魯圖。是阿玉奇雖遠在異域，而於準部軍務，尚非鞭長莫及。至三十五年，阿玉奇屬諸顔和碩齊、色布騰蒙克等，從策妄阿喇布坦使入貢慶捷，優賚遣歸。則其時阿玉奇與策妄阿喇布坦相睦情形，大略可覩。自噶爾丹既滅，策妄阿喇布坦謀并諸衛拉特，始與阿玉奇搆釁，留散札布不遣。阿玉奇索其子，乃逐散札布歸，而盡没入其從户。阿玉奇嫂攜其子阿拉布珠爾入藏禮佛，策妄阿喇布坦闌之，不得歸。又不使阿玉奇入藏熬茶。阿玉奇貢使蒙厚賜，策妄阿喇布坦邀奪于路，而絶其貢道。阿喇布珠爾歸道斷，則欵關，乞内附。我朝封爲貝子，方思所以送之歸者。而阿玉奇亦以貢道梗塞，遣使假道俄羅斯以來。於是我使圖理琛等，亦假道俄羅斯報之。自是土爾扈特始與中國隔絶，非假道俄羅斯不得通矣。五十一年，復遣使假道俄羅斯貢方物。上嘉其誠，且欲悉所部疆域，遣内閣侍讀圖理琛等齎敕往。歷三載乃還，阿玉奇附表奏謝。【原注】《四庫全書總目提要》：《異域録》二卷，國朝圖理琛撰。康熙五十一年五月，圖理琛以原任内閣侍讀，奉命出使土爾扈特，由喀爾喀越俄羅斯國，至其國。五十四年三月，回京復命。因述其道里、山川、民風、物産以及應對禮儀。隨日紀載，其體例略如宋人行記。所歷俄羅斯境，曰楚庫柏興、曰烏的柏興、曰柏海爾湖、曰尼爾庫城、曰昂噶拉河、曰伊聶謝柏興、曰麻科斯科、曰揭的河、曰那里木柏興、曰蘇爾呼忒柏興、曰薩瑪爾斯科、曰狄木演斯科、曰托波爾、曰鴉班沁、曰費雅爾和土爾斯城、曰費雅爾和土爾斯科佛落克嶺、曰索里喀穆斯科、曰改果羅多、曰黑林諾付、曰喀山、曰西穆必爾斯科、曰薩拉托付、曰塔拉斯科、曰托木斯科、曰伊里木城，皆其大聚落也。其地爲自古輿記所不載，亦自古使節所未經。如《史記》述匈奴北海上，頗作疑詞。故儒者類言無北海。今據圖理琛所記，知伊聶謝柏興距北海大洋一月程。又《(新)唐書》稱薛延陀夜不甚暗，猶可博弈，僅得之於傳聞。圖理琛以五月至其地，知夏至前後確有是事。皆我聖祖仁皇帝德化覃敷，威稜震疊，故軺車所至，莫不具驛傳，供芻糒，涉越三四萬里，如行闤闠。故得以從容游覽，見所未見，聞所未聞，補旦古黄圖所未悉。今土爾扈特已全部内附，而所記俄羅斯南路十四國，乾隆乙亥以後，又已盡入版圖，併以見武烈文謨顯承啟佑，所由拓億禩之丕基者，非偶然也。乾隆二十一年，所部使吹札布等入覲，稱奉其汗惇囉布喇什令，假道俄羅斯，三載方至。請赴唐古特謁達賴喇嘛，上遣官護往。二十二年，自唐古特還，並頒賜惇囉布喇什幣物。【補】二十三年，伊犂平，有附牧伊犂之土爾扈特族台吉舍稜等，奔額濟勒河，既而惇囉布喇什卒，子渥巴錫嗣爲汗。【原】三十六年，渥巴錫率諸台吉及舍稜等，挈全部三萬餘户内附。【原注】俞氏正燮《癸巳類稿·駐劄大臣原始》：乾隆三十六年，土爾扈特烏巴錫聞綽羅斯特、和碩特、輝特皆亡，可以竊據伊犂游牧也，即棄俄羅斯，率衆南來。六月，至喀倫，知伊犂規模已定，不能逞，乃籍衆歸順。曰：俄羅斯不興黄教，願依大皇帝，興黄教之地，以安部衆。又《俄羅斯事輯》：舍稜於三十六年，誘俄羅斯土爾扈特全部，趨伊犂。時俄羅斯與圖理雅斯科兵爭，圖理雅斯科以其先控噶爾汗失地故，背俄羅斯，不朝貢。俄羅斯征之，屢戰屢捷，而土爾扈特逃。俄羅斯收其地，改建他藩，不復問土爾扈特所往。土爾扈特至伊犂喀倫，計蹙歸順。【補注】七十一《西域聞見録》：鄂羅斯北鄰控噶爾，與之搆兵，屢經大敗，前後徵兵於土爾扈特，死者亦七、八萬。至是，復徵兵於土爾扈特，人人危懼，烏巴錫計無所出。其新屬之額魯特、都爾伯特、懷特、霍碩特四種人，原在伊犂之雅爾及哈喇沙拉等處游牧，其山川路徑，皆所熟悉。因以地之草肥水甘，土田廣闊，可以占據立業，唆使烏巴錫攜衆潛逃。烏巴錫爲其所惑，遂與台吉、喇嘛等密議定策，約定北岸所居人户，於河冰凍結後，一同逃赴伊犂。時乾隆三十五年，天氣温和，十月中旬，河水不凍。烏巴錫不能待河北人户，遂殺鄂羅斯匠役千人及貿易人等，攜所部之土爾扈特、霍碩特、懷特、都爾伯特、額魯特人衆四十六萬餘户，於十月二十三日起程，沿途刧掠，殘破鄂羅斯城池四處。察罕汗聞警，使其濟納拉喇，領兵數萬追襲。而烏巴錫人衆已逾坑格勒圖喇而南。坑格勒圖喇者，鄂羅斯之卡倫也，已入中國地界，濟納拉喇乃引兵還。烏巴錫既入中國，乃由巴爾噶什淖爾而進，經過戈壁五日，雖有水泉，寸草不生，牲畜倒斃無算。行至青可斯察漢，哈薩克人等羣起刧奪，互有殺傷。至克齊克玉子地方，其人强横，習於戰鬥。其二品頂翎侍衛職銜之哈薩克台吉額勒里納拉里親領精鋭萬人，於要路屯箚。烏巴錫不敢輕進，相持半月有餘，伊犂將軍諭到，令哈薩克人等加意保護地方，不許土爾扈特在游牧之處穿走，如有不馴，即行殺戮。烏巴錫計出無奈，遂與額勒里納拉里講和，向沙喇伯可而進。行至沙喇伯可南界，與布魯特地界相連。布魯特聞之，人各喜躍相慶，以爲天賜。聚集十餘萬騎，星飛雲擁。烏巴錫避入沙喇伯可北界之戈壁，而千餘里之戈壁，滴水、寸草皆無。時際三月，天氣温暖，人皆取馬牛之血而飲，瘟疫大作，死者三十萬人，牲畜十存三四。經十餘日，狼狽逃出。而布魯特久候於戈壁之外，日夜追殺搶奪，直至他木哈地方，與内地卡倫相近，布魯特始斂兵退。烏巴錫至他木哈，猶有男、婦大小人口二十七、八萬。將運（軍）遣侍衛普濟保等前往，問其來意。烏巴錫與其台吉、喇嘛計議六七日，始定以投誠大皇帝爲詞。乃引烏巴錫謁見將軍。因獻玉器、自鳴時刻表、宣窑瓷器、自來火鳥鎗、拉古爾木椀、金錢等物，並獻伊祖所受明永樂八年漢篆勅封玉印一顆。事聞，奉旨差額駙色布騰巴爾珠爾等帶領烏巴錫及其台吉頭目，赴熱河引見。秋濤按：椿園所記土爾扈持投誠始末如此，而俞理初氏書其後云：西人多謗土爾扈特者，所聞真僞相半耳。前見乾隆三十六年京報，舒文襄等奏：六月三日，土爾扈特車伯克多爾濟入卡倫，見將軍，言土爾扈特各愛滿較俄羅斯所習經典俱異，早有來歸聖主之意。今者，烏布沙决意南來，由伊啟之，越數日，烏布沙至。以道遠，又值春暖，馬匹損傷，至哈薩克時，阿布賚領兵相持，前路又與阿拉里努拉立打仗，部衆散失。今自奎屯聚衆前來。其道路所歷，與《見聞録》所叙略同。來歸之由，實由舍楞唆搶伊犂，既至而知其不可逞也，舍歸順更無他法。其人尚衆，又當計無復之，舍撫之亦更無他法。烏布沙，即烏巴錫也。理初又曰：阿玉奇全家歸心中國，但中國無誘降俄羅斯所屬人之理，故久置之。烏巴錫來歸，以不與俄羅斯同教爲辭，合於阿玉奇言。是有默啟之者，獨恨烏巴錫不能知其先人感戴中國之忱，其始念差耳。然非以搶伊犂之故，其部衆必憚於遠徙，俄羅斯亦不甘於置之不問。我高宗覆載同量，然以俄羅斯界碑舊約，亦不能直受之而無疑也。是知其中有天焉，聖人不探人之至隱，而予其事之順也。此天之所以爲天也。方今中外一家，均無歧視。而土爾扈特獨蒙惡聲，故詳檢官私著述，爲訂證之。蓋自國初綏服蒙古以來，至是乃盡族而臣之。詔以新、舊別稱，各設札薩克，異牧而處。【補】曰烏訥恩蘇珠克圖盟。【補注】今作烏訥恩素珠克圖。

舊土爾扈特部，以汗渥巴錫領之，仍分賜牧地，爲東、西、南、北四路，皆和鄂爾勒克裔，渥巴錫所屬舊部也。曰青色特啟勒圖盟，新土爾扈特部，以郡王舍稜領之，別授貝子一，皆衛衮察布察齊裔，從舍稜往而復歸者也。其和碩特貝勒恭格等，則自爲一盟，附於南路云。高宗純皇帝御製《土爾扈特全部歸順記》曰：始逆命而終徠服，謂之歸降；弗加征而自臣屬，謂之歸順。若今之土爾扈特，攜全部，舍異域，投誠嚮化，跋涉萬里而來，是歸順，非歸降也。西域既定，興屯種於伊犂，薄賦斂於回部，若哈薩克、若布魯特，俾爲外圉而羈縻之。若安集延，若巴達克山，益稱遠徼而概置之。知足不辱，知止不殆，朕意亦如是矣。豈其盡天所覆，至於海隅，必欲悉主悉臣爲我僕屬哉？而兹土爾扈特之歸順，則實天與人歸，有不期然而然者，故不可以不記。土爾扈特者，準噶爾四衛拉特之一，其詳已見於《準噶爾全部紀略》之文。溯厥始率，亦荒略，弗可考。後因其汗阿玉奇與策妄阿勒布坦不睦，竄歸俄羅斯。俄羅斯居之額濟勒之地。康熙年間，我皇祖聖祖仁皇帝嘗欲悉其領要，令侍讀圖理琛等假道俄羅斯以往，而俄羅斯故爲紆繞其程，凡行三年又數月，始反命。今之汗渥巴錫者，即阿玉奇之曾孫也。以俄羅斯征調不息師旅，近且徵其子入質。而俄羅斯又屬別教，非黄教，故與合族台吉密謀，挈全部投中國興黄教之地，以息肩焉。自去歲十一月啟行，由額濟勒，歷哈薩克，繞巴勒喀什諾爾戈壁，於今歲六月杪，始至伊犂之沙拉伯勒界，凡八月，歷萬有餘里。先是，朕聞有土爾扈特來歸之信，慮伊犂將軍伊勒圖一人不能經理得宜。時舒赫德以參贊居烏什，辦回部事，因命就近前往。而畏事者乃以新來中有舍稜其人，曾以計誘害我副都統唐喀禄，因以竄投俄羅斯者，恐其有詭計，議論沸起。古云受降如受敵，朕亦不能不爲之少惑，而略爲備焉。然熟計舍稜一人，豈能聳動渥巴錫等全部，且俄羅斯亦大國也，彼既背棄而來，又擾我大國邊界，進退無據，彼將焉往？是則歸順之事十之九，詭計之伏十之一耳。既而果然，而舒赫德至伊犂，一切安汛，設偵、籌儲、密備之事，無不悉妥。故新投之人，一至如歸。且掄其應覲者，由驛而來。朕即命隨圍觀獵，且於山莊燕賚，如杜爾伯特、車稜等之例焉。夫此山莊乃我皇祖所建，以柔遠人之地。而宴賚車稜等之後，遂平定西域。兹不數年間，又無意中不因招致而有土爾扈特歸順之事。自斯凡屬蒙古之族，無不爲我大清國之臣。神御咫尺，有不以操先券，閲後成，愜志而愉快者乎！予小子所以仰答祖恩，益凛天寵，惴惴焉，孜孜焉，惟恐意或滿而力或弛。念兹在兹，遑敢自詡爲誠所感、與德所致哉？或又以爲不宜受俄羅斯叛臣，虞起邊衅。盍舍稜即我之叛臣歸俄羅斯者，何嘗不一再索取，而俄羅斯訖未與我也。今既來歸，即以此語折俄羅斯，彼亦將無辭以對。且數萬乏食之人既至近界，驅之使去，彼不刦掠畜牧，將何以生？雖有堅壁清野之説，不知伊犂甫築新城，而諸色人皆賴耕牧爲活，是壁亦不易堅，而野亦不可清也。夫明知人以嚮化而來，而我以畏事而止，且反致寇，甚無謂也。其衆涉遠歷久，力甚疲矣，視其之死而惜費弗救，仁人君子所不忍爲，况體天御世之大君乎？發帑出畜，力爲優恤，則已命司事之臣，玆不贅記。記事之緣起如右。又御製《優恤土爾扈特部衆記》曰：歸降、歸順之不同既明，則歸順、歸降之甲乙可定。蓋戰而勝人，不如不戰而勝人之爲盡美也；降而來歸，不如順而來歸之爲盡善也；然則歸順者較歸降者之宜優恤，不亦宜乎？土爾扈特歸順源委，已見前記，玆記所以優恤之者。方其渡額濟勒而來歸也，户凡三萬三千有奇，口十六萬九千有奇。其至伊犂者，僅以半計。夫以遠人嚮化，攜孥屬而來，其意甚誠，而其阽危求息，狀亦甚憊。既撫而納之，苟弗爲之贍其生，猶弗納也。贍之而弗爲之計長久，猶弗贍也。故自聞其來，及其始至，以迨于今，惟此七萬餘衆，凍餒尫瘠之形，時懸於目而惻於心。凡宵旰所究圖，郵函所諮訪，無暇無輟，乃得悉其大要。於是爲之口給以食，人授之衣，分地安居。使就米穀，而資耕牧，則以屬之伊犂將軍舒赫德。出我牧羣之孳息，驅住（往）供饋，則以屬之張家口都統常青。發帑運茶，市羊及裘，則以屬之陝甘總督吴達善。而嘉峪關外董視經理，則以屬之西安巡撫文綬。惟時諸臣以次馳牘入告，於伊犂塔爾巴哈台之察哈爾、額魯特，凡市得馬、牛、羊九萬五千五百，其自達哩剛愛、商都、達布遜牧羣運往者，又十有四萬，而哈密闢展所市之三萬不與焉。撥官茶二萬餘封，出屯庾米麥四萬一千餘石，而初至伊犂賑贍之茶米不與焉。甘肅邊内外，暨回部諸城，購羊裘五萬一千餘襲，布六萬一千餘疋，棉五萬九千餘斤，氈廬四百餘具，而給庫貯之氈棉衣什布幅不與焉。計費儲用帑銀二十萬兩，而賞貸路費及宴次賚予不與焉。其台吉渥巴錫等之入覲者，乘傳給餼而來，至則錫封爵，備恩禮。其往也，復慮其身之生不宜内地氣候，則命由邊外各台，歷巴里坤而行。而迎及送，並遣大臣侍衛等護視之，用以柔懷遠人，俾毋致失所。有以爲優恤太甚者，蓋意出於鄙吝，未習聞國家成憲，毋惑乎其見之隘也。昔我皇祖聖祖仁皇帝時，喀爾喀土謝圖汗等爲厄魯特所殘破，率全部十萬衆來歸。皇祖矜其窮阨，命尚書阿喇尼等往撫之，發歸化城、張家、獨石口倉儲以賑其乏，且足其食。又敕内大臣費揚古、明珠等齎白金、茶、布以給其用，採買生畜以資其生，遂皆安居得所，循法度，樂休養。迄今八十餘年，畜牧日以蕃，生殖日以盛，樂樂利利，殷阜十倍於初。其汗、王、台吉等世延爵禄，恪守藩衛，一如内札薩克之效臣僕，長子孫，莫不感戴聖祖德澤及人之深，得以長享昇平之福也。惟朕體皇祖之心爲心，法皇祖之事爲事。惟玆土爾扈特之來，其窮阨殆無異曩時之喀爾喀，故所以爲之籌畫無弗詳，賙惠無少靳，優而恤之，且計長久。庸詎知謀之勞而費之鉅乎，冀玆土爾扈特之衆，亦能如喀爾喀之安居循法，勤畜牧，務生殖，勿替厥志。則其世延爵禄，長享昇平之福，又何以異於今之喀爾喀哉？用是臚舉大凡，勒石熱河及伊犂，俾土爾扈特汗全部衆咸識朕意，且以詔自今以往我諸臣之董其事者。松筠《綏服紀略》云：土爾扈特，本係準噶爾四衛喇特之一，與都爾伯特無異，雖遠居俄羅斯地，曾遣使朝貢輸誠。既聞天兵平定伊犂，振興黄教，復憶都爾伯特歸順，久享昇平，不禁仰慕傾誠，率衆内附。蓋土爾扈特一部，先年因與準噶爾不睦，遂入俄羅斯，居額濟勒游牧。傳數世至阿玉奇汗，伊子察克篤爾札布，孫敦嚕布喇什，曾孫乃渥巴錫也。渥巴錫於乾隆三十五年，明背俄羅斯，攜全部由哈薩克戈壁、巴勒噶什淖爾一帶行，八閲月，至伊犂,敬陳投順之意。時伊犂將軍舒赫德,奉命收撫安戢,賑其窮乏,授以牧地。渥巴錫等傾心感激,即於三十六年入覲天顔,錫封渥巴錫爲汗,餘封親王、郡王、貝勒、貝子、公、札薩克台吉有差。聖慮深遠,一一指示:於伊犂東之精河游牧,住貝勒一;庫爾喀喇烏蘇游牧,住郡王一;喀喇沙爾游牧,住汗渥巴錫及貝勒、貝子各一;近塔爾巴哈台之和博克薩哩游牧,住親王一、札薩克台吉一;近科布多之阿勒台游牧,住郡王一、貝子一。其食俸、輪班入覲,一如都爾伯特之例。

珠勒都斯舊土爾扈特蒙古烏訥恩素珠克圖盟南路游牧所在標題,秋濤依例補。

【補注】秋濤謹按:齋爾地在天山北,珠勒都斯地在天山南。渥巴錫初賜齋爾牧,後遷珠勒都斯。然欽天監所刻《時憲書》,仍稱齋爾土爾扈特。考徐松《新疆賦》注云:乾隆二十五年,以回部各城節氣載入《時憲書》。三十八年,編土爾扈特、和碩特入《時憲書》。而渥巴錫之移牧,則在三十八年四月以後。葢欽天監編纂,係在未移牧之前,故仍稱齋爾也。附記於此,以備考訂。

【原】南路舊土爾扈特部,【補】在喀喇沙爾城北。【補注】喀喇沙爾,距京師八千九百五十里。【原注】《西域釋地》:喀喇沙爾,漢焉耆國。唐置焉耆都督府於此,後改碎葉鎮。宋爲西州回鶻。本名哈爾沙喇,後定今名。喀喇,言"黑"。"沙爾",城也。【補注】《新疆識略》:喀喇沙爾城,東北至吐魯番城一千零二十里,西南至庫車一千一百六十三里,南至沙山二百里,北至砂札葢圖卡倫一百四十里,西北至那喇特達巴罕四百八十里,交伊犂界。喀喇沙爾舊有軍臺十一處,乾隆三十年,裁減察罕通格、曲惠二臺。三十五年,添設阿哈爾布拉克臺。五十二年,裁托克遜、布幹二臺,改歸吐魯番管轄。褚廷璋《西域詩・喀喇沙爾》:風雨猶疑鐵騎屯,至今沙磧有遺痕。焉耆鎮啓龍庭遠,都護城懸烏壘尊。弓挂輪臺飛皎月,劍磨蒲海射晴暾。戍樓高處分襟帶,山木遺經費討論。自注:西境爲漢烏壘城,都護居此,於西域爲中。又西有地名玉古爾,漢輪臺地,南有羅卜淖爾,爲古蒲昌海。曹麟開《新疆紀事詩・喀喇沙爾》:磧路當年闢復迷,幾多折戟没沙泥。鐵門險振焉耆北,烏壘威宣突騎西。倢水一支吞海闊,回峰四面抱城低。祇今西域徵遺傳,笑説豐碑勒白氏。自注:唐時,焉耆王遣使來朝,云自隋亂,磧路閉,故取道高昌。請開磧路以通行旅。帝許之。高昌怒,攻陷五城,詔侯君集討平高昌,歸所俘及城。又唐貞觀中,都護郭孝恪執其王突騎支。又唐阿史那社爾擒其王那支,以其地爲都督府,勒石紀功。【原】當天山之南【補注】天山,一名祁連,一名雪山,一名白山,又曰折羅漫山。其山遠自葱嶺分支,自喀什噶爾之北迆東而行,經烏什阿克蘇、庫車、喀喇沙爾、闢展之北。又東行,入鎮西府界,至塔勒納沁而止,皆曰天山。東西綿亘三千餘里，層峰疊嶂，隨地異名，葢以百數。《三州輯略》曰：天山自葉爾羌西南，蜿蜒而來，曰葱嶺，至闢勒玉山分脈。其東南一支，遶和闐而東行。其西北一支，遶英吉沙爾、喀什噶爾之西，又北行達布魯特境，東行遶烏什之北，又逕阿克蘇之北，又逕庫車、喀喇沙爾、吐魯番之北，綿亘七八千里，而至哈密東北百餘里，爲北天山。又百餘里，截然而止，則在巴里坤之東，名鹽池山，伏入地中矣。此山爲南路回疆、西路伊犂之分界，山陽爲自哈密至葉爾羌南路，山北則由巴里坤至伊犂北路也。鹽池山之南，沙磧漫野，即希爾哈戈壁，所謂千里瀚海也。其山伏地千餘里，至嘉峪關外沙州之東，突兀起頂，東行，名祁連山，所謂南天山也。再東行至洞素達巴罕過脈，東北行至巴圖爾達巴罕。北分一支，至八寶山，形如蓮華，尊成嶽體，乃西寧、涼州、甘州、肅州四郡之鎮山也。又自鎮素達巴罕東行，至野馬川之東，景陽嶺自南而北，東分一支結涼州諸山，西分一支與察罕鄂博過脈。西行至祁連達巴罕，過脈向北，分一支結甘州諸山。王芑孫《西陬牧唱》曰：二萬輿圖指掌通，大荒直北是西濛。冰天火地皆堯壤，一髮祁連界畫中。羣山莽莽走中原，岡底斯蹲氣脈尊。青海南趨葱嶺北，太行王屋總兒孫。自注：天山以北，準噶爾部居之，俗强悍，逐水草，無城郭。天山以南，回部居之，風氣柔弱，有城郭，習耕種。天山，即祁連山，宇宙間山，無大於此者。《漢書》：匈奴謂"天"爲"祁連"，今準語猶然也。洪亮吉《天山贊》曰：自涼州以西抵伊犂，凡七千餘里。地勢極高，天形轉下，其橫亘南北，界畫中外，戴雪萬仞，排雲百重。半嶺以上，靈禽不飛，百步之外，晴霰尚炫者，皆爲天山，亦名雪山，北人所呼爲祁連山也。夫天者，特積氣耳，今祁連諸峰，尚有出積氣之上者。又况外則磧鹵，中藏秀靈，松柟芝菌，延年養生之菜，無一不備。寒暄晝夜，風雨晴晦之節，與外適殊。懸溜飛瀑，高逾石門，雲液石乳，百倍天目。而世人不之知，逸客不之訪者，豈非以徑路絶遠，逾流沙瀚海，火山風穴之險，始足以盡其奇耶？且漢世雖嘗通西北國矣，然票騎浞野，挺劍持戟，既無意於搜奇；博望定遠，鑿空進執，亦不期於攬勝。是則天地之奇，山川之秀，寧不待千百載後，懷奇負異之士，或因行役而過，或以遷謫而至者，一發其底藴乎！夫太華太室，僅中土之奥區，南條北條，又此山之支絡。爰爲之贊曰：積高惟天，誰能企焉；抗不相讓，實惟祁連；首沐塔里，足排居延；萬古積雪，無人及巔；其標挺外，其秀貯腹；萬松撐拄，高出若木；我登支峰，意欲濯足；洪流洶洶，斜出飛瀑。珠勒都斯。【原注】《西域釋地》：珠勒都斯山，在喀喇沙爾城北珠勒都斯之地，北連雪山，回環千餘里，水草豐茂，爲土爾扈特和碩特游牧。【補注】秋濤按，和寧《回疆通志》：康熙五十五年，散秩大臣祁里德奏：俟來年由巴里坤剿吐魯番，乘勢取珠勒都斯地。諭軍所大臣定議。按當時將軍富寧安奏請於哈密附近等處可耕地，募兵興屯。於是祁公有此議，以珠勒都斯地肥饒故也。至乾隆中，始移駐蒙古於此。又按：《要略》云：乾隆二十年，和碩特台吉羅卜藏車稜子曰諾爾布敦多克，游牧額珠哈畢爾噶，遣長子鄂齊爾馳降。定西將軍班第遣招其族，台吉三濟特聞之，獻籍三百户。我將軍薩拉爾集伊犂宰桑等定議，約諾爾布敦多克及沙克都爾曼濟子圖捫，以兵至博羅塔拉、布爾哈蘇台、闥勒奇嶺剿阿逆。諸爾布敦多克、圖捫各遣使至巴里坤。諾爾布敦多克表曰：臣願奮志剿賊。上嘉其誠，詔封公爵。二十一年三月，諾爾布敦多克來歸。薩拉爾等既定謀，阿逆偵知之，先爲備。諾爾布敦多克以兵擊諸伊犂之諾爾斯哈濟拜甡，不勝，偕薩拉爾間道行，由珠勒都斯至巴里坤。時沙克都爾曼濟抵策楞軍，詔令遺書其子圖捫，以兵護牧。書未達，明噶特附阿逆叛，脅所部衆。圖捫不之從，挈戚屬抵珠勒都斯，請内徙。詔封多羅貝勒，賜銀千兩，賞三眼孔雀翎。諭由額琳哈畢爾噶，往會沙克都爾曼濟。七月，沙克都爾曼濟攜子圖捫及博爾和津等，由珠勒都斯至巴里坤，乞屯牧近地。二十三年三月，成衮札布爲定邊將軍，偕參贊大臣舒赫德，由珠勒都斯進。按地勢言之，額琳哈畢爾噶在伊犂東北，珠勒都斯則在伊犂東南。阿逆以伊犂叛，時大軍在巴里坤，諾爾布敦多克及圖捫由間道達巴里坤，皆出珠勒都斯。則珠勒都斯爲天山南北路相通要隘，明矣。及南路進兵，亦必由此。漢時烏孫爲西域强國，唐置鷹娑都督府爲重鎮，有以哉！無名氏《新疆紀略》：哈喇沙拉城中，回人及土爾扈特人雜處。初係回城，土宇寬廣。著勒土斯山場，回環千里，草肥水甘。多野牲，足資游牧；河水暢流，足資灌溉。故人户繁盛，果木、黍稷，夙稱富庶。準噶爾恃强據爲牧場，人多逃亡。及官兵定伊犂，以其地要害，設辦事大臣一員駐劄。後土爾扈特來歸，遂將其汗烏巴錫部落、和碩特貝勒恭格部落安插於著勒土斯，資其游牧，教之耕種。京差侍衛三員，管理其人，開都河南、北兩岸及著勒士斯牧場。氈帳雲屯，皆伊等所居也。數年來，漸知稼穡。然其人貧而惰，性喜盜掠，商民、回户頗受其害。婦女鹹嵩，則遠勝回户，極貧之男婦子女，多鬻於各城回人爲奴，而盜馬竊衣，逋竄不知所往者，復踵相接也。【補注】福慶《異域竹枝詞》注云：哈拉沙拉，在土魯番西八百七十里，原係回城，準噶爾吞併，回人逃亡死絶，其地竟無人煙，移霍碩特人來此游牧。乾隆二十年，大兵平定伊犂，霍碩特多遭誅戮，其餘逃散，地竟空虛。創建一城，東、西、南三門，圍僅三里。乾隆三十五年後，土爾扈特來歸，安插於著勒土斯，令其資生，並將噶子、滿、回子二百户，移歸庫爾勒回城。所有哈喇沙拉城垣左近一帶地方，均給土爾扈特、和碩特等游牧，且教之耕種。《回疆通志》云著勒土斯山。《西陲紀略》作準圖斯，在喀喇沙爾城北一帶。乾隆三十六年，安置土爾扈特、霍碩特兩部落所屬人萬餘户住牧於此。春三月，入山居住。秋九月，出山，在喀喇沙爾附近草地，支架蒙古包居住。又云：阿克蘇辦事大臣，每年接到喀拉沙爾、土爾扈特、霍碩特入山咨文，派官兵坐卡倫。九月出山，撤回卡倫，咨報各處。【補】至京師八千六百餘里。古西戎地。漢及魏、晉爲烏孫國地。【補注】秋濤按：《晉書》：焉耆國，北與烏孫接。焉耆爲今之喀喇沙爾，則珠勒都斯當爲晉烏孫地。北魏爲高車國地。周爲突厥地。隋爲西厥地。唐爲鷹娑都督府地。【補注】《（新）唐書·突厥傳》：永徽五年，前軍蘇定方擊賀魯别帳鼠尼施於鷹娑川，賀魯已滅，以鼠尼施處半部爲鷹娑都督府。《地理志》：鷹娑都督府，以鼠尼施處半部置，隸北庭都護。《回鶻傳》：契苾亦曰契苾羽，在焉耆西北，鷹娑川多覽葛之南。秋濤按：鷹娑都督府，以鷹娑川得名，唐以處半部爲鷹娑都督府，而契苾在鷹娑川土，地屬接壤。以焉耆西北地勢準之，則珠勒都斯河，即古鷹娑川矣。宋屬西州回鶻。明爲回部所據。乾隆二十三年,回部平,地屬喀喇沙爾大臣轄。三十六年,賜南路舊土爾扈特及中路和碩特爲牧地。【原】四旗,曰:

［南路汗旗］札薩克卓哩克圖汗游牧。渥巴錫者,阿玉奇曾孫也。乾隆三十六年,挈所部内附,昆弟子姓從之。入覲,詔仍稱汗,涖其衆。賜號卓哩克圖,授札薩克。三十七年,賜牧齋爾。【補注】秋濤按,齋爾,北極高四十五度三十分,距京師偏西三十一度,塔爾巴哈台西南境也。漢爲匈奴右地,郅支單于居此。魏爲烏孫國地。元魏爲高車地。周、隋爲突厥地。唐爲三葛邏禄部地。自迪化州北行三百里,至哲克得里克折西行,踰哈畢爾噶布拉克、托來布拉克,至納木。納木西四十里至穆呼勒戴鄂多特,又西二十里,至達爾達木圖,又西二十里,至蘇海圖。又西南二十里,至謨多圖布古圖,又西南至尼楚滚布古圖。又西四十里,至伊奇爾,又西四十里至布爾噶蘇台,又西三十里至察拉垓,又西四十里至綽爾折而東北五十里,踰山即至齋爾。東北距額敏三百里,地廣,饒水草,舊爲準噶爾阿克巴,句極布里木、句杜爾巴、句推素隆、句伊克呼拉爾五集賽游牧之所。乾隆二十四年,大兵進剿五集賽,宰桑達什策凌等以其地内屬。三十六年六月,渥巴錫等來歸,諭曰:土爾扈特、綽囉斯等,理宜指地令居。若指與伊犂之沙喇伯勒等處,附近西邊,易於逃竄。烏嚕木齊一帶,又距哈密、巴里坤卡路甚近。朕意令居住塔爾巴哈台東,科布多西之額爾齊斯、博囉塔拉、額密勒、齋爾等處。尋伊犂將軍伊勒圖等會同酌議具奏。三十七年,遂以齋爾賜渥巴錫爲牧地。【補】三十八年,徙牧珠勒都斯。【補注】先是,渥巴錫懇請移居珠勒都斯,伊勒圖奏言:現有努魯布稟告渥巴錫所屬四宰桑欲行脱逃之事。如遽移牧,恐其所屬不無疑懼,請俟二三年後,再爲酌辦。是年四月,諭曰:珠勒都斯,究係内地,如令渥巴錫移居,於伊等生計,甚有裨益。從前伊勒圖並未面詢渥巴錫,僅按一時情形,不便遷移而言。今覽舒赫德所奏,實可爲久遠計。俟本年秋收後,即將渥巴錫之游牧,移於珠勒都斯居住,所需口糧籽種等項,即於哈密、闢展所貯銀兩内動撥。採買烏什等處回人所種之穀,運至喀喇沙爾,以備分給渥巴錫所屬人衆。種地農器,就近於闢展、哈密等處運往。自是,渥巴錫之牧地乃定。是時,渥巴錫所屬有索羅木者,復控宰桑巴勒黨等謀奔俄羅斯。六月,諭曰:從前努魯布等,曾首告巴勒黨等欲逃往俄羅斯,今索羅木係巴勒黨所擒之人,俄羅斯地方及此處並無伊子弟親戚。伊又告巴勒黨等現商議欲逃,尚屬事之所有。然巴勒黨現隨渥巴錫居住,不過係一宰桑,伊如逃往俄羅斯,則俄羅斯必另行優待。速提集努魯布、沙爾瑪克,交軍機大臣審訊。惟是渥巴錫所屬人衆,屢經審訊,不免疑懼。伊勒圖於辦理此事時,即曉諭渥巴錫云:節次辦理,原是爲汝。巴勒黨係汝辦事之大宰桑,伊倡率欲逃,如不審辦,將來汝所屬人衆俱行脱逃,汝屬下無遣差辦事之人,即有亦難約束。是以如是辦理,原欲汝屬人各知法紀,庶汝得久享天朝恩養。如此曉諭,則伊等疑慮,皆可解釋。【原】三十九年,卒,【原注】初,土爾扈特内附,渥巴錫獻七寶刀及金錯刀,稱其曾祖阿玉奇自洪豁爾得

之。洪豁爾界鄰俄羅斯，在哈薩克西北，自昔未通中國，故不隸職方，產精鐵及良馬。阿玉奇游牧額濟勒河，嘗往來洪豁爾，因得其刀，以爲佩，令子孫世守之。渥巴錫獻刀，且告世爲天朝臣僕，繼自今無甲兵患也。及賜牧齋爾，遣三等侍衛阿思哈往護視。三十九年，阿思哈受代還，渥巴錫復函匙叉及匕首各一，乞阿思哈齎貢。上嘉其誠，後先所獻物，各製詩紀之。子策琳納木札勒襲。四十年，定齋爾牧爲舊土爾扈特部南路，以策琳納木札勒領之，授盟長，賜札薩克及盟長印。四十八年，詔世襲罔替。【原注】佐領五十。案：《續修蒙古王公傳》：有阿勒布坦多爾濟者，策琳納木札勒之異母弟也。策琳納木札勒既襲汗爵，高宗純皇帝命於所轄五十牛彔内，分十五牛彔與阿拉布坦多爾濟，令隨其母喀屯同居。阿拉布坦多爾濟卒，以其子那木札勒多爾濟爲一等台吉，時甫五歲。嘉慶五年，喀屯詣伊犂將軍松筠言：那木札勒多爾濟年已十六歲，求給札薩克印，以資統轄。松筠奏那木札勒多爾濟尚幼，無勞績，請給印而不予俸，俟成人時，奏聞請旨。從之。【補注】策琳納木札勒襲爵時，年甫八歲。五十七年，卒，子霍紹齊襲爵。嘉慶四年三月，喀喇沙爾大臣阿爾塔什第奏：霍紹齊之祖母喀屯，聞大行太上皇帝大故，懇將霍紹齊俸銀二千五百兩送京，交喇嘛等念經等語。諭曰：此事斷不可行。阿爾塔什第彼時並不阻止，且又具摺奏請，糊塗太不曉事。除申飭外，霍紹齊並伊祖母誠悃，實不可泯，著阿爾塔什第曉諭，已將爾等誠意奏聞大皇帝，奉旨：從前爾等仰蒙太上皇帝恩施備至，今若准爾所請，遠道運送銀兩、念經，轉恐不能仰體太上皇帝愛育爾等至意，此事斷不可行。朕見爾等誠悃可嘉，深爲惻然，想太上皇帝在天之靈，亦必垂鑒也。

[中旗]札薩克巴雅爾圖多羅貝勒游牧。汗渥巴錫從子額墨根烏巴什，父唐阿特祖巴圖，惇囉布喇什弟也。乾隆三十六年，封固山貝子，賜號巴雅爾圖，授札薩克。尋卒，子恭坦襲。四十年，授副盟長，轄南路中翼旗務，賜札薩克印。【補】四十八年，詔世襲罔替。嘉慶十六年，【原】卒，子巴勒丹拉什襲。卒，子蒙庫那遜襲。道光十年，晉多羅貝勒，世襲罔替。【原注】佐領二。

[右旗]札薩克輔國公游牧。汗渥巴錫從子拜濟瑚。父喀木齊克，唐阿特弟也。乾隆三十六年，封今爵。三十七年，詔轄南路右翼旗務，賜札薩克印。四十八年，詔世襲罔替。【原注】佐領一。

［左旗］札薩克一等台吉游牧。汗渥巴錫從弟伯爾哈什哈。父多爾濟喇什，巴圖弟也。乾隆三十六年，授今爵。四十年，詔轄南路左翼旗務，賜札薩克印。四十八年，詔世襲罔替。【原注】佐領一。與中路和碩特三旗同游牧，有珠勒都斯河繞游牧境。【原注】珠勒都斯，舊作著勒都斯，又作裕勒都斯。《欽定新疆識略》：開都河，凡三源：一源曰小珠勒都斯河，西北流經楚爾嶺，會英布拉圖水。又西，會巴哈布拉圖水。又西，會札哈蘇台水。又西，會固爾班克勒特水。又西，會克穆訥克圖嶺水。又西百里，折而南流，至哈爾噶圖，與大珠勒都斯河合。一源曰大珠勒都斯河，東流，會特里木哈達水。又東，會布連布拉克水，凡一百里。至哈爾噶圖，而與小珠勒都斯河合。二水既合，復分爲二支，皆東流。南支行三百餘里，有綽羅特克嶺水、楊河、沙爾水、扣克訥克嶺水、厄西謨水、烏柯克嶺水，自南來，注之。北支亦行三百餘里，有烏爾圖布拉克水、薩必爾圖布拉克水、郭爾和布拉克水、台里布水、雅瑪圖哈布齊爾水、烏蘭嶺水、固爾班敖克克水，自北來，注之。二水復合而東，有恭哈布齊爾水、察罕烏蘇水、達蘭嶺水，自北來，注之。復東，爲開都河。一源曰和屯博克達嶺水，南流，右會哈布齊海水。又東南流，左會薩薩克水，復南分二支，入開都河。開都河東南流，經喀喇沙爾城西南五里，東流爲博斯騰淖爾，在烏沙克塔爾臺南。《漢書・西域傳》：焉耆近海，多魚、鳥。《魏書・西域傳》：焉耆國南去海十餘里。焉耆爲今喀喇沙爾，所謂海者，即博斯騰淖爾也。開都河既入淖爾，復自淖爾西南溢出，西流入哈爾阿滿山口，經哈爾阿滿臺四十餘里，出山南流二十里，折而西，過庫爾勒回莊北。又西南流七十里，過哈喇布拉克臺，折而南流二百里，入大河。《水經注》云：焉耆之水，自西海逕尉犂國。又西，出沙山鐵關谷，又西南流，逕連城別注，裂以爲田。其水又屈而南，逕渠犂國西。又東南流，逕渠犂國治。又南流，注於河。自西海逕尉犂國者，即自博斯騰淖爾溢出而流也。沙山鐵關谷者，當即哈爾阿滿山谷間。逕連城別流，裂以爲田者，當即庫爾勒，其地皆良田，今猶導渠，以資灌溉焉。《西域水道記》：哈喇沙爾西境，直庫車城北之汗騰格里山，山東百餘里，有地曰阿喇爾，湧泉百餘，會以東流，即大裕勒都斯河。回語"裕勒都斯"，星也，源處發源如星，極四十二度四十五分，西三十四度三十分。其地，土爾扈特卓哩克圖汗所牧也。小裕勒都斯出自阿勒坦陰克遜之北，源處極四十三度十分，西三十一度三十分，和碩特牧地也。又引《西陲紀略》載：雍正中，使臣至準噶爾。《行程記》云：自察罕鄂槫圖住小裕勒都斯九十里，途地平坦，水草皆好。自小裕勒都斯住大裕勒都斯八十里，路平，水草佳。兩裕勒都斯冬夏偕宜，惟季春猶雪，飛霙無時，遇風即結成糝。自此路分兩岐，取其捷者，自大裕勒都斯六十里，住鄂惇庫爾山口，又五十里，過鄂惇庫爾嶺。若取其坦者，自大裕勒都斯向西南行，過烏納罕達罕嶺、空格斯河源。東踰天山，至博爾圖嶺。【原注】接烏魯木齊界。烏魯木齊，今爲迪化州。【補注】秋濤按：博爾圖嶺，亦名博羅圖塔克，在闢展西南，當喀喇沙爾東北

境。其山與阿勒癸山南北相接，形如鎖鑰，西通準部，南界回疆，天山南路一大關隘也。山多積雪，博羅圖河發源北麓，入北谷口西行，通裕勒都斯，出西南谷口西南行，即喀喇沙爾境。乾隆二十六年，遣官告祭博羅圖山，文曰：惟神體結坤輿，靈昭兑位。連峯峻峙，拔萬仞以倚天；積雪高攢，歷四時而浮玉。作花門之巨鎮，永奠西遐；界葱嶺以中維，遥通南道。朕統臨縣寓，式廓輿圖。異域歸仁，列障暨于闐之外；殊方在宥，興屯踰烏壘而遥。乃諸部之往來，仰崇山之綿亘，雖幽遐不閉，久已荷乎天休；而梯棧無虞，實更資乎神應。用申秩祀，練時日以薦馨；敬遣專官，肇庪縣而展告。自此途開九折，其遵王路之蕩平；亦惟寒斂六花，長被春風之和煦。丕彰肸蠁，來鑒苾芬。又《欽頒歲春秋祭祝文》曰：惟神鍾靈遐域，正宅西陲，險闢蠶叢，導我武維揚之路。高踰龍阜，界殊方内屬之區，作巨鎮於回中。峯層嶂疊，通奥區於域外。棧接梯連，實爲名山。允宜嘉秩，朕八荒在闥，六合爲家。既耆定乎準夷，遂全收乎回部，興屯更戍。宜安枕席以過師，駐牧游羣，當順涼暄而應候。惟神庥之是賴，仰靈貺之攸昭。爰伸圭幣之儀，登諸祀典；更肅春秋之祭，載在秩宗。並協柔懷，宜彰肸蠁，長此冰銷寒玉。調燭被于光天，行當雪浹春膏，湛恩漸于絶徼。苾芬式薦，歆格斯承。**南至扣克納克嶺**，【原注】接庫車界。庫車，漢龜兹國，唐置安西都護府於此。庫車猶衚衕[一]，其地爲達西南要路，故名。至京師九千五百餘里。西南由所屬之沙雅爾，通和闐，東南阻沮洳，西北踰天山，通伊犂。【補注】秋濤按：扣克納克嶺，亦名庫克納克達巴，在愛呼木什嶺西五十里。額什克巴什河，發源南麓山脈，自天山正幹之額什克巴什山分支，東行六十里至此。**西至天山**，【原注】踰天山，接伊犂所屬察哈爾游牧界。察哈爾爲元部衆，《明史》所謂插酋是也。天聰時，林丹汗暴虐。太宗文皇帝興師伐之，林丹汗走死，乃封其子額哲於義州邊外。康熙十四年，復叛，削平之，收其衆，令游牧宣化、大同邊外，編爲八旗，統歸察哈爾都統治之。高宗純皇帝平定新疆，移察哈爾人户游牧伊犂、塔爾巴哈台。伊犂察哈爾八旗牧地，在伊犂東北境。北一帶設喀倫，踰喀倫即哈薩克界，屬伊犂將軍轄。塔爾巴哈台察哈爾與額魯特、哈薩克各佐領同游牧牧。地東與霍博克薩里土爾扈特接界，西北踰喀倫，皆與哈薩克接界，屬參贊大臣轄。**北至喀倫**。【原注】接伊犂所屬額魯特界。按：乾隆年間建設駐防時，分移達什達瓦衆於伊犂，是爲額魯特上三旗。又有自哈薩克布魯特中投回伊犂者，是爲額魯特下五旗。又土爾扈特投誠時，自額濟勒攜來之準噶爾額魯特及喇嘛之沙畢那爾額魯特，亦附入下五旗，同游牧伊犂南境。南倚天山，東、西、南，皆設喀倫。東接精土爾扈特游牧界，西接布魯特界，南踰喀倫，即天山，接珠勒都斯界。轄於伊犂將軍。《新疆識略》：喀喇沙爾土爾扈特游牧，東至烏沙克塔爾，西至夫珠勒都斯，南至紫泥泉，北至阿爾輝山。

所部四旗，同牧自爲一盟，曰烏訥恩素珠克圖盟。

南路隸喀喇沙爾大臣兼轄，歸伊犂將軍節制。

珠勒都斯中路和碩特蒙古巴啟色特啟勒圖盟游牧所在標題，秋濤依例補。

【原】中路和碩特部附南路土爾扈特部同游牧珠勒都斯，至京師八千六百餘里。和碩部舊爲四衛拉特之一，牧青海、伊犁諸境。及顧實汗裔繁衍，或稱青海額魯特，或稱阿拉善額魯特，皆不著和碩舊號。稱和碩特者，皆顧實汗兄子多爾濟及額爾克岱青鄂克綽特布裔也。未詳自何時徙牧俄羅斯境。【補注】《藩部要略》：和碩特貝勒恭格、台吉諾海巴雅爾拉瑚皆都爾格齊諾顏第三子多爾濟之裔。貝子布顏楚克者，雅蘭丕勒子也，爲都爾格齊諾顏第四子額爾克岱青鄂克綽特布之裔。乾隆三十六年，多爾濟元孫恭格【補注】《蒙古王公表》：顧實汗之兄曰昆都倫烏巴什。其第三子曰多爾濟，生托羅什瑚。托羅什瑚生楚貴。楚貴生圖克齊。圖克齊生恭格。從土爾扈特汗渥巴錫挈族來歸。詔和碩特部人，自恭格以下，並授貝勒、貝子、台吉諸爵號。是時，以渥巴錫率土爾扈特數十萬衆歸順，優錫封爵，分新、舊二部。渥巴錫稱汗如故。諸台吉授親王、郡王、貝勒、貝子、公、一等台吉各有差。和碩特部人惟不封王爵，仍並授貝勒、貝子諸爵，以寵異之。於是封恭格爲多羅貝勒，賜土謝圖號。三十七年，賜牧珠勒都斯，設札薩克四。三十八年，恭格卒，子德勒克烏巴什襲，授盟長，轄所部衆。四十八年，詔世襲罔替。五十六年，德勒克烏巴什卒，弟騰特克襲。嘉慶二年，卒，以絶嗣，停襲。【補注】是年七月，伊犁將軍保寧奏：騰特克絶嗣，所襲貝勒爵，將近支之齊業齊、烏爾圖納遜二人擬派，懇請補放。論曰：所奏殊覺含混。騰特克屬下，共有六佐領，若將貝勒爵令人承襲，自應併將佐領移令管理。現在騰特克雖故，寡妻尚在，養贍無資，日後必至興訟。况齊業齊、烏爾圖納遜每人名下俱有本管一佐領，若令一人承襲，再增六佐領，不惟恐伊等不能管轄，且伊等輩分，亦與根敦諾爾布恭格不甚近。鄂齊爾現爲盟長，又係貝子，伊所屬佐領較少，亦不平允。著保寧問明騰特克之妻，齊業齊、烏爾圖納遜二人中，願隨何人度日，即留與一二佐領，俾資養贍餘年。所留之佐領，即令伊願資養贍之人暫行管理。其餘佐領，令鄂齊爾及齊業齊、烏爾圖納遜均分管理，日後方免相爭之弊。此停襲之原委也。今所部餘札薩克三，曰：

［中路中旗］，札薩克固山阿穆爾昤貴貝子游牧。恭格族叔父【原

注】《藩部表》作族祖，誤。雅蘭丕勒，額爾克岱青鄂克綽特布曾孫也。【補注】昆都倫巴特什，第四子曰額爾克岱青鄂克綽特布，其子曰察罕。察罕生三濟拉什，即雅蘭丕勒之父也。乾隆三十六年，來歸，封今爵，賜阿穆爾呤貴號，授札薩克。尋雅蘭丕勒請捐妻孥爲喇嘛，從章嘉呼圖克圖游。詔授札薩克喇嘛子布顔楚克襲爵。四十年，授盟長，轄中路旗務，賜札薩克印。四十八年，詔世襲罔替。【原注】佐領四。

［中路右旗］札薩克一等台吉游牧。恭格族弟諾海，【補注】其父曰恭克班爾珠爾。祖曰端多克，爲楚貴弟。乾隆三十六年，來歸，授今爵，轄右翼旗務，賜札薩克印。四十八年，詔世襲罔替。【原注】佐領三。

［中路左旗］札薩克一等台吉游牧。恭格族弟巴雅爾拉瑚，【補注】其父曰色爾博特。祖曰塔爾巴車凌，爲端多克弟。乾隆三十六年，來歸，授一等台吉。尋卒，子齊業齊襲。四十年，授札薩克，轄左翼旗務，賜印。四十八年，詔世襲罔替。【原注】佐領四。

【補】牧地：在南路舊土爾扈特部之西。【補注】秋濤按《藩部要略》云：乾隆三十七年，賜諸札薩克牧地。汗渥巴錫等賜牧齋爾。和碩特貝勒恭格等賜牧珠勒都斯。至三十八年，渥巴錫等亦移牧珠勒都斯。是二部土壤雖近，究非一地。觀《新疆識略》所載，喀喇沙爾南路舊土爾扈特與喀喇沙爾和碩特，牧地各有四至。則所云二部同一游牧者，特舉其大概，而尚未分析言之也。考《會典圖説》云土爾扈特四旗在喀喇沙爾城北，其西爲中路和碩特三旗，區別甚明。今從之。《圖説》又云：中路和碩特三旗，北依天山，南與東、西皆臨珠勒都斯河。其言四至，不及《新疆識略》之詳，今從《識略》。東至烏沙克塔爾，【補注】秋濤按：烏沙克塔爾，亦作烏沙克塔勒，在哈喇沙爾城東二百十五里。自闢展西行，入蘇巴什塔克口。又西南行，踰庫木什阿克瑪塔克、額格爾齊塔克，三百四十里至其地，有廢城，即《唐地理志》張三城也。唐置守捉於此，其形勢可想見矣。又按：《新疆識略》：喀喇沙爾土爾扈特游牧，東亦至烏沙克塔爾。是二部東境相等，惟西境和碩特僅至小珠勒都斯。而土爾扈特則以大珠勒都斯爲西界，地域較廣遠矣。又考新疆屯務，喀喇沙爾屯工三處。三工烏沙克塔爾，在地正東二百二十里，種地二千六百畝，由東北察罕通格山溝內，引雪水灌溉。每年各屯共交糧五千九百五十二石一斗七升。又烏沙克塔爾西六十里曲惠地方，地當大路，北山根下有河一道。民人報墾地一千九百九十三畝，每年交糧二百五十九石九斗。又和瑛《三州輯略》云：和闐使臣貢大玉三塊，大者色青，重萬斤。次者葱白，重八千斤。小者極白，重六千斤。以車運至喀喇沙爾。嘉慶四年，奉旨停運棄於道傍，今存烏沙克塔爾臺。和瑛《詩》：詔弃和闐玉，埋輪蔓艸蕪。來從西旅道，産自罽賓隅。駕鼓勞天馬；投淵卻海珠。何如此頑石，罷役萬民蘇。**南至開都河**，【補注】蘇爾德《回疆志》：哈爾沙爾，原係厄魯特達什達瓦游牧種地之所，後因變亂，遂毁其城，焚燒林木而逸，其地遂荒。大兵奏凱以來，復事開墾，城南即開都河，其川平坦廣濶，沿河土亦腴厚，可耕。和寧《回疆通志》云：開都河，俗名通天河，源出北大雪山，逕喀喇沙爾西門外五里，水勢甚寬，東南流，夏有渡船，冬月架冰橋以渡。回莊多開渠，引以灌田。《會典圖説》：開都河上源曰珠勒都斯河，出布古爾東北山，數水合，西南流。西納達賴克河，折東流，岐爲二支，復合。南北納十餘水而東，北納瑪爾什河，經庫勒爾北，折東南流，注塔里木河。秋濤按：據《會典圖》，水自博斯騰泊流出，始名開都河。然細考《新疆識略》所載，則二支既合以後，經喀喇沙爾城西者，尚在未入博斯騰泊之前，已名開都河矣。和碩特牧地，在喀喇沙爾城北，若其南境以自博斯騰泊流出之開都河爲界，則地太遼遠，當是喀喇沙爾城西之開都河也。《一統志》載：葉爾欽（羌）有塔里母（木）河[二]，下流與西北來之海多河合。海多河，葢即開都河，譯音無定字耳。《藩部要略》云：乾隆二十二年，有沙拉斯、瑪呼斯者，準噶爾二十四鄂拓克之二也，居喀喇沙爾之海杜河西。海杜河，亦即開都之音轉也。乾隆丁丑春，將軍成衮札布、參贊舒赫德等，由朱勒都斯路進伊犁，道遇克勒特、烏魯特、沙喇斯、嗎唬斯等鄂拓克，皆撫降其衆，不取其馬、駝。大軍過而賊復叛，乃遣都統滿福領偏師，追勦沙喇斯、嗎唬斯二鄂拓克。賊人詭持軍門劄，自稱已就降撫，並云前驅除道以待。滿福行次哈拉和落，竟以墮計捐軀，即此地也。又庫車有渭干河，下流與開都河合，兩河俱出嘉魚，細鱗巨口，紅腮，疑即鱸也。曹麟開《塞上竹枝詞》云：萬壑爭從淖爾輸，渭干河水合開都。細鱗巨口天生鱠，那減吴淞玉尺鱸。《三州輯略》：海都河冬月冰凍甚堅，車馬逕過，名曰冰橋。和瑛《正月二十八日渡冰橋》詩：天造輿梁穩，春冰迨未開。馬騰銀漢上，人駕玉虹來。濡尾狐猶聽，潛波魚尚猜。兩驂忙叱馭，快似碾青雷。**西至小珠勒都斯**，【補注】亦作小裕勒都斯，即開都河上源也。《西域水道記》：小裕勒都斯河，出自阿勒坦陰克遜之北源處，極四十三度十分，西三十一度三十分。和碩特牧地也。**北至察汗通格山**。【補注】秋濤按：察汗通格，亦作察罕通格。在烏沙克塔勒西，西南距喀喇沙爾城一百九十五里。地有廢城，城西有泉，委折而南，經烏沙克塔勒城東，分導灌田。自闢展西入納林奇喇塔克博羅圖塔克谷口，循博羅圖郭勒，踰塔什海至其地，爲喀喇沙爾東北境。

所部三旗，自爲一盟，曰巴啟色勒啟勒圖。

隸喀喇沙爾大臣兼轄,歸伊犂將軍節制。

壽陽閻汝弼覆校

【校記】

〔一〕衚衕,同"胡同"。

〔二〕葉爾欽、塔里母河,《(乾隆)大清一統志》作"葉爾羌、塔里木河"。

蒙古游牧記卷之十五

平定張　穆初稿

光澤何秋濤補輯

和博克薩里舊土爾扈特蒙古烏訥恩素珠克圖盟北路游牧所在標題，秋濤依例補。

【原】[北路舊土爾扈特部]在塔爾巴哈台城東，【補注】塔爾巴哈台，距京師一萬零二百八十里。【原注】在伊犂東北一千九百五十里。《新疆識略·軍臺道里表》：自伊犂惠遠城，七十里至沙喇布拉克臺，六十里至塔勒奇阿滿臺，四十里至鄂博勒齊爾臺，八十里至鄂勒著依圖博木臺，八十里至瑚素圖布拉克臺，一百二十里至托霍木圖臺，一百一十里至托里臺，九十里至精河臺，八十里至噶順腰臺，七十里至托多克臺，六十里至固爾圖臺，七十里至埻木達臺，六十里至布爾噶濟臺，七十里至庫爾喀喇烏蘇臺，八十里至奎屯臺，九十里至庫爾必喇臺，九十里至沙喇烏蘇臺，七十里至鄂倫布拉克臺，九十里至烏爾格圖布拉克臺，一百二十里至雅瑪圖臺，一百二十里至沙喇瑚魯素臺，一百二十里至色特爾莫多臺，一百十里至塔爾巴哈台底臺，此軍臺路程也。其由喀倫行者，惠遠城二百五十里至干珠罕，又一百二十里至烏蘭布喇，又九十里至沁達蘭，又一百四十里至阿魯沁達蘭，又一百里至莫多巴爾魯克，又九十里至額爾格圖，又八十里至察罕托海，又一百二十里至瑪尼圖，又一百三十里至塔爾巴哈台，共一千四百三十里。又《水道表》：舊雅爾城，水凡三支，分繞城東、西、南流，注阿拉克圖扈爾淖爾[一]。乾隆二十九年，建城於雅爾。三十一年，移於楚呼楚，爲今塔爾巴哈台城。故此爲舊城也。【補注】《西域圖志·天山北路圖説》曰：太白山陰，準夷是宅。而北境尤廣，東抵阿勒坦，北界俄羅斯，南臨沙磧，中間土地肥腴。厥名塔爾巴噶台，爲古匈奴、烏孫交壤處，唐則西突厥諸部在焉。山形水脈，逶迤西走，長流巨浸，都在岡巒襟帶間。往時部落錯處，利賴保居。

金山以爲屏，邏水以爲池。何必非形勝所憑，而桀黠反覆，卒就芟夷。覽者於此，考五單于角逐之場，稽三葛邏憑陵之跡，益共仰聖謨之運，不徒誇地勢之雄。若南境與迪化州接畛，斥鹵彌望，略同瀚海。蓋即唐之沙陀州云。《四庫全書提要》：《河朔訪古記》二卷，此書實爲納新作。納新，族出西北郭囉洛，因以爲民，郭囉洛，原作葛邏禄。納新，原作迺賢，今改正。郭囉洛者，以《西域圖志》考之，即今塔爾巴哈台也。元時色目諸人，散處天下，故納新寓居南陽，後移於鄞縣。乾隆中，平定伊犂之後，初次致祭塔爾巴哈台山，《欽頒祝文》曰：惟神鍾靈西徼，環鎮北庭。作屏障於龍堆，抱峯巒於鳥壘。前者天兵薄伐，既梯棧之無虞；今兹土宇宏恢，宜懷柔之徧及。途開九折，殊方永荷靈庥；秩並三公，展告聿隆祀典。式彰肸蠁，歆格匪遥。嗣復頒《歲春秋祭祝文》曰：惟神衍脈天山，効靈中土。表崇高於北徼，標形勝於西陲。夙稱邊塞之雄藩，聳重巒而特出；永作鴻圖之拱衛，環疊嶂以相維。瑞靄祥氛，答四時之靈貺；升香薦帛，昭萬載之懷柔。秋祀攸隆，洪庥丕著。初祭，中允畢沅之詞，歲祭，編修曹文埴之詞也。褚廷璋《西域詩・塔爾巴哈台》：多羅川外夜吹蘆，雉堞新城接上腴。塞月已寒三葉護，邊風猶動五單于。名藩甲卷煙消漠，健將弓開血灑蕪。不是皇威宣北徼，春光誰遣徧墳壚？"名藩"句自注：西北接哈薩克部界，大兵追阿睦爾撒納，入其境，哈薩克撤帳數千里，因而内附。"健將"句自注：巴圖魯侍衛奇徹布克敵制勝於此。當金山之西南霍博克薩里。【原注】《新疆識略》：塔爾巴哈台，有土爾扈特。乾隆三十六年，由伊犂移住，在城東六百餘里霍博克賽里地方游牧。《西域釋地》：賽里山，在塔爾巴哈台城東八百餘里，山之陽名和博克薩里，準噶爾未滅時，此其游牧{地}[二]。無名氏《新疆紀略》：土爾扈特來降，其親王策伯克多爾濟部落三千餘户，安插於撻拉巴哈台城東四站賀伯克薩里地方。《西域水道記》：納林喀喇山之東，爲阿勒坦烏梁海種人，山之西，爲和博克薩里土爾扈特種人。《策凌傳》載：喀爾喀與厄魯特分界議云：策妄阿喇布坦存日，游牧和博克薩里、察罕呼濟爾迆西。數年來，漸越額爾齊斯。推是言之，和博克薩里，初亦準部地。既入版圖，乾隆三十六年，始界北三旗土爾扈特布延圖親王駐之。又注：按和博克薩里，相承爲一處地名，考之準語，"和博克"，"汲水器"也，以皮爲之，其地有井，居人往汲，故以名地。"薩里"謂"馬股"，言地形似之。蓋和博克自爲一地，故有納林和博克、克特和博克也。【補注】秋濤按：《會典輿圖》有和博克河、薩里山，是本爲二地，合而言之者，猶云和博克河旁之薩里山耳。今《新疆識略圖》則徑名霍博克薩里河。蓋西北地名，亦隨時改易也。《水道提綱》云：阿爾泰山頂西南八百餘里，曰賽兒山，南徑哈密城三度四分，西徑準噶爾城踰漠八度。又云：西二十三度五分，極四十六度七分。以地勢揆之，賽兒當即薩里也。至納林和博克地，東南至克特和博克，相距止二十里。納林和博克北倚鄂爾和楚克山，山下有泉，南流，會克特和博克之水，合流，南注于哲克得里克。克特和博克西三里許，有古廟，爲準部境内舊蹟，建置之始不可考。哲克得里克南至廸化州，僅三百里，中隔沙磧，其北境有河，合流南下，餘波入於磧中。此即和博克河之原委也。以《西域水道記》言之未詳，故附證之。【補】至京師九千七百餘里。漢時，爲匈奴西境，烏孫北境。北魏爲蠕蠕地。後周時,入於突厥。唐爲西突厥地。明時爲衛拉特地。舊爲準噶爾台吉游牧處。乾隆二十年,準部平,地屬塔爾巴哈台轄。三十六年,賜北路舊土爾扈特爲牧地。[原]三旗,曰:

[北路旗]和碩布延圖親王游牧。汗渥巴錫族子策伯克多爾濟。曾祖衮札布,阿玉奇汗之子也。乾隆三十六年,從渥巴錫入覲,封和碩親王,賜號布延圖,授札薩克。四十年,定霍博克薩里,爲舊土爾扈特部北路,以策伯克多爾濟領之,授盟長,賜印。【原注】初,策伯克多爾濟來歸,獻金削刀及色爾克斯馬。色爾克斯者,洪豁爾屬部也。策伯克多爾濟得其馬以獻,詔育上駟院。駕幸木蘭行圍,御之良,賜名寶吉騮,列御廐八駿之一。四十年,以年班入覲,復獻阿玉奇所服剛甲,蓋世守物也。上嘉其誠,先後所獻物,皆製詩紀之。四十三年,卒,弟奇哩布襲。【原注】奇哩布初授札薩克一等台吉,轄右翼旗務,兼副盟長。及策伯克多爾濟卒,子幼,詔奇哩布襲納右翼印,毁之。四十八年,詔世襲親王爵罔替。【原注】佐領四。

[右旗]公品級札薩克一等台吉游牧。親王策伯克多爾濟之子恭格車稜,初授公品級一等台吉。乾隆五十年,授札薩克,詔轄其父屬衆,别鑄北路右翼札薩克印賜之,缺出請旨[三]。【原注】佐領六。

[左旗]札薩克一等台吉游牧。汗渥巴錫族子阿克薩哈勒,親王奇哩布弟也。乾隆三十六年,授一等台吉。四十年,詔轄北路左翼旗務,授札薩克,賜印。四十四年,授副盟長。五十四年,卒,子阿咱拉襲。五十七年,封輔國公,卒,子多爾濟那木札爾,道光二年,降今爵,世襲罔替。【原注】佐領四。

牧地:【補注】秋濤按:《圖志》云:西二十九度有奇,北極高四十五度二十五分。東至噶札爾巴什諾爾,【原注】接科布多,屬阿爾泰烏梁海界。《西域釋地》:噶札爾巴什諾爾[四],在塔爾巴哈台城東,北近烏梁海。【補注】秋濤按:輿圖有赫薩爾巴什泊,即此諾爾異名,在哈喇莽奈山北一百里,所部正在泊之西南,凡金山東南烏隴古河、布爾干河、青吉斯河諸水,皆滙於此泊。東西廣七十里,南北袤三十里,餘波入於沙磧。泊以東,即新土爾扈特牧地。《會典圖説》:北路土爾扈特三旗,在塔爾巴哈台城東,東與科布多所屬新土爾扈特境接(接境)

是也。西至察漢鄂博,【原注】接塔爾巴哈台所屬額魯特游牧界。按塔爾巴哈台額魯特,自伊犁分移游牧於巴爾魯克毛海、柯凌齊爾等處,距城東南百餘里,夏季挪於雅瑪圖、策勒克等處。距城二三百里,與察哈爾、哈爾哈薩克各佐領同游牧。西北皆設喀倫,接哈薩克界。轄於參贊大臣,歸伊犁將軍節制。又按:塔爾巴哈台、察哈爾游牧,在城東南二百餘里拜興圖一帶地。冬夏挪移不定,哈薩克有左、右二部,右部在伊犁喀倫外,左部在塔爾巴哈台及科布多屬阿爾泰烏梁海喀倫外。自乾隆三十年起,陸續投誠九十餘户,計七百餘口,安插哈爾巴哈台西北喀倫外游牧。編爲一佐領,屬參贊大臣轄。四十四年後定例:凡哈薩克人來投者,皆不納。南至戈壁,【原注】接甘肅迪化州界。【補注】秋濤按:此戈壁東西廣五百里,南北袤三百里,即唐所謂沙陀者也。踰戈壁,接迪化州界,州即烏魯木齊也。按《會典圖説》云:迪化州,西北界伊犁所屬北路土爾扈特旗。洪亮吉《乾隆府廳州縣圖志》曰:迪化州,漢爲蒲類國。三國爲蒲陸國。北魏爲高車地,後入于蠕蠕。周爲突厥地。隋爲西突厥地。唐初爲蒲類縣,寶應元年,更名爲後庭縣。宋爲高昌國北庭地。元屬回鶻,爲五城地。明屬衛拉納。本朝初爲準爾庫本諾雅游牧處。乾隆二十年,内屬,賜名迪化。别於舊城北建迪化新城。三十八年,改設直隸州,分巡鎮迪道駐此。褚廷璋《西域詩・烏魯木齊》:額魯公孫此建瓴,天戈萬里下風霆。山圍蒲類分西谷,雲護沙陀拱北庭。不斷角聲横月白,無邊草色入天青。輯懷城上舒雄眺,盡把耕疇换牧坰。首句自注:地爲額魯特公族噶爾丹多爾濟之昴吉。《西域圖志》云:吉木在迪化州治東北四十里。乾隆二十七年,於其地建輯懷城,門四:東曰承恩,西曰敷信,南曰暘若,北曰星從。城北有輯懷城塘。按:旗南境有薩爾巴爾圖山,又有貝倫山,俱與烏魯木齊界。北至額爾齊斯河。【原注】踰喀倫,接哈薩克界。【補注】《會典圖説》:額爾齊斯河,自科布多界西流,北納諸河,至塔爾巴哈台城東北,瀦爲齋桑泊。俄東河、特穆爾河出城東山,北流。阿布塔爾謨多河,出城北境,東流。皆會焉。復自泊西北出,仍名額爾齊斯河,東納輝齊爾河,又北,西納布坤河、納林河,經科布多西境,入哈薩克界。秋濤按:唐時西突厥地,附近金山。以地理診之,額爾齊斯河,蓋即唐時之多邏斯川也。考《唐書・突厥傳》:賀魯者,室點密可汗五世孫,曳步利設射匱特勒劫越子也。始,阿史那步真來歸國,咄禄可汗以賀魯爲葉護,代步真,居多邏斯川,直西州北千五百里。按:《西域圖志》:今闢展土魯番,唐屬西州交河郡。額爾齊斯河,在今闢展北八百里外。里數古浮今實,加以山川迴互,不皆徑直,則所云多邏斯川直西州北千五百里者,當即今塔爾巴哈台境内之額爾齊斯河。以古印今,形勢符合。又《唐書》云:顯慶初,蘇定方與任雅相、蕭嗣業、婆閏窮討賀魯。定方命嗣業、婆閏趨邪羅斯川。按:邪羅斯川亦即多邏斯川。"邪"與"多"爲音之訛,"邏羅"則書法稍變耳。又按:額爾齊斯河,源委甚長,下流入於北海。詳見秋濤所著《朔方備乘》中。

【補】所部三旗,自爲一盟,曰烏訥恩素珠克圖盟。

北路隸塔爾巴哈台大臣兼轄,歸伊犁將軍節制。

庫爾喀喇烏蘇舊土爾扈特蒙古烏訥恩素珠克圖盟東路游牧所在標題，秋濤依例補。

【原】[東路舊土爾扈特部]【補】在庫爾喀喇烏蘇城西南。【補注】庫爾喀喇烏蘇，距京師九千五百五十里。在伊犂東一千九里。《西陲要略》：庫爾喀喇烏蘇城，乾隆四十六年所築，名慶綏城，門四：東撫仁，西向義，南溥澤，北奉恩。城垣高一丈六尺，底厚二丈，頂厚一丈二尺，周三里有奇。《西域圖志》：庫爾喀喇烏蘇路，東至奎屯，接綏來縣界。西至托和木圖，接伊犂東路之呼蘇圖拉克臺界。北接塔爾巴哈台界。南界天山。【原】當天山之北濟爾噶朗。【原注】《西域釋地》：濟爾噶朗河，在庫爾喀喇烏蘇城西南，爲土爾扈特游牧。乾隆二十年，將軍兆惠駐師於此，聞準部宰桑等扇亂，移兵往剿。甫至鄂壘札拉圖，突遇賊，乘夜擊之，殲千餘人。適其酋噶爾藏多爾濟等糾衆邀歸路，力戰全隊，還屯巴里坤。《西域水道記》：慶綏城西南九十里山中，有雅將軍營。謹按：《方略》：雅爾哈善以乾隆二十二年三月任參贊，五月駐濟爾噶朗，總辦軍務。斯其舊壘，今尚巋然。有水發於壘北，流經鄂壘札拉圖，爲鄂壘札拉圖水。注：準語"濟爾噶朗"謂"安居"之也。"鄂壘"，高聳之象。"札拉"，冠上纓也。冠，傳準夷擊服回人，於此加服冠纓，故名。【補】至京師九千五百餘里。漢時爲烏孫國地。北魏爲蠕蠕地。後周時入於突厥。唐爲西突厥地。後爲嗢鹿州都督府地。明時爲衞拉特地。舊爲準噶爾各鄂拓克及各台吉游牧處。乾隆二十年，準部平，地屬烏魯木齊統轄。三十六年，賜東路土爾扈特爲牧地。[原]二旗，曰：

[右旗]札薩克多羅畢錫呼勒圖郡王游牧。汗渥巴錫族弟巴木巴爾，曾祖納札爾瑪穆特，阿玉奇汗從弟也。【補注】巴木巴爾之父曰羅卜藏。祖曰烏巴什多爾濟，爲額濟納貝子阿喇布珠爾從弟。阿喇布珠爾於康熙年間先内附受封。見後額濟納。乾隆三十六年，授今爵，賜畢錫呼勒圖號。【原注】巴木巴爾祖多爾濟，雍正九年，遣使奏請赴唐古特禮達賴喇嘛，許之。北歸，優賚。乾隆三十六年，巴木巴爾抵伊犂，病，長子車凌德勒克亦病，乃遣次子達木拜札爾桑入覲。奏：臣父巴木巴爾語臣，臣曾祖多爾濟，遣使入貢，赴藏歸牧。誦天朝恩，示頒賜物，臣曾祖諳首受[五]，謂臣祖羅卜藏曰：我等遠夷，蒙恩若此，盍内附？因挈屬行，次策木河，哈薩克兵驟至，懼不敢進，仍歸額濟勒河。今臣等如天之福，幸得爲僕屬，恨不令臣曾祖、臣祖見之。上嘉其誠，故錫命特異。【補注】並授其子車凌德勒克及達木拜札爾桑各一等台吉。明年，巴木巴爾病痛，入覲，賞章服、銀帛有

加，並圖其形藏之。秋濤按：巴木巴爾之祖，《表》稱烏巴什多爾濟，《傳》則云多爾濟，葢相沿省文也。三十九年，卒，子車稜德勒克襲。【補注】車稜德勒克，初授一等台吉，至是襲封。四十年，定濟爾噶朗爲舊土爾扈特部東路，命轄右翼旗務，授盟長，賜印。四十八年，詔世襲罔替。【原注】佐領四。

[左旗]札薩克固山依特格勒貝子游牧。汗渥巴錫族子奇布騰。父葉木沁，郡王巴木巴爾之弟也。乾隆三十六年，授今爵，賜依特格勒號。四十年，授盟長，轄東路左翼旗務。四十八年，詔世襲罔替。【原注】佐領三。

牧地：【補注】秋濤按：《圖志》云：西三十度四十四分，北極高四十四度二十四分，距庫爾喀喇烏蘇城八十五里。跨濟爾哈朗河。【補注】《會典圖說》：東路土爾扈特二旗，在庫爾喀喇烏蘇城西南，北臨濟爾噶朗河。【原注】《西域水道記》：濟爾噶朗河，三源，發庫爾喀喇烏蘇南山，名古爾班恰克圖水。山中産金，置濟爾噶朗廠，金夫二百九名。古爾班恰克圖水北流，經土爾扈特喇嘛寺〔六〕，又西北流，經布爾哈齊軍臺西十里許，爲濟爾噶朗河。又曰多木達喀喇烏蘇，言於三喀喇，烏蘇居中也。布爾哈齊莊南五里許，沙阜湧泉，流如畎澮，勢甚湍急，北經莊東二十許步，爲布爾哈齊水，西北流，入於濟爾噶朗河。濟爾噶朗河又西北流，入於庫爾喀喇烏蘇河。濟爾噶朗廠西南，有山曰額布圖嶺，發泉，東北流，爲額布圖河，又曰固爾班喀喇烏蘇。其水自東北折而西，北流百餘里，入於庫爾喀喇烏蘇河。又西三十餘里，入於喀喇塔拉額西柯淖爾。〔七〕東至奎屯河，【原注】接甘肅綏來縣界。《西域釋地》：奎屯河，在庫爾喀喇烏蘇城東南。《西域水道記》：準語"奎屯"謂"冷"，奎屯河猶言冷水河。源出額林哈畢爾噶山，山産金。乾隆三十六年，置廠。其年，土爾扈特歸順，置東路二旗千二百二十户於奎屯河西岸。明年，伊犂將軍舒赫德以土爾扈特郡王巴木巴爾游牧與淘洗金沙之河相距三十餘里，罷兵丁之洗金者。四十七年，都統明亮仍置廠金夫二百一十人，納課如羅克倫河例。奎屯河北流出山，疏西流渠一，曰樹窩子商户渠。又北流，逕庫爾喀喇烏蘇城東四十里，城曰慶綏。又北流，東、西各引渠一：東曰河沿子商户渠，西曰民户渠。户屯之北爲兵屯。河逕兵屯東，折而西北流，逕軍臺西，爲庫爾喀喇烏蘇河。【補注】欽頒《奎屯河春秋祭祝文》曰：衍派天山，導源月髓〔八〕。湛然無滓，性殊湯谷之温；注焉不盈，德比寒泉之食。波成文而曲折，下注伊犂；水如鏡以澄明，近鄰策集。功惟潤下，勢欲朝宗。洵神應之聿昭，宜吉蠲之罔替。并包九寓，戡定二庭。路逾弱水之西，壬鈐遠授；地盡河源之外，戊校新屯。乃咨都護之臣，肇舉名川之祀。穿渠引水，灌溉之利攸資；刳木乘桴，濟涉之功尤遠。自古眅章未闢，不登裴矩之《圖》；於今中外爲家，合補酈元之《注》。清醪載酌，制帛爰陳。康我塞垣，永作渠搜之襟帶；昭兹功德，長歆嗣歲之馨香。式薦苾芬,庶希鑒格。《乾隆府廳州縣圖志》:甘肅迪化州綏來縣,東南至州三百八十里。漢烏孫國地。後漢移支國地。三國仍屬烏孫。魏高車國地。周突厥地。隨(隋)爲西突厥鐵勒地。唐爲西突厥處密部,後内屬,爲鹽泊都督府。宋、元爲回鶻地。明屬衞拉納。本朝初年,爲準噶爾呼拉瑪部游牧地。納木奇之昻吉,乾隆二十八年,入版圖,後建綏來堡。四十二年,建綏寧、康吉二城。四十四年,設綏來縣。秋濤按:瑪納斯河在綏來縣西,今於縣設瑪納斯營。《三州輯略》云:瑪納斯水田,稻米最佳。又瑪納斯城南一百餘里,名清水泉。又西百餘里,名後溝。又西百餘里,名大溝。皆産緑玉。乾隆五十四年,封閉瑪納斯緑玉廠,禁止開採。又按:天山北距采金之役,亦自瑪納斯始。《三州輯略》云:乾隆三十六年,提督巴彦弼奏言,烏魯木齊所屬瑪納斯地方,南面一帶入山伐木之人,常獲金塊。又瑪納斯西接庫爾喀喇烏蘇,山勢綿亘數百里。沙礫内有金屑顯露,必有金砂苗綫可尋。現在委員踏看,如果金苗旺盛,再行開採。嗣經徐績、雅郎阿等查,奎屯河上游山中,刨見金屑。令三十九人淘洗七日,得金一兩五錢八分。又於呼圖壁河上游,令二十五人淘洗五日,得金六錢六分。此置金廠之始。三十七年,奏停。四十七年,都統明亮奏:南山一帶並奎屯河、呼圖壁、瑪納斯、庫爾喀喇烏蘇等處,依山傍水,間産金砂。設司金局,發給民人路票,入山淘金納課。四十八年,都統海禄奏裁司金局,改歸鎮迪道總理,各州縣承辦。迪化州屬東溝口廠,東至馬圈溝,西至頭屯,南至後硤,北至水西溝,金夫一百九十名。水西溝廠,東至雪山根,西至三岔口,南至馬圈溝,北至大拉牌,金夫一百七十三名。白楊溝廠,東至東溝口,西至後硤,南至繡沙堉,北至草達坂,金夫五十名。繡沙堉廠,東至水西溝,西至後硤,南至白楊口,北至駱駝脖,金夫七十名。頭屯廠,東至照壁山,西至西岔,南至三岔口,北至澇壩灣,金夫五十五名。駱駝脖廠,東至大拉牌,西至河沿,南至繡沙堉,北至硤門子,金夫二十五名。大西溝廠,東至河沿,西至草達坂,南至硤門子,北至卡倫,金夫九十名。昌吉縣屬三屯廠,東至廟兒溝,西至呼圖壁廠,南至山峽,北至草達坂,金夫二十三名。呼圖壁廠,東至三屯廠,西至清水河,南至山峽,北至溝口,金夫二十三名。綏來縣屬烏蘭烏蘇博羅屯古廠,東至紅柵,西至金屯,南至南山,北至戈壁,金夫二十二名。紅柵廠,東至清水河,西至烏蘭烏蘇,南至達子橋,北至瑪納斯,金夫四十八名。達子橋廠,東至清水河,西至烏蘭烏蘇,南至南山,北至紅柵,金夫三十四名。庫爾喀喇烏蘇屬濟爾噶朗廠,南北直溝一道,南至腰沙臺子,北至大崖頭,東西俱至本溝山,金夫二百九名。奎屯廠,南北直溝一道,南至三道河,北至九間樓,東西俱至木溝山,金夫二百十名。共夫千二百二十三名,每名月交課金三分,每月共收課金三十六兩六錢九分。説者謂西域當乾兑之位,爲玉爲金,各以氣應,固不誣也。《長春真人西游記》曰:九月二日西行,四日,宿輪臺之東。迭屑頭目來迎。南望陰山,三峯突兀倚天。又歷二城,重九日,至回紇昌八剌城。其王畏午兒,率衆來迎。既入,齋於臺上,洎其夫人勸蒲萄酒,且獻西瓜,其重及秤,甘瓜如枕許,其香味葢中國未有也[九]。園蔬同中區,有僧來侍坐,使譯者問:看何經典? 僧云:剃度受戒,禮佛爲師。葢此以東,昔屬唐,故西去無僧道,回紇但禮西方耳。程春廬廷尉同文曰:輪臺東爲阜康縣治,在博克達山之陰，故云南望陰山也。《元史・地理志・西北地附録》有彰八里，當即此昌八剌城。《耶律希亮傳》：中統元年，阿里不哥反，希亮喻（踰）天山至北庭都護府。二年，至昌八里城，夏，踰馬納思河。則昌八里在今瑪納斯河之東也。自隴思以西，唯昌八剌、阿里馬爲大城。秋濤又按：綏來縣之東，有昌吉縣，舊地名昌吉，與昌八剌音近，疑亦昌八剌所屬之地，即以古地爲名也。《圖志》云：昌吉縣，在迪化州西，東距州治一百二十里，昌吉郭勒經流其地。乾隆二十七年，於昌吉郭勒西建寧邊城，門四：東曰文同，西曰武定，南曰諧邇，北曰燮遐。三十八年，設縣，隸迪化州。縣境東西二百里，東至頭屯河，接州界。西至呼圖克拜郭勒，接綏來縣界。南至天山。北至葦湖。南至南山，【補注】踰山，接珠勒都斯南路土爾扈特及和碩特界。西至庫爾喀喇烏蘇屯田，【補注】接精河所屬軍臺界。乾隆二十七年，初置庫爾喀喇烏蘇屯田五千四百畝，遞年或增或減。四十年，額屯三千六百三十六畝。管屯都司、守備、千總、把總、外委各員，由陝甘省調撥。土宜麥、黍、粟、青稞。【原注】《西域水道記》：慶綏城，户八十四，種田二千五百二十畝，額徵糧百四十二石六斗七升六合。兵屯田數如户屯，兵凡百二十人。《西域釋地》：慶綏城西二里許，小邱形周如釜，中有池水，極涼，約深數丈，四時不消不長。每夏，白蓮自水底挺出，花朵稍小，間有如盌大者，幹或長至一、二丈，可異也。【補注】《新疆識略》曰：庫爾喀喇烏蘇所屬土爾扈特，西至固爾圖托多克爾軍臺之中立界。固爾圖塘至托多克塘六十里，托多克塘至精河底塘一百五十里。北至戈壁。【原注】接塔爾巴哈台所屬額魯特游牧界。

【補】所部二旗，自爲一盟，曰烏訥恩素珠克圖盟。

東路隸庫爾喀喇烏蘇大臣管轄，歸烏魯木齊都統及伊犂將軍節制。

晶河舊土爾扈特蒙古烏訥恩素珠克圖盟西路游牧所在標題，秋濤依例補。

【原】［西路舊土爾扈特部］【補】在伊犂城東。【補注】伊犂，距京師一萬零六百一十里。《新疆識略》：伊犂之地，在漢及魏爲烏孫。在唐爲西突厥。在明爲瓦剌，即衞拉特之訛。衞拉特凡四，而綽羅斯部居首，是爲準噶爾。乾隆二十二年，平準噶爾，定伊犂，其地統轄新疆，爲天山南、北總會之區。自北而西與哈薩克接界，自西而南與布魯特接界，東與烏魯木齊所屬精河接界，東北與塔爾巴哈台所屬阿魯沁達蘭卡倫接界，南與阿克蘇所屬噶克察哈爾海臺接界。東西一千五百餘里，南北一千一百餘里。木蘇爾峙其陽，塔勒奇障其陰。左以額林哈必爾罕爲門户，右以善塔斯爲藩籬。而伊犂河横亘其中，河之北列城九，爲將軍、官兵分駐之所。有游牧二,河之南爲錫伯厄魯特駐劄、游牧之所。地處極邊,形勝四塞。褚廷璋《西域詩·伊犂》:人驅風雪獸驅煙,猶見烏孫立國年。海氣萬重吞麗水,山容三面抱祁連。盤雕紅寺朝鳴角,散馬青原夜控弦。紀績穹碑銜落日,英靈班鄂想回旋。"紅寺"句自注:伊犂有海弩克、固爾札兩廟,固爾札廟東,建有前、後《勒銘伊犂碑》。"班鄂"句自注:定西將軍班第、參贊大臣鄂容安盡節於此。【原】當天山之北,晶河東岸,【補注】秋濤按:《會典圖説》曰在精河南。號晶土爾扈特。【原注】穆案:晶河,舊作精河。《西域水道記》:固爾圖喀喇烏蘇西二百五十餘里,爲晶河。河出安阜城南山,其山即伊犂哈什河北岸山陰也。山有峽口,曰登努勒台。兆公惠曾由此進兵,故安阜城南十里有兆將軍廢壘。《新唐書·地理志》云:黑水守捉,又七十里有東林守捉,又七十里有西林守捉。又經黄艸泊、大漠、小磧,度石漆河、踰車嶺,至弓月城。過思渾川、蟄失蜜城,渡伊麗河。葢即由登努勒台至伊犂矣。石漆河,或晶河之舊稱。河三源並出,爲古爾班。晶河,準語"晶"謂"蒸籠"也。河濱沙土,濕暖如蒸,故名。西北流出山,逕西路一旗土爾扈特游牧一百科樹之西,北距安阜城九十里。又西北流,導西流渠一,溉户屯田。又西北流,導東流渠一,溉兵屯田。又西北流,逕晶河舊城西半里,又北流百餘里,入喀喇塔拉額西柯淖爾。安阜城西二百里至托霍木圖軍臺南。南盡哈什圍場山陰,北盡淖爾,皆土爾扈特錯處。自城以南,則河東者游牧,河西者屋居。自城以北,則河東者屋居,河西者游牧。穆按:安阜,晶河新城名也。【補注】秋濤按:《會典圖説》云:精河,出精河城西南,三水合,北流,經城西,大河出其西,二水合,東北流。博羅塔拉河出瞻德城北山,四水合,東流,俱入鹽海子。洪亮吉《天山客話》云:自晶河至烏蘭烏素,數百里中,楊柳夾途,草香花密,與戈壁中風景絶異,但蚊蚋多耳。又云:烏蘭烏蘇至瑪瑙斯數程内,遥瞰南山石壁,色如丹砂,與天台之赤城無異。【補】至京師一萬餘里。漢時爲烏孫國地。北魏時爲悦般國,尋爲蠕蠕所併。後周時,入於突厥。唐初爲西突厥地,後爲嗢鹿州都督府地。元爲阿勒穆爾地。【補注】秋濤按:阿勒穆爾,亦作阿爾穆爾,舊作阿力麻里。《元史·地理志》:諸王海都行營於阿爾穆爾(阿里麻里)等處〔一〇〕,葢其分地也。自高昌五城西北行四五千里,至阿爾穆爾。至元五年,海都叛,世祖追至阿爾穆爾,則遠遁二千餘里。令勿追〔一一〕。以皇子北平王統諸軍於阿爾穆爾以鎮之。秋濤又按:《長春真人西游記》:重九日,至回紇昌八剌城。翌日,竝陰山而西〔一二〕,約十程,又度沙場。其沙細,遇風則流,狀如驚濤,乍聚乍散,寸草不萌。車陷馬滯,一晝夜方出。蓋白骨甸大沙分流也。南際陰山之麓,踰沙,又五日,宿陰山北。詰朝,南行長坂七八十里,抵暮乃宿。天甚寒,且無水。晨起,西南行約二十里,忽有大池,方圓幾二百里。雪峰環之,倒影池中,師名之曰天池。沿池正南下,左右峰巒峭拔,松樺陰森,高踰百尺,自顛及麓,何啻萬株!衆流入峽,奔騰洶湧,曲折彎環,可六七十里。二太子扈從西征,始鑿石理道,刊木爲四十八橋,橋可並車。薄暮，宿峽中。翌日方出，入峽，東西大川，水艸盈秀，天氣似春，稍有桑棗。次及一程，九月二十七日至阿里馬城。鋪速滿國王暨蒙古塔剌忽只領諸部人來迎，宿於西果園。土人呼“果”爲“阿里馬”，蓋多果實，以是名其城。其城出帛，“目”曰“禿鹿麻”，蓋俗所謂種羊毛織成者。時得七束，爲禦寒衣。其毛類中國柳花，鮮潔細軟，可爲綫，爲繩，爲帛，爲綿。農者亦決渠灌田，土人惟以瓶取水，及見中原汲器，喜曰：桃花石諸事皆巧。“桃花石”謂“漢人”也。程春廬廷尉同文曰：晶河城東至托多克，積沙成山，浮溜難行。東距阜康縣千一百里，故云十餘程。其間亂流而過，當有洛克倫河、呼圖壁河、瑪納斯河、烏蘭烏蘇河，記不顯言。塞外之水，山雪所融，夏日盛漲，過時則涸。九月正水竭之時，葢不知有河也。自托多克過晶河，山行五百五十里，至賽喇木淖爾東岸。淖爾正圓，周百餘里，雪山環之，所謂天池海。竝淖爾南行五十里，入塔勒奇山峽，諺曰果子溝。溝水南流，勢甚湍急，架木橋以度車馬。峽長六十里，今爲四十二橋，即四十八橋遺址。出塔勒奇山口，南行百七十里，至惠遠城，乾隆二十八年建，今曰伊犂城、阿里馬城，或即在阿里瑪圖河側。阿里瑪圖河，在拱宸城東北，出塔剌奇山口，至阿里瑪圖河僅百里。《湛然居士集》有《從容菴録序》，末題曰：甲申元日，漆水移剌楚材，晉卿序於西城阿里瑪城。又《西游記》記歸途云：三月二十三日，宣差阿狗餞於没輦之南岸[一三]，又十日，至阿里馬城西百餘里，濟大河。四月五日，至阿里馬城之東園。翌日晚，抵陰山前宿。又明日，復度四十八橋，緣溪上五十里，至天池海。東北過陰山後，行二十二日，方接元歷金山南大河馹路。[一四]徐星伯太守松曰：其歸途渡那林河而直北，由特默爾圖淖爾之西，以達吹河之南，乃轉而東北，渡伊犂河。其渡處在察林渡之東，故百餘里即至阿里馬城。自阿里馬城出塔勒奇山口，經賽喇木淖爾，與往時程同。過賽喇木淖爾，不復東，折而東北行，其分路處，在干珠罕卡倫地[一五]，東北山行，由沁達蘭至阿魯沁達蘭，入塔爾巴哈台界，以至原歷之金山大河馹。明時爲衞拉特地。舊爲準噶爾各鄂拓克及各台吉游牧處。乾隆二十年，準部平，地屬伊犁將軍統轄。三十六年，賜舊土爾扈特爲牧地。[原]一旗，曰：

[西路旗]札薩克多羅濟爾噶朗貝勒游牧。汗渥巴錫族叔父默們圖，高祖羅卜藏諾顔，書庫爾岱青弟也。乾隆三十六年，封今爵，賜濟爾噶朗號，授札薩克。四十年，定晶河牧地爲舊土爾扈特部西路，授盟長，賜印。四十八年，詔世襲罔替。【原注】佐領四。舊土爾扈特東、南、北三路，凡札薩克八，皆書庫爾岱青裔，惟西路爲羅卜藏諾顔裔，以乏從衆，故僅設札薩克一。

牧地：【補注】秋濤按：《圖志》云：西三十二度三十分，北極高四十四度三十三分。地名托里，在精河城西九十里。**東至精河屯田，**【原注】接精河城界。《西域水道記》：安阜城，管户四十二，屯兵六十人。户屯、兵屯各種田千二百六十畝，又有園户，種田千二百四十三畝。【補注】乾隆二十七年，初置精河屯田四千五十畝，遞年或增或減。四十年，額屯三千三百六十畝，其管屯都司、千總、把總由陝西省調撥，土宜小麥、青稞、粟、穀。**南至哈什山陰，**【原注】接伊犁圍場界。《西域釋地》：哈什山，在慶綏城西，南山之陽，即伊犁哈什河源所出。山口地名登努勒台。《西域水道記》：安阜城東五十里，地曰沙泉子。沙泉子正南，與登努勒台山口相直。【補注】《會典圖説》：哈什河出庫爾喀喇烏蘇城南，哈什山北，合十餘水，西流來會，曰伊犁河。《異域竹枝詞》云：虎豹熊羆麋鹿饒，將軍會獵趁秋飈。不須夜識金銀氣，塞草肥時塞馬驕。注云：伊犁之東一百八十里，曰哈什山，峯嶺高峻，迴環數百里。其上多銀，其下多野獸，爲將軍圍場。有哈什回子之城。《伊犁輿圖》曰：惠遠城，五十里至沙喇托海，又六十里至濟爾噶朗，又五十里至塔什鄂斯坦，又五十里至博羅布爾噶蘇，又六十里至蘇布台，又六十里至額琳莫多，又九十里至吉爾瑪泰，又六十里至齊齊爾哈納托海，又二十里至巴爾加圖，是爲第一圍。又二十里至哈喇果勒，爲第二圍。又五里至烏里雅蘇圖，爲第三圍。又十里至哈普齊克布董，爲第四圍。又十里至哲庫布董，爲第五圍。又十五里至阿爾斯朗圖布董，爲第六圍。又五里至哲里莫多，爲第七圍。又五里至阿木爾莫多，爲第八圍。又十里至圖爾根察罕烏蘇，爲第九圍。又六里至阿爾沙圖察罕烏蘇，爲第十圍，即底圍也。其山陰則屬喀喇庫爾烏蘇境矣。欽頒《哈什河春秋祭祝文》曰：惟神澤沛金方，靈昭坎德，匯特刻期而共注；衆派同歸，經固爾札以分流。平原獨沃，淵澄方折，記玉水之瀠洄。績著安瀾，静銀波之浩淼。効靈不爽，錫典宜隆。朕無定遐陬，敉寧荒服。塞煙隴月，駐細柳以開營；雪浪風濤，挾飛艎而競渡。惟念斯河之天險，彌慶今日之波恬。粤稽嗢鹿名州，益增式廓；爰布沈貍令典，用妥神明。康我邊陲，永秩春秋之祀；綏爾藩部，共歌清宴之庥。肅此苾芬，尚其昭格。秋濤按：哈什地在伊犁之東，爲最要門户，形勢殊勝。乾隆二十年五月，將軍班第、尚書鄂容安駐防伊犁。阿睦爾撒納叛，從賊宰桑克什木巴桑等應之。八月，以五千兵進犯伊犁，班第等督兵迎勦，至哈什，力戰陷堅，賊兵圍之數重。班第、鄂容安度不免，以將軍印授其屬富錫爾，間道齎還。乃手殺數賊而死。其屬額納伸、巴寧阿亦皆自殺，既而甦〔一六〕，巴桑執之，數月，乘間脱歸。富錫爾道遇賊，將劫其印，幾被害，乃沈印於河〔一七〕，力戰得免。二十四年，西域平，哈什入版圖。三十二年，建雙烈祠，祀班第、鄂容安，御賜匾曰：漠陲競烈，並製《雙烈詩》，以旌其忠。是年，御製又有《三巴圖魯歌》，即謂額納伸、巴寧阿、富錫爾三人也。**【補】西至托霍木圖臺，**【原注】接伊犁所屬察哈爾游牧界。【補注】秋濤按：托霍木圖臺，東至托里一百一十里。西至伊犁所屬之瑚圖布拉克臺一百二十里。又接伊犁東北二百里，地名博羅布爾噶蘇，即博羅布爾噶蘇山西谷口外地，舊爲輝特台吉康古忒游牧之地。乾隆二十年五月，大兵抵伊犁，率所屬一千户内附，地爲伊犁東境門户，自博羅布爾噶蘇東北踰山，接晶河界。又按：伊犂所屬額魯特游牧東境，亦與晶土爾扈特接界。【補】北至喀喇塔拉額西柯淖爾爲界。【補注】淖爾，即鹽海子也。【原注】北至鹽海子。《西域釋地》：鹽海在精河城西北。【補注】《會典圖説》：鹽海子，在精河城北。庫爾喀喇烏蘇河，出庫爾喀喇烏蘇城南山中，三水合，北流，經城東及北，合南來一水，又西北，濟爾噶朗河自其南注之。又西，敦穆達河亦自其南注之，合流瀦焉，曰鹽海子。

所部一旗，自爲一盟，曰烏訥恩素珠克圖盟。

西路隸伊犂將軍節制。

壽陽閻汝弼覆校

【校記】

〔一〕注阿拉克圖扈爾淖爾，"四庫本"《水道提綱》"注於阿拉克圖扈爾淖爾"。

〔二〕準噶爾未滅時此其游牧，"中國西北文獻叢書"影印筠淥山房本《西域釋地》（以下簡稱"西北文獻叢書本"《西域釋地》）作："準噶爾未滅時此其游牧地"。

〔三〕旨，同"旨"。

〔四〕噶札爾巴什諾爾，"西北文獻叢書本"《西域釋地》作"札噶爾巴什諾爾"。

〔五〕䅲，同"稽"。

〔六〕經土爾扈特喇嘛寺，中華書局點校本《西域水道記》作"經土爾扈特喇嘛寺東"。

〔七〕該段引文有多處節略。

〔八〕䆳，同"窟"。

〔九〕其香味蓋中國未有也，《長春真人西游記校注》作"其香味蓋中區未有也"。

〔一〇〕阿爾穆爾，中華書局點校本《元史·地理志》作"阿里麻里"。

〔一一〕令勿追，中華書局點校本《元史·地理志》作"上令勿追"。

〔一二〕竝，同"并"。

〔一三〕宣差阿狗餞於没輦之南岸，《長春真人西游記校注》作"宣差阿狗追餞師於没輦之南岸"。

〔一四〕該段引文有多處節略。

〔一五〕罕，同"罕"。

〔一六〕甦，同"蘇"。

〔一七〕沈，同"沉"。

蒙古游牧記卷之十六

平定張　穆初稿

光澤何秋濤補輯

額濟納舊土爾扈特蒙古游牧所在

秋濤按：今《會典》及地圖皆作“額濟納”，石州初稿亦作“納”，後又改“納”爲“内”。考各卷中亦不畫一，今定本仍從“納”，後仿此。

【原】[額濟納舊土爾扈特部]在阿拉善旗之西。【補】當甘肅省甘州府及肅州邊外。至京師五千五百餘里。漢爲居延縣地，張掖郡都尉治此。【補注】秋濤按：漢居延城，即張掖郡屬之居延縣。自顔師古分爲二地，諸家異説紛起，幾於以不狂爲狂。然其原委，非詳考莫能明也。《漢書・地理志》：張掖郡居延，居延澤在東北，古文以爲流沙。都尉治。師古注曰：闞駰云：武帝使伏波將軍路博德築遮虜障於居延城。又“觻得”下云：羌谷水出羌中，東北至居延入海，過郡二，行二千二百里〔一〕。以此驗知，居延在觻得東北，其里數亦約略可考。《方輿紀要》云：居延城，在甘州衛西北千二百里。其東北有居延澤，亦曰居延海。按：《括地志》云：漢居延故城，在今張掖縣東北千五百三十里，有遮虜障〔二〕。唐張掖縣，即明甘州衛也。二書所言里數不同，當以《括地志》爲正。《漢書・武帝紀》：元狩二年夏，霍去病、公孫敖出北地二千餘里，過居延，斬首虜三萬餘級。太初三年夏，强弩都尉路博德築居延。天漢二年夏，騎都尉李陵將步兵五千人出居延北，與匈奴戰，斬首虜萬餘級。《注》：師古曰：居延，匈奴中地名也。韋昭以爲張掖縣，失之。張掖所置居延縣者，以安處所獲居延人而置此縣。《李陵傳》：天漢二年，詔陵：以九月發，出遮虜障。王氏應麟《玉海》曰：河西之未入漢也，霍去病欲攻小月氏，則先望居延而濟，乃至天山。李陵欲涉單于庭，必先自居延北出，乃至浚稽。則知居延之出匈奴，乃其要路也。漢既全得月氏之地，立爲四郡，則居延又爲酒泉要路。故築塞其上，以扼其來，名以遮虜，可見其實也。《通典》：既於張掖甘州著居延塞，又於酒泉肅州著遮虜障者，甘州之西，即肅州之東，寇之來路亘於兩州之境，故障塞之設，亦亘兩境。李陵之軍自遮虜障北出，亦望遮虜障南入，可見虜路出入，無不由此也。居延塞，即遮虜障也。秋濤按：《漢書·匈奴傳》：太初三年，使强弩都尉路博德築居延澤上。是《本紀》所言築居延即築於居延澤上也。《地理志》：居延縣有居延澤。是居延縣，即路博德所築之城無疑。詳考浚儀所論，則知霍去病、路博德、李陵所出之居延塞、遮虜障與《地理志》之居延縣，皆爲一地。韋昭、闞駰距漢未遠，所言灼然可據，而師古以爲非張掖縣，逞臆妄分，其説謬矣。又按：後涼吕光嘗徙西海郡人於諸郡，而西海郡實領居延。則居延在吕氏時亦嘗移治，師古蓋誤認移治處爲漢舊縣，而轉以居延塞别爲一地也。《元和郡縣志》亦誤以遮虜障在酒泉縣北二百四十里，指爲李陵戰處，其致誤之故，蓋與師古同。胡東樵執師古之説，轉訾班氏，以居延澤繫居延縣下，爲未當，尤爲失考。《一統志》亦疑《元和志》所記遮虜障道里，與《漢書》不合，而不能決其所在。今以諸書互證，曉然無疑矣。後漢初因之。【補注】《後漢書·明帝紀》：永平十六年，駙馬都尉耿秉出居延，伐北匈奴。李賢注云：居延本匈奴中地名也，武帝因以名，縣屬張掖郡，在今甘州張掖縣東北。安帝時，改置張掖居延屬國，别領居延一城。【補注】司馬彪《續漢書·郡國志》：張掖居延屬國，故郡都尉，安帝别領一郡。户一千五百六十，口四千七百三十三。居延有居延澤，古流沙。何氏焯曰：别領一郡，郡當作城。獻帝建安末，立爲西海郡。【補注】秋濤按：此從《續漢志》所載，《晉書·地理志》則云：西海郡，故屬張掖，漢獻帝興平二年，武威太守張雅請置。統縣一。居延，居延澤在東南。《尚書》所謂流沙也。立郡之年，二書不同。洪氏亮吉曰：蓋請立於興平中，至建安末始置也。秋濤又按：《漢志》言居延澤在縣東北，至《元志》稱居延故城，亦澤在東北。而《晉志》獨云澤在東南，"南"字誤也。又按：漢平帝時，曾設西海郡，在今青海境。厥後隋煬帝復設西海，踵其故名，與此郡之設於居延者名同實異，亦考古者所宜知也。魏、晉因之，永嘉以後，地屬前涼張軌、【補注】洪氏亮吉《十六國疆域志》曰：前涼沙州，西海郡，漢置，前涼領縣可考者一，居延。案：駿分涼州西界三郡置沙州，除敦煌别屬外，餘一郡無可考。今以東西道里計之，蓋即西海也。《張軌傳》：西海太守張肅。又曰：案張駿分涼河諸州，内無西海，則西海屬沙州無疑。《晉志》：駿分敦煌、晉昌至爲沙州……二十五字，文法不甚可解，疑有錯誤。細校之，疑敦煌、晉昌四字下脱西海二字。後涼吕光、【補注】《晉書·載記》：光徙西海郡人於諸郡。頃之，遂相扇動，復徙之於河西樂都。《郭黁傳》：吕光，西海太守王禎{叛}[三]。北涼沮渠蒙遜、【補注】《晉書》：姚興遣使人梁斐、張構等，拜蒙遜鎮西大將軍、沙州刺史、西海侯。西涼李暠等，相繼割據。【補注】《北史序傳》云：李翻弟豫，位西海太守。洪氏引此爲西海地，屬李暠之證。元魏爲涼州所轄地。【補注】秋濤按：

元魏正光二年,柔然亂,其主阿那瓌、婆羅門相繼來降。安置婆羅門於西海郡。《袁翻(翻)傳》:神龜末,遷冠軍將軍涼州刺史。時蠕蠕主阿那瓌、後主婆羅門,並以國亂來降。翻表曰:愚謂蠕蠕二主,宜皆存之[四],居阿那瓌於東偏{處}[五],居婆羅門於西裔。其婆羅門請修西海故城以安處之。西海郡本屬涼州,今在酒泉直北、張掖西北千百里,去高車所住金山一千餘里,正是北虜往來之衝要,漢家行軍之舊道,土地沃衍,宜耕殖。即可永爲重戍,鎮防西北。且西海北垂,即是大磧,野獸所聚,千百爲羣,正是蠕蠕射獵之處。殖田以自供,藉獸以自給,彼此相資,足以自固[六]。又《蠕蠕傳》曰:正光二年十月,録尚書事高陽王雍等奏曰:今臣等參議以爲懷朔鎮北,土名無結山、吐若奚泉,敦煌北西海郡即漢、晉舊障,二處寬平原野彌沃。阿那瓌宜置(西)吐若奚泉,婆羅門宜置西海郡,各令總率部衆,收聚離散[七]。又云:阿那瓌所居,既是境外,宜少優遣。婆羅門居於西海,既是境内,資衛不得同之。秋濤按:詳考諸説,則西海郡故城在涼州境内矣。隋、唐爲甘州、肅州北境。大歷中,陷於吐蕃。宋景德中,地屬西夏,曰威福軍。【補注】《方輿紀要》曰:夏人嘗立威福軍於此。元爲亦集乃路,屬甘肅行中書省。【補注】秋濤按:《元史·地理志》:亦集乃路,在甘州東北一千五百里,城東北有大澤,西北俱接沙磧,乃漢居延故城。元至元二十三年,立亦集乃路[八]。《通鑑輯覽》:元順帝至正十五年,初安置托克托於淮安,既又移額齊訥路。注:額齊訥,舊作亦集乃,今改。《方輿紀要》:肅州北有漢居延城,元額齊訥路治此。《一統志》引舊志云:肅州衛城極北,有北大路,元時爲往來通道,久廢,轍迹猶存。秋濤按:此通道當即由肅州北至額齊訥路,又北度漠至和林之通衢也。明爲甘州、肅州二衛邊外地。【補注】秋濤按:《明史》:太祖洪武五年,馮勝至蘭州,遣副將軍傅友德前驅,再敗元兵,下亦集乃路。《一統志》:王保保在和林,明太祖屢招之,不報。洪武五年,命徐達、李文忠、馮勝分三路伐之,勝軍至亦集乃路(額濟納路),元岐王朵(多)兒(爾)只(濟)班遁去[九]。

【校記】

〔一〕行二千二百里,中華書局點校本《漢書·地理志》作"行二千一百里"。

〔二〕有遮虜障,中華書局點校本《括地志》作"漢有遮虜障"。

〔三〕吕光,西海太守王禎,中華書局點校本《晉書·郭麐傳》作"吕光之王河西也,西海太守王禎叛"。

〔四〕愚謂蠕蠕二主,宜皆存之,中華書局點校本《北史·袁翻傳》作"愚謂蠕蠕二主,皆宜存之"。

〔五〕居阿那瓌於東偏,中華書局點校本《北史·袁翻傳》作"居阿那瓌於東處"。

〔六〕該段引文有多處節略。

〔七〕收聚離散，中華書局點校本《魏書·蠕蠕傳》作"收離聚散"。

〔八〕立亦集乃路，中華書局點校本《元史·地理志》作"立總管府"。

〔九〕亦集乃路、朵兒只，《(乾隆)大清一統志》作"額濟納路、多爾濟"，并注："額濟納，舊作'亦集乃'。多爾濟，舊作'朵兒只'。今并改。"

【原】[一旗]札薩克多羅貝勒游牧。係出翁罕，翁罕六世孫曰瑪哈齊蒙克。有子二，其長曰貝果鄂爾勒克。貝果鄂爾勒克之曾孫曰書庫爾岱青。第四子曰納木策稜，是生納札爾瑪穆特，爲土爾扈特部阿玉奇汗族弟。阿玉奇汗游牧額濟勒河，【補注】詳見土爾扈特總叙。地逼俄羅斯及準噶爾。康熙四十三年，詔封納札爾瑪穆特之子阿喇布珠爾爲固山貝子，賜牧色爾騰。【原注】穆按：《水道提綱》：布隆吉河西北豬爲巨澤[一]，曰哈勒池。色爾騰海，在哈勒池西南二百餘里，其水南出雪山之陰，西北流豬爲澤。【補注】秋濤按：色爾騰，亦名黨色爾騰。《一統志》：土爾古特國王阿杜奇弟阿拉布珠兒[二]，自西藏還，不能歸，内屬，封貝子，令居嘉峪關外黨色爾騰之地，即此事。蓋因其地界在黨河、色爾騰海之間，故有此名。《志》又云：色爾騰海，在沙州衛西南三百餘里，爲青海要道。又蘇賴河，亦名布隆吉河，發源靖逆衛南山，曰昌馬河，北流，轉而西經柳溝衛北，爲蘇賴河。又西，經安西衛北三里，又西，經沙州衛西北，黨河自南來注之。又西流三百里許，豬爲哈勒池。其流長七百餘里，池方數十里，即古南籍端水也。三衛屯田，俱藉此水灌溉。黨河，亦名西勒哈金河，發源沙州衛東南山中，北流二百餘里，折西流，會南來之一水。又折北流，遶沙州舊城之東，新城之西，流百餘里，入蘇賴河，即古氐置水也。按：哈拉，譯言黑色，故臨川李侍郎紱指爲雍州黑水。《水道提綱》：亦存其説，安西衛，今改爲州。沙州衛，今改爲敦煌縣，並省柳溝衛入焉。靖逆衛，今亦省入玉門縣。色爾騰海之西，有噶順池，又有一澤，名小色爾騰海，地皆在嘉峪關外，故就近賜牧，所以安遠人也。又按：土爾古特即土爾扈特，阿杜奇即阿玉奇，阿拉布珠兒即阿拉布珠爾，皆譯字偶異耳。阿喇布珠爾，實阿玉奇族子。《一統志》以爲阿玉奇弟，誤也。先是，阿喇布珠爾嘗假道準噶爾，謁達賴喇嘛。既而阿玉奇與準噶爾酋策妄阿喇布坦修怨，阿喇布珠爾自唐古特還，以準噶爾道梗，留嘉峪關外。遣使至京師，乞内屬，上憫其無歸，故有是命，使轄其衆。【補注】五十一年，土爾扈特汗阿玉奇，遣使假道俄羅斯，表貢方物。上嘉其誠，遣侍讀圖麗琛等齎勅往。是年夏，啟行，五十三年始至薩喇托付，蓋土爾扈特與俄羅斯界也。阿玉奇復遣台吉宰桑等導至拂廬，我使授勒宣諭訖，語之曰：阿喇布珠爾已賜爵優養，欲遣歸爾牧，以策妄阿喇布坦惡爾，恐戕之，而詭以哈薩克哈喇哈爾榜爲辭也。爾若欲令阿喇布珠爾歸，當自俄羅斯來迎。阿玉奇曰：俄羅斯乃嗜欲不同，言語不通之區也。若以往來數故，不假我道，則我無由入中國矣。阿喇布珠爾幸爲天朝臣僕，請勿遣歸。時阿喇布珠爾之父納札爾瑪穆特，亦贈我使馬及方物，我使以入境無私交辭。阿玉奇待之，有隆禮，留旬餘，筵宴不絶。復附表奏謝。五十四年春，圖麗琛等始復命。按：《藩部要略》載此事首尾，又云：五十二年，遣使齎勅往諭阿玉奇，令迎阿喇布珠爾歸云云。石州曰：此條不應專繫之五十二年，觀《異域録》自明。秋濤按：圖麗琛等奉使往返，已閱四年，中間别無使命，此即一事，而《要略》誤分爲二條耳。

【補】五十五年，阿喇布珠爾奏請從軍効力，詔率兵五百駐噶斯。【補注】注見下。【原】旋卒，子丹忠襲。雍正七年，來朝，晉封多羅貝勒。九年，以色爾騰牧通噶斯之察罕齊老圖。【補注】秋濤按：色爾騰海之西，有噶順池，又西百里，有阿集格色爾騰水，即小色爾騰海也，周圍百六十里。又西二百里，有察罕齊老圖六池。蒙古語“察罕”，白色，“齊老”，石也，“圖”，有也。地多白石，以名其池焉。六池錯列如星宿，當極三十九度四分，西二十四度。又西有哈達圖水，又西爲噶斯淖爾，去羅布淖爾二百里。蒙古語“噶斯”，地名，即以爲池水名。康熙、雍正年間，西域全境未入版圖，以噶斯爲屯兵戍守要地。《藩部要略》云：康熙五十四年，準噶爾敗遁，議撤噶斯駐防兵，以青海貝勒達顔所屬台吉等游牧柴達木、通噶斯之察罕齊老圖，遣侍衛等駐其地，偵準噶爾蹤。五十五年三月，詔青海貝勒朋素克旺札勒、台吉達顔，各選兵百，屯噶斯路，防準噶爾賊。五十六年，達顔奏請增設噶斯兵，防準噶爾。上韙其言，以西安兵二千、西寧兵一千益之。雍正元年，青海羅卜藏丹津叛，副將軍阿拉納自土魯蕃馳赴噶斯，斷由穆魯烏蘇往藏路。二年，叛黨吹喇克諾木齊等遁噶斯〔三〕，岳鍾琪奉命進剿，遣西寧總兵黄喜林由西爾哈羅色赴柴達木，斷噶斯路。七年，王、大臣等議：噶斯爲準噶爾通青海及唐古特要隘，請選青海札薩克兵千五百，分屯噶斯及柴達木、得卜特爾、察罕烏蘇諸路。允之。乾隆二十三年，大軍剿瑪哈沁，偵沙拉斯瑪呼斯賊竄呼爾塔克羅卜諾爾。以地近噶斯，通青海，詔副都統濟福赴西寧，宣諭所部集兵千爲備。復遣識噶斯道者偵賊蹤。《一統志》：踏實堡，在柳溝衛西南一百五十里，其西南一百里有巴圖墩，二百里有石堡城，通雪山後要路，有兵戍守〔四〕。自石堡城而南五十里，至三道宫皂河。又二百五十里至額爾得尼布喇〔五〕，有二路，一西南至烏拉打板（巴）五十里〔六〕，其間山徑崎嶇，爲青海諸夷往來要路。自烏喇打板西南至大、小柴達馬鹽池，通噶斯大路，最爲衝要。秋濤按：合考諸書，足知噶斯爲形勝之地。漢時通西域，有南、北二路，噶斯即南路之咽喉也。察罕齊老圖，亦作插漢七老圖。《甘肅通志》：沙州外境西北有二路，一路自葫蘆斯太西南七百三十里至衣松插漢七老圖，當孔道，西通伊里塔里母河，南通西海等處，其間一千餘里。有水草，無夷人住牧，此西路也。又正南一路，自衛一百八十里至黨城，自黨城東南至額爾得泥布喇六百里，有水艸，亦無夷人住牧。西通色爾騰，西南通阿魯、大小柴達木鹽池、郭必要路。《一統志》：巴顔布喇，在沙州衛西南一百二十里，通衣松插漢七老圖及黨色爾騰、柴打（達）木之要路。懼準噶爾掠，乞内徙。【補注】《藩部要略》云：有莫爾根綽爾濟者，丹忠屬也，亦叛附準噶爾，丹忠懼，乞内徙。陝西總督查郎阿令攜戚屬游牧阿拉克山、【補注】秋濤按：阿拉善之龍頭山，亦名阿拉克山，蓋地名偶同，青海有阿喇克薩爾山，在黄河岸東，碧柳圖山之陽。《輿圖》作阿拉克沙爾山，距色爾騰甚遠，必非一地。考《水道提綱》：嘉峪關外有阿拉克池，當是附近之山，與池同名也。阿勒坦、【補注】秋濤按：此與西北阿爾泰山一作阿勒坦者不同。《一統志》：青海有阿爾坦山，在西寧邊外東北九十里，山脈東趨北川，抵浩亹水。俗云此山出金，昔有番人開取，故名。觀此，知凡出金之地，皆可名阿勒坦矣。特卜什等處，尋定牧額濟内河。【補注】秋濤按：額濟内，今作額濟納、額齊訥，舊作亦集乃、厄几餒、厄金餒、額濟餒。徐星伯先生云：蒙古語"額齊訥"，幽隱也。《明一統志》：張掖河，在陝西行都司城西十里，源出擺通川，流逕祁連山，西出合黎山，名合黎水，流入亦集乃界。《行都司志》：張掖河，原名黑河，自鎮城西南山流出，逕祁連山積雪消融，其流益盛，傍合黎山，出羌谷口，北入亦集乃界。《大清一統志》：厄濟納河，在西套厄魯特旗西界。又弱水，源出山丹縣西南，自與張掖河合，其下通名爲張掖河。又討來河，發源肅州西南五百餘里番界中，有三派。最西曰討來河，其西又有哈土巴爾呼河，北流百餘里，與討來河合。又東北百餘里，南有巴哈、額濟餒二河，分流二百里許，合流，又北數十里，與討來河會爲一。又東北流二百餘里，入邊，繞州南至州東北，合西來之水，又東北，出邊過金塔寺，稍折而北。又轉東，與張掖河合。又北五百餘里，入居延海。按山丹、張掖之水，即《禹貢》弱水。討來河，今《會典圖》作滔賴河，即《漢志》之呼蠶水，自與額濟納河會合，而其下流之出邊牆外者，遂通稱額濟納河。《禹貢錐指》云：弱水，《水經》不言所出，桑欽以爲出張掖删丹縣。鄭康成曰：衆水東流，此獨西流。而《水經注》無之，其所經入，不可得而詳也。趙氏一清云：按《史記・索隱》曰：《水經》曰：弱水出張掖山丹縣，西北至酒泉會水縣，入合黎山腹。《漢志》張掖郡删丹縣，桑欽以爲導弱水自此而西，至酒泉合黎。即是小司馬所引之文。是唐時尚有《弱水篇》，今本盡失之耳。張守節《正義》亦云：合黎水出臨松縣東而北流，逕張掖故城下，又北流，至縣北二十三里，合弱水。弱水自合黎山折而北流，逕沙磧之西，入居延澤，行千五百里。又《漢志》金城郡臨羌縣下云：有弱水。《説文》曰：溺水自張掖删丹，西至酒泉合黎，餘波入於流沙。觀此，則弱水之原委約略可得矣。《水經》又云：流沙，地在張掖居延縣東北。注曰：居延澤，在其縣故城東北，《尚書》所謂流沙者也。形如月生五日（也）。弱水入流沙，流沙，沙與水流行也。《元和志》：居延海，即居延澤，其沙風吹流行〔七〕，故曰流沙。合觀諸説，皆以居延即爲《禹貢》之流沙矣。又按：孔氏《尚書・正義》云：按酈道元《水經》：黑水出張掖雞山。南流至燉煌，過三危山，南流，入於南海。胡氏渭曰：案《山海經》：灌湘之山，又東五百里，曰雞山，黑水出焉，而南流注於海。雞山不知在何郡，郭璞無注。而孔疏引《水經》，以爲出張掖之雞山。檢今本無此文，蓋其書有散逸耳。《太平御覽》引《張掖記》曰：黑水出縣界雞山，亦名元圃。昔有娀氏女簡狄，浴於元邱之水，即黑水也。據此，則雞山當在甘州張掖縣界，漢爲觻得縣地，今陝西甘州衛西有張掖河，即古羌谷水。出羌中，北流爲張掖河，合弱水，東北入居延海，俗謂之黑河。此水並不經三危入南海，安得以此爲《禹貢》之黑水也？秋濤按：此黑河下流入居延海，仍是弱水所匯之一川耳。《水經》中今闕《黑水篇》，孔疏所引，亦未足爲據也。《西域水道記》曰：《説文》作溺水，爲正字。《禹貢》作弱水，爲假借字，今謂之黑河，又曰張掖河。後儒不知本爲一河，分張掖河當《禹貢》之弱水，黑河當《禹貢》之黑水，誤矣。《禹貢錐指》言弱水原委甚詳，且正程大昌以條支嬀水爲弱水之訛，惟附會《後漢書·東夷傳》及《晉書》《（新）唐書》之文，謂弱水自居延東北流，歷夫餘、挹婁而歸東海者，亦誤。秋濤按：夫餘、挹婁之弱水，以地理診之，即東海之窩集也。前人未有知其所在者，秋濤别有考辨，兹不具載。《水道記》又曰：江氏永《羣經補義》以梁州黑水爲今金沙江，雍州黑水爲今肅州黑水，言其自沙漠中南流，經黑山下，南合白水、紅水。又西南流，入臨羌，爲青海之上源。青海即西海，《禹貢》導黑水至於三危，入於南海。"南"爲"西"字之訛。松按：江氏所指，蓋謂今張掖河也。源出甘州府城西南，東北流，至府城西二十里，折而西北流，復西北，經高臺縣鹽池驛北，與洮賴河匯，而入額齊訥。青海在甘州正南，豈能北流入之乎？又謂西海流至積石，入黄河，其謬尤不可枚舉。秋濤按：肅州境有二黑水，其一即張掖河，别名黑河。其一黑水，在州西北一百二十里，原出黑水泉，合清水。清水在州北五十里，東流，入討來河。又有白水，源出州西南二十里，下合紅水。紅水在州東南三十里，源出南山，北流合白水，至下古城東南，入討來河。是紅、白、黑三水，皆匯於討來河，下流仍與張掖河合，乃弱水所合之一小水。江氏誤認爲《禹貢》黑水，且謬指北流爲南流，若流入臨羌爲青海上源之説，志乘不載，乃江氏肊增[八]。尤爲紕繆之甚者，星伯先生仍引張掖河以辨之，尚未洞見其癥結也。至塞外得水謂之海，乃後世俗稱，如河北得水皆名爲河，江南得水皆名爲江，《禹貢》必無此假借之名。至青海，一名西海，不過一小小藪澤，而欲改竄經文以就己説，多見其不知量也。青海所匯各水，惟喀喇細納河，源流長三百五十餘里，是爲最鉅，並不在肅州境，亦不與黄河通，附記以袪讀者之惑。乾隆五年，丹忠卒，子羅卜藏達爾札襲。十八年，授札薩克。三十二年，卒，子旺札勒車凌襲。四十八年，詔世襲罔替。【原注】佐領一。

牧地：【補注】秋濤按《輿圖》，旗地在索廓克鄂模之南，東臨昆都倫河，以地形診之，蓋即漢居延故城，元亦集乃路所治也。《（新）唐（書）地理志》：張掖河西北出合黎山峽口，傍河東壖屈曲東北行千里，有寧寇軍，故同城守捉也。軍東北有居延海，又北三百里有花門山堡，又東北千里至回鶻衙帳。據此則寧寇軍當亦在旗境，又旗境有掃林山。《禹貢錐指》云：明馮勝拔肅州，進至掃林山亦集乃路，即此。有别篤山，今曰畢道山。《明紀綱目》：洪武五年，副將軍傅友德下額齊訥路，次别篤山，元岐王多爾濟巴勒遁去，獲其平章昌嘉努等二十七人。《明（史）紀事本末》作别駕山，蓋字形相近而訛。跨昆都倫河。【補注】《會典圖説》：額濟訥舊土爾扈特旗，在居延海，無巨川，惟坤都倫河自甘肅肅州北流，經額濟訥旗，分二道，匯爲澤，倶曰居延海。《水道提綱》:山丹水即古弱水,源出山丹衛西南窮石山,東北流百餘里,經馬營墩西。又北流五十里,經永固城西。又北二十里,經洪水營東。折西北流百二十里,至甘州東南境,有水東自長城外山,西南流入城,經山丹營及通遠堡南,而西注之。又西北,經州北境。又西北,有張掖河自西南來會,即古羌谷水也。又西北百里,至平川堡南,撫夷堡北,循長城下而北。至高臺堡西北,有一水,西南自紅崖堡、從仁堡南山,二源合而北流注之。又循長城下而西北,經定安、黑泉、花牆、深溝四堡之東,又北至鎮夷堡西北,當城斷處出邊。又北三百里,至衛公營東北地,有肅州二水,自西南東北流,經金塔寺營而北來會之。肅州二水,一曰卯來河,源出肅州邊外青海西北境。有三源,東源曰厄几餒必拉,出敖什西山之南,西北流。中源曰巴東必拉,出朱魯懇達山北麓,二澗北流而合。西源最大而遠,曰滔來必拉,曰哈土巴爾呼必拉,東北流而合,流數百里,始與二源水會。東北流,又東合一水,又東北經重山,入肅州南邊,經卯來堡,曰卯來河。又東北,經州城南境,又東北,有河西南自嘉峪關外東北流,經州西北境,來注之。又東北,至古城堡南,臨水堡北,當西長城斷處出邊。東北流,經金塔寺營西北,又東北折正北流,土人總呼滔來必拉。經衛魯西、火燒屯東,又北折東北流,至衛公營北,又東北,會山丹水。二流既合,又東北,經花牆鎮驛北,土人曰厄金餒必拉。又東北,至毛母西,折西北流,經雙城西,又折東北流,經平所驛沙馬營西。又西北折東北而北流,經什莊西。又西北,有昆都倫水自東北來注之。又北,爲二巨澤,西北曰索廓克鄂模,池周九十里,其東北曰索博鄂模,池周六十餘里,即古居延海也。秋濤按:據齊侍郎書,以昆都倫水自東北來注於厄金餒必拉,是昆都倫乃塞外一小水,源流甚短,而《會典圖説》則以額濟納河自肅州北流者,概目爲坤都倫河。二説不同,未詳孰是。**東至古爾鼐**,【原注】接阿拉善旗界。【補注】秋濤按:旗東有威遠故城。《(新)唐(書)地理志》:肅州有酒泉、威遠二守捉城。《肅鎮志》:威遠城在衛東北三百八十里,明初,立爲所,後廢。其地有旗杆山,即當時立旗招撫叛民處。又旗東境有澤,曰大苦水,南直甘肅張掖縣邊外。大苦水之東,有二澤,曰騙馬湖,湖東南有澤,曰沙棗湖,亦曰沙棗泉,在肅州東北二百三十里,金塔寺北一百七十里。沙棗湖之東,直山丹縣邊外,有澤曰豐盈大泉。以上諸澤,倶瀦於沙。**南至毛目縣丞民地**,【原注】接高臺縣及肅州邊外地界。【補注】秋濤按:旗南有會水縣故城,漢置,屬酒泉郡。《地理志》:北部都尉治偃水障,東部都尉治東部障,後漢、晉因之。闞駰曰:衆水所會,故名。後魏廢。秋濤按:《西域圖志》以會水縣在安西州,與《一統志》不同。按:《一統志》據《史記・索隱》所言,以弱水西北至會水縣,入合黎山腹。以此證之,則會水縣宜在肅州北,額濟納旗南,不得如《西域圖志》所云也。又有威虜城,明初置威虜衛,尋廢。嘉靖七年,番夷牙木蘭等内附,巡撫唐澤議於肅州迆北境外威虜舊城及天倉墩、毛目城、白城子等地,散處其衆。二十八年,巡撫楊博、檄副使王儀等修葺威虜並金塔寺古城,添置白煙墩等城堡,凡七,墩台十有二,安置番帳七百餘所。《肅鎮志》:威虜城,在衛東北一百三十里,又白城子,在衛東北一百二十里,今皆廢。金塔寺城,在衛東北六十里,今爲堡,城周一百九十丈,設游擊駐守。其天倉墩在堡東北二百六十里,明時墩軍呼爲鬼門關，其西十里有夜摸墩，皆戍守處也。毛目城周二里，在鎮夷城北一百五十里，今設縣丞駐之，以理民事。《水道提綱》作毛母。又有平朔城，在鎮夷城北二百二十里，亦周二里，與毛目城相傳皆元時守禦。又有古連城，在鎮夷城北一百八十里。又有黑山，屹立沙漠中，一名紫塞，南至肅州一百八十里，其山口東南至州一百四十里。**西至大戈壁，**【原注】踰戈壁，爲通哈密驛路。【補注】秋濤按：自額濟納至哈密，中隔大磧，而山脈實相聯接。哈密北爲巴里坤地，疑即古蒲類澤。《一統志》：漢趙充國以本始二年爲蒲類將軍，出酒泉，期出塞二千里，當與烏孫合擊匈奴於蒲類澤。是蒲類澤去酒泉二千里也。充國出塞千八百里，西去候山斬首捕虜而還，是不及蒲類澤，尚二百里也。計今自肅州抵哈密之天山千七百里，道里亦頗相合。然則額濟納西踰戈壁，即漢時趙充國西征之故道矣。又按：哈密距京師七千一百八十里。距蘭州省城三千五百里，在安西州城西北八百七十里。城二，舊城周四里，康熙五十六年建。新城周里許，雍正五年建。二城皆北倚大山，三面平曠，所居回民以耕牧、射獵爲生。田疇沃衍，氣候温暖，泉甘土肥，引渠溉田，號稱殷庶。城外東、西兩關，地當孔道，商民輻輳，西南通吐魯番，爲天山南路之咽喉。北通巴里坤，爲天山北路之衝要。兼扼兩路，最爲西陲重地。其地於漢屬匈奴，號伊吾盧，後漢時始内附，爲伊吾。魏入蠕蠕。隋置伊吾郡，旋屬突厥。唐置西伊州，改伊州。五代時，號胡盧磧。宋入回鶻。元爲威武王分鎮之地。明設哈密衛，後入土爾(魯)番。國朝康熙三十六年，始内屬。**北至阿濟山，**【原注】踰大戈壁，接札薩克圖汗部界。【補注】秋濤按：阿濟山在戈壁中，又謂之北套。《一統志》：自哈密北踰天山，至巴里坤池。又北，度大沙磧，幾三四百里，有阿吉山，亦曰阿濟山，山脈自西北阿爾泰山南來，蜿蜒東趨，横帶翰海中，起伏不斷，爲喀爾喀西路之南境，其長殆三四千里。**東南至合黎山，**【原注】接甘州府張掖、山丹二縣界。【補注】秋濤按：旗東南有合黎山，即《禹貢》弱水所經也。《水經》云：合離山在酒泉會水縣東北。《注》以爲即合黎山。《史記·正義》：山在張掖縣西北二百里。《行都司志》云：在高台所北十里，鎮夷所東北三十里，與黑山相接。黑山在鎮夷所東北二十里。《西陲今略》：合黎山，起山丹石硤，至於鎮夷，延長三百餘里，其山産茶。**西南至戈壁，**【原注】踰戈壁，接安西州玉門縣界。【補注】洪亮吉《乾隆府廳州縣圖志》云：玉門縣，本明赤斤蒙古衛地，後廢。本朝康熙五十七年，復置赤金衛。雍正四年，裁衛，地屬靖逆廳。乾隆二十四年，仍改置玉門縣，省靖逆廳入焉。秋濤按：蘇履吉《燉煌縣志》云：乾隆二十五年，改靖逆衛爲玉門縣。赤金裁，歸玉門，與洪氏説異。蘇氏歷官安西，見聞較確，當從《縣志》爲正。舊赤金衛東有惠回堡，堡北寬臺山，後柳灣，西北騸馬城，俱通崑都倫要路，有墩兵瞭守。又舊靖逆廳北，地名布魯兒，亦路通崑都倫，爲戍守要地。崑都倫，即昆都倫河也。**東北至大戈壁，**【原注】踰戈壁，接賽音諾顔部界。【補注】秋濤按：旗東北有狼心山，在金塔寺堡北六百里，南去鎮夷所城五百里，爲往來要路。又有孤紅山，在金塔寺堡東北三百五十里，凡往來哈密北山者，必聚於此。**西北至大戈壁。**【原注】踰戈壁，接巴里坤界。《西域釋地》：巴里坤，漢蒲類國地，本名巴爾庫勒，譯曰巴里坤，至京師七千五百餘里。《新疆識略》：巴里坤，在肅州西北一千七百九十里，與哈密以天山爲界，山陽爲哈密，山陰爲巴里坤。東門外有《漢永和三年燉煌太守裴岑紀功碑》。天山之顛，有《唐貞觀十四年姜行本紀功碑》，蓋自古戰守扼要之地。【補注】秋濤按：巴里坤，今爲鎮西府，距京師七千五百十里，距哈密三百三十里。南界天山，西隱平岡，西北有巴爾庫勒淖爾，周一百二十餘里，緣山北麓，原泉競發，分爲三河，匯入大澤。水氣浸潤，庶草繁廡，地宜畜牧。居天山之陰，氣候多寒。本朝康熙五十四年，詔遣大兵屯巴里坤。雍正三年，始撤。七年，大軍復駐焉。九年，築巴爾庫勒城，周八里。十三年，撤大兵，改設駐防。初，以安西同知駐防其地。乾隆三十八年，置鎮西府，以巴爾庫勒城爲府治，並設宜禾縣，與府同治。城内有文廟、城隍廟，城西南有龍王廟。城東有城，周六里，爲滿洲兵弁駐防之所。西北三里，别建關帝廟，廟前有《裴岑碑》。《圖志》云：宜禾縣，東南至南山口二百五十里，東北至鹽池百六十里，西至噶順三百四十里，南至天山十里，北至三塘一百六十里。秋濤又按：安西州東一百六十里爲故柳溝衛城，柳溝堡在柳溝衛東七十五里。又北一百二十里至木龍泉，又一百三十里至伊克衣馬幹古墩，又二百四十里至鐵布什古墩。地多沙磧，間有水草，路通北套、阿濟山及巴里坤。又柳溝北五十里曰邊牆頭墩，正北至壘墩子一百四十里，又八十里至石板墩，八十里至白墩子，二百十里至金溝硤，一百二十里至鏡兒泉。其間多沙磧，間有水草，通北套、阿濟山、巴里坤、哈密要路。

所部以來歸先故，亦稱舊土爾扈特，不設盟長。

布勒罕河新土爾扈特蒙古青色特啟勒圖盟游牧所在標題，秋濤依例補。

【原】［新土爾扈特部］在科布多城西南，至京師七千餘里。【補】元初，爲乃蠻國，太祖滅之，後爲和林行省所屬地。明屬衛拉特。本朝既平噶爾丹，於科布多設屯田，駐大兵。地當孔道，乾隆間始賜新土爾扈特爲牧地。【原】初，土爾扈特族皆徙牧額濟勒河，與準噶爾絶。翁罕十四世孫舍稜，【補注】《藩部要略》：舍稜者，衛衮察布察齊六世孫也。獨率諸昆弟附牧伊犂境，爲準噶爾屬台吉。大軍征準噶爾，獲達瓦齊。阿睦爾撒納等以叛，相次誅滅。舍稜獨抗不降，竄匿庫克烏蘇喀喇塔拉境。【補注】《藩部要略》：乾隆二十二年，巴圖爾烏巴什及舍稜等以附牧準噶爾，乘阿逆叛，擾伊犂境。巴爾圖烏巴什爲大軍所逼，走死。舍稜詭乞降，竄俄羅斯，尋歸土爾扈特牧。秋濤按：舍稜之竄俄羅斯，歸土爾扈特牧係二十三年之事，《要略》於二十二年纍括言之，而二十三年所載尤爲詳備。乾隆二十三年，詔定邊將軍成衮札布、副將軍兆惠馳剿之，舍稜謀奔俄羅斯，我軍尾及之於布什古河源，射擒其從弟勞章札布。舍稜乃詭約降，計戕我副都統唐喀禄，馳踰喀喇瑪嶺，歸額濟勒土爾扈特牧。【補注】《藩部要略》：阿睦爾撒納走死，其從逆之綽和爾、烏喇特、昂吉岱等，附巴圖爾烏巴什，竄伏沙拉伯勒、敦多克、布庫察罕等，復附舍稜，匿庫克烏蘇喀喇塔拉境。至是，成衮札布、兆惠等馳剿，巴爾圖烏巴什竄哈薩克，病痘死，舍稜竄博羅塔拉，道遇哈薩克游騎，與交兵。聞大軍逼，驰走，道圖托羅海，將爲奔俄羅斯計，先使往，哈薩克要而殺之，舍稜復間道赴阿固爾阿爾海。副都統唐喀禄偕厄魯特散秩大臣和碩齊，以兵尾之，抵布古什河源。有巴爾呼卒都圖者射舍稜從弟勞章札布仆，擒之。舍稜詭服罪，請釋其弟，乃降。唐喀禄曰：是不可信，將以兵擒舍稜。和碩齊曰：不若使招降，釋勞章札布歸[九]。越日，舍稜遣三宰桑至軍，約往受降。唐喀禄愈疑之。和碩齊曰：彼畏我軍威，故不敢至。盍往涖盟？强唐喀禄行，策馬渡河，邇舍稜營，令從者皆下馬，解櫜鞬。舍稜遣使以酒至，和碩齊飲之，急起，入舍稜營，唐喀禄立而待。逾時，和碩齊不返，舍稜遣賊衆二千，詭攜駝、馬迎我軍，甫次河岸，輒旋擊，營中賊悉起，唐喀禄死之。和碩齊易服，入賊隊，後就擒，論罪誅。舍稜馳踰喀喇瑪嶺，遣使俄羅斯，爲所禁，間道赴土爾扈特。俄羅斯羈諸森博羅特圖喇，詔遣兵擊之，未至，俄羅斯徙入其境，巴圖爾烏巴什子沙喇扣肯亦從往焉。初，我使與俄羅斯定議，不納逋逃人。至是，諭理藩院檄俄羅斯，以舍稜獻。舍稜懼，由俄羅斯歸土爾扈特牧。三十六年，復唆其汗渥巴錫來搶伊犁，抵他木哈，【補注】福慶《異域竹枝詞》注：伊犁惠遠城西南七百餘里，曰他木哈山，其西皆布魯特界。秋濤按：他木哈，一作沙拉伯勒，伊犁西路喀倫也。俞氏正燮曰：渥巴錫爲舍稜所愚，妄思復伊犁舊牧，傾國東徙，爲哈薩克所掠，逼入沙漠，繞巴爾噶什泊。自三十五年十一月啟行，至三十六年六月杪，始至伊犁之沙拉伯勒界，狼狽飢渴，道殣相望，種類幾致覆滅，乃決計内附云。秋濤按：巴爾噶什泊周迴八百餘里，伊犁全河經流千里，合各小水，並注此泊，蓋準部西北境最大澤也。知内備固，計無所出，不得已，隨渥巴錫歸順。【補注】《要略》云：廷臣議舍稜負罪竄，不可信，且當追論前罪，不宜與諸台吉同納其降。上以舍稜既棄俄羅斯而至，必不敢爲難，若拒之，將窮無所歸。且新降諸台吉，或滋疑懼，俟來朝執而罪之，非所以示信遠人也。詔宥舍稜罪，與渥巴錫同入覲行幄。賜牧布勒罕河。【補注】今《圖》作布爾干，注見下。秋濤按：松文清公《綏服紀略》：近科布多之阿勒台游牧，住郡王一、貝子一，按其所言，即舍稜沙喇扣肯也，而地名爲阿勒台，蓋舉水名則爲布勒罕，舉山名則爲阿勒台。"阿勒台"，即金山也。《西域水道記》云：舍稜復來歸，授牧布拉干河，河源爲其避暑處。設札薩克二，曰：

【新】【右旗】札薩克多羅弼里克圖郡王游牧。舍稜之入覲也，錙首請罪，上宥之，封今爵。【補注】《册文》曰：鴻圖襲慶，聲靈昭無外之模；末徼希光，爵賞布大公之治。苟向風慕義，知悉臣悉主之攸歸；斯紀績銘勳，俾分土分民之有屬。爾舍稜殷懷北闕，表望西陲。託羅刹以彌年，情由避罪；發泰濛而覲日，志切輸誠。雖舉部傾心，爾本識時之俊；而款關内面，朕庸請命之從。選水草而攻駒，配方旗而建隼。仙莊引隊，紫絲白馬之榮；屬國編名，青岱黄河之誓。兹以册印，封爾爲郡王。於戲！朔書徧奉，遐荒瞻賜社之新；黄教長流，弈世拜析圭之寵。益勤精白，永享昇平。欽哉！賜弼哩克圖號。【補注】先是，杜爾伯特台吉車稜烏巴什游牧額爾齊斯，與舍稜識，比來歸，授親王爵。至是，以年班入覲，扈蹕行圍，舍稜見之，握手歡語移時，誓世爲天朝臣僕。三十七年，授新土爾扈特盟長，轄左翼旗務，賜札薩克印。四十八年，詔世襲罔替。【原注】佐領一。【補注】《藩部表》云：舍稜至五十七年，以病罷，子策伯克札布襲爵。

［新左旗］札薩克固山烏察喇勒圖貝子游牧。舍稜從子沙喇（拉）扣肯，父巴圖爾烏巴什，爲準噶爾台吉噶爾丹策零壻。【原注】事已見前。乾隆二十三年，沙喇扣肯從舍稜竄奔額濟勒河。三十六年，來降，封今爵。【補注】《誥命文》曰：殊方慕化，特詳柔遠之經；列部蒙休，丕著策勳之略。獻賮入朝之誼[一〇]，史載偕垂；分茅頒社之榮，國恩罔替。爾沙拉扣肯代居荒漠，裔出前元。屬游牧之維艱，敂關東嚮；賴屝糧之不絶[一一]，逐隊西徠。甫草從圍，備睹雒郊車旆；蓼蕭命宴，親承鎬室和鸞。鑒厥歸誠，侈其列爵。兹封爾爲貝子，錫之誥命。於戲！効藩受寵，和風回毳幕之温；開國流禔，化日訖龍沙之教。是用鳌爾尚時，欽哉！賜烏察喇勒圖號。三十七年，授副盟長，轄右翼旗務，賜印。【原注】沙喇扣肯尋偕年班台吉入覲，獻白鷹，御製詩紀之。四十年，來朝，扈蹕木蘭行圍，次額爾衮溝。蒙古謂"寬敞"爲"額爾衮"，每歲蒙古札薩克等扈駕至此，輒進宴，陳詐馬、榜什諸戲。時大軍剿促浸逆番，克勒烏圍賊巢，捷奏至，沙喇扣肯等將進宴，集和門外，舞蹈稱慶，詔以額爾衮巴雅爾名其地。蒙古謂"喜"爲"巴雅爾"，志慶也。四十八年，詔世襲罔替。【原注】佐領二。

牧地：【補注】乾隆四十九年，有内地奸民劉通等，集衆千餘赴瑚圖斯拉私開金礦，且賂舍稜屬人額爾齊斯雅拉拜等，給駝、馬爲助。烏魯木齊都統海禄聞之，以兵往，檄所部助討，礦徒悉就捡。事聞，上以瑚圖斯拉逼舍稜牧，詔永遠封禁。當金山南，烏隆古河之東。【原注】《會典圖説》：烏龍古河二源：東曰布爾干河，西曰青吉斯河。布爾干河，出新和碩特旗北，合喀喇圖泊水，南流，經札哈沁旗東，南流。青吉斯河出新土爾扈特旗北，合哈拉泊水，西南流，合哈弼察克河，又東南，與布爾干河合，爲烏隆古河，折西流，經阿爾泰烏梁海旗，豬爲赫薩爾巴什泊。《元秘史》：成吉思與王罕征乃蠻種的古出古惇不亦魯黑。時不亦魯黑在兀魯黑塔黑地面湏豁黑水行，成吉思與王罕到了，不亦魯黑不能對陣，起過阿勒台山去了。追至忽木升吉兒地面兀瀧古河行。遇著不亦魯黑來哨的官人也迪土卜魯黑，被成吉思出哨的趕上山去，拿住。又追至乞濕泐巴失海子行，不亦魯黑遂窮促了。穆案：兀瀧古，即烏隆古。乞濕泐巴失海子，即赫薩爾巴什泊。然則不亦魯黑所在之兀魯黑塔黑地面湏豁黑水行，爲科布多北之烏里雅蘇台河。阿勒台山陰，乃蠻故國也。【補注】康熙二十七年，噶爾丹掠喀爾喀，札薩克圖汗部黑德卓哩克圖族潰奔青海。四十三年，自青海歸，授一等台吉，賜牧阿爾台額爾齊斯烏隴貴界。至其子通謨克嗣職，以功封輔國公。雍正元年，準噶爾酋大策凌惇多卜等，由阿濟掠通謨克游牧。十年，詔移其衆於阿拉善。【原注】阿克敦再使準噶爾奏：臣等言：既遵旨在阿爾泰山陽游牧，自應從索爾弼以上，花額爾齊斯、哈拉額爾齊斯、烏龍歸河邊，地俱寬闊，何容牽入烏容齊、博東齊，從前我之游兵，尚逾烏容齊、博東齊，以至布爾汗、察汗、托回等處。【補注】秋濤按：烏隴貴即烏龍歸河旁之地，以河爲名。烏龍歸河即烏隆古河也。《藩部要略》：乾隆二十八年八月十九日，阿睦爾撒納行至烏隆古河，距其牧札布堪河近，乃詭言暫歸治裝，以副將軍印交額璘沁多爾濟，使先行。遂由額爾齊斯河間道北逸，即此地也。札爾堪河，今《圖》謂之札爾噶河矣。東至奔巴圖、捫楚克烏蘭布勒幹和碩，【原注】接新和碩特界。南至胡圖斯山、烏隴古河，【原注】踰戈壁，接古城界。《西域釋地》：古城，唐北庭都護府所領之地。其時，金滿、輪臺、蒲類、海西四縣皆隸北庭都護。此爲何時所遺之城，不可考，衹以古城名之，至京師八千一百餘里。【補注】紀文達公昀《槐西雜志》云：特納格爾，爲唐金滿縣地，尚有殘碑。吉木薩有唐北庭都護府故城，則李衛公所築也。周四十里，皆以土墼壘成。每墼厚一尺，闊一尺五六寸，長二尺七八寸，舊瓦亦廣尺餘，長一尺五六寸。城中一寺亦圮盡，石佛自腰以下陷入土，猶高七、八尺。鐵鐘一，高出人頭，四圍皆有銘，銹澀模糊，一字不可辨識。惟刮視字棱，相其波磔，似是八分書耳。城中皆黑煤，掘一二尺，乃見土。額魯特云：此城昔以火攻陷，四面礮臺，即攻城時所築，其爲何代何人，則不能言之，蓋在準噶爾前矣。城東南山岡上一小城，與大城若相犄角。額魯特云：以此一城阻礙，攻之不克，乃以礮攻也。庚寅冬，烏魯木齊提督標增設後營，余與永餘齋奉檄籌畫駐兵地，萬山叢雜，議數日未定。余謂餘齋曰：李衛公相度地形，定勝我輩，其所建城，必要隘。盍因之乎？餘齋以爲然，議乃定。即今古城營也。本名破城，大學士温公爲改此名。其城望之似孤懸，然山中千蹊萬徑，其出也必過此城，乃知古人真不可及矣。褚筠心學士修《西域圖志》時，就訪古迹，偶忘語此，今附識之。秋濤按：永慶，號餘齋，乾隆三十七年，爲迪化城督糧道，後官至湖北布政使。又按：《西域圖志》云：古城在奇臺縣治西北九十里，由奇臺塘至古城五十里。南、北二城，南城中有萬壽宫、關帝廟，城西有牛圈泉。乾隆四十年，駐防大臣索諾穆策凌於其地得唐時殘碑石二方，有"金滿縣令"等字，知古城爲唐金滿地也。又按：唐金滿縣，應即漢車師後部金滿城地。漢時由車師前部北通後部金滿城之路，當在今阜康縣東境之濟木薩。阜康東境與奇臺西境接。古城與濟木薩地本相屬，當爲唐金滿縣東境。碑石原建處，不必定在縣城也。據此，則今奇臺之西境，阜康之東境，均當爲金滿故地無疑。《新疆識略》：古城五十里至北道橋，又百二十里至噶順，又百六十里至蘇吉，又九十里至鄂倫布拉克，又五十里至布伯圖，又九十里至布悖哈喇腰站，又百六十里至察罕通古，又百里至沙斯海，又百二十里至玉音齊，又八十里至達布蘇圖，又百二十里至博多渾，又百里至蘇濟，又百二十里至科布多。西至清依勒河、昌罕阿璊、那彦鄂博，【原注】接阿爾泰烏梁海界。【補注】秋濤按：清依勒河即青吉斯河，又作青吉勒郭勒。北至綽和爾淖爾、那郭幹淖爾之中山，【原注】接阿爾泰烏梁海界。東南至拜塔克山，【原注】接札哈沁旗界。【補注】秋濤按：拜塔克，地以山名。其山在哈布塔克西，青吉斯河南岸。由拜塔克西南行三百里，至奇臺縣界。唐時，以沙陀部爲沙陀州，此其故壤也。又按：奇臺縣隸鎮西府，東距府治六百九十里，縣治東至噶順溝三百七十里，接宜禾縣界。西至乾溝一百十里，南至南山，北至葦湖。西域平後，於奇臺設堡，有管糧通判駐此。乾隆四十一年，改設奇臺縣，城内有文廟、關帝廟，城西南有奇臺堡二。又南，有龍口堡，渠河出南山下，環抱縣治及諸堡左右。稍東，有英格泉，出天山下，北流。奇臺堡北有奇臺塘，此地後漢爲車師後部金滿城，唐爲金滿州，又爲金滿縣。今奇臺縣屬木壘以西，迄於阜康縣境。特訥格爾以東，正當今闢展。古車師前部之北境，應皆金滿地也。金滿，亦作金蒲，未詳孰是。又按：阜康縣，舊地名特訥格爾，在迪化州治東北二百里，舊爲準噶爾圖爾古特部游牧地。入板(版)圖後，建阜康堡。乾隆四十一年，設縣，隸迪化州。縣境東西三百十里，東至得勒呼蘇臺，接奇臺縣界。西至甘泉鋪，接迪化州界。南至天山。北至葦湖。漢烏貪訾離國舊壤，當在縣境。西南至烏蘭波木，【原注】接古城界。西北至綽和爾淖爾，【原注】接阿爾泰烏梁海界。東北至哈弼察克。【補注】接阿爾泰烏梁海及新和碩特界。

所部二旗自爲一盟，曰青色特啟勒圖。【補注】今作青塞特啟勒圖。

隸科布多大臣兼轄，歸定邊左副將軍節制。

哈弼察克新和碩特蒙古游牧所在標題，秋濤依例補。

【原】[新和碩特部]在科布多城南，至京師七千餘里。

[一旗]札薩克一等台吉游牧。先是，和碩特台吉巴雅爾拉瑚之族蒙衮，【原注】世系未詳。乾隆三十七年，率屬來歸，願附新土爾扈特貝子沙喇扣肯之旗。詔封一等台吉，賞半佐領，令其附居。蒙衮卒，子布彦克什克襲。五十七年，沙喇扣肯殘害所屬下人事聞，命移於杜爾伯特近處游牧。【原注】即今牧地。嘉慶元年，科布多參贊大臣奏：蒙衮

妻察彦率布彦克什克詣言：所屬生齒日繁，求給印，以資鈐轄。詔依杜爾伯特例，給札薩克印，不食俸，缺出請旨。【原注】佐領一。

牧地：當金山東南哈弼察克。【補注】秋濤按：哈弼察克，《西域圖志》作哈布塔克，地以山名，在鎮西府西北四百里。北六十里，即布拉干郭勒河南，山北之地，饒水草，宜畜牧。踰哈布塔克至青吉勒郭勒，舊爲準噶爾東南界。【補】西臨青吉斯河，【補注】秋濤按：青吉斯河，注見前。《水道提綱》作布拉青吉兒河。其所瀦之泊，《提綱》作奇薩爾巴思鄂模，均與今《會典輿圖》異，未詳孰是。又案：青吉斯，爲元太祖汗號，此河所會之烏隴古河，既見於《元秘史》，則此河當亦因元太祖得名也。【原】東至和託鄂博，【原注】接札哈沁旗界。【補注】秋濤按：《新修一統志》作和托昂鄂博。【原注】準噶爾謂"守喀人"曰"札哈沁"。三等信勇公瑪木特，初爲準噶爾宰桑。乾隆十九年，大軍獲之，授内大臣。其隨來之札哈沁，即令統轄。二十年，從征達瓦齊，封三等信勇公。阿逆誘使附己，禡(瑪)木特唾而數其罪，阿逆慚，縊殺之。事聞，御製詩，褒爲烈士。所遺爵，令其孫札木禪襲。四十年，札木禪卒，以札哈沁原非禡(瑪)木特之阿爾巴圖，撤出，設一旗，屬科布多參贊大臣。其札木禪族丁及其阿爾巴圖三十餘户，亦附近科布多之烏裕克齊博多克齊游牧。嘉慶五年，札木禪之孫托克托巴圖之屬，已足百五十丁，復編爲一佐領，即以托克托巴圖爲總管。牧地在科布多城南。《新修一統志》：東界由德杜庫庫圖勒起，至喀喇占和碩、薩拉布拉克、巴爾嚕巴克止，與喀爾喀連界。東南界由巴爾嚕巴克起，至昂吉爾圖止，與喀爾喀連界。南界由昂吉爾圖起，至哈布塔克山止，與巴爾庫勒連界。西南界由哈布塔克山起，至和托昂鄂博止，與土爾扈特和碩特連界。西界由和托昂鄂博起，至布爾干河東岸止，與阿勒坦烏梁海連界。西北界由布爾干河起，至浩賴僧庫爾、都木遠僧庫爾、惠圖僧庫爾之北山止，與阿勒坦烏梁海連界。北界由惠圖僧庫爾起，至土古里克止，與喀爾喀屯田兵官廠連界。東北界由土古里克起，至德杜庫庫圖勒止，與喀爾喀連界。【補注】秋濤按：札哈沁旗未設札薩克，故止附見於此，不別立專條。餘如呼倫貝爾諸蒙古及各烏梁海之类，皆仿此。此《游牧記》之通例也。南至布勒幹，【原注】接新土爾扈特界。【補注】秋濤按：《新修一統志》作布勒幹和碩。按：布勒幹即布勒罕河旁之地，地以水名也，亦作布爾干，注見前。又按：《朔漠方略》：雍正九年八月，傅爾丹奏言：科布多修城處所，當奇蘭及庫列圖二道要隘，又逼近布拉罕大路。且旁通阿爾台小路處甚多，實爲險要之地。城加力修築，令高一丈，合計垛城共高一丈五尺，周圍十有二里。《藩部要略》：康熙五十九年，將軍傅爾丹領八千人從布喇罕前進，襲擊準噶爾邊境。所云布拉罕，亦作布喇罕，即此布勒幹也。準語謂"貂"爲"布拉干"，河濱産此，故以爲名。西至捫楚克烏蘭，【原注】接新土爾扈特界。北至奔巴圖、哈弼察克河。【原注】接阿爾泰烏梁海旗界。【補

注】秋濤按：據《會典輿圖》，自哈弼察克以北，爲科布多所屬喀爾喀官兵屯田地，其西爲額魯特旗游牧。【原注】《新修一統志》：科布多額魯特部，一旗，東界由濟爾噶朗圖起，沿布彦圖河西岸，至布古圖和碩止，與喀爾喀屯田兵連界。南界由布古圖和碩起，沿布彦圖河北岸，至哈叨烏里雅蘇台止，與喀爾喀屯田兵連界。西界由哈叨烏里雅蘇台起，至都魯淖爾止，與阿勒坦烏梁海連界。北界由都嚕淖爾起，至習集克圖河止，與阿勒坦烏梁海連界。再由習集克圖河起，沿科布多河南岸至濟爾噶朗圖止，與明阿特連界。考此旗，本台吉達木拜屬，達木拜有罪削爵，以其衆屬科布多參贊大臣，歸定邊左副將軍節制，不設札薩克，故附見於此。

不設盟長，隸科布多大臣兼轄。

壽陽閻汝弼覆校

【校記】

〔一〕布隆吉河，“四庫本”《水道提綱》作“布隆吉爾河”。

〔二〕竒，同“奇”。

〔三〕該句下引文有節略。

〔四〕有兵戍守，《（乾隆）大清一統志》作“俱有兵戍守”。

〔五〕額爾得尼布喇，《（乾隆）大清一統志》作“額爾得尼布拉克”。

〔六〕烏拉打板，《（乾隆）大清一統志》作“烏拉打巴”，并注：“烏拉打巴，舊作‘烏拉打板’。今并改。”

〔七〕其沙風吹流行，中華書局點校本《元和郡縣圖志》作“沙風吹流行”。

〔八〕肊，同“臆”。

〔九〕釋勞章札布歸，“中國西北文獻叢書”據光緒十年浙江書局校刊本影印《皇朝藩部要略》作“釋勞章札布還”。

〔一〇〕賫，同“賸”。

〔一一〕敂，同“叩”。

徵引文獻書目

〔漢〕司馬遷撰:《史記》,中華書局,2011年。

〔漢〕班固撰:《漢書》,中華書局,2011年。

〔南朝·宋〕范曄撰:《後漢書》,中華書局,2011年。

〔北齊〕魏收撰:《魏書》,中華書局,2011年。

〔唐〕房玄齡等撰:《晉書》,中華書局,2011年。

〔唐〕李延壽撰:《北史》,中華書局,2011年。

〔唐〕令狐德棻等撰:《周書》,中華書局,2011年。

〔唐〕魏征等撰:《隋書》,中華書局,2011年。

〔後晉〕劉昫等撰:《舊唐書》,中華書局,2011年。

〔宋〕歐陽修、宋祁撰:《新唐書》,中華書局,2011年。

〔元〕脱脱等撰:《金史》,中華書局,2011年。

〔元〕脱脱等撰:《遼史》,中華書局,2011年。

〔明〕宋濂撰:《元史》,中華書局,2011年。

〔清〕張廷玉等撰:《明史》,中華書局,2011年。

〔清〕趙爾巽等撰:《清史稿》,中華書局,1976年。

〔北魏〕崔鴻撰:《十六國春秋》,景印文淵閣四庫全書本,臺灣商務印書館,1986年。

〔北魏〕酈道元撰,陳橋驛校證:《水經注校證》,中華書局,2007年。

〔唐〕李吉甫撰,賀次君點校:《元和郡縣圖志》,中華書局,1983年。

〔唐〕杜佑撰,王文錦等點校:《通典》,中華書局,1988 年。

〔唐〕李泰撰,賀次君輯校:《括地志輯校》,中華書局,2015 年。

〔宋〕葉隆禮撰:《契丹國志》,景印文淵閣四庫全書本,臺灣商務印書館,1986 年。

〔元〕耶律鑄撰:《雙溪醉隱集》,景印文淵閣四庫全書本,臺灣商務印書館,1986 年。

〔元〕歐陽玄撰:《圭齋文集》,《四部叢刊》本,上海書店,1989 年。

〔元〕佚名撰,烏蘭校勘:《元朝秘史》,中華書局,2012 年。

〔元〕李志常著,尚衍斌等校注:《長春真人西游記校注》,中央民族大學出版社,2016 年。

〔明〕陳循等纂修:《寰宇通志》,鄭振鐸輯:《玄覽堂叢書續集》(第 38-79 册),國立中央圖書館,1947 年。

〔明〕李賢等撰:《大明一統志》,三泰出版社,1990 年。

〔明〕顧祖禹撰,賀次君、施和金點校:《讀史方輿紀要》,中華書局,2005 年。

〔明〕魏焕撰,薄音湖、于默穎編輯點校:《九邊考》,内蒙古大學出版社,2009 年。

〔清〕海忠修、林從炯等纂:《承德府志》,《中國方志叢書·塞北方志》(第 17 號),成文出版社,1968 年。

〔清〕穆彰阿、潘錫恩等纂修:《(嘉慶)重修大清一統志》,《四部叢刊·續編》本,上海書店,1984 年。

〔清〕魏源撰:《聖武記》,中華書局,1984 年。

清國史館編,周駿富輯:《清史列傳》,臺北明文書局,1985 年。

〔清〕圖理琛撰:《異域録》,《叢書集成·初編》(3279 册),中華書局,1985 年。

〔清〕福慶纂:《異域竹枝詞》,《叢書集成·初編》(3277 册),臺北新文豐出版股份有限公司,1985 年。

〔清〕齊如南撰:《水道提綱》,景印文淵閣四庫全書本,臺灣商務印書館,1986 年。

〔清〕允祹等奉敕撰:《欽定大清會典》,景印文淵閣四庫全書本,臺灣商務印書館,1986 年。

《欽定大清會典則例》,景印文淵閣四庫全書本,臺灣商務印書館,1986 年。

〔清〕阿桂等纂修:《欽定盛京通志》,景印文淵閣四庫全書本,臺灣商務印書館,1986 年。

〔清〕和珅、梁國治等奉敕撰:《欽定熱河志》,景印文淵閣四庫全書本,臺灣商務印書館,1986 年。

〔清〕和珅等奉敕撰:《(乾隆)大清一統志》,景印文淵閣四庫全書本,臺灣商務印書館,1986 年。

《欽定外藩蒙古回部王公表傳》,景印文淵閣四庫全書本,臺灣商務印書館,1986 年。

〔清〕阿桂、于敏中等奉敕撰:《欽定滿洲源流考》,景印文淵閣四庫全書本,臺灣商務印書館,1986 年。

〔清〕薩囊徹辰撰:《蒙古源流》,景印文淵閣四庫全書本,臺灣商務印書館,1986 年。

〔清〕圖理琛撰:《異域録》,景印文淵閣四庫全書本,臺灣商務印書館,1986 年。

〔清〕傅恒等修,褚延璋等纂:《欽定皇輿西域圖志》,《中國西北文獻叢書》(第一輯 · 第 58 卷),蘭州古籍書店,1990 年。

〔清〕祁韵士撰:《皇朝藩部要略》,《中國西北文獻叢書》(第二輯,第 95 卷),蘭州古籍書店,1990 年。

〔清〕方式濟撰:《龍沙紀略》,《叢書集成 · 初編》(3186 册),中華書局,1991 年。

《欽定理藩院則例》,《故宫珍本叢刊》(第 299-300 册),海南出版社,2000 年。

〔清〕洪亮吉撰:《乾隆府廳州縣圖志》,《續修四庫全書》據清嘉慶八年刻本影印,上海古籍出版社,2002年。

〔清〕徐繼畬撰:《瀛寰志略》,上海書店出版社,2001年。

〔清〕梁份撰:《西陲今略》,《續修四庫全書》據光緒十九年李文田家鈔本影印,上海古籍出版社,2002年。

〔清〕徐松撰,朱玉麟整理:《西域水道記》,中華書局,2005年。

〔清〕温達等撰:《親征平定朔漠方略》,〔清〕方略館編《清代方略全書》(5-11),北京圖書館出版社,2006年。

〔清〕傅恒等撰:《平定準噶爾方略》,〔清〕方略館編《清代方略全書》(21-27),北京圖書館出版社,2006年。

〔清〕胡渭撰,鄒逸麟整理:《禹貢錐指》,上海古籍出版社,2006年。

〔清〕方觀承撰:《松漠艸》,《清代詩文集彙編》編纂委員會編:《清代詩文集彙編》(287),上海古籍出版社,2010年。

〔清〕松筠撰:《綏服紀略圖詩》,《清代詩文集彙編》編纂委員會編:《清代詩文集彙編》(433),上海古籍出版社,2010年。

〔清〕沈垚撰:《落颿樓文集》,《清代詩文集彙編》編纂委員會編:《清代詩文集彙編》(598),上海古籍出版社,2010年。

〔清〕祁韵士撰:《西域釋地》,《中國地方志集成》據道光十年筠渌山房刻本影印,鳳凰出版社,2012年。

〔清〕松筠修纂,〔清〕徐楹原輯:《新疆識略》,《中國地方志集成》據道光元年武英殿修書處刻本影印,鳳凰出版社,2012年。

〔清〕和寧撰:《三州輯略》,《中國地方志集成》據嘉慶十年和氏刊刻鈔本影印,鳳凰出版社,2012年。

〔清〕和寧撰:《回疆通志》,《中國地方志集成》據民國十四年外交部鉛印本影印,鳳凰出版社,2012年。

〔清〕蘇履吉撰:《敦煌縣志》,《中國地方志集成》據乾隆年間鈔本影印,鳳凰出版社,2012年。

〔清〕蘇爾德撰:《回疆志》,《中國地方志集成》據鈔本影印,鳳凰出版社,2012 年。

〔清〕張鵬翮撰,忒莫勒點校:《奉使俄羅斯日記》,《中國邊疆研究文庫·初編》,黑龍江教育出版社,2014 年。

〔清〕楊濱撰,李慧娟標點:《柳邊紀略》,《中國邊疆研究文庫·初編》,黑龍江教育出版社,2014 年。

〔清〕西清撰,趙瑞校點:《黑龍江外紀》,《中國邊疆研究文庫·初編》,黑龍江教育出版社,2014 年。

〔清〕佘寀撰:《塞程别紀》,畢奥南整理:《清代蒙古游記選輯三十四種》,東方出版社,2015 年。

〔清〕殷化行撰:《西征紀略》,畢奥南整理:《清代蒙古游記選輯三十四種》,東方出版社,2015 年。

〔清〕龔之鑰撰:《後出塞録》,畢奥南整理:《清代蒙古游記選輯三十四種》,東方出版社,2015 年。

〔清〕張鵬翮撰:《奉使俄羅斯日記》,畢奥南整理:《清代蒙古游記選輯三十四種》,東方出版社,2015 年。

張穆全集

貳

《魏延昌地形志》存稿輯校

張正明　安介生　主編

山西出版傳媒集團
三晉出版社

國家古籍整理出版專項經費資助項目

《魏延昌地形志》存稿輯校

〔清〕張　穆　撰
安介生　輯校

輯校説明

一、主要内容與增加部分。《魏延昌地形志》存稿主要分爲三個部分：(一)是阮元的《序》與張穆的《自序》,(二)張穆撰寫、何秋濤補輯的《魏延昌地形志目録》,(三)張穆所撰寫《魏延昌地形志》"司州"三卷原文。本次輯校增加了"輯校説明""總目録""徵引文獻及版本目録"等幾項内容。

二、稿本的編排標點分段工作。原稿是手抄稿本,左行竪排,没有句讀。今依出版要求,改爲横排右行,用新式標點符號進行全面標點工作。原稿往往以一縣内容爲一自然段落,本次輯校采取更細緻的條目分段,便於讀者閲讀。

三、原稿内容之區别。"司州"三卷原文内容分爲"正文"與"正文注釋"兩個部分。本稿首先用不同字號加以區别,其次用圓括號( )標注"正文注釋"部分。另外,原稿在"正文注釋"之外,還對引述文字進行注釋,稱爲"原注";原稿内容又有作者本人及何秋濤增補及調整的文字内容,稱爲"夾注",也用方括號[ ]加以標示。

四、校訂工作。輯校者對原稿所引述的内容進行全面的校訂,對於各種文獻資料歧異之處,用數字加六角括號〔 〕在每句後標出序號,而校訂及解釋内容附在正文段落之後"校注"部分之中。

五、引述文獻的處理。鑒於今天許多古籍有多種點校版本,因此,輯校者通常選取一個最爲完善的版本進行核校,稱爲"今本"(如"二十四史"與《資治通鑑》等均用中華書局 1997 版點校本。本書校注中凡涉及此兩種版本者，均稱“今本”。在《徵引文獻及版本目録》中，“今本”照例排在首位。常見古籍或選用古籍只用一種版本，則不强調“今本”）。如有歧異不同之處，則參校其他版本進行校訂及分析。但是，對於《水經注》版本特别繁多的特殊情況，輯校者以《水經注疏》爲主，同時參考《水經注校證》、文淵閣四庫全書本《水經注》等著作進行參校。

六、關於原稿引述文獻簡省問題。原稿簡省既包括文獻書名、篇名的簡省，同時更多包括文獻内容的簡省。書名的簡省如將《元和郡縣圖志》稱爲《元和志》，《讀史方輿紀要》稱爲《方輿紀要》等，甚至《魏書》等正史中的傳記直書傳名，等等。對於書名、篇名的簡省，通常在首次出現進行補闕外，其後便不再增補。其次爲引述文獻内容的節略。張穆的許多引述，可謂“意引”“節引”，並非全部照鈔。爲保证原始文獻的完整性，避免以訛傳訛，輯校者在較多内容節省的情況下加以標注，以免讀者的誤解。

七、關於錯訛脱漏内容的處理。存稿輯校工作以最大限度地保存原書風貌爲指針，因此，對於原稿中明顯的錯訛脱漏的内容進行補、改、存考等處理。將原稿錯訛内容用尖括號〈 〉括出（包括原稿作者已圈删的文字），但不直接從字面删去。將輯校者改定、補充的文字用花括號｛ ｝標出。

目　録

《魏延昌地形志》卷之二

《魏延昌地形志》序[一]

魏收所撰《魏書·地形志》三卷，簡略太甚。其敘州郡，不述太和全盛之規，轉録武定分裂之制，識者病之。平定張君（穆）著有《延昌地形志》一書，精博之至[二]。大〈指〉{旨}謂魏收書乃東魏之志[三]，與北魏無涉，于道武、太武建國之模，孝文、宣武創垂之業一字不紀，而徒貢諛高齊，自來志家〈書〉無此荒謬[四]。乃博采旁稽，重事厘訂，凡古書及金石遺文有涉及魏事者，必詳采之。西北陂塘〈唐〉堰澤[五]，中尉紀敘最詳[六]。今並考其興廢及見今情形，冀後來者有所取法。《收志》訛字甚多，以酈氏《水經注》及各地志正〈訂〉其訛脱[七]。有《總圖》，有各州郡圖，載每卷之首[八]。

余略爲繙閱，洵屬〈爲〉實事求是之書[九]。其中尤精確者，如并州上党郡之石井關，《收志》沿《班志》上黨郡"有天井關"之文。不知漢上党郡南逾陽阿，魏上党境南不過玄{元}氏[一〇]，乃改繫之"建興郡高都"下[一一]。〈并〉{晉}州平陽之禽昌縣[一二]，收云[一三]："即漢、晉之北屈。"不知漢、晉北屈縣在今吉州東北，魏禽昌縣在今平陽東、洪洞東南，相岠{距}絶遠[一四]，斷非一地；並推詳其致誤之由。又"永安郡平寇縣"有雞頭山神祠[一五]，謂即今{忻州}繫舟山{之}支阜[一六]，繫舟、雞頭，聲轉最近。"浮陽郡章武縣"有"大家姑祠"[一七]，"或云麻姑神。"據《寰宇記》[一八]，清池縣有"麻姑城"。而《水經·〈濁漳〉{淇水}注》[一九]："清河又東北，逕〈紵〉{紵}姑邑南[二〇]，俗謂之新城。"俗説"麻姑"，蓋即由〈博〉{傅}會"紵姑"之名而起[二一]，紵、麻義相通也〔二二〕。

又此書雖爲《魏志》而作，兼爲讀《水經注》者示其表暇，故凡與《酈注》相涉者每不憚詞費，然亦不意存左袒。如“太倉翟泉”，則從《伽藍記》〔二三〕，而不從酈氏之説。至於戴氏所校之本〔二四〕，未免意爲刪改。如《收志》“濕沃縣”有“后父城”〔二五〕，即《〈漯〉{河}水注》之“后輔城”〔二六〕。近本“后”訛作“右”〔二七〕。戴氏不知取證《收志》，而改“右”爲“左”〔二八〕。凡若此者，亦一一辨正之。其繫以延昌者，據《初學記》引《括地志》云：“{後}魏孝文帝都洛陽〔二九〕，開拓土宇。明帝熙平元年，凡州四十六，鎮十二，郡國二百八十九矣。”〔三〇〕熙平者，宣武延昌四年之後一年，元魏之盛，至此已極，故斷自延昌也。

余于嘉慶十五六年間，在京師文穎館總閲《全唐文》時，館中供事於《永樂大典》中鈔得古洛陽圖數紙，内有《後魏洛陽宫城圖》《金墉城圖》，所載宫殿、樓觀甚詳，並有李彪、崔林、長孫稚、鄭道昭諸宅。其圖非後人所能臆造，曾摹刻於版，試取觀之，倘亦有所裨助焉。

道光二十三年冬十月，揚州阮元識于怡志林泉之館〔三一〕。

【校注】

〔一〕據筆者查證，該篇序文應爲清代學者劉文淇爲阮元所代作。原文参見劉文淇《青溪舊屋集》卷五《魏延昌地形志序》（代）。除落款署名及個别訛脱之處外，與本稿原文幾乎完全相同。劉文淇也爲石翁摯友，他在文章標題所注一個“代”字，也説明了這個問題。不過，序中所涉事實，如總閲《全唐文》及《永樂大典》所存《後魏洛陽宫城圖》《金墉城圖》之事，應爲阮元親歷而口授。校訂此序所據版本有：（1）《青溪舊屋集》卷五（簡稱“文集本”）；（2）《清人文集地理類彙編》，第 135 至 136 頁（簡稱“彙編本”）。

〔二〕“文集本”“彙編本”均脱寫此四字。

〔三〕原稿此句“旨”誤寫爲“指”，據改。又“文集本”“彙編本”此句衍寫一“其”字。

〔四〕“文集本”“彙編本”此句“志家”誤寫爲“志書”，待考。

〔五〕“彙編本”此句“塘”誤寫爲“唐”，應誤。

〔六〕中尉，即指酈道元，因爲酈氏生前曾經官拜御史中尉，故後世學者仍常稱

“中尉”名號以指代酈氏。在本稿中石翁也常稱“中尉”之名指代酈氏。

〔七〕“文集本”“彙編本”此句“正”改寫爲“訂”。

〔八〕介生按:本稿所輯目録並無《總圖》與《各州郡圖》之列,可見何秋濤所見之原稿已遺失圖版部分。

〔九〕“文集本”“彙編本”此句“屬”改寫爲“爲”,存考。

〔一〇〕介生按:原稿此句作“玄”應有筆誤或臆改,《漢書·地理志》上黨郡有“泫氏縣”。泫氏,後改名“玄氏”,玄氏在今本《魏書·地形志上》“建州長平郡”下。而在本稿中,石翁爲避朝諱例將“玄”改爲“元”,“彙編本”“文集本”均作“元氏”。存考。

〔一一〕“建興郡高都縣”在本稿所輯《魏延昌地形志》卷三“司州”下。

〔一二〕此句出處有誤,“禽昌縣”在今本《魏書·地形志上》“晉州平陽郡”下,故“并州”應爲“晉州”之誤,據改。

〔一三〕“文集本”“彙編本”此句無“收”字。

〔一四〕原稿此句作“岠”,“文集本”“彙編本”作“距”,“岠”與“距”相通。

〔一五〕“永安郡平寇縣”在今本《魏書·地形志上》“肆州”下。“平寇縣”在本稿所輯《魏延昌地形志》原目録卷八“肆州新興郡”下。“文集本”“彙編本”此句脱寫一“又”字。

〔一六〕“文集本”“彙編本”此句有“忻州”“之”字,據補。

〔一七〕浮陽郡章武縣在今本《魏書·地形志上》“滄州”下。“章武縣”在本稿所輯《魏延昌地形志》原目録卷五“瀛州章武郡”下。

〔一八〕引文見樂史所撰《太平寰宇記》卷六五。《太平寰宇記》,本稿中通常簡稱爲《寰宇記》。

〔一九〕介生按:此句引文出處疑有誤,經查證,以下引文出自《水經·淇水注》,據改。“文集本”“彙編本”此句補寫一“水”字,據補。

〔二〇〕原稿此句“紵”誤寫爲“綷”,據改。

〔二一〕原稿此句“傅”誤寫爲“博”,據改。

〔二二〕介生按:《水經注疏》撰著者與石翁意見相同,如此條下校語云:“會貞按:《地形志》章武縣:有大家姑祠,俗云海神,或云麻姑神。漢曹大家,‘家’與‘姑’同。《地形志》‘家’下‘姑’字衍。《寰宇記》清池縣有麻姑城,引《郡國志》:即漢武東巡祀麻姑,故有此名。此作‘紵姑’,考《詩·陳風》:可以漚紵。陸璣《疏》:紵亦麻也。然則紵姑邑,即麻姑城矣。《一統志》:麻姑城在滄州北。”

〔二三〕《伽藍記》即指北魏楊衒之所著《洛陽伽藍記》,也爲本稿簡稱之例。

〔二四〕介生按:戴氏即指清代學者戴震(字東原),其所校《水經注》,即通常所稱“武英殿聚珍本(殿本)《水經注》”,即今“四部叢刊”本《水經注》。

〔二五〕“濕沃縣”在今本《魏書·地形志上》“滄州樂陵郡”下。

〔二六〕介生按:此句出處疑有誤。《水經注》諸本目録並没有單列《漯水注》,漯水内容附在《河水注》下,據改。

〔二七〕《水經注疏》《水經注校證》及文淵閣四庫全書本《水經注》此句均作“右輔城”,《水經注疏》校云:“守敬按:《地形志》濕沃:有后父城。后、右形近,父、輔音同。”但並未予以訂正。

〔二八〕介生按:經查證,今本“四部叢刊”本《水經注》此條仍作“右輔城”,並未作校改,與序文作者所見之版本不同。

〔二九〕原稿此句前省略一“後”字,據補。

〔三〇〕此段引文出自今本《初學記》卷八《州郡部》。

〔三一〕據《石州年譜》記載:道光二十三年(1843年),“歲杪,奉到阮芸臺相國手書並撰《魏延昌地形志序》”。“文集本”“彙編本”均無此句落款。

《魏延昌地形志》自序〔一〕

魏收書初出，即重爲世所詬厲。其《地形志》，近代始稍稍攻之，然特議其縮籍不斷自太和，雍、秦郡縣多所脱漏而已，至於《志》之巨謬及收之本旨，未有顯言者也。

考拓跋氏肇基恒朔，遷鼎洛陽，兩地宏規，最宜晐{賅}備〔二〕，此如頌周京者，知稱豐鎬，必溯{溯}邠、岐〔三〕；美漢業者，既尊三輔，敢略沛、豐？龍興虎視，根本重地，未可率爾也。乃《收志》司州、洛尹〔四〕，分析畸零；盛樂、平城，全歸寄治。數典忘祖，悖孰甚焉？而其本旨則正以貢諛東魏，張貢諛高齊之本。首鄴，孝靜都也；次定，次冀，甸服也。以形勢論，即應西敘〈穎〉{潁}、洛〔五〕，東條兗、濟，乃横廁并州於其間者，晉陽，高歡之行臺也。觀"太原郡晉陽"注下特書曰："出帝〈永熙〉{太昌}中霸朝置大丞相府〔六〕，武定初，齊獻武王〈止〉{上請}置晉陽宫〔七〕。"自古地家無此變例，然而收之本旨顯然明白矣。

且收雖云"據永熙縮籍"，而分、並、建、革，一以天平、元象、興和、武定爲限，則收是《志》，純乎東魏之志而已，純乎籍{藉}東魏以表高氏受命之符而已〔八〕。武定六年，魏遣兵略江淮，取梁二十三州；七年，取梁青州及山陽郡淮陰；越一年而高洋篡魏，此《收志》前二卷所以始于魏尹，終於沿邊新附諸州也。其弟{第}三卷雍、秦以下諸州〔九〕，地入西魏，不關於高，遂挩失踳駁，不可闓數。徒以書綜全魏，不得不旁及關西，聊充卷袟{帙}爾〔一〇〕。[原注：杜君卿曰〔一一〕："魏收《史》所載州郡，是東魏静帝武定中，其時洛陽以西及關中、梁、益之地悉屬西魏，收猶總而編之。"]

穆初讀《水經注》，即謀博征典籍，撰爲義疏。黟俞君理初教之曰〔一二〕："是當先治《地形志》。"取而讀之，苦其蕪亂。大興徐丈星伯嘗敂{叩}以《收志》分卷之由〔一三〕，亦茫無以對。單心鉤稽，退寫爲圖，圖成，始恍然曰："此非北魏之志也。而自來〈說北魏〉{談拓跋}疆{疆}域者〔一四〕，率以是《志》斠其里到，遇有收所失載之郡縣，若建陽、長松〈上粉〉[夾注：上粉，《{水}經》文。]之類〔一五〕，輒以爲後人羼亂，傎矣！"於是更事排纂，勒爲此《志》。

建置斷自延昌者，按《初學記》引《括地志》云："{後}魏孝文帝都洛陽〔一六〕，開拓土宇。明帝熙平元年，凡州四十六，鎮十二，郡國二百八十九矣。"熙平者，延昌四年之後一年。《通鑑》"梁天監十年"下云："是〈時〉{歲}〔一七〕，梁之境内，有州二十三〔一八〕，郡三百五十，縣千二十二。是後州名浸多，廢置離合，不可勝〈紀〉{記}〔一九〕。[夾注：語本《隋書·地理志敘》。]魏朝亦然。"梁天監十年者，魏之永平四年，延昌改元之前一年也。豈不以孝文奠宅京之烈，宣武撫全盛之業，元魏疆{疆}里斯其極哉！熙平以後，增改頗多，孝昌之際，淪亡遂甚，仍一一附見條下，俾一朝沿革有所考焉，而盛衰之感，繫於此矣。恒、代以北，晉末棄諸荒徼，郡縣不立，魏設重鎮制之，士馬騰强，所由盛也。《通鑑》宋〈秦〉{泰}始五年《注》〔二〇〕："魏自北方並有諸夏，並依魏、晉制，置諸州刺史。其西北被邊，夷、晉雜居之地，則置鎮將以鎮之。"〔二一〕孝明改鎮爲州，易都將以刺史，漸用削弱，國遂不支，尤一代廢興所關，故臚敘特詳，以示鑒戒之義。

三代以來山川古跡，班、馬兩《志》甄録已多，收書或繁，或嗇，絶無條理。今亦不復盜襲前修，以炫耳目。而古籍遺文有涉及魏事者，則畢加搜討，不惜〈覶〉{覼}縷〔二二〕。典實既陳，隘塞牏具，亦考古所必資矣。晉自永嘉以後，群胡雜族，版蕩中原，凡五代十六國，攻守戰伐之跡，皆魏人席捲之先驅，而晉、隋《地志》記載闕如，揆以"漢詳秦制"之例，亦此《志》所應薈萃也。《隋志》《通典》《元和志》《寰宇記》《通鑑注》株引既多，差互不免，必鑿然有徵，始用據補，餘並附存案語，以俟達者，不敢臆決也。

又此《志》雖以魏事爲本，鄙意所在〔二三〕，則並欲爲世之讀《酈注》者通其徑術，故凡〈爲〉中尉所條列〔二四〕，每不憚其詞之煩。西北陂塘堰澤，尤有心經世者，討論所必先。茲並考其興廢及現今情形，庶後來者有所取法焉。昔沈約敘《宋｛書｝州郡志》曰〔二五〕："地理參差，其詳難舉，實由名號驟易，境土屢分。或一郡一縣，割成四、五；四、五之中，亟有離合。千回百改，巧厤｛歷｝不筭｛算｝〔二六〕；尋校推求，未易精悉。"夫由今日訂延昌之籍，視休文撰大明之書〔二七〕，去古彌遠，難應倍蓰。尋校無凴，矧云精悉？然以刊《收志》之謬，補《魏書》之闕，或亦談拓跋畺｛疆｝域者所不廢云爾。

道光二十一年重光赤奮若孟陬良日，平定張穆饔〔二八〕。

【校注】

〔一〕介生按：校訂此篇《自序》所據版本有：（1）譚其驤主編：《清代文集地理編》，簡稱"彙編本"；（2）《月齋詩文集》"文集"卷三，清代咸豐八年祁寯藻刻本，簡稱"祁氏刻本"；（3）《月齋詩文集》"文集"卷三，《山右叢書初編》（山西人民出版社 1986 年），簡稱"文集本"。

〔二〕"晐備"即"賅備"，"晐"與"賅"相通。

〔三〕溯，同"溯"，"彙編本"改爲"溯"。

〔四〕介生按：本稿中通常將《魏書・地形志》簡稱爲"《收志》"。

〔五〕原稿此句"潁"誤寫爲"穎"，據改。

〔六〕今本《魏書・地形志上》此句卷末"校勘記"云："諸本'太昌'作'永昌'。楊校：孝武帝改元太昌，非永昌也。此'永'爲'太'之誤。按《北史》卷六《齊本紀》上稱：'并州平，神武以晉陽四塞，乃建大丞相府而定居焉。''并州平'在太昌元年七月，見卷一一《出帝紀》。這里'永'乃'太'之訛，楊説是，今改正。"石翁所見版本作"永熙"，非"永昌"，據改。

〔七〕今本《魏書・地形志上》此句卷末"校勘記"云："南本以下諸本'上'作'止'，獨百衲本作'上'。按《北史・齊紀》上武定三年正月丁未記'神武請於并州置晉陽宫’。‘上’作‘上請’解,今從百衲本。”介生按:如以百衲本爲是,則應再補一“請”字,存考。

〔八〕介生按:“彙編本”“文集本”及《月齋詩文集》“祁氏刻本”均脱末一句,據原稿補。原稿“籍”爲“藉”之通假字。

〔九〕原稿此句作“弟三卷”,弟,古義同“第”。

〔一〇〕今校本“袟”改爲“帙”,“袟”與“帙”相通,不必改。

〔一一〕介生按:杜君卿,即唐代學者杜佑。杜佑,字君卿,爲唐代著名學者,撰有《通典》等。以下引文見今本《通典》卷一七一《州郡部》注文。

〔一二〕介生按:俞理初,即指清代學者俞正燮。俞正燮,字理初,清代徽州府黟縣人,著有《癸巳類稿》等著作。張穆對俞氏的學問十分敬重,曾有《感懷詩》云:“俞君黟大儒,精博蘭陵荀。客邸一解後,過從輒頻頻。”

〔一三〕徐星伯,即徐松。徐松,字星伯,清代直隸順天府大興(今北京城西南)人,是清代著名歷史地理學家,著有《唐兩京城坊考》《西域水道記》《新疆志略》等,也爲石翁摯友。原稿作“敏”,“敏”與“叩”相通。“彙編本”作“徐文星伯”,誤。

〔一四〕原稿本作“説北魏”,夾注改爲“談拓跋”,據改。又原稿有幾處“畺”字,“彙編本”改爲“疆”,畺爲“疆”之古字,可見石翁尚古之意,不必改。

〔一五〕原稿本有“上粉”二字,後被圈删。又“夾注”所云《經》,應爲酈道元《水經注》所本之《水經》,據補“水”字。

〔一六〕原稿引文略去一“後”字,據補。

〔一七〕原稿引文出自今本《資治通鑑》卷一四七《梁紀三》,此句“歲”誤寫爲“時”,各本均未更正,據改。

〔一八〕引文此句下胡三省注云:“此據《五代史志》。按蕭子顯《齊志》:齊有揚、南徐、豫、兖、南兖、北徐、青、冀、江、廣、交、越、荊、巴、郢、司、雍、梁、秦、益、寧、湘、南豫二十三州。時已廢巴州,當以王茂所立宛州足之。”介生按:據石翁夾注,此段引文應出自《隋書·地理志》,胡氏所指《五代史志》應有誤。蕭子顯《齊志》,即指《南齊書·州郡志》。

〔一九〕原稿引文此句“記”誤寫爲“紀”,據改。

〔二〇〕此段《通鑑》胡三省注文,爲原稿夾注所增,“彙編本”“文集本”及“祁氏刻本”均無,據原稿補。原稿“泰”誤寫爲“秦”,據改。

〔二一〕此段注文出自今本《資治通鑑》卷一三二《宋紀十四》胡注。

〔二二〕介生按:原稿及“文集本”此句作“覵”,“祁氏刻本”與“彙編本”改爲“覵”,覵,與“覵”義不同,應以“覵”爲是,據改。

〔二三〕原稿此句有“所在”二字,“彙編本”“文集本”及“祁氏刻本”均脱。

〔二四〕原稿此句有“爲”字,後被圈删。

〔二五〕原稿此句省略一“書”字，據補。

〔二六〕原稿此句“巧厤不筭”，“厤”同“歷”，“筭”同“算”。介生按：石翁精深于古文字與書法源流，故原稿中喜用古字、異體字。

〔二七〕沈約，字休文。大明爲南朝劉宋朝之年號，“大明之書”即指《宋書》。

〔二八〕介生按：“重光赤奮若”或作“重莊赤奮若”，即指辛丑年，道光二十一年。孟陬，即指農曆一月。“簨”，諸本或改爲“譔”，或改爲“撰”，音義皆同，不必改。又諸本均略去“平定張穆”四字。

《魏延昌地形志》總目

平定張穆石州撰

光澤何秋濤願船編次

【校注】

〔一〕介生按:據此注文可知,總目應爲後來學者整理之成果,非張穆本人或何秋濤所作。

《魏延昌地形志》分目[一]

魏延昌地形志

卷之一

司州上

領郡二十　縣一百二十一{一百二十}[二]

河南尹　領縣十五

洛陽　河南　河陰　鞏　東垣　新安　〈潁〉{穎}陽[三]　堙陽

治城　梁　石臺　東汝南　南汝原　新城　陸渾[四]

卷之二

司州中

〈熒〉{滎}陽郡[五]　領縣九

〈熒〉{滎}陽[六]　成皋　京　密　眷{卷}[七]　陽武　中牟

苑陵　開封

潁川郡　領縣六

長社　許昌　陽翟　鄢陵　新汲　臨潁

汲郡　領縣七

汲(秋濤按:原稿據所引《寰宇記》及石州自記,仍以汲爲郡治。)朝歌[八]　獲嘉

修武　共　山陽　林慮

東郡　領縣十三[九]

白馬　涼城　東燕　酸棗　長垣　小黄　封丘　濟陽　尉氏

扶溝　陽夏　雍丘　圉城

卷之三

司州下

河内郡　領縣十一

野王　懷　州　平皋　溫　沁水　軹　白水　清廉　萇平　西太平

建興郡　領縣四

陽〈河〉{阿}〔一〇〕　高都　玄氏　長平

安平郡　領縣二

端氏　濩澤

平陽郡　領縣八

楊　平陽　禽昌　襄陵　臨汾　泰平　北絳　永安

正平郡　領縣二

曲沃　南絳

河東郡　領縣六

蒲阪　聞喜　安定　北解　南解　猗氏

北鄉郡　領縣二

汾陰　北猗氏

高涼郡　領縣二

高涼　龍門

河北郡　領縣四

大陽　河北　安邑　夏

恒農郡　領縣九

北陜　陜中　崤（秋濤按：原稿"崤"下有"恒農縣"，當依此目，移於"西恒農郡"下。）〔一一〕　盧氏　南陜　宜陽　金門　東亭　南澠池

西恒農郡〔一二〕　領縣一

恒農（石州自記云：單屬。）

石城郡　領縣二

石城　同堤

澠池郡　領縣二

北澠池　俱利

魯陽郡　領縣二〔一三〕

山北　河山（原稿此下有“汝南”“符壘”，石州於眉上自記：“此二縣移寫下‘西舞陽’後。”）

襄城郡　領縣十三〔一四〕

襄城　繁昌　龍山　龍陽　郟城　南〈舞陽〉陽（應考）〔一五〕

北舞陽　雲陽　西舞陽　汝南　符壘　昆陽　高陽

卷之四

相州

領郡六　縣四十六

魏郡　領縣八

鄴　蕩陰　安陽　内黄　〈斤〉{斥}丘〔一六〕　魏　昌樂　臨水

陽平郡　領縣八

館陶　清淵　元城　發干　樂平　臨清　武陽　陽平

廣平郡　領縣十四

曲梁　廣平　廣〈非〉{年}〔一七〕　平恩　曲安　邯鄲　肥鄉

列人　斥章　易陽　武安　襄國　南和　任

頓丘郡　領縣五

頓丘　衛國　臨黄　繁陽　陰安

清河郡　領縣五（無倚縣）〔一八〕

武城　繹幕　清河　侯城　貝丘

南趙郡　領縣六

廣阿　平鄉　鉅鹿　南〈欒〉{欒}〔一九〕　柏人　中丘

定州

領郡五　縣三十

中山郡　領縣十

盧奴　唐　望都　上曲陽　魏昌　新市　毋極　安喜　蒲陰　北平

常山郡　領縣七

九門　真定　行唐　蒲吾　靈壽　井陘　石邑

鉅鹿郡　領縣四

曲陽　〈稾〉{槀}城〔二〇〕　鄡　〈瘻〉{廮}陶〔二一〕

趙郡　領縣五

平棘　房子　元氏　高邑　〈欒〉{欒}城〔二二〕

博陵郡　領縣四

安平　饒陽　深澤　安國

卷之五

冀州

領郡三　縣二十六

長樂郡　領縣十一

信都　南宮　扶柳　堂陽　棗强　索盧　廣川　廣宗　武强　經　下博

勃海郡　領縣十

東光　南皮（秋濤按：原稿"南皮"在"東光"前，應依此目更正。）蓚{脩}〔二三〕　安陵　般　重合　西平昌　平原　安德　鬲

武邑郡（無倚{縣}〔二四〕）　領縣五

武遂　阜城　灌津　武邑　武强

瀛州

領郡四　縣二十五

高陽郡　領縣九

高陽　博野　蠡吾　易　〈秋〉{扶}輿[二五]　新城　樂鄉　永寧　清苑

章武郡　領縣八

平舒　成平　東州　文安　章武　饒安　浮陽　高城

河間郡　領縣四

武垣　樂城　中水　鄚

樂陵郡　領縣四

樂陵　陽信　厭次　濕沃

安州

領郡三　縣七

廣陽郡　領縣二

燕樂　廣興

密雲郡　領縣三

密雲　要陽　白檀

安樂郡　領縣二

安市　土垠

平州

領郡二　縣五

遼西郡　領縣三

肥如　陽樂　海陽

北平郡　領縣二

新昌　朝鮮

營州

領郡二　縣四

昌黎郡　領縣二

　龍城　廣興（秋濤按：原稿此下有"平剛"，當依石翁此目删。）

建德郡　領縣二

　石城　廣都

卷之六

恒州

領郡十二〔二六〕　縣十七（秋濤按：恒、朔諸州皆石州鑿空而成，精力盡見於此。）

代尹　領縣三

　平城　武周　永固（原稿此下有"太平縣"，石翁移爲郡。）

太平郡（〈參〉{無}領縣。）〔二七〕

平齊郡　領縣二

　懷甯　歸安

桑乾郡（無領縣。　秋濤按：當領桑乾一縣也，記考。）

涼{梁}城郡〔二八〕　領縣二

　參合　旋{裋}鴻〔二九〕

善無郡　領縣二

　善無　沃陽

繁畤郡　領縣二

　繁畤　崞山

高柳郡　領縣二

　安陽　高柳

靈邱郡　領縣二

　靈丘　莎泉

北靈丘郡　領縣二

長寧　廣牧（秋濤按：此二縣俟考。石翁按語在“朔州廣牧郡”眉上：“當移入此處”。）

内附郡（無領縣。）

燕州

領郡七　縣十

廣寧郡　領縣二

廣寧　潘

大寧郡　領縣二

大寧　小寧

昌平｛平昌｝郡〔三〇〕　領縣二

昌平　萬言

東代郡　領縣一

平舒（自《收志》“上谷郡”移此。）

平原郡（無領縣。）

上谷郡　領縣一

居庸

徧城郡　領縣二

廣武　沃野

朔州

領郡五　縣十一

盛樂郡　領縣二

歸順　還安

雲中郡　領縣二

延民　雲陽

建安郡　領縣二

永定　永樂

真興郡　領縣三

真興　建義　南恩

廣牧郡　領縣二

陽原(在眉上"應補"。)　富昌

卷之七

幽州

領郡三　縣十八

燕郡　領縣五

薊　廣陽　良鄉　軍都　安城

范陽郡　領縣七

涿　固安　范陽　萇鄉　方城　容城　遒

漁陽郡　領縣六

潞　雍奴　無終　漁陽　土垠　徐無

卷之八

并州

領郡三　縣十九

太原郡　領縣十

晋陽　祁　榆次　中都　鄔　平遥　〈沽〉{沾}〔三一〕　受陽

長安　陽邑

上黨郡　領縣五

屯留　長子　壺關　寄氏　刈陵

鄉郡　領縣四

鄉　涅　襄垣　銅鞮

肆州

領郡三　縣十一

新興郡　領縣五

定襄　平寇　陽曲　蒲子　驢夷

秀容郡　領縣四

秀容　石城　肆盧　敷城

雁門郡　領縣二

廣武　原平

汾州

領郡四　縣十二

吐京郡　領縣二

吐京　新城

五城郡　領縣四

長壽　五城　平昌　石城

定陽郡　領縣三

吉昌｛定陽｝〔三二〕　昌寧　斤城

西河郡　領縣〈二〉｛三｝〔三三〕

隰城　永安　介休

卷之九

兖州

領郡七　縣四十

泰山郡　領縣六

鉅平　奉高　博平　嬴　牟　梁父

魯郡　領縣六

魯　汶陽　鄒　陽平　新陽　〈弁〉｛卞｝〔三四〕

高平郡　領縣七

高平　方與　金鄉　平陽　任城　亢父　鉅野

東平郡　領縣七

無鹽　範　須昌　壽張　平陸　富城　剛

東陽平郡　領縣五

元城　樂平　頓丘　館陶　平原

東泰山郡　領縣〈二〉{三}〔三五〕

南城　新泰　武陽

濟陰郡　領縣六

定陶　離狐　冤句　乘氏　考城〔三六〕　己氏

南兖州

領郡七　縣十九

(第二)陳留郡　領縣五

小黄　浚儀　谷陽　東燕　武平

梁郡　領縣三

睢陽　襄邑　下邑

下蔡郡　領縣四

樓煩　下蔡　臨淮　龍亢

譙郡　領縣三

蒙　蘄　寧陵

沛郡　領縣二

蕭　相

馬頭郡　領縣二

己吾　蘄

(第一)渦陽郡(領縣無考。)

平陽郡(坿{附}〔三七〕　領縣無考。石州云:此郡隸何州,未得確據,姑附此。)

卷之十

濟州

領郡三　縣十六

濟北郡　領縣六

盧　臨邑　東阿　肥城　谷城　蛇丘

平原郡　領縣六

聊城　博平　茌平　鄃　零　高唐

濮陽郡（治黎城，非縣。）　領縣四

廩丘　濮陽　城陽　鄄城（鄄城改仍第四。）

青州

領郡九　縣四十八　治東陽城。

齊郡　領縣〈九〉〔三八〕

臨淄　昌國　益都　盤陽　{平昌}　廣饒　西安　安平　廣川

北海郡　領縣五

平壽　下密　劇（秋濤按：原稿“劇”在“下密”前，當依此目移正。）　都昌　膠東

樂安郡　領縣四

千乘　博昌　安德　般

渤海郡　領縣〈二〉{三}〔三九〕

長樂　重合　脩

高陽郡　領縣五

高陽　新城　鄚　安次　安平

河間郡　領縣六

阜城　城平　武垣　樂城　章武　南皮

樂陵郡　領縣五

陽信　樂陵　厭次　新樂　濕沃

高密郡　領縣五

高密　夷安　黔〈陬〉{陬}〔四〇〕　平昌　東武

平昌郡　領縣六

昌安　淳于　營陵　安丘　朱虛　琅邪

南青州

領郡二　縣六　治團城。

東莞郡　領縣三

東莞　莒　諸

東安郡　領縣三

蓋　新泰　發干

卷之十一

齊州

領郡六　縣三十五

濟南郡　領縣六

歷城　著　東平陵（稿删"平"字。）〔四一〕　土鼓　逢陵　朝陽

東魏郡　領縣九

聊城　蠡吾　頓丘　肥鄉　衛國　博平　安陽　東魏　臨邑

東平原郡　領縣六

平原　鬲　臨濟　茌平　廣宗　高唐

東清河郡　領縣七

貝丘　清河　繹幕　鄃　零　武城　饒陽

廣川郡　領縣三

武强　索盧　中水

東太原郡〔四二〕　領縣四

太原　祝阿　山〈茬〉{茌}〔四三〕　盧

光州

領郡二　縣十三

東萊郡　領縣七

掖　西曲成　東曲成(原稿"〈西〉曲成"之"成"〔四四〕,皆作"城"。)　盧鄉

牟平　黄　㡃〔四五〕

長廣郡　領縣六

即墨　昌陽　長廣　不其　挺　當利

卷之十二

雍州

領郡五　縣三十三

京兆郡　領縣八

霸城　長安　杜城〔四六〕　鄠　山北　新豐　陰槃　藍田

馮翊郡　領縣七

高陸　頻陽　萬年　蓮勺{芍}〔四七〕　夏封　廣陽　鄣

扶風郡　領縣五

好畤　始平　美陽　槐里　盩〈屋〉{厔}〔四八〕

咸陽郡　領縣五

池陽　石安　靈武　寧夷　涇陽

北地郡　領縣八

富平　泥陽　〈戈〉{弋}居〔四九〕　雲陽　銅官　土門　宜君

三原

岐州

領郡三　縣九

平秦郡　領縣三

雍　周城　横水

武都郡　領縣四

虢　苑川　平陽　高車

武功郡　領縣二

美陽　〈漠〉{莫}西〔五〇〕

華州

領郡三　縣十三

華山郡　領縣五

鄭　華陰　夏陽　敷西　郃陽

澄城郡　領縣五

澄城　五泉　三門　宫城　南五泉

白水郡　領縣三

南白水　白水　姚谷

卷之十三

秦州

領郡〈三〉五〔五一〕　縣十九（照稿改。）

天水郡　領縣四

上封　顯新{親}〔五二〕　平泉　當亭

略陽郡　領縣〈八〉{七}〔五三〕

安夷{戎}〔五四〕　綿諸　隴城　清水　阿陽　新興　南由

漢陽郡　領縣三

黄瓜　楊原{陽廉}〔五五〕　階陵

隴西郡　領縣二

襄武　首陽

南安陽郡　領縣二

桓道　中陶

南秦州

領郡九(附録二。)　縣二十七

仇池郡　領縣二

階陵　倉泉

廣業郡　領縣二

下辨　白石

固道郡　領縣三

兩當　廣鄉　梁泉

廣化郡　領縣二

廣化　思案

天水郡　領縣三

水南　平泉　平原

漢陽郡　領縣二

蘭倉　穀泉

武都郡　領縣五

石門　白水　東平　孔提　長松

武階郡　領縣四

蝨當　北部　南五部　赤土{万}〔五六〕

修武郡　領縣四

廣長　平洛　〈相〉{柏}樹〔五七〕　下辨

建陽郡(附)

平武郡(附)

東秦州

領郡二　縣七

中部郡　領縣四

中部　石保　狄道　長城

敷城郡　領縣三

洛川　敷城　定陽

豳州

領郡三　縣九

趙興郡　領縣五

定安　趙安　高望　獨樂　陽周

西北地郡　領縣二

富平　安武

襄樂郡　領縣二

襄樂　膚施

洛州

領郡五　縣七

上洛郡　領縣二

上洛　拒陽

上庸郡　領縣二

豐陽　商

魏興郡　領縣一

陽亭

始平郡　領縣一

上洛

萇和郡　領縣一

南商

卷之十四

涇州

領郡六　縣十六

安定郡　領縣五

安定　臨涇　朝那　烏氏　石堂

隴東郡　領縣三

涇陽　祖厲{居}〔五八〕　撫夷

新平郡　領縣四

白土　爰得　三水　高平

趙平郡　領縣一

鶉觚

平涼郡　領縣二

鶉陰　陰密

平原郡　領縣一

陰槃

卷之十五

夏州

領郡五　縣十（以下皆據石翁初稿補目。〈自〉夏州〈以下〉一篇原稿未完，東夏州以下全闕，秋濤依原例〈籤記之〉輯補成書，語足成之〔五九〕。）

化〈城〉{政}郡〔六〇〕　領縣二

革融　巖緑

闡熙郡　領縣三

山鹿　新圀　長澤（補）

金明郡　領縣三

永豐　啟寧　廣洛

代名郡　領縣二

呼酋　渠搜

大興郡（領縣無考。）〈石翁補目，俟考。〉〔六一〕

東夏州

領郡五　縣〈九〉十一〔六二〕（附縣一。）

偏城郡　領縣二

廣武　沃野

朔方郡　領縣四

魏平　政和　朔方　石城（補）

定陽郡　領縣三

臨戎　臨真　〈附〉因城（補。）〔六三〕

〈補〉樂川郡〔六四〕　領縣一

安平

〈補〉義川郡〔六五〕　領縣一

永寧

〈附縣一　因城（未知何郡，俟考。）〉〔六六〕

涼州

領郡〈十三〉{十四}〔六七〕　縣〈二十三〉{二十八}〔六八〕

武威郡　領縣二

林中　襄{城}〔六九〕

（夾注：應〈改〉移"武威"在前。）

武安郡　領縣一（原批云：姑臧事蹟悉注此下。按：姑臧後魏改林中事蹟，應見彼處。此武安在今鎮番，距姑臧尚遠。繹《隋志》所記，廼分姑臧置武安郡，非改姑臧爲武安郡也。今仍以武威郡居首。姑臧事蹟皆注"林中縣"下，附記於此。）

宜盛

臨杜郡　領縣二

安平　和平

建昌郡　領縣三

榆中　治城　蒙水

番和郡　領縣二

彰　燕支

泉城郡　領縣一

新陽

武興郡　領縣三

晏然　馬城　休屠

〈武威郡　領縣二

林中　襄城〉(夾注:應改"武安"。)〔七〇〕

昌松郡　領縣三

溫泉　揟次　莫口

東涇郡　領縣一

臺城

梁寧郡　領縣二

園池　貢澤

廣武郡(補)　領縣三

廣武　允吾　令居

魏安郡(補,領縣無考。)

張掖郡　領縣二

永平　山丹

澆河郡(補)　領縣三

河津　石城　廣威

河州

領郡四　縣〈十二〉{十三}〔七一〕(又附郡一縣　縣一。)

金城郡　領縣三

子城(補)　榆中　大夏

武始郡　領縣三

勇田　狄道　陽素

洪和郡　領縣三

水池　藍田　蕈川{州}〔七二〕　(臨洮當補。)

臨洮郡　領縣四

臨洮(補)　龍城　石門　赤水

附:〈澆河郡　領縣一　(延昌時,無鄯、瓜二州。)

石城　(存考。)〉〔七三〕

卷之十〈五〉六〔七四〕

梁州

領郡六　縣〈十四〉{十六}〔七五〕

晉昌郡　領縣四

龍亭　興勢　南城　宜安(補)

褒中郡　領縣三

褒中　武鄉　廉水

安康郡　領縣二

安康　寧都

漢中郡　領縣三

南鄭　漢陰　城固

華陽郡　領縣三

華陽　沔陽　嶓塚

豐寧郡　領縣一

豐寧

巴州

領郡〈二〉{五}[七六] 縣〈一〉{六}[七七](《〈本〉收志》郡縣缺，此皆石〈翁〉{州}補目。)[七八]

大谷郡 〈無〉領縣一[七九]

梁大

歸化郡 領縣二

歸化{仁}[八〇] 曾口

木門郡 領縣一

伏疆{彊}[八一]

北水郡 領縣一

難江

晉昌郡 領縣一

長樂

益州

領郡六 縣〈十四〉{十五}[八二](附僑郡二)

東晉壽郡 領縣四

黄 石亭 興{晋}安[八三] 晉壽

西晉壽郡 領縣二

陰平 三泉

新巴郡 領縣二

新巴 晉安

南白水郡 領縣二

始平 京兆

宋熙郡 領縣二

興樂　元壽

巴西郡　領縣三

〈閬〉{閬}中[八四]　閬陽　宕渠

南陽僑郡(附)

始平僑郡(附)

東鹽{益}州[八五]

領郡七　縣十六

武興郡　領縣四

景昌　武興　石門　武安

仇池郡　領縣二

西鄉　西石門

槃頭郡　領縣二

武世　萇舉

廣萇郡　領縣二

萇廣　新巴

廣業郡　領縣二

廣業　廣化

梓潼郡　領縣二

華陽　興宋

洛〈聚〉{叢}郡[八六]　領縣二

武都　明水

卷之十〈六〉七[八七]

豫州

領郡十一　縣四十三　治懸瓠城。

汝南郡　領縣八

上蔡　臨汝　平輿　安城　西平　瞿城　陽安　保城

南潁〈州〉{川}郡〔八八〕　領縣三

邵陵　臨潁　曲陽

汝陽郡　領縣三

汝陽　武津　征羌

新蔡郡　領縣二

鮦陽　固始

初安郡　領縣四

新懷　安昌　懷德　昭越

襄城郡　領縣三

義綏　遂寧　武陽

陳郡　領縣四

項　長〈乎〉{平}〔八九〕　西華　襄邑

南頓郡　領縣三

南頓　和城　平鄉

汝陰郡　領縣四

汝陰　宋　許昌　新蔡

丹陽{楊}郡〔九〇〕　領縣四

秣陵　邵陵　南陽　白水

城陽郡　領縣五

安定　淮陰　真陽　建興　建寧

東豫州

領郡〈五〉八〔九一〕　縣十〈三〉八〔九二〕

汝南郡　領縣五

南新息　北新息　安陽　汝陽　長平

東新蔡郡　領縣四

固始　鮦陽　苞信　汝陽

新蔡郡　領縣二

苞信　長陵

弋陽郡　領縣一

弋陽

陽安郡　領縣一

永陽

光城郡　領縣二

光城　樂安

東{宋}安郡〔九三〕　領縣二

樂甯　宋安

安蠻郡　領縣一

新化

徐州

領郡十　縣三十〈六〉七〔九四〕

彭城郡　領縣七

彭城　呂　薛　龍城　留　永興　永福

南陽平郡　領縣三

襄邑　陽平　濮陽

沛郡　領縣三

蕭　沛　相

東海郡　領縣〈九〉（石〈翁〉州補。）

昌慮　承　合鄉　蘭陵　建陵　贛榆　襄賁　朐　{下密}〔九五〕

北濟陰郡　領縣三

豐　離狐　城武

下邳郡　領縣五

　下邳　良城　僮　武原　下相

琅邪郡　領縣三

　即邱{丘}〔九六〕　費　臨沂

南濟陰郡　領縣二

　頓邱{丘}〔九七〕　定陶

臨潼郡　領縣二

　〈晉陵〉(石翁自删。)〔九八〕　臨潼　取慮

平陽郡(無領縣,無考)〔九九〕

揚州

領郡十　縣二十一

梁郡　領縣二

　崇義　蒙

淮南郡　領縣三

　壽春　汝陰　西宋

北譙郡　領縣二

　安陽　北譙

陳留郡　領縣二

　浚儀　雍邱{丘}〔一〇〇〕

北陳郡　領縣一

　長平

邊城郡　領縣二

　期思　豐城{新息}〔一〇一〕

新蔡郡　領縣二

　新蔡　固始

安豐郡　領縣二

安豐　松兹

下蔡郡　領縣二

下蔡　樓煩

潁川郡　領縣三

相　西華　許昌

卷之十八

郢州

領郡三　縣八

齊安郡　領縣三

保城　酈　齊安

義陽郡　領縣三

平陽　義陽　澱西（補）

〈永〉宋安郡〔一〇二〕　領縣二

樂寧　東隨

荊州

領郡十一　縣四十八　（附郡一）

南陽郡　領縣十

宛　新城　冠軍　舞陰　酈　雲陽　西平　涅陽　上陌　西鄂

順陽郡　領縣五

南鄉　丹水　臨洮　槐裡　順陽

新野郡　領縣三

穰　新野　池陽

｛東恒農郡　領縣六｝〔一〇三〕

西城　北酈　南鄉　左南鄉　上憶　東石

漢廣郡　領縣二

南棘陽　西棘陽

襄城郡　領縣九

方城　郟城　伏城　舞陰　清水　翼陽　鄭　北平　赭城

北淯郡{北清郡}〔一〇四〕　領縣三

武川　北雉　向城(補)

恒農郡　領縣四

國{圕}〔一〇五〕　恒農　南酈　邯鄲

析陽郡　領縣二

西析陽　東析陽

朱陽郡　領縣二(夾注:司州石城郡前"朱陽",石翁有稿移此。)

黄水　朱陽

脩陽郡　領縣二

蓋陽　脩陽

附:安樂郡　(附,見《清水注》。)　領縣無考

東荊州

領郡二　縣四

江夏郡　領縣三

江夏　比陽　陽平

漢廣郡　領縣一

平氏

卷之十〈七〉九〔一〇六〕

西北各鎮("六鎮考"附)

懷朔鎮

武川鎮

撫冥鎮

柔〈元〉{玄}鎮〔一〇七〕

懷荒鎮

禦夷鎮

薄骨律鎮

宏靜鎮

沃野鎮

平高鎮{高平鎮}〔一〇八〕

鄯善鎮（即鄯州。）

敦煌鎮（即瓜州。）

此〈宣〉{宜}刪（宿豫鎮　建城　　戍〈平高鎮〉　明壘鎮　附諸小鎮）〔一〇九〕

卷〈十八〉之二十〔一一〇〕

備考

【校注】

〔一〕介生按：原稿並無"分目"二字，增之以與前"總目"相對應。

〔二〕原稿司州内文此句"百"字前并無"一"字。司州實有一百二十縣，存考。

〔三〕原稿"潁"誤寫爲"穎"，據改。

〔四〕原稿本爲"北陸渾"，後圈刪"北"字，又有"南陸渾"縣，後也有圈刪之意。

〔五〕原稿内文作"滎陽"，"熒"爲"滎"之古字，據改。

〔六〕原稿内文作"滎陽"，説見前，據改。

〔七〕原稿内文作"卷"，據改。

〔八〕原稿目録及内文均以朝歌爲首縣，今據何秋濤按語改屬縣次序，内文不改，以保持原稿原貌。介生按：除注明何秋濤所加按語之外，條目注文也多爲何秋濤所寫。

〔九〕介生按：原稿内文"東郡圍城"後又有"襄邑縣"，後被圈刪。

〔一〇〕原稿内文作"陽阿"，"河"字爲誤，據改。

〔一一〕介生按：何秋濤説是，原稿内文"崤縣"下有恆農縣，後有圈刪之意。

〔一二〕原稿内文無"西恒農郡"，"恒農郡"下原有朱陽郡，後被圈刪。

〔一三〕原稿内文領縣數空闕,原實有四縣,據石翁夾注,汝南、符壘二縣應移寫於"西舞陽"後。

〔一四〕原稿内文領縣數空闕,據本目録應爲"十三"。

〔一五〕原稿本爲"南舞陽",後圈改爲"南陽"。

〔一六〕原稿"斥"誤寫爲"斤",據改。斥丘縣在魏郡下,見今本《魏書・靈徵志》。

〔一七〕今本《魏書・地形志》無廣非縣,疑爲廣年縣之訛,據改。

〔一八〕此條注文爲後增,置於清河郡之下。

〔一九〕原稿目録"南欒縣"誤寫爲"南樂縣",據改。

〔二〇〕原稿目録"稾城縣"誤寫爲"槀城縣",據改。

〔二一〕原稿目録"廮陶縣"誤寫爲"瘻陶縣",據改。

〔二二〕原稿目録"欒城縣"誤寫爲"樂城縣",據改。

〔二三〕今本《魏書・地形志》作"脩縣",存考。

〔二四〕原稿注文省略一"縣"字,據補。

〔二五〕原稿目録"扶輿縣"誤寫爲"秋輿縣",據改。

〔二六〕恒州實領十一郡,若加廣牧郡,方足"十二"之數。

〔二七〕"参"字應爲"無"字之誤,據改。介生按:據何秋濤按語,"太平郡"爲"太平縣"所改,故當領太平一縣。

〔二八〕今本《魏書・地形志》作"梁城郡",存考。

〔二九〕今本《魏書・地形志》作"袒鴻縣",存考。

〔三〇〕今本《魏書・地形志》作"平昌郡",存考。

〔三一〕原稿"沾縣"誤寫爲"沽縣",據改。

〔三二〕今本《魏書・地形志》作"定陽縣",存考。

〔三三〕領縣數"二"應爲"三"之誤,據改。

〔三四〕《水經・泗水注》與今本《宋書・州郡志》均作"卞縣","弁"字爲誤,據改。

〔三五〕領縣數"二"應爲"三"之誤,據改。

〔三六〕今本《魏書・地形志》作"考縣",無"城"字,存考。

〔三七〕"坿"義同"附",可通假。

〔三八〕介生按:下面只列八縣,今本《魏書・地形志》"齊郡"下还有"平昌縣",據補。

〔三九〕領縣數"二"應爲"三"之誤,據改。

〔四〇〕"陑"應爲"陬"字之誤,據改。

〔四一〕今本《魏書・地形志》作"平陵縣",存考。

〔四二〕今本《魏書·地形志》作"太原郡",存考。

〔四三〕原稿"茌"誤寫爲"荏",據改。

〔四四〕原稿此句有"西"字,後被圈删。今本《魏書·地形志》作"曲城"。

〔四五〕今本《魏書·地形志中》"光州東牟郡"下有惤縣。介生按:徐中舒主編《漢語大詞典》"㡘"字引清王筠《説文句讀·巾部》云:"《魏書·地形志》'惤'下注云:'有弦城。'然則縣本名弦,弦縣出布,因加巾爲"㡘",後遂以㡘爲縣名。後漢以來地志又變爲掔、惤、㤳,皆訛也。"今本《魏書·地形志》未作校訂。

〔四六〕今本《魏書·地形志》作"杜縣",無"城"字,存考。

〔四七〕今本《魏書·地形志》作"蓮芍縣",存考。

〔四八〕原稿此條"厔"誤寫爲"屋",據改。

〔四九〕原稿目録"弋居"誤寫爲"戈居",據改。

〔五〇〕今本《魏書·地形志》作"莫西",據改。

〔五一〕原稿"三"改寫爲"五",據按語,應爲何秋濤後改。

〔五二〕《水經·渭水注》與今本《魏書·地形志》均作"顯親縣",存考。

〔五三〕介生按:略陽郡下領縣只有七個,然據泰州總領縣數,應爲"八",疑脱寫一縣,存考。

〔五四〕介生按:今本《魏書·地形志》作"安戎",存考。

〔五五〕今本《魏書·地形志》作"陽廉縣",存考。

〔五六〕今本《魏書·地形志》作"赤万縣",存考。

〔五七〕今本《魏書·地形志下》"南秦州修武郡"下有柏樹縣,卷末中華書局校勘記云:"諸本'柏'作'和',不成字,局本作'和'。《楊校》:'《周書·氐傳》(卷四九)作柏樹,《隋志》修武縣下同,此和爲柏之誤。'按'和'當是以意改。和乃'柏'之形訛,今改正。"據改。

〔五八〕今本《魏書·地形志》作"祖居縣",存考。

〔五九〕注文爲何秋濤按語,略有圈删、補正之處。

〔六〇〕原稿目録"化政郡"誤寫爲"化城郡",據改。

〔六一〕〈〉括號内文字後有圈删之意。

〔六二〕原稿縣數爲"九",後圈改爲"十一"。

〔六三〕原稿前有一"附"字,後圈删。

〔六四〕原稿前有一"補"字,後圈删。

〔六五〕原稿前有一"補"字,後圈删。

〔六六〕〈〉括號内文字有斟酌圈删之意。

〔六七〕介生按:涼州實領十四郡,據改。

〔六八〕介生按:涼州實領二十八縣,據改。

〔六九〕原稿“武威郡”爲後移置,“襄”字下脱一“城”字,據補。

〔七〇〕據夾注之意,武威郡已移寫爲首郡,此處“武威郡”被圈删。

〔七一〕介生按:涼州實領十三縣,據改。

〔七二〕今本及文淵閣四庫全書本《魏書·地形志》均作“蕈州”,存考。

〔七三〕〈〉括號内文字有斟酌圈删之意。

〔七四〕原稿誤寫爲“十五”,後圈改爲“十六”。

〔七五〕介生按:梁州實領十六縣,據改。

〔七六〕原稿巴州實領五郡,“二”應爲“五”之誤,據改。

〔七七〕介生按:巴州實領六縣,據改。

〔七八〕原稿此條注文略有圈改之意。介生按:將“石翁”改爲“石州”,疑爲後來抄録者所爲。

〔七九〕介生按:原稿此句衍寫一“無”字,據删。

〔八〇〕據今本《太平寰宇記》,“歸化縣”疑爲“歸仁縣”之誤,存考。

〔八一〕據今本《太平寰宇記》,“伏疆縣”疑爲“伏彊縣”之誤,存考。

〔八二〕介生按:益州下屬實有十五縣,據改。

〔八三〕今本《魏書·地形志》作“晋安縣”,存考。

〔八四〕原稿目録“閬中”誤抄爲“閰中”,據改。

〔八五〕原稿此目“益”誤寫爲“鹽”,據改。

〔八六〕今本《魏書·地形志》改爲“洛叢郡”,據改。

〔八七〕原稿此處“十六”圈改爲“十七”。

〔八八〕今本《魏書·地形志》作“潁川郡”,“州”字爲誤,據改。

〔八九〕原稿“長平”誤寫爲“長乎”,據改。

〔九〇〕今本《魏書·地形志》作“丹楊郡”。

〔九一〕原稿領郡數由“五”圈改爲“八”。

〔九二〕原稿領縣數應由“十三”改爲“十八”,“三”未圈删,據删。

〔九三〕今本《魏書·地形志》作“宋安郡”,存考。

〔九四〕原稿領縣數由“三十六”圈改爲“三十七”。

〔九五〕原稿東海郡實有八縣,疑脱“下密縣”,據補。

〔九六〕今本《魏書·地形志》作“即丘”。

〔九七〕今本《魏書·地形志》作“頓丘”。

〔九八〕原稿原有晉陵縣,後圈删。

〔九九〕此段注文應有衍誤。

〔一〇〇〕今本《魏書·地形志》作“雍丘”。

〔一〇一〕今本《魏書·地形志》作“新息”。

〔一〇二〕原稿“宋安”誤寫爲“永安”，後圈改。

〔一〇三〕原稿脱寫“東恒農郡　領縣六”，據補。

〔一〇四〕今本《魏書・地形志》仍作“北清郡”，石翁據錢大昕説改。

〔一〇五〕據錢大昕説，此縣應爲“圉縣”之誤，見今本《魏書・地形志》卷末“校勘記”。

〔一〇六〕原稿卷數由“十七”圈改爲“十九”。

〔一〇七〕柔元鎮應爲“柔玄鎮”，當爲石翁、何秋濤避朝諱所改，據改。

〔一〇八〕介生按：“平高鎮”似應爲“高平鎮”，存考。

〔一〇九〕原稿此句“宣”字爲“宜”字之誤，據改。平高鎮後被圈删。

〔一一〇〕原稿卷數由“十八”圈改爲“二十”。

《魏延昌地形志》卷之一

司州上

司　州

漢司隸校尉,魏陳留王奐改置司州,晉因之〔一〕。

太宗平河南,置洛州。太和十七年,定議遷洛,仍置司州〔二〕。(據《河南志》《{魏書}·官氏志》〔三〕:司州牧,從第二品。司州治,在宫前閶闔門外太社南,淩陰里北〔四〕。《{魏書}·靈徵志》:太和二年九月,鼎出於洛州溠水,送于京師。王者不極滋味,則神鼎出也[夾注仍置"司州"句下。——原注]〔五〕。《輿地廣記》:光武中興,都雒邑,置河南尹,兼置司隸,魏、晉因之,兼置司州。後爲劉聰所陷。東晉末,〈劉裕〉潁[原闕。——原注]{川劉}裕再克河洛〔六〕,建置郡府,終不能有。後魏孝文乃自代徙洛,置河南尹並司州。[此條可不用——夾注])

領郡二十〔七〕

(穆案:司州所領之郡,《志》無明文〔八〕,今以本書考之〔九〕。

《靈徵志》:太和十九年,司州平陽郡獲白〈孤〉{狐}以獻〔一〇〕。

景明元年,司州之正平、平陽頻暴風{霣霜}〔一一〕。

四年三月,司州之河北、河東、正平、平陽大風拔樹。

景明元年七月,司州之〈穎〉{潁}川、汲郡大水〔一二〕。

正始二年九月,司州上言:〈穎〉{潁}川陽翟縣木連理〔一三〕。

正始四年八月,司州恒農郡蝗蟲爲災。

又正始二年,司州上言:崤縣木連理。

永平二年,司州上言:恒農北陝縣木連理。

正始元年五月,司州上言:滎陽京縣木連理。凡得郡八〔一四〕。

延昌三年正月,司州上言:軹縣木連理。軹屬河内,則河内亦司州領也。得郡九。

《裴延儁傳》:延儁從祖弟仲規,咸陽王禧爲司州牧,辟爲主簿,仍表行建興郡事。〈高祖〉

車駕自代還洛〔一五〕,次於郡境云云。建興郡者,本《志》之建州也。永安中,始罷郡置州〔一六〕。得郡十。

《任城王傳》:"靈太后時,四中郎將兵數寡弱,不足以襟帶京師。澄奏宜以東中郎帶滎陽郡,南中帶魯陽郡,西中帶恒農郡,北中帶河内郡。"指畫四邊,至爲朗列〔一七〕。

又《寇臻傳》:高祖南遷,郢州地爲王畿。

《高祖本紀》:太和十八年十〈一〉月〔一八〕,詔荊、郢、{東荊三州}敕勒蠻民勿有侵暴〔一九〕。是時荊州治魯陽,郢州治南安。南安,漢葉縣也,在襄城郡西南,與魯陽壤地相錯。本《志》所謂"太和十三年置郢州,十八年改爲南中府者"是也〔二〇〕。魯陽、襄城,蓋當司州之南界矣,得郡十二。

《孝感傳》:東郡小黄縣人董吐〈輝〉{渾}、兄養〔二一〕,事親至孝〔二二〕。景明初,畿内大使王凝奏請標異。東郡地屬畿内,其領于司州可知。《寰宇記》曰:"後魏孝文帝遷都於洛,以東郡屬司州。"足爲炳據〔二三〕。得郡十三。

建興、河東、正平、平陽、恒農既隸司州,形勢相聯,其〈平安〉{安平}〔二四〕、高凉、石城、北鄉、澠池、西恒農〈四〉{等}六郡亦應在甸服之内〔二五〕,合河南尹計之,凡得郡二十〔二六〕。

蓋當神畿開置之初,務事恢廓,有兼包並舉之志焉。而鞭長尾大,控制難周。故熙平以後,增設已多。洎孝靜遷鄴,獻武秉鈞,遂離析紛更,舉祖宗創建之全規,胥泯滅之,改河南曰宜遷,夫何言之不順乎![《隋書·地理志》:舊河南縣,東魏遷鄴,改爲宜遷縣——原注]〔二七〕)

縣百二十有一{百二十}〔二八〕。

【校注】

〔一〕今本《太平寰宇記》卷三"河南府"下云:"魏受禪,都洛陽。陳留王(曹)奂合河南等五郡置司州。《十三州志》云:'京師之州,司隸校尉掌焉,故曰司州。'晉受禪,又都洛陽,司州不改。"介生按:據《晉書·地理志》,此五郡爲河南、河東、河内、弘農、平陽。

〔二〕今本《魏書·地形志中》有"洛州",其下注云:"太宗置,太和十七年改爲司州,天平初復。"

〔三〕介生按:此《官氏志》即爲《魏書·官氏志》。原稿引用《魏書》内容,往往省略書名,直書篇名,首次出現補寫書名,以下不再補寫。又此條出自《魏書·官氏志》,不應據《河南志》,查今本《河南志》無此條内容。

〔四〕"司州治"見《河南志》"後魏城闕古跡"一節。

〔五〕介生按:此上數條均爲後增夾注内容,遵照石翁之意置此。

〔六〕〈〉括號内"劉裕"二字後圈删。"川劉"二字原闕,據補。

〔七〕今本《魏書·地形志中》"洛州"下領六郡:洛陽郡、河陰郡、新安郡、中川郡、河南郡、陽城郡。

〔八〕此《志》應指《魏書·地形志》。

〔九〕“本書”即指《魏書》，下不再注。

〔一〇〕原稿引文“狐”誤寫爲“孤”，據改。

〔一一〕引文此句脱“賞霜”二字，據補。原稿引文常有節略，爲保持文稿原貌，通常不再補充。

〔一二〕原稿常將“潁”誤寫爲“穎”，據改。

〔一三〕原稿引文此句“潁”誤寫爲“穎”，據改。

〔一四〕此八郡即爲河北、河東、正平、平陽、潁川、汲郡、恒農、滎陽。

〔一五〕介生按：“高祖”二字爲石翁臆增。

〔一六〕今本《魏書・地形志上》“建州”下注云：“慕容永分上黨置建興郡，真君九年，省。和平五年，復。永安中，罷郡置州。治高都城。”

〔一七〕末尾兩句並非引文。

〔一八〕原稿引文作“十一月”，恐誤，經查，應爲“十月”，據改。

〔一九〕原稿此句有節略，據補。又今本《魏書・高祖本紀》此句“敕勒”作“勒敕”，恐誤。

〔二〇〕此條引文原在今本《魏書・地形志下》“襄州南安郡”條下：“太和十三年置郢州，十八年改爲南中府，天平初罷府置，後陷。”

〔二一〕原稿“渾”誤寫爲“輝”，據改。

〔二二〕引文此處有節略。

〔二三〕此條引文出自今本《太平寰宇記》卷九“河南道滑州”下。

〔二四〕與前面目録相校對，應爲“安平”，據改。

〔二五〕原文爲“四”，不可解，應爲“等”之誤，據改。

〔二六〕原文爲“十有八”，後圈改。

〔二七〕宜遷縣在今本《魏書・地形志中》“洛州河南郡”下。

〔二八〕今本《魏書・地形志中》“洛州”下僅有十二縣。據目録，司州實領一百二十縣，存考。

河南尹

秦置三川守，漢改爲河南郡〔一〕。後漢、晉爲尹，後罷〔二〕。

晉安帝置郡，後亦罷〔三〕。

太宗復。太和中遷都，爲尹。（《官氏志》：河南尹，第三品。治步廣里。〔四〕）

領縣十五〔五〕

【校注】

〔一〕《漢書・地理志》"河南郡"下云:"故秦三川郡,高帝更名雒陽。戶五萬二千八百三十九。莽曰保忠信鄉,屬司隸也。"

〔二〕《水經・穀水注》:"秦滅周,以爲三川郡。項羽封申陽爲河南王。漢以爲河南郡,王莽又名之曰保忠信鄉。光武都洛陽,以爲尹。尹,正也,所以董正京畿,率先百郡也。"又今本《藝文類聚》卷六"地部河南郡"下云:"應劭《漢官儀》曰:河南尹所治,周地。秦兼天下,置三川守,河、雒、伊也。漢更名河南,孝武皇帝增云太守。世祖中興,徙都雒陽,故號爲尹,尹,正也。"

〔三〕今本《魏書・地形志中》"洛州河南郡"下云:"秦置三川守,漢改爲河南郡,後漢、晉爲尹,後罷。司馬德宗(即晉安帝)置,後罷。太宗復,太和中,遷都爲尹,天平初改。"

〔四〕今本《河南志》云:"(晉)步廣里,在翟泉側。"又"(後魏)河南尹廨,翟泉之北。"《洛陽伽藍記校注》卷一"城內建春門內"下云:"高祖于(翟)泉北置河南尹,中朝時步廣里也。"

〔五〕今本《魏書・地形志中》"洛州河南郡"下僅領宜遷一縣。

洛陽(在今河南府洛陽縣東北二十里。),

漢、晉屬〔一〕。

太和十七年,並緱氏置〔二〕。(《官氏志》:洛陽令,從第五品。治緩民里〔三〕。)

京城(夾注:《高祖本紀》:太和十七年九月庚午,幸洛陽,周巡故宮基址{趾}〔四〕。帝顧謂侍臣曰:晉德不修,早傾宗祀,荒毀至此,用傷朕懷。遂詠《黍離》之詩,爲之流涕。仍定遷都之計。冬十月戊寅朔,詔征司空穆亮與尚書李沖、將作大臣董爵經始洛京。["夾注"京城下。——原注])

東西二十里,南北十五里。(楊衒之《伽藍記》〔五〕)

十二門〔六〕。(《永樂大典》"門字韻"後魏門名引《洛陽志》〔七〕:雲龍門,宮東門。千秋門,宮西門也。西對閶闔門,東對千秋門。南門曰乾光門,〈挾〉{夾}建兩觀〔八〕,觀下列朱桁於塹〈上〉〔九〕,以爲御路。東〈門〉曰含春{門}〔一〇〕,北有退門,城上西面列觀,五十步一睥睨,屋{臺}置一鐘〔一一〕,以和漏鼓。西北〈建〉{連}廡{函}蔭〔一二〕,墉〈北有〉{比}廣榭〔一三〕、〈緣〉{綠}水池〔一四〕。光極殿前有光極門,王世充改爲永泰門。大司馬門、端門、朱華門、乾明門、東掖門、西掖門,皆後魏宮名。又有鳳陽門、望春門、長夏門、仁壽門、招德門、啟夏門、陽武門、納義門、厚載門、上秋門。)

南面四門,(穆按:《世宗紀》:正始元年,詔洛陽令有{大}事聽面敷奏〔一五〕。《河南志》:南有四門。有宣陽,又有津陽。《伽藍記敍》作"三門",有宣陽,無津陽〔一六〕。據下"城南"記"高陽王寺在津陽門外三里",則《河南志》所據之《伽藍記》本亦四門。今本文有訛脱,遂妄改耳。《水經注》〔一七〕:穀水自西明門又南,東屈逕津陽門南,又東逕宣陽門南〔一八〕。足證今本《記敍》之誤。又案:宋宋敏求次道有《河南志》二十卷,今已不存,此《志》從《永樂大典》中寫出〔一九〕,或疑即次道之書。然臚敘故實,兼及金元,殆後人憑藉宋《書》更事增益矣。都無顯證,故不敢輒題次道之名。〔二〇〕)

正南曰宣陽門,(穆案:據《永樂大典》"後魏京城圖",正南門當爲平昌〔二一〕。據《水經注》則正南門乃宣陽也。疑《圖》誤,以晉制爲魏制矣。又曰"宣陽門,故{小}苑門也〔二二〕。皇都遷洛,移置於此"。胡氏《禹貢錐指》亦誤以平昌爲正南門〔二三〕。[注互見"大司馬門"下。——原注]。《靈徵志》:正光〈九〉{元}年八月〔二四〕,有黑龍如狗,南走至宣陽門,躍而上,穿門樓下而出。普泰元年四月甲寅,有龍跡自宣陽門西出,復入門。)

東〈正南〉曰平昌門〔二五〕,(〈《永樂大典》"後魏京城圖"。〉〔二六〕《水經注》:故平門也〔二七〕。《伽藍記》:漢曰平門,魏、晉曰平昌門,高祖因而不改〔二八〕。《靈徵志》:孝昌二年五月丙寅,京師暴風,拔樹發屋,吹平昌門扉壞。)

東曰開陽門,《水經注》:《晉宮閣{名}》曰〔二九〕:故建陽門也。《漢官》曰:開陽門始成,未有名,宿昔有一柱,來在樓上。琅邪開陽縣上言:縣南城門一柱飛去〔三〇〕。光武皇帝使來識視,良是,遂堅縛之,{因}刻記年月日以名焉〔三一〕。《伽藍記》:自魏及晉,因而不改,高祖亦然。〔三二〕

〈西曰宣陽門,《水經注》:故苑門也,皇都遷洛,移置於此。〉〔三三〕

〈次〉西曰津陽門〔三四〕。(《水經注》:故津門也〔三五〕。)

【校注】

〔一〕據《漢書·地理志》,河南郡下有雒陽縣。雒陽同洛陽。據《續漢書·郡國志》,河南尹下有雒陽縣。據《晉書·地理志》,河南郡下有洛陽縣。漢晉時期,洛陽均爲河南郡郡治所在。

〔二〕今本《魏書·地形志中》"洛州洛陽郡緱氏縣"下云:"二漢、晉屬河南。太和十七年,併洛陽,天平初復屬。"

〔三〕《洛陽伽藍記校注》卷二"城東"下云:"建陽里東有綏民里,里内有洛陽縣,臨渠水。縣門外有《洛陽令楊機清德碑》。"今本《河南志》云:"橋北大道東,曰綏民里,有洛陽縣廨。”

〔四〕今本《魏書・高祖紀下》此句作“基趾”。又篇名無“本”字,據删。

〔五〕《洛陽伽藍記校注》卷五“城北”下云:“京城東西二十里,南北十五里,户十萬九千餘。”原稿應據此。原稿又誤寫“楊衒之”爲楊衒之,據改。

〔六〕介生按:這一數字有誤。“雒陽城十二門”的説法,最早出於《續漢書・百官志》,而今本《河南志》“後魏城闕古跡”下亦云:“後魏京城亦在成周,門十二。”然《洛陽伽藍記》並没有“十二門”的記述。如按以下考釋所得,南面四門(宣陽、平昌、開陽、津陽)、東面三門(東陽、建春、清陽)、西面四門(西明、西陽、閶闔、承明)、北面二門(大夏、廣莫),總共十三門,並非十二門。《讀史方輿紀要》考證東漢雒陽城凡有十二門時稱“西面三門”,即雍門(西明、西陽)、廣陽(西陽、西明)、上西門(閶闔門),又注云:“又北一門曰承明門,後魏主宏所立,當金墉城前東西大道。初曰新門,旋改爲承明門。是時,蓋塞宣陽門開承明門,亦曰十二門。”關於堵塞宣陽門之事,石翁並未提及,待考。

〔七〕介生按:經查今本《永樂大典目録》,“漢至隋宫門”一節應在三千五百十九卷中,而此卷散佚,故原稿所引《永樂大典》内容有補闕之價值。

〔八〕此段引文應出自《水經・穀水注》,此句“夾”誤寫爲“挾”,據改。

〔九〕引文此句衍寫一“上”字,據删。

〔一〇〕《水經注疏》此句作“東曰含春門”,據改。

〔一一〕引文此句脱寫一“臺”字,據補。

〔一二〕《水經注疏》此句作“西北連廡函蔭”,據改、增。

〔一三〕《水經注疏》此句作“墉比廣謝”,並校云:“朱‘比’訛作‘北’,趙同,全、戴改。”介生按:此句恐《永樂大典》轉引時已改,石翁轉録其文而已。

〔一四〕引文此句“緑”誤寫爲“緣”,據改。

〔一五〕引文此句脱一“大”字,據補。

〔一六〕引文見《洛陽伽藍記序》,又作《原序》,文淵閣四庫全書本作“自敍”。《洛陽伽藍記校注》此條已改作“四門”,並有詳細注釋,兹不贅述。

〔一七〕下列引文見酈道元《水經・穀水注》。

〔一八〕《水經注疏》卷一六《穀水篇》“銅馬徙於建始殿東階下”之後有脱文,卷後“校記”云:“按:鈔手誤脱六十五字,當補。其文曰:‘胡軍喪亂。此像{象}遂淪。穀水又南逕西明門,故廣陽門也。門左枝渠東流{派}入城,逕太社前,又東逕大{太}廟前,又東于青陽門右,下注明渠。穀水又南,東屈,逕津陽門南,故津門也。’”介生按:“校記”將“象”改寫爲“像”,“東派”改寫爲“東流”,“太廟”改寫爲“大廟”,或是版本之異,今據《水經注校證》改。

〔一九〕此句中原有“徐丈星伯”四字,後圈删。徐星伯,即永樂大典本《河南志》(今本)的輯録者徐松。

〔二〇〕關於今本《河南志》的版本問題,詳見高敏《永樂大典本河南志跋》(今本《河南志》附録)。

〔二一〕今本《河南志》後附有《後魏京城圖》,石翁説是。

〔二二〕此條引文出《水經·穀水注》,引文脱一"小"字。《水經注疏》釋云:"朱脱'小'字。守敬按:《續漢書·百官志》,雒陽城有小苑門。《洛陽伽藍記》:南面次西曰宣陽門,漢曰津陽門,晉曰宣陽門,高祖因而不改。津陽字誤,當依《續漢志》作'小苑'。《寰宇記》:漢小苑門在午上,晉改曰宣陽門。"據補。

〔二三〕語見今本《禹貢錐指》卷八"平昌門"注文:"城之正南門,故平門也。"

〔二四〕原稿引文"元"誤寫爲"九",據改。

〔二五〕原稿本爲"正南"二字,後圈删,改爲"東"。

〔二六〕〈〉括號内文字後圈删。

〔二七〕引文見《水經·穀水注》:"穀水又東,逕平昌門南,故平門也。"

〔二八〕引文見《洛陽伽藍記序》。

〔二九〕引文此句脱一"名"字,據補。

〔三〇〕《水經注疏》此句無"縣"字,並釋云:"戴'南'上增'縣'字。守敬按:《續漢書·百官志》注引,有'縣'字。"

〔三一〕《水經注疏》此句有"因"字,釋文略云:"朱下句無'因'字。趙云:何焯云:刻記上落'因'字,以《後漢書》注,《文選》注參校。全、趙、戴改增。"據補。

〔三二〕引文見《洛陽伽藍記序》。

〔三三〕〈〉括號内文字後圈删。

〔三四〕原稿此句前有"次"字,後圈删。

〔三五〕引文出《水經·穀水注》,見前注〔一八〕。

東面三門,正東曰東陽門,(《伽藍記》:漢曰"〈東中〉{中東}門"〔一〕,魏、晉曰"東陽門",高祖因而不改。)

北曰建春門,(《水經注》:即上東門也。一曰上升門,晉曰建陽門〔二〕。穆案:晉亦曰建春門,建陽門,乃晉都城南面西頭第一門,即漢之津門也。《伽藍記》不誤〔三〕。)南曰清陽門。(《水經》舊本亦作"青"。戴校《水經注》亦作'清'。《水經注》:故清明門也,亦曰税門〈也〉〔四〕,亦曰芒門。《伽藍記》"'清'作'青'"〔五〕:漢曰望京門,魏、晉曰清明門,高祖改爲青陽門[《水經注》前寫,《伽藍記》後寫。——原注]。穆案:漢望京門,亦曰宣平門。《河南志》作"清"。〔六〕)

西面四門，南曰西明門，(《伽藍記》：漢曰廣陽門，魏、晉因而不改，高祖改爲西明門。[七])

次北曰西陽門，(《水經注》：舊漢氏之西〈陽〉{明}門也[八]，亦曰雍門矣。舊門在南。太和中，以故門衺{邪}出[九]，故徙是門，東對東陽門。《伽藍記》：魏、晉曰西明門，高祖改爲西陽門。)

次北曰閶闔門，(《水經注》：漢之上西門者也，《漢〈宫記〉{官儀}》曰[一〇]：上西門所以不純白者，漢家厄於戍，故以丹{漆}鏤之[一一]。太和遷都，徙門南側。《伽藍記》：漢曰上西門，有銅璿機玉衡，以齊七政。魏、晉曰閶闔門，高祖因而不改。)

次北曰承明門。(《伽藍記》：承明者，高祖所立，當金墉城前東西大道。遷京之始，宫闕未就，高祖住在金墉城。城西有王南寺，高祖數詣寺沙門論議，故通此門，而未有名，世人謂之新門。時王公卿士常迎駕於新門。高祖謂御史中尉李彪曰："曹植詩云'謁帝承明廬'，此門宜以承明爲稱。"遂名之。)

北面二門，西曰大夏門，(《伽藍記》：漢曰夏門，魏、晉曰大夏門。嘗造三層樓，去地二十丈。洛陽城門樓皆兩重，去地百尺，惟大夏門甍棟干云。穆案：嘗造{讀}《河南志》[一二]：作宣武造。〈"〈千〉{干}云"作"峻麗"，蓋亦今本誤改。〉[一三]《永樂大典》"門字韻"後魏門名引《洛陽志》曰：北有退門，城上西面列觀，五十步一睥睨，屋{臺}置一鐘[一四]，以和漏鼓。西北〈建〉{連}廡{函}陰[一五]，墉〈北〉{比}〈有〉廣榭。〈緑水池〉[一六][此《水經注》文。——原注])

東曰廣莫門。(《水經注》：漢之穀門也。北對芒阜，連嶺脩〈互〉{亙}[一七]，苞總衆山。始自洛口，西踰平陰，悉芒壟也。《伽藍記》：魏、晉曰廣莫門，高祖因而不改。廣莫門以西，至於大夏，宫觀相連，被諸城上也。《御覽》卷六十七引《述征記》曰：廣陽門北有魏明帝流杯池["陽"當作"莫"。——原注]。)

【校注】

〔一〕引文見《洛陽伽藍記序》，《洛陽伽藍記校注》改爲"中東"，並注云："吴《集證》云：'《水經注》曰：東陽門，故中東門也。此二字倒。《御覽》作中東門是也。'按元《河南志》亦作'中東門'，當是。詳見注，今正。"據改。

〔二〕引文出自《水經·穀水注》，《水經注疏》此條下釋云："守敬按：《續漢書·百官志》，雒陽城有上東門。《洛陽伽藍記》：東面北頭第一門曰建春門，漢曰上東門，魏、晉曰建春門，高祖因而不改。無所謂建陽門也。考孝武帝鄭太后諱春，故改'蘄春'爲'蘄陽'，改'壽春'爲'壽陽'，改'富春'爲'富陽'。《晉書·孝武帝紀》:太元十六年,慕容永寇河南,太守楊佺期擊破之。是當太元時,必改'建春'爲'建陽'。至安帝隆安三年,姚興陷洛陽。又至義熙中,劉裕北平關、洛,旋復失之。是改'建春'爲'建陽',爲時不久。故《伽藍記》仍稱'建春'。戴延之《西征記》亦然。酈氏好奇,故不曰'建春',而曰'建陽'。宋本《初學記》作'定陽',亦'建陽'之誤。《寰宇記》云:晉曰昌門,一曰建春門。昌門,必亦晉時流俗之稱。"

〔三〕今本《河南志》"晉城闕古跡"有"開陽門、宣陽門、建陽門"條,下注云:"漢之津門。按:永嘉二年,王彌至洛陽,屯于津陽門。彌兵敗,燒建春門而東。疑此用漢名而爲建陽門。"

〔四〕引文出《水經・穀水注》。《水經注疏》此句無"也"字,並釋云:"朱門外有'也'字,戴刪。"

〔五〕《洛陽伽藍記校注》"青陽門"下注云:"吴《集證》云:'按《水經注》:陽渠水於城東隅枝分,北逕清陽門,故清明門也。則凡青陽、青明之青字,皆當作清字。各本俱脱水旁。惟何氏本(按即漢魏叢書本)于城内修梵寺作清陽門,不誤。'按《水經・穀水注》朱謀㙔本作清陽門,吴氏當即據之。但趙一清與戴震校本皆改作青陽門。考青陽門在東面,自取《爾雅》'青爲青陽'之義,則作'青'者實不誤。吴説殆非。又清明門,如隱堂本、緑君亭本、真意堂本皆作清,與《穀水注》同,吴説亦誤。"

〔六〕今本《河南志》"晉城闕古跡"有"清明門"條,下注云:"漢之宣平門"。

〔七〕引文出《洛陽伽藍記序》。

〔八〕引文出《水經・穀水注》。《水經注疏》此句作"西明門",並釋云:"守敬按:《續漢書・百官志》,雒陽城有雍門。《洛陽伽藍記》:西面次北曰西陽門,漢曰雍門,魏、晉曰西明門。高祖改爲西陽門。《寰宇記》:漢曰雍門,在西上。晉改曰西明門。《河南志》:晉之西明門,後魏孝文改西陽。此《注》言舊漢氏之西明門,與諸説異,豈漢爲晉人誤乎?"原稿此句作"西陽門",應是抄寫之誤。

〔九〕《水經注疏》此條作"邪",並釋云:"朱'邪'訛作'卯',戴、趙改。""衺"爲"邪"之通假字,不誤。

〔一〇〕引文出《水經・穀水注》,《水經注疏》此句作《漢官儀》,並釋云:"朱作《漢宫記》,《箋》曰:官當作宫。蓋本《玉海》,全、趙、戴皆依改宫。守敬按:《續漢書・百官志》注引應劭《漢官》曰:上西門所以不純白者,漢家初成,故丹鏤之。與此各有誤。此《漢官記》是《漢官儀》之誤,彼亦脱儀字。彼初成是厄戍之誤。《寰宇記》《河南志》並作《漢官儀》,作厄戍,可證,今訂。"據改。

〔一一〕《水經注疏》卷十六"校記"云:"按:原'丹'上下脱'漆'字,《續漢志》同。標點本已校補。《寰宇記》《名勝記》河南八有之,可證,今補。"據補。

〔一二〕"造"字不可解,或"讀"字之誤,存考。

〔一三〕〈〉括號内文字後有圈删之意。今本《河南志》"西有大夏門"下注云:

"宣武造，三層樓，去地二十丈。洛陽城門樓皆兩重，去地百尺。唯大夏門甍棟峻麗。"與石翁所見相合。又"千"字爲"干"字之誤，據改。

〔一四〕引文此句脱一"臺"字，據補。

〔一五〕引文出自《水經・穀水注》。原稿引文作"西北建廡陰"，《水經注疏》作"西北連廡函陰"，並釋云："朱'西'訛作'函'，廡下脱'函'字。趙據孫潛改、補。"據改、補。

〔一六〕原稿引文作"墉北有廣榭"，《水經注疏》作"墉北廣榭"，並釋云："朱'比'訛作'北'，趙同，全、戴改。"據改。"有""緑水池"數字爲衍，據删。

〔一七〕引文出自《水經・穀水注》，此句"亙"誤抄爲"互"，據改。

宫城（《河南志》案：宫殿多仍魏、晉舊名，或云依《洛陽圖》修繕某所〈其〉{某}居〔一〕，疑總名閶闔宫，然又與上門名相犯。《禁扁》：元魏洛城閶闔宫。）正南曰閶闔門闕、（《水經注》：魏明帝上法太極於洛陽南宫，起太極殿於漢崇德殿之故處。［崇德殿，漢宫正殿也。——原注］改雉門爲閶闔門〔二〕。今閶闔門外，夾建巨闕，以應天宿，雖不如禮，猶象而魏之，上加復思，以易觀矣。《孝莊紀》：建義〈二〉{元}年十月〔三〕，爾朱榮檻送葛榮于京師，帝臨閶闔門。穆案：此及廢帝、出帝兩《紀》所書"升太極殿"、"登閶闔門"，皆謂宫城南門也。又按：此《志》以延昌爲限，熙平以後之事，例不摭廁，惟宫闕門閣皆經構于高祖、世宗之代，景明〈二〉{三}年詔書所謂"今廟社乃建，宫極斯崇"是也〔四〕。故時援以相證。其諸涉及後事者視此。［夾注：《靈徵志》：景明三年閏月甲午，京師大風拔樹發屋，吹折閶闔門闕。〈稱〉{秋}濤按〔五〕：城門、宫門皆有閶闔之名，此條未審所指。］）乾光門、（據《水經注》，此乃金墉城南門。《永樂大典》"門字韻"後魏門名引《洛陽志》曰：乾光門，〈挾〉{夾}建兩觀〔六〕，觀之下列朱桁於塹上，以爲御路。穆案：《志》所謂"挾建兩觀"，即《注》所謂"夾建巨闕"也。據知閶闔者，闕名，乾光者，門名。後人以門閶闕名，取便稱耳。否則，宫閣、門闕之名，乃沈含馨、江式輩承詔特製，豈有外城西門曰閶闔，宫城正門後曰閶闔者乎？《河南志》疑與門名相犯是也。南曰乾光，北曰乾明，亦相對成文。）大司馬門、（《世宗紀》：正始四年閏月甲午，禁大司馬門不得車馬出入。《水經注》：渠水自銅駝街東，逕司馬門南〔七〕。自此南直宣陽門，經緯通達，皆列馳道，往來之禁，一同兩漢。）端門、止車門。（夾注：《{魏書}郭祚傳》〔八〕：故事：令、中丞騶唱而入宫門，至於馬道。及祚爲僕射，以爲非盡敬之宜，言于世宗。帝納之，下詔："御在太極，騶唱至止車門；御在朝堂，至司馬門。"［"夾注"在"止車門"下。——原注］）

東内曰朱{東}華門〔九〕，（《楊昱傳》〔一〇〕：延昌三年，詔：自今{已後}，若非{朕}手敕〔一一〕，勿令〈光〉{兒}輒出〔一二〕，宫臣在直者，從至萬歲門。《{魏書}・禮志》：延昌四年春正月丁巳夜，世宗崩於式乾殿。侍中、中書監、太子少傅崔光等奉迎肅宗於東宮[一三]，入自萬歲門，至顯陽殿。穆案：東宮在皇城外東北隅，萬歲門必皇城東門。雲龍與神虎對，朱華與千秋對，以義定之，朱華即萬歲之別名矣。〈穆案〉[一四]東華門，《河南志》及《圖》皆作"朱華"，考之於書，皆無其名。《禁扁》亦作"朱華"。惟《伽藍記》曰：莊帝手刃榮於明光殿。榮部下爾朱陽都等二十人隨入東華門，亦爲伏兵所殺。明光殿正在東華門内，然則"朱"爲"東"之訛無疑，據改。［東或即朱之訛歟？——原注］按：孝静遷鄴，宫闕之名多仍洛舊。《北史・楊愔傳》有"長廣王及歸，彥在朱華門外"云云，益足證東華之誤矣。）

外曰雲龍門、（《{魏書}崔光傳》：詔光乘步挽于雲龍{門}出入[一五]。《前廢帝紀》：入自建春、雲龍門。《出帝紀》：入自東陽、雲龍門。[一六]）通門、（《河南志》及《圖》皆無東、西通門之名。《水經注》：西有通門[一七]。東則未詳。以意揆之，亦當有也，據補）掖門。（《{魏書}・北海王詳傳》：又於東掖門外，規〈立〉{占}新宅[一八]。《元彧傳》：尒朱兆率衆奄至，彧出東掖門。《孫紹傳》：紹曾與百〈寮〉{僚}赴朝[一九]，東掖未開，守門候旦。《爾朱世隆傳》：令王終日于洛濱遊觀，至晚，{王}還省[二〇]，將〈軍〉{車}出東掖門[二一]。）西内曰千秋門，（《{魏書}・宣武靈皇后傳》：太后敕造申訟車，時御焉。出自雲龍大司馬門，從宫西北，入自千秋門。）外曰神虎門、（《水經注》[二二]：神虎門東對雲龍門。二門衡栿之上，皆刻雲龍風虎之狀，以火齊薄之。及其晨光初起，夕景斜暉，霜文翠照，陸離眩目。《{魏書}・高肇傳》：肇所乘駿馬停于神虎門外，無故驚倒。）通門、掖門。（《{魏書}・天象志》：太和二十二年二月乙丑，月與歲星、熒惑合於右掖門内[二三]。）北曰乾明門。（《永樂大典》後魏門名引《洛陽志》又有鳳陽、望春、長夏、仁壽、招德、啟夏、陽武、納義、厚載、上秋十名[二四]。）

【校注】

〔一〕今本《河南志》校改"其"爲"某"，並注云："原作'其'字，於義不順，據繆本改。"據改。

〔二〕引文出《水經・穀水注》，此處有節略。

〔三〕原稿"元"誤抄爲"二"，據改。

〔四〕原稿"三年"誤抄爲"二年"，據改。

〔五〕原稿"稱濤"應爲"秋濤"之筆誤，改。

〔六〕此條引文本出自《水經・穀水注》。"夾"誤抄爲"挾"，據改。

〔七〕引文出自《水經・穀水注》，此處有節略。

〔八〕引文出自今本《魏書・郭祚傳》。

〔九〕此句後删"朱"，改"東"字，但後又圈删"東"字之意。

〔一〇〕引文出自今本《魏書・楊播傳》附楊昱傳。

〔一一〕引文此兩句有節略,據補。

〔一二〕引文此句"兒"誤爲"光",據改。

〔一三〕引文此句有節略。

〔一四〕〈〉括號内文字後圈删。

〔一五〕引文此句脱寫一"門"字,據補。

〔一六〕兩條引文均出自今本《魏書・廢出三帝紀》。

〔一七〕《水經・穀水注》云:"{渠水}又南逕通門、掖門西。"並非"西有通門"。

〔一八〕以下各傳出自今本《魏書》,不再補出。此處引文有節略,"占"誤爲"立",據改。

〔一九〕引文此句"僚"誤寫爲"寮",據改。

〔二〇〕引文有節略。

〔二一〕此句引文衍寫一"軍"字。今本《魏書・爾朱世隆傳》卷末"校勘記"云:"諸本'車'訛"'軍',今據《北史》卷四八、《册府》(同上卷頁)改。"據改。

〔二二〕引文出自《水經・穀水注》。

〔二三〕此條引文似有圈删之處。

〔二四〕今本《河南志》有"大司馬門、端門、止車門、朱華門、乾明門、雲龍門"條,下注云:"宫東門。"

皇居正中曰〈大〉{太}極殿〔一〕、(《{魏書}・世宗紀》:景明二年正月丁〈已〉{巳}〔二〕,引見群臣於太極前殿,告以覽政之意。三年十二月壬寅,饗群臣於太極前殿,賜布帛有差,以初成也。《夏侯道遷傳》:自南鄭來朝{京師},〈宣武〉引見於太極東堂〔三〕。《崔光傳》:正始二年八月,光表曰:去二十八日,有物出於太極之西序,敕以示臣,臣按其形,即莊子所謂"蒸成菌"者也。)顯陽殿、(《{魏書}・肅宗紀》:熙平二年八月戊〈戍〉{戌}〔四〕,宴太〈宗〉{祖}以來宗室年十五以上于顯陽殿〔五〕,申家人之禮。《前廢帝紀》:普泰元年三月丙子,帝引見尚書右僕射元羅及皇室于顯陽殿,勞勉之。四月〈巳〉{己}未〔六〕,帝于顯陽殿簡試通直散騎常侍、散騎侍郎、通直郎,剩員非才他轉之。六月癸亥,帝臨顯陽殿,親理冤訟。《靈徵志》:{莊帝}永安二年十一月己丑,有赤氣如霧,從顯陽殿階{西南角}斜屬步〈廓〉{廊}〔七〕,高一丈許,連地如絳紗幔,自未至戌不滅。穆案:宫殿名見於本書者,惟顯陽最夥,兹録其事之有關國典者。)建始殿。(《伽藍記》:太后還〈總〉{摠}萬〈幾〉{機},圖〈清河王〉懌像於建始殿。〔八〕[王士點《禁扁》:西游國園亦有建始殿。——夾注]〔九〕)

左、右曰觀德殿、(《任城王澄傳》:{次之觀德殿,}〔一〇〕高祖曰:射以觀德,故遂命之。)明光殿、(《孝莊紀》:建義三年九月辛卯,天柱{大}將軍爾朱榮、上党王天穆自晉陽來朝〔一一〕。戊〈戌〉{戌}〔一二〕,帝殺榮、天穆於明光殿。)宣光殿、(《肅宗紀》:永平三年三月丙戌,帝生於宣光殿之東北。延昌四年八月戊子,帝朝皇太后于宣光殿。《胡國珍傳》:詔依漢車千秋、晉安平王故事,給步挽一乘,自掖門至於宣光殿得以出入。《張普惠傳》:又表〈於〉{論}時政得失〔一三〕,〈孝明〉{肅宗、}靈太后引普惠于宣光殿〔一四〕,隨事難詰,延對移時。)清徽堂、(《高祖紀》:太和二十一年七月甲寅,帝親爲群臣講《喪服》於清徽堂〔一五〕。《任城王澄傳》:車駕還洛,引見王公侍臣于清徽堂。高祖曰:此堂成來,未與王公行宴樂之禮,後東閤廡堂粗復始就,故今與諸賢欲無高而不升,無小而不入。〈穆案:此即《本紀》所書太和十九年八月甲子引群臣歷宴殿堂事也。〉〔一六〕《楊椿傳》:戒子孫曰:太和二十一年,吾從濟州〈釆〉{來}朝〔一七〕,在清徽堂豫宴。堂,《後魏京城圖》作"殿"。〈誤。〉〔一八〕)光極堂、(《高祖紀》:太和十九年十二月〈甲子〉{乙未朔}〔一九〕,引見群臣於光極堂,宣示品令,爲大選之始〔二〇〕。甲子,引見群臣於光極堂,班賜冠服。《劉昶傳》:高祖〈於〉{臨}光極堂大選〔二一〕。《禮志》:太和{十}九年五月甲午〔二二〕,冠太子恂于廟。丙申,高祖臨光極堂,太子入見,帝親詔之。堂,《圖》亦作"殿"〔二三〕。〈誤。〉〔二四〕《咸陽王禧傳》:景明二年,世宗召禧等入於光極殿。[《河朔訪古記》:《洛陽金石刻》有《後魏大將軍泉府君碑》——夾注]《永樂大典》"後魏門名"引《洛陽志》曰:光極殿前有光極門,王世充改爲永泰門。以上三殿、兩堂,《圖》在東。)含章殿、(《元叉傳》:清河王懌以兵衛守于宮西別館。叉恐懌終爲己害,與侍中劉騰密謀,誣懌自望爲帝〔二五〕。騰閉永巷門,靈太后不得出,懌入,遇叉于含章殿后,欲入徽章東閣。叉厲聲不聽。命宗士及直〈齊〉{齋}等三十人執懌衣袂〔二六〕,將入含章東省。穆案:含章殿之名,不見於《河南志》及《圖》,詳繹傳文,兼規往制,當在宮城東列,直北與崇訓宮相接。山謙之《丹陽記》曰:含章名起後漢。《河南志》:"〈曹〉魏城闕古跡"〔二七〕:含章殿,在顯陽之東。"晉城闕古跡":含章殿,亦在顯陽之東〔二八〕。而後魏《圖》宮城西列殿堂六,東列殿堂五,則其爲《圖》《志》失載無疑。謹據補於"光極堂"後,仍未敢臆定其次也。)崇訓宮、(《伽藍記》曰:太后正號崇訓,母儀天下〈是也〉〔二九〕。王士點《禁扁》:崇訓宮,靈太后居。又案:皇太后之所居曰崇訓宮,在含章殿后。中有嘉福殿、九龍殿。《河南志》及《圖》亦不載,今以元〈乂〉{叉}、于忠、胡國珍及閹官諸傳考之〔三〇〕,知其爲太后東朝也。惟後魏舊法:子立則賜母死。至於宣武,此制始革。高祖、世宗無爲豫建宮極之理,疑熙平以後,乃始增創,故肅宗初立,尚朝太后于宣光殿也。《志》以延昌爲限,例不褋側,附識於此。又案:《北史·后妃傳論》謂孝文終革,此失考。太子恂初立,林后仍以舊法薨,而世宗之母高后於太和十九年自代遷洛,薨於汲郡共縣。二十一年,世宗始立爲皇太子。則此制實宣武始革,《北史》誤也。魏收書《皇后傳》亡,後人以《北史》補之,仍衍其誤。)理訴殿、(《世宗紀》:延昌元年四月,詔立理訴殿、申訟車,以盡冤窮之理。[夾注:

清暑殿上。])清暑殿、(《伽藍記》:西明門外,清河王懌第宅豐大,逾于高陽。西北有樓,出凌雲臺。樓下有儒林館、〈退〉{延}賓堂〔三一〕,形制並如清暑殿。穆案:華園亦有清暑殿,銜之所擬,未知何指。而《河南志》則似即據此文,以爲宮城西殿也。[夾注:清暑殿下])徽音殿、(《元〈又〉{叉}傳》〔三二〕:肅宗徙御徽音殿,〈义〉{叉}亦入居殿右〔三三〕。)式乾殿、(《世宗紀》:正始三年十有一月甲子,帝爲京兆王愉、清河王〈繹〉{懌}、廣平王懷、汝南王悦講《孝經》於式乾殿〔三四〕。永平二年十有一月〈已〉{己}丑〔三五〕,帝於式乾殿爲諸僧、朝臣講《維摩詰經》。)茅茨堂、(注見"凝閑堂"下)宣極堂、(以上三殿、兩堂,《圖》在西。王士點《禁扁》:光極、宣極、清徽、西柏四堂並在洛。)凝閑堂、(《任城〈上〉{王}傳》〔三六〕:次之凝閑堂。高祖曰:"名目要有其義,此蓋取夫子閒居之義,不可縱奢以忘儉,自安以忘危,故此堂後作'茅茨堂'。"謂李沖曰:"此東曰步元廡,西曰遊凱廡。此堂雖無唐堯之君,卿等當無愧於元、凱。"沖對曰:"臣等既遭唐堯之君,不敢辭元、凱之譽。"又高祖召澄入見凝閑堂。穆案:此堂,《京城圖》在皇城内西南隅。據《傳》,高祖明謂"凝閑堂"後作"茅茨堂",則《圖》誤也)含溫室、(《禮志》:太和十九年十一月己卯,帝在含溫室[今本《禮志》"含"誤作"合"——原注]〔三七〕。《孝文幽后傳》:高祖以疾臥含溫室。《圖》:在皇城内東南隅。)崇虚樓、(《通鑑》:齊建武三年七月[魏太和二十年。——原注],魏主以久旱,自癸未不食至於乙酉。群臣皆詣中書省請見。帝在崇虚樓,遣舍人辭焉。《注》:武帝永明九年,魏移道壇于桑乾之陰,改曰崇虚寺。此蓋遷洛後,於禁中〈齊〉{齋}戒則居之〔三八〕。穆案:事見本書《王肅傳》,《高祖紀》無"崇虚樓"字。《禁扁》:崇虚樓,太和二十一年作。[濤按:太和二十年有崇虚樓,《禁扁》誤也。——夾注])聽訟觀、(《世宗紀》:永平〈二〉{元}年六月壬申〔三九〕,詔曰:"慎獄重刑,著於往誥。朕御茲寶曆,明鑒未遠,斷決煩疑,實有攸愧,可依洛陽舊圖,修聽訟觀。農隙起功,及冬令就。當與王公卿士親〈聽〉臨録問。〔四〇〕"穆案:〈魏晉〉《水經注》:聽訟觀,即漢之平〈樂〉{望}觀也〔四一〕。明帝太和三年更名〔四二〕,西北接華林隸簿〔四三〕。此聽訟觀,《京城圖》繢在閶闔門闕之左。然則詔所云"依舊圖修"者,蓋謂其廊廡之制。《陸機與弟書》"聽訟觀東,作百丈許廊屋"是也〔四四〕。)徽章閣、(注見上"含章殿"下。["徽章閣"寫在"聽訟觀"後。——夾注]〔四五〕)東堂、(《高〈閣〉{閭}傳》〔四六〕:〈宣武〉{世宗}踐阼〔四七〕,累表遜位。〈極〉詔授光祿大夫、金章、紫綬〔四八〕。及辭,引見東堂,賜以肴羞,訪以大政。《邢巒傳》:徐兗沿邊鎮戍相繼陷没,以巒爲使持節、都督東討諸軍事。世宗勞遣於東堂〔四九〕。又{豫州城民}白早生{殺刺史司馬悦,以城南入}〔五〇〕,{蕭衍}遣其冠軍將軍齊苟仁{率衆}入據懸瓠〔五一〕。詔巒討之,世宗臨東堂勞遣〔五二〕。又豫州平,巒振旅還京師,世宗臨東堂勞之。《蕭寶夤傳》:永平四年,詔寶夤爲使持節、假安南將軍、{别將}〔五三〕,世宗於東堂餞之。《圖》:在皇城内東北隅。)西柏堂。(《于忠傳》[五四]:〈明帝〉{肅宗}即位[五五],忠與門下議,以〈帝〉{肅宗}沖年[五六],未親機政;太尉、高陽王雍屬尊望重,宜入居西柏堂,省決庶政。《高陽王雍傳》:表曰:"臣初入柏堂,見詔旨之行,一由門下。"又曰:"出入柏堂,屍〈位〉{立}而已。"[五七]《高肇傳》:太尉高陽王先居西柏堂,專決庶事。《圖》:在皇城内西北隅。)

東有清徽園,(《郭祚傳》:嘗以立馮昭儀,百官夕飲清徽後園。高祖舉觴賜祚。《彭城王勰傳》:高祖宴侍臣於清徽堂。曰〈宴〉{晏}[五八],移于流化池芳林之下。流化池,亦作"流化渠"。《任城王澄傳》:因之流化渠。高祖曰:"此曲水者亦有其義,取乾道曲成,萬物無滯。"次之洗煩池,高祖曰:"此池中亦有嘉魚。"澄曰:"此所謂'魚在在藻,有頒其首'。"高祖曰:"且取'王在靈沼,於牣魚躍'。" 穆案:合此諸《傳》診之,園,蓋在清徽〈殿〉{堂}後[五九],因即假"清徽"之名。而流化、洗煩二池,亦即在此園中矣。)西有西遊園。(《伽藍記》:千秋門内道北有西遊園,園中有陵〈靈〉{雲}臺[六〇],即是魏文帝所築者。臺上有八角井,高祖于井北造涼風觀。登之遠望,目極洛川;臺下有碧海曲池;臺東有宣慈觀,去地十丈。觀東有靈芝〈釣〉{釣}臺[六一],累木爲之,出於海中,去地二十丈。風生户牖,雲起梁棟。丹{楹}刻桷[六二],圖寫列仙。刻石爲鯨魚,背負釣臺。既如從地湧出,又似空中飛下。釣臺南有宣光殿,北有嘉福殿,西有九龍殿,殿前九龍吐水成一海。凡四殿[合宣慈觀之數。——原注],皆有飛閣向靈芝往來。三伏之月,皇帝在靈芝臺以避暑。有五層浮圖一所,去地五十丈。{仙掌淩虚,鐸垂雲表,作工之妙,埒美永寧}講殿[六三]。尼房五百餘間,綺疏連亙,户牖相通,珍木香草,不可勝言[六四]。椒房嬪禦,學道之所,掖庭美人,並在其中。穆案:王士點《禁扁》:元魏殿名:嘉福(靈芝、釣臺之北)、建始(東)、九龍(西)、宣光(南四殿,皆有飛閣入湊。靈芝臺並在西遊園),蓋即本之《伽藍記》,今本脱去"建始殿"一條,當據補。《永樂大典》"宫字韻":後魏西遊園下引有'東有建始殿'句。《靈徵志》:神龜元年二月,獲龜于九龍殿靈芝池,大赦,改元。穆案:此嘉福、九龍二殿,與前注崇訓宫殿名相犯,而實非一地,猶宣光本宫城東列殿名,而此亦有宣光殿也。《水經注》:渠水又東,歷故〈奎〉{金}市{南}[六五],直千秋門,{古宫門也。}[六六]{又}枝流入石逗[六七],伏流注靈芝九龍池。魏太和中,皇都遷洛{陽}[六八],經構宫殿,修理街渠。{務窮}幽隱[六九],發石視之,{曾}無毀壞[七〇]。又石工細密,非今知所擬,亦奇爲精至也,遂因用之[七一]。〈又曰:千金堨舊堰穀水,魏時更修此堰[此謂曹魏。——原注][七二],開溝渠五所,謂之五龍渠。晉世大水暴注,更於西開泄,名曰代龍渠,代龍渠即九龍渠也[七三]。全氏祖望曰:案五龍渠與九龍渠不同,五龍渠即千金渠。若九龍渠作于魏明帝青龍三年,是時崇華殿災,郡國九龍見,明帝因更營九龍殿,引穀水爲九龍池,而築渠以堰之。善長誤矣。〉[七四]《宣武靈皇后傳》:幸西林園法流堂,命侍臣射,不能者罰之。又肅宗朝太后于西林園,宴文武侍臣,至於極昏。太后乃起執肅宗手下堂,言:母子不聚久,今暮共一宿,諸大臣送我入。太后與肅宗向東北小閣。穆又案:西林園,疑即《伽藍記》之西遊園,惟西林之名,疊見於靈皇后、元叉、奚康生諸傳，而衒之所述四殿，本書不著。善長述靈芝、九龍之勝，亦不言其間有園名，是一是二，不敢臆決，因附注於此，以俟更考。《方輿紀要》華林園下曰：又有西林、西遊等園，後魏〈避〉{熙}平以後置於宮旁〔七五〕，爲遊宴處。按西遊園有高祖所造涼風觀，其不始于熙平可知。惟西林之名，始見於靈太后時，是爲後起之證[宜出西遊園，而附載西林于注。——原注]。)

[夾注：西游園下：《伽藍記》、《禁扁》、《水經注》、穆案、《宣武靈皇后傳》、又案。]〔七六〕

京城之内，凡三百二十三坊。(《廣陽王嘉傳》：遷司州牧。表請於京四面，築坊三百〈三〉{二}十〔七七〕，各週一千二百步。《世宗紀》：景明二年九月，發畿内夫五萬五千人築京師三百二十三坊〔七八〕，四旬而罷。《伽藍記》：廟社、宫室、府曹以外，方三百步爲一里，里〈有〉{開}四門〔七九〕；門置里正二人、吏四人、門士八人，合有二百二十里。《河南志》：案：城之大小見上文，而楊衒之推廣而言者〔八〇〕，蓋兼城之外也。)

【校注】

〔一〕此處“太”誤寫爲“大”，改。

〔二〕引文此句“巳”誤寫爲“已”，據改。

〔三〕傳記引文均來自今本《魏書》，不再補寫，此處有節略，據補。

〔四〕引文此句“戌”誤寫爲“戍”，據改。

〔五〕引文此句“太祖”誤寫爲“太宗”，據改。

〔六〕引文此句誤寫“已”爲“巳”，據改。

〔七〕此條引文有脱字，據補。“廊”誤寫爲‘廓’，據改。

〔八〕引文出自《洛陽伽藍記》卷四“城西”下，有衍、誤之處。據改。

〔九〕此注後似乎有圈改之意。

〔一〇〕此處引文疑爲作者脱漏，據補。

〔一一〕此句引文脱一“大”字，據補。

〔一二〕引文此句“戌”誤寫爲“戍”，據改。

〔一三〕引文此句“論”誤寫爲“於”，據改。

〔一四〕此文此句以“孝明”代“肅宗”，據改。

〔一五〕《喪服》爲儒家經典“十三經”中《儀禮》之一篇。

〔一六〕此案語後有圈删之意。

〔一七〕引文此句“來”誤寫爲“采”，據改。

〔一八〕“誤”字後圈删。

〔一九〕引文此句“乙未朔”誤爲“甲子”，據改。

〔二〇〕引文此處有節略。

〔二一〕引文此句"臨"誤寫爲"於",據改。

〔二二〕引文此句脱一"十"字,據補。

〔二三〕此《圖》即爲《河南志》後附《後魏京城圖》,下不再注。

〔二四〕"誤"字後圈删。

〔二五〕此段引文多有節略。

〔二六〕此句引文"齋"誤寫爲"齊",據改。

〔二七〕今本《河南志》標題無"曹"字。

〔二八〕今本《河南志》"晉城闕古跡"下並無含章殿之名目,恐版本有異。

〔二九〕引文出自《洛陽伽藍記》卷二"城東",此句"是也"二字爲衍文,據改。

〔三〇〕"元義"應爲"元叉"之誤,據改。

〔三一〕《洛陽伽藍記校注》此條改作"延賓堂",並注云:"按元《河南志三》'退'作'延'。考下文曰:'懌愛賓客,重文藻,海内才子,莫不輻輳。'則延字義長,《河南志》當是,各本皆誤,今據正。"據改。

〔三二〕傳名"叉"誤寫爲"又",據改。

〔三三〕引文此句"叉"誤寫爲"义",據改。

〔三四〕此句引文"懌"誤寫爲"繹",據改。

〔三五〕引文此句"已"誤寫爲"巳",據改。

〔三六〕傳名"王"誤寫爲"上",據改。

〔三七〕今本《魏書·禮志》依然作"合溫室",未改。張説是。

〔三八〕引文此條"齋"誤作"齊",據改。

〔三九〕引文此條"元年"誤爲"二年",據改。

〔四〇〕引文此句衍寫一"聽"字,據删。

〔四一〕引文出自《水經·穀水注》,"魏晉"二字後圈删。"平樂觀"爲"平望觀"之誤,據改。然今本《河南志》"後漢城闕古跡"有"平樂觀",而無"平望觀"。

〔四二〕今本《河南志》作"明帝太和元年",恐誤。

〔四三〕此條引文多有節略,不補。

〔四四〕此條引文見今本《河南志》"晉城闕古跡"下。

〔四五〕此條原在"崇虚樓"之前,遵照作者之意移置於此。

〔四六〕傳名"間"誤寫爲"閣",據改。

〔四七〕原稿將"宣武"替代"世宗",據改。

〔四八〕此條引文有節略,"極"字爲衍,據改。

〔四九〕此條引文有節略。

〔五〇〕引文此句有脱文,以致文義不明,據補。

〔五一〕引文此句有脱文,據補。

〔五二〕此條引文多有節略。

〔五三〕此條引文有節略。

〔五四〕《于忠傳》附于《于栗磾傳》之後。

〔五五〕原稿以"明帝"替代"肅宗",據改。

〔五六〕原稿以"帝"替代"肅宗",據改。

〔五七〕引文此句"立"誤寫爲"位",據改。

〔五八〕引文此句"晏"誤寫爲"宴",據改。

〔五九〕"清徽殿"應爲"清徽堂"之誤,張氏在"清徽堂"條已有訂正,不再復述,改。

〔六〇〕引文此句"雲"誤抄作"靈",據改。

〔六一〕《洛陽伽藍記校注》此句作"靈芝釣臺",並釋云:"《三國志》二《魏志·文帝紀》:黃初三年,'是歲穿靈芝池。'《太平御覽》六十七《晉宮閣名》:'靈芝池廣長百五十步,深二丈,上有連樓飛觀,四出閣道釣臺,中有鳴鶴舟、指南舟。'"據改。

〔六二〕引文此名空闕一"楹"字,據補。

〔六三〕此句引文有脱文,據補。

〔六四〕引文此處有節略。

〔六五〕引文此句"金"誤抄爲"奎",據改。又脱一"南"字,據補。

〔六六〕引文此處有節略,據補。

〔六七〕引文此句脱一"又"字,據補。

〔六八〕引文此句脱一"陽"字,據補。

〔六九〕引文此句空闕"務窮"二字,據補。

〔七〇〕引文此句空闕一"曾"字,據補。

〔七一〕原稿引文與文淵閣四庫全書本《水經注》以及陳橋驛《水經注校證》相同。今本《水經注疏》此句爲:"又石工細密,非今之擬,亦可爲精至也,遂因用之。"並無校勘記,恐有誤。不改。

〔七二〕引文此處有節略。

〔七三〕此條引文多有節略。

〔七四〕〈〉括號内文字後有圈删之意。

〔七五〕引文此句"熙"誤抄爲"避",據改。

〔七六〕夾注内容爲作者重新排序,原稿中《宣武靈太后傳》居首,其次爲《伽藍記》,再次爲《水經注》,據夾注改。

〔七七〕引文此句"二"誤抄爲"三",據改。

〔七八〕今本《魏書·世宗紀》此句引文與原稿有所不同,卷末"校勘記"云:"南、北、殿本和《北史》'五萬'下有'五千'二字。又《北史》作'三百二十坊'。按卷一八《廣陽王傳》也作'三百二十坊','坊'上'三'字當衍。"存考。

〔七九〕引文此句"開"誤寫爲"有",據改。

〔八〇〕今本《河南志》此句作"陽衒之"。

宫城南曰銅駝街。(《水經注》:渠{水又枝}分〔一〕,夾路南出,逕太尉、司徒兩坊間,謂之銅駝街。舊魏明帝置銅駝諸獸于閶闔南街,陸機云"駝高九尺,脊出太尉坊"者也。《御覽》"州郡部四"引陸機《洛陽記》曰:洛陽有銅駝街,漢鑄銅駝二枚,在宫南四會道,相對,俗語曰:金馬門外集衆賢,銅駝陌上集少年。)

左有左衛府、(《官氏志》:衛將軍,第二品,加大者,位在太子太師之上。左、右衛將軍,第三品。《通典》:後魏永光初,又增左、右衛將軍各二人。宫前閶闔門御道東。)司徒府、(《官氏志》:司徒,第一品。《靈徵志》:普泰元年秋,司徒府太倉前井並溢。在左衛府南。)國子學、(《世宗紀》:正始元年十一月戊午,詔曰:古之哲王,〈垂〉{創}業垂統〔二〕,安民立化,莫不崇建膠〈庠〉{序}〔三〕,開訓國胄,昭宣《三禮》,崇明四術,使道暢群邦,風流萬宇。自皇基徙構,光宅中區,軍國務殷,未遑經建,靖言思之,有慚古烈。可敕有司依漢、魏舊章,營繕國學。四年夏六月己丑朔,詔曰:高祖德格二儀,明〈坐〉{並}日月〔四〕,播文教以懷遠人,調禮學以旌儁造。徙縣中區,光宅天邑,總霜露之所均,一姬卜於洛涘,戎緒兼興,未遑儒教。朕纂承鴻緒,君臨寶曆,思〈摸〉{模}聖規〔五〕,述遵先志,〈令〉{今}天平地寧〔六〕,方隅無事。可敕有司准訪前式,置國子,立太學,樹小學於四門。延昌元年四月丁卯,詔曰:遷京嵩縣,年將二紀,虎闈闕{唱}演之音〔七〕,四門絶講誦之業。博士端然,虚禄歲祀,貴遊之胄,歎同子衿。靖言念之,有兼愧慨。可嚴敕有司,國子學孟冬使成,太學、四門明年暮春令就。《伽藍記》:國子學堂内有孔子像,顔淵問仁,子路問政在側。《官氏志》:國子祭酒,從第三品;國子助教,從第七品。《文獻通考》:國子助教,後魏置〔八〕。在司徒府南。)宗正寺、(《官志氏》:宗正,第三品,宗正少卿,從〈事〉三品〔九〕。在國子學南。)太廟、(《禮志》:太和十九年〈三〉{二}月癸亥〔一〇〕,詔曰:知太和廟已就,神儀靈主,宜時奉寧。可克三月三日己巳〔一一〕,内奉遷於正廟。其出金墉之儀,一準出代都太和之式。入新廟之典,可依近至金墉之軌。其威儀鹵薄,如出代廟。百官奉遷,宜可省之。但令朝官四品以上,侍官五品以上及宗室奉迎。《高祖紀》:太和十九年四月戊辰,太和廟成。在宗正寺南。)護軍府、(《官氏志》:中護軍,第三品,加將軍則去中,位次撫軍。在太廟南。)衣冠里。(在護軍府南。)

右有右衛府、(在宫前閶闔門御道西。)御史臺、(《官氏志》:御史中尉,第三品上。治書侍御史,第五品上。侍御史、殿中御史,從第五品中。太和二十三年,高祖復次職令,改治書侍御史從第五品。《通典》:漢御史大夫寺,後漢以來謂之御史臺,亦謂之蘭臺寺。梁及後魏、北齊或謂之南臺。後魏之制:有公事,百官朝會,名薄自尚書、令僕以下,悉送南臺。又曰:後魏御史中尉,督司百僚,其出入,千步清道,與皇太子分路,〈正〉{王}公百〈餘〉{辟}[一二],咸使遜避。其餘百僚,下馬弛車止路旁。其違緩者以棒棒之。持[《通典》避唐諱,改治曰持,馬氏仍其文——原注]書侍御史,後魏掌糾禁内朝會失時,服章違錯,饗宴會見,悉所監之。又曰:後魏御史甚重,必以對策高第者補之。侍御史與殿中侍御史晝則外臺{受}事[一三],夜則番直内臺。御史舊式不隨臺主簡代。延昌{中}[一四],王{顯}有寵于宣武[一五],爲御史中尉,始請革選。此後踵其事。又曰:監察侍御史,後魏太和末,亦置此官,宿直外臺,不得入宿内省。[《官氏志》寫在《通〈考〉{典}》前。——夾注][一六]在太尉府西北。)太尉府、(《官氏志》:太尉,第一品。《通典》:後魏初,太尉與大將軍不並置。正光〈以〉{之}後[一七],亦皆置焉。又曰:後魏舊制:有大將軍,不置太尉;有丞相,不置司徒。在宫前閶闔門南,御道西〈對永康里〉[一八]。)太府寺、(《官氏志》:太府卿,第三品;太府少卿,從第三品。《通典》:《周官》有太府下大夫,掌貢賦之貳[一九],歷代不置,然其職在司農、少府。後魏太和中,改少府爲太府卿,兼有少卿,掌財物庫藏。《伽藍記》無"太府寺",而將作曹南有"九級府"。《河南志》無"九級府",有"太府寺"。穆案:太府之職,既後魏特置,而九級之名,遍考諸書,未得其據,疑皆《河南志》是,今從之。在右衛府南。)昭玄曹、(《釋老志》:先是,立監福曹,又改爲昭玄,備有官屬,以斷僧{務}[二〇]。永平九年秋,詔曰:緇素既殊,法律亦異,故道教彰於互{顯}[二一],禁勸各有所宜。自今〈以〉{已}後[二二],衆僧犯殺人以上罪者,仍依俗斷,余犯悉付昭玄,以内律僧制{治}之[二三]。在太尉府西南。)將作曹、(《官氏志》:將作大匠,從第三品。在太府寺南。)太社、(《水經注》:《禮》:天子建國,左廟右社,以石爲主,祭則希〈冤〉{冕}[二四]。今多王公攝事。王者不親拜焉。咸寧元年,洛陽大風,帝社樹折,青氣屬天。元王東渡,魏社代昌矣。《禮志》:天平四年四月,太社石主將遷于社宫,禮官云應用幣。中書侍郎裴伯茂據故事,太和中遷社宫,高祖用牲不用幣,遂以奏聞。魏,一作晉,顧氏炎武《歷代帝{王宅京記}》引王隱《晉書》證之曰[二五]:武帝咸寧元年八月,大風折太社樹,有青氣出焉。占曰:東莞當有帝者。明年,元帝生。此晉室中興之表。趙一清《水經注箋刊誤》曰:作晉,非也。道元生於拓跋朝,是時魏都洛陽,記此正表晉衰魏興之表,安得云晉社代昌乎?在將作曹南,司州治在太社南。)淩陰里、(《水經注》:《東京賦》曰:其南則有謻門曲榭,邪阻城洫。《注》云:謻門,冰室門也;阻,依也;洫,城下池也;皆屈曲邪行,依城池爲道。故《説文》曰:隍,城池也。有水曰池,無水曰隍矣。〈移〉{謻}門即宣陽門也[二六]。門内有宣陽冰室。《周禮》:有冰人,日在北陸而藏之,西陸,朝覿而出之。冰室舊在宣陽門内,故得是名。門既擁塞,冰室又罷。穆案:道元云宣陽擁塞者,魏、晉之正南門,曰平昌,宣陽在平昌之西,建陽又在宣陽之西。後魏以宣陽爲正南門,其西止津陽一門,故舊宣陽門擁塞之也,繹此《注》文,益足證前《京城圖》之誤。又案:宮城之南門曰閶闔,京城西陽門次北之門,亦曰閶闔。《伽藍記》敘太尉府至淩〈雲〉{陰}里諸地曰〔二七〕:宮前閶闔門南,本自明晝而續圖者,讀{者}不審〔二八〕,誤以宮前閶闔門爲城西閶闔門,移寫銅駝街左右里署於其間,斯大謬矣。茲悉爲厘正。在太社南。)尚書省。(《官氏志》:尚書令,〈弟〉{第}二品;尚書僕射、從〈弟〉{第}二品;吏部尚書、列曹尚書,〈弟〉{第}三品〔二九〕。《北史·于謹傳》〔三〇〕:孝昌元年,隨廣陽王征鮮于修禮〔三一〕。停軍中山,侍中元晏宣言于靈太后曰:廣陽盤桓不進,坐圖非望。又有于謹{者}〔三二〕,爲其謀主,恐非陛下純臣。靈太后詔于尚書省門外立榜,募獲謹者,許以重賞。謹聞{之}〔三三〕,請詣闕〈技〉{披}露腹心〔三四〕。廣陽許之,遂到榜下〔三五〕,有司以聞。《初學記》:尚書令,《漢官》云:初,秦代少府遣吏四人在殿中,主發書,故號尚書,尚猶主也。漢因秦置之。《齊職儀》云:魏、晉、宋、齊並曰尚書臺。《五代史志》云:梁、陳、後魏、北齊、隋則曰尚書省。穆案:《河南志》于淩陰里後列尚書省,不詳所在。以《于謹傳》證之,知其不誤,省治當即在淩陰里中也。《通典》:尚書〈省〉{令}〔三六〕,後魏、北齊掌彈糾見事,與御史中丞更相廉察。)

[夾注:右有太尉府、御史臺、右衛府、太府寺、將作曹、昭〈立〉{玄}曹、太社、尚書省、淩陰里。]〔三七〕

【校注】

〔一〕引文此句有節略,據補。

〔二〕引文此句"創"誤抄爲"垂",據改。

〔三〕引文此句"序"誤寫爲"庠",據改。

〔四〕引文此句"並"誤抄爲"坐",據改。

〔五〕引文此句"模"誤抄爲"摸",據改。

〔六〕引文此句"今"誤寫爲"令",據改。

〔七〕引文此句空闕一"唱"字,據補。

〔八〕《文獻通考》卷五七"國子助教"條下云:"後魏亦有。"

〔九〕引文此句衍一"事"字,據改。

〔一〇〕原稿引文此句作"三月",今本《魏書·禮志》作"二月",卷末"校勘記"云:"諸本'二月'作'三月',《通典》卷四七作'二月'。按太和十九年庚午朔,無'癸亥',二月庚子朔,'癸亥'乃二十五日。卷七下《高祖紀》下太和十九年二月戊辰:'行幸碻磝。太和廟成。'戊辰乃三十日,當是不知確在哪一日,故繫於月盡,其廟成實在二月癸亥前。這里'三月'乃'二月'之訛。"據改。介生按:《高祖紀》引文應在"四月戊辰",而非"二月戊辰"。

〔一一〕今本《魏書·禮志》卷末"校勘記"云:"'三月三日己巳',《通典》作'五月'。三月無'己巳',五月己巳朔,非三日。卷七下《高祖紀》下是年五月庚午(即二日)'遷文成皇后馮氏神主於太和廟'。疑'三月三日己巳'爲'五月朔日己巳'之訛。但此《志》所云所遷者似指歷代神主,《紀》唯云遷馮太后神主,又差一日,不知何故。"存考。

〔一二〕引文此句"王"誤寫爲"正","辟"誤寫爲"餘",據改。

〔一三〕引文此句空闕一"受"字,據補。

〔一四〕引文此句脱一"中"字,據補。

〔一五〕引文此句空闕一"顯"字,據補。

〔一六〕夾注《通典》誤寫爲《通考》,據改。

〔一七〕引文此句"之"誤寫爲"以",據改。

〔一八〕〈〉括號内文字後圈删。

〔一九〕引文此處有節略。

〔二〇〕引文此句空闕一"務"字,據補。

〔二一〕引文此句空闕一"顯"字,據補。

〔二二〕引文此句"已"誤寫爲"以",據改。

〔二三〕原稿脱一"治"字。今本《魏書·釋老志》卷末"校勘記"云:"諸本脱'治'字,不可通,今據《册府》(卷五一,五七〇頁)補。《廣弘明集》卷二引《志》'治'作'判',乃避唐諱改。"據補。

〔二四〕引文此句"冕"誤寫爲"冤",據改。

〔二五〕此條書名空闕"王宅京記"數字,據補。

〔二六〕引文此條"誃"誤寫爲"移",據改。

〔二七〕《洛陽伽藍記》有"凌陰里",而無"凌雲里",疑有筆誤,據改。

〔二八〕原稿此句空闕一"者"字,據補。

〔二九〕此段引文三處"第"簡寫爲"弟",均據改。

〔三〇〕《于謹傳》附于《于栗磾傳》之後。

〔三一〕引文此處有節略。

〔三二〕引文此句脱寫一"者"字,據補。

〔三三〕引文此句脱寫一"之"字,據補。

〔三四〕引文此句"披"誤寫爲"技",據改。

〔三五〕引文此處有節略。

〔三六〕此條引文在"尚書令"之下,非"尚書省",據改。

〔三七〕此條夾注是作者重新排定的詞條次序,爲保留原貌,未作調整。中間"昭玄曹"誤爲"昭立曹",據改。

宫城東有步廣里、(在建春門内御道内。高祖置河南尹于翟泉北,治此里中〔一〕。穆案:自此以後幾不題所出者,皆檃括《伽藍記》及《河南志》之文也。)治粟里、(在東陽門内一里御道南,倉司官屬住其内〔二〕。)永安里、(《伽藍記》:景明初,僞齊建安王〈肅〉{蕭}寶寅{夤}來降〔三〕,封會稽公,爲築宅於歸正里。後進爵爲齊王,尚南陽{長}公主〔四〕。寶寅{夤}恥與夷人同列,令公主啟世宗,求入城内,世宗從之,賜宅于永安里。《河南志》:不知其所。穆案:據《永樂大典》"晉京城圖",永安里在東陽門内,御道南。[夾注:永安里,寫在治粟里後,宜壽里前。]〔五〕)宜壽里、(治粟里西。)永和里、(在清陽門内御道北。里南北皆有池,高門華屋,〈齊〉{齋}館敞麗〔六〕,楸槐蔭途,桐楊夾植,當世名爲"貴里"。)故太倉、(建春門内,御道北,有空地,擬作東宮,晉中朝時太倉處也〔七〕。穆案:《水經注》所謂"故太倉",乃後魏太倉,辨見下。太倉前有井,注見司徒府下。)蒼龍海、(《伽藍記》:太倉南有翟泉,周回三里,即《春秋》所謂"王子虎、晉狐偃盟于翟泉"也。水猶澄清,洞底明〈淨〉{靜}〔八〕,鱗甲潛藏,辨其魚鱉。〔九〕中朝時步廣里也。泉西有華林園,高祖以泉在園東,因名蒼龍海。穆案:《記》所謂"蒼龍海",即酈《注》之南池也。《注》曰:穀水枝分,東注天淵池。自天淵池東,出華林園,逕聽訟觀南,又東流,入於洛陽縣之南池〔一〇〕。池即故翟泉也。南北百一十步,東西七十步。又案:翟泉所在,道元、衒之所説,皆與杜預不殊,而衒之則杜注以駁學徒之非,道元則舉三證以辨杜注之誤,即實考之,酈亭稍違知者。道元引班固、服虔、皇甫謐諸説,以證翟泉當在洛陽東北。又知建春門路北,路即東宮〈衒〉{街}〔一一〕,于洛陽爲東北,與衒之所記方位、里次一一符合,而顧疑杜預因京相璠等言"太倉西南池水名翟泉"之一證,謂必是翟泉。既言西南於洛陽,不得爲東北,不知東宮街在洛陽東北,翟泉在步廣里,爲東宮街西南,本自明瞭,何謂杜非？推詳酈旨,蓋誤以後魏之太倉爲晉太倉,故此生支實耳。衒之曰:昭儀寺在東陽門内一里,有池,京師學徒謂之翟泉也〔一二〕。案:杜預注《春秋》云:翟泉在晉太倉西南。晉太倉在建春門内,今太倉在東陽門内{御道}北〔一三〕。地在今[二字今本誤倒,據《宅京記》引改。——原注]太倉西南,明非翟泉也。道元曰:渠水自銅駝街東,逕司馬門南,又東逕杜元凱所謂翟泉北〔一四〕,今無水。又歷司空府前,逕太倉,南出東陽門石橋下,注陽渠。又陽渠{穀}水于城東南隅〔一五〕,枝分北注,逕青陽門東,又北逕東陽門東,又北逕故太倉西,又北入洛陽溝,又東,左迤爲池。以《記》證《注》,道元殆承學徒之説,以昭儀寺池爲翟泉,而駕其疑于征南也。實則若杜,若酈,若楊,皆確知翟泉所在,而酈之集矢於〈社〉{杜}者〔一六〕,由未審東宮街爲晉太倉故處,而渠水所逕之太倉,乃後魏之太倉也。)華林園、(《高祖紀》:太和二十年二月辛丑、庚戌,兩幸華林[“兩”字臆增。——原注],聽訟於都亭。三月丙寅,宴群臣及國老、庶老于華林園。八月壬辰朔,幸華林園,親録囚徒。二十一年八月甲戌,講武于華林園。庚辰,車駕南討。[“南討”下接《郭祚傳》,次《世宗紀》,次《茹皓傳》,次穆案。——夾注]〔一七〕《郭祚傳》:高祖幸華林園，因觀故景陽山。祚曰："山以仁靜，水以智流。願陛下修之。"高祖曰："魏明以奢失於前，朕何爲襲之於後？"祚曰："高山仰止。"高祖曰："得非景行之謂？"《世宗紀》：永平四年五月己亥，遷代京銅龍置天淵池｛西｝[一八]。《茹皓傳》：皓性微工巧，多所興立。爲山于天淵池西，採掘北邙及南山佳石。徙竹汝、〈穎〉｛潁｝[一九]，羅蒔其間；經構樓館，列於上下。樹草栽木，頗有野致。世宗心悦之，以時臨幸。穆案：本書自遷洛後[二〇]，遊興華林，多不具録，録其初事之有關國典者。《水經注》：〈穀〉｛渠｝水又東[二一]，枝分南入華林園。歷疏圃南。圃中有古玉井，井悉以珉玉爲之，以緇石爲口，工作精密，猶不變古，璨焉如新。又逕瑤華宫南，歷景陽山北。山有都亭。堂上結方湖。湖中起御坐，石也。御坐前建蓬萊山，曲池接筵，飛沼拂席。南面射侯夾席，武峙背山。堂上則石路崎嶇，巖障峻險，雲臺風觀，纓巒帶阜。游觀者升降阿閣，出入虹陛。望之狀鳧没鸞舉矣。其中引水飛｛臯｝[二二]，傾瀾瀑布，或枉渚聲溜，潺潺不斷。竹柏蔭于層石，繡薄叢於泉側，微飆暫拂，則芳溢於六空，實爲神居矣。其水東注天淵池，池中有魏文帝九華殿。殿基悉是洛中故碑累之，今造釣臺於其上。池南直魏文帝茅茨堂，前有《茅茨〈之〉碑》[二三]，是黄初中所立也。《伽藍記》：華林園中有大海，即漢天淵池。池中猶有文帝九華臺。高祖于臺上造清涼殿，世宗在海内作蓬萊山。山上有仙人館。上有釣臺殿，並作虹蜺閣，乘虚〈東〉｛來｝往[二四]。至於三月禊日，季秋〈九〉｛巳｝辰[二五]，皇帝駕龍舟鷁首，游於其上。海西有藏冰室，六月出冰，以給百官。海西南有景山殿，山東有羲和嶺，嶺上有溫風室。山西有姮娥峰，峰上有露寒館，並飛閣相通，〈陵〉｛淩｝山跨谷[二六]。山北有玄武池，山南有清暑殿。殿東有臨澗亭，殿西有臨危臺。景陽山南有百果園，果列作林，林各有堂[二七]。柰林南有石碑一所，魏明帝所立也，題云"苗茨之碑"。高祖于碑北作苗茨堂[二八]。柰林西有都堂，有流觴池，堂東有扶桑海。凡此諸海，皆有石竇流於地下，西通穀水，東連陽渠，亦與翟泉相連。若〈早〉｛旱｝魃爲害[二九]，穀水注之不竭；離畢滂沱，陽渠[渠，今本誤作穀。——原注]泄之不盈[三〇]。至於鱗甲異品，羽毛殊類，濯波浮｛浪｝[三一]，如似自然也。穆案：苗茨堂之立，《注》《記》説異，未知孰是。趙一清曰：天淵池，黄初五年所穿；九華臺，黄初七年所築。或茅茨堂亦丕所建，特其碑是睿所立，未可知也。）司空府、（《官氏志》：司空，第一品。《爾朱世隆傳》[三二]：奴言：初來時至司空府西，欲向省，令王嫌遲，遣二防閤捉儀刀催車。車入，到省西門，王嫌牛小，繫于闕下槐樹，更將一青牛駕車。《水經注》見上。在故太倉南。[夾注：《官氏志》，次《爾朱傳》，次《水注》、次在][三三]）邢巒宅、（《巒傳》：｛高祖因行藥至司空府南，見巒宅，遣使謂巒曰：朝行藥至此，見卿宅乃住，東望德館，情有依然。｝[三四]）太倉署、（《通典》：太倉署，｛於｝《周官》有廩人下大夫、上士[三五]。秦官有太倉令、丞，漢因之，屬大司農。後漢令主受郡國傳漕穀。其滎陽敖倉官，中興皆屬河南尹，歷代並有之。在東陽門内御道北。）〈導〉｛籙｝官署[三六]、（《通典》：籙〈導〉官署[三七]，周有舂人。秦、漢有令、丞，屬少府,漢東京令、丞主春御米及作乾糒,屬大司農,歷代皆有之。穆案:導,當作䆃。鄭德注《封禪文》云:䆃,擇也。《漢書·百官表》《後{漢}書·殤帝和帝紀》皆有䆃官[三八],《注》皆云:䆃官,主擇米。〈後魏蓋沿漢制而設此官。〉[三九]段氏玉裁曰:《後漢書》:鄧后詔:減大官、䆃官,自非〈共〉{供}陵廟[四〇],稻粱{米}不得䆃擇[四一]。光武詔:郡國異味,有豫養䆃擇之勞。凡作導者,訛字也。又案:䆃官之名,《官氏志》位卑不載。在太倉署西。[夾注:〈導〉{䆃}官署下:先《通〈考〉{典}》,次穆案,次在。][四二])句{鉤}盾署[四三]、(《通典》:漢鉤盾令,宦者,典諸近{池}〈園〉{苑}囿遊觀之事{處}[四四],屬少府,後漢亦有之。晉大鴻臚屬官有鉤盾令,自後無聞。北齊如晉制。穆案:北齊蓋即因魏制,特魏收書失載耳。龍門靈巖有正始二年四月十五日橫野將軍、鉤盾署洪池丞權六煩造彌勒像一區。)典農署、(《〈文獻〉通典》[四五]:典農中郎將、典農都尉、典農校尉,並曹公置。晉〈大〉{泰}始二年[四六],罷農官爲郡縣,後復有之。)精{藉}田署[四七]、(《文獻通考》:藉{籍}田令[四八],周爲甸師,漢文帝感賈誼之言,始開籍田,置令、丞,掌耕國廟、社稷之田。立{爲}藉{籍}田館[四九],穀以皆給祭天地、宗廟、群〈神〉{臣}之祀[五〇]。[夾注:精田用《文獻通考》。]以上三署,在建春門内御道南。)司農寺。(《官氏志》:大司農,第三品。{大}司農少卿[五一],從〈弟〉{第}三品[五二]。在藉{精}田署南。[五三])

【校注】

〔一〕引文出自《洛陽伽藍記》卷一"城内建春門"下:"高祖于(翟)泉北置河南尹,中朝時步廣里也。"介生按:中朝即指定都洛陽時期的晉朝。以下各條如無歧誤之處,則不再重復引用。

〔二〕引文出自《洛陽伽藍記》卷一"城内昭儀尼寺"下。今本《河南志》又云:"治粟里,導官署南。里内倉司官屬居之。"

〔三〕引文出自《洛陽伽藍記》卷三"宣陽門外"下,此句"蕭"誤寫爲"肅",據改。蕭寶寅,今本《魏書》作"蕭寶夤"。

〔四〕引文此句脱寫一"長"字,據補。

〔五〕永安里,原在"永和里"之後,遵照夾注所説作者之意移寫。

〔六〕引文出自《洛陽伽藍記》卷一"城内修梵寺"下,"齋"誤寫爲"齊",據改。

〔七〕引文出自《洛陽伽藍記》卷一"城内建春門"下。

〔八〕引文出自《洛陽伽藍記》卷一"城内建春門"下,《校注》"明淨"作"明靜"。

〔九〕引文此處有節略。

〔一〇〕此段引文多有節略。

〔一一〕引文出自《水經·穀水注》,"街"誤寫爲"衔",據改。

〔一二〕引文出自《洛陽伽藍記》卷一"城内昭儀尼寺"下。

〔一三〕據前後文義,此句脱寫"御道"二字,補。

〔一四〕引文出自《水經·穀水注》,元凱,爲晉朝學者杜預之字。

〔一五〕《水經注疏》此處作"穀水",並釋云:"會貞按:此自城西逕城南之穀水,于東南隅三枝分北逕城東者。"

〔一六〕原稿"杜"誤寫爲"社",據改。

〔一七〕夾注爲作者所改定詞條次序,以下内容據改。

〔一八〕今本《魏書·世宗紀》卷末"校勘記"云:"《北史》卷四,《册府》卷一三(一五〇頁)'池'下有'西'字,疑脱。"介生按:查《北史》此條避唐諱作"天泉池西",《通志》卷一五下卷與《北史》同,而文淵閣四庫全書本《册府元龜》卷一三此條並無"西"字。

〔一九〕引文此句"潁"誤寫爲"穎",據改。

〔二〇〕本書即指《魏書》。

〔二一〕《水經注疏》作"穀水",並釋云:"戴改'渠'作'穀'。會貞按:非也。華林園即上芳林園。《魏志·文帝紀》裴《注》,齊王芳即位,改爲華林。此城北之渠水,自大夏門東枝分入城者,渠水即穀水也。"

〔二二〕此句引文空闕一"睾"字,據補。

〔二三〕此句引文衍一"之"字,據改。

〔二四〕引文出自《洛陽伽藍記》卷一"城内建春門"下。此句"來"誤寫爲"東",據改。

〔二五〕《洛陽伽藍記校注》作"巳辰",並釋云"吴琯本、漢魏本'巳'作'良'。緑君亭本、真意堂本作'九'。吴集證云:'按古人春秋修禊,皆用上巳,各本誤也。'按秋禊用目上巳,各書未見,吴説不知何據。"據改。

〔二六〕引文此句"淩"誤寫爲"陵",據改。

〔二七〕引文此處有節略。

〔二八〕《洛陽伽藍記校注》注釋云:"《水經·穀水注》:'(天淵)池南直魏文帝茅茨堂,前有《茅茨碑》,是黄初中所立也。'趙一清《校釋》:'《洛陽伽藍記》曰:華林南有石碑一所(下省)云云。陳氏耀文《天中記》曰:衔之,魏之,親釋苗茨之碑,道元謂黄初所立,誤矣。一清按:天淵池,黄初五年所穿;九華臺,黄初七年所築。或茅茨堂亦丕所建,特其碑是睿所立,未可知也。'按《魏書》十九《任城王澄傳》云:'車駕還洛,引見王公侍臣于清徽堂。……次之凝閑堂,高祖曰:名目要有其義,此蓋取夫子閒居之義。不可縱奢以忘儉,自安以忘危。故此堂後作茅茨堂。'與本文同以此堂爲後魏高祖所置,與《水經注》不同。楊衒之親見碑文,所説當可信。疑《水經注》之魏文帝應作孝文帝,即高祖,因下文黄初年號,爲後人改孝爲魏而誤。趙氏説'茅茨堂亦丕所建',乃未細讀《伽藍記》文之疏忽。至於石碑則疑是黄初時立。"引文此句後有節略。

〔二九〕引文此句"旱"誤寫爲"早",據改。

〔三〇〕《洛陽伽藍記校注》作"陽穀",並釋云:"吴集證云:'穀當作渠'。"

〔三一〕引文此句脱一"浪"字,據補。

〔三二〕今本《魏書·爾朱世隆傳》附于《爾朱彦伯傳》之後。

〔三三〕夾注即作者重新排定引文次序,據之重排。

〔三四〕原稿並未引録《邢巒傳》相關内容,今據今本《魏書·邢巒傳》補。

〔三五〕引文此句脱一"於"字,據補。

〔三六〕據以下考訂,應改"導"爲"㯻",原稿有疏漏,據改。

〔三七〕今本《通典》卷二六,文淵閣四庫全書本《通典》卷二六均作"導",未察此誤。

〔三八〕《後漢書》書名脱一"漢"字,補。又《殤帝和帝紀》應爲《孝和孝殤帝紀》。今本及文淵閣四庫全書本《漢書》《後漢書》均作"導",未察此誤。

〔三九〕〈 〉括號内文字後圈删。

〔四〇〕段氏注文出自《説文解字注》"禾部",《後漢書》卷十上《皇后紀》作"供",非"共",據改。今本《後漢書》依然作"導",未改,也没有校勘記。

〔四一〕原稿引文此句脱寫一"米"字,據補。

〔四二〕夾注即作者最終排定文序,據改定。注文中"㯻"誤寫爲"導","典"誤寫爲"考",據改。

〔四三〕據下文考定,詞條應爲"鉤盾署","句"(即"勾")爲鉤之古字,原稿頻有這種事例,顯示作者尚古之意。

〔四四〕引文出自今本《通典》卷二六《職官八》,卷末"校勘記"云:"《後漢書·百官志三》(三五九五頁)'近'下有'池','事'作'處'。"介生按:今本《後漢書》"園"作"苑",據改、補。

〔四五〕介生按:原稿引用《通典》之時,前常有"文獻"二字,後圈删,蓋作者經思慮後舍去《文獻通考》,而選用《通典》的結果。

〔四六〕引文此句"泰"誤寫爲"大",據改。

〔四七〕據文義,此詞條應爲"藉",而"耤"爲"藉"之古字,也顯示作者尚古之意。

〔四八〕今本及文淵閣四庫全書本《文獻通考》均作"籍田","藉"與"籍"可通假。

〔四九〕引文此句脱寫一“爲”字,據補。又引文有節略。

〔五〇〕引文此句“臣”誤寫爲“神”,據改。

〔五一〕此句引文脱寫一“大”字,據補。

〔五二〕引文此句“第”簡寫爲“弟”,據改。

〔五三〕原稿詞條爲“耤田署”。

宫城西有金墉宫、(《高祖紀》:太和十九年八月,金墉宫成。《水經注》:穀水又東,逕金墉城北。魏明帝於洛陽城西北角築之,謂之金墉城〔一〕。《晉宫閣名》{曰}〔二〕:金墉有崇天堂,即此。地上架木爲榭,故〈白〉{百尺}樓矣〔三〕。皇居創徙,宫極未就,止蹕於此。構宵榭於故臺,所謂臺以〈停停〉{亭亭者}也〔四〕。南曰乾光門,夾建兩觀,觀下列朱桁於塹,以爲御路。東曰含春門,北有〈暹〉{退}門〔五〕。城上西面列觀,五十步一睥睨,屋臺置一鐘,以和漏鼓。西北連廡函蔭,墉比廣榭,炎夏之日,高祖常以避暑。爲緑水池一所,在金墉者也。《伽藍記》:瑤光寺北有承明門,有金墉城,即魏氏所築〔六〕。{城}東北角有魏文帝百尺樓〔七〕,年雖久遠,形制如初。高祖在城内作光極殿,因名金墉城門爲光極門。又作重樓飛閣,遍城上下,從地望之,有如雲也。《太平寰宇記》〈洛陽縣〉{河南縣}下云〔八〕:金墉城,在故城西北角。{魏明帝所築。}〔九〕《洛陽地圖》云:金墉城内有百尺樓。穆案:《永樂大典》載《歷代洛陽圖》與樂氏説合,疑此圖即樂氏所見圖矣)延年里、(在西陽門内御道北。)永康里、(在西陽門内御道南,即晉時金市處。)義井里、(在義井[濤跋:此二字必誤。——夾注]里東〔一〇〕。里北門外有桑樹數十株〔一一〕,枝條繁茂,下有甘井一所,石槽鐵罐,供給行人,飲水庇陰〔一二〕,多有憩者。)濛汜池、(在延年里中。夏則有水,冬則竭矣。〔一三〕)太僕寺、(《官氏志》:太僕卿,第三品;太僕少卿,從第三品。〈《通典》:太武帝平統萬赫連昌,〔一四〕定隴右禿發、沮渠等。河西水草善,乃以爲牧地,六畜滋息,馬三百余萬匹,駝駝將半之,牛則無數。孝文遷洛陽之後,復以河陽爲牧場,恒置戎馬十萬匹,以擬京師軍警之備。每歲自河西〈放〉{徙}牧於并州〔一五〕,漸南,欲其習水土而無死傷也。而河西之牧滋甚。〉[夾注:入溫縣“馬場”下。]〔一六〕亦在延年里。)乘黄署、(《通典》:乘黄署,後漢太僕寺有未央廄令,魏改爲乘黄廄。乘黄,古之神馬,因以爲名。在太僕寺東。)武庫署、(即魏相國司馬文王府庫也。在乘黄署東,東至閶闔宫門。《通典》:武庫令、丞,于《周官》司甲、司弓矢等下大夫,司戈盾等中士、下士,蓋其任也。兩漢曰武庫令,屬執金吾。後漢又有考工令、丞,屬太僕,主造兵器,成,付武庫令。魏、晉因之,晉後屬衛尉。)望先寺、(《水經注》:陽渠水南暨閶闔門,漢之上西門者也〔一七〕。其水北乘高渠，枝分上、下，歷故石橋東，入城，逕望先寺{瑤光寺}〔一八〕。又東，歷故金市南，直千秋門。）瑤光寺。（世宗宣武皇帝所立，在閶闔城門，御道北，東去千秋門二里。《孝文廢皇后馮氏傳》：昭儀規爲内主，譖構百端，尋廢后爲庶人。后貞謹有德操，遂爲練行尼，後終於瑤光佛寺。《宣武皇后高氏傳》：肅宗即位，上尊號曰皇太后，尋爲尼，居瑤光寺。趙氏《金石録》：《後魏瑤光寺碑》，在洛陽縣，永平三年八月立。）

【校注】

〔一〕引文此處有節略。

〔二〕引文此句脱一"曰"字，據補。

〔三〕《水經注疏》作"百尺樓"，並釋云："朱作'曰樓'，全、戴改作'白'。守敬按：非也。《洛陽記》《伽藍記》並作百尺樓，此當作百尺樓矣，今訂。"據改。

〔四〕引文此句"臺以停停也"，與文淵閣四庫全書本《水經注》《水經注集釋訂訛》《水經注釋》相同。但今本《水經注疏》改寫爲"臺以亭亭者也"，但並無相關注解。

〔五〕文淵閣四庫全書本《水經注》作"還門"，並案云："案'還'近刻訛作'退'。"《水經注疏》改爲"退門"，並釋云："全、趙、戴改'退'爲'還'。守敬按：《初學記》二十五引此作'退'，《方輿紀要》作'還'。"介生按：查今本《初學記》卷二五"門部"並無"退門"之記述。不知楊氏所謂"《初學記》二十五"所指爲何。但《玉海》卷一六四、《歷代帝王宅京記》卷九、《水經注集釋訂訛》以及前引《永樂大典》門字韻引"後魏門名"等均作"退門"，據改。

〔六〕引文此處有節略。《洛陽伽藍記校注》此處補二十二字："晉永康中，惠帝幽于金墉城。東有洛陽小城，永嘉中所築。"並釋云："此二十二字，各本皆有，吴集證本無，與此同，今據各本補。"介生按：石翁所本，也應有此二十二字。

〔七〕引文此句脱寫一"城"字，據補。

〔八〕引文出處有誤，應出自"河南縣"下，據改。

〔九〕引文此處有節略，據補。《水經注釋》卷十六注云："一清按：城爲魏明帝築，則層樓不應云文帝起也，蓋亦明帝之誤文。"

〔一〇〕據《洛陽伽藍記校注》卷一"城内"，景樂寺"北連義井里"，那麼，義井里應在景樂寺北。

〔一一〕引文出自《洛陽伽藍記校注》卷一"城内景樂寺"下，此句無"十"字，並釋云："緑君亭本、真意堂本'數'下有'十'字。"

〔一二〕《洛陽伽藍記校注》卷一"陰"字下注云："吴琯本、漢魏本、吴集證本作

‘蔭’。”

〔一三〕引文出自《洛陽伽藍記》卷一“城内長秋寺”下。

〔一四〕原稿引文此處畫一空格，不知何意。

〔一五〕引文此句“徙”誤寫爲“放”，據改。

〔一六〕夾注所指，即〈〉括號内《通典》之引文。介生按：此段内容實出自《魏書·食貨志》，不知作者何故轉引《通典》。

〔一七〕引文此處有節略。

〔一八〕《水經注疏》此句作“瑤光寺”，並釋云：“朱作‘望先寺’，全、趙、戴同。守敬按：《洛陽伽藍記》：瑤光寺，世宗宣武皇帝所立，在閶闔門御道北，東去千秋門二里，寺北有金墉城，東有洛陽小城，准以地望，與《注》所敘之寺合。望先與瑤光形近，其爲瑤光之誤無疑，今訂。《通典》齊建武三年，魏廢皇后馮氏，後居瑤光寺爲練行尼。《注》：瑤光寺在洛陽宫側。”

城南宣陽門外，有利民里、（在門外一里御道東。里内有靈臺一所，基址雖頹，猶高五丈餘，是漢光武所建｛立｝者〔一〕。靈臺東辟雍，是魏〈武所〉建｛立｝者〔二〕。《伽藍記》“光武”作“武帝”，“魏”作“魏武”，皆誤，今從《河南志》。〔三〕）洛水浮桁、（《水經注》：陽渠水｛穀水｝〔四〕又東，逕宣陽門南〔五〕，對閶闔門，南直洛水浮桁。故《東京賦》曰“泝洛背河，左伊右瀍”者也。夫洛陽考之中土，卜惟洛食，實爲神都也。門左即洛陽池處也，池東，舊平城門所在矣。今塞。《伽藍記》：宣陽門外四里，至洛水上作浮橋，所謂永橋也〔六〕。南、北兩岸有華表，舉高二十丈，華表上作鳳〈皇〉｛凰｝〔七〕，似欲沖天勢。《成淹傳》：于時宫殿初構，經始務廣，兵民運材，日有萬計，伊洛流澌，苦於厲涉。淹遂啟求，敕都水造浮航。高祖賞納之〔八〕，賜帛百匹，知左、右二都水事。）〈東有〉四夷館〔九〕、（一曰金陵，二曰燕然，三曰扶桑，四曰崦嵫。）〈西有〉四夷里〔一〇〕、（一曰歸正，二曰歸德，三曰慕化，四曰慕義。《通鑑》普通二年［魏正光二年。——原注］：時魏方强盛，于洛水橋南御道東作四〈夷〉館〔一一〕。道西立四里：有自江南來｛降｝者，處之金陵館。三年之後賜宅於歸正里；自北夷降者處燕然館，賜宅於歸德里；自東夷降者處扶桑館，賜宅於慕義里；自西夷降者處崦嵫館，賜宅於慕义里。穆案：《通鑑》此文，即本之《伽藍記》。考蕭寶寅｛夤｝于景明初來奔〔一二〕，世宗爲築宅歸正里，則四館、四里皆延昌以前所舊有，《通鑑》特終言魏事，非謂正光時始立也。歸正里，時又謂之吴人坊，以蕭寶寅（夤、張景仁同賜宅於此也。〈里近伊、洛二水，三千余家，自立巷市，所賣多水族，時謂之魚鱉市。〉〔一三〕北夷入侍，常秋來春去，〈遊〉｛避｝中國之熱〔一四〕，時謂之雁臣。）伊陽圜丘〔一五〕、（《世宗紀》：景明二年十一月壬寅，改築圜丘于伊水之陽〔一六〕。《禮志》同。《水經注》[一七]:伊水又東北,至洛陽縣南,逕圜丘東,大魏郊天之所,准漢故事建之。穆案:委粟山圜丘,蓋因魏制。《魏志·明帝紀》"景初〈二〉{元}年十{一}月乙卯,營洛陽南委粟山{爲}圜丘"是也[一八]。伊陽圓丘,蓋因漢制。中尉引《〈後〉{續}漢書·〈郊〉{祭}祀志》曰[一九]:建武二年,初制郊兆于洛陽城南七里,爲圜{壇}八陛是也[二〇]。)委粟山圜丘、(《高祖紀》:太和十九年十一月〈庚午〉,行幸委粟山,議定〈圜〉{圓}丘[二一]。《禮志》同。山在今河南府東三十里。《李業興傳》:天平四年,與李諧、盧元明使蕭衍。蕭衍散騎常侍朱异問業興曰:"魏洛中委粟山是南郊邪?"業興曰:"委粟是圓丘,非南郊。"异曰:"北間郊、丘異所,是用鄭義。我此中用王義。"業興曰:"然,洛京郊、丘之處專用鄭解。")道場、(《釋老志》:太和十五年,詔移崇虚寺于都南桑乾之陰,岳山之陽。遷洛徙鄴,踵如故事。其道壇在南郊,方二百步,以正月〈十一〉{七}日[二二]、七月七日、十月十五日,壇主、道士、高{哥、歌}人一百六人[二三],以行拜〈詞〉{祠}之禮[二四]。《隋書·經籍志》:遷洛〈以〉{已}後[二五],置道場於南郊之旁,方二百步。正月、十月之十五日,並有道士、歌{哥}人百六人[二六],拜而祠焉。)四通市、(《伽藍記》:〈四夷〉附化之民,萬{有}餘家[二七],門巷修整,閶闔填列,青槐蔭陌,緑柳{樹}垂庭[二八],天下難得之貨,咸悉在焉。别立市于洛水南,號四通市。民間謂〈爲〉永橋市[二九]。伊、洛之魚,多於此賣[三〇]。魚味甚美,京師語曰:洛鯉、伊魴,貴于牛羊。)景明寺。(《伽藍記》:宣武皇帝所立也。景明年中立,因以爲名。在宣陽門外一里御道東。其寺東西南北,方五百步。前望嵩山、少室,卻負帝城[三一]。青林垂影,緑水爲文[三二]。複殿重房,交疏對霤,青臺紫閣,浮道相通。雖外有四時,而内無寒暑。房檐之外,皆是山池。竹松蘭芷,垂列階墀[三三]。{寺有三池,}萑蒲菱藕,水物生焉[三四]。礲磑舂簸[三五],皆用水功。伽藍之妙,最爲稱首。時世好崇福,四月七日,京師諸像,皆來此寺。尚書祠曹録影,凡有一千餘軀。至八日,以次入宣陽門,向閶闔宫前{受}皇帝散花[三六]。《馮亮傳》:亮隱居崧高,世宗召令侍講"十地"諸經[三七],固辭,遂不强逼,還山。會逆人王敞事發,連山中沙門,而亮被執赴尚書省,詔特免雪。亮不敢還山,遂〈居寓〉{寓居}景明寺[三八],敕給衣食及其從者數〈十〉人[三九]。)

開陽門外,有勸學里、(《伽藍記》:開陽門御道東有漢國子學堂。堂前有《三種字石經》二十五碑,表裏刻之。寫《春秋》《尚書》二部,作篆、科斗、隸三種字,漢右中郎將蔡邕筆之遺跡也。猶有十八碑,餘皆殘毁。復有石碑四十八〈枝〉{枚}[四〇],亦表裏隸書,寫《周易》《尚書》《公羊》《禮記》四部。又《〈讀書〉{讚學}碑》一所[四一],並立堂前。魏文帝作《典論》〈云〉{六}碑[四二],至太和十七年,猶有四存,高祖題爲"勸學里"。〈武定四年,大將軍[《通鑑》:中大同元年,高{澄}從遷洛陽石經五十二碑於鄴[四三],是天平二年也[四四]。——原注]遷石經{於}鄴[四五]。〉[四六]《水經注》:蔡邕以熹平四年,與堂{棠}谿典、楊賜、馬日磾、張馴、韓説、單颺等[四七],奏求正定{六經}文字[四八],靈帝許之。邕乃自書丹於碑,使工〈監〉

{鐫}刻[四九],立於太學門外[五〇]。今碑上悉銘刻蔡邕等名。魏正始中,又立古、篆、隸《三字石經》。穆案:衒之所見之碑,即中尉所見之碑也。乃於隸書之四十八碑既不審視,反誤以《三字》爲中郎筆,當由碑既遷鄴,作記時以意定之也。宋洪氏《隸釋》辨之已詳,近代亭林顧氏、堇浦杭氏又遞有論著[五一],其辨益密。茲以《釋地》爲主,故引《伽藍記》而附訂其誤如此。《太宗紀》:泰常〈二〉{八}年[五二],至洛陽,觀石經。《高祖紀》:太和十七年九月壬申,觀洛橋,幸太學,觀石經。《世宗紀》:延昌三年十二月庚寅,詔立明堂。《通鑑》[梁天監十七年。——原注]:初,洛陽有漢所立《三字石經》[穆案:後魏人多以《三字》爲漢石經,不僅衒之也。考《劉芳傳》可見。]雖屢經喪亂而初無損失。及魏,馮熙、常伯夫相繼爲洛州刺史,毀取以建浮圖精舍,遂大致頹落,所存者委於榛莽,道俗隨意取之。侍中領國子祭酒崔光請遣官守視,命國子博士李郁等補其殘缺,胡太后許之。會元〈又〉{叉}、劉騰作亂[五三],事遂寢。)延賢里、(在勸學里東。齊祕書丞王肅太和十八年來奔。時高祖新營洛邑,多所造制。肅博識舊事,大有裨益,高祖甚重之,常呼"王生"。延賢之名,{因}肅立之[五四]。)報德寺。(高祖孝文皇帝所立也,爲馮太后追福,在開陽門外三里[五五]。《釋老志》:先是,于恒農荊山造瑎玉丈六像一。永平三年冬,迎置於洛濱之報德寺,世宗躬觀致敬。)

津陽門外,有中甘里。(在門外三里御道西。)

【校注】

〔一〕引文出自《洛陽伽藍記》卷三"城内大統寺"下,此句"立"改寫爲"建"。

〔二〕引文此句"武所"二字後圈删。"立"改寫爲"建"。

〔三〕今本《河南志》又改爲"魏武"。並注云:"原無'武'字,繆本有之。查《洛陽伽藍記》卷二作'辟雍,是魏武所立者。'知脱'武'字,據補。"介生按:"辟雍"引文應出於《洛陽伽藍記》卷三。

〔四〕《水經注疏》此句作"穀水"。

〔五〕引文此處有節略。

〔六〕引文出自《洛陽伽藍記》卷三"城南宣陽門"下,此處有節略。

〔七〕引文此句"凰"簡寫爲"皇",據《洛陽伽藍記校注》卷三改。

〔八〕引文此處有節略。

〔九〕此句前原有"東有"二字,後圈删。

〔一〇〕此句前原有"西有"二字,後圈删。

〔一一〕原稿引文原有"夷"字,後圈删。

〔一二〕蕭寶寅,今本《魏書·蕭寶夤傳》作"蕭寶夤"。

〔一三〕引文出自《洛陽伽藍記》卷二"城東景寧寺"下。〈〉括號内文字後圈删。

〔一四〕引文出自《洛陽伽藍記》卷三"城南宣陽門"下。"避"誤寫爲"遊",據改。

〔一五〕圜丘,又作"圓丘","圜"爲"圓"之通假字。

〔一六〕今本《魏書》此句作"圓丘"。

〔一七〕此段引文出自《水經・伊水注》。

〔一八〕原稿引文有誤,應爲"景初元年十一月乙卯,營洛陽南委粟山爲圜丘。""元"誤寫爲"二",脱"一""爲"二字,據改、補。

〔一九〕《水經注疏》於此句注云:"趙、戴'漢'上增'後'字。守敬按:當增'續'字,'郊'當作'祭'。"介生按:楊説是,據改。

〔二〇〕今本《後漢書》後附《祭祀志》作"圓壇",原稿"圜"下空闕,不知何故。據補。《水經注疏》又云:壇,"趙作'壝'。"

〔二一〕查今本《魏書・高祖紀》,並無"庚午"二字,而《禮志》有此二字,出處有誤。又"圜丘"作"圓丘",據改。

〔二二〕今本《魏書》作"正月七日",據改,引文多有節略。

〔二三〕今本《魏書・釋老志》作"哥人",卷末"校勘記"云:"北本、殿本'哥'作'高',百衲本、南本、汲本作'哥',《册府》卷五五(五八九頁)作'奇'。按'哥人'不可解,北、殿本作'高人',當是以意改。'奇'字與'哥'形近,但無他證,今仍之。"介生按:高人、哥人,均不妥帖,其實應爲"歌人",參見原稿下引《隋書・經籍志》。

〔二四〕引文此句"祠"誤寫爲"詞",據改。

〔二五〕引文此句"已"誤寫爲"以",據改。

〔二六〕今本《隋書・經籍志》作"哥人",未有校勘記。《歷代帝王宅京記》卷八引作"歌人",原稿應據此。

〔二七〕引文出自《洛陽伽藍記》卷三"城南宣陽門"下,"四夷"爲原稿作者所加,脱一"有"字,據删補。

〔二八〕《洛陽伽藍記校注》作"緑樹",並注云:"吴琯本、漢魏本、緑君亭本、真意堂本'樹'作'柳'。"存考。

〔二九〕引文此句原有"爲"字,後圈删。

〔三〇〕引文此處有節略。

〔三一〕《洛陽伽藍記校注》於此句注云:"帝城指洛陽城。"

〔三二〕引文此處有節略。

〔三三〕引文此處有節略。

〔三四〕此句引文前有“寺有三池”,節略則意義不明,據補。後此句引文也有節略。

〔三五〕《洛陽伽藍記校注》注釋云:“字書無礶字,疑是礸字,俗書或作礴,因訛爲礶。礸與磑義相同。(下略)”介生按:此注釋蓋有誤。《洛陽伽藍記校釋》注云:“礶字,字書無,蓋即今之‘碾’字。”礶應爲碾之俗字,同音通假。今本《漢語大字典》取周説。

〔三六〕引文此句空闕一“受”字,據補。

〔三七〕此段内容爲意引,多有節略。

〔三八〕引文此句“寓居”誤倒爲“居寓”,據改。

〔三九〕原稿原有“十”字,後圈刪。

〔四〇〕引文出自《洛陽伽藍記》卷三“城南報德寺”下,此句“枚”誤寫爲“枝”,據改。

〔四一〕《洛陽伽藍記校注》改“讀書”爲“讚學”,並校釋云:“吴琯本、漢魏本、真意堂本‘讀書’作‘讚學’。按《元河南志三》《説郛》皆作‘讚學’,是,今據正。”據改。

〔四二〕《洛陽伽藍記校注》校云:“吴琯本、漢魏本‘云’作‘六’。真意堂本‘云’下有‘六’字。吴集證云:‘按《魏志》,明帝太和四年二月戊子,以文帝《典論》刻石,立於廟門之外。《水經注》:魏明帝又刊《典論》六碑附於其次。則此云字乃六字之誤也。’按《元河南志》《説郛》皆作‘六碑’,是也,今正。”《洛陽伽藍記校釋》亦云:“‘六’,原作‘云’,誤。今依《逸史》本校正。”據改。

〔四三〕原稿引文此句脱寫一“澄”字,據補。

〔四四〕介生按:此處紀年恐有誤,梁中大同元年爲546年,而東魏天平二年爲535年,相差十一年,不知石翁何有此誤。

〔四五〕引文此句脱寫一“於”字,據補。

〔四六〕〈〉括號内文字後有圈刪之意。

〔四七〕此句引文多有節略。堂,又通作棠。

〔四八〕引文此句脱“六經”二字,據補。

〔四九〕此句引文“鐫”誤寫爲“監”,據改。

〔五〇〕引文此句後有節略。

〔五一〕堇浦杭氏,指清代學者杭世駿。杭世駿,號堇浦。

〔五二〕引文此句“八”誤寫爲“二”,據改。

〔五三〕引文此句“叉”誤寫爲“又”,據改。

〔五四〕引文出自《洛陽伽藍記》卷三“城南報德寺”下。原稿此句無“因”字,

《洛陽伽藍記校注》有"因"字,並校云:"吴琯本、漢魏本、真意堂本無'因'字。"《洛陽伽藍記校釋》也有"因"字,校云:"因字,津逮本、逸史本無。"據補。

〔五五〕引文出自《洛陽伽藍記》卷三"城南報德寺"下。

城東東陽門外,有東安里、(在門外一里御道北〔一〕。)暉文里、(在門外二里,御道北,即晉之馬道里〔二〕。)敬義里、(在門外御道西。〔三〕)昭德里、(在敬〈我〉{義}里南〔四〕。)典虞曹、(《晉書·職官志》:太僕統典農、典虞都尉、典虞丞。在敬〈我〉{義}里〔五〕。)正始寺。(百官等所立也。正始中立,因以爲名。衆僧房前,高林對牖,青松緑檉,連枝交映,多有枳樹而不〈實〉{中食}〔六〕。在敬義里。)

建春門外,有陽渠石橋、(《伽藍記》:穀水周圍,繞城至{建春}門外〔七〕,東入陽渠石橋。橋有四柱,在道南。銘云:"漢陽{嘉}四年將作大將馬憲造〔八〕。"逮我孝昌三年,大雨頽橋,柱始埋没。道北二柱,至今猶存。《水經注》:穀水又東,屈南,逕建春門石橋下〔九〕。橋首建兩石柱。橋之右柱銘云云。穆案:衒之云四柱者,舉橋之兩端言;中尉云二柱者,舉橋之一端言,非有異也。道南之柱,以孝昌三年爲雨所頽,而中尉即以是年出使關右,爲蕭寶夤所害,計柱頽之時,中尉當猶在京師,然已不及筆之於《注》矣。陽州宜陽郡,孝昌初置,而《洛水篇》注載其事,然則孝昌三年以前之事,皆《水注》所及載也。《太平御覽》卷七十五引戴延之《西征記》曰:洛陽城外四面有陽渠水,周公所制也。建春門外,二橋最大,一縱一横。卷一百九十引《述征記》曰:東城二石橋,舊于王城之東北,開渠引洛水,名曰陽渠,東流,經洛陽于城之東南,然後北回通運,至建春門,以輸常滿倉〔一〇〕。常景《洛橋銘》:浩浩大川,泱泱清洛。道源熊耳,控流巨壑。納穀吐伊,貫周淹亳。近達河宗,遠朝海若。兆惟洛食,實曰土中。上映張柳,下據河嵩。寒暑攸叶,日月載融。帝世光宅,函夏同風。前臨少室,卻負太行。制巖東邑,峭峘西疆。四嶮之地,六達之莊。恃德則固,失道則亡。詳觀古昔,列見丘墳。乃禪乃革,或質或文。周餘九裂,漢季三分。魏風衰晚,晉景彫曛。天地發輝,圖書受命。皇建有極,神功無競。魏籙仰天,元符握鏡,璽運會昌,龍圖受命[案:此二句衍也,因各本皆有,姑仍之。——原注]。乃眷書軌,永懷保定。敷兹景跡,流美洪模。襲我冠冕,正我神樞。水陸兼會,周鄭交衢。爰勒洛汭,敢告中區。《續古文苑》卷十四〔一一〕。)租場、(在陽渠南,東安里北。中朝時常滿倉,高祖令爲租場,天下貢賦所聚{蓄}也〔一二〕。)建陽里、(在陽渠北,即中朝時白社故里〔一三〕。里有〈上〉{土}臺〔一四〕,高三丈,上作二精舍。{趙逸云:此臺是}中朝時旗亭也〔一五〕。上有二層樓,懸鼓,擊之以罷市。有鐘一口,撞之,聞五十里。)馬市石橋、(《伽藍記》:建陽里東南角。中朝時牛馬市處也。東臨石橋,晉太康元年〈造〉中朝時市南橋也[一六]。澄之等蓋見此橋銘，因以橋[謂陽渠石橋。——原注]爲太康初造{也}[一七]。穆案：《水經注》云：馬市石橋南有二石柱，並無文刻[一八]。而《記》云澄之等見此橋銘。兩説牴牾，未喻其理。）綏民里、（在建陽里東。里内有洛陽縣廨，臨陽渠水。[一九]）崇義里、（在綏民里東。里東有七里橋，以石爲之。中朝杜預之荊州出頓之所也。七里橋東一里，郭門開三道，時人號爲三門。離別者多云："相送三門外。"京師士子，送去迎〈來〉{歸}[二〇]，常在此處。）鴻池陂、（《水經注》：〈陽渠〉{穀水}又東[二一]，注鴻池陂[二二]。在洛陽東二〈千〉{十}里[二三]。池東西千步，南北千一百步，四周有塘，池中又有東西横塘，水溜逕通。{《任城王澄傳》：}[二四]高祖幸洪池，命澄侍昇龍舟，因贈詩以序懷。《出帝紀》：永熙三年二月〈卒〉{辛}巳[二五]，幸洪池陂。《咸陽王禧傳》：〈世宗幸小平津。〉[二六]禧在城西小宅，初欲勒兵直入金墉，衆懷沮異[二七]，計不能決，遂約不泄而散。〈武興王楊集始出便馳告，而禧不疑。〉[二八]乃與臣妾向洪池別墅。胡三省曰：即漢之鴻池[二九]。《李沖傳》[三〇]：高祖自鄴還京，泛舟洪池，乃從容謂沖曰："朕欲從此通渠于洛，南伐之日，何容不從此入洛，從洛入河，從河入汴，從汴入清，以至於淮？下船而戰，猶出户而鬥，此乃軍國之大計。今溝渠若須二萬人以下、六十日有成者，宜以〈之〉{漸}修之[三一]。"沖對曰："若爾，便是士無遠涉之勞，戰有兼人之力。"穆案：《南齊書・魏虜傳》仍作"鴻池"。又龍門靈〈嚴〉{巖}有"洪池丞權六熲造彌勒像"一區[三二]。互見前"句盾署"下。）七里澗。（《水經注》：陽渠水又東[三三]，左合七里澗[三四]。澗有石梁，即旅人橋也。《伽藍記》：崇義里東有七里橋，以石爲之，橋東一里，郭門開三道，時人號爲三門，京師士子送去迎歸，常在此處。[三五]）

青陽門外，有孝敬里、（在門外二里御道北。[三六]）景寧里、（在門外三里御道南。[三七]）孝義里、（魏收《序紀》：悦子子建，永熙二年春，卒於洛陽孝義里舍。在門外三里御道北。[三八]）殖貨里、（在孝義里東小市北。[三九]）洛陽小市、（在孝義里東。[四〇]）昭義里、[四一]平等寺。（在青陽門外，魏廣平王懷所立[四二]。永平中，造定〈充〉{光}銅像。[《中州金石》——原注][四三]）

【校注】

〔一〕《洛陽伽藍記》卷二"城東"下云："莊嚴寺，在東陽門外御道北，所謂東安里也。"

〔二〕《洛陽伽藍記》卷二"城東"下云："秦太上君寺，胡太后所立也。在東陽門二里御道北，所謂暉文里。"又"趙逸云：暉文里，是晉馬道里。"

〔三〕《洛陽伽藍記》卷二"城東"下云："正始寺，百官等所立也，正始中立，因以爲名。在東陽門外御道西，所謂敬義里也。"《洛陽伽藍記校注》校云："吴琯本、漢魏本、真意堂本'西'作'南'。緑君亭本注云：一作南。按《元河南志三》作'西'。"《洛陽伽藍記》校云："'南'原作'西'，津逮本同。此從《大典》一三八二三引及《逸史本》改正。案前言秦太上君寺在東陽門外御道北，則此當在御道南。"介生按：《校釋》所稱《逸史》本，即《校注》所云吴琯本。

〔四〕《洛陽伽藍記》卷二"城東正始寺"下云："敬義里南有昭德里。"原稿"義"誤寫爲"我"，據改。

〔五〕《洛陽伽藍記》卷二"城東正始寺"下云："（敬義里）里内有典虞曹。"原稿"義"誤寫爲"我"，據改。

〔六〕引文出《洛陽伽藍記》卷二"城東正始寺"下，原稿"中食"改寫爲"實"，不何出自何本。《洛陽伽藍記校注》與《洛陽伽藍記校釋》等本均爲"中食"，據改。

〔七〕引文出自《洛陽伽藍記》卷二"城南明懸尼寺"下，此句省略"建春"二字，據補。

〔八〕引文此句脱一"嘉"字，據補。

〔九〕引文出自《水經・穀水注》，此句下有節略。

〔一〇〕張穆案語後各條，均爲夾注後增。

〔一一〕此條也爲夾注所增，僅列出書名及出處。據補全文。

〔一二〕引文出自《洛陽伽藍記》卷二"城東明懸尼寺"下，原稿無"蓄"字，《洛陽伽藍記校注》校云："吴集證本無'蓄'字，云：聚字下各本有一'蓄'字。"據補。

〔一三〕引文出自《洛陽伽藍記》卷二"城東龍華寺"下："陽渠北有建陽里。"又"瓔珞寺在建春門外御道北，所謂建陽里也，即中朝時白社池。"《洛陽伽藍記校注》與《洛陽伽藍記校釋》均改"白社池"爲"白社地"。

〔一四〕此段引文出自《洛陽伽藍記》卷二"城東龍華寺"下，此句"土"誤寫爲"上"，據改。

〔一五〕引文有節略，據補。原稿有"時"字，《洛陽伽藍記校釋》校云："'時'字各本無，依《河南志》補。"《洛陽伽藍記校注》未補"時"字。

〔一六〕引文出自《洛陽伽藍記》卷二"城東魏昌尼寺"下，各本均無"造"字，蓋爲衍文。

〔一七〕引文省略一"也"字，據補。

〔一八〕引文出自《水經・穀水注》。

〔一九〕引文出自《洛陽伽藍記》卷二"城東石橋"下。

〔二〇〕引文出自《洛陽伽藍記》卷二"城東石橋"下。此句"歸"改寫爲"來"，據改。

〔二一〕引文出自《水經·穀水注》,《水經注疏》此句作"穀水",據改。

〔二二〕引文此句後有節略。

〔二三〕引文此句"十"誤寫爲"千",據改。

〔二四〕下段引文未注明出處,查補。

〔二五〕引文此句"辛"誤寫爲"卒",據改。

〔二六〕〈 〉括號内文字後圈删。

〔二七〕引文此句後有節略。

〔二八〕〈 〉括號内文字後有圈删之意。

〔二九〕胡三省注文出自《資治通鑑》卷一四四《齊紀十》"和帝中興元年"下,全文云:"洪池即漢之鴻池,在洛陽東二十里。田廬曰墅,今人謂之别業。晉人以來往往治池館,觀游於其中。"

〔三〇〕介生按:《李沖傳》爲夾注後增。

〔三一〕引文此句"漸"誤寫爲"之",據改。

〔三二〕原稿此句"巖"誤寫爲"嚴",據改。

〔三三〕此"陽渠水"在《水經注疏》等書依舊爲"穀水"。

〔三四〕引文此句後有節略。

〔三五〕引文出自《洛陽伽藍記》卷二"城東石橋"下,多有節略。參見"崇義里"條校語。

〔三六〕引文出自《洛陽伽藍記》卷二"城東平等寺"下:"(平等寺)在青陽門外二里御道北,所謂孝敬里也。"

〔三七〕引文出自《洛陽伽藍記》卷二"城東景寧寺"下:"(景寧寺)在青陽門外三里御道南,所謂景寧里也。"

〔三八〕引文出自《洛陽伽藍記》卷二"城東景寧寺"下:"出青陽門外三里御道北,有孝義里。"

〔三九〕引文出自《洛陽伽藍記》卷二"城東景寧寺"下:"孝義里東市北殖貨里。"

〔四〇〕引文出自《洛陽伽藍記》卷二"城東景寧寺"下:"孝義里東,即是洛陽小市。"

〔四一〕《洛陽伽藍記》卷三"城南高陽王寺"下云:"潘崇和講《服氏春秋》於城東昭義里。"出處即在於此。

〔四二〕引文出自《洛陽伽藍記》卷二"城東平等寺"下:"平等寺,廣平武穆王懷舍宅所立也。在青陽門外二里御道北。"

〔四三〕此處注解恐有誤。宋趙明誠《金石録》卷二二録有《北齊馮翊王平等寺碑》,釋云:"右《北齊平等寺碑》,題《太宰馮翊王定光像寶殿碑》。馮翊王者,名潤,齊神武子也。碑云:寺,魏廣平王懷所立。永平中,造定光銅像一區,高二丈八赤(同尺)。屬魏季,像在寺外,未果移入。其後,齊高祖過洛,始遷像入寺,至潤,又增修殿宇焉。據楊衒之《洛陽伽藍記》云:孝昌三年十二月中,此像面有悲容,兩目垂淚,三日而止。其後,爾朱榮、北海王爾朱兆入洛陽,像皆悲泣如初,每經神驗,朝野惶懼,其事甚異,而此碑不載。"今本《魏書·靈徵志》載云:"永安、普泰、永熙中,京師平等寺定光金像每流汗,國有事變,時咸畏異之。"可與此碑相印證。原稿"定光"誤寫爲"定充",據改。

城西西陽門外,有洛陽大市、(在門外四里御道南,周回八里。市南有皇女臺,漢大將軍梁冀所造,猶高五丈餘。景明中,比丘道恒立靈仙寺於其上[一]。《水經注》:漢明〈年〉{帝}永平五年[二],長安迎取飛廉並銅馬,置上西門外平樂觀。今於上西門外,無他基觀,惟西明門外,獨有此臺,巍然廣秀,疑即平樂觀也。又言皇女稚殤,埋於臺側,故復名之曰皇女臺。穆案:《記》《注》之説各異,未知孰是。)通商里、達貨里、(二里在市東。里内之人,盡皆工巧,屠販爲生,資財巨萬。[三])調音里、樂律里、(二里在市南。里内之人,絲竹謳歌,天下妙伎出焉[四]。律,《河南志》作"肆",誤[五]。)延酤里、(延,今本《伽藍記》作"退",誤,從《河南志》改[六]。)治〈觴〉{觴}里[七]、(二里在市西。里内之人,多醖酒爲業[八]。河東人劉白墮善釀酒,季夏盛暑,以罌貯酒,暴日中,經一旬,酒味不動,飲之香美[九],醉而不醒。京師朝貴,出郡登藩,遠相餉饋,逾於千里,以其遠至,號曰"鶴觴",亦名"騎驢酒"。劉白墮事見《河水注》四七,或並〈宋〉{寫}入,或並删之[一〇]。《河南志》作"觴治",誤倒[一一]。)慈孝里、奉終里、(二里在市北。里内之人以賣棺槨爲業,賃輴{輀}車爲事。[一二])准〈阜〉財里[一三]、(里内頻有〈頻有〉怪異[一四],尚書右{左}僕射元順{積}改爲齊諧里[一四]。順,《伽藍記》誤作慎,誤,據《河南志》改[一五]。)金肆里、(二里,《京師圖》:在〈孝慈〉{慈孝}、奉終之北[一六]。)(凡此十里,多諸工商貨殖之民。千金比屋,層樓對出,重門啟扇,閣道交通,迭諸臨望。金銀錦繡,奴婢緹衣;五味八珍,僕隸畢口。[一七])壽丘里。(自延酤以西,張方溝以東,南臨洛水,北達芒山。其間東西二〈十〉里[一八],南北〈千〉{十}五里[一九],並名壽丘里,皇宗所居也,民間號{爲}皇子坊。[二〇])

閶闔門外,有宜年里、(在門外御道南。[二一])長分橋、(在閶闔門城外七里。即漢之夕陽亭也[二二]。中朝時,以穀水浚急,注於城下,多壞民家,立石橋以限之。長則分流入洛,故名曰長分橋。或云:晉河間王在長安,遣張方征長沙王,營軍於此,因爲張方橋

{也}[二三]。朝士送迎，多在此處。穆案：《水經注》于敘千金堨後云：穀水又東，又結石梁，跨水制城，西梁也[二四]。即謂此橋。《楊椿傳》：詔聽椿歸老，群公百〈寮〉{僚}餞于城西張方橋[二五]，行路{觀者，莫不稱嘆}[二六]。《崔亮傳》：亮在雍州，讀《杜預傳》，見爲八磨，嘉其有濟時用，遂教民爲碾。及爲僕射，奏于張方橋東堰穀水，造石碾磨數十區，其利十倍，國用便之。）千金渠、（在長分橋西，計其水利，日益千金，因以爲名[二七]。穆案：千金渠自河南城東，到洛陽城西，凡四十餘里。或曰堰，堰，〈擁〉{壅}水也。[《玉篇》。——原注][二八]或曰堨，堨，壁間隙也。[《説文。》——原注]。又擁，堨也。[《玉篇》。——原注]總名曰渠，渠，水所居也。[《説文》。——原注]其實本一，所謂散文則通也。繹中尉《注》：穀水自千金堰東注，謂之千金渠{也}。[《瀍水注》。——原注][二九]又引《語林》曰：堰成，水歷堨東注，謂之千金渠[三〇]。然則在河南者，溯其始功，當曰堰，曰堨；在洛陽者，窮其委注，當曰渠。所謂對文則别矣。今爲分析列之，詳見河南縣下。《太平御覽》卷七十三引戴延之《西征記》曰：金、瀍、穀三水合處，有千金堨，即魏陳思王所立，引水東灌，民今賴之。又《九州要記》：洛陽千金堨傍有九龍祠{存}[三一]。《寰宇記》：九龍祠在履順坊。案《東郡記》：後魏孝文遷都洛陽，{于此}修千金堨[三二]，渠成而水不流。常見有龍扼之，水不得下，〈爲〉{於}是祭之[三三]，龍退而水行。[《寰宇記》條入"河南"下。——夾注][三四]）永明寺、（在宜年里東。房廡連亙，一千餘間。庭列修竹，簷拂高松，奇花異草，駢闐階砌[三五]。《通鑑》：天監〈四〉{八}年（魏永平二年）[三六]，時佛教盛於洛陽，沙門之外，自西域來者三千餘人。魏主别爲之立永明寺千餘間以處之[三七]。穆案：《通鑑》此文亦本《伽藍記》。）夏侯道遷園池。（《夏侯道遷傳》：于京城之西，水次之地[之地，《北史》作市地。——原注]，大起園池，〈植〉{殖}列蔬果[三八]，延致秀彥，時往遊{適}[三九]。）

【校注】

〔一〕引文出自《洛陽伽藍記》卷四"城西法雲寺"下。

〔二〕引文出自《水經·穀水注》，此句"帝"誤寫爲"年"，據改。

〔三〕引文出自《洛陽伽藍記》卷四"城西法雲寺"下，此"市"即洛陽大市。

〔四〕引文出自《洛陽伽藍記》卷四"城西法雲寺"下，此"市"也指洛陽大市。

〔五〕《洛陽伽藍記校注》校云："吴琯本、漢魏本'律'作'肆'。《元河南志》亦作'肆'。"介生按：今本《河南志》仍作"肆"，未作校訂。

〔六〕《洛陽伽藍記校注》未改，《洛陽伽藍記校釋》亦據《元河南志》改爲"延"。

〔七〕原稿"觴"誤寫爲"觴"，據改。

〔八〕二里即指延酤里與治觴里，引文出自《洛陽伽藍記》卷四"城西法雲寺"

下,此市仍指洛陽大市。

〔九〕此段引文應出自《河南志》,然今本《河南志》無"香美"二字,疑爲作者據《洛陽伽藍記》所增。

〔一〇〕此段爲後增夾注,劉白墮釀酒事見《水經注疏》卷四《河水注》,"寫"誤寫爲"宋",據改。

〔一一〕今本《河南志》改作"治觴",並校云:"原作'觴治',繆本作'治觴'。查《伽藍記》卷四,亦作'治觴',觴是'觴'的異體字。據改。"

〔一二〕引文出自《洛陽伽藍記》卷四"城西法雲寺"下。《洛陽伽藍記校釋》《洛陽伽藍記校注》"轜"作"輀"。二字本通假。《洛陽伽藍記校注》校云:"吴琯本、漢魏本'輀'作'轜'。《元河南志》亦作'轜'。"

〔一三〕《洛陽伽藍記校釋》改作"阜財",並釋云:"'阜財',原作'准財',誤。阜者,盛多之意也。"《洛陽伽藍記校注》亦校云:"《珠林》'准'作'埠'。"據改。

〔一四〕引文出自《洛陽伽藍記》卷四"城西法雲寺"下,此句重復抄寫"頻有"二字,後圈删。

〔一五〕原稿爲"右僕射元順",《洛陽伽藍記校注》作"右僕射元稹",校云:"《元河南志》'右'作'左'。"又"緑君亭本、真意堂本'稹'作'慎'。《珠林》亦作'慎'。張合校云:"案《魏書》作'瑱'。按《元河南志》又作'順'。考元瑱與元順皆曾爲尚書右僕射,未知孰是。"《洛陽伽藍記校釋》改爲"左僕射元順",並校云:"'左僕射元順'原作'右僕射元稹',今據《河南志》改。案《魏書》無元稹其人,或以爲即北海王元顥弟元瑱也。瑱事蹟見《魏書》卷二十一上。莊帝,拜侍中車騎將軍,封東海王。後遷中書監,左光禄大夫,兼尚書右僕射。顥敗,被誅。但史稱:'瑱無他才幹,以親屬居重任。'本書所云改阜財里爲齊諧里,似非元瑱事。《元河南志》不作'元稹',而作'元順'。考順字子和,任城王元澄子,見《魏書》卷十九中《澄傳》。史稱:順下帷讀書,篤志愛古,有詩賦表頌建築數十篇。肅宗時,爲給事黄門侍郎,兼殿中尚書,轉侍中,除尚書,兼右僕射。後除征南將軍,右光禄大夫,轉兼左僕射。因迎莊帝,爲陵户鮮于康奴所害。《順墓誌》記順事甚詳。順既好學能文,齊諧里之名蓋爲元順所改。《元河南志》作'尚書左僕射',當據舊本《伽藍記》而來。今本作'元稹'者,蓋由唐人寫'順'每作'慎'(《法苑珠林》卷五十七引即作'慎',又訛爲'稹'耳。)"介生按:查今本《河南志》,此條有校語云:"原誤作'九順',據繆本改。"據此可知,石翁所見《伽藍記》本仍作"元慎",而非"元稹"。

〔一六〕原稿"慈孝"誤倒寫爲"孝慈",據改。

〔一七〕引文出自《洛陽伽藍記》卷四"城西法雲寺"下。

〔一八〕引文出自《洛陽伽藍記》卷四"城西法雲寺"下,此句衍寫一"十"字,後圈删。

〔一九〕原稿引文此句“十”誤寫爲“千”，據改。

〔二〇〕引文此句脱一“爲”字，據補。

〔二一〕今本《河南志》云：“（壽丘里）里西曰宜年里，有陳留王景皓宅，侍中安定公胡元吉宅。”《洛陽伽藍記》卷四“城西永明寺”下云：“寺西有宜牛里。”《校注》改爲“宜年里”，並校云：“《元河南志三》‘牛’作‘年’。漢晉洛陽宫城圖、後魏《京城圖》亦作‘宜年里’。疑各本皆誤，今從作‘年’。”

〔二二〕《洛陽伽藍記》卷四“城西法雲寺”下云：“（洛陽城西張方橋）即漢之夕陽亭也。”又“永明寺”下云：“出閶闔門城外七里，有長分橋。”

〔二三〕引文出自《洛陽伽藍記》卷四“城西法雲寺”下，此句脱寫一“也”字，據補。

〔二四〕引文出自《水經・穀水注》。

〔二五〕引文此句“僚”誤寫爲“寮”，據改。

〔二六〕此句引文有節略，據補。

〔二七〕引文出自《洛陽伽藍記》卷四“城西永明寺”下，然原文均爲“千金堰”。

〔二八〕介生按：查《重修玉篇》卷二“土部”：“堰，壅水也”。非“擁”字，改。

〔二九〕引文此句脱寫一“也”字，據補。

〔三〇〕引文出自《水經・穀水注》。

〔三一〕引文脱寫一“存”字，據補。

〔三二〕引文此句脱“於此”二字，據補。

〔三三〕引文此句“於”誤寫爲“爲”，據改。

〔三四〕此條引文出自《太平寰宇記》卷三“河南府洛陽縣”下。

〔三五〕引文出自《洛陽伽藍記》卷四“城西永明寺”下。

〔三六〕此處紀年有誤。北魏永平二年應爲蕭梁天監八年，即 509 年。

〔三七〕引文出自今本《資治通鑑》卷一四七《梁紀三》“武帝天監八年”下。

〔三八〕今本《魏書・夏侯道遷傳》此句“植”爲“殖”，據改。

〔三九〕引文此句脱寫一“適”字，據補。

城北大夏門外，有閲武場、（在門外御道西〔一〕。歲終農隙，甲〈土〉｛士｝習戰〔二〕，千乘萬騎，常在於此。）光風園。（在門東北。中朝時，宣武有大場也〔三〕。《圖》作“光風殿”，又夏殿，在閲武場南〔四〕。）

廣莫門外，有永平里、（在門外一里御道東〔五〕。《金石萃編・魏故懷令李超墓誌銘》：正光五年八月十八日，卒於洛陽縣之永年里宅。當據改。）聞義里。（洛陽城東北〈有上高里〉有上〈高〉｛商｝里〔六〕，殷之頑民所居處也，高祖名"聞義里"〔七〕。遷京之始，朝士住其中，迭相譏刺〔八〕，竟皆去之。惟有造瓦者止其内，京師瓦器出焉。世人歌曰："洛陽東北上〈高〉｛商｝里〔九〕，殷之頑民昔所止。今日百姓造甕子，｛人皆棄去住者耻。｝〔一〇〕穆案：遷洛之初，韓顯宗上言：朝廷每選｛舉｝人士，｛則｝校其一昏｛婚｝一宦，以爲升降，何其密也。至於度地居民，則清濁連甍，何其略也。今因遷徙之初，皆是〈空〉｛公｝地，分別工伎｛伎作｝，在於一言，有何〈可〉｛爲｝疑而闕盛美。然則四城諸里，區分四民，各以類從〔一一〕。高祖蓋有取于顯宗之議而然。）

縣竟｛境｝有延壽城〔一二〕、（《水經注》：休水又逕延壽城南，緱氏縣治〔一三〕。《寰宇記》：靈星塢，一名延壽城〔一四〕。穆案：此説蓋讀《水注》不審，非《水注》誤也。《方輿紀要》：延壽城，在今偃師縣南三十五里。〔一五〕）緱氏原、（《水經注》：休水北歷覆釜堆東，又東屆零星塢，水流潛通，重源又發，側緱氏原〔一六〕。俗亦謂之爲撫父堆。穆案：撫者，覆聲之傳；父者，釜字之省，異名同實。《寰宇記》引盧氏《嵩山記》云：覆釜堆，亦名〈撫〉｛赴｝父堆，即緱嶺也〔一七〕。《元和志》：緱氏山，在｛緱氏｝縣東南二十九里〔一八〕。古緱氏城，在今偃師縣南。）柏谷塢、（《通鑑》：義熙十二年，秦陳留公洸遣趙玄〈將〉將兵千餘南守柏谷塢〔一九〕。《宋書·王鎮〈亞〉｛惡｝傳》〔二〇〕：高祖北伐，鎮惡領前鋒，破虎牢及柏谷塢，斬賊帥趙玄。軍次洛陽。《索虜傳》：高祖北伐，加毛德祖建武將軍，爲鎮惡前鋒，斬賊〈定〉｛寧｝朔將軍趙玄石於〈相〉｛柏｝谷〔二一〕。本書《咸陽王禧傳》：禧自洪池東南走，渡洛水，至柏谷塢〔二二〕。《韓延之傳》：初，延之曾往來柏谷｛塢｝〔二三〕，省魯宗之墓，有終焉之志。因謂子孫云："河洛，三代所都，必有治於此者。我死，不勞向北代葬也，即可就此。"〈反〉｛及｝卒〔二四〕，子從其言，遂〈莖〉｛葬｝于宗之墓次〔二五〕。延之死後五十餘年而高祖徙都，其〈縣〉｛孫｝即居於墓北柏谷塢〔二六〕。柏，《水經注》作"百"。《洛水篇》：洛水又東徑｛過｝偃師縣南〔二七〕，又東，逕百谷塢北。戴延之《西征記》曰：塢在川南，因高｛原｝爲塢〔二八〕，高一十餘丈。劉武王西入長安，舟師所保也。杜佑曰：在緱氏縣東北。〔二九〕）鉤鎖｛鏁｝壘、（《元和志》：鉤〈鎖〉｛鏁｝故壘在｛緱氏｝縣東北七里〔三〇〕。《宋書》"司馬休之從宋公西征，營于柏谷塢西"，即此壘。相連如鎖，因以爲名也。）袁術固、（《水經注》：公路澗上有袁術固，四周絶澗，迢遞百仞，廣四五里，有一水，淵而不流，故溪澗即其名也〔三一〕。《元和志》：袁術固，在緱氏縣西南十五里。宋武《北征記》曰："少室山西有袁術固，可容十萬衆，一夫守隘，萬夫莫當。"〔三二〕）〈劉聚（《水經注》：三面臨澗，在緱氏西南。周畿内劉子國，故謂之劉〈聚〉｛澗｝。）〔三三〕〉洛水亭、（《北史·甄深傳》：長子侃隨琛在京，以酒色夜〈歸〉｛宿｝洛水學舍〔三四〕，毆擊主人，爲司州所劾，淹在州獄。廣平王懷爲牧，欲具案窮推。宣武敕懷寬放，懷固執之，久乃特旨出偪[三五]。又有洛陽東亭。《楊昱傳》[三六]：初，尚書令王肅除揚州刺史，出〈卻〉{頓於}洛陽東亭[三七]。《李元護傳》：景明初，爲齊州刺史，三年{夏}卒[三八]。病前月余，京師無故傳其凶〈而〉{問}[三九]，又城外送客亭柱，有人書曰"李齊州死"。綱佐餞別者見而拭之，後復如此。）黄馬阪、（《寰宇記》：黄馬阪，在緱氏縣西北十里。戴延之《西征記》云："次前至黄馬阪，去計素渚十里。[四〇]"即此{地}也[四一]。[夾注：此黄馬阪即《河水注》五之黄馬阪，不或去之。][四二]）計素渚、（《水經注》：洛水東逕計素渚。中朝時，百國貢計所頓，故渚得其名。[四三]）八風谷、（《水經注·㶟水篇》：方山永固堂簷前四柱，采洛陽之八風谷黑石爲之。又平城太和殿之東階下有一碑，太和中立，是洛陽八風谷之緇石也[四四]。穆案：《伊水篇》："狂水又西，八風谿{漢}水注之[四五]。水北出八風山，南流，逕綸氏縣故城西，西南流，入于狂水。"八風谷即八風谿矣。又案：《穀水篇》：華林園疏圃中有古玉井，"以緇石爲口"。蓋亦八風谷之石也。明刻《北堂書鈔》引作"繢"，誤。[四六]）北芒{邙}山[四七]、（《高閭傳》：〈宣武〉{世宗}踐阼[四八]，累表遜位，進陟北〈芒〉{邙}[四九]，上望闕表，以示戀慕之誠。《宋書·王康傳》[五〇]：索虜野阪戍主異{黑}硝公[異硝，當作黑稍，見本書《于栗磾傳》。——原注]遊騎芒上[五一]。[夾注：《宋書》寫在〈召〉{任}城上][五二]《任城王澄傳》：駕還洛京，至北〈芒〉{邙}[五三]，遂幸洪池。《廣川王略傳》：詔曰：遷洛之人，自茲厥後，悉可歸骸〈芒〉{邙}嶺[五四]，{皆}不得就塋恒代[五五]。《南齊書·魏虜傳》：僞咸陽王憘[本書作"禧"。——原注]因恪[宣武帝。——原注]年少〈謀〉[此字臆增。——原注][五六]，因恪出〈獵〉北芒{獵}[五七]，襲殺之。《〈陽〉{楊}津傳》[五八]：景明中，〈宣武〉{世宗}游於北〈芒〉{邙}[五九]，津時陪從，太尉、咸陽王禧謀反，〈帝〉{世宗}馳入華林[六〇]。《傳永傳》：永嘗登北〈芒〉{邙}[六一]，於平坦處〈舊〉{奮}矛躍馬[六二]，盤旋瞻望，有終焉之志。遠慕杜預，近好李沖、{王肅，欲葬附其墓}，{遂}買左右地數頃，{遺}敕子叔偉{曰}：此吾之永宅也。[六三]《太平御覽·地部七》引《十道志》：邙山，在洛陽縣北十里[六四]。楊佺期《洛陽記》曰[六五]：北山連嶺，修亙四百餘里，實古今東洛九原{源}之地也。[六六]《方輿紀要》：{北邙}山，在河南府北十里[六七]，連偃師、鞏、孟津三縣，綿亙四百餘里。）芒阜冰室、（《水經注》：魏氏起〈元〉{玄}武觀於芒垂[六八]，朝廷又置冰室於斯阜，{室}内有冰井[六九]。常以十二月采冰於河津之隘，峽石之阿，而〈納〉{内}于井室[七〇]，〈所謂納于淩陰者也。〉[河水注。——原注][七一]《方輿紀要》：硤石，在孟津縣西二十里，亦黄河津濟處。）張母祠、（《太平御覽·地部七》引戴延之《西征記》云：邙山西匾{岸}東垣[七二]，亙阜相屬，其下有張母祠。永嘉中[七三]，此母有神術，能愈病，故元帝渡〈口〉{江}時[七四]，延〈雪〉{聖}火於丹陽[七五]，即此母也。今祠存焉。）嵩高山、（《高祖紀》：太和二{十}年八月戊戌[七六]，車駕幸嵩高。《初學記》引後魏孝文帝《祭嵩高山文》〔七七〕:維太和十八年,敬昭告于嵩高中嶽之靈:太極分渾,兩儀是生;辰作乾寶,嶽〈椅〉{樹}坤靈〔七八〕;昭彰天地,吐納五精;維中挺神,祥契幽經;日月交輝,寒暑〈退〉{遞}成〔七九〕;萬象合和,兆類孳盈;爰自化辟,假慶胥庭;軒轅曜哲,伊祁載形;逮于有周,實光洛楨。川潛龍光,山隱鳳停;三才憑微,七曜依明;人倫傾首,百神柔誠;造厥區夏,歷茲三正;應符代績,孰不斯營?〈粤〉{曰}乎皇魏〔八〇〕,飛虯玄並;螭騰穹象,用九黔嬴;新邦興略,不猷罔清;佗瓊指陰,淹翠濕亭;河圖曠覽,升中闕銘;朕承法統,〈涎〉{誕}邀休宏〔八一〕;開物誠務,載鑠成齡;遷宇柳方,闡繩〈瀍〉{廛}城〔八二〕;則直之興,百堵若星;日躔流馥,月陸芬馨。鏘旋紫宿,景曜黄衡,鸞聲嘒嘒,鸑和嚶嚶。歸蓋如雲,還輈若霆。惟嵩岩岩,峻極昊青;惟邑翼翼,長啟魏京。薦〈至〉{玉}告〈祀〉{虔}〔八三〕,用昭永貞,納茲多福,萬國以寧。[此文更覓善本校之。《禮志》一條。——原注]《禮志》:泰常八年正月〔八四〕,{四月}〔八五〕,幸洛陽,遣使以太牢祀嵩高。嵩高,一名太室,其西曰少室。戴延《述征記》:少室與太室相〈峙〉{埒}〔八六〕,相去十七里,嵩其總名也。《集古録目》:《後魏中嶽碑》,不著撰人名氏,後魏太安三年,詔遣遼西王常英修中嶽祠,立此碑〔八七〕。《立中嶽文》載吴氏金石,存字多殘蝕。山在今河南府登封縣北十里。)大石山、(《伊水注》:大石嶺,《開山圖》所謂大石山也,在洛陽南。《方輿紀要》:大石山,在〈今〉河南府東南四十里〔八八〕。)合水、(《洛水注》:合水南出半石之山,北逕合水塢,而東北流,注於公路澗。《寰宇記》:半石山,在緱氏縣南十五里。)劉水、(《洛水注》:合水出半〈山〉{石}東山〔八九〕,西北流,逕劉聚,三面臨澗,在緱氏西南,周畿内劉子國,故謂之劉澗。其水西北流,注于合水。《漢書·地理志》:緱氏縣有劉聚〔九〇〕。)休水、(《洛水注》:休水導源少室山,與少室水合,注于洛水〔九一〕。)來儒水、(《伊水注》:來儒{之}水出於半石{之}山〔九二〕,西南流,逕斌輪城北〔九三〕。{其水又西南,逕}大石嶺南〔九四〕,至高都城東,{西}入伊水〔九五〕。〈大石嶺,《開山圖》所謂大石山也,在洛陽南。〉〔九六〕)〈小平津、(《高祖紀》:太和二十年九月,車駕閲武於小平津。《河水注》:河水又東,逕平縣故城北[在今孟津縣東。——原注],俗謂之小平也,有高祖講武場〔九七〕。)《咸陽王禧傳》:世宗幸小平津。《方輿紀要》:在孟津縣西北〔九八〕。〉〔九九〕{委粟津、}(《通鑑》:元嘉七年[神䴥三年。——原注],魏將安頡自委粟津濟河,攻金墉,守將杜驥南遁,遂克之〔一〇〇〕。《方輿紀要》:在孟津縣西,黄河渡處也。)〔一〇一〕嵩陽寺、(《伽藍記》:嵩高中有嵩陽寺〔一〇二〕。天平二年《中嶽嵩陽寺碑》:此山先來未有塔廟,〈亡〉{大}德沙門生禪師卜茲福地〔一〇三〕,創立神場,〈營〉{當}中嶽之{要}害〔一〇四〕,對衆術之樞外,乃北背高峰,南臨廣陌,西帶濬澗,東接修林,於太和八年,歲次甲子,建造伽藍,築立塔殿,佈置僧坊,略深梗概。《河朔訪古記》:"嵩陽宫,〈石〉{在}登封縣北五里〔一〇五〕,本漢武帝宫也,後魏建精思觀。"又"嶽祠〔一〇六〕,今在登封縣東北九里,其神性慈,傳{五}戒〔一〇七〕,

不享葷辛。廟始在東南嶺上,今廟之東。後魏太武帝太安中徙于神蓋山[一〇八],在今廟之北。"《太平廣記》卷十四引《神仙感遇傳》:李筌,號達觀子,居少室山,好神仙之道。常歷名山,博采方術。至嵩陽虎口巖,得《黄帝陰符經》本。絹素書,朱漆軸,緘以玉匣,題云:大魏真君二年七月七日,上清道士寇謙之藏諸名山,用傳同好。[卷六十三引《集仙〈傳〉{録}》用。——原注][一〇九]《御覽》卷六十九引盧氏《嵩山記》曰:半馬澗,人或云百馬澗,亦曰拜馬澗,故〈盛〉{老}傳王子晉得仙而馬還[一一〇],〈國人〉{人因}思之不見[一一一],而拜其馬於此也。《中州金石記》有《中嶽嵩陽寺碑銘》,畢氏云云。[一一二])閒居寺、(《馮亮傳》:亮既雅愛山水,又兼巧思,結架巖林,甚得棲遊之適,頗以此聞。世宗給其工力,令與沙門統〈僧〉{僧}暹、河南尹甄琛等[一一三],周視嵩高形勝之處,遂造閒居佛寺。林泉既奇,營制又美,曲盡山居之妙。《元〈义〉{叉}傳》[一一四]:正光五年秋,靈太后對肅宗謂群臣曰:"隔絶我母子,不聽我往來{兒}間[一一五],復何用我爲?放我出家,我當永絶人間,修道于嵩高閒居寺。先帝聖鑒,鑒於未然,本營此寺者,正爲我今日。")少林寺、(《釋老志》:又有西域沙門名跋陀,有道業,深爲高祖所敬信。詔于少室山陰,立少林寺而居之,公給衣供。)周文公廟、(《禮志》:太和十六年二月,詔:周文公制禮作樂,垂範萬葉,可祀於洛陽。《世宗紀》:正始元年,詔立周旦、夷齊廟于首陽山。{穆案}[一一六]《河水注》:首陽山有周公廟。《伽藍記》:芒嶺首陽山,舊有周公廟[一一七]。〈疑〉{未知}即太和時所詔建〈也〉{否}?[一一八])伯夷、叔齊廟、(正始元年立,注見上。)酈食其廟闕、(《穀水篇》:陽渠水又東流,逕漢廣野君酈食其廟南。廟在北山上,成公綏所謂偃師西山也。山上舊基尚存,廟宇東向{面}[一一九],門有兩石人對倚。北石人胸前銘云:門{亭}長[一二〇]。石人西有二石闕,雖經頹毁,猶高丈餘。闕西,即廟故基也。《通鑑》:秦廣武將軍石無諱東戍鞏城。檀道濟等長驅而進。無諱至石〈闕〉{關}[一二一],奔還。《注》引此{二}石闕[一二二],在偃師縣西二十五里[一二三]。)長陵、終宇陵、景陵、嵇紹冢、(《任城王澄傳》:高祖曰:"朕昨夜夢一老公,頭鬢皓白,拜立路左。自云晉侍中嵇紹,神爽卑懼,似求有〈馬〉{焉}。"[一二四]澄曰:"嵇紹,晉之忠臣;比〈千〉{干}[一二五],殷之良士。二人墳塋並在{于}道周[一二六]。陛下經〈灋〉{殷}墟而吊比〈千〉{干}[一二七],至洛陽而遺嵇紹,當是希恩而感夢。"高祖曰:"朕何德,能幽感達士也。然既有此夢,或如任城所言。"[一二八]於是求其兆域,遣使弔祭焉。)劉亮墓、(《新唐書》[一二九]:劉禹錫自爲《子劉子傳》,稱:漢景帝子勝,封中山,子孫爲中山人。七代祖亮,元魏冀州刺史,遷洛陽,爲北部〈祁〉{都}昌人[一三〇],墳墓在洛北山,後其地陿不可依,乃葬滎陽〈權〉{檀}山原[一三一]。)李沖冢。(《李沖傳》:卒,葬於覆舟山,近杜預冢,高祖之意也。後車駕自鄴還洛[太和二十三年。——原注],路經沖墓。高祖卧疾,望墳掩泣久之。詔曰:"司空文穆公,德爲時宗,勳簡朕心,不幸徂逝,托墳〈芒〉{邙}嶺[一三二]。

旋鑾覆舟，躬睇塋域，悲仁〈側〉{惻}舊〔一三三〕，有慟朕衷。可遣太牢之祭，以申吾懷。”胡三省曰：按：魏主詔代人遷洛者葬洛，餘州從便。沖，隴西人也，以其貴寵，亦令葬洛〔一三四〕。《方輿紀要》：首陽山，在今河南府城東北［周文公廟在首陽。——原注］，其相近者又有覆舟山〔一三五〕。穆案：皆芒嶺之支阜也。《魏故懷令李超墓誌》：正光五年八月卒。越六年正月，葬洛陽覆舟山之東南。《中州金石記》曰：《寰宇記》：偃師縣有覆舟山。陶季述《京邦記》云：周圍二十里，下有白水苑是也。此云洛陽者，與偃師接境。又《偃師金石遺文記》：志石出自今喬家村旁近。此《志》云：葬洛陽縣覆舟山之東南。當時偃師並屬洛陽，於斯可征。）

【校注】

〔一〕引文出自《洛陽伽藍記》卷五“城北禪虚寺”下。

〔二〕引文此句“士”誤寫爲“土”，據改。

〔三〕引文出自《洛陽伽藍記》卷五“城北禪虚寺”下。石翁有臆增之處。

〔四〕介生按：今本《河南志》後附“後魏京城圖”未見“夏殿”。

〔五〕引文出自《洛陽伽藍記》卷五“城北凝圓寺”下。《洛陽伽藍記校釋》改爲“凝玄寺”。

〔六〕引文出自《洛陽伽藍記》卷五“城北凝圓寺”下，此句重寫“有上高里”四字，後圈删。《洛陽伽藍記校注》此句原作“上高景”，後改爲“上商里”，並校云：“各本‘景’作‘里’。吴集證本作‘景’，云：‘此誤也。’按下文作‘里’字，與止、子、恥爲韻，則此‘景’字顯誤。又按漢魏四朝《洛陽宫城圖》，後魏京城東北廣莫門外作‘上商里’。考《後漢書》{卷}二十九《鮑永傳》云［介生按：原文此句脱一“卷”字，補。］：賜永洛陽商里宅。《元河南志二》亦作上商里。則此高字商蓋以與商字形相似而誤，各本皆然，下同，今並正。”《洛陽伽藍記校釋》也改爲“上商里”，據改。

〔七〕介生按：今本《河南志》後附“後魏京城圖”只標出“聞義里”，而並未有“上商里”。與范祥雍所見《元河南志》有所不同。

〔八〕據《洛陽伽藍記校注》，引文原爲“幾刺”，並校云：“緑君亭本、漢魏本、真意堂本、吴集證本作譏。”

〔九〕各本或作“洛陽城”，改爲“洛城”。《洛陽伽藍記校注》校云：“吴琯本、漢魏本、照曠閣本無‘陽’字。吴集證云：‘陽字當從各本衍。’按歌繫七言，陽字當衍，否則衍‘城’字。今從吴琯等本。”

〔一〇〕介生按：原稿引文脱最後一句歌詞，據補。

〔一一〕介生按：《韓顯宗傳》附于今本《魏書·韓麒麟傳》後，原稿引文與今本《魏書》内容有較大出入，不知何故。今本《魏書》原文曰：“朝廷每選舉人士，則校其一婚一宦,以爲升降,何其密也。至與開伎作宦途,得與膏粱華望接閣連甍,何其略也。此愚臣之所惑。今稽古建極,光宅中區,凡所徙居,皆是公地,分别伎作,在於一言,有何爲疑,而闕盛美。”而“然則四城諸里,區分四民,各以類從”等數句,蓋石翁所臆增。今據改其中關鍵異同處。

〔一二〕介生按:此句“竟”同“境”,亦顯示石翁尚古之意。

〔一三〕引文出自《水經·洛水注》。

〔一四〕引文出自《太平寰宇記》卷五《河南道五》“緱氏縣”下。

〔一五〕引文出自《讀史方輿紀要》卷四八《河南三》“偃師縣”下“延壽關”條,延壽關,或謂延壽城。

〔一六〕引文出自《水經·洛水注》,此句後有節略。

〔一七〕引文出自《太平寰宇記》卷五《河南道五》“緱氏縣”下“緱氏山”條。原文作“赴父堆”,據改。

〔一八〕引文出自今本《元和郡縣圖志》卷五《河南道一》“緱氏縣”下,故應補“緱氏”二字。

〔一九〕引文出自今本《資治通鑑》卷一一七《晉紀三十九》“安帝義熙十二年”下。此句重寫一“將”字,後圈删。

〔二〇〕此傳名“惡”誤寫爲“亞”,據改。

〔二一〕引文此句“寧”誤寫爲“定”,“柏”誤寫爲“相”,據改。

〔二二〕此段引文有節略。

〔二三〕引文此句脱一“塢”字,據補。

〔二四〕引文此句“及”誤寫爲“反”,據改。

〔二五〕引文此句“葬”誤寫爲“莖”,據改。

〔二六〕引文此句“孫”誤寫爲“縣”,據改。

〔二七〕原文此句“徑”爲“過”,據改。

〔二八〕《水經注疏》此句爲“原”,並注云:“朱‘原’作‘而’,《箋》曰:宋本作‘高’。戴、趙改‘高’。守敬按:《通鑑》晉義熙十二年,《注》引此亦作‘高’。然考《寰宇記》引戴延之《西征記》:塢在川南,因原爲塢。又云:塢西有二寺,亦在原上。承因原爲説,則作‘而’作‘高’,皆‘原’之誤,今訂。”介生按:今本《太平寰宇記》所引《西征記》,並未包括“塢西有二寺,亦在原上”的内容。存疑。

〔二九〕引文出自今本《通典》卷一七七《州郡七》“河南府緱氏縣”下:“柏谷塢在縣東北。”

〔三〇〕引文出自今本《元和郡縣圖志》卷五《河南道一》“河南府緱氏縣”下,據補縣名。此句原作“鏁”,爲鎖的通假字,據改。

〔三一〕引文出自《水經·洛水注》。

〔三二〕引文出自今本《元和郡縣圖志》卷五《河南道一》"河南府緱氏縣"下。

〔三三〕引文出自《水經·洛水注》。此句"澗"誤寫爲"聚",據改。〈〉括號内"劉聚"後有圈删之意。

〔三四〕引文此句"宿"誤寫爲"歸",據改。

〔三五〕此段引文多有節略。

〔三六〕《楊昱傳》附在今本《魏書·楊播傳》後。

〔三七〕引文此句"頓於"誤寫爲"卻",據改。

〔三八〕此段引文多有節略。此句脱寫一"夏"字,據補。

〔三九〕引文此句"問"誤寫爲"而",據改。

〔四〇〕引文出自今本《太平寰宇記》卷五《河南道一》"河南府緱氏縣"下。介生按:今本以及文淵閣四庫全書本《太平寰宇記》此句作"計索渚",應有誤。

〔四一〕引文此句脱一"地"字,據補。

〔四二〕《水經注疏》卷五《河水五》"(河水)又東過成皋縣北,濟水從北來注之"下注云:"河水右逕黄馬阪北,謂之黄馬關。"介生按:根據注釋文字,《水經注疏》撰著者也認同此黄馬阪就是戴延之所謂"黄馬阪"。

〔四三〕引文出自《水經·洛水注》。介生按:此處所謂"中朝",即指西晉。

〔四四〕此段引文多有節略。

〔四五〕《水經注疏》作"八風溪",溪、谿二字通假。

〔四六〕文淵閣四庫全書本《北堂書鈔》卷一五九仍作"繢石"。

〔四七〕古文獻中多作"北邙山"。

〔四八〕引文原本作"世宗",據改。

〔四九〕今本《魏書·高閭傳》作"北邙",據改。

〔五〇〕《王康傳》附在今本《宋書》卷四五《王鎮惡傳》後。

〔五一〕今本《宋書·王康傳》改作"黑肖",卷末"校勘記"云:"黑,各本並作'異',據《元龜》七八一改。《廿二史考異》云:'異當作黑。黑肖公于栗磾也。栗磾爲河内鎮將,好操黑矟,宋武帝與之書,題曰黑矟公麾下,魏因拜爲黑矟將軍,肖、矟聲相近,亦即槊字。'"

〔五二〕夾注爲作者重定次序。召城,應爲"任城"之筆誤,改。

〔五三〕引文多有節略。原文"芒"作"邙",據改。

〔五四〕引文"芒"原作"邙",據改。

〔五五〕引文此句脱一"皆"字,據補。

〔五六〕今本《南齊書》無"謀"字,與張穆所用版本不同,張説是,據改。

〔五七〕引文此句應爲“出北芒獵”,據改。

〔五八〕傳名“楊”誤寫爲“陽”,據改。《楊津傳》附於今本《魏書·楊播傳》後。

〔五九〕引文原作“世宗”,“芒”原作“邙”,據改。

〔六〇〕引文原作“世宗”,據改。

〔六一〕今本《魏書》作“北邙”,據改。

〔六二〕引文此句“奮”誤寫爲“舊”,據改。

〔六三〕此段引文多有節略、脱文,據補。

〔六四〕介生按:文淵閣四庫全書本《太平御覽》卷四二《地部七》所引《十道志》云:“邙山在洛陽縣四十里。”四,應爲“北”之誤。本稿爲是。

〔六五〕文淵閣四庫全書本《太平御覽》卷四二《地部七》所引《十道志》作“楊龍驤《洛陽記》”。

〔六六〕文淵閣四庫全書本《太平御覽》作“九源”,未知孰是,待考。

〔六七〕引文原作“北邙山”,據補。

〔六八〕引文原作“玄武觀”,石翁應爲避諱而改字,據改。此句後引文有節略。

〔六九〕引文此句脱寫一“室”字,據補。此句後引文又有節略。

〔七〇〕引文此句“納”爲“内”,據改。

〔七一〕〈〉括號内文字後有圈刪之意。

〔七二〕今本《太平寰宇記》卷三“河南府河南縣”下引戴延之《西征記》作“西岸”。存考。

〔七三〕各本此句前有一“即”字,應爲衍文。

〔七四〕引文此句“江”誤寫爲“口”,據改。

〔七五〕原稿引文此句作“雪火”,不可解,今本《太平寰宇記》引作“聖火”,“雪”應爲“聖”之筆誤。

〔七六〕引文此句脱一“十”字,據補。

〔七七〕引文出自今本《初學記》卷五《地理上》“嵩高山”下。

〔七八〕此句引文“樹”誤寫爲“椅”,據改。

〔七九〕引文此句“遞”誤寫爲“退”,據改。

〔八〇〕引文此句“曰”改寫爲“粤”,據改。

〔八一〕引文此句“誕”誤寫爲“涎”,據改。

〔八二〕引文此句“廛”誤寫爲“瀍”,據改。

〔八三〕引文此句“玉”誤寫爲“至”,“虔”誤寫爲“祀”,據改。

〔八四〕引文此句後有節略。

〔八五〕今本《魏書·禮志》卷末“校勘記”云:“《册府》(卷三二下三五三頁)

‘幸洛陽’上有‘四月’二字。按事見卷三《太宗紀》泰常八年四月，此條前後都記月，不應獨缺，當脱‘四月’二字。”

〔八六〕引文出自今本《初學記》卷五《地理上》“嵩高山”下，多有節略。此句“埒”誤寫爲“埘”，據改。

〔八七〕此段引文疑有誤，《寶刻叢編》卷十録有《後魏修華嶽廟碑》，同樣引述《集古録目》云：不著書撰人名氏，後魏興光元年，詔遣侍中遼西王常英、析曹尚書苟尚等重葺嶽廟，二年立此碑。

〔八八〕引文此句臆增一“今”字，據删。

〔八九〕引文此句“石”誤寫爲“山”，據改。

〔九〇〕緱氏縣隸屬河南郡。

〔九一〕此段引文多有節略。

〔九二〕引文此句脱兩個“之”字，據補。

〔九三〕此段引文多有節略。

〔九四〕引文節略過多，以致文義不明，據補。

〔九五〕引文此名句脱一“西”字，據補。

〔九六〕〈〉括號内文字與前重復，後圈删。

〔九七〕此段引文有節略。

〔九八〕《讀史方輿紀要》卷四八《河南三》“河南府孟津縣”下此條作“小平城”。

〔九九〕作者對此條後有圈删之意。

〔一〇〇〕此段引文多有節略。

〔一〇一〕作者對於此條也有圈删之意。

〔一〇二〕引文出自《洛陽伽藍記》卷五“城北”卷末。

〔一〇三〕天平二年《嵩陽寺碑》參見清人葉封撰《嵩陽石刻集記》卷上，引文此句“大”誤寫爲“亡”，據改。

〔一〇四〕引文此句“當”誤寫爲“營”，又脱一“要”字，據改、補。

〔一〇五〕引文此句“在”誤寫爲“石”，據改。

〔一〇六〕“嶽祠”條引文出自在《河朔訪古記》卷下“中嶽中天崇聖帝廟”下。

〔一〇七〕引文此句脱一“五”字，據補。

〔一〇八〕年號有誤。太安，是北魏文成帝拓跋濬的年號，而不是太武帝拓跋燾的年號。

〔一〇九〕《太平廣記》卷六三“驪山姥”條下引用《集仙録》也提到了李筌的故事。原稿“録”誤寫爲“傳”，據改。

〔一一〇〕引文此句"老"誤寫爲"盛",據改。

〔一一一〕引文此句"人因"誤寫爲"國人",據改。

〔一一二〕前此數條爲作者夾注後增,似有可推敲之處。《中嶽嵩陽寺碑銘》出自《中州金石記》卷一。

〔一一三〕引文此句"僧"誤寫爲"僧",據改。

〔一一四〕傳名"叉"誤寫爲"义",據改。

〔一一五〕引文此句空闕一"兒"字,據補。

〔一一六〕原稿有"穆案"二字,後圈删。

〔一一七〕引文出自《洛陽伽藍記》卷二"城東平等寺"下。

〔一一八〕此句有兩處作者圈改之處,據改。

〔一一九〕《水經注疏》作"東面",並注云:"戴改'面'作'向'。"《水經注校證》也作"東向"。

〔一二〇〕引文此句空闕一"亭"字,據補。

〔一二一〕引文出自今本《資治通鑑》卷一一七《晉紀三十九》"安帝義熙十二年"下,此句"闕"誤寫爲"闕",據改。

〔一二二〕引文此句空闕一"二"字,據補。

〔一二三〕胡注原文爲:"自洛城東至偃師四十五里,偃師西山有漢廣野君酈食其廟,廟東有二石闕。"並未有"西二十五里"之内容。

〔一二四〕引文有節略,末一句"焉"誤寫爲"馬",據改。

〔一二五〕引文多有節略。此處"干"誤寫爲"千",據改。

〔一二六〕引文此句脱一"於"字,據補。

〔一二七〕引文多有節略。此句"殷"改寫爲"瀍","干"誤寫爲"千",據改。

〔一二八〕引文有節略。

〔一二九〕《劉禹錫傳》在今本《新唐書》卷一六八。

〔一三〇〕引文此句"都"誤寫爲"祁",據改。

〔一三一〕引文此句"檀"誤寫爲"權",據改。

〔一三二〕引文有節略,此句今本《魏書・李冲傳》作"邙",據改。

〔一三三〕引文此句"惻"誤寫爲"側",據改。

〔一三四〕引文出自今本《資治通鑑》卷一四二《齊紀八》"東昏侯永元元年"下。

〔一三五〕引文出自今本《讀史方輿紀要》卷四八"河南府委粟山"下。

河南（在今洛陽縣西北九里。）

漢、晉屬。（《郡國志》劉昭注引《地道記》曰：王城去雒城四十里。[一]）

有離宮、（《高祖紀》：太和十七年十月己卯，幸河南城。《世宗紀》：景明四年八月辛丑，{行}幸河南城離宮。[二]）**鑒洛城**、[三]（《洛水注》：河[洛]南[城]縣[二字臆增。——原注]南有甘洛城[四]，《郡國志》所謂甘城也。《甘水注》：甘水東一十許里，洛城南有故甘城焉。北對河南故城，世謂之鑒洛城。鑒、甘聲相近，即故甘城也。穆案：古音談、銜同部，故甘、鑒之聲得相轉也）**伊闕**、（《世宗紀》：正始元年十有二月己亥，行幸伊闕。《水經》：伊水{又}東北過新城縣南[五]，又東北過伊闕中。《注》：昔大禹疏以通水，兩山相對，望之若闕，伊水歷其間，北流，故謂之伊闕矣。[六]東巖西嶺，並鐫石開軒，高甍架峰。西側靈巖下，泉流東注，入于伊水。穆案：《注》"鐫石開軒"二語，疑即指白整、劉騰等鑿石窟事，以非朝廷美政，故諱言之也。《方輿紀要》：伊闕山，亦曰闕塞山，亦曰龍門山，一名闕石{口}山，一名鍾山，在今河南府西南三十里。[七]）**石窟寺**、（《釋老志》：景明初，世宗詔大長秋卿白整准代京靈巖寺石窟，于洛南伊闕山爲高祖、文昭皇太后營石窟二所。初建之始，窟頂去地三百一十尺。至正始二年中，始出斬山二十三丈。至大長秋卿王質謂斬山太高，費功難就，奏請下移就平，去地一百尺，南北一百四十尺。永平中，中尹劉騰奏爲世宗復造石窟一，凡爲三所。從景明元年至正光四年六月已前，用功八十萬二千三百六十六。）**千金堨**、（《穀水注》：《河南十二縣境〈薄〉{簿}》曰[八]：河南縣城東十五里有千金堨，魏都水使者陳勰所造，後張方入洛，破千金堨，京師水碓皆涸。永嘉初，汝陰太守李矩、汝南太守袁孚修之，以利漕運，公私賴之。{水}積年，渠堨頽毁，石砌殆盡，遺基見存，朝廷太和中修復故堨。[九]）

瀍水（出縣北梓澤）、（《水經》：瀍水出河南穀城縣[《括地志》：故穀城在河南縣西北十八里。——原注]北山，東與千金渠合，又東過洛陽縣南，又東過偃師縣，又東，入於洛。《注》：縣北有古〈晉〉{潛}亭[一〇]，瀍水出其北梓澤中，歷澤東南流。水西有一原，其上平敞，古〈晉〉{潛}亭之處也。《漢{書}·地理志》[一一]：穀城，《禹貢》：瀍水出〈晉〉{潛}亭北，東南入雒。[《太平御覽·地部十九》引戴延之《西征記》曰：梓澤去洛陽城二十里，澤在金谷之中。——夾注）]

湖溝、（《穀水注》：河南王城西北，穀水之右，有石磧，南出爲死穀，北出爲湖溝。魏太和四年[舊作七年，則爲後魏之太和矣，茲從趙一清校本改。——原注]，暴水流高三丈，此地下渟流，以成湖渚，造溝以通水，東西十里，決湖以注瀍水。）**離山水**、（《澗水注》：河南有離山水，西北出離山，東南流，歷郲山，於穀城東而南流，注入穀。）**金石澗**、（《通鑑》：大寧三年，漢主曜督諸將與石虎戰洛陽，屯金谷。夜，軍中無故大驚，士卒奔潰，乃退屯澠池。《穀水注》：金谷｛水｝出太白原[一二]，東南流，歷金谷，謂之金谷水，東南流，入于穀。石季倫《金谷詩集敘》曰：余有別廬在河南界金谷澗中。《方輿紀要》：金谷澗，在今河南府城東北七里。太白原，在城西北六十里，即芒山之別阜云。）孝水。（穀水在河南城西十餘里。［秋濤按：孝水下有脱文，今據《水注》補正。——夾注］[一三]）

【校注】

〔一〕《續漢書·郡國志》"河南尹河南縣"下："周公時所城雒邑也，春秋時謂之王城。"

〔二〕引文脱一"行"字，據補。

〔三〕鑒洛城原在"石窟寺"後，夾注云："鑒洛城，移寫伊闕上"，據改。

〔四〕今《水經注疏》已無"洛城"二字。

〔五〕原稿引文省略一"又"字，據補。

〔六〕此處省略原文有："《春秋》之闕塞也，昭公二十六年，趙鞅使女寬守闕塞是也。洛有四闕，此其一焉。"

〔七〕《讀史方輿紀要》"河南府闕塞山"條云："在府西南三十里。亦曰龍門山，亦曰伊闕山，一名闕口山，一名鍾山，又爲龍門龕。""闕石"應爲"闕口"之誤。

〔八〕原稿抄作"薄"，誤，改。

〔九〕此段爲節引，略去原文甚多。《水經注疏》"積年"二字上就有"水"字，並校云："趙云：按此處有脱文。守敬按：删水字即得。"介生按：石翁引文已删"水"字。

〔一〇〕《水經注疏》爲"潛"，並注云："戴改潛爲晉"。石翁所本爲"晉"，今據《水經注疏》改。下同。

〔一一〕此處原省略一"書"字，據補。

〔一二〕引文此句脱寫一"水"字，據補。

〔一三〕介生按：補正之文未見。

河陰（在今河南府孟津縣東。）

漢曰平陰，〈縣〉曹魏文帝改名[一]。（《括地志》。）晉因之，太宗並洛陽。正始二年，復[二]。

有方澤、（《高祖紀》：太和十八年二月〈己〉｛乙｝丑[三]，行幸河陰，規建方澤之所。二十年五月丙〈戌〉{戌}[四],初營方澤于河陰。)小平津、(《高祖紀》:太和二十年九月,車駕閱武於小平津。《咸陽王禧傳》:世宗幸小平津[景明二年。——原注]。《河水注》:河水又東,逕平縣故城北,俗謂之小平也。有高祖講武場[五]。《方輿紀要》:在今孟津縣西北。[六])委粟津、(《通鑑》:元嘉七年[神䴥三年。——原注]十月乙亥,魏將安頡自委粟津濟{河}[七],攻金墉,〈守將〉杜驥南遁[八],安頡拔洛陽。《宋書・王懿傳》:元嘉三年十月,虜行委粟津,渡河進逼金墉、虎牢、洛陽,諸軍相繼奔{走}[九]。《垣護之傳》:復隨張永攻碻磝,先據委粟津。《方輿紀要》:在孟津縣西,黄河渡處也。)灅波津、(《爾朱兆傳》:兆與世隆等定謀攻洛[一〇],輕兵倍道從河梁西涉渡,{掩襲京邑}。[一一]先是,河邊人夢神謂己曰:"爾朱家欲渡河,用爾作灅波津令,爲之縮水脈。"月餘,夢者死。及兆至,有行人自言知水淺處,以草往往表插而導道焉。忽失其所在。兆遂策馬涉渡。胡三省曰:灅〈波〉{陂}津在河橋西,亦曰雷波[一二]。[《食貨志》作"雷波"——夾注。秋濤按:《志》作雷陂。][一三]穆案:《伽藍記》曰:爾朱兆舉兵向京師,自雷陂涉渡[一四]。灅波,雷陂,一聲之轉,其津亦名高渚。《爾朱榮傳》"師次河内,莊帝于高渚潛渡以赴之"是也。《伽藍記》:榮過河内,至高頭驛,長樂王從雷陂北渡,赴榮軍所[一五]。《方輿紀要》:在孟津縣西,亦黄河〈渡〉{津濟}處。[一六])硤石津、[一七]馬渚、(《爾朱榮傳》:榮與顥[北海王元顥。——原注]相持於河上,顥緣河據守。榮既未有舟船,不得即渡[一八]。屬馬渚諸楊云有小船數艘,求爲鄉導,榮乃令爾朱兆等率精騎夜濟,登岸奮擊。《爾朱兆傳》:元顥之屯於河橋,榮遣兆與賀拔勝等自馬渚西夜渡。《元顥傳》[一九]:莊帝與爾朱榮還師討顥。自于河梁拒戰,王師渡于馬渚。《方輿紀要》:在孟津縣西,近故洛城北,亦黄河渡處也。)陶渚、(《孝莊紀》:武泰元年四月庚子,車駕巡河,西至陶渚。胡三省曰:案《爾朱榮傳》:陶渚,在河陰西北三里,南北長堤之西[二〇]。杜佑曰:河南河陽縣西南十三里,有古遮馬堤,即其處[二一]。《河水注》:孟津,亦曰盟津,又曰富平津,又謂之陶河。杜畿試樓舩,覆於陶河,謂此也[二二]。《方輿紀要》:在孟津縣北,大河中渚也。河流經此,有"三渚"之名。[二三])鉤陳壘。(《河水注》:河南有鉤陳壘,世傳武王伐紂,八百諸侯所會處[二四]。紫微有鉤陳之宿,主鬥訟兵〈陳〉{陣}[二五]。故遁甲攻取之法,以所攻神與〈句〉{鉤}陳並氣[二六],下制所臨之辰,則〈決〉{秩}禽敵[二七],是以壘資其名矣。)

【校注】

〔一〕原爲"縣"字,後圈改爲"曹"。

〔二〕河陰縣,在今本《魏書・地形志中》"洛州河陰郡"下。

〔三〕引文此句"乙"誤寫爲"己",據改。

〔四〕引文此句“戌”誤寫爲“戍”，據改。

〔五〕引文此處有節略。

〔六〕《讀史方輿紀要》卷四八《河南三》“河南府孟津縣”下此條作“小平城”。

〔七〕引文此句脱寫一“河”字，據補。

〔八〕引文有節略，此句原增“守將”二字，後圈删。

〔九〕引文此句脱寫一“走”字，據補。

〔一〇〕引文此句後有節略。

〔一一〕引文有節略，據補。

〔一二〕注文出自《資治通鑑》卷一五五《梁紀十一》“武帝中大通四年”下，原文及注文均作“灅陂津”。據改。

〔一三〕今本《魏書·食貨志》作“濡陂”，未有相關校勘記。文淵閣四庫全書本《魏書》作“雷陂”。

〔一四〕引文出自《洛陽伽藍記》卷一“城内永寧寺”下。《洛陽伽藍記校注》原作“雷波”，改爲“雷陂”，並校云：“吴琯本、漢魏本、緑君亭本、真意堂本作‘陵’。《通鑑考異七》引作‘雷波’。案《魏書·爾朱兆傳》所言之‘靁波’，當即同地。靁與雷，波與陂，聲同相通。”介生按：范氏所見《魏書》與今本不同，故作“靁波”。《校釋》也改“雷波”爲“雷陂”。

〔一五〕引文出自《洛陽伽藍記》卷一“城内永寧寺”下。

〔一六〕原書條目作“高渚”。“渡處”也爲“津濟處”，據改。

〔一七〕此條目爲夾注所增，但其下尚未加注文。

〔一八〕引文多有節略。

〔一九〕《元顥傳》附于今本《魏書·北海王(元)詳傳》後。

〔二〇〕注文出自今本《資治通鑑》卷一五二《梁紀八》“武帝大通二年”下，原書本文作“淘渚”。

〔二一〕杜佑所言，又見《通典》卷一七七《州郡七》“河南府洛州河陽縣”下。

〔二二〕引文多有節略。

〔二三〕此條目附于“馬渚”之後。

〔二四〕此處引文有節略。

〔二五〕引文此句“陣”誤寫爲“陳”，據改。

〔二六〕引文此句“鉤”簡寫爲“句”，據改。

〔二七〕《水經注疏》“決”字爲“秩”，並校云：“朱《箋》曰：‘秩疑誤。’趙改‘袟’，云：‘按《集韻》，秩，祭有次也。亦作袟。’戴改‘決’。守敬按：明抄本、黄本並作‘秩’。”據改。

鞏（在今河南府鞏縣治。）

漢、晉屬。（漢、晉故城在今縣西南三十里，《洛水注》所謂"鞏縣故城，東周所居"，《收志》注下所出"鞏城"皆是也〔一〕。《元和志》：縣本與成臯中分洛水，西則鞏，東則成臯，後魏並焉。《御覽·州郡部》引《洛陽地圖》曰：鞏在洛水之間。鞏，固也，言四面有山，可以鞏固也。）

有孝文離宫、（永樂《河南志》：會善寺，在今鞏縣南七里，後魏孝文之離宫。正光二年，景陵王建爲正覺寺，隋開皇十四年改。）轘轅山、（《元顥傳》：河梁戰敗，顥率帳下數百騎及南兵勇健者，自轘轅而出，至臨〈潁〉｛穎｝〔二〕，｛顥｝部騎分散，爲｛臨潁｝縣卒所斬〔三〕。《方輿紀要》：山在｛鞏｝縣西南七十里。〔四〕其阪有十二曲，將去復還，故名。）〈東〉訾城〔五〕、（《洛水注》：洛水又北，逕偃師城東〔六〕，東北逕訾城西，司馬彪所謂訾聚也。《通鑑》〔七〕：咸和三年，石勒卷甲〈街〉｛銜｝枚〔八〕，詭道兼行，出於鞏、訾之間。《郡國志》：鞏縣有東訾聚，今名訾城。《方輿紀要》：在｛鞏｝縣西南四十里〔九〕。）九曲瀆、（《穀水注》：《河南十二縣境薄》云：九曲瀆，在河南鞏縣｛西｝〔一〇〕，西至洛陽。又｛按｝傅暢《晉書》云〔一一〕：都水使者陳狼鑿運渠，從洛口入，注九曲，至東陽門。穆案：千金堨由河南城東而東至洛陽城西，九曲瀆由鞏城西而西至洛陽城東，穀水則西由千金堨北逕洛陽城，屈，東注九曲瀆。《水經》文義至爲分明，而顧祖禹乃謂"千金堨"亦曰"九曲瀆"，舛且混矣〔一二〕。洛東之九曲，即鞏縣之九曲，猶洛西之千金，即河南之千金，皆一原一委，翼注神京。）什谷、（《洛水注》：洛水又東北，｛流｝入於河〔一三〕。謂之洛汭，即什谷也。故張儀説秦曰：下兵三川，塞什〈各〉｛谷｝之口〔一四〕，謂此｛川｝也〔一五〕。《史記音義》曰：鞏縣有鄩谷水者也。穆案：十，古音讀若諶，諶、尋同部，故得相轉，如汁從十。而《儀禮》古文作"湇"，鍼從咸，而俗書省筆作針也。《｛洛水｝注》又引京相璠曰〔一六〕：今鞏洛渡北，有鄩谷水，東入洛。[《郡國志》作"尋"。——原注]）五社津、（《水經》：河水又東，過鞏縣北。《注》〔一七〕：河水於此，有五社渡，爲五社津。）長羅川、（《收志》有。《洛水注》：羅水出方山羅川，西北流〔一八〕，謂之長羅川，亦曰羅中也。于訾城東北入洛〔一九〕。穆案：《方輿紀｛要｝》云〔二〇〕：長羅川，源出嵩縣之方山，東北流入縣界。《〈診〉｛洛｝水注》〔二一〕：羅水自發源以至入洛，皆西北流，安得還出嵩縣之方山而東北流乎？《史記·項羽本紀正義》引《括地志》云："汜水源出洛州汜水縣東南三十二里方山。"汜水與鞏東西連界，羅水、汜水同導源於斯山矣。）崟原丘、（《河水注》：｛鞏｝縣北有山〔二二〕，臨河，謂之崟原丘〔二三〕，其下有穴，謂之鞏穴〔二四〕。直穴有渚，謂之鮪渚。《通鑑》：永和十年，故魏降將周成反，自宛襲洛陽。河南太守戴施奔鮪渚〔二五〕。《方輿紀要》：在｛鞏｝縣〈東〉｛西北｝三十里〔二六〕。）琅邪渚、（《河水注》：洛水於鞏縣東逕洛汭，北對琅邪渚，入於河，謂之洛口矣。）

九山祠、(《收志》有。《洛水注》:九山谿{溪}水出百稱山東谷[二七],其山孤峰秀出,嶕嶢分立[二八]。山際有九山廟,廟前有碑云:九山顯靈府君者,太華之元子,陽九列名,號曰九山府君也。南據嵩嶽,北帶洛澨。晉元康二年九月,太歲〈在戌〉{庚午}[二九],帝遣殿中中郎將關内侯樊廣、緱氏令王與、主簿傅演,奉宣詔命,興立廟殿焉。《寰宇記》:九山,在鞏縣西南五十五里。)蒲池水、(《洛水注》:蒲池水出南蒲陂,西北流,合羅水。)白馬谿{溪}水[三〇]、(《洛水注》:水出〈嵩〉{崧}山北麓[三一],經白馬塢東,而北入羅水。)白桐澗水、(《洛水注》:水出嵩{崧}麓桐溪[三二],北流逕九山東,又北,九山谿{溪}水入焉[三三]。)五道泉、(《洛水注》:洛水又東,明樂泉水注之。水出南原下,五泉並導,故世謂之五道泉,即古明谿泉也[三四]。明谿泉,見《郡國志》。)濁水、(《洛水注》:洛水又東,濁水注之,即古湟水也。水出南原。京相璠曰:訾城北三里有黄亭,即此亭也。黄亭、湟水,並見《郡國志》。)盤谷水。(《洛水注》:洛水又東北,洞水發南谿石泉[三五],世亦名之爲石泉{水}也[三六]。京相璠曰:鞏東地名坎欿,在洞水東,疑即此水也。又逕盤谷隖東,世又名之曰盤谷水。)

【校注】

〔一〕鞏縣,在今本《魏書·地形志中》"北豫州成皋郡"下,注文稱其縣"有鞏城"。

〔二〕引文此句"穎"誤寫爲"潁",據改。

〔三〕引文有節略,據補。

〔四〕引文出自《讀史方輿紀要》卷四八《河南三》"河南府鞏縣"下,據本志體例,補一"鞏"字。

〔五〕此條目前原有一"東"字,後圈删。

〔六〕引文有節略。

〔七〕引文出自今本《資治通鑑》卷九四《晉紀十六》"成帝咸和三年"下。

〔八〕引文此句"衙"誤寫爲"街",據改。

〔九〕按本志體例,補一"鞏"字。

〔一〇〕引文此句脱一"西"字,據補。

〔一一〕引文此句脱一"按"字,據補。

〔一二〕顧祖禹之言,出自《讀史方輿紀要》卷四八《河南三》"河南府鞏縣"下"九曲瀆"條。

〔一三〕引文此句脱寫一"流"字,據補。此句後引文有節略。

〔一四〕引文此句"谷"誤寫爲"各",據改。

〔一五〕引文此句脱一“川”字，據補。

〔一六〕原稿簡寫爲《注》，即前引《洛水注》，爲使意義明確，補。

〔一七〕即指《河水注》。

〔一八〕引文此處有節略。

〔一九〕此段引文多有節略。

〔二〇〕書名脱一“要”字，據補。

〔二一〕書名“洛”誤寫爲“診”，改。

〔二二〕引文出自《河水注》“又東，過鞏縣北”條下，據本稿體例，補一“鞏”字。

〔二三〕《水經注疏》作“崟㟞”，並校云：“戴‘㟞’作‘原’。守敬按：《御覽》引此作‘崟原邱’，又引《十三道志》作‘岑’，云在鞏縣西北三十三里。《寰宇記》亦作‘岑’，云在西北三十五里。”介生按：《水經注校證》及文淵閣四庫全書本《水經注》均作“崟原丘”。

〔二四〕此處引文有節略。

〔二五〕引文出自今本《資治通鑑》卷九九《晉紀二十一》“穆帝永和十年”下。

〔二六〕引文出自《讀史方輿紀要》卷四八《河南三》“河南府鞏縣”下。據本志體例補一“鞏”字，又“西北”誤寫爲“東”，據改。

〔二七〕《水經注疏》與《水經注校證》等均作“九山溪水”，谿、溪通假。

〔二八〕引文此處有節略。

〔二九〕《水經注疏》作“太歲庚午”並校云：“《箋》曰：謝云：一作太歲在戌。埠按：《世譜》：晉元康二年，太歲在壬子，而用《曆經》推之，是年九月乙亥朔，無庚午日也。戴改庚午爲在戌。會貞按：《寰宇記》引此，元康作永康。《御覽》引《陽城記》同。然考《惠帝紀》，永康二年四月，改爲永寧，此言九月，不得仍稱永康。且太歲爲辛酉，非庚午。而元康二年，太歲爲壬子，非庚午，並不合。惟寧康二年爲甲戌，與謝云一作‘太歲在戌’合，豈永康、元康皆寧康之誤歟？”據改。

〔三〇〕《水經注疏》此條作“白馬溪水”。

〔三一〕《水經注疏》作“崧山”，並校云：“戴‘崧’改‘嵩’，與下合。守敬按：黄本作‘崧’，嵩同，酈氏好奇，蓋故意錯出，不必改也。”據改。

〔三二〕《水經注疏》此句依然作“崧麓”。

〔三三〕《水經注疏》此句作“九山溪水”。

〔三四〕《水經注疏》此句作“明溪泉”。

〔三五〕《水經注疏》此句作“南溪”。

〔三六〕引文此句脱寫一“水”字，據補。

東垣（在今河南府新安縣東。）

宋武帝置，（《收志》"東垣"注："二漢、晉屬河東，後屬。"〔一〕穆案：漢、晉河東郡有垣，無東垣，其故城在今絳州垣曲縣西二十里，古王垣也[《史記・魏世家》。——原注]。東垣在今河南府新安縣東，與河東之垣，西北東南，中隔大河，百里而遥，援彼證此，何其誣歟？是知魏收作《志》，半皆望文馮臆，〈木〉{未}嘗甄校矣〔二〕。《通鑑》：晉太元十一年，苻丕敗奔東垣，謀襲洛陽。馮該自陝邀擊，斬之〔三〕。元熙元年，又有司馬道恭，自東垣帥三千人屯城西。〔四〕。[夾注：此事見《王鎮惡(弟康)傳》。]〔五〕《注》〔六〕：按魏收《地形書》，洛州新安郡有東垣縣，注云：二漢、晉屬河東，後屬{按：此下當有佚文——原注}〔七〕。〈餘〉{參}考漢、晉《志》〔八〕，〈可〉{河}東有垣縣〔九〕，無東垣。孝武太元十一年，馮該擊斬〈符〉{苻}丕於東垣〔一〇〕，此時已有東垣之名。宋白曰：宋武入洛，更置東垣、西垣二縣。《新唐書》河南府新安縣：高祖武德初，析置東垣縣，則東垣在新安界。考《通鑑注》引宋白曰：宋武入洛，更置東垣、西垣二縣，則此縣乃晉〈未〉{末}增置〔一一〕，非前有所承也。又案：東垣，蓋因散關塞垣得名，詳見新安縣下。）**有周山**、（《洛水注》：《皇覽》曰：周靈王葬于河南城西南周山上〔一二〕。其塚，人〈祀〉{祠}之不絶〔一三〕。）**柏亭**、（《洛水注》：《皇覽》曰：周山在柏亭西〈北〉，{指}謂斯亭也〔一四〕。）**清女塚**。（《洛水注》：塚在北山上。《耆舊傳》云：斯女清貞秀古，跡表來今矣。）

瞻水、謝水、交觸水（**俱南合惠水**）。（《洛水注》：惠水出白石山之陽，東南流，與瞻水合。水東出婁涿之山，而南流，入惠水。惠水又東南。洛水北出瞻諸之山，東南流，又有交觸之水，北出廆山，南流，俱合惠水。）

【校注】

〔一〕東垣在今本《魏書・地形志中》"洛州新安郡"下。

〔二〕原稿"未"誤寫爲"木"，改。

〔三〕此段引文出自今本《資治通鑑》卷一百六《晉紀二十八》"孝武帝太元十一年"下。

〔四〕此段引文出自今本《資治通鑑》卷一一八《晉紀四十》"恭帝元熙元年"下。

〔五〕《王鎮惡傳》在今本《宋書》卷四五，《王康傳》附於其後。

〔六〕此段注文出自今本《資治通鑑》卷一一八《晉紀四十》"恭帝元熙元年"下。

〔七〕原稿引文並未抄録原注，據補。

〔八〕引文此句“参”誤寫爲“餘”,據改。

〔九〕引文此句“河”誤寫爲“可”,據改。

〔一〇〕引文此句“苻”誤寫爲“符”,據改。

〔一一〕原稿此句“末”誤寫爲“未”,改。

〔一二〕此處引文有節略。

〔一三〕引文此句“祠”誤寫爲“祀”,據改。

〔一四〕《水經注疏》此句作“周山在柏亭西,指謂斯亭也。”校云:“朱‘指’作‘柏’,趙、戴改‘北’。守敬按:《史記·周本紀·集解》引《皇覽》曰:靈王塚在河南城西南柏亭西,周山上。蓋以靈王生而有髭而神,故謚靈王,其塚,民祀之不絶。《續漢志·注》引《皇覽》略同。此《注》因分敘枝瀆逕周山、柏亭,分爲兩條引之,本作‘柏亭西’,不作‘西北’。戴、趙改非。蓋‘柏’乃‘指’之誤,屬下句讀。《沔水注》黑水下,引諸葛亮《箋》云:朝發南鄭,暮宿黑水,四五十里,指謂斯水也,即是其例,今訂。”據改。介生按:《水經注校證》與本稿相同。

新安(在今河南府澠池縣東。)

漢屬恒農〔一〕**,晉屬。太和十二年,置郡。十九年,復,屬**〔二〕**。**(《隋書·地理志》河南壽安注:後魏置甘棠縣。《元和志》:壽安縣,本漢宜陽縣地,後魏分新安置甘棠{掌}縣〔三〕。何時置,未詳,附注於此。《乾隆志》〔四〕:天平初置陽州,後又分置甘棠縣。)

有散關鄣、(《水經》:洛水又東北出散關南。《注》:洛水{自}枝瀆〔五〕,又東出關,惠水右注之。{世謂之八關水。}〔六〕戴延之《西征記》謂之八關澤,即《經》所謂散關。障自南山,横洛水,北屬於河,皆關塞也,即楊僕家僮所築矣〔七〕。其城西阻塞垣,東枕惠水。〈靈帝中平元年,以河南尹何進爲大將軍,率五營士屯都亭,置函谷、廣城、伊闕、大谷、轘轅、旋門、小平津、孟津等八關,都尉官治此。函谷爲之首,在八關之限,故世人總其統〈日〉{目}〔八〕,有八關之名矣。〉〔九〕《穀水注》:穀水又南,逕函谷關西。關高〈險陿〉{崄峽}〔一〇〕,路出廛郭。漢元鼎三年,樓船將軍楊僕,數有大功,恥居關外,請以家僕七百人築塞,徙關於新安,即此處也。《元和志》:{函谷故}關在{新安}縣東一里〔一一〕。{按}秦函谷關在靈寶縣西南十二里〔一二〕。今縣城之東,有南、北塞垣,楊僕所築。《太平御覽·州郡部五》引戴延之《西征記》曰:函者,道形如函也。孫卿子曰:秦有松柏之塞是也。〔一三〕)**九曲阪**、(《洛水注》:洛水東逕九曲南,其地十里,有阪九曲。)**八特阪**、(《澗水注》:澗水東北流,歷函谷東阪東,謂之八特阪。《通鑑》:太寧三年,劉黑大破石虎將石聰于八特阪〔一四〕。《方輿紀要》:在{新安}縣東。〔一五〕)**千秋城**、

(《穀水注》:穀水又東,逕新安縣故城南〔一六〕。又東,逕千秋亭南。其亭累石爲垣,世謂之千秋城也〔一七〕。又東逕雍谷溪,回岫縈紆,石路阻峽,故亦有峽石之稱也。《方輿紀要》:硤石堡,在{新安}縣西四十里〔一八〕。)廣陽山(惠水出其陽,澗水出其陰)、(《水經》:澗水出新安縣南白石山,東南入於洛。《注》:《山海經》曰:白石之山,惠水出於其陽,東南注於洛;澗水出於其陰,北流注于穀。世謂是山曰廣陽山,水曰赤岸水,亦曰石子澗。《地理志》:澗水出新安縣東南,{東}入洛〔一九〕,是爲密矣。《洛水注》:惠水出白石山之陽,東南流,逕散關北,又東入於洛。〔二〇〕《方輿紀要》:廣陽山,在澠池縣東北三十里。白石山,在澠池縣東北二十三里。[夾注:總數水爲一條,全書可倶〈放〉{仿}此例,有參差者,細釐正之。]〔二一〕)缺門山、(《穀水注》:穀水又東,逕缺門山,山阜之不接者一里餘〔二二〕,故得是名矣。二壁爭高,斗聳相亂。西瞻雙阜,右望如砥。《方輿紀要》:山在{新安}縣西三十里,一名扼山。〔二三〕)密山、(《洛水注》:豪水出新安縣密山,南流,歷九曲東,而南流,入於洛。)石墨山、(《洛水注》:洛水之側有石墨山,山石盡黑,可以書疏〈可以書疏〉〔二四〕,故以石墨名山矣。《丹水注》:今河南新安縣有石墨山。《元和志》:石墨山,在福昌縣西南,三里廣〔二五〕。福昌,故宜陽縣也。)彊山、(《河水注》:畛水出新安縣青要山,今謂之彊{疆}山〔二六〕,北流,入於河。河水又東,正回之水入焉。水出騩山,彊{疆}山東阜也,東流,俗謂之彊{疆}川水〈也〉〔二七〕。《太平御覽·地部七》引《十道志》曰:青要山,一名强山。《方輿紀要》:青要山,在〈今〉{新安}縣治西北三里〔二八〕,一名强山,一名密山,豪水出焉。穆案:顧氏以密山、强山爲一山,未知其審,仍分列之。)石瓜疇川、(《河山注》:彊{疆}川水與石瓜疇川合〔二九〕,水出西北石澗中,東南流,注於彊{疆}〈川〉水〔三〇〕。)白超壘、(《穀水注》:穀水又逕白超壘南〔三一〕。{是}壘在缺門東{一}十五里〔三二〕。壘側舊有塢,故冶官所在。魏晉之日,引穀水爲水冶,以經國用,遺跡尚存。《元和志》:壘在{新安}縣西北十五里〔三三〕。穆案:此仍沿戴延之之誤,中尉早辨之。)石默溪水、(《穀水注》:水出微山東山麓石默溪,東北流,入于穀。〈穆案:據《注》,南望微山,雲峰相亂之文〉微山〈當〉在廣陽山之南〔三四〕。)皂澗水、(《穀水注》:水出新安縣,東南流,逕函谷關西〔三五〕,又東流,入于谷。《方輿紀要》:〈早〉{皂}澗,在〈澠池〉{新安}縣東三里〔三六〕。[夾注:新安縣皂澗下三條,倶《山海經》文,更訂之。])紵麻澗、(《穀水注》:白石山〈縣〉{西}五十里曰穀山〔三七〕,爽水出焉,世謂之紵麻澗,北流,注于穀。)百答水、(《穀水注》:波水出婁涿山陰,世謂之百答水,〈址〉{北}注于穀〔三八〕。)慈澗。(《穀水注》:少水出瞻諸山陰,控引衆溪,積以成川,東流注于穀,世謂之慈澗也。《方輿紀要》:慈澗,在〈澠池〉{新安}縣東三十里〔三九〕。)

【校注】

〔一〕今本《漢書·地理志上》《續漢書·郡國志》均作“弘農郡”,石翁避諱改爲“恒農郡”。

〔二〕新安縣,在今本《魏書·地形志中》“洛州新安郡”下。

〔三〕今本《元和郡縣圖志》卷五“校勘記”云:“今按:各本同此,惟戈襄校舊鈔本作‘甘掌縣’。與黄省曾校《水經注》引此同。酈亭云:‘《水經注·甘水篇》有世人目其爲甘掌焉語,其地正在宜陽石墨山之東,此置爲甘掌縣,或即取山爲名。’但《隋志》作甘棠,明人見此志則是‘掌’字。”介生按:此上“酈亭云”不知出自何處。《甘水篇》僅有“世人目其爲甘掌焉”之語。另各家所見《元和郡縣圖志》似均爲“甘掌縣”。《水經注疏》校語即以“棠”字爲訛。

〔四〕指《乾隆府廳州縣圖志》。

〔五〕引文此句脱寫一“自”字,據補。

〔六〕原稿此條節略,據補。

〔七〕引文此句下有節略。

〔八〕引文此句“目”誤寫爲“日”,據改。

〔九〕〈〉括號内文字勾出,似有删去之意。

〔一〇〕《水經注疏》此句作“嶮峽”,並校云:“戴改作‘險陿’。”據改。

〔一一〕引文出自《元和郡縣圖志》卷五“河南府新安縣”下“函谷故關”條,按本志體例,補“新安”二字。

〔一二〕引文此句前有“按”字,據補。此句下引文有節略。

〔一三〕介生按:這段引文出自《太平御覽》卷一五九《州郡部五》,文淵閣四庫全書本《太平御覽》無孫卿子之言,似被删去。

〔一四〕引文出自今本《資治通鑑》卷九三《晉紀十五》“明帝太寧三年”下。

〔一五〕依本志體例,補“新安”二字。

〔一六〕引文此下有節略。

〔一七〕引文此下有節略。

〔一八〕按本志體例,補“新安”二字。

〔一九〕《水經注疏》作“澗水出新安縣東南,東入洛。”並校云:“戴改‘出’作‘在’,删去上‘東’字,以合今本《漢志》。趙同。”據補一“東”字。

〔二〇〕引文多有節略。

〔二一〕夾注中“仿”誤寫爲“放”,改。

〔二二〕《水經注疏》作“里餘”，並校云：“會貞按：《御覽》四十二引此作‘一里’。”

〔二三〕按本志體例，補“新安”二字。

〔二四〕後四字爲重復，删去。

〔二五〕此條引文疑有誤。查今本《元和郡縣圖志》卷五下：“石墨山在壽安縣西南三里，山石如墨，可以書字。”並非在福昌縣下。

〔二六〕《水經注疏》作“疆山”，並校云：“朱‘疆’作‘彊’，下同。趙同，戴作‘疆’。守敬按：《大典》本、黄本並作‘疆’。《御覽》四十二引此作‘强’，蓋傳抄之誤。《隋志》新安縣下亦作‘强山’。亦誤。”介生按：楊氏斷言似有可商榷之處。《隋志》《太平御覽》的説服力，應遠勝《大典》本及黄本。《讀史方輿紀要》也作“强山”。“强”爲“彊”之簡體，已見於古文獻中。存考。

〔二七〕引文此句衍寫一“也”字。據改。

〔二八〕引文原無“今”字，依本志體例，補“新安”二字。

〔二九〕《水經注疏》作“疆川水”，校語已見前。

〔三〇〕《水經注疏》作“疆水”，並校云：“趙依上文，水上增‘川’字，下同。戴增同。會貞按：《注》敘水名，往往省字，非脱落也，此不必增。”據改。

〔三一〕引文有節略。

〔三二〕引文省略“是”“一”二字，據補。

〔三三〕依本志體例，補“新安”二字。

〔三四〕〈〉括號内文字，後圈删。

〔三五〕引文有節略。

〔三六〕引文此句“皂”誤寫爲“早”，據改。此條出處應有誤，應在“新安縣慈澗”條後附，而非在澠池縣下。

〔三七〕引文此句下有節略。

〔三八〕引文此句“北”誤寫爲“址”，據改。

〔三九〕引文出處疑有誤，慈澗在《讀史方輿紀要》卷四八“河南府新安縣”下，而非“澠池縣”下。據改。

潁陽（在今河南府登封縣西南七十里。）

漢綸氏縣，屬潁川。（漢〈穎〉｛潁｝陽亦屬潁川〔一〕，故城在今許州西南，《收志》廣州襄城郡有潁陽城是也〔二〕。《方輿紀要》云：在登〈對〉｛封｝西南八十里〔三〕，誤。）晉省。

天安二年，於故綸氏城置，屬〔四〕。(《元和志》謂太和中置，蓋涉下堙陽注而誤。)

有倚薄山、(《伊水注》：狂水又西，逕綸氏縣故城南〔五〕。左與倚薄山水合。北出倚薄之山〔六〕，南流，注于狂水。《元和志》：倚箔山，望之如立箔，山西北崖下有鍾乳，隋時充貢。《寰宇記》：山在{潁陽}縣北十五里〔七〕。)缶高山、(《伊水注》：狂水又西，逕缶高山北，西南與湮水合。)三交水。(《伊水注》：水有三源，各導一谿〔八〕，並出山，南流合舍，故世有三交之名也。穆案：《寰宇記》〈潁〉{潁}陽縣引《水經注》云〔九〕："三交水石上菖蒲，一寸九節，爲藥最妙，服久成仙。"今《注》本無此文，戴校本據《記》補之。〔一〇〕)

【校注】

〔一〕原稿"潁陽"誤寫爲"潁陽"，據改。

〔二〕潁陽城，在今本《魏書・地形志中》"廣州襄城郡襄城縣"下。

〔三〕原稿此句"封"誤寫爲"對"，據改。

〔四〕今本《魏書・地形志中》"洛州"下有兩個潁陽縣，一屬中川郡，注云："天安二年置。"一屬陽城郡，注云："二漢屬潁川，後屬。"此潁陽縣應爲前者，屬中川郡。

〔五〕引文此句下有節略。

〔六〕引文此句下有節略。

〔七〕今本《太平寰宇記》卷五"河南府潁陽縣下"也作"倚箔山"，據本志體例，補"潁陽"二字。

〔八〕《水經注疏》此句作"溪"。

〔九〕原稿此句"潁陽"誤寫爲"潁陽"，據改。

〔一〇〕《水經注疏》校云："三交水在今登封縣西。趙云：按《寰宇記》潁陽縣下引《水經注》云：三交水石上菖蒲，一寸九節，爲藥最妙，服久成仙。校勘云：案《水經・伊水注》有三交水，不見石葛蒲事，恐近世《水經》本有脱遺耳。戴據增'石'上以下十六字。"

堙陽(在今登封縣西南。堙，《水經注》作"湮"。)

太和十三年分〈潁〉{潁}陽置〔一〕。(《元和志》：又分〈潁〉{潁}陽置瑤陽{堙陽}〔二〕。瑤，蓋即"堙"之訛。《隋志》云東魏置，亦誤〔三〕。)

有孝文避暑宮、(永樂《河南志》：會善戒壇寺，在登封縣西十里。案唐宋舊碑云：

後魏孝文帝避暑之宫也。)崧陽城、(《〈潁〉{穎}水注》〔四〕:密高縣,漢武帝置,以奉太室山,俗謂之崧陽城。)當階城、(《伊水注》:狂水又西,逕湮陽城南,又西,逕當階城南,而西流,注于伊。《方輿紀要》:又有當階城,在〈湮〉{堙}陽之西〔五〕,或曰後魏所置。)康〈亭〉城、(《〈潁〉{穎}水注》〔六〕:〈潁〉{穎}水又東出陽{城}關〔七〕,歷康〈亭〉城南〔八〕。魏明帝封尚書右僕射衛臻爲康鄉侯,此即臻封邑也。《收志》:正光中,復置陽城縣,孝昌二年,置陽城郡,又分陽城置康城縣〔九〕。)陽城關、(《收志》康城有。穆案:即《〈潁〉{穎}水注》所謂陽關也。〔一〇〕)武林亭、湮陽亭、(《伊水注》:湮水出東北湮谷,西南流,逕武林亭東北〔一一〕。又西南,逕湮陽亭東,蓋藉水以名亭也。《方輿紀要》:堙陽,漢鄉亭名也〔一二〕。《元和志》:開皇六年,改〈瑤陽〉{堙陽}爲武林〔一三〕。)負黍亭、(《〈潁〉{穎}水注》〔一四〕:〈潁〉{穎}水{中水}導源少室通阜〔一五〕,東南流,逕負黍亭東〔一六〕。京相璠曰:負黍在〈潁〉{穎}川陽城縣西南二十七里〔一七〕,世謂之黄城也。《郡國志》:陽城有負黍聚〔一八〕。)箕山、(《收志》康城有〔一九〕。《〈潁〉{穎}水注》〔二〇〕:〈潁〉{穎}水逕陽城縣故城南〔二一〕。縣南對箕山,山〈下〉{上}有許由塜{墓}〔二二〕。山下有牽牛墟。側〈潁〉{穎}水有犢泉〔二三〕,是巢父還牛處也,石上犢跡有焉。)刑山、(《收志》康城有。)大砦口(狂水出焉)、(《伊水注》:伊水又北,逕當階城西,{大}狂水入焉〔二四〕。水東出陽城縣之大砦〈口〉{山}〔二五〕。)五渡水、(《〈潁〉{穎}水注》〔二六〕:五渡水導〈室〉{源}{密高縣東北}太室東谿〔二七〕,春夏雨泛,水自山頂{而}迭相灌澍〔二八〕,崿流相承爲二十八浦{也}〔二九〕。山下大〈澤〉{潭}周數里〔三〇〕,{而}清深肅潔〔三一〕。水中有立石,高十餘丈,廣二十許步,上甚平整。緇素之士,多泛舟升陟,取暢幽情。其〈流〉{水}東南逕陽城西〔三二〕,石溜縈委,溯者五涉,故亦謂之五渡水,東南流,入〈潁〉{穎}{水}〔三三〕。《方輿紀要》:亦謂之三交水〔三四〕。穆案:三交水口在綸氏西,西南流,注於狂;五渡水逕陽{城}西〔三五〕,東南流,入於〈潁〉{穎}〔三六〕,水不相涉,安得以三交爲五渡乎?蓋顧氏誤以三交之三源,〈爲即〉{即爲}〈潁〉{穎}水所〈所〉導之三源〔三七〕,未審中尉于三交所導之處,初未質實也。《通鑑》:大通三年〔三八〕,陳慶之結陳東還,爾朱榮自追之。會嵩高水漲,慶之軍士死散略盡。《注》:〈潁〉{穎}水出少室山〔三九〕,五渡水出太室山,入於〈潁〉{穎}水〔四〇〕。嵩高水漲,指此水也。)平洛水、(《〈潁〉{穎}水注》〔四一〕:平洛水發玉女臺下平洛澗〔四二〕,世謂之平洛水。吕忱所謂勺水出陽城山,蓋斯水也,又東南流注於〈潁〉{穎}〔四三〕。)龍淵、(《〈潁〉{穎}水注》〔四四〕:龍淵水導源于龍淵,東南流逕陽城北,又東南入於〈潁〉{穎}〔四五〕。)許由隱窟、(《收志》陽城有許由墓,康城有許由隱窟〔四六〕。《〈潁〉{穎}水注》〔四七〕:又有許由廟,碑闕尚存,是漢〈潁〉{穎}川太守朱寵所立〔四八〕。)啟母廟、(《收志》陽城有。《元和志》登封縣:啟母祠,在縣東北七里,《漢書》"武帝祀中嶽,見夏啟母石"是也[四九]。《嵩山記》:陽翟婦人,今龕中鑿石像,其石,漢安帝延光三年立。)鄭子產廟。(《收志》康城有。《兩浙金石志》:《唐子產廟殘碑》,向在河南新鄭縣,久已斷裂。于奕正《天下金石志》、黄叔璥《中州金石考》皆載之。此片石乃嘉興黄{明府}本誠自新鄭攜歸,衹存"不〈相〉{霜}京道寂等天寶七載專知判"十三字,隸體在韓擇木、梁升卿之間[五〇]。)[夾注:堙陽下:崧陽城、當階城、康{亭}城、陽城關、武林{亭}、湮陽亭、負黍亭、箕山、刑山、大訾{口}、五渡{水}、平洛{水}、龍淵、許由隱窟、啟母{廟}、{鄭}子產{廟}][五一]

【校注】

〔一〕原稿此句"潁"誤寫爲"穎",據改。堙陽縣在今本《魏書·地形志》"洛州中川郡"下。

〔二〕引文此句"潁"誤寫爲"穎",據改。今本《元和郡縣圖志》已改爲"堙陽",卷五"校勘記"云:"今按:戈襄校舊鈔本同此,它本作'瑤陽縣'。《考證》云:'《地形志》作堙,《隋志》同。'"

〔三〕今本《隋書·地理志》"河南郡嵩陽縣"下注云:"後魏置,曰潁陽。東魏分置堙陽。"

〔四〕書名"潁"誤寫爲"穎",據改。

〔五〕此條引文出自《讀史方輿紀要》卷四八"河南府登封縣"下"綸氏城"條之後。此句"湮"原文作"堙",據改。

〔六〕書名"潁"誤寫爲"穎",據改。下同。

〔七〕《水經注疏》作"陽城關",並校云:"趙删'城'字,云:《後漢書·光武帝紀·注》:陽闕,聚名。下亦雲陽關聚。戴删同。守敬按:《地形志》陽城郡康城縣有陽城關,與此同,則'城'字非衍,不謂趙誤以爲即陽關聚而删之,致戴爲所惑,刻全書者亦沿其訛。在今登封縣東南。"據補。

〔八〕《水經注疏》作"康城",並校云:"趙'康'下增'亭'字。會貞按:明鈔本作'康城'。《寰宇記》:康城,《洛陽記云》:夏少康故邑也。接引此作'康城'。《名勝志》同。《晉書·石勒載記》:石生陷攻(介生按:應爲攻陷)康城。《地形志》陽翟縣有康城,至孝昌中,因置康城縣,屬陽城郡。是康城無稱康亭城者,趙臆增,失之。《括地志》:故康城在陽翟縣西北三十五里。在今禹州西北三十里。"據改。本條目同。

〔九〕以上各條均出自今本《魏書·地形志中》"洛州陽城郡"下。介生按:張穆所指康城,與熊會貞所指康城似有所不同。張穆所指康城從陽城分出,而熊會貞所指康城從陽翟縣分出。

〔一〇〕引文書名"潁"誤寫爲"穎",據改。陽關與陽城關之别,已見前引。

〔一一〕引文此句下有節略。

〔一二〕此條引文出自《讀史方輿紀要》卷四八"河南府登封縣"下"綸氏城"條之後。

〔一三〕今本《元和郡縣圖志》卷五"河南府潁陽縣"下已改爲"堙陽縣",校語已見前。

〔一四〕書名"潁"誤寫爲"穎",據改。

〔一五〕引文此句"潁"誤寫爲"穎",據改。《水經注疏》又有"中水"二字,據補。

〔一六〕引文此句後有節略。

〔一七〕引文此句"潁"誤寫爲"穎",據改。

〔一八〕陽城在今本《續漢書·郡國志二》"豫州潁川郡"下。

〔一九〕康城在今本《魏書·地形志中》"洛州陽城郡"下。

〔二〇〕書名"潁"誤寫爲"穎",據改。

〔二一〕引文此句"潁"誤寫爲"穎",據改。此句後引文有節略。

〔二二〕引文此句"上"誤寫爲"下",據改。《水經注疏》作"許由塚"。引文有節略。

〔二三〕引文此句"潁"誤寫爲"穎",據改。

〔二四〕《水經注疏》作"大狂水",據改。

〔二五〕《水經注疏》作"大萶山",並校云:"朱作'大苦口',《箋》曰:當作大萶山。趙改'大萶口'。戴改'大萶山'。守敬按:萶,'苦'古字。水出今登封縣西南山。《一統志》以縣東南之大熊山當此山,非也。"據改。

〔二六〕篇名"潁"誤寫爲"穎",據改。

〔二七〕引文此句"源"誤寫爲"室",略去"密高縣東北"數字,據改。此句下引文多有節略。

〔二八〕引文此句脱一"而"字,據補。

〔二九〕引文此句省略一"也"字,據補。此句下引文有節略。

〔三〇〕《水經注疏》作"大潭",並校云:"朱'潭'作'澤',趙同,戴改。守敬按:明鈔本作'潭',《名勝志》同。《説嵩》十,今沙屯石鋪,但細流軋軋。"據改。

〔三一〕引文此句略去一"而"字,據補。

〔三二〕引文此句"水"誤寫爲"流",據改。

〔三三〕引文此句"潁"誤寫爲"穎",並略去一"水"字,據補。

〔三四〕引文出自《讀史方輿紀要》卷四八《河南三》"河南府登封縣"下"五渡水"條。

〔三五〕原稿此句脱寫一"城"字,據補。

〔三六〕原稿此句"潁"誤寫爲"穎",據補。

〔三七〕原稿此句"即爲"誤寫爲"爲即","潁"誤寫爲"穎",改;並衍寫一"所"字,删。

〔三八〕此紀年恐有誤,應爲"中大通元年",即公元529年。

〔三九〕引文此句"潁"誤寫爲"穎",據改。

〔四〇〕引文此句"潁"誤寫爲"穎",據改。

〔四一〕篇名"潁"誤寫爲"穎",據改。

〔四二〕據《水經注疏》,平洛水,又名平洛溪水。

〔四三〕引文此句"潁"誤寫爲"穎",據改。

〔四四〕篇名"潁"誤寫爲"穎",據改。

〔四五〕引文此句"潁"誤寫爲"穎",據改。

〔四六〕陽城縣與康城縣均在今本《魏書・地形志中》"洛州陽城郡"下。

〔四七〕篇名"潁"誤寫爲"穎",據改。

〔四八〕引文此句"潁"誤寫爲"穎",據改。

〔四九〕引文此句後有節略。

〔五〇〕此條引文爲作者後增,見《兩浙金石志》卷二,略有錯漏之處,據改。介生按:石翁或何秋濤此處以《唐子產廟殘碑》以證北魏時事,似有可商榷之處。

〔五一〕此夾注爲作者重新排定的辭條順序,據此重新排定。許多條目均用簡稱,如康城應爲"康亭城",脱寫一"亭"字,據補。

治城(在今汝州西十五里。《收志》:孝昌〈二〉{三}年〔一〕,置汝北郡,領石臺、南汝原、治城、東汝南、梁,五縣何時置,未詳。穆案:《收志》例於東魏置者必書,此五縣無説,則非東魏置也。於增置者,亦分别書之,如孝昌初,置宜陽郡,領宜陽、西新安、東亭〔二〕,三縣獨"西新安"下注"孝昌三年置",明餘二縣爲舊有也,則此五縣並非孝昌時置矣。)

治霍陽山。(《水{經}注・汝水篇》〔三〕:《經》云:汝水逕其縣北,俗謂之治城,非也,以北有注城故也。今置治城縣,治霍陽山。〈以洛陽陽渠石橋注事證之。〉[夾注:酈君卒於孝昌二年,未必及紀其事。]〔四〕所謂今者,未必即指孝昌者,若指孝昌,不應於治城言今置,而其餘俱昧没也。梁,本漢、晉舊縣,所增置之四縣,皆不出梁境,雖不敢決爲延昌前置,然必不置於孝昌之時則明甚。既無炳據,則與其無端而去之,無寧循舊而存之,以俟智者之博考焉。

《郡國志》:梁有霍陽山〔五〕。《方輿紀要》:山在汝州東南二十里〔六〕。)

有白雀寺、(唐裴孝源《貞觀公私畫史》:魏白雀寺,在汝州,有董伯仁畫。)注城、(《汝水注》:汝水又東南,逕注城南。司馬彪曰:河南梁縣有注城。《史記》"魏文侯三十二年,敗秦於注"者也。《史記·趙世家、魏世家》正義引《括地記》云:注城,在汝州梁縣西〈南〉{十}五里〔七〕。注,或作鑄也。穆案:按唐梁縣,今汝州治也。)華浮城。(《汝水注》:霍陽山水出南山,東北流,逕霍陽聚東,世謂之華浮城〔八〕。)

【校注】

〔一〕引文出自今本《魏書·地形志中》"北荊州汝北郡"下,原文云:"汝北郡,孝昌三年置。"據改。

〔二〕引文出自今本《魏書·地形志中》"陽州宜陽郡"下。

〔三〕此條引文原在"治城"下,據夾注移置於"霍陽山"下。依例篇名中補一"經"字。

〔四〕〈〉括號内文字,後有圈删之意,夾注即釋其因。

〔五〕梁縣在今本《續漢書·郡國志》"河南郡"下。

〔六〕原書此條作"霍山"。

〔七〕今本《史記》卷四三《趙世家》作"注人",引文"十"誤寫爲"南"字,據改。

〔八〕《汝水注》下又有"非也"二字,被略去。《水經注疏》校云:"趙云:按章懷《後漢書注》:俗謂之張侯城。會貞按:《通典》與章懷説同。《方輿紀要》:或曰:東漢初,蠻中山賊張滿屯此,故有張侯城之名。此華與章形似,當章之訛,蓋張、章音同,侯、浮音近,傳呼失實耳。"

梁(在今汝州西四十里。)

漢、晉屬〔一〕。

有陽人城、(《汝水注》:城,古梁之陽〈仁〉{人}聚也〔二〕。秦滅東周,徙其君於此〔三〕。《收志》:孝昌〈二〉{三}年〔四〕,置汝北郡,治陽仁城。《史記·周本紀正義》引《括地志》:陽人故城,在汝州梁縣西四十里。)墨狐聚、(《汝水注》:汝水又〈東〉左合三里水〔五〕,水北出梁縣西北,而東南流,逕其縣故城西,故墨狐聚也。《地理志》云:秦滅西周,徙其君於此,因乃縣之。徐廣曰:墨狐{聚與}陽人〈兩〉聚相近〔六〕,在洛陽南百五十里梁、新城之間。《括地志》:汝州外古梁城,即墨狐聚也〔七〕。《方輿紀要》;在今汝州西北三十里。)楊志塢、([夾注:南汝南下"楊志塢"移寫在廣成澤上。]《收志》汝北郡:武定五年陷,[闕]年復,治楊志塢。《伊水注》見大戟水下。《元和志》梁縣:高齊於此置汝北郡,以備周寇,故城在今縣東,亦名王塢城〔八〕。穆案:王塢,即楊志塢之轉矣。)廣成澤、(《收志》有。《汝水注》:汝水又東,與廣成澤水合。水〈北〉出狼皋山北澤中〔九〕,自澤東南流,逕溫泉南,與溫泉水合。《伊水注》:《河南十二縣境薄》曰:廣成澤在新城縣界黄阜。《元和志》梁縣:廣成澤,在縣西四十里,周回百里〔一〇〕。)溫泉、(《出帝紀》:〈水〉{永}熙二年十{有}二月丁巳〔一一〕,車駕狩于嵩陽,己巳,遂幸溫〈泉〉{湯}〔一二〕。《汝水注》:溫泉〈殷〉{數}源〔一三〕,揚波于川左,泉上華宇連蔭,茨甍交拒,方塘石沼,錯落其間,〈怡〉{頤}道者多歸之〔一四〕。其水東南流,注廣成澤{水}〔一五〕。《方輿紀要》引《河南府志》云:梁縣西南六十里有溫湯,可以熟米。一名皇女湯〔一六〕。)魯公陂、(《汝水注》:汝水又東,得魯公水口〔一七〕。水上承陽人城東魯公陂,東南流,合于澗水。穆案:此澗水,乃南汝〈源〉{原}之石澗水也。〔一八〕)大戟水。(《伊水注》:大戟水出梁縣西,有二源,北水出廣成澤,西南逕楊志塢北,與南水合。〈南〉水{源南}出廣成〈灣〉{澤}〔一九〕,西流,逕陸渾縣南〔二〇〕。西北流,屈而東,逕楊志塢南,又北屈,逕其塢東,又逕塢北,同注老倒澗。)界柱。([夾注:界柱移寫梁縣大戟水後。]〔二一〕《汝水注》:汝水又東,與三屯谷水合。水出南山,北流,逕石碣東。柱側刊云:河南界。又有一碣,題言:洛陽南界。碑柱相〈承〉{對}〔二二〕,既無年月,竟不知何代所表也。)

【校注】

〔一〕據《漢書·地理志》《續漢書·郡國志》《晉書·地理志》,梁縣均屬河南郡。梁縣在今本《魏書·地形志中》"北荆州汝北郡"下。

〔二〕引文此句原作"陽人聚",據改。

〔三〕今本《水經注疏》此句作"徒其君於此",顯誤。

〔四〕今本《魏書·地形志中》作"孝昌三年",據改。

〔五〕引文此句衍寫一"東"字,據删。

〔六〕引文出自今本《史記》卷四《周本紀》下《集解》所引,原文作"畢狐聚與陽人聚",據改。

〔七〕引文出自今本《史記》卷四《周本紀》下《正義》所引。

〔八〕引文出自今本《元和郡縣圖志》卷六《河南道二》"汝州梁縣"下"蠻中聚"條後。

〔九〕引文此句衍寫一"北"字,據删。此句下引文有節略。

〔一〇〕此條引文多有節略。

〔一一〕引文此條“永”誤寫爲“水”,並脱寫一“有”字,據改、補。

〔一二〕今本《魏書》此句作“溫湯”,據改。

〔一三〕《水經注疏》作“數源”,並校云:“朱‘數’作‘殷’,《箋》曰:一作數。趙云:殷,盛也,字不誤。戴作‘數’。守敬按:明抄本作‘數’。《寰宇記》引此同,《名勝志》亦同。趙不知殷爲誤字,曲爲之説,疏矣。《明一統志》:源有九眼。”據改。

〔一四〕引文此句“頤”誤寫爲“怡”,據改。

〔一五〕引文此句略去一“水”字,據補。

〔一六〕引文出自《讀史方輿紀要》卷五一《河南六》“汝州廣成澤”下。

〔一七〕《水經注疏》此句作“魯水口”,《水經注校證》及文淵閣四庫全書本《水經注》與此稿同,存疑待考。

〔一八〕據下文,應爲“南汝原”,“原”誤寫爲“源”,據改。

〔一九〕《水經注疏》等此句均作“水源南出廣成澤”,據改。

〔二〇〕《水經注疏》此句無“南”字,並校云:“朱訛作‘西流陸渾’。趙據孫潛校,‘流’下增‘逕’字,‘渾’下增‘縣南’二字。戴增同。會貞按:孫説亦未盡合。陸渾縣在伊水之西,大戟水在伊水之東,西流但逕縣境耳,不能逕其南,只合增‘逕’字、‘縣’字。”《水經注校證》此句有“南”字,存疑待考。

〔二一〕“界柱”條原在石臺縣下,今據夾注移置於此。

〔二二〕引文此句“對”誤寫爲“承”,據改。

石臺(有今汝州西南四十里。)

有周平城。(《收志》作“平州城”〔一〕。《汝水注》:汝水又逕周平城南,京相璠〈矣〉{曰}〔二〕:霍陽山在周平城東南者也。穆案:平州,即周平之誤矣。〔三〕)

【校注】

〔一〕石臺縣在今本《魏書·地形志中》作“北荆州汝北郡”下。

〔二〕引文此句“曰”誤寫爲“矣”,據改。

〔三〕《水經注疏》校云:“會貞按:《地形志》汝北郡石臺有‘平州城’,‘州’、‘周’古通,平州、周平各異,疑《地形志》誤倒。蓋《志》本作‘州平’,後人不知州、周通,以‘州平’爲不辭,遂臆乙作‘平州’耳。在今汝州西南。”

東汝南(在今汝州東。)

有石樓山、(《收志》有。〈穆案:《汝水注》有白茅臺,不知即石樓之異名不?〉[一])梁雀塢、(《收志》:武定元年,移汝北郡治梁雀塢[二]。《汝水注》:承休水又東南,逕白茅臺東,又南,逕梁雀鄉西[三],世謂之期城,非也。按《後漢書》,世祖自〈穎〉{潁}川往梁雀鄉[四],馮魴先詣行〈取〉{所}[五],即是邑也。〈水積爲陂,世謂之黄陂。〉[六]《史記·周本紀正義》引《括地志》:周承休城,一名梁雀塢,在汝州梁縣東北二十六里。)黄陂、(《收志》有。《汝水注》:汝水又東,爲周公渡,藉承休之徽號,而有周公之嘉稱也。汝水又東,黄水注之。水出梁山,東南逕周承休縣故城東,爲承休水[七]。又南逕梁雀鄉西[八],水積爲陂,世謂之黄陂。《元和志》梁縣:黄陂[九],在縣東二十五里,南北七里,東西十里。《方輿紀要》:廣成澤,一名黄陂[一〇]。穆案:澤在梁西四十里,陂在梁東二十里[此梁謂唐梁縣,今汝州治。——原注],相距至遥,無由會合爲一,故《元和志》特分析箸之,宛溪誤矣[一一]。)隔陂。(《收志》有。)

【校注】

〔一〕〈〉括號内文字後有圈删之意。

〔二〕今本《魏書·地形志中》作"梁崔塢",卷末"校勘記"云:"溫校'崔'改'雀',云:今本'雀'訛作'崔'。《史記正義》引《括地志》:周承休城一名'梁雀塢',在梁縣東北二十五里[介生按:應爲二十六里]。《水經注》作'梁雀鄉'。按《水經注》卷一《汝水篇》朱謀㙔本、戴震本並作'梁瞿鄉',趙一清改作'雀'。楊《疏》以爲作'瞿'是,趙改非。此志'崔'字必訛,原作'瞿'或'雀'雖難判斷,然'崔'字形尤近'雀',這里疑當作'雀'。"

〔三〕《水經注疏》等此句均作"梁瞿鄉",並校云:"朱《箋》曰:《括地志》:周承休城,一名梁雀塢,在汝州梁縣東北二十六里。趙'瞿'改'雀',下同。引《方輿紀要》云:《括地志》周承休城一名梁雀塢,或云:即梁瞿鄉也。蓋瞿、雀字形相似,道元以世謂之期城爲非,期、瞿音相似,然則雀字爲正。會貞按:趙説未審。凡俗傳之誤,多音同字異,或音近字異,惟期、瞿音相似,故瞿誤爲期,若雀則音不相似矣。《括地志》作'雀',蓋傳鈔之殊。趙氏何以雀爲正,而依改邪?又《地形志》汝北郡下作梁崔塢,顧氏引崔作雀,故崔又雀之訛也。《括地志》謂塢即承休城。《注》先敘承休,而後敘鄉,知塢特取鄉爲名,而鄉尚在其東南也。在今汝州東南。"介生按:《括地志》傳鈔爲"雀",《魏書·地形志中》又傳鈔爲"崔",熊氏所推論似過於牽强,應以"校勘記"意見爲準,不改。

〔四〕引文此句"潁"誤寫爲"穎",據改。

〔五〕引文此句“所”誤寫爲“取”，據改。

〔六〕〈〉括號内文字後有圈删之意。

〔七〕引文此句後有節略。

〔八〕《水經注疏》作“梁瞿鄉”，解説已見上。引文此句後有節略。

〔九〕今本《元和郡縣圖志》卷六《河南道二》“梁縣”下作“黄坡”，似誤，待考。

〔一〇〕引文出自《讀史方輿紀要》卷五一《河南六》“汝州廣成澤”下。

〔一一〕介生按：宛溪即指《讀史方輿紀要》作者顧祖禹。

南汝原（今〈河南〉汝州治〔一〕。）

有白泉城、（《汝水注》：汝水又東，逕成安縣故城北〔二〕，世謂之白泉城，非也，俗謬耳。《史記·韓長孺列傳正義》引《括地志》：成安故城，在汝州梁縣東二十三里。）石澗水。（《收志》有。〈《汝水注》：魯公陂水東南流，合于澗水。水出北山，南流注之，又亂流，注于汝水。〉〔三〕《伊水注》：又有明水，出梁縣西狼皋山，俗謂之石澗水也〔四〕，西北合康水。）

【校注】

〔一〕“河南”二字後圈删。

〔二〕引文此句有節略。

〔三〕〈〉括號内文字後有圈删之意。

〔四〕引文此處有節略。

新城（在今洛陽縣南七十里。）

漢、晉屬〔一〕。（龍門靈巖有大代太和七年新城縣功曹孫秋生、新城縣功[闕]劉起祖二百人等造石像一區，末行署曰：景明三年歲在子午五月戊子朔廿七日造。蓋創始太和，迄景明也。）

有孔城、（《收志》：天平中置新城郡，治孔城。《北史·權景宣傳》：景宣〈以久藏非計，乃爲作周文書，〉〔二〕招募得五百餘人，保據宜陽〔三〕。東魏將段琛等率衆至九曲，景宣〈迎〉{恐}琛審其虚實〔四〕，乃將腹心自隨，詐云迎軍，因得西〈道〉{過}〔五〕。與儀同李延孫相會，攻拔孔城。洛陽以南，尋亦來附。《通典》：孔城防，伊闕縣東南故城是〔六〕。《括地志》：新城，今洛州伊闕縣也〔七〕。）麻解城、（《汝水注》：汝水自狼皋山東出峽，謂之汝阨也。東歷麻解城北，故鄤{鄉}城也[八]，謂之蠻中[九]。杜預曰：城在河南新城縣之東南[一〇]。俗以爲麻解城，非也，蓋蠻、麻[一一]讀{聲}近故也[一二]。穆案：麻，古讀若微，與支、佳韻近，寒、桓韻遠，不得援歌戈之番單字爲例，蠻、麻，蓋雙聲俗轉耳。《漢{書}地理志》新成有蠻中[一三]，《郡國志》新城有鄤聚。《方輿紀要》：蠻城，在汝州西南。）狼皋山、（《汝水注》見上。《伊水注》見南汝原"石澗水"下。《新唐書·地〈里〉{理}志》[一四]：臨汝縣鳴皋山，南控汝水，睨廣成澤[一五]。《元和志》：明皋山，在{陸渾}縣東北十五里[一六]。穆案：《山海經》作放皋，放、很、明同音，鳴皋則俗讀明若，鳴之訛變耳。本《志》東益州洛〈叢〉{聚}郡明水縣[一七]，《元和志》作鳴水，亦此類也。）馬懷橋、（《伊水注》：馬懷橋長水出新城西山，東逕《晉使持節征南將軍宗均碑》南[一八]。又東流，入于伊。）楊亮壘、（《伊水注》：明水西北流，逕楊亮壘南。）范塢、（《伊水注》：康水東北流，逕范塢北，與明水合。）老倒澗、（《伊水注》：老倒澗水西流，入于伊。互見梁縣"大戟水"下。）吴澗。（《伊水注》：伊水又北，逕新城東，與吴澗水會。水出縣之西山，東流，南屈，逕其縣故城西，又東轉，逕其縣南[一九]，東北流，注于伊水。）

【校注】

〔一〕今本《魏書·地形志》中有多個新城縣，此縣應爲《魏書·地形志中》"北荊州新城郡"下之新城縣。《漢書·地理志》作"新成"，屬河南郡。《續漢書·郡國志》與《晉書·地理志》作"新城"，屬河南郡。

〔二〕〈〉括號内文字後有圈删之意。

〔三〕引文此句下有節略。

〔四〕引文此句"恐"誤寫爲"迎"，據改。

〔五〕今本《北史·權景宣傳》作"西遁"，卷末"校勘記"云："諸本'遁'訛作'道'，據《周書》卷二八、《通志》卷一五六《權景宣傳》改。"據改。

〔六〕引文出自今本《通典》卷一七一《州郡部》"序目上"。

〔七〕引文出自《〈史記·周本紀〉正義》所引，又見《括地志輯校》卷三"洛州伊闕縣"下。

〔八〕引文此句脱寫一"鄉"字，據補。

〔九〕引文此句下有節略。

〔一〇〕引文此句下有節略。

〔一一〕原稿此處空闕一字，疑即後脱寫之"聲"字。

〔一二〕引文此句脱一"聲"字，據補。

〔一三〕依例補一"書"字。

〔一四〕篇名"理"誤寫爲"里",據改。

〔一五〕介生按:此段引文有誤,乃作者重新編輯合成之文。《新唐書·地理志》"汝州臨汝郡"下"臨汝縣"下云:"有清暑宫,在鳴臯山南,貞觀中置。"《新唐書》卷一百《閻讓傳》云:"太宗幸洛陽,詔立德(閻讓字立德)按爽塏建離宫清暑,乃度地汝州西山,控汝水,睨廣成澤,號襄城宫。"可見,汝州西山即鳴臯山。

〔一六〕明臯山在今本《元和郡縣圖志》卷五《河南道一》"河南府陸渾縣"下,據補"陸渾"二字。

〔一七〕查本《志》目録,東益州下爲"洛聚郡",此句"聚"誤寫爲"叢",據改。

〔一八〕《水經注疏》此句作"宋均碑",並校云:"戴改'宋'作'宗'。守敬按:後漢宗敬,字叔庠,南陽安衆人。《後漢書》訛'宗'爲'宋',辨見惠棟《後漢書補注》。又有注《緯書》之宋均,《隋志》稱爲博士。此爲河南新城人,與後漢初之宗均,時代、籍貫不同,而與注《緯書》之宋均時代相近。或在魏爲博士,至晉爲征南將軍乎?戴氏何所據而改爲宗均耶?"介生按:文淵閣四庫全書本《水經注》作"宗敬碑",並校云:"案:宗,近刻訛作'宋'。"《水經注校證》也作"宗均碑",並轉引了《水經注疏》的校語,存疑待考。

〔一九〕引文此句下有節略。

〈北〉陸渾〔一〕(在今河南府嵩縣東北五十里。)

{故陸渾}漢屬恒農〔二〕,晉屬。(本《志》陸渾有南、北〈而〉{之}别〔三〕,東魏所分置也。武〈完〉{定}以前〔四〕,蓋仍漢、晉之舊,今後魏。〔五〕穆案:龍門靈巖有〈世宗時〉鉅鹿魏靈藏、河東薛法昭造釋迦像〔六〕,末行署曰:陸渾縣功曹魏靈藏,無年月。《寰宇訪碑録敘》在宣武初年孝文皇帝造〈像〉後〔七〕,〈云字體似楊大眼記。錢竹汀詹事定爲世宗時。〉〔八〕維無確據,要必在遷鄴前,則斷然也。藏,《訪碑録》誤作"莊"。穆于諸城劉燕庭喜海處見龍門造象拓本,凡八百餘種。)

有崖口塢、(《伊水注》:伊水歷崖口,山峡也,翼崖深高,壁立若闕。崖上有塢,伊水逕其下,歷峡北流,即古三塗山也。杜預{《釋地》}曰〔九〕:山在縣南。闞駰{《十三州志》}云〔一〇〕:山在東南,今是山在陸渾故城東南八十許里。)[夾注:崖口塢,"太和城"下。]〔一一〕慎望陂。(《伊水注》:禪渚水上承陸渾縣東禪渚,渚在原上,陂方十里,佳饒魚葦〔一二〕,世謂此澤爲慎望陂。)[夾注:慎望陂,"侯澗水"下。]

【校注】

〔一〕此條"北"字後圈删。

〔二〕此句“故陸渾”三字後圈删。今本《漢書·地理志》作“弘農郡”。

〔三〕原稿此句“之”誤寫爲“而”,據改。

〔四〕原稿此句“定”誤寫爲“完”,據改。

〔五〕原稿此條爲夾注所增,似未完整。

〔六〕此句中“世宗時”三字後圈删。

〔七〕此句中“像”字後圈删。

〔八〕〈〉括號内文字後有圈删之意。

〔九〕原稿引文略去書名《釋地》,據補。

〔一〇〕原稿引文略去書名《十三州志》,據補。

〔一一〕介生按:崖口塢與慎望陂下均有夾注,似應移于“南陸渾”之下,但移置之後,陸渾縣下空闕,爲保留原貌,特採取兩處並存之法。

〔一二〕引文此句後有節略。

〈南陸渾(在今嵩縣東北三十里。)

分故陸渾置〔一〕。(穆案:隋、唐陸渾縣皆治此也。)〉〔二〕

有〈太和城、(《汝水注》:汝水東北流,逕太和城西,又東流,逕其城北。左右深松列植,筠柏交蔭。《方輿紀要》:城在今伊陽縣西南,後魏時築。又太和山,在縣西南。汝水經其下,山有太和谷,北魏置太和城,蓋以山名。)〉〔三〕崖口塢、(《伊水注》:伊水歷崖口,山峽也,崖深高,壁立若闕,崖上有塢,伊水逕其下,歷峽北流,即古三塗山也。杜預曰:山在縣南。闞駰云:山在東南,今是山在陸渾故城東南八十許里。)〔四〕伏流嶺、(《收志》:武定二年置伊陽郡〔五〕,治伏流城。《伊水注》:伊水又東北,逕伏流嶺東,嶺上有昆侖祠,民猶祈焉。劉澄之《永初記》稱:陸渾縣西有伏流坂者也。今山在縣南崖口北三十里許,西則非也。《元和志》{陸渾縣}〔六〕:伏流城,即今縣理城,東魏{孝靜帝}武定二年所築〔七〕,以城北焦澗水伏流地下,西有伏流坂,因以爲名。)伏睹嶺、(《伊水注》:伊水又東北,逕伏睹嶺。)孤山、(《伊水注》:其山介立豐上,單秀孤峙,故世謂之方山,即劉中書澄之所謂縣有孤山者也。)王母澗、(《伊水注》:《山海經》曰:滽滽之水,出於釐山,南流注于伊水,今山出陸渾縣{之}西南王母澗〔八〕,澗北山上有王母祠,故世因以名谿〔九〕,東流,注于伊水,即滽滽之水也。)焦澗〈水〉〔一〇〕、(《伊水注》:焦澗水西出鹿髆〈鶻〉山〔一一〕,東流,注于伊水〔一二〕。)〈狐白川、(《汝水注》:汝水歷蒙柏谷〔一三〕,津流不已,北歷長白沙口,狐白谿水注之〔一四〕,夾岸沙漲若雪,因以取名。其水南出狐白川,北流注汝水。)〉〔一五〕涓水、(《伊水注》:涓水出陸渾西山,有二源〈修〉{俱}導〔一六〕,而東〈逕〉{注}虢〈峪〉{略}〔一七〕,在陸渾縣西九十里者也〔一八〕。〈北〉{涓}水東逕陸渾縣故城北〔一九〕,東南流,左合南水。水出西山七谷,亦謂之七谷水。〈祖〉{阻}澗東逝〔二〇〕,歷其縣南。又東南,左會北水,亂流,左合禪渚{水}〔二一〕,又東南,注于伊水〔二二〕。)侯澗水、(《伊水注》:侯澗水出西北侯谿〔二三〕,東南流,注于涓水。)慎望陂、(《伊水注》:禪渚水上承陸渾縣東禪渚,渚在原上陂,陂方十里,佳饒魚葦,世謂此澤爲慎望陂。)〔二四〕孝文避暑宫。(永樂《河南志》:嵩岳寺在嵩縣東南九里,後魏孝文帝避暑宫。孝明正光元年建爲西閒居寺,後易爲觀。隋仁壽二年,改爲嵩嶽寺。唐大帝復改避暑宫〔二五〕,後再爲寺。〈《志》又曰:大帝武后嘗避暑焉。〉〔二六〕)

【校注】

〔一〕南陸渾在今本《魏書·地形志中》"北荊州伊陽郡"下,但無注文。

〔二〕"南陸渾縣"條後似有圈删之意。

〔三〕"太和城"與"太和山"條後有圈删之意。

〔四〕此條注文已見"陸渾縣"下。

〔五〕伊陽郡在今本《魏書·地形志中》"北荊州"下。

〔六〕此條引文出自今本《元和郡縣圖志》卷五《河南道一》"河南府陸渾縣"下,依例補"陸渾縣"三字。

〔七〕引文此句略去"孝静帝"三字,據補。

〔八〕引文引句脱寫一"之"字,據補。

〔九〕《水經注疏》"谿"作"溪"。

〔一〇〕此條"水"字後被圈删。

〔一一〕今本《水經注疏》作"鹿鶻山",並校云:"朱'髆'(應爲鶻——介生注)訛作'髆',趙、戴改。守敬按:今曰樊水,出嵩縣北六十里之露寶山,露寶與鹿髆音近。"介生按:依校語之義,應以"鹿髆山"爲是,然本文卻寫作"鹿鶻山",應是今本校訂之疏。存考。

〔一二〕此段引文多有節略。

〔一三〕引文此句後有節略。

〔一四〕《水經注疏》此句"谿"作"溪"。

〔一五〕此條後有圈删之意。

〔一六〕引文此句"俱"誤寫爲"修",據改。

〔一七〕引文此句"注"誤寫爲"逕","略"誤寫爲"峪",據改。

〔一八〕引文此句後有節略。

〔一九〕引文此句“涓”誤寫爲“北”,據改。

〔二〇〕《水經注疏》此句作“阻”,並校云:“朱‘阻’作‘祖’,全、趙、戴改。”據改。

〔二一〕引文此句脱寫一“水”字,據補。

〔二二〕此段引文多有節略。

〔二三〕《水經注疏》此句“谿”作“溪”。

〔二四〕此條注文已見陸渾縣下。

〔二五〕引文此句“大帝”應指唐高宗李治。

〔二六〕此條引文後被圈删。

《魏延昌地形志》卷之二

司州中

滎陽郡

漢縣〔一〕，魏邵陵厲公正始三年置〈郡〉〔二〕。（《濟水注》：魏正始三年，歲在甲子，被癸丑詔書，割河南郡縣〔三〕，自鞏、闕以東，創建滎陽郡，｛并户二萬五千｝〔四〕。以南鄉築陽鄉亭侯李勝｛字公昭｝爲郡守〔五〕。洪氏《補三國疆｛畺｝域志》白｛曰｝〔六〕：《曹真傳》注：李勝爲滎陽太守。又傅嘏爲滎陽守，亦在正始時，則《水經注》之言信也。又《孫禮傳》：太祖時，遷滎陽都尉。蓋河南郡，大漢末已别建都尉，至正始三年乃升作郡耳。《沈志》〔七〕、《晉｛書｝·地理志》皆以爲泰｛太｝始元年［穆案：《晉志》作“二年”。——原注］置〔八〕，豈魏末暫廢，晉復立邪？〔九〕《賈思伯碑》：召拜滎陽太守。《吊比干文》碑陰有“尚書郎中臣滎陽郡鄭長遊”。《孝昌二年滎陽太守元寧造像記》皆借“滎”爲“滎”〔一〇〕。）

晉因之〔一一〕。魏移治大柵城〔一二〕。（《濟水注》：索水又北，逕大柵城東。晉滎陽民張卓、董邁等遭荒，鳩聚流雜保固，名爲大柵塢。至太平真君闕年〔一三〕，〈潁〉｛豫｝州刺史崔白自虎牢移州治此〔一四〕，又｛東｝開廣舊城〔一五〕，創制改築焉，太和十七年，遷都洛邑，省州置郡。《｛太平｝寰宇記》：後魏太和中，移縣理于大索城，即〈是〉｛今｝滎陽縣是也〔一六〕。穆案：《酈注》云：“旃然水北逕小索亭西，又爲索水。索水又北，逕大柵城東，又北屈，｛東｝逕大索城南〔一七〕。”據之則大索、大柵，截然兩地，樂氏改“大柵”爲“大索”，誤。《括地志》：今滎陽縣｛即｝大索城〔一八〕。則樂氏蓋衍《括地志》之誤，《元和志》合“大索”“大柵”爲一地，尤非。）領縣九〔一九〕

【校注】

〔一〕據《漢書·地理志》,滎陽縣屬河南郡。

〔二〕原有"郡"字,後被圈删。

〔三〕《水經注疏》此句下校云:"趙、戴'郡'下增'縣'字。會貞按:非也。蓋詔割河南郡下鞏闕以東爲句,隱有縣在其中,若增縣字,是泛言割河南之郡縣矣,反失其意。"存考。

〔四〕《水經注疏》卷七《濟水注》在"創建滎陽郡"下有"并户二萬五千",此稿略去,據補。

〔五〕原稿此句脱寫"字公昭"三字,據補。

〔六〕洪亮吉之書全名爲《補三國疆域志補注》。又原稿誤寫爲"白",應爲"曰"。

〔七〕今本《宋書》卷三六《州郡志二》"司州"下注:"(滎陽郡)晉武帝泰始元年,分河南立。"

〔八〕今本《補三國疆域志補注》作"太始"。

〔九〕此下爲作者夾注中所補内容。

〔一〇〕介生按:此句前後兩個"滎"字相同,應有筆誤。

〔一一〕今本《晉書》卷一四《地理志》"司州"下云:"晉仍居魏都,乃以三輔還屬雍州,分河南立滎陽,分雍州之京兆立上洛,廢東郡,立頓丘,遂定名司州,以司隸校尉統之。"下轄"滎陽郡"下云:"泰始二年置,統縣八,户三萬四千。"

〔一二〕滎陽郡在今本《魏書·地形志中》"北豫州"下。

〔一三〕《水經注疏》"闕"字作"八",並校云:"朱無'八'字,'豫'作'潁'。趙氏引全氏曰:《地形志》:太平真君八年,滎陽省並屬縣,由移治或在是年,但是豫州,非潁州。戴增'八'字,改'潁'作'豫'"。

〔一四〕原稿"潁"誤寫爲"穎",應改爲"豫",説見前。

〔一五〕原稿脱寫一"東"字,據補。

〔一六〕引文見今本《太平寰宇記》卷九"滎州滎澤縣"下:"秦立三川郡,自洛陽曾移理于此,晉於此置滎陽郡,後魏太和中,移縣理于大索城,即今滎陽縣是也。"原稿"今"誤寫爲"是",據改。

〔一七〕引文此句脱寫一"東"字,據補。

〔一八〕原稿此句引文脱寫一"即"字,據補。

〔一九〕今本《魏書·地形志中》"滎陽郡"下領五縣:滎陽、成皋、京、密、卷。

滎陽（今開封府滎陽縣治。）

漢屬河南，晉屬〔一〕。（漢、晉故城，在今滎澤縣西南十七里，去今治五十里。《收志》有滎陽城，謂此城也。）魏因之。郡治〔二〕。

有石門城、（《收志》有。《通鑑》{咸和三年}〔三〕：石勒命石堪、石聰及豫州刺史桃豹等各統見衆會滎陽，中山公虎進據石門［《注》引《{濟}水注》。——原注］〔四〕。《濟水注》：漢靈帝建寧四年，于敖城西北壘石爲門，以遏渠口，謂之石門，故世亦謂之石門水。門廣十餘丈，西去河三里。《石銘》云：建寧四年十一月黄場石也。而主吏姓名磨滅不可復識。魏太和中，又更修之，撤故增新，石字淪落，無復在者。水北有石門亭，戴延之所云"新築城，城週三百步〔五〕，滎陽太守所鎮"者也。〈石門〉水南帶三皇水，即皇室山，亦謂之爲三室山也。《{太平}寰宇記》：古者，濟{水}〈在〉{出}河北，截河南流而爲滎澤。自王莽末，濟{水}但入河，不復過河南。滎瀆水受河水，有石門，謂之滎口石門也〔六〕。《金石録》跋尾載後魏《鄭羲碑》云：歸{葬}于滎陽石門東{南}十三里三皇山之陽〔七〕。《山左金石志》：《熒{滎}陽鄭文公碑》：公諱羲，字〈動〉{幼}驎〔八〕，司州〈熒〉{滎}陽開封人也。……歸葬於〈熒〉{滎}陽石門{東}南十二里三皇山之陽，碑以永……〔九〕《方輿紀要》：石門渠，在鄭州河陰縣西二十里，滎瀆受河之處，即《禹貢》導滎水之道〔一〇〕。穆案：明河陰縣，在今滎澤縣西少北十五里〔一一〕。）廣武城、（《收志》有。司馬彪《{續漢書}·郡國志》有〔一二〕。《{太平}御覽》卷六十九引《西征記》曰：三皇山上有二澗{城}〔一三〕，謂東、西廣武，澗{城}相去二百余步〔一四〕，隨{隋}河水從中東南流〔一五〕。今無水。今城東有高壇，即項羽坐太公于上以示漢軍處。《濟水注》：濟水又東，逕西廣武城北。城在山上，山下有水，北流入濟，世謂之柳泉〔一六〕。濟水又東，逕東廣武城北。楚項羽城之，漢破曹咎，羽還廣武，爲高〈壇〉{俎}〔一七〕，置太公其上。今名其壇曰項羽堆。夾城之間，有絶澗斷山，謂之廣武澗。《元和志》：廣武山，在滎澤縣西二十里，一名三皇山。東廣武、西廣武二城，各在一山頭，相去二百余步〔一八〕。）敖倉城、（《收志》有。《濟水注》：濟水又東，逕敖山北。《詩》所謂"薄狩于敖"者也。其山上有城，即殷帝仲丁之所遷也〔一九〕。秦置倉於其中，故亦曰敖倉城也。《元和志》：敖山，在滎澤縣西十五里。宋武{帝}《北征記》曰〔二〇〕："敖山，秦時築倉於山上，漢高祖亦因敖倉，傍山築甬道，下汴水。"即此山也。）平桃城、（《高祖紀》：太和十九年五月甲戌，行幸滑臺。丙子，次於石濟。庚辰，皇太子朝于平桃城〔二一〕。《濟水注》：索水又東，逕虢亭南。應劭曰：滎陽，故虢〈公〉國也〔二二〕，今虢亭是矣。司馬彪《郡國志》曰：縣有虢亭，俗謂之平桃{咷}城〔二三〕。城内有大〈家〉{冢}〔二四〕，名管叔塚，或亦謂之爲號咷城，非也。蓋號、虢字相類，字轉失實也。《收志》有管叔冢。《方輿紀要》：平桃城，在今滎陽縣東北二十里{馬淵}〔二五〕。）〈垂隴〉都尉城〔二六〕、（《濟水注》：有垂隴城，濟瀆出其北。《春秋》文公二年“晉士穀盟於垂隴”者也。京相璠曰:垂隴,鄭地,今滎陽東二十里有故垂隴城[二七],即此是也,世謂之都尉城,蓋滎陽典農都尉治,故〈更〉{變}垂隴之名矣[二八]。)**滎陽山**、(《收志》有。不知即三皇山不?)**滎澤**、(《收志》有。《濟水注》:濟水又東,逕滎澤北,故滎水所都也。{京相璠曰:}滎澤在滎陽縣東南,與濟隧合……{故}世亦或謂其故道爲十字溝[二九]。)**船塘**、(《濟水注》:黄水又東北,至滎澤南,分爲二水,一水北入滎澤,下爲船塘,俗謂之郟城陂,東西四十里,南北二十里[三〇]。一水東北流,即黄雀溝矣。)**礫石澗**、(《濟水注》:礫石溪水出滎陽城西南李澤。澤中有水,即古馮池也。《地理志》{曰}[三一]:滎陽縣“馮池在西南”是也[三二]。池水{又}東北[三三],逕滎陽縣北斷山,東北注於濟,世謂之礫石澗,即《經》所謂礫溪矣。《鮚埼亭集》[三四]:蔡九峰吟礫溪口之謬[三五],東樵娓娓糾之〈不已〉是[三六],已而東樵之説礫溪,其謬尤甚於九峰,{足下亦知之乎?}[三七]夫礫溪未嘗有南、北二澗也。東樵既讀誤本《水經》而不知正,又爲讀破句,〈其〉{以}成其妄[三八],則九峰{當日}尚不至此[三九]。《水經》本曰:濟水東過成皋縣北,又東過滎陽縣北,又東北至礫溪南。無所謂“北礫溪”也。善長則以濟水不自東北而出溪南,故非之,别爲注曰:濟水東逕二廣武城北,又東逕敖山北,又東合滎瀆,又東逕滎陽縣北,{又}東南則礫溪北注之[四〇]。是特即《經》所言之水,改正其道,而未嘗别有所謂“南礫溪”也。誤本《水經》忽顛倒其文曰:又東至北礫溪南。於是東樵以爲有北必有南,而誤本又以《注》中廣武城而下六條俱列於《經》。東樵不知其非{也}[四一],而就其文而更定其句曰:濟水又東〈句〉[四二],南礫溪注之,則儼然二礫溪並見於《經》,而善長糾《經》之説,明在《注》中,而莫之思矣[四三]。夫礫溪非它,即《漢志》所謂馮池也。古不聞有二馮池,亦安得有二礫溪乎?)**周苛**、**紀信塚**、(《收志》有。《濟水注》:索水又東,逕滎陽縣故城南。紀信塚在城西北三里,其城跨倚岡原,居山之陽。索水又東,逕周苛塚北[四四]。)**李君祠**、(《濟水注》:李勝,字公昭,爲郡守,{故原武典農校尉}[四五]。政有遺惠,民爲立祠於城北五里,號曰李君祠。廟前有石蹠,蹠上有石的。石的銘具存。其略{銘}曰[四六]:百族欣載,咸推厥誠。今猶祀禱焉。)**五龍塢**。(《河水注》:河水又東,逕五龍塢北,{塢}臨長河[四七],〈塢〉有五龍祠[四八]。應劭云:昆侖山廟,在河南滎陽縣。疑即此祠,所{在}未詳。[四九])

【校注】

〔一〕據《晉書・地理志》,滎陽縣屬滎陽郡。

〔二〕據今本《魏書・地形志中》,滎陽縣仍爲滎陽郡首縣。“北豫州滎陽郡滎陽縣”下:“二漢屬河南,晉屬。有滎陽山、滎陽城、敖倉、廣武城、石門城、管叔冢、周苛、紀信冢、滎澤。"

〔三〕引文見今本《資治通鑑》卷九四《晉紀十六》"成帝咸和三年",據例補紀年。

〔四〕原稿注文空闕一"濟"字,據補。

〔五〕《水經注疏》作"新築城週三百步",並校云:"全、趙、戴'周城'乙作'城周'。"存考。

〔六〕引文見今本《太平寰宇記》卷九"鄭州滎澤縣"下,有按語與正文之别。"按古者,濟水出河北,截河南流,而爲滎澤。自王莽末,濟水但入河,不復過河南",爲按語,其中"濟"下脱一"水"字,"在"爲"出"字之誤。後又脱寫一"水"字,據補、改。"滎瀆水受河水云云"爲正文。原稿未分出按語與正文。

〔七〕《金石録》下爲夾注後補内容。《鄭羲碑》即《熒陽鄭文公之碑》,引文"歸"字下脱一"葬"字,"東"字下脱一"南"字,今據拓文補。

〔八〕"熒"字爲"滎"字之世俗别字。原稿"幼"字誤寫爲"動",據改。

〔九〕原稿紙本有磨滅之處,"南"字上脱寫一"東"字,據補。

〔一〇〕引文出《讀史方輿紀要》卷四七《河南二》"鄭州河陰縣"下。

〔一一〕明代河陰縣治,在今河南滎陽縣東北。

〔一二〕廣武城在今本《續漢書·郡國志》"河南尹滎陽縣"下,注文云:"《西征記》曰:有三皇山,或謂三室山。山上有二城,東者曰東廣武,西者曰西廣武,各在山一頭,相去二百余步。其間隔深澗,漢祖與項籍語處。"

〔一三〕今本及文淵閣四庫全書本《太平御覽》均作"二城",而非"二澗",然此條引文在"澗"字條下,石翁或有别本,存考。

〔一四〕今本及文淵閣四庫全書本此句爲"城"字,存考。

〔一五〕今本及文淵閣四庫全書本此句作"隋",存考。

〔一六〕此段引文多有節略。

〔一七〕《水經注疏》此句作"高俎",並校云:"朱訛作'祖',《箋》曰:宋本作'俎'。全、趙改'俎'。戴改'壇'。守敬按:《大典》本、明鈔本作'壇'。考《史》《漢》作'俎'。觀如淳、李奇之《注》,皆明釋'俎'字,則當本作'俎'。其作'壇'者,仍後人因下有今名其壇之文而臆改,非也。戴不察耳。"據改。

〔一八〕引文出今本《元和郡縣圖志》卷八"鄭州滎澤縣"下。

〔一九〕引文此句後有節略。

〔二〇〕引文此句脱寫一"帝"字,據補。

〔二一〕引文出今本《魏書·高祖紀下》。

〔二二〕《水經注疏》此句無"公"字,並校云:"朱'國'上有'之'字,《箋》曰:'號'下脱'公'字。全、趙增'公'字,删'之'字。戴增'公'字、'之'字。會貞按:

《漢志注》作'故虢國'。《文選·曹大家〈東征賦〉注》引同,則此衍'之'字耳,非脱'公'字,今訂。"存考。

〔二三〕《水經注疏》此句作"平咷城",並校云:"全云:按平咷,六朝時曰平桃,見《魏書》(按:《孝文帝紀》——原注)。蓋虢脱其半爲寽,寽又變而爲平,而咷又轉而爲桃也。趙據黄省曾本改'平'作'乎'。守敬按:全説是也。黄作'乎',亦'寽'之變文。"存考。

〔二四〕原稿引文"冢"誤寫爲"家",據改。

〔二五〕原稿後省略"馬淵"二字,據補。

〔二六〕原爲"垂隴城",後圈删,改爲"都尉城"。

〔二七〕《水經注疏》此句無"垂"字,並校云:"全、趙、戴'隴'上增'垂'字。會貞按:杜氏《釋例》鄭地内稱:滎陽縣東有垂隴城。然是年《注》作有'隴城',又《續漢志》,滎陽有隴城,皆稱隴城,與此合,足征垂隴城亦有稱隴城,京説本無垂字,不當增。在今滎陽縣南。"

〔二八〕《水經注疏》及文淵閣四庫全書本《水經注》均爲"變",蓋本稿誤,據改。

〔二九〕引文省略較多,略爲補闕。

〔三〇〕引文此句後有節略。

〔三一〕引文此句脱寫一"曰"字,據補。

〔三二〕引文此處有節略。

〔三三〕引文此句略寫一"又"字,據補。

〔三四〕引文出自《鮚埼亭集》卷三四《簡帖》"《水經》'礫溪'帖子東慎甫"。

〔三五〕蔡九峰,即指宋代學者蔡沈。

〔三六〕引文此句衍寫"不已"二字,據删。

〔三七〕原稿引文省略末一句,據補。

〔三八〕引文此句"以"誤寫爲"其",據改。

〔三九〕引文此句脱寫"當日"二字,據補。

〔四〇〕引文此句脱寫一"又"字,據補。

〔四一〕引文此句略去一"也"字,據補。

〔四二〕引文此處"句"字即句讀之"句",非正文,或爲作者特别標注。

〔四三〕引文此句後有節略。

〔四四〕引文省略較多。

〔四五〕引文此句省略,據補。

〔四六〕《水經注疏》此句作"其銘曰",《水經注校證》與本稿同,存考。

〔四七〕《水經注疏》此句有"塢"字,並校云:"朱'塢'字在'河'字下,趙同,戴移。”據補。

〔四八〕介生按:據此可知,石翁多用戴校本《水經注》,説見前。

〔四九〕原稿此句脱寫一“在”字,補。

成皋(在今開封府氾水縣西北。)

漢、晉屬河南[一],後屬[二]。

有虎牢鎮、(河南四鎮之一。吴卓信《〈漢書·地理志〉補注》:按虎牢在今開封府氾水縣西二里,本周穆王養虎之地[三]。戰國時,韓獻于秦,十九年而遂亡。今自滎陽而東,皆坦夷,{西}入縣境[四],地漸高,城中突起一山,如萬斛囷出。西郭則亂嶺糾紛〈一道行典[四字有訛。——原注]其間〉[五],斷而復續。使一夫荷戈而立,百人自廢。然自東都以後言形勢者,〈鮮及焉〉{及之鮮矣}[六],蓋人事既改,則地之輕重,亦有時移{而}也[七]。)**東中府治**、(《收志》:北豫州,泰常中置,治虎牢,太和十九年罷,置東中府[八]。)**黄馬關**、(《河水注》:河水〈又〉{右}逕黄馬阪北[九],謂之黄馬關。《通鑑》{咸和三年}[一〇]:趙主曜聞勒已濟河,始議增滎陽戍,杜黄馬關。[《注》引《{河}水注》曰:黄馬關,在成皋縣。——原注][一一]《方輿紀要》:黄馬關,在氾水縣西十五里。)**旋門阪**、(《河水注》:河水又東,逕旋門阪北,今成皋西大阪者也。升陟此阪,而東趣成皋{也}[一二]。《元和志》:旋門關,在氾水縣西南十里[一三]。《方輿紀要》:即旋門阪,漢靈帝八關之一[一四]。)**成皋城**、(《收志》有[一五]。《河水注》:成皋縣之故城在伾上[大伾,山也。——原注],縈帶伾阜,絶岸峻周,高四十許丈,城張翕嶮,崎而不平[一六]。城西北隅有小城,週三里,北面列觀,臨河,苕苕孤上。景明中,言之壽春,路〈直〉{值}兹邑[一七],升眺清遠,勢盡川陸。〈羇途遊至,有傷深情。〉[一八]《方輿紀要》:氾水縣{西}北有故成皋城[一九]。)**大伾山**、(《水經·禹貢山水澤地所在》:大伾地,在河南成皋縣北。《注》:《爾雅》{曰}[二〇]:山一成謂之伾。然則大伾,山名,非地之名也。《河水注》:河水又東,逕成皋大伾山下[二一]。《尚書·禹貢》曰:過洛汭,至大邳{者也}[二二]。鄭康{成}曰[二三]:地〈喉〉{胘}也[二四],沇出伾際矣,在河内修武、武德之界,泲{濟}沇之水與滎播澤出入自此[二五],然則大邳即是山矣。老友俞君理初曰:大伾山當在修武、武德界,《水經注》言在成皋縣北。《史記》所謂禹載河于高地,張晏亦謂大邳在成皋,劉昭、張揖之徒皆以爲然,説與《史記》合,大邳定在今河南府[穆案:當言在今鞏、氾水二縣之間。——原注]。禹河自此循太行而北,過漳水趨鉅鹿。沈括《筆談》尚見邊太行北山崖間,往往銜螺蚌殼及石子如鳥卵,横亘石壁如帶,謂是昔日河濱。周定王五年河徙。《春秋》魯宣公七年:晉、魯、宋、衛、鄭、曹會于黑壤之歲也,河始由今衛輝濬滑,其地亦有一成之邳。臣瓚、魏王泰執以當禹時大邳,胡朏明依之,可謂尺有所短。邊韶《滎口石門碑》：伊、洛合注大河，南則緣山東過大伾，回流北岸。其勢鬱懞濤怒，湍急激疾，一有決溢，彌原淹野〔二六〕。孫星衍曰：足證漢人所言大伾在成皋，不如臣瓚以黎陽山當之也。）石城山。（《河水注》：汜水又北，〈又〉｛右｝合石城水〔二七〕。水出石城山，其山複澗重嶺，欹疊若城，山頂泉流，瀑布懸瀉，下有濫泉，〈流泄〉｛東流｝泄注〔二八〕，邊有數十石畦，畦有｛數｝野蔬〔二九〕，巖側石窟數口，隱跡存焉，而不知誰所經始也。）

汜水（出方山）、（《收志》有汜水。《河水注》：汜水南出浮戲〈之〉山〔三〇〕，世謂之｛曰｝方山也〔三一〕。《方輿紀要》：方山，在汜水縣南四十里。穆案：《洧水注》又有綏水出方山綏谿｛溪｝〔三二〕。）｛漢高祖壇｝〔三三〕、（《收志》"｛西｝成皋"下又有"漢高祖壇"〔三四〕。案：《河水注》〈又〉曰〔三五〕：汜水又北，逕虎牢城東〔三六〕。｛又按｝郭緣生《述征記》、劉澄之《永初記》並言高祖即帝位於是水之陽〔三七〕，今不復知舊壇所在。盧湛、崔雲亦言是矣〔三八〕。余按：高皇帝受天命于定陶汜水，｛又｝不在此也〔三九〕，於是求壇，故無髣髴矣。）玉門土穴、（《河水注》：河水南對玉門，昔漢祖與｛滕公潛出濟於是處也，門東對臨河｝〔四〇〕，側岸有土穴〔四一〕。魏攻北｛宋｝司州刺史毛德祖於虎牢〔四二〕，戰經二百日，不克。城惟一井，井深四十丈，山勢峻峭，不容防捍，潛作地道取井。余頃因公至彼，故往尋之，其穴處猶存。《收志》"｛西｝成皋"下有厄井〔四三〕。穆案：蓋即《酈注》此井。《寰宇記》〔四四〕：厄井，在汜水縣東北七十里。《風俗通》謂：漢高祖與項羽戰于京、索，遁入蒲井，鳩止鳴其上，追者以爲無人，遂得脱，因名厄井。又《九州〈禹〉｛要｝記》云〔四五〕：丁公抱石，欲填｛之，是｝此井〔四六〕。《郡國志》云：堯井在縣東十五｛里｝〔四七〕，即厄井也。未〈名〉｛明｝孰是〔四八〕。案：《風俗通》説，中尉已于濟水平桃城下采之，謬悠之談，皆不足據。）板城渚口。（《河水注》：河水又東，逕板城北，有津，謂之阪城渚口。《方輿紀要》：板渚，津名也，在汜水縣東四十里。）

【校注】

〔一〕據《漢書・地理志》和《晉書・地理志》，成皋縣均屬於河南郡。

〔二〕介生按：今本《魏書・地形志中》"北豫州滎陽郡"下有成皋縣，又"成皋郡"下有"西成皋縣"，此縣應爲後者。

〔三〕引文此句後有節略。

〔四〕引文此句脱寫一"西"字，據補。

〔五〕引文此句後有圈刪之意。介生按：據道光刻本，"行典"二字應爲"紆曲"之誤。

〔六〕引文有臆改之處，據改。

〔七〕引文此句脱寫一"而"字，據補。

〔八〕引文省略較多。今本《魏書・地形志中》"北豫州"下云:"後漢治譙,魏治汝南安城,晉治項,司馬德宗置司州,泰常中復治虎牢,太和十九年罷,置東中府。天平初罷,改復。"

〔九〕文淵閣四庫全書本《水經注》案語云:"案此八字,原本及近刻並訛作《經》,近刻'右'訛作'又'。"《水經注疏》校云:"朱此八字訛作《經》,'右'作'又'。戴改《注》,改'右',全、趙改《注》同,全改'右',趙仍'又'。守敬按:《書鈔》一百五十七引潘尼《惡道賦》:若其長阪則成皋黄馬。《類聚》亦引。《初學記八》引戴延之《西征記》:次至黄馬阪,去計素渚十里,'十'上當有脱文。"據改。

〔一〇〕引文見今本《資治通鑑》卷九四《晉紀十六》"成帝咸和三年",依例補紀年。

〔一一〕介生按:"胡注"寫爲"水經",本稿改爲"水注",應爲《河水注》。

〔一二〕原稿脱寫一"也"字,今據補。

〔一三〕引文見今本《元和郡縣圖志》卷六"河南府汜水縣"下:"旋門關,在縣西南十里,即八關之一。"

〔一四〕引文省略較多,原文見《讀史方輿紀要》卷四七"鄭州汜水縣"下:旋門關,在(汜水)縣西南十里,即旋門阪,曹大家《西征賦》"陟伊、洛之交流,看成皋之旋門"是也。漢靈帝時河南八關之一,自旋門而東至板城渚口,皆成皋關之道。

〔一五〕見今本《魏書・地形志中》"北豫州成皋郡西成皋縣"下。

〔一六〕引文此句後有節略。

〔一七〕引文此句"值"誤寫爲"直",據改。

〔一八〕〈〉括號内文字後有圈删之意。

〔一九〕據《讀史方輿紀要》,成皋城在汜水縣西北,據補"西"字。

〔二〇〕引文見《水經注》卷四十,本稿脱寫一"曰"字,據補。

〔二一〕引文此句後有節略。

〔二二〕引文此句脱寫"者也"二字,據補。

〔二三〕引文此句脱寫一"成"字,據補。

〔二四〕《水經注疏》此句作"地肱也",並校云:"朱'肱'訛作'喉'。趙、戴同。會貞按:《古微書》稱《河圖絳象》云:東流至大伾山,名地肱。此'喉'爲'肱'之誤。今訂。"據改。

〔二五〕介生按:諸本此句皆作"濟","泲"與"濟"相通。

〔二六〕即《漢滎瀆石門碑》,見《東漢文紀》卷一二。

〔二七〕引文此句"右"誤寫爲"又",據改。

〔二八〕原稿原有"流泄"二字,後圈去。脱寫"東流"二字,據補。

〔二九〕《水經注疏》此句有"數"字,並校云:"朱'數'訛作'聲',《箋》曰:宋本作'數'。戴改'數'。沈炳巽校:衍'聲'字。趙删同。會貞按:《大典》本、明抄本並有'數'字,蓋繫石畦,故野蔬不多也。"據補。

〔三〇〕引文此句衍寫一"之"字,據删。

〔三一〕引文此句脱寫一"曰"字,據補。

〔三二〕引文此句"谿"又作"溪",二字相通。

〔三三〕介生按:原稿脱寫"漢高祖壇"條目,今據文意補。

〔三四〕今本《魏書·地形志中》"成皋郡西成皋縣"下有"漢高祖壇",據補一"西"字。

〔三五〕原稿本有一"又"字,後圈删。

〔三六〕引文此句後有節略。

〔三七〕原稿引文脱寫"又按"二字,據補。

〔三八〕《水經注疏》卷五"崔雲"按語曰:"按:楊氏《要删》云:'崔雲疑崔豹之訛。'待考。"

〔三九〕《水經注疏》此句增一"又"字,並校云:"戴删'又'字。會貞按:'又'字對上言,謂周襄所居之祀,既不在此,漢高即位之汜,亦不在此也,不當删。"據補。

〔四〇〕原稿此處有空闕之文,今據補。

〔四一〕《水經注校證》及文淵閣四庫全書本《水經注》此句與本稿同,作"側岸",今本《水經注疏》作"澤岸",應有誤。

〔四二〕《水經注疏》此句作"宋司州",並校云:"朱'宋司州'訛作'此同州',《箋》曰:此,宋本作'宋'。趙改'此同'爲'北司',云:《宋書·州郡志》:武帝北平關、洛,河南底定,置司州刺史,治虎牢。少帝景平初,司州復没北虜。文帝永嘉末,僑立于汝南,尋亦省廢云云。是當時以治虎牢者爲北司州,而僑置汝南者爲南司州,《地形志》以宋明帝于南豫州之義陽郡復設之司州爲南司州,故道元以劉武王所置治虎牢者爲北司州也。若朱氏以此爲宋,殆未審'北'字之義耳。且又不釋'同州'之訛,何居?戴改'北司州'同。守敬按:宋本'此'作'宋',是也。蓋上云'魏攻',若下云'北司州',則不知何指矣。且有宋言,可稱'北司州',自魏言不得稱北司州。況虎牢之陷,在少帝景平中,其時汝南之司州未立,並不得稱北司。《元和志》:魏使奚斤攻宋司州刺史毛德祖,亦此作'宋司州'之證。趙駁朱《箋》,未審。德祖,《宋書》無傳,附《晉書·毛安之傳》。"然而,《水經注校證》及文淵閣四庫全書本《水經注》與本稿同,存考。

〔四三〕今本《魏書·地形志中》"西成皋縣"下有"厄井",據補"西"字。

〔四四〕引文出自今本《太平寰宇記》卷五二《河北道一》"孟州汜水縣"下。

〔四五〕引文此句"要"誤寫爲"禹",據改。

〔四六〕引文此句有脱文,據補。

〔四七〕引文此句脱寫一“里”字，據補。

〔四八〕引文此句“明”誤寫爲“名”，據改。

京（在今滎陽縣東南二十一里。）

漢屬河南〔一〕，**晉屬**〔二〕。

有高陽城、（《收志》有〔三〕。《濟水注》：黄水又北，逕高陽亭｛東｝〔四〕，又北至故市縣，重泉水注之。水出京城西南少｛小｝陘山〔五〕，東北流，又北流，逕高陽亭西，東北流，注于黄水。）**管城**、（《收志》有。《渠水注》：不家溝水自梅山北溪，東北流，逕管城西，故管國也。周武王以封管叔矣〔六〕。《左傳》宣公十二年：晉師救鄭，楚次管以待之。杜預曰：京縣東北有管城者是也。《通鑑注》〔七〕：據《載記》：石虔襲破振仲于滶水。振仲退保管城〔八〕。管城當在滶水北。《收志》中牟縣亦有管城〔九〕。穆案：斯城蓋界在二縣之間也，“中牟”下今不復出。）**小索城**、（《濟水注》：索水北逕小索亭西。京相璠曰：京有小索亭，《世語》以爲本索氏兄弟居此，故號小索者也。《元和志》：小索城，在滎陽縣北［“北”當作“南”。——原注］四里〔一〇〕，宋南平王鑠遣王陽兒據小索破魏，即此城也。）**索水（出嵩渚山）**、（《收志》有索水。《濟水注》：索水出京縣西南嵩渚山。〈在滎陽〉〔一一〕，｛與京關｝水同源分流〔一二〕，即〈京〉｛古｝旃然水也〔一三〕。《方輿紀要》：嵩渚山，在滎陽縣東南二十五里。）**京水（出黄堆山）**、（《濟水注》：黄水發源京縣黄堆山，東南流，名祝龍泉，泉勢沸湧，狀若巨鼎揚湯，西南流，謂之龍項口，世謂之京水也。穆案：京、索二水，水出一山，《酈注》截然分明。顧祖禹曰：嵩渚山，一名少陘山。《水經注》以爲黄堆山也，京、索二水出焉。不知所據何本。少陘山乃器難水，所出與嵩渚亦非一山〔一四〕。）**梧桐谷**、（《濟水注》：索水又屈而西流，與梧桐澗水合，水出西南梧桐谷，東北流，注入索。斯水亦時有通塞，而不常流也。）**柰榆溝**、**車輪淵**、（《濟水注》：須水近出京城東北二里榆子溝，亦曰柰榆溝也。又或謂之爲小索水，東北流，木蓼溝水注之。水上承京城南淵，世謂之車輪淵。淵水東北流，謂之木蓼溝，又東北，入于須水。《方輿紀要》：須水城，在滎陽縣東三十里。唐初置須水縣，屬管州〔一五〕。貞觀初併入鄭州管城縣，宋曰須水鎮。）**金亭**、（《濟水注》：器難水北流，逕金亭，又北，逕京縣故城西，入於旃然之水。）**檀山岡**、（《濟水注》：京城北有檀山岡｛罡｝〔一六〕，《趙〈氏〉｛世｝家》〔一七〕：成侯二十年，魏獻滎陽，因以爲檀臺岡｛罡｝［案：此“岡”字當作“是”。——原注］也〔一八〕。沈氏炳巽曰〔一九〕：《史記》：魏獻滎椽，趙因以爲檀臺。滎椽，木材，非地也；檀臺是屋，非岡也，善長不知何以有此誤。考檀臺在襄國，見於《續漢志》，而滎陽乃韓地，後之爲《滎陽圖經》者因造爲檀山，以相附會，益更繆矣。穆案：

滎椽、滎陽，字形相涉，中尉蓋據誤本《史記》，其以趙事證韓地，亦《注》所時有，不足怪，惟必京縣實有所〈爲〉{謂}檀山者[二〇]，而後附會之説起焉，此則當袪其實而存其名者矣。）**梅山**、（《渠水注》：不家溝水出京縣東南梅山北溪。《春秋》襄公十八年：楚蔿子馮、公子格率鋭師侵費，右回梅山。杜預曰：在密東北，即是山也。又曰：白溝水有二〈沅〉{源}[二一]。北水出密之梅山東南，而東逕靖城南，與南水合。《元和志》：梅山，在管城縣［今鄭州治。——原注］西南三十里。）**樊噲冢**。（《收志》有。）

【校注】

〔一〕據《漢書・地理志》，河南郡下有京縣。

〔二〕據《晉書・地理志》，滎陽郡下有京縣。

〔三〕《魏書・地形志中》"滎陽郡京縣"下云：二漢屬河南，晉屬。有萬尹山祠、高陽城、管城、索水、京水、樊噲冢。

〔四〕引文此句脱寫一"東"字，據補。介生按：《水經注疏》與《水經注校證》均謂"高陽亭"，本稿直以"高陽城"當之，石翁似應有所説明。

〔五〕《水經注疏》此句作"小陘山"，並校云："朱《箋》曰：小，宋本作'少'，全、趙、戴改'少陘山'，詳前。會貞按：今須河之西有一水，東北流來會，蓋即重泉水，但出故京城東南，不出西南，或上游有湮塞矣。"存考。

〔六〕引文此句下有節略。

〔七〕注文出自今本《資治通鑑》卷一〇四《晉紀二十六》"孝武帝太元六年"下。

〔八〕引文此句下有節略。

〔九〕中牟縣在今本《魏書・地形志中》"北豫州廣武郡"下。

〔一〇〕今本《元和郡縣圖志》卷八《河南道四》"鄭州滎陽縣"下依然作"北四里"，並無校勘記。

〔一一〕"在滎陽"三字後被塗删。

〔一二〕引文此句脱寫"與京闕"三字，據補。

〔一三〕引文此句"古"誤寫爲"京"，"京"字後被圈删，但"古"字未補。今據補。

〔一四〕《水經注疏》在"（索）水出京縣西南嵩渚山"下釋云："會貞按：《一統志》稱《舊志》云：《水經注》：索水出京縣西南嵩渚山，器難水出小陘山，本二山二水。《元和志》：索水出滎陽縣南三十五里小陘山。是合器難、索水爲一水。《寰宇記》：嵩渚山，一名小陘山，俗名周山，在縣南三十五里。是併合嵩渚、小陘爲一山矣。《明一統志》：大周山在縣南三十五里，嵩渚山在縣東南二十五里，一名小陘山，又與《寰宇記》不同。今據《輿圖》,滎陽縣山勢綿延,峰巒錯列,皆在城南一帶,分之則名目衆異,合之亦未始不可相通。故《水經注》《元和志》《寰宇記》《明一統志》所載各殊。按如《元和志》則以小陘當嵩渚,如《寰宇記》則嵩渚、小陘混而不分,而復有周山之稱。如《明一統志》則另標大周之目,又移嵩渚、小陘之號于東北,殊爲歧出。而《方輿紀要》云:嵩渚山在縣東南二十五里,一名小陘山,俗亦名周山,《水經注》以爲黄堆山也。所云嵩渚、小陘、周山之名,與《寰宇記》同,所指嵩渚、小陘之地,則與《明一統志》近,而更牽入《注》之黄堆,則益紛亂矣。考《注》諸山,方位有定,名稱毫不相假。今縣南大周山即嵩渚山,與此山者,東爲索水,西爲東關水。山之東則器難水所出之少陘山也,又東則黄水所出之黄堆山也。"介生按:此疏證或可釋解石翁之疑。

〔一五〕引文此句後有節略。

〔一六〕《水經注疏》此句作"壇山罡",並校云:"全、趙、戴作'岡',下同。會貞按:《一統志》:檀山岡在滎陽縣東十里,山多檀木,綿亙三十餘里。《水經注》之檀山岡即此。《一統志》加變'壇'爲'檀',然可謂《注》所指之地。"介生按:《水經注校證》及文淵閣四庫全書本《水經注》均仍作"壇山岡",存考。

〔一七〕引文此句"世"誤寫爲"氏",據改。

〔一八〕《水經注疏》此句作"壇臺岡",並校云:"趙云:沈氏曰:《史記》:魏獻榮椽,趙因以爲檀臺。榮椽,木材,非地也;檀臺是屋,非岡也。道元不知何以有誤?考檀臺在襄國,見於《續漢志》,而滎陽乃韓地,後之爲《滎陽圖經》者,因造檀山相附會,益更繆矣。會貞按:《史記·趙世家索隱》引劉氏曰:榮椽蓋地名,其中有一高處,可以爲臺。説與此《注》頗合,而小司馬駁之。守敬按:以'壇臺'爲岡,猶有説,以'榮椽'爲'滎陽',則大惑不解矣。"介生按:《史記·趙世家》及沈氏原書均作"榮椽",趙一清氏及此疏證引沈炳巽作"滎椽",應有誤,説見下。

〔一九〕此段引文見沈炳巽所撰《水經注集釋訂訛》卷七,原文爲:"按:《史記·趙世家》:成侯二十年,魏獻榮椽,因以爲檀臺。原文如此,並不云'魏獻滎陽','檀'亦不作'壇',且無'罡'字,不知道元何據引此?況《索隱》注云:劉氏曰:'榮椽,地名,其中有高處,可以爲臺。'非也。按:榮椽是良材,可爲椽,〈登〉[應爲'斲'。——介生注]飾有光榮,所以魏獻之,故趙因[用——介生補]之以爲檀臺。又《正義》曰:榮,屋翼也,《説文》云:'椽,榱也。屋梠之兩頭起者爲榮也。'據此則爲'榮椽'無疑,然作'椽'解又與上下文所引不類,不知何故?豈北魏時古本作'滎陽'不作'榮椽'也?!"

〔二〇〕此句"謂"誤寫爲"爲",據改。

〔二一〕原稿引文"源"簡寫爲"沅",據改。

密（在今開封府密縣東南三十里。）

漢屬河南〔一〕，晉屬〔二〕。

治密城〔三〕。

（今本《地形志》作"容城"，誤〔四〕。穆案：自漢至魏，密無異治，收所以特著此語者，《寰宇記》云：高齊文宣移理於今縣東四十里故密縣城｛爲理｝〔五〕。《收志》作于北齊，恐人誤以齊治爲魏治，故著之也［隋大業十二年，又移密縣治古法橋堡城，即今治也。——原注］。）有鄶城、（《洧水注》：洧水又東南，逕鄶城南〔六〕。徐廣曰：鄶在密縣，妘姓矣。杜預曰：鄶城在密縣東北〔七〕。《方輿紀要》｛密縣｝〔八〕：在縣東北五十里。）馬領山、（《水經》：洧水出河南密縣西南馬領山。《注》：水出山下，亦言出〈穎〉｛潁｝川陽城山［趙一清曰：此班固説。——原注］〔九〕。山在陽城縣之東北，蓋馬領之統目焉。《元和志》：馬〈領〉｛嶺｝山〔一〇〕，在密縣南十五里。）承雲山、（《收志》有。《洧水注》：洧水又東南流，與承雲二水合，俱出承雲山，二源雙導，東南流，注於洧，世謂之東、西承雲水。《瀶水注》：瀶水又南，左會承雲山水〔一一〕，水出西北［鄭縣——原注］承雲山，東南歷渾子岡東注，世謂岡峽爲五鳴口，東南流，注於瀶。《方輿紀要》｛密縣｝：雲瀧山，在密縣北三十里，一名侵雲山，其西南又有承雲山。）青煙谷、（《收志》有。）開陽山、（《收志》有。）大騩山、（《收志》作"大龜山"。穆案：即大騩山也，古音龜、騩同部，音轉。《溝水注》：大騩即具茨山也〔一二〕。溝水出其阿，流而爲陂，俗謂之玉女池。《通鑑》梁大同四年：東魏大行臺侯景攻廣州，未拔，聞魏救兵至〔一三〕。行洛州事盧勇請進，觀形勢，乃率百騎至大騩｛隗｝山〔一四〕。《元和志》：大騩山，在密縣東南五十里。）陽子臺、（《洧水注》：洧水東南流，逕一故臺南，俗謂之陽子臺，又東逕馬嶺塢北，塢在山上。）武定岡、皇臺岡、零鳥塢、（《洧水注》：洧水又東合武定水。水北出武定岡，西南流，又屈而東南流，逕零鳥塢西，側塢東南流。塢側有水，懸流赴壑，一匹有餘，直注澗下，淪積成淵。嬉遊者矚望，奇爲佳觀，俗人睹此水掛於塢側，遂目之爲零鳥水。東南流，入於洧〔一五〕。洧水又東南，赤澗水注之。水出武定岡，東南流，逕皇臺岡下，又歷岡東，東南流，注於洧。）虎牘谿、（《洧水注》：洧水又東，與虎牘山水合。水發南山虎牘谿｛溪｝，東北流，入洧。）參辰口、（《洧水注》：洧水又東，逕陰阪北，水有梁焉，俗謂是濟爲參辰口。）雞絡塢、（《瀶水注》：瀶水出鄶城西北雞絡塢下。）襄荷水、瀝滴泉、（《洧水注》：襄荷水出北山子節谿｛溪｝，亦謂之子節水，東南流，注於洧。瀝滴泉水出深溪之側，泉流丈余，懸水散注，故世士以瀝滴稱〔一六〕，南流，入洧水也。）柳泉水、（《瀶水注》：瀶水又東南流，歷下田川，逕鄶城西，謂之爲柳泉水也〔一七〕。)子産墓、(《濮水注》:濮水東逕陘山北〔一八〕,山上有鄭祭仲冢。冢西有子産墓,〈疊〉{累}石爲方墳〔一九〕,墳東有廟,並東北向鄭城。杜元凱曰不忘本〔二〇〕。際廟舊有一枯柏樹,其塵根故株之上,多生稚柏{成林}〔二一〕,列秀青青,望之,{其}奇可嘉矣〔二二〕。《收志》"苑陵"下有"子産祠"〔二三〕,不知即此廟否?《晉書・杜預傳》:吾往爲臺〈邸〉{郎}〔二四〕,嘗以公事使過密縣之邢山。山上有冢,問耕〈夫〉{父}〔二五〕,云是鄭大夫祭仲,或云子産之冢也。遂〈帥〉{率}從者祭而觀焉〔二六〕。其造冢居山之頂,四望周達,連山體南北之正而邪東北,向新鄭城,意不忘本也。其隧道惟塞其後而空其前,不填之,示藏無珍寶,不取於重深也。山多美石不用,必集洧水自然之石爲〈家〉{冢}藏〔二七〕,貴不勞工巧,而此石不入世用也。)卓茂祠、(《洧水注》:洧水又東,逕密縣故城南〔二八〕。今縣城東門南側,有漢密令卓茂祠,享祀不輟{矣}〔二九〕。《寰宇記》:密縣,後漢卓茂理此,今縣東南三十里古密城,即漢理所,兼有{卓}茂祠尚存〔三〇〕。)張伯雅墓。(《洧水注》:綏水東南流,逕漢宏農太守張伯雅墓,塋域四周,疊石爲垣,隅阿相降,列于綏水之陰,庚門表二石闕,夾對石獸于闕下。冢前有石廟,列植三碑。碑云:德字伯雅,河南密人也。碑側樹兩石人,有數石柱及諸石獸矣。舊引綏水南入塋域,而爲池沼,沼在丑地,皆蟾蜍{蠵}吐水〔三一〕,石隍承溜。池之南又建石樓。石廟前又翼列諸獸。但物謝時淪,凋毁殆盡〈矣〉〔三二〕。)

【校注】

〔一〕據《漢書・地理志》,河南郡下有密縣。又據《續漢書・郡國志》,河南尹下有密縣。

〔二〕據《晉書・地理志》,滎陽郡下有密縣。

〔三〕今本《魏書・地形志中》"北豫州滎陽郡密縣"下注云:"二漢屬河南,晉屬。治密城。有承雲山、青煙谷、開陽山、大龜山、子産墓、卓茂冢、祠。"

〔四〕今本《魏書・地形志中》卷末"校勘記"云:"諸本'密'作'容'。《延昌志》卷二'滎陽郡密縣'下改'密',云'今本《地形志》作容,誤。'楊校:'《志》例:縣已移治者,於故城則曰有某城;未移治則云治某城。容與密形近,其爲密之誤無疑。'溫逕改'密',無説。按楊説是,今改正。"

〔五〕引文此句脱寫"爲理"二字,據補。

〔六〕引文此句下有節略。

〔七〕介生按:杜預之言見《春秋左傳注疏》卷十六,並非《水經注》所引。

〔八〕引文出自《讀史方輿紀要》卷四七《河南二》"禹州密縣"下,依例補縣名。下同。

〔九〕引文此句"潁"誤寫爲"穎",據改。

〔一〇〕今本《元和郡縣圖志》卷五《河南一》“河南府密縣”下作“馬嶺山”，據改。

〔一一〕《水經注疏》此句作“右會”，並校云：“朱作‘左會’，戴、趙同。會貞按：當作‘右’。承雲山見《洧水篇》，據彼篇出承雲山之東、西。承雲水入洧後，又有武定水、赤澗水，東南入洧，而後濟水注洧。而承雲水在濟水之西，此承雲山水出承雲山注洧，自在濟水之右，則作‘左會’，誤也。今訂。”然查《水經注校證》與文淵閣四庫全書本《水經注》均作“左會”，與本稿同，存考。

〔一二〕此段引文多有節略。

〔一三〕引文此句後有節略。

〔一四〕今本《資治通鑑》卷一五八《梁紀十四》作“大隗山”。騩與隗相通假。

〔一五〕引文此句後有節略。

〔一六〕今本《水經注疏》誤乙爲“滴瀝”，且有校語云：“守敬按：《寰宇記》引此，無‘士’字。”應有誤。

〔一七〕《水經注疏》此句爲“抑泉水”，有誤。《水經注校證》與文淵閣四庫全書本《水經注》均爲“柳泉水”，與本稿同。

〔一八〕引文此句後有節略。

〔一九〕引文此句“累”誤寫爲“疊”，據改。

〔二〇〕杜元凱，即晉朝學者杜預。

〔二一〕文淵閣四庫全書本《水經注》此句下注云：“案：近刻脱此‘二字（即成林）’。”《水經注疏》此句無此二字，並有校語云：“戴柏下增‘成林’二字，守敬按：塵根故株之上，乃成林耶？戴增大繆。《御覽》九百五十四引，亦無此二字，可證。”存考。

〔二二〕《水經注疏》此句增一“其”字，無校語。《水經注校證》及文淵閣四庫全書本《水經注》均無“其”字，與本稿同。

〔二三〕苑陵縣在今本《魏書·地形志中》“北豫州廣武郡”下。

〔二四〕引文此句“郎”誤寫爲“邸”，據改。

〔二五〕今本《晉書》作“耕父”，據改。

〔二六〕引文此句“率”改寫爲“帥”，據改。

〔二七〕引文此句“冢”誤寫爲“家”，據改。

〔二八〕引文此句後多有節略。

〔二九〕引文此句脱寫一“矣”字，據補。

〔三〇〕引文此句脱寫一“卓”字，據補。

〔三一〕《水經注疏》此句作“蟾蠩”，並校云：“守敬按：《城塚記》作蟾蜍。《集韻》：蜍或作蠩。”

〔三二〕引文此句衍寫一“矣”字,據删。

卷(在今懷慶府原武縣西北七里。)

漢屬河南〔一〕,晉屬〔二〕。

真君八年省,太和十一年復〔三〕。

有卷城、(〈穆案:《寰宇記》:卷縣,高齊天保七年廢,故收著之〉〔四〕《河南通志》:卷城,在原武縣北七里,即今圈廂城也〔五〕。)土樓、(《宋書・索虜傳》:永初三年十月,嗣自率衆至方城,遣達奚斤、公孫表、滑稽領步騎二萬餘人〔六〕,於滑臺西南東燕縣界石濟南渡,輜重弱累自隨。滑臺戍主王景度馳告司州刺史毛德祖,戍虎牢,遣司馬翟廣率參軍龐諮、{劉談之}等步騎三千拒之〔七〕。軍次卷縣土樓,虜徙營滑臺城東二里。又虜乘勝遂至虎牢,德祖出步騎欲擊之,虜退屯土樓,又退還滑臺。《通鑑》:魏奚斤進擊翟廣{等}于土樓〔八〕,破之。《注》:土樓在虎牢東。《九域志》:澶州臨河縣有土樓鎮。穆案:宋臨河縣在今開州西六十里,與故卷縣相去絶遠,以事實揆之,魏已渡石濟而西,宋始出兵相拒。豈能反據魏之上游,軍次其東北哉?觀下退屯土樓,退還滑臺之文,則土樓在虎牢東,滑臺西,其事甚明。《九域志》不足據也。身之注又嘗云〔九〕:《九域志》於大梁注及滑州注,其道理遠近自有微差者。今案:檀州臨河正與滑州接壤,身之之説,信矣,然臨河亦何妨有鎮名土樓?要不當援爲卷縣證耳!〈[溫公删“卷縣”字,故身之不察也。——原注]〉〔一〇〕此則身之之誤引矣。扈亭、(《河水注》:河水又東北,逕卷之扈亭北。《春秋左傳》曰:文公七年,晉趙盾與諸侯盟于扈。《竹書紀年》:晉出公十二年,河決于扈。即於是也。杜注:鄭地,在滎陽卷縣西北〔一一〕。又《後漢志》卷縣有扈城亭。《方輿紀要》:扈亭,在〈今〉原武縣西北〔一二〕。春秋諸侯往往會盟于此,蓋其地在四方道里中也。)八激堤、(《河水注》:河水又東,逕八激堤北。漢安帝永初七年,令謁者太山于岑于石門東積石八所,皆如小山,以捍沖波,謂之八激堤。“石門”見前“滎陽”下。)赤岸固、(《河水注》:河水又東,逕卷縣北〔一三〕。又東北逕赤岸固北,而東北注。)武修亭、(《濟水注》:北濟自滎澤東逕滎陽卷縣之武修亭南。《春秋左傳》成公十年:鄭子然盟于修澤者也,鄭地矣。杜預曰:卷東有武修亭。《方輿紀要》:原武縣又有〈武〉{城}修亭〔一四〕,或以爲修魚也。《秦紀》〔一五〕:惠文〈王〉{君}後七年,韓、{趙、}魏、燕、齊〈率〉{帥}匈奴共攻秦,秦使〈樗里〉{庶長}疾與戰〈于〉修魚〔一六〕。趙一清曰:今本《左傳注》:在修武。誤也。穆案:江氏《春秋地理考實》因今本《杜注》之誤,並改《水注》作“修武亭”,尤誤。)垣雍城、(《陰溝水注》:左瀆{又}東絶長城〔一七〕,逕垣雍城南。昔晉文公戰勝于楚,周襄王勞之於此。故《春秋》書〔一八〕:甲午至於衡雍,作王宫踐土。《吕氏春秋》曰:尊天子衡雍{雝}者也[一九]。《郡國志》曰:卷縣有垣雝城,即《史記》所謂{記}"韓獻秦垣雝"是也[二〇]。《方輿紀要》:垣雍城,在〈今〉原武縣西北五里[二一]。)開光亭、清陽亭。(《陰溝水注》:左瀆逕垣雍城南,又東逕開光亭南,又東逕清陽亭南,又東合右瀆。《方輿紀要》中牟縣:清池廢縣,在縣西。《寰宇記》:中牟有清陽亭,唐初置清池縣,屬管州。貞觀初廢[今本《寰宇記》無此文。——原注]。)

[夾注:二亭江入"中牟清陽亭"下。]

【校注】

〔一〕據《漢書・地理志》,河南郡下有卷縣。據《續漢書・郡國志》,河南尹下有卷縣。

〔二〕據《晉書・地理志》,滎陽郡下有卷縣。

〔三〕《魏書・地形志中》"滎陽郡卷縣"下:二漢屬河南,晉屬。真君八年省,太和十一年復。有卷城。

〔四〕原稿案語,後有圈删之意。

〔五〕引文見雍正《河南通志》卷五一"懷慶府"下。

〔六〕介生按:此段引文中北魏各將官位名稱多省略,不再注。

〔七〕據補"劉談之"三字。

〔八〕引文此句脱寫一"等"字,據補。

〔九〕胡三省,字省之。

〔一〇〕原注後有圈删之意。

〔一一〕注文見《春秋左傳注疏》卷十八。

〔一二〕引文此句衍寫一"今"字,據删。引文多有節略。

〔一三〕引文此句下有節略。

〔一四〕原稿引文有誤,《讀史方輿紀要》卷一七《河南一》"河南府卷縣"下作"城修亭",據改。

〔一五〕介生按:《秦紀》即指《史記》卷五《秦本紀》。《讀史方輿紀要》作"《秦記》",應有誤。

〔一六〕此段引文多有臆改、臆增之處,據改。

〔一七〕引文此句脱寫一"又"字,據補。

〔一八〕《水經注校證》此句校證云:"《注疏》本楊守敬疏:'守敬按:《左傳》僖二十八年文。《故春秋書》四字,當作《左傳》二字。段熙仲《校記》:按《左氏傳》盛行後,前人往往簡稱《春秋傳》。此不必改,但增一'傳'字即可"。存考。

〔一九〕《水經注疏》及文淵閣四庫全書本《水經注》此句作"垣雝",雝,同雍,可通假。

〔二〇〕《水經注疏》"所"字下作"記",並校云:"趙作'謂'。"

〔二一〕引文此句衍寫一"今"字,據删。

陽武(《寰宇記》:按《郡國縣道記》:陽武縣所理,晉廢,後魏孝昌中復置〔一〕。穆案:晉廢者,廢其城不治,非廢其縣也。觀真君八年以"中牟"併入"陽武",則陽武之不廢可知。又原武、陽武,《收志》並屬廣武郡。"原武"注云:"晉罷,孝昌中復。"而"陽武"注但曰:"晉屬滎陽,天平初屬。"則天平以前之仍屬滎陽也,又可知矣,惟自晉廢漢故城不治後,其孝昌以前,移理何所,今不可考耳。)

漢屬河南〔二〕,(故城在今懷慶府陽武縣東南二十八里。)晉屬〔三〕。

有陽武城、({《收志》有。}〔四〕穆案:此謂漢故城也。高齊天保七年,移理汴水南一里故城,故收著之。)黄雀溝、(《收志》有。《濟水注》:黄水{又}東北至滎澤南〔五〕,分爲二水,一水北入滎澤〔六〕,一水東北流,即黄雀溝矣。《渠水注》:管水[即不家{溝}水。——原注]又東北〔七〕,分爲二水,一水東北流注黄雀溝,謂之黄淵,淵周{一}百步〔八〕。)十字溝、(《渠水注》:又有一瀆,自酸棗〈更〉{受}河〔九〕,導自濮瀆,歷酸棗,逕陽武縣南出,世謂之十字溝,而屬於渠,或謂是瀆爲梁惠之年所開,而不能詳也。)白馬淵、(《濟水注》:濟水又東北流〔一〇〕,逕陽武縣故城南,又東爲白馬淵。淵東西二里,南〈步〉{北}{一}百五十步〔一一〕,淵流,名爲白馬溝〔一二〕。)博浪澤、(《渠水注》:清溝水又東北,逕沈清亭,疑即博浪亭也。服虔曰:博浪,陽武南地名也。今有亭,所未詳也。歷博浪澤,昔張良爲韓報仇于秦,以金椎擊秦始皇,不中,中其副車於此。《寰宇記》:博浪沙亭,在陽武縣東南五里。)官渡臺、(《渠水注》:渠水又左,逕陽武縣故城南,東〈逕陽武縣故城南東〉爲官渡水〔一三〕,又逕曹太祖〈疊〉{壘}北〔一四〕,有高臺,謂之官渡臺。渡在中牟,故世又謂之中牟臺。建安五年,太祖營官渡,袁紹保陽武。紹連營稍前,依沙堆爲屯,東西數十里〈公亦分營相禦,合戰不利,紹〉進臨官渡〔一五〕,起土山、地道以逼壘。公亦起高臺以捍之,即中牟臺也。今臺北土山猶在,山之東悉紹舊營,遺基並存。《元和志》:官渡臺,在中牟縣東北{一}十二里〔一六〕。《方輿紀要》引裴松之《北征記》:中牟臺下臨汴水,是爲官渡。)田豐祠。(《渠水注》:渠水又東,逕田豐祠北。袁本初慚不納其言,害之。時人嘉其誠謀,無辜見戮,故立祠於是,用表袁氏覆滅之宜矣。)

【校注】

〔一〕引文見今本《太平寰宇記》卷二"開封府陽武縣"下。

〔二〕據《漢書·地理志》,河南郡下有陽武縣。

〔三〕據《晉書·地理志》,滎陽郡下有陽武縣。

〔四〕今本《魏書·地形志中》"北豫州廣武郡陽武縣"下注云:"二漢屬河南,晉屬滎陽,天平初屬。有陽武城、黄雀溝。"依例補"《收志》有"三字。

〔五〕引文此句脱寫一"又"字,據補。

〔六〕引文此句下有節略。

〔七〕原注文脱寫一"溝"字,據補。

〔八〕《水經注疏》此句增寫"一"字,而《水經注校證》及文淵閣四庫全書本《水經注》則與本稿同,存考。

〔九〕引文此句"受"誤寫爲"更",據改。

〔一〇〕此段引文多有節略。

〔一一〕引文此句"北"誤寫爲"步",據改。又《水經注疏》此句增寫"一"字,存考。

〔一二〕文淵閣四庫全書本《水經注》此句下注云:"案:近刻'淵'作'泉',脱'馬'字。"《水經注疏》此句無"馬"字,並校云:"趙'白'下增'馬'字,云:當作'白馬溝',落'馬'字。全、戴增同。會貞按:增'馬'字似是,但考《地形志》封丘有白溝,即此。又《新唐{書}·地理志》:開封,載初元年,引汴注白溝。《金{史}·地理志》:陽武有白溝河。足證此本無'馬'字。"《水經注校證》及文淵閣四庫全書本《水經注》均與本稿同,存考。

〔一三〕原稿有重寫之句,據删。

〔一四〕原稿此句"壘"誤寫爲"疊",據改。

〔一五〕引文後有圈删之處。

〔一六〕引文有節略,此句脱寫一"一"字,據補。

中牟(在開封府中牟縣東六里。)

漢屬河南〔一〕,晉屬〔二〕。(《渠水注》:中牟縣故城有層臺。)

真君八年,併陽武。景明元年復〔三〕。

有中陽{湯}城、(《收志》有〔四〕。《渠水注》:承水又東北,入黄雀溝,北逕中陽城西。城内有舊臺,甚秀。臺側有陂池,池水清深。澗水又東,屈逕其城北。《竹書紀年》:梁惠成王十七年,鄭釐侯來朝中陽者也。)圃田澤、(《渠水注》:渠水自河與濟{泲}亂流〔五〕,東逕滎澤北,東南分濟{泲},歷中牟縣之圃田澤北,與陽武分水。澤多麻黄草,故《述征記》曰:踐縣境,便睹斯卉,{窮}則知逾界〔六〕,今雖不能,然諒亦非謬。《詩》所謂東有圃草也〔七〕。澤在中牟縣西，西限長城，東極官渡，北佩渠水。東西四十許里，南北二〈百〉{十}許里[《元和志》作“東西五十里，南北二十六里”。戴校作“南北二十許里”。——原注][八]，中有沙岡，上下二十四浦，津流逕通，淵潭相接，水有名焉。有大斬{漸}、小斬{漸}[九]、大灰、小灰、義魯、練秋、大白楊、小白楊、散嚇、禺中、羊圈、大鵠、小鵠、龍澤、密羅、大哀、小哀、大長、小長、大縮、小縮、伯丘、大蓋、牛眠等浦[一〇]，水盛則北注，渠溢則南播，故《竹書紀年》梁惠成王十年，入河水于甫田，又爲大溝而引甫水者也。《元和志》：圃田澤，在中牟縣西北七里。）**僕射陂**，（《元和志》管城縣[今鄭州治。——原注]：李氏陂，縣東四里。後魏孝文帝以此陂賜僕射李沖，故俗呼爲僕射陂，周回十八里。）**五池鄉**，（《渠水注》：渠水右合五池溝，{溝}上承澤水[一一]，下流入{注}渠[一二]，謂之五池口。魏嘉平三年，司馬懿帥中軍討太尉王淩于壽春，自彼而還。帝使侍中韋誕勞軍于五池者也。今其地爲五池鄉矣。《方輿紀要》：五池溝，在中牟縣西，亦曰五池口，今涸。）**清陽亭**、（《渠水注》：渠水又東，清池水注之。水出清陽亭西南平地，東北流，逕清陽亭南，東流，即故清人城也，《詩》所謂清人在彭，彭爲高克邑〈水〉{也}[一三]。故杜預《春秋釋地》云：中牟縣西有清陽亭是也。）**紫光澗**、（《渠水注》：紫光溝水出華陽城東北，而東流，俗名曰紫光澗，又東北，注華水。《方輿紀要》：華城，在新鄭縣東南三十里，亦曰華陽亭，古華國。史伯謂鄭桓公：華，君之土也[一四]。《括地志》：華陽城，在鄭州管城縣南四十里。）**〈棐城〉北林亭**[一五]、（《渠水注》：華水又東，逕棐城北，即北林亭也。《春秋》文公與鄭伯宴于棐林，子家賦《鴻雁》者也。《春秋》宣西元年：諸侯會于棐林以伐鄭，楚救鄭，遇于北林。服虔曰：北林，鄭南地也。京相璠曰：今滎陽苑陵縣有故林鄉，在新鄭北，故曰北林也。余按：林鄉故城，在新鄭東〈北〉如北七十許里[一六]，苑陵故城東南五十許里，不得在新鄭北也。考京、服之説並爲疏矣。杜預云：滎陽中牟縣西南有林亭，在鄭北。今是亭南去新鄭縣故城四十許里，蓋以南有林鄉亭，故杜預據是爲北林，最爲密矣。《方輿紀要》：林鄉城，在新鄭縣東二十五里。）**魯恭祠**、（《渠水注》：清水亂流，東逕中牟宰魯恭祠南[一七]。遺愛自古，祠饗來今矣。《寰宇記》：魯恭墓，在中牟縣城内。）**醬魁城**、（《渠水注》：役水又東北，逕中牟澤，東流，北屈，注渠〈水〉[一八]。《續述征記》所謂“自醬魁城至酢溝十里”者也。）**堯祠**。（《收志》有。）

【校注】

〔一〕據《漢書・地理志》，河南郡下有中牟縣。據《續漢書・郡國志》，河南尹下有中牟縣。

〔二〕據《晉書・地理志》，滎陽郡下有中牟縣。

〔三〕今本《魏書・地形志中》“北豫州廣武郡中牟縣”下云：“二漢屬河南，晉屬滎陽。真君八年並陽武,景明元年復,天平初屬。有中陽城、管城、堯祠。"

〔四〕諸本作"中湯城"。今本《魏書·地形志中》卷末"校勘記"云:"《延昌志》'湯'字改'陽',引《水經渠水篇》(卷二二)'承水又東北入黄甕澗,北逕中陽城西,(中略)《竹書紀年》:梁惠成王十七年,鄭釐侯來朝中陽者也。"《楊疏》於上引條下亦云《地形志》"湯"爲"陽"之訛。

〔五〕《水經注疏》此句"濟"作"泲",並校云:"朱'泲'訛作'沛',下同。《箋》曰:當作'泲'。趙改'泲',戴改'濟'。"濟與泲可相通假。下同。

〔六〕引文此句空闕一"窮"字,據補。

〔七〕引文此句後有節略。

〔八〕文淵閣四庫全書本《水經注》此句作"東西四十許里,南北二十許里",並注云:"案:'二十'近刻訛作'二百'。"《水經注疏》此句同文淵閣四庫全書本,又校云:"朱作'二百',趙同,全改'一百',戴改'二十'。會貞按:黄本作'二百',明抄本作'二十'。閻若璩曰:中牟縣西七里,有圃田澤。范守己據《穆天子傳》,以爲自洧川之北,直抵中牟之西,東連尉氏,西接新鄭,周回三百餘里,總謂之圃田。中牟得其地什之四,洧川、尉氏各什之三,是也。據此似《注》'二百'字不誤。然自來稱此澤,惟范氏廣言之耳。考《元和志》《寰宇記》文與此略同,並言'東西五十里,南北二十六里'劉伯莊敍述更詳(見下)。亦言'東西五十里,南北二十六里'。足證明此'二百'當作'二十',故《御覽》七十二引此作'二十',至全作'二百',則無據也。"據改。

〔九〕文淵閣四庫全書本《水經注》此句作"大漸、小漸",並注云:"案:近刻二'漸'字皆訛作'斬'。"《水經注疏》此句也作"大漸、小漸",並校云:"朱'漸'作'斬',《箋》曰:《御覽》引此文,作'大漸'、'小漸'。趙云:按今《御覽》正作'斬'字,全、戴改'漸'。守敬按:《元和志》作'斬',《寰宇記》作'漸',《名勝志》同。"存考。

〔一〇〕文淵閣四庫全書本《水經注》此句作"牛眼",並注云:"案:近刻訛作'眠'"。《水經注疏》此句與本稿同,並後注云:"朱《箋》曰:《御覽》'眠'作'眼'。戴改。守敬按:引見《御覽》七十二,南海李氏刻本,作'大斬、小斬','密羅'作'罿罷',與《箋》不相應,蓋又校者依酈書改。《春秋地名考略》引劉伯莊有云:西限長城,東極官渡,高者可田,窪者成匯,上承管城縣曹家陂,又溢而北流,爲二十四陂,今爲澤者八,若東澤、西澤之類爲陂者二(《方輿紀要》作'三')十六,若大灰、小灰之類,其實一圃田澤耳。與《注》有異同,蓋酈氏後之變遷矣。"介生按:劉伯莊,爲唐代學者,著有《史記要義》《史記地名》等書。

〔一一〕文淵閣四庫全書本《水經注》此句增一"溝"字,並注云:"案:近刻脱'溝'字。"《水經注疏》與文淵閣四庫全書本同,又注云:"朱脱'溝'字,趙同,戴增。"據增。

〔一二〕文淵閣四庫全書本《水經注》此句作"下流注渠",並注云:"案:近刻脱

‘注’字”。《水經注疏》此句作“下注渠”，並校云：“朱作‘中流渠’，《箋》曰：中，宋本作‘下’。戴、趙改‘下’。趙‘流’下增‘入’字，戴增‘注’字。會貞按：當改‘流’爲‘注’較合。溝在今中牟縣西，已涸。”存考。

〔一三〕引文此句“也”誤寫爲“水”，據改。

〔一四〕引文此句後有節略。

〔一五〕“棐城”二字後被圈删。

〔一六〕文淵閣四庫全書本《水經注》此句下注云：“案：近刻‘鄭’下衍‘北’字。”《水經注疏》亦校云：“朱‘東’上衍‘北’字，趙乙，戴删。會貞按：戴删是也。東如北，北如東，《注》有此釋例，《滱水篇》尤屢見，趙不察耳。”據删。

〔一七〕此段引文多有節略。

〔一八〕原稿引文此句衍寫一“水”字，據删。此段引文多有節略。

苑陵（在今開封新鄭縣東北。《寰宇記》：苑陵故城，在新鄭縣東北三十里，漢縣，晉末省。後魏于故城東北五里改置苑陵縣｛城｝〔一〕。）漢屬河南〔二〕，晉屬〔三〕。

有新鄭城、（｛《收志》有｝〔四〕。漢新鄭縣，屬河南，晉省。故城在今新鄭縣北，魏蓋並其地入苑陵也，故收著之。）苑陵城、（《收志》有，謂漢、晉故城也。《渠水注》：長明溝水出苑陵縣故城西北，縣有二城，此則西城也。）焦城、山氏城、（《渠水注》：役水東北流，逕苑陵縣故城北，東北流，逕焦城東〔五〕。《竹書紀年》：梁惠成王十六年，秦公孫壯率師伐鄭，圍焦城，不克。即此城也。俗謂之驛城，非也。役水又［“又”字臆增。——原注］東流，逕山氏城北。《竹書紀年》：梁惠成王十六年，秦公孫壯率師城上枳、安陵山氏者也。）隟侯亭〔六〕、（《渠水注》：役水出苑陵縣西隟侯亭〔七〕，世謂此亭爲郤｛卻｝城〔八〕，非也，蓋隟、郤｛郤｝聲近耳。沈氏炳巽曰〔九〕：《左傳》：“襄公十一年，諸侯之師次於瑣。”杜注：苑陵縣西有瑣〈候〉｛侯｝亭〔一〇〕。《續志》苑陵縣有瑣〈候〉｛侯｝亭〔一一〕。若“隟”是“隙”，字不與“瑣”通，考字書，“璅”與“瑣”通，或是“璅”字之誤文。穆案：沈氏之言是也。然中尉謂“隟”“郤”相近，若仍是“瑣”字，其聲與“隙”殊不近也。案“郤”者，“〈郄〉卻”之俗〔一二〕，從邑，希聲，通借作“隙”，古音在脂部。而“隟者”，隙之俗，從阜，［㠯］聲，古音在魚模部，二字之聲類亦遠隔。《姓氏通》就分郤、郗爲二姓，云：郄，《左傳》作郤，出自唐舛，晉諸郤及晉郄説皆是也。郗，趙郗疵之後，漢郗鑒、晉郗鑒皆是也。而吾州郗氏之族最繁，其音皆讀若隙。〈《洧水注》：七里溝水出隟候｛侯｝亭東南平地〔一三〕。穆案：七溝，又即隟候之俗訛。益證《水注》之“隟”，不當從《左｛傳｝》改作“瑣”也〉〔一四〕。然則魏世謂此亭爲“郄城”者，乃“瑣”既訛“隟”之後之俗稱也［由瑣而璅，由璅而隟。——原注］。中尉沿俗仍定其字爲“隟”，故不引《左傳》及杜注爲證也。《方輿紀要》:瑣〈候〉{侯}亭[一五],在苑陵城西,亦曰瑣澤。《左傳》成十二年:"公會晉侯、衛侯於瑣澤。"又襄十一年:"諸侯伐鄭,會于北林,師於向右,還次於瑣"是也。穆案:成十二年經瑣澤。杜注地闕。顧氏以爲又即成十二年《傳》之瑣澤,非也。説見江氏《春秋地理考實》。江氏永曰:按《公羊》作沙澤。定七年,盟于沙。《傳》作瑣,《公羊》亦作沙澤,與此年同,則瑣澤即沙也。杜"定七年"注曰:陽平、元城縣東北有沙亭。又曰:瑣即沙也。案:晉《地道記》:元城縣有瑣陽城。《春秋傳説彙纂》:晉太和五年,秦王{堅}圍鄴[一六],慕容{桓}自沙亭屯内黄是也[一七],在今元城縣東。)林鄉城、(注見"中牟縣北林亭"下。《方輿紀要》:林鄉城,在今新鄭縣東二十五里。)積粟臺、黄水、(《洧水注》:黄水出太山〈經〉{南}黄泉[一八],即《春秋》之所謂黄崖也[襄二十八年《傳》。——原注],故杜預云:苑陵縣西有黄水者是也。又東南流,水側有二臺,謂之積粟臺。《方輿紀要》:黄水,在〈今〉新鄭縣東南二十里[一九]。)燭城、(《洧水注》:七里溝水出隙候{侯}亭東南平地[二〇],東注,又屈而南流,逕升城東,又南歷燭城西,即鄭大夫燭之武邑也。)鄭莊公廟、(《收志》有。)子產祠、(《收志》有。《寰宇記》新鄭縣:子產{廟}[二一],鄭大夫,今有{猶}廟在陘山上[二二]。穆案:然則即《溴水注》之子產廟也,詳見"密縣"下。)高榆淵、酢溝、(《渠水注》:役水自陽邱亭東流,逕山氏城北,爲高榆淵[二三]。又東北爲酢溝。)長明溝水、(《渠水注》:長明溝水出苑陵縣故城西。)龍淵泉。(《渠水注》:苑陵故城西北平地出泉,謂之龍淵泉。)

【校注】

〔一〕引文見今本《太平寰宇記》卷九"鄭州新鄭縣"下,今本增一"城"字,校勘記云:"'縣城',底本無'城'字,萬本、文淵閣四庫全書本同。據宋版本及《嘉慶重修一統志》卷一八七開封府引本書補。"據補。

〔二〕據《漢書·地理志》,河南郡下有苑陵縣。據《續漢書·郡國志》,河南尹下有菀陵縣。

〔三〕據《晉書·地理志》,榮陽郡下有苑陵縣。

〔四〕今本《魏書·地形志中》"北豫州廣武郡苑陵縣"下注云:"二漢屬河南,晉屬汝陽,天平初屬。有新鄭城、鄭莊公廟、子產祠、苑陵城。"依例補"《收志》有"三字。

〔五〕此段引文多有節略。

〔六〕候,同侯,即隙候亭。石翁此稿好寫古字、奇字。

〔七〕《水經注疏》此句作"隟侯亭",並注云:"戴'隟'作'隙'"。《水經注校證》及文淵閣四庫全書本《水經注》均作"隙候亭",與本稿同。存考。

〔八〕《水經注疏》此句作“卻城”並校云:“趙‘卻’改‘郄’,下同。”存考。

〔九〕引文出自《水經注集釋訂訛》注文。

〔一〇〕原書作“瑣侯亭”,本稿誤寫爲“瑣候亭”,據改。

〔一一〕今本《續漢書·郡國志》作“瑣侯亭”,本稿“候”字有誤,據改。

〔一二〕原稿“卻”誤寫爲“郄”,後圈改。

〔一三〕《水經注疏》此句作“隟侯亭”,《水經注校證》與文淵閣四庫全書本《水經注》均作“隙候亭”,存考。

〔一四〕此句脱寫一“傳”字,據補。〈〉括號内文字爲夾注所增。

〔一五〕今本《方輿紀要》此條作“瑣侯亭”,據改。

〔一六〕原稿此句空闕一“堅”字,據補。

〔一七〕原稿此句脱寫一“桓”字,據補。

〔一八〕引文此句“南”誤寫爲“經”,據改。引文此句後有節略。

〔一九〕引文此句衍寫一“今”字,據删。

〔二〇〕《水經注疏》此句作“隟侯亭”,存考。

〔二一〕引文此句脱寫一“廟”字,據補。

〔二二〕今本《太平寰宇記》此句作“今猶廟在陘山上”,卷末“校勘記”云:“底本作‘猶存廟在陘山上’,宋版作‘今猶廟在陘山上’,傅校改‘猶’於‘廟’下;萬本、文淵閣四庫全書本作‘今有廟在陘山上’,今據宋版改。”存考。

〔二三〕此段引文有節略。

開封(在今開封府祥符縣西十五里。《寰宇記》開封縣〔一〕:今縣〈西一十五〉{南五十}里開封古{故}城〔二〕,是漢理所。《方輿紀要》:開封廢縣,在開封府南五十里。李氏《韻編》因之,疑誤。《北道刊誤志》:開封,本漢縣,今縣南五十里開封故城,即漢治所。)漢屬河南〔三〕,晉屬〔四〕。

真君八年,並苑陵,景明元年,復〔五〕。

有開封城、({《收志》有〔六〕。}〈穆案:《寰宇記》:後魏天平元年於此置開封郡,高齊天保七年郡與縣俱廢,故收著之。〉〔七〕)陳留城、(《收志》有。《元和志》:長垣故城,一名倉垣城,在開封縣北二十里,漢陳留太守所理。《汳水注》:汳水東逕倉垣城南,即大梁之倉垣亭也〔八〕,城臨〈汲〉{汳}水〔九〕。穆案:孝昌中既復置陳留郡,則《收志》開封下不啻復列陳留城云,因此,必孝昌以前縮籍未經删汰,收不察而誤載也。然足爲鄙説陳留屬縣併入東郡之證。《收志》“開封縣”下列陳留城,“小黄”下列蔡邑諸塚,明漢、晉陳留縣地,魏割隸二縣也。)孔侯城、(《收志》有。穆案:空、孔,古字通,孔侯,即空侯也。《寰宇記》中牟縣:箜篌城,在縣東南二十里。昔師延在此造箜篌,以悦靈公。)睢水、涣水、(《渠水注》:渠水又東南流,逕開封縣,睢、涣二水出焉。)魯溝水、(《渠水注》:逢池上承役水于苑陵縣,别爲魯溝水,東南流,逕開封縣故城北〔一○〕。南際富城,東南入百尺陂,即古之逢澤也。《元和志》:〈蓬〉{逢}澤〔一一〕,〈又〉{在}開封縣東北十四里〔一二〕。)牛建城、(《渠水注》:新溝又東北流,逕牛首鄉北,謂之牛建城。)野兔陂、(《渠水注》:百尺陂水自陂南逕開封城東三里岡,左屈而西流南轉〔一三〕,〈入〉{注}八里溝〔一四〕。又南,得野兔水口。水上承西南兔氏亭北野兔陂,鄭地也。《春秋傳》云:鄭伯勞屈生於兔氏者也。)赤城、(《渠水注》:渠水東南逕{西}赤城北〔一五〕。《方輿紀要》{祥符縣}〔一六〕:赤城,即赤岡也,在開封府東北十二里,今名霍赤岡。)蒲關澤、乞活臺、(《渠水注》:《陳留風俗傳》曰:縣有倉頡、師曠城,上有列仙之吹臺,北有牧澤,澤中出蘭蒲〔一七〕,土{上}多儁髦,衿帶〔一八〕牧澤,方{一}十五里〔一九〕,俗謂之蒲關澤,即謂此矣。梁王增築以爲吹臺,城隍夷滅,略存故跡。今層臺孤立於牧澤之右矣。其臺方{一}百許步〔二○〕。晉世喪亂,乞活憑居,削隳{墮}故基〔二一〕,遂成二層,上基猶方四五十步,高一丈餘,世謂之乞活臺,又謂之繁{婆}臺城〔二二〕。《通鑑》{隆安三年}〔二三〕:初,秦王登之弟廣帥衆三千依南燕王德,德以爲冠軍將軍,處之乞活堡。《注》:乞活堡,晉惠帝時諸賊保聚之地。又[元熙元年。——原注]有司馬文榮者,帥乞活千余户屯金墉城南。《注》:〈晉〉惠帝時〔二四〕,並州饑荒,其吏民隨東燕王騰東下,號曰"乞活",是後流徙〈涼〉{逐糧}者亦曰乞活〔二五〕。《元和志》:梁王吹臺,在開封縣東南六里,俗號繁臺。)浚水、汳水。

【校注】

〔一〕引文見今本《太平寰宇記》卷一"河南府開封縣"下。

〔二〕今本《太平寰宇記》此句作"今縣南五十里開封故城",校勘記云:"'南五十',底本作'西十五',萬本同,宋版、中大本作'南五十'。《舊唐書》卷三八《地理志一》汴州開封縣:'漢縣,在今縣南五十里。'則此'西十五'爲'南五十'之誤。又本書下文:'開封故城,在縣西十五里',宋版、萬本皆同,'西十五'亦爲'南五十'之誤,並據宋版改。"介生按:文淵閣四庫全書本《太平寰宇記》亦作"古城",存考。

〔三〕據《漢書·地理志》,河南郡下有開封縣。據《續漢書·郡國志》,河南尹下有開封縣。

〔四〕據《晉書·地理志》,滎陽郡下有開封縣。

〔五〕今本《魏書·地形志中》"梁州開封郡開封縣"下云:"二漢屬河南,晉屬滎陽。真君八年,並苑陵,景明元年,復。孝昌中屬陳留。有開封城、陳留城、孔侯城。"

〔六〕依例補"《收志》有"三字。

〔七〕原稿案語後有圈删之意。

〔八〕文淵閣四庫全書本《水經注》此句注云:"案:'浚儀'近刻訛作'大梁'"。《水經注疏》此句與本稿同,並校云:"朱'梁'下有'縣'字。趙雖未改'大梁'爲'浚儀',但云:按《漢志》浚儀縣下云:故大梁。《續志》亦云:浚儀本大梁,是未嘗以大梁名縣也。全、戴改'浚儀'通。守敬按:删'縣'字即得(下略)。"

〔九〕引文此句"汳"誤寫爲"汲",據改。

〔一〇〕此段引文多有節略。

〔一一〕今本《元和郡縣志》卷八"汴州開封縣"下此條作"逢澤",卷末"校勘記"云:"《考證》:'蓬',《地理志》作'逢',與《左傳》同,《水經注》亦作'逢'。今按:陳樹華鈔本、通經樓鈔本作'逢澤',它本與此同。逢,博大之意,'蓬'字誤,今據改。"據改。

〔一二〕引文此作"在"誤寫爲"又",據改。

〔一三〕《水經注校證》與文淵閣四庫全書本《水經注》此句均爲"西流南轉",與本稿同。《水經注疏》此句作"西南流轉",應有誤。

〔一四〕引文此句"注"誤寫爲"入",據改。

〔一五〕文淵閣四庫全書本《水經注》此句下注云:"案:近刻脱'渠'字,'逕'下衍'西'字。"然《水經注疏》此句增一"西"字,並校云:"朱脱'渠'字。趙據孫潛校增,删'西'字。戴增、删同。會貞按:增'渠'字是,删'西'字非也。考《寰宇記》,赤城在浚儀縣西南一十五里,引《水經注》'蒗蕩渠東南逕赤城,至浚儀。'《方輿紀要》:赤岡,在開封東北十二里。《水經注》:渠水東南逕赤城北,即赤岡也。雖並指爲此《注》之赤城,而顧氏所言在開封之東北,樂氏所言在開封之西,實爲兩地。據下文戴延之誤以爲西北之大梁亭,則此赤城確在古浚儀之西北。因知在開封東北者,爲《濟水篇》之赤亭,在開封西者,爲此篇之赤城。以在赤亭西,故稱'西赤城'也。(《注》例:亭、城通稱。)若謂此即彼篇之赤亭,則渠水當逕其南,何能逕其北邪?"存考。

〔一六〕引文出自《讀史方輿紀要》卷四七"開封府祥符縣"下,依例補縣名。

〔一七〕文淵閣四庫全書本《水經注》此句下注云:"案:近刻脱一'澤'字。"《水經注疏》删一"澤"字,並注云:"戴中增'澤'字。"

〔一八〕《水經注疏》此句下注云:"趙'上'改'土',全改同。會貞按:《御覽》一百八十三引《郡國志》汴州下有'士多髦俊'之文,此似當作'士',然句與上下詞意不貫,疑尚有脱誤。"今本《水經注疏》卷二十二"校記"云:"按:影宋本《御覽》'士'仍作'土',則趙改'上'作'土'是也。熊氏按語可删。今校所用南京圖書館藏善本,朱《箋》本亦作'土',不誤。"介生按:《水經注校證》與文淵閣四庫全書本《水經注》此句仍作"上",存考。

〔一九〕《水經注疏》此句增一"一"字。

〔二〇〕《水經注疏》此句增一"一"字。此句引文有節略。

〔二一〕諸本此句皆作"墮",《水經注疏》注云:"趙作'隳'。"

〔二二〕文淵閣四庫全書本《水經注》此句下注云:"案:'繁'近刻訛作'婆'。"《水經注疏》作"婆臺城",並校云:"戴以'婆'爲訛,改作'繁'。趙云:按《文昌雜録》,繁臺,梁孝王按歌吹之臺,後有繁氏居其側,里人呼爲繁臺。繁、婆音相近,即婆臺也。《日知録》:建昭三年七月戊辰,衛尉李延壽爲御史大夫,一姓繁。師古曰:繁,音蒲元反。《陳湯傳》:御史大夫繁延壽。師古曰:繁,音蒲胡反。《蕭望之傳》:師古音婆。《谷永傳》:師古音蒲何反。蒲元則音盤,蒲胡則音蒲,蒲河則音婆,三音互見,並未歸一。然繁字似有婆音。《左傳》定四年:殷民七族。繁氏音步何反。《儀禮·鄉射禮注》:今文皮樹爲繁豎,皮古音婆。《史記·張丞相列傳》:丞相司直繁君。《索隱》曰:繁音婆。《文選》:繁休伯,吕音步何反。則繁之音婆,久矣。會貞按:《通鑑》:唐中和四年,後漢天福十二年,並稱繁臺。《元和志》《寰宇記》及各書同。此作'婆臺',蓋酈氏好奇,因繁、婆音同,變文書之,乃戴以'婆'字爲訛,未達酈意。"介生按:沈炳巽《水經注集釋訂訛》、趙一清《水經注釋》此句均作"婆臺"。《水經注校證》作"繁臺",與本稿同,存考。

〔二三〕引文出自今本《資治通鑑》卷一百十一《晉紀三十三》"安帝隆安三年",依例補紀年。

〔二四〕引文此句衍寫一"晉"字,據删。

〔二五〕引文此句"涼"字爲誤,應爲"逐糧",據改。

〈穎〉{潁}川郡〔一〕

秦滅韓,以其地置,治陽翟。

漢因之。

(高帝五年,爲韓國,六年,復故。今開封府禹州治,漢故城也。)魏{移}治許昌〔二〕,晉因之,(故城在今許州東北。)魏移治長社〔三〕。(《洧水注》:洧水又東逕長社縣故城北,鄭之長葛邑也。〔四〕後社樹暴長,故曰長社,魏〈穎〉{潁}川郡治也。余以景明中出宰茲郡,於南城西側修立{客}館〔五〕。版築既興,於土下得一樹根,甚壯大,疑是故社怪長暴茂者也。)

領縣六〔六〕

【校注】

〔一〕原稿誤寫爲"穎",改。本稿中多處"潁"誤抄爲"穎",據改,不再出注。

〔二〕"移"字後有圈删字跡。

〔三〕此"魏"指後魏或北魏。介生按:今本《魏書·地形志中》有兩個潁川郡,一在鄭州下,一在豫州下,此潁川郡應爲前者。

〔四〕引文有省略,中略文云:"《春秋·隱公五年》'宋人伐鄭,圍長葛'是也。"

〔五〕原稿"客"字空闕,今補。

〔六〕據今本《魏書·地形志中》,"鄭州潁川郡"下領三縣:長社、臨潁、潁陰。

長社(在今許州長葛縣西。)

漢、晉屬〔一〕。

有長葛城、(《收志》有。《春秋》:隱公五年,宋人伐鄭,圍長葛。杜注:〈穎〉{潁}川長社縣北有長葛城。《北史·自敘》:茂弟輔太和中除鎮遠將軍、潁川太守,帶長社戍〔二〕,綏懷招集,甚得邊和。《元和志》長葛縣:長葛故城,在縣北十三里。)長平城、(《收志》有。《漢志》:長平屬汝南郡。《寰宇記》:長葛縣,古鄭邑也。《春秋》謂"宋人伐鄭,圍長葛",俗亦呼爲長平城。[原注:穆案:據此則長葛、長平乃一城也,恐非。]《方輿紀要》:長箱城,即今長葛縣城。《十六國春秋》:東魏武定五年,清河王嶽率衆圍西魏將王思政於〈穎〉{潁}川〔三〕,築此。初以車箱爲樓,因名長箱城,俗亦呼長平城。[原注:穆案:長平,漢縣,不待附會東魏長箱之名,疑亦誤。]。《洧水注》:洧水又東南逕辰亭東,俗謂之田城。〔四〕今此城在長平城西北,長平城在東南。)雞鳴城、(《收志》有。《潩水注》:皇陂水出西北皇臺七女岡北,{皇陂}即古長社縣之濁澤也〔五〕。其陂北對雞鳴城,即長社縣〈西北〉{之濁}城也。〔六〕)龍淵水、(《洧水注》:洧水又東南,與龍淵水〈減〉{合}〔七〕,水出長社縣西北。有故溝,上承洧水,水盛則通注龍淵,水減則津渠〈輒〉{輟}流〔八〕。其瀆中湬泉南注,東轉爲淵。〈緑〉{淥}水平潭〔九〕,清潔澄深,俯視遊魚,〈嚴〉{類}若乘空矣〔一〇〕。所謂淵無潛鱗也。〔一一〕稽之故説,縣無龍淵水名,蓋出近世矣。京相璠《春秋土地名》曰:長社北界有稟水,但是水導於隍塹之中,非北界之所謂。又按京、杜地名,並云:長社縣北有長葛鄉,斯乃縣徙于南矣。然則是水即稟水也。)望馬臺、(《收志》有。)白雁陂、(《收志》有。《渠水注》:龍淵水又東南逕凡陽亭西,而南入白雁陂,陂在長社縣東南,東西七里,南北十里。)染〈工〉{澤}陂〔一二〕、(《渠水注》:白雁陂又引瀆南流,謂之長明溝,東轉北屈。又東逕向城北〔一三〕。又東右迆爲染〈工〉{澤}陂,而東注于蔡澤陂。)[夾注:染工陂當入"中牟"下。]〔一四〕鍾皓墓。(《收志》有。皓,字季明,長社人,《後漢書》有傳〔一五〕。)

【校注】

〔一〕據《漢書·地理志》《續漢書·郡國志》和《晉書·地理志》,潁川郡下均有長社縣。

〔二〕此條爲夾注所增,"長社戍"三字下帶圈點。介生按:長葛城與長社戍顯然有差別,石翁對此也特别斟酌推敲。

〔三〕原稿"潁"字誤抄爲"穎",據改。

〔四〕此處引文有省略。

〔五〕原稿引文省"皇陂"二字,據補。此處引文有節略。

〔六〕此處引文有誤,據改。

〔七〕此處塗掉一"減"字,脱寫一"合"字,據補。

〔八〕原稿"輟"字誤寫爲"輒",據改。

〔九〕原稿寫作"緑",《水經注疏》爲"淥",並釋云:"戴改'淥'爲'緑'。會貞按:《名勝志》引此作'淥'。"據改。

〔一〇〕原稿"類"寫作"嚴",或爲"儼"字之誤,據改。

〔一一〕此處引文有省略。

〔一二〕原稿"染澤陂"作"染工陂",《水經注疏》爲"染澤陂",並校云:"朱'染澤'作'染二',《箋》曰:'疑作染工'。宋本作'染澤'。趙改'染工'。戴作'染澤'。會貞按:明抄本作'然澤',雖誤'然',足證'澤'字是。作'二',作'工'皆非。"介生按:《水經注校證》與文淵閣四庫全書本《水經注》均作"染澤陂",據改。

〔一三〕此處引文有省略。

〔一四〕據作者夾注之意,染工陂應移于"中牟縣"下,爲保持原稿原貌,今兩存以對校。

〔一五〕《鍾皓傳》在今本《後漢書》卷六二。

許昌(在今許州東北。)

漢曰許。魏改,晉因之[一]。

治許昌城。(《收志》{有}[二]。《洧水注》:許昌縣,故許男國也。漢章帝建初四年,封馬光爲侯國[三]。及魏承漢曆,{遂}改名許昌{也}[四]。城内有景福殿基,魏明〈年〉{帝}[原注:秋濤依《水{經}注》校改。][五]太和中造,准價八百余萬。《元和志》:許昌宫,在許昌故城中,楊修作《許昌宫賦》,即此〈城〉{宫}也[六]。又景福殿,基址今在許昌故城内西南隅。《太平御覽》卷一百九十二引孟粵《北征記》曰:許昌,在洛水之〈城〉西[原注:疑當作"許昌城在洛水之西”。]〔七〕方圓二十里,有三重。城南北東西士門金城,西南員實,中臺高六丈餘,方〈元〉{圓}二畝〔八〕,上有廟,城門有鐵鑊。){有}曲强城〔九〕、(《濮水注》:濮水又南,分爲二水,一水南出,逕胡城東,故〈穎〉{潁}陰縣之狐人亭也。又[原注:“又”字臆增。]其水南〈繞〉{結}爲陂〔一〇〕,謂之胡城陂。濮水自枝渠東逕曲强城東,皇陂水注之。又胡城陂水上承皇陂水,而東南流,注于黄水,謂之合作口,而東逕曲强城北,東流入濮水。《收志》有“西梁城”。穆案:即此曲梁城也,西,曲字之訛,梁,强聲之轉耳。)誠橋、(《通鑑》:謝尚、姚襄共攻張遇于許昌,秦主健遣東海王雄、平昌王菁救之,戰于潁水之誠橋〔一一〕。《注》:據《晉紀》:誠橋,在許昌。)洧水邸閣、(《洧水注》:洧水又東,入汶倉城内,俗以是水爲汶水;故有汶倉之名,非也,蓋洧水之邸閣耳。《明史・地理志》:許州東有故許昌城,又有洧倉故城〔一二〕。)東西武亭、(《濮水注》:濮水又逕東、西二武亭間,兩城相對〔一三〕。徐廣曰:〈穎〉{潁}陰有岸亭〔一四〕。《方輿紀要》:岸亭,在許州東北二十八里,亦曰岸門,今名長武亭。)宣梁陂。(《濮水注》:濮水又南,逕〈穎〉{潁}陰縣故城西,又東〈南〉逕許昌城南〔一五〕。又東南,與宣梁陂水合。陂水上承狼陂,於〈穎〉{潁}陰城西南。東南入許昌縣,逕巨陵城北。又東,積而爲陂,謂之宣梁陂也。〈陂南北二十里,東西十里。《春秋左傳》曰:楚子伐鄭師於狼淵是也。〉〔一六〕穆案:宣梁,即狼之切音,蓋一陂而南北異稱也。其地在今長葛縣東。《寰宇記》曰:即狼溝也。)

【校注】

〔一〕《晉書・地理志》“豫州潁川郡許昌縣”下注云:“漢獻帝都許。魏禪,徙都洛陽,許宫室、武庫存焉,改爲許昌。”

〔二〕原稿此處原缺一“有”字,照例補。

〔三〕此文引文有節略。

〔四〕引文有略字,據補。

〔五〕何秋濤原注文稱《水注》,闕一“經”字,今補。

〔六〕原稿“宫”誤寫爲“城”,據改。

〔七〕經查,今本及文淵閣四庫全書本《太平御覽》均無“城”字,疑石翁所見版本有誤。

〔八〕引文此句“圓”誤寫爲“元”,據改。

〔九〕原稿此句脱寫一“有”字,據例補。

〔一〇〕引文中“潁”誤抄爲“穎”,“結”誤抄爲“繞”,據改。

〔一一〕此處引文有節略。

〔一二〕介生按：今本《明史·地理志》"許州"下無相關内容。石翁應據《讀史方輿紀要》相關内容而定。

〔一三〕此處引文有節略。略文云："疑是古之岸門，史遷所謂走犀首於岸門者也。"

〔一四〕此處引文有節略，"穎"字爲"潁"字之誤，據改。

〔一五〕"潁"字誤抄爲"穎"，據改。原有一"南"字，後圈删。引文有較多節略。

〔一六〕括號〈〉内引文原在"狼陂"後。

陽翟（今開封府禹州治。《方輿紀要》"禹州"下云：後魏又嘗置〈穎〉{潁}州於此。{下注：}[一]景明三年，魯陽蠻魯北鷰{等}起兵〈穎〉{潁}州[二]。即此。）

漢屬[三]。

晉屬河南，魏屬[四]。（東魏興和中屬陽翟，以晉制推之，興和前當仍屬河南。案：《靈徵志》：正始二年，〈穎〉{潁}川陽翟{縣}上言木連理[五]。九月，司州上言：〈穎〉{潁}川陽翟{縣}木連理[六]。是宣武時，魏制如漢制也，據屬。）

有陽翟城、（《收志》有。）**康城**、（《收志》有。《〈穎〉{潁}水注》：〈穎〉{潁}水又東出陽{城}關[七]，歷康〈亭〉城南[八]，魏明帝封尚書右僕射衛臻爲康鄉侯，此即臻封邑也。《通鑑》：晉太寧二年，石生攻郭誦于陽翟，誦大破之，{生}退守康城[九]。《寰宇記》引《洛陽記》云：康城，夏少康〈封〉{故}邑也[一〇]。《方輿紀要》：康城，在禹州西北三十里[一一]。今爲安康里。）**重嶺山**、（《汝水注》：汝水又東南，左合藍水，水出陽翟縣重嶺山，東南流，逕紀氏城西[一二]。又東南流，逕黄阜東，而南入汝水。穆案：黄阜，即《收志》之黄臺岡也[一三]。）**黄臺岡**、（《收志》"黄臺"下有。《寰宇記》陽翟縣：黄臺，在縣東北四里。東魏天平二年，曾于此置黄臺縣，屬陽翟郡，隋廢。）**陽關聚**、（《〈穎〉{潁}水注》：〈穎〉{潁}水東南流逕陽關〈巨〉{聚}，〈巨〉{聚}夾水相對[一四]，俗謂之東、西二土城也。）**上棘城**、（《〈穎〉{潁}水注》：〈穎〉{潁}水又逕上棘城西，又屈逕其城南。《春秋左傳·襄公十八年》：楚師伐鄭城上棘以涉〈穎〉{潁}者也。《方輿紀要》：上棘城，在今禹州南。）**鈞臺陂**、（《〈穎〉{潁}水注》：縣[陽翟——原注]{西}有故堰[一五]，堰石崩褫，頽基尚存。{舊}遏〈穎〉{潁}水枝流所出也[一六]。其故瀆東南逕三封山北，今無水。渠中又有泉{流}出焉[一七]，時人謂之嵎水，東逕三封山東，東南歷大陵西連山，亦{《歸藏易》}曰：啟筮亭，啟享神於大陵之上，即鈞臺也[一八]。其水又東南流，水積爲陂，陂方十里，俗謂之鈞臺陂，蓋{陂}指臺取名也[一九]。《左傳》昭{公}四年杜注[二〇]:陽翟縣南有鈞臺陂。《方輿紀要》:三峰山,在禹州西南二十里,上有三峰,亦曰三封嶺。鈞臺,在今禹州城北門外。)**九崖巖**、(《術藝殷紹傳》:成公興{時}將臣南到陽翟九崖巖{沙門釋曇影間}[二一]。穆案:疑即"收注"之九山也。)**九山祠**、(《收志》有。《〈穎〉{潁}水注》:陽翟縣城西有郭奉孝碑,水側{側水}有《九山祠碑》[二二],叢柏猶茂,北枕川流也。)**禹山祠**、(《收志》有。《明史・地理志》:禹州北有禹山,其下有禹廟[二三]。《方輿紀要》:禹山,在禹州城北,〈穎〉{潁}水之南。)**赤沙澗**、(《收志》有。)**葛溝水**、(《收志》"黄臺"下有。穆案:《水注》有"白溝水"。葛、白雙聲,未知即一水否?《汝水注》:藍水東南流逕黄阜東,而南入汝水。汝水又東南流,與白溝水合,水出夏亭城西,又南逕龍城西[二四],又南入于汝水。)**吕不韋墓**。(《收志》有。)

【校注】

〔一〕以下爲原書注文。

〔二〕引文此句脱寫一"等"字,據補。

〔三〕據《漢書・地理志》與《續漢書・郡國志》,潁川郡下均有陽翟縣。

〔四〕陽翟縣在今本《魏書・地形志中》"鄭州陽翟郡"下。

〔五〕此條出處有誤,應繫於"正始三年七月"。原稿又脱寫一"縣"字,據補。

〔六〕引文此句脱寫一"縣"字,據補。

〔七〕原稿爲"陽關",《水經注疏》爲"陽城關",並釋云:"趙删'城'字,云:《後漢書・光武帝紀・注》:陽關,聚名。下亦云'陽關聚'。戴删同。守敬按:《地形志》陽城郡康城縣有陽城聚,與此同,則'城'字非衍,不謂趙誤以爲即陽關聚而删之,致戴爲所惑,刻全書者亦沿其訛,在今登封縣東南。"介生按:文淵閣四庫全書本《水經注》案語云:"案:'陽'下近刻衍'城'字。"《水經注校證》亦作"陽關",存考。

〔八〕《水經注疏》此句作"康城",並校云:"趙'康'下增'亭'字。會貞按:明鈔本作'康城'。《寰宇記》:康城,《洛陽記》云:夏少康故邑也。按引此作'康城'。《名勝志》同。《晉書・石勒載記》:石生陷康城。《地形志》:陽翟縣有康城,至孝昌中,因置康城縣,屬陽城郡。是康城無稱康亭城者,趙臆增,失之。"據删。

〔九〕引文此脱寫一"生"字,據補。

〔一〇〕引文出自今本《太平寰宇記》卷七"許州陽翟縣"下,"故"誤寫爲"封",據改。

〔一一〕引文多有節略。

〔一二〕引文有節略。

〔一三〕介生按:黄臺岡在今本《魏書・地形志中》"鄭州陽翟郡黄臺縣"下。

〔一四〕引文兩個“聚”字均誤寫爲“巨”,據改。

〔一五〕引文此句脱寫一“西”字,據補。

〔一六〕引文此句空闕一“舊”字,據補。

〔一七〕引文此句脱寫一“流”字,據補。

〔一八〕《水經注疏》此句作“《歸藏易》曰:啟筮享神於大陵之上,即鈞臺也。”並校云:“朱‘歸藏易’作‘連山亦’,‘筮’下有‘亭’字,‘享’作‘亨’。《箋》曰:‘亭’下脱一‘啟’字。戴、趙依增‘啟’字,改‘亨’爲‘亭’。守敬按:《書鈔》八十二、《初學記》二十四、《御覽》八十二並引《歸藏易》曰:夏后啟筮享神於大陵,而上鈞臺。孫詒讓《札迻》據之,謂此‘連山亦’當作‘歸藏易’,‘亭’字涉‘享’而衍。其記甚審,並足見戴、趙增非而改是,今訂。”《水經注校證》與本稿同,卷二二“校證”云:“《札迻》卷三孫詒讓云:案此文‘連山亦曰啟筮亭’七字有誤。考《御覽》八十二引《歸藏易》云:‘昔夏后啟筮享神於大陵而上鈞臺,枚占皋陶曰不吉。’(《初學記》二十二亦引其略)此文疑當作‘連山易曰:啟筮享神於大陵之上’,蓋連山、歸藏兩《易》皆有此文,抑或本出《歸藏》,酈氏誤憶爲《連山》,皆未可知。今本‘連山亦’,‘亦’即‘易’之誤(易、亦音相近),‘啟筮亭’三字又涉下‘啟筮享’三字而衍(亭、享形相近),文字傳訛,虚構成實,遂若此地自有山名連,亭名啟筮者。不知酈意但引《連山易》以釋大陵耳,安得陵之外,别有山與亭乎?”存考。此句下有節略。

〔一九〕《水經注疏》此句增一“陂”字,並校云:“朱《箋》曰:舊本無‘陂’字。趙删。”據補。

〔二〇〕原稿書名省略一“公”字,據補。

〔二一〕引文此句多有省略,據補。

〔二二〕《水經注疏》此句作“側水”,並校云:“朱《箋》曰:‘側水’當作‘水側’。趙云:按‘側水’謂臨側水際也,字不誤。(下略)”存考。

〔二三〕今本及文淵閣四庫全書本《明史·地理志》“禹州”下並無“其上有禹廟”,疑出處有誤或另有所本。

〔二四〕此處引文有節略,據補。

鄢陵(在開封府鄢陵縣治。)

漢、晉屬[一]。

有鄢陵城、({《收志》有。}[二]《括地志》:鄢陵故城,在〈今〉{許州}鄢陵縣西北十五里[三]。《方輿紀要》{鄢陵縣}[四]:舊城,在今{縣}西南四十里[五]。穆案:《元和志》又云[六]:高齊文宣帝廢鄢陵,以其地入許昌縣。故收著之。)馬領城、(《收志》有。)向城、(《收志》

有。穆案：古向城有三：《春秋》隱公二年杜注：譙國龍亢縣東南有向城，一也；宣｛公｝四年杜注〔七〕：東海承縣東南有向城，二也；《寰宇記》：莒〈州〉｛縣｝南七十｛五｝里有向城〔八〕，三也。三地皆與鄢陵不比，向城蓋匡城之訛耳。《渠水注》：蔡澤陂水東逕匡城北，城在新汲縣之東北，即扶溝之匡亭也。亭在匡城鄉。《春秋·文公元年》：諸侯朝晉，衛成公不朝，使孔達侵鄭，伐綿訾及匡，即此邑也，今陳留、長垣縣南有匡城，即平丘｛邱｝之匡亭也〔九〕。襄邑又有承匡城，然匡居陳、衛之間，亦往往有異邑矣。穆案：中尉之辨匡城，哲矣，然以文｛公｝元年《傳》之匡，證爲今扶溝西之匡城，則仍沿《杜注》之誤［原注：文｛公｝元年《傳》杜注：匡在〈穎〉｛潁｝川新汲縣東北。《春秋傳説彙纂》：今扶溝縣西有匡城。］。江氏《春秋地理考實》曰：以《傳》考之，此年之匡，非扶溝之匡也。八年，晉侯使解楊歸匡戚之田于衛。《注》謂：匡本衛邑，中屬。鄭孔達伐不能克，今晉令鄭還，及取戚田，皆見元年。按此則匡與戚相近之邑也。《一統志》：大名府開州長垣縣西南十五里有匡城，即《論語》子畏于匡之地。隋嘗改長垣爲匡城。今長垣在開州南一百五十里。開州之帝丘，當時衛所都，而戚城即在開州城北七里，故匡與戚本皆衛邑。八年，晉歸戚田，並令鄭歸匡田耳。若扶溝之匡，去衛遠，衛不能有其地。《杜注》誤。扶溝之匡爲鄭邑。［見定｛公｝六年。——原注］定｛公｝六年《傳》：公侵鄭取匡。江氏曰：今案此匡爲鄭邑，當是陳州府扶溝縣之匡城［注見文｛公｝元年。——原注］。）**張楊城**、（《收志》有。［夾注：漢大司馬張〈相〉｛楊｝爲將楊丑所害，眭固殺丑，屯射〈人〉｛犬｝，欲北合袁紹。更考張楊事。］〔一〇〕張楊，字稚叔，雲中人也。《三國志·魏書》有傳。）**桐丘城**、（《洧水注》：洧水自鄢陵東逕桐丘｛邱｝南〔一一〕，俗謂之天井陵，又曰岡，非也。洧水又屈而南流，水上有梁，謂之桐門橋，蓋藉桐丘｛邱｝以取稱，亦言取桐門亭而著目焉，然不知亭之所在，未之詳也。洧水又東南逕桐丘｛邱｝城。《春秋左傳·莊公二十八年》：楚伐鄭，鄭人將奔桐丘｛邱｝，即此城也。杜預《春秋釋地》曰：潁川許昌〈城〉｛縣｝東北｛有桐丘城｝〔一二〕，京相璠曰：鄭地也，今〈國〉｛圖｝［《永樂大典》作"圖"。——原注］無〔一三〕，而城見存，西南去許昌故城可三十五里，俗名之曰堤，其城南即長堤，固洧水之北防也。西面桐〈鄉〉｛邱｝〔一四〕，其城邪長而不方，蓋憑丘｛邱｝之稱，即城之名矣。《方輿紀要》：桐丘亭，在今扶溝縣西二十里。）**蔡澤陂**、（《渠水注》：沙水南與蔡澤陂水合〔一五〕。陂東西五里，〈唐〉南北十里〔一六〕。）**深陂**、**三門陂**、（《收志》有。）**唐且冢**。（《收志》有。《洧水注》：洧水又東，逕鄢陵縣故城南。李奇曰：六國爲安陵也。昔秦〈救〉｛求｝易地〔一七〕，唐且｛受｝使於此〔一八〕。穆案：范睢、唐睢，古字蓋本作"且"，後人習以"且"爲語助，乃加"隹"以别之。魏收、酈亭皆作"唐且"，知晉魏間尚仍古讀也。〈今本《地形志》或譌作"且"，亦由不知古義而誤。〉〔一九〕［夾注：此説似錢〈宮詹〉｛詹事｝已言之〔二〇〕，檢得録入。］錢詹事《跋武梁祠堂范且畫像》云〔二一〕：戰國、秦、漢人多以且爲名，讀子餘切，如穰且、豫且、夏無且、龍且，皆且，旁或加隹，如范睢、唐睢，文殊而音不殊也。胡身之注

《通鑑》輒音"范雎"之"雎"爲"雖",是誤〈仞〉{認}爲目旁矣[二二],據此碑可證《胡注》之誤。)

【校注】

〔一〕據《續漢書・郡國志》與《晉書・地理志》,潁川郡下均有鄢陵縣,今本《漢書・地理志》作"傿陵縣"。鄢陵縣在今本《魏書・地形志中》"鄭州許昌郡"下。

〔二〕今本《魏書・地形志中》"鄭州許昌郡鄢陵縣"下注文有"鄢陵城",依例補。

〔三〕引文"今"應爲"許州",據改。

〔四〕原稿無注縣名,依例補。

〔五〕原稿引文此句脱寫一"縣"字,據補。

〔六〕引文出自今本《元和郡縣圖志》卷八《河南道四》"許州鄢陵縣"下。

〔七〕原稿略去"公"字,例補,不再出注。

〔八〕引文此句"縣"誤寫爲"州",又脱寫一"五"字,據改、補。

〔九〕《水經注疏》此句作"平邱"。

〔一〇〕夾注内容出自今本《三國志》卷一《魏書・武帝紀》,中有誤字,據改。

〔一一〕《水經注疏》引文均作"桐邱"。下同。

〔一二〕杜預《春秋釋例》卷五《土地名第四十四之一》作"潁川許昌縣東北有桐丘城。"《水經注》引文改縣爲城,又脱寫"有桐丘城"四字。《水經注疏》此句下校云:"會貞按:杜氏《釋例》作'許昌縣',是年《注》同。此'城'爲'縣'之誤。"據改、補。

〔一三〕《水經注疏》此句下校云:"朱《箋》曰:克家云:疑作'國'。趙改'國'。會貞按:'國'字無著,作'圖'是,觀此足知酈氏皆據圖以爲書也。"據改。

〔一四〕引文此句"邱"誤寫爲"鄉",據改。

〔一五〕引文有節略。

〔一六〕引文此句衍寫一"唐"字,據刪。

〔一七〕引文此句"求"誤寫爲"救",據改。

〔一八〕引文此句空闕一"受"字,據補。

〔一九〕〈〉括號内文字後有圈刪之意。

〔二〇〕原稿此句"詹事"誤寫爲"宫詹",改。

〔二一〕引文見《潛研堂金石文跋尾》(《金石萃編》卷二十)。

〔二二〕引文此句"認"誤寫爲"仞",據改。

新汲（在今陳州府扶溝縣西南二十里。）

漢、晉屬〔一〕。

有新汲城、（《收志》有〔二〕。《洧水注》：洧水又東逕新汲縣故城北。漢宣帝神爵〈雀〉二{三}年置於許之汲鄉曲洧城〔三〕，以河内有汲{縣}〔四〕，故加新也。《寰宇記》扶溝縣：新汲故城，漢縣名，今在{縣}西〔五〕。《左傳》云：公會尹{武}公、單襄公及諸侯伐鄭〔六〕，自戲〈同〉{童}至於曲洧〔七〕。《杜注》：今新汲縣治曲洧城。）〈長合城〉臨春城〔八〕、平侯城、（《收志》有。穆案：《洧水注》：新汲縣又有洧陽城、思鄉城。與此二城不知孰爲同異也。）［夾注：臨春、平侯二城寫在"長舍"後。］〔九〕〈濩陂〉長舍城〔一〇〕、（舍，今本《收志》作"合"，誤〔一一〕。《洧水注》：濩陂水上承洧水於新汲縣，南逕新汲縣故城東，又南，積而爲陂，陂之西北即長舍城。全氏祖望曰：長社即長舍之{變}〔一二〕。穆案：非也，長社、新汲，東西相去，中間尚隔許昌一縣，況濩陂在新汲之東南，此城在濩陂之西北，是仍在新汲之東，且以地望診之，尤不應也。《永樂大典》本亦作"舍"，戴校本改作"社"，謬〔一三〕。）濩陂、（《洧水注》：洧水又東逕新汲縣故城北〔一四〕，又東，{洧水}右迆爲濩陂〔一五〕。互見"長舍城""茅岡"。）鴨子陂、（{《收志》有。}〔一六〕《洧水注》：洧水又逕匡城南，又東，{洧水}左迆爲鴨子陂〔一七〕，謂之大穴口也〔一八〕。陂廣一十五里。）茅岡。（《洧水注》：濩陂水東翼洧堤，西面茅邑，自城北門列築堤道，迄於此岡，世尚謂之茅岡，即《經》所謂茅城邑也。）

【校注】

〔一〕據《漢書・地理志》《續漢書・郡國志》與《晉書・地理志》，潁川郡下均有新汲縣。

〔二〕新汲縣在今本《魏書・地形志中》"鄭州許昌郡"下。

〔三〕《水經注疏》在此句下校云："會貞按：《漢志》顏注引闞駰云：本汲鄉也，宣帝神爵三年置，以河内云云。《左傳・成（公——介生補）十七年》杜注：縣治曲洧城。此兼采之，三年，與此二年異。（下略）"介生按：今本《水經注疏》《水經注校證》以及文淵閣四庫全書本《水經注》引文均作"神雀二年"，漢宣帝並無"神雀"年號，且據熊會貞按語，"神爵"年號並無舛誤，故不解何故，各本並無校語，大爲不解，存考。

〔四〕引文此句脱寫一"縣"字，據補。

〔五〕文淵閣四庫全書本《太平寰宇記》此句與本稿同，而今本《太平寰宇記》此句有"縣"字，據補。

〔六〕引文出自"成公十七年"下，此句脱寫一"武"字，據補。

〔七〕引文此句"童"誤寫爲"同"，據改。

〔八〕原稿此處"長合城"後被圈删。

〔九〕介生按：爲保持原稿原貌，出注但不作移寫。

〔一〇〕原稿此處"濩陂"二字被圈删。

〔一一〕今本《魏書·地形志中》卷末"校勘記"云："《楊校》：'《水經·洧水注》（卷二二）：濩陂水南逕新汲縣故城東。又南，積而爲陂。陂之西北即長舍城。全祖望謂：長舍即長社之變，則此合爲舍，誤。'《延昌志》亦據《洧水篇》謂'合'爲'舍'之訛，但以'長舍'非即'長社'，中隔許昌一縣，駁全説。按：若'長舍'非即'長社'，則不能謂《洧水篇》作'舍'必是，此《志》作'合'必誤。"

〔一二〕此句空闕一"變"字，據《水經注釋》補。

〔一三〕《水經注疏》校云："全云：'長舍'即'長社'之變。戴以'舍'爲訛，改作'社'。會貞按：《地形志》新汲縣有'長合城'，'舍'與'合'形近致誤。然足證此《注》本作'舍'，不作'社'，戴改失之。在今扶溝縣西南。"

〔一四〕引文多有節略。

〔一五〕引文此句略寫"洧水"二字，據補。

〔一六〕今本《魏書·地形志中》"鄭州許昌郡新汲縣"下注有"鴨子陂"，據例補。

〔一七〕引文此句略寫"洧水"二字，據補。

〔一八〕引文多有節略。

臨潁（《潁水注》：潁水又東，逕臨〈穎〉{潁}城北，城臨水〈關〉{闕}南面〔一〕。在今許州臨潁縣西北十五里。）

漢、晉屬〔二〕。

真君七年並潁陰，屬〔三〕。

有灄强城、（《收志》有"殷湯城"〔四〕。穆案：即《水注》之"灄强城"也，聲近訛轉耳。《水經》：〈穎〉{潁}水又東南過臨〈穎〉{潁}縣南，又東南過汝南灄强縣北。《注》：臨潁，{舊}縣也〔五〕。潁水又東南，逕臯{澤}城北〔六〕。又東逕灄陽城南〔七〕。灄强城在東北，潁水不得逕其北也。《灄水注》：灄水又東逕灄陽城北，又東逕灄强縣故城南。《方輿紀要》：灄强{疆}城〔八〕，在今許州西南。又引臨潁縣下引《城冢記》云："縣東北有商城，商高宗時巡狩所築。"穆案：蓋由"灄强"訛爲"殷湯"，又由"殷湯"而訛爲"商"矣。）臯城、（《〈穎〉{潁}水注》：潁水又東南，逕臯{澤}城北〔九〕，即古臯城{城臯}亭矣〔一〇〕。《春秋經書》：公及諸侯盟于臯鼬者也。

皐、睪{睪,澤},字相似[一一],名與字{乖}耳[一二]!《元和志》{臨潁縣}[一三]:臨潁皋,東西長五十里,即龍脾岡也。嵩高山[原注:《寰宇記》引作《嵩高山記》。]東南三百里有龍脾,其地沃壤可居,即此岡也。今臨〈穎〉{潁}縣理在岡上。隋大業四年,自故城移於今理[一四]。)繁昌臺、(《潁水注》:潁水又東逕繁昌故縣北,曲蠡之繁陽亭也。《魏書·國志》曰:文帝以漢獻帝延康元年,行至曲蠡,登壇受禪於是地,改元黄初。其年,以潁陽之繁陽亭爲繁昌縣城,内有三臺,時人謂之繁昌臺〈壇〉[一五]。《元和志》臨潁縣:繁昌故城,在縣西北三十里。《寰宇記》臨潁縣有白臺,云:按《水經注》{云}[一六]:繁昌城内有三臺,此其一也。)青陵陂、(《潁水注》:潁水又東南流,逕青陵亭城北。北對青陵陂,陂縱廣二十里,潁水逕其北,枝入爲陂。陂西則㶏水注之。水出襄城縣之邑城下,東流,注於陂。陂水又東,入臨潁縣之狼陂。[原注:狼陂,見"許昌宣梁陂"下。])陶樞陂、(《㶏水注》:㶏水又東逕㶏强縣故城南[一七],東爲陶樞陂。)狼陂、(《㶏水注》:宣梁陂水上承狼陂于潁陰城西南,陂南北二十里,東西十里。《春秋{左}傳》曰[一八]:楚子伐鄭,師於狼淵是也。)胡泉城、(《㶏水注》:皇陂水東南流,逕胡泉城北,故潁陰縣之狐宗鄉也。)巨陵城。(《㶏水注》:狼陂水東南入許昌縣,逕巨陵城北,鄭地也。《春秋左氏傳》莊公十四年:鄭厲公獲傅{瑕}於大陵[一九]。京相璠曰:潁川臨潁縣東北二十五里,有故巨陵亭,古大陵也。趙一清曰:《名勝志》引《水經注》曰:潁水又東,逕豢龍城北,即古豢龍氏之邑也。城西有拒陵岡。今本無之。按《寰宇記》云:豢龍城,在臨潁縣西四十里[二〇]。《方輿紀要》"許州臨潁縣"有大陵城[在縣北三十里。——原注][二一],引《注》文正同。)

【校注】

〔一〕引文此句"闕"誤寫爲"關",據改。

〔二〕據《漢書·地理志》《續漢書·郡國志》與《晉書·地理志》,潁川郡下均有臨潁縣。

〔三〕臨潁縣在今本《魏書·地形志中》"鄭州潁川郡"下。

〔四〕今本《魏書·地形志中》卷末"校勘記"云:"《水經注》卷二二《潁水篇》云:潁水又東逕㶏陽城南。《竹書紀年》曰:孫何取㶏陽。《楊疏》以《地形志》'殷湯城'即㶏陽,云:'溵'與'㶏'同,'殷'爲'㶏'之省,'湯'爲'陽'之誤。"存考。

〔五〕引文此句空闕一"舊"字,據補。此句下有節略。

〔六〕《水經注疏》此句作"澤城",《水經注校證》與本稿同,作"皋城",存考。

〔七〕此處引文有節略。

〔八〕《讀史方輿紀要》此條作"㶏疆城",存考。

〔九〕《水經注疏》此句作"澤城",並校云:"趙改'澤'爲'睪',下'澤'字改同。

戴改此‘澤’作‘臯’。守敬按：臯，大白也。古以爲‘澤’字。段氏云：‘澤’當作‘臯’。桂氏亦云：‘澤’當作‘皋’，隸體‘皋’作‘臯’，故誤爲‘澤’。《史記·封禪書》‘澤山’，《集解》：徐廣曰：澤，一作‘臯’。梁玉繩《志疑》曰：‘澤’與‘皋’古通。《詩》‘九皋’《傳》：皋，澤也。《列女傳》：皋陶之‘皋’作‘睪’。《顔氏家訓·書證篇》所云皋分澤片耳，或以‘澤’爲‘皋’之誤，不然也。觀酈氏字似名乖之説，則不以澤爲是矣。皋，一作‘睪’。《列子·天瑞篇》‘睪如’，《釋文》音‘皋’。故全、趙改‘睪’。《正字通》謂‘睪’訛從血，猶皋從半，凡經傳子史作睪、作臯，皆訛文也。”《水經注校證》與本稿同，作“皋城”，存考。

〔一〇〕《水經注疏》此句作“城皋亭”，並校云：“戴乙‘城皋’作‘皋城’，趙乙同。守敬按：非也。《春秋》杜《注》：繁昌縣東南有城皋亭，是酈所本。趙氏此條無考證，必仍原文。自戴氏因上稱‘皋城’，乙此作‘皋城’，則刻趙書者從之，此趙身後襲戴之確證。《續漢書》劉《注》以‘城皋亭’繫於襄城下，誤。在今臨潁縣南。”《水經注校證》作“皋城”，與本稿同，存考。

〔一一〕《水經注疏》“睾”作“澤”，並校云：“全、趙作‘睪’。”存考。介生按：原稿誤寫爲“睾”，據改爲“睪”。存考。

〔一二〕原稿引文此句空闕一“乖”字，據補。

〔一三〕引文出自今本《元和郡縣圖志》卷八《河南道四》“許州臨潁縣”下，據例補。

〔一四〕末句爲石翁據相關記載所增，非此條原文。

〔一五〕《水經注校證》與文淵閣四庫全書本《水經注》此句與本稿同，作“繁昌臺”，而《水經注疏》作“繁昌壇”，並無校語，應有誤。

〔一六〕引文此句脱寫一“云”字，據補。

〔一七〕此處引文有節略。

〔一八〕原稿引文書名脱寫一“左”字，據補。

〔一九〕原稿引文此句空闕一“瑕”字，據補。

〔二〇〕此段引文出自《水經注釋》卷二十二注文。

〔二一〕介生按：實爲“大陵城”條下之“豢龍城”條所引文。

汲郡

晉武帝〈泰始二年〉置〔一〕，治汲〈頭〉〔二〕。（《水經〈注〉》〔三〕：清水又東，過汲縣北。《注》：縣故汲郡治，晉｛太｝康中立〔四〕。《晉｛書｝·地理志》：汲郡，泰始二年置〔五〕。説與《注》異。《寰宇記》：後魏孝靜帝移汲郡理枋頭城。有校云：原本脱孝靜二字，據《通鑑》補入。《方輿紀要》亦云：朝歌，後魏屬汲郡，東魏爲汲郡治〔六〕。）

魏移治枋頭。

（今本《收志》訛作城頭［枋頭鎮移朝歌下，仍以汲爲本郡治。——夾注］。《淇水注》：淇水又南，歷枋堰[七]，淇水口也。漢建安九年，魏武王于水口，下大枋木以成堰，遏淇水，東入白溝，以通漕運，時人號其處爲枋頭。是以盧諶《征艱賦》曰：後背洪枋巨堰，深渠高隄者也。自後遂廢，魏熙平中復通之。《太宗紀》：泰常八年九月，詔昌平侯娥清、交阯侯周幾等鎮枋頭。《世祖紀》：太平真君十一年七月，義隆寧朔將軍王玄謨西攻滑臺。詔枋頭鎮將、平南將軍、南康公杜道儁助守兗州。九月辛亥，車駕南伐。十月癸亥，車駕止枋頭，詔殿中尚書長孫真率騎五千自石濟渡，備玄{謨}遁走[八]。乙丑，車駕濟〈可〉{河}[九]，玄謨大懼，棄軍而走。《叔孫建傳》：劉裕伐姚泓，令其部將王仲德爲前鋒，仲德遂入滑臺。太宗詔建自河内向滑臺，以觀其勢。《元和志》衛縣：枋頭故城，在縣東一里，後魏嘗移汲郡理此。《方輿紀要》：枋頭城，在濬縣［今屬衛輝府。——原注］西南七十里[一〇]，即今之淇門渡。）

領縣七[一一]

【校注】

〔一〕原稿有“泰始二年”，後圈删。

〔二〕原稿有一“頭”字，後圈删。

〔三〕原稿爲《水經注》，衍寫一“注”字，據删。

〔四〕原稿脱寫一“太”字，據補。

〔五〕原稿脱寫一“書”字，據補。

〔六〕《讀史方輿紀要》“衛輝府淇縣”下有“朝歌城”，但查不到相關記載。

〔七〕此處引文有節略。

〔八〕原稿空闕一“謨”字，據補。

〔九〕原稿“河”誤寫爲“可”，據改。

〔一〇〕《讀史方輿紀要》“濬縣”屬北直大名府。

〔一一〕今本《魏書·地形志上》“司州汲郡”下領六縣：北修武、南修武、汲、朝歌、山陽、獲嘉。

朝歌（在今衛輝府淇縣東北。）

漢屬河内，晉屬。

有朝歌城、（《收志》有。《寰宇記》：朝歌故城，在衛縣西二十二里。紂{之}所都，漢以爲縣，後魏移朝歌於今衛縣東{之}一里，此城因廢。[一]）崔方城、（《收志》有。崔方城，疑

《淇｛水｝注》之元甫城，考之——夾注〔二〕。）新城、（《收志》有。《方輿紀要》有新鎮，在濬縣西南六十里，接｛河南｝汲縣界，爲戍守處。又有新鎮水驛，在縣西六十里。穆案：或即《收志》之新城歟？）苑｛菀｝城、（《收志》有。注見下〔三〕。）天井溝、（《收志》有。）蓼溝、（《淇水注》：苑｛菀｝水上承淇水於元甫城西北，自石堰東、苑｛菀｝城西，屈逕其城南，又東南流，歷〈五〉｛土｝軍東北〔四〕，得｛舊｝〔五〕石〈逗〉｛洹｝〔六〕，故五水分流，世號五穴口，今惟通並爲二｛水｝〔七〕，一水西注淇水，謂之天井溝。一水逕〈五〉｛土｝軍東〔八〕，分爲蓼溝，東入白祀陂，又南分，東入同山陂，溉田七十餘頃。二陂所結，即臺陰野矣。）白溝｛水｝、（《收志》有〔九〕。《水經》：淇水東過内黄縣，南爲白溝［細核《淇水注》録云。——原注］。）白祀陂、同山陂、（注見上。《方輿紀要》：同山，在濬縣西南四十五里。相傳武王伐紂，諸侯會同于此，因名。亦曰童山，山無草木也〔一〇〕。其麓綿亙四十餘里，形若游龍，高處｛如龍脊｝〔一一〕，曰龍脊岡。岡西有山，相輔而行，西屬太行，曰逵西岡。《志》云：龍脊之左有山，曰白祀，淇水所逕，多溢爲陂，又南入同山陂。）美溝、（《淇水注》：〈淇水又東與左水合，謂之馬溝水。水出朝歌城北，東流，南〈曲〉｛屈｝〔一二〕，逕其城東，又東｛流｝〈與〉美溝｛水｝〈合〉〔一三〕。水出朝歌西北大嶺下，東〈出〉｛流｝〔一四〕逕駱駝谷，於中逶迤九十曲，故俗有美溝之目矣。歷十二㙇，㙇流相承，泉響不斷，返水捍注，卷復深隍，隍間積石千通，水穴萬｛變｝〔一五〕，觀者若思不周賞，情乏圖狀矣。）雍城里、（《集古録目》〔一六〕：後魏造《五級浮圖碑》，不著書撰人名氏。後魏汲郡朝歌雍城里人張丑和等共造五級浮圖，以正光二年刻石。）枉人山、（《淇水注》：〈白溝〉｛淇水｝東北〔一七〕，逕枉人山東。《方輿紀要》：善化山，在濬縣西北三十五里，去内黄縣西南六十里〔一八〕。俗傳紂殺比干於此，亦名枉人山。後魏主〈容〉｛弘｝云〔一九〕：鄴西有枉人山。謂此也，山高六十餘〈又〉｛丈｝〔二〇〕，週三十里，其南〈山〉｛北｝連跨巨岡〔二一〕，左右溪澗，不啻百數。）大方山、（《收志》有。《清水注》：方山在衛縣西〔二二〕。）伏羲祠、（《收志》有。）累｛黑｝山、冷泉。（《收志》林｛慮｝郡魏德縣有〔二三〕。天平二年，分朝歌置魏德。）

【校注】

〔一〕原稿脱寫兩個“之”字，據補。

〔二〕原稿《淇水注》省略一“水”字，據補。

〔三〕原稿“苑”，《水經注疏》均作“菀”，並注云：“朱‘菀’作‘宛’，全同。趙改云：《寰宇記》作菀口，下菀水，下菀水、菀城並同。全氏曰：即《博物志》之澳水，澳、菀聲近也。守敬按：《書鈔》一百五十八引此作菀水。《一統志》：菀水在濬縣西南。”介生按：文淵閣四庫全書本《水經注》與《水經注校證》亦作“菀水”，然今本《魏書·

地形志上》作“苑城”,與本稿同,存考。

〔四〕文淵閣四庫全書本《水經注》作“土軍”,并校云:“按‘土軍’原本及近刻并訛作‘五軍’。考‘土軍’《漢書·地理志》屬西河郡,北魏立吐京郡,吐京即‘土軍’音聲之轉,魏討九原、西河、吐京諸叛部,出配郡縣,置吐京民於此。但《魏書》作‘吐京’,道元猶用‘土軍’字耳。”據改。

〔五〕原稿此處空闕一“舊”字,據補。

〔六〕原稿爲“逗”,《水經注疏》作洹,並釋云:“朱‘洹’作‘沮’,趙改云:‘當作洹,與逗同。《穀水注》枝流入石逗是也,義與石竇同。’全改同,戴改逗。守敬按:《書鈔》引作‘竇’,《寰宇記》引作‘洹’。”據改。

〔七〕原稿脱寫一“水”字,《水經注疏》補,並釋云:“朱脱‘水’字,趙同,全、戴增。守敬按:《書鈔》引此有‘水’字。”據補。

〔八〕原稿“土”誤抄爲“五”,據改。

〔九〕今本《魏書·地形志上》“朝歌”下注有“白溝水”,據補。

〔一〇〕此段引文多有節略。

〔一一〕此處引文有脱文,據補。

〔一二〕原稿“屈”誤作“曲”,據改。

〔一三〕〈〉括號内引文後圈删。脱寫“流”“水”二字,據補。

〔一四〕原稿作“東出”,《水經注疏》作“東流”,並釋云:“朱‘東流’作‘更出’,全、趙、戴改‘更’爲‘東’,戴並改‘出’爲‘流’。”據改。

〔一五〕引文此處脱寫一“變”字,據補。

〔一六〕此段引文出自陳思編輯《寶刻叢編》卷六。

〔一七〕原稿“淇水”誤寫爲“白溝”,據改。

〔一八〕此處引文有節略。

〔一九〕原稿疑因避諱,改“弘”爲“容”,據改。

〔二〇〕原稿“丈”誤寫爲“又”,據改。

〔二一〕原稿“北”誤寫爲“山”,據改。

〔二二〕諸本《水經·清水注》下無“方山在衛縣”之句。《水經注疏》“(倉)水出西北方山西倉谷”下釋云:“守敬按:《名勝志》作方山西,與趙説不應。隋始改朝歌爲衛縣,酈氏安得有方山在衛縣之説,樂史蓋謂方山在衛縣境耳。”

〔二三〕原稿空闕一“慮”字,據補。又今本《魏書·地形志上》卷末“校勘記”云:“楊校:‘《水經·蕩水注》卷九:長沙溝水導源黑山,東流經晉鄙故壘北,名之爲魏將城。魏將城即此魏德,是黑山近魏德,累山當作黑山矣。’按《元和志》卷一六衛州衛縣稱‘黑山在縣北五十五里’。楊説是。”存考。

汲（在今衛輝府汲縣西南二十五里。）

漢屬河内，晉屬。（《水經》：清水又東過汲縣北。《注》：縣故汲郡治，晉太康中立。《晉{書}·地理志》[一]：汲郡，泰始二年置。説與《注》異。）

郡治，後罷，太和十二年，復治汲城。

有陳城、（《收志》有。[《收志》義州，寄治汲郡陳城。——夾注。《通鑑注》引宋白曰：衛州城，隋〈以〉{已}前謂之〈陳〉{陣}城。《郡國縣道記》云：武王伐紂，於此列〈陳〉{陣}，〈故名陳〉{因名}[二]。俗作陣。）**比干墓**、（《收志》有。《高祖紀》：太和十八年十一月丁丑，車駕幸鄴。甲申，經比〈千〉{干}之墓[三]，傷其忠而獲戾，親爲吊文，樹碑而刊之。《清水注》：殷大夫比干冢前有石銘，題〈穎〉{隸}云[四]：殷大夫比干之墓。所記唯此，今已中折，不知誰所志也。太和中，高祖孝文皇帝南巡，親幸其墳而加吊焉。刊石樹碑，列於墓隧矣。《劉芳傳》：高祖遷洛，路由朝歌，見殷比干墓，愴然〈動〉{悼}懷[五]，爲文以吊之，芳爲注解。《南齊書·魏虜傳》：宏{知}談義[六]，解屬文，{輕果有遠略。}[七]游河北，至比干墓，作《吊比干文》云："脱非武發，封墓誰因？嗚呼介士，胡不我臣！"[《吊比干全文》仍録入。——夾注。][八]《括地志》：比干墓，在{衛州}汲縣北十里二百五十步[九]。吴氏玉搢《金石存》：《後魏孝文皇帝吊比干文》，在衛輝府比干廟大門内階西，倚北壁。李氏補案曰：碑原石久泐，宋元祐五年，吴處厚重刊。《金石萃編》引《隱〈緣〉{緑}軒題識》謂[一〇]：《吊比干文》爲崔浩書。穆案：浩，太武時誅，何由書太和之碑？真囈語，不足辦{辨}[一一]。）[夾注：五城郡隰城，有鳳凰臺、安郎神、皇侯神。補入"汲"下。]**太公廟**、（《收志》有。《清水注》：汲城西北，有石夾水，飛湍濬急，{世}人亦謂之磻溪[一二]，言太公常釣于此也。城東門北側有太公廟[一三]。城北三十里有太公泉，泉上又有太公廟，廟側高林秀木，翹楚競茂，相傳云太公之故居也。《元和志》：太公廟，在汲縣西北二十五里[一四]。）**老子祠**、（《寰宇記》：汲縣有老子祠，《後魏書》{云}[一五]：鎮西將軍廉侯事道於汲縣置，立堂宇，鐫石爲老子像{而}祠{祀}之[一六]。[此事更核。——原注]）〈**新中鄉**（《清水注》：清水又東，周新樂城，城在獲嘉縣故城東北，即汲之新中鄉也。《元和志》：新鄉縣，本漢獲嘉、汲縣二縣地，隋開皇六年，於兩縣地新樂城中置新鄉縣，屬衛州。）〉[一七]

【校注】

〔一〕原稿脱寫一"書"字，據補。

〔二〕今本《資治通鑑》卷一八七所引"胡注"文字與石翁所見有所不同，據改。

〔三〕原稿誤寫"干"爲"千"，據改。

〔四〕原稿誤寫“隸”爲“穎”,據改。

〔五〕原稿誤寫“悼”爲“動”,據改。

〔六〕原稿空闕一“知”字,據補。

〔七〕此處引文有脱略,據補。

〔八〕介生按:據石翁夾注之意,此處應録入《吊比干文》全文,但因其文字古奥,較難得善本注釋,在此不録,俟後再補。

〔九〕引文此句略寫“衛州”二字,據補。

〔一〇〕引文見《金石編萃》卷二十七,“緣”似應爲“録”之誤,據改。

〔一一〕原稿此句“辦”似應爲“辨”或“辯”字之誤,存考。

〔一二〕原稿無“世”字,《水經注疏》補入,並釋云:“朱訛作‘也’,趙同,戴删。守敬按:《名勝志》引此作‘世’,屬下句,是也,今訂。”據補。

〔一三〕此處引文有節略。

〔一四〕此處引文有節略,後又有云:太公,即河内汲人也。今本《太平寰宇記》卷五六“汲縣”下云:“太公廟,在縣西南二十五里。”“西南”與“西北”,不知孰對,待考。

〔一五〕原稿引文脱寫一“云”字,據補。

〔一六〕原稿引文脱寫“而”“祀”二字,據補。

〔一七〕原稿有“新中鄉”一段,後圈删。

獲嘉(在今衛輝府獲嘉縣西南二十里。)

漢屬河内〔一〕,晉屬,後省。

太和二十三年復〔二〕。

治新樂城。(樂,《收志》作洛〔三〕。《清水注》:清水又東,周新樂城,城在獲嘉縣故城東北,即汲之新中鄉也。《通鑑》:燕衛大將軍、樂安王臧城新樂,破秦兵于石門。《注》:石門在滎陽;新樂亦當在滎陽界。宋白曰:衛州新鄉縣治古新樂城。新樂城,十六國時,燕將樂安王臧所築。《元和志》:新鄉縣,本漢獲嘉縣、汲縣二縣地,隋開皇六年,於兩縣地{古}新樂城中置新鄉縣〔四〕,屬衛州。)

有獲嘉城、(《收志》有。穆案:謂漢、晉故城也。)趙越塚。(《清水注》:〈獲嘉〉{縣}故城西有漢桂陽太守趙越墓〔五〕,冢北有碑。越字彦善,縣人也,累遷至桂陽郡、五官將、尚書僕射,遭憂服闋,守河南尹。建寧中卒。碑東又有一碑,碑北有石柱,石牛、羊、虎,俱碎,淪毁莫記。)

【校注】

〔一〕據《漢書·地理志》《續漢書·郡國志》,河内郡下均有獲嘉縣。

〔二〕獲嘉縣在今本《魏書·地形志上》"司州汲郡"下。

〔三〕今本《魏書·地形志上》卷末"校勘記"云:溫校:"'洛'當作'樂'。《水經注》卷九:'清水又東,周新樂城,城在獲嘉縣故城東北。'按當時地名常通用同音或音近字,'樂'作'洛'者屢見,非訛字,今後凡此類並不再出校記。"

〔四〕原稿引文脱寫一"古"字,據補。

〔五〕引文此句本作"縣故城",據改。

修武(今衛輝府獲嘉縣治。)

漢屬河南,晉屬。

有吴城、(《收志》有〔一〕。《清水注》:長明溝水又東,逕修武縣之吴亭北,東入吴陂。《修武志》:縣東五里京里村,其東有廢城舊址,正在吴澤陂之南岸,疑即吴城。土人以村居城内,故名。)**宜陽城**、(《收志》有〔二〕。《修武縣志》案:宜陽恐係宣陽之訛。《舊志》引魏河内太守阮德如《答嵇康詩》有云:"夕宿宣陽城。"今縣東南十八里宣陽驛尚有廢城址。)**皮垣**、**藺丘**、**敕丘**、(《清水注》:吴陂水之北,際澤側有隤城〔三〕。京相璠曰:河内修武縣北有故隤城,實中,今世俗謂之皮垣,方四百步,{實中,}〔四〕高八丈。一丘際陂北〔五〕,隔水十五里,俗所謂藺丘也,方二百步。西{一}十里〔六〕,又有一丘際〈山〉{陂}〔七〕,世謂之敕丘,方五百步,形狀相類,疑即古攢茅也。杜預曰:二邑在修武縣北,所未詳也。《修武縣志》:《春秋》隤城,在縣〈東〉{北}二十三里〔八〕。{案}楊生敏《書》〔九〕:近於縣北二十五里梳風寺蓮座石柱上,得金大定十七年陸真散人趙真義所撰《張陸村重修功德記》,云:"修武之北二十餘里,〈亦〉{六}真之東〔一〇〕,俯臨古城,名曰潰城,號曰吴澤鎮。"計其道里、地形,{皆}與《水經注》合〔一一〕,然則古之〈潰〉{隤}城〔一二〕,在金爲張陸村,即今之寨村也。)**吴澤陂**、(《清水注》:《魏土地記》曰:修武城西北二十里有吴澤水,〈阪〉{陂}南北二十許里〔一三〕,東西三十里。《晉書》{卷五一《東皙傳》}〔一四〕:〈武帝領〉{時欲}廣農〔一五〕,〈束〉皙上議曰〔一六〕:汲郡之吴澤,良田數千頃,〈貯〉{濘}水停洿〔一七〕,人不墾植,〈問〉{聞}其國人〔一八〕,皆謂通泄之功不足爲難,舄鹵成原,其利甚重。而豪强大族,〈習〉{惜}其魚捕之饒〔一九〕,構説官長,終於不破。《修武縣志》:吴澤陂,在縣北十里隤城寨東南,濁鹿城南。東過陂橋,與獲嘉縣接,縣境泉水皆會於此。蟹舍、漁莊、藕池、稻田,相連數十里。)**覆釜山**、(《收志》有〔二〇〕。《清水注》:次陸真阜之東北,得覆釜堆。《修武志》:雲臺山,舊名覆釜山,即天門之西峰也,山勢雄壯,下皆峭壁,由寺頭郕西北有雲梯可升。陸真阜見“山陽縣”下。《修武志》:案《魏書》有覆釜山,舊志以爲即茱萸峰,俗名小北頂,在雲臺山北偏西五里,雲臺寺在其上,實雲臺之北峰也。{今讀}唐錢起《遊覆釜山》諸詩〔二一〕,雖未明言修武,然即其“將尋洞中藥,復愛〈谷〉{湖}外嶂〔二二〕。”“應嗤嵇叔夜,林〈認〉{臥}方沈湎”云云〔二三〕。{案之}今小北頂有藥王洞〔二四〕,嵇叔夜嘗隱居山陽,其詩當即指此。〈又《水經注·{清水篇}》云:次陸真阜之東北,得覆釜堆。堆南有三泉,相去四五里,參差合次,南經於陂,則確指古漢山而言,蓋言堆,則非高山可知。且六真阜與小北頂隔山數重,相去幾五十里,則一爲覆釜山,一爲覆釜堆,皆在修武境,固不得混而爲一矣。〉〔二五〕又,《修武志》云:古漢山,即《水經注》覆釜堆,在縣北三十五里。〈秋〈水〉{日}登臨,北挹山光,南俯泉〈洗〉{流},霜葉紅鮮,竹林翠晚,四〈周〉{圍}村落,一一入畫。〉〔二六〕山之西數十步,有漢獻帝陵。陸真山,在縣西北二十五里。以其山周回九里,俗名九里山。岡阜連屬,山勢平衍。又案縣境惟古漢、陸真二山不在太行山中,然相去二三十里,石骨犖確,土脈逶迤,觀其形勢,皆太行〈山〉之落星也〔二七〕。)[夾注:覆釜山,亦入“山陽”下。]安陽城、(《收志》:戒安陽城〔二八〕。《修武志》:《春秋》南陽城,在縣北三十里,又名安陽城。)天門山、天井固、(《清水注》:焦泉發於天門之左,天井固右。天門山石自空,狀若門〈馬〉{焉}〔二九〕。廣三丈,高兩匹,深丈餘,更無所出,世謂之天門也。東五百余步,中有石穴西向,裁得容人,〈平行〉{自平地}東南入〔三〇〕,徑至天井,直上三匹有餘,扳躡而升,至上平,東西二百步,南北七百步,四面險絶,無由升陟矣,上有比丘{釋}僧訓精舍〔三一〕。寺有十餘僧,給養難周,多出下平,有志者居之。寺左右雜樹踈挺,有一石泉,方丈余,清水湛然,常無增減,山居者資以給飲。北有石室二〈口〉{間}〔三二〕,{舊}是{隱}者念一之所〔三三〕,今無人矣。泉發于北阜,南流成溪,世謂之焦泉也。)清陽泉、(《收志》有〔三四〕。[穆案:濁鹿城,一名清陽城,則清陽泉即濁鹿泉也。——夾注])熨斗泉、(《收志》有〔三五〕。)焦泉、(今本《收志》作“馬泉”,涉下馬鳴泉而誤,注見上。[馬泉,乃焦泉之誤。——夾注]〔三六〕元至正十年《五里源崇明寺碑》:負太行而揖嵩少,東連乎蘇門百泉之幽勝,西接〈呼〉{乎}濟水盤谷之清雅〔三七〕。明嘉靖十三年《重修五里源崇明寺碑》:修武縣北二十里有屯,曰五里院,蓋懷慶衛軍士屯種之所也〔三八〕。寺北負太行,東連百泉,西去海蟾宫里許。宫之前,有泉湧出,下流寺側,蓋寧城之勝地也。)[夾注:重泉入“共”下,馬鳴入“山陽”下。]五里泉、(《收志》有〔三九〕。《寰宇記》“修武縣”引《水經〈注〉》〔四〇〕:五里泉,在修武鄉。今《注》無此文。)七里熨、(《收志》有〔四一〕。七里熨,熨字,疑亦泉字之誤,《修武志》:七里泉,在陸真鄉。)丁公神、(《收志》有。《清水注》:有丁公泉,發于焦泉之右。〈神或亦泉字之誤〉〔四二〕)長清河、(《收志》有育河,育即清之誤,如北淯郡之誤作北清也〔四三〕。

《清水注》:白屋水又東南流,逕隤城北,又東南,歷澤,注於陂。陂水東流,謂之八光溝,而東流注于清水,謂之長清河,而東周永豐塢。)陶河、(《收〈注〉{志}》有〔四四〕。《清水注》:焦泉發於天門[二字臆增。——原注]北阜〔四五〕,次東得魚鮑泉,次東得張波泉,次〈泉〉{東}得三淵泉〔四六〕。{是四川}在重門城西〔四七〕,並單川南注也。城南有安陽陂。次東,{又}得〈車〉{卓}水陂〔四八〕,次東,有百門陂。{其水}三川南合〔四九〕,謂之清川,又西南與前四水總爲一瀆,又謂之陶水,南流,注于清水。)[夾注:"陶河"亦當入"共"下。]濁鹿城。(《收志》:北修武,治清陽城。["濁鹿"入"山陽"下。——夾注]《清水注》:覆釜堆南有三泉,相去四五里,參差次合{合次}〔五〇〕,南注吴陂,泉{陂}在濁鹿城西〔五一〕。建安二十五年,魏封漢獻帝爲山陽公,濁鹿城,即是公所居也。《方輿紀{要}》〔五二〕:濁鹿城,今武陟縣治。《後漢書·{孝}獻帝紀》:〈黄初〉{延康}元年〔五三〕,冬十月,魏王丕〈即帝位〉{稱天子}〔五四〕,奉帝爲山陽公,都山陽之濁鹿城。章懷注:山陽,縣名,{屬河内郡},{故城}在{今懷州}修武{縣}西北〔五五〕。濁鹿,一名濁城,亦名清陽城,在{懷州}修武{縣}東北。修武廩生楊敏書曰〔五六〕:《{續漢書}·禮儀志》劉昭注引《帝王世紀》云:獻帝禪陵,在{河南}山陽之濁城西北,{去濁城}直行十一里,斜行七里,去山陽〈城〉五十里〔五七〕。今{案}縣治北二十五里〔五八〕,有古漢山,禪陵在焉。其東南約十里,有城,俗名李固。此城距禪陵,正符"直行十一里,斜行七里"之數。而城之西七里許大陸村,有濁鹿泉。〈或以泉名城,或以城名泉〉{或以城名泉,或以泉名城}〔五九〕,正不甚相遠,故此城確乎即濁鹿城〈也〉〔六〇〕。)

【校注】

〔一〕今本《魏書·地形志上》"司州汲郡"下有北修武、南修武二縣,吴城在南修武縣。

〔二〕宜陽城在今本《魏書·地形志上》"汲郡南修武縣"下。卷末"校勘記"云:"按'宜陽城'不應在修武。《清水篇》云:吴陂水'上承吴陂于修武縣故城西北。修武,故寧也,亦曰南陽矣。(中略)故應劭《地理風俗記》云:河内,殷國也,周名之爲南陽。又曰:晉始啟南陽,今南陽城是也,秦始皇改曰修武。'則南陽城即修武故城。又據《清水篇》,修武故城(南陽城)西北有吴陂,下又見'吴亭',傍吴陂西。'吴亭'也即此注下之'吴城'。地望密合。此'宜陽城'疑是'南陽城'之訛。"存考。

〔三〕此處引文有節略。

〔四〕此處引文有脱略,據補。

〔五〕《水經注疏》此句無"一丘"兩字,並無注解。

〔六〕此處引文漏一"一"字,據補。

〔七〕原稿引文誤寫"陂"爲"山",據改。

〔八〕原稿引文此句“北”誤寫爲“東”,據改。

〔九〕引文此句脱略一“案”字,據補。

〔一〇〕原稿引文此句“六”誤寫爲“亦”,據改。

〔一一〕引文此句脱寫一“皆”字,據補。

〔一二〕原稿引文此句“隮”誤寫爲“潰”,據改。

〔一三〕原稿此句引文“阪”字疑爲“陂”字之筆誤,改。《水經注疏》删“水”字,並釋云:“朱訛作‘吴溝水’,以‘陂’字下屬。戴、趙惟改‘溝’作‘澤’。守敬按:《大典》本、明抄本作‘澤’,戴、趙似是,然猶未盡。《名勝志》引作‘澤’,無‘水’字,以‘陂’字斷句,爲長。今據訂。《寰宇記》:吴澤陂,在獲嘉縣西北十五里。《獲嘉縣志》:即縣西北三橋陂,亦名太白陂。按《圖》,但有小丹河之下流,逕獲嘉縣境。《水道提綱》亦不言有陂,蓋近今不常鍾水矣。”介生按:《水經注校證》及文淵閣四庫全書本《水經注》與本稿同,存考。

〔一四〕此段引文爲夾注後增,原稿僅云《晉書》,據補卷數、篇名。

〔一五〕引文此句有臆改及錯抄之處,據改。

〔一六〕此句原書無“東”字,爲臆增。

〔一七〕引文此句“濘”誤寫爲“貯”,據改。

〔一八〕引文此句“聞”誤寫爲“問”,據改。

〔一九〕引文此句“惜”誤寫爲“習”,據改。

〔二〇〕覆釜山在今本《魏書・地形志上》“北修武”下。《水經注疏》釋云:“會貞按:《地形志》北修武有覆釜山。《一統志》:山在修武縣北。”

〔二一〕引文此句脱寫“今讀”二字,據補。

〔二二〕此詩句出錢起《獨往覆釜山寄郎士元》一詩,原稿誤抄“湖”字爲“谷”,據改。

〔二三〕此詩句出錢起《仲春晚尋覆釜山》一詩,原稿“臥”誤抄爲“認”,據改。

〔二四〕引文此句脱“案之”二字,據補。

〔二五〕〈〉括號内引文後有圈删之意。

〔二六〕〈〉括號内引文後有圈删之意。其中錯訛之處,據改。

〔二七〕引文此句衍寫一“山”字,據删。

〔二八〕今本《魏書・地形志上》“北修武縣”下有“郡戒、安陽城”。卷末“校勘記”云:“按‘郡戒’不可解,《水經注・清水篇》鄧城西北有重泉,此注‘郡戒’上即‘重泉’,疑‘郡戒’乃‘鄧城’之訛。”存考。

〔二九〕原稿引文誤抄“焉”爲“馬”,據改。

〔三〇〕原稿引文作“平行”,《水經注疏》改爲“自平地”,並釋云:“朱‘自平地’作‘平得’,《箋》曰:‘二字疑誤,孫云,或作平行。’趙改平行,戴删二字。守敬按:皆非也。據《御覽》(見下)引《水經注》'自平地東南入'之文,'平得'是'平地'之誤。上當有'自'字。"據改。

〔三一〕原稿引文空闕一"釋"字,據補。

〔三二〕原稿作"口",《水經注疏》改爲"間",並釋云:"朱《箋》曰:古本作'二口',吴改作'二間'。守敬按:《名勝志》引此作'間'。"據改。

〔三三〕原稿空闕"舊"與"隱"二字,不知何意,據補。

〔三四〕今本《魏書·地形志上》"北修武縣"下有"清陽泉"。

〔三五〕今本《魏書·地形志上》"北修武縣"下有"熨斗泉"。

〔三六〕今本《魏書·地形志上》"北修武縣"下有"馬泉。"卷末"校勘記"云:"《延昌志》卷二汲郡修武下作'焦泉',云:'《收志》作馬泉,涉下馬鳴泉而誤。'按張説據《水經注》卷九《清水篇》,有'丁公泉發于焦泉之右'云云,地望相合。此注'焦泉'下即舉'丁公神',可證。"

〔三七〕引文有漫漶不清之處,"呼"應爲"乎"字之誤,據改。

〔三八〕引文出自民國《修武縣志》卷十三《金石篇》,其中有節略。

〔三九〕今本《魏書·地形志上》"北修武縣"下有"五里泉"。今本《太平寰宇記》校勘記云:"《水經·清水注》:'覆釜堆南有三泉,相去四五里,參差合次,南注於陂泉。'楊守敬《水經注疏》:'{會貞按:}今修武縣北有一泉,名五里泉,東南注靈泉,蓋後人因酈氏言堆南有三泉,相去四五里,按其地望正在此,故即以五里名泉。'則酈書無'五里泉'之名,後人以釋酈書以名之。"

〔四〇〕今本《太平寰宇記》卷五十三《河北道二》引《水經》,此句衍寫一"注"字,據删。

〔四一〕今本《魏書·地形志上》"北修武縣"下有"七里熨"。

〔四二〕〈〉括號内文字後圈删。注見〔三六〕。

〔四三〕今本《魏書·地形志上》"北修武縣"下有"育河"。

〔四四〕今本《魏書·地形志上》"北修武縣"下有"陶河"。原稿誤抄"志"爲"注",據改。

〔四五〕原稿此處引文有節略。

〔四六〕此處引文誤抄"東"爲"泉",據改。

〔四七〕此處引文有節略,據補"是四川"數字。

〔四八〕原稿引文誤抄"卓"爲"車",據改。引文有節略。

〔四九〕此處引文多有節略,據補"其水"二字。

〔五〇〕《水經注疏》"次合"作"合次",並釋云:"戴乙作'次合'。守敬按:《注》每言幾原合舍,合次即合舍也。"存考。

〔五一〕原稿此處引文爲"南注吴陂,泉在濁鹿城西。"《水經注疏》作"南注於陂泉,陂在濁鹿城西。”無注解。《水經注校證》作“南注於陂,泉在濁鹿城西”,也無疏解。

〔五二〕此處書名脱寫一“要”字,據補。

〔五三〕原稿引文作“黄初”,誤,應爲“延康”,據改。

〔五四〕此處引文有節略臆改之處,據改。

〔五五〕此處引文有節略,據補。

〔五六〕介生按:據民國《修武縣志》卷二《輿地篇》,楊敏文章名爲《三城考辨》。

〔五七〕此處引文有節略,據補。

〔五八〕引文此句脱寫一“案”字,據補。

〔五九〕前二句次序有顛倒,據改。

〔六〇〕引文此句衍寫一“也”,據删。

共(今衛輝府輝縣治。)

漢屬河内,晉屬〔一〕。

有鄧城、(《收志》有“星城”,〈未詳,疑即《酈注》之鄧城,以音近相轉也〉〔二〕。[星城另一條。——夾注]《方輿紀要》:輝縣西南有鄧城,南北朝時所置城也。注互見“重泉”下。)**凡城**、(《收志》有。《清水注》:司馬彪、袁〈三〉{山}松《郡國志》曰〔三〕:共縣有凡亭。周凡伯國,《春秋·隱公七年經書》“王使凡伯來聘”是也。杜預曰:汲郡共縣東南有凡城,今在西南。《寰宇記》:故凡城,在今共城縣西南二十二里。)**重門城**、(《清水注》:重門城,昔齊王芳爲司馬師廢之,宫於此,即《魏志》所謂“送齊王芳于河内重門”者也。城在共縣故城西北二十里。《高祖紀》:太和元年十一月丁亥,懷州民伊祁苟初自稱{堯}後應王〔四〕,〈巨〉{聚}衆於重山〔五〕。洛州刺史馮熙討滅之。《通鑑注》:重山,即河内重門之山,在共縣北。)**白鹿山**、(《清水注》{水經}〔六〕:清水出河内修武縣之北黑山。《注》:黑山在縣北,白鹿山東,清水所出也。《通鑑》:翟釗將妻子,收〈遣〉{遺}衆北濟河〔七〕,登白鹿山,憑險自守。《寰宇記》:白鹿山,在共城縣西北五十三里,西與太行〈接連〉{連接}〔八〕,上有天門谷、百家巖。〈蘆〉{盧}思道《西征記》〔九〕:孤巖秀出,上有石,自然爲鹿形,遠視皎然獨立,厥狀明淨,有類人工,故此山以白鹿爲稱。《修武縣志》:白鹿山,在天門谷下,百家巖上。今輝縣西,馱佛嶺之北老龍口,爲清水,懸瀑下注,是清水所出,即黑山也。其西爲修武之清口,自天門迤東諸山,與黑山勢若相連,而中隔清溝,爲輝與修武之分界,即爲黑山與白鹿山之分界。溝東爲黑山,溝西爲白鹿山也。唐咸通五年《百家巖寺記》:其山勢連白鹿,西枕太行。《通鑑地〈里〉{理}通釋》〔一〇〕:白鹿〈山〉[一一]，在衛州共城縣西五十四里。樂史言西北，誤。）擔山、（《收志》有[一二]。《寰宇記》有尖山，擔、尖音同，未知即一山否？）百門山、（《收志》"百"作"柏"，《方輿紀要》：蘇門山，在輝縣西北七里，一名百門山。）百門陂、（《清水注》：百門陂，方五百步，在共縣故城西。《元和志》：百門陂，在縣西北五里，方五百許步，百姓引以溉稻山，此米〈名〉{明}白香潔[一三]，異於他稻，魏、齊以來，嘗以薦御。陂南通漳水。）長泉[一四]、（《修武志》：長泉，即百家巖之明月泉也。水出寺内客堂後巖壁之下，西穿竹徑，由佛殿西屈曲南流，漱老檀之根〈之根〉而下[一五]，治山砌石爲渠，導之南流，以資東山灌溉，出山至石河即伏。《修武志》楊敏書曰：長泉，即百家巖之明月泉也。袁俊曰：明月泉出天門之東南。其流，旱，河無減，出山至石河即伏。若水大發，即會寺西瀑布之水，流注于山陽鎮之鄧城。以道里計之，恰十三里。）卓水陂、（《收志》有。注見陶河下。）重泉、（《收志》在北修武下，以地望診之，疑誤。《清水注》：長泉水流出白鹿山，東南伏流，逕十三里，重源濬發于鄧城西北，世謂之重泉水也[一六]。又南，逕鄧城東，名之爲鄧瀆，又謂之爲白屋水也。昔司馬懿征公孫淵，還達白屋，即於此也。《金{史}地理志》[一七]：興定四年，以修武縣重泉村爲山陽縣，隸輝州。）陶河、（["陶河注"從上修武縣下移録於此。）七賢祠、嵇康故居、（《清水注》：長泉水又逕七賢祠東，左右篘篁列植，冬夏不變貞萋。魏步兵校尉陳留阮籍、中散大夫譙國嵇康、晉司徒河内山濤、司徒琅邪王戎、黄門郎河内向秀、建威參軍沛國劉伶、始平太守阮咸等，同居山陽，結自得之游，時人號之爲竹林七賢。向子期所謂山陽舊居也。後人立廟于其處，廟南又有一泉，東〈西〉{南}流注於長泉水[一八]。郭緣生《述征記》所云，白鹿山東南二十五里，有嵇公故居，以居時有遺竹焉。蓋謂此也。《修武志》：七賢鄉，在縣東北。舊志：山陽縣東北有嵇叔夜園宅，後悉爲墟，父老猶稱嵇公竹林。）大清水。（《收志》：柏門水南流，名大{太}清水[一九]。穆案：百門水者，泉通百道，《衛風》所詠"泉源在左"者也。《收志》與中尉"上承諸陂散泉"云云，蓋同。《清水注》：黑山，清水所出也，上承諸陂散泉，積而成川，〈西〉南流，〈屈曲〉{西南曲}[二〇]，瀑布〈垂〉{乘}崖[二一]，懸河注壑，二十余丈，雷赴之聲，震動山谷。左右石壁層深，獸跡不交，隍〈水〉{中}散水霧合[二二]，視不見底。南峰北嶺，多結禪棲之士；東巖西谷，又是刹靈之圖。竹柏之懷，與神心妙遠；仁智之性，共山水效深，更爲勝處也，其水歷澗飛流{流飛}[二三]，清泠洞觀，謂之清水矣。）

【校注】

〔一〕今本《魏書·地形志上》"司州林慮郡"下領共縣。

〔二〕〈〉括號内文字後有圈删之意。

〔三〕原稿引文誤抄“山”爲“三”,據改。

〔四〕原稿引文空闕一“堯”字,據補。

〔五〕原稿誤寫“聚”爲“巨”,據改。

〔六〕此句引文應出自《水經》,據改。

〔七〕原稿引文誤寫“遺”爲“遣”,據改。

〔八〕原稿引文誤寫“連接”爲“接連”,據改。

〔九〕原稿引文誤寫“盧”爲“蘆”,據改。

〔一〇〕原稿誤寫“理”爲“里”,據改。

〔一一〕原書此條無“山”字。據删。

〔一二〕今本《魏書・地形志上》“林慮郡共縣”下有“檐山”,非“擔山”,未有校勘,或轉抄之誤,待考。

〔一三〕此處引文誤寫“明”爲“名”,據改。

〔一四〕此條爲後來夾注插入。

〔一五〕原稿引文此處衍寫“之根”二字,據删。

〔一六〕引文此句後有節略。

〔一七〕原稿空闕“史”字,據補。

〔一八〕原稿引文誤抄“南”爲“西”,據改。

〔一九〕今本《魏書・地形志上》作“栢門水,南流名太清水。”卷末“校勘記”云:溫校:“‘栢’當作‘柏’。《水經注》(卷九《清水篇》)作‘北門陂,陂方五百步,在共縣故城西’,‘其水三川南合,謂之清川’。按《水經注》戴校本‘北門陂’作‘百門陂’。《元和郡縣志》卷一六衛州共城縣有‘百門陂’。‘柏’與‘百’同音通用,‘栢’字訛,溫説是。”介生按:石翁所據《魏書》版本與今不同,存考。

〔二〇〕原稿此句作“西南流,屈曲”。《水經注疏》此句作“南流,西南曲”。並釋云:“朱《箋》曰:《御覽》引此作‘南流屈曲’。趙云:今本《御覽》引作‘西南流屈曲’,因據改。全改同。守敬按:宋本《御覽》六十三引作‘南流西南屈曲’,而《寰宇記》亦引作‘南流西南曲’,《名勝志》同。則朱不誤,故戴從之。”據改。

〔二一〕原稿作“瀑布垂崖”,《水經注疏》作“瀑布乘崖”,並釋云:“朱‘乘’作‘垂’,全、趙同,戴作‘乘’。守敬按:《御覽》《寰宇記》《名勝志》引作‘垂’,而黄省曾本爲‘乘’,鍾、譚本載朱無易引《漢書》‘乘城’、《淮南子》‘乘襄而流’爲證,謂不應改‘垂’。今考《滱水注》亦有‘南出乘崖’之文,是其詞例。”“水經注疏校記”云:“《名勝志》引作‘垂’。按:《名勝志》河南省卷六引正作‘乘’,楊《疏》誤,以南京圖書館藏本校。”據改。

〔二二〕原稿誤抄“中”爲“水”,據改。

〔二三〕文淵閣四庫全書本《水經注》此句下校云:“按‘飛流’近刻訛作‘流

飛’。”《水經注疏》此句作“流飛”，并校云：“趙云：流飛，《御覽》作‘飛流’。守敬按：宋本《御覽》作‘流飛’。”存考。

山陽（在今懷慶府修武縣西北三十五里。《修武志》：山陽故城，在今治西北三十五里牆南村。）

漢、晉屬河内，魏屬。

有沁陽城、（《收志》有。《水經》：沁水又東過懷縣之北。《注》：縣北有沁陽城，沁水逕其南而東注也。）**東西二武陽城**、（《收志》有，又曰：孝昌二年置郡，初治其｛共｝城[一]，後移治山陽城，尋罷。）**濁鹿城**、（［濁鹿城由前修武下移録於此。——夾注］）**陸真阜**、**覆釜堆**、（《清水注》：山陽縣東北二十五〈山〉｛里｝[二]，有陸真阜。[三]次陸真阜之東北，得覆釜堆。《收志》“北修武”下有覆釜山。）**荀泉**、**吴瀆**、（《清水注》：荀泉水出山陽縣故修武城西南，同源分派，裂爲二水，南爲荀泉，北則吴瀆，二瀆雙導，俱東入陂［吴陂也。——原注］。至元二十七年《新甃龍泉池記》：邑之西偏五十里，土壤肥潤，有里曰荀泉村，亦云荀泉陂，里之右，有水源出平地，號曰龍泉。［山陽縣有故修武城，未詳。——夾注］《修武志》：案《府志》引沈守榮昌《志稿》云：荀泉陂，耆老云：數十年前利田最｛廣｝[四]，厥今久淹塞，獲益無幾，然猶可復興也。）**皇母泉**、**馬鳴泉**。（《清水注》：陸真阜南有皇母、馬鳴二泉，東南合注于吴陂也。〈《方輿紀要》：又新河，在修武縣西北二十里。自六真山［即《注》之陸真阜。——原注］下合黄母諸泉水，南流，入｛於｝吴澤陂[五]。又引舊志云：黄母泉在縣西北十五里黄母村。又有王烈、巧婦、馬鳴等泉，皆匯於新河。〉[六]《收志》北修武下有馬鳴泉。《修武志》：楊雙李《修武泉源考》：陸真阜南八里爲皇母村，村南石坎礧砢嶙峋，罅隙瀉水如噴沫，皇母泉也。其東北里許，蘆叢薈蔚，中漫布流泉，土人呼葦阬者，馬鳴泉也。又東九十步，有大樸泉。又東九十步，有小樸泉，｛名皆未見《圖經》。｝[七]〈泊泊〉｛汩汩｝寒流[八]，其源甚盛，與皇母、馬鳴皆南注。折東，匯爲馬道村河，南出七里橋，入新河。）

【校注】

〔一〕今本《魏書·地形志上》作“初治共城”，無校勘記，而同卷“林慮郡共縣”下無相關記載。文淵閣四庫全書本《魏書》亦作“初治其城”，似應以“其”字爲是，待考。

〔二〕原稿誤抄“里”爲“山”，據改。

〔三〕此處引文有節略。

〔四〕此處引文脱寫一"廣"字,據補。

〔五〕此處引文脱寫一"於"字,據補。

〔六〕〈〉括號内引文後圈删。

〔七〕此處引文有脱漏,據補。

〔八〕原稿引文"汩汩"誤寫爲"泊泊",據改。

林慮(今彰德府林縣治。)

漢屬河内(本名隆慮,避殤帝諱改。),晉屬。〔一〕

真君六年,並鄴,太和二十一年,復〔二〕。

有三羅城、(《淇水注》:淇水又逕南羅川,又歷三羅城北。)[三羅、石城、淇陽。——夾注]〔三〕石城、石樓、(《淇水注》:淇水又東北,歷淇陽川,逕石城西北。城在原上,帶澗枕淇。{淇水}又東北〔四〕,西流水注之。水出東大嶺下,西流,逕石樓南,在北陵石上,練垂桀立,亭亭極峻,其水西流〈也〉,{逕注於淇}〔五〕。《括地志》:石城,在相州林慮縣西南九十里。疑"相州石城"是〔六〕。)淇陽城、(《淇水注》:淇水又東逕馮都壘南,世謂之淇陽城,在林慮[二字臆增。——原注]西北三十里〔七〕。《方輿紀要》{林縣}〔八〕:或曰:石趙時,置縣於此。)大號山(淇水出焉)、(《水經》:淇水出河内隆慮縣西大號山。《注》:水出山側,頹波〈崩〉{湍}注〔九〕,衝擊横山,山上合下開,可減六七十步,巨石磥砢,交積隍〈間〉{澗}〔一〇〕,傾瀾〈奔〉{渀}蕩〔一一〕,勢同雷轉,激水散氛,曖若霧合。)嶠嶺、抱犢固、([《濁漳{水}注五》。——夾注]〔一二〕)黄華水、(《洹水注》:林慮縣有黄〈華〉水〔一三〕,出於神囷之山黄華谷北崖,〈上〉{山}高十七里〔一四〕,水出木門帶,帶即山之第三級也,去地七里,〈縣〉{懸}水東南注壑〔一五〕,直瀉巖下,狀若雞翅,故謂之雞翅洪,蓋亦天台、赤城之流也。其水東流至谷口,潛入地下,東北十里復出,名柳渚,渚週四五里,是黄華水重源再發也。東流,葦泉水注之。水出林慮山北澤中,東南流,與雙泉合。水出魯般門東,下流,入葦泉水。葦泉水又東南流,注黄〈華〉水〔一六〕,謂之陵陽水,又東,入于洹水也。《收志》:有陵陽河,東流爲洹。《寰宇記》{林慮縣}〔一七〕:〈林〉{隆}慮山〔一八〕,在縣西二十里。山有三峰:南第一峰名仙人樓,高五十丈,下有黄花谷。北巖〈山〉{出}瀑布〔一九〕,水下注成池。黄花谷西北有洞穴,去地千仞,下有小山孤聳{竦}〔二〇〕,謂之玉女樓;其南第二峰,謂之玉女臺,高九百丈;其山北第三峰,名魯般門。《水經注》云:"倉谷溪東北逕過魯般門西,雙{其門立}闕昂藏〔二一〕,石壁霞舉。其北有偏橋,即林慮之嶠嶺抱犢固也。"南接太行,北連恒嶽。)聖人穴。(《北堂書鈔》引《水經注》〈曰〉〔二二〕:黄花谷内西洪邊,有一洞,深數丈,去地千餘仞,俗謂之聖人穴〔二三〕。《寰宇記》{林慮縣}引《水經注》〈云〉[二四]："黄華谷西北有洞穴，謂之聖水窟。"今《注》皆無此文。）［夾注："聖人穴"條，併入黄華水下《收志》後。更檢注。］

【校注】

〔一〕據《漢書·地理志》，隆慮縣屬河内郡。據《續漢書·地理志》，林慮縣屬河内郡。據《晉書·地理志》，林慮縣屬汲郡。

〔二〕林慮縣在今本《魏書·地形志上》"司州林慮郡"下。

〔三〕原稿條目次序爲"淇陽城、石城、石樓、三羅城"，今據夾注重排。

〔四〕原稿引文此句略寫"淇水"二字，據補。

〔五〕原稿引文爲"其水西流也"，《水經注疏》作"其水西流，逕注於淇"，並釋云："朱訛作'西流水也'，全、趙、戴同。守敬按：當作'西流，注於淇'。今訂。"《水經注校證》與本稿同，存考。

〔六〕介生按：末句爲石翁所增。

〔七〕《水經注疏》注釋云："會貞按：上言淇水逕壘南，則此當作在北，'西'字衍。"介生按：今本《水經注疏》與《水經注校證》均無"林慮"二字，顯然爲石翁所增。

〔八〕引文出自今本《讀史方輿紀要》卷四九《河南四》"彰德府林縣"下"淇陽城"條，據例補。

〔九〕原稿引文"湍"誤寫爲"崩"，據改。

〔一〇〕《水經注疏》此句作"隍澗"，並校云："趙作'間'。會貞按：《御覽》引作'澗'，《名勝志》引同。"據改。

〔一一〕《水經注疏》此句作"傾瀾渀蕩"，並校云："朱'瀾'訛作'澗'，'漭'作'渀'，《箋》曰：《御覽》引此作'傾瀾莽蕩'，戴、趙改'瀾'，戴又改'渀'作'漭'。守敬按：明抄本作'瀾渀'，字不誤，戴改非也。"原稿此句"渀"誤寫爲"奔"，據改。《水經注校證》此句作"傾瀾漭蕩"，存考。

〔一二〕此條爲夾注所增，注文省略。

〔一三〕《水經注疏》此句作'黄水'，無"華"字，並校云："趙'黄'下增'華'字，云：《御覽》《玉海》引《隋圖經》，並作'黄華水。下兩'黄水'亦增。戴增同。守敬按：《山海經》(《北山經》)：神囷之山，黄水出焉。本無'華'字，蓋古只稱黄水，後人因水出黄華谷，亦名爲黄華水。故雖《隋圖經》及《寰宇記》並作'黄華水'，不能以律此《注》。"《水經注校證》作"黄華水"，然卷末"校證"云："嘉靖《彰德府志》卷一《地理志第一》之'安陽縣'引《水經注》、乾隆《林縣志》卷四《山水志》下'黄水'引《水經注》均作'黄水'。"存考。

〔一四〕《水經注疏》此句後校云："趙改'山'作'上'，屬上句，云：《隋圖經》作'上'。"介生按：《水經注校證》作"北崖上"，然下又增一"山"字，存考。

〔一五〕原稿引文此句"懸"誤寫爲"縣",據改。

〔一六〕《水經注疏》此句作"黄水",説已見上。

〔一七〕引文出自今本《太平寰宇記》卷五五《河北道四》"相州林慮縣"下,依例補。

〔一八〕原書此條爲"隆慮山",據改。引文有節略。

〔一九〕引文此句"出"誤寫爲"山",據改。

〔二〇〕文淵閣四庫全書本《太平寰宇記》此句作"孤聳",與本稿同,今本《太平寰宇記》作"孤竦",竦,爲"聳"之通假字,存考。

〔二一〕今本《太平寰宇記》卷五五此句作"倉谷溪東北逕魯般門,其門立闕昂藏。"卷末"校勘記"云:"萬本據《水經·濁漳水注》改寫:倉谷溪東北逕魯般門西,雙闕昂藏。按'魯般門'之'般',《水經·濁漳水注》作'班'。"存考。

〔二二〕原稿此句"曰"字後被圈删。

〔二三〕引文出自文淵閣四庫全書本《北堂書鈔》卷一五八《地理部二》"穴"條下。

〔二四〕原稿此句"云"字後被圈删。依例補"林慮縣"三字。又今本及文淵閣四庫全書本《太平寰宇記》此句均作《水經》,存考。

〈頓丘,(《韻編》以此縣與頓丘郡之頓丘爲一地,云:在今清豐縣西南二十五里。穆案:非也。此縣太和中屬汲,孝昌中屬黎陽,永安元年分入内黄。〈魏無内黄,漢、晉之〉内黄故城[一],在今内黄縣西北二十里,則此縣殆今之内黄縣治,故永安中得以分入,而隋復立内黄,即仍頓丘治,屬汲郡也。若漢、晉頓丘,距黎陽近,距汲郡遠,鞭長莫及,遥領非情矣。)漢屬東郡[二],晉屬頓丘[三]。(穆案:此既非漢、晉故治,而上溯二代者,頓丘郡頓丘景[四],收不加别白,率依册籍録之,殊爲不瞭,幸此縣下有"永安中分入内黄"事[五],頓丘{郡}頓丘下"有顓頊{冢}、帝嚳冢"[六],可據以定其治所焉。)太和十八年屬。〉[夾注:此縣議删,此縣不確,更細核之。][七]

【校注】

〔一〕〈〉括號内文字後被圈删。

〔二〕據《漢書·地理志》與《續漢書·郡國志》,東郡下均有頓丘縣。

〔三〕據《晉書·地理志》,頓丘郡下有頓丘縣。

〔四〕此句下似有脱文。

〔五〕介生按:《魏書·地形志》中有多個頓丘縣,此頓丘縣應在今本《地形志上》“司陽黎陽郡”下。

〔六〕原稿此句有脱略，據補。

〔七〕介生按：據夾注之意，此縣應删，爲保持原貌，存此待考。

東郡

秦置，晉改爲濮陽，後復。

天興中，置兖州。太和十八年，並陳留郡改置。（《寰宇記》：漢東郡，晉初爲陳留、濮陽二國。十六國慕容德徙都此，爲燕。宋武帝平河南，於此置兖州，仍置東郡，以爲邊鎮，宋末屬後魏。孝文遷都於洛，廢兖州，以東郡屬司州[一]。穆案：遷洛以後，高祖、世宗兩朝有東郡，無陳留郡也。本《志》東郡注：天興中置兖州，太和十八年改。陳留郡注：漢武帝置，太和十八年罷，其改其罷，乃一時事。陽夏郡注明云：分東郡、陳留置，而所領五縣皆舊屬陳留。又小黄本屬陳留，而《孝感傳》云：東郡小黄縣人董吐〈輝〉{渾}、〈凡〉{兄}養[二]，事親至孝〈三世同居〉[三]。知陳留既罷，即併入東郡矣。蓋太和時陳留所領，止扶溝、陽夏、雍丘、濟陽、尉氏、小黄六縣，合陳郡所領東燕、白馬、涼城三縣，凡九縣。迨景明之際，東郡既復，置長垣，舊陳留之圉、襄邑、封丘亦復置，領縣過多，勢嫌畸重，故孝昌中遂分陽夏、陳留二郡。東郡既分，又嫌畸輕，故武泰初又分涼城置長樂也。又案：《元和志》：酸棗縣，本秦舊縣，屬陳留郡。後魏併入小黄。宣武帝復置，改屬東郡。夫以陳留舊縣而改屬東郡，則其時並陳留入東郡明甚，此亦一證也。又案：孝昌以前，司州無陳留郡，而相州、南兖州則皆置陳留郡。《列傳》：世宗時，李神爲陳留太守，帶〈狄〉{狄}丘戍主[四]。崔高容[五]，景明初，出爲〈相〉{揚}州開府掾[六]，帶陳留太守。此相州之陳留也。劉模于正始元年出爲陳留太守，其下文曰：時年七十餘矣，而飾老隱年，昧禁自效，遂家于南潁川，不復歸其舊鄉{矣}[七]。南潁川屬豫州，豫州與南兖接壤，蓋傳近以定居也。〈此疑爲南兖州之陳留矣。〉[此條可入“南兖陳留”下。——夾注][八]又魏祖漢制，畿内之地不以封〈固〉{國}[九]。太和十八年，將遷洛，〈徒〉{徙}封河南王幹爲趙郡王[一〇]，潁川王雍爲高陽王，山陽郡公〈遊明根〉{尉元}子爲博陵郡公[一一]。而當時有陳留王祚，祚子景皓，陳留侯李崇。益知孝昌以前，司州必無是郡矣。[後二條可删。——夾注]）

治滑臺城。（《河水注》：河水又東，右逕滑臺城北。城有三重，中小城謂之滑臺城。舊傳滑臺人自修築此城，因以名焉。城即故鄭廩延邑也[一二]，故東郡治。《太宗紀》：〈秦〉{泰}常元年九月[一三]，司馬德宗相劉裕，泝河伐姚泓，遣其部將王仲德爲前鋒，從陸道至梁城。兖州刺史尉建畏懦，棄州北渡，王仲德遂入滑臺。詔將軍叔孫建等渡河，〈曜〉{耀}威滑臺[一四]，斬尉建於城下。《世祖紀》：神䴥三年八月，劉義隆將到彦之自清水入河，泝流西行。

帝以河南兵少,詔攝四鎮。乃治兵,將西討。十一月辛丑,冠軍將軍安頡率諸軍攻滑臺。四年正月丙申,劉義隆將檀道濟、王仲德從清水救滑臺,丹陽王叔孫建、汝陰公長孫道生拒之,道濟等不{敢}近〔一五〕。二月辛酉,安頡、司馬楚之平滑臺。〈《宋書·索虜傳》:太祖踐阼,有志北略。元嘉七年,遣殿中將軍田奇告燾:"河南舊是宋土,中爲{彼}所侵〔一六〕,今當修復舊境,不關河北。"燾大怒,謂奇曰:"我生頭髮〈永〉{未}燥〔一七〕,便聞河南是我家地,此豈可得河南。必進軍,今權當{斂}戍相避〔一八〕,須冬行地淨,河冰合,自更取之。"彦之進軍,虜悉{斂}河南諸戍歸河北〔一九〕。十一月,虜大衆南渡河,彦之敗退,洛陽、滑臺、虎牢諸城並爲虜所没。〉〔二〇〕《寰宇記》白馬縣引《述征記》云:登滑臺城,西北望太〈門〉{行}山〔二一〕,白鹿巖,王莽嶺冠於衆山表也。《通鑑注》:滑臺城在白馬縣西〈南〉[《鑑注》查。——夾注])〔二二〕。晉太元九年,{謝}〈元〉{玄}北伐〔二三〕,遣别將郭滿據滑臺,滑臺之名始此。

領縣十三〔二四〕

【校注】

〔一〕此段引文出今本《太平寰宇記》卷九"河南道滑州"下,有節略。

〔二〕此處引誤抄"渾"爲"輝","兄"爲"凡",據改。

〔三〕〈〉括號内引文後圈删。

〔四〕此處引文出今本《魏書·李神傳》,誤抄"狄"爲"荻",據改。

〔五〕今本《魏書·裴叔業傳》"崔高客",恐有誤。《欽定四庫全書考證》卷六五:"(《天中記》卷三一上)'鬻官定價'條,北地梁佑、清河崔高容,刋本'北'訛'者','容'訛'客',並據《北史》改。"查《北史》卷四五爲"崔高容"。今本此條無校勘記。

〔六〕原稿引文誤抄"揚"爲"相",據改。

〔七〕此處引文出今本《魏書·高允傳》後,脱寫一"矣"字,據補。

〔八〕此條即指〈〉括號内文字。

〔九〕原稿誤寫"國"爲"固",據改。

〔一〇〕原稿誤抄"徙"爲"徒",據改。

〔一一〕原稿"遊明根"應爲"尉元"之誤,據改。

〔一二〕引文此句有節略。

〔一三〕原稿誤抄"泰"爲"秦",據改。

〔一四〕原稿誤抄"耀"爲"曜",據改。

〔一五〕此處引文空闕一"敢"字,據補。

〔一六〕此處引文空闕一"彼"字,據補。

〔一七〕此處引文誤抄"未"爲"永",據改。

〔一八〕此處引文空闕一“斂”字，據補。

〔一九〕此段引文有節略。原稿引文空闕一“斂”字，據補。今本《宋書》卷九五《索虜傳》作“虜悉斂河南一戍歸河北。”卷末“校勘記”云：“孫彪《宋書考論》云：‘一當作諸。’”

〔二〇〕〈〉括號内文字後有圈删之意。

〔二一〕原稿引文誤抄“行”爲“門”，據改。

〔二二〕經查，胡三省此注出今本《資治通鑑》卷一〇七《晉紀二十九》“晉武帝太元十三年”下：“滑臺城在白馬縣西，《春秋》鄭廩延邑也，唐爲滑州。”無“南”字，據删。

〔二三〕原稿空闕一“謝”字，據補。又避諱改“玄”爲“元”，據改。

〔二四〕今本《魏書·地形志上》“司州東郡”下領七縣：東燕、平昌、白馬、涼城、酸棗、長垣、長樂。

白馬（故城在今衛輝府滑縣東二十里。）

漢屬，晉屬濮陽〔一〕，後屬。

有滑臺宫、（《高祖紀》：太和十七年十月乙酉，〈行〉幸豫州〔二〕。癸巳，次於石濟。乙未，設壇於滑臺城東，告行廟以遷都之意。大赦天下。起滑臺宫。）山陽城、（《寰宇記》白馬縣：有山陽｛故｝城〔三〕，魏兗州刺史山陽公所築，城因人以立名〈也〉。〔四〕）樊城、凡豪城、（《收志》有。今本作“白馬樊城”，未詳，疑白馬下脱“津”字也。〔五〕）鹿鳴城、（《河水注》：〈黎陽〉天橋津東岸有故城〔六〕，險帶長河。戴延之謂之逯明壘，週二十里。言逯明，石勒十八騎中之一，城因名焉。郭緣生曰：城，袁紹時築。皆非也。余按：《竹書紀年》梁惠成王十〈一〉｛三｝年〔七〕，鄭釐侯使許息來致地平丘、户牖、首垣諸邑及鄭馳〈道〉｛地｝〔八〕，我取積道與鄭鹿，｛即｝是｛城｝也〔九〕。今城内有故臺，尚謂之鹿鳴臺，又謂鹿鳴城。王〈元〉｛玄｝謨自滑臺走鹿鳴者也〔一〇〕。濟取名焉，故亦曰鹿鳴津，又曰白馬濟。津之東南，有白馬城，衛文公東徙渡河，都之，故濟取名焉。《通鑑》：晉太元十一年，黎陽太守滕恬之南攻鹿鳴城。《注》：黎陽在河北，鹿鳴城在河南。《方輿紀要》：鹿鳴城，在滑縣東北六明鎮，在胡良渡口。胡良渡在縣東北，接開〈縣〉｛州｝境〔一一〕。或以爲即故鹿鳴城，〈訛〉｛誤｝爲六明〈也〉｛云｝〔一二〕。）韋城、（《濟水注》：濮渠又東逕韋城南，即白馬縣之韋鄉也。《史遷記》曰：夏伯豕韋之故國矣。城西出而不方。城中有六大井，皆隧道下，俗謂之江井也。有馳道，自城屬於長垣。《河水注》：白馬〈縣〉有韋鄉、韋城〔一三〕，故津亦有韋津之稱。《史記》所謂“下修武，渡韋津”者也。［《曹相國世家》作圍津。——原注］《方輿紀要》：韋城廢縣，在滑縣東南五十里。）孫就柵、（《通鑑》：劉牢之攻燕黎陽太守劉撫于孫就柵。《注》：孫就，人姓名，蓋立柵于黎陽界，劉撫因屯焉。）朝平溝、（《收志》有〔一四〕。《濟水注》：濮渠又東北，逕燕城南〔一五〕。東爲陽清湖陂〈亦曰燕城湖〉〔一六〕。逕桃城南，即《戰國策》所謂"酸棗，虚、桃者"也。而東注於濮，俗謂之朝平溝。〔一七〕）黎陽津、（《河水注》：今黎山之東北故城，蓋黎陽縣｛之｝故城也〔一八〕。山在城西，｛城｝憑石爲基〔一九〕，東阻於河。昔慕容〈元〉｛玄｝明自鄴率衆南徙滑臺〔二〇〕，既無舟楫，將保黎陽，昏而流澌冰合，於夜中濟訖，旦而冰泮，燕民謂是處爲天橋津。《元和志》：黎陽津，一名〈一名〉白馬津〔二一〕，在縣北三十里鹿鳴城之西南隅。）太學。（《崔〈暹〉｛挺｝傳》：｛纂｝從弟游爲｛河｝東〈郡〉太守。太學舊在城内，遊移置城南閑敞｛之｝處，親自説經。當時學者｛莫｝不勸勉，號爲良守。〔二二〕）。

【校注】

〔一〕據《漢書·地理志》和《續漢書·郡國志》，東郡下均有白馬縣。據《晉書·地理志》，白馬縣屬濮陽國。

〔二〕原書引文無"行"字，據改。

〔三〕此處引文脱寫一"故"字，據補。

〔四〕此處引文衍寫一"也"字，據改。

〔五〕關於"凡豪城"，今本《魏書·地形志上》卷末"校勘記"云："按《水經注》卷八《濟水篇》：'酸瀆水又東北逕燕城北，又東逕滑臺城南，又東南逕瓦亭南。《春秋》定公八年，公會晉師於瓦。'楊守敬《水經注疏》（下簡稱《楊疏》），此條下熊會貞曰：《地形志》白馬有'凡豪城'，'凡豪'乃'瓦亭'之誤，在今滑縣南。"

〔六〕此處引文原有"黎陽"二字，後圈删。

〔七〕原稿此處引文作"梁惠成王十一年"，《水經注疏》作"梁惠成王十三年"，並釋云："趙改'三'爲'一'云：'《竹書》是十一年，改三爲一。'戴改同。守敬按：今本《竹書》是周顯王十一年，正當梁惠成王十三年，《通鑑》晉太元十一年《注》《地理通釋》引此，並作十三年，則《注》文不誤。"據改。

〔八〕原稿引文此處作"鄭馳道"，《水經注疏》作"鄭馳地"，並釋云："趙'地'改'道'，云：《竹書》作'馳道'，《通鑑地理通釋》同。戴改同。守敬按：各本《竹書》皆作'馳地'，《地理通釋》亦作'馳地'，不知趙氏此條先後何以皆與原書相反？戴亦未校原書，故爲所誤。"據改。

〔九〕此處引文脱"即""城"二字，據補。

〔一〇〕此處引文避諱改"玄"爲"元"，據改。

〔一一〕此處引文誤抄"州"爲"縣"，據改。

〔一二〕此條引文有節略，誤抄"誤"爲"訛"，"云"爲"也"，據改。

〔一三〕《水經注疏》無"縣"字，並注云："趙'馬'下增'縣'字。"

〔一四〕今本《魏書·地形志上》"東郡白馬縣"下有"朝溝"，非"朝平溝"。

〔一五〕此處引文有節略。

〔一六〕〈〉括號内引文後圈删。此處引文亦有節略。

〔一七〕《水經注疏》此處注云："會貞按：《地形志》白馬縣（縣見《河水注》）有朝溝。"

〔一八〕此處引文脱寫一"之"字，據補。

〔一九〕此處引文脱寫一"城"字，據補。

〔二〇〕此處引文避諱改"玄"爲"元"，據改。

〔二一〕原稿此處重寫"一名"二字，後圈删。

〔二二〕此段引文有誤。引文應出自今本《魏書·崔挺傳》，而非《崔暹傳》。崔游曾爲"河東太守"，而非"東郡太守"。引文亦有多處闕漏，據改、補。

涼城（在今滑縣東北。《收志》：武泰〈和〉｛初｝〔一〕，分涼城置長樂縣。《元和志》云"孝文置"，疑誤。〔二〕）

魏置。

治神馬亭。（《河水注》：河水又東北，逕白馬縣之涼城北。《耆舊傳》云：東郡白馬縣之神馬亭，實中層峙，南北二百步，東西五十許步，狀丘斬城也。自外耕耘墾斫，削落平盡。正南有躔陛陟上，方軌是由。西南側城有神馬寺，樹木修整，西去白馬津可二十許里，東南距白馬縣故城可五十里，疑即《開山圖》之所謂"白馬山"也。山〈下〉｛上｝常有白馬群行〔三〕，悲鳴則河決，馳走則山崩。亭上舊〈治〉｛置｝涼城縣〔四〕，治此。《收志》〔五〕：有涼城。《御覽·州郡志六》"滑州"引《西征記》曰：古有神〈台〉｛白｝馬〔六〕，因以名縣。《御覽》七十一引《述征記》曰：涼城至長壽津六十里，河之故瀆〈存〉｛在｝焉。〔七〕）

有南中城、（〈《收志》有。〉〔八〕）西王母祠、（《收志》有。）般祠。（《收志》長樂縣："武泰初，分涼城置，有盤｛祠｝〔九〕。"脱"祠"字。《河水注》：河水自津東北，逕涼城縣，河北有般祠〔一〇〕。《孟氏記》云：祠在河中，積石爲基，河水漲盛，恒與水齊。戴氏《西征記》云：今見祠在東岸臨河，累石爲壁，其屋宇容身而已，殊似無靈，不如孟氏所記，將恐言之過也。）

【校注】

〔一〕原稿引文誤抄"初"爲"和"，據改。

〔二〕引文見今本《元和郡縣圖志》卷十六《河北道一》"相州洹水縣"下。

〔三〕原稿引文作"山下",《水經注疏》作"山下",並釋云:"朱作'山下',趙、戴同。守敬按:黄本作'山上'。《元和志》《御覽》四十二、七十一、《寰宇記》《通鑑》周赧王四年《注》引《開山圖》,並同。則'下'爲'上'之誤無疑,今訂。"據改。

〔四〕原稿引文誤抄"置"爲"治",據改。

〔五〕引文見今本《魏書·地形志上》"司州東郡涼城"下注文。

〔六〕引文此句"白"誤寫爲"台",據改。文淵閣四庫全書本《太平御覽》無此條引文。

〔七〕後三條引文均爲後增夾注。此句"在"誤寫爲"存",據改。

〔八〕〈〉括號内文字後有圈删之意,然今本《魏書·地形志上》"涼城"下注有南中城,不應删。

〔九〕今本《魏書·地形志上》卷末"校勘記"云:"《楊校》:'盤'字有脱文。按《水經·河水注》(卷五):河水東北逕涼城縣,河北有盤祠。則此脱'祠'字。"據補。

〔一〇〕《水經注疏》此句下校云:"守敬按:《地形志》長樂縣:'武泰初,分涼城置。有盤。'盤、般通,下脱'祠'字。般祠本屬涼城,故《注》於河水逕涼城下敘之,至後分屬長樂,則酈氏所不及知也。"存考。

東燕(在今衛輝府延津縣東三十五里。)

漢南燕,後漢〈省南字〉曰燕[一],屬。晉廢。(穆案:《收志》注曰"二漢屬",不加别白,已覺不瞭,曰"晉屬濮陽",尤誤。晉濮陽國領濮陽、廩丘、白馬、鄄城,凡四縣也。[二])

慕容德改〈曰〉置〈東〉燕[三],(《元和志》:漢{爲}南燕縣,{其後}慕容德都之,〈改曰〉{復號}東燕。[四])魏因之。(《通鑑》:趙將桃豹遁,屯東燕城。《注》:即漢東郡燕縣也。後魏置東燕縣,屬陳留郡。穆案:桃豹所屯者,即此東燕也。魏仍屬東郡,其屬陳留者,乃南兖州陳留郡之東燕縣,魏收《志》亦不誤,身之誤合爲一[五]。)

有燕城、(《收志》有。《〈河〉{濟}水注》[六]:濮渠又東北,逕燕城南,故南燕,姞姓之國也,有北燕,故以南氏縣。)石濟津、(《宋書·垣護之傳》:玄謨攻滑臺,護之百舸爲前鋒,進據石濟。石濟在滑臺西南百二十里。《注》互見"卷縣土樓"下[七]。《河水注》:河水〈又逕東燕縣故城北,則有濟水自北來注之〉{又東,過燕縣北,淇水自北來注之}。[八]河水於是有棘津之名,亦謂之石濟津,故南津也。[九]宋元嘉中,遣輔國將軍蕭斌{率}寧朔將軍王玄謨北入[一〇],宣威將軍垣護之以水軍守石濟,即此處也。《初學記》"河南道滑州"引《述征記》曰:

河有一積石,謂之石濟。《元和志》汲縣:黄河{西}自新安〈縣〉{鄉}流入〔一一〕,經〈歲〉{縣}南〔一二〕,{去縣}七里〔一三〕,謂之棘津,亦謂之石濟津。[《元和志》更核。——夾注])高祖行宫、(《高閭傳》:〈帝〉{車駕}還幸石濟〔一四〕,閭朝於行宫。)燕城湖、(《濟水注》:濮渠又東北,逕燕城南〔一五〕。東爲陽清湖陂,南北五里,東西三十里,亦{曰}燕城湖〔一六〕。)堯祠、(《收志》有。)伍子胥廟。(《收志》有〔一七〕。《河水注》亦有伍子胥廟,云"在北岸頓丘界",則與東燕之廟無涉也。蓋魏齊之交,子胥之廟所在多有,如江東之祀蔣侯矣。隋〈書〉高勱〈傳曰〉拜楚州刺史〔一八〕。{先是}〔一九〕,城北有伍子胥廟,其俗敬鬼,祈禱者必以牛酒,至破產業。勱歎曰:"子胥賢者,豈宜損百姓乎?"乃告諭所部,自此遂止,百姓賴之。)

【校注】

〔一〕據《漢書·地理志》,東郡下有南燕縣。據《續漢書·郡國志》,燕縣屬東郡。〈〉括號内文字後圈删。

〔二〕原注出自今本《魏書·地形志上》"東郡東燕縣"下。介生按:石翁説是,今本《魏書·地形志》無校勘記,不知何故。

〔三〕〈〉括號内文字後圈删。介生按:據下引文,"東"字似應保留,圈改有誤。

〔四〕引文出今本《元和郡縣圖志》卷八《河南道四》"滑州胙城縣"下,内容有脱、衍之處,據改。

〔五〕介生注:即指《胡注》,胡三省,字身之。

〔六〕此段引文出處有誤,應出自《水經·濟水注》,據改。

〔七〕卷縣在本稿卷二"滎陽郡"下。

〔八〕原稿引文與《水經注疏》内容有較大出入,《水經注疏》釋文云:"朱訛作'河水又東,燕縣故城北,則有濟水自北來注之'。全、趙、戴並以此處爲《注》,東下燕上增逕字,戴又删則有以下九字。守敬按:皆非也。蓋此二句本是《經》,惟有衍文、脱文耳。何以知之?即以《注》文知之。濟水在河南,不在河北,且此地無濟水入河,濟是誤字無疑。然既有此句,則必確指一水。考前漢之南燕縣,後漢、魏曰燕縣。燕縣之北[燕城詳《濟水注》。——原注],正當淇水自北來注河之處,則知《經》本作'又東,過燕縣北,淇水自北來注之'。下《注》文'河水又東,淇水入焉',正應《經》'淇水自北來'之説。正證此條是《經》,非《注》也。自傳抄繆亂,《通鑑》宋元嘉二十七年胡《注》所引,已是誤本。全、趙、戴見上句與《經》不合,遂改《經》作《注》,戴並臆删下句,今爲訂正,頓見廬山真面,亦一快也。"據改。

〔九〕此處引文有節略。

〔一〇〕原稿引文脱寫一"率"字,據補。

〔一一〕此段引文出今本《元和郡縣圖志》河北道衛州汲縣下。引文脱寫一“西”字,據補。“新安縣”應爲“新安鄉”之誤,今本《元和郡縣圖志》卷十六校勘記云:“今按:各本作‘新字縣’,誤。”據改。

〔一二〕此句引文誤抄“縣”爲“歲”,據改。

〔一三〕此句引文脱“去縣”二字,或是版本之異,據補。

〔一四〕此句引文誤抄“車駕”爲“帝”,據改。

〔一五〕此處引文有節略。

〔一六〕此句引文脱寫一“曰”字,據補。

〔一七〕今本《魏書・地形志上》“東燕縣”下有“伍子胥祠”。

〔一八〕原稿引文有“書”及“傳曰”,後圈删。

〔一九〕原稿引文有“先是”,後圈删。

酸棗(在今延津縣北十五里。)

漢、晉屬陳留〔一〕。魏初〈太和十八年〉〔二〕,並小黄。

宣武帝復置,屬。(《元和志》酸棗{縣}〔三〕:本秦舊縣,屬陳留郡。後魏併入小黄。宣武帝復置,改屬東郡。《寰宇記》:廢酸棗縣,在酸棗縣北十五里,後魏孝文太和十八年廢。廢,萬刻作“置”,誤〔四〕。)

有酸棗城、(《收志》有。《濟水注》:濮渠又東北,逕酸棗縣故城南。〔五〕《漢官儀》曰:舊河堤謁者居之。《寰宇記》酸棗縣:古酸棗城,在縣西南十五里。按《韓世家》:“哀侯即位,滅鄭,遂都酸棗。”舊宫餘址猶存。又廢酸棗縣,在縣北十五里,後魏孝文帝太和十八年置。穆案:《元和志》謂宣武復〈屬〉{置}〔六〕,《寰宇記》謂孝文已置,二説未知孰是。以遷洛後並置全規揆之,疑樂氏之言或未核也。)望氣臺、(《收志》有。《濟水注》:酸棗城西有韓王望氣臺。孫子荊《故臺賦》敘曰:酸棗〈寺〉{縣}門外〔七〕,夾道左右有兩故臺,訪之故老云:韓王聽訟觀臺,高十五仞,雖樓榭泯滅,然廣基似于山嶽。召公大賢,猶舍甘棠,區區小國,而臺觀隆崇,驕淫於世,以鑒來〈茲〉今〔八〕,故作賦曰:蔑邱陵之邐迤,亞五嶽之嵯峨,言壯觀也。《寰宇記》酸棗縣:韓王臺二,並在縣南一十六里。按孫楚《韓王臺賦》云:酸棗縣[《注》作寺。——原注]門外,左右有兩故臺,訪故老云:韓王聽政[《注》作訟。——原注]之觀也〔九〕。又望氣臺在縣西南十五里。《輿地志》云:酸棗縣西有韓王望氣臺。穆案:《酈注》似合“望氣”“聽訟”爲一地。據樂氏《記》,知不同也。)胏山、白沙淵、五馬淵、(俱見《收志》。)靈昌津、(《河水注》:河水東至酸棗西〔一〇〕。又東北,通謂之延津。石勒之襲劉曜,途出於此,以河冰泮爲神靈之助,號是處爲靈昌津。《元和志》:延津,即靈昌津也,在〈酸棗縣〉{靈昌縣}東北二十二里[一一]。)同池陂。(《濟水注》:濮渠又東北,逕酸棗縣故城南[一二]。{濮水}北積成陂[一三],陂方五里,號曰同池陂。)

【校注】

〔一〕據《漢書·地理志》與《續漢書·郡國志》,陳留郡下均有酸棗縣。

〔二〕原稿此句有"太和十八年",後圈删。

〔三〕原稿此句略寫一"縣"字,據補,引文有節略。

〔四〕今本《太平寰宇記》卷二《河南道二》"開封府酸棗縣"下亦爲"置",無相關校勘記。文淵閣四庫全書本《太平寰宇記》亦作"置",石翁説是。

〔五〕此處引文有節略。

〔六〕原稿引文誤抄"置"爲"屬",據改。

〔七〕原稿引文作"酸棗寺",《水經注疏》作"酸棗縣",並釋云:"朱'縣'訛作'寺',全、趙、戴同,守敬以《寰宇記》引改。"據改。

〔八〕原稿引文此句衍一"兹"字,據删。

〔九〕引文原注所云《注》,即《濟水注》。

〔一〇〕此處引文有節略。

〔一一〕原稿此處引文有誤。這段引文應出自今本《元和郡縣圖志》卷八"滑州靈昌縣"下,故延津(靈昌津)應在靈昌縣東北二十二里,而非酸棗縣。據改。

〔一二〕此處引文有節略。

〔一三〕此句引文脱寫"濮水"二字,據補。

長垣(在今大名府長垣縣東北十里。)

漢、晉屬陳留,後屬[一]。

真君八年,並外黄。景明三年,復。

有平丘城、(《收志》有。《寰宇記》陳留縣:平丘城,在縣北九十里。《陳留風俗傳》云:{平}丘城[二],衛靈公邑。《春秋》昭公十三年:〈晉會諸侯于平丘〉{公會劉子、晉侯等於平丘}[三]。杜預注云:平丘,在{陳留}長垣縣西南。[四])長垣城、(《收志》有。《濟水注》:濮渠東絶馳道,東逕長垣縣故城北,衛地也,故首垣矣。秦更從今名。[五]《陳留風俗傳》曰:縣有防垣,故縣氏之。)漆城、(《濟水注》:濮渠之側有漆城。《竹書紀年》{曰}[六]:梁惠成王十六年,邯鄲伐衛,取漆、富丘城之者也,或亦謂之宛〈濮〉亭[七]。《春秋》:寧武子與衛人盟于宛濮。杜預曰:長垣西南,近濮水也。《寰宇記》:漆城,在長垣縣西二十里。)祭城、(《濟水注》:長垣縣有祭城，濮渠逕其北，鄭大夫祭仲之邑也。杜預曰：陳留長垣縣東北有祭城者也。《一統志》〔八〕：祭城，在長垣縣東北。《｛後漢書｝·郡國志》〔九〕：長垣有祭城〔一〇〕。《縣志》：今縣東北有祭城村。按：杜《注》以此城爲鄭祭封人｛仲｝邑〔一一〕。今考此乃衛地，不應爲鄭臣采邑。）匡城、（《收志》有。《寰宇記》襄邑縣：古匡城，在縣西三十里。《地理志》云：秦以承匡之地卑濕，故徙縣於襄陵，其城遂廢。昔仲尼遊此城，匡人誤圍夫子，夫子由城東南空角｛角空｝而出〔一二〕，其跡猶存。《渠水注》：今陳留長垣縣南有匡城，即平丘｛邱｝之匡亭也〔一三〕。穆案：孝昌中已復置陳留郡，故酈君云陳留長垣也。然《收志》不云長垣孝昌中仍屬陳留，是其疎也〔一四〕。《長垣志》：今縣西南有司家坡，即古匡城也。）龍城、（《收志》有。《寰宇記》：龍城，在長垣縣東南二十里，昔夏桀臣龍逄所居，｛因｝以爲名〔一五〕。〈今城東有關龍逄墓，墓側有祠。〉〔一六〕《長垣志》：龍城，在縣南，今名龍相村。）蒲城、子路祠、（《收志》有。《濟水注》：濮渠又東，逕蒲城北，故衛之蒲邑，孔子將之衛，〈子〉路出〈迎〉于蒲者也〔一七〕。《寰宇記》：蒲城，在長垣縣東北十里。《春秋》｛云｝〔一八〕：齊侯、衛侯胥命于蒲。杜預｛注｝云〔一九〕：蒲，衛地，在陳留長垣縣西南。《家語》云："子路治蒲三年，孔子過之，三稱仲由之善。"即此也。今城内有子路祠。《一統志》〔二〇〕：長垣縣〈志〉｛治｝〔二一〕，故蒲城也，明洪武初遷縣於此。）衛靈公祠、（《收志》有。《寰宇記》：衛靈公祠，在長垣縣東北二十七里｛長垣城内｝〔二二〕。）長羅澤、（《濟水注》：圈城又言長垣縣有羅亭，故長羅縣也，後漢省並長垣，有長羅澤，即吴季英牧豬處也。《明一統志》〔二三〕：長羅城，在舊長垣縣西南三十里。）蘧伯岡。（《濟水注》：又有蘧伯玉岡，《陳留風俗傳》曰：長垣縣有蘧伯鄉，一名新鄉，有蘧亭、伯玉祠、伯玉塚。曹大家《東征賦》曰：到長垣之境界兮，察農野之居民，睹蒲城之丘｛邱｝墟兮，生荊棘之蓁蓁，蘧氏在城之東南兮，民亦〈饗〉｛向｝其丘｛邱｝墳〔二四〕。《寰宇記》：蘧伯玉祠，在長垣縣東七里，祠在墓側。《長垣志》：縣東南有伯玉村。）

【校注】

〔一〕據《漢書·地理志》和《續漢書·郡國志》，陳留郡下均有長垣縣。據《晉書·地理志》，長垣縣屬陳留國。

〔二〕引文此句脱寫一"平"字，據補。

〔三〕原稿此處引文與文淵閣四庫全書本《太平寰宇記》相同，與今本原文有較大出入，據改。

〔四〕引文此句脱寫"陳留"二字，據補。

〔五〕此處引文有節略。

〔六〕此句引文脱寫一"曰"字，據補。

〔七〕《水經注疏》"宛濮亭"作"宛亭",並釋云:"朱'宛'作'菀',下同,又上有'濮'字。全、趙、戴改'宛',乙作'宛濮'。會貞按:按杜預説,當止作'宛亭',不當有'濮'字,今删。"據改。

〔八〕此《一統志》應爲文淵閣四庫全書本乾隆《大清一統志》。

〔九〕原稿此句引文脱寫"後漢書"三字,據補。今通稱《續漢書·郡國志》。

〔一〇〕此處引文有節略。

〔一一〕《一統志》引文脱寫一"仲"字,據補。

〔一二〕今本《太平寰宇記》"空角"作"角空",與金陵書局刊本同,然查文淵閣四庫全書本也爲"空角",石翁所據版本應與今本不同,未知孰是。

〔一三〕《水經注疏》撰著者將陳留、長垣斷開,並釋云:"此匡城見《濟水二》濮水下。長垣縣,兩漢、魏、晉屬陳留,後魏屬東郡,此今字當衍,或又字之誤。二語本《續漢志》爲説,南字亦當衍,如參以僖十五年杜《注》則當作西南。《續漢志》長垣有匡城,又平邱有匡,證以此《注》,下脱亭字。故劉昭云匡人之亭。蓋長垣、平邱地相接,匡在兩縣間,故司馬彪分爲二,酈氏合爲一也。"又介生按:原稿常以"丘"替代"邱",二字通假。

〔一四〕介生按:石翁觀點顯然與《水經注疏》撰著者不同,但酈道元死於孝昌年間,而《水經注》完成應早於孝昌,這種觀點似可商榷。

〔一五〕引文此句脱寫一"因"字,據補。

〔一六〕〈〉括號内文字後圈删。

〔一七〕《水經注疏》此句作"路出於蒲者也",並釋云:"朱'路'上衍'子'字,全、趙、戴同。全、趙於出下增'迎'字。守敬按:此乃《家語》(《入官》)孔子適衛出於蒲之路,淺人以下有子路事,妄添'子'字。全、趙、戴均不檢察,全、趙又臆添'迎'字,大誤。"據改。

〔一八〕引文此句脱寫一"云"字,據補。

〔一九〕引文此句脱寫一"注"字,據補。

〔二〇〕此條引文出自文淵閣四庫全書本乾隆《大清一統志》卷二二《大名府》"故蒲城"條下。

〔二一〕此句引文誤抄"治"爲"志",據改。

〔二二〕引文此句脱寫"長垣城内"四字,據補。

〔二三〕此條引文出自明人李賢等撰《明一統志》卷四大名府古跡"長羅城"下。

〔二四〕《水經注疏》此句下校云:"朱'嚮'訛作'饗',戴改,趙同。會貞按:殘宋本、《大典》本作'向',向,嚮同。《文選》作'尚'。孫老祖《考異》謂向字之誤。"據改。

小黄（在今開封府陳留縣東北。）

漢、晉屬陳留[一]。

真君八年，並外黄。太和中，復，屬[二]。

有小黄城、（《收志》有。《寰宇記》陳留縣：小黄城，漢縣名，故城在今縣東北三十三里，亦曰小黄園。）高陽故亭、（《睢水注》：睢水又東，逕高陽故亭北，俗謂之陳留北城，非也。蘇林曰：高陽者，陳留北縣也。按在留，故鄉〈巨〉{聚}名也[三]，有《漢廣野君廟碑》。延熹六年十二月，雍丘{邱}令董生，仰餘徽於千載，〈邁〉{遵}茂美於絶代[四]，命縣人〈萇〉{長}照爲文[五]，用〈彰〉{章}不朽之德[六]。今故宇無聞，而單碑介立矣。）鉼鄉亭、（《汳水注》：汳水又東，逕陳留縣之鉼鄉亭北。《陳留風俗傳》所謂縣有鉼鄉亭，即斯亭也。《睢水注》：陳留縣有鉼亭，鉼鄉。）黄溝、（《泗水注》：黄水出小黄縣黄鄉黄溝。《國語》曰：吴子會諸侯于黄池者也。[先溝後陂。——夾注][七]）大薺陂、（《泗水注》：黄溝又東，注大澤，蒹葭、〈萑〉{莞}葦生焉[八]，即世所謂"大薺陂"也。）昭靈后冢、（《收志》有。《寰宇記》：昭靈夫人陵廟，在陳留〈廟〉{縣}北三十七里[九]。）陳冢、（《收志》有。《寰宇記》：陳陵，在陳留縣北二十里。按《城冢記》云："大梁城東三十里、汴水北五里有黄柏山，陳元方祖父〈墳〉{墓}二十區[一〇]，有碑存。）蔡邕冢。（《收志》有。《寰宇記》開封縣：蔡伯喈墓，在縣東北四十五里[一一]。穆案：已上三冢，收所以特志之者，明舊陳留縣東北境，魏併入小黄也。[互見"開封陳留城"下。——原注]）

【校注】

〔一〕據《漢書·地理志》和《續漢書·郡國志》，陳留郡下均有小黄縣。據《晉書·地理志》，小黄縣屬陳留國。

〔二〕小黄縣在今本《魏書·地形志中》"梁州陳留郡"下。

〔三〕原稿引文誤抄"聚"爲"巨"，蓋時俗字，據改。

〔四〕原稿引文誤抄"遵"爲"邁"，據改。

〔五〕《水經注疏》"萇照"爲"長照"，並校云："朱'長'作'萇'，趙同，戴改。會貞按：黄本作'萇'，明抄本作'長'。"據改。

〔六〕《水經注疏》"彰"作"章"，或是誤抄，或是版本不同。又此處引文有節略。

〔七〕原稿將"大薺陂"置於"黄溝"之前，根據夾注改。

〔八〕《水經注疏》"萑葦"爲"莞葦"，並釋云："戴改'莞'爲'萑'。"據改。

〔九〕原稿引文誤抄"縣"爲"廟",據改。

〔一〇〕原稿引文誤抄"墓"爲"墳",據改。

〔一一〕此處引文有節略。蔡邕,字伯喈。

封丘(今衛輝府封丘縣治。)

漢、晉屬陳留〔一〕。

真君九年,並酸棗。景明二年,復〔二〕。

治封丘城。

有封丘臺、(《收志》有。《寰宇記》:封丘臺,在封丘縣東五里。按《世本》:"東郡〈齊〉{燕}國侯伯儵子卒〔三〕,葬此,遂於城内作地道{向子墓,亦名向子臺}〔四〕。)白溝。(《收志》有。注見"汲郡朝歌"下。)

【校注】

〔一〕據《漢書·地理志》與《續漢書·郡國志》,陳留郡下均有封丘縣。據《晉書·地理志》,封丘縣屬陳留國。

〔二〕封丘縣在今本《魏書·地形志中》"梁州陳留郡"下。

〔三〕原稿引文誤抄"燕國侯"爲"齊國侯",據改。

〔四〕今本《太平寰宇記》卷一"封丘縣"下此條又續有"向子墓,亦名向子臺。"校勘記云:"底本'向'上空闕一格,萬本、《庫》本同,不可解,宋版無空闕,據改。"

濟陽(在今開封府蘭儀縣北。)

漢、晉屬陳留〔一〕。(漢故城,在今蘭儀縣北五十里。晉故城,在今蘭儀縣東北二十里。)

延和二年,置徐州,(《刁雍傳》:延和二年,立徐州于外黄城,置譙、梁、彭、沛四郡九縣。)皇興初罷〔二〕。

有濟陽城、(《收志》有。)外黄城、(《收志》有。漢、晉外黄故城,在今開封府杞縣東六十里。)東昏城、(《收志》有。漢東昏故城,在今蘭儀縣東北二十里。今本《收志》作"東緡",誤。漢東緡縣屬山陽郡,故城在今濟寧州金鄉縣東北二十里,與濟陽相距遠,無由併入也〔三〕。)蕣倉城、大齊城、小齊城、科城。(《汳水注》:汳水又〈東〉逕外黄縣南〔四〕,又東逕蕣倉城北。《續述征記》曰:蕣倉城去大遊墓二十里。又東逕大齊城南。《陳留風俗傳》曰:外黄縣南有大齊亭。又東逕科城北。《陳留風俗傳》曰:縣有科稟亭。是則科稟亭也。〈汲〉{汳}水又東〔五〕,逕小齊城南。)

【校注】

〔一〕據《漢書・地理志》與《續漢書・郡國志》,陳留郡下均有濟陽縣。據《晉書・地理志》,濟陽縣屬陳留國。

〔二〕在今本《魏書・地形志中》有多個濟陽縣,此濟陽縣應在"梁州陽夏郡"下。

〔三〕查今本及文淵閣四庫全書本《魏書・地形志中》此條均作"東緡城",與"東昬城"差異較大,均無校勘記。

〔四〕此處引文衍寫一"東"字,據删。

〔五〕原稿引文誤抄"汳水"爲"汲水",據改。

尉氏(今開封府尉氏縣治)

漢、晉屬陳留〔一〕。

興安初,並苑陵。太安二年,復〔二〕。

治尉氏城。(《收志》有。《渠水注》:長明溝水又東,逕尉氏縣故城南。圈稱云:尉氏,鄭國之東鄙。弊獄官名也。鄭大夫尉氏之邑。)

有陵樹亭、(《收志》有。今本作"有陵有亭。"謬〔三〕。《渠水注》:康溝東逕平陸縣故城北〔四〕。建武元年,以户不滿三千罷爲尉氏縣之陵樹鄉。又有陵樹亭,漢建安中,封尚書荀攸爲陵樹鄉侯。故《陳留風俗傳》曰:陵樹鄉,故平陸縣也。趙一清曰:按《漢志》陳留郡無平陸縣{也}〔五〕。劉昭《續志補注》于尉氏縣下引《陳留志》云:有陵樹鄉。則東京廢省之説有如酈言,抑或班固之失記耳。《方輿紀要》:陵樹亭,在尉氏縣東北三十五里。)少曲亭、(《渠水注》:康溝水又東逕少曲亭。《陳留風俗傳》曰:尉氏縣有少曲亭,俗謂之爲小城也。《方輿紀要》:少曲亭,在尉氏縣東〔六〕,此河南之少曲也。)波亭、鴻溝亭、(《渠水注》:尉氏縣有波鄉、波亭、鴻溝鄉、鴻溝亭,皆藉水以立稱也。)長樂廄。(《渠水注》:尉氏北有大澤,名長樂廄。趙一清曰:按劉昭《補注》尉氏縣下引《陳留志》曰:北有大澤,澤有天子苑,{有}長樂廄〔七〕,漢諸帝以馴養猛獸,然則廄非澤名,善長誤矣〔八〕。)

【校注】

〔一〕據《漢書·地理志》與《續漢書·郡國志》,陳留郡下均有尉氏縣。據《晉書·地理志》,尉氏縣屬陳留國。

〔二〕尉氏縣在今本《魏書·地形志中》"梁州開封郡"下。

〔三〕今本《魏書》校勘者同意石翁的意見,該條"校勘記"云:"《延昌志》卷二東郡尉氏下作'陵樹亭',云:'今本作有陵有亭,謬。《渠水注》(《水經注》卷二二):康溝東逕平陸縣故城北。建武元年,以户不滿三千罷爲尉氏縣之陵樹鄉,又有陵樹亭,漢建安中封尚書荀攸爲陵樹鄉侯,故《陳留風俗傳》曰:陵樹鄉,故平陵縣也。'《渠水篇》此條下楊《疏》亦以爲《地形志》'有樹(應爲陵——介生注)有亭'下'有'字爲'樹'之訛。"

〔四〕引文此處有節略。

〔五〕引文出自《水經注釋》卷二十二注文,引句脱寫一"也"字。

〔六〕引文此處有節略。

〔七〕引文此句脱寫一"有"字,據補。

〔八〕關於此條注釋,《水經注疏》又釋云:"會貞按:善長何至以廄爲澤,此有誤字,作'澤有長樂廄',則無疑矣。"介生按:今本《水經注釋》卷二十二注文有"有"字,據熊會貞所見版本不同。

扶溝(在今陳州府扶溝縣東北五十里。)

漢屬淮陽〔一〕,後漢、晉屬陳留〔二〕。

真君八年,併長平,屬。(穆案:長平後復屬揚州北陳郡,蓋世宗時制也。)〔三〕

有白亭城、(《收志》有。《渠水注》:康溝水又東,逕扶溝縣之白亭北。《陳留風俗傳》曰:扶溝縣有帛鄉、帛亭,名在七鄉十二亭中。〔四〕)大扶城、小扶城、(《渠水注》:沙水又南,逕小扶城西,而東南流{也}〔五〕。城即扶溝縣之平周亭〔六〕。沙水又東南逕大扶城西,城即扶樂故城也。城北二里有《袁良{梁}碑》〔七〕,云:良{梁},陳國扶樂人〔八〕。《陰溝水注》:〈過〉{渦}水逕大扶城西〔九〕,城之東北,悉諸袁舊墓,碑字傾{低}〔一〇〕,羊、虎碎折,唯司徒滂、蜀郡太守騰、博平令光碑字,所存唯此,自餘殆不可尋。)[夾注:大、小扶城入"陽夏大小扶溝"下。]〔一一〕蔡水、(《收志》有〔一二〕。穆案:即《渠水注》之沙水也。《乾隆府廳州縣{圖}志》扶溝縣〔一三〕:蔡水,一名小黄河,亦名惠民河。自開封府尉氏縣流入縣東,又南逕西華縣,又東逕府城南,合於潁,即沙水也。沙、蔡音同,與淮寧縣沙河别。按五代周顯德六年,引河入蔡,以通陳、潁之漕。宋時導閔水入于蔡，是爲惠民河。陳、蔡之粟，自此入汴，元時爲河水所奪，賈魯治之，故自朱仙鎮以上通名賈魯河，自鎮以下，昔由通許流入扶溝，今則近尉氏而遠于通許，于《水經》及《元和志》故道不能盡合，然大略可〈知〉｛考｝矣[一四]。）扶溝水、（《收志》有[一五]。穆案：《渠水注》：沙水南逕扶溝縣故城東，縣即〈穎〉｛潁｝川之谷平鄉也[一六]。有扶亭，又有洧水溝，故縣有扶溝之名焉。然則，扶溝即洧水也。《乾隆府廳州縣｛圖｝志》扶溝縣：洧水自開封府鄢陵縣東流，至縣北，注蔡，亦名雙洎河。班固云：洧水東南至長平，入〈穎〉｛潁｝[一七]。按洧水本入潁，宋時導之，〈至〉｛自｝扶溝入蔡[一八]。今有史家河在西華縣西南，即洧之餘流也。）康溝水、（《收志》有。《渠水注》：康溝水首受洧水於長社縣東，東北逕向岡西[一九]，後人遏其上口，今水盛則北注，水耗則〈輙〉｛輟｝流[二〇]。又曰：長明溝水又東逕尉氏｛縣｝故城南[二一]。溝瀆自是三分，北分爲康溝，東逕平陸縣故城北[二二]。又東逕扶溝縣之白亭北[二三]，又東逕少曲亭[二四]，又東南逕扶溝縣故城東，而東南注沙水。穆案：康即長明之合音。）龍州｛洲｝陂、（《收志》有[二五]。）召陵岡。（《收志》有。今本作"刀陵｛岡｝"，誤[二六]。《渠水注》：八里溝水又南逕〈召陵亭〉｛邵亭｝西[二七]，東入沙水。又曰：沙水又南，會南水，其水南流，又分爲二水，一水南逕關亭東，又東南流，與左水合，其水自枝瀆南逕召陵亭西，疑即扶溝之亭也[二八]，而東南合右水。）

【校注】

〔一〕據《漢書・地理志》，淮陽國下有扶溝縣。

〔二〕此處恐有誤。據《續漢書・郡國志》，扶溝縣屬陳留郡，而據《晉書・地理志》，陳留國下領十縣，其中并無扶溝縣，存考。

〔三〕扶溝縣在今本《魏書・地形志中》"鄭州許昌郡"下。

〔四〕《水經注疏》此條下釋云："《寰宇記》亦引，帛、白音同。"

〔五〕《水經注疏》此句作"東南流也"，並釋云："朱作'而流也'，趙'而'改'南'，戴'而'下增'東南'二字。"據補一"也"字。

〔六〕引文此處有節略。

〔七〕《水經注疏》作《袁梁碑》，並注云："戴改'梁'作'良'，下同。"存考。

〔八〕《水經注疏》此條下釋云："趙云：洪氏适曰：碑在開封之扶溝。袁君名良，歷郎中、謁者、將作大匠、丞相令史、廣陵太守、議郎、符節令，國三老、梁相，以順帝永建六年卒，其孫衛尉滂立此石。滂以光和年爲相，其作九鄉，當在靈帝之初。《水經》云，扶溝有《袁梁碑》者，誤也。一清按：袁君名良，碑字足據，無可疑者。酈《注》作'梁'，良、梁音同互用。《左傳》季梁，《淯水注》作季良，亦其類也。"

〔九〕原稿引文作"過水"，《水經注疏》作"渦水"，據改。

〔一〇〕原稿引文此處脱寫一“低”字,據補。

〔一一〕介生按:依夾注之意,應移于“陽夏縣”下,但爲保持遺稿原貌,特取兩存其文。

〔一二〕介生按:今本《魏書·地形志中》“扶溝縣”下有“蔡河”。

〔一三〕介生按:書名略寫一“圖”字,據補。下同。

〔一四〕引文此句“考”誤寫爲“知”,據改。

〔一五〕介生按:此處疑有誤,今本《魏書·地形志中》“扶溝縣”下並没有“扶溝水”條目。

〔一六〕原稿引文誤抄“潁”爲“穎”,據改。

〔一七〕原稿引文誤抄“潁”爲“穎”,據改。

〔一八〕引文此句“自”誤寫爲“至”,據改。

〔一九〕引文此處有節略。

〔二〇〕原稿誤抄“輟”爲“輙”,據改。

〔二一〕引文此處有節略。

〔二二〕引文此處有節略。

〔二三〕引文此處有節略。

〔二四〕引文此處有節略。

〔二五〕今本《魏書·地形志中》“許昌郡扶溝縣”下有“龍洲陂。”存考。

〔二六〕原稿引文脱寫一“岡”字,據補。

〔二七〕《水經注疏》此句引文作“邵亭”,並釋云:“趙‘邵’改‘召’,下增‘陵’字。戴改增同。守敬按:此邵亭自在扶溝,與後之召陵亭非一地,蓋此亭於八里溝水敘之,彼亭于康溝南水敘之,其中爲康溝水,不言逕此亭,亦不言逕彼亭,知兩亭相去頗遠也。”據改。

〔二八〕《水經注疏》此條下釋云:“會貞按:上文作‘邵亭’,此作‘召陵亭’,酈氏所見圖籍,蓋兩文錯出,而邵讀曰召,渾若一亭,故疑之。此亭當在今尉氏縣東南。”據改。

陽夏(今陳州府太康縣治。)

漢屬淮陽〔一〕,後漢屬陳國〔二〕。

晉初並梁〔三〕,惠帝復。

真君七年,並扶溝。太和十二年,復〔四〕。

治陽夏城。(《元和志》太康縣:縣理城,即漢陽夏縣城,夏后太康所築。)

有車牛城、(《渠水注》:沙水又東南,逕牛首鄉東南,魯〈溝〉{渠}水出焉[五]。又東南至陽夏縣故城西[六],{又}南入渦[七],今無水也。沙水又東南,逕鬥城西[八]。又東南逕牛首亭東。《左傳・桓公十四年》"宋人與諸侯伐鄭東郊,取牛首"者也,俗謂之車牛城矣。《寰宇記》太康縣:牛頭城,在縣西五十里。按隋《淮陽郡圖》云:牛頭城在扶樂西二十里[原注:《記》又云:扶樂故城在縣西北四十里。],《水經注》云"沙水又東南逕牛首亭[原注:一作城]"是也[九]。穆案:〈以《水注》核之,疑樂氏之言大乖。陽夏、太康既古今一地,不應中尉言在東南之城,宜黄時突在西北[一〇],竊疑〉[一一]《隋圖經》所謂牛頭城者,非沙水所逕之牛首鄉,亦謂之牛建城也,地在陽夏亭西北,疑即《收志》〈圉〉{圉}城之沙城矣[一二]。樂氏語未分析,或城字即鄉字誤,樂氏欲融二爲一,而未診里到,遽事合併,〈故有斯謬矣。〉[一三])邈城、(《陰溝水注》:過水又東南,逕陽夏縣西,又東逕邈城北,城實中而西有〈隙〉{瓃}郭。[一四])大、小扶溝、(《收志》有。穆案:即《渠水注》之大、小扶城也,《注》曰云云。)大扶城、小扶城。(《渠水注》:沙水又南,逕小扶城西,而東南流。城即扶溝縣之平周亭。沙水又東南逕大扶城西,城即扶樂故城也。城北二里有袁良碑,云:良,陳國扶樂人。《陰溝水注》:過水逕大扶城西,城之東北,盡諸袁舊墓,碑宇傾,羊、虎碎折,唯司徒滂、蜀郡太守騰、博平令光碑字,所存唯此,自餘殆不可尋。[一五])

【校注】

〔一〕據《漢書・地理志》,淮陽國下有陽夏縣。

〔二〕據《續漢書・郡國志》,陳國下有陽夏縣。

〔三〕據《晉書・地理志》,梁國下有陽夏縣。

〔四〕陽夏縣在今本《魏書・地形志中》"梁州陽夏郡"下。

〔五〕《水經注疏》此條作"魯渠",並釋云:"戴以'渠'爲訛,改作'溝'。守敬按:《漢書》陳留縣載魯渠水,是酈所本,下乃變稱魯溝耳。戴依下改'渠'作'溝',失考。"據改。又引文此處有節略。

〔六〕引文此處有節略。

〔七〕引文此句脱寫一"又"字,據補。

〔八〕引文此處有節略。

〔九〕今本《太平寰宇記》"開封府太康縣"下此條作"牛首亭"卷末"校勘記"云:"一作城,宋版、萬本皆無此三字,蓋非樂史原文。"存考。

〔一〇〕介生按:樂史爲撫州宜黄縣人,故石翁以"宜黄"稱之。

〔一一〕〈〉括號内文字後圈删。

〔一二〕原稿誤抄"圉"爲"圍",據改。

〔一三〕〈〉括號内文字後圈删。

〔一四〕《水經注疏》此條作"璅郭",並釋云:"戴改'璅'作'隙'。守敬按:當作'瑣','璅'與'瑣'通。"

〔一五〕介生按:此條目遵照作者之意移寫於此,供比照,中間脱誤之處見"扶溝縣"下,不再重復注釋。

雍丘(今開封府杞縣治。)

漢、晉屬陳留[一]。

有〈祀〉{杞}城[二]、(今本《收志》"杞"訛作"抱"[三]。《郡縣志》雍丘:本杞國。劉昭《補注》:城本名杞城[四]。《元和志》雍丘縣:雍丘故城,今縣城是也。春秋時杞國城也。{杞爲宋滅,}[五]城北臨汴河。)廣陵城、(《收志》有。穆案:《睢水注》引圈稱曰:雍丘縣有五陵之名{丘}[六],故以氏縣矣。《太康志》:五陵者,桃〈樓〉{陵}[七]、青陵、翟陵、石陵、武陵,皆土阜也,今多湧濾。厥陵殆其類歟?)高陽城、(《收志》有。《元和志》雍丘縣:高陽故城,在縣西南二十九里,顓頊高陽氏佐少昊有功,受封此邑。高祖攻昌邑,西過高陽。又酈食其墓在此[八]。)少姜城、(《收志》有。穆案:疑即戴延之所謂"婦姑城"也。《寰宇記》[九]:婦姑城,在雍丘縣東十里。按戴延之《西征記》云:"梁東百里,古有婦人寡居,養姑孝謹,鄉人義之,爲築此城,故名婦姑城。"後人音訛爲"負固城"。)華城、(《收志》有。《渠水注》:沙水又東南,逕東華城西。)陽樂城、(《汳水注》:汳水又東,逕雍丘縣故城北,{逕}陽樂城南[一〇]。《西征記》:城在汳北一里,週五里,雍丘縣界。《方輿紀要》杞縣:陽樂城,在縣東北四十里。蓋苻秦時所置[一一]。)白楊陂、(《收志》有。《睢水注》:睢水又東逕雍丘縣故城北[一二]。又東,水積成湖,俗謂之白羊陂,陂方四十里,東合洛架口。《方輿紀要》杞縣:白楊陂,在縣東,今涸。)董生〈浅〉{決}[一三]、洛架口。(《汳水注》:汳水又東,有故渠出焉。南通睢水,謂之董生〈浅〉{決}[一四]。或言:董氏作亂,引水南通睢水,故斯水受名焉。今無水。汳水又東,枝津出焉,俗名之爲洛架口。《西征記》曰:洛架,水名也。《續述征記》曰:在董生〈浅〉{決}下二里[一五]。)

【校注】

〔一〕據《漢書·地理志》與《續漢書·郡國志》,陳留郡下均有雍丘縣。據《晉書·地理志》,陳留國下有雍丘縣。今本《魏書·地形志中》記載有四個雍丘縣:一在“梁州陽夏郡”下；二在“北揚州陳留郡”下；三在“潁州北陳留潁川二郡”下；四在“揚州陳留郡”下。此雍丘縣屬梁州陽夏郡。

〔二〕原稿此句“杞”誤寫爲“祀”，據下文意改。

〔三〕今本《魏書·地形志中》卷末“校勘記”云：“《延昌志》卷二‘東郡陽夏縣（應爲雍丘縣——介生注）’下作‘杞城’，云：今本《收志》‘杞’訛作‘抱’。《元和志》（卷七汴州）雍丘縣：‘雍丘故城，今縣城是也，春秋時杞國城也。’”但未作改正，存考。

〔四〕注文出自曹植《禹廟贊》，有節略。

〔五〕引文有節略，據補。

〔六〕《水經注疏》此句作“五陵之丘”，並校云：“朱‘丘’作‘名’，戴、趙同。會貞按：作‘縣有五陵之名’，無‘丘’字，與下句不貫。考《書鈔》一百五十七引《陳留風俗傳》：雍丘縣西（字疑誤）有五陵之丘。《御覽》五十三引云：縣有五陵之丘，故以名縣。則此‘名’爲‘丘’之誤無疑。今訂。《名勝志》：桃陵在杞縣東南十里，又二十五里爲青陵，翟陵在縣西南五十里，又十里爲石陵，武陵在縣東北二十里，即《風俗傳》所謂五陵也。”《水經注校證》則無改，與本稿同，存考。

〔七〕原稿引文此句“陵”誤寫爲“樓”，據改。

〔八〕今本《元和郡縣圖志》卷七“校勘記”云：“今按：《史記·酈生陸賈列傳正義》引《括地志》：‘酈食其墓，在雍丘縣西南二十八里。’”

〔九〕引文出自今本《太平寰宇記》卷一“開封府雍丘縣”下。

〔一〇〕引文此句脱寫一“逕”字，據補。

〔一一〕引文有節略，末句應出自《述征記》。

〔一二〕引文此句下有節略。

〔一三〕浶爲“決”之古字，據此也可印證石翁行文用字好古之旨趣。

〔一四〕《水經注疏》此句作“決”，據改。

〔一五〕《水經注疏》此句作“決”，據改。

圉城（在今杞縣南五十里。）

漢、晉曰“圉”，（《渠水注》：縣苦楚難，修其干戈，以圉其患，故曰圉也。或曰邊陲之號矣。）漢屬淮陽〔一〕，後漢、晉屬陳留〔二〕，後罷。

景明元年，復，屬。後增“城”字〔三〕。

有沙城、（《收志》有。穆案：以地望診之，疑即《渠水注》之牛建城矣。《注》曰：逢澤水東北流，爲新溝。新溝又東北流，逕牛首鄉北，謂之牛建城。又東北注渠，即沙水也。音蔡，許慎正作沙音，言水散石也。從水、少，水少沙見矣。楚東有沙水，謂此水也。)〈有〉萬人散[四]。(《渠水注》：魯溝水又東南，逕圉縣故城北[五]。歷萬人散。王莽之篡也，東郡太守翟義興兵討莽，莽遣奮威將軍孫建擊之於圉北，義師大敗，屍積萬數，血流溢道，號其處爲萬人散，百姓哀而祠之。《郡國志》圉：劉昭《補注》引《陳留志》云："有萬人聚，王邑破翟義積屍處。"〈今高陽，文穎曰：高陽，聚邑名。〉[六])

【校注】

〔一〕據《漢書·地理志》，淮陽國下有圉縣。

〔二〕據《續漢書·郡國志》，陳留郡下有圉縣。

〔三〕今本《魏書·地形志中》有兩個圉城縣，一在"梁州陽夏郡"下，一在"潁州北陳留潁川二郡"下。此圉城縣應爲前者。

〔四〕原稿此處衍寫一"有"字，據删。

〔五〕今本《水經注疏》此句"圉縣"誤寫爲"圍縣"，應校改。引文有節略。

〔六〕〈〉括號内文字後有圈删之意。

〈襄邑(在今歸德府睢州西一里。)漢、晉屬陳留，後罷[一]。

景明元年復，屬[二]。

有直陽城、牗鄉、牗倉、(《收志》有。)承匡城、(《渠{水}注》[三]。《元和志》襄邑縣：承匡故城，在縣西南二十五{三十}里[四]。)鄫城。(《淮{水注}》十四[五]。)[夾注：縣分屬南兗州梁郡。《乾隆府州縣{圖}志》：後魏景明元年復置，屬梁郡[原注：此文末注所出，核之本《志》不誤。]本《一統志》而誤。按東郡，畿内地，不應有分屬外郡之縣，疑即世宗時止屬梁郡，孝昌間立陽夏郡，乃割入也。當並收汴入梁郡襄邑。]〉[六]

【校注】

〔一〕據《漢書·地理志》與《續漢書·郡國志》，陳留郡下均有襄邑縣。據《晉書·地理志》，陳留國下有襄邑縣。

〔二〕今本《魏書·地形志中》中載有多個襄邑縣，此襄邑縣應在"梁州陽夏郡"下。

〔三〕原稿此條略寫一"水"字，據補。篇名後並没有具體引文。

〔四〕今本《元和郡縣圖志》此句作"三十里"，卷末"校勘記"云："今按：各本俱作‘二十五里’。”存考。

〔五〕原稿此條略寫“水注”二字,據補。

〔六〕介生按:據夾注之意,襄邑縣後有圈删之意,但石翁對夾注也有圈删之意,顯然在斟酌之中。

《魏延昌地形志》卷之三

司州下

河内郡

漢高祖置,治懷〔一〕。

晉移治野王〔二〕,魏因之。

天安二年,置懷州〔三〕。太和十八年,罷。(《收志》懷州注〔四〕。《沁水注》:沁水東逕野王縣故城北〔五〕。漢高帝元年爲殷國,二年爲河内郡,魏懷州刺史治,皇都遷洛,省州,復郡。)

領縣十一〔六〕

【校注】

〔一〕《漢書·地理志》"河内郡"下注云:"高帝元年爲殷國,二年更名。"懷縣爲郡治所在之縣。

〔二〕據《晉書·地理志》,野王縣爲河内郡治所在之縣。

〔三〕河内郡在今本《魏書·地形志上》"懷州"下。

〔四〕今本《魏書·地形志上》"懷州"下注云:"天安二年置,太和十八年罷,天平初年復。"

〔五〕引文此句後有節略。

〔六〕今本《魏書·地形志》"懷州河内郡"下領四縣:野王、沁水、河陽、軹。

野王（今懷慶府河内縣治。）

漢、晉屬〔一〕。

有邘城、邘亭、（《沁水注》：邘水南流，〈經〉｛逕｝邘城西〔二〕，故邘國也。城南有邘臺。《春秋·僖公二十四年》：王將伐鄭，富辰諫曰：邘，武之穆也。京相璠曰：今野王西北三十里有故邘城，邘〈城〉｛臺｝是也〔三〕。今故城當太行南路，道出其中。又邘水東南逕邘亭西。京相璠曰：又有亭在臺西南三十里。今是亭在邘城東南七八里，蓋京氏之謬耳，或更有之，餘所不詳。《方輿紀要》：邘城，在懷慶府城西北三十里，今爲邘臺村〔四〕。）太行山、（《收志》有。《沁水注》：沁水又東，邘水注之。水出太行之阜山，即五行之異名也。《淮南子》曰：武王欲築宫於五行之山。周公曰：五行險固，德能覆也，内貢回矣，使吾暴亂，則伐我難矣。高誘云：今太行山也，在河内野王縣西北上党關[句上下有脱文。——原注]｛也｝〔五〕，詩所謂"徒殆野王道，傾蓋上党關"，即此山矣〔六〕。〈上党關〉〔七〕）上党關、（《注》見上。《方輿紀要》引《水經注》：邘城當太行南路，道出其中，舊有上党關。）孔子廟、（《沁水注》：邘水又東南，逕孔子廟東，廟庭有碑。魏太和元年，孔〈黨〉｛靈｝度等以舊宇毁落〔八〕，上求修復。野王令範衆愛、河内太守元真、刺史咸陽公高允表聞，立碑於廟。治中劉明、别駕吕次文、主簿向班虎、荀靈龜，以宣尼大聖，非碑頌所稱，宜立記焉，云：仲尼傷道不行，欲北從趙鞅，聞殺鳴犢〔九〕，遂旋車而反｛返｝〔一〇〕。及其後也，晉人思之，於太行嶺｛巔｝南爲之立廟〔一一〕，蓋往時回轅處也。余按諸子書及史籍之文，並言仲尼臨河而歎，曰：〈某〉｛丘｝之不濟〔一二〕，命也。夫是非太行回轅之言也。碑云：魯國孔氏，客於洛陽，因居廟下，以奉〈烝〉｛蒸｝嘗〔一三〕。斯言〈至〉｛是｝矣〔一四〕。蓋孔氏｛因｝遷山下〔一五〕，追思聖祖，故立廟存饗耳。其猶劉累遷魯，立堯祠於山矣，非謂回轅於此也。趙明誠《金石録》：《後魏孔宣尼廟記》，在今懷州界〈平〉｛中｝〔一六〕，太和元年立其額。又有延興四年太上皇帝祭孔文者，孝文之父獻文帝也。）華嶽神、（《收志》有。《沁水注》：沁水東逕野王縣故城北〔一七〕。水北有華嶽廟，廟側有攢〈柗〉｛柏｝數百根〔一八〕，對郭臨川，負岡蔭渚，青青彌望，奇可玩也。懷州刺史、頓丘李洪之之所經構也〔一九〕。廟有碑焉，是河内郡功曹、山陽荀靈龜以和平四年造，天安元年立。）

【校注】

〔一〕今本《漢書·地理志》作"埜王"。今本《魏書·地形志上》"懷州河内郡野王縣"下注云："二漢、晉屬，州、郡治。"

〔二〕引文此句"逕"誤寫爲"經"，據改。

〔三〕引文此句"臺"誤寫爲"城"，據改。

〔四〕此條引文多有節略。

〔五〕《水經注疏》此句有“也”字，並校云：“戴删關下‘也’字。守敬按：高《注》原文有‘也’字。又《吕覽》[《上德》]高注：太行塞在河内野王之北上党關也，同，則‘也’字非衍，戴删之，則是以上党關下屬，劃斷高誘注文矣，非也。古籍皆言太行在野王，故《注》敘於此。《地形志》亦謂野王有太行山。《括地志》則云：太行山南屬懷州，北屬澤州，又東北連亙河北諸州，凡數千里，爲天下之脊。據《寰宇記》引《述征記》，太行首始河内，北至幽州。然則野王特太行之首耳。”據補。

〔六〕《水經注疏》此句下注云：“守敬按：不言何人詩，今無考，詩上當有脱字。”

〔七〕“上党關”三字後圈删。

〔八〕引文此句“靈”誤寫爲“黨”，據改。

〔九〕《水經注疏》此句也作“鳴犢”，並校云：“戴改‘犢’爲‘鐸’。守敬按：《史記·孔子世家》作‘竇鳴犢’。《集解》：徐廣曰：或作鳴鐸竇犨，又作竇鳴犢。《索隱》《家語》云：竇犨鳴犢，《國語》云鳴鐸竇犨，是鳴鐸、鳴犢，聲轉字異，戴必改‘犢’作‘鐸’，失於不考。”介生按：《水經注校證》仍作“鳴鐸”。

〔一〇〕《水經注疏》此句作“返”，無校語。《水經注校證》作“反”，亦無校語，並存待考。

〔一一〕《水經注校證》同本稿，此句作“嶺南”，《水經注疏》作“巔南”，無校語，卷後“校記”云：“按：朱《箋》本作‘嶺’，此當依陳棐引作‘巔’改，漏作校記。”存疑待考。

〔一二〕引文此句“丘”誤寫爲“某”，據改。

〔一三〕引文此句“蒸”誤寫爲“烝”，據改。

〔一四〕《水經注疏》此句作“是”，並校云：“朱‘是’訛作‘至’，趙同，戴改。”據改。

〔一五〕《水經注校證》與本稿同，無“因”字，《水經注疏》有“因”字，並校云：“朱無‘氏’字，全、趙同，戴改‘因’作‘氏’。守敬按：陳棐引此作‘孔氏因遷山下’，今從之。”並存。

〔一六〕引文此句“中”誤寫爲“平”，據改。此句後引文有節略。

〔一七〕此條引文多有節略。

〔一八〕引文此句“柏”誤寫爲“栢”，據改。

〔一九〕《水經注校證》與本稿同，此句作“頓丘”，而《水經注疏》作“頡邱”，並校云：“守敬按：李洪之爲懷州刺史，見《魏書》及《北史》本傳，俱言洪之恒農人；又《魏書·李神傳》：恒農人，父洪之，秦、益二州刺史。”不可解，不改。

懷（在今懷慶府武陟縣西南。）

漢、晉屬〔一〕。

有長陵城、（《收志》有。〔二〕）懷城、（《收志》有，注見下。）殷城、（《沁水注》：朱溝自枝渠東南，逕州城南，又東逕懷城南，又東逕殷城北。郭緣生《述征記》曰：河之北岸，河内懷縣有殷城。或謂楚、漢之際，殷王卬治之，非也。余按《竹書紀年》云：秦師伐鄭，次於懷，城殷，即是城也。然則殷之爲名久矣，知非從卬始。昔劉曜｛琨｝以郭默爲殷州刺史〔三〕，督緣河諸軍事，治此。）射宫、世宗御射碑、（《高聰傳》：〈宣武〉｛世宗｝幸鄴〔四〕，還於河内懷界，｛帝親｝射矢一里五十餘步〔五〕。侍中高顯等奏盛事奇跡，必宜表述，請勒銘射宫，永彰聖藝〔六〕。遂刊銘射所，聰爲之詞。《集古録》：《後魏定鼎碑》，景明三年建，在今懷州，流俗謂之《定鼎碑》也〔七〕。《碑》云：定鼎遷中之十年。按魏孝文帝以太和十七年遷都洛陽，至此景明三年，蓋十年矣。《金石録》：《後魏御射碑》，在今懷州〔八〕。《碑》云：維魏定鼎遷中之十載。又云：皇帝春秋一十有七。據《史》云〔九〕：宣武以太和七年生，景明三年當年二十，而《碑》言十七，當以《碑》爲據。然宣武終於延昌四年，蓋壽三十歲，而《史》以爲壽三十三者，｛亦｝誤也〔一〇〕。《永樂大典》引陳思《寶刻叢編》：《後魏定鼎碑》，不著｛書｝撰人名氏〔一一〕，後魏鎮遠將軍、通直散騎常侍沈馥書。《廣川書跋》：《定鼎碑》在懷州衙署〔一二〕。《魏書》：景明三年九月丁巳，車駕幸鄴。戊寅，閲武于鄴南。十月庚子，帝親射，遠及一里五十步，群臣勒銘於射所。甲辰，車駕還宫〔一三〕。今碑銘所書年月，與《史》相合，然自戊寅逮庚子，爲〈二十〉｛廿｝一日〔一四〕，則自鄴至懷，而還京師，可以考次也。不言幸懷、溫等處，自是可略，然既書親射勒銘，不書其地，乃總文於上，似御射〈堂〉｛當｝在鄴南〔一五〕，然則此不當略也。）故佛圖。（《靈徵志》：｛高宗｝和平三年四月〔一六〕，河内人張超于壞樓所｛新｝城北故佛圖處獲玉印以獻〔一七〕。｛印｝方二寸〔一八〕，其文曰：富樂日昌，永保無疆，福禄日臻，長享萬年。玉色光潤，模制精巧。百僚咸曰："神明所授，非人爲也。"詔天下大酺三日。穆案：壞，疑"懷"之訛，"樓所"二字未詳，姑録之懷縣下，以俟知者。）

【校注】

〔一〕據《漢書·地理志》《續漢書·郡國志》《晉書·地理志》，河内郡下均有懷縣。

〔二〕懷縣在今本《魏書·地形志上》"懷州武德郡"下。

〔三〕《水經注校證》此句也作"劉曜"，與本稿同，但《水經注疏》改爲"劉琨"，並校云："朱作'劉聰'，全、趙謂郭默嘗附劉曜，非劉聰，戴改曜。守敬按：《晉書·郭默傳》：遣使謁劉琨，琨加河内太守。劉曜圍之，默送妻子爲質，且請糴，糴畢，設守。

《前趙録》亦同。是默未嘗附曜，而附劉琨有明文。然亦未嘗爲殷州刺史，或以河内太守假殷州刺史也，則當作劉琨，今訂。”並存待考。

〔四〕原書此句作“世宗”，據改。

〔五〕引文此句省略“帝親”二字，據補。

〔六〕此段引文多有節略。

〔七〕此段引文有節略。

〔八〕引文此句後有節略。

〔九〕此《史》應指《魏書》卷八《世宗紀》。

〔一〇〕引文此句脱寫一“亦”字，據補。

〔一一〕引文此句脱寫一“書”字，據補。

〔一二〕引文此句後多有節略。

〔一三〕原稿引文多有節略。

〔一四〕原文此句“二十”作“廿”，據改。

〔一五〕引文此句“當”誤寫爲“堂”，據改。

〔一六〕引文此句省略“高宗”二字，據補。

〔一七〕今本《魏書·靈徵志》卷末“校勘記”云：“《册府》卷二三（九一七頁）‘壞樓所城’作‘懷樓新城’。按卷一〇六上《地形志上》河内是懷州屬郡，懷州武德郡有懷縣，這里‘壞’當是‘懷’之訛，指懷縣。《地形志》於懷縣下云‘有懷城’，《志》例，已遷治者，稱‘有某城’，皆指故城，可知當時懷遷治新城，《册府》作‘新城’當是。但‘樓’字不可解，疑亦字訛。”存考。

〔一八〕引文此句略去一“印”字，據補。

州（在今河内縣東南四十里。）

漢、晉屬〔一〕。

有雍城、（《收志》有。〔二〕）中都城、（《收志》有。《沁水注》：沁水又東南流，逕成鄉城北，又東逕中都亭南，左合界溝水。水上承光溝，東南流，長明溝水出焉。又〈東〉｛南｝逕中都亭西南〔三〕，而南流，注于沁水也。）金城、（《收志》有。即《沁水注》之金亭，注見下。）朱管陂。（《水經》：沁水又東過〈州〉｛周｝縣北〔四〕。《注》：有白馬溝水注之。水首受白馬湖，湖一名朱管陂，陂上承長明溝。湖水東南流，逕金亭西，分爲二水，一水東出爲蔡溝，一水南流，注于沁｛水｝也〔五〕。）

【校注】

〔一〕據《漢書·地理志》《續漢書·郡國志》《晉書·地理志》，河内郡下均有州縣。

〔二〕州縣在今本《魏書·地形志上》"懷州武德郡"下。

〔三〕引文此句"南"誤寫爲"東",據改。

〔四〕《水經注疏》作"周縣",並校云:"戴改'周'作'州'。守敬按:非也。詳下。"又"縣故州也"下校語云:"朱'州'作'周'。趙云:按《水經》多以州作周,如武周、泉周之類。此是《漢志》河内郡之州縣,而《水經》以爲周,酈故以'縣故州也'釋之。後人並《注》之'州'字亦改從周。守敬按:州、周古字通用,如《左傳》華周,《漢書·人表》作'華州'。《史記·衛將軍驃騎傳》:路博德,平州人。《漢志》作'平周'是也。此則從趙説,《經》作'周',《注》改'州'。乃全改《經》作'州',仍《注》'周'字,不思《注》所證諸事,各書皆作'州',謂之故周,則不相應。戴改《注》作'州',而並改《經》作'州',則《注》語爲贅,亦非也。漢縣屬河内郡,後漢、魏、晉因。《地形志》:天平初,置武德郡。酈氏時乃屬河内,在今河内縣東南四十里。"據改。

〔五〕《水經注校證》此句與本稿同,《水經注疏》增寫一"水"字,並校云:"朱作'南流于沁',戴改'流'作'注',趙據孫潛校,流下增'注'字。"並存待考。

平皋(在今懷慶府溫縣東二十里。)

漢、晉屬〔一〕。

有平皋城、(《收志》有〔二〕。《濟水注》:李陂又東逕平皋城南。應劭曰:〈邢侯自襄國徙此。當齊桓公時,衛人伐邢,邢遷於夷儀。其地屬晉,號曰邢丘{邱}〔三〕。〉〔四〕以其在河之皋,勢處{處勢}平夷〔五〕,故曰平皋。〈瓚注《漢書》云:《春秋》:狄人伐邢,邢遷夷儀,不至此也。今襄國西有夷儀城,去襄國{一}百餘里〔六〕,〈平皋是邢丘〉{邢是丘名}〔七〕,非國也。〉〔八〕余按:《春秋·宣公六年》:赤狄伐晉,圍邢丘。昔晉侯送女于楚,送之邢丘,即是此處也。〈非無城之言。〉〔九〕《竹書紀年》{曰}〔一〇〕:梁惠成王三年,鄭城邢丘。司馬彪《後漢{書}·郡國志》云〔一一〕:縣有邢丘,故邢國。周公子所封矣。漢高帝七年,封碭郡長項佗爲侯國,賜姓劉氏。武帝以爲縣。《寰宇記》武德縣:平皋城,在今縣西〔一二〕。)**安昌城**、(《收志》有。《沁水注》:朱溝南派,東南逕安昌城西。漢成帝河平四年,封丞相張禹爲侯國。今城之東南有古冢,時人謂之張禹墓。余按:《漢書》:禹,河内軹人,徙家蓮勺{芍}〔一三〕。鴻嘉元年,禹以老乞骸,自治冢塋,起祠堂于平陵之肥牛亭,近延陵。奏請之,詔爲徙亭。哀帝建平二年薨,遂葬於彼。此則非也。《元和志》武德縣:隋開皇十六年,改州爲邢丘縣,遥取古邢丘爲名也。大業二年,改邢丘爲安昌縣,取安昌侯張禹國城爲名也。武德二年,改爲武德縣。安昌故城,在縣東十三里。全祖望曰:張禹所封,在汝南。《地理志》"汝南郡安昌縣"下云:侯國。《恩澤侯表》亦云是汝南。《方輿紀要》:安昌城,在信陽〈縣〉{州}西北七十里〔一四〕,漢屬汝南郡。亦見《淮水注》〔一五〕。)平皋陂。(《收志》有。穆案:即是中尉所云"李陂"也。《濟水注》:濟水故瀆,東南合奉溝水。水上承朱溝于野王城西,東南逕陽鄉城北,又東南〈流〉逕李城西〔一六〕。秦攻趙,邯鄲且降,傳舍吏子李同説平原君勝,分家財飨士,得敢死者三千人,李同與赴秦軍,秦軍退。{李}同死〔一七〕,封其父爲李侯。故徐廣曰:河内平皋縣有李城,即此城也。于城西南爲陂水,淹地百許頃,蒹葭、萑葦生焉,號曰李陂。又逕隤{墳}城西〔一八〕,屈而東北流,逕其城北,又東逕平皋城南〔一九〕,又南注於河也。《元和志》武德縣:平皋陂,在縣南二十三里,多菱蓮蒲葦,百姓資其利,周回二十〈三〉{五}里〔二〇〕。)

【校注】

〔一〕據《漢書・地理志》與《晉書・地理志》,河内郡下均有平皋縣。今本《續漢書・郡國志》河内郡下作"平睪"。

〔二〕平皋縣在今本《魏書・地形志上》"懷州武德郡"下。

〔三〕《水經注疏》此句作"邢邱",《水經注校證》與本稿同,並存。

〔四〕〈〉括號内文字後有圈删之意。

〔五〕《水經注疏》此句作"處勢",並校云:"戴乙'處勢'爲'勢處'"。《水經注校證》與本稿同,並存。

〔六〕《水經注疏》此句增一"一"字。《水經注校證》與本稿同。並存。

〔七〕《水經注校證》此句與本稿同,而《水經注疏》此句作"邢是丘名",並校云:"朱依吴本作'邢是丘名',趙從之。《箋》曰:舊本作'平皋是邢丘',戴從之。守敬按:邢是丘名,本《漢志》文,旨意明瞭,酈氏自應據之。舊本未愜。瓚謂邢國在襄國與應劭同。其所以駁應劭者,蓋以夷儀在邢國,而邢丘不在邢國之境,故言邢丘是名(介生按:應是邢是丘名),非國名。而酈氏又不以瓚説爲然,故下文歷引故籍,先表其有城,後實指其爲國,以明邢丘非國之謬。"介生按:《續漢書・郡國志》"河内郡平睪縣"下云:"有邢丘,故邢國,周公子所封。"原注云:"臣瓚曰:丘名也,非國,在襄國西。"楊説爲是,據改。

〔八〕〈〉括號内文字後有圈删之意。

〔九〕〈〉括號内文字後有圈删之意。

〔一〇〕引文此句脱寫一"曰"字,據補。

〔一一〕今通稱《續漢書・郡國志》。據補一"書"字。

〔一二〕引文出自今本《太平寰宇記》卷五三《河北道二》"懷州武德縣"下。

〔一三〕《水經注校證》此句與本稿同,作"蓮勺",《水經注疏》作"蓮芍",並校云:"趙、戴改作'勺'。會貞按:兩《漢志》作'蓮勺',《晉》及《後魏志》作'蓮芍'。

酈氏蓋就當時之制書之。《沮水》《渭水》兩《注》並作'蓮芍',可證。趙于《渭水注》亦改作'勺',而戴不改。《沮水注》又皆不改,亦未畫一,今仍之。"並存。

〔一四〕引文此句"州"誤寫爲"縣",據改。

〔一五〕末句爲作者所增,非《讀史方輿紀要》原文。

〔一六〕引文此句衍一"流"字,據删。

〔一七〕《水經注疏》增一"李"字,并校云:"全、趙、戴删'李'字。"據補。

〔一八〕介生按:今本《水經注》及《水經注校證》與本稿同,此句作"隮城",而《水經注疏》作"墳城",並無校訂,蓋失檢校。存疑。

〔一九〕引文此句下多有節略。

〔二〇〕原書末句在前兩句之前,且"五"誤寫爲"三",據改。

溫(在今溫縣西南三十里。)

漢、晉屬〔一〕。

有〈溫城、(今本《收志》脱"城"字〔二〕。《寰宇記》溫縣:{古}溫城,在縣西南三十里〔三〕。東魏{孝靜帝}天平中移縣于〈古〉{故}城東北七十里〔四〕。{隋}大業十三年又移於今理〔五〕。穆案:據樂氏説,則收所謂溫城者,漢、晉故城也,天平前無移治之事,則此條當删。)〉〔六〕

[夾注:今本作"溫涓水",蓋溫下脱"城"字耳,案《寰宇記》云云,據之則收以爲溫城者,即指漢、晉故城,此《志》以延昌爲限,曰《{延昌}志》,未移,故删。]〔七〕

冶坂戍、河橋、(《于栗磾傳》:太宗南幸盟津,謂栗磾曰:"河可橋乎?"栗磾曰:"杜預造橋,遺事可想。"乃編次大船,構橋於冶坂。六軍既濟,太宗深歎美之。《元萇傳》〔八〕:世宗時,爲北中郎將,帶河内太守。萇以河橋船絙路狹,不便行旅,又秋水汎漲,年常破壞,乃爲船路,遂廣{募}空車從京出者〔九〕,率令輸〈在〉{石}一雙〔一〇〕,累以爲岸。橋闊,來往便利,近橋諸郡,無復勞擾,公私賴之。[《宋書》上增入此條。——原注。]《宋書·王康傳》〔一一〕:索虜野阪戍主、黑稍公遊騎{在}芒上〔一二〕。《河水注》:郭緣生《述征記》曰:踐土,今冶坂城,是名異《春秋》焉,非也,今河北見者,河陽城故縣也,在冶坂西北,蓋晉之溫地,故群儒有溫之論矣。《魏土地{記}》曰〔一三〕:冶坂城,舊名{漢}祖渡〔一四〕,城險固,南臨孟津河。《寰宇記》河陽縣:冶坂城〔一五〕,在縣西北三十五里。)馬場原、(《宇文福傳》:太和初,除都牧給事。十七年,車駕南討〔一六〕,敕福檢行牧馬之所,福規石濟以西、河内以東,拒黄河南北千里[《通鑑》齊建武〈十〉{元}年〔一七〕:"魏主敕後軍將軍宇文福行牧地。福表石濟以西、河〈南〉{内}以東〔一八〕,距河凡十里。"《注》:"牧地,縱則石濟以西,河内以東;横則距河十里。按杜佑《通典》衛州汲縣:

古牧野之地。則其地宜畜牧,有自來矣。”據之,則千里乃十里之訛。——原注]爲牧地〔一九〕。事尋施行,今之馬埸是也。及從代移雜畜於牧所,福善於將養,並無損耗,高祖嘉之。《寰宇記》溫縣:馬埸原,俗謂“原”爲“坎”,蓋後魏遷都洛,于此原牧〈高〉{馬}〔二〇〕,故有〈原〉{馬}埸之名〔二一〕。《通典》[太僕卿。——原注]:太武帝平統萬赫連昌,定隴〈古〉{右}禿髮、沮渠等〔二二〕,河西水草善,乃以爲牧地,六畜滋息,馬三百餘萬匹,駝駝將半之,牛則無數。孝文帝遷洛陽之後,復以河陽爲牧埸,恒置戎馬十萬匹,以擬京師軍警之備。每歲自河西徙牧於并州,漸南,欲其習水土而無死傷也。而河西之牧滋甚。)虢公臺、(《濟水注》:濟水南歷虢公臺西。《皇覽》曰:溫城南有虢公臺,〈墓〉{基}趾尚存〔二三〕。故瀆于溫城西北,東南出,逕溫城北,又東逕虢公塚北。《皇鑒》曰:虢公塚,在溫縣郭東,濟水南大塚是也。)孝義里、(《金石萃編·後魏司馬昞墓誌{銘}》〔二四〕:以正光元年七月〈二十〉廿五日薨於河內城〔二五〕,以庚子之年元枵之月廿六日丙申葬于本鄉溫城西十五都{鄉}孝義之里〔二六〕。王昶曰:《晉書·宣帝紀》稱:河內溫縣孝敬里人。此云葬于溫城孝義里,孝義想即孝敬,今昔異名也。穆案:非也。據《司馬昇志》,則孝敬者,司馬〈氏〉之故居〔二七〕;孝義者,昞、昇之墓域,截然二地也。昶兩録志文而置彼疑此,謬矣。)孝敬里、(《金石萃編·後魏司馬昇墓誌{銘}》〔二八〕:河內溫縣孝敬里人也。)〈涓〉{溴}水〔二九〕。(今本《收志》作“溫涓水”。穆案:蓋溫下脱“城”字耳。《寰宇記》溫縣:古溫城,在縣西南三十里。東魏{孝靜帝}天平中移縣于〈古〉{故}城東北七十里〔三〇〕。大業十三年,又移縣於今理。據之則收所謂溫城,即指漢、晉故城,此《志》以延昌爲限,舊治未移,故不録。《河水注》:河水又東,〈涓〉{溴}水入焉〔三一〕。《山海經》曰:和山,上無草木而多瑤碧,實惟河之九都。是山也五曲,九水出焉,合而北流,注於河。其陽多蒼玉,吉神泰逢司之,是〈好居〉於萯山之陽〔三二〕,出入有光。《吕氏春秋》曰:夏后氏孔甲田于東陽萯山,遇大風雨,迷惑入於民室。皇甫謐《帝王世紀》以爲即東首陽山也,蓋是山之殊目矣。今于首陽東山,無水以應之,當是今古世懸,川域改狀矣。全祖望曰:按《魏書·地形志》,武德郡溫縣有〈貝〉{涓}水〔三三〕。予謂善長尚未能詳〈貝〉{涓}水之顛末,則《地形志》所言,亦襲舊文書之耳,竊疑是溴梁之溴水,而誤爲涓字。蓋涓水正流入河,支流入濟,適當溫原之地。善長偶有不照,遽引《山經》之言滑突了之,而云無水以應,川域改狀,則不識涓水之爲誤文也。穆案:溴水原委,具《濟水注》。《班志》樂浪郡涓水:〈之〉{水}西至增地入海〔三四〕。《説文》:涓水出樂浪鏤方,東入海。一曰出涓水縣。《水經》:水出{樂浪}鏤方縣〔三五〕,東南過臨涓縣,東入於海。《注》:《十三州志》:涓水縣{在}樂浪東北〔三六〕,鏤方縣在郡東,蓋出其{縣}南逕鏤方也〔三七〕。涓水西流。《經》誤證耳〔三八〕。)

【校注】

〔一〕據《漢書·地理志》《續漢書·郡國志》與《晉書·地理志》,河內郡下均有溫縣。

〔二〕溫縣在今本《魏書・地形志上》"懷州武德郡"下。卷末"校勘記"云:"溫《校》:今本逸'城'字。《寰宇記》(卷五二孟州):{古}溫城在溫縣西南三十里。"介生按:校語引文脱寫一"古"字,據補。

〔三〕引文此句後有節略。

〔四〕引文此句省略"孝靜帝"三字,又"故"誤寫爲"古",據補、改。

〔五〕引文此句省略一"隋"字,據補。

〔六〕正如按語所云,此條目後有圈删之意。

〔七〕介生按:夾注所云,與本文有重復之處,存之以見原貌。

〔八〕《元萇傳》見今本《魏書》卷一四《神元平文諸帝子孫列傳》。

〔九〕原稿引文空闕一"募"字。今本《魏書》卷一四末"校勘記"云:"諸本及《北史》卷一五'募'字爲空格,今據《册府》卷六七八(八一〇〇頁)補。"據補。

〔一〇〕引文此句"石"誤寫爲"在",據改。

〔一一〕《王康傳》在今本《宋書》卷四五《王鎮惡傳》後。

〔一二〕介生按:據此引文,野阪與冶阪相通。今本《宋書・王康傳》此句作"黑䝺公遊騎在芒上",䝺與稍通假,卷末"校勘記"所云已見前。又此句脱寫一"在"字,據補。

〔一三〕引文書名脱寫一"記"字,據補。

〔一四〕原稿引文此句空闕一"漢"字,據補。

〔一五〕今本《太平寰宇記》此條作"板城",卷五十二"校勘記"云:"原校:按板城,莫知爲何邑,疑刊字而誤。萬本據《水經・河水注》改爲'冶阪城',校云:按《水經注》引郭緣生《述征記》曰:踐土,今冶阪城,是名異《春秋》焉,非也,今河北見者,河陽城故縣也,在冶阪西北,蓋晉之溫地,故群儒有溫之論矣。《魏土地記》曰:冶阪城,舊名漢祖渡,城險固,南臨孟津河。則'阪城'即'冶阪城',蓋傳寫脱,此云'莫知爲何邑',當時或未之考也。又'王以易鄭餘邑',萬本作'王與鄭人爭蘇忿生之田'。按《左傳》隱公十一年:'王取鄔、劉、蔿、邘之田于鄭,而與鄭人蘇忿生之田——溫、原、絺、樊、隰郕、欑茅、向、盟、州、陘、隤、懷。'諸邑之中,無'板城'或'冶阪城',此當有誤。"存考。

〔一六〕此段引文多有節略。

〔一七〕原稿此句引文"元"誤寫爲"十",據改。

〔一八〕原稿此句引文"内"誤寫爲"南",據改。

〔一九〕介生按:關於"十里"之誤爲"千里",今本《魏書》並無校勘與訂正。

〔二〇〕引文此句"馬"誤寫爲"高",據改。

〔二一〕引文此句"馬"誤寫爲"原",據改。

〔二二〕引文此句“右”誤寫爲“古”，據改。

〔二三〕引文此句“基”誤寫爲“墓”，據改。又引文此句下有節略。

〔二四〕引文篇名脱寫一“銘”字，據補。

〔二五〕原稿此句引文“二十”改寫爲“廿”。此段引文多有節略。

〔二六〕引文此句脱寫一“鄉”字，據補。

〔二七〕原稿此句“氏”字後被圈删。

〔二八〕引文篇名脱寫一“銘”字，據補。

〔二九〕關於涢水，今本《魏書・地形志上》卷末“校勘記”云：“楊校：《左傳》（襄十六年）杜注：湨水出河内軹縣。《水經・濟水注》（卷七）有‘湨水’。《義橋石像碑》：‘沇、湨雙吐。’字從狊，不從貝，此‘涢’爲‘湨’之誤。溫校亦引杜注，謂當作‘湨’。”據改。

〔三〇〕引文此句省略“孝靜帝”三字，據補。又“故”誤寫爲“古”，據改。

〔三一〕《水經注疏》此句作“湨水”，並校云：“朱此八字（介生按：即河水又東，湨水入焉）訛作《經》，‘湨’訛作‘涢’。戴改《注》，改‘湨’。全、趙改《注》同，仍‘涢’。會貞按：戴改‘湨’，是也。湨水詳《濟水注一》，説見下。”據改。

〔三二〕《水經注疏》此句作“是於萯山之陽”，並校云：“《山海經》作‘是好居於萯山之陽’，趙增‘好居’二字。”據改。

〔三三〕此段引文前兩個“涢水”誤寫爲“貝水”。據改。

〔三四〕引文此句“水”字誤抄爲“之”字，據改。

〔三五〕引文此句省略“欒浪”二字，據補。

〔三六〕引文此句脱寫一“在”字，據補。

〔三七〕引文此句脱寫一“縣”字，據補。

〔三八〕此段引文多有節略。

沁水（在今懷慶府濟源縣東北。）

漢、晉屬〔一〕。

治沁城〔二〕。（《沁水注》：沁水又逕沁〈水〉縣故城北〔三〕，蓋藉水以名縣矣〔四〕。{沁水}又東〔五〕，逕沁水亭北，世謂之小沁城。）

有孔山、（《沁水注》：水西有孔山，山上石穴洞開，穴内石上，有車轍、牛跡。《耆舊傳》云：自然成著，非人功所就{也}〔六〕。《寰宇記》濟源縣：孔山，在縣東北四十里。）**〈沁口、〉石門**〔七〕、（《沁水注》：沁水南逕石門〈口〉〔八〕，世謂之沁口。《魏土地記》曰：河内郡野王縣西七十里，有沁水，左逕沁水城西，附城東南流也。石門是晉安平獻王司馬孚之爲魏野王典農中郎將之所造也〔九〕。夾岸累石，結以爲門，用代水門枋，故石門舊有枋口之稱矣。溉田頃畝之數，間關歲月之功，事見門側《石銘》矣。）沁水、（《收志》有，原委具《沁水注》。《寰宇記》濟源縣：沁水，在縣〈西北〉｛北二十｝八里〔一〇〕，兼有沁水故城，是〈也〉｛此｝〔一一〕。《方輿紀要》：沁水城，在濟源縣東北，漢置沁水縣，屬河内郡，晉及後魏因之，後齊廢。《志》云：縣在沁水之南，沁臺之西，今呼爲王寨城。）濟水。（《收志》有，原委具《濟水注》。《元和志》濟源縣：濟水，在縣西北三里，平地而出，有二源。其東源周回七百步，深不測；西源周回六百八十五步，深一丈，皆繚之以周牆。源出王屋山。《山海經》云："王屋之山，𤅊水出焉。"郭璞注云："𤅊，沇水之源。"《尚書·禹貢》云："導沇水，東流爲濟，入於河，溢爲滎。"孔安國注云："濟水入河，並流數十里而南截河，又並流數里溢爲滎澤。"〔一二〕按：濟水因王莽末旱，渠涸，不復截河南過〔一三〕。今東平、濟南、淄川、北海界中有水流入於海，謂之清河，實菏澤、汶水合流，亦曰濟河，蓋因舊名，非本濟水也。而《水經》是和帝已後所撰，乃言濟水南過滎澤至於乘氏等縣，一依《禹貢》舊道，斯不詳之甚也。酈｛道｝元又從而注之〔一四〕，尤爲紕繆矣。）

【校注】

〔一〕查《漢書·地理志》《續漢書·郡國志》與《晉書·地理志》，河内郡下均有沁水縣。

〔二〕沁水縣在今本《魏書·地形志上》"懷州河内郡"下。關於沁城，卷末"校勘記"云："温校云：當作'沁水城'。《水經注》（卷九《沁水篇》）：蓋藉水以立名（應爲'名縣'。——介生注）矣。"

〔三〕《水經注疏》此句作"沁縣"，並校云："戴、趙'沁'下增'水'字。會貞按：兩漢、魏、晉、後魏，河内郡並有沁水縣，則增'水'字似是。但考《魏書·地形志》，沁水縣治沁城，不言治沁水城；又《靈徵志》兩言河内沁縣，足征沁水縣，魏時亦省稱沁縣，故酈氏便文稱之，不必定説脱'水'字也。《濟源縣志》：廢城在縣東北，今呼王寨城。"並存。

〔四〕此段引文多有節略。

〔五〕引文此句省略"沁水"二字，據補。

〔六〕引文此句省略一"也"字，據補。

〔七〕"沁口"二字後被圈删。

〔八〕原稿引文此句圈删一"口"字。

〔九〕此段引文多有節略。

〔一〇〕今本《太平寰宇記》此句作"在今縣北二十八里"，據改。

〔一一〕引文此句"此"誤寫爲"也"，據改。

〔一二〕引文此句後有節略。

〔一三〕此段按語多有節略。

〔一四〕引文此句脱寫一"道"字,據補。

軹(在今濟源縣南十五里。)

漢、晉屬〔一〕。

治軹城〔二〕。(《寰宇記》濟源縣:軹縣故城,在今縣東南〈一〉十三里〔三〕。高齊拒周,使斛律光築關於此,以屯戍卒。按《郡國縣道記》云:"後魏自此城移縣於今縣東南二十八里〈皮〉{波}城置〔四〕。大業二年省{之}〔五〕。"《方輿紀要》濟〈沅〉{源}縣〔六〕:軹城,在縣南十三里〔七〕。今名軹村,旁有深井里,即聶政所居也。){有}濟源城〔八〕、(《濟水注》:今濟水重源出軹縣{溫城}西北平地〔九〕。水有二源,東源出原城東北。昔晉文公伐原,以信而原降,即此城也。俗以濟水重源所發,因復謂之濟源城。{其水南逕其城東故縣之原鄉。}〔一〇〕杜預曰:沁水縣西北有原城者,是也〔一一〕。《方輿紀要》濟〈沅〉{源}縣〔一二〕:原城〔一三〕,在縣西北十五里,今名原鄉。)毋辟城、(《廢太子恂傳》:高祖幸崧岳,恂留守{金墉}〔一四〕,{於西掖門内}與左右謀〔一五〕,欲召牧馬輕騎奔代〔一六〕。高祖聞之駭惋,還,引恂數罪。〈拘於城西別館,引見群臣〉〔一七〕廢爲庶人,置之河陽,以兵守之。〈服食所供,粗免饑寒而已,〉〔一八〕高祖如長安,中尉李彪{承間}密表〔一九〕,告恂復與左右謀逆。高祖使中書侍郎邢巒與咸陽王禧,奉詔齎椒酒詣河陽,賜恂死,{時年十五。}〔二〇〕殮以粗冠常服,瘗于河陽城。《濟水注》:〈淇〉{湨}水東南〔二一〕,逕安國城東,又南,逕毋{無}辟邑西〔二二〕,世謂之無比城,亦曰馬髀城,皆非也。朝廷以居廢太子,謂之河陽庶人。《南齊書·索虜傳》:宏徙恂無鼻城,在河橋北二里,尋殺之。)軹關、(《收志》有。《濟水注》:漫流水出軹關南,東北流,{又北}注於湨〔二三〕,謂之漫流口。《寰宇記》濟源縣:故軹關,在今縣西十一里。)鍾公壘、(《濟水注》:湨水又東,逕鐘繇塢北,世謂之鍾公壘。)白騎隖、(《濟水注》:湨水又東南流,右會同水。水出南原下,東北流,逕白騎隖南〔二四〕。隖在原上,爲{據}二溪之會〔二五〕,北帶深湟,三面阻{岨}險〔二六〕,惟西版築而已。《方輿紀要》濟源縣:白騎隖,在縣南湨水{北原}上〔二七〕。東漢末,賊將張白騎據此築隖,因名。宇文泰以權景宣守張白隖,即此〔二八〕。又白騎所築崤澠間者,非此塢也。)齊子嶺、(注見白水"陽壺城"下。《通鑑注》〔二九〕:河内郡王屋縣,舊名長平,有齊子嶺,有軹關。杜佑曰:按齊子嶺在今王屋縣東二十里,周、齊分界處。《方輿紀要》濟源縣:齊子嶺,在縣西六十里。)[夾注:齊子嶺入"萇平"下。]〔三〇〕勳掌谷、(《濟水注》:湨水出原城西北原山勳掌谷。《北齊書》[三一]:河濟二年,斛律光築勳掌城于軹關{西}[三二]。《方輿紀要》濟源縣:勳掌城,在縣西北十二里軹關之東,旁有勳掌谷,因名。)**遮馬堤**、(《寰宇記》河陽縣:遮馬堤,在縣西南十三里,{即}後魏爾朱榮殺朝士〈一〉千三百余人於此{堤}[三三]。)**北中府{城}**[三四]、(《河水注》:河水又東,逕平縣故城北[三五]。河北側岸有二城相對,置北中郎府,徙諸徒隸府户並羽林、虎賁領隊防之[漢平縣屬河南郡,故城在今孟津縣東。——原注]。《寰宇記》河陽縣:北中府城,《洛陽記》云:"太和二十年造北中府{城}"[三六]。[夾注:晉杜預建河橋于富平津,河北側岸有二城相對,魏高祖置北中郎府,徙諸從隸府户,並羽林、虎賁領隊防之。宋白曰:北中城,即今河陽城。][三七])**湛水**[三八]、**東丘城**、(《濟水注》:濟{沇}水潛行地下[三九],至共山南,復出於東丘,今原城東北有東丘城。)**陽城**、(《濟水注》:溴水又東南,逕陽城東[四〇]。陽亦樊也,一曰陽樊。《方輿紀要》濟〈沇〉{源}縣[四一]:曲陽城,在縣西南十五里,亦曰陽城,古陽樊也。杜預曰:即河雍矣[四二]。)**波城**、(《濟水注》:溴水又東{北}[四三],逕波縣故城北[四四]。《班志》河内郡波:孟康曰:今絺城是也{今有絺城,晉文公所得賜者}[四五]。故波城,在今濟源縣東南二十里[四六]。)**向城**、(《濟水注》:天漿澗水出軹南皋{睾}[四七],向城北。城在皋{睾}上[四八],俗謂之韓王城,非也[四九]。汲郡《竹書紀年》曰:鄭侯使韓辰歸晉陽及向。二月,城陽、向,更名陽爲河雍,向爲高平,即是城也。《括地志》:高平故城,在懷州河陽縣西{北}四十里。《紀年》云:魏〈哀〉{襄}王改向曰高平也[五〇]。《方輿紀要》濟源縣:向城,在縣西南。)**天漿溪**、(《濟水注》:天漿澗水出軹南皋{睾}向城北[五一]。其水有二源俱導,〈水〉{各}出一溪[五二],東北流,合爲一川,名曰天漿溪。又東北逕一故城,俗謂之冶城,水亦曰冶水。又東流,注於溴。《方輿紀要》濟源縣:天漿溪,在縣南二十里。《九州記》謂之玉漿澗。[五三])**濝陂津**。(《通鑑注》[五四]:濝陂津在河橋西,亦曰雷陂{波}[五五],即爾朱兆犯〈後〉{洛}帥騎踏淺涉渡之處[五六]。穆按:《伽藍記》作"當陂"[五七]。濝陂,即雷陂之轉。)[夾注:軹,治軹城。有東丘城、濟源城、陽城、向城、毋辟城、北中府城(酌——原注)、軹關、鐘公壘、白騎隖、勳掌谷、天漿溪、遮馬堤、湛水。][五八]

【校注】

〔一〕據《漢書・地理志》《續漢書・郡國志》與《晉書・地理志》,河内郡下均有軹縣。軹縣在今本《魏書・地形志》"懷州河内郡"下,注云:"後漢、晉屬,治軹城。"不可解,"後"應爲"二"之誤,或爲衍寫。

〔二〕介生按:依本稿例,此處應注:《收志》有。

〔三〕引文此句衍寫一"一"字,據删。此段引文多有節略。

〔四〕引文此句“波”誤寫爲“皮”，據改。

〔五〕引文此句略去一“之”字，據補。

〔六〕原稿“源”簡寫爲“沅”，據改。

〔七〕此段引文多有節略。

〔八〕原稿脱寫一“有”字，據補。原稿所附“夾注”重新排定了次序，但是爲了保存原貌，不作調整。

〔九〕《水經注疏》此句作“溫城”，並校云：“戴改‘溫城’作‘軹縣’。守敬按：《水經》言：東至溫縣西北爲濟水。《郡國志》：溫，濟水出。《書・孔傳》：泉源爲沇，流去爲濟，在溫西北平地。《孔傳》雖僞書，此語必有所受。酈氏據圖爲書，所見與孔、馬相合，故本以釋《經》，且加以‘今’字，知爲目見。《初學記》六、《御覽》六十一、《通鑑》周赧王二十八年《注》引《水經注》，並作‘溫’。酈氏于下文言鄉不在軹西北也。詳下。《括地志》：沇水至濟源縣西北二里平地，其源重發。《元和志》：濟水在縣西北三里平地而出。考唐濟源縣之地，在漢軹縣之北，即漢時之原鄉。今濟河出濟源縣西北，謂之濟瀆。”《水經注校證》此句作“軹縣”，並注云：“《注箋》本、項本、《注釋》本、張本均作‘溫城’，《通鑑》卷四赧王二十八年‘拔新垣、曲陽’胡《注》引《水經注》作‘溫’。”並存待考。

〔一〇〕原稿引文此句省略，據補。

〔一一〕介生按：酈氏之本意，是以“原鄉”爲“原城”，而石翁之意，則是以“濟源城”爲‘原城’，似有不合，存疑待考。

〔一二〕原稿“源”簡寫爲“沅”，據改。

〔一三〕此條引文出自《讀書方輿紀要》卷四九“懷慶府濟源縣”下“向城”條後，多有節略。

〔一四〕引文此句略去“金墉”二字，據補。

〔一五〕引文此句略去“於西掖門内”數字，據補。

〔一六〕引文此句後多有節略。

〔一七〕〈〉括號内文字後有圈删之意。

〔一八〕〈〉括號内文字後有圈删之意。

〔一九〕引文此句略去“承間”二字，據補。

〔二〇〕原稿引文此句省略，據補。

〔二一〕原稿引文此句“溴”誤寫爲“淇”，據改。

〔二二〕《水經注疏》此句作“無辟邑”，並校云：“朱《箋》曰：‘無’當作‘毋’，戴、趙改。”《水經注校證》此句作“毋辟邑”，並注云：“《大典》本作‘毋辟邑’，《注疏》本、《通鑑》卷一四〇《齊紀六》“明帝建武三年‘置於河陽無鼻城’胡《注》引《水經注》均作‘無辟邑’。”並存。

〔二三〕引文此句脱寫“又北”二字，據補。

〔二四〕《水經注疏》與《水經注校證》均作“白騎塢”。“隖”爲“塢”之古體字。或有版本之别。

〔二五〕《水經注疏》此句爲“據”，並校云：“朱‘據’作‘爲’，全、趙、戴同。守敬按：《通鑑》梁大同四年《注》引此作‘據’，今訂。”《水經注校證》作“爲”，並存。

〔二六〕《水經注校證》此句與本稿同，而《水經注疏》作“岨險”，但無校語。

〔二七〕原稿引文此句脱寫“北原”二字，據補。此段引文有節略。

〔二八〕介生按：今本《太平寰宇記》卷四九此條下脱寫一“即”字，“此”字劃入下句，文意不通。

〔二九〕引文出自今本《資治通鑑》卷一五九《梁紀十五》“武帝中大同元年”下胡注。

〔三〇〕爲保存原貌，兩處並存。

〔三一〕引文出自今本《北齊書》卷十七《斛律金傳後附斛律光傳》。

〔三二〕引文此句省略一“西”字，據補。

〔三三〕引文此句省略“即”“堤”二字，據補。又衍寫一“一”字，據删。

〔三四〕原稿此條無“城”字，據後附夾注補。

〔三五〕引文此句後有節略。

〔三六〕引文此句脱寫一“城”字，據補。

〔三七〕夾注内容未注明出處，存此待考。

〔三八〕原稿此條下無注文。

〔三九〕介生按：據《水經注疏》與《水經注校證》，此句應爲“沇水”，《水經注疏》在“即沇水也”下校語云：“趙據《山海經・注》改作‘沇即濟也’。”存考。

〔四〇〕引文此句後有節略。

〔四一〕原稿此句“源”簡寫爲“沅”，據改。

〔四二〕此條引文多有節略。

〔四三〕引文此條脱寫一“北”字，據補。

〔四四〕《水經注校證》注云：“孫潛校本作‘汲縣’。”

〔四五〕原稿引文有節略，據補原書内容。

〔四六〕介生按：此條不注出處，文淵閣四庫全書本《水經注》案語云：“案：湨水所徑，乃今濟源縣東南二十里波城，不害封汲侯，或波訛作汲耳。”或出於此。

〔四七〕《水經注疏》此句作“南睪”，並校云：“朱‘睪’訛作‘罣’，《箋》曰：宋本作‘罣’。全改‘罣’，非。趙改‘睪’，云：‘睪’與‘皋’同。戴改‘皋’。”《水經注校證》與本稿同，作“南皋”。存考。

〔四八〕校語同上條。

〔四九〕引文此句後有節略。

〔五〇〕此條引文出自《史記·趙世家正義》所引《括地志》，據《括地志輯校》注云："《趙世家正義》引'西四十里'當作'西北四十里'，'哀王'當作'襄王'。"據改。

〔五一〕校語已見上，此句下引文有節略。

〔五二〕引文此句"各"誤寫爲"水"，據改。

〔五三〕引文出自《讀史方輿紀要》卷四九"懷慶府濟源縣"下"馬頭溪"條後，有節略。

〔五四〕引文出自《資治通鑑》卷一五五《梁紀十一》"武帝中大通四年"注文。

〔五五〕今本及文淵閣四庫全書本《資治通鑑》均作"雷波"，存考。

〔五六〕引文此句"洛"誤寫爲"後"，據改。

〔五七〕介生按：今本《洛陽伽藍記》均已改爲"雷陂"。

〔五八〕介生按：後增夾注爲石翁重新排定之文序。"北中府城"下有一"酌"字，證明此條尚有斟酌修訂之必要。

白水（今絳州垣曲縣治。）

漢垣縣地，屬河東。（垣故城，在今垣曲縣西三十里。）

皇興四年，置邵上郡〔一〕，改屬。（《方輿紀要》垣曲縣〔二〕：邵城，在縣東，亦曰郫邵。《博物記》："垣縣東｛九十里｝有郫邵之阸〔三〕。"《春秋》文八年"晉賈季迎公子樂於陳，趙孟殺諸郫"，即郫邵也。又襄二十三年〔四〕："齊侯伐晉，取朝歌，入孟門，登太行，張武軍於熒庭，〈戍〉｛成｝郫邵〔五〕。"孔穎達曰"垣縣有〈邵〉｛召｝亭"是也〔六〕。宋白曰："其地即周、召分陝之所。"今有邵原祠，在垣縣東六十里古棠樹下，魏邵郡蓋因以名。《方輿紀要》垣曲縣：｛或曰｝魏白水縣即故垣縣也〔七〕。城東南有白水，西南流，合清水，故改爲白水縣。〔八〕）

太和中，罷郡，屬。

有陽壺城、（《裴慶孫傳》〔九〕：吐京群胡北連蠡升，南通絳蜀。慶孫從軹關入討，至齊子嶺｛東｝〔一〇〕。〈又〉｛乃｝深入二百餘里〔一一〕，至陽胡城。朝廷以此地被山帶河，衿要之所，肅宗末，遂立邵郡，｛因｝以慶孫爲太守〔一二〕。《河水注》：清水又東南，逕陽壺城東，即垣縣之壺丘亭，晉遷｛宋｝五大夫所居也〔一三〕。《通鑑注》〔一四〕：陽胡即陽壺城，在邵郡白水縣。｛按陽壺｝即崤谷之北岸〔一五〕。《方輿紀要》垣曲縣：陽胡城，在縣東南二十里，近大河。亦曰陽壺〔一六〕。春秋時謂之瓠｛壺｝丘〔一七〕，襄元年〔一八〕，晉人以宋五大夫在彭城者歸，寘之瓠丘。杜預曰：河東｛之｝垣縣東南有壺丘亭也〔一九〕。）馬頭山、（《收志》有。《河水注》：清水又東，合乾棗澗水。水出石人嶺下，南流，俗謂之扶蘇水。又南歷經苗北馬頭山，亦曰白水原。又教水重〈沅〉{源}又發[二〇]，南至西馬頭山東截坡下。又伏流南十餘里復出，又謂之伏流水，南入於河。）**輔山**、（《河水注》：教水出垣縣北教山，南逕輔山，山高三十許里，上有泉源，不測其深。山頂周圓五六里，少草木。《山海經》曰：孟門東南有平山，{平}水出於其上[二一]，潛於其下，又是王屋之次，疑即平山也。《寰宇記》沁水縣［宋沁水縣即今縣治。——原注］：東輔山，在縣西南九十二里，其山及西輔山與析山相連，〈若有〉{有若}相輔之勢[二二]。又害水，在縣南八十里，出西輔山。《水經注》云：害水在縣南八十里［本《注》無此文。——原注］，出垣曲縣界[二三]。）**鼓鍾峽**、（《河水注》：教水出垣縣北教山[二四]。南流，歷鼓鍾上峽，懸洪五丈，飛流注壑，夾岸深高，壁立直上，輕崖秀舉，百有餘丈。峰次青松，巖懸頳石，於中歷落，有翠柏生焉。丹青綺分，望若圖繡矣。水廣{一}十許步[二五]，南流歷鼓鍾川，分爲二澗。《寰宇記》垣縣：鼓鍾山，在縣東北六十里。）**宣蘇山**、（《河水注》：河水又東，合庸庸之水。山出河東{南}垣縣宣蘇山[二六]，俗謂之長泉水。《山海經》曰：水多黄貝，伊、洛門也。）**邵公廟**。（《高允傳》：顯祖末年，授使持節、散騎常侍、征西將軍、懷州刺史。允秋月巡境，問民疾苦，至邵縣，見邵公廟廢毀不立，乃曰："邵公之德，闕而不禮，爲善者何望？"乃表聞修葺之。允于時年將九十矣［允以太和十一年卒，年九十八。——原注］。穆案：古無邵縣，魏皇興中立邵上郡，後改爲邵郡，亦未嘗以邵氏縣。據宋白"今有邵原祠"語，疑即"邵原"之訛[二七]。）

【校注】

〔一〕引文出自今本《魏書·地形志上》"東雍州邵郡"下注："皇興四年置邵上郡，太和中並河内，孝昌中改復。"

〔二〕引文出自《讀史方輿紀要》卷四一"絳州垣曲縣"下。

〔三〕引文此句省略"九十里"數字，據補。

〔四〕依《讀史方輿紀要》書例，春秋紀元標識通常略去"公"字，如文八年，即文公八年，襄元年，即襄公元年。爲保持原貌，遵例不補。

〔五〕引文此句"戍"誤寫爲"戌"，據改。

〔六〕今本《讀史方輿紀要》此句作"召亭"，據改。

〔七〕引文此條出自《讀史方輿紀要》卷四一"絳州垣曲縣"下"垣縣城（或作垣曲城）"條。此句省略"或曰"二字，據補。

〔八〕介生按：今本《魏書·地形志》記載有多個白水縣，此白水縣在今本《魏書·地形志上》"東雍州邵郡"下。

〔九〕《裴慶孫傳》附于《魏書》卷六九《裴延儁傳》後。

〔一〇〕此段引文多有節略，此句脱寫一"東"字，據補。

〔一一〕引文此句“乃”誤寫爲“又”,據改。

〔一二〕引文此句脱寫一“因”字,據補。

〔一三〕引文此句脱寫一“宋”字,據補。

〔一四〕引文出自《資治通鑑》卷一五六《梁紀十二》“武帝中大通六年”下注文。

〔一五〕引文多有節略。此句省略“按陽壺”三字,據補。

〔一六〕引文此句後有節略。

〔一七〕介生按:《讀史方輿紀要》此句作“壺丘”,但下引《春秋》又作“瓠丘”,存考。

〔一八〕依原書例,不補“公”字。

〔一九〕引文此句脱寫一“之”字,據補。

〔二〇〕引文此句“源”誤寫爲“沅”,據改。

〔二一〕《水經注疏》此句增寫一“平”字,《水經注校證》則與本稿同,存考。

〔二二〕引文此句“有若”誤倒爲“若有”,據改。

〔二三〕介生按:《讀史方輿紀要》此條引文僅有“害水出垣曲縣界”,卷後“校勘記”云:“按《水經注》無此文。又漢置垣縣,魏晉因之,北魏改置白水縣,北周改名亳城縣,隋大業初改名垣縣,至北宋改名垣曲縣,酈書何有垣曲之稱? 蓋誤。”

〔二四〕引文此句後有節略。

〔二五〕《水經注疏》此句增寫一“一”字,《水經注校證》與本稿同,存考。

〔二六〕《水經注疏》此句作“河南”,並校云:“趙據《漢志》垣縣屬河東郡,‘南’改‘東’,戴改同。會貞按:作‘河南’不誤,惟垣上脱‘東’字。《宋志·司州總敘》言:武帝北平關、洛,河南郡領東垣縣。《通鑑》“晉太元十一年”胡《注》:宋武入洛,置東垣縣。蓋漢與西晉之垣縣,在河北,自屬河東郡。東晉之東垣縣僑置於河南。則屬河南郡也。趙、戴知有河東之垣縣,而不思庸庸之水在河南。又不考《宋志》河南郡領東垣,憑臆改易,疏矣。東垣在今新安縣境。《地形志》新安郡之東垣縣,即此也。《山海經》:滽滽水出宜蘇山。《寰宇記》:水在河清縣西南六十里,今爲孟津縣境,或指下流言,據《注》出東垣縣,則出今新安縣境矣。”《水經注校證》與本稿同,存考。

〔二七〕介生按:關於“邵縣”,今本《魏書》無校勘記。

清廉(在今垣曲縣西四十里。)

割聞喜、安邑東界置〔一〕。(《寰宇記》垣縣:古清廉縣,在縣西北〈二〉{五}十二里〔二〕。後魏割聞喜、安邑東界之人,于清廉山北置縣{隸邵郡},〔三〕。《河水注》:清水又東,逕清廉城南。)

有清廉山、(《收志》有。注見下。)〈有〉關{城}〔四〕、(《河水注》:清水出清廉山之西嶺,世亦謂之清營山。其水東南流出峽。峽左有城,蓋古關防也。)白馬山、(《收志》有。《方輿紀要》垣曲縣:西北有清廉山,又西北有白馬山,與絳縣接界〔五〕。)倚亳城。(《河水注》:清水東流,逕臯落城北〔六〕。世謂之倚亳城,蓋讀聲近轉,{傳}因失實也〔七〕。《春秋左傳》所謂"晉侯使太子申生伐東山臯落氏"者也。《寰宇記》垣縣:古臯落城,在縣西北六十里。)

【校注】

〔一〕清廉縣在今本《魏書·地形志上》"東雍州邵郡"下。

〔二〕今本《太平寰宇記》此條作"五十二里","五"字下又有"一作二"注文,卷末"校勘記"云:"'一作二',宋版無此三字。萬本、文淵閣四庫全書本作'縣西北二十二里',與此注同。《嘉慶重修一統志》"絳州"引本書作'在垣縣西北六十里'。按'在縣西北二十二里'者,當誤。"據改。

〔三〕原稿引文省略"隸邵郡"三字,據補。

〔四〕原稿此句衍寫一"有"字,删。據文意補一"城"字。

〔五〕此條引文出自《讀史方輿紀要》卷四一"絳州垣曲縣"下"三錐山"條後。

〔六〕引文此句後有節略。

〔七〕《水經注疏》此句作"蓋讀聲近,傳因失實也",原有校語云:"戴'傳'改'轉'。"今本卷末"校記"云:"按《方輿紀要》四十一云:'世謂之倚亳城,蓋聲相近。'故改'傳'作'轉'。"《水經注校證》與本稿同,存考。

〈清廉,(在今垣曲縣{西}四十里。)割聞喜、安邑東界置。(《寰宇記》垣縣:古清廉縣,在縣西北二十二里,後魏割聞喜、安邑東界之人,于清廉山北置縣。《河水注》:清水又東逕廉城南。)

有清廉山、(《收志》有。注見下)〈有〉關、(《河水注》:河水出清廉山之西嶺,世亦謂之清營山,其水東南流,出峽之左,有城,蓋古關防也。)白馬山、(《收志》有。《方輿紀要》:垣曲縣西北有清廉山,又西北有白馬山,與絳縣接界。)倚亳城。(《河水注》:清水東流,逕臯落城北,世謂之倚亳城,蓋讀聲近轉,因失實也。《春秋左傳》所謂"晉侯使太子申生伐東山臯落氏"者也。《寰宇記》垣縣:古臯落城,在縣西北六十里。)〉〔一〕

【校注】

〔一〕此篇“清廉縣”内容，爲夾注後增，與内文前一“清廉縣”内容重復，爲保持原稿原貌，存此，不再出注。

萇平（在今濟源縣西八十里。）

獻文帝分故垣縣置。（《元和志》〔一〕。）

有王屋山、（《收志》有。《括地志》：王屋山，在懷州王屋縣北十里。《古今地名》云：山方七百里，高萬仞，本〈異縣〉｛冀州｝之河陽山也〔二〕。唐王屋縣在今濟源縣西八十里〔三〕。《方輿紀要》垣曲縣：王屋山，在縣東北百里，接河南濟源縣及澤州陽城縣界。）［夾注：關列山前。］〔四〕濝關、（《河水注》：濝水出垣縣王屋山西濝溪，夾山東南流，逕故城東，即濝關也。漢光武建武二年，遣司空王梁北守濝關、天井關，擊赤眉别校〔五〕，皆降之。獻帝自陜，北渡安邑，東出濝關，即是關也。《方輿紀要》垣曲縣：箕關，在縣東北七十里，亦曰濝關。）銅官、（《食貨志》：延昌二年，崔亮奏：河内郡王屋山鑛，計一斗得銅八兩，宜開鑄〔六〕。詔從之。《河水注》：教水南流，歷鼓鍾川，分爲二澗〔七〕。一水歷冶官西，世人謂之鼓鍾城，城之左右，猶有遺銅及銅錢也。《方輿紀要》垣曲縣：鼓鍾鎮，在縣北六十里，亦曰鼓鍾城。又三〈堆〉｛錐｝山〔八〕，在縣北六十里，舊產銅，其相近者有鼓鍾山。又折腰山，在縣西北七十里，中低兩高，舊有銅鑛，鑿久摧折｛，故名｝〔九〕。）齊子嶺〔一〇〕。（注見白水“陽壺城”下。《通鑑注》〔一一〕：河内郡王屋縣，舊名長平，有齊子嶺，有軹關。杜佑曰：按：齊子嶺在今王屋縣東二十里，周、齊分界處。《方輿紀要》濟源縣：齊子嶺，在縣西六十里。）

【校注】

〔一〕此條引文出自今本《元和郡縣圖志》卷五“河南府王屋縣”下，“萇平”，原書作“長平”。萇平縣，在今本《魏書・地形志上》“東雍州邵郡”下。

〔二〕引文此句“冀州”誤寫爲“異縣”，據改。

〔三〕此條應據《讀史方輿紀要》卷四九“懷慶府濟源縣”下“王屋城”條。

〔四〕夾注爲石翁之重新排序，爲保持原貌，暫不改。

〔五〕《水經注疏》此句作“别挍”，並有校語云：“會貞按：《王梁傳》文。”介生按：今本《後漢書》卷二二《王梁傳》亦作“别校”，不改。

〔六〕此段引文多有節略。

〔七〕引文此句下有節略。

〔八〕引文此句“錐”誤寫爲“堆”，據改。

〔九〕原稿引文省略“故名”二字，據補。

〔一〇〕此條原在軹縣下，按夾注應移置於此，爲保持原貌，兩處並存。

〔一一〕引文出自今本《資治通鑑》卷一五九《梁紀十五》“武帝中大同元年”下注文。

西太平〔一〕（當在今絳州境。）

【校注】

〔一〕此西太平縣在今本《魏書·地形志上》“東雍州邵郡”下。

建興郡

慕容永分上黨置〔一〕。

真君九年，省，和平五年，復。（《收志》建州注〔二〕。）

領縣四〔三〕

【校注】

〔一〕今本《元和郡縣圖志》卷十五《河東道四》“澤州”下云：“漢爲上党郡高都縣之地也。後魏道武帝置建興郡。”卷末“校勘記”云：“《考證》：《地形志》曰：‘慕容永分上黨置建興郡，真君九年省。’與此别。”今本《太平寰宇記》卷四四《河東道五》“澤州”下也與《元和郡縣圖志》相同，石翁未作辨語。

〔二〕今本《魏書·地形志》無建興郡。

〔三〕介生按：今本《魏書·地形志上》“建州”領四郡、十縣，與建興郡有較大差别。

陽阿（在今澤州府鳳臺縣西北四十里。）

漢屬上党，晉罷。後復，屬〔一〕。

（《沁水注》：沁水南逕陽阿縣故城西。《魏土地記》曰：建興郡治陽阿縣。）有陽陵城、

(《沁水注》:陽泉口水出鹿臺山,山〈山〉{上}有水[二],淵而不流。其水東逕陽陵城南,即陽阿縣之故城也。)**武靳關**、(《收志》有。)**午壁亭**。(《沁水注》:陽阿水北出陽阿川,南流,逕建興郡西,又東南流,逕午壁{亭}東[三],而南入山。《寰宇記》:午壁亭,在晉城縣界[四]。)

【校注】

〔一〕陽阿縣在今本《魏書·地形志上》"建州高都郡"下。

〔二〕引文此句"上"誤寫爲"山",據改。

〔三〕引文此句脱寫一"亭"字,據補。

〔四〕今本《太平寰宇記》卷四四《河東道五》"澤州晉城縣"下"午壁亭"條云:"《水經注》云:'午壁在晉城縣界。'"卷末"校勘記"云:"《水經·沁水注》:陽阿水'東南流,逕午壁亭東,而南入山。'與此引文别。又晉城縣置於唐貞觀三年,蓋樂史以午壁亭所在,以當時之地釋之。"

高都(在今鳳臺縣東北三十里高都村,村在丹水之北也。《一統志》:澤州東北三十里丹水北高都村,即唐所移丹州縣也[一]。吴卓信曰[二]:《水經注》有高都故城,是後漢所置之縣,非漢縣。唐于故高都城置晉城{縣}[三]。是後魏復置之縣,亦非漢縣。《通典》以澤州所理晉城縣,爲即漢高都縣,誤{矣}[四]。)

漢、晉屬上黨[五]。

有丹谷、太行關、(《沁水注》:丹水出{上党}高都縣故城東北阜下[六],東南流,注于丹谷。《晉書地道記》曰:縣有太行關,丹溪,爲關之東谷,途自此去,不復由關矣。《寰宇記》謂:天井關,〈即〉{一名}太行關[七]。)**石人山**、(《沁水注》:丹水又逕二石人北,而〈水〉{各}在{一}山[八],角倚相望,南爲河〈北〉{内}[九],北曰上黨。二郡以之分境。《寰宇記》晉城縣:石人山,在縣東南八十里,有雙石,高〈僄〉{標}類人形[一〇]。)**天井關**。(《收志》上黨郡有天井關[一一],蓋沿《班志》之文,誤,辨見"並州上黨郡"下。《元和志》晉城縣:天井故關,一名太行關,在縣南四十五里太行山上。胡三省曰[一二]:關〈内〉{南}有天井泉三所[一三],其深不測。)

【校注】

〔一〕引文出自文淵閣四庫全書本《大清一統志》卷一〇七"澤州府"下"古跡高都故城"條。

〔二〕引文見《漢書·地理志補注》卷七。

〔三〕引文此句脱寫一"縣"字，據補。

〔四〕引文引句脱寫一"矣"字，據補。

〔五〕查《漢書·地理志》《續漢書·郡國志》與《晉書·地理志》，上黨郡下均有高都縣，又高都縣在今本《魏書·地形志上》"建州高都郡"下。

〔六〕引文此句省略"上黨"二字，據補。引文此句後多有節略。

〔七〕引文出自今本《太平寰宇記》卷四四《河東道五》"澤州晉城縣"下，據改。

〔八〕引文此句"各"誤寫爲"水"，又脱寫一"一"字，據改、補。

〔九〕引文此句"内"誤寫爲"北"，據改。

〔一〇〕引文此句"標"誤寫爲"僄"，據改。

〔一一〕上黨郡在今本《魏書·地形志上》"并州"下。

〔一二〕引文出自今本《資治通鑑》卷四〇《漢紀二十三》"光武帝建武元年"下注文，有節略。

〔一三〕引文此句"南"誤寫爲"内"，據改。

玄氏（在今澤州府高平縣治。《山西通志》：泫氏故縣，在高平縣西二十里，俗名王報村〔一〕。）

漢、晉屬上黨。（字作"泫"〔二〕。）

有羊頭山、（《收志》有。《寰宇記》高平縣：〈有〉羊頭山〔三〕，在縣北三十五里。《山海經》云〔四〕："神農嘗五穀之所，〈形似〉{山形象}羊頭〔五〕。"穆案：羊頭山，亦見《收志》"上党郡長子"注，語本《山經》，與樂氏所引合，蓋此山在二縣南北之交也。）**都鄉城**、（《沁水注》：泫水導源泫氏縣西北泫谷，東流，逕一故城南，俗謂之都鄉城。又東南，逕泫氏縣故城南。）**連理樹**。（《世祖紀》：太平真君六年二月，{遂}西幸上黨〔六〕，觀連理樹于〈玄〉{泫}氏〔七〕。）

【校注】

〔一〕引文出自文淵閣四庫全書本《山西通志》卷五九《古跡三》"澤州府高平縣"下，有節略。

〔二〕據《漢書·地理志》《續漢書·郡國志》與《晉書·地理志》，上黨郡下均有"泫氏縣"。玄氏縣在今本《魏書·地形志上》"建州長平郡"下，注云"永安中置，治玄氏城"。卷末"校勘記"云："按漢、晉、隋《地志》'玄'都作'泫'。《元和志》卷一五'澤州高平縣'下云：'在泫水之上，故以爲名，後魏（岱南閣本訛作漢）改爲玄氏。'楊守敬《隋書·地理志考證》以爲《地形志》作'玄'，乃'泫'字脱爛。其實，當時地名常用同音或音近字,去水去土皆只是書寫異文。見於此《志》者,如‘樂浪’之作‘樂良’,‘渤海’之作‘勃海’,‘湖陸’之作‘胡陸’,‘湖城’之作‘胡城’,本非改名,亦非脱爛,此‘泫氏’之作‘玄氏’,也同此類。今後此類,不再出校記。”

〔三〕依本稿例,引文此句衍寫一“有”字。

〔四〕今本《太平寰宇記》此句無“云”字,但文淵閣四庫全書本《太平寰宇記》有“云”字,存考。

〔五〕引文此句“山形象”誤寫爲“形似”,據改。

〔六〕引文此句省略一“遂”字,據補。

〔七〕今本《魏書》此句作“泫氏”,據改。

長平(《沁水注》:長平水出長平縣西北小山,東南流,逕其縣故城,泫氏之長平亭也。穆案:泫氏長平亭,地亦當在今高平縣境。縣境有長平城,而古未嘗以之氏縣。魏永安中,始於泫氏置長平郡,其所領之縣則曰高平,且置郡事,中尉亦不及知也,若邵郡蒫平既距泫氏極遠,《元和志》明言“獻文分垣縣置”,其非東魏移建,又斷然可知。趙一清于《沁水注》遽引邵郡收注爲證,可謂巨謬,竊疑魏初必嘗於泫氏長平城置長平縣,〈故中尉有是稱〉〔一〕永安時升縣爲郡,而改其故縣曰高平耳。[《隋志》長平郡高平注:舊曰平高,齊未改焉。則今本之作“高平”,乃後人以今名疑古名改也。——原注]謹據《沁水注》補其地在今高平縣西北。又案:魏、齊字“長”皆加艸,此縣或亦當援邵郡蒫平爲例。)

有白起臺。(《沁水注》:《上黨記》曰:長平城在郡之南。[《注》又引《上黨記》曰:長平城在郡南山中。劉昭《郡國志補注》引《上黨記》曰:白起城在郡南山中百二十里。——原注]秦壘在城西,二軍共食流水澗,相去五里。秦坑趙衆,收頭顱,築臺於壘中,因山爲臺,崔嵬桀起,今仍號之曰白起臺。城之左右,〈緣〉{沿}山亙隰〔二〕,南北五十許里,東西二十餘里,悉秦、趙故壘,遺壁舊{猶}存也〔三〕。《括地志》:長平故城,在澤〈縣〉{州}高平縣西〈三〉{二}十一里〔四〕。《方輿紀要》高平縣:長平城,在縣西北二十一里,即{秦}白起破趙處。劉昭曰“泫氏有長平亭”也。頭顱山,在縣西五里,白起臺在其上〔五〕。)

【校注】

〔一〕〈〉括號内文字後有圈删之意。

〔二〕引文此句“沿”誤寫爲“緣”,據改。

〔三〕《水經注校證》此句與本稿同,作“遺壁舊存也”。而《水經注疏》此句作“遺壁猶存也”,卷末校記云:“按:《大典》本及全、趙、戴三家校本,‘猶’皆作‘由’。朱《箋》云:克家曰:疑作‘猶’,《一統志》引作‘猶’。影印本從李克家説,但未出校記。”介生按:石翁與陳橋驛先生所見,必不作“猶”或“由”,“校記”之言未免失察。存考。

〔四〕引文此句“州”誤寫爲“縣”,據改。又《括地志輯校》注云:“按‘三’當作‘二’,依《(史記——介生補)白起王翦列傳正義》改,《元和郡縣志》亦説長平在高平縣二十一里。”據改。

〔五〕此段引文多有節略。

安平郡

太和二十年置。(《收志》“安平郡”無注〔一〕。《寰宇記》端氏縣:安平故城,後魏於此立郡,廢城在今縣西北三十里〔二〕。按《郡國縣道記》云:今端氏所理,即後魏文帝置安平郡故城之所。穆案:文帝,當作“孝文帝”,即下“端氏”注太和二十年事也。)

領縣二〔三〕

【校注】

〔一〕安平郡在今本《魏書·地形志上》“建州”下。

〔二〕今本《太平寰宇記》卷四四“校勘記”云:“按本書端氏縣序云漢端氏縣故城‘在今縣西北三十里’,引《郡國縣道記》云今端氏縣‘即後魏文帝置安平郡故城’,則此‘廢城在今縣西北三十里’,乃漢端氏縣故城,非後魏安平郡城。”

〔三〕今本《魏書·地形志上》“建州安平郡”下領縣:端氏、濩澤。

端氏(在今澤州府沁水縣東北六十里。)

漢屬河東〔一〕,晉屬平陽〈後屬〉〔二〕。

真君七年,省。太和二十年,復,屬〔三〕。[夾注:北鄉、高〈梁〉{涼}皆郡,無注,而出其文於縣下,與此例同。]〔四〕

【校注】

〔一〕據《漢書·地理志》與《續漢書·郡國志》,河東郡下有端氏縣。

〔二〕據《晉書·地理志》,平陽郡下有端氏縣。“後屬”二字後被圈删。

〔三〕端氏縣在今本《魏書·地形志上》“建州安平郡”下。

〔四〕北鄉郡在今本《魏書·地形志下》“泰州”下。據雍正《山西通志》卷一七九“辨證四”，高梁郡實爲“高涼郡”，據改。高涼郡在今本《魏書・地形志上》“東雍州”下。

濩澤（今澤州府陽城縣治。）

漢屬河東，晉屬平陽〔一〕。（漢、晉故城，在今陽城縣西。《寰宇記》：陽城縣，本漢濩澤縣地〔二〕。今縣西三十里故城，即漢理。後魏興安二年，自故城移於今理。）

後屬〔三〕。

有析城山、（《沁水注》：上澗水導源西北輔山，東逕銅于崖南，歷析城山北，山在濩澤南。《禹貢》所謂“砥柱析城至於王屋”也，山甚高峻，上平坦，下有二泉，東濁西清，左右不生草木，數十步外多細竹。其水自山陰東入濩澤{水}〔四〕。《括地志》：析城山，在澤州{濩澤縣}西南七十里〔五〕。）嶕嶢山、（《沁水注》：鹿臺山水歷嶕嶢山東，下與黑嶺水合。《隋志》濩澤〔六〕：有嶕嶢山。《寰宇記》陽城縣：嶕嶢山，在縣西三十里。）白澗嶺、（《通鑑》晉義熙十二年［魏泰常元年。——原注］：丁零翟猛雀驅掠吏民，入白澗山爲亂，魏内都大官河内張蒲與冀州刺史長孫道生討之。《方輿紀要》陽城縣：白澗山，在縣西北十六里。）濩澤。（《沁水注》：濩澤水出濩澤城西白澗嶺{下}〔七〕，東逕濩澤。《墨子》{曰}〔八〕：辭漁濩澤。應劭曰：澤在縣西北。又東逕濩澤縣故城南，蓋以澤氏縣也。《方輿紀要》陽城縣：濩澤，〈在〉縣西北十里〔九〕。）

【校注】

〔一〕據《漢書・地理志》與《續漢書・郡國志》，河東郡下有濩澤縣。據《晉書・地理志》，平陽郡下有濩澤縣。

〔二〕此段引文多有節略。

〔三〕濩澤縣在今本《魏書・地形志上》“建州安平郡”下。

〔四〕引文此句省略一“水”字，據補。

〔五〕《括地志輯校》此句增“濩澤縣”三字，並注云：“《史記・夏本紀》‘砥柱析城’《正義》引。按此引脱縣名，據《水經・沁水注》‘析城山在濩澤南’增‘濩澤縣’三字。”，據補。

〔六〕濩澤縣在今本《隋書・地理志中》“長平郡”下。

〔七〕引文見今本《資治通鑑》卷一一七《晉紀三十九》下，胡注云：“白澗山當在河東濩澤縣西。《水經注》：濩澤水出濩澤城西白澗嶺{下}。東逕濩澤。濩澤，唐澤州陽城縣即其地。”介生按：胡注引文出自《水經・沁水注》，脱寫一“下”字，據補。

〔八〕原稿引文此句脱寫一“曰”字，據補。

〔九〕引文此句衍寫一“在”字，據删。

平陽郡

魏邵陵厲公正始八年〔一〕，分河東郡置，(《魏志·齊王芳紀》〔二〕：正始八年夏五月，分河東之汾北十縣〈置〉{爲}平陽郡〔三〕。《晉{書}·地理志》〔四〕：平陽郡，故屬河東，魏分置。〈穆案：《收志》云：晉分河東置，誤。〉〔五〕)

真君八年，置東雍州〔六〕。太和十八年，罷州，置郡。

治白馬城。(穆案：後魏平陽郡蓋治楊縣白馬城〔七〕，在楊縣西南，平陽東北也。《汾水注》引《魏土地記》曰：平陽郡，治楊縣，郡西有汾水南流{者，是也}〔八〕。又曰：汾水南逕高梁故城西〔九〕。又南逕白馬城西，魏刑白馬而築之，故世謂之白馬城，今平陽郡治。汾水又南逕平陽縣故城東，晉{魏}立平陽郡〔一〇〕，治此[晉字誤而不誤，《收志》亦〈去〉{云}〔一一〕：晉分河東置平陽郡，蓋後魏綰藉舊文如此，戴校本輒改晉爲魏，非。——原注]。據之，則晉、魏兩朝截然朗列，中尉以魏人述魏事，必不誤矣。《寰宇記》曰：後魏擒赫連昌，{遂}于白馬城置〈禽〉{擒}昌縣〔一二〕。蓋太武時初制[夾注：禽昌兼有楊、平陽、永安三縣地，故白馬城亦隸焉。]〔一三〕如此，中尉所述，則太和以後之制也。楊縣既復置，還爲平陽郡倚郭縣矣。李氏《韻編》謂：北魏平陽縣即今臨汾縣治，既誤以晉治爲魏治，錢詹事《魏書考異》據樂氏説謂“白馬城爲平陽之禽昌縣”語，亦未分析也。《方輿紀要》：白馬城，在平陽府東北二十里。〔一四〕)

領縣八〔一五〕

【校注】

〔一〕邵陵厲公爲齊王曹芳的謚號。

〔二〕《齊王芳紀》即今本《三國志》卷四《魏書·三少帝紀》之一。

〔三〕引文此句“爲”誤寫爲“置”，據改。

〔四〕依例補一“書”字。

〔五〕平陽郡在今本《魏書·地形志上》“晉州”下。〈〉括號内文字後有圈删之意。

〔六〕介生按：今本《魏書·地形志上》既有晉州平陽郡，又有東雍州。待考。

〔七〕楊縣在今本《魏書·地形志上》“晉州永安郡”下。

〔八〕引文此句有節略，據補。

〔九〕此段引文多有節略。

〔一〇〕《水經注疏》此句改“晉”爲“魏”,並校云:“朱‘魏’訛作‘晉’,全同。趙亦作‘晉’而辨之云:按《三國志·魏書·三少帝紀》:齊王芳正始八年夏五月,分汾(介生按:應爲河)東之汾北十縣爲平陽郡。非始于晉也。戴改魏。守敬按:《寰宇記》引《晉書地道記》:魏立平陽郡。”又“晉平陽郡,亦治此。”介生按:據石翁原注之意,“晉”字不誤,存考。

〔一一〕原稿此句“云”誤寫爲“去”,據改。

〔一二〕引文出自今本《太平寰宇記》卷四四《河東道五》“晉州襄陵縣”下。脱寫一“遂”字,又原書“擒昌縣”,據補、改。

〔一三〕介生按:今本《魏書·地形志上》“晉州平陽郡禽昌縣”下云:“神䴥元年,世祖禽赫連昌,仍置禽昌郡。”夾注所謂兼三縣之地,應爲禽昌郡,而非禽昌縣。待考。

〔一四〕引文出自今本《太平寰宇記》卷四一《山西三》“平陽府臨汾縣”下“柴壁城”條後。

〔一五〕今本《魏書·地形志上》“晉州平陽郡”下領五縣:禽昌、平陽、襄陵、臨汾、泰平。

楊(在今平陽府洪洞縣東南十五里。)

漢屬河東〔一〕,魏、晉屬〔二〕。後罷。

太和二十一年,復。〔三〕

治楊城。(《寰宇記》洪洞縣:故楊城,在縣東南十八里。)

有岳陽山、(《收志》有。《禹貢錐指》〔四〕:太岳,在今霍州東三十里。岳陽,凡太岳山南皆是其地,當直抵南河。)洪洞嶺、(《元和志》洪洞縣:洪洞故城,在縣北六里,後魏鎮城也。〈姚最《序行記》曰:周建德五年,從行討〈秦〉{齊}師〔五〕,師次洪洞縣,百雉相隔,四周重復,控據要險〔六〕,即此也。〉〔七〕《通典》:〈洪洞故城〉{故洪洞城}〔八〕,在晉州洪洞縣北〈六里〉〔九〕,東魏、北齊鎮也。四〈固〉{顧}重復〔一〇〕,控據險要。《輿地廣記》洪洞縣:漢楊縣,隋義寧二年改曰洪洞,取縣北洪洞嶺爲名。故洪洞城,在今縣北,東魏、北齊鎮此〔一一〕。)東明神。(《收志》有。)

【校注】

〔一〕據《漢書·地理志》與《續漢書·郡國志》,河東郡下有楊縣。

〔二〕據《晉書·地理志》,平陽郡下有楊縣。

〔三〕楊縣在今本《魏書·地形志上》“晉州永安郡”下。

〔四〕引文出自今本《禹貢錐指》卷二“既修太原,至於岳陽”下釋文。

〔五〕引文此句“齊”誤寫爲“秦”,據改。

〔六〕引文此句後有節略。

〔七〕〈〉括號内文字後有圈删之意。

〔八〕原書此句作“故洪洞城”,據改。

〔九〕引文此句衍寫“六里”二字,據删。

〔一〇〕引文此句“顧”誤寫爲“固”,據改。

〔一一〕引文多有節略。

平陽(今平陽府臨汾縣治。)

漢屬河東〔一〕,晉屬〔二〕。(漢、晉故城,在今臨汾縣西南。)

真君六年,並禽昌。太和十一年,復〔三〕。

有高梁城、(《收志》有。《括地志》:高粱故城,在晉州臨汾縣東北二十七里。《水經》:汾水西南過高梁邑西。)太祖廟、(《世祖紀》:太延元年六月甲午,詔曰:{白}雉三隻又集于平陽太祖之廟〔四〕。)龍子城、(《收志》有。《元和志》臨汾縣:龍子祠,在姑射山東平水之源。其地茂林蓊鬱,俯枕清流,實晉〈州〉之勝境也〔五〕。穆案:龍子城,當即在龍子祠左右,姑射山,即《汾水注》所云平陽西壺口山也。辨見《禹貢錐指》。)平水、(《收志》有晉水。《汾水注》:平{河}水出平陽{縣}西壺口山〔六〕,東逕狐谷亭北。又東,逕平陽城南,東入汾,俗以爲晉水,非也。《括地志》:平陽河水,一名晉水也〔七〕。)匈奴堡、(《通鑑》{義熙十二年}〔八〕:並州胡數萬落叛秦,入於平陽〔九〕,攻立義將軍姚成都于匈奴堡。《注》:此匈奴種落相率保聚之地,因以爲名。又《注》:〈……〉{匈奴堡}在平陽〔一〇〕。)堯廟、(《收志》有。《禮志》:太和十六年二月,詔帝堯樹則天之功,興巍巍之治,可祀於平陽。《汾水注》:平陽故城東水側有堯廟,廟前有碑。《魏土地記》曰:平陽城東十里,汾水東原上,有小臺,臺上有堯神屋石碑。《元和志》臨汾縣:堯廟,在縣東八里,汾水東。《寰宇記》臨汾縣:堯廟,在縣南十{六}里〔一一〕。《堯碑》云:舊在汾水西,晉元康中,移于汾水東。顯慶三年,移就今廟。)柴壁、蒙坑、(《太祖紀》:天興五年五月,姚興遣其弟{安北將軍、}義陽公平{率衆四萬}來侵〔一二〕,平陽乾壁爲平所陷。七月戊辰{朔},車駕西討〔一三〕。八月乙巳,至於柴壁,平固守,進軍圍之。姚興悉舉其衆來救。甲子,帝渡蒙坑,逆擊興軍,大破之。《安同傳》:從征姚平于柴壁,姚興悉衆救平,太祖乃增築重圍以拒興。同進計曰:“臣受遣詣絳督〈祖〉{租}〔一四〕,見汾東有蒙坑,東西三百餘里,徑路不通。姚興來,必從汾西,乘高臨下,直至柴壁,如此,則寇内外勢接,重圍難固,不可制也。宜截汾曲爲南北浮橋,乘西岸築圍,西圍既固,賊至,無所施其智力矣。”從之。興果視平屠滅而不能救。《元和志》太平縣:子奇壘,在縣東三十里[姚平字子奇。——原注][一五]。今按:此壘西臨汾水,壘側尚有柴村,子奇〈役〉{投}汾水處[一六],即此{處}也[《方輿紀要》亦曰柴莊。——原注][一七]。{《新五代史·王峻傳》}[一八]:周太祖因劉〈閔〉{旻}攻晉州[一九],遣王峻將兵討之。峻{軍}出自絳州[二〇],前鋒報過蒙坑,峻喜,謂其屬曰:蒙坑,晉、絳之險也。〈閔〉{旻}不分兵扼之,使吾過〈之〉{此}[二一],可以知其必敗也。《方輿紀要》:柴壁城,在平陽府西南六十里{汾水上}[二二]。蒙坑,在曲沃縣東北五十里。《晉乘蒐略》:今曲沃縣喬山以北,自西而東,山蹊斜結,即蒙坑也。)天渡、(《姚興傳》[二三]:太祖知興氣挫,乃南絶蒙坑之口,東杜新阪之隘,守天渡,屯賈山,令平水陸路絶。《李先傳》:太祖之討姚興于柴壁也,問先曰:“興屯天渡,平據柴壁,相爲表里,今欲殄之,計將安出?”先對曰:“臣聞兵以正合,戰以奇勝。如聞姚興欲屯兵天渡,利其糧道。及其未到之前,遣奇兵先邀天渡,柴壁左右,嚴設伏兵,備其表里。以陛下神策,觀時而動,興欲進不得,退{住}又乏糧[二四]。夫高者爲敵所棲,〈卑〉{深}者爲敵所因[二五],兵法所忌而興居之,可不戰而取。”太祖從其計,興果敗歸。《通鑑注》[二六]:柴壁在汾東。天渡蓋汾津之名,在汾水西岸。)單于臺。(《劉淵傳》[二七]:置單于臺于平陽西。)

【校注】

〔一〕據《漢書·地理志》與《續漢書·郡國志》,河東郡下均有平陽縣。

〔二〕據《晉書·地理志》,平陽郡下有平陽縣。

〔三〕平陽縣在今本《魏書·地形志上》“晉州平陽郡”下。

〔四〕引文此句脱寫一“白”字,據補。

〔五〕引文此句衍寫一“州”字,據删。

〔六〕《水經注疏》此句作“平河水”,又增寫一“縣”字,並校云:“朱上句‘平河水’作‘平陽’,全、趙、戴改平水;下句平陽下無縣字,全、趙同,戴增。會貞按:《初學記八》引此《注》云:平河水出平陽縣西壺口山,蓋約注兩句爲文。《寰宇記》稱:汾水又南,與平河水合流,即用《注》文,則上句本作‘平河水’,下句脱‘縣’字,今參訂。”據補。引文此句下多有節略。

〔七〕引文出自《史記》卷一《五帝本紀》“帝堯者”《正義》所引。今本《括地志輯校》卷二脱寫一“也”字。

〔八〕此條爲夾注所增,依例補紀年。

〔九〕此段引文有節略。

〔一〇〕此條《注》文同在今本《資治通鑑》卷一一七《晉紀三十九》"安帝義熙十二年"下,原稿用"……"代表"匈奴堡"三字,據補。

〔一一〕今本《太平寰宇記》此句作"六里",並注云:"一作'十'。"卷末"校勘記"云:"萬本、《庫》本作'在縣南十里'。按《元和郡縣圖志》"晉州"作'在縣東八里,汾水東'。《嘉慶重修一統志》'平陽府'引《新志》謂在縣南八里。"並存。

〔一二〕引文此句有省略,據補。

〔一三〕此段引文多有節略。

〔一四〕引文此句"租"誤寫爲"祖",據改。

〔一五〕此段引文多有節略。

〔一六〕引文此句"投"誤寫爲"役",據改。

〔一七〕引文此句脱寫一"處"字,據補。

〔一八〕此條引文爲夾注所增,未注明出處,查補。

〔一九〕此段引文"旻"均誤寫爲"閔",據改。下不再出注。

〔二〇〕引文此句脱寫一"軍"字,據補。

〔二一〕引文此句"此"誤寫爲"之",據改。

〔二二〕引文此句脱寫"汾水上"三字,據補。

〔二三〕《姚興傳》在今本《魏書》卷九五《羌姚萇傳》後。

〔二四〕今本《魏書·李先傳》卷末"校勘記"云:"《北史》卷二七'退'作'住',疑是。"存考。

〔二五〕引文此句"深"誤寫爲"卑",據改。

〔二六〕引文出自《資治通鑑》卷一一二《晉紀三十四》"安帝元興元年"下胡注。

〔二七〕出處有誤,應出自今本《魏書》卷九五《匈奴劉聰傳》。或出自《晉書》卷一〇一《劉元海載記》。

禽昌(在今洪洞縣東南二十四里。[夾注:此注寫在洪洞縣東南二十四里下。]〔一〕縣下《收志》舊有注云〔二〕:二漢屬河東,晉屬,即漢、晉之北屈也〔三〕。穆案:漢、晉北屈縣,在今吉州東北;魏禽昌縣,在今平陽東,洪洞東南,相距絶遠,斷非一地。且孝文于故北屈{地}置定陽郡[屬汾州。——原注]〔四〕,領定陽、昌寧諸縣,無緣更分其一,遠系平陽也。推詳致誤之由,蓋由《漢志》"北屈"下云:《禹貢》壺口山在東南〔五〕。《續漢志》"北屈"下云:有壺口山[注引《禹貢》曰:壺口治梁及岐〈文〉。——原注]〔六〕。〈《晉志》"北屈"下云:壺口山在東南。有南屈,故稱北。〉[夾注:《晉書》唐修,不當引也。]〔七〕班{、司馬}二書皆確指壺口以定北屈所在〔八〕,〈《晉志》至故稱北,與夾注連寫。〉〔九〕而今平陽之姑射山,魏人亦名之曰壺口。中尉《汾水注》

曰:"平{河}水出平陽{縣}西壺口山〔一〇〕,《尚書》所謂'壺口治梁及岐'也。"既以此山爲《禹貢》之壺口,因即以此地爲漢、晉之北屈。魏收、酈{道}元皆沿俗謬,而收又甚焉矣。〈盡删其文,俾讀者無惑焉。〉〔一一〕)

神䴥元年,世祖禽赫連昌,析襄陵東北置,兼置禽昌郡領之。

真君二年,省郡。七年,併永安,屬。

有乾城、(《收志》有。《太祖紀》:天興五年,詔并州諸軍積谷於平陽之乾壁。《太宗紀》:泰常五年十有一月,詔驍騎將軍延普城乾城。《通鑑注》據《姚興{載}記》〔一二〕:乾壁即乾城。《方輿紀要》襄陵縣:乾壁城,在縣東南。)郭城。(《收志》有。《寰宇記》神山縣:縣城,故郭城也。《〈後〉魏書》禽〈擒〉昌縣有郭城〔一三〕,即此。其城東面高四丈,西、南、北三面絶崖險固,周回五里。《方輿紀要》浮山縣:郭城,〈在其〉縣南十里〔一四〕。)

【校注】

〔一〕下段注文本在"有乾城"之後,遵夾注之意移寫於此處。

〔二〕禽昌縣在今本《魏書·地形志上》"晉州平陽郡"下。

〔三〕今本《魏書·地形志上》卷末"校勘記"云:"《延昌志》卷三平陽郡禽昌縣下云:'漢、晉北屈縣在今吉州東北,魏禽昌在今平陽東,相距絶遠,斷非一地。'"介生按:今本《魏書》校勘本已用《延昌志》稿本進行校訂,此爲明證。

〔四〕原稿此句"地"字後被圈删。定陽郡在今本《魏書·地形志上》"汾州"下。

〔五〕北屈縣在《漢書·地理志》"河東郡"下。

〔六〕北屈縣在《續漢書·郡國志》"河東郡"下。原注衍寫一"文"字,據删。

〔七〕北屈縣在《晉書·地理導》"平陽郡"下。依夾注之意,〈〉括號内文字後有圈删之意。

〔八〕原稿此句脱寫"司馬"二字,據補。

〔九〕依石翁之意,〈〉括號内文字應與《晉志》一同圈删。

〔一〇〕此句引文校語已見前。

〔一一〕〈〉括號内文字後有圈删之意。

〔一二〕引文出自《資治通鑑》卷一一二《晉紀三十四》"安帝元興元年"下胡注。原稿省略一"載"字,據補。

〔一三〕今本《太平寰宇記》無"後"字,"禽"作"擒",存考。

〔一四〕引文此句衍寫"在其"二字,據删。

襄陵（在今平陽府襄陵縣東南。）

漢屬河東，晉屬〔一〕。

治襄陵城〔二〕。（《方輿紀要》襄陵縣：襄陵舊城，在縣東二十五里。《水經注》"襄陵在平陽東南"是也。穆案：《寰宇記》引《冀州圖》："故城在〈縣〉{郡}東南三十二里。"〔三〕）

有犨氏鄉亭。（《汾水注》：汾水又南歷襄陵縣故城西，晉大夫郤犨之邑也。故其地有犨氏鄉亭矣［今本《漢志》"犨"誤作"班"。——原注］〔四〕。《方輿紀要》襄陵縣：郤犨城，在縣東南二十里，其東面圮于水，餘三面尚存遺址。或曰即故襄陵城云。）

【校注】

〔一〕據《漢書·地理志》《續漢書·郡國志》，河東郡下有襄陵縣。據《晉書·地理志》，平陽郡下有襄陵縣。

〔二〕襄陵縣在今本《魏書·地形志上》"晉州平陽郡"下。

〔三〕據今本《太平寰宇記》，引文有節略，此句誤寫"郡"爲"縣"，據改。

〔四〕今本《漢書·地理志》"襄陵縣"下注云："有班氏（香）［鄉］亭。莽曰幹昌。"卷末"校勘記"云："景祐、殿本都作'鄉'。朱一新説作'鄉'是。"並未提及"班"字之誤。

臨汾（在今絳州東北二十五里。）

漢屬河東，晉屬〔一〕。

真君七年，併泰平。太和十一年，復〔二〕。

〈有故柏壁鎮。〉〔三〕

【校注】

〔一〕據《漢書·地理志》與《續漢書·郡國志》，河東郡下均有臨汾縣。據《晉書·地理志》，平陽郡下有臨汾縣。

〔二〕臨汾縣在今本《魏書·地形志上》"晉州平陽郡"下。

〔三〕此條後有圈刪之意。

泰平（在今平陽府太平縣北二十五里。）

真君七年置〔一〕。

有泰平城、（《收志》有。《太祖紀》：天賜元年，擒姚興{寧北將軍、}泰平太守衡譚〔二〕。《元和志》太平縣：本漢臨汾縣地，{屬河東郡}〔三〕。後魏太武於今縣東北二十七里太平故關城置泰平縣{，屬平陽郡}[後周諱泰，改曰太平。——原注]〔四〕。《方輿紀要》太平縣：太平城，在今縣北。《志》云：後魏置泰平縣於今縣北二十五里太平關，今關亦名故城鎮，以此也。隋嘗移治於關東北，唐初復還舊治。貞觀七年，移縣於敬德堡，即今縣矣。）齊城。（《收志》有。）

【校注】

〔一〕泰平縣在今本《魏書・地形志上》"晉州平陽郡"下。

〔二〕引文此句有節略，據補。介生按：此條似可證明後秦時期已有泰平郡之設。

〔三〕引文有節略，據補。

〔四〕引文有節略，據補。今本《元和郡縣圖志》此條下又有："周改泰平爲太平縣，因關名。"此與石翁之意略有矛盾。

北絳（在今平陽府翼城縣東南三十五里。）

漢曰絳，後漢、晉曰絳邑。[《收志》云：二漢、晉曰絳。誤。——原注]〔一〕

漢屬河東，晉屬。（漢、晉故城，在今平陽府曲沃縣東南。）

後罷。太和十二年，改，復〔二〕。

有障壁城、（《寰宇記》翼城縣：障壁城，後魏北絳及〈此〉{北}絳縣也〔三〕。穆案：句有訛〈挽〉{脱}〔四〕。）澮水。（有注。〔五〕）

【校注】

〔一〕石翁之言爲是。據《漢書・地理志》，河東郡下有"絳縣"。《續漢書・郡國志》與《晉書・地理志》改爲"絳邑"，分别屬河東郡與平陽郡。

〔二〕北絳縣在今本《魏書・地形志上》"晉州北絳郡"下。介生按：據北絳縣下注文，此處似應爲"太和十二年復，改屬。"存考。

〔三〕引文此句"北"誤寫爲"此",據改。

〔四〕原稿此句"脱"誤寫爲"挽",據改。

〔五〕即《水經·澮水注》在《水經注》卷六《汾水注》之後。

永安(在今平陽府趙城縣南。《寰宇記》霍邑縣[今霍州治。——原注]下云:後魏宣武正始三年[當作二。——原注]又于〈晉〉{今}州趙城縣[在今縣西南。——原注]東南三里置永安縣〔一〕,魏末復還今理。穆案:此《志》以延昌爲限,故據之。)

漢曰彘,屬河東〔二〕。後漢順帝改,晉屬〔三〕。(漢、晉故城,即今霍州治。)

真君七年,併禽昌。正始二年,復〔四〕。(《收志》云:治仇池壁,未詳。〈據《寰宇記》云:魏末復還舊理,疑亦述東魏時制也。〉〔五〕)

有趙城、(《收志》有。{《汾水注》}〔六〕:汾水又南,逕霍城東〔七〕。{又逕}趙城西南〔八〕,穆王以封造〈及〉{父}〔九〕,趙氏自此始也。《寰宇記》趙城縣:{故}趙城〔一〇〕,在縣南三十五里。)霍山祠、(《收志》有。《汾水注》:彘水出唐城東北太岳山,《禹貢》所謂岳陽也,即霍太山矣〔一一〕。山有嶽廟,廟甚靈,鳥{烏}雀不棲其林〔一二〕,猛虎常守其庭。又有靈泉,以供祭祀,鼓動則泉流,聲絶則水竭。《元和志》趙城縣:霍山廟,在縣東南三十里霍山上,甚有靈驗,貞觀五年,敕令修理。)觀阜、(《汾水注》:彘水又西流,逕觀阜北,故百邑也。原過之從襄子也,受竹書于王澤,以告襄子。襄子拜受{三神之}命〔一三〕,遂滅智氏,祠三神於百邑,使原過主之,世謂其處爲觀阜也。《寰宇記》霍邑縣:觀堆祠,在縣東南三十里,堆高二里,週四十里。)霍水。(《汾水注》:霍水出霍太山,發源成潭,漲{闊}七十步〔一四〕,而不測其深。西南逕趙城南,西流,注于汾水。《寰宇記》洪洞縣:霍水,在縣北三里。《水經注》:霍水源出趙城縣東三十八里廣勝寺大郎神,西流至洪洞縣〔一五〕。穆案:此必非《水注》語,不知樂氏誤摭何書,駕名中尉也。)

【校注】

〔一〕文淵閣四庫全書本《太平寰宇記》與本稿同,但今本《太平寰宇記》此條爲:"及宣武正始三年又於今州趙城縣東北十五里仇池壁置永安縣,又移于趙城縣東南三里。"卷末"校勘記"云:"'三年',《嘉慶重修一統志》卷一五三霍州引本書作'二年',《元和郡縣圖志》晉州同,此'三'疑爲'二'之誤。"介生按:原稿引文"今"改爲"晉",據改。其餘參差出入之處存考。

〔二〕據《漢書·地理志》,河東郡下有彘縣。

〔三〕據《續漢書·郡國志》,河東郡下有永安縣,下有注文云:"故彘,陽嘉二年更名。"介生按:陽嘉爲東漢順帝年號。又據《晉書·地理志》,平陽郡下有永安縣。

〔四〕永安縣在今本《魏書·地形志上》"晉州永安郡"下。

〔五〕介生按:《太平寰宇記》實祖述《收志》注文,因石翁所見《太平寰宇記》有脱文,故又疑《收志》正始二年之事。〈〉括號内文字後有圈删之意。

〔六〕原稿此條脱寫出處,依例補。

〔七〕引文此句後多有節略。

〔八〕引文此句脱寫"又逕"二字,據補。

〔九〕引文此句"父"誤寫爲"及",據改。

〔一〇〕今本《太平寰宇記》卷四三"校勘記"云:"萬本、《庫》本同,中大本作'故趙城'。按本書趙城縣總序云:唐初置趙城縣,'因故趙城爲名','縣初置在故趙城縣内',則作'故趙城'是,此脱'故'字。"據補。

〔一一〕引文此句後多有節略。

〔一二〕《水經注校證》與本稿同,作"烏雀",然《水經注疏》作"鳥雀",並無校記,存考。

〔一三〕此段引文多有節略。此句省略"三神之"三字,據補。

〔一四〕《水經注校證》與本稿同,作"漲",《水經注疏》改爲"闊",並校云:"朱'闊'作'漲',全、趙、戴同。守敬按:《御覽》《寰宇記》引此並作'闊'。今訂。"存考。

〔一五〕今本《太平寰宇記》卷四三"校勘記"云:"按《水經·汾水注》:'霍水出霍太山,發源成潭,闊七十步,而不測其深。西南逕趙城南,西流注于汾水。'與此引《水經注》異,此有必舛誤。"存考。

正平郡(今絳州治。)

故南太平,(何時置,未詳。《高允傳》所列征士有太平太守、平原子雁門李熙士元〔一〕。不知即此太平?聞嘗置郡,抑"太"爲它字之訛也。《方輿紀要》聞喜縣下曰:"後魏置太平郡於此,後屬正平郡。"又案:李熙所守者,必恒州之太平郡。細核之《收志》,亦有太平郡屬朔州,乃孝昌後改懷朔鎮所置,非熙所守也。《靈徵志》:"太安三年,有白狼{一}〔二〕,見於太平郡。"以時代核之,確爲李熙所守矣。)神𪊨元年,改爲征平。太和十八年,復〔三〕。(《汾水注》:汾水又西,逕魏正平郡南。故東雍州治,太和中,皇都徙洛,罷州立郡矣。)

有故柏壁鎮、(《元和志》:柏壁鎮,在臨汾縣西,後魏明元帝置,太武廢鎮,置東雍州〔四〕。又柏壁,在正平縣西南二十里,高二丈五尺,周回八里〔五〕。)長修城、華谷城、

(《汾水注》:汾水西南逕魏正平郡北〈又西逕荀城東,古荀國也〉[六]。又西南,逕長修縣故城南。又西,與華水合,水出北山華谷,西南流,逕一故城西[七]。案《故漢上谷長史侯相碑》云:侯氏出自倉頡之後[八]。食采華陽,今蒲坂北亭〈地〉[九],即是城也。《水經》:涑水出河東聞喜縣東山黍葭谷。《注》:涑水所出,俗謂之華谷。《方輿紀要》絳州:長修城,在州西北二十一里。華谷城,在州西北二十里。後周天和五年,韋孝寬〈慮齊人將圖汾北〉{在勛州}[一〇],請于華谷、長秋築城,以杜其患。宇文護不聽。汾北果爲齊所據。長秋,長修之訛也,今名長秋鎮。華谷,今名華谷邨。)稷山、(《汾水注》:汾水又逕稷山北,〈山〉在水南四十許里[一一],山東西二十里,南北三十里,高十三里,西去介山十五里。山上有稷祠,山下{有}稷亭[一二]。《春秋·宣公十五年》"秦桓公伐晉,晉侯治兵於稷,以略狄土"是也。《方輿紀要》絳州:稷神山,在縣南五十里。山之麓跨萬泉、安邑、聞喜、夏縣界[一三]。)高祖北巡碑。(《集古録目》:在絳州。右《魏孝文北巡碑》云:太和二十一年,修省方之典,北臨舊京。又云:涉西河,出平陽,斜順唐逵,指遊咸櫟,道邇龍門,遂紆雕軒。〈桉〉{按}後魏《本紀》[一四],是歲正月乙巳,北巡。二月,次太原,至平城。四月,幸龍門,乙太牢祭夏禹。遂幸長安,汎渭浮河,廼東歸。與此碑所書合也。碑無題首,故依《本紀》爲《北巡碑》也[一五]。陳思《寶刻叢編》:後魏《孝文巡狩碑》並碑陰,題名不著書撰人名氏。魏孝文帝太和二十一年,北幸代,還自西河、平陽,至河關,望龍門,正平太守陸凱刻石以紀行,從臣彭城王勰等題名碑陰者七十一人。)

又有虒祁宫。故梁三十柱在汾水中。(《汾水注》:汾水又逕絳縣故城[曲沃縣南。——原注]北[一六]。又西逕虒祁宫北。横水有故梁,截汾水中,凡有三十柱,柱徑五尺,裁與水平,蓋晉平公之故梁也。物在水,故能持久而不敗也。《澮水注》:其宫地背汾面澮,西則兩川之交會也。《元和志》正平縣:晉虒祁宫,在縣南六里,隋〈未〉{末}依宫餘址築堡[一七],今名修義堡[夾注:《元和志》單行寫。]。)

領縣二[一八]

【校注】

〔一〕今本《魏書》卷四八"校勘記"云:"《北史》卷三一'平原'作'原平'。按當時封邑,往往取本郡地名,雁門有原平縣,疑作'原平'是。"介生按:文淵閣四庫全書本《通志》卷一四八也作"原平子"。存考。

〔二〕引文此句脱寫一"一"字,據補。

〔三〕正平郡在今本《魏書·地形志上》"東雍州"下。

〔四〕此條引文疑有誤,今本《元和郡縣圖志》"晉州臨汾縣"下無此内容。

〔五〕此條引文有節略。

〔六〕〈〉括號内文字後有圈删之意。引文此句後多有節略。

〔七〕引文有節略。

〔八〕所引碑文亦有節略。

〔九〕引文此句衍寫一“地”字,據删。

〔一〇〕引文多有節略。此句有衍誤,據改。

〔一一〕引文此句“山”字後被圈删。

〔一二〕《水經注疏》校云:“守敬按:當作‘山下有稷亭’。《釋例》:聞喜縣西有稷山亭。《續漢志》:聞喜縣有稷山亭。劉《注》:在縣西五十里。”據補。

〔一三〕引文多有節略。

〔一四〕引文此句“按”誤寫爲“桉”,據改。引文多有節略。

〔一五〕引文出自文淵閣四庫全書本《集古録》卷四。

〔一六〕引文有節略。

〔一七〕引文此句“末”誤寫爲“未”,據改。引文有節略。

〔一八〕據今本《魏書·地形志上》,正平郡下轄二縣:聞喜、曲沃。

曲沃(在今平陽府曲沃縣南。)

太和十一年置〔一〕。(《元和志》曲沃縣:本晉舊都絳縣地也,漢以爲絳縣,屬河東郡〔二〕。晉改屬平陽郡。後魏孝文帝於今縣東南十里[《寰宇記》句下增“絳縣北”三字。——原注]置曲沃縣〔三〕,屬正平郡,因晉曲沃爲名。又絳山,在縣南十三里。)

【校注】

〔一〕曲沃縣在今本《魏書·地形志上》“東雍州正平郡”下。

〔二〕引文有節略。

〔三〕《太平寰宇記》引文見今本卷四七《河東道八》“絳州曲沃縣”下。

南絳(在今絳州絳縣東南。)

太和十八年置〔一〕。(《元和志》:絳縣,本漢聞喜縣地,後魏孝文帝置南絳縣,其地屬焉。因縣北絳山爲名也,屬正平郡。)

有聖泉。(《寰宇記》絳縣:聖水,在縣西十里。疾者飲輒愈。耆老相傳{云}〔二〕:後魏太和六年〔三〕,土人楊斛因耕,忽有三泉,黯然不流,汲一泉,二泉輒動,如苦縣九〈泉〉{井}〔四〕,

汲一井而八井〈皆〉{泉}動〔五〕,{即此類}也〔六〕。)

【校注】

〔一〕南絳縣在今本《魏書·地形志上》"晉州南絳郡"下。

〔二〕原稿引文此句無"云"字,據今本《太平寰宇記》補。文淵閣四庫全書本《太平寰宇記》亦無"云"字。

〔三〕今本《太平寰宇記》卷四七"校勘記"云:"萬本、中大本及《嘉慶重修一統志》絳州引本書同,宋版無'後魏'二字,'傳'下空一格,'太'下空一格。"

〔四〕引文此句"井"誤寫爲"泉",據改。文淵閣四庫全書本《太平寰宇記》引文此句"苦縣"改作"莒縣",應誤。

〔五〕引文此句"泉"改寫爲"皆",據今本《太平寰宇記》改。

〔六〕引文此句省略,據補。

河東郡

秦置。漢、晉治安邑〔一〕。

{太武帝}神䴥元年〔二〕,移治蒲坂,置雍州。

延和元年,改曰秦{泰}州〔三〕。太和中,罷州,置〔四〕。(《楊侃傳》〔五〕:河東治在蒲坂,西帶河淵,所部之民,多在東境。《河水注》:蒲坂城,魏泰[本皆作"秦",今改。——原注]{秦}州刺史治〔六〕,太和遷〈洛〉{都}〔七〕,罷州〔八〕,置河東郡,郡多流雜,謂之徙民。《寰宇記》蒲州河東縣:蒲坂故城,《郡國志》云:"州南二里有蒲坂城,舊地理書相傳曰漢蒲坂城,即今郡所理大城,〈則〉後人增築〔九〕,大河在其西,雷首山在其南。後魏太武帝神䴥元年自安邑移郡於此城。又後魏初於河東郡治雍州,延和元年,改雍州爲〈泰〉{秦}州〔一〇〕。後周明帝改泰州爲蒲{州}〔一一〕。錢詹事《地形志考異》曰〔一二〕:考《志》中州名相同者,多加東、西、南、北以别之。太和改洛爲司,因以上洛爲洛,天平以大梁爲梁。其時南鄭之梁已失,非同時有兩洛州、兩梁州也〔一三〕。獨兩秦州並置者六十餘年,何以不議改易?且延和元年改雍州爲秦州。其時,赫連定甫平,秦州初入版圖,豈有復置秦州之理?予積疑者數載,後讀《食貨志》稱:"并、肆、汾、建、晉、泰、陝、東雍、南汾九州",《靈徵志》:"天平四年,泰州井溢"。"太和二年,泰州獻五色狗。"《薛辯傳》:"贈都督冀、定、泰三州諸軍事。"《出帝紀》"泰州刺史万俟普撥"。又《齊書·莫多婁貸文傳》:"仍爲汾、陝、東雍、晉、泰五州大都督。"《周書·薛端傳》:"高祖謹,泰州刺史。"《侯植傳》:"父欣,泰州刺史。"史言"泰州"者多矣,[夾注:《靈徵志》"泰州""秦州"錯見。]〔一四〕而《地形志》無之,乃悟蒲阪之"秦州",當爲"泰州"之訛,字形相涉,讀史者不能是正,非一日矣。穆案:《寰宇記》作"泰州",此據之最確者,詹事蓋偶未檢也〔一五〕。)

領縣六〔一六〕

【校注】

〔一〕據《漢書·地理志》《續漢書·郡國志》與《晉書·地理志》,河東郡首縣均爲安邑。《續漢書·郡國志》云:"凡縣名先書者,郡所治也。"

〔二〕"太武帝"三字後被圈删。

〔三〕據石翁之意,此處應爲"泰州",説見下。今本《魏書·地形志下》也改"秦州"爲"泰州",卷末"校勘記"云:"諸本'泰'作'秦'。錢氏《考異》卷三〇云:'(上略)延和元年改雍州爲秦州。其時,赫連定甫平,秦州初入版圖,豈有復置秦州之理?予積疑者數載,後讀《食貨志》(卷一一〇)稱:"并、肆、汾、建、晉、泰、陜、東雍、南汾九州",《靈徵志》(卷一一〇[介生按:應爲卷一一二。]):"天平四年,泰州井溢"。"太和二年,泰州獻五色狗。"《薛辯傳》(卷四二):"贈都督冀、定、泰三州諸軍事。"《出帝紀》(卷一二[介生按:應爲卷一一。]):"泰州刺史万俟普撥。"又《齊書·莫多婁貸文傳》(卷一九):"仍爲汾、陜、東雍、晉、泰五州大都督。"《周書·薛端傳》(卷三五):"高祖謹,泰州刺史。"《侯植傳》(卷二九):"父欣,泰州刺史。"史言"泰州"者多矣,而《地形志》無之,乃悟蒲阪之"秦州",當爲"泰州"之訛,字形相涉,讀史者不能是正,非一日矣。'溫校:'《北史·魏宗室傳》(卷一五《常山王遵傳》):贊弟淑,孝文時爲河東太守,爲之謠曰:泰州河東,杼軸代春。連下所屬河東書之,更明。'楊校:'《隋太僕卿元公墓志》:曾祖忠,爲相、太二州刺史。太、泰往往通用,亦後魏有泰州之證。'又《墓誌集釋》有《肅宗充華盧令瑗墓誌》(圖版三七)稱:祖淵,夫人李氏,父孝伯,平西將軍、泰州刺史。《集釋》卷二跋此《志》以爲《魏書·李孝伯傳》(卷五三)作'秦州',《傳》誤而《志》是。今按:錢氏所引諸條,其中也或有'秦'訛爲'泰'的。如《出帝紀》之泰州刺史万俟普撥便是(見卷一一校記〔一二〕),但結論是可信的。元、盧二《志》,當時石刻,足爲堅證。《元志》'泰'作'太',也見於其他史籍碑刻。本書卷四四《薛野賭傳》《北齊書》卷一七《斛律金傳》、卷二〇《薛修義傳》《文館詞林》卷六二二《北齊文宣帝征長安詔》《山右石刻叢編》卷二六《周故譙郡太守曹□□□碑》,均作'太州',而觀其地望,《征長安詔》和《曹□□□碑》皆確指蒲阪。泰、太同音通用,若本作'秦',音形皆殊,何以史籍碑誌都有'太州'記載?此州應作'泰州'無疑。但《水經注》卷四《河水篇》,酈注於經文'又南過蒲阪西'下云:'魏秦州刺史,太和遷都罷州。'故楊《疏》爲酈注解釋,以爲《志》稱延和元年改秦州不誤,只是略去改泰州事。關於延和元年是否曾改名秦州,後又改泰州,涉及考證,今不具論。但李孝伯出爲泰州刺史，據《本傳》在興安二年（四五三），薛野睹之爲太州刺史，在和平中（四六〇——四六五），則至遲元濬統治時直到元宏太和十八年（四九四）遷都，此州都名泰州。至魏末復置，'泰'或'太州'屢見於齊、周《書》及《文館詞林》所載《北齊討長安詔》。此《志》本以所謂'永熙綰籍'即北魏末年的州郡爲准，即使延和元年曾爲秦州，按之《志》例，也不應不標'泰州'，而遠取百年前久廢之故名。則此'秦州'必爲'泰州'之訛，非如楊説，《志》與《水經注》都只是略去改泰州事而已。今改正。"介生按：諸家詮解不無道理，然唯獨没有提及：既然有如此多"泰州"之明證，作爲當時人的魏收及其他作者們豈能全部視而不見，故懷疑此"秦州"爲魏收之故意改定。因爲其時故秦州已不在東魏之疆域之内，而東魏朝野同樣有圖謀秦州之想，則魏收順其意而改"泰州"爲"秦州"，而二州實相通，也是那時代人們都已熟知的事情。存考。

〔四〕河東郡在今本《魏書・地形志下》"泰州"下。

〔五〕《楊侃傳》在今本《魏書》卷五八《楊播傳》後。

〔六〕《水經注疏》與《水經注校證》仍作"秦州"，説見下。

〔七〕原稿此句誤抄"都"爲"洛"，據改。

〔八〕《水經注疏》校語云："按錢氏大昕《考異》謂秦州當爲泰州之誤，其説甚辨，而未盡合也。蓋雍、秦皆關西之州名，魏先於此置雍州，後於此置秦州，此相因而見，無可疑者也。試以《通鑑》征之。宋元嘉五年二月，魏改元神䴥。三月，夏人復取長安。雍州本治長安，是時夏取長安，魏仍欲得之，因於此置雍州。又九年正月，魏改元延和，六月，楊難當以子順爲秦州刺史，守上邽。十三年下云：赫連定之西遷也，[在元嘉八年。——原注]難當遂據上邽，秋，魏討之。難當懼，攝上邽守兵還汎池。則赫連後，秦州爲難當有，此年始入魏，當太延二年，在延和元年後四年。是延和初魏欲得秦州，故于此置秦州。與神䴥初欲得雍州，先於此置雍州同。錢氏乃謂延和元年，秦州初入版圖，無復置秦州之理，失考。惟《地形志》'北華州'下云：太和十五年，置東雍州，其地在此西北，則是時此秦州已變名審矣。蓋因得故秦州後，改此爲泰州，故史多言泰州也。《隋太僕卿元公墓志》：曾祖忠爲相、太二州刺史。太、泰通用。亦魏有泰州之證。《地形志》及此《注》皆略改泰州事，錢氏專據泰州爲説，亦未審。"存考。

〔九〕引文此句衍寫一"則"字，據删。

〔一〇〕此段引文出自今本《太平寰宇記》卷四六《河東道七》"蒲州"下，此句"秦"改寫爲"泰"，誤，據改。説見下。

〔一一〕引文此句略寫一"州"字，據補。

〔一二〕此條引文出自《廿二史考異》卷三〇《魏書三・地形志下》"秦州"條。

〔一三〕引文此句後有節略。

〔一四〕夾注爲石翁所增補，原書無此内容。

〔一五〕介生按：石翁此言有誤。查檢金陵書局本、文淵閣四庫全書本及今本《太平寰宇記》"蒲州"條下均作"秦州"，而非"泰州"。

〔一六〕據今本《魏書·地形志下》，泰州河東郡下領五縣：安定、蒲坂、南解、北解、猗氏。

蒲坂（在今蒲州府永濟縣東南五里。）

漢、晉屬〔一〕。

有陶城、（《河水注》：河水又南，逕陶城西。舜陶河濱。皇甫士安以爲定陶，不在此也。然陶城在蒲坂城北，城即舜所都也，南去歷山不遠，或耕，或陶，所在則可，何必定陶方得爲陶也？舜之陶也，斯或一焉〔二〕。孟津有陶河之稱，蓋從此始之。《方輿紀要》蒲州：陶邑鄉，〈在〉州北三十里〔三〕。《水經注》：蒲坂西北有陶城，{舜陶於河濱，}即此〔四〕。《唐志》：河中有陶城府，蓋府兵所屯也〔五〕。）**華陽城**、（《收志》有。）**蒲津關**、（《河水注》：陶城南對蒲津關。〈汲塚《竹書紀年》：魏襄王七年，秦王來見於蒲坂關。〉〔六〕《{通鑑}地理通釋》引張説《蒲津橋贊》：河上有三橋，蒲津是其一。隔秦稱塞，臨晉名關［亦名臨晉關。——原注］，關西之要衝，河東之輻輳〔七〕。《元和志》河東縣［今永濟縣治。——原注］：蒲坂關，一名蒲津關，在縣西四里。《方輿紀要》蒲州：蒲津關，在州西門外，黄河西岸。今名大慶關，山、陝之喉吭也。）**歷觀**、（《河水注》：河東郡南有歷山，謂之歷觀，舜所耕處{也}〔八〕，有舜井，山上有舜廟〔九〕。《方輿紀要》蒲州：歷山，〈在〉州東南百里〔一〇〕，上有歷觀。漢成帝元延二年"幸河東，祠后土，因游龍門，登歷觀"是也〔一一〕。）**雷首山**、（《收志》有。《河水注》：河水又南，逕雷首山西〔一二〕。山臨大河，北去蒲坂三十里。《尚書》所謂"壺口、雷首"者也，俗亦謂之堯山。山上有故城，世又曰堯城。《括地志》：{蒲州河東縣}雷首山〔一三〕，一名中條山，亦名歷山，亦名首陽山，亦名蒲山，亦名襄山，亦名甘棗山，亦名豬山，亦名獨頭山〔一四〕，亦名薄山，亦名吴山。此山西起雷首{山}〔一五〕，東至吴阪，凡十一名，隨州縣分之。《元和志》河東縣：雷首山，〈一名中條山〉在縣南十五里〔一六〕。）**舜廟**、（《河水注》：今蒲坂城中有舜廟。《括地志》：河東縣{南}二里故蒲坂城〔一七〕，舜所都也，城中有舜廟，城外有舜宅及二妃壇。）**夷齊墓**、（［夾注：移後"河北縣"下，仍在此附辨收誤數語。］《河水注》：涑水出河北縣雷首山。縣北與蒲坂分山，有夷齊廟。闞駰《十三州志》曰：山一名獨頭山，夷、齊所隱也。山南有古冢，陵柏蔚然，攢茂〈北〉{丘}阜〔一八〕，俗謂之夷齊墓。其水西南流，亦曰雷水〈也〉〔一九〕。閻征君百詩曰〔二〇〕：《史記正義》：首陽山凡五所。王伯厚考曾子書，以爲在蒲坂舜都者得之，莫征信於《酈注》，然已兩説互存〔二一〕,蓋莫能定爾。穆案:《大戴記・曾子制言篇》:昔者,伯夷、叔齊死于溝澮之間,其仁成名於天下。夫二子者居河、濟之間,非有土地之厚,貸粟之富也。孔氏補注曰:首陽山,在蒲坂河曲中,其南王屋,濟水所出,故云河濟[此申厚齊之説也。——原注]。《韓非子》云:古有伯夷、叔齊者,武王讓以天下而弗受。又云:二人餓死首陽之陵,以將軍葬于首陽之下。俞君理初曰:蓋武王厚葬之,韓非見其墓,如戰國時將軍制,韓地實包首陽,韓非目驗之,最可信也。)

風塠、(《河水注》:潼關之直北,隔河有層阜,巍然獨秀,孤峙河陽,世謂之風陵。戴延之所謂風塠者也,南則河濱姚氏之營,與晉對岸。《通典》河東縣:有風陵堆,與潼關相對。《元和志》河東縣:風陵堆{山}〔二二〕,在縣南五十{五}里〔二三〕。《宋書・柳元景傳》作"封陵自"〔二四〕,注見"恒農宋武七營"下。)**慈水**、(《靈徵志》:正始元年八月,河〈東〉{南}郡上言〔二五〕:慈水濱木連理。)**鹽官**。(《長孫稚傳》〔二六〕:時有詔廢鹽池税。稚上表曰:鹽池,天資賄貨,密邇京畿,惟須寳而護之,均贍以理〔二七〕。臣前仰違嚴旨,不先討關賊而解河東者,非是閑長安而急蒲坂。蒲坂一陷,没失鹽池,三軍口命,濟贍理絶。天助大魏,茲計不爽。昔高祖昇平之年,無所少乏,猶創置鹽官而加典護,非爲物而競利,恐由利而亂俗也。《世宗紀》:景明四年,詔〈收還〉{還收}鹽池利以入公〔二八〕。)

【校注】

〔一〕據《漢書・地理志》,河東郡下有"蒲反縣",《續漢書・郡國志》與《晉書・地理志》改爲"蒲坂縣",同屬河東郡。蒲坂縣在今本《魏書・地形志下》"泰州河東郡"下。

〔二〕今本《水經注疏》卷五校記云:"按:出《史記・五帝本紀》張守節《正義》引《括地志》文。"介生按:此校語大謬。北魏酈道元撰《水經注》,怎能遠引唐代之《括地志》,只能是《括地志》轉録《水經注》文而已。

〔三〕引文此句衍寫一"在"字,據删。

〔四〕此段引文有節略,據補。

〔五〕引文出自《新唐書》卷三九《地理志三》"河東道河中府"下。

〔六〕〈〉括號内文字後有圈删之意。

〔七〕文淵閣四庫全書本《通鑑地理通釋》此句作"輻湊",誤,應以本稿爲是。

〔八〕《水經注疏》此句有"也"字,並校云:"趙删'也'字。"據補。

〔九〕此段引文多有節略。

〔一〇〕引文此句衍寫一"在"字,據删。

〔一一〕此段引文有節略。

〔一二〕《水經注疏》没有"又"字,並校云:"朱此八字(即河水南逕雷首山西——介生注）訛作《經》，戴改《注》。全、趙同。朱南下又有‘又’字，戴無。守敬按：明抄本、黄本並無‘又’字。”文淵閣四庫全書本《水經注》案語云：“案此八字，原本及近刻並訛作《經》，南上近刻有‘又’字。”《水經注校證》又注云：“《禹貢錐指》卷十一引《水經注》：雷首山，一名中條山。”當是此句下佚文。存考。

〔一三〕引文出自《史記·五帝本紀》“舜耕歷山”《正義》引《括地志》，此句有節略，據補。

〔一四〕今本《史記》卷一《五帝本紀正義》所引此句作“狗頭山”，文淵閣四庫全書本《史記正義》亦作“狗頭山”。而《括地志輯校》改爲“獨頭山”，與本稿同。介生按：《河水注》引闞駰《十三州志》曰：“（雷首）山一名獨頭山。”楊《疏》也引《初學記二十二》所引《遁甲開山圖》云：“河東有獨頭山。”則獨頭山爲是，狗頭山爲誤。

〔一五〕今本《史記正義》此句有“山”字，而《括地志輯校》則無，與本稿同，存考。

〔一六〕〈〉括號内文字後被圈删。

〔一七〕引文出自《史記》卷一《五帝本紀》“舜飭下二女於媯汭”《正義》引《括地志》，此句無“南”字，但《括地志輯校》增“南”字。存考。

〔一八〕引文此句“丘”誤寫爲“北”，據改。

〔一九〕引文此句衍寫一“也”字，據删。

〔二〇〕引文出自《四書釋地》續二，閻百詩，即閻若璩。

〔二一〕此段引文有節略。

〔二二〕今本及文淵閣四庫全書本《太平寰宇記》此句均作“風陵堆山”，據補。

〔二三〕今本及文淵閣四庫全書本《元和郡縣圖志》此句均作“五十五里”，今本《元和郡縣圖志》卷十二“校勘記”云：“《考證》：羅苹引作‘五十里’。”據補。

〔二四〕文淵閣四庫全書本《宋書》此句作“封陵自”，與本稿本。今本《宋書》此句已改爲“封陵堆”。

〔二五〕介生按：石翁此條恐有誤。今本《魏書·靈徵志》此句作“河南郡”，據改。如此則慈水不在河東郡境。

〔二六〕《長孫稚傳》在今本《魏書》卷二五《長孫道生傳》後。

〔二七〕引文此句後有節略。

〔二八〕引文此句“還收”誤乙爲“收還”，據改。

聞喜（今絳州聞喜縣治。）

漢、晉屬〔一〕。（《寰宇記》｛聞喜縣｝〔二〕：按漢聞喜縣在今縣西南八里桐鄉故城是也，後漢廢左邑縣，移聞喜縣理之。）

太和中，析屬河北郡。〈景明初〉後復[三]，屬。（《收志》：聞喜屬正平郡[四]。穆案：本《書》，裴延儁，河東聞喜人。延儁族人瑗，字珍寶。太和中，析屬河北郡。又《靈徵志》：〈景明〉{正始}元年七月[五]，河東郡上言：聞喜縣木連理。是宣武時仍屬河東也，其何時析屬正平，《收志》無文，當即在復置東雍州時也。）

有周陽城、（《收志》有。《水經》：涑水出河東聞喜縣東山黍葭谷。〈又〉西過周陽邑南[六]。《注》：其城南臨涑水，北倚山原。《竹書紀年》：晉獻公二十五年正月，翟人伐晉，周陽［《永樂大典》本脱寫"陽"字，戴校即據删，大謬！——原注］有白兔舞於市[七]，即是邑也。《括地志》：周陽故城，在絳州聞喜縣東二十九里。）董澤陂、（《涑水注》：涑水西逕董澤陂南，即古池{董澤}[八]。東西四里，南北三里。《元和志》聞喜縣：董澤，在縣東北十四里〈一名董澤陂。〉[九]。）乾河里、（《河水注》：教水南流，歷鼓鍾川，分爲二澗；一澗西北出，一百六十許里，山岫回〈阻〉{岨}[一〇]，纔通馬步。今聞嘉縣東北谷口，猶有乾河里故溝存焉。今無復有水。〈趙一清曰[一一]：按《續志》聞喜邑，劉昭補注引史記曰：代韓到乾河。郭璞曰：東北有乾河口，但有故溝處，無復水也。而《注》下文又有冬乾夏流之稱，然則未嘗竟枯絶也。〉[一二]。《澮水注》：紫谷水西出紫谷，與乾河合，即教水之枝川也。《史記・白起傳》稱"〈起〉涉河，取韓安邑，東至乾河"是也[一三]。《方輿紀要》：乾河，在聞喜縣東北。）含口。（《涑水注》：洮水源東出清野山，世人以爲清襄山也。其水東逕大嶺下，西流出，謂之含{唅}口[一四]，又西合涑水。《方輿紀要》聞喜縣：含口，在縣東南，亦曰含山路[一五]。唐大順初，張濬攻河東，爲李克用所敗，走保晉州，復自含口遁去，逾王屋，從河陽渡河還長安。天復中，朱全忠謀取河中，遣張存敬自汜水渡河，出含山路，襲絳州，絳州出不意，遂降于全忠。）

【校注】

〔一〕據《漢書・地理志》《續漢書・郡國志》與《晉書・地理志》，河東郡下均有聞喜縣。

〔二〕依本稿例，補"聞喜縣"三字。

〔三〕"景明初"三字後被圈删。

〔四〕正平郡在今本《魏書・地形志上》"東雍州"下。

〔五〕此條紀年有誤，當爲"正始元年"，據改。因同爲後魏宣武帝年號，故不影響石翁之推論。

〔六〕引文此句衍寫一"又"字，據删。

〔七〕《水經注疏》此句有"陽"字，並校云："朱脱'陽'字，趙、戴同。守敬按：今本《竹書》作'周陽'，惟脱'有'字。在周惠王元年，王如成周之下。惠王元年，即晉獻公之元年，與二十五年翟人伐晉無涉，此二十五年以下十字，當只作元年二年爲合。”《古本竹書紀年輯證》按語稱：“《永樂大典》本、朱謀㙔本皆作‘周’，全祖望、趙一清、戴震校本同。楊守敬《水經注疏》卷六作‘周陽’。案《水經》云：‘西過周陽邑南。’作‘周陽’者是。《存真》《輯校》皆作‘周陽’。”介生按：《水經注校證》此句無“陽”字，恐襲舊校本之誤。

〔八〕《水經注疏》此句改爲“古董澤”，並校云：“朱作‘涑水西逕董池陂南即古池’。全、趙、戴同。會貞按：宣十二年《左傳》：董澤之蒲。杜《注》：董澤，澤名，河東聞喜縣東北有董澤陂。《續漢志》聞喜：有董池陂，古董澤。《元和志》：董澤，一名董池陂。是董澤之名在先，董池陂之名在後。此《注》當作‘涑水西逕董池陂南，即古董澤’，今訂。又《隋志》聞喜縣下稱董澤陂，《通典》仍稱董澤陂，蓋單舉其名，則澤、池又不妨通稱耳。”《水經注校證》作“古池”，與本稿同，存考。

〔九〕引文有節略。〈〉括號内文字後有圈删之意。

〔一〇〕引文此句“岨”誤寫爲“阻”，據改。

〔一一〕引文出自《水經注釋》卷四。

〔一二〕〈〉括號内引文後有圈删之意。

〔一三〕引文此句衍寫一“起”字，據删。

〔一四〕《水經注疏》此句作“唅口”，並校云：“董祐誠曰：即煙莊谷口。守敬按：《通鑑》唐大順元年：張濬、韓建自含口遁去。即此口，胡《注》引作‘含’。顧祖禹引同。今酈書作‘唅’，蓋流俗增口旁也。又《宋史·司馬池傳》作‘唅口’。”介生按：今本及文淵閣四庫全書本《宋史》卷二九八《司馬池傳》作“崄口道”，非“唅口”，存考。

〔一五〕引文此句後有節略。

安定（在今解州境。）

太和元年，析故解縣置〔一〕。（《方輿紀要》解州〔二〕：漢解縣地，後魏太和初，析置安定縣。）

【校注】

〔一〕安定縣在今本《魏書·地形志下》“泰州河東郡”下。

〔二〕此段引文出自《讀史方輿紀要》卷四一《山西三》“平陽府解州”下“故解縣”條。

北解（在今蒲州府臨晉縣東南十八里。）

漢、晉曰解，屬〔一〕**。後改**〔二〕**。**

有桑泉城、（《收志》有。《涑〈河〉{水}注》〔三〕：《竹書紀年》：晉惠公十有四{五}年〔四〕，秦穆公率師送公子重耳，圍令狐，桑泉、臼衰皆降于秦師〔五〕。京相璠《春秋土地名》曰：桑泉、臼衰並在〈縣〉{解}東南〔六〕，不言解，明不至解可知。《元和志》臨晉縣：桑泉故城，在縣東十三里。《左傳》曰"重耳圍令狐，入桑泉"，謂此也。）**郇城**、（《涑水注》：涑水又西，逕郇城。《詩》云：郇伯勞之。蓋其故國也。杜元凱《春秋釋地》云：今解縣西北有郇城。服虔曰：郇國在解縣東，郇瑕氏之墟也。余按〔七〕：今解故城東北二十四里有故城，在猗氏故城西北，鄉俗名之爲郇城。考服虔之説，又與俗符，賢于杜氏單文孤證矣。《元和志》猗氏縣：故郇邑，在縣西南四里。）**石錐壁**、（《楊侃傳》〔八〕：侃于宏{弘}農北渡〔九〕，據石錐壁。《方輿紀要》解州：石錐山，在州西南五里，即中條山之支峰也。《五代志》：{河東郡}虞鄉縣有石錐山〔一〇〕。）**熨頭陂**。（《寰宇記》解縣：熨斗陂，在縣西二十里［《元和志》：在解縣東北二十五里。——原注］〔一一〕。後魏正〈正〉正始三年〔一二〕，穿以〈以〉停〈停〉船〔一三〕，今廢。陂似熨斗。）

【校注】

〔一〕據《漢書·地理志》《續漢書·郡國志》與《晉書·地理志》，河東郡下均有解縣。

〔二〕北解縣在今本《魏書·地形志下》"泰州河東郡"下。據石翁考證，本稿之北解，實爲《收志》之南解，説見下。南解縣也在"泰州河東郡"下。

〔三〕篇名"水"誤寫爲"河"，據改。

〔四〕《水經注疏》作"十五年"，並校云："朱'五'作'四'，沈氏曰：是十四年。趙、戴改。守敬按：此《左氏》之誤，辨見《河水注》。"今本卷六校記云："按：沈氏曰：是十四年，戴改，全、趙亦引沈説。朱《箋》本訛作'五'。"《水經注疏·河水注》校語云："全云：沈炳巽曰：晉惠公以十四年卒，無十五年，乃周襄王之十五年。是年，秦納重耳，次年至河《經》上，則周襄王之十六年也。《涑水篇》誤同。守敬按：《春秋經》書，晉里克弒其君卓，在魯僖公十年正月。晉用夏政，則九年之十一月也。國君踰年改元，則魯僖公十年，晉惠公之元年。至僖公二十四年冬，{《經》始——介生補}書：晉侯夷吾卒。是晉惠公在位實十五年，故《晉語》亦云：十五年十月，惠公卒。酈氏於《河水》《涑水》兩引《竹書》，並作十五年，而《左傳》則繫晉惠公卒於僖公二十三年九月，顯與《經》背。杜氏以《經》在明年，從赴解之，不知實《左氏》誤也。《史記》又沿《左氏》之誤。"《古本竹書紀年》此條案語云："永樂大典本、朱謀㙔本皆作'十有五年',戴震校本改作'十四年'。《存真》作'十四年',《輯校》作'十五年'。参上條。"上條案語云:"永樂大典本、朱謀㙔本皆作'十五年'。趙一清校本引沈氏説:'晉惠公以十四年卒,無十五年,……《涑水篇》誤同。'戴震校本仍作'十五年',《涑水注》所引(見下條)則改作'十四年'。雷學淇《考訂竹書紀年》卷五云:'十五年,諸本從《左傳》《史記》文作十四年,甚誤。案《春秋》經文:里克弑其君卓,在魯僖公十年正月,以夏正言之,則九年之十一月也。國君踰年改元,而晉用夏正,則魯僖公之十年三月,即晉惠公之元年正月矣。至僖公二十四年冬,《經》始書曰:晉侯夷吾卒。通計之,是惠公在位實十五年。《外傳·晉語》亦云:十五年十月,惠公卒。而《水經》《河水》《涑水》二注引《紀年》亦皆有晉惠公十五年之文。唯《左氏内傳》誤以惠公之卒繫於僖公二十三年,又誤以秦納重耳事繫於僖公二十四年春正月,史遷作《世家》《年表》從其説。而世之爲左學訕遷書者遂奉其誤而不悟。……今據《春秋》《國語》及《水經注》文改正。'楊守敬《水經注疏》卷四從雷説,於河水、涑水二《注》皆作'十五年'。"存考。

〔五〕引文此句下有節略。

〔六〕引文此句"解"誤寫爲"縣",據改。

〔七〕所引按語有節略。

〔八〕《楊侃傳》在今本《魏書》卷五八《楊播傳》後。

〔九〕今本《魏書》作"弘農"。

〔一〇〕引文有節略,據補。

〔一一〕今本《元和郡縣圖志》卷一二"校勘記"云:"欒史'東北'作'西'。"

〔一二〕引文此句衍寫一"正"字,據删。

〔一三〕引文此句衍寫一"以"字,據删。後一"停"字後被圈删。

南解(在今蒲州府虞鄉縣西十里。穆案:《收志》南、北二字互訛,今據《水{經}注》及《元和志》改正〔一〕。)

太和十一年置〔二〕。

有張陽城、(《收志》有〔三〕。注見下。《括地志》:張陽故城,一名東張城,在蒲州虞鄉縣西北四十里。)晉興澤、張澤、百梯山。(《水經》:涑水又南,過解縣東,又西南,注于張陽池。《注》:涑水{又}西南逕瑕城〔四〕,又西南,逕張陽城東。《竹書紀年》"齊師逐鄭太子齒,奔張城、南鄭"{者}也〔五〕。《漢書》之所謂東張矣。高祖二年,曹參假左丞相,别與韓信東攻魏將孫遬軍東張,大破之。蘇林曰:屬河東,即斯城也。涑水又西南屬於陂。陂分爲二,城南面兩陂,左右澤渚,東陂世謂之晉興澤,東西二十五里,南北八里,南對鹽{壇}道山〔六〕。其西則石壁千〈仞〉{尋}[七]。東則磻溪萬仞。方嶺雲回,奇峰霞舉,孤標秀出,罩絡群山之表。翠柏蔭峰,清泉灌頂。郭景純云:世所謂鴦{盎}漿也[八]。發于上而潛於下矣。厥頂方平,有良藥。《神農本草》曰:地有固活、女疏、銅芸、紫菀之族也,是以緇服思〈元〉{玄}之士[九],鹿裘念一之夫,代往遊焉。路出北巘,勢多懸絶,來去者咸援蘿騰崟,尋葛降深。于東則連木乃陟,百梯方降。巖側縻鎖之跡,仍今存焉,故亦曰百梯山也。水自山北流五里而伏,云潛通澤渚,所未詳也。西陂即張澤也。西北去蒲坂一十五里。東西二十里,南北四五里,冬夏積水,亦時有盈耗也。《元和志》虞鄉縣:壇道山[壇道、鹽道,聲近相轉。——原注][一〇],一名百梯山,在縣西南十二里。《寰宇記》解縣:鴦{盎}漿[一一],在縣南一十五里壇道山東嶺上。一名鍾山水,澄渟爲池,呼爲天池,上有鴦{盎}漿山[一二]。《方輿紀要》解州:檀道山,〈在〉州南五里[一三],與中條山相連,山嶺參天,左右壁立,間不容軌,謂之石門。{凡百梯纔可上,}亦曰百梯山。東嶺出泉,{澄渟爲池,}謂之天池,{上有盎泉,}俗名止渴泉[一四]。)

【校注】

〔一〕原稿此句脱寫一"經"字,據補。

〔二〕引文出自今本《魏書・地形志下》"泰州河東郡北解縣"下注文。

〔三〕今本《魏書・地形志》作"張楊城"。

〔四〕引文此句脱寫一"又"字,據補。引文多有節略。

〔五〕引文此句脱寫一"者"字,據補。

〔六〕《水經注疏》此句作"壇道山",並校云:"朱作'鹽道'。守敬按:'鹽'爲'壇'之誤。《山海經・注》作'壇',(詳下)《御覽》五十九引《山海經・注》亦作'壇',今訂。《一統志》:壇道山在虞鄉縣西南。"《水經注校證》亦作"鹽道",與本稿同。存考。

〔七〕引文此句"尋"誤寫爲"仞",據改。

〔八〕《水經注疏》此句作"盎漿",並校云:"朱'盎'作'鴦'。全、趙、戴同。守敬按:《山海經》(《中次十一》):高前之山,其上有水,甚寒而清,帝臺之漿也。郭璞《注》:今河東解縣南,壇道山上,有水潛出,停而不流,俗名爲盎漿,即此類也。《寰宇記》引亦作盎漿,此鴦字無意義。郭《注》:停而不流,則盎字是。今訂。郝懿行反據此文,欲改《山海經・注》盎爲鴦,大非。《虞鄉縣志》誤作'漿泉',在縣南十二里,方山頂。"《水經注校證》作"鴦漿",與本稿同,存考。

〔九〕引文此句"玄"改寫爲"元",據改。

〔一〇〕今本《元和郡縣圖志》卷一二"校勘記"云:"《考證》:官本作'檀',誤。樂史作'壇',云'其頂方平如壇'。《御覽》引《山海經》'解縣南有壇道山'。《九域志》亦作'壇'。今按:《水經・涑水注》作'鹽道山'。今本《山海經》注作'檀道山'。

《御覽》引‘山海經’下脱‘郭注’二字。”

〔一一〕今本《太平寰宇記》作“盎漿山”，或石翁據《水經注》所改。存考。

〔一二〕説見上條。

〔一三〕引文此句衍寫一“在”字，據删。

〔一四〕此段引文多有節略，據補。

猗氏（在今蒲州府猗氏縣南二十里。）

漢、晉屬〔一〕。

有令狐城、（《涑水注》：涑水又西，逕猗氏縣故城北。《春秋·文公七年》：晉敗秦於令孤，至於刳首〔二〕。闞駰曰：令狐即猗氏也。刳首在西三十里，縣南對澤，即猗頓之故居也。《寰宇記》猗氏縣：令狐城，在縣西十五里。又有刳首梁，在令狐〈城〉西三十里〔三〕。）介山塘。（《收志》有。穆案：猗氏之北，爲故汾陰縣地，《班志》汾陰：介山在南。《續志》汾陰〔四〕：有介山。《方輿紀要》{萬泉縣}〔五〕：孤山，在縣西南十里，一名介山，以亭然孤峙，不接〈它〉{他}山也〔六〕。山之南麓，接猗氏縣界。《唐十道志》：“河東道名山曰介山。”其山高三十里，周七十里。漢武帝用事介山，即此。後周保定初，韋孝寬築城於玉壁以北。齊人至境上，會夜，韋孝寬使汾水以南傍介山、稷山諸〈頓〉{邨}皆縱火〔七〕。齊人{以爲軍營}收兵〔八〕，自固版築，遂集所謂介山，亦即此山也。[夾注：《日知録》卷三十一“綿上”一條全載入。]〔九〕《日知録》：綿上：《左傳》僖二十四年：“晉侯賞從亡者，介之推不言禄，禄亦弗及，遂隱而死。晉侯求之不獲，以綿上爲之田。”杜氏曰：“西河界休縣南有地名綿上。”《水經注》：石桐水即綿水，出介休縣之綿山。北流，徑石桐寺西，即介子推之祠也。袁崧《郡國志》曰：“界休縣有介山，有綿上聚、子推廟。”今其山南跨靈石，東跨沁源，世以爲之推所隱。而漢、魏以來，傳有焚山之事，大原、上黨、西河、雁門之民，至寒食不敢舉火。石勒禁之，而雹起西河介山，大如雞子，平地三尺。前史載之，無異辭也。然考之於《傳》，襄公十三年：“晉悼公搜於綿上以治兵，使士匄將中軍，讓于荀偃。”此必在近國都之地。又定公六年：“趙簡子逆宋樂祁，飲之酒於綿上。”自宋如晉，其路豈出於西河界休乎？況文公之時，霍山以北，大抵皆狄地，與晉都遠不相及。今翼城縣西亦有綿山，俗謂之小綿山，近曲沃，當必是簡子逆樂祁之地[原注：襄公二十九年，齊高豎致盧而出奔晉，晉人城綿而寘旃。綿，或即綿山。]今萬泉縣南二里有介山[原注：今萬泉，古汾陰地。]。《漢書·武帝紀》詔曰：“朕用事介山，祭后土，皆有光應。”《地理志》汾陰：“介山在南。”《揚雄傳》：其三月，將祭后土，上乃帥群臣横大河，湊汾陰。既祭，行遊介山，回安邑，顧龍門，覽鹽池，登歷觀，陟西岳，以望八荒。雄作《河東賦》曰：“靈輿安步，周流容與，以覽於介山，嗟文公而愍推兮，勤大禹于龍門。”《水經注》亦引此，謂《晉太康記》及《地道記》與《永初記》

並言子推隱於是山，而辨之以爲非然，可見漢時已有二説矣。）

【校注】

〔一〕據《漢書·地理志》《續漢書·郡國志》和《晉書·地理志》，河東郡下均有猗氏縣。猗氏縣在今本《魏書·地形志下》"泰州河東郡"下。

〔二〕引文有節略。

〔三〕引文此句衍寫一"城"字，據删。

〔四〕《續志》即《續漢書·郡國志》。

〔五〕介生按：石翁本稿之例，引文如在同縣名之下，則略去縣名。爲檢索、閲讀之便，例補縣名。而此條引文在萬泉縣下，據補。

〔六〕《讀史方輿紀要》此句作"他山"，據改。

〔七〕引文此句"郇"誤寫爲"頓"，據改。

〔八〕原稿引文有省略，據補"以爲軍營"數字。

〔九〕介生按：據夾注之意，轉引《日知録》内容於下。

北鄉郡

太和十一年置〔一〕。

領縣二〔二〕

【校注】

〔一〕北鄉郡在今本《魏書·地形志下》"泰州"下。

〔二〕據今本《魏書·地形志下》，北鄉郡下轄二縣：北猗氏、汾陰。

汾陰（在今蒲州府榮河縣北。）

漢、晉屬河東〔一〕，劉淵省。

太和中，復，屬。（《元和志》寶鼎縣：本漢汾陰縣也，屬河東郡。劉元海時廢汾陰入蒲坂縣。後魏孝文帝復置汾陰縣。《寰宇記》寶鼎縣：後魏太和十一年，復置汾陰縣於後土城。穆案：樂氏蓋見太和十一年置北猗氏縣，臆揣汾陰亦於是時復置。據《食貨志》，太和八年，班官禄品第制，有泰［原注：今本亦作"秦"。］州河東之蒲坂、汾陰縣。則汾陰之復，在未置北鄉郡已前矣，但割隸在十一年爾。）

有北鄉城、(《收志》有。《寰宇記》寶鼎縣:古北鄉城,在縣北三十一步。汾陰北鄉城,即採桑津也。穆案:採桑津,在今鄉寧縣西南,樂氏語有脱誤。)薛通城、(《元和志》萬泉縣:本漢汾陰縣地〔二〕。又薛通城{者}〔三〕,後魏道武帝天賜元年,赫連勃勃僭號夏,侵河外。于時{有}縣人薛通,率宗族千餘家〔四〕,西去漢汾陰縣城八十里築城自固,因名之。武德三年,于薛通故城置萬泉縣。)后土祠、(《收志》有。《河水注》:河水東際汾陰脽,縣故城在脽側〔五〕。《魏土地記》曰:河東郡北八十里有汾陰城,北去汾水三里。城西北隅曰脽丘{邱}〔六〕,上有后土祠。《封禪書》曰"元鼎四年,始立后土祠于汾陰脽丘{邱}"是也。《元和志》寶鼎縣:后土祠,在縣西北{一}十一里〔七〕。)瀵魁、(《河水注》:瀵水出汾陰縣南四十里,西去河三里。平地開源,濆泉上湧,大幾如輪,深則不測,俗呼之爲瀵魁。古人壅其流以爲陂水,種稻,東西二百步,南北{一}百餘步〔八〕,與郃陽瀵水夾河。河中渚上,又有一瀵水,皆潛相通,故吕忱曰:《爾雅》:異出同流爲瀵水。其水西南流,歷蒲坂西,西流,注於河。)殷湯陵。(《寰宇記》寶鼎縣:殷湯陵,在縣北四十三里。後魏太和中,有縣人張恩破陵求貨。{其陵下}先有石弩〔九〕,以〈洞〉{銅}爲鏁〔一〇〕,盜開埏門,矢發,中三人,皆斃。恩更爲他計。〈牟〉{卒}取得墓中物〔一一〕。其物多是鐘磬及諸樂器,再得其銘。恩恐人知,以銘投之〈溝〉{汾}水〔一二〕。後事泄,爲主司所理,乃于水取得其銘。銘曰:"我死後二千年,終困于〈張〉恩〔一三〕。"由是執事不復深加其罪。劉向云"湯葬地",蓋不没{練}其處也〔一四〕。《括地志》:汾陰故城,俗名殷湯城,在蒲州汾陰縣北九里。〔一五〕)

【校注】

〔一〕據《漢書·地理志》《續漢書·郡國志》,河東郡下均有汾陰縣。今本《晉書·地理志》河東郡下有汾陽縣,卷末"校勘記"云:"畢校與方愷《新校晉書地理志》(以後簡稱方校)均謂'汾陽'當作'汾陰'。"

〔二〕引文有節略。

〔三〕引文此句脱寫一"者"字,據補。

〔四〕引文此句脱寫一"有"字,據補。

〔五〕引文有節略。

〔六〕《水經注疏》"丘"作"邱"。《水經注校證》作"丘",並存。下一"丘"字同。

〔七〕引文此句脱寫一"一"字,據補。

〔八〕《水經注疏》此句作"一百餘步",存考。

〔九〕引文此句有省略,據今本《太平寰宇記》補。

〔一〇〕引文此句“銅”誤寫爲“洞”,據改。

〔一一〕引文此句“卒”誤寫爲“牟”,據改。

〔一二〕引文此句“汾”誤寫爲“溝”,據改。

〔一三〕引文此句衍寫一“張”字,據删。

〔一四〕文淵閣四庫全書本《太平寰宇記》此句與本稿同,而今本《太平寰宇記》此句作:“蓋不練其處也。”存考。

〔一五〕此段引文出自《史記》卷五《秦本紀》與卷四四《魏世家》“汾陰皮氏”《正義》所引《括地志》,《括地志輯校》改“蒲州”爲“泰州”。

北猗氏(今蒲州府猗氏縣治。)

太和十一年置〔一〕。

有解城。(《收志》有。《元和志》臨晉縣:故解城,本春秋時解梁城,又爲漢解縣城也,在縣東南十八里。)

【校注】

〔一〕北猗氏縣在今本《魏書·地形志下》“泰州北鄉郡”下。

高涼郡

太和十一年置〔一〕。

領縣二〔二〕

【校注】

〔一〕高涼郡在今本《魏書·地形志上》“東雍州”下。

〔二〕據今本《魏書·地形志上》,高涼郡下領二縣:高涼、龍門。

高涼(在今絳州稷山縣東南。)

太和十一年,分龍門置〔一〕。

有玉壁、(《通鑑》:大同五年〔二〕,西魏[原注:大統四年。]東道行臺王思政以玉壁險要,請築城。自恒農徙鎮之。《注》:《五代志》:絳〈州〉{郡}稷山〈縣〉舊置勳州〔三〕,勳州即玉壁也。杜佑曰:稷山縣南十二里〈有〉{即}玉璧城[四]。穆案:勳州,後周保定初置,以旌韋孝寬之功也。《元和志》稷山縣:玉璧故城,在縣南十二里[五]。城周回八〈十〉里[六],四面並臨深谷。)高涼城、闇閤、麗姬冢。(俱《收志》有。)

【校注】

〔一〕高涼縣在今本《魏書·地形志上》"東雍州高涼郡"下。

〔二〕此紀年有誤,應爲大同四年,與大統四年相符,即公元 538 年。

〔三〕引文此句"郡"誤寫爲"州",據改。又衍寫一"縣"字,據删。

〔四〕引文此句"即"誤寫爲"有",據改。

〔五〕引文有節略。

〔六〕今本《元和郡縣圖志》卷十二"校勘記"云:"《考證》:'十'字疑衍,王應麟、顧祖禹並作'八里'。"存考。

龍門(在今絳州河津縣西二里。)

故皮氏,漢屬河東[一],晉屬平陽[二]。(《括地志》:皮氏故城,在絳州{泰州}龍門縣西百三十步[原注:一引作"百八十步"。][三]。自秦、漢、魏、晉,皮氏皆治〈也〉{此}[四]。)

真君七年改,後屬[五]。

有龍門山、禹廟、(《水注》:河水又南過皮氏縣西,又南出龍門口。《注》:昔者,大禹導河積石,疏決梁山,謂斯處也。即《經》所謂龍門矣。《魏土地記》曰:梁山北有龍門山,大禹所鑿,通孟津河口,廣八十步。巖際鐫跡,遺功尚存。岸上並有廟祠,祠前有石碑三所:二碑文字紊滅,不可復識;一碑是〈大〉{太}和中立[六]。《元和志》龍門縣:後魏太武帝改皮氏爲龍門縣,因龍門山爲名,屬北鄉郡。《寰宇記》龍門縣:大禹祠,在縣西二十五里。《魏〈上〉{土}地{風土}記》曰[七]:梁山北有龍門山,上有禹廟。)臨汾城。(《收志》有。龍門與汾遠,與河近,此城未詳所起,或"汾"爲"阿"字之訛,疑即故耿城也。)

【校注】

〔一〕據《漢書·地理志》與《續漢書·郡國志》,河東郡下有皮氏縣。

〔二〕據《晉書·地理志》,平陽郡下有皮氏縣。

〔三〕《括地志輯校》改"絳州"爲"泰州",按語云:"按'絳'當作'泰'。唐初泰州領龍門、萬泉、汾陰、芮縣四縣，貞觀十八年廢泰州及芮縣，以龍門、萬泉屬絳州，汾陰屬蒲州。《括地志序略》有泰州，則此三縣應稱泰州，今改。”存考。

〔四〕引文出自《史記》卷二九《河渠書》“溉皮氏、汾陰下”《正義》。文淵閣四庫全書本《史記》此句與本稿同，但今本《史記》與《括地志輯校》均改“也”爲“此”。據改。

〔五〕龍門縣在今本《魏書・地形志上》“東雍州高涼郡”下。

〔六〕引文此句“太”誤寫爲“大”，據改。

〔七〕引文此句“土”誤寫爲“上”，據改。今本《太平寰宇記》作《魏風土記》，應與《魏土地記》爲同一本書。存考。

河北郡

姚秦于故河北縣置，〈大〉魏因之〔一〕。

太和十一年，移治大陽。（《寰宇記》芮城縣：今縣北五里有魏城，即畢萬所封。漢以其地爲河北縣，屬河東郡。姚秦于此置河北郡。後魏太和十一年，自此移郡於大｛太｝陽城〔二〕。《河水注》：沙澗亂流逕大陽城東，河北郡治也。）

領縣四〔三〕

【校注】

〔一〕“大”字後被圈删。河北郡在今本《魏書・地形志下》“陝州”下。

〔二〕今本《太平寰宇記》此句作“太陽城”，卷六“校勘記”云：“‘太’，萬本作‘大’，《庫》本同。按大陽縣，漢置，屬河東郡。《漢書》卷二八《地理志上》《續漢書・郡國志一》《晉書》卷一四《地理志上》並作‘大陽’，《水經・河水注》：河水又東，逕大陽縣故城東。又：有小水，西南流注沙澗，亂流逕大陽城東，河北郡治也。今本《魏書・地形志下》作‘太陽’。則‘大’‘太’竝是。”

〔三〕據今本《魏書・地形志下》，河北郡下轄四縣：北安邑、南安邑、河北、太陽。

大｛太｝陽〔一〕（在今解州平陸縣東北。）

漢、晉屬河東〔二〕，（《河水注》引《地理風俗記》曰：城在大河之陽也。）後屬。

有〈軨橋〉（注見下。）〉〔三〕虞城、（《收志》有。《河水注》：河水東逕大陽縣故城南〔四〕。又東，沙澗水注之。水北出虞山，東南逕傅巖，歷傅説隱室前，俗名之爲聖人窟。傅巖東北十餘里，即巔{顛}軨坂也〔五〕。有東西絶澗，左右幽空。{窮}深地壑〔六〕，中則築以成道，指南北之路，謂之爲軨橋也。橋之東北有虞原，原上道東有虞城。《晉太康記》所謂北虞也。城東有山，世謂之五家冢。冢上有虞公廟。其城北對長阪，二十許里，謂之虞阪。戴延之曰：自上及下，七山相重。《太平御覽·地部二十二》引戴延之《西征記》曰：河東鹽池東吴坂，登七山原，每登一原，輒峭起五六里，原上{土}平廣，不知巨{其}極〔七〕。穆案：虞、吴，古字通。《班志》河東郡大陽：吴山在西，上有吴城。《括地志》：故虞城，在陝州河北縣東北五十里虞山之上，古虞國也〔八〕。）夏陽城、（《收志》有。《春秋》：僖公二年，虞師、晉師滅下陽。《公穀》作"夏陽"〔九〕。杜注：下陽虢邑在河東大陽縣。《彙纂》：今大陽廢縣，在山西平陽府平陸縣東北十五里。又三十里爲故下陽城。江氏《考實》曰：今按：平陸縣，漢爲大陽縣，東漢置河北縣，唐改平陸，今屬解州。又按：虢以國都爲上陽，故謂河北，稍在下者爲下陽，《公穀》作夏陽，音同傳訛耳。夏有大義，漢改大陽，漢初尚《公穀》之學也。）砥柱山、五户祠、（《河水注》：砥柱，山名也。昔禹治洪水，山陵當水者鑿之，故破山以通河，河水分流，包山而過，山見水中，若柱然，故曰砥柱也。三穿既決，水流疏分，指狀表目，亦謂之三門矣。山在虢城東北，大陽城東也〔一〇〕。河水翼岸夾山，巍峰〈岐〉{峻}舉〔一一〕，群山疊秀，重嶺干{千}霄〔一二〕。鄭〈元〉{玄}按《地説》〔一三〕：河水東流，貫砥柱，觸閼流，今世所謂砥柱者，〈盞〉{蓋}乃閼流也〔一四〕。砥柱當在西河，未詳也。余按：鄭〈元〉{玄}所説非是〔一五〕。西河當無山以擬之。自砥柱以下，五户以{已}上〔一六〕，其間一百二十里，河中竦石桀出，勢連襄陸，蓋亦禹鑿以通河，疑此閼流也。其山雖辟，尚梗湍流，激石云洄，澴波怒溢，合有一十九灘，水流迅急，勢同三峽，破害舟船，自古所患。五户，灘名也，有神祠，謂之五户將軍，亦不知所以也。〈王光祿鳴盛曰〔一七〕：道元此節《注》因〈西〉{鹵}河無山可當砥柱，而以鄭爲非，然酈以底柱〈爲〉{即}三門，《元和志》同此説，必相沿已久而〉〔一八〕唐王翰《遊三門記》曰："三門集津，在平陸縣東六十里，禹鑿山作三門，以通河流。南爲鬼門，中爲神門，北爲人門。鬼門迫窄，水勢極峻急。人門水稍平緩，直東可五十步。中流有小山，乃砥{底}柱也〔一九〕。神門最修廣，水安妥，隋唐漕運之道。山巖上有閣道，{且}牽〈砌〉{泐}石深〈尺〉{寸}許〔二〇〕。"翰蓋目驗知之，然則砥柱與三門異地，鄭之分析，當亦爲此，其説確甚。酈以三門爲砥柱，五户諸灘爲閼流，則非矣。若西河者，鄭於《禮記·檀弓注》以西河爲龍門至華陰之地，要之，華陰以下，皆得稱之。若于華陰以上求砥柱，不但無山可當，而於經文次敘亦不順，歟何至倒置若此？[夾注：王光祿《尚書〈漢〉{後}案》引明人都穆説與此記相似〔二一〕，又云：三門之廣，約二十丈，其東百五十步，即砥柱，崇約三丈，周數丈〔二二〕。]唐趙〈東〉{冬}曦《三門賦序》曰〔二三〕：砥柱山之六峰者，皆生河之中流，蓋夏后氏{之}所開鑿〔二四〕。其最北有兩柱相對，距崖而立，即所謂三門也。次於其南有孤峰揭起，峰頂平闊，夏禹之廟在焉。西有孤石數丈，圓如削成。復次其南有三峰，東曰金門，中曰三堆，西曰天柱。〈河〉{湍}水從黄老神{祠}前東流[二五],湍急,鼇于蝦石,折流而南,漱於三門,〈苞〉{包}於廟山[二六],乃分爲四流,淙於三峰之下,抵{觝}于曲隈{限}[二七],會流東注,加以兩崖夾水,盤紆激射,天下罕比[原注:《禹貢錐指》引。][二八]。胡東樵曰:諸峰在當時總爲一巨石,禹析之以通河,三門亦砥柱也,後人强生分别耳。穆案:中尉前引《太康地記》曰:虞城東有山,世謂之五家冢,冢上有虞公廟。疑五户即五家之譌,將軍殆虞公之神矣。《禹貢錐指》:今陜州東一百六十里,有五户灘,在河中,爲湍激之處,自此而東,河流稍爲寬衍。)[夾注:趙東{冬}曦云云,次王翰云云。][二九]軨橋、(注見前"虞城"下。)鴨橋。(《河水注》:河之右,則崤水注之。水出河南盤崤山,西北流。水上有梁,俗謂之鴨橋也。)

【校注】

〔一〕今本《魏書·地形志下》作"太陽縣",説見前引《太平寰宇記》卷六"校勘記"。

〔二〕據《漢書·地理志》《續漢書·郡國志》與《晉書·地理志》,河東郡下均有大陽縣。

〔三〕此條後被下移。

〔四〕引文多有節略。

〔五〕《水經注校證》注云:"《方輿紀要》卷四十一《山西三》'平陽府蒲州虞山'引《水經注》《漢書·地理志補注》卷五河東郡'吴山在西'注引《水經注》均作'顛軨坂',《春秋地名考略》卷十二虞'國于夏墟'引《水經注》作'顛陵坂'。"存考。又引文有節略。

〔六〕原稿此句空闕一"窮"字,據補。

〔七〕文淵閣四庫全書本《太平御覽》此句作"原土"與"其極"。今本《太平御覽》點校者亦意將"巨"改爲"其",存考。

〔八〕引文出自《史記》卷四《周本紀》"虞、芮之人",《正義》引《括地志》。

〔九〕《公穀》應爲《春秋公孫穀梁傳》之簡稱。

〔一〇〕引文有節略。

〔一一〕《水經注疏》此句作"峻",並校云:"朱'峻'訛作'岐',趙同,戴改。會貞按:《大典》本、明抄本並作'峻'。"據改。

〔一二〕《水經注校證》此句與本稿同,作"干霄",而《水經注疏》作"千霄",無校語,存考。

〔一三〕原稿此句"鄭玄"改爲"鄭元",據改。

〔一四〕原稿此句"蓋"誤寫爲"盞",據改。

〔一五〕原稿此句"鄭玄"改爲"鄭元",據改。

〔一六〕《水經注疏》此句作"已上",並校云:"趙'已'作'以'。"存考。

〔一七〕此段引文出自《尚書後案》卷二《虞夏書》。

〔一八〕引文有錯訛之處,據改。〈〉括號内文字後有圈刪之意。

〔一九〕底,與"砥"相通假。

〔二〇〕引文多有節略之處。此句闕誤甚多,據改。

〔二一〕夾注書名"後"誤寫爲"漢",據改。

〔二二〕都穆引文見今本《禹貢錐指》卷十三中之上注引。

〔二三〕文淵閣四庫全書本与今本《文苑英華》作"趙冬曦",據改。

〔二四〕引文此句脱寫一"之"字,據補。

〔二五〕今本《文苑英華》所引與本稿同,作"黄老神",而文淵閣四庫全書本《文苑英華》卷三四所引改作"黄老祠"。今本《禹貢錐指》卷十三中之上"校勘記"云:"神,文淵閣四庫全書本改作'祠',是。見《全唐文》卷二九六趙冬曦《三門賦序》。"存考。又"湍水"誤寫爲"河水",據改。

〔二六〕今本及文淵閣四庫全書本《文苑英華》引文此句"苞"爲"包",據改。

〔二七〕今本及文淵閣四庫全書本《文苑英華》此句作"觝于曲限",存考。

〔二八〕引文見今本《禹貢錐指》卷十三中之上。

〔二九〕夾注爲石翁重定次序,文字也簡略,爲保持原貌,未改。

河北(在今解州芮城縣東北七里。《韻編》作"一里",誤。《紀要》作"七里",此從之。)

漢、晉屬河東〔一〕**,後屬**。(《河水注》:河北縣,故魏國也,後乃縣之〔二〕。在河{之}北〔三〕,故曰河北縣也。今城南、西二面,並去大河可二十餘里,北去首山{一}十許里〔四〕,處山河之間,〈上〉{土}地迫隘〔五〕,故《魏風》著《十畝》之詩也。)

有芮城、(《收志》有。《河水注》:河水自河北城南,東逕芮城,二城之中,有段〈千〉{干}木冢〔六〕。段干木,晉之賢人也,魏文侯過其門,軾其廬,所謂德尊萬古,芳越來今矣。汲冢《竹書紀年》曰:晉武公元年,尚一軍,芮人乘京,荀人、董伯皆叛。匪直大荔故芮也。此亦有焉。《紀年》又云:晉武公七年,芮伯萬之母芮姜逐萬,萬出奔魏。八年,周師、虢師圍魏,取芮伯萬而東之。九年,戎人逆芮伯萬于郊{郟}〔七〕。斯城亦或伯萬之故晝也。全祖望曰:按大荔之戎,亦名芮戎,在北地,而芮伯之國在臨晉。其後,大荔滅于秦,種落蓋有居於臨晉者,漢人遂合芮戎、芮伯之國而一之,謂臨晉即故大荔,是大繆也。惟善長稍辨之,曰:匪直大荔故芮也,此亦有焉。則二芮了然矣。而讀其《注》者鮮知之。《元和志》芮城縣:故芮城,在縣西二十里。)**襄邑堡**、(《通鑑》義熙十三年[原注:魏泰常二年。]:檀道濟、沈林子自陝北渡河,拔襄邑堡。《注》:襄邑堡,在河北郡河北縣。)[夾注:《收志》又有立城,不知何字之訛,疑即魏城,不敢決也。監本、汲古本、殿本誤作五。]**嬀水**、(《收志》有。《河水注》:河東郡南有歷山,嬀、汭二水出焉。南曰嬀水,北曰汭水,西逕歷山下,《尚書》所謂"釐降二女於嬀汭"也。孔安國曰:居嬀水之内。王肅曰:嬀汭,虞地名。皇甫謐曰:納二女于嬀水之汭。馬季長曰:水所〈出〉{入}曰汭[八],然則汭似非水名。而今見有二水,異源同歸,渾流西注於河。)**洹水**、(《河水注》:河北縣有洹水{、洹澤},{其水}南入於河[九],河水故有洹津之名[一〇]。《{竹書}穆天子傳》曰[一一]:天子自寘軨,乃次於洹水之陽,俗或謂之偃鄉澗水也。)**永樂澗水**、(《河水注》:永樂澗水北出{于}薄山[一二],南流,逕河北縣故城西[一三]。城内有龍泉,南流出城,又南,斷而不流。永樂溪水又南,入於河。《元和志》永樂縣[原注:在今永濟縣東南一百二十里。]:永樂澗水,源出中條山,經縣東二里,又南入河。《寰宇記》芮城縣:〈罷〉{龍}泉水[一四],在縣北七里。《水經注》云:"古魏城内有龍泉,南流出城。"源闊五寸,深一寸。陳蘭森校云:按《大清一統志》"龍泉"下引《寰宇記》云"源深五丈,深一丈",當依改。[一五])**永豐渠**、(《河東鹽法志》[一六]:鹽池之北有渠,曰姚暹,即古之永豐渠也。後魏正始二年,都水校尉元清所開,以引治東南諸水,西入黄河。隋大業間,都水監姚暹重開,民賴其利,因號焉。渠源出夏縣王峪口,引史家峪諸水,合流而東。自東而北,又合巫咸谷水,折而西流,以入姚暹渠。今自夏縣之五里橋,至縣西界裴介橋,爲橋八處,共渠長二十二里餘,再入安邑東界苦池橋。有苦水河自東北來會,又西至張孝橋,〈大〉{又}西至房子橋[一七],又西至通惠橋,又西過北門橋,即安邑縣北郭門也。自北門橋起,至迎渠橋,即運治北門也。又西至安邑西界,爲橋九處,共渠長三十六里餘。再入州,繞渠南,即長樂灘。又西至解州西界,爲橋九處,共渠長三十四里餘。再自虞鄉縣東界起,逕西南入五星湖,以達黄河,爲橋九處,共渠長三十八里餘,通計一百三十一里有奇。)**蓼谷**、(《水經》:河水又東,過河北縣南。《注》:縣與湖縣分河,蓼水出襄山蓼谷,西南流注於河。《通鑑》大同三年:魏行臺楊白駒與東魏陽州刺史段桀戰於蓼塢。《注》引《水{經}注》又曰[一八]:〈蓼水出河北縣襄山蓼谷。〉[一九]當時之人于此{谷}築塢[二〇],因謂之蓼塢。〈《漢書音義》曰:襄山,在潼關北十餘里。〉[二一])**首陽山**、(《收志》有。注見前"蒲坂雷首山"下。《寰宇記》芮城縣:薄山,在縣北十里。又名首陽山,邐迆連延,東至太行,入海。南北狹薄,謂之薄山。)**伯夷叔齊墓**、(《收志》有。注從"蒲坂"下移此。《元和志》:伯夷墓[二二],在河東縣南三十五里。似以入"蒲坂"爲允,而附辨收誤。)**段干木墓**。(《河水注》:河水自河北城南,東逕芮城,二城之中,有段〈千〉{干}木冢。段干木,晉之賢人也,魏文侯過其門,軾其廬,所謂德尊萬古,芳越來今矣[二三]。《寰宇記》芮城縣:段干木墓,在縣東北一十五里。)

【校注】

〔一〕據《漢書·地理志》《續漢書·郡國志》與《晉書·地理志》,河東郡下均有河北縣。

〔二〕引文多有節略。

〔三〕引文此句脱寫一"之"字,據補。

〔四〕《水經注疏》此句有一"一"字,《水經注校證》與本稿同,存考。

〔五〕引文此句"土"誤寫爲"上",據改。

〔六〕引文此句"干"誤寫爲"千",據改。

〔七〕《水經注疏》此句"郊"作"郟",並校云:"趙云:《左傳·文公三年》:秦伯伐晉,取王官及郊。'郟'字誤。守敬按:各本《竹書》並作'郊',《路史·國名紀·注》作'郟',與此同。《竹書》上云:周師、虢師取萬而東之,東即戎逆萬之地也。考《左傳·桓七年》:王遷盟向之民於郟。杜注:郟,王城也。昭十二年,原伯絞奔郊。《注》:郊,周邑。是作郊,作郟並通,當兩存之。趙以郟爲誤,非也,而以晉之郊爲説,尤非。既云東之,必不復在晉境也。"《古本竹書紀年輯證》從《永樂大典》本,作"郟"。《水經注校證》與本稿同,存考。

〔八〕《水經注疏》此句改"出"爲"入",并校云:"朱入爲出,趙、戴同。守敬按:《禹貢》雍州,涇屬渭汭。《釋文》:馬曰:屬,入也。《説文》:汭,水相入也。然則馬《書·注》當是。屬,入也,水所入爲汭。《御覽》亦引作入。今訂。"據改。又引文多有節略。

〔九〕《水經注疏》此句作"河北縣有洹水、洹澤,其水南入於河。"並校云:"朱'澤'作'津',趙同,戴刪'洹津其水'四字。守敬按:其水南入於河。《寰宇記》引此同。是今本惟洹津是洹澤之誤,無羨文。戴刪,非也。水在今芮城縣東五十里,一名儀家溝,出中條山麓,南流入河。"《水經注校證》與本稿同,文淵閣四庫全書本《水經注》案語云:"案此下近刻衍'洹津其水'四字。"存考。

〔一〇〕引文此句下多有節略。

〔一一〕原稿篇名省略"竹書"二字,據補。

〔一二〕原稿此句脱寫一"于"字,據補。

〔一三〕引文此句下多有節略。

〔一四〕引文此句"龍"誤寫爲"罷",據改。

〔一五〕今本《太平寰宇記》卷六"校勘記"云:"《嘉慶重修一統志》解州引本書作'源闊五尺,深一丈',疑是。"

〔一六〕介生按:此段引文出處恐有誤,《河東鹽法志》並無相關文字,這段引文應出自《河東鹽法備覽》卷四"渠堰",引文多有節略。

〔一七〕原稿引文"又"誤寫爲"大",據改。

〔一八〕原稿篇名脱寫一"經"字,據補。

〔一九〕〈〉括號内文字後有圈删之意。

〔二〇〕引文此句脱寫一"谷"字,據補。

〔二一〕〈〉括號内文字後有圈删之意。

〔二二〕今本《元和郡縣圖志》卷十二"校勘記"云:"《考證》:宜作'夷、齊墓',《水經注》:雷首山有夷、齊廟,南有夷、齊墓。"

〔二三〕此段引文原在芮城條下,夾注云:"寫於下文墓下",爲保持原貌,兩處並存。"千"字爲"干"字之誤寫,據改。

安邑(在今解州夏縣北。案:此《收志》之北安邑也。)

漢、晉屬河東〔一〕。

太和十一年,置郡。十〈一〉{八}年〔二〕,復,屬。

有禹廟。(《禮志》:太和十六年二月,詔:夏禹禦洪水之災,建天下之利,可祀于安邑。)

【校注】

〔一〕據《漢書·地理志》《續漢書·郡國志》與《晉書·地理志》,河東郡下均有安邑縣。

〔二〕原稿此句"八"誤寫爲"一"。北安邑縣在今本《魏書·地形志下》"陝州河北郡"下,據注文改。

夏(當即今夏縣治。案:此《收志》之南安邑也。)

太和十一年,置南安邑〔一〕。十八年,改。(《元和志》夏縣:本漢安邑縣地,屬河東郡。後魏孝文帝太和十一年,别置安邑縣。十八年,改爲夏縣,因夏禹所都爲名。)

有中條山。(《收志》有。注見前"蒲阪雷首山"下。《元和志》安邑縣:雷首山,一名中條山,在縣南二十里。)

【校注】

〔一〕南安邑縣在今本《魏書·地形志下》"陝州河北郡"下。

恒農郡

漢置，曰宏農[一]，魏以顯祖諱改[二]。

太和十一年，置陝州，十八年，罷。（今本〈今本〉《收志》作"八年罷"[三]。錢詹事曰：當〈云十〉云十八年罷[四]，蓋遷洛之後，以畿内罷州也。[五]）

有銅青谷、葦池谷、鸞帳山、銅官。（《食貨志》：延昌二年冬，尚書崔亮奏：恒農郡銅青谷有銅礦，計一谷得銅五兩四銖[六]。往昔銅官，舊跡見在，並宜開鑄。詔從之。鸞帳山，《元和志》作"鸞掌"。伊陽縣下云：伊水[七]，在縣西南，出鸞掌山，東流。）

領縣九（[原注：恒農單屬西恒農郡，載此郡後。][八]）

【校注】

〔一〕介生按：今本《漢書·地理志》爲"弘農郡"。石翁避清朝乾隆皇帝名諱，改爲"宏農"。

〔二〕北魏顯祖獻文帝名字爲：拓跋弘。

〔三〕"今本"二字後被圈删。

〔四〕"云十"二字後被圈删。

〔五〕恒農郡在今本《魏書·地形志下》"陝州"下，卷末"校勘記"同引錢大昕之語（出自《廿二史考異》卷三〇）。

〔六〕引文此句後多有節略。

〔七〕今本《元和郡縣圖志》此條作"伊水路"，卷六"校勘記"云："今按：'路'字疑衍，此條敘水，與路無涉。"

〔八〕據今本《魏書·地形志下》，"陝州恒農郡"下轄三縣：陝中、北陝、崤。介生按：據石翁之意，應移置恒農縣於西恒農郡下，但原稿未列出西恒農郡，故不改，保持原貌。如加上恒農縣，恒農郡下實有十縣。

北陝（今陝州治。）

漢、晉曰陝，屬[一]。（《元和志》陝縣引《西征記》曰："陝縣，周、召分職處，南倚山原，北臨黄河，懸水百餘仞，臨之者皆爲悚慄。"陳氏《歷代地理沿革〈來〉{表}》曰[二]：魏延昌〈三〉{二}年[三]，析〈蘆〉{盧}氏東境庫谷、河渠谷以西置北陝縣[四]，屬恒農郡。）

有曲沃城、（《收志》有。《河水注》：河水又東，菑水注之。水出常烝之山，西北逕曲沃城南，又屈逕其城西，西北入河。諸注述者，咸言曲沃在北，皆非也。魏司徒崔浩以爲曲沃，地名也。余按：《春秋·文公十三年》：晉侯使詹嘉守桃林之塞，處此以備秦。時以曲沃之官守之，故曲沃之名，遂爲積古之傳矣。穆案：恒叔所封之曲沃，在今聞喜縣。《班志》聞喜：故曲沃〈是也〉〔五〕。此志正平郡曲沃，乃晉景公所遷之新田，孝文始名曲沃而後代因之。《方輿紀要》陜州：曲沃城，在州西南三十二里。）〈曹陽亭〉七里澗〔六〕、（《河水注》：河之右，曹水注之。水出南山，北逕曹陽亭西〔七〕。魏氏以爲好陽。《晉書地道記》曰：亭在恒｛弘｝農縣東十三里〔八〕。河水又東，得七里澗。澗在陜〈城〉西七里〔九〕，故因名焉。其水自南山通河，亦謂之曹陽坑，是以潘岳《西征賦》曰："行於漫瀆之口，憩于曹陽之墟。"袁豹、崔浩亦不非其地矣。《宋書·柳元景傳》：〈薛〉安都頓軍〈宏〉｛弘｝農〔一〇〕，〈龐〉法起進據潼關，〈龐〉季明率魯方平、趙難軍向陜西七里谷〔一一〕。《元和志》陜縣：曹陽墟，俗名七里澗，在縣西南七里。《寰宇記》：〈魏武帝〉｛曹操｝改爲好陽澗〔一二〕。）鄧芝祠。（《收志》有。）

【校注】

〔一〕據《漢書·地理志》《續漢書·郡國志》與《晉書·地理志》，弘農郡下均有陜縣。

〔二〕原稿書名"表"誤寫爲"來"，據改。下簡稱爲《沿革表》。

〔三〕引文此句"二"誤寫爲"三"，據改。

〔四〕引文此句"盧"誤寫爲"蘆"，據改。

〔五〕引文此句衍寫"是也"二字，據删。

〔六〕"曹陽亭"三字後有圈删之意。

〔七〕引文此句後有節略。

〔八〕原稿引文此句"弘農"改寫爲"恒農"，而《水經注疏》與《水經注校證》均未改，存考。此句下引文多有節略。

〔九〕《水經注疏》此句無"城"字，並校云："朱《箋》曰：陜縣之西。戴'陜'下增'城'字。守敬按：《公羊傳》：自陜以東，周公主之；自陜以西，召公主之。故有陜東、陜西之稱。《宋書·柳元景傳》：龐季明率軍向陜西七里谷，謂七里澗也。即此《注》稱澗在陜西七里之切證。又《北史·魏孝武帝紀》，《舊唐書·太宗紀》、《肅宗紀》、《回紇傳》並稱陜西，皆謂陜州之西，詳《日知録》。戴增'城'字，雖通實贅。《元和志》：澗在陜縣西南七里。《方輿紀要》好陽｛澗後，七里澗｝在陜州西南七里（介生按：原書引文有脱略，據補），今名石橋溝，北流入河。"《水經注校證》有"城"字，卷末"校證"云："注箋本、項本、注釋本、張本、《日知録》卷三十一'陜西'引《水經注》均作'陜'，無'城'字。"存考。

〔一〇〕今本《宋書》此句無"薛"字，爲石翁所補。原書作"弘農"，石翁改爲

"宏農",據改。

〔一一〕原稿引文兩"龐"字也爲石翁所補,據删。

〔一二〕原書作"曹操",據改。

陝中(在今陝州東南一百十里。《元和志》陝縣:本漢縣也。歷代不改。後魏改爲陝中縣,西魏去"中"字。《寰宇記》陝縣:本漢縣,屬宏{弘}農郡,後魏初改爲陝中縣,屬宏{弘}農不改〔一〕。至太和中,立郡於此〔二〕。)

【校注】

〔一〕此段引文兩個"宏農",今本《太平寰宇記》爲"弘農",均爲石翁避諱所改。

〔二〕陝中縣在今本《魏書·地形志下》"陝州恒農郡"下。

崤(在今河南府永寧縣北五十里。)

太和十一年,分陝縣東界置〔一〕。

治冶壚。(《寰宇記》硤石縣引《周地圖記》:"後魏太和十一年,分陝縣東界於冶壚{廬}置崤縣,在治{冶}之郊〔二〕,屬〈宏〉{弘}農{郡}〔三〕,取崤山爲名。"隋初改爲硤石縣。硤石縣在今陝州東南七十里。)

有三崤山、(《收志》有。《河水注》:河之右則崤水注之。水出河南盤崤山,西北流〔四〕。歷澗東北流,與石崤水合。水出石崤山,山有二陵,{言}山徑委深〔五〕,峰阜交蔭,故可以避風雨也。河水又東,千崤之水注焉。水南導於千崤之山,其水北流,纏絡二道。漢建安中,曹公西討巴、漢,惡南路之險,故更開北道。自後行旅率多從之。今山側附路有石銘云:"晉太康三年,宏農太守梁柳修復舊道。"太崤以東,西崤以西,明非一崤也。西有二石,又南五六十步,臨溪有《恬漠先生翼神碑》,蓋隱斯山{也}〔六〕。其水北流,注於河。顧祖禹云:"崤有盤崤、石崤、千崤。"是謂三崤〔七〕。穆案:《穀水注》又云:"穀水{又}東〔八〕,逕秦、趙二城南〔九〕,又東逕土崤北,所謂三{二}崤也〔一〇〕。"則三崤自有專名,不如顧氏所説。《元和志》永寧縣引《西征記》:"崤上不得鳴鼓角,鳴則風雨總至。"自東崤至西崤三十五里。東崤長阪數里,峻阜絶澗,車不得方軌。西崤全是石坂,十二里,險絶不異東崤。漢馮異〈敗〉{破}赤眉於崤底〔一一〕,魏龐德破張白騎於兩崤間。《方輿紀要》永寧縣:崤山,在縣北六十里。)白楊谷。(《收志》有。《班志》〈宏〉{弘}農郡黽池〔一二〕:穀水出穀陽谷,東北至穀城入雒。《水經》:穀水出弘農黽池縣南墦冢林、穀陽谷。《注》:今穀水出千崤東馬頭山穀陽谷。穆案:今穀水出永寧縣北七十里,東流,至新安,入澗。以地望診之,白楊谷,殆即穀陽谷,以聲近相轉也。)

【校注】

〔一〕崤縣在今本《魏書・地形志下》"陜州恒農郡"下。

〔二〕今本《太平寰宇記》前一句作"盧",後一句作"冶",卷六"校勘記"云:"'盧',萬本、《庫》本作'壚'。按'壚'、盧字同。後'冶'字,《庫》本同,萬本作'治',義異,疑誤。"存考。

〔三〕今本《太平寰宇記》作"弘農",石翁改爲"宏農",據改。

〔四〕引文此句下多有節略。

〔五〕引文此句脱寫一"言"字,據補。

〔六〕引文此句脱寫一"也"字,據補。

〔七〕引文出自《讀史方輿紀要》卷四六《河南一》"三崤"條下,引號内爲《水經注》之文。

〔八〕原稿此句"又"字後有圈删之意,應保留。

〔九〕此處引文有節略。

〔一〇〕《水經注疏》此句作"二崤",並校云:"趙改爲'三崤',云:'二'當作'三'。胡渭云:《河水篇》云:河之右則崤水注之。水出河南盤崤山,東北流,與石崤水合。水出石崤山,山有二陵,南陵、北陵也。又云:河水又東,千崤之水注之。水南導於千崤之山,即所謂三崤山也。《史記正義》亦曰:崤,三崤山也,在洛州永寧縣西北二十八里。《北史・崔宏傳》云:三崤地險,人多寇劫。指謂此也。全亦改'二'作'三',云:二崤曰盤崤,曰石崤,三崤曰土崤。戴改'三'同。會貞按:胡氏以《河水篇》之盤崤、石崤、千崤爲三崤,既遺此注之土崤;全氏以盤崤、石崤合土崤爲三崤,又遺彼篇之千崤,皆未能圓其説。據《春秋正義》:俗呼爲土崤、石崤,其阨道在兩崤之間,是此土崤與《河水篇》之石崤爲二崤。《元和志》:二崤山又名嶔崟山,在永寧縣北二十八里。引《西征記》:自東崤至西崤山三十五里。東崤長坂數里,峻阜絶澗,車不得方軌。西崤全是石阪,十二里,險絶不異東崤。所謂東崤,指土崤,所謂西崤指石崤,不及盤崤、千崤者,蓋盤崤、千崤在土、石二崤之間,舉二崤可以該之也。《續漢志》:黽池有二崤。《後漢書・梁冀傳》:采土築山,以象二崤。班固《西都賦》:左據函谷、二崤之阻。張載《敘行賦》:陟二崤之重阻。古稱二崤,歷歷可征,爲酈氏所本。至《地形志》《通典》《新唐志》等書作'三崤',與《北史・崔宏傳》《史記正義》同,乃後世名稱歧出。全、趙、戴改作'三',未博考耳。東崤在今永寧縣北,西崤在今陜西東南。"介生按:今本《元和郡縣志》"二崤山"條"校勘記"云:"《考證》:'二',王應麟引作'三',自注云:隋大業元年廢三崤道,《水經注》云:'又東土崤北,所謂三崤也’。此疑脱。今按:‘二崤’非誤,《西都賦》‘左據函谷、二崤之道’,是乃土崤、石崤,王應麟引《水經注》‘二崤’誤‘三’。”然文淵閣四庫全書本《水經注》此句作“三崤”,並有案語云:“案:‘三’近刻作‘二’。”《水經注校證》此句也作“三崤”,與本稿同,存考。

〔一一〕引文此句“破”誤寫爲“敗”,據改。

〔一二〕今本《漢書·地理志》作“宏農”,據改。

恒農(在今陝州靈寶縣南四十里。《收志》西恒農郡領縣一:恒農〔一〕。二漢、晉屬恒農,後屬。有桃林。案:此郡在第三卷似不當,無據删之。太和中於荊州置東恒農郡,則此郡疑亦太和中置矣。)

漢、晉屬〔二〕。

有竇門城、(《河水注》:邑川城,即漢封竇門之故邑,川受〈甚〉{其}名〔三〕,亦曰竇門城,在函谷關南七里。)荊山、(《河水注》引《魏土地記》曰:〈宏〉{弘}農湖縣有軒轅黄帝登仙處。黄帝采首山之銅,鑄鼎于荊山之下,有龍垂胡於鼎。黄帝登龍,從登者七十人,遂升於天,故名其地爲鼎胡{湖}〔四〕。荊山在馮翊,首山在蒲坂,與〈胡〉{湖}縣相連〔五〕。《晉書地道記》《太康記》並言〈湖〉{胡}縣也〔六〕,漢武帝改作湖。俗云:黄帝自此乘龍上天也。《地理志》曰:京兆湖縣有周天子祠二所,故曰胡。不言黄帝升龍也。《元和志》湖城縣:荊山在{縣}南〔七〕。)石堤山、(《河〈北〉{水}注》:柏谷水出〈宏〉{弘}農縣南石堤山。山下有石堤祠〔八〕,銘云:魏甘露四年,散騎常侍、征南將軍、豫州刺史、領〈宏〉{弘}農太守南平公之所經建也。)鹿蹏山、(《河水注》:田渠{川}水又逕鹿蹏山西〔九〕,山石之上,〈里〉{有}鹿蹏〔一〇〕,自然成著,非人功所刊。)夸父山、桃林塞、(《收志》有“桃林”。《河水注》:湖水出桃林塞之夸父山,廣〈員〉{圓}三百仞〔一一〕,武王散牛桃林,即此處〔一二〕。《山海經》曰:夸父之山,其北有林焉,名曰桃林,其中多馬,湖水出焉。北流,注於河,故《三秦記》曰:桃林塞,在長安東四百里,若有軍馬經過,好行則牧華山,休息林下;惡行則〈没〉{決}河漫延〔一三〕,人馬不得過矣。《元和志》:桃林塞,自靈寶縣以西,至潼關,皆是也。夸父山,在湖城縣東南三十五里。《河水注》引《晉太康地記》曰:桃林〈立〉{在}閿{閔}鄉南谷中〔一四〕。)牧馬{馬牧}澤、(《通鑑》大同三年:竇泰猝聞軍至,自風陵度{渡}〔一五〕,丞相泰出〈牧馬〉{馬牧}澤〔一六〕。《注》引中尉此注曰:〈牧馬〉{馬牧}澤〔一七〕,蓋即此地也。)湖城、(《河水注》:河水又東,逕湖縣故城北。昔范叔入關,遇穰侯於此矣。《元和志》湖城縣:湖縣故城,在縣西南二里[原注:在今閿鄉縣東〈四十里〉]〔一八〕。)王思村、(《北史·孝武帝紀》:永熙三年七月己酉,{高歡遣婁昭及}

河南尹元子思領左右侍官追帝〔一九〕，請〈還〉{回}駕〔二〇〕。高昂率勁騎及帝於陝西。帝鞭馬長騖，至湖城，饑渴甚。有王思村人以麥飯壺漿獻帝，帝甘之，復一村十年。《方輿紀要》閿{閺}鄉縣〔二一〕：王思村，在縣東〔二二〕。）白楊嶺、（《宋書·柳元景傳》：元景去，賊衆向關。時軍中食盡，元景回據白楊嶺。賊定未至，更下山進宏農，入湖關口〔二三〕。又太祖以元景不宜獨進，且令班師，元景乃率諸將自湖關度白楊嶺，出〈牧〉{於}長洲〔二四〕。［夾注：此條入崤"白楊谷"下。］）閿鄉水、（《柳元景傳》：虜蒲坂戍主、沃{泰}州刺史杜道生率衆二萬至閿{閺}鄉水〔二五〕，去湖關一百二十里。）稠桑驛、（《北史·孝武帝紀》：帝至稠桑，潼關大都督毛洪賓迎獻食。《通鑑注》：湖城西有稠桑驛〔二六〕。《方輿紀要》〈閿〉{閺}鄉縣〔二七〕：稠桑驛，在縣東三十里。）盤豆、（《通鑑》大同三年［原注：西魏大〈同〉{統}三年］〔二八〕：魏宇文泰帥李弼等十二將伐東魏，以{北雍州刺史}于謹爲前鋒〔二九〕，攻盤豆，拔之。《注》：恒農湖城、〈閿〉{閺}鄉之西有皇天原〔三〇〕，原西有盤豆城。）皇天原、（《河水注》：玉澗水南出玉溪，北流逕皇天原西。《周固記》：開{閺}山東首上平博〔三一〕，方可里餘，三面壁立，高千許仞，漢世祭天於其上，名之爲皇天原。上有漢武帝思子臺。《一統志》：皇天原，在今閿{閺}鄉縣西{南四十五里}。又縣{舊城}東北二十里，有漢武思子宮城。〔三二〕）黄巷阪、秦函谷關、（《河水注》：河水自潼關東北{北，東}流〔三三〕，水側有長阪，謂之黄巷{卷}坂〔三四〕，〈坂〉〈旁〉{傍}絶澗〔三五〕，陟{涉}此坂以升潼關〔三六〕，所謂泝黄巷以濟潼矣。歷北出東崤，通謂之函谷關也。邃岸天高，空谷幽深，澗道之峽，車不方軌，號曰天險{嶮}。故《西京賦》曰：巖險{嶮}周固〔三七〕，衿〈布〉{帶}易守〔三八〕，所謂秦得百二，併吞諸侯也。是以王元説隗囂曰：請以一丸泥東封函谷關，圖王不成，其弊足霸矣。《注》又曰：門水之左右，即函谷山也。門水又北逕宏農縣故城東，城即故函谷關校尉舊治處也〔三九〕。漢武帝元鼎三年，徙關於新安縣，以故關爲〈宏〉{弘}農縣、〈宏〉{弘}農郡治〔四〇〕。《班志》〈宏〉{弘}農郡〈宏〉{弘}農有故秦函谷關〔四一〕。《匡謬正俗》：黄巷者，蓋謂潼關之外，深道如巷，以其土色正黄，故謂之黄巷〈耳〉{爾}〔四二〕。過此長巷，即至潼關。此巷〈自〉{是}古昔以來東西大道〔四三〕，年代經久，車徒輻輳{湊}〔四四〕，飛塵飄散，所以極深。隋帝惡其濬險，恐有變故，故始{移}大道去巷〔四五〕，逐高更開平路耳。今其故跡猶存。《元和志》靈寶縣：函谷故城，在縣南十里〔四六〕。秦函谷關城，漢〈宏〉{弘}農縣也〔四七〕。《西征記》曰："函谷關城，路在谷中，深險如函，故以爲名。其中{劣}通〔四八〕，{行路}東西十五里〔四九〕，絶岸壁立，崖上柏林蔭谷中，殆不見日。關去長安四百里。日入則閉，雞鳴則開，秦法也。東至崤山，西至潼津，通名函谷，號曰天險，所謂'秦得百二'也。"穆案："東自崤山已下"云云，《寰宇記》引以爲崔〈港〉{浩}注《地理志》語〔五〇〕。）曹公壘、（《河水注》引郭緣生《記》曰：漢末之亂，魏武征韓遂、馬超，連兵此地，今際河之西，有曹公壘，道東原上，云李典營。義熙十三年，王師曾據此壘。）姚氏關城、王檀故壘、（《河水注》引《西征記》曰：

沿路逶迤，入函道六里，有舊城。城周百餘步，北臨大河，南對高山。姚氏置關以守峽。宋武王入長安，檀道濟、王鎮惡或據山爲營，或平地結壘，爲大小七營，濱帶河險。姚氏亦保據山原，陵阜之上，尚傳故跡矣。《宋書・柳元景傳》：龐法起與劉槐即據潼關，虜蒲城鎮{主}遣僞帥何難於〈對〉{封}陵自{堆}列三營[五一]，以擬法起。法起長驅入關，行王檀故壘，虜謂直向長安，何難帥衆欲濟河以截軍後。法起回軍臨河，縱兵射之。《寰宇記》闅{閺}鄉縣[五二]：宋武〈大小〉七營[五三]，在縣西沿河。）〈平吴臺〉赫連氏京觀[五四]、（《元和志》闅{閺}鄉縣[五五]：赫連氏京觀，俗號平吴臺，在縣西二十{二}里[五六]。赫連勃勃使太原公昌攻劉裕將朱齡石於潼關，克之，築臺以表武功。）方伯堆、（《河水注》：爓{燭}水出衙嶺下谷[原注：《班志》文。][五七]，歷澗東北出，謂之開方口。水側有阜，謂之方伯堆。宋奮武將軍魯方平、建武將軍薛安都等，與建威將軍柳元景北入，軍次方伯堆者也。堆上有城，即方平所築也。《宋書・柳元景傳》：法起等度鐵嶺山，次開方口，進次方伯自{堆}[五八]，去〈宏〉{弘}農城五里[五九]。《元和志》〈宏〉{弘}農縣[六〇]：方伯堆，在縣東南五里[六一]，宋{奮武將軍}魯方平所築[六二]。）故邱亭。（《河水注》：田渠{川}水出衙{衡}山之白石谷[六三]，東北流，逕故邱{丘}亭東[六四]，是薛安都軍所從城也。《宋書・柳元景傳》：魯方平、薛安都、龐法起進次〈臼〉{白}亭[六五]。穆案：邱、臼，〈古〉音同相〈傳〉{轉}[六六]，即《注》所云“故邱{丘}亭”也。又案：《薛安都傳》曰[六七]：“安都後{從}征關陝[六八]，至臼口，夢仰頭視天，正見天門開，謂左右曰：‘汝見天門開不？’”是即進次臼亭時事，然則臼口者，臼亭之口也。臼口，亦見《元景傳》，曰：“大軍次臼口。”其地蓋在盧氏之南也。《方輿紀要》〈蘆〉{盧}氏縣[六九]：鐵嶺，在縣北四十里，層巖陡立，峭壁嶙峋，中有一逕，纔通往來。[七〇]）[夾注：邱亭入“〈蘆〉{盧}氏”下。][七一]

【校注】

〔一〕恒農縣在今本《魏書・地形志下》“陝州西恒農郡”下，此句以下爲《收志》注文。

〔二〕據《漢書・地理志》《續漢書・郡國志》與《晉書・地理志》，弘農郡下均有“弘農縣”，即此恒農縣。

〔三〕引文此句“其”誤寫爲“甚”，據改。

〔四〕《水經注疏》此句作“鼎湖”，並校云：“趙、戴改‘胡’。會貞按：自黄帝以下，《史記・封禪書》文、《漢書・郊祀志》同。”《水經注校證》仍作“鼎胡”，與本稿同，存考。

〔五〕《水經注疏》作“湖縣”，並校云：“趙‘湖’改‘胡’。”據改。

〔六〕引文此句“胡”誤寫爲“湖”，據改。

〔七〕原稿引文此句脱寫一“縣”字，據補。

〔八〕《水經注疏》此句作“山下有《石堤銘祠》云”,意謂不明,無校語,恐有誤。《水經注校證》及文淵閣四庫全書本《水經注》與本稿同。

〔九〕《水經注疏》作“田渠川水”,並校云:“趙、戴删‘川’字。”《水經注校證》與本稿同,存考。

〔一〇〕引文此句“有”誤寫爲“里”,據改。

〔一一〕引文此句“圓”誤寫爲“員”,據改。《水經注疏》此句作“三百里”,並校云:“朱‘里’作‘仞’。趙、戴同。會貞按:《山海經》:誇父之山,其北有林焉,名曰桃林(引見下——原注),廣員三百里。《史記·周本紀正義》引作‘廣員三百里’。又《趙世家正義》引作‘廣闊三百里’,《留侯世家索隱》引作‘廣三百里’。雖有脱訛,然皆作‘三百里’。此注作‘三百仞’,與廣圓義不合,其誤無疑,今訂。”《水經注校證》仍作“三百仞”,與本稿同,存考。

〔一二〕引文多有節略。

〔一三〕引文此句“決”誤寫爲“沒”,據改。

〔一四〕引文此句“在”誤寫爲“立”,據改。又《水經注疏》作“閿鄉”,存考。

〔一五〕今本《資治通鑑》此句作“渡”,文淵閣四庫全書本《資治通鑑》作“度”,存考。

〔一六〕今本及文淵閣四庫全書本《資治通鑑》均作“馬牧澤”,石翁不知何故記爲“牧馬澤”。據改。

〔一七〕胡三省注文此條也爲“馬牧澤”,據改。

〔一八〕原注中“四十里”後被圈删。

〔一九〕引文有節略,據補。

〔二〇〕引文此句“回”誤寫爲“還”,據改。

〔二一〕闅鄉,今本《讀史方輿紀要》作“閿鄉”。闅,爲“閿”之通假字。

〔二二〕此條引文出自《方輿紀要》“稠桑驛”條後。

〔二三〕引文此句下有節略。

〔二四〕引文此句“於”誤寫爲“牧”,據改。

〔二五〕今本《宋書·柳元景傳》“沃州”作“泰州”,“闅鄉”作“閿鄉”,卷末“校勘記”云:“‘泰州’各本並作‘沃州’。按北魏無沃州,《魏書·島夷劉裕傳》作‘秦州刺史杜道生’,然蒲阪之秦州,據錢大昕《廿二史考異》,謂係泰州之訛,今據改。”據改。

〔二六〕引文出自《資治通鑑》卷一五六《梁紀十二》“武帝中大通六年”胡注。

〔二七〕今本《方輿紀要》作“閿鄉縣”,據改。

〔二八〕原注紀年有誤,應爲“西魏大統三年”,據改。

〔二九〕引文此句有省略,據補。

〔三〇〕今本《資治通鑑》作“閿鄉”,據改。

〔三一〕今本《水經注疏》卷四“校記”云:“熙仲按:《一統志》百七十五‘皇天原’下引《水經注》作‘閿山東首上平博’云云,閿山即泰山别峰,縣以此名,在縣西南七十里。據此,疑‘開山’爲‘閿山’之訛。”存考。

〔三二〕引文多有節略,據文淵閣四庫全書本《大清一統志》卷一七五補。四部叢刊本《嘉慶重修一統志》作“閺鄉”,文淵閣四庫全書本《大清一統志》作“閿鄉”。並存。

〔三三〕《水經注疏》此句作“北東流”,並校云:“朱‘北’字訛在‘東’字下,趙、戴同。守敬按:《西征記》作‘北東’,謂自潼關之北東流也,今乙。”《水經注校證》與本稿同,存考。

〔三四〕《水經注疏》此句下校云:“朱下‘巷’作‘卷’,趙、戴依此改。守敬按:三句,《西征記》文,引見《文選·西征賦注》。”《水經注校證》卷四校證云:“注箋本、項本、張本、《通雅》十三《地輿》引《水經注》《方輿紀要》卷五十二《陝西一》‘潼關’引《水經注》均作‘黄巷阪’。”存考。

〔三五〕引文此句“傍”誤寫爲“旁”,據改。又《水經注疏》此句無“坂”字,並校云:“趙、戴傍上增‘坂’字。會貞按:此句緊接上文説,不必增字。此以下三句,《述征記》文,引見《書鈔》(一百五十七)。”《水經注校證》與本稿同,存考。

〔三六〕《水經注疏》此句爲“涉”,並校云:“戴‘涉’改‘陟’。”《水經注校注》及文淵閣四庫全書本《水經注》均與本稿同,存考。

〔三七〕《水經注疏》前兩個“險”作“嶮”,存考。

〔三八〕引文此句“帶”誤寫爲“布”,據改。

〔三九〕引文此句下有節略。

〔四〇〕原稿將兩個“弘”字改爲“宏”,據改。

〔四一〕今本《漢書·地理志》爲“弘農郡”“弘農縣”,據改。

〔四二〕文淵閣四庫全書本《匡謬正俗》此句作“爾”,據改。

〔四三〕引文此句“是”誤寫爲“自”,據改。

〔四四〕文淵閣四庫全書本《匡謬正俗》此句作“輻湊”,存考。

〔四五〕引文此句脱寫一“移”字,據補。

〔四六〕今本《元和郡縣圖志》卷六“校勘記”云:“今按:《史記·項羽本紀正義》引《括地志》作‘在縣西南十二里’。”

〔四七〕今本《元和郡縣圖志》此句作“弘農”,據改。

〔四八〕原稿引文此句空闕一“劣”字,據補。

〔四九〕今本《元和郡縣圖志》卷六“校勘記”云:“《考證》王琦引下有‘行路’二字,此脱。”存考。

〔五〇〕原稿“崔浩”誤寫爲“崔港”,據改。

〔五一〕引文此句脱一“主”字,據補。又“封”字誤寫爲“對”,據改。今本《宋書》作“封陵堆”,本稿爲“自”,與文淵閣四庫全書本《宋書》同,自,與“堆”通假,存考。

〔五二〕今本《太平寰宇記》作“閿鄉縣”,或版本不同,存考。

〔五三〕今本《太平寰宇記》爲“宋武七營”條,據删。

〔五四〕“平吴臺”三字後被圈删。

〔五五〕今本《元和郡縣圖志》作“閿鄉縣”,存考。

〔五六〕引文此句脱寫一“二”字,據補。

〔五七〕“爥”,文淵閣四庫全書本《水經注》作“燭”,並校云:“按燭《漢書》作爥。”“爥”为“燭”之通假字。引文此句下有節略。

〔五八〕今本《宋書》作“方伯堆”,或是版本之異,並存。引文有節略。

〔五九〕今本《宋書》此句作“弘農”,據改。

〔六〇〕今本《元和郡縣圖志》此條作“弘農”,據改。

〔六一〕今本《元和郡縣圖志》卷六“校勘記”云:“《考證》:下脱‘堆上有城’四字。《水經注》:方伯堆,堆上有城,即方平所築,非謂堆也,脱四字,大失文義。”

〔六二〕引文此句有省略,據補。

〔六三〕《水經注疏》此句作“田渠水”,無“川”字,並校云:“趙、戴删‘川’字。”又作“衡山”,無校語。文淵閣四庫全書本《水經注》此句下有案語云:“案:近刻脱‘水’字,‘衙’訛作‘衡’。”《水經注校證》作“衙水”,與本稿同,存考。

〔六四〕《水經注疏》此句作“丘亭”,存考。

〔六五〕今本《宋書》卷七七《柳元景傳》此句作“白亭”,文淵閣四庫全書本《宋書》同,均無校語,恐石翁引用有誤。

〔六六〕原稿此句“古”字後被圈删。“轉”誤爲“傳”,據改。

〔六七〕此處指今本《宋書》卷作八八《薛安都傳》。

〔六八〕今本《宋書》此句作“從征”,卷八八“校勘記”云:“從,各本並作‘後’。張森楷《校勘記》云:‘後當作從。’按張説是,今改正。”存考。

〔六九〕今本《讀史方輿紀要》作“盧氏縣”,據改。

〔七〇〕介生按:此條引文爲夾注所後增,似有不妥之處。

〔七一〕下有“盧氏縣”,非“蘆氏”,據改。夾注爲石翁重定文序,爲保持原貌,並存。

盧氏(今陝州盧氏縣治。)

漢屬〔一〕,晉屬上洛〔二〕,魏復,屬〔三〕。(《靈徵志》:景明四年六月,恒農盧氏縣木連理。）

有高門城、石勒城、（《洛水注》：洛水又東，逕高門城南，即《宋書》所謂後軍外兵龐季明入盧氏，進達高門木城者也［原注：見《柳元景傳》。］。洛水東與高門水合。水出北山，東南流，合洛水枝津，水上承洛水，東北流，逕石勒城北。又東逕高門城北，東入高門水，亂流，南注洛。《方輿紀要》盧氏縣：高門城，在縣東。）龍驤城、（《洛水注》：洛水又東，逕龍驤城北。龍驤將軍王鎮惡從劉公西入長安，陸徑所由，故城得其名。）［夾注：龍驤入“南陜”下。］大蒿山、（《丹水注》：淅｛析｝水出淅｛析｝縣西北宏農盧氏縣大蒿山〔四〕。）〈故丘｛邱｝亭（［原注：注從前縣移此。］）〉〔五〕隖渠城、（｛《水經》：｝〔六〕“洛水東北過盧氏縣南。”《注》：洛水逕隖渠關北，隖渠水南出｛出南｝隖渠山〔七〕，即荀渠山也。其水一源兩分，川流半解〔八〕。一水西北流，屈而東北，入於洛。《山海經》曰：熊耳之山，浮豪之水出焉，西北流，注入洛。疑即是水也。荀渠，蓋熊耳之殊稱，若太行之歸山也。故《地説》曰：熊耳之山，地〈名〉｛門｝也〔九〕。洛水出其間，是亦總名矣。其一水東北逕隖渠城西，故關城也。其水東北流，注於洛。隖渠，近本皆作“陽渠”，今從《大典本》。）旹谷、（《宋書・柳元景傳》：後軍外兵參軍龐季明年已七十三，秦之冠族，羌人多附之。求入長安，招懷關隴，乃自旹谷入盧氏。《通鑑注》：旹谷，在盧氏縣南山之南〔一〇〕。《方輿紀要》盧氏縣：旹谷，在縣境南山中。）百丈崖、（《宋書・柳元景傳》：大軍次臼口。元景以軍食不足，難可曠日相持，乃〈東〉｛束｝馬懸車〔一一〕，引軍上百丈崖，出溫谷，以入盧氏。《方輿紀要》盧氏縣：百丈崖，在旹谷南，溫谷或曰即旹谷。）邱亭〔一二〕、臼口戍、（《丹水注》：丹水自商縣東南流注，歷少習，出武關〔一三〕。又東南流入臼口，歷其戍下。）修陽亭。（《宋書・柳元景傳》：魯方平、薛安都、龐法起進次臼｛白｝亭〔一四〕。時元景猶未發。法起率方平、安都諸軍前入，自修陽亭出熊耳山。《丹水注》有修陽縣，此亭近，當入之，惟修陽縣所屬之郡未知置於何時，嘗繫何州，或附著之“朱楊｛陽｝郡”下〔一五〕。）

【校注】

〔一〕據《漢書・地理志》與《續漢書・郡國志》，弘農郡下均有盧氏縣。

〔二〕據《晉書・地理志》，上洛郡下有盧氏縣。

〔三〕盧氏縣在今本《魏書・地形志中》“陽州金門郡”下。

〔四〕介生按：《水經注疏》等書此句均作“析水”與“析縣”，或版本之異，或“析”“淅”可相通，或石翁有意爲之，待考。

〔五〕石翁對此條似有圈删之意。

〔六〕此條引文未注出處，據補。

〔七〕《水經注疏》此句作“出南”，並校云：“趙、戴改‘出南’作‘南出’。守敬按：《注》有兩例，南出、出南皆可，説見《濁漳篇》，不必改。孫星衍曰：隖渠，疑即蔓渠山，此《注》謂隖渠即荀渠而以爲熊耳之殊稱，而《伊水注》引《山海經》‘伊水出蔓渠山’，又引《地理志》‘出熊耳山’，是亦謂蔓渠即熊耳矣。然則此山雖東去伊水之源尚遠，實皆熊耳之所綿亙也。”介生按：文淵閣四庫全書本《水經注》此句案語云：“案：‘南出’近刻訛作‘出南’。”又《水經注校證》亦與本稿同，存考。

〔八〕今本《水經注疏》此句脱寫一“川”字，並無校語。

〔九〕引文此句“門”誤寫爲“名”，據改。

〔一〇〕引文出自今本《資治通鑑》卷一二五《宋紀七》“文帝二十七年”胡三省注文。

〔一一〕引文此句“東”誤寫爲“東”，據改。又引文多有節略。

〔一二〕介生按：前已有“丘亭”條，疑有重復。本稿中“丘亭”與“邱亭”互可替代。

〔一三〕引文有節略。

〔一四〕今本及文淵閣四庫全書本《宋書・柳元景傳》均作“白亭”，并無校正，存考。

〔一五〕介生按：原稿按語中“朱楊郡”似應爲“朱陽郡”，疑有誤寫，存考。

南陝（在今河南府永寧縣西南。）

世宗分盧氏東界置。（《元和志》長水縣：後魏宣武帝分盧氏東境置南陝縣，屬〈恒〉{弘}農郡〔一〕。陳氏《沿革表》曰：魏延昌二年，析盧氏東境庫谷、河渠谷以東爲南陝縣。）

有龍驤城〔二〕、鵜鶘山、（《洛水注》：黄亭{城}溪水出鵜鶘山〔三〕，山有二峰，峻極于天，高崖雲舉，亢石無階，猨徒喪其捷巧，鼯族謝其輕工，及其長霄冒顛{嶺}〔四〕，層霞冠峰，方乃就辨優劣〈爾〉{耳}〔五〕，故有大、小鵜鶘之名矣。《方輿紀要》永寧縣：鵜鶘山，〈在〉縣西八十里〔六〕。）

檀山、（《洛水注》：洛水又東，逕檀山南。其山四絶孤峙，山上有塢聚，俗謂之檀山塢。義熙中，劉公西入長安，舟師所〈屈〉{届}〔七〕，次於洛陽，命參軍戴延之與府舍人虞道元即舟溯流，窮覽洛川〈川〉〔八〕，欲知水軍可至之處。延之〈屈〉{届}此而返〔九〕，竟不達其源也。《方輿紀要》永寧縣：檀山，在縣西五十里。）

荀公谷。（《洛水注》：洛水又東，得荀公溪口。水出南山荀公澗，即龐季明所入荀公谷者也。《宋書・柳元景傳》：季明進達高門木城，值永昌王入〈宏〉{弘}農〔一〇〕，乃回，還盧氏，據險自固。頃之，招盧氏少年，進入宜陽荀{苟}公谷〔一一〕，以扇動義心。《方輿紀要》永寧縣:荀公谷,在縣東南。)[夾注:荀公谷入"宜陽"下。]

【校注】

〔一〕今本《元和郡縣圖志》作"弘農郡",據改。南陜縣在今本《魏書·地形志中》"陽州金門郡"下。

〔二〕龍驤城注文已見前"盧氏縣"下。

〔三〕《水經注疏》作"黄城溪水",並校云:"趙據《禹貢錐指》改'城'作'景',戴改同。會貞按:胡氏但因上稱黄亭,下稱黄亭溪水,改此'城'作'亭',非别有所本,然《注》往往'亭''城'通稱,不必改。"存考。

〔四〕《水經注疏》此句作'顛',與本稿同,並校云:"朱作'顛',《箋》曰:一作嶺。趙仍,戴改。守敬按:《大典》本、明抄本作'嶺'。"《水經注校證》作"嶺",存考。

〔五〕引文此句"耳"誤寫爲"爾",據改。

〔六〕引文此句衍寫一"在"字,據删。

〔七〕原稿此句作"屈",誤。《水經注校證》作"屆",文淵閣四庫全書本《水經注》作"届","屆"與"届"相通,據改。

〔八〕原稿此句後一"川"字被圈删。

〔九〕原稿此句作"屈",誤。説已見前,據改。

〔一〇〕今本《宋書》作"弘農",據改。

〔一一〕今本《宋書·柳元景傳》此句作"苟公谷",卷末"校勘記"云:"苟公谷,《水經·洛水注》作'荀公谷'。"文淵閣四庫全書本《宋書》也作"苟公谷",存考。

宜陽(在今河南府宜陽縣西五十里。《方輿紀要》:宜陽城,在宜陽縣東北十四里。)

漢、晉屬〔一〕。(《洛水注》:蠡城西有隖水,出北四里,山上原高二十五丈,故黽池縣治。南對金〈水〉{門}隖〔二〕,水南五里,舊宜陽縣治也。《洛水注》:昌澗水出西北宜陽山,而東南流,逕宜陽故郡南,舊陽市邑也。故洛陽都典農治此,後改爲郡。《收志》宜陽郡〔三〕:孝昌初置,屬〈□〉[原注:缺一字。]{司}州〔四〕,天平初,屬陽州。《方輿紀要》:漢宜陽{縣地}〔五〕,屬〈宏〉{弘}農郡〔六〕,晉及後魏因之。後魏〈未〉{末}置宜陽郡〔七〕,東魏兼置陽州。)[夾注:《紀要》寫《收志》後。]〔八〕

有一合隖、(《洛水注》:洛水又東,逕一合{全}隖南〔九〕。城在川北原上,高二十丈,南、北、東三箱,天險峭絶,惟築西面,即爲合{全}固〔一〇〕,一合{全}之名〔一一〕,起於是矣。《元和志》福昌縣[原注:在今宜陽縣西六十里。]:今縣城,即魏一〈合〉{全}隖〈城〉[原注:合,今本俱訛作"金"。]。〔一二〕)**雲中隖**、(《洛水注》:渠谷水出宜陽縣{南}女几山〔一三〕,東北流,逕雲中隖,左上迢遰層峻,流煙半垂,纓帶〈上〉{山}阜〔一四〕,故隖受其名。)白馬澗、(《洛水注》:白馬谿{溪}水出宜陽山〔一五〕,澗有大石,厥狀似馬,故谿{溪}澗以物色受名也〔一六〕。)甘掌山。(《水經》:甘水出宏農宜陽縣鹿〈蹏〉山。《注》:山在河南陸{渾}縣故城西北〔一七〕,俗謂之縱山。水之所〈發〉{導},〈導〉{發}于山曲之中〔一八〕,故世人目其所爲甘掌焉。)

【校注】

〔一〕據《漢書·地理志》《續漢書·郡國志》與《晉書·地理志》,弘農郡下均有宜陽縣。宜陽且縣在今本《魏書·地形志中》"陽州宜陽郡下"。

〔二〕引文此句"門"誤寫爲"水",據改。

〔三〕今本《魏書·地形志》中有兩個"宜陽郡",一在《地形志上》"義州"下,一在《地形志中》"陽州"下。此"宜陽郡"爲後者。

〔四〕今本《魏書·地形志中》卷末"校勘記"云:"諸本'屬'下闕。按所闕當是'司'字,太和遷都置司州,西至潼關。孝昌立宜陽郡,當分恒農置,應屬司州。"據補。

〔五〕引文此句有省略,據補。

〔六〕引文此句前一個"宏"字被圈删。又今本《太平寰宇記》此句作"弘農郡",據改。

〔七〕引文此句"末"誤寫爲"未",據改。

〔八〕《讀史方輿紀要》引文原在兩條《水經注》引文之間,據夾注移置。

〔九〕《水經注疏》此句作"一全塢",並校云:"朱'全'訛作'合',趙、戴同。守敬按:《魏志·杜恕傳注》引杜氏《新書》:恕去官,營宜陽一泉塢,因其塹壘之固,小大家焉。《晉書·魏該傳》亦作'一泉塢',泉、全音同,足見此《注》四'合'皆當作'全'。《通典》《元和志》作'一金塢',則全、金形近致訛也。今訂。在今宜陽縣西六十里。"卷末"校記"云:"聚珍本《元和志》作'全',不作'金',當已校改。"今本《元和郡縣圖志》卷五"校勘記"云:"今按殿本'合'作'全',各本作'金'。《考證》云:金、全並誤。《水經注》:洛水又東,逕一合隖南。城在川北原上,高二十丈,南、北、東三箱,天險峭絶,惟築西面,即爲固,一合之名,起於是矣。王應麟引《通典》作'一金塢',蓋自宋已誤。南本改'合'。今按:《考證》蓋據今本《水經注》誤文爲言。《通鑑》晉永嘉五年注引《水經注》作'即爲全固,一全之名起於是'。今本'固'上脱'全'字,'全'誤'合'。《魏志·杜恕注》《晉書·魏該傳》並作'一泉塢',泉、全音同,足證此當作'一全塢','全'、'合'並訛,今從殿本。"介生按:《水經注校證》引用了上述校語,但並未改'合'作'全',存考。

〔一〇〕《水經注疏》此句改爲"全固",並校云:"戴删'固'上'合'字。守敬按:

《通鑑》晉永嘉五年《注》引此作‘即爲全固’。則胡氏所見猶是善本。細玩此《注》,一全之義自明。戴氏不知‘合’爲訛字而删之,疏矣。"《水經注校證》此句爲“即爲固”,存考。

〔一一〕説已見上兩條,存考。

〔一二〕今本《元和郡縣圖志》此句已將“一合塢”改爲“一全塢”,説已見前條,據改。末一“城”字爲衍文,據删。

〔一三〕引文此句脱寫一“南”字,據補。

〔一四〕引文此句“山”誤寫爲“上”,據改。

〔一五〕《水經注疏》此句作“白馬溪”,並存。

〔一六〕《水經注疏》此句作“溪澗”,並存。

〔一七〕原稿此句引文空闕一“渾”字,據補。

〔一八〕前兩句引文“發”“導”兩字誤乙,據改。

金門(在今永寧縣南。《紀要》引魏收《志》〔一〕:東魏天平初,置金門郡及金門縣。穆案:顧氏蓋推類言之,其實,宜陽、金門二郡所領七縣〔二〕,惟西新安,孝昌三年置,收有明文,其餘六縣並無注。而宜陽、〈蘆〉{盧}氏〔三〕,魏仍舊置。南澠{池}、南陝〔四〕,置自高祖、世宗之世,惟金門、東亭、〈二門〉二縣〔五〕,不可得其建置之詳,必謂延昌以前所舊有,固屬憑臆;遂斷爲東魏置,亦無據也。《乾隆府廳州縣{圖}志》嵩縣:東魏東〈高〉{亭}故城〔六〕,在縣西。)

有金門〈塢〉山〔七〕。(《洛水注》:金門溪水南出金門山,北逕金門塢,西,北流入洛〔八〕。又引《開山圖》曰:山{出}多重〔九〕,固在韓[原注:注互見“宜陽”下。]。《方輿紀要》永寧縣:金門山,在縣西南三十里。)

【校注】

〔一〕此條引文出自《讀史方輿紀要》卷四八《河南三》“河南府永寧縣”下“龍驤城”條。又金門縣在今本《魏書・地形志中》“陽州金門郡”下。

〔二〕宜陽、金門二郡均在今本《魏書・地形志中》“陽州”下。

〔三〕今本《魏書・地形志》作“盧氏”,據改。

〔四〕原稿此句省略一“池”字,據補。

〔五〕原稿此句衍寫“二門”二字,據删。

〔六〕引文此條“亭”誤寫爲“高”,據改。

〔七〕“塢”字後被圈删。

〔八〕引文有節略。

〔九〕《水經注疏》此句補一“出”字，並校云：“趙、戴並刪‘出’字。會貞按：此條有訛文。《續漢志》宜陽《注》：有金門山，山竹爲律管。《通典》：福昌縣有金門山，其竹可爲律管。《御覽》四十二、八百七十一引《物理論》：宜陽金門山，竹爲律管。《寰宇記》陝縣下：金門山有竹，可以律管。《事類賦注》二十四引梅（字疑誤。）子曰：宜陽金門山，竹爲管律。是故書雅記載金門山，皆指竹爲律管言。[《御覽》四十二引阮籍《宜陽記》：金山之竹，堪爲笙管。《寰宇記》河南郡下引《九州要記》：金山之竹，可以爲笙管。乃爲律管之變文。]此‘多’從兩‘夕’，與竹從兩‘亇’形近。‘重’與‘管’，‘固’與‘可’，‘在’與‘爲’，‘韓’與‘律’亦形近。其言竹可爲律管無疑。竊意當作‘山出竹，可爲律管’。趙、戴反以‘出’字爲衍而刪之。試問‘山多重固在韓’，究作何解乎？”存考。

東亭〔一〕（在今河南府嵩縣西九十里。）

【校注】

〔一〕東亭縣在今本《魏書·地形志中》“陽州宜陽郡”下。

南澠池（在今永寧縣西。）

太和十一年置〔一〕。

【校注】

〔一〕南澠池縣在今本《魏書·地形志中》“陽州金門郡”下。

〈朱陽郡（《寰宇記》朱陽縣：本漢盧氏縣地。按《十三州記》：“盧氏有朱陽山，因别立縣。”後魏太和十四年，蠻人樊磨背梁歸魏，魏於今盧氏縣南{一}百五十里立朱陽郡〔一〕，以樊磨爲太守。孝昌二年省郡。穆案：魏太和十四年，乃齊武帝永明八年，此云“背梁”，有誤。又案：《收志》朱陽郡，領黄水、朱陽二縣，隸析州〔二〕。據錢氏《考異》云：析州，永安初置。而所領五郡、十一縣，未詳置自何時。此郡據《元和志》《寰宇記》，知爲太和中置，其所領二縣，《書》無明文，亦未敢輒增也。又修陽郡，領蓋陽、修陽二縣。據《丹水注》“〈淅〉{析}水出{析縣西北宏農}盧氏縣大蒿山，南流，逕修陽縣故城北，縣即析之北鄉也”云云〔三〕，知修陽縣爲孝昌以前所〈舊〉置〔四〕。而其時兼置郡與否，今亦無考，並記諸此，俟達者董焉。）

太和十四年置〔五〕。

有朱陽山。(《寰宇記》盧氏縣:兜〈牟〉{鍪}山〔六〕,自商州洛南界邐迆向縣西,卻入朱陽山,去縣一百四十里,形似兜〈牟〉{鍪}。朱陽山,自兜〈牟〉{鍪}山邐迆向縣西南〔七〕,經縣界入西石門山,去縣{一}百里〔八〕。出檀木,爲弓材。西石門山,自朱陽邐迆向縣西界入熊耳山,去縣{一}十里〔九〕,山形似門。[原注:又《均水注》。])〉〔一〇〕[夾注:朱陽郡,恐當繫"荊州"。]

【校注】

〔一〕引文此句省略一"一"字,據補。

〔二〕析州與朱陽郡以及脩陽縣,均在今本《魏書·地形志下》。

〔三〕《水經注疏》作"析水",據改。又引文有省略,據補。

〔四〕原稿此句"舊"字被圈删。

〔五〕無領縣數。

〔六〕今本《太平寰宇記》此條作"兜鍪",據改。下兩條"兜牟"亦改。文淵閣四庫全書本《太平寰宇記》此條作"夔牛山",下條爲"形似夔牛",然並無校語。

〔七〕文淵閣四庫全書本《太平寰宇記》此條仍作"夔牛山"。

〔八〕今本《太平寰宇記》此句無"一"字,存考。

〔九〕今本《太平寰宇記》此句無"一"字,存考。

〔一〇〕據夾注之意,"朱陽郡"後有圈删之意。

石城郡(《收志》石城郡:正始二年置縣,後改〔一〕。《寰宇記》玉城縣:本盧氏縣地,後魏正始二年,分盧氏{縣}地於今縣東南十五里立石城縣〔二〕,屬安樂{樂安}郡〔三〕。廢帝元年,改石城爲玉城縣,以隸號。穆案:《寰宇記》乃沿《元和志》之文,而《元和志》無"屬安樂郡"句。《隋志》"〈宏〉{弘}農郡盧氏"注云〔四〕:"後魏置漢安郡。""〈宏〉{弘}農"注云〔五〕:"又有石城郡〈王〉{玉}城縣〔六〕。"皆無"安樂"之名,疑世宗既置石城縣,旋置石城郡,事殆相因,而廢帝但改縣名,未改郡名,《收志》但脱載一縣耳[原注:改玉城縣事,收例不載。]。樂書殊多岐{歧}誤〔七〕,不敢盡信也。)

領縣二〔八〕

[夾注:恒農郡、西恒農郡、澠池郡、石城郡,朱陽縣,荊州。]〔九〕

【校注】

〔一〕石城郡在今本《魏書·地形志下》"陝州"下。

〔二〕引文此句省略一“縣”字,據補。

〔三〕今本《太平寰宇記》卷六“校勘記”云:“安樂,萬本、中大本同,《庫》本作‘樂安’,未知孰是。”存考。

〔四〕今本《隋書・地理志中》作“弘農郡”,據改。

〔五〕今本《隋書・地理志中》作“弘農縣”,據改。

〔六〕今本《隋書・地理志中》卷末“校勘記”云:“‘玉’原作‘王’,據《周書・陽雄傳》、《元和志》六、《寰宇記》六改。”

〔七〕此處“岐”同“歧”,非誤字。

〔八〕據今本《魏書・地形志下》,石城郡下領一縣:同堤。

〔九〕夾注内容應爲石翁重定文序。

石城(在今陝州靈寶縣東南九十五里。)

正始二年,分盧氏西界置〔一〕。

有石城山。(《河水注》:燭{燭}水有二源〔二〕,左水南出於衙{衡}嶺〔三〕,世謂之石城山。其水東北流逕石城西,東北合右水。右水出石城山,東北逕石城東,東北入左水。《地理志》:燭{燭}水出衙嶺下谷〔四〕。《開山圖》曰:衙山在函谷山西南。是水亂流,東注於緡姑之水。二水悉得通稱矣。《洛水注》:《開山圖》:盧氏山宜五谷,可避水災,亦通謂之石城山。山在宜陽山西南。千名之山,咸處其内,陵阜原隰,易以度身者也。《方輿紀要》靈寶縣:石城山,在縣南三十五里。)

【校注】

〔一〕今本《魏書・地形志中》“石城郡”下並無石城縣。

〔二〕《水經注疏》作“燭水”,燭,爲“燭”之通假字。

〔三〕《水經注疏》此句作“衡嶺”,並校云:“趙、戴依《漢志》改‘衡’作‘衙’,下同。守敬按:《漢書・高帝紀》文穎《注》曰:是時,函谷關在宏農郡衡嶺。《史記・項羽本紀》注作:‘衡山領。’《續漢志》“宏農”劉昭《注》亦作‘衡山領’,蓋析‘嶺’爲二字,然皆作‘衡’,不作‘衙’。全、趙、戴據《漢書》誤本改《注》文,偵矣。武功衙領不與此相涉。《寰宇記》:嶺在恒農縣西南三十五里,則燭水在今靈寶縣南矣。”今本卷四“校記”云:“按:《寰宇記》作‘衙山嶺’,不爲無據。《記》下文接《漢書・地理志》‘宏農縣衙山嶺鎮下谷(介生按:今本《漢書・地理志》作‘衙山領’,非嶺字,又無‘鎮’字。)。燭水所出’,則樂史所見本作‘衙’。”《水經注校證》此句仍作“衙嶺”,存考。

〔四〕今本《漢書·地理志》"弘農縣"下注作"燭水",今本《水經注疏》作"燭水"。

同堤(在今靈寶縣東南八十里。〔一〕)

【校注】

〔一〕介生按:今本《魏書·地形志下》"石城郡"下領同堤縣。

澠池郡〔一〕

領縣二〔二〕

【校注】

〔一〕今本《魏書·地形志下》有兩個澠池郡,一在《地形志上》"義州"下;一在《地形志下》"陝州"下。此澠池郡應指後者。

〔二〕據今本《魏書·地形志》,"陝州澠池郡"下領二縣:俱利、北澠池。

北澠池(今河南府澠池縣治。)

故黽池,漢、晉屬〈恒〉{弘}農〔一〕。

太和十一年,改屬〔二〕。

有**馬頭山**、(《收志》有。《穀水注》:今穀水出千崤東馬頭山穀陽谷,東北流,歷黽池川,本中鄉地也。漢景帝中二年,初城,徙萬户爲縣。因崤黽之池以目縣焉。亦或謂之彭池,故徐廣《史記音義》曰:黽,或作彭,穀水{所}出處也〔三〕。)**熊耳山**、(《收志》有,今本"熊"訛作"生"〔四〕。《洛水注》:洛水之北,有熊耳山,雙巒競舉,狀同熊耳。此自别山,不與《禹貢》"導洛自熊耳"同也。昔漢光武破赤眉樊崇,積甲仗與熊耳平,即是山也。山際有池,池水東南流,水側有一池,世謂之黽池矣。《方輿紀要》澠池縣:天池,在縣南,{蓋}近宜陽西北境。〔五〕)**天壇山**、(《寰宇記》澠池縣:天壇山,在縣東北十八里,高五百丈,{四面}陡絶如壇〔六〕。後魏孝文帝西巡至此,祀{有}天壇神〔七〕。)**蠡城**。(《水經》:洛水又東北,過蠡城邑之南。《注》:城西有塢水,出北四里,山上原高二十五丈,故黽池縣治。南對金門塢,水南五里,舊宜陽縣治也。《宋書·王鎮惡傳》:遣司馬毛德祖攻僞〈宏〉{弘}農太守{尹雅}於蠡城[八],生〈禽〉{擒}之[九]。仍行〈宏〉{弘}農太守[一〇]。方軌長驅,徑據潼關。《方輿紀要》澠池縣:蠡城,在縣西四十里。今爲蠡城驛。金門隖屬永寧縣,以洛水爲界。[一一])

【校注】

〔一〕據《漢書·地理志》《續漢書·郡國志》與《晉書·地理志》,弘農郡下均有黽池縣,據改。

〔二〕介生按:今本《魏書·地形志下》"北澠池縣"注云:"太和十一年置。"

〔三〕《水經注疏》此句作"穀水所出處也",並校云:"朱作'穀水處也',全'水'下增'所逕',孫潛增'出'字,趙、戴依增。"據補一"所"字。

〔四〕介生按:今本《魏書·地形志下》"澠池郡北澠池"下注有"生耳山",並無校勘記。

〔五〕引文有節略,據補一"蓋"字。

〔六〕今本《太平寰宇記》此句作"四絶如壇",卷五"校勘記"云:"《庫》本同,萬本作'四面陡絶如壇'。"介生按:文淵閣四庫全書本《太平寰宇記》此句作"四面如壇。"據補"四面"二字。

〔七〕今本《太平寰宇記》此句作"有天壇神。"卷五"校勘記"云:"'有',萬本、《庫》本作'祀'。"存考。

〔八〕今本《宋書》此句作"弘農",據改。又脱"尹雅"二字,據補。

〔九〕今本《宋書》此句作"生擒",據改。

〔一〇〕今本《宋書》此句作"弘農",據改。

〔一一〕《讀史方輿紀要》將末二句也歸入《水經注》引文,應有誤。

俱利(在今澠池縣西。)[一]

有俱利城。(《收志》有,見"北澠池"注。《穀水注》:穀水又東逕秦、趙二城南[二]。司馬彪《續漢書》曰:赤眉從黽池,自利陽南欲赴宜陽者也,世謂之俱利城。耆彦曰:昔秦、趙之會,各據一城。秦王使趙王鼓瑟,藺相如令秦王擊缶處也。馮異又破赤眉於是川矣。《方輿紀要》引澠池舊《志》云:縣西十二里有東、西俱利城,二城相去止一里。)

【校注】

〔一〕今本《魏書·地形志下》"陝州澠池郡"下有俱利縣。

〔二〕《水經注疏》此處校云:"朱此下有'司馬彪云云'二十二字,趙、戴同。全移於下'故光武'句上。守敬按:全移極是,此必七校本,趙未見,指此見全本之非僞。"《水經注校證》在引述《水經注疏》以上校語後又云:"按五校鈔本'秦趙二城'下原有'司馬彪云云'句,全氏在此處旁批:'舊本此下有錯簡,先司空公以宋本校改正。'又將'司馬彪云云'句,旁添於'收之桑榆矣'下,與《注疏》本置此句于'馮異又破赤眉於是川矣'下不同。"介生按:文淵閣四庫全書本《水經注》亦未作移動。存考。

魯陽郡(漢縣。〔一〕)

太和十一年,置鎮。十八年,改爲荊州。二十二年,罷〔二〕。

領縣{二}〔三〕

【校注】

〔一〕今本《漢書·地理志》"南陽郡"下有魯陽縣。

〔二〕今本《魏書·地形志》有兩個魯陽郡,一在《地形志中》"廣州"下,一在《地形志下》"南廣州"下。此魯陽郡是前者。

〔三〕據今本《魏書·地形志下》,"廣州魯陽郡"下領二縣:山北、河山。介生按:原稿領縣數空闕,查下列實有四縣,據補。而又依原稿目録,魯陽郡領縣二,汝南、符壘二縣移寫於"西舞陽"下。

山北(今汝州魯山縣治。)

故魯陽,漢、晉屬南陽〔一〕。

太和十一年改置。(《元和志》作"北山"〔二〕。安定皇甫枚,唐懿宗咸通末,爲汝州魯山縣令,作《三水小牘》。《三水小牘》:汝州魯縣,元魏時西廣州也。刺史紇豆陵曆雄勇有智略,及卒,將吏奉遺旨窆于子城南之左卻敵上{山},今縣治其中,於卻敵上{山}立廟〔三〕,題云"紇豆將軍",歲時奉祀焉。)

有大盂山、蒙柏谷、(《汝水注》:今汝水西出魯陽縣之大盂山蒙{黄}柏谷〔四〕,巖障深高,山岫〈邃〉{邃}密〔五〕,石徑崎嶇,人跡裁交。西即盧氏界也〔六〕。其水又東〈屈〉{屈}堯山西嶺下〔七〕,水流兩分,一水東逕堯山南,爲滍水{也}〔八〕。一水東北出,爲汝水,歷蒙柏谷〔九〕,左右岫壑爭深,山阜競高,夾水層松茂柏,傾山蔭渚,故世人以名也。《方輿紀要》魯山縣:大〈鬱〉{盂}山〔一〇〕,在縣西南七十里,西接盧氏{縣}界〔一一〕,山頂並窊,四圍若城,俗呼爲大團城、小團城山。)**魯山**、(《滍水注》:滍水又東,逕魯陽縣故城南,城即劉累之故邑也。有魯山,居其陽,故因名焉。又柏樹溪水出魯山北峽谷中,東南流,逕魯山西,而南合牛蘭水,又東南,逕魯山南。闞駰曰:魯陽縣,今其地魯山是也。《元和志》魯山縣:魯山,在縣東北十里。《方輿紀要》{魯山縣}〔一二〕:{魯山}〔一三〕,在縣東北十八里,山高聳,迴出群山,爲一邑巨鎮。)**堯山**、(《滍水注》:堯之末孫劉累〔一四〕,以龍食帝孔甲,孔甲又求之,不得,累懼而遷于魯縣,立堯祠於西山,謂之堯山〔一五〕。{堯}山在太和川太和城東北〔一六〕,滍水出焉。《班志》南陽郡魯陽:有魯山,古魯縣,禦龍氏所遷。〈堯〉{魯}山〔一七〕,滍水所出,東北至定陵,入汝。《方輿紀要》魯山縣:堯山,在縣西四十里。)**彭山廟、尹儉冢{闕}**、(《滍水注》:彭水,俗謂之小滍水。水出魯陽縣南彭山蟻塢東麓,北流,逕彭山西,下有彭山廟,廟前有《彭山碑》,漢桓帝元嘉三年杜仲長立。彭水逕其西北。漢安邑長尹儉墓東,冢西有石廟,廟前有兩石闕,〈閥〉{闕}東有碑〔一八〕,闕南有二獅子相對,南有石碣二枚,石柱西南有兩石羊,中平四年立。彭水又東{北}流〔一九〕,直應城南而入滍。《方輿紀要》魯山縣:彭山,在縣東南二十里。)**應山、應城**、(《收志》有。《滍水注》:橘水出魯陽縣北恃山,東南逕應山北,又南逕應城西。《地理志》:故父城縣之應鄉也,周武王封其弟爲侯國〔二〇〕。戰國范睢所封邑也,謂之應水。)**將孤山**、(《汝水注》:古養水出魯陽縣北將孤山北長岡下。數泉俱發,東歷永仁三堆南,又東逕沙川,世謂之沙水。又潡水出魯陽縣之將孤山,東南流〔二一〕。許慎云:水出南陽魯陽,入父城,從水,敖聲。吕忱《字林》亦言:在魯陽。)**唐山**、(《汝水注》:昆水出魯陽縣唐山,東南流,逕昆陽縣故城西。又屈,逕其城南。又東,逕定陵城南,又東,注汝水〔二二〕。)**魚齒山**、(《滍水注》:滍水又東,逕犨縣故城北〔二三〕,出於魚齒山下。《春秋{左傳}·襄公十八年》〔二四〕:楚伐鄭,次於魚陵,涉於魚齒之下。所涉即滍水也。穆案:魚陵、魚齒山,截然兩地,中尉合爲一,蓋沿杜預之誤也。顧氏《左傳杜解補正》引范守已説曰:"上文言子庚治兵於汾。《注》云:襄城縣東北有汾丘城。玆乃謂魚陵爲魚齒山,在南陽。豈子庚治兵於襄城,及欲伐鄭,仍南還,走南陽邪?然則,魚陵之不爲魚齒山,明甚,況下文又言魚齒山,何故於此言魚陵邪?"《元和志》魯山縣:魚齒山,在縣東六{十}里〔二五〕。〈《方輿紀要》汝州:魚齒山,在州東南五十里。〉〔二六〕)[夾注:魚齒山入"河山縣"下。]〔二七〕**女靈山**、(《滍水注》:房陽川水出南陽雉縣西房陽川,北流,注入滍。滍水之北有積石焉,世謂女靈山。其山平地介立,不連岡以成高,峻石孤峙;不託勢以自遠,四面壁絶。極能靈舉,遠望亭亭,狀若單楹插霄矣。北面有如頹落,劣得通步,〈兩〉{好}事者時有扳陟耳〔二八〕。)**太和城**、(《汝水注》:汝水{西}出{魯陽縣之大盂山}蒙{黄}柏谷〔二九〕,東北流,逕太和城西。又東流,逕其城北,左、右深松列植,筠柏交蔭,尹公度之所棲神處也。《方輿紀要》伊陽縣：太和城，在縣西南，後魏時築。其後，西魏得其地，置兵爲防禦之所。又太和山，在縣西南，汝水逕其下。山有太和谷，北魏置太和城，蓋以山名。）狐白川、（《汝水注》：汝水歷蒙柏谷，津流不已〔三〇〕，北歷長白沙口，狐白谿{溪}水注之〔三一〕，夾岸沙漲若雪，因以取名。）

魯陽關、（《淯水注》：魯陽關水出魯陽縣南分水嶺。南水自嶺南流，北水從嶺北注，故世俗謂此嶺爲分頭也。其水南流，逕魯陽關。左、右連山插漢，秀木干雲，是以張景陽詩云：朝登魯陽關，峽路峭且深。亦司馬芝與母遇賊處也。《滍水注》：魯陽關水出魯陽關外分頭山橫嶺下夾谷，東北出，入滍。《元和志》魯山縣：魯陽關水，俗謂之三〈福〉{鴉}水〔三二〕，〈通〉{經}縣西七里〔三三〕。《方輿紀要》魯山縣：魯陽關，在縣西南九十里，與南陽府南召縣分界，一名鴉路鎮，自昔戍守要地〈處〉{也}〔三四〕。）

三鴉路、（《韋珍傳》〔三五〕：珍試守魯陽〈太守〉{郡}〔三六〕。高祖南伐，路經珍郡〔三七〕，謂珍曰：今日之舉，亦欲與卿同行，但三鴉路險要{惡}〔三八〕，非卿無以守也。《通典》：三鴉鎮，在今汝州魯山縣西南十九里，〈一〉{亦}名〈高平〉{平高}城〔三九〕。又云：百〈里〉{重}山〔四〇〕，在鄧州向城縣北，是三鴉之第一〈鴉〉〔四一〕。又北分嶺山{嶺}北〔四二〕，即三鴉之第二鴉{也}〔四三〕，其第三鴉入〈汝州〉{臨汝郡}魯山縣界〔四四〕。《輿地廣記》：三〈鴉〉鎮，後周置，亦名平高城。）

溫泉、寒泉。（《滍水注》：滍水{又}歷太和川東〔四五〕，逕小和川，又東，溫泉水注之。水出北山阜，七源奇發，炎熱特甚。闞駰曰：縣有湯水，可以療疾矣。湯側又有寒泉焉。地勢不殊，而炎涼異致，雖隆火盛日，肅若冰谷矣。渾流同谿{溪}〔四六〕，南注滍水。又東逕胡木山，東流，又會溫泉口。水出北山阜，炎勢奇毒。痾{痼}疾之徒〔四七〕，無能澡其沖漂，救養者咸去湯十許步別池，然後可入。湯側有《石銘》云：皇女湯，可以療萬疾者也。《元和志》魯山縣：溫湯水，在縣西四十里，狀若沸湯，可以熟米。）

【校注】

〔一〕據《漢書·地理志》《續漢書·郡國志》，南陽郡下均有魯陽縣，《晉書·地理志》"南陽國"下有魯陽縣。

〔二〕今本《元和郡縣圖志》卷六"魯山縣"下云："（太和）二十二年罷荊州，置魯陽郡，改魯陽縣爲北山縣。"

〔三〕介生按：原稿引文兩處"卻敵上"似應爲"卻敵山"之訛，存疑。

〔四〕《水經注疏》此句作"黄柏谷"，並校云："趙據何焯説，改'黄'爲'蒙'，全、戴改同。守敬按：非也，説見下。今水出嵩縣西南分水嶺。"存考。

〔五〕引文此句“邃”誤寫爲“遽”,據改。

〔六〕引文此句下有節略。

〔七〕引文此句“屆”誤寫爲“屈”,據改。

〔八〕引文此句脱寫一“也”字,據補。

〔九〕《水經注疏》在此句下校云:“朱《箋》曰:孫云:按上下文當作‘黄柏谷’。趙云:按何焯云:以下文觀之,則上文‘黄’字亦當作‘蒙’。守敬按:孫、何説皆誤合黄柏、蒙柏爲一谷,不知有必不可合者。黄柏谷在大盂山,蒙柏谷在堯山,一也。黄柏谷爲汝水所出,蒙柏谷爲汝水所歷,二也。《注》敘黄柏谷,以‘巖障深高’四語狀之,敘蒙柏谷,則狀以‘左右巖岫爭深’四語,三也。二谷判然有别,當仍原文作‘黄’、作‘蒙’爲是。”存考。

〔一〇〕引文此條爲“大盂山”,非“大鬱山”,據改。

〔一一〕引文此句脱寫一“縣”字,據補。

〔一二〕原稿省略“魯山縣”三字,據例補。

〔一三〕原稿省略“魯山”條目名,據例補。

〔一四〕今本《水經注疏》此句作“未孫”,應有誤。

〔一五〕引文此句後有節略。

〔一六〕引文此句省略一“堯”字,據補。

〔一七〕引文此句“魯山”誤寫爲“堯山”,據改。

〔一八〕引文此句“闞”誤寫爲“閥”,據改。介生按:據此,疑此條“關”字應爲“闞”字之誤,存考。

〔一九〕引文此句脱寫一“北”字,據補。

〔二〇〕引文此句後有節略。

〔二一〕今本《水經注疏》此句“東南”與“流”斷開,不知何意,句讀應有誤。

〔二二〕此段引文多有節略。

〔二三〕引文此句後多有節略。

〔二四〕《水經注疏》於書名增“左傳”二字,並無校語,《水經注校證》則與本稿同,存考。

〔二五〕引文此句脱寫一“十”字,據補。

〔二六〕此條引文後有圈删之意。

〔二七〕介生按:爲保持原稿原貌,兩存其文。

〔二八〕引文此句“好”誤寫爲“兩”,據改。

〔二九〕引文此句多有省略,據補。關於“蒙柏谷”與“黄柏谷”之辨,見前“蒙柏谷”條注文。

〔三〇〕此段引文多有節略。

〔三一〕《水經注疏》此句作“狐白溪”。

〔三二〕引文此句“鵶”誤寫爲“福”，據改。

〔三三〕引文此句“經”誤寫爲“通”，據改。

〔三四〕引文此句“也”誤寫爲“處”，據改。

〔三五〕《韋珍傳》附於今本《魏書》卷四五《韋閬傳》後。

〔三六〕引文此句“郡”誤寫爲“太守”，據改。

〔三七〕此段引文多有節略。

〔三八〕今本《魏書》此句作“險惡”，並無校語，而文淵閣四庫全書本《魏書》作“險要”，與本稿同，文淵閣四庫全書本《册府元龜》卷七七亦作“險要”，存考。

〔三九〕引文出自今本《通典》卷一七七《州郡七》“汝州魯山縣”下。此句“亦”誤寫爲“一”，誤乙“平高”爲“高平”，據改。

〔四〇〕引文此條“百重山”誤寫爲“百里山”，據改。

〔四一〕引文此句又衍寫一“鵶”字，據删。

〔四二〕引文此句脱寫一“嶺”字，據補。

〔四三〕引文此句脱寫一“也”字，據補。

〔四四〕引文此句“臨汝郡”誤寫爲“汝州”，據改。

〔四五〕引文此句脱寫一“又”字，據補。

〔四六〕《水經注疏》此句作“溪”。

〔四七〕《水經注疏》此句作“痾疾”，並校云：“守敬按：《寰宇記》引此‘痾’作‘屙’，二字同。”介生按：今本《太平寰宇記》此句已改爲“痾疾”。

河山（在今南陽府葉縣西北十里。）

太和二十一年置〔一〕。（《方輿紀要》魯山縣：犨城，〈在〉縣東南五十里〔二〕。又河山城，在犨城東南。後魏太和二十一年置河山縣，屬魯陽郡。隋大業初，省入犨城。《寰宇記》云“今葉縣境之河山保”是也。穆所據萬刻《寰宇記》本無此文〔三〕。）

有魚齒山、［原注：注從前葉移此。］（《滍水注》：滍水又東，逕犨縣故城北，出於魚齒山下。《春秋｛左傳｝·襄公十八年》：楚伐鄭，次於魚陵，涉於魚齒之下。所涉即滍水也。穆案：魚陵、魚齒山，截然兩地，中尉合爲一，蓋沿杜預之誤也。顧氏《左傳杜解補正》引范守已説曰：“上文言子庚治兵於汾。《注》云：襄城縣東北有汾丘城。茲乃謂魚陵爲魚齒山，在南陽。豈子庚治兵於襄城，及欲伐鄭，仍南還，走南陽邪？然則魚陵之不爲魚齒山，明甚，況下文又言魚齒山，何故於此言魚陵邪？”《元和志》魯山縣：魚齒山，在縣東六｛十｝里。〈《方輿紀要》汝州：魚齒山，在州東南五十里。〉）〔四〕湛浦。（《汝水注》：湛水出犨縣北魚齒山西北，東南流，歷魚齒山下，爲湛浦，方五十餘步。《春秋·襄公十六年》[五]：〈焚〉{楚}公子格及晉師戰於湛阪[六]，今水北悉枕{怃}翼山阜[七]，于父城東南，湛水之北，{山}有長阪[八]，蓋即湛水以名阪，故有湛阪之名也。）

【校注】

〔一〕河山縣在今本《魏書·地形志中》"廣州魯陽郡"下。

〔二〕原稿引文衍寫一"在"字，據删。

〔三〕介生按：經查，今本《太平寰宇記》也無相關内容。

〔四〕魚齒山及注文，原稿本寫在"山北縣"下，今遵原注之意移寫於此。校注也見前文。

〔五〕引文多有節略。

〔六〕引文此句"楚"誤寫爲"焚"，據改。

〔七〕《水經注疏》此句作"怃"，而文淵閣四庫全書本《水經注》與《水經注校證》與本稿同，均作"枕"，存考。

〔八〕引文此句脱寫一"山"字，據改。

汝南（在今汝州寶豐縣〈西〉北二十里[一]。）

太和十八年置[二]。

治賈復城。（《元和志》龍興縣：本漢郟〈城〉縣地[三]，後魏太和十八年置汝南縣[四]。縣城本通鴉城，即後漢賈復城也。復南擊郾所築。後魏太和二十三年，孝文親征馬圈，行至此城，昏霧，得三鴉引路，遂過南山，故號通鴉城。《汝水注》：桓水出魯陽北山，水有二源，奇導于賈復城，合爲一瀆。逕賈復城北，復南擊郾所築也，俗語訛謬，謂之寡婦城，水曰寡婦水。）

［夾注：汝南、符壘移寫下"西舞陽"後。］[五]

【校注】

〔一〕原稿此句"西"字後被圈删。

〔二〕汝南縣在今本《魏書·地形志中》"廣州汝南郡"下。

〔三〕今本《元和郡縣圖志》此句作"郟縣"，並校云："今按：各本'郟'下衍'城'字。"據删。

〔四〕引文此句下有節略。

〔五〕介生按：爲保持原稿原貌，兩存，蹔不作移置。

符壘（在今寳豐縣西北。）

太和中置〔一〕。

有沙水。（《收志》有。《汝水注》：古養水出魯陽縣北將孤山北長岡下，數泉俱發，東歷永仁三堆南。又東逕沙川，世謂之沙水。歷山符壘北，又東逕沙亭南，故養陰里也。司馬彪《郡國志》曰：襄城有養陰里。京相璠曰：在襄城郟縣西南。養，水名也，俗以是水爲沙水，故亦名之爲沙城，非也。又城處水之陽，而以陰爲稱，更用惑焉。〈穆案：《收志》：永安元年，置汝南郡，領汝南、符壘二縣。未識永安以前應屬何郡，始以地望附載於此。〉〔二〕）

【校注】

〔一〕符壘縣在今本《魏書・地形志中》“廣州汝南郡”下。

〔二〕〈〉括號内文字後有圈删之意。介生按：據今本《魏書・地形志中》“廣州汝南郡”下注：“治符壘城。”則條目中應增“符壘城”。

襄城郡

曹魏分〈穎〉{潁}川郡置〔一〕，晉因之。（《收志》襄城郡：晉置〔二〕。〈《汝水注》：汝水又東南，逕襄城縣故城南。晉襄城郡治。〉〔三〕洪亮吉曰：襄城郡，《晉{書}・地理志》云〔四〕：泰始二年置。今考《沈志》〔五〕，〈穎〉{潁}川郡下：魏置襄城郡。《元和郡縣志》亦同，云：至晉咸康三年省〔六〕。則言“晉置”，蓋誤。穆案：《晉志》：襄城郡領襄城、繁昌、郟、定陵、父城、昆陽、舞陽七縣。《收志》：廣州領郡七、縣十五。定陵、汝南、漢廣三郡，皆永安中置。南陽郡無注。順陽郡注云：“太和中置縣，後改。”據《隋志》襄城郡郟城注：“舊曰龍山，東魏置順陽郡及南陽郡、南陽縣。”《方輿紀要》：“期城，在郟縣西南，本郟縣地，後魏置南陽縣於此，東魏兼置南陽郡。”則南陽郡當省，縣〈石〉{不}當省也〔七〕。[原注：又〈葉〉{案}〔八〕：《隋志》襄城郡犨城注：“後魏置南陽縣、河山縣。大業初並廢入焉。”初不以南陽縣爲東魏置，足證郟城注並數及南陽縣之誤。]《紀要》又曰：“郟縣，晉屬襄城郡，後魏改爲龍山縣，仍屬襄城郡，東魏爲順陽郡治。”〈《方輿紀要》云：期城，在郟縣西南，本郟縣地，後魏置南陽縣於此，東魏兼置南陽郡。順陽郡注云：太和中置縣，後改。據《紀要》云：郟縣，晉屬襄城郡，後魏改爲龍山縣，仍屬襄城郡，東魏爲順陽郡治。〉〔九〕然則南陽、順陽二郡，均非延昌以前所應有也。惟“魯陽郡”注云：“太和二十二年置。”“襄城郡”注云：“晉置。”二郡實當司州之南界，而襄城郡止領襄城、繁昌二縣，餘五縣，郟即夾城[原注：龍山乃別置。]，乃隸南陽。定陵即北舞陽，舞陽即西舞陽，隸定陵。昆陽隸漢廣。父城與汝南、符壘，地適相准，隸汝南。綜廣州六郡、十三縣計之[原注：

魯陽郡不計。],實不過魏、晉襄城一郡七縣地,而任城王澄請以南中郎將帶魯陽郡,則魯陽亦屹然大郡,所領必不止二縣。今以南陽、順陽併入〈從宛溪説,並順陽於〉襄城[原注:凡縣六。][一〇],更依《晉志》附記〈南陽〉定陵、汝南、漢廣四郡所領〈襄城〉諸縣於襄城郡下[一一]。疑其地必有當改隸魯陽郡者,書無明征,不敢臆憑也。)

魏置關。(《汝水注》:汝水又東南,逕襄城縣故城南。晉襄城郡治,今置關於其下。[一二])

領縣{十三}[一三]

【校注】

〔一〕本稿中"潁川"多誤寫爲"穎川",據改。以後各處徑改,不再出注。

〔二〕今本《魏書·地形志》中有多個襄城郡,此襄城郡應在今本《魏書·地形志中》"廣州"下。

〔三〕引文多有節略。〈〉括號内文字後有圈删之意。

〔四〕書名依例補一"書"字。

〔五〕《沈志》即指《宋書·州郡志》。

〔六〕事見今本《元和郡縣圖志》卷八《河南道四》"許州"下注文。

〔七〕原稿此句"不"誤寫爲"石",據改。

〔八〕原稿注文"案"誤寫爲"葉",據改。

〔九〕原稿夾注所增與正文内容有重復,〈〉括號内文字後被圈删。

〔一〇〕〈〉括號内文字後被圈删。

〔一一〕介生按:原稿此句又有圈删之處,然文意似有不明,特據原樣標出。

〔一二〕引文多有節略之處。

〔一三〕介生按:原稿領縣數空闕,實領縣十一。但據原稿目録,襄城郡領縣十三,即將汝南、苻壘二縣增入。今本《魏書·地形志中》"廣州襄城郡"僅領二縣:繁昌、襄城。

襄城(今許州襄城縣治。)

漢屬潁川[一],晉屬[二]。

有潁陽城、(《收志》有。穆案:此漢潁川郡潁陽縣城也,故城在今許州西南。)繁邱{丘}城。(《收志》有[三]。〈未詳〉[四]《汝水注》:汝水又東南流,逕西不羹城南[五]。又東南,逕繁丘{邱}城南[六],而東南出也。)

【校注】

〔一〕據《漢書·地理志》與《續漢書·郡國志》,潁川郡下均有襄城縣。

〔二〕據《晉書·地理志》,襄城郡下有襄城縣。

〔三〕今本《魏書·地形志中》作"繁丘城"。

〔四〕"未詳"二字後被圈刪。

〔五〕引文此句下有節略。

〔六〕《水經注疏》此句作"繁邱"。

繁昌(在今許州臨〈穎〉{潁}縣西北三十里。)

魏文帝置,屬汝南。([夾注:屬汝南,據《方輿紀要》。]洪氏《補三國疆域志》以繁昌屬襄城郡,蓋沿《晉志》而誤。)晉屬[一]。

有繁昌城、(《收志》有。《潁水注》:繁昌{故}縣[二],曲蠡之繁陽亭也。《魏書·國志》曰:文帝以漢獻帝延康元年,行至曲蠡,登壇受禪於是地,改元黄初。其年以潁陰之繁陽亭爲繁〈爲繁〉昌縣[三]。城内有三臺,時人謂之繁昌臺{壇}[四],壇前有二碑。)潁鄉城、(《收志》有。《潁水注》:潁水又南,逕潁鄉城西,潁陰縣故城在東北,舊許昌典農都尉治也。後改爲縣。)安陽城、(《收志》有。未詳。)岡邱{丘}城[五]、(《潁水注》:〈穎〉{潁}水又東南,逕柏祠曲東,歷岡{罡}丘城南[六],故汾丘城也。《春秋左傳·襄公十八年》:楚子庚治兵於汾。司馬彪曰:襄城縣有汾丘。杜預曰:在襄城縣之東北也。)陽城陂、(《收志》有。未知與潁川陽翟之釣臺陂一源否?)青陵陂。(《潁水注》:潁水又東南流,逕青陵亭城北,北對青陵陂。陂縱廣二十里,潁水逕其北,枝入爲陂。陂西則滍水注之,水出襄城縣之邑城下,東流,注於陂。陂水又東,入臨潁縣之狼陂。潁水又東南流而歷臨潁縣也。)

【校注】

〔一〕據《晉書·地理志》,襄城郡下有繁昌縣。

〔二〕引文此句應爲"故縣",據補。

〔三〕引文此句衍寫"爲繁"二字,據删。

〔四〕《水經注疏》此句爲"繁昌壇",而《水經注校證》及文淵閣四庫全書本《水經注》則爲"繁昌臺",與本稿同,存考。

〔五〕介生按:據下列引文,岡邱,應爲"岡丘"。

〔六〕《水經注疏》此句作“罡丘”,《水經注校證》與文淵閣四庫全書本《水經注》作“罔丘”,與本稿同,存考。

龍山(在今汝州郏縣東南。)

太和十七年置〔一〕。有龍山。(《收志》有。《汝水注》:龍山水出龍山龍溪,北流,際父城縣故城東〔二〕。又東北流,與二水合,俱出龍山,北流注之,又東北,入于汝水。《寰宇記》郏城縣:白龍山,在縣南三十里尹村。)

【校注】

〔一〕龍山縣在今本《魏書·地形志中》“廣州順陽郡”下。
〔二〕引文此句下有節略。

龍陽(當在今郏縣西,汝水之南。)

太和十七年置〔一〕。

【校注】

〔一〕龍陽縣在今本《魏書·地形志中》“廣州順陽郡”下。

郟城(今汝州郏縣治。)

故郏,漢屬潁川〔一〕。晉屬〔二〕。

有郟城、(《收志》有〔三〕。〈今本“郏”誤作“峽”,或從山,爲從土之訛也。〉〔四〕)紀氏臺、(《汝水注》:藍水出陽翟縣重嶺山,東南流,逕紀氏城西,有層臺,謂之紀氏臺。《續漢書》曰:世祖車駕西征,盜賊群起。郏令馮魴爲賊延哀{褒}所攻〔五〕,力屈,上詣紀氏,群賊自降,即是處,在郏城東北十餘里。)摩陂。(《汝水注》:白溝水出夏亭城西,又南逕龍城西,城西北即摩陂也,縱廣可〈一〉十五里〔六〕。魏青龍元年,有龍見於郏之摩陂,明帝幸陂觀龍,於是改摩陂曰龍陂,其城曰龍城。)

【校注】

〔一〕據《漢書·地理志》,潁川郡下有郏縣。

〔二〕據《晉書·地理志》，襄城郡下有郟縣。

〔三〕郟城縣在今本《魏書·地形志中》"廣州南陽郡"下。

〔四〕〈〉括號内文字後有圈删之意。

〔五〕《水經注疏》此句"延裒"後校云："趙作'褒'。守敬按：從范《書》。"卷二一"校記"云："按：今標點本范書《魴傳》作'褒'，與趙氏同。"存考。

〔六〕《水經注疏》此句增寫一"一"字，並校云："戴删'一'字。"據删。

南陽（在今郟縣西北。）

有大劉山祠。（《收志》有〔一〕。《隋志》襄城郡郟城：有大〈劉〉留山〔二〕。《方輿紀要》汝州：沛公壘，在州東北大劉山南。漢高入關時駐此，世祖西征，亦嘗駐〈馬〉{焉}〔三〕，故山有大劉、小劉之稱。《寰宇記》："大劉山，在郟縣北三十里。"［原注：今本《寰宇記》無此文。］）

【校注】

〔一〕南陽縣在今本《魏書·地形志中》"廣州南陽郡"下。

〔二〕引文此句"劉"字後被圈删。

〔三〕引文此句"焉"誤寫爲"馬"，據改。

北舞陽（在今南陽府舞陽縣北十五里。）

故定陵，漢屬潁川〔一〕。晉屬襄城〔二〕。

皇興元年改置〔三〕。

有木陂、（《收志》有。）百尺溝、龍淵、（《汝水注》：汝水又東{南}〔四〕，逕定陵縣故城北〔五〕。水右則滍水左入焉；左則百尺溝出矣。溝水夾岸層崇，亦謂之爲百尺堤也。自定陵城北，通潁水於襄城縣。潁盛則南播，汝泆則北注。溝之東有澄潭，號曰龍淵，在汝北四里許，南北百步，東西二百步，水至清深，常不耗竭，佳饒魚筍。湖溢，則東注澥水矣。《隋志》潁川郡北舞縣：有百尺溝。）芹溝水。（《汝水注》：芹溝水導源葉縣，東逕潕陽城北。又東，逕定陵縣南，又東南流，注醴。其水逕流昆、醴之間，纏〈絡〉{絡}四{三}縣之中〔六〕，疑即呂忱所謂涀水也。今於定陵更無别水，惟是水可〈以〉當之〔七〕。）

【校注】

〔一〕據《漢書·地理志》與《續漢書·郡國志》，潁川郡下均有定陵縣。

〔二〕據《晉書·地理志》,襄城郡下有定陵縣。

〔三〕北舞陽縣在今本《魏書·地形志中》"廣州定陵郡"下。

〔四〕引文此句脱寫一"南"字,據補。

〔五〕引文此句後多有節略。

〔六〕引文此句"絡"誤寫爲"絡",據改。又《水經注疏》校云:"會貞按:'四'字當誤,據上導源葉縣,逕潕陽、定陵、立三縣,古三、四皆積畫成字,知本作'三',傳鈔變作'四'也。"存考。

〔七〕引文此句衍寫一"以"字,據删。

雲陽(當在今南陽府舞陽縣境。)

太和十一年置〔一〕。(《〈穎〉{潁}水注》:〈穎〉{潁}水又東,逕臨〈穎〉{潁}城北〔二〕。又東,逕雲陽二城間,南、北〈冀〉{翼}水〔三〕,並非所具。)

【校注】

〔一〕雲陽縣在今本《魏書·地形志中》"廣州定陵郡"下。

〔二〕引文有節略。

〔三〕原稿引文誤抄"翼"爲"冀",據改。

西舞陽(在今舞陽縣西。)

故舞陽,漢屬潁川〔一〕。晉屬襄城〔二〕。

天安元年改置〔三〕。

【校注】

〔一〕據《漢書·地理志》與《續漢書·郡國志》,潁川郡下均有舞陽縣。

〔二〕據《晉書·地理志》,襄城郡下有舞陽縣。

〔三〕西舞陽縣在今本《魏書·地形志中》"廣州定陵郡"下,注文云:"天安元年置,正光中陷,興和二年復。"

昆陽(今南陽府葉縣治。)

漢屬潁川〔一〕,晉屬襄城〔二〕。

有漢廣城、(《收志》有〔三〕。穆案:《收志》此縣及"荊州漢廣郡南棘陽縣"下皆有漢廣城。考《南齊〈州郡〉志》〔四〕,"寧蠻府没虜十二郡"内有漢廣郡。此昆陽之漢廣城,疑即南齊故治。但未知荊州之漢廣城又係何代制耳。)昆陽城、(《收志》有。《汝水注》:昆水出魯陽縣唐山,東南流,逕昆陽縣故城西〔五〕。又屈逕其城南,蓋藉水以氏縣也。昆水又東,逕定陵城南,又東,注汝水。《元和志》葉縣:昆陽故城,在縣北二十五里。《收志》"昆陽城"下有"新安"二字,疑有脱誤,未詳。)燒車水、(《汝水注》:燒車水西出苦菜山,東流,側葉城南,而下注醴水。《元和志》葉縣:燒車水,在縣南二十四里。世祖破王尋,燒其輜重于此水濱,因以爲名。)葉陂、(《汝水注》:葉縣南有方城山〔六〕。山有湧泉,北流,畜之以爲陂,陂塘方二里,陂水散流,又東,逕葉城南,而東北注醴水。醴水又東,注葉陂。陂東西十里,南北〈二〉{七}里〔七〕,二陂,並諸梁之所堨也。)葉公廟、(《汝水注》:醴水又東,逕葉公廟北。廟前有《葉公子高諸梁碑》。舊秦、漢之世,廟道有雙闕、几筵。黄〈中〉{巾}之亂〔八〕,殘毀頽闕。魏太和、景初中,令長修〈餙〉{飾}舊宇〔九〕。後長汝南陳晞以正始元年立碑,碑字破落,遺文殆存,事見其碑。)南中府。(《收志》"〈荊〉{襄}州南安郡"注〔一〇〕:太和十三年置郢州,十八年改爲南中府。)

【校注】

〔一〕據《漢書・地理志》與《續漢書・郡國志》,潁川郡下均有昆陽縣。

〔二〕據《晉書・地理志》,襄城郡下有昆陽縣。

〔三〕昆陽縣在今本《魏書・地形志中》"廣州漢廣郡"下。

〔四〕《南齊志》即指《南齊書・州郡志》,原稿"州郡"二字被圈删。

〔五〕此段引文多有節略。

〔六〕此段引文多有節略。

〔七〕引文此句"七"誤寫爲"二",據改。

〔八〕引文此句"巾"誤寫爲"中",據改。

〔九〕引文此句"飾"誤寫爲"餙",據改。

〔一〇〕此段引文出處有誤,據今本《魏書・地形志》,南安郡隸屬襄州,據改。

高陽(在今葉縣北。)

太和元年置〔一〕。

有南襄城、(《收志》有。穆案:《隋志》"潁川郡葉{縣}"注〔二〕:"後齊置襄州,後周廢襄州，置南襄城郡。"據此，則南襄城之名亦因前制，不始後周矣。又案：《南齊志》"寧蠻府没虜十二郡"内有南襄城郡。其地當在今湖北境，不關此也。）東、西二蒲城、（《收志》有。《汝水注》：湛水又東南，逕蒲城北。京相璠曰"昆陽縣北有蒲城，蒲城北有湛水者"是也。《方輿紀要》葉縣：蒲城，在縣東北。相傳蒲洪所築，因名〔三〕。今爲蒲城保。）皮城、（《收志》有。）高陽山、（《收志》有。）首山祠。（《收志》有。《隋志》"潁川郡汝{縣}墳"注〔四〕："有首山。"）

【校注】

〔一〕高陽縣在今本《魏書·地形志中》"廣州漢廣郡"下。

〔二〕依例補一"縣"字。

〔三〕引文有節略。

〔四〕依例補一"縣"字。

徵引文獻及版本目録

"二十四史"校注合編本,中華書局1997年版。(其中包括:《史記》《漢書》《後漢書》《晉書》《宋書》《南齊書》《魏書》《隋書》《新唐書》《舊唐書》等)

《資治通鑑》,〔宋〕司馬光編著,〔元〕胡三省音注,中華書局1997年。

《古本竹書紀年輯證》,方詩銘、王修齡撰,上海古籍出版社1981年。

《古本竹書紀年輯校》,〔清〕朱右曾輯,〔民國〕王國維校補;《今本竹書紀年疏證》,〔民國〕王國維撰,黄永年校點,遼寧教育出版社1997年。

《春秋釋例》(《春秋釋地》),〔晉〕杜預撰,文淵閣四庫全書本。

《春秋左傳注疏》,〔晉〕杜預注,〔唐〕孔穎達疏,文淵閣四庫全書本。

《東漢文紀》,〔明〕梅鼎祚編,文淵閣四庫全書本。

《水經注》,〔北魏〕酈道元著,四部叢刊本。

《水經注》,〔北魏〕酈道元著,文淵閣四庫全書本。

《水經注集釋訂訛》,〔清〕沈炳巽撰,文淵閣四庫全書本。

《水經注釋》,〔清〕趙一清撰,文淵閣四庫全書本。

《水經注疏》,〔北魏〕酈道元著,〔民國〕楊守敬、熊會貞疏,段熙仲點校,陳橋驛復校,江蘇古籍出版社1989年。

《水經注校證》,〔北魏〕酈道元撰,陳橋驛校證,上海古籍出版社2007年。

《合校水經注》,〔北魏〕酈道元著,〔清〕王先謙校,中華書局2009年。

《洛陽伽藍記校注》,〔北魏〕楊衒之撰,范祥雍校注,上海古籍出版社1958年。

《洛陽伽藍記校釋》,〔北魏〕楊衒之撰,周祖謨校釋,上海書店出版社2000年。

《北魏吊比干墓文》,《歷代碑帖法書選》編輯組編,文物出版社2000年。

《通典》,〔唐〕杜佑撰,王文錦、王永興、劉俊文、徐庭雲、謝方點校,中華書局1988年。

《初學記》,〔唐〕徐堅等著,中華書局2004年。

《藝文類聚》,〔唐〕歐陽詢撰,文淵閣四庫全書本。

《藝文類聚》,〔唐〕歐陽詢撰,汪紹楹校,上海古籍出版社1982年。

《貞觀公私畫史》,〔唐〕裴孝源撰,文淵閣四庫全書本。

《元和郡縣圖志》,〔唐〕李吉甫撰,賀次君點校,中華書局1983年。

《括地志輯校》,〔唐〕李泰等著,賀次君輯校,中華書局1980年。

《匡謬正俗》,〔唐〕顔師古撰,文淵閣四庫全書本。

《太平寰宇記》,〔宋〕樂史撰,金陵書局光緒八年刊本。

《太平寰宇記》,〔宋〕樂史撰,王文楚等校點,中華書局2007年。

《輿地廣記》,〔宋〕歐陽忞撰,李勇先、王小紅校注,四川大學出版社2003年。

《太平御覽》,〔宋〕李昉等編,河北教育出版社1994年。

《太平御覽》,〔宋〕李昉等編,四部叢刊三編景宋本。

《太平廣記》,〔宋〕李昉等編,中華書局 1961 年。

《文苑英華》,〔宋〕李昉等編,中華書局 1966 年。

《文苑英華》,〔宋〕李昉等編,文淵閣四庫全書本。

《河南志》,〔宋〕宋敏求等原著,〔清〕徐松輯,高敏點校,中華書局 1994 年。

《通鑑地理通釋》,〔宋〕王應麟著,文淵閣四庫全書本。

《元豐九域志》,〔宋〕王存撰,王文楚、魏嵩山點校,中華書局 1984 年。

《北道刊誤志》,〔宋〕王瓘撰,文淵閣四庫全書本。

《文昌雜録》,〔宋〕龐元英撰,文淵閣四庫全書本。

《禁扁》,〔元〕王士點撰,文淵閣四庫全書本。

《説文解字》,〔漢〕許慎撰,中華書局 1963 年影印版。

《説文解字注》,〔漢〕許慎撰,〔清〕段玉裁注,中州古籍出版社 2006 年版。

《集古録》,〔宋〕歐陽脩撰,文淵閣四庫全書本。

《金石録》,〔宋〕趙明誠撰,文淵閣四庫全書本。

《寶刻叢編》,〔宋〕陳思撰,文淵閣四庫全書本。

《廣川書跋》,〔宋〕董逌撰,文淵閣四庫全書本。

《歷代帝王宅京記》(《歷代宅京記》),〔清〕顧炎武著,中華書局 1986 年。

《日知録集釋》,〔清〕顧炎武撰,黄汝成集釋,欒保群、吕宗力校點,上海古籍出版社 2006 年。

《讀史方輿紀要》,〔清〕顧祖禹撰,賀次君、施和金點校,中華書局 2005 年。

《河朔訪古記》,不著撰人,文淵閣四庫全書本。

《左傳杜解補正》,〔清〕顧炎武撰,清皇清經解本。

《四書釋地》,〔清〕閻若璩撰,清皇清經解本。

《嵩陽石刻集記》,〔清〕葉封撰,文淵閣四庫全書本。

《癸巳類稿》,〔清〕俞正燮撰,清連筠簃叢書本。

《鮚埼亭集》,〔清〕全祖望著,四部叢刊本。

《金石萃編》,〔清〕王昶編,北京市中國書店 1985 年影印版。

《十三經注疏》,〔清〕阮元校刻,中華書局 2005 年。

《春秋左傳注疏》,文淵閣四庫全書本。

《欽定大清一統志》,〔清〕和珅等纂修,文淵閣四庫全書本。

(雍正)《山西通志》,〔清〕覺羅石麟等纂修,文淵閣四庫全書本。

(雍正)《河南通志》,〔清〕王士俊等纂修,文淵閣四庫全書本。

《廿二史考異》,〔清〕錢大昕撰,陳文和、張連生、曹明昇校點,鳳凰出版社 2008 年。

《潛研堂集》,〔清〕錢大昕撰,吕友仁校點,上海古籍出版社 2009 年。

《十七史商榷》,〔清〕王鳴盛撰,陳文和、王永平、張連生、孫顯軍校點,鳳凰出版社 2008 年。

《尚書後案》,〔清〕王鳴盛撰,清乾隆四十五年禮堂刻本。

《歷代地理志韵編今釋》,〔清〕李兆洛著,商務印書館 1935 年。

《禹貢錐指》,〔清〕胡渭撰,鄒逸麟整理,上海古籍出版社 1996 年。

《歷代地理沿革表》,〔清〕陳芳績撰,清道光十三年刊本。

《欽定春秋傳説彙纂》,〔清〕王掞、張廷玉等撰,文淵閣四庫全書本。

《春秋地理考實》,〔清〕江永撰,文淵閣四庫全書本。

《補三國畺(疆)域志》,〔清〕洪亮吉撰,《二十五史補編》本,中華書局本 1995 年。

《漢書補注》,〔清〕吴卓信撰,清道光刻本。

（民國）《修武縣志》，〔民國〕蕭國禎修、蕭鳳桐纂，民國二十年鉛印本。

《青溪舊屋集》，〔清〕劉文淇著，清光緒九年刻本。

《清人文集地理類彙編》，譚其驤主編，浙江人民出版社 1986 年。

《永樂大典》，中華書局 1986 年。

《續古文苑》，〔清〕孫星衍輯，清嘉慶刻本。

《中州金石記》，〔清〕畢沅撰，清經訓堂叢書本。

《兩浙金石志》，〔清〕阮元編，清道光四年李橒刻本。

《乾隆府廳州縣圖志》，〔清〕洪亮吉撰，清嘉慶八年刻本。

《初修河東鹽法志》，〔清〕覺羅石麟等纂修，臺灣學生書局 1966 年。

《河東鹽法備覽》，〔清〕蔣兆奎撰，清乾隆五十五年刻本。

《校勘學釋例》，陳垣著，中華書局 2004 年。

《閻若璩年譜》，〔清〕張穆撰，鄧瑞點校，中華書局 1994 年。

《梁啓超論清學史二種》，〔民國〕梁啓超撰，朱維錚校注，復旦大學出版社 1985 年。

《書目答問補正》〔清〕張之洞原著，范希曾補正，上海古籍出版社 1983 年。

《北周地理志》，王仲犖著，中華書局 1980 年。

《中國歷代地理學家評傳》（三卷本），譚其驤主編，王文楚、趙永復副主編，山東教育出版社 1993 年。

《山右叢書初編》，〔民國〕山西省文獻委員會編，山西人民出版社 1986 年。

張穆全集 叁

𣶏齋文集 𣶏齋詩集

張正明 安介生 主編

山西出版傳媒集團
三晉出版社

國家古籍整理出版專項經費資助項目

點校説明

一、底本、校本選擇。《月齋文集》《月齋詩集》凡有咸豐八年壽陽祁氏刻本、山西人民出版社 1986 年影印《山右叢書初編》本兩種，今人已出點校本計有康金聲審定、王儉點校《月齋文集校釋》（山西人民出版社 2005 年版）和李晉林、時新點校《月齋詩文集》（上海古籍出版社 2014 年版）兩種，今以壽陽祁氏刻本爲底本，以《山右叢書初編》本爲校本（正文簡稱"《山右》本"），並參照已出點校本，進行重新對校，力求更爲精確。

二、標點、分段工作。《月齋文集》《月齋詩集》原版本竪排左行，無句讀，今改爲横排右行，仍用繁體，用新式符號進行全面標點。兩書古籍原版本及已出點校本基本無分段，不利今人閲讀，今細揣文意，進行了全面分段。

三、校訂工作。

1. 凡校本與底本不同之處，徑出校記，但一般不作勘誤、考證、增補工作，正誤盡可由讀者判斷。

2. 若發現底本中有明顯之錯字，如"曰"字誤作"日"，則徑行改正，不出校記。

3. 底本與校本中均有大小字之别，有時小字所占篇幅頗爲可觀。小字或爲標注大字所引文獻之出處，或爲大字之進一步注解，或爲張穆本人之案語。本次點校，對小字保留原貌不變，對篇幅可觀之小字内容作分段處理。

4. 清代避諱之風極盛，底本中因避諱而出現的另行頂格、空格

(分空一字格、空兩字格兩種情形)、更改字等現象頗多,譬如"今上皇帝""祖宗""廷試""傳諭""聖天子""聖人""召還""詔書""御詩""廟堂"等均作另行頂格書寫,"國史館"之前、"朝"之前、"昭"之前、"中朝"之前、"神京"之前、"本朝"之前均作空一個字格書寫,"國家"之前、"特旨"之前、"太子"之前均作空兩個字格書寫,"弘治"寫作"宏治",不一而足。本次點校,對另行頂格、空格均徑行改正,不出校記;對因避諱而産生的改字,徑行改正。

目　録

月齋文集

月齋文集卷二

月齋文集卷三

月齋文集卷四

月齋文集卷五

月齋文集卷六

月齋詩集

月齋詩集卷二

月齋詩集卷三

月齋詩集卷四

月齋文集

〔清〕張　穆　撰
李　嘎　點校

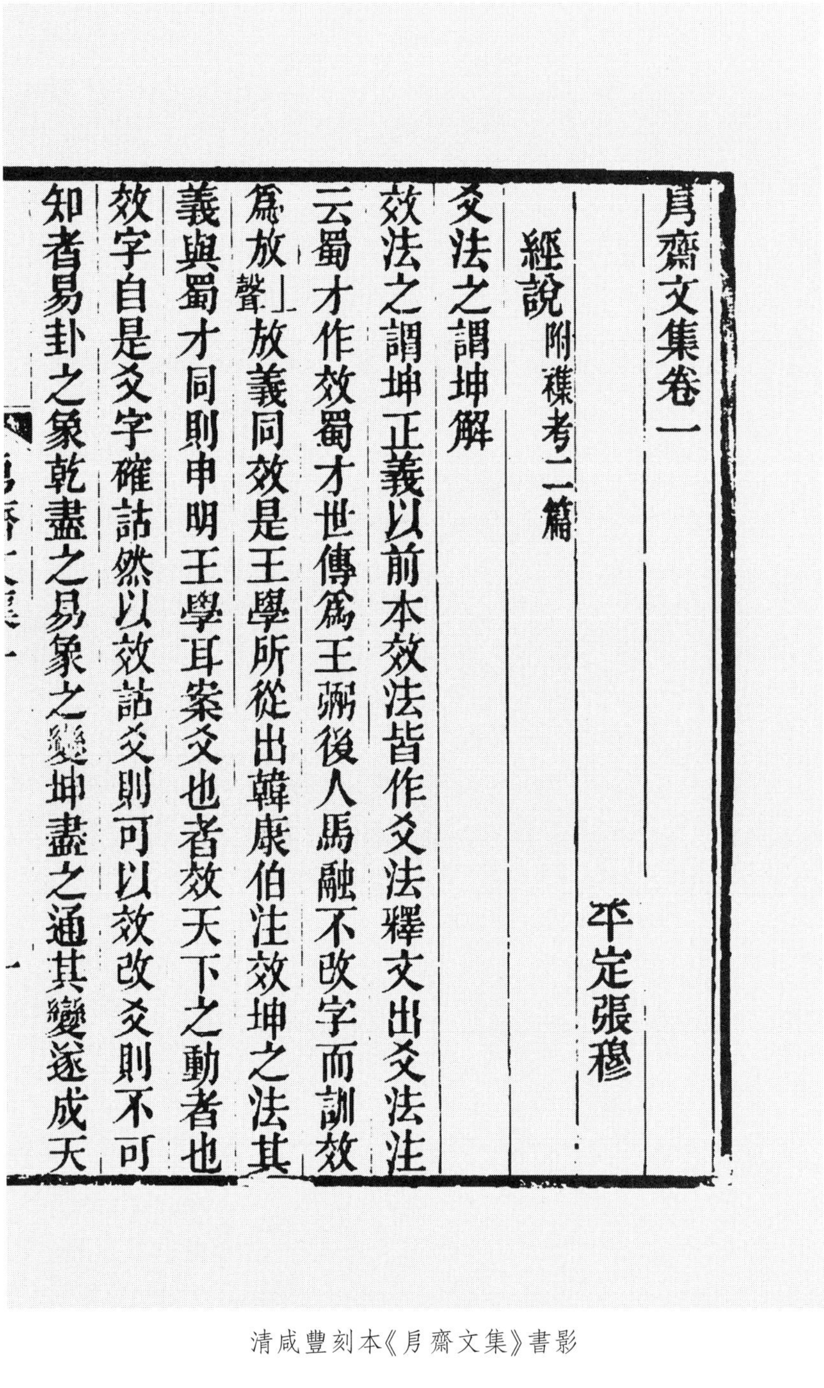

㞡齋文集卷一

平定張穆

經說附禊考二篇

爻法之謂坤解

效法之謂坤正義以前本效法皆作爻法釋文出爻法注云蜀才作效蜀才世傳爲王弼後人馬融不改字而訓效爲放上聲放義同效是王學所從出韓康伯注效坤之法其義與蜀才同則申明王學耳案爻也者效天下之動者也效字自是爻字確詁然以效詁爻則可以效改爻則不可知者易卦之象乾畫之易象之變坤畫之通其變遂成天

清咸豐刻本《㞡齋文集》書影

序

昔人嘗謂才人文士少達而多窮,理誠有之。然或窮於禄位而達於名稱,或窮於生前而達於没後,一得一失,孰與孰奪,有莫知其所以然者。夫使才人文士而豫知其不達,將必斂手投筆,莫敢有作。抑使碌碌無奇享庸人之福者豫知身後之名,必不能與才人文士爭烈也,又且將媿恧歆羡焉。然而趨於彼者,既役役而莫知自返,而博學好修之士,亦必使精神才力悉敝於殘編斷簡之中,至於困厄摧折而終不自悔。其性然與?其造物者有所斟酌損益於其間而使之各不自覺與?竊於先師月齋居士有深慨焉。

師少負不羈之才,兀岸豪縱,有不可一世之概。稍長,博覽多識,益鬱其英氣。發爲文章,望之者咸料其將決巍科、登臺閣也。顧乃偃蹇淪落,旅食有年,卒且遭誣謗,被屈抑,一蹶而不能復起。噫!亦可謂窮矣。而師之學與識,乃因以益進。既已息意仕宦,閉户讀書,百家之學無不洞其原委,尤長於輿地、小學,異域山川,瞭若指掌。諸經説同異,有問難者,應答如流。文字之交徧海内,詩酒之會冠京師。世之所謂窮達者,固已漠然置之。天不降年,年四十餘嗣續未立,遽抱瘵疾不起,凡平日所箸書多未竟業。倉卒間,諸友人取殘稿數十帙存以待梓,餘並不可復檢。悲夫!何其窮之至於斯乎?

師既歿,所箸書稿輾轉歸於子貞世丈及願船先生處。越三年,詩文雜稿始歸余兄弟〔一〕,餘悉爲願船先生攜出都。又越四年,丁巳季春,貞丈再入都〔二〕,聞詩文稿編成已久,與緗芸世丈議,始有刊行之志。因商之壽陽相國,遂醵金鳩工。又越四月,顧船先生由閩北上,攜師所撰《蒙古游牧記》《延昌地形志》及《説文屬》並殘稿數種,浮舟於洪波海霧中,行李盡棄,獨與書俱達。時貞丈尚未去,方圖覓月齋遺書,聞其已至,相與歡慰,以爲殆從天而降也。《游牧記》末四卷尚未排比,《地形志》"夏州"以後未得艸稿,皆賴顧船先生編校綴緝,約略完善,與詩文集可相繼付梓。師之精心卓詣未墜於地,後學之士得有所尋繹沾丐焉。嗇於位而豐於名,屈於前而伸於後,固曰事之適然,要亦理之不爽也。師初於吾舅氏處識敬兄弟,數面後即許列爲弟子,且召子迪躬自督教之,請業質疑,昕夕無間,偶妄有所作,輒蒙過許,以爲有可造就。二年中,非惟冠婚喪祭之事賴師營庀,即子迪之日用瑣屑、一衣一飯之間亦皆體念周至〔三〕,不啻子弟。噫!追憶吾師相待之厚,今日之所得盡力者,僅此讐校編訂之勤,不自禁其感媿涕零也。尚何言哉?

師既久不得志,以姻戚鄉里特蒙壽陽相國提挈周贍,情誼甚篤。丁未、戊申以後,親舊之士如程春海侍郎、俞理初孝廉、沈子惇先生、徐星伯太守並已前逝,陳頌南侍御、蘇賡堂給諫、趙伯厚贊善、許印林廣文又先後出都。所與比鄰款洽者惟子貞世丈,而深敬服緗丈之爲人,其推許樸學則顧船先生爲最。今師歿將十年,而畢生精力所注卒賴此數君以傳於世,豈師之生前固已逆料及此邪?抑亦氣誼之相投有不期而自合者也?詩文集刊既竣,《游牧記》《地形志》亦可於數月畢事。敬既喜於觀成,且感諸君之厚誼,以子迪前序於刊刻緣起有未及詳也,復爲識之。至於師没世之後爲達爲窮,不敢定論,留以待後學之自辨云。

咸豐八年戊午季春五日上巳,門人吴履敬赴慈仁寺月齋祠堂公祭歸,謹識。

【校記】

〔一〕雜　底本作“襍”,《山右》本作“雜”。下同。

〔二〕再入　《山右》本作“入再”。

〔三〕體　《山右》本作“禮”。

序

道光間有以文學名都下者,曰平定張石州先生。其爲人豪放明鋭〔一〕,極深研幾。於經,通孔氏微言大義,精訓詁篆籀;於史,通天文、算術及地理之學。議論穿穴今昔,鎔冶四庫百氏,飈舉泉涌,座客率撟舌不得語。海内名儁咸想望風采,躡屣納刺〔二〕、載酒問奇者幾無虚日。顧石州不自撓屈,有以所著書或詩、古文辭進者〔三〕,無問其人位望,有不可於意,即指疵纇〔四〕,口齦齦辨,折角陷堅,不遺餘力,以是慕名而來者或稍稍引去。然其於學深博無涯岸,遇奇士,雖素出己下,輒折節推之〔五〕。旌德吕文節侍郎嘗言:"爲文不經石州訶斥訂正,未可示人。"晉江陳頌南給事直聲震天下,獨俯首石州,曰:"令斯人著獬豸冠,樹立過吾輩遠甚。"《語》云:"不知其人,視其友。"石州之没,知與不知皆爲嘆惜,豈無自而然哉?

余於石州,同鄉姻戚也,交最深,且忝一日之長,故知石州事最詳。石州少孤,依母黨莫寶齋先生居,即喜觀儒先學案諸書,言之甚悉。及長,程春海司農許其得漢學淵源。既而司農見其所爲文,驚曰:"東京崔、蔡之匹也!"蓋其學不專主一家,而皆能得其精詣,涉歷世故〔六〕,益講求經世之學,於兵制、農政、水利、海運、錢法尤所究心。然性剛負氣,鋒穎逼人。世方貴圓孰輭美〔七〕,欲矯之以厲俗,或微諷之不恤也。既以優行貢成均,待銓知縣。歲己亥,應順天鄉試,攜瓶酒入。監搜者呵曰:"去酒。"石州輒飲盡,而揮棄其餘瀝〔八〕。監者怒，命悉索之，破筆硯，毁衣被，無所得。石州捫腹曰："是中便便經笥，若輩豈能搜耶？"監者益忿，乃摭筆囊中片紙，有字一行，謾曰："此懷挾也。"送刑部，讞白其枉，然竟坐擯斥，不復得應試。於是僑居宣武城南，閉户著書，益肆力於古。阮文達公見其撰述，歎爲天下奇作。

夫以石州之才，百未一試，用微眚斥，終身不振。年不及下壽，子又夭，其遇極古今之窮，誠可哀已。説者多以石州比柳子厚，其因擯斥而研精文學則同〔九〕。然石州使氣忤時貴，乃君子之過。轉不獲如子厚之出守遠郡，得稍試於治民，其所遇不更酷哉？子厚身後得裴觀察爲營歸葬之資，文集則編於劉賓客，其得大著於世則以昌黎韓子實表章之也。今石州之歸葬亦賴同人襄助，其遺稿則屬之何子貞太史及何願船比部。願船既撰石州墓志，復爲補輯《北魏延昌地形志》《蒙古游牧記》二書成帙，又以子貞檢出之詩文雜稿，屬其門人吴子肅、子迪昆季裒輯繕寫。諸君子綴緝之勤，誠不減劉賓客之高義，其表章之力抑豈出昌黎下哉？石州於余，兼直諒多聞之益，其没也，余方奉使甘肅不及見，心常歉然，以刊布遺書爲己任，而時勢艱難，友朋聚散，久之未就。今距石州之没已十閲寒暑，幸賴諸賢克篤風義，相與有成，而余亦遂得醵金付梓，以踐宿諾，謂非衰年之一快也歟？然迴憶與石州銜杯酒，論古今，析疑辨難，聲情如昨，又不覺淚潸然下也。《地形》《游牧》二書，余既序之，其文、詩集先刊就，復爲縷述其生平，以質世之知石州者。

咸豐八年，歲在戊午八月，壽陽祁寯藻序。

【校記】

〔一〕明　底本作"朙"，《山右》本作"明"。

〔二〕剌　《山右》本作"刺"。下同。

〔三〕者　《山右》本作"慕"。

〔四〕疵　《山右》本作“疕”。

〔五〕輒　《山右》本作“輙”。

〔六〕歷　底本作“厯”,《山右》本作“歴”。下同。

〔七〕輭　《山右》本作“軟”。

〔八〕瀝　底本作“瀝”,《山右》本作“瀝”。

〔九〕斥　《山右》本作“斤”。

序

平定張石州先生，博學君子也。旅食京華二十餘載，生平沈酣典籍，擷英摘華，發爲詩古文辭，雄深奇肆，迥絶流輩。又工於艸隸[一]，每書所作，世人識與不識皆爭寶藏之。道光己酉冬，先生歿於京師。諸故人檢視遺篋，得所箸書曰《魏延昌地形志》《蒙古游牧記》者，皆未削藁，以屬余編次。其詩文雜箸甚多，强半塗乙叢殘，乞何子貞編修爲勘定。編修旋以艱歸，歲壬子復出，即視學四川，於先生稿未遑點勘，併以示余。次年，余赴安徽幕府。將出都，攜《地形志》《游牧記》二稿於行篋，其詩文稿則以付先生弟子吴子肅、子迪昆仲。嗣余以省親還閩，越數載復至都門，則子肅昆仲已取殘帙斷紙排比迻謄，復請子貞刪定，勒成文集八卷、詩集四卷，乞余序之。

余惟先生篤志儒先，淹貫四部，當世名流咸相傾挹。曩者，旌德吕文節公推先生爲直諒多聞之友，且爲余言："石州譚經似賈長頭，考史似劉子元，譚地理似酈善長、王伯厚，論治體似陸敬輿、白居易，行誼卓絶、文詞瑰偉則似蕭穎士、徐仲車。"此非阿其所好，蓋天下之公言也。

或疑先生年未逾五十，詩文非出己意别擇，慮其中或有未定之稿，與夫偶然涉筆不欲自存之作，今裒而刻之，恐不足以盡先生之長。余曰："先生著述宏富，身後散佚頗多，謂不足盡其長似也，而疑此集之不必刊行則非也。夫昔之文人若曹子建、謝康樂、柳子厚、蘇子美輩，年皆不及中壽，而詩文卓然名家，千古不朽，其爲壽也大矣！

集之名始於東漢，而盛於齊梁。今所傳屈、宋、馬、班諸集，皆後人纂成，不必其手自編次，奚獨疑於先生之集哉？且先生一介寒士，而以流通古籍揚扢前賢自任，其於師友著述，表章尤不遺餘力。若俞氏理初、沈氏子敦，皆同志之友，先生嘗鈔其所著《癸巳存稿》《落颿樓稿》藏篋中，及其人殂謝後，悉爲謀諸有力者校栞傳世〔二〕。又程春海侍郎爲生平知己，莫寶齋司農爲婚姻尊行，二公勝流顯宦，賓客盈門，而身没以後，詩文、奏議零落殆盡。先生百計搜羅，付之剞劂，其篤於風義如此。今先生是集亦賴友朋弟子掎摭成編，而又得壽陽祁相國爲之醵金開雕。先生九原有知，亦可稍慰生平坎壈之志矣。豈非特具識鑒，取友必端，報施之理良非偶然哉？至其《地形志》《游牧記》二書，余爲補綴繕録，别有記叙，兹不復贅云。

光澤何秋濤謹序。

【校記】

〔一〕艸　《山右》本作“草”。下同。

〔二〕栞　《山右》本作“刊”。

肙齋文集目録

【校記】

〔一〕昆侖　《山右》本作“侖昆”。

〔二〕考　底本作“攷”,《山右》本作“考”。下同。

〔三〕祕　《山右》本作“秘”。下同。

〔四〕龢　《山右》本作“和”。

月齋文集卷一

平定張穆

經説 附雜考二篇

“爻法之謂坤”解

“效法之謂坤”，《正義》以前本，“效法”皆作“爻法”。《釋文》出“爻法”注云：“蜀才作‘效’”。蜀才，世傳爲王弼後人〔一〕。馬融不改字而訓“效”爲“放”，上聲〔二〕。“放”義同“效”，是王學所從出。韓康伯注效坤之法，其義與蜀才同，則申明王學耳。

案，爻也者，效天下之動者也。“效”字自是“爻”字確詁，然以“效”詁“爻”則可，以“效”改“爻”則不可。知者“《易》卦之象乾盡之，《易》象之變坤盡之，通其變遂成天地之爻。”虞、陸本。三百八十四爻立，而乾坤之藴盡焉。《易》藴不外乾坤，乾坤之用妙於坎离。坎离成，既濟定，《易》無餘事矣。是故“爻法之謂坤”者，所謂兩地而倚數也。周流六虚，八卦成列，所謂爻法也。下章“聖人有以見天下之賾，而擬諸其形容，象其物宜，是故謂之象”，申言成象之謂乾也；“聖人有以見天下之動，而觀其會通，以行其典禮，繫辭焉以斷其吉凶，是故謂之爻”，申言爻法之謂坤也。改“爻”爲“效”，其義淺陋，《繫辭》之本恉不如是矣。

【校記】

〔一〕弻　底本作“弻”,《山右》本作“弼”。

〔二〕丄　《山右》本作“上”。

《舜典》王肅注考

《舜典》傳,王肅注也。今以陸氏《釋文》考之,亦不盡合。

按,《釋文》“上帝”,王云“天也”。今傳云“遂以攝告天及五帝”,則是以“上”爲天,以“帝”爲五帝,與王不同。“禋”音因,王云“絜祀也”,馬云“精意以享也”,今傳云“精意以享謂之禋”。“輯五瑞”,王訓“合”,馬訓“斂”,今傳亦訓“斂”,同。“律度”,王云“律,六律也”,馬云“法也”,今傳云“法制”,則是多取馬訓。“藝祖”,傳云“藝,文也”,馬、王云“禰也”,則皆不合。“教胄子”,王云“胄子,國子也”,馬云“胄,長也,教長天下之子弟”。今傳云“胄,長也,謂元子以下至卿大夫子弟。以歌詩蹈之舞之,教長國子中和、祗庸、孝友”,則是雜聚二義以成文。又“《槀飫》”下〔一〕,《釋文》云:“衆家經文並盡此。”惟王注本下更有“《汨作》《九共》,故逸”〔二〕。故,亦作“古”按,此四字陸氏校文。”今本亦無此六字。

案,陸氏《序録》云:“元帝時,豫章内史枚賾奏上孔傳古文《尚書》,亡《舜典》一篇。購不能得,乃取王肅注,從‘慎徽五典’以下分爲《舜典》篇以續之。後范寧變爲今文集注,俗間或取《舜典》以續孔氏。”又臧氏琳云:“姚方興僞造孔傳,齊朝未嘗行用。至隨初購求遺典,劉炫復以姚書上之。并於姚書‘協于帝’下又撰‘濬哲文明,温恭允塞,元德升聞,乃命以位’十六字及孔傳。”然則今本之仍題孔氏傳者,乃劉炫所改。其注雖仍取王肅,然一亂於范寧,再亂於姚方興,三亂於劉炫。故雜糅不一,而亦非王肅之舊也。

【校記】

〔一〕稾　《山右》本作"槁"。
〔二〕逸　《山右》本作"亦"。

"二十二人"解

舜咨二十有二人。鄭康成曰:"十二牧、禹、垂、益、伯夷、夔、龍、殳斨、伯與、朱虎、熊羆,二十二人皆月正元日格于文祖所敕命。"馬融曰:"稷、契、皋陶皆居官久,有成功,但述而美之,無所復敕。禹及垂以下皆初命,凡六人,與上十二牧、四岳,凡二十二人。"

謹案,康成數殳斨、伯與諸人,而不數稷、契、皋陶,既嫌輕重失倫,且殳斨當爲二人,而康成誤合爲一,知皆非也。馬融數稷、契、皋陶,兼數四岳,於情事合矣。但未分析著之,則九官、十二牧、四岳,合之得二十五人。浮於所咨者三人,抑又何也?蓋嘗反復考之,而知禹、稷等九人中當有兼四岳者三人,其四岳一人,蓋彭祖也。《大戴禮·五帝德》云:"堯舉舜、彭祖而任之。"《史記·五帝本紀》云:"禹、皋陶、契、后稷、伯夷、夔、龍、垂、益、彭祖,自堯時而皆舉用,未有分職。"舜命九人而不及彭祖,則彭祖惟爲四岳,不兼他官,可知矣。《國語》:"共之從孫四岳佐禹。祚四岳國,分爲侯伯,賜姓曰姜,氏曰有吕。"則伯夷者,堯時爲四岳,舜命爲秩宗,仍兼岳也。鄭以崇伯鯀爲堯時八伯,禹嗣崇伯,《周書》亦稱"崇禹",其宅百揆,而仍兼岳,如周公爲太宰,仍分陝也。《大傳》紀孔子曰:"昔者舜左禹,右皋陶。"則皋陶爲右相,仍兼岳也。

昆侖虚異同考

古今之説昆侖者五:于闐也,肅州也,大荒也,青海也,西藏岡底斯也。

于闐之説,肇自漢武。《史記·大宛列傳》曰:"張騫使西域,還,爲天子言:'于寘之西,水皆西流,注西海。其東則東流,注鹽澤。鹽澤潛行地下,其南則河源出焉。多玉石。鹽澤去長安可五千里。'其後騫死。漢使窮河源,河源出于寘,其山多玉石,采來,天子按古圖書,名河所出山曰昆侖云。"

按,鹽澤即《漢書》所云"蒲昌海",《山海經》所云"泑澤"。于寘東流之水爲今塔里木河,東至哈喇沙爾城,東南入於羅卜淖爾,即鹽澤也。水既入淖爾,潛行地下,又東南千五百餘里至青海巴顔哈喇山麓,伏流始出,騫所謂"河源"也。武帝按古圖書,名于寘山曰昆侖。其山蜿蜒磅礴,直抵衛藏。古圖書之言本無差謬,特不可遂以于寘山爲昆侖耳。或者以昆侖出玉,意惟于寘足以當之。原武帝初意,不過因騫言河源地多玉石,故發使探玉産何地,以決河源所在,非以有玉無玉斷其是昆侖、非昆侖也。且此論刱自張騫,非古圖書所有。《爾雅》中、下二篇,多後人坿益〔一〕。見張揖《廣雅序》。《九府》章曰:"西北方之美者,有昆侖虚之璆琳、琅玕焉。"此産玉之説始見於傳記者也。《淮南子》因之,采其文入《墬形訓》。晉代僞《允征》因之,曰:"火炎昆岡,玉石俱焚。"并羼其辭於古經,而昆侖産玉之説深入人心矣。《戰國策》:"蘇秦爲齊上書説趙王曰:'今魯句注禁常山而守,三百里通於燕之唐、曲吾,此代馬胡駒不東,而昆山之玉不出也。此三寶者,又非王之有也。'"然則趙亦有出玉之昆山在其境内,但非枚氏所及知耳。夫《山經》所志有玉之山,所在皆是,何獨昆侖?則據此以定昆侖者,非也。

《漢書·地里志》焞煌郡廣至縣有昆侖障,金城郡臨羌縣西北塞外有弱水、昆侖山祠。此肅州昆侖之説也[二]。

按,《志》所謂祠,蓋如今嶽廟[三]曰"障"。障,隔也。山之小者,初不以當河出之山。東漢延光中,焞煌太守張璫上書[四],請以酒泉屬國吏士二千餘人集昆侖塞擊呼延王。李賢即引前志之昆侖障證之,張守節《史記正義》云"肅州,即小昆侖,非河源出者",皆不迷謬。而畢氏沅、郝氏懿行用以説《山海經》之昆侖,夫《山經》方位錯互,至不足據,乃引班《志》證成之,是以不狂爲狂也。且《經》明云"河水出焉",如畢、郝所説,則是昆侖反居積石上游西北千餘里矣。況肅州亦安有熊熊魄魄、方八百里、高萬仞如是大山也哉？後魏昭成帝時,馬岌上言:"酒泉南山即昆侖之體,刪丹西河名曰弱水,《禹貢》昆侖在臨羌之西,即此明矣。"按,岌此論本康成《書注》。夫體之云者,由本而枝,由枝而幹,脈絡通貫之謂也。如太行八陘,隨地異名,均謂之太行云爾。今考岡底斯脈分二支[五]:一支直東趨,爲張騫所稱南山;一支過和闐,西北趨,環二千里,統名葱領。葱領又東趨,爲天山,亙回畺[六],北至巴里坤而止。以其與昆侖同體,故即假昆侖之名名酒泉南山,特用以證《禹貢》則舛。知者酒泉郡乃漢武所置,若昆侖主山實在此郡,豈有舍其域中别指于寘者哉？則所謂昆侖在肅州者,不足辨也。

《漢書·律厤志》曰[七]:"黄帝使泠綸自大夏之西[八],昆侖之陰,取竹之解谷。"《水經注》引《外國圖》云:"從大晉國正西七萬里,得昆侖之虚。"此大荒昆侖之説也。

按,張華《博物志》曰:"張騫度西海至大秦國,西海之濱有小昆侖。"殆即班、酈之所謂昆侖矣。然曰"小昆侖",别乎"大昆侖"而言也。華雖未實指大昆侖之方,要亦不以此當河出之山。《爾雅》曰:"三成爲昆侖邱。"善長曰:"東海方丈,亦有昆侖之稱。"海外尤多大山名曰昆侖,何不可者？而脈水尋原,自有主名。後人求其山不得,乃推而遠之大荒之外[九],此又不足深辨者也。萬季野、胡東樵引《大荒經》《水經》證爲海外之昆侖,《河源紀略》已詳辨之,兹不及。

杜君卿云:"吐蕃自云昆侖山在其國中西南,河之所出也。"夫唐代吐蕃之境,北際松涼,南及巂茂,地方萬有餘里。彼謂昆侖在其國西南,原非妄語。而君卿據之以説昆侖則誤,何者?君卿所據者,命使往來之吐谷渾也,是即劉元鼎紫山之説耳。《唐書·吐蕃傳》曰:"河之上流,由洪濟梁西南行二千里,水益狹。其南三百里三山,中高而四下,曰紫山。古所謂昆侖者也,彼曰悶磨黎山。"按,洪濟梁在今河州之西北,唐積石軍地也。紫山,今庫爾坤山。巴顔哈喇山、阿克塔沁山、巴爾布哈山三山並峙,總名庫爾坤山。元鼎特窮極青海之境而止,元人近指大雪山爲昆侖,則更在紫山東南千餘里矣。大雪山,番名亦耳麻不莫喇,今名阿木奈瑪勒占木遜〔一〇〕,實大禹導河之積石山也。夫以昆侖爲在吐蕃,蓋自古及唐始有地名可稽,惜又爲元鼎諸人所誑,異説滋繁。戴氏震《水地記》亦仍此誤。然張騫稱"鹽澤潛行地下,其南河源出焉",今羅布淖爾之水實溢出於青海之境。河既更有上源,則昆侖必不在青海明甚。而齊氏《水道提綱》顧依違其辭,是不達也。

《水經注》引釋氏《西域記》《括地志》《通典》《通考》《通志》皆從此轉引〔一一〕。曰:"阿耨達大山,其上有大淵水,宫殿、樓觀甚大焉,即昆侖山也。"阿耨達山,即今西藏之岡底斯山,在後藏達克喇城東北三百餘里,直青海西南五千五百餘里。其山四支,北出者曰僧格喀巴布山,與和闐之尼莽依山南北聯岡。尼莽依,《水經注》所謂仇摩置也,黄河初源實出於此。

綜而論之,漢武名于寘山爲昆侖,已確知昆侖之在西南。吐蕃自言昆侖在其國西南,已確知昆侖在今衛藏〔一二〕。而藏地自古不隸版圖,漢唐命使無至其域者,故沈霾湮鬱以至今耳。康熙間龕定西藏,聖祖仁皇帝諭謂岡底斯爲衆山水之根,於是地志家轉相鉤考,昆侖真山始軒露於世。太史公譏張騫等烏覩所謂昆侖,洵哉其未之覩也。詳見徐氏《西域水道記》。或曰古稱昆侖皆主西北,故《溝洫志》載齊人延年之言曰“河出昆侖,經中國,注勃海,是其地勢西北高而東南下也”云云。今岡底斯遠在西南,得無與古説戾歟?曰《禹貢》叙昆侖而不言爲河所自出。《禹本紀》言河出昆侖而不詳其山在何方,延年上書在漢武末年。大約爲西北之説者,皆既窮河源之後之論也。《爾雅》《山海經》《淮南子》《説文解字》《水經》。彼見武帝指于寘山爲昆侖,于寘在西域南,西域在中國西北,故紛紛云爾也。然古説昆侖在西南者,其徵亦有二:一徵之《史記·封禪書》。《書》曰:“濟南人公玉帶上黄帝時明堂圖。明堂圖中有一殿,四面無壁,以茅蓋,通水,圜宫牆爲複道,上有樓,從西南入,命曰昆侖。天子從之入,以拜祀上帝焉。”陸賈稱黄帝巡游四海,登昆侖山,起宫室於其上。夫惟實至昆侖,圭方定位,故明堂西南之門命曰昆侖也。黄帝正名百物,必不誣矣。一徵之《穆天子傳》。《傳》曰:“《傳》中地里爲妄人所亂,故詳説之。戊寅,天子西征,鶩行至於陽紆之山,河伯無夷之所都居,是謂河宗氏。河宗柏夭,逆天子燕然之山。癸丑,大朝於燕然之山,河水之阿。”陽紆者,《周禮·職方氏》“冀州,藪曰陽紆”,蓋在今山陜之交,而地頗近北。或據《爾雅》郭注謂在右扶風汧縣,及《淮南》高注謂地近華陰,在今陜州閿鄉縣者,非也。何以明之?以下文河宗及燕然之山揆之,《史記·趙世家》《正義》曰:“河宗在龍門之上流嵐、勝二州之地。”唐嵐州,今嵐縣地;唐勝州,今鄂爾多斯右翼後旗,黄河南流處也。燕然之山,即班固爲竇憲刻石勒功之山。《寰宇記》曰:“在振武軍金河縣近磧。”金河故城,在今歸化城南。《水經注》於《傳》文前後懵不加察,《河水》開端即引此《傳》,以證河水所出之陽紆陵門山,而斥高注之非,傎矣。且即其所引《淮南子》“禹治洪水,具禱陽紆”之文證之,具禱乃治水之始事。禹治水始冀州,《書》曰:“既載壺口。”壺口,龍門上口,在今吉州西南。陽紆、龍門,界殆毗連,故《周禮》以爲冀州藪也。蓋循河而北出塞,及大漠之磧矣。“己未,大朝於黄之山。柏夭乃乘渠黄之乘,爲天子先,以極西土。乙丑,西濟河,爰有温谷、樂都,河宗氏之所游居。丙寅,用申八駿之乘,以飲於枝湋之中,積石之南河。”乙丑上距己未七日,濟河,越河關而南也。黄山,《山海經》郭注曰:“始平槐里縣有黄山。”槐里,今西安府興平縣也。温谷、樂都,疑即《西羌傳》之大、小榆谷。枝湋之中,疑即《唐書》所謂黄河九曲之地,楊矩奏請爲金城公主湯沐之所也,地在今西寧府西南塞外[一三]。則由今西安出河州,渡河而西南征矣。“丁巳,西南升缺文之所主居。或引此《傳》證于寘昆侖之説,於此句刊去“南”字,省改其文曰“西行,遂宿昆侖之阿”,大謬。戊午,遂宿於昆侖之阿,赤水之陽。辛酉,升昆侖之邱,以觀黄帝之宫,而封豐隆之葬。”計自乙丑濟河,至戊午始宿昆侖之阿,凡五十四日。此五十四日之中,高策八駿,日行百里,已不下五千餘里。略以由興平至積石南河七日程準之。或者穆王當日真至今之衛藏,故《水經注》於引釋氏《西域記》“阿耨達大山”下復引此《傳》證之,曰“即阿耨達宫也”。要之,積石已在西南,更由積石而西南行。《傳》又曰:“自河首襄山以西南,至于舂山、珠澤、昆侖之邱。”則《傳》所謂昆侖者,必非肅州、青海,和闐亦無緣,遂抵大荒之外,章章矣。胡東樵疑昆侖有二:一在西南,爲黄河之所出;一在西北,爲弱水之所環。不知弱水之所環者,即班《志》所稱“昆侖障”、“昆侖山祠”、馬岌所稱“酒泉南山”也,二而一者也。

又按,《禹貢》以昆侖與析支、渠搜竝舉。古析支,地在今青海和碩特前頭旗、南左翼中旗、土爾扈特南前旗及察漢諾們罕喇嘛游牧處[一四]。渠搜,在今蘭州北長城外河套地。準以《禹貢》涼州之域,渠搜在涼州西北,析支在涼州西南,昆侖又在析支西南,在《禹貢》統爲西戎矣。則康成謂《禹貢》昆侖非河所出者[一五],又非也。夫使禹時昆侖之名已多岐互,豈應於河源大山反昧標識哉?

【校記】

〔一〕坿　《山右》本作“附”。

〔二〕此　《山右》本作“此蓋”。

〔三〕《志》所謂祠,蓋如今嶽廟　《山右》本作“《志》所祠,蓋謂如今嶽廟”,“所謂”之“謂”字,在“蓋”字之後。

〔四〕焞　《山右》本作“淳”。

〔五〕脈　《山右》本脱此字。

〔六〕亙　《山右》本作“互”。

〔七〕厤　《山右》本作“曆”。

〔八〕泠 《山右》本作“冷”。

〔九〕大 《山右》本作“太”。

〔一〇〕木柰 《山右》本作“本奈”。

〔一一〕考 底本作“攷”,《山右》本作“考”。

〔一二〕已確知昆侖在今衛藏 《山右》本作“已確知在昆侖今衛藏”。

〔一三〕寧 底本作“甯”,《山右》本作“寗”。

〔一四〕察 《山右》本作“審”。

〔一五〕昆侖非河所出者 《山右》本作“昆侖圖非河所出者”,衍“圖”字。

《允征》序義

《夏本紀》:“帝中康時,羲、和湎淫,廢時亂日,允往征之〔一〕,作《允征》。”《書》序同。

案,羲、和世掌天官,分布其官屬子姓於四方,以實測治厤,敬授民時。廢時亂日,蓋置閏僭忒、寒暑易序及日辰星紀乖離紊次之流。其人本屬王官,隸在京師,醟於酒德,不共厥職。黜退之可也,誅殛之可也,湎淫非叛逆之比,何至以師臨之?且羲氏、和氏自堯舜以來未嘗命爲侯伯,享有國土,今往征之,將極之何所?反復推之,兩“征”字蓋本只作“正”。“允往正之”者,往嵎鐵、南交、柳谷、幽都之地更事推筴,辨其星土物候,以正當時治厤之失〔二〕,理而董之,爲授時出政本也。而《允征》之書,亦即《小正》之倫,與《堯典》相爲表裏。《左傳·襄[公]十四年》師曠引《夏書》曰:“遒人以木鐸徇於路,官師相規,工執藝事以諫。”此十八字或真即出於《允正》。繹下文師曠曰“正月孟春,於是乎有之”語意,則“正月孟春”不止此一條可知,其篇例亦分月紀事如《小正》可知。然則《允正》乃夏之《大正》歟?漢儒既以無師說亡其篇,僞孔習爲誓誥之詞,改“正”爲“征”,以便其狂誕之言,而不思其事爲理所必無也。《書》序、《史記》諸“征”字皆後人從僞孔改之,裴駰《集解》即引安國《傳》爲說,可證也。

孔沖遠《堯典正義》謂康成注《禹貢》引《允征》云:“厥篚元黄,

昭我周王。”案，郭璞注《爾雅·釋詁》：“釗，見也。”引《逸書》曰：“釗我周王。”“釗”“昭”音同，蓋即此文。更以《孟子》論湯武事證之，知康成斥爲“允征”必是誤記。蓋“周王”之“周”可以比傅於忠信爲周之義，而“大邑周”之稱則非岐周莫屬。既大邑周爲岐周，則周王必非夏王甚明，故趙邠卿直斷東征爲道周武王伐紂時事。而許君《説文·匚部》“匪”字下引“實元黄于匪”〔三〕，亦明箸曰《逸周書》也。趙、許皆與康成同時，其説符於《孟子》，學者所當取信矣。

【校記】

〔一〕往　《山右》本脱此字。

〔二〕之　《山右》本脱此字。

〔三〕匚　《山右》本作“匸”。

《〈淇奥〉正義》糾謬

太史公曰：“載籍極博，猶考信於六藝。”此史公讀書之法，亦千古讀書之法也。乃如《衛康叔世家》，史公誤取雜書，載：“周宣王四十二年，釐侯卒，太子共伯餘立爲君。共伯弟和有寵於釐侯，多予之賂。和以其賂賂士，以襲攻共伯於墓上，共伯入，釐侯羨自殺。衛人因立和爲衛侯，是爲武公。”是説也，但折衷於《柏舟》之詩，而其妄立破。此爲作《正義》者言之，史公時《毛傳》未出也。何者？古者子事父母總拂髦，親没則不髦。故《既夕禮》云：“既殯，主人脱髦。”《喪大記》云：“小斂，主人脱髦。”今此詩兩言“髧彼兩髦”，則共伯卒於釐侯之前甚明。《正義》曰：“武公立五十五年。《楚語》云：‘昔衛武公年九十有五矣，猶箴儆於國。’則未必有死年九十五以後也，則武公即位四十一二以上。共伯是其兄，則又長矣。”是已明知《世家》之説與《小序》蚤死之義不符，舍《史記》而從《小序》可也。乃曲爲之説曰：“謂蚤死，不得爲君，不必年幼。”又曰：“其妻蓋少，猶可以嫁。”嘗怪其作繭自縛，執而不通，乖折衷六蓺之義。殿本《毛詩注疏考證》：“臣光型按，武公立於宣王十六年，卒於平王十三年，在位五十五年，其立之年已四十餘歲矣。共伯爲武公兄，既云早死，則其死之年僖侯猶在，故猶著兩髦，非既葬去髦後追本而言也。孔疏信《史記》之言，其説非是。”及後讀《〈淇奥〉正義》，乃悟孔氏諸人曲護《衛世家》之説，凡以媚其時君也。

按，《詩序》：“《淇奥》，美武公之德也。”《正義》曰：“《世家》云武公以其賂賂士，以襲攻共伯而殺兄篡國。得爲美者，美其逆取順守，德流於民，故美之。齊桓、晉文皆篡弑而立，終建大功，亦皆類也。”是分明有建成、元吉之獄在其胸中。求之古書，適有此誣罔之史與之相應，因不惜曲筆深文，以遂其非聖逢君之惡。不然，逆取順守之意豈宜加諸《淇奥》之詩？齊桓、晉文之事豈可以例武公之聖哉？尤異者，《氓》之詩曰：“士之耽兮，猶可説也。”鄭《箋》云：“士有百行，可以功過相除。”是言也，與篡立之事初無干涉，而《正義》無端扯入，曰：“齊桓、晉文皆殺親戚篡國而立，終能建立高勳於周世，是以功除過也。”隱欲湔雪其君之惡，詎有是言乎？真所謂欲蓋彌彰也。觀此而《〈淇奥〉正義》之專爲太宗而發，益信曲學阿世，禍流宗社，作此疏者可謂無忌憚之極矣，是用昌言排之。

“隰則有泮”解

《氓》首章曰：“送子涉淇，至于頓邱。”末章曰：“淇則有岸，隰則有泮。”《箋》：“泮讀爲畔。”

按，此詩首末皆指淇水發興，頓邱既屬地名，不應末章獨取阪下溼之隰以立言〔一〕，而茫無所斥。淇水出河内共北山，東至黎陽入河。黎陽，今濬縣地。頓邱，在淇水南，今大名府清豐縣西南二十五里，漢頓邱縣地也。竊意“隰”當作“濕”，“濕”，古“漯”字。大河之支流禹、廝二渠,漯其一,水出東郡東武陽,武陽故城在今曹州府朝城縣東南。縣名武陽者,《水經注》云:"漯水,戴延之謂之武水。"水北曰陽,故名。頓邱在淇南,漯在淇北,南北相望百數十里遥耳。尋此詩致誤之由,緣後人改"濕"爲"漯",而以"濕"爲燥"溼"字,"溼則有泮"嫌於不詞,轉改作"隰"。《春秋·襄公八年》:"鄭人侵蔡,獲蔡公子燮。""燮",《穀梁》作"濕",亦緣"燮"與"隰"音同。《穀梁》本作"隰",後譌從水讀如"溼",知"濕"之本音其失久矣。不知上平曰原,下平曰隰,《公羊》文。其爲廣衍之區。則一"隰則有泮"於義荒矣,故知"隰"爲"濕"之譌也。祁叔穎侍郎曰:"《詩》例以'山'與'隰'對舉,如'山有榛,隰有苓''山有扶蘇,隰有荷華'之類皆是,未有以'水'與'隰'相對成文者。"此證甚明。

【校記】

〔一〕隰　《山右》本作"濕"。下同。

青衿"城闕"解

《小序》:"《子衿》,刺學校廢也,亂世則學校不修焉。"夫學校廢則士荒於嬉,事有固然,然何爲必在城闕也?

按,《説文》:"闕,門觀也。""𩏂,缺也。古者城闕其南方謂之𩏂。"以其繫乎城而言則曰𩏂,繫乎城上之臺觀而言則曰闕,義蓋相因。《公羊·定十二年》何休注云:"天子周城,諸侯軒城。軒城者,闕南面以受過也。"然則"城闕"乃鄭國宫城之闕耳。知者環郭之城四面皆有門,不得僅闕南方一面也。惟何休强爲天子、諸侯分别其制,則大不然。諸侯之城既闕其南面矣,豈有天子反實周四面、不留一門以通出入乎?故宫城闕其南面,天子、諸侯制從同同,《秋官·朝士》注:"王五門,雉門爲中門。雉門設兩觀,與今之宫門同。"其有關於學校何也?《禮·王制》曰:"小學在公宫南之左",又下文"養庶老于下庠、左學,養國老于東序、東膠"。鄭注曰:"下庠、左學,小學也,在國中王宫之西。東序、東膠,大學也,在國中王宫之東。”公宫、王宫皆指宫城而言,以故王太子、王子、羣后之太子、卿大夫元士之適子、國之俊秀,得皆就學於此。《地官》:“師氏居虎門之左,以三德三行教國子,凡國之貴游子弟學焉。”注:“虎門,路寢門也。王日視朝於路寢門。”學校廢而士無常業,惟見挑達往來於城闕而已。然此猶初廢未全廢之時也,故詩人思之曰:“一日不見,如三月兮。”〔一〕浸假秉蕑贈藥在城闕者,且游衍於溱洧之上,而鄭之學校乃真廢矣。難曰:“是則信矣。《傳》云:‘乘城而見闕。’《箋》云:‘但好登高以候望爲樂。’何也?”曰:“《爾雅·釋宫》:‘觀謂之闕。’觀有臺,謂之觀臺,分至啟閉,太史登以眡雲物祲祥者也。以其距學近而往來便,故廢學之人得時乘城而候望焉。”《正義》不達古制,乃曰:“闕是人君宫門,非城所有。城之上别有高闕,非宫闕也。”析一事而二之,語殊不瞭,是於毛、鄭之義尚未會通也。

【校記】

〔一〕月 《山右》本作“秋”。

《正月》“瞻烏”義

《小雅·節南山》:“不自爲政,卒勞百姓。”《箋》云:“昊天不自出政教,則終窮苦百姓。欲使昊天出《圖》《書》,有所授命,民乃得安。”斯誼也,乃兩京大儒相授之微言。《正義》謂:“《圖》《書》者,即《中候》説堯、舜及周公所授《河圖》《洛書》是也。王肅難鄭,刦之曰:‘禮,人臣不顯諫。諫猶不顯,况欲使天更授命?詩皆獻之於君,以爲箴規。包藏禍心,臣子大罪,況公言之乎?’王基,康成弟子也,理之曰:‘臣子不顯諫者,謂君父失德尚微,先將順風喻。若乃暴亂,將至危殆,當披露下情,伏死而諫,焉得風議而已哉?’是以《西伯戡黎》祖伊奔告於王曰:‘天已訖我殷命。’古之賢者切諫如此。幽王無道，將滅京周。百姓怨王，欲天有授命。此文陳下民疾苦之言，曲以感悟。此正與祖伊諫同，皆忠臣殷勤之義，何謂非人臣宜言哉？肅不譏《尚書》祖伊之言，而怪家父邪？"

穆案，伯輿之論讜矣。然古人立言類稱"天命"，以警戒人君，所謂善則得之，不善則失之。著於《詩》《書》者，其文蓋不一而足，而《正月》"瞻烏爰止，于誰之屋"二語尤深切著明，惜《傳》《箋》皆未見及耳。蓋烏者，周家受命之祥也。《春秋繁露·同類相動》篇引《尚書傳》言："周將興之時，有大赤烏銜穀之種而集王屋之上者，武王喜，諸大夫皆喜。周公曰：'茂哉！茂哉！天之見此以勸之也，恐恃之。'"《思文》箋曰："武王渡孟津，白魚躍入王舟，出涘以燎。後五日，火流爲烏，五至，以穀俱來。此謂遺我來牟。"凡此皆古文《泰誓》之言，周之臣民所相傳以熟者。至於幽王之時，天變疊見，譌言朋興，大命將墜。故詩人憂之曰："昔我先王受命之赤烏，我瞻四方，不知將復止於誰之屋？"以著天心不饗，周宗將滅也。其意亦即康成"昊天出《圖》《書》，有所授命"之義，而即用本朝之事以明之，爲詞尤迫。"天命不私一姓"，古之恆言。豈若邪臣媚子面謾是工，諱盜賊不言，諱水旱不奏，坐視其君之阽危而不顧者哉？何後世王肅之紛紛也？

"淮有三洲"考

"三洲"，《箋》《疏》皆無明文。《傳》曰"淮上地"，亦約略言之。

按，三者，數之成也。凡一、二之所不能盡者，則約以三，概詞也。水中可居曰洲，淮上之洲不一，曰三，虛數也。幽王流連淮水之上，自春徂秋，既非一時，此義本《集傳》。則泝流上下，亦必非一地，殆如煬帝錦帆隨所沿歷矣〔一〕。三洲，今亦不能確指其地，然厓略尚粗具，於《爾雅》及《水經注》有可考者。《爾雅·釋邱》："淮南有州黎邱。"

《注》:“今在壽春縣。”其曰“有州黎邱”者,《釋邱》惟此句爲變文。明此“黎邱”乃水中之洲,與黎陽之“黎邱”不同。見《吕氏春秋》。邢昺以“州黎”二字連文,殊爲不辭。壽春,今鳳陽府壽州地也。《水經·淮水》篇注:“淮水又東,爲安風津。水南有城,故安風都尉治。淮中有洲,俗號關洲,蓋津關所在,故洲納斯稱焉。”又一條曰:“淮水於淮浦枝分,歷朐縣,逕朐山西,山側有朐縣故城。東北海中有大洲,謂之郁洲。《山海經》所謂‘郁洲山在海中’者也。”安風,班《志》屬六安國,故城在今潁州府霍邱縣西南一百三十里。朐,屬東海郡,故城在今海州南。郁州,在州東北十九里,一作鬱洲,山南,宋時青、冀二州皆僑治於此。據之,則由淮西南而東北,淮由淮浦縣東北入海。三洲厓略亦具矣。

或者以郁洲太遠爲疑。按,秦始皇三十五年,於朐縣立石海上,以爲秦東門,班《志》作“以爲秦東門闕”,其地在今海州南二里,俗名馬耳峯。則其地亦縱情游覽者所必至矣。至或改《序》,説幽王爲穆王,以就善長周穆所會之文,則信酈亭固不若尊西河也。

《淮水》篇引蔣濟《三州論》。一清按,蔣子通作《三州論》,本詩人“淮有三洲”之義,言水淺也。

【校記】

〔一〕歷　底本作“歴”,《山右》本作“歷”。下同。

“上帝甚蹈”義答趙伯厚

昨承過齋頭,見蘭兒讀《詩》,至《菀柳》篇下,問曰:“‘上帝甚蹈’,《荀子》作‘甚神’,康成改‘蹈’爲‘悼’,二者孰是?”倉猝未有以應也〔一〕。既而思之,“甚神”“甚蹈”蓋師傳異本,其義則不甚相遠。康成改“蹈”爲“悼”,則殊覺未安。且以上帝爲幽王,與它詩之稱上帝者不一例,尤未安也。

謹案,毛公訓"蹈"爲"動",動猶"神"也,蓋即變動不居之義,所謂"天難諶斯"者也。首章"上帝甚蹈,無自暱焉",若曰:"王無以天爲可恃,天固甚無常也。而可恃其親暱,謂天獨私於一姓乎?"次章"上帝甚蹈,無自瘵焉",蓋怨王之憚於悔過也。又歆之曰:"王無謂天心難回,天固甚無常也,但能悔過自新,則天心復饗王矣,奈何甘自暴棄以取病乎?"忠臣善於牖進其君如此。而康成訓"瘵"爲"接",是又欲改"瘵"爲"際"也。大凡《箋》所改字,反復尋繹,皆毛義爲優,此亦其一也。《詩》無達詁〔二〕,不知亦可備一解否?幸教之。

【校記】

〔一〕倉　《山右》本作"蒼"。

〔二〕《詩》無達詁　《山右》本作"《詩》無達詁之",衍"之"字。

"翦商"解

《魯頌·閟宫》次章:"后稷之孫,實維太王。居岐之陽,實始翦商。"《傳》:"翦,齊也。"《箋》:"翦,斷也。太王自豳徙居岐陽,四方之民咸往歸之,於時而有王迹,故云是始斷商。"《正義》:"'翦,齊',《釋言》文。齊即斬斷之義,故《箋》以爲斷,其義同也。太王居岐之陽,民咸歸之,是有將王之迹〔一〕,故云是始斷商,言有滅商之萌兆也。"

案,《説文·止部》:"歬,不行而進謂之歬。從止在舟上。"《刀部》:"前,齊,句。斷也。從刀,歬聲。"《羽部》:"翦,羽生也。一曰矢羽。從羽,歬聲。"三字截然不同。自"歬"字不行,隸變"前"爲"前"以代"歬",復變"翦"爲"翦"以代"前"。於是凡進導之訓皆歸之

"前",齊斷之訓皆歸之"翦",而"翦"之本訓不行,凡經傳所有"翦"字皆假借用之。《爾雅》"金鏃翦羽""骨鏃不翦羽",乃《説文》"一曰"義。《爾雅》:"翦,勤也。"乃"進"義之引申,段氏曰:"翦之言盡也,謂盡力之勤也。"陳奐曰:"齊商,勤商。"義本相通,皆由不知翦、勤之"翦"當作"歬"。是歬義也。翦,齊也,斷也,斬也,滅也,皆一義之引申,是葥義也。二義亦截然不同,而後人往往混合爲一,經解因之歧出矣〔二〕。

今案,"實始翦商"之"翦",當爲"踐"。《玉藻》:"凡有血氣之類,弗身踐也。"注:"踐,當爲翦,聲之誤也。案,當云聲之轉。翦,猶殺也。"《書正義》引鄭注《成王政序》"遂踐奄"云:"踐,讀曰翦,滅也。"《説文·戈部》:"戩,滅也。"引《詩》"實維戩商"。戩、翦聲通,故皆有滅義。鄭注《周禮·翦氏》云:"翦,斷滅之言也。《詩》云'實始翦商'。"楊慎訓"戩商"爲"福商",惠氏《九經古義》已駁之。《史記·孝文紀》:"自當給喪事服臨者,皆無踐。"《集解》引服虔云:"踐,翦也,謂無斬衰也。"《漢書·文帝紀》注引伏儼同。皆謂借"踐"爲"翦",古字通用。既可借"踐"爲"翦",則亦可借"翦"爲"踐"。如此,《經》"翦商"之當爲"踐商"是也。

毛、鄭二君惟泥"葥"之本訓説之,故曰齊、曰斷,然是以勢言之。故《箋》云"於時而有王迹,是始斷商",《疏》云"'是始斷商',言有滅商之萌兆",未即以闇干天位歸獄陰謀也。朱子乃踵成其義,曰:"太王之時,商道寖衰而周日强大。季厤又生子昌〔三〕,有聖德,太王因有翦商之志。"以莽、操之心上誣古聖,朱子之過未始非毛、鄭有以啓之。夫太王方以避狄難,率親屬而西,室家艸刱〔四〕,規模粗具,岐陽而外,尺土皆非已有〔五〕,不可謂强大。外寇未平,遽饕神器,赤子在抱,妄希符命,此又莽、操所知其不可者。曾謂太王而有是乎?後儒覺其不安,因援"翦、勤"之訓以解之,曰"至於太王,實始勤商"云爾。是其用意優矣,而不知"勤"乃"歬"義,乃於太王之事亦不合。何者?《緜》詩詠太王居豳,歷叙契龜作廟〔六〕、築門宜社之績。史遷本《詩》意作《周本紀》,不過曰"於是古公乃貶戎狄之俗,而營築城郭室屋,而邑别居之。作五官有司。民皆歌樂之,頌其德”而已。《索隱》此下注曰:“即《詩·頌》云‘后稷之孫,實維太王。居岐之陽,實始翦商’是也。”案,《索隱》引“實始翦商”句,乃連而及之,《本紀》初無此義。假使太王有翊戴王室之勳〔七〕,周公敢没其祖功不録哉?蓋周至王季始大,至文王而其勤益著,故《皇矣》美周斷自王季。《太平御覽》引《竹書紀年》有“季厤來朝,王賜地三十、玉十瑴、馬八匹”事,《後漢書·西羌傳》注引《竹書》有“周公季厤伐西落鬼戎,俘二十翟王。伐無余之戎,克之。命爲殷牧師”事。《西羌傳》注又引《竹書》,有周人伐燕京之戎、伐始呼之戎、伐翳徒之戎三事。今本《竹書》皆分年繫之公季厤,不敢據也。而《汝墳》《四牡》皆文王勤商之實迹也。然則“踐商”何義?曰:踐,履也。踐商者,踐商之朝也,義同“踐阼”之“踐”。溯周自后稷封邰,不窋失官,竄居戎狄之間。夏商之際,屬籍之不通於天子也久。公劉涉渭取材,復脩后稷之業,周道用興,然居戎狄之間如故。其後慶節居豳,稍稍内徙,而朝貢不達於天子也。直至太王,始脩職覲踐商之朝焉,故《魯頌》述武王克商,而推本言之曰“后稷之孫,實維太王。居岐之陽,實始翦商”也。今本《竹書》“武乙三年”有“命周公亶父賜以岐邑”之文,古書未見引用〔八〕,未敢據以爲朝商之證。下文“至于文武,纘太王之緒”,則孔子所謂“三分天下有其二,以服事殷”,《周書·程典解》所謂“合六州之侯,奉勤於商”,《中庸》所謂“武王纘太王、王季、文王之緒”是也。“致天之命,于牧之野。無貳無虞,上帝臨汝。敦商之旅,克咸厥功”,則《大明》之詩所謂“篤生武王。保佑命爾,燮伐大商。殷商之旅,其會如林。矢于牧野,維予侯興。上帝臨汝,無貳爾心”是也。通繹古書,更無太王陰謀伐商之迹。自故訓不明,而古聖人之横被誣罔也,又千餘年於此矣。亂賊生心,或至援斯以爲口實。經誼不明,其禍烈哉!

《考工記·鮑人》:“則是以博爲帴。”注:“鄭司農云:‘帴讀爲翦,謂以廣爲狹也。’元謂翦者,如俴淺之俴,或者讀如羊豬戔之戔。”入“翦商”解。

陳奂曰:“齊者,正也。翦謂之齊,齊謂之正,此一義之申。‘實始正商’,言周家有正商室之功。”訓案,此三十三字,草稿批於書眉,無可厠入,今附於末。

【校記】

〔一〕是　《山右》本作“言”。
〔二〕岐　《山右》本作“歧”。
〔三〕厤　《山右》本作“歷”。下同。
〔四〕艸　《山右》本作“草”。
〔五〕已　《山右》本作“己”,當以“己”爲是。
〔六〕歷　底本作“歴”,《山右》本作“歷”。
〔七〕翊　《山右》本作“翌”。
〔八〕末　《山右》本脱此字。

釋《媒氏》文爭義

《媒氏》:“中春之月,令會男女。于是時也,奔者不禁。”汪氏中釋之曰:“會,讀若司會,其訓計也。三十不取,二十不嫁,雖有奔者不禁焉。非教民淫也,所以著之令,以恥其民,使及時嫁子取婦也。”

愚按,《詩·摽有梅》首章〔一〕:“求我庶士,迨其吉兮。”《箋》:“我,我當嫁者。庶,衆。迨,及也。求女之當嫁者之衆士,宜及其善时。”三章:“求我庶士,迨其謂之。”《傳》:“不待備禮也。三十之男,二十之女,禮未備則不待禮會而行之者,所以蕃育人民也。”《箋》:“謂,勤也。女年二十而無嫁端,則有勤望之憂。不待禮會而行者,謂明年仲春不待以禮會之也。時禮雖未備,相奔不禁。”按,此即“奔者不禁”確詁。毛、鄭葢皆據《周禮》以説《詩》,然則此奔者皆有夫家之女,父母之命,媒妁之言,早有定議,所謂“當嫁之衆士”是也。

按,《媒氏》“奔者不禁”下文云:“若無故而不用令者,罰之。司男女之無夫家者而會之。”則此奔者爲有夫家之女,其文甚顯〔二〕。特因嫁取過時，不責備禮，速成其夫婦之道，故曰“奔”耳。此“奔”字不惟與“淫奔”之“奔”别，即與“奔則爲妾”之“奔”亦不同。范氏《穀梁·文十二年》注引“奔者不禁”云：“奔者，不待禮聘，因媒請嫁而已矣。”曰“請嫁”，則前此有言，可知其爲非妾，亦可知“會”謂禮會，請期、醮子、親迎、御輪諸禮是也。《媒氏》以令會之，有過時者禮皆從省，促遽成昏，如相奔赴然，即“迨其謂之”之義。《漢書·食貨志》：“力耕數耘，收穫如寇盗之至”，亦謂促遽之甚如避寇盗然，非謂收獲之時必有寇盗也。與“奔者不禁”皆古人形容之言〔三〕。夫使“奔”爲淫奔〔四〕，是明明教民淫矣。亦既教之，乃曰“恥之”，曾謂《周官》有此令典哉？汪氏於是乎失言。

【校記】

〔一〕摽　《山右》本作“標”。

〔二〕則此奔者爲有夫家之女，其文甚顯　《山右》本作“則此奔者爲有夫家之其女文甚顯”，“女”“其”二字顛倒。

〔三〕皆古人形容之言　《山右》本作“皆古言人形容之”，“言”字竄入“古”字之後。

〔四〕淫奔　《山右》本作“奔淫”。

“瓦屋”考

《春秋·隱［公］八年》：“宋公、齊侯、衛侯盟于瓦屋。”《傳》：“齊人卒平宋、衛於鄭，會于温，盟于瓦屋，以釋東門之役。”杜注：“瓦屋，周地。”《疏》：“瓦屋既闕，知是周地者，會盟不得相遠。温是周地，知瓦屋亦周地。”《彙纂》〔一〕：“今開封府洧川縣南二十里瓦屋里是其地。”江氏曰：“瓦屋里在洧川南，其地在新鄭之東，當爲鄭地，非周地也。”

瀛按，《方輿紀要》“開州斂盂聚”條下引《志》云：“州西南又有地名瓦屋頭，即《春秋·隱［公］八年》宋公、齊侯、衛侯同盟處。”開州,春秋時衛地也。然觀"冬,齊侯使來告成三國",則齊欲攘平難之名,斯盟必不獨在衛地。嘗聞之徐松坪瀚。年丈曰:"陳留訓導學宫,建於縣之瓦屋里,疑即春秋之瓦屋也。"邑無志,徐之先德曾官於此。按,陳留,春秋時留邑也。《漢書·地理志》孟康注曰:"留,鄭邑,後爲陳所并,故曰陳留。"其地居宋之西北、鄭之東北、衛之東南,意當時擇三國適中地定盟,以明渝平之意。而鄭怨宋、衛深,卒不至也。若洧川,則迫近鄭都,諸侯麇至,主人深匿不出,宋、衛其讎也,獨不懼挑齊侯之怒乎?於情事爲不協矣。

【校記】

〔一〕彙　底本作"彚",《山右》本作"彙"。下同。

"篲,勤"解

《爾雅》:"篲,勤也。"郭注:"篲,未詳。"邵氏《正義》云:"篲,當作冑。《泰》'初六'云:'以其彙。'《釋文》云:'古文彙作冑,鄭注云勤也。'"

穆按,《曲禮》:"國中以策彗卹勿。"鄭注:"彗,竹帚。卹勿,搔摩也。"《説文》:"彗,埽竹也,從'又''持''甡'。"按,"甡"乃象彗之形,不從兩"生"。篲,或從"竹"。篲,古文"彗",從"竹""習"。然則"篲"自有本義,不當引假借之"冑"以證"篲"。篲之初義爲埽竹,引申之則爲敺馬之竹帚,猶之"策"之初義爲馬箠,假借之則爲箸書之方策爾。得訓爲"勤"者,篲,灑埽之事,弟子之職也。御,亦六蓺之一〔一〕。策彗,御者所執也。古文從"竹""習",習,勤也。邵氏之説支矣。郝氏《義疏》無説,然曰"謂通作冑",則亦用邵説矣。

【校記】

〔一〕蓺　《山右》本作"藝"。

“成”即古“稱”字説

，《説文》在戊部，解云：“就也，從戊，丁聲。，古文成，從午。”穆案，戊象六甲五龍相拘絞，既不得其義。戊承丁象人脅，亦不得其形。而成之何以從戊，段、桂諸君亦未有議及之者。

今案，王復齋《款識》書内摹宋孝宗賜洪邁《父癸鼎》，此器亦見《宣和博古圖》及薛尚功法帖，以摹之俱小，失其形，故不引。右側有文作，釋云“立戈形”，近海鹽吴東發云此古文“成”字。案，東發謂爲古文“成”字，良是。然云：“，準之象也。丨，繩之象也。()，所以權之也。《考工記》所謂‘可水、可縣’之象也。”則義有未安，故不從。案，“成”字是也。嘗於收弆家見古《己卣》上有文作，蓋與器其文一反一正，此蓋也。而“方成”古成、城一字〔一〕。《朱仲子寶尊》“成”作“”，尤其顯證。此文即許君古文從“午”所由譌。實則即古之“稱”字，當未制“稱”字之前，稱止作“成”。其正名則謂之衡。蓋純乎象形之字：一，象衡之平；左側之十，權也；右側之，繫物之繩及鉤也〔二〕；()，衡端之兩毫也；中央一丨，殆象所衡之物。此作丨，亦或作十，明其無定形也。《左氏傳》引《書》：“‘地平天成’，稱也。”稱，衡也。《説文》訓“銓”乃“動”字。“衡”，“静”字也。引申之，則訓爲“服之不稱”之“稱”。《莊子·大宗師》篇“成然寐”，陸氏《釋文》：“成，如字。”引李云：“成然，縣解之皃。”成然，即稱然，此古“稱”字之僅存者〔三〕。人之寐也，無所係著如稱然，《釋文》“縣解”下引向云：“無所係也。”故曰“稱然寐”也。然則謂“成”從“戊”者，乃許君望文之誤解。曰“就也”，亦“成”字引申之義，而非本義。本義當如《爾雅》《穀梁》訓曰“平也”。毛公《詩傳》、鄭君《禮注》同。“平”“成”同部相訓，於六書爲轉注也。古《款識》書中，“成”或作“”、作“”、作“”、作“”，皆“”之省變。小篆務取整齊〔四〕，竟合“()”“丨”爲“个”。許君既仞“个”爲“丁”，故仞其外廓爲“戊”，而不思“戊”義之與

"成"無關也。由此推之,"戊"果從"戈"作"戉",右側之"丨"爲何字更不可解。則必與人身之膂形不肖,然亦必不從古文"成"之"㭊"。蓋制字之本義,其失傳也久矣。案,六甲五龍相拘絞,必"戊"字之真形確詁,惟其文失傳,故人莫得其解耳。

【校記】

〔一〕一字　《山右》本作"字一"。

〔二〕鉤　《山右》本作"钩"。

〔三〕僅存者　《山右》本作"僅僅存者",衍一"僅"字。

〔四〕小篆務取整齊　《山右》本作"小篆務整取齊","取""整"二字顛倒。

"棧"字説

《公羊傳》曰:"奄其上而棧其下。"《周禮·喪祝》注引之:"棧其下,谓以竹木布於地也。"《王莽傳》曰:"四牆其社,覆上棧下。"師古注曰:"棧,謂以簀蔽之也。下則棧之,上則覆之。"《高帝纪》注曰:"棧,即閣也,今谓之閣道。"此棧道義也。《説文》:"棧,棚也,竹木之車曰棧。"段氏曰:"謂以竹若木散木編之爲箱,如柵然。取其能容物,故役車謂之棧車。"以上段説。而今人囷積雜貨之所亦名曰棧房也〔一〕。《管子》"傅馬棧"取雜叢艸木之義,《莊子》"編之阜棧"則仍取"棚"義。今韻分"棧道""棧閣"之"棧",上聲,"叢棧"之"棧",去聲,已屬多事。而注家又别白不清,義愈晦矣。

【校記】

〔一〕囷　《山右》本作"困"。

沾、沁疑義

沾水出壺關，而沾縣治乃在今樂平、和順之間。縣氏、水名，不應治與水遠不相涉。疑舊治本在今潞安府城左右，後移治於此也。又考清漳水，《淮南子》云：“出楬戾山。”《水經》曰：“出少山大要谷。”《説文》：“清漳出沾山大要谷。”或疑脱“少”字，非。沁水，《水經》曰：“出謁戾山。”而沁水亦名少水。《戰國策》：“秦正告韓曰：‘我起乎少曲，一日而斷太行。’”少曲，少水之曲也。疑“楬”“謁”本一字，“楬戾”“謁戾”本一山，即《漢志》所云“羊頭山也，沁水出焉”。羊頭山，一名謁戾山，一名少山，故沁水得被少水之稱耳。疑後人既移沾治，並移謁戾、少山之名於沾。其實清漳自出大要谷，與謁戾、少山皆無關也。

“陽冰”説答祁叔穎尚書

承詢《海賦》“陽冰”之義。案，李善注曰：“言其陽則有不冶之冰，其陰則有潛然之火也。《晏子春秋》曰：‘陰冰凝，陽冰厚五寸。’《説文》曰：‘冶，銷也。’”注語本極分明，而或猶不達者，由未省注中二“其”字，即其，其海也。昔俞君理初嘗爲穆校《文選》，批二語於書眉曰〔一〕：“水北曰陽，南曰陰。”據之則“陽冰”“陰火”云云者，猶言北海有不冶之冰、南海有潛然之火耳。以“南海”“北海”詁“陰”“陽”二字，不惟實事實情，并注二“其”字亦軒然呈露矣。《晏子》“陰”“陽”二字，亦正作南北解，但不謂海耳。又李注所引《晏子》二語在《内篇·雜上第五》，而“陰冰凝”乃作“陰水厥”，其文曰：“陰水厥，陽冰厚五寸者，寒温節，節則政刑平，平則上下和，和則年穀熟。”《太平御覽》引之，亦作“陰水厥”。厥，當作“瘚”。《説文》：“厥，發石也，從厂，欮聲。”引申爲語助詞。“瘚，逆氣也，從疒從屰、欠。”隸體厥、瘚不分，故世人多見厥、少見瘚也。高誘注《吕覽》

曰:"厥,逆寒疾也。""陰水厥"之義正如此。蓋時已沍寒,水流澌澮,冰將成,而不得即名爲冰也。然則今注本作"陰冰凝"者,乃並《素問》未讀之人,嫌"厥"字不詞,奮筆妄改也,而顧千里諸人亦未經校出。唐李陽冰,字少温,其義即取諸《晏子》。

壬寅十一月,尚書以擬唐林滋《陽冰賦》課庶吉士,多不得解,實則林滋先未省"陽冰"之義也。

壽陽祁世長校字

【校記】

〔一〕 眉　底本作"睂",《山右》本作"眉"。下同。

月齋文集卷二

平定張穆

論　附書後一篇

楚　論

楚，大國也。先敗於吴，後亡於秦，其故可知也。伍員之言曰："楚執政衆而乖，莫適任患。若爲三師以肄焉，一師至，彼必皆出。彼出則歸，彼歸則出，楚必道敝。亟肄以罷之，多方以誤之。既罷，而後以三軍繼之，必大克之。"楚於是始病。白起之言曰："楚王恃其國大，不恤其政，而羣臣相妒以功，諂諛用事，良臣斥疏，百姓心離，城池不修，既無良臣，又無守備。故起得引軍深入，多倍城邑，發糧焚舟以專民，掠於郊野，以足軍食。楚人自戰其地，咸顧其家，各有散心，莫有鬥志。是以能有功也。"嗚乎！觀二人之言，夫豈特楚哉？項羽不任屬良將，東西奔命，卒力敝於漢。唐元宗席全盛之勢，怠荒武事，一旦河朔犯順，朞月之間潼關不守〔一〕。金人敗盟，舉朝震動，暮夜渡河，亂無行列，一卒莫之守也。俺答入寇，勤王之師徧列郊扃，閣部指揮任其飽掠，莫敢阬其歸也。隋用高熲之策以平陳，周用王朴之計以翦唐。故國家之敗由於莫適任患，莫適任患由於諂諛用事。苟有良臣，則孫權傾國不能取合肥，羊祜乘釁不能取江陵。苟無良臣，則陰平委之鄧艾〔二〕、大峴棄之劉裕。《詩》曰："天之方懠，無爲夸毗。”夸毗,體柔也。體柔之人,其不肎爲國任患也久矣〔三〕。君子是以太息於囊瓦、上官之徒,而伍員、白起之謀,百世下之人主讀之,其可寒心而慎思保邦之術哉〔四〕!

【校記】

〔一〕朞　《山右》本作“期”。下同。

〔二〕委　《山右》本作“娄”。

〔三〕肎　《山右》本作“肯”。“肎”,古“肯”字。下同。

〔四〕保　底本作“保”,《山右》本作“保”。

海疆善後宜重守令論

漢宣帝有言曰:“與我共治天下者,其唯良吏二千石乎!”爰躬自引問,璽書奬勞有功,賜金封爵,遇公卿缺輒得超任〔一〕。光武初即大位,未遑他務,先封前密令卓茂爲太傅、褒德侯。明、章承之,每下詔書,多嘉循吏。故西京之盛盛於元康、神爵之間,東京之盛推建武、永平焉。明宣宗命大臣各舉所知出典劇郡,各賜勅書得便宜從事〔二〕,是以得況鍾、莫守愚諸人,明之治亦未有如宣德者也。由是觀之,守令者,國家之根本而培養元氣者也。守令賢,故民附,民附則知親上。守令賢,故民肅,民肅則知畏上。民親且畏,則法立而令易行,賦税不期足而自充,奇邪不期絶而自遠。於是乎民和而天降之福,則風雨時,草木茂,年豐人樂而嘉祥應。何則?民以君爲心,君以民爲體,而守令者中握之機樞也。人雖感患大病,胃氣不傷則必愈。天下雖有大變,民心不散則不危。一方守令賢則一方安,天下守令賢而天下安矣。

今國家重熙累洽,垂二百年。暎吉利,一海外禽獸國耳,狂噬三年,而海寓爲之驛騷,帑藏爲之耗竭。今縱能如當事者所云可以帖耳受撫,而虎狼在户,反復莫必。師屢挫辱,既無得氣之兵。民困徵輸,並無可籌之餉。萬一他日卒然有變,可不爲深懼乎?今之計國是者,徒纖悉於微芒之利,粉飾乎訓練之名,不知民財已竭,豈能供上之求?廩給不充,豈有可練之卒?至於徵無可徵,餉無可餉,而一切苟且之政將行。唐代宗、德宗、金宣宗、明神宗之弊不深可懼乎?方今良法美意,事事有名無實。譬之於人,五官猶是,手足猶是,而關竅不靈,運動皆滯,是以當極盛之時而不及四期已敗壞至此。嗚呼!豈非庸臣尸素當職,謬享太平之福,至於紀綱暗紊、萬事暗隳所貽之隱憂乎?今欲求韓、白之才,何能倉卒遇也?即有桑、孔之智,豈能旦夕奏效也?所恃者,自列聖以至今上皇帝愛民如子之仁,元氣深厚耳!

夫重士必食士之報,愛民必食民之報。自漢以來,民之安居樂業、蕃衍休養未有盛於我朝者也。是以粤東屢遭逆夷之毒而忠愛不衰,義檄義旗相繼而起。閩省厦門,逆夷畏民驅逐,遁不敢居。即江蘇素稱孱弱,而沿海沿江之民亦間有殺賊自效者。此真祖宗積累之厚,皇天眷佑之深,所當乘其機而利用之也〔三〕。然則欲治今日之天下,則莫若固未散之人心。欲固未散之民心,則其要歸於擇守令,而海疆之善後卒亦無以易此焉。何也?今之所患者漢奸,而漢奸皆内地之民也。守令賢則必善行保甲,民愛守令如父母,則糾察易而密,奸民何所容乎?其善一矣。今之所患者雅片,守令賢則民聽其訓誨,父戒子,兄勉弟,以共遠於鴆毒。而吸食之徒且不容於家庭,不齒於鄉里,不待嚴刑峻法而習惡可消。其善二矣。今之所患者無兵,守令賢則各鄉皆可團結,一旦有事,荷耰鋤者皆兵也,不勝調發萬萬哉?其善三矣。民皆爲兵,何憂於餉?其善四矣。熟其地利,悉其險易,則街衢之間、阡陌之地皆可掘溝爲險,設伏無形。其善五矣。撫其傑黠,使爲商賈,犂其心〔四〕,潰其腹。其善六矣。教化既行,則民效醇儉,而外洋淫巧之物將日漸不行,省民間金錢之耗,而風俗日美。其善七矣。商漁奸販必有魁傑爲之首,守令賢則能知其蹤迹,廣爲招致,使爲我用,大則將才,小則精卒也,如是而緑營鈍弱之兵可以汰。其善八矣。化奸爲良,鹽税日益,可以裕國。其善九矣。潛驅默率,使民由之,而不知干城腹心壯於無形,内地不擾,逆夷不疑。其善十矣。此與練兵勇、修礮臺、空談守禦卒爲夷人所禁而不得施者,功相萬也。

愚故曰:"治今之天下,莫要於擇守令,而海疆之善後尤莫要於此也。"難者曰:"沿海七省緜亙幾七千里〔五〕,安能盡得賢守令而任之?"應之曰:"天生人才,惟生大才不數。今欲朝廷求賢,而曰必如管、樂、蕭、韓、岳飛、王守仁諸人,誠知其難也。若守令,則凡實心爲國爲民者,即是良吏。以天下之大,而不能擇數十人乎?特患不求之耳。"曰:"求之,而督撫不以實應,柰何?"曰:"今督撫保舉,十九皆趨走便習之人,海疆則趨走便習者之畏途也,非忠心愛國之人決不願往,非胸有把握而洞曉事體之人決亦不敢往。其願往敢往者,則必漢章所稱悃愊無華之吏矣。夫悃愊無華之吏,今之督撫所遺也。而海疆之令下,則趨走便習之人必共舉平日督撫所遺者,以爲己脱避之地矣。而悃愊無華者,有忠君愛國之心,又能通曉事體,亦無不樂於膺薦,以思一展布。愚故曰,選守令於他地,則保者或不公;選守令於海疆,則保者必多實。又況内外臣工各有耳目,又何必專恃督撫哉?"雖然,愚猶願國家寬其處分,授之便宜,俾之真能展布而勿掣其肘也。一不如條例焉而有罰,一事擅焉而有罰,督撫藩臬,一婦四姑,重重令壓,時恐得罪。又況繁簡不均〔六〕,動輒更調,民情未習,瓜代已聞,雖有善心,終無表見。則漢、明二宣賜書勑久任超擢之意,其亦當取法乎?嗚呼!由海疆善後而慎擇守令,由海疆守令而推之天下,朝廷復以誠意體之,上下交欣,歡若一體,百廢竝修〔七〕,百利竝舉,則是國家何憂乎無財?何憂乎無將?奚恥而不恤?奚敵而不服乎哉?

【校記】

〔一〕輙 《山右》本作"輒"。下同。
〔二〕勅 《山右》本作"剌"。誤。
〔三〕乘 《山右》本作"乗"。
〔四〕犂 《山右》本作"犁"。
〔五〕沿 《山右》本作"鉛"。誤。
〔六〕繁 《山右》本作"緐"。
〔七〕竝 《山右》本作"並"。下同。

弗夷《貿易章程》書後

《弗蘭西五口貿易章程》,内有大可慮之事三,而最甚者爲沿海立禮拜寺公然行其所謂天主教者。

案,天主教自明萬厤間利瑪竇入中國,久欲以此惑衆。明政雖不綱,而其時士知節義,講壇林立,一二夷人之口豈能奪數百年惇詩説禮之心?我朝定鼎,政教修明,但資其天算小術,彼亦以一藝自安,故邪説久不行。今乃明與要約,聽弗夷習教授徒,誑惑愚民,何也?或謂天主教與白蓮教等。白蓮教蔓延北方,其極熾不過如林清祝現止矣,何能爲?是大不然。白蓮教殆古五斗米喫菜事魔之類[一],爲之首者即至愚無教之民。州縣官但出一示禁之,輒伏不敢動。無高官顯秩之人爲之包庇,其黨雖衆,而勢則孤也。今揆弗夷情勢,儼然與中國竝大,方且要索挾持,不畏我皇上,何況羣有司哉?沿海之民有入其教者,倚敵國爲逋逃主,負隅自雄,誰敢過問?且白蓮教率斂財入己,故愚民之稍不愚者即不爲所惑。而天主教則捐斥金錢,轉予習教之人。民即不愚,恐一時飢寒念切,且謂不妨偶一習之也。既已習之,能不爲所用乎?又況犬羊之性荒忽無常,萬一敗盟兆釁,凡兵船所泊之處,下一令曰習天主教者不殺，當此之時，試問從者衆乎？不從者衆乎？僅愚民從之邪？將不愚者亦從之邪？民從之不可問也，兵從之更不可問。挾兵威以鼓其邪説，假邪説以償其大欲，土崩瓦解旋至立效。恐自古謀人國、下人城者，無此速且易矣，然此必至之勢也。前者逆英破鎮江，有儼然儒巾而上書夷酋甘心作賊者，有爭具牒狀乞爲賊充里長者。人心敝壞至今日已極。我官民久已畏夷如虎，何況加以天主教之扇誘乎？故曰最爲可慮也。

《明史》稱："佛郎機强，與吕宋互市，久之見其國弱可取，奉厚賄，乞地如牛皮大，建屋以居。王不虞其詐，許之。其人乃裂牛皮，聯屬至數千丈，圍吕宋地，乞如約。王大駭，然業已許諾，無可柰何。其人既得地，即營室築城，列火器，設守禦具。已，竟乘無備，襲殺其王，據其國，仍名吕宋，實佛郎機也。"今章程内載："五口地方，凡弗蘭西人房屋間數、地段寬廣，不必議立限制，俾弗蘭西人相宜獲利。"與《明史》所稱乞地如約事放佛相似。假如祖其故智，肆行吞占，恐立制之初華夷已不能相安。章程末載："别國所定章程不在弗蘭西條款内者，弗蘭西不能限以遵守。惟中國將來如有特恩曠典、優免保佑，别國得之，弗蘭西亦與焉。"是其抗税搆禍冀獲漁人之利之志已隱躍言外，譸張狡展，難以逆料。凡此皆事之至可慮者。

甲辰十一月初九日私記。

【校記】

〔一〕喫　《山右》本作"吃"。

紀事

俄羅斯事補輯

黟俞君正燮箸《俄羅斯事輯》,顛末僂詳,瀛暹讀而嘉之。既得文清公松筠《綏服紀略圖詩》,注載西北兩邊情形頗悉,其述俄羅斯事,有足補俞君之闕者,因條列而文,綴之箸於篇。蓋文清駐劄庫倫,經紀通市事閱八年,聞見既真,紀録自備矣。題曰"補輯",凡俞君所已詳者,不復徵也。道光十九年正月,江陰學使署書。

俄羅斯地瀕北海,於古無述。蓋有内外旗蒙古限之,無由與中國通。内旗者,科爾沁等四十九旗,札薩克王公是也。外旗者,喀爾喀七旗,札薩克王公是也。外旗居内旗之外,俄羅斯又居外旗之外。其地東西北三面距海,東西廣,南北狹。自東而西,黑龍江、庫倫、烏里雅蘇台、科布多四屬八十二卡倫。又科布多屬極西,卡倫曰和尼邁拉呼,由此渡額爾齊斯河至輝邁拉呼一帶,卡倫均與俄羅斯連界。其國法:夫死傳妻,母死傳子,國主及部長皆然。女曰哈屯汗,男曰察罕汗[一]。哈屯,華言"夫人"也;察罕,華言"白"也。乾隆五十八年,大西洋英咭唎國王遣使朝貢畢,尚書松筠奉命送至海上。其正貢使曰瑪噶爾呢,駐牧俄羅斯久。松筠訪之,曰:"現在之哈屯汗本西洋女,前哈屯汗之外孫女也。其表兄襲位,娶爲妻,生一子。汗死,子幼,遂代立。所生子今已三十餘,後將傳之於子。又死,即傳子婦,舊俗如此。"俞君曰:"嘉慶十年,今汗遣使來,至邊議禮。今汗者,始以男汗治矣。"

其國都曰莫斯克瓦,有理事公廨曰薩那忒。如直哈屯汗在位,遇事即由薩那忒申文,達理藩院轉奏。其辦事大頭目曰包費窩特,守邊大頭目曰固畢納托爾,管兵頭目曰咭那喇爾。其薩那忒公廨辦事大頭目曰薩那托爾,曰雅固畢咭那喇爾,曰瑪約爾,曰哩咭斯塔喇托爾。頭目多西洋人,其服食、房舍亦與西洋不異。其俗不甚事種植,近國都地氣候頗和,而水多田少,惟魚是食。魚有毒,大黄能解之,特派頭目專司收買,散給屬下官賣濟衆。舊與西洋及青海等處通市,其與中國通市之所曰恰克圖,距莫斯克瓦西北數千里,爲土謝圖汗、車臣汗、札薩克圖汗、三音諾顔四部卡倫適中之區。迤東二十八卡倫,土謝、車臣兩部設。迤西十九卡倫,札薩克、三音部設。商民於此建立木城,俄羅斯亦於對面建設市圈,萬貨雲屯,居然一都會矣。

欽差大臣駐劄庫倫以控制之,治土謝圖汗部。庫倫者,蒙古語"城圈"也。地有喇嘛木柵如城,故名,距恰克圖八百里有奇。庫倫南十餘里有山曰汗山,緜亙高聳〔二〕,艸樹如畫。山北有河曰圖拉,源出庫倫東北肎特衣山,曲折流二千餘里,北入色楞格河,由恰克圖西側入俄羅斯拜噶勒淖爾〔三〕,復東南流,至黑龍江入東海。恰克圖迤東車臣汗部屬十四卡倫,沙甸平坦。迤西多山,林木蓊鬱,往來以色楞格河爲津要,連岡而東。迤南至衮圖達壩罕,其間俠溝叢樹,阨隘天成〔四〕,足資防禦。其附屬回部四,曰布哩雅特,曰哈哩雅特,曰哈木尼罕,曰素瑪爾,皆奉黄教。俄羅斯恐其内附,每卡設本國數人羈絆之。其北鄰曰空喀爾,俞君曰:"乃其西南屬國。"亦回種也。相傳空喀爾國最大,以銅爲城,東、西門距若干程,非也。空喀爾居海島中,恃水爲險,自以爲有銅城之固,猶華言"金城"云爾。其禮節以脱帽去裘爲至敬,頭目入謁其汗則用之。輸誠極服,則以指扣眉,如中國之投拜矣。其性樸弱,知信睦,初見中國人恐爲笑,故示倨大,應答模棱。及我駐劄大臣開布誠意,而夷情懽帖矣。

康熙二十七年,喀爾喀全部内附。二十九年,黑龍江忽稱有羅叉犯界。索倫土語呼俄羅斯曰"羅叉"〔五〕,非美名也。義見俞集。聖祖仁皇帝命副都統薩布素率兵進勦〔六〕,奪其雅克薩城。羅叉遁,嗣乃屢肆惷擾。守邊大臣移檄詰之,皆不報。會有附近俄羅斯之西洋霍蘭國朝貢入京，兵部欽奉諭旨，以俄羅斯哈屯汗係婦人，巢穴距邊地遠，其如何搆釁必不知情，疊發檄諭，必其守邊頭目畏罪阻隔。繕敕書，交霍蘭使臣帶回轉達。俄羅斯得書，回奏，羅叉犯界事，哈屯汗絶不知。奉到敕書，嚴飭邊界，永不滋事。復申請遣人進京學習國書，俟通曉文理换回，遇事以清文兼俄羅斯及西洋字馳奏，可免舛誤。聖祖允其請，爲特開俄羅斯教習館。其後在京學習之人迭次更换，在京、在途照料官員，理藩院均派家道殷碩者隨時酌需賞賚，周其困乏。此俄羅斯所以感恩知義，永遠向化也。

世宗憲皇帝登極，因其地毗連喀爾喀〔七〕，應與定界以杜爭端，而於在邊貿易者約束亦便。雍正五年，欽派尚書大臣察畢那、特古忒、圖麗琛三人前往勘定，設卡倫五十九所。極東十二卡倫，就近屬黑龍江將軍統轄，輪派索倫兵戍守。迤西卡倫四十七所，以喀爾四部屬下下蒙古，按其游牧遠近，每卡設章京一員，率兵攜眷戍守。俄羅斯於對面一體安設。兩界適中隙地，蒙古語曰“薩布”。薩布處所皆立鄂博，鄂博者，華言“石堆”也。間遇叢林，鄂博難立，即削大樹刊識。時庫倫尚未派駐防大臣，凡此卡倫，總令喀爾喀王丹津多爾濟統轄。并議定條規：互相偷盜者，事主呈報，蹟緝審明，罰賠治罪；不獲，即令不能嚴緝之卡倫追賠。彼此貿易，兩無榷税。自此，沿邊人衆咸知約束矣。先是民夷交易無定所，畺界既正，相度得恰克圖地設立市集，派理藩院司員三年一换，駐劄總理，此開關通市之始也。喀爾喀丹王薨，其孫宰桑多爾濟嗣先職，整頓卡倫，益完善。

繼以夷務繁，乾隆二十七年，欽差大臣同桑王協辦，此庫倫駐劄之始也。二十九年，因附近卡倫互有遺失馬匹數逾千，而俄羅斯又輒捏報，奉旨閉恰克圖。俄羅斯懼，三十三年〔八〕，懇請開關。欽差庫倫大臣慶桂同喀喇沁貝子瑚圖靈阿會議章程，合詞以恭順緣由入奏，恩准通市如舊。四十四年，恰克圖有應會審夷犯延宕逾期，庫倫大臣索林立命閉關，奏請罷市，得嚴旨申飭。改派尚書博濟清阿馳傳,同土謝圖汗徹登多爾濟悉心察辦。俄羅斯悔罪,重懲夷犯。四十五年,奉旨准其仍前市易。四十九年,有庫倫商民赴烏梁海游牧貿易,路經布哩雅特被劫。駐劄大臣勒保偵知盜首,檄行額爾口城固畢納托爾拉木巴捕盜會審。拉木巴既緝獲首犯,遣其咭那喇爾送赴恰克圖〔九〕,并例罰貨物,加倍呈繳。勒保等方擬明法示衆,咭那喇爾妄意案已完結,擅取犯鞭責,鉗耳鼻發遣。勒保檄詢,拉木巴仍以結案爲辭。奉旨行文薩那忒索之,并治固畢納托爾等罪。薩那忒覬事速了,蒙飾如前。高宗純皇帝震怒,切責之,旋撤恰克圖市。俄羅斯益懼,將僨事之拉木巴調回,别派頭目駐防,募緝遣犯,訖不獲,申文籲卹,遵旨斥駁。五十四年,有衛勒千巡兵齊巴克等出卡緝賊,遇哈哩雅特打牲數人。我兵盤詰,哈哩雅特恐被捕,遽發銃,齊巴克傷斃。駐劄大臣松筠飛檄索賊,至五十五年春,其新派固畢納托爾色勒裴特搜獲正犯二、從犯一,先後縳送,聲請前犯已無蹤跡,懇收現獲之犯示衆辦理,并結舊案。於時又有薩麻林喇嘛詐書事,詳見俞集。薩那忒具實稟覆,薩麻林伏法。五十六年,奉旨訂期會議,仍前通市。時閉關久,夷民悔怵,聞檄令會議,色勒裴特由額爾口以馬駕飛車馳來聽命。松筠等宣敷威德,推誠曉誡。色勒裴特頻以指叩眉,曰:"大皇帝是天,大皇帝是天。"議定開關通市如初,俄羅斯永遵條教,邊竟綏和。是皆我列聖深仁厚澤漸被無疆,大臣仰奉廟謨寬嚴竝用,故雖洪荒未賓之蠻夷,莫不輸誠愛戴也。

【校記】

〔一〕察　《山右》本作"蔡"。

〔二〕緜　《山右》本作"綿"。下同。

〔三〕淖　《山右》本作"悼"。

〔四〕阨　底本作"陀",《山右》本作"阨"。

〔五〕索　《山右》本作"素"。誤。

〔六〕勦　《山右》本作"剿"。

〔七〕喀爾喀　《山右》本作"哈爾哈","喀"作"哈"。下同。

〔八〕三十三年　《山右》本作"二十三年"。

〔九〕咭　《山右》本作"吉"。下同。

頌

資敬延祺之頌并序

道光二十六年,太歲游兆頓牂,夏四月二十一日丙午,今禮部尚書固始祝公七秩壽辰〔一〕。皇帝體兒耇臣〔二〕,寵以"資敬延祺"之額,大賚珍異,恩禮有加。於是朝紳閨彦各抒其瑰藻,緯以實行,介景福而誦劭德也。穆等以年家子登堂介問,義不容虚,恭繹資敬之文,用紀延祺之實,爲頌十章,章十二句。詞曰:

維帝庸賢,惟賢淑世。綜覈教條,覃思康濟。邦禮命掌,曷援曷繫?俞公淵忱,夕愓若厲。政舉其綱,行矜其細。才老愈成,密勿無替。其一

月陽在圉,鶉火昏中。天使銜詔,宵出曾穹。丹筆四名,異貝十重。爲公引年,典碩禮崇。公拜稽首〔三〕,奉盈朐朐。鼎銘永寶,三命滋恭。其二

公家潁淮,閈正寢邱。清芬世德,克纘弓裘。早聲横序,見賞名流。平步詞垣,譽滿方州。巍科清望,並代匙儔〔四〕。抗手作家,虔矣揚劉。其三

揚劉文章,多士楷則。金支翠旌,風櫚動色。頻持英簜〔五〕,頻分闈棘。提衡桂林,三載銜軾。振之飾之,扶而植之。莫不矜奮,莫不急敕。其四

翱翔翰林〔六〕,甲子再期。以叙進階,洊陟防司。學士最久,璁珮倭遲〔七〕。兼權太學,直講經帷。長身秀矑,帝稔公儀。既稔其儀,用

大其施。其五

卿班歷轉，遲回承弼。銀臺烏臺，漸崇厥秩。奏書定瀟，講若畫一。無纖介壅，無纖介失。執法峩峩[八]，天聽允塞。信公素行，不欺闇室。其六

初攝少馬，小試其端。婁決疑獄，匡正刑官。吏撓銓法，公不可干。度支繼領，吏無敢謾。臧帑蝨叢，早發其奸。益殷嚮用，俾總廌冠。其七

昔公建言，際時多事。海爛民逋，寇熒將帥。栁痍餘黎[九]，抒軸匪易。洗兵何策？活民何計？密疏宵聞，醇膏朝沛。十郡萬户，環拜公賜。其八

陰德及人，其家熾昌。公得天厚，既固而强。裴鼓三嚴，趨對明光。玉珂緩控，書笏審詳。羔裘私第，寒畯升堂。談宴雍容，不忘矜莊。其九

辛彦達禮，羣僚額手。閒閒晚節，望齊山斗。公性樂易，雅相人偶。賓筵陳戒，何間薪櫃？天題在霄，謨訓世守。跂公台鼎，願公壽耇[一〇]。其十

【校記】

〔一〕秩　底本作"䄷"，《山右》本作"秩"。"䄷"，同"秩"。

〔二〕皃　《山右》本作"兒"。誤。"皃"，古"貌"字。

〔三〕稽　底本作"𥡴"，《山右》本作"稽"。

〔四〕尟　《山右》本作"鮮"。

〔五〕簜　《山右》本作"蕩"。

〔六〕翔　底本作"䳛"，《山右》本作"翔"。

〔七〕珮　《山右》本作"佩"。

〔八〕峩峩　《山右》本作"峨峨"。下同。

〔九〕栁痍　底本作"栁痍"，《山右》本作"痍栁"。

〔一〇〕耇　《山右》本作"考"。

贊

潛丘像贊

潛丘嘗寫禮堂，寫定傳與其人二圖，以己像爲康成像。故今爲潛丘寫照，略仿蓬萊閣康成像，倩江陰吴儁精意摹之。

先生初生，參議奬其兒之文也〔一〕。疏眉明目，先生亦自比於漢之經神也。追放儀容，以鄭儀閻，庶幾能得其真也。晉水懸流，緜曼遠波，愧未足步武後塵也。

【校記】

〔一〕之 《山右》本作“子”。

銘

宋紫端研銘

戊申秋日，偶過海王邨，得此舊研，惜左右側爲俗士所中傷，因鐫斯銘：

六經之文而變亂於瞀儒，連城之璧而紐繫於屠沽。惟此研材，紫艷琳腴。英華有奭，正色其濡。何時落傖父之手？而膺名蚓迹，刻畫無完膚。拭之濯之，重用歎吁。摩之熨之〔一〕，助我箸書。噫！古聖遺經，隻誼難誣。弁和寶璽，缺角爭摹。苟真鑒之有人，曾何傷於德充之符？

【校記】

〔一〕叕 《山右》本作"𤕟"。

太平有象研銘

早夜矻矻,詩禮津津。丹與鉛,性所親。生不願封萬户侯,願諸公致治太平,我永爲太平之民。

壽　序

方牧夫先生壽序

在昔明經之士,莫不重有家法。家法非一家之私言,即師法也。晉唐以下,師法乖異,人自爲説,不復考古。於是學者不解師法何事,乃以儒業相承、一門世守者名之曰"家學",子弟族姓至援是爲榮辱。故今人之重家學,幾與晉魏重門閥等。徽州山盤水交,實産魁儒。本朝婺源江氏始以樸學爲後進倡,一時從游卓然深造有稱於世者三人,曰東原戴氏,曰檠齋金氏,其一則晞原方先生也。檠齋撰述未竟而歿。東原抗心自大,晚頗諱言其師。而晞原先生終己命爲江氏之徒無異詞,且即本江氏之學以衍爲家學。長子蒼崖先生〔一〕,仲子牧夫先生,皆能鬱其菁英,以績學能文章聞一時。穆先大父注《陸宣公翰苑集》成,出宰歙,將墨諸版,引其邑之學人程讓堂、汪稚川、在湘及晞原先生程校得失。時先生之學既成矣,然猶於先大父執弟子禮,從受古文法,大父謝不敢居也。晚築道古齋,延讓堂老人爲二子師。凡老人箸述,今裒入《通藝録》者,半教授蒼厓、牧夫兩先生時所纂,故方氏家學、師法皆冠絶徽州。

牧夫先生年二十,文藻經腴已斐然在人口〔二〕。阮儀徵相國督學浙中,慕其學,因以商籍補仁和學生員。相國劇賞之,開經籍纂詁局〔三〕,高才生分經注子史,人纂一書,先生則與錢唐何夢華、武進臧在東總司編校事。以儀徵擇士之嚴,知先生之見知非偶然也。其學於諸經注義莫不貫弗〔四〕,而尤邃於《易》。蒼厓先生亦治《易》,主京房。先生於卦象爻辰、消息飛伏旁推交通,大恉類惠棟之《周易述》。而兼闡九師,雜而不越,則先生書似過之。方本巨室,世尚義,好推解,及先生昆仲交加廣,來游於歙者莫不滿所欲去。嘗慨先友子孫竄或不煬,各舉數千金畀之,生平所焚責券不可闔數。一二市儈推見古風,又從而傎到播校之〔五〕。因是家頓落,饔飧至不給,意豁如也。養母箸書,絶意仕宦,惟懇懇以家學古訓教諸子。諸子擩染漸習,各有成。長君印生遂聯翩入翰林,騰聲藝苑。鍵户人海中,洒然若不識人世菀枯事,則又有得於先生之處富若貧者矣。

端蒙大芒落之夏六月,爲先生七十誕辰。其邑之官京師者,羣以祝釐之詞屬之穆,謂歙先大父之桐鄉也,故交子姓率有孔李之舊,印生又與穆至契,其敢以不文自藏?竊惟師法之不講也久,江氏當雍正、乾隆之際振刷而紹明之,六書九數,分其一二端輒成佳士,百餘年來亦稍復衰矣。賴先生飫聞緒言,承絶學靈光,巋然推其家學、師法,以教鄉人而緜世德,其澤固未有既乎?若夫更推先生之教於乘軺乘節之區,本家學爲師法,是又先生所重有望於印生者也。試即以穆之言券之。

【校記】

〔一〕崖　《山右》本作"崔"。誤。

〔二〕腴　《山右》本作"腴"。

〔三〕籍　《山右》本作"籌"。

〔四〕貫弗　《山右》本作"弗弗"。"貫",誤作"弗"。

〔五〕傎　《山右》本作"偵"。誤。

日照許肅齋先生壽序

鄭司農誡子益恩曰："吾家舊貧，爲父母所容，游學周、秦，往來幽、并、兖、豫，獲覲在位通人、處逸大儒，咸從捧手，有所受焉。"夫容者，寬假之詞也，縱使游學不責以養〔一〕，蓋司農以學成歸美於親云。吾友日照許君印林之尊甫肅齋先生，幼貧嗜讀，嘗牧犢巖隴間，手一卷，忽不覺牛之逸也。既廩於庠，以不逮養，遂廢科舉，而好古劬書，耄而益勤。平居敕教諸子，但爲説經訓大義，不以梯榮相苛。故印林得顓意古學，廣師取友，以底於有成。先生之學不規規於漢宋門户，求是而止。好治《詩》，爲《説詩循序》廿九篇，又爲《大學講義》《學庸總義》若干篇，它經亦多所考説。承學者，掇巍科，游翰苑，如鴈行相屬也。印林幼承庭詰，復以專精許、鄭，受知於高郵王文簡、道州何文安及蕭山協揆師。是三公者，今代之在位通人也。文安諸公子皆喜與印林游，而長君子貞與相契尤深。當文安視學浙中，子貞挽印林偕校藝之暇，購訪祕鐫，搜拓石墨〔二〕，每偏有所獲，互相矜賞。比歸，惟載書帖四五大簏而已。先生顧而忻然曰："老見異書，勝汝之以禄養也。"故印林雖寒畯，而藏弆之富乃不下萬籤，一時處逸大儒相與上下議論，證成箸述。穆至無似，亦幸獲聞緒論。竊嘗羨歎先生家庭之樂，前惟潛邱之事飲牛叟近之〔三〕。然閻氏世席厚貲，而先生家無儋石，則難能也。江鄭堂覃思高密，以父母《宋五子書》別輯《宋學淵源録》，亦與先生橋梓爲近。然江父兼好佛理，而先生壹意儒書，則醇粹過江氏遠矣。康成自稱年過四十，乃歸供養，假田播殖以娱朝夕。印林五六年來不上公車，假館必於鄰壤，近復買山龍湫之左，種松萬本，結茅其中，奉春秋杖履吟眺。其諸真鄭君之徒也與！

太歲祝犂作噩上元後二日，爲先生八十壽。先是數月，印林以校刊《説文義證》客淮上，馳書京師，屬穆爲文而子貞書之，曰："兩君皆瀚平生至交，而吾父所心許也。敢以爲請。"爰不辭僭越，直書其事，以爲引畢之助云爾。

【校記】

〔一〕縱　《山右》本作"從"。

〔二〕搜　底本作"捘"，《山右》本作"搜"。

〔三〕叟　底本作"叜"，《山右》本作"叟"。

外姑劉太宜人壽序

國朝儒學之興，常州最盛。其能通知七十子大義、以前漢經師爲師者，惟年丈劉申受禮部。而禮部之學，又本於其外王父莊宗伯公。穆讀禮部遺書多未燎，嘗以不得親炙爲恨。嗣與妻兄伯厚贊善同居，乃稍稍得聞緒論，用以通知禮部之義。伯厚，禮部甥也。外姑太宜人，少禮部一歲。母莊太恭人，以宗伯公愛女閨閤之中并承家學。當禮部及太宜人幼時，太恭人即口授以楚詞、古賦、古樂府、諸經正文，故不獨禮部之學遠有耑緒。太宜人今老矣，每當含飴弄孫，朗誦諸書，竟卷不譌一字，鼓舞頓挫，一唱三歎，有味乎其諷之也。外舅子述贈公，以高才生早有令名，未大厥施。伯厚傳舅氏學，通敏不滯，旁薄上下之論，多唐以來諸儒所未喻。人聞之，或駭不信，蓋七十子之大義之乖也久矣。既通籍，授職編修。值廷試翰詹，奏賦雅馴，上特拔之，進官贊善。又越四年壬寅，迎養太宜人京寓，穆始得以館甥之禮拜堂下。宣髮兒齒，閫門之範粹然。惟趙氏承恭毅公餘業，家故寒，伯厚少孤，至無以自存，今幸得禄以養矣。而薑桂之性不工進孰，甘旨之奉時或不豐腆，太宜人顧而俞之曰："昔我顯考中書君，當父兄赫奕之際，以文章被知遇，不難立致通顯。而獨恬於進取,抱介石之貞,行意以老,天下至今高之。吾豈以汝之速化爲能養邪?”以故伯厚益得肆力於學,閉户人海中,研精讀史,於古今治亂得失之原條比而究析之,時獲一義,喜逾除官。穆寡交游,未識當世士夫中若此刻厲者更有幾輩也。

兹届太宜人六旬晉九誕辰,穆誼當奉斝謀所以侑觴者〔一〕。嘗覽潘岳《閒居賦》,羨其依仁里,奉板輿,怡拙家園,恂恂色養,殆所謂孝乎?惟孝施於有政者與?及究其本末,乃在迎拜車塵之後不得志,藉閒居以抒其憤,拙者固如是邪?安在其能資忠履信以進德,修辭立誠以居業也?伯厚信拙矣,勉乎哉!揚恭毅之清芬,闡莊、劉之絶學,太宜人承家教子之素志也。敢援古人養志之義爲伯厚勗,即敬爲太宜人壽,尚騳然而進一觴乎!

道州何慶涵校字

【校記】

〔一〕誼 《山右》本作“諠”。誤。

月齋文集卷三

平定張穆

書

復謝阮芸臺相國書

相國太老夫子閣下：

穆夙攬鴻文，心儀古學，積思願見者垂二十年。雖久承獎借，曲荷招徠，終以潢潦細流難語河海之大，望門却步，誠自量也。客秋維舟邗上，手數袟之鄙言，梯良訊以請見。區區之懷，止覬一通名氏，得接芳輝，酬其私淑之願而已，何圖撝光孳重〔一〕，婁命升堂，巨集函書，分頒重疊。比諸家令之謁伏生，中郎之接王粲，以古況今，幾欲過之。穆麋鹿之性〔二〕，本憚冠裾，猥因朋友從臾，抱關薄游淮浦，性資迂直，不工昵人。故所如既多不合，頃復爲部員援案相繩，其議竟格。藉臧君之善沮，畢虞氏之箸書，貺我良多，於人何怨？況復假此因緣，親聆指授，益堅其生平學古之念。南游之量，飽滿無餘，所得不既多邪？歲杪，從子貞太史處奉到手書，并賜撰《延昌地形志序》。一得之愚，信心實難，及經拈出輒用，自詑只此一端已足，千古人間美福知不可多占也。穆年交四十，正古人斐然有作之時，此後歲月足珍，誓當於飢寒蕉萃之中勉圖樹立，副函丈期望之雅。少作經生，頗有所述,而零章碎句,多無足采。曾輯有《説文屬》一書,粗舉綱要,亦未脱稿,擬於《地形志》卒業後踵成此作,更乞弁言。嚮往之私,與日俱積,肅函鳴謝,無任神馳。附呈《虢伯盤跋尾》五紙,祗希鑒定,《齊侯罍》舊拓及新摹本,并望惠賜。數番感甚,伏頌春祺! 惟爲道增護不莊。

甲辰正月三日。

【校記】

〔一〕 㪍 《山右》本作"㪍"。

〔二〕 麋 《山右》本作"糜"。

與祁叔穎樞密書

叔穎五兄尚書閣下:

一昨於相識處得浙士獻潤峯將軍書一通,即攜稿來奉閲。書意曲折盡勢,計慮亦似周密,不知將軍曾采納否? 出師已四閲月,攻勦之計未聞,想此生言亦未必售也。近來詣闕獻書者紛然,各竭其愚,以應聖人之求。聖度淵深,誠未敢仰測,竊揣當軸者早目笑置之也。天下大矣,庸必無婁敬、王猛其人出爲世用? 但恐酒美幟高,如韓子所譏耳。今日下詔,明日必有應詔之人,其應者必擁瘇曲拳而可笑。如此五六輩後,逆料天下人才不過如是,來即揮之。揮不數人,其不才者固不來,其才者亦竟不來。即來,亦毅然揮之不顧矣。何則? 不揮者其勉强,而揮者其所習慣也。以求始,以揮終,昌言於衆曰:"天下無才,誰敢執其咎?"然而天下事何堪如此敗壞也? 夫今日獻書之人,未知果志切同仇邪? 抑歆於利禄邪? 志切同仇者,尚矣。彼歆於利禄者,亦惟若某輩可從而議其後耳。國之大臣,不當以此責天下士也。即如今日軍前所調之官,有人人知其庸録無能、不足供驅策者,而朝廷皆如所請與之,豈不以杜庸才之倖進恐并真才自靖之路而杜絶之哉?十月後,挾策以進者不一人,自一張鴻發交將軍外,其餘皆置不報。前日閻生之來也,衝寒歷險,間關六七千里,僅蒙傳諭釋放,免其看押。夫使此生不嬰憲綱,不遭寇燹,亦安往不得其貧賤?乃甘受看押之辱,更邀釋放之恩哉!某非謂閻生之策必有可采,惟念凡類此者,皆宜詳其然否,究其蹤蹟,明發綸言,分别處置。俾人知聖天子求才既切,旌别又嚴,庶幾真才漸出,出亦有爲世用之望焉。嘗見今代御史論事,有洞達事理、通知體要者,亦有塗附舊例、毛舉細故者,其言雜然不一。上皆俛可其奏,特旨報聞。是以每有敷陳,未甘緘默。鄙意獻書一節,宜略推此意待之。昨因讀浙士書有感於中,惟閣下相愛之深,遂以奉告。舊疾舉發,不克詣談,謹遣書以聞,貰其狂瞽而進教之,幸甚千萬!

十二月二十二日。

與陳頌南先生書

頌南先生閣下:

先生以直諫聞天下,天下仰望風采,以一瞻顔色爲幸。即如敝鄉人士,素木强,不工酬應,今且籲爲先容通刺相謁〔一〕。盛名難副,詎可不力自振刷慰天下仰望之心乎?竊見先生年來日以招呼名士爲事,苟有聞於世,必宛轉引爲同類,從無閉户自精、讀書味道之時。穆蒙不棄,不四五日輒示過,乃不聞以新知相貺,所談者皆泛泛不關痛蛘之言,何以自了?深爲先生懼之。當今天下多故,農桑鹽鐵、河工海防、民風士習,何一事不當講求?先生富有藏書,經學既日荒廢,治術又不練習,一旦畀以斧柯,亦不過如俗吏之爲而已,古今必無徼倖之名臣、循吏也。願稍斂徵逐之迹,發架上書,擇其切於實用者一二端,窮原竟委,單心研貫,一事畢更治一事,然後於朋友中明白事理如印林、伯厚比者，相與討論之。如此，則取友自然不濫。它日出而宰世，亦不至貿貿而行，令人有言行不相顧之疑也。度今天下，更無以直言貢執事者。過承厚愛，故敢竭其狂瞽，惟亮詧千萬〔二〕。

甲辰六月十八日。

【校記】

〔一〕籲 《山右》本作“龥”。下同。

〔二〕詧 《山右》本作“察”。下同。

復徐松龕中丞書

松龕先生閣下：

臘杪得手書，深戢注存，感謝，感謝！示讀大箸《瀛寰志略》已刻前三卷，考據之精，文詞之美，允爲海國破荒之作。近數十年來，惟徐星翁《西域水道記》有此贍博〔一〕，拙箸《蒙古游牧記》非其倫也。第三卷述五印度及印度以西各國，摭實證虚，一一精辨。論波斯事火，更覺古義可寶。因悟《景教流行中國碑》，景者，丙也。丙納音火，唐人諱丙，故曰“景教”，景教即火教。向疑大秦人自尊此教，與儒、佛鼎峙，爲甲乙丙三教者，非也。論恒河即安額河，雷翥海即鹹海，亦於拙箸《水經注表》有關，當即掇入敝帚之中。惟謂《水經注》稱“嬀水入雷翥海”語頗失檢，酈亭於西域各國悉仍《漢書・西域傳》文，故此“安息國城臨嬀水”一句，亦即孟堅本文，無入雷翥海之説也。其入雷翥者，乃自蔥嶺分支河水所合之蜺羅跂禘水，非嬀水也。而嬀水在唐爲烏滸河，烏滸河南有吐火羅國，未稔今爲何族。大約校訂地説，必須搜檢羣書，互相診脈。穆以憂患餘生，病肺氣逆，旁無子弟代事抽尋，偶摘一端，未必適中窾要耳。再就膚末之事而言，本朝輿圖必應那居亞細亞圖之上，尊説不必更動，即已脗合。《春秋》之例,最嚴内外之詞。執事以控馭華夷大臣,而談海外異聞,不妨以彼國信史姑作共和存疑之論。進退抑揚之際,尤宜慎權語助,以示區别。至周孔之教不宣重譯,正如心之精神不淆於藏府。倘有邪氣攻心,則盧、扁爲之色變。前明徐、李止緣未洞此義,遂爾負謗至今。即如達賴〔二〕、班禪號稱佛子,然國家止藉以控制蒙古,而布達拉、札什倫布之制必不容蔓延於内地郡縣也。其餘文字正俗,無關著述大體,更不瀆陳。後七卷更不知若何精博,急思快讀,何日梓竟,寤寐跂之。恃愛狂言,惟亮詧千萬。

【校記】

〔一〕西域水道記 《山右》本作"西域水記",無"道"字。

〔二〕即如 《山右》本"即如"前衍一"今"字,誤。

與徐仲升制軍書

自海氛不靖以來,措置乖張,莫可究詰。如穆輩者,身未至海上,目不覩夷艘,乃從而議其後,不獨當局者目爲書生迂謬,即穆輩刼於衆口亦頗疑。或者民心真不可恃,虎鬚真不可編,今古異變,一孔之見何敢堅執也?春季荷手書,已有必當示以限制之議。嗣於午橋禮部、叔穎大農處敬聞威信昭回,抗身面虜,張弛曲折,動合機宜。視侯官昔年,雖操縱有剛柔之異,其一以民心爲本,則先後若合符節。而槃槃大才,集思廣益,錯布裕如,當圭爵崇褒〔一〕,詔騰中外,無不翕然稱快,蓋不特爲執事一身一家喜而爲天下喜也。至區區之意,竊謂此番舉動,其爲壯國威者猶末〔二〕,而所以振十餘年頹靡之人心者,其功甚鉅。人心振,則何敵不摧?斯亦箸書述事之光也。尚望永其德心,持以不伐,擴韓、范之茂績,廩淵谷之虚衷,用慰籲望之私,益廣芻蕘之采。倚畀方殷,恐有資於底柱者,不僅羊城一隅也。

乘子貞太史文軺之便,附書肅賀。極叨摯愛,不以頌而以規,定蒙亮詧。京寓鄙況,垂問可悉,更弗冗陳。

【校記】

〔一〕褏　底本作"褏",《山右》本作"褎"。下同。

〔二〕末　《山右》本作"未"。誤。

與直隸某方伯書癸卯八月過保定

頃迂道晉謁,感承拂拭,深談之下,輒思妄有所陳。竊惟今日因籌備乏術思爲反本之論,一二賢達頗以畿輔水利爲言,而水利之興先須請帑,國用支絀,議必不行,不行則亦徒爲美談而已。穆以爲未議水利,先須去水害,水害去即水利也。去水害之要,昔人"收攝野潦,俾有所歸"二語足以盡之。即收攝野潦之法,亦非議疏、議築,未能奏功盡善,則姑請就其簡易者而試行之。莫若通飭沿驛州縣於大道兩旁逼近民田者,浚溝補樹,移土培塗,此有乾隆間孫文定、方恪敏成案可循。且舊渠尚未淤没,竝非新起鑪竈。夫亦水利之一端,所謂"未能快其匈鬲,且先利其咽喉"也。昨過定興,見新任縣令於邑之名人、古蹟各刻一石,表之道旁。穆雖未知其人信能通曉吏事及實心爲民與否,要其好名好事則無疑也。責以此事,則定興一縣之路溝修矣。直隸一省,料如此州縣尚不乏人,上游果擇而任之,優加奬厲,乘此三時之暇,可以不日而觀厥成,其有益民田水利實非小補。水有所歸,不至害稼,利一。夏秋間行旅不爲水阻,利二。車馬不能繞越蹂躪禾麥,利三。伏莽之盜多匿影田中,溝之寬者可制其竊發,利四。蝗蝻或生,易於捕埋,利五。其浚之也,即以本田之民完其本段之工〔一〕,必樂趣事,稍有攤派,爲費亦少,故愚謂此事尚可行也。倚裝草草,未及條議其詳,憶《經世文編·水利門》内載有數文,檢閲而放行之,正不竢穆之覼縷也。冒昧之愆,尚祈鑒宥。不宣。

【校記】

〔一〕段　《山右》本作“叚”。下同。

序

《西域釋地》序

《西域釋地》,姻丈祁鶴皋先生成所箸書之一也。天山南北疆域、山川,條分件繫,考古証今,簡而核矣。至喀什噶爾、烏什、庫車之譯名與《欽定新疆識略》不同者,先生成書在丁卯、戊辰間,傳聞異詞早登簡札,非誤也。巴顔喀喇山之即古昆侖也,《欽定河源紀略》有定論矣。先生以非所身親,略之,而於蔥嶺之南北兩支,星宿海之潛源重發,則縷擘焉。昔人爲輿地之學者,每云“目驗得之”,是書亦猶是義爾。頃者,先生令子叔穎侍郎寫定遺書,先以此本開彫,囑瀛爲校定體例,因綴數言,弁諸卷首。

道光十有六年丙申八月初吉序。

《説文解字句讀》序

居今日,言《説文》必衆稱曰段、桂。桂書卷袟大,傳鈔梓校皆不易,能有其書者少。段書行世垂三十年,苟取讀之,無不人人滿其欲去,實則瑕瑜所在,夫自有真讀者,以無主之匈,浮游遇之,不獨攻爲妄攻,即守亦妄守。安丘王貫山先生初治《説文》,段書尚未行,融會貫通，既精既熟。乃得段書，而持擇其然否以語人，多駭不信。而先生之學則因以益密，精神所獨到往往軼出許君之前。本古籀以訂小篆，據遺經以破新説，瓜分豆剖，衢交徑錯，於諸言《説文》者得失，如監市履豨而況其肥瘠也。生平精詣所萃在《説文釋例》一書，標舉郵畷、扶翼表襮之功，視段、桂爲偉。穆每用夸於人曰："貫山之於《説文》，如亭林之於音韻，後有作者補苴焉、匡救焉可矣，必無更能過之者也。"先生齒長於穆二十年，而强顧拂飾之，引以爲友，久益親。需次都門，課授多暇，竊請曰："古人箸書，將使不知者知之；則今人注書，亦將使不讀者讀之。桂書邇頗有大力者謀爲刊行，工既匃矣，以有所撓而罷。段書多逞臆武斷〔一〕，不便初學。曷更釐爲善本，以詒世之治許學者乎？"先生諾之。於是仍取資段、桂及所箸《釋例》，翦枝存幹，日課一紙，始一終亥，再期乃畢，顔其耑曰"句讀"，以爲是初學之讀本云爾。

夫許君追原制作文字之初恉而説之解之，宜乎學許君之學者亦必推本其所以如此説、如此解而擂繹疏通之。宋元人好呰《説文》，今人好尊《説文》。尊之者之愈於呰不待辯，要其爲皮傅破瓶之學則一，何也？《説文》經六朝人之迻寫，唐明字科試人之割裂，李陽冰諸人之變亂，徐鼎臣合集書正副本、羣臣家藏本之改定，幾於百孔千枛。而時賢乃銖銖比埘，一似親炙洨長而得其手定之本也者，獨非惑歟？

《句讀》之纂也，先生以七事相諮，曰："《説文》正文九千三百五十三，今溢六十二文；重文千一百六十三〔二〕，今溢百十三文。嚴可鈞《議》删重文，未删正文，不知此蓋《説文》續添中字、《字林》中字，後人羼入也。故删正文之有據者，一也。一字兩見大徐，率目在後者爲重出。審部居，定去留，如'否'爲'不'之孳育，'吁'爲'于'之孳育，二也。前人引《説文》多坿益於《説文》之外，牝牡驪黄都所不計，故或得其義而失其詞。今即詞以求其義之所主，三也。許君説形、說義、說音，皆歸一貫。今人或自爲説，如‘蒐’，人血所生，因字從‘鬼’也，引者譌作‘地血’，或遂欲據改之。則好奇而不顧其安，四也。許君所引經文，字體句限多異今本，固有譌誤增加，而其爲古本者甚多。今人或疵瑕之不潛心也，五也。説解有許君刱始者，如‘后’‘身’‘僩’‘愃’諸字，前無古人。其實故訓固然援經義以表許君之識，正前人之誤，六也。《爾雅》《説文》互爲表裏，而景純作注乃適得《爾雅》誤本而曲爲之説。如‘葑’曰‘須從’，即《釋草》之‘須，葑蓯’。葑須，雙聲，葑從疊韻，短言之爲‘葑’，長言之爲‘須從’，《雅》文誤倒耳。‘翰’曰‘天雞’，即《釋鳥》之‘鶾，天雞’。既屬‘羽翰’之‘翰’，何緣更入《釋蟲》？‘螒’，即《曲禮》之‘翰’，音‘鶾’，則《字林》所誤載。今則本許義以正郭本郭説，七也。然非先正其句讀，則或雜蓮不成句，闕佚不可句。凡讀者所深諱不言，皆不讀者之話柄矣。”或問：“許書句讀，古無知之者乎？”曰：“否。‘禔’，安福也，李善注《難蜀父老》引云‘安也’。‘璧’，瑞玉環也[三]，慧苑《華嚴音義》引云‘瑞圭’，范應元注《老子》引云‘瑞玉也’。‘疐’，礙不行也，徐鍇《祛妄篇》引云‘礙也’。‘宙’，舟輿所極覆也，《爾雅·釋詁疏》引云‘舟輿所極也’。唐宋人蓋皆知之。故但指引一句，今人反疑爲挩佚而据增焉，謬也。”

書成，先生出宰鄉寧，瀕行，以《句讀》之作發端於穆，屬即條列緣起，弁之書首。昔王景文在太學，與九江王阮齊名。阮曰：“聽景文談，如讀酈道元《水經》，名川支渠貫穿周帀，無有間斷，咳唾皆成珠璣。”穆研思酈注有年，曾未得其脈水甄山之奥，而傾倒先生箸書，則較阮殆又過之。敢即以阮之頌景文者頌先生，世有讀其書者乃知蒙之不阿也。

道光二十有四年冬十有一月朔日序。

【校記】

〔一〕以有所撓而罷。段書多逞臆武斷　《山右》本作“以有所撓而段。罷書多逞臆武斷"，"罷""段"二字誤倒。

〔二〕千　《山右》本作"十"。誤。

〔三〕瑞　《山右》本作"端"。誤。

《程侍郎遺集初編》序

先大父宰歙，偏交其邑之名儒，而春海程公之考蘭翹學士以僮子從。公後肄業斗山亭，特爲大父賞拔。學士家極寒，大父召入署，躬督教之，衣食視諸子。不數年，諸經註疏皆精熟，爲文灌辟精粹，試必冠曹。舉乾隆丁酉拔貢，入成均，連掇巍科，儤直内庭，聲望斐然。顧艱於嗣，晚乃誕公。公丰儀玉暎，父母珍若連城。七歲就傅，每日讀書不過二時，而寒燠晦霾、氣候乖舛皆輟課。曹顧厓少宰，大父庚寅分校南闈所得士也，時官侍講。先君子從之游，與學士同邸。每抱持公，問以書，不能答，則偏檢奥僻不經之字相詰難[一]，蓋好奇不羣，幼性爾也。比學士卒於山東學政任所，高宗純皇帝特簡歙人之官清要者，俾往經紀其喪，因以少宰嗣司校事。少宰延先君子同往，至則爲庀其行篋，握公手送之登車，年十有一矣。已而先君子會試入都，見學士舊僕，訊以門户近況。則言公子發憤力學，入邑庠，大被宗師賞異，出應試小賦，名雋綺麗，歎爲絶倫。逮乙丑再赴禮部試，公亦偕計吏來京師，風雅淹博，輦下共推爲才子。又越七年，遂與先君子同舉進士，入翰林。公嘗贈穆詩曰："君祖授我嚴，奬誨若子姓。君嚴我同譜，欣契挫其敬。"蓋實録云。

公負奇氣，博觀强誦，於經訓史筴、天象地輿、金石書畫、壬遁太乙、脈經格學，莫不窮極要眇，究析發皇之，而精神所到，冠絶一時。卓然可傳於後者，則其有韵詩文也。詩初好温、李，年長學厚，則昌黎、山谷兼有其勝。又際會清宴，無金革流離之事傷其耳目，故形之篇詠者率排奡妥帖，力健聲宏，琅琅乎若鸞鳳之嘯於穹霄也[二]。穆於癸巳之春初侍公直園，情好之洽久愈摯，不三五日必召過飲，投巾振袂，談議交錯，寒士之被禮者殆無與比。嘗請公自訂其詩，公曰："吾詩險而未夷，能飛揚而不能黯淡，思力所及者，腕每苦其不隨。更讀書十年，殆可相質耶？"嗚呼！孰意所業之遂止於斯歟〔三〕？

丁酉夏，穆將歸應鄉試，行有日矣。公置酒相餞，漏過午〔四〕，拳拳不放别。乃穆甫出都門，公遽感暑疾，久不瘳。祁叔穎尚書日往省，沈頓之頃，尚以穆試事爲念。遺言乞儀徵相國銘其墓，而尚書書之。

次年，穆將南游，迂道入京師哭公。子儀孝廉以遺稿相授，塗乙潦艸，首尾多不完，或篇題殘挩〔五〕，乙酉以前之作竟無一字存。疑公尚有清本藏之别笥，子儀未檢獲也。謀更事搜采成完袟，荏苒未遑，而子儀又以措交庫款赴粤東，卒於劉仲寅觀察署中。觀察名晸昌，公視學貴州所拔貢生，公歿後，所以賙恤其家者有加。子儀卒，命其弟送柩返歙，買山營壙，并葬公及金夫人兩世三棺。其孤孫嫠婦之寄寓京師者，則祁尚書爲經營擁樹之。觀察又議以幼女妻子儀之子，而娶其女爲己子婦，迎公全家入黔，相依以久。嗚呼！師恩友誼，人有同情。當公賓客填咽之時，詎知身後巨卿乃此兩人哉？穆幼聞先君子之所以稱公者，長而公之相待略如大父之待其先德，知己之感，永永弗諼也。

儀徵志文，久已刊行。今年春，尚書念公雖葬而臨終相託之意不可孤，屬穆爲購石材，書丹勒之，并刻其遺集，曰："以此爲初編，續有哀録，補梓易耳。"穆既恐殘斷之稿并歸藞落，又懲夫嫁名僞譔者之厚誣公也，爰偕公門人何編修紹基排比，爲賦一卷，詩四卷，又凡稿艸之失題者及詩餘、試帖共爲一卷，碑志、哀誄、駢儷、雜箸之文五卷，總題曰《程侍郎遺集》。而叙其緣起如此，以詶公知兼志余痛云。

道光二十五年三月既望序。

【校記】

〔一〕偏　《山右》本作“徧”。
〔二〕霄　《山右》本作“宵”。
〔三〕於　《山右》本作“其”。
〔四〕漏　底本作“屚”,《山右》本作“漏”。“屚”,古“漏”字。
〔五〕或篇題殘挩　《山右》本作“篇或題殘挩”,“或”“篇”二字顛倒。

《使黔艸》序

古人之文、之詩、之書,所以能造極詣微隨其才大小卓然自成一家者,無它,各本學問、識力所到而正出之、奇出之、迂迴出之,務肖其性情,無所謂法而法自立,無所謂格而格自高。自摹擬規放之説興,於是學者不事讀書養氣,饜飫性情,而矯揉造作,尋聲覓響,詡詡然曰:“此於古爲某家,此於古爲某格。如此,則爲文、爲詩、爲書;不如此,則非文、非詩、非書也。”嗚呼!操是説也,天下寧復有真文、詩、書邪?優孟衣冠,縱復一一似之,吾固將舍旃而古人與居,亦復何苦敝有用之聰明材力,爲是傀儡之戲邪?雖然,建九成之臺毫無憑籍〔一〕,一木一石躬自營運,非積數十年之力固不能舍古人而獨成。其爲我,則何如摹擬規放者之取徑捷、託地高、見信於人速也?然則,世之甘於逐人嚬笑以爲喜愠者,乃便於空心高腹之祕計,夫又何怪其然乎?

穆能爲是説而行不逮,故藏其言於心,未敢輒以語人,獨數數與子貞同年論之。子貞之才,涵演莽蒼,足以達其學問識力而與性情日厚。今天下何太史書布滿屋壁,無人不矜賞鄭重之。至其撝一文,根節磊落,製一詩,真氣坌涌〔二〕,世或不知,而穆獨傾倒無已者。誰無性情?獨讀子貞之文、詩〔三〕,如見子貞之性情。夫學至能發抒其性情,而學乃可蘄其日進矣。一日,客有誇子貞庖饌之精者,穆應曰:"子貞之饌無它謬巧,只是本色而已。子貞之文、詩、書亦無它高妙,只是本色而已。"座客頗頷其言。

既而思之,本色者何?真而已矣。真者何?不事矯揉造作,自寫其性情而已矣。至於工拙高下,當待天下後世知言者品評之,非吾所能臆定也。子貞生平所作詩往往失其稿,此《黔中艸》三卷以寫有淨本,且日月先後甚完,無事整比,先付諸梓,請益當世之有真性情者。刻既成,謂穆不可無言,穆唯唯而久無以應,因它日答客之言乃引而申之如此。

時道光二十八年四月立夏節後一日,甫由上斜街移寓門樓胡同,與子貞西塼老屋相距僅百步〔四〕,可時相見,爲穆潦倒中一快意事,因并識之。

【校記】

〔一〕臺 《山右》本作"台"。"臺",亦作"台"。

〔二〕製一詩,真氣坌涌 《山右》本作"造製一詩真氣坌涌","製"前衍一"造"字。

〔三〕子貞 《山右》本作"貞子"。

〔四〕塼 《山右》本作"磚"。"塼",同"磚"。下同。

《漢石例》序

文生於義,不生於例也,義洽而例自立焉。故不獨《春秋》有例,若《易》、若《詩》、若《書》無不有例。其例即定於聖人精義之心,非有所比擬景傳也。爲文必當明例,碑志又文字之最謹嚴者,其例尤不可不講。元潘景梁、王止仲、明黃太沖遞有所述,然取法不越昌黎,是謂昌黎以前金石之文皆獷語也,先河後海,豈其然乎?古人劖鍾範鼎,義專褒顯,面人儷事不患本末不審。故款識流傳類皆檃括行能,文質究宣,但主銘勳,不關記事。變金爲石,其義猶是,其例亦當猶是。秦漢以來,矩矱具存,可覆驗也。自昌黎一變而爲述事,後世史籍踳午,往往足資考證。故各家文集碑志尤爲可貴,昌黎之功誠亦不細,然不得因後掩前,反疑古人渾噩爲不達也。朱竹垞嘗謂:"墓銘莫盛於東漢,鄱陽洪氏《隸釋》《隸續》,其文其銘體例非一,宜用止仲之法舉而臚列之。"竹垞既未有成書[一],錢唐梁氏《志銘廣例》、吴江郭氏《金石例補》、嘉興馮氏《金石綜例》搜采較博,舉例尚疏。至長洲王氏《碑版廣例》,雖上取秦漢,下訖中唐,其恉乃主於摧毁漢人,專以文章正統與韓、歐,其言曰:"漢碑版之在世亦多矣,或奥而膭,或枝以蔓,雖或得焉,其所得嘗不敵其所失。"又曰:"漢碑版不皆出於文士,乖離析亂,人率其臆,未嘗有例也。"噫!古人物勒工名,一器且不苟作,何有旌功寫德託垂千億,乃曾不得一文士爲之操觚乎?晚近尚欺心之學,且有專標柳子厚、馬少監、張子野、黄夢升諸文以爲碑志正宗者,是并韓、歐之例可廢,何論漢也[二]?

吾友寶應劉君楚楨,始本竹垞之意,壹以東京爲主,傅以經術,加之博證,纂爲《漢石例》六卷。蓋惟深通漢學,故能得其大義,義舉而例亦因之俱舉。文章家既讀潘、王之書,即何可不進以此箸也?楚楨爲端臨先生從子,少與儀徵劉孟瞻齊名,號"揚州二劉"。作令畿南,迭更盤錯,時遣人持券告貸京師,而一錢不以累民。比官元氏,貧愈甚,循聲亦愈起。訪獲縣境古碑甚多,其尤著者則延熹《封龍山碑》,自來金石家皆未見也。靈石楊君墨林及弟子言雅好金石,讀君書喜且寶之,因請刻入《連筠簃叢書》中,而以校勘之事屬余。余既獲交孟瞻,又獲交楚楨,故樂序行其書。楚楨又箸有《寶應圖經》,精博與孟瞻《揚州水道記》埒。"二劉"之目,豈虚譽哉?

道光二十九年三月初六日序。

【校記】

〔一〕垞 《山右》本作"坨"。下同。

〔二〕是并韓、歐之例可廢,何論漢也　《山右》本作"是并韓、歐之例可何,廢論漢也","廢""何"二字顛倒。

《落颿樓文稿》序

穆與子惇交,以談藝深相契也。及子惇歿且十年,讀其《與鄞王臒軒大令書》,曰:"垚於知名之士不敢妄相投契,必求其有性情者乃與訂交。故兩載留京,僅得平定張碩洲一人。"然後知余之不見棄於子惇。以此,余無似,不足辱良友知,然子惇取友之義則嚴矣。子惇以道光十五年入京師,館徐星伯先生家,先生數爲言其地學之精。越一年,乃相遇於道州何子貞同年所,即承以《〈長春西游記〉金山以東釋》見示,并讀其《落颿樓文稿》,此所刻前二卷是也,由是往來遂密。又越四年,而子惇遘瘵疾,卒於會邸。時子貞扶文安公柩歸里,穆朝夕守護醫藥,比視含斂,殯棺野寺,哭奠成禮乃去。至始終經紀其喪,則星伯先生一人而已。

先是歲壬辰,文安公視學浙江,子惇以《庸蜀羌髳微盧彭濮考》爲文安所首拔。未幾,文安召還朝,新城陳碩士侍郎繼之,又以《尚書古文考》《毛詩古音考》爲侍郎所賞。歲甲午,遂以優行貢成均,時年三十有八矣。程春海侍郎嘗讀《西游記》,擬爲一文疏通春廬宗丞跋所未盡。及見子惇跋,歎曰:"地學如此,遐荒萬里猶目驗矣。我輩粗材,未足語於是也。"又嘗與張淵甫孝廉論禮服,往復詰難,百辯益堅,淵甫瞠不知所答也。子惇留京師,爲桐城姚伯印總憲校《國史地理志》〔一〕,寓内城,間旬出相訪,則星伯先生爲羣羊炊餅,召余共食,劇談西北邊外地里以爲笑樂。余嘗戲謂:"子惇生魚米之鄉,而慕彝耆麥;南人足不越關塞,而好指畫絶域山川;篤精漢學,而喜說宋遼金元史事,可謂三反。"子惇聞而軒渠,以爲無以易也。作字模範鍾、王,而偏旁點畫必蘄合於六書。當道州、新城視學浙江時,日照許君印林皆在幕中。印林嘗爲余言,鎖院得子惇卷,如辨古金款識,淺學者或不能盡識,輒傳觀以爲奇寶。至爲賦頌駢儷之文,則又精雅似六朝小品,蓋其多藝如此。性沈默,每當衆論鋒起,拈髭靜聽,若都不解,及客退而發其乖違,齗齗不少叚借。故於一時才士,子惇既少所許可,人亦或畏且忌之,不甚内交也。庚子十月,忽手録所譔《漳南滱北諸水考》見貽,其意懇懇然,若有所諄屬者。未及一月,而子惇病且死矣〔二〕。垂殁,猶力疾檢施北研《遺山詩箋》初印本相付。北研者,烏程老儒,孰於金元掌故,子惇所嘗從問業也。

兹余爲靈石楊氏裒刻叢書,爰取子惇遺稿,合以子貞所藏前二卷,都爲一編,付梓問世。嗚呼!自子惇死,余多得金元遺文,每恨不能起我良友共讀之。偶有纂述,至山回水互診脈俱窮之際,益思得如子惇者助我,而至今未一遇。乃星伯先生卒亦且二年矣,寡聞之慨,其有既哉?

道光二十九年閏四月序。

【校記】

〔一〕姚伯印　《山右》本作"姚伯邛"。誤,"印",古"昂"字。
〔二〕病且死矣　《山右》本作"且病死矣","病""且"二字顛倒。

《癸巳存稿》序

《癸巳存稿》者,黟俞君理初於道光十三年編刻。平生所爲文題曰《癸巳類稿》,而以未刻者總寫成袟,緣其初名"存",以備散佚云爾。

先是,壬辰冬,理初館新城陳碩士侍郎所,爲校顧氏《方輿紀要》。穆一再過之,頗多請益。理初賞之曰:"慧不難,慧而能虚,虚而能入爲難。"因與訂交。然理初年長於穆者倍,穆禮事之,尊爲先生，不敢與齒也。越年春，儀徵太傅主會試。命下，諸鉅公輒相與賀曰："理初入彀矣。"闈文出，穆爲效寫官之役，經義策問皆折衷羣言，如讀唐人《正義》、馬氏《通考》而汰其繁縟也。榜發，竟報罷。已而知其卷在通州王菽原禮部房，禮部固力薦之，而新安相國深嫉迂誕之學，綑束置高閣，儀徵初竟未之見也。後十年，穆謁太傅於邗上，太傅爲述此事，猶扼腕太息有餘恨云〔一〕。禮部既得理初，則大喜，延入邸中，索觀所箸書，爲醵金付彫，於是天下始得讀所謂《癸巳類稿》者。向使理初倖獲一第，其自爲謀亦不過刻書而止，所惜者國家失此宏通淹雅之材耳。

理初足迹半天下，得書即讀，讀即有所疏記，每一事爲一題，巨册數十鱗比行篋中，積歲月，證據周徧，斷以己意，一文遂立。讀其書者，如入五都之市，百貨俱陳，無不滿之量也。然細字密書，厶增乙跨，稿草襞積，猝不可讀。當議刻《類稿》之時，發篋攤書几上，屬日照許君印林及穆爲檢之，擇其較易繕寫者得如干篇〔二〕，分類排次以付梓人，前所刻十五卷是也。及《類稿》既竣，賣其書稍有餘貲，乃覓鈔胥爲寫未刻之稿，又得尺許，即今所刻是也。

理初方年二十餘，負其所業北謁孫淵如觀察於兖州，時觀察既爲伏生建立博士，復求左氏後裔。理初因作《左丘明子孫姓氏論》《左山考》《左墓考》《申雜難》篇，觀察多采其文以折衆論。而理初陳古剌今之識亦由是日益堅，故其議論學術與觀察恒相出入也。顧以家貧性介，知其學者寡。奔走道塗四十年，縞紵餘潤不足贍妻孥，年逾六十猶不能一日安居，遂其讀書箸書之樂也。

歲戊戌，以公車在都，穆自西來，將南游，暫事羈栖，與朝夕見，殆將百日，始别去。而理初留滯會邸，至十月，碩士侍郎之公子淮生假以資斧，乃得南歸。復相遇於泰州道中，因與偕謁祁叔穎學使，學使厚欵之，約其春初復來。己亥正月，理初果相訪於江陰。未帀月，余隨軺車北渡，歷試徐、海諸郡，遂由淮安入都。而理初留江陰縣署,爲學使校寫《三古六朝文目》及此《存稿》副本。七月,學使邀赴金陵,言於制府,聘掌惜陰書舍教。惜陰書舍者,陶文毅所特設以課諸生古學也。地據城北高阜,江流一綫浮浮目前,致爲幽勝,修脯所入亦較優贍。余聞之喜,以爲此足抵理初晚節菟裘矣。乃次年五月,遂卒於書舍中。書生薄祜,至於此極,可爲纍欷矣。

其年冬,學使還朝,余從得《存稿》副本。又越六年,丙午,刻入《楊氏叢書》,放《類稿》例,亦釐爲十五卷。中多引申未竟之作,不復刪。惟《積精篇》纚纚萬餘言,爲理初極用意之作,穆以爲非後學所能遽解也,則汰去之。

夫以理初之學之年核其箸録歲月,多在小子未生以前〔三〕,顧不以爲弗類,忘年折節,引爲同志,此意何可忘也！至其學行本末,則程春海侍郎兩序詳言之〔四〕,兹不復綴云。

道光二十九年五月二日夏至節序。

【校記】

〔一〕扼　底本作"扼",《山右》本作"扼"。

〔二〕干　《山右》本作"千"。誤。

〔三〕未生以前　《山右》本作"未生以",脱"前"字。

〔四〕程春海侍郎　《山右》本作"程春前海侍郎","程春"後衍一"前"字。

重刻《元遺山先生集》序

《遺山先生集》,中統嚴氏初刻本不可見。今行世者,惟宏治中李叔淵本及康熙中華希閔本,而華本即從李本翻出,猶一本也。《詩集》單本較多,惟毛氏汲古閣本盛行。南昌萬廷蘭本係從全集摘出,故於曹益甫所增之八十餘首概從闕佚。而元黄公紹選本,穆又未之見也。近烏程施北研氏孰於金源掌故,有《遺山詩文箋》,極精博。《詩箋》初梓,吾友沈子惇即以相贈,近亦印行,《文箋》仍鬱未出也。

遺山世籍平定，靖康末始遷居秀容，故文字中稱平定爲鄉郡，生平踪蹟往來於平定至孰。吾家陽泉山莊，即詩所詠“栖雲道院”〔一〕。山莊東北一里而遥有土岡斗上，中央宛宛若盂，俗名圍窪。迤西馮氏舊塋，香亭石柱刻有遺山《弔馮大來副使詩》。大來者，遺山往來陽泉時東道主人也，計亦磊落丈夫，而其名爵則州志已失綱羅，葢文獻之放失也非一日矣。穆生也晚，未獲從耆舊釣游，而劉覽羣書遇有鄉邦故實輙一一疏記，以助桑梓雅談。遺山尤夙所慕仰，登涌雲樓，拜楊、趙、元、李四賢梟主，流連企歎。每思論其世，考其出處文章，與吾黨之彦一盱衡之，而利禄移人，帖括熒目，其足與甄討及此者，不數覯也。内相文獻楊公，勳業軼於滏水，數理不媿欒城，而炳炳箸述今遂無一字留貽，謂非州里後進之辠與？遺山幸以能詩，故其文得附以傳，然已不能家有其書。李叔淵雖稱得善本於儲靜夫太僕，而譌文脱簡仍不勝乙。

今爲鉤考金、元史及同時各家集，它若《元文類》《金石例》《金文雅》《山西通志》諸書，缺者補之，誤者訂之，如無可據校，概從闕疑。《續夷堅志》世行寫本二卷，余秋室氏釐爲四卷，手書刻之大梁。《樂府》五卷，阮太傅《研經室外集》載有提要，而《文選樓書目》初無其名。聞漢陽葉氏有寫本，數從相假，檢未獲也。嘗擬都爲一集，繡梓，版存冠山書院，而京華旅食，囊橐蕭然，乃節啬傭書餘貲，歲刻數卷，始丙午二月，訖庚戌四月，首尾凡五年，工始告竣。《附録》一卷，《補載》一卷，儲氏、華氏、施氏遞事增輯，穆續有采獲并羼入之。遺山一家之業，其存於今者約略備矣。其爲遺山譔次年譜者，有翁氏、凌氏、施氏三家，翁、施書皆有刻本。凌氏成書在翁、施之先，未梓行，有序，載《校禮堂集》中，漢陽葉氏録有副本，幸得假鈔。因並刻三譜集後，各存其真，不相攙和，放汪立名《長慶集》并存新舊兩譜例也。至近日坊肆有新刻《遺山集》本，乃某太守從臾書賈據華氏本刻之蘇州者，舊缺《御史張君墓表》《陽曲令周君墓表》《鄧州新倉記》

各半葉，葉各三百餘字，此本皆補完之，微勞亦不可没云。

道光三十年五月序。

敬案，師此文作於己酉四月，文中雖稱"庚戌四月"云云及末題"三十年五月"，實豫擬也。又《遺山新樂府》，師已續於劉寬夫太守處假得康熙間華氏刻本〔二〕，手校付梓，未獲畢工，今樣本僅存，所假刻本不知歸何所矣。癸丑正月，劉燕庭方伯爲敬言家有汲古閣舊藏元板《遺山集》，當有《樂府》，許於病痊後檢出相假，已竟不獲如願，是中統嚴氏本今尚有存者。謹識於此，以俟續成師志者云。

【校記】

〔一〕栖 《山右》本作"棲"。
〔二〕氏 《山右》本作"正"。

重刻吴才老《韵補》緣起

才老，孟子所謂"豪傑之士"也。北宋以來，學者溺於憑虚弔詭之風，實學不講久矣。才老獨能不囿習俗，奮然訂古音，疑僞書，爲後學闢榛莽，啓涂先驅〔一〕。蓋自才老後，緜緜延延又五六百年，至我聖清而後，亭林、潛丘相繼挺起，盡才老未盡之業，《詩》《書》古經昭然若日月復明也。

穆雅好顧、閻之學，嘗爲兩先生撰次年譜，以明祈嚮。既念椎輪大輅，才老翼經之功不在毛公、伏生下，惜乎好其學者寡。《書裨傳》《詩補音》既久佚不傳，《韵補》雖有刻本，而荒蕪潦艸未愜雅觀。老友河間苗先路篤志顧學，慕才老之書，歎未獲見。歲丁未秋，始從道州何子貞太史假得之，鍵户謝客，手自繕録，寢食俱廢。穆聞而嘻曰："先路之好，亦余之夙好也，曷即刻入《楊氏叢書》以廣其傳乎？"

子貞因爲搜借各家刻本、寫本及大興劉侍御所藏汲古閣景宋本，大抵譌謬踵仍，各家本、毛本皆不足據，誤亦略同。幸才老所引之書，今日十九俱在，精意讎對，尚非難事。据明陳鳳梧序，正德間道州何方伯天衢嘗刻於河南，未知即世所行刻本否？方伯爲子貞族祖，今此書之刻，其耑題又適自子貞發之，斯文靈貺萃於一宗，曠世不昧，亦一奇也。書後附入亭林《韵補正》及謝氏《小學韵補考》，以完一家之學。

刻既竣，先路大喜曰："不意垂老猶及見《韵補》精本，死不恨矣。"搴印數十袟，綑載歸河間。從此几案間《音學五書》外，又增《韵補》一種，樂何如也！

道光二十八年五月日長至題。

【校記】

〔一〕驅　《山右》本作"軀"。

書《蒙古源流》後

此書但詳順帝以下汗之子孫，而太祖諸弟子孫不及也。汗之子孫亦但詳汗及鄂爾多斯、巴爾斯博囉特二支，而達延汗其餘諸子不及也。其中寫之最詳者爲阿勒坦汗及庫圖克圖徹辰鴻台吉二人，而餘人亦不及也。然汗之傳位世系，則已較然明白。鄂爾多斯之所以獨詳者，以汗即卒於八白室前，鄂爾多斯則爲汗守禦八白室之人也。然考《明史·韃靼傳》，其爲邊患甚者大約亦不過此三支。其東部炒花，則太祖諸弟子孫。所謂土蠻，則又達延汗諸孫之南徙近邊〔一〕，今爲内札薩克、敖漢、柰曼、巴林、札魯特、克什克騰、烏珠穆沁、浩齊特、蘇尼特諸部是也。

明人治邊尚不乏才，至於紀覈源流、審正名字，則殊艸艸。如達賚遜之爲打來孫，庫圖克圖汗之爲虎墩兔王子〔二〕，猶不過譯字之變，不爲譌舛。最可笑者，巴爾斯博囉特之衮必里克爲鄂爾多斯濟農，濟農，職名也。明人譯濟農曰吉囊，不爲失也。乃不以爲官號，而以爲人名。及袞必里克之子嗣爲濟農，以爲不應父子同名，則曰吉囊子吉能，亦可謂不考之甚矣〔三〕。

今據此書表出，而後《明史》言蒙古事者乃略皆可讀。暇當更爲大事表，以著其剿撫之略，而有明一代蒙古事乃可考云。

【校記】

〔一〕徙　《山右》本作“徒”。

〔二〕虎墩兔王子　《山右》本作“墩虎兔王子”，“虎”“墩”二字顛倒。

〔三〕考　《山右》本作“老”。誤。

校正《元聖武親征録》序

《元聖武親征録》，予始見於徐星伯太守處，相傳爲錢竹汀宫詹藏本輾轉鈔得者。繼又借得翁正三侍郎家藏本。予乃鈔存徐本，而以翁本校之，點勘一過。

其書久無讀者，收藏家付之鈔胥，聽其譌謬，如行荆棘中，時時牽衣絓肘。又如捫蘚讀斷碑，上下文義相綴屬者可一二數。以屬友人觀之，不終簡輒棄去不顧。願船獨爲其難，取而詳校之，嘗自言“一字一句有疑，十日思之不置”。每隔旬餘，輒以校本見示，加箋證數十條。越數旬，又如之。其始就原本題記行間眉上，字如蠅頭，蓋十得其五六。繼復黏綴稿艸，鉛黄錯雜，迺十得其七八。近則補正益多，手自迻謄。一再讀之，令人開豁。較之原本，廓清之功比於武事矣。

昔太史公纂述，藏之名山，極鄭重也。而所望於後世者，惟好學深思、心知其意之人。蓋天下文人多，學人少，不得學人，則著述之事幾乎息矣。如願船之所爲，豈非史公之所願見而不可得者哉？固非徒是書資其考證也。

《蒙古游牧記》自序

我皇清受天眷命，統一天下，薄海内外，悉主悉臣，治道之隆，登三咸五。而北戴斗極，西届日所入，廓疆畛三萬餘里〔一〕，靡不服屬奔走。禮樂、朝會、賦役、法制、條教、號令，比於内地。盛矣哉！古未嘗有也。

然内地各行省府廳州縣皆有志乘，所以辨方紀事，考古鏡今。至於本朝新闢之土，東則有吉林卜魁，西則有金川衛藏，南則有臺灣澎湖，莫不各有纂述，以明封畛而彰盛烈。獨内、外蒙古，隸版圖且二百餘載，而未有專書。《欽定一統志》《會典》雖亦兼及藩部，而卷帙重大，流傳匪易。學古之士尚多懵其方隅，疲於考索，此穆《蒙古游牧記》所爲作也。

蒙古以畜牧爲業，不常厥居，且譯語多岐〔二〕，無從考證，地理家紀載闕如。職是之故，不知史稱匈奴隨逐水艸，然各有分地。居東方者，直上谷以東；居西方者，直上郡以西，而單于庭直代、雲中，此即今四十九旗所居之地。可知北方部落大小相維，略如郡縣之制，自昔已然。本朝因而區畫之，一命之吏必請於朝，一石之粟必輸於官。疆理之法，盡美盡善。由是臣喀爾喀，平準噶爾，降杜爾伯特，來土爾扈特，城烏里雅蘇台、科布多、塔爾巴哈台，以莅治之。北守庫倫，西守伊犂，以控制之。形勢既得，中外永安，用以緜億萬年無疆之盛治。《周官》重"體國經野"，《孟子》言"行仁政必自經界始"，豈不諒哉？

今之所述，因其部落而分紀之。首叙封爵、功勳，尊寵命也；繼陳山川、城堡，志形勝也；終言會盟、貢道，貴朝宗也。詳於四至八到以及前代建置，所以綴古通今，稽史籍，明邊防，成一家之言也。致力十年，稿艸屢易。凡國家豐功偉烈見於《方略》諸書者〔三〕，罔不敬録而闡揚之。其近年興建，則又詢諸典屬，訪諸樞垣，以蘄精詳而備討論。閲者手此一編，亦足以仰窺聖神功化之萬一矣。

昔吾鄉祁鶴皋先生著有《藩部要略》一書，穆曾豫讎校之役。其書詳於事實而略於方域，兹編或可相輔而行。異時爲輿地之學者，儻亦有取於斯也夫！

【校記】

〔一〕廓 《山右》本作“廊”。

〔二〕岐 《山右》本作“歧”。

〔三〕烈 《山右》本作“略”。

《魏延昌地形志》自序

魏收書初出，即重爲世所詬厲。其《地形志》，近代始稍稍攻之，然特議其縮籍不斷，自太和，雍、秦郡縣多所脱漏而已。至於《志》之巨謬及收之本恉，未有顯言者也。

考拓跋氏肇基恒朔，遷鼎洛陽，兩地宏規，最宜晐備。此如頌周京者，知稱豐鎬，必溯邠岐；美漢業者，既尊三輔，敢略沛豐？龍興虎視，根本重地，未可率爾也。乃收《志》司州洛尹，分析畸零，盛樂、平城，全歸寄治。數典忘祖，悖孰甚焉？而其本恉，則正以貢諛東魏，張貢諛高齊之本。首鄴，孝靜都也；次定次冀，甸服也。以形勢論，即應西叙潁洛，東條兗濟，乃横厠并州於其間者。晉陽，高歡之行臺也。觀“太原郡晉陽”注下特書曰：“出帝永熙中，霸朝置大丞相府。武定初，齊獻武王止置晉陽宫。”自古地家無此變例，然而收之本恉顯然明白矣。且收雖云“據永熙縮籍”，而分、併、建、革，一以天平、元象、興和、武定爲限，則收是《志》純乎東魏之志而已。武定六年，魏遣兵略江淮，取梁二十三州。七年，取梁青州及山陽郡淮陰。越一年，而高洋篡魏〔一〕。此收《志》前二卷所以始於魏尹終於沿邊新附諸州也。其弟三卷〔二〕，雍、秦以下諸州，地入西魏，不關於高，遂挩失踳駮〔三〕，不可闓數。徒以書綜全魏，不得不旁及關西，聊充卷袟爾。杜君卿曰："魏收史所載州郡，是東魏靜帝武定中。其時洛陽以西及關中梁益之地，悉屬西魏，收猶總而編之。"

穆初讀《水經注》，即謀博徵典籍，撰爲義疏。黟俞君理初教之曰："是當先治《地形志》。"取而讀之，苦其蕪亂。大興徐丈星伯嘗敂以收《志》分卷之由〔四〕，亦茫無以對。單心鉤稽，退寫爲圖。圖成，始恍然曰："此非北魏之志也。"而自來談拓跋疆域者，率以是《志》斠其里到，遇有收所失載之郡縣若建陽、長松之類，輒以爲後人羼亂，傎矣！於是更事排纂，勒爲此志。

建置斷自延昌者，按《初學記》引《括地志》云："魏孝文帝都洛陽，開拓土宇。明帝熙平元年，凡州四十六、鎮十二、郡國二百八十九矣。"熙平者，延昌四年之後一年。《通鑑》"梁天監十年"下云："是時，梁之境内有州二十三、郡三百五十、縣千二十二。"是後，州名浸多，廢置離合，不可勝紀。語本《隋書·地理志叙》。魏朝亦然。梁天監十年者，魏之永平四年，延昌改元之前一年也。豈不以孝文奠宅京之烈，宣武撫全盛之業，元魏疆里斯其極哉！熙平以後增改頗多，孝昌之際淪亡遂甚，仍一一附見條下，俾一朝沿革有所考焉，而盛衰之感，繫於此矣。

恒代以北，晉末棄諸荒徼，郡縣不立。魏設重鎮制之，士馬騰强，所由盛也。孝明改鎮爲州，易都將以刺史，漸用削弱，國遂不支，尤一代廢興所關，故臚叙特詳，以示鑒戒之義。三代以來，山川古蹟班、馬兩志甄録已多，收書或繁或嗇，絶無條理，今亦不復盜襲前修以炫耳目。而古籍遺文有涉及魏事者，則畢加搜討，不惜覼縷。典實既陳，隘塞粗具，亦考古所必資矣。晉自永嘉以後，羣胡雜族，版蕩中原，凡五代十六國攻守戰伐之蹟，皆魏人席卷之先驅。而晉、隋地志紀載缺如,揆以漢詳秦制之例,亦此志所應薈萃也。《隋志》《通典》《元和志》《寰宇記》《通鑑注》株引既多〔五〕,差互不免,必鑿然有徵,始用據補。餘並附存案語,以竢達者,不敢臆決也。

又此志雖以魏事爲本,鄙意則并欲爲世之讀酈注者通其徑術,故凡中尉所條列,每不憚其詞之煩。西北陂塘堰澤,尤有心經世者討論所必先,兹并考其興廢及現今情形,庶後來者有所取法焉。昔沈約叙《宋·州郡志》曰:"地理參差,其詳難舉,實由名號驟易,境土屢分,或一郡一縣,割成四五,四五之中,亟有離合,千回百改,巧麻不筭〔六〕,尋校推求,未易精悉。"夫由今日訂延昌之籍,視休文撰大明之書,去古彌遠,難應倍蓰,尋校無凴,矧云精悉?然以刊收《志》之謬,補《魏書》之闕,或亦談拓跋畺域者所不廢云爾。

道光二十一年重光赤奮若孟陬良日譔。

【校記】

〔一〕篡　《山右》本作"纂"。誤。

〔二〕弟　《山右》本作"第"。"弟",亦作"第"。

〔三〕挩　《山右》本作"脱"。"挩",古"脱"字。

〔四〕敂　《山右》本作"扣"。"敂",亦作"扣"。

〔五〕鑑　底本作"鑒",《山右》本作"鑿"。

〔六〕筭　《山右》本作"算"。下同。

題　詞

《鏡鏡詅癡》題詞

乙未冬初,晤浣香於銀灣客館,從之學筭,圍鑪温酒,無夕或閒。一日,夜深月上,出自製遠鏡,相與窺月中窅眣,黑點四散作浮萍狀,懽呼叫絶。浣香因爲説遠鏡之理,旁喻曲證,亹亹不竭。次日,復手是書見示。穆讀而憙之,以爲聞所未聞,倩胥録副,藏之篋衍。

逮丑寅之交,海孽鴟張,或頗詑其善,以遠鏡立船桅上,測内地虚實,惜無能出一技與之敵者。穆因從臾當事,延浣香幕中,以所録副本爲券,當事既不甚措意。未幾,撫局大定,議亦遂寑〔一〕。甲辰春,浣香復來京師,靈石楊君墨林耳其高名,禮請爲季弟子言師,兼謀刻所箸論筭各種。穆曰:"是無宜先於《鏡鏡詅癡》者。"因稍爲畫定體例〔二〕,附《火輪船圖説》於後。

嘗念天下何者謂之奇才,實學即奇才也。一藝之微,不殫數十年之講求則不精。屠龍刻楮,各從所好。精神有永有不永,而傳世之久暫視之。浣香雅善製器,而測天之儀、脈水之車尤切民用。今老矣,有能奇其才者,乃知所學之適用也。

道光二十六年丙午秋八月朔日題。

【校記】

〔一〕寑 《山右》本作"寢"。"寑",同"寢"。
〔二〕畫 《山右》本作"畫"。下同。

《元朝祕史譯文》鈔本題詞

《永樂大典》十二"先元"字韵中載《元朝祕史》一部八册十五卷〔一〕,不詳譔人名氏。其卷次亦《大典》約爲區分,本書蓋都爲一袟也。每段前列蒙古語,附以譯文,此所鈔者其譯文也,外間更無傳本。錢竹汀詹事《元史氏族表》,首所列蒙古諸姓,全據此書而不箸書名。聞徐丈星伯云,程春廬京丞曾手録一通,於所箸《元史西北地理考》中屢引之。今《地理考》爲人竊去,所鈔《祕史》亦遂不可蹤蹟。穆於辛丑之秋幸緣守藏吏獲觀寶笈,爰假寓功臣館迻寫數種以出,《祕史》亦其一云。

【校記】

〔一〕韵 《山右》本作"韻"。下同。

《亭林年譜》題詞

謹案:本朝學業之盛,亭林先生實牖啟之,而洞古今,明治要,學識該貫,卒亦無能及先生之大者。聞儀徵阮相國、桐城胡雒君虔嘗爲先生撰次年譜,惜未之見。大興徐先生松鈎稽詩文集,依年排纂,寫有定本,屬爲釐正。會何太史紹基自金陵來,攜有上元車明經守謙號秋舲。所輯譜,互用勘校,車氏差詳。蓋車本之崑山吴廣文映奎,號銀帆。而吴又本之先生嗣子衍生也。道光二十三年,穆與太史刱議匃貲爲先生建祠堂於京師慈仁寺西偏〔一〕。既考,太史謂穆曰:"先生蹤蹟甚奇,學者或不盡知。子盍比而叙之〔二〕,以詒後進乎?"爰綜兩譜之異同,傅以各書所紀,語務求詳,事期覈實。世之景行先生者,尚其有考於斯。

歲在昭陽單閼五月朔日識。敬案,此篇據先生校改本録存,與刻本小異。

【校記】

〔一〕匃 《山右》本作"鳩"。

〔二〕盍 《山右》本作"蓋"。"盍",古"蓋"字。

《潛邱年譜》題詞

癸卯夏,穆改訂《亭林年譜》既卒業,念國朝儒學,亭林之大、潛邱之精,皆無倫比,而潛邱尤北方學者之大師。因取杭大宗、錢曉徵所爲《傳》及《劄記》《疏證》諸書〔一〕,排次歲月,爲《潛邱年譜》。將以詒吾鄉後進,興起其嚮學之心。討論月餘,稿艸粗具。

是年秋,南游江淮,過山陽,訪丁儉卿舍人,訊以潛邱遺事。儉卿出所箸《山陽詩徵》《柘塘脞録》見示,頗多采獲。漢陽劉茮雲學正見之,爲修改十餘條。葉潤臣舍人好爲詩,凡國初人集有與潛邱相涉者,輒來相告,增補加密矣。洎交光澤何願船比部,復以此譜相諉。願船爲析疑彌罅,又不下數十事。於是壽陽祁尚書嘉其用力之勤,欲遂墨諸版,與《顧譜》竝行。憶戊戌冬,襄校淮安,見閻氏之應試者今尚多有遺容,志傳必世守焉,不可當吾世而失之也。屬同年何子貞編修致書學使者張筱浦侍郎行文淮安學官,向閻氏後人索之,越數月,得學使復書,則復申所撰行述、世宗憲皇帝祭文輓詩巋然俱在,意潛邱之靈實默相焉,爲之意愜者纍日。爰與願船更事討論,密又加密。

蓋自刱始以迄今日〔二〕,凡五易稿而後寫定此本,雖罣漏仍不免,然於潛邱束身力學之大綱約略具矣。學者儻循潛邱讀書之法,研證經史,勉成實學,而不蹈標榜聲譽、苟簡自封之習,是則區區舉似前賢之微意也〔三〕。夫整比再三,勉徇尚書之意,付之梓人,因述其緣起如此。

道光二十六年十二月識。

【校記】

〔一〕劄 《山右》本作"劄"。

〔二〕刱 《山右》本作"創"。

〔三〕舉似前賢 《山右》本作"舉前似賢","似""前"二字顛倒。

補　遺

《〈王會〉篇箋釋》序

《周書》爲百篇之餘，著録於子駿《七略》、孟堅《藝文志》，非出於汲冢，而讀者多懵其源流。至《王會》一篇，紀成周之盛，名物制度足補墳典、邱索之闕。自許、鄭注經皆所援引，尤可寶重。願船比部精心孯覈〔一〕，博稽詳校，成《箋釋》一書。觀者咸服其賅博精深，擬諸裴氏之注《三國》、酈氏之注《水經》，而余謂其過人處在於訓詁、地理二端，尤爲得未曾有。

蓋先秦古籍深奥難通，願船能疏通而證明之。如"韡韍"之義足補汶長，"亢唐"之訓足匡司農，"邛邛""距虚"之爲二獸足糾景純。豁然若晦之見燎，釋然若冰之方泮。其它毌穿經術，宏益良多，定宇、召弓有所不逮。至若《禹貢》方域、《春秋》地名，古人所稱絶學。而商周國名，曠無考證。《路史》之流，患在無稽，不足依據。願船獨能一一求其所在，不爲鑿空之談。如區陽、西申、規規、禺氏之類〔二〕，每樹一誼，堅確不移。使讀史者上下千秋，縱横萬里，可以燭照數計，不誠爲稽古之快事哉！

昔閻潛邱精考證之學，嘗云讀書必尋源頭，手一書至檢數十書相證，侍側者頭目爲眩，而潛邱精神涌溢，眼爛如電。其所著述屹如長城，堅不可攻。故杜于皇贈閻詩有云："不貴子博觀，貴子秉確識。吾子必自愛，如子實難得。"余曩謂斯語非潛邱不足當之，亦非于皇不能言之，至今日可轉爲願船贈矣。因題於簡耑，以志忻慕。

時戊申二月望日。

受業歙縣徐景軾校字

【校記】

〔一〕 揅 《山右》本作"研"。"揅",亦作"研"。

〔二〕 禺 《山右》本作"禹"。

月齋文集卷四

平定張穆

跋 附記一篇

沈果堂鈔《尚書古文疏證》五卷本跋

此本五卷，凡四册，第三卷仍缺。每册前有"果堂小印"，第六十二篇書眉又有朱筆批云："余已通之於《周官禄田考》矣。"故定知爲沈果堂鈔本也。其第二册無篇第之數，據果堂跋，鈔自顧陶元家，第五卷則借惠定宇本補足。餘三卷標題之次與今刻本略同，間有改定及亞一格引申之文。率是刻本演而愈多，辨日加密，良工不示人以樸，觀此可以推見潛丘讀書之心矣。第二册以今本校之，自第十七題至第廿八題，沈鈔本同。以下言"古人文字多用韻"篇，今本爲第七十四。言"古人字多假借"篇，今本爲第七十五。而鈔本第五卷又皆有之，次亦與今本同。言"《書》小序"篇，今本爲第一百五。言"《書》大序"篇，今本爲第一百七。言"朱子未及疑安國《傳》"篇，今本爲第一百十四。言"馬公驌疑古文"篇，今本爲第一百十五。言"孔安國從祀"篇，今本爲第一百廿八。葢全書規模約略已具，此後但觸類引申，錯綜整比之耳。第五卷，沈鈔無最後"論《詩》小序"十餘條，即張山來叢書所載《毛朱詩説》也。而多"又案"一段，知第五卷之成，潛丘年五十三歲，有倩閩謝生寫照事。

道光廿七年十月，穆爲潛丘作生日。子貞初得此本即據以入詩，穆亦據補入《年譜》中。又，今刻本於《東歸過馬公驌靈壁署事》皆作己丑。沈鈔本内夾一籤云："此書淮揚刻本已毁，近日又有刻之者。"案，穆所見三四本〔一〕，皆近刻也〔二〕。穆案，順治己丑，潛丘方七歲。而公驌自康熙丁未移官靈壁，癸丑冬卒於任所。是年適潛丘自鞏昌東歸，意猶及相見，遂定"己"字爲"癸"字之譌。及檢此鈔本，乃作"己酉"，是潛丘應山右鄉試歸來時事也，當即據此改定。又，世但知潛丘字百詩，據刻本第十七篇兩出"閻若璩"之名，沈本皆作"閻瑒次"，是又字瑒次也。凡此皆典實之極可喜者，移校既畢，爲記其後歸之。

廿九年正月廿一日識。

【校記】

〔一〕所　《山右》本無此字。

〔二〕皆近刻也　《山右》本作"所監近刻也"。

書《吴侍御奏稿》後

壽陽祁叔穎侍郎謀梓鄉先生《吴侍御奏稿》，而瀛暹任校讎之役。工既竣，或告曰："侍御丁勝國末造，不畏彊禦〔一〕，忠悃擅擅，直哉！獨惜其抨擊長山過當，令千古下與覺斯、鼎延、道直輩同類而共譏之也。"余應之曰："是不足爲侍御累。夫長山固賢者，然侍御不嘗賢之乎？當是時，奄黨餘燄集矢長山。或誣以使朝鮮滿載貂參歸矣，袁宏勛。或誣以納田仰賄用爲四川巡撫矣。田時震。流言藉藉，皆緣賄起。市有虎，曾參殺人，聽爲縈矣。至改勅書一案，長山明言都中神奸狄姓詭誆慶臻千金，兵部揭又明有長山批西司房語，則空穴之風實非無因而來。昔廬陵之於龍圖武襄也，晉原之於潞國也，眉山之於伊川也,兩賢或相阨矣,後世不以損其名,况長山暖昧之迹本有不能解免者乎?大抵好爲攻訐者,明代之習氣也。喜於醜詆者,諫官之習氣也。習氣未融,斯不免於逞臆而不顧。然以視低首下心,伈伈晛晛,任人斥爲啞御史〔二〕,不敢一置可否。一則立仗之馬也,一則覂駕之駿也,孰良孰駑,必有能辨之者。”既答客,爰次其語以爲奏稿後跋。

道光十有六年九月朏識。

【校記】

〔一〕彊 《山右》本作“强”。

〔二〕斥 底本作“㡿”,《山右》本作“斥”。“㡿”,同“斥”。

《少谷山人尺牘》跋

右《鄭少谷尺牘》三十二則,卷首徐惟起隸書“谷老筆札”四字。案,惟起嘗從臾鄧道協刻《少谷全集》,并爲作序,有云:“余曾得《少谷尺牘》,盡授道協,彙爲全集。”此卷内《雨打桑苎園》(一)、《喪祭未畢》(二)、《謝枉敝廬》(三)、《亡室宅兆》(四)、《文潔藥物》(五)、《讀百竹書》(六)、《青墅堂》(七)《茅竹筆帖》寫在紙末接縫中,集别爲一條、《伯固竟死》(八)、《此紙前日》(九)此二帖牽連在《哭伯固詩》後,集别爲二條、《見佳作》(十)、《數日不面》(十一)、《禮生事》(十二)、《閲相者多》(十三)、《不敢入城》(十四)諸帖,今刻入全集第十九卷者是也。然亦頗有删潤,不盡原文矣。

少谷與候官高瀔、傅汝舟友善,卷中多與宗吕即石門、木虚即濟川濟子之帖。宗吕,瀔字;木虚,汝舟字也。又有《拉徵明書碑》《題太湖卷》《胥門面話》三帖,則正德六、七年以户部主事榷税滸墅關時事也。少谷旋乞病歸,築艸堂於南湖金鼇峰下,卷中所稱“湖上”

皆指南湖言。“青墅堂”“桑苎園”“明水閣”“少谷柴門望雲亭”，則隱居幽勝處别署也。又一帖云：“告中不敢入城，只欲游張公洞。”案，集中《游張公洞詩》屢見，五古三篇，五、七律各一篇。惟五古一篇云：“北游費歲月，東歸賸幽賾。豈不念窮路？黄鵠有羽翮。”詞意與在告合，當即此時作，蓋在正德八年也。少谷初受詩法於徐昌谷，故帖有“再三尋《迪功集》不見”語。集又有《〈迪功集〉跋》，云“此本余得諸其家藏選本，其子手鈔者。今所行於洛陽者，李獻吉多爲更定”云云。疑此本即漁洋所稱“自訂三百首”之本，毛稚黄亦稱《迪功集》是所自選，風骨最高。而獻吉更定者爲今行百八十二首之本也。少谷又與太白山人孫一元爲詩友，時稱“孫鄭”，故有《促裝太初漫稿》之帖〔一〕，并爲作序載集中。又集有《與歐陽崇道書》云“西禪再挹尊範”，此卷有“素翁約會西禪帖”，殆即一事也。《哭伯固詩》“葵藿居同志”，“居”，集作“雖”；“諫書經濟業，吾道帝王師”，集作“終爲諫議鬼，竟失帝王師”。集又有《祭伯固文》，伯固者，即同諫東巡之黄鞏也。

少谷以氣節著，以詩名，又雅以艸法自負，晚遇陽明，復有志學道。其才清曠，所學皆未可量，而天不假年，造詣止此，甚可惜也。子貞典試貴州，塗出武陵，有來請業者以此卷爲摯。越五年，乃付工裝飾，而屬余爲記卷尾。

道光二十八年十一月冬至前七日識。

【校記】

〔一〕裝　底本作“裵”，《山右》本作“裝”。下同。

《廣洗心詩》跋

右黄石齋、楊伯祥兩公《廣洗心詩》墨蹟。案，黄公於崇禎十三年五月因解學龍保薦被逮繫獄，至十四年十二月獄始解，十五年二月，出京赴辰陽謫所，將取道至餘杭大滌山，故舟泊龍江。《漳浦集・大滌三記》云"余以解綱至白下〔一〕，買舟將出長沙"是也。先是楊公爲武陵所搆，貶秩歸里。黄公獄起，詞連楊，竝逮治之。此時方由清江本籍北上，故得於旅次相會也。龍江，在江寧府西儀鳳門外，明設户部鈔關於此。時杜濬以副榜貢生肄業南雍〔二〕，近刻《茶邨詩鈔》有一題曰："出城至靜海寺，喜黄石齋、楊機部兩先生皆寓其中。黄先生留飲，同楊先生至夜，余辭去，留詩爲别。"詩第四句云"憂天同賦洗心詩"，即此事也。黄公遂由此至大滌，出臨安，過富春，將赴謫所。六月，行抵九江，病瘧，留阻西林寺。病間，方事更定《易象正》，而賜環之命至。此詩寫於七月廿一日，正留阻西林時所作也。楊公詩後跋云"壬午閏月，被赦歸，再泊龍江。叔奇見唁，以石齋先生書《廣洗心詩》索余續其後，又爲補和十三章"云云。案，是年閏十一月，黄、楊相會當在春夏之交，而楊至十一月乃被赦歸者。蓋黄雖見釋，而楊獄未結，仍逮之，至京乃被赦也。第十三章，黄公繫於寫册時補作，故楊亦至十二月方補和。案，《漳浦集》辛巳冬先作五言律《洗心詩》十二章，故此曰《廣洗心詩》。

跋云：諸本寫者多誤，或扇頭傳訛，當以此正之。今案，刻本第六章，墨本作"其八"，第七章作"其六"，第八章作"其七"，第十二章作"其十"，第十章、十一章作"其十一"、"其十二"，此次序之不同者。其二，"不因"，刻本作"不愁"，"絶壁"作"絶壑"，"拈晬"作"認晬"，"儒生"作"儒書"，"動闌"作"滿闌"。凡五字。其四，"晴得"，刻本作"乾得"，"珠泡"作"珠湧"。凡二字。其五，"汙尊"，刻本作"腰鎌”。凡二字。其六,“亦塵”,刻本作“入塵”,“抱甕翁”作“鏡底翁”。凡三字。其七,“細羽”,刻本作“共羽”。凡一字。其八,“龍鱗”,刻本作“龍麟”,此字當係校者之誤。“寧知”作“應知”。凡二字。其九,“收竹”,刻本作“消竹”。凡一字。其十,“自平”,刻本作“甚平”,“但覺”作“但使”,“酹浩”作“分浩”,“何堪”作“何愁”,“滯深”作“未深”,“滂沱揮灑爲蒼生”作“吕梁洪底度蒼生”。凡十字。其十一,“藏密”,刻本作“藏蜜”。凡一字。其十二,“未當”,刻本作“不當”,“貝葉”作“寶藏”,“流徽”作“餘徽”,“妙竅”作“七竅”,“與人”作“與君”。凡六字。總凡三十二字,校其義意,信當以墨本爲定。惟第十三章,“羲文”,刻本作“羲皇”,“鐲鏤”作“屬鏤”,“於掌”作“如掌”,凡三字,當是墨本在前耳。

史稱楊公勤學嗜古,聲動館閣,觀此册詩律書格謹嚴深穩,與漳浦實未易伯仲,惜未得機部《兼山集》一檢訂之。子貞同年藏漳浦環蹟夥矣,機部書則僅見此册,故不惜重價購得,而屬穆爲考其情事繫之册尾云。

道光二十六年九月立冬日識。

【校記】

〔一〕余 《山右》本作“解”。

〔二〕榜 《山右》本作“杜”。誤。

《黄忠端與喬柘田尺牘》跋

此册第三書,蓋指救錢龍錫事。時爲崇禎三年十二月,先生方自浙江主考還京。集中於救錢第一疏下〔一〕,附倪鴻寶語云:“黄子將抗疏時,聞者皆危慄,而黄子獨以爲惟我皇可以忠言,慨然叫閽。”與札中所云“聖明如此,吾輩雖蒙罪所甘”,其言正合。

又案，龍錫因定逆案，爲羣小側目。《明史稿》錢傳云“時麗名逆案者方日爲翻案計，而周延儒以會推内閣不與，怨龍錫抑己。温體仁亦方與東林爲難，遂相聚合謀借袁崇焕以及龍錫，因龍錫以及諸異己者。《明史》删此數語。乃指龍錫爲逆黨，更立一案，與前案偶”云云。札中所云“不知彼有靦者是何肝腸，誤我明主”，正指此翻案諸公矣。先生以十二月十三日具疏，十八日奉旨詰問，上第二疏。二十七日又奉旨詰問，上第三疏。此札以情事推之，蓋在上第一疏後，故云：“小疏上五六日矣，尚未下，不審何如也。”

【校記】

〔一〕第　《山右》本作“等”。

跋富川令秦公《徇忠遺筆》

歲丁未九月，李寄雲侍御得無錫秦公《徇忠遺筆》，出見示，屬爲考其名字。檢謝修《廣西通志·職官表》，順治間知縣無氏秦之人。秦灡曾官平樂縣知縣，表亦不載。《宦績傳》於死李定國之難者，止紀孔有德、李懋祖、周永緒、沈倫、涂起鵬、尹明廷諸人，而於所殺羈管營盤諸姓名十不一二具也。檢禮部祠祭司則例，昭忠祠自四品以下與陣亡兵丁同科，秦官知縣，故亦無專位。最可怪者，曾於敞肆覓得金匱、無錫新志，亦復缺軼不載。新修《一統志》率據州縣解到文案，故於國史館册檔檢之亦不得也。頃借得王豫所輯《江蘇詩徵》，“秦”字韵内收秦灡紫回五言絶句一首，小傳下引《江蘇詩事》。又值小峴先生令子緗業應試來都，訊以富川父子遺事。乃知富川公名華鍾，字元發，寄籍蘇州，補吴縣學庠生，由歲貢授富川縣知縣，於順治十年八月十二日徇李定國之難，年五十有八，恤贈按察使司僉事，世襲恩騎尉。又紫回既殁，遺孤二歲，妾諸氏守節撫孤，即陳樹蓍跋所稱“藝公”者〔一〕，時諸夫人年八十餘矣。猶及見孫雄飛成名，爲請旌於朝。雄飛，字旦初，號曉林，乾隆甲戌進士，户部主事，官至江西布政使。贈紫回如其官，諸氏亦贈夫人，人謂忠孝節義萃於一門云。《詩徵》載紫回絶句"千里流泉紅，百里新鬼哭。彳亍不得前，哀哀主扶僕"，當是扶富川公柩東還時作也。忠孝大名，必無湮没之理。即余搜考此事，亦足信其不誣矣。儻有據紫回所述被難本末申送史館，并行文廣西入祀平樂名宦祠，其有關激勸亦豈淺鮮哉？是所望於有世教之責者。

道光二十九年穀雨日記。

【校記】

〔一〕著 《山右》本作"者"。

《漁洋艸稿》跋

右漁洋文、詩、尺牘、艸稿一册，葉丈東卿收得之，出以相示。案，《半部集》及《送方位齋》以下七詩，皆依次編入《蠶尾集》中。《半部集·序》署康熙辛未，詩有"冬日下直戲作"。"下直"，集作"部署"，自注"兵部督捕署在西"，則當係庚午冬日。漁洋於是年七月遷兵部右侍郎，年五十七，故詩曰"五十形空壯歲徂"也。札稿中有云："尊大人傳，久已脱稿。"又云："此傳文生於情，於尊大人生平有似頰上三毛之意。"以稱謂及情事推之，當謂所作《汪蛟門傳》。蛟門，漁洋弟子，故於其子直稱爲"尊大人"。札尾又有"索惠刻集"之言，《蠶尾》文所載傳數篇，惟蛟門有著作耳。又一札云"承委《文襄公神道碑銘》"，當謂紫恆靳公，集中有《靳文襄墓志》是也。惟札云"神道"，集作"墓志"，似不相應。然玩所作志文，自是碑體，非志體，達於文例者自能辨之。末三稿爲致其鄉官之札，殆即修《新城縣志》之崔黍谷耶？内一札云："治佐計七年，無所短長，徒以區區冰蘗之操,受知九重,擢總臺憲。”案,年譜云:“時捐納方開,多相緣爲奸利,山人一無所豫,戒司官凡關捐納事,勿以一呈一稿至前。在户部七年,皭然如白圭振鷺,舉朝皆能諒之。”與此札云云如出一吻也。“擢總憲”爲康熙二十七年戊寅,漁洋年六十有五矣〔一〕。

道光二十六年夏閏月廿一日觀并記。

【校記】

〔一〕年 《山右》本無此字。

黄孝子《萬里尋親圖》記

孝子《滇黔山水畫册》,据石衣老人跋,蓋百有餘葉。鮑氏《知不足齋叢書》附入《尋親紀程》後者二本:一本前有王奉掌隸書“咫尺萬里”四字,凡十葉;一本名《岵屺圖》,前有無款隸書“神留宇宙”四字,案,《紀程》,孝子於麻哈葛鏡橋對案削壁上見鐫此四字。凡十二葉。

此本前有戴南枝隸書“萬里尋親圖”五字,凡八葉。内《關索嶺圖》,《叢書》所載兩本皆寫之。《金馬碧雞圖》,“咫尺萬里”本寫之,題詞皆略同。意百餘葉中其最險最勝之境,必屢屢寫之〔一〕,不止此二圖也。此本今爲高平祁子和公子所寶,余幸獲寓目,留案上者一年。暇日,以孝子自撰《紀程》及歸元恭所爲《傳》核之。《大龍壁圖》,是順治九年壬辰二月,由五陵溪間道出洪江關、上桃子巖後所經歷也〔二〕,地在沅、靖、粤西之界,題曰:“大龍壁,擁寨萬竹,塞險,得獨木船渡大溪〔三〕,三道碕岸臨於怒江之上,幾至漂没,援筆志幸〔四〕。”案,《紀程》又曰“山中叢篁古木,陰森蔽日,有異花紅紫間出,有異鳥悲鳴不絶。殘葉盈尺,落花相襯,如層褥”云云,爲此圖所不詳也。“度關索嶺,力竭而踣,有老僧出茶噉之。時已交四月上旬,嶺連峯横絶,北兵布滿山谷。孝子下嶺後,突爲騎士縛去”,蓋最所悸心之事。"金馬碧雞",則滇中最勝之境,故屢屢寫之不已矣。此三葉〔五〕,皆孝子未抵大姚前所經涉也。

既遇父白鹽井,謀歸,慮無資斧〔六〕。歸,元恭述石衣老人之言曰:"乙酉秋,滇中猶鄉試,我分房校士,得門生八人,當以累之。"案,《聖安本紀》:"宏光元年二月初八日,點用雲南、貴州試,差徐復儀、林志遠等,南都以五月亡。"此事無究竟。以傳證之,知蒼黄中星軺遠駕,猶得舉行試事也。孝子以六月初持父書詣諸門生家,南逾楚雄。此本有《烏龍洞圖》,題曰:"烏龍洞隸楚雄府,南去四十里。山徑險僻,樵牧罕覯,懸崖石如纍卵〔七〕,松蘿若倒栽。下有巨洞,噴瀑作濤聲,洶洶有一瀉千頃之勢。土人云:'昔有烏龍從洞中飛出。'今雲氣勃勃,余過石梁不禁股慄,猶恐或躍在淵也。"還歷大理府鄧川州,時已九月秒〔八〕。故《烏邨石屋圖》題曰:"過大理,逾峻嶺,歇烏邨石屋玀玀家,其畜牧種植風景頗稱樂土。且見樹頭黄柑赤柹離離可愛,真似别有洞天。"柑柹成熟,足明時届深秋矣。鄧川在大理北,白鹽井西南,題曰:"歷鄧川州道上,懸崖萬仞,澗深水浚,勢如萬馬奔騰。苗獠據險,度索尋橦以通往來。余過其下,不禁股慄神摇。迨今漫筆成圖,猶爲危悚。"案,《紀程》於鄧川但云"懸崖垂垂,如欲墮人頭上",不紀苗獠度索尋橦之事,題詞語足相補。此三葉又孝子在滇時往來諸門生家所經涉也。

初孝子下關索嶺,登江西坡,過普安州,上雲南坡,比送二親還,於癸丑正月廿二日復下雲南坡〔九〕。圖有題詞曰:"下雲南坡,磴道迂回,石筍林立,不可名狀。松杉夭矯翼路,余躑躅輿前,嚙膝飲喘,下瞰雲海茫茫然,憶來時則喜多於懼矣。"款題"丙申夏孟",距下坡時四更寒燠矣。渡烏江,入遵義界,出老子關,沿江南行,則二月十二日也。題曰:"播州烏江老子關,即古牂柯境,昔賢所謫處也。煙嵐瘴癘,波濤險惡,往返歷者幾爲懺悦,豈尋常恐怖邪?"此二葉則孝子歸塗所經涉也。

册舊無次第，余爲排比其先後如此。考證之次，如身左右孝子而親其艱險、同其忻快也。嗚呼！豈弟之思鬱爲煙雲〔一〇〕，彼徒以倪、黄妙筆相賞者，豈可謂之知畫理哉？張浦山《畫徵續録》稱"嘗於汪念翼齋頭見一册"，未知即此三本中之一本否？計世間當有十數册，深人尋繹，明發之懷，子和更博訪之。

太歲丁未四月二十七日記。

【校記】

〔一〕屢屢　《山右》本作"履屢"。
〔二〕所　《山右》本作"昕"。
〔三〕舩　《山右》本作"船"。"舩"，同"船"。
〔四〕志　《山右》本作"至"。
〔五〕三葉　《山右》本作"葉三"。
〔六〕慮　《山右》本作"盧"。
〔七〕纍　底本作"絫"，《山右》本作"纍"。"絫"，同"纍"。
〔八〕秒　《山右》本作"杪"。"秒"，亦作"杪"。
〔九〕廿　《山右》本作"甘"。誤。
〔一〇〕豈弟　《山右》本作"□□"，"豈弟"二字空缺。

《虢季子白盤文》跋

此盤與焦山無專鼎，皆周宣王時物也。無專鼎云："惟九月既望甲戌。"甘泉老友羅君次球以四分周術推得爲宣王十六年己丑之九月十七日。癸卯秋，穆南游邗上，出此盤相證，更以次球之術演之。

盤首云："惟十有二年正月初吉丁亥。"據李淳風《五經算術注》云："周術上元丁巳至魯僖公五年丙寅，積二百七十五萬九千七百六十九算。"案，僖公五年上距宣王十二年一百六十二年，應減一算，爲一百六十一。以減積年，得周術上元丁巳至宣王十二年乙酉，積二百七十五萬九千六百八算外，盈元法四千五百六十去之，餘八百八爲入。

紀年如蔀法七十六而一得積蔀十命，甲子一、癸卯二、壬午三、辛酉四、庚子五、己卯六、戊午七、丁酉八、丙子九、乙卯十。算外得甲午，蔀其不盡之四十八即爲入，蔀年是宣王十二年乙酉。入甲午，蔀四十八年，以章月一百三十五乘之，得一萬一千二百八十。如章法一十九而一得五百九十三爲積月，不盡十三爲閏餘是年閏十一月。以蔀日二萬七千七百五十九乘積月，得一千六百四十六萬一千八十七。如蔀月九百四十而一得一萬七千五百一十一爲積日，不盡七百四十七爲小餘，以六十去積日，餘五十一爲大餘，命起甲午算外，得周正建子月即正月爲乙酉朔，其丁亥乃月之三日也。焦山之鼎有月日而無年，得此盤相證，其代益顯。而次球推策之精亦因之愈著，爲之快絶。

至盤文與《小雅·六月》皆紀宣王北伐時事。《六月》曰"侵鎬及方，至于涇陽"，此寇之來路；"薄伐玁狁，至于太原"，此寇之去路。太原之非今陽曲，金仁山已知疑之，亭林、百詩、東樵遞相綜覈，其義愈明。然顧、胡謂太原即北魏原州，今固原州地，而百詩又疑之曰："秦中地以'原'名者不可勝計，不能確指何地。"則仍無定論也。今案，此盤文曰："博伐𤞤𤟤，于洛之陽。"班《志》："洛水出北地歸德北蠻夷中。"《括地志》：洛水出慶州洛源縣白於山，在今慶陽府合水縣北二十里。洛水出山東北，流經唐洛源城，而東南流至洛川縣南、中部縣東與沮水合，自是以後洛兼沮稱，不名洛矣。以地望診之，寇之來也"至於涇陽"，蓋及今平涼、鎮原之界而止。周之禦寇也"于洛之陽"，蓋駐軍今合水、安化二縣境。王師、敵壘相距在百里内，其地廣平，即《詩》所謂"太原"矣。顧、閻諸君之論亦以此盤證之，義始大明。又《詩》主歸美宣王，故但述戎車旆旐之盛。盤主銘子白之功，故詳臚折首執醜之數，獻馘酬庸之典，皆足補經文所未備。《六月》，《正義》曰："《經》云'至於太原'，是宣王德盛兵强，玁狁奔走，不敢與戰，吉甫直逐出之而已。《采芑》《出》亦皆言執訊獲醜，此無其事，明其不戰也。"蓋望文生義，以此盤證之，知《正義》之説爲不然矣，其有功於《經》甚大。

盤出陝西鳳翔縣，重今權四百七八十斤，銘鐫於腹，四隅有環，自古重器若斯之鉅者蓋尟〔一〕。陽湖徐君燮鈞令關中購得之，今載歸毗陵矣〔二〕。

【校記】

〔一〕尟　《山右》本作“鮮”。

〔二〕毗　底本作“昆”，《山右》本作“毗”。

《竟寧鴈足鐙銘》跋

此鴈足鐙始著於厲太鴻《樊榭山房集》，江都馬半槎裕家物也。其誤仞“省中”二字，聯合之曰“首山”，翁學士《兩漢金石記》已辨之。然學士亦衹見拓本，字經土繡、氈蠟難顯，故於“竟寧”下“元年寺工=”五字、“守”下“令尊”二字皆云殘蝕。又譌“霸”從“虍”，“中”云“似中”。未見原器，因生是葛藤矣。此鐙後歸歙巴予籍慰祖家，汪容父爲予籍審定其文，作釋文六百餘言，載《述學》外篇。然據云首六字漫漶，日中拭水視之乃可辨。“考”下從“乂”，作“考”。

案，此文筆法全是小篆，非分隸，不得援隸以釋篆。即漢隸“考”字亦止作“考”，不作“考”。此則明明從“𡳿”從“彐”，且無斜捩，不得直仞作“考”。更以元康二年鐎斗文證之，必應作“考工”亦無疑。此則明繫工人誤書作“寺”，亦不得因當作“考工”，并此誤文而亦云不誤也。

此鐙今又歸歙程木菴洪溥家，木菴與海寧六舟僧善。六舟摹拓之工一時無兩，又善剔刷古彝器款識〔一〕，嘗因游黄山主木菴家，爲木菴剔此鐙文，於是自厲翁以來所疑爲殘蝕漫漶者，一旦軒豁紙上，纖毫畢見。六舟亦頗自詑，作《剔鐙圖》，徵海内詩人歌詠之。此本即六舟所手拓，窅眏向背，宛如界畫，信可珍祕也。

道光癸卯，木菴之子守恭需次入都，以拓本徧貽同好〔二〕。余分得數紙，爲紀其顛末如此。

【校記】

〔一〕款　底本作“款”，《山右》本作“款”。“款”，同“款”。

〔二〕貽　《山右》本作“貼”。誤。

《鄐君開通褒余道題字》跋

右題字，自晏袤釋文已有舛誤。馮魯川比部所藏舊本最爲清朗，得據以證諸家之誤。

第七行“部掾治級”，“治”字，搨本左傍分明作“二”。《廣韵》“治”下云：“又姓。《左傳》衛大夫治廑。”此“治級”正其族裔矣。《禮器》碑陰有“任城亢父治真”。“史荀茂”，舊釋作“荀”，非。隸法，從“包”之字無作“∩”者，而“阜”字則往往併作“日”，非日月字也。以後“官寺”之“官”字照之，其爲“管”無疑也。

第八行“韓岑弟典功”，作“弟”字難解。諦視搨本作“䒭”，乃“等”字也。更以後“官寺”之“寺”字照之，其文愈明。後見《隸篇》摹入竹部“等”字，先得我心矣。

第九行“楊顯將相用”，“用”下更無字，翁氏跋尾作空一格，非。“相”，晏釋作“隕”，誤。魯川本木旁上截尚約略可尋，是“相”字也。“將”字則全然漫滅，魯川本左角餘横直二小畫，決非“將”字筆勢，其爲何字，殘剝不可知。然“將相用”義實難通，疑“口相”亦守丞姓名，“用”字屬下“始作橋格”爲句也。

第十一行“卌三”下，晏：“‘卌三’誤‘廿二下’，脱釋一字。”諦視泐痕，疑是“所”字。更以後十四行“所”字照之，是此筆勢也。

此石刻今存百二十三字，兼泐字數之。此後尚有“四器用錢百四十九萬九千四百餘斛粟，九年四月成就，益州東至京師，去就安隱今俗穩字。”三十二字，近代金石家皆未之見，不知是原石損蝕，抑搨工偷減也。翁正三學士云：“字畫古勁，因石之勢而縱橫長斜，純以天機行之，此實未加波法之漢隸也。”最爲道得此石刻妙處。余亦謂近代分書，惟伊墨卿太守稍能窺此祕奥，然天趣竭矣。

己酉七月初八日識。

《百石卒史孔龢碑》跋

碑云：“春秋饗禮，財出王家錢，給犬酒直。”“犬”，或誤仞作“大”。翁氏《金石記》云：“似是‘犮’字，蓋即‘發’字，既省‘發’爲‘犮’，又省‘犮’爲‘犬’耳。”穆案，翁氏論書最多迂謬〔一〕，此尤支離可笑。蓋偶有見於艸法之“𤼵”與正書之“犮”其形相似〔二〕，不知“發”已變而作“𤼵”，又省何筆而作“犮”？以形而論，但移左肩之點於右肩耳。且“犮”本從“犬”而“丿”之，何爲省其“丿”而仍作“犬”？既作“犬”而仍讀爲“犮”，又轉而讀爲“發”乎？夫“酒”，酒也；“犬”，牲也。“犬酒”，猶之乎牛酒、羊酒云爾。乙瑛請以王家錢給犬酒直者，不敢仰給大官也。所以止云“犬酒”者，比諸羣小祀之牲，不備物也。《禮》：宗廟之牲犬曰羹獻，而五祀之牲門用犬。《周官》：“犬人掌凡祭祀共犬牲。”魏高堂隆曰：“案，舊典薦新之祭，大夫以上將之以羔，或加以犬，不備三牲也。”用犬之義，其來遠矣。下文太常既據故事祀先聖師，“河南尹給牛羊豖雞□□各一”，“雞”字，据《隸釋》。《漢隸字原》尚摹有此字，然劉球《隸韻》已不收，知其磨滅久矣。此如今日案牘之引例。而下云“請出王家錢給犬二字今亦闕。酒直”，則第如乙瑛請，未嘗加給牛羊豖雞諸牲也。觀建寧二年史晨奏書，仍以無公出酒脯之祠爲言，是并犬酒之禮亦不久即廢。直至晉太始三年，詔太學及魯國備三牲以祀孔子,而春秋饗禮之典乃代有加矣。

又,朱竹垞〔三〕、吴山夫皆謂杜佑譌“百石卒史”爲“百户吏卒”。案,《通典·吉禮·孔子祠》篇引元帝尊孔霸爲褒成君,平帝封孔均爲褒成侯,光武繼封均子志,和帝徙志爲褒亭侯。今本《通典》“亭”譌“尊”。初未及置“百石卒史”事,何由致譌?惟於漢事下繼以魏事,云:“黄初二年,以孔子二十一代孫議郎羨爲宗聖侯,邑百户,奉孔子祠。令魯郡修舊廟,置百户吏卒守衛。”案,此“百户”字,碑作“百石”,杜氏當本亦作“百石”。作“百户”者,鈔胥涉上“百户”字而譌。此“百户”字、“吏卒”字,明明有《孔羨碑》可證,與孔龢事何涉?蓋由不知“百石卒史”與“百石吏卒”迥别,故瞥見此四字更不審檢上文,而以不狂爲狂也。翁氏并疑魏碑“吏卒”字爲“卒史”之譌,而引亭林所考“百石卒史”事證之。案,卒史者,有秩之人。漢代例以士人爲之,流品極清,如兒寬、黄霸之倫是也。吏卒,則府史胥徒之屬,庶人在官者,故任以守衛廟皃之事,非孔龢以明經高第典主禮器比也。且曰“守衛”,則非一二人可知,而此如干人者方將援據案牘〔四〕,仰餼於朝。焉有煌煌詔書大書深刻,而於此等文字乃誤而不棨者乎?翁氏亦可謂不善疑矣。然則魯人“百户”之稱,自當屬之《孔羨》,孔尚任并稱此爲“百户碑”,斯大誤耳。詔書選年卌以上、經通一藝之人掌主禮器者,遵用左雄議令郡國舉孝廉例也。自乙瑛請立百石卒史,後見於《韓勑碑》有“守廟百石孔恢聖文”,見於《史晨後碑》有“守廟百石孔讚”,皆繼孔龢而掌領其事者也。又,孔龢師孔憲,字仲則,亦見《韓勑碑》陰。

《爾雅》:“蚮,蟦蛢。”郭注:“今江東呼爲黄蛢〔五〕。”即此發皇也。臧玉林曰:“案,‘犮’‘發’聲同,古人多通用。故《爾雅》作‘蚮’,《周禮注》又作‘發’。”據《説文》,“蟠”,爲正字,“蚮”“發”并聲近,叚借字。改《百石卒史碑》跋前數行。

【校記】

〔一〕最 《山右》本作“犮”。誤。

〔二〕犮 《山右》本作“□”,闕。

〔三〕垞　《山右》本作“坨”。

〔四〕牘　《山右》本作“贖”。誤。

〔五〕黄　《山右》本作“蟥”。

延熹《封龍山碑》跋

元氏有漢碑六，宋以來箸録家止得其三：《白石神君》也，《無極山》也，《三公之碑》也。至乾隆甲午，而《祀三公山碑》出。元氏令陝西王某訪得之。又越五十餘年，而《三公山神碑》出。吴子苾飭打碑人訪得之。又越十餘年，至道光二十七年，而《封龍山碑》出，皆歐、趙、洪、陳諸人所未見也。

《封龍碑》，宋人《天下碑録》有其目，云在獲鹿縣南四十五里山上。丁未冬十一月，寶應劉君念樓宰元氏，始訪得之於縣西北四十五里之王郚，命工舁至城内文清書院，而首以搨本見詒。碑凡十五行，行廿六字。文詞完整，刻畫如新，惟末二行上缺一角，最後十餘字稍有模餬難辨處耳。

案，獲鹿之南，正當元氏之北，山固跨據兩縣之交也。封龍之名始見於《趙世家》，而山之名則至北魏《太宗紀》始箸。碑云“北岳之樊援，三條之别神”，與《祀三公山碑》所云“三條别神，迴在嶺西”、《白石神君碑》所云“居九山之數，參三條之一”，其儷詞之意約略相同〔一〕。葢三公、封龍，正當太行折北之處，翼戴恆山，百里而近，上下苞絡，通爲北條，班、馬舊説正是如此。洪文惠引《尚書正義》證之，不誤。翁覃谿乃以爲别有事實，或又疑爲崇飾之詞，皆非也。碑文言封龍“與三公、靈山協德齊勳，國舊秩而祭之，以爲三望”，又言“三靈合化”，“三”即三公，“靈”即靈山。三公山在元氏西七十里，靈山在元氏西北三十里，當時葢以三公爲邑主山，而封龍、靈山配食，故《三公之碑》額以封龍君、靈山君夾書兩旁。洪氏謂揭其神於額旁者，即是配食三公之祠。而王邨舊有三公廢祠，元米惠迪撰祠碑云"魏孫該《神祠賦》云'元氏西界有六神祠，吾觀其一，然皆以三公題額焉'"是也。言"歲貞執涂，月紀豕韋"，"執涂"即"執徐"，歲陽爲辰，"豕韋"即"娵訾"。北方元武宿，十月見於南方，謂請祀之時爲延熹七年甲辰十月。"大吏郎巽等"，則其時令長也。

念樓篤好漢學，箸有《漢石例》六卷，余爲刻入《連筠簃叢書》中。其宰元氏也，值歲歉時，遣人告貸京師，而一錢不以累民。然則此碑之出，雖謂天所以奬進循良也，亦實録歟！

【校記】

〔一〕略　《山右》本作"畧"。下同。

青主先生手評《曹全碑》跋

右《曹全碑》，無陰，碑中朱筆評注、圈抹及前後題跋，皆青主先生筆也。余於己酉七月得於京師敞肆中〔一〕，魯川比部藏有碑陰舊搨本，因從乞得之，續裝於後，都爲一册。據先生自記云："乙巳冬，郃陽范年家寄來。"先生生於萬厤三十四年丙午，至此乙巳爲康熙四年，年六十矣。潛丘徵君嘗述先生語云："謝承《後漢書》，余家有之，永樂間揚州刻本。初，郃陽《曹全碑》出，曾以謝書考證，多所裨，大勝范書，以寇亂亡失矣。"吴山夫《金石存》亦引劄記此條。案，碑出萬厤初，是此本之前先生尚有初得考證之本，當因寇亂一併亡失，故此本但論書法佳醜及小小文義，不復考證碑事也。

其論"遂訪故老商暈"，"暈"字云："'暈'字不解何聲、義，以文義看來即是商量之'量'字。《説文》'量'字从'曰'从'重'，'曰'从'疊'省聲，必於从'疊'，亦太迂遠無義。此从'曰'从'章'，翻覺妙於从'疊'之省矣。"云云。案，此説非也，"商暈"是人名，"老"，其秩也。先生從文義推之,當由未見碑陰故耳。碑陰第二列第一行云"縣三老商量伯祺五百",即碑所云"故老商暈"也。"暈"字从"童"不从"章"。从"童"亦不合。然則碑之作"暈",當由書人偶省一筆,隸法多從便,遂不復改。其時正當鄉壁虛造之時,固不得執許君之例繩之矣。

碑中"悉以薄官",朱書旁注"簿"。案,"薄",正字;"簿",俗字。經典"簿"字皆淺人妄改也。

"咸蒙瘳悛",朱筆旁注"拔"。案,"悛"是"悛"字,即後世之"痊"字也。《老子》"不知牝牡之合而朘作",一本"朘"作"全",是其證。隸體凡从"夋"之字皆作"夋",或作"夋"。此但中畫之上筆勢小作停頓,非有異也。宋振譽、牛空山釋作"快",尤爲不詞。又"閔搢紳之徒不濟",先生記云:"'不濟'字,今俗常言,漢有之矣。"余嘗見先生手札《謝爲人處方》云:"本領原不濟。"是先生用俗言,即用此碑"不濟"字,以俗言爲雅言矣。

至翁覃溪學士論"咸曰君哉""咸"字内口上一畫是彎曲倒折之筆,今石泐,而其傍二小直畫不可見,遂成二小横畫。余嘗臆其説迂謬,今以此國初搨本照之,亦分明是二小横畫,並無彎曲之痕。翁氏論書往往妄生葛藤,此亦一端也,并附著之。

處暑前二日識。

【校記】

〔一〕敞 《山右》本作"敞"。

舊拓《孔裦碑》釋文并跋

君諱裦,字文禮。□此"孔"字缺,其不缺者,蓋以意推之。子廿世之孫,泰山都尉之元子,北此字舊缺,翁釋作"也",吴生曰:"以新舊數本諦審之,確是'北'字,下一字當是'海'字，謂弟融爲北海相也。"穆案，盧抱經謂此碑之立當在中平元年黨禁既解之後。據此則融爲北海相在董卓既行廢立之後，在郡六年，建安初，乃移青州刺史。然則碑之立，蓋在獻帝初平、興平之際矣。□□□□□。此當爲"北海相之元兄"六字，"之元"二字左半殘畫尚隱隱可辨。廿是"世"字，舊缺。叺卜□□口翁做"口"〔一〕，吴生曰："是'君'字也。"繼德前葉，清和挺歎，固天丆是"所"字，舊缺。□□□□幽讚□□石此"治"字，亦半泐。宊此"家"字，亦半泐。業春秋紅，懷祖先生云是"經"字。綜核舊釋作"極"、作"枚"，皆誤，懷祖先生云是"核"字也。□萹藉靡遺衆琦务眇爲淵爲林博通舊釋作"學"，蓋拓本模胡，以意定之。多□此字缺，舊釋作"識"，蓋"博"下一字既釋作"學"，此字遂以例推之。案，《孔融傳》云："性好學，博涉多該覽。"與此碑語正相類也。□人此"人"字左掠已泐，故舊釋皆缺。匪勞是匸"以"字半泐。□□之徒自此"自"字泐，餘中四平畫，故舊釋皆缺。遠□來靡不川流"靡不川流"四字，舊釋作"歷衣州郡"，絶無文義可尋，此舊釋之最謬者。鱗浮二舊釋作"雲"，疑非。集"集"字餘半。彐猶觀山采玉□乛此"水"字，左半二筆尚顯。□朱此"珠"字，左半亦泐，舊釋皆缺。故□亚川吴生云："此'希'字之下三垂筆也。"舊釋皆缺。世之名□□加此"嘉"字，舊釋皆缺。之與舊釋作"與"。吴生云："'與'字上半不應如此之短，以上名字推之，是'譽'字也。"□□□□州□□□此缺字，《金石圖》作"高"。□木此"孝"字之殘畫。廉□之此"從"字，翁圖不誤，《萃編》始竟摹作"之"。事コ□卜一□擅名遂翁釋作"之"。表"遂""表"二字，舊釋皆缺。丷之□爵固辤逡舊釋作"峻"，今諦審之，是"逡"，非"峻"，下一字當作"遁"。□叺□辶□□□□援□此缺字舊釋作"爲"，今"無"字。引□□二大□产此"矦"字，上半甚顯，舊釋皆缺。覽事此"事"字，舊釋皆缺。□圖□□元節所過夷□□桀即"豪傑"之"傑"，舊釋作"桀"。案，"人"是字頂泐痕，若如舊釋，不應一碑之中此字獨長。肞舊釋作"骨"，必誤。諦審殘畫，或是"股"字也。栗莫敢藏匿君感舊釋缺，《金石存》作"念"，亦非。□□业□方□□遂□危阝是"險"字，舊釋缺。濟渡窮戹後會事覺□□□□臨難引負此字舊缺。案，"負"猶"伏"也。《論衡·物勢篇》曰："非而曲者爲負。"各爭授命□辤此字舊缺。□□乃此字舊缺。□□□□□□□喪子英产忉号艹人似是"若人"二字。靡□不懷仁必二字甚明白，舊釋皆缺。有勇臨難目舊釋缺，疑是"相"字。

□□□□□□□ □□□彐□□尚孰右半舊釋皆缺。有若口此"君"字，舊缺。□□□丂當是"乎"字，舊釋皆缺。魯相汝南陳府君卓此"悼"字之右半，舊釋皆缺。□□之遇二字舊缺。□傷□士□此字泐，以文義推之，當是"之"字。□串此"患"字上半，舊釋皆缺。乃□□植舊釋缺。碑昭不示一當是"不"字。□□□此"辤"字，微波榭本殘畫尚約略可尋。曰：

□□□□□德攵此"攸"字右半殘畫，舊釋皆缺。隆仁此字舊缺。名"名"字上半舊缺。奮牛、翁皆釋作"舊"，誤。燿□此字以義推之，當是"如"字。雲如⺄此"龍"字右半，舊釋缺。□□□□□□□□□磬□□逢□懷祖先生云是"此"字。百乚懷祖先生云是"凶"字。仁風既激舊釋作"敷"，誤。□義□公此字舊缺。戠□□□□丁□□頌懷祖先生云"頌"讀若"容"。□□□與一□□□□□□□□表亼當是"令"字。終。此字舊缺。此第十四行之首四字也。以微波榭本數之，此下尚有七行，殘畫隱隱，疑多可識，惜無精於推測者辨仞之矣。

此碑於雍正初年出土，此本即初出土時拓本也。以《金石圖》《金石存》《兩漢金石記》各家所録校之，此本殘字多出於舊者凡四十餘，其足補完舊缺者，尚十有六字。殘畫賸墨，行間躍躍然，若皆有文義可尋。苟得精心推測者反復求之，其足補完舊文者必不止十餘字已也，兼以拓手精匀，筆鋒腴潤，亦可謂斯碑之寶笈矣。爰復寫定其文，以備好古者審覽云。

敬案：己酉秋日，師得微波榭舊拓《孔裦碑》，重定釋文，跋尾甚悉。此本不知今歸何所，謹據草稿録存。文多殘蝕，俟他日訪獲元本，當爲補訂。敬又嘗得此碑初拓本，其第四行"集"字全存，第五行"孝廉"上有"高察"二字，皆覃溪所未見也。舍弟子迪又據《後漢書·陳蕃傳》子逸"官至魯相"及《左傳正義》《史記索隱》引《魯國先賢記》靈帝末陳蕃子陳子游爲魯相，考知碑中汝南陳府君即太尉子，名逸，字子游也。惜不能重質於吾師，附書篇末，以識感云。

【校記】

〔一〕以　《山右》本作"以"。下同。

魏《張黑女墓志》跋尾

黑女，南陽白水人。案，光武中興，有白水真人之讖，然是鄉名，善長注"沔水"曰"白水北有白水陂，其陽有漢光武故宅，基址存焉，所謂白水鄉也"是也。後魏亦無此縣名，《地形志》襄州北南陽郡有白水縣，乃孝昌中僑置。曰北南陽，别乎此故南陽而言也。此南陽郡，《地形志》屬廣州，州係永安中置，太和中當屬荆州。然黑女卒於太和十七年，次年始改魯陽鎮爲荆州，在遷洛之前一年。黑女以中書侍郎第四品上階出爲鄉郡太守，邊城阨塞，葢領之鎮將矣。魏收所述皆東魏之制，郡領南陽、㚚城二縣，而無白水之名，殆已省併。余撰《延昌志》即據此碑補之，與《張猛龍》碑陰魯郡之弁，均爲吾書難覯之堅證也。新平郡，《地形志》有二：一屬涇州，涇州，神慶中置；一屬南郢州，南郢，孝昌後僑置。此爲涇州屬郡，今陝西邠州其故治也。黑女遠祖和，稱曰"遠祖"，恐非魏人。再核吏部尚書，秩從第一品下。祖具，中堅將軍，秩第四品上。父，盪寇將軍，秩從第七品。黑女以父爲蒲阪令，遂家於斯，葬於斯，則其父之有惠政於蒲可知，是又晉乘所當蒐采者矣〔一〕。"建中鄉孝義里"，余亦據以載入《延昌志》，安得後魏文字如此志者百千種，以光敝帚乎？"巨禄"即"鉅鹿"〔二〕，後魏石刻多并增"金"於"鹿"旁，然從無作此二字者，亦異聞也。志首云："出自皇帝之苗裔。"古人於上古之君乃稱皇帝，《吕刑》"皇帝清問下民"是也〔三〕。此則借"皇"爲"黄"，《世本》黄帝第五子揮始作弦，爲張氏受姓之始，故周殷皆稱爲中葉。《莊子》書凡稱"黄帝"者，古本多作"皇帝"，尤其明證。張猛龍，亦南陽白水人。其云"蓊鬱於帝皇之始"，與此志稱"皇帝"例同，葢爾時譜諜之學如此。

此志何子貞同年得之泲南市上，筆法之妙爲自來魏石所不逮，信奇蹟也。

【校記】

〔一〕蒐 《山右》本作“菟”。誤。

〔二〕巨 《山右》本作“臣”。

〔三〕清 《山右》本作“送”。誤。

北齊《李清報德像碑》跋

此碑在平定州東四十里石門口,磨崖,正書,三十行,行四十一字。曹秋岳《古林金石表》始箸録,謂之《石門口寺碑》。《寰宇訪碑録》有此碑目,而行下地名則缺之。

案,碑爲鄉郡鄉縣李清報趙郡李憲、李希宗父子二公之德而造。李憲,《北齊書》無考。希宗,爲文宣皇后之父,見后本傳。北朝自魏太武造新字,其見於石刻者,臆書破體,不可殫舉。此碑爲燕州釋仙書〔一〕,書法嚴整古拙,是北碑正派,而其人不通文語,動筆輒誤,非爾時書體然也。如造像人李清,首行作“李清”,第三行“以禮待青”“青德乏故賢”,二名俱無水傍,此必有一誤。憲官“兖雍七兵尚書,陽冀定五州刺史”,魏、齊間河北諸州無置陽州之事,反復推究,“陽”蓋“易”字之譌。若第五行“簡易可久”、第二十九行“隟駒易往”〔二〕,“易”皆作“昜”,則由魏、齊間“易”“昜”二字率不分别也。又,此僧自署“燕州”,考魏太和中曾分恆州東部置燕州,孝昌中陷,天平中,於幽州軍都城置東燕州。北齊州廢,置東北道行臺。此僧究生何時,所産何地乎?古人列銜書郡、書縣,無書及州者。故潁陽并劵豫州,宋孟人疑其僞,然似不可執以例此僧也〔三〕。柏人,《漢志》以下無異文,即北齊李渾諸人傳亦作“趙郡柏人”。《元和志》曰:“後魏改柏人爲柏仁。”《隋志》“襄國郡柏仁”,校者仍據漢魏地志改“仁”爲“人”。今此碑正作“柏仁”,可以訂校者之妄矣。又云

"永寧鄉陰灌里人也",兼詳其鄉里之名,蓋仿《史記·高祖本紀》之例。清以文靜、文簡薦拔得奉朝請,感其德,至於"去家五百里就邢郱閞榆交戎",磨崖刊石,造此像碑。"郱",疑"邸"字。"邢郱",謂井陘,"閞榆",謂榆關也。鄉郡爲今遼州武鄉,去吾州石門口正五百里,往來晉陽、鄴中所必經,故碑云"萬里萇途,百州路側"也。首行年月日,鄉郡李清言,是奏書朝廷之式。而銘曰"爰有宗人,老成夙惠",則製銘者别是一人。碑中壞字,如"扶"作"抉","朽"作"杉",兩見。"標"作"槲","盡"作"盏","質"作"貿","猶"作"猂","嗣"作"嗣","葭"作"葮","梁"作"梨","序"作"厚","徽"作"徾"之類甚多。凡魏、齊間習見俗書概不出。又有譌文,如"負士城墳"當作"成墳","石梛蜄炭"當作"蜄灰","軄二三界""軄二"二字不解〔四〕,"惟此公二"當作"二公"。"瞬息二不留",次"息"字二點當是"之"字。讀碑者以小字正書二點之下。又有脱文,如"波輪迴,星流電滅","波"下脱一字;"户改詞曹,門通德","門"下脱一字;"功大造,推心弘濟","功"上脱一字;"滄海爲原"下當脱一句〔五〕。"火垂燎於華想"脱"華"字,"淵實丘平"脱"丘"字。讀碑者以小字注之。又碑首"天保六年歲次乙亥七月己卯朔一日庚辰","一日"上當有"越"字。考之《本紀》,是文宣頓軍白道,率輕騎五千,北追茹茹時也。又銘文"惟彼調御"句,"彼"字下忽空一格。草率若此,蓋不僅《張遷》"既且從畋"之比矣,此古人所以並重察書也。此碑自來無考訂及之者,以吾州石刻更無鉅於此,故詳悉著之。

【校記】

〔一〕碑　《山右》本作"破"。

〔二〕二十九　《山右》本作"十二九"。

〔三〕似　《山右》本作"以"。誤。

不可執以　《山右》本作"□□□□"。

〔四〕軄　《山右》本作"職"。

〔五〕當脱　《山右》本作"脱當"。

舊拓《醴泉銘》跋

《醴泉銘碑》,題一行,銜前後二行,文二十三行,行五十字,末一字,宋拓本已全然漫滅,二十行"烏"字,二十一行"泉"字,雖尚明顯,然神氣支離,已經拓工開鑿矣。第四十九字,則萬厤間縣令所鐫去也。趙子函、林同人俱云近被惡令鑿損三十餘字并第五十排。歸獄此令,尚違其實。此吾家舊藏本,每四十八字後輒翦去二字,其爲既經萬厤縣令鐫殘後拓本無疑。松齋知引子函語,乃云"此本尚未增損一字",殊爲失檢。當是明季葉極佳拓本,楮墨妍妙,僅遜宋拓一等耳。余獲見宋搨本二〔一〕:一爲南海吴荷屋中丞所藏,丁酉春酒邊匆匆一觀,未暇審正,後歸粤商潘氏;一爲杭州梁太史敬事所藏,有王孟津題簽名印,然非翁學士所稱陳寶党氏本也。戊甲十二月,借觀二日,筆情豐腴〔二〕,神采焕發,似較吴藏本尤勝。此本舊敓一葉,爰以油牋摹補於後,復摹第四十九排,存字二十餘,以備參證。念此本歸吾家八九十年矣,直至今日始稍悉其底裏。然則實事求是,談何容易也。

道光二十八年十二月十二日識。

【校記】

〔一〕本 《山右》本作"未"。誤。

〔二〕腴 《山右》本作"腴"。

明拓《李思訓碑》跋

亳州梁松齋大令,以善學北海書名世。先伯考永豐君實從受筆法,故吾家松齋書最多。其臨《思訓碑》者亦不下十數册,先君子分得一册,今尚存,然非松齋得意書也。嘗見伯考家此碑百衲本,云是聚精搨數十紙逐字審擇翦表者。伯考身後,書帖散失,百衲本不知飄墮何處矣。又嘗見吴瀹齋中丞所藏王弇州本,紙墨精古,云是唐搨,表袟較今本厚殆逾倍,惜未以它本一校之也。此本雖殘蝕已多,然尚未經磨洗。如"人之儀形"下"固以爲"三字,"夫人"下"竇氏"二字,"竹萵紀事"之"萵"字〔一〕,皆完好清朗,其爲明搨無疑。筆情遒美,猶可尋其向背轉掣之神。如"宋昌心腹,≤登厥官",洗碑者誤於"≤"字之頂增多一横畫,箸録家遂仞作"三"字,雖專精北海如松齋,亦臨作"三",知其所見本皆不逮此矣。弇州本世無兩,此本在天壤間當亦如麟鳳耳。

己酉霜月皇極之日識。

【校記】

〔一〕"萵"字 《山右》本作"'萵'第字",多一"第"字。

宋搨《張長史尚書省郎官石記》跋

長史此書,運筆頗生,結體近拙,縣鋒直下,神骨黝然。有唐書家,無論孰爲優劣,要是自抒新意,不相蹈襲,必欲溯其真源,意殆在魏、齊間乎?細繹筆妙,又信爲魯公所自出,特魯公變而益奇耳。刻法向背往來,一一不失,尤非明以來工人所能望見。戲鴻堂本似即從此摹出,而點畫部位全然乖謬。若近日上元蔡氏所刻,直俗書僞託,不足入論也。翁學士於此帖有數跋,展轉支離,令人目眯〔一〕。總之,以世法相繩,寧有合處邪?匏廬先生真賞絶代,以鄙論爲何如?

戊申十月識。

【校記】

〔一〕目 《山右》本作"日"。

宋拓柳誠懸書《左神策軍紀聖德碑》跋

甲辰四月初三日，大雨，子貞同年宴客於家，穆與焉。宴斁，子愚出此册，屬客各書近箸，穆無有也。次日，適印林爲借得濰陳氏所藏柳誠懸《神策紀恩碑》，即《庚子消夏記》所據以入録之本也。自題首"皇帝巡幸左神策軍"至"來朝上京嘉其誠"凡二十六葉，第二十葉下，文不相屬，顯有脱佚。此册語亦未完，以文義推之，當尚有一册，册猶是宋裝。第一葉有"秋壑圖書""翰林國史院官書"條記，"晉府圖書"之印，"研山齋北平孫氏""北平孫澤""安儀周氏珍藏""古香齋"諸印。末葉印亦略同，而押角則"賈似道"長字方印也〔一〕。副葉有"蕉林收藏""梁清標印""儀周鑒賞""張氏蓉舫"諸印〔二〕，跋有"怪君何處得此本，上有桓元寒具油。柿葉齋主人"題字。又一葉有金字題曰："洪武六年閏十一月十八日收。"承澤跋是用黑行書箋寫，後人沾連册尾，較《消夏記》亦略不同。穆以油素雙鉤得四十餘字，主人索取急，不及多展翫也〔三〕。聞將重摹上石，竊意非深知書理不能得其紆和之致。穆極意研尋，不過僅存形模，况更經匠石之彫琢乎！子愚以爲何如？

初五日書。

靈石楊普校字

【校記】

〔一〕押　《山右》本作"狎"。

〔二〕蕉　《山右》本作"焦"。誤。

〔三〕翫　《山右》本作"玩"。"翫"，亦作"玩"。

㕦齋文集卷五

平定張穆

碑　銘

誥授振威將軍太子太保四川提督齊勇毅公神道碑銘并序

道光二十四年三月十四日,四川提督新野齊公以巡練賢勞,卒於馬邊行臺。遺疏入,上軫惋藎臣飾終之典,恩禮有加。越一年,其孫偉謁選京師,匄爲家傳上之史館,復以麗牲之文更相諉諈。

按狀:公諱慎,字三企。年二十以武學生投伍,轉戰川楚間〔一〕,首尾十有二年。初拔補倒馬關經制外委,洊升易州營把總、大名協左營千總、陝安鎮標右營守備,皆遥領未受事。嘉慶十年,升紫陽營都司,始涖任。十二年,升陝安鎮標左營游擊。十八年,濬滑之役叙功〔二〕,公爲多,賜號"健勇巴圖魯",换二品頂戴。十九年三月,補神木協副將。六月,升西安鎮總兵。道光元年,授甘肅提督。八年,調直隸,已復調甘肅。十七年,調四川。二十年,調雲南,冬復調四川。公馭士嚴而有恩,汰老羸,以羨饟津潤材武,更捐禄俸佽之,賞罰必信。故隸麾下者,雖無事皆瞿然振厲,如當大敵,號爲節制之師。而公狷介之操,尤爲中朝士大夫所敬仰。二十二年正月,命爲參贊大臣,率親兵馳赴廣東,獨公以無功不爲軍士請一錢賞。仁宗睿皇帝嘗褒之曰:“實心辦事,實力練兵。”皇上更申獎之曰:“操守清廉,訓練認真。”以捡渠烏什,詔繢像紫光閣,製贊曰:“忠誠報國,捡剿出力。”御筆改題“强謙巴圖魯”。卒年七十,賜謚勇毅。撰以行實,皆應銘法。銘曰:

菿矣齊公,奮迹南陽。以定制突,以健搏猖。捡必其渠,馘必其王。横戈躍馬,威名孔揚。軍中一時,竝名瑜普。中忱膠黍,惟楊忠武。蹙賊道口,忠武杖公。公微忠武,罔與成功。艪車有截,逆燄立挫。蝥弧先拔,摧無不破。衷甲入關,轉戰三才。老箐深林,昏昕往來。忠忘其劬[三],勤忘其茶[四]。勇忘其私,鋭忘其捷。餘烈所恢,青海涼山[五]。裸番而嬰,綴鼓而擐。惜哉晚遘,將將非人。忠武云亡[六],公力亦單。威名孔揚,淵淵四部。皷龍厲爪,纏頭安堵。蠢兹鯨鯢,跋浪雷翥。壯士吞聲,將軍失箸。推公藎抱,耿耿南雷。摸椿三嚴,碧火夜灰。淬其老謀,壓以背嵬。謂寇不殄,金石其開。

【校記】

〔一〕間　底本作“閒”,《山右》本作“間”。下同。
〔二〕叙　底本作“敘”,《山右》本作“敍”。下同。
〔三〕忘　底本作“㤀”,《山右》本作“忘”。下同。
〔四〕茶　《山右》本作“恭”。
〔五〕涼　《山右》本作“凉”。
〔六〕亡　底本作“亾”,《山右》本作“亡”。

墓志銘

誥授光禄大夫河南山東河道總督贈太子太保渾源栗恭勤公墓志銘

公諱毓美，字含輝，别署樸園，渾源州人。曾祖英，祖德本，考渥，皆贈如公官。

年十七，受知於學使者戈仙舟先生，補州學生員，食廩餼。會稽莫公繼戈任，拔充辛酉科選貢，實嘉慶五年也。七年，朝考二等，改知縣，分發河南。歷署温、孟、安陽、河内、西華諸縣事，几案明允，所至有績。重濬安陽萬金渠，民尤利之。

二十年，補寧陵縣。河決睢，治當頂衝，公親履四鄉，勘減沙壓地畝額賦，請蠲緩課，蒔木緜榆棗，興築城郭，以工代振，民困藉稍蘇〔一〕。旋丁父憂。服除，仍赴河南，即署淇、修武縣事。河再決馬營口，委勘災，因留辦大工總局協放淤工程，積勞加升銜。

道光元年，補武陟縣。縣負沁面黄，隄庳薄不足捍大波，公至則加子埝，畫增築大隄策。已而沁决韓郇，公議韓郇之隄激水逆行故數敗，若導沁由漫口歸故道，改建新隄，雖需帑較多而城邑永安，酌汰防汛工員數亦適均，或徙縣治寧郭驛，計尤便。大吏以經費有常，未允也。

三年，升光州知州。四年，升汝寧府知府。五年，調開封，剖判敏幹。又於其間興修貢院號舍萬間，經營庀度，三載乃究。九年，升河南糧鹽道，調開歸陳許道。十年，授湖北按察使。定讞獄章程，行水保甲，江溢辦振，定煮粥條規，皆可法。十二年，授河南布政使。革屬邑供應浮費，於司庫收支總簿外增正、雜、捐、寄四散册，勾稽無隱。十四年正月八日,兩護巡撫印務。奏撤桐柏縣,重設查鹽公廠[二]。十五年,授東河河道總督。

公久歷河干,得諸目驗,知失事必在無工處所。北岸自武陟至封邱,串溝錯出,與大河通氣,伏、秋兩汛,巨浸杳然。其間衡家樓、馬營工婁漫溢,糜財病民阻運,所關尤鉅。是年七月,陽武汛迤上灘[三],水由十七堡南張庵界循舊顺隄河直達封邱,汛西圈堰前歸河[四]。又張庵之北舊有月石土壩,本以攩護串溝,後因民田病潦,掘斷之,架木兩端,導水從封邱入河,積久分溜亦漸大[五]。公慮萬一張庵溝尾下移,由壩口迸注,則陽武以東隄愈危重,因駐節壩前,堵合斷流。次日,大風雨。外河内灘盛漲聯絡,賴壩口先閉,隄根停淤,對岸萬家恃以安枕。既乃乘小舟由舊顺隄河曲折探量[六],勘得陽武支河分溜北駛,湍悍幾敵大河,兩汛向未儲備稭石,無高厓可倚築壩,而進水之口日益闊。憶前浚賈魯河及武陟城隍,見塼經泥沙融結,堅不可入斧鑿,故於開歸道任即捐俸購塼,議將代埽。及是,遂令收買民塼,抛壩六十餘道,挑溜而南,水維頓緩。

十六年二月,復勘得陽武三堡迤下支河又分兩股,乃略仿塞決之法,先於原陽越隄築挑水壩,從南股抽溝,北岸築迎水壩,格之口門。將合溜,忽抛涌,當是時咸以爲無可展手足矣。公飭急採大柳,撥巨艦二,倒排口門,借舵作樁,緯以竹纜,繫大柳其上,殺溜罣淤。然後分路進塼,力截北股,仍挽歸南。復於間段抛築壩朵[七],支河距隄遂皆在七、八里外矣。先是在布政使任,祥符三十二堡串水潰隄,料物萃於黑岡,公乘傳往視,僉曰:“是非公責,且可以無工解。”不聽,命速築柳壩殺其勢,或匿笑亦不顧,指麾興築至七十餘丈,水漸涸,上游串溝儘力抵塞,決竟復合。凡此皆所謂杜患於將萌者也,微公,漫溢之案且數生。

公既灼見塼壩得力,因連疏請以稭料碎石之款酌辦塼。大恉謂:以隄束水,土功乃其根本,築隄宜兼築壩,堤猶身,壩其四肢也。前人用卷埽法,竹絡、木囷、塼石、柳葦同爲治河工料。自鑲埽法興,始專以稭料爲正則,而溜趨靡常,鑲埽陡立,最易激水之怒。溜勢上提,埽之上首必須加鑲;下坐,埽之下首又須接鑲。片段日長,防守日難。稭質鬆嫋,不三四年即歸朽爛,機宜偶舛〔八〕,輒成口岸。夫治河不外以土克水,先河臣黎世序用石之始,奏稱石爲土之剛者〔九〕。臣謂鍊土爲塼,塼實土之堅者。石性滑,易於流轉,仍不免引溜刷深。塼性澀,與土相膠,拋壩卸成坦坡〔一〇〕,即能挑遠溜勢。況每方塼價六兩〔一一〕,石價自六兩至十三兩無定科。豫省碎石産自土山,形質本脆,及采運到工,堆砌嵌空,查驗不易〔一二〕。塼隨地皆可燒造,尺塼一方以千計,平鋪高疊〔一三〕,舉目可瞭。又較量輕重,塼重嘗培過石三分之一有奇。以一方碎石之價可購兩方之塼,而拋一方之塼又可抵兩方碎石之用,是用塼較之用石省帑更多也。或謂塼壩與水爭地〔一四〕,不知埽工必先築土壩,後乃加鑲,緑埽朽脱胎〔一五〕,壩隨埽蟄,有壩名無壩實,大溜轉傴隄根。塼壩則無須埽護,即師築土壩之意而不泥其法。臣履任之初即試行拋築,杜新工,護舊工,五年之間樽節掃費已百五十餘萬兩〔一六〕,斯實效也。

公每有陳奏,輒蒙嘉允。工員大不便,旁人亦剏聞此議,倡浮言相梗。賴上信公,深決其言必可行,後卒如所請,許之。試行之始,公終日立泥淖中,塼甫出,水勢尚動摇,即率先屹立壩頭,隨時與廳員營弁講求治策,於工之將生未生無不豫謀抵禦。然其深意,不惟節省經費已也,將以埽工所節之費移而培大隄,大隄固則漫溢之患可永除,宣房萬福。所以爲國家計者甚至,柰何未竟其施而歾也〔一七〕。

河標、黄運兩營兵專事樁埽,城守兵雖習弓馬技藝,陣勢亦非所嫺。公惟濟寧地界,曹、兖宵小時竊發〔一八〕,操防未可忽,因增演三才速戰諸陣勢,捐造銃礮、刀矛、旗識、鉛丸、火藥,躬自教練。又設義學五所,令兵丁子弟讀書其中。

二十年正月，京察特旨交部議叙。二月十七日，巡工至鄭州胡家屯，夕食感奇疾，眴厥，漏加子遽卒，年六十有三。遺疏入，上震悼咨惜，晉宫銜，賜卹加一等，諭祭葬，予謚恭勤。柩旋，豫民繞紼攀號，亙千里不絶。於是濟寧州奉木主入大王廟，及任城書院、寧陵縣祀於三賢祠及吕新吾祠，公嘗重刻吕子書故也。襄城縣祀湯公祠，祥符、寧陵、西華、武陟、原武、陽武、安陽諸縣或懇祀名宦〔一九〕，建專祠。仁賢之實，其生被之民而殁令人思也又如此。

配吴夫人。子男二：公卒之日，長子烜已由刑部郎中截取知府記名，乃推恩賜；次子燿，進士。孫男三：國華，國賢，岱齡。以二十年　月　日葬　鄉　原。

公與先君子同受知於會稽莫公，穆又與兩公子相善也，謹撮叙其政事、議論尤大者，内之幽扃。銘曰：

帝任之竱，公肩之力〔二〇〕。財殫牽茭，慮沈鍊壂〔二一〕。五載試行，厥功已豐。北流不復，永式栗公。

【校記】

〔一〕稍　《山右》本無此字。

〔二〕廠　《山右》本作“廠”。

〔三〕汛　《山右》本作“汎”。下同。

〔四〕堰　《山右》本作“匽”。

〔五〕漸　《山右》本作“壖”。

〔六〕順　《山右》本作“鄭”。

〔七〕朵　《山右》本作“朶”。

〔八〕機　《山右》本作“幾”。

〔九〕稱　《山右》本作“等”。

〔一〇〕卸　底本作“𨶹”，《山右》本作“𨶹”。

〔一一〕況　《山右》本作“况”。下同。

〔一二〕驗　《山右》本作“騐”。下同。

〔一三〕疊　《山右》本作“疉”。下同。

〔一四〕塼壖　《山右》本作“壖塼”。

〔一五〕埽　《山右》本缺失此字。

〔一六〕掃　《山右》本作“埽”。

〔一七〕柰　《山右》本作“奈”。下同。

　　　　歾　《山右》本作“歿”。

〔一八〕兖　《山右》本作“兗”。

〔一九〕懇　底本作“㦝”,《山右》本作“懇”。

〔二〇〕公肩之力　《山右》本作“公有肩之力”。

〔二一〕鑿　《山右》本作“鑿”。

誥受光禄大夫太子少保兩廣總督高平祁恭恪公墓志銘

公諱𡎴,字竹軒,一字寄庵,係祁氏,高平縣孝義里人。曾祖斯滄,國學生。祖杲,工部員外郎。考汝熒,嘉慶庚申科舉人,中書科中書。

公年十四,補縣學生員。時學使者戈仙舟太僕教士嚴,稍扞格輒衆辱之[一],試高平,得公卷則大驚,謂不可伍於衆,獨揭一榜標異之,贈以詩,如曲江之遇鄴侯也。嘉慶元年,年二十,成進士,改刑部主事,展轉郎官。越三十年,至道光四年,乃外授河南糧鹽道。五年,擢浙江按察使。六年,擢貴州布政使。九年,拜刑部右侍郎,尋授廣西巡撫。十三年,調廣東。十八年,拜刑部尚書。二十年,逆夷犯廣州,明年正月大兵會剿,公奉命往辦糧臺事務,塗次改授兩廣總督,防夷籌海,歐血酸辛。又越三年,公不還矣。

公自主事升員外郎、郎中,皆坐辦秋審處開館,增纂則例爲纂修官。每持一議,廉平周浹,老於文法者不能奪。兩逢京察,列上考,皆奏留不使去。嘉慶十八年,承辦教匪逆案凡數十百起,特旨奬勞,賜大緞[二]。嘗隨葆齋那公、仙舟帥公、果亭成公、文文敬公,數讞獄山西、直隸、湖南、廣西諸省。道光五年,武康徐蔡氏獄婁經勘治未結,正臬司至自引決。上以公代往鞫之,遲又久,端題開豁,得其旁證，冤乃雪。其内召爲侍郎也，有挾怨燒殺一家數命者，司員以誤遺火種、風烈延燒爲詞。公不答，徐取日記小册示之曰："某日之夕，星斗燦明無風，君爲囚地，獨不爲一家數命地邪？"卒擬抵。其不爲世俗之仁，又如此。

公爲人循循姁姁，若不敢少縱，而旄節所涖，輒能得其邦之魁才賢士，以爲己用而比有功。江華猺叛，蒼梧猺應之，由大貴山龍井村出道石墟，謀奔江華。公既豫調軍將，塞與長塘接壤之姑婁桂嶺諸山口，用舉人陸錫璞、吴元德策，先撫其猺之良者，授同知易中孚兵，俾便宜行事。中孚聞叛猺已出道石，窮追及之於芳林渡，相持一晝夜，痛剿之，禽殺殆盡。公用是晉太子少保銜。潮州普寧縣爛匪聚衆肆劫〔三〕，莫敢誰何。公用同知姚柬之策，出不意，進圍塗洋賊巢，立縛其渠正法，禽黨羽四百數十人，行旅以安。在總督任，用學正曾釗策，設險師子洋，北遏夷舶闖入。用監生樊封策，屯田虎門海壖百六十餘頃〔四〕。逆酋百麥擾三元里，民怒磔之。公因用訓導黄培芳、拔貢余廷槐策，檄諭屬縣團練南海、番禺、順德、東莞、花縣、龍門、從化、清遠土著民爲七社，不費官帑一錢〔五〕，而輪戍虎門諸臺二千人有奇，聽調五萬人有奇，建倉儲穀十萬秳有奇〔六〕。

公自通籍後，一典廣西學政，一充順天鄉試同考官，所拔士多通達治體〔七〕，以吏績著稱。晚更患難，益知惟才爲足恃，因上變通考試遴選真才之疏，大意欲放唐宋制科爲五目：曰博通史鑑，曰精熟韜鈐，曰製器通算，曰洞知陰陽占候，曰熟諳輿圖情形。不分文武、已未仕及攻舉業與否，果屬通才，皆許以名上聞，詳試録用。其鄉、會試第三場亦放此五目，略如元人經疑之式設問，破格收之。議寢〔八〕，不行。

二十三年冬，病劇。次年正月得告，因竢代，未即行，五月二十八日薨，年六十有八。遺疏入〔九〕，命照尚書例賜卹，謚恭愨，諭祭葬。

子之銓、之鏐，皆以本官儘先選用。配楊夫人，生子五：之釪，辛卯科舉人，福建沙縣知縣，後公八月卒；之銓，户部員外郎；之鐔，國學生，殤；之鏐，候選知州；之鑅，癸卯科舉人。女二：適刑部員外郎張楫、陝西邠州知州韓鈐。孫男九：惇、悰、愷、懌、寶書、遐齡、長齡、鳳鳴、太平。

二十六年十月初二日，之銓等將扶公柩葬於祖原之次，請銘。銘曰：

公才精練，少而卓然。雪沈啓竇，定瀛若神。星輶往來，楚粵晉燕。仲山將明，恩意廣宣。遂以明刑，受兩朝知。拔之郎署，置之監司。開府粵嶠，跨越東西。妖巢墮落，絶其梯梯。際會多難，有枋斧柯。側身兩間，仰天柰何？敵情叵側，民情悦和。民情則和，公髮日皤。匪維髮皤，歐血云多。變生何常，得才則平。公履所交，豪雋心傾。垂殁一疏，彪彪丹青。大星宵霣，萬士吞聲。我銘公藏，言薙其纖。龍騫螭屈，賜碑共瞻。泫水洄洄，縣壺巉巉。鐫詞邃室，證史何慙！

【校記】

〔一〕衆　《山右》本作“眾”。下同。
〔二〕緞　《山右》本作“緞”。
〔三〕寧　底本作“甯”，《山右》本作“寗”。下同。
〔四〕壖　《山右》本作“瑞”。
〔五〕帑　《山右》本作“帑”。下同。
〔六〕祏　《山右》本作“石”。
〔七〕體　《山右》本作“禮”。
〔八〕寑　《山右》本作“寢”。
〔九〕遺疏　《山右》本作“疏遺”。

誥贈奉政大夫左春坊左贊善候補東河縣丞外舅趙君墓志銘

君諱學彭,字子述,武進趙恭毅公五世孫也。恭毅長子侍講公熊詔生兩浙江南都轉鹽運使侗敩〔一〕,都轉生刑部郎中繩男。刑部公二子:長懷玉,世稱味辛先生;次球玉,以孫振祚官贈儒林郎、翰林院編修,君之考也。

穆爲趙氏壻,距君歿垂二十年,未獲一親言論,然時時以君素行諮於所識。武陽之人,皆君之舊游至戚也。安邑知縣劉君承寬曰:"先禮部少治《春秋》,爲胡毋氏之學,人罕達者,君一見獨通知科旨。會學使者案臨,即抒其義於應試之文。學使者奇賞之,拔置第一,補縣學生。先禮部爲諸生,貧甚,館穀所入率舉以付君。君爲營置生產,家賴以小康。先禮部題君遺照曰'吾家待子行',謂此也。"宗人府丞吴公孝銘曰:"子述内行修飭而意涉恢奇〔二〕,年未三十,秋試輒偃蹇失期,旅橐常不充。及走探之,乃見其盛召賓客爲歡讌,若重有所規畫者。時以吏事自急救,迄亦未得一展也。"開封知府董君基誠曰:"子述嘗爲我言其志趣,而深有意乎馬伏波之爲人。與人交,氣誼諄固。急貸纍數百金,未嘗索署券,曰:'無令後人破我交情。'人以此號君爲俠。"陝西山陽知縣周君儀暐曰:"嘉慶末年,君以縣丞籤發東河。蘭陽之役,姚亮甫中丞夜出視工員勤惰,見君領且寒,慰之曰:'才不可恃。此爲腥羴地,有才者尤當慎。'君對曰:'學彭,先恭毅裔。職雖卑,家法不敢踰。'中丞解衣衣之,曰:'李制軍世傑即由丞倅起家,君勉之矣。'因以屬周觀察以煇。觀察延君幕中,賓主雅相得。及君遘疾疫歿,觀察哭之慟,以百金購良材斂之,且飭屬廳厚佽之。"需次一年,而獲上信友如此,非有實行動人不能也。穆既習聞諸君言,已讀味辛先生《亦有生齋集》題君遺照及祭文,其言有足與諸君相補者，略曰："子述爲先刑部府君鍾愛，又爲吾弟家督〔三〕，賴搘門户。其容豐，其性醇，才又能肆應，於理皆宜得壽。"又曰："諸姪之中，汝性尤慧，年裁舞勺，已通諸經。既冠，余服官京師，汝代吾之職，深得大父歡心。先意承志，服勞罔倦，戚黨嘖嘖，不間人言。"嗚呼！宗族稱孝，鄉黨稱弟，君可謂不媿士行矣。

卒以道光元年七月初四日，年四十三。配劉氏，誥封太宜人，文定公女孫，申受先生之妹，安邑令承寬姑母也〔四〕。道光二十七年二月十九日卒，年七十一。子男二：振祚，乙未進士，左春坊，左贊善；振禋，嗣弟學偁後〔五〕。女子四人：長字刑部主事青陽王元林，未昏守貞；次適平定張穆；次適工部員外郎太谷賈世行；次適同邑巢廷翰。孫男二人：忱，恕。

振祚卜葬得吉壤，屬穆爲製銘。銘曰：

聖清名臣，恭毅首出。循聲清德，世載勿失。君才騰異，又遘良時。鬱有其抱，未窒厥施。藺陽小試，疾來如風。有子繼起，經術愷深。君抱其攄，九京破涕。我銘不私，用式奕世。

【校記】

〔一〕敦　《山右》本作"敳"。
〔二〕涉　《山右》本作"沙"。
〔三〕弟　《山右》本作"茀"。
〔四〕令　《山右》本作"今"。
〔五〕偁　《山右》本作"稱"。

揀選知縣李君墓志銘〔一〕

君諱曰茂，字子才，改字子勉〔二〕，别署怡山。李氏爲平定巨戴，金元來代有箸人。自君曾大父始，徙居州西十五里之大陽泉鄉。鄉人耕作冶染爲業，不省讀書何事。已而先泗州府君致政，卜築鄉之白氏山莊。先君子繼起有聲,鄉人始漸覺讀書足慕,而君之先德亦於是時稍稍以研桑阜其家而教子以讀書。鄉塾冬烘,課授猥屑〔三〕,君顧能自振拔,不假熏沐,早以文筆有譽人口。有白先生續五者,闇學工醫,與先君子雅善,見君所業賞異之,陰用相質。先君子咨嘆曰:"後進中未見其比也。"君因是與穆諸兄交契。爲文負聲,薦藻典而不靡。癸酉、丙子間角藝者,魁杓所指,無不以君爲稱首,乃連躓文場。丁大艱,齒髮加壯,翻然曰:"柰何以帖括自封?"則取孔、賈《正義》及近儒經説,窮際耑委,手自纂奢,天文、輿地、樂算、禮綱一一通貫。久之,經術之華爛然充實,而文體亦因以益醇。鄉居寡合,所朝夕見者愚兄弟數人外,惟白先生之子鈍之,交最久而密。山莊當谷口,差饒竹木池臺之勝,故尤無日不相尋於柏堂梧墅間。穆年十九,奉母旋里〔四〕,無可考鏡〔五〕,輒以文謁君。君爲開判疑滯,刮摩潤色,不因其椎魯庯遠也。比服除,同試於學使者,君率占高等,與愚兄弟屆戾後先,如是者又幾及十年。至道光乙未乃獲舉於鄉,而君年則四十有九矣。申、戌、子、丑四試禮闈,不第。

甲辰春入都,感末疾,未與試歸。兩越月遂不起,六月初六日也。初娶張氏,無出。再娶趙氏,子男二:惺吉,恆吉。女二:嫁牛芝田、劉鳳山。孫男二:家楣,家彦。以其年十一月初九日,葬桃水南先塋之次。先期惺吉以書來請銘,銘曰:

剛者易訧,君守則柔。華者不實,君葆其質。在昔城南,運南張君。稱君淳懿,古之善人。玉美不彫,金段益純。善氣所開,娓娓恂恂。胡不銀艾?終老鄉關。胡不壽耇〔六〕?中路摧殘。惟君於蒙,誼兼師友。泉扃永鍵,銘棨不朽。

【校記】

〔一〕銘　《山右》本缺失此字。

〔二〕改字子勉　《山右》本作"改子字勉"。

〔三〕課授　《山右》本作“授課”。
屑　底本作“屑”,《山右》本作“屑”。
〔四〕奉母旋里　《山右》本作“奉母又旋里”。
〔五〕考　底本作“攷”,《山右》本作“考”。下同。
〔六〕者　《山右》本作“考”。

傳

高要蘇封君家傳

道光二十三年春,有白氣自天西南隅絶九州殊域,直埽參旗〔一〕,經五六十日不滅。於是御史高要蘇君賡堂抗疏數千言,大旨以時政乖迕歸過宰輔,而勸上敕命善任,使下罪己之詔,開直諫之門。語切至,多所指斥。上覽奏動容,特旨嘉奬。當是時,蘇御史直聲聞天下。先是賡堂由編修轉御史,念封君熙亭先生年且七十,久曠省侍,將假歸養。封君馳書止之,曰:“吾許汝仕,即不私汝身。汝以翰林歸可,今爲言官,未有一言補於時,輕去負國,非吾望也。”穆忝與賡堂以道義相琢磨,封君手蹟嘗親見之。當海疆事起,賡堂既多所敷陳,已乃綜二十餘年時事得失,旁魄而論之,感天譴,寤主心。其言皆他人所難言,惟封君實佑啓之。未幾,封君卒於里,賡堂以憂歸。服既闋,緘所自爲墓志,屬穆爲文附家乘後。

案志,君諱燦舉,字耀揚,號熙亭。少孤,育於世父。世父老而貧,任力以養,敬禮無缺。訓子嚴,言規行矩,不少寬假。惟聞請買書則喜,交游有賢俊則加喜。家中匱,猶質田以資游學。自奉刻苦,不廢施予,昏喪貸負,率歸其券。佃户温甲匿穀,願隸子於家償逋租食,而遣之不疑。道光十三年秋,縣境被水,賡堂方罷第歸,命粥裝倡振以澹族人。蘇氏始遷祖宋教授某有祀田,久蕩失,力興復之。

手録教授以下世次行事爲家諜，未成，遺命賡堂踵成之。不惑風水禍福，諴卜兆望祖塋，勿徇葬師營遠地。賡堂兄弟率教惟謹，以二十四年十二月葬於丹陵坊後鳳觜菭，去其考墓迤東百八十步。地爲蘇族以裔霖孫數十家公産，感封君德，讓以葬也。配李恭人，生廷魁，賡堂其字，乙未進士，刑科給事中。繼娶羅恭人，生廷鈞，候選訓導。君以廷魁官封贈如其階，卒年七十有二。

論曰：封君沮子歸省，且責之言。夫言之讎與否，不可逆計也。愛其子，俾之學，欲爲名臣有所樹立，不饕竊于時也。當賡堂上封事時，頗有以親老禍叵測懮之者，不知賡堂正以此成其親志，伏青蒲，飛白簡，不爲親戚所譙訶，可多得哉？可多得哉？

【校記】

〔一〕埽　《山右》本作“掃”。下同。

誥授振威將軍太子太保齊勇毅公家傳

公係齊氏，諱慎，字禮堂。曾祖世有，祖琦，父清柱，世籍南陽新野縣。公幼魁碩，父奇其貌，教以挽强擄鞍。十九歲入邑庠，爲武學生，乾隆五十八年也。於時川、楚教匪起，連陷郡縣。螽午蝗爤不恆〔一〕，而襄陽賊且合隊攻樊城，蔓延鄧州、新野間，鄉里震恐。大府攻撲不暇，下教所屬，責之團練。父於是畀公裘一馬一，諭曰：“能爲國殺賊立功名，吾願慰矣。”嘉慶元年，公遂率練勇入伍，隸慶將軍成麾下，嘗追剿逆匪於襄陽縣之葉家店、鎮安縣之大中溪、寧羌州之馬黄溝、廣元縣之流沙坡、略陽縣之曹家山、竹溪縣之雞骨梁、襄陽府之灣門岡、平利縣之平溪河。首尾十二年，由楚而陝而蜀而復楚，枕戈蓐馬，不啻百戰，所到必生擒其渠，斬馘不可勝計。而淬厲其氣，亦遂以勇名聞天下，被先帝知，一時自楊忠武公外無其倫也。經略額侯薦其材武，每簿上功，輒奏予升階。比三省教匪平，已洊官游擊，開府陜安鎮，戴孔雀翎，屹然負海内望矣。

忠武公與公雅契，十八年濬滑之變，首檄公赴援。十月，師抵新鄭，遇賊道口河，忠武公揮兵直前蹙之，公繼進，賊氣奪，退入巢。次日，公獨要賊衛河西岸，蹂之。賊掠中市所，率騎截其歸路。賊渡河將南竄，復由衛河驅至道口東，與官兵夾擊之，毁浮橋，扼賊西突，遂奪道口巢，敗桃園援賊。兵進，次滑，駐營未定，城西北門出賊萬餘來劫，激兵再戰，相持竟夜。遲明，城内復出賊二千與外合，躍馬横衝之，陣中斷，乃大奔潰。已而遇賊陽武縣之延州集，有賊目乘車來，手發一銃斃之，餘衆譁而北。賊入新鄉，戰牛市，立摧破之。首逆李文成、劉國明屯司寨爲負隅勢，建策由淇縣大廟山右入，直下擣之，鏖戰白土岡，仰攻司寨，冒矢石毁其寨垣，縱火焚碉樓，無得脱者。計自道口接仗，至此大小十有三戰，凡手縛著名賊目七十餘人，生擒二千餘人，斬首五六千級，救出被脇難民萬有餘口，奪獲旌幟、軍械、牛馬無筭，敘功最諸將，恩加"健勇巴圖魯"號，疊賜佩飾、銀幣。十二月，進圍滑城，擊殺百餘人，擒九人，首逆黄興宰在焉。城轟陷，手幟先登，自日出比日昳，生擒又二千餘人，擊殺無筭。滑縣平，奉旨先换二品頂戴，以副將升用。

岐山三才硤股匪作亂〔二〕，擾及寶雞、隴州，復偕忠武入關。十九年正月，由盩厔、郿縣進兵，及賊於伯陽嶺，苦戰一晝夜，殲首從四千餘人。進追至二十四壩都督河，更迭大創之，關隴肅清。奏補神木協副將，晉授西安鎮總兵。二十三年，調陜安。

道光元年，擢甘肅提督。二年二月，西寧插帳番擾河北，公率本標兵出扁都口，由庫庫諾爾西北進至葉瑪圖，一戰於烏蘭哈達，再戰於哈錫格山梁，再戰於落它灘，生擒三十六人，擊殺二百餘人。餘賊向克克烏蘇遁，大軍抵雪山口，番衆率老弱乞免死放還河南，誓不敢復渡北岸，遂班師。上嘉其蕆事神速，奬賜佩飾，交部從優議敘。

三年正月，恩賚長矛二，高麗刀二，厄魯特鳥銃、自來火鳥銃、雙箭鳥銃各一，仍褒其平番勞績云。

六年秋，喀什噶爾不靖，長文襄公調公赴阿克蘇總理營務，充翼長。行抵庫車，聞父喪，文襄爲請假七日成服，俟軍務竣補行守制。奉上諭："齊慎急公圖效，著傳旨嘉獎加恩，賞銀二百兩，由河南藩庫提取交該提督家中，爲治喪費。"十一月，派防禦烏什喀倫。有奇里克部布魯特助逆抄掠，公蹤蹟得之，於松樹林、佳噶賴、阿勒坦克、烏玉布拉克諸要隘戰，屢捷，生擒三百餘人，擊殺九百餘人，并手縛其比庫圖魯克，張格爾所倚以擾烏什者也。七年六月，移駐哈蘭圭喀倫外之倭胡素魯，遏賊内犯。有自回部逃歸者〔三〕，言回人讋公威名與忠武公等。忠武公美髯，回人稱曰"哈薩諳班"，而稱公爲"皦龍諳班"，皦龍，華言虎也。回部平，遵旨回籍守制。

八年九月，假滿入覲，改授古北口提督。繢像紫光閣，御筆更題"强謙巴圖魯"號，贊曰："新野武庠，滑縣擊賊。提督兩省，忠誠報國。烏什防邊，擒剿出力。大頭目誰？庫圖魯克。"

十二年二月，骽疾作，奏請開缺調理。奉上諭："齊慎前在楚省軍營，兩受矛傷。滑縣首先登城，石傷尤重，實爲奮勇出力。在直隸提督任内，整飭營伍，訓練操防，俱臻妥協。兹因傷濕復發，一時未能就痊。著允所請，準其開缺回籍，安心調理。一俟病痊，即來京另賞差使。"歸未朞，河南巡撫奉廷寄委員慰問。

十三年四月，在籍拜甘肅提督之命。十七年，調任四川。因舊疾復發，請假。奉上諭："四川提督統轄全省營務，最關緊要。齊慎操守清廉，訓練認真，朕所深知，是以調補。著毋庸限以假期，即於途次安心調理，準其緩程赴任，以示體恤。"秋，抵蜀，雷波夷蠢動，力疾提軍前進，入大、小涼山，攀箐覓路〔四〕，短刀索戰，寸步之外，懸厓刺天〔五〕，忘疾之在身也，凡搜擒夷匪將二千計。十二月，撤師出山，得旨優叙。

十八年，調任雲南。冬，復調四川。二十年，嘆夷犯順〔六〕，虎門失守。公奏請赴剿，奉硃批"忠勇可嘉"。

二十一年二月，上既授奕山靖逆將軍，則命公爲參贊大臣，馳赴廣東。公至，無可措手者，率所領川兵五百駐扎省西北六十里之佛山鎮防禦奸匪，撫夷之議，獨不會銜。十二月，崇陽民變，奉命仍作爲參贊大臣馳往剿辦，中塗聞崇陽亂平，回本任。未幾，復奉命赴浙江，會同揚威將軍辦賊，公駐軍寧波城北。三城未復，而逆夷破乍浦，犯松江，陷寶山，陳忠愍公死之，夷艘入江。公不勝忿懣，請率所部兵遄行赴援，奉硃批"如此奮勇，必能仰邀天神佑助"。六月，抵鎮江，則軍資器械無所取給，而鎮道大員昌言避寇，疏劾之。逆夷既得鎮江，不守，以二三大船塞南北江口，領大隊赴江寧，要索金錢、馬頭，務滿欲。公無可如何，激厲親兵夜驀入鎮江城，殺其留守夷人。夷疑且畏，不敢復居城内。事竣，仍回本任。

二十四年三月初十日，卒於馬邊行臺，年七十。

遺疏入，奉上諭："四川提督齊慎，服官四十餘年，歷次軍務，無不在事馳驅，戰功卓著。自簡任四川提督以來，訓練操防，尤屬認真。方資倚畀，遽爾溘逝，殊堪軫惜。著施恩賞，加太子太保銜，照提督例賜卹。任内一切處分，悉予開復。伊孫候選知縣齊偉，於服滿後送部引見。所有應得卹典，該衙門察例具奏。"旋蒙諭祭葬，賜謚勇毅。子重義，户部主事。孫：偉，倖，健。

論曰：近五十年，名將皆崛起於三省教匪之會。汾陽西平，功成身泰，如楊忠武尚矣。餘頗有以智術才略博五等賞者，而晚節不終，爲世僇笑，殆天奪其鑒耶？獨公氣沈志定，不懾不悚，南雷之節，炳于丹青。然或百戰而不挫其鋒，或束手而無所用其武，抑遭會有幸有不幸也。忠武請老，上從容問："異日如有軍務，武臣中誰可繼卿者？"忠武奏："齊慎材任將帥。"嗚呼！英夷之變，使忠武尚在行間，公之功名不且與川、楚、濬、滑等烈哉！

【校記】

〔一〕恆 《山右》本作“恒”。下同。
〔二〕硤 《山右》本作“峽”。
〔三〕囘 《山右》本作“回”。下同。
〔四〕覔 底本作“覔”,《山右》本作“覔”。
〔五〕厓 《山右》本作“崖”。
〔六〕暎 《山右》本作“英”。

行　述

例授奉政大夫翰林院編修記名御史顯考曉洴府君暨顯妣王宜人李宜人行述〔一〕

府君諱敦頤,字復之,號曉洴,姓張氏,先大父季子也。

府君乾隆三十七年生於合肥縣署,大父授以《孝經》《爾雅》,并爲講解故訓,大義輒能領會。

七歲,隨大母陳太宜人自壽州歸,行輿中不廢讀書。歸里,受業於州學博竇亭年先生汩,先生固大父弟子也。府君穎悟絶人,先生作《天馬説》贈之,所以獎許之者甚至。

年十四,應童子試,默十三經,學使戴文端多方難之,府君矢口孰誦如流水,并屢折文端之誤。文端因是不懌,謂學官曰:“此遠到才,不可令其速化。待吾科試,更覆試之。”旋丁嫡祖母杜恭人憂。

五十五年,服闋。茹古香尚書得府君卷,訝其經義紛綸,曰:“必老宿也〔二〕。”首拔之。及覆試,訝文與年不相副。面試之,文才半,尚書掣視,歎曰:“古文作手也。”先是大父自泗州請養歸,府君遂承庭訓,見聞日擴。及是研讀益劬,鍵户夜誦,恆至達旦,積勞咯血,醫家以爲難治。府君泣曰:"吾死,吾父母將何以爲情?"養痾獅子山,繙方書得導引訣,日夕靜坐調息,期年疾盡除。

五十八年,丁大父憂。自大父之以終養歸也,府君復受學於大父者八年。及是遂奉大母命,入京師,執贄於程蘭翹〔三〕、曹顧崖先生。二先生皆大父江南所得士,而府君之從顧崖先生游者爲最久。嗣顧崖先生督學山左,約府君同行閱卷,所刻試牘率府君筆也。府君數載游學,每臘必歸省,春出冬返,歲以爲常。

嘉慶二年,歲試高等,食廩餼。

五年,學使莫寶齋先生選拔茂才異等,令讀書晉陽書院。甫半載,七冠其曹。嘗署其文尾曰:"三晉多才,對此皆當頫首。"秋捷於鄉,寶齋先生攜入都,館於其家。

七年,罷禮部試歸,丁大母憂。大母之疾也以患氣瘕,府君扶持抑搔,目不交睫者數月〔四〕。比歿,哀毁骨立,祭葬盡禮,無不及情,亦不敢過情也。

八年,汾西令重慶鄒君樹賡延課其子。

十年,會試歸,金公應琦巡撫山右,涖任過州,邀府君至署課其幼孫,并諮以地方利病。平定在晉省東界,例食解鹽,顧地寫遠,向就食長蘆,以非公也,屢爲關胥所梗。府君請於中丞曰:"吾來時,州民淡食久矣。今一郡之民僉曰長蘆便,而顧强遏其欲,必令衝露霧,犯艱險,膠循舊例,其盭人情也實甚〔五〕。公爲國家宣化,苟有不便,得以上聞,盍少貸之以舒民命?"中丞於是通檄直隸,揭示關門,令無阻遏,州人至今便之。初府君受中丞聘,以憚煩辭,中丞固强而後可〔六〕,至是益厭其擾。

十一年,太平令顧公玉書延主太平書院,府君忻然諾之。至,嚴立課程。諸生居院中者,質疑辨難,昕夕不倦。每升講,諸生立堂下,面剖其優劣,人以是益發憤,次科獲雋者六人。

十六年,成進士,殿試二甲十六名,欽點翰林院庶吉士。

甲戌，散館一等，授職編修。

二十年，充治河方略館纂修。所纂《治河方略》一書，原稿條目頗舛，府君殫心鉤考[七]，秩然劃然。旋充武英殿纂修。

二十一年秋，充直省鄉試磨勘官。

二十二年，充殿試收掌官。七月，保送御史，引見記名。

二十三年二月，大考二等。五月初十日，欽命福建正考官，副之者中書舍人陳君詩。府君有《紀恩詩》三章，云："傳來天語詔書榮，閩越星軺督使程。鉅省人文衡不易，中材委任職非輕[八]。幾番楮費三年刻，四十丹還九轉成。自注：余鄉、會九試。切莫恃才輕閱過，倍加詳慎答皇誠。""出都車馬轉庚郵，聖主恩深未易酬。幸有頭銜能却暑，敢誇眼纈似澂秋。金鍼度本青箱續，自注：先君庚寅分校江南。珊網疏防赤水投。但得有才歸實用，此行庶不負虛求。""閩洛文章理學全，羣英輩出仰前賢。心香一瓣人爭奉，衣鉢兩家吾愧傳。自注：莫寶齋、何弨甫兩師先是俱典試閩中。筆有奇光騰劍壁，胸無成見忘魚筌。最防銅臭鑽營巧，關節深宜鎖鑰堅。"《途次奉酬舍人詩》有曰："所願異時公校閱，非才慎莫損聲名。"行抵杭州，忽感受暑風，未甚也。七月十一日，至嚴州府建德縣屬之大洋，早辰猶送客出艙外，酉刻痰涎上壅，竟致不起。時吾州張君去非，先大父弟子也，適宰是邑，實親視含斂云。

府君天性和易，終身無疾言遽色。事大父母克盡其孝，身嘗佩小册，凡大父母命無小大悉書之，後每檢閱猶零涕不置。處兄弟無爾我分，與人交事事處下。晚年尤究心於理學，几上置黑白豆，分記念之善惡，如趙叔平事。夏月，戒家人勿以熱湯傾地，恐傷物命。烈風雷雨，雖中夜必披衣起坐。遇貧乏，解推無吝意。嘗自都中歸，見清水河邊有露殣未掩，爲質物市棺以葬。府君生平行事，大率類此。距生於乾隆三十七年十一月二十八日子時，享壽四十有七。不孝等匍匐扶柩歸，以嘉慶二十四年九月二十六日暨顯妣王宜人安葬於洄嶺祖塋之次。

原配顯妣王宜人，康熙癸巳進士、陜西榆葭道諱凝孫、先外祖繩祖公女，十四歲歸府君，大母愛之如女。大母中年持佛，不茹葷酒，吾母潔治素饌，廿餘年無少懈。及病，侍湯藥，動息扶將，晝夜未嘗去側。大母彌留時，持母手而泣曰："願他日有子婦〔九〕，如汝夫婦之事予。"

自大母殁，府君家居日鮮，吾母屏當家政，中間屢治婚喪無不井井，姻家誕育事禮數必周，每質衣珥爲問遺費，以是府君無内顧憂。甲子，大伯母攜兩兄從先伯於江右，而以姊、嫂及姪遺吾母，母撫育教誨如己子女，蓋七年猶一日也。癸酉冬，先二伯患傷寒，不孝開暹亦染是疾〔一〇〕，甫愈。尚未彌月，忽中夜伯病危，吾母促令入城備衣衾，曰："汝兄等昏迷，無所措矣。將諉之誰哉?"後料理喪葬，又吾母實左右之。母性儉約而篤於周急，甲戌冬之京師，風雪中有老嫗率子女行，母見之惻然，即舉車中衣物賜之。或葬娶無資，輒脱簪釧以助。邨中夫婦沾惠者，至今猶稱善人難再得也。

持家久，積勞得心疾，時發時止。乙亥，在京寓疾又作，醫藥罔效，至七月初五日竟舍家人而逝。秋，府君命扶柩歸，停於内寢，方謀葬事，而府君又見背矣。

嗚呼痛哉！吾母生於乾隆三十八年十一月初五日辰時，享壽四十有三。生子四：長不孝開暹，國學生，取歲貢生李公名萬女；次不孝晉暹，廩膳生，娶州庠生黄公士鵬女；次不孝麗暹，州庠生，娶戊戌進士、詹事府左春坊左庶子祁公韵士女；次不孝瀛暹，廩膳生，娶候銓訓導劉公濤女。女二：長適壬子解元、廣西藤縣知縣任公質淳子，庠生，名模靖；次適候補知府、原貴州鎮寧州知州楊公文楷子，詹事府主簿〔一一〕，名煦。孫男四：長孝芬，開暹出；次孝祈，晉暹出；次孝敉、孝瞻，麗暹出。俱幼未聘。孫女六：開暹出者三，晉暹出者二，麗暹出者一，俱幼未字。

繼配顯妣李宜人，浙之山陰人。外祖諱廷良，寶齋先生舅氏也。

母幼端静，外祖父母甚鍾愛之。年十八，隨寶齋先生眷北發至京師。歸府君，時先母已棄養三年矣。不孝等垢裾敗絮壅塞盈笥，吾母初至即爲澣濯縫紉〔一二〕，一如先母生時。甫一載，遽遭府君凶變，吾母聞訃，誓欲身徇，撫膺呼天，悲動一室。既乃忍淚，撫不孝瀛暹而言曰〔一三〕："汝父去，以兒屬我。我死，兒幼弱，其誰屬？我其姑俟之。"由是遂持長齋，終身不復肉食。寶齋先生時官倉場，欲留吾母於家。母以瀛讀書故，從之，遂於是冬攜瀛至其官署。

瀛就外傅，每夕歸，吾母坐榻上，令執卷旁誦，鐙昏漏歇，淚熒熒，常在目也。自後每聞學業有進，則喜溢顔色，否即惆悵纍日，繼之以泣，曰："汝父冀汝成立，若荒而不學，我何以見汝父於地下？"至今念之，猶覺此言之痛也〔一四〕。

己卯四月，旋里治府君葬事。次年春，寶齋先生復以書來招，時楊氏妹年已及笄，吾母遂并挈入都，不意甫抵都門，楊翁已下世矣。三年中，教養吾妹，恩義並至，經營匳具〔一五〕，眥血俱枯。及嫁日，觀者咸嘆息動容，以爲雖府君在世不過爾也。

吾母性寡言笑，不喜華飾，鍼黹外兼通書史，諸若佛經、閨範嘗手一册，朝夕繙閲。值大父母諱辰，必親治楮帛，曰："吾不及事舅姑，所能自盡者，僅如是耳。"御臧獲嚴且慈，人不敢欺以是非。或有疾，必給資爲藥餌費。在都時，嘗有收父骸者告助，不孝等入以白母，即傾橐予之。

數年來育兒嫁女，日夜焦籌，心力瘁矣。壬午八月，忽患胃疼，庸醫誤以爲痧。至冬，兼以心驚盗汗，終宵發嗽〔一六〕。次年春，疾益劇，一月僅三、五日安，雖百方求治而日瘦一日矣。五月二十八日，由京起身，將歸爲瀛畢姻。路中精神較常似健，至六月初八日抵家。次早，出户坐簷下，尚能弄小孫戲。二十日曉，興，與家人話，聲殊清朗。是日，凡四飯。不孝等私心竊喜，孰意至晚腹洩大作，胃疼更烈，竟於次日午後溘然而逝邪？時道光三年六月二十一日申時，距生於嘉慶三年正月二十九日子時[一七],亨壽僅二十有四。不孝等即於是年十二月二十一日扶柩合葬焉。

始乙亥,吾母歿,不孝等依父如母。及父歿,依母如依父也。所冀兄弟四人,倘有寸進,或可稍慰母心,今并不獲終事吾母矣。嗚呼！一世孀居,六年育子,婚嫁甫畢,音容遽杳,豈吾母至是仍不忘身徇之誓邪？不孝等罪孽深重,不十年間疊遭大變,天之降割,胡至此極？嗚呼痛哉！涇縣潘錫恩填諱。

【校記】

〔一〕翰　《山右》本作"丞"。

〔二〕宿　底本作"宿",《山右》本作"宿"。下同。

〔三〕翹　《山右》本作"翅"。

〔四〕目　《山右》本作"日"。

〔五〕盭　《山右》本作"盩"。

〔六〕以憚煩辭,中丞固强而後可　《山右》本作"以憚煩丞中辭固强而後可"。

〔七〕鉤　《山右》本作"钩"。下同。

〔八〕材　《山右》本作"村"。

〔九〕婦　《山右》本作"孫"。

〔一〇〕遲　《山右》本作"遟"。

〔一一〕簿　《山右》本作"薄"。

〔一二〕澣　《山右》本作"瀚"。

〔一三〕遲　《山右》本缺失此字。

〔一四〕猶覺此言之痛也　《山右》本作"瀛猶覺此言之痛也"。

〔一五〕匳　《山右》本作"匲"。

〔一六〕宵　《山右》本作"霄"。

〔一七〕慶　《山右》本作"靖"。

先兄補庵府君行述

兄諱晉暹，字仲明，别署補庵，先大夫之次子也。

方在娠，母王宜人夢有菡萏發池中〔一〕，俄而苞，俄而華，迎風忽隕，寤而兄生，膚黑聲宏。大母良愛之，曰："此非常兒也。"

年十三，竊引筆作擘窠書，頓挫獨出。爲文章，攟摭雅訓，瞬息千言，同學者方彭亨搆思，兄已滌筆酣臥矣。

歲辛未，先大夫成進士，下榻庶常館。兄趨庭問字，學日進。同館丈人偶拈"枯棘"題試之，兄伸紙疾書，巧思濬發，不爲所窘也。

甲戌春，歸里。未及院試，奉母北上。

逾年，母遘心疾，兄入則調護湯藥，出則血疏籲天〔二〕，而鮮民無禄，慈帷終掩。當斯時，瀛暹甫十歲，父固以父而兼師，兄實以兄而代母。晨而興也兄衣裳之，夕而寐也兄撫摩之，督其飢爲市美餌，閔其垢爲易新服。以是失恃三年，不知無母之苦也。

及吾母李宜人來歸，三兄將授室，兄攜以旋，兼應郡試。州刺史念庭吴君拔置第一，因受知於賀耦庚學使，補博士弟子。

時戊寅之六月，先大夫奉命主試福建，塗出嚴州，感暑風奄捐館舍。兄聞訃偕伯兄繭足星奔〔三〕，舁柩返葬，李宜人亦自京師攜瀛暹歸視葬事。葬既斁，復同奉板輿入都，依莫寶齋表舅於潞河督署。維時舅方以性命之指提呼後進，而吾師吴樸庵先生實舘其家。兄既得聞兩先生之説，退而嘆曰："向之汲汲於詞章，役役於利禄，世所詑爲榮懷愜意之事，適足汩吾性真耳。舍此不學，虚度一生矣。"於是掛精覃思，心維口誦，蓋實有窺於大道之微，躬行實踐，著其效於家庭，而非講學家標榜門户者比也。歸語同志，亦稍稍有信之者。而兄之指授後生，則一以朱子《小學》爲階梯，故州人士之知誦《小學》自兄始。

癸未，復丁李宜人憂。服闋，學使案臨，兄以高等補增廣生，瀛暹入郡庠。

戊子科試，瀛暹忝列第一而兄第三，同時食廪餼，三兄亦入郡庠，一門之中蒸蒸有起色矣。兄獨愀然不樂，謂瀛暹曰："吾兄弟十年之内三攖重戚，今雖死灰有復然之機，曾不得奉觴上壽，壹笑相樂，可痛孰甚！且即以科第論，先大夫鞅掌王事，齎志以殁，所有待於後人者，尤非區區一衿，遂克仰訓先志。"言訖泫然。瀛暹謹志之，不敢忘，獨媿駑駘之骨鞭策不前。今兄殁又七年矣，不惟無以慰吾父，抑并無以慰吾兄也。尚何言哉！尚何言哉！

瀛暹家世寒素，鮮封殖，洎疊遭大變，産益落，而食指之繁則視昔有加。兄推燥就溼，左支右詘，朝饔而謀其午，夏暑而軫其寒，用此爲常，不以關兄弟慮也。每昧爽，家人臥未起，兄振衣出户，擘畫米鹽必敷一日之需〔四〕，退乃讀書。方兄之生也，見其鰓鰓細務，未始不竊議其瑣。及兄殁而躬操其勞，不終日頹然憊矣。今則婦子日以睽離，生計日以淪替，廢者未及舉，而舉者輒復廢〔五〕，死如有知，能不重以此爲弟輩罪哉？

兄體氣豐碩，堅忍耐勞，疑非寒暑所能侵者，而兄每自傷其脃。歲庚寅，瀛暹以尫羸善病養疴天門山之玉皇觀，兄不時來，來輒爲經紀其衣食。六月初，尚一至山齋，留信宿乃去。及初八日之夕扃四下矣，猝有呼於觀下者，驚起訊之，則報兄以中風眴仆，環救未蘇。奔歸入視，見兄合目僵臥，左手足已成痿痺。脈之，或曰熱厥也，或曰陰虚傷風而經絶也，病榻憧憧，迄無定見。瀛暹祝而筮之，遇乾之同人，其繇曰："同人先號咷而後笑，大師克相遇。"奉兆噭然失聲，知兄之將不起也。嗚呼！天何奪吾兄筭之速至此亟邪？

兄善行楷，自孩幼弄筆已驚其長老，稍長，摹績松雪惟妙惟肖。既以鄙其爲人，痛自盪滌，登善、清臣兩家外，不屑規放也。尤意寫書，自本經以及諸子、文集鈔撮等身，而蠅頭細字一筆不苟。瀛暹謹甄諸篋衍，將待孝祈之壯而授之。嘗客黎城，得利氏同文之術，於中西筭法雅有契悟，惜乎洞淵、松庭之奥，瀛暹今始得聞，未及與兄切究之也。

兄生於乾隆五十九年四月十六日，卒於道光十年六月十二日，春秋三十有七。娶黄氏，郡文學諱士鵬女。子一：孝祈，聘乙酉科副貢董君調女。女二：長未字，次字浙江建德縣知縣張去非先生之孫名岑之子于皋。

今卜以道光十七年十一月二十八日，葬兄泂嶺先塋之次。瀛暹既匄諸兄之契友李君怡山鐫銘於幽，復攄掇梗概述爲此文，以志吾痛，且以詒其子孫。

邵武楊樞孫校字

【校記】

〔一〕菡　底本作"菡"，《山右》本作"菡"。

〔二〕籲　《山右》本作"顲"。

〔三〕足　《山右》本作"是"。

〔四〕敷　底本作"旉"，《山右》本作"敷"。

〔五〕輒　《山右》本作"輙"。

月齋文集卷六

平定張穆

祭文

亭林先生祠落成公祭文

先生生當叔季,業貫漢唐,學堪爲王者師,志非以名山老。身甘荒遯,慰九原忠孝之心;時際雲雷,灑六謁園陵之淚。北征初賦,策二馬以來游;東道既通,餽十漿而恐後。咨民生之利病,邑乘必搜;究阨塞之险夷,邊亭親歷。采山鍊冶,喻半生尚論之精勤;訂韵諧聲,發萬古同文之要眇。況乎志存淑世,婁搆書堂。雅慕伏波,厲精田牧。皋比不擁,懲東林復社之末流;墨突未黔,棄濂涇桑莊如敝屣。惟慈仁之古寺,曾作寓公;計偉節之遄行,適在明日。誦孔德炊爨之句,下榻何頻?緬無異築室之謀,顧廬宛在。荆榛乍啓,觴豆初蠲。規陋雲臺,典同石室。所覬雲車風馬,肸蠁來臨;庶幾學海儒林,精神不朽。

尚饗!

亭林先生生日公祭文

先生行成忠孝,學洞古今。懲末造之蹈虚,進吾徒以考實。凡今代文苑儒林之彦,敬佩遺書。合天下束脩尚友之懷,思隆美報。專祠式啓,吉祀祗蠲。敢因載誕之辰,奉薦迎神之曲。雖薊門卻饋,痛援往例於靈均。而石室修儀,展效拜經於榮緒。尚其陟降,鑒此悃忱。

尚饗!

公祭栗恭勤公文

於戲!北岳之雲,飛來於嵩〔一〕,液而爲霖。霖雨所被,自大河滸,及荆山陰。赤子扶扶,依公如父,不痻不唫〔二〕。匄公潤澤,願公壽考,涕感蒼黔。胡天不慭?醫巫旁皇,莫效譎箴。遺章入奏,帝用震悼,捧淚沾衿。馳赴天下,中外皇然,歎劇嘑喑〔三〕。

緊公弱冠,起家拔萃,弦歌矢音。飛黄奮足,萬馬失氣,雲路駸駸。不牽羈靮,遂許驅馳,𢘪角而駸。土戀桐鄉,聲流軹井,沙海棠甘。

攝邑者八,綰篆者再,十地惠覃。始宦寧陵,睢涣瀾狂,魚夢方酣。田不成塍,廬無遺篁,户版邈尋。繼歷武涉,丁黄沁汭,險工如林。才優槃錯,龜手不瘃,牛刀厲鐔。時乳噢之,時培護之,索緼以煁。南陽汝光,騶蓋朅來,威望森森。始是民驁,手刃造隙,赤丸恣探。挫之摧之,冶劍而耰〔四〕,置竿而琴。董興黨校,人知詩書,廣厦潭潭。春鉏秋穿,晨壟宵鐙,我枱我蠶。裴鼓驚夢,潘縣放衙,我匡我撢。臬領開封〔五〕,洊階觀察,仁愛覃醰。矜彼童孺,囿於𢘪聞,方眯指南。畀之鉛札,收之精舍,秀采垂髧。薙其闌棘〔六〕,地拓萬弓,屋有周櫚。量其歲儲,穀納千倉,畏靖民碞。陳臬楚北,初去豫州,遭歲大祲。捄荒如火，不俟公帑，立發私儋。飢飲之鬻，旅庇之庪，寒被之纖。嗸嗸哀鴻，杖公復穌，春風在閭。逮綜藩政，復還豫州，寇君載臨。舊漏新逋，銷彌不月，惟法惟廉。鏡兹洚流，來自昆侖，原委飽諳。撮土成滋，束秸成埽[七]，麋泉巨浸。桃霜汛駛，頂溜蕩潏，患釀蹏涔[八]。螘漏婁穿，宣房失楗，土委黄金。公官豫州，垂四十年，徧閲河潯。舊兵老革，溝洫河渠，潤古洞今。知人惟哲，翊聖惟忠[九]，泰交無嫌。迺膺特簡，駐節漁山，克單棐忱。淬五夜思，詒百世利，馬刑玉湛。瀕流以陶，鍊坱計方，鱗垻巖巖。勛奮其智，横失其巧，議不旁參。果斯能斷，明斯能周，密斯能深。越靳文襄，及黎襄勤，竝公而三。

曾不中壽，遽歸上霄，屯邅巢雋。恩綸巽申，重惋勳臣，載晉宫銜。飾終典渥，諭祭諭葬，賚錫孔壬。猗與孅謚，式惟我皇，鑒公藎心。其事上恭，其修官勤，仕履可斟。長君少成，效績秋官，久列朝簪。次君白眉，早掇乙科，延賞優霑。惟公有子，嗣聲競爽，天道足諶。國枳雲寒，鄉枌月冷，哀感曷任？清酒既澆，靈風颯然，涕盼歸廞[一〇]。心光不泯，丹旐童童，庶其居歆。

尚饗！

【校記】

〔一〕於　《山右》本無此字。

〔二〕唫　《山右》本作“吟”。

〔三〕嗁　《山右》本作“啼”。

〔四〕劒　《山右》本作“劍”。

〔五〕臮　《山右》本作“暨”。

〔六〕闠　《山右》本作“圍”。

〔七〕束　《山右》本作“束”。下同。

〔八〕蹏　《山右》本作“蹄”。

〔九〕翊　《山右》本作“翌”。

〔一〇〕盼　《山右》本作“眄”。

公祭祁恭恪公文

嗚呼！人臣有初無赫赫之功可録，而遘會盤錯，規制曲善。其用心之密，乃更微於折衝；保釐之勳，乃更高於得雋。

當夫海蕩顛波，旗飛孽燹，島酋肆逆以憑城，諸將蒼黄而議款。公於是時而以周室蘇公仰膺懋簡，規五羊之全局，坐堂皇而内斷。謂藩籬不固，則水陸蹢步已紊華夷之限；屯練不壯，則防禦萬人疇任蒼兕之選。而且守望異情，秀頑共版。苟非人心鞏碩，先示寇以無瑕，又何從用我長而擊彼短？然而婁婁驕虜，尺咫户閾；愜愜羸夫，習深慮淺。其薦紳之明智者，雅思保障其鄉疃；而惰民之愚狡者，至乃矜騁其口辯。微公定筭默操，不疑不戁，相機指縱，推懷敦勉，烏能於煬釜魚游之地而墋壘言言，鼓申旝卷？烏能於鹽海重洋之内而禾塍鱗鱗，手皸足趼？又烏能萃五社君子，方陳雲合，未期年而金城載僝？

勞矣哉！班定遠建牙萬里，竟斷玉關之望。痛矣哉！馬新息䨑節武溪，愁罹壺頭之蹇。此故鄉之後進難忘揮涕於老成，而九原之毅魄差可少舒其憤懣者也。何況予祭易名，朝則沛夫飾終之典[一]；巷哭里思，民劇切夫廟貌之展乎！

【校記】

〔一〕飾　《山右》本作“節”。

公祭蘇封翁文

嗚呼！世俗之所望於子者，率不過甘旨之豐腆與褒贈之寵榮。一旦剽朱奪紫，奮蹟省廷，誰復責以關心國是、繫念蒼生？惟先生結連嶺之秀,家長溪之濱,爲善於鄉,娓娓恂恂。賡堂蜚英翰苑,蔚爲國賓。先生召而誨之曰:"汝往服官,其毋視世俗人之顯其親。凡夫安危利病,旍賢砭佞,尋研辨察,務上無負於國,而下有禆於民。君恩厚汝,我敢私汝之身?山笻老健,郫酒真醇,我行我意,柴車角巾。況左右扶進者,尚有汝仲之定省於昏晨。"故當夷氛不靖,羽書填委,戰撫異説,孰非孰是,賡堂抗論擅擅,百折不靡;星氣乖常,河流溢軌,宰衡訏謨,曷臧曷否,賡堂指陳得失,深維國枳。天子俞之,曰真諫官。海内尊之,爲名御史。神羊威鳳,輝連喜起。先生載欣載懼,馳戒多端,謂:"論議愈高,樹立愈難,行百里者半九十,況乃僅託諸空言。汝勿自多而謂可少安,勿念我老耄而遽思挂冠。古云移孝作忠,汝但勉修職事,弩力當官〔一〕,又何必朝夕膝下乃爲承歡?"而乃硯洲之雲嵐,不足供百齡之娱養;溪上之艸堂,忽驚傳消搖於曳杖。龍蛇占歲,鵩鳥在門。天下所争相健羨者,以子方之清直,端教晉原。而吾黨之失聲痛哭,豈不以耆德淪亡,良友銜恤,惋弔老成之下,更寄感於離羣乎?

尚饗!

【校記】

〔一〕弩力 《山右》本作"努力"。

祭任太素先生文

於戲!人亦有言,才欲其豐。亹亹先生,以才而窮。人亦有言,才豐用拙。亹亹先生,臨事剛決。薄有所施,未窒厥敷〔一〕。終老於家,天乎人乎?冠雲緜水,秀絶陘口。先生蔚起,雄視山右。乾坤清氣,筆端往來〔二〕。抽祕騁妍,奥窔洞開。少有所作,驚其長老。千言灑灑,曾不屬艸。長而博通,其學益宏。角觝名流,校蓺分棚。一篇既出，舌橋不下。百韻立就，氣奪倚馬。維時龍門，戴茹及戈。失聲争喟，斯何才多？風榍呵凍，技之餘耳。已令宗匠，心折至此。元默困敦，大啟璵闈。動用縣解，單思詣微。相其布墨，坦芒文竹。疇歟識拔，曰魯山木。朱弦疏越，厥調何高。中旗快遘，風回海濤。區區解首，庸足增重。所足詫者，衆鳥孤鳳。大名難再，小就所甘。牛刀龜手，經緯粹醇。未嫺進熟，胡試爲吏？逢達官怒，骨銷積毁。嗟嗟爰書，慉校由人。有澤漬民，有辠漬身。蕞爾藤邑，民寧可罔？歸然召庞，于今猶仰。仕而見庰，猛志未舒。空留碑版，照耀鄉閭。韓蘸歐易，九變復貫。覃思搦淬，天章雲漢。始吾王考，以古學名。乃實嗣響，絶緒復賡。抑昔先子，訂交總角。昏姻締苒，文酒商搉〔三〕。聲名屆扆，或後或先。死生契闊，載拯載援。我丁多難，杖之擁樹。我拙文詞，賴以啓悟。風帆初動，實引翼之。毁室難完，謀奠麗之。烈烈血忱，輝輝赤膽〔四〕。豈無戚屬？静思增感。猥以胏附，觀型於家。矩疊規重，童稺無譁。尊俎觴客，肴核羅列。子姓執壺，斂漱匿舌〔五〕。坐客未醉，子姓敢餔？麾之曰去，相率趨隅。亹亹先生，行足坊世。千縑萬軸，猶其餘事。戊建春新，我噬南游。再拜牀下，挽坐堂陬。憐我抱疹，傷我遇慼。夜闌語絮，老淚忽滴。竊窺意度，皃臞神清〔六〕。命不鮝黄，年或籛鏗。浩浩海風，滔滔江水。寒冰塞舟，時騰怪鯉。先是兩月，液我膠鸞。寄命食客，涕格闌干。惡耗遽來，悲曷可止？老輩漸空，哀哉小子。茫茫天心，未喻其深。巽秉誰畀？慘變交尋。康瓠尊閣，寶鼎淪蝕。磷夫昆玉，琛彼燕石。綜括古今，大綱攸同。得喪窮通，應付太空。筭踰七十，亦足云壽。有子克家，必昌厥後。感叨知愛，敬次韵文。悵望龍幰，私哭寢門。亹亹先生，郡城師表。彀率一弛，萬端潦倒。臨風哀奠，喉齒苶薾。安得巫陽？更賦招魂。

尚饗！

【校記】

〔一〕敷　底本作“旉”,《山右》本作“敷”。

〔二〕往來　《山右》本作“来往”

〔三〕搉　《山右》本作“榷”。

〔四〕輝輝　《山右》本作“惮輝”。

〔五〕斂　《山右》本作“歛”。下同。

〔六〕皃　《山右》本作“貌”。

祭伯兄文

維道光二十七年冬十一月丁丑朔,越二十九日乙巳,季弟穆敬以清酌庶羞遥哭奠於顯兄伯启府君之靈曰〔一〕:

嗚呼!吾兄須眉秀發,豐晳不佻〔二〕,朋好相誇,每謂似畫中禄星,宜享天福膺大年。不意中年以往,憂患攖心,形容憔悴,頓革舊觀,年未六十遂潦倒以終也。

先大夫年二十而育兄,時大父尚存,抱孫甚喜。兄之乳字,大父所命也。稍知讀書,省文義,即以護守先人遺書爲己職。片楮隻字,珍若金璧,它嗜好不能奪。生平工於作楷〔三〕,密行細字,簿鐙精繕〔四〕,老猶不疲。聞屬纊前一夕,尚作蠅頭書至漏四五下,一爇未竟也。去年秋,穆輯大父遺事,每有疑闕,馳書諮商,不十餘日,輒檢本書寄京,及《希音堂集》開雕,復寄大父小像來,俾摹之集首。九月中,刻工初竣,寄歸樣本,意兄見之必歡喜逾量,一生護守先澤之懷可以稍慰。豈知書未得達,兄已先期溘逝耶?穆發此書爲十月九日,而兄以十一日歿。孝翼來述兄歿狀云:“父年來食量增健,心氣和平,往反州城三十餘里若無事。初十日夜,�店坐談,三鼓甫歸。次日早起,欹枕坐炕頭,喚阿葵爲作午餐。一旋踵頃,阿葵入視,則見頭微偏,口角垂次,沾溼裀席不二寸許,目瞑不視矣。”嗚呼!考終爲五福之一,大雄氏以無疾示化爲得大解脱。兄賦性忠淑,不疑人欺,天佑善人,宜不以疵癘相加。如此而死,抑又何憾?

獨念門祚衰落,吾兄弟四人皆薄有文名,皆困頓場屋,見擯於時,愈出愈奇。或者天不畀我以名,猶畀以壽,老年骨肉情話有期。乃仲兄最强,最先死,越十有七年而兄繼之。穆四十有三矣,自三十後患咯血甚劇,邇來血稍止,而每届冬令,氣輒逆上,畏寒畏火,懸吃龍鍾,似七八十人。以視兩兄之壯碩,蓋百不如,其又可恃耶?先大夫遺文尚未定有目録,剞劂有待。吾兄寫本謹弆篋中,諸從子無能讀祖書者。蘭兒甫七歲,未敢祝其類我。儻穆一旦與兄同歸,不惟婁業青衫斬然中絶,即兄所兢兢護守之遺書〔五〕,抑復誰知省視珍惜邪?穆進取之念久已冰釋,惟没世之名尚不能無介於懷,而所箸諸書率未脱稿,搜采既須時日,寫定又無資力,傷心之事,觸念紛來。里社習俗媮薄,兄每有輕去其鄉之意。穆則初無此意,而以謀食故久客不歸。今兄已矣,穆即歸,將何所歸邪?歸復誰與共語耶?穆溷迹人海中,非無朋友之樂,所耿耿在念者獨有兄耳。一舉箸非不饫肥甘也,念兄方啖藜藿而止。一易衣非不便輕煖也,念兄方擁敗絮而止。十餘年來,忍寒茹淡之苦衷,兄殁而神明實式鑒之矣。

穆蓄有百金,擬於兄周甲之年歸而稱觴,天不假年,遽奪兄筭,今即舉以畀孝翼,俾歸治大事,速即窀穸。嗚呼!斂不摩棺,瘞不繞墳,即弟一人之身所以報兄者,已遠不及仲兄矣,負疚其有終極邪?繼嫂閒尚能持家,新婦初來,教之和順,孝翼知艱苦,可望自了。穆一日不死,所以給兄家者不敢視兄在有間也。

夜雨傷神,山堂在夢。嗚呼痛哉!尚饗!

【校記】

〔一〕启 《山右》本作"后"

〔二〕晢 《山右》本作"晳"。

〔三〕工 《山右》本作“丁”。
〔四〕鐙 《山右》本作“燈”。
〔五〕兢兢 《山右》本作“競競”。

祭三兄文

維道光二十八年八月壬寅朔日,季弟穆謹以清酌庶羞遥哭奠於三兄叔正府君之靈曰:

嗚呼!穆何辜於天,而浹月之中三遭期親之喪?人世慘酷,有如是其劇者邪?去年冬,聞大兄訃,穆與兄書曰:“吾兄弟四人,今已亡其二,穆既以飢驅不能西歸,兄又羈於官守,即吾兩人何日是相見時耶〔一〕?”痛哉!豈料其真不復見也!及今年二月,京師疫氣流行〔二〕,穆九日之間,妻亡,子女亦相繼亡,十年營茾之巢,一旦迅掃空之。人非木石,其誰堪此?惟念古來賢豪似此遭際亦尚頗有,萬無以身徇之之理。此念一定,始得黽勉支持,幸而不病。豈意兄聞此耗而重爲穆悲,且憐且慮,轉至於病也。聞四月中偶染時氣,已調理就愈,及六月轉爲泄瀉,遂以不治。而其亡日時刻乃與二兄一一相合,骨肉同氣之慘十九年如一曙。嗚呼異矣!

兄幼頗孱弱,吾父母時以爲憂。冠昏以往,形氣充實,較穆似數倍過之,兼以匈衿開曠,瑣屑事略不縈懷,皆非不壽之兆。何意年未及艾〔三〕,遽從徂謝邪?吾兩人幼同游,長同塾。兄丰姿玉映,讀書敏悟。年十歲,已能背諷《周官》全文,不譌一字。學大歐書,英拔出羣。吾父嘗召穆示之,曰:“汝何日能作此書,當重賞汝。”穆勉强奔赴,卒不能及也。文詩雖不極意求工,而吐詞天秀,風調翩翻,充其才即以取巍科上第亦意中事,乃僅僅博一巾。甲辰秋闈,主司得兄卷,已擬元,數日三藪俱登版矣,旋因數語之疵,斥不復録。自非家運屯邅,天不右吾宗,何至兄弟四人俱顛躓文場至此極與〔四〕?先是捐例開，穆在京師承大兄意，竭家貲友力爲兄營一官，而得缺無期。繼客津門，值海氛不靖，上命大臣赴津防堵。兄以隨營效力微勞，當道保薦，特旨優叙。及銓授平水，計歲入可以小康。而夙累既深，又不善籌度出内，遂至依然窮窘，身後蒐裘之計全無料理。賴兄性情和厚，與人交不牾，故一旦身覯閔凶，而太守、縣令所以營護之者，能不以存殁異視，柩庶遄得歸乎！

猶憶己丑歲，穆與兄同讀書十柏山房。兄病目楚甚，中夜嘑穆起〔五〕，告以所苦。穆曰："可柰何？"兄曰："無可柰何。但告弟知，即分我楚耳。"時靈州李姑夫紵宿於閣中，聞之泣下，歎曰："兄弟疾痛相關乃如此！"由今念之，誠足痛也。穆自壬辰北游，遂相睽阻。惟庚子春兄來京寓，相存至七月方歸，爲此十年中會合之最久者。去臘致兄書，雖言相見無期，又竊自念三五年間纂輯諸書艸稿粗具，將事壯游，歷覽名山大川。儻尋終南、太壹諸勝，往來皆涂出平水，當抵足聯牀，更寫總角之歡。豈意凡穆所念到之處，天皆靳之，而不我畀邪？

兄年來頗憙讀書，於穆所寄書籍皆加校正，并爲訪得《顧譜》中王九如、《閻譜》中賈玉萬行實，屬事蓋訂，又時時索異書以擴見聞。穆且喜且尉，意從此進業必當有所就，又豈意天遽奪兄筭如此其速邪？

兄身後重賴叔穎先生力，爲之部署，并遣使歸助扶柩，迎眷屬歸里。穆亦附書嫂氏〔六〕，命鼎兒家居奉母，銓兒來京寓讀書。鼎兒天資稍鈍；銓兒幼慧，穆所鍾愛，而蒙養無基，恐聰明亦漸汩没，竭力督教之，小成或尚可望。兄柩歸後一二年間亦即安厝，日用之計除叔穎、幼章兩先生周恤外，穆當視大兄、二兄家一例接濟。

嗚呼！穆少於兄僅四歲耳，木落歸根，尚不知作何結局。自上月十三日聞訃以來，心驚頭眩，時時慮有不測，夜不成寐，起座旁皇，蓋不獨爲諸兄悲，爲一身懼，兼爲祖父以來書香嗣續危仄也。

嗚呼痛哉！兄靈有知，尚其鑒旃！

【校記】

〔一〕時 《山右》本作“是”。
〔二〕疫 《山右》本作“疲”。
〔三〕意 《山右》本作“憶”。
〔四〕埸 《山右》本作“塲”。
〔五〕嘑 《山右》本作“呼”。
〔六〕嫂 底本作“嫎”，《山右》本作“嫂”。

哀詞

静濤張君哀詞

静濤，諱琴，字揮五，故浙江建德令張去非先生之子。先生二子，君居長，次岑，字小山，皆穆二十餘年來柱内扞外所倚賴以生者。而静濤尤有大德於吾家，吾子孫當世尸祝之。

嘉慶二十三年五月，先君子典試福建，暑雨中傷，官程電轉。七月初十日，舟次建德，與去非先生相見握手，道故甚懽〔一〕。次日，解維去，行抵嚴江之大洋，疾作，遽不起。先生固先大父高弟子，聞赴趨至，哭之慟，小斂大斂皆躬親之。而是時奔走給指麾先生左右者，獨静濤一人在。先生好酒，尚氣誼，悼先君子之無禄，傷故交淪落〔二〕，宦不得意，懷之所鬱，性加嚴急，抗衾陳衣，稍不中節，訶怒隨之。吾舅氏王丑石先生後每爲穆言，静濤此數日執事之劬甚於自營其考妣也。倉卒無好棺，邑有壽民蓄美櫝，歲加髹戚，敂之作銅聲，静濤則遣才有口者，重貲購得之。故先君子雖旅館屬纊，無親族子姓視飯含，而附身附棺之事號無遺憾。嗚呼！太白指南之誼，世所容有。獨爲亡者之子孫,其銜報當何如也?去非先生旋解組歸,考終里第。

穆不及見靜濤之事先生,及見小山之所以事君者,恆感動不能自已。小山長穆八歲,歲庚寅同讀書城西天門山,君偕一二朋好時攜酒食過存。當是時,齒髮皆未彫,饘粥尚足支梧,而酒酣漏永歎老嗟卑,蓋皆不自意後來之頹唐日甚一日,以至此極也。

君自言性好弄,手目所營無所措其意則不快,然鑒别亦特精,似有天授。書畫晶玉,泉布刀劍,裘馬衣服,花竹禽鳥,食經茶録,凡可以發舒其聰明者,情無不寄也。吾舅氏與君趨向不盡同,而好奇嗜古乃雅相契,故兩人者尤終始稱莫逆云。所居聽事,廣不過三弓,深不及兩武,座上客與敂門之聲雜沓相間,君各如其品量應之,無可否冰炭在念。君既殁,小山襆被,聽事中敂門之聲稍寂矣。

穆久違鄉井,不獲一哭君。與小山挑鐙夜話,側聞所日相見者,仍惟吾舅氏及吾姊夫立青任君二三人而已。立青性尤狷直,居城市人海中落落無合者,與君初亦漠然,久而漸習,久而意氣融液,一如穆之暱君昆仲也。然穆以褊急不爲世所容,客不歸。吾舅氏年逾六十,日皇皇於衣食,無讀書子弟資以娱老。立青多病善愁,小山困於里居,無所展其志氣。獨君較是諸人境稍暇,適足自給,而又以數舉子不育忽忽不樂,疢疾侵尋,摧其天年。嗚呼傷已!君凡三娶,皆育有子女,皆早殤。最後君已抱痼疾,得一子,穆爲命名曰"普護",及三歲又殤。以小山之子臚奎爲嗣,先仲兄補庵之壻,立青所自出也。

小山既頹然,無以自遣,遭君喪益不自聊。道光二十六年走京師,造穆曰:"歲且臘,將舉殯事,子不可無文以慰我兄於地下也。"嗚呼!君有大德於吾家,又重以朋友昏姻之好。微小山言,詎忘所以傳君而詔我後人者乎?爰爲楚聲,以寫吾哀,釋小山之痛。詞曰:

昔余厲志以登覽兮,君伉爽而善歌。指城西之奧岫兮,搴禪巖之緑蘿。誓宿飽以詣極兮,夕憩息乎山阿。峯回回而曲轉兮,莽不知所扳援。印窈窕之石罅兮，訝微光之窺天。奮掇身以上躋兮，鶴跂猱接而造顛。初睉眙而失恃兮，旋抵掌而大笑。席錦石而酌瓠尊兮〔三〕，振林谷而歸歗〔四〕。欸豪情之消阻兮，皇天曾不許以申眉。余既莫知所稅駕兮，君齎痛於無兒。窺日月之蔽虧兮，深林方晝而杳冥。江介紛其苦雨兮，北萌祓魃使不靈。余終莫知所稅駕兮，君怡神於幽扃。馨嗣孤之麥飯兮，沁仲氏之老淚。感石交之日稀兮，誰復喻吾之遠志也？

壽陽祁世佶校字

【校記】

〔一〕懽　《山右》本作“歡”。
〔二〕交　《山右》本作“咬”。
〔三〕尊　《山右》本作“尋”。
〔四〕歗　《山右》本作“嘯”。

月齋文集卷七

平定張穆

事　略

故内閣學士前倉場侍郎會稽莫公事略

公諱晉，字錫三，一字裴舟，別署寶齋，會稽人。曾祖文炳，祖朱謨。父大邦，乾隆三十五年舉人，於潛縣訓導。母李太夫人，先繼妣之姑母也。公生後三月而適母蔣太夫人亦舉子，曰"階"，故於潛君以公嗣亡兄名揚後。

幼惇敏，至性過人，年五、六歲則能以嬰兒戲百計娛其嗣母，母忘己之寡無子也。讀書不假約束，晝夜不自休止。十歲，九經已略徧。稍長，遂研穴貫串，心解神契，以能文雄浙東西。

年十九，補縣學生員，旋丁蔣太夫人憂。諸城竇東皋先生、大興朱文正公先後督學浙江，皆器異公，試必第一。及當選貢，因引用班書筆誤一字，文正疑之，置弗取。東皋先生接任，乃以優生貢成均，時乾隆五十七年也。

次年三月，赴朝考，始游京師。祭酒法梧門先生、那文毅公、山陽汪文端公振興太學，號極盛。梧門先生嘗精遴兩舍生之器堪公輔、才任箸作者十人，而公爲之首。

五十九年，中式順天第三名舉人。

六十年，中式第十九名進士，殿試一甲二名，授翰林院編修。

嘉慶元年，散館一等三名。

二年，充國史館纂修。

三年二月，大考二等一名，超授侍講。五月，充福建鄉試正考官，得士鄭兼才等八十人。八月，命提督山西學政。

四年二月，轉侍讀。三月，遷右春坊右庶子。四月，升侍講學士。仁宗鑒公純實〔一〕，授意軍機大臣寄諭公密疏官吏之賢否而舉劾之。其被公舉者，前後蓋二十餘人，以密疏無知者。

六年冬，任滿還朝。

七年，充日講起居注官、實録館纂修。五月，派教習庶吉士。十月，充武會試副考官。

八年，轉侍讀學士。三月，大考二等五名。四月，調通政使司副使。

九年二月，上幸翰林院，隨扈諸臣分韻賦詩，公與焉。七月，升太僕寺卿。八月，充順天鄉試副考官，得士譚仲璐等二百四十人。是月，復升太常寺卿。十二月，命提督江蘇學政。

十年五月，遷通政使。因催提學租，奏署蘇州藩司鄂雲布玩公護短〔二〕，飭交兩江總督鐵保查辦。嗣奉上諭："此項學租，鄂雲布因莫晉節次催提，即借動貯備項下湊齊解清，比較向年批解月日並無遲逾，其申復文書亦並無含混所有。鐵保請將鄂雲布交部察議之處，著暫行緩辦。至莫晉始則用文催提，繼因自行查出行文遲延，致書鄂雲布自認冒昧唐突，此事已可完結，乃又續行陳奏，畢竟該學政於鄂雲布有何意見齟齬之處，著據實明白回奏。"公奏稱："蘇州藩司每年應解學租銀二千八百兩，爲給廩振貧之費。本年二月，藩司汪日章批解一千五百餘兩，尚應補解一千二百餘兩。臣於五月十七日行文催提，延至閏六月末，該署司鄂雲布絶不申復。因於七月初四日另文行催，恐該司仍置不復，并寄書告知情節，始於七月十五日將銀解到。查四年學租係次年二月解完，五年係次年五月解完，六年係次年六月解完，七年係次年閏二月解完，惟八年係次年七月解完。是時，歲科試已周，振貧已畢，衹餘給廩一節爲七月中需用之項，遲解尚屬有因。至歲試年分給廩振貧，隨棚須用，安得援上年遲解爲例？本係逐年延緩，因據其最遲者謂比較月日並無遲逾，勢必致臣衙門辦公掣肘。況各屬學租因何不敷批解，該司理應聲叙明白，乃並無一字提及，衹稱解存學租僅震澤、婁縣等四學，暫借河工銀兩，俟解有學租，本款歸還，似乎各學尚多未解，迨再經行查。又稱因灾蠲緩者十三學，其餘並無未解。夫蠲緩僅三百餘兩，何遽不敷至千有餘金？若既經全解本款，又何以不敷？臣因其前後抵牾，疑或從中舞弊〔三〕，是以飭令嚴懲書吏，并清查條析具覆。該司更不清查，亦並未條析，轉謂呈覆初無含混，書吏無庸懲治，玩公護短，情節顯然。藩司爲錢糧總彙之區，倘任其侵那，弊將不可勝言，故不敢不敬陳以備考察。至臣致書該司，因臣衙門書吏行文遲延，將七月初四日公文倒寫爲閏六月十五日，經臣查出重責，再札知該司，自認疏忽，誠以誼屬寅恭，凡事當推誠相待，不敢稍存回護。旋據該司復札，稱仰見公正爲懷，虚中若谷，頗以臣辦理此事爲是，詎意今復援此以訐臣過。公文遲發責在司書，冒昧唐突幕友率筆，要其得失皆臣自當之。臣與該司素未謀面，並無意見齟齬之處，設挾有微嫌而掎摭其短〔四〕，假公濟私，豈能逃聖明洞見乎？”

十一年，擢都察院左副都御史。

十二年四月〔五〕，疏請審案責成督撫。曰：“伏見皇上每遇地方上控案件，除發交督撫就近審訊外，間復特派大員馳往查辦，良以案分輕重，因事制宜，總期下無冤民，上無留牘，歸於訟簡刑清而已。惟近來京控案件日漸繁多，簡派之員紛紛四出，不可不防其流弊。臣以爲吏治之張弛責歸督撫，誠使方面大員能體皇上勤政愛民之心以爲心〔六〕,慎擇屬吏,詳求民隱,百姓之負屈於地方官者,應無不可求申於督撫,豈有近舍省會而遠愬京師之理?今之上控者,如果屬冤民,則必督撫公正之聲名未孚衆望也。如其爲奸民,必訟棍刁翻,意在脅制官長也。夫大吏無以取信於下而人心不屬,則上下有睽隔之憂。小民無所畏忌於上而告訐頻興,則官民有爭勝之患。閭里愚氓,見不及遠。第聞欽差往來絡繹,或且私心揣測,以爲皇上漸不信外官,飾詞聳動即可僥倖圖翻。臣恐上控之案益多,而所言益以無據。迨至派員審結平反者不過十之二三〔七〕,而坐誣之獄,因是又衆矣。且督撫審辦之案或有翻控,可派欽差覆勘。若欽差審結之案仍有翻控,則是曲直是非終無定論,而訐訟永無了期也。豈我皇上息事寧人之至意哉?竊謂宜明降諭旨,嚴禁浮囂險健之風,一切案情未經督撫而赴京越控者,概不準理。或督撫縣案未結,定讞失平,上控京師,自非關繫重大,仍飭交督撫親提審訊。倘再有不實不盡之處被人控告,然後續發欽使,一經究出實情,將原審督撫從重議處勿貸。民知上控案件仍歸督撫審辦,自不敢以鄙俚荒誕之詞上瀆天聽,自罹誣罔重愆。督撫知交審之案一有不公,獲罪且將不測,又寧敢權宜艸率、袒庇屬員以自取戾乎?似此靜以安民,嚴以馭吏,或漸可振官方之媮惰,挽習俗之澆漓。臣職任采風,官叨司憲,《書》曰'雖爾身在外,乃心罔不在王室'。伏願詳察利獘而酌其中焉。"優旨報聞。是年冬,還朝。

十三年三月,派充大挑舉人大臣。五月,派充教習副總裁。六月,充江西鄉試正考官,得士李炳春等九十四人。

十四年,丁李太夫人憂,回籍。

十五年,巡撫阮公元聘主蕺山書院講席。

十六年八月,疏言:"臣於前歲二月丁内艱回籍,扣至本年五月二十八日服闋,當即由地方官呈報起復在案,理應剋期就道,何敢逗留?緣臣父現年八十,前臣迎養在外,得以朝夕相依,今步履維艱,勢斷不能遠出。臣並無子息，惟胞弟一人，從幼怯弱，不任家務，因病不赴鄉試已十餘年。臣父服食起居一切需臣料理。本年三月間感冒風寒，淹臥牀簣，臣奉侍湯藥，數月不離寢門。近雖小痛而氣血全衰，非臣日在左右，難爲調護。自服闋以來，裴回瞻顧，將欲久依膝下，則國恩未報，何能抒戀闕之忱？若遽遠宦都門，則親疾未瘳，又恐重倚閭之望〔八〕。衰年多病，離别增憂，萬一風樹不寧，勢且君親兩負。伏查例載：親年七十以上，兄弟篤疾，準其終養；八十以上，雖家有次丁，亦準終養。臣念報親日短，即欲遵例陳情，而臣父以臣受恩深重，何得援照常例？父年雖邁，一息尚存，猶望臣及時報效〔九〕，不可以私廢公，特命臣專摺請假，且看將來病勢如何，再行據實具奏。爲此謹遵父命，瀆陳聖聽，伏祈皇上暫行賞假，準臣在籍養親。倘邀天幸，父病獲痊，臣稍可分身，即當趨赴闕廷，恭候録用，不勝激切屏營之至。”得旨俞允。

十八年，於潛君卒。

二十一年八月，起復入都。十一月，補副都御史。先是公嗣母徐太夫人卒，公方以諸生有聲於時，於潛君恐遲公上進，令仍以從子持爲伯母服。公因病痫，失足墮池水幾殆，越三年病瘥，乃復出試，而承嗣之議遂寝〔一〇〕。及是，首陳奏曰：“臣胞伯名揚，中年病故，有一子未及成人而殀。越數年，臣父大邦生臣及弟階，初擬將臣出繼伯父爲後。及臣年稍長，頗爲父母所鍾愛，而弟階自幼多病，臣父恐其成立難保，乃命臣以嗣子爲伯父主祭，而考試三代暫用本生父名。辛卯、壬辰以後，臣父會試六次，留京時多，在家日少，遂致蹉跎，未及呈改學册。迨臣乙卯忝入詞垣，臣父即寄書至京，命臣遵照前議報部出繼。臣竊念本生父母現皆在堂，承繼考妣久經去世，從前不早正名，今甫得一官遽改三代，轉似有規避短喪情獘。無論部未必準行，即人子之心亦何忍自外所生改從降服？情願俟父母百年之後定名出嗣，庶幾公義私恩兩全無撼。臣父與族人商議，僉以爲然，事遂中止。及癸酉八月,臣父患病彌留於臥榻前,執臣手而命曰:‘自汝通籍後,吾屢沐覃恩,三受誥封,而汝伯父僅得貤贈一次。吾常耿耿於心,汝將來起復補官,當將此情上達天聽,改正宗祧,指日恭遇皇上六旬萬壽〔一一〕,倘蒙恩施格外,俾汝伯父得一體同膺誥贈,吾當含笑於九原矣。’臣泣而志之,不敢忘。兹臣本生父母喪葬已畢,出繼長房並無違礙,爲此遵父遺命,披瀝愚誠,伏乞皇上飭部注册,將臣父大邦改爲父名揚,以成臣父未竟之志,實屬幽明,均感銜結難酬。至臣係例應出繼之人,前不能諭親於道,早以義斷恩後,不免委曲從權。幾以恩掩義,雖父在不得自專,究由臣調停未善,事關倫叙,不比尋常細故,應請旨將臣交部,嚴加議處。”奉上諭:“莫晉著準其出繼胞伯,其從前因本生父母尚在,不忍自外所生,亦無違礙,著免其議處。”十二月,升任倉場侍郎〔一二〕。公被仁宗眷篤,由翰林不十年擢至三品,三典鄉闈,兩任學政,其供職京師實不過四年耳。初起復入見,上念前揚州刊刻《全唐文》時,公曾任校勘,特命補賞,給書一部。又嘗因常州幫武弁旗丁與辦漕各州縣互訐,牽控多人。滿侍郎潤祥議交刑部審訊,公議咨交兩江總督就近鞫之。潤祥持不可,公不爲屈,因各執奏陳辨上前。仁宗命軍機大臣傳問,卒從公議。今通州督署滿漢各寮各榜“和衷報國”四字,仁宗綸音也。

二十五年,京察以各幫米色乾潔,驗收無滯,下部議叙。

道光二年,御史常賡奏請以放代盤,不必按期派倉。户部初不以常賡奏爲然,已而議自本年三月起以五倉進米三倉輪放,放竣,再派三倉,其現放之倉一概停進新糧。公與滿侍郎和桂奏言窒礙難行,請仍照嘉慶十四年成案辦理。户部復奏現届新糧進倉,準其暫緩盤查,自本年七月爲始,務使輪應開放之倉陳米顆粒不存,隨時報部驗明後再行收進新糧。奉旨,著倉場侍郎將京城十一倉全局妥定章程,因合奏防弊八事:

一、本年七月,輪應儲濟、興平、禄米三倉開放甲米,但查弊須出其不意,非常例可拘。應由户部於六月底開列十一倉全單,恭請欽派。城内二倉、城外一倉,從七月起陸續開放。至盤竣一倉,如有虧短,立即奏明懲辦。若有多無少,則報部驗明,接放下次應盤之倉。俟三倉全竣,臣等照例陳奏一次,以昭慎重。

一、嘉慶十四年只盤舊米,不盤新米。現存米石多於從前幾及兩倍,若依舊出陳留新,恐盤查日久,防範難周,勢不得不新舊接放,埽數出倉,庶免那掩之獘。應將派出三倉所有嘉慶二十四、五兩年及道光元年之米先行放竣,再接放本年新糧,以杜牽混。

一、粟米麥豆不耐久貯,均應照舊開放,無所用盤。其應盤者,惟稉、稄二種。查嘉慶年間,稄米現已無多,惟舊存稉米不下二百萬石,自應設法俾早出倉。請於四、五、六月輪放甲米,及秋季輪放俸米等倉,專放嘉慶年間之米,如稄米不敷,以陳稉米代之,俟陳稉放竣,再將道光元年稉、稄鬮放,以疏壅滯。

一、明年二、三月又當進運新糧,若三倉盤竣,又接盤三倉,出陳進新仍必兩相妨礙。應照舊按月輪放各倉,俾陳米不致過於積壓,俟漕竣時再派三倉,以放代盤,不過四年儘可一律完竣。若必接續盤查,不容間斷,亦非三年不能告蕆,而辦理殊多掣肘,不如盤查與輪放相間而行〔一三〕,較爲兩便。

一、本年秋季俸米應照部議,在於下次輪應盤放之倉先行勻放,明年春俸即在第三次進盤之倉,嗣後照此遞輪,以示均平而去陳積。

一、盤查之期,恐諸倉監督積日累月,照料難以周到,應照議由臣衙門在於别倉監督,不拘滿漢,每月分派一員幫同辦理。至於花户人等各顧其家,豈能通力合作?若在别倉派往幫辦,轉恐滋生獘竇。應仍責本倉自行酌量添僱〔一四〕,以專責成。

一、三倉既連月放米,勢不容於例外展限,以致輾轉逾期。臣等祇能禁放米之稽遲,不能禁領米之刁難,嗣後如有霉變之米不堪煮食者,準領米人員包封米樣,知會臣等,將該倉監督等參辦。若止米色稍陳,毋得濫行挑斥,彼此相持,致稽時日。又自非夏秋大雨時行之候,倘有逾限,即將該倉監督及領米官員一併交部議處,并將未領之米存倉,以警延玩。”

其第八條,專議變通開放正白旗包衣米石,則滿侍郎和桂筆也。

而是時,户部書吏以要索花户未滿欲,雲南司主稿司員復恃奥援再駁之。公憤曰:“即安能以國事媚權要?”乃單銜陳奏曰〔一五〕:“伏查本朝百七十餘年以來,並不見有以放代盤之案。惟嘉慶十四年,因前任倉場侍郎福慶等密奏西、中二倉米多虧短,當經特旨派員查辦,共計虧米十餘萬石。旋經御史慶明奏請京城内外十一倉以放代盤,奉旨準行在案。當時不照西、中二倉一律盤查,姑用權宜之法以放代盤,且祇盤舊米,仍進新糧。仰見仁宗睿皇帝於清釐積蠹之中,仍寓滌去煩苛之意。昨御史常賡奏陳倉獘,並未指何倉何廒恐有虧缺,無端請以放代盤,本屬無事中生事。户部既知其不可行而駁之,又疑该御史言未必無因,乃力主以放代盤之議。自出己意,輕變前章。經臣等駁其窒礙難行,部臣全不肯虚衷商確而持之愈堅〔一六〕,更剏爲新陳并放、顆粒不存之説。當經奉旨令臣等妥定章程,臣等以事屬垂成,不得已酌定疏通陳米數條,補救萬分之一。而部臣復任意斥駁,必欲盡照其原議,不容更動分毫。未知諸臣果洞悉倉務,確見其萬全無獘,故不許他人稍參末議邪?抑逞其偏私之見,欲行百七十年來從未辦過之案,而以倉儲重務聽其嘗試邪?臣愚,伏念皇上所以依户部之議者〔一七〕,必由部臣謂以放代盤原屬舊例,而臣等嘵嘵辯駁未必無回護别情。若知部議率臆無憑,行之斷然有害,則天聽豈有不可回者哉?臣職忝倉場,此事乃其專責,倘顧恤嫌疑,終不肯明目張膽爲皇上詳辯其非〔一八〕,則誤國之罪萬死難逃,用敢奮不顧身直陳管見。查嘉慶十四年因倉儲虧短業經敗露,有不得不盤之勢〔一九〕,故以放代之,原非通行定例。今部臣如果風聞何倉虧短,應即奏請盤放此倉。再不然應請傳問御史常賡有何聞見，就此嚴行查究，不過旬日間便可水落石出，何須經年累月爲此紛紛無益之盤查？顧乃師心自用，巧借'以放代盤'四字爲護身符，而現定章程實已將嘉慶十四年成例紛更殆盡。臣不知其放照何年，遵行何例，何所憑信，而能保所議之必可通行，萬無窒礙乎？臣愚，不通事變，竊以爲若照部議〔二〇〕，各倉監督誤公失察、放米逾限之咎必多，各旗領米人員謀新嫌舊、賄託情求之弊必重〔二一〕，奸胥猾吏徼利一時、罔恤後患、違條犯法之徒必衆，各倉散役借端生事、以脅制放米之頭役、分爭辯訟之案必繁，百弊叢生，豈勝枚舉？近年辦理倉務已甚艱難，而部臣復剏此議以掣其肘，亦可謂下策拙謀矣。目下甫經定議，故臣猶可力爭。數年之後便成定例，異時更有請以放代盤者，誰能駮之？新例既行，舊例必將漸廢，則方今立法之初，安可不詳慎也？且查弊貴乎神速，若曠日持久，適足爲奸人從容彌補之地，何弊之能除？即如嘉慶十四年查出倉弊甚多，而以放代盤之十一倉皆有贏無絀。彼時僅八月，而此番且遲至三年，無論實貯本無虧短，即或有虧，該倉豈肯不設法彌補，坐待罪愆？臣不能保現在倉儲萬無不足之額，而可保將來盤放完竣必無顆粒之虧也。況太倉陳積，原非可以石稱丈量。縱令徹底清盤，而斛面有高下，手勢有重輕，抑勒之則多者且將見少，寬假之則少者亦可見多，尚未必遽有定準。今乃聽各倉自盤自放，而俟其日久技窮，自行敗露，其於防弊之道何居？凡事宜整其大綱，不必吹求瑣細。皇上如必欲知倉儲盈虧，請即欽派大臣會同户部堂官，各帶司員與巡倉御史親赴各倉，按照實貯清册逐廒子細查對，如數目大概相符，自可無庸盤驗。倘查得某倉某廒有多少不符之處〔二二〕，立即封鎖。至查竣十一倉後，共計應盤者若干廒，分投過斛，畫一平量，究明所虧實數，嚴行參辦。雖不免一兩月之煩勞，而於整頓倉儲實有裨益，不猶愈以放代盤之徒有空名哉？祈皇上將臣此摺與户部前後各摺飭交從前曾任倉場諸臣，公同核議，孰是孰非，擇利而行之，似亦慎重更張之道。"奉旨，大學士、軍機大臣會同九卿核議具奏。

又另片奏參户部曰:“臣前閲户部議覆御史常賡奏摺,該御史請將放米之二倉停進新糧,餘尚有八、九倉足敷進運,本甚明白。而部臣駁其暫停進運,必致百萬糧石囷堆露積,似全不解該御史之意而誤駁之。及其自行定議,又衹將五倉進米,較該御史原奏少進四倉,轉不虞新糧之壅滯,前後自相矛盾,臣當時即訝其議事粗疏。昨户部咨照議覆倉場奏摺内第一條駁語即不可解,臣等以三倉雖同時開放,而完竣必有後先,故云‘盤竣一倉,報部驗明,接放下次應盤之倉’。此乃一定辦法,決無一倉先竣,暫行停放,俟三倉全竣再行接放之理。而部議轉謂‘先放一倉,勢必致三倉人等擁擠一倉,該倉必形竭蹷’等語〔二三〕,幾如隔壁講話,不知所云。部臣皆進士出身,不應於此等粗淺文義尚不通曉,直由厭憚煩勞,漫不經意,將此等奏摺付之胡塗昏憒之司員〔二四〕,任其妄行斥駁,至核定奏稿時又不過匆匆一覽,全不檢點,以致錯謬如此。文義尚未盡明,是非更復何論,不幾以奉旨交議之事爲兒戲乎?尤可怪者,臣等於三月二十四日奏駁部議窒礙難行,翼日接到户部二十四日咨文。内稱:‘七月以前所進新糧倘五倉空廒不敷存貯,應由倉場報明,即於其次輪應開放三倉酌量收貯。’臣與和桂閲之,皆不勝詫異。部臣如果自知五倉進米廒座不敷,自應專摺奏請,照前議添進三倉,俟奉旨準行後咨臣衙門,何得擅自主張,頓改日前奏準之議,轉令臣等報明酌量,竟不必皇上聞知,將使臣等遵日前依議之旨衹進五倉邪?抑遵此番部咨之文兼進八倉邪?當經傳問京中本衙門收文書吏,據稱二十四日酉刻接到此文,顯係部臣見臣等奏駁趕辦咨文〔二五〕,以爲覆奏時掩過飾非之地。臣等所駁者,前此之奏摺。而户部所援以自解者,轉憑後此之咨文,又不便於奏摺中叙明時日之先後,漫稱立定章程、行知倉場在案,以圖蒙混過去,豈有不待奏明請旨而可擅自立定章程者乎?此其詭譎私情,殆不可問。若復隱惡姑容,不奏請皇上徹底根究以肅法紀，將來肆意妄行，何所不至？實可寒心。所以披瀝血誠，不憚孤立一身以觸衆人之忌嫉者，臣雖至愚，何恃而不恐？誠恃我皇上達聰明目，兼聽並觀，必能謹履霜之萌，杜蒙蔽之漸。庶幾部臣小懲大誡，各發天良，無孤負聖明之委任也。"上命户部堂官逐款明白回奏[二六]。

於是滿漢兩尚書方典樞密用事，見公奏恚甚，曰"是敢蹈我之瑕"，曰"是敢斥我爲不通"，顧吏趣具稿明日復奏。次日，户部復奏上。奉上諭："本日據户部逐款明白回奏，以放代盤原屬查弊簡易之法，何以謂户部以此四字爲護身符？如何將嘉慶十四年成案紛更殆盡？又户部以御史常賡所奏放米二倉停進新糧與例不符，照例議以三旗搭放三倉，放竣三倉，以其餘五倉進運新糧。又恐不敷貯米，復行知倉場再以三倉進運以敷分貯，何以謂之蒙蔽？又户部以倉場原奏'盤竣一倉，接放下次應盤之倉'數語恐誤會爲一倉開放，仍議令三倉並放，何以謂之隔壁講話？此事户部前後所議章程總主以放代盤之論，其有何詭譎欺飾肆意妄行之處？該侍郎確有指實，必當徹底查辦，不得以無據之詞妄肆詆毁。著莫晉即來京明白回奏。現在新漕抵通，亟須查驗兑收，倉場侍郎事務著張映漢暫行署理。"

公即日回京，具奏曰："臣聞人臣之義，有犯無隱。若恣行欺蔽，妄肆詆訶，均玷官箴，法皆無赦。昨臣參奏户部前後議事粗疏錯謬及咨文不應轉在奏駁之後，無論部臣有心無心，其辦理之誤斷無可掩。本屬逐款指實，第詞意未盡明晰，致皇上覽之未即釋然。查嘉慶十四年以放代盤八月而畢，此番非三年不能完竣。臣愚，實不知其簡易處，至部定章程并仁宗睿皇帝諭旨全不遵照，何況其他？放米之倉停進新糧非舊例也，新陳匀放、顆粒不存非舊例也，各倉接連放米至六、七月非舊例也，陳米遲放者留倉六、七年非舊例也。惟'以放代盤'四字爲舊例耳，非巧借此爲護身符而何？常賡奏請盤查之兩倉暫停進運，户部駁其必致糧石屯堆、車兩攙踏，及自行定議五倉進運，較該御史原奏轉少四倉。臣等議盤竣一倉之後，接放下次應盤之倉，此乃一定事理，决不能别有辦法。而部駁爲窒礙難行，無端生出三旗人等擁擠一倉等語，真乃謬以千里，與臣原奏無一字關照，謂非隔壁講話而何？部議五倉進米業經奉旨準行，如欲添進三倉，豈有不待奏明擅自改定章程行知倉場，竟不必皇上聞知之理？良由未見臣奏駁之先，不知五倉不敷分貯，及見奏駁，又未便奏請添倉，因即趕辦咨文爲覆奏掩飾之地。倘就此徹底查究，將户部辦稿行文官吏飭交刑部，隔别研訊，未必不和盤託出也。即或部臣心術不應詭譎至此，而其不行請旨擅改依議章程之罪，亦無所逃，謂非恣爲蒙蔽肆意妄行而何？臣未見户部回奏原摺，不知分辯如何，無憑指駁，而此三款至明至確，若謂無關大弊，不足深求，臣復何敢更事吹求，續陳天聽？請即將臣此摺與前參夾片一併交大學士、軍機大臣、九卿，公同核議，似亦大公無我之虚懷，知人則哲之妙用也。"

奏上，上特諭軍機大臣曰："爾等閱此奏必謂朕勃然矣。不然，朕幼承皇考明訓，選擇明師教讀，頗知涵養功夫。事愈大而心愈細，情愈急而氣愈和，數十年來守之不失，爾等均所深悉。朕斷不受其欺罔，亦不冒從重治罪，特將原摺硃批交爾等閱之，以示朕涵養之功。"於是滿漢兩尚書復摘公疏"請交從前曾任倉場"語，謂陰有黨公者。是日，并奉上諭："前降旨交大學士、軍機大臣會同九卿核議莫晉所奏盤查利弊章程，著户部堂官及從前曾任倉場侍郎概行迴避。"議連日不决，公裴回久之，不得已復具疏，稱："耕當問奴，織當問婢。現今洞悉倉務無逾於臣，謹更條陳利弊，請發交會議諸大臣閱看。"疏留中〔二七〕。

五月十一日〔二八〕，議上："以放代盤，徒有清查之名，無裨實貯。倉場歷次陳奏，尚非無據之言。惟籌議盤查之法亦未切中竅要，又不和衷商確，竟肆詆毁，殊屬褊躁，請交部嚴加議處。"奉上諭："著仍照户部原議，自本年七月爲始，務使盤放之三倉陳米顆粒不存，驗明再進新糧。至所議閘壩橋倉轉運不繼,恐有阻滯,屆時著派英和前往彈壓,勿令壅積。如有辦理不善之處,惟英和是問。莫晉於盤查事宜所論皆屬因公,惟因與户部意見不同,經朕令其明白回奏,猶復負氣辯論,殊失敬事辦公之道。朕斷不肎因其負氣辯論,挑斥於語言文字之間〔二九〕,從重治罪。此非施恩於莫晉,深恐後來言事者動輒避忌〔三〇〕,不盡實情,於國是大有關繫。莫晉無庸交部議處,著降爲内閣學士,候補。"次日,公入謝,上并前留中摺擲還。其謝疏有云:"主聖則臣自直,仰欽厲世摩鈍之精心;恩深而命轉輕,彌堅報國忘身之素志。"天下誦之。

當户部覆奏之上也,右侍郎湯公金釗獨具摺自行檢舉,稱:"倉儲不宜清查,以放代盤未見其利,不敢扶同稱爲良法美意。前户部三次議覆,倉場隨同畫諾,咎無可辭,請交部議處。"上斥其毫無定見,首鼠兩端,失協恭和衷之義。然侍郎於此事實亦未得要領,但信公素學,必不妄相糾彈,故引咎之誠無媿古人。其以向來清查庫貯之説比例倉儲,則非也。公旋亦感末疾,三年四月請回籍調理。

六年四月初八日卒於山陰王衙衖里第,距生於乾隆二十六年五月初五日,春秋六十有六。配柴夫人,合葬縣南夏博山之原。子一鍾珣,嘉慶九年年二十未室而殀。弟階以子女各一予公。女適翰林院編修晉寧李浩;子鍾琪,廕生,刑部主事,現官廣西候補知州。公後又生女二:長適歸安舉人郎玉銘,次適刑部員外郎桐城方稑。

公以積學能文章聞天下,四十後乃專意理學,不復措意文詞,晚益深造自得。與先師蕭山吴樸庵先生交修邃密。先師篤慕蕺山,而公則一以姚江爲宗,即龍溪亦不厚非也。

嘗重刊黎洲《明儒學案》,叙之曰:"孔子稱善人不踐迹,孟子謂君子欲其自得,《繫辭》云'天下同歸而殊塗,一致而百慮'。此三言者,千古道學之指南也。夫道無定體,學無定法,見每岐於仁智,克互用乎剛柔,鈞是問仁而克復敬恕,功分頓漸,同此一貫。而忠恕學識，義别知行，各得其性之所近而已。宋儒濂溪、明道之深純與顔子爲近，伊川、横渠之篤實與曾、思爲近，象山之高明與孟子爲近，立言垂教不必盡同。後人泥於箸述之迹，僉謂朱子集羣儒之大成，數百年來專主一家之學。明初天臺、澠池椎輪伊始，河東、崇仁風教漸廣，大抵恪守紫陽家法，言規行矩，不媿游、夏之徒，專尚修不尚悟，專談下學不及上達也。至白沙静養端倪，始自開門户，遠希曾點，近慕堯夫，猶是孔門别派。自陽明倡良知之説，即心是理，即知是行，即工夫是本體，直探聖學本原。前此諸儒，學朱而才不逮朱，終不出其範圍。陽明似陸而才高於陸，故可與紫陽並立當時。若東廓主戒懼，雙江主歸寂，念庵主無欲，最稱新建功臣。即甘泉體認，見羅止修，亦足互相表裏。迨蕺山提清誠意，約歸慎獨，而良知之學益臻實地，不落虚空矣。《學案》一書，言行並載，支派各分，擇精語詳，鉤元提要，一代學術源流瞭如指掌。要其微意，實以大宗屬姚江，而以崇仁爲啟明，蕺山爲後勁。凡宗姚江與闢姚江者，是非互見，得失兩存，所以闡良知之祕而防其流獘，用意至深遠也。竊謂學貴真修實悟，不外虚、實兩機。病實者救之以虚，病虚者救之以實。古人因病立方，原無成局，通其變使人不倦。故教法日新，理雖一而言不得不殊，入手雖殊而要歸未嘗不一。讀是書者，誠能不泥其迹，務求自得之。真向身心性命上作印證，不向語言文字上生葛藤，則東西相反而不可相無，百川學海而皆至於海，由諸儒上溯濂洛關閩，以尋源洙泗，庶不負先生提倡之苦心也。”

夫龍溪、天泉證道之説，學者訾之。惟公則曰：“鏡因照物而判妍媸，妍媸不在鏡；衡因稱物而分軒輊〔三一〕，軒輊不關衡。無意無知，本孔門至教，知意且無，善惡安在？陽明他日有曰：‘無善無惡理之静，有善有惡氣之動，純乎理即是四無，雜乎氣則爲四有，雖有實無即所謂寂然不動。感而遂通，廓然大公，物來順應，又何疑焉？’至龍溪論學，往往詳本體而略工夫，蓋以良知出於天，不由乎人，擬議即乖，趨向轉背。學以復其不學之體，慮以復其不慮之體，工夫專用在本體上，以自然爲宗，乃是不著力中大著力處。明道云'識得仁體，以誠敬存之，不須防檢，不須窮索'，猶斯意也。"

又嘗因門人問，箸《至誠無息説》，曰："天命之性，渾然一理，是謂道心。此理落在形氣之中，有人身便不能無人心，有人心遂有私意私欲。理誠欲僞，不容並立，此生彼息，如陰陽之互爲消長。常人從欲忘理，欲不息，則浮僞日滋，實理漸歸澌滅矣。學者存理遏欲，而有操不能無舍，有公不能無私，天理便不得貫徹周流，多離合斷續處。是誠之有息，由其誠未至也。即如三月不違仁，違便是息；日月至焉，不至時便是息；終食違仁是息，造次、顛沛不於是亦是息。'天命之在人心本是流行不已'語，其生生之機則曰仁，指其真實之理則曰誠〔三二〕，非有二也。夫子以川流不舍示人，正欲學者識得心體，則存養、省察、克治一切工夫方有著落。曰道不可須臾離〔三三〕，曰禮樂不可斯須去身，曰時習，曰默識，曰據德依仁，曰忠恕一貫，無非教學者乾乾不息於誠耳。惟聖人粹然天理之極而無一毫人欲之私，徹頭徹尾全是一誠。寂感無兩機，顯微無二致，非有所存而不亡，非有所續而不絶。緜緜翼翼，純純常常，子思此言是真揭其心體。至誠自然無息，無息方是至誠，稍有分毫夾雜，何能與天地合其德哉？學者未至乎誠，而欲求存誠之要，其必約之以主敬而貫之以有恒乎？"

公自爲諸生及舉鄉、會試，皆出東皋先生門，故生平瓣香敬屬諸城學術，風節雅亦相類，仁宗之上賓也。公白衣齋食獨居於外者期年。平居，漏加寅必興，興則拜父母及嗣父母像，畢乃退而讀書。爲後學開判疑滯，娓娓若不及。掌教蕺山書院，從問業者衆，然率以帖括請益，其能心公之心以爲學者，先師一人而已。兩任學政，指舌俱瘁，奇文欣賞，老猶在口。山西所拔貢生，尤極一時之選，碩學、名臣多出其中〔三四〕。先君子受公知最深，壬戌會試即館公家。比入翰林，遭先妣喪，公起，復入都，遂爲主婚，以李太夫人之姪歸先君子。未幾，先君子見背，公迎先繼妣於家，穆因得受教於公，所以誨諭獎進之者有逾子姓。顧惟頑鈍，辜公厚望，追念舊恩，痛其有極！

而自公歿後，埋幽表墓之文概乎未具，文字藎落，百不存一，即表表章疏采獲亦頗不易。嗣子鍾琪嘗薈粹雜文爲《來雨軒稿》〔三五〕，皆應制詩文及駢儷酬應之作，非公精神所關。道光二十四年，公次女從其夫來官京師，相見，穆以公遺文爲問，搜檢笈笥，得殘斷艸稿數十葉，乃合綴舊聞及幼年所親炙者〔三六〕，排比如右，備他日史臣之甄叙云爾焉。逢執徐冬十月既生霸，謹譔。

道州何慶澄校字

【校記】

〔一〕實　《山右》本作“寶”。

〔二〕護　《山右》本作“獲”。

〔三〕獘　《山右》本作“弊”。“獘”，同“弊”。下同。

〔四〕徵　《山右》本作“微”。

〔五〕十二　《山右》本作“二十”，誤。

〔六〕體　《山右》本作“禮”。

〔七〕至　《山右》本無此字。

〔八〕間　《山右》本作“間”。

〔九〕猶　《山右》本作“猷”。

〔一〇〕寖　《山右》本作“寢”。

〔一一〕萬壽　《山右》本作“壽萬”。

〔一二〕任　《山右》本作“在”。

〔一三〕盤查　《山右》本作“查盤”。

〔一四〕僱　《山右》本作“雇”。

〔一五〕陳　《山右》本作“盤”。

〔一六〕持　《山右》本作“特”。

〔一七〕所以　《山右》本作“以所”，倒誤。

〔一八〕其非　《山右》本作“其者非”。

〔一九〕盤　《山右》本作“其”。

〔二〇〕若　《山右》本無此字。

〔二一〕情　《山右》本作"請"。

〔二二〕符　《山右》本作"苻"。

〔二三〕蹷　《山右》本作"蹶"。

〔二四〕昬　《山右》本作"昏","昏",同"昬"。

〔二五〕臣　《山右》本作"聞"。

〔二六〕款　《山右》本作"欵"。下同。

〔二七〕留　《山右》本作"流"。

〔二八〕日　《山右》本無此字。

〔二九〕斥　《山右》本作"斤"。

〔三〇〕輒　《山右》本無此字。

〔三一〕稱　《山右》本作"照"。

〔三二〕實　《山右》本作"賓"。

〔三三〕臾　《山右》本作"叟"。

〔三四〕其中　《山右》本作"其其中"。

〔三五〕薈　《山右》本作"秦"。

〔三六〕炙　《山右》本作"灸"。

月齋文集卷八

平定張穆

事輯 附碑銘一篇　墓志銘一篇

先大父泗州府君事輯

雍正十年壬子九月二十五日丑時，府君生。

府君係張氏，諱佩芳，字蓀圃，號卜山。初名泇芳，字公路，學政夏醴谷先生爲易今名。山西平定州人。

始祖應祥，明大同廣聚倉大使。

五世祖敦明〔一〕，陽和司訓導。

高祖金榜，州學生。

曾祖玿，贈奉直大夫，壽州知州。

祖新瀠，字際盛，贈奉直大夫，壽州知州。

考可舉，字登榮，國學生，誥封奉政大夫，泗州直隸州知州，晉封朝議大夫，鄉飲大賓。

府君《希音堂集·張氏族譜序》："余家相傳明洪武初遷自洪洞，今居廟溝及嶺西者皆是，而世系無考。余七世祖萬曆間爲大同廣聚倉大使，始顯。大使公一子，爲陽和司訓導，生四子：長居白楊樹；次居上城;三居桃坡,是爲高祖;四無後。次房染患時疫,余曾祖侍疾終焉,遂由桃坡遷上城。其後次房析居學門鎮,余父又遷大陽泉。"

乾隆元年丙辰,五歲。

《希音堂賸稿·際盛府君行狀》:"憶佩五六歲,先祖擔負往來田間,一筐盛飯,一筐盛佩,至則坐佩田畔守視鳥雀,自力作以爲常。佩就外傅,塾中薪炭躬自送給,猶及見佩應童子試云。"

三年戊午,七歲。

鄭贊善虎文《吞松閣集·蓀圃制義序》:"余友張君蓀圃,幼以神童名。"

《墓志》:曹侍郎城撰。"少家貧,嘗爇秫稭以照讀。"

四年己未,八歲。

《希音堂賸稿·陳先生壽序》:"佩年八歲,受業於先生。同學五六人,李君文山其一也。時世伯玉峰先生以名孝廉亦課授於其家,從學者頗衆,皆成人子。先生亦受學焉,日爲佩等正句讀,隨以講解,督課甚嚴。及學爲八股,終歲皆成篇,凡五年別去。又二年,與文山俱受知學使者夏公。"案:陳先生名世玟。玉峰先生名世瑛,雍正乙卯科舉人,江西新昌縣知縣。李君文山名光萬,乾隆丙戌科進士,廣東陸豐縣知縣。

九年甲子,十三歲。

八月十三日,先高祖際盛府君卒〔二〕,年七十有八。

十一年丙寅,十五歲。

《墓志》:"年十五入學,肄業晉陽書院〔三〕。"

《陳先生壽序》:"佩以背誦諸經入學。"

十四年己巳,十八歲。

是年補州學廩膳生員。

府君自跋《片言可以折獄者》兩章文尾云:"此乾隆己巳歲試題也。今粵東大中丞德定圃夫子閱余卷,深加擊賞,拔置第一,收入《山右試牘》。"

《吞松閣集·制義序》:"年未冠,文譽噪雲、代間,學使今少宰德公奇其才〔四〕,拔第一,令讀書晉陽書院。院多藏書,恣觀之,不數月竟,同院生叩之,應口誦,衆乃大服。試輒冠其曹〔五〕,雖老師宿儒名出其下,帖帖莫敢出聲氣。當世知名之士游於晉,或爲書院長,咸引重君。"案:時爲書院長者,忻州馬象祈先生,名騰蛟。

十八年癸酉,二十二歲。

《希音堂集·刑部郎中吕君墓表》:"君諱元亮,字潛齋,鳳臺人。乾隆癸酉、甲戌間,始識君於晉陽書院。時山左牛階平先生主講席,深器君,而君顧昵就余。"

十九年甲戌,二十三歲。

《希音堂集·曾少梁制義序》:"憶歲甲戌,余與少梁同學晉陽時〔六〕,山東牛階平先生主講席。先生淹博自負,少許可,而器重少梁獨至。"案:少梁名斗南。

階平先生《空山堂集·晉陽東歸紀》:"乾隆十九年十一月二十六日,自陽曲起行,門人晉陽書院賈學孔等三十餘人公餞,送至南屯。是日抵晉祠,張佩芳、姚廷瑞、馬履瑞、張映宿相隨到晉祠,宿同年楊學山家。案:學山名二酉,癸丑進士。楊爲置酒,同門人痛飲高歌至夜分。次日,同張佩芳四人登懸甕山,游天龍寺。初入山口,煤車寨路數里。陟岡嶺,往往道拗峭,險絶不可行。行十餘里,小憩十字河。逾材廠,始見天龍山頂。山形竦秀,峰巒翠青,長松落落,錯立巖石間幾萬株,高栝古柏如人如囷,或森然如虬龍狀,攀石,尋徑,穿松,乃得過。日暮,臨絶巔,乃得所謂天龍寺者。寺居山坳平地,後倚高峰,前俯幽澗。萬仞澗底,積冰峩峩,長嶺絶壁,四面夾繞,白雲如抹,横帶其下。過小橋,抵寺前,老僧四五迎入梵舍,齋罷鐘動,偕諸子就寢。聞山僧朝課,遂同諸生游下洞,回看所謂上洞者。山僧呼早飯,飯罷,姚生先往徐溝,遂及張佩芳等下山。二十九日,同往徐溝。諸門人温常綬等二十餘人先在,公具酒饌飲餞,雅歌佐飲,極歡而罷。十二月初一日，過姚匡瑞家，諸生復留飲食，送至南關，停車話別。諸生凝立，悵望良久，然後去。”

二十年乙亥，二十四歲。

《吕君墓表》：“逾年，牛先生之河中，余與君隨同寓中條之萬固寺。”

《曾少梁制義序》：“逾年，先生之蒲州，余與少梁暨鳳臺吕陶郇其他四五人從。蒲濱大河，有雷首、中條之勝，望華山如在几席。”

《空山堂集·示門人張佩芳等札》：“聞汝等來蒲已有定期，不勝忭慰。及喬公到蒲，始知以形迹之嫌暫止。此説亦是，第吾懸注之意更增惘惘耳。吾今年來蒲本非得已，所以來蒲者，一恃蒲有三知己可作主人，一爲晉陽舊弟子有負笈相從者。今到蒲已近一月，而諸弟子無一至者。此中鬱鬱，政如有失。吾非老病，本不藉汝等扶持，自思殊不可解。廉將軍云‘我思用趙人’，吾意亦如此也。兼衡兒相從來此，甚須一二人切礪。吾爲汝等計，即爲吾計，汝等應知此意也，此中有鍼芥相投處。吾意汝等少遼緩來，或一二人陸續來。札到當自酌之。”

又《與顔樂清札》〔七〕：“四月十四日始到蒲，初上館生徒寥寥，旬月間四方雲集，平陽以南、中條以北都有來者，晉陽舊門人來者五人。講貫日勤，漸有進益。夏日苦熱，五日之中一爲休息。緣小兒及晉陽舊門人讀書中條山中，其地有萬固、栖巖、白石諸寺，翠巖青壁，喬松修竹，回複繚繞。每往則與諸生尋怪石，窮幽泉，登絶頂，望黄河、太華，倚風長嘯，或吹竹彈琴以相酬和。”

又《詩集》有《秋日同衡兒、門人姚廷瑞、張佩芳、張映衡五姓湖泛舟聯句》〔八〕。

《吞松閣集·制義序》：“會大中丞喬公光烈時爲監司，駐蒲州。閔士之不學古，乃延山左故某縣令牛君運震爲之師，案：牛君，滋陽人。雍正癸丑進士，甘肅平番知縣。且欲藉君以風蒲士，書招君。已而代牛主講院者爲山陰胡徵君稚威,案:徵君名天游。徵君恥世俗學,治古文自方昌黎,謂惟桐城劉耕南先生案:先生名大櫆,别號海峰。可與抗手,餘皆目笑之。時客於蒲,蒲人無能受其學者,獨亟稱君,呼爲小友,蓋以鄴侯器君也。君既盡得其所學,歸而閉户事箸述,慨然有千載之志〔九〕。"

孫觀察星衍《岱南閣集·牛君墓表》:"嘗出主講晉陽、河東兩書院,在河東時與同歲生胡天游論古最相得,所識士亦一時名雋〔一〇〕。君教以殖學立行,不徒以科名自見。"

《墓志》:"階平先生之蒲州,公負笈從。又受知於觀察黄公,遇課日必饋酒食。"

二十一年丙子,二十五歲。

鄉試中式本省第六十名舉人。

《希音堂賸稿·三場百問序》:"余少習舉子業,嘗致力於此。丙子省試,以五策得售。及分校南闈,亦持此意取士。"

二十二年丁丑,二十六歲。

會試中式第二十八名進士,殿試三甲第六十六名。

《吞松閣集·制義序》:"丁丑,試禮闈。本房沈公得君卷,首薦斥。對房錢公見而惜之,力言其文於主司,乃得售。沈名栻,今爲河東運使。錢名載,今宫詹。然則君之文即遇合間,已可覘其崖略矣〔一一〕。"

《海峰文集·張蓀圃時文序》〔一二〕:"平定張君蓀圃與四方之士同以進士舉,而獨不趨於時好,不騖於速成,抽曲盡之思,顯難詳之義,浸潤乎六經之旨,敷揚乎兩漢之詞。洋洋乎!渢渢乎!斯可謂之文也。"

二十三年戊寅,二十七歲。

《希音堂集·硯香堂記》:"歲戊寅,余館鳳臺秦太史復堂家,名百里。從游者太史之從子朴、吕恒慶、普慶、餘慶、延慶、張澍暨牛生天祺凡七人。逾年,生與朴入鳳臺學。又逾年,余歸。"

二十五年庚辰，二十九歲。

是年，府君自鳳臺解館歸，讀書城西南冠山。

《希音堂集·吕君墓表》："戊寅，余館鳳臺秦太史家，君適授徒里中。庚辰，一至余家。"

又《重修冠山資福寺記》："山在州城西南八里，有元左丞吕思誠冠山書院，明州人孫傑高領書院。寺在山之左麓，建於元至順間。書院久俱廢，而寺獨存。其左有屋三區，州人士率讀書於此，余爲諸生時亦寓焉。案：府君爲諸生時讀書冠山，確在何年失考。既成進士，復授徒一年餘，山之上下松石間無不至者。而冠山書院當山之胸，登此，城郭、樓堞歷歷在目，號爲冣勝〔一三〕。州志載爲思誠父祖讀書處，有宣聖燕居殿、會德堂，德本、行源二齋遺蹟尚存。"案：燕居殿，士人名夫子洞，洞外有巨石高丈許，刻"英雄進步"四大字，府君筆也。

謹案：府君既成進士，歸里，即謀爲《陸宣公翰苑集注》，至是，讀書冠山，遂依文排纂，付諸從學者寫之。今艸稿之藏於家者，尚十數巨册，丹黄塗乙，爛然可觀。

三十一年丙戌，三十五歲。

是年部選徽州府歙縣知縣。

《希音堂集·誥命碑恭紀》："佩於三十一年冬出仕。"

《上閔大中丞書》："三十一年選任歙縣。"案：歙方盛送府君調任合肥詩注："公於丁亥涖任，今年壬辰奉調合肥，皆在二月。"是府君是年雖選得歙，實未涖任也。

三十二年丁亥，三十六歲。

《吞松閣集·制義序》："余之主紫陽講席也後君涖歙之一年，至正則聞君以古學倡多士而月課之於斗山亭。《吞松閣詩》有《歙令張蓀圃招余及劉耕南、劉拙存兩廣文游問政山看桂，小集斗山亭》四首，其第三首尾句曰：'天爲斯文作宗主，魁杓聞已屬張星。'自注：'明府頻課士於此。'又有《張明府招同人集白雲禪院看紅葉》詩。斗山亭者，明湛甘泉所講學處也。耕南先生爲黟縣學官久之〔一四〕，不樂，謝病去。會君來，君聞先生名於徵君者舊矣，遂禮請爲士子師。案：府君爲耕南先生特闢問政書院。歙士之素勵名節、埽迹長吏之庭者，至是各執經以見，君遇之皆如故等夷。”

《海峰文集·問政書院記》：“歙故有書院，其地屢遷，而今建於紫陽山上，蓋新安一郡之學也。其一邑之學，則休寧有海陽之院，而歙顧未之有。平定張君之令歙也，百廢俱舉，而愛惜髦士尤爲篤摯而不可解於心，士之好學而能文者盛禮以招之，使來於斗山之亭，日課月校已三年矣。案：此文當作於明年戊子，以其文與鄭贊善相發，故類叙之。適邑人程光國等捐廣厦十餘間於問政山麓，以爲諸生誦習之地。侯因以爲問政書院，凡紫陽所不及收者，咸得歸之問政焉。”

《墓志》：“歙俗重巫覡，勤禱祠。公諭以鬼神可敬而不可近，非所祭而祭之名曰淫祀，淫祀無福。邑人遵其教，俗丕變。邑之西曰宏山，故有土神廟。廟之外有巨石，傳爲或憑焉，主疵癘，不祀則禍作。以故歲時致祭，張幕演劇，殺雞瀝血以酎之，日無算，石之上下皆殷。公命毁其石，廢其祠，邑人大恐，卒無異。公餘擁羣書，丹黄不去手，時課諸生於斗山書院，給以饘，研經辨古，講誦琅琅，人以爲得賢師益友而忘其爲宰也。凡經品題，多成佳士。有汪生者，貧乏不能自立，輒取陳編數册貸鏹於公。公如數與之，返其書，其雅度如此。居官嚴而慈，每杖民，民有自呼父母者輒減杖。遇死獄必求其生，活者甚衆。”

歙縣公立《邑侯張公去思碑記》〔一五〕：“邑舊有惠濟倉在治中，侯曰：‘濟人弗徧，非惠也。’命四境各立倉，詳定規條，盈虚出入即以其鄉耆董之。别設惠濟堂二，所以恤窮民。縣之東界有曰慶豐堨者，開於明季，以灌民田，民便之。後日就圮，田收亦頓嗇。侯爲清理堨田所出租，倡修如舊。歙民産多畸零，供賦瑣屑。登搭飛灑，册胥實柄持之。侯爲申詳大憲，請立四柱徵收，永定爲例。賦額既清，訟端亦絶。冬月，捐廉設粥廠，就食者日千人。富民或被薄譴，罰令裝緜給孤貧。其美政若此者，蓋不可勝舉。侯又以志乘爲一邑文獻所繫，久缺不修，無以示將來、昭法戒，因廣爲采輯、訂正、參稽，燦然大備云。"

程翼垣先生步矩《德政頌序》，略曰："張大父師來宰歙邑，牛刀理解，固令武城均知學道矣。而步矩尤以稚子昌明案：此蘭翹學士之初名。得於下車之日甄入門牆，飲食教誨，權輿無已。夫感恩、知己，孰謂難兼？父師於昌明固何若哉！作人雅化，居可覩已。謹頌八政〔一六〕，以俟采風者覽焉。其一新學宫，案：事見後鄭贊善《重修學宫碑記》。其二建書院，案：事見上《問政書院記》。序又曰："刱建問政書院，凡諸器幣悉資俸錢。每校文必設殽饌，躬與諸生揖讓其間。"殷煜送府君調任合肥詩注："公捐俸購屋於江家塢，内爲書院，每月邀諸生童會課。"羅嵛詩注："公建問政書院，顔曰學古堂。"吕邦宏詩注："公贈生一聯云：天機静處思防鵠，夜氣清時戒牧牛。"其三立社倉，案：事見上《去思碑記》。其四修邑志，案：事見上《去思碑記》。其五懲奸慝〔一七〕，《序》略曰："父師甫入境，凡厥奸宄即默識其里居〔一八〕、姓氏，一時摘發，合邑悦服。"其六禁淫祀，案：即曹《志》所載宏山巨石事，惟宏山作横山。又曰："父師遣人移之縣治内堂，祀者乃止。"與《志》云毁其石異。又吕邦宏詩注："公禁夜戲、婦人燒香、婚夕鬧房〔一九〕。"其七折疑獄，《序》略云："父師片言折獄，小大以情。"其八恤窮民。案：即《去思碑》冬月設粥廠、罰富民裝餱事，惟曰"冬月設男、女二粥廠"語，較碑爲詳。"頌詞不載。

三十三年戊子，三十七歲。

《陸宣公翰苑集注》刻成。

府君自序曰："唐陸宣公文集，權文公德輿所叙，次制誥十卷、奏草七卷、中書奏議七卷，名《翰苑集》，今傳本是已。宋紹興二年，嵊縣主簿名煜敬避廟諱改。者進《奏議注》十五卷，今獨其表存而注不傳，亦不載其姓。案：阮太傅《揅經室外集》："唐《陸宣公奏議》十五卷提要：宋郎煜注。煜事蹟無考，卷首載《經進奏議表》銜題'迪功郎、紹興府嵊縣主簿煜'。又注《東坡文集事略》，題銜與此相同。此編所注惟采經史爲多，無泛搜博引之失，不特選擇得當，節録亦多精審，使讀者易見端倪。兹從元至正甲午翠巖精舍重刻宋本影寫，亦讀史者所不廢也。"案：太傅於嘉慶十二年進呈《四庫未收書》六十餘種，此注其一也。仁宗睿皇帝命庋其書於天壇前殿之西廊〔二〇〕，御題額曰"宛委别藏"，人間無由得見也。其原本，太傅悉弆之文選樓。穆於道光癸卯九月至揚州，親造樓下，欲迻寫此注出與府君書並行，徧檢不獲，則以太傅内書堂是年夏適被回禄,生平所蓄宋元舊祑灰盡無餘,於是樓中書凡爲人盗竊隱匿者一委之火,此注遂無由即顯於世,爲之惆悵者纍月。附記於此,尚覬世有購獲此本者急墨諸版,毋令竟歸泯滅也。又案:昭文張金吾《愛日精廬藏書志》所收宋郎氏注《陸宣公奏議》十五卷即翠巖精舍刻本,與選樓本同。不知即一本流傳,抑兩家各有一本。又案:宋元間注宣公集者,有唐仲友《詳解》十卷,見《浙江通志》;有鍾士益增注〔二一〕,見劉岳申《申齋集》、吴澄《艸廬集》,無卷數。增注者,即因郎氏舊注而加詳也。有蘄春潘仁彦賓《纂注》,無卷數,見許有壬《至正集》。其書皆佚〔二二〕,不傳。又案:翠巖精舍刻郎氏《奏議注》,穆嗣於戊申七月從浙中藏書家借得之,卷祑、圖記與阮氏《提要》、張氏《藏書志》皆合,然所謂注者止各題下節録《唐書》數語,亦復寥寥不詳。書眉有坊賈所託謝疊山評語而文中無注也,與阮《提要》采引經史云云仍不合。因檢舊藏道光四年宜賓令公裔孫成本刻本,《制誥》十卷無注,《奏草》《奏議》十二卷題下、文中皆爲注,題下注與至正本無異,然則文中之注其必即郎注亦無疑也。阮大傅所見,當是翠巖精舍足本耳。又案:己酉三月得元胡元節刻《宣公集》,《制誥》十卷、《奏草》六卷、《中書奏議》六卷,凡二十二卷,標題都數與宜賓本同。當元祐〔二三〕、淳熙之間,大臣留心治具,引君當道,屢以奏議勸進講筵。而其主亦傾心嚮慕,退朝之後,傾聽數千言不爲倦,幾幾典謨訓誥比隆矣。當公之見任於德宗也,乘輿播遷,山南再幸,間關扈從,隨事贊畫。興元詔下,聞者無不感奮。大禮大赦,振恤優復,宣慰招諭,遣將命官。倉卒填委,咸盡事情,中機會,卒之鑾輿反正,國祚以安。觀於德宗之所以失與其失而復得者,一代之興亡可考也。及既爲相,乃益殫所學,區大計,決大疑,以體國之忠爲不刊之論,洞察時變,折衷古今。雖當時不能盡用,迨其後皆可見諸施行而有裨於治道,視夫以空文自見者不侔矣。佩自授書,即嗜公集,十餘年來不自分其不類,爰據新、舊《唐書》《通典》《通鑑》,考其世,詳其時事,其故事、古語間引他書,第釋事而不加義,放李善注《文選》例也。自漢唐諸儒專門箸述沿至於今,詩賦詞章之學、陰陽占候之書皆有注釋,稱詳博矣,然其可傳於後而足與古人發明者葢鮮,然則余之爲,是其不能無費辭也歟,而又何敢自信哉?"

鄭贊善虎文序之曰:"歙侯張君蓀圃所注宣公《翰苑集》,徵引繁博,考核精密,於唐事尤詳焉。"

劉廣文大櫆序曰:"平定張君蓀圃,其生平讀書窮極幽遠,於古之碩德、名賢、嘉言、美行，無不跂而望之，以爲不可及，而所心儀不置則尤在唐之陸相一人。讀君之注，恍然如置身有唐之世，親見陸公而與之上下其議論。”全文載各家文集，不具録。

謹案：府君注《翰苑》成，抵歙任，復引其邑之學人汪君肇龍、程君瑶田、汪君梧鳳、方君榘參訂之，乃登剞劂。調任合肥，倩善書者别寫淨本，裝飾精整以備進御〔二四〕。徹乙夜覽，藏弆於家，未遘其會。逮道光六年，御史吴傑疏請以陸公從祀孔子廟廷，特旨俞允，列於東廡隋臣王通之次。儒林盛事，千載一時，而未有以府君書爲言者。夫陸公之書，本仁祖義，切實的當，當時即儗之賈生。而蘇、范諸賢所爲勸進講筵者，尤以其委曲開譬，善因事理，回悟主心，所謂能自得師即如臣主之同時也。得府君之注，而其學之正之醇乃益顯。孟子曰：“我非堯舜之道不敢陳於王前。”陸公有焉。異時儻放淳熙邇英故事，以此書進講，則府君之注必爲當亡所采納，殆可無疑也夫！

是年二月，成《平定州志考誤》一卷。

三十四年己丑，三十八歲。

《歙縣志》府君《重修先農壇記》：“壇舊在石壁山之陽。臣佩芳涖任之三年，祀事既畢，巡視其地最爲卑下，每遇春雨漲溢則壇宇崩壞。爰卜東郊教場之旁移建農壇〔二五〕，崇二尺，廣三尋，修五丈，壇前隙地可供堆瘞。壇之北爲室者三，其前門及壇左右各建三室，以避風雨。於乾隆三十四年九月即工，十一月工成。”

《希音堂集·祠堂記》：“乾隆己丑，購屋於大陽泉。時余在歙，屬友人補葺而定居焉。”

是年，重修《歙縣志》成。

三十五年庚寅，三十九歲。

秋，充江南鄉試書二房同考官。中式六人：第三名曹城，歙縣增生；第三十四名孫學治，黟縣廩生；第四十二名黄文璿，崇明縣增生；第六十一名車廷雋，江寧縣附生；第七十八名趙敬，太平縣廩生；第八十八名吴報捷，歙縣附生。副榜三人：第八名黄本驥，六安州廩生；第二十一名沙重輪，通州增生；第二十二名李芬，宜興縣增生。上江薦卷：章孺覺、方策、丁懷璣、洪香、胡琨、瞿槵。下江薦卷：葉蓀榮、張宗藝、施鸞坡、華如錦、于貽和、趙寅斗、汪國梁、孫元禮、顧三餘、薛翥、黄華、朱元鐸、張興賡、沈大坤、程世椿。

曹侍郎《希音堂集序》："張蓀圃先生宰歙縣，以經術爲治術。已而城應省試，受知於先生。既謁，命城曰：'子之文矯矯不墮時趨似矣，進而求之，當蘄至於古之立言者。立言之道，衷於經，徵於史，博趣於諸子百家。子慎無足其所已能，而益勉其所未能也。'"

《希音堂集·希音堂記》："乾隆庚寅，余搆居大陽泉，取《老子》'大音希聲'之語，顔其堂曰'希音'。是秋爲江南同考官，求主司曹地山先生書。越十有三年，自泗州告歸，乃懸之壁間。"

又《陽泉山莊記》："余祖父以來僦居州之上城。乾隆庚寅，始得大陽泉俗稱花園者，亭一，池一，舊屋二區，雜木十餘章，故白氏物也。余知歙縣時，念親老無所庇，因購得之。稍稍修葺，復購他姓廢亭移置於池北隅，顔曰'陽泉山莊'。"案：山莊爲金栖雲道院故趾，元好問《遺山集》有《宿陽泉栖雲道院》詩曰："方外復方外，翛然心迹清。開窗納山影，推枕得溪聲。川路遠誰到？石田平可耕。霜林不嫌客，留看錦崢嶸。"

三十六年辛卯，四十歲。

《吞松閣集·重修歙縣學宫碑記》〔二六〕："大尹張侯蓀圃以名進士踐任，下車行釋奠禮詣學。學之不葺舊矣，君循覽辨隱，度曰：'是不可緩，緩且圮〔二七〕。亦不可迫，迫且擾。余尸兹土責，其奚辭？'顧初涖，又會重建郡學，事不得連舉。越三年，則出廉俸以倡，而徐聽邑之人自爲占輸，無徵要呼督，期約一切經營迹而因故爲新，事以辦治。始乾隆三十四年己丑二月，訖三十六年辛卯四月成。成之歲恭遇聖母皇太后八旬萬壽恩科，邑之第進士者五人，二入詞館。士皆驚喜，傳説歸勤於侯，侯曰：'國家學校之設，豈區區科第足以完厚責、塞衆望哉？雖然，天下之賢才率育朝廷，其聚而貢之也，舍科第無他塗，則科第之盛衰與賢才之盛衰相表裏，是誠宜爲兹土與尹兹土者幸。然而遂欲侈其效，以爲余功，且謂學校興育巨典僅如是止，則非余所敢聞也。我朝文化覃洽,浸淫汎灑,雖荒徼幽翳伏匿之士,靡不含音吐和,振景拔迹,有聞於時。況歙古名州,賢哲項背相望,是不一世。譬諸佳研良墨,甘筍苦荈,皆兹土所自饒,貪天功爲己功,余則何敢?且修廢舉墜,成民事神,守士者責也,非以邀福譽。而是説則尤近堪輿家言,儒者所勿道。歙人坐此惑者衆,余方媿薄劣無以革陋習,而顧敢承之以益之疾乎?余自念涖此六年矣,爲諸生搆書院於問政之麓,月率一課,親定甲乙,其耆宿之有德望者,暇輒賓禮之,以文行相切劘。余所期於士者甚遠且大,而顧曰科第云乎?夫人而果賢且才者歟,科第可也,不科第亦可也。非賢且才者歟,不科第不可也,科第愈不可也。其已得科第者,非已賢之才之而試以天下國家之任者乎?其未得科第者,不亦賢之才之而儲夫天下國家之用者乎?名重者實不得輕,施厚者報不得薄,及之而知,履之而艱,故事不豫者後必悔。余今者冰淵臨履,日益滋懼,深悔早歲幸成速化,素蓄無本,而惜乎其晚矣。然則士亦思所以無悔於異日者,慎無徒豔科第之盛〔二八〕,而以苟且之學應此,則余所未逮,而竊有望於歙之賢者爾。'侯之言如此。有述以告文者,歎爲知言。已而侯屬筆於文,文憶曩者作《郡學碑記》,意與侯言略同,因即次其言而爲之記云。"

《歙縣志》府君《崇賢祠記》:"余來令歙於今五年,每春秋釋奠,思與人士講學於其間。於是崇新孔廟已,又於路南東數十步爲講堂之院,曰'問政',工久訖功矣。而先賢守令廟祀之在邑中者,或頽圮黖黯,或并失其地不可循求,使不爲萃聚以殷祀典,非所以示於民而成吾政也。今年春,太守陳公彦回祠余既復新之,遂於其門隙地構樓三楹,門亦如之,東西各爲一廊。樓祀前明太守高公、推官魯公凡十一人,縣令張齊賢輩十四人,皆舊有祠今廢毁者,乃放尚賢意顔之曰'崇賢'。"

濰韓君夢周《理堂文集·贈張君蓀圃序》:"辛卯夏,余將北歸,以書别張歙縣蓀圃。蓀圃邀余贈言〔二九〕,余與蓀圃交冣篤〔三〇〕,不可以無言。蓀圃爲人閎博疏達,以學術自植,而談笑間頗厭薄宋儒,以蓀圃讀書致專精,其於宋儒之書必深究而窺其不足矣。夫學而不志於聖人之道則已,如志於聖人之道,則未有不由宋儒者也。"云云。《詩集·憶昔行贈同年張蓀圃》,略曰:"憶昔舉南宫,闕下論知交。軒豁襟期親,逼仄時相邀。一自薊門别,風流信所遭。金陵忽握手,出宰欣同僚。薄宦得江湖,清秋共持螯。雄談君仍昔,鐘鏞兼陶匏。博物搜金石,箸述芟葦茅。高情追皇古,判不隔秋毫。直欲酌北斗,遥天騎鯨鼇。鄙人直硜硜,不能操鉛刀。且復入井底,羣蛙共叫囂。君胡觀池沼,卻忘江海潮。又如佩蕭艾,棄彼蘭與椒。薜荔善窈窕,泉石亦蕭蕭。懷人徧顧及,策杖不可招。倘君吟山鬼,訪我來齊郊。"案:韓君字公復,丁丑進士,丙戌選安徽來安縣知縣,庚寅與府君同充江南鄉試同考官。時以蝗災被劾,將北歸也。

三十七年壬辰,四十一歲。

是年調任廬州府合肥縣。

《墓志》:"壬辰,遷合肥,治之一如歙。"歙吴珏《送張老父臺調任合肥詩序》:"南宫名宿,西鄂才人。夙掞天葩,早收地芥。蓬萊閣下,摩空傳作賦之聲。山水縣中,學道得弦歌之宰。訟已消於雀鼠,割自妙於雞牛。裒然三異之聲,翕爾一同之地。而復心憐韋布,志篤典墳。分長檠三尺之光,作廣厦萬間之庇。緇帷晝寂,聞許慎之談經。黄卷宵披,有侯芭之載酒。葑菲無遺於下體,菁莪式在於中阿。將使蘭臺多黼黻之英,槐市盡琳琅之選。比於文翁之化蜀,大有輝光。方諸范寧之治杭,彌增芳烈矣。頃以治更五載,澤洽四民。爰登卓異之書,更調繁緊之邑。飛鳧遄往〔三一〕,展驥攸宜。思借寇而未能,將御李其奚自?於是一黌儔侶,三舍名流,各抱離情,爭抒雅詠。棠流甘於句裏,麥含秀於言中。珏也猥以媿白之詞,弁此殺青之簡〔三二〕。自媿一經常抱,無由登言氏之庭。幸而半綬徐膺,竊願索傳家之傳云爾。"

程春海侍郎《粤草》:"合肥城外别,家弟惠浦詩。金斗城邊路,先人有舊蹊。"自注:先大夫少時依合肥令張蓀圃先生讀書縣衙。

十一月二十八日,先考生。

三十八年癸巳，四十二歲。

府君《社倉考題詞》："佩作令七年，兩知劇縣，社倉之弊所在而然，皆以成法不可更易。夫事有宜於昔而不宜於今，或便於此而不便於彼，自非身在地方，不能悉其曲折也。用考厥源流，詳其利弊，作《倉考》，并附私議二首，以正世之君子。乾隆三十八年十月。"

三十九年甲午，四十三歲。

是年升任鳳陽府壽州知州。

秋充江南鄉試詩四房同考官。中式七人：第六名張曾枚，桐城縣增生；第二十五名張曾敕，安慶府學附生；第五十一名項應蓮，徽州府學增生；第六十三名王澤普，宿松縣廪生；第六十五名張大鵬，泰興縣廪生；第八十九名吴文諤，婁縣附生；第一百三名方世基，歙縣附生。副榜二人：第五名戴英，廬州府學廪生；十八名王寅，桐城縣附生。上江薦卷：王志遠、王良資、俞嘉猷、羅士愷、劉夢清。下江薦卷：於璋、姚光熊、吴人傑、陳夢鼎、周南、冒大鯤、尹如昇、徐城、陳筠、顔熒、陳世衡、李樑〔三三〕、胡岳炳、吴學翰、張容堂。

《墓志》："甲午，除壽州。其俗刁敝〔三四〕，强陵弱，衆暴寡。公至，釐奸剔弊，案無留牘，豪右皆慴伏，民以輯寧。"

重建循理書院，延亳州梁君巘爲之師，作《循理書院記》，略曰："壽州之有書院，始於明天啓二年，學正守拙黄公得舊屋於城東北，增葺而廣大之。公尤好良知之學，既搆書院，與學者講習其中，使持循於天理之内，故扁曰'循理'。夫聖賢之理莫備於六經，其蘊皆唐虞三代聖君賢相之事業，其精微則窮理盡性以至於命之學。故所貴乎循理者，非冥悟虛寂之謂，抑非一日之積，猝然之功。其要必以讀書爲主，辟之治生者，積安於豐厚，則必廣其田宅，大其閭閈。凡夫池館花樹狗馬圖書古玩珍寶無所不有，下至田畮租甗錢貫絲縷菽合醬罌僮指之纖靡計較籌算舉無遺者，然後昏姻喪祭之禮，宴游服御之飾，優游恢廓，一出於有餘。爲學者亦然，苟期有得於聖賢之理，則必求諸六經子史，究精微之藴，性命學問事功之理，然後本之中者有餘而應諸外者無窮，未有不讀書而能循理者。自心學興，而學者厭棄先儒，競趨於簡便，無復通經學古，思爲有用之學以副當世任使。此世道人心之所繫,不可以不辨。"案:此文爲府君生平學術所繫,故特采之。

四十年乙未,四十四歲。

《希音堂集·裕備倉記》:"歸安閔大中丞之撫安徽也,以鳳、泗累年荒歉,倉儲不敷振給,輒仰食於安、池、寧、太,路險遠難致,請下接境之鳳、潁二府糴麥豆雜糧二十萬石,令所轄之鳳陽、壽州、阜陽、潁上、霍邱、亳州、太和、蒙城皆瀕淮潁建倉分貯。歲歉則相轉輸,額闕則補,平時出入如常平,名曰'裕備倉'。壽州當建倉八十間,貯四萬石,檄知州張某董其事。乃相地於州治堂皇西,爲倉六十間,其式間廣丈四尺,深倍,高與廣同,凡間貲四十餘兩。其二十間在正陽司東北三坊,市民地十六畝〔三五〕,用其半爲倉,半爲田以給役食。興工於七月朔日,洎九月壬辰工竣,於是所糴之麥豆雜糧四萬石貯之俱足焉。"

《上鳳廬道乞采買免税書》:"卑州奉檄建裕備倉,采買麥豆四萬石。前因閣下兼榷關税,陳明過所開放蒙示米豆等項,過關向無免税之例,俾遵照納税。伏以采買無免税之例,亦無徵税之例。考税起於征商,商賈轉販逐利,故徵之以益帑藏,佐國用。如用國家之財糴粟以爲民食,與商賈之興販不同。而裕備倉之設專備災祲,遇災則舉以予民,與糴三之買補亦異。故有商而不征者,歲歉則弛關津之税是已。又振濟補倉,皆税船料,不税米穀,而撥運則并免船税。蓋以百姓者,天子之赤子。今有人憂其子之飢寒,鬻食哺之,猶屑屑抽分其餘。夫苟求餘,孰與不哺?且榷税者,求税之盈,不問民食之有無。臨民者,求於民有濟,而不計税之多寡。閣下今日所處,實兼其任,利害尤不可不審也。夫一歲之税,千百於所采買之數。數苟不足,非以采買免税。其足,亦非以采買納税也。而使州縣之吏因是規減於所采買之數,曰:'吾非糴不足,税因之也。'何以爲采買不力者責乎?或謂采買,吏有贏餘,税於吏,非税於民,此尤非也。古之善理財者,莫過劉晏[三六]。晏於揚子造船,每艘給錢千緡。或曰所費實不及半,晏曰:'論大計者,不惜小費。今執事者多當先,使私用無窘,則官物堅牢矣。'其後有司減其半,船益脆薄,漕運遂廢。至宋時商有税,吏而爲商則不税,非以厚吏也,亦使之無敗乃事而已。況其爲國家之公糴,有定則而無私價,又非若比者。查例買稻一石,準價六錢,米倍之,價過則止,不糴。今價日昂,計石一兩以外,例不能增。以一州計之,所糴尚不及三之一,其無益於税又明甚也。"

四十一年丙申,四十五歲。

《希音堂集·重修先農壇記》:"壽州故有先農壇在東門外,自分治鳳臺,在今縣境。至期,州縣同詣,行禮已,各耕於其藉[三七],以爲常。有正殿三楹,祀先農。殿之前爲露臺,外繚以垣墉。右爲藉田,州若干畝,縣若干畝。乾隆三十八年圮於水,四十年紳士某等以重修請,於是括庫贖鍰百六十餘千,鳩功如舊制。始於十月某日,越四十一年正月某日訖工。"

又王平周《壽序》:"丙申,余邀至壽州,又偕至泗,凡五年。壽號繁區,積案如山,君手披筆覽,悉中肎綮。其在泗亦然。"

四十三年戊戌,四十七歲。

《希音堂集·梁封翁墓志》:"余知壽州日獲交巘,戊戌春秩滿北上,道亳州,拜其母劉太孺人於堂上。"

又《書孝婦張氏事略後》:"戊戌春,余在京師。同年曹君劍亭示余以所爲《張氏割股事略》,俾爲傳。"

又《上閔大中丞書》:案:中丞名鶚元,字峙庭,歸安人。府君鄉試座師也。"佩幼貧寒,賴父母手力以育以教,幸邀科第,於乾隆三十一年選任歙縣。有胞兄一人,自幼篤疾,不克侍養。因奉父母至歙,自是調合肥,升壽州,皆在任所。四十三年,父母年俱七十以上,母更多病,適佩俸滿引見,便道送歸本籍。及到京事竣假歸,見父母歡甚,大勝在署時。"案:是年先大母陳太宜人携先考侍曾大父母歸里。

又《陽泉山莊記》:"戊戌春,余父母歸自壽州居焉。每長夏緑陰蔚然,泉流潺潺,不知有暑。吾父母安之,余亦喜其遠城市,得以讀書教子。"

又《上閔大中丞書》:"回任後,於臨淮塗次曾面陳鄙曲,時已派差務,義不敢辭。是年冬,旋擢泗州。"案:所派差務者,移建新泗州城垣、官署、倉庫、壇廟及遷徙民人之事。故戊戌冬已擢泗州,至庚子七月乃抵任所也。

四十四年己亥,四十八歲。

《墓志》:"己亥題署泗州。"案:《墓志》蓋據奉到部覆之日爲斷。

四十五年庚子,四十九歲。

《希音堂集·移泗州治記》:"泗在省西北,轄天長、盱眙、五河。舊治在州之南,淮水之北,去盱眙二里。康熙十九年,淮漲城圮,建治盱眙山之顛。其所治乃在西北,懸絶淮湖,遠者至百五十里。虹屬鳳陽府,地小而高,鄰於泗。乾隆四十三年,巡撫閔公請裁虹爲泗版圖,民賦一併於泗,而以其城爲州治。又於泗之半城,增設州判一員。四十五年,余由壽還泗。"

又《亳州救災記》:"余知壽州日,梁君聞山每爲余言戊戌七月亳人被水之慘,與州牧江公名恂,字子九,號蔗畦,儀徵人。官至廬州府知府。振救之勞。今年四月,余還泗州,公還六安,同日引見江寧行宫。逾月,公升知鳳陽府。又逾月,余至泗州。"《亳州志》載此碑爲是年十月十二日譔,邑人梁巘書。碑在咸平寺。又案:蔗畦太守之子德量,乾隆庚子一甲第二人,官至監察御史,世所稱秋史先生也。《江蘇詩徵》載其辛亥秋以官逋驗舊文牒至亳州,重游咸平寺,實際上人以梁聞山大令書、府君救災記碑本見遺七律一首,即此碑也。

又《上閔大中丞書》:"兩年來每念親老子幼,輒如盲迷。連月不得家信則惶,及得則又惶,見書黏紅籤乃稍安。例父母年七十以上,兄弟篤疾,準予告終養。今佩父年七十五,母年七十三,胞兄自幼病癈〔三八〕,任内亦無經手未完事件。前月得父書,俾佩遵請。又以幸邀覃恩,請泗州之封須用泗州印篆,故未敢造次。俟到泗即擬通稟詳請,謹先瀆陳。"

《墓志》:"先是鳳、泗等處民惟種稻,薄水旱即災。公曰:'三農生九穀,而一之可乎?'乃相土之宜,令民廣樹蓺以儲其蓄,並請於大吏,行於各郡,邑民多賴之。"

《希音堂集·論鳳泗水旱書》:"古者水旱謂之天災。鳳、泗二屬遠者勿論,自目所經見,十餘年來七八災矣。常究其故,而知其説之不必然也。《周官·太宰》以'三農''生九穀',注:'三農:平地,山,澤也。九穀:黍,稷,秫[三九],稻,大、小豆,大、小麥。'或曰無秫、大麥,有粱、苽。蓋地有不同,生物則一,故多其種,别其性,權其時,高無苦乾,下無苦溼。又盡其四支之力,是以四種而五穫,民不知災。《禹貢》揚州'厥土惟塗泥'[四〇],《職方》揚州'其穀宜稻',然《爾雅》'粢,稷'注:'今江東人呼粟爲粢。''衆,秫'疏:'黏粟,北人用之釀酒。'《吴都賦》言'穱秀菰穗'。是揚州不專宜稻也。鳳、泗遠在江北,地據高阜,與江南異。淮、渦、汳、濉,岸高崖深,水利不通。而其所種則惟稻,近稍有種麥與菽者,不過十之一二。當春夏之交稍有積水,過此則全賴雨澤。又惰窳性成,秧一入土,袖手待食,及其無穫,則諉之天災。國家常費數十百萬以振之,上之恩澤日以厚,而其本業日益荒,流離亦愈甚。農者天下之大本,今既無以供上之需,反歲有所殫,不知紀極,非經久之計也。漢氾勝之有區田法,教民糞種,負水澆稼。其法正月種春大麥,二三月種山藥、芋子,三四五月種穀、大小豇菉豆,八月種二麥、豌豆,節次爲之。穀、豆、二麥各百餘區,山藥、芋子各一十區,通約收四五十石,數口之家可以無飢。今可放其意行之,如有田一頃者,種大、小麥五十畝,秫、粟二十畝,稻二十畝,芋菜之屬十畝,麥後種大、小豆二十畝,蕎麥三十畝。以是類推,低田乃種稻,高田則種雜糧,有司以時課其多寡,督其勤怠。設有雨暘不時,失於此必得於彼,歉於前必豐於後,如此數年,民俗稍變,庶無飢饉之虞矣。或曰:'俗言高田一倍,低田數倍,誰肎舍多而取少?'不知稻之多穫以近水澤資灌溉也,徒聽之天,與石田何異？苗有耐水有耐旱，黍、稷、秫、麥俗謂之旱糧，蓋其稈長穗堅，水不能過，旱不能傷，綜計其利，固與稻入無殊。或又曰：'民習種稻，恐地利不宜。'曰：《周官》'草人'有'土化之法'。蓋地可使肥，又可使棘，果廣種力耕，何患無穫？且鳳、泗地勢與西北同，今西北之人未聞時憂水旱也。又今年近水皆有災，高田則收穫如故，而天長、盱眙兼憂旱者，正以稻多而他穀少也。故欲使鳳、泗無災，莫若勤農。欲勤農，莫先廣種。此令一行，非徒使各食其力〔四一〕，而所爲移風易俗之道亦在是矣。倘蒙采録，乞下鳳、泗各屬施行，不勝大幸。"案：府君將勸泗民以廣種，於是募吾鄉農夫之工巧者，爲作田器，先試之於壽州，壽則大穫。既涖泗州，遂力行之，期年民稱便。乃請大吏下其法於江北各州縣，而其農夫之自泗歸者，撥給私田，薄其租入，至今爲世業。穆少時猶及見耋老佃户爲説當年課耕江南事，縷縷可聽云。

又《論免税書》："皁州都圖五十三里，田地六千餘頃。自康熙三年至十八年屢次開除荒沈田地四千餘頃，見存者二千七百四十三頃零，歲征銀二萬三千四百八十兩零。乾隆二十六年會勘籌議案内，豁免窪地二百六十餘頃，銀二千二百七十餘兩。三十六年欽奉恩詔案内，前知州謝牧查實窪地二百六十六頃五十八畝，請豁免。經前藩司屢次駁詰，至四十四年前知州劉牧始以坍田二十一頃三十五畝八分、銀一百八十三兩八錢詳準題免。夫當免之田原不僅此，顧駁詰至數年乃定，推其故，蓋恐官物失陷，期核實無濫而已。竊念今日之泗比昔已去三之二，又屢遭水旱，所費不下數十餘萬，豈爭此區區者哉？泗地本窪下，迫近淮湖，自往歲黄淮合流，游蕩數十里，水勢反高於田，此一害也；黄水漲發，清口壅遏不暘，則湖水倒灌而上，此一害也；蕭、碭、宿、靈上游之水，淮湖者大，則泛濫於泗，又一害也。是潦固災，不潦亦災。河決爲災，不決亦爲災。異時東北鄉如青陽、半城、古浪湖等堡，煙户稠密，號爲殷富，今亦寥落，不及昔之三四，皆編筏結網，以漁爲生。其舊存錢糧，有代輸於里長，有攤分於保正。去年四月奉到恩詔，内開直省有攤没田地其虚糧仍相沿追納者，該地方官查明，咨部奏請豁免〔四二〕。卑州現在田地内如三十六年未免之二百四十餘頃已成巨浸，深者積水至五六尺。又頻年被水，至去歲七月黄水決溢，先後續報坍没之田三百餘頃，皆與淮湖相連，不能復涸，例宜豁免。謹繪圖貼説，伏祈垂察。”

又《論振本色書》：“今歲泗州併舊虹應振之堡四十六處，其災分與四十三年同，但往年九分災極次給十二月、一月本色，七、八分災概給折色。詢其故，由四十三年被災州縣多，而亳州、蒙城、懷遠、鳳陽等處災分尤重，處處需用本色，是以七、八分災概給折色，以災多而糧少也。今歲安省被災者三數處，泗州爲重，雖撫振兼施，誠恐一届寒冬民間購食維艱。見奉撥各處麥豆二萬四千石，以今歲七、八、九分災區比，放四十三年口數，十二月普振本色，約需糧二萬七千石，計所缺止三千石，尚有泗州倉貯足以敷用，即再撥他處穀亦無多。又民食米爲上，麥次之，黄豆爲下。今歲泗州奉撥雜糧，豆居大半，以之平糶，非民食所急貯，倉尤腐朽堪虞。不若悉舉以代振，使實惠均霑，更可使糧價頓減，一舉而數利存。伏惟裁察。”

又《論泗州關税書》：“卑州濉河上通河南，下達江蘇，商船通有，故曩設關榷，今新河口關是已。濉又自渭橋分支，由城西北至東南入淮，岸狹流淺，每夏秋水漲，間有小艇來往，冬春水涸則絶。乾隆十七年，前道憲乃更於此設關，稽查臨河、新河兩處漏税之船，非以榷民也。行之既久，詐僞叢生，自五穀雞豚匹布尺帛，下至竹木薪炭，入城有税，出城有税。又置人於四門日伺夜偵，如張密網，甚至詭稱巡闌，恐喝取利。物估騰踊，職此之故。泗故虹邑，地小民貧，加以連年飢饉，辟久病之人，加意撫養猶恐不支，況可箠撻困苦乎？竊計鳳陽關税額每歲二十餘萬兩，此地所入不啻九牛之一毛，何足爲輕重？萬一所榷之數，不以充正課而以飽胥吏，則雖有如無，又何便於此？然皆知而不言，則以礙於位勢，又恐税不足額，爲憲臺所不樂聞耳。夫税之盈絀,有得之於寬,抑有失之於嚴。嚴則搜括必甚,人多避之。寬則商有餘利,人皆悦赴。如本非可設關之地,寬且無裨,更出之以嚴,惟有肆爲攘奪而已〔四三〕,此勢所必至也。竊以既有新河口關,州城之關可以不設,必不得已,於夏秋水長船行時遣人巡視,冬春則止,惟許稽查商販,不得私税民財,并乞開示應税物件,使衆聞知如此,則商民兩便矣。"

又《論開天然閘書》:"昨因查修天然閘地河道,業將阜州濉河經流及應修各段繪圖貼説上呈。竊念兹事重大,有不容默默者。濉自宿、靈、泗以至入湖上下數百里,承上境及本境之水,一遇盛漲往往漫溢,故修治爲宜。然河身本窄,黄水所過,水去沙留,日日以甚,河身反高於民屋,其病由於引黄入濉也。葢濉之於宿、靈其經流,而泗則兼爲其尾閭。查濉,一由泗之謝家溝東南經下河入湖,一東北由烏雅嶺入下江之宿遷、桃源復折而南至泗之安河入湖,一由荀家溝經泗西門南流入濉。淮之支流既多,非數十萬金不足集事。且爲開天然閘而修,無非欲導河入湖耳。自河日南趨,毛城鋪之減水入之〔四四〕,峰山四閘之水入之,閘有啟有閉,湖有增無減。故病泗者莫如湖,而淮次之。而病淮與湖者,尤莫如河。設再益以天然閘之水,一遇湖漲,必致横潰,而濉必致淤墊。如是宿首受害,泗、靈亦不免矣。葢天然閘之設,原以防河漲,保徐城。爲今之計,宜相視附河兩岸民居有當衝宜遷者遷之〔四五〕,或陂障污澤舊爲河所游蕩,今起隄防,逼束未舒者決去之,如此不已,然後開閘以泄之。河所去既多,入閘者不至爲害,庶幾徐安而宿、靈、泗亦安。辟之一石之水,必盛以一石之器,不則必多其器而後能容。今濉深廣不及河之十一,苟防漲保徐專恃乎此,是以斗卮盛石水〔四六〕,有覆諸地而已。昔人言開河如放火,萬一既開之後,洶涌奔溢,不可收拾,如往歲儀封之決、郭工之漫,尤當早爲籌及。又天然閘,乾隆十一年經河憲高奏明,以徐城誌椿長至六尺,始行啟放。以今校之,即長至六尺,亦不宜放。何者？河屢決於豫境，皆由下游梗塞，水至六尺，其實不過向之一二尺，病在河高而不在水大，又明矣。”

四十六年辛丑，五十歲。

《希音堂集·王平周壽序》：“余之遷泗州也，謀乞假終養。同僚皆力阻，君獨勸行。乾隆四十六年正月爲君五十誕辰，余既援例申請，遂書此以贈。”

又《玻璃泉記》：“泉在盱眙第一山之麓，前臨長淮，右瞰洪湖，有亭榭竹木之勝。初泗之圮也，遷治此山之顛，泉在治之西偏。今裁虹爲泗，去此百八十里。余去歲七月涖泗，今五月乃得一至。”

四十七年壬寅，五十一歲。

《墓志》：“壬寅，以父母年逾七十請終養，大吏不使去，曰：‘即薦汝。’公以親老力辭，大吏不能奪。既歸，益隆奉養，承歡備至。”

《希音堂集·誥命碑恭紀》：“四十七年秋，以侍養歸。”

四十八年癸卯，五十二歲。

《希音堂集·冠山資福寺記》：“乾隆四十六年，余自泗州歸。明年，率兒輩游焉。”

五十年乙巳，五十四歲。

《希音堂集·誥命碑恭紀》：“五十年大慶，仍聽請泗州封，用加級，得封四品。”

五十一年丙午，五十五歲。

《希音堂集·游禪巖記》：“蒲臺山在平定之西，狀若屏風。其西南深隱處爲禪巖，巨石攢列，屋皆在巖下。有泉自石罅出，滙爲小池，冬夏不竭。乾隆戊戌，余以俸滿引見乞假，常至其地。壬寅自泗州歸，蒲臺歲一往游。而禪巖徑陡仄，余又艱於行，今丙午夏乃再往。”

九月二十二日〔四七〕，先曾祖母王太恭人卒，年七十有九。是年府君助知州金君源明修葺《平定州志》，每類題詞之文皆府君筆也，旋以居憂不豫其事。

五十二年丁未，五十六歲。

二月，金君修《平定州志》成，府君代撰序。

五十四年己酉，五十八歲。

七月初二日，先曾祖登榮府君卒，年八十有四。

五十五年庚戌，五十九歲。

是年冬，先考歲試入學第一名。

五十六年辛亥，六十歲。

《希音堂賸稿·三場百問序》："制義盡人可爲，策非淹博經史諸書明於政體者不能。今夏暇日，因摭舉經史及時務所當知者百餘條[四八]，俾兒輩以時講肄。"案：先考既入學，府君教以對策之法，作此書示之。故知今夏爲辛亥夏日也。

五十八年癸丑，六十二歲。

十一月二十七日辰時，府君卒。遺言不得隨世俗張樂開筵、受親友弔。

《墓志》："與人交，寬和樂易。雖御臧獲，無疾言遽色。有他姓掘地得古冢，公爲收其骨，買地以窆之，春秋遣人祀之。樂鄉居，不殖生業，惟蓄書數萬卷。尤喜讀史，以爲可以鏡得失，觀成敗。嘗語其子曰：'汝輩能讀書，吾雖貧，樂已。'臨歿，猶諄諄勖以勤學。"

府君箸書[四九]：《陸宣公翰苑集注》二十四卷、《公餘雜録》三十卷、《春秋世系》尚未編定卷數、《希音堂文集》無卷數、《社倉考》一卷、《平定州志考誤》一卷、《三場百問》無卷數、《重修歙縣志》二十卷、《黄山志》二卷。

府君生子五人。

長世父佾來，按察司知事，江西永豐縣縣丞[五〇]。子二：秉武、秉成。

次世父性諳。子三：而康、而恭、而廉。

次世父同越，增廣生。子一，秉文，齋廩生。

次先考諱敦頤，榜名敦來，嘉慶辛酉科拔貢、舉人，辛未科進士，翰林院編修，記名御史，戊寅科福建正考官。行抵浙江建德縣卒，年四十七。子四：開暹，國學生，貤封修職郎；晉暹，廩膳生；麗暹，廩貢生，平陽府訓導；穆譜名瀛暹，道光辛卯科優貢生，正白旗漢教習，候選知縣。

次叔父籀式，出繼伯祖潤齋府君後。子一，蔭樞。

謹案：府君有箸述垂世，有實政被民。出處本末見於朋友贈言及家藏文稿者[五一]，謹排比其略如右，以備國史采擇。若無舊文可録，概從闕如，蓋不敢以子孫私言闌入一字也。道光二十六年六月朔日，孫穆編并識。晉江陳慶鏞填諱。

【校記】

〔一〕敦　《山右》本作“敦”。

〔二〕卒　《山右》本作“君”。

〔三〕肄　《山右》本作“肆”。

〔四〕使　《山右》本作“便”。

〔五〕輒　《山右》本無此字。

〔六〕梁　《山右》本作“粱”。

〔七〕又　《山右》本無此字。

〔八〕佩　《山右》本作“珮”。

〔九〕慨　《山右》本作“概”。

〔一〇〕識　《山右》本作“織”。

〔一一〕崖　《山右》本作“厓”。

〔一二〕峰　《山右》本作“峯”。

〔一三〕冣　《山右》本作“最”。“冣”，同“最”。

〔一四〕夥　《山右》本作“夥”。

〔一五〕歙縣　《山右》本作“縣歙”，倒誤。

〔一六〕謹　《山右》本無此字。

〔一七〕黴　《山右》本作“徵”。

〔一八〕究　《山右》本作“究”。

〔一九〕夕　《山右》本作“歹”。
〔二〇〕廊　《山右》本作“廟”。
〔二一〕有　《山右》本作“合”。
〔二二〕其　《山右》本作“具”。
〔二三〕祐　《山右》本作“祜”。
〔二四〕裝　底本作“裵”,《山右》本作“裹”。
〔二五〕教　《山右》本無此字。
　　　場　《山右》本作“塲”。
〔二六〕歙　《山右》本無此字。
〔二七〕圮　《山右》本作“圯”。
〔二八〕鹽　《山右》本作“鹽”。“鹽”,同“鹽”。
〔二九〕蒸圃　《山右》本無此二字。
〔三〇〕冣　《山右》本作“最”。
〔三一〕皛　《山右》本作“皀”。
〔三二〕弁　《山右》本作“弄”。
〔三三〕樘　《山右》本作“棠”。
〔三四〕刀　《山右》本作“刁”。
〔三五〕畝　《山右》本作“畒”,“畝”,同“畒”。下同。
〔三六〕晏　《山右》本作“宴”。下同。
〔三七〕藉　底本作“耤”,《山右》本作“藉”。
〔三八〕癈　《山右》本作“廢”。
〔三九〕秫　《山右》本作“禾”。
〔四〇〕土　《山右》本作“士”。
〔四一〕徒　《山右》本作“徒”。
〔四二〕豁　《山右》本作“谿”。
〔四三〕爲　《山右》本無此字。
〔四四〕減　《山右》本作“減”。
〔四五〕衝　《山右》本作“衡”。
〔四六〕卮　《山右》本作“禾”。
〔四七〕二十二　《山右》本作“二十四”。
〔四八〕搌　《山右》本作“撮”。“搌”,同“撮”。
〔四九〕箸　《山右》本作“著”。下同。
〔五〇〕縣　《山右》本無此字。
〔五一〕末　《山右》本作“未”。

附　録

平定張穆

誥授奉政大夫翰林院編修記名御史張君配王宜人李宜人合葬碑銘元附

廣西藤縣知縣同里任質淳譔

道光三年六月，曉浒張太史繼室李宜人畢力所天，遘疾而卒。其孤開暹等既合葬封樹如制，復礱貞珉，匄質淳一言以表其阡〔一〕。嗚呼！質淳與太史文字昏姻之誼至密且渥，其烏能已於言哉？尚待請乎？

太史諱敦頤，字復之，榜名敦來，曉浒其别署也。張氏自明初由洪洞遷平定，誥贈奉直大夫新瀊，君之曾祖也。誥封朝議大夫、鄉飲大賓可舉，君之祖也。乾隆丁丑進士，歷官泗州直隸州知州佩芳，世稱蒸圃先生者，君之考也，以乾隆三十七年十一月生君合肥署中。六歲，生母陳太宜人授以《孝經》《小學》，神識開朗，輒多解會。稍長，讀書日益不同，塾師竇君洄作《天馬説》況之。年十四，應童子試，默諷十三經不譌一字，學政戴文端公諭學官曰："此廊廟器，速化可惜，善培護之，不患不遠到也。"年十九，茹古香尚書得君卷，經義紛綸，訝爲老宿，補州學生員第一。君承庭誥，不欲以帖括自封，密勿經訓，實事求是，鍵户精思，往往達曙。積瘁咯血，醫不治，乃養痾獅子山中，繙方書得服氣訣，沈心攝息，期年疾大瘳。尋丁蓀圃先生憂，入京師從程蘭翹學士、曹顧厓侍郎游，皆蓀圃先生宰歙時所得士也，數年學識益進。嘉慶五年，選拔貢生，學政莫寶齋侍郎奬之曰："三晉多才，對此皆當頫首。"六年，舉於鄉，闈作雄奡，非復舉子家數，策對贍博，尤爲軼倫。七年，罷禮部試歸，遭陳太宜人喪，綜酌祭葬，不敢徇世俗溢分墮其家法，君子許以知禮。十年，巡撫金公應琦與君交舊，涖任過君山莊，邀至太原，諮以地方利病。平定居省東界，例食解鹽，地寫遠，向就食長蘆，以無照會，時爲關吏所持，價騰踊，民輒淡食。君因以爲説，於是金公通檄直隸，刻石關門，俾永勿阻遏。十一年，主講太平書院，宏奬之效今猶在人口。十六年，會試成進士，選庶吉士。十九年，授職編修，充武英殿纂修，治河方略館總纂。二十二年，保送御史，引見記名。二十三年五月，命充福建鄉試正考官，行抵杭州，感受暑風。七月十一日，至嚴州府建德縣屬之大洋，遽不起，年甫四十有七。時吾州張君四箴適宰建德，蓀圃先生弟子也，實躬親棺斂云。

君丰姿秀偉，先臞後丰，性復樂易。入其坐者，如依玉屏披春風，清和之氣襲人。生平雅有特操〔二〕，非義之干，千金蔑如。燕居默坐，防意尤嚴〔三〕。嘗置黑白豆几上，判別發念善惡，如趙叔平事，其它細行不備書。

配王宜人，陝西榆葭道凝曾孫女，太學生繩祖女，事舅姑以孝聞。太史好施，宜人實左右之，先太史三年卒，年四十三。子男四人：開暹，太學生；晉暹，廩生；麗暹，廩生，平陽府學訓導；穆，優貢生，正白旗官學教習，候選知縣。女二：長適余次子模靖，廩生；次適介休楊煦〔四〕，副榜貢生。繼配李宜人，浙江山陰人，寶齋侍郎舅氏廷良太翁女。歸太史十月而寡，遂挈孤幼依侍郎以居，教育子女心力交瘁，逮女適楊，幼子學廲有成，宜人疾已沈困蒼黄，返里不數日遂卒，年二十四。

嗚呼！士之懷才績學終不遇於時者，固已多矣。幸遇矣，匏繫閒曹，終身不遷，淹滯無所試者，亦時有之。君四十通籍不爲早，未七八年受先帝特達之知不爲不深，即君之束脩自好以覬發揮其素學者，志氣亦不可謂不卓，而顧中道淪沮，辜國恩，殞士望，余竊爲君恨之。國家設科百數十年，三年典試數十人，如君事者蓋亦尟矣，將不如是不足表其人之奇邪？則無惑乎匏繫終老懷才而不售者，聞君之事，方且豔之而稱之也，曰："苟如此死，死亦不恨。"因繫以銘曰：

窮乃通，通復窮。大用有基，如日方東。胡以君之盛德而食報未豐？陽泉之北峯，佳氣鬱蔥，賢媛相從。後之名儒鉅公，過而憑弔臨風，孰不歎曰：此張太史之宫。

【校記】

〔一〕匃　《山右》本作"匄"。
〔二〕特　《山右》本作"持"。
〔三〕意　《山右》本無此字。
〔四〕煦　《山右》本作"㷫"。

補菴張君墓志銘原附

候補知縣李曰茂譔

君諱晉暹，字仲明，別署補菴，世籍平定。曾祖可舉，國學生，誥封朝議大夫。祖佩芳，乾隆丁丑進士，安徽泗州知州。考敦頤，嘉慶辛未進士，翰林院編修，記名御史。

君性沈厚，幼無子弟之過。及御史公典試福建，疾隕中塗，君偕其伯兄雞斯藺足舁匶歸葬，喪儀摯性〔一〕，哀感路人。事孀母，教弱弟，咸中禮法，内行允修。爲文章灝灝源源，若不可方。年二十五，州牧吴公拔冠試寮，補博士弟子。疊丁大戚，服闋，占高等，食廩餼，所造殆未可量也。乃天敓其紀，猝患熱厥，眴仆以萎，痛哉！

君秉家學，資復英敏，不屑屑與世俗爭利鈍。比從莫寶齋、吴樸菴兩先生游，向學益邃，於程朱陸王之書臚列參稽，九變復貫。又善操觚牘，縣孯疾書，自梯米以至尋引〔二〕，揮斥如志，羣賞其工。

君生於乾隆五十九年四月十六日，卒於道光十年六月十二日，年三十有七。娶黄氏，子一孝祈，女二俱幼。越七年，君之舅弟咨諸日者，卜以十一月二十八日妥厝洄領祖塋之次。以曰茂與君居同閈，學同師，交契又至深，匄銘其藏。銘曰：

題之支也胡遽摧？華之跗也胡遽斯？緜蔓洋洋，洄嵐蒼蒼。子孫其逢兮，萬世千秋視此楸柏之根。

靈石楊昉校字

【校記】

〔一〕君偕其伯兄雞斯藺足舁匶歸葬，喪儀摯性　《山右》本“葬”“喪”二字顛倒。

〔二〕梯　《山右》本作“稊”。

胥齋詩集

〔清〕張　穆　撰
李　嘎　點校

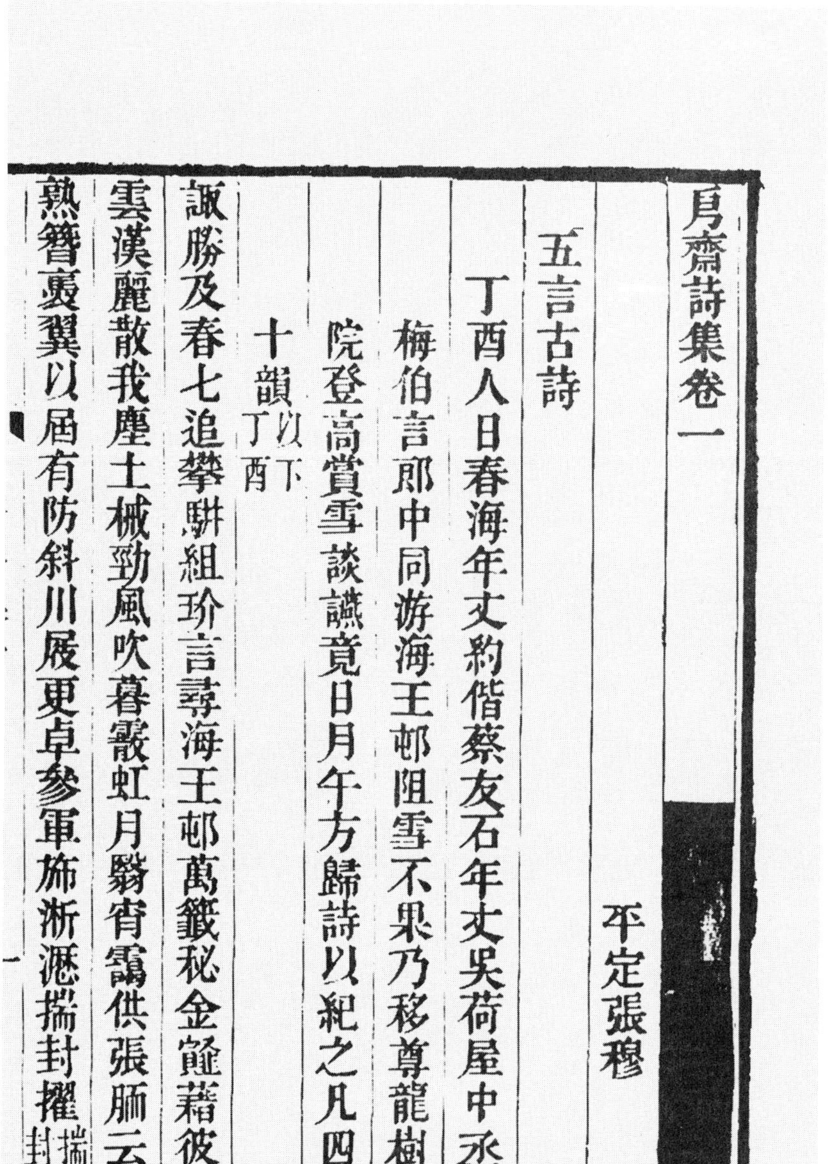

肙齋詩集卷一

平定張穆

五言古詩

丁酉八日春海年丈約偕蔡友石年丈吳荷屋中丞梅伯言郎中同游海王邨阻雪不果乃移尊龍樹院登高賞雪談讌竟日月午方歸詩以紀之凡四十韻以下丁酉

諏勝及春七追攀駢組玠言尋海王邨萬籤秘金籝藉彼雲漢麗散我塵土械勁風吹暮霞虹月翳宵靄供張胹云熟饗褭翼以屆有防斜川展更卓參軍旆淅瀝揣封擢揣封

清咸豐刻本《肙齋詩集》書影

月齋詩集目録

月齋詩集卷一

平定張穆

五言古詩

丁酉人日，春海年丈約偕蔡友石年丈、吴荷屋中丞、梅伯言郎中同游海王邨，阻雪不果，乃移尊龍樹院。登高賞雪，談讌竟日，月午方歸，詩以紀之，凡四十韻以下丁酉

諏勝及春七，追攀駢組玠。言尋海王邨，萬籤秘金鼐。藉彼雲漢麗，散我塵土械。勁風吹暮霰，虹月翳宵靄。供張腼云熟，轡𩍐翼以届。有防斜川屐，更卓参軍旆。淅瀝揣封擢，揣封見《長笛賦》。解駮沈黔壞。研北騰餘笑，城南築高會。絶頂應攜眺，雜厠乃任噲〔一〕。金鞅躪璧甸，雞棲逐豹軑。到門鵲驚噪，憑閣目恣快。離婁眼纈廣，刻露眉稜峴〔二〕。潛澌動亭午，半瑩見沙瀨〔三〕。言言跨樓堞，站站回樹蓋〔四〕。渥尺澹禾蝗，合寸蒸蕭艾。浩淼玉鏡光，超軼金粟界。却坐蒹葭簃，一拓胸次隘。窗明息凡響，耳定來清籟。諦審嘉泰槧，共下髯翁拜。荷屋中丞攜所藏宋槧蘇詩同觀。據梧劇新賞〔五〕，炷檀展宿戒。頃，程丈集同人爲東坡作生日。得雋弁屨側，忍俊泉獨匄。遥遥四君子，寤語塵壒外。集中繪有《東坡笠屐圖》及安民太、宋牧仲、翁覃溪三君子小象。今情既解遘，

古皃獲商兑〔六〕。翻笑泥塗士,屆戹無乃太。新黄潤眼福,虚白振筋懈。趁日宕昔昏,行庖割脯膾。縱飫擴酒床,清言噤機械。須臾月波涌,倒翻雪浪派。出没煙帆穩,稠直江樹殺。一望清萬頃,缺陷聲澎湃。此景信天貺,相期責吟債。通元拂妙素,挈我入界繪。荷屋中丞許繪圖。今日圖中人,慚愧羽獨鎩。離莛傷春肆,冒摷感秋解。搜峭勒八關,支凍删五噫。蠟鳳錯槃匜,漏鯨鏗城廨。客褒軒然舉,騶鈴甚矣憊。歸趁鼓耽耽,雜送聲噦噦。兹游判洪荒,結念每循帶。小詩用紀實,筆孱弜自鄶。

【校記】

〔一〕雜　底本作“襍”,《山右》本作“雜”。下同。
〔二〕眉　底本作“䁕”,《山右》本作“眉”。下同。
〔三〕瑩　《山右》本作“塋”。
〔四〕回　《山右》本作“囘”。下同。
〔五〕梧　《山右》本作“㹳”。
〔六〕皃　《山右》本作“貌”。下同。

寶賢堂研詩并叙

研,明晉王世子奇源寶賢堂故物也。以慮傂尺準之,厚三寸,博八寸,長尺有一寸强。制肖龜形,修文一綫,鏖絡如蛇。世子薨,研實徇之。後遭伐掘,復出人間。郡文學董君士達得之於晉陽老人,隨珠、和璧不翅也。頃歲不熟,董君以三十緡質諸孫君左泉〔一〕。左泉稔余嗜研,遂舉相贈。余亦以宋坑小研及王良常墨蹟爲報。研舊無箸代,晉府圖書緜褫,亦不可得其始末。惟考世子以宏治十四年薨,余以道光十六年得之,其可知者已三百三十有六年矣。夫以世子之賢之力而不能終享一研,余又敢堅執以爲己有邪?人生既好,取供數十年自娱足矣。過眼雲煙,何足計哉?爰鐫銘櫝面曰:元運環周，玉靈不朽。寳賢堂傾秋艸平，人生安得如汝壽。并賦此詩，覬當代箸作家屬而和之〔二〕。越一歲，正月上元皀齋居士記。

鉛鐵鏟山翠，湍涸齧羊根。瑩膚出子石，形模何渾渾。一綫絡背腹，宛宛脩蛇槃。巧匠神悟開，琢肖龜趺蹲〔三〕。列宿應元武，神物歸高閽。世子富金石，博雅過王詵。供入寳賢堂，欣契忘朝昏〔四〕。老研得巨賞，氣象爲之尊。謂當酬知己，萬古徇王孫。青青陵陂麥，金椎隱其齦。山鬼懾賊忍，睒目韜荒榛。玉盌鬱復出，象齒慘被焚。神物委路旁，倐忽瓦甋鄰。老人揩病翳，拾歸裹書幡。流落蹔可慰，真鑒世無存。我生但癡慧，訪古雙足皸。此事洞本末，乃聞諸董君。董君不能寳，轑釜斷晨飧。貰汝謀復活，太息手屢捫。慨忼孫居士〔五〕，達識信眇倫。至寳不自私，取人仍予人。喜心生感激，投報矢弗諼。半生困筆研，抱璞聲暗吞。詹尹不我謀，錯靡輪蹄奔。石又不能言，詎勞災楚焞。聊用庋短几，蛇蚓雜蜿蟺。萬事等雲煙，變滅豈有痕？結習難破除，策勳望卿雲。

【校記】

〔一〕緡　《山右》本作“緍”。
〔二〕箸　《山右》本作“著”。下同。
〔三〕趺　《山右》本作“跌”。
〔四〕忘　底本作“忈”，《山右》本作“忘”。下同。
〔五〕忼　《山右》本作“慷”。

五月下旬，初抵江陰，春圃侍郎邀偕同幕諸君游君山，晚讌存雪亭，即送許蓮西大令歸里以下戊戌

大江緣北注，東趨勢愈濶〔一〕。君山跱江表，搘拄飛濤齕〔二〕。海門一綫遥，尾閭千峯兀。我從廣陵渡，峭帆陵溟涬。犀舟劃江水，湖

蕩葑茭撥。漫鼓中流楫，媿托沿門鉢。鹵莽舞陽君，奮前排其闥。幕府諸君子，英英皆賢達。就中許子將，元杓耿獨斡。三世論交誼，廿年共橋褐。我角昔方羈，君舍已早芨。念我細而黠，欣契機省筈。倏忽俱老大，話舊屢蹙頞[三]。江皋聽夜雨，朋戠今再盍。代飛笑雁燕，相依判蛩蟨。喟我裝初卸[四]，感君騎速秣。登樓約再賦，望眼期共豁。拾級躋山椒，振衣度木末。各抱濟勝力，懸崖手獨擦。習山本善走，林深淡暑暍。峯坳一刹湧，廟皃儼黄歇。老梅三百本，未花香已馞。江風吹我裾，晡日霎西没。歸來坐小閣，鐙火豔林樾[五]。池蓮照顔色，水螢綴蒙葛。轟飲團瓢狹，别酒金波凸。座中多碩彦，酬獻忘觚榼。嶽嶽充宗角，峩峩楚冠鶡[六]。下士未聞道，醉語紛祭獺。主人敬愛客，觴行不復遏。游魚潛出聽，瀺灂水聲活。歡極雜悲歎，行色怨倉猝。君念故山楸，君將歸治先德葬事。我懷小園栝。吾家園名。君行自駸駸，我居定咄咄。良晤豈易得，回思在單閼。辛卯後與君聚面甚稀。行矣加餐食，志喜應見蠍。玆游如可續，相約梅花發。

【校記】

〔一〕潤　《山右》本作“闊”。下同。
〔二〕飛　《山右》本作“風”。
〔三〕頞　《山右》本作“額”。
〔四〕卸　底本作“卸”，《山右》本作“卸”。
〔五〕豔　《山右》本作“豓”。
〔六〕峩峩　《山右》本作“峨峨”。下同。

妙相禪林

平生登覽興，尤劇事幽討。金陵佛都會，締搆各精好。謁客城西隅，霜天初破曉。拭翳試北睞，一刹茁林表。肩輿犯叢薄，夾路吟翠篠。結束入曲折[一]，窮探開曠杳。西園最閒敞，騷魂潔蘋藻。寺西偏有屈子祠堂。紛紛宋景徒，剽豔得香艸。廟皃偶然耳，對輒憂心擣。南榮更軒秀，傑閣俯飛鳥。鍾阜拳石縮，當檻萬緑繞。波委湖雲滃，炊雜寒煙裊。雞鳴又其北，晨鏡修蛾嫋。老桂南中繁，處處香雲渺。一亭翼其東，月夜裾曳縞。陽鴈賓白露，秋色妒紅蓼。園中鴈來紅最繁，寺僧告余曰："此秋色也。"魚語池蒲隔，雅翻林葉槁。苾蒭善侑客，口角粲涼燠。精茗瀹珠流，飣盤登栗棗。我性習疏散，麋鹿恣放夰。問訊佛田豐，土宜況善稻。媿乏饔飧資，儒食恆不飽〔二〕。托鉢與汝同，養福計獨巧。梵俗沿六代，榮華逾黺璪。謀生學出世，此理堪絶倒。杖作雲山主，精舍供坌埽。時來相攀援，亦足拓孤抱。談禪均未能，皈依喜較早。一笑出門别，異同自孔老。贏得即景詩，相貺良不少。

【校記】

〔一〕東 《山右》本作"東"。下同。

〔二〕恆 《山右》本作"恒"。下同。

海州試院臨發，同硯諸君分貺佳製，寫此奉酬并寄仙露、理初兩先生

海天無定風，昏旦異寒晴。朐山無定雲，現滅非一形。一峯閣屋山，翠點征袍青。征袍落塵土，浣濯難爲清。奔走三十年，雙鬢但未星。往昔少年日，頭角頗崢嶸。提絜尊俎間〔一〕，結識多老成。奮身抉銀漢，赤鯉時騰精。此意久沈淪，壯懷空自驚。鐙花發新喜，鼓枻東南征。東南足文彦，主人敞軒楹。薑桂豈異質，賓友皆典型。共醉金谷園，放棹闔閭城。讀書來老聃，竈觚昔昔聽。疏狂雜詼笑，往往亦析酲。浩矣東去波，浹月如轉霆。好風吹我衣，秋駕迅難停。臨岐意獨耑，遲發神爲縈。風物良所懷，所懷在德馨。壓檐新竹竿，緑上紫薇庭。當樓雙桂樹，一碧天無情。河間古君子，却埽塵不攖。

黟山老象才，反鍵治事廳。點勘有同業，呻唫有同聲。遠道寄相慰，廖鳳今郊坰。我行信艸艸，近志請長纓。不看屠牛坦〔二〕，霜鐔初發硎。不看楚接輿，退有田可耕。

【校記】

〔一〕閒　底本作“閒”。《山右》本作“間”。下同。
〔二〕坦　《山右》本作“坦”。

秋篷坐雨次漁莊韻泰州道中

風勢與水敵，枝拒莫肎下〔一〕。舟子善馭風，反舵千斛駕。四月三渡江，節候變秋夏。北亰負戎菽，南甘飽櫻蔗。嗜好與俗競，腸胃隨物化。孤篷共坐雨，黯黯郇容亞。喜水喜其澄，畏風畏其罅。平生忠信心，未免波濤怕。高幟樹角閃，欣然問酒價。適已發高唱，鄰舟聞竊罵。寒回詩力勁，春發秋顏乍〔二〕。種秫滿江皋，努力風雨夜。

【校記】

〔一〕肎　《山右》本作“肯”。下同。
〔二〕發　《山右》本作“風”。

送漁莊三兄歸里并寄呈家兄述懷

北風入凍醪，江波浩難斟。游子懷短韍，感別涕霑襟。人生但離析，貧富均不任。念君席通德，有弟咸邦琛。競爽淬其才，覆手能成霖。門閥量家山，裴柳代所欽。君何猶鬱鬱，與我感升沈。祖書豈不富，庋架飽紅蟫。情話豈不孺，蹤蹟杳商參。百謀無一償，墨突空不黔。憶昨并門初，惡月苦占臨。我方困叢棘，君遄賦載駸。涼風起征雁〔一〕，吹客過淮潯。聚散信靡常，握手江之陰。連檣聽夜雨，鄉思激秋碪。單車太行脊,鄭重霜雪侵。君歸善自保,努力親朮蕿〔二〕。我歸知無時,憑君遞好音。寄語謝諸兄,天道古難諶。歲月更丙戌,愴絶巢門鵀。鉅鹿張䓟事,見《魏志·管幼安傳》。北思日灰頹,蒯緱爛霜鐔。野雲逐飄風〔三〕,舒卷安容心〔四〕。海艸隨節候,枯榮匪自今。媿君相愛厚,譽重雙南金。酒瀾平復起,哀歌托短琴。

【校記】

〔一〕凉 《山右》本作"凉"。下同。
〔二〕蕿 《山右》本作"浸"。
〔三〕飄 《山右》本作"飃"。下同。
〔四〕容 《山右》本作"客"。

十一月二十九日渡廣陵江,阻風,偕同人登浮玉絶頂,分韻得浪字

岷原縮地軸,水濶东南壯。朔風亙寒日,凜冽江流羕。迴瀾截孤嶼,瓜步屹相望。引占窣堵波,今名曰塔,釋慧苑云。鈴語泥歸榜。聯檣走山麓,牂柯蹙高浪。塗阻意轉愜,計拙游稍暘。南征憶夏首,倉卒理吳舫。昏黄鐙火發,風篷聆高唱。帆飽輕舸駛,彈指隔重嶂。人生游豫興,眴俄悉天貺。山水況有靈〔一〕,知己實堪仗。用盛宏之語。使槎隨沿泝,節候换英蕩〔二〕。登臨適所願,一笑飛廉餉。融結積塵劫,丹碧困意匠。窮扳危石磴,俛結浩溟漲。真潤名勝州,容我眼一放。禪機坡印寂,樓觀煩特創〔三〕。玉帶樓,年丈李榕園觀察所新建也。天題炳玉版,帶曾燬於火,亡數版〔四〕,高宗南巡爲補足,并鐫詩於上。瞿曇潔供養。麟麟宛委籍,萬卷來高曠。乾隆間《四庫書》成,勑建文宗閣於此山,弆書惠多士觀。捫籥竊長唱,何由豁塞向。敬事受僧謁,精舍足清況。一勺割江呂,語見《水經注》。寸緑花甃漾〔五〕。同游富述作,詩節厲高亮。風聲挾江水,懵校頗難狀。撫懷念疇昔,吟情勉軒抗。君看浮天水,原不擇盆盎。

【校記】

〔一〕 況 《山右》本作“况”。下同。
〔二〕 候 底本作“㑀”,《山右》本作“候”。下同。
〔三〕 創 底本作“刱”,《山右》本作“創”。
〔四〕 亡 底本作“亾”,《山右》本作“亡”。下同。
〔五〕 甆 《山右》本作“瓷”。

悼婦篇 十二月十三日,君亡四十有九日矣。雲黑如盤,鐙寒雨晦。拉雜書此,寫畢,不復能省視也

總角訂婚姻,十九議嫁娶。結髮十六載,强半異居處〔一〕。慘君入門始,丁我家多故。時癸未六月也。戴鵟巢不去,奄忽傷孤露。無母君孰秉,無父我何怙。自古家道睽,禍本蛾眉妒。我時齒未壯,見迂意稍固。惟憂手足恩,涕淚灑荆樹。所以偕老歡,造次輒相牾。同牢未一飯,飲酒幸終孺。遭逢家多難,荼苦覬同茹。傷哉遂死别,抱瘵久彌痼。君幼抱瘵疾,庚寅後日益棘。我緣營薄禄,十年困秋賦。旅食晉陽道,假館京華署。余以丁亥春入省肄業,辛卯貢成均,留京教習,十年來間一歸耳。才拙世見棄,徇人家弗顧。累君轑破釜,午絶炊煙互。巍巍寡嫂德〔二〕,疾痛荷扶助。仲嫂中年寡居,與君相依無間。君本富室子,命辰獨薄祜。脱襁每見背,彫零歎遲暮。外舅長者,爲人欺,産頓落,家事紹繚,因以致疾。外舅撫君慈,外姑視君恕。我出君焉賴,母氏渥眷注。側聞中夏交,歸寧染疢霧〔三〕。倉卒遘大戚,危病感無父。一痛遂彌留,沈緜忽明寤。五月初外舅捐養,君一痛已絶,越日始蘇。伻有從西來,傳君相慰語〔四〕。疾會當大瘳,遠道善自護。此十月中信。腥風蝕淮雨,嚴霜膠清酤。舉酒不盈觴,寒嗽神若鶩。余時患嗽,戒飲。凜慄邁江濆〔五〕,怪鯉騰尺素。斜睇不數行,淡墨寫凶赴。余以臘初由淮上過江陰,次日遂得君死報。肝腸爲摧動,忍淚强起步。一命曾未霑,九死斷相慕。夢魂勿復見,蒺藜知終據。疇昔遠游慣,歡笑無愆度。今春頗乖恻,夜深泣敗絮。謂分當

永訣,生存難再晤。蚌珠隨地碎,君曾育二子,皆不舉。無禄延血祚。君宜早自計,副箍求美姹。嗚呼焚巢鳥,何枝足遐翥。瘵飢且未遑,遑議蔦蘿附。荒冢傍高隴〔六〕,先姑定無斁。寒夜鼓耽耽,起坐目瞿瞿。轉側密相忖,始終由我誤。慙復作秦嘉,瀝衷爲君訴。切語世間人,取妻無相惡。緜緜瓞有瓜,燦燦璧與璐。已死不更生,琴瑟及在御。死幸魂魄安,靈風慎來去。湯湯大淮浦,浩浩黄河渡。我歸儻有時,一尊酎君墓。

【校記】

〔一〕强　《山右》本作“強”。下同。
〔二〕嫂　底本作“嫂”,《山右》本作“嫂”。下同。
〔三〕疢　《山右》本作“疹”。
〔四〕慰　底本作“懟”,《山右》本作“慰”。
〔五〕瀆　《山右》本作“憤”。
〔六〕冢　底本作“冢”,《山右》本作“冢”。

庚子二月,喜三兄叔正至都相探,越八十日仍謀返里,賦詩相送,聊以寫其患難離别之懷。口所不能言者,詩更不足以達之也

聚面曾幾時,歸期又轉迫。歸程劣及千,聚日未盈百。生平兄弟懽,强半異形迹。年皆非少壯,光陰尚行客。回首廿年前,層折遘家戹。怙恃一朝失,營魂喪其魄。惟時兄及我,差得免交謫。感荷仲兄恩,撫教儼帷帟。百慮不相關〔一〕,培養奮飛翮。獨力拄門楣,策勵壯宗祏。愴絶庚寅夏,笸聲如裂帛。大厦忽不支,兄復嗟行役。飢驅濟南道,悵睇關山隔。九月始東歸,一痛哀填嗌。從此老兄弟,無福更安席。越歲試并州,如戲角雙觡。辰春更北征,車塵困絡繹。四載耗餐錢〔二〕,一官沐渥澤。兄亦恬進退,薄禄謀將伯。誰知苜蓿

槃，艱難等棨戟。未臘薄言旋，百債紛狼藉。艸艸歲儀帖，感懷成寤擗。初夏仍北邁，違顧形影隻。太歲建作噩，交勸攬秋碧。冒雨事西馳，快晤晉陽陌。敢哆裘馬都，枉被腐鼠嚇。旁皇身世計，血債不可脈〔三〕。厨煙然旦旦〔四〕，竈觚空昔昔。雙鯉南中來，念我意良劇。南中山水勝，幽懷冀或釋。酷暑沿桂筍，深冬泥歸舶。可憐騎省戚，客次淚爲格。荒唐伏櫪思，騁懷到閉掖。風吹舵脚轉，引首九閶闢。媿乏神仙姿，頓遭蓬島謫〔五〕。涕痕何足湔，我皐在懷璧。敬謝伯兄慈，遣子慰匡索。羣惜阮修鰥，醵聘奠尺宅。家聲兼友誼，中宵起槃辟。積憤摧人肝，銜德夢無斁。寒侵增夜嗽，中鬱苦氣逆。祕疾滯音問〔六〕，傳聞頗嘖嘖。兄意滋不安，勉振春郊策。連日方悶損〔七〕，乾鵲噪櫚隙〔八〕。敂扉語音熟〔九〕，覿面互愕啫。忍涕尋懽顔，情話風雨夕。寒鐙幸復煦〔一〇〕，仲春月始霸。荏苒逾初夏，歸思日又積。離觴不易斟，況當懲辛螫。舊業日以萎，前塗日以窄。作宦信孔艱，救貧計尤棘。失聲歎柰何〔一一〕，謀野詎有獲。汩汩庾園波，英英山堂柏。鬢蒼結後望，耽書信所癖。念兄有二子，其一馬眉白。祖業繫阿咸，蕪棄良可惜。洗觴更酌兄，後會良匪易。後會亦不難，努力秋士籍。落莫廣文官，況味猶茹檗。試探函牛鼎〔一二〕，中自足千蹠。

【校記】

〔一〕慮　《山右》本作“盧”。

〔二〕秏　底本作“秏”，《山右》本作“耗”。

〔三〕脈　《山右》本作“胍”。

〔四〕厨　底本作“廚”，《山右》本作“厨”。

〔五〕㠀　《山右》本作“島”。

〔六〕祕　《山右》本作“秘”。下同。

〔七〕連　《山右》本作“運”。

〔八〕鵲噪　底本作“雔梟”，《山右》本作“鵲噪”。

〔九〕敂　《山右》本作“扣”。下同。

〔一〇〕鐙　《山右》本作“燈”。下同。

〔一一〕柰　《山右》本作“奈”。下同。

〔一二〕函　底本作“凾”,《山右》本作“函”。下同。

七言古詩

趙倢伃玉印歌,效昌谷體以下二首在丁酉前

印,仁和龔定庵主事家故物也。印,嚴東樓家故物,後歸項墨林,又歸李竹嬾,又歸定庵。今歸番禺潘士成。郎中。玉質精白妙潤,世無其比。余以慮傂尺度之,高七分,徑一寸劣。繆篆文四,曰:婕伃妾趙〔一〕。婕從糸〔二〕,趙字内含雀頭三。按《漢書》,趙氏倢伃三,鉤弋夫人也〔三〕,飛燕姊弟也。飛燕後立爲后,弟亦進昭儀,皆不終於倢伃,則此印應屬鉤弋矣。

晚糀靜卸黄金彄,彤幕沈沈椒殿秋。宵深忽感香蘭夢,繞電驚掣簾索動。茂陵宫爵倢伃尊,天題横被堯母門。玉印千年滯恨魄,金錢界斷雲陽碧。刮膚瑩脂截寸肪,兜蟺鈕刻雙鴛鴦。雕篋錦綈照座光,燭彩錯成文字祥〔四〕。陽阿姊弟自尊大,比秩久已薄銀艾。持語綺人各鄭重,傳觀細縮同心帶。

【校記】

〔一〕婕　《山右》本作“倢”。

〔二〕糸　《山右》本作“系”。

〔三〕鉤　《山右》本作“鈎”。下同。

〔四〕燭　《山右》本作“爛”。

瀛既承程丈指作玉印歌，又思篆文四，獨趙字内含雀頭，得非飛燕狡獪，隱寫其名邪？乃復作此詩

涎涎雙飛入漢家，前班後許無容華。舞腰新繫承恩印，慧意斟酌文鸞斜。秋高長信霜風起，豔血飛翻豆蔻水。嬌啼愴絶樊通德，里謡記取張公子。

向湯海秋農部求鄧石如篆書《弟子職》

以下二首似在戊戌前〔一〕

詛楚碣，岐陽鼓，法度精嚴篆筆古。上蔡出意變古律，葛繹之碑獨規矩。刓倉刮籀碣家法，陽仌乃以欺矇瞽。吾衍燒筆尤可笑，刻畫芻靈矜媚嫵。我持此論與時違，小學今人棄如土。昨來偶過大夫室，到眼龍蛇恣跳舞。偏傍比附皆有法，芒角森森無敢侮。信是江南老墨客，曾持鐵筆干吾祖。屠龍技就老病死，身後文章付覆瓿。篆刻特其餘事耳，一玦吾猶等璜琥。先祖名章，多石如刻，今僅存押角小印一枚。此紙精妙那易得，奮起欲攄元章膴。却慙筆孱手力弱，書訣未能證釵股。庶將禮法誨諸生，胃炫贗鼎貫岣嶁。大夫直聲達殿陛，大夫詩筆陵愈甫。爲誦此言應大噱，直肆豪奪無乃魯。捲軸竟歸何足遴，過眼雲煙久不數。末二句海秋語也。

【校記】

〔一〕以下　《山右》本作“以上”。

分宜之敗，不敗於徐階，而敗於藍道行。有感其事，詩以美之

驪龍癡卧喚不醒，老豺横噬無敢攖。方士俱有旋乾手，憣校權豪猶鼠狗。渺渺箕仙帝所神，箕仙有言帝不嗔。冤氣摶成三字瀫，斑斑恨血揉宫輦。太阿拗折玉斧摧，仙言未罄帝意轉。却看舊日青詞艸，鵩臆鵂鳴成懊惱。不須更引羅龍文，一席已褫奸人魂。吁嗟乎，劾揭紛紛杖戍死，山圮樓傾乃胎此〔一〕。請酤美酒擷園菁，家家繡祀藍道行。

【校記】

〔一〕胎　《山右》本作“貽”。

漫河道中 阜城縣屬，以下戊戌

暑路爚爚風揚沙，火輪蒸山渦没車。悔不從農耕壠上，風塵坐歎客無家。路旁老農唏且嗔，客未知耕農具陳。前年太歲直未申，巫尫無靈蜡弗神。去年太歲幸直酉，借得官糧户一斗。三月播種盡七月，石田曾未擢苗莠。頹飆日日卷驚濤〔一〕，旱浪平疇一丈高。亦有粗犂挂屋角〔二〕，畏飢輟耒人逋逃。客今乘車仍怏怏，我視車中猶天上。君看道左乞食兒，世業半因力農喪。噫吁戲，餓死牖下真失計，安得萬古常豐歲。誰爲排閶籲九閽，咨爾雲師胡不雲。

【校記】

〔一〕飆　底本作“飈”，《山右》本作“飆”。
〔二〕犂　《山右》本作“犁”。下同。

留贈紫琅試院古桑兼懷祁六太史幼章

霦霦鏁院秋氣足，帖窗當晝上濃緑。眉稜蹙損眼纈凍，今雨何以慰幽獨。來時頗苦秋日皜，憑仗桑陰護老屋〔一〕。精神慘慄歲月古，伏生雖耄意態肅。竝海連宵風怒吼〔二〕，秋潮碎齧琅山麓〔三〕。詰朝寒信樹骨透〔四〕，葉賈階除盈十斛。百昌例無金石堅，未必植根定不淑。憶否童童白玉堂，木天孤榦慣經霜〔五〕。春風長安花事滿，黰熟瓢傾名酒香。南游一洗目翳淨〔六〕，不復珍材儲藥囊。庶常館有桑一株，百餘年物也，用其葉洗眼最效。桑乎桑乎汝莫嗟，炎燠異候難爲良〔七〕。煙空樹老碧雲合，會看天半駿鸞翔。

【校記】

〔一〕仗 《山右》本作“丈”。
〔二〕竝 《山右》本作“並”。下同。
〔三〕秋 《山右》本作“秩”。
〔四〕樹 《山右》本作“榭”。
〔五〕榦 《山右》本作“幹”。
〔六〕南游 《山右》本作“游南”。
〔七〕難 《山右》本作“困”。

題湯雨生將軍貽汾。太夫人《唫釵圖》戊戌八月通州試院

乾隆丙午，臺匪林爽文作亂，將軍祖鳳山令大奎、父荀業同日遇害，時太夫人年三十有五。餘詳汪孟文夫人跋。

蛾眉初畫糊鏡光，釵頭飛上小鳳皇。鳳皇身繞萬花紫，玉釵暗卜同心喜。天容慘淡臺山愁，祆旗獵獵麾蚩尤。日寒鼓死軍帖絶，海水飛濺歐池血。一門忠孝委煙塵，鐙花敲缺釵痕碧。白髮梳梳高髻

傾,曉籢鏗牗玉釵聲〔一〕。斷玉拚隨雲海爛,貞篁不逐秋心變。釵作竹節形。扶頭回憶卌年初〔二〕,夢裏慈雲暫相見。紅淚成珠雙鬢絲,人間信有斷腸詩。尺縑難寫霜幃恨,寫得唫釵筆碎時。

附:湯太夫人元詩并節汪孟文夫人跋

美便無瑕斷亦休,曉籢宵枕夢悠悠。於今别有思親淚,記與釵時初上頭。

鏡非臺已悟空門,贈嫁釵篸半不存。三十九年千萬路,鬢絲絲斷玉還温。

右《斷釵詩》二章,湯雨生先生母楊太夫人作也。釵爲太夫人尊人所賜,時從官昆明,年十四。嘉慶甲子冬,雨生先生官揚州,奉太夫人寓居瓊花觀,一夕釵斷而成此詩。太夫人春秋五十有三,距賜釵時三十九年矣。太夫人生平所爲詩甚富,自其舅與夫徇節海外,遂取舊稿盡畀祝融。豈期垂暮之年重抱思親之痛,長言詠歎,有不自知其所以然者。雨生先生掇拾零章,繪圖徵和,而吾宗沅蘭夫人點染工妙〔三〕,翻陳出新,可謂兩美適合,唱于和喁矣。予既録原詩附諸圖後,并識其顛末如右。孟文汪玢。

【校記】

〔一〕鏗牗 《山右》本作"鏗鏗"。
〔二〕卌 《山右》本作"廿廿 "。
〔三〕而 《山右》本作"至 "。
沅蘭 《山右》本作"蘭沅"。

報恩寺塔

江光一綫迴秋原,縈絡城郭西南偏。天風峭峭拂衣立,鈴語巍巍泥我前。我挾酒懷并詩抱,選勝例必躋其顛。金陵市月苦幽窅,當樓夜夜佛花鬘。擁護吉祥杖阿育,報謝敢遴脚力慳。盤紆窗窱歷層級〔一〕，砉然透蕩天宇軒。高雲一片掠眼過，寒竇嘘嘘上晚煙。獨有晴霞拂不落，蜺標倒注雞鳴山。同行爲我溯建寘，基垠胚胎赤烏年。亦越齊梁迤宋元，經營振㕞相新鮮〔二〕。增高直欲青雲干，可憐太祖黄金錢。金錢抛擲成遠眺，艸樹人家入望圓。豈惟匹練亘吴門，絢以曇珠紅欲然。卻顧已消龍虎氣，摩空賸有雕鷲盤。風聲愈急鈴語厲，登登築步窮追攀。寄語諸天貰我頑，南來相窺緣亦艱。回翔惜同飛鳥下，半餘紅日銜厓邊。

【校記】

〔一〕 窅窱 《山右》本作"窈窕"。下同。

〔二〕 㕞 《山右》本作"刷"。

四松庵 庵側陶雲汀建惜陰書院，中肖晉太尉長沙桓公像〔一〕，葢隱自寓也

四松腐蠹根成塵，畫筆兀傲寫其神。神傳名存松不朽，庵中缺箇哦松叜〔二〕。問誰巨榜署餘霞，姚姬傳先生取謝宣城語，題曰餘霞閣。曲徑坡陀搁碧紗。由閣東轉過碧紗廊，即惜陰書院矣。籠壁名章豈不夥，瓣香乃祝陶長沙。長沙遺皃清而臞，凜凜巖松寒不枯。月下香清聞獨歗〔三〕，樗蒲猶叱牧豬奴。繞欄繚亂石湖水，城上江波平如砥。道衆新來銀杏庵，制軍檄銀杏庵道人主香火焉。秋實紛飄丹桂子。桂葉陰陰萬卷横，明詩習禮魯諸生。我爲飢驅事奔走，韶華孤負陶士行。靜思不覺塵顔酡〔四〕，才留粗醜可柰何。

【校記】

〔一〕 像 《山右》本作"豫"。

〔二〕 叜 《山右》本作"叟"。下同。

〔三〕 歗 《山右》本作"嘯"。下同。

〔四〕 酡 《山右》本作"酡"。

隨　園

木芙蓉發紅豔豔，雙湖澂湛秋波釃〔一〕。老竹緣坡閟深邃，疏柳當軒展晴灩。危橋劣能通仄步，峩峩鋪秀山平檻。一掬修嵐瀉入掌，酒杯浮動糉蛾斂〔二〕。涷雨錢唐蔓艸枯，園名苦被詩名占。乾嘉老輩風流歇，帬屐荒涼衰題濫。童癡喜述袁絲句，博涉頗嫌風力欠。名教狂瀾倒未回，亭臺兀抱頹唐憾。一龕鐙火冷江漬，叢桂秋深黃月暗。招引游蹤日日來，鳬鷖狎熟忘昏墊〔三〕。人間花月量難盡，到處雲山足鐫槧。出門東顧眼界擴，栖霞秋色橫天塹〔四〕。尹文端公榜其園曰小栖霞，而余於是日將遂由栖霞登舟矣。

【校記】

〔一〕澂　《山右》本作“徵”。

〔二〕斂　《山右》本作“歛”。

〔三〕鳬　《山右》本作“鳧”。下同。

〔四〕栖　《山右》本作“棲”。下同。

京口行

一聲橫篴黃曇子〔一〕，夫容花老鯨風起。檣煙笠雨入空濛，沃焦一點瀾回紫。江濤浩渺截秋波，句曲諸山倒影多。來去莫驚天塹險，雲葆氣已懾蛟鼉，倚艫祖雅正高歌。

【校記】

〔一〕篴　《山右》本作“篴”。

己亥正月三日江陰大雪，登樓曉望，分得雨字

裴漏紞紞不可曙，一夜寒劇江南雨。陘雲挾凍走淮海，六花一笑漫江樹。鄉夢初回折竹聲，披帷倒屐人當户。浮遠亭空遠目凝，君山舊有亭，名浮遠，見漁洋詩自注。樓外青山杳何許。無復菰蘆出煙艇，全將測量變塹堵。銀鶴橫飛乾鵲僵〔一〕，金支失耀春旗補。朔風回卷蹵鶩霓〔二〕，危檻周遭凜難俯。稍稍山容一角閃，晨竈短煙淫盈縷。黄耳猚猚頗吒喈，青凫拍拍尚洲渚。江城舊説氣候燠，漏天液雨寒仍暑。連朝黔晦紙窗黯，一例街頭沈臘鼓。作客還被塞北裘，懷人却憶城南杜。人日詩成艸堂迴，丁酉人日雪，春海年丈招客飲龍樹院，登高賦詩。青衫牢落誰復數。玉壺春盎試一酟，連江稷雪收吴楚。作歌聊寫江南春，十日檐聲滴亭午。

【校記】

〔一〕鵲　底本作“誰”，《山右》本作“鵲 ”。

〔二〕蹵　底本作“蹴”，《山右》本作“蹵”。

己亥冬十二月送許印林歸日照

京國十年游不歸，繁霜上髮風生衣。麋鹿止合散巖扉，强加束縛納囿時。時字《山海經》本文如此。拔其牙角飾以鞿，黄金雖好性不肥。不如歸裒西山薇〔一〕，顧我何樂噬肎違。山深谷虚隘聞知，敂槃捫籥瞽且癡。東海霞起光陸離，下有經巖敞心韮。其間經師及人師，淵源兩漢衢弗迷。我友許仲今其尤，鬼神旁矚儼乎思。奥窔既豁無疃畦，問家有無擅一鴟。比諸自鄶應無譏，曰大淵獻歲將儀。寒梅香動春風幃，我歸未能福所羈。君歸益增我心悲，五音繁會去其夔。

衆巧輻奏逝其垂，醇醪滿酎碧波黎。崢嶸臘日臨交岐，重重吉夢非我私。春初，俞理初夢送君作郡。繹雲欣君歸有期，連山積雪成流澌，禮堂春滿林花緋。

【校記】

〔一〕賁 《山右》本作"煮"。

吴誦芬舍人齋中觀菊〔一〕庚子

西風獵獵黄雞秋，寒畦粲粲黄花稠。鄉邦好事競繁會〔二〕，三徑無復陶家幽。少年飽暘看花眼，敲門索飲工誅求。往往醉倒始名姓，壁間拉雜春蚓留。十年塵土黦衣裘，河北跛驢江上舟。筋力拚同霜蟹瘁，客館幾見寒香浮。一枝兩枝縱入目，彈指已過如雲漚。況復邇來學止酒，經時不作城南游。可憐籬邊無限意，風味誰念老督郵。京宦叢中吴季子，官聲秀佩綸樞美。畫格雅擅二熙妙，詩骨冐隨四靈靡。更杖花光作粉本，庭陬一面恣重纍。坡陀匀次十二行，高直崇墉密櫛比。偶然偷目曲欄西，頓悟詩心兼畫理。曉風久立渾忘寒，海上宵來鐵甲單〔三〕。我士儻聞一戰勝〔四〕，吾徒何惜百杯乾。爲煩淨滁傳神筆〔五〕，移寫東南露布看。

【校記】

〔一〕齋 《山右》本作"齊"。
〔二〕競 《山右》本作"兢"。
〔三〕宵 《山右》本作"肯"。
〔四〕士 《山右》本作"十"。
〔五〕淨 《山右》本作"凈"。

辛丑八月津門題勞介甫勳成。《霜林覓句圖》介甫,李邨巡檢,時駐葛沽監鑄礮

秋氣入石秋林黄,秋風翼我東南行。津步妥帖眉清揚,海上昨夜驚初霜。刀斗擊破晨煙涼,摧拉鯨鯢若羣羊。一波初動雷翥荒,萬波漚滅叒木僵。王道正直㐫由庚,書生枯瘦不任韁〔一〕。葛沽萬旝聲容昂。崔家衷甲范家兵,此事不關身手强。少年湖曲縱游旒,雅觀摺疊昌谷囊〔二〕。爾來搜楗筆日剛〔三〕,豪吸不問女酒良。快摩盾鼻濯搏桑〔四〕,虚彎角弧調平。封狼。短衣匹馬意慨慷,請爲更賦從軍章。

【校記】

〔一〕瘦　底本作"瘦",《山右》本作"瘦"。下同。
〔二〕疊　《山右》本作"疉"。下同。
〔三〕搜　底本作"捘",《山右》本作"搜"。下同。
〔四〕快　《山右》本作"怏"。

題徐樹人太守《登太白樓圖》,即送作郡蜀中壬寅後

太白本蜀産,唐代子雲徒。讀書康山時,被服儼文儒。天寶中年主德荒,庸臣驕將布四方。豺虎耽耽横道旁,可憐白也空昂藏。奇氣何所發,悲歌與醇酒。月下花前千百栝,舉栝問天天箝口。一朝醉眼俛齊州,裘馬輕狂汗漫游。山東豈因李白重,百尺翬飛太白樓。乃知名士重爲人愛惜,亦如名宦所至爲人悦。昔者徐景山,中聖嘗屢月。民豐歲溢學校修,朝廷有詔褒清節〔一〕。景山之裔今有人,調停亢父政若神。心誠能致年穀熟,郿閣圖瑞鐫頻頻。沛人爲君刻嘉禾、瑞麥二圖於樓壁。太白樓頭一觴舉,使君樂矣民何噸。於戲〔二〕!使君今

代文仲翁，豈能爲爾沸民愛戴久斯土，坐令蠶叢鳥道寂寞無光容，臥轅扳轍沸民何窮〔三〕，送君作郡西南中。講堂石室鬱久閟，峩眉翦翦浮空翠〔四〕。蜀道休歌行路難，益州天府今樂地。江上浣花堂，李杜名齊揚。名士例緣名宦顯，彰明更訪青蓮鄉。

【校記】

〔一〕褒　底本作"褒"，《山右》本作"襃"。
〔二〕戲　《山右》本作"戱"。
〔三〕轍　《山右》本作"輙"。
〔四〕峩　《山右》本無此"峩"字。

漢河間獻王君子館專歌爲仙露同年賦

以下五首失年月，似在己亥後

漢興蕩除挾書律，如日杲杲生於東。三輔邸舍廓有容，礝砆金玉錯其中。坦坦大河壖，神禹廝二渠。獻王築館河之瀕，實説禮樂敦詩書。蒲輪竭來嘔夷水，河北諸儒爲王起。蘭陵客死緒未棼，毛貫諸公盡君子。君子幾凋零，王功在六經。渠渠夏屋漫荒榛，宵深秋艸飛亂螢。螢飛猶傍獻陵陌，一犂鑱破宫垣碧。先生嗜學真古人，諏經寫韻恆齗齗。斟酌毛鄭得其醇，一墼天獎汲古勤。夜來或見夢，夢覿陶生面。如舊相識情繾眷，從容抉剔手蠟氊〔一〕。奴隸郭香躪曹全，西京隸法今流傳。世間何物足相儷，魯國新槧五鳳專。

【校記】

〔一〕氊　《山右》本作"氈"。

鄒雅存《芝田養秀圖》〔一〕雅存欲歸田課子，姚伯昂爲寫此圖

君不見蘇長公，病鶴不肎爲人娱。又不見王荆公，白鶴傲不受招呼。長松如龍龍氣矗，挐雲入天誰能扶。樹根老翮將新雛，芝田葉葉春苗敷。沖宵昂壑常態耳，華陽真逸今有無。一陽卦氣驗中孚〔二〕，鳴陰有子和不孤。於戲！鄒君風骨清臞宋林逋，梅花萬本江南廬，扁舟何日青暘湖？

【校記】

〔一〕養秀圖　《山右》本作"養畬秀圖"，衍一"畬"字。

〔二〕驗　《山右》本作"驗"。

丁雲朋《羅漢》，爲孟星槎題

婆羅之樹青丸丸，申眉一笑回孤鸞。奄然右臥其神完。《法苑珠林》："若右脇臥者是出家人臥。"師子據地稜威單，旋頭詎能馴厥桓。帖伏不踐行葦敦，是其名曰大涅槃〔一〕。《涅槃經》："我於此婆羅雙樹大師子吼者名大槃。"鐫諸尊勝義不刊，休寧志師今龍眠。白描造妙無韋韓，語本《畫録》。偶然恣筆絢碧丹。佛果應證須陀洹，記昔追游到上闌。十八尊者繪僧垣，秋老日昳取火觀。攫摹衣褶搴其鬟，却召我友吴通元。尺縑一一留真顔，粉本甫脱來班禪。流汗膜拜膚粟寒，海淀淨明院有雲朋畫十八尊者，友人王丹麓縮臨一本，稿甫脱爲班禪之徒乞去矣。達瓦齊城窣堵巑。鐵門異獸困角觿，乃知龍象鬱肺肝。神力不杖弧矢關，循摩歡喜雜贊歎。金銀易布緣良慳，舊題更憶劉松年。宣和苑本餘凋殘，戊臘在江陰爲祁春圃學使題劉松年羅漢卷。吴南鄴北榯兩山。榆欓支處珍雲漫，我生蹤蹟何闌珊。

【校記】

〔一〕涅　《山右》本作“湟”。

吴縣章氏雙節吟〔一〕吴縣學生章佶、章倬。佶婦王歸佶二十五日而寡;倬婦潘歸倬十一年亦寡,生二子安誼、安止。以安誼後佶,而安止未及冠殤,於是王有子,潘乃無子。潘不慭,命俟安誼生子,子安止奉倬祀

瓏瓏棠棣花,秀茁姑蘇臺。旎旎桃李枝,生傍臺之隈。桃花未實李雙子,棠葉飄藞棣又死。却搴僵李續桃根,棠棣榮華本性存。雨蕭蕭,風烈烈,大野繁霜變成雪。雪壓秋林百卉腓,李枝重染啼鵑血。嗚呼!桃昔無實今尚花,李經霜實如枯槎。冬心迢遞盼春歸,嚙碎茙茙繼命絲。園林觸腰紛紅紫〔二〕,更杖桃根續僵李。

【校記】

〔一〕吴縣　《山右》本作“吴廉”。
〔二〕腰　《山右》本作“噢”。

題王太宜人貞孝册子歙王子懷茂蔭農部之祖母

自古鴛鴦合雙死,不死亦不僅爲巢中雛。斑斑血淚上蘼蕪,收淚茹血心踟躕。游子歸魂望眼枯,堂上君姑復祖姑。健婦作兒反哺烏,夜火黯黯啼呱呱。脱釧解繻被服麤,重簾邃幕春風蘇。垂五十年冰與茶,大耋乃見文孫殊。

鳳書鸞檢輝門閭,老稺奔波婦孺扶。貞孝之頌阿母臚,阿母一笑非吾圖。羽車雲葆夫豈誣,惟吾初志矢弗渝。嗚呼!母志弗渝神鑒諸,君不見齊雲黄岳天子都。明霞照耀山之隅,百鬼争爲母前驅。

題吴荷屋中丞《度仙霞嶺圖》以下二首代人作

石磴盤盤三百六,《宋史》:文惠公北征,築嶺道三百六十級。曉起霞丹暮凝緑。怳惚芙蓉手倒把,播灑花光滿巖谷。樵風吹水雲鱗開,先生乘桐嶺上來。春霞温養春更多,候吏瓶攜甌江波。熟知使君清而和,一年持節三來往。澗碧巖紅飽幽賞〔一〕,山頭江郎解語無?事見《太平寰宇記》。應爲使君慰鞅掌,昔聞名勝慣神馳。今攬此圖意倍移,石罅珠旒一穗噴〔二〕。想見先生却顧時,我時亦銜星詔出。高建英簜渡湘灘,豫章匝月苦低溼,梧桂忽贈香迷離。某亦於是年典試江右,旋奉命視學粤西。東閩西粤隔重嶂,引領猶得遥相望。歸來共話蓬山下,游脚唫眸兩無恙。先生平昔游蹤寬,結束雲山入畫欄。披圖洗眼回塵夢,彈指聲中十五年。

【校記】

〔一〕澗　《山右》本作"澗"。

〔二〕噴　底本作"歕",《山右》本作"噴"。

題趙蘭友太守《同舟測海圖》

昆侖一柱天雲參〔一〕,河出其北江其南。語本《徐霞客游記》。旋沌注峽走東海,鬥龍港口濤聲酣。涼潮夜卷白沙涌,尻高腹陷微波含。使君綰綬來江潭,東亭日落相窮探。劉徽面綫心所諳,舟行不到空留淹。老犍負波出奇妙,海中以牛挽舟而行。艕聲鞭影争趁趯。天容黇蕩開澄鮮,神山倒影窺晴嵐。相從二客各撫掌,壯觀一洗游人慚。敬聞聖人廑閭閻〔二〕,餘澤淪及蚌與蚶。竝海民家家無儋,隻雞供頓爭肥甘,燂炰試撥張融鹽〔三〕。回舟絮話謀粉本,扇頭摺疊輝雲藍。

濡毫更作紀行詠，微茫不似瀛洲談。北京塵土疲兩驂，拈髭拂素心婴嬈。它時好事覓題函[四]，封墩春艸垂毵毵。

受業歙縣徐景軾校字

【校記】

〔一〕昆侖　《山右》本作"崑崙"。

〔二〕廛　《山右》本作"厘"。

〔三〕融　《山右》本作"蝸"。

〔四〕覓　底本作"覔"，《山右》本作"覔"。下同。

月齋詩集卷二

平定張穆

五言律诗

春圃五兄惠盆梅賦謝以下二首在丁酉戊戌間

老屋黯無色,江梅入座春。偶然香欲動,漸有蝶相親。酒床扃來久,花欄曠未循。挑鐙青鏡裏,起舞尚能神。

立春日送硯屏小銅罏與念慈賢姪

硯小屏風短,罏温木火紅。未能訓夏屋,聊以助冬烘。驥子詩情鋭,虎兒才力雄。可憐飛動意,垂老媿黄童。

通州道中喜逢俞理初孝廉以下二首戊戌

老作諸侯客,箸書難療貧。感君垂素髮,令我倦黄塵。身世扁舟隘,江皋夜雨新。喜逢兼惜别,蛟鱷尚横津。

十一月淮安試院雨

淮雨連江暗，霜風萬木枯。竹疏雲氣沍，鐙定凍痕蘇。瑟縮縈鄉夢，艱難媿壯圖。却愁中瀆水，寒殢射陽湖。

苗先路同年《寒鐙訂韵圖》〔一〕以下二首失年月

不是犖經熟，誰知正始音？四聲排沈約，十部法亭林。俗説迷通轉，精思縱繹尋。沮倉如可作，應鑒夜鐙心。

【校記】

〔一〕韵　《山右》本作"韻"。下同。

和張曉山舍人夢中得句元韵

可能塵境外，别自覓仙鄉。館有夫容瑞，庭餘文字香。野雲無意合，池水自然方。相識應嫌晚，從游漫褰裳。

攝山棲霞寺以下二首戊戌

夙有棲霞夢，今來興不孤。一窠濃翠涌，五粒穉松敷。江色牽能遠，秋情寫未蘇。風華總持筆，寺有北宋摹刻陳江令碑。遒婉上元書。唐上元三年，高宗御撰明徵君碑，高正臣書。借徑僧諧俗，尋苗鳥集枯。山多奇艸，可佐藥資，攝生山得名以此。無因證初地，且復事東趨。

題宋劉右宗十八尊者卷，得晨字

此卷春圃侍郎得之於壽陽崇福寺僧，卷末題云："余宣和避亂，流落江左，無聊信步，遂詣沿江尋幽，偶住白雲寺，與高僧談佛法甚久，喜而繪此十八尊者，以謝車輅。院待詔劉右宗識〔一〕。"右宗，爵里無考〔二〕，惟鄧椿《畫繼》屋木舟車門所載劉宗古，其蹤蹟畫法與此脗合〔三〕，而名則誤倒，且訛"右"爲"古"。李申耆先生又云："江陰縣西青山，其東南兩峰間有白雲菴。志稱宋時建，與畫中所題'沿江尋幽，偶住白雲寺'者合。當係侍郎伯祖北溟先生宰江陰時得此於緇流，歸而佈施於崇福者。"趙璧既歸，而侍郎節院又適在北溟所治之區，亦奇緣也。戊戌十二月，侍郎出此卷，置酒屬客題之。

支提荒艸没，佛笑久逾新。江外濤千疊，花邊褶半皴。滄桑餘涕淚，貝牒悟根因。象力珠函秘，花光寶鏡春。風煙幾消蝕，頭鬘尚精神。畫學徽皇粹，徽宗崇寧二年立畫學，考畫之等，以筆韵高簡爲上。右宗供奉祐陵當在此時。桐鄉舊吏循。旍賢時澤沛，觴客夜鐙親。訂拍唐摩詰，多文魯史晨。偶然傳破壁，終定合延津。實體工非易，顧亭林語。憑君什襲珍。

【校記】

〔一〕待　《山右》本作"侍"。

〔二〕考　底本作"攷"，《山右》本作"考"。下同。

〔三〕脗　底本作"脗"，《山右》本作"脗"。

無賴南征，柔牽北邁，感懷述德，凡五百言，留别春圃侍郎、幼章太史己亥

旅食知何底，飄流齒髮昏。退飛隨社燕，躑躅買歸豚。河泲南來浩，江淮東去渾。津柎綽電轉，節仗沛雲屯。材力秋荼悴，羈棲夏屋尊。低心研故紙，恃直瀝狂言。終信金能斷，全忘玉有璊。花留吴苑好，醴喜楚筵温。賦分甘荒野，承家媿德門。聲施仍艾豭，骨相柰虞翻。芸蝕書千袟，塵餬繡幾番。李姚誠克子，王謝定賢孫。江霧迷英簜，庭霜折樹萱。雞斯餘弱息，雌伏竟偷存。淚漬英公竈，哀深仲氏墳。那無商瞿望，並斷阮修婚。魚釜虚晨爨，鶉裘付夕飧。凄涼對邱嫂，黽勉荷諸昆。病馬悲虞坂，荒雞悵曉暾。功名慳半芋，通塞付重閽。衮衮諸公貴，茫茫下士奔。學知荒魯淹，徑敢借文園。客久餐錢秏〔一〕，情深舊譜惇。譽爭馳豹鼠，談屢墮昆侖。僅博侏儒飽，難諧世俗論。殘經護緜墜，漏屋酌釵痕。木雁憑相擇，凫鷖自在亹。時聞次室嘯，天笑杞人捫。星本元枵朗，胸猶夢澤吞。士羞三戰怯，魄訝十饔繁。舉火重相待，梯雲豈冀援。瞻依寒露久，嘘拂曉風暄。鼎貴榮桑梓，旍賢任輊軒。龍衡驚入洛，草澤謝窺藩。近市悲擠井，排紛念東緼。長懷叔子惠，圖報季心恩。結習餘嘲謔〔二〕，披誠息詐諼。易奇持戟朔，善隱絶纓髡。洞牖搜新奥〔三〕，榛蕪剔舊樊。應緣騰口説，早合慎兜鞬。高木無凡鳥，坳堂起巨鯤。何曾譴楊政，況肎負劉琨。良訊輝文綺，端居襲芷蓀。從來似卭岠，何止眷鶉貆。多士競鸞翥，老成徠虎賁。不憂皮相拙〔四〕，稍畏大車哼〔五〕。負矢虚前導，憑船昧故邨。眴山尋去絡，漣水究真源。鵩賦攄長策，驪歌塹短轅。異時京國會，盼注酒盈罇。

【校記】

〔一〕秏　底本作“秏”,《山右》本作“耗”。
〔二〕謯　《山右》本作“謯”。
〔三〕新　《山右》本作“契”。
〔四〕憂　《山右》本作“戞”。
〔五〕哼　《山右》本作“哼”。

失題失年月

凍閣雲陰迴,天横練影拖〔一〕。庭空飛雪舞,窗静曉寒多。狂喜忙開户,頻窺漸没渦。池坳微欲凸,橋腹已如皤。仄徑纔通埽,遥山竟失峩。鏗聲東郭履,險韵北臺歌。粟貴開金穴,民貧媿素紽。經儲籌積貯,至計久竛竮。念切秋霖蹇,難將夏屋羅。一時迷射的,萬畝頌宜禾〔二〕。天意須中酒,吾生歎逝波。杯深浮灩瀲,壺缺雜吟哦。奏記才猶短,登堂禮不苛。新書商賈誼,古義訂祁它。斟酌情初洽,荒寒日易矬。亂花紛滸繞,峻嶺疊蓬婆。僵卧袁安宅,從游枚叔科。空林散棲雀,暮鼓咽鳴鼉。屋小宜烹茗,宵深感荷戈。欣馳畺吏奏,三白兆時和。

【校記】

〔一〕影　《山右》本作“彭”。
〔二〕畝　《山右》本作“畞”。下同。

七言律詩

題胡褐公《金陵勝蹟》畫册丁酉

褐公,名玉昆,字元潤,上元人。周櫟園最愛其畫册。後有方雪瓢先生跋云:"余邑怡翁周先生負高才,多怪少可,著有《荒薢園稾》〔一〕。晚歲游金陵,師事田間先生,與褐公望衡而居,晨夕過從,得褐公畫最多。此册二十四景〔二〕,皆先生游屐所至。有詩,有記,載《荒薢園稾》中。"云云。册今歸條山農部,因何子貞同年屬題。

勝蹟模餬見六朝,唫身畫筆總無憀〔三〕。鶯飛不度長干塔,龍去空餘白下潮。荒薢園深杯酒熟,田間生老墨痕銷。事具雪瓢先生跋中。雨窗頓展南游眼,盼斷宣亭巨齒橋。

【校記】

〔一〕稾 《山右》本作"槀"。下同。

〔二〕此册二十四景 《山右》本作"此册十四景",無"二"字。

〔三〕唫 《山右》本作"吟"。下同。

送尹實夫年丈觀察蜀中四首以下五首在戊戌前

秋山點翠上行幐,北宦西來路舊經。賸有鬢霜驚隴吏,喜饒詩豔媵家丞。經傳石室漢高朕,渠鑿離堆秦李冰〔一〕。惠績伫通鸞鶴奏〔二〕,飛銜褒詔下艑稜。

關右循聲簡帝心,仰勞温語到園林。割將寸寸滇池色,悔聽飛飛杜宇吟。難祕老材崇國枳,重縈繡服潤華簪〔三〕。阿珍況是同清宦,敢憚關河載驟駸。

蜀山萬點鬱青蒼，蜀水交流滕遠檣。萬里關河迓循吏，百年家世重南荒。文高治績今猶見，珍貢聲名老益彰。爲報使星今更耀，府中李郃漫推詳。

循問曾叨聖主諮，心存許國敢言疲。傳經文度同清宦，問字小同常下帷。從古籲雲須老驥，至今壓水賴秦犀。臨岐爲作殷勤送，寄我華陽載道碑。

【校記】

〔一〕堆　《山右》本作“堯”。
〔二〕伫　《山右》本作“佇”。
〔三〕繡服　《山右》本作“服繡”。

讀錢南園侍御《文存賦》，憶何子貞同年曾許以侍御真墨相惠，久未踐諾，即寄此詩索之

白虎睢睢遏九閶[一]，當車罕復見螳螂[二]。孤根崛起西南徼，直筆難阿政事堂。傳有詔書褒汲黯，敢持正議責王祥。先生箸《王祥論》，深責其不忠。平生方鯁留心畫，願乞來禽鐵數行。

【校記】

〔一〕閶　《山右》本作“閤”。
〔二〕罕　底本作“罕”，《山右》本作“罕”。

獻縣紀文達公故里以下十三首戊戌

日華宮圮經神絶，紅杏園荒詩骨枯。天爲斯文留斷簡，地逢昭代起名儒。韜胸緯略排中壘，信手文章衍大蘇。日暮景成東望久，童

童喬木繞雲敷。

舟次高郵，有懷賈惠人先生名亮采，故平定知州

塗出西州意愴然，文章政績定誰先。一鄉公望秦淮海，秦少游，高郵人。半世僧居賈閬仙。先生未四十喪偶，遂不再娶。直吏朱雲容亦冐，瀛少泥非公不至之義，未嘗執贄門下也。欲官徐幹更無緣。幹嘗除上艾長，以疾不行。見《魏書》注引《先賢行狀》。環城四壁黏天水，即用淮海詩。點鬼詩成泣涕漣。

送蓮西大兄歸里，用春圃侍郎《登君山送别》元韻

鄉園日日祝刀環，三寸黄塵黦客顔。温酒共憑臨水榭〔一〕，攜笻獨上瞰江山。君山本名瞰江山。邊鴻有信申芳契，野鶴無心問大還。我本情懷牢落甚，不堪鳥語聽關關。

【校記】

〔一〕憑　底本作“凭”，《山右》本作“憑”。

病起書懷，時蓮西倣裝將發〔一〕，即以奉柬

莫笑使君如瓠壺，半生浪迹水中鳧。春風步障人難覓，夜雨江皋夢易孤。酒爲尊空屢求益，言因伎懩不能無。用《史記·刺客傳》語，顔黄門曾辨之。羨君早決西歸計〔二〕，一棹扁舟出五湖。

【校記】

〔一〕裝　底本作“裹”，《山右》本作“裹”。

〔二〕決　《山右》本作“决”。

如皋舟中

海氣連天不可扃，深宵涼雨夢吴舲。蘆花爭我頭先白，山氣溼人衣更青。南雁叫羣沈遠浦〔一〕，北人回首向長亭。客懷無賴渾如醉，漫罄沙頭雙玉瓶。

【校記】

〔一〕叫 《山右》本作“呌”。

送趙君心園歸壽陽，用春圃五兄韵二首

時心園遭兄喪，議葬事，故次章及之

橐筆拼爲王粲游，南來洗眼大江流。還家有夢牽鄉樹，歸計無端阻石尤。久議歸〔一〕，以主人事愆期月餘。莫共老聃同坐井，早從大馬得捶鈎。寒濤百尺浮秋艇，狎浪紛紛笑海鷗。

山園風物近何如，萬竈炊煙逼歲除。卑耳塗應循老馬，秋風起不爲鱸魚。艱難閱盡羞爲客，骨肉恩深且讀書。灑到題令原上淚，墓田寒食艸新鉏。先仲兄殁八年，余於昨冬始襄葬事，有媿心園多矣。

【校記】

〔一〕議 《山右》本作“義”。

徐州試院寄懷，次叔穎《校射》韵二首〔一〕

容易銷磨客子春，青袍深黦陌頭塵。曾經河泲江淮路，拼作東西南北人。詩卷閒抛丁野鶴，聲名敢抗李于鱗。何如射雉郊原外，博

得將軍一笑新。

背城餘燼信危哉，事去空爲南宋哀。謀國驚聞良士盡，奮椎新見大儒來。主非烏喙申胥憤，羣有龍媒伯樂猜。一衄符離竟殘局，始知絳灌亦雄才。

【校記】

〔一〕二首　《山右》只有"二"，遺漏"首"字。

除夕雨二首

連宵寒雨莽江潯，鐙火家家夜漏沈。心氣漸同秋鶴悴，行歌嬾復候蟲唫。解難强索盤中曲，彈不成聲壁上琴。卻莫浪言歸去樂，崢嶸歲事緩相侵。

犖落江南老客星，那堪别怨倚空舲。春風吹鬢花如夢，江月陵寒雨易成。天上閧傳司命醉，人間賸有屈原醒。年年好語渾難信，又聽朝來賀歲聲。

題蔡小石《冶春》第二圖二首一名《填詞圖》，湯雨生畫

鶯夢初回緑樹枝〔一〕，魚心晴展碧琉璃。曉風林外花千片，夜雨樓頭酒一卮〔二〕。春去何關才子事，情多合撰女兒詞。虧君不管人腸斷，寫到韶光爛漫時。

湯生畫筆濃如染，蔡子詩心妙若花。未免多情衆香國，那能無恨列仙家。圖中可許添春水，人世應難隸少霞。只有階前雙白鶴，不將幽怨到雲鴉。

【校記】

〔一〕緑　底本作"綠"，《山右》本作"緣"。

〔二〕卮　《山右》本作"巵"。下同。

和東萊侯瘦鶴《留别》元韵，辛丑九月十四日

谷口今誰識子真，鹿裘難燠歲寒身〔一〕。學從漢後多傷巧，思到窮時轉自神。絶筆何緣窺墨妙〔二〕，東萊山中多北魏石刻。杜陵無柰作詩人。爲君滿載雲亭酒，蕩滌東歸衣上塵。

【校記】

〔一〕鹿　《山右》本作"麗"。

〔二〕墨妙　《山右》本作"妙墨"。

壬寅春二月，薇卿六兄以事至都，不數日遽歸。賦此奉餞，竊附淵路贈言之義云爾

覆雨翻雲世態忙，承顔斑綵樂渠央。東風容易成新緑，南雪艱難發古香。聞南中積雪凝寒，正月末梅花尚未開也。萬里應遭學鳩笑，百金爭鬻不龜方。歸途若遇影纓客，莫漫攄懷解佩璫。

和鄭朗如《大理梅花》元韵六首失年月

骨格從君更細論，試凌深雪到前邨。詩心鄭重酬金谷，酒客尋常倒玉尊。賸有幽香浮老樹，也饒春色在衡門〔一〕。更誰寫得横斜影，幸是宵來月有恩。用真山民詩語。

二月春風桃李濃，那知冰雪鬱三冬。人從開後頻相覓〔二〕，花到寒天别有容。入鏡自能成淺暈，和煙無語認孤蹤。不辭爲汝千回醉，流水疏籬到處逢。

枝頭偶爾逗春光，玉女應羞時世妝。未必鼎中皆有實，果然天下更無香。翻用張宛邱詩意。任教别種標檀磬，誰信吴儂是木腸。隨分作花隨分落，可憐歲月去堂堂。

春光縱好未須爭，世外蕭然氣自英。漢苑徒聞詩紫蒂，見《西京雜記》。孤山何暇問蒼生。銅瓶歆徧香還瘦，玉管吹殘酒易傾。冷絶翻愁時世賞，嫌他老鶴尚多情。

最憐西北苦寒天，遲向花前結酒緣。暖氣難回空谷律，凍雲欲沍上林煙。瓦盆供養偏宜火，紙帳温馨鎮好眠。一例也歸熯洊手，京師梅花亦唐花也。引人清夢到梅邊。

體襲芬芳夢不空，由來氣韵本相通。幹經百淬精神瘦〔三〕，雪滿千枝翦刻工。蜂蝶任來花謝後，琴尊宜趁月明中。料應只有楊公濟，解聽仙人佩玉瓏。

【校記】

〔一〕春色 《山右》本作“香色”。

〔二〕頻 《山右》本作“臏”。

〔三〕幹 《山右》本作“榦”。

五言絶句

蔡小石行看子二首戊戌

酒熟鸝三請，春深鶯一鳴。萬花飛舞處，回首石頭城。虎踞龍蟠地，詞人俠氣多。不愁無艇子，檻外柰煙波。

七言絶句

題吴荷屋中丞《石夢詩畫册》即用元韵二首丁酉

石畫因緣訂米家，霞標高處記停車。先生方以《度仙霞嶺圖》屬題。人間自有丹山格，一夢蒸成面面砂。

詩人風皃認家家〔一〕，媿我頻追載酒車。寄取湖州蘇長史，可真爍石變靈砂〔二〕。蘇子美題《石月屏圖》有句云："彤霞爍石變靈砂"。

【校記】

〔一〕皃　《山右》本作"兒"。

〔二〕爍　《山右》本作"礫"。下同。

宿遷道中三首戊戌

横岡宛宛樹青青，煙翠浮空儼畫屏。滿眼雲嵐遮不住，夕陽林外御詩亭。永濟橋北里許有純廟御詩碑亭。

小雨霏微野更青，湖田界出畝從横。饁耕健婦仍簑笠，喜直朝晴又晚晴。湖田以微旱獲稔。

赤沙青艸冬方涸，絡馬湖頭夏不波。夜静似聞蚣蝑語，秋來慣聽采珠歌。

題陳淮生户部《金門宦隱圖》二首辛丑四月十九日

借得鄰家樹一株，隔牆分碧蔭吾廬。閉門不放紅塵入，何事靈均更卜居。

羨君小占園林勝，靜掩雙扉竹數竿。料得清貧有真味，雨餘新筍亦登盤。

題鄒雅存先德《天空息鶴》遺照以下八首失年月

處士風流餘水石，胎禽意態本雲霄。一從鷇得新雛後〔一〕，不復霜天炫羽毛。

曾攬芝田養秀圖，鶴雛喜又鷇新雛。高尋天步平常事，莫忘梅花繞舊廬。

【校記】

〔一〕雛　《山右》本作"鶵"。

題牛師竹觀察《松陰課子圖》四首代祝蘅畦閣學作

茸屋一區足唫歗，藏書萬卷手鉛黄。君家學脈吾能説，湧碧高樓校禮堂。湧碧樓見文正師詩注，牛氏之世業也。次原學術得於凌仲子先生者多，今《校禮堂集》猶載與次原書數通。

比鄰尚記城南日，雅奏塤篪共往還。某幼侍先君官京師，賃屋與師竹先生近，次原又與先兄同年，來往最密，故得早相識也。豈但里仁猶總角，鳳宸仙吏亦朱顔。隋牛宏，字里仁。

乾嘉老輩風流盡，圖中多老輩題詠。游宦中年閱歷多〔一〕。相對寒鐙話疇昔，居然兩叟鬢絲皤。

拂雲早又鬱孫枝，師竹先生長孫伯玉。三見薇欄爛漫時。記取老松風骨健，長留清蔭護門楣。

【校記】

〔一〕歷　底本作"歴"，《山右》本作"歷"。下同。

失題二首

大江東去濤聲壯，長笛高樓壓晚秋。爲有洞蛟潛出聽〔一〕，夜深虹氣貫槎頭。

昨來攜得影纓客，鈴語分明替戾岡。何事山僧難撒手，也將幽怨譜伊涼。

【校記】

〔一〕潛　《山右》本作“潛”。

敬案：以上二卷起丁酉訖壬寅作，舊稿散亂。今分體約略編次〔一〕。後二卷起癸卯訖己酉作，原稿依年月編次，今不復分體。

壽陽祁世長校字

【校記】

〔一〕略　底本作“畧”，《山右》本作“略”。

月齋詩集卷三

平定張穆

題吕堯仙編修《古專文拓本》癸卯七月初四日

慕古情日顓，俗尚皆失職。異文訂斷碣，細款辨寶鬲[一]。金石徧氊蠟，幽尋到瓦甓。盤洲箸録來[二]，世益勤翠墨。浙馮聚稱夥[三]，嘉興馮登府有《浙江專録》四卷。皖吴工摹勒。桐城吴廷康。幓令六書學，漢後哆獨得。兀抱尚友懷，官奴郡齋寂。堯仙專文多從其先德官寧波太守時得之[四]。寤夢有默契，攟拾昧柸棘。鹿山游屐折，庚定宫堧防。託始漢五鳳，紀年鈞魯國。隸體漸解散，點畫初側趯。永和八法具，禊敘證無忒。内凡晉永和三、六、七、八、九年專五，又一專有王氏字，阮相國疑即右軍同族。晉宋好書手，一堂快良覿。劉蕭四姓嬗，隋唐千祀歷。筆法閲流變，淳绛爽其則[五]。古人慎作事，微物有必敕。冐付俗工匠，戈磔莽陵轢。慕古不知古，雖多亦何益。懿哉吕太史，苔蘚親濯剔。芒肖燕尾差，暈留土花蝕。塈周嚴昔制，燒專詳近式。堯仙引《檀弓》之塈周，《嚴氏家訓》之燒專，證古者葬必用專，極精覈。二百五十羨，著録者凡二百五十三專。餘思猶横溢。一鑿遠相媵，矜重逾宏璧。遺余最初本，欣賞百朋錫。劉覽拓專圖，棐几來古色。壽春廉墓文，李申耆先生得廉頗墓專於壽州。河間君子德。苗先路得河間獻王君子館專。側聞稍稍出，擴我隘古識。鬼神隱呵護，虚空過辟歷。

【校記】

〔一〕辨　《山右》本作“辧”。下同。
〔二〕洲　《山右》本作“州”。
〔三〕夥　底本作“夥”,《山右》本作“夥”。
〔四〕寧　底本作“甯”,《山右》本作“寧”。下同。
〔五〕其　《山右》本作“共”。

述懷感舊六十韵,爲老友安丘王毋山先生壽

七月初七日

總丱出見客〔一〕,談論儼成人。詞館舊名輩,賞我氣不馴。會稽舅氏行,莫寶齋先生。宏識鏡人倫。講德抉根奥,聽倦客欠伸。幼眇欣有會,請辨恒齗齗。賞我具夙慧,汝器天廟珍。九載困鄉井,凶喪丁一身。穆自癸未夏侍母西歸,奉諱家居,庚寅仲兄殁。壬辰正月始復入都。囊穎時一露,激歎不逡巡。斯時意氣濶,章句未盲循。高心躡姬姒,世儒陋轅申。新安亦父行,程春海侍郎。厓岸頗嶙峋〔二〕。賞我文錦爛,妙詩女手鶉。侍郎贈詩有云:“詎知鶉兮手,文錦薦美珏。”俞君夥大儒,精博蘭陵荀。客邸一解后,過從輒頻頻。跟踵偶别異,相訪荒江濱。己亥春,理初訪我於江陰〔三〕。許君起日照,家法洨長遵。視我十年長,蛩巨兩相因。此外尚二三,交際亦云醇。最後得安丘,投分俞許均。安丘與俞許,誼亦曩季親。祝犂大淵獻,我菁文字屯〔四〕。俞君在南服,馳書來相詢。許君屬目擊,奔愬詞激辛。安丘搤老掔,敢憤不敢嗔。不傷斯文玷,所傷原憲貧。意異情則同,氣類吾輩真。俞君倏云亡,白門送歸輴〔五〕。庚子夏,理初卒於金陵惜陰書舍。許君迫飢驅〔六〕,沛上皋比新。年來印林掌教濟寧漁山書院。閉門輦轂下,秋鴻弗我賓。安丘時示過,間隔無兼旬。自言賦性狷,未能涇渭泯。老年結新懽,相杖如戈穫。再拜銘君貺,敢復判畦畛。惟君六書學,析理猶析薪。桂氏達神恉,多岐非通津。段嚴稍識例,大路仍莽榛。契悟所開豁,逵慎未敢臣。學山學夫岱,

導江導自岷。築室始平地,樓觀俄連闉。甹櫱根大木,寸銖纍百鈞[七]。説解十四卷,研尋三十春。未及俞之大[八],已兼許之純。小學貫羣籍,顛極君實臻。所嗟海氛惡,偃蹇横巨鱗。異芒出天苑,大河浩無垠。彫㟭罹創痏,羽檄馳紛綸。自乏鉛刀用,徒爲懷葛民。尤慙鄭公德,威望壓黄巾。君年今六十,盛德日闇闇。端居殫箸述,夕惕總若夤。行復將作吏,小試膏雨郇。疾惡勿太甚,摘伏斯若神。因其渾渾樸,達吾勉勉仁。無以字斷法,雅訓心所紉。索居縱可歎,高詣足陶甄。御龍古有劉,相馬今無歅。久分填溝壑,亦實戒風塵。儻得綴殘斷,儒理還份份。以此從君後,庶無媿薦紳。祝君勵偉績,老節森霜筠。即以君名爲祝也。

【校記】

〔一〕卝　《山右》本作"艸"。
〔二〕岍　《山右》本作"岸"。
〔三〕己亥春,理初訪我於江陰　《山右》本作"己亥,理初春訪我於陰"。
〔四〕字　《山右》本作"宇"。
〔五〕艙　《山右》本作"輪"。
〔六〕迫　《山右》本作"追"。
〔七〕纍　底本作"絫",《山右》本作"纍"。
〔八〕俞　《山右》本作"偷"。

題程震北葆。《秋鐙課子圖》甲辰五月初六日夏至

新安侍郎今詞宗,巨筆盪摩排閶風。三世交情海内鮮,我昔謁公方成童。童癡未解讀書味,辜負慈母宵丸熊。長大歸來重相見,公時屬艸蓬萊宫。爲言曲江新年少,有叔英英尤文雄。俗眼知羨成名早,孤兒樹立非艸艸。太君詩禮舊嫺熟,鐙昏月落心情槁。江上洲荒艸堂静,書城學海恣尋討。鳴鳳輝輝五色華,捷書馳報江之涯。回念寒機短檠側,書聲驚夢回鄰家。鄰家少姬今始媪,哆向里巷羣

兒誇。我存此語在衷曲，轉益傷心鮮民酷。龍蛇歲運期再周，華屋山丘枉棖觸。幾回痛哭黄壚掩，書簡飄零愁嗣續。侍郎殁，未幾，子儀孝廉繼亡，遺孤甫四齡，悴弱可念。昔公賞我才縱横，流轉十年百患更。長安閉門秋意晚，涼雨瀟瀟開決明。打門忽報高軒過，慰我生平鷗鷺盟。開圖極覽覽未畢，上有侍郎陵雲筆。作詩紀實詩猶話，證以昔聞詞如一。固知我公不妄語，益歎太君賢無匹。有子才如蘇長公，請爲剬銘奠幽室。

題廬陵王氏兩世孝録

曾閔風雲邈，祥覽亦不作。孝弟根性始，俗何日偷薄。猜防起骨肉，庭堂區徑壑。廬陵有義門，琅邪閈閎拓。五世以孝聞，兩代蒙楔綽。父躬薛包義，子罄老萊樂。父申籲天譋，子馴摯獸惡。父邀白烏異，奇祥昊穹格。子廬丙舍旁，春回杖桐活。更有珍泉涌，峯曲便斟酌。宵人感至誨，變行奉束約。推孝及弟昆，韡韡燦華鄂。推孝及姻黨，殷殷敏酬酢。推孝及鄉閭，烝烝化先覺。孝德洽神明，感通逾烝礿。闇修報更奢，如穡秋則穫。敬惟年丈人，霞九先生。循聲蔚琴鶴。纏腰足艾綬，贈章何纍若。假歸繞墓樹，懽忻動烏鵲。世德庸有俟，似續隆構臒〔一〕。我讀旌孝録，請爲陳其略。并以詔世俗，古人重天爵。

【校記】

〔一〕臒　《山右》本作“臒”。

爲朝鮮貢使李藕船尚迪。題其師金秋史正喜。所畫《歲寒圖》，即奉簡秋史，秋史慕中朝儀徵相公之學，故別署阮堂云乙巳正月二十五日

昔從徐孺子，獲聞阮堂名。畸士來樂浪，祕笈耀東瀛。前編補玉鑑，盛業恢松庭。朱氏《筭學啓蒙》中國久軼〔一〕，阮堂於其國得之。戊戌春來京以贈徐鈞卿觀察。阮堂所慕阮，見之喜且驚。趣付剞劂氏，及門校筭精。原袟珍弆處，選樓峙高甍。儀征相公得朱氏書，屬羅君次球校筭付梓，原本貯文選樓。老阮屋其下，箸述老愈成。薹勤古衛武，舊訓搜遺經。新箸《詩書古訓》成。一函遠相貺，俗耳乍磬謍。端蒙初客首，觴客拓軒楹。家仲遠大令。阮堂高弟子，納琛達神京。知我阮堂舊，袖圖出冬榮。嗟此後凋節，遐隔一水盈。敬以老阮書，用慰阮堂情。亭林顧氏譜，新梓快合并。穆以《詩書古訓》及《亭林年譜》寄阮堂。得意與失意，絜量鴻毛輕。區區汲鄭慨，圖意如此。仍然世慮攖。願回竈觚聽，金石劇歌聲。願彊儀徵教，相業鬱崝嶸。

【校記】

〔一〕筭 《山右》本作"算"。下同。

追和趙蘭友觀察《歸田留別同官》元韵十首二月初六日

一飧一宿見因緣，仕宦相羊況有年。封壅海陬良偶爾，有《測海圖》。放言巖下自超然。

摩挲章綬意徐徐，病鶴人猶歎不如。官過邴生六百石，裝餘惠子五車書。

盛游定復憶承明，雅好難忘書畫評。自有煙霞生老腕，能無感慨

入詩情。

澗芷江蘺采摘頻，刮摩蕭艾不逡巡。偏從文字申殊契，拔識江南第一人。分校南闈得潘生鍾。

學術恢奇謝奉尋，獨留悃愊在人心。可須今代皆工畫，爲寫垂街桃李陰。

落落襟懷不繫留，載將美酒滿歸舟。江神慣被坡仙謾，爲問歸田得計不。

秋春科目喜聯緜，鄉、會試皆與先君同年。接侍琴尊亦舊緣。濟世深慙成瓠落，從公敢復效觚圓。

繞階嘉樹拂闌干，玉友金昆屬二難。供具餘財疏仲減，瀕荒老屋杜陵寒。

故里歸來信快哉，卅年風物互驚猜。珣琪許逐安車返，暫歸省墓，夏初將復來京寓。月蚌先隨驛使來。許以奉天生蛤蜊見貺。

輪蹄纔得息馳奔，一室懽然骨肉恩。共羨家風追石奮，欣承賓閣闢公孫。

平津侯鏡歌，爲呂西邨世宜作三月二十七日

西邨，同安人，穆曾見之。陳頌南侍御坐上鏡，以建初尺度之，徑七寸九分，厚二分有半，唇倍之。重今權二十八兩九銖强。青龍紐，鐵環貫之。紐上有方印繆篆，不可識。紐下一凹圓，如月而有光。右側書"大漢平津侯"五字，左側書"元朔五年造"五字。文雜分篆，公孫菑川故物也。班書《外戚恩澤侯表》載，宏封侯在元朔三年乙丑，鏡鑄於其後二年，乃武帝即位之十七年，即宏請爲博士置弟子員之年，距今道光二十五年乙巳，凡千九百七十六年矣。

一春苦旱天無霆，小齋燠坐如枯螢。忽然圓月來吾庭，蕩滌塵猥生光熒。二千年前古鏡靈，八閩波浪顛滄溟。蛟龍疑怪溯空舲，慰

我幽獨開其扃。中天三五輝晶瑩，鉛斑上浮水一泓。往來散亂成風萍，鐵環貫中制作精。紀爵紀年質不銘，丞相頭髪繁霜星。太常再詣暮齒零，一朝位業躋青冥。吏事緣飾尋遺經，辯雄兒麗神亭亭。獨以慎厚回天聽，偉哉東閣鳳舒翎。羣賢謨議風雲生，博士弟子招以旌。古人拜恩模鼎鍘，高詞大義文丁寧。丞相儉節天下名，莊鐫鏡背不娉婷。文成十言足儀型，可憐蔡慶何平平。汲公史公訾過情，西郭吕生奮泉汀。淪飫漢宋無畦町，餘事藻雅析豹鼮。行年六十箸述成，甄金訂石意態惺。寶此如璧如龜苓，所至有神護輜軿。博稽故實水寫瓶，西漢文字發幽馨。孰分孰篆辨渭涇，元壽永康空汀營。我初遇生御史廳，骨相清臞言近誠。側聞箸書初殺青，闓士契愛融心形。亦猶齊人推臣宏，我歌何啻鐘撞莛。得健乍似御風泠〔一〕，關門待雨傾藏醽，祝生壹德老復丁。《博古圖》所載古鑑無紀年者。翁氏《兩漢金石志》收漢鑑有年號者二：一爲哀帝元壽元年，一爲桓帝永康元年，皆遠在此後。

【校記】

〔一〕泠　《山右》本作“冷”。

有强以楊忠愍《雁蹟》屬題者，爲舉舊聞告之二首五月五日

數過容城縣，褱回諫艸亭。斜行爭座稿，細字度人經。筆挾風霜氣，兒瞻河岳靈。緣知忠正士，八法定然精。

舟泊焦山尾，尋幽試一登。禪房開錦袟，老筆宛枯藤。聲偶椒楊合，光還鼎鶴陵。却觀贈獄吏，墨采未飛騰。

自題大理石畫六月初四日

濤勢一掀山一重，巒頭吸動春濤雄。米家父子無此筆，萬點濃翠來橫空。

張仲遠大令屬題其姊婉紃。《肄書圖》

少讀儀徵書，粗識北碑派。魏齊尚根節，晉宋俄稊稗。中原戎馬際，刻作仍整邁。南帖例北碑，一拙一狡獪。此義喻者寡，世俗互疑怪。吾宗宛鄰甫，衙退坐吟廨。峩峩天柱峯，輝溢館陶界。素業所獨到，儀徵有鍼芥。宛鄰之兄皋文先生，儀征高第弟子也。用筆猶用藥，一例具懸解。宛鄰精醫術，刻黄元御書行世。家學事仰鑽，大冶共鑪鞴。餘韵及闺閤[一]，姊弟儼沆瀣。行年今四十，進德廓其隘。光青題字滿，搜拓足稱快。精手更氈蠟，琳琅素壁挂。於此滌壽卮，曹班説情話。録録簪花者，慎勿納其拜。

【校記】

〔一〕閤 《山右》本作“闥”。

古寺尋秋圖

廣寧門外天寧寺，元魏太和中所建光林寺也。隋仁壽中建塔，明宣德間改今名。寺僧以蓺菊爲業。

北朝遺寺存無幾，元魏光林近可尋。古塔況餘仁壽字，出郊何惜短長吟。寒花得酒秋增豔，老樹多風葉易深。愁我不工時世態，畫中輸却菊盈簪。

送陳頌南給事還晉江五首丙午元日

晉江陳給事，結契稱最早。相期在儒業，餘事亦文藻。天瓢有輪灌，根實絶人表。君，陳恭甫編修入室弟子也。探喉極苿蕁，泚筆潤窅窱。能以箸書才，開説使羣曉。好善矧若渴，微藝輒傾倒。初訪我旅館，周旋頗艸艸〔一〕。戊戌春，頌南初訪我於太原會館，穆時將南游，匆匆一談而别。江南載言旋，悰款久愈好。雁序遂弟昆，過從罷平。簪裊。俄然大鵬翼，負聲帀蒼昊。盛名共奔走，寰海溢頌禱。名高讉應重，今事昔先瞭。歸田更何歉，儒業期永保。

何者爲儒業，將無事讀書。讀書君夙好，讕語庸愈乎。君居瀕鯨海，蠹國繁有徒。蜑艇簇南洋，物産爲空虚。司農仰屋歎，百晝靡一舒。重以衣冠儔，導民弄邪蘇。功令緣有格，金錢助之驅。丁此蜩螗會，豈不賴有儒。儒術首博愛，食貨非迂圖。

周觀前代事，今困儻可扶。給事磊落人，無但注蟲魚。候官再起用，總制關之右。朝命初下日，賀者額以手。給事奉嚴議，讒毁中彼婦。朝命同日下，惜者不容口。賀者與惜者，意寧區薄厚。或爲蒼生幸，或爲當道醜。八琅瑰傑多，林陳今稱首。行矣尚慎旃，候官更誰偶。

退之賦五楸，樂天懷二馬。賢達得喪間，未盡忘情者。給事家不豐，文字傾羣雅。況當埋輪後，隆隆盛名下。祇慮應之劬，不慮愛者寡。聘纁量所受，熱血慎所灑。好善貴擇人，金注不如瓦。晉公謝朝紳，温國在洛社。何嘗忘箴諫，亦頗親壺斝。古人定勝今，退則耕於野。

媿無郭外田，足耦沮溺耕。又無面山屋，弆此書兩楹。浮沈京輦間，鬱鬱竟何營。耳目有聞睹，撫念總可驚。反復殘斷稿，塗抹無一成。祕籍富柱下，插架儼專城。在昔箸述例，不計身枯榮。職此人海中，飄轉隨風萍。風萍有聚會，君去無合并。曉起炙冷硯，元日謝軒纓。商量淵路贈，感慨有同聲。元日謝客，獨邀頌南小酌。穆賦此五章，伯厚贊善爲文以贶其歸。行矣尚慎旃，濯磨萬古名。

【校記】

〔一〕艸艸 《山右》本作"草草"。下同。

李寄雲恩慶。侍御《平谷山莊圖》

李君夙昔山情耽，空齋次第來煙嵐。君三寫此圖，合爲一卷。有田密邇在平谷，退耕謀縛黄茅庵。此意朝紳類相襲，曾幾酒榼山中擔。李君古直不欺飾，羲之誓墓寧虚談。侍御祖墓在平谷。盤山三盤幽可探，山陰宛若江之南。繡壤豁開流泉甘，中盤北面雄關三。黄崖、將軍及居庸而三[一]。泃河左合盤谷水，素湍頳波沿溪潭。語本酈亭。浸潤山陰成沃土，土宜稼穡桑宜蠶。定光塔頂游夢酣，自來峯接天蔚藍。游盤山者立中盤定光塔後，北望自來峯外，則平谷縣城如在几席也。何日致君堯舜上，軒眉無復憂心惔。長揖同輩抽朝簪，欣見騶馬來趁趕。有奴橘朮栗葛拙，侑以書策琴瑟鐔。卜居況近朴長老，静證不待内乘諳。我本無營適所適，溪山佳處常停驂。側聞盤山多奇石，虬松横畝填谺谽。讓堂來以前丙午，手奔經目塞字函。程易疇以乾隆丙午游盤山，有游記載《通藝録》中。會當從君一登眺，便與彌勒謀同龕。陽泉泉聲滿耳含，欲圖恐遺遺山慙。穆家陽泉山莊，金棲雲道院也，元遺山嘗宿此[二]，有詩。東方索米久憚煩，無田不歸誠哉貪。用東坡詩意。

【校記】

〔一〕而 《山右》本作"面"。

〔二〕嘗 底本作"旹"，《山右》本作"嘗"。

顧南雅《畫梅》爲子貞題

作賦久無廣平手,醉墨偶留逋老花。不是胸饒孤直氣,酒懷何處發槎枒。

題叔穎尚書近作詩卷

乍展新詩卷,如聆古艷歌。行間餘感慨,空外鬱嵯峨。天意真難測,遐心喻豈多。中旗矜獨賞,深隱更如何。

朝鮮李景淑時善。王孫持蕩船書來謁,將歸索贈

多君夙契結煙霞,橐筆東浮使客槎。景淑爲副使趙君記室。楓岳壯游赢好夢〔一〕,見所作《夢惺齋銘序》。雲林勝覽媿倪家。君耆古如飢渴,媿余不足償其願也。愁聽鯨海成連曲,謂君師秋史先生,時謫居海㠀〔二〕。喜述龍荒可汗牙。余方纂《蒙古游牧記》。一事定輸歸去樂,飽看烏石早梅花。"昨夜夢尋烏石路,山前山後早梅花。"朝鮮詩人金叔度句也,見《池北偶談》。

【校記】

〔一〕好夢 《山右》本作"夢好"。

〔二〕㠀 《山右》本作"島"。

王蓬心山水,爲子貞同年題,即用卷中汪韓門陸筱飲韵

何君論書尚北派,酌波三魏遺二王。何君論畫絶畦畛,不因工

拙衡短長。長縑巨軸雜沓購，拔其尤者吴綾裝。蓬樵畫筆横沅湘，子貞云："蓬心作畫多是沅湘間景。"脱屣家法陵癡黄。蓬心，麓臺曾孫也。此卷自題"仿黄子久筆意"。峯回溪轉意結構，開拓邨容聯圃場。憶從何君初弆藏，於今聲價爲之昂。子貞酷喜蓬心畫，見即收之，於是廠市畫價爲之頓增。空齋屋漏雨脚亂，遠山牖外迷青蒼。却開此卷臥相對，畫意層邃雲混茫。想見蓬樵初落墨，閉閤凝立孤鳳皇。其山可隱流可汲，定有異友來子桑。今我胡爲瞻四方，不退不遂心徬徨。欲謀一醉苦塗淖，檲聲放悲淋糟牀。

方正學《仁虎圖》閏五月二十三日

圖額題云：洪武十三年七月，台州山中人晨起，見有虎立于山之陽，良久不動，狀頗和易。虎旋從山下徐步緩走，甚有舉止，尋入市，市之人咸來觀，都不畏避，久之乃去。是歲，郡大穰，人相賀，謂仁虎之出，有秋之徵也。甯海方先生希直爲傳其形。明年辛酉三月，監察御史劉君孟藻持圖示余，因述其事。秦府引禮舍人崇德程本立奉題八分書。本立，《明史》有傳，死建文難。

至德能令爪牙馴，異祥詩詠騶虞仁。有明洪武歲庚申，門震奉天殿謹身。是時鉤黨獄方急，是年春，誅胡惟庸。異哉化乃符睢麟。台州山中衆逐虎，虎若不覩來逡巡。繞市三帀殊近人，不威不怒藹可親。自浙以西歲大熟，仁虎之來容有因。甯海方子二十四，云拈采筆寫其真。持圖示人劉御史，紀實詔後程儀賓。我思孟藻實前死，孟藻，劉誠意之長子璉也。傳稱其洪武十年授考功監丞，試監察御史，出爲江西參政。太祖常欲大用之，爲惟庸黨所脅，墮井死。按，惟庸之誅在十三年春，劉孟藻之卒當更在此前，焉有至十四年尚存之理？即存亦不得官監察御史，此事之顯然易見者。金華初謫茂江濱。是年，朱文憲坐其孫慎黨胡惟庸罪，貶茂州。方子從學稱最久，曾否負笈隨車塵。此日寫虎虎有神，異日當陛批逆鱗。方子本是人中虎，以虎皃虎厥德鈞。吁嗟乎，以虎皃虎厥德鈞，何必手寫狀嶙峋。

李寄雲摹黄鶴山樵《聽雨樓圖》

此圖藏南海吴荷屋中丞家。丁酉人日，程春海丈招游龍樹寺。中丞出此圖共觀，穆幸獲寓目。今讀寄雲摹本，放悲僧寮雪霽，據案披圖欣賞時也。

字勒筠清館，圖傳黄鶴樵。春宵雪媛媛，用程丈序語。記聽雨瀟瀟。南海歸裝渺，西臺畫筆超。神思偶相契〔一〕，不復事規描。

【校記】

〔一〕思　《山右》本作“恩”。

孔繡山憲彝。《青天騎白龍圖》丁未三月

最難鬱有監門策，灑涕排雲訴九閽。一夕甘霖平地尺，秋來禾黍看登場。時望雨正殷，關陝以西、大河南北旱尤甚。

繡山室人朱葆瑛虹舫侍郎之女。臨曹全碑

名箋親擘小蓮室，夫人作書，自製小蓮花室清課箋。好夢難尋對嶽樓。繡山詩名《對嶽樓艸》。到處碑材堪刻畫，數行眉墨足千秋。

至人行奉訓魏象伊先生即次《怪石行》原韵

勇傲賁育舒其拳，齒傲佺鏗鋪其年。擾擾世俗苦多妄，至人一笑完吾天。和光不飲盗跖泉，好樂不踐歌舞筵。不材見棄材見斲，木鴈之間謀兩全〔一〕。木鴈之間無兩全，堅肥没世劇可憐。會須踔

厲太虚表,棲形宇外安不騫。食雲茹露有決擇,況騰捷步神山顛。至人之天何獨完,肎將精力隨風煙。儻然游興可再鼓,海濤一曲煩成連。

【校記】

〔一〕鴈 《山右》本作“雁”。下同。

讀《元祕書志》書箋贈何願船比部四首〔一〕時願船爲余校是書甚覈

斷硯零書購裕皇,真容不廢賈平章。江南木匣加嚴飾,一一標題付子昂。

卜日奇書習吕才,司天生併取回回。孩兒那箇如孔子,有詔新除待制來。

元家畺域古來無,統志書成亦焕乎。最是洪荒西北地,曾經奏取各城圖。

畫工雜進唐文質,褾匠添差焦慶安。喜有箸書船載到,秀才風味不嫌蠻。

【校記】

〔一〕書箋 《山右》本作“箋書”。

丙午夏，頌南將歸，潘公子季玉集同人餞之右安門外誠氏園，穆以小恙不至。頌南詩先成，一時和者甚衆。季玉因繢圖以永其事。越一年，偶見此圖，不勝懷人之感，乃次而和之

帝京南郭外，鬱鬱誠氏園。公子脱塵鞅，於焉饛簋飧。一觴引深緑，萬荷映旭暾。憙遴賓客良，未恤車馬繁。交際泯届辰，禮數謝遮蕃。咄哉名御史，言歸海上邨〔一〕。微彼吹垢力，誰能使之軒。王貢行異轍，淵路可無言。更秣櫪馬芻，勉聽池鼃喧。紛綸雜經義，隸古判凡蹯。賤子抱薄痾，偃蹇不勝尊。多君龤盍豫，獨我囊括坤。深涕灑唐衢，夙抱閟徐原。天南時極目，想見古處惇。潭懷抱閩勃，庸復睇鯢桓。

【校記】

〔一〕邨　《山右》本作"村"。

題張受之辛。《空齋書靜圖》，用東坡墨妙亭詩韵，同子貞太史

受之工刻石，叔未解元之從子也。頃，松筠庵僧聘刻《楊忠愍公諫艸》，來京師。受之介子貞以圖索題，且鐫兩印爲摯。圖前儀徵太傅爲篆"芝鶴"二字，蓋以伏靈芝黄仙鶴相況云。

嵩鸞交訌明永陵，仲芳太常諫疏騰。疏詞蹇直揭日星，彼猶狐鼠公鶚鷹。稿艸流轉三百載，薄楮淡墨摸有稜。我昔徘回諫艸亭〔一〕，初鐫半疏如鏤冰。精誠有注金石破，況斯二疏神實憑。吾宗鐵筆拔西浙，奏刀不恤人疑憎。以意運腕才運法，刻石何異揮縑繒。手眼

既到力必鋭，知岱華高斯能登。名僧遮要此下榻，松�客寮快得朋。偶出餘力刻畫我，肎效鄭燮規青藤。學人萬端皆有法，藝無巨細爭傳鐙。叔翁古學吾所拜，太傅名論吾服膺。

【校記】

〔一〕徘　底本作“裴”，《山右》本作“徘”。

伯韓侍御將歸桂林，出其尊人韞山大令詩墨屬和，即以賦别

東山定是勝西涯，此去應爲賦白華。辦賊孤臣今有廟〔一〕，癸酉滑縣之變，大令守濬城有功，民立廟祀之。建言嬌子久無家。詩結句“我有衰師嬌養慣”，謂伯韓兄弟也。大雲弇研天疑雨〔二〕，好句生香春在花。又值中州荒殣日，喟無良吏問桑麻。

【校記】

〔一〕孤　《山右》本作“狐”。

〔二〕大雲弇研天疑雨　《山右》本作“大雲弇天研疑雨”。

九日送朱伯韓侍御歸里

今代三直臣，吾皆得而友。聲光有顯晦，致君靡薄厚。道義美扶將，情好相人偶。擅擅冰雪懷，歲暮期永守。何圖三稔間，相繼釋龜紐。高要以憂去，抗志林壑久。笑看出山泉，滮滮研巖口。賡堂釋服期年矣，尚無出山之意。晉江以毀去，園蔬摘菌茹。倒屣彦方來〔一〕，豪强乍斂手。泉人感頌南言，相誡不復械鬥。報國總無媿，蒼生亦何負。獨餘索居歎，風雨罷尊酒。一鶴耿在霄，丰姿颯斗擻。覬以孤騫翼，蓋彼不鳴

醜。志申宦已達，有懷矢將毋。買楫下湘灘，詩壇羣圭卣。蔚然文章家，名字挂南斗。經術嗟茫昧，蓬心缺啟牖。雅音久不作，眇響出瓦缶。可憐鄉壁生，竊竊珍敝帚。大海水所歸，衆流無不受。介邱寶所鬱，瑰奇無不有。願爲訂其是，兼能辨其否。去留非偶然，出處均不朽。水流閩粤通，歸轍蘇陳後。咄哉索居歎，增我離羣咎。知己平生幾，頓輒判蹤凥。天水吾所親，點勘同丹黝。昨來丁大戚，全室持廣柳。春間，趙伯厚舅兄以母憂去官。踳謬孰相證，如屋豐其蔀。君胡不少留，爲我疑義剖。或待堅木攻，或資大小叩。黄花爛在眼，秋薦盛蘩蔞。同人以九日祀亭林，即爲君祖道。列坐三十人，起酌爲君壽。贈言餘規勉，臭味無熏蕕。記取犯軷期，丁未歲重九。

【校記】

〔一〕彦　《山右》本作"形"。

題萬年少《秋江别思》卷子，即用亭林贈萬詩韵

此卷初歸休寧程孟嘉，讓堂老人爲作跋，後歸蔡太僕友石年丈。丁未冬，太僕長君小石司業見穆所譔《亭林年譜》載有此圖，出卷索題。子貞同年手摹一本，將寘之亭林祠堂。因爲書顧詩於卷，又依韵和之，以應小石之屬。時大寒節後二日也。

最苦元黄會，此身落世網。側足宇宙間，無地堪長往。大江流日夜，秋心劇森爽。可憐大厦材，斤斧横夭枉。貫與僧等耳，無復儒生像。顧子經綸抱，名字寄遐想。流轉久吴會，遲未親塵鞅。萬子定磊落，豪情代靡兩。生平彼美思，清淮得片壤。風萍一朝合，銅駝泣榛莽。拏櫂更相尋，艸堂快抵掌。泚筆寫秋清，浩渺搴書幌。咄嗟舊賓客，毅魄隨夔魎。秋思果何許，時會靖板蕩。尺幅落人間，名流重矜賞。祠宇豈吾私，前車戒標榜。子貞手摹此卷，將寘之亭林祠堂〔一〕，故結句

云爾。

【校記】

〔一〕祠 《山右》本作"詩"。

魏春松成憲。觀察《官舫侍膳圖》，應篠珊農部屬十二月二十一日

兩番臘雪厚盈尺，閉户圍鑪謝賓客。游蹤回首溯江南，涵空江水珠湖碧。昔年兩度往復來，梅花亭堠緑楊驛。好風容易官舫春，馨膳何人此晨夕。況是繡衣貳使節，雋公治獄頌聲溢。佳兒班綵卷朝衫，阿翁健步蠟游屐。十年違養頭初白，一醆澆胸色微赤。舫中家慶絢陔華，舫外官程耀旄戟。負弩鳴鉦俱等閒，難得親顔來几席。使君此樂誰能傳，畫者羅聘籖黄易。兩峯畫，秋盦題籖。冬卉分書魯峻姿〔一〕，未谷先生八分"官舫侍膳"四字。蘇齋歌詩長慶格。覃溪閣學七古，似樂天歌行。三朝名筆已駢羅，吾友一篇尤警策。謂子貞同年。圖窮媿我殿其終，雪窗呼火冷研炙。缾罍頓觸平生感，往事何堪溯疇昔。江淮終古長在眼，愛日飛騰吁可惜。

【校記】

〔一〕卉 《山右》本作"奔"。

爲篠珊農部題胡褐公金陵畫册，適楊子言亦以石濤畫册屬題，故牽連及之二十二日

晨起雪窗展畫讀，湘水石城燦在目。石濤禪學衡湘深，褐公游屐石城熟。兀餘身世滄桑感，鄉水鄉山同一哭。昔余題詩褐公册，

彈指十年丁再覿。丁酉春曾題一詩於册。褐公作畫妙能空，誰其賞者櫟園翁。櫟園《讀畫録》："李君實嘗言'作畫惟空境最難'，以余所見，善於用空者，其惟胡三褐公與[一]？君性孤僻，作畫如之，用筆設色，好做縹渺虚無態，故咫尺間覺千萬里爲遥。"緊余以實證其空，鍾阜雲氣靈谷松。攝山桃葉經行處，畫意盎然心目中。始知空從實境出，惟實則邃空則工。蒼茫不復辨筆墨，半是胸中淚與血。咫尺千里更萬里，閩嶠敝裘燕臺雪。人生合爲知己死，羊左風期未云烈。褐公與櫟園交二十餘年，相從患難，不忍舍去。櫟園自閩被逮北來，褐公從至京師，事白乃去。櫟園有爲《胡三徵裘歌》及送其返白門等作[二]。曼聲更誦移居詩，溪山佳處唾壺缺。褐公工詩，不輕示人。有《移居》詩三十首，櫟園序之云："端伯得見於虎阜，我得見於惠山，蓋非佳山水處，不肎出以示人。"嗟余忍凍忘淺斟，畫理禪心往復尋。已爲石濤撩吟興，彷彿寘身修竹林。修竹一叢，石濤拱立其間。題曰："吟詩立片時，頗覺心神肅。"更觀褐畫二十四，其一飛去疇追臨。二十四幀：莫愁湖、杏花邨、雲谷深松、鳳臺、獅子山[三]、清涼山、觀音閣、鍾阜、長橋夜月、龍江、桃葉渡、攝山祖堂、長干塔、石頭城、方山、燕子磯、天闕、雨花臺、梅塢、憑虚閣、白鷺洲、冶山、謝公墩。一葉失去。濤邪褐邪將毋同，不同者皃同者心。

【校記】

〔一〕胡　《山右》本作"湖"。
〔二〕胡三徵裘歌　《山右》本作"三胡徵裘歌"。
〔三〕獅子山　《山右》本作"獅之山"。

爲楊子言題石濤畫册[一]，即用册中子貞書元章題《巨然海野圖》詩韵十二月二十六日

遠游歸來眼界闊，雲際飛濤沿木末。無人山徑松聲寒，夾溪樹影雨後澌。一拳兩拳石崒拔，獨載詩艇到幽絶。江南山色紙上活，禪心苦被畫情奪。忍以俗巧誣造物，此身久分倫胡羯。寘念不復關

華閲，大帽芒屩志早決。巖阿恐有龐公宅，天外豈無盧敖客。我因愛竹吟懷結，雪屋冰天寒研滌。

道州何慶涵校字

【校記】

〔一〕楊子言　《山右》本作“楊言子”。

月齋詩集卷四

平定張穆

丁未九日，顧祠《秋禊圖》，分韵得燕字，戊申元日補作

康熙七年春，是歲戊申。顧子客畿甸。三徐時里居，行縢倚僧院。琴劍一昔留[一]，廟皃千載擅。井亭初結菁，篸竹已蒼蒨。宋儒書百袟，唐人石一片。新刻《宋元學案》百卷，唐張夫人墓志俱存祠中。斸手癸卯夏，何君實營繕。壁鮮畫字蝸，梁來定巢燕。吾從何君後，歲時絜椒奠。豈有門户私，講堂擬首善。將以證實學，覬或化辟喭。太息浮華士，憑虚事論譔。厲其雌黄吻，抗我山斗面。此風自何時，學術又一變。舊史遭塗乙，鴻章恣評選。謬學薪火熸，速化枵腹便。吾無力拯之，坐觀丹碧絢。一卮酎顧子，敬申蘋藻薦。遺書所沾匄，功足翼箋傳。治亂古今徹，吏事自精鍊。有時胥史籍，不讓曾歐先。陶鎔歸實用，肎侈美服袨。永靖水火爭，一洗裨販賤。何君規模廓，結識多才彦。小子意量狹，交舊餘狂狷。志同趣豈異，穎脱利鈍見。硜硜朱御史，曾此共談醼。因作贈行詩，觸我歸田羡。雙松翠拂屋，閲人榮枯徧。回溯顧子游，又四戊申禪。相期求實事，無以規爲瑱。

【校記】

〔一〕劒 《山右》本作“劍”。下同。

爲魏筱珊題香光《青山白雲》書畫卷子香光自題云:“白雲青山兒,青山白雲父。”别紙書多勸人念佛語。三月十二日

青山知有兒,白雲不知父。來本無端來,去亦無端去。白雲變滅無定形,畱得青山照眼青。有山定有生雲日,何須更念千聲佛。

題《乞畫圖》,用子貞韵五月初八日辰刻

劉彦沖畫,吴西橋藏,顧子山乞,皆吴人也。魯川屬子貞爲隸其册首,子貞更題詩於後。

何事藏弆何事乞,矜賞都出世情外。彦沖作意學癡迂,西橋鄭重緣摯愛。不然過眼雲煙多,何獨區區形痏疥。獨怪倔强顧虎頭,平生不肎向人拜。霜林好處一俛首,圖中喜色動顔欬。馬欲成塵猶市骨,龍已飛空尚畱蜕。友情畫癖皆絶世,氣味由來納鍼芥。我生愛友如愛畫,未遇其人恥解帶。世間妙物必通靈,吾輩例須破意械。舉觴更待小馮君,讀畫臨風發豪慨。

子貞疊韵示答,仍用元韵酬之初八日未刻

平生一筆不能畫,論畫每超筆墨外。子貞能畫亦不工,大葉粗枝劇可愛。人生但貴適其適,一藝纏身如病疥。詣微況有平等學,何事爭名要人拜。羨君晨有庭闈樂,雙燕巢門慈母欬。幾時絮語畫堂深,雨後新雛㲉初蜕。子貞詩來并簡云:“慈侍勝昨惟默祝,雙燕到後堂一絮。”此中

真意畫不出，餘事朱紫真拾芥。我懷故巢碧萬竿，君夢江天青一帶。歸耕煙雨何蕭爽，談心郙谷忘機械。子貞又畫吾兩人與苗先路三同年《郙谷論心圖》。兩圖既出乞者誰，無計買山還自慨。

隆慶龍香御墨石緑餅，應潘季玉屬

有明蓺事關宸鑒，甌色罏紋各異常。石墨萬籤天錦繡，明初分藩諸王各賜古法帖百袟。社茅一笏晉文章。晉藩分茅社墨，乃擣和賜墨爲之。何來圓月龍香劑，如見遠山螺黛妝。雅好欣歸潘谷手，豹囊隱隱發幽光。

乞子貞畫竹兼約晚酌，用山谷《謝黄斌老送墨竹》詩韻六月五日

吾友書詩學，今代更無輩。黽勉策蹇駑，十駕仍未逮。要其獨到處，吾意自能會。眄君庭隰竹，喜與朔風背。子貞云："此竹未受北風，故活。"寥寥十數竿，勁含霜節在。吾有齊紈扇，銀鉤無與配。其一面魯川爲小字寫太白詩。撥鐙既未工，没骨復不愛。乞君回腕筆，軼出常格外。筆勢挾風雨，斜整俱有態。已約小馮君，晚食一尊對。烹羊爚藏釀，副君腰腹大。

約魯川晚酌論文，仍用前韻

斯文有真契，不復關流輩。手力偶未達，勉以心力逮〔一〕。久之心手融，妙與古人會。胸有百世量，開口與俗背。一勺大川具，片言全體在。英英小馮君，吾才豈足配。可惜少年時，稍逐俗憎愛。邇來學力贍，見洞指授外。炎窗日在頂，讎書功更倍。交以淡漸成〔二〕，一埽媕婀態。烹羊來共飽，三友此晤對。商量千古業，請君立其大。

【校記】

〔一〕勉　《山右》本作“勑”。

〔二〕漸　《山右》本作“慚”。

魯川賜和拙詩，奬飾溢量，復次前韵酬之六月初六日

惟我實幸人，猶及見名輩。高言入爲主，所媿躬不逮。名場久謝絶，冥心與古會。一義偶有獲，快逾蚌搔背。環顧英妙才，知大有人在。矧君鴈門産，祖德裴柳配。弓冶二百年，允宜厚自愛。刻意求實是，樂溢語言外。一事古今徹，識充氣自倍。興象定無窮，詞瀾益多態。盡解門户縛，誰敢壁壘對。莊生知道者，貴乎善用大。

獨夜和戴筠帆十九日

心情委嬾欲爲雲，斷夢初回夜未分。悔不仙仙隨若士，可能録録效諸君。一錢不直名山計，萬感難銷誓墓文。痛絶離魂逾百日，不曾翻動畫羅裙。

爲李寄雲題大癡《江山勝覽圖》，用卷中唐肅詩韵二十日

地可錐指海可測，畫意詩情渺物色。本原妙處同其波，學力厚時培以息。大癡百歲萬雲煙，大癡年蓋九十以上，此卷題至正戊子，年八十矣。富春帆影翠蛟泉。是否曾經蜀道險，十年寫足真山川。自題云：“十有餘年，而成此卷。”雲林題云：“岷山萬里，翠黛巀巀，令人復有楚游之想。”扁舟弈弈江天裏〔一〕，時有巉巖插面起。浮圖野店結幽深，荷樵飽閲霜林美。我方

披髮尋隱淪，主人應念平谷雲。儻對真山讀真畫，共抒霞語誰能羣。

【校記】

〔一〕弈弈　《山右》本作"奕奕"。

追題王海門大淮。《撫松圖》

平生歲寒心，見畫亦色喜。喜於根節中，具有陵雲氣。陶令信逸曠，不涴彭澤塵。飢驅三徑熟，益見陶令真。吾家山堂樹，一一皆入畫。不官復不歸，泉石應吾怪。卻睨偃葢枝，雛鳳巢其顛。有聲諧綠綺，有蔭帀青氈〔一〕。

【校記】

〔一〕氈　《山右》本作"氊"。下同。

題汪筱珊藻。《六橋煙雨》卷子三首

平江一舸即西湖，咫尺清游寄畫圖。贏得白頭開卷笑，看山更不倩人扶。筱珊時以侍養家居。

胸中具有元龍氣，早卻朝衫理釣舟。嘆我江南酒痕在，幾時重問六橋秋。

新圖有約訂歸耕，入望雲山不斷青。讀畫便教鄉夢遠，一簑煙雨靖陽亭。

追題蔡友石年丈《春明揖别圖》，應小石少司成屬

印纍纍，綬若若，春明門外華輪錯。驛亭日日送行人，杖節擁麾渺雲鶴。菽水原資奉檄來，鼎烹漸熟爲官樂。圭田何日足千耦，綵服百年能幾箸。尹京丈人意氣真，誼與先子同兩辛。勳階足慰寒鐙願，小别難忘萱閣春。一朝嚙指詫心動，即曙陳情勇乞身。銀鞍寶馬傾城出，歎絶同朝祖帳人。惟公政事號精鍊，雅性猶然墨緣擅。長康厨啟足光怪，玉局瀾翻聳談讌。我從總角侍先子，玉弁荷衣初出見。余年十一從先子爲公獻歲。流光電轉廿年速，顯月清齋叨論辯。程春海丈每邀公評書畫，穆必與焉。萍飄偶逐使星槎，鍾阜城南一徑斜。戊戌八月，謁公於江寧里第。白頭一笑流慈睞，黄菊飛香入絳紗。歷交羣紀好彌碩，尊酒時時落畫叉。展公遺圖一神往，明發增我缾罍嗟。

題宋芝灣觀察與池籥庭、戴筠帆手札及所作十三詩艸稿，應筠帆屬 宋有《紅杏山房詩文集》

始吾借榻瀓懷廬，論文喜得池仲魚。神閒氣淑語無妄，不求入時亦不殊。新安侍郎程春海丈。爲我説，此乃紅杏高門徒。繼謁吾師謫仙老，李柟堂師。座間拜識戴安道。掀須一笑名論作，曲學媛姝態全埽〔一〕。我詫此語聞所聞，沆瀣真源定可考。始知金馬碧雞彦，紅杏先生搜羅早。孤寒提挈此風塵，師友恩如骨肉親。期以文章致通顯，郃敷霖雨壽斯民。選聲鍊色都有法，筆妍墨妙光輪囷。果然兩君善承學，後先脱穎充國賓。池君豹直承明久，手持英簜西南走。軺車一發不復回，講堂幾日成污萊。籥庭督學粤西，未期卒於任所。從此古滇失一鳳，漢廷無復尹珍來。戴君天資獨耿介，垂白功名滯郎廨。邇來喜假惠文冠，廟堂側席聞碩畫。況有琳琅味雪句，鐵石梅花契

箴芥。飄零縑素嗟餘幾，四老四無兩不賣。四老曰老僧、老道、老將、老卒，四無曰才子、神仙、壯士、美人，兩不賣曰書、劒，又有三白頭曰夜烏、蟋蟀、秋桐，合之爲十三詩。我披遺墨重自喟，紅杏風流今孰儷。吾師謫仙所服膺，當年曾荷竈觚憑。錞于敕誡亦如此，期我接手雲梯登。電轉颸馳二十載，讀書讀律百無能。不惟媿池尤媿戴〔二〕，臨碩冷剛讓並稱。

【校記】

〔一〕埽　《山右》本作"掃"。

〔二〕媿　《山右》本無此字。

戴筠帆《味雪齋圖》

惠連賦筆憶當年，余少時擬謝惠連《雪賦》，頗爲師友所稱。傅老胸中別有天。霜紅龕屢賦"大雪是吾天"詩。世界荒寒憑夢到，性情孤冷渺言詮。梅花本是山中格，詩語欣從味後圓。任爾尖叉誇絶險，不能賺得子猷船。

讀道園自題《戴笠圖》詩有會，即次其韵，復題《煙雨歸耕圖》後四首

摩霄一鶚空所依，流水抱郛行轍稀。竹徑春鑱新筍茁，梧園秋撥藥苗肥。先人清俸餘縹碧，下士素懷甘蕨薇。記得當年耕且讀，圍窪深處荷鉏歸。圍窪，陽泉北嶺名。余家舊有薄田在此。

曾共阿兄棲翠微，老松冒石相憑依。乙酉、丙戌之間，余偕叔正兄讀書蒲臺山寺。書聲夜起齋魚静，山寺春深野雉稀。天屬凋蕓成斷梗，中年哀怨雜風絺。獨餘舊日鄉園夢，夢道先生戴笠歸。

憂患餘生萬慮灰，良朋時爲一尊開。芳鄰菜把欣增饌，厚禄音書

憚婁裁。賴有圖書支歲月，更無田壟可污萊。一椽會向雷橋築，爲報先生戴笠來[一]。余近有買田雷橋之議。

登臨有約飾柴車，水曲雲坳不用扶。氣接層霄定攜謝，誠開海市孰如蘇。精神尚欲煩尻馬，知愛還叨到屋烏。南中故友時有書相召。待得行蹤徧五嶽，歸來更寫壯游圖。

【校記】

〔一〕戴　《山右》本作"載"。

楠堂師側室王氏徇節詩

氏，貴筑人。師於道光二十八年正月二十一日卒於江蘇學使署。次日，氏自縊以徇，年二十一。

忠孝各根心，義烈豈有等。既用酬所天，亦以完素秉。爚爚貞女枝，金筑擢苕穎。幸得侍君子，修服孅以整。宵征豈無僚，師有二妾，一泰興人，已育有子女。侍櫛義微省。滿意結葳蕤，其力策勉黽。葪矣昆明師，使節平江騁。一舸泝江來[一]，行旅鉛華屏。何圖歲未周，蓉城閟深泠。江陰俗名芙蓉城。同爲斯世惜，朝廷失骨骾。妾義亡與亡，相隔才俄頃。終古齎長恨，微生付短綆。抱無弱息牽，烈比柏舟炳。無言賤質微，波瀾涸古井。良慕苦節貞，慘絶春鐙影。所天苟無負，素秉鬱以囧[二]。由來義烈事，證實在堅猛。具有忠孝材，自然氣節挺。後堂絲竹地，我媿通造請。眄兹霜雪標，益懷師教永。閨門有風化，文思播滓溟。泚筆寫餘徽，丹旐睇滇嶺。

【校記】

〔一〕泝　底本作"㴑"，《山右》本作"泝"。

〔二〕囧　《山右》本作"冏"。

潘玉泉《養閒艸堂圖》

塵人一何勞，生事日有營。愚氓一何閒，懵然耕鑿形。我思伊吕儔，豈不困衡荆。獨抱堯舜樂，永捐簪紱榮。淵然澗谷際，道德發光瑩。艸木賁其輝，麋鹿習其誠。偉哉至人心，與物何將迎。潘子挺世胄，幼學流英聲。鬱鬱經綸抱，融結焕丹青。惟其競進恬，不屑世俗爭。垂天翼偶折，一笑鴻毛輕。閉户人海内，慘淡詩禮精。萬事溯本原，根節孕芳馨。譬諸大海波，回風助淵渟。又若渥洼駿，長謝羈靮攖。以閒證其性，性識何峭嶸。以閒鍊其才，才調足澄清。兼之湖海氣，好客非近名。夷門有賢達，未或遺侯嬴。緊我授性拙，求友媿嚶鳴。墮落世網中，單葦儼專城。皇天思玉我，憂患今飽經。自維疢疢餘，刻意修太平。粗餘纂述願，先烈恢藏楹。謂閒則已勞，謂勞竟何成。潘子弗我棄，時爲杯榼傾。相對籌出處，我志决歸耕。勖哉子無然，大展鯤鵬程。

苗先路同年《寒鐙訂韵圖》，即送游沛南九月二十日

河間古君子，葩經少研尋。獨於六義内，得其不傳音。清廟有大瑟，空山餘斷琴。一彈復再鼓，泠泠韶頀心〔一〕。絶學溯原始，才老初鉤沈。又越六百載，魁儒出亭林。五書初印布，天漢光珠參。吾友勤蕘學，力單稽古忱。十部稍恢廓，七韵新酌斟。乃於江段書，攻辯戈鋋森。寒鐙耿獨寤，館樹巢文禽。聲諧意彌愜，一笑形謳吟。里耳苦多昧，無由測淵深。邨谷有三友，廿年占盍簪。今當數載别，離羣歎曷禁。小詩極妍妙，雅奏饒古風。時時裁寄我，無忘相砭箴。儻聞魯絲竹，老學聖所歆。

【校記】

〔一〕泠泠　《山右》本作“冷冷”。

沈匏廬濤。《河朔訪碑圖》，用東坡《墨妙亭》詩韵匏廬著有《常山貞石志》二十四卷

隸法溯原漢諸陵，東京筆勢彌飛騰。峻整總沿秦篆派，勁折不減秋天鷹。貴從書史證文字，豈徒波磔區圭稜。恆山之陽大河北，荒原牧馬糜寒冰。殘珉斷璧隨犂出，豐碑巨碣輿論憑。自非肝腸足古趣，俗學安得無疑憎。茂堂高弟就李彦，寢饋載籍輕金繒。麾蓋所莅勤剔濯，蒼厓蘚壁親攀登。上逮姬嬴下蒙達，郡齋甄録來古朋。二百五十有二種，稿艸削對縈蛇藤。陋鄉巖谷缺氊蠟，歸懷慨寄米園鐙。余編《山右碑目》，以貧無力，不能即就也。河朔循吏有吾友，補亡歐趙同服膺。元氏令劉君寶楠亦篤好石墨，著有《漢石例》六卷。余爲刻入靈石楊氏叢書。新得古石刻極多，封龍山延熹碑尤自來箸録家所未見。

自題小栖雲亭并序

余家陽泉山莊，爲金栖雲道院，元遺山詩所謂“開窗納山影，推枕得溪聲”者也。有亭翼然，高出林杪，浙人張君世犖榜曰“臥雲”。先大夫及余兄弟皆嘗讀書於此。每欲易臥爲栖，以先世舊題，未敢輒更也。兹余卜兆京北雷家橋宜丁阜，地隸昌平，以圖經考之，即金章宗之駐蹕山也。山陽有栖雲嘯臺，章宗嘗築亭於其上。兩地嘉名，適相結冓。而此間峯聯遼碣〔一〕，流帶玉泉，山影溪聲，較之鄉郡一隅，規模爲闊遠矣。因擬它日結茅墓田之旁，顏曰“小栖雲”。雨眺晴耕，徜徉終老，余之願詎有侈於是者哉！書此爲券，并繫以詩。

十月立冬日

野亭築得小栖雲，種黍無錢亦可欣。香山詩："欲作栖雲計，須營種黍錢。"蓑笠喜酬西塞願，頃，余作《煙雨歸耕圖》。松蘿休勒北山文。翠岈晝影欄前涌，玉瀑琴聲枕上聞。依舊吾家好春色，陽泉春色，平定八景之一。觴花吟竹更誰羣。

【校記】

〔一〕峯　《山右》本作"峰"。

輓劉茱雲傳瑩〔一〕

長爪通眉未易才，多君聽我説詩來。劬書力鋭知緣隙，美疢春深斷舉杯〔二〕。茱雲將歸，余置酒相餞，以疾辭不到。白髮荒寒餘涕淚，青霜窈窕足悲哀。茱雲新娶於鄧。可堪手簡痕猶溼，半月前猶承手書。馬鬣秋原已緑苔〔三〕。

【校記】

〔一〕瑩　《山右》本作"塋"。
〔二〕疢　《山右》本作"痰"。
〔三〕苔　《山右》本作"臺"。

十二月初五日，子貞五十初度，出所藏宋芝山贈覃溪學士"延年益壽"瓦當文拓本示坐客，即席用翁詩韵奉祝乾隆壬寅，翁五十

惜味主人金石家，子貞取許君語，名其齋曰"惜道味"。艸海蒼茫雜分篆。自題詩文稿本曰《艸海》。墨光山翠爛屋壁，二岳新居瞻署扁。得宋搨華山碑及泰山秦篆二十九字，因顏其室曰"二岳居"。華鍾雨雷苦辯晳，岑碣熊銘入甄選。

有秦鍾、楚龗釋文及裴岑、劉熊諸碑考，皆極精覈。何時此瓦落君手，籀筆邅迆讀回轉〔一〕。吉語證成祝釐詞，宋拜翁哦美意腆。歲華倏又七十歷，東閣何郎今大衍。經窟沈酣十盪摩，詞翰峭嶸百罄戩。怡情坐有好雲山，實腹味餘古謨典。聰强壽母慈笑新，總丱文孫春帖翦。金閨天爵定無倫，玉兆微瑞早知免。卜居欣展德鄰契，懋學蘄年效敦勉。時艱豈合耽長閒，時以奉養辭京察優等。身健還宜節宵宴。穆病肺不耐夜談，而子貞消寒之局頗多。便從五十策百齡，行備九德歸一善。會有日華老專客，寄摹長生入圖卷。苗先路同年得日華館專極多，而所最寶惜者文曰"君子長生"。是日盛客雲集，子貞獨念先路不置，故詩未及之〔二〕，知吾三同年契分之深也。

【校記】

〔一〕籀　《山右》本作"籒"。

〔二〕詩未及之　《山右》本無"之"字。

孔繡山《韓齋把卷圖》

擾擾古學徒，盡讀昌黎文。文其枝葉耳，昌黎有本根。本根既茂遂，枝葉奄浮雲。仁義漬胸熟，經訓澤古勤。何患無文章，矯然出人羣。笑彼擾擾者，遺實采芳芬。韓齋真知韓，以韓張其軍。朝廷有述作，努力班馬勳。

孫芝房鼎臣。編修《尊人采芝圖》

朝采巖芝赤，暮采巖芝緑，仙人餐芝如餐穀。種穀憂不熟，采芝無不足，芝化琅膏成美玉。身輕飈舉閬風顛〔一〕，控引珍鶴陵飛煙。可惜親顏不肎駐，手把芝英淚如注。五雲照耀齋房來，孝思鬱極金閶開，喜循諼背吟蘭陔。

【校記】

〔一〕颸　《山右》本作"飆"。

戴筠帆《陁山載筆圖》二十四日

陁，昆明縣境山也。筠帆嘗修《昆明縣志》，因寫此圖。

後代郡邑志，體準古國書。山川網目張，豈復迷經塗。人倫潛德耀，亦不貴虚譽。實事既已舉，文例更酌諸。繁簡各有裁，益損各有模。一笑康武功。與韓，朝邑。自哆龍門徒。寥寥語助間，皇皇盛業鋪。夜郎遂坐大，赤手障羣矑〔一〕。至今兩地人，焚研推南狐。九能我無一，敢議述作乎。敬惟先朝議，郡乘初爬梳。稿艸削未竟，畦畛仍荒蕪。先祖初成《州志考誤》一卷，晚年值修志之役，粗爲條舉凡例。以丁内艱不與其事，州志遂蕪。越今六十載，誰與嗣操觚〔二〕。小子竊討論，意蘄先志扶。助寡甄采陋，家貧饘鬻無。私居束書歎，此抱何時攄。空谷得戴子，奮筆西南隅。滇池一帶水，陁山十里郛。風物寫入畫，品藻鑿不誣。人披圖如志，我讀書勝圖。匠心曲有寓，不關字句麤。惜哉此史才，蘄其承明趨。嚴寒閉户坐，涷酒不盈壺。開圖一神往，春氣若昭蘇。耿耿敬恭懷，喜有君知吾。

【校記】

〔一〕矑　《山右》本作"矑"。
〔二〕操　《山右》本作"澡"。

子貞七疊"延年益壽"瓦詩韵見示,依次奉酬

己酉正月十一日

老貞善書得書髓,甄研正行入籀篆。六書既貫八法立,龍自游空蠆自扁。當行仍是筭子體,笑君亦濫承明選。憶昨從君敂筆妙,君言筆妙妙於轉。文以别趣境深幽,畫以遠波態豐腆。果然萬卷積腹笥,玉色金聲定流衍。惟君毓秀濂溪鄉,入掌雙珠家福戩。子貞、子毅孿生。過庭遺巨佩無頗,炙研同門語必典。况復西京師法正,大義饙饙蕪蔓翦。君親受《公羊》大義於劉申受年丈。穆也何知讀書事,麟鼓鳳簫迂不免。稍因患難切杞憂,安排風月來徐勉。一身長物真無幾,妙畫通靈迫歲晏。余於小除夕失去古研二,書畫卷三。中有《小栖雲亭圖》,鹿牀侍郎新爲余寫也。莊生鉤注已云巧,田家瓦盆計尤善。願尋煙雨雲山約,上年余與子貞同寫《煙雨歸耕圖》。石墨璘瑞壯吟卷。

追懷文友,三疊前韵二十三日

追懷文友工書者,烏程精楷沈子惇。泰興篆。陳東之。皆從本領攄心畫,肎泥面貌區圓扁。安丘王菉友。何媿小學宗,黟山俞理初。雅稱鴻詞選。不將蛇蚓疥屋壁,稿艸縈回妙牽轉。日照許印林。摹顔真肖顔,性識剛稜意精腆。肅寧苗先路。釵腳共服媚,白雲動波波涵衍。衆妙兼資何道州,家聲科目滋履戩。歌詩融會出香谷,香山山谷。經術淵通窺邕典。媿余録録從君後,夜雨敲門燭頻翦。欣承君友皆我友,獨學自封譏庶免。靈光碩果嘅無多,王後盧前失交勉。爾來切抱無聞懼,矜惜流光謝游宴。君擅多材綜衆長〔一〕,我囿咫聞葆片善。丹黄矻矻日又晡,移鐙更訂古圖卷。是日,鐙下校《營造法式圖》二卷。

【校記】

〔一〕擅 《山右》本作“壇”。

二月初六日大雪曉起，子貞以所題吴冠英儁。《春水歸帆圖》來屬題，子貞凡十疊前韵矣，余亦四疊奉和

破曉啟窗雪一尺，中庭錯落雞鳧篆。玉痕化作碧粼粼〔一〕，穩送歸舟如葉扁。孤帆渺渺疑天上，春水詞人更誰選。可憐一藝析微茫，定要寸丹經九轉。貴從疑怪得真髓〔二〕，何事規摹詑腴腆。龍眠老去客囊空，道子神來潟波衍。多君貌我如曹霸，媿我知君遜牛戩。蓉城使節擅風流，謂黄羊司農。輩學經生有儀典。謂申耆先生。君山絶頂憶登陟，大雪長松空翠翦。己亥正月，大雪中，余獨登君山絶頂，拾松枝煮酒而飲。溟海一漚青到眼，臨臯二客幸知免。君家老屋屬親見，因藝見道重規勉。旋機球度拜精思，君製天球甚精。丈室禪鋒容曲宴。君寓松筠庵，屢同筵席。君歸爲問宋家兒，曾否遺書寫精善。宋君勉之身後遺書，余屢托人往寫，未得。郡城更遇李嘉生，迅寄嚴編足千卷。嘉生，申耆先生孫也。嚴鐵橋輯陳隋以上遺文一千卷，其家録有副本，許爲寄來。

【校記】

〔一〕粼粼 《山右》本作“潾潾”。
〔二〕髓 《山右》本作“隨”。

五疊前韵，乞鹿牀侍郎爲寫《小栖雲亭第二圖》

我生初無一椽托，客裏涎緣似蝸篆。東坡妙想竊心醉，寧極新齋幾回扁。山妻留得首邱貲，負郭秋原邀遴選。敢晞高敞風霆護〔一〕，但懼老蘁溝壑轉。戴侯矜我經營瘁，爲寫溪山極佳腆。太行北走到遼碣，玉水東來帶原衍。茅亭結莾顔開豁，丙舍規模徵祉戩。梁園禪智有前矩，準備添丁百世典。侍郎和余詩："他年人過宜丁阜，定見添丁迴不羣。"標眉坐索郭香書，子貞八分書引首。裝池親看吴綾翦。從來墨妙總通神，夜壑移舟竟難免。將無畫格太鋪張，天意持盈存諷勉。瀼西屈指幾寒燠，陽羡何曾一安宴。我更古人百不如，臥游差喜爲謀善。煩君爲寫第二圖，看取煙霞更舒卷。

【校記】

〔一〕敞　《山右》本作"敝"。

唐榻《武梁祠畫像》歌三月十二日

任城諸武漢高閬，閬字，《廣韵》十一唐有。名績史家湮不彰。一時纓𦆽誰頡頏，選石寫德均旗常。更篹石室匠作良，攄騁技巧端表坊。壽藏久塞趙邠卿，錦城又圮文翁堂。朱浮魯峻訖李剛，我思不見勞相羊。武家林墓非遐荒，滎金吾丞斑敦煌。更有吴郡丞開明，不同石闕相扶將。畫像自宋傳武梁，景伯精摹入纖芒。訪古直到别駕黄，高秋促駿賁嘉祥。紫雲山色鬱葱蒼，往來搜剔窮回翔。豁然崩動聲礌硠，屹三石室遥相望。文字多逾數百强，見所未見誇鄱陽。謀垂久遠示億疆，遷畫植碑通力襄。更購佳木裁桷宗，庋碑有榭畫有廊。龕以栗主繚以牆，椒酒一卮神升香。氊臘萬錢工豐穰，從此翠墨布四方。書帕充饋聯車航，齵然古榻其可忘。一十四翻標李唐，伏戲祝誦耕農皇。軒轅刜始垂衣裳，顓頊專謹獧不狂。帝俈有子聖德昌〔一〕，有虞遞禪姒氏王。桀乃乘人日偕亡，曾閔大孝親聖臧。老萊弄雛倚匡牀，丁蘭已抱鮮民愴。邢渠漏載我意傷，展對能無涕泗滂。舊蹟灰滅梁季珩，此本初弆襄文箱。押角提督兵馬章，竹垞作緣到古杭。花山查氏。玲瓏山館百緡償〔二〕，揚州馬氏。至寶繼歸汪雪礓。貫夫陸。影摹見未嘗，秋盦彫木今盛行。覃谿更爲加考詳，細書銀燭神徬徨。自詡金粟須彌藏，册前有翁題詞云："余爲此册作細楷，前後已二十餘段，字字皆羅兩峯、江秋史小影耳。"我懷此本更十霜，沛上俊游謝不禶。辛丑、壬寅間，許印林在沛寧屢以書相招，未能赴也。今乃不脛來神京，一再聞之眉飛揚。月齋宵鐙未渠央，探籌角雋詞鏗鏘。我句未工浮巨觥，打門照眼虹月光。本朝名筆萃琳琅，四代古澤溢芬芳。葫蘆馬半查。龍尾汪雪礓。雙山房，載歷松黄小松。鐵濟寧李鐵橋東琪。如滄桑。什襲完好無菑瘍，疑有鬼神護縑緗。甄文更欲我友邛，謂子貞。考實請爲挈其綱。今全古缺試刌量，後百千祼何低昂。精榷融榻付嚴裝，沿隙證辨力無尪。枝岠未許嗤螳蜋〔三〕，簾前細雨吟風篁。扶扶墨采沛流浪，我友詩成嘯鸞皇。我詩蹇蹶啼寒螿，平生鑒古具微長。愛玩不復羞空囊，索價八百金。兀餘樸氣横蒼茫。

【校記】

〔一〕俈　《山右》本作"佶"。
〔二〕館　《山右》本作"舘"。
〔三〕蜋　《山右》本作"螂"。

喬鶴儕水部買得吴伯榮中丞《羅浮蝶》卷子屬題，即用卷中宋芝灣觀察韵。爾來京師所稱太常仙蝶者，頗往來貴人家，干索酒餌，非復前日之高致矣，因題此卷感慨繫之六月十三日

靈砂不可致，神山勞夢想。章質亦殊衆，甘心戚施仰。巢林一枝晏，敝帚千金享。塵土沁肝脾，性命徇虚獎。睆彼稚川裔，角藩冒用罔。文彩偶飛翻，羣兒笑拍掌。故山伊可懷，萬里倏攸往。太息京輦間，百族競浮響。何事太常仙，亦依人几杖。將無利禄誘，老貪口腹養。誰復念江湖，酒船弱可槳。畫稿紛四馳，續影匈吟賞。我生百不幸，幸早脱羈鞅。無限蛸蠨儔，庭柯罥螽蜩。天南梅萬頃，照眼一何廣。昨日報書來，尋將蠟吾緉。庚堂頃有書來，要作羊城之游。

八月十一日夜夢子貞，夢中知其爲夢也，曰“不可不記以詩”，詩成十六句而覺，復作四句足之

與君别三月，何日不相思。此夕忽見夢，執手難爲懷。髣髴出門日，當君别母時。擾擾送行客，我獨不勝悲。感君陟屺念，觸我蒿莪私。回頭復相慰，歲臘行將歸。歸來好書卷，文字光陸離。鱗鱗積几案，温酒共讀之。夢回月滿室，詩力仍未疲。映月索紙筆，寫此夢中詩。

題孔繡山《韓齋雅集圖》，次元韵九月初七日

苦寒氣逆上，閉户差自適。無福入畫圖，來作韓齋客。韓齋倜儻士，麗句傾元白。翠墨富氊蠟，家笥燦球璧。一朝得同好，解贈不復

惜。褒學溢觀山，遷性朗白雪。孔褒碑曰"觀山采玉"，張遷碑曰"雪白之性"，繡山以二碑見贈，皆百餘年前搨本也〔一〕。我疾忘幽憂，古歡足悦懌。明窗一展對，硯冰爲融澤。感君念我甚，起廢有良策。發篋搜寶刻，餽勿經旬隔。足抵千萬觚〔二〕，爛醉花月夕。

【校記】

〔一〕搨　《山右》本作"榻"。
〔二〕觚　《山右》本作"觝"。

陳蓴庭士棣。七十壽

酒裏神仙福，遺山詞："醉鄉天大，酒裏神仙我。"如君得已多。天懷不琱琢，至性耐鐫磨。虀粥厨中辦，兒孫膝下羅。老饒兄弟樂，觴豆雜悲歌。勿齋中丞爲製壽叙，極沈痛。

附詞

百字令題子貞手摹《煙雨歸耕圖》，次竹垞元韵，戊申

空濛煙雨，看圖中人皃，非農非士。箸述等身容易了，只有鄉懷難已。何遜閒情，吴生妙手，吴儁摹圖。重復爲摹此。鴛湖一櫂，故應被劾歸耳。

卷有畸士吟詩，逸民豪慨，更倚聲春水。筆下黎丘工作幻，彈指即成煙市。老子揮豪，阿郎押角，卷中印章纍纍，皆大郎伯原所摹也。書畫君家事。東洲山好，子貞自署東洲居士。聽鸝載酒誰是。

百字令自題《煙雨歸耕圖》，仍用竹垞原韵

客游倦也，問幾人信我，山林畸士。辛苦平生餘底物，數卷殘書而已。壠上春腴，圖中秋老，活計無逾此。山堂在眼，行幐打疊歸耳。

一笑竹垞當年，長楊奏賦，負吾師田水。開國風流難再覯，何事行歌燕市。獵聚田蕪，靖陽亭古，耕作吾家事。緑蓑青笠，淵明應説今是。

百字令追題四十一歲小照，仍用前韵

緇塵斗擻，看圖中北海，仍然豪士。戢影蓬廬何所樂，惟有耽書而已。四十年頭，一椽無庇〔一〕，淪落誰堪此。蟲魚注徧，任人笑我癡耳〔二〕。

回首落冒并門，徵裘京國，更横帆江水。一第艱難頭早白，絶倒繡文倚市。晏相楹書，衮師鐙火，自有無窮事。千秋盛業，及時努力才是。

【校記】

〔一〕椽　《山右》本作"掾"。

〔二〕癡　《山右》本作"痴"。

百字令題子貞《煙雨歸耕照》，仍次前韵

蔽天一笠，看新圖皃出，東洲居士。正是杏花春雨候，鄉思撩人無已。決計抽簪，甘心抱甕，豈冒虛摹此〔一〕。問君焉學，學樊須小

人耳。

媿我懸耒無家，鞭牛何處，空盟心雲水。九子菟裘今好在，文安丙舍在長沙之九子山。竹氣如雲如市。氾勝書殘，儲羲詩好，都是農家事。荷鋤赤足，人間真樂如是。

【校記】

〔一〕摹　《山右》本作“蓑”。

百字令題王鹿屏吏部家勳《扁舟歸養圖》

歸裝檢點，歎廿年京宦，依然寒士。怕是阿孃穿望眼，艸艸買舟行已。尊酒筵空，江天帆飽，快意疇如此。到門一笑，數莖白髮垂耳。

回首人海浮沈，經營升斗，佐高堂菽水。母被鸞章兒撰綵，羨殺江郇漁市。舍北花新，溪南山碧，都是申懷事。有人問字，先生應署公是。

百字令黎月樵《江鄉歸櫂圖》，仍用《歸耕圖》原韵

鱸魚風熟，問鄉園何處，悲來秋士。手版乍擱歸思急，贉有離情難已。佳節登高，古祠送別，故事原如此。去歲九日顧祠秋祭爲伯韓祖餞，今擬復爲月樵舉此會也。贈行詩好，君言今日酬耳。送伯韓詩月樵作最高。

回首焚草雞棲，看花驄避，矢臣心如水。便脱朝衫更野服，醉倒江天蠶市。問字亭新，孝廉船駛，月樵長君早登秋賦。家學千秋事，箕來長策，一帆早挂良是。

邵武楊樞孫校字

序

右文集十二卷、詩集四卷共若干首，先師月齋居士遺稿也。

訓自總角即聞師名，嘗於尊酒間覩豪縱磊落之概，心竊慕之。成童而後，猥蒙獎勵，許列門牆，欣感之情殊出望外。方冀仰窺豪末，以稍慰提命之苦衷，而寒暑再經，頓成永別。逝者如斯，天邪？人邪？

師歿於己酉冬，同志諸前輩命訓檢點遺書，無任散佚。因取師所撰《蒙古游牧記》《延昌地形志》《説文屬》及詩文手稿、友人書札鎖置一笥中，倉猝之間，顛倒淩亂，不能無負於平生之意，愧恨如何可言？檢既畢，謹呈何子愚先生，以俟子貞世丈典粤試旋清釐校訂。已而貞丈甫歸即持服南下，先以《游牧》《地形》二書付何願船師，其餘雜稿權封置京中。事會難齊，有非意料所及者。至壬子秋，貞丈起復入都，旋又使蜀，於是舉雜稿並付願船師，月齋遺集始萃一處。不數月，願船師亦從軍吾省，行期甚迫，乃許以雜稿付訓兄弟編次，又言《游牧》《地形》二書已録副本，可存都中。數日後，軍事益急，忽改行期，倉皇南下。訓不及追送，僅從楊緗芸世丈處取得雜稿及書札一束，於是師之遺文、遺書又判然兩地矣。既承願船師及緗丈之命，即與家兄子肅一一清釐，分爲十二卷，應試策論、隨筆札記留待續編，不敢雜厠也。師嘗言："學人一生精力盡於故紙堆中，但冀得閻、顧之年畢成所撰諸書，再取平生文字選次授梓，便可無憾。"今竟不獲如願。《游牧記》末四卷尚未排比，幸有願船師任其補綴；《地形志》中有欲移入《〈水經注〉表》者，今無從辨别；顧、閻兩譜改訂稿本亦未竟業。師又嘗言有校訂《尚書疏證》、《重修平定州志》、《元裔表》《外藩碑目》等書，並不知存亡，無從尋覓。其存於訓處者，僅有

《漢石存佚表》及此雜稿。訓兄弟得以盡力而編次,體例又不能復質於九原,功名嗣續固已付之於天,文字之厄亦復至此,千古嗜學之士聞之當不免酸心,況於親承訓誨者乎?

訓從師未及二載,姿性魯鈍,未窺堂奥。師亦念訓親老家貧,勉以舉業,根柢之學未及多授也。今師歿已七載,訓碌碌無所進益,不足表章孤詣,而向所窺見者則宜謹誌之以爲楷模。師天性肫摯,篤友愛,厚宗族,姻戚故舊靡不關切周至,奉前輩若師長,愛後學若子弟。至於表章絶學、扶植衰宗,不難節衣食以從事,而獎掖英俊、振拔單寒,尤汲汲若不及。爲學專以篤實爲主,嘗言:"爲文而無學,其文皆虚;爲學而無行,其學皆虚。"故凡箸書爲文,皆精深刻摯,務使足以抒性情、裨經濟,不肎避迂阻以獵取浮名。末年常切切以時事爲念,四方有兵革水旱,聞之殆廢寢食,若身歷其艱。於漕、河、鹽諸大政,無不講貫,窮極脈縷。生平意氣峻厲,不能隨俗俯仰。至遇績學之士,則莫不虚心商榷,誠懇動人。嘗稱海内文人惟有長洲陳碩甫未及内交,然則師之知交契誼亦大略可知矣。末年病氣疾,畏寒暑,而伏案研精,兀兀不輟。黎明即起,夜分始眠,雖紛冗無少間。用力太鋭,又屢遭天倫之慘,煢煢自弔,憂足傷人,殆不爽與?

師所箸《游牧》《地形》諸書,精深廣博,既足以傳不朽,而所爲文字,數年以來每徵先見,尤足見其才識之宏而痛其未克展也。中年以前,壯游南北,接見耆宿,交游涉歷必有可述者。訓顧幼不及見,又比年風流雲散,莫可咨詢。披覽遺文,感念今昔,每不禁潸焉出涕。謹述編次遺稿之由與管窺蠡測之見,以勉酬教育於萬一。尚冀海内諸君子叙同心之誼,闡未顯之名,書諸簡端,以昭不朽。其有遺佚文字可入集中者,並希録示,俾獲補編,則先師固有厚願焉。而擁篲望塵者,亦將銘高誼於無已也。

丙辰七月十八日

門人吴式訓謹識

張穆全集 肆

顧亭林先生年譜
閻潛丘先生年譜
附 先伯石州公年譜

張正明 安介生 主編

山西出版傳媒集團
三晋出版社

國家古籍整理出版專項經費資助項目

目　録

附　先伯石州公年譜

顧亭林先生年譜

〔清〕張　穆　撰
龔應俊　點校

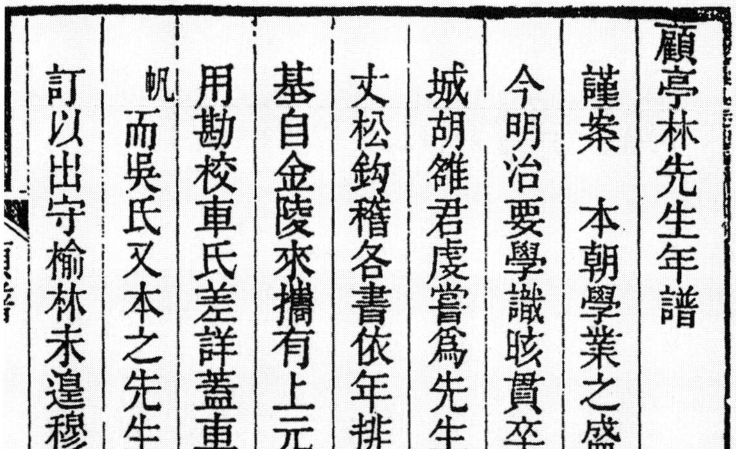
顧亭林先生年譜

謹案　本朝學業之盛亭林先生實牖啓之而洞古今明治要學識賅貫卒亦無能及先生之大者閻桐城胡雒君虔嘗爲先生撰次年譜惜未之見大興徐丈松鈎稽各書依年排纂已寫有定本會何太史紹基自金陵來攜有上元車明經守謙號秋舲所輯譜互用勘校車氏差詳蓋車氏本之崑山吳廣文映奎號銀帆而吳氏又本之先生撫子衍生也徐文欲更事釐訂以出守榆林未遑穆乃不自揆度比而敘之綜兩

清道光二十四年(1844)刻本《顧亭林先生年譜》書影

點校説明

一、《顧亭林先生年譜》,即《顧炎武年譜》,爲保持年譜原貌,因循其舊名。

二、本次標點,以清道光二十四年(1844)刻本爲底本(簡稱:道光本),參校民國嘉業堂叢書本(簡稱:嘉業堂本),并參考了上海古籍出版社2012年版《顧炎武全集》附録《顧亭林先生年譜》(簡稱:《顧炎武全集》本)。

三、不同版本文字有不同之處,則出校記。

四、個别文字、三個版本皆同,但可確定有誤者,亦出校記以作訂正或説明。

五、爲方便閲讀,整本年譜拆分爲八個部分,卷首以(一)(二)(三)等標記。

六、爲方便閲讀,本次標點本採用繁體横排。

七、爲方便閲讀,原文有大段按語或注釋者,本次標點本,另起一行以小字呈現。若屬於正文中只有幾個字的注釋或按語,則不另起一行,只在正文中以小字標注。

八、校記以〔一〕〔二〕〔三〕等爲序。

九、張穆編纂年譜時,曾參考車守謙、徐松等所編年譜。文中《元譜》指顧衍生撰、車守謙編輯年譜,《徐譜》指徐松所編年譜。“謙按”指車守謙按語,“松按”指徐松按語,“穆按”指張穆按語。在文中均以小字標明。

十、年譜正文、按語皆用宋體,唯編年詩、文之正文用仿宋體以示區别。

十一、爲便於閲讀和理解,每卷正文之首和第一次出現的年號標以公元年份,用阿拉伯數字加括號表示。

十二、《年譜》原文後附有《國史·儒林傳》、《神道表》(全祖望《鮚埼亭集》)、何紹基《顧先生祠詩》三篇,對照原文整理後,附録於書末。

顧亭林先生年譜(一)

張穆撰

謹案:本朝學業之盛,亭林先生實牖啓之,而洞古今、明治要、學識晐貫,卒亦無能及先生之大者。聞桐城胡雒君虔嘗爲先生撰次年譜〔一〕,惜未之見。大興徐丈松鈎稽各書,依年排纂,已寫有定本。會何太史紹基自金陵來,攜有上元車明經守謙號秋舲所輯譜,互用勘校,車氏差詳。蓋車氏本之崑山吴廣文映奎號銀帆,而吴氏又本之先生撫子衍生也,徐丈欲更事釐訂,以出守榆林未遑。穆乃不自揆度,比而叙之。綜兩譜之異同,究大賢之本末。世之景行先生者,尚其有考於斯。

道光二十三年五月朔日,平定後學張穆記。

明萬曆四十一年(1613)癸丑,五月二十八日,先生生。

先生初名絳,更名繼紳,後仍名絳,字忠清。

《元譜》。

穆案:《復社姓氏》:崑山第六人顧絳,字忠清。

乙酉後更名炎武。

《徐譜》:閻百詩《與劉超宗書》作"炎午"。

穆案:《山東通志》采先生文亦作"炎午"。

字寧人,學者稱亭林先生。

《元譜》:華亭東南三十五里有顧亭林湖,其南有顧亭林。陳顧野王嘗居此修《輿地志》,因以爲名。其地今爲寶雲寺。

穆案:《輿地紀勝》嘉興府古蹟有"顧亭湖,在華亭縣南三十五里。《舊經》云:黄門侍郎顧野王居此",無"林"字。又:"海鹽縣東有顧林亭,有陳顧野王讀書堆。東坡《顧林亭詩》云:'平林豈舊物,歲晚室扶疏。'云云。唐詢詩云:'平林標大道,曾是野王居。'云云。宋煇詩云:'昔時高士宅,今日梵王居。'云云。""林亭"字凡兩見,皆不作"亭林"。然據下所引東坡詩云"平林豈舊物",唐詢詩云"平林標大道",似乎華亭、海鹽兩縣境内皆有一亭,因野王納稱,瀕水則曰顧亭湖,傍樹則曰顧亭林,傳鈔誤倒作林亭爾。近志於湖上,竝增"林"字亦誤也。至宋煇"梵王居"云云,則又與華亭之寶雲寺其事適同。不知煇即指華亭故蹟,而象之誤繫之海鹽下否?又案:宋嘉祐六年,《法雲寺重修大殿記》[二],第一行題云:"大宋秀州華亭縣顧亭林法雲寺重修大殿記。"此"顧亭林"三字之見於石刻者。

又嘗稱名曰圭年。

《元譜》:康熙中題吴縣李灌溪侍御詩署名曰"圭年"。

謙案:歙孝廉程易疇瑶田云:嘗見萬年少自跋所作《秋江别思圖》,送先生由淮陰渡江歸唐市,謂顧子名圭年,自云:"余再轉注而得此名。"

亦或署蔣山傭。

《元譜》。

謙案:蔣山即鍾山,後更名神烈山,先生嘗僑居山下也。

穆案:江藩《漢學師承記》:"庚辰,有怨家欲陷之,僞作商賈","變姓名爲蔣山傭"。又《鄒平縣志》前列修志姓氏,有顧twin,字寧人,昆山人,同時較編。疑"twin"即"傭"字之譌,亦或單署曰"傭"也。

顧氏係出吴郡。五代之際,徙滁州。南宋時,有名慶者,自滁徙海門之姚劉沙。

見先生《顧氏譜系考》。姚劉沙,自注:"今崇明縣。"又《鈔書自序》:"炎武之先家海上,世爲儒。"

慶次子伯善又徙昆山,遂爲昆山縣人,世居縣之花蒲保。

《譜系考》:"昆山縣之二十四保地,名花蒲。"自注:"今太倉州六都。"

後徙千墩。

《元譜》:昆山縣之千墩人。

謙案:《昆新合志》:"千墩在城東南三十六里沺川鄉。"

《徐譜》:先生家與徐健庵比鄰,見《憺園集·舅母朱孺人壽序》。

穆案:《蘇州府志·昆山縣第宅園林》内載:"妙喜園在西關外,金童橋北,初爲嚴氏園,徐坦齋營爲别墅。荷池竹圃,踞西郊之勝。""徐乾學宅在半山橋,西堂曰冠山堂,復構傳是樓,聚書其中,宅後有園曰憺園,又有遂園,在馬鞍山北麓。""徐秉義第在富春橋西,有培林堂。""徐元文宅在半山橋東塘内,有含經堂,園中有古樟一株,因名得樹園。"蓋徐氏鼎貴後,父子兄弟各營第宅,不復與顧氏爲鄰矣。厥後健庵兄弟欲迎先生南歸,以别業居之。殆指金童園亭歟?

自慶而下十二世,至明正德間,曰南京工科給事中、廣東按察使司僉事溱,

《譜系考》:"溱,字梁卿,號小涇。正德庚午舉人,辛巳進士。"

刑科給事中濟。

《譜系考》:"濟,字舟卿,號思軒。正德丙子舉人,丁丑進士。歷官行人、刑科給事中。"

何紹基案:《類姓登科考》於顧溱注昆山縣人,顧濟、顧章志、顧紹芳皆注太倉州人。

穆案:《鈔書自序》:"先高祖爲給事中,當正德之末。"又衍生繕寫書目有《思軒公諫垣疏》一卷。又《蘇州府志》:"給事中顧濟第在昆山縣尚書浦西蔣涇。"

刑科生兵部侍郎章志。

《譜系考》:"章志字子行,號觀海。嘉靖丙午舉人,癸丑進士。歷官行人、行人司副、行人司正、刑部員外郎中、江西饒州府知府、湖廣、廣西按察司副使、貴州布政司參政、貴州、山東按察司按察使、南京光禄寺卿、應天府尹、南京兵部右侍郎,贈都察院右都御史。"

《徐譜》:南京朝天宫後有侍郎公祠。又《日知録》云"余家有嘉靖年買地文契",蓋在侍郎公時。又《浯溪碑歌序》云:"萬曆元年,先曾祖官廣西按察副使。"

穆按:衍生繕寫書目,有觀海公《船政疏》一卷。又《車譜》云章志字行之,據《譜系考》作子行,當是車誤。又《鈔書自序》:"嘉靖間家道中落,先曾祖繼起,爲行人,使嶺表,而倭闌入江東,郡邑所藏之書與其室廬俱焚,無孑遺焉。洎萬曆初,而先曾祖歷官至兵部侍郎,中間歷方鎮三四。清介之操,雖一錢不以取諸官,而性獨嗜書,往往出俸購之。"

侍郎生左贊善紹芳,

《譜系考》:"紹芳,字實甫,號學海。萬曆丙子舉人,丁丑進士。翰林院檢討、經筵日講官、左春坊左贊善兼翰林院編修,管理制誥,贈左春坊左庶子。"

《車譜》:紹芳選庶吉士,移疾歸,起補檢討,父喪服除,進經筵日講官,遷左贊善。後移疾歸,不兩年卒,年四十七。

穆案:《鈔書自序》:"祖贊善公文集至數百篇。"衍生繕寫書目有學海公《實庵集》十二卷。《静志居詩話》:"實甫工於五律,不露新穎,矜鍊以出之,頗有近於孟襄陽、高蘇

門者。”又王世貞作《紀遠近交游四十詠》，紹芳其一也。《蘇州府志》：“昆山縣有遺清堂，在柴巷内，宫贊顧紹芳所居。”

及國子生紹芾。

《譜系考》：“紹芾，字德甫，號蠡源。生員，增例入國子監。”

《車譜》：紹芾天才俊逸，工詩古文，奇奥秀拔，在太白、長吉間。尤善書法，爲董香光稱許。詳見《昆新合志》。

穆按：紹芾又號夢庵，見《憺園集》。又先生《三朝紀事闕文序》：“臣祖生於饒州官舍，隨臣曾祖之官廣西、山東、南京，一切典故悉諳。而當日門户與攻門户之人，兩黨之魁，皆與之游。臣祖年七十餘矣，足不出户，猶日夜念廟堂不置。閲邸報，輒手録成帙，細字草書，一紙至二千餘字。自萬曆四十八年至崇禎七年九月，共二十五帙。”又《鈔書自序》：“先祖書法，蓋逼唐人，性豪邁不群，然自言少時日課鈔古書數紙，今散亡之餘，猶數十帙。”

贊善生官廕生同應。

《譜系考》：“紹芳子二，長曰同德，生員。次曰同應，字仲從，廩生。萬曆乙卯、戊午副榜，恩廕入國子監。”

穆案：同應又字賓瑶，見《憺園集》，曰：“公清修篤學，負東南重望。”《蘇州府志・文苑門》：“同應生十歲而孤，哀毁如成人。長而穎敏好學，精舉子業，工詩文。爲諸生，七試不售，兩中副榜。卒，年四十二。性闊達，家雖貧，好施與，卒之日，戚友哭之幾於罷市。”所著有《藥房》《秋嘯》等集。《明詩綜》引王平仲語云：“仲從詩詞澹意遠，有白雲自出、山泉泠然之致。”

娶何氏。

穆案：《憺園集・先妣顧太夫人行述》曰：“母何夫人，淹洽書史，爲女工師。”《舅母朱孺人壽序》曰：“何夫人性嚴重，嘗竟日不言，獨愛讀書。”又曰：“自外祖賓瑶公未仕捐館，外祖母以未亡人支持門户，荼苦百端。”《家兄孚若詩集序》：“外王母何夫人知書，有識鑒。”

同應之子五，先生其仲也。

穆案：同應五子，長曰緗，字遐篆；次即先生；次曰紓，字子嚴；次曰纘，字子叟；次不知其名，字子武。先生一女兄，一女弟，皆嬪於徐。女兄生履忱，女弟生健庵兄弟。又一女兄嫁陳皇士濟生。健庵《寄皇士太僕詩》注：“太僕夫人，余從母也。”是也。然《元譜》稱健庵太夫人爲先生第五妹，又有仲姊適馬氏。則女兄弟之可考者亦四人也。

紹芾生同吉，早卒。

《元譜》。

謙案：同吉字仲逢，《崑新合志》謂其早卒，無子，產頗饒。

聘王氏，未婚守節，撫先生爲嗣。

《徐譜》：貞孝之歸顧，當在萬曆二十九年辛丑，其年貞孝十六歲。

《車譜》：貞孝，太僕寺卿宇孫女，諸生述女，事載《明史》本傳及《餘集·先妣王碩人行狀》。

四十三年乙卯，三歲。

先生患痘，頗危，及脱痂，左目爲眇。

《元譜》。

謙案：全謝山《神道表》謂先生"雙瞳子中白而邊黑，見者異之"，不言眇也。或有雲翳，未可知。弟《元譜》係衍生所作，不應有誤，故仍之。

是年，本生父賓瑤公中式副榜。

《元譜》。

知縣陳君祖苞拜於貞孝之廬。

穆據《行狀》補。《進士履歷便覽》：祖苞字令威，海鹽人。萬曆癸丑進士，歷官順天巡撫。《明史》附《顏繼祖傳》。

四十四年丙辰，四歲。

七月，先生第五妹生。

穆補。《懀園集·先妣行述》："吾母生於萬曆丙辰七月二十八日未時。"

四十六年戊午，六歲。

春，白氣亘天，自東而北。

《元譜》。

穆案：《三朝紀事闕文序》："自臣母授臣《大學》之年，而東方兵起，白氣亘天。明年三月，覆軍殺將。"

夏四月，大清兵克撫順。七月，克清河堡。

《徐譜》。

貞孝以《大學》授先生。

《元譜》。

賓瑤公鄉試又中副榜。

《徐譜》。

冬十一月，蠡源公配李碩人卒。

《元譜》。

穆案：碩人有兄名箕，見先生所作《先妣行狀》。

四十七年己未，七歲。

二月，經略楊鎬誓師於遼陽，總兵官李如柏、杜松、劉綎、馬林分道出塞。三月甲申，杜松遇大清兵於吉林崖，戰死。乙酉，馬林兵敗於斐芬山，兵備僉事潘宗顏戰死。庚寅，劉綎深入阿布達里岡，戰死。六月，大清兵克開原，馬林敗没。

《徐譜》。

先生就塾。

《元譜》。

《徐譜》：《日知録》云："愚幼時，四書本經俱讀全注。"

四十八年庚申，八歲。

秋七月，神宗崩。光宗立，甫一月，崩。熹宗立。時朝議欲以明年爲泰昌元年，左光斗請以七月以前爲萬曆四十八年，八月以後爲泰昌元年，從之。

《元譜》。

本生母弟紓子嚴生。

《元譜》。

謙案：《崑新合志》："紓字子嚴，同應第三子。少負經濟才，明亡後絶意仕進，隱居千墩舊廬。居喪哭過哀，目遂盲。秉性耿介，兄炎武講學秦、晉間，屢徵不赴，紓寓書益相砥礪。甥徐乾學兄弟勢望方隆，紓獨養高自重。華陰王宏撰稱其闇修於不見不聞之地，不媿隱君子。"

天啓元年（1621）辛酉，九歲。

三月，大清兵取瀋陽、遼陽。

《徐譜》。

先生讀《周易》。

《元譜》。

季弟纘子妄生。

《徐譜》。案:子妄妻朱氏。健庵有《舅母朱孺人壽序》。

二年壬戌,十歲。

正月,大清兵破西平堡,取廣寧。

《徐譜》。

蠡源公命先生讀古兵家《孫子》《吴子》諸書,及《左傳》《國語》《國策》《史記》。

《元譜》。

穆案:《三朝紀事闕文序》:"天啓初元,遼陽陷,奢崇明、安邦彦並反。其明年,廣寧陷,山東白蓮教妖民作亂。一日,臣祖指庭中草根謂臣曰:'爾他日得食此,幸矣!'遂命之讀古兵家《孫子》《吴子》諸書,及《左傳》《國語》《戰國策》《史記》。"

先生《程正夫詩序》:"余自少時侍於先王父,其終日言而無擇者,皆祖考之世德,鄉先生之行事。"

《徐譜》。

三年癸亥,十一歲。

蠡源公以《資治通鑑》授先生。

《元譜》。

穆案:《鈔書自序》:"先祖自炎武十一歲即授之以温公《資治通鑑》,曰:'世人多習綱目,余所不取,凡作書者,莫病乎其以前人之書改竄而爲自作也。'"

穆案:先生所作《先妣行狀》:"吾母居别室中,晝則紡績,夜觀書至二更乃息,尤好觀《史記》《通鑑》及本朝政紀諸書,而於劉文成、方忠烈、于忠肅諸人事,自炎武十數歲時,即舉以教。"

四年甲子,十二歲。

始習科舉文字。

《元譜》。

穆案:《三朝紀事闕文序》:“臣祖故所與往來老人,謂臣祖曰:‘此兒頗慧,何不令習帖括,乃爲是闊遠者乎?’於是令習科舉文字,已遂得爲諸生。”

五年乙丑,十三歲。

時有納穀寄學之例,蠡源公以先生天資穎異,合早取科名,遂爲先生應例。

《元譜》。

謙案:明時寄學亦經提學考取,歲試後準作附生。

六年丙寅,十四歲。

讀《通鑑》畢,讀《書》《詩》《春秋》。麻城周提學邦基取入本學二十二名,庠名繼紳。

《元譜》:先生入學在十三歲。

謙案:先生撰《寇公墓志》謂“天啓六年,寇公爲蘇州知府,某年十四,以童子見公,被一言之獎”云云,則入學當是十四。

入復社,有名。

《徐譜》:常熟王峻次山作先生傳,年十四爲諸生,入復社,有名。松案:吴應箕所編《復社姓氏目録》前卷,崑山縣入社者十八人,先生名在第六。先生乙卯歲《孫徵君葬詩》引云:“適吴中有傳示同社名氏者,感觸之意,遂見乎詞。”

穆案:《静志居詩話》:“寧人早年入復社,與同邑歸莊齊名。”

賓瑶公卒,先生居降服憂。

《元譜》。

先生《答徐公肅書》云:幼時侍先祖,自十三四歲讀《資治通鑑》後,即示之以邸報。

《徐譜》。

崇禎元年(1628)戊辰,十六歲。

陝西饑,流賊大起。

《徐譜》。

歲試,惠安陳提學保泰未發落即告病去,祇取賞卷蔡復襄以下十二人，先生未與。

《元譜》。

先生《與潘次耕書》云："自庚申至戊辰，邸報皆曾寓目。"

《徐譜》。

穆案：《三朝紀事闕文序》："先帝即位，天下翕然，以爲中興更化之主，無復向時危迫之意。又當先帝頒《孝經》《小學》釐正文字之日，臣乃獨好五經及宋人性理書。而臣祖乃更誨之，以爲士當求實學，凡天文、地理、兵農、水土及一代興革之故，不可不熟究。"

三年庚午，十八歲。

六月，流賊陷府谷。

《徐譜》。

六月，科試，上虞李提學懋芳拔先生卷列一等二十名。

《元譜》。

是年，先生當應鄉試，《日知録》載是年應天鄉試題"舉直錯諸枉能使枉者直"，以媚奄諸臣初定逆案也。

《徐譜》。

穆案：是年先生第五妹歸同邑太僕少卿徐君應聘之孫開法。應聘，萬曆癸未進士，翰林院檢討。開法，字兹念，號坦齋，恩貢生，時年十七。

四年辛未，十九歲。

八月，大清兵圍大淩城。閏十一月，登州游擊孔有德反。

《徐譜》。

二月，歲試，李提學連任，先生卷列一等十一名，仍更名絳。元配太倉王孺人來歸。

《元譜》。

是年，甥徐乾學生。

《徐譜》。乾學字原一，號健庵，官至刑部尚書。

五年壬申，二十歲。

正月，孔有德陷登州。九月，流賊連陷山西州縣。

《徐譜》。

三月，歲試，鄰水甘提學學潤拔先生卷列一等十四名。

《元譜》。

六年癸酉，二十一歲。

二月，流賊犯畿南、河北。七月，大清兵取旅順。十一月，流賊渡河陷澠池諸縣，分掠南陽、汝寧，遂犯湖廣。

《徐譜》。

正月，科試，甘提學連任，先生名列三等。

《元譜》。

本生母兄緗遐篆中式順天舉人。

《元譜》。

謙案：《崑新合志》："緗天才俊逸，世傳其《兩京賦》埒平子，《時務策》比長沙，年未四十卒。"

《徐譜》：緗以天下多故，好言兵事。舉鄉試，一上公車而卒。見健庵《舅母朱孺人壽序》。緗有同年長沙陶汝鼐，見先生《楚僧元瑛談三十年來事詩注》。

穆案：《靜志居詩話》："陶汝鼐字仲調，壯歲好游，自吴入越，晚際仳離，出監軍事，捍禦鄉邦有力。"

是年，甥徐秉義生。

《徐譜》。秉義字彦和，號果亭，官至内閣學士。

七年甲戌，二十二歲。

正月，賊自鄖陽渡漢，連陷紫陽、平利。二月，陷夔州。六月，賊降，復叛，陷所過州縣。七月，大清兵入上方堡，至宣府。十一月，賊自陝西分犯河南、江北、湖廣。

《徐譜》。

巡按御史祁君彪佳表於貞孝之門。

穆據《行狀》補：彪佳字宏吉，浙江山陰人，《明史》有傳。

是年，甥徐元文生。

《徐譜》。元文字公肅，號立齋，官至文華殿大學士。

八年乙亥，二十三歲。

正月，賊陷鳳陽。六月，賊復走陝西。七月，賊復東犯。十一月，賊陷陝州，攻洛陽。

《徐譜》。

六月，歲試，上虞倪提學元珙置先生卷二等。

《元譜》。

九年丙子，二十四歲。

五月，賊復入陝。七月，大清兵入塞。八月，東歸。

《徐譜》。

六月，科試，倪提學連任，置先生卷二等。

《元譜》。

是年，先生當應鄉試。《日知録》載是年應天鄉試《春秋》題"宋公入曹以曹伯陽歸"。先生譏其以公孫彊比陳啓新，曹伯陽比思陵，非所宜，言大不敬。

《徐譜》。

巡按御史王君一鶚具題貞孝事狀，奏旌其門，報可。

《元譜》。

謙案：貞孝受旌在九年，見先生康熙十八年《與史館諸公書》，縣志亦同。《元譜》列入十年，誤。

穆案：先生所作《先妣行狀》，貞孝請旌之歲，已齒文會，知名且十年。

十一年戊寅，二十六歲。

九月，大清兵入塞。

《徐譜》。

二月，歲試，濰亓提學熗置先生卷三等。十二月，科試，亓提學連任，仍置三等。

《元譜》。

穆案：是年冬，蘇州府承天寺浚井，得宋鄭所南所藏《心史》鐵函，巡撫張國維刻其書，又爲所南立祠堂。詳見先生所作《井中心史歌序》。閻潛丘曰：有僞書出近代，佐證分明,苟一言及,輒譁然起,被以大不韙之名。且以寧可信其有者,莫過史彬之《致身録》,鄭所南之《心史》。一爲史兆斗所撰,一爲姚士磷所撰。前説余徵諸牧齋,後説聞諸曹秋岳云。又《與公肅甥書》:憶昔時邸報至崇禎十一年方有活版,自此以前竝是寫本。

十二年己卯,二十七歲。

正月,大清兵入濟南,德王由樞被執。二月,大清兵北歸。

《徐譜》。

七月,城固張提學鳳翮覆試科舉,先生取遺才二等。

《元譜》。

先生撰《肇域志》始於是年,見自序。又《郡國利病書序》云:崇禎己卯,秋闈被擯,退而讀書。

《徐譜》。

十三年庚辰,二十八歲。

九月,張獻忠陷劍州。

《徐譜》。

四月,邑中修葺文廟,先生與葉秀才奕荃、歸秀才莊重新兩廡木主,而正其位次。

《元譜》。

謙案:《崑新合志》:奕荃字元暉,一字水修,由諸生入太學,性剛直好義,工詩古文詞,師事劉宗周、徐石麒、陳龍正,講求性命之學,尤究心邑政利弊。乙酉夏,以父榷杭州關,遇國變,戴星往省。還至嘉善,爲亂民所戕。覓其尸,不得,以衣冠葬之。莊字元恭,爲諸生,博涉群書。乙酉後亡命,薙髮僧裝稱普明頭陀。後乃廬金潼里先墓側。生平最善顧炎武,以博雅獨行相推許,而俱不諧於俗,有"歸奇顧怪"之目。

穆案:先生《書孔廟兩廡位次考後》:"歸生名莊,更名祚明,工草隸,爲東吴高士。"

十二月,歲試,張提學連任,置先生卷二等。

《元譜》。

先生《答徐公肅書》:憶昔庚辰、辛巳之間,國步阽危,方州瓦解,而老成碩彥,品節矯然,下多折檻之陳,上有轉圜之聽。

思賈誼之言,每聞於諭旨;烹弘羊之論,屢見於封章。

《徐譜》。

十四年辛巳,二十九歲。

正月,李自成陷河南,殺福王常洵,遂犯汝州,城陷,知州錢祚徵不屈,死。張獻忠陷襄陽,殺襄王翊銘。十一月,李自成陷南陽,殺唐王聿鏌。

《徐譜》。

是年大旱。

《元譜》。

二月,蠡源公卒,先生居承重憂。

《元譜》。

穆案:《三朝紀事闕文序》:臣祖父某,年五十一而始抱臣炎武爲孫。《先妣行狀》:貞孝請旌之歲,先王父年七十有四。則蠡源公之卒也,年七十九矣。

十月,葬蠡源公及元配周碩人、繼配李碩人於司馬賜塋之穆位。

《元譜》。

將葬,既祖奠,火作於門,里人救之,得息。

《徐譜》。按健庵作《舅母朱孺人壽序》,述此事云:家難復作,室廬失火被焚。

十五年壬午,三十歲。

二月,大清兵克松山,下錦州。五月,張獻忠陷廬州。九月,李自成決河灌開封城,陷。十一月,大清兵入薊州,連下畿南、山東州縣。

《徐譜》。

兄遐篆卒。弟子叟生子洪善,嗣遐篆後。

《元譜》記遐篆卒於順治十一年甲午。

穆案:遐篆中式崇禎六年癸酉舉人。健庵稱遐篆舉鄉試,一上公車而卒。歸元恭《送先生北游序》稱,崇禎之末,祖父蠡源先生暨兄孝廉捐館。健庵爲顧氏甥,元恭與先生總角至交,皆不當有誤。又《崑新合志》稱,遐篆年未四十卒,若卒於甲午,則先生之年且四十有二矣。推尋其故,《元譜》蓋譌歲壬午爲歲甲午耳。今爲删正,即以子叟生子洪善之年爲遐篆溘逝之年,與各書所言乃一一符合也。

謙案:洪善字達夫,號柏亭,康熙丙辰進士,官中書,年未四十卒。

十六年癸未,三十一歲。

正月,李自成陷承天。五月,張獻忠陷武昌,八月,陷湖南諸郡。十月,李自成破潼關,遂陷西安、延安諸郡。

《徐譜》。

夏,釋承重服,循例入成均。

《元譜》案:例貢自萬曆間始。

子叟生次子洪泰。

《元譜》。

穆案:健庵《舅母朱孺人壽序》:教二子達夫、來白,皆有聲鄉校。來白當即洪泰之字,蓋亦諸生矣。

先生《譎觚序》:僕自三十以後,讀經史,輒有所筆記。

《徐譜》。

十七年甲申,十月朔,爲大清順治元年(1644),三十二歲。

正月,張獻忠寇四川。二月,李自成陷太原。遣别將犯畿南,陷真定。李自成陷寧武關。三月,陷京師。

《徐譜》。

十九日,明莊烈帝崩於宫中萬壽山巾帽局。

《元譜》。

謙案:陳濟生《再生紀略》謂在山之紅閣,御元色鑲邊白綿綢半臂。紅閣蓋建以復内操者。

四月二十九日,李賊西走。五月三日,王師入,睿親王攝政。

《元譜》。

恭案:世祖章皇帝時甫七齡,駐蹕盛京,九月入關,十月朔御極,定鼎京師。

是月初一日,明鳳陽總督馬士英等迎立嗣福王由崧於南都,仍稱崇禎十七年，以明年乙酉爲弘光元年。

《元譜》。

四月，先生率家人侍母遷居常熟之唐市。

《元譜》。

謙案：《常昭合志》：唐市，舊名尤涇，在雙鳳鄉，去縣東南三十里，又東南則崑山界。

十月，歸千墩，被刼。十二月，復遷居常熟之語濂涇。

《元譜》。

謙案：《常昭合志》：語濂涇、黄涇東北入尤涇。

穆案：先生撰《先妣行狀》：兵入南京，炎武奉母僑居常熟之語濂涇，介兩縣之間。又《從叔父穆庵行狀》：語濂涇去千墩八十餘里。又《憺園集・兄孚若詩集序》：舅氏亭林先生避兵常熟之窮村，兄往依之，朝夕討論，故詩日益工。又案《望雲樓帖》刻先生手札云："醉德無何，忽云改歲。兄今其脱然愈乎？弟則馬學士所云'百憂熏心，三冬少暇'。往日之舉犯而不校，逆獸已無所用其梟烋。今乃黑夜令人縱火，焚佃屋一所。弟既蕩無一椽，僕輩亦瞻烏靡集。夫行强雖武士之恒談，火攻則兵家之下策。況於臨池之畏，實爲扇焰之謀。包藏禍心，日甚一日。公宫之火先告於寺人，陵門之戟首誅乎元濟。燎原之惡已盈，自焚之禍行及。布諸左右，憑楮愴然。元恭仁兄足下，弟絳頓首。"所云"黑夜縱火"，不知即指千墩被刼事否？時尚未更名炎武，則與葉方恒構釁一案無涉也[三]。未得其實，附記於此。

崑山令楊君永言應南都詔，列薦先生名於行朝，詔用爲兵部司務。

《元譜》。永言字岑立，昆明人，崇禎癸未進士。崑城破後，走陳墓，詗事彌月，知不可爲，復入黄浦依吴帥。吴敗，祝髮珠涇萬壽庵中，釋名孏雲。旋入中峰，後入金華，歸滇，卒。《勝朝殉節録》稱其殉乙酉之難，追謚忠節，誤。

先生編年詩起是年，有《大行哀詩》一首、《感事詩》六首。

《徐譜》。按《感事詩》云："日角膺符早，天枝主鬯臨。安危宗社計，擁立大臣心。"謂南都擁立福王之事。其年四月乙酉，魏國公徐宏基等迎福王於江浦。丁亥，百官迎見王，素服角帶哭。五月庚寅，王行告天禮，升殿，徐宏基跪進監國之寶。王受訖，大赦。戊戌，羣臣勸進，箋三上，王許之。壬寅，即皇帝位，改元弘光。先生詩所謂"告天傳玉册，哭廟見諸侯。詔令屯雷動，恩波解澤流"也。詩又云："上宰承王命，專征指大江。出關收漢卒，分陝寄周邦。"又云："登壇推大將，國士定無雙。"謂史可法以東閣大學士督師揚州。又云:"聽律音非吉,焚旗火乍紅。"自注云:"六月壬午,督師標下兵與浙江兵鬨於鎮江西門外,焚民居數百家。"標下兵者,先生《聖安皇帝本紀》所云"標下總兵官于永綬等兵"也。

【校記】

〔一〕雒　道光本作"雒",嘉業堂本作"雒",《顧炎武全集》本作"雒"。另,《安慶歷代人物表》中有胡虔,作"雒君"。按:當作"雒"。

〔二〕《法雲寺重修大殿記》　《顧炎武全集》本點校作"法雲寺重修大殿,記第一行題云"。

〔三〕葉　道光本作"藥"。

顧亭林先生年譜(二)

張穆撰

二年(1645)乙酉,南都弘光元年,三十三歲。

五月初九日,王師渡江。初十日夜,弘光帝出走。十五日,王師入南都,明亡。

《元譜》。

春,膺楊永言之薦,至京口。四月,偕從叔父穆庵赴南京。

《元譜》。

謙案:《崑新合志》:穆庵名闡服,字國馨,紹芳從子。以諸生入太學,才名著一時。明亡後,棄儒業。永曆稱號南中,遣使授冠帶,辭疾不赴,遁跡田野,以醫濟人。先生《餘集》有《從叔父穆庵府君行狀》。

寓朝天宫,因拜先兵部侍郎公祠。

《元譜》。

謙案:《詩集》誤編拜祠詩入辛卯年。

穆案:此年拜祠事有《金陵雜詩·記得尚書巷》一首,足證辛卯年再至金陵,而再拜之,何云誤也。

拜祠畢,即歸語濂涇。

八字,穆臆補。

是年,貞孝年六十五。月朔,同邑歸莊、嘉定吴其沆及從叔父穆庵、姊子徐履忱持觴登堂,爲母壽,退而飲至夜半,旦日别去。

《徐譜》。事見《吴同初行狀》。

穆案:《行狀》:貞孝誕辰爲六月二十六日,而稱觴乃在五月朔者,蓋即生日不受賀之義，先生所終身秉承者也。其沆字同初，少先生七歲。履忱字孚若，先生伯姊之子，生於崇禎二年，時年十七，與健庵爲再從兄弟。

將復詣闕，未旬日而南都陷，先生從軍至蘇州。

《元譜》。

《徐譜》：時大清兵已定江浙，大軍駐金陵，一軍駐蘇，一軍駐杭，一軍駐沿海吴松等處。有明江南總兵吴志葵者，吏部主事夏允彝門人也，頓兵海上。又有十將官者，屯兵陳湖中與湖旁。諸生陸世鑰等各有衆千餘。閏六月十日，明兵科給事中陳子龍、舉人徐孚遠、章簡聞南都不守，起兵松江，與陳湖兵合，允彝又入志葵軍，爲之馳書檄聯絡士大夫，華亭則總督兵部侍郎沈猶龍、下江監軍道荆本徹、中書舍人李待問，嘉定則左通政司侯峒曾、進士黄淳耀、總兵蔣若來，崑山則鄖陽撫臺僉都御史王永祚、編修朱天麟，吴江則職方吴易、總兵王畫，太倉則總兵張士儀，宜興則行人盧象觀等互爲聲援。先生與楊永言、吴其沆、歸莊皆佐王永祚軍。諸軍謀以松江兵攻杭，嘉定、太倉兵攻沿海，宜興兵趨南京，約伏艦江中，獨吴志葵先進向蘇州，俟蘇州捷音至，剋日同發。先生詩云："千里吴封大，三州震澤通。戈矛連海外，文檄動江東。"即赴吴時事也。志葵既薄蘇州，參將魯之璵以三百人先登，斬胥門而入。大清兵匿騎於學宫，俟其退擊之，殲焉。既而松江破，陳子龍走，嘉定陷，侯峒曾死，先生遂歸。而崑山兵起，死者四萬人，吴其沆與焉，楊永言遁之蘭谿，惟先生與歸莊得脱。

六月，仍歸語濂涇。

《元譜》。按先生《餘集》有云："吴中諸縣並起義兵自守，而余以母在，獨屏居水鄉不出。自六月至於閏月，無夜不與陳君露坐水邊樹下，仰視月食，遥聞火礮。"云云。是崑邑守城事，先生一不與謀，故後得免於難。

閏六月十五日，崑山士民閉城拒守。

《元譜》。先是五月初七日以後，居民聞王師已入南都，紛紛移遁四鄉。而張浦、菉葭、安亭諸村鎮奸民乘機劫掠，縣令楊永言以二十二日盡放獄囚。至月杪，郡中大吏及守令皆先期遁。六月初七日，豫親王方駐金陵，遣刑部侍郎李延齡、巡撫王國寶統兵莅蘇，新郡守王鏌發安民榜至崑，並取圖籍。永言棄印潛逃於泗橋陳宏勳家，水利縣丞閻茂才偕邑紳耆老於初八日赴胥門納款。十二日，院遣郡人周荃來崑安撫。十八日，以茂才知縣事。閏六月十一日，薙髮令下。十三日，茂才出示薙髮，且親持名刺謁縉紳，城中大譁，焚縣治，殺茂才。十五日，貢生陳大任等議推舊狼山總兵王佐才爲主帥。十七日，楊永言及陳宏勳等亦以所募兵數百人入城，永言遂爲監紀，仍知縣事。偕城中紳士裹糧移檄爲久守計。七月初二日，王師東下，越二日，縣西真義村兵出迎戰，敗績。初五日黎明，王師渡濠。

十六日丙申，月食既，星流竟夕。

《元譜》。見《日知録》“星隕如雨”注，而繫以甲申年閏六月，按甲申無閏，當是記憶偶誤耳。

明靖虜伯鄭鴻逵、户部主事蘇觀生奉唐王聿鍵如閩，黄道周、張肯堂等奉聿鍵稱監國。六月丁未，即位於福州，改元隆武。

《元譜》。

魯王以海亦稱監國於紹興。

《徐譜》。

七月初六日巳刻，王師下崑山城。

《元譜》。

先生生母何太孺人被游騎斫右臂折。弟子叟、子武並遭難。子叟妻朱氏引刀自刺其喉，僵卧瓦礫中得免。

穆補：《憺園集·舅母朱太孺人壽序》：“歲在乙酉，王師南下，衆議登陴守禦，紛紛挈家避去。何夫人曰：老嫠婦必死於此。子叟、子武兩舅與舅母俱不敢去。未幾城破，兩舅並遭難，舅母朱夫人知事急，引刀刺其喉，氣息纔屬，僵卧瓦礫中。死者纍纍，何夫人守婦尸，不去。俄游騎過，斫何夫人，右臂損折。久之，朱夫人得蘇，起覓其姑，悲不自勝，手裂舊襦爲姑裹纏重傷，復自塞其頸，相抱匿廡下破屋以免。越日，扶掖登舟出城外，外祖母常稱曰‘孝婦孝婦’云。”

越九日，王師復下常熟。貞孝於十四日聞變即絶食，至三十日，及終，遺命先生勿更出仕。

《元譜》。

穆案：先生撰《先妣行狀》：“七月乙卯，崑山陷。癸亥，常熟陷。吾母聞之遂不食，絶粒者十有五日，至己卯晦而吾母卒。八月庚辰朔，大斂。又明日，而兵至矣。遺言曰：我雖婦人，身受國恩，與國俱亡，義也。汝無爲異國臣子，無負世世國恩，無忘先祖遺訓，則吾可以瞑於地下。”

穆案：《元譜》“九日”作“二日”，以《行狀》乙卯至癸亥推之，知“二”字誤。“十四日”作“二十四日”，以《行狀》癸亥至己卯推之，知“二”字衍也。

唐王遥授先生兵部職方司主事。

《元譜》。

九月，至嘉定，過吴其沆家。

《徐譜》。據《同初行狀》，先生凡三過其居。戊子年《寄薛寀詩》云：“只有延陵心，尚挂姑蘇樹。"亦謂其沉也。

十二月十九日,權厝貞孝柩於司馬塋東偏。

《元譜》。

是年詩有:《京口即事》二首、《徐譜》。案:是年史可法駐揚州,高傑移屯瓜州,弘光命可法諭四鎮厲兵秣馬,駐防河淮,克期進師。可法檄諸鎮出兵,高傑首奉命渡泗水,所部王之綱前驅薄睢陽,可法進次河上。先生《京口即事》詩云:"自羽出揚州,黄旗下石頭。"又云:"大將臨江日,中原望捷時。"皆是年正月事。《京闕篇》一首、《金陵雜詩》四首、《徐譜》。先生《金陵雜詩》云:"重聞百五日,遥祭十三陵。"謂是年三月癸巳遥祭諸陵也。又"正殿虚椒寝"一首,蓋謂弘光自去年命選淑女,至此年四月,又選於元輝殿,規諷之意深矣。《千里》一首、《元譜》。各詩皆五月以前作。《秋山》二首、《表哀詩》一首、《奉先妣稾葬詩》一首。

是年作《軍制論》《形勢論》《田功論》《錢法論》。

三年丙戌,三十四歲。

三月,唐王督師黄道周舉兵至徽州,戰敗被執,不屈,死。唐王將入贛州,鄭芝龍使軍民遮留,不得行,乃駐於延平。十月,明兩江總督丁魁楚、廣西巡撫瞿式耜等立桂王於肇慶府,以明年爲永曆元年。

《徐譜》。

十一月,王師下建寧、延平等府,唐王走汀州,執而殺之。

《元譜》。

明大學士蘇觀生又立唐王弟聿鐭於廣州,改元紹武。十二月,王師入廣州,殺聿鐭。

《徐譜》。

五月,先生祖庶母黄氏卒。十月十二日,命家人趙和等遷居。

《元譜》。未詳遷居何地。

將往閩中赴職方之召,以母喪未葬,不果行。

《元譜》。

是年詩有:《延平使至》一首、《海上》四首、《不去》三首、穆案:《池北偶談》有"論'落日江頭送伍員','員'字用韻有據"一條。《老鶴萬里心》一首。

作《吴同初行狀》。

四年丁亥,三十五歲。

秋,至海上。十月十日,命家人趙和迎祖庶母黄氏柩,葬於司馬公域外之西偏。

《元譜》。

穆案:先生《答王山史書》:先祖有二妾,炎武所逮事,其亡也,葬之域外。

二十日亥時,葬貞孝王太安人於賜塋東仲逢府君之兆。

《元譜》。案:少司馬葬時,用歲丁亥,月辛亥,日丁亥,時辛亥。貞孝之葬,干支悉同。

二十一日,具弔奠禮。十二月二十一日,移家語濂涇,先生廬墓。

《元譜》。

送歸莊往吴興。

《徐譜》。元恭時赴吴興,覓兄德清教諭繼登骨。

哀執友松江陳太僕子龍、同邑顧推官咸正、吴縣楊主事廷樞及推官二子天遴、天逵,先後死難,各以詩弔之。

《元譜》。子龍字卧子,青浦人,崇禎丁丑進士,兵科給事中。受魯王部院職銜,與松江提督吴勝兆通謀。是年夏,勝兆反事泄,逮子龍,并逮藏匿子龍之嘉定侯岐曾及同邑顧天遴、天逵,子龍乘間赴水死,岐曾等同被殺於松江。咸正字端木,天啓甲子舉人,延安府推官〔一〕。丙戌四月自關中歸,知弟錢塘令咸建、舉人咸受先已殉節。聞唐王立於閩,草密疏附寄舟山黄斌卿,屬其轉達,爲邏卒所獲,以告提督吴勝兆,勝兆祕之。及是年六月,勝兆反,密疏遂發,逮至金陵,爲洪承疇所殺。後二子之死僅一月。廷樞字維斗,崇禎庚午南京解元。福王時薦授兵部主事,兼監察御史。馬、阮當國,抑不能用,罷歸。至是年四月,遁居山隖,當事搜索得之。絶食五日不死,作《絶命詞》十二首,裂衣帛血書之,終以不屈被殺於蘆墟村中。

是年詩有:《贈顧推官》一首、《徐譜》案:張秉貞之挾潞王出降,顧咸建棄官去,追及之於吴江。閏六月朔,殺之。詩中"杲卿血"云云蓋述此事。又先生之從軍於吴,咸正必同行,故有"句吴古下國,難與秦風齊"之句。其後《哭咸正》詩曰:"及乎上郡還，始結同盟契。崎嶇戎馬間，周旋止一歲。"所謂崎嶇周旋者，即指從軍耳。《大漢行》《義士行》《秦皇行》各一首，《墟里》一首、《塞下曲》二首、《海上行》一首、《徐譜》：詩云："大海天之東，其處有黄金之宫，上界帝子居其中。"又云："或言有巨魚，身如十洲長，幾化爲龍不可當，一旦失水愁旁皇。"蓋謂魯王之入海，徒以海水爲金湯，舟楫爲宫殿，終於淪亡也。又云："但見鯨魚出没，鑿齒磨牙。"先生知鄭芝龍之負恩喪國，其子成功始則附閩，繼則附粤，終不爲魯王用。而舟山非可以圖存，故又云："東浮大海難復難，不如歸去持漁竿。"以明決不宜往之意。《神道表》以爲幾豫吴勝兆之禍，欲赴海上，道梗不前者，似未知先生之意也。穆案：據《元譜》則先生實曾至海上，謝山云"道梗不前"仍非實録，但詩編於《塞下曲》後，《塞下曲》云"即今三月鶯花滿"，此詩當作于春末夏初時，尚未赴海上耳。明年戊子，《將遠行》詩云"去秋闚東溟"，尤實至海上之顯證。《哭楊主事》一首、《推官二子被執》一首、《淄川行》一首、《元譜》：爲孫之獬作也。之獬淄川人，天啓壬戌進士，媚奄得官侍講，名在逆案中，入國朝爲禮五部侍郎。順治二年六月，升兵部尚書，總督軍務，招撫江西，後乞歸里中。是年九月，土賊丁可澤句引叛賊謝遷等陷淄川，擒之獬，支解死。結云"取汝一頭謝元元"，當由之獬嬰衆怒耳。《哭顧推官》一首、《徐譜》：咸正至江寧，總督洪承疇問曰："汝知史可法在乎？不在乎？"咸正答曰："汝知洪承疇死乎？不死乎？"洪默然，遂殺之。詩云："檻車赴白門，忠孝詞色厲。竟作戎首論，卒踐捐生誓。"謂此也。《哭陳太僕》一首、《奉先妣葬於侍郎公墓左》一首、《墓後結廬三楹》一首、《精衛》一首、《吴興行》一首。

作《王時沐墓志》。

五年戊子，三十六歲。

秋，至湖上。

《元譜》。

《徐譜》。案：《將遠行》詩云："去秋闚東溟，今年泛五湖。"《偶來》詩云"偶來湖上已三秋"，蓋自秋迄冬泛五湖也。

冬，抵京口，是年語濂涇家中又被劫。

《元譜》。

是年詩有：《越鳥巢南枝》一首、《江介多悲風》一首、《擬唐人五言八韻》六首、穆案：六詩皆非泛擬，《乞師》悲往事也，《擊筑》《投筆》明素志也,《渡瀘》《聞雞》以不忘恢復望諸公也,《歸里》則知時之不可爲而倦飛思還也,云“擬唐人”者,曾膺唐王之詔,受其冠帶也。《常熟縣耿侯水利書》一首、《元譜》。謙案:《常昭合志》:耿橘字蘭錫,獻縣進士。萬曆三十二年以調繁至,講求水利,東浚横浦、横溪、李墓、鹽鐵塘,北浚福山塘,西浚奚浦、三丈浦,凡土田高低,宜蓄宜泄,尺寸不遺,而其開浚之法,區畫周至,約束嚴明,具載所著《水利全書》。其立説以水利用湖不用江,尤不易之論。穆案:《耿侯水利書》,《郡國利病書》采之頗備。《偶來》一首、《浯溪碑歌》一首、《薛開封寀》一首、《元譜》。謙案:《略見人心録》:薛名寀,亂後歸釋,謂去冠,故去“宀”;去髮,故去“丿”,因姓米氏,自號米堆山。《將遠行》一首、《京口》一首。

六年己丑,三十七歲。

春登靈巖山。清明封墓樹。秋至吴江,過八尺。納妾韓氏。

《元譜》。

是年詩有:《石射堋山》一首、先生自注:《吴郡志》:靈巖山在城西三十里,一名石射堋山。《春半》一首、《元譜》中有云:“洪州七月圍,糧盡力亦殫。”指江西金聲桓事。聲桓以去年戊子七月據南昌叛。是年正月爲官兵所破,聲桓中二矢,投水死,仍磔屍示衆。《懷人》一首、《秋鷹》一首、《八尺》一首、穆案:《元譜》有“至吴江,過八尺”一節,然此“八尺孤帆一葉舟”云云,“八尺”二字似非地名,所未詳也。《桃花溪歌贈陳處士梅》一首、穆案:梅字鼎和,《餘集》有《常熟陳君墓志》。《瞿公子元錞將往桂林不得達而歸》一首。《元譜》:元錞常熟人,父式耜爲廣西巡撫,南都陷,與丁魁楚等立永明王由榔於梧州,式耜爲文淵閣大學士,留守桂林。王師破桂林,與總督張同敞俱被難。

七年庚寅,三十八歲。

正月五日,韓氏生子林元,名之曰詒穀。

《元譜》。

謙案:崑山張元賡著《卮言》,謂先生無子,蓋天奄也,殊誕。

時怨家有欲傾陷之者,乃變衣冠,僞作商賈,游金壇,登顧龍山。

《元譜》。山在縣南五里。

再至鎮江，登北固樓。已，復往嘉興。

是年詩有：《顧龍山高皇帝題詞》一首、《元譜》：元末丁酉十一月，明太祖駐蹕此山，題詞云："望東南隱隱神壇，獨跨征車，信步登山。煙寺迂迂，雲林鬱鬱，風竹珊珊，塵不染浮生九寰。客中有僧舍三間，他日偷閒，花鳥娱情，山水相關。"《重至京口》一首、《榜人曲》二首、《流轉》一首、《秀州》一首。《徐譜》。案：《流轉》詩云云，蓋先生自乙酉以後，展轉江浙之境，於今五年，至此乃欲北至中原，故《鈔書自序》云"炎武之游四方，十有八年"，亦以此年爲始也。穆案：《秀州》詩云："將從馬伏波，田牧邊郡北。"蓋至此而北游之志決矣。

八年辛卯，三十九歲。

至金陵，初謁孝陵。

《元譜》。

拜侍郎公祠。

穆案：此句《元譜》本有，車君删去，非也。辯見乙酉下。

八月十四日，至淮安，與山陽王起田略、徐州萬年少壽祺定交。

《元譜》。《文集》有《王起田墓志》。壽祺，字年少，崇禎庚午舉人，工詩文書畫，又工寫美人，他若琴棋刀劍百工技藝，細而女紅刺繡，粗而革工縫紉，無不通曉。風流豪宕傾動一時，滄桑後罷公車，僧冠僧服，自名"明志道人""沙門慧壽"，痛飲、食肉如故。邳徐之亂，移家公路浦。著有《隰西堂集》。

抵清江浦。

《元譜》。

是年詩有《恭謁孝陵》一首、穆案：《郡國利病書》：孝陵在南都外城内，鍾山之陽，懿文陵附於其側。《拜先曾王父木主於朝天宫後祠中》一首、《贈萬舉人壽祺》一首、《淮東》一首、《元譜》：爲劉澤清作也。澤清爲福王時四鎮之一，開府淮東，頗事聲色。順治二年五月，福王出走。七月，澤清率所部納降。又三年戊子，陰與曹縣叛寇通，許以内應，遂作亂，陷曹縣。十月，英親王討平之，詰其由，知出澤清，乃族誅之。詩中云"地下逢黄侯"，謂靖國公黄得功也。得功先於乙酉六月王師據江口時迎戰，中流矢死。《贈人》一首。

九年壬辰，四十歲。

入郡城，奠姊壻陳皇士之父文莊公祠。

《元譜》。文莊名仁錫，字明卿，號芝臺。天啓壬戌探花，南京國子監祭酒。福王時，贈詹事，謚文莊。弘光元年，子濟生、濟楨奉詔建祠於卧龍街關廟之右。濟生，字皇士，以廕歷官至太僕寺丞。

穆案：《静志居詩話》："皇士經亂歸田，緝啓、禎兩朝遺詩，又命工傳寫明三百年來忠臣義士像，裝以爲册，可稱好事矣。"

至吴縣之横山，展拜遠祖黄門公墓。

《元譜》。墓在横山東越來溪上。盧襄《石湖志》云："墓上有一巨石，横卧可二丈許。石上古松如蓋，湖上望見之，即知爲野王墓也。"先生時尚如故。

遇路舍人澤溥於虎丘。

《元譜》。舍人時攜家奉母，寄居湖上。

《徐譜》。按先生去歲贈萬壽祺詩云："會待淮水平，清秋發吴榜。"又《贈人》詩云："路旁多行人，一南一以北。南北遂分手，去去焉所極。"蓋所送之人北行，而先生仍南歸吴，故拜黄門墓，而路澤溥詩亦云"相逢金閶西"也。

穆案：先生有《送書小帖》云："路安卿名澤溥，曲周人，故總督晧月公之長子。"又《廣師篇》云："險阻備嘗，與時屈伸，吾不如路安卿。"注互見詩下。

自唐市仍返千墩，至清江浦渡河抵王家營。是年六月，弟子嚴得子洪慎。

《元譜》作十九日。

謙案：《崑新合志》：洪慎字汝嘉，試成均，得州倅。以親老亂歸。從父炎武卒於晋，走三千里，扶櫬葬祖塋。承遺命以子宏佐爲炎武殤子詒穀後。性愛客，就所居西偏，疏泉壘石，與故人嘯詠以終。

穆案：據衍生《元譜》，先生卒於曲沃，從弟巖自崑山來，偕衍生扶柩歸，不云洪慎也。衍生又云：以遺書致之立齋兩表兄，及汝嘉兄。則洪慎時在都中，未嘗至晋，甚明。當是志誤。

從叔父穆庵得子巖。

《元譜》。《崑新合志》：巖字大雲，好學工詩。少游太學，嘗作《落花詩》百首，傳誦輦下。

先生有世僕陸恩，叛投里豪葉方恒。

《元譜》。方恒字嵋初。崇禎壬午舉人，順治戊戌進士，官至山東濟寧道僉事。

穆案：《順治戊戌進士履歷便覽》：葉方恒，字敬默。父重華，戊辰進士，太常少卿。

望雲樓刻歸元恭與葉嵋初手札，陸恩作陸欽，後刻集，仍改作陸恩。

案：《鈔書自序》："年四十，斐然欲有所作。"

《徐譜》。

是年詩有：《同族兄存愉拜黄門公墓》一首、《贈路舍人澤溥》一首、《元譜》：澤溥父振飛，字見白，天啓乙丑進士，涇陽知縣。崇禎中，屢遷至僉都御史，總督漕運，巡撫淮揚。北都陷，福王立於南京，河南副使吕弼周爲闖賊節度使，來代振飛。癸未進士涇陽武愫爲賊防禦使，招撫徐沛。振飛擊擒二人。竿弼周於法場，命軍士人射三矢，乃解磔之。縛愫徇諸市，鞭八十，檻車獻諸南朝，伏誅。故詩中云："捡魁獻行朝，逆黨皆戰悸。"又云"天子呼恩官，干戈對王使"者，唐王聿鍵曾以罪錮守陵，中官虐之。振飛上疏槩寬罪宗，得釋。乙酉南京破，聿鍵自立於福州。趣召振飛，制書有"朕有守困恩官路振飛"云云。既至，拜太子太保、吏部尚書兼文淵閣大學士，官一子職方員外郎，又録守淮功，廕錦衣世千户。順治三年，王師攻克仙霞關，聿鍵走汀州，振飛追赴不及。汀州破，走居海島，明年將赴永明王，乃以悲憤成疾而卒，粤中賜謚文貞。《清江浦》二首、《丈夫》一首、《王家營》一首、《傳聞》三首。《元譜》：是歲永明王在肇慶，李定國攻陷廣西，王遣使召定國入衛。蓋王爲其下孫可望所制，間關奔竄故也。

爲常熟楊子彝作《祠堂記》。

《元譜》。

謙案：汪琬《楊顧兩先生傳》云：萬曆之季，士之爲文者，喜倡新説，畔違傳注，彝與太倉顧夢麟力明先儒之説，天下翕然從風，稱"楊顧學"。以歲貢爲松江訓導，作興人材甚廣。居五載，擢知都昌縣，以道阻，弗克赴任。明亡遂不出。晚歲目盲，猶令人讀書其側，爲諸生講説無少倦，年七十九卒。

【校記】

〔一〕延安府　道光本、《顧炎武全集》本均作"咸安府"，嘉業堂本作"延安府"。案：明無咸安府，后文自關中歸全祖望《神道表》中作延安府推官，當作"延安府"。

顧亭林先生年譜(三)

張穆撰

十年(1653)癸巳年〔一〕,四十一歲。

三月,魯王去監國號,不知所終。

《徐譜》。

春,至金陵。二月,再謁孝陵,並謁太祖御容於靈谷寺。

《元譜》。

謙案:靈谷寺,梁天監十三年,爲寶誌公建塔於鍾山玩珠峰前,名開善精舍,後爲開善寺。宋改名太平興國寺,後名蔣山寺。明初改寺於舊基之東五里,而舊基遂爲孝陵。太祖帝、后御容,今攝山優曇庵中亦有摹本,不知即孝陵中藏本否?

十月,三謁孝陵,并作圖。詒穀殤,更納戴氏。

《元譜》。

謙案:《歸元恭集·戲贈先生納姬》詩云:"同心初綰在秦淮,孤寄清江音問乖。雖異九秋婕妤怨,已如一月太常齋。占熊從此歡無既,弋鴈何妨老自偕。不待王郎去迎接,西風今送入君懷。"自注謂"寧人於金陵納姬,置之清江浦,至是姬得南歸"云云。今則不辨所納何氏,以時事案之,或是戴也。

松案:先生去年自王家營仍歸洞庭山。是年有《路舍人家詩》,路居於洞庭東山也,由洞庭山至江寧,復自江寧歸吴。《贈楊永言》詩序云:"今復來吴下,感舊有贈。"又《贈郝將軍》詩序云:"今爲醫於吴之上津橋,言及舊事,感而有贈。"《贈劉教諭》詩亦云:"栖遲十載五湖湄。"皆在吴之蹟也。

《徐譜》。

穆案:此段可補《元譜》二月後至九月之闕。

是年詩有《路舍人家見東武四先曆》一首、《元譜》:舍人父文貞公在閩時,特請製新曆。《再謁孝陵》一首、《恭謁高皇帝御容》一首、《贈朱監紀四輔》一首、《監紀示游粤詩》一首、《贈鄔處士繼思》一首、《徐譜》:先生此數年中往來無定,而金陵、揚州市井皆屢至,故《贈鄔繼思》詩云:"年年尋杜甫,一過浣花溪。"鄔賣藥揚州市,先生頻過之。《昔有》一首、《楊明府永言復來吴下》一首、《送歸高士之淮上》一首、《贈劉教諭永錫》一首、《元譜》案:永錫字欽爾,號臏庵,魏縣人。崇禎丙子舉人,癸未謁選長洲教諭,邑令遂寧李實廉知其貧,欲煩以吏事,謝不應。已署上海令事,與妻子日食蔬粥,居三月,還長洲。乙酉之變,率妻栗氏及童僕二十餘人隱居相城。大吏遣人説之,永錫拔劍欲自裁,乃止。謂其妻曰:"彼再至,我與若立自決矣。"皆裂尺帛握之。會海上兵起,乃罷。永錫有女許字未嫁,亂後恐詒父母憂,絶粒而死。其母哭之成疾,亦死。後大水乏食,家童相繼死,埋骨道旁。永錫遣子臨與婦歸魏。臨既歸,思父不置,假貸得百金,欲馳以獻父。星夜南下,馬驚墮地,被傷死。初永錫長八九尺,容貌甚偉,至是毁形骨立,見者哀之。久之成疾,漸劇,一夕大呼"烈皇帝"者三,遂卒。時甲午秋也。同時有齊丈人者,撫其喪、葬於閶門外半塘,以妻女祔之。穆案:《靜志居詩話》:永錫有《洹水遺詩》。又曰:"洹水至性之士,兵後隱居相城,有大吏强之仕,袒裼疾視曰:'我中原男子,年二十渡漳河,登大伾,躍馬鳴鞘,兩河豪傑誰不知?我欲見辱邪?'取壁上所挂劍欲自刭,門下士抱持之,得解。既而女妻相繼餓死,子爲盜所傷,亦死。久之洹水殁,其弟子徐晟、陳三島等經紀其喪,葬之虎丘山塘。"《贈郝將軍太極》一首、《孝陵圖》一首、《十廟》一首。《元譜》。謙案:洪武二年,立十廟於雞鳴山,又增功臣廟,祀徐達以下二十一人爲十一。後又增四廟,今已半就圮廢。

十一年甲午,四十二歲。

春,至金陵。卜居神烈山下。

《元譜》。

穆案:《神道表》:先生僑居神烈山下,遍游沿江一帶,以觀舊都畿輔之勝。

由儀真歷太平,登采石磯,東抵蕪湖,秋游燕子磯,留宿僧院,至冬始還。

《元譜》。

是年長甥乾學以選貢入成均。

穆據《愭園集》補。

弟三甥元文鄉試中式舉人。

《元譜》。

先生此數年未歸崑山，觀《松江别友人》詩言"十載違鄉縣，三年旅舊都"可知矣。

《徐譜》。

是年詩有《金山》一首、《僑居神烈山下》一首、《古隱士》二首、《真州》一首、《太平》一首、《蟂磯》一首、《元譜》：磯在蕪湖。《江上》一首、《久留燕子磯院中》一首、《徐譜》詩云："寄食清江院，從秋又涉冬。"蓋冬盡又歸神烈僑居，故明年元旦得在陵下。《范文正公祠》一首、《錢生肅潤之父出示所輯方書》一首。《元譜》：肅潤字楚日，無錫人，著有《南忠録》諸書。

十二年乙未，四十三歲。

二月初五日午刻，江南地震。六月初八日，地又震。

《元譜》。

元旦，四謁孝陵。

穆補。

春自金陵還崑山。五月十三日，擒叛奴陸恩，數其罪，沈諸水。叛黨復投葉氏，訟之官，移獄松江。

《元譜》。先生《贈路光禄》詩序云："先是，有僕陸恩，服事余家三世矣，見門祚日微，叛而投里豪。余持之急，乃欲陷余重案。余聞，亟擒之，數其罪，沈諸水。其壻復投豪，訟之郡，行千金求殺余。余既待訊，法當囚繫，乃不之獄曹而縶諸豪奴之家，同人不平，爲代愬之兵備使者，移獄松江府，以殺奴論。豪計不行，而余有戒心，乃浩然有山東之行矣。"《神道表》："獄日急，有爲先生求救於某公者，某欲先生自稱門下，而後許之。其人知先生必不可，而懼失某公之援也。乃自書一刺與之，先生聞之，急索刺還，不得，列揭於通衢以自白。某公亦笑曰：'寧人之下也！'曲周路舍人識兵備使者，乃爲愬之，始得移訊松江，而事解。"

穆案：爲先生求救者，歸高士元恭。某公者，謂錢謙益也。

謙案：《歸元恭集·與葉嵋初書》："弟到郡時，知寧人兄窘於事勢，將有不測，輿論亦多以兄爲已甚，故弟語稍激切。然論其究竟，愛寧人亦所以愛兄也。已而崑老輩委曲相勸，兄亦動惻隱之心，要於兄之自爲計亦大便，而弟輩則群而誦兄之高義。昨在西郊，文初、子佩諸君及二三遠方友人問及，弟公言於衆曰：'此事誤在顧，而葉能不終訟。可謂仁人君子。'人皆服兄爲有量。及歸寓，忽聞有變局，爲之大驚，兄嘗謂寧人城府深密，機械滿腹，兄前已諾和議，而忽出最難之題目，迫之以必不能從之事，是名雖曰和，實欲戰也，兄豈亦有城府機械邪？崑老極和平之人，亦以兄爲太甚，令將去矣，弟亦即日同國馨去矣，但思兄若不肯就和，即和而必欲云云，寧人計無復之，必自經溝瀆無疑也。陸恩，人奴也，尚不可殺，而迫其主以取償。寧人非尋常無聞之人，又事無死法，而一旦迫之致死，於兄便乎？不便乎？寧人無親子弟，料死後必無與申冤者。即有，兄自當有以待之，固知殺寧人萬萬無害，獨不畏清議乎？寧人腹笥之富，文筆之妙，非弟一人之私言，即灌老諸公，皆擊節稱賞，四方之士，見其詩古文者往往咨嗟愛慕。兄能殺寧人之身，能并其生平之著述而滅之乎？使天下後世，讀其詩古文者，以爲如此文人而殺之者乃葉嵋初也，此名美乎？不美乎？自古文人之受禍者，如子蘭殺屈原，姚賈殺韓非，後世讀離騷及三公子之書，無不唾罵子蘭、姚賈。陳同甫爲小人搆陷入獄，每讀其傳，爲之髮指眦裂。以兄平日自待之高明，何苦而爲此事邪？想兄之意，以爲寧人即死於牢獄，死於桎梏，不得謂嵋初殺之。吾誰欺？當世士大夫有口亦可畏也。凡此之言，皆所謂愛寧人即以愛兄也。"云云。核其語意，松江之獄，所由來歟？《徐譜》：先生乙未年《答原一公肅兩甥書》云："奴隸鴟張，親朋瀾倒，或有聞死灰之語，流涕而省韓安；覽窮鳥之文，撫心而明趙壹。終憑公論，得脱危機。"謂此事也。

是年詩有：《元旦陵下作》一首、《歸生晟陳生芳績書來答之》一首、《贈路光禄太平》一首、穆案：錢飲光《明末野史·永曆紀事上》："規模闊大，好仿佛漢光武，平時恩舊，皆以南陽故人目之。如路振飛遠隔三吴，募能召至者賞銀五百兩，給以六品京秩。振飛至，即日拜相，官其子太平爲卿。"又案：《餘集·王國翰墓志》稱：太平嘗奉桂王命，徵兵於外。至樂昌，國翰往依之。《訓王生仍》一首、《永夜》一首、《訓陳生芳績》一首、穆案：芳績字亮工，常熟人，處士鼎和之子。先生避難語濂涇時，與鼎和比鄰，亮工時猶少也。著有《歷代地理沿革表》四十七卷，道光十三年，其鄉人張觀察大鏞爲刊行之。《贈路舍人》一首、《錢行人邦寅》一首。

十三年丙申，四十四歲。

春，獄解，回崑山。三月，本生母何太孺人卒。閏五月，至鍾山舊居。獄解後，葉氏憾不釋，遣刺客偵所往，至是追及於金陵太平門外，擊之，傷首，遇救得免。是月初十日，五謁孝陵。冬在鍾山度歲。

《元譜》。

是年詩有：《松江別張處士慤王處士煒諸友人》一首、贈《潘節士檉章》一首、檉章字力田，吴江人，稼堂之兄。《恭謁孝陵》一首、《王處士自松江來拜陵畢遂往蕪湖》一首、穆案：處士即下同游柵洪橋之王潢，乙卯年閏五月十日，詩有云："更憶王符老，飄零恨不同。"自注：王徵君潢，昔日同詣孝陵行香。今年七十七矣。《桃葉歌》一首、《黄侍中祠》一首、先生自注：在南京三山門外柵洪橋。謙案：柵洪橋祠，今已無迹可尋，城中金陵閘之祠，蓋續建也。《王徵君潢具舟城西同楚二沙門小坐柵洪橋下》一首、謙案：潢字元倬，上元人。父之藩，慷慨好義，潢能色養，崇禎丙子舉於鄉。先是，户部郎中倪篤之薦於朝，以賢良徵，不就。念世亂親老，賦《南陔詩》以見志，著有《南陔集》，見《江寧府志》及《上元縣志》。穆案：《明詩綜》引顧寧人論元倬詩云："先生詩深以婉，和而摯，不失三百篇温柔惇厚之旨。"《攝山》一首、《賈倉部必選説易》一首、穆案：《江寧府志・儒林》：賈必選字徙南，上元人，萬曆己酉舉人。官户部主事，筦西新倉時，巨璫總理兩部，復遣其黨分伺六倉，必選盡黜陋規，無所染，璫爲稍斂。會同官倪篤之以屯豆下獄，必選知其冤，據事陳辨，謫九江幕，俄遷桂林司理，升南工部虞衡司，未任，丁父艱歸，即杜門不出，以講學著書爲事。卒年八十七。著《松蔭堂學易》行世。《旅中》一首、《訓王處士九日見懷》一首、《送張山人應鼎還江陰》一首、穆案：道光二十年，新修《江陰縣志・藝文門》采先生此詩，而應鼎之名、字翳如，然則山人信能卉布荷衣、鴻冥塵外者矣。《和陳生芳績追痛兩尊人之作》二首。

作《方月斯詩序》。

謙案：月斯佚其名，穀城人，明輔臣岳貢之子，甲申後，賣卜吴門。夏節愍完淳集有《贈方穀城遺孤流落郡中》詩。先生序謂"與方子訂交自單閼之歲，今且六年矣。余客鍾山而方子亦僑居雲間，不數數見，頃冬春之際，余以仇家之訟至雲間，逆旅中困不自聊，而方子時時相過慰藉，與余周旋兩月，因出其詩草示余，讀之"云云。以時事考之，當在是歲無疑。

十四年丁酉，四十五歲。

元旦，六謁孝陵。

《徐譜》。案:《元日》詩云:"晨興自江上,踰嶺走鍾山。"又云:"流轉雖不居,咫尺猶天顔。"蓋先生是時雖寓金陵而非神烈山之居矣。

春,自金陵仍返崑山。避仇將北游,同人餞之,歸元恭爲文以贈其行。

《元譜》。《序》曰:"余與寧人之交,二十五年矣。其他同學相與或二十年或十餘年,蓋未嘗有經歲之别也。今於寧人之北行也,而不能無感慨焉。寧人故世家,崇禎之末,祖父蠡源先生暨兄孝廉捐館,一時喪荒,賦徭蝟集,以遺田八百畝典葉公子,券價僅當田之半,仍靳不與。閱二載,寧人請求無慮百次,乃少畀之至十之六,而逢國變。公子者,素倚其父與伯父之勢陵奪里中,其産逼鄰寧人,見顧氏世衰,本蓄意吞之,而寧人自母亡後,絶迹居山中不出。同人不平,代爲之請,公子意弗善也。適寧人之僕陸恩得罪於主,公子鉤致之,令誣寧人不軌,將興大獄以除顧氏。事泄,寧人率親友掩其僕,執而箠之死。其同謀者懼,奔告公子,公子挺身出,與寧人訟,執寧人囚諸奴家,脅令自裁。同人走叩憲副行提,始出寧人。比刑官以獄上,寧人殺無罪奴,擬城旦。憲副與公子年家,然心知是獄冤,又知郡之官吏上下大小無非公子人者。乃移獄雲間,守坐寧人殺有罪奴,擬杖而已。公子忿怒,遣刺客戕寧人,寧人走金陵,刺客及之太平門外,擊之,傷首墜驢,會救得免。而叛奴之黨受公子指,糾數十人乘間劫寧人家。盡其屢世之傳以去。寧人度與公子訟,力不勝,則浩然有遠行。而同人之知寧人者,攜尊榼送之,酒半作而言曰:'寧人之出也,其將爲伍員之奔吴乎?范睢之入秦乎?吾輩所以望寧人者不在此。夫宣尼大聖,猶且遭魋畏匡;文王之仁,不殄厥愠。寧人之學有本,而樹立有素,使窮年讀書山中,誰復知寧人者?今且登涉名山大川,歷聘六國,以廣其志而大其聲施焉,知今日困阨,非寧人行道於天下之發軔乎?若曰怨仇是尋,非賢人之志,别離是念非良友之情。'於是同人咸曰善,請歌以壯其行。〔二〕而歸予爲之序。"

至萊州,與掖趙汝彦士完、任子良唐臣定交。

《元譜》。士完字汝彦,崇禎壬午舉人,遭亂後棄家而南,羈栖廢寺。弟士冕,官鎮江太守,物色得之,强之歸。士完故萊之巨族,從兄士喆入復社,有名,同懷兄士元、士亮、士寬、弟士冕並以才稱。唐臣字子良,貢生,弟虞臣亦以學問著。

從唐臣假吴才老《韻譜》,讀而校之。過即墨,游勞山。由青州至濟南,與徐東癡夜、張稷若爾岐定交。

《元譜》。東癡初名元善,字長公,慕嵇叔夜之爲人,更名夜,字東癡,號嵇庵,濟南新城人。東髮能詩,年二十九遭難,母死,遂棄諸生,南游江浙,西游宛鄧,歸遂不出。舉博學鴻詞以老病辭,爲文章原本經史,王漁洋嘗索其稿,但遜謝而已。後往江西,渡潯陽,稿盡没於水。漁洋爲摭拾遺詩二百餘首付之梓。稷若名爾岐,號蒿庵,濟陽諸生。先生

《與汪鈍庵書》云:“張君稷若所作《儀體鄭注句讀》一書,根本先儒,立言簡當,使朱子見之,當不僅謝監嶽之稱許也。”又《與鈍庵論師道書》云:“獨精三禮,卓然經師,吾不如張稷若。”《日知録》於喪禮、停喪二條内備載稷若之説。

穆案:稷若生於萬曆四十年壬子,長先生一歲。稷若歿,先生以詩哭之,云:“歷山東望正悽然,忽報先生赴九泉。寄去一書懸劍後,貽來什襲絶韋前。衡門月冷巢雋室,墓道風枯宿草田。從此山東問三禮,康成家法竟誰傳?”此詩《亭林集》不録,附見《蒿庵集》末。

是年詩有:《元旦》一首、《萊州》一首、《安平君祠》一首、《不其山》一首、《勞山歌》一首、《徐譜》案:詩云“春日會鼓聲逢逢”則游勞山猶在春時。《張饒州允掄山中彈琴》一首、穆案:《進士履歷便覽》:允掄字慈叔,萊陽人,崇禎甲戌進士,户部主事。丙子升員外,丁丑升郎中,戊寅升饒州知府。《徐譜》:此詩亦作於游勞山時也。《淮北大雨》一首、《濟南》一首、《秋柳》一首、《詶徐處士元善》一首。《徐譜》:夜亦有九日得顧寧人書,約游黄山。詩云:“故國千年恨,他鄉九日心。山陵餘涕淚,風雨罷登臨。”又以書勸先生爲昌平、承天之行。則先生後此之謁天壽山,處士啓之也。

作《汝州知州錢君行狀》《元譜》:公子大受,字伯衡,歲貢生官博興訓導,以詩名。《勞山圖志序》穆案:《池北偶談》引先生《勞山説》,注曰:顧近寄所著《日知録》,内辯勞山三則,又與前説不同。《儀禮鄭注句讀序》《齊四王家記》。

十五年戊戌,四十六歲。

春,至泰安,登泰山。

《元譜》。

穆案:《金石文字記》岱岳觀造像下曰:“碑下爲積土所壅,予來游數四,最後募人發地二尺,下而觀之,乃得其全文。”又宋董元康題名下云:“右小石刻在岱岳,觀余既録唐碑,往還數四,道士謂予曰:‘昨發地得二石,請觀之。’”云云。據《元譜》,先生凡至泰安者三,記中云云,未得其年,謹志於初游。

旋赴兖州,至曲阜,謁孔林,往鄒縣謁周公廟、孟廟,過鄒平,游張氏萬斛園。

《元譜》。故明兵部尚書張延登所居。

與邑人馬宛斯驌訪碑郊外。

穆補。《金石文字記》:"鄒平縣南五里有景相公墓,景氏之裔自洪武間有兩舉人,今亦尚有諸生,不能記其祖矣。予至其邑有諸生二人來,稱景氏之孫。請問其祖爲誰,予取《通鑑》及《五代史·周世宗紀》示之,乃謝而去。間一日,往郊外視其墓碑,雖剥落者十之一二,而其曰'故中書侍郎平章事景公諱範'字甚明白。"云云。又《譎觚》云:"此僕在鄒平與邑人宛斯馬君名驌親訪其碑而録之者。"《池北偶談》:"馬驌字驄御,一字宛斯,順治己亥進士。仕爲淮安府推官,終靈壁令。生而清羸博雅耆古,尤精《春秋左氏》學。著《繹史》一百六十篇,篇爲一卷,始開闢原始,迄古今人表。其書最爲精博,時人稱爲'馬三代'。崑山顧亭林尤服之。"

抵章丘,訪張隱君元明。

《元譜》。隱君名光啟,世居章丘白雲湖上。少爲名諸生,崇禎庚辰年四十,遂棄舉子業,闢一園,曰省園,以種樹藝花自樂。亂後足不履城市,年八十餘卒。有《張仲集詩》若干篇,漁洋爲删存百餘篇,傳之。

至長山,主劉隱君果庵家。

《元譜》。隱君名孔懷,號果庵,長山人,精於考覈。先生主其家,與之辯析疑義。所著有《四書字徵》《詩經辯韻》《五經字徵》《范文正公流寓長山考》諸書。

復至濟南,

《元譜》。

訪徐東癡。

穆補。案:東癡有《顧寧人見過草堂得張元明手書詩》云:"江南有客來荒陂,手持一緘兼致辭。我聞整衣拜且展,中有故人書及詩。"云云。以《元譜》校之,必此年事也。

再赴萊州之濰縣。入都,至薊州,歷遵化、玉田,抵永平,登孤竹山,謁夷齊廟。是年,先生從子熊登武科進士。

《元譜》。

謙案:《崑新合志》:熊字非熊,又字爾策,性耽文史,不樂仕進。嘗輯其先世自上海遷崑宗譜,簡覈有體,爲從父炎武所稱。

是年詩有:《登岱》一首、《謁夫子廟》一首、《七十二弟子》一首、《謁周公廟》一首、《謁孟子廟》一首、《萬斛園小集》一首、《仙隱祠》二首、《濟南》一首、《自笑》一首、《訓韭溪草堂聯句見懷》一首、《濰縣》一首、《衡王府》一首、《督亢》一首、《京師》一首、《薊州》一首、《玉田道中》一首、《永平》一首、《謁夷齊廟》

一首。

十六年己亥，四十七歲。

出山海關，返至永平之昌黎，著《營平二州史事》六卷。

《元譜》。先生在永平，適《永平府志》成，求先生作序，因著此書，作序應之。

至昌平州，初謁天壽山。

《元譜》。

穆案：《昌平山水記》：天壽山在州北一十八里，永樂五年七月，皇后徐氏崩，上命禮部尚書趙羾等往擇地，得吉壤於昌平縣東黄土山，及車駕臨視，封其山爲天壽山。以七年五月己卯作長陵。自是列聖因之，皆兆於長陵之左右，而同爲一域焉。

出居庸關，仍返山東。

《元譜》。

抵鄒平，訂其縣志。

穆據《鄒平縣志》補。施尚白《縣志序》："是時比部張奉之請告家居，藏書多善本，博采勤蒐。進士馬宛斯，討核詳實。而吴門顧寧人自上谷來，悉授以校之，書遂成，凡八卷。順治歲次己亥九月，督學使者施閏章書。"尚白，宣城人，號愚山，晚號矩齋。順治己丑進士，由江西參議召試鴻博，授侍講。奉之名萬選。

逕長清，訪碑靈巖山寺。

穆補。《金石文字記》"靈巖寺宋李迪詩"下云："右小石刻，在長清縣靈巖山寺中。其山距府九十里，自前代稱爲勝境。宋金元人題字最多，余至則當兵火之後，從横偃踣，委之荆棘瓦礫之中，然猶得唐一、宋金元合四十餘，以後不能悉數。"

南歸，次揚州。旋復北上至天津，度歲。

《徐譜》。案：《秋雨》詩云："秋雨合淮泗，一望無高深。"《顧與治詩序》云："余行三歲，乃歸揚州，而與治卒。"又《與江南諸子别》詩云："雲生岱北天多雨，水決淮壖地上魚。"蓋秋水之時，先生正南下，旋復北行至天津也。

是年八月，以雲南平，特詔再行會試。

穆補。

甥元文登進士一甲一名。

《元譜》。

穆案：《順治己亥進士履歷便覽》：徐元文，榜姓陸，庚子奉旨復姓。又立齋序《歷代宅京記》曰："曩者大廷對策，謬荷先帝國士之知。先生勗曰：'必有體國經野之心，而後可以登山臨水。必有濟世安民之識,而後可以考古論今。'"

同里葉方藹一甲三名。

《徐譜》。方藹字子吉,號訒庵。

穆案:訒庵,方恒之胞弟也。

是年詩有:《寄弟紓及友人江南》三首、《山海關》一首、《望夫石》一首、《昌黎》一首、《三屯營》一首、《恭謁十三陵》一首、穆案:十三陵者,成祖永樂長陵、仁宗洪熙獻陵、宣宗宣德景陵、英宗正統裕陵、憲宗成化茂陵、孝宗弘治泰陵、武宗正德康陵、世宗嘉靖永陵、穆宗隆慶昭陵、神宗萬曆定陵、光宗泰昌慶陵、熹宗天啓德陵,凡十二陵合懷宗思陵爲十三也。《王太監墓》一首、穆案:《昌平山水記》:大行皇帝櫕宫"門外右爲司禮監太監王承恩墓",以從死祔焉。《劉諫議祠》一首、自注:在昌平舊縣,今廢。謙案:諫議名蕡,字去華,昌平人。元時以昌平驛官宫祺奏請,始爲之立祠。《元史》泰定二年置諫議書院於昌平縣者,此也。《居庸關》二首、《重登靈巖》一首、《秋雨》一首、《與江南諸子别》一首、《天津》一首、《舊滄州》一首。

作《曳梯郎君祠記》。

十七年庚子,四十八歲。

二月,至昌平,再謁天壽山。入都。六月,仍赴山東。秋,南歸,過六合。

穆案:車君以過六合爲明年由浙回蘇後事,誤。

抵金陵,七謁孝陵。

《元譜》。

《徐譜》:《神道表》云:既謁長陵,念江南山水有未盡者,復歸,六謁孝陵。作詩云:"問君何事三千里,春謁長陵秋孝陵。"是也。

穆案:先生實七謁孝陵,表云六謁,誤。

是年,長甥乾學中式順天舉人。

《元譜》。

女甥壻申繸舉南省鄉試弟一。

穆據《憺園集》補。繸字叔旆,號梅江,吴縣人。明大學士時行曾孫也。先生又有姪女嫁太倉王昊,弇州山人之裔也,字維夏,號碩園,前明諸生。善詩歌古文,吴梅村歎其才爲天下無雙。己未膺大科薦，力疾入試，報罷，旋卒。詔授中書。顧張思《雪亭筆記》曰："碩園娶亭林姪女，少受業於亭林，故學有根柢云。"

先生是時寓居淮上。案《書吴潘二子事》云："潘子刻《國史考異》三卷，寄余於淮上。"即謂是年也。《贈黄師正詩》："揚州九月中，煨芋試新酎。"又《顧與治詩序》云："冬，余過六合，沈子遷出與冶詩一編。"皆先生此年南歸後行蹤也〔三〕。

《徐譜》。

是年詩有：《再謁天壽山陵》一首、《送王文學麗正歸新安》一首、《元譜》：自注："生舊在金侍郎聲幕府。"案金正希聲於順治乙酉募鄉勇起義徽州，十月，大兵破之，殉難績谿。《答徐甥乾學》一首、《白下》一首、《重謁孝陵》一首、《贈林處士古度》一首、《元譜》：古度字茂之，一字那子，福清人。時年已八十一，亂後僑寓金陵，著有《茂之詩選》。《贈黄職方師正》一首。《元譜》：自注："建陽人。"案職方生平無考，繹詩意當亦受唐王職，既敗而遁於金陵者。

作《顧與冶詩序》。

《元譜》。

謙案：與冶字夢游，江寧貢生，河南副使璟之曾孫，當選官，棄去。王倬《今世説》述其軼事頗詳。

穆案：車君以《與冶詩序》爲明年辛丑作，案云：此過六合作《顧詩序》一則，《元譜》未載。今考車君蓋誤以歸次揚州爲今年事，故誤以序中明年字屬之辛丑也。

十八年辛丑，四十九歲。

是年爲明桂王永曆十五年。七月，緬酋殺由榔從官。十二月，獻由榔於大軍。明年四月，殺於雲南。

《徐譜》。

回蘇，至杭州，渡江謁禹陵，弔宋六陵。閏七月，仍返山東。十二月立春日，輯《山東考古録》成。

《元譜》。

穆案：《四庫全書提要存目》載此書，云王士禎《居易録》記炎武嘗預修《山東通志》，或是時所遺稿本，未可知也。案《居易録》明言《通志》修於癸丑，是爲康熙十二年也，《提要》誤。

是年，申穟成進士。

穆補。穟由内閣中書改禮部主事，進郎中，出爲廣西提學僉事。

是年適越，往来皆由吴江之江村。《書潘吴二子事》云："余往越州，兩至其廬。"蓋至吴江，即訪潘力田也。

《徐譜》。

是年詩有：《杭州》二首、《元譜》：指潞王監國時事。《禹陵》一首、《宋六陵》一首、《顏神山中見橘》一首。《元譜》：山在益都。許瀚案：今爲博山縣。

爲餘姚吕裁之章成作《吕氏千字文序》。《元譜》。謙案：《餘姚縣志》：章成字裁之，號秋崖，大學士本曾孫，與陳函煇、張明弼、楊體元爲意氣交。函煇從事紹興，薦章成爲翰林待詔。章成曰："悍將驕兵日事寇抄，越城中顛躓狼狽，救死不遑。豈復可爲之日邪？"卒辭不赴。函煇死，章成走哭於台州，意有所觸，則惘惘獨行，欲得異人而友之。訪戴易於鄧尉，遇顧炎武於昌平山，慷慨賦詩，歷吴、齊、燕、粤，無所遇乃歸。名其藏書之室曰"蓼園"，曰："予集於蓼，誰謂荼苦者？"病中自燬其著述，曰："此無用之虚談也。"所存有《浴日樓集》八卷、《秋崖詞》。據志載，識先生於昌平山。先生自己亥、庚子、壬寅、甲辰、己酉、丁巳，先後凡六至昌平。此作序時已再至，當是與章成相遇後矣。

【校記】

〔一〕癸巳　道光本作"癸巳年"，宜無"年"字。

〔二〕於是同人咸曰善，請歌以壯其行　《顧炎武全集》本標點爲："於是同人咸曰：'善，請歌以壯其行。'"亦可。

〔三〕案《書吴潘二子事》云……　諸本均爲大字，疑爲案語竄入正文。

顧亭林先生年譜（四）

張穆撰

康熙元年（1662）壬寅，五十歲。

正月，由山東入都。三月，至昌平，三謁天壽山。十九日，謁懷宗欑宫。

《元譜》。《昌平山水記》："大行皇帝御宇之日，未卜山陵，田妃薨，葬悼陵之下。南距西山口一里餘，遣工部右侍郎陳必謙等營建。未畢而都城失守，賊以大行皇帝、大行皇后周氏梓宫至，昌平州之士民率錢募夫葬之田妃墓内。移田妃於右，帝居中，后居左，以田妃之椁爲帝椁，斬蓬藋而封之。後乃建碑、亭各一座，門三道，殿三間，無陛，兩廡各三間，有周垣，而規制狹小。昔宋之南渡，會稽諸陵皆曰欑宫，實陵而名不以陵。春秋之法：君弑，賊不討，不書葬，實葬而名未葬。今之言陵者，名也，未葬者，實也。實未葬而名葬，臣子之義所不敢出也，故從其實而書之也。"

出古北口，往薊州，仍至昌平。五月二十八日，先生誕辰。有致饋者，作書辭之。至真定之新樂。

《元譜》。《日知録》"木刀溝"條自注："余過新樂，林君華皖見示所修縣志。"云云。

穆案：順治十八年，縉紳新樂知縣林華皖凝山，福建莆田人，拔貢。

抵曲陽，謁北嶽恒山。

《元譜》。

穆案：《金石文字記》"北嶽廟李夐詩"下云："右詩在真定府曲陽縣北嶽廟中，廟有唐時大碑五。其上層爲積土所蓋，而余至時，倉卒求梯不可得，止就下方讀之。"云云。

至井陘。十月，至大同之渾源州，度汾河至平陽府。

《元譜》。

是年，公肅甥以江南奏銷案罣誤，謫官鑾儀衛經歷。

穆據《有懷堂集》補。

是年詩有:《有事欑宫時聞緬國之報》一首、《古北口》一首、《五十初度時在昌平》一首、《元譜》:《日知録》"生日"條下自注:"余昔年薊門生日,有致餽者,答以書。"《北嶽廟》一首、《井陘》一首、《一鴈》一首、《徐譜》:先生之西征也,以初冬就道,故《井陘》詩云"壑冰當路白",《一鴈》詩云"一鴈渡汾河,河邊積雪多"也。《堯廟》一首。《元譜》:案《臨汾志》:堯陵在城東七十里,有廟,有金泰和二年碑記。先生於《日知録》"帝王陵"條詳載諸説,頗以《臨汾志》爲疑,是時先生經游其地,故有此作。

有《謁欑宫文》《郡國利病書序》《北嶽辨》。

二年癸卯,五十一歲。

正月,自平陽登霍山。

《元譜》。

謙案:詩有"春雪覆杉松"句,故知當在正月也。

穆案:《金石文字記》"霍山廟建文碑"下云:"右小石刻在霍山中鎮廟西壁上,余行天下,見洪武、永樂以來祭告岳瀆之文及它碑記甚多,獨未有建文年者。乃此文雜於數十百碑之中,而字畫完好無缺,故亟録之。"

游女媧廟。

《元譜》。在趙城縣東八里。

至太原訪傅處士青主。

《元譜》。傅名山,字青主,初字青竹,號嗇廬,别號公之它,陽曲人。少受知於袁臨侯繼咸。崇禎中,臨侯總督九江軍務,爲巡按御史張孫振誣劾,被逮。山職納橐饘,伏闕上書,白其冤。馬君常作《義士傳》,比之裴瑜、魏劭。亂後爲道士裝,以醫爲業。工詩文書畫,入逸品。康熙己未召試博學鴻詞,不應,授中書舍人,復不就。

穆案:臨侯於崇禎七年由主客員外郎擢山西提學僉事,巡按御史張孫振因請屬不應誣劾之,其總督九江軍務,則在崇禎十五年。《元譜》叙述殊舛。又案:青主生於萬曆三十四年丙午,長先生七歲。《潛丘劄記》:老友山右傅青主先生,顧寧人極稱其識字。先生《廣師篇》云:"蕭然物外,自得天機,吾不如傅青主。"潘耒《遂初堂集》:出太原郡城東行,可七八里,有寺曰永祚,雙塔巍然,捎雲礙日,見之四十里外,浮浮若旌幢焉。其下爲松莊,傅隱君先生所居也。《十七史商榷》:"昔顧寧人宿傅青主家,晨未起,青主呼曰:'汀芒矣。'寧人怪而問之,青主笑曰:'子平日好談古音,今何忽自昧之乎?'寧人亦不覺失笑，古音天呼若汀，明呼若芒，故青主以此戲之。”穆案：天呼若汀，雖本之陳第《毛詩古音考》，然實誤，與先生之論音不合也。青主一時戲言，故先生亦不復置辯。

至代州，游五臺。與富平李子因篤遇，遂訂交。

《元譜》。李字天生，更字子德，陝西富平籍，山西洪洞人。邃於經學，著有《受祺堂集》。康熙己未試鴻博，授檢討，以母老辭，不許，表三上，乃允。

《徐譜》案：先生於康熙己未《與子德書》云“弟行年四十九”，是子德生於崇禎四年辛未，少先生十八歲。而先生作《子德之父墓志》云：“崇禎七年，因篤方三歲。”三蓋四字之譌也。

穆案：《受祺堂集・酬杜讓水》詩注：曹司農秋岳觀察，大同陳使君祺公分藩鴈門，予留此凡八年。又王山史《山志》：“天生從陳祺公於塞上，日事博綜，九經諸史靡不淹通。祺公視爲畏友，投契之深，有同骨肉。天生以是無内顧憂，而益肆力於學。及祺公備兵鴈、平，攜以入代，復爲具橐資游，圭組之英，逢蓽之彥，俱與交歡，傅青主、顧寧人、朱錫鬯輩，尤以古道相底厲。”《陝西通志》：顧炎武嘗集杜句題贈因篤云：“文章來國士，忠厚與鄉人。”《鶴徵録》富孫案：子德先生少孤，外祖田時需撫之成立，受業其門。吾鄉曹倦翁觀察三晉，先生以故人子相從，因善代州馮觀察雲驤，雅愛其風土人物，居句注、夏屋間者十年。穆案：倦翁名溶，字潔躬，又字秋岳，秀水人。崇禎丁丑進士，順治初由户部侍郎出爲廣東布政使，左遷山西陽和道裁缺候用，旋丁母憂，歸不復出。雲驤字訥生，代州人。順治乙未進士，就大同教授，官至四川提學僉事。

在汾州聞執友吴赤溟炎、潘力田檉章，遭湖州莊氏私史之難，遥祭於旅舍。

《元譜》。先生《書吴潘二子事》云：“蘇之吴江有吴炎、潘檉章二子，皆高才。當國變後，年皆二十以上，並棄其諸生，欲成一代史書，以繼遷固之後。會湖州莊氏難作。莊名廷鑨，目雙盲，不甚通曉古今，以史遷有左丘失明乃著國語之説，奮欲著書。其居鄰故閣輔朱公國楨家，朱公嘗取國事及公卿誌狀疏草，命胥鈔録凡數十帙，未成書而卒。廷鑨得之，則招致賓客，日夜編輯，爲《明書》。書冗雜不足道也，廷鑨死無子，家貲可萬金。其父允城流涕曰：‘吾三子皆已析產，獨仲子死無後。吾哀其志，當先刻其書，而後爲之置嗣。’遂梓行之。慕吴、潘盛名，引以爲重，列諸參閲姓名中。書凡百餘帙，頗有忌諱語。本前人詆斥之詞，未經刪削者。莊氏既巨富，浙人得其書往往持而恐嚇之，得所欲以去。歸安令吴之榮者，以贓繫獄，遇赦得出。有吏教之，買此書恐嚇莊氏，莊氏欲應之。或曰：踵此而來，盡子之財不足以給，不如以一訟絶之。遂謝之榮，之榮告諸大吏，大吏右莊氏，不直之榮。之榮入京師，摘忌諱語密奏之，四大臣大怒。遣官至杭執莊生之父及其兄廷鉞及弟姪等，并列名於書者十八人皆論死，其刻書鬻書并知府推官之不發覺者，亦坐之。發廷鑨之墓，焚其骨，籍没其家產，所殺七十餘人。而吴潘二子與其難。

方莊生作書時，屬客延予一至其家，予薄其人不學，竟去，以是不列名，獲免於難。”

謙案：潘力田與吴赤溟同草創《明史》，以實録爲綱領，凡志乘、文集、墓銘、家傳有關史事者，以類相從，稽其異同，核其虚實，爲《國史考異》一書，頗有稱許之者。所著又有《松陵文獻》若干卷。

由汾州，歷聞喜縣之裴村，拜晉公祠。

《徐譜》。

取道蒲州，入潼關，游西嶽太華，過訪王山史宏撰於華陰。

《元譜》。山史名宏撰，字無異，華陰人，明諸生。康熙戊午以鴻博徵，不赴。耆學好古，收藏法書、名畫、金石最富。居於華下，有讀易廬。撰《易象圖述》及《山志》《砥齋集》。

穆案：《廣師》云：“好學不倦，篤於朋友，吾不如王山史。”先生又有《送韻譜小帖》手蹟云：“王無異名宏撰，一字文修，號山史。住華陰縣西嶽廟南小堡内，故少司馬公之子，關中聲氣之領袖也。”

至西安，

《元譜》。

穆案：《長安》詩云：“積雨乍開褰，淒其秋已半。”是先生以八月至西安也。

游富平，館李子德家。

《徐譜》。見《寄劉大來》詩注。

又西至乾州。

《徐譜》。

十月，過訪李處士中孚於盩厔，遂訂交。

《元譜》。處士名容，字中孚，盩厔人。少孤力學，經明行修，事寡母彭尤以孝著。康熙戊午以鴻博徵，不赴。當事强迫之，舁至近郊，操刀欲自戕，始得謝病歸。

穆案：處士生於天啓七年丁卯，少先生十四歲。《二曲集·處士年譜》云：“癸卯十月朔，東吴顧寧人來訪。寧人博物宏通，上下古今靡不辨定。既而歎曰：‘堯舜之知而不徧物，急先務也。吾人當務之急，原自有在，若舍而不務，惟騖精神於上下古今之間，正昔人所謂抛卻自家無盡藏，沿門托鉢效貧兒也。’寧人爲之憮然。”又《廣師》云：“堅苦力學，無師而成，吾不如李中孚。”

往驪山，訪明宗室存杠。

《元譜》。存杠字伯常，朱子斗誼泍之子。

存杠命子烈及甥王太和受業。

《徐譜》。案：先生後有《奇伯常並二門人》詩。

穆案：王山史《山志》：青門七子，皆宗室之賢而篤於學者也。各有詩文集，卓然成家，余所及與之游者，子斗翁而已。亂後數往省之，翁亦喜余，嘗對人有松柏之譽。翁子伯嘗存杠年長於余，以翁與余善，而待余以執友之禮，甚恭。然余固尊事翁，不敢以鴈行進也，嘗與顧亭林言及，亭林入青門特訪其家，時翁已殁，見伯嘗，索翁著作讀之，因爲之序。今伯嘗亦殁，其子孫冒楊氏，蓋從翁之母姓也。

出關，至太原。

《元譜》。

先生《答汪苕文書》云："年過五十，乃知'不學禮，無以立'之旨。"又與人書云："某自五十以後，篤志經史，其於音學深有所得，今爲五書，以續三百篇以來久絶之傳，而别著《日知録》。上篇經術，中篇治道，下篇博聞，共三十餘卷。"

《徐譜》。苕文號鈍翁，長洲人，順治乙未進士。由主事召試鴻博，授編修。著有《堯峰詩文鈔》。

穆案：苕文生於天啓四年甲子，少先生十一歲。

是年詩有《元旦》一首、《霍山》一首、《女媧廟》一首、《晉王府》一首、《贈傅處士山》一首、《訓傅處士》一首、《陸來復述代許曦草疏攻鄭鄤事》一首、《詠史》一首、《李克用墓》一首、《五臺山》一首、《訓李處士因篤》一首、《送申公子涵光》一首、穆案：《送韻譜小帖》云：申鳧盟名涵光，永年人，太僕公之長子，今庶常隨叔之兄也。太僕公甲申殉國難。案：太僕公名佳允，謚節愍。隨叔名涵盼，順治辛丑進士。鳧孟著有《聰山集》。《訓史庶常可程》一首、《元譜》：可程字赤豹，大興籍，祥符人，崇禎癸未進士，閣部可法同祖弟。京師陷，可程降賊，賊敗南歸，可法請置之理，福王以可法故，令養母。可程遂寓南京，後寓宜興，閲四十年乃卒。穆案：睿親王《致可法書》所云"入關破賊，識介弟於清班"者，謂可程也。《祭吴潘二節士》一首、《寄節士之弟耒》一首、《元譜》：耒字次耕，號稼堂。康熙己未以布衣試鴻博，授檢討，受業於先生，又得王錫闡及兄檉章之傳。凡詩、古文、曆算、聲音之學，罔不窮極根源。著有《遂初堂集》。穆案：次耕生於順治三年丙戌，少先生三十三歲。《王官谷》一首、《蒲州西門外鐵牛》一首、《潼關》一首、《華山》一首、《驪山行》一首、《長安》一首、《乾陵》一首、《將去關中别中尉存杠於慈恩寺塔下》一首。

作《五臺山記》《裴村記》《復庵記》《貞烈堂記》《朱子斗詩序》。

穆案:《靜志居詩話》:誼泩,秦愍王九世孫,有集。才情横溢,極爲富平李孔德所稱。覽其祀竈千一百二十字,雖未悉工,而浩瀚不可及也。

三年甲辰,五十二歲。

正月五日,至蒲州之榮河,游后土祠,適汾州。

《元譜》。

穆案:《金石文字記》:今汾陽有大相、小相二村,相里氏之後尚有數十家。因考北齊寺碑題名,多相里氏,至今千有餘年。而裔孫猶居於此,不獨晉俗淳樸,而山谷之險猶足以自保,故能累代不遷。若山東、河南,則兵火之餘,人民散亡,欲求元時遺族,已寥寥不可見矣。

自大同至西口入都。七月,至昌平,四謁天壽山,奠懷宗欑宫。至河南輝縣,訪孫夏峰先生。

《元譜》。

穆案:先生丙午年《送韻譜小帖》云:"孫徵君,名奇逢,字啓泰,容城人,今住輝縣。萬曆庚子舉人。今年八十三,河北學者之宗師也。"

《元譜》:夏峰先生年十七,領鄉薦,嘗參高陽孫承宗督師關門軍事,與左忠毅、魏忠節、周忠介相善。天啓末,三公忤逆奄,相繼逮繫。先生拮据,調護供橐饘,遣弟奇彦同鹿監軍善繼子馳書督師求援。督師因上疏以邊事請陛見。都門喧傳興兵至闕,逆奄聞之,繞御牀泣。督師方抵通州,降旨勒回,諸公遂不免。崇禎丙子,容城被圍,設方略拒守,城賴以全。事聞,特詔褒嘉。寇氛漸逼,移家五峰。順治初,復移家輝縣之夏峰。生平讀書談道,務爲聖賢之學。兩朝徵聘凡十一次,輒堅謝不出。康熙十四年卒,年九十二。

返至泰安州,度歲。

《元譜》。

是年詩有《后土祠》一首、《龍門》一首、《自大同至西口》四首、《有事欑宫》一首、《贈孫徵君》一首。

有《謁欑宫文》。

四年乙巳,五十三歲。

由泰安至德州,復回濟南,置田舍於章丘之大桑家莊。

《元譜》。先是，章丘人謝長吉世泰負先生貲若千，至是以田產償焉。

謙案：《靜志居詩話》謂先生兵後盡鬻其產，寄居章丘，別治田舍，久而爲土人攘奪者，此也。又先生甲寅年有《刈禾長白山下》詩。案：長白山在章丘、長山二縣之交，刈禾處即桑家莊產業也。

秋，至曲阜，再謁孔林，游闕里。

《元譜》。

與顏修來光敏訂交。

穆據手蹟補。札見丙午。修來一字遜甫，曲阜人，康熙丁未進士，官吏部考功司郎中，著有《樂圃集》。

是年詩有《訓程工部先貞》一首。

《元譜》：先貞字正夫，德州人，明工部侍郎紹孫，以祖廕歷官工部員外郎。《濟南府志》：工部告病歸，家居二十年，以扶風教、崇簡樸相勗勉，里中節義之事，搜采成帙。年六十七，豫製一棺，題曰休息庵。所著有《燕山游稿》《蒽庵詩草》若干卷。

穆案：《復社姓氏》，先貞名列德州第一。

有《與修來手札》，云："《詩本音》二册送上，中有駁正者，乃衛太史筆也。此書未定，不必鈔録，只將坊刻《詩經》一本，圈注其不合及太瑣碎者，置之可也。更乞教正爲荷。底事一有信，即求示之。"

穆案：此札以丙午札推之，知當在此年，蓋與修來初識面時也。衛太史名既齊，字爾錫，猗氏人。康熙甲辰進士。又案：手蹟向藏修來先生家，頃歸湖北荆宜施道陶君樑所。穆於戊戌春獲觀，録副存之。後凡言手蹟及手札者皆同。

五年丙午，五十四歲。

春，由大桑家莊過兗州。

穆據手蹟補。

至廣平之曲周，游太原，時秀水朱錫鬯彝尊客晉藩署，過訪先生於東郊，因與訂交。

《元譜》。

謙案：彝尊字錫鬯，號竹垞，以布衣試鴻博，授檢討。

《徐譜》案：《竹垞年譜》：康熙四年秋，至太原。五年春，客山西布政王公顯祚幕。其年二月，游晉祠，三月，游風峪。先生贈詩言"殊域送良辰"，又云："草没青驄晚，霜浮白墮春。"則相見必於春也。

穆案：竹垞生於崇禎二年己巳，少先生十六歲。《廣師》云："文章爾雅，宅心和厚，吾不如朱錫鬯。"

南海屈大均亦自關中來會。

《元譜》。《曝書亭集》注：屈五少爲番禺諸生，名紹隆。

謙案：屈字介子，一字翁山，爲僧名今種，字靈一，後加冠巾。《池北偶談》：屈介子適秦隴，與秦中名士李因篤輩爲友。作《華岳百韻》，固原守將某見而慕其才，以甥女妻之。自固原攜妻至代州上谷，再游京師，下吴會，自金陵歸粤。

《徐譜》：健庵有《懷舅氏》詩云："自别維亭二載餘，風塵驅走近何如？"健庵曾游太原，疑是時與先生相遇也。維亭俟考。〔一〕

出雁門。

《元譜》。

穆案：《重至代州》詩云："雁門春草碧，且復過滹沱。"蓋在三月杪也。

適應州，重過大同，遇故代府中尉俊晰，訪李子德於代州牧陳祺公上年署。

《元譜》。上年字祺公，清苑人。順治己丑進士。

與子德輩二十餘人匃貲墾荒於雁門之北。

《元譜》。案：先生《與潘次耕書》有云："近稍貸貲本於雁門之北、五臺之東，應募墾荒，闢草萊，披荆榛，而立室廬。"又云："彼地有水而不能用，當事遣人到南方求能造水車、水碾、水磨之人，與夫能出貲以耕者。"又云："北方開山之利過於墾荒，畜牧之獲饒於耕耨。"云云。

穆案：據王山史《山志》，則子德即以是年返秦。

入京師，復往山東游泰山，謁天慶宫。十月，著《韻補正》成，至兖州守署，度歲。

《元譜》。

穆案《兖州志》，此年知府爲彭繩祖，貢生，黄安人。

是年公肅甥復原官，未任，以父憂歸。

穆據《有懷堂集》補。

是年詩有：《寄劉處士大來》一首、《元譜》：處士無考，玩詩中云云，蓋山左人而嘗客代州牧幕者。《朱處士彝尊過余於太原東郊》一首、《屈山人自關中至》一首、《重過代州贈李處士》一首、《出雁門關》

一首、《應州》二首、《重至大同》一首、《元譜》:《日知録》"九族"一條自注:"余丁未歲在大同,遇代州中尉俊晰,年近五十,考其世次,於孝宗爲昆季。"云云。案先生游代州在丙午年,丁未則未嘗至代。編年詩集繫此詩於丙午,原自符合,或《日知録》誤寫作丁未耳。《得伯常中尉書卻寄》一首。

作《聖慈天慶宫記》《韻補正序》。

是年先生有《寄顔修來手蹟》,云:"去秋得接光塵,恨首路匆匆,未獲信宿之留,以聆微言而商大業。至於四方同人遥相問訊,無不仰贊宏才,以爲今代復有知十之姿,庶幾之品也。仲春偶過兗署,未得親詣闕里,再侍雅譚。專伻齋所刻《韻譜》,呈正大方。至前日所留《詩本音》稿,係未改定之書,其中有舛誤者,拈寫二條附上,閲過粘卷内付還。它日當攜全書奉觀,更求指誨耳。率爾未盡。"

《徐譜》以此札繫之四年乙巳,"去秋得接光塵"下附案云:前札云"即過兗州",又云"諸容面悉",必修來於去秋自關中歸兗與先生晤也。

穆案:先生以《韻譜》寄人是一時事,據《送書小帖》云:"孫徵君,今年八十三。"知必是丙午。云"去秋得接光塵"者,先生於乙巳秋謁孔林,游闕里,與修來相晤也。蓋前札雖云即過兗郡,而實於泰安度歲,未即踐言耳。

又一通云:"捧讀大筆,清新嫵逸,逼似唐人,所謂'不意永嘉之末,復聞正始之音'者矣。舊刻二册乃五六年前作,中有誤韻,幸爲藏之。河北、關中書共六書馳上,姓氏居址别開一紙,煩照單分致。"

又一通云:"昨枉顧以主人不在,率爾慢去,殊深不安。統俟文旌東過面頌,并求惠示西征大作耳。長路關山,濁涇清渭,千維珍重。旦起作書數千字,恐使人來取,匆匆遂不能詳。"

又一通云:"魯公書《家廟碑》《多寶塔碑》《爭坐位帖》,俱在西安府學,俗所謂碑洞者。其所書《郭敬之家廟碑》在布政司内,《奉使蔡州題字》并石刻像在同州,《臧懷恪碑》在三原縣。碑洞中石經及漢唐字,但有錢即可買,不必用官府。惟各州縣古碑非官府不能致,然多是唐碑,惟郃陽《曹全碑》極佳,其他若麟游之《九成宫碑》,長武之《虞恭公碑》俱佳。若多印得曹、虞二碑各一幅,見惠最感。"

穆案:以上三札,當在修來俶裝西征之時。

又一通云:"弟以今六月至鴈門,時李君天生自關中來,言修來社翁在方伯署中,不多會客。初秋入都,而敝鄉沈繹老亦自關中來,交相推許。計太華、終南之勝,二崤、函谷之阻,周、秦、漢、唐之蹟,並已收載之行笈矣。山史兄、楊、王兩敝門人並得一見否?石珍社翁想閉户著書,臥游五岳,胸中當别具一丘壑。而鴻文大製日新富有,則兩君固並驅中原矣。弟頃至岱下,俟主人之歸,即過兗郡。先此奉候,并問秦中諸子消息。所留《詩本音》乞付下,已大加删改,將以新本就正也。諸容面悉,不既百一。"

穆案:《徐譜》以此札繫之三年甲辰,以《元譜》證之,蓋前札在春末,此札在冬仲也。所云六月至鴈門,乃重至大同時事。所云楊、王兩門人者,據《送韻譜小帖》云:"楊伯常名謙,故王孫也,住西安府南八里大塔堡内。大塔者,慈恩寺塔也。或駕在藩司署中,則求於到日,即遣人致之。"又云:"共書六封,各送《韻譜》一本,伯常則二本,故有七本。"案楊氏何以爲故王孫,以字伯常及住大塔堡考之,蓋楊謙即朱存杠,鼎革後變其名氏也。大塔即前與存杠别處。獨寄《韻譜》二本者,存杠之子烈、甥王太和皆受業於先生,所謂楊、王兩門人也。沈繹老者沈荃,字貞蕤,號繹堂,華亭人。順治壬辰翰林。又案:頃借得王山史《山志》,有云:"伯常殁[二],其子孫冒楊氏。"喜臆測之不爽也。詳見癸卯下。

又一通云:"大作清勁,無一俗筆。《太華》《伊闕》諸作爲集中第一。《思悲翁》《戰城南》亦有白傅諷諭之遺意,大雅之音,將復起於今日矣。敬服,敬服。元稿返上,略商數字,識以浮票,未知有當否?諸容晤悉。"

穆案:此上二札當在西征既還之後。

又有不得其年與事者三通,附載於此。一通云:"仙舟一晤,良豁積懷。王程靡及,不獲攀留信宿,以罄願言,猶爲耿耿耳。所寄書版乞付去伻。《家訓》如命勘正,容於秋仲入都面奉。率此附候,不悉。"

又一通云:"昨出抵暮始歸。承駕左顧,失迓爲罪。《家訓》勘畢送上,并用硃筆,以便一覽即得。幸爲另鈔一本,仍乞原本見賜,感感。"

又一通云:"弟纔至城中,尚未拜呈,老社翁須兩三日以未、申二時過我,則得晤矣。大才何藉弟筆?想未見刻啓耳。附上一紙,不盡。"

六年丁未,五十五歲。

春,留兖李署。删訂《近儒名論甲集》。

穆補。先生《與修來手蹟》云:"弟向日録有《古今集論》五十卷,頃兖李劉年翁延弟至署,删取其切於經學、治術之要者,付諸梓人,名曰《近儒名論甲集》。因此淹留,尚有旬月。如貴地友人家有鄴架之藏,欲一就觀,且得以晤言講習,尤幸事也。日下欲借唐荆川《稗編》第一套鈔録幾首,未知可轉覓否?大、小阮才名已達之當事,如便中至郡,可投一刺,極相企慕也。新詩并乞惠示,以便奉揚休譽。燭下草此,附啓不盡。"

穆案:《兖州府志》同知表:劉澤遠,恩貢,安化人,康熙八年任。所謂"兖李"疑即其人。八年或六年之譌,或先題署後實任,未能臆决也。修來即以此年成進士,足證編書爲正二月間事。

《徐譜》:大、小阮才名者,修來與叔伯珣俱有時名也。

穆案:伯珣字季相,明河間府知府允紹次子,以陪祀特授壽州州同,修復芍陂之利。工詩古文,著有《祇芳園集》。

南歸，至山陽，主王起田家。開雕《音學五書》於淮上，張力臣弨父子任校寫之役。

《元譜》。力臣，山陽諸生，號亟齋。以賣書畫爲生，尤精六書之學，貧而耆古，多集金石文字，有《昭陵六駿圖贊》《焦山瘞鶴銘考》傳於世。許瀚案：又有《濟寧學宫漢碑釋文》，濟寧潘氏嘗刻之，而所傳不廣。

穆案：《五書》後序：若夫本《説文》，正字體，酌古今之間而手書之，則張君弨與其二子叶增、叶箕。又《廣師》云："精心六書，信而好古，吾不如張力臣。"健庵有《題張力臣小像》七絶二首，其次章曰："奇字揚雲未渺茫，茂先家法在巾箱。對君轉復思元歎，洒淚風前誦渭陽。"自注："力臣方爲舅氏亭林校刻《音學五書》。"《受祺堂集》有《寄力臣》詩曰："一代儒宗同所向，印須金石正皇初。"自注謂：寧人先生時所著書，多屬君校刻。《潛丘劄記》：寧人著有字書五種，託力臣繕寫授梓。力臣曾寄一樣本來，果博且精，不可及也。

北行抵曲周，拜路文貞公祠。入都，從孫思仁借得《春秋纂例》《春秋權衡》《漢上易傳》等書。清苑陳祺公資之薪水紙筆，傳寫以歸。

《元譜》。詳見《鈔書自序》。

穆案：先生有手札云："弟爲一二相知所留，似須秋杪方可行。昨諭鈔書者，能爲弟覓二人否?"又一通云："弟以校讎之忙，不及親叩，專經走送。别有一函，求投入理署。令叔先生并希致，知己之言不敢忘，惟努力讀書，以庶幾無負相期之意也。"二札疑皆在是時。

東還，主德州程工部正夫、李刑部紫瀾家。

《元譜》。李名濤，號述齋，芮城令李霖瞻浹弟。康熙丙辰翰林，官至刑部侍郎。

是年詩有：《淮上别王生略》一首、《徐譜》案：王略因先生之故，以女妻潘耒，是年耒來至山陽，成昏於王氏。見稼堂撰《亡妻王孺人壙誌》。特先生别王略時，稼堂尚未至淮上耳。《贈蕭文學企昭》一首、穆案：企昭字文超，漢陽人。順治丁酉副榜貢生。《四庫全書存目》收企昭《性理譜》五卷，云其書大旨在於伸程朱而闢陸王，與熊賜履《閑道録》所見同。《拜路文貞墓》一首、《過程工部》一首、《過蘇禄國王墓》一首。謙案：蘇禄國在東洋海中，地近浡泥闍婆，自古荒服之地，不通中國。相傳其國分爲東、西、峒三王，而以東王爲尊。明永樂十五年，三王並率其妻子來朝貢，因並封爲國王。居二十七日，三王辭歸，其東王次德州，卒於館，遂留葬，乃遣使封其長子爲蘇禄國王。十八年，西王遣使入貢。十九年，東王母遣使貢大珠一,重七兩有奇。二十二年,復入貢,自後不復至。本朝雍正五年,始通貢。乾隆十九年,請三年一貢,奉旨五年一貢,由福建巡撫代題,自厦門入境,達京師。

作《音學五書序》《程正夫詩序》。

是年六月,陳祺公重刻《廣韻》於淮上。

王山史《山志》:李子德嘗得《廣韻》舊本,顧亭林言之陳祺公,託張力臣爲鋟木淮陰,此唐人所用之韻也。

《徐譜》案:潘稼堂《重刻古本廣韻序》云:先師顧亭林先生,深明音學,實始表章。此書刻之淮上,然其所見,乃内府刊本,已經刪削者。久而覺其書之不完,作後序以志遺憾。

穆案:先生蓋誤以宋陳彭年等重修《廣韻》爲《廣韻》足本,故疑此本已經刪削也。稼堂、竹垞亦同此見。《四庫全書總目提要》辯之最覈。

【校記】

〔一〕各本以上幾段均爲大字,當爲案語竄入正文。

〔二〕常　道光本作"嘗",據文意,径改。

顧亭林先生年譜(五)

張穆撰

七年(1668)戊申,五十六歲。

春,在都,寓慈仁寺。

《徐譜》。慈仁寺在廣寧門大街,額曰"大報國慈仁寺"。

穆案:《受祺堂集·奉答先生贈詩五十韻》有云:"憶折前津柳,同炊古寺羹。"自注:"前年與先生同客慈仁寺,予先别去。"按即此年春事。蓋子德既去之後,先生始聞黄培獄事,東行也。

道光二十三年夏,何太史紹基匄貲爲先生建祠堂於寺西偏,隙地一區,架屋三楹,几筵禮器悉備,歲春秋致饗祀焉。二十四年落成,二月十四日辛亥公祭。穆撰文曰:"先生生當叔季,業貫漢唐,學堪爲王者師,志非以名山老。身甘荒遯,慰九原貞孝之心;時際雲靁,灑六謁園陵之淚。北征初賦,策二馬以來游;東道既通,餽十饔而恐後。咨民生之利病,邑乘必搜;究阨塞之險夷,邊亭親歷。采山鍊冶,喻半生尚論之精勤;訂韻諧聲,發萬古同文之要眇。況乎志存淑世,斐搆書堂;雅慕伏波,厲精田牧。皋比不擁,懲東林復社之末流;墨突未黔,棄滕涇桑莊如敝屣。惟慈仁之古寺,曾作寓公;計偉節之遄行,適在明日。誦孔德炊羹之句,下榻何頻;緬無異築室之謀,顧廬宛在。荆榛乍啓,觴豆初蠲,規陋雲臺,典同石室。所覬雲車風馬,肸蠁來臨;庶幾學海儒林,精神不朽。尚饗!"又五月二十八日祭文:"先生行成忠孝,學洞古今。懲未造之蹈虚,進吾徒以考實。凡今代文苑儒林之彦,敬佩遺書;合天下束脩尚友之懷,思隆美報。專祠式啓,吉祀祗蠲,敢因載誕之辰,奉薦迎神之曲。雖薊門卻饋,痛援往例於靈均;而石室修儀,展效拜經於榮緒。尚其陟降,鑒此悃忱。尚饗!"

聞萊州黄培詩獄牽連,即星馳赴鞫。三月,下濟南府獄。

《元譜》。先生手蹟云:康熙七年二月十五日,在京師慈仁寺寓中。忽聞山東有案株連,即出都門。於三月二日抵濟南,始知爲不識面之姜元衡所誣。姜元衡者,萊州即墨縣故兵部尚書黄公家僕黄寬之孫、黄瓚之子，本名黄元衡。中進士，官翰林，以養親回籍。揭告其主原任錦衣衛都指揮使黄培、見任浦江縣黄坦、見任鳳陽府推官黄貞麟等一十四人逆詩一案。於五年六月，奉旨發督、撫親審，事歷三載，初無干涉。忽於今正月三十日撫院審時，稟稱有《忠節録》即《啓禎集》一書（元衡口供《咨禎集》二本，皮面上有舊墨筆寫《忠節録》字樣），陳濟生所作，係崑山顧寧人到黄家搜輯發刻者。咨行原籍逮證。據其所告，此書中有《黄御史宗昌（即坦之父）傳》一篇，有云"家居二年，握髮以終"，以爲坦父不曾剃頭之證。有《顧推官咸正傳》一篇，有云"晚與寧人游"，有云"有寧人所爲狀在"，以爲寧人搜輯此書之證。不知此傳何人授稿？何人親見？刻板見在何處？此書得之何方？而就此"握髮"一語，果足以證已故二十餘年黄御史之不剃頭否？就此與游二語，果足以證寧人之即顧寧人，又即搜輯此書之人否？且讀邸報，此書已於六年二月曾經沈天甫出首矣。請略言之：昔敝郡有陳明卿先生，以壬戌探花官至國子祭酒，好刻古書，有《資治通鑑》《大學衍義》等書一二十種行世。其子濟生亦好刻書。濟生已故，有光棍施明者從海外來，與沈天甫等合夥僞造此書，假已故陳濟生之名，而羅江南北之名士巨室於其中，以爲挾害之具。又僞造原任閣輔吴甡一序，以騙詐其子見任中書吴元萊。奉旨圈議。部議：書内有名之人共七百名，内有寫序、寫詩譏傷本朝之人五十餘名，合行查究。奉旨：沈天甫、夏麟奇、吕中、逃走之施明、未來之吴石林及代主控告之葉大等，合夥指造逆詩，肆行騙詐。雖稱逆詩從海外帶來，茫無憑據。又云編詩之陳濟生，久經物故，而從海内帶詩之施明又經逃走。此等奸棍，嚇詐平人，摇動良民，誣稱謀叛，以行挾害，大干法紀。爾部即將沈天甫、夏麟奇、吕中、葉大俱行嚴審，擬罪具奏。逃走之施明、未來之吴石林，俱著嚴行緝拿，獲日也著擬罪具奏。刑部審得沈天甫等供稱騙詐吴中書銀二千兩未給，將此書出首，欲圖三品前程是實。奉旨將沈天甫、夏麟奇、吕中、葉大四人於閏四月二十二日押赴西市處斬。施明、吴石林緝拿未獲。今元衡所首之書一百二十餘葉，與沈天甫之三百一十六葉者，雖删去頗多，而詩即啓、禎之詩，傳即此詩之傳，編造之人即陳濟生，其爲一書，不問可知也。恭繹明旨，不直曰"陳濟生"，而加以"又云"二字，"又云"者，據沈天甫之所云，是已故之濟生，聖明猶燭其誣罔，而元衡欲以此牽事外之人，而翻久定之案。其南北通逆一稟云：據各刻本，山左有丈石詩社，有大社，江南有吟社，有遺清等社，皆係故明廢臣與招群懷貳之輩南北通信，書中確載有隱叛與中興等情，或宦孽通奸，或匹夫起義，小則謗讟，大則悖逆。職係史臣，宜明目張膽，秉筆誅逆，故敢昧死陳揭。逆刻種種，罪在不赦。北人之書，削我廟號仍存明號，且感憤乎鴟張，虎豹乎王侯。南人之書，以我朝爲東國，爲虎穴，以僞王爲福京，爲行在。北人之書，曰斬虜首，（黄培刻《郭汾陽王考傳》中有"斬首四千級，捕虜五千人"，乃子儀敗安禄山兵紀功之語。）擁胡姬，征鐵嶺，（黄培詩有云："怨女金閨裏，征夫鐵嶺頭。"）殺金微，又有思漢威儀，紀漢春秋。南人之書，有黄御史握髮一傳，又有起義，有舉事，有勸衡王倡義及迎魯王、浙東王，上益王等事，又有吴人與魯藩舟中密語，又有平敵將軍，有懸高皇帝像慟哭及入閩、入海等事。北人之書，有《含章館詩集》《友晉軒詩集》《夕霏亭詩》《郭汾陽王考傳》。南人之書，有《啓禎集》（即《忠節録》）、《歲寒詩》、《東山詩史》、《倣文信國集子美句百八十章》。其北人則黄培所刻十二君唱和序跋等人，其南人則《啓禎集》所載姓名籍貫，俱在刻本中，約三百餘人。是元衡之意，不但陷黄坦，陷顧寧人，而并欲陷此刻本有名之三百餘人也。不知元衡與已斬之沈天甫、逃走之施明何親何故？何以得此海内帶來之書而前唱後和如出一口？其與不識面之顧寧人，刻本有名之三百餘人，何讎何隙，而必欲與黄氏之十二君者一網而盡殺之？推其本意，自知以奴告主之罪，律所不赦。欲别起一大獄，以陷人而爲自脱之計，遂蹈於明旨所謂"嚇詐平人，摇動良民，誣稱謀叛，以行挾害"者而不覺也。天道神明不僭不濫。今於三月四日，束身詣院投到，伏聽審鞫，至教唆陷害，别有其人，尚容續布，統惟詳察。江南衣布顧寧人頓首。

穆案：《進士履歷便覽》：黄元衡，字元璿，即墨縣籍，膠州人。順治己丑科會試十八名，欽授内翰林、國史院庶吉士。辛卯升弘文院編修。曾祖繼節，祖寬，父瓚。又黄貞麟，字振在，即墨人。順治戊戌會試二百八名，户部觀政。庚子，授江南鳳陽府推官。曾祖兼善，廪生。祖宗曉，潞安衛經歷。父墿，庠生。又手札云："在都時，極荷惓惓之愛，今姜元衡扳及弟名，具題請旨，弟已赴濟南投到矣。先有一札致譚年翁，業詳此事始末，念知己聞之必倍懸切，謹此布啓。前沈天甫所指造陳濟生逆書，有序，有目，有詩，有傳，原狀稱共三百一十六葉，今元衡所首之書，無序，無目，無詩，止傳一百餘葉，知却中原書已燬删去。天甫狀中已經摘出者，稱另是一書。據元衡南北通逆情由一揭，欲借此書另起大獄，而羅書内有名之三百餘人於其中，以翻主僕名分之案，不知就此百餘葉中，篇篇有濟生名，則即此一書之明證也。奉旨爲沈天甫指造之書，即以故之陳濟生尚屬誣罔，而况餘人乎？弟敢不惜微軀，出而剖白此事，尤望大君子主持公論。此札仍乞傳與譚年翁一觀，并以告諸吴越之同聲氣者。《廣韻》留程宅候取，不盡。"又一通云："前有一函，想已徹覽。弟不遵明哲之訓，果有此累。今江夏之驕吝，足以致敗，而與之同事，奈何！奈何！南冠而縶，竟不得出，一切詳之舟老書中，惟知己爲之壯拯，懸切懸切！餘語去价能道，不悉。"又一通云："弟來此，區區之意，尚未得少申爲歉。二十四日出都，前往歷下，如有札寄示，乞寫德州北李宅。家報付報房封遞，三四日可達。李老先生諱源，字星來，原任河津令，與弟交頗密，即爲專人齎至省城也。事畢，再容趨至九頓。報至德州，先到蕭宅，次即傳至李宅。有二李，故稱北以别之。"又一通云："來諭惓惓，深感愛厚。所云屢有言相致者，止於舟札見之，它皆未到，即賦梅者止有一札，無兩札也。所云但當力辯有無，勿牽别事，敬如台旨。笥中之書，昨至德州點簡二日，悉取而焚之矣。并復。此中之事，大抵上有求而下不應，第遂無保出之法。黄氏絶不照管，債主斷絶，日用艱難。莊田之麥,俱爲劉棍割去。每日以數文燒餅度活,何以能支?欲乞一問南夏諸公,若天生至晉,可爲弟作書促之入京,持輦下一二函至歷下,必當有所濟。弟已别有字往關中矣。一切統希垂照,不宣,舟書可互觀之。"

穆案:子德答先生贈詩有云:"客返關中路,書傳歷下城。"自注:"客秋有鄉人至自濟南,拜先生書。"又一通云:"五月十九日院審,先取有同案中年老者四五人,保識黄御史曾已剃頭口供;次辯《啓禎集》中有"寧人"字無"顧"姓,又不在黄御史一篇傳内,并審出章丘地土情由;惟問姜要顧寧人輯書實證,無詞以對;又扳即墨老諸生杜廷交(此人從不識面)爲證;又展轉推出所從得書之人爲萊陽縣孫榮,榮乃積年走空之人,今并行提去矣。雖未保出,而是非已定,此皆上臺秉公持正及大人君子孚號壯拯之力,惟有世世尸祝。兹因便羽,先此奉聞。"

《元譜》衍生案云:是獄爲謝長吉主唆。長吉即乙巳歲坑貲不償而以大桑家莊房產作抵者。是秋九月先生與長吉對簿,始得開釋。

穆案:翁玉濤《聽竹山房詩話》謂:亭林游濟南爲一達官置之獄,蓋耳食之言,非實事也。子德答先生贈詩有云:"莒萊矜野語,虞芮亂囂聲。"自注:"訟起因小人奪先生田。"又云:"欻櫂江波大,潛楊海汐輕。"自注:"時訟牒株累多人,用已結海上事。"何紹基案:札中所稱撫院者,宛平劉公芳躅也。《國史本傳》:公以順治七年任山東巡撫,康熙十一年,始以憂去,在任者二十三年。嘗奏請緝盗不得豫勒名數,以防捏陷。又賊證未明,不得以初供定讞。又請撤山東錢局,皆得旨允行。蓋仁明君子也。《赴東》詩序墨蹟本有"撫院劉公"之語,後來刻集乃删去此節,何也?

《徐譜》案:是年春,竹垞至山東客撫院劉公幕中,則先生之脱於患難,竹垞當與有力焉。

穆案:顔修來有《送朱錫鬯之濟南》詩曰:"攜手河梁悵去塵,歷山遥望柳條春。訟庭尚有南冠客,莫向燕臺思故人。"自注:"時亭林以詔獄在濟南。"又案札中屢稱譚年翁及舟老者,譚吉璁,字舟石,嘉興人。明太僕卿昌言孫,父貞良,五經進士。舟石以監生試補弘文院,撰文中書,遷延安同知,升登州知府。《鶴徵録》引亭林語云:"舟石勤於讀經,叩其書齋,插架《十三經注疏》,手施朱墨,始終無一誤句。我行天下,僅見此人。"

六月十七日戌時,地連震數次,自北而南,聲如雷,城垣顛撲,文廟亦毁,同時被震者,濟南、兖州、東昌等郡共五十九處,沂州、郯城死傷尤甚。

《元譜》。

穆案:此年山東地震事,《漁洋年譜》亦載之。又子德《奉答先生贈》詩:"經旬喧地圾,舉國匄天晴。"自注:"時地震淫雨。"

秋,從子熊來省於濟南。

《元譜》。後隨先生入都。

十月,獄解,得釋。

《元譜》。先生手札云:"弟於九月二十日保出。十一月十日,一案之人俱已赴院畫供,想有題結之望。凡所以入險能出,困而不躓者,皆知己扶持之力,當世世尸祝,不敢以楮墨宣矣。前具近詩六章,曾徹覽否?屢有札與舟公,托其致感,而未見一報,豈其移寓或石頭之沈浮邪?今有一函乞致之,近況詳之函中,可共覽也。旅食無依,暫寄徐玉老署中。不謂有延安之陞,則此中别無主人矣。萬老先生書已投,似蒙注念。院批取保,一宿便發也。弟候命下結案,即詣都中叩謝,如尚遲,則俟舍甥北上時,代弟九頓台墀。今來者,玉老之僕,屬其三日後走領回書。沍寒不莊,幸宥。長至日弟名正具。"

穆案:徐玉老者,《濟南府志》有徐真修,遷安人,康熙中由拔貢官濟南通判,旋升延安同知,蓋即其人。

是年詩有:《赴東》六首、《徐譜》:詩有云:"荏苒四五日,乃至攀髯時。"是訟繫時當三月十九日也。穆案:子德答先生贈詩有云:"節至通蘋藻。"自注:"先生在難,不廢時祭。"《李子德聞余在難特走燕中告急諸友人復馳至濟南省視於其行也作詩贈之》一首。穆案:子德《春懷》詩之第五章有云:"歷下東湖青溟州,歷山東望白雲樓。深知鄒子繫非罪,敢謂魯連排衆謀。欲陟岱宗俟它日,將觀滄海難久留。"詠此年赴東馳救及因疾先還事也。《歸元恭文鈔》有《與先生書》,云:"戊申春夏之交,聞兄以山左縉紳相讎之事連及,時適有海陵之行,無從問得確耗。秋間還,從令甥處知兄遂不免犴獄,私心憂之。未幾而得所寄書及六詩,讀之深歎兄之善處憂患。張元節之亡命,雖幸免禍,君子譏之。兄乃自詣獄,不惟舉動光明,揆之事理,亦自宜爾。蓋兩姓交惡而委罪於兄,兄身出則事白,事白則身全。兄之慷慨就獄,乃精於脱禍者也。但不知出獄之後,復栖遲何所?弟前書中戲詰三窟,後察之亦不甚確,惟濟上一窟是實,而聞又爲人所賣,趯趯毚兔,幸脱於羅,將仍依此窟,抑復别尋窟乎?一笑。六詩已和得奉覽,其中'迂怪不悛'及'江南樂土'等語,初非因事而發蓋别有爲。前書自言精於音韻之學,著書已成,弟未見及,但友人頗傳兄論音韻,必宗上古,謂孔子未免有誤。此語大駭人聽。(許瀚案:語似駭人,實無可駭。傳語者不得其旨,即未免駭人耳,先生於此道復安有所謂僻也。歸君意深可感,其於韻學殆亦未精。)因此度兄學益博,則僻益甚,將不獨音韻爲然,其它議論倘或類此,不亦迂怪之甚者乎?郤子語迂,單子知其不免,況又加之以怪乎?此平生故人所以切切憂之,願見抑賢知之過,以就中庸也。向讀所寄山陵詩,忠義感激,使人泣下。顧兄之去墳墓十餘年矣,初因避讎,勢非得已。歲月既久,怨讎已釋,且今年讎家已盡室赴任,更無所慮。柳子厚竄南方,惟以不得上丘墓爲恨,謂其祖先曾不若馬醫夏畦之鬼,猶得享歲時之祭。彼以得罪不能歸,兄今欲歸,其孰禦之,獨無丘墓之思乎?此又平生故人所悫悫於懷者也。和詩不免局於短篇,未能盡達所懷,故復及之。令子定已長成,曾再索三索否?弟則屢抱山簡之痛,方深伯道之悲也。年來筆耕僅能餬口,雖不閉户,亦難遠游,惟去歲爲先太僕遺集事,與季侍御相商,一渡長江耳。詩古文以乏人繕寫,不能遠寄,刻文一首呈覽。立齋太史北上,草此附候,便羽幸惠德音。"

八年己酉,五十七歲。

春,入都,寓七聖庵。旋往山東,已復入都,寓文昌閣。三月,往昌平,五謁天壽山及懷宗欑宫。是行也,與李子德偕。

《元譜》。

穆案:《受祺堂詩集》有《舊年寧人先生以無妄繫濟南走書報我觸暑馳視苦疾作辭還先生寄贈行三十韻詩春日晤保州重會薊門奉答前詩廣五十韻》一首,詩有云:"甫定他鄉榻,俄從上日鯱。"自註:"先生以二月朔至。"又云:"每詢邙邑樹,誰薦寢園櫻。"自注:"時在清明。"是先生此年與子德會合及謁陵之時日也。二月朔至保定一節,譜亦失載。又案江藩《宋學淵源記》謂天生於甲申、乙酉間,與先生冒鋒刃,間關至燕中,兩謁愍帝欑宫,是并先生詩文集亦未之見也。

回都,移寓公肅甥邸舍。

《元譜》。

穆案:時公肅起補國史院修撰,旋進祕書院侍講,秋,典試陝西。

四月,出都至順德,歷邯鄲,返章丘,與謝長吉對簿,案始結。

《元譜》。先生有《與顔修來》手札云:"夏初匆匆出都,歉然之懷,難以筆道。想道履彌勝,大業彌增。令叔先生今在都門,亦當聽鵲起之音,奏鹿鳴之什矣。弟久滯安德,仰藉洪庇,章丘一案已得小結。雖陷害之情未明,而霸占之律已正。轉蓬思息,倦鳥知還。九仞之功,非仗婁侯不能終此一簣,敢乞鼎致其詳,在札中未緘。以舟老正值文場,不敢瀆札,并乞於試畢日道念,小价王登往莊,故另遣潘一廉,其人謹愿,望示回論。詳文於二十日後到廳,更悫家報中速聞之。至禱至禱!"

赴大名,歸逕保定。冬,抵平原,潘次耕未來受學。

穆補。案《遂初堂集補遺》有《己酉冬自淮陰抵平原呈亭林先生六十韻》詩,詩末云:"汶野黄雲凍,沂山白草枯。隻身經雨雪,遠道涉崎嶇。"先生答詩云:"蕭蕭行李鴈飛秋。"是次耕以冬初謁先生於平原也。

十一月,至都,主申叔旆,又主謝方山重輝。

《元譜》。方山名未詳。

穆案：方山名重輝，德州人。以父陞廕官至刑部郎中。陞字伊晉，萬曆丁未進士，官至建極殿大學士。國初徵爲左柱國、内院大學士，卒謚清義。宋牧仲、李湘北、田山薑集中均有與方山酬倡之作。趙飴山《談龍録》舉本朝詩人，山左有九，皆各有所就，了無扶持依傍，而德州謝刑部方山重輝居其一。《漁洋詩話》稱其《過銕佛寺》詩。《池北偶談》又述方山言銀瓦寺古鏡事。又嘗序其所著《杏村集》曰："去膚存骨，去枝葉存老幹，真賞甚稀，存之篋中，以待元次山、杜清碧其人，定相賞於弦指之外。"可謂推獎不遺餘力。而臨清汪灝《送方山告歸》詩云："真得意時惟嘯咏，不如人處是功名。"蓋亦恬於進取者。又案《鶴徵録》：潘次耕之試鴻博也，由左諭德盧琦及刑部主事謝重輝薦舉，然則方山學行亦約略可見矣。先生有《與顔修來札》云："老年臺既晉秩寅清，而令兄復駿蜚東國，凡在知己，莫不欣忭。弟有訟事未了，尚缺叩賀。兹有德州方山謝年兄入都，附此申候。方山爲内院清義公之冢嗣，翩翩文雅，更能熟於古今，少年中鮮其儔匹。屬以蔭職赴部，一切仰祈照拂。緣弟夏秋主於其家，昕夕對譚，心所歸依惟在門下。至於居官涉世之道，亦望時時提命。貴鄉才俊，可爲後勁，不俟弟言之畢也。冬杪圖晤，不悉中懷。"穆案：札云"晉秩寅清"者，修來以中書舍人恭逢聖祖臨雍，加恩四氏，遷禮部儀制司主事也。云"令兄駿蜚東國"者，修來兄光猷以是年秋領本省鄉薦也。

是年，次甥秉義中式順天舉人，執友王起田、王思齡歿。

《元譜》：思齡里居出處無考。

是年詩有：《樓桑廟》一首、《有事於欑宫》一首、《贈李貢士嘉》一首、《邯鄲》一首、《邢州》一首、《自大名至保定子德已先一月西行》一首、《潘節士之弟耒遠來受學》一首。《徐譜》案：是年潘耒將讀書於婦翁王略家，六月，略卒。十一月，耒妻亦卒。故耒去山陽適平原也。時當已冬盡矣。

有《謁欑宫文》《王起田墓志》。

九年庚戌，五十八歲。

四月，往德州。六月，程正夫、李紫瀾延先生於家講《易》，至九月初，講畢，即以是月入都。九日，與朱錫鬯及嘉定陸翼王元輔在北平孫氏研山齋，詳定所藏古碑刻。

《元譜》。

謙案：元輔號鞠隱，經學湛深，陶庵弟子，學術志行，不愧師門。《曝書亭集·跋李龍眠九歌圖卷》："康熙庚戌九月九日，偕崑山顧炎武寧人、嘉定陸元輔翼王、永平申涵光凫孟、嘉興譚吉璁舟石觀於宛平孫氏研山齋。"是年,竹垞又有《同紀處士映鍾杜太史鎮譚舍人兄吉璁集孫侍郎研山齋四律》,其弟三首尾句云:"齊東回首望,最憶虎頭癡。"自注:"謂顧子炎武。"蓋研山一集之後,即出都。竹垞復有宴集而憶及之也。

出都,至曲周,訪路安卿。歷河南,至山西,復回山東,度歲。是年,初刻《日知録》八卷。

《元譜》。

《徐譜》案:初刻八卷本有七七一條,今刻本無。見全謝山《經史問答》。今刻本第六卷有一條有録無書,是録爲先生自定,書則經後人刪潤也。

長甥乾學登進士一甲三名。

《元譜》。

穆案:是年公肅擢國子監祭酒。《憺園集·書錢糧論後》曰:"舅氏亭林先生,學博而識精,於天文、河渠、禮樂、兵農、錢穀之故,上下古今,洞悉原委。數往來畿輔、齊、魯、秦、晉間,盱衡時事,間有所作《錢糧論》二篇,至爲痛切,仲長統《昌言》、崔寔《政論》之儔匹也。""某昨歲對策,謂須得公忠强幹之臣,權萬物之有無,計百姓之贏絀,而爲之變通,蓋寔本於先生之論。"紹基按:健庵對策云:"漢唐三代以帛爲租。宋始用錢,金章宗鑄銀曰'承安寶貨',公私迄今用之。礦脈久閉,海舶已停,民間之銀日耗而不生,而上供者必以常額。宋齊邱有言:'錢非耕桑所得,以錢收税,是教民棄本逐末也。'"此寔本於《錢糧論》。

是年詩有:《述古》一首、《德州講易畢奉柬諸君》一首、《輓殷公子岳》一首。

《元譜》:岳字伯巖,一字宗山,雞澤人。有《留耕草堂詩集》。

穆案:《池北偶談》:殷岳"工五言古詩,平生不解爲近體,常爲睢寧令,輒自罷歸"。

是年,程正夫有《贈先生序》,云:東吴顧亭林先生,今之大儒,於書無所不讀,習熟國家典制,以至人情物理,淹貫會通,折衷而守之,卓乎爲經濟之學者也。而失意於時,君子惜之,以故北游上國,歷燕趙之墟,上太行,渡黄河,出塞入關,極秦晉之鄙,折而留滯於齊魯間,皆得周覽其名山,將以擬太史公之故事。乃每過吾州輒見訪,如僑札之歡,皋梁之托也。爲余談説經史,不憚娓娓,或留信宿,或浹月經時然後乃去。因見其著述之富,汗牛充棟,要皆崇正黜邪,一軌於聖賢之微旨,抽關啓鑰,盡見其全。其辯詳以覈,其論典以要,其思平寔以遠,其義純粹以精,本於經而不泥於昔聞,原於史而不拘於成説,多前賢所未明,一旦自我發之者。自漢唐以來,諸賢林立,觀其意思,略與鄭康成、王文中輩相彷彿,皆能深造理窟,立追大雅,以斯文爲己任者也。以視今之作者,不啻奏黄鐘大吕於秋蟲響答之前,其鉅細不侔矣。假使先生得時而駕,爲當代柱石,功業所至,不過封侯而止，其於閑先王之道以津逮將來，爲天下後世之利，且孰得而孰失乎？今年結夏於此，與二三同人講《易》，復得發其《日知録》一書，觀之多考古論世之學，而其大指在於明經術、扶王道，爲之三歎服膺，勸其出以惠學者。此自亭林支峰蔓壑，余老病荒忽，書數語其後，附以不朽。必欲東觀大海，盡十洲三島之奇，則有先生所著之全書在，非一朝一夕所得而卒業者矣。余不佞，倘如豫之五爻，疾而不死，請得讀書養氣，十年之後，文思少進，爲先生細論之。康熙九年八月。

是年，爲路安卿之舅氏王君國翰撰墓志銘。

顧亭林先生年譜(六)

張穆撰

十年(1671)辛亥,五十九歲。

從子洪善、洪慎來省先生於都門。入都,主原一甥家。夏,熊青岳閣學欲薦先生佐修《明史》,力辭之。

《元譜》。

謙案:青岳名賜履,字敬修,孝感人。順治戊戌進士,謚文端。又戊午《答潘次耕書》云:"辛亥之夏,孝感特簡相招,欲吾佐之修史。吾答以果有此命,非死則逃。原一在座與聞,都人士亦頗有傳之者。耿耿此心,終始不變。"云云。

出都,歷忻州之靜樂、平定州之盂縣,至太原。

《元譜》。

穆案:是年太原知府爲延津周令樹,《曝書亭集》辛亥年春有《送周郡丞令樹遷太原守》詩是也。令樹《重建晉祠碑亭記》:"往崑山顧炎武爲令樹言:唐宋人題名及詩,多刻之古碑陰,碑陰既滿,往往闌入行間,此獨以御製御書,唐人無敢刻一字,至宋始有題名碑陰及兩旁者,而正文特完好。"云云。按記作於明年壬子端午後三日,所謂往者即此年事也。令樹字計百,順治乙未進士。

爲太原守周計百令樹點定荀悦《漢紀》。

穆補。《遂初堂集·代人作〈重刻漢紀序〉》:"晉陽書肆之書,漫不足觀,民間又鮮藏本。間訪傅青主徵君於松莊,案間見有荀氏書,喜甚,假以歸,手自校讎。往往與班書相出入。蓋荀書雖據班書,他所摭採尚多,故頗存異同。又有班書所未載者,參得失,廣異聞,固悦本志也。後人每据班書以改此書,而其誤彌甚。宋巽巖李氏已言印本多譌。此本爲明黄姬水所刻,舛錯不少,適顧亭林先生來,爲點定一過,刊誤存疑,遂爲善本。"云云。案次耕《雙塔寺雅集》詩序:"出太原郡城東南,行七八里,松莊傅隱君青主所居也。太守延津計百周君,歲之初吉,率子若壻,屏騶從,挈壺觴,躬造於廬。"是訪青主者,爲郡守周令樹也。又次耕《太原守周令樹墓志》云:"余布衣時,嘗讀書太原署中。"則此叙即代周作也。又《九日同惠元龍家雙南兄登瑞光寺塔》詩注:"辛亥九日,同閻古古、傅青主飲太原新寺。"是次耕以此年客太原,周假書,顧校書,潘代作書序,皆一時事也。

十月,交城令趙恒夫天羽邀與華亭陸集生慶臻、上海蔡竹濤湘剪燭賦詩。

《元譜》。

謙案:恒夫名天羽,號吉士,休寧人,入籍錢唐。順治辛卯舉人,由知縣内陞户科給事中,降補國子監學正。著有《續表忠記》《音韻正譌》《寄園寄所寄萬青閣全集》。集生名慶臻,金山衛人,崇禎壬午舉人,順治八年揀選推官,不赴,游秦晉間,晚始歸里,著《薺庵詩稿》。貧甚,不克葬,其親泣曰:"得墓田一笏,營葬足矣。"故又號"笏田"。竹濤名湘,竹垞、阮亭均與倡和,後客死交城。

是年詩有:《寄張文學弨時淮上有築隄之役》一首、《元譜》案:是年奏於淮揚界,築翟家垻。至十八年七月蔵功。山陽、寶應、高郵、江都四州縣河西諸湖涸出者,招民佃之。《雙鴈》一首、《夏日》二首、《秋風行》一首、《靜樂》一首、《寄王高士錫闡》一首、錫闡字寅旭,一字昭冥,號餘不,亦號曉庵,又號天同一生,吴江人。精於曆算,著有《大曆統》《西曆啓蒙》《丁未曆稿》《推步交食》《測日小記》《三辰晷志》《圜解》《曉庵新法》《曆説》《曆策》《左右旋問答》諸書。穆案:《廣師》云:"學究天人,確乎不拔,吾不如王寅旭。"又案:《廣師》所列不如之人十,而見於詩文集者九,獨與吴任臣交游之蹟,無可考見,附識於此,《廣師》云:"博聞强記,群書之府,吾不如吴任臣。"任臣字志伊,一字爾器,浙江仁和廩生,福建莆田人,己未試鴻博二等,授檢討。著有《周禮大義》《禮通》《十國春秋》《山海經廣注》等書,魏冰叔稱當世著作有不可少之書三,《十國春秋》其一也。王倬《今世説》云:"吴志伊志行端慤,博學深思,兼精天官奇壬之術,又精樂律,嘗於市上見編鐘一枚,曰:'此大吕鐘也。'後滌視款識,果然。"《盂縣北藏山》一首。

十一年壬子,六十歲。

由山西至京,主公肅甥,從兄平庵、甥徐履忱來省。

《元譜》。平庵名孝宏,以貢選泰興縣訓導,即武孝廉爾策之父。

五月,至濟南。八月,入都,仍主公肅甥。十月,往德州。

《元譜》。先生手蹟云:"舍甥久積傾慕,昨奉叩未晤。今擬於初四日扳駕一談,俾弟亦得侍聆誨言,至感至感!弟在初旬内亦欲出都矣。"又一通云:"五日前曾走叩未晤,既台命諄諄，不敢固强。舍甥容另卜日奉候。但弟日下即擬出都，不得追陪一叙。奈何奈何！尚容趨别，未悉。”又一通云：“前走叩未得面，弟以十二三出都往德州，此刻擬一造别，并問貴鄉有旅伴可同行否？退谷先生常問起居，附及。”

穆案：此三札以《元譜》推尋情事，當在是時。

由河南至山西。

《元譜》。

與閻百詩若璩相遇於太原。

《徐譜》。案：《尚書古文疏證》有壬子冬客太原，與顧寧人論朱謀㙔《水經注箋》事。

穆案：《潛研堂集·閻先生傳》：康熙元年，始游京師，“旋改歸太原故籍，爲諸生祭酒。顧先生炎武游太原，以所撰《日知録》相質，即爲改訂數條，顧虚心從之”。又《潛丘劄記》有與先生論幽并營在《禹貢》九州外一條云：“余時同客太原面質正。”云云。又曰：“吾與君所共游者，非石嶺關以南乎？”潛丘生於崇禎九年丙子，少先生二十三歲。松案：潛丘補正《日知録》凡四十一條，復糾《肇域志》，言晉穆侯晉境不得至界休之非，又言代四遷不止於三，江西三僅知其二，説具載所著《劄記》中。然《與劉超宗書》言先生之書精且博；《與戴唐器書》言讀顧氏《音學五書》心花怒生，背汗浹出，又言此地縉紳有如馬宛斯其人者，文學中有如傅青主、顧寧人其人者，使後生小子感奮興起，紹明古學，直追金華、嘉定諸先生之遺風。其服膺先生至矣。

度歲於静樂，衷和、敏德來學。

《元譜》所載，未詳其人。

寓書潘次耕，議撫吴江族子衍生爲嗣。是年，從子洪善鄉試，中式舉人。

《元譜》。

原一主順天鄉試，韓元少出其門。有摭其取副榜不及漢軍者，坐降級歸。

穆據《有懷堂集》補。

潘稼堂《贈先生六十壽序》云：“吾師亭林先生，負名世之資，學貫天人，而遭罹厄會，崎嶇戎馬之間，顛沛岸獄之下，瀕危者數矣，卒自全。客游二十歲，窮邊絶塞，靡險不經，而筋力不怠。今六十矣，精明彊固，無減壯年。”

《徐譜》。

是年詩有：《讀李處士襄城紀事》一首、《寄楊高士瑀》一首、謙案：瑀字雪臣，武進人，著有《飛樓集》一百二十卷，年七十餘卒。穆案：《廣師》云："讀書爲己，探頤洞微，吾不如楊雪臣。"健庵《雪臣七十壽序》："先生少日好立奇節，既而厚自刻厲，率諸子鍵户讀書，自經史而外，分授天官、地理、曆律、兵農之書。""出則與惲遜初講學南田及東林書院，如是者餘三十年。"《齊祭器行》一首、《題李先生矩亭》一首、謙案：惠太史周惕《李君墓表》：君諱源，字江餘，一字星來。德州人，順治丙戌進士，授河津令，有能稱，罷歸。爲人和易恬退，好讀書，至老不倦。於古今河渠、漕屯、兵農諸事討論尤精云云。《濟南府志》稱源歸里後，築退庵，因以自號，植花竹，購圖書。崑山顧處士炎武聞源談易數，歎曰："今之管輅也。"穆案：此即先生戊申赴東手蹟所謂北李家也。《瓠》一首、《土門旅宿》一首。謙案：先生是年有《與李武曾書》云："弟夏五出都。仲秋復入。年來蹤跡大抵在此。將讀退谷先生之藏書，如好音見惠，亦復易達。頃者《日知録》已刻成樣本，特寄上一部，天末萬山中冀冀此如覿面也。率爾不宣。"據手書墨蹟補入。穆案：《望雲樓帖》又載《與潘次耕》手札云："昨退翁見召，午後趨往，而太史公已行，不得一晤，幸致意。明日有便酌，可於晡時過我，昏後遣騎送回。此啓次耕賢弟。炎武頓首。"以時考之，當在此年八月復入都門時也。又案周令樹《重建晉祠碑亭記》末云："時同游者有炎武之弟子吴江潘耒。"記作於此年端午後三日。意次耕由太原入都，冬乃南歸也，故有與議立族子衍生之書。

十二年癸丑，六十一歲。

正月，由靜樂南歸，至揚州。

《元譜》作"由山西之山東"，據手札正，説見後。

入都，主公肅甥。四月，至德州，訂州志。返章丘桑家莊。八月，游濟南。

《元譜》。

寓通志局。

穆據《居易録》及手蹟補。《居易録》："《山東通志》修於癸丑，當事既視爲具文，秉筆者又鹵莽滅裂，不諳掌故。人物一門，竟將曹縣李襄敏秉、單縣秦襄毅紘、沂州王恭簡景三鉅公姓名事實，削去不存一字，其餘可概見矣。時方伯施泰瞻天裔主其事，聘吴郡顧炎武在局，而不一一是正，可惜也。"先生有《與顏修來》手札云："弟今年寓跡半在歷下，半在章丘。而修志之局，郡邑之書頗備。弟得藉以自成其《山東肇域記》。若貴省之志，山川古跡稍爲删改，其餘概未經目，雖抱素餐之譏，幸無芸人之病。然以視令叔先生，則真魯之兩生不敢望後塵矣。汶陽歸我，治之四年，始得皆爲良田，今將覓主售之，然後束書西行，爲入山讀書之計。所刻座右銘一通並《音學五書》面葉呈教。近日又成《日知録》八卷，韋布之士，僅能立言，惟達而在上者爲之推廣其教，於人心世道不無小補也。率此附候，不宣。"

穆案：《通志》之役，張稷若亦在局中，見所作《李織齋文鈔序》。李織齋者，即先生《譎觚十事》所云樂安李象先也。

十月，自章丘至德州，哭程正夫工部，又聞從叔父穆庵及歸元恭訃，設祭於桑家莊。入都，得滇南報。

《元譜》。是年朝議撤三藩兵衛。

寄潘次耕書，令族子衍生北上。在京度歲。

《元譜》。

是年，次甥秉義登進士一甲三名。

穆補。韓菼榜。菼字元少，號慕廬，長洲人。

是年詩有：《贈錢編修秉鐙》一首、《元譜》：秉鐙字幼光，後改名澄之，字飲光。弘光時，客嘉善錢吏部仲馭家，馬、阮方興大獄，逮捕諸清流，飲光名亦在捕中，乃變姓名逸去。南都失守，飲光走粤東，妻孥盡死於震澤，乃爲僧裝，釋名西頑。七年後始返故里，編修蓋唐藩遥授者。穆案：譜謂編修爲唐王遥授，大誤。穆嘗鈔得飲光所撰《明末野史》，其《永曆紀事》篇載云："永曆三年十二月二十四日，上臨軒親試經義三道、論一道、詩一首，取中八人授翰林院庶吉士，秉鐙名在第二。"又一條云："庚寅冬，蒙臨軒特典，改授庶吉士。予出山陰嚴公起恒門，公在上前極稱予有制誥才，請改編修，管制誥，上頷之。"然則飲光乃桂王間關從龍之彦矣，故先生詩曰"斷煙愁竹泣蒼梧，禿筆悽文來漲海"也。松案：飲光於壬子冬入都，館龔尚書鼎孳家，見《憺園集》。謙案：飲光嘗問易於漳浦黄先生，撰《田間易學》。又撰《田間詩學》，以《小序》首句爲主，采諸儒論説，自《注疏》《集傳》外凡二十家，於名物、訓詁、山川、地理，言之尤詳，詩得香山、劍南之神，有《藏山閣稿》《田間集》。《先妣忌日》一首、《自章丘回至德州則程工部逝已三日矣》一首、《有歎》一首、《哭歸高士》四首、穆案：《微雲堂雜記》："顧寧人與吾友歸元恭同里閈，元恭守鄉曲而寧人出游四方，所至墾田自給。""元恭嘗邀同社諸君子會於影園，余以病不果往。元恭旋殁，余以詩哭之，又爲文祭之。曰：'先王道喪，士習懦愞，孔子有言，必也狂獧。歸奇顧怪（四字出於此），一時之選。漁獵子史，貫穿經傳。志高氣盛，雄傑魁岸。顧游四方，燕塞秦甸。君獨閉門，枯守筆硯。斫弛不羈，俗人笑姍。抱太僕文，蒐羅拾擴。胡忽隕亡，逝如飛電。'"

有《從叔父穆庵府君行狀》。

是年，先生有《答李武曾書》云："黔中數千里，所刻之書并十行之牘乃不久而達，又得手報至方山所，而寄我於樓煩、鴈門之間。若頻陽至近，天生至密，而遠客三楚，此時猶未見弟之成書也。(穆案:《受祺堂集》:子德於壬子、癸丑兩年俱在湖北,癸丑夏有《得寧人先生書感賦》一首。)人事之不齊,有如此者,可爲喟然一歎! 此書中有二條,未得高明駁正,輒乃自行簡舉,容改後再呈。且續録又得六卷,未必來者之不勝於今日也。交城縣刻弟所正之《七經誤字》,附上一紙。比客維揚,頗能攝疾。遠承注問,并謝。"《附李來書》云:"客春黔陽一緘奉候,想入記室。自後驅車關塞,不覺踰年。朔氣愁人,每憶江鄉景物,恨不能奮飛與先生共話鶯黄柳碧間也。邇來道體何似? 肺病想不復作,甚念之。弟新正入都,爲諸公所留,遂下司勳之榻。屈指邗江繫纜,又在來春,爲耿耿耳。所擕台札,一一致到。阮亭匆匆屬筆。前貽錫皂物,面致久矣。君館於東撫君,甚善也。好風南來,時惠遠音,以慰翹切。"

謙案:武曾《秋錦山房集序》:辛亥春,從曹澹餘侍郎入黔。朱竹垞《江湖載酒集》亦有《寄武曾在貴竹金縷曲》,詞中有"上巳浮杯匆匆别"句,則武曾之往貴州是辛亥三月。兹書首云"客春黔陽"一札,當指到黔之次年壬子,而此書之發,蓋在癸丑歲也。謙得兩先生手翰,故於今年並補録之。第以是年朱、李兩家蹤跡,就竹垞年譜證之,與李書所云多不相符,而《元譜》於先生今年亦未有揚州養疴之事。其中如何舛迕,未敢臆斷,存之以俟續考。

穆案:據《元譜》,辛亥十月在交城令所,此云交城縣所刻《七經誤字》,知必在辛亥之後,據此年《寄修來札》云"又成《日知録》八卷",此云"續録又得六卷",知必在此年之前。先生上年於静樂度歲,故云"寄我於樓煩、鴈門之間"。"比客維揚",則作復書之地也。然則此札必在癸丑,春首竟由静樂南征。《元譜》誤云之山東耳。若良年一札,則與先生書前後俱不相應知者。先生既以著書相寄,不容更無一語相復。又漁洋以壬子夏典試四川,差旋遂奉母夫人諱家居,此有"阮亭匆匆屬筆"之語,札必不作於癸丑,更無疑也。此札或前或後,不敢遽定,然考健庵《李分虎詩集序》曰:"長水李斯年、武曾、分虎三兄弟,俱淵雅負雋才,俱好遠游。六七年前,斯年游粤東,武曾游黔中,而分虎尤越在萬里外,在五溪六詔間。""既念家有老母,日南天末,不可以久居,則由金齒歷貴筑,從其仲兄武曾,間關跋涉以歸。蓋歸甫踰時,而西南之變作。"考吴逆以十三年正月反,而先生丙辰冬有與分虎詩曰"李生符自南中歸檇李三年矣",則武曾之歸當在此年冬盡。札首又有"此後驅車關塞,不覺踰年,朔氣愁人"云云,似是自黔歸後,又作西北之游意,此札亦當在乙卯、丙辰間也。車君因先生書有"比客維揚"語,李書有"邗江繫纜"語,遂誤仞爲來書耳。曹澹餘侍郎者,安丘曹申吉也。康熙十年由兵部侍郎授貴州巡撫。吴三桂反,申吉從賊,後不知所終,或云三桂疑而磔之矣。又案:頃借得良年《秋錦山房集》,其子潮偕跋云是編即以行止出處爲卷次,蓋仍然編年也。癸丑歲《九友》詩其第二首爲《懷崑山顧寧人炎武》,尾句云:"昨者《日知録》,寄我楚南峰。"確係歲壬子也。春杪有《聞斯年兄從嶺南歸營草堂於長水東村相見當在今臘》詩,又《二月中得分虎自滇中寄》詩有云:“約束琴書好歸去,莫令又過菊花時。”《歸途與分虎舟中夜坐共話家園》詩有云:“武陵烟霞照江底,人家茅屋秋雲裏。”則於晚秋道出湖南也。此年蹤跡,合之健庵詩序,無不一一符合。次年甲寅家居,有家讌及同人游宴諸作。次年乙卯,歷游邗上、滁州、懷遠、龍山諸處,所謂“自後驅車關塞,不覺踰年”也。此後或家居,或暫出游,以未遠涉,故詩亦不詳。其《偕健庵宫坊集錢遵王述古堂》及《立齋園居落成招飲》諸作,則丁巳後徐氏兄弟居憂時事,然則此札必在戊午應詔北上後無疑。時漁洋已服闋,改官翰林,竹垞亦被薦入都,與札中云云,又一一符合也。据知“客春”云者,特回憶往事,非孤指作札之前一年,而先生之札及貽竹垞物,何由得良年攜來,此問情事則不可臆推矣。良年初襲虞姓,名兆潢,又名法遠。後復姓名李良年,字武曾,號秋錦。嘉興人。生於崇禎六年癸酉,少先生二十歲。

十三年甲寅,六十二歲。

正月,出京,由易州往汾州。四月,至德州,回濟南,度歲於桑家莊。

《元譜》。

是年詩有:《廣昌道中》二首、《寄問傅處士土堂山中》一首、《與胡處士庭訪北齊碑》一首、《元譜》。謙案:庭字季子,汾陽人,青主弟子。穆案:戴東原修《汾州志》:庭“父名遇春,崇禎戊辰進士,由聊城知縣擢户部主事。庭自李自成之亂遂與弟同並隱居講學,庭於《易》《詩》《春秋》《論語》《大學》《孟子》皆有論著。”又曰:“顧炎武,其學上繼漢唐,考核之儒,其《金石文字記》所載《大相里齊天保三年相里寺碑》《郭社村唐乾封二年郭君碑》《文侯村唐上元三年任君碑》《小相里唐相里瑞碑》《晉天福五年相里金碑》皆身至其地摹拓者。”《詠史》二首、《路光禄書來叙江東同好諸友一時徂謝》一首、《過矩亭》一首、《潘次耕南歸寄示》一首、《子房》一首、《刈禾長白山下》一首、《歲暮》一首。

十四年乙卯,六十三歲。

從子洪善來省於章丘。赴濟陽訪張稷若。往德州送程工部葬。八月,自山東歷河南抵山西之祁縣,主戴楓仲廷栻家。

《元譜》。楓仲名廷栻,祁縣人。家多藏書及法書、名畫,著有《半可集》,與傅青主、王漁洋友善。

謙案:《竹南漫録》:楓仲博學好古,所居丹楓閣上,圖書鼎彝,羅列左右,人方之倪迂清閟。

楓仲爲築室祁之南山。

穆據《受祺堂集·答戴楓仲見懷詩》注補,詩云:"漢室聞遺老,君爲築草亭。"自注:"顧亭林將起山堂祁之南山,戴力任之。"

先生因之置書堂焉。

穆據《蒿庵集》及《竹垞詩話》補。蒿庵《自叙墓志》:"所著有《儀禮鄭注句讀》。遇崑山顧寧人,録一本藏山西祁縣所立書堂。"《静志居詩話》:"寧人於山西營書院一區,盡取家中所藏《十四經》《二十一史》,暨明累朝實録,插籤於架,予嘗分書題其柱云:'入則孝,出則弟,守先王之道,以待後學;誦其詩,讀其書,友天下之士,尚論古人。'"

穆案:先生又嘗欲作書堂於西河之介休,聚天下之書藏之,以貽後之學者。見健庵兄弟《徵書啓》。

十月六日,張帝臣某及張又南雲翼過訪。

《元譜》。帝臣無考。又南名雲翼,咸寧人,靖逆侯、甘肅提督勇之長子,以父廕官大理寺卿。是年春,平涼王輔臣反,三月,輔臣函大將軍符劄招勇,勇斬其使,命長子雲翼赴京首奏,勇得晉侯爵。閏五月,大破賊於鞏昌,收復寧州等衛之陷賊者,亂遂平。勇喜與賢士大夫延接,同里若李中孚、王山史、李子德,咸與之爲忘分交。

謙案:先生著《左傳杜解補正》三卷,又南捐貲刻之。

穆案:衍生嘗寫《歷代宅京記》一部贈靖逆侯,其時又南已襲爵矣。

納妾於静樂。

《元譜》。先生辛亥在太原遇傅青主,診先生脉,云尚可得子,至是因納妾。

是年公肅改翰林院學士,原一復元官。

穆補。彦和時官中允。

是年詩有:《兄子洪善北來言及近年吴中有開松江之役》一首、《元譜》案:康熙十年二月,江蘇巡撫馬祐奏濬劉家河五千一百八十丈。十二月,委蘇松常道參議韓佐周及蘇、松二府同知、通判、師佐王永熙、周祚昌等董濬吴淞江一萬四百九十一丈,各於海口置閘,其經費,則奏准留蘇、松、常三府漕折銀九萬兩,浙省杭、嘉、湖三府漕折銀五萬兩充費,同藩司慕天顔檄行所屬督理。是年九月,崑山知縣董正位申詳開濬瓦浦凡三十六里,是月興工,至十二年五月訖工。邑諸生朱青以歲旱,請於巡撫浚注浦,自刁家橋東出吴淞,民賴其利,改注浦曰朱浦。詩中有云"那聞父老復愁兵,秦關楚塞方酣戰"者。是歲,以耿、吴二逆之故,天下騷然所在多不靖云。《閏五月十日》二首、《過張貢士爾岐》一首、《送程工部葬》一首、《寄路舍人》一首、《孫徵君葬於夏峰時僑寓太原不獲執紼》一首。《元譜》案:《李徵君年譜》:"乙卯冬,顧寧人書來。寧人自癸卯盩厔别後,雖足迹遍天下,而音問時寄。是時徵君流寓富平,寄書略,云先生龍德而隱確乎不拔,真吾道所倚爲長城,同人所望爲山斗者也。今講學之士,其篤信而深造者,推先生異日九疇之訪丹書之受,必有可以贊後王,而啓來學者。側聞卜築平陽管幼安復見於兹弟將策蹇渭上一叙渴悰也。"

是年撰《陳鼎和墓志》。

十五年丙辰,六十四歲。

正月,自山西之山東。二月,入都,主原一甥。

《元譜》。

穆案:原一時官右贊善。《餘集》有《與潘次耕札》云:"原一官彌貴,客彌多,便佞者留,剛方者去。今且欲延一二學問之士,以蓋其群醜。吾以六十四之舅氏主於其家,見彼蠅趨蟻附之流駭人耳目,至於徵色發聲而拒之,乃僅得自免。"

三月,回山東。五月,入都,二十八日先生誕辰,原一具酒稱祝。秋,至薊州,仍入都。十一月二十四日,先生第五妹徐太夫人訃到。二十七日,成服,越二日,設奠。命撫子衍生北上,並寓書湖州沈允斌三曾、沈度汪涵昆季,附其家眷舟至京。

《元譜》。

謙案:沈度汪名涵,一字心齋,歸安人。康熙丙辰進士,官至閣學。《一統志》稱其督學福建時,試士公明,雖勛貴,請托弗許,所拔皆名宿。以朱子分年讀書法課士,士習爲之丕變。秩滿去,閩人創清苕書院祀之。允斌未考。

穆案:《康熙丙辰進士履歷便覽》:沈三曾允斌,丙午年生,歸安籍,烏程人,壬子十二名,會試三十六名,二甲二名,欽選清書庶吉士,戊午授編修。沈涵度汪,丁酉年生,歸安人,乙卯五名,會試十七名,二甲三名,欽選清書庶吉士,戊午授編修。三代同,蓋胞兄弟也。以生年核之,度汪是年二十歲,允斌若生於丙午,纔十一歲耳。丙子殆甲子之誤,是時年二十三也,然試年多不足據,如下顧洪善生於崇禎壬午,而《履歷》作戊子,則減六歲也。又案康熙十八年己未會試,允斌、度汪皆充同考。

在京度歲。是年從子洪善成進士。

《元譜》。

改中書。

穆補。《康熙丙辰進士履歷便覽》：顧洪善，字達夫，戊子年正月十六日生，崑山人。壬子十四名舉人，會試十二名，二甲十六名。先生有手札云："歲云莫矣，欲走齋中一晤，不知可得片刻之暇，商訂風雅否？此間殊覺總總，弟於二十七日移至舍姪寓中度節。《肇域記》想已閱畢，幸付下。此啓。"以《元譜》考之，知必在是時。蓋因徐氏居憂，故於成服之日即移至達夫寓中也。

從子洪慎得子於崑，命名世樞，字之曰榮緒，後更名宏佐，字復吕，立爲殤子詒穀後。

《元譜》。《崑新合志》：宏佐年十三，補松江府庠生，長洲何焯跋其文，勉以繩武。年未二十，病瘵卒。健庵《立孫議》："舅氏亭林先生立從子洪慎之子世樞爲孫，或者曰：無子而立孫，非昭穆之序，是使世樞有祖而無禰也。先生即有子而殤，殤不立後，盍擇諸族兄弟之子以爲嗣乎？予應之曰：不然，自夫子之告子游，已謂三代以後，天下爲家，各親其親，各子其子，爲人之同情。是則兄弟之子，必親於從兄弟之子，從兄弟之子，必親於族兄弟之子也，明矣。古人之立宗也，自非大宗，五世親盡則族屬絶。苟謂兄弟之子無當立者，舍兄弟之孫弗立，而立疏遠族屬之子爲嗣，其於祖若考之意，果無憾乎？有國者之繼世，與士大夫之承家，其理則一而已矣。吾外家顧氏，侍郎公有二子，贊善公爲大宗，夢庵公繼禰之宗也。夢庵公有子，未昏而夭，貞孝王孺人服喪衰以歸於顧，又十二年先生生，先生方在襁褓，夢庵公撫而立之爲貞孝後。先生實吾外祖賓瑶公之子，於賓瑶公之子孫爲至親，賓瑶公諸孫，洪善冢適也，洪泰孤子，不得爲人後。吾仲舅子嚴失明年老，唯洪慎一子，非支子不得爲人後。洪慎生三子矣，立世樞爲先生後，不亦可乎？《晉書・荀顗傳》：顗無子，以從孫徽嗣。中興初以顗兄元孫序爲顗後，封臨淮公。荀氏潁川名族，子姓甚繁，豈無昭穆之倫可立爲子者，而獨以從孫嗣，其必不舍親屬而他立也禮之權而不失經者也。何琦之從父以孫紹族祖琦，以爲宗緒不絶，若昆弟以孫若曾孫後之，理宜然也，禮緣事而興，不必拘常以爲礙也。故雷次宗釋《儀禮》'爲人後者'之文，以爲不言所後之父者，或後祖父，或後高曾，凡諸所後皆備於其中。庾純云：爲人後者，三年或爲子，或爲孫，若荀太尉養兄孫以爲孫，是小記所謂爲祖後者也。祖所養孫猶子，而孫奉祖猶父，無改父祖之差，同三年也。何琦、庾純古所稱知禮之君子，其言鑿鑿如此。惟庾蔚之謂間代取嗣，古未之聞。然試以各親其親之常情準之，則必喟然發寤，以爲不悖於先王之道矣。故昭穆相續，其常也，如親屬無當立者，不得已而立從孫爲孫，如父子之誼，仍不改其昭穆之倫，毋亦勢之不得不然。而聖人之所許與？予故詳論之，以告吾母黨云。甥徐乾學謹議。"

謙案：先生《與李霖瞻書》：猶子衍生“稍知禮法，不好嬉戲，竟立以爲子。而崑山從弟子嚴連得二孫，又令荆妻抱其一，以爲殤兒之後”云云。所抱者即洪慎之子宏佐，本先生立爲殤子詒穀之後，先生之治命也。而衍生立爲子，亦先生初意，且相隨五六年，並爲之授室，以至於視含飯，恩義亦非泛常。乃稽其家譜，立爲先生後者，别名洪瑞，又不詳洪瑞之所出，豈先生既殁，家人乃斥退衍生，復爲立洪瑞邪？抑洪瑞即衍生之改名邪？均不可考矣。

穆案：洪瑞蓋衍生之譜名。《歷代宅京記》後有衍生跋云：“先府君著書俱有自序，兹編告成最晚，甫脱稿，府君捐館，徐相國遣人取去。自念雲泥勢阻，無能往索。仝相國歸田後，始獲檢還。不肖衍生泣血誌。”案立齋以康熙二十九年九月致仕歸里，距先生之殁已九年。又元和顧廣圻家藏先生著書目録，衍生手蹟也。跋云：“歲丙子，不肖衍生於舊簏中檢得此本，讀之泫然，因追想當年，多所不符。丁亥冬於宛陵旅舍出而録之。”云云。丙子爲康熙三十五年，丁亥爲康熙四十六年，距先生之殁二十六年矣。康熙壬戌，衍生年十七，至康熙丁亥，衍生年四十有三矣。抱業稱孤，曾無異説，豈有家人斥退之理？得此二證，車君之疑可涣然釋矣。

是年詩有《漢三君詩》三首、《楚僧元瑛談湖南三十年來事作四絶句》四首、《簷下雀》一首、《元譜》：蓋居徐氏寓邸時作。《薊門送子德歸關中》一首、《徐譜》：子德蓋自先生詩獄事畢，至此年重至京師。《寄李生符》一首。《徐譜》：符字分虎，良年之弟。

作《日知録自序》《與戴耘野書》。

《徐譜》：戴笠初名鼎立，字則之，更名笠，字耘野，又字曼公，吴江人。潘稼堂之師。

先生是年有《與黄太沖書》云：“辛丑之歲，一至武林便思東渡娥江，謁先生之杖履，而逡巡未果。及至北方十有五載，流覽山川，周行邊塞，粗得古人之陳迹，而離群索居，幾同傖父。年逾六十，迄無所成，如何如何！伏念炎武自中年以前，不過從諸文士之後，注蟲魚吟風月而已。積以歲月，窮探古今，然後知後海先河，爲山覆簣，而於聖賢六經之指、國家治亂之原、生民根本之計漸有所窺，未得就正有道。頃過薊門，見貴門人陳、萬兩君，具諗起居無恙。因出大著《待訪録》，讀之再三，於是知天下之未嘗無人，百王之敝可以復起，而三代之盛可以徐還也。天下之事，有其識者未必遭其時，而當其時者，或無其識。古之君子，所以著書待後有王者起得而師之，然而易‘窮則變，變則通，通則久’，聖人復起，不易吾言，可預信於今日也。炎武以管見爲《日知録》一書，竊自幸其中所論，同於先生者十之六七，但鄙著恒自改竄，未刻。其已刻八卷及《錢糧論》二篇，乃數年前筆也，先附呈大教。倘辱收諸同志之末，賜以抨彈，不厭往復，以開末學之愚，以貽後人，以幸萬世，曷任禱切！”

謙案：此書不載集中，兹從梨洲所著《思舊録》中補入。

穆案：梨洲生於萬曆三十八年庚戌，長先生三歲。陳、萬兩君者，陳介眉錫嘏，定海人，以是年成進士入翰林；萬謂季野先生，時客健庵尚書家。又車君於辛丑下案云：先生丙辰歲《與黄太沖書》，是年曾至武林，並未渡江，而《元譜》乃謂抵紹興，謁禹陵，未知何據？然先生實有謁禹陵、宋六陵諸詩，又似親履其地者，不敢强解，闕疑可也。

許瀚案：娥江在紹興東嵊縣，未渡娥江，非未渡錢塘江，固無害其抵紹興謁禹陵也。此言一至武林者，猶言一至浙江耳，即東至紹興，仍可説一至武林也。

顧亭林先生年譜(七)

張穆撰

十六年(1677)丁巳,六十五歲。

正月,與甥原一、彥和、公肅話別於天寧寺。

《元譜》。

穆案:寺在廣寧門外。

二月,至昌平,六謁天壽山及懷宗欑宮。是行也,與王山史偕。四月出都,十三日至德州,見撫子衍生及衍生之師李既足雲霑於張簡可家。

《元譜》:先三日,衍生及師李既足附沈度汪家眷至德州,將入都,先生預留書張簡可家,止之,至是相見,行父子禮。

謙案:張簡可未考。

穆案:自此以下皆衍生所親見,故記述頗詳。

訪李霖瞻浹、李星來源。

《元譜》:霖瞻名浹,號陶庵,德州人,順治丙戌進士。延慶知州,芮城知縣。潘次耕《陶庵詩序》:"先生雅慕靖節爲人,築一室曰陶庵,日哦其中。"

是月二十一日,自德州至鄭家口。二十四日,抵曲周。主路安卿家,祀先於旅寓。五月七日,移寓曲周之增福廟。

《元譜》:主僧名晏如,時當塗令賀宣三應旌亦寓廟中。

延既足暫留課子,即去之山西道汾州之介休、霍州之靈石。九月入陝,主王山史家。

穆補訂。王山史《山志》:"丁巳秋九月初三日,亭林入關,主於予家。將同作買山之計。頻陽郭九芝明府聞之，以書來曰：‘聞顧寧人先生已抵山居，寧人命世宿儒，道駕儼然，非無所期而至止，關學不振已久，斯其爲大興之日邪？’予復之曰：‘弟年近五十，始歸正學，今幸寧人先生不棄，正欲策厲駑鈍，收效桑榆。’”云云。《受祺堂集》有《承問寧人先生中秋抵華下阻雨尚稽省視悵然有作》四首，又《詣華陰時寧人先生未至一宿而行》二首。《元譜》記先生冬入陝，十一月始訪山史於華陰，以王、李所記核之，知譜誤也。蓋衍生雖南來，尚留德州，未隨行，故所記稍差耳。

訪李中孚於富平東南軍砦之北。

《元譜》。《李徵君年譜》：寧人自山右來訪，密邇徵君，時至臥室盤桓，語必達旦。

案：《徵君年譜》繫此則於丙辰冬，考衍生《元譜》，丙辰年未嘗入秦，其至富平實繫丁巳。當時衍生已隨侍往來，應無誤記，李譜或偶譌耳。

李子德來迎，因過所居月明山下，登堂拜母。

《徐譜》：山在富平縣東北七十五里，子德居於山下。

穆案：《受祺堂集・邑里絶句》詩注：“頻山亦名月明山。”

十一月，游太華，重訪山史於華陰。

穆訂。

復回山西，度歲於太原之祁縣。是歲從子洪慎舉次子，先生名之曰世棠，字曰思召。

《元譜》此下曰：即寄書從弟子嚴，欲立世樞爲殤子詒穀後，並屬達夫致詞。

謙案：《崑新合志》：世棠以諸生入太學，喜蒐羅先世手澤，以長子炯詩爲宏佐後，構遺清堂貯從祖炎武遺書，俾世守焉。

嫁妾於李又泉。

《元譜》：先生《規友人書》云：“於靜樂買一妾，立嗣議定，即出而嫁之。”李又泉無考。

穆案：《餘集》有《與潘次耕札》云：“去秋已遣祁縣之妾。”以時考之，去秋即指此年，或靜樂所買之妾乃祁縣人邪？《日知録》“月食”條下有云：“靜樂李鱸，習西洋之學。”疑又泉即鱸之字矣。

是年詩有：《有事於欑宫》一首、《贈賈太監宗》一首、《陵下人言上年冬祭時有聲自寶城出》一首、《郭林宗墓》一首、《介休》一首、《介之推祠》一首、《霍北道中懷關西諸君》一首、《河上》一首、案：丙辰年，叛將王輔臣踞陝西之龍駒砦，斷商雒南路，旋復引川寇犯通渭。

是年輔臣爲大將軍圖海所敗，朝命招撫乃率衆降，而賊黨吴之茂寇秦州。十二月，朝命建輝將軍吴丹略地華商，副都統佟舒渾敗賊於峻嶺，復山陽縣，故詩有"去年方門爭，掘濠守朝那"云云。《雨中至華下宿王山史家》一首、《過李子德》四首、《徐譜》案：《鶴徵録》云："天生與亭林、竹垞暨李良年爲布衣兄弟，天生年小於顧、朱，而長於良年二歲，雖在客所及私寓，無或亂者。"故詩云："及門初拜母，讓齒忝爲兄。"穆案：《受祺堂集》有《寧人先生肯訪山村留宿見贈四詩用韻奉答》四首。《阜帽》一首、《采芝》一首、《寄李生雲霑》一首。

有《答曾庭聞書》。

《元譜》：庭聞名畹，初名傳燈，寧都舉人。弟名傳燦，字青藜。皆駿雄自命，有"雙丁"之目。

作《華陰王氏宗祠記》。

十七年戊午，六十六歲。

春，由太原入關中，富平令郭九芝傳芳

《元譜》：大同人。

穆案：《陝西通志·令長名宦》：郭傳芳，字九芝，大同威遠衛人。由選貢授咸寧縣佐，攝郃陽、長安篆，俱有聲。遷富平知縣，滇逆之變，涼寇竊發，傳芳偵賊將入境，乘霧搗巢，斬獲有功。時軍書旁午，傳芳轉輸有法，民不告勞。又《受祺堂集》與九芝詩至多。九芝一字獻素，明年升任達州。

迎先生於二十里外。

《元譜》。

穆案：《餘集》先生有《與潘次耕書》曰："頻陽令郭公，既迎中孚而僑居其邑，今復遣人千里來迎，可稱重道之風。而天生遂欲爲我買田結婚之計，雖未可必然，中心願之矣。"又《受祺堂集》有《陳情歸賦雲中曲呈郭明府》詩曰："晨起呼童秣吾馬，爲公親介初度觴。前年是日杯相屬，左有東吴右二曲。"自注謂："寧人先生，中孚家兄。"正此年秋事。又云："今此二妙跡稍遠，太原徵君聲光續。"自注："時迎青主傅先生至。"

案：明年先生出游嵩、少，冬仲始旋關中，故云跡稍遠，而九芝又迎青主入關，信乎好賢之篤矣。

閏三月，遣子德家人至曲周，接衍生及既足，期會於富平軍砦李中孚家。四月朔，九芝邀先生至署，寓南庵，旋移寓朱公子樹滋齋中。

《元譜》：樹滋，字長源，故宣府巡撫、都御史之馮子，長齋繡佛，以終其身。

與既足次弟故友遺詩。

《元譜》。

穆案：《尚書古文疏證》卷八："余戊午應薦，至京師，崑山顧炎武寧人時在富平，有自富平來，傳其新論者。"云云。

時朝議以纂修《明史》，特開博學宏儒科，徵舉海内名儒，官爲資送，以是年冬齊集都門候試。先生同邑葉訒庵閣學及長洲韓慕廬侍講，欲以先生名應薦，已而知先生志不可屈，乃已。於是先生絶迹不至都中。

《元譜》。

穆案：《己未詞科録》：賈崧按："葉訒庵侍郎欲舉亭林，亭林固辭，致書者三，遂不列薦剡。常熟吴龍錫有詩云：'終南山下草連天，种放猶慚古史箋。到底不曾書鶴板，江南惟有顧圭年。'"

冬，張又南廷尉承父命來聘往蘭州，堅辭之。

《元譜》。張靖逆時提督蘭州。

潼商道胡狷庵戴仁來訪，欲聘至署，亦辭不往。

《元譜》：何狷庵未詳。

穆案：何乃胡譌。《陝西通志·分巡潼商道》有胡戴仁，北直容城人，康熙十四年以參議任。

過同州之華陰，達華州，止吏目王二華爾謙署。

《元譜》：爾謙，常熟人。

是年詩有：《春雨》一首、《寄同時二三處士被薦者》一首、《井中心史歌》一首、《夏日》一首、《元譜》：時秦隴苦旱。《梓潼篇》一首、《和王山史燕中對菊》一首、《關中雜詩》五首、《過朝邑王處士建常》一首。《元譜》：建常，字仲復，邠州長武人，居河渭之間。早棄帖括，以著述自娱，著有《律吕圖説》二卷。

有《答潘次耕書》《與李湘北書》《元譜》：湘北名天馥，合肥籍，永城人。順治戊戌進士，官至大學士，謚文定。著有《容齋集》。《徐譜》：湘北時官内閣學士，子德之舉鴻博，是湘北所薦，故先生爲子德致書。《與李星來書》《答李紫瀾書》《與友人辭往教書》《答李子德書》《與友人書》。

十八年己未，六十七歲。

正月，往延安，抵同官縣，拜寇公墓。

《元譜》。

穆案：寇公名慎，字永修，同官人，墓在縣東南義興原。《餘集》有《寇公墓志》，曰："天啓六年，寇公爲蘇州知府，炎武年十四，以童子試見公，被一言之奬，於今五十有四年，而始得至同官拜公於墓下。"

旋攜衍生移寓華下山史所構新齋。

《元譜》。案：先生《關中雜詩》第五首自注云："山史新構小齋，將延余住。"又《元譜》是年二月，攜衍生往華陰，主王山史家，而先生《與從子書》則謂"新正已移至華下"，據正。

穆案：《受祺堂集》有《題無異先生顧廬三省序》曰："無異先生初葺是廬，學易其中，因以顔之。顧亭林先生至華下借居之，亭林先生既歿，山翁改署今名。李生見而哀之，且多山翁之敦夙好也，爲詩紀寔云爾。"然則所構新齋，即山史之讀易廬矣。

先是，山史以朱子於淳熙乙巳寄禄華州雲臺觀，欲爲建祠堂，兼營書院以居，先生因遷入山史家。

《元譜》。先生《與從子書》云："新正已移至華下。祠堂、書院之事，雖皆秦人爲之，然吾亦須自買堡中書室一所，水田四五十畝爲饔飧之計。秦人慕經學，重處士，持清議，寔與他省不同。華陰綰轂關河之口，一旦有警，入山守險，不過十里之遥，若志在四方，則一出關門，亦有建瓴之勢。"《餘集》有《與潘次耕札》曰："朱子祠堂，山史但能割地耳，經營之事，吾將一身任之。"

穆案：祠堂於辛酉夏始落成，書院則當因山史南游故，未竟其業。故先生《與李中孚書》曰："不欲再起書院。"蓋不欲借祠堂之名，自營菟裘也。《受祺堂集》有奉先生詩曰："曾論徽祀虚籩豆，許傍新宫自築堂。"自注："先生有約，居雲臺觀朱子祠内。"

《徐譜》：是年李子德自京師還，潘稼堂贈詩有云："吾師顧亭林，名德今第一。停車華山陽，與君等膠漆。"又云："吾師築書堂，髣髴近筒栝。雲臺紫陽祠，氣象甚宏豁。見君樂難支，管席諒不割。"謂先生在華陰時事也。

三月，出關，作嵩、少之游。

《元譜》。

穆案:《金石文字記·開母廟石闕記》:"今在嵩山啟母廟南。""歲屠維協洽暮春,余親至廟下,視此石闕。"云云。又有《嵩山太室神道石闕銘》云:"在登封縣,中岳廟南百餘步。"又有《少室神道石闕銘》云:"在登封縣西十里邢家鋪,西距少室山尚十餘里。"

四月,至曲周。旋由河南抵汾州。馬右實嗣光掣甘肅道,欲挈姊氏赴任,時右實已患病,止之,弗聽。

《元譜》。嗣光無考。

穆案:《順治丙戌進士履歷便覽》:馬嗣光,榜名剛,字右實,睢州人。工部觀政,授北直廣平知縣,丁亥調湖廣辰溪知縣,戊子本省同考,庚寅考察,己亥補江南懷寧知縣,戊申升吏部驗封司主事,庚戌會試同考,本年升稽勳司員外郎,奉旨改名。又庚戌同考吏部驗封清吏司主事馬剛裕三〔一〕,河南籍,山東臨朐人。又順治十八年縉紳懷寧知縣馬剛孚朐,河南睢州人。又《受祺堂集》有《送馬右實吏部分巡肅州詩》,時子德應鴻博試,在京師也。

長洲毛錦銜今鳳來受業。奠王式吾及平陽王九如。

《元譜》。二人俱無考。

十一月,回華陰。十二月二十七日,張又南廷尉夜半造訪。是年葉訒庵閣學充明史館總裁,欲招先生入史局,復力卻之。

《元譜》。

公肅甥二月召監修《明史》,九月赴闕。

穆補。

是年詩有:《寄子嚴》一首、《寄次耕》一首、《次耕書來言時貴有求觀余所著書者》一首、《雲臺觀》一首、《西鵶路》一首、《雒陽》一首、《嵩山會善寺》一首、《少林寺》一首、《嵩山》一首、《測景臺》一首、謙案:潘耒《游中嶽記》:"告城鎮即古之陽城也,周公卜洛,立表測景,以此爲地中。今有測景臺存焉,臺高五丈,縱廣三丈,形體正方,而缺其北面十之二三,以懸壺滴漏,當缺處鋪平石一,行於地,其長視臺之高廣可二丈許,刻水道其上,以承壺漏,視水所至,以定時俗,謂之量天尺。規制古樸,思理精微,非周公不能作。臺南一石高丈許,上立一表,其長八尺,是謂土圭,此唐儀鳳中所立,見杜氏《通典》。《卓太傅祠》一首、《梁園》一首、《海上》一首、《五嶽》一首、《贈張力臣》一首、《元譜》:時力臣北游。《子德西歸省吾於汾州天寧寺》一首、穆案:《汾州志》:李因篤與崑山顧炎武、太原閻若璩,皆以博古精考核爲學者推重,其至汾陽,因顧炎武游汾,時取道而來也。《寄次耕》四首、《歲暮西還時李生雲霑方讀鹽鐵論》一首。

作《寇公墓志銘》《爲吴江朱處士明德作〈廣宋遺民録〉序》《元譜》:明德字不遠,隱居爛溪之濱,少治經義有聲,别著《句吴外史》,編記鼎革時事甚悉。《書太虚山人象象譚後》《與潘次耕書》《與公肅甥書》《與葉訒庵書》《與史館諸君書》《答湯荆峴書》《元譜》案:文正謝病里居時,先生曾以書通問,既開局修《明史》,文正分編《太祖本紀》四卷,列傳十餘卷,以書來詢,答之如此。謙案:《湯子遺書》内載有答先生書一通。穆案:《受祺堂集》有《與湯荆峴詩》云:"東吴披裘翁,足跡天下遍。掉臂淩遠皋,惟公接游燕。"《與人書二十二》。《元譜》案:崇福宫在登封縣北,嵩陽書院之旁,井叔氏,葉名封,武昌人,順治丁亥進士。康熙中授延平推官,改知登封,舉鴻博報罷,入爲兵馬指揮。介石氏,耿名介,順治壬辰進士,登封人,康熙十八年,以兵備副使家居講學。時登封令爲長洲張壎,此書疑張於未竟工時以書相質,故答之如此。其明年功竣,湯文正公爲作《嵩陽書院記》。

十九年庚申,六十八歲。

元旦,作一聯云:"六十年前二聖升遐之歲,三千里外孤忠未死之人。"以明神宗、光宗俱崩於萬曆庚申也。正月,至富平。二月,先生仲姊訃至,間二日,成服設祭。三月,山西鹺使曾章山寅致餽。

《元譜》。

穆案:寅,江西清江人。康熙癸丑翰林。

四月,山史有諸母卒,爲議服及葬祭之禮。五月,送馬右實喪出關,既足附之南歸。二十八日,先生誕辰,富平令郭九芝將親來致祝,力止之。華陰令遲屏萬維城造訪,因與謀建朱子祠堂事,遲欣然捐俸爲倡。

《元譜》。

穆案:屏萬又字闇生。《受祺堂集》有《贈華陰遲明府屏萬詩》云:"雲臺樹接紫陽祠,適館陶潛附一枝。隔代虚傳提舉禄,新宫兼致草堂貲。"正謂此事。次句自注謂:"寧人先生《又寄答孟謀嶽麓詩》注：‘朱祠倡於遲明府，成於董明府，董號裕庵。’”又《陜西通志》：“遲維城，廣寧人，康熙十九年任華陰令，歷任五載，嚴禁刁風，獎拔善類，建朱子祠堂，春秋奉祀。”

十月，攜衍生往汾州之陽城里，訪前中尉朱敏泘。

《元譜》。

穆案：《汾州志》有朱敏濛，字龍澤，慶成府鎮國將軍，李自成之亂，罵賊死。敏泘當即其兄弟行，志既録先生詩於《藝文》，乃不詳敏泘出處，何也？陽城里在縣東南十里。

汾州守周西水于漆延請入署。

《元譜》。

穆案：《汾州志》：于漆江浦，拔貢。

十一月，元配王安人卒於崑山，訃至，次日出署。十一日，成服設祭，逢七祭奠，焚帛如常儀。度歲於王位沖德元中翰家。

《元譜》。

穆案：《汾州志》：王德元，汾陽人，由貢官兵部職方司主事。

是年，公肅擢左都御史，原一以贊善充明史館總裁。

穆補。

是年詩有：《送康文學乃心歸郃陽》一首、《元譜》：乃心字太乙，郃陽人。漁洋奉使祭告西岳，游慈恩寺見太乙《題秦莊襄王墓》絶句，亟稱之，康以此得名。學使陸儼庭德元拔之充貢，是科以第五人冠其經，長安語云：“關中二李，不如一康。”著有《莘野集》。《友人來座中口占二絶》二首、《送李生雲霑南歸寄戴笠王錫闡二高士》二首、《訓族子湄》一首、《元譜》：湄字伊人，太倉人，著有《水鄉集》。《朱處士鶴齡寄尚書埤傳》一首、《元譜》：鶴齡字長孺，吴江諸生，甲申後，自號愚庵，絶意仕進，專心經學。以朱子掊擊《小序》太過，乃集諸家説疏通，序義爲《毛詩通義》；以蔡氏釋書未精，撰《尚書埤傳》；以胡氏傳《春秋》多偏見鑿説，乃合唐宋以來諸儒之解，撰《春秋集説》；又以杜氏注《左傳》未盡合俗儒，又以林注亂之，撰《讀左日鈔》；自注詩文曰《愚庵小集》；又注杜工部、李義山詩。與先生及同里陳啟源相友善。《哭李侍御灌谿先生模》一首、《元譜》：侍御字子木，吴縣人，天啓乙丑進士，東莞知縣，行取遷河南道御史。《華下有懷顧推官》一首、《華陰古蹟》二首、《悼亡》五首、穆案：詩有云：“送汝黄泉六歲孫。”謂世樞也。世樞以丙辰生，至明年送碩人葬，六歲矣。《冬至寓汾州之陽城里中尉敏浮家祭畢而飲》三首。

有《音學五書後序》《答王山史書》《答王仲復書》穆案：王山史《山志》：王仲復，司寇心一公之從子也。其學一以考亭爲師，持躬處物，悉有矩矱。昔司寇爲逆黨誣害追贓，仲復先君舉橐助之，故仲復長而家貧。遭亂棄諸生，跧迹渭濱，教授生徒，足不入城市，關西高蹈當推獨步。庚申春，予治先君側室張氏之喪，雖其出也，微念至孝苦節五十六年，意不忍薄爲之，加禮綣以從事。時亭林已在予家，仲復貽書亭林，謂發乎情而不能止乎禮，義非賢者所爲。時予事已舉，未之能從，然不敢忘好友之規也。《元譜》：謙嘗以此事質之李申耆太史兆洛，太史曰：王山史幼嗣叔父，其本生父母俱存，其父攜之入都。詳見《山史集》中。兩書未具原始，幾若山史爲撫於張氏者，如此則有慈母如母及庶母慈已之服，豈僅以袒免從事乎？後人有以此義駁先生者，然書稱諸母，固非慈母比也。特以少申數語，致啟群疑耳。《與友人辭祝書》《與王山史書》《元譜》案：是時山史客游於外，先生從山右寄書。《復張又南書》《與毛錦銜書》《與公肅甥書》《與王虹友書》《元譜》：虹友名攄，號汲園，廪監生，太常時敏第七子。《答公肅甥書》。《元譜》：以上三書疑皆庚申在華陰時作。時三藩扇動，秦、隴間輓輸旁午，故於公肅書中詳及時事。

二十年辛酉，六十九歲。

二月望，先生去汾州，

《元譜》：去汾州日，別劉學使梅、汾州太守周西水于漆、州司馬黄伯華良驥。

穆案：劉梅字訓夫，故城人，順治戊戌進士。良驥，福建龍溪生員，時官汾州通判。

往曲沃，至解州運城。

《元譜》。

穆案：運城在鹽池北路郵。

鹽運使黄菉園斐來會。

《元譜》。

穆案：斐，浙江鄞縣人，康熙庚戌翰林，與健庵同年。《憺園集》有《送黄菉園視鹽河東詩》。

晦日，往答，即延先生入署。四月五日，菉園丁内艱，先生入弔畢，旋出署，攜衍生入關，至華陰，訪山史，山史先於二月南游吴、越，遂出菉園之餽，落成朱子祠堂。七月，既足自南來。八月二日，自華陰俶裝至山西，由運城抵曲沃縣，縣令熊耐徒僎聞先生至，命輿至候馬驛相迎，入城，寓玄帝廟。

《元譜》。

穆案：《曲沃志》：熊僎，江西新淦人，進士，康熙十八年任。《進士履歷便覽》：僎字匪莪，清江人，順治己亥進士。候馬驛在縣西南三十里。

十一日，先生患歐瀉。十八日，既足得其父母凶問，星夜馳歸。九月，移寓上坡韓氏鏡家。十月，又移寓下坡韓村韓旬公宣之宜園。

《元譜》。

穆案：《進士履歷便覽》：韓宣又字裕齋，康熙己未進士。《曲沃志》：韓村在縣南五里之韓河里。許齊燕《韓旬公傳》曰：吾師顧寧人先生，江左大儒，千里造訪，挾圖書子僕，館之宜園。顧殁，先生視含斂，撫幼子，收其四方遺貲，走書告其家，并維持還里。穆又聞曲沃人云：先生館于宜園之白石樓。

望後，病稍減。

《元譜》。

穆案：《受祺堂集》有《亭林先生寓曲沃臥病小愈走書相問即遣使起居奉詩》五首。

爲衍生議婚靳氏。

《元譜》。

穆案：曲沃靳氏爲漢靳彊之裔，代有名人，世居縣東北二十五里之曲村。

媒四人，廣東道仇君昌祚、義學師衛處士蒿、縣令熊君僎、貳尹徐君嘉霖。

《元譜》。

穆案：《曲沃志》：昌祚字振先，朔賢里人，初以恩貢授郧陽通判，遷潮州府同知，將抵潮，聞總兵劉進忠叛，急返程鄉，爲邏者所獲，逼受僞職，昌祚引錐自刺，餓十二日，賊遣黨來視，終不發一言，以瘖報賊，意少解。羈賊巢者三年，潮平得旨，從優議叙，授惠潮兵備道，旋以艱歸。蒿字匪莪，初名麟貞，字瑞鳴，以居母喪，易今名字。與汾陽曹良直、太原傅山友善，晚年闢絳山書院，教授其中，人稱絳山先生。嘉霖，嘉興人。

是年詩有：《寄題貞孝墓後四柿》一首、《贈衛處士蒿》一首、《訓李子德》一首、穆案：《訓子德詩》據子德哭先生詩注，當在明年正月易簀之日。集本於《寄題貞孝墓後四柿》題下已注云"重光作噩",此題下復注歲陽歲名,知是誤也。因《贈毛錦銜》一首未知當在何時,故仍類次于此。《贈毛錦銜》一首。

有《朱子祠堂上梁文》《病起與薊門當事書》。

二十一年壬戌,七十歲。

正月日,旬公設宴,會賓友。八日,先生早起,將答賀熊令及諸官紳,上馬失足墜地,疾作,竟日夜歐瀉不止。初九日丑刻,捐館。韓、熊、仇、衞、徐、郭諸君爲經紀棺斂,并典邑人秦氏之室,停柩其中。

《元譜》云:不肖衍生煢煢孑立,侍奉而已。年雖十七,目未經此大事,賴韓、熊、仇、衞、徐、郭諸公經紀棺椁含斂,並典秦氏之室停柩,而不肖廬焉。

穆案:郭名未詳。

三月,先生從弟巖自崑山來,偕衍生扶柩歸。

《元譜》。

穆案:王山史《山志》:"辛酉秋,予至嘉興,訪曹秋岳司農,相見即致悼亭林之歿,爲文獻之惜。予曰:'亭林無恙,尚在予家。予來時,亭林亦有山西之行。'秋岳且驚且喜。逾年壬戌夏,予在海州,接閻百詩手札,云亭林於初春歿於曲沃,予爲位而哭之慟。秋,予西歸,取道揚州,將往崑山,過淮安,見張力臣,云亭林之柩尚未歸,不知何以淹滯。於彼深以不獲撫柩一哭爲憾,又怪亭林未歿,江南何以遽有此問?搦管偶記,涕下沾袵。"

葬於司馬賜塋東偏嗣父仲逢府君之昭位,

《元譜》:終七後,不肖入關,取向所寄各姓處書籍。嗣大雲叔於三月望前抵曲沃,簡閱遺書文稿。二十四日,衍從關中旋沃同居喪次。所有遺書、文券皆攜往都中,致之健庵、立齋兩表兄及汝嘉兄。衍忝爲之後,曾不得一寓目焉,慟哉,惜哉!謙案:塋在崑山六保尚書浦,爲五圖嗚字圩,計三十八畝三分六釐。

門人潘耒爲之表。

《元譜》。

穆案:此文《遂初堂集》不載。

【校記】

〔一〕文康戌　此處當有脱誤。

顧亭林先生年譜(八)

張穆撰

道光二十一年(1841)辛丑,奉旨:顧炎武准其入祀崑山鄉賢祠。

禮部謹題:爲題請入祀鄉賢事,禮科抄出江蘇巡撫會同江蘇學政疏,稱:崑山縣先儒顧炎武,砥礪廉隅,匡扶名教,題請入祀鄉賢祠,造具事實册結,具題請旨。奉旨:該部議奏,欽此欽遵,抄出到部。臣等議得定例,各省舉報名宦鄉賢,該督、撫、學政每年八月前具題,並將事實册結送部詳覈,於歲底彙題;又崇祀名宦鄉賢,應確核事蹟,倘名實不能相副,及僅以人品學問空言譽美,並無實跡者,即行指駁等語。今查該省送事實册,内開已故江蘇崑山縣先儒顧炎武,植躬清峻,砥行端方,講求經世之學。歷覽天下府州縣志及歷代奏疏文集,復周流西北,遍行邊塞,得之目驗,成一百二十卷,曰《天下郡國利病書》,别有一百卷,曰《肇域志》。又著有《音學五書》,考古功深,斟酌允當。其餘所著有《日知録》三十二卷、《五經同異》三册、《左傳杜解補正》三卷、《九經誤字》一卷、《石經考》一卷、《金石文字記》六卷、《求古録》一卷、《吴才老韻補正》一卷、《二十一史表》十卷、《歷代宅京記》二十卷、《昌平山水記》二卷、《十九陵圖志》六卷、《萬歲山考》一卷、《岱岳記》八卷、《北平古今記》十卷、《建康古今記》十卷、《營平二州史事》六卷、《苐録》十五卷、《詩律蒙告》一卷,其他雜著,不可枚舉。所有顧炎武題請入祀鄉賢之處,係屬名實相副。臣等謹擬准其入祀鄉賢祠,再此本向歸彙題合併聲明,臣等未敢擅便,謹題請旨。於道光二十一年十二月十七日題,十九日奉旨:依議。欽此。

穆案:先生著書之可考者:《日知録》三十二卷、衍生云:潘稼堂先生攜至閩中,同汪晦庵先生刻。《四庫全書》收入子部雜家類三,有《提要》一篇。案:坊間有大、小二版本,又有嘉定黄汝成《集釋》本,云曾得潘次耕刪飾元帙。許瀚案:吴縣王亮生藏一抄本,黄曾借校其本,乃未經清刪者耳。瀚親見之。《補遺》四卷、有袖珍本。《古音表》三卷、《易音》三卷、《詩本音》十卷、《唐韻正》二十卷、《音論》三卷(統名《音學五書》)、衍生云:《五書》刻於淮上,後爲張力臣鬻於安溪李公。案:潘稼堂有《訪顧亭林先生遺書不得詩序》,言:"《音學五書》刻於淮浦張力臣家。力臣亡,其子以板質於人,不可復問。"則以爲力臣鬻之者,誣也。《四庫全書》收入經部小學類三,有《提要》五篇。《五經同異》三卷、有常熟蔣氏刻本,衍生書目無。《左傳杜解補正》三卷、衍生云:爵憲張又南先生捐貲刻。《四庫全書》收入經部春秋類四,有《提要》一篇。《九經誤字》一卷、《四庫全書》收入經部五經總義類,有《提要》一篇。《石經考》一卷、《四庫全書》收入史部目録類二,有《提要》一篇。《求古録》一卷、衍生書目無,《四庫全書》收入史部目録類三,有《提要》一篇。彭文勤《知聖道齋集》有跋尾。《金石文字記》六卷、《四庫全書》收入史部目録類二,有《提要》二篇。竹垞有"辯《金石文字記》"一條,見徐健庵《日下舊聞考序》。《韻補正》一卷、衍生書目作二卷,《四庫全書》收入經部小學類三,有《提要》一篇。《昌平山水記》二卷、《文集》六卷、《養新録》:《顧寧人文集》初印本有《讀隋書》一篇,本馬貴與之説,寧人手鈔之,意欲採入《日知録》。潘次耕誤仞爲顧作,乃以《讀隋書》爲題收入集中。今本無此篇,則次耕已覺其謬矣。《詩集》五卷、衍生云:已上七種,潘稼堂先生捐貲刻。《譎觚十事》一卷、《四庫全書》地理類存目,有《提要》一篇。《顧氏譜系考》一卷、衍生云:已上二種,潘稼堂刻《譜系考》,作《顧氏譜略》。《二十一史年表》十卷、《天下郡國利病書》一百卷、有四川龍氏聚珍版本,《四庫全書》地理類存目一,有《提要》一篇。《歷代宅京記》二十卷、《四庫全書目》"歷代"下有"帝王"二字,收入史部地理類一。《蘇州府志》云:一作《歷代都城宫闕考》二十一卷。《十九陵圖志》六卷、《徐譜》案:潘稼堂《呈先生詩》注云"有《昌平山水》等圖",當即此書。《萬歲山考》一卷、《肇域記》一百卷、“記”，一作“志”，嚴杰云：《肇域志》手稾今存仁和許周士主政家，蠅頭小楷，一筆不苟。《蘇州府志》曰：今存山東二册。《岱嶽記》八卷、《北平古今記》十卷、《建康古今記》十卷、《營平二州史事》六卷、《四庫總目》又有《營平二州地名記》一卷，收入史部地理類三，有《提要》一篇。《茀録》十五卷、《詩律蒙告》一卷、《救文格論》一卷、《蘇州府志》又有《雜録》一卷。《下學指南》一卷、《當務書》六卷、《菰中隨筆》三卷、有曲阜孔氏刻本。《徐譜》案：《拜經樓詩話》載《詩律蒙告》一條，注云：“見《菰中隨筆》今刻本無。”《官田始末考》一卷、《京東考古録》一卷、此書吴震方《説鈴》中收之。《四庫全書存目》謂其文皆見炎武所撰《日知録》及《昌平山水記》，殆震方勦取别行，僞立此名也。案：衍生書目本有此名，《提要》殊武斷。蓋先生所著書，其精華無不采入《日知録》者，不但此一書也。《山東考古録》一卷、此及《京東考古録》，《四庫全書》地理類存目各有《提要》一篇。《熹廟諒闇記》一卷、《聖朝記事》一卷。

又近有《一統志案説》一書，乃雜纂《方輿紀要》中總論合爲一編，坊賈不知其爲宛溪，題曰“顧亭林原本”，其妄蓋不待辯也。

松案：先生勘定之書，有《西安府儒學碑目》，見先生《文集》；有勘定《家訓》《近儒名論甲集》，見先生手蹟；有纂録《易解》，程、朱各自爲書，見《答汪苕文書》；有纂録《南都時事》，近坊刻有《聖安皇帝本紀》二卷，題先生撰，疑即此書。見《與戴耘野書》；有點定荀悦《漢紀》，見潘稼堂《重刻漢紀序》；有《區言》五十卷，《治河事》一帙，見何義門《菰中隨筆序》；有《備録》，見《江左十五子詩選注》。案：《詩選》徐昂《發關索》詩注，引顧亭林《備録》。又嘗欲編輯《姓氏書》，健庵有《與先生論姓氏書》。見《日知録》。

《徐譜》。

王山史《山志》：顧亭林，古所謂義士，不合於時，以游爲隱者也。丰姿不揚，而留心經術，胸中富有日新，不易窺測。下筆爲文，直入唐宋大家之室。講明音韻，克傳絶緒。他所爲《日知録》《金石文字記》《天下利病》諸書，卷帙之積，幾於等身，朝野傾慕之。行誼甚高，而與人過嚴。詩文矜重，心所不欲，雖百計求之終不可得。或以是致怨，弗顧也。居恒自奉極儉，辭受之際，頗有權衡。四方之游，必以圖書自隨。手所鈔録，皆作蠅頭行楷，萬字如一。每見予輩或宴飲終日，輒爲攢眉，客退必戒曰："可惜一日虚度矣。"其勤厲如此。所著《昌平山水記》二卷，巨細咸存，尺寸不爽。凡親歷對證，三易稿矣，而亭林猶以爲未愜。正使博聞强記，或尚有人，而精詳不苟，未見其倫也。

《山志》又載先生論假借轉注一條，論極乖刺，與先生平日之説正相反。蓋係山史誤記，故不取也。

又曰：博稽詳研，發前人所未發，爲不朽之業者，顧亭林之於音韻，梅定九之於曆數，顧景范之於地理也。

又曰：劉太室居母喪，三十六月除服。顧亭林馳書論之，謂先王制禮，不敢過也。秦俗以是日謂之三周，親友送即吉之儀，至有稱賀者。亭林曰："君子有終身之喪，祭日之謂也。哀之不暇，而何賀焉？"或有言以次日舉者，亭林比之朝祥莫歌之類，斯不易之言也。

又曰：予嘗作《三案論》，獨是移宫，而於挺擊、紅丸，不盡同東林諸君子之意，亭林頗然之。

閻百詩《南雷黄氏哀詞》：當髮未燥時，即愛從海内讀書者游，博而能精，上下五百年，縱横一萬里，僅僅得三人焉，曰錢牧齋宗伯也，曰顧亭林處士也，及先生而三。先生云亡，上距牧齋薨，已三十有二年，即亭林殁，亦且十四五年。穆案：南雷卒於康熙乙亥，距先生之亡，實十三年。蓋至是，而海内讀書種子盡矣。

《潛丘劄記》有《與戴唐器書》，云：十二聖人者，錢牧齋、馮定遠、黄南雷、吕晚村、魏叔子、汪苕文、朱錫鬯、顧梁汾、顧寧人、杜于皇、程子上、鄭汝器，更增喻嘉言、黄龍士，凡十四人。謂之聖人，乃唐人以蕭統爲聖人之聖，非周、孔也。

李文貞《顧寧人小傳》：自幼博涉强識，好爲蒐討辯論之學，《十三經》、諸史，旁及子、集、稗野、列代名人著述，微文碎義，無不考究。騎驢走天下，所至荒山頹阻，有古碑版遺蹟，必披榛菅、拭斑蘚讀之，手録其要以歸。十餘歲至七十而老，勤如一日。於六書音義，尤有獨得。余始官庶吉士，曾相遇，爲半日話。又七年，復來京師，則寧人歿矣。聞其書已成，亟求觀之。寧人之學，於是始窺其備。有顧氏之書，然後三代之文可讀，雅頌之音各得其所，自漢晉以來未之有也。書既刻，厚自寶祕，曰："五十年後，乃有知我者耳。"衛先生爾錫言其地理書用心尤多，然未見也。孤僻負氣，譏訶古今，人必刺切，徑情傷物，以是吴人訾之。然近代博雅淹洽，未見其比。

潘次耕《日知録序》：崑山顧寧人先生，生長世族，負絶異之資，潛心古學，九經、諸史，略能背誦，尤留心當世之故，實録、奏報，手自鈔節，經世要務，一一講求。當明末年，奮欲有所自樹，而迄不得試，窮約以老，然憂天閔人之志，未嘗少衰。事關民生國命者，必窮源溯本，討論其所以然。足跡半天下，所至，交其賢豪長者，考其山川風俗，疾苦利病，如指諸掌。精力絶人，無它耆好，自少至老，未嘗一日廢書。出必載書數簏自隨，旅店少休，披尋搜討，曾無倦色。有一疑義，反復參考，必歸於至當；有一獨見，援古證今，必暢其説而後止。當代文人才士甚多，然語學問，必斂衽推顧先生。凡制度典禮有不能明者，必質諸先生；墜文軼事有不知者，必徵諸先生。先生手畫口誦，探源竟委，人人各得其意去。天下無賢不肖，皆知先生爲通儒也。

又《贈先生六十壽序》：先生之學，邃于經術，而又洞達當世之故。其言覈而通、大而有體要，上自經籍、圖史、方輿、音律，下至名物、器數，元元本本，至精至悉。有功後學，不在康成下。

湯孔伯有《答先生書》，云：前歲山史自關中見訪，詢及交游名賢，即曰："吴郡顧先生，品高學博，國家典制、郡邑掌故、天文曆象、河漕兵農之屬，無不洞悉原委，坐而言，起而可見諸行事，真當今第一有用儒者也。"後晤甫草、元禮，計東字甫草，舉人。葉舒崇字元禮，進士。俱吴江人。往往言與山史同。吾道之衰久矣，得人力闡明，豈非斯人之幸！

汪苕文《答從弟論師道書》：僕宦游十五年矣，其有經學修明者，得二人焉，曰：顧子寧人，李子天生。

朱錫鬯《静志居詩話》論先生詩云：詩無長語，事必精當，詞必古雅，抒山長老所云"清景當中，天地秋色"，庶幾似之。

繆天自云：天自名永謀，一名泳，又字于野，嘉興人。有《苻溪集》。詩有俚語，經顧寧人筆，輒典。

無名氏《隨筆》記先生一日在京師，酒次，王漁洋問樂府《蝴蝶行》能記否？先生應口誦之，不失一字。《蝴蝶行》最詰屈難讀，學者所不經意者也。漁洋歎服。

穆案：此事未得其年，附記於此。

王蘭泉昶《與汪容甫書》：聞顧亭林先生少時，每年以春夏温經。請文學中聲音宏敞者四人，設左右坐，置注疏本於前，先生居中，其前亦置經本，使一人誦，而己聽之，遇其中字句不同或偶忘者，詳問而辯論之。凡讀二十紙，再易一人，四人周而復始，計一日温書二百紙。十三經畢，接温三史，或南北史。故亭林先生之學，如此習熟而纖悉不遺也。

江藩《漢學師承記》:炎武生性兀敖,不諧於世。身本南人,好居北土,嘗謂人曰:"性不能舟行食稻,而喜餐麥跨鞍。"

程魚門晉芳《正學論》:亭林、梨洲,博極群書,其於古今治亂興廢得失之數,皆融貫於胸中,因筆之於書,以爲世世法。

李子德《哭顧亭林先生詩一百韵》:朝韲初零露,浮雲忽障天。史無正月紀,星脱少微躔。一代摧梁木,千春恨杜鵑。與刑今頓墜,文獻爾俱全。際剥哀吾道,瞻印失大賢。渾思焚著述,未忍没周旋。勁節堪追溯,名家敢溢傳。門詳吴郡後,望庇武陵前。晝省基藩牧,彤毫珥御鈿。鍾靈簪紱第,比美孝廉船。先生曾大父自方伯陞侍郎,大父贊善,兄鄉舉。閲閥窺芳矩,詞宗起丱年。友兼鄉國盛,聲挾俊厨駢。少登復社。勝地頻交軫,留都幾著鞭。銜杯才最逸,搦管賦誰先。吐納蒼江麗,招尋紫陌連。同過遵石渚,獨步採香荃。競睹潛修洽,徐教懿緒延。遭時傷失路,振翼爽乘權。上客逍遥久,佳人契約偏。徒勞殷密勿,莫與救迍邅。海涸龍虚碎,山頽鳳不還。難求雛翮好,漫惜頷珠圓。剖血探危躅,攀髯少並肩。鼎湖仍問渡,喬嶽遠懷仙。信宿寒郊址,恭圖寢廟堧。爲孝陵圖。裝潢勤更肅,拂拭對增虔。沐髮嘗辭舍,傭身偶就廛。北來馳險阻,北謁十三陵。南嚮灑潺湲。壞邸詢遺迹,荒圻拜故阡。湯孫昭穆萃,漢祖壁墉堅。歷歷捫松檟,兢兢執豆籩。金楹澄有赫,碧瓦秀含煙。灑埽甘從事,勳華恥讓鐫。著《昌平山水記》。特書森具體,凡例發流泉。古兆原分立,斯文實創編。班揚愁靦甚,左馬色蒼然。自此淹羈旅,餘齡肯棄捐。經搜墳典闕,世譜仡提懸。似欲超吟詠,何曾叩偓佺。雄心灰弗已,績學勵相宣。逮夜隨燒燭,長征亦費研。驅車攜竹笈,入肆展霜箋。疊案皆親注,盈牀益勉旃。纖瑕攻琬琰,所論多摘古人之誤。細字炳丹鉛。取誌惟徵邑,著《利病書》,必欲盡考縣志。遺聞迴匯川。訏謨周利病,往册賴删詮。屢易猶藏稿,通行且待緣。昌言昭日録,著《日知録》。暇力正詩篇。著《音學五書》。轉叶音何陋，葩騷韻累遷。爰稽三頌始，盡洗六朝愆。憤樂忘頭白，遨游任足穿。觀恒趨脅塞，踐灢涉層淵。磧雪貞珉皎，厓藤側蔓纏。謂宜輕櫂檝，翻喜跨鞍韉。到處逢迎備，臨歧指顧牽。公卿雖倒屣，蓽竇每安絃。鄴架抽光數，郇厨領味專。食不兼味。晴暾裝澹澹，素魄坐娟娟。桂辣寧知老，松疎那受憐。刊垂資祖籍，把贈解囊錢。晚結菟裘計，將除蘊藻田。隰苓聊近採，關阜儘高褰。甸服群推首，邦畿舊象乾。王風留黍稷，伯略杳鷹鸇，遂逆洪河浪，因窮太華巔。臺祠洵曠舉，因朱文公曾主管雲臺觀，倡爲主祠。縣宰得循員，華陰令遲君任其事，亭林歿，遂陪享。濁俗多崇墨，豪耆半雜禪。迷津煩拯助，出谷仗陶甄。漸覺嚶鳴侈，俄開霽景鮮。盍簪要奮激，傾蓋及狂顛。縞带曾貽晉，先生初同曹司農公過雁門，晤余於陳使君席上。清觴再集燕。嗣飲龔宗伯公宅。愚蒙沾善誘，等列荷區銓。謬許私盟牒，允期軼草元。深恩鴻鴈並，暫别鯉魚聯。卜宅推中表，寓表弟長源家。披帷共醉眠。頗耽亭水潔，遲眺徑花妍。匣劍舒悲嘯，堂琴寫靜便。縱談衷曲盡，遐寄物情蠲。鬼徼喧飛檄，神州滿控弦。縈腸彌悵望，叱馭復翩翾。積歲兵機稔，中宵客慮煎。匿形乖辟穀，覘夢罷迴畋。憶昨登嵩少，悽其俯澗瀍。淩晨謀税野，決意謝歸舷。抵絳依重郭，去秦，居曲沃。誅茅假數椽。泣麟微旨在，衰鳳託終焉。臘杪纔呼走，遣使往訊起居。冰嚴薄餽綿。報章驚絶筆，晨起承報余詩二十四韻，夕卒。幽怨屈空拳。耿介標孤性，忠誠冠八埏。末繇賫志展，疇使抱痾痊。彼網欣逋鶴，維巢訝類鳶。心休沿板蕩，目視爲戈鋋。恐逸陽秋撰，須存即次氈。外甥俱雋哲，謂三徐公司寇、太史、相國。猶子已騰騫。令姪中翰君洪善。幸接旁陰茂，當提主器孱。聖途湮豈斷，儒術衆疑悛。鏡具睽峰壑，生芻布几筵。輭旐悲浩漫，墓樹想葱芊。直擬歌黄鳥，真應駕白蓮。招魂稱至德，陟降蔣山邊。

潘次耕《己酉冬自淮陰抵平原呈亭林先生六十韻》：耆德何寥落，人倫孰楷模。斯文知未墜，夫子實通儒。世德推江表，高名冠海隅。才猷鼎鼐重，器略廟堂須。妙譽歸人傑，英姿識鳳雛。風雲遲絶足，羽翼礙天衢。築版功名遠，躬耕心事紆。勞勞悲擊楫，渺渺欲乘桴。甘載中原客，單車萬里驅。北游頻五岳，作賦幾三都。漢塞雲隨鴈，秦關月照榆。胸中百郡志，掌上列邊圖。先生有《昌平山水》等圖。結客傾豪俊，論文盡顧厨。襟懷小天地，聞見溢寰區。學貫天人奧，身苞造化樞。大文經緯著，讜論古今臚。賈馬寧方駕，班揚敢竝趨。才高道乃契，心小聖爲符。雅痛微言絶，深嗟學術殊。幾年犂傳注，百代掃榛蕪。精理通爻象，鴻猷攟典謨。禮堂尊講席，絳帳盛生徒。小子深瞻仰，通家自友于。追陪憶往歲，侍從足歡娱。嵇阮交原厚，陳雷好不渝。時時枉高駕，往往到菰蘆。永漏杯同把，明鐙筆共濡。情深等膠漆，調叶比笙竽。各矢青雲志，秪愁白日徂。龍蛇夢俄兆，鵩鳥讖堪吁。向子聞鄰笛，王公憶酒垆。遥知悲宿草，無處奠生芻。落魄餘文舉，伶仃有少孤。素紘哀絶調，枯樹慘同株。戢影依慈母，含辛對阿奴。向人言慷慨，伏枕淚模糊。流浪來淮市，飄零客射湖。江關淹歲月，縱跡混泥塗。范叔綈袍盡，相如四壁無。三秋長旅食，半刺只窮途。詎敢題鸚鵡，那堪聽鷓鴣。壯懷感馬援，歧路畏楊朱。愁到思投筆，窮來未棄繻。橘寧爲枳變，蘭不效蕭敷。把卷難窮牖，編書亦絶蒲。三冬曼倩惜，一榻幼安俱。汲古慚修綆，攻文愧小巫。孤生原譾劣，曲學況牽拘。窺豹非全目，雕蟲豈壯夫。夙懷期負笈，雅志有懸弧。碩德惟劉董，儒宗有鄭盧。龍門雖自峻，蠡測肯辭愚。問字侯芭去，傳經服慎呼。贏糧非早暮，命駕敢踟躕。汶野黄雲涷，沂山白草枯。隻身經雨雪，遠道涉崎嶇。捧杖微誠遂，横經鄙願輸。駑駘還賴策，蓬草或堪扶。斧削資良匠，陶鎔付大炉。垂恩無以報，感激一微軀。

又《呈亭林先生》一首：尼父志不達，浩然動歸思。群材艮斐然，裁成將待誰？迴車訂六籍，制作通神祇。三年致祥麟，大道以不墮。海内有先生，人倫之宗師。學惟天人貫，道乃汙隆宜。嚴冬霜雪集，萬木爲之萎。孤根獨巋然，知天未喪斯。周游遍五岳，歷覽環三垂。

天地有大文,一一爲搜披。成書藏名山,故里歸何遲。下國寡良材,斧斤諒難施。區區園葵意,朝陽寧見知。何當裹糧去,萬里相追隨。泰岱峰崢嶸,日觀路險巇。一覽小天下,慰此平生期。

王山史《拜亭林先生墓詩》:三年客江東,兩度撫君墓。野日滋宿草,秋花淒零露。緬惟同心交,明誓金石固。稽古啓愚昧,敏求祛冥悟。惠然止吾廬,一似形影附。同泣鹿馬石,手攀神烈樹。倏忽四十春,戚戚不忘故。疇昔夢雲闕,白衣從玉輅。連蜷下大荒,偃蹇問天步。歎息桑榆景,裴回崦嵫暮。幽明事已非,生死情一訴。灑淚歸山去,長辭西州路。

又《哭墓詩》云:與君長别九年矣,白馬重來千里餘。獨拜荒丘淒宿草,更揮老淚問遺書。爲憶神明恒若存,莫將封禪比文園。當年羊傅徒輕爵,何似龍門有外孫。

葉封《山志序》:曩余獲交崑山顧亭林先生。亭林於當世士多否少可,獨亟稱華陰王山史先生。已山史至京師,余一見輒心儀之,顧悤悤别去。比亭林就居山史之家,兩人皆好學惇行,志相得也。康熙壬戌歲莫,余客揚州,山史亦來,則先是出游將二盈稔,聞亭林之殁且周歲矣。

鄞縣王梓材、高要蘇廷魁、道州何紹基、日照許瀚、肅寧苗夔參訂,晉江陳慶鏞、安丘王筠、順德羅惇衍、武進趙振祚、平定張黻榮、固始祝兢校字。

《國史·儒林傳》

顧炎武,字寧人,初名絳,昆山人,明贊善紹芳孫。年十四,爲諸生。耿介絶俗,不與人苟同,惟與同里歸莊相善,相傳有“歸奇顧怪”之目。

其論學,以博學、有恥爲先,嘗與友人論學云:“百餘年來之爲學者,往往言心言性,而茫然不得其解也。命與仁,夫子所罕言;性與天道,子貢所未得聞。性命之理,著之《易傳》,未嘗數以語人。其答問士,則曰‘行己有恥’;其爲學,則曰‘好古敏求’;其與門弟子言,但曰‘允執厥中,四海困窮,天禄永終’。其告哀公,明善之功,先之以博學。顔子幾於聖人,猶曰‘博我以文’。自曾子而下,篤實莫若子夏,言仁則曰‘博學而篤志,切問而近思’。今之君子則不然,聚賓客門人數十百人,與之言心言性,舍多學而識,以求一貫之方,置四海困窮不言,而講‘危微精一’,是必其道高于夫子,而其弟子之賢于子貢也?我弗敢知也。《孟子》一書,言心言性,亦諄諄矣,乃至萬章、公孫丑、陳代、陳臻、周霄、彭更之所問,與孟子之所答,常在乎出處、去就、辭受、取與之間。是故性也,命也,天也,夫子之所罕言,而今之君子所恒言也。出處、去就、辭受、取與之辨,孔子、孟子之所恒言,而今君子所罕言也。愚所謂聖人之道者如之何?曰‘博愛於文’,曰‘行己有恥’。自一身以至於天下國家,皆學之事也;自子臣弟友以至出入、往來、辭受、取與之間,皆有恥之事也。士而不先言恥,則爲無本之人;非好古多聞,則爲空虚之學。以無本之人,而講空虚之學,吾見其日從事於聖人,去之彌遠也。”又曰:“今之理學,禪學也。不取之五經、《論語》，而但資之語録，不知本矣。”其論文，非有關於經旨世務者，皆謂之巧言，不以措筆。

故炎武之學，大抵主於斂華就實，救弊扶衰，凡國家典制、郡邑掌故、天文、儀象、河漕、兵農之屬，莫不窮究原委，考正得失。而又廣交賢豪長者，虚懷商榷，不自滿假。作《廣師篇》云：“學究天人，確乎不拔，吾不如王錫闡；讀書爲己，探賾洞微，吾不如楊雪臣；獨精三禮，卓然經師，吾不如張爾岐；蕭然物外，自得天機，吾不如傅山；堅苦力學，無師而成，吾不如李容；險阻備嘗，與時屈伸，吾不如路安卿；穆案：本集所舉十人，皆稱其字，此改稱名，國史體也。而楊雪臣名瑀，路安卿名澤溥，獨仍而不改，何也？博聞强記，群書之府，吾不如吴任臣；文章爾雅，宅心和厚，吾不如朱彝尊；好學不倦，篤於友朋，吾不如王宏撰；精心六書，信而好古，吾不如張弨。至於達而在位，其可稱述者，亦多友之，然非布衣之所議也。”

炎武生平精力絶人，自少至老，無一刻離書，國朝稱學有根柢者，以炎武爲最。炎武撰《天下郡國利病書》一百二十卷，歷覽諸史、圖經、實録、文編、説部之類，取其關於民生利病者，且周流西北，歷二十年，其書始成。則有《肇域志》一編，則考索《利病》之餘，合圖經而成者。炎武精韻學，撰《音論》三卷。言古韻者，自明陳第雖創闢榛蕪，猶未邃密，至炎武乃推尋經傳，探討本原。又《詩本音》十卷，其書主第《詩》無協韻之説，不與吴棫《本音》爭，亦全不用《補音》之例，但即本經之韻互考。且證以他書，明古音原作是讀，非有遷就，故曰“本音”，又《易音》三卷，即《周易》以求古音，考證精確。又《唐韻正》二十卷、《韻補正》一卷、《古音表》二卷，皆能追復三代以來之音，分部正帙，而知其變，自吴才老而下廓如也。炎武又撰《金石文字記》《求古録》，與經史相證，歐、趙、洪、王不及其精。而《日知録》三十卷，尤爲炎武終身精詣之書，蓋積三十餘年而后成，凡經史、吏治、財賦、典禮、藝文之類，皆疏通考證之。炎武又以杜預《左傳集解》時有闕失，作《杜解補正》三卷。其他著作有《石經考》《二十一史年表》《歷代帝王宅京記》《亭林文集》《詩集》《營平二州地名記》《昌平山水記》《山東考古録》《譎觚》《菰中隨筆》《救文格論》等書，并有補於學術世道。

初，炎武嗣母王氏未嫁守節，嘗斷指療姑，於崇禎十年被旌，及聞明亡，不食，卒，誡炎武勿出仕。福王時，昆山令楊永言薦炎武爲兵部司務，旋以職方郎召，皆未赴。既葬母，遂出游，歷遭艱險。所至之地，以二騾二馬載書，遇邊塞亭障，呼老卒，詢曲折，有與平日所聞不合，即於坊肆中發書對勘，或平原大野，則於鞍上默誦諸經注疏。在華陰，與王宏撰等於雲臺觀側建朱子祠。康熙間，詔舉博學鴻儒科，又修《明史》，大臣爭薦之，並辭未赴。康熙二十一年，卒於華陰，年六十九。穆案：先生年七十卒於曲沃，此皆誤。無子，門人以其喪歸昆山，吴江潘耒敘其遺書行世。

《神道表》(鄞全祖望《鮚埼亭集》)

顧氏世爲江東四姓之一,五代時由吴郡徙徐州,穆案:徐乃"滁"之譌。南宋時遷海門,已而復歸於吴,遂爲昆山縣之花浦村人。其達者始自明正德間,曰工科給事中、廣東按察使司僉事溱及刑科給事中濟,刑科生兵部侍郎章志,侍郎生左贊善紹芳及國子生紹芾,贊善生官廕生同應,同應之仲子曰絳,即先生也。紹芾生同吉,早卒,聘王氏,未婚守節,以先生爲之后。

先生字曰寧人,乙酉改名炎武,亦或自署曰"蔣山傭",學者稱爲"亭林先生"。少落落有大志,不與人苟同,耿介絶俗。其雙瞳子中白而邊墨,見者異之。最與里中歸莊相善,共游復社,相傳有"歸奇顧怪"之目。於書無所不窺,尤留心經世之學。其時四國多虞,太息天下乏材,以至敗壞,自崇禎乙卯後,歷覽二十一史、十三朝實録、天下圖經、前輩文編、説部以至公移邸抄之類,有關于民生利害者,隨録之,旁推互證,務質之今日所可行,而不爲泥古之空言,曰《天下郡國利病書》。然猶未敢自信,其後周流西北且二十年,通行邊塞亭障,無不了了,而始成。其别有一編曰《肇域志》,則考索《利病》之餘,合圖經而成者。予觀宋乾、淳諸老,以經世自命者,莫如薛艮齋,而王道夫、倪石林繼之,葉水心尤精悍,然當南北分裂,聞而得之者多於見,若陳同甫,則皆欺人無實之大言,故永嘉、永康之學,皆未甚粹。未有若先生之探源竟委,言言可以見之施行,又一稟之於王道,而不少參以功利之説者也。最精韻學,能據遺經以正六朝、唐人之失,據唐人以正宋人之失,欲追復三代以來之音,分部正袟,而究其所以不同，以知古今音學之變，其自吴才老而下，廓如也，則有曰《音學五書》。性喜金石之文，到處即蒐訪，謂其在漢、唐以前者，足與古經相參考，唐以後者，亦足與諸史相證明，蓋自歐、趙、洪、王後，未有若先生之精者，則有曰《金石文字記》。晚益篤志六經，謂古今安得别有所謂理學者，經學即理學也，自有舍經學以言理學者，而後邪説以起，不知舍經學，則其所謂理學者，禪學也。故其本諸子之説，參之以慈谿黄東發《日抄》，所以歸咎於上蔡、横浦、象山甚峻。於同時諸公，雖以苦節推百泉、二曲，以經世之學推梨洲，而論學則不合，其書曰《下學指南》。或疑其言太過，是固非吾輩所敢遽定，然其謂經學即理學，則名言也。而《日知録》三十卷，尤爲先生終身精詣之書，凡經、史之粹言具在焉。蓋先生書尚多，予不悉詳，但詳其平生學業之所最重者。

初，太安人王氏之守節也，養先生於襁褓中，太安人最孝，嘗斷指以療君姑之疾。崇禎九年，直指王一鶚請旌於朝，報可。乙酉之夏，太安人六十，避兵常熟之郊，謂先生曰："我雖婦人哉，然受國恩矣，果有大故，我則死之。"於是先生方應昆山令楊永言之辟，與嘉定諸生吴其沆及歸莊共起兵，奉故鄖撫王永祚，以從夏文忠公於吴江東，授公兵部司務事。既不克，永言行遁去，其沆死之，先生與歸幸得脱，而太安人遂不食卒，遺言後人莫事二姓。次年，閩中使至，以職方郎召，欲與族父延安推官咸正赴之，念太安人尚未葬，不果。次年，幾豫吴勝兆之禍，更欲赴海上，道梗不前。

先生雖世籍江南，顧其姿禀，頗不類吴、會人，以是不爲鄉里所喜，而先生亦甚厭群屐浮華之習，嘗言古之疑衆者行僞而堅，今之疑衆者行僞而脆，了不足恃。既抱故國之戚，焦原毒浪，日無寧晷。庚寅，有怨家欲陷之，乃變衣冠，作商賈，游京口，又游禾中。次年，之舊都，拜謁孝陵。癸巳，再謁。是冬，又謁而圖焉。次年，遂僑居神烈山下，遍游沿江一帶，以觀舊都畿輔之勝。顧氏有三世僕曰陸恩，見先生日出游，家中落，叛投里豪。丁酉，先生四謁孝陵歸，持之急，乃欲告先生通海，先生亟往擒之，數其罪，湛之水。僕壻復投里豪，以千金賄太守，求殺先生，不繫訟曹，而即繫之奴之家，危甚。獄日急，有爲先生求救於某公者，某公欲先生自稱門下而後許之，其人知先生必不可，而懼失某公之援，乃私自書一刺與之。先生聞之，急索刺還，不得，列揭於通衢以自白，某公亦笑曰："寧人之卞也！"曲周陸舍人澤溥者，故相文貞公振飛之子也，僑居洞庭之東山，識兵備使者，乃爲愬之，始得移訊松江，而事解。

於是先生浩然有去志，五謁孝陵，始東行，墾田於章丘之長白山下以自給。戊戌，遍游北都諸畿甸，直抵山海關外以觀大東。歸至昌平，拜謁長陵以下，圖而記之。次年，再謁。既而念江南山水有未盡者，復歸，六謁孝陵，東游直至會稽。次年，復北謁思陵，由太原、大同以入關中，直至榆林。是年，浙中史禍作，先生之故人吴、潘二子死之，先生又幸而脱。甲辰，四謁思陵，事畢，墾田於雁門之北、五臺之東。初，先生之居東也，以其地濕，不欲久留，每言馬伏波、田疇皆從塞上立業，欲居代北，嘗曰："使吾澤中有牛羊千，則江南不足懷也。"然又苦其地寒，乃但經營創始，使門人輩司之，而身出游。丁未，之淮上。次年，自山東入京師。萊之黄氏有奴告其主所作詩者，多株連，自以爲得，乃以吴人陳濟生所輯《忠節録》，指爲先生所作，首之，書中有名者三百餘人。先生在京聞之，馳赴山東，自請勘訟，繫半年。富平李因篤自京師爲告急於有力者，親至歷下解之，獄始白。復入京師，五謁思陵。自是還往河北諸邊塞者幾十年。丁巳，六謁思陵，始卜居陝之華陰。

初，先生遍觀四方，其心耿耿未下，謂秦人慕經學，重處士，持清議，實他邦所少，而華陰綰轂關河之口，雖足不出户，而能見天下之人，聞天下之事，一旦有警，入山守險，不過十里之遥，若志在四方，則一出關門，亦有建瓴之便，乃定居焉。王徵君山史築齋延之，先生置五十畝田於華下供晨夕，而東西開墾所入，别貯以備有事。又餌沙苑蒺藜而甘之，曰："啖此久，不肉不茗可也。"凡先生之游，以二馬二騾載書自隨。所至阨塞，即呼老兵退卒，詢其曲折，或與平日所聞不合，則即坊肆中發書而對勘之。或徑行平原大野，無足留意，則於鞍上默誦諸經注疏，偶有遺忘，則於坊肆中發書而孰復之。

方大學士孝感熊公之自任史事也，以書招先生爲助，答曰："願以一死謝公，最下則逃之世外。"孝感懼而止。戊午大科，詔下，諸公爭欲致之，先生豫令諸門人之在京者辭曰："刀繩俱在，無速我死。"穆案：先生之辭大科，乃二徐之力，謝山蓋誤以梨洲之事例先生也。次年，大修《明史》，諸公又欲特薦之。貽書葉學士訒庵，請以身徇，得免。或曰："先生盍亦聽人一薦？薦而不出，其名愈高矣。"先生笑曰："此所謂釣名者也。今夫婦人之失所天也，從一而終，之死靡慝，其心豈欲見知於人？若曰盍亦令人强委禽焉，而力拒之以明節，則吾未之聞矣。"華下諸生請講學，謝之曰："近日二曲亦徒以講學故得名，遂招逼迫，幾至凶死。雖曰威武不屈，然而名之爲累，則已甚矣。又況東林覆轍，有進于此者乎？"有求文者，告之曰："文不關於經術、政理之大，不足爲也。韓文公起八代衰，若但作《原道》《諫佛骨表》《平淮西碑》《張中丞傳後》諸篇，而一切諛墓之文不作，豈不誠山斗乎？今猶未也。"其論爲學，則曰："諸君關學之餘也，横渠、藍田之教，以禮爲先。孔子嘗言'博我以文，約之以禮'，而劉康公亦云：'民受天地之中以生，所謂命也。是以有動作禮義威儀之則以定命。'然則君子爲學，舍禮何由？近來講學之師，專以聚徒立幟爲心，而其教不肅，方將賦'茅鴟'之不暇，何問其餘？"尋以乙未春出關，觀伊、洛，歷嵩、少，曰："五嶽游其四矣。"會年饑，不欲久留，渡河至代北，復還華下。

先生既負用世之略，不得一遂，而所至每小試之，墾田度地，累至千金，故隨遇則饒足。徐尚書乾學兄弟，甥也，當其未遇，先生賑其乏，至是鼎貴，爲東南人士宗，四方從之者如雲，累書迎先生南歸，願以別業居之，且爲買田以養，皆不至。或叩之，答曰："昔歲孤生，飄摇風雨，今兹親串，崛起雲霄。思歸尼父之轅，恐近伯鸞之竈。且天仍夢夢，世尚滔滔，猶吾大夫，未見君子，徘徊渭川，以畢餘年，足矣。"庚申,其安人卒於昆山,寄詩挽之而已。

次年,卒于華陰。

誤。

無子,徐尚書爲立從孫洪慎以承其祀。

穆案:洪慎乃先生之從子,先生既立吴江族子衍生爲嗣,又立洪慎之子世樞爲殤子後,此皆誤。

年六十九。

誤。

門人奉喪歸葬昆山之千墩。高弟吴江潘耒收其遺書,序而行之,又别輯《亭林詩文集》十卷,而《日知録》最盛傳。歷年漸遠,讀先生之書者雖多,而能言其大節者已罕,且有不知而妄爲立傳者,以先生爲長洲人,可哂也。

穆案:《榕村集》有《顧寧人小傳》,稱爲吴之長洲人,謝山蓋即指此。

徐尚書之冢孫涵持節粵中,數千里貽書以表見屬。余沉吟久之,及讀王高士不庵之言曰:"寧人身負沉痛,思大揭其親之志於天下,奔走流離,老而無子,其幽隱莫發,數十年靡訴之衷,曾不得快然一吐,而使後起少年推以多聞博學,其辱已甚,安得不掉首故鄉,甘於客死,噫,可痛也!"斯言也,其足以表先生之墓矣夫。其銘曰:

先生兀兀,佐王之學。雲雷經綸,以屯被縛。渺然高風,寥天一鶴。重泉拜母,庶無愧怍。

何紹基《顧先生祠詩》(甲辰五月附)

亭林先生祠，小子始營繕。緊惟城西偏，慈仁森佛殿。當時寺宇宏，市集萃圖卷。國初諸老儒，買書乘暇宴。先生結契廣，僑寓置鑪扇。至今雙松下，仿佛見遺跰。

承平二百載，光陰若流箭。古碣餘斷龜，空梁墜飢燕。我卜隙地寬，謂可靈爽奠。

諸公聞此議，合作相呼忭。畚鍤猥見屬，木甓自遴揀。删蕪出古樹，明月夜來罥。

祟祟屋三楹，爛爛秋一片。落成奉遺像，覽揆潔盥薦。肅然道義容，警我塵土賤。

車徐譜歲月，張子重論撰。江南大河北，餘韻蒐討遍。

張石州據車秋舲、徐星翁所撰《亭林年譜》合爲定本，增益辨正，甚博且精。攜稿至山東、江南，蒐得遺事詩文頗多。

勒記待貞珉，儀徵濡老硯。

阮相國師記文尚未寄到。

冬霙倏已飄，春鷽復來囀。次第皆識職，初終矢無倦。持衡恩命被，萬里指羅甸。

五月一日，紹基奉命主試貴州。

登程復過祠，仰止有餘眷。溯惟明代末，世苦龍蛇戰。氣節誠乃隆，兵將多不練。小儒獨何爲，俗學爭相煽。語録飾陋窳，詞章鬥輕蒨。先生任道堅，千古係后先。研窮經史通，曠朗天人見。鬱積忠孝懷，慘澹時世變。同時顧李閻，驂靳隨靷韅。餘子因人成，鞭鐙亦相戀。經心執聖權，首啓熙朝彦。兵刑禮樂尊，九數六書衍。漢宋包群流,周孔接一綫。精光爍日星,果力策雷電。自非菰中人,孰開衆目眩。欽惟純廟年,四庫盛編纂。萬軸歸文淵,千士粹秘院。儀徵實後至,草創儒林傳。論學采源流,全編有冕弁。諸儒始相驚,乙覽大稱善。

阮師撰《國史·儒林傳》,以先生居首。

元氣入人心,史筆非私擅。小子雖懵學,遺書早窺眄。洎與修史職,讀傳生歎羡。從來聖道大,青史資爛絢。微言察天地,正路化狂狷。功名與文章,因時見陶鍊。惟兹下學事,萬古有繼禪。儒林道學分,宋史妄矜衒。六藝天道樞,

班書《儒林傳》語意。

傳例重班掾。先生冠儒林,狂瀾植厓堰。君親鑒吾身,學行須貫穿。顧從實踐入,敢恃虛談便。且當語黔士,庶弗規爲瑱。再拜别先生,歸來已寒霰。

閻潛丘先生年譜

〔清〕張　穆　　編
　　　武舒潔　點校

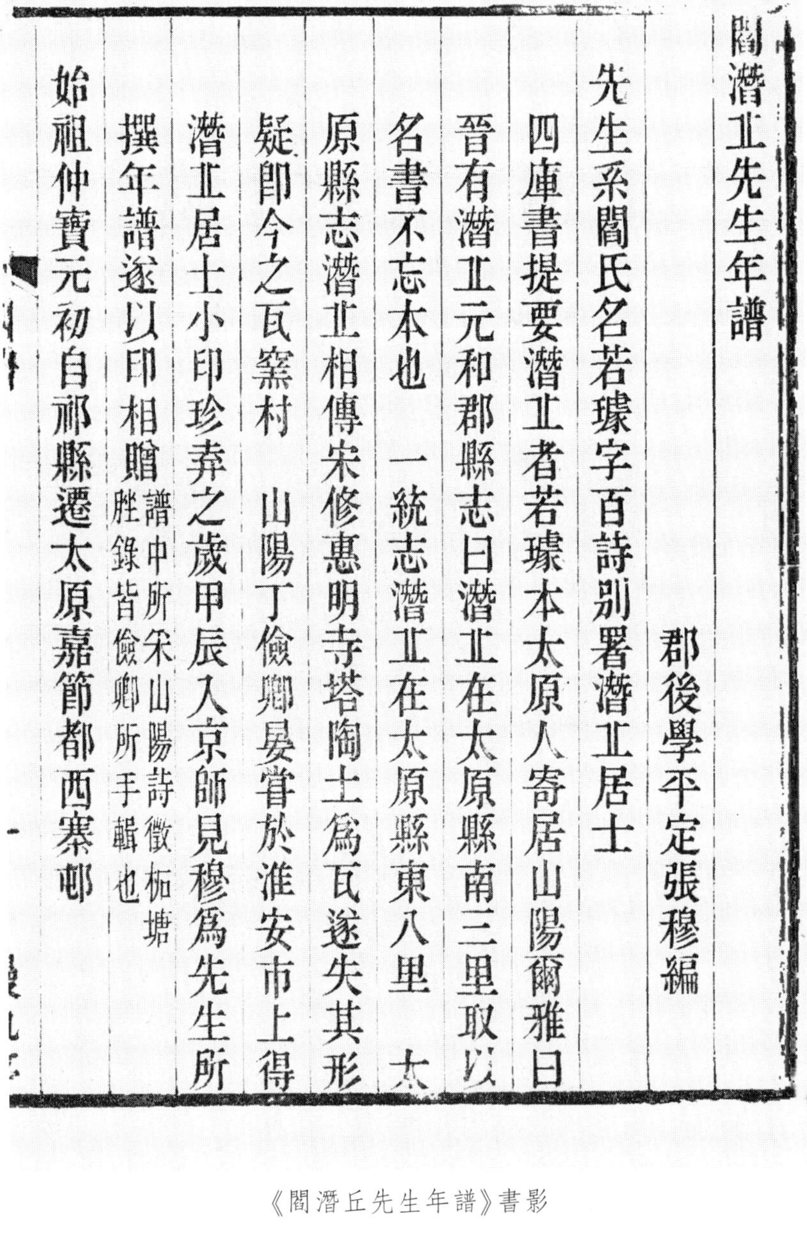

閻潛丘先生年譜

郡後學平定張穆編

先生系閻氏名若璩字百詩别署潛丘居士

四庫書提要潛丘者若璩本太原人寄居山陽爾雅曰晉有潛丘元和郡縣志曰潛丘在太原縣南三里取以名書不忘本也　一統志潛丘在太原縣東八里　太原縣志潛丘相傳宋修惠明寺塔陶土爲瓦遂失其形疑即今之瓦窯村　山陽丁儉卿晏嘗於淮安市上得潛丘居士小印珍弆之歲甲辰入京師見穆爲先生所撰年譜遂以印相贈譜中所采山陽詩徵柘塘脞錄皆儉卿所手輯也

始祖仲寶元初自祁縣遷太原嘉節都西寨邨

《閻潛丘先生年譜》書影

點校説明

一、本次標點《閻潛丘先生年譜》,底本爲清道光二十七年(1847)壽陽祁氏刻本。參考版本如下:(清)張穆撰《閻潛丘先生年譜》,粵雅堂叢書本,亦見收於王雲五主編《新編中國名人年譜集成》第4輯,臺北:臺灣商務印書館,1978年;(清)張穆編《閻潛丘(若璩)先生年譜》,沈雲龍主編《近代中國史料叢刊》第81輯(0802),臺北:文海出版社,1972年;(清)張穆撰,鄧瑞點校《閻若璩年譜》,北京:中華書局,1994年。

二、爲方便閱讀,整本年譜拆分爲六個部分,卷首以(一)(二)(三)等標記。

三、爲方便閱讀,本次標點本採用繁體横排。

四、爲方便閱讀,原文有大段按語或注釋者,本次標點本,另起一行以小字呈現。若屬於正文中只有少數字的注釋或按語,爲保證文句的完整性,則不另起一行,只在正文中以小字標注。

五、年譜之按語,基本上爲張穆所寫,偶有標"秋濤案"者,爲張穆友人何秋濤所增補。

六、年譜中每歲括號内之公元年份(阿拉伯數字),爲點校者便於讀者閱讀所加。

七、不同版本文字有不同之處,則出校記。

八、個别文字,三個版本皆同,但可確定有誤者,亦出校記以作訂正或説明。

九、校記以〔一〕〔二〕〔三〕等爲序。

十、《年譜》原文後附有錢大昕《閻先生若璩傳》,對照原文整理後,仍附録於書末。

閻潛丘先生年譜(一)[一]

張穆編

癸卯夏,穆改訂《亭林年譜》既卒業,念國朝儒學,亭林之大,潛丘之精,皆無倫比,而潛丘尤北方學者之大師,因取杭大宗、錢曉徵所爲《傳》及《劄記》《疏證》諸書,排次歲月,爲《潛丘年譜》,將以詒吾鄉後進,興起其嚮學之心。討論月餘,稿艸粗具。是年秋,南游江淮,過山陽,訪丁儉卿舍人,訊以潛丘遺事,儉卿出所著《山陽詩徵》《柘塘脞録》見示,頗多采獲。漢陽劉茮雲學正見之,爲修改十餘條。葉潤臣舍人,好爲詩,凡國初人集有與潛丘相涉者,輒來相告,增補加密矣。洎交光澤何願船比部,復以此譜相諉。願船爲析疑彌罅,又不下數十事。於是壽陽祁尚書嘉其用力之勤,欲遂墨諸版,與《顧譜》並行。憶戊戌冬,襄校淮安,見閻氏之應試者,今尚多有遺容,志傳必世守焉,不可當吾世而失之也。屬同年何子貞編修致書學使者張筱浦侍郎,行文淮安學官,向閻氏後人索之。越數月,得學使復書,則復申所撰《行述》、世宗憲皇帝祭文輓詩,巋然俱在,意潛丘之靈,實默相焉,爲之意愜者累日。爰與願船更事討論,密又加密。蓋自刱始以訖今日,凡五易稿而後寫定。此本雖罣漏仍不免,然於潛丘束身力學之大綱,約略具矣。學者倘能循潛丘讀書之法,研證經史,勉成實學,而不蹈標榜聲譽,苟簡自封之習,是則區區舉似前賢之微意也。夫整比再三,勉徇尚書之意,付之梓人,因述其緣起如此。道光二十六年十二月,平定張穆識。

先生係閻氏〔二〕，名若璩，字百詩，别署潛丘居士。

《四庫全書提要》："潛丘者，若璩，本太原人，寄居山陽。《爾雅》曰：'晉有潛丘。'《元和郡縣志》曰：'潛丘，在太原縣南三里。'取以名書，不忘本也。"

《一統志》："潛丘，在太原縣東八里。"

《太原縣志》："潛丘，相傳宋修惠明寺塔，陶土爲瓦，遂失其形，疑即今之瓦窯村。"

山陽丁儉卿晏嘗於淮安市上，得潛丘居士小印，珍弆之，歲甲辰入京師，見穆爲先生所撰年譜，遂以印相贈。

譜中所采《山陽詩徵》《柘塘脞録》，皆儉卿所手輯也。

始祖仲寶，元初，自祁縣遷太原嘉節都西寨邨。

子詠撰《潛丘行述》：始祖貞逸公，諱仲寶。

魏叔子《閻氏本支敘》："閻氏受姓，相傳爲周昭王少子，爲泰伯曾孫，爲唐叔虞後，皆遠無所考信。修齡之録，斷自元初，遷太原，仲寶公始。"又曰："元初，自祁始遷太原嘉節都西寨邨者，曰第一代始祖仲寶公。"

《四書釋地》：今晉水源有女郎祠，去吾家之西寨邨一十八里。

第四代祖岱。

《本支敘》："四世以下，耑紀修齡所自出。其始分支者，曰第四代祖岱公。"

第五代祖珍敖。

《本支敘》："始分四大股者，曰第五代祖珍敖公。"

《尚書古文疏證》：卷六下"鉅鹿澤，一在鉅鹿縣西北，一在昭慶縣東二十五里。昭慶縣，今真定府之隆平，余五代祖之弟，實遷其地云。"

第六代祖人瑞。

《本支叙》:"始分十四小股者,曰第六代祖人瑞公。"又曰:"三晉方言稱某支爲某股。"

第七代祖居誾,號西渠,始由太原遷山陽。

《本支叙》:"遷淮者,曰第七代淮安始祖西渠公。"又曰:"蓋自仲寶公遷太原,以耕讀世家;西渠公業鹽筴,遷淮而後,世稱素封,皆代有隱德,多文學士。"又曰:"西渠公之遷淮也,在正德初。"

案:杭大宗、錢曉徵兩《傳》,俱作五世祖始居淮安。趙飴山撰《墓志》,則曰六世祖,蓋由先生之身而上溯之,爲六世也。

《釋地》:吾家自高高祖,由晉之汾水,遷楚之淮水,所以二水之源及流,皆曾窮歷之。

案:梨洲《金石例》,古人例以高祖上一世稱五世祖。故先生沿俗稱,則曰高高祖。杭、錢作《傳》,則曰五世祖也。

王山史《賀牛叟先生壽序》:先生之先,爲太原人,以貲游於淮,遂家焉。居有廬,耕有田,蓺有圃。

陳其年《贈閻梓勤二十初度序》自注:"梓勤居淮之竹巷狀元里。"

《左汾近稾》[三]:"邱瓊山《過山陽》詩:'揚州千載繁華景,移在西湖嘴上頭。'西湖嘴,在運河東岸,距余家狀元里僅二百步。余嘗笑此謂成、弘時之西湖嘴耳。"

高祖翰,號雙溪,太醫院吏目。

《行述》:五世祖明將仕郎、太醫院吏目雙溪公。

《萬曆甲辰進士履歷便覽》:"閻世則祖翰吏目。"

《南雷文定參議閻公神道碑》:"其先太原人,至公之祖雙溪，徙於淮右。”

曾祖國順，字覺吾，歲貢生，南安府上猶縣訓導。

《太原縣志》：閻國順，字覺吾，有至性，年十歲，大父病，夜禱願以身代。性甘淡泊，而急於解紛。鄉人有奇冤，以千金爲壽，求居間。國順力卻，而卒陰爲之所。訓子世科成名，封如秩，鄉人共舉入鄉賢祠。

南雷《參議公神道碑》：“雙溪四子，而覺吾以明經爲上猶掌故，惠吾以舉人爲狄道令。公則覺吾之長子也。”

《淮安府志》：閻士望，萬曆四年丙子，山西中式舉人。《太原縣志》：閻士望，國順弟，任陝西狄道知縣，有惠政，民立祠祀之。康熙十六年，入名宦祠。

《行述》：先高祖考封文林郎，浙江湖州府推官。

《劄記・示孫學翼》詩注〔四〕：“高、曾墓在太原西山。”

祖世科，字伯登，號皤楚，又號龍門，萬曆庚子舉人〔五〕，甲辰進士，官至遼東寧前兵備道參議。

《萬曆甲辰進士履歷便覽》：閻世科龍門《詩》四房，《行述》：吾家明朝俱以《詩經》中式，國朝則皆治《禮記》。己卯六月二十一日生，案：公生於隆慶庚午，至萬曆甲辰，年三十有五。《履歷》減十歲，則二十有五也。太原籍，南直山陽人，庚子二十五名舉人，會試一百名，三甲二百二十三名，兵部觀政。乙巳，授湖州府推官。《釋地餘論》引朱文肅國禎《湧幢小品》論磁州水利事曰：“先參議起家湖州司李，與朱交好，朱亦曾口述手畫其事云。”己酉，福建同考官。《劄記・聞旌德令從兄聘試江寧》詩：“楚材原待晉，祖德自依孫。”自注：“參議公主試萬曆間，於今六十餘年。”案：後六十餘年，當爲康熙八年己酉也。《釋地》：“鍾伯敬述其座主雷何思檢討之言：‘不得於言，勿求於心。不得於心，勿求於氣。告子是箇大受用人。’萬曆己酉，閩闈，先參議以湖州司李，聘往領房。雷何思爲正考，共事甚歡，亦偶及是語，故余家世實聞之。”錢謙益《明詩人小傳》：雷思霈，字何思，夷陵州人，萬曆辛丑進士。何思好學問，通禪理，講經世出世之法。其宗指在江陵、内江之間，己酉出典閩試，所撰程策，頗見大意，惜其未試而歿。《何思集》，其門生鍾惺所論次。

庚戌,舉卓異。辛亥,升户部主事。壬子,管象房艸場。癸丑,升郎中,遼東管糧。丙辰,升河間知府,仍留遼東管糧〔六〕。丁巳,升寧前參議。戊午,回籍。

是科總考,資政大夫、禮部尚書、兼東閣大學士朱賡俞庭,浙江山陰人,戊辰進士;嘉義大夫、禮部右侍郎、兼翰林院侍讀學士、掌院事唐文獻抑所,南直華亭人,丙戌進士。同考《詩》四房,文林郎、禮科都給事中張問達誠宇,陝西華亭人,癸未進士。《剳記·弔方坦庵》詩"通家原孔、李",自注"先參議出公叔父大理公之門",又《送金道州》詩"孔、李先朝籍最真",自注:"先參議出麗陽中丞公之門。"案:若方、若金,蓋公鄉試座主。

《南雷文定參議閻公神道碑》:"公字伯登,號磻磋,登萬曆甲辰進士第,授湖州府推官。湖濱巨浸,多盜賊,治以嚴苛。始辦公,奉職循理,解其繁密,民甚便之。有豪右誣人死罪,公疑之,精神所注,通於夢覺,神語諄諄,即時判結。戊申水灾,民死者過半。公與郡守陳幼學發廩勸分,盡所以救荒之術,故民雖饑而不怨。

《剳記·移寓雜興》詩:"手霹萬人曾得活,心冰十郡舊皆寒。先公祠宇今猶在,君説遺黎淚未乾。"自注:"先大父起家湖州司李,與郡守陳公筠塘同時,政最有聲,首二句,即用直指方公魯岳薦疏中語也。"《左汾近稿》有《送張龍占還湖州》詩,結句云:"棠梨聞尚在,花發到孫枝。"注:"先曾王父起家湖司李,有治聲。"

湖多秀民,而經術不足。公禮姚承庵以爲大師,其説時與朱文公相出入。學者始知穿穴經旨,以求自得。庚戌,大計郡吏,舉卓異第一人,爲户部主事。癸丑,以本部郎中總理遼餉,時邊烽尚息,而軍政舃葺,公奭然憂之,乃蒐乘補伍,廉重核實,三年之内,捐公費千百五金,貯積六萬餘緡,發寄囤之弊,坐放如期,築廒倉數十間,分屯、鹽二項,不相侵奪。公於邊事,所以經營綏輯,先後始終之際,委曲纖悉,無不備者,蓋已逆知將來東方之有事也。丙辰,擢守開封。

《明詩綜》云,出知河間府,與《履歷》同。此作開封,誤。而今《河間府志·郡官表》:明崇禎間知府亦無世科名,則以題留本部,原未涖任也。

司農李汝華特疏題留,引公自助。又明年,陞山東右參議,兼按察司僉事。廷議邊才,改爲寧前兵備。當是時,戊午之敗問尋至,公置幼子於潞河,單騎出關,拔祖帥於廢籍,整頓營壘,以待不虞。而巡撫不知其爲勞薪也,以公禮格之。公既不得行其志,念八十老父,曳杖倚閭,將無忠孝兩失乎,遂投版棄官而去。自公去後,疆場破碎,談兵者,非身横獄户,即駢首西市,鮮有以功名終者,而後知公有先幾之智也。

《劄記·與趙秋谷書》:錢牧翁爲先參議作《閻寧前畫像贊》。按:《有學集》贊曰:"幅巾褒衣,步雅視詳。夷考其垂魚委佩,濟濟蹌蹌。斯公雅頌,廊廟厲坊。表函文章,佩韋弦而修珩璜者邪。披襟奮袂,立栗趨翔。旋觀其法冠豸服,容容昂昂。斯公之僇力邊疆,教背嵬,環武岡。犂虎穴而掃扶桑者邪。全遼金甌,渝關金湯。誰隳戎索,誰壞堵牆。急杵擣匈,危柱促腸。身已閒而憂愸,口已含而視長。瞻公遺像,整容肅衣,不自知其清淚之漬裳也。"《行述》:先曾祖考,常熟錢宗伯爲像贊,墓志則漳浦黄詹事爲之。按:墓志今佚〔七〕。

公歸,整拂藤蒲,具陳花木,與太翁得盡田里骨肉之歡。逮丁大故,雞骨支牀,爲鄉論所榮。逆黨崔呈秀盛時,以同年生通殷勤,公不顧而唾。家居二十五年,漕撫王紀、李養正,給事中解學龍,御史王允成,累登啓事,公皆不應。所著有《敬刑録》《計遼始末》諸書。生於隆慶庚午六月二十一日,卒於崇禎壬午二月二十一日,享年七十三,葬於淮上之蛟龍溝北壟。娶高氏、蔡氏,

《劄記·家君云過鶴江蔡公宗伯墓下爲水所齧公先孺人曾王父也。時子孫蔑有存者》一首:"言從尚書墓,正屬蔡家親。石馬欹秋艸,銀魚掩夜燐。麥盤誰更薦,桂甕久虛陳〔八〕。去去猶盈淚,寒泉在夢頻。"首韻下自注:"司空曙《贈外弟盧綸》詩'平生自有分,況是外家親〔九〕'。"次韻下自注:"公官兼學士。"末句下自注:"陶淵明《孟嘉傳》:淵明先親,君之第四女也。凱風寒泉之思,實鍾厥心。"又蔡公鶴江在詞館,與新都楊升庵友善,姓名字見《升庵文集》卷五十七,云淮南蔡衡仲昂。《淮安志》:禮部侍郎蔡昂墓,在城南包家園〔一〇〕。

贈封皆孺人,副室陳氏。子一,修齡,江以北之學者也。女三,其壻諸生許永祜,舉人李藻先,《劄記》有《與李表弟邴》詩。諸生杜嗣皋。"

《淮安府志》：閻世科仕蹟，又除蕭山盜窟，夙害頓去。

《山陽詩徵》：龍門先生，家本晉人，世居淮上。官湖州司李時，有疑獄，屢讞不決，夜夢人語之曰："汝未舉子，宜留意祥刑。"覺以告其母，母曰："獄中囚必有當平反者，汝試求之。"及再録，果得囚冤狀，遂出之，人咸異焉。其爲遼東管糧户部郎中及兵備寧前參議時，皆有特勅一道，蓋神宗之末，東事孔亟，故特異於他處也。

《明詩綜》載世科詩一首，《楞伽臺》："垂老投簪穩，憑高對酒間。江楓梳白髮，海霧羃青山。目極秋天遠，身依暮鳥還。禹功遺跡在，千載喜登攀。"

《劄記·家大人追和先大父楞伽臺述懷并命璩作》："到此成三世，居停總一僧。神州悲易變，祖武媿難繩。小艇當春載，高臺正晚登。追隨愁不及，江水捲層層。"

父修齡，字再彭，號牛叟，淮安府學生。《淮安府志》云：明末貢生。

趙飴山《潛丘先生墓志》："考諱修齡，世所稱牛叟先生者也，以文名一時，撰述甚富。"

《魏叔子集》：修齡平生慎檢持，以詩名。

《淮山肆雅》：崇禎乙亥，倪宗師元珙，浙江人，壬戌進士。歲試淮安，修齡以商籍入學，首題"攝齊升堂"，次題"坐而言不應"。

王山史《牛叟先生壽序》：先生行誼甚高，又淹通墳籍，著爲詩文，清真典雅，可以式靡起衰。

《劄記·乞言小奏》："家君生丁巳九月十日，籍諸生，先是參議公分校閩闈，禱於九鯉湖而生，名字皆夢中夙授。少穎異不凡，性篤孝，先大父母見背，哀毁踰禮，克襄大事，極其誠信，依戀松楸，數十年不釋於懷。與先母白首相莊，始終無間言。生平非義之取，雖千駟弗視，交游不侵然諾。常云：欲學没脊而不能，蓋有爲之談也。嗜荔枝，繢圖以寄遐抱。陳其年《迦陵詞洞仙歌證前生爲閩牛叟賦》，注引牛叟《兑閣遺徽序》曰：予生於閩，故生平癖嗜，尤在楓亭荔枝，妻屢辦裝，助予入閩啖荔，以遠道，逡巡未果也。著有《眷西堂詩文》《紅鷗亭詞》行世。”

《茶餘客話》：“國初郡城園亭，見於詩文者甚多，今遺址無考，以余所知，閻牛叟眷西堂在新城東門。金石庋、嘉樹軒在新城。又一蒲庵、影閣、鷦巢、鶴墩在平河橋，又西爲飲牛草堂。”

案：平河橋在淮安城南四十里。《劄記》有《平河舟望》詩。《淮安志》：平河橋鎮，城南五十里，枕隄跨河，邨落市肆，兩相映帶，田疇肥美，帆檣繹落，亦淮甸之門户也。昔有橋，今圮久矣，或曰：運河水至此而平，故名。

《山陽詩徵》引吴山夫云：牛叟先生七歲入小學，塾師以“丹山鳳”屬對，即應聲曰：“碧海龍。”識者以爲偉器。先生家世豪貴，獨折節以讀書取友爲樂。未弱冠，爲督學御史倪元珙所賞拔；復從漳浦黄公道周游。甲申以後，棄儒衣冠，與同里張虞山、靳茶坡諸先生爲世外交，

《淮安府志》：張養重，字斗瞻，山陽人，崇禎中諸生，善詩文，不求仕進。子欽世，從子鎮世，一門高隱。父子間自相倡和，所著有《一家言》。靳應昇，字璧星，山陽人。順治中歲貢生，博學工文，尤長於詩，有《渡河集》。《茶餘客話》：靳璧星號茶坡樵子。張養重號虞山逸民，晚自廣南歸，戴一椰子冠，又號椰冠道人。

閒若禪侶，静若處子，去城西四十里，小築一蒲庵，朝夕行吟，介然自守，不趨流俗。其詩高潔無烟火氣，不减儲、王，著有《秋心》《秋舫》《冬涉》《影閣》諸集行世。尤工《花間》《艸堂》諸闋〔一一〕，舊刻有《清溪怨》，感青姬作也，一時和者如雲。余嘗見先生畫像一卷，爲圖凡六：初爲《授書圖》，畫丱角童子學書於參議公側，參議公高冠偉服，望之肅然生敬。次爲《游泮圖》，方巾襴衫，樹二金花於首，乘白馬，前有彩旗，後張黄蓋，此爲前明崇禎乙亥年，先生年十九歲，題者甚多，惟張虞山七言古詩爲詳。次爲《焚冠圖》，聚儒衣冠而焚之，繫漁舫於叢葦中，將行遯也。自題云：“甲乙之交，學業頓廢，效殷之箕子而不得，慕堯之巢父而不能，别號飲牛叟始此。”嗚呼，然後知先生前二圖之意，皆爲此圖設也，其志亦可悲矣。又次爲《改詩圖》，則四十時也，

有蒙叟、河濱詩。

錢謙益，別號蒙叟。李楷，字叔則，號河濱，朝邑人。國初，官寶應知縣。漁洋《蠶尾集》有《李河濱書跋》曰：先生以文章起關中，游宦淮南，居廣陵最久，比余至揚州，而先生歸秦數載矣。然時時聞江淮士大夫言，先生每作詩文，廣坐酒酣，使兩人張絹素，縣腕直書，略不加點，如疾雷破山，怒濤穿脇，頃刻而罷，擲筆引滿，旁若無人，舉坐爲之奪氣，名噪一時，亦以此取忌，坎壈失職，傲然不屑也。書學東坡，得其骨髓。云云。愚山有《酬李叔則詩》，注云：罷官居廣陵。又一首注云：君歸關中，明年而揚州難作。

蒙叟詩不在卷中。又次爲《東籬圖》，則五十時也，《追和河濱》三首，又《自題》一絶云。題詩者甚多，如杜蒼略、名岕，初名紹凱，號些山，茶邨之弟也。程穆倩、名邃，號垢區，歙縣人，流寓江寧。鄧孝威、名漢威，號鉢叟，泰州人，著有《過嶺集》，康熙己未，召試，以年老授中書舍人，嘗坐文選樓選詩，爲《詩觀》初、二、三集，别集《蕭樓集》。紀伯紫名映鍾，一字檗子，號戇叟，上元人。《劄記》有《慈峨言紀一丈伯紫亦未葬愴然同作》一首。輩，皆一時聞人。此卷今歸吾鄉劉氏，先生之孫甥也。予就録先生《自題》詩數首。先生他著甚多，今皆散佚失傳，可惜也。

案：圖凡六，而所引山夫語止五。《詩徵》尚載有《斷絃圖》，自題絶句，爲六十時作。

《行述》：先祖考所著，有《閻氏本支録》、《五思録》、《秋心》詩、《一蒲庵》詩，名流老輩來訪，下榻嘉樹軒，或留止經年，或數月。

《劄記·移寓雜興詩》注："余幼時，每侍家大人與諸名宿語。"

《柘塘脞録》："先生滄桑後隱居白馬湖，與同里茶坡、虞山諸人，結望社相唱和，風雅之士一時翕集，如黄岡杜茶村，名濬，字于皇，初名紹先，見《復社姓氏》。太原傅青主，事蹟見《顧譜》。南昌王于一，名猷定，號軫石，著有《四照堂集》。寧都魏叔子，名禧，字冰叔，號裕齋，一號勺庭，嘗集同志九人，講學於易堂。臨清倪天章，名之煌。《淮安志》：劉漢中，字勃安，山陽人，康熙中歲貢生，選東流縣訓導。臨清倪天章流寓淮安，僦屋與漢中同居，暴卒於馬陵，經紀其喪，銘其墓，收其遺詩，乞毛奇齡序而傳之。案：《劄記》有《荅勃安》詩〔一二〕。徐州萬年少、事蹟見《顧譜》。閻古古，名爾梅，字用卿，著有《白耷山人集》。查初白有《讀白耷山人詩》三首〔一三〕。皆下榻相待，飛觴拈韻，爲南北詞流所宗,不減玉山雅集之盛,於世味泊如也。”

《左汾近稿》:“幼時見先大父藏弆‘壽承’二字私印,傳爲三橋手筆。”

母丁孺人,諱仙窈,字少姜,清河丁文恪公季孫。

魏叔子《閻母丁孺人墓表》:“淮安閻君再彭修齡之妻,姓丁氏。祖文恪公,諱士美,嘉靖己未狀元,官吏部侍郎,贈禮部尚書。父中憲大夫,知姚安府,諱有殷。

《劄記·丁舅兄爲其二子來乞名余名之曰醴源曰禾根以文恪公後人也并繫以詩》。又案:潛丘與喬石林爲姨兄弟。《劄記》有《哭石林姨弟詩》是也。又《贈潘山補》詩曰:“我母母之祖,厥官曰中丞。傳君已六葉,家法守還能。”中丞謂明都御史塤也。及考《鈍翁類稿·喬母潘孺人墓志》:石林母乃塤之玄孫女[一四],輩行差忒,《汪志》疑誤。又案:山補,名夏,字西河,山陽人,順治中諸生。《淮安志》稱其不事舉業,專肆力於詩,性好酒,家貧不能常得,興至即走向友人家索飲,醉則以一詩報之。愛其詩者,召飲無虚日,著有《漱滄亭詩》。然則潛丘贈詩,後二韻曰:“縱酒愁書亂,離鄉畏病增。高堂幸强飯,勉矣就蜚騰。”蓋規之也。

崇禎甲戌,孺人年十七,歸再彭。再彭早失母夫人,時參議公老在堂,孺人内外家皆貴盛,特柔謹,孝事參議公,自奉養朝夕,至視疾喪葬無違禮,遇二女公女妹,必敬以和,身撫杜氏孤女甥,而厚庀匳具嫁之。案:參議公有女嫁杜嗣皋,見前《南雷墓碑》。生平於奴婢罕叱咤聲,接内外姻婭無失色。孺人諱仙窈,字少姜,行季,性婉慧,眉目朗秀,知書明大體,兼通琴弈。琴不由師授,以意成譜,妙合音節。事再彭恭,奉再彭賓客酒漿,久必飭。夫婦相歡,得白首如年少人。甲寅八月,孺人以微疾卒。閻氏故世家,自高、曾以下,生、忌日皆祭,每歲十餘舉。孺人直日,必夙興,潔觴豆肴蒸,僮被立,須再彭拜獻。未卒前十日,一祭愆期,日亭午,孺人覺之,恚曰:吾爲閻氏婦奉烝嘗四十年,未嘗敢失事,何今日而遽忘之,豈死期至,神不守邪,卒成禮。又七日,曾祖妣忌,力疾整衣肅拜如平時。又三日歿。孺人於家無專制,鉅細必稟再彭，然遇事往往開陳義命，再彭性褊，每改容從之。甲申後，勸再彭棄科舉學，再彭遂以詩名。予與再彭、若璩皆有交，請予表其墓門，墓在吉家墪，距參議公兆西二百步。初再彭偕孺人上先塋，憩此，偶指一穴曰：他日與汝合葬是。今正其處云。"

案：《丁孺人墓表》，牛叟先生初請邱邦士作之，邦士不果作而卒。叔子作《邱維屏傳》，載其事曰：己未九月，病噎，不食死。年六十六。先是淮海閻氏以椿繭一匹將書，求爲其妻銘墓，未作也，死之先日，邦士命家人取繭出曰：以付冰叔還淮安閻氏。時余方就醫泰和未歸，云云。然則此繭應遂歸叔子矣。

《乞言小奏》："先母生戊午九月三日，家君敬之，稱爲濟陽君，從郡望也，陳其年《定風波齊世家詞》注，引牛叟《兑閣遺徽》曰：妻名仙窈，字少姜，女兄弟五人，幼者適余從兄，自名其讀書處曰兑閣。妻丁姓，予恒呼之爲濟陽君。孝慧柔慎，尤曉大義，事至不動聲色，而就理，御下仁恕，肅然成風，卒之日，無賢愚内外，咸慟惜之。一生善病勿藥，垂危前三日，猶禮拜先高妣忌辰，吉祥而逝，年僅五十有七。"

《己未詞科録》：徵君母丁，自題讀書處曰兑閣。以兑爲少女，己於女兄弟中，行最少云。

何秋濤案：牛叟《兑閣遺徽》云：妻，女兄弟五人，少者適予從兄。此云最少，誤。

陳其年《閻牛叟貫花詞序》自注：牛叟向有悼亡之戚，曾爲賦《兑閣遺徽詞》十首。案牛叟《兑閣遺徽詞》不傳，其小序俱載陳其年《迦陵詞》中，但失其次耳。又案：西河亦有和作，并載牛叟原序。《浣溪紗·逮下詞》注引曰：妻屢請納妾，予不應。閒置孔氏一妾，三年遣之，猶處女焉。《減字木蘭花·佐家詞》注引曰：余世以鹽筴起家，後中落，妻恒好語相慰。《祝英臺近·維摩天女恰同參詞》引曰：妻屢勸予參訪耆宿，究向上一著，而以鈍根未果，近慚龐媪，遠負萊妻。《滿江紅·琴弈雙清詞》注引曰：妻善弈，花下與諸女劇，必招予。予笑謝。於琴不由師授，以意成譜，巧合自然。《卓牌兒·聯吟詞》注引曰：余填詞成，妻恒爲解頤，偶製《杏花天》三闋，妻索書素帕，出入懷袖中。《月華清·病榻間情詞》注引曰：妻一生鮮惰容，雖疢疾亦淡妝讀史。予調曰：提學未至，女秀才矻矻何爲。每憩耳天閣，日課童奴苐濯，余以丈夫當埽除天下爲言。妻笑曰：請從一室始。《泛清波·摘遍采菱詞》注引曰：妻種菱湖西，常攜諸女扁舟采摘，當夕陽下春，翠袖紅妝，與清流碧沼相映，宛在畫圖。寅秋尚期踐此約，而竟不逮矣。

以上凡七事，餘三事散見前後各條下。

劉松苓《雪坡詩話》：迦陵嘗爲牛叟賦《卓牌兒詞》云云，想見牛叟伉儷風致，而百詩又能以經學名世，亦奇矣。

明崇禎九年丙子（1636），十月十四日，先生生。

《劄記》有《壽子仁》詩曰："吾聞堯元載，竹書歲丙子，後幾七十周，實爲吾生始。"又《生日展期啟》："今年下元前一日，爲吾六十。"

杭大宗《道古堂集》："若璩生，參議公酷愛之，常抱置膝上，摩頂熟視曰：汝貌甚文，其爲一代文人，以光吾宗乎。"

《行述》：府君生於明崇禎九年十月十四日亥時。

【校記】

〔一〕潛丘　清道光二十七年壽陽祁氏刻本、中華書局版爲"潛丘"，清粵雅堂叢書本爲"潛邱"，下同。

〔二〕係　清道光二十七年壽陽祁氏刻本、清粵雅堂叢書本爲"系"，中華書局版爲"係"。

〔三〕稾　清道光二十七年壽陽祁氏刻本、清粵雅堂叢書本爲"稾"，中華書局版爲"稿"。

〔四〕劄記　清道光二十七年壽陽祁氏刻本、清粵雅堂叢書本爲"劄記"，中華書局版爲"劄記"，下同。

〔五〕萬曆　清道光二十七年壽陽祁氏刻本爲"萬厤"，清粵雅堂叢書本爲"萬歴"，中華書局版爲"萬曆"，下同。

〔六〕留　清道光二十七年壽陽祁氏刻本、中華書局版爲"留"，清粵雅堂叢書本爲“亩”,下同。

〔七〕志　清道光二十七年壽陽祁氏刻本、清粤雅堂叢書本爲“志”,中華書局版爲“誌”。

〔八〕甕　清道光二十七年壽陽祁氏刻本、中華書局版爲“甕”,清粤雅堂叢書本爲“醲”。

〔九〕況　清道光二十七年壽陽祁氏刻本、中華書局版爲“況”,清粤雅堂叢書本爲“况”,下同。

〔一〇〕園　清道光二十七年壽陽祁氏刻本、中華書局版爲“圍”,清粤雅堂叢書本爲“園”。

〔一一〕艸堂　清道光二十七年壽陽祁氏刻本、中華書局版爲“艸堂”,清粤雅堂叢書本爲“草堂”。

〔一二〕荅　清道光二十七年壽陽祁氏刻本、清粤雅堂叢書本爲“荅”,中華書局版爲“答”,下同。

〔一三〕三首　清道光二十七年壽陽祁氏刻本、中華書局版爲“三首”,清粤雅堂叢書本爲“三百首”,或有誤。

〔一四〕玄孫　清道光二十七年壽陽祁氏刻本、清粤雅堂叢書本爲“元孫”,中華書局版爲“玄孫”,下同。

閻潛丘先生年譜(二)

張穆編

十年丁丑(1637),二歲。

十一年戊寅(1638),三歲。

十二年己卯(1639),四歲。

十三年庚辰(1640),五歲。

十四年辛巳(1641),六歲。

《道古堂集》:"六歲入小學,口吃,資頗鈍,讀書至千百遍,字字著意猶未熟,且多病。母聞讀書聲,輒止之,闇記不敢出聲。"

《劄記·移寓雜興》詩注:"余六歲時,見家古古先生。"

《劄記》:"楊維垣戍淮時,畫《明妃夢還漢宮圖》,屬人題詠,適同宗閻用卿先生自沛至,曰:'楊名在逆案,果漢宫可還,則逆案可翻矣。'楊立取卷回,後直指使者誣劾用卿,楊與有力焉。"

十五年壬午(1642),七歲。

二月,參議公卒於家。

十六年癸未(1643),八歲。

十七年甲申(1644),十月朔,爲大清順治元年,九歲。

是年牛叟先生客金陵,先生從母丁孺人,避地吴、越。《迦陵詞賀新涼雙魚問爲閻牛叟賦》注,引《兑閣遺徽》曰:甲申,予客金陵,妻獨攜子女,避地吴、越,常手書促予歸,爲輕薄子啟緘竊視,歎箴勉得性情之正。

《釋地》:"年九歲,讀《孟子》,疑滕定公薨,兩使然友往鄒問孟子,何緩不及事。"

《疏證》卷六上:余少時習《孟子》,疑滕定公薨云云。與《釋地》語意略同,但不著少時爲幾歲耳。

《茶餘客話》:"劉節之孔和,山東長山人,明大學士鴻訓子,少年豪俠,詩文有奇氣,好煮酒論兵,結納死士,散財聚衆於長白山,殺僞縣令,秋濤案:此事在崇禎甲申,闖賊所署縣令也。領數千人至淮安。時劉澤清開藩淮上,建牙新城,節之同鄉有舊,遂以兵屬,後見澤清所爲不道,屢侮之。澤清怒,令健兒二十人拉死之。節之在新城,與閻修齡、靳茶坡友善,時有唱酬,死後,修齡、茶坡攜白金數百兩,往尋其屍,終不得。"

案:《漁洋文略》有《劉孔和傳》。

二年乙酉(1645),十歲。

是年從兄洄,以商籍入淮安學。

案:《劄記》有《寄從兄錦濤》詩,錦濤當即洄之字也。

三年丙戌(1646),十一歲。

是年從兄若琛,以商籍入學。

案:若琛,字紫琳,與先生同曾祖,祖世美,父調元,見《戊戌進士履歷便覽》。是年與若琛同案入學,又有閻若璵,商籍,亦先生從兄也。

四年丁亥(1647),十二歲。

《茶餘客話》:"靳茶坡、閻牛叟、張虞山,丁亥秋,有《三子秋心》之刻,興化李小有序之,小有自稱虛天游。"

秋濤案:小有名長科,世所傳《仁品》《廣仁品》,皆其所輯。

五年戊子(1648),十三歲。

六年己丑(1649),十四歲。

《劄記·初刻唐百家詩選序》:"回憶五十載前,曾遇閩中書賈,持翻刻本正二十卷。"

案:此序作於康熙己卯。

七年庚寅(1650),十五歲。

《道古堂集》:"年十五,冬夜讀書有所礙,憤發不冐寐〔一〕,漏四下,寒甚,堅坐沈思,《行述》,此下有"筆硯皆冰"四字。心忽開朗,如門牖頓闢,屏障壁落,一時盡撤,自是穎悟異常,是年列學宫爲弟子。案:據《淮山肄雅》,入學實在明年。名流如李宗伯太虛,名明睿,南昌人,天啓壬戌進士,官左諭德,入國朝,官至禮部侍郎。方處士爾止,名文,桐城人,著有《嵞山集》。梁商丘公狄〔二〕,案:《歸德府志·職官表》:商丘知縣梁以樟,崇禎間任。《魏季子集·書梁公狄〈甲乙議〉後》:初授太康令,時賊盤踞中州,公與其兄以枏,悉志力拒之,以殺賊功,調商丘。賊攻商丘陷,公夫人張氏并家屬俱死。公傷仆亂尸中,民救之,三日後蘇。逮刑部獄,天子以爲無罪,出之獄。數日,京師陷。公冒死南下,參史閣部軍,題授兵部主事,經理河南,迨命下而事不可爲矣,云云。《甲乙議》者,公狄前後所上封事及平賊方略也。鼎革後,隱居高郵。施愚山有《甓湖荅梁公狄》詩云:"千里尋君逢卧病〔三〕,杖藜猶肯爲開門。浮家不厭滄州僻,抱膝誰知故老存。白髮歔歌含涕淚,殘尊風雨自寒温。扁舟歲晚歸人急,信宿何年湖上邨。"《孫夏峰集》亦有《覆公狄札》及踵韻寄懷之作。苗夔案:以樟,清苑人,明崇禎己卯北直解元,大興王潔、王源之師也,見《恕谷後集·王子傳》。王處士于一,李孝廉小有,杜貢士于皇,宗人孝廉古古,與之上下議論,咸拱手推服。以一經不可盡也,進而之《五經》,則曰:'《十三經》不通,《五經》不能精也。'次第卒業。"

阮應韶《筆訓》云:吾父嘗言少時與閻百詩先生同受業於靳茶坡先生之門,同學日暮抱書歸家。閻天資魯,獨吟不置,必背誦如翻水乃已,後發憤將書拆散〔四〕,讀一頁輒用麪餬黏几背,既熟卽焚去〔五〕,終身不再讀。一夕,胸前膈下豁然洞開,若有聲震耳,後視書,一過目即成誦。戊午,與吾父同薦鴻博,爲世通儒。

秋濤案:《道古堂集》不言潛丘十五歲時所事何師。以《筆訓》考之,是已從靳茶坡游也,證以《劄記》之言,知從茶坡亦五六年。應韶,字虞再,山陽人。

穆案:應韶父,名晉,字鶴緌。《吏垣牘略》:己未山陽薦舉鴻博,赴部驗到者三人,李鎧、邱象隨、張鴻烈,未到者三人,嵇宗孟、張新標、馬駿,更無阮晉之名。《淮安志》稱晉由諸生入國學,鴻博科開,津要多欲招致其門,堅辭不附,是其事也。晉孫學浩、學濬,曾孫葵生、芝生,皆成進士,宦顯於時。芝生,字紫坪,先泗州府君丁丑進士同年也。

沈儼《劄記序》:"先生生長世冑,家多藏書,幼即潛心鑽孯,抉精剔髓,思成一家言。所交盡海内名流,如李太虛、梁公狄、杜于皇、李叔則、王于一、魏冰叔昆弟,案:冰叔從兄伯子際瑞,弟季子禮,所謂江西三魏也。時過淮,必主其家,輒留止經年,與先生討覈今古,諸公皆歎服,謂後來者居上。

八年辛卯(1651),十六歲。

案:《淮山肄雅録》:順治八年李提學嵩陽類考,先生以商籍入淮安學,首題"伯夷、叔齊至怨乎",次題"視天下悦而歸己"。

《清祕述聞》〔六〕:李嵩陽,字雲增,河南封丘人〔七〕,前庚午舉人,順治六年任。案:吴梅村有《贈李峩居御史督學江南》詩,靳注引程迓亭曰:嵩陽,字元佩,號峩居。又董含《蓴鄉贅筆》:封丘李公嵩陽,起家乙榜,視學江南,翕然有公明之目。

顧棟高《萬卷樓雜記》:閻百詩先生年十五,補山陽學官弟子,孯究經史,深造自得,嘗集陶貞白、皇甫士安語,題其柱曰:"一物不知,以爲深恥;遭人而問,少有寧日〔八〕。"其立志如此。

案:題柱語,先生載之《困學紀聞箋》。

是年毛西河避讎,初出游淮上,變姓名王彦,字士方。

九年壬辰(1652),十七歲。

十年癸巳(1653),十八歲。

十一年甲午(1654),十九歲。

從兄若琛中式山西舉人。

十二年乙未(1655),二十歲。

錢《傳》:"年二十,讀《尚書》,至《古文》五十五篇〔九〕,即疑其僞,沈潛三十餘年,乃盡得其癥結所在。"

《墓志》:"少讀《尚書》,多所致疑,謂自孔安國至梅賾,幾五百年中間半出傅會,遂著《尚書古文疏證》以申其説。"

《行述》:著《尚書古文疏證》蓋自二十歲始,而諸子史集,亦自是縱學,無不博覽。

《劄記·題春秋左傳屬事》:"余年二十前,從同里靳茶坡先生學此書,蓋得於其家。"

《移寓雜興》詩注:"霞舉、紫嵐同余受業靳茶坡先生之門,余年最幼。"

《疏證》:卷八"同里友人石子華峙,字紫嵐,一字企齊,與余善。每著《疏證》成,或面語,或遺信送覽〔一〇〕,正唐人詩所謂爲文先見艸者。"

《淮安府志》:石岱峙,字霞舉,弟華峙,字紫嵐,大河衛人,皆諸生,文章行誼,見重一時,邑人交口稱二石先生。

又:"紫嵐嘗謂余,子於考證之學,洵可謂工矣,其指要亦可得聞乎。余曰,不越乎以虚證實,以實證虚而已。"

《釋地・三續吾何修十二句》引石子嵐説，即紫嵐也。《劄記》多與紫嵐書及詩。

十三年丙申（1656），二十一歲。

十四年丁酉（1657），二十二歲。

十五年戊戌（1658），二十三歲。

三原孫豹人枝蔚《溉堂前集》，戊戌年，有《懷閻百詩就醫京口》詩："苦憶淮陰閻伯子，近來脾病太相磨。少年最有登臨興，異縣其如藥餌何。能賦茂陵消渴甚，苦吟昌谷嘔心多。漫勞著作徒無益，努力萊衣舞且歌。"

阮太傅《廣陵詩事》：孫豹人，本三原人，至廣陵學賈，三致千金，頓自悔曰：丈夫處世，不能舞矟取金印如斗大，則當讀數十萬卷書耳，何齷齪學富家兒，乃僦居董相祠旁，名其居曰溉堂。舉詞科，時崑山大司寇徐公爲一時龍門，四方之士鱗集仰流，豹人獨不事干謁，入試，不終幅而出。上雅聞其名，命賜銜以寵其行。

《行述》：以病嘗就醫鎮江，特延李寶應叔則先生偕行，偃仰金山楞伽臺，日作詩倡和，夜則乘月浩歌達旦，與江聲相應。長洲金聖歎聞而訪焉，語輒詘，逡巡别去。

王應奎《柳南隨筆》：金人瑞，字若采，聖歎其法號也，少年以諸生爲游戲具，補而旋棄，棄而旋補，以故爲郡縣生不常。性故穎敏絶世，而用心虚明，魔來附之。錢宗伯《天台泐法師靈異記》所謂慈月宫陳夫人，以天啓丁卯五月，降於金氏之卟者，即指聖歎也。聖歎自爲卟所憑，下筆益機辯瀾翻，常有神助，然多不軌於正，好評解稗官詞曲，手眼獨出。初批《水滸傳》行世，崑山歸玄恭見之曰〔一一〕：此倡亂之書也。繼又批《西廂記》行世，玄恭見之，又曰：此誨淫之書也。顧一時學者愛讀聖歎書，幾於家置一編，而聖歎亦自負其才，益肆言無忌，遂陷於難，時順治十八年也。初，大行皇帝遺詔至蘇，巡撫以下大臨府治，諸生從而訐吴縣令不法事，巡撫朱國治方暱令，於是諸生被繫者五人。翼日，諸生羣哭於文廟，復逮繫至十三人，俱劾大不敬，而聖歎與焉。當是時，海寇入犯江南，衣冠陷賊者，坐反叛，興大獄。廷議遣大臣即訊，并訊諸生，及獄具，聖歎與十七人，俱傅會逆案坐斬，家產籍没入官，妻子遣戍云。《鮚埼亭集・劉繼莊傳後跋》曰：繼莊之才極矣，顧有一大不可解者，其生平極口許可金聖歎，故吴人不甚知繼莊，間有知之者，則以繼莊與聖歎並稱，又咄咄怪事也。聖歎小有才耳，學無根柢，何所取而許可之，然繼莊終非聖歎一流,不得不爲别白也。案:繼莊,名獻廷,吴人,寄籍大興,明史館、一統志局,繼莊皆與其事。

是年從兄若琛成進士,改兵部主事。

若琛歷官至嘉興府知府[一二]。《劄記·贈李梅谷吏部》詩自注:"國博兄同年,昔與同官。"案:梅谷,名含春,順天通州人,戊戌進士。國博蓋若琛别字也。《左汾近稿·寄顧山容學士》詩:"吾家所欣賞,倍與阿咸親。"自注:"君出從父今嘉興守之門。"

十六年己亥(1659),二十四歲。

十七年庚子(1660),二十五歲。

《劄記·題邵文莊簡端録》:"余年二十五歲,始從同里吴太易先生學,見先生手不暫捨此書,閒請而觀焉,復於先生曰:未見甚佳處。先生微笑,蓋先生病耳聾,以爲此自其恒狀。越後二載,取而復讀,徹首徹尾,不覺沈酣尋味者彌旬,以復先生,先生喜曰:'吾當日若嗤子,子未必服,固知吾子必有今日解悟在。'其善開發人如此。"

然則先生自此年至壬寅入京師以前,皆從吴太易學也。

《困學紀聞箋》:先師吴太易先生問余,五福無貴,子知其説乎。對曰:未也。先生曰:蓋福乃人生受享之物。古者有一命,則有一命之責任,寒者與衣,飢者與食,凡不獲其所者與安,是以終身處乎憂患之域,而不遑暇。其在位也,如肩重負;及去位也,如釋重負。豈若後世之貴者,以位爲恣睢乎。故五福中不得有貴。此論甚精。

案:凡厥正人,既富方穀,古未有富而不貴者,深寧妄之論允矣[一三]。

《釋地》"天時不如地利"條:"業師吴太易先生謂此節兩地利字殊不同,上地利是舉偏而言之,已足勝天時,下地利是舉全而言之,仍不能及人和。語此時,歲在庚子,距今四十有二年。案:後四十二年,爲康熙四十年辛巳。墓木徒拱,著書莫遂,恐有名字翳如之感,爲識於此。"自注:"先生諱一清,大河衛人,丁酉北闈舉人，甲辰擬會元，後二年卒。”

秋濤案：先生篤於師弟之誼若此，烏有始學終倍，如顧、江諸説者哉。

李塨《〈大學辨業〉題詞》：《大學》釋治國，未釋平天下。蓋天下者，國之積也，此國如此用人，如此理財，推之他國亦如是，無異道也，故治平條一天下字虚，五國字實，以爲國作爾。三十載前，聞先師吴太易云。是編又不謀而合，至德不孤，斯文尚在，不意老年，見此奇特。

塨，字剛主，蠡縣人，自名其里曰恕谷，康熙庚午舉人，通州學正。案：恕谷此書，成於康熙戊寅，己卯過淮安，與潛丘相見，《題詞》當即作於此時。

《儒林傳稿》：有評定《古文》百篇，其師山陽吴一清所手授，續加闡發。

是年，從兄洞中式山西舉人。

西河復出游，自此年至康熙三年甲辰，皆在淮上。

施愚山《毛子傳》：出亡抵淮上。山陽令朱禹錫故善甡，爲召諸名士詞人，畢集爲歡，而吏部張新標父子耆詩，有名園，中秋夜，會客數十人，伎樂合作，甡倚醉扣盤，賦《明河篇》凡六百餘言，及旦，則淮上諸家，傳寫殆遍。宣城施閏章還自京師見之目爲才子。自是客淮數月，留連不能去。甡年四十餘，尚無子，自言當以客游老云。案：是年西河年三十八。此傳當作於康熙三、四年，愚山比年〔一四〕，皆以分守入覲，歸路出淮上也。朱禹錫，字揆叙，浙江山陰人，順治間，以選貢積分，選山陽縣。考《淮安志·職官表》：禹錫知山陽，在順治十六年後，康熙五年前，而西河於四年乙巳，已與愚山講學白鷺洲，然則禹錫賓禮西河之歲月，亦約略可知矣。

十八年辛丑(1661)，二十六歲。

是年，從兄洞成進士，改旌德縣知縣。

《淮安府志》：歷旌德〔一五〕、長寧、安溪三縣知縣。《劄記·寄從兄錦濤》詩曰："官向青山下，長吟小謝詩。"謂旌德也。又《疏證》卷二：徒弟自旌德歸，授余以《縣志》。

康熙元年壬寅(1662)，二十七歲。

孫豹人《溉堂前集》：壬寅，《閻百詩自淮至邗上哭亡友王于一兼經營歸櫬感其古誼贈以詩》。

詩曰:"太白於指南,自謂重朋情。禫服日痛哭,營葬在鄂城。高義照千載,豈獨詞賦名。我友昨客死,杭人多哭聲。魂寄古寺中,尚聞鐘鼓驚。我遠不及赴,垂淚徒縱橫。貽笑李太白,倫誼何太輕。古道未淪喪,乃復見閻生。自淮過廣陵,醵金恤其嬰。日夜望柩至,將送歸柴荆。閻生擅詞場,睥睨公與卿。師事但王子,心虚眼自明。還復奉父命,嫦孤勞經營。世俱崇勢利,遺子金滿籯。爾翁獨不然,舉事貴堅貞。我身在江湖,終日望歸程。飄泊齒漸暮,何異水中萍。身後貴自計,焉敢累嚶鳴。作詩兼示兒,悽然涕沾纓。"案:于一卒于西湖昭慶僧舍。

又有壬寅《送閻百詩返太原故里赴試》詩,

詩曰:"我住江都君淮上,相思但聽棹聲響。梅花開罷楊柳青,君縱不來我能往。惟愁病渴苦相如,誰慮韓侯久釣魚。匣裏豈無三尺劍,笥中況有萬言書。今晨别我太原去,爲言先人有廬墓。立馬朝看太行雲,揮鞭夕指并州樹。我聞君祖大參公,令譽猶播鄉里中。立朝慷慨多奇績,君今繼之稱豪雄。歸來應笑淮陰市,始識閻生天下士。淮陰亦是枚公鄉,君且著錦拜高堂。"

又有壬寅《賦得桂送閻百詩入秋闈》絶句。

詩曰:"桂樹何菁葱,香飄八月中。淮南看易厭,好問廣寒宫。"案:壬寅無鄉試,潛丘蓋於是年始謀改歸本籍,故豹人作詩云。然實則壬寅冬,先至京師,次年癸卯,始由京旋里應鄉試也。

《道古堂集》:康熙元年,始游京師,合肥龔鼎孳爲宗伯,相知最深,頗爲延譽,由是知名。

案:《貳臣傳》:鼎孳於順治十三年,由左都御史降補上林苑蕃育署丞。十七年甄别京員,復降三級調用,罷署丞。康熙元年,詔以侍郎補用。今據順治十八年搢紳,鼎孳官國子監助教,是罷署丞後所補官也。又據大宗此傳,知此年補侍郎,乃得禮部也。

《行述》:龔大宗伯,府君父行也,知最深。

二年癸卯(1663),二十八歲。

《道古堂集》:"旋以僑籍改歸,籲於太原。"

案:據下蕭松齡條、傅青主條核之,知改歸故籍,當在此年。

《行述》:自還淮以來,高、曾以下,類先就僑籍考試,然後歸本籍。故是年又附太原縣學,隨補廪膳生。

案:《藤陰雜記》稱,於吏科庫,見己未保舉鴻博奏疏,潛丘係以監生膺薦。《槐廳載筆》引《吏垣牘略》同。

《釋地》："蕭松齡木公，夫子爲衛君乎全章文云云。癸卯，交木公於京師，曾舉此段議論，今忽已三十八年，能無慨然。"

案：與蕭木公會，當在此年之春，時尚未歸太原也。後三十八年，爲康熙三十九年庚辰。

《劄記》："案傅山先生，少耽《左傳》，著《左錦》一書，祕不示人。余初訪之松莊，年將六十矣。案全謝山《傅先生事略》〔一六〕：康熙戊午，青主年七十四，則此年年五十九也。《劄記·訪馬長逸》詩第三句"回首松莊稱韻學"，自注：謂陽曲傅青主二丈，松莊其所居也。問余：'古人命名應有義，但如文六年續鞫居乃狐射姑之族，鞫居二字何義？'余曰：'案成二年，齊師乃止，次於鞫居。杜氏止注：鞫居，衛地。惟劉昭引《陳留志》，於兗州封丘縣下注云：有鞫亭，古鞫居。則知此蓋以地命名者。'因難：'何以晉人遠取衛地而名其子邪？'余曰：'則有《風俗通義》在，俗説縣令問主簿，靈星在城東南何法。主簿仰荅曰：惟靈星所以在東南者，亦不知也。'先生不覺笑。"

又："傅山先生，長於金石遺文之學，每與余語，窮日繼夜，不少衰止，歎謂此種學，正經史之譌，而補其闕，厥功甚大，畢竟始自何代何人。余曰：魏太和中，魯郡於地中，得齊大夫子尾送女器，有犧尊，純爲牛形。王肅以證其羽婆娑，然説非是。晉永嘉賊曹嶷於青州發齊景公冢，得犧象二尊，形爲牛象，傳至梁劉杳，以證象骨飾尊之説非。漢章帝時，零陵文學奚景，於泠道舜祠下得白玉琯，古以玉作，傳至魏孟康以證《律曆志》竹曰管〔一七〕，説不盡然。《儒林傳》：伏生，濟南人也。魏張晏注曰：名勝。《伏生碑》云：《地理志》，魏郡黎陽，黎山在縣之陽，縣當名黎陰，乃云陽者，兼取河水在其陽以名。晉晉灼注曰：其山上碑實云。《水經注》：青州刺史傅宏仁説，臨淄人發古冢得銅棺，前和外隱起爲隸字，言齊太公六世孫胡公之棺也。惟三字是古，餘同今書，證知隸自出古，非始於秦。《顔氏家訓》：開皇二年，長安民掘地，得秦始皇二十六年鐵稱權，上有乃詔丞相狀綰之銘。之推與李德林對讀，則知《本紀》丞相隗林爲俗書，林當作狀。凡是數説，似未有先之者。"

王鳴盛《潛研堂金石跋尾序》〔一八〕："傅青主問閻百詩，金石文字足以證經史之譌而補其闕，此學始於何代何人。百詩考得七事，以爲此外無先之者，但王肅、劉杳、孟康所據，皆無文字，則精確者，惟四事耳。而此外若昭三年《傳》，叔向引《讒鼎銘》；昭七年《傳》，孟僖子引《考父鼎銘》；《禮記・祭統》引孔悝《鼎銘》，《考工記・㮚氏》引《嘉量銘》，此見於經者也。《史記・封禪書》：李少君識齊桓公柏寢銅器，案其刻果然。《漢書・郊祀志》：張敞案《美陽鼎》款識，辨爲周鼎，此見於史者也。若《家語》載《金人銘》，《大戴禮》載《丹書銘》。《秦本紀》載始皇所立諸碑。《魏書・衛操傳》，載操所立《大邗城碑》。而柏人城西門碑，闞駰且據以爲即舜納於大麓之迹。凡此皆百詩之所未及舉也。然則金石之學，自周漢以至南北朝，咸重之矣。"

穆案：《金人銘》出劉向《説苑・敬慎篇》，王肅勦襲之耳。《丹書銘》非金非石，不當舉。始皇諸碑及衛操《大邗城碑》皆史官據實載之，非後世搜獲軼聞，此四事西莊所引皆誤。

又《移寓》詩注："金石文字，足爲史傳正譌補闕，余曾與陽曲老友傅青主極論其事。又余嘗告子壽，金石文字北方爲多，棗梨文字南方爲勝。"

又案："余嘗謂蓋代文人，無過歐公，而學殖之陋，亦無過公。傅山先生聞之曰：'子得毋以劉原父有好箇歐九之云，從而和之乎。'余曰：'非敢然，實親驗之《集古録》跋尾。'"

此條又見《困學紀聞箋》卷二十。

《困學紀聞箋》：卷十三"謝承《後漢書》，錢牧齋云：方少師於史館攜去，問之其後人，不可得。陽曲傅山先生聞之笑曰：某家即有之，永樂間揚州刻本。初郃陽《曹全碑》出〔一九〕，曾以《謝書》考證，多所裨。大勝范書，以寇亂亡失矣。"

案：此事又見《劄記・移寓》詩注及《唐百家詩選跋》。惟詩注云：曾見，與前後語頗抵牾。又案：潛丘於癸卯、壬子，兩訪青主於松莊，此數條未知定在何年，類記於此。

是科山西闈題："子路有聞一節，萬物育焉，使天下仕者，皆欲立於王之朝。"

《孫豹人集》有《癸卯清明日閻再彭攜歌童泛舟城北案：謂揚

州城北也。取今日天氣佳清吹與鳴彈爲韻》五言律十首。

三年甲辰(1664),二十九歲。

魏世傚《昭士文集·閻再彭七十壽序》:"家大人曾與先生相見,而先生令子同宿於清江浦上。時傚甫十歲耳,輒知先生父子。"

案:世傚,魏季子禮之次子也。據序中丁巳歲,傚年二十有三,逆推之,知當在此年。

四年乙巳(1665),三十歲。

《劄記》:《方坦庵先生自寧古塔歸遇家君誦余拙作甚多不知何從得之異日賦此志感并以爲弔》。又注:"余乙巳始過維揚,謁先生未值。"

《甲申傳信録》:方拱乾,字坦庵,南直桐城人,戊辰進士,官左諭德,掌司經局印,聞城陷,尚臥牀上引刀割髮,未半,爲家人抱持而止,尋削髮報名,以美婢賂賊將羅,不加拷掠云云。案:吴震方《説鈴》,采拱乾所著《絶域紀略》,戍寧古塔時作也。末有無衣曹序跋曰:坦庵被罪謫徙,捐貲得還,本末總無可取,但其所記有足備勸戒者云云。案:拱乾入本朝仍官詹事,順治十四年,因爲少子章鉞科場夤緣中式,與吴漢槎諸人,同遣戍寧古塔,但放還較早耳。施愚山有《聞方坦庵先生及樓岡邵村諸君放還志喜》詩、《在湖西到官寄親舊》詩,後案《年譜》:愚山以順治十八年秋分守湖西,則坦庵放還,在辛丑、壬寅之間矣,樓岡、邵邨者〔二〇〕,坦庵二子玄成、亨咸之别號也。《漁洋精華録》:甲辰年,有《將往金陵冒辟疆攜歌兒見過同方坦庵先生杜于皇方邵村崔不雕小集》詩。大興劉寬夫侍御位坦藏拱乾、漢槎諸人所書《大方廣佛華嚴經墨蹟》,末有跋曰:拱乾曩曾發願書《華嚴經》,望洋未敢就。戊戌冬,入圜中,偶吴孝廉蘭友,言及蘇州半塘寺有宋景濂學士三世共書《華嚴經》,自叙其兩世爲僧,一世爲學士,筆畫猶犂然未湮没也。因與同羅諸君子,約以己亥元日,沐手揮毫,不意出關期迫,乃晝夜竭蹷,以竣厥事。各隨心願所及,腕力所成。方拱乾書八卷、方亨咸書七卷、姚其章書五卷、陸鳴時書四卷、方玄成書四卷、查學詩書四卷、張恂書三卷、王樹德書三卷、趙瑞南書三卷、張湛書三卷、方章鉞書三卷、郁之章書二卷、孫伯齡書二卷、李倩書二卷、吴蘭友書二卷、錢威書二卷、張明薦書二卷、邵庚書二卷、徐榮書二卷、齊維岳書二卷、吴兆騫書二卷、張天植書一卷、諸豫書一卷、丁澎書一卷、李燧升書一卷、黄鈊書一卷、張文書一卷、劉隱如書一卷、孫暘書一卷、莊允堡書一卷、孫梗書一卷、李夢先書一卷、沈始然書一卷、張賁書一卷、公書一卷,共八十一卷。竟以是三十四人之一生,代宋學士之三生。嗟乎,是三十四人者,一生之升沈易險,且堪代人百生,不第三生矣。裝潢費約五十餘金,陳時斌及諸檀施外,率諸君子隨所給,及其舊朝裳繡衣,而爲嚴飾。讐校則惟李燧升、齊維岳力,以正月朔肇,二月朔成。成施廣濟寺,寺有僧超文,爲張司馬天植外弟兄,目擊司馬之難,而傷心薙染,經原本因超文請之寺中,故永供寺中也。此書經時節因緣,而拱乾爲之記。己亥二月初一日,方亨咸書。

《釋地》:"父執杜于皇,當三十五載前,遇於維揚,作長歌贈余,中一段曰:'城南荒草寓,城北古旗亭。君來我往談《六經》,出未日出歸戴星。白頭老子陡一驚,今世乃復有閻生。不貴子博觀,貴子秉確識。吾子必自愛,如子實難得。'臨歧時,復諄諄以確字見誨。余深有志焉,而媿未逮也。"

案:世傳《變雅堂集》寥寥五言律,七言絶句數十篇,殊與詩名不稱,近黄岡有搜刻于皇詩文者,《變雅堂集》外,别爲《補遺》二卷、《茶村詩鈔》六卷,而此作仍不在,蓋軼者多矣。此長歌作於何年,無從臆定,然以《文集》考之,于皇於康熙癸卯客淮陰,甲辰至丁未,皆客揚州。《白雲樓記》曰"余客廣陵久"是也。潛丘於乙巳至揚,當與于皇相值,意即于皇贈詩之年也。時于皇年五十有五矣,又于皇《揚州石塔寺飯僧田碑》文尾,有潛丘評語,意皆一時事。後三十五載,則康熙三十八、九年己卯、庚辰間也。

是年西河客廬陵白鷺洲,偕施愚山講學。

《愚山年譜》:康熙二年癸卯,分守湖西,有《鷺洲講會歌序》曰:西江講學之會,吉州最盛,中輟者四十年矣。余以癸卯十月,修復舊事,布衣野老皆許以客禮相見,會者近千人。

已而去游淮西。

秋濤案:西河是年由廬陵北游少室,五年,復還湖西,居一載,以愚山將移治,辭之崇仁,復之汝寧,留三年,凡所稱游淮西者,謂汝寧也。

五年丙午(1666),三十一歲。

是年先生當回太原,應鄉試,試題"爲政以德論"。

《劄記》:"丙午、丁未間,重策論,讀宋陳傅良《時論》云云。"

秋濤案:《皇朝通志》:康熙二年,停止八股文體。三年,更定科場試題:頭場策五篇;二場用《四書》本經題作論,各一篇;三場表一篇,判五道。四年三月,仍復三場舊制。是丙午、丁未間，已復用八股矣。然策論猶重，故先生云爾。

穆案：据《清祕述聞》：甲辰會試，及此年鄉試，首場皆作《四書》題論一篇，《通志》之言，疑有未覈。《劄記》有《修史》《郊祀》《經學》《守令》《經筵策》五篇。案：《郊祀策》曰："世祖定合祀以來，二十年間。"《守令策》曰："國朝定鼎以來，已二十餘年矣。"推知五策，皆作於此數年中，或即應試之作。

秋濤又案：《皇朝通志》：順治元年，定制每歲冬至，大祀天于南郊，夏至，大祀地于北郊。順治十七年四月己酉，合祀天地百神于大享殿。十八年正月，聖祖仁皇帝登極，尋以諸臣詳議祀典，請罷大享殿合祀，從之。

六年丁未（1667），三十二歲。

是年九月，牛叟先生年五十一，丁孺人年五十，先生爲二人稱觴。

馬宛斯選授淮安府推官缺，旋裁。

案：潛丘與宛斯相識，當即在此年，不待癸丑自隴右東歸也。《移寓雜興》詩内一首曰："紛紛把筆學題詩，未見揚劉博極時。卻羨歸來堂畔客，浩如煙海細如絲。"第三句自注："謂鄒平馬公驄御，其讀書處，即宋趙明誠故莊。"

七年戊申（1668），三十三歲。

《疏證》：卷五上"戊申夏，王源崑繩讀《左傳》閔二年'及狄人，戰於滎澤，衛師敗績，遂滅衛。衛侯不去其旗，是以甚敗'來問。"

程鴻詔案：《釋地》"公孫揮"條，亦記王源崑繩語，皆云讀《左傳》，當是戊申一時之事。方苞《四君子傳》：王源，字崑繩，世爲直隸宛平人，父某，明錦衣衛指揮，明亡流轉江淮，寓高郵，源少從其父，喜任俠言兵。少長，從寧都魏叔子言古文。晚年與蠡縣李塨游，遂與師事博野顔習齋，逾六十，復往來金陵淮揚間，客死山陽。案：崑繩，康熙癸酉舉人，父名世德，兄潔，字汲公，年十二，補弟子員，明亡不復就試。金壇蔣衡世所稱拙老人者，汲公之壻也。

是年西河游睢州，已，復歸淮西。

秋濤案：西河至睢州，爲湯文正公母夫人作《崇祀祠記》。明年還浙，九年復游淮西，爲張仲誠作《白龜圃記》，既而客息縣。

八年己酉(1669),三十四歲。

《行述》:八年,鄉試山西,受知於前給事中、交城縣知縣趙恒夫先生,爲同考所忌,不售。府君感其知,執弟子之禮終身。

恒夫事蹟詳《顧譜》。

案:是年闈題:“先有司、赦小過、舉賢才,言而世爲天下則,君子深造之以道,欲其自得之也。”

吴薗次《林蕙堂集·謝閻牛叟貽唐伯虎十美人卷及唐鏡啟》有“鄙文未就,雅貺先頒”之語。蓋爲索文而投贈者。

秋濤案:此事不得其年,薗次解官,在康熙己酉。其自傳云:以忤上官投劾歸,歸而貧甚。是解官後即歸也。又云:有索翁文與詩者,多以樹木花竹爲潤筆費,不數月成林,因名曰“種字林”。是歸里後,以賣文爲活也。薗次名綺,江都人,順治甲午拔貢,薦授祕書院中書舍人,遷兵部主事郎中,出知湖州府。

九年庚戌(1670),三十五歲。

十年辛亥(1671),三十六歲。

孫豹人《溉堂續集》:辛亥年七言律詩,有《黄大宗招同范仲良張虞山馬圖求趙天醉張孟思閻百詩家姪獻于飲止園次天醉韻》。

詩曰:“登筵忽使旅愁無,染柳春風緑到蘆。水鳥當階容易狎,漁舟入夜不曾孤。同來勝友如金谷,老去才名媿達夫。何事招尋成汎愛,久看樵牧可爲徒。”案:魏叔子於辛亥三月,遇山陽黄大宗於廣陵,爲叙其《庚戌登科集》。豹人詩有“染柳春風”之語,蓋同時事。據知潛丘此年,曾作廣陵之游矣。圖求名駿,亦山陽人,康熙己酉舉人,晚薦博學鴻儒,未及試而卒,著有《聽山堂集》。

是年西河復游淮安,至癸丑冬,始還蕭山。

秋濤案:以西河所作《袁監州七十序》推之,知此年復至淮安也。十二年冬歸里,十四年復客汝寧,十六年游上海,十七年應徵入京,從淮城下過,未信宿也。

西河《送閻徵君歸淮安序》:“余避讎之淮安〔二一〕,與淮之上下無不交,閻君潛丘在其中。曁之梁之宋不能前,復歸淮安,則稍稍有言潛丘君年損而學多者,於是躬詣之,與之登城東程將軍家，題名而去。顧余變姓名，獨於淮有識余毛生者，予漫應之曰：毛甡。於是有毛甡與潛丘君游墓之題云云。”《西河詩集》有《九月十九日登程將軍冢》詩。

詩曰：“層雲蕩晴空，涼風薄枯艸。我登淮陰城，秋衣振縹緲。淮陰城東有高阜，九日初過又重九。閻君父子好探奇，邀我登高共飲酒。籬頭黃菊堆酒卮，風前重把茱萸枝。雙攜銀榼墜鸜鵒，頻開鏤椀燒蟲蠨。飄飖千里試一望，射澤鹽陂減秋漲。煙浮蒼靄到海平，日涌黃河至天上。紫霄高闕陵貝宮，霓裳羽節吹長風。圯橋再見赤松下，淮王自坐丹霞中。前臨巨冢近千尺，半倚城根半蕈陌。水落難知王氏墳，道傍猶覩滕公宅。閻君本屬唐相餘，稱言此是將軍墟。神堯定鼎畫麟閣，程氏高勳析珪爵。曾留淮海鎮徐方，因釋金龜葬繁弱。千秋甲冑掩黃土，猶捲旌旗走風雨。介馬嘗隨龍虎號，銜花近見牛羊舞。秋風酹酒瀉雨缾，幽思還視飛鴻翎。昭陵西望人寂寞，鼎湖南去愁清冥。銅笙一曲倚靴竹，戲馬臺空散黃鵠。把酒頻看琥珀紅，拂盡殘碑不堪讀。”西河又有《集閻修齡若璩父子即席》詩：“東第邀羣彥，西園集酒徒。清缸開玉露，畫槳待珠湖。角綺梁王賦，烹鮮陸氏厨。謳吟相間發，不忍聽驪駒。”末注：嘉謨曰：珠湖即東湖，時查伊璜同赴飲。又《題眷西堂詩并序》：閻氏自山右來淮，名其堂眷西，不能忘舊。乃從堂主人再彭之請云耳。“甲第移家遠，茅堂倚郭新。久爲淮海客，仍是太原人。荷蓋看留楚，瓜生想去豳。天涯多蕩子，誰得買君鄰。鹽筴開鴻緒，魚鬵念舊鄉。人倫重東國，彼美念西方。啼鳥聽幽谷，流泉繞夕陽。千秋垂乃眷，聊以志斯堂。”數詩不得其年，附記於此。又案：錢謙益亦有《寄淮上閻再彭眷西草堂》詩：“西向依風笑，南枝擇木謀。艱難仍有步，眷顧豈無頭。策賜金天醉，盤辭渭水愁。美人紆萬舞，山隰思悠悠。長淮南紀水，滔蕩汨窮塵。故絳真吾土，陶唐自古民。周詩太原什，《晉問》柳州文。他日論《都賦》，東西定主賓。”

十一年壬子（1672），三十七歲。

《移寓雜興》詩注：“家古古先生，壬子春，復遇之交城，相去三十餘年矣。”

《疏證》：卷五上“壬子秋，過陽曲松莊傅山先生字青主者，適讀《左傳》，以哀二十五年‘褚師聲子韈而登席，公怒’下問曰：‘古人既脱屨，復脱韈乎。雖杜注“古者見君解韈”，然書傳中僅此一見，無别證何也。’余不能對。久之，讀陳祥道《禮書》，始用以報曰：‘《禮書》謂漢魏以後朝祭皆跣韈。又謂梁天監間，尚書參議案禮跣韈，事由燕坐，今極恭之所，莫不皆跣，清廟崇嚴，既絶常禮，凡有履行者，應皆跣韈。蓋方是時，有不跣韈者，故議及之。可見六朝時猶然，而尤妙者，在案禮跣韈，事由燕坐二語，古祭不跣，所以主敬，朝不脱履，以非坐故。惟登坐於燕飲，始有跣爲歡，後則以跣示敬。此亦古今各不同處，因怪杜注見君解韈，見君字不確，要須易爲古者燕飲解韈耳。'先生得之喜甚，曰：'此一段直可以正杜注，補孔疏，爲劉炫、趙汸所未及。'余不敢當。兹已忽忽十年〔二二〕，聊牽連書之，以見一時知己之情云。"

案：《劄記》有《與傅青主二丈書》云："後四載，讀陳祥道《禮書》。"後四載，爲康熙十五年丙辰。後十年，則二十一年壬戌也。《西河經問》：彭軏，山東昌樂人，乙丑進士。問"褚師聲子韈而登席"云云，若然，則朝祭之跣，起於後代，劇不足據，但軏曾客淮，聞淮客有論《采菽》之詩者云云。秋濤案：此淮客，即指潛丘。

錢《傳》："崑山顧先生炎武游太原，以所撰《日知録》相質，即爲改定數條，顧虚心從之。"

《疏證》：卷六上"壬子冬，客太原，顧寧人向余稱朱謀㙔《水經注箋》〔二三〕，爲三百年一部書。余退而讀之，殊有未然。"云云。又：卷七"憶余晤寧人，壬子冬，曾問《古文尚書》還當疑否，曰否。"云云。

《劄記》："顧寧人論幽、并、營三州，在《禹貢》九州之外。余時同客太原，面質正曰：此不過從肇者始也臆度耳，其實《周禮・職方氏》：'并州，其澤藪曰昭餘祁。'昭餘祁在今介休縣東北三十二里，俗名鄔城泊。吾與君所共游歷者〔二四〕，非石嶺關以南乎。"云云。

又《南雷哀詞》：顧，余遇之太原，持論嶽嶽不少阿，久乃屈服我。

《疏證》：卷二"愚嘗以梅氏晚出書，自東晉迄今歲次壬子，一千三百五十六年，而屹與聖經賢傳，並立學官，家傳人誦，莫能以易焉者，其故蓋有三焉。皇甫謐高名宿學，左思《三都》，經其片語，遂競相讚述，況渠實得孔書，載於《世紀》，有不因之而重者乎。是使此書首信於世者,皇甫謐之過也。賾雖奏上,得立於學官,然南北兩朝,猶遞相盛衰,或孔行而鄭微,或鄭行而孔微,或孔、鄭並行。至唐初貞觀始依孔爲之疏,而兩漢專門之學,頓以廢絶,是使此書更信於世者,孔穎達之過也。天祐斯文,篤生徽國,孔子之後,所可取信者,一人而已。分《經》與《序》,以存古制。一則曰安國僞書,再則曰安國僞書,爲之弟子者,正當信以傳信,疑以傳疑,乃明背師承,仍遵舊説,是使此書終信於世者,蔡沈之過也。經此三信,雖有卓識定力,不拘牽世俗趨舍之大儒,如臨川吴文正公《尚書序録》,實有以成朱子未成之志者,而世亦莫能崇信之,蓋可歎也夫。善夫歐陽永叔之言曰:'自孔子没,至今二千年之間,有一歐陽修者,爲是説矣。'愚亦謂自東晉至今,一千三百五十六年,有一閻若璩者,爲是説矣,其尚取而深思之哉。"

《劄記》有《跋周郡守晉祠碑記》二則。

又曰:"愚既跋吾師《晉祠碑亭記》訖,復取縣志閲之,見宣和五年,有姜仲謙《晉祠謝雨文》,其首云:'致祭于顯靈昭濟聖母汾東王之祠。'中云:'惟聖母之發祥兮,肇晉室而開基。王有文之在手兮,其神靈之可知。'爲之狂喜欲絶,益歎吾師之言,信而有徵也。女郎祠之建,實始於天聖,而封號之加,則自熙寧禱應始〔二五〕。宣和五年,上距天聖甫百年,其建祠之故,與所祠之人,必歷歷有據〔二六〕,故仲謙得之於傳聞,而載之於撰著,不然,豈牽合傅會遂至此也。元人戈轂《重修汾東王廟記》亦云女郎祠建,因改封汾東王之後,則其相因而及,意有在矣。乃祀典之譌,實自洪武四年始,詔革天下神祇封號,止稱以山水本名。而聖母廟遂改爲晉源神祠,若以聖母爲真水神也者,嗚呼,不知此似是而實非也。愚故詳考曲證,以信吾師之説,且以爲他日作縣志者補焉。"

案:周郡守,名令樹,字計百,延津人,順治乙未進士,由贛州推官,遷大同同知,卓異，升太原知府。《竹垞集》：辛亥春，有《送計百赴太原任》詩是也。《太原縣志》載：令樹《重建晉祠碑亭記》，末行款署：康熙壬子端午後三日。

《釋地》："晉水源有女郎祠，實邑姜之廟，去吾家西寨村一十八里，每游而忘歸，誠如北齊王晞之所賦者，旁方爲唐叔虞廟，南向，此子爲母屈者也。母封曰聖母。子封曰汾東王。余從艸間搜出宋政和五年殘碑，乃姜仲謙《謝雨文》首云云。喜得一典證，屬有司當上聞於朝，以釐正之。此鄉邦故事，或曰：既釐正矣，則當别建晉源神祠。余曰：然。豈惟晉源，此間有臺駘廟，當補入實沈，以祀參神，不然，是知有地理而無天文也。"

是年山西闈題："舉善而教，不能則勸，足以有臨也。夫仁亦在乎熟之而已矣。"

十二年癸丑（1673），三十八歲。

《道古堂集》："未幾出游鞏昌，與陳秀才子壽，子壽名祺芳，常熟人。《昭文新志》：祺芳有聲諸生中，游牧齋、芝麓之門，客游遍天下，所交皆一時勝流，著有《韜庵》《鷗波》等集。《釋地》：憶亡友陳祺芳子壽之言，天下事莫難於讀書，莫奇於用兵，餘俱平且易耳。又《雜興》詩注："余知子壽，自蔣子荆名從都門歸始。"案荆名名梏，山陽人，毛西河所稱杜陵蔣梏者，即其人也。馮山公，康熙丁丑，有《和荆名七十醉吟》詩，據之，則荆名長潛丘八歲也。一夕共成七言絶句百首，名曰《隴右倡和詩》。長汀黎副使士宏爲之序。"

士宏《託素齋集》，士宏字媿曾。《序》略曰："癸丑臘盡，趙子石寅自皋蘭渡河，策蹇衝雪，走一千五百里，訪余於張掖，記與石寅别於劍津，已二十有二年。相見道故舊，慰問勞苦外，曾不數語，石寅即自稱於鞏昌陳階六少參所，得交兩詩人：一爲陳君子壽；一爲閻君百詩。子壽蒼髯道貌，故錢虞山高弟，百詩年甚少，博極羣書，逆數周、秦如在眉睫。兩君日坐老屋頹簷，以詩角險，真若大將將十萬師，分壇據壘，無敢勝負。壁觀者無不驚駭失魂魄，當石寅述兩詩人時，手揮色動，鬚髯戟張，余即不識兩詩人，而兩詩人精神意氣，聽石寅言，若或見之矣。"又云："陳先生苦宦蕭然，不足爲賓客謀懽，黄羊濁酒，兩詩人何所愉快，而終日擁被含毫，真若有萬不可已之事，屬稿連篇，至一二千言不止。”云云。

案：繹序意，知無一夕成絶句百首之事。《淮安府志》：陳台孫，山陽人，崇禎十三年庚辰進士，授富陽知縣，調平湖。入國朝，授户科給事中，陞禮科，轉福建糧餉道參議，補陝西分守隴右道參議。

秋濤案：《甘肅通志·職官》：分巡隴右道陳台孫，江南人。不著在任年月，其前二人亦無年月，其前之第三人，乃康熙十年任。其後一人，則康熙十四年任。是陳之涖任，正在十年之後、十四年之前，緣十三年經王輔臣之亂，册籍殘闕，故《通志》亦不能詳也。

穆案：《茶餘客話》：京城南舊有龍爪槐，僧言三百年前物。前輩詩文集中不多見，徐電發《菊莊詞》載白門紀伯紫云：壬子季夏，僕與合肥龔宗伯[二七]、山陽陳黄門階六，同飲龍爪槐下填詞，此地亦名流屐齒所常到也云云。據之，則十一年六月，階六尚在京師，涖任鞏昌，當在子丑之交也。階六又號楚州酒人，見杜于皇《贈階六七十壽序》及愚山《酬陳黄門》詩注。《剳記》有《得酒人消息》詩，起句云：側身西望意，寧只爲君來[二八]。蓋在西游發軔之初也。又案：石寅，名琳，《剳記·與馮圃芝書》：亡友趙石寅，善論詩，尤好指摘，以供談柄。又《釋地》“登泰山”條：亡友趙石寅，誦其亡友滿之章巽元一絶云云。石寅、巽元，俱萊州掖縣人。穆於丙午春，在子貞同年處，晤掖人張士保畫師，訊石寅有著作否。士保曰：有詩集未刻。因屬爲寫其《峒齋偶存諸艸》來，皆五七言律，淺率不入格，有《入秦訪黎媿曾先生塗中漫興》七律十二首，無與潛丘相關之作也。士保云：家藏有潛丘手札，異日歸，檢獲并以相贈。又云：父老傳言，潛丘曾至掖，館於掖西門外滿巽元之淇園。余案：潛丘至掖，更無可攷[二九]。惟《疏證》卷六下有一條云：質以余足之所蹈，目之所擊，今歷城縣北有大[三〇]、小二清河云云。若僅南、北孔道，見大清河不及見小清河，此或往來萊州時所經涉歟。

秋濤案：《釋地》引滿巽元解狐貉之厚以居，即“居吾語女”之居。此潛丘與巽元曾經晤談之一證。

案：參議署有鷃笑堂，《移寓》詩曰“鷃笑堂開鎮日閒”，自注：“堂爲少參階六先生靜攝處。”

《茶餘客話》：陳階六鷃笑齋在南市橋。案：此淮上之齋，蓋即用鞏昌署中舊名。

有温玉亭，《移寓》詩曰：“温玉孤亭更在東，秦風留得楚人風。”自注：“亭爲京山李本寧宗伯出宦時所搆[三一]。”又一首注曰：“亭别有額曰‘聽松’。余欲取杜老語，易爲‘論松’，屬子壽書之。”又石霞舉時亦客少參所。《移寓》詩曰：“故鄉人忽異鄉逢，誰道鴻泥有定蹤。坐久書移魚鑰動，輸君獨聽曉天鐘。"自注："謂霞舉所居西偏，與僧寺近。"又一首注曰："霞舉所居，爲子壽舊寓，暇日同過，見壁有畫石，淋漓飛動。"

《釋地》："余昔往來洪洞，見道有豐碑曰'皋陶故里'。側有祠及墓，雖躬拜祠下，心殊不以爲然。又絳在太平縣之南，絳州之北，土人至今呼故晉城，遺址宛然，余嘗往觀。案：此條又見《劄記》云：余親歷其地〔三二〕，方悟從前説盡錯。新田，《括地志》：在絳州曲沃縣南二里。余亦往觀，土人呼王官城，距晉城五十里，曾告之黄儀子鴻。"

子鴻，常熟人。《漢學師承記》："子鴻篤信古學，於經史中地理及各家輿地書，靡不究心，謂班《書·地志》所載諸川，第言其所出所入，而中間經歷之地〔三二〕，不可得聞。惟《水經注》備著之，然非繢圖，讀者不能了然於心目。乃反覆尋玩，每水各爲一圖，如某水出某縣，向某方流，逕某縣某方，至某縣，合某水，某縣入某水，無一不具。閻若璩見之，不忍釋手，歎曰：'酈道元千古以下第一知己也。'"趙一清《水經注釋》參校諸本標目，崑山黄子鴻，曾依酈《注》，每水各寫一圖，兩岸翼帶諸小水，精細絶倫，參伍錯綜，各得其理割正。《渭水篇》，胡渭《禹貢錐指》從之辨誤。今是書歸於新城王氏池北書庫。

穆案：子鴻所繢《水經圖》，既不知沈蝕何所。《陸清獻日記》稱嘗借其所訂《晉地理志》閲之，今亦未見傳本。精神所萃，必不遂歸泯滅，呈露何日，跂予望之。

《疏證》：卷六下"《通鑑》智伯言，今乃知水可亡人國，以汾水可以灌安邑，絳水可以灌平陽也。余嘗往來於平陽、夏縣，而悟《通鑑》二語，具爲妙解。"

又："余曾客朝邑數日，覺其治基頗高，乃置諸彊梁原之上，説者謂原即荆山北麓。"

《困學紀聞箋》：案鐫工安民，李仁父《長編》作李姓，非。余親至西安碑林中辨之。

《疏證》：卷六下"岐山在今岐山縣東北十里，縣在鳳翔府東五十里，余所舊游處。"

又："岍山在隴州西四十里，余所舊游。"

《移寓》詩："秦晉重姻地亦連，爲尋遺跡著吟鞭。涇源佛峽皆天險，望裹猶愁嶽頂蓮。”自注：“涇水源出六盤山，金佛峽在華亭。”

《疏證》：卷六下“《元和志》，嶓冢山在秦州上邽縣西南五十八里，漾水所出。此班《志》誤認《禹貢》之嶓冢山，今一名分水嶺，余曾至秦州此山下，山不甚高，而峰岫延長，連屬若丘冢〔三四〕。問其土人，寧羌州此山若何。愕然曰：從金牛驛北望，見嶓冢山峩然雲表，豈敝地所能作其兒孫乎。但水亦微細，自西東流，即所謂‘嶓冢導漾’者，水纔濫觴，合五丁峽水，東流爲沔，其流始大。此地則水出嶺時爲南流，與東不合耳。余心識之，以爲負薪能談王道。”

《疏證》：卷六上“《漢志》言朱圉在天水郡冀縣。余曾親經其山，在今鞏昌府伏羌縣西南三十里，山色帶紅，石勒四大字，曰‘禹奠朱圉’。當日道中雜詠，有‘丹嶂含朝景’之句，即指此。”又：卷六下“朱圉山向所登陟者，山最小。《元和志》所謂朱圉山在伏羌縣西南，最合。”又曰：“秦漢冀縣故城，在今縣南五十步，余所目覩。”

《禹貢錐指》：朱圉，諸家互異，説者遂謂縣西南錦纜、石鼓、木梅、天門等山，皆朱圉之隨地異名者也。百詩謂余曰：據《漢志》，山在梧中聚。夫一聚可容，則其址不甚廣，安有如上所云云者。吾嘗親經其山，在今伏羌縣西南三十里，山色帶紅，石勒四大字，曰“禹奠朱圉”。

《疏證》：卷五上“畢陌在渭水之北。癸丑秋，曾經過其地。”

《劄記·唐有永樂縣併入蒲州今爲永樂鎮讀漁洋山人集知李義山玉溪在焉慨然作》一首，自注：“余癸丑冬，欲游永樂鎮，未果。”

《疏證》：卷六下“余嘗往來封丘〔三五〕、原武、陽武間，問其土人，濟水何在，曰亡矣。案其故牒，皆以爲大河既決，其湮也久矣。”

又：“余登濬縣東南二里大伾山，臣瓚所謂黎陽縣山臨河者，覽其形實再重。”〔三六〕

《劄記》有《贈倪六通》詩，題下注云："海州人，官儀封令。"

案：繹詩意，是親至儀封官署，不同遥贈。核以潛丘生平行蹤，蓋亦癸丑東歸時事也。詩末有"擬尋九日醉高臺"之句，蓋回溯已事，過儀封時，已交冬令矣。六通，名長犀，康熙戊戌進士。《海州志》稱：長犀官儀封時，張伯行方居貧，爲縣吏，夜讀書科房中，長犀聞而異之，召與語，奇其才，乃館而教之，後官江南巡撫，爲名臣，人服其識。

《疏證》：卷八"鄒平馬公驌，字宛斯，當代之學者也。司李淮郡，後改任靈璧令。余以癸丑東歸，今刻本作己丑，案《靈璧縣志》：馬驌以康熙八年任。《池北偶談》云：宛斯，康熙癸丑歲，卒於官，靈璧人皆爲制服。然則宛斯即以是年之冬卒官矣。《靈璧志》又云：驌博極羣書，著作甚富，公退，即張鐙升閣，手校心維，申旦不寐，積勞成疾，卒官，士民痛之。過其署中，秉燭縱談，因及《尚書》有今文、古文之别，爲具述先儒緒言，公不覺首肎，命隸急取《尚書》以來，既至，一白文，一蔡《傳》，置蔡《傳》於余前曰：'子閱此，吾當爲子射覆之。'自閱白文，首指《堯典》曰：'此必今文。'至《大禹謨》，便眉蹙曰：'中多排語，不類今文體，恐是古文。'歷數以至卷終〔三七〕，孰爲今文，孰爲古文，無不立驗。因拊髀歎息曰：'若非先儒絶識，疑論及此，我等安能夢及，然猶幸有先儒之疑，而我輩尚能信及，恐世之不能信及者，又比比矣。'復再三慨歎。余曰：'公著《繹史》引及《尚書》處，不可不分標出今文古文。'公曰：'然。'今《繹史》有今文、古文之名者，自余之言始也。"

案：今行《繹史》本，更無今文、古文之别。秋濤案：今《繹史》卷首李清《序》，實作於康熙九年庚戌仲春，其剞劂當亦在是時。宛斯以八年任靈璧令，蓋甫官邑令，即以付梓也。中所引《尚書》，惟《舜典》篇首二十八字下，注云：今文無此二十八字，餘皆不注今文、古文，則此爲未改定之本無疑。潛丘明言，今本《繹史》有今文、古文之分，是改定之本，潛丘嘗見之。乃今日反罕覯者，案《分甘餘話》云：康熙四十六年，聖駕南巡，至蘇州，一日垂問故靈璧知縣馬驌所著《繹史》，命大學士張玉書物色原版。明年四月，令人齎白金二百兩，至本籍鄒平縣購版，進入内府，人間無從見之矣。是改定之本，藏於内府，所以不著也。

《疏證》：卷六下"磬石山，今在鳳陽府宿州靈璧縣北七十里。馬公驌云。"又："葛嶧山在今邳州西北六里，余以劉昭葛嶧山注

'山出名桐,伏滔《北征記》曰:今槃根往往而存',證《禹貢》,當在此,抑曾親至其地云。"

十三年甲寅(1674),三十九歲。

是年九月初六日,母丁孺人卒。魏叔子《閻氏本支叙》:"修齡子若璩,好學能文章,比喪母,蔬食三年,服既闋,哀其母不忍其父之獨處也,不入内,而臥起於父者又一年,父諭之,十反不肎去。"

《山陽詩徵》載牛叟先生《自題斷弦圖》詩云:"金徽欲拭意先孤,不待冰弦絶也無。惆悵臨風雙撒手,懷人只爲賞音殊。"

十四年乙卯(1675),四十歲。

《劄記題詞》:"愚年四十,甫敢出臆見,集衆聞,用纂一帙,以示兒輩。"

夏,成《孟子自齊至魯初解》。

有《贈超宗丈》詩:"五十高常侍,君尤老十年。"案:超宗長先生二十歲,知係此年作。

【校記】

〔一〕肎　清道光二十七年壽陽祁氏刻本、清粤雅堂叢書本爲"肎",中華書局版爲"肯",下同。

〔二〕商丘　清道光二十七年壽陽祁氏刻本、中華書局版爲"商丘",清粤雅堂叢書本爲"商邱",下同。

〔三〕臥　清道光二十七年壽陽祁氏刻本、清粤雅堂叢書本爲"臥",中華書局版爲"卧",下同。

〔四〕拆散　清道光二十七年壽陽祁氏刻本、中華書局版爲"折散",清粤雅堂叢書本爲"拆散"。

〔五〕旣　清道光二十七年壽陽祁氏刻本、清粤雅堂叢書本爲"旣",中華書局版爲"既",下同。

〔六〕祕　清道光二十七年壽陽祁氏刻本、清粤雅堂叢書本爲"祕",中華書局版爲“秘”，下同。

〔七〕封丘　清道光二十七年壽陽祁氏刻本、中華書局版爲“封丘”，清粵雅堂叢書本爲“封邱”，下同。

〔八〕寧　清道光二十七年壽陽祁氏刻本爲“寕”，清粵雅堂叢書本爲“甯”，中華書局版爲“寧”。

〔九〕五十五篇　清道光二十七年壽陽祁氏刻本、中華書局版爲“二十五篇”，清粵雅堂叢書本爲“五十五篇”。

〔一〇〕遣　道光本作“遺”，據文意，径改。

〔一一〕玄恭　清道光二十七年壽陽祁氏刻本、清粵雅堂叢書本爲“元恭”，中華書局版爲“玄恭”，下同。

〔一二〕歷　清道光二十七年壽陽祁氏刻本、中華書局版爲“歷”，清粵雅堂叢書本爲“歴”。

〔一三〕寧　清道光二十七年壽陽祁氏刻本爲“寕”，清粵雅堂叢書本爲“甯”，中華書局版爲“寧”。

〔一四〕比年　清道光二十七年壽陽祁氏刻本、清粵雅堂叢書本爲“比年”，中華書局版爲“此年”。

〔一五〕歷　清道光二十七年壽陽祁氏刻本、中華書局版爲“歷”，清粵雅堂叢書本爲“歴”。

〔一六〕略　清道光二十七年壽陽祁氏刻本、中華書局版爲“略”，清粵雅堂叢書本爲“畧”。

〔一七〕曆　清道光二十七年壽陽祁氏刻本、清粵雅堂叢書本爲“厤”，中華書局版爲“曆”。

〔一八〕序　清道光二十七年壽陽祁氏刻本、中華書局版爲“序”，清粵雅堂叢書本爲“叙”。

〔一九〕曹　清道光二十七年壽陽祁氏刻本、中華書局版爲“曹”，清粵雅堂叢書本爲“曲”。

〔二〇〕邨　清道光二十七年壽陽祁氏刻本、中華書局版爲“邨”，清粵雅堂叢書本爲“村”。

〔二一〕讎　清道光二十七年壽陽祁氏刻本、中華書局版爲“讎”，清粵雅堂叢書本爲“讐”。

〔二二〕玆　清道光二十七年壽陽祁氏刻本、中華書局版爲“玆”，清粵雅堂叢書本爲“茲”。

〔二三〕寧　清道光二十七年壽陽祁氏刻本爲“寕”，清粵雅堂叢書本爲“甯”，中華書局版爲“寧”。

〔二四〕歷　清道光二十七年壽陽祁氏刻本、中華書局版爲“歷”，清粵雅堂叢書本爲“歴”。

〔二五〕寧　清道光二十七年壽陽祁氏刻本爲“寕”，清粵雅堂叢書本爲“甯”，中華書局版爲“寧”。

〔二六〕歷歷　清道光二十七年壽陽祁氏刻本、中華書局版爲“歷歷”，清粵雅堂叢書本爲“歴歴”。

〔二七〕龔宗伯　清道光二十七年壽陽祁氏刻本、清粵雅堂叢書本爲“龔宗伯”，中華書局版爲“龔伯宗”。

〔二八〕寧　清道光二十七年壽陽祁氏刻本爲“寕”，清粵雅堂叢書本爲“甯”，中華書局版爲“寧”。

〔二九〕攷　清道光二十七年壽陽祁氏刻本、清粵雅堂叢書本爲“攷”，中華書局版爲“考”。

〔三〇〕歷　清道光二十七年壽陽祁氏刻本、中華書局版爲“歷”，清粵雅堂叢書本爲“歴”。

〔三一〕寧　清道光二十七年壽陽祁氏刻本爲“寕”，清粵雅堂叢書本爲“甯”，中華書局版爲“寧”。

〔三二〕歷　清道光二十七年壽陽祁氏刻本、中華書局版爲“歷”，清粵雅堂叢書本爲“歴”。

〔三三〕歷　清道光二十七年壽陽祁氏刻本、中華書局版爲“歷”，清粵雅堂叢書本爲“歴”。

〔三四〕丘冢　清道光二十七年壽陽祁氏刻本、中華書局版爲“丘冢”，清粵雅堂叢書本爲“邱冢”。

〔三五〕封丘　清道光二十七年壽陽祁氏刻本、中華書局版爲“封丘”，清粵雅堂叢書本爲“封邱”。

〔三六〕“余登濬縣……再重”　清道光二十七年壽陽祁氏刻本、清粵雅堂叢書本言此段文字引自《疏證》卷六下，中華書局版在此處有一脚注：“查此段文字乃引自《疏證》卷六上。”

〔三七〕歷　清道光二十七年壽陽祁氏刻本、中華書局版爲“歷”，清粵雅堂叢書本爲“歴”。

閻潛丘先生年譜(三)

張穆編

十五年丙辰(1676),四十一歲。

《生日展期啟》:"憶先君子六十初度,自注:"康熙丙辰,重陽後一日也。"時妻喪已除,而予小子母喪,纔踰大祥之四日。先一月,姻友有謀來祝者,先君子聞之,頻顣,进小子而命之曰:'《礼经》,父必三年然後娶,達子之志也。然则吾不可聽子易其服,以稱吾觴,以忘汝母。其展期一年。古有展重陽,吾獨不可展生辰哉。'越明年八月,寧都魏叔子在揚州,以文來祝,稱其達禮,且以江西及嶺南俗皆然爲徵,蓋前十之年,必加一而成。後十之年,必從一而生。大《易》貞元之義也,在淮實自先君子始。"

《劄記》有《聞楊公西狩督學秦中遥有此寄》之作:"關中秋色滿,君忽動華鑣。士莫輕捫蝨,文尤重射雕。積兵連二岳,麾羽隔三橋。不乏貂褕贈,何由慰寂寥。"

《清祕述聞》:陝甘提學道楊西狩,字華覲,江西進賢人,順治壬辰進士,康熙十五年任。

施愚山是年有《寄閻牛叟》詩。

詩曰:"山月多清暉,江淮同照曜。洵美思公子,潔身棲海嶠。長吟枚叔里,時把任生釣。歲晏涉横流,中原紛虎豹。叢桂還青青,重看八公笑。"穆藏有愚山丙辰年詩手稿一册。

《山陽詩徵》載牛叟先生《丙辰予届六旬再和李河濱志感》詩:元注:三首録一。"耆齡無碩望,德薄媿如何。入世年空大,傷心事漸多。冰弦前歲斷,塵鏡幾時磨。恨少齊眉案,莊盆不忍歌。"

十六年丁巳(1677),四十二歲。

魏昭士《閻再彭七十序》:"閻氏祖孫三世,以詩古文名江淮間。歲丁巳,寧都魏世傚客京口,再彭先生就吾仲父於廣陵,未見。傚手書扇面以寄,斯時傚年二十有三,先生見其所作文,而謬以爲可學也,心竊感焉。"

《乞言小奏》:"家君以丙辰季秋晉六十,戒閽人毋納祝者詞,璩時未敢遽請。今年丁巳九月十日,復值初度,璩先期進曰:'大人昨歲有成言,今其時矣。乞俯徇輿情,以展菽水之歡,幸甚。'家君始而戚,既而驪然曰:'余何能違俗,汝不記丁未九月,爲二人稱觴時乎,余年五十一,汝母年五十,同在是月上旬,此有往例。汝今不逮事汝母,獨余蕭蕭白髮,其何以爲情,況今之月,猶昔之月也,存没異視,將奚取,必也同稱,庶愜老懷。'璩退而自維,家君之思,璩之思也。微家君言,璩詎敢忘。敬銜命拜懇先生,願賜一言,進之堂上,以慰嚴訓,以闡慈徽,仁孝之感,料大君子所不拒者,用陳梗概,以告於下執事。"

陳其年集有《壽閻再彭六十一序》:淮安閻再彭先生者,吾友百詩徵士之府君也。

案:先生時尚未膺鴻詞之薦,徵士之稱,蓋係後來刻集時追改。

魏叔子《閻再彭六十序》:淮安閻子再彭壽六十有一,子若璩聞寧都魏禧來廣陵,奉書幣乞言以佐觴。又《閻氏本支叙》:"歲丁巳,禧客揚州,閻君再彭修齡自淮安奉其《本支録》,謁禧爲叙。"又曰:"修齡修内行,篤念先祖,惇叙二宗,年六十,寒暑考證繕寫,不貰其勞。"

冬成《孟子自齊葬魯後解》。

《劄記·鏡月歸余以先朝典故數事送難於令兄映碧先生先

生以爲聞所未聞有僑札之譽感賦一律敬寄》:“垂白李昭陽,經秋忽報章。焚餘周石鼓,劫後漢靈光。道大寧從闕〔一〕,知深轉覺傷。何年荀氏子,御罷更登堂。”

秋濤案:興化李瀅字鏡月,文定公春芳四世孫也。康熙乙酉舉人,著《惇好堂集》。映碧先生名清,崇禎辛未進士,鄞縣知縣,南都時,官御史,上疏請追卹建文時徇難諸臣,得予祠謚。福王敗,歸里不仕。順治九年,曾爲馬驌御序《繹史》。康熙辛亥,年七十,魏叔子作《壽序》。戊午八十,朱錫鬯爲作《壽詩》。湯潛庵《集》有《贈李映碧先生》詩,則在戊午後矣。《疏證》卷四,論代宗即世宗,嘗私訝明既有世宗矣,而弘光朝又上景帝號曰代宗〔二〕,不重出乎。意牧齋宗伯掌邦禮或不應至此,詒書興化李公清問之。公復書曰:此當日出顧瑞屏手,瑞屏時文名家,未諳舊典,宜來吾子之譏耳。老夫耄矣,幸及未死,得聞高論。其虚懷如此,洵有前輩風範云,即此詩本事也。

穆案:此事又見《劄記·與陶紫司書》,不得其年,以《劄記》書首,有憶家居時云云,故繫之未應大科之前。又案:《亭林餘集·廟謚議》:臣聞當日南京新立,邦禮繁多,禮部尚書顧錫疇素不攷古〔三〕,一切謚號,悉聽其門人謝復元撰定,以不學之宗伯,任委巷之小夫,逞其胸臆,目無旁人,以至謚册一頒,天下用爲譏笑云云。較李公之言尤備。

是年邵提學嘉允浙江人,乙未進士。歲考,閻詠入山陽學第五名,首題:“地道敏樹。”次題:“今人乍見孺子將入於井。”非商籍矣。

十七年戊午(1678),四十三歲。

正月,有詔開博學鴻儒科,中外官各舉所知,徵詣闕下。十月,命人月給俸銀三兩,米三斗,至考試後停止。

《劄記》有《與劉超宗書》云:“見開送單,有仁和吴志伊,詳《顧譜》。深快人意,作字與季貞云:安得將杜于皇濬、閻古古爾梅、周茂三容、茂三亦作鄮山,明諸生,善書工畫,著有《春涵堂集》,梨洲弟子也。申鳧孟《贈周太望先生序》:茂山曰:吾父服貧積學,知天下將亂,抱道絜身,所以教兒子輩者,不嘖嘖於纓組田宅。而余裂冠爲浮屠,放形方外,爲里人所匿笑,實以承懽耳云云。《寧波府志》:容性跅弛不羈,御史戴殿臣一見賞契,由是著名。後殿臣避跡天童,海寇掠之去,容即倉皇奔赴以身質之,殿臣得返,而容代受刑梏,足爲之跛,乘間竊歸,乃縱横於詩古文詞。屈翁山大均、翁山事蹟詳《顧譜》。《疏證》卷四:余雅愛太史公藏之名山之例，此《疏證》第四卷成時，别録四本，一寄寘羅浮山，應屈大均之請。姜西溟宸英、西溟别號湛園，慈谿人，《鮚埼亭集·湛園先生墓表》：聖祖仁皇帝留心文學，先生之名，早達宸聽，一日問侍臣曰：聞江南有三布衣，尚未仕邪。三布衣者，秀水朱先生竹垞、無錫嚴先生藕漁及先生也。又嘗呼先生之字曰：姜西溟古文，當今作者。會徵博學鴻儒，掌院學士崑山葉公，與長洲韓公相約連名上薦，而葉公適以宣召入禁中，浹月既出，則已無及矣。於是三布衣者取其二，而先生不與。彭躬庵士望、躬庵字公安，寧都人，著有《恥躬堂集》，易堂九子之冠也。邱邦士維屏、寧都人，亦易堂九子之一，魏叔子姊夫也。名與公安齊，晚尤精太西算法。《茶餘客話》：叔子爲文，非經邦士點定，不敢以示人。顧景范祖禹、《漢學師承記》：祖禹，無錫人，徙居常熟，客於鈞渚渡，依范九鼎，後居膠山黄守中家，人稱宛溪先生，著《方輿紀要》百二十卷。魏叔子序曰：據正史考訂地理，於山川形勢險易，古今用兵戰守，攻取成敗得失之迹，皆有折衷，雖荒僻幽仄之地，一一如目見。《疏證》卷六下：景范地志之學，蓋出於家。尊人耕石先生，名柔謙，字剛中，著《山居贅論》。劉超宗某、案超宗名珵，山陽人，康熙中，歲貢生，官青陽訓導。《劄記》與超宗辯難之札最多，又有《酬超宗丈見贈》詩，結句云：籍戎方共輩。自注：超宗正長余二十歲。顧寧人炎武、嚴蓀友繩孫、蓀友號藕漁，無錫人。《江南通志》：繩孫以詩古文詞擅名，早棄諸生，舉博學鴻儒，試日，賦一詩而出。聖祖特命授檢討，異數也。在明史館纂《隱逸傳》，容與藴籍，多自道其志行，著有《秋水集》。彭爰琴桂、溧陽人，著有《初蓉閣詩集》《京口耆舊集》，鴻博之薦，爰琴以母疾力辭[四]。案：《國朝詩别裁集》選《桂夜飲閻再彭席上聽孫良侯撾鼓長歌》及《荅懷閻再彭》七律。顧梁汾貞觀梁汾一字華峰，無錫人，明吏部侍郎憲成曾孫，康熙壬子舉人，官中書舍人，著有《積書巖集》。顧震滄云：貞觀幼有異才，能詩，尤工樂府，少與吴江吴兆騫齊名，年二十餘，游京師，題詩寺壁云：落葉滿天聲似雨，鄉關何事不成眠。魏柏鄉見之，即日過訪，名遂大起。一輩數十人，盡登啟事，齊集金馬門，真可賀野無遺賢矣。”

《劄記》有《奉贈邱曙戒先生》詩：“輕命嘗思倚北欄，君虞何地有彈冠。雲山故國初傳信，涕淚新知舊憶歡。瓊海謫來香案吏，金臺徙處法曹官。最憐詩律兼刑律，慘淡能令豪髮安。”

馮山公《邱公曙戒傳》：公名象升，字曙戒，淮安山陽人，舉順治甲午，乙未成進士，入翰林。己亥進侍讀。庚子三月以才堪外用，出判瓊州，戊午入補大理寺左寺副。案《己未詞科録》《鶴徵録》，皆不載保薦潛丘之人。以此詩推之，潛丘蓋邱公所薦也。是年潛丘仍回山西應鄉試，故有“雲山故國”之句。邱公爲大理，多所平反，故有結句。

是年先生當回太原,應鄉試。闈題:“抑爲之不厭,至不能學也,惟天下至誠,爲能盡其性,禹思天下有溺者”一節。

《疏證》:卷八“余戊午應薦至京師,崑山顧炎武寧人時在富平。有自富平來,傳其新論者云云。”

案:此蓋天生應薦至京,述亭林之言如此,天生事蹟詳《顧譜》。

《劄記·與李天生書》:“十年仰止,昨始得晤於傅舍親寓。”

案:傅,謂青主先生。

《行述》:十七年,應鴻詞制科,日與傅山人青主游處。《劄記》有《與傅青主二丈書》曰:“昨座上客有云,世傳關壯繆生於靈帝戊午,日月時竝同。案《通鑑目録》此年五月己卯朔,無戊午日。”此札當在應制科時也。而反覆辯論,則李天生檢討、汪鈍翁編修爲多。

《劄記》:“余戊午、己未間,在京師見汪苕文《繆封公墓志》,案:封公爲修撰繆彤父慧隆,字蘇書。載及高祖,謂之曰:古人叙人家世,皆自曾祖以下,無及高祖者,間及高祖,亦必其名、其事足書,非空空僅及其名諱而已云云。時苕文怒甚,有代之荅者曰:家先生本元人。余曰:近得《柳文肅集》於廟市,亦自曾祖叙起,渠非元人邪。後見三刻《堯峰文鈔》,此篇削去高祖諱某某五字。案:文載《續稿》卷廿四,曾祖憲,祖天秩,考國維,無高祖一代。此又當爲書祖文廣一例耳。”

事又見《與汪舟次書》。舟次名楫,號悔齋,休寧人〔五〕。己未召試一等,授檢討,官至福建布政使,有《悔齋集》《淮海英靈集》。悔齋以檢討奉命册封琉球,爲其國撰《孔子廟碑》,有餽贐,卻不受。國人建卻金亭志之。

《困學紀聞箋·後序》:康熙戊午、己未間,家大人應博學鴻詞之薦,入都時,宇内名宿鱗集,而家大人以博物洽聞,精於考據經史,獨爲諸君所推重,過從質疑,殆無虚日。或有問説部書最便觀者誰第一,家大人曰:其宋王尚書《困學紀聞》乎。近常熟顧仲恭以《演繁露》並稱,非其倫也。由是海内始知尊尚此書。

王山史《北行日札》戊午十一月,有《荅閻百詩書》曰:三王並封，雖舉朝具疏，然其中旋轉，仍賴首相，故北海上書，文肅力爭之，而其事終寢，則文肅之力居多，拙作所指蓋謂此耳，非謂其上書天子。且舉此者，借一端以美馮氏，亦非論述當日並封事也。不斐之文，過蒙留意，一話質定，不厭再三，足下有心人，真吾師矣。

案：山史《賀馮易齋相國七十壽序》有云：萬曆時〔六〕，婁江王文肅以三王並封之議，爲衆所不與，有上書力爭者，文肅引咎自陳云：左庶子馮某告臣如此，即公之從伯祖，天下所稱爲北海先生者也，云云。《疏證》卷四：余雅愛太史公藏之名山之例，此《疏證》第四卷成時，别録四本，一寄寘太華山頂，友人王宏撰司之。《劄記》又有《與山史書》，論王紹徽《點將録》事，當亦在此年。又《與劉超宗書》：向見亡友張季望兄手録《欽定逆案》，云係先生家本，家父多致意，奉假尊本一録，舍不久有此書，今亡之矣，云云。季望名新棟，山陽人，順治庚子副榜，著有《頤庵集》。

是年，有《贈何崑孚會稽》詩，

《淮安志》：何源濬字崑孚，山陽人，由貢生授建寧府通判，值耿逆背叛，家屬盡陷賊中，隻身赴浙江請兵，陳恢復大計，隨大兵進剿，賊敗，以功授紹興府知府，後改馬湖府，陞浙江督糧參政。按崑孚子而栗，潛丘婿也。耿精忠以康熙十三年叛，十五年降，十六年伏誅。此詩當作於初授紹興知府時。又第六句云"暫對寒流旅思閒"，第八句曰"聲華明日滿燕山"。則是十七年，潛丘應薦入都時，與崑孚同行也。

有《送張大理雲翼歸省及娶二首》，

竹垞有《送張大理雲翼省親臯蘭結婚作》，編在明年己未，案孫豹人《戊午七言絶句》，有《贈張又南延尉兼送之歸娶》詩六首。《亭林年譜》：是年冬，張又南廷尉承父命來聘往蘭州，堅辤之〔七〕。則竹垞此詩，乃誤編也。李子德《受祺堂集》有《張廷尉又南省親畢迎娶還朝詩以紀之》四首，自注：廷尉外舅爲寧夏提督趙將軍摰之。

有《贈舒漢雯舍人》詩，結句云："倘得恩叨鳳池上，明春恭和早朝詩。"

《贈胡又弓學士》詩，疑亦此年作。又弓名簡敬，沭陽人，順治乙未進士。

有《酬蔡子構南歸留别諸同學見贈》之作，首句云："後先同作帝城游。"結句云："笑爾枉將車笠約，長才寧獨滯林邱〔八〕。"覈其語意，當是此年冬作。

子構，名爾趾，山陽人，康熙中歲貢，晚官祁門訓導。《西河集》有《奉贈蔡二爾趾》七古，及爲其母徐太君八十壽序，又曰：嶽嶽饒經術，風流四襲，吾不如蔡子構。

有《送陳子度之任太原》二首，次首有句云"半菽還先多士飢"，自注："時待詔諸公，議給食用。"

按：子度名楷，時爲山西布政司經歷〔九〕，隴右道台孫之子，復申舍人之外舅也。

有《贈陳解人》詩："莫笑巢由拜馬前，今朝徵君尤可憐。閩南候火接天起，薊北聘書任壁懸。羨子麻衣能感衆，經時旄節得稱賢。一身往返萬餘里，泣向慈仁老樹邊。"

按：解人亦字解庵。《己未詞科録》：陳學夔，字解庵，福建侯官人，康熙己酉舉人。龔煒《巢林筆談》：解庵當耿逆變作，抗節匿橘園三年，不受逆職。尋丁父艱，少司寇任公克溥首薦應詔，薦牘云：昔長安賣賦，洛陽之紙頓貴。今全節罵賊，睢陽之舌猶存。時服未闋，郡縣逼迫，匍匐赴京，籲乞終喪，得請歸。後授寧陽令，遷兵部主事。案：此詩或作於己未春首。

西河《兑閣詞序》云："余游淮時，閻子牛叟與丁少君惇伉儷之好，作兑閣十闋，索余和，余未有以應也。閲十八年，余赴召至京，牛叟年六十，丁夫人已亡，其嗣君百詩重貽書并幣，專使赴長安，請和前詞，蓋欲以承尊人歡，當稱觴地也。余始理其詞，對使和去，其十闋，皆有題，依題演義，不自解工拙，牛叟知我，定有以諒之耳。"

秋濤案：兑閣十闋，乃牛叟先生悼亡之作，此獨以爲惇伉儷之好之詞，殊不可解，然於《采菱》一闋，仍引牛叟原注，味其語意，其爲悼亡明甚。西河著作，往往於數行之間，而自相矛盾類如此。

十八年己未(1679)，四十四歲。

三月初一日，召試諸徵士於太和殿，"璿璣玉衡"賦并四六序、"省耕"排律二十韻。

先生報罷，仍寓京師。

《北行日札·賀閻牛叟先生壽序》：閻子百詩，今之所謂博學君子也，應詔入都，與余數相往來。己未春，乞予言爲其尊人牛叟先生壽，而以先生之命，將於稱觴之日，並追饗其母丁孺人。時先生年六十有三矣，初度之辰，在九月十日。先是，友人魏君冰叔、李君子德既各有作云云。案：子德作未見。又《與閻百詩札》曰：承命爲尊君先生壽文。竊以哀樂不並用，古之訓也。誠如此，即有以得乎尊君之心，而恐難乎其爲吾子之色。若漆園吏之説，固不敢爲尊君道，而吾子孝思無已，將欲爲終身之喪焉。夫固有太夫人之忌日在矣。又《書壽序後》曰：余爲《賀牛叟先生壽序》成，寄之淮上。先生曰：休矣，吾昔者有餘哀，將慰吾子稱觴之情，而不忘吾偕老之盟，故有是舉也，豈今復爾邪。於是百詩札來告余以故。余乃謝曰：此余之所謂得閒而有請者，然而疏矣，是余之過也，而先生之行則何其典而中乎。昔余在淮上，得交萬年少、邱如磐輩；今於燕臺，復識百詩，質疑問難，有朋友之樂焉，顧獨恨未獲從先生游也，云云。又《與百詩書》曰：前讀《乞言》引，謂今復舉斯禮焉，遂爾下筆。今接來札，爽然自失，如命復作數語書於後，亦可見吾輩相與之誼。其不敢苟如此。

《疏證》：卷二"《魯詩》亡於西晉，近代復出申公培《詩説》。己未在京師，一徵君著《詩論》，多所采獲。予爲證明之曰：班《書·杜欽傳》：《關雎》爲歎康王之后，臣瓚曰：此《魯詩》。《谷永傳》"閻妻驕扇"注，以爲《魯詩》。言厲王無道，内寵熾盛也。《禮坊記》：先君之思，以畜寡人。鄭康成注記時，尚未得《毛傳》，故用《魯詩》曰：此衛夫人定姜之詩也。劉向《列女傳》正同，蓋向家世《魯詩》故。句今《詩説·關雎》，仍屬太姒，《燕燕》仍莊姜，《十月之交》仍幽王，皆與《毛詩》合，分明是後人襲用《毛詩》，脱誤如此，不待細攻。案：《劄記·與宋既庭書》：承示《詩論》八篇，内及魯申公《詩説》，此出近代僞書之尤者也，云云。與《疏證》所舉，一一相符，然則此徵君即既庭也，《劄記》有《宗安至自興化得既庭消息》詩。既庭名實穎，號湘尹，長洲人，順治辛卯舉人，官興化縣教諭，著有《老易軒》《讀書堂》《玉磬山房》等集。又一徵君，自詡家有《世本》，未攜至京師。余曰：《世本》，朱子時已失傳，據班《志》，凡十五篇。見《周禮》《禮記》注疏者，有《作篇》；《左氏》疏者，有《氏姓篇》；《史記》注者，有《居篇》。君家本是如是否。然則其僞又不待辨。揚子《法言》有言：夫欲售僞者，必假真，真之不假，僞將安售，吾知其立敗爾矣。”

《疏證》：卷四“己未留京師，富平李因篤天生告予曰：‘晉用夏正，子知之乎。’予曰：‘然。’天生曰：‘周天王固許之用也，觀定四年“啟以夏正，疆以戎索”可見。’予曰：‘《左氏》乃“政”字，非“正”字。即“政”與“正”通，然則于伯禽、康叔，曰“皆啟以商政，疆以周索”，魯、衛乃又建丑乎，何周初自亂其正朔也。’天生語塞。”

秋濤案：天生平日必素持此論，潛丘嘗云，杜撰故事，莫甚於李天生。《四庫書目提要》云，其所謂杜撰故事者，今不可考，姑存其說可矣。竊謂潛丘所說當即指此類事也。

《釋地》：“己未，余以薦舉，留京師久，日以論學爲事，有以季武子之喪，曾點倚其門而歌，爲朱子采入《集注》，似可信，來問者。余曰：此子虛烏有之言也。《春秋》：昭公七年，季孫宿卒。孔子年十七，曾點少孔子若干歲未可知，然《論語》叙其坐次於子路，則必少九歲以上也。可知孔子年十七時，子路甫八歲，點實不過六歲、七歲孩童耳，烏得有倚國相之門，臨喪而歌之事。《檀弓》多誣，莫此爲甚。”

《劄記·題益智録》：“此書刻成之五年，余至京師得之，長夏無營，披閱一過，惜未及刊其誤，遠寄兒輩，爲我置眷西堂，潛丘老人記。或問余，子年四十四，何得稱老。余曰：杜詩：‘昭代將垂白，途窮乃叫閽。’時年正四十，已云爾矣。又記。”

案：牛叟先生時尚存，此語不可爲典要。

《與徐勝力書》：“昨過談，偶及季悼子未執政，蓋死於武子手，故經未書其卒。先生盛氣欲辯，已而中止。弟不覺匿笑，得毋見弟在失意中，少寬假。然此非所論於學問也。”

案：此書蓋在大科報罷之後。勝力名嘉炎，號花隱，秀水監生，己未召試二等，授檢討，官至内閣學士。

《與陸翼王書》：“近者三月御試，有進三不如之說於上前，以毀百四十三人者。上意寖衰，一時譁然，以爲與李林甫表賀野無遺賢無異。"

翼王事蹟見《顧譜》。

《與徐電發書》:"令宗兄勝力先生來談,因及元儒黄澤、趙汸之學。"云云。又曰:"猶憶故山有來問五十人人物何如者。弟荅以吴志伊之博覽,徐勝力之强記,可稱雙絶。若李天生之杜撰故事,汪苕文之私造典禮,恐亦未必有三。"

案:與勝力論黄、趙之學,又見《疏證》卷八。五十人者:大科入選之一等二十人;二等三十人也。電發名釚,號拙存,又號虹亭,晚號楓江漁父,吴江人,國學生。召試二等,授檢討,著有《南洲艸堂集》《續本事詩》《詞苑叢談》《菊莊詞》。

是年有《王昊廬宫詹招飲話舊》一首,

案:李秋錦己未年有《贈王昊廬宫詹》詩,知此亦同也,詳詩意當在未試之前。王山史《北行日札》:己未年,有《荅王昊廬太史》柬曰:承手教,益感垂注之殷,然宏撰衰病,伏跡不能與於燕飲久矣,敢固以辭。案:即潛丘、良年賦詩話舊之會也。昊廬名澤宏,字涓來,黄岡人,順治乙未進士,官至禮部尚書。

有《寄贈高澹人舍人》詩,

澹人名士奇,號江村,錢唐人,以御試鍾、王書法,直南書房,授中書舍人,累官禮部侍郎,謚文恪。《隨輦集·省耕詩序》:康熙十七年三月初一日,御試博學鴻詞科於太和殿,命臣英、臣士奇、臣訥在大内南書房賦。案:舍人於明年庚申,擢官侍講,此仍稱舍人,則必己未年事也。《柳南隨筆》:康熙丁巳、戊午間,入貲得官者甚衆〔一〇〕,繼復薦學博學鴻儒,於是隱逸之士,亦爭趨輦轂,惟恐不與。四明姜西溟有詩云:"北闕已成輸粟尉,西山猶貢采薇人。"時以爲實録。

今案:潛丘詩云:"朝飲新豐酒未殘,驚開捷徑五雲端。"正與西溟同意,時潛丘蓋已報罷,故有"聖主教有夢難"之句,結句云:"一德由來契若蘭。"自注:懋勤殿有秋蘭,舍人獻賦焉。案:此賦載《江邨經進文稿》。云寄贈者,江邨於此年五月扈幸西山潭柘寺。潛丘贈詩當即在此時也。

有《偶讀唐人李郢登第後爲妻作生日寄意詩戲簡毅文》一首,題下自注:"重陽前一日,爲毅文内子初度,毅文有詩寄内。"

案:毅文名鴻烈,號涇原,山陽人,由廪監生,己未召試二等,授檢討,知繫此年作。

又有《九日和張毅文即席韻》一首,《和毅文移寓待尊甫吏部公來京之作》一首,毅文尊甫名新標,字鞠存,順治己丑進士。又題下注曰:嵇杭州其外舅也,亦將至。案:《淮安志》:嵇宗孟,字子震,安東人,崇禎丙子舉人。國初官杭州府知府,己未,與鞠存吏部,俱以鴻博徵,故潛丘《贈舒舍人》詩有句云:漸聽故人蒲轂轉,自注:謂嵇、張兩公,時兩公俱以老病辭不就試,故至九月始來京也。

又《口占贈毅文》一首,結句云:"爾從家學擩染久,射策金門恩拜偏。"

《竹垞集》是年有《酬閻某》詩曰:"烈火燔帝竹,秦鏡忽以淪。番番濟南叜〔一一〕,後死耄而勤。腹笥傳少女,齒落餘空齦。掌故潁川來,何由聽其真。所怪張歐陽,疑義默不申。金絲魯宫響,蝌蚪蟠輪囷。俄遭巫蠱發,竹簡迹久湮。梅生千載後,一一紛羅陳。其餘航頭字,捃摭亦有因。譬若完衣裳,安用重補紉。文從義艱晦,體殊絶蹤塵。《孔書》既咸在,謨誥恒鮮新。何人正《今》僞〔一二〕,去險歸温純。此義誠難知,疑者頗相循。閻生并州彦,徙宅清淮濱。昨年應詔至,旅食春明春。小心對縫掖,餘勇刺古人。示我一編書,其言狂且醇。諸家援王吴,百氏搜墨荀。幽室抉窔奥,希音辨韶鈞。雖爲見者駭,猶勝徒呫呻。吾生嬾述作,老矣潛悲辛。君非漢井丹,經義何紛綸。況有紈扇詠,贈我情彌親。客子寓招提,不出動盈旬。春冰玉河裂,艸暖波粼粼。紅杏舒絮條,翠嵐壓重闉。相期出郭游,西山恣回巡。竝馬騁劇談,九皇八八民。醒即坐松石,醉即卧花茵。"

《疏證》:卷五上"錫鬯生平不敢疑古文,見諸贈余詩。"

又:卷八上"錫鬯近撰《經義考》,雖漸爲愚見所轉移,終不透。"

十九年庚申(1680),四十五歲。

錢《傳》:"十七年,應博學鴻詞科不第,在都門,與汪編修琬交,汪著《五服考異》成。先生糾其謬數條,略見《劄記》六,《與陶紫司書》及《陸冰修書》。紫司名元淳,字子師,常熟人,康熙戊辰進士,廣東昌化縣知縣,著有《南崖集》。《釋地》有《與紫司論太王翦商事》。秦蒼峴山人《陶子師墓志》：君游京師，徐健庵尚書雅重君，爲之延譽，名日以高，而其同邑翁尚書者，亦羨君名，延之邸第。然君性剛直，每與尚書忤，以是尚書轉銜之。康熙己未，開鴻詞科，光禄何公以君名上，君已先期出都門，遣騎追君還，復以病告。戊辰殿試，讀卷諸公俱歎爲奇才，以請減蘇松浮糧語激直，抑置二甲。時徐公元文爲明史館總裁，欲留君，竟歸。冰脩名嘉淑，海寧人，有《辛齋遺稿》。又《與江辰六書》：承面問鈍翁長子筠卒，以幼子穀詒爲之後，名之曰權，是説也，於禮安乎否乎，云云。辰六名闓，歙縣人，貴州貴陽籍，康熙癸卯舉人，吴薗次之壻也，官解州知州，著有《河汾集》。汪意不懌，謂人曰：‘百詩有親在，而喋喋言喪禮可乎。’案：《困學紀聞箋》：己未、庚申在京師與汪鈍翁論喪禮不合，鈍翁詆余，云云。先生應之曰：‘王伯厚嘗云，夏侯勝善説禮服，謂禮之喪服也。蕭望之以禮服授皇太子，則漢世不以喪服爲諱也。唐之姦臣，以凶事非臣子所宜言，去《國恤》一篇，識者非之。講經之家，豈可拾其唾餘乎。’徐尚書乾學因問：‘於經亦有徵乎。’案：健庵時以贊善領明史館總裁。《困學紀聞箋》：徐原一宫贊曰：於史有徵矣，於經亦有徵乎。君其思之。余退而思得二事〔一三〕，云云。宫贊擊節曰：雖百喙亦不能解矣。先生曰：‘案《雜記》，曾申問於曾子曰：哭父母有常聲乎。申，曾子次子也。《檀弓》：“子張死，曾子有母之喪，齊衰而往哭之。”夫孔子殁，子張尚存，見於孟子。子張死，而曾子方喪母，則孔子時，曾子母在，可知。《記》所載《曾子問》一篇，正其親在時也。’徐大歎服。案：方望溪有與先生書云：昨所論《曾子問》一篇，乃母在時所講，可正子瞻所譏於程子之誤，宜筆於書。即邀至邸，延爲上客。每詩文成，必屬裁定。合肥李公天馥亦言：‘詩文不經百詩勘定，未可輕易示人。’”案：湖北時官内閣學士，事蹟詳《顧譜》。《剳記》有《承聞合肥相國以生平文筆非得閻某校定不免謬誤敬賦》一首。

《山陽詩徵》載牛叟先生《庚申二月十二日顧種紙朱二玉程婁東過眷西堂分賦花朝喜晴》詩：“行春虚度復南回，爲惜春光共舉杯。客至扶笻偏興健，狂來縱酒莫生哀。郊原想已紅連樹，庭砌從教緑滿苔。最喜花朝晴兆稔，稻花香勝百花開。”

二十年辛酉(1681),四十六歲。

《陸清獻日記》:辛酉“七月初二,至常熟,會黄子鴻,言無錫顧禹錫字景範,有《方輿録》最精詳,今館於徐健庵家”。

穆案:清獻蓋初聞宛溪之名,故名字書目皆舛,采此以著潛丘與宛溪聚合蹤蹟也。彭躬庵《徐健庵春坊五十壽序》:庚申八月,余在吴江,崑山徐子藝初、章仲二孝廉,遣書使,因顧子景范迎余居其家。又云:公既延武林陸子拒石、太倉顧子伊人與共晨夕,欣賞析疑,及四方士過從,禮之無倦。而虞山顧景范不求聞達,落落人外,惟潛心《方輿紀要》一書,公禮而致之,不煩以事,聽自纂述。吏爲具脡饇、筆札、書史,以相佽助。案:拒石名繁弨,錢唐布衣。伊人名湄,亭林族子也。

《疏證》:卷五下“予留京師久,遇有從寧古塔來者,詢其風土,云:東去一千里,曰混同江,江邊有松樹、榆樹,枝既枯,墮入江爲波浪所激盪,不知幾何年,化爲石,可取以爲箭鏃。榆化者上,松次之。西南去六百里,曰長白山,山顛之陰,及黑松林,遍生楛木,可取以爲矢,質堅而直,不爲燥溼所移。又有鳥,曰海東青,即隼也。予固請,得一石砮以歸。”

案:此事潛丘當是聞之吴漢槎兆騫。《秋笳集·長白山賦》:信亥步之未跡,知禹琹之莫暨。自注:自山麓至半山,皆黑松林,亘三百餘里,不見日月。樹根相糾如網,地皆深淖,馬行七日乃畢〔一四〕。又賦云:人蓡抗莖於椵陰,良楛挺笴於松陽。自注:人蓡生於椵樹之陰,石崖外松林,極目其間,環生楛矢,即肅慎氏矢也。《渡混同江》詩云:部餘石砮雄風在,地是金源霸業開。《登西閣》詩云:半空長白雪,極目大荒雲。自注:長白山在寧古之西,高二百餘里,夏有積雪。與《疏證》所記,語語符合。漁洋《池北偶談》亦記得石砮事,曰:吴江吴孝廉漢槎,以順治十五年,流寧古塔二十餘載。康熙辛酉,歸至京師,相見,出一石砮,其狀如石,作紺碧色,云出混同江中,乃松脂入水,年久所結,所謂肅慎之矢也。又一條云:余嘗見吴江吴孝廉漢槎,自塞外攜來石砮,形如蠣石,色如蒸栗,云是混同江所產,蓋江邊松脂,入水所結,非石也。所記與《疏證》同,但語互有詳略耳。漢槎之東還也,由健庵爲之納鍰,當與潛丘同客碧山堂,則其所遇,爲漢槎無疑。又與漢槎同時戍寧古塔而爲潛丘之執友者,尚有方坦庵拱乾,然坦庵放歸較早,潛丘於乙巳過維揚訪之。且《劄記》稱坦庵東還,遇家君,誦拙詩甚多。不應於此事轉諱其名,而坦庵所著《絶域紀略》,亦無一語與《疏證》之言相應,故決知非聞諸坦庵矣。漢槎入關後,客京師,不久即南旋。故查初白壬戌年有《過漢槎禾城寓樓》詩。漁洋癸亥年有《寄漢槎》之作,旋復化去,故其子振臣《秋笳集跋》曰:何圖乍入玉門,遽捐館舍。然則閻、吴相遇,即在辛酉之歲,亦無疑也。

二十一年壬戌(1682),四十七歲。

《行述》:二十一年,客福建。

《疏證》:卷五上"余至福建會城見荷蘭國人之游於市者,皆以彩帛纏其足,由脛以上至膝,整比異常,非似行縢之蓬鬆,因想見古者邪幅之制。"

秋濤案:《皇朝文獻通考》及《會典》,荷蘭於順治十三年,始入貢,道廣東,期以八年一貢。康熙三年,以助剿金門、厦門,詔賚國王以下銀幣有差,許令兩歲一貿易於粵、閩二省。五年,停止兩歲貿易,仍於入貢之年,准其互市。六年,違例由福建入。部議以後飭令由廣東入。二十三年,助平臺灣。二十五年,入貢,以粤海道近而險,閩海道遠而穩,乞仍改由福建。詔可。自後職貢維謹。《池北偶談》云:荷蘭於康熙六年入貢。今二十五年,臺灣平,其王復遣使入貢,云云。是臺灣平後,貢使入賀,自當即由福建,然是二十五年,非二十一年也。竊謂荷蘭貢道,雖於二十五年始改,而中間互市助剿闌入之事,多在閩地,時時弗絶,類皆在海上。惟入貢之年,始得至會城。二十一年非貢期,而潛丘於會城見之者,蓋平臺之前,檄諭助剿,其國必先有使臣至省垣也。嘗舉一事證之,康熙三年,始檄夾剿金、厦。而張學禮《使琉球記》云,二年四月,抵閩,閱視船隻,詢舵工所來,云有紅毛國進貢,請兵船,數隻已回,留三隻現泊江上,隨往泊所視之,云云。然則夾剿雖由檄諭,實因彼國先來請兵,請兵之船至閩境,實在夾剿之前一年,以是知甲子平臺之役,亦必荷蘭先來請兵,始檄其夾剿。故二十一年,得有荷蘭人至會城也。臺灣本荷蘭所據,鄭氏攘而有之。故荷蘭每欲請兵,藉攄報復之忿。於當日情事,極合。且平臺後,帥臣有臺地必不可棄一疏,亦因時議欲將臺地畀荷蘭而發,則助剿爲荷蘭所自請,斯又灼然可證者。

王山史《山志》:壬戌夏,予在海州接閻百詩手札,云亭林於春初,殁於曲沃。

《淮山肄雅》:是年趙宗師崙,山東人,戊戌進士。歲考淮安,取閻訓慤入學,首題:"子之武城至而笑。"次題:"其事則齊桓、晉文。"

二十二年癸亥(1683),四十八歲。

《行述》:客福建方歸,司寇公來邀,復至京師。公家盛賓客,客皆當世魁士,而賢重府君逾常等。

《疏證》：卷一“按《東坡紀年録》，元符三年六月，晦無月，碇宿大海中，勢甚危險，起坐四顧，所撰《易》《書》《論語》，皆以自隨，而世未有别本，拊之而歎曰，天未欲喪是也，吾儕必濟，已而果然。余每歎古人之以著述免患難如此。癸亥秋，將北上，先四、五月閒〔一五〕，淨寫此《疏證》第一卷成。六月，攜往吴門，於二十二日夜半，泊武進郭外，舟忽覆，自分已無生理，惟私念曰：《疏證》雖多副本在京師，然未若此本爲定，天其或不欲示後人以朴乎〔一六〕，吾當邀東坡例以濟。越次日達岸，往告吾友陳玉璂賡明，賡明喜曰：此盛事不可以不記，并記於此。”

玉璂號椒峰，武進人，康熙丁未進士，官中書，著有《學文堂集》。王晫《今世説》：椒峰少有大志，凡天文、地志、兵刑、禮樂、河渠、賦役諸大事，莫不講求爛熟，言之娓娓，賓客輻輳，應酬旁午，以至彈琴投壺，嬉戲之樂，靡所不爲。偶有觸發爲詩文，旬日之閒〔一七〕，動至盈尺。見者遜其才，比之劉穆之云。《己未詞科録》秦瀛案：先生家太湖之馬蹟山，即夫椒山。故以椒峰自號，與邵青門交善，所居有毌圃，青門用《少陵游何將軍山林韻》十首寄題。《疏證》卷八有《與武進周叟論召公書事》，未詳周叟何人。《劄記》有《訏五歸述所見》詩。訏五，鄒氏，名祇謨，號程村，順治戊戌進士，有《遠志齋集》，亦武進人也。又《疏證》卷六下，有“舟過武進，飲於一友人家，論《滕王閣序》南昌故郡”事，未知所謂友人即椒峰否。又有“舟中讀干寶《晉紀》，兒子詠在側”一條，“越明年，余得《吴中水利全書》”一條，均不得其年，附識於此。

《陸清獻日記》：癸亥十一月三十日，淮安閻百詩來會，言顧寧人已不在，所著《音學五書》方在刊刻。

案：清獻於是年服除入京，時選得靈壽，將赴任也。《竹垞年譜》亦記是年十一月，陸公隴其來會。

《疏證》：卷五上“余嘗有感南沙熊氏將注《春秋》，先求明曆〔一八〕，其《明志録序》曰：於是問曆於劉仲敬〔一九〕，以正諸家之失，并列所課而正之。癸亥三載，於京師案：蓋謂癸亥、甲子、乙丑，此三載在京師也。就吴任臣志伊學曆〔二〇〕，歸而交秦淵雲九里中，益研窮之，久之，始得通其術。”

阮太傅《疇人傳》：若璩通時憲及授時法，嘗據算術以證《古文尚書》之僞，其它以步算攷證經義甚多〔二一〕。論曰：上古積年，據《史記》則託始共和，據《漢書》則斷自武王伐紂。至於夏殷以前，荒遠難稽，馬、班所弗道，攷古者存而不論可也〔二二〕。《詩·十月之交》，朔食辛卯，在幽王六年，其積算班班可攷〔二三〕，故可以近法推之，若嗣征辰弗集於房一節，出於昭十七年，《左傳》引《夏書》，其積年不可審知，又安所求其日食與否邪。閻君經學名家，其於步算，蓋餘事耳。《劄記》有《與戴唐器書》曰：昨同雲九兄游紫極宮，登程知節墓，慨想林靈素如昨日。吕洞賓不可得遇，求掩鶴井，亦湮無迹，爲之低回而不能去。又有《與雲九食蟹告以子瞻在揚州以此寄先龍圖公少游》詩，《送雲九還錫山》詩。《疇人傳》：秦文淵著《秦氏七政全書》八册。閻徵君《尚書古文疏證》往往引秦雲九説，未審即一人否也。

穆案：《疏證》卷六上，稱雲九爲金壇蔡仲全弟子。

《疏證》：卷七"癸亥甲子，晤吾友胡朏明京師。"

案：此閻、胡會合之始。朏明名渭，初名渭生，號東樵，德清人，曾祖友信，世所稱思泉先生也。

《釋地》："胡朏明客京師，余時以書求助於朏明，久之，方冐艸數條以應，中有余百思不到者。"

秋濤案：此亦初會時事。

《劄記·與劉超宗書》："晚疑俄羅斯國必非羅刹國，混爲一者，京師貴人不考故也。今讀《隋書》，羅刹國在婆利之東，其人極陋，朱髮黑身，獸牙鷹爪。晚親見其國來降人，何曾此等形狀。婆利國在東州東南海中，洲上去廣州二月日行，屬南蠻，不屬東與北也。至俄羅斯，當另考以聞。"

案：俞君理初《俄羅斯佐領考》：《八旗通志·旗分志》云，鑲黄旗滿洲第四參領之第十七佐領，係康熙二十二年，以尼布綽地方取來鄂羅斯三十一人，及順治五年來歸之伍朗格里，康熙七年之宜番等，編爲半箇佐領，後二次又取來俄羅斯七十人，遂編爲整佐領。案：伍朗格里、宜番等，皆自拔來歸者。《平定羅刹方略》云，康熙二十二年四月，羅刹殺斐雅喀居民，留嫚書而去。七月甲申，瑪拉等送所獲羅刹五人，又送二十六人至京。《四裔考》亦云，二十二年羅刹之衆，有過黑龍江者。降其兵目三十餘人，此即《通志》所言之三十一人。《方略》又言，南岱擕至二人，則《四裔考》遺之。又言十一月癸未，上諭，宜番近授驍騎尉，岳噶圖席圖頒及新投誠之吉里戈里、岳佛那西、馬克西木，俱授七品官。其新投誠内之岳佛那西、費禮普令馳驛至薩布素處，酌遣招撫。二十三年正月，薩布素令宜番等往諭，即以招撫米海羅等二十一人，送京安插。是年七月，又獲羅刹一人曰費岳多羅，送京安插。二十四年三月，獲羅刹噶瓦力剌等七人，逸去一人。五月，破雅克薩城，巴什里等四十人願降，此則《通志》所言後二次之七十人也。七月，羅刹又遣裔番等四人，誘我俄羅春，被獲，旋縱之歸。其噶瓦力剌等六人亦於進兵時，放之還南岱，擒至之二人亦縱歸。計所獲，順治五年一人，康熙七年宜番等，二十二年，三十三人；二十三年、二十四年，七十二人，而遣歸者十二人。總得羅刹近百人，居東直門内胡家圈衚衕。據之則羅刹降人，潛丘蓋於二十二、三、四年中，屢見之也。理初未刻稿又有一文《辯羅刹俄羅斯異同》云：羅刹者，紅毛諸番，其正名羅刹國者，今之俄羅斯，其國東北自黑龍江邊外，北盡北海，西盡西海西南，包額納特珂克外羅刹種人，素與佛不合，自立天主教，其部强盛。當佛時，羅刹王名阿修羅，欺陵佛并欺淩佛國。佛國深畏之，遇惡人惡物皆以羅刹名之。故有在山羅刹，有在海羅刹，有飛天羅刹，皆假名羅刹，而於真羅刹無與也。羅刹至今俄羅斯而極大。《潛丘劄記》言俄羅斯定非羅刹，謂長安貴人爲不考。閻蓋略見佛書，不能詳悉，且俄羅斯自稱爲羅刹，何得謂之定非也。案：理初此辯極明晝，其云羅刹者，紅毛諸番，即《隋書》之羅刹國。惟云閻蓋略見佛書，則語近誣。閻生平不讀佛書，復申撰《行述》曰，府君精究儒書，不談内典是也。其時俄羅斯尚阻聲教，故止據《隋書》以與長安貴人辯耳〔二四〕。俄羅斯即《元史・地理志》西北附録之阿羅思〔二五〕。潛丘亦未攷得也〔二六〕。穆於辛丑七月，從《永樂大典》畫出《元經世大典西北地圖》以詒魏君默深，刻入所輯《海國圖志》中。

二十三年甲子(1684)，四十九歲。

是年與黄子鴻初晤於碧山堂。

案：碧山堂蓋健庵館客之别第，查初白康熙庚辰有《同朱悔人劉大山魏禹平錢亮功馮文子方靈皋吴山崙汪武曹諸子飲徐尚書碧山堂花下》詩曰："謝公别墅在城濠，載酒曾陪飲興豪。不料故人還客此，猶能折柬致吾曹。商量未定將歸燕，摇落何堪舊種桃。併墮平生知己淚，廿年塵土一青袍。"時健庵卒且七年矣。

《疏證》：卷八"鄞萬斯同季野將輯《古今喪禮通考》，以《喪服》記'夫之所爲兄弟服，妻降一等'質余。甲子春，寓東海公碧山堂爲説禮服，中夜精思，不覺忽得，云云。時季野寓處頗近，不敢復語之矣。"

案：蓋因駁《喪禮雜問》，不滿於其師餘姚黄氏之經學，爲季野所不悦也。又案：萬氏昆仲八人，斯年、斯程、斯禎、斯昌、斯選、斯大、斯備、斯同，皆棃洲弟子也。斯選字公擇，戴唐器迎館於淮上最久。季野先生又號石園，皆與潛丘交契。《劄記》有《喜公擇見過》詩，有《哭萬公擇五兄》詩二首，内有句云："充宗經作笥，季野史成箱。"充宗，斯大字也。《鮚埼亭集・萬石園先生傳》：康熙戊午，詔徵博學鴻儒，浙江巡道許鴻勳以先生薦，力辭得免。明年，開局修《明史》，崑山徐學士元文延先生往，時史局中，徵士許以七品俸，稱翰林院纂修官。學士欲援其例以授之,先生請以布衣參史局,不署銜,不受俸。諸纂修官以稿至,皆送先生覆審。《明史稿》五百卷,皆經手定,雖其後不盡仍先生之舊,要其底本足以自爲一書也。嘗爲徐侍郎乾學纂《讀禮通考》百六十卷,又以其餘爲《喪禮辨疑》四卷,《廟制折衷》二卷。李厚庵曰:"吾生平所見不過數子,若顧寧人、萬季野、閻百詩,斯真足以備石渠顧問之選者也。"

《劄記》:"憶甲子初夏,自碧山堂移徐公健庵寓邸。案:健庵是年由侍講學士升詹事府少詹事。夜飲,言:今日直起居注。上云,古人有言,使功不如使過。此語自有出,既思不可得,又不敢上問,柰何〔二七〕。余對:'丙午、丁未間,重策論,讀宋陳傅良《時論》有"使功不如使過"題,通篇俱就秦穆公用孟明發揮,應是昔人論此事者作此語,第不見出何書耳。'公曰:'博。'越十五年,案:是康熙三十七年戊寅。讀《唐書·李靖傳》,高祖謂靖逗留,詔斬之。許紹爲請而免。後率兵八百,破開州蠻冉肇則,俘禽五千。帝謂左右曰:'使功不如使過,靖果然。'謂即出此。又越五年,案:是康熙四十一年壬午。讀《後漢書·獨行傳》,索盧放諫更始使者,勿斬太守,曰:'夫使功者,不如使過。'章懷太子賢注:'若秦穆赦孟明,而用之霸西戎。'乃知全出於此處。甚矣,學問之無窮,而人尤不可以無年也。公凡於余考據,辨析議論,輒手録成帙,署曰《碎金》,以爲談助,惜此條不及入之也。"

《茶餘客話》:盧日堂嘗手輯潛丘緒論一編,曰《閻氏碎金》,皆洞庭書局中辨論之事,今無傳。

《釋地》:"初交何屺瞻,年甫二十四歲。案:屺瞻生於順治十八年,名焯,號義門,崇明人,康熙癸未恩賜進士。日與之上下議論,一日偶及時文曰,吾欲將有明三百年名家制義,凡看題錯,用事誤者,盡標出爲一帙。蓋此乃代聖賢語氣,豈有聖賢口中,而使別字,用謬事者乎。因歷數之〔二八〕,得數十百條,今忽忽十有八年,遺忘殆盡,云云。"

案:後十有八年,是康熙四十年辛巳也。

沈季友《檇李詩繫》:季友字客子,號南疑,平湖人,康熙丁卯副榜。"梅里李氏多才，符與繩遠、良年齊名，時號三李。康熙甲子，余在京師，分虎亦館於龔氏，案：芝麓卒於康熙十二年，此爲仁和龔翔麟，字蘅圃，時官御史，分虎之詞友也。三李事蹟詳《顧譜》。往來唱和，月舉一會，同賦者晉江黄虞稷、虞稷字俞邰，晉江人，流寓江寧，徐公肅薦與姜西溟、萬貞一同入明史館，以諸生食七品俸，著有《千頃堂書目》《楮園集》。案：西溟入明史館在壬戌年，俞邰、貞一當從同。次年癸亥，潛丘應健庵之聘，復來京師，意即閻、黄會合之始矣。《疏證》卷八：余讀《焦氏筆乘》，稱家有梅鷟《尚書譜》五卷，專攻《古文》之僞〔二九〕，將板行之，不果。求其《譜》凡十載，得於友人黄虞稷家，急繕寫以來。大梁周在浚、在浚字雲客，櫟園侍郎之子。太原閻若璩、寧波萬言、言字貞一，季野伯兄斯年之子，由副榜貢生豫修《明史》，獨成崇禎一朝長編。錢塘洪昇、昇字昉思，號稗畦，以作《長生殿傳奇》得名。嘉興周篔、篔字林於，號鷗塘，兄篔字青士，與竹垞爲詞友。河中吴雯、雯字天章，本遼陽人。父允升，順治乙酉順天舉人。逾五年，選蒲州學正，乙未成進士，又明年，授臨潁令，已前卒。天章遂著籍蒲州。己未薦舉博學鴻儒，不中選，著有《蓮洋集》。《四庫全書提要》曰，雯天才雄駿，有鄉人元好問之遺風。遼陽佟世恩、武林王嗣槐、同里沈奕日，案：奕日蓋融谷兄弟行。暨我兩人也。"魏昭士《閻再彭七十序》："當傚游燕都過淮，先生方失適，屏賓客，聞傚至，蹶然出，揖之，爲設酒食。兩孫咸侍坐，先生爲道其令子客燕，長孫歸三晉，與其先世所以僑居淮上，家計興替之由。且詢傚父子兄弟家世，及易堂先後輩甚悉，酒罷，以諸孫相屬，語懇款，幾令涕下。詰朝，先生仲孫訓愨拜而言曰：王父六十有八矣，又二年而七十，子適過此，願豫乞一言，爲王父七十壽。"

是年趙秋谷典試山西，長君詠中式第七名舉人。

《清祕述聞》：康熙二十三年，山西考官編修趙執信字秋谷，山東益都人，己未進士，兵部主事；戴璽字爾玉，直隸玉田人，戊戌進士。題"爲命裨諶"一節，"送往迎來"三句，或"勞心至義也"。

馮山公景南還，設教淮安邱季貞家，前後凡十年。

《國史·文苑傳》：馮景，浙江錢唐人，國子監生，康熙十七年，游京師，授經於侍郎項景瓖家，二十三年，館侍郎金鼐家，因病南還，歸，設教於淮安洗馬邱象隨家者十年。案：季貞以廩監生，己未召試鴻博一等，授檢討。

二十四年乙丑(1685),五十歲。

李分虎《香艸居集》,有《閻百詩人日招集碧山堂時令嗣復申從山右至》詩:"河東劉墮酒,攜到劍門來。人日調蘭膳,賓筵勸竹杯。真稱賢父子,況住好亭臺。似此春盤薦,須教盡醉回。"

案:甲子、乙丑間[三〇],分虎皆在京師,復申以初正從山右至京,必是中後,以公車北上也。

《劄記》:"秀水徐善敬可,爲人撰《春秋地名》訖[三一],問余成二年鞌之戰。"云云。

高士奇《春秋地名考略序》:"乙丑夏四月,奉命總裁《春秋》講義,因於纂紀之暇,博搜羣書,而參考之。"云云。《四庫全書提要》:"《春秋地名考略》十四卷,高士奇撰,據閻若璩《潛丘劄記》,稱秀水徐勝敬可云云,則實士奇倩勝代作也。"

案:"勝"當作"善",撰《提要》者蓋誤合勝力、敬可爲一人。胡朏明《易圖明辨》卷五:秀水徐善敬可,博覽精思,無所不通,而尤深於《易》,晚著書以發其蘊,有《天易》《羲易》《商易》《周易》。同縣朱太史彝尊名其書曰《徐氏四易》。敬可與余厚,向在京師,出以示余。歲庚午,與敬可讀書莫釐峰下,方且效一得之愚,更訂是書,而敬可尋以病歸,卒於家。案:敬可亦與修《一統志》事,竹垞《庚午年送徐處士善南還》詩曰:"玉河新柳已堪攀,二月交亭送客還。十度洞庭游未足,今番真住石公山。"謂洞庭書局也。

《劄記·荅友人書》曰:"潘公印川治河工成,故老傳其要語曰:'東去只宜開海口,西來切莫放周橋。'此二語平平無奇,竊恐神禹復生,不能易已。前之治河者,雖勤勞十二載,專與此二語相反,不惟己不開下河,見人之開,必從而撓之,俾之去後已。周家橋在高堰南四十餘里,翟壩又在周家橋南二十餘里。皆堅築之,以捍淮東侵者,淮不東,則淮彊,淮彊則黄弱,然後由清口以達海,彼不惟周橋、翟壩而已。且一帶盡圯之,以聽其衝溢,是以末局雖知建周壩,導淮入運河刷沙,運漸深濬,然不過暫時策耳,豈經久之道哉。今惟當確遵印川名言,廣開海口,堅塞周橋,斯無事矣。或曰,海不可濬,潮汐往來,人力難以施工,然舊口皆係積沙，水力自能衝刷，故海無可濬之理。惟導河以歸之海，則以水治水，導河即濬海之策也。然河非專以人力導也，欲順其性，先懼其溢，惟繕治隄防，俾無旁決，則水由地中，沙隨水去，治隄即導河之策也。或曰，海高於内，水不可下，不知江南江北，弟曾遍歷〔三二〕，凡瀕海之地，比之腹内特高，但濬治倍深，無礙乎水之東注矣。"

案：《國史・靳輔傳》：康熙二十四年，上念高郵、寶應諸州縣，湖水泛溢，民田被淹，命安徽按察使于成龍（永寧人，謚清端。）經理海口及下河事。輔疏言，下河卑於海潮五尺，疏海口則引潮内侵，大不便，請自高郵城東車邏壩，築長堤二。歷興化白駒場至海口〔三三〕，束所泄之水入海，隄内涸出田畝，丈量還民，其餘田招民屯墾，以抵經費。上召輔及成龍進京，成龍力主開濬海口故道，輔仍議築長堤，時寶應人侍讀喬萊，奏輔議非是，乃命尚書薩穆哈等往勘視，尋以開海口無益回奏。會江寧巡撫湯斌入爲尚書，奏下河宜疏濬。上命侍郎孫在豐往董其事，云云。先生此書與于、湯諸公議合，當亦在是年，喬與先生爲姨兄弟，所見尤應相同。故《劄記》又載《示兒詠及孫學翼學林》詩曰："一般博學兩詞林，死後猶垂濟物心。"自注，謂喬石、林夫，亦曰石林之議，與己正同耳。喬議見潘次耕所作《石林墓志》。《湯文正集》有《與孫屺瞻論濬下河事》。

【校記】

〔一〕寧　清道光二十七年壽陽祁氏刻本爲"寍"，清粤雅堂叢書本爲"甯"，中華書局版爲"寧"。

〔二〕弘　清道光二十七年壽陽祁氏刻本、清粤雅堂叢書本爲"宏"，中華書局版爲"弘"。

〔三〕攷　清道光二十七年壽陽祁氏刻本、清粤雅堂叢書本爲"攷"，中華書局版爲"考"。

〔四〕辤　清道光二十七年壽陽祁氏刻本、中華書局版爲"辤"，清粤雅堂叢書本爲"辭"。

〔五〕休寧　清道光二十七年壽陽祁氏刻本、中華書局版爲"休甯"，清粤雅堂叢書本爲"休寧"。

〔六〕萬曆　清道光二十七年壽陽祁氏刻本爲"萬厤"，清粤雅堂叢書本爲"萬歷"，中華書局版爲"萬曆"。

〔七〕辤　清道光二十七年壽陽祁氏刻本、中華書局版爲"辤"，清粤雅堂叢書本爲"辭"。

〔八〕寧　清道光二十七年壽陽祁氏刻本爲“寕”，清粤雅堂叢書本爲“甯”，中華書局版爲“寧”。

〔九〕經歷　清道光二十七年壽陽祁氏刻本、中華書局版爲“經歷”，清粤雅堂叢書本爲“經歴”。

〔一〇〕眾　清道光二十七年壽陽祁氏刻本、清粤雅堂叢書本爲“眾”，中華書局版爲“衆”。

〔一一〕叜　清道光二十七年壽陽祁氏刻本、清粤雅堂叢書本爲“叜”，中華書局版爲“叟”。

〔一二〕何人　清道光二十七年壽陽祁氏刻本、清粤雅堂叢書本爲“何人”，中華書局版在此處有一脚注：“‘何人’，查《竹垞文類》卷二，作‘何不’。”

〔一三〕余　清道光二十七年壽陽祁氏刻本、中華書局版爲“余”，清粤雅堂叢書本爲“徐”。

〔一四〕畢　清道光二十七年壽陽祁氏刻本、中華書局版爲“畢”，清粤雅堂叢書本爲“止”。

〔一五〕閒　清道光二十七年壽陽祁氏刻本、清粤雅堂叢書本爲“閒”，中華書局版爲“間”。

〔一六〕朴　清道光二十七年壽陽祁氏刻本、中華書局版爲“朴”，清粤雅堂叢書本爲“璞”。

〔一七〕閒　清道光二十七年壽陽祁氏刻本、清粤雅堂叢書本爲“閒”，中華書局版爲“間”。

〔一八〕厤　清道光二十七年壽陽祁氏刻本、清粤雅堂叢書本爲“厤”，中華書局版爲“曆”。

〔一九〕厤　清道光二十七年壽陽祁氏刻本、清粤雅堂叢書本爲“厤”，中華書局版爲“曆”。

〔二〇〕厤　清道光二十七年壽陽祁氏刻本、清粤雅堂叢書本爲“厤”，中華書局版爲“曆”。

〔二一〕攷　清道光二十七年壽陽祁氏刻本、清粤雅堂叢書本爲“攷”，中華書局版爲“考”。

〔二二〕攷　清道光二十七年壽陽祁氏刻本、清粤雅堂叢書本爲“攷”，中華書局版爲“考”。

〔二三〕攷　清道光二十七年壽陽祁氏刻本、清粤雅堂叢書本爲“攷”，中華書局版爲“考”。

〔二四〕據　清道光二十七年壽陽祁氏刻本、清粤雅堂叢書本爲“据”，中華書局版爲“攄”。

〔二五〕理　清道光二十七年壽陽祁氏刻本、清粵雅堂叢書本爲“里”，中華書局版爲“理”。

〔二六〕攷　清道光二十七年壽陽祁氏刻本、清粵雅堂叢書本爲“攷”，中華書局版爲“考”。

〔二七〕柰何　清道光二十七年壽陽祁氏刻本、中華書局版爲“柰何”，清粵雅堂叢書本爲“奈何”，下同。

〔二八〕歷　清道光二十七年壽陽祁氏刻本、中華書局版爲“歷”，清粵雅堂叢書本爲“歴”。

〔二九〕攷　清道光二十七年壽陽祁氏刻本、中華書局版爲“攷”，清粵雅堂叢書本爲“考”。

〔三〇〕間　清道光二十七年壽陽祁氏刻本、清粵雅堂叢書本爲“閒”，中華書局版爲“間”。

〔三一〕《春秋地名》　清道光二十七年壽陽祁氏刻本、清粵雅堂叢書本爲“《春秋地名》”，中華書局版在此處有一脚注：“‘《春秋地名》’，查《潛丘劄記》卷三《釋地餘論》所載，作‘《左傳地名》’。”

〔三二〕歷　清道光二十七年壽陽祁氏刻本、中華書局版爲“歷”，清粵雅堂叢書本爲“歴”。

〔三三〕歷　清道光二十七年壽陽祁氏刻本、中華書局版爲“歷”，清粵雅堂叢書本爲“歴”。

閻潛丘先生年譜(四)

張穆編

二十五年丙寅(1686),五十一歲。

是年健庵以禮部侍郎,充《一統志》《會典》《明史》三館總裁。

趙《志》:"崑山徐尚書以文章被眷遇,領纂修數局,所邀與商略,皆天下名士,而先生爲首,周旋累年,敬禮不衰。"

《劄記》有《送金道州之官馬平兼簡沈融谷來賓》詩,題下注:"追録丙寅春作。"

案:《廣西通志・職官表》,康熙二十一年,金人望,江南安東人,馬平知縣。二十三年,沈暭日,浙江平湖人,來賓知縣。融谷,暭日字也,又號茶星,平湖貢生,與竹垞、迦陵爲詞友,宰來賓、天長,歷辰州郡丞[一]。高江村有《送沈暭日之任來賓序》。案:人望壬戌已選馬平,何以至丙寅春始之任。而《通志・職官表》,二十五年,馬平知縣又已選朱廷銓,不可解也。《淮安府志》:金人望字道騶,安東人,康熙壬子副榜貢生,任長武令,升同州知州,充己卯鄉試同考官,副榜入闈自此始。晉莊浪同知,邊疆巖邑,軍興旁午,肆應略無支詘。時親王領軍者,褒奬特至,尋以老病乞休,不允,遂卒於官。案:《志》載人望宰長武以後事,而不言其曾宰馬平。以己卯充鄉試同考官。推之己卯,爲康熙三十八年,則是宰馬平後,以故去官,改選得長武也。《劄記》又有《題道州魯游艸》詩曰:"地脈羣尊岱,星文獨重奎。"又曰:"校藝分藜火,論交半馬蹄。"則道州又嘗聘充山東鄉試同考官,惜其年不可考矣。

秋濤案:《茶餘客話》載金道州人望令長武,《荅鈕玉樵書》一首,自叙宰馬平前後事頗詳,足補《淮安志》之闕,有云:"君袍方緑,我服猶緇。佯羡馬上之鞭,巾多毷氉。私挾懷中之錦,會有逢迎。"是道州應試不偶,注選而得馬平也。又云:"懼忌我之有人,遂易名而去國。於時江邊舴艋，尚插旌旗。嶺上烽煙，渾如毒霧。艱虞萬里，荏苒三年。辱藩侯之招簡，竊駢語以飛翰。節傭書之辛苦，一歲累有千金。填在任之逋亡，百劫猶留殘喘。”此是去馬平後，羈滯湘江始末也。又云：“爰東帶而重瞻三殿，又極巍峨閶闔之觀。下除書而分列五方，偏處蕭瑟閒關之地。潘輿未遂，毛檄遄征。割邠國之一隅，當邊陲之三面。”此則由湖湘復入都注選，而得長武之始末也。阮吾山謂道州題堂柱曰：“家臨漂母千金地，人到《邠風・七月》天。”未幾以受代罣誤去，計其時止七閱月耳，云云。跡道州一生宦海浮沈，壯懷落莫，蓋亦不得志之士。然《志》稱其令長武後，復官莊浪同知，則吾山所云詩讖，殆專指官長武月日耳。

《劄記・與石企齊書》：“金道州赴任柳州，余以故太守章大力先生成神於彼，如羅池廟碑事，不可不隆其祀，孰知道州到日，大力夫婦旅櫬四十餘年，竟無資之葬者，道州慨然捐俸，且致書撫州太守，俾葬二柩於祖墓之次。千古高義，令人感泣。”

案：《與企齊書》又云：“一好友爲河間太守幕客，來辭行，弟以河間獻王德祠墓更新爲託，己力任。”未詳好友爲誰。

是年牛叟先生年七十。

邵子湘《青門簏稾・子湘名長蘅，武進縣人。閻再彭先生七十壽序》〔二〕：“余友閻百詩尊人再彭先生，今年壽七十，誕以九月某日。”又曰：“先生生明神宗之季，當是時，以貴公子負海内盛名，年未及壯，遭離變故，絶意仕宦，讀書隱居，終其身。蓋自甲申迄今四十餘年，而先生年亦七十矣。百詩以博學名聞於朝，文孫繼登賢書。”云云。又有《荅閻百詩書》曰：“使者齎尺函走六百里，而索言於僕，竊計尊公先生壽辰，佳文充棟，海内能言之士，大略在是矣。以拙文厠其閒〔三〕，寥寥未稱。”云云。又曰：“敝鄉黄敉公進士，有體有用儒者，今日科目中，求此種人，尤不多得，聞今歲授徒淮陰，不可不一相見。”

有《席上贈賈五鉝》古詩二首。

“鉝”，近刻作“鉉”。案：“鉉”字右旁爲聖祖廟諱，字必有譌。《曝書亭集》，丙寅年，有《題賈院判鉝畫荷二絶句》，嘉興楊謙注：“鉝字玉萬，號可齋，臨汾人，工竹石及折枝花，喜用瘦筆乾墨，出守黄州，嘗畫竹題識，命工人鐫諸石，置赤壁。”疑潛丘贈詩，亦即此人。五，其伯仲之序，鉝，其名也。贈詩何年，無從肊度〔四〕，姑從竹垞之例，附識丙寅年末，以諗知者。竹垞丁丑年，又有《寄賈黄州鉝》詩，亦是從之乞畫。潛丘二詩，更不言其工畫，首章曰："偉節不西行，黨禍終莫解。舉世名龍門，感恩同覆載。誰知千載間，此事一而再。聞語復見人，儼若尚書在。欣然倒衣迎，盡呼兒女拜。恭承道義交，永締骨肉愛。鐙花何燦爛，談笑殊相對。吾老忽少壯，樂哉今夕會。"繹詩意，則鉝亦志節慷慨之士，惜不得其本事，容更訪之平陽人。次章曰："吾生著讀書，不以老而倦。奥篇及隱帙，倍文如覿面。家藏苦不足，假借遭人賤。思傚春明居，願謝王翁饌。忽聞東土司，插架十萬卷。歷傳自隋唐[五]，人間未經見。因君達書名，繕寫煩郵傳。續留古慧命，萬世猶歸善。"則其收藏之富，又可想見。長安酒貴，宜潛丘之傾倒也。

何義門游山陽，買得《困學紀聞》。

又《紀聞箋》："何屺瞻告余，頃得宋槧本不全《左傳》。"

二十六年丁卯(1687)，五十二歲。

《湛園未定稿·鬥酒詩跋》："丁卯元夕，今總憲徐公碧山堂之讌，出所儲酒三十種飲客，命客爲鬥酒詩。明日，相繼以詩來者若干人。"又曰："時座中皆南人，多右南而左北。"

案：潛丘蓋於前一年歸里，爲牛叟先生稱觴。故座中無北人也。健庵以九月升總憲，跋當作於九月後。

是年，牛叟先生卒。

《行述》：二十六年，居先祖考憂，喪葬中禮，鄉里至今以爲法。

九月，健庵擢左都御史。

《劄記·與劉超宗書》："孟子喜而不寐，以善人得志當路也。今有清議得申一事奉聞，長者以爲寢食有味何如。臺臣馮瑞，進士出身也，利人所有，題一疏爲加納官員，一體升遷，不必用保舉，部議允行矣。垣臣錢晉錫，明經也，爲新總憲所使，具一疏嚴駁之，部議不准行。奉旨著現行事例行，蓋允錢而不允馮也。一時公論喧騰，人心暢悦，此非初出艸廬第一功乎。"

案：所謂新總憲，殆即指健庵也。竹垞戊辰年有《題錢給事晉錫富春大嶺圖》詩，楊謙注：錢字再亭。又案：潛丘第四次入都，不得其年，以此書推之，蓋在卯、辰之交也。

二十七年戊辰(1688),五十三歲。

是年健庵充會試總裁,即闈中轉刑部尚書,出闈就職。因張汧事罣誤,上章乞休,准解部務,仍領各館總裁,三日一直内廷。

二十八年己巳(1689),五十四歲。

是年健庵因子樹穀考選科道事,爲副都御史許三禮所劾,上章乞歸。命攜書局,即家編輯。健庵復上疏,言:《明一統志》疏漏舛錯,難以盡舉。臣今博訪舊聞遺獻,務期精核。又言:《宋元通鑑》明臣薛應旂、王宗沐諸本,或詳略失宜,或考據抵牾,或名姓互殊,或日月闕謬,臣請改修,博採正史〔六〕、雜史及諸家文集,參考同異,辨證是非,仍倣司馬光《通鑑》例,作《目録》《考異》,彙爲一書。諭依議行。

胡朏明《禹貢錐指略例》:"昔大司寇崑山徐公,奉敕纂修《大清一統志》,己巳冬,公請假歸里。上許之,且令以書局自隨。公於是僦舍洞庭,肆志蒐討,時則有無錫顧祖禹景范、常熟黄儀子鴻、太原閻若璩百詩,皆精於地理之學,二三素心,晨夕羣處。"

《行述》:先是府君殫精經學,佐以史籍,客司寇公所,時方修《一統志》,與顧處士景范、黄處士子鴻周旋,遂喜談地理,二君固地理專家也。府君於古今沿革,考索尋究,不遺餘力,往往出其意表。朏明先生嘗稱,吾輩老年人,讀書只宜優柔厭飫自得之樂,徵君用力太苦太鋭,殆非所宜。府君愈益力,十餘年中,成《四書釋地三續》及《釋地餘論》若干篇。又曰,《四書釋地三書》,則以《四子》爲幼學首習之書,而地理經古注疏集注以後,簡略蒙譌尚多,故特加考隲〔七〕,爲經學始基。又曰,府君從前四至京師,二十八年歸里之後,無復遠游意矣。

《疏證》:卷六上"憶己巳與顧祖禹景范同客京師,問景范:'蘇秦説燕曰,南有碣石之饒,注以在常山九門縣,果爾,則趙地，何以燕有其饒。仍指今永平府是，但又在燕之東，何云南。’景范曰：‘凡地理言南，可與東通，言北，可與西通。非同東與西，南與北，迥相反者。’余自是觸處洞然。”

又己巳，本書作先一載，蒙上庚午夏而言也，兹臆改。“在京師，萬季野謂余撰《一統志》，奚必及人物，人物自有史傳諸書。余頗駭其言，及近覽《元和郡縣圖志》《太平寰宇記》，意果不重在此。一州内或人物無，或僅姓名貫趾〔八〕，即間舉生平，亦寥寥數語，不似《明一統志》誇多汎濫，令人厭觀。因折衷二者之間，不妨臚名宦、流寓、人物、列女四項，但取其言與行關於地理者，方得采輯。如名宦則蜀守李冰，以作離堆避沫水之害而收。鄴令史起，以引漳水溉鄴田，富魏之河内而收。列女趙襄子姊聞夫死，摩笄自殺，代人以名其山，收入保安州。顔文妻事姑孝，甘泉湧室，齊人以名其河，收入益都縣。梁鴻適吴，卒葬於要離冢旁，切陵墓矣，收爲蘇州之流寓。雷次宗徵至都，爲築館鍾山西嶺下，切古蹟矣，收爲江寧之流寓。即例所不收之仙釋，如河上公結廬河濱，漢文帝親枉駕。梅福變姓名爲吴市門卒，甚且許楊署都水掾，爲太守興鴻郤陂數千頃田，汝南以饒，均寧得遺〔九〕。蓋不惟其人，惟其地，不然，隨甚道德，隨甚勳名及文藝，苟無關地理，概不得闌入。何者，著書自有體要。善乎，杜君卿有云，言地理者，在辨區域，徵因革，知要害，察風土。李宏憲云，飾州邦而叙人物，因邱墓而徵鬼神，乃言地理者通弊，至於邱壤山川，攻守利害，反略而不言。元和宰相之言，施於撰述如此，若張南軒論修志，不可不載人物，典型繫焉，世教補焉。此則儒生之見，以之點綴郡邑志則可，非所論大一統之書，卷帙浩繁者也。”

案：今《一統志》，更不用潛丘之議。

《四庫全書提要》：“《資治通鑑後編》一百八十四卷。國朝徐乾學撰，是編以元明人《續通鑑》者，陳桱、王宗沐諸本，大都年月參差，事蹟脱落。薛應旂所輯，雖稍見詳備，而如改《宋史》

周義成軍爲周義，以胡瑗爲朱子門人，疏謬殊甚。皆不足繼司馬光之後，乃與鄞縣萬斯同、太原閻若璩、德清胡渭等，排比正史，參攷諸書〔一○〕，作爲是編，艸剏甫畢，欲進於朝，未果而歿。今原稿僅存，惟闕弟十一卷，書中多塗乙刪改之處，相傳猶若璩手蹟也。"

《困學紀聞》卷十九"開禧，追貶秦檜，周南（仲）代艸制"下箋云："《南遷録》《賓退録》駮之〔一一〕，近《漁洋文略》駮之，信多子虛亡是之辭，然載遣秦檜事卻可信。余取以補《續通鑑》，稿置傳是樓云。"

《陸清獻日記》：庚午十月初一，會姜西溟，言徐健庵修《宋元通鑑》，甚覺掣肘，蓋以南北朝爲疑也。彭躬庵《傳是樓藏書記》：庚申暮春，余因顧子景范、陸子拒石，得登崑山徐公之傳是樓。樓十楹，跨地畝許，特遠人境，無附麗，啟後牖，几席與玉峰相接，中置庋閣七十有二，高廣徑丈有五尺，以藏古今之書，裝潢精好，次第臚序。首經史，以宋板者正位南面，次有《明實録》《奏議》多鈔本，又次諸子百家，二氏方術、稗官野乘、齊諧，靡不具備，曲直從横，部勒充四阿，各有標目。

二十九年庚午（1690），五十五歲。

是年三月，健庵歸里，開局洞庭東山，纂輯《一統志》，仍延先生及胡朏明、顧景范、黄子鴻、姜西溟分纂。時西溟以布衣食七品俸，在明史館，健庵疏請偕行。

查初白《題壁集》起庚午二月終六月，題云：玉峰大司寇徐公，予告南歸，奉旨仍領書局，出都時，邀姜西溟及余偕行。兩人日有唱和，旗亭堠館，污壁書牆，率多口占之作。竹垞庚午年有《送史館姜君宸英赴包山書局》詩。案：健庵既歸，萬季野獨以《明史》事留京師，館户部尚書王公宏緒家。

錢《傳》："及徐公奉敕修《一統志》，開局洞庭山，既又移嘉善，復歸崑山。先生皆豫其事。先生於地理尤精審，凡山川形勢、州郡沿革，瞭若指掌。"

《行述》：司寇公歸里，府君相與晨夕，談古援今，慰譬開廣，不以出處隱顯異致。公嘗謂盧孝廉六以名軒，海寧人，康熙己丑進士。《行述》末填諱署盧名，款曰，年家眷世同學姪。《紀聞箋》屢引盧六以言。曰："閻先生乃古人，其學有經法，亦非吴志伊輩可望也。”

《劄記》案：“羊流店，晉羊叔子故里，在新泰縣西北六十里，南北孔道也，今庚午春經此。案：此是潛丘偕健庵同歸也。又《劄記》：“嘗經過保定府新城縣，其土田甲天下，古所謂督亢地，至今禾稼樹藝最勝，而田賦最輕。”又曰：“今藁城縣西北二十五里，有九門城，四面五百餘里，皆平地，求一部婁塊阜亦不可得。”《釋地》：子在川上，相傳即泗水發源處，今之泉林寺，在泗水縣東五十里，陪尾山下，余曾往游，惟有《詠郭景純》詩，林無静樹，川無停流，覺神超形越，云云。又“東蒙”條：昔過其下，土人承謁，歷歷指點示我〔一二〕。《疏證》卷四：徂來在今泰安州，新甫在今新泰縣，余屢經過之。卷六下：胡陵故城，在魚臺縣東南六十里，沛縣西北五十里，余曾親過之，問距定陶之菏澤，約幾三百里，彼豈知菏澤在定陶東，孟豬在睢陽東北，二澤相通，距僅一百四十里哉。又小沂水：愚過費縣，土人則呼浚河，在其縣西北八十里。案：以上數事，皆南北孔道所必經，不得其年，併記於此。問叔子之後裔有存者，往尋其祖墓，隆然高阜者三，即傳出折臂三公之所，復往尋其居遺趾〔一三〕，隱然若城郭，綿亘八里許。因歎叔子以上九世，皆二千石卿校，可爲東漢第一世家。當時聚族而處，居以積久，日加闢遠。又蔡邕亡命江海，遠跡吴會，往來依太山〔一四〕。羊氏以此地爲淵藪，孰敢過問之。種種皆與史傳闇合，獨《後漢書》，羊續太山平陽人。平陽即西漢之東平陽，晉爲新泰縣。叔子，《晉書》卻泰山南城人，南城，原魯南武城。《晉地志》亦三字名，故城在今費縣西南九十里，距新泰二百四十五里，意新泰，叔子之祖貫，已則占籍南城耳。觀武帝咸寧中〔一五〕，詔以泰山之南，武陽、牟、南城、梁父、平陽五縣置南城郡，封叔子南城侯，以其爲南城人也。叔子且死，從弟琇述素志，求葬於先人墓次，狐死正邱首，正欲葬其隆然高阜之旁也。玆撰《一統志》，繫續於新泰人物可也，叔子以孫從祖，奈《晉書》何。且新泰縣建置沿革，并未見何年改，南城一筆人物，豈有無根者哉，要須别繫叔子於費縣人物，不必拘《元和志》然後可。”

查初白《題壁集》有《王羲文閣復申招同西溟泛舟紅橋》七言絶句二首。

《劄記》：卷六上“庚午季夏〔一六〕，置書局於洞庭東山，撰輯《一統志》，有分得福建者，來質余曰：‘欲倣宋梁克家《三山志》建置沿革，斷自《周·職方》之有七閩始，不上繫《禹貢》何如。’余曰：‘杜氏《通典》叙建安、長樂、清源、漳浦、臨汀五郡於古揚州内，未見唐人遠之於禹服外者。《元和郡縣圖志》亦然，然《明一統志》，福州等八府，竟書爲《禹貢》揚州之域，亦未安。惟歐公妙有斟酌，所撰《新唐志》，於淮南道，曰蓋古揚州之域，江南道，曰蓋古揚州之南境，嶺南道，曰蓋古揚州之南境，南境與域字頗别。微可議者，江南道領有今蘇、松、常、嘉、湖，正《禹貢》三江震澤地，江州尋陽郡有彭蠡湖，皆當日之域中，豈得别之爲南境，惟援其例，書於福建一司則可。福州府，曰《禹貢》揚州之南境，泉州府，曰《禹貢》揚州之南境，下迄漳州府並同，方不即不離。蓋雖未顯見爲疆域，未嘗不爲揚州師牧之所接，聲教訖於四海，閩東南海也，豈唐虞之所得而遺之哉。’”

案：今《一統志》刻本，惟於福建統部及泉州府，書曰《禹貢》揚州南境，餘仍《明統志》舊，曰《禹貢》揚州之域也。

查初白《冗寄集·題洞庭秋望圖》詩注：庚午秋冬間，余寓居洞庭東山。《橘社集》起庚午秋，終十二月。題云：橘社在洞庭東山之麓，劉氏取以名園，秋冬間，假館於此，與書局諸同人唱酬不少，云云。

案：嚴繩孫《與劉震脩書》：李武曾磊落士也，今健庵尚書開書局於洞庭山，武曾方與纂修之役，足下往訪尚書，當與武曾相見，云云。是李秋錦亦在書局也。

有《大雨同胡朏明閻百詩登湖樓》詩。

詩曰：“大聲拔湖洪，飛上巨鯨背。歕空作猛雨，倒射怒百倍。萬木助一喧，掀騰走羣怪。樓孤若摇動，勢已岌岌殆。雲頭排窗來，山影忽在外。目存思欲絶，境變奇乃最。我詩苦難工，傑句應有待。”

《劄記》：“老友吴喬先生案：喬又名殳，字修齡，常熟人。《劄記》有《逢吴子話舊》詩，首二句云：“史局置湖山，天教孰曠閒。”疑所謂吴子即喬也。嘗言，賀黄公黄公名裳。《載酒園詩話》、馮定遠《鈍吟雜録》及某《圍鑪詩話》

可稱談詩者之三絶。余急問賀書何處有，曰：金陵有，須價銀一錢二分。余以三錢付黄俞邰使者，回家購之。不半月，以八分購賀書，餘盡如余所屬，買套櫻桃乾，蓋素嗜此也。到日同胡朏明大暾細讀，口眼俱快，沁入心脾，歎吾老友之知言也。康熙庚午秋，寓洞庭東山席氏館題。"

《鈍翁類稿·席仲遠墓志》：余嘗兩過洞庭之東山，其始至也，以事趨謁席太翁仲遠，别去十年而復至，則翁已殁。伯、季兩君，方各治一圃，中間樹石蒼秀，亭榭雅潔，又各於其旁，穿池蒔蔬，備極幽人逸趣。《毛朱詩説》：近日吴喬先生共余讀李商隱《東阿王》詩"國事分明屬灌均，西陵魂斷夜來人。君王不得爲天子，半爲當時賦洛神"，説曰：後二語似有悔婚王氏之意。夫婦不及十年，甥舅不過一年，而竟致一生顛躓。此種情事出於口，則薄德，而意中不無展轉，故以不倫之語志之乎。若論故實，丕爲世子，在建安十二年丁亥，子建賦洛神在黄初三年壬寅，相去十五年也。唐人作詩，意自有在，或論故實，或不論故實，宋人不解詩，便以薛王、壽王同用譏刺義山，何異農夫以菽麥眼辨朱艸紫芝乎。此解可謂妙絶千古。發端一語，已道令狐綯之當國矣。蓋原知義山之人之事，方得是解，不然，空空而思，冥冥以決，豈可得乎。縱得之，恐亦成郢書燕説而已矣。《劄記》又有《洞庭山人餉菊》詩。

又："憶庚午重九，病新愈後，東海公招登高莫釐峰，酒中云，古人之事，應無不可攷者〔一七〕，縱無正文，亦隱在書縫中，要須細心人一搜出耳。"

又："余告徐司寇健庵曰，郡縣始自秦，作《輿地表》，自當以秦縣名之可考者實之，不獨以郡。"

案：今《輿地表》自秦始。

又曰："後居洞庭山中，詩論直隸、真定、廣平諸志，而後益曉然於今制折田之故。"又："具以淮、揚兩府折田之數，告徐司寇健庵，令纂入《一統志》中。"

案：今《一統志》淮、揚兩府下，不載折田之數。

《疏證》：卷六下"余告東海公，纂郡縣志者，全憑有識。如河南八府，惟懷慶糧最重，民且受困三百年。如近來纂志，當以糧所由重之説，痛加發揮，方興有世道之責者惻念，請於朝，比諸别府減而輕之，奈何噤不一語。"

案：今《一統志》，懷慶府下，於糧所由重之説，仍無一語及也。

又：“《一統志》有關隘一項，下載至某鋪，或某集、某鎮，在縣東若干里，又若干里爲某鋪，又若干里爲某鋪，達某縣界，最有益。或病其碎，且名不雅馴者。余曰，昔宋紹興三十一年，金主率大將臨西采石楊林渡〔一八〕，初奏言已犯采石，而不言東、西，朝廷大驚，次報已到楊林，而不言楊林渡，莫知其在江之南北，益懼。求當塗歷陽人〔一九〕，問楊林所在，言楊林，西采石之渡口也，於是憂疑少定。余謂使當日諸州所上《閏年圖》，備載村鎮及津渡之處，可一一檢而知，不必外訊諸人矣。”

又：“《一統志》，在京師輒進呈者，爲保定府，内多載及水利，有已施行者，有未施行者，允稱有用之書。”

又：“嘗謂鑿空出新，不若舊説之安者，尤莫甚近日碣石入海之説，陽信有劉世偉者著論曰：海豐縣北六十里，有馬谷山，高三里，周六七里，疑即古之碣石，爲河入海處。顧寧人賞其新。東海公載入《一統志》中。余曾正告之曰：九河見兗州〔二〇〕，碣石則在冀州。皆《禹貢》明文，未易可移。果如世偉言，當移碣石爲兗州山矣。古九河闊二百餘里，長約四百里，其爲逆河之地，亦須長闊相等，方外受海水之朝夕入，内容河水之九派注。今馬谷山之旁與上，何處著此一片地邪。東海公不覺笑。余曰：無論經，聊以史證之。蘇秦説燕曰，南有碣石之饒。秦始皇三十二年之碣石，使燕人盧生求羨門、高誓，刻碣石門。二世元年春，東行郡縣，李斯從，到碣石，刻始皇所立刻石。《封禪書》：並海上，北至碣石，巡遼西。《貨殖傳》：夫燕，勃、碣之間一都會也。尚得謂碣石不在昔平州，今昌黎等縣處邪？《永平府志》已進呈，未及正之云。”

案：今《一統志》刻本，仍以碣石爲在永平府昌黎縣西南。武定府馬谷山下，不采劉世偉説，但云《肇域記》以爲即古之碣石也。又案：潛丘嘗因論河至碣石入海事，親至瀕海一帶，兼咨土人，比之腹内特高，不知當在何年。

又《宋史·韓世忠列傳》：初世忠謂敵至，必登金山廟觀我虛實，乃遣兵百人伏廟中，百人伏岸滸，約聞鼓聲，岸北先入，廟兵共擊之。金人果五騎闖入，廟兵喜，先鼓而出，僅得二人，逸其三，中有絳袍玉帶，既墜而復馳者，詰之乃兀术也〔二一〕。按：《續資治通鑑綱目》《宋元通鑑》，金山之下，廟之上，並有龍王二字。曾親至其地，疑之，當時兀术軍江南，太乙孛堇軍江北，韓世忠以海艦泊金山下，兀术不得絶江，豈能輕騎至龍王廟，且既覺而復能浮江去邪。或曰，當時有沙洲，故諺云，金兀术騎馬上金山。此尤無稽之談也。昔在崑山輯《一統志》，至鎮江府，得舊本《三山志》，載龍王廟，北宋時在銀山上，非金山也。然後知修《宋史》者，以其時龍王廟在金山，故實以金山，而不知於兵機地形，失之遠矣。

案：今《一統志》刻本，不主此説，於北固山下，引《輿地紀勝》曰：龍王廟在北固山，韓世忠遣兵伏廟中，以襲兀术，即此。於銀山下曰：即故土山，元皇慶二年建寺其上，以與金山相對，易名曰銀山。蓋隱以閻説爲不然也。

又《與劉超宗書》："《明一統志》無壽河。胡三省注《通鑑》，於敗之於壽河之下亦無注，甚矣其難也。至新修《統志》，淮安府山川載壽河，引《十國紀年》凡兩部書，可謂遠勝明人。案：今《一統志》故城河，古名壽河，即澗河支流也。引《淮南水利考》，唐昭宗景福元年，楊行密將張訓、李德誠敗朱全忠將時溥於壽河，云云。此今日顧景范、黄子鴻饒爲之事，惜先生不見此兩人。捍海塘備載范文正《築海塘方略》，真正有用之書，今人遠勝明人，鄙言豈無徵。"

案：今《一統志》，海塘下不載文正之説。

又曰：纂《志》於洞庭，徐司寇出典籍庫中《大元大一統志》十數本，皆蜀中地，計尚有九百八十餘本，曾見葉文莊家《書目》，此書與《經世大典》並列〔二二〕，安知世不更有足本乎。

《潛研堂集·跋元大一統志殘本》：戊子春，從南濠朱氏假《元大一統志》殘本，廑四百四十三翻，大字疏行，殊可愛。每册鈐以官印，驗其文，則處州儒學教授官書也。傳聞康熙間，崑山徐公乾學奉敕修《大清一統志》，開局於吴之洞庭山，借内府書，有《元大一統志》殘本二十餘册。徐公《志稟》〔二三〕，今在史局，所借之書，度已歸中秘〔二四〕，而未聞有見之者。

穆案：元修《大一統志》事，《秘書志》載之最詳，《永樂大典》收天下府州縣志，不下千部。中凡引用《元一統志》處，乾隆中開《四庫全書》館，校書者一一籤出，穆曾親見其標題，計當有輯本行世，而亦未之見，是可惋也。

《困學紀聞箋》：卷十五"李仁父《長編》，近四十年前無錫顧孝廉始從嘉興高氏購得之，凡三易主，而歸傳是樓。余假館樓下，且讀且鈔，窮日夜不少休，然止及治平，餘仍放失。有勸主人宜集衆以續此編者，余亟摇首以戒，主人笑以爲知言云。"

《劄記・移寓》詩注："公戫從錫山購得《長編》，余爲辨其非是。蓋此書乃錫山秦氏家藏，歸於牧齋宗伯，絳雲災後，此書絶矣。"公戫名體仁，潁川衛人，順治乙未進士，官吏部考功郎，著有《蒲庵集》。又案：公戫與潛丘相識最早，當在壬寅初入京師時。《移寓》詩注云："劉公戫考功曾語余，今人百不及古人，所差勝者，品茶、度曲、圍棊耳。"

是年汪鈍翁卒。

《劄記・喪服翼》注："汪氏琬臨没，删其稿爲《堯峰文鈔》。戴晟西洮購以示我，讀之，頗有幽冥之中負此良友之感。蓋爲余所駁正者，悉刊以從我。有駁正而未及聞於彼者，承譌如故，將來恐疑誤後生不小。"云云。

案：《劄記》有詩云："汪筆王詩重本朝，詩尤兼筆挾風騷。晚來酬荅爭名甚，輸與抽身價卻高。"又嘗稱鈍翁居鄉，人品高絶，可謂惡而知其美矣。戴晟又字晦夫，潛丘爲易其字曰"唐器"，易其齋名曰"瘖硯"，事皆見《劄記》。《淮安府志》：晟，山陽人，康熙中諸生，師事浙西黄棃洲，歸而廣購異書，研窮經史，有疑義輒就質於同里閻徵君百詩，辨難往復，多得其指歸。

《劄記》有《雪舫來口占即事以贈》之作："重見已成翁，傷懷話不窮。小侯四姓長，新樂一門忠。正誤能留史，採亡欲作風。寥寥乞米帖，裝裹至今雄。"

《明詩綜》：劉文炤字雪舫，任丘人〔二五〕，新樂忠恪侯文炳弟，有《攬蕙堂偶存》。《明史・外戚傳》：崇禎十七年三月十九日，新樂侯劉文炳之弟劉文炤，方侍母飯，家人急入曰："城陷矣。"文炤盌脱地，直視母，母遽起登樓，文炤及二女從之，文炳妻王氏亦登樓，懸孝純皇后像，母率衆哭拜，各縊死。文炤入繯墮，拊母背，連呼曰："兒不能死矣。從母命，留侍太夫人。"遂逃去。吴梅村有《吴門遇劉雪舫》詩，靳榮藩注。案：文炳母杜氏，聞城將陷，即命侍婢，檢笥緐懸樓上，作七八繯，命家僮積薪樓上，遂遣老僕迎李氏、吴氏二女歸曰:"吾母女同死此。"又念孝純皇太后母瀛國太夫人篤老,不可俱燼,因與文炳計匿之申湛然家,文炤所以有留侍太夫人語也。魏叔子有《新樂侯傳》,又有《贈劉雪舫叙》曰:方甲申三月之變,君年纔十有五歲,避地秦郵者二十年,勞苦患難,飢寒之狀,無弗身試。

穆案:據之,則雪舫長先生五歲,詩曰"重見已成翁",雖未知重見何時,而是年先生由京師南還,雪舫逾六十矣。附記於此,當不甚差忒也。《淮安志》載文炤《清河夜泊》詩:"孤舟離緒又清明,一挂蒲帆千里程。去住向誰商出處,飄零到我負生平。雲連海氣天無色,風鼓河流夜有聲。襆被春寒眠不穩,悽然雙淚落三更。"

三十年辛未(1691),五十六歲。

馮山公《解舂集》第八、九兩卷,爲《淮南子洪保》,山公自題曰:"《洪保》者何,馮子讀閻子《尚書古文疏證》而作也。儒者之學,莫大乎正經而黜僞,《今文尚書》爲《古文》淆亂其間,莫之或正,儒者之恥也。閻子唱之,馮子和之,其義大安,故曰《洪保》。閻子晉產也,馮子吴產也,一西一南,地之相去幾千里,而作台於淮安,以卒其業,豈非天哉,故亦號《淮南子》云。"

按:此題詞以下《論釋地書》證之,知爲此年事。

又《與閻百詩論釋地書》:"景辛未客鄭公鄉,與先生辨析諸經義。别來忽忽十稔,每望三洲,何嘗不歎,比得寓目大著《四書釋地》及《續》二書,發朱子《集注》所未發。"云云。

《劄記·與劉超宗書》:"《淮南子洪保》,馮子山公所著書名,與閻子《尚書古文疏證》辨論而作也。其勢如傾山倒海而出,卻可惜所憑據在《逸周書》《穆天子傳》,又可惜在《家語》、《孔叢子》、僞本《竹書紀年》,尤可惜則在《魯詩》《世學》《世本》《毛詩古義》耳,真繆種流傳,不可救藥,吾末如之何也已矣。"又一書云:"《洪保》主人亦信《古文》非真,所論難者他語耳,正恐信亦不透。"

趙秋谷《送閻復申歸山陽序》:趙子既返田里,山居而野食。歲辛未之春,門人閻生自其家北上,將試於禮部,枉道來省之。

既逮試，竟爲當事者所黜，南還，復過山中留數日。

《劄記》有《故人子劉予吉以勤學而死異日始知遂有此作》："長轡未及騁，車輪出户摧。旁觀猶起歎，白首定餘哀。魂去同秋艸，名留祇夜臺。前身覃季子，碣待柳州來。"

戴唐器《寤硯齋集·亡友劉君予吉行略》："君諱修，字予吉，少穎異，好學而不得其閫奥，年二十，始得交顧在瞻。在瞻受學於甬江陳怡庭先生，論學一以蕺山、南雷爲宗。他人治一經，而君治五經，他人治一經，舉業講義耳，而君必求之注疏，以及《左氏》《外傳》《戰國策》《三史》《莊子》《離騷》，咸博取之。丁卯，余邀君授兒子句讀，因約爲讀書窮經，計君日鈔書十五葉，得七千二百六十字，月則得二十一萬七千有奇，夜讀書至三鼓，而符於所鈔之數。庚午春，余師萬公擇先生見其手不停披，戒之曰：學以涵養本原爲上，次之諷詠以陶寫性情而已，如此將積瘁成病。已而果然，病幾一載，至辛未八月十一日歿，年三十有六。"

《左汾近稿》有《和王阮亭少司馬西城别墅十三詠》，後有跋曰："昔張文毅公典試，歸熙甫先生下第，公忽忽不樂，對客曰：'吾爲國得士三百人不自喜，而以失一士爲恨。'至今詞場傳爲盛事，顧余何人，敢當公歎，然不可不謂公之異於恒情也。慰藉之餘，出詩題十三首，命余屬和曰，此非餬名，書又無蹇，而不以徹吾目者，子力搆之，必有賞音。余唯唯。歸塗經秋谷夫子家，夫子十三首早成，亦命余和曰，吾子之遇，而知己也，新城公子不遇，而知己也。於是依次搆成，敬書册上。念自曾大父登第以來，八十八年矣，與公家三世交好靡少間。"云云。又《與王阮亭先生書》："人負一能一技，莫不有翹然自異之心，況文章心術，所寓進取之關，而適出當代大賢之門下，雖不遇猶遇也。抵家團圞多暇，與家父述之，家父亦有盧公知汝，汝可不恨之喜。偶以腰痛，不能祇候布謝，但云客歲在洞庭書局，東海先生撰次江西人物，歐陽文忠下，備引先生廬陵永豐之辯。家父以爲的未曾有。東海曰：'此出新城先生《皇華紀聞》，子尚未見邪。'家父固求一讀，秘惜不與，曰：'一讀必刺刺不休，荒吾《統志》功矣。'家父志之不忘，奉懇及《嶺海集》各二部，見付來人，係特遣，望立賜回音。"

案:漁洋於是年春,同張文貞、陳文端、李文貞主試禮闈。又今《一統志》刻本收歐陽文忠入吉安府人物下,不著漁洋之辯。

又《書姚崇捕蝗事後》曰:"康熙辛未四月,余從京師抵山陽,歸塗所經,蝗蝻蓋野,因取《姚崇列傳》,唐紀開元三年、四年事,彙而刻之。"云云。有《寄李學士》詩曰:"夢回閶闔轉淒其,通籍憑君指路歧。老女同牆三月半,酒人獨病百花時。經塗蒿目螟蝗急,返舍驚心鸚鵒遲。更向顏山最深處,致書珍重抵瓊枝。"自注:"時有書寄天水公。"

三十一年壬申(1692),五十七歲。

是年健庵因濰令朱敦厚事落職,書局亦撤,仍奉旨續進所纂書,乃避居嘉善,已又僦居郡西華山之鳳村。是年六月,宋牧仲由江西巡撫調任江蘇巡撫。沈儼《劄記序》:"商丘宋公開府吴門,賓禮授館,相與質疑問難,無有虚日。"

《劄記》有《奉投江寧巡撫宋公詩二首》,領句云:"相門才子百僚師,使節真瞻兩道宜。"自注:"唐江南東道理蘇州,江南西道理洪州,公兩任恰合。"

案:此二詩,不得其年,類記於此。

又案:商丘撫吴,延吴荆山士玉爲子弟師。《劄記》及《釋地》中,均有《與荆山札》,蓋即相見於斯時。

《劄記·與劉紫函書》:"頃聞吴荆山選考卷,及沈儼'禄之去公室',文尾載儼自記,即不佞議論,荆山駁之正之,意只在遵《集注》耳。荆山與僕交情亦佳,安得及屺瞻乎,真令人心折氣盡。"

三十二年癸酉(1693),五十八歲。

《寤硯齋集·超宗先生别傳》:"癸酉秋七月,超宗劉先生卒,太原先生以詩輓之曰:'老淚不能多,聲聲唤奈何。平生知己盡,萬事任蹉跎。第許孤魂及,官曾一命過。鄉邦志文獻,終古首編摩。'言有盡而意無窮，後山之哭南豐，不是過矣。"

《左汾近稿》亦有超宗輓詩。

《劄記》有《北闈聞西溟得售》詩。

查初白《冗寄集》，起癸酉四月，盡十二月。有《姜西溟至都》詩二首，又有《洞庭秋望圖爲同年姜西溟題》古詩，中有句云："今年又赴京兆試，失固其常得差喜。與君同榜獲聯名，王後雖卑吾敢恥。"

《鮚埼亭集》："崑山徐尚書罷官，猶領《一統志》事，即家置局，先生從之南歸，時貴之搆崑山者，亦惡先生。顧崑山雖退居，其氣力尚健，惓惓爲先生通榜，卒不倦，則亦古人之遺也。"

《解春集·與楚州先生牘》：案：楚州先生，謂潛丘也。"濬河書發未，念切念切，此事利在速行，無可疑者。三城之人，欲開澗河，萬口一談，望公力言，有如望歲。入冬水涸，不早從事，斯無期矣。惟公毅然行之，亦此邦之人，不敢望於他人者耳。既已決於中，不必更與人謀，以見鄉先生之大有造於桑梓，且使當事别白觀之，漸得要領，倚如長城，臨淮之人屬耳目，在此舉矣。此事行，數世之福也。"

戴唐器《超宗先生别傳》："暮年齗齗不置者，郡邑兩大事。一澗河水利，澗河泄運河汎濫之水，並泄三城積潦之水，直達射陽湖，爲鹽、興數邑柴米之要津。又有小澗河。當日所以設兩河者，緣黄、淮汎漲，一河不能受其波决，故復開支河以分其湍流，後勢力家因小澗河水易汲引，多置田園，遇水緩時，專引注小澗河，澗河遂淤淺，積久不能行舟，而小澗河亦塞。先生特著一議，意在泄水，而不專主澗河。癸酉冬十月，中丞三韓興公，議開澗河，太原先生檃括前議上之，而先生已不及見矣。未幾，興公罷去，澗河之工遂寢。"《淮安志》：興永朝，遼東人，康熙三十一年任漕運總督。

《疏證》：卷八"癸酉冬，薄游西泠，聞休寧姚際恒字立方，閉户著書，攻僞《古文》。蕭山毛大可告余，此子之廖偁也，日望子來，不可不見之。介以交余，少余十一歲，出示其書，凡十卷，亦有失有得，失與梅氏、郝氏同，得則多超人意見外，喜而手自繕寫，散各條下。"

《武林道古録》：姚際恒字立方，號首源，仁和諸生。少折節讀書，泛濫百氏，既而盡棄詞章之學,專事於經,年五十,曰:向平婚嫁畢,而游五嶽。余婚嫁畢,而注《九經》。遂屏絶人事,閲十四年而書成,名曰《九經通論》。時山陽閻若璩力辨晚出《古文》之僞,際恒持論多不謀而合。若璩撰《古文尚書疏證》,多引其説以自堅。而蕭山毛奇齡篤信《古文》,作《冤詞》,與若璩詰難。奇齡故善際恒,以際恒之同於若璩也,則又數與爭論。際恒守所見,迄不爲下。際恒又著《庸言録》,雜論經史理學諸子,末附《古文僞書考》,持論雖過嚴,而足以破惑,學者稱之。

秋濤案:毛極攻潛丘,而實極服潛丘,如《送潛丘序》所稱是也。其於立方亦然。《詩話》云:亡兄大千爲仁和廣文,嘗曰,仁和祇一學者,猶是新安人,謂姚際恒也。予嘗作《何氏存心堂藏書序》以似兄,兄曰,何氏藏此有幾,不過如姚立方腹簏已耳。及予歸田後,作《大學證文》,偶言小學是寫字之學,並非少儀幼學之謂,不知朱子何據,竟目爲童學,且裒然造成一書[二六]。立方應聲荅,朱所據者,《白虎通》也,然《白虎通》所記,正指字學,誠不知朱子何故襲此二字。因略舉唐、宋後稱小學者數處,皆歷歷不謬[二七]。坐客相顧皆茫然,則度越時賢遠矣。予述兄語示立方,立方即贈予長律二十韻,云云,其推服可見。然則西河之於閻、姚,固所心折,而必攻之者,則其强項之習,務與人爭名耳。

西河《與潛丘論尚書疏證書》:“昨承示《尚書疏證》,此不過惑前人之説,以《尚書》爲僞書耳。案:此語殊未析。其於朱、陸異同,則風馬不及,而忽詬金谿及姚江,則又借端作横枝矣。”云云。秋濤案:此當是潛丘初以《疏證》持示西河,故云爾也。時西河尚無意立異,故篇中數百言,祇爭陸、王學術,絶不及《古文》真僞,其《送潛丘序》作於是時,亦無一語及《古文》也。又《送閻徵君歸淮安序》:“予避讎之淮安,與閻君潛丘交,暨之梁、宋,復歸淮,則稍稍有言潛丘君年損而學多者,於是躬詣之,與之游。及予還舊鄉,會開制科,舉天下强才有學之士,徵車四出,其在淮,則潛丘君首應之,予得相見於京師,觀其所著書,夥頤哉言洋洋乎,乃不見用而罷。值司寇徐公承命修天下志書,聘君掌其局,多所論著。既而謝去,出所辨《尚書》二十五篇,挾之游錢塘。時潛丘亦垂老,毛髪種種,而予則歸田有年,越七十,衰矣。案:西河以二十五年丙寅歸里,是年年七十一。乃取所爲文讀之,謂之曰,吾不知於漢北海君相去何等,若唐之孔仲遠,宋之深寧叟[二八],則出之遠矣。”

全謝山《毛檢討别傳》："西河素不持士節，多仇家，乃相與共發其殺人事於官，當抵死。亡命游淮上，得交閻徵君百詩，始聞考索經史之説，多手記之。已而入施公愚山幕，始得聞講學之説。西河才素高，稍有所聞，即能穿穴其異同，至數萬言。未幾，得豫詞科，爲史官，益自尊大無忌憚，於是自言得學統於關東之浮屠所謂高笠先生者，而平日請教於愚山者，不復及焉。其於百詩，則力攻之，嘗與爭不勝，至奮拳欲毆之。"

秋濤案：謝山此傳，初疑其或不實〔二九〕，近假得《西河全集》，細覆其生平事蹟，并西河自作墓志，盛唐所作《西河先生傳》，始知謝山之言不妄。集中前後多自相抵牾，其謂以選詩評語獲怨於王柳潭自超，假他事訐訟，伏人道旁篡取之，將置死地，鄉人率衆奪之還，怨者移營卒屍横地，指爲所殺，捕逮甚急，乃出游江淮間，云云。事似可信，然叙出游歲月，則率不足據，或云十餘年，或云二十年，又往往同此一年，而或自言出游，或自言里居，足知其非事實矣。李剛主師事西河，欲爲作年譜而不果，殆亦有見乎此。又其四十以前，未見潛丘時，率以賦詩填詞、選制藝、評傳奇爲事。集中經解，雖卷袟繁重，實皆歸田後作，自言二十餘歲時，已作《續詩傳》，遭兵燹失其稿，然世亦未有見者。《鳥名》一卷，仍歸田後所成，託之早歲賸稿耳。《白鷺洲主客説詩》，成於愚山署中，西河經解之最早出者也，中多引潛丘説，時方與潛丘訂交也。則謂西河考證之學，得自潛丘，良信。又潛丘初成《疏證》，寄西河時，西河貽書衹爭書中朱陸之辨，而不及《古文》真僞，是其時於壁經源流，尚未一考。迨剛主進以《尚書》非僞之説，而《冤詞》作焉。始末并詳其《再與潛丘書》中。總之西河固心折於潛丘，而必欲强與爭勝，此其所以於西河也。又案：《西河詩話》云，琉球中山王遣使入貢，於還京時，福建侯官縣五縣寨巡檢胡奉至杭州，爲使者買絲布什器，兼覓毛初晴《論釋西厢記》及《瀨中集》詩，於書林不得，遂訪余，云云。又《詞話》《西厢》久爲人更竄，余求其原本正之，逐字覈實，其書頗行，第中尚有不能詳處，如第四折内，和尚們回施些云云。是西河别有此等書，與金聖歎爭名，其亦異乎潛丘已。

《劄記》有《頌眉來云尊公文起大行典試山左志喜》之作："萬里輶軒使，三秋藻鏡開。文從東國轉，名自小山來。吐鳳曾多侶，成蹊亦有媒。爲傳余問訊，今的鑄顔回。"

《淮安志》：劉愈字文起，康熙壬戌進士，工部屯田司主事。《清秘述聞》：康熙三十二年癸酉科鄉試，山東考官行人劉愈。案：紫函、頌眉皆文起之子，紫函則潛丘之女夫也。《劄記》又有《劉行人訊至荅之》一首，即文起也。又《送丘汝紹》詩，亦及文起。汝紹名聞衣,康熙己卯舉人。

三十三年甲戌(1694),五十九歲。

《疏證》:卷八“甲戌首春,交王復禮艸堂於錢塘,示余文廟祀典十四議。”

復禮字需人,號艸堂,錢塘人,著有《家禮辨定》《書解證誤》《三子定論》《季漢五志》等書。秋濤案:艸堂與毛大可、李剛主友善,議論亦與二家相出入。《釋地》“三續楚狂”條,引艸堂説。

是年七月,奉旨,徐乾學著來京修書,徐秉義學問亦優,并著來京。而健庵已先於是月十七日卒。

《劄記》有《吞聲》一首,自注:“爲東海公作。”“無復空山哭,吞聲阮步兵。時從高處見,猶似玉峰晴。鳳詔徒霑命,鴻文已隔生。恩深楚父老,永保汶陽耕。”

又《送徐宫允北上》詩序:公初聞召,有遲回之意。余移書勸之曰:“昔宋元豐末,程子謂:‘司馬君實遠臣也,不可不辭。吕晦叔世臣也,不得不出。’逮南渡後,朱子又遠臣也,宜辭。張敬夫世臣也,宜出。今先生乃世臣,非遠臣,以兄弟蒙恩,故且一家而兩召,一已矣,一尚存,忍不出乎?”公聞而慨然就道,於其過淮也,送以詩。

有《殘年哭知己》一首,《讀唐書張説傳有懷》一首,

皆爲東海公作,而不得其年,類記於此。又《送申孝廉》詩首句曰:“何處是西州,羊曇醉裹游。”亦東海公歿後作。孝廉父檖,見《顧譜》。

《哭喬石林姨弟二首》,自注:“東海公薨於七月十七日,後四日石林卒。”

《墓志》:“徐尚書既歿,先生居於家。守土大吏,及南北好事者,類謬相推重,而實無有爲之地者,故先生卒窮老不遇。”

徐果亭《禹貢錐指序》:往予伯兄尚書奉詔總修《一統志》,一時博學洽聞之士,盡招集邸舍,其精於地志、山經、水注之書者,則若無錫顧景范、常熟黄子鴻、太原閻百詩及德清胡朏明。

未幾伯兄歸田，不幸即世。諸君子亦雲散而不復合。予被恩復起，仍奉命卒《一統志》之役。景范已前卒，子鴻、百詩閒一來，亦先後淪没。予潦倒京華十餘年，書今垂成，亦已皤然老矣。

《劄記·與戴唐器書》："陸去肆兄游孔林歸，見從祀先儒，缺李延平牌位，深以爲訝。余曰，此不足訝也，遂舉其顛末告之，案：顛末見《疏證》卷八。且互相考訂者三日，方寫書山左學使，令其行文補置主，真不枉此一游。然非弟助之，膽亦堅剛不來。還是講學問，講經濟，隨地可以及物。

案：《清秘述聞》：山東提學道劉謙吉，字訒庵，江南山陽人。康熙甲辰進士，三十三年任。《淮安府志》：謙吉字六皆，甲辰進士，授中書，出參撫遠大將軍署，入補刑部主事，出爲思南府知府，膺卓異，升山東提學僉事，期滿乞歸，構一簣園，吟咏其中。陸志謹字去肆，山陽人。福建提學求可子，居鄉有行誼，捐貲置聖廟先賢神主，修敬一亭、尊經閣，費累千金。案：書中所云山左學使，雖未表著其名，然以諸書參互考之，必謙吉任中事無疑。去肆東游，殆即主於謙吉也，不知確在何時，故記之謙吉初擢學道之年。

三十四年乙亥（1695），六十歲。

《南雷黄氏哀詞序》略云："康熙乙亥秋九月甲戌望，日方晡，叩門聲甚急，啟視，乃吾梨洲黄先生凶問也，不覺失聲。越明日乙亥，晨興，走哭於城南戴氏。蓋余聞先生名也久，而知先生愛慕我，冐爲我序所著書，許納我門牆，實自戴氏兄弟曾、晟始。夫由賜也見我，故哭諸賜氏，禮也。且召及門顧子諟、諟字在瞻，山陽人，拔貢，官内丘知縣[三〇]。楊子開沅開沅字用九，號禹江，山陽人，康熙癸未進士，翰林編修，著有《景姚堂集》。會哭，俄而二子至，先生位南向，余號慟曰：'已矣，吾不獲親及先生之門矣，奈何。'顧子曰：'昔聶雙江欲師事王文成而未逮，文成薨後，始因門人錢緒山爲介，執弟子禮，子獨不可援此例乎。況先師實許子，二戴子在旁知狀。'余曰：'然。'遂移先生位東向，余北面以四子爲相禮，將下拜，二戴子止曰：'禮，弟子見師贄，子不可以無贄，顧子今南游，且經紀先師喪，吾徒各有奠附以往，請以侑此奠者文以當贄。'

於是拜，拜而相嚮哭。越十日甲申，乃執筆洒淚爲文，以告於大徵君梨翁夫子之靈。”云云。

《生日展期啟》：“今下元節前一日，爲余六十，仰述先事，亦展一年，刊布此箋，以告姻友。”

有《壽子仁二十韻》，有《送沈敬存還鹽瀆》詩，結句曰：“須臾丙子歲，六翮養應長。”

《寤硯齋集》，乙亥秋，有《潛丘先生書來苦相勸勉兼以月泉吟社見示》詩。

【校記】

〔一〕歷　清道光二十七年壽陽祁氏刻本、中華書局版爲“歷”，清粵雅堂叢書本爲“歴”。

〔二〕稾　清道光二十七年壽陽祁氏刻本、清粵雅堂叢書本爲“稾”，中華書局版爲“稿”。

〔三〕閒　清道光二十七年壽陽祁氏刻本、清粵雅堂叢書本爲“閒”，中華書局版爲“間”。

〔四〕肊　清道光二十七年壽陽祁氏刻本、清粵雅堂叢書本爲“肊”，中華書局版爲“臆”。

〔五〕歷　清道光二十七年壽陽祁氏刻本、中華書局版爲“歷”，清粵雅堂叢書本爲“歴”。

〔六〕正史　清道光二十七年壽陽祁氏刻本、中華書局版爲“正史”，清粵雅堂叢書本爲“王史”，或有誤。

〔七〕隲　清道光二十七年壽陽祁氏刻本爲“隲”，清粵雅堂叢書本爲“隲”，中華書局版爲“騭”。

〔八〕趾　清道光二十七年壽陽祁氏刻本、中華書局版爲“趾”，清粵雅堂叢書本爲“址”。

〔九〕寗　清道光二十七年壽陽祁氏刻本爲“寗”，清粵雅堂叢書本爲“甯”，中華書局版爲“寧”。

〔一〇〕攷　清道光二十七年壽陽祁氏刻本、清粵雅堂叢書本爲“攷”，中華書局版爲“考”。

〔一一〕駮　清道光二十七年壽陽祁氏刻本、清粵雅堂叢書本爲“駮”，中華書局版爲“駁”,下同。

〔一二〕歷歷　清道光二十七年壽陽祁氏刻本、中華書局版爲“歷歷”,清粤雅堂叢書本爲“歴歴”。

〔一三〕趾　清道光二十七年壽陽祁氏刻本、中華書局版爲“趾”,清粤雅堂叢書本爲“址”。

〔一四〕太　清道光二十七年壽陽祁氏刻本、中華書局版爲“太”,清粤雅堂叢書本爲“泰”。

〔一五〕咸寧　清道光二十七年壽陽祁氏刻本爲“咸寕”,清粤雅堂叢書本爲“咸甯”,中華書局版爲“咸寧”。

〔一六〕《劄記》卷六上　清道光二十七年壽陽祁氏刻本、清粤雅堂叢書本爲“《劄記》卷六上”,中華書局版爲“《疏證》卷六上”,並有脚注:“‘疏證卷六上’,原文作‘劄記卷六上’,查以下引文見《尚書古文疏證》卷六上,因據改。”

〔一七〕攷　清道光二十七年壽陽祁氏刻本、清粤雅堂叢書本爲“攷”,中華書局版爲“考”,下同。

〔一八〕大將　清道光二十七年壽陽祁氏刻本、清粤雅堂叢書本爲“大將”,中華書局版在此處有一脚注:“‘大將’,查《潛邱劄記》卷三《釋地餘論》所載,作‘大軍’。”

〔一九〕歷陽　清道光二十七年壽陽祁氏刻本、中華書局版爲“歷陽”,清粤雅堂叢書本爲“歴陽”。

〔二〇〕兖州　清道光二十七年壽陽祁氏刻本、中華書局版爲“兖州”,清粤雅堂叢書本爲“兗州”,下同。

〔二一〕兀术　清道光二十七年壽陽祁氏刻本、中華書局版爲“兀术”,清粤雅堂叢書本爲“兀朮”,下同。

〔二二〕並　清道光二十七年壽陽祁氏刻本、中華書局版爲“並”,清粤雅堂叢書本爲“竝”。

〔二三〕稾　清道光二十七年壽陽祁氏刻本、清粤雅堂叢書本爲“稾”,中華書局版爲“稿”。

〔二四〕秘　清道光二十七年壽陽祁氏刻本、中華書局版爲“秘”,清粤雅堂叢書本爲“祕”,下同。

〔二五〕任丘　清道光二十七年壽陽祁氏刻本、中華書局版爲“任丘”,清粤雅堂叢書本爲“任邱”。

〔二六〕衺　清道光二十七年壽陽祁氏刻本爲“衺”。清粤雅堂叢書本爲“衺”,中華書局版爲“褒”。

〔二七〕歷歷　清道光二十七年壽陽祁氏刻本、中華書局版爲“歷歷”，清粤雅堂叢書本爲“歴歴”。

〔二八〕寧　清道光二十七年壽陽祁氏刻本爲“寕”，清粤雅堂叢書本爲“甯”，中華書局版爲“寧”。

〔二九〕初　清道光二十七年壽陽祁氏刻本、中華書局版爲“初”，清粤雅堂叢書本爲“多”。

〔三〇〕丘　清道光二十七年壽陽祁氏刻本、中華書局版爲“丘”，清粤雅堂叢書本爲“邱”。

閻潛丘先生年譜(五)

張穆編

三十五年丙子(1696),六十一歲。

《疏證》:卷五上“丙子夏,馮山公寄余書云:亡者猶表其閭,況存者乎。亡、存俱指位言,非身也。請證以《晉語》,叔向賀韓宣子貧,宣子拜曰,起也將亡,賴子存之。亡,上文欒懷子亡於楚之亡。注:亡,奔也。是解最善,喜而亟録之。”

《釋地餘論》辨吴越廣陵曲江云:“大抵讀古者,須考作之時日;談地者,須考代有沿革,方克決其所由然。余實因讀班氏自注,發寤於中,以告吾友黄俞邰,俞邰從臾,宜立艸一説,以曉學者,忽忽十有三年,病嬾未就。兹又因竹垞《文類》與越闓《書辨》僅得其半,故特爲補之,并爲正之云爾。”

案:潛丘初晤俞邰在甲午年〔一〕,則後十有三年,當爲丙子也。竹垞《文類》刻於壬戌,計潛丘已早見之,至是始下辨耳。越闓即江闓。

《劄記·讀唐器鴛湖憶曲蓋興起於義山歸來已不見錦瑟長於人句也調之》:“錦瑟爲身可抱眠,夜深何用怨相捐。鴛湖波路春來闊,已上忘歸范蠡船。”自注:“鴛鴦湖側有范蠡湖。”

案:《寤硯齋集·鴛湖憶曲》,作於丙子夏日。

《行述》:自六十以後,時訪友數百里内,往來蘇、杭,輕舟載書册酒茗,徜徉湖山煙水間〔二〕,衣冠灑落,見者以爲霞外人。竹垞及毛檢討大可兩先生,則時時過從,商確學問事,蓋最多云。

三十六年丁丑(1697),六十二歲。

有《將過江展司寇徐公墓先寄》一首,案:健庵以乙亥十一月葬。詩頷句云:"素車曾未至,宿草益興哀。"以宿草之義推之,知當在此年。

又《鄰笛》一首:"今日山陽路,潛移到玉峰。一聲鄰笛發,萬淚滴芙蓉。絲繡勝金鑄,龍塋媿馬封。誰云老賓客,失意欲他從。"則展墓後作也。

又《贈洞聞》詩曰:"買絲曾繡合肥像,沽酒惟澆司寇墳。誰知客散秋風裏,留得空門一洞聞。"不得其年,附記於此。

有《二月十六日渡江作》一首,後二句云:"昨宵有夢蓬瀛上,已占春風第一名。"爲長君詠應禮部試發也。

六月,爲武進臧玉林作《經義雜記序》,略曰:毘陵臧玉林先生,隱德君子也。深明兩漢之學,既通聲音詁訓,又雅擅二劉、揚子雲之長,撰《經義雜記》,皆有關經學大事,餘則推性善,戒惰逸,辨譌謬,補遺脱,一字一句,靡不精確,洵可爲首出之士矣。

《常州府志》:"臧琳字玉林,武進人,康熙間補縣學生。謂不通訓詁,無以明經。治經以漢注、唐疏爲主。著《經義雜記》三十卷,《尚書集解》一百二十卷。"

穆案:玉林玄孫庸,字在東,學於盧抱經學士,嘉慶間學者也。道光丙午夏,門人趙禄保書來云:玉林先生《尚書集解》,更經在東補綴,手録定本,高二尺許,約二百萬言,今尚存其家,惜無能刻之者,其七世孫熙,今設帳禄保家,擬借其書録之。穆復書趣鈔數卷來,未知其能慰我寤思否也。九月二十六日。越年春,禄保以公車至京,録其《自序》見示。《序》曰:"琳不揣固陋,手自撰輯,上探伏、孔、馬遷之奥,中採許、馬、鄭、王之詣,不逮唐宋元明之説,莫不條分縷析,依經附注,擷其精英,棄其瑕疵[三],間下己意,亦不數見,蓋以前人之義已備,故一己之説不贅。惟文字異同之間,有係聖經匪淺,而自唐儒陸、孔以來,多所依違,鮮能折衷。琳少學詁訓,頗解於斯。凡有可據,隨爲條證,欲少求益於前人所得之外,非忘其大者遠者,而議其小者近者也。據穎達《正義》之本,倣何晏《論語》之注,别以姓名,題爲《集解》,三易其藁[四],廿年而成,爲卷凡一百有二十,附以序目釋文四卷,若夫删繁訂失,是深有望於後之君子焉。康熙四十四年,太歲乙酉,仲冬月,武進臧琳謹序。"

復申《困學紀聞箋後序》:歲丁丑,大人閒游江陰,從一故家得斷爛鈔本以歸,較多二十餘條,其詞簡而義精,非尚書萬萬不能爲也。

《劄記》有《與趙秋谷宫贊書》,云:"壬申夏,遇馮三兄於玉峰,馮名行賢,字補之,一名景賢,又稱馮砮,號圃芝,常熟人,馮班定遠之子也。《劄記·題堯峰文鈔》有《與圃芝戲論鈍翁詩句》,事在戊午、己未間,以語傷謔虐,故不采。查初白《勸酬集》:崑山一名玉峰,周圍二里許,似纍石而成者〔五〕。首問訊先生起居,知文酒自適,不復以世務縈懷。竊以天之成就我公之高者至矣,他何足云。兒子此番又得而復失,有辜恩門,聞開中書一例,姑聽其就試,亦不知終局何如也。頃至白下,有傳誦'天上白雲如逝水,艸間黄蝶似秋花'之句,豈不使新城失色,侍郎却步邪。"

是年有《贈曹子清侍郎四律》。

首章第四句云"世職少司空",結句云"我游當首夏,正颺楝花風"。二章首二句曰"亭名志孝思,最賞杜陵詩"。自注:"謂父執杜于皇二丈。"三章首二句曰"又得泥金信,風流第一人"。自注:"謂阿咸狀元。"第六句云"延年但遜身"。自注:"漢杜延年爲御史大夫,以文曾居此官,不敢當舊位,坐臥皆易其處。"案:子清名寅,號荔軒,漢軍籍,世傳《楝亭十二種》,即子清所刻也。父名璽,字完璧,康熙十七年,以工部侍郎典江寧織造,越三十餘年,而子清繼之,故有"世職少司空"之句。子清初典蘇州織造,於庚午四月涖任,至壬申十一月移鎮江寧,詳尤展成《司農曹公虎丘生祠記》。此四詩,知必在江寧者,以次章第六句自注,推知之也。又展成《曹太夫人壽序》曰,當司空在金陵,嘗築楝亭,今農部於姑蘇作懷楝堂以志慕,若投詩在蘇州,不當有"亭名志孝思"之句矣。而潛丘《與趙秋谷書》,有"頃至白下"之語,以復申考授中書之年推之,知當在丁丑。則此詩亦當屬丁丑作,來游在四月。故復申中書之試,尚不知終局何如,而三章已有阿咸狀元之賀也。(阿咸,當謂子清弟子猷之子。尤展成《曹太夫人壽序》稱曰:子猷侍衞。潛丘亦有《贈曹子猷》詩,繹其語意,當是子猷奉使至淮安與相見也,不得其年,附記於此。)漢軍狀元不知是何科目,要以四月泥金之信,知必在此年會試後耳。竹垞有《楝亭記》,展成有《楝亭賦》,西河有《楝亭詩》。據次章潛丘自注,則茶邨亦當有詩,而今《變雅堂本》軼之矣。荔軒少學詩於施愚山,愚山殁,爲刻其詩文集,事見施瑮《隨邨集四君吟》。又余澹心懷,亦潛丘父執也,荔軒在蘇州時,屢偕淡心過展成揖青亭、水哉軒小飲,展成皆有詩。《劄記·與戴唐器書》:明日有人招弟,肩輿三十里,往看柳浦灣梅花,因思"老愛青春貧愛酒，尋花只當作生涯"，父執余澹心佳句，今人能到乎。陳壽祺《閩文苑傳》：余懷字澹心，一字無懷，號曼翁，又號曼持老人，莆田人，居江寧。懷生明季，才情綺麗，詞多悽婉，晚隱居吴門，徜徉支硎、靈巖閒[六]，年八十餘歿。長洲尤侗輓之云："贏得人呼魚肚白，夜臺同看黨人碑。"魚肚白者，金陵市語染名也，懷與杜濬、白夢鼐齊名，故云。有《味外軒稿》。

《寤硯齋集》："康熙丁丑春夏之交，太原徵君閻百詩先生兩至吴門，獲觀汪氏武曹所藏太僕手批《史記》，皆匆匆不及終卷，僅録其例意五十三條，爲向來諸集所未收者，以歸示同學二三子。詩集有《讀觀海集呈太原先生》五言古詩。"

《行述》：三十四年，壽六十。府君以先祖考六十，時祖妣服未除，不稱觴。故亦展一年，適不孝詠授内閣中書舍人，自都門抵里，捧同年姜編修西溟《壽序》，偕諸弟子姪拜堂下。府君曰："汝等知吾今日之樂乎？"皆頓首曰："大人周甲之年，康彊充腴，大慶無窮。"府君曰："非也，吾讀書五十餘年，喜今日纔得一貫字耳。"

案：生日展期，當爲三十五年。而此有姜編修西溟之稱，西溟以丁丑成進士，殿試一甲三名授職編修，則爲三十六年。又以《與趙秋谷書》"得而復失，及開中書例"云云，皆以屬之丁丑爲合。然則《行述》適字，亦大略言之，不定指乙亥之後一年也。惟復申時未成進士，西溟又以癸酉始舉京兆，何以有同年之稱，當緣西溟成進士之歲，復申亦考授中書故耳。然則歸里稱觴之樂，當屬之三十六年，更無疑也。

《山陽詩徵》載劉紫函《酬閻復申》詩云："惟我不如意，許君相對吟。君今越千里，好夢何由尋。紅藥翻階色，碧梧留院陰。欣傳看小鳳，未集玉山岑。"自注：將就中書之試。

三十七年戊寅（1698），六十三歲。

是年孺人張氏卒。

《行述》：三十七年，先妣卒，蠹傷至今。

《劄記》有《題窈窕居》四首。

第三首自注："詠將爲其母乞銘長安。"

又有《讀元微之遣悲懷詩題後二首》。

夏,刻《困學紀聞箋》,復申序云:詠端憂多暇,請鳩工授梓,大人復自矻矻者彌月,乃手之而喜曰:"續古人之慧命,啟來學之博聞,其在斯乎?"云云。戊寅六月望日。

《墓志》:執信早識先生都下,後過淮,屢主先生家,引與談議,許爲忘年交。

案:秋谷《鼓枻集》有《寄朱竹垞檢討村居》一首,竹垞和詩,編在此年戊寅,而《鼓枻集》末,《歸次淮安呈閻百詩》題下自注云"去秋下榻其家",必繫此年事無疑也。

有《荅吴亦韓一絶》:"老愛青春任杖藜,卻嫌委巷入深泥。君家雪色壁如舊,醉罷還能滿壁題。"趙秋谷評曰:"黄山谷見東坡《和陶飲酒》詩,讀至'前山正可數,後騎且勿驅',曰此老未死。今日讀閻徵君此絶句,曰百詩不衰。"

案:此詩不得其年,以秋谷評語推之,或即在過淮下榻之年也。亦韓名愈,山陽人,拔貢生,官黟縣教諭。《劄記》"鄹人之子"條,引亦韓語。又有《過亦韓》詩曰:"隔溪定過板橋西,相似柴門只覺迷。不是君家人識得,誰能曳杖入深泥[七]。"與此絶句語意互相發。

《劄記·題潘孟升詩集》:"錢氏《有學集》有《秋日曝書得鶴江生詩卷題贈》四十四韻,注云:生名高,金壇人,初不知何姓字,已而知爲潘孟升。戊寅殘臘,過毘陵徐學人家,學人曰,吾舅氏也,《南邨詩集》,雖刊未印,余勸其廣爲流通。越明年春,己卯。回舟得二部,行至界首,爲波臣所攫取。復索又得二部,以一歸痦硯齋,《茶餘客話》:戴晦夫痦硯齋在西長街。一即此本。學人名永宣,行四,是秋登賢書,世其先中丞之家,殊可喜云。"

學人,康熙庚辰進士,有《茶坪詩稿》。《國朝名家小傳》:茶坪成進士,策名已及,而意不欲出,曰吾讀書更十年而後仕未晚。《劄記》又有《新先輩錢四亮功徐四學人見過》詩,首句云"雪中來二妙",結句云:"忽爾摇鞭去,看花醉帝鄉。"蓋學人公車入都,過淮上,偕亮功來謁也。查初白壬午年有《旅壁見錢亮功徐學人倡和詩戲次其韵》之作[八],亦徐、錢會試同行之證,不得其年,附記於此。亮功名名世,武進人,康熙癸未進士。

有《戊寅冬游弘濟寺題宋荔裳先生詩後》一首[九],《弘濟寺僧言杜二丈于皇淺土未葬感賦》一首,

案:于皇有《弘濟寺尋蒲庵》詩,首句云"幾度維揚訪老僧",疑潛丘所謂弘濟寺僧,

即蒲庵也。方苞《茶邨墓表》:先生在金陵,與先君子善。客維揚,則主蔣前民。丁卯春,攜襆被叩門,語先君子曰,吾老矣,將一視前民,歸而窟室蔣山之陽,死即葬焉。是日渡江,數月竟死維揚,喪歸寄長干僧舍,一二故人謀卜兆。子世濟曰,吾有親而以葬事辱二、三君子,是謂我非人也。無何,世濟又卒。又數年,長沙陳公滄洲來守金陵,謂先生,其鄉人之能立名義者,爲買小丘蔣山北梅花村〔一〇〕,葬以康熙丙戌年二月十六日。案:前民名易。

有《贈王慈峩》一首,

慈峩名易,江都貢生,著有《懷孟堂集》,秋谷有《慈峩墓志》。

秋濤案:慈峩曾修《揚州府志》。《劄記》有一條云,江西之名有三,今揚州亦名江西,他日以語王慈峩,入其府志中。又一條云,客有遺余以《揚州府志》者,當即慈峩也。

有《荔軒司農屬過蘇州訪織造李君賦贈》一首。

案:詩首二句曰:"片帆乍到石頭城,又見閶門瓦欲流。"則在荔軒移駐江寧之後,潛丘自壬申後,惟此年冬,有泊舟胥門,訪顧俠君之事,意即由金陵而來,故贈詩中有探梅詠雪之句也。

九月,宋牧仲爲作《四書釋地序》。

《序》:會以公事,將于役海壖。蓬窗小暇,乃弁數語卷端還之,戊寅九月既望。

案:《釋地》初刻無年月,據西河書,當刻於丙子,商丘此序,乃補作也。

秋濤案:竹垞與潛丘書,論茅闕門事,謂承寄《四書釋地》,當在《釋地》初刻之年,毛大可亦有書。

顧嗣立《孟子生卒年月考序》:百詩徵君,戊寅冬,泊舟胥門,訪余秀野艸堂,出一編相示,云云。

序作於己卯四月。嗣立字俠君,康熙壬辰進士,官庶吉士。《江南通志》稱:所居秀野艸堂,四方名士,觴詠無虛日,風流文采,照映一時。汪沆《槐塘詩話》:顧俠君嗣立入都,寓宣武門三忠祠内,小屋數椽,繞屋花木,扶疏可愛,因屬查查浦嗣瑮顔之,曰小秀野,自題二絶句,一時名流,和者甚衆,云云。案:三忠祠,明崇禎中奉勅建,以祀遼東徇難之張銓、高邦佐、何廷魁三公,皆山西人也。吾鄉之官京師者,實典守之。穆嘗舉俠君此事,屬壽陽尚書補題"小秀野"三字,懸之祠偏老屋,以備鄉邦掌故云。又案:《疏證》卷六下:吴松江,余嘗相其地形,云云。卷八:聞歸熙甫有疑古文稿藏於家,余三至其家購訪之,卒不出。《劄記·宋中丞壽序》:崑山有南禪寺,爲周文襄所棲止,余屢經過之,僧言文襄當年,屏騶從,自攜蒼頭,就厨下爨,每南面坐,旁立者一吏一卒,是以兒童白叟及婦女,皆得至前,刺刺作吴語,故利病纖悉畢達,云云。皆此數年中事也。

三十八年己卯(1699),六十四歲。

聖祖三巡江浙,奉慈聖以行,諭云:朕睠念東南民生風俗,特行巡省,兼以黄淮爲患,親閲河工,比循歷堤堰〔一一〕,詳加相度,以疏導修築之法,指授河臣,刻期興作。

《劄記》有《恭呈御覽詩》八首。

案:詩有云生日唐名節者,三月十八日,恭逢萬壽,聖節駐蹕蘇州,合郡士庶,進頌壽詩,上萬年之觴也。云體仁閣下試,荏苒廿年餘者,自己未召試鴻博,至此凡二十一年也。云堯水仍堯治,無煩伯禹功,但勤閲視外,盡入睿謀中者,即聖諭所謂以疏導修築之法,指授河臣,刻期興作也。以奉慈聖同行,故第四首云,九龍浴聖日,二氣合神時。又云,常作丹墀舞,聞韶共鳳儀也。第八首云,可知巡守典,原具翕河章。明此行爲親閲河工而來,與首章"河平漢紀年"相應爲章法也。

《山陽詩徵》:康熙三十八年,皇上南巡視河,二月既望,駕幸淮安府城,道經山陽縣儒學櫺星門,聖躬拱立,逮過乃坐。縣人邱聞衣有詩紀之。

《疏證》卷八:山陽縣學新成,籩豆放失,如式更製,余謂當循元制,籩豆各以十,云云。

是年,有《題壁》詩曰:"枯木寒巖不見花,非僧非俗道人家。行年六十又加四,尚想桑榆變彩霞。"

又《己卯年謝張寶應》詩云:"假公畫舫二千里,臘底春初足五旬。載得高人并名藥,入門一笑未爲貧。"

張山來《友聲新集》載潛丘尺牘曰:歸舟竭五日之力,始得盡讀所賜佳刻種種,歎爲望洋。而於尊公老先生《雲谷卧餘》,尤覺心折,真説部書中第一書,惟王伯厚《困學紀聞》可相伯仲,非程大昌《演繁露》比也。來拙著《毛朱詩説》十數葉,與《卧餘》"《詩》非孔門舊本"之説,不謀而合,幸亟梓入乙集中。

案:《詩説》爲《昭代叢書》乙集之第一種,山來自序云:是編經始於戊寅之冬,告成於庚辰之夏。以潛丘行蹤推之,此札當寄於己卯春間,由吴門反棹之後,歸塗經揚州,山來以新刻相贈,故有歸舟云云也。山來名潮,歙縣人,流寓揚州。又案:《詩説》各條,本《疏證》之第八十篇,因書序而類及於詩序,非别有一書也。玆以徇山來之請,抽出之耳,亦可謂畫蛇添足矣。

《釋地》：吾友胡朏明北上，過吾家陶陶者三永夕。

《禹貢錐指略例》："己卯，余復入帝城，謁大司馬吉水李公。"

秋濤案：東樵與潛丘始晤即在京邸，後復同寓洞庭，均無潛丘家居，東樵北上之事。證以《略例》云云，必己卯年事無疑也。

穆案：李公名振裕，字維饒，康熙庚戌進士，官至户部尚書。《漢學師承記》謂：康熙己卯，因再從姪會恩官京師，乃復游日下。禮部尚書李振裕、侍講學士查昇，皆以爲當代儒宗。未幾，以老病歸。昇供奉内廷暇日，以《禹貢錐指》進呈。上覽而嘉之，問年籍。對曰：浙江人，六十餘歲，禮部侍郎胡會恩之叔也。案：會恩字孟綸，康熙丙辰進士，官至刑部侍郎。

秋谷《鼓枻集》，有《歸次淮安值端午觀龍舟呈閻百詩》詩："五千里外轉萍蹤，重倚通明滿院松。人向日南懷霰雪，路移天北駭魚龍。詩囊略遣裝增重，歸興偏教酒讓濃。簫鼓聲中渡河去，相思獨上岱東峰。"

《李恕谷年譜》：己卯，當在夏間。至淮安訪閻百詩論學。又，庚辰，《寄毛河右書》曰："自客歲拜别函丈，過淮上晤閻潛丘，因論及《古文尚書》。塨曰，毛先生有新著，潛丘大驚，索閱，示之。潛丘且閱且顧其子曰：'此書乃專難我邪。'塨曰：'求先生終定之。'潛丘强笑曰：'我自言我是耳。'已而再面析他書甚夥，毫不及《尚書》事，想已屈服矣。"

《劄記·題古文尚書寃詞》："孔穿曰：謂臧三耳甚難而實非，謂兩耳甚易而實是。人將從難而非者乎，抑將從易而是者乎。余則反其詞曰：僞《古文尚書》甚難而實是，不僞《古文尚書》甚易而實非。人將從易而非者乎，抑將從難而是者乎。此余所以不復與毛氏辯，而但付之闃默爾。"又曰："何休好公羊學，著《公羊墨守》《左氏膏肓》《穀梁廢疾》。康成乃發墨守，鍼膏肓，起廢疾。休見而歎曰，康成入吾室，操吾戈以伐我乎。余謂此自是學海，遠遜經神故云爾，若在今日豈其然。"

案：全謝山謂西河得交閻徵君，始聞考索經史之説，即潛丘引何劭公語，亦可微會。

毛西河《寄潛丘古文尚書寃詞書》，案：此書當即附李塨寄至，所謂毛先生新著是也。略曰："接讀《四書釋地》一編，又經三年。淮上去此不遠，而郵寄甚艱。近蠡吾李塨胸有疑義，越三千里來證所學，乃以寓居桐鄉之故，與桐之錢氏作《古文尚書》真僞之辨，列主客，來問。某向亦不愜僞《古文》一説，宋人誕妄，最叵信，及惠教所著《古文尚書疏證》後，始怏怏謂此事經讀書人道過，或不應謬，遂置不復理。今就兩家重爲考訂，知《古文尚書》自漢武時出孔壁後，凡内府藏弆，與民間授受，相繼不絶。且歷新都簒弑〔一二〕，永嘉變亂，亦並無有遺失散亡之事。而梅賾在晉所上者，又但是《孔傳》，并非《古文》經文，其在《隋書・經籍志》開載甚明，外此則又無他書可爲藉口，則其底裏瞭然，何得有假。因就彼所辨，而斷以平日所考證，作《古文尚書定論》四卷。其中微及潛丘，并敝鄉姚立方所著攻《古文》者，兼相質難，以爲學無兩可，苟或所見不謬，即當力持其説。雖自揣生平所學，百不如潛丘，且相於數十年，誠不忍以言論抵牾，啟參差之端。衹謂聖經是非，所繫極大，非可以人情嫌畏，謬爲遜讓。況潛丘之學，萬萬勝余，亦不敢謂能勝《六經》。有學識人，定無我見，一聞真是，便當自舍其所非，然研經好學如立方者，亦復墨守不下，曰各行所知，則生薑真樹生矣。因削去定論名色，改名《寃詞》，且增四卷爲八卷，再加考訂，不曰釋寃，而曰寃詞，以不敢釋也。吾第列其寃，而世釋之，釋不在我也。世不肎釋寃，而必欲寃之，寃亦不在我也，如此則可以告無罪矣。竊謂潛丘所學，何處不見，原不藉毁經以爲能事，且胸藏該博，必有論辨所未及，考據所未備，以廣我庳隘。寃詞無定，潛丘定之，何如何如。"

《四庫全書提要》：《古文尚書寃詞》八卷，毛奇齡撰。奇齡淹貫羣書，而好爲駁辨以求勝。凡他人所已言者，必力反其詞。《古文尚書》自吴棫、朱子以來，皆疑其僞。及閻若璩作

《古文尚書疏證》,奇齡又力辨以爲真,知孔安國《傳》中有安國以後地名,必不可掩,於是别遁其詞,摭《隋書·經籍志》之文,以爲梅賾所上者,乃《孔傳》而非《古文尚書》。其《古文尚書》,本傳習人間〔一三〕,而賈、馬諸儒未之見。考《隋書·經籍志》云,晉世秘府,存有《古文尚書》經文,今無有傳者。及永嘉之亂,歐陽、大小夏侯《尚書》並亡。至東晉,豫章内史梅賾始得安國之傳,奏之。其叙述偶未分明,故爲奇齡所假借。然《隋志》作於《尚書正義》之後,其時《古文》方盛行,而云無有傳者。知東晉《古文》非指今本,且先云《古文》不傳,而後云始得安國之傳。知今本《古文》,與安國傳俱出,非即東晉之《古文》。奇齡安得離析其文,以就己説乎。至若璩所引馬融《書序》云,逸十六篇,絶無師説。又引鄭玄所注十六篇之名,爲《舜典》《汨作》《九共》《大禹謨》《益稷》《五子之歌》《允征》《湯誥》《咸有一德》《典寶》《伊訓》《肆命》《原命》《武成》《旅獒》《冏命》,明與《古文》二十五篇截然不同。奇齡不以今本不合馬、鄭爲僞作《古文》之徵,反以馬、鄭不合今本,爲未見《古文》之徵,亦頗巧於顛倒。然考僞《孔傳序》,未及獻者,乃其《傳》若其《經》,則史云安國獻之,故《藝文志》著録〔一四〕,賈逵嘗校理秘書,不應不見。又司馬遷爲安國弟子,劉歆嘗校《七略》,班固亦爲蘭臺令史,典校藝文。而遷《史記·儒林傳》云,孔氏有《古文尚書》,安國以《今文》讀之,《逸書》得多十餘篇。歆移太常博士書,稱魯恭王壞孔子宅,得《古文》於壞壁之中,《逸書》十六篇。班固《漢書·藝文志》,亦稱以考二十九篇,得多十六篇。則孔壁《古文》有十六篇,無二十五篇,鑿鑿顯證,安得以晉人所上之《古文》,合之孔壁歟。且奇齡所藉口者,不過以《隋志》稱鄭所注二十九篇乃杜林西州《古文》,非孔壁《古文》。不知杜林所傳,實孔氏之本。故馬、鄭等去其無師説其十六篇,正得二十九篇。《經典釋文》所引,尚得覆驗,徒以修《隋志》時,梅賾之書已行,故《志》據後出僞本,謂其不盡孔氏之書。奇齡舍《史記》《漢書》不據,而據唐人之誤説,豈長孫無忌等所見,反確於司馬遷、班固、劉歆乎。至杜預、韋昭所引《逸書》,今見於《古文》者,萬萬無可置辯,則附會《史記》《漢書》之文,謂不立學官者,即謂《逸書》。不知預注《左傳》,皆云文見《尚書》某篇,而《逸書》則皆無篇名,使預果見《古文》,何不云《逸書》某某篇邪。且趙歧注《孟子》,郭璞注《爾雅》,亦多稱《尚書》逸篇,其中見於《古文》者,不得以不立學官假借矣。至《孟子》,欲常常而見之,故源源而來,不及貢以政,接於有庳。岐注曰,此常常以下,皆《尚書》逸篇之詞。《爾雅》:釗,明也。璞注曰,《逸書》釗我周王,核之《古文》,絶無此語。亦將以不立學官,故謂之逸邪。又岐注九男二女,稱《逸書》有《舜典》之書,亡失其文,《孟子》諸所言舜事,皆《堯典》及《逸書》所載。使《逸書》果指《古文》,則《古文》有《舜典》,何以岐稱亡失其文邪。此尤舞文愈工,而罅漏彌甚者矣。證驗多端,非一手所能終掩。近惠棟、王懋竑等,續加考證,其説益明,本不足再煩較論,惟奇齡才辨足以移人,又以衞經爲詞,託名甚正,使置而不録,恐人反疑其説之有憑,故撮論其大旨,俾知其説不過如此,庶將來可以互考焉。

《剳記》:"今年中秋後三日,大中丞宋公,以賑荒,舟過淮。案:牧仲爲喬無功孝廉《跋黄石齋手札墨蹟》:康熙己卯秋,予承旨賑飢淮揚,宿留寶應。《國史·宋犖傳》:康熙三十八年七月,疏報蘇松所屬沿海地,因六月朔,遇颶風驟雨,潮水泛濫,田舍被淹。又疏報江寧府屬之六合、上元、句容,松江府屬之上海,鎮江府屬之丹徒,七月内,山水陡發,秋禾俱淹。請照例蠲免,并動支貯穀,賑恤飢民。又疏報淮、揚、徐三屬二十州縣,及三衞濱河之地,值秋雨連緜〔一五〕,黄、淮交漲,田地皆沈水底,其被災十分田畝額賦,請破格全蠲,并移江寧倉米十萬石,鎮江截留漕米九萬五千餘石,鳳陽倉麥六萬六千餘石散賑,並得旨允行。案:先生作《宋中丞壽序》有云,請蠲請賑疏數十上,不惜官爵身家,與民延旦夕命,甚至移節維揚,窮鄉沮洳,扁舟往返,若人人有巡撫之臨其室,摩其頂者,皆是年賑荒之實跡也。余以病未謁,公手《唐百家詩選》全本授謁者曰:子爲我致百詩作一序,以賀余之遭,彼序固有言,珍此以俟,俟焉果得矣,命竟未達,豈委之於草莽乎,抑謂我老耄而舍我也。"

有《示兒詠并孫學翼學林》四絶句,第一首云:"報道明年租盡捐,聖恩如海復如天。"亦當繫此年作。

有《讀陳書》《讀金石録》五言律詩二首,後有自注曰:"余老矣,不復能彊記,仰思古人得二人焉,各繫以詩。"

《痀硯齋詩》,己卯年,有《記徵君先生麗華易安二首後》七絶二首。

《題老蘇集》:"楊用九自吴門歸,以余好收書,於時下刻本尤易致也,購以餽余〔一六〕。其籤題不曰《老蘇全集》,而曰《蘇老泉先生集》,是父冒子號矣。蓋蘇氏先塋,有老人泉,子瞻取以自號,不知何年,譌以稱老蘇,一辨於葉石林,再辨於焦弱侯,以家藏子瞻墨蹟,有東坡居士、老泉山人圖書,證尤妙,此尚不曉,何以刊爲。"

《題變雅堂集》:"《變雅堂集》,刻原未全,故此止二本,無卷數。嘗思安得有青蚨十五千,遠寄其家三郎武功,屬繕寫詩第一,次及雜文,并制舉義亦不遺。作一副本,以流通天壤間〔一七〕,忽忽已十餘年,美志不遂,良可痛惜。閲此正值其壻葉藩桐初至,以雨阻未晤。桐初,于皇女夫也。康熙己卯十月八日也,潛丘老人題,年六十有四。"

除夕,《題潘孟升詩集》。

《行述》:《困學紀聞》二十卷,因浚儀之舊,而駁正箋釋推廣之,年六十四書成。

案:《紀聞》書首,摹深寧手書題詞〔一八〕,有復申跋曰:右三十八字,乃尚書親筆,常熟毛黼季扆以視徵君,且曰,盍摹勒諸卷首。徵君欣然如其請,蓋徵君曾兩遣人至鄞縣訪其裔孫,求行狀、墓銘、神道碑,以補《宋史列傳》之略,不可得,又欲續其遺像，亦不可得，今存其手蹟，猶前志也。閻詠臨并記。

謝山《宋王尚書畫像記》：同學葛君巽亭爲余言，榆莢邨王氏有先生像，亟喜，往請而觀之，須眉惆悵，端居不樂，其當杜門謝客之際乎，惜不令百詩見之也。

三十九年庚辰（1700），六十五歲。

《題老蘇集》："越明年庚辰首春，戴唐器書來，憶東坡得鍾山泉公書，寄詩爲謝云：'寶公骨冷唤不聞，卻有老泉來唤人。'果老蘇號老泉，坡敢於僧泉公者，稱曰老泉乎。真解頤新語，惜不令焦文端聞之也。"

《因學紀聞箋》："壬子夏，讀唐司業李元瓘上言，明經所習，務在出身，咸以《禮記》文少，人皆競讀。《禮記》在唐試士爲大經，何以文反少。曾遍問之人，不得，質諸書末由。畜疑義者，二十九載〔一九〕。今八月朔，晨起讀《唐書·選舉志》云：'《禮記》《春秋左氏傳》爲大經。《詩》《周禮》《儀禮》爲中經。《易》《尚書》《春秋公羊傳》《穀梁傳》爲小經。通二經者，大經、小經各一，若中經二。通三經者，大經、中經、小經各一。通五經者，大經皆通，餘經各一。'不覺洞然曰，唐制通五經，固讀大經。即凡通二經三經，亦必讀一大經。《禮記》大經，僅九萬餘字，《左氏傳》一十九萬餘字，誰肎舍九萬餘字之經，而誦習十九萬餘字者乎。參以同時楊瑒奏，今之明經習《左氏》者，十無二三，正合所謂《禮記》文少者，特較少於《左氏傳》耳，爲之快絶。"

《劄記》有《雨宿寤硯齋》五言律詩二首。

《寤硯齋集》，庚辰年有《潛丘先生見過留宿寤硯齋》詩。

潛丘詩次章首二句曰："四十强而仕，如君不仕奇。"案：唐器《題劉蒿蕃小照》曰：甲寅歲，余年十六。則是年，年四十有二也。

有《重五日陪閣學張公泛舟蕭家湖因易名曰學士湖即同用李白句作起》古詩。

《寤硯齋集》，庚辰年有《和學士湖》詩，亦用太白句作起。

《劄記》又有《題張閣學樸園圖卷》，稱曰滏陽公。案《清秘述聞》：江南學院張榕端字子大，河南磁州人，康熙丙辰進士，三十六年，以禮部侍郎任。《淮山肄雅》作内閣學士，與《劄記》合。蕭家湖，《淮安志》不載。穆詢之章竹坪機部云，在淮郡城外，西北約里許。又韓文懿《有懷堂集》有《樸園詩》八首，序曰：滏陽先生示余《樸園圖》且自爲記，蓋經始自乃祖司馬公以來，所謂基之鑿之，而先生乃架之，位置曲折俱絶俗，乃酣盡樸之趣，云云。案：此即潛丘所題《樸園圖卷》也。

有《贈張石虹太史》五首，石虹名希良，黄安人，康熙乙丑進士。末章云："他年撰年譜，記取在庚辰。"又《雨中簡石虹太史》五首，末章云："且喫此閒飯〔二〇〕，細和《河復詩》。"自注："東坡聞黄河復故流，亦在庚辰歲，《河復詩》則熙寧十年徐州作也。"

案：《清秘述聞》：石虹屢持文枋，康熙三十六年，以鴻臚寺少卿，任浙江學政，至四十二年，文志鯨始接任。然則此十詩，皆先生客杭州時所作，故有"越病感於今"之句。又云"蒲觴邀共泛"，又云"五月倏如秋"，推知客杭，在此年之夏也。五贈起二句云"地老天荒日，虞翻得一人"。《雨中重簡》結句云"自言讀《疏證》，三復不能休"。其結契之篤如此，可謂生平第一知己矣。

《寤硯齋集》，庚辰年又有《閻大復申召同毛十姬璜飲依緑園觀荷用蘇子美韻》。

姬璜名遠宗，西河嗣子也，康熙庚午舉人。

八月，門人邱回爲刻《釋地續》。

宋牧仲序云：刻是編者，故人子邱回邇求，年少好學，從百詩游，講求經義，庚辰秋八月。《詞科掌録》：山陽邱回邇求侍講，曙戒先生之子，署江蘇巡撫滿洲顧公所薦，年近七十，試卷塗抹過多，爲考官所糾，置劣等。歸以詩自娱，有才子曰謹、曰柱。柱己未庶常，刻其詠物詩數十篇。《劄記·題邱珠巖吟卷》詩，其二起句曰："從兄年長七，腹笥富便便。"自注，謂邇求，又其一下注，新更名，曰兆元，請余字之，字曰期一。案：《淮安志·文苑傳》：珠巖名起兆。

四十年辛巳(1701)，六十六歲。

《劄記·跋春郊送别圖》："商志先生示我以《春郊送别圖》卷，不獨新城司寇詩爲擅場，案：漁洋以三十七年，升刑部尚書。抑且可謂人人握靈蛇之珠，抱荆之山玉矣。豈選而後作，或文生於情，自遠勝一切酬應塗雅者邪，爲喜而弁數語於首，太原潛丘弟閻某，距癸酉二月，已九易春秋矣。"

有《祝王撝齋淮揚副使》四首。

《淮安志》：分巡淮揚海道王謙，康熙三十九年任。案：謙，永平人，丁未進士，第一章結云："見説生申是陽月，梅花待雪綻階除。"自注："大雪前一日。"第四章領句云："鳳紀龍飛四十載，河平應許在斯年。"

有《贈趙漁玉兼簡范用賓》二首，《題趙漁玉暫游萬里艸》一首，《送趙漁玉還錢塘》二首，《晨起送漁玉不及》一首。

漁玉名未詳。《杭州府志》引《武林耆舊續集》，趙楝字博也，號蘿邨，諸暨布衣，有《蘿邨集》。集中云：余少孤，無所倚栖，來杭，貧乏自守，蓋三十餘年矣。案：潛丘贈詩有云："淚漬和丸重，心懸著線温。終期邀佛日，長護北堂萱。"與蘿邨少孤之恉合，漁玉或即楝之别字也。《送漁玉還錢唐》詩結句〔二一〕，"見説春風動，王程一月天"。自注："將陪查太史北上。"此查太史，蓋謂查浦，非初白及荆州、聲山也。知者，初白於壬午十月，由其子克建東鹿署中，應召入京。次年乃成進士、授館秩，越一年，而潛丘卒矣。荆州與聲山，戊辰同榜，而荆州館選後，供職京師，未嘗南歸。攷《敬業堂集》可見〔二二〕。聲山據其外孫沈廷芳所作《行狀》，成進士選庶吉士，念二親春秋高，請假歸養，旋丁外内憂，服除，除編修。是當有由籍北上之事。然初白《酒人集》題詞云，甲戌偪臘抵都，偕家聲山僦居宣武門外，云云。則與潛丘"春風""王程"之語不合，惟查浦以庚辰館選假歸。初白《偷存集》，辛巳春，有《哭德尹子阿願》詩云"爺歸端爲汝求師"，自注："德尹今春請假，將挈家北上。"而《繙經集》，辛巳，《十二月十六日雪同德尹作》，歲杪，又有《示德尹詩》，時尚在錢唐也〔二三〕。次年壬午春夏，遂無與德尹唱酬之作，而初白亦由錢唐赴東鹿署〔二四〕，復由東鹿至京。卷末有《重陽日一畝園同德尹登高》詩，起句云，"一笑相從亦偶然，勞生誰料再游燕"。据知查浦已於春閒北上矣〔二五〕。潛丘贈送漁玉諸作，不必一時，以陪查浦北上，是壬午年事，送還錢唐〔二六〕，當在辛巳之冬，故類敘之〔二七〕。魏昭士有《趙漁玉詩序》云：漁玉以秦君定叟爲師，日講儒先之學。戴唐器有《酬漁玉詩》云："大哉南雷學，問業爭至止。余亦私淑之，竊聞其大指。趙子錢唐彦，一葦渡甚邇。先我列門牆，親炙數載矣。"云云。是漁玉亦棃洲再傳弟子也。初白《勸酬集》有《和趙漁玉范用賓落葉詩》五首，辛未立冬後事也。查浦名嗣瑮、字德尹，荆州名嗣韓，聲山名昇。

是年，孫學翼歲入淮安學。《淮安肆雅録》：張宗師泰交山西人，壬戌進士，太僕寺少卿。首題"有衆逐虎"，次題"一不言朝廷利害，邊報差除論"。

四十一年壬午(1702)，六十七歲。

是年，先生游杭州。《西河集·寄堂客問》：康熙四十一年，客集於杭州寄堂,時宛平金素公、淮安閻潛丘、仁和沈昭嗣、新安倪魯玉俱在坐。素公名德純,《昭代叢書》,素公,《旗軍志》,署款稱遼左。《疏證》卷六上,引素公語,据《恕谷年譜》,則庚辰、辛巳間,素公尚在京師也。昭嗣名佳,篤志伊洛之學,所居名學士園,康熙戊辰進士,安化縣知縣。魯玉名璠,嘗注《庾子山集》,康熙乙酉舉人,官内閣中書。客有舉顧寧人《日知録》爲言者,潛丘謂《録》中説《中庸》期之喪,達乎大夫義最明,因以爲問。次日,又集寄堂,踰日又集錢湖丹井山房,時蘇州顧俠君、嘉興曹希文、仁和馮文子皆在座。

《瘠硯齋集》:"潛丘先生自武林歸,問余楚州風俗,與三吴、兩浙有不同者凡幾。余曰,南北異宜,奢儉異尚,是焉得盡同。惟淮俗之不可解者有二。一拜壽,有十齡即開筵演劇,降伯氏舅氏之尊而傴僂罄折其庭者。一守七,四十九日内,每日治酒張樂待客,守七呼盧謾笑,彼此爭尚,往往破家。先生爲吾黨山斗,一言九鼎,當有以唤羣蒙,挽頽波,不宜默默已也。先生曰然,盍即子之言序次之,以告吾之常往來者,知有所守也。"

案:潛丘屢客杭州,此自武林歸,不知定在何年。

十一月,有《賦謝王淮揚觀察十韻》。

詩云:"仲冬日建寅,忽傳歌《鹿鳴》。老瞶臥牀蓐,亦往聽韶韺。濟濟何所爲,餞送入上京。"案撝齋以三十九年,涖淮揚任,至此年壬午,始值鄉試,故知餞送舉子入京之舉,必在此年。又云"恭惟王夫子,兩主斯文衡"者。撝齋於康熙二十九年庚午,以户部員外郎,副張石虹典試浙江,三十一年,授江西提學道也。又詩云"余時獨惆悵,兒輩久啟行"者,復申於庚辰歲服闋後,早已補官北上也。

四十二年癸未(1703),六十八歲。

《劄記·宋中丞犖七十壽序》有云:"公涖任至今十有一年。"又云:"兹當七十初度,特偕邱子回渡江往祝,因撰此序以進。"

《漫堂年譜》:康熙四十二年癸未,余七十歲。

是年胡朏明詣行在,獻《平成頌》及所著《禹貢錐指》。御書

"耆年篤學"四大字賜之。

案:潛丘垂老,諄諄以求御書爲言,蓋有感于朏明之事。

《李恕谷年譜》,癸未,毛河右有書來曰:"今朏明又在吴門刻《禹貢》,仍與閻百詩合夥,大暢發《古文尚書》之謬。以禾中朱錫鬯家多書,欲就其家搜朱文公、趙孟頫、吴艸廬輩,至明末、本朝攻《古文》者,合刻一集,以與我《冤詞》相抵。其後朏明不與事,而百詩約錫鬯攜明萬曆丁丑會試第三場焦竑《廢古文》策來,幸余先期知其事,赴其寓同觀,焦竑襲吴澄誤説而又誤者。余因於衆中大揶揄之,百詩狼倉散去,錫鬯亦大窘而退。"

案:西河輕薄之口,更不足辯,引此以著潛丘行蹤耳。又案:恕谷嘗集其交游手札,爲《友善帖》,凡四巨册。丁未正月,苗先路同年攜二册來見示,西河手札凡二十餘通,俱黏第二册中,此札蓋已經馮辰、惲鶴生輩删其太甚,兹補録之書首。"今朏明"下有"到底宵人行徑"六字,"《冤詞》相抵"下有"不必置可否,而是非定矣。其意雖拙而實精,以世人肉眼,明知金谿論太極勝於新安,然孰有能袒金谿者,此書出則《冤詞》自高閣也"五十一字,"赴其寓同觀"下有"天網恢恢"四字,"大窘而退"下又云:"百詩、錫鬯,胸腹甚陋,惟朏明稍有記憶,與吾鄉吴慶百同,而識見未闢,究難彙進。譬之佛家一支半解,不成大究竟也。"然則西河本領,只是忍於毒詈,如醉人使酒,人不與校,即自命爲無敵矣。友善帖後二册,聞尚有潛丘手札,惜未之見。吴慶百名農祥,錢唐諸生〔二八〕。

《劄記》:"胡朏明《禹貢錐指》謂嶺南虞舜聲跡所不及,余曾面質正,云云。朏明不覺歎曰:吾書刊矣,不及追改,奈何。"

《瘖硯齋詩·己亥冬日萬九沙過瘖硯齋出蘭窗先蹟命題因憶癸未夏五閻徵君以鹿園公手札屬余爲贈今方得致成命》詩有云:"示余遠祖蘭窗卷,題詠俱是名人詞。失去百年不可得,芋町購之忽來歸。余告九沙勿漫喜〔二九〕,更有墨蹟以相貽。昔年潛丘曾屬付,都督墨蹟余敢私。俟君過此代爲贈,即今已是十七期。"云云。

案:鹿園公,九沙高祖也。全謝山《九沙神道碑》:公先世鳳陽府定遠縣人,明初從龍功臣斌之後,斌子鍾以世襲始爲寧波衛人,鍾子武,武弟文相繼襲指揮,死王事。又四世,而爲中府都督同知淮安總兵,表以儒將私淑新建之學,世所稱鹿園先生也。又二世而爲左府都督僉事福建總兵邦孚,是爲公曾祖,生户部主事泰,始喪其世職,爲寧波府鄞縣人。户部八子並有名,公爲充宗先生斯大子。

《行述》:去年春,案《墓志》云,歲在癸未,天子南幸過山陽。皇上巡河,至淮安城西門,今内閣學士李惺庵先生,李鎧字公凱,又字惺庵,山陽人,順治辛丑進士,己未,召試授編修。《劄記》有《贈李公鎧明府》詩。以通政使隨駕,上遣問此中有學問人乎,學士以府君對,巡撫、副都御史宋公亦在側,云長於考據,最爲精核。隨傳旨召見,以御舟行速不果。其時皇四子貝勒殿下知府君,則邀相見,見則語極歡,曰:吾知東南讀書種子,僅存三人,朱檢討、胡太學及先生耳。朱、胡謂竹垞、朏明兩先生也。四月,府君命不孝詠恭呈《萬壽詩》八首、案:即《劄記·恭呈御覽詩》。《四書釋地》一帙於暢春園。蒙恩見收。五月中旬,上遣問勵編修令式,勵廷儀字令式,號南湖,静海勵文恪公之子,康熙庚辰翰林,官至吏部尚書,謚文恭。語因及府君,云閻若璩學問甚優,與徐嘉炎同。不孝聞之,感激涕零,馳書報府君,府君因屬不孝曰:皇上天章雲爛,草野布衣皆得望見,汝且勿歸,爲我老臣求之,我身若健,或當親來未可知。九月大駕自口外回京,不孝至石匣口山邊,跪迎河干,恭懇御書。上親問不孝父子姓名履歷〔三〇〕,行數十步,澗水湍急,龍舟飛渡,不獲再奏。十一月,殿下乃召不孝詠,以手書諭府君曰:"聞先生志求御書,盍不自來館我齋中。皇上萬幾之暇,我得乘閒代先生請。"諭到,正值小恙,捧讀之頃,霍然起,語不孝訓愨、議略及諸孫曰:"吾績學窮年,未獲一遇,春間天子召見,吾復未及。今賢王下招,古今曠典,乃斯文之幸也,其可勿赴?"

四十三年甲申(1704),六十九歲。

《李恕谷年譜》:甲申二月,"知閻百詩至京,病,往視之,語以老當自重"。

《墓志》:"明年,承上癸未言。皇四子以書幣禮致之,先生力疾赴,至都中,則相待厚甚,踰於賓友,悉索所著書,自二種《尚書》

外,《四書釋地》至於三續,手校《困學紀聞》《古文百篇》,凡八種。首付《紀聞》剞氏,餘將次第爲表章,而先生不起矣。"

《不是齋筆記》《潛研堂集》同。

《道古堂集》:"晚年名動九重,世宗在潛邸,手書延請,復至京師,呼先生而不名,身雖不顯,而道則亨也。"

《行述》:正月登車,一月抵都,寓學士先生家,以行役之勞,體小憊。不孝詠延同年李御史牧癡診視,李名紳,延津人,戊辰進士。旋愈。學士垂髫交好,聚首甚歡,曰:我蓄疑多端,非兄不能爲我析也。三月二十七日進府。殿下止府君跪拜迎送,執手賜坐,日索觀所著書,每進一書,未嘗不稱善。凡飲食、藥餌、衣服及几研陳設諸物,罔不經心目,極其精腆,命太醫院林大文先生朝夕視,且曰:吾受益先生日正長,勿亟論著。夫皇子至貴,人間仰之如天上,或求一望顏色而不得,或思以其技徼左右而逡巡不敢。府君以疏遠之人,情浹意孚,開口吐奇。王之禮賢下士,高誼驅策千古,固不待言。而府君臨老,遭逢梁園西邸之下,又豈偶然者哉。府君北上時,不孝訓愨扶侍,四月下旬,命訓愨還,曰:余身已復初,汝勿慮。又一月,忽謂不孝詠曰:吾眠食雖如常,恐不能久,奈何。不孝驚泣,諫曰:大人疾由讀書,讀書則忘疾,讀久未有不疾者。掩卷則憂疾,憂疾亦未有不疾者。今兩月坐不讀書,遂輾轉疑至此乎。詎意二十六日,忽下泄,神氣頓委,謂不孝:吾夜所夢之書,皆非素見,何邪?六月初四日,友人來候榻前,談三禮義疏高下,問常熟馮定遠先生稱讀《爾雅》則六經學皆通,其說何如?猶亹亹不輟,臥而復起者再。五日早,乃謂不孝曰:此地非易簀所也,吾病殆不能起。殿下比以世子抱恙,憂心忡忡,而慰我,日再至。老人心甚不安,汝可泣求移館,勿延旦暮矣。六日晨起,頓首辭,殿下固留不可,則命以大牀爲輿,上施青紗帳,二十人舉之,移城外十五里,如臥牀,不覺其行也,言笑自若,抵館舍。日晡時,私謂侍僮曰:吾三日内逝矣。

不孝聞之，跪泣失聲。府君曰：夫人有生必有死，何足悲。但此來御書未得，賢王崇禮未得報稱，汝當謹銜吾訓，服任遂功，并歸語諸子若孫，皆志吾志。七日，泄瀉不止，執不孝手，命曰："吾一生著書九種，已刻者，《四書釋地》《四書釋地續》《孟子生卒年月考》；未刻者，《重校困學紀聞》《四書釋地又續》《朱子尚書古文疑》《眷西堂古文百篇》；未成者，《尚書古文疏證》《釋地餘論》。今《紀聞》，蒙殿下序而行之，可以不朽。謹案：憲廟所作《困學紀聞箋序》未見。全謝山《紀聞三箋序》曰，"太原閻徵君潛丘嘗爲之箋，已而長洲何義門學士又補之，斯二箋者，世宗憲皇帝居潛藩，皆嘗充乙夜之覽"，亦不云有序也。餘未刻成者，汝當兢兢典守，不可妄改一字，以待傳者。"時王大司寇阮亭先生，送詩文集十四種，猶加翻閱，命不孝取笥中《火經》，口授數語，書於卷端云："此書乃大司寇大父方伯公所著，向諸檢寄，不可忘也。"又云："汝扶櫬回淮，兩弟不必來，到則位我本宅，葬宜速，我愛参議公墓旁地，汝勉爲之，并遷汝母合葬。"明日早，不孝見氣色漸異，泣問體中有所苦否，府君慨然曰："吾年六十有九，不能自主持，則平日讀書奚爲。殿下禮老朽甚，比遣官料理我喪且從厚。我家風本儉素，取其稱可耳，勿有絲豪過，倘有欲延僧誦經，爲資冥福者，祈免。"語畢微笑而逝。不孝詠慟絶數四，哀迷困匱，手足無措，所賴以辦大事者，秋豪皆殿下賜也。

世宗憲皇帝祭文："維康熙四十有三年，歲次甲申，六月朔己巳，越十有七日乙酉，皇四子多羅貝勒，以剛鬣柔毛之奠，致祭於召試博學鴻詞，待贈徵仕郎、内閣中書舍人百詩閻老先生之靈曰：嗚呼，聖有四教，天有《六經》。著性開道，益智增明。自古在昔，賢哲代生。闡幽微顯，咀華含英。爰至我朝，登三咸五，文治昌崇，邁越千古。蔚彼儒林，或出或處。論述麟麟，流聲區宇。先生挺出，羣賢之標。家世奕奕，衣冠而朝。聰明踔厲，頭角垂髫。既長篤學，矻矻晨宵。孫敬編柳，高鳳漂麥。董生下帷，舍園坐隔。不爲榮利，沈思經籍。仰視屋梁，俛披簡策。當其未得，瘖寐之求。萬鍾千駟，莫解厥憂。當其得之，飛舞泳游。如鳥入雲，如魚脱鉤。下筆吐辭，天驚石破。讀書等身，一字無假。積軸盈箱，日程月課。孔思周情，旨深言大。嘗入鎖院，厄於有司。徵書下賁，桂巷杉籬。遂自蓬茅，揮翰彤墀。歸而杜門，名山永期。縉紳士夫，東西造請。小子後生，執經守屏。道日以穹，望日以迥。靈光巋然，長淮南境。余從知學，即耳先生。旋讀所著，嚮傃益誠。惠然肎就，安車之迎。懷鉛挾槧，樂我書城。方圓久習，用祛蒙陋。乃兹溘然，月未三彀。嗚呼先生，人亡名壽。《詩》紀毛傳，《書》從伏授。《禮》學精邃，先後鄭君。《春秋》昭揭，杜范齊尊。此數子者，雖逝實存。嗚呼先生，庶幾同論。維是薄殖，誰與考業。聚短離長，音容莫接。陳醴芼蘩，芳甘飲食。布奠傾觴，式增淒惻。嗚呼哀哉，尚饗。"

世宗憲皇帝《輓章》："褎衣博帶鉅儒身〔三一〕，瞥見松堂縿幕新。天上星躔歸處士，人間藝圃失經神。魯魚猶辨讎書力，辰巳先徵入夢因。絶勝匡牀揚子宅，謝家庭樹有奇珍。清流地望表清淮，北海碑前絳帳開。一萬卷書維子讀，三千里路爲余來。春風倚檻鋪紅藥，夏雨臨窗潤緑槐。花下談經無兩月，那堪二豎鎮相催。自昔儒英并大年，先生白髮已蕭然。初疑瘦骨全符鶴，詎料輕身早蜕蟬。舊德豈嫌百歲耄，古稀猶欠一春延。遺編歷落珍珠字〔三二〕，留與韓門籍湜傳。皇四子多羅貝勒書。"

謹案：《祭文》《輓章》，恭檢世宗憲皇帝《御集》皆不載。故禮親王昭槤《嘯亭雜録》曰：安郡王瑪爾渾者，安親王岳樂子也，少封世子，即好與毛西河、尤西堂諸人游讌，著有《敦和堂集》。又嘗選宗室王公詩爲《宸萼集》。今杭大宗《道古堂集》，載延接閻百詩爲雍邸事，誤也。憲皇龍潛時，謹介尊嚴，不與外人接見，況《御製詩集》中，亦無《贈閻百詩》詩。（案：此語先誤。）蓋百詩曾館於安世子處，而俗呼安王邸爲四王府，以致譌傳耳。

穆案：杭大宗作傳，全據閻詠所撰《行述》。趙飴山之《志》，又係詠承父命面乞。嘯亭未見《行述》，不知此事原委，故疑爲大宗之誤，不思岳樂世子，何敢擅冒皇子之名，則嘯亭此説，更可不辨矣。世宗《御集》，乃乾隆初年裒刻，容有散佚，未可因以致疑也。

是年五月，復申刻《朱子古文書疑》一卷於京師。

秋濤案：《朱子古文書疑》亦潛丘著述之一種，復申刻《序》云：家大人徵君先生著《尚書古文疏證》若干卷，非之者亦復不少，徵君意不自安，曰：吾爲此書，不過從朱子引而伸之，觸類而長之耳。因命詠取《語類》四十七條，《大全集》六條，彙次成編，名《朱子古文書疑》，就京師刻以行世，告詠曰，云云。詠歎其循循善誘，故亦不敢旁溢一語，即録以爲序。又云：他日奉徵君返山陽云云，康熙甲申端午前三日。據復申此序，距先生易簀時，僅三十六日。此書纂於京師，即刻於京師，事當皆在是年。并疑此爲先生絶筆之書，故信藪編之《疏證》末也。《茶餘客話》謂《朱子古文疑》未刊，誤。

《劄記·火經跋》："余家藏是書，不記自何年，實方伯公與《羣芳譜》手授先祖者。後《羣芳譜》不知何往，而此書展轉流傳，獨插敝架上，似冥冥中有相之者。今年入長安，司寇公聞之，欣然請觀，遂以歸池北書庫。幸題數語，以見寒舍雖衰，猶曾與高門有孔李之舊云。聞書庫饒異本，只將宋王伯厚《鈔本集》，及其門人袁清容《居士集》假閲，可以計日奉還，長安酒貴，或不須我一瓻乎。"

《淮海英靈集》王易《輓閻徵君百詩》詩："遠寄雙魚憶夏初，知君善病正愁予。傷心適易曾參簀，感夢先呼范式車。自注，余於先生屬纊之夕，徵諸夢兆。老去難忘知己淚，人間誰續未成書。自注，著有《古文尚書疏證》。樓頭若問山陽笛，絶調於今寄太虚。"

《墓志》："先生疾且革，命詠曰：'必使趙夫子銘我墓。'詠泣受命，由潞河扶柩歸，卜以康熙丙戌十月七日葬於山陽城東南之學山墩，匍匐詣信，以遺言告。"

丁晏《柘塘脞録》：潛丘先生葬郡城東南之學山墩，見趙秋谷所作《墓志》，墩名不可考。邵孝廉源洙嘗言，去車橋二十里，地名塔兒頭，有冢隆然，土人謂是閻百詩墳，無人來矣。

案《淮安府志》，塔兒頭集在城東南五十里，涇河至此下蕩。《劄記》有《與劉超宗書》云：十二日至塔莊埽墓，并看梅花，雨，止丙舍中，云云。

道光二十六年，山陽縣學詳文，百詩先生墓在淮安涇河岸，祠宇久圮，遺像於乾隆年間被水患失傳。

案：溼河在山陽縣治南五十里，河口有牐，分泄運河水，兼溉民田。

《墓志》："先生元配梁氏、繼配張氏，皆先先生卒，將於先生之葬也，而祔焉。"

《行述》：元配先妣梁氏，貢生巽卿女。繼配先妣張氏，萬曆己丑進士、禮部郎中幼白公曾孫女，案：幼白名世才。廩生青丘公女。

《剳記》：余少有悼亡諸篇什，爲茸城夫人所賞。蓋悼梁氏也。又有《贈李公凱明府》詩，題下注"曾受經先外舅"，不知謂梁、謂張。

【校記】

〔一〕甲午　清道光二十七年壽陽祁氏刻本、中華書局版爲"甲子"，清粵雅堂叢書本爲"甲午"，按後文"則後十有三年，當爲丙子也"，應爲"甲午"。

〔二〕間　清道光二十七年壽陽祁氏刻本、中華書局版爲"間"，清粵雅堂叢書本爲"閒"。

〔三〕疵　清道光二十七年壽陽祁氏刻本、中華書局版爲"疪"，清粵雅堂叢書本爲"疵"。

〔四〕藁　清道光二十七年壽陽祁氏刻本、清粵雅堂叢書本爲"藁"，中華書局版爲"稿"。

〔五〕絫　清道光二十七年壽陽祁氏刻本、清粵雅堂叢書本爲"絫"，中華書局版爲"累"。

〔六〕閒　清道光二十七年壽陽祁氏刻本、中華書局版爲"閒"，清粵雅堂叢書本爲"間"。

〔七〕深泥　清道光二十七年壽陽祁氏刻本、清粵雅堂叢書本爲"深泥"，中華書局版在此處有一脚注："'深泥'，查《潛邱剳記》卷六所載，作'春泥'。"

〔八〕韵　清道光二十七年壽陽祁氏刻本、中華書局版爲"韵"，清粵雅堂叢書本爲"韻"。

〔九〕弘濟寺　清道光二十七年壽陽祁氏刻本、清粵雅堂叢書本爲"宏濟寺"，中華書局版爲"弘濟寺"，下同。

〔一〇〕梅　清道光二十七年壽陽祁氏刻本、中華書局版爲"梅"，清粵雅堂叢書本爲"海"。

〔一一〕歷　清道光二十七年壽陽祁氏刻本、中華書局版爲"歷",清粤雅堂叢書本爲"歴"。

〔一二〕歷　清道光二十七年壽陽祁氏刻本、中華書局版爲"歷",清粤雅堂叢書本爲"歴"。

〔一三〕間　清道光二十七年壽陽祁氏刻本、中華書局版爲"間",清粤雅堂叢書本爲"閒"。

〔一四〕蓺文　清道光二十七年壽陽祁氏刻本、清粤雅堂叢書本爲"蓺文",中華書局版爲"藝文",下同。

〔一五〕緜　清道光二十七年壽陽祁氏刻本、中華書局版爲"緜",清粤雅堂叢書本爲"綿"。

〔一六〕余　清道光二十七年壽陽祁氏刻本、中華書局版爲"余",清粤雅堂叢書本爲"予"。

〔一七〕間　清道光二十七年壽陽祁氏刻本、中華書局版爲"間",清粤雅堂叢書本爲"閒"。

〔一八〕寧　清道光二十七年壽陽祁氏刻本爲"寍",清粤雅堂叢書本爲"甯",中華書局版爲"寧"。

〔一九〕二十九載　清道光二十七年壽陽祁氏刻本、中華書局版爲"二十九載",清粤雅堂叢書本爲"三十九載"。

〔二〇〕閒　清道光二十七年壽陽祁氏刻本、清粤雅堂叢書本爲"閒",中華書局版爲"間"。

〔二一〕錢唐　清道光二十七年壽陽祁氏刻本、中華書局版爲"錢唐",清粤雅堂叢書本爲"錢塘"。

〔二二〕攷　清道光二十七年壽陽祁氏刻本、清粤雅堂叢書本爲"攷",中華書局版爲"考"。

〔二三〕錢唐　清道光二十七年壽陽祁氏刻本、中華書局版爲"錢唐",清粤雅堂叢書本爲"錢塘"。

〔二四〕錢唐　清道光二十七年壽陽祁氏刻本、清粤雅堂叢書本、中華書局版均爲"錢唐"。

〔二五〕閒　清道光二十七年壽陽祁氏刻本、清粤雅堂叢書本爲"閒",中華書局版爲"間"。

〔二六〕錢唐　清道光二十七年壽陽祁氏刻本、清粤雅堂叢書本、中華書局版均爲"錢唐"。

〔二七〕敘　清道光二十七年壽陽祁氏刻本爲"敘",清粤雅堂叢書本爲"聚",中華書局版爲"敍"。

〔二八〕錢唐　清道光二十七年壽陽祁氏刻本、清粤雅堂叢書本、中華書局版均爲"錢唐"。

〔二九〕漫　清道光二十七年壽陽祁氏刻本、中華書局版爲"漫",清粤雅堂叢書本爲"慢"。

〔三〇〕歷　清道光二十七年壽陽祁氏刻本、中華書局版爲"歷",清粤雅堂叢書本爲"歴"。

〔三一〕裦　清道光二十七年壽陽祁氏刻本爲"裦",清粤雅堂叢書本爲"褒",中華書局版爲"褒"。

〔三二〕歷　清道光二十七年壽陽祁氏刻本、中華書局版爲"歷",清粤雅堂叢書本爲"歴"。

閻潛丘先生年譜(六)

張穆編

子三人。長詠,字復申,初名詒樸,字元木,康熙己丑科進士,中書舍人,著有《左汾近稿》,案:《近稿》寥寥詩話十餘條,短詩六十餘首,兼多以潛丘之作羼入,不可解也。工篆刻,著有《印譜》。

魏叔子《閻再彭六十序》:君富著作,子若璩,孫詒樸,三世以詩文名江淮。《墓志》:"詠有學行,少舉於鄉,多爲賢豪引重。"錢《傳》:"子詠亦能文。"《孟子生卒年月攷》:兒子詠方十歲,前對曰,袛云近聖人之居,未嘗云生聖人之鄉,殆又一切證云。漁洋《門人閻左汾印譜跋》:"左汾文章妙一世,游藝篆刻,不屑屈曲以趨時好,而惟古是師。"《劄記》:羅延年王常《秦漢印統》有韓王印,覆斗紐,其文甚工,疑爲漢淮陰侯物,令兒子詠摹於左。《左汾近稿·與顧山容學士書》:"家父自都門歸,摹得錢宫聲年伯所寶司馬相如四字陽文,神采焕發,妙絶古今。"又有《寄山容詩》,自注:"酷好余鐵筆。"陳其年《贈閻梓勤二十初度序》,有曰:"觥觥吾友,嶽嶽而翁。猥於京國朋游,漫説家門子姓。"案:梓勤,蓋詠之初字也。《行述》:詠娶陳氏,前庚辰科進士、工科給事中、外轉參議諱台孫公孫女,山西布政司經歷楷公女。道光二十六年,山陽縣學詳文,百詩先生子詠著作無多,袛有《劄記》後刻《左汾遺稿》一册,纂修《天下全圖》一幅。案:圖未見。

次訓慤,字穀仲。《淮山肄雅》:訓慤官廬州府訓導。《己未詞科録》,賈崧案:陳迦陵《梓勤二十序》云,右晉亦異才也。左汾、右晉,詒樸、訓慤自號云。《行述》:訓慤娶陸氏,順治乙未科進士、福建提學道僉事、候補參議諱求可公孫女，太學生諱志寬公女。

次議略，字方叔。魏叔子《閻氏三子字説》：閻氏百詩有子三人，大父再彭君名之，屬其友魏叔子字之，字詒樸曰元木，訓慤曰穀仲，議略曰方叔。《行述》：議略，太學生，娶李氏，順治辛丑科進士、陝西督糧道副使諱時謙公孫女，太學生諱師耳公女。俱張孺人出。

女五人。長適邱世求。《行述》：長適前萬曆丁丑科進士、光禄寺卿、贈户部右侍郎諱度元孫，郡庠生諱倬子，太學生世求。梁孺人出。

次適何寬，字而栗。《劄記》有《何壻而栗授保定縣令》詩。《行述》：次適浙江督糧道參政何公諱源濬子，康熙乙卯科舉人，現任廣東平遠縣知縣寬。

次適劉永禎，字紫涵。《劄記》與紫涵詩凡四首，内一首緒句云："古文疏證畢，端望作宏巡。"《行述》：次適順治己亥科進士、宛平縣知縣劉公諱昌言孫，康熙壬戌科進士、工部主事諱愈公子，丁卯科拔貢生、候選學正永禎。案：秋谷至山陽，多主紫涵家。《飴山集·劉君墓表》曰："從其婦翁閻若璩共考據，遂周知古今。"方苞《王崑繩傳》：以余所見，居兄弟之喪，顏色稱其情者，獨源與山陽劉永禎而已。案：望溪又爲紫涵作墓志。《劄記》中所稱頌眉、長籍，皆紫涵之弟也。

次適李爲梗，字喬森。《劄記》有《贈喬森》詩。《行述》：次適順治辛丑科進士、陝西督糧道副使李公諱時謙孫，候選知縣諱師沆公子，歲貢生候選訓導爲梗。

次適沈儼，字敬存，鹽城人。《劄記·送敬存還鹽瀆》詩起句云："最小謝庭女，于歸沈氏郎。"《行述》：次適順治戊戌科進士、四川遵義府推官、沈公諱漢孫，太學生諱志范公子，康熙壬午科舉人儼。俱張孺人出。《淮安府志》：沈儼，江西永豐縣知縣。

孫十有二人。長學翼。《釋地》多載學翼請益之言。《劄記·示學翼》詩："老翁晝抱孫，夜即抱孫睡。多年冷布衾，不許足踏碎。惟許默記書,挑之口能背。始徐既瀾翻,終未遺隻字。昌黎一代豪,教兒止期貴。何必香山叟,津津涎欲墜。果得綰與袞,箕裘曾勿替。遠哉君子澤,亦在進士第。大可鞭八荒,小則民社寄。總由一束書,屈首復遜志。披華臺閣體,妣寂山林意。效此輒飛騰,蹈彼恐淪棄。作詩示汝誦,汝轉告羣季。一門七葉興,諷讀當游戲。老翁顧之笑,西山凝爽氣。"又《贈張石虹太史》詩第四首第五句,"有孫承素業",自注:"時贈孫學翼詩。"又有《吴亦韓有札謬獎孫學翼詩句賦此志慨》之作。《行述》:學翼,郡庠生,聘現任直隸正定府知府劉公諱中柱孫女,廪貢生諱家珍女,不孝訓愨出。

次學林,字信蓺。《行述》:學林未聘,不孝詠出。沈儼《劄記序》:"先生家孫信蓺屈於下吏,位不稱才,有志紹述。己未春,余南行,晤於真州。"云云。程崟《釋地又續序》:"今年春,余留真州舊館,閻子信蓺時相過從,得復見《釋地又續》《三續》二編艸稿云云。時乾隆癸亥十二月也。"鍾靈《疏證後跋》:"信蓺天性孝友,凡同堂弟姪,悉共爨同居,雖官卑禄薄,而刊刻各種遺書,竭力經營。"云云。學林《疏證識》曰:"乾隆乙丑之秋,刻《尚書古文疏證》成。"又曰:"先君子在中翰時,欲板行之,而未有成局。癸卯、己酉,學林兩至京師,先人之舊好寥寥數人,無復贊成斯事者。丙辰以來,微秩自效,官卑俸薄,每泫然抱遺書而泣。癸亥春,謁同里夔州程先生,先生雅嗜先大父書,慨然捐貲,而淮揚士大夫,更多好義者,於是閱二載而蕆事。回憶學林之憂思徘徊,無所措手者,又二十年於兹矣。"

次學丹。《行述》:學丹聘陸公諱求可曾孫女,志寬公孫女,貢生諱應麒公女,不孝訓愨出。

次學機,字心織。《行述》:學機聘康熙甲戌科進士、現任廣西南寧府知府永淳縣知縣徐公諱鳳池女〔一〕,不孝詠出。《寤硯齋集·跋閻徵君道書後》:"嘗讀白傅《池上篇》,欲續一圖,及觀《玉峰羣居課試録序》,圃中花木交茂,開門見山,超然有物外之趣。今心織道兄校乃祖徵君先生遺書,放禮堂寫定之意,繪像其中。有閩蘭,有芰荷,有古松,有怪石,有旨酒,有異書,太傅太僕之樂,兼而有之。”

案:心織當是學機之字。《劄記》學林《跋》:“卷五一册,乃仲弟學機,竭數年之力,於夙昔往來問難之家,尋先人手蹟,陸續成帙。”《疏證》學林《跋》:“仲弟學機,珍重先大父遺書,勤加手録,而天不假年。”案:此是學機早卒也。

次學殖。《行述》:學殖未聘,訓慤出。

次學樹。《行述》:學樹聘康熙丁未科探花、都察院左都御史董公諱訥孫女,歲貢生、候選訓導、諱思懋公女,不孝詠出。

次學麟。《行述》:學麟未聘,不孝議略出。

次學栴。《行述》:學栴聘順治辛丑科進士、現任内閣學士兼禮部侍郎李公諱鎧孫女,歲貢生、正藍旗教習、候選知縣諱珣公女,不孝詠出。

次學陽。《行述》:學陽聘勑封文林郎、翰林院編修吴公諱璜曾孫女,《劄記》有《壽吴姬望丈》詩。《淮安府志·儒林傳》:“吴璜字姬望,山陽人。”康熙壬戌科進士、左春坊左中允、兼翰林院編修諱晟公孫女,庠生諱泰公女,不孝議略出。

次學羣。《行述》:學羣,不孝訓慤出。

次學炳。《行述》:學炳,不孝議略出。

次學至。見《釋地》卷尾。案:潛丘諸孫,《行述》無學至,《釋地》卷尾無學羣,當是學羣早殤,學至後生也。

孫女六。《行述》:孫女六。不孝詠出者一,幼未字。不孝訓慤出者一,適順治壬辰科進士、兵部督補理事官徐公諱越曾孫,廣西柳州府武宣縣知縣諱覺公孫,現任江南如臯縣教諭本豫公子某。不孝議略出者四,一字郡廪生何公諱九徵子,郡庠生景行,餘未字。

曾孫大衍,見《釋地又續》及《疏證後跋尾》。

大文,見《釋地又續》卷尾。

纘曾,見《釋地又續》卷尾。

玄孫長庚,見《釋地又續》卷尾。

五世孫潢,道光二十六年,山陽縣學詳文,百詩先生五世孫山陽縣學附生、乙未科副榜閻潢，潢子名椿芳，應童試。族中讀書者，仍有童生二人，名士恩、士榮。

《欽定四庫全書總目提要》：

《古文尚書疏證》八卷：經部書類“閻若璩撰。《古文尚書》較《今文》多十六篇，晉魏以來，絶無師説，故《左氏》所引，杜預皆注曰逸書。東晉之初，其書始出，乃增多二十五篇。初猶與《今文》並立，自陸德明據以作《釋文》，孔穎達據以作《正義》，遂與伏生二十九篇混合爲一。唐以來，雖疑經惑古如劉知幾之流，亦以《尚書》一家列之，《史通》未言《古文》之僞。自吴棫始有異議，朱子亦稍稍疑之。吴澄諸人本朱子之説，相繼抉摘，其僞益彰，然亦未能條分縷析，以抉其罅漏。明梅鷟始參考諸書，證其剽剟，而見聞較狹，蒐采未周。至若璩乃引經據古，一一陳其矛盾之故，《古文》之僞，乃大明。所列一百二十八條，毛奇齡作《古文尚書冤詞》百計根軋，終不能以强辭奪正理，則有據之言，先立於不可敗也。其書初成四卷，餘姚黄宗羲序之。其後四卷又所次第續成，若璩殁後，傳寫佚其第三卷，其二卷第二十八條、二十九條、三十條，七卷第一百二條、一百八條、一百九條、一百十條，八卷第一百二十二條及一百二十七條，皆有録無書。編次先後，亦未歸條理。蓋猶艸創之本，其中偶爾未核者。如據《正義》所載，鄭玄《書序》注，謂馬、鄭所傳，與孔傳篇目不符，其説最確。至謂馬、鄭注本，亡於永嘉之亂，則殊不然。考二家之本，《隋志》尚皆著録，稱所注凡二十九篇。《經典釋文》備引之，亦止二十九篇，蓋去其無師説者十六篇，止得二十九篇，與伏生數合，非别有一本注孔氏書也。若璩誤以鄭逸者，即爲所注之逸篇，不免千慮之一失。又《史記》《漢書》但有安國上《古文尚書》之説，並無受詔作《傳》之事。此僞本鑿空之顯證，亦辨僞本者至要之肯綮，乃置而未言，亦稍疏略。其他諸條之後，往往衍及旁文，動盈卷帙，蓋慮所著《潛丘劄記》或不傳，故附見於此，究爲支蔓。又前卷所論，後卷往往自駁，而不肯删其前説，雖倣鄭玄注《禮》，先用《魯詩》，後不追改之意，於體例亦究屬未安。然反復釐剔,以袪千古之大疑,考證之學,則固未之或先矣。"

《毛朱詩説》一卷:經部詩類存目"閻若璩撰。是書論《小序》爲不可盡信,而朱子以《詩》説《詩》,爲矯枉過正,皆泛論兩家得失,非章句訓詁也。所引《尚書》《左傳》,以爲《詩》之本序,誠爲確鑿。其餘則多懸揣臆斷之辭,不類若璩他著作,未喻其故也。"

《四書釋地》一卷,《續》一卷,《又續》二卷,《三續》二卷:經部四書類"閻若璩撰。是編因解《四書》者,昧於地理,往往致乖經義,遂撰《釋地》一卷,凡五十七條,復摭所未盡,爲《釋地續》一卷,因牽連而及人名凡八十條,復因地理人名而及物類訓詁典制,得一百六十三條,謂之《又續》,其他解釋經義者,又得一百二十六條,謂之《三續》,總以《釋地》爲名,從其朔也。大抵事必求其根柢,言必求其依據,旁參互證,多所貫通。雖其中過執己意,如以鄒君假館,謂曹國爲復封,以南蠻鴃舌,指許行爲永州人者,秋濤案:此是學翼之説,疑許行是永州一帶人。潛丘偶記之,未可執以相病也。亦間有之,然四百二十一條之中,可據者十之七八。蓋若璩博極羣書,又精於考證,百年以來,自顧炎武以外,罕能與之抗衡者,觀是書與《尚書古文疏證》,可以見其大概矣。"

《潛丘劄記》六卷:子部雜家類"閻若璩撰。是編皆其考證經籍隨筆劄記之文。傳本有二,一爲其孫學林所刻;一爲山陽吴玉搢所删定。考若璩《尚書古文疏證》卷六第八十一條下有云,《潛丘劄記》恐世不傳,仍載其説於此。然所載兩條,一推《春秋》莊公十八年日食,一推晉光熙元年正月、七月、十二月頻食,今兩本皆無之。蓋其少年隨筆劄記,本未成書,後人掇拾於散逸之餘,裒合成帙,非其全也。此本即吴玉搢所重定。原刻首兩卷《雜記》,讀書時考論,多案而未斷,此本删併爲一卷。原刻卷三曰《地理餘論》,以《禹貢》山川及《四書》中地名已詳《疏證》與《釋地》,此特餘論耳,此本次爲卷二。而取首兩卷内合於此一類者,次爲卷三。原刻卷四上,録雜文序跋,卷四下,曰《喪服翼注》,曰《補正日知録》。此本取首兩卷内涉及喪服者,次《喪服翼注》後，合爲卷四。移雜文序跋附《補正日知録》後，次爲卷五。原本以與人答論經、史書，録之卷五，以應博學鴻詞賦一首，併雜詩若干首，録之卷六。詩賦非若璩所長，且《劄記》不當及此，此本删去，而存其與人答論經史書，次爲卷六。蓋學林綴輯其祖之殘稿，徒欲一字不遺，遂致漫無體例。此本較學林所編，尚有端緒，今姑從之。中間重見者四條，三見者一條，尚沿原本之誤，今悉爲删正。若璩學問淹通，而負氣求勝，與人辨論，往往雜以毒詬惡謔，與汪琬遂成讎釁，頗乖著書之體，然記誦之博，考核之精，國初實罕其倫匹，雖以顧炎武之學有本原，《日知録》一書，亦頗經其駁正，則其他可勿論也。兹編雖緝録而成，非其全豹，而言言有據，皆足爲考證之資，固不以殘闕廢之矣。"

《困學紀聞》二十卷：子部雜家類"宋王應麟撰。此本乃國朝閻若璩、何焯所校，各有評注，多足與應麟之説相發明。若璩考證之功，十倍於焯，然若璩不薄視應麟，焯則動以詞科之學，輕相詬厲。考應麟博極羣書，著述至六百餘卷，焯所聞見，恐未能望其津涯，未免輕於立論，是即不及若璩之一徵，以其一知半解，亦或可採，故並存之，不加芟薙焉。"

黄太沖《尚書古文疏證序》："淮海閻百詩寄《尚書古文疏證》方成四卷，屬余序之。余讀之終卷，見其取材富，折衷當，中間辨析三代以上之時日、禮儀、地理、刑法、官制、名諱、祀事、句讀、字義，因《尚書》以證他經史者，皆足以祛後儒之蔽，如此方可謂之窮經。"《行述》：所著《尚書古文疏證》不多示人，黄黎洲先生嘗見而奇之，歎曰：吾一生疑團，見此盡破矣。此外掊擊者不乏人，有著書相攻者，府君曰：萬世有公是非，此時固當不辨耳。

李文貞《閻百詩小傳》："余聞百詩閻先生名久，曩撫直隸，先生嘗郵致所著書數種，得披讀焉。今之學者大抵搜華擷卉，爲文辭之用而已，至於字義、故實、書文、形聲，尚未有留意講考於其間者，若大者爲遺經源流，禮典同異，細而地名山川史載人物，真贋是非之跡,則豈徒以樸學置之,抑其惡贖就簡,而自恬於謏陋。嗚呼,文武之道,豈有小大哉。萬一朝廷舉行石渠之典,吾知衆籍羅奏而莫之措辭,儒者之羞,非云小缺矣。先生學極博,論核間有出新意,埽沿説者,究其持辨,本末悉有所據依。趙贊善志其與汪鈍翁難喪禮事,昔者眉山蘇氏曾以是嘲伊川矣,其門人爲之答,亦曰正叔太君先逝而已。令有如先生歷引古義,折以通禮,彼不得於言者,豈能無愧惜乎。先生逸處終老,曾不得奉清燕,備顧問,蒐秘府,校藝文,與諸儒上下折中,贊經史於方微,補遺軼之文獻,是誠可悲也已。余嘗慨夫老成日遠,舊學彫傷,晚出後生,益將無所考質。自余登朝後,識面者,長洲顧寧人、宜城梅定九、鄞縣萬季野,知名者尚有三數輩,而先生其一也。諸君子者,博極羣書,能以著述自通於後,中間有專門名家者,就其所造,古人不讓也。今惟定九尚老而康,時致音問,餘則皆零落不可復見。每覽《周易》碩果之辭,《大雅》典型之詩,俯仰斯文,不勝寤歎。先生子詠求予言揭之原,予不工金石之文,故謝不爲,而其學行大致則《趙志》具焉,聊寫予那頌先民之思,倣司馬氏、伯夷、屈原體,爲閻先生小傳。康熙癸巳八月。"

年月據閻氏所藏傳稿補。案:伯夷、屈原傳,何嘗不詳其出處始末,但參入議論耳。若此文只可謂之贊斷,斷非傳體也。《道古堂集·閻若璩傳》:安溪李文貞公嘗爲作傳,深致那頌先民之思,而未嘗以其姓氏達之九重,即其所著又不能旁魄而論,亦似牽率酬應之作,而於閻氏毫無加損也。

《劄記·與戴唐器書》云:"崔玄暐少頗屬詞,晚以爲非己長,不復搆思,專意經術,宛然太原閻生一小像矣。"《詠漢鄭康成》詩注:"余屢欲傳康成照。"《詠宋劉敞李燾王應麟馬端臨》詩注:"余嘗集四公逸事爲一帙,足補《宋史》列傳之略及馬無傳。"《與戴唐器書》:"弟嘗手鈔沈約、謝靈運傳,論鍾嶸《詩品》上中下三序,元微之《杜子美墓志序》爲一袟,以爲古今聲詩原委,具載其中,惟宜精玩熟誦。"《疏證》:卷八"嘗習《淳化閣帖》,至文不可解處,輒以爲有斷簡缺字,既習之日久,見其上下相生,一筆連注,苟間覆其中之一字,氣便不屬,乃知當時語自爾也。惟親接其手書之人則解,旁人容有不解者。"《劄記·與戴唐器書》:"偶得舊榻《九成宫》,唐榻未必,宋初本無疑。今摹勒上石,與天下共之。"《疏證》:卷八"家藏有宋名畫《授經圖》,伏生東向坐,鼂大夫北面僂而立,旁有女子,儼然儒家風姿,爲之指點。"案:沂州府漢畫《伏生授經圖》即如此,其石舊在蘭山縣治西菜圃中,道光二十五年,吾友許君印林主教琅邪書院,訪得之,移置王右軍祠。《劄記》有《元旦絶句》云:"屈首窗間受一經,東西游走竟何成。憑將骨與青山誓,老入儒林號伏生。"不得其年,附記於此。《與石企齋書》:"《大戴禮記》曰,其少不諷誦,其壯不議論,其老不教誨,亦可謂無業之人矣。因自扁其堂曰老教堂,如宋陸放翁老學庵之義。"

以上類輯潛丘軼事。

《行述》:"府君讀書,每於無字句處,精思獨得,而辯才鋒穎,證據出入無方,當之者輒失據。常語不孝輩曰,讀書不尋源頭,雖得之,殊可危。手一書,至檢數十書相證,侍側者,頭目爲眩,而府君精神涌溢,眼爛如電。一義未析,反復窮思,飢不食,渴不飲,寒不衣,熱不扇,必得其解而後止。古文詞不常作,偶存序記數十篇,非泛然者。詩甚夥,嘗與不孝詠座主趙秋谷先生論詩云,吾詩無可傳者。比《上殿下書》,亦云某生平篤志經學,無暇爲文,間有所述,無足觀采。其虚己不自滿假如此。性雅潔,不治産業。交游遍天下,先後名流,咸以文學相質,府君必詳細條答,雖熟記之書,必檢示出處,或閲他書可以印證者,輒復手録示之,或數年後,猶時時劄記,馳書告之。客游四方,常周人之急,傾囊不惜,至資斧告匱,束手無策,不以爲悔。有負義者,未嘗不深惡,及其人有故,仍扶攜之恐後。閭里中有不法事,輒切齒,常云,桑梓間大利害廢置,非我責也,然生長於斯,而不能竭力救護,無用爲人矣。生平所正事不可紀,每致憸人之怨,而終不能中府君者,以府君行誼,完潔開亮,而誠懇之心,可以上格神明,下孚士類故也。"

《道古堂集》:"若璩學長於考證辨覈,自言有志之士,務在盡己所受於天之分,而力學以盡其才。固自有可傳之道,與可以比擬之人，而無取乎過高之學。天性好駡，詞科五十人中，獨許吴志伊之博覽，徐勝力之强記，李天生謂其杜撰故事，江鈍翁謂其私造典禮，《堯峰文鈔》掊擊不遺餘力。生平所服膺者三人，曰錢牧齋，曰黄太沖，曰顧寧人。然於錢猶曰，此老《春秋》不足作準；於黄則曰，太沖之徒粗，《待訪録》，指其譌謬者不一而足也；於顧之《日知録》有補有正，猶在未定交時，可謂極學士之精能，非鴻儒之雅度也。”又曰：“所著書八種，《四書釋地》及《孟子生卒年月攷》，刻於及身。注《困學紀聞》，則廣陵馬氏刻之。《古文尚書疏證》暨《潛丘劄記》，則其孫學林刻於淮安。”宋牧仲《四書釋地序》：“吾友閻百詩氏績學耆古，於漢唐諳儒注疏，類能貫穿鉤穴，口誦如瀾翻。”

《禹貢錐指略例》：“百詩與余鋭意通《禹貢》，故《錐指》稱引較多。”

《居易録》：閻百詩云：“漢古詩《明月皎夜光》一篇，玉衡指孟冬，漢以十月爲歲首，此孟冬乃建申之月，指改時而言。下文‘秋蟬鳴樹間’，爲明實候，故以不改者言。唐儲光羲詩，‘夏王紀冬令，殷人乃正月’，則又和盤托出。楊升庵曰唐人不辨而自了然是也。惟宋儒始生異説，明人出而益滋妄解矣。”

漁洋又稱：百詩近著《博湖掌録》有《改歲改時改月解》一篇，最博而賅〔二〕，云云。案：其説載《疏證》卷六上，合漢古詩云云爲一條，兹不録。

《帶經堂詩話》：“門人太原閻詠寄余書云：有人自謂精通小學，問詠曰，少陵詩‘賓客減應、劉’，應爲人姓，當讀作平聲，何新城公作仄聲用。詠不能對，歸質家尊。家尊云：皆可用也。此字正爲《左傳》《國語》應爲武王之子所封之國，陸氏、宋氏無音，故黄公紹《韻會》，於蒸部‘應’字曰人姓。陰時夫《韻府》於徑部‘應’字曰人姓，非平、仄兩用之證乎。亦猶吾鄉之枚乘，《漢書》無音，故子美作仄聲，‘枚乘文章古’是也。安得是李而非杜，是杜而非李乎。伍子胥之‘員’，讀作運，亦讀作云，故陸魯望詩，‘賴得伍員騷思少’，未聞以令公四俊之謡，而病其不識字也。徐自笑曰，吾作新城公桓譚得否。

百詩博學强記，漢唐注疏，皆能舉其詞，此其緒餘耳。”

《茶餘客話》：“閻潛丘遺書，惟《四書釋地三續》，宋商邱刻於吴。校正《困學紀聞》，馬秋玉刻於揚州。其《尚書古文疏證》《孔廟崇祀末議》《孟子生卒年月攷》，則里人刻之。孫學林刻《潛丘劄記》。如《日知録補正》《喪服翼註》《毛朱詩説》《續朱子古文疑》《宋劉攽李燾馬端臨王應麟四家逸事》皆未刊。《劄記》乃未定書，零箋碎紙，投入一笥，捐館後，家人與計簿混入笥中，學林不知抉擇，將他人往還手蹟，及陳言狎語游戲之詞，悉條舉而刻之，砆玉並陳，大失潛丘面目。予嘗删存十之五六，卓然可傳不朽。又盧日堂嘗手輯潛丘緒論一編，曰《閻氏碎金》，皆洞庭書局中辨論之事，今無傳。又《博湖掌録》一書，吴山夫少年時，猶見鈔本，予尋之二十年，無有知是書者。王漁洋稱其博雅精核，手録其《盤谷》一條，辨李愿非西平子，亦全鼎之臠也。家伯祖樾軒先生，嘗戒子弟曰，近見後生小子，皆喜讀《毛西河集》，其所稱引，未足爲據。因言西河與閻百詩辨地理多穿鑿，百詩太息曰：‘汪堯峰私造典禮，李天生杜撰故實，毛大可割裂經文，貽悮後學匪淺。’”

戴菔塘璐云：樾軒先生諱應商，官吏科都諫。

《談龍録》：“山陽閻百詩，學者也。《唐賢三昧集》初出，百詩謂余曰：是多舛錯，或校者之失，然亦足爲選者累。如王右丞詩‘東南御亭上，莫使有風塵’，御訛卸，江、淮無卸亭也。孟襄陽詩‘行侶時相問，涔陽何處邊’，涔訛潯，涔陽近湘水，潯陽則遼絶矣。祖詠詩‘西還不遑宿，中夜渡京水’，京訛涇，京水正當圃田之西，涇水則已入關矣。余深韙其言，寓書阮翁，阮翁後著《池北偶談》，内一條云，詩家惟論興會，道里遠近，不必盡合。如孟詩‘暝帆何處泊，遥指落星灣’，落星灣在南康，云云。蓋潛解前語也。噫！受言實難。夫‘遥指’云者，不必此夕果泊也，豈可爲潯陽解乎。”又曰：“百詩考據精核，前無古人，好爲詩，自謂不工，然能知其指歸。余與申論《三昧集》曰：右丞云‘人閑桂花落，夜靜春山空’，諸家曲爲之解，當闕疑也。儲光義云'山雲拂高棟,天漢入雲流',下句雲字,定誤,不輕改正可也。漫而取之,使人學之可乎。李頎《緩歌行》夸炫權勢,乖六義之旨。梁鍠《觀美人卧》直是淫詞,君子所必黜者。百詩大以爲然。比歲,阮翁深不欲流布《三昧集》,且毁《池北偶談》之刻,其亦久而自知乎。"

方中德《古事比》前刻有《答閻百詩徵君書》云:"伏承手翰云,《古事比》奇書也,當就高明勝己之友,求其嚴加彈射,有不善者,應時改定,勿遺後人以口實也。案中德之書,至不足道,故答之如此,然先生之言,則至言也。"

中德字田伯,號依巖,桐城人,明檢討以智之長子。

全謝山曰:"閻徵君所著書,最得意者,《古文尚書疏證》也,其次則《四書釋地》。徵君稽古甚勤,何義門學士推之。然未能洗去學究氣,爲可惜,使人不能無陋儒之歎,蓋限於天也。"

案:謝山不信潛丘《古文尚書》之説,故時有微詞,譏爲陋儒,似覺太過,然曰未能洗去學究氣,則深中潛丘之病,學者分别觀之可也。

《山陽詩徵》:劉超宗《百詩齋中分賦得銅雀瓦磬》:"零落漳臺瓦,淒涼韻至清。西陵讙望幸,東序偶同聲。匪石心如轉,兼金價似輕。霸圖銷歇盡,此物獨硜硜。"

徐北山《眷西堂百詩徵君留飲》:北山名麟吉,字日馭,淮安人,諸生。"楚城西北望,河水東南流。陵谷生新感,衣冠憶舊游。停車上客過,問字草堂幽。日暮閒尋眺,白雲紅樹秋。"

段玉裁《戴氏年譜》:"先生言閻百詩善讀書,百詩讀一句書,能識其正面背面。又言閻百詩能考核,而不能做文章,顧亭林文章較勝。"

《蘇州志·流寓》引《吴門補乘》:"閻若璩,淮陰人,積學嗜古,於漢唐諸儒注疏,類能貫穿鉤穴,口誦如瀾翻。舉鴻博,報罷,來寓吴門,宋中丞犖亟稱之,日與顧嗣立、何焯上下議論,灑灑不休。生平撰述雖不及顧炎武之富,而精確過之。"

《山西通志》:“閻若璩少奇慧,博極羣書,而字句必精核,不少苟,尤嗜吟詩,類張籍、王建古樂府,曉暢中義蘊宏深。”

案:先生喜談詩,而詩非所長,此皮傅之論,不足爲先生榮也。

《江南通志》:“若璩淹貫經史,學博而思精,最長於考訂,多闡先儒所未發。”

《一統志》略同。

《墓志》:“先生非今之人,蓋古之學者也。其於書無所不讀,又皆精晰而默識之。其篤嗜若當盛暑者之慕清涼也。其細若織紉者之於絲縷纖縞也。其區别若老農之辨黍稷菽粟也。其用力雖壯夫駿馬日馳數百里,不足以喻其勤。其持論雖法吏引囚決獄,具兩造當五刑,不足以喻其嚴也。銘曰:‘先生於學邁嗜慾,少壯迄衰日不足。典墳索丘完在腹,旁薄紛綸引以觸。理細大緒窮繁縟,地千萬里燦手目。事累百代儼視矚,上都嶽嶽折五鹿。談家如雲甘屈辱,經神武庫騰高躅。聲日以昌身終伏,暮齒浸亨嗟不禄。大雅摧歲淮川曲,於文先生後私淑。’”

阮太傅《儒林傳稿》:若璩又著《孔廟從祀末議十一事》。一曰孔廟祀典,宜復八佾、十二籩豆於太學。二曰十哲而外,宜進有若、公西華兩賢於廟廷,廣爲十二哲。三曰秦冉、顔何宜從祀,縣亶宜補入。四曰公明儀宜從祀,樂正克宜進於兩廡。五曰曾申、申詳均宜從祀。六曰河間獻王劉德宜入從祀。七曰諸葛孔明宜入從祀。八曰范仲淹宜入從祀。九曰蔡元定宜進於兩廡。十曰黄榦請援蔡沈之例以進。十一曰兩廡先儒位次多陵躐,宜請釐正。《孔廟從祀末議》。書成於康熙四十年以前。《外紀阮學浩奏摺》。至乾隆十二年,檢討山陽阮學浩始上其議,部議未允。吴玉搢《山陽志遺》。而大學士朱軾,編次《歷代名儒》,於河間獻王,曾取若璩言爲斷。康熙五十四年,增祀范仲淹於西廡。雍正二年,復祀秦冉於東廡,顔何於西廡。案:祀典諸葛孔明亦於雍正二年,從祀西廡,先儒鄭玄之次。乾隆三年,以有子升配東序。若璩私議,已上見於列聖施行矣。”

《漢學師承記》:"聞之顧君千里云:'曾見初印亭林所刊《廣韻》,前有校刊姓氏,列受業閻若璩名。'則若璩嘗執摯崑山門下。然若璩書中不稱亭林爲師,豈亭林殁後,遂背其師耶。"穆案:顧、閻相見,在康熙十一年壬子,而《廣韻》刻於康熙六年丁未。王山史《山志》云,李子德嘗得《廣韻》舊本,顧亭林言之陳祺公,託張力臣爲鋟木淮陰。陳祺公《序》同,但山史言較直捷耳。案:書前列正字姓氏四行云,上谷陳上年祺公、吴郡顧炎武寧人、關中李因篤天生、淮陰張弨力臣,與山史之言正合。此事本於潛丘無涉,何爲無端拉入,若今日名士之標榜乎。且四人皆冠以地,不應潛丘獨稱受業,即真執摯門下,《廣韻》非顧氏私書,受業之稱於誰加之。惟四行後,空白一行,下又記云:悉依元本,不敢增添一字。千里因從此空白之一行生波。夫太沖、亭林,皆潛丘心折之人,太沖卒,潛丘倣雙江故事,追稱弟子。豈有於亭林而反背之。千里天性輕薄,於總丱至交之李尚之其殁也,乃造作文字,重相詆毁。常熟王應奎《柳南隨筆》曰,陳在之學詩於馮定遠,盡得其指授,而背輒毁定遠,不遺餘力,定遠比之於逢蒙,徧訴邑中士大夫,在之反以此得名。於是,邑中後進之士從定遠游者,或因聲名未立,遂有效在之故事者矣。然則千里殆漸染在之之風,而并欲污前賢以自蓋也。此論又何足怪,但不可使後進少年以潛丘爲藉口耳,余所以不能已於辯也。"

秋濤謹案:顧千里與段茂堂議禮詬爭一事,所論雖千里較勝,然千里素尊事茂堂,一旦投書,痛加非詆,頗爲時論所駭。茂堂至引顔黄門之言以責之。千里故造作語言,誣潛丘以藉口示己之所爲,猶未至若是之甚云爾。鄭堂不督,遽登紀載,潛丘有靈,當爲扼腕。今得吾石州先生疏通證明,可窒後學疑竇,爲之快絶。

受業丁壽昌、祝兢、趙禄保校字　祝堅繕稿

【校記】

〔一〕"知府"二字當屬衍文。

〔二〕賅　道光本作"核",據文意,徑改。

附録

閻先生若璩傳

〔清〕錢大昕

先生諱若璩，字百詩，先世居太原縣西寨邨。五世祖始居淮安。祖世科，萬曆甲辰進士，布政司參議。父修齡，郡學生。先生少口吃，入小學，讀書千遍猶未熟，同輩咸嗤其鈍。年十五，冬夜讀書，有所礙，憤悱不肯寐，漏四下，寒甚，堅臥沈思，心忽開朗，自是穎悟異常。是歲，補學官弟子，一時名士如李太虚、方爾止、王于一、杜于皇輩，皆折輩行與交。肇究經史，深造自得。嘗集陶貞白、皇甫士安語，題其柱云："一物不知，以爲深恥；遭人而問，少有寧日。"其立志如此。

年二十，讀《尚書》至古文二十五篇，即疑其僞。沈潛三十餘年，乃盡得其癥結所在，作《尚書古文疏證》八卷。其最精者，謂：《漢藝文志》言魯共王壞孔子宅，得《古文尚書》，孔安國以考二十九篇，得多十六篇；《楚元王傳》亦云《逸書》十六篇，天漢之後，孔安國獻之。古文篇數之見於西漢者如此，而梅賾所上，乃增多二十五篇，此篇數之不合也。

杜林、馬、鄭，皆傳《古文》者。據鄭氏説，則增多者：《舜典》《汨作》《九共》《大禹謨》《益稷》《五子之歌》《胤征》《典寶》《湯誥》《咸有一德》《伊訓》《肆命》《原命》《武成》《旅獒》《冏命》，凡十六篇，而《九共》有九篇，故亦稱二十四篇。今晚出《書》，無《汨作》《九共》

《典寶》等，此篇名之不合也。

鄭康成注《書序》，於《仲虺之誥》《太甲》《説命》《微子之命》《蔡仲之命》《周官》《君陳》《畢命》《君牙》，皆注曰亡；而於《汨作》《九共》《典寶》《肆命》等，皆注曰逸。逸者，即孔壁書也。康成雖云受《書》於張恭祖，然其《書贊》曰："我先師棘下，生子安國，亦好此學。"則其淵源於安國明矣。今晚出《書》，與鄭名目互異，其果安國之舊耶？

又云：古文傳自孔氏，後惟鄭康成所注者得其真；今文傳自伏生，後惟蔡邕《石經》所勒者得其正。今晚出《書》"昧谷"，鄭作"柳谷"；"心腹腎腸"，鄭作"憂腎陽"；"劓刵劅剠"，鄭作"臏宫劓割頭庶剠"，與真古文既不同矣。《石經》殘碑遺字，見於洪适《隸釋》者，五百四十七字，以今孔書校之，不同者甚多。碑云"高宗之饗國百年"，與今《書》之"五十有九年"異。孔叙三宗以年多少爲先後，碑則以傳序爲次，則與今文又不同。然後知晚出之《書》，蓋不古不今，非伏非孔，而欲别爲一家之學者也。

班孟堅言司馬遷從安國問故，故《堯典》《禹貢》《洪範》《微子》《金縢》諸篇多古文説，許慎《説文解字》亦云，其稱《書》孔氏，今以《史記》《説文》與晚出《書》相校，又甚不合。

安國注《論語》"予小子履"，以爲"《墨子》引《湯誓》，其辭若此"，不云此出《湯誥》，亦不云與《湯誥》小異，然則"予小子履"云云，非真古文《湯誥》，蓋斷斷也。其注"雖有周親，不如仁人"句，於《論語》則云："親而不賢不忠，則誅之，管、蔡是也；仁人謂箕子、微子，來則用之。"於《尚書》則云："周，至也，言紂至親雖多，不如周家之少仁人。"其詮釋相懸絶如此，此豈一人之手筆乎！

又云：古未有夷族之刑，即苗民之虐，亦祇肉刑止爾；有之，自秦文公始。僞作《古文》者，偶見《荀子》有"亂世以族論罪，以世舉賢"之語，遂竄之《泰誓》篇中。無論紂惡不如是甚，而輕加三代以上以慘酷不德之刑，何其不仁也！

荀卿曰："誥誓不及五帝。"《司馬法》言："有虞氏戒於國中，夏后氏誓於軍中，殷誓於軍門之外，周將交刃而誓之。"當虞舜在上，禹縱征有苗，安得有會羣后誓師之事！此亦不足信也。《司馬法》曰："入罪人之地，見其老弱，奉歸無傷；雖遇壯者，不校勿敵；敵若傷之，藥醫歸之。"三代之用兵，以仁爲本如此，安得有"火炎昆岡，玉石俱焚"之事！既讀陳琳《檄吴文》云："大兵一放，玉石俱碎。"鐘會《檄蜀文》云："大兵一發，玉石俱碎。"乃知其時自有此等語，則此書之出魏、晉間，又一佐也。

又云：《武成》篇先書一月壬辰，次癸巳，又次戊午，已是月之二十八日，復繼以癸亥、甲子，是爲二月之四日、五日，而不冠以二月，非今文書法也。《洛誥》稱乙卯，《費誓》兩稱甲戌，此周公、伯禽口中之詞，指此日有此事云爾，豈史家紀事之例乎！

又云：《書序》《益稷》本名《棄稷》，馬、鄭、王三家本皆然，蓋别是一篇，中多載后稷與契之言。揚子雲《法言·孝至》篇云："言合稷契之謂忠，謨合皋陶之謂嘉。"子雲親見《古文》，故有此言。晚出《書》析《皋陶謨》之半爲《益稷》，則稷與契初無一言，子雲豈鑿空者邪！

其辯《孔傳》之僞云：三江入海，未嘗入震澤，孔謂江自彭蠡分而爲三，共入震澤者，謬也。金城郡，昭帝所置，安國卒於武帝時，而《傳》稱積石山在金城西南，豈非後人作僞之證乎！

《傳》義多與王肅注同，乃孔竊王，非先有孔説而王取之也。漢儒説六宗者，人人各異，魏明帝詔令王肅議，肅乃取《家語》孔子曰"所宗者六"以對。肅以前未聞也。而僞《傳》已有之，非孔竊王而何。

康熙元年，始游京師，尚書龔公鼎孳爲之延譽，由是知名，旋改歸太原故籍，爲諸生祭酒。崑山顧先生炎武游太原，以所撰《日知録》相質，即爲改訂數條，顧虚心從之。

十七年，應博學宏詞科，試不第，在都門與汪編修琬交。汪著

《五服考異》成，先生糾其謬數條，汪意不懌，謂人曰："百詩有親在，而喋喋言喪禮，可乎？"先生應之曰："王伯厚嘗云'夏侯勝善説禮服'，謂《禮》之《喪服》也；蕭望之以禮服授皇太子，則漢世不以喪服爲諱也；唐之姦臣以凶事非臣子所宜言，去《國恤》一篇，識者非之。講經之家，豈可拾其餘唾乎！"

徐尚書乾學因問："於經亦有征乎？"先生曰："按《雜記》，曾申問於曾子曰：'哭父母有常聲乎？'申，曾子次子也。《檀弓》：'子張死，曾子有母之喪，齊衰而往哭之。'夫孔子殁，子張尚存，見於《孟子》。子張死而曾子方喪母，則孔子時曾子母在可知。《記》所載《曾子問》一篇，正其親在時也。"徐大嘆服，即邀至邸，延爲上客，每詩文成，必屬裁定，曰："閻先生學有師法，非吴志伊輩可望。"合肥李公天馥亦言："詩文不經百詩勘定，未可輕易示人。"及徐公奉敕修《一統志》，開局洞庭山，既又移嘉善，復歸崑山，先生皆預其事。

先生於地理尤精審，凡山川形勢、州郡沿革，瞭若指掌。嘗曰："孟子言'讀書當論其世'，予謂並當論其地。少讀孟子書，疑滕定公薨，使然友之鄒問孟子，何緩不及事？及長大親歷其地，乃知故滕國城在今縣西南十五里，故邾城在今鄒縣東南二十六里，相去僅百里，故朝發而夕至，朝見孟子而暮即反命也。"因撰《四書釋地》四卷，《釋地餘論》若干篇。又據《孟子》七篇，參以《史記》諸書，作《孟子生卒年月考》一卷。

嘗言："孔門從祀，顔、曾之外，當廣爲十二哲。德行三人：閔子騫，冉伯牛，仲弓。言語三人：宰我，子貢，有若。政事三人：冉有，季路，公西華。文學三人：子游，子夏，子張。"以《論語》《孟子》證之，確不可易。

又謂："先儒以《大學》傳文出於曾氏門人之手，但見《誠意》章引曾子説，謂'古者弟之於師，方稱子耳'，不知《禮記》四十九篇，稱曾子者一百，一爲曾申，餘皆曾參，則是記禮者之通稱，不必弟子謂其師。若謂《大學》止一引，與它篇屢引者不同，則《禮器》《内則》亦止一引，豈二篇亦曾子門人作乎！《孟子》七篇，於孔門高弟，或名之，或字之，或子之，而稱曾子者二十二，益驗其爲通稱也。”

又言：“《檀弓》載季武子之喪，曾點倚其門而歌一事，爲記者之妄。《春秋》昭公七年，季孫宿卒。孔子年十七，曾點少孔子若干歲雖不可知，然《論語》叙其侍坐次於子路，則必少於子路矣。孔子年十七時子路甫八歲，點不過六七歲，童子烏有倚國相之門，臨喪而歌之事乎？”

又嘗舉朱氏《論語》《孟子集注》之誤，如季文子始專魯政，不待武子；子糾兄而非弟；曾西子而非孫；武丁至紂凡九世，而非七世；昭陽敗魏取八邑，而非七邑；“不衣冠而處”，見《説苑》，非《家語》；農家者流，見《漢書》，非史遷；去魯司寇，則適衛，而非適齊；滅夏后相，則寒浞，而非羿；敬叔，弟也，非懿子之兄；顓臾，近也，非遠人之謂；魯有少施氏，則孟施當亦其氏，不當以施爲語聲。聞者歎其精確。

世宗皇帝在潛邸，聞其名，手書延至京師，握手賜坐，呼先生而不名，日索觀所著書，每進一篇，未嘗不稱善。疾革，請移就外，留之，不可，乃以大牀爲輿，上施青紗帳，二十人舁之出，安穩如牀簀，不覺其行也。卒年六十有九，時康熙四十三年六月八日，世宗遣使經紀其喪，親制挽詩四章，復爲文祭之，有云：“讀書等身，一字無假。孔思周情，旨深言大。”僉謂非先生不能當也。

平生長於考證，遇有疑義，反覆窮究，必得其解乃已。嘗語弟子曰：“曩在徐尚書邸夜飲，公云：‘今晨直起居注，上問，古人言“使功不如使過”，此語自有出處。當時不能答。’予舉宋陳良時有《使功不如使過論》，篇中言秦伯用孟明事，但不知此語出何書耳。越十五年，讀《唐書·李靖傳》，高祖以靖逗留，詔斬之。許紹爲請而免，後率兵破開州蠻，俘禽五千。帝謂左右曰：‘使功不如使過，果然！’謂即出此。又越五年，讀《後漢書·獨行傳》，索盧放諫更始使者勿斬太守，曰：‘夫使功者不如使過。’章懷注：‘若秦穆公赦孟明，而用之霸西戎。'乃知全出於此。甚矣,學問之無窮,而人尤不可以無年也!"

子詠,亦能文。

《潛研堂文集》卷第三十八,清嘉慶十一年刻本

附

先伯石州公年譜

〔清〕張繼文　編
羅　凱　點校

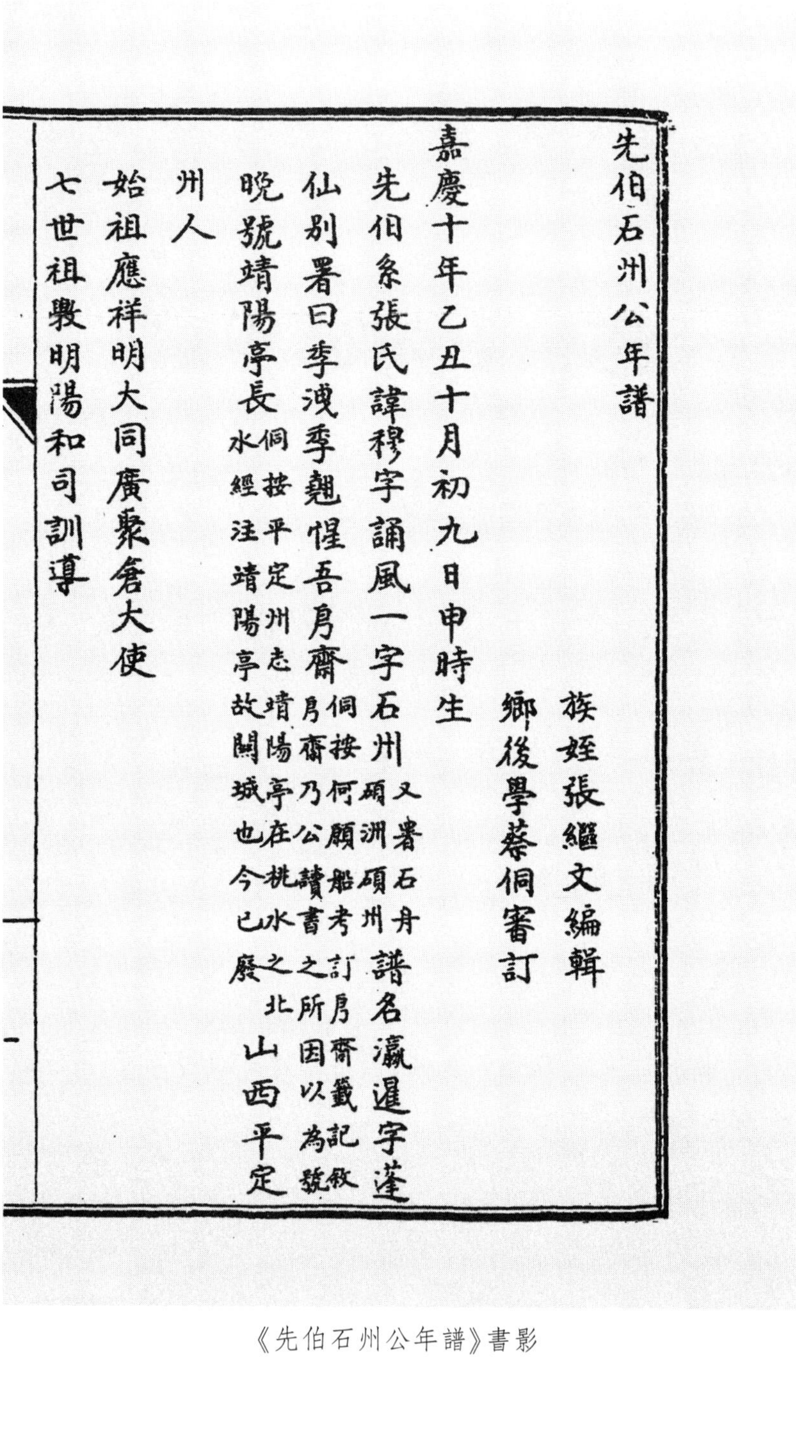

先伯石州公年譜

族姪張繼文編輯

鄉後學蔡侗審訂

嘉慶十年乙丑十月初九日申時生

先伯系張氏諱穆字誦風一字石州又署石舟碩洲碩州譜名瀛暹字蓬仙別署曰季湨季翹惺吾扂齋侗按何願船考訂扂齋藏記敘扂齋乃公讀書之所因以為號晚號靖陽亭長侗按平定州志靖陽亭在桃水之北水經注靖陽亭故關城也今已廢山西平定州人

始祖應祥明大同廣聚倉大使

七世祖數明陽和司訓導

《先伯石州公年譜》書影

點校説明

一、本次點校張繼文《先伯石州公年譜》(即《張穆年譜》),以民國石印本爲底本,參考咸豐八年祁氏刻本、山西人民出版社 1986 年重印《山右叢書初編》本等。

二、爲方便閱讀,整本年譜拆分爲六個部分,卷首以(一)(二)(三)等標記。

三、爲方便閱讀,本次標點本採用繁體横排。

四、爲方便閱讀,原文有大段按語或注釋者,本次標點本,另起一行以小字呈現。若屬於正文中只有少數字的注釋或按語,爲保證文句的完整性,則不另起一行,只在正文中以小字標注。

五、按語標"繼按"者,爲年譜編撰者張繼文所寫的按語;標"侗按"者,爲年譜審訂者蔡侗所寫的按語。

六、年譜中每歲括號内之公元年份(阿拉伯數字),爲點校者便於讀者閱讀所加。

七、不同版本文字有不同之處,則出校記。

八、個别文字,三個版本皆同,但可確定有誤者,亦出校記以作訂正或説明。

九、校記以〔一〕〔二〕〔三〕等爲序。

先伯石州公年譜(一)

族姪張繼文編輯

鄉後學蔡侗審訂

嘉慶十年(1805),乙丑,十月初九日申時生。

先伯係張氏,諱穆,字誦風,一字石州。(又署石舟、碩洲、碩州。)

譜名瀛暹,字蓬仙,别署曰季泄、季翹、惺吾、肙齋,侗按:何願船考訂《肙齋籛記叙》:肙齋乃公讀書之所,因以爲號。晚號靖陽亭長。侗按:《平定州志》:靖陽亭在桃水之北。《水經注》:"靖陽亭,故關城也。"今已廢。

山西平定州人。

始祖應祥,明大同廣聚倉大使。

七世祖敦明,陽和司訓導。

六世祖金榜,州學生。

五世祖玿,贈奉直大夫、壽州知州。

高祖新瀊,字際盛,贈奉直大夫、壽州知州。

曾祖可舉,字登榮。國學生。誥封奉政大夫、泗州直隸州知州,晉封朝議大夫、鄉飲大賓。

祖佩芳,字蓀圃。廪生,乾隆丙子舉人,丁丑聯捷進士。安徽歙縣、合肥縣知縣,鳳陽府壽州知州,泗州直隸州知州,庚寅、甲午兩充江南鄉試同考官。晉封朝議大夫。著《希音堂集》六卷、《翰苑集注》二十四卷、《歙縣志》二十卷、《黄縣志》二卷、《州志》十卷、《考誤》一卷、《公餘雜録》三十卷、《社倉考》一卷、《義倉考》一卷、《春秋世系》。懿行載《州志》"儒林""宦績"二門,並《山西通志·鄉賢録》。

考敦頤,初名敦來,字復之,號曉滸。優廩生,嘉慶辛酉科拔貢、舉人,辛未進士。翰林院編修,記名御史,治河方略館纂修,武英殿纂修,文穎館纂修,丙子直省鄉試磨勘官,丁丑殿試收掌官,戊寅福建正主考。

母王宜人。繼妣李宜人。

《曉滸公行述》:原配王宜人,陝西榆葭道諱凝孫、先外祖繩祖公女。繼配李宜人,浙之山陰人。外祖諱廷良,寶齋先生舅氏也。

侗按:《平定州志》:王凝,字敬一,號南軒。康熙進士。官至陝西榆林道。又《莫公事略》:公諱晉,字錫三,别署寶齋。會稽人。乾隆六十年進士,殿試一甲二名,授編修。官至倉場侍郎。

長兄開暹,字伯啟,國學生。仲兄晉暹,字仲明,别署補菴,廩膳生。三兄麗暹,字叔正,廩貢生,平陽府訓導。

《希音堂集·張氏族譜序》:余家明洪武初遷自洪洞,今居廟溝及嶺西者皆是,而世系無考。余七世祖萬曆間爲廣聚倉大使。公一子爲陽和司訓導,生四子〔一〕:長居白楊樹;次居上城;三居桃坡,是爲余高祖;四無後。次房患時疫,余曾祖侍疾終焉,遂由桃坡遷上城。其後次房析居學門鎮,余父又遷大陽泉。

《希音堂集·陽泉山莊記》:余祖父以來僦居州之上城。乾隆庚寅,始得大陽泉俗稱花園者,亭一,池一,舊屋二區,雜木十餘章,故白氏物也。余知歙縣時,念親老無所庇,因購得之,稍稍修葺,復購他姓廢亭移置於池北隅,顔曰"陽泉山莊"。

原注:山莊爲金栖雲道院故址。元好問《遺山集》有《宿陽泉栖雲道院》詩,曰:方外復方外,翛然心迹清。開窗納山影,推枕得溪聲。川路遠誰到?石田平可耕。霜林不嫌客,留看錦峥嶸。

十一年(1806),丙寅,二歲。

是年,曉洲公膺太平令顧公玉書之聘,延主太平書院。

十二年(1807),丁卯,三歲。

十三年(1808),戊辰,四歲。

十四年(1809),己巳,五歲。

十五年(1810),庚午,六歲。

《祭叔正三兄文》:吾兩人幼同游,長同塾。兄丰姿玉映,讀書敏悟〔二〕,年十歲,本文尾有"穆少于兄僅四歲耳"云云。已能背諷《周官》全文,不僞一字。學大歐書,英拔出群。吾父嘗召穆示之,曰:"汝何日能作此書,當重賞汝。"穆勉强奔赴,卒不能及也。

是年,長姑歸同邑廣西藤縣知縣任君質淳之次子模靖。

侗按:模靖,字立青,廩膳生。

十六年(1811),辛未,七歲。

是年,曉洲公成進士,選翰林院庶吉士。

十七年(1812),壬申,八歲。

十八年(1813),癸酉,九歲。

是年,訂婚同邑劉廣文濤之次女。

侗按:濤,字壽川,廩貢生,永濟縣教諭。

十九年(1814),甲戌,十歲。

是年夏,曉洲散館,授職編修。

冬,先伯至京師。

二十年(1815),乙亥,十一歲。

《月齋詩集·題蔡友石〈春明揖别圖〉》:我從總角侍先子,玉弁荷衣初出見。

注:余年十一,從先子爲公獻歲。

七月,丁王宜人憂。

《曉洲公行述》:持家久,積勞得心疾,時發時止。乙亥,在京寓疾又作,醫藥罔效,至七月初五日竟舍家人而逝。秋,府君命扶柩歸,停于内寢。

《補菴公行述》:先伯撰。逾年,母遘心疾,兄入則調護湯藥,出則血疏籲天,而鮮民無禄,慈幃終揜。當斯時,瀛暹甫十歲,父固以父而兼師,兄實以兄而代母。晨而興也兄衣裳之,夕而寐也兄撫摩之,察其飢爲市美餌,憫其垢爲易新服。以是失恃三年,不知無母之苦也。

二十一年(1816),丙子,十二歲。

是年,曉洲公充直省鄉試磨勘官。

二十二年(1817),丁丑,十三歲。

四月,曉洲公充殿試收掌官。

七月,以御史記名。

冬,繼太母李宜人來歸。

《曉洲公行述》:母幼端静,外祖父母甚鍾愛之。年十八。歸府君,時先母已棄養三年矣。不孝等垢裾敗絮壅塞盈笥,吾母初至即爲澣濯縫紉,一如先母生時。

二十三年(1818),戊寅,十四歲。

二月,曉滸公大考,列二等。

五月初十日,曉滸公簡福建正考官,副之者中書舍人陳君詩。

侗按:《清題名碑録》:陳詩,嘉慶己巳恩科進士,順天宛平縣人。

賦《紀恩詩》三章,其詩云:"傳來天語詔書榮,閩越星軺督使程。鉅省人文衡不易,中材委任職非輕。幾番楮費三年刻,四十丹還几轉成。(自注:余鄉、會九試。)切莫恃才輕閲過,倍加詳慎荅皇誠[三]。""出都車馬轉庚郵,聖主恩深未易酬。幸有頭銜能却暑,敢誇眼纈似黴秋。金緘度本青箱續,(自注:先君庚寅分校江南。)珊網疏防赤水投。但得有才歸實用,此行庶不負虚求。""閩洛文章理學全,群英輩出仰前賢。心香一瓣人争奉,衣鉢兩家吾愧傳。(自注:莫實齊[四]、何沼甫兩師先是俱典試閩中。)筆有奇光騰劍璧,胸無成見忘魚筌。最防銅臭鑽營巧[五],關節深宜鎖鑰堅。"又《途次奉酬陳舍人詩》一章。

六月,補菴公受知於賀長齡學使,補弟子員。

侗按:賀長齡,字耦庚,别署耐菴[六]。善化人。嘉慶進士。官巡撫。著有《耐菴文存》[七],並輯《經世文編》。

七月十一日,曉滸公卒於浙江建德縣,年四十有七。

《曉滸公行述》:行抵杭州,忽感受暑風,未甚也。七月十一日,至嚴州府建德縣屬之大洋,早辰猶送客出艙外,酉刻痰涎上壅,竟致不起。時吾州張君去非,先大父弟子也,適宰是邑,親視含殮云。

侗按:《平定州志》:張四箴,字去非。乾隆甲寅舉人。官建德知縣,循聲卓著。性豪邁,善飲,嘗蓄異式酒卮十二種,號十二杯主人。解組時,囊橐蕭然,惟琴書數簏而已。

《補菴公行述》:戊寅之六月,先大夫奉命主試福建,塗出嚴州,感暑風,奄捐館舍。兄聞訃偕伯兄藺足星奔,舁柩返葬,李宜人亦自京師携瀛暹歸視葬事。

冬,李宜人挈先伯至京就傅。

《曉滸公行述》:吾母聞訃,誓欲身殉,撫膺呼天,悲動一室。既乃忍淚,撫不孝瀛暹而言曰:"汝父以兒屬我,我死,兒幼弱,其誰屬？我其姑俟之。”由是遂持長齋，終身不復肉食。寶齋先生時官倉場，欲留吾母於家，母以瀛讀書故，從之，遂于是冬携瀛至其官署。瀛就外傅，每夕歸，吾母坐榻上，令執卷旁誦，鐙昏漏欹〔八〕，涙熒熒，常在目也。自後每聞學業有進，則喜溢顔色，否則惆悵彖日，繼之以泣，曰：“汝父冀汝成立，若荒而不學，我何以見汝父於地下？”至今念之，猶覺此言之痛也。

侗按：《莫公事略》：先君子見背，公迎先繼妣於家，穆因得受教于公，所以誨諭奬進之者有逾子姓。

二十四年(1819)，乙卯，十五歲。

《曉汧公行述》：四月，旋里治府君葬事。九月二十六日暨顯妣王宜人安葬於洄嶺祖塋之次。

二十五年(1820)，庚辰，十六歲。

《曉汧公行述》：次年春，寶齋先生復以書来招，時楊氏妹年已及笄，吾母遂并挈入都。

《補菴公行述》：葬既畢，復同奉板輿入都，依莫寶齋表舅於潞河督署。維時舅方以性命之指提呼後進，而吾師吴樸菴先生實館其家〔九〕。

繼按：吴實，字樸菴〔一〇〕，浙江蕭山人。

是年夏，適任氏長姑亡，年二十有五。

道光元年(1821)，辛巳，十七歲。

祁叔穎《月齋文集序》：石州少孤，依母黨莫寶齋居，即喜觀儒先學案，言之甚悉。

繼少時，從友人處獲睹先伯節録《姚江王陽明集》《吕語集粹》《蕺山劉子語録》《祝淵王毓蓍傳》《漳浦黄道周傳》，即庚辰、辛巳手鈔本也。

《月齋詩集·述懷感舊詩》：會稽舅氏行，宏識鏡人倫。講德抉根奥，聽倦客欠伸。幼眇欣有會，請辨恒齗齗。賞我具夙慧,汝器天朝珍。

二年(1822),壬午,十八歲。

三年(1823),癸未,十九歲。

是年春,季姑歸介休貴州鎮寧州知州楊公文楷子煦。

徆按:煦,副貢生。

六月,先伯母劉孺人來歸。

《月齋詩集·悼婦篇》:總角訂婚姻,十九議嫁娶。結髮十六載,强半異居處。慘君入門始,丁我家多故。

自注:時癸未六月也。

二十一日,丁李宜人憂。卒年二十有四。十二月二十一日,合葬於祖塋之次。

《曉洪公行述》:始乙亥,吾母殁,不孝等依父如母。父殁,依母如依父也。所冀兄弟四人,儻有寸進,或可稍慰母心,今并不獲終事吾母矣。嗚乎!一世孀居,六年育子,婚嫁甫畢,音容遽杳,豈吾母至是仍不忘身殉之誓也耶?

《怡山李君墓志銘》:穆年十九,奉母旋里。無可考鏡,輒以文謁君。君爲開判疑滯,刮摩潤色,不因椎魯庰遠也〔一一〕。

徆按:《平定州志》:李曰茂,字子才,别署怡山。道光乙未舉人。

四年(1824),甲申,二十歲。

是年,點定《翰苑集注》,並修改凡例數條。

書存平潭李氏。

五年(1825),乙酉,二十一歲。

《月齋詩集·〈煙雨歸耕圖〉》注:是年,先伯與叔正公讀書蒲臺山。

徆按:《平定州志》:山在州西二十五里,有巨石數丈盤聳古松間,石上有穴,深尺許,中産菖蒲，水冬夏不竭，禱雨輒應，故名。

六年(1826)，丙戌，二十二歲。

是年，蔡學使賡颺案臨，先伯入郡庠，題《未可也諸大夫皆曰賢》文收入《山右試牘》。補菴公亦以高等補增廣生。

侗按：《題名碑録》：蔡賡颺，道光壬午恩科進士，浙江德清縣人。

座右常自題曰：修身如補屋，一處不密則漏。

七年(1827)，丁亥，二十三歲。

《月齋詩集·悼婦篇》注：是年春，入省肄業。

八年(1828)，戊子，二十四歲〔一二〕。

《補菴公行述》〔一三〕：戊子科試，瀛暹忝列第一而兄第三，同時食廩餼，三兄亦入郡庠，一門之中蒸蒸有起色矣。兄獨愀然不樂，謂瀛暹曰："吾兄弟十年之内三攖重戚，今雖死灰有復然之機，曾不得奉觴上壽，一笑相樂，可痛孰甚！且即以科第論，先大夫鞅掌王事，齎志以歿，所有待於後人者，无非區區一衿，遂克仰酬先志。"言訖泫然。瀛暹謹志之，不敢忘。

【校記】

〔一〕子　咸豐八年祁氏刻本、《山右叢書初編》本皆作"字"，此從民國石印本作"子"。

〔二〕牾　咸豐八年祁氏刻本、《山右叢書初編》本皆作"悟"。

〔三〕誠　咸豐八年祁氏刻本、《山右叢書初編》本皆作"城"。

〔四〕實　当从咸豐八年祁氏刻本、《山右叢書初編》本作"寶"。

〔五〕臭　咸豐八年祁氏刻本、《山右叢書初編》本皆作"具"。

〔六〕菴　咸豐八年祁氏刻本作"庵"。

〔七〕菴　咸豐八年祁氏刻本作"庵"。

〔八〕鐙　咸豐八年祁氏刻本、《山右叢書初編》本皆作"燈"。

〔九〕菴　咸豐八年祁氏刻本作"庵"。

〔一〇〕菴　咸豐八年祁氏刻本作“庵”。

〔一一〕庰　咸豐八年祁氏刻本作“斥”。

〔一二〕歲　咸豐八年祁氏刻本、《山右叢書初編》本皆作“年”。

〔一三〕菴　咸豐八年祁氏刻本、《山右叢書初編》本皆作“肙”。

先伯石州公年譜(二)

族姪張繼文編輯
鄉後學蔡侗審訂

九年(1829),己丑,二十五歲。

《祭叔正三兄文》:猶憶己丑歲,穆與兄同讀書十柏山房。兄病目楚甚,中夜嘑穆起,告以所苦。穆曰:"可奈何?"兄曰:"無可奈何。但告弟知,即分我楚耳。"時靈州李姑丈綍宿於閣中,聞之泣下,歎曰:"兄弟疾痛相關乃如此!"由今念之,誠足痛也。

繼按:綍,道光戊子舉人,官訓導。

十年(1830),庚寅,二十六歲。

《補菴公行述》:歲庚寅,瀛暹以尪羸善病養痾天門山之玉皇觀,兄不時來,來輒爲經紀其衣食。六月初,尚一至山齋,留信宿乃去。及初八日之夕漏四下矣,猝有呼於觀下者,驚起訊之,則報兄以中風眴仆,環救未蘇。奔歸入視,見兄合目僵卧,左手足已成痿痺。脈之,或曰熱厥也,或曰陰虛傷風而經絶也,病榻幢幢,迄無定見。瀛暹祝而筮之,遇乾之同人,其繇曰:"同人先號咷而後笑,大師克相遇。"奉兆噭然失聲,知兄之將不起也。嗚呼!天何奪吾兄筭之速至此亟邪?兄善行楷,自孩幼弄筆已驚其長老,稍長,摹繢趙松雪惟妙惟肖。既以鄙其爲人,痛自盪滌,登善、清臣兩家外,不屑規仿也。尤憙寫書,自本經以及諸子、文集鈔撮等身,而蠅頭細字一筆不苟。瀛暹謹甄諸簏衍,將待孝祈之壯而授之。

侗按:趙孟頫,字子昂,號松雪道人。湖州人。本宋宗室,降於元,官翰林學士承旨,故又稱趙承旨。書法褚[一]、米,尤工行楷。善山水、人物,爲畫家南宗。著有《松雪齋集》十卷。

十一年(1831),辛卯,二十七歲。

二月,訪祁叔穎於壽陽。

侗按:《山西通志》:祁寯藻,字叔穎。壽陽人。嘉慶甲戌進士,選庶吉士。官至體仁閣大學士。謚文端。著有《䜌亭詩集》《馬首農言》《勤學齋筆記》行世。

《䜌亭集·二月晦日大雪詩》:回頭笑問張公子,本色豪端已如此。

注:時張石州過訪信宿。

九月,以優行貢成均。

十二年(1832),壬辰,二十八歲。

正月,始復入都。

《〈使黔草〉苗先路叙》:余辛卯舉優貢,壬辰應朝考至都,同年咸集,獨與何子貞、張石州以説經、講小學最相得。

侗按:紹基,字子貞。湖南道州人。道光丙申進士。官編修。著《使黔草》。苗夔,字仙麓。肅寧人。優貢生。著有《説文聲讀表》等書。

考取正白旗漢教習。

《月齋文集·〈癸巳存稿〉序》:壬辰冬,理初館新城陳碩士侍郎所,爲校顧氏《方輿紀要》。穆一再過之,頗多請益。理初賞之曰:"慧不難,慧而能虚,虚而能入爲難。"因與訂交。然理初年長於穆者倍,穆禮事之,等爲先生,不敢與齒也。

侗按:正燮[二],字理初[三]。黟縣人。著有《癸巳類稿》,刻入《連筠簃叢書》。

《月齋詩集·述懷感舊詩》:俞君黟大儒,精博蘭陵荀。客邸一解后，過從輒頻頻。

十三年(1833)，癸巳，二十九歲[四]。

《月齋文集·〈程侍郎遺集〉序》：穆於癸巳之春初侍公直園，情好之洽久愈摯，不三五日必召過飲，投巾振袂，談議交錯，寒士之被禮者殆無與比。

侗按：程恩澤，字春海。歙縣人。嘉慶辛未進士。官户部侍郎。

祁叔穎《〈月齋文集〉序》：及長，程春海司農許其得漢學淵源。既而司農見其所爲文，驚曰："東京崔、蔡之匹也！"蓋其學不專主一家，而皆能得其精詣，涉歷世故，益講求經世之學，於兵制、農政、水利、海運、錢法尤所究心。然性剛負氣，鋒穎逼人。世方貴圓熟輭美[五]，欲矯之以厲俗，或微諷之不恤也。

《䙲䡇亭集·宿張氏陽泉山莊寄石州詩》末句：卧雲亭畔秋風起，棖觸離懷到季鷹。

侗按：《詩集·自題小栖雲亭序》：余家陽泉山莊爲金栖雲道院，有亭翼然，高出林杪。浙人張君世犖榜曰"卧雲"，先大夫及余兄弟皆嘗讀書於此。

是年，先伯與許君印林排次俞理初《癸巳類稿》十五卷付梓。

繼按：瀚，字印林。日照人。舉人。滕縣訓導。箸《别雅訂》[六]，校刊《説文義證》。

程春海侍郎爲篆"薦雷書屋"額，并繫以銘："洊雷之洧鄦不載。""洊"至作"薦"，干所會。通震以坎，皆詁再。恐懼修省，乃得貝。文孫識之，祖誥誡。

十四年(1834)，甲午，三十歲。

秋，北闈報罷，留京教習。

十五年(1835)，乙未，三十一歲。

《月齋文集·〈鏡鏡詅癡〉題詞》：乙未冬初，晤浣香于銀灣客館，從之學筭，圍爐温酒，無夕或間。一日，夜深月上，出自製遠鏡,相與窺月中甞眣,黑點四散作浮萍狀,懽呼叫絶。浣香因爲説遠鏡之理,旁喻曲證,亹亹不竭。次日,復手是書見示。穆讀而憙之,以爲聞所未聞,倩胥録副,藏之篋衍。

侗按:鄭復光,字浣香。歙縣人。

冬月,先伯由京歸里。

《程侍郎遺集·送張石州歸里》五古四首:

空谷隘知見,北游恣所學。學成被放歸,不乃名所剥。名食千載後,策火愧獨覺。當其困憊際,如鬥去其角。公然一第艱,年富志方卓。拙目蚿且歎,無亦道太轂。詎知鶉兮手,文錦薦美珏。西來佇好語,中霍鳴鸑鷟。(一)經訓貴門逕,博覽岐中岐。會岐入經衢,非博焉所施。君慧涉萬卷,如將登高卑。視剥淺采深,守信尤勇疑。書缺等断潢,其旁有神師。冥心傃前古,所遘皆嶔奇。經明學既通,出處會有時。(二)小學贯群籍,喜子通不執。六經皆勃窣,麟筆尤所急。妙悟恒證聖,匪鑿匪重襲。餘事及詞翰,秦漢藻羅㿽。文成思則綺,篆罷墨猶濕。近志九容奥,欲使四元立。門水卻西流,聞響當闖入。(三)君祖授我嚴,奬誨若子姓。君嚴我同譜,所契挫其敬。交誼六十載,詑君獨也正。逸氣陵參墟,清眄徹水鏡。朱邸延不赴,(原注:惠邸慕君名,懸榻以待者三年,卒辭不就。)[七]書窟卧以詠。記衰苦多誤,君去誰予諍。解㓞私自喜,君去誰予證。單車太行脊,况乃朔風勁。古屋環水石,積卷带鐙檠。賴有祁黄羊,犯雪遠相迎。

撰《新建關帝廟記》:義井鎮在平定州治西十里,距吾家陽泉山莊五里。吾家由義井迤西南行,山如嶺岈,曲折深抱,如奥如窔,轂轍所不通也。義井則當孔道,行人自州城出,塗勢始陗登,登南天門,俯瞰義井,晨竈之烟劣際嶺半,軒軒然西面之大嶄也。繇是尋轍嶺坂,劘石角,輞金火迸,砰然一聲,兩輪錯數尺許。行者皆下,側步棘行車軸旁,睛不敢眴,喘不遑息,邅廻五六里,天門之險乃戦。越數武,抵義井,沙平如砥,人語微譁,行者至此,爲之一快。取道出平定者,例以義井爲憇食之輳焉。余自童時往來此間,即見道旁有古廟數楹,塑像叢萃,漫漶不可省。每春秋社,村人疊鼓祈福于此。歲乙未,余自京師歸,重過斯里,則向之敗屋圮垣而峩然高,而華然壯,詰諸里人,曰:“此新建關帝廟也。”問前塑像,則曰:“亦裝新之,祔祀于帝左。”問塑像誰若,奚以祔祀?則靦縷而數曰:“爲普陁,爲靈瞻,爲龍馬神，爲勾漏令，爲三官風雨師，爲豐財育嬰宰。”鄉人虔心敬神，滅裂所不敢，故祔諸帝左也。余惟天地間無在非神之所栖也，而自魏晉已下，壯繆之威拉霆捽電，其它自縱衢衡壤、高郡下邑、通澤曲墅、深凹窮谷，多至恒河沙數而不可紀，其人姓自墨尿、單至、嘆咺、憋懯、嫸斫、愚直、㺃伢、諉諈，多至恒河沙數而不可紀，而皆惟帝是奉，惟帝是惕，則神之威靈蔑有加焉者矣。矧道此者，由天門建瓴直下，心神恢侘，得車不僨驂不絓，拔險入夷，儔呵儔護而俾無忒，不有廟焉，行人曷仰？一里之中，穮有祈，熟有賽，亭毒有禳，急難有占，不有廟焉，衆心曷歸？然則斯舉也，其可緩哉？廟始事于道光五年，董其事者共十人，或傾藏橐，或募遠方，經理一志，無私無怠，凡用金錢千有餘緡，至道光十有五年落成。余既獲瞻新構，里人因屬爲記，並勒樂施姓名于板之脊。

按：《碑記》，《文集》未載，《州志》失收。繼往歲禪巖避暑，路逕義井，卧讀碑下，暇日書出。附此備采。

十六年(1836)，丙申，三十二歲。

《任立青墓志》：孫淇園撰。道光丙申，余因張揮五表兄獲交王丑石先生，小集公忍堂。君偕張叔正、石舟輩輒來造訪，情話之親，久而加密。於是揮五設酒果，令座客各出所藏書畫、法帖、刀劍、圖章、名墨、古玩之屬，相與衡量，以爲笑樂。酒後耳熱，起舞中庭，步月聯句。歸座，聽君説經，石舟講小學，娓娓動人，致足樂也。

侗按：王仁壽，字丑石。孫淇園，字左泉。張琴，字揮五，故浙江建德令張去非先生之子。

孫君左泉贈以寶賢堂龜硯，先伯舉宋坑小硯、王良常墨迹爲報。

繼按：良常名澍，字若霖，號虚舟，金壇人。康熙壬辰進士。歷官給事中。著《閣帖釋文考正》《虚舟題跋》《補原》《禹貢譜》。

夏,復之京師,以知縣歸部候選。

《落颿樓文稿·與王牋軒書》:垚于知名之士不敢妄與投契,而必求有真性情者乃與訂交。數年來僅得平定張石舟一人,以此故耳。

繼按:王大令牋軒,名梓材。鄞縣人。甲午優貢。正黄旗教習。箸《增補宋元學案》。

審定祁鶴皋太史《西域釋地》,又校訂《西陲要略》四卷。

侗按:《山西通志》:祁韻士,字鶴皋。壽陽人。乾隆戊戌進士。由編修進中允,改官户部,歷員外郎中。嘉慶中,以銅案事牽連下獄,遣戍伊犂。及抵戍所,值松文清公爲將軍,待以殊禮。文清纂輯《西陲總統事略》,延令屬稿,因撮其要成《西陲要略》《西域釋地》二書。

祁叔穎《〈西域釋地〉跋》:今年夏,服闋入都,乃託石舟釐訂體例,付諸梓人。《要略》四卷亦將續刻云。

《月齋文集·〈西域釋地〉序》:《西域釋地》,姻丈祁鶴皋先生戍所箸書之一也。天山南北疆域、山川,條分件繫,考古證今,簡而核矣。至喀什噶爾、烏什、庫車之譯名與《欽定新疆識略》不同者,先生成書在丁卯、戊辰間,傳聞異詞早定簡札,非誤也。巴顔喀喇山之即古昆侖也,《欽定河源紀略》有定論矣。先生以非所身親,略之,而於蔥嶺之南北兩支、星宿海之潛源重發,則縷擘焉。昔人爲輿地之學者,每云"目驗得之",是書亦猶是義爾。頃者,先生令子叔穎侍郎寫定遺書,先以此本開彫,屬瀛爲校定體例,因綴數言,弁諸卷首。

校訂《安玩堂藏稿》。

程蘭翹學士《〈安玩堂藏稿〉後跋》:道光十六年始校閲,八月而成。任其事,訂其譌。爲張石舟大令,即張蓀圃太夫子之文孫也。

侗按:蘭翹學士,初名昌明,後更名昌期。歙縣人。中嘉慶甲戌進士。官學士。《希音堂集·程翼垣德政頌序》:張大父師來宰歙邑,稚子昌明得於下車之日甄入門牆,飲食教誨,權輿無已。

校訂《吴侍御奏稿》。

侗按:《壽陽縣志》:吴玉,字之璋。家貧力學,由進士任知縣,政聲大著,授廣西道監察御史。憲宗即位,誅魏璫,詔開言路,玉應詔慷慨陳奏,上嘉納。又劾輔臣劉鴻訓納賄,擅增勑書,詔對文華殿,抗詞不少屈。上嘆曰:"真鐵面御史也!"丁父憂,歸,一時公私過者咸懾伏,曰:"壽陽今卧一虎矣。"然亦由此爲時所忌。服闋,忌者思有以中之,乃外遷爲河南參議。有《奏書稿》十篇。

《月齋文集·書〈吴侍御奏稿〉後》:壽陽祁叔穎侍郎謀梓鄉先生《吴侍御奏稿》,而瀛暹任校讎之役。

九月朏。

《月齋文集·〈落颿樓文稿〉序》:子惇以道光十五年入京師,館徐星伯先生家,先生數爲言其地學之精。越一年,乃相遇於道州何子貞同年所,即承以《〈長春西游記〉金山以東釋》見示〔八〕,并讀其《落颿樓文稿》,此所刻前二卷是也,由是往來遂密。子惇留京師,爲桐城姚伯卬總憲校《國史·地理志》,寓内城,間旬出相訪,則星伯先生爲烹羊炊餅,召余共食,劇談西北邊外地理以爲笑樂。余嘗戲謂:子惇生魚米之鄉,而慕羴嗜麥;南人足不越關塞,而好指畫絶域山川;篤精漢學,而喜説宋遼金元史,可謂"三反"。子惇聞而軒渠,以爲無以易也。

侗按:沈垚〔九〕,字子惇。烏程人。優貢生。著《落颿樓文稿》,刻入《連筠簃叢書》。徐松,字星伯。大興人。嘉慶乙丑傳臚。著《唐兩京城坊考》《西域水道記》《新疆志略》等書〔一〇〕。

《作〈趙倢伃玉印歌〉效昌谷體》并序:印,仁和龔定菴主事家故物也,印,嚴東樓家故物,後歸項墨林,又歸李竹嬾,又歸定菴。今歸番禺潘士成郎中。玉質精白妙潤,世無其比,余以慮俿尺度之,高七分,徑一寸劣,繆篆文四,曰:倢伃妾趙。倢從系〔一一〕,趙字内含雀頭三。

按:《漢書》趙氏倢伃三,鉤弋夫人也,飛燕姊、弟也。飛燕後立爲后,弟亦進昭儀,皆不終於倢伃。則此印應屬鉤弋矣。

十七年(1837),丁酉,三十三歲。

《月齋文集·舊拓〈醴泉銘〉跋》:余獲見宋搨二,一爲南海吴荷屋中丞所藏,丁酉春酒邊匆匆一觀,未暇審正,後歸粤商潘氏。

《月齋文集·〈程侍郎遺集〉序》:丁酉夏,穆將歸應鄉試。行有日矣。公置酒相餞,漏過午,拳拳不放别。乃穆甫出都門,公遽感暑疾,久不瘳。祁叔穎尚書日往省,沈頓之頃,尚以穆試事爲念。

撰《〈説文答問疏證〉叙》:《説文答問》一篇,嘉定錢曉徵先生著,文載《潛研堂集》第十一卷中。甘泉嶭傳均爲之疏證,釐成六卷。嶭氏纂述,他無所見,惟劉玉麐《甓齋遺稿》内坿有案語數條,蓋亦明於小學者也。此袟舊無刊本,新城陳石士先生督學浙江始刊行。先生差旋,以二册相貽,適黔西孝廉史君吉雲見之,憙其有禆初學,而初刻體裁小遠大雅,謀新剞劂。余亦從臾其事,相與醵金付彫,越兩月工竟出,首舊有甘泉訓導李溟叙,舛誤特甚,刊去之。嶭氏於錢君此箸,用功亦勤,聲音、訓詁、偏旁、假借多有發明,信詹事之功臣也。然有不可解者,古人爲一家之學者,雖片言隻字亦甄録不遺,而嶭於錢君諸書似皆未翻檢,故其所疑有明有錢説可證,顧支離其詞作不解之結,則於箋釋之例稍乖也。他如昏當從民,彤當從舟,簪之作戠,(此處見原文)之訛些,子之還分,還或作營,築臺臨黨氏,黨本作爪,此類甚夥,並宜采入,而嶭概不及,是其疏也。又其中坿有經世案語數條,强作解事,尤爲淺陋,以元書所有,姑亦仍之。許書義藴宏奥,乍讀未易通曉,學者誠由是而精揅焉,觸類引伸,旁通曲證,於以仰鑽古訓,必有異乎俗儒之拘牽者。嶭氏之功又曷可没哉〔一二〕?

繼按:錢大昕,字曉徵。嘉定人。乾隆翰林。官少詹。著《潛研堂集》等書行世。

《補菴公行述》:嘗客黎城,得利氏同文之術,於中西算法雅有契悟,惜乎洞淵、松庭之奥,瀛暹今始得聞,未及與兄切究之也。

又：今卜道光十七年十一月二十八日，葬兄洄嶺先塋之次。瀛暹既匄諸兄之契友李君怡山鐫銘于幽，復攄掇梗概述爲此文，以志吾痛，且以貽其子孫。

《鍐欨亭集·寶賢堂龜硯歌爲張石州作》：

龜書世莫識，龜卜廢已久。惜哉有墨不得食，曳尾甘向泥塗走。元精萬古淪石髓，北坼依然見奇偶。强作硯田已失職，况令龍尾嘲牛後。翩翩晉王孫，一見勝瓊玖。置之寶賢之高堂，禹篆孔銘相左右。王魚不死繭紙出，三百年來誰與守？世間俗書逞姿媚，麥簡駸駸變蝌蚪。蚓蛇得意兔夜哭，靈蠵義不污其垢。張君嗜古飽奇字，箸書不復憂覆瓿。下揖冰斯上軒頡，感激石鼓悲岣嶁。元夫闖然乃入户，衆目驚怪笑且醜。臨池濡墨獨狂喜，至寶肯落豫且手。君看長安諸少年，黄金爲印龜爲鈕。纍纍若若真可憐，富貴浮雲一何有。豈無石卿侯，豈無文字友。玉堂新樣豈不佳，月露風雲忍相負。讀君詩，飲君酒，送君還鄉歲在酉。酒酣鑽龜爲君卜，龜言抱璞終當剖。烏虖，抱璞終當剖！君不見鳳皇麒麟在郊藪。

《程侍郎遺集·晉靖王寶賢堂硯贊爲石州作》：

辨厥首印，不辦厥足胗。率然蟠杇，鼀以黔身。流水有光，宜受别墨之黔。吁！食其墨，則贊三兆。吐其墨，則掞聯藻。無烯黄之裓，而有草元之擾。清事賢邸弆以密，銀河張宿寶其出。甲子五光兮，再見天日。

是年詩有：《人日，春海年文約偕蔡友石年丈〔一三〕、吴荷屋中丞、梅伯言郎中同游海王邨，因阻雪不果，乃移尊龍樹院。登高賞雪，談讌竟日，月午方歸。詩以紀之。凡四十韻》

侗按：蔡世松，字友石。上元人。嘉慶辛未進士。吴榮光，字荷屋。嘉慶己未進士。官巡撫。精金石學。梅曾亮，字伯言。上元人。道光壬午進士。官户部郎中。古文學姚鼐，詩亦天機清妙，著有《栢梘山房集》。又按：《茶餘客話》：京城南舊有龍爪槐，僧言三百年前物，前輩詩文集中不多見。徐電發《菊莊詞》載：白門紀伯紫云：壬子季夏，僕與合肥龔宗伯、山陽陳黄門階六同飲龍爪槐下，填詞，此地亦名流屐齒所常到也。龍樹院當即指此。

《寶賢堂龜硯詩》五古，并序：硯，明世子奇源寶賢堂故物也。以慮傂尺準之，厚三寸，博八分，長尺有一寸强。制肖龜形，修文一綫，廛絡如蛇。世子薨，硯實殉之。後遭伐掘，復出人間。郡文學董君士達得之於晉陽老人，隨珠和璧不翅也。頃歲不熟，董君以三十緡質諸孫君左泉，左泉稔余嗜硯，遂舉相贈。余亦以宋坑小硯及王良常墨蹟爲報。硯舊無箸代，晉府圖書綿褫亦不可得其始末。惟考世子以宏治十四年薨，余以道光十六年得之，其可知者已三百卅有六年矣。夫以世子之賢、之力，而不能終享一硯，余又敢堅執以爲已有邪〔一四〕？人生既好，取供數十年自娱足矣，過眼雲煙，何足計哉？爰鐫銘櫝面，曰："元運環周，玉靈不朽。寶賢堂傾秋草平，人生安得如汝壽？"并賦此詩，覬當代箸作家屬而和之。越一歲，上元，月齋居士記。

鉛鐵鏟山翠，湍洄齧羊根。瑩膚出子石，形模何渾渾。一綫絡背腹，宛宛修蛇槃。巧匠神悟開，琢肖龜趺蹲。列宿應元武，神物歸高閽。世子富金石，博雅過王詵。供入寶賢堂，欣契忘朝昏。老硯得巨賞，氣象爲之尊。謂當酬知己，萬古殉王孫。青青陵陂麥，金椎隱其齦。山鬼懾賊忍，睒目韜荒榛。王盌鬱復出，象齒慘被焚。神物委路旁，倏忽瓦甋鄰。老人揩病翳，拾歸裹書幡。流落蹔可慰，真鑒世無存。我生但癡慧，訪古雙足皸。此事洞本末，乃聞諸董君。董君不能寶，轃釜斷晨飧。貫汝謀復活，太息手屢捫。慨忼孫居士，達識信眇倫。至寶不自私，取人仍予人。喜心生感激，投報矢弗諼。半生困筆硯，抱璞聲暗吞。詹尹不我謀，錯靡輪蹄奔。石又不能言，詎勞災楚焞。聊用庋短几，蛇蚓雜蜿蟺。萬事等雲煙，變滅豈有痕。結習難破除，策勳望卿雲。

《題胡褐公〈金陵勝蹟畫册〉》方雪瓢先生跋云：余邑怡翁周先生負高才，多怪少可，著有《荒薜園稿》。晚歲游金陵，師事田間，先生與褐公望衡而居，晨夕過從，得褐公畫最多。此册二十四景，皆先生游屐所至，有詩有記，載《荒薜園稿》中。云云。

【校記】

〔一〕褚　咸豐八年祁氏刻本、《山右叢書初編》本皆作"赭"。

〔二〕正　咸豐八年祁氏刻本、《山右叢書初編》本皆作"理"，誤。

〔三〕理　咸豐八年祁氏刻本、《山右叢書初編》本皆作"正"，誤。

〔四〕二　咸豐八年祁氏刻本、《山右叢書初編》本皆无。

〔五〕方　咸豐八年祁氏刻本、《山右叢書初編》本皆作“力”,誤。

輭　咸豐八年祁氏刻本、《山右叢書初編》本皆作“軟”。

〔六〕箸　咸豐八年祁氏刻本、《山右叢書初編》本皆作“著”。后同者不复出注。

〔七〕(一)(二)(三)(原注……)　《山右叢書初編》本(一)(二)(三)(原注……)有括弧。

〔八〕游　咸豐八年祁氏刻本作“遊”。

〔九〕垚　《山右叢書初編》本作“堯”。

〔一〇〕城　咸豐八年祁氏刻本、《山右叢書初編》本皆作“域”,誤。

〔一一〕系　咸豐八年祁氏刻本作“係”。

〔一二〕曑　咸豐八年祁氏刻本、《山右叢書初編》本皆作“曷”。

〔一三〕文　咸豐八年祁氏刻本、《山右叢書初編》本亦同。当正作“丈”,諸本皆誤。

〔一四〕已　《山右叢書初編》本同,咸豐八年祁氏刻本作“己”,是。

先伯石州公年譜(三)

族姪張繼文編輯
鄉後學蔡侗審訂

十八年(1838),戊戌,三十四歲。

《月齋詩集》注:戊戌春,頌南初訪我於太原會館,穆時將南游,匆匆一談而别。

侗按:陳慶鏞,字頌南。晉江人。道光壬辰進士。官御史。

《月齋文集·〈程侍郎遺集〉序》:次年,穆將南游,迂道入京師哭公。子儀孝廉以遺稿相授,塗乙潦草,首尾多不完,或篇題殘脱,乙酉以前之作竟無一字存。疑公尚有清本藏之别笥,子儀未撿獲也。

侗按:《詩集》注:侍郎歿,未幾,子儀孝廉繼亡,遺孤甫四齡,悴弱可念。

《顧譜》注:先生手蹟向藏修來先生家,頃歸胡北荆宜施道陶君樑所。穆于戊戌春獲觀,録副存之。

侗按:《顧譜》:康熙四年,與顔修來光敏訂交。注:修來,一字遜甫。曲阜人。康熙丁未進士。官吏部考工司郎中。著有《樂圃集》。

八月,謁蔡友石於江寧里第。

《月齋文集·〈癸巳存稿〉序》:歲戊戌,以公車在都,穆自西來,將南游,暫事羈栖,與朝夕見,殆將百日,始别去。而理初留滯會邸,至十月乃南歸。復相遇於泰州道中,因與偕謁祁叔穎學使,學使厚欿之,約其春初復來。

冬,撰《祭任太素先生文》。

繼按:《平定州志》:任質淳,字太素,號魯莊。乾隆壬子解元。官廣西藤縣知縣。著《四書句讀》《諸經要領》《諸子會抄》等書。

《閻譜》題詞:憶戊戌冬,襄校淮安,見閻氏之應試者,尚多遺容,志傳必世守焉,不可當吾世而失之也。屬同年何子貞編修致書學使者張筱浦侍郎行文淮安學官,向閻氏後人索之,越數月,得學使復書,則復申所撰行述、世宗憲皇帝祭文輓詩巋然俱在,意潛邱之靈實默相焉,爲之意愜者累日。

侗按:《閻譜》載世宗祭文:維康熙四十有三年,歲次甲申,六月朔己巳,越十有七日,乙酉,皇四子多羅貝勒以剛鬣柔毛之奠,致祭於召試博學鴻詞待贈徵仕郎内閣中書舍人百詩閻老先生之靈,曰:嗚呼!聖有四教,天有六經,著性開道,益智增明。自古在昔,賢哲代生,闡幽微顯,咀華含英。爰至我朝,登三咸五,文治昌崇,邁越千古。蔚彼儒林,或出或處,論述麟麟,流聲區宇。先生挺出,群賢之標,家世奕奕,衣冠而朝。聰明踔厲,頭角垂髫,既長篤學,矻矻晨宵。孫敬編柳,高鳳漂麥,董生下帷,舍園坐隔。不爲榮利,沈思經籍,仰視屋梁,俛披簡策。當其未得,寤寐之求,萬鍾千駟,莫解厥憂。當其得之,飛舞泳游,如鳥入雲,如魚脱鈎。下筆吐辭,天驚石破,讀書等身,一字無假。積軸盈箱,日程月課,孔思周情,旨深言大。嘗入鎖院,厄於有司,徵書下賁,桂巷杉籬。遂自蓬茅,揮翰彤墀,歸而杜門,名山永期。縉紳士夫,東西造請,小子後生,執經守屏。道日以穹,望日以迥,靈光巋然,長淮南境。余從知學,即耳先生,旋讀所著,嚮傃益誠。惠然肎就,安車之迎,懷鉛挾槧,槧我書城。方圖久習,用祛蒙陋,乃玆溘然,月未三彀。嗚呼先生,人亡名壽,《詩》紀毛傳,《書》從伏授。《禮》學精邃,先後鄭君,《春秋》昭揭,杜范齊尊。此數子者,雖逝實存,嗚呼先生,庶幾同論。維是薄殖,誰與考業?聚短離長,音容莫接。陳醴芼蘩,芳甘飲食,布奠傾觴,式增淒惻。嗚呼,哀哉!尚饗!又輓章云:褒衣博帶鉅儒身,瞥見松堂縿幕新。天上星躔歸處士,人間藝圃失經神。魯魚猶辨讎書力,辰巳先徵入夢因。絶勝匡牀揚子宅,謝家庭樹有奇珍。清流地望表清淮,北海碑前絳帳開。一萬卷書惟子讀,三千里路爲余來。春風倚檻鋪紅藥,夏雨臨窗潤緑槐。花下談經無兩月,那堪二豎鎮相催。自昔儒英并大年,先生白髮已蕭然。初疑瘦骨全符鶴,詎料輕身早蜕蟬。舊德豈嫌百歲耄,古稀猶欠一春延。遺編歷落珍珠字,留與韓門籍湜傳。

又按:張芾,字筱浦。陝西涇陽人。道光乙未翰林。官至江西巡撫。卒,謚文毅。

冬十月二十五日,先伯母劉孺人卒,年三十有四。

《臘八日,由江陰使署寄諸兄書》,略云:弟婦於十二月十五日竟爾殂謝,不能無愴於懷。前禹東甸來,言大病之後忽然大愈,弟知其非佳兆,但口不願言耳。幸尚無子女之累,差少葛藤。一切衣棺，聞大兄俱偕立青、揮五諸兄安置妥貼。少婦新亡，萬無久停在室之理，而弟又急切不能旋里，弟意百日内外必即安厝。凡親友俱不驚動，有送禮者，香紙則領，錢帛則璧，概不受弔，擇定葬期，即日發引。前我籌之，弟另有書致之，其感激之忱則非筆所能宣矣。凡此者，弟非儉於亡者，亦非矯情干譽，實揆之於禮只合如此。禮得則心安，弟心安則亡者之心亦安矣。夢松弟天性明厚，亦必不我責也。

侗按：劉夢松，字子固，號芝谷。廪貢生。長治縣訓導。

《禯瓿亭集·寄園雨坐呈蓮西》詩有"人生聚散如摶沙，舊雨乃在江之涯"；自注：石舟自都初來。《江陰城南登舟》詩有"客燕賓鴻數往還"；自注：蓮西西旋，石舟南來。小泉、小璘，次第俱還。又《次和石州兼述舊懷》三首；其首云：遠游何幸得同聲，放棹中流自在行。陶令之官心已素，阮公不醉眼常青。海邊鷗鷺能馴客，林外蜩螗任沸羹。且擬從君文字飲，六朝山色一杯傾。又《戲和石州結罾》詩；又《雨泊鎮江西門外，石州與家兄酬唱竟夜，情詞拳然。次和》有"塞鴻來有信"句；自注：石州得家書。又《石州答送盆梅，次和》。又《立春日紫薇庭小集，分韻得書字，呈張石州并幕中諸君子》有"候誰稱孝友，與我共菑畬"局〔一〕。

是年詩有：《過紀文達公故里》，七律。

侗按：紀昀，河間獻縣人，字曉嵐。乾隆進士。官至協辦大學士。貫徹群籍，旁通百家。修《四庫全書》，昀爲總纂，校訂、整理，每書悉作《提要》冠諸簡首。卒，謚文達。

《漫河道中》，七古。

阜城縣屬。

《舟次高郵，有懷賈惠人先生》，七律。

侗按：《平定州志》：賈亮采，字惠人，高郵州人。官平定州知州。

《五月下旬，初抵江陰。春圃侍郎邀偕同幕諸君游君山，晚讌存雪亭，即送許蓮西大令歸里》，五古。

侗按：《江陰通志》：存雪與列岫對峙，亭下梅六株，姚秋農先生補題存雪。又《山西通志》：許長庚，字蓮西，平定人。嘉慶丙子舉于鄉。官知縣，所至有政蹟。生平博涉典籍，怡情詩酒，爲文下筆立就，尤長于駢體，有初唐風格。性脱洒，不立崖岸，故後進皆樂就之，祁文節、張鐵生皆出其門下。著述甚夥，《小丁卯橋詩文集》已刻行世。

《送蓮西歸里，用春圃侍郎登君山送别元韵》，七律。

《病起書懷，時蓮西俶裝將發，即以奉柬》，七律。

《妙相禪林》，五古。

寺在江寧城西，寺偏有屈子祠堂。

《報恩寺塔》，七古。

侗按：《江西通志》：報恩寺，在江西吴縣治北隅。本吴通元寺，唐改開元寺，吴越爲報恩寺，今稱北寺。中有浮圖，稱北寺塔。

《四松菴》，七古。

原注：菴側陶雲汀建惜陰書院，中肖晋太尉長沙桓公像，蓋隱自寓也。

《秋蓬坐雨，次漁莊韻》，五古。

侗按：漁莊，名宗藻，叔穎尚書三兄也，中道光癸卯舉人。著《鋤經堂試帖》。

《隨園》，七古。

侗按：隨園，袁枚别墅也。在江蘇江寧小倉山，本隨氏之園，枚得之，始改名隨園，今已廢。

《留贈紫琅試院古桑，並懷祁六太史幼章》，七古。

侗按：《山西通志》：祁宿藻，字幼章，文端公弟也。道光戊戌進士。官江寧布政使。時粤匪竄擾，順流東下，直逼會城。公爲守禦具，晝夜部署，至廢寢食，憤鬱成疾。及賊至，力起登陴，忽嘔血數升，暈絶仆地，舁歸，遂卒。贈都察院右都御史，謚文節。

《攝山棲霞寺》，五律。

侗按：山多藥草，可以攝生，因名。《南史・明僧紹傳》：僧紹，明經，有儒術，宋元嘉中再舉秀才。魏克淮南，渡江，抵定林寺，齊高帝欲見之，遁還攝山，建棲霞寺居之。

《送趙君心園歸壽陽，用春圃五兄韵》，七律。

侗按：趙復正，字心園，壽陽人。時遭兄喪，議葬事，故次章及之。

《蔡小石行看字》，五言，二首。

侗按：小石，名宗茂，世松太僕之子也。道光癸巳進士。官司業。

《京口行》，七古。

《通州道中喜逢俞理初孝廉》，五律。

《題湯雨生將軍貽汾太夫人唫釵圖》：《斷釵詩》二章，湯雨生將軍母楊太夫人作也。釵爲太夫人尊人所賜,時從宦昆明,年十四。嘉慶甲子冬,雨生先生官揚州,奉太夫人寓居瓊花觀,一夕釵斷而成此詩。太夫人春秋五十有三,距賜釵時三十九年矣。太夫人生平所爲詩甚富,自其舅與夫殉節海外,遂取舊稿盡畀祝融。豈期垂暮之年重抱思親之痛,長言詠歎,有不自知其所以然者。雨生先生掇拾零章,繪圖徵和,而吾宗沅蘭夫人點染工妙,翻陳出新,可謂兩美適合。唱于和喁矣。予既録原詩附諸圖後,并識其顛末如右。

侗按:湯貽汾,字雨生,武進人。官副將。詩、書、畫稱爲三絶。晚寄寓江寧。洪秀全陷金陵,投池殉難。謚貞愍。所著有《琴隱園集》。

《淮安試院雨》,五律。

《十一月二十九日渡廣陵江阻風,偕同人登浮玉絶頂》,五古。

侗按:釋應之《頭陀巖記》:金山昔名浮玉,因裴頭陀江際獲金,李錡奏易名金山。

《題劉右宗〈十八尊者卷〉》,并序:此卷春圃侍郎得之於壽陽崇福寺僧,卷末題云:"余宣和避亂,流落江左,無聊信步,遂詣沿江尋幽,偶住白雲寺,與高僧談佛法甚久,喜而繪此十八尊者,以謝車軺。院待詔劉右宗識。"右宗,爵里無考,惟鄧椿《畫繼》屋木舟車門所載劉宗古,其蹤蹟畫法與此脗合,而名則誤倒,且訛"右"爲"古"。李申耆先生又云:"江陰縣西青山,其東南兩峰間有白雲菴。志稱宋時建,與畫中所題'沿江尋幽,偶住白雲寺'者合,當係侍郎伯祖北溟先生宰江陰時得此於緇流,歸而佈施於崇福者。"趙璧既歸,而侍郎節院又適在北溟所治之區,亦奇緣也。戊戌冬,侍郎出此卷,屬客題之。

繼按:李兆洛,字申耆,武進人。嘉慶進士。官知縣。著《李氏地理五種》行世。

《春圃五兄惠盆梅賦謝》,五律。

《悼婦篇》,五古。

《除夕雨》,七律〔二〕。

十九年(1839),己亥,三十五歲。

正月,大雪中登君山絶頂,拾松枝煮酒而飲。

箸《俄羅斯補輯》一卷。

繼按:《補輯》初收於《北徼彙編》,又收於《朔方備乘》並《經世文續編》。復檢《備乘》中又收《月齋箴記》一卷,亦先伯箸也,未知撰自何年,附識備考。

《月齋文集·俄羅斯事補輯》:黔俞君正燮箸《俄羅斯事輯》,顛末縷詳,瀛暹讀而嘉之。既得文清公松筠《綏服紀略圖詩》,注載西北兩邊情形頗悉,其述俄羅斯事,有足補俞君之闕者,因條列而文,綴之箸於篇。蓋文清駐劄庫倫,經紀通市事閱八年,聞見既真,紀録自備矣。題曰"補輯",凡俞君所已詳者,不復徵也。

侗按:松筠,字湘浦,姓瑪拉特氏,蒙古正藍旂人。嘉慶進士。官至大學士,謚文清。箸《綏服紀略》《西招圖略》《西藏巡邊記》等書。

《月齋文集·〈癸巳存稿〉序》:己亥正月,理初果相訪於江陰。未帀月,余隨軺車北渡,歷試徐、海諸郡,遂由淮安入都。

祁叔穎《〈月齋文集〉序》:歲己亥,應順天鄉試,攜瓶酒入。監搜者呵曰:"去酒。"石州輒飲盡,而揮棄其餘瀝。監者怒,命悉索之,破筆硯,毀衣被,無所得。石州捫腹曰:"是中便便經笥,若輩豈能搜耶?"監者益忿,乃摭筆囊中片紙,有字一行,謾曰:"此懷挾也。"送刑部,讞白其枉,然竟坐擯斥,不復得應試。於是僑居宣武城南,閉户著書,益肆力於古。阮文達公見其撰述,歎爲天下奇作。

侗按:阮元,字伯元,號雲臺,儀徵人。乾隆進士。官至體仁閣大學士,歷官中外,所至以提倡學術自任。在史館,倡修《儒林傳》。在粵,設學海堂。在浙,設詁經精舍。又校刊《十三經注疏》,彙刻《學海堂經解》等書,以餉學者。所箸曰《揅經室集》。卒,謚文達。

《月齋詩集·述懷感舊詩》:祝犂大淵獻,我苒文字屯。俞君在南服,馳書來相詢。許君屬目擊,奔愬詞激辛。安邱搤老掔,敢憤不敢嗔。不傷斯文玷,所傷原憲貧。意異情則同,氣類吾輩真。

九月，爲祁漁莊序《鋤經草堂詩草》。

《𩞄飢亭集·海州五首送張石州入都》：

其三云：大海日東下，鴻波何時旋。坐令雲臺山，移置當平田。山中有神鳥，毛羽五色鮮。世人不能識，名之曰鳳焉。魯門鍾鼓多，爰居避不前。嶧山無竹實，孤桐私自憐。翩兮鶵寥廓，下視鵬垂天。一飽豈所求，和鳴良獨難。焦尾亦不惜，所惜無成連。

是年詩有：《正月三日，江陰大雪，登樓曉望》，七古。

《留别春圃侍郎、幼章太史》，五排律。

《徐州試院寄懷，次叔穎校射韻》，七律。

《海州試院臨發，奉酬同硯諸君》，五古。

《送許印林歸日照》，七古。

二十年（1840），庚子，三十六歲。

繼伯母趙孺人來歸。

《行述》：趙恭毅公元孫、東河縣丞學彭公女、贊善振祚公妹也。

侗按：趙申喬，字慎旃，又字松伍，武進人。康熙庚戌進士。官至吏部尚書，謚恭毅。孫學彭[三]，字子述，侯補東河縣丞。振祚，字伯厚。道光乙未進士。官贊善，改籍宛平。

是年春，寫就《玉局心懺》一册，付梓行世，後附《黄石齋跋》一通。

二月，先伯叔正至都。

夏，俞理初卒於金陵惜陰書屋。

冬，沈子惇卒於京師。

《月齋文集·〈落颿樓文稿〉序》：越四年，而子惇遘瘵疾，卒于會邸。時子貞扶文安公柩歸里，穆朝夕守護醫藥，比視含斂，殯棺野寺，哭奠成禮乃去。又庚子十月，忽手録所撰《漳南滱北諸水考》見貽，其意懇懇然，若有所諄屬者。未及一月，而子惇病且死矣。垂歾，猶力疾檢施北硯《遺山詩箋》初印本相付。北硯者，烏城老儒，熟於金元掌故，子惇所嘗從問業也。

《〈癸巳存稿〉序》：其年冬，學使還朝，余假得《存稿》副本。

撰《公祭栗恭勤公毓美文》。

侗按：《山西通志》：栗毓美，字友梅，渾源州人。嘉慶六年以拔貢生官河南知縣，歷升至東河總督。卒，謚恭勤。吏民立廟以祀，俗稱爲栗大王云。

是年詩有：《送三兄還里》，五古。

《吴誦芬舍人齋中觀菊》，七古。

二十一年（1841）〔四〕，辛丑，三十七歲。

箸《魏延昌地形志》。

《月齋文集·〈延昌地形志〉序》：穆初讀《水經注》，即謀博徵典籍，撰爲義疏。黔俞君理初教之曰："是當先治《地形志》。"取而讀之，苦其蕪亂。大興徐丈星伯嘗叩以收《志》分卷之由，亦茫無以對。單心鉤稽，退寫爲圖。圖成，始怳然曰："此非北魏之志也。"而自來談拓跋疆域者，率以是《志》斠其里到，遇有收所失載之郡縣若建陽、長松之類，輒以爲後人羼亂，傎矣！於是更事排纂，勒爲此志。

箸《水經注表》。

《月齋文集·復徐松龕中丞書》：論恒河即安額河，雷翥海即鹹海，亦於拙箸《水經注表》有關，當即掇入敝帚之中。

繼按：徐繼畬，字松龕，五臺人。嘉慶丙戌進士。官至福建巡撫。箸《瀛寰志略》《松龕文集》。

八月，先伯從《永樂大典》十二"先元"字韻中寫出《〈元朝祕史〉譯文》十五卷。

《月齋文集·〈元朝祕史譯文〉鈔本題詞》：《永樂大典》十二"先元"字韻中載《元朝祕史》一部八册十五卷，不詳撰人名氏。其卷次亦《大典》約爲區分，本書蓋都爲一袟也。每段前列蒙古語，附以譯文，此所鈔者其譯文也，外間更無傳本。錢竹汀詹事《元史氏族表》首所列蒙古諸姓，全據此書而不箸書名。聞徐丈星伯云："程春廬京丞曾手録一通，於所箸《元史西北地理考》中屢引之。今《地理考》爲人竊去,所鈔《祕史》亦遂不可蹤蹟。”穆於辛丑之秋,幸緣守藏吏獲觀寶笈,爰假寓功臣館迻寫數種以出,《祕史》亦其一云。

又畫《〈元經世大典〉西北地圖》。

《閻譜》注:穆於辛丑七月,從《永樂大典》畫出《〈元經世大典〉西北地圖》以詒魏君默深,刻入所輯《海國圖志》。

侗按:魏源,字默深,邵陽人。道光進士。官高郵州知州。所箸有《海國圖志》《聖武記》等書。

是年,先兄孝蘭生。

十二月二十二日,爲閩軍事,《與祁叔穎樞密書》:叔穎五兄尚書閣下:一昨於相識處得浙士《獻潤峰將軍書》一通,即攜稿來奉閱,書意曲折,盡勢計慮,亦似周密,不知將軍曾采納否?出師已閱四月,攻勦之計未聞,想此生言亦未必售也。近來詣闕獻書者紛然,各竭其愚以應聖人之求。聖度淵深,誠未敢仰測。竊揣當軸者,早目笑置之也。天下大矣,庸必無婁敬、王猛其人出爲世用,但恐酒美幟高,如韓子所譏耳。今日下詔,明日必有應詔之人,其應者必擁瘇曲拳而可笑如此。吾六輩後,逆料天下人才不過如是,來即揮之。揮不數人,其不才者固不來,其才者亦竟不來。即來,亦毅然揮之不顧矣。何則?不揮者其勉强,而揮者其所習慣也。以求始,以揮終,昌言于衆曰:“天下無才!”誰敢執其咎?然而天下士何堪如此敗壞也?夫今日獻書之人,未知果志切同仇邪?抑歆於利禄邪?志切同仇者,尚矣。彼歆於利禄亦惟若某輩可從而議其後耳。國之大臣,不當以此責天下士也。即如今日軍前所調之官,有人人知其庸録無能不足供驅策者,而朝廷皆如所請與之,豈不以杜庸才倖進恐并真才自靖之路而杜絕之哉?十月後,挾策以進者不一人,自一張鴻發交將軍外,其餘皆置不報。前日閩生之來也,衝寒歷險,間關六七千里,僅蒙傳諭釋放,免其看押。夫使此生不嬰憲網,不遭寇燹，亦安往不得其貧賦？乃甘受看押之辱，更邀釋放之恩哉？某非謂闖生之策必有可采，惟念凡類此者皆宜詳其然否，究其蹤蹟，明發綸言，分别處置，俾人知聖天子求才既切，旌别又嚴，庶幾真才漸出，出亦有爲世用之望焉。嘗見今代御史論事，有洞達事理、通知體要者，亦有塗附舊例、毛舉細故者，其言雜然不一，上皆俛可其奏，特旨報聞。是以每有敷陳，未甘緘默。鄙意獻書一節，宜略推此意待之。昨因讀浙士書，有感於中，惟閣下相愛之深，遂以奉告。舊疾舉發，不克詣談，謹遺書以聞，貰其狂瞽而進教之，幸甚千萬。

《月齋詩集·武梁祠畫像歌》注：許印林在沛寧以書相招，不果往。

是年詩有：《題陳淮生〈金門宦隱圖〉》，七絶。〔五〕

侗按：陳藺第，字淮生，碩士宗伯之子。時官比部，後出守澤州。

《題勞介甫〈霜林覓句圖〉》，七古。

原注：介甫，名勳成。李村巡檢。時駐葛沽，監鑄礮。

《和東萊侯瘦鶴留别元韻》，七律。

二十二年（1842），壬寅，三十八歲。

《月齋文集·〈鏡鏡詅癡〉題詞》：逮丑寅之交，海孽鴟張，或頗詫其善，以遠鏡立船桅上，測内地虚實，惜無能出一技與之敵者。穆因從臾當事，延浣香幕中，以所録副本爲券，當事既不甚措意。未幾，撫局大定，議亦遂寢。

《月齋文集·陽冰説答祁叔穎尚書》：承詢《海賦》陽冰之義。案李善注曰："言其陽則有不冶之冰，其陰則有潛然之火也。《晏子春秋》曰：'陰冰凝，陽冰厚五寸。'《説文》曰：'冶，銷也。'"注語本極分明，而或猶不達者，繇未省注中二"其"字，即其，其海也。昔俞君理初嘗爲穆校《文選》，批二語於書眉曰："水北曰陽，南曰陰。"據之則陽冰、陰火云云者，猶言北海有不治之冰、南海有潛然之火耳。以南海、北海詁陰、陽二字，不惟實事、實情，并注二“其”字亦軒然呈露矣。

《晏子》陰、陽二字，亦正作南、北解，但不謂海耳。

又，李注所引《晏子》二語在《内篇・雜上第五》，而“陰冰凝”乃作“陰水厥”，其文曰：“陰水厥，陽冰厚五寸者，寒温節，節則政刑平，平則上下和，和則年穀熟。”《太平御覽》引之，亦作“陰水厥”。

“厥”當作“瘚”。《説文》：厥，發石也，從厂，欮聲，引申爲語助詞。瘚，逆疾也，從疒，從屰欠。隸體厥、瘚不分，故世人多見厥，少見瘚也。高誘注《吕覽》曰：“厥，逆寒疾也。”“陰水厥”之義正如此。蓋時已沍寒，水流澌澮，冰將成，而不得即名爲冰也。

然則今注本作“陰冰凝”者，乃並《素問》未讀之人，嫌厥字不詞，奮筆妄改也，而顧千里諸人亦未經校出。唐李陽冰字少温，其義即取諸《晏子》。壬寅十一月，尚書以擬唐林滋《陽冰賦》課庶吉士，多不得解，實則林滋先未省“陽冰”之義也。

爲苗先露校《説文聲讀表》第五卷。

撰《河督栗恭勤公墓志銘》。尾云：“公與先君子同受知於會稽莫公，穆又與兩公子相善也。謹撮叙其政事、議論尤大者，内之幽扃。銘曰：帝任之媷，公肩之力。財殫牽茭，慮沈鍊墼。五載試行，厥功已豐。北流不復，永式栗公。”

侗按：《清史綱目》：東河總督栗毓美治河有功，創以磚代石之法，後世師之。

是年詩有：《奉餞薇卿》，七律。

二十三年(1843)，癸卯，三十九歲。

苗先露《〈使黔草〉序》：歲癸卯，子貞集同人匄資，剏建亭林顧先生祠於城西慈仁寺西隅隙地。歲春秋及先生生日，皆舉祀事，余與石舟、子貞每舉咸在。余之學私淑亭林，子貞、石州則皆讀亭林之書而仰止行止者也。余老矣，秉燭之光所造能復幾何？若子貞、石舟，吾見其日進，未知所止也。

箸《顧亭林先生年譜》。

侗按:《明史·儒林傳》:顧炎武,字寧人,初名絳,崑山人。年十四爲諸生,耿介絶俗,不與人苟同,惟與同里歸莊相善,相傳有"歸奇顧怪"之目。其學主斂華就實、救弊扶衰,凡國家典制、郡邑掌故、天文儀象、河漕兵農之屬,莫不窮究原委,考正得失,撰《天下郡國利病書》《肇域志》《易音》《詩本音》《唐韵正》《金石文字記》《日知録》《石經考》《二十一史年表》等書,並有補於學術世道。康熙間,詔舉博學鴻儒科,辭未赴。年六十九,卒於華陰。吴江潘耒叙其遺書行世。(《年譜》:"先生年七十,卒於曲沃。"史誤。)

《題詞》云:謹案:本朝學業之盛,亭林先生實牖啟之,而洞古今,明治要,學識晐《文集》作該。貫,卒亦無能及先生之大者。聞桐城胡雒君虔繼按:《文集》"聞"字下有"儀徵阮相國"五字。嘗爲先生撰次年譜,惜未之見。大興徐丈《文集》作"先生"。松鈞稽各書,《文集》作"詩文集"。依年排纂,已寫有定本。《文集》無"已"字,以下有"屬爲釐正"四字。

會何太史紹基自金陵來,攜有上元車明經守謙號秋舲。所輯譜,互用勘校,車氏差詳。蓋車氏《文集》無"氏"字。本之崑山吴廣文映奎,號銀帆。而吴氏《文集》無"氏"字。又本之先生撫子衍生也。《文集》作"嗣"字。

徐丈欲更事釐訂,以出守榆林,未遑。穆乃不自揆度,比而叙之,綜兩譜之異同,究大賢之本末。

《文集》"衍生"下接:"道光二十三年,穆與太史刱議匄貲爲先生建祠堂於京師慈仁寺西偏。既考,太史謂穆曰:'先生蹤蹟甚奇,學者或不盡知。子盍比而叙之,以詒後進乎?'爰綜兩譜之異同,傅以各書所紀,語務求詳,事期覈實。"云云。

世之景行先生者,尚其有考於斯。五月朔日記。

箸《閻潛丘先生年譜》。

侗按:《山西通志》:閻若璩,字百詩,太原人。年二十讀《尚書》,至《古文》二十五篇,即疑其僞。沈潛三十餘年,盡得其癥結所在,作《尚書古文疏證》八卷。生平於地理尤精審,凡山川形勢、州郡沿革瞭如指掌,撰《四書釋地》《釋地餘論》若干篇。所服膺者,曰黄太冲、顧寧人。然于《明夷待訪録》,指其訛謬者不一。寧人出《日知録》相質,即爲改訂數條,寧人虚己從之。又著《潛丘劄記》《毛朱詩説》及《日知録補正》等書。康熙間,詔試鴻博,不第。世宗在潛邸聞其名,延至京師,索觀所著書,每進一篇,未嘗不稱善。卒後,親製輓詩,復爲文祭之,有云:"孔思周情,旨深言大。"僉謂非若璩不能當也。

《題詞》云:癸卯夏,穆改訂《亭林年譜》既卒業,念國朝儒學，亭林之大，潛邱之精，皆無倫比，而潛邱尤北方學者之大師。因取杭大宗、錢曉徵所爲《傳》及《劄記》《疏證》諸書，排次歲月，爲《潛邱年譜》。將以詒吾鄉後進，興起其嚮學之心。討論月餘，稿草粗具。是年秋，南游江淮，過山陽，訪丁儉卿舍人，訊以潛邱遺事。儉卿出所箸《山陽詩徵》《柘塘脞録》見示，頗多采獲。漢陽劉菽雲學正見之，爲修改十餘條。葉潤臣舍人好爲詩，凡國初人集有與潛邱相涉者，輒來相告，增補加密矣。洎交光澤何願船比部，復以此譜相諉。願船爲析疑彌罅，又不下數十事。於是壽陽祁尚書嘉其用力之勤，欲遂墨諸版，與《顧譜》並行。云云。

侗按：丁晏，字儉卿，山陽人。官内閣中書。箸《禹貢集釋》三卷附《錐指正誤》一卷、《尚書餘論》一卷、《儀禮釋注》二卷、《孝經述注》一卷、《子史粹言》、《山陽詩徵》、《柘塘脞録》。劉傳瑩，字菽雲，漢陽人。道光己亥舉人。官國子監學正。箸《孟子要略》。葉名灃，字潤臣，漢陽人。官中書舍人。箸《橋西雜記》。何秋濤，字願船，光澤人。道光進士。官刑部主事。精西北地理，著有《朔方備乘》及《一鐙精舍甲部稿》。

《虢季子白盤文跋》：此盤與焦山無專鼎，皆周宣王時物也。無專鼎云"惟九月既望甲戌"，甘泉老友羅君次球以四分周術推得爲宣王十六年己丑之九月十七日。癸卯秋，穆南游邗上，出此盤相證，更以次球之術演之。盤出陝西鳳翔縣，重今權四百七八十斤，銘鐫於腹，四隅有環，自古重器若是之鉅者蓋尟。陽湖徐君燮鈞令關中購得之，今載歸昆陵矣。

侗按：羅士琳，字茗香，次球其别署也，甘泉人。箸《舊唐書校勘記》《比例會通》。

四月，代陳給諫頌南撰《劾琦善、奕經、文蔚疏》。

繼按：疏刻入《浪迹叢談》第三卷。侗按：《清史綱要》：道光丁丑四月，御史陳慶鏞奏，稱琦善等三人起用爲刑賞失措，無以服民。帝嘉其亢直敢言，命琦善、奕經、文蔚均著革職，即令閉門思過，以昭賞罰之平。

《月齋文集·與直隸某方伯書》：頃迂道晉謁，感承拂拭，深談之下，輒思妄有所陳。竊惟今日因籌備乏術思爲反本之論。一二賢達頗以畿輔水利爲言，而水利之興先須請帑，國用支絀，議必不行，不行則亦徒爲美談而已。穆以爲未議水利，先須去水害，水害去即水利也。去水害之要，昔人“收攝野潦，俾有所歸”二語足以盡之。即收攝野潦之法，亦非議疏、議築，未能奏功盡善，則姑請就其簡易者而試行之。莫若通飭沿驛州縣於大道兩旁逼近民田者，浚溝補樹，移土培塗，此有乾隆間孫文定、方恪敏成案可循。且舊渠尚未淤没，并非新起鑪竈。夫亦水利之一端，所謂未能快其匈鬲，且先利其咽喉也。昨過定興，見新任縣令於邑之名人、古蹟各刻一石，表之道旁。穆雖未知其人信能通曉吏事及實心爲民與否，要其好名好事則無疑也。責以此事，則定興一縣之路溝修矣。直隸一省，料如此州縣尚不乏人，上游果擇而任之，優加獎厲，乘此三時之暇，可以不日而觀厥成，其有益民田水利實非小補。水有所歸，不至害稼。利一。夏秋間行旅不爲水阻。利二。車馬不能繞越蹂躪禾苗。利三。伏莽之盜多匿影田中，溝之寬者可制其竊發。利四。蝗蝻或生，易於捕埋。利五。其浚之也，即以本田之民完其本段之工，必樂趣事，稍有攤派，爲費亦少，故愚謂此事尚可行也。倚裝草草，未及條議其詳，憶《經世文編·水利門》内載有數文，檢閱而放行之，正不竢穆之覼縷也。冒昧之愆，尚祈鑒宥。不宣。

九月，至揚州，親造文選樓下，訪郎注《翰苑集》古本。

郎注《翰苑集》，其原本阮太傅悉弆之文選樓中。

謁阮芸臺相國於邗上，相國贈聯云：“講學是非求實事，讀書愚知在虚心。”先伯書二語於座右以自箴。

撰《恭祭祁恭恪公文》。

侗按：《山西通志》：祁𡎴，字竹軒，高平人。嘉慶丙辰進士。官刑部主事，累擢郎中，平反大獄，出爲河南糧道，歷升至刑部尚書。英夷之役，命督兩粤。當是時，夷舶已陷虎門，毁沙角，逼廣州，勢張甚。其酋義律擾及三元里，民奮起與戰，殲其師數百。𡎴知粤民之可用也，檄沿海諸邑結爲團，夷人憚焉，自是不敢復窺粤，和約乃定。又力陳科舉之弊，請變通考選，略仿唐宋制科分爲五目，議寢不行，時論惜之。旋卒於粤，謚恭恪。

跋《竟寧雁足鐙銘》。

歲杪，奉到阮芸臺相國手書並撰《延昌地形志序》。

是年詩有：《題吕堯仙編修古專文拓本》。

侗按：吕佺孫，字堯仙。道光丙申進士。江蘇陽湖縣人。從其尊人官浙東時搜羅所得，凡四册。

又，《述懷感舊六十韻，爲老友安邱王貫山先生壽》。

侗按：王孝廉筠，字菉友，爲安邱巨族。選鄉寧令〔六〕。精通六書，箸有《説文解字釋例》二十卷、《説文句讀》三十卷，與肅寧苗氏夔同以研究許書見稱於世。

【校記】

〔一〕又　民國石印本作“乂”，《山右叢書初編》本同，誤，當從咸豐八年祁氏刻本作“又”。

局　《山右叢書初編》本同，誤，当从咸豐八年祁氏刻本作“句”。

〔二〕律　咸豐八年祁氏刻本、《山右叢書初編》本皆作“五”，誤。

〔三〕孫　諸本皆同。然當作“曾孫”。

〔四〕二　《山右叢書初編》本作“三”，誤。

〔五〕是年……七絶　各本“是年……”皆接上句，不另分段。此據前後文體例改。

〔六〕鄉寧令　咸豐八年祁氏刻本、《山右叢書初編》本則皆“寧令”前闕一字，堪之当为“鄉寧令”，与后文《㞕齋文集·〈説文解字句讀〉序》“出宰鄉寧”正合。

先伯石州公年譜(四)

族姪張繼文編輯
鄉後學蔡侗審訂

二十四年(1844),甲辰,四十歲。

《月齋文集·復阮芸臺相國書》:相國太老夫子閣下:穆夙攬鴻文,心儀古學,積思願見者垂二十年。雖久承獎借,曲荷招徠,終以潢潦細流難語河海之大,望門却步,誠自量也。客秋維舟邗上,手數袟之鄙言,梯良訊以請見。區區之懷,止覬一通名氏,得接芳輝,酬私淑之願而已,何圖撝光畀重,婁命升堂,巨集函書,分頒重疊。比諸家令之謁伏生,中郎之接王粲,以古況今,幾欲過之。穆麇鹿之性,本憚冠裾,猥因朋友從臾,抱關薄游淮浦,性資迂直,不工昵人。故所如既多不合,頃復爲部員援案相繩,其議竟格。藉臧君之善沮,畢虞氏之箸書,貺我良多,於人何怨?況復假此因緣,親聆指授,益堅其生平學古之念。南游之量,飽滿無餘,所得不既多邪?歲杪,從子貞太史處奉到手書,并賜撰《延昌地形志序》。一得之愚,信心實難,及經拈出輒用,自詫只此一端已足,千古人間美福知不可多占也。穆年交四十,正斐然有作之時,此後歲月足珍,誓當於飢寒蕉萃之中勉圖樹立,副函丈期望之雅。少作經生,頗有所述,而零章碎句,多無足采。曾輯有《説文屬》一書,粗舉網要,亦未脱稿,擬於《地形志》卒業後踵成此作,更乞弁言。嚮往之私,與日俱積,肅函嗚謝,無任神馳。附呈《虢伯盤跋尾》五紙,祇希鑒定,《齊侯罍》舊拓及新摹本,并望惠賜。數番感甚,伏頌春祺!惟爲道增護不莊。

二十四年,顧祠落成〔一〕。二月十四日辛亥,撰《公祭文》曰:先生生當叔季,業貫漢唐,學堪爲王者師,志非以名山老。身甘荒遯,慰九原貞孝之心;時際雲雷,灑六謁園陵之淚。北征初賦,策二馬以來游;東道既通,魄十漿而恐後。咨民生之利病,邑乘必搜;究阨塞之險夷,邊亭親歷。采山鍊冶,喻半生尚論之精勤;訂韻諧聲,發萬古同文之要眇。况乎志存淑世,婁搆書堂。雅慕伏波,厲精田牧。皋比不擁,懲東林復社之末流;墨突未黔,棄濂涇桑莊如敝屣。惟慈仁之古寺,曾作寓公;計偉節之遄行,適在明日。誦孔德炊羹之句,下榻何頻?緬無異築室之謀,顧廬宛在。荆榛乍啟,觴豆初蠲。規陋雲台,典同石室。所覬雲車風馬,肸蠁來臨;庶幾學海儒林,精神不朽。尚饗!

侗按:《徐譜》:慈仁寺在廣寧門大街,額曰"大報國慈仁寺"。

《黄文節公書太白〈憶舊游詩〉跋》:右山谷草書太白詩真蹟,爲故錫山華氏物,今歸長樂梁氏。有王元美、沈石田、蕭海釣諸跋,翁覃溪考之尤詳。甲辰三月,穆于道州何子貞同年所見之,假歸,手摹一本。

繼按:黄庭堅,字魯直,號山谷道人,分寧人。舉進士。詩專學杜甫,爲宋代大家。又善行草,書法亦有名於世。

《〈鏡鏡詅癡〉題詞》:甲辰春,浣香復來京師。楊君墨林耳其高名,禮請爲季弟子言師,兼謀刻所箸論算各種。穆曰:"是無宜先於《鏡鏡詅癡》者。"因稍爲畫定體例,附《火輪船圖説》於後。

侗按:尚文,字墨林,靈石人。性豪邁,喜讀書。居京師,搆園林,所與游皆一時名士,文酒過從無虚日,刊《連筠簃叢書》行世。弟尚志,字子言。

四月,爲子愚跋宋拓柳誠懸書《左神策軍紀聖德碑》。

繼按:紹京,字子愚,子貞太史弟也。道光己亥舉人。

五月二十八日，亭林先生生日，撰《公祭文》。

刊《亭林年譜》工竟。

繼按：《顧譜》續刻于《粤雅堂叢書》中。伍崇曜跋云：是書緣起，石舟自叙已詳。於先生事蹟，固搜括無遺，徵引殆遍，且於勝國本朝戰守興亡全局，以至當時士大夫暨高人逸士與先生往還者，其前言往行，兼收博采，俾知人論世者足資考證，正不必以其未盡合年譜體例而議之耳。

何太史《使黔草·别顧先生祠詩》：車徐譜歲月，張子重論撰。江南大河北，餘韻蒐討編。

注：張石州據車秋舲、徐星翁所撰《亭林年譜》，合爲定本，增益辨正，甚博且精，攜稿至山東、江南，蒐得遺事、詩文頗多。

《月齋文集·致陳頌南書》：頌南先生閣下：先生以直諫聞天下，天下仰望風采，以一瞻顔色爲幸。即如敝鄉人士，素木强，不工酬應，今且籲爲先容通剌相謁。盛名難副，詎可不力自振刷慰天下仰望之心乎？竊見先生年來日以招呼名士爲事，苟有聞於世，必欲引爲同類，從無閉户自精、讀書味道之時。穆蒙不棄，不四五日輒示過，乃不聞以新知相貺，所談者皆泛泛不關痛蛘之言，何以自了？深爲先生懼之。當今天下多故，農桑鹽鐵，河工海防，民風士習，何一事不當講求？先生富有藏書，經學既日荒廢，治術又不練習，一旦畀以斧柯，亦不過如俗吏之爲而已，古今必無徼倖之名臣、循吏也。願稍歛徵逐之迹，發架上書，擇其切於實用者一二端，窮原竟委，單心研貫，一事畢更治一事，然後于朋中明白事理如印林、伯後比者，相與討論之。如此，則取友自然不濫。它日出而宰世，亦不至貿貿而行，令人有言行不相顧之疑也。度今天下，更無以直言貢執事者。過承厚愛，故敢竭其狂瞽，惟亮詧千萬。

繼按：《書》收入《皇朝經世文續編》。

箸《會稽莫公事略》。

《事略》云：公次女從其夫來官京師，相見，穆以公遺文爲問，搜檢篋笥，得殘斷草稿數十葉，乃合綴舊聞及幼年所親炙者，排比如右，備他日史臣之甄叙云爾。

《月齋文集·〈説文解字句讀〉序》：貫山之於《説文》，如亭林之於音韻，後有作者補苴焉、匡救焉可矣，必無更能過之者也。先生齒長於穆二十年，而强顧拂飾之，引以爲友，久益親。需次都門，課授多暇，竊請曰："古人箸書，將使不知者知之；則今人注書，亦將使不讀者讀之。《桂書》邇頗有大力者謀爲刊行，工既匃矣，以有所撓而罷。《段書》多逞臆武斷，不便初學。曷更釐爲善本，以詒世之治許學者乎？"先生諾之。於是仍取資段、桂及所箸《釋例》，翦枝存幹，日課一紙，始一終亥，再期乃畢，顔其耑曰"句讀"，以爲是初學之讀本云爾。書成，先生出宰鄉寧，瀕行，以《句讀》之作發端於穆，屬即條列緣起，弁之書首。

《弗夷〈貿易章程〉書後》。

冬，爲鄉孝廉李子材撰墓志銘。

《閻譜》：山陽丁儉卿晏嘗於淮安市上得"潛邱居士"小印，珍弆之。歲甲辰，入京師，見穆所撰《年譜》，遂以印相贈。

是年詩有：《題程震北〈秋鐙課子圖〉》。

侗按：程葆，字震北，安徽歙縣人，道光癸巳進士。

《題廬陵王氏兩世孝録》。

二十五年(1845)，乙巳，四十一歲。

《月齋文集·〈程侍郎遺集〉序》：今年春，尚書念公雖葬而臨終相託之意不可孤，屬穆爲購石材，書丹勒之，并刻其遺集，曰："以此爲初編，續有哀録，補梓易耳。"穆既恐殘斷之稿草并歸零落，又懲夫嫁名僞撰者之厚誣公也，爰偕公門人何編修紹基排比，爲賦一卷，詩四卷，又凡稿草之失題者詩餘、試帖共爲一卷，碑志、哀誄、駢儷、雜箸之文五卷，總題曰《程侍郎遺集》。而叙其緣起如此，以酬公知，兼志余痛云。

繼按：梅伯言《程春海先生集序》：户部尚書祁公以其孫幼孤，遺集散佚，屬張石舟大令編而校之。咸豐乙卯，南海伍氏崇曜刻入《粤雅堂叢書》。

覆審祁鶴皋太史《藩部要略》十八卷。覆校《藩部世系表》四卷。

祁叔穎《〈藩部要略〉後跋》：又越七年，平定張石州復爲校補僞脱，乃墨諸版。石州又以先大夫之刱爲各傳也，先辨之地界、方向，譯出山水、地名，以爲提綱，而是編疆域未具，讀者眩之，爰以《會典》《一統志》爲本，旁采各書，别纂爲《蒙古游牧記》若干卷。它日，業將附梓以行。

《月齋文集·方牧夫先生壽序》：端蒙大荒落之夏六月，爲先生七十誕辰。其邑之官京師者，群以祝釐之詞屬之穆，謂歙先大父之桐鄉也，故交子姓率有孔李之舊，印生又與穆至契，其敢以不文自藏？

是年，戴鹿牀侍郎爲先伯寫照。

侗按：戴熙，字鹿牀，錢塘人。道光進士。官兵部右侍郎，謚文節。

祁春圃夫人陳氏卒於京師，先伯輓句有"戚黨同聲稱孝婦，中閨感涕失良朋"云。

侗按：夫人爲碩士宗伯之女，淮生太守之姊也。

《川督齊勇毅公神道碑銘并序》：越一年，其孫偉謁選京師，匄爲家傳上之史館，復以麗牲之文更相諉譔。

繼按：慎，字禮堂，一字企三，南陽新野人。

十二月，刻《程侍郎遺集》工竟，版存登喜齋。集首啟云：此編僅据子儀孝廉見付之本粗爲排次，原本移寫既頗草率，倉卒付雕，體例亦未畫一。伏覬海内與侍郎交舊讀此集有校出遺篇缺題譌字者，不惜郵函相告，以備重事釐定，俾成足本，無任跂切之至。

是年詩有：《爲朝鮮貢使李藕船尚迪。題其師金秋史正喜。所畫〈歲寒圖〉即奉簡秋史。秋史慕中朝儀徵相公之學，故别署"阮堂"云》。

繼按：《郎潛二筆》：道光朝士多與阮堂師弟納交，石洲亦嘗以儀徵所箸詩書古訓及自撰《亭林年譜》郵贈,詩中所云"敬以老阮書,用慰阮堂情"是也。

《追和趙蘭友觀察歸田留别同官元韻》,七絶,十首。

繼按:趙湘,字蘭友,南豐人。曉岍公鄉、會同榜也。故詩有"秋春科目喜聯綿,接侍琴尊亦舊緣"句。

《平津侯鏡歌,爲吕西村世宜作》七古,并序:西村,同安人,穆曾見之陳頌南侍御坐上。鏡以建初尺度之,徑七寸九分,厚二分有半,脣倍之,重今權二十八兩九銖强。青龍紐,鐵環貫之。紐上有方印,繆篆不可識。紐下一凹,圓如月而有光。右側書"大漢平津侯"五字,左側書"元朔五年造"五字。文雜分篆,公孫菑川故物也。班書《外戚恩澤侯表》載,宏封侯在元朔三年乙丑,鏡鑄於其後二年,乃武帝即位之十七年,即宏請爲博士置弟子員之年,距今道光二十五年乙巳,凡千九百七十六年矣。

《題大理石畫》,七絶。

《有强以楊忠愍雁蹟屬題者,爲舉舊聞告之》,五律,二首。

侗按:楊繼盛,字仲芳,别號椒山,容城人。嘉靖進士。官兵部員外郎。劾嚴嵩十大罪五奸,疏入,廷杖繫獄,竟棄市。穆宗時,謚忠愍。

《張仲遠大令屬題其姊婉紃。〈肄書圖〉》,五古。

《古寺尋秋圖》,七律。

原注:廣寧門外天寧寺,元魏太和中所建光林寺也。隋仁壽中建塔。明宣德間改今名。

二十六年(1846),丙午,四十二歲。

《月齋文集·〈漁洋草稿〉跋》:古漁陽文、詩、尺牘、草稿一册〔二〕,葉丈東鄉收得之,出以相示,夏閏五月二十一日觀并記。

侗按:王士禛,字貽上,號阮亭,别號漁洋山人,新城人。順治進士。官至刑部尚書。避世宗諱,改名士正。乾隆中追賜原名,謚文簡。士禛以詩名海内,人稱一代正宗。其歷官正績、生平風節多可傳者,然皆爲詩名所掩。著有《帶經堂集》《池北偶談》等數十種行世。又按:葉志詵,字東卿,雲素先生之子也。博學好古,嘗編校《古泉彙考》一書,又撰《月令物候》及《神農本草經贊》。

校刻《元遺山全集》。

編次《泗州公事輯》。

侗按:《事輯》始雍正十年壬子,訖乾隆五十八年癸丑,計六十二歲。

尾識云:穆案:府君有箸述垂世,有實政被民。出處本末見於朋友贈言及家藏文稿者,謹排比其略如右,以備國史采擇。若無舊文可録,概從闕如,蓋不敢以子孫私言闌入一字也。

《月齋文集·資敬延祺頌》并序:

繼按:禮部尚書固始祝公慶蕃七襲壽辰,上賜"資敬延祺"額。

穆以年家子登堂介問,義不容虚,恭繹"資敬"之文,用紀"延祺"之實,爲頌十章,章十二句。

校《鏡鏡詅癡》五卷,刻入《楊氏叢書》。

跋《廣洗心詩墨蹟》。

代吴邦慶撰《祁恭恪公墓誌銘》,并書丹。

繼按:邦慶,順天霸州人。嘉慶丙辰翰林。官河督。箸《畿輔河道水利叢書》。

梁茝林《浪跡叢談》:張石洲穆以集杜句賀雲臺師重宴鹿鳴,加太傅銜。楹帖云:"從來謝太傅,祗似魯諸生。"師甚賞其巧切,而外人多不以爲工。按:杜詩《奉觀嚴鄭公廳事岷山沲江畫圖》,詩末聯云:"從來謝太傅,邱壑道雖忘。"又《奉送郭中丞兼太僕卿充隴右節度使》,詩中一聯云:"恥爲齊説客,祗似魯諸生。"不稽其出典,不知其渾成也。

繼按:梁章鉅,字茝林,福建福州人。嘉慶壬戌進士。官江蘇巡撫。箸《古格言》《南省公餘録》《樞垣紀略》《文選旁證》等書。

《與徐仲升制軍書》。

書内有"乘子貞太史文軺之便附書肅賀"云云。

繼按:貞丈典粵試即在是年。

又按:廣縉,字仲升,河南鹿邑人。嘉慶庚辰進士。官太子少保、兩廣總督,襲一等子爵。

《月齋文集·"上帝甚蹈"義答趙伯厚》:昨承過齋頭,見蘭兒讀《詩》,至《菀柳》篇下[三],問曰:"'上帝甚蹈',《荀子》作'甚神',康成改'蹈'爲'悼',二者孰是?"倉猝未有以應也。既而思之,“甚神”“甚蹈”蓋師傳異本,其義則不甚相遠。康成改“蹈”爲“悼”,殊覺未安。且从上帝爲幽王,與他詩之稱上帝者不一例,尤未安也。謹案:毛公訓“蹈”爲“動”,動猶神也,蓋即變動不居之義,所謂“天難諶斯”者也。首章:“上帝甚蹈,無自暱焉。”若曰:“王無以天爲可恃,天固甚無常也。而可恃其親暱,謂天獨私於一姓乎?”次章:“上帝甚蹈,無自瘵焉。”蓋怨王之憚於悔過也。又欹之曰:“王無謂天心難回,天固甚無常也。但能悔過自新,則天心復饗王矣。奈何甘自暴棄以取病乎?”忠臣善於牖進其君如此。而康成訓“瘵”爲“接”,是又欲改“瘵”爲“際”也。大凡《箋》所改字,反復尋繹,皆毛義爲優,此亦其一也。《詩》無達詁,不知亦可備一解否?幸教之。

繼按:《集》中復載《爻法之謂坤解》《〈舜典〉王肅注考》《二十二人解》《昆侖虚異同考》《〈允征〉序義》《〈淇奧〉正義糾謬》《濕則有泮解》《青衿城闕解》《〈正月〉瞻烏義》《淮有三洲考》《翦商解》《釋〈媒氏〉文争義》《瓦屋考》,並《簭勤解》《成即古稱字説》《棧字説》《沾沁疑義》,俱不詳詁于何年,謹附識其目以待考。

纂《蒙古游牧記》十六卷。

繼按:《游牧記》刻於咸豐九年,前十二卷先伯撰,後四卷何秋濤補輯。

《序》云:今之所述,因其部落而分紀之。首叙封爵、功勲,尊寵命也;繼陳山川、城堡,志形勝也;終言會盟、貢道,貴朝宗也。詳于四至八到以及前代建置,所以綴古通今,稽史籍,明邊防,成一家之言也。致力十年,稿草屢易,凡國家豐功偉烈,見于方略諸書,罔不敬録而闡揚之。其近年興建,則又詢諸典屬,訪諸樞垣,从蕲精詳而備討論。閲者手此一編,亦足从仰窺聖神功化之萬一矣。

《月齋文集·静濤哀詞》:道光二十六年,小山走京師,造穆曰:“歲且臘,將舉殯事,子不可無文以慰我兄於地下。”嗚呼!君有大德於吾家,又重以朋友昏姻之好,微小山言,詎忘所以傳君而詔我後人者乎?爰爲楚聲,从寫吾哀,釋小山之痛。

《𩞄飢亭集·次韻張石州見贈》有“故交真落落,高論尚峩峩”句。

是年詩有:《送陳頌南給事還晉江》,五古,五首。其五:“媿無郭外田,足耦沮溺畊。又無面山屋,弆此書兩楹。浮沈京輦間,鬱鬱竟何營?耳目有聞睹,撫念總可驚。反復殘斷稿,塗抹無一成。祕籍富柱下,插架儼專城。在昔箸述例,不計身枯榮。職此人海中,飄轉隨風萍。風萍有聚會,君去無合并。曉起炙冷研,元日謝軒纓。商量淵路贈,感慨有同聲。元日謝客,獨邀頌南小酌,穆賦此五章,伯厚贊善爲文以貺其歸。行矣尚慎旃,濯磨萬古名。”

《題叔潁尚書近作詩卷》,五律。

《顧南雅畫梅,爲子貞題》,七絶。

繼按:顧蒓,字希翰,號南雅,吴縣人。嘉慶進士。箸《賜硯齋畫録》。

《朝鮮李景淑時善。王孫持藹船書來謁,將歸索贈》,七律。

原注:景淑爲副使趙君記室。

《王蓬心山水,爲子貞同年題,即用卷中汪韓門、陸筱飲韻》,七古。

侗按:王宸,字蓬心,江蘇太倉州人。乾隆庚辰舉人。官至永州府知府。時敏裔孫,原祁曾孫。

《李寄雲摹黄鶴山樵〈聽雨樓圖〉》,五律。

此圖藏南海吴荷屋中丞家。丁酉人日,程春海丈招游龍樹寺,中丞出此圖共觀,穆幸獲寓目。今讀寄雲摹本,放怫僧寮雪霽、據案披圖欣賞時也。

《李寄雲侍御平谷山莊圖》,七古。

《方正學仁虎圖并序》,七古。圖額題云:“洪武十三年七月,台州山中人晨起,見有虎立於山之陽,良久不動,狀頗和易。虎旋從山下徐步緩走,甚有舉止,尋入市,市之人咸來觀,都不畏避,久之乃去。是歲,郡大穰,人相賀,謂‘仁虎之出,有秋之徵’也。寧海方先生希直爲傳其形。明年辛酉三月,監察御史劉君孟藻持圖示余,因述其事。秦府引禮舍人崇德程本立奉題八分書。”末云:“此日寫虎虎有神,異日當陛批逆鱗。方子本是人中虎,以虎兒虎厥德鈞。吁嗟乎,以虎兒虎厥德鈞,何必手寫狀嶙峋。”

繼按：方孝孺，字希直，寧海人。從宋濂學，工文章，以闢異端爲己任，名書室曰“正學”。洪武時乃漢中教授，建文時爲侍講學士。燕王入南京，使孝孺草即位詔，不從，被殺，夷十族。

二十七年(1847)，丁未，四十三歲。

箸《説文屬》。

校《元朝秘史譯文》十五卷，復從仁和韓氏借得影鈔原本，校對無訛。

校《長春真人西游記》上、下兩卷，刊入《連筠簃叢書》。

《記》尾云：案：此書跋尾，尚有烏程沈君子敦《金山以東釋》一篇，至爲精密，以所箸《落颿樓文稿》并刻入叢書，故不複出。四月十五日記。

校斁《鏡鏡詅癡》，刻入《連筠簃叢書》。

《〈癸巳存稿〉叙》：放《類稿》例，釐爲十五卷，越七年，丁未，刻入《連筠簃叢書》。

繼按：葉潤臣《橋西雜記》：越數年，文殁，適張石舟爲靈石楊氏編輯叢書，石舟舊有存稿，刻本更取名澧所藏，校訂字畫，刻甫竣未印行，石舟亦殁。今其板片不知流轉何所，爲可嘆也。

校《落颿樓文稿》四卷，刻入《連筠簃叢書》。

校唐魏元成徵。《群書治要》五十卷，刊入《連筠簃叢書》。

《㐆齋文集·黄孝子〈萬里尋親圖〉記》：册舊無次第，余爲排比其先後如此。考證之次，如身左右孝子而親其艱險、同其忻快也。嗚呼！豈弟之思鬱爲煙雲，彼徒以倪、黄妙筆相賞者，豈可謂之知畫理哉？張蒲山《畫徵續録》稱“嘗於汪念翼齋頭見一册”，未知即此三本中之一本否？計世間當有十數册，深人寻繹，明發之懷，子和更博訪之。

此本今爲高平祁子和公子所寶，余幸獲寓目，留案上者一年，暇日以孝子自撰《紀程》及歸元恭所爲《傳》核之。

九月,李寄雲侍御得無錫秦公徇忠遺筆,出見示,屬爲考其名字。

繼按:公名華鍾,字元發。寄籍蘇州,由歲貢授富川令,贈按僉事。

刻《閻潛邱先生年譜》工竟,版存祁氏⿻龕亭。

繼按:此譜亦續刻於南海伍氏《粤雅堂叢書》。

《月齋文集·重刻吴才老〈韻補〉緣起》:老友河間苗先路篤志顧學,慕才老之書,歎未獲見。歲丁未秋,始從道州何子貞太史假得之,鍵户謝客,手自繕録,寢食俱廢。穆聞而嘻曰:"先路之好,亦余之夙好也,曷即刻入《楊氏叢書》以廣其傳乎?"

刻泗州公《希音堂集》六卷工竣。

《月齋文集·沈果堂〈尚書古文疏證〉跋》:本年十月,穆爲潛邱作生日。子貞初得此本即據以入詩,穆亦據此補入《年譜》。

《祭伯兄文》:嗚呼!吾兄須眉秀發,豐皙不佻,朋好相誇,每謂似書中禄星,宜享天福膺大年。不意中年以往,憂患攖心,形容憔悴,頓革舊觀,年未六十遂潦倒以終也。先大夫年廿而育兄,時大父尚存,抱孫甚喜,兄之乳字,大父所命也。稍知讀書省文,即以護守先人遺書爲己職。片楮隻字,珍若金璧,它嗜好不能奪。生平工於作楷,密行細字,篝鐙精繕,老猶不疲。聞屬纊前一夕,尚作蠅頭書至漏四五下,一藝未竟也。去年穆輯大父遺事,每有疑闕,馳書諮商,不十數日,輒檢本書寄京,及《希音堂集》開雕,復寄大父小像來,俾摹之集首。九日中,刻工初竣,寄歸樣本,意兄見之必歡喜逾量,一生護守先澤之懷可以稍慰。豈知書未得達,兄已先期溘逝耶?穆發此書爲十月九日,而兄以十一日歿。孝翼來述兄歿狀云:"父年來食量增健,心氣和平,往反州城三十餘里若無事。初十日夜,村店坐談,三鼓甫歸。次日早起,欹枕坐炕頭,唤阿葵爲作餐。一旋踵頃,阿葵入視,則見頭微偏,口角垂次,沾溼裀席不二寸許,目瞑不視矣。"嗚呼!

考終爲五福之一，大雄氏以無疾示化爲得大解脱。兄賦性忠淑，不疑人欺，天佑善人，宜不以庛厲相加。如此而死，抑又何憾？獨念門祚衰落，吾兄弟四人，皆薄有文名，皆困頓塌屋，見擯於時，愈出愈奇。或者天不畀我以名，猶畀以壽，老年骨肉情話有期。乃仲兄最强，最先死，越十有七年而兄繼之。穆四十有三矣，自卅後患咯血甚劇，邇來血稍止，而每届冬令，氣輒逆上，畏寒畏火，懸吃龍鍾，似七八十人。以視兩兄之壯碩，蓋百不如，其又可恃耶？先大父遺文尚未定有目録，剞劂有待。吾兄寫本謹弆篋中，諸從子無能讀祖書者。蘭兒甫七歲，未敢祝其類我。倘穆一旦與兄同歸，不惟婁業青衫斬然中絶，即兄所兢兢護守之遺書，抑復誰知省視珍惜邪？穆進取之念久已冰釋，惟没世之名尚不能無介於懷。而所箸諸書，率未脱稿，搜采既須時日，寫定又無資力。傷心之事，觸念紛來。里社習俗媮薄，兄每有輕去其鄉之意。穆即初無其意，而以謀食故，久客不歸。今兄已矣，即歸，將何所歸邪？歸復誰與共語耶？穆溷迹人海中，非無朋友之樂，所耿耿在念者，獨有兄耳。一舉箸非不飫肥甘也，念兄方啖藜藿而止；一易衣非不便輕煖也，念兄方擁敗絮而止。十餘年來，忍寒茹淡之苦衷，兄殁而神明實式鑒之矣。穆蓄有百金，擬於兄周甲之年歸而稱觴。天不假年，遽奪兄算。今即舉以畀孝翼，俾歸治大事，速即窀穸。嗚呼！歛不摩棺，瘞不繞墳，即弟一人之身所以報兄者，已遠不及仲兄矣，負疚其有終極邪？繼嫂聞尚能持家，新婦初來，教之和順，孝翼知艱苦，可望自了。穆一日不死，所以給兄家者不敢視兄在有間也。夜雨傷神，山堂在夢。嗚呼痛哉！尚饗！

《高要蘇封君家傳》：穆忝與賡堂以道義相琢磨，封君手蹟嘗親見之。當海疆事起，賡堂既多所敷陳，已乃綜廿餘年時事得失，旁魄而論之，感天譴，寤主心。其言皆它人所難言，惟封君實佑啟之。未幾，封君卒於里，賡堂以憂歸。服既闋，緘所自爲墓志，屬穆爲文，附家乘後。

繼按：封君名燦與，字耀揚，號熙亭。子廷魁，字賡堂，乙未進士，官給諫。

撰《東河丞外舅趙君子述墓志銘》。

是年詩有：《孔繡山青山騎白龍圖》。

繼按：孔憲彝，字繡山，曲阜人。時官中書舍人。

《繡山室人朱葆瑛虹舫侍郎之女。臨曹全碑》。

原注：夫人作書，自製小蓮花室清課箋。

《至人行，奉酬魏象伊先生，即次〈怪石行〉原韵》。

侗按：《平定州志》：魏摯，字象伊。嘉慶戊寅舉人。

《讀〈元祕書志〉，書箋贈何願船比部》四首。

自注：時願船爲余校是書甚覈。

《丙午夏，頌南將歸，潘公子季玉集同人餞之右安門外誠氏園，穆以小恙不至。頌南詩先成，一時和者甚衆，季玉因繢圖以永其事。越一年，偶見此圖，不勝懷人之感，乃次而和之》。

繼按：潘曾瑋，字季玉，文恭公第四子也。時官刑部員外郎。

《題張受之〈空齋畫靜圖〉，用東坡〈墨妙亭〉韵，同子貞太史》并序：受之工刻石，叔未解元之從子也。頃，松筠庵僧聘刻《楊忠愍公諫草》，來京師。受之介子貞以圖索題，且鐫兩印爲摯。圖前儀徵太傅爲篆"芝鶴"二字，蓋以伏靈芝、黄仙鶴相况云。

侗按：受之名辛，浙江嘉興人。叔廷濟，字叔未，嘉慶丙辰解元。又按：松筠菴，在京師宣武門外，楊忠愍公故居也。

《伯韓侍御將歸桂林，出其尊人韞山大令詩墨屬和，即以賦别》。

繼按：韞山名鳳森，河南濬縣知縣。

《九月送朱伯韓侍御歸里》。

侗按：朱琦，字伯韓，臨桂人。道光乙未進士。箸有《怡志堂集》。

《題萬年少〈秋江别思〉卷，即用亭林贈萬詩韵》：此卷初歸休寧程孟嘉，讓堂老人爲作跋，後歸蔡太僕友石年丈。丁未冬，太僕長君小石司業見穆所撰《亭林年譜》載有此圖，出卷索題。

子貞同年手摹一本,將寘之亭林祠堂。因爲書顧詩於卷,又依韵和之,以應小石之屬。時大寒節後二日也。

繼按:萬年少名壽祺,江蘇徐州人。崇禎庚午舉人。工詩文書畫,箸有《隰西堂集》。侗按:《禉舡亭集》萬道人爲亭林先生寫《秋江别思》小幅并自記,卷尾有:程氏瑶田兩跋。張石州重摹,其嗣孝瞻持贈姪孫友直。展卷慨然,因爲題後。

《魏春松觀察〈官舫侍膳圖〉》。

原注:雨峰畫,秋盦題籤,未谷先生八分"官舫侍膳"四字。

《爲楊子言題〈石濤畫册〉》。

《爲蓧珊農部題胡褐公〈金陵畫册〉,適楊子言亦以〈石濤畫册〉屬題,故牽連及之》。

【校記】

〔一〕詞　諸本皆同,當正作"祠"。

〔二〕古　各本均有,然揆諸文意,疑屬衍文。

〔三〕菀　咸豐八年祁氏刻本同,《山右叢書初編》本作"苑"。

先伯石州公年譜(五)

族姪張繼文編輯
鄉後學蔡侗審訂

二十八年(1848),戊申,四十四歲。

二月二十六日,繼伯母趙孺人卒,年四十有二。先兄孝蘭殤。

二月,校定何願船所箸《〈王會〉篇箋釋》,並撰序。

《月齋文集·〈王會〉篇箋釋叙》:《周書》爲百篇之餘,著録于子駿《七略》、孟堅《藝文志》,非出於汲冢,而讀者多懵其原流,至《王會》一篇,紀成周之盛,名物制度足補墳典、邱索之闕。自許、鄭注經皆所援引,尤可寶重。願船比部精心掔覈,博稽詳校,成《箋釋》一書。觀者咸服其賅博精深,擬諸裴氏之注《三國》、酈氏之注《水經》,而余謂其過人處在於訓詁、地理二端,无爲得未曾有〔一〕。蓋先秦古籍深奥難通,願船能疏通而證明之。如"鞞豹"之義,足補汶長;"亢唐"之訓,足匡司農;"邛邛""距虚"之爲二獸,足糾景純。豁然若晦之見燎,釋然若冰之方泮。其它貫穿經術,宏益良多,定宇、召弓有所不逮。至若《禹貢》方域、《春秋》地名,古人所稱絶學,而商周國名,曠無考證。《路史》之流,患在無稽,不足依據。願船獨能一一求其所在,不爲鑿空之談,如區陽、西申、規規、禺氏之類,每樹一誼,堅確不移,使讀史者上下千秋,縱横萬里,可以燭照數計,不誠爲稽古之快事哉！昔閻潛邱精考證之學，嘗云："讀書必尋源頭。"手一書至檢數十書相證，侍側者頭目爲眩，而潛邱精神涌溢，眼爛如電。其所箸述，屹如長城，堅不可攻。故杜于皇贈閻詩有云："不貴子博觀，貴子秉確識。吾子必自愛，如子實難得。"余曩謂斯語非潛邱不足當之，亦非於皇不能言之〔二〕。至今日可轉爲願船贈矣。因題於簡耑，以志忻慕。

侗按：杜濬，字于皇，號茶村，黄岡人。常往來淮上，與潛邱結社唱和。

《何太史〈使黔草〉叙》：子貞生平所作詩往往失其稿，此《黔中草》三卷以寫有淨本，且日月先後甚完，無事整比，先付諸梓，請益當世之有真性情者。刻既成，謂穆不可無言，穆唯唯而久無以應，因它日答客之言乃引而申之如此。

刻吴才老《韵補》工竣。

《連筠簃叢書·吴才老〈韵補〉書後》：刻既竣，先路大喜，曰："不意垂老猶及見《韵補》精本，死不恨矣！搴印數十袟，綑歸載河間。從此几案間，《音學五書》外，又增《韵補》一種，樂何如也！"

何秋濤《〈韵補〉跋》：此書久無刻本，石舟丈購藏書家，校梓入《連筠簃叢書》，秋濤與覆讐之役。

《摹黄文節公書太白〈憶舊游詩〉跋》：以詩内述游并州一段爲吾鄉故事，擬募工刻之難老泉上，未果。會京師淀園三晉公寓落成，孟又章比部請即刻置館壁，因復爲摹勒上石，并録翁詩于後。其跋載《復初齋文集》，考訂收藏者當自檢之。道光二十八年夏五月既望。

六月十三日，校斠《元朝祕史譯文》，刻入《連筠簃叢書》。

校補大興徐星伯松所撰《唐兩京城坊考》，并圖五卷，刻入《連筠簃叢書》。

《月齋文集·祭三兄文》：嗚呼！穆何辜於天，而浹月之中三遭期親之喪？人世慘酷，有如是其劇者邪？去年冬，聞大兄訃，穆與兄書曰：“吾兄弟四人，今已亡其二，穆既以飢驅不能西歸，兄又羈於官守，即吾兩人何日是相見時邪？”痛哉！豈料其真不復見也？及今年二月，京師疫氣流行，穆九日之間，妻亡，子女亦相繼亡，俾十年營葺之巢，一旦迅掃空之。人非木石，其誰堪此？惟念古來賢豪似此遭際亦尚頗有，萬無以身殉之之理。此念一定，始得黽勉支持，幸而不病。豈意兄聞此耗而重爲穆悲，且憐且慮，轉至病也。聞四月中偶染時氣，已調理就愈，及六月轉爲泄瀉，遂以不治。而其亡日、時、刻，乃與二兄一一相合，骨因同氣之慘十九年如一曙。嗚呼異矣！兄幼頗孱弱，吾父母時以爲憂。冠昏以往，形氣充實，校穆似數倍過之，兼以匈襟開曠，瑣屑事略不縈懷，皆非不壽之兆。何意年未及艾，遽從徂謝邪！

繼按：此下接“吾兩人幼同游”云云。因編年移前庚午歲，兹不複録。後仿此。

文詩雖不極意求工，而吐詞天秀，風調翩翩，充其才即以取巍科上第亦意中事，乃僅僅博一巾。甲辰秋闈，主事得兄卷，已擬元，數日三藝俱登版矣，旋因數語之疵，斥不復録。自非家運屯邅，天不右吾宗，何至兄弟四人俱顛躓文場至此極與？先是捐例開，穆在京師承大兄意，竭家貲友力爲兄營一官，而得缺無期。繼客津門，值海氛不靖，上命大臣赴津防堵，兄以隨營效力微勞，當道保薦，特旨優叙，銓授平水。計歲入可以小康，而夙累既深，又不善籌度出内，遂至依然窮窘，身後蒐裘之計全無料理，賴兄性情和厚，與人交不牾，故一旦身覯閔凶，而太守、縣令所以營護之者，能不以存殁異視，柩庶遄得歸乎？

此下接“猶憶己丑歲，穆與兄同讀書十柏山房”云云，移前己丑年。

穆自壬辰北游，遂相睽阻。惟庚子春兄來京，相存至七月方歸，爲此十年中會合之最久者。去臘致書，雖言相見無期，又竊自念三五年間纂輯諸書草稿粗具，將事壯游，歷覽名山大川，儻尋終南、太壹諸勝，往來皆涂出平水，當抵足聯牀，更寫總角之歡。豈竟凡穆所念到之處，天皆靳之，而不我畀邪？兄近年來頗喜讀書，於穆所寄書籍皆加校正，并爲訪得《顧譜》中王九如、《閻譜》中賈玉萬行實，屬事釐訂，又時時索異書以擴見聞。穆且喜且慰，意從此進業必當有所就，又豈意天遽奪兄算如此其速邪？兄身後，重賴叔穎先生力，爲之部署，并遣使歸助扶柩，迎眷屬歸里。穆亦附書嫂氏，命鼎兒家居奉母，銓兒來京寓讀書。鼎兒天資稍鈍；銓兒幼慧，穆所鍾愛，而蒙養無基，恐聰明亦漸汩没，竭力督教之，小成或尚可望。兄柩歸後一二年間亦即安厝，日用之計除叔穎、幼章兩先生周恤外，穆當視大兄、二兄家一例接濟。嗚呼！穆少於兄僅四歲耳，木落歸根，尚不知作何結局。自上月十三日聞訃以來，心驚頭眩，時時慮有不測，夜不成寐，起座旁皇，蓋不獨爲兄悲，爲一身懼，兼爲祖父以來書香嗣續危仄也。嗚呼痛哉！兄靈有知，尚其鑒旃！

《㐆齋文集·宋紫端研銘》：六經之文，而變亂於瞀儒；連城之璧，而紐繫於屠沽。惟此研材，紫豔琳腴，英華有奭，正色其濡。何時落傖父之手？而雁名蚓迹，刻書無完膚，拭之濯之，重用歎吁；摩之熨之，助我箸書。噫！古聖遺經，隻誼難誣。弁和寶璽，缺角爭摹。苟真鑒之有人，曾何傷於德充之符。

戊申秋日，偶過海王村得此舊研，惜左右側爲俗士所中傷，因鐫斯銘。

撰《海疆善後宜重守令論》。

摹閻潛邱先生像。

繼按：《䆃飢亭後集·觀齋流覽卷軸》詩云：㐆齋亦流寓，鄉夢託潛邱。注：是日，觀石州摹閻潛邱像卷。

又仿蓬萊閣康成像，倩吴儁精意摹之，並作像贊云："先生初生，参議獎其貌之文也，疏眉明目，先生亦自比于漢之經神也。追放儀容，以鄭儀閻，庶幾能得其真也。晉水懸流，綿曼遠波，愧未足步武後塵也。"

繼按：吴儁，字冠英，江陰人。

《㐆齋文集·日照許肅齋壽序》尾云：太歲祝犂作噩上元後

二日，爲先生八十壽。先數月，印林以校刊《説文義證》客淮上，馳書京師，屬穆爲文，而子貞書之，曰："兩君皆瀚平生至交，吾父所心許也，敢以爲請。"爰不辭僭越，直書其事，以爲引畢之助云爾。

是年，貞丈寫《三同年村谷論心圖》。

《詩集》自注：子貞畫吾兩人與苗先路《村谷論心圖》。

跋《舊拓〈醴泉銘〉》。

跋《少谷山人尺牘》。

戴鹿牀侍郎續《小栖雲亭圖》。

十月，跋《宋搨張長史〈尚書省郎官石記〉》。

侗按：《禓釚亭集》：伯高以草書得名，獨《郎官記》乃真書，世鮮搨本。介春協揆所得，王夢樓跋云：是靈巖畢氏舊藏，斷爲唐搨，不知即鴻堂所刻王敬美家本否？

十月，鐫長洲顧嗣立《小秀野唱和詩》於京師三忠祠，跋云：俠君先生僑寓三忠祠在康熙三十五年丙子，自春徂秋，凡八閱月。余考得故阯所在，請壽陽尚書補題"小秀野"額，杏樓太守聞之，喜先蹟之未泯，覬雅風之不墜，録寄一時倡和篇什相視。尚書因屬余選石莊書鐫置壁間，復自録舊作繫於後，用備鄉祠掌故云。

侗按：汪沆《槐塘詩話》：顧俠君嗣立入都，寓宣武門三忠祠内，小屋數椽，繞屋花木扶疏可愛，因屬查查浦嗣瑮顔之曰"小秀野"，自題二絶句，一時名流和者甚衆。云云。又按：顧元愷，字杏樓，長洲人，道光壬午進士。

冬，先庶母王氏來歸。

《致任立青書》：立青姊夫安启：兹白海峰親家，因開復引見進京，便道歸家，相晤之下，追話平昔舊游，不惟華屋山邱沈淪足慨，抑亦晨星舊雨寥落無多。至於總丱故人、昏姻至戚，雖不無嫌怨，小作波瀾，而歷數知心，輒縈夢轂。如姊夫之與海峰，州人士中殆無其比，臘酒談心，定應歌泣相兼也。

侗按：《平定州志》：白聯元，字捷卿，號海峰。道光庚子進士。官江蘇如皋知縣。

嘉平月，先伯撰聯，索何子貞書。聯云："駑馬定應勤十駕，良朋相舉志千秋。”

子貞題曰:“月齋居士同年聯句屬書,既自撝勉,兼相策勵。濡筆作此,良用愧儆。”

《曾文正公文集·苗先簏墓誌銘》:道光之末,京師講小學者,卿貳則祁公及元和吴公鍾駿,庶僚則道州何紹基子貞、平定張穆石舟、晉江陳慶鏞頌南、武陵胡焯光伯、光澤何秋濤願船。君既習於祁公,又與諸君傾抱寫誠,契合無間。子貞嘗命工圖己及石舟及君三人貌,蓑笠而處田間,蓋三人者皆同年優貢,又皆有逸士之風,謂宜與負耒者伍也。

侗按:曾文正公名國藩,字滌笙,湘鄉人。道光戊戌進士,授檢討。洪楊事起,以丁憂在籍侍郎督辦團練,遂編制鄉勇,連復沿江諸地,封毅勇侯,爲同治中興功臣第一。以大學士任兩江總督。卒,謚文正。著有《求闕齋集》。

繼按:鍾駿,字崧甫,吴縣人。道光壬辰狀元。官至禮部左侍郎。焯,字光伯。道光辛丑進士。官侍讀。

《曾文正公詩集·題張石舟〈煙雨歸耕圖〉》:

靖陽老翁飢不死,四十年來啖書史。一朝悔悟思改弦,萬卷書抛如脱屣。高車大馬謝群兒,草服黄冠吾歸矣。朋知聚處頗相怪,問翁生涯欲何以。東阡南陌一毛無,四海九州將安底。翁言少小睎夔皋,曾對老蒼矜爪觜。幾年束縛蠶在匡,數輩呴濡魚乞水。中散自憐七不堪,於菟但聞三見已。閱世蠻觸多戰爭,策身臧穀無完美。逝將巖壑躬耕桑,不受邱軻老鞭箠。軀體諒非百年物,夢魂倏在千山裏。煙雨濛濛插新秧,短渠滮滮長鱣鮪。泥飲村農與酣嬉,招呼黄犢同卧起。翁言未終我已躍,此身不歸神先徙。行趨神武挂衣冠,往尋谷口買隣里。誰能皓首黄塵中,項短尻高不知恥。

《緡魭亭集·題張石舟〈煙雨歸耕圖〉》:

我昔畊田古馬首,農書一編常在手。即今委身錢穀中,司農媿不如老農。鬚鬢蕭蕭已如此,讀書事業可知矣。河怪思歸張李鷹,鄉心不待秋風起。君家縣蔓水,我家緡魭亭。溪聲與山影,百里如户庭。荷鉏者誰似相識,胡爲箸書苦心力,一笑真成笠屐圖,片雲已逐雙飛翼。冀缺歸耕孰饁田,梁鴻賃廡轉悽然。何時共策烏犍去,老向桑麻社酒前。

又,《題張石舟〈小栖雲亭圖〉》:

荐雷書屋十栢堂,昔程侍郎爲君篆。栖雲院古亭名新,縹緲家山何處扁。谿聲山影落窗枕,勝地重來待人選。舊宅猶存三徑荒,遠游且逐孤蓬轉。歌成金石獨慷慨,坐擁圖書極精腆。昌平山水天下奇,靁橋數畝河平衍。爰卜佳兆老復丁,天之所篤俾爾戩。

輞水爭詩別業圖，草堂不用春衣典。嘯臺遺阯似陽泉，鄉夢如雲不可翦。嗟余與君共州里，游宦歸心都未免。謖𣆳亭接綿蔓水，結伴登臨尚堪勉。胡爲栖栖感羈旅，白首箸書不遑宴。君看妙畫徑飛去，造物相憐意殊善。杜陵歸老桑麻田，它日詩書應漫卷。

是年詩有：《戊申元日補作丁未九日顧祠〈秋禊圖〉，分韻得燕字》，五古。

《隆慶龍香御墨石緑餅，應潘季玉屬》，七律。

《爲魏筱珊題香光〈青山白雲〉書畫卷子》。

繼按：董其昌，字玄宰，號香光，華亭人。萬曆進士。官尚書，謚文敏。其書畫稱明末專家。

《題乞畫圖，用子貞韻》：劉彥沖畫，吴西橋藏，顧子山乞，皆吴人也。魯川屬子貞爲隸其册首，子貞更題詩於後。

《子貞疊韵示答，仍用元韵酬之》，七古。

《乞子貞畫竹兼約晚酌，用山谷〈謝黄斌老送墨竹詩〉韵》，五古。

《約魯川晚酌論文，仍用前韵》。

侗按：《山西通志》：馮志沂，字魯川，代州人。道光丙申進士。授刑部主事，歷遷郎中，官京師二十餘年，與上元梅曾亮、平定張穆相師友，皆傳其學，尤深於詩，輦下名士遍與之交，酬唱無虚日，聲譽籍甚。出爲廬州知府，擢徽寧池太廣道。年五十四卒，時論惜之。著有《適適齋文集》《西隃山房詩集》行世。

《魯川賜和拙詩，獎飾溢量，復次前韻酬之》，五古。

《獨夜和戴筠帆》，七律，一首。

繼按：筠帆，名絅孫，雲南昆明縣人。道光己丑進士。官工部員外郎。

《爲李寄雲題大癡〈江山勝覽圖〉》。

原注：大癡年盖九十以上，此卷題至正戊子，年八十矣。

《追題王海門大淮。〈撫松圖〉》，五古。

《題汪筱珊〈六橋煙雨〉卷子》，三首。

侗按：汪藻，字筱珊，錢唐人。道光辛丑進士。

《追題蔡友石年丈〈春明揖别圖〉，應小石少司成屬》，七古。

《題宋芝灣觀察與池籥庭、戴筠帆手札及所作十三詩草稿，應筠帆》。

繼按：宋湘，字煥襄，號芝灣，廣東嘉應人。嘉慶己未進士。官湖北粮道。箸《居不易齋集》《豐湖漫草》《紅杏山房詩文集》等書。池生春，字籥庭，雲南楚雄人。道光癸未進士。官編修。

《戴筠帆〈味雪齋圖〉》，七律。

《讀道園自題〈戴笠圖詩〉有會，即次其韻，復題〈煙雨歸耕圖〉後》，七律，四首。

《椈堂師側室王氏殉節詩》：

原注：氏，貴筑人。師于道光廿八年正月廿一日，卒於江蘇學使署。次日，氏自縊以殉，年二十一。

侗按：李煌，字椈堂，雲南昆明人。嘉慶丁丑翰林，官至吏部侍郎。

《潘玉泉〈養間草堂圖〉》，五古。

繼按：玉泉即潘公子季玉。詳前。

《苗先路同年〈寒鐙訂韻圖〉，即送游沛南》，五古。

《沈匏廬〈河朔訪碑圖〉》，七古。

繼按：沈濤，字西雝，號匏廬，嘉興人。舉人。官廣平府知府。著《常山貞石志》二十四卷、《銅熨斗齋隨筆》八卷。

是年，先伯與子貞同寫《煙雨歸耕圖》，用竹垞《百字令》原韵，自題圖云："客游倦也，問幾人信我，山林畸士。辛苦平生餘底物，數卷殘書而已。壠上春腴，圖中秋老，活計無逾此。山堂在眼，行縢打疊歸耳。一笑竹垞當年，長楊奏賦，負吾師田水。開國風流難再覯，何時行歌燕市。獵聚田蕪，靖陽亭古，耕作吾家事。緑蓑青笠，淵明應説今是。"

侗按：朱彝尊，字錫鬯，號竹垞，秀水人。康熙時召試博學宏詞，授檢討。著有《曝書亭全集》。又按：獵餘聚、靖陽亭，皆平定古地名，見《水經注》並《顔氏家訓》。

《百字令·追題四十一歲小照，仍用前韻》。

《百字令·次前韻，題子貞手摹〈煙雨歸畊圖〉》。

《百字令·次前韻，題子貞〈煙雨歸畊照〉》。

《百字令·次前韻，題王鹿屏〈扁舟歸養圖〉》。

侗按：王家勲，字鹿屏，新化人。道光乙未進士。時官吏部主事。

《百字令·題黎月樵〈江鄉歸櫂圖〉》。

繼按：黎光曙，字月樵，湖南湘潭人。道光癸巳進士。官侍御。

《自題小栖雲亭并序》：余家陽泉山莊爲金栖雲道院，元遺山詩所謂“開窗納山影，推枕得溪聲”者也。有亭翼然，高出林杪，浙人張君世犖榜曰“卧雲”。先大夫及余兄弟，皆嘗讀書於此。每欲易“卧”爲“栖”，以先世舊題未敢輒更也。兹余卜兆京北雷家橋宜丁阜地，隸昌平，以圖經考之，即金章宗之駐蹕山也。山陽有栖雲嘯臺，章宗嘗築亭於其上。兩地嘉名，適相結構。而此間峰聯遼碣，流帶玉泉，山影溪聲，較之鄉郡一隅，規模爲闊遠矣。因擬它日結茅墓田之旁，顔曰“小栖雲”。雨眺晴耕，徜徉終老，余之願詎有侈於是者哉！書此爲券，并繫以詩。

《輓劉菽雲》，七律，一首。

繼按：《曾文正公集·菽雲墓志》：君之爲學，其初熟于德清胡渭、太原閻若璩二家之書，篤嗜若渴，治之三反。既與當世多聞長者游，益得盡窺國朝六七鉅儒之緒。云云。卒年三十一。

《十二月初五日，子貞五十初度，出所藏宋芝山贈覃溪學士“延年益壽”瓦當文拓本示坐客，即席用翁詩韻奉祝》。

侗按：翁方綱，字正三，號覃溪，大興人。乾隆進士。官至内閣學士。精心汲古，金石、譜録、書畫、詞章之學，皆能摘抉精審，書法尤冠絶一時。

《孔繡山〈韓齋把卷圖〉》，五古。

《孫芝房編修尊人〈罘芝圖〉》。

侗按：孫鼎臣，字芝房，善化人，道光乙巳進士，官侍講。父葆恬，字邵吾，嘉慶乙卯舉人，官桃源縣教諭。

《戴筠帆〈陟山載筆圖〉》。

陟，昆明縣境山也。筠帆嘗修《昆明縣志》，因寫此圖。

二十九年（1849），己酉，四十五歲。

《上大父星階公書》[三]：叔父大人座右：吾宗衰落極矣。姪自丁未冬來，疊遭骨肉慘變，尤非常情所能堪。然憂患餘生，益不敢不刻意自勉，竟祖父以來未竟之業。承書相慰，感涕交并。

姪現已納妾，但祈得一中材讀書之子，俾婁代書香不至中斷，於願足矣。至吾族中喪葬諸事，有姪力能相佽者，尚望隨時馳諭。希仲叔殁，其裔竟爾中絶，每思爲立一子歲時祭掃，不知有可承嗣者否？詳籌示悉。吾叔文名，蔚然入耳，加以虚懷若谷，不染鄉里狂誕之習，且喜且慰，今科拔萃，定膺首選，努力秋風，扶摇直上。切祝切祝！來春入都，下榻姪寓中，更不疑也。至仲書所傳鄙論，繼按：即《海疆善後宜重守令論》。頗有舛誤。姪意謂吾叔美材，當於帖括外更治一有用之書，先求一二事貫徹首尾，然後自驗其材之所近併入一塗，大小必當有成。此之謂本領，飣餖韉綫不足道也。吾鄉士習，大率於坊行八股外，以熟讀《聊齋》《紅樓》互相誇詐，此最可傷憫。提倡無人，不知斷送幾許佳人矣。偶有一二留京者，亦自以爲已知，無從相告。數年來僅得一張斧文，稍知學問入手處，亦復捧檄而去，不能卒業，甚可惜也。手此奉復，竚來好音。

侗按：張映櫺，字星階。道光己酉拔貢。官直隸深州州判。篤好理學，尤工詩文。箸有《大學原批》《批評中庸》《易解》各一卷、《歷代金石考》八卷、《讀書處詩文集》七卷。又按：《平定州志》：張黼榮，字斧文，州人。道光丁酉舉人。武彝縣知縣。

校定《漢石例》六卷，刻入《連筠簃叢書》，並爲撰叙。

《叙》尾云：吾友寶應劉君楚楨，始本竹垞之意，壹以東京爲主，傳以經術，加之博證，纂爲《漢石例》六卷。蓋惟深通漢學，故能得其大義，義舉而例亦因之俱舉。靈石楊君墨林及弟子言，雅好金石，讀君書喜且寶之，因請刻入《連筠簃叢書》中，而以校勘之事屬余。余既獲交孟瞻，又獲交楚楨，故樂序行其書。

繼按：劉寶楠，字楚楨，寶應人。道光庚子進士。官元氏知縣。箸《寶應圖經》《漢石例》《論語正義》。劉文淇，字孟瞻，儀徵人。箸《揚州水道記》《左傳舊疏考證》。

四月，葉道芬爲先伯題照。

詞云：石洲先生性愛竹，索我畫竹我未能。畫中此老太枯寂，孤根相對寒崚嶒。有此一竿便不俗，何苦空腸吐芒角。槎牙肝肺世莫笑，願爾勞生長食肉。

繼按：道芬，吴縣人。官三河縣典史。

閏四月，爲沈子惇撰《〈落颿樓文稿〉序》。《序》尾云：兹余爲靈石楊氏裒刻叢書，爰取子惇遺稿，合以子貞所藏前二卷，都爲一編，附梓問世。嗚乎！自子惇死，余多得金元遺文，每恨不能起我良友共讀之。偶有纂述，至山回水互診脈俱窮之際，益思得如子惇者助我，而至今未一遇。乃星伯先生卒且二年矣，寡聞之慨，其有既哉！

編《山右碑目》二卷。

侗按：《碑目》分"已見""待訪"二門，共收一千二百六十三種。原稿存平潭牛氏。

賡堂書來，要作羊城之游。

見《題〈羅浮蝶卷〉詩》注。

爲俞理初撰《〈癸巳存稿〉序》。

跋《明拓〈李思訓碑〉》。

跋《延熹〈封龍山碑〉》。

侗按：碑在直隸元氏縣，道光間爲劉楚楨訪得。

跋《鄐君開通褒余道題字》。

跋《沈果堂鈔〈尚書古文疏證〉》。

跋《青主先生手評〈曹全碑〉》。

繼按：傅徵君山，字青主，號公之佗，陽曲人。明諸生。康熙己未召試博學鴻詞，以疾辭，授内閣中書，放歸。箸《性史》《十三經字區》《周易偶釋》《周禮音辨條》《春秋人名韵》《地名韵》《兩漢人名韵》《霜紅龕集》十二卷。

跋《舊拓〈孔褒碑〉》。

重刻《元遺山先生集》工竟，並撰序。《序》略云：《遺山先生集》，中統嚴氏初刻本不可見。今行世者，惟宏治中李叔淵本及康熙中華希閔本，而華本即從李本翻出，猶一本也。《詩集》單本較多，惟毛氏汲古閣本盛行；南昌萬延蘭本係從《全集》摘出，故於曹益甫所增之八十餘首概從闕佚；而元黄公紹選本，穆又未之見也。近烏程施北研氏熟於金源掌故，有《遺山詩文箋》，極精博。《詩箋》初梓，吾友沈子惇即以相贈，近亦印行，《文箋》仍鬱未出也。下略。今爲鉤考金、元史及同時各家集，它若《元文類》《金石例》《金文雅》《山西通志》諸書,缺者補之,誤者訂之,如無可據校,概從闕疑。《續夷堅志》世行寫本二卷,余秋室氏釐爲四卷,手書刻之大梁。《樂府》五卷,阮太傅《研經室外集》載有《提要》,而《文選樓書目》初無其名,聞漢陽葉氏有寫本,數從相假,檢未獲也。嘗擬都爲一集,繡梓,版存冠山書院,而京華旅食,囊槖蕭然,乃節啬傭書餘貲,歲刻數卷,始丙午二月,訖庚戌四月,首尾凡五年,工始告竣。《附録》一卷,《補載》一卷,儲氏、華氏、施氏遞事增輯,穆續有采獲并羼入之。遺山一家之業,其存於今者約略備矣。

原注:敬案:師此文作于己酉四月。文中雖稱庚戌四月云云,及末題三十年五月,實豫擬也。

十月,撰《宋松泉廣文墓志銘》。

侗按:宋從貞,字起元,號松泉,昔陽縣人。歷官天鎮、鳳臺教諭。《銘》見《昔陽縣志》,文集未收。

是年詩有:《子貞七疊〈延年益壽瓦詩〉韻見示,依次奉酬》,七古。

《追懷文友三疊前韻》,七古。詩云:追懷文友工書者,烏程精楷沈子惇。泰興篆。陳東之。皆從本領攄心畫,肎泥面貌區圓扁。安丘王菉友。何媿小學宗,黟山俞理初。雅稱鴻詞選。不將蛇蚓疥屋壁,稿草縈回妙牽轉。日照許印林。摹顔真肖顔,性識剛稜意精腆。肅寧苗先路。釵脚共服媚,白雲動波波涵衍。衆妙兼資何道州,家聲科目滋履戬。歌詩融會出香谷,香山、山谷。經術淵通窺邕典。媿余録録從君後,夜雨敲門燭頻翦。欣承君友皆我友,獨學自封譏庶免。靈光碩果慨無多,王後盧前失交勉。爾來切抱無聞懼,矜惜流光謝游宴。君擅多材綜衆長,我囿愢聞葆片善。丹黄矻矻日又晡,移鐙更訂古圖卷。

《二月初六日,大雪,曉起,子貞以所題吴冠英〈春水歸帆圖〉來屬題。子貞凡十疊前韵矣,余亦四疊奉和》,七古。

《五疊前韵,乞鹿牀侍郎爲寫小栖雲亭第二圖》,七古。

侗按：鹿牀侍郎與湯貽汾齊名，詩、書、畫並有名于時。著有《畫絜》及《粤雅集》。

《唐搨武梁祠畫像歌》，七古。

《喬鶴儕水部買得吴伯榮中丞〈羅浮蝶〉卷子屬題，即用卷中宋芝灣觀察韵。爾來京師所稱太常仙蝶者，頗往來貴人家，干索酒餌，非復前日之高致矣。因題此卷，感慨係之》，五古。

侗按：《山西通志》：喬松年，字鶴儕，徐溝人。道光乙未進士，授工部主事，充湖南鄉試副考官，累遷員外郎、郎中，出爲松江府知府。官至河道總督，卒，謚勤恪。

《八月十一日夜，夢子貞。夢中知其爲夢也，曰"不可不記以詩"，詩成十六句而覺，復作四句足之》，五古。

《壽陳蕚庭》，五律，一首。

繼按：蕚庭，名士棣，州庠生。

《題孔繡山〈韓齋雅圖〉》，五古。

侗按：繡山瓣香昌黎，署所居曰"韓齋"。此圖爲戴鹿牀侍郎作，一時名流題詠甚夥。

《爲王子懷侍郎題〈貞松慈竹圖〉》。

侗按：《䁖眑亭集》：子懷奉其大母方太夫人節孝録并圖屬題，圖爲錢唐戴侍郎熙所作，吾鄉張石州穆曾賦詩紀事，未及書而卒。越數歲，其嗣子孝瞻發篋得之，持還懷翁，不勝喜慰，因爲記其顛末。

十一月初九日申時，先伯卒於京師，春秋四十有五。十二月，歸殯於平定。明年，葬於州西之昌谷。

光澤何秋濤爲之誌墓，文曰：道光二十九年冬十一月九日，石州張先生卒於京師。其兄子孝敉先一日適至，攝喪事。秋濤與何君紹京、祁公子世長爲位而哭。既歛，諸嘗與往來相知相揖者咸會弔襚。十二月，歸殯於平定。越明年二月，孝敉來告曰："叔父之葬距其終百四十三日，卜者曰吉，窆維州西北十有七里，南抵所居陽泉莊二里，地曰昌谷，昪曰宜昆，兩叔母祔焉。子，先友也，盍爲銘。"嗟乎！秋濤尚安忍銘先生哉！顧自念以年家子謁先生，一見如故，辱與同居，游知最深，不可辭。因叙而銘之，曰：先生諱穆，譜名瀛暹，字誦風，一字石州，監生。封朝議大夫可舉之曾孫，丁丑進士知泗州佩芳之孫，辛未進士編修記名御史敦頤之第四子。幼好學，慕古作者。長誦六藝百家之言，固而存之。膠𨯁擘堅，無蔽於前，乃沈思溯經詁，貫史筴，覈天算，圖地志，鉤伏剟舛，攷古鑄今。以爲學無時代，惟其是爾，故孯習皆樸學，非世所好也。素岸兀，不可一世睹，耆學迂僻，士則譽不容口，遂介介寡合。顯貴中，惟阮文達公、莫寶齋侍郎、程春海侍郎、祁淳甫協揆與爲師友。嘗與俞君正燮、魏君源、趙君振祚論諸史，陳御史師、許君瀚、王君筠講六書，羅君士琳、鄭君復光、徐君有壬明九數，徐君松、沈君垚考西北邊塞地理，諸君皆專門業，咸推服焉。與苗君夔、何君紹基爲優貢同歲生，以論學相切磨。識者謂先生之學，蓋全氏謝山、錢氏辛楣之儔，非它家所可擬云。初，泗州以文學、循吏名天下，先生繩祖業，尤留心經世務，然澹於進取。道光辛卯，以優行貢成均，選充正白旗官學教習，積年勞，以知縣俟銓[四]，輒以負氣忤貴人，罷去不顧，閉户人海中幾十載。左右圖書，日以討論爲事，蓋其志專欲以學術名後世也。性孝友，重然諾。都門館穀，以贍亡兄之孤，歲時不絶。戚友緩急，傾囊無少惜。家人將炊，告乏米，意恬如也。卒，時年四十有五。先生再娶，皆有賢行。元配劉氏。繼娶趙氏，恭毅公元孫也，先一歲卒。生子孝蘭，慧而早死，孝瞻以兄子來爲後。女一，殤。於是先生之妾方娠也，未知其子之男女。始或勸先生墨所箸於版，曰："吾祖集未播，不可。"乃校刊泗州《希音堂集》。又取師友遺草未傳者，編次剞劂之。又校刻《元遺山全集》及爲靈石楊氏蒐刻叢書，至精審。先生既歿，秋濤偕何編修次其稿，曰《㐆齋文集》《靖陽亭劄記》各若干卷。《延昌地形志》《蒙古游牧記》雜塗乙，未脱藳，秋濤將爲理而成之。其已行世者，惟顧亭林、閻潛邱兩《年譜》云。銘曰：孰甄冶是，而胚其美；孰夭閼是，而尼之以止。止身可亡，學不可毁。納銘幽墟，奠厥阯。

壽陽祁相國題曰："平定張石州先生之墓。"文曰："嗚呼！

石州學博，志大氣高，而昌谷不壽。孝于親，友于兄弟，而童烏不秀。箸書滿家，發言驚坐下士，逡巡笑之，而鴻儒偉彦褰裳爭就。惜乎！湛思遠識，世莫能詳究也。咸豐初元，壽陽祁寯藻爲題墓石，以表吾鄉而傳諸後。”

咸豐初，陪位顧祠。

侗按：《䙝觚亭集·題顧祠〈聽雨圖〉》結句：雲臺留故事，侍坐有傳人。注：亭林因朱子曾寄禄華州雲臺觀，倡建祠堂，先生殁，遂奉以陪享。今顧祠附石州主，亦此意也。

又祀晉陽書院之三立閣、繼按：會札：光緒十七年五月廿日，蒙巡撫部院劉批。本司道會詳：正白旗官學教習、已故知縣張穆爲鄉邦先儒，堪資矜式，懇請援例增祀三立閣緣由。蒙批：掾詳已悉，查張知縣穆學術淹通，品誼高峻，斟讐經箸，尤爲所長。其與何刑部秋濤商訂《朔方備乘》一書，曾邀宸鑒，實屬有功册府，津逮藝林。跡其闇學之勤，宜隆馨香之報。應準附入三立閣，一體崇祀。仰即督飭監院官查照辦理，并飭該紳等知照繳册存案等因。奉此。除行太原府轉飭陽曲縣并飭監院官增設栗主一體致祭外，合亟抄詳、會札爲此札，仰該州即便轉飭，知照毋違。令德堂之四徵君祠，侗按：祠在堂之東偏，祀閻徵君潛邱若璩、傅徵君青主山、范徵君彪西鎬鼎、吴徵君蓮洋雯。陪祀者二人，先生及王公霞舉軒也。及州之崇賢堂。侗按：《平定州志》：元至正間，知州劉天禄祀禮部尚書趙閑閑秉文、吏部尚書楊文獻公雲冀、左司郎中元遺山好問、元翰林侍講學士李文正公冶，于湧雲樓爲四賢堂。後增王秦溪構、中書左丞吕忠肅公思誠爲六賢堂。成化五年，知州陳志進刑部尚書耿清惠公九疇，名堂曰崇賢，勿限以目。嗣後，進喬毅、白侃、郄夔、孫承祖、王克己、梁昱、喬一、高光烈、蹇達、楊思忠、孫繼先、宋燾、馮守禮、朱一統、張三謨，凡二十二人。同治七年，知州慶亮又進優貢生張穆，凡二十三人焉。

【校記】

〔一〕无　咸豐八年祁氏刻本、《山右叢書初編》本皆爲“尤”字。

〔二〕於　諸本皆作“於”，然依上下文，當作“于”。

〔三〕大　諸本皆同，然當正作“叔”。

〔四〕侯　諸本皆同，然當正作“候”。

先伯石州公年譜(六)

族姪張繼文編輯

鄉後學蔡侗審訂

繼按:先伯箸書行世者:《顧亭林先生年譜》一卷、《閻潛邱先生年譜》一卷、二譜重刻于伍氏《粤雅堂叢書》。張制軍之洞《書目荅問》收史部譜録門。《莫寶齋先生事略》、《先大父泗州府君事輯》、《蒙古游牧記》十六卷、《俄羅斯事補輯》、初刊于《北徼彙編》,後收于《朔方備乘》。《㐆齋籛記》、載《朔方備乘》。《㐆齋文集》八卷、《詩集》四卷。《書目荅問》集部《國朝考訂家集》收二卷。

待梓者:《漢石存佚表》《水經注表》《重修平定州志》《元裔表》《外藩碑目》《山右碑目》《延昌地形志》《靖陽亭劄記》《説文屬》。

以上書目俱見《山西通志·經籍記》,無卷數可考。

校補刊行者:《元遺山先生集》四十卷、附録一卷,《書目荅問》收集部。《程侍郎遺集初編》十一卷,先大父泗州公《希音堂集》六卷。

審定序行者:《〈王會〉篇箋釋》四卷、《壽陽吴侍御奏稿》、祁鶴臯太史《藩部要略》十八卷、《世系表》四卷、《書目荅問》收史部地理門[一]。《西域釋地》、《西陲要略》、《癸巳類稿》十五卷、《書目荅問》收子部[二]。《〈説文解字〉句讀》三十卷、《書目荅問》收經部[三]。《安玩堂藏稿》、《使黔草》三卷、《説文答問疏證》六卷。

裒集校梓者:《連筠簃叢書》:吴才老《韻補》五卷、顧亭林《〈韻補〉正》一卷、均收《書目荅問》經部内[四]。《漢石例》六卷、《唐兩京城坊考》

坿圖五卷、《長春真人西游記》、均收《書目畣問》史部內，二卷。唐魏元成《群書治要》五十卷、《落飄樓初稿》四卷、《癸巳序稿》十五卷、均收于《書目畣問》子部內。《鏡鏡鈐癡》附圖四卷。

校訂待校者：《尚書疏正》五卷、原稿存平潭李氏。侗少時曾一寓目，後被坊賈購去，今不知所在矣。《聖武親征録》、《〈元朝祕史〉譯文》、《營造法式圖》二卷。

侗按：先生法書鐫石者，有《小秀野唱和詩》百二首、舊存京師三忠祠。《味道堂晉祠詩》、李澄齋太守刻之太原晉祠。《摹顏魯公〈忠義堂帖〉》、初刻道州何太史家，任君槐庭復刻之壽陽家塾。《摹山谷書太白詩真蹟》、石存京師淀園三晉公寓。《跋傅青主帖》、太谷員氏刻，馮魯川有記。《祁恭恪公墓志銘》、代河督吴邦慶書。《程侍郎墓志銘》、《宋松泉墓志銘》。石存昔陽縣。

付梓者：《玉局心懺》一册、板存張氏梧園[五]。《急就章》。板存太原賈氏。

其他屏聯不可勝記。

《郎潛二筆》：陳公康祺著。平定張石州穆，融貫經史，學窮九流。山右自閻徵君後，勃窣群書，斷推先生爲眉目。客京師，與壽陽祁相國、歙縣程侍郎及何子貞、苗仙簏、何願船、俞理初諸君子以絶業相切劘。比年廠肆舊書，遇有石州手校之本，靡不精審，康祺心竊嚮之。頃讀《程侍郎遺集・送張石州歸里》詩云：逸氣陵參墟，清盼徹水鏡。朱邸延不赴，書窟卧以詠。注云：惠邸慕君名，懸榻以待者三年，卒辭不就。更可見先生之植品矣。

《經世文續編・例言》云：又如張氏穆、馬氏衪華、沈氏垚、姚氏椿等，皆與賀、魏同時，文行甚篤。

何願船《〈月齋籤記〉序》：其人精輿地之學，凡所考證，多有依據。其論烏落，俟又轉爲俄羅斯，能即地理、方物，以訂前人聚訟之説,實足與《欽定皇朝文獻通考》相發明,亦非他書所能及。

曾滌笙《求闕齋日記類鈔》:莫子偲友芝。交出何願船二信,内有張石州《蒙古游牧記》四本,又《朔方備乘》凡例數頁。信爲當世積學之士。

張制軍之洞《書目畣問·姓名略》云:地理爲史學要領,國朝史家皆精于此。顧祖禹、胡渭、齊召南、戴震、洪亮吉、徐松、李兆洛、張穆尤爲專門名家。

繼按:《姓名略》收漢學專門經學家并史學家。

《忠義堂帖》:平定張石州穆手摹顔魯公書也,真蹟在道州何子子貞紹基家,子貞曾摹勒上石,今任君槐庭復刻之壽陽家塾,筋骨風格,奕奕如生,它日此帖當與道州帖並傳。咸豐十有一年冬至日,祁寯藻記。

張斧文大令《追題〈煙雨歸畊圖〉》:先生愛作百字令,息翁書懸百字聯。煙雨歸畊歸未得,空留廟貌配圭年。

《山西通志·文學録》:張穆,初名瀛暹,字石舟,平定人。道光中,以優行貢太學,充教習。生具異禀,於書無所不讀,才名藉甚。應京兆試,誤犯場規,負氣不少屈,遂被斥。自此謝絶舉業,一竟箸述。祁文端公典學江蘇,延入幕。阮太傅時家居,見所箸,嘆曰:"二百年無此作也!"稱爲碩儒。一時名士若俞理初、何子貞、王箓友、陳頌南、何秋濤皆與訂交,推爲祭酒。年四十五,卒於京邸。所箸有《蒙古游牧記》《延昌地形志》《顧閻合譜》《㞐齋詩文集》。書法勁逸,冠絶一時,得者寶貴之。嘗以顧亭林入都曾寓慈仁寺,因偕何子貞醵金建祠寺中。及卒,同人爲位陪祀焉。又祀晉陽書院之三立閣及州之崇賢堂。

《州志》略同，不復録。

《肓齋文集·祁相國序》：道光間有以文學名都下者，曰平定張石舟先生。其爲人豪放明鋭，極深研幾。於經，通孔氏微言大義，精訓詁篆籀；於史，通天文、算術及地理之學。議論穿穴今昔，鎔冶四庫百氏，飈舉泉涌，座客率撟舌不得語。海内名儁，咸想望風采，躡屣納刺、載酒問奇者，幾無虚日。顧石舟不自撓屈，有以所箸書或詩、古文辭進者，無問其人位望，有不可於意，即指疵纇，口齦齦辨，折角陷堅，不遺餘力，以是慕名而來者，或稍稍引去。然其於學，深博無涯岸，遇奇士，雖素出己下，輒折節推之。旌德吕文節侍郎嘗言："爲文不經石舟訶斥訂正，未可示人。"晉江陳頌南給事直聲震天下，獨俛首石舟，曰："令斯人著獬豸冠，樹立過吾輩遠甚。"《語》曰："不知其人，視其友。"石舟之没，知與不知皆爲嘆惜，豈無自而然哉？余於石舟，同鄉姻戚也，交最深，且忝一日之長，故知石舟事最詳。

以下分見譜中癸巳、己亥年，兹不復録。

夫以石舟之才，百未一試，用徽眚斥，終身不振。年不及下壽，子又夭，其遇極古今之窮，誠可哀已。説者多以石舟比柳子厚，其因擯斥而研精文學則同，然石舟使氣忤時貴，乃君子之過，轉不獲如子厚出守遠郡，得稍試於治民，其所遇不更酷哉？子厚身後得裴觀察爲營歸葬之資，文集則編於劉賓客，其得大箸於世則以昌黎韓子實表章之也。今石舟之歸葬亦賴同人襄助，其遺稿則屬之何子貞太史及何願船。既撰石舟《墓志》，復爲補輯《北魏延昌地形志》《蒙古游牧記》二書成帙，又以子貞檢出之詩文雜稿，屬其門人吴子肅、子迪昆季，裒集繕寫。諸君子綴緝之勤，誠不減劉賓客之高義，其表章之力抑豈出昌黎下哉？石舟於余兼直諒多聞之益，其没也，余方奉使甘肅不及見，心常歉然，以刊布遺書爲己任，而時勢艱難，友朋聚散，久之未就。今距石舟之没已十閲寒暑，幸賴諸賢克篤風義，相與有成，而余亦遂得醵金付梓，从踐宿諾，謂非衰年之一快也歟？然廻憶與石舟銜杯酒，論古今，析疑辨難，聲情如昨，又不覺淚潸然下也。《地形》《游牧》二書，余既序之。其《文詩集》先刊就，復爲縷述其生平，以質世之知石舟者。

《月齋文集·何願船序》：平定張石舟先生，博學君子也。旅食京華二十餘載，生平沈酣典籍，擷英擿華，發爲詩、古文辭，雄深奇肆，迥絶流輩。又工於草、隸，每書所作，世人識與不識皆爭寶藏之。道光己酉冬，先生歿於京師，諸故人檢視遺篋，得所箸書曰《魏延昌地形志》《蒙古游牧記》者，皆未削藁，从屬余編次，其詩文、雜箸甚多，强半塗乙叢殘，乞何子貞編修爲勘定。編修旋以艱歸，歲壬子復出，即視學四川，於先生稿未遑點勘，併以示余。次年，余赴安徽幕府，將出都，攜《地形志》《游牧記》二稿於行篋，其《詩文稿》則以付先生弟子吴子肅、子迪昆仲。嗣余以省親還閩，越數載復至都門，則子肅昆仲已取殘帙斷紙排比迻謄，復請子貞删定，勒成《文集》八卷、《詩集》四卷，乞余序之。余惟先生篤志儒先，淹貫四部，當世名流咸相傾挹。曩者，旌德吕文節公推先生爲直諒多聞之友，且爲余言："石舟揅經似賈長頭，考史似劉子元，譚地理似酈善長、王伯厚，論治體似陸敬輿、白居易，行誼卓絶、文詞瑰偉則似蕭穎士、徐仲車。此非阿其所好，蓋天下之公言也。"或疑先生年未逾五十，詩文非出己意别擇，慮其中或有未定之稿，與夫偶然涉筆不欲自存之作，今裒而刻之，恐不足以盡先生之長。余曰：先生箸述宏富，身後散佚頗多，謂不足盡其長似也，而疑此集之不必刊行則非人也。夫昔之文人，若曹子建、謝康樂、柳子厚、蘇子美輩，年皆不及中壽，而詩文卓然名家、千古不朽，其爲壽也大矣。集之名，始於東漢，而盛於齊梁，今所傳屈、宋、馬、班諸集，皆後人纂成，不必其手自編次，奚獨疑於先生之集哉？且先生一介寒士，而以流通古籍、揚扢前賢自任，其於師友箸述表章，尤不遺餘力。若俞氏理初、沈氏子敦，皆同志之友，先生嘗鈔其所箸《癸巳存稿》《落颿樓稿》藏篋中，及其人殂謝後，悉爲謀諸有力者校刊傳世。又程春海侍郎爲生平知己，莫寶齋司農爲婚姻尊行，二公勝流顯宦，賓客盈門，而身没以後，詩文奏議零落殆盡。先生百計搜羅，付之剞劂。其篤於風義如此。今先生是集，亦賴友朋弟子掎摭成編，而又得壽陽祁相國爲之醵金開雕。先生九原有知，亦可稍慰生平坎壈之志矣。豈非特具識鑒，取友必端，報施之理良非偶然哉？至其《地形志》《游牧記》二書，余爲補綴繕録，别有記叙，兹不復贅云。

《月齋文集·吴履敬序》：昔人嘗謂才人文士，少達而多窮，理誠有之。然或窮於禄位，而達於名稱；或窮於生前，而達於没後。一得一失，孰與孰奪，有莫知其所以然者。夫使才人文士而豫知其不達，將必斂手投筆，莫敢有作。抑使碌碌無奇、享庸人之福者豫知身後之名，必不能與才人文士爭烈也，又且將媿恧歆羡焉。然而趨於彼者，既役役而莫知自返，而博學好修之士，亦必使精神才力，悉敝於残編斷簡之中，至於困厄摧折，而終不自悔。其性然與？其造物者有所斟酌損益於其間而使之各不自覺與？竊於先師月齋居士有深慨焉。師少負不羈之才，兀岸豪縱，有不可一世之概。稍長，博覽多識，益鬱其英氣，發爲文章，望之者咸料其將決巍科、登臺閣也。顧乃偃蹇淪落，旅食有年，卒且遭誣謗，被屈抑，一蹶而不能復起。噫！亦可謂窮矣。而師之學與識乃因以益進。既已息意仕宦，閉户讀書，百家之學無不洞其原委，尤長於輿地、小學，異域山川，瞭若指掌。諸經説同異，有問難者，應答如流。文字之交徧海内，詩酒之會冠京師。世之所謂窮達者，固已漠然置之。天不降年，年四十餘嗣續未立，遽抱瘵疾不起，凡平日所箸書多未竟業。倉卒間，諸友人取殘稿數十帙存以待梓，餘並不可復檢。悲夫！何其窮之至於斯乎！師既歿，所箸書稿輾轉歸於子貞世丈及願船先生處。越三年，詩文雜稿始歸余兄弟，餘悉爲願船先生攜出都。又越四年，丁巳季春，貞丈再入都，聞詩文稿編成已久，與緗芸世丈議，始有刊行之志。因商之壽陽相國，遂醵金鳩工。又越四月，願船先生由閩北上，攜師所撰《蒙古游牧記》《延昌地形志》及《説文屬》並殘稿數種，浮舟於洪波海霧中，行李盡棄，獨與書俱達。時貞丈尚未去，方圖覓月齋遺書，聞其已至，相與歡慰，以爲殆從天降也。《游牧記》末四卷尚未排比，《地形志》夏州以後未得草稿，皆賴願船先生編校綴緝，約略完善，與《詩文集》可相繼付梓。師之精心卓詣未墜於地，後學之士得有所尋繹沾丐焉。嗇於位而豐於名，屈於前而伸於後，固曰事之適然，要亦理之不爽也。師初於吾舅氏處識敬兄弟，數面後即許列爲弟子，且召子迪躬自督教之，詩業質疑，昕夕無間，偶妄有所作，輒蒙過許，以爲有可造就。二年中，非惟冠婚喪祭之事賴師營庀，即子迪之日用瑣屑、一衣一飯之間亦皆體念周至，不啻子弟。噫！追憶吾師相待之厚，今日之所得盡力者，僅此讐校編訂之勤，不自禁其感媿涕零也。尚何言哉？師既久不得志，以姻戚鄉里特蒙壽陽相國提挈周贍，情誼甚篤。丁未、戊申以後，親舊之士如程春海侍郎、俞理初孝廉、沈子惇先生、徐星伯太守，並已前逝；陳頌南侍御、蘇賡堂給諫、趙伯厚贊善、許印林廣文，又先後出都；所與比鄰款洽者惟子貞世丈；而深敬服緗丈之爲人；其推許樸學，則願船先生爲最。今師歿將十年，而畢生精力所注，卒賴此數君以傳於世，豈師之生前固已逆料及此邪？抑亦氣誼之相投有不期而自合者也？《詩文集》刊既竣，《游牧記》《地形志》亦可於數月畢事。敬即喜於觀成，且感諸君之厚誼，以子迪前序於刊刻緣起有未及詳也，復爲識之。至於師没世之後，爲達爲窮，不敢定論，留以待後學之自辨云。

族孫世澤校字〔六〕。

右族祖《石洲公年譜》，先父官靈川廣文時所編輯也。庚申夏，同人、年丈重事釐訂，並增輯數十事。編既成，復授澤校刻，以廣其傳。澤謹與友人劉覲文大令、王子進茂材往復校讐，凡三閱月，刻工竣。竊念先族祖旅居京師二十餘年，收藏兩代遺集，泗洲公及太史公。與一身著作，歿後，遺稿、雜著悉歸當代名公鉅卿諸嘗相與往來者收存待梓。咸豐初，何願船比部補輯《游牧記》，《月齋文詩集》亦賴諸契友相繼成編，復得壽陽祁相國爲之醵金開雕，後先行世。惟《元裔表》《外藩碑目》《延昌地形志》《説文屬》等稿未識流落何處，無從搜獲。此外，有戴鹿牀侍郎繪《小栖雲亭圖》二，又繪先族祖四十一歲遺照一，何太史繪《邨谷論心圖》一，自寫《煙雨歸耕圖》一，計五通，均亦無從尋覓。伏覬海内珍弆名家如有收存先族祖遺文、雜著者，不惜郵函録示，俾得重行補綴，冀成完璧，倘並遺容惠贈，藉以摹諸簡端，奉先瞻禮，則世世感戴，曷有既也。辛酉夏至日，族孫世澤謹識。

劉維揚謹繕〔七〕。

【校記】

〔一〕畣　咸豐八年祁氏刻本、《山右叢書初編》本皆作“答”。

〔二〕畣　咸豐八年祁氏刻本、《山右叢書初編》本皆作“答”。

〔三〕畣　咸豐八年祁氏刻本、《山右叢書初編》本皆作“答”。

〔四〕畣　咸豐八年祁氏刻本、《山右叢書初編》本皆作“答”。

〔五〕板　《山右叢書初編》本作“松”，誤。

〔六〕族孫世澤校字　咸豐八年祁氏刻本、《山右叢書初編》本皆無此六字。

〔七〕劉維揚謹繕　咸豐八年祁氏刻本、《山右叢書初編》本皆無此五字。

圖書在版編目（CIP）數據

張穆全集 / 張正明，安介生主編. —太原：三晋出版社，2019.10

ISBN 978-7-5457-1965-9

Ⅰ. ①張… Ⅱ. ①張… ②安… Ⅲ. ①張穆（1805—1849）—全集 ② 歷史地理—中國—文集 Ⅳ. ①K928.6-53

中國版本圖書館CIP數據核字（2020）第013049號

張穆全集

主　　編：張正明　安介生
責任編輯：張仲偉　王　甜

出 版 者：山西出版傳媒集團
三晋出版社（山西古籍出版社有限責任公司）
地　　址：太原市建設南路 21 號
電　　話：0351-4956036（總編室）
0351-4922203（印製部）
網　　址：http://www.sjcbs.cn

經 銷 者：新華書店
承 印 者：山西新華印业有限公司

開　　本：710mm × 1000mm　1/16
印　　張：82.75
字　　數：1000 千字
版　　次：2019 年 10 月　第 1 版
印　　次：2020 年 1 月　第 1 次印刷
书　　號：ISBN　978-7-5457-1965-9
定　　價：450.00 圓（全四册）